THE GREEK NEW TESTAMENT

THE GREEK NEW TESTAMENT

with Comparative Apparatus
showing variations from the Nestle-Aland and
Robinson-Pierpont Editions

with Greek Dictionary
revised and expanded from
A Pocket Lexicon to the Greek New Testament
by Alexander Souter

Foreword by Eldon Jay Epp

B. F. WESTCOTT *and*
F. J. A. HORT

The Greek New Testament
© 2007 by Hendrickson Publishers, Inc.
P. O. Box 3473
Peabody, Massachusetts 01961-3473

ISBN 978-1-56563-674-3

The Greek text, Old Testament quotations, and Appendix of *The Greek New Testament* are from an earlier work by Brooke Foss Westcott and Fenton John Anthony Hort, *The New Testament in the Original Greek* (Cambridge: Macmillan, 1885).

The Greek dictionary used in this volume is a revision and expansion of an earlier work by Alexander Souter, *A Pocket Lexicon to the Greek New Testament* (Oxford: Clarendon, 1916).

Printed in the United States of America

First Printing — August 2007

Library of Congress Cataloging-in-Publication Data

Bible. N.T. Greek. 2007.
    The Greek New Testament / [rev. by] B.F. Westcott and F.J.A. Hort ; with comparative apparatus showing variations from the Nestle-Aland and Robinson-Pierpont editions ; with Greek dictionary revised and expanded from A pocket lexicon to the Greek New Testament by Alexander Souter ; foreword by Eldon J. Epp.
        p. cm.
    ISBN-13: 978-1-56563-674-3 (alk. paper)
    I. Westcott, Brooke Foss, 1825-1901. II. Hort, Fenton John Anthony, 1828-1892. III. Title.
    BS1965 2007b
    225.4'8--dc22

                                  2007025481

TABLE OF CONTENTS

ABBREVIATIONS

Biblical Books

Gen	Genesis	Nah	Nahum
Exod	Exodus	Hab	Habakkuk
Lev	Leviticus	Zeph	Zephaniah
Num	Numbers	Hag	Haggai
Deut	Deuteronomy	Zech	Zechariah
Josh	Joshua	Mal	Malachi
Judg	Judges	Matt	Matthew
1–2 Sam	1–2 Samuel	Rom	Romans
1–2 Kgs	1–2 Kings	1–2 Cor	1–2 Corinthians
1–2 Chr	1–2 Chronicles	Gal	Galatians
Neh	Nehemiah	Eph	Ephesians
Ps	Psalms	Phil	Philippians
Prov	Proverbs	Col	Colossians
Isa	Isaiah	1–2 Thess	1–2 Thessalonians
Jer	Jeremiah	1–2 Tim	1–2 Timothy
Ezek	Ezekiel	Phlm	Philemon
Dan	Daniel	Heb	Hebrews
Hos	Hosea	Jas	James
Obad	Obadiah	1–2 Pet	1–2 Peter
Mic	Micah	Rev	Revelation

General

absol.	absolute(ly)	c.	century
abstr.	abstract	C.E.	Common Era
acc.	accusative	cf.	compare
act.	active	cog.	cognate
A.D.	anno domini (Common Era)	comp.	comparative
adj(s).	adjective(s)	concr.	concrete
adv(s).	adverb(s), adverbial	cond.	conditional
aor.	aorist	conj.	conjunction
Aram.	Aramaic	constr.	construction
B.C.	before Christ (before the Common Era)	dat.	dative
		def.	definite

demons. . . . . .demonstrative
e.g. . . . . .for example
Eng. . . . . .English
esp. . . . . .especially
etc. . . . . .et cetera
fem. . . . . .feminine
fut. . . . . .future
gen. . . . . .genitive
Gk. . . . . .Greek
Heb. . . . . .Hebrew
i.e. . . . . .that is
imper. . . . . . .imperative, imperatival
impers. . . . . .impersonal(ly)
impf. . . . . .imperfect
indef. . . . . .indefinite
indic. . . . . .indicative
indir. . . . . .indirect
infin. . . . . .infinitive
interj. . . . . .interjection
interrog. . . . . .interrogative
intrans. . . . . .intransitive
KJV . . . . .King James Version
Lat. . . . . .Latin
lit. . . . . .literal(ly)
LXX . . . . .Septuagint
masc. . . . . .masculine
met. . . . . .metaphorical(ly)
mid. . . . . .middle
mod. . . . . .modern
MSS . . . . .manuscripts
neut. . . . . .neuter
nom. . . . . .nominative
NA or NA27 . . . . .Nestle-Aland,
    Novum Testamentum Graece,
                    27th edition
NT . . . . .New Testament
obj. . . . . .object(ive)

opp. . . . . .opposite (of)
opt. . . . . .optative
orig. . . . . .original(ly)
OT . . . . .Old Testament
par(s). . . . . .parallel(s)
part(s). . . . . .participle(s)
pas. . . . . .passive
perf. . . . . .perfect
pers. . . . . .person(al)
plup. . . . . .pluperfect
plur. . . . . .plural
pred. . . . . .predicate
prep(s). . . . . .preposition(s)
pres. . . . . .present (tense)
pron. . . . . .pronoun
q.v. . . . . .which see
refl. . . . . .reflexive
rel. . . . . .relative
repr. . . . . .reprinted
RP . . . . .Robinson-Pierpont,
    The New Testament in the Original
        Greek: Byzantine Textform
RV . . . . .Revised Version
sing. . . . . .singular
subj. . . . . .subject
subjun. . . . . .subjunctive
subst. . . . . .substantive
superl. . . . . .superlative
Syr. . . . . .Syriac
temp. . . . . .temporal
trans. . . . . .transitive
var. . . . . .textual variant
voc. . . . . .vocative
WH . . . . .Westcott-Hort
{WH} . . . . . .Westcott-Hort variant
w. .with

Modern Sources

AJT	*American Journal of Theology*
JTS	*Journal of Theological Studies*
NTTS	New Testament Tools and Studies
SD	Studies and Documents

New Testament Manuscripts

ℵ	Codex Sinaiticus (fourth c.)
A	Codex Alexandrinus (fifth c.)
B	Codex Vaticanus (fourth c.)
C	Codex Ephraemi Rescriptus (fifth c.)
D	Codex Bezae Cantabrigiensis (fifth c.)
Dpaul	Codex Claromontanus (sixth c.)

FOREWORD
by Eldon Jay Epp

The Development of the Westcott-Hort Greek New Testament

Brooke Foss Westcott (1825–1901), Regius Professor at Cambridge University who became Bishop of Durham, and Fenton John Anthony Hort (1828–1892), Hulsean Professor and then Lady Margaret Professor of Divinity at Cambridge, began preparations for a new critical edition of the Greek New Testament in 1853, when they agreed upon a plan during a brief talk together. They thought at the time that it would take a few years, but the edition appeared in 1881 under the ambitious and somewhat arrogant title, *The New Testament in the Original Greek,* and was followed promptly in 1882 by a full companion volume of *Introduction* and *Appendix* written by Hort but representing the views of both scholars.[1] Only a dozen years earlier, the monumental eighth major edition of Constantin von Tischendorf's *Novum Testamentum Graece* (Leipzig: Giesecke & Devrient, 1869–72) had been issued, with its extensive critical apparatus. In contrast, the Westcott-Hort Greek New Testament contained no critical apparatus of variant readings, although Hort's *Appendix* (in volume 2) provided 142 pages of "Notes on Select Readings." In terms of the Greek New Testament text itself, however, the editions of Tischendorf and of Westcott-Hort were quite similar, since both relied heavily upon the mid-fourth century Codices Sinaiticus (ℵ) and Vaticanus (B). The latter had been in the Vatican Library at least since 1475, but during much of the first half of the nineteenth century it was largely inaccessible to scholars. As its New Testament text became more readily available—beginning in 1859, with a reliable edition in 1868—scholars such as Tischendorf and Westcott-Hort recognized its value alongside the newly discovered Sinaiticus, which Tischendorf had brought to light, accompanied by much publicity, between 1844 and 1859. The major differences between the two editions resulted largely from Tischendorf's understandable preference for Sinaiticus in contrast to Westcott-Hort's preference for Vaticanus. It is not surprising, then, to discover that the texts of Tischendorf and Westcott-Hort, though showing the expected differences, still were so much in agreement.

---

[1] Brooke Foss Westcott and Fenton John Anthony Hort, *The New Testament in the Original Greek*, 2 vols., (Cambridge/London: Macmillan, 1881). A single-volume edition, including the introduction and appendix, was published by Macmillan in 1922.

Incidentally, the two Greek New Testaments currently used most widely, the Nestle-Aland *Novum Testamentum Graece*[2] and the *Greek New Testament*[3], share a common text; and that text, with few changes from the earlier Nestle editions over eighty years, also stands closer to that of Westcott-Hort than to any other edition. This suggests that the text of the Greek New Testament used over the past 130 years has remained relatively stable. It is important to remember, however, that the manuscript evidence for our critical text has expanded enormously over the past century and a half, notably by the discovery of numerous papyrus manuscripts containing fragments or extensive portions of New Testament text. Westcott-Hort utilized no papyri in constructing their text, but they now total 118.

The Westcott-Hort Text as a Landmark

Curiously, the Greek text of Westcott-Hort was influential even before its publication, for both scholars served as revisers/translators of the Revised Version of 1881, a major recasting of the Authorized or King James Version of the English Bible. As early as 1870–1871, Westcott and Hort, both Anglican clergymen, shared their text of the Gospels and Epistles with the revision committee and (along with F. H. A. Scrivener) were accepted as the authorities on textual matters. The stamp of Westcott-Hort can be seen in the RV's reliance on Codices Sinaiticus (ℵ) and Vaticanus (B) and in the way their textual views are reflected in the revision, though in the final analysis Westcott-Hort's readings were preferred over others in only sixty-four instances—due mainly, again, to differing estimates of ℵ and B. In the final analysis, the Greek text behind the KJV and that which (theoretically) lay behind the RV differed in some 5800 readings. The RV was published five days after the Westcott-Hort Greek New Testament was issued.

Far more important, of course, was the influence of *The New Testament in the Original Greek* as a critical text, for it was the result of fresh and carefully devised text-critical principles, bound together by powerful logic into a systematic theory of the history of the text. Their formulation of Internal Evidence of Readings as consisting of Intrinsic Probability (what the author was most likely to have written) and Transcriptional Probability (what copyists were most likely

---

2 27th rev. ed.; Stuttgart: Deutsche Bibelgesellschaft, 2001.
3 4th rev. ed.; Stuttgart: Deutsche Bibelgesellschaft, 2001.

to have transcribed) led to their use of the Internal Evidence of Documents (asking which manuscripts more likely represented the original text based on the frequency of individual original readings that they contain). Naturally, Codex Vaticanus and (to a somewhat smaller degree) Codex Sinaiticus rose above all other Greek manuscripts when documents were assessed in this way for quality, standing out as the purest and best manuscripts in Westcott and Hort's view. The basic principle operative here was "knowledge of documents should precede final judgement upon readings."[4]

When Westcott-Hort then considered how manuscripts were interrelated (the Internal Evidence of Groups) and, consequently, how they might be placed into differentiated groups as an aid to reconstructing the history of the New Testament text, they isolated four text-types, three early ones and one later, derivative one.

1. The Neutral text, represented by B and ℵ, an ancient text characterized as "relatively pure" and virtually identical with the original text. Now it is called the Alexandrian (see the next item), or Egyptian, or B-text.

2. The Alexandrian text, assumed to have had a common ancestor with B and ℵ, but a text that had absorbed mixture from the Western text. It is now merged into or treated as part of the B-text.

3. The Western text, roughly equal in age to the Neutral text, but described as having suffered paraphrastic expansion and other corruptions. It is now preferably termed the D-text.

4. The Syrian text (named for its supposed origin in Antioch), a full, smooth, conflated text that, in Westcott-Hort's theory, developed from the earlier text-types through harmonization of parallel texts and often by conflation of competing readings in the Neutral/Alexandrian texts and those in the Western text. The term Syrian is no longer used and the text-type is now called the Byzantine, or Koine, or Ecclesiastical, or Majority text. Hort's telling point in classifying this text as derivative and secondary was that its characteristic readings never occur in quotations by Christian writers up to the mid-fourth century. Today we might add that the Byzantine text garners no support from pre-sixth century papyrus manuscripts and that the later papyri that do support it number only a half dozen.

This formulation presented itself as powerful and compelling to most, although refinements and revisions were inevitable as scholars applied and

---

4 Westcott and Hort, *The New Testament in the Original Greek*, 543.

studied it over the intervening 120 years. For example, the question-begging term "Neutral" (implying a pure text unaffected by the normal corrupting processes) was deemed inappropriate in face of the realities of textual transmission; and the term "Western" was judged inaccurate since it is supported by such eastern witnesses as the Syriac versions, and because even its chief representative, Codex Bezae (D), may have originated in the East. Also, a new text-type proposed in the 1920s, the Caesarean, has not stood the test of time. Although it was prominent among the text-types discussed in the Introduction of the first edition of the United Bible Societies' *Textual Commentary on the Greek New Testament*, it is subsumed under the Western text-type in the second edition.[5]

Currently, then, the basic scheme of text-forms devised by Westcott-Hort survives, though slightly modified in its components and enhanced by myriad manuscript discoveries, resulting in two (rather than three) early competing text-types (the B-Text and the D-Text) and a later, derivative text-type (the Byzantine Text). The influence of Westcott and Hort on virtually all subsequent New Testament textual criticism is one reason why their Greek text (with Hort's companion volume of introduction) became a landmark of large proportions in the modern history of New Testament studies and particularly in the development and establishment of its early or (many would say) earliest text-form.

The text was a landmark in another way as well. Karl Lachmann's 1831 edition represented the decisive break with and the triumph, at least in principle, over the centuries-long reign of the *textus receptus* or "received text" (i.e., the Byzantine text), both in the text he presented—which Lachmann claimed only to be the New Testament text of the fourth century—and in the principles he enunciated for establishing the text. Basically his method involved a reliance on the fewer early witnesses rather than on the numerically superior later manuscripts. The fulsome *textus receptus* had evolved from the fourth century until printing was well established, and, as manuscripts containing it multiplied to meet the needs of the church, it became the widespread and almost universally used "ecclesiastical" text. After the invention of printing, it constituted the text of Erasmus's Greek New Testament (1516), the first one published, and of innumerable printed editions thereafter. To break the fourteen-hundred-year hold of this text on the church was no small achievement, despite the fact that Lach-

---

5 Bruce M. Metzger, *Textual Commentary on the Greek New Testament* (1st ed.; Stuttgart: Deutsche Bibelgesellschaft, 1971), xix; and (2d ed., Stuttgart: Deutsche Bibelgesellschaft, 1994), 6*.

mann's work built upon the pioneering labors of Richard Bentley (1720), J. A. Bengel (1725–1734), J. J. Wettstein (1751–1752), and J. J. Griesbach (1775–1807). Following Lachmann, editors of the Greek New Testament continued down this increasingly well-trod path until, just prior to Westcott-Hort, the emphasis on early manuscripts and on concomitant principles for accrediting readings to be placed in one's text attained a high degree of refinement with Tischendorf's Greek New Testament (1869–1872) and its magisterial *Prolegomena* (1894) by his colleague Caspar René Gregory, and with the work of S. P. Tregelles (1856–1872).

Westcott-Hort's Greek Testament, while built upon the principles of Tischendorf and Tregelles and constructed on the basis of the hard-won criteria for judging variant readings, also utilized the sophisticated history and theory of the text that Hort so thoroughly described and so ably defended in the introductory volume. To be sure, the textual heroes just mentioned who preceded and followed Lachmann were impressed by early manuscripts as they came to light and were utilizing them to question the seemingly indomitable reign of the *textus receptus*. Prominent in these discussions, among others, were Codex Alexandrinus (A, 5th century), known since 1098; Codex Bezae (D, late 4th or early 5th century), publicized by Theodore Beza in 1581; Codex Claromontanus (Dpaul, 6th century), also used by Beza; and Codex Ephraemi Rescriptus (C, 5th century), discovered prior to 1717. Yet no one, not even Tischendorf, had presented a comprehensive and compelling theory to explain how the late text had developed from the earlier ones, or how the early texts were related to one another. Westcott-Hort provided such a history, and thus their text represents a final and finely refined triumph over the *textus receptus*.

Incidentally, in a letter penned by Hort in 1851 when he was only twenty-three years of age, he provided a forecast of the future by referring to the "villainous" and "vile" *textus receptus* "leaning entirely on late MSS; it is a blessing there are such early ones."[6] Just two years later, after Westcott and he had planned their edition, Hort wrote, "Our object is to supply . . . a portable Gk. Test[ament], which shall not be disfigured with Byzantine corruptions."[7]

Once published, *The New Testament in the Original Greek* was widely acclaimed and much utilized, especially in the English-speaking world of biblical

---

[6] William Sanday, Review of *The Life and Letters of F. J. A. Hort, AJT* 1 (1897), 211.
[7] Ibid., 250.

scholarship, though at times with little recognition of or appreciation for its the-
oretical basis. Perhaps the text itself was most influential through its role in the
Eberhard Nestle editions of the *Novum Testamentum Graece*, from the first edi-
tion in 1898 through the twelfth edition of 1923, for Nestle's method was to
place in the text of his popular hand edition the readings upon which Tischen-
dorf and Westcott-Hort agreed. When Tischendorf and Westcott-Hort dis-
agreed, Nestle gave the deciding vote (from 1898 to 1901) to R. F. Weymouth's
Resultant Greek Testament of 1892, then to Bernhard Weiss's edition of 1894–
1900. This procedure was abandoned after Erwin Nestle took over and estab-
lished an eclectic text directly from manuscript evidence, beginning with his
thirteenth edition of 1927 and continuing in the Nestle-Aland editions from the
twenty second in 1956 to the present. The Westcott-Hort text was also the basic
text for *A Concordance to the Greek Testament* by W. S. Moulton and A. S. Geden
(1897), long a standard reference work, and served as the basis for *The Twenti-
eth Century New Testament: A Translation into Modern English Made from the
Original Greek (Westcott & Hort's Text)*.[8] As a final example, the Westcott-Hort
text was printed at the head of the pages of S. C. E. Legg's two volumes of tex-
tual apparatus for Matthew and Mark: *Nouum Testamentum graece secundum tex-
tum Westcotto-Hortianum: Euangelium secundum Marcum* and . . . *Euangelium
secundum Matthaeum.*[9]

To credit the Westcott-Hort text as a landmark constituting the final and most
refined triumph over the *textus receptus*, however, in no way minimizes the signif-
icant and sometimes daring contributions of the aforementioned text-critical pio-
neers and certainly does not diminish the monumental contributions of
Tischendorf and Gregory or the indefatigable Tregelles. Indeed, apart from Tis-
chendorf's innumerable manuscript discoveries and his critical editions, Westcott-
Hort's landmark text never could have been realized; every important achievement
of scholarship, after all, rests upon and rises from the foundations built by others.

Current Use of the Westcott-Hort Greek Text

A century and a quarter have passed since Westcott-Hort's Greek Testament
appeared, and much has transpired in text-critical studies since then, not only
in terms of manuscript discoveries, but also in theory and methods. Hence, the

---

8 New York : F. H. Revell, 1902, rev. 1904.
9 Oxford: Clarendon, 1935, 1940.

appropriate use of the Westcott-Hort text in our own times requires attention to the following matters.

First, their text must be used in consort with the a trilogy of current volumes: the Nestle-Aland text and the *Greek New Testament* mentioned at the outset (which now contain an identical text, though differing apparatuses) and their companion *Textual Commentary on the Greek New Testament*, written by Bruce M. Metzger on behalf of the editors of the two text volumes. The Nestle-Aland, currently in its 27th edition,[10] provides a comprehensive apparatus of variant readings, while the United Bible Societies' *Greek New Testament* (4th edition, 5th printing, including papyri 98–116, 2001) selects 1438 passages to be treated in its apparatus, but with more extensive textual evidence than offered in Nestle-Aland. The *Commentary* (2d ed., 1994) provides discussion of the variation units chosen for treatment in the *Greek New Testament*.

Second, Westcott-Hort's text must be read in the light of Hort's volume of *Introduction*, a compact and closely argued study of 330 pages (plus the *Appendix* with 142 pages of "Notes on Select Readings"). Apart from these explanations (or a competent summary of them), Westcott-Hort's selection of variant readings will not easily be understood—nor will the rationale for later, differing critical editions be grasped, such as the popular texts mentioned in the preceding paragraph.

Third, appropriate use of Westcott-Hort's text requires knowledge of the manuscript discoveries since their time, and they have been legion. On the one hand, new Greek manuscripts and those transmitting early versions have altered our New Testament text (though not as much as might have been expected). On the other hand, in numerous instances they have reinforced the readings selected, for example, in Westcott-Hort by furnishing additional and often earlier data. These discoveries are best perused in *The Text of the New Testament* by Kurt Aland and Barbara Aland,[11] at least as known in 1988. They can also can be observed in the most recent edition of the Nestle-Aland *Novum Testamentum Graece* and its introduction and critical apparatuses as well as in their companion *Textual Commentary*.

---

[10] 8th corrected printing, including papyri 99–116, 2001.

[11] Kurt Aland and Barbara Aland, *The Text of the New Testament: An Introduction to the Critical Editions and to the Theory and Practice of Modern Textual Criticism* (2d ed., Trans. Erroll F. Rhodes; Grand Rapids, Mich.: Eerdmans, 1989).

Finally, modern manuals on New Testament textual criticism, along with the vast array of historical and methodological studies in the field, have carried forward from Westcott-Hort's 1881–1882 milestone the fascinating story of how our text has been transmitted and evaluated—a process now spanning more than two millennia. The rewards of such study will be far richer for those who know and use Westcott-Hort's text and who understand its theoretical foundations.

For Further Reading

Aland, Kurt, and Barbara Aland. *The Text of the New Testament: An Introduction to the Critical Editions and to the Theory and Practice of Modern Textual Criticism*. 2d ed. Translated by Erroll F. Rhodes. Grand Rapids, Mich.: Eerdmans, 1989.

Aland, Kurt. "The Significance of the Papyri for Progress in New Testament Research." Pages 325–46 in *The Bible in Modern Scholarship*. Edited by J. Philip Hyatt. Nashville: Abingdon, 1965.

Colwell, Ernest Cadman. "Genealogical Method: Its Achievements and Its Limitations." Pages 63–83 in *Studies in Methodology in Textual Criticism of the New Testament*. Edited by Ernest Cadman Colwell. NTTS 9. Leiden: Brill, 1969.

_____. "Hort Redivivus: A Plea and a Program." Pages 148–71 in *Studies in Methodology in Textual Criticism of the New Testament*. Edited by Ernest Cadman Colwell. NTTS 9. Leiden: Brill, 1969.

Epp, Eldon Jay, "Decision Points in Past, Present, and Future New Testament Textual Criticism." Pages 17–44 in *Studies in the Theory and Method of New Testament Textual Criticism*. Edited by Eldon Jay Epp and Gordon D. Fee. SD 45. Grand Rapids, Mich.: Eerdmans, 1993.

_____. "The Twentieth Century Interlude in New Testament Textual Criticism." Pages 83–108 in *Studies in the Theory and Method of New Testament Textual Criticism*. Edited by Eldon Jay Epp and Gordon D. Fee. SD 45. Grand Rapids, Mich.: Eerdmans, 1993. Esp. pp. 84–96.

_____. "The Eclectic Method in New Testament Textual Criticism: Solution or Symptom?" Pages 141–73 in *Studies in the Theory and Method of New Testament Textual Criticism*. Edited by Eldon Jay Epp and Gordon D. Fee. SD 45. Grand Rapids, Mich.: Eerdmans, 1993. Esp. pp. 157–63.

Fee, Gordon D. "The Majority Text and the Original Text of the New Testament." Pages 183–208 in *Studies in the Theory and Method of New Testament Textual Criticism*. Edited by Eldon Jay Epp and Gordon D. Fee. SD 45. Grand Rapids, Mich.: Eerdmans, 1993. Esp. 189–95.

_____. "P75, P66, and Origen: The Myth of Early Textual Recension in Alexandria." Pages 247–73 in *Studies in the Theory and Method of New Testament Textual Criticism*. Edited by Eldon Jay Epp and Gordon D. Fee. SD 45. Grand Rapids, Mich.: Eerdmans, 1993.

Hort, Arthur Fenton. *Life and Letters of Fenton John Anthony Hort*. 2 vols. London: Macmillan, 1896.

Kenyon, Frederic G. *Recent Developments in the Textual Criticism of the Greek Bible*. Schweich Lectures, 1932. London: British Academy, 1933. Esp. pp. 1–18.

Metzger, Bruce M. and Bart D. Ehrman, *The Text of the New Testament: Its Transmission, Corruption, and Restoration*. 4th ed. New York: Oxford University Press, 2005. Esp. 174–83.

Patrick, Graham A. *F. J. A. Hort: Eminent Victorian*. Sheffield, UK: Almond Press, 1988.

Rupp, E. G. *Hort and the Cambridge Tradition: An Inaugural Lecture*. Cambridge: Cambridge University Press, 1970.

Salmon, George. *Some Thoughts on the Textual Criticism of the New Testament*. London: John Murray, 1897. [The entire volume concerns the Westcott-Hort text and related issues.]

Sanday, William. "The Life and Letters of F. J. A. Hort." *AJT* 1 (1897): 95–117.

Souter, Alexander. *The Text and Canon of the New Testament*. 2d ed. Revised by C. S. C. Williams. London: Duckworth, 1954. Esp. pp. 94–133.

Strong, T. B. "Dr. Hort's Life and Works." *JTS* 1 (1900): 370–86.

Vincent, Marvin R. *A History of the Textual Criticism of the New Testament*. New York: Macmillan, 1903. Esp. pp. 145–56.

Westcott, Arthur. *Life and Letters of Brooke Foss Westcott*. 2 vols. London: Macmillan, 1903.

INTRODUCTION

The preparation of this volume marks the 125th anniversary of the publication of *The New Testament in the Original Greek*, edited by Brooke Foss Westcott and John Anthony Hort. The original Westcott-Hort text was twenty-eight years in the making and has been hailed as "the most noteworthy critical edition of the Greek New Testament ever produced by British scholarship."[1] This edition seeks both to honor and to preserve the contribution of these two eminent scholars. However, it has a more practical aim as well. It seeks to provide readers with a Greek New Testament that contains an improved and updated format useful to all who desire a ready comparison of the WH text with other forms of the NT text widely used today.

The Westcott-Hort Text

At the time of its publication in 1881, *The New Testament in the Original Greek* represented a revolutionary new direction among biblical scholars in their understanding of the history and development of the NT text. This new insight brought with it a reassessment of the value of the various NT manuscripts as witnesses to the autographs. For a detailed account of the development of the Westcott-Hort text and how it became a landmark text among scholars seeking to understand the manner in which the text was shaped in the early Christian centuries, see the Foreword to this edition by Eldon Jay Epp.

The Features of This Edition
The Greek Text

This edition of the Westcott-Hort (WH) *Greek New Testament* has sought to faithfully preserve the wording, text divisions, marginal variants, notations, and to some extent the formatting of the original WH. There are, however, some important differences in the ways in which the various features of the text are represented. The original WH text had normal paragraph divisions, but these were typically inserted infrequently, leaving long blocks of text between paragraph breaks. Text was further subdivided within paragraphs by the insertion of horizontal spacing to represent divisions in the text considered less significant than

---

[1] Bruce Metzger, *The Text of the New Testament: Its Transmission, Corruption, and Restoration,* 3rd ed. (Oxford: University Press, 1992), 129.

the paragraph divisions. Beyond the paragraph level, major divisions in the text were represented by the double or triple spacing of lines.

In this edition, WH's original paragraph and spacing divisions have been preserved by inserting paragraph breaks for both types of division. The resulting paragraphs are more consistent in length with those of editions and translations of the NT available today. Section divisions have been preserved by inserting English section headings designed to make navigation of the text easier for English readers. Additional English headings have been added between and occasionally within paragraphs where deemed helpful. To facilitate the reading of the text, WH's full capitalization of the initial words or phrases of each new section has been eliminated.

The WH method of displaying citations of the OT was to place the quoted material in an ornate, uncial-style font. Since the uncial forms of Greek letters are less familiar to many readers and hence more difficult to decipher, quotations from the OT have been displayed in the normal Greek font set off in bold-face text, in keeping with the practice of most current editions of the Greek NT.

Textual Variants

Unlike many critical editions of the NT, the original edition of the WH text had relatively few notations within the body of the text itself. While the wording considered most probable or best attested was in each case included in the text, the notations that were included served to call the reader's attention to significant places where early Greek manuscripts differ from one another, especially when the editors believed these variants might have a reasonable probability of being original. The most frequent notations were of three types:

1. *Substitutions:* When the secondary variant consisted in a word or words to be substituted for those in the text, the relevant text was marked and the secondary wording was placed in the bottom margin.
2. *Additions:* When a secondary variant consisted solely in the addition of a word or words not included in the text, an insertion mark was placed in the text at the point of insertion and the added word(s) were placed in the bottom margin.
3. *Omissions:* When a variant consisted solely in the deletion of a word or words included in the text, the text was enclosed in square brackets.

In this edition, only the omission brackets have been left in the text. All other notations have been eliminated in the interest of providing a more readable and less distracting text. However, all the information contained in WH's original notations has been preserved in the comparative apparatus at the bottom of each page, with WH's original marginal variants set off by {WH}, as in the following examples:

Addition: {WH}: *add* ἐκ *before* τῶν ποδῶν
Substitution: WH: φαίνεται κατ᾽ ὄναρ {WH}: κατ᾽ ὄναρ ἐφάνη

Multiple Variants

In situations where more than one variant from the reading in the text was deemed to have a reasonable probability of authenticity, the original edition of WH used the *v.* symbol in the bottom margin. In this edition this symbol has been replaced with the word *or,* as in the following example:

WH: ἕως {WH}: ἄχρι *or* μέχρι

In cases with two variants in which one differs from the other only by the addition or omission of a word or words, WH included the longer variant in the margin and used brackets to show the word(s) omitted in the shorter variant. The same practice has been followed in this edition, as in the following example:

WH: ἀποκριθεὶς δὲ {WH}: [τότε] ἀποκριθεὶς

The brackets in the preceding example indicate that the original WH margin displayed two potentially authentic variants to ἀποκριθεὶς δὲ, the wording found in the text: τότε ἀποκριθεὶς and ἀποκριθεὶς.

Another way this edition displays two variants from the WH text is by combining brackets and substitution. In the example that follows, WH's preferred reading is εἷς προσελθὼν and the two secondary readings are προσελθὼν (indicated by the brackets) and εἰσελθὼν (indicated by the variant following {WH}).

WH: [εἷς] προσελθὼν {WH}: εἰσελθὼν

Suspected Readings

WH used a combination of marked text and marginal daggers in their original edition to indicate wording considered to contain primitive (i.e., very ancient) errors in which no document, or at least no document considered authoritative, contains the correct reading. The daggers have been replaced with asterisks in the comparative apparatus of this edition. In most cases, the suspected wording set off with asterisks is identical with that of the text, indicating that the existing manuscripts provide no viable alternative. Occasionally, a viable alternate reading can be found in a manuscript or manuscripts not considered authoritative, and when this occurs the alternate wording, rather than the wording in the text, is set between the asterisks:

{WH}: *χωλούς, κυλλούς, τυφλούς, κωφούς*

WH: εἰς . . . τὴν {WH}: *ἐξ . . . τὴν*

In the first of the examples above (from Matt 15:30), the words between the asterisks are identical to those in the text, indicating some uncertainty in the text but providing no viable alternative. In the second example (from Acts 12:25), the wording between the asterisks indicates that one or more of the manuscripts offers a viable alternate reading to the error in the text.

In a few instances WH included readings in the text that, although not supported by the best manuscripts, seem to be more probably correct than the better attested variants, perhaps because of a later editor's conjectural emendation. In these cases the wording marked in the text corresponded to a "MSS" designation in the margin. In this edition the better supported (though, in WH's view, less likely correct) wording is marked off with double asterisks in the comparative apparatus. In the following example, WH judged ἐπὶ, the less strongly attested reading, to be more probably correct than ὑπὸ, the reading supported by the better NT manuscripts.

WH: ἐπὶ {WH}: **ὑπὸ**

The original edition of WH included two kinds of variants that were enclosed in double brackets [[ ]] throughout the text. These included in the first place a handful of so-called "Western non-interpolations," material found in the best manuscripts but omitted by Western manuscripts alone. Since WH considered it unlikely that the editor of the Western text, who commonly would add

words in the interest of smoothing the text, would have allowed significant dele-
tions, they considered it more likely that the Western text alone had preserved
more accurate readings in cases where the other text-types had allowed early, ex-
planatory interpolations. Since manuscripts otherwise thought to be the best
support these interpolations, WH included them in their text but set them off
in double brackets. Also enclosed in double brackets were interpolations, prob-
ably Western in origin, that, although not considered part of the original NT,
were deemed to contain "important matter derived from extraneous sources."[2]
In this edition, all double-bracketed text has been preserved.

The Comparative Apparatus

While the original edition of WH contained only a small number of vari-
ant readings, the comparative apparatus of this edition displays differences in
wording between the WH text and that of the Nestle-Aland 27th edition of
the *Novum Testamentum Graece,* (designated with the initials "NA"), and *The
New Testament in the Original Greek: Byzantine Textform,*[3] edited by Maurice
Robinson and William G. Pierpont (designated as "RP").

The Nestle-Aland edition is the standard Greek text for scholarly use today.
The fourth edition of the United Bible Society's *Greek New Testament*[4] (UBS4),
which contains the identical Greek text as the NA27, is a favorite among stu-
dents of NT Greek. Most contemporary translations of the Bible are based on a
Greek text identical or very similar to the NA text.

The Robinson-Pierpont NT, while less widely known, is a recent scholarly
attempt to accurately represent the Byzantine textual tradition. The Byzantine
text, also popularly dubbed the "majority" text because it is the type of text
represented in the vast majority of NT manuscripts, was regarded by WH as a
secondary text derived from Alexandrian and Western text-types. However,
due to its importance in the history of the church, and particularly because it
was the most widely copied form of the text prior to the invention of print-
ing, some still regard the Byzantine text-type as the form of the NT text closest

---

2 Brook Foss Westcott and Fenton John Anthony Hort, *The New Testament in the
Original Greek* (Cambridge: Macmillan and Co., 1985), 583.
3 Maurice Robinson and William G. Pierpont, eds., *The New Testament in the Original
Greek: Byzantine Textform* (Southborough, Mass.: Chilton Book Publishing, 2005).
4 Aland, Kurt et. al., eds., *The Greek New Testament* (Stuttgart: Deutsche
Bibelgesellschaft, 1994).

to the originals.[5] The Byzantine text is the basis for the King James and New King James versions.

This edition, by bringing together variants from the distinctly Alexandrian WH text with readings from both the eclectic NA and the Byzantine RP texts, offers a ready comparison of three of the most common approaches to the NT text that have influenced the field of biblical studies in the modern era.

Scope of the Apparatus

The readings included in the comparative apparatus show all variations between the compared versions that have exegetical significance, however slight. Mere stylistic differences in spelling, capitalization, and accenting that do not impact the meaning of the text have not been included. Punctuation differences, not being a part of the original text of the NT, have long been regarded as matters of judgment on the part of the editors. In this edition such differences have been compared only where Westcott and Hort themselves included such comparisons, or where they represent significant alternatives to how the text is to be understood.

Types of Comparisons

The variants included in the comparative apparatus, like the comparisons in the original edition of WH, are of three basic types:

1. *Substitution* comparisons show words or phrases in WH that are substituted with different words or phrases, or words in a different order, in the other editions, as in the following example:

   WH: αὐτῆς NA: ἑαυτῆς RP: τὰ αὐτῆς

   When only two editions are compared, the edition not compared is assumed to be in agreement with WH. In the following example, WH and NA read βληθὲν, while RP reads βληθῆναι:

   WH: βληθὲν RP: βληθῆναι

---

[5] The appendix to the Robinson-Pierpont edition contains a carefully reasoned defense of the priority of the Byzantine text-type.

When the two other editions agree against WH, they are connected by a forward slash as follows:

WH: [οὖ] NA/RP: οὖ

2. *Addition* comparisons show words or phrases not found in WH that are contained in one or both of the other editions:

RP: *add* θρῆνος καὶ *before* κλαυθμὸς

3. *Omission* comparisons show words or phrases contained in WH that are not found in one or both of the other editions:

NA/RP: *omit* [ὁ θεὸς]

Bracketing

In both the WH and NA editions, the use of bracketing indicates that while the enclosed text has some likelihood of authenticity, important conflicting manuscript evidence favors the omission of the bracketed text. (The RP edition does not use bracketing.) The bracketing in the preceding example shows that WH regarded the omission of ὁ θεὸς as potentially authentic, although somewhat less likely than the inclusion of these words. Both of the other two editions, in contrast, more strongly favor the omission.

The placement of part of a compared reading in brackets indicates that the same words are bracketed in the text of the compared edition, as in the following example:

WH: [ὁ] ποιῶν RP: ποιοῦν

The placement of the initials of a compared edition in brackets indicates that the edition in question includes the entire variant in brackets in its text. In the following example, both NA and RP include the article before Πέτρος, although the NA text includes it in brackets. Thus WH has Πέτρος alone, NA has [ὁ] Πέτρος, and RP has ὁ Πέτρος.

[NA]/RP: *add* ὁ *before* Πέτρος

Separating Variants

Discrete variants within the same verse are separated in the comparative apparatus by the double slash symbol: //

Old Testament References

In the original edition of the WH text, places where the NT authors cited or alluded to the OT were set off in a special Greek script. A list of the OT references for these citations and allusions was contained in the back of that edition as well. In this edition such citations and allusions have been set of with boldface type and the OT references have been included beneath the comparative apparatus at the bottom of each page, as in the following example:

2:3 WH: ὁ βασιλεὺς Ἡροεδης RP: Ἡροεδης ὁ βασιλεὺς 5 WH: εἶπαν RP: εἶπον

1:23 Isa 7:14

THE GREEK NEW TESTAMENT

ΚΑΤΑ ΜΑΘΘΑΙΟΝ

The Genealogy of Jesus Christ
(cf. Luke 3:23–38)

1 Βίβλος γενέσεως Ἰησοῦ Χριστοῦ υἱοῦ Δαυεὶδ υἱοῦ
Ἀβραάμ.

2 Ἀβραὰμ ἐγέννησεν τὸν Ἰσαάκ,
Ἰσαὰκ δὲ ἐγέννησεν τὸν Ἰακώβ,
Ἰακὼβ δὲ ἐγέννησεν τὸν Ἰούδαν καὶ τοὺς ἀδελφοὺς αὐτοῦ,
3 Ἰούδας δὲ ἐγέννησεν τὸν Φαρὲς καὶ τὸν Ζαρὰ ἐκ τῆς
    Θάμαρ,
Φαρὲς δὲ ἐγέννησεν τὸν Ἐσρώμ, Ἐσρὼμ δὲ ἐγέννησεν τὸν
    Ἀράμ,
4 Ἀρὰμ δὲ ἐγέννησεν τὸν Ἀμιναδάβ,
Ἀμιναδὰβ δὲ ἐγέννησεν τὸν Ναασσών,
Ναασσὼν δὲ ἐγέννησεν τὸν Σαλμών,
5 Σαλμὼν δὲ ἐγέννησεν τὸν Βοὲς ἐκ τῆς Ῥαχάβ,
Βοὲς δὲ ἐγέννησεν τὸν Ἰωβὴδ ἐκ τῆς Ῥούθ,
Ἰωβὴδ δὲ ἐγέννησεν τὸν Ἰεσσαί,
6 Ἰεσσαὶ δὲ ἐγέννησεν τὸν Δαυεὶδ τὸν βασιλέα.

Δαυεὶδ δὲ ἐγέννησεν τὸν Σολομῶνα ἐκ τῆς τοῦ Οὐρίου,
7 Σολομὼν δὲ ἐγέννησεν τὸν Ῥοβοάμ,
Ῥοβοὰμ δὲ ἐγέννησεν τὸν Ἀβιά,
Ἀβιὰ δὲ ἐγέννησεν τὸν Ἀσάφ,
8 Ἀσὰφ δὲ ἐγέννησεν τὸν Ἰωσαφάτ,
Ἰωσαφὰτ δὲ ἐγέννησεν τὸν Ἰωράμ,
Ἰωρὰμ δὲ ἐγέννησεν τὸν Ὀζείαν,
9 Ὀζείας δὲ ἐγέννησεν τὸν Ἰωαθάμ,

1:5 WH: Βοὲς RP: Βοὸζ *twice* // WH: Ἰωβὴδ RP: Ὠβὴδ 6 WH: Δαυεὶδ NA: Δαυὶδ
RP: Δαυὶδ ὁ βασιλεὺς 7 WH: Ἀσάφ RP: Ἀσά 8 WH: Ἀσάφ RP: Ἀσὰ

Ἰωαθὰμ δὲ ἐγέννησεν τὸν Ἄχας,
Ἄχας δὲ ἐγέννησεν τὸν Ἑζεκίαν,
10 Ἑζεκίας δὲ ἐγέννησεν τὸν Μανασσῆ,
Μανασσῆς δὲ ἐγέννησεν τὸν Ἀμώς,
Ἀμὼς δὲ ἐγέννησεν τὸν Ἰωσείαν,
11 Ἰωσείας δὲ ἐγέννησεν τὸν Ἰεχονίαν καὶ τοὺς ἀδελφοὺς
    αὐτοῦ ἐπὶ τῆς μετοικεσίας Βαβυλῶνος.

12 Μετὰ δὲ τὴν μετοικεσίαν Βαβυλῶνος Ἰεχονίας
    ἐγέννησεν τὸν Σαλαθιήλ,
Σαλαθιὴλ δὲ ἐγέννησεν τὸν Ζοροβάβελ,
13 Ζοροβάβελ δὲ ἐγέννησεν τὸν Ἀβιούδ,
Ἀβιοὺδ δὲ ἐγέννησεν τὸν Ἐλιακείμ,
Ἐλιακεὶμ δὲ ἐγέννησεν τὸν Ἀζώρ,
14 Ἀζὼρ δὲ ἐγέννησεν τὸν Σαδώκ,
Σαδὼκ δὲ ἐγέννησεν τὸν Ἀχείμ,
Ἀχεὶμ δὲ ἐγέννησεν τὸν Ἐλιούδ,
15 Ἐλιοὺδ δὲ ἐγέννησεν τὸν Ἐλεάζαρ,
Ἐλεάζαρ δὲ ἐγέννησεν τὸν Ματθάν,
Ματθὰν δὲ ἐγέννησεν τὸν Ἰακώβ,
16 Ἰακὼβ δὲ ἐγέννησεν τὸν Ἰωσὴφ τὸν ἄνδρα Μαρίας, ἐξ
    ἧς ἐγεννήθη Ἰησοῦς ὁ λεγόμενος Χριστός.

17 Πᾶσαι οὖν αἱ γενεαὶ ἀπὸ Ἀβραὰμ ἕως Δαυεὶδ γενεαὶ
δεκατέσσαρες, καὶ ἀπὸ Δαυεὶδ ἕως τῆς μετοικεσίας Βαβυ-
λῶνος γενεαὶ δεκατέσσαρες, καὶ ἀπὸ τῆς μετοικεσίας Βα-
βυλῶνος ἕως τοῦ χριστοῦ γενεαὶ δεκατέσσαρες.

The Birth of Christ
(cf. Luke 2:1–7)

18 Τοῦ δὲ [Ἰησοῦ] Χριστοῦ ἡ γένεσις οὕτως ἦν. Μνηστευ-
θείσης τῆς μητρὸς αὐτοῦ Μαρίας τῷ Ἰωσήφ, πρὶν ἢ συνελ-

---

9 WH: Ἄχας, NA/RP: Ἀχάζ 10 WH: Ἀμώς RP: Ἀμών *twice* // WH: Ἰωσείαν
NA/RP: Ἰωσίαν 11 WH: Ἰωσείας NA: Ἰωσίας RP: Ἰωσίαν 18 WH: [Ἰησοῦ]
Χριστοῦ {WH}: χριστοῦ Ἰησοῦ NA/RP: Ἰησοῦ Χριστοῦ // WH: γένεσις RP:
γέννησις // RP: *add* γὰρ *after* μνηστευθείσης

θεῖν αὐτοὺς εὑρέθη ἐν γαστρὶ ἔχουσα ἐκ πνεύματος ἁγίου. 19 Ἰωσὴφ δὲ ὁ ἀνὴρ αὐτῆς, δίκαιος ὢν καὶ μὴ θέλων αὐτὴν δειγματίσαι, ἐβουλήθη λάθρᾳ ἀπολῦσαι αὐτήν. 20 Ταῦτα δὲ αὐτοῦ ἐνθυμηθέντος ἰδοὺ ἄγγελος Κυρίου κατ᾽ ὄναρ ἐφάνη αὐτῷ λέγων Ἰωσὴφ υἱὸς Δαυείδ, μὴ φοβηθῇς παραλαβεῖν Μαρίαν τὴν γυναῖκά σου, τὸ γὰρ ἐν αὐτῇ γεννηθὲν ἐκ πνεύματός ἐστιν ἁγίου· 21 τέξεται δὲ υἱὸν καὶ καλέσεις τὸ ὄνομα αὐτοῦ Ἰησοῦν, αὐτὸς γὰρ σώσει τὸν λαὸν αὐτοῦ ἀπὸ τῶν ἁμαρτιῶν αὐτῶν. 22 Τοῦτο δὲ ὅλον γέγονεν ἵνα πληρωθῇ τὸ ῥηθὲν ὑπὸ Κυρίου διὰ τοῦ προφήτου λέγοντος

23 **Ἰδοὺ ἡ παρθένος ἐν γαστρὶ ἕξει καὶ τέξεται υἱόν,**
  καὶ καλέσουσιν τὸ ὄνομα αὐτοῦ Ἐμμανουήλ·

ὅ ἐστιν μεθερμηνευόμενον **Μεθ᾽ ἡμῶν ὁ θεός.** 24 Ἐγερθεὶς δὲ [ὁ] Ἰωσὴφ ἀπὸ τοῦ ὕπνου ἐποίησεν ὡς προσέταξεν αὐτῷ ὁ ἄγγελος Κυρίου καὶ παρέλαβεν τὴν γυναῖκα αὐτοῦ· 25 καὶ οὐκ ἐγίνωσκεν αὐτὴν ἕως [οὗ] ἔτεκεν υἱόν· καὶ ἐκάλεσεν τὸ ὄνομα αὐτοῦ Ἰησοῦν.

The Visit of the Magi

2 Τοῦ δὲ Ἰησοῦ γεννηθέντος ἐν Βηθλεὲμ τῆς Ἰουδαίας ἐν ἡμέραις Ἡρῴδου τοῦ βασιλέως, ἰδοὺ μάγοι ἀπὸ ἀνατολῶν παρεγένοντο εἰς Ἱεροσόλυμα 2 λέγοντες Ποῦ ἐστὶν ὁ τεχθεὶς βασιλεὺς τῶν Ἰουδαίων; εἴδομεν γὰρ αὐτοῦ τὸν ἀστέρα ἐν τῇ ἀνατολῇ καὶ ἤλθομεν προσκυνῆσαι αὐτῷ. 3 Ἀκούσας δὲ ὁ βασιλεὺς Ἡρῴδης ἐταράχθη καὶ πᾶσα Ἱεροσόλυμα μετ᾽ αὐτοῦ, 4 καὶ συναγαγὼν πάντας τοὺς ἀρχιερεῖς καὶ γραμματεῖς τοῦ λαοῦ ἐπυνθάνετο παρ᾽ αὐτῶν ποῦ ὁ χριστὸς γεννᾶται. 5 οἱ δὲ εἶπαν αὐτῷ Ἐν Βηθλεὲμ τῆς Ἰουδαίας· οὕτως γὰρ γέγραπται διὰ τοῦ προφήτου

---

19 WH: δειγματίσαι RP: παραδειγματίσαι 20 WH: Μαρίαν {WH}/RP: Μαριὰμ 22 WH: Κυρίου RP: τοῦ κυρίου 24 WH: Ἐγερθεὶς RP: διεγερθεὶς // WH: [ὁ] Ἰωσὴφ ΝΑ/RP: ὁ Ἰωσὴφ 25 WH: [οὗ] ΝΑ/RP: οὗ // WH: υἱὸν RP: τὸν υἱὸν αὐτῆς τὸν πρωτότοκον
2:3 WH: ὁ βασιλεὺς Ἡρῴδης RP: Ἡρῴδης ὁ βασιλεὺς 5 WH: εἶπαν RP: εἶπον

1:23 Isa 7:14

6 Καὶ σύ, Βηθλεὲμ γῆ Ἰούδα,
  οὐδαμῶς ἐλαχίστη εἶ ἐν τοῖς ἡγεμόσιν Ἰούδα·
ἐκ σοῦ γὰρ ἐξελεύσεται ἡγούμενος,
  ὅστις ποιμανεῖ τὸν λαόν μου τὸν Ἰσραήλ.

7 Τότε Ἡρῴδης λάθρᾳ καλέσας τοὺς μάγους ἠκρίβωσεν παρ᾽ αὐτῶν τὸν χρόνον τοῦ φαινομένου ἀστέρος, 8 καὶ πέμψας αὐτοὺς εἰς Βηθλεὲμ εἶπεν Πορευθέντες ἐξετάσατε ἀκριβῶς περὶ τοῦ παιδίου· ἐπὰν δὲ εὕρητε ἀπαγγείλατέ μοι, ὅπως κἀγὼ ἐλθὼν προσκυνήσω αὐτῷ. 9 οἱ δὲ ἀκούσαντες τοῦ βασιλέως ἐπορεύθησαν, καὶ ἰδοὺ ὁ ἀστὴρ ὃν εἶδον ἐν τῇ ἀνατολῇ προῆγεν αὐτούς, ἕως ἐλθὼν ἐστάθη ἐπάνω οὗ ἦν τὸ παιδίον. 10 ἰδόντες δὲ τὸν ἀστέρα ἐχάρησαν χαρὰν μεγάλην σφόδρα. 11 καὶ ἐλθόντες εἰς τὴν οἰκίαν εἶδον τὸ παιδίον μετὰ Μαρίας τῆς μητρὸς αὐτοῦ, καὶ πεσόντες προσεκύνησαν αὐτῷ, καὶ ἀνοίξαντες τοὺς θησαυροὺς αὐτῶν προσήνεγκαν αὐτῷ δῶρα, χρυσὸν καὶ λίβανον καὶ σμύρναν. 12 καὶ χρηματισθέντες κατ᾽ ὄναρ μὴ ἀνακάμψαι πρὸς Ἡρῴδην δι᾽ ἄλλης ὁδοῦ ἀνεχώρησαν εἰς τὴν χώραν αὐτῶν.

The Wrath of Herod

13 Ἀναχωρησάντων δὲ αὐτῶν ἰδοὺ ἄγγελος Κυρίου φαίνεται κατ᾽ ὄναρ τῷ Ἰωσὴφ λέγων Ἐγερθεὶς παράλαβε τὸ παιδίον καὶ τὴν μητέρα αὐτοῦ καὶ φεῦγε εἰς Αἴγυπτον, καὶ ἴσθι ἐκεῖ ἕως ἂν εἴπω σοι· μέλλει γὰρ Ἡρῴδης ζητεῖν τὸ παιδίον τοῦ ἀπολέσαι αὐτό. 14 ὁ δὲ ἐγερθεὶς παρέλαβε τὸ παιδίον καὶ τὴν μητέρα αὐτοῦ νυκτὸς καὶ ἀνεχώρησεν εἰς Αἴγυπτον, 15 καὶ ἦν ἐκεῖ ἕως τῆς τελευτῆς Ἡρῴδου· ἵνα πληρωθῇ τὸ ῥηθὲν ὑπὸ Κυρίου διὰ τοῦ προφήτου λέγοντος Ἐξ Αἰγύπτου ἐκάλεσα τὸν υἱόν μου.

16 Τότε Ἡρῴδης ἰδὼν ὅτι ἐνεπαίχθη ὑπὸ τῶν μάγων ἐθυμώθη λίαν, καὶ ἀποστείλας ἀνεῖλεν πάντας τοὺς παῖδας

---

8 WH: ἐξετάσατε ἀκριβῶς RP: ἀκριβῶς ἐξετάσατε 9 WH: ἐστάθη RP: ἔστη 13 WH: φαίνεται κατ᾽ ὄναρ {WH}: κατ᾽ ὄναρ ἐφάνη 15 WH: Κυρίου RP: τοῦ κυρίου

τοὺς ἐν Βηθλεὲμ καὶ ἐν πᾶσι τοῖς ὁρίοις αὐτῆς ἀπὸ διετοῦς καὶ κατωτέρω, κατὰ τὸν χρόνον ὃν ἠκρίβωσεν παρὰ τῶν μάγων. 17 Τότε ἐπληρώθη τὸ ῥηθὲν διὰ Ἰερεμίου τοῦ προφήτου λέγοντος

18 **Φωνὴ ἐν Ῥαμὰ ἠκούσθη,**
   κλαυθμὸς καὶ ὀδυρμὸς πολύς·
   Ῥαχὴλ κλαίουσα τὰ τέκνα αὐτῆς,
   καὶ οὐκ ἤθελεν παρακληθῆναι ὅτι οὐκ εἰσίν.

19 Τελευτήσαντος δὲ τοῦ Ἡρῴδου ἰδοὺ ἄγγελος Κυρίου φαίνεται κατ᾽ ὄναρ τῷ Ἰωσὴφ ἐν Αἰγύπτῳ 20 λέγων Ἐγερθεὶς παράλαβε τὸ παιδίον καὶ τὴν μητέρα αὐτοῦ καὶ πορεύου εἰς γῆν Ἰσραήλ, τεθνήκασιν γὰρ οἱ ζητοῦντες τὴν ψυχὴν τοῦ παιδίου. 21 ὁ δὲ ἐγερθεὶς παρέλαβε τὸ παιδίον καὶ τὴν μητέρα αὐτοῦ καὶ εἰσῆλθεν εἰς γῆν Ἰσραήλ. 22 ἀκούσας δὲ ὅτι Ἀρχέλαος βασιλεύει τῆς Ἰουδαίας ἀντὶ τοῦ πατρὸς αὐτοῦ Ἡρῴδου ἐφοβήθη ἐκεῖ ἀπελθεῖν· χρηματισθεὶς δὲ κατ᾽ ὄναρ ἀνεχώρησεν εἰς τὰ μέρη τῆς Γαλιλαίας, 23 καὶ ἐλθὼν κατῴκησεν εἰς πόλιν λεγομένην Ναζαρέτ, ὅπως πληρωθῇ τὸ ῥηθὲν διὰ τῶν προφητῶν ὅτι Ναζωραῖος κληθήσεται.

John the Baptist Prepares the Way
(Mark 1:1–8; Luke 3:1–18; cf. John 1:19–28)

3 Ἐν δὲ ταῖς ἡμέραις ἐκείναις παραγίνεται Ἰωάνης ὁ βαπτιστὴς κηρύσσων ἐν τῇ ἐρήμῳ τῆς Ἰουδαίας 2 λέγων Μετανοεῖτε, ἤγγικεν γὰρ ἡ βασιλεία τῶν οὐρανῶν. 3 Οὗτος γάρ ἐστιν ὁ ῥηθεὶς διὰ Ἠσαίου τοῦ προφήτου λέγοντος

Φωνὴ βοῶντος ἐν τῇ ἐρήμῳ
   Ἑτοιμάσατε τὴν ὁδὸν Κυρίου,
   εὐθείας ποιεῖτε τὰς τρίβους αὐτοῦ.

---

17 WH: διὰ RP: ὑπὸ 18 RP: *add* θρῆνος καὶ *before* κλαυθμὸς 19 WH: φαίνεται κατ᾽ ὄναρ RP: κατ᾽ ὄναρ φαίνεται 21 WH: εἰσῆλθεν RP: ἦλθεν 22 WH: τοῦ πατρὸς αὐτοῦ Ἡρῴδου RP: Ἡρῴδου τοῦ πατρὸς αὐτοῦ
3:2 WH: λέγων ΝΑ: [καὶ] λέγων RP: καὶ λέγων 3 WH: διὰ Ἠσαίου ΝΑ: διὰ Ἠσαῖου RP: ὑπὸ Ἠσαῖου

18 Jer 31:15 3:3 Isa 40:3

4 Αὐτὸς δὲ ὁ Ἰωάνης εἶχεν τὸ ἔνδυμα αὐτοῦ ἀπὸ τριχῶν καμήλου καὶ ζώνην δερματίνην περὶ τὴν ὀσφὺν αὐτοῦ, ἡ δὲ τροφὴ ἦν αὐτοῦ ἀκρίδες καὶ μέλι ἄγριον. 5 Τότε ἐξεπορεύετο πρὸς αὐτὸν Ἰεροσόλυμα καὶ πᾶσα ἡ Ἰουδαία καὶ πᾶσα ἡ περίχωρος τοῦ Ἰορδάνου, 6 καὶ ἐβαπτίζοντο ἐν τῷ Ἰορδάνῃ ποταμῷ ὑπ' αὐτοῦ ἐξομολογούμενοι τὰς ἁμαρτίας αὐτῶν. 7 Ἰδὼν δὲ πολλοὺς τῶν Φαρισαίων καὶ Σαδδουκαίων ἐρχομένους ἐπὶ τὸ βάπτισμα εἶπεν αὐτοῖς Γεννήματα ἐχιδνῶν, τίς ὑπέδειξεν ὑμῖν φυγεῖν ἀπὸ τῆς μελλούσης ὀργῆς; 8 ποιήσατε οὖν καρπὸν ἄξιον τῆς μετανοίας· 9 καὶ μὴ δόξητε λέγειν ἐν ἑαυτοῖς Πατέρα ἔχομεν τὸν Ἀβραάμ, λέγω γὰρ ὑμῖν ὅτι δύναται ὁ θεὸς ἐκ τῶν λίθων τούτων ἐγεῖραι τέκνα τῷ Ἀβραάμ. 10 ἤδη δὲ ἡ ἀξίνη πρὸς τὴν ρίζαν τῶν δένδρων κεῖται· πᾶν οὖν δένδρον μὴ ποιοῦν καρπὸν καλὸν ἐκκόπτεται καὶ εἰς πῦρ βάλλεται. 11 ἐγὼ μὲν ὑμᾶς βαπτίζω ἐν ὕδατι εἰς μετάνοιαν· ὁ δὲ ὀπίσω μου ἐρχόμενος ἰσχυρότερός μου ἐστίν, οὗ οὐκ εἰμὶ ἱκανὸς τὰ ὑποδήματα βαστάσαι· αὐτὸς ὑμᾶς βαπτίσει ἐν πνεύματι ἁγίῳ καὶ πυρί· 12 οὗ τὸ πτύον ἐν τῇ χειρὶ αὐτοῦ, καὶ διακαθαριεῖ τὴν ἅλωνα αὐτοῦ, καὶ συνάξει τὸν σῖτον αὐτοῦ εἰς τὴν ἀποθήκην, τὸ δὲ ἄχυρον κατακαύσει πυρὶ ἀσβέστῳ.

Jesus Is Baptized by John
(Mark 1:9–11; Luke 3:21–22)

13 Τότε παραγίνεται ὁ Ἰησοῦς ἀπὸ τῆς Γαλιλαίας ἐπὶ τὸν Ἰορδάνην πρὸς τὸν Ἰωάνην τοῦ βαπτισθῆναι ὑπ' αὐτοῦ. 14 ὁ δὲ διεκώλυεν αὐτὸν λέγων Ἐγὼ χρείαν ἔχω ὑπὸ σοῦ βαπτισθῆναι, καὶ σὺ ἔρχῃ πρός με; 15 ἀποκριθεὶς δὲ ὁ Ἰησοῦς εἶπεν αὐτῷ Ἄφες ἄρτι, οὕτω γὰρ πρέπον ἐστὶν ἡμῖν πληρῶσαι πᾶσαν δικαιοσύνην. τότε ἀφίησιν

---

4 WH: ἦν αὐτοῦ RP: αὐτοῦ ἦν 6 RP: omit ποταμῷ 7 NA/RP: add αὐτοῦ after βάπτισμα 10 RP: add καὶ after ἤδη δὲ 11 WH: ὑμᾶς βαπτίζω RP: βαπτίζω ὑμᾶς // RP: omit καὶ πυρί· 14 NA/RP: add Ἰωάννης after ὁ δὲ 15 αὐτῷ {WH}/NA/RP: πρὸς αὐτόν // WH: οὕτω NA/RP: οὕτως

αὐτόν. 16 βαπτισθεὶς δὲ ὁ Ἰησοῦς εὐθὺς ἀνέβη ἀπὸ τοῦ ὕδατος· καὶ ἰδοὺ ἠνεῴχθησαν οἱ οὐρανοί, καὶ εἶδεν πνεῦμα θεοῦ καταβαῖνον ὡσεὶ περιστερὰν ἐρχόμενον ἐπ' αὐτόν· 17 καὶ ἰδοὺ φωνὴ ἐκ τῶν οὐρανῶν λέγουσα   Οὗτός ἐστιν ὁ υἱός μου ὁ ἀγαπητός, ἐν ᾧ εὐδόκησα.

Jesus Faces Temptation
(Mark 1:12–13; Luke 4:1–13)

4 Τότε [ὁ] Ἰησοῦς ἀνήχθη εἰς τὴν ἔρημον ὑπὸ τοῦ πνεύματος, πειρασθῆναι ὑπὸ τοῦ διαβόλου. 2 καὶ νηστεύσας ἡμέρας τεσσεράκοντα καὶ νύκτας τεσσεράκοντα ὕστερον ἐπείνασεν. 3 Καὶ προσελθὼν ὁ πειράζων εἶπεν αὐτῷ   Εἰ υἱὸς εἶ τοῦ θεοῦ, εἰπὸν ἵνα οἱ λίθοι οὗτοι ἄρτοι γένωνται. 4 ὁ δὲ ἀποκριθεὶς εἶπεν   Γέγραπται

Οὐκ ἐπ' ἄρτῳ μόνῳ ζήσεται ὁ ἄνθρωπος, ἀλλ' ἐπὶ παντὶ ῥήματι ἐκπορευομένῳ διὰ στόματος θεοῦ.

5 Τότε παραλαμβάνει αὐτὸν ὁ διάβολος εἰς τὴν ἁγίαν πόλιν, καὶ ἔστησεν αὐτὸν ἐπὶ τὸ πτερύγιον τοῦ ἱεροῦ, 6 καὶ λέγει αὐτῷ Εἰ υἱὸς εἶ τοῦ θεοῦ, βάλε σεαυτὸν κάτω· γέγραπται γὰρ ὅτι

Τοῖς ἀγγέλοις αὐτοῦ ἐντελεῖται περὶ σοῦ
καὶ ἐπὶ χειρῶν ἀροῦσίν σε,
μή ποτε προσκόψῃς πρὸς λίθον τὸν πόδα σου.

7 ἔφη αὐτῷ ὁ Ἰησοῦς   Πάλιν γέγραπται
Οὐκ ἐκπειράσεις Κύριον τὸν θεόν σου.

8 Πάλιν παραλαμβάνει αὐτὸν ὁ διάβολος εἰς ὄρος ὑψηλὸν λίαν, καὶ δείκνυσιν αὐτῷ πάσας τὰς βασιλείας τοῦ κόσμου

---

16 WH: βαπτισθεὶς δὲ RP: καὶ βαπτισθεὶς // WH: εὐθὺς ἀνέβη RP: ἀνέβη εὐθὺς // WH: ἠνεῴχθησαν {WH}/NA: ἠνεῴχθησαν αὐτῷ RP: ἀνεῴχθησαν αὐτῷ // WH: πνεῦμα θεοῦ NA: [τὸ] πνεῦμα [τοῦ] θεοῦ RP: τὸ πνεῦμα τοῦ θεοῦ // WH: ἐρχόμενον NA: [καὶ] ἐρχόμενον RP: καὶ ἐρχόμενον
4:1 WH: [ὁ] NA/RP: ὁ 3 WH: ὁ πειράζων εἶπεν αὐτῷ RP: αὐτῷ ὁ πειράζων εἶπεν // WH: θεοῦ, εἰπὸν RP: θεοῦ εἰπὲ 4 RP: omit ὁ before ἄνθρωπος 5 WH: ἔστησεν RP: ἵστησιν 6 WH: μή ποτε NA/RP: μήποτε

4:4 Deut 8:3   6 Ps 91:11, 12   7 Deut 6:16

καὶ τὴν δόξαν αὐτῶν, 9 καὶ εἶπεν αὐτῷ· Ταῦτά σοι πάντα δώσω ἐὰν πεσὼν προσκυνήσῃς μοι. 10 τότε λέγει αὐτῷ ὁ Ἰησοῦς· Ὕπαγε, Σατανᾶ· γέγραπται γάρ·
Κύριον τὸν θεόν σου προσκυνήσεις
καὶ αὐτῷ μόνῳ λατρεύσεις.
11 Τότε ἀφίησιν αὐτὸν ὁ διάβολος, καὶ ἰδοὺ ἄγγελοι προσ-ῆλθον καὶ διηκόνουν αὐτῷ.

Jesus Begins His Galilean Ministry
(Mark 1:14–15; Luke 4:14–15)

12 Ἀκούσας δὲ ὅτι Ἰωάνης παρεδόθη ἀνεχώρησεν εἰς τὴν Γαλιλαίαν. 13 καὶ καταλιπὼν τὴν Ναζαρὰ ἐλθὼν κατῴκησεν εἰς Καφαρναοὺμ τὴν παραθαλασσίαν ἐν ὁρίοις Ζαβουλὼν καὶ Νεφθαλείμ· 14 ἵνα πληρωθῇ τὸ ῥηθὲν διὰ Ἡσαΐου τοῦ προφήτου λέγοντος·
15 **Γῆ Ζαβουλὼν καὶ γῆ Νεφθαλείμ,**
ὁδὸν θαλάσσης, πέραν τοῦ Ἰορδάνου,
    Γαλιλαία τῶν ἐθνῶν,
16 **λαὸς ὁ καθήμενος ἐν σκοτίᾳ**
    φῶς εἶδεν μέγα,
καὶ τοῖς καθημένοις ἐν χώρᾳ καὶ σκιᾷ θανάτου
    φῶς ἀνέτειλεν αὐτοῖς.
17 Ἀπὸ τότε ἤρξατο ὁ Ἰησοῦς κηρύσσειν καὶ λέγειν· Μετανοεῖτε, ἤγγικεν γὰρ ἡ βασιλεία τῶν οὐρανῶν.

Jesus Calls His First Disciples
(Mark 1:16–20; cf. Luke 5:1–11)

18 Περιπατῶν δὲ παρὰ τὴν θάλασσαν τῆς Γαλιλαίας εἶδεν δύο ἀδελφούς, Σίμωνα τὸν λεγόμενον Πέτρον καὶ

---

9 WH: εἶπεν RP: λέγει // WH: σοι πάντα RP: πάντα σοι 10 RP: *add* ὀπίσω μου *after* Ὕπαγε 12 RP: *add* ὁ Ἰησοῦς *after* δὲ 13 WH: Ναζαρὰ RP: Ναζαρὲτ 16 WH: σκοτίᾳ NA/RP: σκότει // WH: φῶς εἶδεν μέγα RP: εἶδεν φῶς μέγα 17 WH: Μετανοεῖτε, ἤγγικεν {WH}: Ἤγγικεν

---

10 Deut 6:13   15–16 Isa 9:1, 2

Ἀνδρέαν τὸν ἀδελφὸν αὐτοῦ, βάλλοντας ἀμφίβληστρον εἰς τὴν θάλασσαν, ἦσαν γὰρ ἁλεεῖς· 19 καὶ λέγει αὐτοῖς Δεῦτε ὀπίσω μου, καὶ ποιήσω ὑμᾶς ἁλεεῖς ἀνθρώπων. 20 οἱ δὲ εὐθέως ἀφέντες τὰ δίκτυα ἠκολούθησαν αὐτῷ. 21 Καὶ προβὰς ἐκεῖθεν εἶδεν ἄλλους δύο ἀδελφούς, Ἰάκωβον τὸν τοῦ Ζεβεδαίου καὶ Ἰωάνην τὸν ἀδελφὸν αὐτοῦ, ἐν τῷ πλοίῳ μετὰ Ζεβεδαίου τοῦ πατρὸς αὐτῶν καταρτίζοντας τὰ δίκτυα αὐτῶν, καὶ ἐκάλεσεν αὐτούς. 22 οἱ δὲ εὐθέως ἀφέντες τὸ πλοῖον καὶ τὸν πατέρα αὐτῶν ἠκολούθησαν αὐτῷ.

Jesus Ministers in Galilee
(Mark 1:39; Luke 4:44; cf. 6:17–19)

23 Καὶ περιῆγεν ἐν ὅλῃ τῇ Γαλιλαίᾳ, διδάσκων ἐν ταῖς συναγωγαῖς αὐτῶν καὶ κηρύσσων τὸ εὐαγγέλιον τῆς βασιλείας καὶ θεραπεύων πᾶσαν νόσον καὶ πᾶσαν μαλακίαν ἐν τῷ λαῷ. 24 καὶ ἀπῆλθεν ἡ ἀκοὴ αὐτοῦ εἰς ὅλην τὴν Συρίαν· καὶ προσήνεγκαν αὐτῷ πάντας τοὺς κακῶς ἔχοντας ποικίλαις νόσοις καὶ βασάνοις συνεχομένους, δαιμονιζομένους καὶ σεληνιαζομένους καὶ παραλυτικούς, καὶ ἐθεράπευσεν αὐτούς. 25 καὶ ἠκολούθησαν αὐτῷ ὄχλοι πολλοὶ ἀπὸ τῆς Γαλιλαίας καὶ Δεκαπόλεως καὶ Ἱεροσολύμων καὶ Ἰουδαίας καὶ πέραν τοῦ Ἰορδάνου.

The Sermon on the Mount (Matthew 5–7)
(cf. Luke 6:20–49)

5 Ἰδὼν δὲ τοὺς ὄχλους ἀνέβη εἰς τὸ ὄρος· καὶ καθίσαντος αὐτοῦ προσῆλθαν [αὐτῷ] οἱ μαθηταὶ αὐτοῦ· 2 καὶ ἀνοίξας τὸ στόμα αὐτοῦ ἐδίδασκεν αὐτοὺς λέγων

---

18 WH: ἁλεεῖς ΝΑ/RP: ἁλιεῖς 19 WH: ἁλεεῖς ΝΑ/RP: ἁλιεῖς 23 WH: ἐν ὅλῃ τῇ Γαλιλαίᾳ RP: ὅλην τὴν Γαλιλαίαν ὁ Ἰησοῦς 24 WH: συνεχομένους ΝΑ: συνεχομένους [καὶ] RP: συνεχομένους, καὶ
5:1 WH: [αὐτῷ] RP: αὐτῷ

The Beatitudes
(Luke 6:20–23)

3 Μακάριοι οἱ πτωχοὶ τῷ πνεύματι, ὅτι αὐτῶν ἐστὶν ἡ βασιλεία τῶν οὐρανῶν.

4 μακάριοι οἱ πενθοῦντες, ὅτι αὐτοὶ παρακληθήσονται.

5 μακάριοι οἱ πραεῖς, ὅτι αὐτοὶ κληρονομήσουσι τὴν γῆν.

6 μακάριοι οἱ πεινῶντες καὶ διψῶντες τὴν δικαιοσύνην, ὅτι αὐτοὶ χορτασθήσονται.

7 μακάριοι οἱ ἐλεήμονες, ὅτι αὐτοὶ ἐλεηθήσονται.

8 μακάριοι οἱ καθαροὶ τῇ καρδίᾳ, ὅτι αὐτοὶ τὸν θεὸν ὄψονται.

9 μακάριοι οἱ εἰρηνοποιοί, ὅτι [αὐτοὶ] υἱοὶ θεοῦ κληθήσονται.

10 μακάριοι οἱ δεδιωγμένοι ἕνεκεν δικαιοσύνης, ὅτι αὐτῶν ἐστὶν ἡ βασιλεία τῶν οὐρανῶν.

11 μακάριοί ἐστε ὅταν ὀνειδίσωσιν ὑμᾶς καὶ διώξωσιν καὶ εἴπωσιν πᾶν πονηρὸν καθ' ὑμῶν ψευδόμενοι ἕνεκεν ἐμοῦ· 12 χαίρετε καὶ ἀγαλλιᾶσθε, ὅτι ὁ μισθὸς ὑμῶν πολὺς ἐν τοῖς οὐρανοῖς· οὕτως γὰρ ἐδίωξαν τοὺς προφήτας τοὺς πρὸ ὑμῶν.

Being Salt and Light
(Luke 14:34–35; cf. Mark 9:50)

13 Ὑμεῖς ἐστὲ τὸ ἅλας τῆς γῆς· ἐὰν δὲ τὸ ἅλας μωρανθῇ, ἐν τίνι ἁλισθήσεται; εἰς οὐδὲν ἰσχύει ἔτι εἰ μὴ βληθὲν ἔξω καταπατεῖσθαι ὑπὸ τῶν ἀνθρώπων. 14 ὑμεῖς ἐστὲ τὸ φῶς τοῦ κόσμου. οὐ δύναται πόλις κρυβῆναι ἐπάνω ὄρους κειμένη· 15 οὐδὲ καίουσιν λύχνον καὶ τιθέασιν αὐτὸν ὑπὸ τὸν μόδιον ἀλλ' ἐπὶ τὴν λυχνίαν, καὶ λάμπει πᾶσιν τοῖς ἐν τῇ οἰκίᾳ. 16 οὕτως λαμψάτω τὸ φῶς ὑμῶν ἔμπροσθεν τῶν

---

9 WH: [αὐτοὶ] NA/RP: αὐτοὶ 11 WH: ψευδόμενοι NA: [ψευδόμενοι] 13 WH: βληθὲν RP: βληθῆναι // RP: add καὶ after ἔξω

5:3, 4 Isa 61:1–2 5 Ps 37:11 8 Ps 24:4

ἀνθρώπων, ὅπως ἴδωσιν ὑμῶν τὰ καλὰ ἔργα καὶ δοξάσωσιν τὸν πατέρα ὑμῶν τὸν ἐν τοῖς οὐρανοῖς.

The Importance of the Law

17 Μὴ νομίσητε ὅτι ἦλθον καταλῦσαι τὸν νόμον ἢ τοὺς προφήτας· οὐκ ἦλθον καταλῦσαι ἀλλὰ πληρῶσαι· 18 ἀμὴν γὰρ λέγω ὑμῖν, ἕως ἂν παρέλθῃ ὁ οὐρανὸς καὶ ἡ γῆ, ἰῶτα ἓν ἢ μία κερέα οὐ μὴ παρέλθῃ ἀπὸ τοῦ νόμου ἕως [ἂν] πάντα γένηται. 19 ὃς ἐὰν οὖν λύσῃ μίαν τῶν ἐντολῶν τούτων τῶν ἐλαχίστων καὶ διδάξῃ οὕτως τοὺς ἀνθρώπους, ἐλάχιστος κληθήσεται ἐν τῇ βασιλείᾳ τῶν οὐρανῶν· ὃς δ' ἂν ποιήσῃ καὶ διδάξῃ, οὗτος μέγας κληθήσεται ἐν τῇ βασιλείᾳ τῶν οὐρανῶν. 20 λέγω γὰρ ὑμῖν ὅτι ἐὰν μὴ περισσεύσῃ ὑμῶν ἡ δικαιοσύνη πλεῖον τῶν γραμματέων καὶ Φαρισαίων, οὐ μὴ εἰσέλθητε εἰς τὴν βασιλείαν τῶν οὐρανῶν.

The Roots of Murder
(cf. Luke 12:57–59)

21 Ἠκούσατε ὅτι ἐρρέθη τοῖς ἀρχαίοις   Οὐ φονεύσεις· ὃς δ' ἂν φονεύσῃ, ἔνοχος ἔσται τῇ κρίσει. 22 Ἐγὼ δὲ λέγω ὑμῖν ὅτι πᾶς ὁ ὀργιζόμενος τῷ ἀδελφῷ αὐτοῦ ἔνοχος ἔσται τῇ κρίσει· ὃς δ' ἂν εἴπῃ τῷ ἀδελφῷ αὐτοῦ   Ῥακά, ἔνοχος ἔσται τῷ συνεδρίῳ· ὃς δ' ἂν εἴπῃ   Μωρέ, ἔνοχος ἔσται εἰς τὴν γέενναν τοῦ πυρός. 23 ἐὰν οὖν προσφέρῃς τὸ δῶρόν σου ἐπὶ τὸ θυσιαστήριον κἀκεῖ μνησθῇς ὅτι ὁ ἀδελφός σου ἔχει τι κατὰ σοῦ, 24 ἄφες ἐκεῖ τὸ δῶρόν σου ἔμπροσθεν τοῦ θυσιαστηρίου, καὶ ὕπαγε πρῶτον διαλλάγηθι τῷ ἀδελφῷ σου, καὶ τότε ἐλθὼν πρόσφερε τὸ δῶρόν σου. 25 ἴσθι εὐνοῶν τῷ ἀντιδίκῳ σου ταχὺ ἕως ὅτου εἶ μετ' αὐτοῦ ἐν τῇ ὁδῷ, μή ποτέ

---

18 WH: κερέα NA/RP: κεραία // WH: [ἂν] NA/RP: ἂν 20 RP: add ὑμῶν after δικαιοσύνη 22 RP: add εἰκῆ after ὀργιζόμενος τῷ ἀδελφῷ αὐτοῦ 23 WH: κἀκεῖ RP: καὶ ἐκεῖ 25 WH: μετ' αὐτοῦ ἐν τῇ ὁδῷ RP: ἐν τῇ ὁδῷ μετ' αὐτοῦ // WH: μή ποτε

21 Exod 20:13; Deut 5:17

σε παραδῷ ὁ ἀντίδικος τῷ κριτῇ, καὶ ὁ κριτὴς τῷ ὑπηρέτῃ,
καὶ εἰς φυλακὴν βληθήσῃ· 26 ἀμὴν λέγω σοι, οὐ μὴ ἐξέλθῃς
ἐκεῖθεν ἕως ἂν ἀποδῷς τὸν ἔσχατον κοδράντην.

Adultery in the Heart
(cf. Matt 18:8–9; Mark 9:43–48)

27 Ἠκούσατε ὅτι ἐρρέθη   Οὐ μοιχεύσεις. 28 Ἐγὼ δὲ
λέγω ὑμῖν ὅτι πᾶς ὁ βλέπων γυναῖκα πρὸς τὸ ἐπιθυμῆσαι
[αὐτὴν] ἤδη ἐμοίχευσεν αὐτὴν ἐν τῇ καρδίᾳ αὐτοῦ. 29 εἰ δὲ
ὁ ὀφθαλμός σου ὁ δεξιὸς σκανδαλίζει σε, ἔξελε αὐτὸν καὶ
βάλε ἀπὸ σοῦ, συμφέρει γάρ σοι ἵνα ἀπόληται ἓν τῶν μελῶν
σου καὶ μὴ ὅλον τὸ σῶμά σου βληθῇ εἰς γέενναν· 30 καὶ εἰ
ἡ δεξιά σου χεὶρ σκανδαλίζει σε, ἔκκοψον αὐτὴν καὶ βάλε
ἀπὸ σοῦ, συμφέρει γάρ σοι ἵνα ἀπόληται ἓν τῶν μελῶν σου
καὶ μὴ ὅλον τὸ σῶμά σου εἰς γέενναν ἀπέλθῃ.

Divorce and Adultery
(Matt 19:9; Mark 10:11–12; Luke 16:18)

31 Ἐρρέθη δέ   Ὃς ἂν ἀπολύσῃ τὴν γυναῖκα αὐτοῦ,
δότω αὐτῇ ἀποστάσιον. 32 Ἐγὼ δὲ λέγω ὑμῖν ὅτι πᾶς ὁ
ἀπολύων τὴν γυναῖκα αὐτοῦ παρεκτὸς λόγου πορνείας
ποιεῖ αὐτὴν μοιχευθῆναι [, καὶ ὃς ἐὰν ἀπολελυμένην
γαμήσῃ μοιχᾶται].

The Making of Oaths

33 Πάλιν ἠκούσατε ὅτι ἐρρέθη τοῖς ἀρχαίοις   Οὐκ ἐπι-
ορκήσεις, ἀποδώσεις δὲ τῷ κυρίῳ τοὺς ὅρκους σου. 34 Ἐγὼ

NA/RP: μήποτέ // RP: *add* σε παραδῷ *after* κριτὴς 28 WH: [αὐτὴν] NA: αὐτὴν
30 WH: εἰς γέενναν ἀπέλθη RP: βληθῇ εἰς γέενναν 32 WH: πᾶς ὁ ἀπολύων RP:
ὃς ἂν ἀπολύσῃ // WH: μοιχευθῆναι RP: μοιχᾶσθαι // NA: *omit brackets for:* καὶ ὃς
ἐὰν ἀπολελυμένην γαμήσῃ μοιχᾶται

---

27 Exod 20:14; Deut 5:18 31 Deut 24:1 33 Num 30:2; Deut 23:21

δὲ λέγω ὑμῖν μὴ ὀμόσαι ὅλως· μήτε ἐν τῷ οὐρανῷ, ὅτι θρόνος ἐστὶν τοῦ θεοῦ· 35 μήτε ἐν τῇ γῇ, ὅτι ὑποπόδιόν ἐστιν τῶν ποδῶν αὐτοῦ· μήτε εἰς Ἱεροσόλυμα, ὅτι πόλις ἐστὶν τοῦ μεγάλου βασιλέως· 36 μήτε ἐν τῇ κεφαλῇ σου ὀμόσῃς, ὅτι οὐ δύνασαι μίαν τρίχα λευκὴν ποιῆσαι ἢ μέλαιναν. 37 ἔστω δὲ ὁ λόγος ὑμῶν ναὶ ναί, οὒ οὔ· τὸ δὲ περισσὸν τούτων ἐκ τοῦ πονηροῦ ἐστίν.

Retaliation Prohibited
(Luke 6:29–30)

38 Ἠκούσατε ὅτι ἐρρέθη Ὀφθαλμὸν ἀντὶ ὀφθαλμοῦ καὶ ὀδόντα ἀντὶ ὀδόντος. 39 Ἐγὼ δὲ λέγω ὑμῖν μὴ ἀντιστῆναι τῷ πονηρῷ· ἀλλ᾽ ὅστις σε ῥαπίζει εἰς τὴν δεξιὰν σιαγόνα [σου], στρέψον αὐτῷ καὶ τὴν ἄλλην· 40 καὶ τῷ θέλοντί σοι κριθῆναι καὶ τὸν χιτῶνά σου λαβεῖν, ἄφες αὐτῷ καὶ τὸ ἱμάτιον· 41 καὶ ὅστις σε ἀγγαρεύσει μίλιον ἕν, ὕπαγε μετ᾽ αὐτοῦ δύο. 42 τῷ αἰτοῦντί σε δός, καὶ τὸν θέλοντα ἀπὸ σοῦ δανίσασθαι μὴ ἀποστραφῇς.

Love Your Enemies
(Luke 6:27–28, 32–36)

43 Ἠκούσατε ὅτι ἐρρέθη Ἀγαπήσεις τὸν πλησίον σου καὶ μισήσεις τὸν ἐχθρόν σου. 44 Ἐγὼ δὲ λέγω ὑμῖν, ἀγαπᾶτε τοὺς ἐχθροὺς ὑμῶν καὶ προσεύχεσθε ὑπὲρ τῶν διωκόντων ὑμᾶς· 45 ὅπως γένησθε υἱοὶ τοῦ πατρὸς ὑμῶν τοῦ ἐν οὐρανοῖς, ὅτι τὸν ἥλιον αὐτοῦ ἀνατέλλει ἐπὶ πονηροὺς καὶ ἀγαθοὺς καὶ βρέχει ἐπὶ δικαίους καὶ ἀδίκους. 46 ἐὰν γὰρ ἀγαπήσητε τοὺς ἀγαπῶντας ὑμᾶς, τίνα μισθὸν ἔχετε; οὐχὶ

---

36 WH: ποιῆσαι ἢ μέλαιναν RP: ἢ μέλαιναν ποιῆσαι 37 WH: ἔστω {WH}: ἔσται 39 WH: ῥαπίζει εἰς RP: ῥαπίσει ἐπί // WH: σιαγόνα [σου] RP: [σου] σιαγόνα 42 WH: δός RP: δίδου 44 WH: καὶ προσεύχεσθε ὑπὲρ τῶν διωκόντων ὑμᾶς RP: εὐλογεῖτε τοὺς καταρωμένους ὑμᾶς, καλῶς ποιεῖτε τοῖς μισοῦσιν ὑμᾶς, καὶ προσεύχεσθε ὑπὲρ τῶν ἐπηρεαζόντων ὑμᾶς καὶ διωκόντων ὑμᾶς

34–35 Isa 66:1 35 Ps 48:2 38 Exod 21:24; Lev 24:20; Deut 19:21 43 Lev 19:18

καὶ οἱ τελῶναι τὸ αὐτὸ ποιοῦσιν; 47 καὶ ἐὰν ἀσπάσησθε τοὺς ἀδελφοὺς ὑμῶν μόνον, τί περισσὸν ποιεῖτε; οὐχὶ καὶ οἱ ἐθνικοὶ τὸ αὐτὸ ποιοῦσιν; 48 Ἔσεσθε οὖν ὑμεῖς **τέλειοι** ὡς ὁ πατὴρ ὑμῶν ὁ οὐράνιος τέλειός ἐστιν.

Showing Mercy

6 Προσέχετε [δὲ] τὴν δικαιοσύνην ὑμῶν μὴ ποιεῖν ἔμπροσθεν τῶν ἀνθρώπων πρὸς τὸ θεαθῆναι αὐτοῖς· εἰ δὲ μήγε, μισθὸν οὐκ ἔχετε παρὰ τῷ πατρὶ ὑμῶν τῷ ἐν τοῖς οὐρανοῖς.

2 Ὅταν οὖν ποιῇς ἐλεημοσύνην, μὴ σαλπίσῃς ἔμπροσθέν σου, ὥσπερ οἱ ὑποκριταὶ ποιοῦσιν ἐν ταῖς συναγωγαῖς καὶ ἐν ταῖς ῥύμαις, ὅπως δοξασθῶσιν ὑπὸ τῶν ἀνθρώπων· ἀμὴν λέγω ὑμῖν, ἀπέχουσιν τὸν μισθὸν αὐτῶν. 3 σοῦ δὲ ποιοῦντος ἐλεημοσύνην μὴ γνώτω ἡ ἀριστερά σου τί ποιεῖ ἡ δεξιά σου, 4 ὅπως ᾖ σου ἡ ἐλεημοσύνη ἐν τῷ κρυπτῷ· καὶ ὁ πατήρ σου ὁ βλέπων ἐν τῷ κρυπτῷ ἀποδώσει σοι.

Instructions for Prayer
(Luke 11:2–4; cf. Mark 11:25–26)

5 Καὶ ὅταν προσεύχησθε, οὐκ ἔσεσθε ὡς οἱ ὑποκριταί· ὅτι φιλοῦσιν ἐν ταῖς συναγωγαῖς καὶ ἐν ταῖς γωνίαις τῶν πλατειῶν ἑστῶτες προσεύχεσθαι, ὅπως φανῶσιν τοῖς ἀνθρώποις· ἀμὴν λέγω ὑμῖν, ἀπέχουσι τὸν μισθὸν αὐτῶν. 6 σὺ δὲ ὅταν προσεύχῃ, **εἴσελθε εἰς τὸ ταμεῖόν σου καὶ κλείσας τὴν θύραν σου πρόσευξαι** τῷ πατρί σου τῷ ἐν τῷ κρυπτῷ· καὶ ὁ πατήρ σου ὁ βλέπων ἐν τῷ κρυπτῷ ἀποδώσει σοι. 7 Προσευχόμενοι δὲ μὴ βατταλογήσητε ὥσπερ οἱ ἐθνι-

---

46 WH: τὸ αὐτὸ {WH}: οὕτως 47 WH: ἀδελφοὺς RP: φίλους // WH: ἐθνικοὶ τὸ αὐτὸ RP: τελῶναι οὕτως 48 WH: ὡς RP: ὥσπερ // RP: *add* ἐν τοῖς *after* ὑμῶν ὁ 6:1 RP: *omit* [δὲ] // WH: δικαιοσύνην RP: ἐλεημοσύνην // WH: μήγε NA: μή γε 4 RP: *add* αὐτὸς *before* ἀποδώσει // RP: *add* ἐν τῷ φανερῷ *after* σοι 5 WH: προσεύχησθε RP: προσεύχῃ // WH: ἔσεσθε ὡς RP: ἔσῃ ὥσπερ // RP: *add* ἂν *after* ὅπως // WH: ἀπέχουσι RP: ὅτι ἀπέχουσιν 6 RP: *add* ἐν τῷ φανερῷ *after* σοι

---

48 Deut 18:13 **6:6** Isa 26:20; 2 Kgs 4:33

κοί, δοκοῦσιν γὰρ ὅτι ἐν τῇ πολυλογίᾳ αὐτῶν εἰσακουσθήσονται· 8 μὴ οὖν ὁμοιωθῆτε αὐτοῖς, οἶδεν γὰρ [ὁ θεὸς] ὁ πατὴρ ὑμῶν ὧν χρείαν ἔχετε πρὸ τοῦ ὑμᾶς αἰτῆσαι αὐτόν.

9 Οὕτως οὖν προσεύχεσθε ὑμεῖς
 Πάτερ ἡμῶν ὁ ἐν τοῖς οὐρανοῖς·
 Ἁγιασθήτω τὸ ὄνομά σου,
10 ἐλθάτω ἡ βασιλεία σου,
 γενηθήτω τὸ θέλημά σου,
  ὡς ἐν οὐρανῷ καὶ ἐπὶ γῆς·
11 Τὸν ἄρτον ἡμῶν τὸν ἐπιούσιον
  δὸς ἡμῖν σήμερον·
12 καὶ ἄφες ἡμῖν τὰ ὀφειλήματα ἡμῶν,
  ὡς καὶ ἡμεῖς ἀφήκαμεν τοῖς ὀφειλέταις ἡμῶν·
13 καὶ μὴ εἰσενέγκῃς ἡμᾶς εἰς πειρασμόν,
  ἀλλὰ ῥῦσαι ἡμᾶς ἀπὸ τοῦ πονηροῦ.

14 Ἐὰν γὰρ ἀφῆτε τοῖς ἀνθρώποις τὰ παραπτώματα αὐτῶν, ἀφήσει καὶ ὑμῖν ὁ πατὴρ ὑμῶν ὁ οὐράνιος· 15 ἐὰν δὲ μὴ ἀφῆτε τοῖς ἀνθρώποις [τὰ παραπτώματα αὐτῶν], οὐδὲ ὁ πατὴρ ὑμῶν ἀφήσει τὰ παραπτώματα ὑμῶν.

Directions for Fasting

16 Ὅταν δὲ νηστεύητε, μὴ γίνεσθε ὡς οἱ ὑποκριταὶ σκυθρωποί, ἀφανίζουσιν γὰρ τὰ πρόσωπα αὐτῶν ὅπως φανῶσιν τοῖς ἀνθρώποις νηστεύοντες· ἀμὴν λέγω ὑμῖν, ἀπέχουσιν τὸν μισθὸν αὐτῶν. 17 σὺ δὲ νηστεύων ἄλειψαί σου τὴν κεφαλὴν καὶ τὸ πρόσωπόν σου νίψαι, 18 ὅπως μὴ φανῇς τοῖς ἀνθρώποις νηστεύων ἀλλὰ τῷ πατρί σου τῷ ἐν τῷ κρυφαίῳ· καὶ ὁ πατήρ σου ὁ βλέπων ἐν τῷ κρυφαίῳ ἀποδώσει σοι.

---

8 NA/RP: *omit* [ὁ θεὸς] 10 WH: ἐλθάτω NA: ἐλθέτω // WH: ἐπὶ γῆς RP: ἐπὶ τῆς γῆς 12 WH: ἀφήκαμεν RP: ἀφίεμεν 13 RP: *add* ὅτι σοῦ ἐστιν ἡ βασιλεία καὶ ἡ δύναμις καὶ ἡ δόξα εἰς τοὺς αἰῶνας *after* πονηροῦ 15 NA: *omit* [τὰ παραπτώματα αὐτῶν] RP: *omit brackets for* [τὰ παραπτώματα αὐτῶν] 16 WH: ὡς RP: ὥσπερ // WH: ὑμῖν RP: ὑμῖν ὅτι 18 WH: τοῖς ἀνθρώποις νηστεύων {WH}: νηστεύων τοῖς ἀνθρώποις // WH: ἐν τῷ κρυφαίῳ RP: ἐν τῷ κρυπτῷ *twice*

Possessions
(Luke 12:33–34)

19 Μὴ θησαυρίζετε ὑμῖν θησαυροὺς ἐπὶ τῆς γῆς, ὅπου σὴς καὶ βρῶσις ἀφανίζει, καὶ ὅπου κλέπται διορύσσουσιν καὶ κλέπτουσιν· 20 θησαυρίζετε δὲ ὑμῖν θησαυροὺς ἐν οὐρανῷ, ὅπου οὔτε σὴς οὔτε βρῶσις ἀφανίζει, καὶ ὅπου κλέπται οὐ διορύσσουσιν οὐδὲ κλέπτουσιν· 21 ὅπου γάρ ἐστιν ὁ θησαυρός σου, ἐκεῖ ἔσται [καὶ] ἡ καρδία σου.

The Healthy Eye
(Luke 11:34–36)

22 Ὁ λύχνος τοῦ σώματός ἐστιν ὁ ὀφθαλμός. ἐὰν οὖν ᾖ ὁ ὀφθαλμός σου ἁπλοῦς, ὅλον τὸ σῶμά σου φωτινὸν ἔσται· 23 ἐὰν δὲ ὁ ὀφθαλμός σου πονηρὸς ᾖ, ὅλον τὸ σῶμά σου σκοτινὸν ἔσται. εἰ οὖν τὸ φῶς τὸ ἐν σοὶ σκότος ἐστίν, τὸ σκότος πόσον.

Two Masters
(Luke 16:13)

24 Οὐδεὶς δύναται δυσὶ κυρίοις δουλεύειν· ἢ γὰρ τὸν ἕνα μισήσει καὶ τὸν ἕτερον ἀγαπήσει, ἢ ἑνὸς ἀνθέξεται καὶ τοῦ ἑτέρου καταφρονήσει· οὐ δύνασθε θεῷ δουλεύειν καὶ μαμωνᾷ.

Avoiding Anxiety
(Luke 12:22–34)

25 Διὰ τοῦτο λέγω ὑμῖν, μὴ μεριμνᾶτε τῇ ψυχῇ ὑμῶν τί φάγητε [ἢ τί πίητε], μηδὲ τῷ σώματι ὑμῶν τί ἐνδύσησθε· οὐχὶ ἡ ψυχὴ πλεῖόν ἐστι τῆς τροφῆς καὶ τὸ σῶμα τοῦ ἐνδύματος;

---

21 WH: θησαυρός σου RP: θησαυρός ὑμῶν // WH: [καὶ] NA/RP: καὶ // WH: καρδία σου RP: καρδία ὑμῶν 22 WH: ᾖ ὁ ὀφθαλμός σου ἁπλοῦς RP: ὁ ὀφθαλμός σου ἁπλοῦς ᾖ 25 WH: [ἢ τί πίητε], RP: καὶ τί πίητε

26 ἐμβλέψατε εἰς τὰ πετεινὰ τοῦ οὐρανοῦ ὅτι οὐ σπείρουσιν οὐδὲ θερίζουσιν οὐδὲ συνάγουσιν εἰς ἀποθήκας, καὶ ὁ πατὴρ ὑμῶν ὁ οὐράνιος τρέφει αὐτά· οὐχ ὑμεῖς μᾶλλον διαφέρετε αὐτῶν; 27 τίς δὲ ἐξ ὑμῶν μεριμνῶν δύναται προσθεῖναι ἐπὶ τὴν ἡλικίαν αὐτοῦ πῆχυν ἕνα; 28 καὶ περὶ ἐνδύματος τί μεριμνᾶτε; καταμάθετε τὰ κρίνα τοῦ ἀγροῦ πῶς αὐξάνουσιν· οὐ κοπιῶσιν οὐδὲ νήθουσιν· 29 λέγω δὲ ὑμῖν ὅτι οὐδὲ Σολομὼν ἐν πάσῃ τῇ δόξῃ αὐτοῦ περιεβάλετο ὡς ἓν τούτων. 30 εἰ δὲ τὸν χόρτον τοῦ ἀγροῦ σήμερον ὄντα καὶ αὔριον εἰς κλίβανον βαλλόμενον ὁ θεὸς οὕτως ἀμφιέννυσιν, οὐ πολλῷ μᾶλλον ὑμᾶς, ὀλιγόπιστοι; 31 μὴ οὖν μεριμνήσητε λέγοντες Τί φάγωμεν; ἢ Τί πίωμεν; ἢ Τί περιβαλώμεθα; 32 πάντα γὰρ ταῦτα τὰ ἔθνη ἐπιζητοῦσιν· οἶδεν γὰρ ὁ πατὴρ ὑμῶν ὁ οὐράνιος ὅτι χρῄζετε τούτων ἁπάντων. 33 ζητεῖτε δὲ πρῶτον τὴν βασιλείαν καὶ τὴν δικαιοσύνην αὐτοῦ, καὶ ταῦτα πάντα προστεθήσεται ὑμῖν. 34 μὴ οὖν μεριμνήσητε εἰς τὴν αὔριον, ἡ γὰρ αὔριον μεριμνήσει αὑτῆς· ἀρκετὸν τῇ ἡμέρᾳ ἡ κακία αὐτῆς.

Judging Forbidden
(Luke 6:37–38, 41–42)

7 Μὴ κρίνετε, ἵνα μὴ κριθῆτε· 2 ἐν ᾧ γὰρ κρίματι κρίνετε κριθήσεσθε, καὶ ἐν ᾧ μέτρῳ μετρεῖτε μετρηθήσεται ὑμῖν. 3 τί δὲ βλέπεις τὸ κάρφος τὸ ἐν τῷ ὀφθαλμῷ τοῦ ἀδελφοῦ σου, τὴν δὲ ἐν τῷ σῷ ὀφθαλμῷ δοκὸν οὐ κατανοεῖς; 4 ἢ πῶς ἐρεῖς τῷ ἀδελφῷ σου Ἄφες ἐκβάλω τὸ κάρφος ἐκ τοῦ ὀφθαλμοῦ σου, καὶ ἰδοὺ ἡ δοκὸς ἐν τῷ ὀφθαλμῷ σοῦ; 5 ὑποκριτά, ἔκβαλε πρῶτον ἐκ τοῦ ὀφθαλμοῦ σοῦ τὴν δοκόν, καὶ τότε διαβλέψεις ἐκβαλεῖν τὸ κάρφος ἐκ τοῦ ὀφθαλμοῦ τοῦ ἀδελφοῦ σου. 6 Μὴ δῶτε τὸ ἅγιον τοῖς κυσίν, μηδὲ βάλητε

---

28 WH: κοπιῶσιν RP: κοπιᾷ // WH: νήθουσιν RP: νήθει 32 WH: ἐπιζητοῦσιν RP: ἐπιζητεῖ 33 NA: add [τοῦ θεοῦ] after βασιλείαν 34 WH: αὐτῆς NA: ἑαυτῆς RP: τὰ αὑτῆς
7:4 WH: ἐκ RP: ἀπὸ 5 WH: ἐκ τοῦ ὀφθαλμοῦ σοῦ τὴν δοκόν RP: τὴν δοκόν ἐκ τοῦ ὀφθαλμοῦ σοῦ

τοὺς μαργαρίτας ὑμῶν ἔμπροσθεν τῶν χοίρων, μή ποτε κατα-
πατήσουσιν αὐτοὺς ἐν τοῖς ποσὶν αὐτῶν καὶ στραφέντες
ῥήξωσιν ὑμᾶς.

Asking and Receiving
(Luke 11:9–13)

7 Αἰτεῖτε, καὶ δοθήσεται ὑμῖν· ζητεῖτε, καὶ εὑρήσετε·
κρούετε, καὶ ἀνοιγήσεται ὑμῖν. 8 πᾶς γὰρ ὁ αἰτῶν λαμβάνει
καὶ ὁ ζητῶν εὑρίσκει καὶ τῷ κρούοντι ἀνοιγήσεται. 9 ἢ τίς
ἐξ ὑμῶν ἄνθρωπος, ὃν αἰτήσει ὁ υἱὸς αὐτοῦ ἄρτον—μὴ
λίθον ἐπιδώσει αὐτῷ; 10 ἢ καὶ ἰχθὺν αἰτήσει—μὴ ὄφιν
ἐπιδώσει αὐτῷ; 11 εἰ οὖν ὑμεῖς πονηροὶ ὄντες οἴδατε δόμα-
τα ἀγαθὰ διδόναι τοῖς τέκνοις ὑμῶν, πόσῳ μᾶλλον ὁ πατὴρ
ὑμῶν ὁ ἐν τοῖς οὐρανοῖς δώσει ἀγαθὰ τοῖς αἰτοῦσιν αὐτόν.

The Golden Rule
(Luke 6:31)

12 Πάντα οὖν ὅσα ἐὰν θέλητε ἵνα ποιῶσιν ὑμῖν οἱ ἄνθρω-
ποι, οὕτως καὶ ὑμεῖς ποιεῖτε αὐτοῖς· οὗτος γάρ ἐστιν ὁ
νόμος καὶ οἱ προφῆται.

The Two Ways
(Luke 13:23–24)

13 Εἰσέλθατε διὰ τῆς στενῆς πύλης· ὅτι πλατεῖα καὶ εὐ-
ρύχωρος ἡ ὁδὸς ἡ ἀπάγουσα εἰς τὴν ἀπώλειαν, καὶ πολλοί
εἰσιν οἱ εἰσερχόμενοι δι᾽ αὐτῆς· 14 ὅτι στενὴ ἡ πύλη καὶ
τεθλιμμένη ἡ ὁδὸς ἡ ἀπάγουσα εἰς τὴν ζωήν, καὶ ὀλίγοι
εἰσὶν οἱ εὑρίσκοντες αὐτήν.

---

6 WH: μή ποτε NA: μήποτε // WH: καταπατήσουσιν RP: καταπατήσωσιν 8 WH:
ἀνοιγήσεται {WH}: ἀνοίγεται 9 NA/RP: add ἐστιν after ἢ τίς // RP: add ἐὰν after
ὃν // WH: αἰτήσει RP: αἰτήσῃ 10 RP: omit ἢ // RP: add ἐὰν after καὶ // WH:
αἰτήσει RP: αἰτήσῃ 12 WH: ἐὰν RP: ἂν 13 {WH}/NA/RP: add ἡ πύλη after
πλατεῖα 14 WH: ὅτι NA/RP: τί

The Tree and its Fruit
(Luke 6:43–45)

15 Προσέχετε ἀπὸ τῶν ψευδοπροφητῶν, οἵτινες ἔρχον-
ται πρὸς ὑμᾶς ἐν ἐνδύμασι προβάτων ἔσωθεν δέ εἰσιν λύκοι
ἄρπαγες. 16 ἀπὸ τῶν καρπῶν αὐτῶν ἐπιγνώσεσθε αὐτούς·
μήτι συλλέγουσιν ἀπὸ ἀκανθῶν σταφυλὰς ἢ ἀπὸ τριβόλων
σῦκα; 17 οὕτω πᾶν δένδρον ἀγαθὸν καρποὺς καλοὺς ποιεῖ,
τὸ δὲ σαπρὸν δένδρον καρποὺς πονηροὺς ποιεῖ· 18 οὐ δύ-
ναται δένδρον ἀγαθὸν καρποὺς πονηροὺς ἐνεγκεῖν, οὐδὲ
δένδρον σαπρὸν καρποὺς καλοὺς ποιεῖν. 19 πᾶν δένδρον μὴ
ποιοῦν καρπὸν καλὸν ἐκκόπτεται καὶ εἰς πῦρ βάλλεται.
20 ἄραγε ἀπὸ τῶν καρπῶν αὐτῶν ἐπιγνώσεσθε αὐτούς.

Warning against Self-Deception
(Luke 6:46; 13:25–27)

21 Οὐ πᾶς ὁ λέγων μοι   Κύριε κύριε εἰσελεύσεται εἰς τὴν
βασιλείαν τῶν οὐρανῶν, ἀλλ' ὁ ποιῶν τὸ θέλημα τοῦ
πατρός μου τοῦ ἐν τοῖς οὐρανοῖς. 22 πολλοὶ ἐροῦσίν μοι ἐν
ἐκείνῃ τῇ ἡμέρᾳ   Κύριε κύριε, οὐ **τῷ σῷ ὀνόματι
ἐπροφητεύσαμεν,** καὶ τῷ σῷ ὀνόματι δαιμόνια ἐξεβάλομεν,
καὶ τῷ σῷ ὀνόματι δυνάμεις πολλὰς ἐποιήσαμεν; 23 καὶ
τότε ὁμολογήσω αὐτοῖς ὅτι   Οὐδέποτε ἔγνων ὑμᾶς·
ἀποχωρεῖτε ἀπ' ἐμοῦ οἱ ἐργαζόμενοι τὴν ἀνομίαν.

Hearing and Doing
(Luke 6:47–49)

24 Πᾶς οὖν ὅστις ἀκούει μου τοὺς λόγους [τούτους]
καὶ ποιεῖ αὐτούς, ὁμοιωθήσεται ἀνδρὶ φρονίμῳ, ὅστις

---

15 RP: *add* δὲ *after* Προσέχετε 16 WH: σταφυλὰς RP: σταφυλὴν 17 WH: οὕτω
NA/RP: οὕτως // WH: καλοὺς ποιεῖ {WH}: ποιεῖ καλούς 18 WH: ἐνεγκεῖν NA/RP:
ποιεῖν 20 WH: ἄραγε NA: ἄρα γε 21 RP: *omit* τοῖς 22 WH: ἐπροφητεύσαμεν
RP: προεφητεύσαμεν 24 WH: [τούτους] NA/RP: τούτους WH: ὁμοιωθήσεται

ᾠκοδόμησεν αὐτοῦ τὴν οἰκίαν ἐπὶ τὴν πέτραν. 25 καὶ κατέβη ἡ βροχὴ καὶ ἦλθαν οἱ ποταμοὶ καὶ ἔπνευσαν οἱ ἄνεμοι καὶ προσέπεσαν τῇ οἰκίᾳ ἐκείνῃ, καὶ οὐκ ἔπεσεν, τεθεμελίωτο γὰρ ἐπὶ τὴν πέτραν. 26 Καὶ πᾶς ὁ ἀκούων μου τοὺς λόγους τούτους καὶ μὴ ποιῶν αὐτοὺς ὁμοιωθήσεται ἀνδρὶ μωρῷ, ὅστις ᾠκοδόμησεν αὐτοῦ τὴν οἰκίαν ἐπὶ τὴν ἄμμον. 27 καὶ κατέβη ἡ βροχὴ καὶ ἦλθαν οἱ ποταμοὶ καὶ ἔπνευσαν οἱ ἄνεμοι καὶ προσέκοψαν τῇ οἰκίᾳ ἐκείνῃ, καὶ ἔπεσεν, καὶ ἦν ἡ πτῶσις αὐτῆς μεγάλη.

28 Καὶ ἐγένετο ὅτε ἐτέλεσεν ὁ Ἰησοῦς τοὺς λόγους τούτους, ἐξεπλήσσοντο οἱ ὄχλοι ἐπὶ τῇ διδαχῇ αὐτοῦ· 29 ἦν γὰρ διδάσκων αὐτοὺς ὡς ἐξουσίαν ἔχων καὶ οὐχ ὡς οἱ γραμματεῖς αὐτῶν.

Jesus Heals a Leper
(Mark 1:40–45; Luke 5:12–16)

8 Καταβάντος δὲ αὐτοῦ ἀπὸ τοῦ ὄρους ἠκολούθησαν αὐτῷ ὄχλοι πολλοί. 2 Καὶ ἰδοὺ λεπρὸς προσελθὼν προσεκύνει αὐτῷ λέγων Κύριε, ἐὰν θέλῃς δύνασαί με καθαρίσαι. 3 καὶ ἐκτείνας τὴν χεῖρα ἥψατο αὐτοῦ λέγων Θέλω, καθαρίσθητι· καὶ εὐθέως ἐκαθερίσθη αὐτοῦ ἡ λέπρα. 4 καὶ λέγει αὐτῷ ὁ Ἰησοῦς Ὅρα μηδενὶ εἴπῃς, ἀλλὰ ὕπαγε σεαυτὸν **δεῖξον τῷ ἱερεῖ,** καὶ προσένεγκον τὸ δῶρον ὃ προσέταξεν Μωυσῆς εἰς μαρτύριον αὐτοῖς.

RP: ὁμοιώσω αὐτὸν // WH: αὐτοῦ τὴν οἰκίαν RP: τὴν οἰκίαν αὐτοῦ 25 WH: προσέπεσαν RP: προσέπεσον 26 WH: αὐτοῦ τὴν οἰκίαν RP: τὴν οἰκίαν αὐτοῦ 28 WH: ἐτέλεσεν RP: συνετέλεσεν 29 RP: *omit* αὐτῶν
8:1 WH: Καταβάντος RP: Καταβάντι // WH: αὐτοῦ RP: αὐτῷ 2 WH: προσελθὼν RP: ἐλθὼν 3 RP: *add* ὁ Ἰησοῦς *after* ἥψατο αὐτοῦ // WH: ἐκαθερίσθη NA: ἐκαθαρίσθη

Jesus Heals a Centurion's Servant
(Luke 7:1–10; cf. John 4:43–54)

5 Εἰσελθόντος δὲ αὐτοῦ εἰς Καφαρναοὺμ προσῆλθεν αὐτῷ ἑκατόνταρχος παρακαλῶν αὐτὸν 6 καὶ λέγων Κύριε, ὁ παῖς μου βέβληται ἐν τῇ οἰκίᾳ παραλυτικός, δεινῶς βασανιζόμενος. 7 λέγει αὐτῷ Ἐγὼ ἐλθὼν θεραπεύσω αὐτόν. 8 ἀποκριθεὶς δὲ ὁ ἑκατόνταρχος ἔφη Κύριε, οὐκ εἰμὶ ἱκανὸς ἵνα μου ὑπὸ τὴν στέγην εἰσέλθῃς· ἀλλὰ μόνον εἰπὲ λόγῳ, καὶ ἰαθήσεται ὁ παῖς μοῦ 9 καὶ γὰρ ἐγὼ ἄνθρωπός εἰμι ὑπὸ ἐξουσίαν [τασσόμενος], ἔχων ὑπ᾽ ἐμαυτὸν στρατιώτας, καὶ λέγω τούτῳ Πορεύθητι, καὶ πορεύεται, καὶ ἄλλῳ Ἔρχου, καὶ ἔρχεται, καὶ τῷ δούλῳ μου Ποίησον τοῦτο, καὶ ποιεῖ. 10 ἀκούσας δὲ ὁ Ἰησοῦς ἐθαύμασεν καὶ εἶπεν τοῖς ἀκολουθοῦσιν Ἀμὴν λέγω ὑμῖν, παρ᾽ οὐδενὶ τοσαύτην πίστιν ἐν τῷ Ἰσραὴλ εὗρον. 11 λέγω δὲ ὑμῖν ὅτι πολλοὶ **ἀπὸ ἀνατολῶν καὶ δυσμῶν** ἥξουσιν καὶ ἀνακλιθήσονται μετὰ Ἀβραὰμ καὶ Ἰσαὰκ καὶ Ἰακὼβ ἐν τῇ βασιλείᾳ τῶν οὐρανῶν· 12 οἱ δὲ υἱοὶ τῆς βασιλείας ἐκβληθήσονται εἰς τὸ σκότος τὸ ἐξώτερον· ἐκεῖ ἔσται ὁ κλαυθμὸς καὶ ὁ βρυγμὸς τῶν ὀδόντων. 13 καὶ εἶπεν ὁ Ἰησοῦς τῷ ἑκατοντάρχῃ Ὕπαγε, ὡς ἐπίστευσας γενηθήτω σοι· καὶ ἰάθη ὁ παῖς ἐν τῇ ὥρᾳ ἐκείνῃ.

Jesus Heals Many
(Mark 1:29–34; Luke 4:38–41)

14 Καὶ ἐλθὼν ὁ Ἰησοῦς εἰς τὴν οἰκίαν Πέτρου εἶδεν τὴν πενθερὰν αὐτοῦ βεβλημένην καὶ πυρέσσουσαν· 15 καὶ ἥψατο τῆς χειρὸς αὐτῆς, καὶ ἀφῆκεν αὐτὴν ὁ πυρετός, καὶ ἠγέρθη, καὶ διηκόνει αὐτῷ.

---

5 WH: Εἰσελθόντος RP: Εἰσελθόντι // WH: αὐτοῦ RP: αὐτῷ 7 NA/RP: *add* καὶ *before* λέγει // RP: *add* ὁ Ἰησοῦς *after* αὐτῷ 8 WH: ἀποκριθεὶς δὲ NA/RP: καὶ ἀποκριθεὶς 9 NA/RP: *omit* [τασσόμενος] 10 WH: παρ᾽ οὐδενὶ τοσαύτην πίστιν ἐν τῷ Ἰσραὴλ εὗρον RP: οὐδὲ ἐν τῷ Ἰσραὴλ τοσαύτην πίστιν εὗρον 13 RP: *add* καὶ *after* Ὕπαγε // WH: παῖς NA: παῖς [αὐτοῦ] RP: παῖς αὐτοῦ

---

11 Mal 1:11; Isa 59:19

16 Ὀψίας δὲ γενομένης προσήνεγκαν αὐτῷ δαιμονιζομένους πολλούς· καὶ ἐξέβαλεν τὰ πνεύματα λόγῳ, καὶ πάντας τοὺς κακῶς ἔχοντας ἐθεράπευσεν· 17 ὅπως πληρωθῇ τὸ ῥηθὲν διὰ Ἠσαίου τοῦ προφήτου λέγοντος **Αὐτὸς τὰς ἀσθενείας ἡμῶν ἔλαβεν καὶ τὰς νόσους ἐβάστασεν.**

18 Ἰδὼν δὲ ὁ Ἰησοῦς ὄχλον περὶ αὐτὸν ἐκέλευσεν ἀπελθεῖν εἰς τὸ πέραν.

The Demands of Discipleship
(Luke 9:57–62)

19 Καὶ προσελθὼν εἷς γραμματεὺς εἶπεν αὐτῷ Διδάσκαλε, ἀκολουθήσω σοι ὅπου ἐὰν ἀπέρχῃ. 20 καὶ λέγει αὐτῷ ὁ Ἰησοῦς Αἱ ἀλώπεκες φωλεοὺς ἔχουσιν καὶ τὰ πετεινὰ τοῦ οὐρανοῦ κατασκηνώσεις, ὁ δὲ υἱὸς τοῦ ἀνθρώπου οὐκ ἔχει ποῦ τὴν κεφαλὴν κλίνῃ. 21 Ἕτερος δὲ τῶν μαθητῶν εἶπεν αὐτῷ Κύριε, ἐπίτρεψόν μοι πρῶτον ἀπελθεῖν καὶ θάψαι τὸν πατέρα μου. 22 ὁ δὲ Ἰησοῦς λέγει αὐτῷ Ἀκολούθει μοι, καὶ ἄφες τοὺς νεκροὺς θάψαι τοὺς ἑαυτῶν νεκρούς.

Jesus Calms a Storm
(Mark 4:35–41; Luke 8:22–25)

23 Καὶ ἐμβάντι αὐτῷ εἰς πλοῖον ἠκολούθησαν αὐτῷ οἱ μαθηταὶ αὐτοῦ. 24 καὶ ἰδοὺ σεισμὸς μέγας ἐγένετο ἐν τῇ θαλάσσῃ, ὥστε τὸ πλοῖον καλύπτεσθαι ὑπὸ τῶν κυμάτων· αὐτὸς δὲ ἐκάθευδεν. 25 καὶ προσελθόντες ἤγειραν αὐτὸν λέγοντες Κύριε, σῶσον, ἀπολλύμεθα. 26 καὶ λέγει αὐτοῖς Τί δειλοί ἐστε, ὀλιγόπιστοι; τότε ἐγερθεὶς ἐπετίμησεν τοῖς

---

18 WH: ὄχλον {WH}: [πολλοὺς] ὄχλους RP: πολλοὺς ὄχλον 21 WH: μαθητῶν NA: μαθητῶν [αὐτοῦ] RP: μαθητῶν αὐτοῦ 22 WH: λέγει RP: εἶπεν 23 WH: πλοῖον NA/RP: τὸ πλοῖον 25 WH: προσελθόντες RP: προσελθόντες οἱ μαθηταὶ // RP: *add* ἡμᾶς *after* σῶσον

17 Isa 53:4

ἀνέμοις καὶ τῇ θαλάσσῃ, καὶ ἐγένετο γαλήνη μεγάλη. 27 Οἱ δὲ ἄνθρωποι ἐθαύμασαν λέγοντες Ποταπός ἐστιν οὗτος ὅτι καὶ οἱ ἄνεμοι καὶ ἡ θάλασσα αὐτῷ ὑπακούουσιν;

Jesus Delivers from Demons
(Mark 5:1–20; Luke 8:26–39)

28 Καὶ ἐλθόντος αὐτοῦ εἰς τὸ πέραν εἰς τὴν χώραν τῶν Γαδαρηνῶν ὑπήντησαν αὐτῷ δύο δαιμονιζόμενοι ἐκ τῶν μνημείων ἐξερχόμενοι, χαλεποὶ λίαν ὥστε μὴ ἰσχύειν τινὰ παρελθεῖν διὰ τῆς ὁδοῦ ἐκείνης. 29 καὶ ἰδοὺ ἔκραξαν λέγοντες Τί ἡμῖν καὶ σοί, υἱὲ τοῦ θεοῦ; ἦλθες ὧδε πρὸ καιροῦ βασανίσαι ἡμᾶς; 30 Ἦν δὲ μακρὰν ἀπ᾽ αὐτῶν ἀγέλη χοίρων πολλῶν βοσκομένη. 31 οἱ δὲ δαίμονες παρεκάλουν αὐτὸν λέγοντες Εἰ ἐκβάλλεις ἡμᾶς, ἀπόστειλον ἡμᾶς εἰς τὴν ἀγέλην τῶν χοίρων. 32 καὶ εἶπεν αὐτοῖς Ὑπάγετε. οἱ δὲ ἐξελθόντες ἀπῆλθαν εἰς τοὺς χοίρους· καὶ ἰδοὺ ὥρμησεν πᾶσα ἡ ἀγέλη κατὰ τοῦ κρημνοῦ εἰς τὴν θάλασσαν, καὶ ἀπέθανον ἐν τοῖς ὕδασιν. 33 Οἱ δὲ βόσκοντες ἔφυγον, καὶ ἀπελθόντες εἰς τὴν πόλιν ἀπήγγειλαν πάντα καὶ τὰ τῶν δαιμονιζομένων. 34 καὶ ἰδοὺ πᾶσα ἡ πόλις ἐξῆλθεν εἰς ὑπάντησιν τῷ Ἰησοῦ, καὶ ἰδόντες αὐτὸν παρεκάλεσαν ὅπως μεταβῇ ἀπὸ τῶν ὁρίων αὐτῶν.

Jesus Heals a Paralyzed Man
(Mark 2:1–12; Luke 5:17–26)

9 Καὶ ἐμβὰς εἰς πλοῖον διεπέρασεν, καὶ ἦλθεν εἰς τὴν ἰδίαν πόλιν. 2 Καὶ ἰδοὺ προσέφερον αὐτῷ παραλυτικὸν ἐπὶ κλίνης βεβλημένον. καὶ ἰδὼν ὁ Ἰησοῦς τὴν πίστιν αὐτῶν

---

27 WH: αὐτῷ ὑπακούουσιν RP: ὑπακούουσιν αὐτῷ 28 WH: ἐλθόντος αὐτοῦ RP: ἐλθόντι αὐτῷ 29 RP: add Ἰησοῦ after σοι 31 WH: ἀπόστειλον ἡμᾶς RP: ἐπίτρεψον ἡμῖν ἀπελθεῖν 32 WH: ἀπῆλθαν NA/RP: ἀπῆλθον // WH: τοὺς χοίρους RP: τὴν ἀγέλην τῶν χοίρων // RP: add τῶν χοίρων after ἀγέλη 34 WH: ὑπάντησιν RP: συνάντησιν // WH: τῷ Ἰησοῦ {WH}: τοῦ Ἰησοῦ
9:1 RP: add τὸ before πλοῖον

εἶπεν τῷ παραλυτικῷ Θάρσει, τέκνον· ἀφίενταί σου αἱ ἁμαρτίαι. 3 Καὶ ἰδού τινες τῶν γραμματέων εἶπαν ἐν ἑαυτοῖς Οὗτος βλασφημεῖ. 4 καὶ εἰδὼς ὁ Ἰησοῦς τὰς ἐνθυμήσεις αὐτῶν εἶπεν Ἵνα τί ἐνθυμεῖσθε πονηρὰ ἐν ταῖς καρδίαις ὑμῶν; 5 τί γάρ ἐστιν εὐκοπώτερον, εἰπεῖν Ἀφίενταί σου αἱ ἁμαρτίαι, ἢ εἰπεῖν Ἔγειρε καὶ περιπάτει; 6 ἵνα δὲ εἰδῆτε ὅτι ἐξουσίαν ἔχει ὁ υἱὸς τοῦ ἀνθρώπου ἐπὶ τῆς γῆς ἀφιέναι ἁμαρτίας—τότε λέγει τῷ παραλυτικῷ Ἔγειρε ἀρόν σου τὴν κλίνην καὶ ὕπαγε εἰς τὸν οἶκόν σου. 7 καὶ ἐγερθεὶς ἀπῆλθεν εἰς τὸν οἶκον αὐτοῦ. 8 Ἰδόντες δὲ οἱ ὄχλοι ἐφοβήθησαν καὶ ἐδόξασαν τὸν θεὸν τὸν δόντα ἐξουσίαν τοιαύτην τοῖς ἀνθρώποις.

Jesus Calls Matthew
(Mark 2:13–17; Luke 5:27–32)

9 Καὶ παράγων ὁ Ἰησοῦς ἐκεῖθεν εἶδεν ἄνθρωπον καθήμενον ἐπὶ τὸ τελώνιον, Μαθθαῖον λεγόμενον, καὶ λέγει αὐτῷ Ἀκολούθει μοι· καὶ ἀναστὰς ἠκολούθησεν αὐτῷ.

10 Καὶ ἐγένετο αὐτοῦ ἀνακειμένου ἐν τῇ οἰκίᾳ, καὶ ἰδοὺ πολλοὶ τελῶναι καὶ ἁμαρτωλοὶ ἐλθόντες συνανέκειντο τῷ Ἰησοῦ καὶ τοῖς μαθηταῖς αὐτοῦ. 11 καὶ ἰδόντες οἱ Φαρισαῖοι ἔλεγον τοῖς μαθηταῖς αὐτοῦ Διὰ τί μετὰ τῶν τελωνῶν καὶ ἁμαρτωλῶν ἐσθίει ὁ διδάσκαλος ὑμῶν; 12 ὁ δὲ ἀκούσας εἶπεν Οὐ χρείαν ἔχουσιν οἱ ἰσχύοντες ἰατροῦ ἀλλὰ οἱ κακῶς ἔχοντες. 13 πορευθέντες δὲ μάθετε τί ἐστιν Ἔλεος θέλω καὶ οὐ θυσίαν· οὐ γὰρ ἦλθον καλέσαι δι-καίους ἀλλὰ ἁμαρτωλούς.

---

2 WH: ἀφίενταί σου RP: ἀφέωνταί σοι // RP: add σου after ἁμαρτίαι 4 WH: εἰδὼς {WH}/NA/RP: ἰδὼν // WH: Ἵνα τί NA: ἱνατί // RP: add ὑμεῖς after Ἵνα τί 5 WH: Ἀφίενταί RP: Ἀφέωνταί // WH: Ἔγειρε RP: Ἔγειραι 6 WH: Ἔγειρε {WH}/NA/RP: Ἐγερθεὶς 8 WH: ἐφοβήθησαν RP: ἐθαύμασαν 11 WH: ἔλεγον RP: εἶπον 12 RP: add Ἰησοῦς before ἀκούσας // RP: add αὐτοῖς after εἶπεν // WH: ἀλλὰ NA/RP: ἀλλ' 13 WH: Ἔλεος RP: Ἔλεον // RP: add εἰς μετάνοιαν after ἁμαρτωλούς

Jesus Is Questioned about Fasting
(Mark 2:18–22; Luke 5:33–39)

14 Τότε προσέρχονται αὐτῷ οἱ μαθηταὶ Ἰωάνου λέ-
γοντες Διὰ τί ἡμεῖς καὶ οἱ Φαρισαῖοι νηστεύομεν, οἱ δὲ
μαθηταὶ σοῦ οὐ νηστεύουσιν; 15 καὶ εἶπεν αὐτοῖς ὁ Ἰησοῦς
Μὴ δύνανται οἱ υἱοὶ τοῦ νυμφῶνος πενθεῖν ἐφ' ὅσον μετ'
αὐτῶν ἐστὶν ὁ νυμφίος; ἐλεύσονται δὲ ἡμέραι ὅταν ἀπαρθῇ
ἀπ' αὐτῶν ὁ νυμφίος, καὶ τότε νηστεύσουσιν. 16 οὐδεὶς δὲ
ἐπιβάλλει ἐπίβλημα ῥάκους ἀγνάφου ἐπὶ ἱματίῳ παλαιῷ·
αἴρει γὰρ τὸ πλήρωμα αὐτοῦ ἀπὸ τοῦ ἱματίου, καὶ χεῖρον
σχίσμα γίνεται. 17 οὐδὲ βάλλουσιν οἶνον νέον εἰς ἀσκοὺς
παλαιούς· εἰ δὲ μήγε, ῥήγνυνται οἱ ἀσκοί, καὶ ὁ οἶνος
ἐκχεῖται καὶ οἱ ἀσκοὶ ἀπόλλυνται· ἀλλὰ βάλλουσιν οἶνον
νέον εἰς ἀσκοὺς καινούς, καὶ ἀμφότεροι συντηροῦνται.

Jesus Heals a Girl and a Woman
(Mark 5:21–43; Luke 8:40–56)

18 Ταῦτα αὐτοῦ λαλοῦντος αὐτοῖς ἰδοὺ ἄρχων [εἷς]
προσελθὼν προσεκύνει αὐτῷ λέγων ὅτι Ἡ θυγάτηρ μου
ἄρτι ἐτελεύτησεν· ἀλλὰ ἐλθὼν ἐπίθες τὴν χεῖρά σου ἐπ'
αὐτήν, καὶ ζήσεται. 19 καὶ ἐγερθεὶς ὁ Ἰησοῦς ἠκολούθει
αὐτῷ καὶ οἱ μαθηταὶ αὐτοῦ. 20 Καὶ ἰδοὺ γυνὴ αἱμορροοῦσα
δώδεκα ἔτη προσελθοῦσα ὄπισθεν ἥψατο τοῦ κρασπέδου
τοῦ ἱματίου αὐτοῦ· 21 ἔλεγεν γὰρ ἐν ἑαυτῇ Ἐὰν μόνον
ἅψωμαι τοῦ ἱματίου αὐτοῦ σωθήσομαι. 22 ὁ δὲ Ἰησοῦς
στραφεὶς καὶ ἰδὼν αὐτὴν εἶπεν Θάρσει, θύγατερ· ἡ πίστις
σου σέσωκέν σε. καὶ ἐσώθη ἡ γυνὴ ἀπὸ τῆς ὥρας ἐκείνης.
23 Καὶ ἐλθὼν ὁ Ἰησοῦς εἰς τὴν οἰκίαν τοῦ ἄρχοντος καὶ
ἰδὼν τοὺς αὐλητὰς καὶ τὸν ὄχλον θορυβούμενον 24 ἔλεγεν
Ἀναχωρεῖτε, οὐ γὰρ ἀπέθανεν τὸ κοράσιον ἀλλὰ καθεύδει·

---

14 {WH}/[NA]/RP: *add* πολλά *after* νηστεύομεν 17 WH: μήγε NA: μή γε // WH:
ἀπόλλυνται RP: ἀπολοῦνται 18 WH: [εἷς] προσελθὼν {WH}: εἰσελθὼν NA/RP:
εἷς ἐλθὼν 19 WH: ἠκολούθει {WH}/NA/RP: ἠκολούθησεν 22 WH: στραφεὶς
RP: ἐπιστραφεὶς 24 WH: ἔλεγεν RP: λέγει αὐτοῖς

καὶ κατεγέλων αὐτοῦ. 25 ὅτε δὲ ἐξεβλήθη ὁ ὄχλος, εἰσελθὼν
ἐκράτησεν τῆς χειρὸς αὐτῆς, καὶ ἠγέρθη τὸ κοράσιον.
26 Καὶ ἐξῆλθεν ἡ φήμη αὕτη εἰς ὅλην τὴν γῆν ἐκείνην.

Jesus Heals Two Blind Men

27 Καὶ παράγοντι ἐκεῖθεν τῷ Ἰησοῦ ἠκολούθησαν δύο
τυφλοὶ κράζοντες καὶ λέγοντες   Ἐλέησον ἡμᾶς, υἱὲ Δαυείδ.
28 ἐλθόντι δὲ εἰς τὴν οἰκίαν προσῆλθαν αὐτῷ οἱ τυφλοί, καὶ
λέγει αὐτοῖς ὁ Ἰησοῦς   Πιστεύετε ὅτι δύναμαι τοῦτο ποιῆ-
σαι; λέγουσιν αὐτῷ   Ναί, κύριε. 29 τότε ἥψατο τῶν ὀφθαλ-
μῶν αὐτῶν λέγων   Κατὰ τὴν πίστιν ὑμῶν γενηθήτω ὑμῖν.
30 καὶ ἠνεῴχθησαν αὐτῶν οἱ ὀφθαλμοί. Καὶ ἐνεβριμήθη
αὐτοῖς ὁ Ἰησοῦς λέγων   Ὁρᾶτε μηδεὶς γινωσκέτω· 31 οἱ δὲ
ἐξελθόντες διεφήμισαν αὐτὸν ἐν ὅλῃ τῇ γῇ ἐκείνῃ.

A Mute Man Speaks

32 Αὐτῶν δὲ ἐξερχομένων ἰδοὺ προσήνεγκαν αὐτῷ
κωφὸν δαιμονιζόμενον· 33 καὶ ἐκβληθέντος τοῦ δαιμονίου
ἐλάλησεν ὁ κωφός. καὶ ἐθαύμασαν οἱ ὄχλοι λέγοντες
Οὐδέποτε ἐφάνη οὕτως ἐν τῷ Ἰσραήλ. 34 [οἱ δὲ Φαρισαῖοι
ἔλεγον   Ἐν τῷ ἄρχοντι τῶν δαιμονίων ἐκβάλλει τὰ
δαιμόνια.]

Compassion on the Crowds
(Mark 6:6–7,34; cf. Luke 10:1–2)

35 Καὶ περιῆγεν ὁ Ἰησοῦς τὰς πόλεις πάσας καὶ τὰς
κώμας, διδάσκων ἐν ταῖς συναγωγαῖς αὐτῶν καὶ κηρύσσων

---

26 WH: αὕτη {WH}: αὐτῆς 27 {WH}/[NA]/RP: *add* αὐτῷ *after* ἠκολούθησαν //
WH: υἱὲ {WH}/NA: υἱὸς 28 WH: δύναμαι τοῦτο {WH}: τοῦτο δύναμαι 30 WH:
ἠνεῴχθησαν RP: ἀνεῴχθησαν // WH: ἐνεβριμήθη RP: ἐνεβριμήσατο 32 NA/RP:
add ἄνθρωπον *before* κωφὸν 34 NA/RP: *omit brackets for entire verse*

τὸ εὐαγγέλιον τῆς βασιλείας καὶ θεραπεύων πᾶσαν νόσον καὶ πᾶσαν μαλακίαν. 36 Ἰδὼν δὲ τοὺς ὄχλους ἐσπλαγχνίσθη περὶ αὐτῶν ὅτι ἦσαν ἐσκυλμένοι καὶ ἐριμμένοι ὡσεὶ πρόβατα μὴ ἔχοντα ποιμένα. 37 τότε λέγει τοῖς μαθηταῖς αὐτοῦ Ὁ μὲν θερισμὸς πολύς, οἱ δὲ ἐργάται ὀλίγοι· 38 δεήθητε οὖν τοῦ κυρίου τοῦ θερισμοῦ ὅπως ἐκβάλῃ ἐργάτας εἰς τὸν θερισμὸν αὐτοῦ. 10 Καὶ προσκαλεσάμενος τοὺς δώδεκα μαθητὰς αὐτοῦ ἔδωκεν αὐτοῖς ἐξουσίαν πνευμάτων ἀκαθάρτων ὥστε ἐκβάλλειν αὐτὰ καὶ θεραπεύειν πᾶσαν νόσον καὶ πᾶσαν μαλακίαν.

Jesus Chooses Twelve Apostles
(Mark 3:13–19; Luke 6:12–16)

2 Τῶν δὲ δώδεκα ἀποστόλων τὰ ὀνόματά ἐστιν ταῦτα· πρῶτος Σίμων ὁ λεγόμενος Πέτρος καὶ Ἀνδρέας ὁ ἀδελφὸς αὐτοῦ καὶ Ἰάκωβος ὁ τοῦ Ζεβεδαίου καὶ Ἰωάνης ὁ ἀδελφὸς αὐτοῦ, 3 Φίλιππος καὶ Βαρθολομαῖος, Θωμᾶς καὶ Μαθθαῖος ὁ τελώνης, Ἰάκωβος ὁ τοῦ Ἁλφαίου καὶ Θαδδαῖος, 4 Σίμων ὁ Καναναῖος καὶ Ἰούδας ὁ Ἰσκαριώτης ὁ καὶ παραδοὺς αὐτόν.

The Twelve Are Sent Out
(Mark 6:7–13; Luke 9:1–6)

5 Τούτους τοὺς δώδεκα ἀπέστειλεν ὁ Ἰησοῦς παραγγείλας αὐτοῖς λέγων
Εἰς ὁδὸν ἐθνῶν μὴ ἀπέλθητε, καὶ εἰς πόλιν Σαμαρειτῶν μὴ εἰσέλθητε· 6 πορεύεσθε δὲ μᾶλλον πρὸς τὰ πρόβατα τὰ ἀπολωλότα οἴκου Ἰσραήλ. 7 πορευόμενοι δὲ κηρύσσετε

---

35 RP: *add* ἐν τῷ λαῷ *after* μαλακίαν 36 WH: ἐριμμένοι RP: ἐρριμμένοι
10:3 RP: *add* Λεββαῖος ὁ ἐπικληθεὶς *before* Θαδδαῖος 4 WH: Καναναῖος RP: Κανανίτης // RP: *omit* ὁ *before* Ἰσκαριώτης

36 Num 27:17; Ezek 34:5

λέγοντες ὅτι Ἤγγικεν ἡ βασιλεία τῶν οὐρανῶν. 8 ἀσθε-
νοῦντας θεραπεύετε, νεκροὺς ἐγείρετε, λεπροὺς καθαρίζετε,
δαιμόνια ἐκβάλλετε· δωρεὰν ἐλάβετε, δωρεὰν δότε. 9 Μὴ
κτήσησθε χρυσὸν μηδὲ ἄργυρον μηδὲ χαλκὸν εἰς τὰς ζώνας
ὑμῶν, 10 μὴ πήραν εἰς ὁδὸν μηδὲ δύο χιτῶνας μηδὲ
ὑποδήματα μηδὲ ῥάβδον· ἄξιος γὰρ ὁ ἐργάτης τῆς τροφῆς
αὐτοῦ. 11 εἰς ἣν δ᾿ ἂν πόλιν ἢ κώμην εἰσέλθητε, ἐξετάσατε
τίς ἐν αὐτῇ ἄξιός ἐστιν· κἀκεῖ μείνατε ἕως ἂν ἐξέλθητε.
12 εἰσερχόμενοι δὲ εἰς τὴν οἰκίαν ἀσπάσασθε αὐτήν· 13 καὶ
ἐὰν μὲν ᾖ ἡ οἰκία ἀξία, ἐλθάτω ἡ εἰρήνη ὑμῶν ἐπ᾿ αὐτήν·
ἐὰν δὲ μὴ ᾖ ἀξία, ἡ εἰρήνη ὑμῶν ἐφ᾿ ὑμᾶς ἐπιστραφήτω.
14 καὶ ὃς ἂν μὴ δέξηται ὑμᾶς μηδὲ ἀκούσῃ τοὺς λόγους
ὑμῶν, ἐξερχόμενοι ἔξω τῆς οἰκίας ἢ τῆς πόλεως ἐκείνης ἐκ-
τινάξατε τὸν κονιορτὸν τῶν ποδῶν ὑμῶν. 15 ἀμὴν λέγω
ὑμῖν, ἀνεκτότερον ἔσται γῇ Σοδόμων καὶ Γομόρρων ἐν
ἡμέρᾳ κρίσεως ἢ τῇ πόλει ἐκείνῃ.

A Warning about Coming Persecution
(cf. Matt 24:9,13; Mark 13:9–13; Luke 21:12–17)

16 Ἰδοὺ ἐγὼ ἀποστέλλω ὑμᾶς ὡς πρόβατα ἐν μέσῳ
λύκων· γίνεσθε οὖν φρόνιμοι ὡς οἱ ὄφεις καὶ ἀκέραιοι ὡς αἱ
περιστεραί. 17 προσέχετε δὲ ἀπὸ τῶν ἀνθρώπων· παραδώ-
σουσιν γὰρ ὑμᾶς εἰς συνέδρια, καὶ ἐν ταῖς συναγωγαῖς
αὐτῶν μαστιγώσουσιν ὑμᾶς· 18 καὶ ἐπὶ ἡγεμόνας δὲ καὶ
βασιλεῖς ἀχθήσεσθε ἕνεκεν ἐμοῦ εἰς μαρτύριον αὐτοῖς καὶ
τοῖς ἔθνεσιν. 19 ὅταν δὲ παραδῶσιν ὑμᾶς, μὴ μεριμνήσητε
πῶς ἢ τί λαλήσητε· δοθήσεται γὰρ ὑμῖν ἐν ἐκείνῃ τῇ ὥρᾳ τί
λαλήσητε· 20 οὐ γὰρ ὑμεῖς ἐστὲ οἱ λαλοῦντες ἀλλὰ τὸ
πνεῦμα τοῦ πατρὸς ὑμῶν τὸ λαλοῦν ἐν ὑμῖν. 21 παραδώσει
δὲ ἀδελφὸς ἀδελφὸν εἰς θάνατον καὶ πατὴρ τέκνον, καὶ ἐπ-
αναστήσονται τέκνα ἐπὶ γονεῖς καὶ θανατώσουσιν αὐτούς.

8 RP: omit νεκροὺς ἐγείρετε 10 WH: ῥάβδον RP: ῥάβδους // RP: add ἐστιν after
αὐτοῦ 13 WH: ἐφ᾿ {WH}/NA/RP: πρὸς 14 WH: ἂν RP: ἐὰν // RP: omit ἔξω // {WH}:
add ἐκ before τῶν ποδῶν 16 WH: οἱ ὄφεις {WH}: ὁ ὄφις 19 WH: παραδῶσιν RP:
παραδιδῶσιν // WH: ὥρᾳ τί λαλήσητε RP: ὥρᾳ τί λαλήσετε 21 WH:
ἐπαναστήσονται {WH}: ἐπαναστήσεται

22 καὶ ἔσεσθε μισούμενοι ὑπὸ πάντων διὰ τὸ ὄνομά μου· ὁ δὲ ὑπομείνας εἰς τέλος οὗτος σωθήσεται. 23 ὅταν δὲ διώκωσιν ὑμᾶς ἐν τῇ πόλει ταύτῃ, φεύγετε εἰς τὴν ἑτέραν· ἀμὴν γὰρ λέγω ὑμῖν, οὐ μὴ τελέσητε τὰς πόλεις [τοῦ] Ἰσραὴλ ἕως ἔλθῃ ὁ υἱὸς τοῦ ἀνθρώπου. 24 Οὐκ ἔστιν μαθητὴς ὑπὲρ τὸν διδά- σκαλον οὐδὲ δοῦλος ὑπὲρ τὸν κύριον αὐτοῦ. 25 ἀρκετὸν τῷ μαθητῇ ἵνα γένηται ὡς ὁ διδάσκαλος αὐτοῦ, καὶ ὁ δοῦλος ὡς ὁ κύριος αὐτοῦ. εἰ τὸν οἰκοδεσπότην Βεεζεβοὺλ ἐπεκάλεσαν, πόσῳ μᾶλλον τοὺς οἰκιακοὺς αὐτοῦ.

Fear Not
(Luke 12:2–9)

26 μὴ οὖν φοβηθῆτε αὐτούς· οὐδὲν γάρ ἐστιν κεκαλυμμένον ὃ οὐκ ἀποκαλυφθήσεται, καὶ κρυπτὸν ὃ οὐ γνωσθήσεται. 27 ὃ λέγω ὑμῖν ἐν τῇ σκοτίᾳ, εἴπατε ἐν τῷ φωτί· καὶ ὃ εἰς τὸ οὖς ἀκούετε, κηρύξατε ἐπὶ τῶν δωμάτων. 28 καὶ μὴ φοβηθῆτε ἀπὸ τῶν ἀποκτεινόντων τὸ σῶμα τὴν δὲ ψυχὴν μὴ δυναμένων ἀποκτεῖναι· φοβεῖσθε δὲ μᾶλλον τὸν δυνάμε- νον καὶ ψυχὴν καὶ σῶμα ἀπολέσαι ἐν γεέννῃ. 29 οὐχὶ δύο στρουθία ἀσσαρίου πωλεῖται; καὶ ἓν ἐξ αὐτῶν οὐ πεσεῖται ἐπὶ τὴν γῆν ἄνευ τοῦ πατρὸς ὑμῶν. 30 ὑμῶν δὲ καὶ αἱ τρίχες τῆς κεφαλῆς πᾶσαι ἠριθμημέναι εἰσίν. 31 μὴ οὖν φοβεῖσθε· πολλῶν στρουθίων διαφέρετε ὑμεῖς. 32 Πᾶς οὖν ὅστις ὁμολογήσει ἐν ἐμοὶ ἔμπροσθεν τῶν ἀνθρώπων, ὁμολογήσω κἀγὼ ἐν αὐτῷ ἔμπροσθεν τοῦ πατρός μου τοῦ ἐν τοῖς οὐρανοῖς· 33 ὅστις δὲ ἀρνήσηταί με ἔμπροσθεν τῶν ἀνθρώπων, ἀρνήσομαι κἀγὼ αὐτὸν ἔμπροσθεν τοῦ πατρός μου τοῦ ἐν τοῖς οὐρανοῖς.

---

23 WH: ἑτέραν RP: ἄλλην // WH: [τοῦ] NA/RP: τοῦ // NA: add ἂν after ἕως 25 WH: ἐπεκάλεσαν RP: ἐκάλεσαν // WH: τὸν οἰκοδεσπότην . . . τοὺς οἰκιακοὺς {WH}: τῷ οἰκοδεσπότῃ . . . τοῖς οἰκιακοῖς 28 WH: μὴ φοβηθῆτε NA/RP: μὴ φοβεῖσθε // WH: ἀποκτεινόντων NA: ἀποκτεννόντων RP: ἀποκτενόντων // WH: φοβεῖσθε δὲ RP: φοβηθῆτε δὲ // RP: add τὴν before ψυχὴν καὶ // RP: add τὸ after ψυχὴν καὶ 31 WH: φοβεῖσθε RP: φοβηθῆτε 32 WH: τοῖς NA: [τοῖς] RP: omit τοῖς 33 WH: δὲ {WH}/NA/RP: δ' ἂν // WH: κἀγὼ αὐτὸν RP: αὐτὸν κἀγὼ // WH: τοῖς NA: [τοῖς] RP: omit τοῖς

A Disciple's Priorities
(Luke 12:51–53; 14:26–27)

34 Μὴ νομίσητε ὅτι ἦλθον βαλεῖν εἰρήνην ἐπὶ τὴν γῆν· οὐκ ἦλθον βαλεῖν εἰρήνην ἀλλὰ μάχαιραν. 35 ἦλθον γὰρ διχάσαι ἄνθρωπον **κατὰ τοῦ πατρὸς αὐτοῦ καὶ θυγατέρα κατὰ τῆς μητρὸς αὐτῆς καὶ νύμφην κατὰ τῆς πενθερᾶς αὐτῆς,** 36 **καὶ ἐχθροὶ τοῦ ἀνθρώπου οἱ οἰκιακοὶ αὐτοῦ.** 37 Ὁ φιλῶν πατέρα ἢ μητέρα ὑπὲρ ἐμὲ οὐκ ἔστιν μου ἄξιος· καὶ ὁ φιλῶν υἱὸν ἢ θυγατέρα ὑπὲρ ἐμὲ οὐκ ἔστιν μου ἄξιος· 38 καὶ ὃς οὐ λαμβάνει τὸν σταυρὸν αὐτοῦ καὶ ἀκολουθεῖ ὀπίσω μου, οὐκ ἔστιν μου ἄξιος. 39 ὁ εὑρὼν τὴν ψυχὴν αὐτοῦ ἀπολέσει αὐτήν, καὶ ὁ ἀπολέσας τὴν ψυχὴν αὐτοῦ ἕνεκεν ἐμοῦ εὑρήσει αὐτήν.

A Disciple's Rewards
(cf. Mark 9:41)

40 Ὁ δεχόμενος ὑμᾶς ἐμὲ δέχεται, καὶ ὁ ἐμὲ δεχόμενος δέχεται τὸν ἀποστείλαντά με. 41 ὁ δεχόμενος προφήτην εἰς ὄνομα προφήτου μισθὸν προφήτου λήμψεται, καὶ ὁ δεχόμενος δίκαιον εἰς ὄνομα δικαίου μισθὸν δικαίου λήμψεται. 42 καὶ ὃς ἂν ποτίσῃ ἕνα τῶν μικρῶν τούτων ποτήριον ψυχροῦ μόνον εἰς ὄνομα μαθητοῦ, ἀμὴν λέγω ὑμῖν, οὐ μὴ ἀπολέσῃ τὸν μισθὸν αὐτοῦ.

11 Καὶ ἐγένετο ὅτε ἐτέλεσεν ὁ Ἰησοῦς διατάσσων τοῖς δώδεκα μαθηταῖς αὐτοῦ, μετέβη ἐκεῖθεν τοῦ διδάσκειν καὶ κηρύσσειν ἐν ταῖς πόλεσιν αὐτῶν.

---

41 WH: προφήτου λήμψεται RP: προφήτου λήψεται // WH: δικαίου λήμψεται RP: δικαίου λήψεται 42 WH: ἂν RP: ἐὰν

10:35–36 Mic 7:6

John Questions Jesus
(Luke 7:18–23)

2 Ὁ δὲ Ἰωάνης ἀκούσας ἐν τῷ δεσμωτηρίῳ τὰ ἔργα τοῦ χριστοῦ πέμψας διὰ τῶν μαθητῶν αὐτοῦ 13 εἶπεν αὐτῷ Σὺ εἶ ὁ ἐρχόμενος ἢ ἕτερον προσδοκῶμεν; 4 καὶ ἀποκριθεὶς ὁ Ἰησοῦς εἶπεν αὐτοῖς Πορευθέντες ἀπαγγείλατε Ἰωάνει ἃ ἀκούετε καὶ βλέπετε· 5 **τυφλοὶ ἀναβλέπουσιν** καὶ χωλοὶ περιπατοῦσιν, λεπροὶ καθαρίζονται καὶ κωφοὶ ἀκούουσιν, καὶ νεκροὶ ἐγείρονται καὶ **πτωχοὶ εὐαγγελίζονται·** 6 καὶ μακάριός ἐστιν ὃς ἂν μὴ σκανδαλισθῇ ἐν ἐμοί.

Jesus' Assessment of John the Baptist
(Luke 7:24–35)

7 Τούτων δὲ πορευομένων ἤρξατο ὁ Ἰησοῦς λέγειν τοῖς ὄχλοις περὶ Ἰωάνου Τί ἐξήλθατε εἰς τὴν ἔρημον θεάσασθαι; κάλαμον ὑπὸ ἀνέμου σαλευόμενον; 8 ἀλλὰ τί ἐξήλθατε ἰδεῖν; ἄνθρωπον ἐν μαλακοῖς ἠμφιεσμένον; ἰδοὺ οἱ τὰ μαλακὰ φοροῦντες ἐν τοῖς οἴκοις τῶν βασιλέων. 9 ἀλλὰ τί ἐξήλθατε; προφήτην ἰδεῖν; ναί, λέγω ὑμῖν, καὶ περισσότερον προφήτου. 10 οὗτός ἐστιν περὶ οὗ γέγραπται

Ἰδοὺ ἐγὼ ἀποστέλλω τὸν ἄγγελόν μου πρὸ προσώπου σου, ὃς κατασκευάσει τὴν ὁδόν σου ἔμπροσθέν σου.

11 ἀμὴν λέγω ὑμῖν, οὐκ ἐγήγερται ἐν γεννητοῖς γυναικῶν μείζων Ἰωάνου τοῦ βαπτιστοῦ· ὁ δὲ μικρότερος ἐν τῇ βασιλείᾳ τῶν οὐρανῶν μείζων αὐτοῦ ἐστίν. 12 ἀπὸ δὲ τῶν ἡμερῶν Ἰωάνου τοῦ βαπτιστοῦ ἕως ἄρτι ἡ βασιλεία τῶν οὐρανῶν βιάζεται, καὶ βιασταὶ ἁρπάζουσιν αὐτήν. 13 πάντες γὰρ οἱ προφῆται καὶ ὁ νόμος ἕως Ἰωάνου ἐπροφήτευσαν·

11:2 WH: διὰ RP: δύο 5 WH: ἀναβλέπουσιν καὶ {WH}: ἀναβλέπουσιν // RP: *omit* καὶ *after* ἀκούουσιν, 6 WH: ἂν NA/RP: ἐὰν 8 RP: *add* ἱματίοις *after* μαλακοῖς // WH: βασιλέων NA/RP: βασιλέων εἰσίν 9 WH: ἐξήλθατε; προφήτην ἰδεῖν; NA: ἐξήλθατε ἰδεῖν; Προφήτην; RP: ἐξήλθετε ἰδεῖν; Προφήτην; 10 RP: *add* γὰρ *after* οὗτος 13 WH: ἐπροφήτευσαν RP: προεφήτευσαν

11:5 Isa 61:1 10 Mal 3:1

14 καὶ εἰ θέλετε δέξασθαι, αὐτός ἐστιν Ἡλείας ὁ μέλλων ἔρχεσθαι. 15 Ὁ ἔχων ὦτα ἀκουέτω. 16 Τίνι δὲ ὁμοιώσω τὴν γενεὰν ταύτην; ὁμοία ἐστὶν παιδίοις καθημένοις ἐν ταῖς ἀγοραῖς ἃ προσφωνοῦντα τοῖς ἑτέροις 17 λέγουσιν

Ηὐλήσαμεν ὑμῖν καὶ οὐκ ὠρχήσασθε·
ἐθρηνήσαμεν καὶ οὐκ ἐκόψασθε·

18 ἦλθεν γὰρ Ἰωάνης μήτε ἐσθίων μήτε πίνων, καὶ λέγουσιν Δαιμόνιον ἔχει· 19 ἦλθεν ὁ υἱὸς τοῦ ἀνθρώπου ἐσθίων καὶ πίνων, καὶ λέγουσιν Ἰδοὺ ἄνθρωπος φάγος καὶ οἰνοπότης, τελωνῶν φίλος καὶ ἁμαρτωλῶν. καὶ ἐδικαιώθη ἡ σοφία ἀπὸ τῶν ἔργων αὐτῆς.

Woes to Impenitent Galilean Cities
(Luke 10:13–15)

20 Τότε ἤρξατο ὀνειδίζειν τὰς πόλεις ἐν αἷς ἐγένοντο αἱ πλεῖσται δυνάμεις αὐτοῦ, ὅτι οὐ μετενόησαν· 21 Οὐαί σοι, Χοραζείν· οὐαί σοι, Βηθσαιδάν· ὅτι εἰ ἐν Τύρῳ καὶ Σιδῶνι ἐγένοντο αἱ δυνάμεις αἱ γενόμεναι ἐν ὑμῖν, πάλαι ἂν ἐν σάκκῳ καὶ σποδῷ μετενόησαν. 22 πλὴν λέγω ὑμῖν, Τύρῳ καὶ Σιδῶνι ἀνεκτότερον ἔσται ἐν ἡμέρᾳ κρίσεως ἢ ὑμῖν. 23 Καὶ σύ, Καφαρναούμ, μὴ ἕως οὐρανοῦ ὑψωθήσῃ; ἕως ᾅδου καταβήσῃ. ὅτι εἰ ἐν Σοδόμοις ἐγενήθησαν αἱ δυνάμεις αἱ γενόμεναι ἐν σοί, ἔμεινεν ἂν μέχρι τῆς σήμερον. 24 πλὴν λέγω ὑμῖν ὅτι γῇ Σοδόμων ἀνεκτότερον ἔσται ἐν ἡμέρᾳ κρίσεως ἢ σοί.

---

15 RP: *add* ἀκούειν *after* ὦτα 16 WH: καθημένοις ἐν ταῖς ἀγοραῖς ἃ προσφωνοῦντα RP: ἐν ἀγοραῖς καθημένοις καὶ προσφωνοῦσιν // WH: ἑτέροις RP: ἑταίροις αὐτῶν 17 RP: *add* καὶ *before* λέγουσιν // RP: *add* ὑμῖν *after* ἐθρηνήσαμεν 19 WH: ἔργων RP: τέκνων 23 WH: μὴ RP: ἢ // RP: *add* τοῦ *after* ἕως // WH: ὑψωθήσῃ RP: ὑψωθεῖσα // WH: καταβήσῃ RP: καταβιβασθήσῃ // WH: ἐγενήθησαν RP: ἐγένοντο // WH: ἔμεινεν RP: ἔμειναν

23 Isa 14:13, 15

Jesus' Prayer of Thanksgiving
(Luke 10:21–22)

25 Ἐν ἐκείνῳ τῷ καιρῷ ἀποκριθεὶς ὁ Ἰησοῦς εἶπεν Ἐξομολογοῦμαί σοι, πάτερ κύριε τοῦ οὐρανοῦ καὶ τῆς γῆς, ὅτι ἔκρυψας ταῦτα ἀπὸ σοφῶν καὶ συνετῶν, καὶ ἀπεκάλυψας αὐτὰ νηπίοις· 26 ναί, ὁ πατήρ, ὅτι οὕτως εὐδοκία ἐγένετο ἔμπροσθέν σου. 27 Πάντα μοι παρεδόθη ὑπὸ τοῦ πατρός μου, καὶ οὐδεὶς ἐπιγινώσκει τὸν υἱὸν εἰ μὴ ὁ πατήρ, οὐδὲ τὸν πατέρα τις ἐπιγινώσκει εἰ μὴ ὁ υἱὸς καὶ ᾧ ἐὰν βούληται ὁ υἱὸς ἀποκαλύψαι. 28 Δεῦτε πρός με πάντες οἱ κοπιῶντες καὶ πεφορτισμένοι, κἀγὼ ἀναπαύσω ὑμᾶς. 29 ἄρατε τὸν ζυγόν μου ἐφ' ὑμᾶς καὶ μάθετε ἀπ' ἐμοῦ, ὅτι πραΰς εἰμι καὶ ταπεινὸς τῇ καρδίᾳ, καὶ **εὑρήσετε ἀνάπαυσιν ταῖς ψυχαῖς ὑμῶν·** 30 ὁ γὰρ ζυγός μου χρηστὸς καὶ τὸ φορτίον μου ἐλαφρόν ἐστιν.

The Lord of the Sabbath
(Mark 2:23–28; Luke 6:1–5)

12 Ἐν ἐκείνῳ τῷ καιρῷ ἐπορεύθη ὁ Ἰησοῦς τοῖς σάββασιν διὰ τῶν σπορίμων· οἱ δὲ μαθηταὶ αὐτοῦ ἐπείνασαν, καὶ ἤρξαντο τίλλειν στάχυας καὶ ἐσθίειν. 2 οἱ δὲ Φαρισαῖοι ἰδόντες εἶπαν αὐτῷ Ἰδοὺ οἱ μαθηταί σου ποιοῦσιν ὃ οὐκ ἔξεστιν ποιεῖν ἐν σαββάτῳ. 3 ὁ δὲ εἶπεν αὐτοῖς Οὐκ ἀνέγνωτε τί ἐποίησεν Δαυεὶδ ὅτε ἐπείνασεν καὶ οἱ μετ' αὐτοῦ· 4 πῶς εἰσῆλθεν εἰς τὸν οἶκον τοῦ θεοῦ καὶ **τοὺς ἄρτους τῆς προθέσεως** ἔφαγον, ὃ οὐκ ἐξὸν ἦν αὐτῷ φαγεῖν οὐδὲ τοῖς μετ' αὐτοῦ, εἰ μὴ τοῖς ἱερεῦσιν μόνοις; 5 ἢ οὐκ ἀνέγνωτε ἐν τῷ νόμῳ ὅτι τοῖς σάββασιν οἱ ἱερεῖς ἐν τῷ ἱερῷ τὸ σάββατον βεβηλοῦσιν καὶ ἀναίτιοί εἰσιν; 6 λέγω δὲ ὑμῖν ὅτι τοῦ ἱεροῦ μεῖζόν ἐστιν ὧδε. 7 εἰ δὲ ἐγνώκειτε τί ἐστιν

---

25 WH: ἔκρυψας RP: ἀπέκρυψας 26 WH: εὐδοκία ἐγένετο RP: ἐγένετο εὐδοκία
29 WH: πραΰς RP: πρᾷος
12:1 RP: *add* αὐτὸς *after* ἐπείνασεν 4 WH: ἔφαγον, ὃ RP: ἔφαγεν, οὓς

---

29 Jer 6:16 **12:4** 1 Sam 21:6

Ἔλεος θέλω καὶ οὐ θυσίαν, οὐκ ἂν κατεδικάσατε τοὺς
ἀναιτίους. 8 κύριος γάρ ἐστιν τοῦ σαββάτου ὁ υἱὸς τοῦ
ἀνθρώπου.

Jesus Heals on the Sabbath
(Mark 3:1–6; Luke 6:6–11)

9 Καὶ μεταβὰς ἐκεῖθεν ἦλθεν εἰς τὴν συναγωγὴν αὐτῶν·
10 καὶ ἰδοὺ ἄνθρωπος χεῖρα ἔχων ξηράν. καὶ ἐπηρώτησαν
αὐτὸν λέγοντες Εἰ ἔξεστι τοῖς σάββασιν θεραπεύειν; ἵνα
κατηγορήσωσιν αὐτοῦ. 11 ὁ δὲ εἶπεν αὐτοῖς Τίς [ἔσται] ἐξ
ὑμῶν ἄνθρωπος ὃς ἕξει πρόβατον ἕν, καὶ ἐὰν ἐμπέσῃ τοῦτο
τοῖς σάββασιν εἰς βόθυνον, οὐχὶ κρατήσει αὐτὸ καὶ ἐγερεῖ;
12 πόσῳ οὖν διαφέρει ἄνθρωπος προβάτου. ὥστε ἔξεστιν
τοῖς σάββασιν καλῶς ποιεῖν. 13 Τότε λέγει τῷ ἀνθρώπῳ
Ἔκτεινόν σου τὴν χεῖρα· καὶ ἐξέτεινεν, καὶ ἀπεκατεστάθη
ὑγιὴς ὡς ἡ ἄλλη. 14 Ἐξελθόντες δὲ οἱ Φαρισαῖοι συμ-
βούλιον ἔλαβον κατ' αὐτοῦ ὅπως αὐτὸν ἀπολέσωσιν.

Jesus, the Chosen Servant
(Mark 3:7–12; Luke 6:17–19)

15 Ὁ δὲ Ἰησοῦς γνοὺς ἀνεχώρησεν ἐκεῖθεν. Καὶ
ἠκολούθησαν αὐτῷ πολλοί, καὶ ἐθεράπευσεν αὐτοὺς πάν-
τας, 16 καὶ ἐπετίμησεν αὐτοῖς ἵνα μὴ φανερὸν αὐτὸν
ποιήσωσιν· 17 ἵνα πληρωθῇ τὸ ῥηθὲν διὰ Ἡσαίου τοῦ
προφήτου λέγοντος
18 Ἰδοὺ ὁ παῖς μου ὃν ᾑρέτισα,
   ὁ ἀγαπητός μου ὃν εὐδόκησεν ἡ ψυχή μου·

---

7 WH: Ἔλεος RP: Ἔλεον 10 RP: add ἦν τὴν before χεῖρα // WH: θεραπεύειν ΝΑ:
θεραπεῦσαι 11 WH: [ἔσται] ΝΑ/RP: ἔσται 13 WH: σου τὴν χεῖρα RP: τὴν χεῖρα
σου // WH: ἀπεκατεστάθη RP: ἀποκατεστάθη 14 WH: Ἐξελθόντες δὲ οἱ
Φαρισαῖοι . . . κατ' αὐτοῦ RP: οἱ δὲ Φαρισαῖοι . . . κατ' αὐτοῦ ἐξελθόντες
15 [ΝΑ]/RP: add ὄχλοι before πολλοί 17 WH: ἵνα RP: ὅπως 18 ΝΑ/RP: add εἰς after
ὁ ἀγαπητός μου

---

7 Hos 6:6

θήσω τὸ πνεῦμά μου ἐπ' αὐτόν,
καὶ κρίσιν τοῖς ἔθνεσιν ἀπαγγελεῖ.
19 Οὐκ ἐρίσει οὐδὲ κραυγάσει,
οὐδὲ ἀκούσει τις ἐν ταῖς πλατείαις τὴν φωνὴν
αὐτοῦ.
20 κάλαμον συντετριμμένον οὐ κατεάξει
καὶ λίνον τυφόμενον οὐ σβέσει,
ἕως ἂν ἐκβάλῃ εἰς νῖκος τὴν κρίσιν.
21 καὶ τῷ ὀνόματι αὐτοῦ ἔθνη ἐλπιοῦσιν.

A House Divided
(Mark 3:23–30; Luke 11:17–23)

22 Τότε προσήνεγκαν αὐτῷ δαιμονιζόμενον τυφλὸν καὶ
κωφόν· καὶ ἐθεράπευσεν αὐτόν, ὥστε τὸν κωφὸν λαλεῖν καὶ
βλέπειν. 23 Καὶ ἐξίσταντο πάντες οἱ ὄχλοι καὶ ἔλεγον
Μήτι οὗτός ἐστιν ὁ υἱὸς Δαυείδ; 24 οἱ δὲ Φαρισαῖοι ἀκού-
σαντες εἶπον Οὗτος οὐκ ἐκβάλλει τὰ δαιμόνια εἰ μὴ ἐν τῷ
Βεεζεβοὺλ ἄρχοντι τῶν δαιμονίων. 25 Εἰδὼς δὲ τὰς ἐνθυμή-
σεις αὐτῶν εἶπεν αὐτοῖς Πᾶσα βασιλεία μερισθεῖσα καθ'
ἑαυτῆς ἐρημοῦται, καὶ πᾶσα πόλις ἢ οἰκία μερισθεῖσα καθ'
ἑαυτῆς οὐ σταθήσεται. 26 καὶ εἰ ὁ Σατανᾶς τὸν Σατανᾶν
ἐκβάλλει, ἐφ' ἑαυτὸν ἐμερίσθη· πῶς οὖν σταθήσεται ἡ
βασιλεία αὐτοῦ; 27 καὶ εἰ ἐγὼ ἐν Βεεζεβοὺλ ἐκβάλλω τὰ
δαιμόνια, οἱ υἱοὶ ὑμῶν ἐν τίνι ἐκβάλλουσιν; διὰ τοῦτο
αὐτοὶ κριταὶ ἔσονται ὑμῶν. 28 εἰ δὲ ἐν πνεύματι θεοῦ ἐγὼ
ἐκβάλλω τὰ δαιμόνια, ἄρα ἔφθασεν ἐφ' ὑμᾶς ἡ βασιλεία
τοῦ θεοῦ. 29 ἢ πῶς δύναταί τις εἰσελθεῖν εἰς τὴν οἰκίαν τοῦ
ἰσχυροῦ καὶ τὰ σκεύη αὐτοῦ ἁρπάσαι, ἐὰν μὴ πρῶτον
δήσῃ τὸν ἰσχυρόν; καὶ τότε τὴν οἰκίαν αὐτοῦ διαρπάσει.

---

22 WH: προσήνεγκαν αὐτῷ δαιμονιζόμενον τυφλὸν καὶ κωφόν {WH}/NA/RP:
προσηνέχθη αὐτῷ δαιμονιζόμενος τυφλὸς καὶ κωφός // WH: τὸν κωφὸν λαλεῖν
καὶ βλέπειν RP: τὸν τυφλὸν καὶ κωφὸν καὶ λαλεῖν καὶ βλέπειν 25 RP: add ὁ
Ἰησοῦς *after* εἰδὼς δὲ 27 WH: κριταὶ ἔσονται ὑμῶν RP: ὑμῶν ἔσονται κριταὶ
29 WH: ἁρπάσαι RP: διαρπάσαι

18–21 Isa 42:1–4; 41:9

30 ὁ μὴ ὢν μετ' ἐμοῦ κατ' ἐμοῦ ἐστίν, καὶ ὁ μὴ συνάγων μετ' ἐμοῦ σκορπίζει. 31 Διὰ τοῦτο λέγω ὑμῖν, πᾶσα ἁμαρτία καὶ βλασφημία ἀφεθήσεται τοῖς ἀνθρώποις, ἡ δὲ τοῦ πνεύματος βλασφημία οὐκ ἀφεθήσεται. 32 καὶ ὃς ἐὰν εἴπῃ λόγον κατὰ τοῦ υἱοῦ τοῦ ἀνθρώπου, ἀφεθήσεται αὐτῷ· ὃς δ' ἂν εἴπῃ κατὰ τοῦ πνεύματος τοῦ ἁγίου, οὐκ ἀφεθήσεται αὐτῷ οὔτε ἐν τούτῳ τῷ αἰῶνι οὔτε ἐν τῷ μέλλοντι.

A Tree Is Known by Its Fruit
(Luke 6:43–45)

33 Ἢ ποιήσατε τὸ δένδρον καλὸν καὶ τὸν καρπὸν αὐτοῦ καλόν, ἢ ποιήσατε τὸ δένδρον σαπρὸν καὶ τὸν καρπὸν αὐτοῦ σαπρόν· ἐκ γὰρ τοῦ καρποῦ τὸ δένδρον γινώσκεται. 34 γεννήματα ἐχιδνῶν, πῶς δύνασθε ἀγαθὰ λαλεῖν πονηροὶ ὄντες; ἐκ γὰρ τοῦ περισσεύματος τῆς καρδίας τὸ στόμα λαλεῖ. 35 ὁ ἀγαθὸς ἄνθρωπος ἐκ τοῦ ἀγαθοῦ θησαυροῦ ἐκβάλλει ἀγαθά, καὶ ὁ πονηρὸς ἄνθρωπος ἐκ τοῦ πονηροῦ θησαυροῦ ἐκβάλλει πονηρά. 36 Λέγω δὲ ὑμῖν ὅτι πᾶν ῥῆμα ἀργὸν ὃ λαλήσουσιν οἱ ἄνθρωποι, ἀποδώσουσιν περὶ αὐτοῦ λόγον ἐν ἡμέρᾳ κρίσεως· 37 ἐκ γὰρ τῶν λόγων σου δικαιωθήσῃ, καὶ ἐκ τῶν λόγων σου καταδικασθήσῃ.

The Scribes and Pharisees Demand a Sign
(Mark 8:11–12; Luke 11:29–32)

38 Τότε ἀπεκρίθησαν αὐτῷ τινὲς τῶν γραμματέων καὶ Φαρισαίων λέγοντες Διδάσκαλε, θέλομεν ἀπὸ σοῦ σημεῖον ἰδεῖν. 39 ὁ δὲ ἀποκριθεὶς εἶπεν αὐτοῖς Γενεὰ πονηρὰ καὶ μοιχαλὶς σημεῖον ἐπιζητεῖ, καὶ σημεῖον οὐ δοθήσεται αὐτῇ εἰ μὴ τὸ σημεῖον Ἰωνᾶ τοῦ προφήτου.

---

31 {WH}: *add* ὑμῖν *after* βλασφημία ἀφεθήσεται // RP: *add* τοῖς ἀνθρώποις *after* οὐκ ἀφεθήσεται 32 WH: οὐκ ἀφεθήσεται {WH}: οὐ μὴ ἀφεθῇ // WH: ἐν τούτῳ τῷ αἰῶνι RP: ἐν τῷ νῦν αἰῶνι 35 {WH}: *add* τὰ *after* ἐκβάλλει 36 WH: ὃ λαλήσουσιν RP: ὃ ἐὰν λαλήσωσιν 38 RP: *omit* αὐτῷ

40 ὥσπερ γὰρ **ἦν Ἰωνᾶς ἐν τῇ κοιλίᾳ τοῦ κήτους τρεῖς ἡμέρας καὶ τρεῖς νύκτας,** οὕτως ἔσται ὁ υἱὸς τοῦ ἀνθρώπου ἐν τῇ καρδίᾳ τῆς γῆς τρεῖς ἡμέρας καὶ τρεῖς νύκτας. 41 ἄνδρες Νινευεῖται ἀναστήσονται ἐν τῇ κρίσει μετὰ τῆς γενεᾶς ταύτης καὶ κατακρινοῦσιν αὐτήν· ὅτι μετενόησαν εἰς τὸ κήρυγμα Ἰωνᾶ, καὶ ἰδοὺ πλεῖον Ἰωνᾶ ὧδε. 42 *βασίλισσα νότου ἐγερθήσεται ἐν τῇ κρίσει μετὰ τῆς γενεᾶς ταύτης καὶ κατακρινεῖ αὐτήν· ὅτι ἦλθεν ἐκ τῶν περάτων τῆς γῆς ἀκοῦσαι τὴν σοφίαν Σολομῶνος, καὶ ἰδοὺ πλεῖον Σολομῶνος ὧδε.*

When an Evil Spirit Returns
(Luke 11:24–26)

43 Ὅταν δὲ τὸ ἀκάθαρτον πνεῦμα ἐξέλθῃ ἀπὸ τοῦ ἀνθρώπου, διέρχεται δι' ἀνύδρων τόπων ζητοῦν ἀνάπαυσιν, καὶ οὐχ εὑρίσκει. 44 τότε λέγει Εἰς τὸν οἶκόν μου ἐπιστρέψω ὅθεν ἐξῆλθον· καὶ ἐλθὸν εὑρίσκει σχολάζοντα [καὶ] σεσαρωμένον καὶ κεκοσμημένον. 45 τότε πορεύεται καὶ παραλαμβάνει μεθ' ἑαυτοῦ ἑπτὰ ἕτερα πνεύματα πονηρότερα ἑαυτοῦ, καὶ εἰσελθόντα κατοικεῖ ἐκεῖ· καὶ γίνεται τὰ ἔσχατα τοῦ ἀνθρώπου ἐκείνου χείρονα τῶν πρώτων. Οὕτως ἔσται καὶ τῇ γενεᾷ ταύτῃ τῇ πονηρᾷ.

The True Relatives of Jesus
(Mark 3:31–35; Luke 8:19–21)

46 Ἔτι αὐτοῦ λαλοῦντος τοῖς ὄχλοις ἰδοὺ ἡ μήτηρ καὶ οἱ ἀδελφοὶ αὐτοῦ ἱστήκεισαν ἔξω ζητοῦντες αὐτῷ λαλῆσαι. 48 ὁ δὲ ἀποκριθεὶς εἶπεν τῷ λέγοντι αὐτῷ Τίς ἐστιν ἡ

---

44 WH: Εἰς τὸν οἶκόν μου ἐπιστρέψω RP: Ἐπιστρέψω εἰς τὸν οἶκόν μου // NA/RP: *omit* [καὶ] 46 RP: *add* δὲ *after* Ἔτι // WH: ἱστήκεισαν NA/RP: εἱστήκεισαν 47 {WH}/[NA]/RP: *add v. 47:* εἶπεν δέ τις αὐτῷ Ἰδοὺ ἡ μήτηρ σου καὶ οἱ ἀδελφοί σου ἔξω ἑστήκασιν ζητοῦντές σοι λαλῆσαι. 48 WH: λέγοντι RP: εἰπόντι

μήτηρ μου, καὶ τίνες εἰσὶν οἱ ἀδελφοί μου; 49 καὶ ἐκτείνας
τὴν χεῖρα [αὐτοῦ] ἐπὶ τοὺς μαθητὰς αὐτοῦ εἶπεν Ἰδοὺ ἡ
μήτηρ μου καὶ οἱ ἀδελφοί μου· 50 ὅστις γὰρ ἂν ποιήσῃ τὸ
θέλημα τοῦ πατρός μου τοῦ ἐν οὐρανοῖς, αὐτός μου
ἀδελφὸς καὶ ἀδελφὴ καὶ μήτηρ ἐστίν.

The Parable of the Sower and the Seeds
(Mark 4:1–9; Luke 8:4–8)

13 Ἐν τῇ ἡμέρᾳ ἐκείνῃ ἐξελθὼν ὁ Ἰησοῦς τῆς οἰκίας
ἐκάθητο παρὰ τὴν θάλασσαν· 2 καὶ συνήχθησαν πρὸς
αὐτὸν ὄχλοι πολλοί, ὥστε αὐτὸν εἰς πλοῖον ἐμβάντα
καθῆσθαι, καὶ πᾶς ὁ ὄχλος ἐπὶ τὸν αἰγιαλὸν ἱστήκει. 3 καὶ
ἐλάλησεν αὐτοῖς πολλὰ ἐν παραβολαῖς λέγων Ἰδοὺ
ἐξῆλθεν ὁ σπείρων τοῦ σπείρειν. 4 καὶ ἐν τῷ σπείρειν αὐτὸν
ἃ μὲν ἔπεσεν παρὰ τὴν ὁδόν, καὶ ἐλθόντα τὰ πετεινὰ κατ-
έφαγεν αὐτά. 5 ἄλλα δὲ ἔπεσεν ἐπὶ τὰ πετρώδη ὅπου οὐκ
εἶχεν γῆν πολλήν, καὶ εὐθέως ἐξανέτειλεν διὰ τὸ μὴ ἔχειν
βάθος γῆς, 6 ἡλίου δὲ ἀνατείλαντος ἐκαυματίσθη καὶ διὰ
τὸ μὴ ἔχειν ῥίζαν ἐξηράνθη. 7 ἄλλα δὲ ἔπεσεν ἐπὶ τὰς
ἀκάνθας, καὶ ἀνέβησαν αἱ ἄκανθαι καὶ ἀπέπνιξαν αὐτά.
8 ἄλλα δὲ ἔπεσεν ἐπὶ τὴν γῆν τὴν καλὴν καὶ ἐδίδου καρπόν,
ὃ μὲν ἑκατὸν ὃ δὲ ἑξήκοντα ὃ δὲ τριάκοντα. 9 Ὁ ἔχων ὦτα
ἀκουέτω.

The Purpose of Parables
(Mark 4:10–12; Luke 8:9–10; Luke 10:23,24; cf. Mark 4:21–25; Luke 8:16–18)

10 Καὶ προσελθόντες οἱ μαθηταὶ εἶπαν αὐτῷ Διὰ τί ἐν
παραβολαῖς λαλεῖς αὐτοῖς; 11 ὁ δὲ ἀποκριθεὶς εἶπεν ὅτι
Ὑμῖν δέδοται γνῶναι τὰ μυστήρια τῆς βασιλείας τῶν

---

49 WH: [αὐτοῦ] NA/RP: αὐτοῦ
13:1 {WH}: add ἐκ after Ἰησοῦς 2 RP: add τὸ before πλοῖον // WH: ἱστήκει NA/RP:
εἱστήκει 4 WH: ἐλθόντα {WH}: ἦλθον RP: ἦλθεν // NA/RP: add καί after πετεινὰ
7 WH: ἀπέπνιξαν {WH}/NA: ἔπνιξαν 9 RP: add ἀκούειν, after ὦτα
11 {WH}/NA/RP: add αὐτοῖς after εἶπεν

οὐρανῶν, ἐκείνοις δὲ οὐ δέδοται. 12 ὅστις γὰρ ἔχει, δοθήσεται αὐτῷ καὶ περισσευθήσεται· ὅστις δὲ οὐκ ἔχει, καὶ ὃ ἔχει ἀρθήσεται ἀπ᾽ αὐτοῦ. 13 διὰ τοῦτο ἐν παραβολαῖς αὐτοῖς λαλῶ, ὅτι βλέποντες οὐ βλέπουσιν καὶ ἀκούοντες οὐκ ἀκούουσιν οὐδὲ συνίουσιν· 14 καὶ ἀναπληροῦται αὐτοῖς ἡ προφητεία Ἠσαΐου ἡ λέγουσα

Ἀκοῇ ἀκούσετε καὶ οὐ μὴ συνῆτε,
    καὶ βλέποντες βλέψετε καὶ οὐ μὴ ἴδητε.
15 ἐπαχύνθη γὰρ ἡ καρδία τοῦ λαοῦ τούτου,
    καὶ τοῖς ὠσὶν βαρέως ἤκουσαν,
    καὶ τοὺς ὀφθαλμοὺς αὐτῶν ἐκάμμυσαν·
    μή ποτε ἴδωσιν τοῖς ὀφθαλμοῖς
    καὶ τοῖς ὠσὶν ἀκούσωσιν
καὶ τῇ καρδίᾳ συνῶσιν καὶ ἐπιστρέψωσιν,
    καὶ ἰάσομαι αὐτούς.

16 ὑμῶν δὲ μακάριοι οἱ ὀφθαλμοὶ ὅτι βλέπουσιν, καὶ τὰ ὦτα [ὑμῶν] ὅτι ἀκούουσιν. 17 ἀμὴν γὰρ λέγω ὑμῖν ὅτι πολλοὶ προφῆται καὶ δίκαιοι ἐπεθύμησαν ἰδεῖν ἃ βλέπετε καὶ οὐκ εἶδαν, καὶ ἀκοῦσαι ἃ ἀκούετε καὶ οὐκ ἤκουσαν.

The Parable of the Sower Explained
(Mark 4:13–20; Luke 8:11–15)

18 Ὑμεῖς οὖν ἀκούσατε τὴν παραβολὴν τοῦ σπείραντος. 19 Παντὸς ἀκούοντος τὸν λόγον τῆς βασιλείας καὶ μὴ συνιέντος, ἔρχεται ὁ πονηρὸς καὶ ἁρπάζει τὸ ἐσπαρμένον ἐν τῇ καρδίᾳ αὐτοῦ· οὗτός ἐστιν ὁ παρὰ τὴν ὁδὸν σπαρείς. 20 ὁ δὲ ἐπὶ τὰ πετρώδη σπαρείς, οὗτός ἐστιν ὁ τὸν λόγον ἀκούων καὶ εὐθὺς μετὰ χαρᾶς λαμβάνων αὐτόν· 21 οὐκ ἔχει δὲ ῥίζαν ἐν ἑαυτῷ ἀλλὰ πρόσκαιρός ἐστιν, γενομένης δὲ θλίψεως ἢ διωγμοῦ διὰ τὸν λόγον εὐθὺς σκανδαλίζεται. 22 ὁ δὲ εἰς τὰς ἀκάνθας σπαρείς, οὗτός ἐστιν ὁ τὸν λόγον

---

13 WH: συνίουσιν RP: συνιοῦσιν 15 WH: μή ποτε NA/RP: μήποτε 16 WH: [ὑμῶν] NA/RP: ὑμῶν // WH: ἀκούουσιν RP: ἀκούει

13:14–15 Isa 6:9, 10

ἀκούων καὶ ἡ μέριμνα τοῦ αἰῶνος καὶ ἡ ἀπάτη τοῦ πλού-
του συνπνίγει τὸν λόγον, καὶ ἄκαρπος γίνεται. 23 ὁ δὲ ἐπὶ
τὴν καλὴν γῆν σπαρείς, οὗτός ἐστιν ὁ τὸν λόγον ἀκούων
καὶ συνιείς, ὃς δὴ καρποφορεῖ καὶ ποιεῖ ὃ μὲν ἑκατὸν ὃ δὲ
ἑξήκοντα ὃ δὲ τριάκοντα.

The Parable of the Weeds among the Wheat

24 Ἄλλην παραβολὴν παρέθηκεν αὐτοῖς λέγων
Ὡμοιώθη ἡ βασιλεία τῶν οὐρανῶν ἀνθρώπῳ σπείραντι
καλὸν σπέρμα ἐν τῷ ἀγρῷ αὐτοῦ. 25 ἐν δὲ τῷ καθεύδειν τοὺς
ἀνθρώπους ἦλθεν αὐτοῦ ὁ ἐχθρὸς καὶ ἐπέσπειρεν ζιζάνια
ἀνὰ μέσον τοῦ σίτου καὶ ἀπῆλθεν. 26 ὅτε δὲ ἐβλάστησεν ὁ
χόρτος καὶ καρπὸν ἐποίησεν, τότε ἐφάνη καὶ τὰ ζιζάνια.
27 προσελθόντες δὲ οἱ δοῦλοι τοῦ οἰκοδεσπότου εἶπον αὐτῷ
Κύριε, οὐχὶ καλὸν σπέρμα ἔσπειρας ἐν τῷ σῷ ἀγρῷ; πόθεν
οὖν ἔχει ζιζάνια; 28 ὁ δὲ ἔφη αὐτοῖς Ἐχθρὸς ἄνθρωπος
τοῦτο ἐποίησεν. οἱ δὲ αὐτῷ λέγουσιν Θέλεις οὖν ἀπελθόν-
τες συλλέξωμεν αὐτά; 29 ὁ δέ φησιν Οὔ, μή ποτε συλλέγον-
τες τὰ ζιζάνια ἐκριζώσητε ἅμα αὐτοῖς τὸν σῖτον· 30 ἄφετε
συναυξάνεσθαι ἀμφότερα ἕως τοῦ θερισμοῦ· καὶ ἐν καιρῷ
τοῦ θερισμοῦ ἐρῶ τοῖς θερισταῖς Συλλέξατε πρῶτον τὰ
ζιζάνια καὶ δήσατε αὐτὰ [εἰς] δέσμας πρὸς τὸ κατακαῦσαι
αὐτά, τὸν δὲ σῖτον συνάγετε εἰς τὴν ἀποθήκην μου.

The Parables of the Mustard Seed and the Yeast
(Mark 4:30–32; Luke 13:18–19)

31 Ἄλλην παραβολὴν παρέθηκεν αὐτοῖς λέγων Ὁμοία
ἐστὶν ἡ βασιλεία τῶν οὐρανῶν κόκκῳ σινάπεως, ὃν λαβὼν

---

22 RP: *add* τούτου *after* αἰῶνος 23 WH: τὴν καλὴν γῆν RP: τὴν γῆν τὴν καλὴν //
WH: συνιείς RP: συνιών // WH: ὃ μὲν . . . ὃ δὲ . . . ὃ δὲ RP: ὁ μὲν . . . ὁ δὲ . . . ὁ
δὲ 25 WH: ἐπέσπειρεν RP: ἔσπειρεν 28 WH: αὐτῷ λέγουσιν ΝΑ: δοῦλοι
λέγουσιν αὐτῷ RP: δοῦλοι εἶπον αὐτῷ // WH: συλλέξωμεν RP: συλλέξομεν
29 WH: φησιν RP: ἔφη // WH: μή ποτε ΝΑ: μήποτε 30 WH: ἕως {WH}: ἄχρι *or*
μέχρι RP: μέχρι // WH: [εἰς] ΝΑ/RP: εἰς // WH: συνάγετε {WH}/ΝΑ/RP:
συναγάγετε

ἄνθρωπος ἔσπειρεν ἐν τῷ ἀγρῷ αὐτοῦ· 32 ὃ μικρότερον μέν ἐστιν πάντων τῶν σπερμάτων, ὅταν δὲ αὐξηθῇ μεῖζον τῶν λαχάνων ἐστὶν καὶ γίνεται δένδρον, ὥστε ἐλθεῖν **τὰ πετεινὰ τοῦ οὐρανοῦ** καὶ **κατασκηνοῖν ἐν τοῖς κλάδοις αὐτοῦ.**

33 Ἄλλην παραβολὴν [ἐλάλησεν αὐτοῖς]· Ὁμοία ἐστὶν ἡ βασιλεία τῶν οὐρανῶν ζύμῃ, ἣν λαβοῦσα γυνὴ ἐνέκρυψεν εἰς ἀλεύρου σάτα τρία ἕως οὗ ἐζυμώθη ὅλον.

Why Jesus Taught in Parables
(Mark 4:33–34)

34 Ταῦτα πάντα ἐλάλησεν ὁ Ἰησοῦς ἐν παραβολαῖς τοῖς ὄχλοις, καὶ χωρὶς παραβολῆς οὐδὲν ἐλάλει αὐτοῖς· 35 ὅπως πληρωθῇ τὸ ῥηθὲν διὰ τοῦ προφήτου λέγοντος

Ἀνοίξω ἐν παραβολαῖς τὸ στόμα μου,
ἐρεύξομαι κεκρυμμένα ἀπὸ καταβολῆς.

The Parable of the Weeds Explained

36 Τότε ἀφεὶς τοὺς ὄχλους ἦλθεν εἰς τὴν οἰκίαν. Καὶ προσῆλθαν αὐτῷ οἱ μαθηταὶ αὐτοῦ λέγοντες Διασάφησον ἡμῖν τὴν παραβολὴν τῶν ζιζανίων τοῦ ἀγροῦ. 37 ὁ δὲ ἀποκριθεὶς εἶπεν Ὁ σπείρων τὸ καλὸν σπέρμα ἐστὶν ὁ υἱὸς τοῦ ἀνθρώπου· 38 ὁ δὲ ἀγρός ἐστιν ὁ κόσμος· τὸ δὲ καλὸν σπέρμα, οὗτοί εἰσιν οἱ υἱοὶ τῆς βασιλείας· τὰ δὲ ζιζάνιά εἰσιν οἱ υἱοὶ τοῦ πονηροῦ, 39 ὁ δὲ ἐχθρὸς ὁ σπείρας αὐτά ἐστιν ὁ διάβολος· ὁ δὲ θερισμὸς συντέλεια αἰῶνός ἐστιν, οἱ δὲ θερισταὶ ἄγγελοί εἰσιν. 40 ὥσπερ οὖν συλλέγεται τὰ ζιζάνια καὶ πυρὶ κατακαίεται, οὕτως ἔσται ἐν τῇ συντελείᾳ

---

32 WH: κατασκηνοῖν NA/RP: κατασκηνοῦν 33 WH: [ἐλάλησεν αὐτοῖς] NA/RP: ἐλάλησεν αὐτοῖς // WH: ἐνέκρυψεν RP: ἔκρυψεν 34 WH: οὐδὲν RP: οὐκ 35 {WH}: add Ἠσαΐου after διὰ // [NA]/RP: add κόσμου after καταβολῆς 36 RP: add ὁ Ἰησοῦς after οἰκίαν // WH: Διασάφησον RP: Φράσον 37 RP: add αὐτοῖς after εἶπεν 39 RP: add τοῦ before αἰῶνός 40 WH: κατακαίεται NA: [κατα]καίεται RP: καίεται //

---

32 Dan 4:12, 21 35 Ps 78: 2

τοῦ αἰῶνος· 41 ἀποστελεῖ ὁ υἱὸς τοῦ ἀνθρώπου τοὺς ἀγγέ-
λους αὐτοῦ, καὶ συλλέξουσιν ἐκ τῆς βασιλείας αὐτοῦ
πάντα **τὰ σκάνδαλα καὶ τοὺς ποιοῦντας τὴν ἀνομίαν,**
42 καὶ βαλοῦσιν αὐτοὺς εἰς τὴν κάμινον τοῦ πυρός· ἐκεῖ
ἔσται ὁ κλαυθμὸς καὶ ὁ βρυγμὸς τῶν ὀδόντων. 43 Τότε **οἱ δί-
καιοι ἐκλάμψουσιν** ὡς ὁ ἥλιος ἐν τῇ βασιλείᾳ τοῦ πατρὸς
αὐτῶν. Ὁ ἔχων ὦτα ἀκουέτω.

A String of Short Parables

44 Ὁμοία ἐστὶν ἡ βασιλεία τῶν οὐρανῶν θησαυρῷ κε-
κρυμμένῳ ἐν τῷ ἀγρῷ, ὃν εὑρὼν ἄνθρωπος ἔκρυψεν, καὶ
ἀπὸ τῆς χαρᾶς αὐτοῦ ὑπάγει καὶ πωλεῖ ὅσα ἔχει καὶ ἀγο-
ράζει τὸν ἀγρὸν ἐκεῖνον.

45 Πάλιν ὁμοία ἐστὶν ἡ βασιλεία τῶν οὐρανῶν ἐμπόρῳ
ζητοῦντι καλοὺς μαργαρίτας· 46 εὑρὼν δὲ ἕνα πολύτιμον
μαργαρίτην ἀπελθὼν πέπρακεν πάντα ὅσα εἶχεν καὶ
ἠγόρασεν αὐτόν.

47 Πάλιν ὁμοία ἐστὶν ἡ βασιλεία τῶν οὐρανῶν σαγήνῃ
βληθείσῃ εἰς τὴν θάλασσαν καὶ ἐκ παντὸς γένους συναγα-
γούσῃ· 48 ἣν ὅτε ἐπληρώθη ἀναβιβάσαντες ἐπὶ τὸν αἰγι-
αλὸν καὶ καθίσαντες συνέλεξαν τὰ καλὰ εἰς ἄγγη, τὰ δὲ
σαπρὰ ἔξω ἔβαλον. 49 οὕτως ἔσται ἐν τῇ συντελείᾳ τοῦ
αἰῶνος· ἐξελεύσονται οἱ ἄγγελοι καὶ ἀφοριοῦσιν τοὺς
πονηροὺς ἐκ μέσου τῶν δικαίων 50 καὶ βαλοῦσιν αὐτοὺς
εἰς τὴν κάμινον τοῦ πυρός· ἐκεῖ ἔσται ὁ κλαυθμὸς καὶ ὁ
βρυγμὸς τῶν ὀδόντων.

RP: *add* τούτου *after* αἰῶνος 43 RP: *add* ἀκούειν *after* ὦτα 44 RP: *add* Πάλιν *before*
ὁμοία // {WH}/NA: *add* πάντα *after* ὅσα // WH: πωλεῖ ὅσα ἔχει RP: πάντα ὅσα
ἔχει πωλεῖ 45 {WH}/NA/RP: *add* ἀνθρώπῳ *after* οὐρανῶν 46 WH: εὑρὼν δὲ RP:
ὃς εὑρὼν 48 WH: ἄγγη RP: ἀγγεῖα

41 Zeph 1:3   43 Dan 12:3

Treasures New and Old

51 Συνήκατε ταῦτα πάντα; λέγουσιν αὐτῷ Ναί. 52 ὁ δὲ εἶπεν αὐτοῖς Διὰ τοῦτο πᾶς γραμματεὺς μαθητευθεὶς τῇ βασιλείᾳ τῶν οὐρανῶν ὅμοιός ἐστιν ἀνθρώπῳ οἰκοδεσπότῃ ὅστις ἐκβάλλει ἐκ τοῦ θησαυροῦ αὐτοῦ καινὰ καὶ παλαιά.

Jesus Is Rejected at Nazareth
(Mark 6:1–6; Luke 4:16–30)

53 Καὶ ἐγένετο ὅτε ἐτέλεσεν ὁ Ἰησοῦς τὰς παραβολὰς ταύτας, μετῆρεν ἐκεῖθεν. 54 καὶ ἐλθὼν εἰς τὴν πατρίδα αὐτοῦ ἐδίδασκεν αὐτοὺς ἐν τῇ συναγωγῇ αὐτῶν, ὥστε ἐκπλήσσεσθαι αὐτοὺς καὶ λέγειν Πόθεν τούτῳ ἡ σοφία αὕτη καὶ αἱ δυνάμεις; 55 οὐχ οὗτός ἐστιν ὁ τοῦ τέκτονος υἱός; οὐχ ἡ μήτηρ αὐτοῦ λέγεται Μαριὰμ καὶ οἱ ἀδελφοὶ αὐτοῦ Ἰάκωβος καὶ Ἰωσὴφ καὶ Σίμων καὶ Ἰούδας; 56 καὶ αἱ ἀδελφαὶ αὐτοῦ οὐχὶ πᾶσαι πρὸς ἡμᾶς εἰσίν; πόθεν οὖν τούτῳ ταῦτα πάντα; 57 καὶ ἐσκανδαλίζοντο ἐν αὐτῷ. ὁ δὲ Ἰησοῦς εἶπεν αὐτοῖς Οὐκ ἔστιν προφήτης ἄτιμος εἰ μὴ ἐν τῇ πατρίδι καὶ ἐν τῇ οἰκίᾳ αὐτοῦ. 58 Καὶ οὐκ ἐποίησεν ἐκεῖ δυνάμεις πολλὰς διὰ τὴν ἀπιστίαν αὐτῶν.

The Beheading of John the Baptist
(Mark 6:14–29; Luke 9:7–9)

14 Ἐν ἐκείνῳ τῷ καιρῷ ἤκουσεν Ἡρῴδης ὁ τετραάρχης τὴν ἀκοὴν Ἰησοῦ, 2 καὶ εἶπεν τοῖς παισὶν αὐτοῦ Οὗτός ἐστιν Ἰωάνης ὁ βαπτιστής· αὐτὸς ἠγέρθη ἀπὸ τῶν νεκρῶν, καὶ διὰ τοῦτο αἱ δυνάμεις ἐνεργοῦσιν ἐν αὐτῷ. 3 Ὁ γὰρ Ἡρῴδης κρατήσας τὸν Ἰωάνην ἔδησεν καὶ ἐν φυλακῇ ἀπέθετο διὰ Ἡρῳδιάδα τὴν γυναῖκα Φιλίππου τοῦ ἀδελφοῦ

---

51 RP: add Λέγει αὐτοῖς ὁ Ἰησοῦς, before συνήκατε // RP: add Κύριε after Ναί, 52 WH: εἶπεν {WH} λέγει // WH: τῇ βασιλείᾳ RP: εἰς τὴν βασιλείαν 54 WH: ἐκπλήσσεσθαι RP: ἐκπλήττεσθαι 55 WH: οὐχ ἡ μήτηρ RP: οὐχὶ ἡ μήτηρ // WH: Ἰωσὴφ RP: Ἰωσῆς 57 {WH}: add ἰδίᾳ before πατρίδι // WH: αὐτοῦ RP: αὐτοῦ
14:1 WH: τετραάρχης RP: τετράρχης 3 WH: ἔδησεν καὶ ἐν φυλακῇ ἀπέθετο NA: ἔδησεν [αὐτὸν] καὶ ἐν φυλακῇ ἀπέθετο RP: ἔδησεν αὐτὸν καὶ ἔθετο ἐν φυλακῇ

αὐτοῦ, 4 ἔλεγεν γὰρ ὁ Ἰωάνης αὐτῷ Οὐκ ἔξεστίν σοι ἔχειν αὐτήν· 5 καὶ θέλων αὐτὸν ἀποκτεῖναι ἐφοβήθη τὸν ὄχλον, ὅτι ὡς προφήτην αὐτὸν εἶχον. 6 γενεσίοις δὲ γενομένοις τοῦ Ἡρῴδου ὠρχήσατο ἡ θυγάτηρ τῆς Ἡρῳδιάδος ἐν τῷ μέσῳ καὶ ἤρεσεν τῷ Ἡρῴδῃ, 7 ὅθεν μετὰ ὅρκου ὡμολόγησεν αὐτῇ δοῦναι ὃ ἐὰν αἰτήσηται. 8 ἡ δὲ προβιβασθεῖσα ὑπὸ τῆς μητρὸς αὐτῆς Δός μοι, φησίν, ὧδε ἐπὶ πίνακι τὴν κεφαλὴν Ἰωάνου τοῦ βαπτιστοῦ. 9 καὶ λυπηθεὶς ὁ βασιλεὺς διὰ τοὺς ὅρκους καὶ τοὺς συνανακειμένους ἐκέλευσεν δοθῆναι, 10 καὶ πέμψας ἀπεκεφάλισεν Ἰωάνην ἐν τῇ φυλακῇ· 11 καὶ ἠνέχθη ἡ κεφαλὴ αὐτοῦ ἐπὶ πίνακι καὶ ἐδόθη τῷ κορασίῳ, καὶ ἤνεγκεν τῇ μητρὶ αὐτῆς. 12 Καὶ προσελθόντες οἱ μαθηταὶ αὐτοῦ ἦραν τὸ πτῶμα καὶ ἔθαψαν αὐτόν, καὶ ἐλθόντες ἀπήγγειλαν τῷ Ἰησοῦ.

Jesus Feeds Five Thousand
(Mark 6:30–44; Luke 9:10–17)

13 Ἀκούσας δὲ ὁ Ἰησοῦς ἀνεχώρησεν ἐκεῖθεν ἐν πλοίῳ εἰς ἔρημον τόπον κατ᾽ ἰδίαν· καὶ ἀκούσαντες οἱ ὄχλοι ἠκολούθησαν αὐτῷ πεζῇ ἀπὸ τῶν πόλεων. 14 Καὶ ἐξελθὼν εἶδεν πολὺν ὄχλον, καὶ ἐσπλαγχνίσθη ἐπ᾽ αὐτοῖς καὶ ἐθεράπευσεν τοὺς ἀρρώστους αὐτῶν. 15 Ὀψίας δὲ γενομένης προσῆλθαν αὐτῷ οἱ μαθηταὶ λέγοντες Ἔρημός ἐστιν ὁ τόπος καὶ ἡ ὥρα ἤδη παρῆλθεν· ἀπόλυσον τοὺς ὄχλους, ἵνα ἀπελθόντες εἰς τὰς κώμας ἀγοράσωσιν ἑαυτοῖς βρώματα. 16 ὁ δὲ Ἰησοῦς εἶπεν αὐτοῖς Οὐ χρείαν ἔχουσιν ἀπελθεῖν· δότε αὐτοῖς ὑμεῖς φαγεῖν. 17 οἱ δὲ λέγουσιν αὐτῷ Οὐκ ἔχομεν ὧδε εἰ μὴ πέντε ἄρτους καὶ δύο ἰχθύας. 18 ὁ δὲ εἶπεν

---

4 WH: ὁ Ἰωάνης αὐτῷ RP: αὐτῷ ὁ Ἰωάννης 6 WH: γενεσίοις RP: Γενεσίων // WH: γενομένοις RP: ἀγομένων 7 WH: μετὰ NA/RP: μεθ᾽ 9 WH: λυπηθεὶς RP: ἐλυπήθη // RP: add δὲ after διὰ 10 NA: add [τὸν] after ἀπεκεφάλισεν 12 WH: πτῶμα RP: σῶμα // WH: αὐτὸν NA: αὐτὸ[ν] RP: αὐτό 13 WH: Ἀκούσας δὲ RP: Καὶ ἀκούσας // WH: πεζῇ {WH}: πεζοὶ 14 RP: add ὁ Ἰησοῦς after ἐξελθὼν 15 WH: ἤδη παρῆλθεν· ἀπόλυσον {WH}: παρῆλθεν ἤδη· ἀπόλυσον οὖν 16 WH: Ἰησοῦς NA: [Ἰησοῦς]

Φέρετέ μοι ὧδε αὐτούς. 19 καὶ κελεύσας τοὺς ὄχλους ἀνα-
κλιθῆναι ἐπὶ τοῦ χόρτου, λαβὼν τοὺς πέντε ἄρτους καὶ
τοὺς δύο ἰχθύας, ἀναβλέψας εἰς τὸν οὐρανὸν εὐλόγησεν
καὶ κλάσας ἔδωκεν τοῖς μαθηταῖς τοὺς ἄρτους οἱ δὲ μαθη-
ταὶ τοῖς ὄχλοις. 20 καὶ ἔφαγον πάντες καὶ ἐχορτάσθησαν,
καὶ ἦραν τὸ περισσεῦον τῶν κλασμάτων δώδεκα κοφίνους
πλήρεις. 21 οἱ δὲ ἐσθίοντες ἦσαν ἄνδρες ὡσεὶ πεντα-
κισχίλιοι χωρὶς γυναικῶν καὶ παιδίων.

Jesus Walks on Water
(Mark 6:45–52 cf. John 6:15–21)

22 Καὶ [εὐθέως] ἠνάγκασεν τοὺς μαθητὰς ἐμβῆναι εἰς
πλοῖον καὶ προάγειν αὐτὸν εἰς τὸ πέραν, ἕως οὗ ἀπολύσῃ
τοὺς ὄχλους. 23 καὶ ἀπολύσας τοὺς ὄχλους ἀνέβη εἰς τὸ
ὄρος κατ' ἰδίαν προσεύξασθαι. ὀψίας δὲ γενομένης μόνος ἦν
ἐκεῖ. 24 Τὸ δὲ πλοῖον ἤδη σταδίους πολλοὺς ἀπὸ τῆς γῆς
ἀπεῖχεν, βασανιζόμενον ὑπὸ τῶν κυμάτων, ἦν γὰρ ἐναντίος
ὁ ἄνεμος. 25 Τετάρτῃ δὲ φυλακῇ τῆς νυκτὸς ἦλθεν πρὸς αὐ-
τοὺς περιπατῶν ἐπὶ τὴν θάλασσαν. 26 οἱ δὲ μαθηταὶ ἰδόντες
αὐτὸν ἐπὶ τῆς θαλάσσης περιπατοῦντα ἐταράχθησαν λέ-
γοντες ὅτι Φάντασμά ἐστιν, καὶ ἀπὸ τοῦ φόβου ἔκραξαν.
27 εὐθὺς δὲ ἐλάλησεν [ὁ Ἰησοῦς] αὐτοῖς λέγων Θαρσεῖτε,
ἐγώ εἰμι· μὴ φοβεῖσθε. 28 ἀποκριθεὶς δὲ ὁ Πέτρος εἶπεν αὐτῷ
Κύριε, εἰ σὺ εἶ, κέλευσόν με ἐλθεῖν πρὸς σὲ ἐπὶ τὰ ὕδατα·
29 ὁ δὲ εἶπεν Ἐλθέ. καὶ καταβὰς ἀπὸ τοῦ πλοίου Πέτρος
περιεπάτησεν ἐπὶ τὰ ὕδατα καὶ ἦλθεν πρὸς τὸν Ἰησοῦν.

---

18 WH: ὧδε αὐτούς RP: αὐτοὺς ὧδε 19 WH: κελεύσας τοὺς ... χόρτου, λαβὼν
{WH}: ἐκέλευσεν τοὺς ... χόρτου καὶ λαβὼν 22 WH: [εὐθέως] NA/RP: εὐθέως
// RP: add ὁ Ἰησοῦς after ἠνάγκασεν // {WH}/NA/RP: add τὸ before πλοῖον 24 WH:
σταδίους πολλοὺς ἀπὸ τῆς γῆς ἀπεῖχεν {WH}/RP: μέσον τῆς θαλάσσης ἦν
25 WH: ἦλθεν RP: ἀπῆλθεν // RP: add ὁ Ἰησοῦς, after αὐτοὺς // WH: τὴν
θάλασσαν RP: τῆς θαλάσσης 26 WH: οἱ δὲ μαθηταὶ ἰδόντες αὐτὸν RP: Καὶ
ἰδόντες αὐτὸν οἱ μαθηταὶ // WH: τῆς θαλάσσης RP: τήν θάλασσαν 27 WH:
εὐθὺς RP: Εὐθέως // WH: [ὁ Ἰησοῦς] αὐτοῖς RP: αὐτοῖς ὁ Ἰησοῦς 28 WH: δὲ ὁ
Πέτρος εἶπεν αὐτῷ NA/RP: δὲ αὐτῷ ὁ Πέτρος εἶπεν // WH: ἐλθεῖν πρὸς σὲ RP:
πρὸς σὲ ἐλθεῖν 29 [NA]/RP: add ὁ before Πέτρος // WH: καὶ ἦλθεν {WH}/RP:
ἐλθεῖν

30 βλέπων δὲ τὸν ἄνεμον ἐφοβήθη, καὶ ἀρξάμενος κατα-
ποντίζεσθαι ἔκραξεν λέγων Κύριε, σῶσόν με. 31 εὐθέως δὲ
ὁ Ἰησοῦς ἐκτείνας τὴν χεῖρα ἐπελάβετο αὐτοῦ καὶ λέγει
αὐτῷ Ὀλιγόπιστε, εἰς τί ἐδίστασας; 32 καὶ ἀναβάντων
αὐτῶν εἰς τὸ πλοῖον ἐκόπασεν ὁ ἄνεμος. 33 οἱ δὲ ἐν τῷ πλοίῳ
προσεκύνησαν αὐτῷ λέγοντες Ἀληθῶς θεοῦ υἱὸς εἶ.

Jesus Heals Many at Gennesaret
(Mark 6:53–56)

34 Καὶ διαπεράσαντες ἦλθαν ἐπὶ τὴν γῆν εἰς Γεννη-
σαρέτ. 35 καὶ ἐπιγνόντες αὐτὸν οἱ ἄνδρες τοῦ τόπου ἐκεί-
νου ἀπέστειλαν εἰς ὅλην τὴν περίχωρον ἐκείνην, καὶ
προσήνεγκαν αὐτῷ πάντας τοὺς κακῶς ἔχοντας, 36 καὶ
παρεκάλουν [αὐτὸν] ἵνα μόνον ἅψωνται τοῦ κρασπέδου
τοῦ ἱματίου αὐτοῦ· καὶ ὅσοι ἥψαντο διεσώθησαν.

Defilement Comes from Within
(Mark 7:1–23)

15 Τότε προσέρχονται τῷ Ἰησοῦ ἀπὸ Ἱεροσολύμων Φαρι-
σαῖοι καὶ γραμματεῖς λέγοντες 2 Διὰ τί οἱ μαθηταί σου
παραβαίνουσιν τὴν παράδοσιν τῶν πρεσβυτέρων; οὐ γὰρ
νίπτονται τὰς χεῖρας ὅταν ἄρτον ἐσθίωσιν. 3 ὁ δὲ ἀποκρι-
θεὶς εἶπεν αὐτοῖς Διὰ τί καὶ ὑμεῖς παραβαίνετε τὴν ἐν-
τολὴν τοῦ θεοῦ διὰ τὴν παράδοσιν ὑμῶν; 4 ὁ γὰρ θεὸς εἶπεν
Τίμα τὸν πατέρα καὶ τὴν μητέρα, καί Ὁ **κακολογῶν
πατέρα ἢ μητέρα θανάτῳ τελευτάτω·** 5 ὑμεῖς δὲ λέγετε Ὃς
ἂν εἴπῃ τῷ πατρὶ ἢ τῇ μητρί Δῶρον ὃ ἐὰν ἐξ ἐμοῦ ὠφελη-

---

30 [NA]/RP: add ἰσχυρὸν after ἄνεμον 32 WH: ἀναβάντων RP: ἐμβάντων 33 RP:
add ἐλθόντες after πλοίῳ 34 WH: ἦλθαν ἐπὶ τὴν γῆν εἰς Γεννησαρέτ RP: ἦλθον
εἰς τὴν γῆν Γεννησαρέτ 36 WH: [αὐτὸν] NA/RP: αὐτὸν
15:1 RP: add οἱ after Ἰησοῦ // WH: Φαρισαῖοι καὶ γραμματεῖς RP: γραμματεῖς καὶ
Φαρισαῖοι 2 [NA]/RP: add αὐτῶν after χεῖρας 4 WH: εἶπεν RP: ἐνετείλατο, λέγων,

15:4 Exod 20:12; Deut 5:16; Exod 21:17

θῇς, 6 οὐ μὴ τιμήσει τὸν πατέρα αὐτοῦ· καὶ ἠκυρώσατε τὸν λόγον τοῦ θεοῦ διὰ τὴν παράδοσιν ὑμῶν. 7 ὑποκριταί, καλῶς ἐπροφήτευσεν περὶ ὑμῶν Ἠσαΐας λέγων

8 Ὁ λαὸς οὗτος τοῖς χείλεσίν με τιμᾷ,
    ἡ δὲ καρδία αὐτῶν πόρρω ἀπέχει ἀπ' ἐμοῦ·
9 μάτην δὲ σέβονταί με,
    διδάσκοντες διδασκαλίας ἐντάλματα ἀνθρώπων.

10 Καὶ προσκαλεσάμενος τὸν ὄχλον εἶπεν αὐτοῖς Ἀκούετε καὶ συνίετε· 11 οὐ τὸ εἰσερχόμενον εἰς τὸ στόμα κοινοῖ τὸν ἄνθρωπον, ἀλλὰ τὸ ἐκπορευόμενον ἐκ τοῦ στόματος τοῦτο κοινοῖ τὸν ἄνθρωπον.

12 Τότε προσελθόντες οἱ μαθηταὶ λέγουσιν αὐτῷ Οἶδας ὅτι οἱ Φαρισαῖοι ἀκούσαντες τὸν λόγον ἐσκανδαλίσθησαν; 13 ὁ δὲ ἀποκριθεὶς εἶπεν Πᾶσα φυτεία ἣν οὐκ ἐφύτευσεν ὁ πατήρ μου ὁ οὐράνιος ἐκριζωθήσεται. 14 ἄφετε αὐτούς· τυφλοί εἰσιν ὁδηγοί· τυφλὸς δὲ τυφλὸν ἐὰν ὁδηγῇ, ἀμφότεροι εἰς βόθυνον πεσοῦνται.

15 Ἀποκριθεὶς δὲ ὁ Πέτρος εἶπεν αὐτῷ Φράσον ἡμῖν τὴν παραβολήν. 16 ὁ δὲ εἶπεν Ἀκμὴν καὶ ὑμεῖς ἀσύνετοί ἐστε; 17 οὐ νοεῖτε ὅτι πᾶν τὸ εἰσπορευόμενον εἰς τὸ στόμα εἰς τὴν κοιλίαν χωρεῖ καὶ εἰς ἀφεδρῶνα ἐκβάλλεται; 18 τὰ δὲ ἐκπορευόμενα ἐκ τοῦ στόματος ἐκ τῆς καρδίας ἐξέρχεται, κἀκεῖνα κοινοῖ τὸν ἄνθρωπον. 19 ἐκ γὰρ τῆς καρδίας ἐξέρχονται διαλογισμοὶ πονηροί, φόνοι, μοιχεῖαι, πορνεῖαι, κλοπαί, ψευδομαρτυρίαι, βλασφημίαι. 20 ταῦτά ἐστιν τὰ κοινοῦντα τὸν ἄνθρωπον, τὸ δὲ ἀνίπτοις χερσὶν φαγεῖν οὐ κοινοῖ τὸν ἄνθρωπον.

---

5 RP: *add in v. 5 after* ὠφελήθῃς,: καὶ οὐ μὴ τιμήσῃ τὸν πατέρα αὐτοῦ ἢ τὴν μητέρα αὐτοῦ· 6 RP: *omit* οὐ μὴ τιμήσει τὸν πατέρα αὐτοῦ· // WH: τὸν λόγον {WH}: τὸν νόμον RP: τὴν ἐντολὴν 7 WH: ἐπροφήτευσεν RP: προεφήτευσεν 8 WH: Ὁ λαὸς οὗτος τοῖς χείλεσίν με τιμᾷ RP: Ἐγγίζει μοι ὁ λαὸς οὗτος τῷ στόματι αὐτῶν, καὶ τοῖς χείλεσίν με τιμᾷ 12 WH: λέγουσιν RP: αὐτοῦ εἶπον 14 WH: τυφλοί εἰσιν ὁδηγοί {WH}: ὁδηγοί εἰσιν [τυφλοὶ *or* τυφλῶν] NA: τυφλοί εἰσιν ὁδηγοί [τυφλῶν] RP: ὁδηγοί εἰσιν τυφλοί τυφλῶν 15 [NA]/RP: *add* ταύτην *after* παραβολήν 16 RP: *add* Ἰησοῦς *before* εἶπεν 17 WH: οὐ RP: οὔπω

A Canaanite Woman Shows Great Faith
(Mark 7:24–30)

21 Καὶ ἐξελθὼν ἐκεῖθεν ὁ Ἰησοῦς ἀνεχώρησεν εἰς τὰ μέρη Τύρου καὶ Σιδῶνος. 22 Καὶ ἰδοὺ γυνὴ Χαναναία ἀπὸ τῶν ὁρίων ἐκείνων ἐξελθοῦσα ἔκραζεν λέγουσα Ἐλέησόν με, κύριε υἱὸς Δαυείδ· ἡ θυγάτηρ μου κακῶς δαιμονίζεται. 23 ὁ δὲ οὐκ ἀπεκρίθη αὐτῇ λόγον. καὶ προσελθόντες οἱ μαθηταὶ αὐτοῦ ἠρώτουν αὐτὸν λέγοντες Ἀπόλυσον αὐτήν, ὅτι κράζει ὄπισθεν ἡμῶν. 24 ὁ δὲ ἀποκριθεὶς εἶπεν Οὐκ ἀπεστάλην εἰ μὴ εἰς τὰ πρόβατα τὰ ἀπολωλότα οἴκου Ἰσραήλ. 25 ἡ δὲ ἐλθοῦσα προσεκύνει αὐτῷ λέγουσα Κύριε, βοήθει μοι. 26 ὁ δὲ ἀποκριθεὶς εἶπεν Οὐκ ἔστιν καλὸν λαβεῖν τὸν ἄρτον τῶν τέκνων καὶ βαλεῖν τοῖς κυναρίοις. 27 ἡ δὲ εἶπεν Ναί, κύριε, καὶ [γὰρ] τὰ κυνάρια ἐσθίει ἀπὸ τῶν ψιχίων τῶν πιπτόντων ἀπὸ τῆς τραπέζης τῶν κυρίων αὐτῶν. 28 τότε ἀποκριθεὶς ὁ Ἰησοῦς εἶπεν αὐτῇ Ὦ γύναι, μεγάλη σου ἡ πίστις· γενηθήτω σοι ὡς θέλεις. καὶ ἰάθη ἡ θυγάτηρ αὐτῆς ἀπὸ τῆς ὥρας ἐκείνης.

Jesus Heals Many
(Mark 7:31–37)

29 Καὶ μεταβὰς ἐκεῖθεν ὁ Ἰησοῦς ἦλθεν παρὰ τὴν θάλασσαν τῆς Γαλιλαίας, καὶ ἀναβὰς εἰς τὸ ὄρος ἐκάθητο ἐκεῖ. 30 καὶ προσῆλθον αὐτῷ ὄχλοι πολλοὶ ἔχοντες μεθ' ἑαυτῶν χωλούς, κυλλούς, τυφλούς, κωφούς, καὶ ἑτέρους πολλούς, καὶ ἔριψαν αὐτοὺς παρὰ τοὺς πόδας αὐτοῦ, καὶ ἐθεράπευσεν αὐτούς· 31 ὥστε τὸν ὄχλον θαυμάσαι βλέποντας κωφοὺς λαλοῦντας καὶ χωλοὺς περιπατοῦντας καὶ τυφλοὺς βλέποντας· καὶ ἐδόξασαν τὸν θεὸν Ἰσραήλ.

---

22 WH: ἔκραζεν {WH}: ἔκραξεν RP: ἐκραύγασεν αὐτῷ // WH: υἱὸς {WH}/RP: υἱὲ 23 WH: ἠρώτουν RP: ἠρώτων 25 WH: προσεκύνει RP: προσεκύνησεν 27 WH: [γὰρ] NA/RP: γὰρ 30 {WH}: *χωλούς, κυλλούς, τυφλούς, κωφούς* NA: χωλούς, τυφλούς, κυλλούς, κωφούς RP: χωλούς, τυφλούς, κωφούς, κυλλούς // WH: ἔριψαν NA/RP: ἔρριψαν // WH: αὐτοῦ RP: τοῦ Ἰησοῦ 31 WH: τὸν ὄχλον {WH}: τοὺς ὄχλους // WH: λαλοῦντας {WH}: ἀκούοντας // {WH}/NA/RP: add

Jesus Feeds Four Thousand
(Mark 8:1–10)

32 Ὁ δὲ Ἰησοῦς προσκαλεσάμενος τοὺς μαθητὰς
αὐτοῦ εἶπεν Σπλαγχνίζομαι ἐπὶ τὸν ὄχλον, ὅτι [ἤδη]
ἡμέραι τρεῖς προσμένουσίν μοι καὶ οὐκ ἔχουσιν τί φάγω-
σιν· καὶ ἀπολῦσαι αὐτοὺς νήστεις οὐ θέλω, μή ποτε ἐκλυ-
θῶσιν ἐν τῇ ὁδῷ. 33 καὶ λέγουσιν αὐτῷ οἱ μαθηταί Πόθεν
ἡμῖν ἐν ἐρημίᾳ ἄρτοι τοσοῦτοι ὥστε χορτάσαι ὄχλον
τοσοῦτον; 34 καὶ λέγει αὐτοῖς ὁ Ἰησοῦς Πόσους ἄρτους
ἔχετε; οἱ δὲ εἶπαν Ἑπτά, καὶ ὀλίγα ἰχθύδια. 35 καὶ παραγ-
γείλας τῷ ὄχλῳ ἀναπεσεῖν ἐπὶ τὴν γῆν 36 ἔλαβεν τοὺς ἑπτὰ
ἄρτους καὶ τοὺς ἰχθύας καὶ εὐχαριστήσας ἔκλασεν καὶ ἐδί-
δου τοῖς μαθηταῖς οἱ δὲ μαθηταὶ τοῖς ὄχλοις. 37 καὶ ἔφαγον
πάντες καὶ ἐχορτάσθησαν, καὶ τὸ περισσεῦον τῶν κλασμά-
των ἦραν ἑπτὰ σφυρίδας πλήρεις. 38 οἱ δὲ ἐσθίοντες ἦσαν
τετρακισχίλιοι ἄνδρες χωρὶς γυναικῶν καὶ παιδίων. 39 Καὶ
ἀπολύσας τοὺς ὄχλους ἐνέβη εἰς τὸ πλοῖον, καὶ ἦλθεν εἰς
τὰ ὅρια Μαγαδάν.

The Pharisees and Sadducees Seek a Sign
(Mark 8:11–13; Luke 11:16,29; cf. Matt 12:38–39; Luke 12:54–56)

16 Καὶ προσελθόντες [οἱ] Φαρισαῖοι καὶ Σαδδουκαῖοι
πειράζοντες ἐπηρώτησαν αὐτὸν σημεῖον ἐκ τοῦ οὐρανοῦ
ἐπιδεῖξαι αὐτοῖς. 2 ὁ δὲ ἀποκριθεὶς εἶπεν αὐτοῖς [[Ὀψίας
γενομένης λέγετε Εὐδία, πυρράζει γὰρ ὁ οὐρανός· 3 καὶ

κυλλοὺς ὑγιεῖς *after* λαλοῦντας // WH: ἐδόξασαν {WH}: ἐδόξαζον // RP: *omit*
καὶ *before* χωλοὺς 32 WH: [ἤδη] NA/RP: ἤδη // WH: μή ποτε NA: μήποτε 33 RP:
add αὐτοῦ *after* μαθηταί 35 WH: παραγγείλας τῷ ὄχλῳ RP: ἐκέλευσεν τοῖς
ὄχλοις 36 WH: ἔλαβεν RP: καὶ λαβὼν // RP: *omit* καὶ *after* ἰχθύας // WH: ἐδίδου
RP: ἔδωκεν // RP: *add* αὐτοῦ *after* μαθηταῖς // WH: τοῖς ὄχλοις RP: τῷ ὄχλῳ
37 WH: τὸ περισσεῦον τῶν κλασμάτων ἦραν RP: ἦραν τὸ περισσεῦον τῶν
κλασμάτων // WH: σφυρίδας NA/RP: σπυρίδας 38 {WH}: *add* ὡς *after* ἦσαν //
WH: γυναικῶν καὶ παιδίων {WH}: παιδίων καὶ γυναικῶν 39 WH: Μαγαδάν RP:
Μαγδαλά
16:1 WH: [οἱ] NA/RP: οἱ // WH: ἐπηρώτησαν {WH}: ἐπηρώτων 2–3 RP: *omit*
double brackets around , Ὀψίας . . . δύνασθε.

πρωί Σήμερον χειμών, πυρράζει γὰρ στυγνάζων ὁ οὐρα-
νός. τὸ μὲν πρόσωπον τοῦ οὐρανοῦ γινώσκετε διακρίνειν,
τὰ δὲ σημεῖα τῶν καιρῶν οὐ δύνασθε.]] 4 Γενεὰ πονηρὰ καὶ
μοιχαλὶς σημεῖον ἐπιζητεῖ, καὶ σημεῖον οὐ δοθήσεται αὐτῇ
εἰ μὴ τὸ σημεῖον Ἰωνᾶ. καὶ καταλιπὼν αὐτοὺς ἀπῆλθεν.

The Leaven of the Pharisees and Sadducees
(Mark 8:14–21)

5 Καὶ ἐλθόντες οἱ μαθηταὶ εἰς τὸ πέραν ἐπελάθοντο ἄρ-
τους λαβεῖν. 6 ὁ δὲ Ἰησοῦς εἶπεν αὐτοῖς Ὁρᾶτε καὶ
προσέχετε ἀπὸ τῆς ζύμης τῶν Φαρισαίων καὶ Σαδδουκαίων.
7 οἱ δὲ διελογίζοντο ἐν ἑαυτοῖς λέγοντες ὅτι Ἄρτους οὐκ
ἐλάβομεν. 8 γνοὺς δὲ ὁ Ἰησοῦς εἶπεν Τί διαλογίζεσθε ἐν
ἑαυτοῖς, ὀλιγόπιστοι, ὅτι ἄρτους οὐκ ἔχετε; 9 οὔπω νοεῖτε,
οὐδὲ μνημονεύετε τοὺς πέντε ἄρτους τῶν πεντακισχιλίων
καὶ πόσους κοφίνους ἐλάβετε; 10 οὐδὲ τοὺς ἑπτὰ ἄρτους τῶν
τετρακισχιλίων καὶ πόσας σφυρίδας ἐλάβετε; 11 πῶς οὐ
νοεῖτε ὅτι οὐ περὶ ἄρτων εἶπον ὑμῖν; προσέχετε δὲ ἀπὸ τῆς
ζύμης τῶν Φαρισαίων καὶ Σαδδουκαίων. 12 τότε συνῆκαν
ὅτι οὐκ εἶπεν προσέχειν ἀπὸ τῆς ζύμης [τῶν ἄρτων] ἀλλὰ
ἀπὸ τῆς διδαχῆς τῶν Φαρισαίων καὶ Σαδδουκαίων.

Peter's Confession of Christ
(Mark 8:27–30; Luke 9:18–21)

13 Ἐλθὼν δὲ ὁ Ἰησοῦς εἰς τὰ μέρη Καισαρίας τῆς Φιλίπ-
που ἠρώτα τοὺς μαθητὰς αὐτοῦ λέγων Τίνα λέγουσιν οἱ
ἄνθρωποι εἶναι τὸν υἱὸν τοῦ ἀνθρώπου; 14 οἱ δὲ εἶπαν Οἱ
μὲν Ἰωάνην τὸν βαπτιστήν, ἄλλοι δὲ Ἠλείαν, ἕτεροι δὲ
Ἰερεμίαν ἢ ἕνα τῶν προφητῶν. 15 λέγει αὐτοῖς Ὑμεῖς δὲ

---

4 RP: *add* τοῦ προφήτου *after* Ἰωνᾶ 5 RP: *add* αὐτοῦ *after* μαθηταὶ // WH: ἄρτους
λαβεῖν {WH}: λαβεῖν ἄρτους 8 RP: *add* αὐτοῖς, *after* εἶπεν // WH: ἔχετε RP:
ἐλάβετε 11 WH: ἄρτων RP: ἄρτου // WH: προσέχετε δὲ RP: προσέχειν 12 WH:
[τῶν ἄρτων] NA: τῶν ἄρτων RP: τοῦ ἄρτου 13 RP: *add* με *after* Τίνα

τίνα με λέγετε εἶναι; 16 ἀποκριθεὶς δὲ Σίμων Πέτρος εἶπεν
Σὺ εἶ ὁ χριστὸς ὁ υἱὸς τοῦ θεοῦ τοῦ ζῶντος. 17 ἀποκριθεὶς δὲ
ὁ Ἰησοῦς εἶπεν αὐτῷ Μακάριος εἶ, Σίμων Βαριωνᾶ, ὅτι
σὰρξ καὶ αἷμα οὐκ ἀπεκάλυψέν σοι ἀλλ' ὁ πατήρ μου ὁ ἐν
[τοῖς] οὐρανοῖς· 18 κἀγὼ δέ σοι λέγω ὅτι σὺ εἶ Πέτρος, καὶ ἐπὶ
ταύτῃ τῇ πέτρᾳ οἰκοδομήσω μου τὴν ἐκκλησίαν, καὶ πύλαι
ᾅδου οὐ κατισχύσουσιν αὐτῆς· 19 δώσω σοι τὰς κλεῖδας τῆς
βασιλείας τῶν οὐρανῶν, καὶ ὃ ἐὰν δήσῃς ἐπὶ τῆς γῆς ἔσται
δεδεμένον ἐν τοῖς οὐρανοῖς, καὶ ὃ ἐὰν λύσῃς ἐπὶ τῆς γῆς
ἔσται λελυμένον ἐν τοῖς οὐρανοῖς. 20 Τότε ἐπετίμησεν τοῖς
μαθηταῖς ἵνα μηδενὶ εἴπωσιν ὅτι αὐτός ἐστιν ὁ χριστός.

Jesus' First Prediction of His Death and Resurrection
(Mark 8:31–33; Luke 9:22)

21 Ἀπὸ τότε ἤρξατο Ἰησοῦς Χριστὸς δεικνύειν τοῖς
μαθηταῖς αὐτοῦ ὅτι δεῖ αὐτὸν εἰς Ἰεροσόλυμα ἀπελθεῖν καὶ
πολλὰ παθεῖν ἀπὸ τῶν πρεσβυτέρων καὶ ἀρχιερέων καὶ
γραμματέων καὶ ἀποκτανθῆναι καὶ τῇ τρίτῃ ἡμέρᾳ
ἐγερθῆναι. 22 καὶ προσλαβόμενος αὐτὸν ὁ Πέτρος ἤρξατο
ἐπιτιμᾶν αὐτῷ λέγων Ἵλεώς σοι, κύριε· οὐ μὴ ἔσται σοι
τοῦτο. 23 ὁ δὲ στραφεὶς εἶπεν τῷ Πέτρῳ Ὕπαγε ὀπίσω
μου, Σατανᾶ· σκάνδαλον εἶ ἐμοῦ, ὅτι οὐ φρονεῖς τὰ τοῦ
θεοῦ ἀλλὰ τὰ τῶν ἀνθρώπων.

The Cost of Discipleship
(Mark 8:34–9:1; Luke 9:23–27)

24 Τότε [ὁ] Ἰησοῦς εἶπεν τοῖς μαθηταῖς αὐτοῦ Εἴ τις
θέλει ὀπίσω μου ἐλθεῖν, ἀπαρνησάσθω ἑαυτὸν καὶ ἀράτω

---

17 WH: ἀποκριθεὶς δὲ RP: καὶ ἀποκριθεὶς // WH: [τοῖς] NA/RP: τοῖς 19 RP: add
καὶ before δώσω // WH: κλεῖδας RP: κλεῖς 20 WH: ἐπετίμησεν {WH}/NA/RP:
διεστείλατο // RP: add αὐτοῦ after μαθηταῖς // RP: add Ἰησοῦς after ἐστιν 21 WH:
Ἰησοῦς Χριστὸς NA/RP: ὁ Ἰησοῦς // WH: εἰς Ἰεροσόλυμα ἀπελθεῖν RP:
ἀπελθεῖν εἰς Ἰεροσόλυμα 22 WH: ἤρξατο ἐπιτιμᾶν αὐτῷ λέγων {WH}: λέγει
αὐτῷ ἐπιτιμῶν 23 WH: εἶ ἐμοῦ, ὅτι RP: μοῦ εἶ· ὅτι 24 WH: [ὁ] NA/RP: ὁ

τὸν σταυρὸν αὐτοῦ καὶ ἀκολουθείτω μοι. 25 ὃς γὰρ ἐὰν
θέλῃ τὴν ψυχὴν αὐτοῦ σῶσαι ἀπολέσει αὐτήν· ὃς δ' ἂν
ἀπολέσῃ τὴν ψυχὴν αὐτοῦ ἕνεκεν ἐμοῦ εὑρήσει αὐτήν.
26 τί γὰρ ὠφεληθήσεται ἄνθρωπος ἐὰν τὸν κόσμον ὅλον
κερδήσῃ τὴν δὲ ψυχὴν αὐτοῦ ζημιωθῇ; ἢ τί δώσει ἄνθρω-
πος ἀντάλλαγμα τῆς ψυχῆς αὐτοῦ; 27 μέλλει γὰρ ὁ υἱὸς τοῦ
ἀνθρώπου ἔρχεσθαι ἐν τῇ δόξῃ τοῦ πατρὸς αὐτοῦ μετὰ τῶν
ἀγγέλων αὐτοῦ, καὶ τότε **ἀποδώσει ἑκάστῳ κατὰ τὴν
πρᾶξιν αὐτοῦ.** 28 ἀμὴν λέγω ὑμῖν ὅτι εἰσίν τινες τῶν ὧδε
ἑστώτων οἵτινες οὐ μὴ γεύσωνται θανάτου ἕως ἂν ἴδωσιν
τὸν υἱὸν τοῦ ἀνθρώπου ἐρχόμενον ἐν τῇ βασιλείᾳ αὐτοῦ.

The Transfiguration of Jesus
(Mark 9:2–13; Luke 9:28–36)

17 Καὶ μεθ' ἡμέρας ἓξ παραλαμβάνει ὁ Ἰησοῦς τὸν
Πέτρον καὶ Ἰάκωβον καὶ Ἰωάνην τὸν ἀδελφὸν αὐτοῦ, καὶ
ἀναφέρει αὐτοὺς εἰς ὄρος ὑψηλὸν κατ' ἰδίαν. 2 καὶ μετε-
μορφώθη ἔμπροσθεν αὐτῶν, καὶ ἔλαμψεν τὸ πρόσωπον
αὐτοῦ ὡς ὁ ἥλιος, τὰ δὲ ἱμάτια αὐτοῦ ἐγένετο λευκὰ ὡς τὸ
φῶς. 3 καὶ ἰδοὺ ὤφθη αὐτοῖς Μωυσῆς καὶ Ἡλείας
συνλαλοῦντες μετ' αὐτοῦ. 4 ἀποκριθεὶς δὲ ὁ Πέτρος εἶπεν
τῷ Ἰησοῦ Κύριε, καλόν ἐστιν ἡμᾶς ὧδε εἶναι· εἰ θέλεις,
ποιήσω ὧδε τρεῖς σκηνάς, σοὶ μίαν καὶ Μωυσεῖ μίαν καὶ
Ἡλείᾳ μίαν. 5 ἔτι αὐτοῦ λαλοῦντος ἰδοὺ νεφέλη φωτινὴ
ἐπεσκίασεν αὐτούς, καὶ ἰδοὺ φωνὴ ἐκ τῆς νεφέλης λέγουσα
Οὗτός ἐστιν ὁ υἱός μου ὁ ἀγαπητός, ἐν ᾧ εὐδόκησα·
ἀκούετε αὐτοῦ. 6 καὶ ἀκούσαντες οἱ μαθηταὶ ἔπεσαν ἐπὶ
πρόσωπον αὐτῶν καὶ ἐφοβήθησαν σφόδρα. 7 καὶ προσ-

---

25 WH: ἐὰν RP: ἂν 26 WH: ὠφεληθήσεται RP: ὠφελεῖται 28 RP: *omit* ὅτι // RP:
omit τῶν // WH: ἑστώτων RP: ἑστῶτες
17:1 {WH}: *add* τὸν *before* Ἰάκωβον 2 WH: ἐγένετο RP: ἐγένοντο 3 WH: ὤφθη RP:
ὤφθησαν // WH: συνλαλοῦντες μετ' αὐτοῦ RP: μετ' αὐτοῦ συλλαλοῦντες
4 WH: ποιήσω RP: ποιήσωμεν // WH: τρεῖς σκηνάς {WH}: σκηνὰς τρεῖς

16:27 Ps 62:12; Prov 24:12

ἦλθεν ὁ Ἰησοῦς καὶ ἁψάμενος αὐτῶν εἶπεν   Ἐγέρθητε καὶ μὴ φοβεῖσθε. 8 ἐπάραντες δὲ τοὺς ὀφθαλμοὺς αὐτῶν οὐδένα εἶδον εἰ μὴ αὐτὸν Ἰησοῦν μόνον. 9 Καὶ καταβαινόντων αὐτῶν ἐκ τοῦ ὄρους ἐνετείλατο αὐτοῖς ὁ Ἰησοῦς λέγων Μηδενὶ εἴπητε τὸ ὅραμα ἕως οὗ ὁ υἱὸς τοῦ ἀνθρώπου ἐκ νεκρῶν ἐγερθῇ. 10 Καὶ ἐπηρώτησαν αὐτὸν οἱ μαθηταὶ λέγοντες   Τί οὖν οἱ γραμματεῖς λέγουσιν ὅτι Ἡλείαν δεῖ ἐλθεῖν πρῶτον; 11 ὁ δὲ ἀποκριθεὶς εἶπεν   **Ἡλείας** μὲν ἔρχεται καὶ **ἀποκαταστήσει** πάντα· 12 λέγω δὲ ὑμῖν ὅτι Ἡλείας ἤδη ἦλθεν, καὶ οὐκ ἐπέγνωσαν αὐτὸν ἀλλὰ ἐποίησαν ἐν αὐτῷ ὅσα ἠθέλησαν· οὕτως καὶ ὁ υἱὸς τοῦ ἀνθρώπου μέλλει πάσχειν ὑπ' αὐτῶν. 13 τότε συνῆκαν οἱ μαθηταὶ ὅτι περὶ Ἰωάνου τοῦ βαπτιστοῦ εἶπεν αὐτοῖς.

Jesus Heals an Epileptic Boy
(Mark 9:14–29; Luke 9:37–43a)

14 Καὶ ἐλθόντων πρὸς τὸν ὄχλον προσῆλθεν αὐτῷ ἄνθρωπος γονυπετῶν αὐτὸν 15 καὶ λέγων   Κύριε, ἐλέησόν μου τὸν υἱόν, ὅτι σεληνιάζεται καὶ κακῶς ἔχει, πολλάκις γὰρ πίπτει εἰς τὸ πῦρ καὶ πολλάκις εἰς τὸ ὕδωρ· 16 καὶ προσήνεγκα αὐτὸν τοῖς μαθηταῖς σου, καὶ οὐκ ἠδυνήθησαν αὐτὸν θεραπεῦσαι. 17 ἀποκριθεὶς δὲ ὁ Ἰησοῦς εἶπεν   Ὦ γενεὰ ἄπιστος καὶ διεστραμμένη, ἕως πότε μεθ' ὑμῶν ἔσομαι; ἕως πότε ἀνέξομαι ὑμῶν; φέρετέ μοι αὐτὸν ὧδε. 18 καὶ ἐπετίμησεν αὐτῷ ὁ Ἰησοῦς, καὶ ἐξῆλθεν ἀπ' αὐτοῦ τὸ δαιμόνιον· καὶ ἐθεραπεύθη ὁ παῖς ἀπὸ τῆς ὥρας ἐκείνης. 19 Τότε προσελθόντες οἱ μαθηταὶ τῷ Ἰησοῦ κατ' ἰδίαν εἶπαν Διὰ τί ἡμεῖς οὐκ ἠδυνήθημεν ἐκβαλεῖν αὐτό; 20 ὁ δὲ λέγει

---

7 WH: προσῆλθεν RP: προσελθὼν // WH: καὶ ἁψάμενος αὐτῶν RP: ἥψατο αὐτῶν καὶ 8 WH: αὐτὸν {WH}: τὸν 9 WH: ἐγερθῇ {WH}/RP: ἀναστῇ 10 RP: add αὐτοῦ after μαθηταὶ 11 RP: add αὐτοῖς, before Ἡλίας // RP: add πρῶτον after ἔρχεται 14 RP: add αὐτῶν after ἐλθόντων 15 WH: ἔχει {WH}/NA/RP: πάσχει 17 WH: ἀποκριθεὶς δὲ {WH}: [τότε] ἀποκριθεὶς // WH: μεθ' ὑμῶν ἔσομαι; ἔσομαι μεθ' ὑμῶν 20 WH: ὁ δὲ λέγει RP: Ὁ δὲ Ἰησοῦς εἶπεν //

αὐτοῖς Διὰ τὴν ὀλιγοπιστίαν ὑμῶν· ἀμὴν γὰρ λέγω ὑμῖν,
ἐὰν ἔχητε πίστιν ὡς κόκκον σινάπεως, ἐρεῖτε τῷ ὄρει τούτῳ
Μετάβα ἔνθεν ἐκεῖ, καὶ μεταβήσεται, καὶ οὐδὲν ἀδυνατήσει
ὑμῖν.

Jesus' Second Prediction of His Death and Resurrection
(Mark 9:30–32; Luke 9:43b–45)

22 Συστρεφομένων δὲ αὐτῶν ἐν τῇ Γαλιλαίᾳ εἶπεν
αὐτοῖς ὁ Ἰησοῦς Μέλλει ὁ υἱὸς τοῦ ἀνθρώπου παραδί-
δοσθαι εἰς χεῖρας ἀνθρώπων, 23 καὶ ἀποκτενοῦσιν αὐτόν,
καὶ τῇ τρίτῃ ἡμέρᾳ ἐγερθήσεται. καὶ ἐλυπήθησαν σφόδρα.

Jesus Pays the Temple Tax

24 Ἐλθόντων δὲ αὐτῶν εἰς Καφαρναοὺμ προσῆλθον οἱ
τὰ δίδραχμα λαμβάνοντες τῷ Πέτρῳ καὶ εἶπαν Ὁ διδά-
σκαλος ὑμῶν οὐ τελεῖ τὰ δίδραχμα; 25 λέγει Ναί. καὶ ἐλ-
θόντα εἰς τὴν οἰκίαν προέφθασεν αὐτὸν ὁ Ἰησοῦς λέγων
Τί σοι δοκεῖ, Σίμων; οἱ βασιλεῖς τῆς γῆς ἀπὸ τίνων λαμβά-
νουσιν τέλη ἢ κῆνσον; ἀπὸ τῶν υἱῶν αὐτῶν ἢ ἀπὸ τῶν
ἀλλοτρίων; 26 εἰπόντος δέ Ἀπὸ τῶν ἀλλοτρίων, ἔφη αὐτῷ
ὁ Ἰησοῦς Ἄραγε ἐλεύθεροί εἰσιν οἱ υἱοί· 27 ἵνα δὲ μὴ
σκανδαλίσωμεν αὐτούς, πορευθεὶς εἰς θάλασσαν βάλε
ἄγκιστρον καὶ τὸν ἀναβάντα πρῶτον ἰχθὺν ἆρον, καὶ ἀνοί-
ξας τὸ στόμα αὐτοῦ εὑρήσεις στατῆρα· ἐκεῖνον λαβὼν δὸς
αὐτοῖς ἀντὶ ἐμοῦ καὶ σοῦ.

WH: ὀλιγοπιστίαν RP: ἀπιστίαν // WH: Μετάβα ἔνθεν RP: Μετάβηθι ἐντεῦθεν
21 RP: add v. 21: Τοῦτο δὲ τὸ γένος οὐκ ἐκπορεύεται εἰ μὴ ἐν προσευχῇ καὶ
νηστείᾳ. 22 WH: Συστρεφομένων RP: Ἀναστρεφομένων 23 WH: ἐγερθήσεται
{WH}: ἀναστήσεται 24 WH: τὰ NA: [τὰ] 25 WH: ἐλθόντα {WH}: εἰσελθόντα RP:
ὅτε εἰσῆλθεν // WH: τίνων {WH}: τίνος 26 WH: εἰπόντος δέ RP: Λέγει αὐτῷ ὁ
Πέτρος // WH: Ἄραγε NA: ἄρα γε 27 WH: σκανδαλίσωμεν {WH}:
σκανδαλίζωμεν // WH: ἀναβάντα RP: ἀναβαίνοντα

Greatness in God's Kingdom
(Mark 9:33–37; Luke 9:46–48)

18 Ἐν ἐκείνῃ τῇ ὥρᾳ προσῆλθον οἱ μαθηταὶ τῷ Ἰησοῦ λέ-
γοντες Τίς ἄρα μείζων ἐστὶν ἐν τῇ βασιλείᾳ τῶν οὐρανῶν;
2 καὶ προσκαλεσάμενος παιδίον ἔστησεν αὐτὸ ἐν μέσῳ
αὐτῶν 3 καὶ εἶπεν Ἀμὴν λέγω ὑμῖν, ἐὰν μὴ στραφῆτε καὶ
γένησθε ὡς τὰ παιδία, οὐ μὴ εἰσέλθητε εἰς τὴν βασιλείαν
τῶν οὐρανῶν. 4 ὅστις οὖν ταπεινώσει ἑαυτὸν ὡς τὸ παιδίον
τοῦτο, οὗτός ἐστιν ὁ μείζων ἐν τῇ βασιλείᾳ τῶν οὐρανῶν·
5 καὶ ὃς ἐὰν δέξηται ἓν παιδίον τοιοῦτο ἐπὶ τῷ ὀνόματί μου,
ἐμὲ δέχεται· 6 ὃς δ' ἂν σκανδαλίσῃ ἕνα τῶν μικρῶν τούτων
τῶν πιστευόντων εἰς ἐμέ, συμφέρει αὐτῷ ἵνα κρεμασθῇ
μύλος ὀνικὸς περὶ τὸν τράχηλον αὐτοῦ καὶ καταποντισθῇ
ἐν τῷ πελάγει τῆς θαλάσσης. 7 Οὐαὶ τῷ κόσμῳ ἀπὸ τῶν
σκανδάλων· ἀνάγκη γὰρ ἐλθεῖν τὰ σκάνδαλα, πλὴν οὐαὶ τῷ
ἀνθρώπῳ δι' οὗ τὸ σκάνδαλον ἔρχεται.

Jesus Warns against Offences
(Mark 9:42–48; Luke 17:1–2)

8 Εἰ δὲ ἡ χείρ σου ἢ ὁ πούς σου σκανδαλίζει σε, ἔκκο-
ψον αὐτὸν καὶ βάλε ἀπὸ σοῦ· καλόν σοί ἐστιν εἰσελθεῖν εἰς
τὴν ζωὴν κυλλὸν ἢ χωλόν, ἢ δύο χεῖρας ἢ δύο πόδας ἔχον-
τα βληθῆναι εἰς τὸ πῦρ τὸ αἰώνιον. 9 καὶ εἰ ὁ ὀφθαλμός σου
σκανδαλίζει σε, ἔξελε αὐτὸν καὶ βάλε ἀπὸ σοῦ· καλόν σοί
ἐστιν μονόφθαλμον εἰς τὴν ζωὴν εἰσελθεῖν, ἢ δύο ὀφθαλ-
μοὺς ἔχοντα βληθῆναι εἰς τὴν γέενναν τοῦ πυρός.

18:1 {WH}: add δὲ after ἐκείνῃ 2 RP: add ὁ Ἰησοῦς after προσκαλεσάμενος 5 WH:
ἓν παιδίον τοιοῦτο RP: παιδίον τοιοῦτον ἓν 6 WH: περὶ RP: εἰς 7 RP: add ἐστιν
after γάρ // RP: add ἐκείνῳ after ἀνθρώπῳ 8 WH: αὐτὸν RP: αὐτὰ // WH: κυλλὸν
ἢ χωλόν RP: χωλὸν ἢ κυλλόν

The Parable of the Lost Sheep
(Luke 15:3–7)

10 Ὁρᾶτε μὴ καταφρονήσητε ἑνὸς τῶν μικρῶν τούτων, λέγω γὰρ ὑμῖν ὅτι οἱ ἄγγελοι αὐτῶν ἐν οὐρανοῖς διὰ παντὸς βλέπουσι τὸ πρόσωπον τοῦ πατρός μου τοῦ ἐν οὐρανοῖς. 12 τί ὑμῖν δοκεῖ; ἐὰν γένηταί τινι ἀνθρώπῳ ἑκατὸν πρόβατα καὶ πλανηθῇ ἓν ἐξ αὐτῶν, οὐχὶ ἀφήσει τὰ ἐνενήκοντα ἐννέα ἐπὶ τὰ ὄρη καὶ πορευθεὶς ζητεῖ τὸ πλανώμενον; 13 καὶ ἐὰν γένηται εὑρεῖν αὐτό, ἀμὴν λέγω ὑμῖν ὅτι χαίρει ἐπ᾽ αὐτῷ μᾶλλον ἢ ἐπὶ τοῖς ἐνενήκοντα ἐννέα τοῖς μὴ πεπλανημένοις. 14 οὕτως οὐκ ἔστιν θέλημα ἔμπροσθεν τοῦ πατρός μου τοῦ ἐν οὐρανοῖς ἵνα ἀπόληται ἓν τῶν μικρῶν τούτων.

Restoring Those Who Sin
(Luke 17:3)

15 Ἐὰν δὲ ἁμαρτήσῃ ὁ ἀδελφός σου, ὕπαγε ἔλεγξον αὐτὸν μεταξὺ σοῦ καὶ αὐτοῦ μόνου. ἐάν σου ἀκούσῃ, ἐκέρδησας τὸν ἀδελφόν σου· 16 ἐὰν δὲ μὴ ἀκούσῃ, παράλαβε μετὰ σοῦ ἔτι ἕνα ἢ δύο, ἵνα **ἐπὶ στόματος δύο μαρτύρων ἢ τριῶν σταθῇ πᾶν ῥῆμα·** 17 ἐὰν δὲ παρακούσῃ αὐτῶν, εἰπὸν τῇ ἐκκλησίᾳ· ἐὰν δὲ καὶ τῆς ἐκκλησίας παρακούσῃ, ἔστω σοι ὥσπερ ὁ ἐθνικὸς καὶ ὁ τελώνης.

18 Ἀμὴν λέγω ὑμῖν, ὅσα ἐὰν δήσητε ἐπὶ τῆς γῆς ἔσται δεδεμένα ἐν οὐρανῷ καὶ ὅσα ἐὰν λύσητε ἐπὶ τῆς γῆς ἔσται λελυμένα ἐν οὐρανῷ. 19 Πάλιν [ἀμὴν] λέγω ὑμῖν ὅτι ἐὰν δύο συμφωνήσωσιν ἐξ ὑμῶν ἐπὶ τῆς γῆς περὶ παντὸς πράγματος οὗ ἐὰν αἰτήσωνται, γενήσεται αὐτοῖς παρὰ τοῦ

---

10 WH: ἐν οὐρανοῖς {WH}: [ἐν τῷ οὐρανῷ] 11 RP: *add verse 11:* ἦλθεν γὰρ ὁ υἱὸς τοῦ ἀνθρώπου σῶσαι τὸ ἀπολωλός. 12 WH: ἀφήσει RP: ἀφεὶς // RP: *omit* καὶ *after* ὄρη 14 WH: μου {WH}/NA/RP: ὑμῶν // WH: ἓν RP: εἷς 15 [NA]/RP: *add* εἰς σὲ *after* ἁμαρτήσῃ // RP: *add* καὶ *after* ὕπαγε 16 WH: μετὰ σοῦ ἔτι ἕνα ἢ δύο {WH}: ἔτι ἕνα ἢ δύο μετὰ σοῦ 17 WH: εἰπὸν NA/RP: εἰπὲ 18 RP: *add* τῷ *before* οὐρανῷ *twice* 19 WH: [ἀμὴν] RP: ἀμὴν // WH: ἐὰν δύο συμφωνήσωσιν ἐξ ὑμῶν RP: ἐὰν δύο ὑμῶν συμφωνήσωσιν

πατρός μου τοῦ ἐν οὐρανοῖς. 20 οὗ γάρ εἰσιν δύο ἢ τρεῖς συνηγμένοι εἰς τὸ ἐμὸν ὄνομα, ἐκεῖ εἰμὶ ἐν μέσῳ αὐτῶν.

The Parable of the Unforgiving Servant
(Luke 17:4)

21 Τότε προσελθὼν ὁ Πέτρος εἶπεν [αὐτῷ] Κύριε, ποσάκις ἁμαρτήσει εἰς ἐμὲ ὁ ἀδελφός μου καὶ ἀφήσω αὐτῷ; ἕως ἑπτάκις; 22 λέγει αὐτῷ ὁ Ἰησοῦς Οὐ λέγω σοι ἕως ἑπτάκις ἀλλὰ ἕως ἑβδομηκοντάκις ἑπτά. 23 Διὰ τοῦτο ὡμοιώθη ἡ βασιλεία τῶν οὐρανῶν ἀνθρώπῳ βασιλεῖ ὃς ἠθέλησεν συνᾶραι λόγον μετὰ τῶν δούλων αὐτοῦ· 24 ἀρ-ξαμένου δὲ αὐτοῦ συναίρειν προσήχθη εἰς αὐτῷ ὀφειλέτης μυρίων ταλάντων. 25 μὴ ἔχοντος δὲ αὐτοῦ ἀποδοῦναι ἐκέλευσεν αὐτὸν ὁ κύριος πραθῆναι καὶ τὴν γυναῖκα καὶ τὰ τέκνα καὶ πάντα ὅσα ἔχει, καὶ ἀποδοθῆναι. 26 πεσὼν οὖν ὁ δοῦλος προσεκύνει αὐτῷ λέγων Μακροθύμησον ἐπ᾽ ἐμοί, καὶ πάντα ἀποδώσω σοι. 27 σπλαγχνισθεὶς δὲ ὁ κύριος τοῦ δούλου [ἐκείνου] ἀπέλυσεν αὐτόν, καὶ τὸ δάνιον ἀφῆκεν αὐτῷ. 28 ἐξελθὼν δὲ ὁ δοῦλος ἐκεῖνος εὗρεν ἕνα τῶν συνδούλων αὐτοῦ ὃς ὤφειλεν αὐτῷ ἑκατὸν δηνάρια, καὶ κρατήσας αὐτὸν ἔπνιγεν λέγων Ἀπόδος εἴ τι ὀφείλεις. 29 πεσὼν οὖν ὁ σύνδουλος αὐτοῦ παρεκάλει αὐτὸν λέγων Μακροθύμησον ἐπ᾽ ἐμοί, καὶ ἀποδώσω σοι. 30 ὁ δὲ οὐκ ἤθελεν, ἀλλὰ ἀπελθὼν ἔβαλεν αὐτὸν εἰς φυλακὴν ἕως ἀποδῷ τὸ ὀφειλόμενον. 31 ἰδόντες οὖν οἱ σύνδουλοι αὐτοῦ τὰ γενόμενα ἐλυπήθησαν σφόδρα, καὶ ἐλθόντες διεσάφη-σαν τῷ κυρίῳ ἑαυτῶν πάντα τὰ γενόμενα. 32 τότε προσκα-λεσάμενος αὐτὸν ὁ κύριος αὐτοῦ λέγει αὐτῷ Δοῦλε πονηρέ, πᾶσαν τὴν ὀφειλὴν ἐκείνην ἀφῆκά σοι, ἐπεὶ

21 WH: ὁ Πέτρος εἶπεν [αὐτῷ] NA: ὁ Πέτρος εἶπεν αὐτῷ RP: αὐτῷ ὁ Πέτρος εἶπεν 22 WH: ἀλλὰ RP: ἀλλ᾽ 24 WH: προσήχθη εἰς αὐτῷ NA/RP: προσηνέχθη αὐτῷ εἰς 25 RP: add αὐτοῦ after κύριος // RP: add αὐτοῦ after γυναῖκα // WH: ἔχει RP: εἶχέν 26 RP: add Κύριε after λέγων // WH: ἀποδώσω σοι RP: σοι ἀποδώσω 27 WH: [ἐκείνου] NA/RP: ἐκείνου 28 RP: add μοι after Ἀπόδος 29 RP: add εἰς τοὺς πόδας αὐτοῦ before παρεκάλει 30 RP: add οὗ after ἕως 31 WH: οὖν RP: δὲ

παρεκάλεσάς με· 33 οὐκ ἔδει καὶ σὲ ἐλεῆσαι τὸν σύνδουλόν σου, ὡς κἀγὼ σὲ ἠλέησα; 34 καὶ ὀργισθεὶς ὁ κύριος αὐτοῦ παρέδωκεν αὐτὸν τοῖς βασανισταῖς ἕως [οὗ] ἀποδῷ πᾶν τὸ ὀφειλόμενον. 35 Οὕτως καὶ ὁ πατήρ μου ὁ οὐράνιος ποιήσει ὑμῖν ἐὰν μὴ ἀφῆτε ἕκαστος τῷ ἀδελφῷ αὐτοῦ ἀπὸ τῶν καρδιῶν ὑμῶν.

Jesus' Teaching about Marriage and Divorce
(Mark 10:1–12)

19 Καὶ ἐγένετο ὅτε ἐτέλεσεν ὁ Ἰησοῦς τοὺς λόγους τούτους, μετῆρεν ἀπὸ τῆς Γαλιλαίας καὶ ἦλθεν εἰς τὰ ὅρια τῆς Ἰουδαίας πέραν τοῦ Ἰορδάνου. 2 καὶ ἠκολούθησαν αὐτῷ ὄχλοι πολλοί, καὶ ἐθεράπευσεν αὐτοὺς ἐκεῖ.

3 Καὶ προσῆλθαν αὐτῷ Φαρισαῖοι πειράζοντες αὐτὸν καὶ λέγοντες Εἰ ἔξεστιν ἀπολῦσαι τὴν γυναῖκα αὐτοῦ κατὰ πᾶσαν αἰτίαν; 4 ὁ δὲ ἀποκριθεὶς εἶπεν Οὐκ ἀνέγνωτε ὅτι ὁ κτίσας ἀπ' ἀρχῆς **ἄρσεν καὶ θῆλυ ἐποίησεν αὐτοὺς** 5 καὶ εἶπεν **Ἕνεκα τούτου καταλείψει ἄνθρωπος τὸν πατέρα καὶ τὴν μητέρα καὶ κολληθήσεται τῇ γυναικὶ αὐτοῦ, καὶ ἔσονται οἱ δύο εἰς σάρκα μίαν;** 6 ὥστε οὐκέτι εἰσὶν δύο ἀλλὰ σὰρξ μία· ὃ οὖν ὁ θεὸς συνέζευξεν ἄνθρωπος μὴ χωριζέτω. 7 λέγουσιν αὐτῷ Τί οὖν Μωυσῆς ἐνετείλατο **δοῦναι βιβλίον ἀποστασίου καὶ ἀπολῦσαι;** 8 λέγει αὐτοῖς ὅτι Μωυσῆς πρὸς τὴν σκληροκαρδίαν ὑμῶν ἐπέτρεψεν ὑμῖν ἀπολῦσαι τὰς γυναῖκας ὑμῶν, ἀπ' ἀρχῆς δὲ οὐ γέγονεν οὕτως. 9 λέγω δὲ ὑμῖν ὅτι ὃς ἂν ἀπολύσῃ τὴν γυναῖκα αὐτοῦ μὴ ἐπὶ πορνείᾳ καὶ γαμήσῃ ἄλλην μοιχᾶται.

---

33 WH: κἀγὼ σὲ RP: καὶ ἐγώ σε 34 WH: [οὗ] NA/RP: οὗ // RP: add αὐτῷ after ὀφειλόμενον 35 WH: οὐράνιος RP: ἐπουράνιος // RP: add τὰ παραπτώματα αὐτῶν after ὑμῶν

19:3 RP: add οἱ before Φαρισαῖοι // RP: add αὐτῷ after λέγοντες // NA/RP: add ἀνθρώπῳ after ἔξεστιν 4 RP: add αὐτοῖς after εἶπεν // WH: κτίσας RP: ποιήσας 5 WH: Ἕνεκα RP: Ἕνεκεν 7 {WH}/[NA]/RP: add αὐτήν after ἀπολῦσαι 9 WH: μὴ ἐπὶ πορνείᾳ καὶ γαμήσῃ ἄλλην μοιχᾶται {WH}: παρεκτὸς λόγου πορνείας,

---

19:4 Gen 1:27   5 Gen 2:24   7 Deut 24:1

10 λέγουσιν αὐτῷ οἱ μαθηταί Εἰ οὕτως ἐστὶν ἡ αἰτία τοῦ ἀνθρώπου μετὰ τῆς γυναικός, οὐ συμφέρει γαμῆσαι. 11 ὁ δὲ εἶπεν αὐτοῖς Οὐ πάντες χωροῦσι τὸν λόγον, ἀλλ᾽ οἷς δέδοται. 12 εἰσὶν γὰρ εὐνοῦχοι οἵτινες ἐκ κοιλίας μητρὸς ἐγεννήθησαν οὕτως, καὶ εἰσὶν εὐνοῦχοι οἵτινες εὐνουχίσθησαν ὑπὸ τῶν ἀνθρώπων, καὶ εἰσὶν εὐνοῦχοι οἵτινες εὐνούχισαν ἑαυτοὺς διὰ τὴν βασιλείαν τῶν οὐρανῶν. ὁ δυνάμενος χωρεῖν χωρείτω.

Jesus Blesses the Little Children
(Mark 10:13–16; Luke 18:15–17)

13 Τότε προσηνέχθησαν αὐτῷ παιδία, ἵνα τὰς χεῖρας ἐπιθῇ αὐτοῖς καὶ προσεύξηται· οἱ δὲ μαθηταὶ ἐπετίμησαν αὐτοῖς. 14 ὁ δὲ Ἰησοῦς εἶπεν Ἄφετε τὰ παιδία καὶ μὴ κωλύετε αὐτὰ ἐλθεῖν πρός με, τῶν γὰρ τοιούτων ἐστὶν ἡ βασιλεία τῶν οὐρανῶν. 15 καὶ ἐπιθεὶς τὰς χεῖρας αὐτοῖς ἐπορεύθη ἐκεῖθεν.

The Rich Young Man
(Mark 10:17–31; Luke 18:18–30)

16 Καὶ ἰδοὺ εἷς προσελθὼν αὐτῷ εἶπεν Διδάσκαλε, τί ἀγαθὸν ποιήσω ἵνα σχῶ ζωὴν αἰώνιον; 17 ὁ δὲ εἶπεν αὐτῷ Τί με ἐρωτᾷς περὶ τοῦ ἀγαθοῦ; εἷς ἐστιν ὁ ἀγαθός· εἰ δὲ θέλεις εἰς τὴν ζωὴν εἰσελθεῖν, τήρει τὰς ἐντολάς. 18 λέγει αὐτῷ Ποίας; ὁ δὲ Ἰησοῦς ἔφη Τό Οὐ φονεύσεις, Οὐ μοιχεύσεις, Οὐ κλέψεις, Οὐ ψευδομαρτυρήσεις, 19 Τίμα τὸν

ποιεῖ αὐτὴν μοιχευθῆναι, καὶ ὁ ἀπολελυμένην γαμήσας μοιχᾶται RP: *add* καὶ ὁ ἀπολελυμένην γαμήσας μοιχᾶται *after* μοιχᾶται 10 [NA]/RP: *add* αὐτοῦ *after* μαθηταί 11 [NA]/RP: *add* τοῦτον *after* λόγον 13 WH: προσηνέχθησαν RP: προσηνέχθη 14 {WH}: *add* αὐτοῖς *after* εἶπεν 15 WH: τὰς χεῖρας αὐτοῖς RP: αὐτοῖς τὰς χεῖρας 16 WH: αὐτῷ εἶπεν RP: εἶπεν αὐτῷ // RP: *add* ἀγαθέ *after* Διδάσκαλε // WH: σχῶ RP: ἔχω 17 WH: τήρει {WH}/NA: τήρησον 18 WH: λέγει αὐτῷ Ποίας; {WH}: Ποίας; φησίν. // WH: ἔφη {WH}/NA/RP: εἶπεν

---

18 Exod 20:13–16; Deut 5:17–20

πατέρα καὶ τὴν μητέρα, καί Ἀγαπήσεις τὸν πλησίον σου ὡς σεαυτόν. 20 λέγει αὐτῷ ὁ νεανίσκος Ταῦτα πάντα ἐφύλαξα· τί ἔτι ὑστερῶ; 21 ἔφη αὐτῷ ὁ Ἰησοῦς Εἰ θέλεις τέλειος εἶναι, ὕπαγε πώλησόν σου τὰ ὑπάρχοντα καὶ δὸς [τοῖς] πτωχοῖς, καὶ ἕξεις θησαυρὸν ἐν οὐρανοῖς, καὶ δεῦρο ἀκολούθει μοι. 22 ἀκούσας δὲ ὁ νεανίσκος τὸν λόγον [τοῦτον] ἀπῆλθεν λυπούμενος, ἦν γὰρ ἔχων κτήματα πολλά.

23 Ὁ δὲ Ἰησοῦς εἶπεν τοῖς μαθηταῖς αὐτοῦ Ἀμὴν λέγω ὑμῖν ὅτι πλούσιος δυσκόλως εἰσελεύσεται εἰς τὴν βασιλείαν τῶν οὐρανῶν· 24 πάλιν δὲ λέγω ὑμῖν, εὐκοπώτερόν ἐστιν κάμηλον διὰ τρήματος ῥαφίδος εἰσελθεῖν ἢ πλούσιον εἰς τὴν βασιλείαν τοῦ θεοῦ. 25 ἀκούσαντες δὲ οἱ μαθηταὶ ἐξεπλήσσοντο σφόδρα λέγοντες Τίς ἄρα δύναται σωθῆναι; 26 ἐμβλέψας δὲ ὁ Ἰησοῦς εἶπεν αὐτοῖς Παρὰ ἀνθρώποις τοῦτο ἀδύνατόν ἐστιν, παρὰ δὲ θεῷ πάντα δυνατά.

27 Τότε ἀποκριθεὶς ὁ Πέτρος εἶπεν αὐτῷ Ἰδοὺ ἡμεῖς ἀφήκαμεν πάντα καὶ ἠκολουθήσαμέν σοι· τί ἄρα ἔσται ἡμῖν; 28 ὁ δὲ Ἰησοῦς εἶπεν αὐτοῖς Ἀμὴν λέγω ὑμῖν ὅτι ὑμεῖς οἱ ἀκολουθήσαντές μοι ἐν τῇ παλινγενεσίᾳ, ὅταν καθίσῃ ὁ υἱὸς τοῦ ἀνθρώπου ἐπὶ θρόνου δόξης αὐτοῦ, καθήσεσθε καὶ ὑμεῖς ἐπὶ δώδεκα θρόνους κρίνοντες τὰς δώδεκα φυλὰς τοῦ Ἰσραήλ. 29 καὶ πᾶς ὅστις ἀφῆκεν οἰκίας ἢ ἀδελφοὺς ἢ ἀδελφὰς ἢ πατέρα ἢ μητέρα ἢ τέκνα ἢ ἀγροὺς ἕνεκεν τοῦ ἐμοῦ ὀνόματος, πολλαπλασίονα λήμψεται καὶ

---

20 WH: Ταῦτα πάντα ἐφύλαξα {WH}/NA: Πάντα ταῦτα ἐφύλαξα RP: Πάντα Ταῦτα ἐφυλαξάμην ἐκ νεότητός μου 21 WH: ἔφη {WH}: λέγει // RP: omit [τοῖς] // WH: οὐρανοῖς RP: οὐρανῷ 22 NA/RP: omit [τοῦτον] 23 WH: πλούσιος δυσκόλως RP: δυσκόλως πλούσιος 24 WH: ὑμῖν, {WH}: ὑμῖν ὅτι // WH: τρήματος {WH}/NA/RP: τρυπήματος // WH: εἰσελθεῖν ἢ πλούσιον εἰς τὴν βασιλείαν τοῦ θεοῦ {WH}/NA: διελθεῖν ἢ πλούσιον εἰσελθεῖν εἰς τὴν βασιλείαν τοῦ θεοῦ RP: διελθεῖν, ἢ πλούσιον εἰς τὴν βασιλείαν τοῦ θεοῦ εἰσελθεῖν. 25 RP: add αὐτοῦ after μαθηταὶ 28 WH: ὑμεῖς {WH}: αὐτοὶ // WH: καθήσεσθε RP: καθίσεσθε 29 WH: ὅστις RP: ὅς // WH: οἰκίας ἢ ἀδελφοὺς ἢ . . . ἀγροὺς {WH}: ἀδελφοὺς ἢ . . . ἀγροὺς ἢ οἰκίας RP: add ἢ γυναῖκα, after μητέρα, // WH: ἐμοῦ ὀνόματος NA/RP: ὀνόματός μου // WH: πολλαπλασίονα NA/RP: ἑκατονταπλασίονα

---

19 Exod 20:12; Deut 5:16; Lev 19:18   26 Gen 18:14; Job 42:2; Zech 8:6 LXX

ζωὴν αἰώνιον κληρονομήσει. 30 Πολλοὶ δὲ ἔσονται πρῶτοι ἔσχατοι καὶ ἔσχατοι πρῶτοι.

The Parable of the Vineyard Workers

20 Ὁμοία γάρ ἐστιν ἡ βασιλεία τῶν οὐρανῶν ἀνθρώπῳ οἰκοδεσπότῃ ὅστις ἐξῆλθεν ἅμα πρωὶ μισθώσασθαι ἐργάτας εἰς τὸν ἀμπελῶνα αὐτοῦ· 2 συμφωνήσας δὲ μετὰ τῶν ἐργατῶν ἐκ δηναρίου τὴν ἡμέραν ἀπέστειλεν αὐτοὺς εἰς τὸν ἀμπελῶνα αὐτοῦ. 3 καὶ ἐξελθὼν περὶ τρίτην ὥραν εἶδεν ἄλλους ἑστῶτας ἐν τῇ ἀγορᾷ ἀργούς· 4 καὶ ἐκείνοις εἶπεν Ὑπάγετε καὶ ὑμεῖς εἰς τὸν ἀμπελῶνα, καὶ ὃ ἐὰν ᾖ δίκαιον δώσω ὑμῖν· 5 οἱ δὲ ἀπῆλθον. πάλιν [δὲ] ἐξελθὼν περὶ ἕκτην καὶ ἐνάτην ὥραν ἐποίησεν ὡσαύτως. 6 περὶ δὲ τὴν ἑνδεκάτην ἐξελθὼν εὗρεν ἄλλους ἑστῶτας, καὶ λέγει αὐτοῖς Τί ὧδε ἑστήκατε ὅλην τὴν ἡμέραν ἀργοί; 7 λέγουσιν αὐτῷ Ὅτι οὐδεὶς ἡμᾶς ἐμισθώσατο· λέγει αὐτοῖς Ὑπάγετε καὶ ὑμεῖς εἰς τὸν ἀμπελῶνα. 8 ὀψίας δὲ γενομένης λέγει ὁ κύριος τοῦ ἀμπελῶνος τῷ ἐπιτρόπῳ αὐτοῦ Κάλεσον τοὺς ἐργάτας καὶ ἀπόδος τὸν μισθὸν ἀρξάμενος ἀπὸ τῶν ἐσχάτων ἕως τῶν πρώτων. 9 ἐλθόντες δὲ οἱ περὶ τὴν ἑνδεκάτην ὥραν ἔλαβον ἀνὰ δηνάριον. 10 καὶ ἐλθόντες οἱ πρῶτοι ἐνόμισαν ὅτι πλεῖον λήμψονται· καὶ ἔλαβον [τὸ] ἀνὰ δηνάριον καὶ αὐτοί. 11 λαβόντες δὲ ἐγόγγυζον κατὰ τοῦ οἰκοδεσπότου 12 λέγοντες Οὗτοι οἱ ἔσχατοι μίαν ὥραν ἐποίησαν, καὶ ἴσους αὐτοὺς ἡμῖν ἐποίησας τοῖς βαστάσασι τὸ βάρος τῆς ἡμέρας καὶ τὸν καύσωνα. 13 ὁ δὲ ἀποκριθεὶς ἑνὶ αὐτῶν εἶπεν Ἑταῖρε, οὐκ ἀδικῶ σε· οὐχὶ δηναρίου συνεφώνησάς μοι; 14 ἆρον τὸ σὸν καὶ ὕπαγε· θέλω δὲ τούτῳ τῷ ἐσχάτῳ δοῦναι

20:2 WH: συμφωνήσας δὲ RP: Καί συμφωνήσας 5 RP: *omit* [δὲ] 6 RP: *add* ὥραν *after* ἑνδεκάτην // RP: *add* ἀργούς *after* ἑστῶτας 7 RP: *add* καὶ ὃ ἐὰν ᾖ δίκαιον λήψεσθε *after* ἀμπελῶνα, 8 {WH}/NA/RP: *add* αὐτοῖς *after* ἀπόδος 9 WH: ἐλθόντες δὲ ΝΑ/RP: καὶ ἐλθόντες 10 WH: καὶ ἐλθόντες RP: Ἐλθόντες δὲ // WH: πλεῖον λήμψονται RP: πλεῖονα λήψονται // WH: [τὸ] ἀνὰ δηνάριον καὶ αὐτοί RP: καὶ αὐτοὶ ἀνὰ δηνάριον 12 WH: αὐτοὺς ἡμῖν {WH}/NA/RP: ἡμῖν αὐτοὺς 13 WH: ἑνὶ αὐτῶν εἶπεν {WH}/RP: εἶπεν ἑνὶ αὐτῶν 14 WH: θέλω δὲ {WH}: θέλω [ἐγὼ]

ὡς καὶ σοί· 15 οὐκ ἔξεστίν μοι ὃ θέλω ποιῆσαι ἐν τοῖς ἐμοῖς;
ἢ ὁ ὀφθαλμός σου πονηρός ἐστιν ὅτι ἐγὼ ἀγαθός εἰμι;
16 Οὕτως ἔσονται οἱ ἔσχατοι πρῶτοι καὶ οἱ πρῶτοι ἔσχατοι.

Jesus' Third Prediction of His Death and Resurrection
(Mark 10:32–34; Luke 18:31–34)

17 Μέλλων δὲ ἀναβαίνειν Ἰησοῦς εἰς Ἱεροσόλυμα
παρέλαβεν τοὺς δώδεκα [μαθητὰς] κατ' ἰδίαν, καὶ ἐν τῇ ὁδῷ
εἶπεν αὐτοῖς 18 Ἰδοὺ ἀναβαίνομεν εἰς Ἱεροσόλυμα, καὶ ὁ
υἱὸς τοῦ ἀνθρώπου παραδοθήσεται τοῖς ἀρχιερεῦσιν καὶ
γραμματεῦσιν, καὶ κατακρινοῦσιν αὐτὸν [θανάτῳ], 19 καὶ
παραδώσουσιν αὐτὸν τοῖς ἔθνεσιν εἰς τὸ ἐμπαῖξαι καὶ μα-
στιγῶσαι καὶ σταυρῶσαι, καὶ τῇ τρίτῃ ἡμέρᾳ ἐγερθήσεται.

The Greatest in the Kingdom
(Mark 10:35–45; Luke 22:24–27)

20 Τότε προσῆλθεν αὐτῷ ἡ μήτηρ τῶν υἱῶν Ζεβεδαίου
μετὰ τῶν υἱῶν αὐτῆς προσκυνοῦσα καὶ αἰτοῦσά τι ἀπ'
αὐτοῦ. 21 ὁ δὲ εἶπεν αὐτῇ   Τί θέλεις; λέγει αὐτῷ   Εἰπὲ ἵνα
καθίσωσιν οὗτοι οἱ δύο υἱοί μου εἷς ἐκ δεξιῶν καὶ εἷς ἐξ
εὐωνύμων σου ἐν τῇ βασιλείᾳ σου. 22 ἀποκριθεὶς δὲ ὁ
Ἰησοῦς εἶπεν   Οὐκ οἴδατε τί αἰτεῖσθε· δύνασθε πιεῖν τὸ
ποτήριον ὃ ἐγὼ μέλλω πίνειν; λέγουσιν αὐτῷ   Δυνάμεθα.
23 λέγει αὐτοῖς   Τὸ μὲν ποτήριόν μου πίεσθε, τὸ δὲ καθίσαι
ἐκ δεξιῶν μου καὶ ἐξ εὐωνύμων οὐκ ἔστιν ἐμὸν δοῦναι, ἀλλ'
οἷς ἡτοίμασται ὑπὸ τοῦ πατρός μου. 24 καὶ ἀκούσαντες οἱ

---

15 [NA]/RP: *add* ἢ *before* οὐκ // WH: ὃ θέλω ποιῆσαι RP: ποιῆσαι ὃ θέλω // WH:
ἢ ὁ ὀφθαλμός RP: Εἰ ὁ ὀφθαλμός 17 WH: Μέλλων δὲ ἀναβαίνειν {WH}/NA/RP:
Καὶ ἀναβαίνων ὁ Ἰησοῦς // WH: [μαθητὰς] RP: μαθητὰς // WH: καὶ ἐν τῇ ὁδῷ
RP: ἐν τῇ ὁδῷ, καὶ 18 WH: [θανάτῳ] NA/RP: θανάτῳ 19 WH: ἐγερθήσεται
{WH}/RP: ἀναστήσεται 20 WH: ἀπ' αὐτοῦ {WH}/RP: παρ' αὐτοῦ 21 WH: λέγει
αὐτῷ {WH}: ἡ δὲ εἶπεν // NA/RP: *add* σου *after* δεξιῶν 22 RP: *add* ἢ τὸ βάπτισμα
ὃ ἐγὼ βαπτίζομαι βαπτισθῆναι; *after* πίνειν 23 RP: *add* Καὶ *before* λέγει // RP: *add*
καὶ τὸ βάπτισμα ὃ ἐγὼ βαπτίζομαι βαπτισθήσεσθε· *after* πίεσθε, // WH: καὶ
{WH}: ἢ // RP: *add* μου *after* εὐωνύμων // {WH}/[NA]: *add* τοῦτο *after* ἐμὸν

δέκα ἠγανάκτησαν περὶ τῶν δύο ἀδελφῶν. 25 ὁ δὲ Ἰησοῦς προσκαλεσάμενος αὐτοὺς εἶπεν Οἴδατε ὅτι οἱ ἄρχοντες τῶν ἐθνῶν κατακυριεύουσιν αὐτῶν καὶ οἱ μεγάλοι κατεξουσιάζουσιν αὐτῶν. 26 οὐχ οὕτως ἐστὶν ἐν ὑμῖν· ἀλλ' ὃς ἂν θέλῃ ἐν ὑμῖν μέγας γενέσθαι ἔσται ὑμῶν διάκονος, 27 καὶ ὃς ἂν θέλῃ ἐν ὑμῖν εἶναι πρῶτος ἔσται ὑμῶν δοῦλος· 28 ὥσπερ ὁ υἱὸς τοῦ ἀνθρώπου οὐκ ἦλθεν διακονηθῆναι ἀλλὰ διακονῆσαι καὶ δοῦναι τὴν ψυχὴν αὐτοῦ λύτρον ἀντὶ πολλῶν.

Jesus Heals Two Blind Men
(Mark 10:46–52; Luke 18:35–43)

29 Καὶ ἐκπορευομένων αὐτῶν ἀπὸ Ἰερειχὼ ἠκολούθησεν αὐτῷ ὄχλος πολύς. 30 καὶ ἰδοὺ δύο τυφλοὶ καθήμενοι παρὰ τὴν ὁδόν, ἀκούσαντες ὅτι Ἰησοῦς παράγει, ἔκραξαν λέγοντες Κύριε, ἐλέησον ἡμᾶς, υἱὸς Δαυείδ. 31 ὁ δὲ ὄχλος ἐπετίμησεν αὐτοῖς ἵνα σιωπήσωσιν· οἱ δὲ μεῖζον ἔκραξαν λέγοντες Κύριε, ἐλέησον ἡμᾶς, υἱὸς Δαυείδ. 32 καὶ στὰς [ὁ] Ἰησοῦς ἐφώνησεν αὐτοὺς καὶ εἶπεν Τί θέλετε ποιήσω ὑμῖν; 33 λέγουσιν αὐτῷ Κύριε, ἵνα ἀνοιγῶσιν οἱ ὀφθαλμοὶ ἡμῶν. 34 σπλαγχνισθεὶς δὲ ὁ Ἰησοῦς ἥψατο τῶν ὀμμάτων αὐτῶν, καὶ εὐθέως ἀνέβλεψαν καὶ ἠκολούθησαν αὐτῷ.

Jesus' Triumphal Entry into Jerusalem
(Mark 11:1–10; Luke 19:28–38; cf. John 12:12–19)

21 Καὶ ὅτε ἤγγισαν εἰς Ἱεροσόλυμα καὶ ἦλθον εἰς Βηθφαγὴ εἰς τὸ Ὄρος τῶν Ἐλαιῶν, τότε Ἰησοῦς ἀπέστειλεν δύο

---

26 WH: ἐστὶν ἐν ὑμῖν NA: ἔσται ἐν ὑμῖν RP: δὲ ἔσται ἐν ὑμῖν // WH: ἂν NA/RP: ἐὰν // WH: ἐν ὑμῖν μέγας {WH}: μέγας ἐν ὑμῖν 27 WH: ἂν RP: ἐὰν // WH: ἐν ὑμῖν εἶναι {WH}: εἶναι ὑμῶν 30 WH: Κύριε, ἐλέησον ἡμᾶς, NA: ἐλέησον ἡμᾶς, [κύριε,] RP: Ἐλέησον ἡμᾶς κύριε // WH: υἱὸς {WH}: υἱὲ 31 WH: ἔκραξαν RP: ἔκραζον // WH: Κύριε, ἐλέησον ἡμᾶς NA: ἐλέησον ἡμᾶς, κύριε // WH: υἱὸς {WH}: υἱὲ 32 WH: [ὁ] NA/RP: ὁ 33 WH: ἀνοιγῶσιν RP: ἀνοιχθῶσιν // WH: οἱ ὀφθαλμοὶ ἡμῶν RP: ἡμῶν οἱ ὀφθαλμοί 34 WH: ὀμμάτων RP: ὀφθαλμῶν // RP: add αὐτῶν οἱ ὀφθαλμοί, after ἀνέβλεψαν
21:1 WH: Βηθφαγὴ εἰς RP: Βηθσφαγὴ πρὸς // RP: add ὁ before Ἰησοῦς

μαθητὰς 2 λέγων αὐτοῖς Πορεύεσθε εἰς τὴν κώμην τὴν κατέναντι ὑμῶν, καὶ εὐθὺς εὑρήσετε ὄνον δεδεμένην καὶ πῶλον μετ' αὐτῆς· λύσαντες ἀγάγετέ μοι. 3 καὶ ἐάν τις ὑμῖν εἴπῃ τι, ἐρεῖτε ὅτι Ὁ κύριος αὐτῶν χρείαν ἔχει· εὐθὺς δὲ ἀποστελεῖ αὐτούς. 4 Τοῦτο δὲ γέγονεν ἵνα πληρωθῇ τὸ ῥηθὲν διὰ τοῦ προφήτου λέγοντος

5 Εἴπατε τῇ θυγατρὶ Σιών
Ἰδοὺ ὁ βασιλεύς σου ἔρχεταί σοι
πραῢς καὶ ἐπιβεβηκὼς ἐπὶ ὄνον
καὶ ἐπὶ πῶλον υἱὸν ὑποζυγίου.

6 Πορευθέντες δὲ οἱ μαθηταὶ καὶ ποιήσαντες καθὼς συνέταξεν αὐτοῖς ὁ Ἰησοῦς 7 ἤγαγον τὴν ὄνον καὶ τὸν πῶλον, καὶ ἐπέθηκαν ἐπ' αὐτῶν τὰ ἱμάτια, καὶ ἐπεκάθισεν ἐπάνω αὐτῶν. 8 ὁ δὲ πλεῖστος ὄχλος ἔστρωσαν ἑαυτῶν τὰ ἱμάτια ἐν τῇ ὁδῷ, ἄλλοι δὲ ἔκοπτον κλάδους ἀπὸ τῶν δένδρων καὶ ἐστρώννυον ἐν τῇ ὁδῷ. 9 οἱ δὲ ὄχλοι οἱ προάγοντες αὐτὸν καὶ οἱ ἀκολουθοῦντες ἔκραζον λέγοντες

Ὡσαννὰ τῷ υἱῷ Δαυείδ·
Εὐλογημένος ὁ ἐρχόμενος ἐν ὀνόματι Κυρίου·
Ὡσαννὰ ἐν τοῖς ὑψίστοις.

10 καὶ εἰσελθόντος αὐτοῦ εἰς Ἰεροσόλυμα ἐσείσθη πᾶσα ἡ πόλις λέγουσα Τίς ἐστιν οὗτος; 11 οἱ δὲ ὄχλοι ἔλεγον Οὗτός ἐστιν ὁ προφήτης Ἰησοῦς ὁ ἀπὸ Ναζαρὲθ τῆς Γαλιλαίας.

Jesus Cleanses the Temple
(Mark 11:11; Luke 19:45–46; cf. John 2:13–17)

12 Καὶ εἰσῆλθεν Ἰησοῦς εἰς τὸ ἱερόν, καὶ ἐξέβαλεν πάντας τοὺς πωλοῦντας καὶ ἀγοράζοντας ἐν τῷ ἱερῷ καὶ τὰς

---

2 WH: Πορεύεσθε RP: Πορεύθητε // WH: κατέναντι RP: ἀπέναντι // WH: εὐθὺς NA/RP: εὐθέως // WH: ἀγάγετέ {WH}: ἄγετέ 4 RP: add ὅλον before γέγονεν 5 RP: omit ἐπὶ before πῶλον 6 WH: συνέταξεν RP: προσέταξεν 7 WH: ἐπ' RP: ἐπάνω // RP: add αὐτῶν after ἱμάτια 9 RP: omit αὐτὸν 11 WH: ὁ προφήτης Ἰησοῦς RP: Ἰησοῦς ὁ προφήτης 12 RP: add ὁ after εἰσῆλθεν // RP: add τοῦ θεοῦ after ἱερὸν

21:5 Isa 62:11; Zech 9:9 9 Ps 118: 25, 26

τραπέζας τῶν κολλυβιστῶν κατέστρεψεν καὶ τὰς καθέδρας τῶν πωλούντων τὰς περιστεράς, 13 καὶ λέγει αὐτοῖς Γέγραπται Ὁ οἶκός μου οἶκος προσευχῆς κληθήσεται, ὑμεῖς δὲ αὐτὸν ποιεῖτε σπήλαιον λῃστῶν. 14 Καὶ προσῆλθον αὐτῷ τυφλοὶ καὶ χωλοὶ ἐν τῷ ἱερῷ, καὶ ἐθεράπευσεν αὐτούς. 15 Ἰδόντες δὲ οἱ ἀρχιερεῖς καὶ οἱ γραμματεῖς τὰ θαυμάσια ἃ ἐποίησεν καὶ τοὺς παῖδας τοὺς κράζοντας ἐν τῷ ἱερῷ καὶ λέγοντας Ὡσαννὰ τῷ υἱῷ Δαυείδ ἠγανάκτησαν 16 καὶ εἶπαν αὐτῷ Ἀκούεις τί οὗτοι λέγουσιν; ὁ δὲ Ἰησοῦς λέγει αὐτοῖς Ναί· οὐδέποτε ἀνέγνωτε ὅτι Ἐκ στόματος νηπίων καὶ θηλαζόντων κατηρτίσω αἶνον;

17 Καὶ καταλιπὼν αὐτοὺς ἐξῆλθεν ἔξω τῆς πόλεως εἰς Βηθανίαν, καὶ ηὐλίσθη ἐκεῖ.

Jesus Curses a Fig Tree
(Mark 11:12–14, 20–25)

18 Πρωὶ δὲ ἐπαναγαγὼν εἰς τὴν πόλιν ἐπείνασεν. 19 καὶ ἰδὼν συκῆν μίαν ἐπὶ τῆς ὁδοῦ ἦλθεν ἐπ᾽ αὐτήν, καὶ οὐδὲν εὗρεν ἐν αὐτῇ εἰ μὴ φύλλα μόνον, καὶ λέγει αὐτῇ Οὐ μηκέτι ἐκ σοῦ καρπὸς γένηται εἰς τὸν αἰῶνα· καὶ ἐξηράνθη παραχρῆμα ἡ συκῆ. 20 καὶ ἰδόντες οἱ μαθηταὶ ἐθαύμασαν λέγοντες Πῶς παραχρῆμα ἐξηράνθη ἡ συκῆ; 21 ἀποκριθεὶς δὲ ὁ Ἰησοῦς εἶπεν αὐτοῖς Ἀμὴν λέγω ὑμῖν, ἐὰν ἔχητε πίστιν καὶ μὴ διακριθῆτε, οὐ μόνον τὸ τῆς συκῆς ποιήσετε, ἀλλὰ κἂν τῷ ὄρει τούτῳ εἴπητε Ἄρθητι καὶ βλήθητι εἰς τὴν θάλασσαν, γενήσεται· 22 καὶ πάντα ὅσα ἂν αἰτήσητε ἐν τῇ προσευχῇ πιστεύοντες λήμψεσθε.

---

13 WH: ποιεῖτε RP: ἐποιήσατε 14 WH: τυφλοὶ καὶ χωλοὶ RP: χωλοὶ καὶ τυφλοὶ 15 RP: omit τοὺς after παῖδας 18 WH: Πρωὶ RP: Πρωῒας // WH: ἐπαναγαγὼν {WH}/NA/RP: ἐπανάγων 19 NA/RP: omit Οὐ 22 WH: ἂν RP: ἐὰν // WH: λήμψεσθε RP: λήψεσθε

13 Isa 56:7; Jer 7:11 15 Ps 118:25 16 Ps 8:2

Jesus' Authority Is Challenged
(Mark 11:27–33; Luke 20:1–8)

23 Καὶ ἐλθόντος αὐτοῦ εἰς τὸ ἱερὸν προσῆλθαν αὐτῷ διδάσκοντι οἱ ἀρχιερεῖς καὶ οἱ πρεσβύτεροι τοῦ λαοῦ λέγοντες Ἐν ποίᾳ ἐξουσίᾳ ταῦτα ποιεῖς; καὶ τίς σοι ἔδωκεν τὴν ἐξουσίαν ταύτην; 24 ἀποκριθεὶς [δὲ] ὁ Ἰησοῦς εἶπεν αὐτοῖς Ἐρωτήσω ὑμᾶς κἀγὼ λόγον ἕνα, ὃν ἐὰν εἴπητέ μοι κἀγὼ ὑμῖν ἐρῶ ἐν ποίᾳ ἐξουσίᾳ ταῦτα ποιῶ· 25 τὸ βάπτισμα τὸ Ἰωάνου πόθεν ἦν; ἐξ οὐρανοῦ ἢ ἐξ ἀνθρώπων; οἱ δὲ διελογίζοντο ἐν ἑαυτοῖς λέγοντες Ἐὰν εἴπωμεν Ἐξ οὐρανοῦ, ἐρεῖ ἡμῖν Διὰ τί οὖν οὐκ ἐπιστεύσατε αὐτῷ; 26 ἐὰν δὲ εἴπωμεν Ἐξ ἀνθρώπων, φοβούμεθα τὸν ὄχλον, πάντες γὰρ ὡς προφήτην ἔχουσιν τὸν Ἰωάνην· 27 καὶ ἀποκριθέντες τῷ Ἰησοῦ εἶπαν Οὐκ οἴδαμεν. ἔφη αὐτοῖς καὶ αὐτός Οὐδὲ ἐγὼ λέγω ὑμῖν ἐν ποίᾳ ἐξουσίᾳ ταῦτα ποιῶ.

The Parable of the Two Sons

28 Τί δὲ ὑμῖν δοκεῖ; ἄνθρωπος εἶχεν τέκνα δύο. προσελθὼν τῷ πρώτῳ εἶπεν Τέκνον, ὕπαγε σήμερον ἐργάζου ἐν τῷ ἀμπελῶνι· 29 ὁ δὲ ἀποκριθεὶς εἶπεν Ἐγώ, κύριε· καὶ οὐκ ἀπῆλθεν. 30 προσελθὼν δὲ τῷ δευτέρῳ εἶπεν ὡσαύτως· ὁ δὲ ἀποκριθεὶς εἶπεν Οὐ θέλω· ὕστερον μεταμεληθεὶς ἀπῆλθεν. 31 τίς ἐκ τῶν δύο ἐποίησεν τὸ θέλημα τοῦ πατρός; λέγουσιν Ὁ ὕστερος. λέγει αὐτοῖς ὁ Ἰησοῦς Ἀμὴν λέγω ὑμῖν ὅτι οἱ τελῶναι καὶ αἱ πόρναι προάγουσιν ὑμᾶς εἰς τὴν βασιλείαν τοῦ θεοῦ. 32 ἦλθεν γὰρ Ἰωάνης πρὸς ὑμᾶς ἐν ὁδῷ δικαιοσύνης, καὶ οὐκ ἐπιστεύσατε αὐτῷ· οἱ δὲ τελῶναι

---

23 WH: ἐλθόντος αὐτοῦ RP: ἐλθόντι αὐτῷ 24 WH: [δὲ] NA/RP: δὲ 25 WH: ἐν {WH}/RP: παρ' 26 WH: ὡς προφήτην ἔχουσιν τὸν Ἰωάνην RP: ἔχουσιν τὸν Ἰωάννην ὡς προφήτην 28 WH: τέκνα δύο {WH}: δύο τέκνα // {WH}/NA/RP: add καὶ before προσελθὼν // WH: ἀμπελῶνι {WH}/RP: ἀμπελῶνί μου 29 WH: Ἐγώ, κύριε· καὶ οὐκ ἀπῆλθεν. NA/RP: οὐ θέλω, ὕστερον δὲ μεταμεληθείς, ἀπῆλθεν. // WH: Ἐγώ, κύριε· καὶ οὐκ NA: οὐ θέλω, ὕστερον δὲ μεταμεληθεὶς 30 WH: δευτέρῳ NA: ἑτέρῳ // WH: Οὐ θέλω· ὕστερον μεταμεληθεὶς NA/RP: Ἐγώ, κύριε· καὶ οὐκ ἀπῆλθεν. 31 WH: λέγουσιν Ὁ ὕστερος {WH}: *λέγουσιν Ὁ ὕστερος* NA: λέγουσιν· Ὁ πρῶτος RP: Λέγουσιν αὐτῷ, Ὁ πρῶτος 32 WH: Ἰωάνης πρὸς ὑμᾶς RP: πρὸς ὑμᾶς Ἰωάννης

καὶ αἱ πόρναι ἐπίστευσαν αὐτῷ· ὑμεῖς δὲ ἰδόντες οὐδὲ μετεμελήθητε ὕστερον τοῦ πιστεῦσαι αὐτῷ.

The Parable of the Wicked Tenants
(Mark 12:1–12; Luke 20:9–19)

33 Ἄλλην παραβολὴν ἀκούσατε. Ἄνθρωπος ἦν οἰκοδεσπότης ὅστις **ἐφύτευσεν ἀμπελῶνα καὶ φραγμὸν αὐτῷ περιέθηκεν καὶ ὤρυξεν ἐν αὐτῷ ληνὸν καὶ ᾠκοδόμησεν πύργον**, καὶ ἐξέδετο αὐτὸν γεωργοῖς, καὶ ἀπεδήμησεν. 34 ὅτε δὲ ἤγγισεν ὁ καιρὸς τῶν καρπῶν, ἀπέστειλεν τοὺς δούλους αὐτοῦ πρὸς τοὺς γεωργοὺς λαβεῖν τοὺς καρποὺς αὐτοῦ. 35 καὶ λαβόντες οἱ γεωργοὶ τοὺς δούλους αὐτοῦ ὃν μὲν ἔδειραν, ὃν δὲ ἀπέκτειναν, ὃν δὲ ἐλιθοβόλησαν. 36 πάλιν ἀπέστειλεν ἄλλους δούλους πλείονας τῶν πρώτων, καὶ ἐποίησαν αὐτοῖς ὡσαύτως. 37 ὕστερον δὲ ἀπέστειλεν πρὸς αὐτοὺς τὸν υἱὸν αὐτοῦ λέγων Ἐντραπήσονται τὸν υἱόν μου. 38 οἱ δὲ γεωργοὶ ἰδόντες τὸν υἱὸν εἶπον ἐν ἑαυτοῖς Οὗτός ἐστιν ὁ κληρονόμος· δεῦτε ἀποκτείνωμεν αὐτὸν καὶ σχῶμεν τὴν κληρονομίαν αὐτοῦ· 39 καὶ λαβόντες αὐτὸν ἐξέβαλον ἔξω τοῦ ἀμπελῶνος καὶ ἀπέκτειναν. 40 ὅταν οὖν ἔλθῃ ὁ κύριος τοῦ ἀμπελῶνος, τί ποιήσει τοῖς γεωργοῖς ἐκείνοις; 41 λέγουσιν αὐτῷ Κακοὺς κακῶς ἀπολέσει αὐτούς, καὶ τὸν ἀμπελῶνα ἐκδώσεται ἄλλοις γεωργοῖς, οἵτινες ἀποδώσουσιν αὐτῷ τοὺς καρποὺς ἐν τοῖς καιροῖς αὐτῶν. 42 λέγει αὐτοῖς ὁ Ἰησοῦς Οὐδέποτε ἀνέγνωτε ἐν ταῖς γραφαῖς

Λίθον ὃν ἀπεδοκίμασαν οἱ οἰκοδομοῦντες
　　οὗτος ἐγενήθη εἰς κεφαλὴν γωνίας·
παρὰ Κυρίου ἐγένετο αὕτη,
　　καὶ ἔστιν θαυμαστὴ ἐν ὀφθαλμοῖς ἡμῶν;
43 διὰ τοῦτο λέγω ὑμῖν ὅτι ἀρθήσεται ἀφ' ὑμῶν ἡ βασιλεία

// WH: οὐδὲ RP: οὐ 33 RP: *add* τις *after* Ἄνθρωπός // WH: ἐξέδετο RP: ἐξέδοτο 38 WH: σχῶμεν RP: κατάσχωμεν 43 WH: ὑμῖν ὅτι {WH}: ὑμῖν,

---

33 Isa 5:1, 2   42 Ps 118:22, 23

τοῦ θεοῦ καὶ δοθήσεται ἔθνει ποιοῦντι τοὺς καρποὺς αὐτῆς. 44 [Καὶ ὁ πεσὼν ἐπὶ τὸν λίθον τοῦτον συνθλασθήσεται· ἐφ᾽ ὃν δ᾽ ἂν πέσῃ λικμήσει αὐτόν.]

45 Καὶ ἀκούσαντες οἱ ἀρχιερεῖς καὶ οἱ Φαρισαῖοι τὰς παραβολὰς αὐτοῦ ἔγνωσαν ὅτι περὶ αὐτῶν λέγει· 46 καὶ ζητοῦντες αὐτὸν κρατῆσαι ἐφοβήθησαν τοὺς ὄχλους, ἐπεὶ εἰς προφήτην αὐτὸν εἶχον.

The Parable of the Wedding Feast
(Luke 14:16–24)

22 Καὶ ἀποκριθεὶς ὁ Ἰησοῦς πάλιν εἶπεν ἐν παραβολαῖς αὐτοῖς λέγων 2 Ὡμοιώθη ἡ βασιλεία τῶν οὐρανῶν ἀνθρώπῳ βασιλεῖ, ὅστις ἐποίησεν γάμους τῷ υἱῷ αὐτοῦ. 3 καὶ ἀπέστειλεν τοὺς δούλους αὐτοῦ καλέσαι τοὺς κεκλημένους εἰς τοὺς γάμους, καὶ οὐκ ἤθελον ἐλθεῖν. 4 πάλιν ἀπέστειλεν ἄλλους δούλους λέγων Εἴπατε τοῖς κεκλημένοις Ἰδοὺ τὸ ἄριστόν μου ἡτοίμακα, οἱ ταῦροί μου καὶ τὰ σιτιστὰ τεθυμένα, καὶ πάντα ἕτοιμα· δεῦτε εἰς τοὺς γάμους. 5 οἱ δὲ ἀμελήσαντες ἀπῆλθον, ὃς μὲν εἰς τὸν ἴδιον ἀγρόν, ὃς δὲ ἐπὶ τὴν ἐμπορίαν αὐτοῦ· 6 οἱ δὲ λοιποὶ κρατήσαντες τοὺς δούλους αὐτοῦ ὕβρισαν καὶ ἀπέκτειναν. 7 ὁ δὲ βασιλεὺς ὠργίσθη, καὶ πέμψας τὰ στρατεύματα αὐτοῦ ἀπώλεσεν τοὺς φονεῖς ἐκείνους καὶ τὴν πόλιν αὐτῶν ἐνέπρησεν. 8 τότε λέγει τοῖς δούλοις αὐτοῦ Ὁ μὲν γάμος ἕτοιμός ἐστιν, οἱ δὲ κεκλημένοι οὐκ ἦσαν ἄξιοι· 9 πορεύεσθε οὖν ἐπὶ τὰς διεξόδους τῶν ὁδῶν, καὶ ὅσους ἐὰν εὕρητε καλέσατε εἰς τοὺς γάμους. 10 καὶ ἐξελθόντες οἱ δοῦλοι ἐκεῖνοι εἰς τὰς ὁδοὺς συνήγαγον πάντας οὓς εὗρον, πονηρούς τε καὶ ἀγαθούς· καὶ ἐπλήσθη ὁ νυμφὼν ἀνακειμένων. 11 εἰσελθὼν δὲ ὁ

---

44 RP: *omit brackets around entire verse* 45 WH: Καὶ ἀκούσαντες {WH}: Ἀκούσαντες δὲ 46 WH: ἐπεὶ εἰς RP: ἐπειδὴ ὡς
22:1 WH: ἐν παραβολαῖς αὐτοῖς RP: αὐτοῖς ἐν παραβολαῖς 4 WH: ἡτοίμακα RP: ἡτοίμασα 5 WH: ὃς μὲν RP: ὁ μὲν // WH: ὃς δὲ RP: ὁ δὲ // WH: ἐπὶ RP: εἰς 7 WH: ὁ δὲ βασιλεὺς RP: Καὶ ἀκούσας ὁ βασιλεὺς ἐκεῖνος 9 WH: ἐὰν RP: ἄν 10 WH: οὓς RP: ὅσους // WH: νυμφὼν NA/RP: γάμος

βασιλεὺς θεάσασθαι τοὺς ἀνακειμένους εἶδεν ἐκεῖ ἄνθρω-
πον οὐκ ἐνδεδυμένον ἔνδυμα γάμου· 12 καὶ λέγει αὐτῷ
Ἑταῖρε, πῶς εἰσῆλθες ὧδε μὴ ἔχων ἔνδυμα γάμου; ὁ δὲ
ἐφιμώθη. 13 τότε ὁ βασιλεὺς εἶπεν τοῖς διακόνοις Δήσαν-
τες αὐτοῦ πόδας καὶ χεῖρας ἐκβάλετε αὐτὸν εἰς τὸ σκότος
τὸ ἐξώτερον· ἐκεῖ ἔσται ὁ κλαυθμὸς καὶ ὁ βρυγμὸς τῶν
ὀδόντων. 14 πολλοὶ γάρ εἰσιν κλητοὶ ὀλίγοι δὲ ἐκλεκτοί.

Jesus Is Questioned about Paying Taxes
(Mark 12:13–17; Luke 20:20–26)

15 Τότε πορευθέντες οἱ Φαρισαῖοι συμβούλιον ἔλαβον
ὅπως αὐτὸν παγιδεύσωσιν ἐν λόγῳ. 16 καὶ ἀποστέλλουσιν
αὐτῷ τοὺς μαθητὰς αὐτῶν μετὰ τῶν Ἡρῳδιανῶν λέγοντας
Διδάσκαλε, οἴδαμεν ὅτι ἀληθὴς εἶ καὶ τὴν ὁδὸν τοῦ θεοῦ ἐν
ἀληθείᾳ διδάσκεις, καὶ οὐ μέλει σοι περὶ οὐδενός, οὐ γὰρ
βλέπεις εἰς πρόσωπον ἀνθρώπων· 17 εἰπὸν οὖν ἡμῖν τί σοι
δοκεῖ· ἔξεστιν δοῦναι κῆνσον Καίσαρι ἢ οὔ; 18 γνοὺς δὲ ὁ
Ἰησοῦς τὴν πονηρίαν αὐτῶν εἶπεν Τί με πειράζετε, ὑπο-
κριταί; 19 ἐπιδείξατέ μοι τὸ νόμισμα τοῦ κήνσου. οἱ δὲ
προσήνεγκαν αὐτῷ δηνάριον. 20 καὶ λέγει αὐτοῖς Τίνος
ἡ εἰκὼν αὕτη καὶ ἡ ἐπιγραφή; 21 λέγουσιν Καίσαρος. τότε
λέγει αὐτοῖς Ἀπόδοτε οὖν τὰ Καίσαρος Καίσαρι καὶ τὰ
τοῦ θεοῦ τῷ θεῷ. 22 καὶ ἀκούσαντες ἐθαύμασαν, καὶ
ἀφέντες αὐτὸν ἀπῆλθαν.

Jesus Is Questioned about the Resurrection
(Mark 12:18–27; Luke 20:27–40)

23 Ἐν ἐκείνῃ τῇ ἡμέρᾳ προσῆλθον αὐτῷ Σαδδουκαῖοι,
λέγοντες μὴ εἶναι ἀνάστασιν, καὶ ἐπηρώτησαν αὐτὸν 24 λέ-
γοντες Διδάσκαλε, Μωυσῆς εἶπεν Ἐάν τις ἀποθάνῃ μὴ

---

13 WH: ὁ βασιλεὺς εἶπεν RP: εἶπεν ὁ βασιλεὺς // WH: ἐκβάλετε αὐτὸν RP:
ἄρατε αὐτὸν καὶ ἐκβάλετε 16 WH: λέγοντας NA/RP: λέγοντες 17 WH: εἰπὸν
NA/RP: εἰπὲ 20 {WH}: add ὁ Ἰησοῦς after αὐτοῖς 21 NA/RP: add αὐτῷ after
λέγουσιν 23 RP: add οἱ before λέγοντες

ἔχων τέκνα, ἐπιγαμβρεύσει ὁ ἀδελφὸς αὐτοῦ τὴν γυναῖκα αὐτοῦ καὶ ἀναστήσει σπέρμα τῷ ἀδελφῷ αὐτοῦ. 25 ἦσαν δὲ παρ' ἡμῖν ἑπτὰ ἀδελφοί· καὶ ὁ πρῶτος γήμας ἐτελεύτησεν, καὶ μὴ ἔχων σπέρμα ἀφῆκεν τὴν γυναῖκα αὐτοῦ τῷ ἀδελφῷ αὐτοῦ· 26 ὁμοίως καὶ ὁ δεύτερος καὶ ὁ τρίτος, ἕως τῶν ἑπτά· 27 ὕστερον δὲ πάντων ἀπέθανεν ἡ γυνή. 28 ἐν τῇ ἀναστάσει οὖν τίνος τῶν ἑπτὰ ἔσται γυνή; πάντες γὰρ ἔσχον αὐτήν. 29 ἀποκριθεὶς δὲ ὁ Ἰησοῦς εἶπεν αὐτοῖς Πλανᾶσθε μὴ εἰδότες τὰς γραφὰς μηδὲ τὴν δύναμιν τοῦ θεοῦ· 30 ἐν γὰρ τῇ ἀναστάσει οὔτε γαμοῦσιν οὔτε γαμίζονται, ἀλλ' ὡς ἄγγελοι ἐν τῷ οὐρανῷ εἰσίν· 31 περὶ δὲ τῆς ἀναστάσεως τῶν νεκρῶν οὐκ ἀνέγνωτε τὸ ῥηθὲν ὑμῖν ὑπὸ τοῦ θεοῦ λέγοντος 32 Ἐγώ εἰμι ὁ θεὸς Ἀβραὰμ καὶ ὁ θεὸς Ἰσαὰκ καὶ ὁ θεὸς Ἰακώβ; οὐκ ἔστιν [ὁ] θεὸς νεκρῶν ἀλλὰ ζώντων. 33 Καὶ ἀκούσαντες οἱ ὄχλοι ἐξεπλήσσοντο ἐπὶ τῇ διδαχῇ αὐτοῦ.

Jesus Is Questioned about the Greatest Commandment
(Mark 12:28–34; Luke 10:25–28)

34 Οἱ δὲ Φαρισαῖοι ἀκούσαντες ὅτι ἐφίμωσεν τοὺς Σαδδουκαίους συνήχθησαν ἐπὶ τὸ αὐτό. 35 καὶ ἐπηρώτησεν εἷς ἐξ αὐτῶν νομικὸς πειράζων αὐτόν 36 Διδάσκαλε, ποία ἐντολὴ μεγάλη ἐν τῷ νόμῳ; 37 ὁ δὲ ἔφη αὐτῷ **Ἀγαπήσεις Κύριον τὸν θεόν σου ἐν ὅλῃ καρδίᾳ σου καὶ ἐν ὅλῃ τῇ ψυχῇ σου καὶ ἐν ὅλῃ τῇ διανοίᾳ σου·** 38 αὕτη ἐστὶν ἡ μεγάλη καὶ πρώτη ἐντολή. 39 δευτέρα ὁμοία αὕτη **Ἀγαπήσεις τὸν πλησίον σου ὡς σεαυτόν.** 40 ἐν ταύταις ταῖς δυσὶν ἐντολαῖς ὅλος ὁ νόμος κρέμαται καὶ οἱ προφῆται.

---

25 WH: γήμας RP: γαμήσας 27 RP: add καὶ after ἀπέθανεν 28 WH: ἀναστάσει οὖν RP: οὖν ἀναστάσει 30 WH: γαμίζονται RP: ἐκγαμίζονται // RP: add τοῦ θεοῦ after ἄγγελοι // RP: omit τῷ 32 RP: omit brackets for [ὁ] // RP: add θεὸς before θεὸς 35 WH: νομικὸς ΝΑ: [νομικὸς] // RP: add καὶ λέγων after αὐτόν 37 RP: add Ἰησοῦς after ὁ δὲ // ΝΑ: add τῇ before καρδίᾳ // RP: omit τῇ before ψυχῇ 39 ΝΑ/RP: add δὲ after δευτέρα // WH: ὁμοία αὕτη ΝΑ/RP: ὁμοία αὐτῇ {WH}: ὁμοίως 40 WH: κρέμαται καὶ οἱ προφῆται RP: καὶ οἱ προφῆται κρέμανται

22:24 Deut 25:5; Gen 38:8 32 Exod 3:6 37 Deut 6:5 39 Lev 19:18

Jesus Questions the Pharisees
(Mark 12:35–37; Luke 20:41–44)

41 Συνηγμένων δὲ τῶν Φαρισαίων ἐπηρώτησεν αὐτοὺς
ὁ Ἰησοῦς 42 λέγων   Τί ὑμῖν δοκεῖ περὶ τοῦ χριστοῦ; τίνος
υἱός ἐστιν; λέγουσιν αὐτῷ   Τοῦ Δαυείδ. 43 λέγει αὐτοῖς
Πῶς οὖν Δαυεὶδ ἐν πνεύματι καλεῖ αὐτὸν κύριον λέγων
   44 **Εἶπεν Κύριος τῷ κυρίῳ μου   Κάθου ἐκ δεξιῶν μου**
      ἕως ἂν θῶ τοὺς ἐχθρούς σου ὑποκάτω τῶν ποδῶν
      σου;
45 εἰ οὖν Δαυεὶδ καλεῖ αὐτὸν κύριον, πῶς υἱὸς αὐτοῦ ἐστίν;
46 καὶ οὐδεὶς ἐδύνατο ἀποκριθῆναι αὐτῷ λόγον, οὐδὲ
ἐτόλμησέν τις ἀπ᾽ ἐκείνης τῆς ἡμέρας ἐπερωτῆσαι αὐτὸν
οὐκέτι.

Woe to the Scribes and Pharisees
(Mark 12:37b–40; Luke 11:37–52; Luke 20:45–47)

23 Τότε [ὁ] Ἰησοῦς ἐλάλησεν τοῖς ὄχλοις καὶ τοῖς μαθη-
ταῖς αὐτοῦ 2 λέγων   Ἐπὶ τῆς Μωυσέως καθέδρας ἐκάθισαν
οἱ γραμματεῖς καὶ οἱ Φαρισαῖοι. 3 πάντα οὖν ὅσα ἐὰν
εἴπωσιν ὑμῖν ποιήσατε καὶ τηρεῖτε, κατὰ δὲ τὰ ἔργα αὐτῶν
μὴ ποιεῖτε, λέγουσιν γὰρ καὶ οὐ ποιοῦσιν. 4 δεσμεύουσιν δὲ
φορτία βαρέα καὶ ἐπιτιθέασιν ἐπὶ τοὺς ὤμους τῶν
ἀνθρώπων, αὐτοὶ δὲ τῷ δακτύλῳ αὐτῶν οὐ θέλουσιν
κινῆσαι αὐτά. 5 πάντα δὲ τὰ ἔργα αὐτῶν ποιοῦσιν πρὸς τὸ
θεαθῆναι τοῖς ἀνθρώποις· πλατύνουσι γὰρ τὰ φυλακτήρια
αὐτῶν καὶ μεγαλύνουσι τὰ κράσπεδα, 6 φιλοῦσι δὲ τὴν

---

43 WH: καλεῖ αὐτὸν κύριον RP: κύριον αὐτὸν καλεῖ 44 WH: Κύριος RP: ὁ
κύριος // WH: ὑποκάτω RP: ὑποπόδιον 46 WH: ἀποκριθῆναι αὐτῷ RP: αὐτῷ
ἀποκριθῆναι
23:1 WH: [ὁ] NA/RP: ὁ 3 WH: ποιήσατε καὶ τηρεῖτε RP: τηρεῖν, τηρεῖτε καὶ
ποιεῖτε 4 WH: δεσμεύουσιν δὲ RP: Δεσμεύουσιν γὰρ // {WH}/[NA]/RP: add καὶ
(NA: [καὶ]) δυσβάστακτα *after* βαρέα // WH: αὐτοὶ δὲ τῷ δακτύλῳ RP: τῷ δὲ
δακτύλῳ 5 WH: πλατύνουσι γὰρ RP: πλατύνουσιν δὲ // RP: add τῶν ἱματίων
αὐτῶν *after* κράσπεδα, 6 WH: φιλοῦσι δὲ RP: φιλοῦσίν τε

---

44 Ps 110:1

πρωτοκλισίαν ἐν τοῖς δείπνοις καὶ τὰς πρωτοκαθεδρίας ἐν
ταῖς συναγωγαῖς 7 καὶ τοὺς ἀσπασμοὺς ἐν ταῖς ἀγοραῖς καὶ
καλεῖσθαι ὑπὸ τῶν ἀνθρώπων Ῥαββεί. 8 ὑμεῖς δὲ μὴ
κληθῆτε Ῥαββεί, εἷς γάρ ἐστιν ὑμῶν ὁ διδάσκαλος, πάντες
δὲ ὑμεῖς ἀδελφοί ἐστε· 9 καὶ πατέρα μὴ καλέσητε ὑμῶν ἐπὶ
τῆς γῆς, εἷς γάρ ἐστιν ὑμῶν ὁ πατὴρ ὁ οὐράνιος· 10 μηδὲ
κληθῆτε καθηγηταί, ὅτι καθηγητὴς ὑμῶν ἐστὶν εἷς ὁ χριστός·
11 ὁ δὲ μείζων ὑμῶν ἔσται ὑμῶν διάκονος. 12 Ὅστις δὲ
ὑψώσει ἑαυτὸν ταπεινωθήσεται, καὶ ὅστις ταπεινώσει
ἑαυτὸν ὑψωθήσεται.

14 Οὐαὶ δὲ ὑμῖν, γραμματεῖς καὶ Φαρισαῖοι ὑποκριταί,
ὅτι κλείετε τὴν βασιλείαν τῶν οὐρανῶν ἔμπροσθεν τῶν
ἀνθρώπων· ὑμεῖς γὰρ οὐκ εἰσέρχεσθε, οὐδὲ τοὺς εἰσερχομέ-
νους ἀφίετε εἰσελθεῖν. 15 Οὐαὶ ὑμῖν, γραμματεῖς καὶ
Φαρισαῖοι ὑποκριταί, ὅτι περιάγετε τὴν θάλασσαν καὶ τὴν
ξηρὰν ποιῆσαι ἕνα προσήλυτον, καὶ ὅταν γένηται ποιεῖτε
αὐτὸν υἱὸν γεέννης διπλότερον ὑμῶν. 16 Οὐαὶ ὑμῖν, ὁδηγοὶ
τυφλοὶ οἱ λέγοντες　　Ὃς ἂν ὀμόσῃ ἐν τῷ ναῷ, οὐδέν ἐστιν,
ὃς δ’ ἂν ὀμόσῃ ἐν τῷ χρυσῷ τοῦ ναοῦ ὀφείλει· 17 μωροὶ καὶ
τυφλοί, τίς γὰρ μείζων ἐστίν, ὁ χρυσὸς ἢ ὁ ναὸς ὁ ἁγιάσας
τὸν χρυσόν; 18 καί Ὃς ἂν ὀμόσῃ ἐν τῷ θυσιαστηρίῳ, οὐδέν
ἐστιν, ὃς δ’ ἂν ὀμόσῃ ἐν τῷ δώρῳ τῷ ἐπάνω αὐτοῦ ὀφείλει·
19 τυφλοί, τί γὰρ μεῖζον, τὸ δῶρον ἢ τὸ θυσιαστήριον τὸ
ἁγιάζον τὸ δῶρον; 20 ὁ οὖν ὀμόσας ἐν τῷ θυσιαστηρίῳ
ὀμνύει ἐν αὐτῷ καὶ ἐν πᾶσι τοῖς ἐπάνω αὐτοῦ· 21 καὶ ὁ
ὀμόσας ἐν τῷ ναῷ ὀμνύει ἐν αὐτῷ καὶ ἐν τῷ κατοικοῦντι
αὐτόν· 22 καὶ ὁ ὀμόσας ἐν τῷ οὐρανῷ ὀμνύει ἐν τῷ θρόνῳ
τοῦ θεοῦ καὶ ἐν τῷ καθημένῳ ἐπάνω αὐτοῦ. 23 Οὐαὶ ὑμῖν,
γραμματεῖς καὶ Φαρισαῖοι ὑποκριταί, ὅτι ἀποδεκατοῦτε τὸ

---

7 WH: Ῥαββεί RP: Ῥαββί, Ῥαββι 8 WH: ὁ διδάσκαλος RP: ὁ καθηγητής, ὁ
χριστός 9 WH: ὑμῶν ὁ πατὴρ ὁ οὐράνιος RP: ὁ πατὴρ ὑμῶν, ὁ ἐν τοῖς οὐρανοῖς
10 WH: ὅτι καθηγητὴς ὑμῶν ἐστὶν εἷς ὁ χριστός RP: εἷς γὰρ ὑμῶν ἐστιν ὁ
καθηγητής, ὁ χριστός 13 RP: *add verse 13:* ὁ Οὐαὶ δέ ὑμῖν, γραμματεῖς καὶ
Φαρισαῖοι, ὑποκριταί, ὅτι κατεσθίετε τὰς οἰκίας τῶν χηρῶν, καὶ προφάσει
μακρὰ προσευχόμενοι· διὰ τοῦτο λήψεσθε περισσότερον κρίμα. 17 WH:
ἁγιάσας RP: ἁγιάζων 18 WH: ἂν RP: ἐὰν 19 {WH}/RP: *add* μωροὶ καὶ *before*
τυφλοί 21 WH: κατοικοῦντι {WH}/RP: κατοικήσαντι

ἡδύοσμον καὶ τὸ ἄνηθον καὶ τὸ κύμινον, καὶ ἀφήκατε τὰ
βαρύτερα τοῦ νόμου, τὴν κρίσιν καὶ τὸ ἔλεος καὶ τὴν πί-
στιν· ταῦτα δὲ ἔδει ποιῆσαι κἀκεῖνα μὴ ἀφεῖναι. 24 ὁδηγοὶ
τυφλοί, διυλίζοντες τὸν κώνωπα τὴν δὲ κάμηλον καταπί-
νοντες. 25 Οὐαὶ ὑμῖν, γραμματεῖς καὶ Φαρισαῖοι ὑποκριταί,
ὅτι καθαρίζετε τὸ ἔξωθεν τοῦ ποτηρίου καὶ τῆς παροψίδος,
ἔσωθεν δὲ γέμουσιν ἐξ ἁρπαγῆς καὶ ἀκρασίας. 26 Φαρισαῖε
τυφλέ, καθάρισον πρῶτον τὸ ἐντὸς τοῦ ποτηρίου [καὶ τῆς
παροψίδος], ἵνα γένηται καὶ τὸ ἐκτὸς αὐτοῦ καθαρόν.
27 Οὐαὶ ὑμῖν, γραμματεῖς καὶ Φαρισαῖοι ὑποκριταί, ὅτι
παρομοιάζετε τάφοις κεκονιαμένοις, οἵτινες ἔξωθεν μὲν
φαίνονται ὡραῖοι ἔσωθεν δὲ γέμουσιν ὀστέων νεκρῶν καὶ
πάσης ἀκαθαρσίας· 28 οὕτως καὶ ὑμεῖς ἔξωθεν μὲν
φαίνεσθε τοῖς ἀνθρώποις δίκαιοι, ἔσωθεν δέ ἐστε μεστοὶ
ὑποκρίσεως καὶ ἀνομίας. 29 Οὐαὶ ὑμῖν, γραμματεῖς καὶ
Φαρισαῖοι ὑποκριταί, ὅτι οἰκοδομεῖτε τοὺς τάφους τῶν
προφητῶν καὶ κοσμεῖτε τὰ μνημεῖα τῶν δικαίων, 30 καὶ
λέγετε   Εἰ ἤμεθα ἐν ταῖς ἡμέραις τῶν πατέρων ἡμῶν, οὐκ ἂν
ἤμεθα αὐτῶν κοινωνοὶ ἐν τῷ αἵματι τῶν προφητῶν· 31 ὥστε
μαρτυρεῖτε ἑαυτοῖς ὅτι υἱοί ἐστε τῶν φονευσάντων τοὺς
προφήτας. 32 καὶ ὑμεῖς πληρώσατε τὸ μέτρον τῶν πατέρων
ὑμῶν. 33 ὄφεις γεννήματα ἐχιδνῶν, πῶς φύγητε ἀπὸ τῆς
κρίσεως τῆς γεέννης; 34 διὰ τοῦτο ἰδοὺ ἐγὼ ἀποστέλλω πρὸς
ὑμᾶς προφήτας καὶ σοφοὺς καὶ γραμματεῖς· ἐξ αὐτῶν ἀπο-
κτενεῖτε καὶ σταυρώσετε, καὶ ἐξ αὐτῶν μαστιγώσετε ἐν ταῖς
συναγωγαῖς ὑμῶν καὶ διώξετε ἀπὸ πόλεως εἰς πόλιν·
35 ὅπως ἔλθῃ ἐφ᾽ ὑμᾶς πᾶν αἷμα δίκαιον ἐκχυννόμενον ἐπὶ
τῆς γῆς ἀπὸ τοῦ αἵματος Ἅβελ τοῦ δικαίου ἕως τοῦ αἵμα-
τος Ζαχαρίου υἱοῦ Βαραχίου, ὃν ἐφονεύσατε μεταξὺ τοῦ

---

23 WH: ἔλεος RP: ἔλεον // WH: ταῦτα δὲ ΝΑ: ταῦτα [δὲ] RP: ταῦτα // WH:
ἀφεῖναι ΝΑ/RP: ἀφιέναι 24 ΝΑ/RP: *add* οἱ *before* διυλίζοντες 25 WH: ἀκρασίας
RP: ἀδικίας 26 ΝΑ: *omit* [καὶ τῆς παροψίδος] RP: *omit brackets for* [καὶ τῆς
παροψίδος] // WH: αὐτοῦ καθαρόν RP: αὐτῶν καθαρόν 27 WH: παρομοιάζετε
{WH}: ὁμοιάζετε 28 WH: ἐστε μεστοὶ RP: μεστοί ἐστε 30 WH: Εἰ ἤμεθα RP: Εἰ
ἦμεν // WH: ἂν ἤμεθα αὐτῶν κοινωνοὶ RP: ἂν ἦμεν κοινωνοὶ αὐτῶν 32 WH:
πληρώσατε {WH}: πληρώσετε 34 WH: ἰδοὺ {WH}: Ἰδοὺ // RP: *add* καὶ *after*
γραμματεῖς· 35 WH: ἐκχυννόμενον RP: ἐκχυνόμενον

ναοῦ καὶ τοῦ θυσιαστηρίου. 36 ἀμὴν λέγω ὑμῖν, ἥξει ταῦτα πάντα ἐπὶ τὴν γενεὰν ταύτην.

Jesus Laments over Jerusalem
(Luke 13:34–35)

37 Ἰερουσαλήμ Ἰερουσαλήμ, ἡ ἀποκτείνουσα τοὺς προφήτας καὶ λιθοβολοῦσα τοὺς ἀπεσταλμένους πρὸς αὐτήν,—ποσάκις ἠθέλησα ἐπισυναγαγεῖν τὰ τέκνα σου, ὃν τρόπον ὄρνις ἐπισυνάγει τὰ νοσσία [αὐτῆς] ὑπὸ τὰς πτέρυγας, καὶ οὐκ ἠθελήσατε; 38 ἰδοὺ **ἀφίεται ὑμῖν ὁ οἶκος ὑμῶν.** 39 λέγω γὰρ ὑμῖν, οὐ μή με ἴδητε ἀπ᾽ ἄρτι ἕως ἂν εἴπητε **Εὐλογημένος ὁ ἐρχόμενος ἐν ὀνόματι Κυρίου.**

Jesus Predicts the Destruction of the Temple
(Mark 13:1–4; Luke 21:5–7)

24 Καὶ ἐξελθὼν ὁ Ἰησοῦς ἀπὸ τοῦ ἱεροῦ ἐπορεύετο, καὶ προσῆλθον οἱ μαθηταὶ αὐτοῦ ἐπιδεῖξαι αὐτῷ τὰς οἰκοδομὰς τοῦ ἱεροῦ· 2 ὁ δὲ ἀποκριθεὶς εἶπεν αὐτοῖς Οὐ βλέπετε ταῦτα πάντα; ἀμὴν λέγω ὑμῖν, οὐ μὴ ἀφεθῇ ὧδε λίθος ἐπὶ λίθον ὃς οὐ καταλυθήσεται.

Signs of His Coming
(Mark 13:5–8; Luke 21:8–11)

3 Καθημένου δὲ αὐτοῦ ἐπὶ τοῦ Ὄρους τῶν Ἐλαιῶν προσῆλθον αὐτῷ οἱ μαθηταὶ κατ᾽ ἰδίαν λέγοντες Εἰπὸν ἡμῖν

---

36 RP: *add* ὅτι *after* λέγω ὑμῖν, // WH: ταῦτα πάντα {WH}/RP: πάντα ταῦτα
37 WH: ἀποκτείνουσα RP: ἀποκτένουσα // WH: ὄρνις ἐπισυνάγει RP: ἐπισυνάγει ὄρνις // WH: [αὐτῆς] NA/RP: αὐτῆς // WH: ἠθελήσατε; NA: ἠθελήσατε. 38 {WH}/NA/RP: *add* ἔρημος *after* ὑμῶν
24:1 WH: ἀπὸ τοῦ ἱεροῦ ἐπορεύετο RP: ἐπορεύετο ἀπὸ τοῦ ἱεροῦ 2 WH: ὁ δὲ ἀποκριθεὶς RP: Ὁ δὲ Ἰησοῦς // WH: ταῦτα πάντα RP: πάντα ταῦτα 3 WH: Εἰπὸν NA/RP: εἰπὲ //

23:38 Jer 22:5; 12:7   39 Ps 118: 26

πότε ταῦτα ἔσται, καὶ τί τὸ σημεῖον τῆς σῆς παρουσίας καὶ
συντελείας τοῦ αἰῶνος. 4 καὶ ἀποκριθεὶς ὁ Ἰησοῦς εἶπεν
αὐτοῖς Βλέπετε μή τις ὑμᾶς πλανήσῃ· 5 πολλοὶ γὰρ ἐλεύ-
σονται ἐπὶ τῷ ὀνόματί μου λέγοντες Ἐγώ εἰμι ὁ χριστός,
καὶ πολλοὺς πλανήσουσιν. 6 μελλήσετε δὲ ἀκούειν πολέ-
μους καὶ ἀκοὰς πολέμων· ὁρᾶτε, μὴ θροεῖσθε· δεῖ γὰρ
γενέσθαι, ἀλλ᾽ οὔπω ἐστὶν τὸ τέλος. 7 ἐγερθήσεται γὰρ
ἔθνος ἐπὶ ἔθνος καὶ βασιλεία ἐπὶ βασιλείαν, καὶ ἔσονται
λιμοὶ καὶ σεισμοὶ κατὰ τόπους· 8 πάντα δὲ ταῦτα ἀρχὴ
ὠδίνων. 9 τότε παραδώσουσιν ὑμᾶς εἰς θλίψιν καὶ ἀποκτε-
νοῦσιν ὑμᾶς, καὶ ἔσεσθε μισούμενοι ὑπὸ πάντων τῶν ἐθνῶν
διὰ τὸ ὄνομά μου. 10 καὶ τότε σκανδαλισθήσονται πολλοὶ
καὶ ἀλλήλους παραδώσουσιν καὶ μισήσουσιν ἀλλήλους·
11 καὶ πολλοὶ ψευδοπροφῆται ἐγερθήσονται καὶ πλανή-
σουσιν πολλούς· 12 καὶ διὰ τὸ πληθυνθῆναι τὴν ἀνομίαν
ψυγήσεται ἡ ἀγάπη τῶν πολλῶν. 13 ὁ δὲ ὑπομείνας εἰς
τέλος οὗτος σωθήσεται. 14 καὶ κηρυχθήσεται τοῦτο τὸ
εὐαγγέλιον τῆς βασιλείας ἐν ὅλῃ τῇ οἰκουμένῃ εἰς
μαρτύριον πᾶσιν τοῖς ἔθνεσιν, καὶ τότε ἥξει τὸ τέλος.

A Time of Great Trouble
(Mark 13:14–23; Luke 21:20–24)

15 Ὅταν οὖν ἴδητε τὸ βδέλυγμα τῆς ἐρημώσεως τὸ ῥηθὲν
διὰ Δανιὴλ τοῦ προφήτου ἑστὸς ἐν τόπῳ ἁγίῳ, ὁ ἀνα-
γινώσκων νοείτω, 16 τότε οἱ ἐν τῇ Ἰουδαίᾳ φευγέτωσαν εἰς
τὰ ὄρη, 17 ὁ ἐπὶ τοῦ δώματος μὴ καταβάτω ἆραι τὰ ἐκ τῆς
οἰκίας αὐτοῦ, 18 καὶ ὁ ἐν τῷ ἀγρῷ μὴ ἐπιστρεψάτω ὀπίσω
ἆραι τὸ ἱμάτιον αὐτοῦ. 19 οὐαὶ δὲ ταῖς ἐν γαστρὶ ἐχούσαις
καὶ ταῖς θηλαζούσαις ἐν ἐκείναις ταῖς ἡμέραις.
20 προσεύχεσθε δὲ ἵνα μὴ γένηται ἡ φυγὴ ὑμῶν χειμῶνος

RP: *add* τῆς *before* συντελείας 6 RP: *add* πάντα *before* γενέσθαι 7 RP: *add* λοιμοὶ
καὶ *after* λιμοὶ καὶ 15 WH: ἑστὸς RP: ἑστὸς 16 WH: εἰς {WH}/RP: ἐπὶ 17 WH:
καταβάτω RP: καταβαινέτω 18 WH: τὸ ἱμάτιον RP: τὰ ἱμάτια

24:6 Dan 2:28 7 Isa 19:2 10 Dan 11:45 LXX 15 Dan 9:17; 12:11

μηδὲ σαββάτῳ· 21 ἔσται γὰρ τότε **θλῖψις** μεγάλη **οἵα οὐ γέγονεν ἀπ' ἀρχῆς κόσμου ἕως τοῦ νῦν** οὐδ' οὐ μὴ γένηται. 22 καὶ εἰ μὴ ἐκολοβώθησαν αἱ ἡμέραι ἐκεῖναι, οὐκ ἂν ἐσώθη πᾶσα σάρξ· διὰ δὲ τοὺς ἐκλεκτοὺς κολοβωθήσονται αἱ ἡμέραι ἐκεῖναι. 23 Τότε ἐάν τις ὑμῖν εἴπῃ Ἰδοὺ ὧδε ὁ χριστός ἤ ῟Ωδε, μὴ πιστεύσητε· 24 ἐγερθήσονται γὰρ ψευδόχριστοι καὶ **ψευδοπροφῆται**, καὶ **δώσουσιν σημεῖα** μεγάλα **καὶ τέρατα** ὥστε πλανᾶσθαι εἰ δυνατὸν καὶ τοὺς ἐκλεκτούς· 25 ἰδοὺ προείρηκα ὑμῖν. 26 ἐὰν οὖν εἴπωσιν ὑμῖν Ἰδοὺ ἐν τῇ ἐρήμῳ ἐστίν, μὴ ἐξέλθητε· Ἰδοὺ ἐν τοῖς ταμείοις, μὴ πιστεύσητε· 27 ὥσπερ γὰρ ἡ ἀστραπὴ ἐξέρχεται ἀπὸ ἀνατολῶν καὶ φαίνεται ἕως δυσμῶν, οὕτως ἔσται ἡ παρουσία τοῦ υἱοῦ τοῦ ἀνθρώπου· 28 ὅπου ἐὰν ᾖ τὸ πτῶμα, ἐκεῖ συναχθήσονται οἱ ἀετοί.

The Coming of the Son of Man
(Mark 13:24–27; Luke 21:25–28)

29 Εὐθέως δὲ μετὰ τὴν **θλῖψιν** τῶν ἡμερῶν ἐκείνων **ὁ ἥλιος σκοτισθήσεται, καὶ ἡ σελήνη οὐ δώσει τὸ φέγγος αὐτῆς, καὶ οἱ ἀστέρες πεσοῦνται ἀπὸ τοῦ οὐρανοῦ, καὶ αἱ δυνάμεις τῶν οὐρανῶν σαλευθήσονται.** 30 καὶ τότε φανήσεται τὸ σημεῖον τοῦ υἱοῦ τοῦ ἀνθρώπου ἐν οὐρανῷ, καὶ τότε **κόψονται πᾶσαι αἱ φυλαὶ τῆς γῆς** καὶ ὄψονται **τὸν υἱὸν τοῦ ἀνθρώπου ἐρχόμενον ἐπὶ τῶν νεφελῶν τοῦ οὐρανοῦ** μετὰ δυνάμεως καὶ δόξης πολλῆς· 31 καὶ ἀποστελεῖ τοὺς ἀγγέλους αὐτοῦ **μετὰ σάλπιγγος μεγάλης,** καὶ **ἐπισυνάξουσιν** τοὺς ἐκλεκτοὺς αὐτοῦ **ἐκ τῶν τεσσάρων ἀνέμων ἀπ' ἄκρων οὐρανῶν ἕως** [τῶν] **ἄκρων αὐτῶν.**

---

24 WH: πλανᾶσθαι {WH}/NA/RP: πλανῆσαι 27 RP: *add* καὶ *after* ἔσται 28 RP: *add* γὰρ *after* ῟Οπου 30 RP: *add* τῷ *before* οὐρανῷ 31 {WH}/RP: *add* φωνῆς *before* μεγάλης // RP: *omit* [τῶν]

---

21 Dan 12:1 24 Deut 13:1 29 Isa 13:10; Isa 34:4 30 Zech 12:12; Dan 7:13 31 Isa 27:13; Zech 2:6; Deut 30:4

The Parable of the Fig Tree
(Mark 13:28–31; Luke 21:29–33)

32 Ἀπὸ δὲ τῆς συκῆς μάθετε τὴν παραβολήν· ὅταν ἤδη ὁ κλάδος αὐτῆς γένηται ἁπαλὸς καὶ τὰ φύλλα ἐκφύῃ, γινώσκετε ὅτι ἐγγὺς τὸ θέρος· 33 οὕτως καὶ ὑμεῖς, ὅταν ἴδητε πάντα ταῦτα, γινώσκετε ὅτι ἐγγύς ἐστιν ἐπὶ θύραις. 34 ἀμὴν λέγω ὑμῖν ὅτι οὐ μὴ παρέλθῃ ἡ γενεὰ αὕτη ἕως [ἂν] πάντα ταῦτα γένηται. 35 ὁ οὐρανὸς καὶ ἡ γῆ παρελεύσεται, οἱ δὲ λόγοι μου οὐ μὴ παρέλθωσιν.

The Need for Watchfulness
(Luke 17:26–27, 30, 34–35)

36 Περὶ δὲ τῆς ἡμέρας ἐκείνης καὶ ὥρας οὐδεὶς οἶδεν, οὐδὲ οἱ ἄγγελοι τῶν οὐρανῶν οὐδὲ ὁ υἱός, εἰ μὴ ὁ πατὴρ μόνος. 37 ὥσπερ γὰρ αἱ ἡμέραι τοῦ Νῶε, οὕτως ἔσται ἡ παρουσία τοῦ υἱοῦ τοῦ ἀνθρώπου· 38 ὡς γὰρ ἦσαν ἐν ταῖς ἡμέραις [ἐκείναις] ταῖς πρὸ τοῦ κατακλυσμοῦ τρώγοντες καὶ πίνοντες, γαμοῦντες καὶ γαμίζοντες, ἄχρι ἧς ἡμέρας **εἰσῆλθεν Νῶε εἰς τὴν κιβωτόν**, 39 καὶ οὐκ ἔγνωσαν ἕως ἦλθεν ὁ κατακλυσμὸς καὶ ἦρεν ἅπαντας, οὕτως ἔσται ἡ παρουσία τοῦ υἱοῦ τοῦ ἀνθρώπου. 40 τότε ἔσονται δύο ἐν τῷ ἀγρῷ, εἷς παραλαμβάνεται καὶ εἷς ἀφίεται· 41 δύο ἀλήθουσαι ἐν τῷ μύλῳ, μία παραλαμβάνεται καὶ μία ἀφίεται. 42 γρηγορεῖτε οὖν, ὅτι οὐκ οἴδατε ποίᾳ ἡμέρᾳ ὁ κύριος ὑμῶν ἔρχεται. 43 ἐκεῖνο δὲ γινώσκετε ὅτι εἰ ᾔδει ὁ οἰκοδεσπότης ποίᾳ φυλακῇ ὁ κλέπτης ἔρχεται, ἐγρηγόρησεν ἂν καὶ οὐκ ἂν εἴασεν διορυχθῆναι τὴν οἰκίαν αὐτοῦ. 44 διὰ τοῦτο καὶ

---

33 WH: πάντα ταῦτα RP: ταῦτα πάντα 34 RP: *omit* ὅτι // WH: [ἂν] NA/RP: ἂν 35 WH: παρελεύσεται RP: παρελεύσονται 36 RP: *omit* οὐδὲ ὁ υἱός // RP: *add* μου *after* πατήρ 37 WH: ὥσπερ γὰρ RP: Ὥσπερ δὲ 38 WH: ὡς RP: Ὥσπερ // RP: *omit* [ἐκείναις] // WH: γαμίζοντες RP: ἐκγαμίζοντες // RP: *add* καὶ *after* ἔσται 39 [NA]/RP: *add* καὶ *after* ἔσται 40 WH: ἔσονται δύο NA/RP: δύο ἔσονται // RP: *add* ὁ *before* εἷς *twice* 41 WH: μύλῳ RP: μύλωνι 42 WH: ἡμέρᾳ RP: ὥρᾳ 43 WH: διορυχθῆναι RP: διορυγῆναι

---

38 Gen 7:7

ὑμεῖς γίνεσθε ἕτοιμοι, ὅτι ᾗ οὐ δοκεῖτε ὥρᾳ ὁ υἱὸς τοῦ ἀνθρώπου ἔρχεται.

The Faithful and Wise Servant
(Luke 12:42–48)

45 Τίς ἄρα ἐστὶν ὁ πιστὸς δοῦλος καὶ φρόνιμος ὃν κατέστησεν ὁ κύριος ἐπὶ τῆς οἰκετείας αὐτοῦ τοῦ δοῦναι αὐτοῖς τὴν τροφὴν ἐν καιρῷ; 46 μακάριος ὁ δοῦλος ἐκεῖνος ὃν ἐλθὼν ὁ κύριος αὐτοῦ εὑρήσει οὕτως ποιοῦντα· 47 ἀμὴν λέγω ὑμῖν ὅτι ἐπὶ πᾶσιν τοῖς ὑπάρχουσιν αὐτοῦ καταστήσει αὐτόν. 48 ἐὰν δὲ εἴπῃ ὁ κακὸς δοῦλος ἐκεῖνος ἐν τῇ καρδίᾳ αὐτοῦ Χρονίζει μου ὁ κύριος, 49 καὶ ἄρξηται τύπτειν τοὺς συνδούλους αὐτοῦ, ἐσθίῃ δὲ καὶ πίνῃ μετὰ τῶν μεθυόντων, 50 ἥξει ὁ κύριος τοῦ δούλου ἐκείνου ἐν ἡμέρᾳ ᾗ οὐ προσδοκᾷ καὶ ἐν ὥρᾳ ᾗ οὐ γινώσκει, 51 καὶ διχοτομήσει αὐτὸν καὶ τὸ μέρος αὐτοῦ μετὰ τῶν ὑποκριτῶν θήσει· ἐκεῖ ἔσται ὁ κλαυθμὸς καὶ ὁ βρυγμὸς τῶν ὀδόντων.

The Parable of the Wise and Foolish Maidens

25 Τότε ὁμοιωθήσεται ἡ βασιλεία τῶν οὐρανῶν δέκα παρθένοις, αἵτινες λαβοῦσαι τὰς λαμπάδας ἑαυτῶν ἐξῆλθον εἰς ὑπάντησιν τοῦ νυμφίου. 2 πέντε δὲ ἐξ αὐτῶν ἦσαν μωραὶ καὶ πέντε φρόνιμοι· 3 αἱ γὰρ μωραὶ λαβοῦσαι τὰς λαμπάδας [αὐτῶν] οὐκ ἔλαβον μεθ᾽ ἑαυτῶν ἔλαιον· 4 αἱ δὲ φρόνιμοι ἔλαβον ἔλαιον ἐν τοῖς ἀγγείοις μετὰ τῶν λαμπάδων ἑαυτῶν. 5 χρονίζοντος δὲ τοῦ νυμφίου ἐνύσταξαν πᾶσαι καὶ ἐκάθευδον. 6 μέσης δὲ νυκτὸς κραυγὴ γέ-

---

44 WH: οὐ δοκεῖτε ὥρᾳ RP: ὥρᾳ οὐ δοκεῖτε 45 WH: ἐπὶ τῆς οἰκετείας αὐτοῦ RP: αὐτοῦ ἐπὶ τῆς θεραπείας // WH: δοῦναι RP: διδόναι 46 WH: οὕτως ποιοῦντα RP: ποιοῦντα οὕτως 48 WH: μου ὁ κύριος RP: ὁ κύριός μου ἐλθεῖν 49 RP: *omit* αὐτοῦ // WH: ἐσθίῃ δὲ καὶ πίνῃ RP: ἐσθίειν δὲ καὶ πίνειν
25:1 WH: ἑαυτῶν RP: αὐτῶν // WH: ὑπάντησιν RP: ἀπάντησιν 2 WH: πέντε δὲ ἐξ αὐτῶν ἦσαν μωραὶ καὶ πέντε φρόνιμοι· RP: Πέντε δὲ ἦσαν ἐξ αὐτῶν φρόνιμοι, καὶ αἱ πέντε μωραί. 3 WH: αἱ γὰρ RP: Αἵτινες // WH: [αὐτῶν] ΝΑ/RP: αὐτῶν 4 RP: *add* αὐτῶν *after* ἀγγείοις // WH: ἑαυτῶν RP: αὐτῶν

γονεν Ἰδοὺ ὁ νυμφίος, ἐξέρχεσθε εἰς ἀπάντησιν. 7 τότε ἠγέρθησαν πᾶσαι αἱ παρθένοι ἐκεῖναι καὶ ἐκόσμησαν τὰς λαμπάδας ἑαυτῶν. 8 αἱ δὲ μωραὶ ταῖς φρονίμοις εἶπαν Δότε ἡμῖν ἐκ τοῦ ἐλαίου ὑμῶν, ὅτι αἱ λαμπάδες ἡμῶν σβέννυνται. 9 ἀπεκρίθησαν δὲ αἱ φρόνιμοι λέγουσαι Μήποτε οὐ μὴ ἀρκέσῃ ἡμῖν καὶ ὑμῖν· πορεύεσθε μᾶλλον πρὸς τοὺς πωλοῦντας καὶ ἀγοράσατε ἑαυταῖς. 10 ἀπερχομένων δὲ αὐτῶν ἀγοράσαι ἦλθεν ὁ νυμφίος, καὶ αἱ ἕτοιμοι εἰσῆλθον μετ᾽ αὐτοῦ εἰς τοὺς γάμους, καὶ ἐκλείσθη ἡ θύρα. 11 ὕστερον δὲ ἔρχονται καὶ αἱ λοιπαὶ παρθένοι λέγουσαι Κύριε κύριε, ἄνοιξον ἡμῖν· 12 ὁ δὲ ἀποκριθεὶς εἶπεν Ἀμὴν λέγω ὑμῖν, οὐκ οἶδα ὑμᾶς. 13 Γρηγορεῖτε οὖν, ὅτι οὐκ οἴδατε τὴν ἡμέραν οὐδὲ τὴν ὥραν.

The Parable of the Talents
(Luke 19:12–27)

14 Ὥσπερ γὰρ ἄνθρωπος ἀποδημῶν ἐκάλεσεν τοὺς ἰδίους δούλους καὶ παρέδωκεν αὐτοῖς τὰ ὑπάρχοντα αὐτοῦ, 15 καὶ ᾧ μὲν ἔδωκεν πέντε τάλαντα ᾧ δὲ δύο ᾧ δὲ ἕν, ἑκάστῳ κατὰ τὴν ἰδίαν δύναμιν, καὶ ἀπεδήμησεν. εὐθέως 16 πορευθεὶς ὁ τὰ πέντε τάλαντα λαβὼν ἠργάσατο ἐν αὐτοῖς καὶ ἐκέρδησεν ἄλλα πέντε· 17 ὡσαύτως ὁ τὰ δύο ἐκέρδησεν ἄλλα δύο· 18 ὁ δὲ τὸ ἓν λαβὼν ἀπελθὼν ὤρυξεν γῆν καὶ ἔκρυψεν τὸ ἀργύριον τοῦ κυρίου αὐτοῦ. 19 μετὰ δὲ πολὺν χρόνον ἔρχεται ὁ κύριος τῶν δούλων ἐκείνων καὶ συναίρει λόγον μετ᾽ αὐτῶν. 20 καὶ προσελθὼν ὁ τὰ πέντε τάλαντα λαβὼν προσήνεγκεν ἄλλα πέντε τάλαντα λέγων Κύριε, πέντε τάλαντά μοι παρέδωκας· ἴδε ἄλλα πέντε

---

6 RP: add ἔρχεται after νυμφίος // [NA]/RP: add αὐτοῦ after ἀπάντησιν 7 WH: ἑαυτῶν RP: αὐτῶν 9 WH: οὐ μὴ {WH}/RP: οὐκ // RP: add δὲ after πορεύεσθε 13 RP: add ἐν ᾗ ὁ υἱὸς τοῦ ἀνθρώπου ἔρχεται after ὥραν 16 RP: add δὲ after Πορευθεὶς // WH: ἠργάσατο RP: εἰργάσατο // WH: ἐκέρδησεν RP: ἐποίησεν // RP: add τάλαντα after πέντε 17 WH: ὡσαύτως {WH}/RP: ὡσαύτως καὶ // RP: add καὶ αὐτὸς after ἐκέρδησεν 18 WH: γῆν καὶ ἔκρυψεν RP: ἐν τῇ γῇ, καὶ ἀπέκρυψεν 19 WH: πολὺν χρόνον RP: χρόνον πολὺν // WH: λόγον μετ᾽ αὐτῶν RP: μετ᾽ αὐτῶν λόγον

τάλαντα ἐκέρδησα. 21 ἔφη αὐτῷ ὁ κύριος αὐτοῦ Εὖ, δοῦλε ἀγαθὲ καὶ πιστέ, ἐπὶ ὀλίγα ἦς πιστός, ἐπὶ πολλῶν σε καταστήσω· εἴσελθε εἰς τὴν χαρὰν τοῦ κυρίου σου. 22 προσελθὼν καὶ ὁ τὰ δύο τάλαντα εἶπεν Κύριε, δύο τάλαντά μοι παρέδωκας· ἴδε ἄλλα δύο τάλαντα ἐκέρδησα. 23 ἔφη αὐτῷ ὁ κύριος αὐτοῦ Εὖ, δοῦλε ἀγαθὲ καὶ πιστέ, ἐπὶ ὀλίγα ἦς πιστός, ἐπὶ πολλῶν σε καταστήσω· εἴσελθε εἰς τὴν χαρὰν τοῦ κυρίου σου. 24 προσελθὼν δὲ καὶ ὁ τὸ ἓν τάλαντον εἰληφὼς εἶπεν Κύριε, ἔγνων σε ὅτι σκληρὸς εἶ ἄνθρωπος, θερίζων ὅπου οὐκ ἔσπειρας καὶ συνάγων ὅθεν οὐ διεσκόρπισας· 25 καὶ φοβηθεὶς ἀπελθὼν ἔκρυψα τὸ τάλαντόν σου ἐν τῇ γῇ· ἴδε ἔχεις τὸ σόν. 26 ἀποκριθεὶς δὲ ὁ κύριος αὐτοῦ εἶπεν αὐτῷ Πονηρὲ δοῦλε καὶ ὀκνηρέ, ᾔδεις ὅτι θερίζω ὅπου οὐκ ἔσπειρα καὶ συνάγω ὅθεν οὐ διεσκόρπισα; 27 ἔδει σε οὖν βαλεῖν τὰ ἀργύριά μου τοῖς τραπεζείταις, καὶ ἐλθὼν ἐγὼ ἐκομισάμην ἂν τὸ ἐμὸν σὺν τόκῳ. 28 ἄρατε οὖν ἀπ᾽ αὐτοῦ τὸ τάλαντον καὶ δότε τῷ ἔχοντι τὰ δέκα τάλαντα· 29 τῷ γὰρ ἔχοντι παντὶ δοθήσεται καὶ περισσευθήσεται· τοῦ δὲ μὴ ἔχοντος καὶ ὃ ἔχει ἀρθήσεται ἀπ᾽ αὐτοῦ. 30 καὶ τὸν ἀχρεῖον δοῦλον ἐκβάλετε εἰς τὸ σκότος τὸ ἐξώτερον· ἐκεῖ ἔσται ὁ κλαυθμὸς καὶ ὁ βρυγμὸς τῶν ὀδόντων.

The Judgment of the Nations

31 Ὅταν δὲ **ἔλθη** ὁ υἱὸς τοῦ ἀνθρώπου ἐν τῇ δόξῃ αὐτοῦ καὶ **πάντες οἱ ἄγγελοι μετ᾽ αὐτοῦ**, τότε καθίσει ἐπὶ θρόνου δόξης αὐτοῦ, 32 καὶ συναχθήσονται ἔμπροσθεν αὐτοῦ πάντα τὰ ἔθνη, καὶ ἀφορίσει αὐτοὺς ἀπ᾽ ἀλλήλων,

20 RP: *add* ἐπ᾽ αὐτοῖς *after* ἐκέρδησα 21 RP: *add* δὲ *after* Ἔφη 22 [NA]/RP: *add* δὲ *after* προσελθὼν // RP: *add* λαβὼν *after* τάλαντα // RP: *add* ἐπ᾽ αὐτοῖς *after* ἐκέρδησα 23 WH: ἦς πιστός {WH}: πιστὸς ἦς 27 WH: σε οὖν RP: οὖν σε // WH: τὰ ἀργύριά RP: τὸ ἀργύριόν // WH: τραπεζείταις NA: τραπεζίταις 29 WH: τοῦ δὲ μὴ ἔχοντος RP: ἀπὸ δὲ τοῦ μὴ ἔχοντος 31 RP: *add* ἅγιοι *after* πάντες οἱ 32 WH: συναχθήσονται RP: συναχθήσεται // WH: ἀφορίσει RP: ἀφοριεῖ

ὥσπερ ὁ ποιμὴν ἀφορίζει τὰ πρόβατα ἀπὸ τῶν ἐρίφων, 33 καὶ στήσει τὰ μὲν πρόβατα ἐκ δεξιῶν αὐτοῦ τὰ δὲ ἐρίφια ἐξ εὐωνύμων. 34 τότε ἐρεῖ ὁ βασιλεὺς τοῖς ἐκ δεξιῶν αὐτοῦ Δεῦτε, οἱ εὐλογημένοι τοῦ πατρός μου, κληρονομήσατε τὴν ἡτοιμασμένην ὑμῖν βασιλείαν ἀπὸ καταβολῆς κόσμου· 35 ἐπείνασα γὰρ καὶ ἐδώκατέ μοι φαγεῖν, ἐδίψησα καὶ ἐποτίσατέ με, ξένος ἤμην καὶ συνηγάγετέ με, 36 γυμνὸς καὶ περιεβάλετέ με, ἠσθένησα καὶ ἐπεσκέψασθέ με, ἐν φυλακῇ ἤμην καὶ ἤλθατε πρός με. 37 τότε ἀποκριθήσονται αὐτῷ οἱ δίκαιοι λέγοντες Κύριε, πότε σε εἴδαμεν πεινῶντα καὶ ἐθρέψαμεν, ἢ διψῶντα καὶ ἐποτίσαμεν; 38 πότε δέ σε εἴδαμεν ξένον καὶ συνηγάγομεν, ἢ γυμνὸν καὶ περιεβάλομεν; 39 πότε δέ σε εἴδομεν ἀσθενοῦντα ἢ ἐν φυλακῇ καὶ ἤλθομεν πρός σε; 40 καὶ ἀποκριθεὶς ὁ βασιλεὺς ἐρεῖ αὐτοῖς Ἀμὴν λέγω ὑμῖν, ἐφ᾽ ὅσον ἐποιήσατε ἑνὶ τούτων τῶν ἀδελφῶν μου τῶν ἐλαχίστων, ἐμοὶ ἐποιήσατε. 41 τότε ἐρεῖ καὶ τοῖς ἐξ εὐωνύμων Πορεύεσθε ἀπ᾽ ἐμοῦ κατηραμένοι εἰς τὸ πῦρ τὸ αἰώνιον τὸ ἡτοιμασμένον τῷ διαβόλῳ καὶ τοῖς ἀγγέλοις αὐτοῦ· 42 ἐπείνασα γὰρ καὶ οὐκ ἐδώκατέ μοι φαγεῖν, [καὶ] ἐδίψησα καὶ οὐκ ἐποτίσατέ με, 43 ξένος ἤμην καὶ οὐ συνηγάγετέ με, γυμνὸς καὶ οὐ περιεβάλετέ με, ἀσθενὴς καὶ ἐν φυλακῇ καὶ οὐκ ἐπεσκέψασθέ με. 44 τότε ἀποκριθήσονται καὶ αὐτοὶ λέγοντες Κύριε, πότε σε εἴδομεν πεινῶντα ἢ διψῶντα ἢ ξένον ἢ γυμνὸν ἢ ἀσθενῆ ἢ ἐν φυλακῇ καὶ οὐ διηκονήσαμέν σοι; 45 τότε ἀποκριθήσεται αὐτοῖς λέγων Ἀμὴν λέγω ὑμῖν, ἐφ᾽ ὅσον οὐκ ἐποιήσατε ἑνὶ τούτων τῶν ἐλαχίστων, οὐδὲ ἐμοὶ ἐποιήσατε. 46 καὶ ἀπελεύσονται **οὗτοι εἰς** κόλασιν **αἰώνιον, οἱ δὲ** δίκαιοι **εἰς ζωὴν αἰώνιον.**

---

37 WH: εἴδαμεν ΝΑ/RP: εἴδομεν 38 WH: εἴδαμεν ΝΑ: εἴδομεν 39 WH: ἀσθενοῦντα RP: ἀσθενῇ 41 [ΝΑ]/RP: add οἱ *before* κατηραμένοι 42 ΝΑ/RP: *omit* [καὶ]

46 Dan 12:2

The Conspiracy to Kill Jesus
(Mark 14:1–2; Luke 22:1–2)

26 Καὶ ἐγένετο ὅτε ἐτέλεσεν ὁ Ἰησοῦς πάντας τοὺς λόγους τούτους, εἶπεν τοῖς μαθηταῖς αὐτοῦ 2 Οἴδατε ὅτι μετὰ δύο ἡμέρας τὸ πάσχα γίνεται, καὶ ὁ υἱὸς τοῦ ἀνθρώπου παραδίδοται εἰς τὸ σταυρωθῆναι.

3 Τότε συνήχθησαν οἱ ἀρχιερεῖς καὶ οἱ πρεσβύτεροι τοῦ λαοῦ εἰς τὴν αὐλὴν τοῦ ἀρχιερέως τοῦ λεγομένου Καϊάφα, 4 καὶ συνεβουλεύσαντο ἵνα τὸν Ἰησοῦν δόλῳ κρατήσωσιν καὶ ἀποκτείνωσιν· 5 ἔλεγον δέ Μὴ ἐν τῇ ἑορτῇ, ἵνα μὴ θόρυβος γένηται ἐν τῷ λαῷ.

Jesus Is Anointed at Bethany
(Mark 14:3–9; cf. Luke 7:36–50; John 11:45–53)

6 Τοῦ δὲ Ἰησοῦ γενομένου ἐν Βηθανίᾳ ἐν οἰκίᾳ Σίμωνος τοῦ λεπροῦ, 7 προσῆλθεν αὐτῷ γυνὴ ἔχουσα ἀλάβαστρον μύρου βαρυτίμου καὶ κατέχεεν ἐπὶ τῆς κεφαλῆς αὐτοῦ ἀνακειμένου. 8 ἰδόντες δὲ οἱ μαθηταὶ ἠγανάκτησαν λέγοντες Εἰς τί ἡ ἀπώλεια αὕτη; 9 ἐδύνατο γὰρ τοῦτο πραθῆναι πολλοῦ καὶ δοθῆναι πτωχοῖς. 10 γνοὺς δὲ ὁ Ἰησοῦς εἶπεν αὐτοῖς Τί κόπους παρέχετε τῇ γυναικί; ἔργον γὰρ καλὸν ἠργάσατο εἰς ἐμέ· 11 πάντοτε γὰρ τοὺς πτωχοὺς ἔχετε μεθ᾽ ἑαυτῶν, ἐμὲ δὲ οὐ πάντοτε ἔχετε· 12 βαλοῦσα γὰρ αὕτη τὸ μύρον τοῦτο ἐπὶ τοῦ σώματός μου πρὸς τὸ ἐνταφιάσαι με ἐποίησεν. 13 ἀμὴν λέγω ὑμῖν, ὅπου ἐὰν κηρυχθῇ τὸ εὐαγγέλιον τοῦτο ἐν ὅλῳ τῷ κόσμῳ, λαληθήσεται καὶ ὃ ἐποίησεν αὕτη εἰς μνημόσυνον αὐτῆς.

26:3 RP: add οἱ γραμματεῖς after ἀρχιερεῖς καὶ 7 WH: ἔχουσα ἀλάβαστρον μύρου RP: ἀλάβαστρον μύρου ἔχουσα // WH: τῆς κεφαλῆς RP: τὴν κεφαλὴν 8 RP: add αὐτοῦ after μαθηταὶ 9 RP: add τὸ μύρον after τοῦτο 10 WH: ἠργάσατο RP: εἰργάσατο

Judas Agrees to Betray Jesus
(Mark 14:10–11; Luke 22:3–6)

14 Τότε πορευθεὶς εἷς τῶν δώδεκα, ὁ λεγόμενος Ἰούδας Ἰσκαριώτης, πρὸς τοὺς ἀρχιερεῖς 15 εἶπεν Τί θέλετέ μοι δοῦναι κἀγὼ ὑμῖν παραδώσω αὐτόν; οἱ δὲ ἔστησαν αὐτῷ τριάκοντα ἀργύρια. 16 καὶ ἀπὸ τότε ἐζήτει εὐκαιρίαν ἵνα αὐτὸν παραδῷ.

The Disciples Prepare for Passover
(Mark 14:12–16; Luke 22:7–13; cf. John 13:21–30)

17 Τῇ δὲ πρώτῃ τῶν ἀζύμων προσῆλθον οἱ μαθηταὶ τῷ Ἰησοῦ λέγοντες Ποῦ θέλεις ἑτοιμάσωμέν σοι φαγεῖν τὸ πάσχα; 18 ὁ δὲ εἶπεν Ὑπάγετε εἰς τὴν πόλιν πρὸς τὸν δεῖνα καὶ εἴπατε αὐτῷ Ὁ διδάσκαλος λέγει Ὁ καιρός μου ἐγγύς ἐστιν· πρὸς σὲ ποιῶ τὸ πάσχα μετὰ τῶν μαθητῶν μου. 19 καὶ ἐποίησαν οἱ μαθηταὶ ὡς συνέταξεν αὐτοῖς ὁ Ἰησοῦς, καὶ ἡτοίμασαν τὸ πάσχα.

The Traitor Is Exposed
(Mark 14:17–21; Luke 22:14,21–23)

20 Ὀψίας δὲ γενομένης ἀνέκειτο μετὰ τῶν δώδεκα [μαθητῶν]. 21 καὶ ἐσθιόντων αὐτῶν εἶπεν Ἀμὴν λέγω ὑμῖν ὅτι εἷς ἐξ ὑμῶν παραδώσει με. 22 καὶ λυπούμενοι σφόδρα ἤρξαντο λέγειν αὐτῷ εἷς ἕκαστος Μήτι ἐγώ εἰμι, κύριε; 23 ὁ δὲ ἀποκριθεὶς εἶπεν Ὁ ἐμβάψας μετ' ἐμοῦ τὴν χεῖρα ἐν τῷ τρυβλίῳ οὗτός με παραδώσει· 24 ὁ μὲν υἱὸς τοῦ ἀνθρώπου ὑπάγει καθὼς γέγραπται περὶ αὐτοῦ, οὐαὶ δὲ τῷ ἀνθρώπῳ ἐκείνῳ δι' οὗ ὁ υἱὸς τοῦ ἀνθρώπου παραδίδοται·

---

17 RP: *add* αὐτῷ *after* λέγοντες // WH: ἑτοιμάσωμέν RP: ἑτοιμάσομέν 20 NA/RP: *omit* [μαθητῶν] 22 WH: εἷς ἕκαστος RP: ἕκαστος αὐτῶν 23 WH: τὴν χεῖρα ἐν τῷ τρυβλίῳ RP: ἐν τῷ τρυβλίῳ τὴν χεῖρα

26:15 Zech 11:52

καλὸν ἦν αὐτῷ εἰ οὐκ ἐγεννήθη ὁ ἄνθρωπος ἐκεῖνος.
25 ἀποκριθεὶς δὲ Ἰούδας ὁ παραδιδοὺς αὐτὸν εἶπεν   Μήτι
ἐγώ εἰμι, ῥαββεί; λέγει αὐτῷ   Σὺ εἶπας.

Jesus Institutes the Lord's Supper
(Mark 14:22–25; Luke 22:15–20)

26 Ἐσθιόντων δὲ αὐτῶν λαβὼν ὁ Ἰησοῦς ἄρτον καὶ
εὐλογήσας ἔκλασεν καὶ δοὺς τοῖς μαθηταῖς εἶπεν   Λάβετε
φάγετε, τοῦτό ἐστιν τὸ σῶμά μου. 27 καὶ λαβὼν ποτήριον
[καὶ] εὐχαριστήσας ἔδωκεν αὐτοῖς λέγων   Πίετε ἐξ αὐτοῦ
πάντες, 28 τοῦτο γάρ ἐστιν **τὸ αἷμά** μου **τῆς διαθήκης** τὸ
περὶ πολλῶν ἐκχυννόμενον εἰς ἄφεσιν ἁμαρτιῶν· 29 λέγω δὲ
ὑμῖν, οὐ μὴ πίω ἀπ' ἄρτι ἐκ τούτου τοῦ γενήματος τῆς
ἀμπέλου ἕως τῆς ἡμέρας ἐκείνης ὅταν αὐτὸ πίνω μεθ' ὑμῶν
καινὸν ἐν τῇ βασιλείᾳ τοῦ πατρός μου.
30 Καὶ ὑμνήσαντες ἐξῆλθον εἰς τὸ Ὄρος τῶν Ἐλαιῶν.

Jesus Predicts Peter's Denial
(Mark 14:26–31; Luke 22:39)

31 Τότε λέγει αὐτοῖς ὁ Ἰησοῦς   Πάντες ὑμεῖς σκανδα-
λισθήσεσθε ἐν ἐμοὶ ἐν τῇ νυκτὶ ταύτῃ, γέγραπται γάρ
**Πατάξω τὸν ποιμένα, καὶ διασκορπισθήσονται τὰ πρόβα-
τα τῆς ποίμνης·** 32 μετὰ δὲ τὸ ἐγερθῆναί με προάξω ὑμᾶς εἰς
τὴν Γαλιλαίαν. 33 ἀποκριθεὶς δὲ ὁ Πέτρος εἶπεν αὐτῷ Εἰ
πάντες σκανδαλισθήσονται ἐν σοί, ἐγὼ οὐδέποτε σκανδα-
λισθήσομαι. 34 ἔφη αὐτῷ ὁ Ἰησοῦς   Ἀμὴν λέγω σοι ὅτι ἐν
ταύτῃ τῇ νυκτὶ πρὶν ἀλέκτορα φωνῆσαι τρὶς ἀπαρνήσῃ με.

---

26 RP: *add* τὸν *before* ἄρτον // WH: εὐλογήσας RP: εὐχαριστήσας // WH: δοὺς
RP: ἐδίδου // RP: *add* καὶ *after* μαθηταῖς 27 RP: *add* τὸ *before* ποτήριον // WH: [καὶ]
NA/RP: καὶ 28 WH: τῆς διαθήκης RP: τὸ τῆς καινῆς διαθήκης // WH:
ἐκχυννόμενον RP: ἐκχυνόμενον 29 RP: *add* ὅτι *after* ὑμῖν, // WH: γενήματος RP:
γεννήματος 31 WH: διασκορπισθήσονται RP: διασκορπισθήσεται 33 RP: *add* δὲ
after ἐγὼ

---

28 Exod 24:8; Zech 9:11   31 Zech 13:7

35 λέγει αὐτῷ ὁ Πέτρος   Κἂν δέῃ με σὺν σοὶ ἀποθανεῖν, οὐ μή σε ἀπαρνήσομαι. ὁμοίως καὶ πάντες οἱ μαθηταὶ εἶπαν.

Jesus Prays in the Garden of Gethsemane
(Mark 14:32–42; Luke 22:40–46)

36 Τότε ἔρχεται μετ᾽ αὐτῶν ὁ Ἰησοῦς εἰς χωρίον λεγόμενον Γεθσημανεί, καὶ λέγει τοῖς μαθηταῖς   Καθίσατε αὐτοῦ ἕως [οὗ] ἀπελθὼν ἐκεῖ προσεύξωμαι. 37 καὶ παραλαβὼν τὸν Πέτρον καὶ τοὺς δύο υἱοὺς Ζεβεδαίου ἤρξατο λυπεῖσθαι καὶ ἀδημονεῖν. 38 τότε λέγει αὐτοῖς   **Περίλυπός ἐστιν ἡ ψυχή μου** ἕως θανάτου· μείνατε ὧδε καὶ γρηγορεῖτε μετ᾽ ἐμοῦ. 39 καὶ προελθὼν μικρὸν ἔπεσεν ἐπὶ πρόσωπον αὐτοῦ προσευχόμενος καὶ λέγων   Πάτερ μου, εἰ δυνατόν ἐστιν, παρελθάτω ἀπ᾽ ἐμοῦ τὸ ποτήριον τοῦτο· πλὴν οὐχ ὡς ἐγὼ θέλω ἀλλ᾽ ὡς σύ. 40 καὶ ἔρχεται πρὸς τοὺς μαθητὰς καὶ εὑρίσκει αὐτοὺς καθεύδοντας, καὶ λέγει τῷ Πέτρῳ   Οὕτως οὐκ ἰσχύσατε μίαν ὥραν γρηγορῆσαι μετ᾽ ἐμοῦ; 41 γρηγορεῖτε καὶ προσεύχεσθε, ἵνα μὴ εἰσέλθητε εἰς πειρασμόν· τὸ μὲν πνεῦμα πρόθυμον ἡ δὲ σὰρξ ἀσθενής. 42 πάλιν ἐκ δευτέρου ἀπελθὼν προσηύξατο [λέγων]   Πάτερ μου, εἰ οὐ δύναται τοῦτο παρελθεῖν ἐὰν μὴ αὐτὸ πίω, γενηθήτω τὸ θέλημά σου. 43 καὶ ἐλθὼν πάλιν εὗρεν αὐτοὺς καθεύδοντας, ἦσαν γὰρ αὐτῶν οἱ ὀφθαλμοὶ βεβαρημένοι. 44 καὶ ἀφεὶς αὐτοὺς πάλιν ἀπελθὼν προσηύξατο ἐκ τρίτου τὸν αὐτὸν λόγον εἰπὼν πάλιν. 45 τότε ἔρχεται πρὸς τοὺς μαθητὰς καὶ λέγει αὐτοῖς   Καθεύδετε λοιπὸν καὶ ἀναπαύεσθε·

---

35 WH: ἀπαρνήσομαι RP: ἀπαρνήσωμαι // RP: add δὲ after Ὁμοίως 36 WH: Γεθσημανεί ΝΑ: Γεθσημανὶ RP: Γεθσημανῆ // WH: [οὗ] RP: οὗ // WH: ἐκεῖ προσεύξωμαι RP: προσεύξωμαι ἐκεῖ 39 WH: προελθὼν {WH}RP: προσελθὼν // WH: παρελθάτω RP: παρελθέτω 42 WH: [λέγων] ΝΑ/RP: λέγων // RP: add τὸ ποτήριον after τοῦτο // RP: add ἀπ᾽ ἐμοῦ after παρελθεῖν 43 WH: πάλιν εὗρεν αὐτοὺς RP: εὑρίσκει αὐτοὺς πάλιν 44 WH: πάλιν ἀπελθὼν RP: ἀπελθὼν πάλιν 44–45 WH: εἰπὼν πάλιν. τότε {WH}: εἰπών. πάλιν τότε RP: εἰπών. τότε 45 RP: add αὐτοῦ after μαθητὰς // [ΝΑ]/RP: add τὸ before λοιπὸν //

---

38 Ps 42:5

ἰδοὺ ἤγγικεν ἡ ὥρα καὶ ὁ υἱὸς τοῦ ἀνθρώπου παραδίδοται εἰς χεῖρας ἁμαρτωλῶν. 46 ἐγείρεσθε ἄγωμεν· ἰδοὺ ἤγγικεν ὁ παραδιδούς με.

Jesus Is Betrayed and Arrested
(Mark 14:43–52; Luke 22:47–53)

47 Καὶ ἔτι αὐτοῦ λαλοῦντος ἰδοὺ Ἰούδας εἷς τῶν δώδεκα ἦλθεν καὶ μετ' αὐτοῦ ὄχλος πολὺς μετὰ μαχαιρῶν καὶ ξύλων ἀπὸ τῶν ἀρχιερέων καὶ πρεσβυτέρων τοῦ λαοῦ. 48 ὁ δὲ παραδιδοὺς αὐτὸν ἔδωκεν αὐτοῖς σημεῖον λέγων Ὃν ἂν φιλήσω αὐτός ἐστιν· κρατήσατε αὐτόν. 49 καὶ εὐθέως προσελθὼν τῷ Ἰησοῦ εἶπεν Χαῖρε, ῥαββεί· καὶ κατεφίλησεν αὐτόν. 50 ὁ δὲ Ἰησοῦς εἶπεν αὐτῷ Ἑταῖρε, ἐφ' ὃ πάρει. τότε προσελθόντες ἐπέβαλον τὰς χεῖρας ἐπὶ τὸν Ἰησοῦν καὶ ἐκράτησαν αὐτόν. 51 καὶ ἰδοὺ εἷς τῶν μετὰ Ἰησοῦ ἐκτείνας τὴν χεῖρα ἀπέσπασεν τὴν μάχαιραν αὐτοῦ καὶ πατάξας τὸν δοῦλον τοῦ ἀρχιερέως ἀφεῖλεν αὐτοῦ τὸ ὠτίον. 52 τότε λέγει αὐτῷ ὁ Ἰησοῦς Ἀπόστρεψον τὴν μάχαιράν σου εἰς τὸν τόπον αὐτῆς, πάντες γὰρ οἱ λαβόντες μάχαιραν ἐν μαχαίρῃ ἀπολοῦνται· 53 ἢ δοκεῖς ὅτι οὐ δύναμαι παρακαλέσαι τὸν πατέρα μου, καὶ παραστήσει μοι ἄρτι πλείω δώδεκα λεγιῶνας ἀγγέλων; 54 πῶς οὖν πληρωθῶσιν αἱ γραφαὶ ὅτι οὕτως δεῖ γενέσθαι; 55 Ἐν ἐκείνῃ τῇ ὥρᾳ εἶπεν ὁ Ἰησοῦς τοῖς ὄχλοις Ὡς ἐπὶ λῃστὴν ἐξήλθατε μετὰ μαχαιρῶν καὶ ξύλων συλλαβεῖν με; καθ' ἡμέραν ἐν τῷ ἱερῷ ἐκαθεζόμην διδάσκων καὶ οὐκ ἐκρατήσατέ με. 56 Τοῦτο δὲ ὅλον γέγονεν ἵνα πληρωθῶσιν αἱ γραφαὶ τῶν προφητῶν. Τότε οἱ μαθηταὶ πάντες ἀφέντες αὐτὸν ἔφυγον.

{WH}: *add* γὰρ *after* ἰδοὺ 50 WH: ἐφ' ὃ πάρει. RP: ἐφ' ᾧ πάρει; 52 WH: τὴν μάχαιράν σου RP: σου τὴν μάχαιραν // WH: ἐν μαχαίρῃ ἀπολοῦνται RP: ἐν μαχαίρᾳ ἀποθανοῦνται 53 RP: *add* ἄρτι *after* δύναμαι // WH: ἄρτι πλείω RP: πλείους ἢ // WH: λεγιῶνας RP: λεγεῶνας 54 WH: γραφαὶ RP: γραφαί 55 WH: ἐν τῷ ἱερῷ ἐκαθεζόμην διδάσκων RP: πρὸς ὑμᾶς ἐκαθεζόμην διδάσκων ἐν τῷ ἱερῷ 56 {WH}: *add* αὐτοῦ *after* μαθηταὶ

Jesus Stands before the Council
(Mark 14:53–65; Luke 22:54–55, 63–71)

57 Οἱ δὲ κρατήσαντες τὸν Ἰησοῦν ἀπήγαγον πρὸς Καιάφαν τὸν ἀρχιερέα, ὅπου οἱ γραμματεῖς καὶ οἱ πρεσβύτεροι συνήχθησαν. 58 ὁ δὲ Πέτρος ἠκολούθει αὐτῷ [ἀπὸ] μακρόθεν ἕως τῆς αὐλῆς τοῦ ἀρχιερέως, καὶ εἰσελθὼν ἔσω ἐκάθητο μετὰ τῶν ὑπηρετῶν ἰδεῖν τὸ τέλος. 59 οἱ δὲ ἀρχιερεῖς καὶ τὸ συνέδριον ὅλον ἐζήτουν ψευδομαρτυρίαν κατὰ τοῦ Ἰησοῦ ὅπως αὐτὸν θανατώσωσιν, 60 καὶ οὐχ εὗρον πολλῶν προσελθόντων ψευδομαρτύρων. ὕστερον δὲ προσελθόντες δύο 61 εἶπαν Οὗτος ἔφη Δύναμαι καταλῦσαι τὸν ναὸν τοῦ θεοῦ καὶ διὰ τριῶν ἡμερῶν οἰκοδομῆσαι. 62 καὶ ἀναστὰς ὁ ἀρχιερεὺς εἶπεν αὐτῷ Οὐδὲν ἀποκρίνῃ; τί οὗτοί σου καταμαρτυροῦσιν; 63 ὁ δὲ Ἰησοῦς ἐσιώπα. καὶ ὁ ἀρχιερεὺς εἶπεν αὐτῷ Ἐξορκίζω σε κατὰ τοῦ θεοῦ τοῦ ζῶντος ἵνα ἡμῖν εἴπῃς εἰ σὺ εἶ ὁ χριστὸς ὁ υἱὸς τοῦ θεοῦ. 64 λέγει αὐτῷ ὁ Ἰησοῦς Σὺ εἶπας· πλὴν λέγω ὑμῖν, ἀπ' ἄρτι ὄψεσθε **τὸν υἱὸν τοῦ ἀνθρώπου καθήμενον ἐκ δεξιῶν τῆς δυνάμεως καὶ ἐρχόμενον ἐπὶ τῶν νεφελῶν τοῦ οὐρανοῦ.** 65 τότε ὁ ἀρχιερεὺς διέρηξεν τὰ ἱμάτια αὐτοῦ λέγων Ἐβλασφήμησεν· τί ἔτι χρείαν ἔχομεν μαρτύρων; ἴδε νῦν ἠκούσατε τὴν βλασφημίαν· 66 τί ὑμῖν δοκεῖ; οἱ δὲ ἀποκριθέντες εἶπαν Ἔνοχος θανάτου ἐστίν. 67 Τότε ἐνέπτυσαν εἰς τὸ πρόσωπον αὐτοῦ καὶ ἐκολάφισαν αὐτόν, οἱ δὲ ἐράπισαν 68 λέγοντες Προφήτευσον ἡμῖν, χριστέ, τίς ἐστιν ὁ παίσας σε;

---

58 WH: [ἀπὸ] NA/RP: ἀπὸ 59 RP: add καὶ οἱ πρεσβύτεροι after ἀρχιερεῖς // WH: αὐτὸν θανατώσωσιν RP: θανατώσωσιν αὐτόν 60–61 RP: add καὶ after εὗρον // WH: 60καὶ οὐχ εὗρον πολλῶν προσελθόντων ψευδομαρτύρων. ὕστερον δὲ προσελθόντες δύο RP: 60Καὶ οὐχ εὗρον· καὶ πολλῶν ψευδομαρτύρων προσελθόντων, οὐχ εὗρον. 61″Υστερον δὲ προσελθόντες δύο ψευδομάρτυρες 61 RP: add αὐτόν after οἰκοδομῆσαι 63 RP: add ἀποκριθεὶς after καὶ 65 WH: διέρηξεν NA/RP: διέρρηξεν // RP: add ὅτι after λέγων // RP: add αὐτοῦ after βλασφημίαν 67 WH: ἐράπισαν RP: ἐρράπισαν

---

64 Dan 7:13; Ps 110:1

Peter Denies Jesus
(Mark 14:66–72; Luke 22:56–62; cf. John 18:15–18, 25–27)

69 Ὁ δὲ Πέτρος ἐκάθητο ἔξω ἐν τῇ αὐλῇ· καὶ προσ-
ῆλθεν αὐτῷ μία παιδίσκη λέγουσα Καὶ σὺ ἦσθα μετὰ
Ἰησοῦ τοῦ Γαλιλαίου· 70 ὁ δὲ ἠρνήσατο ἔμπροσθεν πάν-
των λέγων Οὐκ οἶδα τί λέγεις. 71 ἐξελθόντα δὲ εἰς τὸν
πυλῶνα εἶδεν αὐτὸν ἄλλη καὶ λέγει τοῖς ἐκεῖ Οὗτος ἦν
μετὰ Ἰησοῦ τοῦ Ναζωραίου· 72 καὶ πάλιν ἠρνήσατο μετὰ
ὅρκου ὅτι Οὐκ οἶδα τὸν ἄνθρωπον. 73 μετὰ μικρὸν δὲ
προσελθόντες οἱ ἑστῶτες εἶπον τῷ Πέτρῳ Ἀληθῶς καὶ σὺ
ἐξ αὐτῶν εἶ, καὶ γὰρ ἡ λαλιά σου δῆλόν σε ποιεῖ· 74 τότε
ἤρξατο καταθεματίζειν καὶ ὀμνύειν ὅτι Οὐκ οἶδα τὸν
ἄνθρωπον. καὶ εὐθὺς ἀλέκτωρ ἐφώνησεν· 75 καὶ ἐμνήσθη ὁ
Πέτρος τοῦ ῥήματος Ἰησοῦ εἰρηκότος ὅτι Πρὶν ἀλέκτορα
φωνῆσαι τρὶς ἀπαρνήσῃ με, καὶ ἐξελθὼν ἔξω ἔκλαυσεν
πικρῶς.

Jesus Is Brought Before Pilate
(Mark 15:1; Luke 23:1; cf. John 18:28–32)

27 Πρωίας δὲ γενομένης συμβούλιον ἔλαβον πάντες οἱ
ἀρχιερεῖς καὶ οἱ πρεσβύτεροι τοῦ λαοῦ κατὰ τοῦ Ἰησοῦ
ὥστε θανατῶσαι αὐτόν· 2 καὶ δήσαντες αὐτὸν ἀπήγαγον
καὶ παρέδωκαν Πειλάτῳ τῷ ἡγεμόνι.

Judas Hangs Himself
(cf. Acts 1:18–19)

3 Τότε ἰδὼν Ἰούδας ὁ παραδοὺς αὐτὸν ὅτι κατεκρίθη
μεταμεληθεὶς ἔστρεψεν τὰ τριάκοντα ἀργύρια τοῖς ἀρχι-

---

69 WH: ἐκάθητο ἔξω RP: ἔξω ἐκάθητο 70 RP: *add* αὐτῶν *before* πάντων 71 RP: *add*
αὐτὸν *after* δὲ // WH: τοῖς RP: αὐτοῖς // RP: *add* Καὶ *after* ἐκεῖ 72 WH: μετὰ RP:
μεθ' 74 WH: εὐθὺς NA/RP: εὐθέως 75 RP: *add* τοῦ *before* Ἰησοῦ // RP: *add* αὐτῷ
after εἰρηκότος
27:2 RP: *add* αὐτὸν Ποντίῳ *after* παρέδωκαν 3 WH: παραδοὺς {WH}/NA/RP:
παραδιδοὺς // WH: ἔστρεψεν RP: ἀπέστρεψεν //

ερεῦσιν καὶ πρεσβυτέροις 4 λέγων Ἥμαρτον παραδοὺς αἷμα δίκαιον. οἱ δὲ εἶπαν Τί πρὸς ἡμᾶς; σὺ ὄψῃ. 5 καὶ ῥίψας τὰ ἀργύρια εἰς τὸν ναὸν ἀνεχώρησεν, καὶ ἀπελθὼν ἀπήγξατο. 6 Οἱ δὲ ἀρχιερεῖς λαβόντες τὰ ἀργύρια εἶπαν Οὐκ ἔξεστιν βαλεῖν αὐτὰ εἰς τὸν κορβανᾶν, ἐπεὶ τιμὴ αἵματός ἐστιν· 7 συμβούλιον δὲ λαβόντες ἠγόρασαν ἐξ αὐτῶν τὸν Ἀγρὸν τοῦ Κεραμέως εἰς ταφὴν τοῖς ξένοις. 8 διὸ ἐκλήθη ὁ ἀγρὸς ἐκεῖνος Ἀγρὸς Αἵματος ἕως τῆς σήμερον. 9 Τότε ἐπληρώθη τὸ ῥηθὲν διὰ Ἰερεμίου τοῦ προφήτου λέγοντος **Καὶ ἔλαβον τὰ τριάκοντα ἀργύρια, τὴν τιμὴν τοῦ τετιμημένου ὃν ἐτιμήσαντο ἀπὸ υἱῶν Ἰσραήλ, 10 καὶ ἔδωκαν αὐτὰ εἰς τὸν ἀγρὸν τοῦ κεραμέως, καθὰ συνέταξέν μοι Κύριος.**

Jesus Faces Pontius Pilate
(Mark 15:2–5; Luke 23:2–5; cf. John 18:33–38)

11 Ὁ δὲ Ἰησοῦς ἐστάθη ἔμπροσθεν τοῦ ἡγεμόνος· καὶ ἐπηρώτησεν αὐτὸν ὁ ἡγεμὼν λέγων Σὺ εἶ ὁ βασιλεὺς τῶν Ἰουδαίων; ὁ δὲ Ἰησοῦς ἔφη Σὺ λέγεις. 12 καὶ ἐν τῷ κατηγορεῖσθαι αὐτὸν ὑπὸ τῶν ἀρχιερέων καὶ πρεσβυτέρων οὐδὲν ἀπεκρίνατο. 13 τότε λέγει αὐτῷ ὁ Πειλᾶτος Οὐκ ἀκούεις πόσα σου καταμαρτυροῦσιν; 14 καὶ οὐκ ἀπεκρίθη αὐτῷ πρὸς οὐδὲ ἓν ῥῆμα, ὥστε θαυμάζειν τὸν ἡγεμόνα λίαν.

Jesus Receives the Death Sentence
(Mark 15:6–15; Luke 23:17–25; cf. John 18:38–40, 19:4–16)

15 Κατὰ δὲ ἑορτὴν εἰώθει ὁ ἡγεμὼν ἀπολύειν ἕνα τῷ ὄχλῳ δέσμιον ὃν ἤθελον. 16 εἶχον δὲ τότε δέσμιον ἐπίσημον

RP: add τοῖς after καὶ 4 WH: δίκαιον {WH}/NA: ἀθῷον RP: ἀθῶον // WH: ὄψη RP: ὄψει 5 WH: εἰς τὸν ναὸν RP: ἐν τῷ ναῷ 10 WH: ἔδωκαν {WH}: ἔδωκα 11 WH: ἐστάθη RP: ἔστη // {WH}/RP: add αὐτῷ after ἔφη 12 RP: add τῶν before πρεσβυτέρων

27:9–10 Zech 11:13

λεγόμενον Βαραββᾶν. 17 συνηγμένων οὖν αὐτῶν εἶπεν
αὐτοῖς ὁ Πειλᾶτος Τίνα θέλετε ἀπολύσω ὑμῖν, [τὸν]
Βαραββᾶν ἢ Ἰησοῦν τὸν λεγόμενον Χριστόν; 18 ᾔδει γὰρ
ὅτι διὰ φθόνον παρέδωκαν αὐτόν. 19 Καθημένου δὲ αὐτοῦ
ἐπὶ τοῦ βήματος ἀπέστειλεν πρὸς αὐτὸν ἡ γυνὴ αὐτοῦ λέ-
γουσα Μηδὲν σοὶ καὶ τῷ δικαίῳ ἐκείνῳ, πολλὰ γὰρ ἔπα-
θον σήμερον κατ᾽ ὄναρ δι᾽ αὐτόν. 20 Οἱ δὲ ἀρχιερεῖς καὶ οἱ
πρεσβύτεροι ἔπεισαν τοὺς ὄχλους ἵνα αἰτήσωνται τὸν
Βαραββᾶν τὸν δὲ Ἰησοῦν ἀπολέσωσιν. 21 ἀποκριθεὶς δὲ ὁ
ἡγεμὼν εἶπεν αὐτοῖς Τίνα θέλετε ἀπὸ τῶν δύο ἀπολύσω
ὑμῖν; οἱ δὲ εἶπαν Τὸν Βαραββᾶν. 22 λέγει αὐτοῖς ὁ
Πειλᾶτος Τί οὖν ποιήσω Ἰησοῦν τὸν λεγόμενον Χριστόν;
λέγουσιν πάντες Σταυρωθήτω. 23 ὁ δὲ ἔφη Τί γὰρ κακὸν
ἐποίησεν; οἱ δὲ περισσῶς ἔκραζον λέγοντες Σταυρωθήτω.
24 ἰδὼν δὲ ὁ Πειλᾶτος ὅτι οὐδὲν ὠφελεῖ ἀλλὰ μᾶλλον θόρυ-
βος γίνεται λαβὼν ὕδωρ ἀπενίψατο τὰς χεῖρας κατέναντι
τοῦ ὄχλου λέγων Ἀθῷός εἰμι ἀπὸ τοῦ αἵματος τούτου·
ὑμεῖς ὄψεσθε. 25 καὶ ἀποκριθεὶς πᾶς ὁ λαὸς εἶπεν Τὸ αἷμα
αὐτοῦ ἐφ᾽ ἡμᾶς καὶ ἐπὶ τὰ τέκνα ἡμῶν. 26 τότε ἀπέλυσεν
αὐτοῖς τὸν Βαραββᾶν, τὸν δὲ Ἰησοῦν φραγελλώσας παρέ-
δωκεν ἵνα σταυρωθῇ.

The Soldiers Mock Jesus
(Mark 15:16–20; cf. John 19:1–3)

27 Τότε οἱ στρατιῶται τοῦ ἡγεμόνος παραλαβόντες τὸν
Ἰησοῦν εἰς τὸ πραιτώριον συνήγαγον ἐπ᾽ αὐτὸν ὅλην τὴν
σπεῖραν. 28 καὶ ἐκδύσαντες αὐτὸν χλαμύδα κοκκίνην περι-
έθηκαν αὐτῷ, 29 καὶ πλέξαντες στέφανον ἐξ ἀκανθῶν
ἐπέθηκαν ἐπὶ τῆς κεφαλῆς αὐτοῦ καὶ κάλαμον ἐν τῇ δεξιᾷ

16 NA: add [Ἰησοῦν] before Βαραββᾶν 17 RP: omit [τὸν] // WH: [τὸν] NA:
[Ἰησοῦν τὸν] 21 RP: omit Τὸν 22 RP: add αὐτῷ after λέγουσιν 23 RP: add ἡγεμὼν
after ὁ δὲ 24 WH: κατέναντι {WH}/NA/RP: ἀπέναντι // {WH}/RP: add τοῦ δικαίου
after αἵματος 28 WH: ἐκδύσαντες {WH}: ἐνδύσαντες // WH: χλαμύδα κοκκίνην
περιέθηκαν αὐτῷ RP: περιέθηκαν αὐτῷ χλαμύδα κοκκίνην 29 WH: τῆς
κεφαλῆς RP: τὴν κεφαλὴν // WH: ἐν τῇ δεξιᾷ RP: ἐπὶ τὴν δεξιὰν //

αὐτοῦ, καὶ γονυπετήσαντες ἔμπροσθεν αὐτοῦ ἐνέπαιξαν αὐτῷ λέγοντες Χαῖρε, βασιλεῦ τῶν Ἰουδαίων, 30 καὶ ἐμπτύσαντες εἰς αὐτὸν ἔλαβον τὸν κάλαμον καὶ ἔτυπτον εἰς τὴν κεφαλὴν αὐτοῦ. 31 καὶ ὅτε ἐνέπαιξαν αὐτῷ, ἐξέδυσαν αὐτὸν τὴν χλαμύδα καὶ ἐνέδυσαν αὐτὸν τὰ ἱμάτια αὐτοῦ, καὶ ἀπήγαγον αὐτὸν εἰς τὸ σταυρῶσαι.

Jesus Is Crucified
(Mark 15:21–32; Luke 23:26–43; cf. John 19:17–27)

32 Ἐξερχόμενοι δὲ εὗρον ἄνθρωπον Κυρηναῖον ὀνόματι Σίμωνα· τοῦτον ἠγγάρευσαν ἵνα ἄρῃ τὸν σταυρὸν αὐτοῦ. 33 Καὶ ἐλθόντες εἰς τόπον λεγόμενον Γολγοθά, ὅ ἐστιν Κρανίου Τόπος λεγόμενος, 34 **ἔδωκαν** αὐτῷ **πιεῖν οἶνον** μετὰ **χολῆς** μεμιγμένον· καὶ γευσάμενος οὐκ ἠθέλη-σεν πιεῖν. 35 σταυρώσαντες δὲ αὐτὸν **διεμερίσαντο τὰ ἱμά-τια** αὐτοῦ **βάλλοντες κλῆρον,** 36 καὶ καθήμενοι ἐτήρουν αὐτὸν ἐκεῖ. 37 καὶ ἐπέθηκαν ἐπάνω τῆς κεφαλῆς αὐτοῦ τὴν αἰτίαν αὐτοῦ γεγραμμένην ΟΥΤΟΣ ΕΣΤΙΝ ΙΗΣΟΥΣ Ο ΒΑΣΙΛΕΥΣ ΤΩΝ ΙΟΥΔΑΙΩΝ. 38 Τότε σταυροῦνται σὺν αὐτῷ δύο λῃσταί, εἷς ἐκ δεξιῶν καὶ εἷς ἐξ εὐωνύμων. 39 Οἱ δὲ παραπορευόμενοι ἐβλασφήμουν αὐτὸν **κινοῦντες τὰς κεφαλὰς αὐτῶν** 40 καὶ λέγοντες Ὁ καταλύων τὸν ναὸν καὶ ἐν τρισὶν ἡμέραις οἰκοδομῶν, σῶσον σεαυτόν· εἰ υἱὸς εἶ τοῦ θεοῦ, κατάβηθι ἀπὸ τοῦ σταυροῦ. 41 ὁμοίως [καὶ] οἱ ἀρχιερεῖς ἐμπαίζοντες μετὰ τῶν γραμματέων καὶ πρεσ-βυτέρων ἔλεγον 42 Ἄλλους ἔσωσεν, ἑαυτὸν οὐ δύναται σῶσαι· βασιλεὺς Ἰσραήλ ἐστιν, καταβάτω νῦν ἀπὸ τοῦ σταυροῦ καὶ πιστεύσομεν ἐπ' αὐτόν. 43 **πέποιθεν ἐπὶ τὸν**

WH: ἐνέπαιξαν RP: ἐνέπαιζον // WH: βασιλεῦ {WH}/RP: ὁ βασιλεὺς 33 WH: Κρανίου Τόπος λεγόμενος RP: λεγόμενος Κρανίου Τόπος 34 WH: οἶνον RP: ὄξος // WH: ἠθέλησεν RP: ἤθελεν 35 WH: βαλλόντες {WH}: βαλόντες 40 WH: εἰ τοῦ θεοῦ {WH}: θεοῦ εἰ // NA: *add* [καὶ] *before* κατάβηθι 41 RP: *add* δὲ *after* Ὁμοίως // WH: [καὶ] NA/RP: καὶ // RP: *add* καὶ Φαρισαίων *after* πρεσβυτέρων 42 RP: *add* Εἰ *before* βασιλεὺς // WH: ἐπ' αὐτόν RP: ἐπ' αὐτῷ

---

34 Ps 69:21 35 Ps 22:18 39 Ps 22:7; 109:25

θεόν, ῥυσάσθω νῦν εἰ θέλει αὐτόν· εἶπεν γὰρ ὅτι Θεοῦ εἰμι
υἱός. 44 τὸ δ᾽ αὐτὸ καὶ οἱ λῃσταὶ οἱ συνσταυρωθέντες σὺν
αὐτῷ ὠνείδιζον αὐτόν.

Jesus Dies on the Cross
(Mark 15:33–41; Luke 23:44–49; cf. John 19:28–30)

45 Ἀπὸ δὲ ἕκτης ὥρας σκότος ἐγένετο ἐπὶ πᾶσαν τὴν
γῆν ἕως ὥρας ἐνάτης. 46 περὶ δὲ τὴν ἐνάτην ὥραν ἐβόησεν
ὁ Ἰησοῦς φωνῇ μεγάλῃ λέγων Ἐλωΐ ἐλωΐ λεμὰ σαβα-
χθανεί; τοῦτ᾽ ἔστιν Θεέ μου θεέ μου, ἵνα τί με ἐγκατέλιπες;
47 τινὲς δὲ τῶν ἐκεῖ ἑστηκότων ἀκούσαντες ἔλεγον ὅτι
Ἠλείαν φωνεῖ οὗτος. 48 καὶ εὐθέως δραμὼν εἷς ἐξ αὐτῶν
καὶ λαβὼν σπόγγον πλήσας τε ὄξους καὶ περιθεὶς καλάμῳ
ἐπότιζεν αὐτόν. 49 οἱ δὲ λοιποὶ εἶπαν Ἄφες ἴδωμεν εἰ
ἔρχεται Ἠλείας σώσων αὐτόν. [[ἄλλος δὲ λαβὼν λόγχην
ἔνυξεν αὐτοῦ τὴν πλευράν, καὶ ἐξῆλθεν ὕδωρ καὶ αἷμα.]]
50 ὁ δὲ Ἰησοῦς πάλιν κράξας φωνῇ μεγάλῃ ἀφῆκεν τὸ
πνεῦμα. 51 Καὶ ἰδοὺ τὸ καταπέτασμα τοῦ ναοῦ ἐσχίσθη
[ἀπ᾽] ἄνωθεν ἕως κάτω εἰς δύο, καὶ ἡ γῆ ἐσείσθη, καὶ αἱ
πέτραι ἐσχίσθησαν, 52 καὶ τὰ μνημεῖα ἀνεῴχθησαν καὶ
πολλὰ σώματα τῶν κεκοιμημένων ἁγίων ἠγέρθησαν, 53 καὶ
ἐξελθόντες ἐκ τῶν μνημείων μετὰ τὴν ἔγερσιν αὐτοῦ
εἰσῆλθον εἰς τὴν ἁγίαν πόλιν καὶ ἐνεφανίσθησαν πολλοῖς.
54 Ὁ δὲ ἑκατόνταρχος καὶ οἱ μετ᾽ αὐτοῦ τηροῦντες τὸν
Ἰησοῦν ἰδόντες τὸν σεισμὸν καὶ τὰ γινόμενα ἐφοβήθησαν

---

43 WH: τὸν θεόν {WH}: τῷ θεῷ // RP: add αὐτόν after νῦν 44 WH:
συνσταυρωθέντες NA/RP: συσταυρωθέντες // RP: omit σὺν 46 WH: ἐβόησεν
NA/RP: ἀνεβόησεν // WH: Ἐλωΐ ἐλωΐ λεμὰ σαβαχθανεί NA: ηλι ηλι λεμα
σαβαχθανι RP: Ἠλί, Ἠλί, λιμὰ σαβαχθανί // WH: ἵνα τί NA: ἱνατί 47 WH:
ἑστηκότων RP: ἑστώτων 49 WH: εἶπαν {WH}/NA/RP: ἔλεγον // NA/RP: omit text
in double brackets 51 WH: [ἀπ᾽] ἄνωθεν ἕως κάτω εἰς δύο NA: ἀπ᾽ ἄνωθεν ἕως
κάτω εἰς δύο RP: εἰς δύο ἀπὸ ἄνωθεν ἕως κάτω 52 WH: ἠγέρθησαν RP: ἠγέρθη
54 WH: γινόμενα NA/RP: γενόμενα //

43 Ps 22:8 46 Ps 22:1 48 Ps 69:21

σφόδρα, λέγοντες Ἀληθῶς θεοῦ υἱὸς ἦν οὗτος. 55 Ἦσαν δὲ ἐκεῖ γυναῖκες πολλαὶ ἀπὸ μακρόθεν θεωροῦσαι, αἵτινες ἠκολούθησαν τῷ Ἰησοῦ ἀπὸ τῆς Γαλιλαίας διακονοῦσαι αὐτῷ· 56 ἐν αἷς ἦν Μαρία ἡ Μαγδαληνὴ καὶ Μαρία ἡ τοῦ Ἰακώβου καὶ Ἰωσὴφ μήτηρ καὶ ἡ μήτηρ τῶν υἱῶν Ζεβεδαίου.

Jesus Is Buried
(Mark 15:42–47; Luke 23:50–56; cf. John 19:38–42)

57 Ὀψίας δὲ γενομένης ἦλθεν ἄνθρωπος πλούσιος ἀπὸ Ἀριμαθαίας, τοὔνομα Ἰωσήφ, ὃς καὶ αὐτὸς ἐμαθητεύθη τῷ Ἰησοῦ· 58 οὗτος προσελθὼν τῷ Πειλάτῳ ᾐτήσατο τὸ σῶμα τοῦ Ἰησοῦ. τότε ὁ Πειλᾶτος ἐκέλευσεν ἀποδοθῆναι. 59 καὶ λαβὼν τὸ σῶμα ὁ Ἰωσὴφ ἐνετύλιξεν αὐτὸ [ἐν] σινδόνι καθαρᾷ, 60 καὶ ἔθηκεν αὐτὸ ἐν τῷ καινῷ αὐτοῦ μνημείῳ ὃ ἐλατόμησεν ἐν τῇ πέτρᾳ, καὶ προσκυλίσας λίθον μέγαν τῇ θύρᾳ τοῦ μνημείου ἀπῆλθεν. 61 Ἦν δὲ ἐκεῖ Μαριὰμ ἡ Μαγδαληνὴ καὶ ἡ ἄλλη Μαρία καθήμεναι ἀπέναντι τοῦ τάφου.

Jesus' Tomb Is Guarded

62 Τῇ δὲ ἐπαύριον, ἥτις ἐστὶν μετὰ τὴν παρασκευήν, συνήχθησαν οἱ ἀρχιερεῖς καὶ οἱ Φαρισαῖοι πρὸς Πειλᾶτον 63 λέγοντες Κύριε, ἐμνήσθημεν ὅτι ἐκεῖνος ὁ πλάνος εἶπεν ἔτι ζῶν Μετὰ τρεῖς ἡμέρας ἐγείρομαι· 64 κέλευσον οὖν ἀσφαλισθῆναι τὸν τάφον ἕως τῆς τρίτης ἡμέρας, μή ποτε ἐλθόντες οἱ μαθηταὶ κλέψωσιν αὐτὸν καὶ εἴπωσιν τῷ λαῷ Ἠγέρθη ἀπὸ τῶν νεκρῶν, καὶ ἔσται ἡ ἐσχάτη πλάνη χείρων τῆς πρώτης. 65 ἔφη αὐτοῖς ὁ Πειλᾶτος Ἔχετε κουστωδίαν· ὑπάγετε ἀσφαλίσασθε ὡς οἴδατε. 66 οἱ δὲ πορευθέντες

WH: θεοῦ υἱὸς {WH}: υἱὸς θεοῦ 56 WH: Μαρία {WH}: Μαριὰμ // WH: Ἰωσὴφ {WH}/RP: Ἰωσῆ 57 WH: ἐμαθητεύθη {WH}/RP: ἐμαθήτευσεν 58 RP: *add* τὸ σῶμα *after* ἀποδοθῆναι 59 RP: *omit* [ἐν] 61 WH: Μαριὰμ RP: Μαρία 64 WH: μή ποτε NA/RP: μήποτε // WH: κλέψωσιν {WH}/NA: αὐτοῦ κλέψωσιν RP: αὐτοῦ νυκτὸς κλέψωσιν 65 {WH}/RP: *add* δὲ *after* ἔφη

ἠσφαλίσαντο τὸν τάφον σφραγίσαντες τὸν λίθον μετὰ τῆς κουστωδίας.

The Resurrection of Jesus
(Mark 16:1–8; Luke 24:1–12; cf. John 20:1–10)

28 Ὀψὲ δὲ σαββάτων, τῇ ἐπιφωσκούσῃ εἰς μίαν σαββάτων, ἦλθεν Μαρία ἡ Μαγδαληνὴ καὶ ἡ ἄλλη Μαρία θεωρῆσαι τὸν τάφον. καὶ ἰδοὺ σεισμὸς ἐγένετο μέγας· ἄγγελος γὰρ Κυρίου καταβὰς ἐξ οὐρανοῦ καὶ προσελθὼν ἀπεκύλισε τὸν λίθον καὶ ἐκάθητο ἐπάνω αὐτοῦ. 3 ἦν δὲ ἡ εἰδέα αὐτοῦ ὡς ἀστραπὴ καὶ τὸ ἔνδυμα αὐτοῦ λευκὸν ὡς χιών. 4 ἀπὸ δὲ τοῦ φόβου αὐτοῦ ἐσείσθησαν οἱ τηροῦντες καὶ ἐγενήθησαν ὡς νεκροί. 5 ἀποκριθεὶς δὲ ὁ ἄγγελος εἶπεν ταῖς γυναιξίν Μὴ φοβεῖσθε ὑμεῖς, οἶδα γὰρ ὅτι Ἰησοῦν τὸν ἐσταυρωμένον ζητεῖτε· 6 οὐκ ἔστιν ὧδε, ἠγέρθη γὰρ καθὼς εἶπεν· δεῦτε ἴδετε τὸν τόπον ὅπου ἔκειτο· 7 καὶ ταχὺ πορευθεῖσαι εἴπατε τοῖς μαθηταῖς αὐτοῦ ὅτι Ἠγέρθη ἀπὸ τῶν νεκρῶν, καὶ ἰδοὺ προάγει ὑμᾶς εἰς τὴν Γαλιλαίαν, ἐκεῖ αὐτὸν ὄψεσθε· ἰδοὺ εἶπον ὑμῖν. 8 καὶ ἀπελθοῦσαι ταχὺ ἀπὸ τοῦ μνημείου μετὰ φόβου καὶ χαρᾶς μεγάλης ἔδραμον ἀπαγγεῖλαι τοῖς μαθηταῖς αὐτοῦ. 9 καὶ ἰδοὺ Ἰησοῦς ὑπήντησεν αὐταῖς λέγων Χαίρετε· αἱ δὲ προσελθοῦσαι ἐκράτησαν αὐτοῦ τοὺς πόδας καὶ προσεκύνησαν αὐτῷ. 10 τότε λέγει αὐταῖς ὁ Ἰησοῦς Μὴ φοβεῖσθε· ὑπάγετε ἀπαγγείλατε τοῖς ἀδελφοῖς μου ἵνα ἀπέλθωσιν εἰς τὴν Γαλιλαίαν, κἀκεῖ με ὄψονται.

The Soldiers are Bribed

11 Πορευομένων δὲ αὐτῶν ἰδού τινες τῆς κουστωδίας ἐλθόντες εἰς τὴν πόλιν ἀπήγγειλαν τοῖς ἀρχιερεῦσιν ἅπαν-

---

28:1 WH: Μαρία {WH}/ΝΑ: Μαριὰμ 2 RP: add ἀπὸ τῆς θύρας after λίθον 3 WH: εἰδέα RP: ἰδέα // WH: ὡς RP: ὡσεὶ 4 WH: ἐγενήθησαν ὡς RP: ἐγένοντο ὡσεὶ 6 RP: add ὁ κύριος after ἔκειτο 7 {WH}: *εἶπον* 8 WH: ἀπελθοῦσαι RP: ἐξελθοῦσαι 9 RP: add Ὡς δὲ ἐπορεύοντο ἀπαγγεῖλαι τοῖς μαθηταῖς αὐτοῦ, before καὶ ἰδού, // WH: ὑπήντησεν RP: ἀπήντησεν 10 WH: κἀκεῖ RP: καὶ ἐκεῖ

τα τὰ γενόμενα. 12 καὶ συναχθέντες μετὰ τῶν πρεσβυτέρων συμβούλιόν τε λαβόντες ἀργύρια ἱκανὰ ἔδωκαν τοῖς στρατιώταις 13 λέγοντες Εἴπατε ὅτι Οἱ μαθηταὶ αὐτοῦ νυκτὸς ἐλθόντες ἔκλεψαν αὐτὸν ἡμῶν κοιμωμένων· 14 καὶ ἐὰν ἀκουσθῇ τοῦτο ἐπὶ τοῦ ἡγεμόνος, ἡμεῖς πείσομεν καὶ ὑμᾶς ἀμερίμνους ποιήσομεν. 15 οἱ δὲ λαβόντες ἀργύρια ἐποίησαν ὡς ἐδιδάχθησαν. Καὶ διεφημίσθη ὁ λόγος οὗτος παρὰ Ἰουδαίοις μέχρι τῆς σήμερον [ἡμέρας].

Jesus Commissions His Disciples
(cf. Mark 16:14–18; Luke 24:36–49; John 20:19–23)

16 Οἱ δὲ ἔνδεκα μαθηταὶ ἐπορεύθησαν εἰς τὴν Γαλιλαίαν εἰς τὸ ὄρος οὗ ἐτάξατο αὐτοῖς ὁ Ἰησοῦς, 17 καὶ ἰδόντες αὐτὸν προσεκύνησαν, οἱ δὲ ἐδίστασαν. 18 καὶ προσελθὼν ὁ Ἰησοῦς ἐλάλησεν αὐτοῖς λέγων Ἐδόθη μοι πᾶσα ἐξουσία ἐν οὐρανῷ καὶ ἐπὶ [τῆς] γῆς· 19 πορευθέντες οὖν μαθητεύσατε πάντα τὰ ἔθνη, βαπτίζοντες αὐτοὺς εἰς τὸ ὄνομα τοῦ πατρὸς καὶ τοῦ υἱοῦ καὶ τοῦ ἁγίου πνεύματος, 20 διδάσκοντες αὐτοὺς τηρεῖν πάντα ὅσα ἐνετειλάμην ὑμῖν· καὶ ἰδοὺ ἐγὼ μεθ᾽ ὑμῶν εἰμι πάσας τὰς ἡμέρας ἕως τῆς συντελείας τοῦ αἰῶνος.

---

14 WH: ἐπὶ {WH}: ὑπὸ // [NA]/RP: add αὐτὸν after πείσομεν 15 {WH}/NA/RP: add τὰ // WH: διεφημίσθη {WH}: ἐφημίσθη // RP: omit [ἡμέρας] after σήμερον 17 RP: add αὐτῷ after προσεκύνησαν 18 RP: omit [τῆς] 19 RP: omit οὖν // WH: βαπτίζοντες {WH}: βαπτίσαντες 20 RP: add Ἀμήν after αἰῶνος

ΚΑΤΑ ΜΑΡΚΟΝ

John the Baptist Prepares the Way
(Matt 3:1–6; Luke 3:1–6)

1 Ἀρχὴ τοῦ εὐαγγελίου Ἰησοῦ Χριστοῦ.

2 Καθὼς γέγραπται ἐν τῷ Ἠσαΐᾳ τῷ προφήτῃ
Ἰδοὺ ἀποστέλλω τὸν ἄγγελόν μου πρὸ προσώπου σου,
ὃς κατασκευάσει τὴν ὁδόν σου·
3 φωνὴ βοῶντος ἐν τῇ ἐρήμῳ
Ἑτοιμάσατε τὴν ὁδὸν Κυρίου,
εὐθείας ποιεῖτε τὰς τρίβους αὐτοῦ,
4 ἐγένετο Ἰωάνης ὁ βαπτίζων ἐν τῇ ἐρήμῳ κηρύσσων βά-
πτισμα μετανοίας εἰς ἄφεσιν ἁμαρτιῶν. 5 καὶ ἐξεπορεύετο
πρὸς αὐτὸν πᾶσα ἡ Ἰουδαία χώρα καὶ οἱ Ἱεροσολυμεῖται
πάντες, καὶ ἐβαπτίζοντο ὑπ᾽ αὐτοῦ ἐν τῷ Ἰορδάνῃ ποταμῷ
ἐξομολογούμενοι τὰς ἁμαρτίας αὐτῶν. 6 καὶ ἦν ὁ Ἰωάνης
ἐνδεδυμένος τρίχας καμήλου καὶ ζώνην δερματίνην περὶ
τὴν ὀσφὺν αὐτοῦ, καὶ ἔσθων ἀκρίδας καὶ μέλι ἄγριον. 7 καὶ
ἐκήρυσσεν λέγων   Ἔρχεται ὁ ἰσχυρότερός μου ὀπίσω [μου],
οὗ οὐκ εἰμὶ ἱκανὸς κύψας λῦσαι τὸν ἱμάντα τῶν ὑποδημά-
των αὐτοῦ· 8 ἐγὼ ἐβάπτισα ὑμᾶς ὕδατι, αὐτὸς δὲ βαπτίσει
ὑμᾶς πνεύματι ἁγίῳ.

1:1 WH: Χριστοῦ {WH}: Χριστοῦ υἱοῦ θεοῦ ΝΑ: Χριστοῦ [υἱοῦ θεοῦ] RP:
χριστοῦ, υἱοῦ τοῦ θεοῦ 2 WH: Καθὼς RP: ᾿Ως // WH: τῷ Ἠσαΐᾳ τῷ προφήτῃ
RP: τοῖς προφήταις // RP: add ἐγὼ after Ἰδού, // WH: ὁδόν σου RP: ὁδόν σου
ἔμπροσθέν σου 4 WH: ὁ ΝΑ: [ὁ] RP: omit ὁ // ΝΑ/RP: add καὶ before κηρύσσων
5 WH: πάντες, καὶ ἐβαπτίζοντο RP: καὶ ἐβαπτίζοντο πάντες // WH: ὑπ᾽ αὐτοῦ
ἐν τῷ Ἰορδάνῃ ποταμῷ RP: ἐν τῷ Ἰορδάνῃ ποταμῷ ὑπ᾽ αὐτοῦ 6 WH: καὶ ἦν RP:
Ἦν δὲ // WH: ἔσθων ΝΑ/RP: ἐσθίων 7 WH: [μου] ΝΑ/RP: μου 8 RP: add μὲν after
ἐγὼ // RP: add ἐν before ὕδατι // ΝΑ/RP: add ἐν before πνεύματι

1:2 Mal 3:1   3 Isa 40:3

Jesus Is Baptized by John
(Matt 3:13–17; Luke 3:21–22)

9 Καὶ ἐγένετο ἐν ἐκείναις ταῖς ἡμέραις ἦλθεν Ἰησοῦς ἀπὸ Ναζαρὲτ τῆς Γαλιλαίας καὶ ἐβαπτίσθη εἰς τὸν Ἰορδάνην ὑπὸ Ἰωάνου. 10 καὶ εὐθὺς ἀναβαίνων ἐκ τοῦ ὕδατος εἶδεν σχιζομένους τοὺς οὐρανοὺς καὶ τὸ πνεῦμα ὡς περιστερὰν καταβαῖνον εἰς αὐτόν· 11 καὶ φωνὴ [ἐγένετο] ἐκ τῶν οὐρανῶν   Σὺ εἶ ὁ υἱός μου ὁ ἀγαπητός, ἐν σοὶ εὐδόκησα.

Jesus Faces Temptation
(Matt 4:1–11; Luke 4:1–13)

12 Καὶ εὐθὺς τὸ πνεῦμα αὐτὸν ἐκβάλλει εἰς τὴν ἔρημον. 13 καὶ ἦν ἐν τῇ ἐρήμῳ τεσσεράκοντα ἡμέρας πειραζόμενος ὑπὸ τοῦ Σατανᾶ, καὶ ἦν μετὰ τῶν θηρίων, καὶ οἱ ἄγγελοι διηκόνουν αὐτῷ.

Jesus Calls His First Disciples
(Matt 4:1–11; Luke 4:1–13)

14 Καὶ μετὰ τὸ παραδοθῆναι τὸν Ἰωάνην ἦλθεν ὁ Ἰησοῦς εἰς τὴν Γαλιλαίαν κηρύσσων τὸ εὐαγγέλιον τοῦ θεοῦ 15 [καὶ λέγων] ὅτι   Πεπλήρωται ὁ καιρὸς καὶ ἤγγικεν ἡ βασιλεία τοῦ θεοῦ· μετανοεῖτε καὶ πιστεύετε ἐν τῷ εὐαγγελίῳ.

16 Καὶ παράγων παρὰ τὴν θάλασσαν τῆς Γαλιλαίας εἶδεν Σίμωνα καὶ Ἀνδρέαν τὸν ἀδελφὸν Σίμωνος ἀμφιβάλλοντας ἐν τῇ θαλάσσῃ, ἦσαν γὰρ ἁλεεῖς· 17 καὶ εἶπεν αὐτοῖς ὁ Ἰησοῦς   Δεῦτε ὀπίσω μου, καὶ ποιήσω ὑμᾶς γενέσθαι ἁλεεῖς ἀνθρώπων. 18 καὶ εὐθὺς ἀφέντες τὰ δίκτυα

---

9 WH: Καὶ ἐγένετο {WH}: Ἐγένετο // WH: εἰς τὸν Ἰορδάνην ὑπὸ Ἰωάνου RP: ὑπὸ Ἰωάννου εἰς τὸν Ἰορδάνην 10 WH: ἐκ RP: ἀπὸ // WH: ὡς RP: ὡσεὶ // WH: εἰς RP: ἐπ᾽ 11 WH: [ἐγένετο] ΝΑ/RP: ἐγένετο // WH: σοὶ RP: ᾧ 13 RP: add ἐκεῖ before ἐν // WH: τεσσεράκοντα ἡμέρας RP: ἡμέρας τεσσαράκοντα 14 WH: μετὰ ΝΑ/RP: Μετὰ δὲ // RP: add τῆς βασιλείας after εὐαγγέλιον 15 WH: [καὶ λέγων] ΝΑ/RP: καὶ λέγων 16 WH: Καὶ παράγων RP: Περιπατῶν δὲ // WH: ἀδελφὸν Σίμωνος RP: ἀδελφὸν αὐτοῦ, τοῦ Σίμωνος // WH: ἀμφιβάλλοντας RP: βάλλοντας ἀμφίβληστρον 18 RP: add αὐτῶν, after δίκτυα

ἠκολούθησαν αὐτῷ. 19 Καὶ προβὰς ὀλίγον εἶδεν Ἰάκωβον τὸν τοῦ Ζεβεδαίου καὶ Ἰωάνην τὸν ἀδελφὸν αὐτοῦ, καὶ αὐτοὺς ἐν τῷ πλοίῳ καταρτίζοντας τὰ δίκτυα, 20 καὶ εὐθὺς ἐκάλεσεν αὐτούς. καὶ ἀφέντες τὸν πατέρα αὐτῶν Ζεβεδαῖον ἐν τῷ πλοίῳ μετὰ τῶν μισθωτῶν ἀπῆλθον ὀπίσω αὐτοῦ.

Jesus Drives Out an Evil Spirit
(Luke 4:31–37)

21 Καὶ εἰσπορεύονται εἰς Καφαρναούμ. Καὶ εὐθὺς τοῖς σάββασιν εἰσελθὼν εἰς τὴν συναγωγὴν ἐδίδασκεν. 22 καὶ ἐξεπλήσσοντο ἐπὶ τῇ διδαχῇ αὐτοῦ, ἦν γὰρ διδάσκων αὐτοὺς ὡς ἐξουσίαν ἔχων καὶ οὐχ ὡς οἱ γραμματεῖς. 23 καὶ εὐθὺς ἦν ἐν τῇ συναγωγῇ αὐτῶν ἄνθρωπος ἐν πνεύματι ἀκαθάρτῳ, καὶ ἀνέκραξεν 24 λέγων Τί ἡμῖν καὶ σοί, Ἰησοῦ Ναζαρηνέ; ἦλθες ἀπολέσαι ἡμᾶς; οἶδά σε τίς εἶ, ὁ ἅγιος τοῦ θεοῦ. 25 καὶ ἐπετίμησεν αὐτῷ ὁ Ἰησοῦς [λέγων] Φιμώθητι καὶ ἔξελθε ἐξ αὐτοῦ. 26 καὶ σπαράξαν αὐτὸν τὸ πνεῦμα τὸ ἀκάθαρτον καὶ φωνῆσαν φωνῇ μεγάλῃ ἐξῆλθεν ἐξ αὐτοῦ. 27 καὶ ἐθαμβήθησαν ἅπαντες, ὥστε συνζητεῖν αὐτοὺς λέγοντας Τί ἐστιν τοῦτο; διδαχὴ καινή· κατ᾽ ἐξουσίαν καὶ τοῖς πνεύμασι τοῖς ἀκαθάρτοις ἐπιτάσσει, καὶ ὑπακούουσιν αὐτῷ. 28 Καὶ ἐξῆλθεν ἡ ἀκοὴ αὐτοῦ εὐθὺς πανταχοῦ εἰς ὅλην τὴν περίχωρον τῆς Γαλιλαίας.

Jesus Heals Many
(Luke 4:38–39)

29 Καὶ εὐθὺς ἐκ τῆς συναγωγῆς ἐξελθόντες ἦλθαν εἰς τὴν οἰκίαν Σίμωνος καὶ Ἀνδρέου μετὰ Ἰακώβου καὶ Ἰωά-

---

19 RP: add ἐκεῖθεν after προβὰς 21 WH: εἰσελθὼν εἰς τὴν συναγωγὴν ἐδίδασκεν {WH}: ἐδίδασκεν εἰς τὴν συναγωγὴν 23 RP: omit εὐθὺς 24 RP: add Ἔα, before τί // WH: οἶδά {WH}: οἴδαμέν 25 WH: [λέγων] NA/RP: λέγων 26 WH: φωνῆσαν RP: κράξαν 27 WH: ἅπαντες RP: πάντες // WH: αὐτοὺς {WH}/NA/RP: πρὸς ἑαυτοὺς // WH: διδαχὴ καινή RP: Τίς ἡ διδαχὴ ἡ καινὴ αὕτη ὅτι 28 WH: Καὶ ἐξῆλθεν RP: Ἐξῆλθεν δὲ // RP: omit πανταχοῦ 29 WH: ἐξελθόντες ἦλθαν {WH}: ἐξελθὼν

νου. 30 ἡ δὲ πενθερὰ Σίμωνος κατέκειτο πυρέσσουσα, καὶ
εὐθὺς λέγουσιν αὐτῷ περὶ αὐτῆς. 31 καὶ προσελθὼν ἤγειρεν
αὐτὴν κρατήσας τῆς χειρός· καὶ ἀφῆκεν αὐτὴν ὁ πυρετός,
καὶ διηκόνει αὐτοῖς.

32 Ὀψίας δὲ γενομένης, ὅτε ἔδυσεν ὁ ἥλιος, ἔφερον
πρὸς αὐτὸν πάντας τοὺς κακῶς ἔχοντας καὶ τοὺς δαιμονι-
ζομένους· 33 καὶ ἦν ὅλη ἡ πόλις ἐπισυνηγμένη πρὸς τὴν
θύραν. 34 καὶ ἐθεράπευσεν πολλοὺς κακῶς ἔχοντας ποι-
κίλαις νόσοις, καὶ δαιμόνια πολλὰ ἐξέβαλεν, καὶ οὐκ ἤφιεν
λαλεῖν τὰ δαιμόνια, ὅτι ᾔδεισαν αὐτὸν [Χριστὸν εἶναι].

Jesus Prays in a Solitary Place
(Luke 4:42–43)

35 Καὶ πρωὶ ἔννυχα λίαν ἀναστὰς ἐξῆλθεν [καὶ
ἀπῆλθεν] εἰς ἔρημον τόπον κἀκεῖ προσηύχετο. 36 καὶ κατ-
εδίωξεν αὐτὸν Σίμων καὶ οἱ μετ᾽ αὐτοῦ, 37 καὶ εὗρον αὐτὸν
καὶ λέγουσιν αὐτῷ ὅτι   Πάντες ζητοῦσίν σε. 38 καὶ λέγει
αὐτοῖς Ἄγωμεν ἀλλαχοῦ εἰς τὰς ἐχομένας κωμοπόλεις,
ἵνα καὶ ἐκεῖ κηρύξω, εἰς τοῦτο γὰρ ἐξῆλθον. 39 καὶ ἦλθεν
κηρύσσων εἰς τὰς συναγωγὰς αὐτῶν εἰς ὅλην τὴν Γαλι-
λαίαν καὶ τὰ δαιμόνια ἐκβάλλων.

Jesus Heals a Man with Leprosy
(Matt 8:1–4; Luke 5:12–16)

40 Καὶ ἔρχεται πρὸς αὐτὸν λεπρὸς παρακαλῶν αὐτὸν
[καὶ γονυπετῶν] λέγων αὐτῷ ὅτι   Ἐὰν θέλῃς δύνασαί με

ἦλθεν 31 RP: *add* αὐτῆς *after* χειρὸς // RP: *add* εὐθέως *after* πυρετὸς 32 WH:
ἔδυσεν NA/RP: ἔδυ 33 WH: ἦν ὅλη ἡ πόλις ἐπισυνηγμένη RP: ἡ πόλις ὅλη
ἐπισυνηγμένη ἦν 34 NA/RP: *omit* [Χριστὸν εἶναι] 35 WH: ἔννυχα RP: ἔννυχον
// WH: [καὶ ἀπῆλθεν] NA/RP: καὶ ἀπῆλθεν 36 WH: κατεδίωξεν RP: κατεδίωξαν
// RP: *add* ὁ *before* Σίμων 37 WH: εὗρον RP: εὑρόντες // RP: *omit* καὶ *before*
λέγουσιν // WH: ζητοῦσίν σε RP: σε ζητοῦσιν 38 RP: *omit* ἀλλαχοῦ // WH:
ἐξῆλθον RP: ἐξελήλυθα 39 WH: ἦλθεν RP: ἦν // WH: εἰς τὰς συναγωγὰς RP: ἐν
ταῖς συναγωγαῖς 40 WH: [καὶ γονυπετῶν] NA: [καὶ γονυπετῶν] καὶ RP: καὶ
γονυπετῶν αὐτόν, καὶ

καθαρίσαι. 41 καὶ σπλαγχνισθεὶς ἐκτείνας τὴν χεῖρα αὐτοῦ ἥψατο καὶ λέγει αὐτῷ Θέλω, καθαρίσθητι· 42 καὶ εὐθὺς ἀπῆλθεν ἀπ' αὐτοῦ ἡ λέπρα, καὶ ἐκαθερίσθη. 43 καὶ ἐμβριμησάμενος αὐτῷ εὐθὺς ἐξέβαλεν αὐτόν, 44 καὶ λέγει αὐτῷ Ὅρα μηδενὶ μηδὲν εἴπῃς, ἀλλὰ ὕπαγε σεαυτὸν **δεῖξον τῷ ἱερεῖ** καὶ προσένεγκε περὶ τοῦ καθαρισμοῦ σου ἃ προσέταξεν Μωυσῆς εἰς μαρτύριον αὐτοῖς. 45 ὁ δὲ ἐξελθὼν ἤρξατο κηρύσσειν πολλὰ καὶ διαφημίζειν τὸν λόγον, ὥστε μηκέτι αὐτὸν δύνασθαι φανερῶς εἰς πόλιν εἰσελθεῖν, ἀλλὰ ἔξω ἐπ' ἐρήμοις τόποις [ἦν]· καὶ ἤρχοντο πρὸς αὐτὸν πάντοθεν.

Jesus Heals a Paralyzed Man
(Matt 9:1–8; Luke 5:17–26)

2 Καὶ εἰσελθὼν πάλιν εἰς Καφαρναοὺμ δι' ἡμερῶν ἠκούσθη ὅτι ἐν οἴκῳ ἐστίν· 2 καὶ συνήχθησαν πολλοὶ ὥστε μηκέτι χωρεῖν μηδὲ τὰ πρὸς τὴν θύραν, καὶ ἐλάλει αὐτοῖς τὸν λόγον. 3 καὶ ἔρχονται φέροντες πρὸς αὐτὸν παραλυτικὸν αἰρόμενον ὑπὸ τεσσάρων. 4 καὶ μὴ δυνάμενοι προσενέγκαι αὐτῷ διὰ τὸν ὄχλον ἀπεστέγασαν τὴν στέγην ὅπου ἦν, καὶ ἐξορύξαντες χαλῶσι τὸν κράβαττον ὅπου ὁ παραλυτικὸς κατέκειτο. 5 καὶ ἰδὼν ὁ Ἰησοῦς τὴν πίστιν αὐτῶν λέγει τῷ παραλυτικῷ Τέκνον, ἀφίενταί σου αἱ ἁμαρτίαι. 6 ἦσαν δέ τινες τῶν γραμματέων ἐκεῖ καθήμενοι καὶ διαλο-

---

41 WH: καὶ σπλαγχνισθεὶς RP: Ὁ δὲ Ἰησοῦς σπλαγχνισθείς // WH: αὐτοῦ ἥψατο RP: ἥψατο αὐτοῦ 42 WH: εὐθὺς RP: εἰπόντος αὐτοῦ εὐθέως // WH: ἐκαθερίσθη NA/RP: ἐκαθαρίσθη 45 WH: φανερῶς εἰς πόλιν {WH}: εἰς πόλιν φανερῶς // WH: [ἦν] NA/RP: ἦν // WH: ἐπ' RP: ἐν // WH: πάντοθεν RP: πανταχόθεν

2:1 WH: εἰσελθὼν RP: εἰσῆλθεν // RP: add καὶ before ἠκούσθη // WH: ἐν οἴκῳ ἐστίν {WH}/RP: εἰς οἶκόν ἐστιν 2 RP: add εὐθέως before συνήχθησαν 3 WH: φέροντες πρὸς αὐτὸν παραλυτικὸν RP: πρὸς αὐτόν, παραλυτικὸν φέροντες 4 WH: προσενέγκαι RP: προσεγγίσαι // WH: χαλῶσι τὸν κράβαττον ὅπου RP: χαλῶσιν τὸν κράββατον ἐφ' ᾧ 5 WH: καὶ ἰδὼν RP: Ἰδὼν δὲ // WH: ἀφίενταί σου αἱ ἁμαρτίαι RP: ἀφέωνταί σοι αἱ ἁμαρτίαι σου

---

44 Lev 13:49

γιζόμενοι ἐν ταῖς καρδίαις αὐτῶν7 Τί οὗτος οὕτω λαλεῖ;
βλασφημεῖ· τίς δύναται ἀφιέναι ἁμαρτίας εἰ μὴ εἷς ὁ θεός;
8 καὶ εὐθὺς ἐπιγνοὺς ὁ Ἰησοῦς τῷ πνεύματι αὐτοῦ ὅτι
[οὕτως] διαλογίζονται ἐν ἑαυτοῖς λέγει [αὐτοῖς] Τί ταῦτα
διαλογίζεσθε ἐν ταῖς καρδίαις ὑμῶν; 9 τί ἐστιν εὐκοπώτε-
ρον, εἰπεῖν τῷ παραλυτικῷ Ἀφίενταί σου αἱ ἁμαρτίαι, ἢ
εἰπεῖν Ἐγείρου [καὶ] ἆρον τὸν κράβαττόν σου καὶ περι-
πάτει; 10 ἵνα δὲ εἰδῆτε ὅτι ἐξουσίαν ἔχει ὁ υἱὸς τοῦ ἀνθρώ-
που ἀφιέναι ἁμαρτίας ἐπὶ τῆς γῆς—λέγει τῷ παραλυτικῷ
11 Σοὶ λέγω, ἔγειρε ἆρον τὸν κράβαττόν σου καὶ ὕπαγε εἰς
τὸν οἶκόν σου. 12 καὶ ἠγέρθη καὶ εὐθὺς ἄρας τὸν κράβαττον
ἐξῆλθεν ἔμπροσθεν πάντων, ὥστε ἐξίστασθαι πάντας καὶ
δοξάζειν τὸν θεὸν [λέγοντας] ὅτι Οὕτως οὐδέποτε εἴδαμεν.

Jesus Calls Matthew
(Matt 9:9–13; Luke 5:27–32)

13 Καὶ ἐξῆλθεν πάλιν παρὰ τὴν θάλασσαν· καὶ πᾶς ὁ
ὄχλος ἤρχετο πρὸς αὐτόν, καὶ ἐδίδασκεν αὐτούς. 14 Καὶ
παράγων εἶδεν Λευεὶν τὸν τοῦ Ἁλφαίου καθήμενον ἐπὶ τὸ
τελώνιον, καὶ λέγει αὐτῷ Ἀκολούθει μοι. καὶ ἀναστὰς
ἠκολούθησεν αὐτῷ.

15 Καὶ γίνεται κατακεῖσθαι αὐτὸν ἐν τῇ οἰκίᾳ αὐτοῦ,
καὶ πολλοὶ τελῶναι καὶ ἁμαρτωλοὶ συνανέκειντο τῷ Ἰησοῦ
καὶ τοῖς μαθηταῖς αὐτοῦ, ἦσαν γὰρ πολλοὶ καὶ ἠκολούθουν
αὐτῷ. 16 καὶ οἱ γραμματεῖς τῶν Φαρισαίων ἰδόντες ὅτι ἐσθίει
μετὰ τῶν ἁμαρτωλῶν καὶ τελωνῶν ἔλεγον τοῖς μαθηταῖς

---

7 WH: Τί {WH}: Ὅτι // WH: οὕτω λαλεῖ; βλασφημεῖ· RP: οὕτως λαλεῖ
βλασφημίας; 8 WH: [οὕτως] NA: οὕτως RP: οὕτως αὐτοὶ // WH: λέγει [αὐτοῖς]
NA: λέγει αὐτοῖς RP: εἶπεν αὐτοῖς 9 WH: Ἀφίενταί RP: Ἀφέωνταί // WH:
Ἐγείρου [καὶ] NA: ἔγειρε καὶ RP: Ἔγειραι, καὶ // WH: τὸν κράβαττόν σου RP:
σου τὸν κράββατον 10 WH: ἀφιέναι ἁμαρτίας ἐπὶ τῆς γῆς {WH}: ἐπὶ τῆς γῆς
ἀφιέναι ἁμαρτίας RP: ἀφιέναι ἐπὶ τῆς γῆς ἁμαρτίας 11 WH: ἔγειρε ἆρον τὸν
κράβαττον RP: ἔγειραι καὶ ἆρον τὸν κράββατόν 12 WH: καὶ εὐθὺς RP: εὐθέως,
καὶ // WH: ἔμπροσθεν RP: ἐναντίον // WH: [λέγοντας] NA/RP: λέγοντας // WH:
Οὕτως οὐδέποτε RP: Οὐδέποτε οὕτως 15 WH: γίνεται κατακεῖσθαι RP: ἐγένετο
ἐν τῷ κατακεῖσθαι // WH: ἠκολούθουν RP: ἠκολούθησαν 16 WH: τῶν
Φαρισαίων RP: καὶ οἱ Φαρισαῖοι // WH: ὅτι ἐσθίει RP: αὐτὸν ἐσθίοντα //

αὐτοῦ Ὅτι μετὰ τῶν τελωνῶν καὶ ἁμαρτωλῶν ἐσθίει
17 καὶ ἀκούσας ὁ Ἰησοῦς λέγει αὐτοῖς [ὅτι] Οὐ χρείαν
ἔχουσιν οἱ ἰσχύοντες ἰατροῦ ἀλλ' οἱ κακῶς ἔχοντες· οὐκ
ἦλθον καλέσαι δικαίους ἀλλὰ ἁμαρτωλούς.

Jesus Is Questioned about Fasting
(Matt 9:14–17; Luke 5:33–39)

18 Καὶ ἦσαν οἱ μαθηταὶ Ἰωάνου καὶ οἱ Φαρισαῖοι νη-
στεύοντες. καὶ ἔρχονται καὶ λέγουσιν αὐτῷ Διὰ τί οἱ
μαθηταὶ Ἰωάνου καὶ οἱ μαθηταὶ τῶν Φαρισαίων νηστεύ-
ουσιν, οἱ δὲ σοὶ [μαθηταὶ] οὐ νηστεύουσιν; 19 καὶ εἶπεν
αὐτοῖς ὁ Ἰησοῦς Μὴ δύνανται οἱ υἱοὶ τοῦ νυμφῶνος ἐν ᾧ
ὁ νυμφίος μετ' αὐτῶν ἐστιν νηστεύειν; ὅσον χρόνον ἔχου-
σιν τὸν νυμφίον μετ' αὐτῶν οὐ δύνανται νηστεύειν·
20 ἐλεύσονται δὲ ἡμέραι ὅταν ἀπαρθῇ ἀπ' αὐτῶν ὁ νυμ-
φίος, καὶ τότε νηστεύσουσιν ἐν ἐκείνῃ τῇ ἡμέρᾳ. 21 οὐδεὶς
ἐπίβλημα ῥάκους ἀγνάφου ἐπιράπτει ἐπὶ ἱμάτιον παλαιόν·
εἰ δὲ μή, αἴρει τὸ πλήρωμα ἀπ' αὐτοῦ τὸ καινὸν τοῦ
παλαιοῦ, καὶ χεῖρον σχίσμα γίνεται. 22 καὶ οὐδεὶς βάλλει
οἶνον νέον εἰς ἀσκοὺς παλαιούς· εἰ δὲ μή, ῥήξει ὁ οἶνος
τοὺς ἀσκούς, καὶ ὁ οἶνος ἀπόλλυται καὶ οἱ ἀσκοί. [ἀλλὰ
οἶνον νέον εἰς ἀσκοὺς καινούς.]

Jesus Is the Lord of the Sabbath
(Matt 12:1–8; Luke 6:1–5)

23 Καὶ ἐγένετο αὐτὸν ἐν τοῖς σάββασιν διαπορεύεσθαι
διὰ τῶν σπορίμων, καὶ οἱ μαθηταὶ αὐτοῦ ἤρξαντο ὁδὸν

WH: ἁμαρτωλῶν καὶ τελωνῶν RP: τελωνῶν καὶ ἁμαρτωλῶν // RP: add Τί before
ὅτι // {WH}/RP: add καὶ πίνει after ἐσθίει 17 RP: omit [ὅτι] // RP: add εἰς μετάνοιαν
after ἁμαρτωλοὺς 18 WH: οἱ Φαρισαῖοι RP: οἱ τῶν Φαρισαίων // WH: μαθηταὶ
τῶν Φαρισαίων RP: τῶν Φαρισαίων // WH: [μαθηταὶ] NA/RP: μαθηταὶ 19 WH:
ἔχουσιν τὸν νυμφίον μετ' αὐτῶν RP: μεθ' ἑαυτῶν ἔχουσιν τὸν νυμφίον 21 RP: add
Καὶ before οὐδεὶς // WH: ἐπιράπτει ἐπὶ ἱμάτιον παλαιόν RP: ἐπιρράπτει ἐπὶ ἱματίῳ
παλαιῷ // RP: omit ἀπ' 22 WH: ῥήξει RP: ῥήσσει // RP: add ὁ νέος after οἶνος // WH:
ἀπόλλυται RP: ἐκχεῖται // RP: add ἀπολοῦνται after ἀσκοὶ // NA/RP: omit brackets
for [ἀλλὰ . . . καινούς.] // RP: add βλητέον after καινοὺς 23 WH: αὐτὸν ἐν τοῖς

ποιεῖν τίλλοντες τοὺς στάχυας. 24 καὶ οἱ Φαρισαῖοι ἔλεγον
αὐτῷ Ἴδε τί ποιοῦσιν τοῖς σάββασιν ὃ οὐκ ἔξεστιν; 25 καὶ
λέγει αὐτοῖς Οὐδέποτε ἀνέγνωτε τί ἐποίησεν Δαυεὶδ ὅτε
χρείαν ἔσχεν καὶ ἐπείνασεν αὐτὸς καὶ οἱ μετ' αὐτοῦ;
26 [πῶς] εἰσῆλθεν εἰς τὸν οἶκον τοῦ θεοῦ ἐπὶ Ἀβιάθαρ
ἀρχιερέως καὶ **τοὺς ἄρτους τῆς προθέσεως** ἔφαγεν, οὓς οὐκ
ἔξεστιν φαγεῖν εἰ μὴ τοὺς ἱερεῖς, καὶ ἔδωκεν καὶ τοῖς σὺν
αὐτῷ οὖσιν; 27 καὶ ἔλεγεν αὐτοῖς Τὸ σάββατον διὰ
τὸν ἄνθρωπον ἐγένετο καὶ οὐχ ὁ ἄνθρωπος διὰ τὸ σάβ-
βατον· 28 ὥστε κύριός ἐστιν ὁ υἱὸς τοῦ ἀνθρώπου καὶ τοῦ
σαββάτου.

Jesus Heals on the Sabbath
(Matt 12:9–14; Luke 6:6–11)

3 Καὶ εἰσῆλθεν πάλιν εἰς συναγωγήν, καὶ ἦν ἐκεῖ ἄνθρω-
πος ἐξηραμμένην ἔχων τὴν χεῖρα· 2 καὶ παρετήρουν αὐτὸν
εἰ τοῖς σάββασιν θεραπεύσει αὐτόν, ἵνα κατηγορήσωσιν
αὐτοῦ. 3 καὶ λέγει τῷ ἀνθρώπῳ τῷ τὴν χεῖρα ἔχοντι ξηράν
Ἔγειρε εἰς τὸ μέσον. 4 καὶ λέγει αὐτοῖς Ἔξεστιν τοῖς σάβ-
βασιν ἀγαθοποιῆσαι ἢ κακοποιῆσαι, ψυχὴν σῶσαι ἢ ἀπο-
κτεῖναι; οἱ δὲ ἐσιώπων. 5 καὶ περιβλεψάμενος αὐτοὺς μετ'
ὀργῆς, συνλυπούμενος ἐπὶ τῇ πωρώσει τῆς καρδίας αὐτῶν,
λέγει τῷ ἀνθρώπῳ Ἔκτεινον τὴν χεῖρά σου· καὶ ἐξέτει-
νεν, καὶ ἀπεκατεστάθη ἡ χεὶρ αὐτοῦ. 6 Καὶ ἐξελθόντες οἱ

σάββασιν διαπορεύεσθαι {WH}/NA: αὐτὸν ἐν τοῖς σάββασιν παραπορεύεσθαι
RP: παραπορεύεσθαι αὐτὸν ἐν τοῖς σάββασιν // WH: οἱ μαθηταὶ αὐτοῦ
ἤρξαντο RP: ἤρξαντο οἱ μαθηταὶ αὐτοῦ // WH: ὁδὸν ποιεῖν {WH}: ὁδοποιεῖν
24 RP: add ἐν before τοῖς σάββασιν 25 WH: λέγει αὐτοῖς RP: αὐτὸς ἔλεγεν αὐτοῖς
// 26 WH: [πῶς] NA/RP: πῶς // WH: τοὺς ἱερεῖς RP: τοῖς ἱερεῦσιν 27 RP: omit καὶ
before οὐχ
3:1 NA/RP: add τὴν before συναγωγήν 3 WH: τὴν χεῖρα ἔχοντι ξηράν NA: τὴν
ξηρὰν χεῖρα ἔχοντι RP: ἐξηραμμένην ἔχοντι τὴν χεῖρα // WH: Ἔγειρε RP:
Ἔγειραι 4 WH: ἀγαθοποιῆσαι NA: ἀγαθὸν ποιῆσαι 5 WH: χεῖρά σου
{WH}/NA: χεῖρα // WH: ἀπεκατεστάθη RP: ἀποκατεστάθη // RP: add αὐτοῦ after
ὑγιὴς ὡς ἡ ἄλλη

2:26 1 Sam 21:6

Φαρισαῖοι εὐθὺς μετὰ τῶν Ἡρῳδιανῶν συμβούλιον ἐδί-
δουν κατ' αὐτοῦ ὅπως αὐτὸν ἀπολέσωσιν.

Crowds Follow Jesus
(Matt 12:15–21; Luke 6:17–19)

7 Καὶ ὁ Ἰησοῦς μετὰ τῶν μαθητῶν αὐτοῦ ἀνεχώρησεν
πρὸς τὴν θάλασσαν· καὶ πολὺ πλῆθος ἀπὸ τῆς Γαλιλαίας
ἠκολούθησεν, καὶ ἀπὸ τῆς Ἰουδαίας 8 καὶ ἀπὸ Ἱεροσολύ-
μων καὶ ἀπὸ τῆς Ἰδουμαίας καὶ πέραν τοῦ Ἰορδάνου καὶ
περὶ Τύρον καὶ Σιδῶνα, πλῆθος πολύ, ἀκούοντες ὅσα ποιεῖ
ἦλθαν πρὸς αὐτόν. 9 καὶ εἶπεν τοῖς μαθηταῖς αὐτοῦ ἵνα
πλοιάριον προσκαρτερῇ αὐτῷ διὰ τὸν ὄχλον ἵνα μὴ θλίβω-
σιν αὐτόν· 10 πολλοὺς γὰρ ἐθεράπευσεν, ὥστε ἐπιπίπτειν
αὐτῷ ἵνα αὐτοῦ ἅψωνται ὅσοι εἶχον μάστιγας. 11 καὶ τὰ
πνεύματα τὰ ἀκάθαρτα, ὅταν αὐτὸν ἐθεώρουν, προσέπιπτον
αὐτῷ καὶ ἔκραζον λέγοντα ὅτι Σὺ εἶ ὁ υἱὸς τοῦ θεοῦ. 12 καὶ
πολλὰ ἐπετίμα αὐτοῖς ἵνα μὴ αὐτὸν φανερὸν ποιήσωσιν.

Jesus Chooses Twelve Apostles
(Luke 6:12–16; cf. Matt 10:1–4)

13 Καὶ ἀναβαίνει εἰς τὸ ὄρος καὶ προσκαλεῖται οὓς
ἤθελεν αὐτός, καὶ ἀπῆλθον πρὸς αὐτόν. 14 καὶ ἐποίησεν
δώδεκα, οὓς καὶ ἀποστόλους ὠνόμασεν, ἵνα ὦσιν μετ'
αὐτοῦ καὶ ἵνα ἀποστέλλῃ αὐτοὺς κηρύσσειν 15 καὶ ἔχειν
ἐξουσίαν ἐκβάλλειν τὰ δαιμόνια· καὶ ἐποίησεν τοὺς δώδεκα

---

6 WH: ἐδίδουν {WH}: ἐποίησαν RP: ἐποίουν 7 WH: μετὰ τῶν μαθητῶν αὐτοῦ
ἀνεχώρησεν RP: ἀνεχώρησεν μετὰ τῶν μαθητῶν αὐτοῦ // WH: ἠκολούθησεν
ΝΑ: [ἠκολούθησεν] RP: ἠκολούθησαν αὐτῷ // WH: ἠκολούθησεν, καὶ ἀπὸ τῆς
Ἰουδαίας {WH}: καὶ ἀπὸ τῆς Ἰουδαίας ἠκολούθησεν 8 RP: add οἱ before περὶ //
WH: ἀκούοντες RP: ἀκούσαντες // WH: Σιδῶνα, {WH}: Σιδῶνα,— // WH: ποιεῖ
{WH}/ΝΑ/RP: ἐποίει 11 WH: ἐθεώρουν, προσέπιπτον . . . ἔκραζον RP: ἐθεώρει,
προσέπιπτεν . . . ἔκραζεν // WH: λέγοντα {WH}/ΝΑ: λέγοντες 12 WH: αὐτὸν
φανερὸν RP: φανερὸν αὐτὸν 14 WH: οὓς καὶ ἀποστόλους ὠνόμασεν ΝΑ: [οὓς
καὶ ἀποστόλους ὠνόμασεν] RP: omit οὓς καὶ ἀποστόλους ὠνόμασεν, 15 RP: add
θεραπεύειν τὰς νόσους, καὶ before ἐκβάλλειν 15–16 ΝΑ: end v. 15 after δαιμόνια·

16 (καὶ ἐπέθηκεν ὄνομα τῷ Σίμωνι) Πέτρον, 17 καὶ Ἰάκω-
βον τὸν τοῦ Ζεβεδαίου καὶ Ἰωάνην τὸν ἀδελφὸν τοῦ Ἰα-
κώβου (καὶ ἐπέθηκεν αὐτοῖς ὄνομα Βοανηργές, ὅ ἐστιν Υἱοὶ
Βροντῆς), 18 καὶ Ἀνδρέαν καὶ Φίλιππον καὶ Βαρθολο-
μαῖον καὶ Μαθθαῖον καὶ Θωμᾶν καὶ Ἰάκωβον τὸν τοῦ Ἁλ-
φαίου καὶ Θαδδαῖον καὶ Σίμωνα τὸν Καναναῖον 19 καὶ
Ἰούδαν Ἰσκαριώθ, ὃς καὶ παρέδωκεν αὐτόν.

Jesus and Beelzebub
(Matt 12:22–24; cf. Luke 11:14–16)

20 Καὶ ἔρχεται εἰς οἶκον· καὶ συνέρχεται πάλιν [ὁ]
ὄχλος, ὥστε μὴ δύνασθαι αὐτοὺς μηδὲ ἄρτον φαγεῖν. 21 καὶ
ἀκούσαντες οἱ παρ᾽ αὐτοῦ ἐξῆλθον κρατῆσαι αὐτόν, ἔλε-
γον γὰρ ὅτι ἐξέστη. 22 καὶ οἱ γραμματεῖς οἱ ἀπὸ Ἱεροσολύ-
μων καταβάντες ἔλεγον ὅτι Βεεζεβοὺλ ἔχει, καὶ ὅτι ἐν τῷ
ἄρχοντι τῶν δαιμονίων ἐκβάλλει τὰ δαιμόνια. 23 καὶ προσ-
καλεσάμενος αὐτοὺς ἐν παραβολαῖς ἔλεγεν αὐτοῖς Πῶς
δύναται Σατανᾶς Σατανᾶν ἐκβάλλειν; 24 καὶ ἐὰν βασιλεία
ἐφ᾽ ἑαυτὴν μερισθῇ, οὐ δύναται σταθῆναι ἡ βασιλεία
ἐκείνη· 25 καὶ ἐὰν οἰκία ἐφ᾽ ἑαυτὴν μερισθῇ, οὐ δυνήσεται
ἡ οἰκία ἐκείνη στῆναι· 26 καὶ εἰ ὁ Σατανᾶς ἀνέστη ἐφ᾽
ἑαυτὸν καὶ ἐμερίσθη, οὐ δύναται στῆναι ἀλλὰ τέλος ἔχει.
27 ἀλλ᾽ οὐ δύναται οὐδεὶς εἰς τὴν οἰκίαν τοῦ ἰσχυροῦ
εἰσελθὼν τὰ σκεύη αὐτοῦ διαρπάσαι ἐὰν μὴ πρῶτον τὸν
ἰσχυρὸν δήσῃ, καὶ τότε τὴν οἰκίαν αὐτοῦ διαρπάσει.

// WH: (v. 15) καὶ ἐποίησεν τοὺς δώδεκα ΝΑ: (v. 16) [καὶ ἐποίησεν τοὺς δώδεκα,]
RP: *omit* καὶ ἐποίησεν τοὺς δώδεκα 16 WH: (καὶ ἐπέθηκεν ὄνομα τῷ Σίμωνι)
ΝΑ: WH: καὶ ἐπέθηκεν ὄνομα τῷ Σίμωνι RP: καὶ ἐπέθηκεν τῷ Σίμωνι ὄνομα
17 WH: ὄνομα {WH}/RP: ὀνόματα ΝΑ: ὀνόμα[τα] 18 WH: Καναναῖον RP:
Κανανίτην 19 WH: Ἰσκαριώθ RP: Ἰσκαριώτην // RP: *add* Καὶ ἔρχονται εἰς
οἶκον· *after* αὐτόν. 20 RP: *omit* Καὶ ἔρχεται εἰς οἶκον· // RP: *omit* [ὁ] // WH: μηδὲ
RP: μήτε 25 WH: δυνήσεται ἡ οἰκία ἐκείνη στῆναι RP: δύναται σταθῆναι ἡ
οἰκία ἐκείνη // WH: στῆναι ΝΑ: σταθῆναι 26 WH: ἐμερίσθη RP: μεμέρισται //
WH: στῆναι RP: σταθῆναι 27 WH: ἀλλ᾽ οὐ δύναται οὐδεὶς RP: Οὐδεὶς δύναται
// WH: εἰς τὴν οἰκίαν τοῦ ἰσχυροῦ, εἰσελθὼν τὰ σκεύη RP: τὰ σκεύη τοῦ
ἰσχυροῦ, εἰσελθὼν εἰς τὴν οἰκίαν // WH: διαρπάσει RP: διαρπάσῃ

28 Ἀμὴν λέγω ὑμῖν ὅτι πάντα ἀφεθήσεται τοῖς υἱοῖς τῶν ἀνθρώπων, τὰ ἁμαρτήματα καὶ αἱ βλασφημίαι ὅσα ἐὰν βλασφημήσωσιν· 29 ὃς δ' ἂν βλασφημήσῃ εἰς τὸ πνεῦμα τὸ ἅγιον, οὐκ ἔχει ἄφεσιν εἰς τὸν αἰῶνα, ἀλλὰ ἔνοχός ἐστιν αἰωνίου ἁμαρτήματος. 30 ὅτι ἔλεγον   Πνεῦμα ἀκάθαρτον ἔχει.

Jesus' True Relatives
(Matt 12:46–50; cf. Luke 8:19–21)

31 Καὶ ἔρχονται ἡ μήτηρ αὐτοῦ καὶ οἱ ἀδελφοὶ αὐτοῦ καὶ ἔξω στήκοντες ἀπέστειλαν πρὸς αὐτὸν καλοῦντες αὐτόν. 32 καὶ ἐκάθητο περὶ αὐτὸν ὄχλος, καὶ λέγουσιν αὐτῷ   Ἰδοὺ ἡ μήτηρ σου καὶ οἱ ἀδελφοί σου ἔξω ζητοῦσίν σε. 33 καὶ ἀποκριθεὶς αὐτοῖς λέγει   Τίς ἐστιν ἡ μήτηρ μου καὶ οἱ ἀδελφοί; 34 καὶ περιβλεψάμενος τοὺς περὶ αὐτὸν κύκλῳ καθημένους λέγει   Ἴδε ἡ μήτηρ μου καὶ οἱ ἀδελφοί μου· 35 ὃς ἂν ποιήσῃ τὸ θέλημα τοῦ θεοῦ, οὗτος ἀδελφός μου καὶ ἀδελφὴ καὶ μήτηρ ἐστίν.

The Parable of the Sower and the Seeds
(Matt 13:1–9; Luke 8:4–8)

4 Καὶ πάλιν ἤρξατο διδάσκειν παρὰ τὴν θάλασσαν. καὶ συνάγεται πρὸς αὐτὸν ὄχλος πλεῖστος, ὥστε αὐτὸν εἰς πλοῖον ἐμβάντα καθῆσθαι ἐν τῇ θαλάσσῃ, καὶ πᾶς ὁ ὄχλος

---

28 WH: τοῖς υἱοῖς τῶν ἀνθρώπων, τὰ ἁμαρτήματα RP: τὰ ἁμαρτήματα τοῖς υἱοῖς τῶν ἀνθρώπων // RP: omit αἱ // WH: ὅσα ἐὰν RP: ὅσας ἂν 29 WH: ἁμαρτήματος RP: κρίσεως 31 WH: Καὶ ἔρχονται NA: Καὶ ἔρχεται RP: Ἔρχονται οὖν // WH: ἡ μήτηρ αὐτοῦ καὶ οἱ ἀδελφοὶ RP: οἱ ἀδελφοὶ καὶ ἡ μήτηρ // WH: στήκοντες RP: ἑστῶτες // WH: καλοῦντες RP: φωνοῦντες 32 WH: περὶ αὐτὸν ὄχλος RP: ὄχλος περὶ αὐτόν // WH: καὶ λέγουσιν RP: εἶπον δὲ // [NA]/RP: add καὶ αἱ ἀδελφαί σου before ἔξω 33 WII: ἀποκριθεὶς RP: ἀπεκρίθη // WH: λέγει RP: λέγων // WH: καὶ RP: ἢ // [NA]/RP: add μου after ἀδελφοί 34 WH: τοὺς περὶ αὐτὸν κύκλῳ RP: κύκλῳ τοὺς περὶ αὐτὸν 35 {WH}/[NA]/RP: add γὰρ before ἂν // WH: τὸ θέλημα {WH}: τὰ θελήματα // RP: add μου after ἀδελφή 4:1 WH: συνάγεται RP: συνήχθη // WH: πλεῖστος RP: πολύς // WH: εἰς πλοῖον ἐμβάντα RP: ἐμβάντα εἰς τὸ πλοῖον //

πρὸς τὴν θάλασσαν ἐπὶ τῆς γῆς ἦσαν. 2 καὶ ἐδίδασκεν αὐτοὺς ἐν παραβολαῖς πολλά, καὶ ἔλεγεν αὐτοῖς ἐν τῇ διδαχῇ αὐτοῦ 3 Ἀκούετε. ἰδοὺ ἐξῆλθεν ὁ σπείρων σπεῖραι. 4 καὶ ἐγένετο ἐν τῷ σπείρειν ὃ μὲν ἔπεσεν παρὰ τὴν ὁδόν, καὶ ἦλθεν τὰ πετεινὰ καὶ κατέφαγεν αὐτό. 5 καὶ ἄλλο ἔπεσεν ἐπὶ τὸ πετρῶδες [καὶ] ὅπου οὐκ εἶχεν γῆν πολλήν, καὶ εὐθὺς ἐξανέτειλεν διὰ τὸ μὴ ἔχειν βάθος γῆς· 6 καὶ ὅτε ἀνέτειλεν ὁ ἥλιος ἐκαυματίσθη καὶ διὰ τὸ μὴ ἔχειν ῥίζαν ἐξηράνθη. 7 καὶ ἄλλο ἔπεσεν εἰς τὰς ἀκάνθας, καὶ ἀνέβησαν αἱ ἄκανθαι καὶ συνέπνιξαν αὐτό, καὶ καρπὸν οὐκ ἔδωκεν. 8 καὶ ἄλλα ἔπεσεν εἰς τὴν γῆν τὴν καλήν, καὶ ἐδίδου καρπὸν ἀναβαίνοντα καὶ αὐξανόμενα, καὶ ἔφερεν εἰς τριάκοντα καὶ ἐν ἑξήκοντα καὶ ἐν ἑκατόν. 9 Καὶ ἔλεγεν Ὃς ἔχει ὦτα ἀκούειν ἀκουέτω.

The Purpose of Jesus' Parables
(Matt 13:10–15; Luke 8:9–10)

10 Καὶ ὅτε ἐγένετο κατὰ μόνας, ἠρώτων αὐτὸν οἱ περὶ αὐτὸν σὺν τοῖς δώδεκα τὰς παραβολάς. 11 καὶ ἔλεγεν αὐτοῖς Ὑμῖν τὸ μυστήριον δέδοται τῆς βασιλείας τοῦ θεοῦ· ἐκείνοις δὲ τοῖς ἔξω ἐν παραβολαῖς τὰ πάντα γίνεται, 12 ἵνα

βλέποντες βλέπωσι καὶ μὴ ἴδωσιν,
   καὶ ἀκούοντες ἀκούωσι καὶ μὴ συνίωσιν,
μή ποτε ἐπιστρέψωσιν καὶ ἀφεθῇ αὐτοῖς.

WH: ἦσαν RP: ἦν 3 RP: add τοῦ before σπεῖραι 5 WH: καὶ ἄλλο RP: Ἄλλο δὲ // WH: [καὶ] NA/RP: omit [καὶ] 6 WH: καὶ ὅτε ἀνέτειλεν ὁ ἥλιος RP: ἡλίου δὲ ἀνατείλαντος // WH: ἐκαυματίσθη {WH}: ἐκαυματίσθησαν 8 WH: ἄλλα RP: ἄλλο // WH: αὐξανόμενα RP: αὐξάνοντα // WH: εἰς τριάκοντα . . . ἐν . . . ἐν {WH}: εἰς τριάκοντα . . . εἰς . . . εἰς or εἰς τριάκοντα . . . ἐν . . . ἐν NA: ἐν τριάκοντα . . . ἐν . . . ἐν RP: ἐν τριάκοντα . . . ἐν . . . ἐν 9 WH: Ὃς ἔχει RP: Ὁ ἔχων 10 WH: Καὶ ὅτε RP: Ὅτε δὲ // WH: κατὰ μόνας, ἠρώτων RP: καταμόνας, ἠρώτησαν // WH: τὰς παραβολάς RP: τὴν παραβολήν 11 WH: τὸ μυστήριον δέδοται RP: δέδοται γνῶναι τὸ μυστήριον // WH: ἔξω {WH}: ἔξωθεν 12 RP: add τὰ ἁμαρτήματα after αὐτοῖς

Jesus Explains the Parable of the Sower
(Matt 13:18–23; Luke 8:11–15)

13 καὶ λέγει αὐτοῖς Οὐκ οἴδατε τὴν παραβολὴν ταύτην, καὶ πῶς πάσας τὰς παραβολὰς γνώσεσθε; 14 Ὁ σπείρων τὸν λόγον σπείρει. 15 οὗτοι δέ εἰσιν οἱ παρὰ τὴν ὁδὸν ὅπου σπείρεται ὁ λόγος, καὶ ὅταν ἀκούσωσιν εὐθὺς ἔρχεται ὁ Σατανᾶς καὶ αἴρει τὸν λόγον τὸν ἐσπαρμένον εἰς αὐτούς. 16 καὶ οὗτοί εἰσιν ὁμοίως οἱ ἐπὶ τὰ πετρώδη σπειρόμενοι, οἳ ὅταν ἀκούσωσιν τὸν λόγον εὐθὺς μετὰ χαρᾶς λαμβάνουσιν αὐτόν, 17 καὶ οὐκ ἔχουσιν ῥίζαν ἐν ἑαυτοῖς ἀλλὰ πρόσκαιροί εἰσιν, εἶτα γενομένης θλίψεως ἢ διωγμοῦ διὰ τὸν λόγον εὐθὺς σκανδαλίζονται. 18 καὶ ἄλλοι εἰσὶν οἱ εἰς τὰς ἀκάνθας σπειρόμενοι· οὗτοί εἰσιν οἱ τὸν λόγον ἀκούσαντες, 19 καὶ αἱ μέριμναι τοῦ αἰῶνος καὶ ἡ ἀπάτη τοῦ πλούτου καὶ αἱ περὶ τὰ λοιπὰ ἐπιθυμίαι εἰσπορευόμεναι συνπνίγουσιν τὸν λόγον, καὶ ἄκαρπος γίνεται. 20 καὶ ἐκεῖνοί εἰσιν οἱ ἐπὶ τὴν γῆν τὴν καλὴν σπαρέντες, οἵτινες ἀκούουσιν τὸν λόγον καὶ παραδέχονται καὶ καρποφοροῦσιν ἐν τριάκοντα καὶ [ἐν] ἑξήκοντα καὶ [ἐν] ἑκατόν.

Jesus Warns His Hearers
(Luke 8:16–18)

21 Καὶ ἔλεγεν αὐτοῖς ὅτι Μήτι ἔρχεται ὁ λύχνος ἵνα ὑπὸ τὸν μόδιον τεθῇ ἢ ὑπὸ τὴν κλίνην, οὐχ ἵνα ἐπὶ τὴν λυχνίαν τεθῇ; 22 οὐ γὰρ ἔστιν κρυπτὸν ἐὰν μὴ ἵνα φανερωθῇ, οὐδὲ ἐγένετο ἀπόκρυφον ἀλλ᾽ ἵνα ἔλθῃ εἰς φανερόν. 23 Εἴ τις ἔχει ὦτα ἀκούειν ἀκουέτω.

---

15 WH: εἰς αὐτούς RP: ἐν ταῖς καρδίαις αὐτῶν 16 NA: omit ὁμοίως 18 WH: ἄλλοι RP: οὗτοί // WH: οὗτοί εἰσιν οἱ τὸν λόγον ἀκούσαντες RP: οἱ τὸν λόγον ἀκούοντες 19 RP: add τούτου, after αἰῶνος 20 WH: ἐκεῖνοί RP: οὗτοί // WH: ἐν ... [ἐν] ... [ἐν] {WH}: ἐν ... ἐν ... ἐν RP: ἐν ... ἐν ... ἐν 21 NA/RP: omit ὅτι // WH: ἔρχεται ὁ λύχνος RP: ὁ λύχνος ἔρχεται // WH: τεθῇ RP: ἐπιτεθῇ // WH: κλίνην, NA: κλίνην; // WH: ἐπὶ {WH}: **ὑπὸ** 22 {WH}/RP: add τι before κρυπτὸν // WH: ἐὰν μὴ ἵνα RP: ὃ ἐὰν μὴ // WH: ἔλθῃ εἰς φανερόν RP: εἰς φανερὸν ἔλθῃ

24 Καὶ ἔλεγεν αὐτοῖς Βλέπετε τί ἀκούετε. ἐν ᾧ μέτρῳ μετρεῖτε μετρηθήσεται ὑμῖν καὶ προστεθήσεται ὑμῖν. 25 ὃς γὰρ ἔχει, δοθήσεται αὐτῷ· καὶ ὃς οὐκ ἔχει, καὶ ὃ ἔχει ἀρθήσεται ἀπ' αὐτοῦ.

The Parable of the Growing Seed

26 Καὶ ἔλεγεν Οὕτως ἐστὶν ἡ βασιλεία τοῦ θεοῦ ὡς ἄνθρωπος βάλῃ τὸν σπόρον ἐπὶ τῆς γῆς 27 καὶ καθεύδῃ καὶ ἐγείρηται νύκτα καὶ ἡμέραν, καὶ ὁ σπόρος βλαστᾷ καὶ μηκύνηται ὡς οὐκ οἶδεν αὐτός. 28 αὐτομάτη ἡ γῆ καρποφορεῖ, πρῶτον χόρτον, εἶτεν στάχυν, εἶτεν πλήρη σῖτον ἐν τῷ στάχυϊ. 29 ὅταν δὲ παραδοῖ ὁ καρπός, εὐθὺς **ἀποστέλλει τὸ δρέπανον, ὅτι παρέστηκεν ὁ θερισμός.**

The Parable of the Mustard Seed
(Matt 13:31–32; cf. Luke 13:18–19)

30 Καὶ ἔλεγεν Πῶς ὁμοιώσωμεν τὴν βασιλείαν τοῦ θεοῦ, ἢ ἐν τίνι αὐτὴν παραβολῇ θῶμεν; 31 ὡς κόκκῳ σινάπεως, ὃς ὅταν σπαρῇ ἐπὶ τῆς γῆς, μικρότερον ὂν πάντων τῶν σπερμάτων τῶν ἐπὶ τῆς γῆς—32 καὶ ὅταν σπαρῇ, ἀναβαίνει καὶ γίνεται μεῖζον πάντων τῶν λαχάνων καὶ ποιεῖ κλάδους μεγάλους, ὥστε δύνασθαι **ὑπὸ τὴν σκιὰν αὐτοῦ τὰ πετεινὰ τοῦ οὐρανοῦ κατασκηνοῖν.**

33 Καὶ τοιαύταις παραβολαῖς πολλαῖς ἐλάλει αὐτοῖς τὸν λόγον, καθὼς ἠδύναντο ἀκούειν· 34 χωρὶς δὲ παραβολῆς

---

24 RP: add τοῖς ἀκούουσιν after ὑμῖν 25 WH: ἔχει RP: ἂν ἔχῃ 26 RP: add ἐὰν after ὡς 28 RP: add γὰρ after Αὐτομάτη // WH: εἶτεν ... εἶτεν NA/RP: εἶτα ... εἶτα // WH: πλήρη σῖτον {WH}: *πλήρη σῖτον* NA: πλήρη[ς] σῖτον 29 WH: παραδοῖ RP: παραδῷ 30 WH: ἔλεγεν Πῶς RP: ἔλεγεν, Τίνι // WH: τίνι αὐτὴν παραβολῇ θῶμεν RP: ποίᾳ παραβολῇ παραβάλωμεν αὐτήν 31 WH: κόκκῳ RP: κόκκον // WH: μεῖζον πάντων τῶν λαχάνων RP: πάντων τῶν λαχάνων μεῖζον // WH: μικρότερον ὂν RP: μικρότερος // RP: add ἐστὶν after σπερμάτων 32 WH: κατασκηνοῖν NA/RP: κατασκηνοῦν 33 WH: ἠδύναντο RP: ἐδύναντο

29 Joel 3:13 32 Dan 4:12, 21; Ezek 17:23

οὐκ ἐλάλει αὐτοῖς, κατ' ἰδίαν δὲ τοῖς ἰδίοις μαθηταῖς ἐπέλυεν πάντα.

Jesus Calms a Storm
(Matt 8:23–27; Luke 8:22–25)

35 Καὶ λέγει αὐτοῖς ἐν ἐκείνῃ τῇ ἡμέρᾳ ὀψίας γενομένης Διέλθωμεν εἰς τὸ πέραν. 36 καὶ ἀφέντες τὸν ὄχλον παραλαμβάνουσιν αὐτὸν ὡς ἦν ἐν τῷ πλοίῳ, καὶ ἄλλα πλοῖα ἦν μετ' αὐτοῦ. 37 καὶ γίνεται λαῖλαψ μεγάλη ἀνέμου, καὶ τὰ κύματα ἐπέβαλλεν εἰς τὸ πλοῖον, ὥστε ἤδη γεμίζεσθαι τὸ πλοῖον. 38 καὶ αὐτὸς ἦν ἐν τῇ πρύμνῃ ἐπὶ τὸ προσκεφάλαιον καθεύδων· καὶ ἐγείρουσιν αὐτὸν καὶ λέγουσιν αὐτῷ Διδάσκαλε, οὐ μέλει σοι ὅτι ἀπολλύμεθα; 39 καὶ διεγερθεὶς ἐπετίμησεν τῷ ἀνέμῳ καὶ εἶπεν τῇ θαλάσσῃ Σιώπα, πεφίμωσο. καὶ ἐκόπασεν ὁ ἄνεμος, καὶ ἐγένετο γαλήνη μεγάλη. 40 καὶ εἶπεν αὐτοῖς Τί δειλοί ἐστε; οὔπω ἔχετε πίστιν; 41 καὶ ἐφοβήθησαν φόβον μέγαν, καὶ ἔλεγον πρὸς ἀλλήλους Τίς ἄρα οὗτός ἐστιν ὅτι καὶ ὁ ἄνεμος καὶ ἡ θάλασσα ὑπακούει αὐτῷ;

Jesus Heals Two Demon-Possessed Men
(Matt 8:28–34; Luke 8:26–39)

5 Καὶ ἦλθον εἰς τὸ πέραν τῆς θαλάσσης εἰς τὴν χώραν τῶν Γερασηνῶν. 2 καὶ ἐξελθόντος αὐτοῦ ἐκ τοῦ πλοίου [εὐθὺς] ὑπήντησεν αὐτῷ ἐκ τῶν μνημείων ἄνθρωπος ἐν πνεύματι ἀκαθάρτῳ, 3 ὃς τὴν κατοίκησιν εἶχεν ἐν τοῖς μνήμασιν, καὶ οὐδὲ ἁλύσει οὐκέτι οὐδεὶς ἐδύνατο αὐτὸν

---

34 WH: ἰδίοις μαθηταῖς RP: μαθηταῖς αὐτοῦ 36 WH: πλοῖα RP: δὲ πλοιάρια 37 WH: μεγάλη ἀνέμου, καὶ τὰ RP: ἀνέμου μεγάλη· τὰ δὲ // RP: add αὐτὸ *after* ὥστε // RP: add τὸ πλοῖον. *after* γεμίζεσθαι 38 WH: αὐτὸς ἦν ἐν RP: ἦν αὐτὸς ἐπὶ // WH: ἐγείρουσιν RP: διεγείρουσιν 40 WH: Τί δειλοί ἐστε; οὔπω ἔχετε πίστιν; RP: Τί δειλοί ἐστε οὕτως; Πῶς οὐκ ἔχετε πίστιν; 41 WH: ὑπακούει RP: ὑπακούουσιν 5:1 WH: Γερασηνῶν RP: Γαδαρηνῶν 2 WH: ἐξελθόντος αὐτοῦ RP: ἐξελθόντι αὐτῷ // WH: [εὐθὺς] ὑπήντησεν ΝΑ: εὐθὺς ὑπήντησεν RP: εὐθέως ἀπήντησεν 3 WH: οὐδὲ ἁλύσει οὐκέτι RP: οὔτε ἁλύσεσιν

δῆσαι 4 διὰ τὸ αὐτὸν πολλάκις πέδαις καὶ ἁλύσεσι
δεδέσθαι καὶ διεσπάσθαι ὑπ' αὐτοῦ τὰς ἁλύσεις καὶ τὰς
πέδας συντετρίφθαι, καὶ οὐδεὶς ἴσχυεν αὐτὸν δαμάσαι·
5 καὶ διὰ παντὸς νυκτὸς καὶ ἡμέρας ἐν τοῖς μνήμασιν καὶ
ἐν τοῖς ὄρεσιν ἦν κράζων καὶ κατακόπτων ἑαυτὸν λίθοις.
6 καὶ ἰδὼν τὸν Ἰησοῦν ἀπὸ μακρόθεν ἔδραμεν καὶ προσε-
κύνησεν αὐτόν, 7 καὶ κράξας φωνῇ μεγάλῃ λέγει Τί ἐμοὶ
καὶ σοί, Ἰησοῦ υἱὲ τοῦ θεοῦ τοῦ ὑψίστου; ὁρκίζω σε τὸν
θεόν, μή με βασανίσῃς. 8 ἔλεγεν γὰρ αὐτῷ Ἔξελθε τὸ
πνεῦμα τὸ ἀκάθαρτον ἐκ τοῦ ἀνθρώπου. 9 καὶ ἐπηρώτα
αὐτόν Τί ὄνομά σοι; καὶ λέγει αὐτῷ Λεγιὼν ὄνομά μοι,
ὅτι πολλοί ἐσμεν· 10 καὶ παρεκάλει αὐτὸν πολλὰ ἵνα μὴ
αὐτὰ ἀποστείλῃ ἔξω τῆς χώρας. 11 Ἦν δὲ ἐκεῖ πρὸς τῷ ὄρει
ἀγέλη χοίρων μεγάλη βοσκομένη· 12 καὶ παρεκάλεσαν
αὐτὸν λέγοντες Πέμψον ἡμᾶς εἰς τοὺς χοίρους, ἵνα εἰς αὐ-
τοὺς εἰσέλθωμεν. 13 καὶ ἐπέτρεψεν αὐτοῖς. καὶ ἐξελθόντα
τὰ πνεύματα τὰ ἀκάθαρτα εἰσῆλθον εἰς τοὺς χοίρους, καὶ
ὥρμησεν ἡ ἀγέλη κατὰ τοῦ κρημνοῦ εἰς τὴν θάλασσαν, ὡς
δισχίλιοι, καὶ ἐπνίγοντο ἐν τῇ θαλάσσῃ. 14 Καὶ οἱ
βόσκοντες αὐτοὺς ἔφυγον καὶ ἀπήγγειλαν εἰς τὴν πόλιν καὶ
εἰς τοὺς ἀγρούς· καὶ ἦλθον ἰδεῖν τί ἐστιν τὸ γεγονός. 15 καὶ
ἔρχονται πρὸς τὸν Ἰησοῦν, καὶ θεωροῦσιν τὸν δαιμονι-
ζόμενον καθήμενον ἱματισμένον καὶ σωφρονοῦντα, τὸν
ἐσχηκότα τὸν λεγιῶνα, καὶ ἐφοβήθησαν. 16 καὶ διηγήσαντο
αὐτοῖς οἱ ἰδόντες πῶς ἐγένετο τῷ δαιμονιζομένῳ καὶ περὶ
τῶν χοίρων. 17 καὶ ἤρξαντο παρακαλεῖν αὐτὸν ἀπελθεῖν
ἀπὸ τῶν ὁρίων αὐτῶν. 18 Καὶ ἐμβαίνοντος αὐτοῦ εἰς τὸ
πλοῖον παρεκάλει αὐτὸν ὁ δαιμονισθεὶς ἵνα μετ' αὐτοῦ ᾖ.

---

4 WH: ἴσχυεν αὐτὸν RP: αὐτὸν ἴσχυεν 5 WH: μνήμασιν καὶ ἐν τοῖς ὄρεσιν RP:
ὄρεσιν καὶ ἐν τοῖς μνήμασιν 6 WH: καὶ ἰδὼν RP: Ἰδὼν δὲ // WH: αὐτόν NA/RP:
αὐτῷ 7 WH: λέγει RP: εἶπεν 9 WH: ὄνομά σοι RP: σοι ὄνομα // WH: λέγει αὐτῷ
Λεγιὼν RP: ἀπεκρίθη, λέγων, Λεγεὼν // WH: μοι {WH}: μοί ἐστιν 10 WH: αὐτὰ RP:
αὐτοὺς 12 RP: add πάντες οἱ δαίμονες, after αὐτὸν 13 RP: add εὐθέως ὁ Ἰησοῦς.
after αὐτοῖς // RP: add ἦσαν δὲ before ὡς 14 WH: Καὶ οἱ RP: Οἱ δὲ // WH: αὐτοὺς
RP: τοὺς χοίρους // WH: ἦλθον RP: ἐξῆλθον 15 RP: add καὶ before ἱματισμένον //
WH: λεγιῶνα RP: Λεγεῶνα 16 WH: καὶ διηγήσαντο RP: Διηγήσαντο δὲ 18 WH:
ἐμβαίνοντος RP: ἐμβάντος // WH: μετ' αὐτοῦ ᾖ RP: ᾖ μετ' αὐτοῦ

19 καὶ οὐκ ἀφῆκεν αὐτόν, ἀλλὰ λέγει αὐτῷ Ὕπαγε εἰς τὸν οἶκόν σου πρὸς τοὺς σούς, καὶ ἀπάγγειλον αὐτοῖς ὅσα ὁ κύριός σοι πεποίηκεν καὶ ἠλέησέν σε. 20 καὶ ἀπῆλθεν καὶ ἤρξατο κηρύσσειν ἐν τῇ Δεκαπόλει ὅσα ἐποίησεν αὐτῷ ὁ Ἰησοῦς, καὶ πάντες ἐθαύμαζον.

Jesus Raises a Dead Girl and Heals a Sick Woman
(Matt 9:18–26; Luke 8:40–56)

21 Καὶ διαπεράσαντος τοῦ Ἰησοῦ ἐν τῷ πλοίῳ πάλιν εἰς τὸ πέραν συνήχθη ὄχλος πολὺς ἐπ' αὐτόν, καὶ ἦν παρὰ τὴν θάλασσαν. 22 Καὶ ἔρχεται εἷς τῶν ἀρχισυναγώγων, ὀνόματι Ἰάειρος, καὶ ἰδὼν αὐτὸν πίπτει πρὸς τοὺς πόδας αὐτοῦ 23 καὶ παρακαλεῖ αὐτὸν πολλὰ λέγων ὅτι Τὸ θυγάτριόν μου ἐσχάτως ἔχει, ἵνα ἐλθὼν ἐπιθῇς τὰς χεῖρας αὐτῇ ἵνα σωθῇ καὶ ζήσῃ. 24 καὶ ἀπῆλθεν μετ' αὐτοῦ. Καὶ ἠκολούθει αὐτῷ ὄχλος πολύς, καὶ συνέθλιβον αὐτόν. 25 καὶ γυνὴ οὖσα ἐν ῥύσει αἵματος δώδεκα ἔτη 26 καὶ πολλὰ παθοῦσα ὑπὸ πολλῶν ἰατρῶν καὶ δαπανήσασα τὰ παρ' αὐτῆς πάντα καὶ μηδὲν ὠφεληθεῖσα ἀλλὰ μᾶλλον εἰς τὸ χεῖρον ἐλθοῦσα, 27 ἀκούσασα τὰ περὶ τοῦ Ἰησοῦ, ἐλθοῦσα ἐν τῷ ὄχλῳ ὄπισθεν ἥψατο τοῦ ἱματίου αὐτοῦ· 28 ἔλεγεν γὰρ ὅτι Ἐὰν ἅψωμαι κἂν τῶν ἱματίων αὐτοῦ σωθήσομαι. 29 καὶ εὐθὺς ἐξηράνθη ἡ πηγὴ τοῦ αἵματος αὐτῆς, καὶ ἔγνω τῷ σώματι ὅτι ἴαται ἀπὸ τῆς μάστιγος. 30 καὶ εὐθὺς ὁ Ἰησοῦς ἐπιγνοὺς ἐν ἑαυτῷ τὴν ἐξ αὐτοῦ δύναμιν ἐξελθοῦσαν ἐπιστραφεὶς ἐν τῷ ὄχλῳ ἔλεγεν Τίς μου ἥψατο τῶν ἱματίων; 31 καὶ ἔλεγον αὐτῷ οἱ μαθηταὶ αὐτοῦ Βλέπεις τὸν ὄχλον συνθλίβοντά σε, καὶ λέγεις Τίς μου

---

19 WH: καὶ οὐκ RP: Ὁ δὲ Ἰησοῦς οὐκ // WH: ἀπάγγειλον RP: ἀνάγγειλον // WH: ὁ κύριός σοι RP: σοι ὁ κύριος 21 WH: ἐν τῷ πλοίῳ NA: [ἐν τῷ πλοίῳ] 22 RP: add ἰδοὺ, before ἔρχεται 23 WH: παρακαλεῖ {WH}/RP: παρεκάλει // WH: τὰς χεῖρας αὐτῇ ἵνα RP: αὐτῇ τὰς χεῖρας, ὅπως // WH: ζήσῃ RP: ζήσεται 25 RP: add τις after γυνή // WH: δώδεκα ἔτη RP: ἔτη δώδεκα 26 WH: αὐτῆς {WH}: ἑαυτῆς 27 WH: τὰ NA/RP: omit τὰ 28 WH: Ἐὰν ἅψωμαι κἂν τῶν ἱματίων αὐτοῦ RP: Κἂν τῶν ἱματίων αὐτοῦ ἅψωμαι

ἥψατο; 32 καὶ περιεβλέπετο ἰδεῖν τὴν τοῦτο ποιήσασαν. 33 ἡ δὲ γυνὴ φοβηθεῖσα καὶ τρέμουσα, εἰδυῖα ὃ γέγονεν αὐτῇ, ἦλθεν καὶ προσέπεσεν αὐτῷ καὶ εἶπεν αὐτῷ πᾶσαν τὴν ἀλήθειαν. 34 ὁ δὲ εἶπεν αὐτῇ Θυγάτηρ, ἡ πίστις σου σέσωκέν σε· ὕπαγε εἰς εἰρήνην, καὶ ἴσθι ὑγιὴς ἀπὸ τῆς μάστιγός σου. 35 Ἔτι αὐτοῦ λαλοῦντος ἔρχονται ἀπὸ τοῦ ἀρχισυναγώγου λέγοντες ὅτι Ἡ θυγάτηρ σου ἀπέθανεν· τί ἔτι σκύλλεις τὸν διδάσκαλον; 36 ὁ δὲ Ἰησοῦς παρακούσας τὸν λόγον λαλούμενον λέγει τῷ ἀρχισυναγώγῳ Μὴ φοβοῦ, μόνον πίστευε. 37 καὶ οὐκ ἀφῆκεν οὐδένα μετ᾽ αὐτοῦ συνακολουθῆσαι εἰ μὴ τὸν Πέτρον καὶ Ἰάκωβον καὶ Ἰωάνην τὸν ἀδελφὸν Ἰακώβου. 38 καὶ ἔρχονται εἰς τὸν οἶκον τοῦ ἀρχισυναγώγου, καὶ θεωρεῖ θόρυβον καὶ κλαίοντας καὶ ἀλαλάζοντας πολλά, 39 καὶ εἰσελθὼν λέγει αὐτοῖς Τί θορυβεῖσθε καὶ κλαίετε; τὸ παιδίον οὐκ ἀπέθανεν ἀλλὰ καθεύδει. 40 καὶ κατεγέλων αὐτοῦ. αὐτὸς δὲ ἐκβαλὼν πάντας παραλαμβάνει τὸν πατέρα τοῦ παιδίου καὶ τὴν μητέρα καὶ τοὺς μετ᾽ αὐτοῦ, καὶ εἰσπορεύεται ὅπου ἦν τὸ παιδίον· 41 καὶ κρατήσας τῆς χειρὸς τοῦ παιδίου λέγει αὐτῇ Ταλειθά κούμ, ὅ ἐστιν μεθερμηνευόμενον Τὸ κοράσιον, σοὶ λέγω, ἔγειρε. 42 καὶ εὐθὺς ἀνέστη τὸ κοράσιον καὶ περιεπάτει, ἦν γὰρ ἐτῶν δώδεκα. καὶ ἐξέστησαν εὐθὺς ἐκστάσει μεγάλῃ. 43 καὶ διεστείλατο αὐτοῖς πολλὰ ἵνα μηδεὶς γνοῖ τοῦτο, καὶ εἶπεν δοθῆναι αὐτῇ φαγεῖν.

Jesus Is Rejected at Nazareth
(Matt 13:53–58; cf. Luke 4:16–30)

6 Καὶ ἐξῆλθεν ἐκεῖθεν, καὶ ἔρχεται εἰς τὴν πατρίδα αὐτοῦ, καὶ ἀκολουθοῦσιν αὐτῷ οἱ μαθηταὶ αὐτοῦ. 2 Καὶ

33 RP: add ἐπ᾽ before αὐτῇ 36 WH: παρακούσας RP: εὐθέως ἀκούσας 37 WH: μετ᾽ αὐτοῦ RP: αὐτῷ // RP: add τὸν before Πέτρον 38 WH: ἔρχονται RP: ἔρχεται // WH: θόρυβον καὶ RP: θόρυβον, 40 WH: αὐτὸς RP: Ὁ // RP: add παιδίον after ἀνακείμενον 41 WH: Ταλειθά κούμ RP: Ταλιθά, κοῦμι // WH: ἔγειρε RP: ἔγειραι 42 WH: εὐθὺς NA: [εὐθὺς] RP: εὐθέως // RP: add εὐθὺς after ἐξέστησαν 43 WH: γνοῖ RP: γνῷ
6:1 WH: ἔρχεται RP: ἦλθεν

γενομένου σαββάτου ἤρξατο διδάσκειν ἐν τῇ συναγωγῇ· καὶ
οἱ πολλοὶ ἀκούοντες ἐξεπλήσσοντο λέγοντες Πόθεν τούτῳ
ταῦτα, καὶ τίς ἡ σοφία ἡ δοθεῖσα τούτῳ, καὶ αἱ δυνάμεις
τοιαῦται διὰ τῶν χειρῶν αὐτοῦ γινόμεναι; 3 οὐχ οὗτός ἐστιν
ὁ τέκτων, ὁ υἱὸς τῆς Μαρίας καὶ ἀδελφὸς Ἰακώβου καὶ
Ἰωσῆτος καὶ Ἰούδα καὶ Σίμωνος; καὶ οὐκ εἰσὶν αἱ ἀδελφαὶ
αὐτοῦ ὧδε πρὸς ἡμᾶς; καὶ ἐσκανδαλίζοντο ἐν αὐτῷ. 4 καὶ
ἔλεγεν αὐτοῖς ὁ Ἰησοῦς ὅτι Οὐκ ἔστιν προφήτης ἄτιμος εἰ
μὴ ἐν τῇ πατρίδι αὐτοῦ καὶ ἐν τοῖς συγγενεῦσιν αὐτοῦ καὶ ἐν
τῇ οἰκίᾳ αὐτοῦ. 5 Καὶ οὐκ ἐδύνατο ἐκεῖ ποιῆσαι οὐδεμίαν
δύναμιν, εἰ μὴ ὀλίγοις ἀρρώστοις ἐπιθεὶς τὰς χεῖρας ἐθε-
ράπευσεν· 6 καὶ ἐθαύμασεν διὰ τὴν ἀπιστίαν αὐτῶν.

The Twelve Are Sent Out
(Matt 10:1, 5–15; Luke 9:1–6)

Καὶ περιῆγεν τὰς κώμας κύκλῳ διδάσκων. 7 Καὶ προσ-
καλεῖται τοὺς δώδεκα, καὶ ἤρξατο αὐτοὺς ἀποστέλλειν δύο
δύο, καὶ ἐδίδου αὐτοῖς ἐξουσίαν τῶν πνευμάτων τῶν
ἀκαθάρτων, 8 καὶ παρήγγειλεν αὐτοῖς ἵνα μηδὲν αἴρωσιν
εἰς ὁδὸν εἰ μὴ ῥάβδον μόνον, μὴ ἄρτον, μὴ πήραν, μὴ εἰς
τὴν ζώνην χαλκόν, 9 ἀλλὰ ὑποδεδεμένους σανδάλια, καὶ
μὴ ἐνδύσασθαι δύο χιτῶνας. 10 καὶ ἔλεγεν αὐτοῖς Ὅπου
ἐὰν εἰσέλθητε εἰς οἰκίαν, ἐκεῖ μένετε ἕως ἂν ἐξέλθητε
ἐκεῖθεν. 11 καὶ ὃς ἂν τόπος μὴ δέξηται ὑμᾶς μηδὲ ἀκούσω-
σιν ὑμῶν, ἐκπορευόμενοι ἐκεῖθεν ἐκτινάξατε τὸν χοῦν τὸν
ὑποκάτω τῶν ποδῶν ὑμῶν εἰς μαρτύριον αὐτοῖς. 12 Καὶ

---

2 WH: διδάσκειν ἐν τῇ συναγωγῇ RP: ἐν τῇ συναγωγῇ διδάσκειν // NA/RP: omit
οἱ // WH: δοθεῖσα τούτῳ RP: δοθεῖσα αὐτῷ // RP: add δυνάμεις before αἱ // WH:
γινόμεναι RP: γίνονται 3 RP: add τῆς before Μαρίας // WH: καὶ, ἀδελφὸς RP:
ἀδελφὸς δὲ // WH: Ἰωσῆτος RP: Ἰωσῆ 4 WH: καὶ ἔλεγεν RP: Ἔλεγεν δὲ // WH:
συγγενεῦσιν αὐτοῦ RP: συγγενέσιν 5 WH: ἐδύνατο RP: ἠδύνατο // WH: ποιῆσαι
οὐδεμίαν δύναμιν RP: οὐδεμίαν δύναμιν ποιῆσαι 6 WH: ἐθαύμασεν
{WH}/NA/RP: ἐθαύμαζεν 8 WH: μὴ ἄρτον, μὴ πήραν RP: μὴ πήραν, μὴ ἄρτον
9 WH: ἐνδύσασθαι {WH}/NA/RP: ἐνδύσησθε 11 WH: ὃς RP: ὅσοι // RP: omit
τόπος // WH: δέξηται RP: δέξωνται // RP: add after αὐτοῖς.: Ἀμὴν λέγω ὑμῖν,
ἀνεκτότερον ἔσται Σοδόμοις ἢ Γομόρροις ἐν ἡμέρᾳ κρίσεως, ἢ τῇ πόλει ἐκείνῃ.

ἐξελθόντες ἐκήρυξαν ἵνα μετανοῶσιν, 13 καὶ δαιμόνια πολλὰ ἐξέβαλλον, καὶ ἤλειφον ἐλαίῳ πολλοὺς ἀρρώστους καὶ ἐθεράπευον.

John the Baptist Is Beheaded
(Matt 14:1–2; Luke 9:7–9)

14 Καὶ ἤκουσεν ὁ βασιλεὺς Ἡρῴδης, φανερὸν γὰρ ἐγένετο τὸ ὄνομα αὐτοῦ, καὶ ἔλεγον ὅτι Ἰωάνης ὁ βαπτίζων ἐγήγερται ἐκ νεκρῶν, καὶ διὰ τοῦτο ἐνεργοῦσιν αἱ δυνάμεις ἐν αὐτῷ· 15 ἄλλοι δὲ ἔλεγον ὅτι Ἡλείας ἐστίν· ἄλλοι δὲ ἔλεγον ὅτι προφήτης ὡς εἷς τῶν προφητῶν. 16 ἀκούσας δὲ ὁ Ἡρῴδης ἔλεγεν Ὃν ἐγὼ ἀπεκεφάλισα Ἰωάνην, οὗτος ἠγέρθη. 17 Αὐτὸς γὰρ ὁ Ἡρῴδης ἀποστείλας ἐκράτησεν τὸν Ἰωάνην καὶ ἔδησεν αὐτὸν ἐν φυλακῇ διὰ Ἡρῳδιάδα τὴν γυναῖκα Φιλίππου τοῦ ἀδελφοῦ αὐτοῦ, ὅτι αὐτὴν ἐγάμησεν· 18 ἔλεγεν γὰρ ὁ Ἰωάνης τῷ Ἡρῴδῃ ὅτι Οὐκ ἔξεστίν σοι ἔχειν τὴν γυναῖκα τοῦ ἀδελφοῦ σου. 19 ἡ δὲ Ἡρῳδιὰς ἐνεῖχεν αὐτῷ καὶ ἤθελεν αὐτὸν ἀποκτεῖναι, καὶ οὐκ ἠδύνατο· 20 ὁ γὰρ Ἡρῴδης ἐφοβεῖτο τὸν Ἰωάνην, εἰδὼς αὐτὸν ἄνδρα δίκαιον καὶ ἅγιον, καὶ συνετήρει αὐτόν, καὶ ἀκούσας αὐτοῦ πολλὰ ἠπόρει, καὶ ἡδέως αὐτοῦ ἤκουεν. 21 Καὶ γενομένης ἡμέρας εὐκαίρου ὅτε Ἡρῴδης τοῖς γενεσίοις αὐτοῦ δεῖπνον ἐποίησεν τοῖς μεγιστᾶσιν αὐτοῦ καὶ τοῖς χιλιάρχοις καὶ τοῖς πρώτοις τῆς Γαλιλαίας, 22 καὶ εἰσελθούσης τῆς θυγατρὸς αὐτοῦ Ἡρῳδιάδος καὶ ὀρχησαμένης, ἤρεσεν τῷ Ἡρῴδῃ καὶ τοῖς συνανακειμένοις. ὁ δὲ βασιλεὺς εἶπεν τῷ κορασίῳ Αἴτησόν με ὃ ἐὰν θέλῃς, καὶ δώσω σοι· 23 καὶ ὤμοσεν αὐτῇ Ὅτι ἐάν με αἰτήσῃς δώσω σοι ἕως ἡμίσους τῆς βασιλείας

---

12 WH: ἐκήρυξαν RP: ἐκήρυσσον // WH: μετανοῶσιν RP: μετανοήσωσιν 14 WH: ἔλεγον {WH}/RP: ἔλεγεν // WH: ἐγήγερται ἐκ νεκρῶν RP: ἐκ νεκρῶν ἠγέρθη 15 RP: omit first instance of δὲ // RP: add ἐστίν, after προφήτης 16 RP: omit ὁ // WH: ἔλεγεν RP: εἶπεν ὅτι // WH: ἠγέρθη RP: ἐστίν· αὐτὸς ἠγέρθη ἐκ νεκρῶν 20 WH: ἠπόρει RP: ἐποίει 21 WH: ἐποίησεν RP: ἐποίει 22 WH: αὐτοῦ RP: αὐτῆς τῆς // WH: ἤρεσεν RP: καὶ ἀρεσάσης // WH: ὁ δὲ βασιλεὺς εἶπεν NA/RP: εἶπεν ὁ βασιλεὺς 23 NA: add [πολλὰ] after αὐτῇ // WH: Ὅτι {WH}/RP: ὅτι ᵒΟ NA: ὅ τι // WH: ἐάν με {WH}: ἐὰν

μου. 24 καὶ ἐξελθοῦσα εἶπεν τῇ μητρὶ αὐτῆς Τί αἰτήσωμαι; ἡ δὲ εἶπεν Τὴν κεφαλὴν Ἰωάνου τοῦ βαπτίζοντος. 25 καὶ εἰσελθοῦσα εὐθὺς μετὰ σπουδῆς πρὸς τὸν βασιλέα ᾐτήσατο λέγουσα Θέλω ἵνα ἐξαυτῆς δῷς μοι ἐπὶ πίνακι τὴν κεφαλὴν Ἰωάνου τοῦ βαπτιστοῦ. 26 καὶ περίλυπος γενόμενος ὁ βασιλεὺς διὰ τοὺς ὅρκους καὶ τοὺς ἀνακειμένους οὐκ ἠθέλησεν ἀθετῆσαι αὐτήν· 27 καὶ εὐθὺς ἀποστείλας ὁ βασιλεὺς σπεκουλάτορα ἐπέταξεν ἐνέγκαι τὴν κεφαλὴν αὐτοῦ. καὶ ἀπελθὼν ἀπεκεφάλισεν αὐτὸν ἐν τῇ φυλακῇ 28 καὶ ἤνεγκεν τὴν κεφαλὴν αὐτοῦ ἐπὶ πίνακι καὶ ἔδωκεν αὐτὴν τῷ κορασίῳ, καὶ τὸ κοράσιον ἔδωκεν αὐτὴν τῇ μητρὶ αὐτῆς. 29 καὶ ἀκούσαντες οἱ μαθηταὶ αὐτοῦ ἦλθαν καὶ ἦραν τὸ πτῶμα αὐτοῦ καὶ ἔθηκαν αὐτὸ ἐν μνημείῳ.

Jesus Feeds Five Thousand People
(Matt 14:13–21; Luke 9:10–17; cf. John 6:1–14)

30 Καὶ συνάγονται οἱ ἀπόστολοι πρὸς τὸν Ἰησοῦν, καὶ ἀπήγγειλαν αὐτῷ πάντα ὅσα ἐποίησαν καὶ ὅσα ἐδίδαξαν. 31 καὶ λέγει αὐτοῖς Δεῦτε ὑμεῖς αὐτοὶ κατ᾽ ἰδίαν εἰς ἔρημον τόπον καὶ ἀναπαύσασθε ὀλίγον. ἦσαν γὰρ οἱ ἐρχόμενοι καὶ οἱ ὑπάγοντες πολλοί, καὶ οὐδὲ φαγεῖν εὐκαίρουν. 32 καὶ ἀπῆλθον ἐν τῷ πλοίῳ εἰς ἔρημον τόπον κατ᾽ ἰδίαν. 33 καὶ εἶδαν αὐτοὺς ὑπάγοντας καὶ ἔγνωσαν πολλοί, καὶ πεζῇ ἀπὸ πασῶν τῶν πόλεων συνέδραμον ἐκεῖ καὶ προῆλθον αὐτούς. 34 Καὶ ἐξελθὼν εἶδεν πολὺν ὄχλον, καὶ ἐσπλαγχνίσθη ἐπ᾽ αὐτοὺς ὅτι ἦσαν **ὡς πρόβατα μὴ ἔχοντα ποιμένα**, καὶ ἤρξα-

---

24 WH: καὶ RP: Ἡ δὲ // WH: αἰτήσωμαι RP: αἰτήσομαι // WH: βαπτίζοντος RP: βαπτιστοῦ 25 WH: ἐξαυτῆς δῷς μοι RP: μοι δῷς ἐξαυτῆς 26 WH: ἀνακειμένους RP: συνανακειμένους // WH: ἀθετῆσαι αὐτήν RP: αὐτὴν ἀθετῆσαι 27 WH: ἐνέγκαι RP: ἐνεχθῆναι 27–28 RP: *end v.27 after* αὐτοῦ. // WH: (v. 27) καὶ ἀπελθὼν RP: (v. 28) Ὁ δὲ ἀπελθὼν 30 RP: *add before* ὅσα ἐποίησαν 31 WH: λέγει RP: εἶπεν // WH: ἀναπαύσασθε RP: ἀναπαύεσθε 32 WH: ἐν τῷ πλοίῳ εἰς ἔρημον τόπον RP: εἰς ἔρημον τόπον τῷ πλοίῳ 33 WH: ἔγνωσαν {WH}/NA: ἐπέγνωσαν RP: ἐπέγνωσαν αὐτὸν // RP: *add* καὶ συνῆλθον πρὸς αὐτόν. *after* προῆλθον αὐτούς, 34 RP: *add* ὁ Ἰησοῦς *after* εἶδεν //

6:34 Num 27:17; Ezek 34:5

το διδάσκειν αὐτοὺς πολλά. 35 Καὶ ἤδη ὥρας πολλῆς γε-
νομένης προσελθόντες αὐτῷ οἱ μαθηταὶ αὐτοῦ ἔλεγον ὅτι
Ἔρημός ἐστιν ὁ τόπος, καὶ ἤδη ὥρα πολλή· 36 ἀπόλυσον
αὐτούς, ἵνα ἀπελθόντες εἰς τοὺς κύκλῳ ἀγροὺς καὶ κώμας
ἀγοράσωσιν ἑαυτοῖς τί φάγωσιν. 37 ὁ δὲ ἀποκριθεὶς εἶπεν
αὐτοῖς Δότε αὐτοῖς ὑμεῖς φαγεῖν. καὶ λέγουσιν αὐτῷ
Ἀπελθόντες ἀγοράσωμεν δηναρίων διακοσίων ἄρτους καὶ
δώσομεν αὐτοῖς φαγεῖν; 38 ὁ δὲ λέγει αὐτοῖς Πόσους ἔχετε
ἄρτους; ὑπάγετε ἴδετε. καὶ γνόντες λέγουσιν Πέντε, καὶ
δύο ἰχθύας. 39 καὶ ἐπέταξεν αὐτοῖς ἀνακλιθῆναι πάντας
συμπόσια συμπόσια ἐπὶ τῷ χλωρῷ χόρτῳ. 40 καὶ ἀνέπεσαν
πρασιαὶ πρασιαὶ κατὰ ἑκατὸν καὶ κατὰ πεντήκοντα. 41 καὶ
λαβὼν τοὺς πέντε ἄρτους καὶ τοὺς δύο ἰχθύας ἀναβλέψας
εἰς τὸν οὐρανὸν εὐλόγησεν καὶ κατέκλασεν τοὺς ἄρτους
καὶ ἐδίδου τοῖς μαθηταῖς ἵνα παρατιθῶσιν αὐτοῖς, καὶ τοὺς
δύο ἰχθύας ἐμέρισεν πᾶσιν. 42 καὶ ἔφαγον πάντες καὶ
ἐχορτάσθησαν· 43 καὶ ἦραν κλάσματα δώδεκα κοφίνων
πληρώματα καὶ ἀπὸ τῶν ἰχθύων. 44 καὶ ἦσαν οἱ φαγόντες
τοὺς ἄρτους πεντακισχίλιοι ἄνδρες.

Jesus Walks on Water
(Matt 14:22–33; cf. John 6:15–21)

45 Καὶ εὐθὺς ἠνάγκασεν τοὺς μαθητὰς αὐτοῦ ἐμβῆναι
εἰς τὸ πλοῖον καὶ προάγειν εἰς τὸ πέραν πρὸς Βηθσαϊδάν,
ἕως αὐτὸς ἀπολύει τὸν ὄχλον. 46 καὶ ἀποταξάμενος αὐτοῖς
ἀπῆλθεν εἰς τὸ ὄρος προσεύξασθαι. 47 καὶ ὀψίας γενομένης
ἦν τὸ πλοῖον ἐν μέσῳ τῆς θαλάσσης, καὶ αὐτὸς μόνος
ἐπὶ τῆς γῆς. 48 καὶ ἰδὼν αὐτοὺς βασανιζομένους ἐν τῷ

WH: αὐτοὺς RP: αὐτοῖς 35 WH: γενομένης {WH}: γινομένης // WH: ἔλεγον RP:
λέγουσιν 36 WH: τί φάγωσιν RP: ἄρτους. Τί γὰρ φάγωσιν οὐκ ἔχουσιν 37 WH:
δώσομεν RP: δῶμεν 38 WH: ἔχετε ἄρτους NA/RP: ἄρτους ἔχετε // RP: add καὶ
before ἴδετε 39 WH: ἀνακλιθῆναι {WH}/NA/RP: ἀνακλῖναι 40 WH: ἀνέπεσαν
RP: ἀνέπεσον // WH: κατὰ RP: ἀνὰ twice 41 [NA]/RP: add αὐτοῦ after μαθηταῖς
// WH: παρατιθῶσιν RP: παραθῶσιν 43 WH: κλάσματα RP: κλασμάτων // WH:
κοφίνων πληρώματα RP: κοφίνους πλήρεις 44 WH: τοὺς ἄρτους NA: [τοὺς
ἄρτους] 45 WH: ἀπολύει RP: ἀπολύσῃ 48 WH: ἰδὼν RP: εἶδεν //

ἐλαύνειν, ἦν γὰρ ὁ ἄνεμος ἐναντίος αὐτοῖς, περὶ τετάρτην φυλακὴν τῆς νυκτὸς ἔρχεται πρὸς αὐτοὺς περιπατῶν ἐπὶ τῆς θαλάσσης· καὶ ἤθελεν παρελθεῖν αὐτούς. 49 οἱ δὲ ἰδόντες αὐτὸν ἐπὶ τῆς θαλάσσης περιπατοῦντα ἔδοξαν ὅτι φάντασμά ἐστιν καὶ ἀνέκραξαν, 50 πάντες γὰρ αὐτὸν εἶδαν καὶ ἐταράχθησαν. ὁ δὲ εὐθὺς ἐλάλησεν μετ᾽ αὐτῶν, καὶ λέγει αὐτοῖς Θαρσεῖτε, ἐγώ εἰμι, μὴ φοβεῖσθε. 51 καὶ ἀνέβη πρὸς αὐτοὺς εἰς τὸ πλοῖον, καὶ ἐκόπασεν ὁ ἄνεμος. καὶ λίαν ἐν ἑαυτοῖς ἐξίσταντο, 52 οὐ γὰρ συνῆκαν ἐπὶ τοῖς ἄρτοις, ἀλλ᾽ ἦν αὐτῶν ἡ καρδία πεπωρωμένη.

Jesus Heals the Sick at Gennesaret
(Matt 14:34–36)

53 Καὶ διαπεράσαντες ἐπὶ τὴν γῆν ἦλθον εἰς Γεννησαρὲτ καὶ προσωρμίσθησαν. 54 καὶ ἐξελθόντων αὐτῶν ἐκ τοῦ πλοίου εὐθὺς ἐπιγνόντες αὐτὸν 55 περιέδραμον ὅλην τὴν χώραν ἐκείνην καὶ ἤρξαντο ἐπὶ τοῖς κραβάττοις τοὺς κακῶς ἔχοντας περιφέρειν ὅπου ἤκουον ὅτι ἔστιν. 56 καὶ ὅπου ἂν εἰσεπορεύετο εἰς κώμας ἢ εἰς πόλεις ἢ εἰς ἀγροὺς ἐν ταῖς ἀγοραῖς ἐτίθεσαν τοὺς ἀσθενοῦντας, καὶ παρεκάλουν αὐτὸν ἵνα κἂν τοῦ κρασπέδου τοῦ ἱματίου αὐτοῦ ἅψωνται· καὶ ὅσοι ἂν ἥψαντο αὐτοῦ ἐσώζοντο.

The True Source of Impurity
(Matt 15:1–20)

7 Καὶ συνάγονται πρὸς αὐτὸν οἱ Φαρισαῖοι καί τινες τῶν γραμματέων ἐλθόντες ἀπὸ Ἱεροσολύμων 2 καὶ ἰδόντες

RP: *add* καὶ *before* περὶ 49 WH: ἐπὶ τῆς θαλάσσης περιπατοῦντα RP: περιπατοῦντα ἐπὶ τῆς θαλάσσης // RP: *omit* ὅτι // WH: ἐστιν RP: εἶναι 50 WH: ὁ δὲ εὐθὺς RP: Καὶ εὐθέως 51 WH: λίαν NA: λίαν [ἐκ περισσοῦ] RP: λίαν ἐκπερισσοῦ // WH: ἐξίσταντο RP: *add* καὶ ἐθαύμαζον *after* ἐξίσταντο 52 WH: ἀλλ᾽ ἦν RP: ἦν γὰρ 53 WH: ἐπὶ τὴν γῆν ἦλθον εἰς RP: ἦλθον ἐπὶ τὴν γῆν 55 WH: περιέδραμον RP: περιδραμόντες // WH: χώραν RP: περίχωρον // WH: *omit* καὶ // WH: κραβάττοις RP: κραββάτοις // RP: *add* ἐκεῖ *before* ἐστιν 56 WH: εἰς πόλεις ἢ εἰς ἀγροὺς RP: πόλεις ἢ ἀγρούς // WH: ἐτίθεσαν RP: ἐτίθουν // WH: ἥψαντο RP: ἥπτοντο

τινὰς τῶν μαθητῶν αὐτοῦ ὅτι κοιναῖς χερσίν, τοῦτ' ἔστιν ἀνίπτοις, ἐσθίουσιν τοὺς ἄρτους.—3 οἱ γὰρ Φαρισαῖοι καὶ πάντες οἱ Ἰουδαῖοι ἐὰν μὴ πυγμῇ νίψωνται τὰς χεῖρας οὐκ ἐσθίουσιν, κρατοῦντες τὴν παράδοσιν τῶν πρεσβυτέρων, 4 καὶ ἀπ' ἀγορᾶς ἐὰν μὴ ῥαντίσωνται οὐκ ἐσθίουσιν, καὶ ἄλλα πολλά ἐστιν ἃ παρέλαβον κρατεῖν, βαπτισμοὺς ποτηρίων καὶ ξεστῶν καὶ χαλκίων.—5 καὶ ἐπερωτῶσιν αὐτὸν οἱ Φαρισαῖοι καὶ οἱ γραμματεῖς Διὰ τί οὐ περιπατοῦσιν οἱ μαθηταί σου κατὰ τὴν παράδοσιν τῶν πρεσβυτέρων, ἀλλὰ κοιναῖς χερσὶν ἐσθίουσιν τὸν ἄρτον; 6 ὁ δὲ εἶπεν αὐτοῖς Καλῶς ἐπροφήτευσεν Ἠσαΐας περὶ ὑμῶν τῶν ὑποκριτῶν, ὡς γέγραπται ὅτι

Οὗτος ὁ λαὸς τοῖς χείλεσίν με τιμᾷ,
   ἡ δὲ καρδία αὐτῶν πόρρω ἀπέχει ἀπ' ἐμοῦ·
7 μάτην δὲ σέβονταί με,
   διδάσκοντες διδασκαλίας ἐντάλματα ἀνθρώπων·

8 ἀφέντες τὴν ἐντολὴν τοῦ θεοῦ κρατεῖτε τὴν παράδοσιν τῶν ἀνθρώπων. 9 καὶ ἔλεγεν αὐτοῖς Καλῶς ἀθετεῖτε τὴν ἐντολὴν τοῦ θεοῦ, ἵνα τὴν παράδοσιν ὑμῶν τηρήσητε· 10 Μωυσῆς γὰρ εἶπεν Τίμα τὸν πατέρα σου καὶ τὴν μητέρα σου, καί Ὁ κακολογῶν πατέρα ἢ μητέρα θανάτῳ τελευτάτω· 11 ὑμεῖς δὲ λέγετε Ἐὰν εἴπῃ ἄνθρωπος τῷ πατρὶ ἢ τῇ μητρί Κορβάν, ὅ ἐστιν Δῶρον, ὃ ἐὰν ἐξ ἐμοῦ ὠφεληθῇς, 12 οὐκέτι ἀφίετε αὐτὸν οὐδὲν ποιῆσαι τῷ πατρὶ ἢ τῇ μητρί, 13 ἀκυροῦντες τὸν λόγον τοῦ θεοῦ τῇ παραδόσει ὑμῶν ᾗ παρεδώκατε· καὶ παρόμοια τοιαῦτα πολλὰ

7:2 RP: *omit* ὅτι // WH: ἐσθίουσιν τοὺς ἄρτους.— RP: ἐσθίοντας ἄρτους ἐμέμψαντο. 4 WH: ῥαντίσωνται {WH}/NA/RP: βαπτίσωνται // [NA]/RP: *add* καὶ κλινῶν *after* χαλκίων 5 WH: καὶ RP: Ἔπειτα // WH: οὐ περιπατοῦσιν οἱ μαθηταί σου RP: οἱ μαθηταί σου οὐ περιπατοῦσιν // WH: κοιναῖς RP: ἀνίπτοις 6 RP: *add* ἀποκριθεὶς *before* εἶπεν // RP: *add* ὅτι *after* αὐτοῖς // WH: ἐπροφήτευσεν RP: προεφήτευσεν // WH: γέγραπται ὅτι NA: γέγραπται [ὅτι] RP: γέγραπται // WH: Οὗτος ὁ λαὸς {WH}: Ὁ λαὸς οὗτος 8 RP: *add* γὰρ *after* Ἀφέντες // // RP: *add* βαπτισμοὺς ξεστῶν καὶ ποτηρίων· καὶ ἄλλα παρόμοια τοιαῦτα πολλὰ ποιεῖτε. *after* ἀνθρώπων, 9 WH: τηρήσητε NA: στήσητε 12 RP: *add* καὶ *before* οὐκέτι // WH: πατρὶ ἢ τῇ μητρί RP: πατρὶ αὐτοῦ ἢ τῇ μητρὶ αὐτοῦ

7:6–7 Isa 29:13 10 Exod 20:12; Deut 5:16; Exod 21:17

ποιεῖτε. 14 Καὶ προσκαλεσάμενος πάλιν τὸν ὄχλον ἔλεγεν αὐτοῖς Ἀκούσατέ μου πάντες καὶ σύνετε. 15 οὐδὲν ἔστιν ἔξωθεν τοῦ ἀνθρώπου εἰσπορευόμενον εἰς αὐτὸν ὃ δύναται κοινῶσαι αὐτόν· ἀλλὰ τὰ ἐκ τοῦ ἀνθρώπου ἐκπορευόμενά ἐστιν τὰ κοινοῦντα τὸν ἄνθρωπον. 17 Καὶ ὅτε εἰσῆλθεν εἰς οἶκον ἀπὸ τοῦ ὄχλου, ἐπηρώτων αὐτὸν οἱ μαθηταὶ αὐτοῦ τὴν παραβολήν. 18 καὶ λέγει αὐτοῖς Οὕτως καὶ ὑμεῖς ἀσύνετοί ἐστε; οὐ νοεῖτε ὅτι πᾶν τὸ ἔξωθεν εἰσπορευόμενον εἰς τὸν ἄνθρωπον οὐ δύναται αὐτὸν κοινῶσαι, 19 ὅτι οὐκ εἰσπορεύεται αὐτοῦ εἰς τὴν καρδίαν ἀλλ᾽ εἰς τὴν κοιλίαν, καὶ εἰς τὸν ἀφεδρῶνα ἐκπορεύεται;—καθαρίζων πάντα τὰ βρώματα. 20 ἔλεγεν δὲ ὅτι Τὸ ἐκ τοῦ ἀνθρώπου ἐκπορευόμενον ἐκεῖνο κοινοῖ τὸν ἄνθρωπον· 21 ἔσωθεν γὰρ ἐκ τῆς καρδίας τῶν ἀνθρώπων οἱ διαλογισμοὶ οἱ κακοὶ ἐκπορεύονται, πορνεῖαι, κλοπαί, φόνοι, 22 μοιχεῖαι, πλεονεξίαι, πονηρίαι, δόλος, ἀσέλγεια, ὀφθαλμὸς πονηρός, βλασφημία, ὑπερηφανία, ἀφροσύνη· 23 πάντα ταῦτα τὰ πονηρὰ ἔσωθεν ἐκπορεύεται καὶ κοινοῖ τὸν ἄνθρωπον.

The Faith of a Gentile Woman
(Matt 15:21–28)

24 Ἐκεῖθεν δὲ ἀναστὰς ἀπῆλθεν εἰς τὰ ὅρια Τύρου [καὶ Σιδῶνος]. Καὶ εἰσελθὼν εἰς οἰκίαν οὐδένα ἤθελεν γνῶναι, καὶ οὐκ ἠδυνάσθη λαθεῖν· 25 ἀλλ᾽ εὐθὺς ἀκούσασα γυνὴ περὶ αὐτοῦ, ἧς εἶχεν τὸ θυγάτριον αὐτῆς πνεῦμα ἀκάθαρτον, ἐλθοῦσα προσέπεσεν πρὸς τοὺς πόδας αὐτοῦ· 26 ἡ δὲ γυνὴ ἦν Ἑλληνίς, Συροφοινίκισσα τῷ γένει· καὶ ἠρώτα

---

14 WH: πάλιν RP: πάντα // WH: Ἀκούσατέ RP: Ἀκούετέ // WH: σύνετε RP: συνίετε 15 WH: κοινῶσαι αὐτόν RP: αὐτὸν κοινῶσαι // WH: ἐκ τοῦ ἀνθρώπου ἐκπορευόμενά RP: ἐκπορευόμενα ἀπ᾽ αὐτοῦ, ἐκεῖνά 16 RP: add v. 16: Εἴ τις ἔχει ὦτα ἀκούειν ἀκουέτω. 17 WH: τὴν παραβολήν RP: περὶ τῆς παραβολῆς 19 WH: καθαρίζων RP: καθαρίζον 21 RP: add μοιχεῖαι, before πορνεῖαι // RP: omit κλοπαί 22 WH: μοιχεῖαι RP: κλοπαί 24 WH: Ἐκεῖθεν δὲ RP: Καὶ ἐκεῖθεν // WH: ὅρια RP: μεθόρια // WH: [καὶ Σιδῶνος] NA: omit [καὶ Σιδῶνος] RP: καὶ Σιδῶνος // WH: ἠδυνάσθη NA/RP: ἠδυνήθη 25 WH: ἀλλ᾽ εὐθὺς ἀκούσασα RP: Ἀκούσασα γὰρ 26 WH: ἡ δὲ γυνὴ ἦν RP: ἦν δὲ ἡ γυνὴ // WH: Συροφοινίκισσα {WH}: Σύρα Φοινίκισσα RP: Συραφοινίκισσα

αὐτὸν ἵνα τὸ δαιμόνιον ἐκβάλῃ ἐκ τῆς θυγατρὸς αὐτῆς. 27 καὶ ἔλεγεν αὐτῇ Ἄφες πρῶτον χορτασθῆναι τὰ τέκνα, οὐ γάρ ἐστιν καλὸν λαβεῖν τὸν ἄρτον τῶν τέκνων καὶ τοῖς κυναρίοις βαλεῖν. 28 ἡ δὲ ἀπεκρίθη καὶ λέγει αὐτῷ Ναί, κύριε, καὶ τὰ κυνάρια ὑποκάτω τῆς τραπέζης ἐσθίουσιν ἀπὸ τῶν ψιχίων τῶν παιδίων. 29 καὶ εἶπεν αὐτῇ Διὰ τοῦτον τὸν λόγον ὕπαγε, ἐξελήλυθεν ἐκ τῆς θυγατρός σου τὸ δαιμόνιον. 30 καὶ ἀπελθοῦσα εἰς τὸν οἶκον αὐτῆς εὗρεν τὸ παιδίον βεβλημένον ἐπὶ τὴν κλίνην καὶ τὸ δαιμόνιον ἐξεληλυθός.

Jesus Heals a Deaf and Mute Man
(Matt 15:29–31)

31 Καὶ πάλιν ἐξελθὼν ἐκ τῶν ὁρίων Τύρου ἦλθεν διὰ Σιδῶνος εἰς τὴν θάλασσαν τῆς Γαλιλαίας ἀνὰ μέσον τῶν ὁρίων Δεκαπόλεως. 32 Καὶ φέρουσιν αὐτῷ κωφὸν καὶ μογιλάλον, καὶ παρακαλοῦσιν αὐτὸν ἵνα ἐπιθῇ αὐτῷ τὴν χεῖρα. 33 καὶ ἀπολαβόμενος αὐτὸν ἀπὸ τοῦ ὄχλου κατ' ἰδίαν ἔβαλεν τοὺς δακτύλους αὐτοῦ εἰς τὰ ὦτα αὐτοῦ καὶ πτύσας ἥψατο τῆς γλώσσης αὐτοῦ, 34 καὶ ἀναβλέψας εἰς τὸν οὐρανὸν ἐστέναξεν, καὶ λέγει αὐτῷ Ἐφφαθά, ὅ ἐστιν Διανοίχθητι· 35 καὶ ἠνοίγησαν αὐτοῦ αἱ ἀκοαί, καὶ ἐλύθη ὁ δεσμὸς τῆς γλώσσης αὐτοῦ, καὶ ἐλάλει ὀρθῶς· 36 καὶ διεστείλατο αὐτοῖς ἵνα μηδενὶ λέγωσιν· ὅσον δὲ αὐτοῖς διεστέλλετο, αὐτοὶ μᾶλλον περισσότερον ἐκήρυσσον. 37 καὶ ὑπερπερισσῶς ἐξεπλήσσοντο λέγοντες Καλῶς πάντα πεποίηκεν, καὶ τοὺς κωφοὺς ποιεῖ ἀκούειν καὶ ἀλάλους λαλεῖν.

---

27 WH: καὶ ἔλεγεν αὐτῇ RP: Ὁ δὲ Ἰησοῦς εἶπεν αὐτῇ // WH: ἐστιν καλὸν RP: καλόν ἐστιν // WH: τοῖς κυναρίοις βαλεῖν RP: βαλεῖν τοῖς κυναρίοις 28 NA: *omit* Ναί // RP: *add* γὰρ *before* τὰ κυνάρια // WH: ἐσθίουσιν RP: ἐσθίει 29 WH: ἐκ τῆς θυγατρός σου τὸ δαιμόνιον RP: τὸ δαιμόνιον ἐκ τῆς θυγατρός σου 30 WH: παιδίον βεβλημένον ἐπὶ τὴν κλίνην καὶ τὸ δαιμόνιον ἐξεληλυθός RP: τὸ δαιμόνιον ἐξεληλυθός, καὶ τὴν θυγατέρα βεβλημένην ἐπὶ τῆς κλίνης 31 WH: ἦλθεν διὰ Σιδῶνος εἰς RP: καὶ Σιδῶνος, ἦλθεν πρὸς 35 [NA]/RP: *add* εὐθέως *before* ἠνοίγησαν // WH: ἠνοίγησαν RP: διηνοίχθησαν 36 WH: λέγωσιν RP: εἴπωσιν // RP: *add* αὐτὸς *after* δὲ // RP: *omit* αὐτοὶ 37 {WH}: *add* ὡς *after* πεποίηκεν, // [NA]/RP: *add* τοὺς *before* ἀλάλους

Jesus Feeds Four Thousand People
(Matt 15:32–39)

8 Ἐν ἐκείναις ταῖς ἡμέραις πάλιν πολλοῦ ὄχλου ὄντος καὶ μὴ ἐχόντων τί φάγωσιν, προσκαλεσάμενος τοὺς μαθητὰς λέγει αὐτοῖς 2 Σπλαγχνίζομαι ἐπὶ τὸν ὄχλον ὅτι ἤδη ἡμέραι τρεῖς προσμένουσίν μοι καὶ οὐκ ἔχουσιν τί φάγωσιν· 3 καὶ ἐὰν ἀπολύσω αὐτοὺς νήστεις εἰς οἶκον αὐτῶν, ἐκλυθήσονται ἐν τῇ ὁδῷ· καί τινες αὐτῶν ἀπὸ μακρόθεν εἰσίν. 4 καὶ ἀπεκρίθησαν αὐτῷ οἱ μαθηταὶ αὐτοῦ ὅτι Πόθεν τούτους δυνήσεταί τις ὧδε χορτάσαι ἄρτων ἐπ᾽ ἐρημίας; 5 καὶ ἠρώτα αὐτούς Πόσους ἔχετε ἄρτους; οἱ δὲ εἶπαν Ἑπτά. 6 καὶ παραγγέλλει τῷ ὄχλῳ ἀναπεσεῖν ἐπὶ τῆς γῆς· καὶ λαβὼν τοὺς ἑπτὰ ἄρτους εὐχαριστήσας ἔκλασεν καὶ ἐδίδου τοῖς μαθηταῖς αὐτοῦ ἵνα παρατιθῶσιν καὶ παρέθηκαν τῷ ὄχλῳ. 7 καὶ εἶχαν ἰχθύδια ὀλίγα· καὶ εὐλογήσας αὐτὰ εἶπεν καὶ ταῦτα παρατιθέναι. 8 καὶ ἔφαγον καὶ ἐχορτάσθησαν, καὶ ἦραν περισσεύματα κλασμάτων ἑπτὰ σφυρίδας. 9 ἦσαν δὲ ὡς τετρακισχίλιοι. καὶ ἀπέλυσεν αὐτούς. 10 Καὶ εὐθὺς ἐμβὰς εἰς τὸ πλοῖον μετὰ τῶν μαθητῶν αὐτοῦ ἦλθεν εἰς τὰ μέρη Δαλμανουθά.

The Pharisees Demand a Miracle
(Matt 16:1–4)

11 Καὶ ἐξῆλθον οἱ Φαρισαῖοι καὶ ἤρξαντο συνζητεῖν αὐτῷ, ζητοῦντες παρ᾽ αὐτοῦ σημεῖον ἀπὸ τοῦ οὐρανοῦ, πειράζοντες αὐτόν. 12 καὶ ἀναστενάξας τῷ πνεύματι αὐτοῦ λέγει Τί ἡ γενεὰ αὕτη ζητεῖ σημεῖον; ἀμὴν λέγω, εἰ δοθή-

---

8:1 WH: πάλιν πολλοῦ RP: παμπόλλου // WH: τοὺς μαθητὰς RP: ὁ Ἰησοῦς τοὺς μαθητὰς αὐτοῦ 2 WH: ἡμέραι τρεῖς {WH}: ἡμέραις τρισὶν // WH: προσμένουσίν μοι {WH}: προσμένουσιν 3 WH: καί τινες RP: τινὲς γὰρ // RP: omit ἀπὸ // WH: εἰσίν NA: ἥκασιν RP: ἥκουσιν 4 RP: omit ὅτι 5 WH: ἠρώτα RP: ἐπηρώτα 6 WH: παραγγέλλει RP: παρήγγειλεν // WH: παρατιθῶσιν RP: παραθῶσιν 7 WH: αὐτὰ εἶπεν καὶ ταῦτα παρατιθέναι. RP: εἶπεν παραθεῖναι καὶ αὐτά. 8 WH: καὶ ἔφαγον RP: Ἔφαγον δέ 9 RP: add οἱ φαγόντες after δὲ 10 {WH}: add αὐτὸς after ἐμβὰς 12 WH: ζητεῖ σημεῖον RP: σημεῖον ἐπιζητεῖ // {WH}/NA/RP: ὑμῖν

σεται τῇ γενεᾷ ταύτῃ σημεῖον. 13 καὶ ἀφεὶς αὐτοὺς πάλιν ἐμβὰς ἀπῆλθεν εἰς τὸ πέραν.

The Yeast of the Pharisees
(Matt 16:5–12)

14 Καὶ ἐπελάθοντο λαβεῖν ἄρτους, καὶ εἰ μὴ ἕνα ἄρτον οὐκ εἶχον μεθ᾽ ἑαυτῶν ἐν τῷ πλοίῳ. 15 καὶ διεστέλλετο αὐτοῖς λέγων Ὁρᾶτε, βλέπετε ἀπὸ τῆς ζύμης τῶν Φαρισαίων καὶ τῆς ζύμης Ἡρῴδου. 16 καὶ διελογίζοντο πρὸς ἀλλήλους ὅτι ἄρτους οὐκ ἔχουσιν. 17 καὶ γνοὺς λέγει αὐτοῖς Τί διαλογίζεσθε ὅτι ἄρτους οὐκ ἔχετε; οὔπω νοεῖτε οὐδὲ συνίετε; πεπωρωμένην ἔχετε τὴν καρδίαν ὑμῶν; 18 ὀφθαλμοὺς ἔχοντες οὐ βλέπετε καὶ ὦτα ἔχοντες οὐκ ἀκούετε; καὶ οὐ μνημονεύετε 19 ὅτε τοὺς πέντε ἄρτους ἔκλασα εἰς τοὺς πεντακισχιλίους, πόσους κοφίνους κλασμάτων πλήρεις ἤρατε; λέγουσιν αὐτῷ Δώδεκα. 20 ὅτε τοὺς ἑπτὰ εἰς τοὺς τετρακισχιλίους, πόσων σφυρίδων πληρώματα κλασμάτων ἤρατε; καὶ λέγουσιν αὐτῷ Ἑπτά. 21 καὶ ἔλεγεν αὐτοῖς Οὔπω συνίετε;

Jesus Heals a Blind Man at Bethsaida

22 Καὶ ἔρχονται εἰς Βηθσαιδάν. Καὶ φέρουσιν αὐτῷ τυφλὸν καὶ παρακαλοῦσιν αὐτὸν ἵνα αὐτοῦ ἅψηται. 23 καὶ ἐπιλαβόμενος τῆς χειρὸς τοῦ τυφλοῦ ἐξήνεγκεν αὐτὸν ἔξω τῆς κώμης, καὶ πτύσας εἰς τὰ ὄμματα αὐτοῦ, ἐπιθεὶς τὰς χεῖρας αὐτῷ, ἐπηρώτα αὐτόν Εἴ τι βλέπεις; 24 καὶ

---

13 WH: πάλιν ἐμβὰς RP: ἐμβὰς πάλιν εἰς πλοῖον 16 RP: add λέγοντες before ὅτι // WH: ἔχουσιν RP: ἔχομεν 17 RP: add ὁ Ἰησοῦς after γνοὺς // RP: add Ἔτι before πεπωρωμένην 19 WH: κλασμάτων πλήρεις RP: πλήρεις κλασμάτων 20 WH: Ὅτε {WH}: Ὅτε καὶ RP: Ὅτε δὲ // WH: καὶ λέγουσιν αὐτῷ NA: καὶ λέγουσιν [αὐτῷ] RP: Οἱ δὲ εἶπον 21 WH: Οὔπω RP: Πῶς οὐ 22 WH: ἔρχονται RP: ἔρχεται 23 WH: ἐξήνεγκεν RP: ἐξήγαγεν // WH: αὐτόν Εἴ τι βλέπεις; {WH}/RP: αὐτὸν εἴ τι βλέπει.

8:18 Jer 5:21; Ezek 12:2

ἀναβλέψας ἔλεγεν Βλέπω τοὺς ἀνθρώπους ὅτι ὡς δένδρα ὁρῶ περιπατοῦντας. 25 εἶτα πάλιν ἔθηκεν τὰς χεῖρας ἐπὶ τοὺς ὀφθαλμοὺς αὐτοῦ, καὶ διέβλεψεν, καὶ ἀπεκατέστη, καὶ ἐνέβλεπεν τηλαυγῶς ἅπαντα. 26 καὶ ἀπέστειλεν αὐτὸν εἰς οἶκον αὐτοῦ λέγων Μηδὲ εἰς τὴν κώμην εἰσέλθῃς.

Peter's Confession of Jesus
(Matt 16:13–20; Luke 9:18–20)

27 Καὶ ἐξῆλθεν ὁ Ἰησοῦς καὶ οἱ μαθηταὶ αὐτοῦ εἰς τὰς κώμας Καισαρίας τῆς Φιλίππου· καὶ ἐν τῇ ὁδῷ ἐπηρώτα τοὺς μαθητὰς αὐτοῦ λέγων αὐτοῖς Τίνα με λέγουσιν οἱ ἄνθρωποι εἶναι; 28 οἱ δὲ εἶπαν αὐτῷ λέγοντες ὅτι Ἰωάνην τὸν βαπτιστήν, καὶ ἄλλοι Ἠλείαν, ἄλλοι δὲ ὅτι εἷς τῶν προφητῶν. 29 καὶ αὐτὸς ἐπηρώτα αὐτούς Ὑμεῖς δὲ τίνα με λέγετε εἶναι; ἀποκριθεὶς ὁ Πέτρος λέγει αὐτῷ Σὺ εἶ ὁ χριστός. 30 καὶ ἐπετίμησεν αὐτοῖς ἵνα μηδενὶ λέγωσιν περὶ αὐτοῦ.

Jesus Predicts His Death
(Matt 16:21–28; Luke 9:21–27

31 Καὶ ἤρξατο διδάσκειν αὐτοὺς ὅτι δεῖ τὸν υἱὸν τοῦ ἀνθρώπου πολλὰ παθεῖν καὶ ἀποδοκιμασθῆναι ὑπὸ τῶν πρεσβυτέρων καὶ τῶν ἀρχιερέων καὶ τῶν γραμματέων καὶ ἀποκτανθῆναι καὶ μετὰ τρεῖς ἡμέρας ἀναστῆναι· 32 καὶ παρρησίᾳ τὸν λόγον ἐλάλει. καὶ προσλαβόμενος ὁ Πέτρος αὐτὸν ἤρξατο ἐπιτιμᾶν αὐτῷ. 33 ὁ δὲ ἐπιστραφεὶς καὶ ἰδὼν τοὺς μαθητὰς αὐτοῦ ἐπετίμησεν Πέτρῳ καὶ λέγει Ὕπαγε

---

25 WH: ἔθηκεν NA/RP: ἐπέθηκεν // WH: διέβλεψεν, καὶ ἀπεκατέστη RP: ἐποίησεν αὐτὸν ἀναβλέψαι. Καὶ ἀποκατεστάθη // WH: ἐνέβλεπεν RP: ἐνέβλεψεν // WH: τηλαυγῶς {WH}: δηλαυγῶς // WH: ἅπαντα RP: ἅπαντας 26 RP: add τὸν before οἶκον // WH: εἰσέλθῃς RP: εἰσέλθῃς, μηδὲ εἴπῃς τινὶ ἐν τῇ κώμῃ 28 WH: οἱ δὲ εἶπαν αὐτῷ λέγοντες RP: Οἱ δὲ ἀπεκρίθησαν, // WH: ὅτι εἷς NA: [ὅτι] εἷς RP: ἕνα 29 WH: καὶ αὐτὸς ἐπηρώτα αὐτούς RP: Καὶ αὐτὸς λέγει αὐτοῖς, // RP: add δὲ after Ἀποκριθεὶς 31 WH: ὑπὸ RP: ἀπὸ 32 WH: ὁ Πέτρος αὐτὸν RP: αὐτὸν ὁ Πέτρος 33 RP: add τῷ before Πέτρῳ // WH: καὶ λέγει RP: λέγων

ὀπίσω μου, Σατανᾶ, ὅτι οὐ φρονεῖς τὰ τοῦ θεοῦ ἀλλὰ τὰ τῶν ἀνθρώπων.

34 Καὶ προσκαλεσάμενος τὸν ὄχλον σὺν τοῖς μαθηταῖς αὐτοῦ εἶπεν αὐτοῖς Εἴ τις θέλει ὀπίσω μου ἐλθεῖν, ἀπαρνησάσθω ἑαυτὸν καὶ ἀράτω τὸν σταυρὸν αὐτοῦ καὶ ἀκολουθείτω μοι. 35 ὃς γὰρ ἐὰν θέλῃ τὴν ἑαυτοῦ ψυχὴν σῶσαι ἀπολέσει αὐτήν· ὃς δ᾽ ἂν ἀπολέσει τὴν ψυχὴν αὐτοῦ ἕνεκεν [ἐμοῦ καὶ] τοῦ εὐαγγελίου σώσει αὐτήν. 36 τί γὰρ ὠφελεῖ ἄνθρωπον κερδῆσαι τὸν κόσμον ὅλον καὶ ζημιωθῆναι τὴν ψυχὴν αὐτοῦ; 37 τί γὰρ δοῖ ἄνθρωπος ἀντάλλαγμα τῆς ψυχῆς αὐτοῦ; 38 ὃς γὰρ ἐὰν ἐπαισχυνθῇ με καὶ τοὺς ἐμοὺς λόγους ἐν τῇ γενεᾷ ταύτῃ τῇ μοιχαλίδι καὶ ἁμαρτωλῷ, καὶ ὁ υἱὸς τοῦ ἀνθρώπου ἐπαισχυνθήσεται αὐτὸν ὅταν ἔλθῃ ἐν τῇ δόξῃ τοῦ πατρὸς αὐτοῦ μετὰ τῶν ἀγγέλων τῶν ἁγίων. 9 Καὶ ἔλεγεν αὐτοῖς Ἀμὴν λέγω ὑμῖν ὅτι εἰσίν τινες ὧδε τῶν ἑστηκότων οἵτινες οὐ μὴ γεύσωνται θανάτου ἕως ἂν ἴδωσιν τὴν βασιλείαν τοῦ θεοῦ ἐληλυθυῖαν ἐν δυνάμει.

The Transfiguration
(Matt 17:1–8; Luke 9:28–36)

2 Καὶ μετὰ ἡμέρας ἓξ παραλαμβάνει ὁ Ἰησοῦς τὸν Πέτρον καὶ τὸν Ἰάκωβον καὶ Ἰωάνην, καὶ ἀναφέρει αὐτοὺς εἰς ὄρος ὑψηλὸν κατ᾽ ἰδίαν μόνους. καὶ μετεμορφώθη ἔμπροσθεν αὐτῶν, 3 καὶ τὰ ἱμάτια αὐτοῦ ἐγένετο στίλβοντα λευκὰ λίαν οἷα γναφεὺς ἐπὶ τῆς γῆς οὐ δύναται οὕτως λευκᾶναι. 4 καὶ ὤφθη αὐτοῖς Ἡλείας σὺν Μωυσεῖ, καὶ

---

34 WH: Εἴ τις RP: Ὅστις // WH: ἐλθεῖν NA/RP: ἀκολουθεῖν 35 WH: ἐὰν RP: ἂν // WH: θέλῃ ἑαυτοῦ ψυχὴν {WH}/NA/RP: θέλῃ ψυχὴν αὐτοῦ // WH: ἀπολέσει τὴν ψυχὴν αὐτοῦ RP: ἀπολέσῃ τὴν ἑαυτοῦ ψυχὴν // WH: [ἐμοῦ καὶ] NA/RP: ἐμοῦ καὶ // RP: add οὗτος before σώσει 36 WH: ὠφελεῖ ἄνθρωπον {WH}: ὠφελήσει τὸν ἄνθρωπον RP: ὠφελήσει ἄνθρωπον // WH: κερδῆσαι RP: ἐὰν κερδήσῃ // WH: ζημιωθῆναι RP: ζημιωθῇ 37 WH: τί γὰρ δοῖ RP: Ἢ τί δώσει 9:1 WH: ὧδε τῶν RP: τῶν ὧδε 2 {WH}: add τὸν before Ἰωάνην 3 WH: ἐγένετο RP: ἐγένοντο // RP: add ὡς χιών, after λίαν

ἦσαν συνλαλοῦντες τῷ Ἰησοῦ. 5 καὶ ἀποκριθεὶς ὁ Πέτρος λέγει τῷ Ἰησοῦ ῬαββεΙ, καλόν ἐστιν ἡμᾶς ὧδε εἶναι, καὶ ποιήσωμεν τρεῖς σκηνάς, σοὶ μίαν καὶ Μωυσεῖ μίαν καὶ Ἠλείᾳ μίαν. 6 οὐ γὰρ ᾔδει τί ἀποκριθῇ, ἔκφοβοι γὰρ ἐγένοντο. 7 καὶ ἐγένετο νεφέλη ἐπισκιάζουσα αὐτοῖς, καὶ ἐγένετο φωνὴ ἐκ τῆς νεφέλης Οὗτός ἐστιν ὁ υἱός μου ὁ ἀγαπητός, ἀκούετε αὐτοῦ. 8 καὶ ἐξάπινα περιβλεψάμενοι οὐκέτι οὐδένα εἶδον μεθ᾽ ἑαυτῶν εἰ μὴ τὸν Ἰησοῦν μόνον. 9 Καὶ καταβαινόντων αὐτῶν ἐκ τοῦ ὄρους διεστείλατο αὐτοῖς ἵνα μηδενὶ ἃ εἶδον διηγήσωνται, εἰ μὴ ὅταν ὁ υἱὸς τοῦ ἀνθρώπου ἐκ νεκρῶν ἀναστῇ. 10 καὶ τὸν λόγον ἐκράτησαν πρὸς ἑαυτοὺς συνζητοῦντες τί ἐστιν τὸ ἐκ νεκρῶν ἀναστῆναι. 11 καὶ ἐπηρώτων αὐτὸν λέγοντες Ὅτι λέγουσιν οἱ γραμματεῖς ὅτι Ἠλείαν δεῖ ἐλθεῖν πρῶτον; 12 ὁ δὲ ἔφη αὐτοῖς Ἠλείας μὲν ἐλθὼν πρῶτον ἀποκατιστάνει πάντα, καὶ πῶς γέγραπται ἐπὶ τὸν υἱὸν τοῦ ἀνθρώπου ἵνα πολλὰ πάθῃ καὶ ἐξουδενηθῇ; 13 ἀλλὰ λέγω ὑμῖν ὅτι καὶ Ἠλείας ἐλήλυθεν, καὶ ἐποίησαν αὐτῷ ὅσα ἤθελον, καθὼς γέγραπται ἐπ᾽ αὐτόν.

Jesus Heals a Boy with an Evil Spirit
(Matt 17:14–21; Luke 9:37–43a)

14 Καὶ ἐλθόντες πρὸς τοὺς μαθητὰς εἶδαν ὄχλον πολὺν περὶ αὐτοὺς καὶ γραμματεῖς συνζητοῦντας πρὸς αὐτούς. 15 καὶ εὐθὺς πᾶς ὁ ὄχλος ἰδόντες αὐτὸν ἐξεθαμβήθησαν,

---

5 WH: τρεῖς σκηνάς RP: σκηνὰς τρεῖς 6 WH: ἀποκριθῇ, ἔκφοβοι γὰρ ἐγένοντο. RP: λαλήσει· ἦσαν γὰρ ἔκφοβοι. 7 WH: ἐγένετο RP: ἦλθεν // WH: ἀκούετε αὐτοῦ. RP: αὐτοῦ ἀκούετε. 8 WH: μεθ᾽ ἑαυτῶν εἰ μὴ τὸν Ἰησοῦν μόνον {WH}/NA/RP: ἀλλὰ τὸν Ἰησοῦν μόνον μεθ᾽ ἑαυτῶν 9 WH: Καὶ καταβαινόντων RP: Καταβαινόντων δὲ // WH: ἐκ {WH}/RP: ἀπὸ // WH: ἃ εἶδον διηγήσωνται RP: διηγήσωνται ἃ εἶδον 12 WH: ἔφη RP: ἀποκριθείς, εἶπεν // WH: ἀποκατιστάνει NA: ἀποκαθιστάνει RP: ἀποκαθιστᾷ // WH: ἐξουδενηθῇ; RP: ἐξουδενωθῇ. 13 WH: ἤθελον RP: ἠθέλησαν 14 WH: ἐλθόντες RP: ἐλθὼν // WH: εἶδαν NA: εἶδον RP: εἶδεν // WH: συνζητοῦντας NA/RP: συζητοῦντας // WH: πρὸς αὐτούς RP: αὐτοῖς 15 WH: ἰδόντες RP: ἰδὼν // WH: ἐξεθαμβήθησαν RP: ἐξεθαμβήθη

καὶ προστρέχοντες ἠσπάζοντο αὐτόν. 16 καὶ ἐπηρώτησεν αὐτούς   Τί συνζητεῖτε πρὸς αὐτούς; 17 καὶ ἀπεκρίθη αὐτῷ εἷς ἐκ τοῦ ὄχλου   Διδάσκαλε, ἤνεγκα τὸν υἱόν μου πρὸς σέ, ἔχοντα πνεῦμα ἄλαλον· 18 καὶ ὅπου ἐὰν αὐτὸν καταλάβῃ ῥήσσει αὐτόν, καὶ ἀφρίζει καὶ τρίζει τοὺς ὀδόντας καὶ ξηραίνεται· καὶ εἶπα τοῖς μαθηταῖς σου ἵνα αὐτὸ ἐκβάλωσιν, καὶ οὐκ ἴσχυσαν. 19 ὁ δὲ ἀποκριθεὶς αὐτοῖς λέγει   Ὦ γενεὰ ἄπιστος, ἕως πότε πρὸς ὑμᾶς ἔσομαι; ἕως πότε ἀνέξομαι ὑμῶν; φέρετε αὐτὸν πρός με. 20 καὶ ἤνεγκαν αὐτὸν πρὸς αὐτόν. καὶ ἰδὼν αὐτὸν τὸ πνεῦμα εὐθὺς συνεσπάραξεν αὐτόν, καὶ πεσὼν ἐπὶ τῆς γῆς ἐκυλίετο ἀφρίζων. 21 καὶ ἐπηρώτησεν τὸν πατέρα αὐτοῦ   Πόσος χρόνος ἐστὶν ὡς τοῦτο γέγονεν αὐτῷ; ὁ δὲ εἶπεν   Ἐκ παιδιόθεν· 22 καὶ πολλάκις καὶ εἰς πῦρ αὐτὸν ἔβαλεν καὶ εἰς ὕδατα ἵνα ἀπολέσῃ αὐτόν· ἀλλ' εἴ τι δύνῃ, βοήθησον ἡμῖν σπλαγχνισθεὶς ἐφ' ἡμᾶς. 23 ὁ δὲ Ἰησοῦς εἶπεν αὐτῷ   Τό Εἰ δύνῃ, πάντα δυνατὰ τῷ πιστεύοντι. 24 εὐθὺς κράξας ὁ πατὴρ τοῦ παιδίου ἔλεγεν   Πιστεύω· βοήθει μου τῇ ἀπιστίᾳ. 25 ἰδὼν δὲ ὁ Ἰησοῦς ὅτι ἐπισυντρέχει ὄχλος ἐπετίμησεν τῷ πνεύματι τῷ ἀκαθάρτῳ λέγων αὐτῷ   Τὸ ἄλαλον καὶ κωφὸν πνεῦμα, ἐγὼ ἐπιτάσσω σοι, ἔξελθε ἐξ αὐτοῦ καὶ μηκέτι εἰσέλθῃς εἰς αὐτόν. 26 καὶ κράξας καὶ πολλὰ σπαράξας ἐξῆλθεν· καὶ ἐγένετο ὡσεὶ νεκρὸς ὥστε τοὺς πολλοὺς λέγειν ὅτι ἀπέθανεν. 27 ὁ δὲ Ἰησοῦς κρατήσας τῆς χειρὸς αὐτοῦ ἤγειρεν αὐτόν, καὶ ἀνέστη. 28 καὶ εἰσελθόντος αὐτοῦ εἰς οἶκον οἱ μαθηταὶ αὐτοῦ κατ' ἰδίαν ἐπηρώτων αὐτόν   Ὅτι ἡμεῖς οὐκ ἠδυνήθημεν

---

16 WH: αὐτούς RP: τοὺς γραμματεῖς 17 WH: ἀπεκρίθη αὐτῷ RP: ἀποκριθεὶς // RP: *add* εἶπεν *after* ὄχλου 18 WH: ἐὰν RP: ἂν // RP: *add* αὐτοῦ *after* ὀδόντας // WH: εἶπα RP: εἶπον 19 WH: αὐτοῖς RP: αὐτῷ 20 WH: τὸ πνεῦμα εὐθὺς συνεσπάραξεν RP: εὐθέως τὸ πνεῦμα ἐσπάραξεν 21 RP: *omit* Ἐκ 22 RP: *add* αὐτὸν *after* πολλάκις // WH: πῦρ αὐτὸν RP: τὸ πῦρ // WH: δύνῃ RP: δύνασαι 23 WH: Τό {WH}: τό // WH: Εἰ δύνῃ RP: εἰ δύνασαι πιστεῦσαι 24 RP: *add* μετὰ δακρύων *before* ἔλεγεν // RP: *add* κύριε, *before* βοήθει 25 WH: ἄλαλον καὶ κωφὸν πνεῦμα RP: πνεῦμα τὸ ἄλαλον καὶ κωφόν // WH: ἐπιτάσσω σοι RP: σοι ἐπιτάσσω 26 WH: κράξας RP: κράξαν // WH: σπαράξας RP: σπαράξαν αὐτόν // RP: *omit* τοὺς 27 WH: τῆς χειρὸς αὐτοῦ RP: αὐτὸν τῆς χειρός 28 WH: εἰσελθόντος αὐτοῦ RP: εἰσελθόντα αὐτὸν // WH: κατ' ἰδίαν ἐπηρώτων αὐτόν RP: ἐπηρώτων αὐτὸν κατ' ἰδίαν

ἐκβαλεῖν αὐτό; 29 καὶ εἶπεν αὐτοῖς Τοῦτο τὸ γένος ἐν
οὐδενὶ δύναται ἐξελθεῖν εἰ μὴ ἐν προσευχῇ.

Jesus Predicts His Death a Second Time
(Matt 17:22–23; Luke 9:43–45)

30 Κἀκεῖθεν ἐξελθόντες ἐπορεύοντο διὰ τῆς Γαλιλαίας,
καὶ οὐκ ἤθελεν ἵνα τις γνοῖ· 31 ἐδίδασκεν γὰρ τοὺς μαθητὰς
αὐτοῦ καὶ ἔλεγεν [αὐτοῖς] ὅτι Ὁ υἱὸς τοῦ ἀνθρώπου παρα-
δίδοται εἰς χεῖρας ἀνθρώπων, καὶ ἀποκτενοῦσιν αὐτόν, καὶ
ἀποκτανθεὶς μετὰ τρεῖς ἡμέρας ἀναστήσεται. 32 οἱ δὲ
ἠγνόουν τὸ ῥῆμα, καὶ ἐφοβοῦντο αὐτὸν ἐπερωτῆσαι.

The Greatest in the Kingdom
(Matt 18:1–5; Luke 9:46–48)

33 Καὶ ἦλθον εἰς Καφαρναούμ. Καὶ ἐν τῇ οἰκίᾳ γενόμε-
νος ἐπηρώτα αὐτούς Τί ἐν τῇ ὁδῷ διελογίζεσθε; 34 οἱ δὲ
ἐσιώπων, πρὸς ἀλλήλους γὰρ διελέχθησαν ἐν τῇ ὁδῷ τίς
μείζων. 35 καὶ καθίσας ἐφώνησεν τοὺς δώδεκα καὶ λέγει
αὐτοῖς Εἴ τις θέλει πρῶτος εἶναι ἔσται πάντων ἔσχατος
καὶ πάντων διάκονος. 36 καὶ λαβὼν παιδίον ἔστησεν αὐτὸ
ἐν μέσῳ αὐτῶν καὶ ἐναγκαλισάμενος αὐτὸ εἶπεν αὐτοῖς
37 Ὃς ἂν [ἓν] τῶν τοιούτων παιδίων δέξηται ἐπὶ τῷ ὀνόματί
μου, ἐμὲ δέχεται· καὶ ὃς ἂν ἐμὲ δέχηται, οὐκ ἐμὲ δέχεται
ἀλλὰ τὸν ἀποστείλαντά με.

Whoever Is Not Against Us Is for Us
(Luke 9:49–50)

38 Ἔφη αὐτῷ ὁ Ἰωάνης Διδάσκαλε, εἴδαμέν τινα ἐν τῷ
ὀνόματί σου ἐκβάλλοντα δαιμόνια, καὶ ἐκωλύομεν αὐτόν,

---

29 RP: *add* καὶ νηστείᾳ. *after* προσευχῇ 30 WH: Κἀκεῖθεν RP: Καὶ ἐκεῖθεν // WH:
ἐπορεύοντο {WH]/NA/RP: παρεπορεύοντο // WH: γνοῖ RP: γνῷ 31 WH: [αὐτοῖς]
NA/RP: αὐτοῖς // WH: μετὰ τρεῖς ἡμέρας RP: τῇ τρίτῃ ἡμέρᾳ 33 WH: ἦλθον RP:
ἦλθεν // RP: *add* πρὸς ἑαυτοὺς *after* ὁδῷ 37 WH: ἂν [ἓν] NA: ἂν ἓν RP: ἐὰν ἓν //
WH: ἂν ἐμὲ RP: ἐὰν ἐμὲ // WH: δέχηται RP: δέξηται 38 WH: Ἔφη αὐτῷ ὁ RP:
Ἀπεκρίθη δὲ αὐτῷ // RP: *add* λέγων, *before* Διδάσκαλε // RP: *omit* ἐν // RP: *add* ὃς

ὅτι οὐκ ἠκολούθει ἡμῖν. 39 ὁ δὲ Ἰησοῦς εἶπεν Μὴ κωλύετε αὐτόν, οὐδεὶς γὰρ ἔστιν ὃς ποιήσει δύναμιν ἐπὶ τῷ ὀνόματί μου καὶ δυνήσεται ταχὺ κακολογῆσαί με· 40 ὃς γὰρ οὐκ ἔστιν καθ᾽ ἡμῶν, ὑπὲρ ἡμῶν ἐστίν. 41 Ὃς γὰρ ἂν ποτίσῃ ὑμᾶς ποτήριον ὕδατος ἐν ὀνόματι ὅτι Χριστοῦ ἐστέ, ἀμὴν λέγω ὑμῖν ὅτι οὐ μὴ ἀπολέσῃ τὸν μισθὸν αὐτοῦ.

A Warning Against Offenses
(Matt 18:6–9; Luke 17:1–2)

42 Καὶ ὃς ἂν σκανδαλίσῃ ἕνα τῶν μικρῶν τούτων τῶν πιστευόντων, καλόν ἐστιν αὐτῷ μᾶλλον εἰ περίκειται μύλος ὀνικὸς περὶ τὸν τράχηλον αὐτοῦ καὶ βέβληται εἰς τὴν θάλασσαν. 43 Καὶ ἐὰν σκανδαλίσῃ σε ἡ χείρ σου, ἀπόκοψον αὐτήν· καλόν ἐστίν σε κυλλὸν εἰσελθεῖν εἰς τὴν ζωὴν ἢ τὰς δύο χεῖρας ἔχοντα ἀπελθεῖν εἰς τὴν γέενναν, εἰς τὸ πῦρ τὸ ἄσβεστον. 45 καὶ ἐὰν ὁ πούς σου σκανδαλίζῃ σε, ἀπόκοψον αὐτόν· καλόν ἐστίν σε εἰσελθεῖν εἰς τὴν ζωὴν χωλὸν ἢ τοὺς δύο πόδας ἔχοντα βληθῆναι εἰς τὴν γέενναν. 47 καὶ ἐὰν ὁ ὀφθαλμός σου σκανδαλίζῃ σε, ἔκβαλε αὐτόν· καλόν σέ ἐστιν μονόφθαλμον εἰσελθεῖν εἰς τὴν βασιλείαν τοῦ θεοῦ ἢ δύο ὀφθαλμοὺς ἔχοντα βληθῆναι εἰς γέενναν, 48 ὅπου **ὁ σκώληξ αὐτῶν οὐ τελευτᾷ καὶ τὸ πῦρ οὐ σβέννυται**· 49 πᾶς γὰρ πυρὶ ἁλισθήσεται. 50 Καλὸν τὸ ἅλας· ἐὰν δὲ τὸ ἅλας ἄναλον γένηται, ἐν τίνι αὐτὸ ἀρτύσετε; ἔχετε ἐν ἑαυτοῖς ἅλα, καὶ εἰρηνεύετε ἐν ἀλλήλοις.

οὐκ ἀκολουθεῖ ἡμῖν· before καὶ // WH: ἐκωλύομεν RP: ἐκωλύσαμεν // WH: ἠκολούθει RP: ἀκολουθεῖ 40 WH: ἡμῶν RP: ὑμῶν twice 41 RP: add μου after ὀνόματί // RP: omit second ὅτι 42 WH: ἂν RP: ἐὰν // RP: omit τούτων // [NA]/RP: add εἰς ἐμέ after πιστευόντων // WH: μύλος ὀνικὸς RP: λίθος μυλικὸς 43 WH: σκανδαλίσῃ {WH}/NA/RP: σκανδαλίζῃ // WH: ἐστίν σε RP: σοι ἐστὶν // WH: εἰσελθεῖν εἰς τὴν ζωὴν RP: εἰς τὴν ζωὴν εἰσελθεῖν 44 RP: add v. 44: ο῞που ὁ σκώληξ αὐτῶν οὐ τελευτᾷ, καὶ τὸ πῦρ οὐ σβέννυται. 45 WH: σε RP: σοι // RP: add εἰς τὸ πῦρ τὸ ἄσβεστον, after γέενναν, 46 add v. 46: ὅπου ὁ σκώληξ αὐτῶν οὐ τελευτᾷ, καὶ τὸ πῦρ οὐ σβέννυται. 47 WH: σέ RP: σοι // WH: γέενναν {WH}/NA: τὴν γέενναν RP: τὴν γέενναν τοῦ πυρός 49 RP: add καὶ πᾶσα θυσία ἁλὶ ἁλισθήσεται. after ἁλισθήσεται, 50 WH: ἅλα RP: ἅλας

---

48 Isa 66:24

Marriage and Divorce
(Matt 19:1–12)

10 Καὶ ἐκεῖθεν ἀναστὰς ἔρχεται εἰς τὰ ὅρια τῆς Ἰουδαίας καὶ πέραν τοῦ Ἰορδάνου, καὶ συνπορεύονται πάλιν ὄχλοι πρὸς αὐτόν, καὶ ὡς εἰώθει πάλιν ἐδίδασκεν αὐτούς. 2 Καὶ [προσελθόντες Φαρισαῖοι] ἐπηρώτων αὐτὸν εἰ ἔξεστιν ἀνδρὶ γυναῖκα ἀπολῦσαι, πειράζοντες αὐτόν. 3 ὁ δὲ ἀποκριθεὶς εἶπεν αὐτοῖς Τί ὑμῖν ἐνετείλατο Μωυσῆς; 4 οἱ δὲ εἶπαν Ἐπέτρεψεν Μωυσῆς **βιβλίον ἀποστασίου γράψαι καὶ ἀπολῦσαι.** 5 ὁ δὲ Ἰησοῦς εἶπεν αὐτοῖς Πρὸς τὴν σκληροκαρδίαν ὑμῶν ἔγραψεν ὑμῖν τὴν ἐντολὴν ταύτην· 6 ἀπὸ δὲ ἀρχῆς κτίσεως **ἄρσεν καὶ θῆλυ ἐποίησεν** [αὐτούς]· 7 **ἕνεκεν τούτου καταλείψει ἄνθρωπος τὸν πατέρα αὐτοῦ καὶ τὴν μητέρα, 8 καὶ ἔσονται οἱ δύο εἰς σάρκα μίαν·** ὥστε οὐκέτι εἰσὶν δύο ἀλλὰ μία σάρξ· 9 ὃ οὖν ὁ θεὸς συνέζευξεν ἄνθρωπος μὴ χωριζέτω. 10 Καὶ εἰς τὴν οἰκίαν πάλιν οἱ μαθηταὶ περὶ τούτου ἐπηρώτων αὐτόν. 11 καὶ λέγει αὐτοῖς Ὃς ἂν ἀπολύσῃ τὴν γυναῖκα αὐτοῦ καὶ γαμήσῃ ἄλλην μοιχᾶται ἐπ' αὐτήν, 12 καὶ ἐὰν αὐτὴ ἀπολύσασα τὸν ἄνδρα αὐτῆς γαμήσῃ ἄλλον μοιχᾶται.

Jesus Blesses Little Children
(Matt 19:13–15; Luke 18:15–17)

13 Καὶ προσέφερον αὐτῷ παιδία ἵνα αὐτῶν ἅψηται· οἱ δὲ μαθηταὶ ἐπετίμησαν αὐτοῖς. 14 ἰδὼν δὲ ὁ Ἰησοῦς ἠγανά-

---

10:1 WH: Καὶ ἐκεῖθεν RP: Κἀκεῖθεν // WH: καὶ πέραν NA: [καὶ] πέραν RP: διὰ τοῦ πέραν 2 WH: [προσελθόντες Φαρισαῖοι] NA/RP: προσελθόντες Φαρισαῖοι // WH: ἐπηρώτων RP: ἐπηρώτησαν 4 WH: Ἐπέτρεψεν Μωυσῆς RP: Μωσῆς ἐπέτρεψεν 5 WH: ὁ δὲ RP: Καὶ ἀποκριθεὶς ὁ 6 WH: [αὐτούς] NA: αὐτούς RP: αὐτοὺς ὁ θεός 7 [NA]/RP: add καὶ προσκολληθήσεται πρὸς τὴν γυναῖκα αὐτοῦ, after μητέρα, 10 WH: εἰς τὴν οἰκίαν RP: ἐν τῇ οἰκίᾳ // RP: add αὐτοῦ after μαθηταὶ // WH: τούτου ἐπηρώτων RP: τοῦ αὐτοῦ ἐπηρώτησαν 12 WH: αὐτὴ ἀπολύσασα RP: γυνὴ ἀπολύσῃ // WH: γαμήσῃ ἄλλον RP: καὶ γαμηθῇ ἄλλῳ, 13 WH: αὐτῶν ἅψηται RP: ἅψηται αὐτῶν // WH: ἐπετίμησαν αὐτοῖς RP: ἐπετίμων τοῖς

10:4 Deut 24:1   6 Gen 1:27   7–8 Gen 2:24

κτησεν καὶ εἶπεν αὐτοῖς Ἄφετε τὰ παιδία ἔρχεσθαι πρός με, μὴ κωλύετε αὐτά, τῶν γὰρ τοιούτων ἐστὶν ἡ βασιλεία τοῦ θεοῦ. 15 ἀμὴν λέγω ὑμῖν, ὃς ἂν μὴ δέξηται τὴν βασιλείαν τοῦ θεοῦ ὡς παιδίον, οὐ μὴ εἰσέλθη εἰς αὐτήν. 16 καὶ ἐναγκαλισάμενος αὐτὰ κατευλόγει τιθεὶς τὰς χεῖρας ἐπ᾽ αὐτά.

The Rich Young Man
(Matt 19:16–30; Luke 18:18–30)

17 Καὶ ἐκπορευομένου αὐτοῦ εἰς ὁδὸν προσδραμὼν εἷς καὶ γονυπετήσας αὐτὸν ἐπηρώτα αὐτόν Διδάσκαλε ἀγαθέ, τί ποιήσω ἵνα ζωὴν αἰώνιον κληρονομήσω; 18 ὁ δὲ Ἰησοῦς εἶπεν αὐτῷ Τί με λέγεις ἀγαθόν; οὐδεὶς ἀγαθὸς εἰ μὴ εἷς ὁ θεός. 19 τὰς ἐντολὰς οἶδας **Μὴ φονεύσῃς, Μὴ μοιχεύσῃς, Μὴ κλέψῃς, Μὴ ψευδομαρτυρήσῃς,** Μὴ ἀποστερήσῃς, **Τίμα τὸν πατέρα σου καὶ τὴν μητέρα.** 20 ὁ δὲ ἔφη αὐτῷ Διδάσκαλε, ταῦτα πάντα ἐφυλαξάμην ἐκ νεότητός μου. 21 ὁ δὲ Ἰησοῦς ἐμβλέψας αὐτῷ ἠγάπησεν αὐτὸν καὶ εἶπεν αὐτῷ Ἕν σε ὑστερεῖ· ὕπαγε ὅσα ἔχεις πώλησον καὶ δὸς [τοῖς] πτωχοῖς, καὶ ἕξεις θησαυρὸν ἐν οὐρανῷ, καὶ δεῦρο ἀκολούθει μοι. 22 ὁ δὲ στυγνάσας ἐπὶ τῷ λόγῳ ἀπῆλθεν λυπούμενος, ἦν γὰρ ἔχων κτήματα πολλά.

23 Καὶ περιβλεψάμενος ὁ Ἰησοῦς λέγει τοῖς μαθηταῖς αὐτοῦ Πῶς δυσκόλως οἱ τὰ χρήματα ἔχοντες εἰς τὴν βασιλείαν τοῦ θεοῦ εἰσελεύσονται. 24 οἱ δὲ μαθηταὶ ἐθαμβοῦντο ἐπὶ τοῖς λόγοις αὐτοῦ. ὁ δὲ Ἰησοῦς πάλιν ἀποκριθεὶς λέγει αὐτοῖς Τέκνα, πῶς δύσκολόν ἐστιν εἰς τὴν βασιλείαν τοῦ θεοῦ εἰσελθεῖν· 25 εὐκοπώτερόν ἐστιν

προσφέρουσιν 16 WH: κατευλόγει τιθεὶς τὰς χεῖρας ἐπ᾽ αὐτά RP: τιθεὶς τὰς χεῖρας ἐπ᾽ αὐτά, εὐλόγει αὐτά 19 WH: Μὴ φονεύσῃς, Μὴ μοιχεύσῃς RP: Μὴ μοιχεύσῃς, μὴ φονεύσῃς 20 WH: ἔφη RP: ἀποκριθεὶς εἶπεν αὐτῷ 21 WH: σε RP: σοι // RP: omit [τοῖς] // RP: add ἄρας τὸν σταυρόν. after μοι, 24 RP: add τοὺς πεποιθότας ἐπὶ χρήμασιν after ἐστιν

19 Exod 20:12–16; Deut 5:16–20

κάμηλον διὰ τρυμαλιᾶς ῥαφίδος διελθεῖν ἢ πλούσιον εἰς τὴν βασιλείαν τοῦ θεοῦ εἰσελθεῖν. 26 οἱ δὲ περισσῶς ἐξεπλήσσοντο λέγοντες πρὸς αὐτόν Καὶ τίς δύναται σωθῆναι; 27 ἐμβλέψας αὐτοῖς ὁ Ἰησοῦς λέγει Παρὰ ἀνθρώποις ἀδύνατον ἀλλ᾽ οὐ παρὰ θεῷ, **πάντα γὰρ δυνατὰ παρὰ [τῷ] θεῷ.**

28 Ἤρξατο λέγειν ὁ Πέτρος αὐτῷ Ἰδοὺ ἡμεῖς ἀφήκαμεν πάντα καὶ ἠκολουθήκαμέν σοι. 29 ἔφη ὁ Ἰησοῦς Ἀμὴν λέγω ὑμῖν, οὐδείς ἐστιν ὃς ἀφῆκεν οἰκίαν ἢ ἀδελφοὺς ἢ ἀδελφὰς ἢ μητέρα ἢ πατέρα ἢ τέκνα ἢ ἀγροὺς ἕνεκεν ἐμοῦ καὶ [ἕνεκεν] τοῦ εὐαγγελίου, 30 ἐὰν μὴ λάβῃ ἑκατονταπλασίονα νῦν ἐν τῷ καιρῷ τούτῳ οἰκίας καὶ ἀδελφοὺς καὶ ἀδελφὰς καὶ μητέρας καὶ τέκνα καὶ ἀγροὺς μετὰ διωγμῶν, καὶ ἐν τῷ αἰῶνι τῷ ἐρχομένῳ ζωὴν αἰώνιον. 31 πολλοὶ δὲ ἔσονται πρῶτοι ἔσχατοι καὶ [οἱ] ἔσχατοι πρῶτοι.

Jesus Predicts His Death a Third Time
(Matt 20:17–19; Luke 18:31–34)

32 Ἦσαν δὲ ἐν τῇ ὁδῷ ἀναβαίνοντες εἰς Ἰεροσόλυμα, καὶ ἦν προάγων αὐτοὺς ὁ Ἰησοῦς, καὶ ἐθαμβοῦντο, οἱ δὲ ἀκολουθοῦντες ἐφοβοῦντο. καὶ παραλαβὼν πάλιν τοὺς δώδεκα ἤρξατο αὐτοῖς λέγειν τὰ μέλλοντα αὐτῷ συμβαίνειν 33 ὅτι Ἰδοὺ ἀναβαίνομεν εἰς Ἰεροσόλυμα, καὶ ὁ υἱὸς τοῦ ἀνθρώπου παραδοθήσεται τοῖς ἀρχιερεῦσιν καὶ τοῖς γραμματεῦσιν, καὶ κατακρινοῦσιν αὐτὸν θανάτῳ καὶ παραδώσουσιν αὐτὸν τοῖς ἔθνεσιν 34 καὶ ἐμπαίξουσιν

---

25 WH: τρυμαλιᾶς {WH}: τῆς τρυμαλιᾶς τῆς ΝΑ: [τῆς] τρυμαλιᾶς [τῆς] RP: τῆς τρυμαλιᾶς τῆς // WH: διελθεῖν RP: εἰσελθεῖν 26 WH: αὐτόν ΝΑ/RP: ἑαυτούς 27 RP: *add* δὲ *after* Ἐμβλέψας // RP: *add* ἐστιν *after* δυνατά // WH: [τῷ] ΝΑ/RP: τῷ 28 WH: λέγειν ὁ Πέτρος RP: ὁ Πέτρος λέγειν // WH: ἠκολουθήκαμέν RP: ἠκολουθήσαμέν 29 WH: ἔφη ὁ Ἰησοῦς RP: Ἀποκριθεὶς ὁ Ἰησοῦς εἶπεν // WH: ἢ μητέρα ἢ πατέρα RP: ἢ πατέρα, ἢ μητέρα, ἢ γυναῖκα, // WH: [ἕνεκεν] ΝΑ/RP: ἕνεκεν 30 WH: μητέρας {WH}: μητέρα 31 RP: *omit* [οἱ] 32 WH: οἱ δὲ RP: καὶ 33 RP: *omit* τοῖς *before* γραμματεῦσιν 34 WH: ἐμπτύσουσιν αὐτῷ καὶ μαστιγώσουσιν

---

27 Gen 18:14; Job 42:2; Zech 8:6 LXX

αὐτῷ καὶ ἐμπτύσουσιν αὐτῷ καὶ μαστιγώσουσιν αὐτὸν καὶ ἀποκτενοῦσιν, καὶ μετὰ τρεῖς ἡμέρας ἀναστήσεται.

The Request of James and John
(Matt 20:20–28)

35 Καὶ προσπορεύονται αὐτῷ Ἰάκωβος καὶ Ἰωάνης οἱ [δύο] υἱοὶ Ζεβεδαίου λέγοντες αὐτῷ Διδάσκαλε, θέλομεν ἵνα ὃ ἐὰν αἰτήσωμέν σε ποιήσῃς ἡμῖν. 36 ὁ δὲ εἶπεν αὐτοῖς Τί θέλετε ποιήσω ὑμῖν; 37 οἱ δὲ εἶπαν αὐτῷ Δὸς ἡμῖν ἵνα εἷς σου ἐκ δεξιῶν καὶ εἷς ἐξ ἀριστερῶν καθίσωμεν ἐν τῇ δόξῃ σου. 38 ὁ δὲ Ἰησοῦς εἶπεν αὐτοῖς Οὐκ οἴδατε τί αἰτεῖσθε· δύνασθε πιεῖν τὸ ποτήριον ὃ ἐγὼ πίνω, ἢ τὸ βάπτισμα ὃ ἐγὼ βαπτίζομαι βαπτισθῆναι; 39 οἱ δὲ εἶπαν αὐτῷ Δυνάμεθα. ὁ δὲ Ἰησοῦς εἶπεν αὐτοῖς Τὸ ποτήριον ὃ ἐγὼ πίνω πίεσθε καὶ τὸ βάπτισμα ὃ ἐγὼ βαπτίζομαι βαπτισθήσεσθε, 40 τὸ δὲ καθίσαι ἐκ δεξιῶν μου ἢ ἐξ εὐωνύμων οὐκ ἔστιν ἐμὸν δοῦναι, ἀλλ' οἷς ἡτοίμασται. 41 καὶ ἀκούσαντες οἱ δέκα ἤρξαντο ἀγανακτεῖν περὶ Ἰακώβου καὶ Ἰωάνου. 42 καὶ προσκαλεσάμενος αὐτοὺς ὁ Ἰησοῦς λέγει αὐτοῖς Οἴδατε ὅτι οἱ δοκοῦντες ἄρχειν τῶν ἐθνῶν κατακυριεύουσιν αὐτῶν καὶ οἱ μεγάλοι αὐτῶν κατεξουσιάζουσιν αὐτῶν. 43 οὐχ οὕτως δέ ἐστιν ἐν ὑμῖν· ἀλλ' ὃς ἂν θέλῃ μέγας γενέσθαι ἐν ὑμῖν, ἔσται ὑμῶν διάκονος, 44 καὶ ὃς ἂν θέλῃ ἐν ὑμῖν εἶναι πρῶτος, ἔσται πάντων δοῦλος· 45 καὶ γὰρ ὁ υἱὸς τοῦ ἀνθρώπου οὐκ ἦλθεν διακονηθῆναι ἀλλὰ διακονῆσαι καὶ δοῦναι τὴν ψυχὴν αὐτοῦ λύτρον ἀντὶ πολλῶν.

αὐτὸν RP: μαστιγώσουσιν αὐτόν, καὶ ἐμπτύσουσιν αὐτῷ // WH: μετὰ τρεῖς ἡμέρας RP: τῇ τρίτῃ ἡμέρᾳ 35 NA/RP: *omit* [δύο] // RP: *omit* αὐτῷ *after* λέγοντες // RP: *omit* σε 36 {WH}/[NA]: *add* με *after* θέλετέ // WH: ποιήσω RP: ποιῆσαί με 37 WH: ἐκ δεξιῶν RP: ἐκ δεξιῶν σου // WH: ἀριστερῶν RP: εὐωνύμων σου 38 WH: ἢ RP: καὶ 39 RP: *add* μὲν *before* ποτήριον 40 WH: ἢ RP: καὶ 42 WH: καὶ προσκαλεσάμενος αὐτοὺς ὁ Ἰησοῦς RP: Ὁ δὲ Ἰησοῦς προσκαλεσάμενος αὐτοὺς 43 WH: ἐστιν RP: ἔσται // WH: ἔσται {WH}: ἔστω // WH: μέγας γενέσθαι RP: γενέσθαι μέγας 44 WH: ἐν ὑμῖν εἶναι RP: ὑμῶν γενέσθαι

Jesus Heals Blind Bartimaeus
(Matt 20:29–34; Luke 18:35–43)

46 Καὶ ἔρχονται εἰς Ἰερειχώ. Καὶ ἐκπορευομένου αὐτοῦ ἀπὸ Ἰερειχὼ καὶ τῶν μαθητῶν αὐτοῦ καὶ ὄχλου ἱκανοῦ ὁ υἱὸς Τιμαίου Βαρτίμαιος τυφλὸς προσαίτης ἐκάθητο παρὰ τὴν ὁδόν. 47 καὶ ἀκούσας ὅτι Ἰησοῦς ὁ Ναζαρηνός ἐστιν ἤρξατο κράζειν καὶ λέγειν Υἱὲ Δαυεὶδ Ἰησοῦ, ἐλέησόν με. 48 καὶ ἐπετίμων αὐτῷ πολλοὶ ἵνα σιωπήσῃ· ὁ δὲ πολλῷ μᾶλλον ἔκραζεν Υἱὲ Δαυείδ, ἐλέησόν με. 49 καὶ στὰς ὁ Ἰησοῦς εἶπεν Φωνήσατε αὐτόν. καὶ φωνοῦσι τὸν τυφλὸν λέγοντες αὐτῷ Θάρσει, ἔγειρε, φωνεῖ σε. 50 ὁ δὲ ἀποβαλὼν τὸ ἱμάτιον αὐτοῦ ἀναπηδήσας ἦλθεν πρὸς τὸν Ἰησοῦν. 51 καὶ ἀποκριθεὶς αὐτῷ ὁ Ἰησοῦς εἶπεν Τί σοι θέλεις ποιήσω; ὁ δὲ τυφλὸς εἶπεν αὐτῷ Ῥαββουνεί, ἵνα ἀναβλέψω. 52 καὶ ὁ Ἰησοῦς εἶπεν αὐτῷ Ὕπαγε, ἡ πίστις σου σέσωκέν σε. καὶ εὐθὺς ἀνέβλεψεν, καὶ ἠκολούθει αὐτῷ ἐν τῇ ὁδῷ.

The Triumphal Entry into Jerusalem
(Matt 21:1–9; Luke 19:28–38; cf. John 12:12–19)

11 Καὶ ὅτε ἐγγίζουσιν εἰς Ἰεροσόλυμα εἰς Βηθφαγὴ καὶ Βηθανίαν πρὸς τὸ Ὄρος τῶν Ἐλαιῶν, ἀποστέλλει δύο τῶν μαθητῶν αὐτοῦ 2 καὶ λέγει αὐτοῖς Ὑπάγετε εἰς τὴν κώμην τὴν κατέναντι ὑμῶν, καὶ εὐθὺς εἰσπορευόμενοι εἰς αὐτὴν εὑρήσετε πῶλον δεδεμένον ἐφ' ὃν οὐδεὶς οὔπω ἀνθρώπων ἐκάθισεν· λύσατε αὐτὸν καὶ φέρετε. 3 καὶ ἐάν τις ὑμῖν εἴπῃ

---

46 RP: *omit* ὁ // RP: *add* ὁ *before* τυφλὸς // WH: προσαίτης ἐκάθητο παρὰ τὴν ὁδόν RP: ἐκάθητο παρὰ τὴν ὁδὸν προσαιτῶν 47 WH: ὁ Ναζαρηνός ἐστιν {WH}: ἐστὶν ὁ Ναζαρηνὸς // WH: Ναζαρηνός RP: Ναζωραῖος // WH: Υἱὲ Δαυεὶδ RP: Ὁ υἱὸς Δαυίδ 49 WH: Φωνήσατε αὐτόν RP: αὐτὸν φωνηθῆναι // WH: ἔγειρε RP: ἔγειραι 50 WH: ἀναπηδήσας RP: ἀναστὰς 51 WH: αὐτῷ ὁ Ἰησοῦς εἶπεν RP: λέγει αὐτῷ ὁ Ἰησοῦς // WH: σοι θέλεις ποιήσω RP: θέλεις ποιήσω σοί 52 WH: καὶ ὁ RP: Ὁ δὲ // WH: αὐτῷ RP: τῷ Ἰησοῦ
11:1 WH: εἰς Βηθφαγὴ καὶ {WH}: καὶ εἰς // WH: Ὄρος τῶν {WH}: Ὄρος τὸ 2 RP: *add* οὔπω *after* οὐδεὶς // WH: ἐκάθισεν RP: κεκάθικεν // WH: λύσατε αὐτὸν καὶ φέρετε RP: λύσαντες αὐτὸν ἀγάγετε

Τί ποιεῖτε τοῦτο; εἴπατε Ὁ κύριος αὐτοῦ χρείαν ἔχει· καὶ εὐθὺς αὐτὸν ἀποστέλλει πάλιν ὧδε. 4 καὶ ἀπῆλθον καὶ εὗρον πῶλον δεδεμένον πρὸς θύραν ἔξω ἐπὶ τοῦ ἀμφόδου, καὶ λύουσιν αὐτόν. 5 καί τινες τῶν ἐκεῖ ἑστηκότων ἔλεγον αὐτοῖς Τί ποιεῖτε λύοντες τὸν πῶλον; 6 οἱ δὲ εἶπαν αὐτοῖς καθὼς εἶπεν ὁ Ἰησοῦς· καὶ ἀφῆκαν αὐτούς. 7 καὶ φέρουσιν τὸν πῶλον πρὸς τὸν Ἰησοῦν, καὶ ἐπιβάλλουσιν αὐτῷ τὰ ἱμάτια αὐτῶν, καὶ ἐκάθισεν ἐπ' αὐτόν. 8 καὶ πολλοὶ τὰ ἱμάτια αὐτῶν ἔστρωσαν εἰς τὴν ὁδόν, ἄλλοι δὲ στιβάδας κόψαντες ἐκ τῶν ἀγρῶν. 9 καὶ οἱ προάγοντες καὶ οἱ ἀκολουθοῦντες ἔκραζον

Ὡσαννά·

Εὐλογημένος ὁ ἐρχόμενος ἐν ὀνόματι Κυρίου·

10 Εὐλογημένη ἡ ἐρχομένη βασιλεία τοῦ πατρὸς
ἡμῶν Δαυείδ·

Ὡσαννὰ ἐν τοῖς ὑψίστοις.

11 Καὶ εἰσῆλθεν εἰς Ἱεροσόλυμα εἰς τὸ ἱερόν· καὶ περιβλεψάμενος πάντα ὀψὲ ἤδη οὔσης τῆς ὥρας ἐξῆλθεν εἰς Βηθανίαν μετὰ τῶν δώδεκα.

Jesus Curses the Fig Tree
(Matt 21:18–19)

12 Καὶ τῇ ἐπαύριον ἐξελθόντων αὐτῶν ἀπὸ Βηθανίας ἐπείνασεν. 13 καὶ ἰδὼν συκῆν ἀπὸ μακρόθεν ἔχουσαν φύλλα ἦλθεν εἰ ἄρα τι εὑρήσει ἐν αὐτῇ, καὶ ἐλθὼν ἐπ' αὐτὴν

---

3 RP: *add* ὅτι *after* εἴπατε // WH: αὐτὸν ἀποστέλλει πάλιν {WH}: ἀποστέλλει πάλιν αὐτὸν RP: αὐτὸν ἀποστελλεῖ 4 WH: καὶ ἀπῆλθον RP: Ἀπῆλθον δὲ // RP: *add* τὴν *before* θύραν 6 WH: εἶπεν RP: ἐνετείλατο 7 WH: φέρουσιν RP: ἤγαγον // WH: ἐπιβάλλουσιν RP: ἐπέβαλον // WH: αὐτῶν {WH}: ἑαυτῶν // WH: αὐτόν RP: αὐτῷ 8 WH: καὶ πολλοὶ RP: Πολλοὶ δὲ // WH: στιβάδας κόψαντες RP: στοιβάδας ἔκοπτον // WH: ἀγρῶν RP: δένδρων, καὶ ἐστρώννυον εἰς τὴν ὁδόν. 9 RP: *add* λέγοντες, *before* Ὡσαννά 10 RP: *add* ἐν ὀνόματι κυρίου *after* βασιλεία 11 RP: *add* ὁ Ἰησοῦς, καὶ *after* Ἱεροσόλυμα // WH: ὀψὲ {WH}/NA/RP: ὀψίας // WH: τῆς ὥρας {WH}: [τῆς ὥρας] 13 RP: *add* ἀπὸ *after* συκῆν // WH: τι εὑρήσει RP: εὑρήσει τι //

11:9–10 Ps 118:25–26

οὐδὲν εὗρεν εἰ μὴ φύλλα, ὁ γὰρ καιρὸς οὐκ ἦν σύκων. 14 καὶ ἀποκριθεὶς εἶπεν αὐτῇ   Μηκέτι εἰς τὸν αἰῶνα ἐκ σοῦ μηδεὶς καρπὸν φάγοι. καὶ ἤκουον οἱ μαθηταὶ αὐτοῦ.

Jesus Clears the Temple
(Matt 21:12–17; Luke 19:47–48)

15 Καὶ ἔρχονται εἰς Ἱεροσόλυμα. Καὶ εἰσελθὼν εἰς τὸ ἱερὸν ἤρξατο ἐκβάλλειν τοὺς πωλοῦντας καὶ τοὺς ἀγορά-ζοντας ἐν τῷ ἱερῷ, καὶ τὰς τραπέζας τῶν κολλυβιστῶν καὶ τὰς καθέδρας τῶν πωλούντων τὰς περιστερὰς κατέστρεψεν 16 καὶ οὐκ ἤφιεν ἵνα τις διενέγκῃ σκεῦος διὰ τοῦ ἱεροῦ, 17 καὶ ἐδίδασκεν καὶ ἔλεγεν   Οὐ γέγραπται ὅτι **Ὁ οἶκός μου οἶκος προσευχῆς κληθήσεται πᾶσιν τοῖς ἔθνεσιν**; ὑμεῖς δὲ πεποιήκατε αὐτὸν **σπήλαιον λῃστῶν**. 18 καὶ ἤκουσαν οἱ ἀρχιερεῖς καὶ οἱ γραμματεῖς, καὶ ἐζήτουν πῶς αὐτὸν ἀπολέσωσιν· ἐφοβοῦντο γὰρ αὐτόν, πᾶς γὰρ ὁ ὄχλος ἐξεπλήσσετο ἐπὶ τῇ διδαχῇ αὐτοῦ. 19 Καὶ ὅταν ὀψὲ ἐγένετο, ἐξεπορεύοντο ἔξω τῆς πόλεως.

The Withered Fig Tree
(Matt 21:20–22)

20 Καὶ παραπορευόμενοι πρωῒ εἶδον τὴν συκῆν ἐξ-ηραμμένην ἐκ ῥιζῶν. 21 καὶ ἀναμνησθεὶς ὁ Πέτρος λέγει αὐτῷ   Ῥαββεί, ἴδε ἡ συκῆ ἣν κατηράσω ἐξήρανται. 22 καὶ ἀποκριθεὶς ὁ Ἰησοῦς λέγει αὐτοῖς   Ἔχετε πίστιν θεοῦ· 23 ἀμὴν λέγω ὑμῖν ὅτι ὃς ἂν εἴπῃ τῷ ὄρει τούτῳ   Ἄρθητι

WH: ὁ γὰρ καιρὸς οὐκ ἦν RP: οὐ γὰρ ἦν καιρὸς 14 RP: *add* ὁ Ἰησοῦς *after* ἀποκριθεὶς // WH: εἰς τὸν αἰῶνα ἐκ σοῦ RP: ἐκ σοῦ εἰς τὸν αἰῶνα 15 RP: *add* ὁ Ἰησοῦς *after* εἰσελθὼν // RP: *omit* τοὺς *before* ἀγοράζοντας 17 WH: καὶ ἔλεγεν {WH}/NA: καὶ ἔλεγεν αὐτοῖς RP: λέγων αὐτοῖς // WH: πεποιήκατε RP: ἐποιήσατε 18 WH: οἱ ἀρχιερεῖς καὶ οἱ γραμματεῖς RP: οἱ γραμματεῖς καὶ οἱ ἀρχιερεῖς // WH: πᾶς γὰρ RP: ὅτι πᾶς 19 WH: ὅταν RP: ὅτε // WH: ἐξεπορεύοντο {WH}/RP: ἐξεπορεύετο 20 WH: παραπορευόμενοι πρωῒ RP: πρωῒ παραπορευόμενοι

---

17 Isa 56:7; Jer 7:11

καὶ βλήθητι εἰς τὴν θάλασσαν, καὶ μὴ διακριθῇ ἐν τῇ
καρδίᾳ αὐτοῦ ἀλλὰ πιστεύῃ ὅτι ὃ λαλεῖ γίνεται, ἔσται
αὐτῷ. 24 διὰ τοῦτο λέγω ὑμῖν, πάντα ὅσα προσεύχεσθε καὶ
αἰτεῖσθε, πιστεύετε ὅτι ἐλάβετε, καὶ ἔσται ὑμῖν. 25 καὶ ὅταν
στήκετε προσευχόμενοι, ἀφίετε εἴ τι ἔχετε κατά τινος, ἵνα
καὶ ὁ πατὴρ ὑμῶν ὁ ἐν τοῖς οὐρανοῖς ἀφῇ ὑμῖν τὰ παρα-
πτώματα ὑμῶν.

Jesus' Authority Is Challenged
(Matt 21:23–27; Luke 20:1–8)

27 Καὶ ἔρχονται πάλιν εἰς Ἱεροσόλυμα. Καὶ ἐν τῷ ἱερῷ
περιπατοῦντος αὐτοῦ ἔρχονται πρὸς αὐτὸν οἱ ἀρχιερεῖς καὶ
οἱ γραμματεῖς καὶ οἱ πρεσβύτεροι 28 καὶ ἔλεγον αὐτῷ Ἐν
ποίᾳ ἐξουσίᾳ ταῦτα ποιεῖς; ἢ τίς σοι ἔδωκεν τὴν ἐξουσίαν
ταύτην ἵνα ταῦτα ποιῇς; 29 ὁ δὲ Ἰησοῦς εἶπεν αὐτοῖς
Ἐπερωτήσω ὑμᾶς ἕνα λόγον, καὶ ἀποκρίθητέ μοι, καὶ ἐρῶ
ὑμῖν ἐν ποίᾳ ἐξουσίᾳ ταῦτα ποιῶ· 30 τὸ βάπτισμα τὸ Ἰωά-
νου ἐξ οὐρανοῦ ἦν ἢ ἐξ ἀνθρώπων; ἀποκρίθητέ μοι. 31 καὶ
διελογίζοντο πρὸς ἑαυτοὺς λέγοντες Ἐὰν εἴπωμεν Ἐξ
οὐρανοῦ, ἐρεῖ Διὰ τί [οὖν] οὐκ ἐπιστεύσατε αὐτῷ;
32 ἀλλὰ εἴπωμεν Ἐξ ἀνθρώπων;—ἐφοβοῦντο τὸν ὄχλον,
ἅπαντες γὰρ εἶχον τὸν Ἰωάνην ὄντως ὅτι προφήτης ἦν.
33 καὶ ἀποκριθέντες τῷ Ἰησοῦ λέγουσιν Οὐκ οἴδαμεν. καὶ
ὁ Ἰησοῦς λέγει αὐτοῖς Οὐδὲ ἐγὼ λέγω ὑμῖν ἐν ποίᾳ
ἐξουσίᾳ ταῦτα ποιῶ.

---

23 RP: add γὰρ after ἀμὴν // WH: πιστεύῃ RP: πιστεύσῃ // WH: ὃ λαλεῖ RP: ἃ
λέγει // RP: add ὃ ἐὰν εἴπῃ after αὐτῷ 24 WH: προσεύχεσθε καὶ αἰτεῖσθε RP:
προσευχόμενοι αἰτῆσθε // WH: ἐλάβετε RP: λαμβάνετε 25 WH: στήκετε RP:
στήκητε 26 RP: add v. 26: Εἰ δὲ ὑμεῖς οὐκ ἀφίετε, οὐδὲ ὁ πατὴρ ὑμῶν ὁ ἐν τοῖς
οὐρανοῖς ἀφήσει τὰ παραπτώματα ὑμῶν. 27 WH: Ἱεροσόλυμα RP:
Ἱεροσόλυμα 28 WH: ἔλεγον RP: λέγουσιν // WH: ἢ RP: Καὶ // WH: ἔδωκεν τὴν
ἐξουσίαν ταύτην RP: τὴν ἐξουσίαν ταύτην ἔδωκεν 29 RP: add ἀποκριθεὶς after
Ἰησοῦς // RP: add καὶ ἐγὼ before ἕνα 31 WH: διελογίζοντο RP: ἐλογίζοντο // WH:
[οὖν] RP: οὖν 32 WH: ὄχλον RP: λαόν // WH: ὄντως ὅτι RP: ὅτι ὄντως 33 WH:
τῷ Ἰησοῦ λέγουσιν RP: λέγουσιν τῷ Ἰησοῦ // RP: add ἀποκριθεὶς after Ἰησοῦς

The Parable of the Evil Tenants
(Matt 21:33–46; Luke 20:9–19)

12 Καὶ ἤρξατο αὐτοῖς ἐν παραβολαῖς λαλεῖν **Ἀμπελῶνα ἄνθρωπος ἐφύτευσεν, καὶ περιέθηκεν φραγμὸν καὶ ὤρυξεν ὑπολήνιον καὶ ᾠκοδόμησεν πύργον**, καὶ ἐξέδετο αὐτὸν γεωργοῖς, καὶ ἀπεδήμησεν. 2 καὶ ἀπέστειλεν πρὸς τοὺς γεωργοὺς τῷ καιρῷ δοῦλον, ἵνα παρὰ τῶν γεωργῶν λάβῃ ἀπὸ τῶν καρπῶν τοῦ ἀμπελῶνος· 3 καὶ λαβόντες αὐτὸν ἔδειραν καὶ ἀπέστειλαν κενόν. 4 καὶ πάλιν ἀπέστειλεν πρὸς αὐτοὺς ἄλλον δοῦλον· κἀκεῖνον ἐκεφαλίωσαν καὶ ἠτίμασαν. 5 καὶ ἄλλον ἀπέστειλεν· κἀκεῖνον ἀπέκτειναν, καὶ πολλοὺς ἄλλους, οὓς μὲν δέροντες οὓς δὲ ἀποκτεννύντες. 6 ἔτι ἕνα εἶχεν, υἱὸν ἀγαπητόν· ἀπέστειλεν αὐτὸν ἔσχατον πρὸς αὐτοὺς λέγων ὅτι Ἐντραπήσονται τὸν υἱόν μου. 7 ἐκεῖνοι δὲ οἱ γεωργοὶ πρὸς ἑαυτοὺς εἶπαν ὅτι Οὗτός ἐστιν ὁ κληρονόμος· δεῦτε ἀποκτείνωμεν αὐτόν, καὶ ἡμῶν ἔσται ἡ κληρονομία. 8 καὶ λαβόντες ἀπέκτειναν αὐτόν, καὶ ἐξέβαλον αὐτὸν ἔξω τοῦ ἀμπελῶνος. 9 τί ποιήσει ὁ κύριος τοῦ ἀμπελῶνος; ἐλεύσεται καὶ ἀπολέσει τοὺς γεωργούς, καὶ δώσει τὸν ἀμπελῶνα ἄλλοις. 10 Οὐδὲ τὴν γραφὴν ταύτην ἀνέγνωτε

Λίθον ὃν ἀπεδοκίμασαν οἱ οἰκοδομοῦντες,
οὗτος ἐγενήθη εἰς κεφαλὴν γωνίας·
11 παρὰ Κυρίου ἐγένετο αὕτη,
καὶ ἔστιν θαυμαστὴ ἐν ὀφθαλμοῖς ἡμῶν;

12:1 WH: λαλεῖν RP: λέγειν // WH: ἄνθρωπος ἐφύτευσεν, RP: ἐφύτευσεν ἄνθρωπος // WH: ἐξέδετο RP: ἐξέδοτο 2 WH: τῶν καρπῶν RP: τοῦ καρποῦ 3 WH: καὶ RP: Οἱ δὲ 4 WH: ἐκεφαλίωσαν καὶ ἠτίμασαν RP: λιθοβολήσαντες ἐκεφαλαίωσαν, καὶ ἀπέστειλαν ἠτιμωμένον 5 WH: καὶ RP: Καὶ πάλιν // WH: οὓς . . . οὓς RP: τοὺς . . . τοὺς // WH: ἀποκτεννύντες ΝΑ: ἀποκτέννοντες RP: ἀποκτένοντες 6 WH: ἕνα εἶχεν, υἱὸν ἀγαπητόν RP: οὖν ἕνα υἱὸν ἔχων ἀγαπητὸν αὐτοῦ // RP: add καὶ after ἀπέστειλεν // WH: ἔσχατον πρὸς αὐτοὺς RP: πρὸς αὐτοὺς ἔσχατον 7 WH: πρὸς ἑαυτοὺς εἶπαν RP: εἶπον πρὸς ἑαυτοὺς 8 WH: ἀπέκτειναν αὐτόν RP: αὐτὸν ἀπέκτειναν // RP: omit αὐτὸν after ἐξέβαλον 9 [ΝΑ]/RP: add οὖν after Τί

12:1 Isa 5:1, 2 10–11 Ps 118: 22–23

12 Καὶ ἐζήτουν αὐτὸν κρατῆσαι, καὶ ἐφοβήθησαν τὸν
ὄχλον, ἔγνωσαν γὰρ ὅτι πρὸς αὐτοὺς τὴν παραβολὴν εἶπεν.
καὶ ἀφέντες αὐτὸν ἀπῆλθαν.

Paying Taxes to Caesar
(Matt 22:15–22; Luke 20:20–26)

13 Καὶ ἀποστέλλουσιν πρὸς αὐτόν τινας τῶν Φαρι-
σαίων καὶ τῶν Ἡρῳδιανῶν ἵνα αὐτὸν ἀγρεύσωσιν λόγῳ.
14 καὶ ἐλθόντες λέγουσιν αὐτῷ Διδάσκαλε, οἴδαμεν ὅτι
ἀληθὴς εἶ καὶ οὐ μέλει σοι περὶ οὐδενός, οὐ γὰρ βλέπεις εἰς
πρόσωπον ἀνθρώπων, ἀλλ᾿ ἐπ᾿ ἀληθείας τὴν ὁδὸν τοῦ θεοῦ
διδάσκεις· ἔξεστιν δοῦναι κῆνσον Καίσαρι ἢ οὔ; δῶμεν ἢ
μὴ δῶμεν; 15 ὁ δὲ εἰδὼς αὐτῶν τὴν ὑπόκρισιν εἶπεν αὐτοῖς
Τί με πειράζετε; φέρετέ μοι δηνάριον ἵνα ἴδω. 16 οἱ δὲ ἤνεγ-
καν. καὶ λέγει αὐτοῖς Τίνος ἡ εἰκὼν αὕτη καὶ ἡ ἐπιγραφή;
οἱ δὲ εἶπαν αὐτῷ Καίσαρος. 17 ὁ δὲ Ἰησοῦς εἶπεν Τὰ
Καίσαρος ἀπόδοτε Καίσαρι καὶ τὰ τοῦ θεοῦ τῷ θεῷ. καὶ
ἐξεθαύμαζον ἐπ᾿ αὐτῷ.

A Discussion about the Resurrection
(Matt 22:23–33; Luke 20:27–40)

18 Καὶ ἔρχονται Σαδδουκαῖοι πρὸς αὐτόν, οἵτινες λέ-
γουσιν ἀνάστασιν μὴ εἶναι, καὶ ἐπηρώτων αὐτὸν λέγοντες
19 Διδάσκαλε, Μωυσῆς ἔγραψεν ἡμῖν ὅτι **ἐάν τινος ἀδελφὸς
ἀποθάνῃ** καὶ καταλίπῃ γυναῖκα **καὶ μὴ ἀφῇ τέκνον**, ἵνα
**λάβῃ ὁ ἀδελφὸς αὐτοῦ τὴν γυναῖκα καὶ ἐξαναστήσῃ
σπέρμα τῷ ἀδελφῷ αὐτοῦ.** 20 ἑπτὰ ἀδελφοὶ ἦσαν· καὶ ὁ

14 WH: καὶ RP: Οἱ δὲ // WH: δοῦναι κῆνσον Καίσαρι RP: κῆνσον Καίσαρι
δοῦναι 14–15 RP: *end v. 14 after* ἢ οὔ; 17 WH: ὁ δὲ RP: Καὶ ἀποκριθεὶς ὁ // NA/RP:
add αὐτοῖς, *after* εἶπεν // WH: Τὰ Καίσαρος ἀπόδοτε RP: ᾿Απόδοτε τὰ Καίσαρος
// WH: ἐξεθαύμαζον RP: ἐθαύμασαν 18 WH: ἐπηρώτων RP: ἐπηρώτησαν
19 WH: μὴ ἀφῇ τέκνον RP: τέκνα μὴ ἀφῇ // RP: *add* αὐτοῦ, *after* τὴν γυναῖκα

19 Deut 25:5; Gen 38:8

πρῶτος ἔλαβεν γυναῖκα, καὶ ἀποθνῄσκων οὐκ ἀφῆκεν σπέρμα· 21 καὶ ὁ δεύτερος ἔλαβεν αὐτήν, καὶ ἀπέθανεν μὴ καταλιπὼν σπέρμα, καὶ ὁ τρίτος ὡσαύτως· 22 καὶ οἱ ἑπτὰ οὐκ ἀφῆκαν σπέρμα· ἔσχατον πάντων καὶ ἡ γυνὴ ἀπέθανεν. 23 ἐν τῇ ἀναστάσει τίνος αὐτῶν ἔσται γυνή; οἱ γὰρ ἑπτὰ ἔσχον αὐτὴν γυναῖκα. 24 ἔφη αὐτοῖς ὁ Ἰησοῦς Οὐ διὰ τοῦτο πλανᾶσθε μὴ εἰδότες τὰς γραφὰς μηδὲ τὴν δύναμιν τοῦ θεοῦ; 25 ὅταν γὰρ ἐκ νεκρῶν ἀναστῶσιν, οὔτε γαμοῦσιν οὔτε γαμίζονται, ἀλλ᾽ εἰσὶν ὡς ἄγγελοι ἐν τοῖς οὐρανοῖς· 26 περὶ δὲ τῶν νεκρῶν ὅτι ἐγείρονται οὐκ ἀνέγνωτε ἐν τῇ βίβλῳ Μωυσέως ἐπὶ τοῦ βάτου πῶς εἶπεν αὐτῷ ὁ θεὸς λέγων **Ἐγὼ ὁ θεὸς Ἀβραὰμ καὶ θεὸς Ἰσαὰκ καὶ θεὸς Ἰακώβ**; 27 οὐκ ἔστιν θεὸς νεκρῶν ἀλλὰ ζώντων· πολὺ πλανᾶσθε.

The Greatest Commandment
(Matt 22:34–40; Luke 10:25–28)

28 Καὶ προσελθὼν εἷς τῶν γραμματέων ἀκούσας αὐτῶν συνζητούντων, εἰδὼς ὅτι καλῶς ἀπεκρίθη αὐτοῖς, ἐπηρώτησεν αὐτόν Ποία ἐστὶν ἐντολὴ πρώτη πάντων; 29 ἀπεκρίθη ὁ Ἰησοῦς ὅτι Πρώτη ἐστίν **Ἄκουε, Ἰσραήλ, Κύριος ὁ θεὸς ἡμῶν κύριος εἷς ἐστιν, 30 καὶ ἀγαπήσεις Κύριον τὸν θεόν σου ἐξ ὅλης καρδίας σου καὶ ἐξ ὅλης τῆς ψυχῆς σου καὶ ἐξ ὅλης τῆς διανοίας σου καὶ ἐξ ὅλης τῆς ἰσχύος σου.**

---

21 WH: μὴ καταλιπὼν RP: καὶ οὐδὲ αὐτὸς ἀφῆκεν 22 RP: *add* ἔλαβον αὐτὴν *before* οἱ // RP: *add* καὶ *before* οὐκ // WH: ἔσχατον RP: Ἐσχάτη // WH: καὶ ἡ γυνὴ ἀπέθανεν RP: ἀπέθανεν καὶ ἡ γυνή 23 [NA]/RP: *add* ὅταν ἀναστῶσιν *after* ἀναστάσει 24 WH: ἔφη αὐτοῖς ὁ Ἰησοῦς RP: Καὶ ἀποκριθεὶς ὁ Ἰησοῦς εἶπεν αὐτοῖς 25 WH: γαμίζονται RP: γαμίσκονται // WH: ἄγγελοι {WH}: οἱ ἄγγελοι οἱ RP: ἄγγελοι οἱ 26 WH: πῶς RP: ὡς // [NA]/RP: *add* [ὁ] *before* θεὸς *twice* 27 {WH}/RP: *add* ὁ *before* θεὸς // RP: *add* θεὸς *before* ζώντων· // RP: *add* πολὺ *before* ὑμεῖς οὖν 28 WH: εἰδὼς NA: ἰδὼν // WH: ἀπεκρίθη αὐτοῖς RP: αὐτοῖς ἀπεκρίθη // WH: ἐντολὴ πρώτη πάντων RP: πρώτη πάντων ἐντολὴ 29 WH: ἀπεκρίθη ὁ Ἰησοῦς RP: Ὁ δὲ Ἰησοῦς ἀπεκρίθη αὐτῷ // WH: ἐστίν RP: πάντων τῶν ἐντολῶν // WH:ἡμῶν κύριος {WH}: ἡμῶν, Κύριος 30 WH: Κύριον NA: κύριον // {WH}/NA/RP: *add* τῆς *before* καρδίας //

---

26 Exod 3:6 29–30 Deut 6:4–5

31 δευτέρα αὕτη   Ἀγαπήσεις τὸν πλησίον σου ὡς σεαυτόν.
μείζων τούτων ἄλλη ἐντολὴ οὐκ ἔστιν. 32 Εἶπεν αὐτῷ ὁ
γραμματεύς   Καλῶς, διδάσκαλε, ἐπ' ἀληθείας εἶπες ὅτι εἷς
ἐστὶν καὶ οὐκ ἔστιν ἄλλος πλὴν αὐτοῦ· 33 καὶ τὸ ἀγαπᾶν
αὐτὸν ἐξ ὅλης καρδίας καὶ ἐξ ὅλης τῆς συνέσεως καὶ ἐξ
ὅλης τῆς ἰσχύος καὶ τὸ ἀγαπᾶν τὸν πλησίον ὡς ἑαυτὸν πε-
ρισσότερόν ἐστιν πάντων τῶν ὁλοκαυτωμάτων καὶ θυσιῶν.
34 καὶ ὁ Ἰησοῦς ἰδὼν αὐτὸν ὅτι νουνεχῶς ἀπεκρίθη εἶπεν
αὐτῷ   Οὐ μακρὰν [εἶ] ἀπὸ τῆς βασιλείας τοῦ θεοῦ. Καὶ οὐ-
δεὶς οὐκέτι ἐτόλμα αὐτὸν ἐπερωτῆσαι.

Whose Son is the Messiah?
(Matt 22:41–46; Luke 20:41–44)

35 Καὶ ἀποκριθεὶς ὁ Ἰησοῦς ἔλεγεν διδάσκων ἐν τῷ ἱερῷ
Πῶς λέγουσιν οἱ γραμματεῖς ὅτι ὁ χριστὸς υἱὸς Δαυείδ
ἐστιν; 36 αὐτὸς Δαυεὶδ εἶπεν ἐν τῷ πνεύματι τῷ ἁγίῳ
Εἶπεν Κύριος τῷ κυρίῳ μου   Κάθου ἐκ δεξιῶν μου
ἕως ἂν θῶ τοὺς ἐχθρούς σου ὑποκάτω τῶν ποδῶν σου·
37 αὐτὸς Δαυεὶδ λέγει αὐτὸν κύριον, καὶ πόθεν αὐτοῦ ἐστὶν
υἱός;

Jesus Warns Against the Teachers of the Law
(Matt 23:1–36; Luke 20:45–47)

Καὶ ὁ πολὺς ὄχλος ἤκουεν αὐτοῦ ἡδέως. 38 Καὶ ἐν τῇ
διδαχῇ αὐτοῦ ἔλεγεν   Βλέπετε ἀπὸ τῶν γραμματέων τῶν

RP: *add* Αὕτη πρώτη ἐντολή. *after* σου. 31 WH: δευτέρα αὕτη RP: Καὶ δευτέρα
ὁμοία αὕτη, 32 {WH}/NA/RP: *add* καὶ *before* εἶπεν // WH: εἶπες RP: εἶπας
33 {WH}/NA/RP: *add* τῆς *before* καρδίας // RP: *add* καὶ ἐξ ὅλης τῆς ψυχῆς, *after*
συνέσεως, // WH: περισσότερόν RP: πλεῖόν 34 WH: αὐτὸν NA: [αὐτὸν] // WH:
[εἶ] NA/RP: εἶ 35 WH: Δαυείδ ἐστιν RP: ἐστιν Δαυὶδ 36 WH: Δαυεὶδ RP: γὰρ
Δαυὶδ // WH: τῷ πνεύματι τῷ ἁγίῳ RP: πνεύματι ἁγίῳ // WH: Εἶπεν RP: Λέγει ὁ
// WH: Κάθου {WH}: Κάθισον // WH: ὑποκάτω RP: ὑποπόδιον 37 WH: Δαυεὶδ
RP: οὖν Δαυὶδ // WH: αὐτοῦ ἐστὶν υἱός RP: υἱὸς αὐτοῦ ἐστιν // WH: ὁ NA: [ὁ]
38 WH: ἐν τῇ διδαχῇ αὐτοῦ ἔλεγεν RP: ἔλεγεν αὐτοῖς ἐν τῇ διδαχῇ αὐτοῦ

---

31 Lev 19:18 32 Deut 6:4; Deut 4:35 33 Deut 6:5; Lev 19:18; 1 Sam 15:22 36 Ps 110:1

θελόντων ἐν στολαῖς περιπατεῖν καὶ ἀσπασμοὺς ἐν ταῖς
ἀγοραῖς 39 καὶ πρωτοκαθεδρίας ἐν ταῖς συναγωγαῖς καὶ
πρωτοκλισίας ἐν τοῖς δείπνοις, 40 οἱ κατέσθοντες τὰς οἰκί-
ας τῶν χηρῶν καὶ προφάσει μακρὰ προσευχόμενοι· οὗτοι
λήμψονται περισσότερον κρίμα.

The Widow's Offering
(Luke 21:1–4)

41 Καὶ καθίσας κατέναντι τοῦ γαζοφυλακίου ἐθεώρει
πῶς ὁ ὄχλος βάλλει χαλκὸν εἰς τὸ γαζοφυλάκιον· καὶ
πολλοὶ πλούσιοι ἔβαλλον πολλά· 42 καὶ ἐλθοῦσα μία χήρα
πτωχὴ ἔβαλεν λεπτὰ δύο, ὅ ἐστιν κοδράντης. 43 καὶ προσ-
καλεσάμενος τοὺς μαθητὰς αὐτοῦ εἶπεν αὐτοῖς Ἀμὴν
λέγω ὑμῖν ὅτι ἡ χήρα αὕτη ἡ πτωχὴ πλεῖον πάντων ἔβαλεν
τῶν βαλλόντων εἰς τὸ γαζοφυλάκιον· 44 πάντες γὰρ ἐκ τοῦ
περισσεύοντος αὐτοῖς ἔβαλον, αὕτη δὲ ἐκ τῆς ὑστερήσεως
αὐτῆς πάντα ὅσα εἶχεν ἔβαλεν, ὅλον τὸν βίον αὐτῆς.

Jesus Foretells the Destruction of the Temple
(Matt 24:1–3; Luke 21:5–7)

13 Καὶ ἐκπορευομένου αὐτοῦ ἐκ τοῦ ἱεροῦ λέγει αὐτῷ εἷς
τῶν μαθητῶν αὐτοῦ Διδάσκαλε, ἴδε ποταποὶ λίθοι καὶ
ποταπαὶ οἰκοδομαί. 2 καὶ ὁ Ἰησοῦς εἶπεν αὐτῷ Βλέπεις
ταύτας τὰς μεγάλας οἰκοδομάς; οὐ μὴ ἀφεθῇ ὧδε λίθος ἐπὶ
λίθον ὃς οὐ μὴ καταλυθῇ.

39–40 WH: δείπνοις, 40 οἱ . . . προσευχόμενοι· {WH}: δείπνοις· 40 οἱ . . .
προσευχόμενοι, 40 WH: κατέσθοντες NA/RP: κατεσθίοντες 41 RP: add ὁ
Ἰησοῦς after καθίσας // WH: κατέναντι {WH}: ἀπέναντι 43 WH: εἶπεν RP: λέγει
// WH: ἔβαλεν RP: βέβληκεν
13:2 RP: add ἀποκριθεὶς after Ἰησοῦς // RP: omit ὧδε // WH: λίθον RP: λίθῳ

Troubles and Persecutions
(Matt 24:4–14; Luke 21:8–19)

3 Καὶ καθημένου αὐτοῦ εἰς τὸ Ὄρος τῶν Ἐλαιῶν κατ-
έναντι τοῦ ἱεροῦ ἐπηρώτα αὐτὸν κατ᾽ ἰδίαν Πέτρος καὶ
Ἰάκωβος καὶ Ἰωάνης καὶ Ἀνδρέας 4 Εἰπὸν ἡμῖν πότε
ταῦτα ἔσται, καὶ τί τὸ σημεῖον ὅταν μέλλῃ ταῦτα συν-
τελεῖσθαι πάντα. 5 ὁ δὲ Ἰησοῦς ἤρξατο λέγειν αὐτοῖς
Βλέπετε μή τις ὑμᾶς πλανήσῃ· 6 πολλοὶ ἐλεύσονται ἐπὶ τῷ
ὀνόματί μου λέγοντες ὅτι   Ἐγώ εἰμι, καὶ πολλοὺς πλανή-
σουσιν. 7 ὅταν δὲ ἀκούσητε πολέμους καὶ ἀκοὰς πολέμων,
μὴ θροεῖσθε· **δεῖ γενέσθαι,** ἀλλ᾽ οὔπω τὸ τέλος. 8 **ἐγερθήσε-
ται** γὰρ **ἔθνος ἐπ᾽ ἔθνος καὶ βασιλεία ἐπὶ βασιλείαν,** ἔσον-
ται σεισμοὶ κατὰ τόπους, ἔσονται λιμοί· ἀρχὴ ὠδίνων
ταῦτα. 9 βλέπετε δὲ ὑμεῖς ἑαυτούς· παραδώσουσιν ὑμᾶς εἰς
συνέδρια καὶ εἰς συναγωγὰς δαρήσεσθε καὶ ἐπὶ ἡγεμόνων
καὶ βασιλέων σταθήσεσθε ἕνεκεν ἐμοῦ εἰς μαρτύριον
αὐτοῖς. 10 καὶ εἰς πάντα τὰ ἔθνη πρῶτον δεῖ κηρυχθῆναι τὸ
εὐαγγέλιον. 11 καὶ ὅταν ἄγωσιν ὑμᾶς παραδιδόντες, μὴ
προμεριμνᾶτε τί λαλήσητε, ἀλλ᾽ ὃ ἐὰν δοθῇ ὑμῖν ἐν ἐκείνῃ
τῇ ὥρᾳ τοῦτο λαλεῖτε, οὐ γάρ ἐστε ὑμεῖς οἱ λαλοῦντες ἀλλὰ
τὸ πνεῦμα τὸ ἅγιον. 12 καὶ παραδώσει ἀδελφὸς ἀδελφὸν εἰς
θάνατον καὶ πατὴρ τέκνον, καὶ **ἐπαναστήσονται τέκνα ἐπὶ
γονεῖς** καὶ θανατώσουσιν αὐτούς· 13 καὶ ἔσεσθε μισούμε-
νοι ὑπὸ πάντων διὰ τὸ ὄνομά μου. ὁ δὲ ὑπομείνας εἰς τέλος
οὗτος σωθήσεται.

---

3 WH: ἐπηρώτα RP: ἐπηρώτων 4 WH: Εἰπὸν RP: Εἰπὲ // WH: ταῦτα
συντελεῖσθαι πάντα. ΝΑ: ταῦτα συντελεῖσθαι πάντα RP: πάντα ταῦτα
συντελεῖσθαι· 5 WH: ἤρξατο λέγειν αὐτοῖς RP: ἀποκριθεὶς αὐτοῖς ἤρξατο
λέγειν 6 RP: *add* γὰρ *after* Πολλοὶ 7 WH: ἀκούσητε {WH}: ἀκούητε // RP: *add* γὰρ
after δεῖ 8 RP: *add* καὶ *before* ἔσονται *twice* // WH: ἀρχὴ RP: καὶ ταραχαί· ἀρχαὶ
9 RP: *add* γὰρ *after* παραδώσουσιν 10 WH: πρῶτον δεῖ RP: δεῖ πρῶτον 11 WH:
καὶ ὅταν ἄγωσιν RP: Ὅταν δὲ ἀγάγωσιν // RP: *add* λαλήσητε, *after* μηδὲ
μελετᾶτε· 12 WH: καὶ παραδώσει RP: Παραδώσει δὲ

13:7 Dan 2:28   8 Isa 19:2   12 Mic 7:6

A Time of Great Trouble
(Matt 24:15–25; Luke 21:20–24)

14 Ὅταν δὲ ἴδητε τὸ **βδέλυγμα τῆς ἐρημώσεως** ἑστηκότα ὅπου οὐ δεῖ, ὁ ἀναγινώσκων νοείτω, τότε οἱ ἐν τῇ Ἰουδαίᾳ φευγέτωσαν εἰς τὰ ὄρη, 15 ὁ ἐπὶ τοῦ δώματος μὴ καταβάτω μηδὲ εἰσελθάτω τι ἆραι ἐκ τῆς οἰκίας αὐτοῦ, 16 καὶ ὁ εἰς τὸν ἀγρὸν μὴ ἐπιστρεψάτω εἰς τὰ ὀπίσω ἆραι τὸ ἱμάτιον αὐτοῦ. 17 οὐαὶ δὲ ταῖς ἐν γαστρὶ ἐχούσαις καὶ ταῖς θηλαζούσαις ἐν ἐκείναις ταῖς ἡμέραις. 18 προσεύχεσθε δὲ ἵνα μὴ γένηται χειμῶνος· 19 ἔσονται γὰρ αἱ ἡμέραι ἐκεῖναι **θλίψις οἷα οὐ γέγονεν τοιαύτη ἀπ' ἀρχῆς κτίσεως** ἣν ἔκτισεν ὁ θεὸς **ἕως τοῦ νῦν** καὶ οὐ μὴ γένηται. 20 καὶ εἰ μὴ ἐκολόβωσεν Κύριος τὰς ἡμέρας, οὐκ ἂν ἐσώθη πᾶσα σάρξ. ἀλλὰ διὰ τοὺς ἐκλεκτοὺς οὓς ἐξελέξατο ἐκολόβωσεν τὰς ἡμέρας. 21 Καὶ τότε ἐάν τις ὑμῖν εἴπῃ Ἴδε ὧδε ὁ χριστός Ἴδε ἐκεῖ, μὴ πιστεύετε· 22 ἐγερθήσονται γὰρ ψευδόχριστοι καὶ **ψευδοπροφῆται** καὶ **δώσουσιν σημεῖα καὶ τέρατα** πρὸς τὸ ἀποπλανᾶν εἰ δυνατὸν τοὺς ἐκλεκτούς· 23 ὑμεῖς δὲ βλέπετε· προείρηκα ὑμῖν πάντα.

The Coming of the Son of Man
(Matt 24:29:31; Luke 21:25–28)

24 Ἀλλὰ ἐν ἐκείναις ταῖς ἡμέραις μετὰ τὴν θλίψιν ἐκείνην
ὁ ἥλιος σκοτισθήσεται,
καὶ ἡ σελήνη οὐ δώσει τὸ φέγγος αὐτῆς,
25 καὶ οἱ ἀστέρες ἔσονται ἐκ τοῦ οὐρανοῦ πίπτοντες,

---

14 WH: ἑστηκότα RP: τὸ ῥηθὲν ὑπὸ Δανιὴλ τοῦ προφήτου, ἑστὼς 15 {WH}/[NA]/RP: add δὲ before ἐπὶ // RP: add εἰς τὴν οἰκίαν, after καταβάτω // WH: εἰσελθάτω RP: εἰσελθέτω // WH: τι ἆραι NA/RP: ἆραί τι 16 RP: add ὢν after ἀγρὸν 18 RP: add ἡ φυγὴ ὑμῶν after γένηται 19 WH: ἣν RP: ἧς 20 WH: ἐκολόβωσεν Κύριος RP: κύριος ἐκολόβωσεν 21 RP: omit Ἴδε WH: Ἴδε RP: Ἰδού // WH: Ἴδε RP: ἢ Ἰδού 22 RP: add καὶ after δυνατόν, 23 RP: add ἰδού, after βλέπετε· 25 WH: ἔσονται ἐκ τοῦ οὐρανοῦ πίπτοντες RP: τοῦ οὐρανοῦ ἔσονται ἐκπίπτοντες

---

14 Dan 9:27; 12:11 19 Dan 12:1 22 Deut 13:1 24 Isa 13:10 25 Isa 34:4

καὶ αἱ δυνάμεις αἱ ἐν τοῖς οὐρανοῖς σαλευθήσονται.

26 καὶ τότε ὄψονται τὸν υἱὸν τοῦ ἀνθρώπου ἐρχόμενον ἐν νεφέλαις μετὰ δυνάμεως πολλῆς καὶ δόξης· 27 καὶ τότε ἀποστελεῖ τοὺς ἀγγέλους καὶ ἐπισυνάξει τοὺς ἐκλεκτοὺς [αὐτοῦ] ἐκ τῶν τεσσάρων ἀνέμων ἀπ᾽ ἄκρου γῆς ἕως ἄκρου οὐρανοῦ.

The Lesson of the Fig Tree
(Matt 24:32–33; Luke 21:29–31)

28 Ἀπὸ δὲ τῆς συκῆς μάθετε τὴν παραβολήν· ὅταν ἤδη ὁ κλάδος αὐτῆς ἁπαλὸς γένηται καὶ ἐκφύῃ τὰ φύλλα, γινώσκετε ὅτι ἐγγὺς τὸ θέρος ἐστίν· 29 οὕτως καὶ ὑμεῖς, ὅταν ἴδητε ταῦτα γινόμενα, γινώσκετε ὅτι ἐγγύς ἐστιν ἐπὶ θύραις. 30 ἀμὴν λέγω ὑμῖν ὅτι οὐ μὴ παρέλθῃ ἡ γενεὰ αὕτη μέχρις οὗ ταῦτα πάντα γένηται. 31 ὁ οὐρανὸς καὶ ἡ γῆ παρελεύσονται, οἱ δὲ λόγοι μου οὐ παρελεύσονται.

The Day and Hour Unknown
(Matt 24:36–44)

32 Περὶ δὲ τῆς ἡμέρας ἐκείνης ἢ τῆς ὥρας οὐδεὶς οἶδεν, οὐδὲ οἱ ἄγγελοι ἐν οὐρανῷ οὐδὲ ὁ υἱός, εἰ μὴ ὁ πατήρ. 33 βλέπετε ἀγρυπνεῖτε, οὐκ οἴδατε γὰρ πότε ὁ καιρός [ἐστιν]· 34 ὡς ἄνθρωπος ἀπόδημος ἀφεὶς τὴν οἰκίαν αὐτοῦ καὶ δοὺς τοῖς δούλοις αὐτοῦ τὴν ἐξουσίαν, ἑκάστῳ τὸ ἔργον αὐτοῦ,

---

27 RP: *add* αὐτοῦ, *after* ἀγγέλους // WH: [αὐτοῦ] RP: αὐτοῦ 28 WH: ἤδη ὁ κλάδος αὐτῆς RP: αὐτῆς ἤδη ὁ κλάδος 29 WH: ἴδητε ταῦτα RP: ταῦτα ἴδητε 30 WH: μέχρις RP: μέχρι // WH: ταῦτα πάντα RP: πάντα ταῦτα 31 WH: γῆ παρελεύσονται RP: γῆ παρελεύσεται // WH: οὐ παρελεύσονται {WH}/NA: οὐ μὴ παρελεύσονται RP: οὐ μὴ παρέλθωσιν 32 RP: *omit* τῆς *before* ὥρας // WH: οἱ ἄγγελοι {WH}: ἄγγελος // RP: *add* οἱ *before* ἐν οὐρανῷ 33 RP: *add* καὶ προσεύχεσθε· *after* ἀγρυπνεῖτε // WH: [ἐστιν] NA/RP: ἐστιν 34 RP: *add* καὶ *before* ἑκάστῳ

26 Dan 7:13 27 Zech 2:6; Deut 30:4

καὶ τῷ θυρωρῷ ἐνετείλατο ἵνα γρηγορῇ. 35 γρηγορεῖτε οὖν, οὐκ οἴδατε γὰρ πότε ὁ κύριος τῆς οἰκίας ἔρχεται, ἢ ὀψὲ ἢ μεσονύκτιον ἢ ἀλεκτοροφωνίας ἢ πρωΐ, 36 μὴ ἐλθὼν ἐξέφνης εὕρῃ ὑμᾶς καθεύδοντας· 37 ὃ δὲ ὑμῖν λέγω πᾶσιν λέγω, γρηγορεῖτε.

A Conspiracy to Kill Jesus
(Matt 26:1–5; Luke 22:1–2; cf. John 11:45–53)

14 ³Ἦν δὲ τὸ πάσχα καὶ τὰ ἄζυμα μετὰ δύο ἡμέρας. Καὶ ἐζήτουν οἱ ἀρχιερεῖς καὶ οἱ γραμματεῖς πῶς αὐτὸν ἐν δόλῳ κρατήσαντες ἀποκτείνωσιν, 2 ἔλεγον γάρ Μὴ ἐν τῇ ἑορτῇ, μή ποτε ἔσται θόρυβος τοῦ λαοῦ.

Jesus Is Anointed at Bethany
(Matt 26:1–13; cf. John 12:1–8)

3 Καὶ ὄντος αὐτοῦ ἐν Βηθανίᾳ ἐν τῇ οἰκίᾳ Σίμωνος τοῦ λεπροῦ κατακειμένου αὐτοῦ ἦλθεν γυνὴ ἔχουσα ἀλάβαστρον μύρου νάρδου πιστικῆς πολυτελοῦς· συντρίψασα τὴν ἀλάβαστρον κατέχεεν αὐτοῦ τῆς κεφαλῆς. 4 ἦσαν δέ τινες ἀγανακτοῦντες πρὸς ἑαυτούς Εἰς τί ἡ ἀπώλεια αὕτη τοῦ μύρου γέγονεν; 5 ἠδύνατο γὰρ τοῦτο τὸ μύρον πραθῆναι ἐπάνω δηναρίων τριακοσίων καὶ δοθῆναι τοῖς πτωχοῖς· καὶ ἐνεβριμῶντο αὐτῇ. 6 ὁ δὲ Ἰησοῦς εἶπεν Ἄφετε αὐτήν· τί αὐτῇ κόπους παρέχετε; καλὸν ἔργον ἠργάσατο ἐν ἐμοί· 7 πάντοτε γὰρ τοὺς πτωχοὺς ἔχετε μεθ' ἑαυτῶν, καὶ ὅταν θέλητε δύνασθε αὐτοῖς [πάντοτε] εὖ ποιῆσαι, ἐμὲ δὲ οὐ πάντοτε ἔχετε· 8 ὃ ἔσχεν ἐποίησεν, προέλαβεν μυρίσαι τὸ σῶμά

---

35 RP: omit ἢ before ὀψὲ // WH: μεσονύκτιον RP: μεσονυκτίου, 36 WH: ἐξέφνης NA/RP: ἐξαίφνης 37 WH: ὃ RP: ⸀Α
14:2 WH: γάρ RP: δέ // WH: ἔσται θόρυβος RP: θόρυβος ἔσται 3 WH: πολυτελοῦς· {WH}: πολυτελοῦς,— // RP: add καὶ before συντρίψασα // WH: τὴν RP: τὸ // RP: add κατὰ before τῆς κεφαλῆς. 4 RP: add καὶ λέγοντες, after ἑαυτούς, 5 RP: omit τὸ μύρον // WH: δηναρίων τριακοσίων {WH}/RP: τριακοσίων δηναρίων 6 WH: ἠργάσατο RP: εἰργάσατο 7 WH: αὐτοῖς RP: αὐτοὺς // NA/RP: omit [πάντοτε] 8 RP: add αὕτη before ἐποίησεν //

μου εἰς τὸν ἐνταφιασμόν. 9 ἀμὴν δὲ λέγω ὑμῖν, ὅπου ἐὰν
κηρυχθῇ τὸ εὐαγγέλιον εἰς ὅλον τὸν κόσμον, καὶ ὃ ἐποίησεν
αὕτη λαληθήσεται εἰς μνημόσυνον αὐτῆς.

Judas Agrees to Betray Jesus
(Matt 26:14–16; Luke 22:3–6)

10 Καὶ Ἰούδας Ἰσκαριὼθ ὁ εἷς τῶν δώδεκα ἀπῆλθεν
πρὸς τοὺς ἀρχιερεῖς ἵνα αὐτὸν παραδοῖ αὐτοῖς. 11 οἱ δὲ
ἀκούσαντες ἐχάρησαν καὶ ἐπηγγείλαντο αὐτῷ ἀργύριον
δοῦναι. καὶ ἐζήτει πῶς αὐτὸν εὐκαίρως παραδοῖ.

The Last Supper
(Matt 26:17–29; Luke 22:7–20, cf. John 13:21–30)

12 Καὶ τῇ πρώτῃ ἡμέρᾳ τῶν ἀζύμων, ὅτε τὸ πάσχα
ἔθυον, λέγουσιν αὐτῷ οἱ μαθηταὶ αὐτοῦ Ποῦ θέλεις
ἀπελθόντες ἑτοιμάσωμεν ἵνα φάγῃς τὸ πάσχα; 13 καὶ
ἀποστέλλει δύο τῶν μαθητῶν αὐτοῦ καὶ λέγει αὐτοῖς Ὑπ-
άγετε εἰς τὴν πόλιν, καὶ ἀπαντήσει ὑμῖν ἄνθρωπος κε-
ράμιον ὕδατος βαστάζων· ἀκολουθήσατε αὐτῷ, 14 καὶ
ὅπου ἐὰν εἰσέλθῃ εἴπατε τῷ οἰκοδεσπότῃ ὅτι Ὁ διδάσ-
καλος λέγει Ποῦ ἐστιν τὸ κατάλυμά μου ὅπου τὸ πάσχα
μετὰ τῶν μαθητῶν μου φάγω; 15 καὶ αὐτὸς ὑμῖν δείξει ἀνά-
γαιον μέγα ἐστρωμένον ἕτοιμον· καὶ ἐκεῖ ἑτοιμάσατε ἡμῖν.
16 καὶ ἐξῆλθον οἱ μαθηταὶ καὶ ἦλθον εἰς τὴν πόλιν καὶ
εὗρον καθὼς εἶπεν αὐτοῖς, καὶ ἡτοίμασαν τὸ πάσχα.

17 Καὶ ὀψίας γενομένης ἔρχεται μετὰ τῶν δώδεκα.
18 καὶ ἀνακειμένων αὐτῶν καὶ ἐσθιόντων ὁ Ἰησοῦς εἶπεν

WH: τὸ σῶμά μου RP: μου τὸ σῶμα 9 RP: *omit* δὲ // RP: *add* τοῦτο *after*
εὐαγγέλιον 10 WH: Ἰούδας Ἰσκαριὼθ RP: ὁ Ἰούδας ὁ Ἰσκαριώτης // WH:
αὐτὸν παραδοῖ RP: παραδῷ αὐτὸν 11 WH: αὐτὸν εὐκαίρως παραδοῖ RP:
εὐκαίρως αὐτὸν παραδῷ 14 RP: *omit* μου *after* κατάλυμά 15 WH: ἀνάγαιον RP:
ἀνώγεον // RP: *omit* καὶ *before* ἐκεῖ 16 RP: *add* αὐτοῦ, *after* μαθηταὶ 18 WH: ὁ
Ἰησοῦς εἶπεν RP: εἶπεν ὁ Ἰησοῦς //

Ἀμὴν λέγω ὑμῖν ὅτι εἷς ἐξ ὑμῶν παραδώσει με **ὁ ἐσθίων μετ᾽ ἐμοῦ**. 19 ἤρξαντο λυπεῖσθαι καὶ λέγειν αὐτῷ εἷς κατὰ εἷς Μήτι ἐγώ; 20 ὁ δὲ εἶπεν αὐτοῖς Εἷς τῶν δώδεκα, ὁ ἐμβαπτόμενος μετ᾽ ἐμοῦ εἰς τὸ [ἓν] τρύβλιον· 21 ὅτι ὁ μὲν υἱὸς τοῦ ἀνθρώπου ὑπάγει καθὼς γέγραπται περὶ αὐτοῦ, οὐαὶ δὲ τῷ ἀνθρώπῳ ἐκείνῳ δι᾽ οὗ ὁ υἱὸς τοῦ ἀνθρώπου παραδίδοται· καλὸν αὐτῷ εἰ οὐκ ἐγεννήθη ὁ ἄνθρωπος ἐκεῖνος.

Jesus Institutes the Lord's Supper
(Matt 26:26–30; Luke 22:15–20; cf. 1 Cor 11:23–25)

22 Καὶ ἐσθιόντων αὐτῶν λαβὼν ἄρτον εὐλογήσας ἔκλασεν καὶ ἔδωκεν αὐτοῖς καὶ εἶπεν Λάβετε, τοῦτό ἐστιν τὸ σῶμά μου. 23 καὶ λαβὼν ποτήριον εὐχαριστήσας ἔδωκεν αὐτοῖς, καὶ ἔπιον ἐξ αὐτοῦ πάντες. 24 καὶ εἶπεν αὐτοῖς Τοῦτό ἐστιν **τὸ αἷμά** μου **τῆς διαθήκης** τὸ ἐκχυννόμενον ὑπὲρ πολλῶν· 25 ἀμὴν λέγω ὑμῖν ὅτι οὐκέτι οὐ μὴ πίω ἐκ τοῦ γενήματος τῆς ἀμπέλου ἕως τῆς ἡμέρας ἐκείνης ὅταν αὐτὸ πίνω καινὸν ἐν τῇ βασιλείᾳ τοῦ θεοῦ.

Jesus Predicts Peter's Denial
(Matt 26:30–35; Luke 22:39; cf. John 13:36–38)

26 Καὶ ὑμνήσαντες ἐξῆλθον εἰς τὸ Ὄρος τῶν Ἐλαιῶν. 27 Καὶ λέγει αὐτοῖς ὁ Ἰησοῦς ὅτι Πάντες σκανδαλισθήσεσθε, ὅτι γέγραπται **Πατάξω τὸν ποιμένα, καὶ τὰ πρόβατα διασκορπισθήσονται**· 28 ἀλλὰ μετὰ τὸ ἐγερθῆναί με προάξω ὑμᾶς εἰς τὴν Γαλιλαίαν. 29 ὁ δὲ Πέτρος ἔφη

WH: ὁ ἐσθίων {WH}: τῶν ἐσθιόντων 19 RP: *add* Οἱ δὲ *before* ἤρξαντο // RP: *add* Καὶ ἄλλος, Μήτι ἐγώ; *after* ἐγώ; 20 RP: *add* ἀποκριθεὶς *before* εἶπεν // RP: *add* ἐκ *after* Εἷς // NA/RP: *omit* [ἓν] 21 RP: *omit* ὅτι // RP: *add* ἦν *after* καλὸν 22 RP: *add* ὁ Ἰησοῦς *after* λαβὼν // RP: *add* φάγετε· *after* Λάβετε, 23 RP: *add* τὸ *before* ποτήριον 24 WH: τῆς διαθήκης τὸ ἐκχυννόμενον ὑπὲρ πολλῶν RP: τὸ τῆς καινῆς διαθήκης, τὸ περὶ πολλῶν ἐκχυνόμενον 27 RP: *add* ἐν ἐμοὶ ἐν τῇ νυκτὶ ταύτῃ· *before* ὅτι // WH: τὰ πρόβατα διασκορπισθήσονται RP: διασκορπισθήσεται τὰ πρόβατα

14:18 Ps 41:9 **24** Exod 24:8; Zech 9:11 **27** Zech 13:7

αὐτῷ Εἰ καὶ πάντες σκανδαλισθήσονται, ἀλλ' οὐκ ἐγώ. 30 καὶ λέγει αὐτῷ ὁ Ἰησοῦς Ἀμὴν λέγω σοι ὅτι σὺ σήμερον ταύτῃ τῇ νυκτὶ πρὶν ἢ δὶς ἀλέκτορα φωνῆσαι τρίς με ἀπαρνήσῃ. 31 ὁ δὲ ἐκπερισσῶς ἐλάλει Ἐὰν δέῃ με συναποθανεῖν σοι, οὐ μή σε ἀπαρνήσομαι. ὡσαύτως [δὲ] καὶ πάντες ἔλεγον.

Jesus Prays in Gethsemane
(Matt 26:36–46; Luke 22:40–46)

32 Καὶ ἔρχονται εἰς χωρίον οὗ τὸ ὄνομα Γεθσημανεί, καὶ λέγει τοῖς μαθηταῖς αὐτοῦ Καθίσατε ὧδε ἕως προσεύξωμαι. 33 καὶ παραλαμβάνει τὸν Πέτρον καὶ τὸν Ἰάκωβον καὶ τὸν Ἰωάνην μετ' αὐτοῦ, καὶ ἤρξατο ἐκθαμβεῖσθαι καὶ ἀδημονεῖν, 34 καὶ λέγει αὐτοῖς **Περίλυπός ἐστιν ἡ ψυχή μου** ἕως θανάτου· μείνατε ὧδε καὶ γρηγορεῖτε. 35 καὶ προελθὼν μικρὸν ἔπιπτεν ἐπὶ τῆς γῆς, καὶ προσηύχετο ἵνα εἰ δυνατόν ἐστιν παρέλθῃ ἀπ' αὐτοῦ ἡ ὥρα, 36 καὶ ἔλεγεν Ἀββά ὁ πατήρ, πάντα δυνατά σοι· παρένεγκε τὸ ποτήριον τοῦτο ἀπ' ἐμοῦ· ἀλλ' οὐ τί ἐγὼ θέλω ἀλλὰ τί σύ. 37 καὶ ἔρχεται καὶ εὑρίσκει αὐτοὺς καθεύδοντας, καὶ λέγει τῷ Πέτρῳ Σίμων, καθεύδεις; οὐκ ἴσχυσας μίαν ὥραν γρηγορῆσαι; 38 γρηγορεῖτε καὶ προσεύχεσθε, ἵνα μὴ ἔλθητε εἰς πειρασμόν· τὸ μὲν πνεῦμα πρόθυμον ἡ δὲ σὰρξ ἀσθενής. 39 καὶ πάλιν ἀπελθὼν προσηύξατο [τὸν αὐτὸν λόγον εἰπών]. 40 καὶ πάλιν ἐλθὼν εὗρεν αὐτοὺς καθεύδοντας, ἦσαν γὰρ αὐτῶν οἱ ὀφθαλμοὶ καταβαρυνόμενοι,

29 WH: Εἰ καὶ RP: Καὶ εἰ 30 WH: ταύτῃ τῇ νυκτὶ RP: ἐν τῇ νυκτὶ ταύτῃ // WH: με ἀπαρνήσῃ RP: ἀπαρνήσῃ με 31 WH: ἐκπερισσῶς ἐλάλει RP: ἐκπερισσοῦ ἔλεγεν μᾶλλον // WH: δέῃ με RP: με δέῃ // WH: ἀπαρνήσομαι RP: ἀπαρνήσωμαι // WH: [δὲ] NA/RP: δὲ 33 WH: τὸν Ἰάκωβον καὶ τὸν Ἰωάνην {WH}/RP: Ἰάκωβον καὶ Ἰωάνην NA: [τὸν] Ἰάκωβον καὶ [τὸν] Ἰωάνην 35 WH: προελθὼν {WH}/RP: προσελθὼν // WH: ἔπιπτεν RP: ἔπεσεν 36 WH: τοῦτο ἀπ' ἐμοῦ RP: ἀπ' ἐμοῦ τοῦτο 38 WH: ἔλθητε RP: εἰσέλθητε 39 WH: [τὸν αὐτὸν λόγον εἰπών] NA/RP: τὸν αὐτὸν λόγον εἰπών 40 WH: καὶ πάλιν ἐλθὼν RP: Καὶ ὑποστρέψας // RP: add πάλιν after αὐτοὺς // WH: αὐτῶν οἱ ὀφθαλμοὶ RP: οἱ ὀφθαλμοὶ αὐτῶν //

34 Ps 42:5

καὶ οὐκ ᾔδεισαν τί ἀποκριθῶσιν αὐτῷ. 41 καὶ ἔρχεται τὸ τρίτον καὶ λέγει αὐτοῖς Καθεύδετε [τὸ] λοιπὸν καὶ ἀναπαύεσθε· ἀπέχει· ἦλθεν ἡ ὥρα, ἰδοὺ παραδίδοται ὁ υἱὸς τοῦ ἀνθρώπου εἰς τὰς χεῖρας τῶν ἁμαρτωλῶν. 42 ἐγείρεσθε ἄγωμεν· ἰδοὺ ὁ παραδιδούς με ἤγγικεν.

Jesus Is Arrested
(Matt 26:47–56; Luke 22:47–53; cf. John 18:3–12)

43 Καὶ εὐθὺς ἔτι αὐτοῦ λαλοῦντος παραγίνεται [ὁ] Ἰούδας εἷς τῶν δώδεκα καὶ μετ' αὐτοῦ ὄχλος μετὰ μαχαιρῶν καὶ ξύλων παρὰ τῶν ἀρχιερέων καὶ τῶν γραμματέων καὶ τῶν πρεσβυτέρων. 44 δεδώκει δὲ ὁ παραδιδοὺς αὐτὸν σύσσημον αὐτοῖς λέγων Ὃν ἂν φιλήσω αὐτός ἐστιν· κρατήσατε αὐτὸν καὶ ἀπάγετε ἀσφαλῶς. 45 καὶ ἐλθὼν εὐθὺς προσελθὼν αὐτῷ λέγει Ῥαββεί, καὶ κατεφίλησεν αὐτόν. 46 οἱ δὲ ἐπέβαλαν τὰς χεῖρας αὐτῷ καὶ ἐκράτησαν αὐτόν. 47 εἷς δέ [τις] τῶν παρεστηκότων σπασάμενος τὴν μάχαιραν ἔπαισεν τὸν δοῦλον τοῦ ἀρχιερέως καὶ ἀφεῖλεν αὐτοῦ τὸ ὠτάριον. 48 καὶ ἀποκριθεὶς ὁ Ἰησοῦς εἶπεν αὐτοῖς Ὡς ἐπὶ λῃστὴν ἐξήλθατε μετὰ μαχαιρῶν καὶ ξύλων συλλαβεῖν με; 49 καθ' ἡμέραν ἤμην πρὸς ὑμᾶς ἐν τῷ ἱερῷ διδάσκων καὶ οὐκ ἐκρατήσατέ με· ἀλλ' ἵνα πληρωθῶσιν αἱ γραφαί. 50 καὶ ἀφέντες αὐτὸν ἔφυγον πάντες. 51 Καὶ νεανίσκος τις συνηκολούθει αὐτῷ περιβεβλημένος σινδόνα ἐπὶ γυμνοῦ, καὶ κρατοῦσιν αὐτόν, 52 ὁ δὲ καταλιπὼν τὴν σινδόνα γυμνὸς ἔφυγεν.

WH: καταβαρυνόμενοι RP: βεβαρημένοι // WH: ἀποκριθῶσιν αὐτῷ RP: αὐτῷ ἀποκριθῶσιν 41 WH: [τὸ] NA: τὸ RP: omit [τὸ] 43 NA/RP: omit [ὁ] // RP: add ὢν after εἷς // RP: add πολὺς after ὄχλος 44 WH: ἀπάγετε RP: ἀπαγάγετε 45 WH: Ῥαββεί RP: αὐτῷ, Ῥαββί, ῥαββί 46 WH: τὰς χεῖρας αὐτῷ RP: ἐπ' αὐτὸν τὰς χεῖρας αὐτῶν 47 WH: [τις] RP: τις // WH: ὠτάριον RP: ὠτίον 49 WH: ἐκρατήσατέ {WH}: ἐκρατεῖτέ 50 WH: ἔφυγον πάντες RP: πάντες ἔφυγον 51 WH: νεανίσκος τις συνηκολούθει RP: εἷς τις νεανίσκος ἠκολούθησεν // RP: add οἱ νεανίσκοι· after αὐτόν, 52 RP: add ἀπ' αὐτῶν. after ἔφυγεν

Jesus Appears before the Council
(Matt 26:57–68; Luke 22:54–71; cf. John 18:13–24)

53 Καὶ ἀπήγαγον τὸν Ἰησοῦν πρὸς τὸν ἀρχιερέα, καὶ συνέρχονται πάντες οἱ ἀρχιερεῖς καὶ οἱ πρεσβύτεροι καὶ οἱ γραμματεῖς. 54 καὶ ὁ Πέτρος ἀπὸ μακρόθεν ἠκολούθησεν αὐτῷ ἕως ἔσω εἰς τὴν αὐλὴν τοῦ ἀρχιερέως, καὶ ἦν συνκαθήμενος μετὰ τῶν ὑπηρετῶν καὶ θερμαινόμενος πρὸς τὸ φῶς. 55 οἱ δὲ ἀρχιερεῖς καὶ ὅλον τὸ συνέδριον ἐζήτουν κατὰ τοῦ Ἰησοῦ μαρτυρίαν εἰς τὸ θανατῶσαι αὐτόν, καὶ οὐχ ηὕρισκον· 56 πολλοὶ γὰρ ἐψευδομαρτύρουν κατ' αὐτοῦ, καὶ ἴσαι αἱ μαρτυρίαι οὐκ ἦσαν. 57 καί τινες ἀναστάντες ἐψευδομαρτύρουν κατ' αὐτοῦ λέγοντες 58 ὅτι Ἡμεῖς ἠκούσαμεν αὐτοῦ λέγοντος ὅτι Ἐγὼ καταλύσω τὸν ναὸν τοῦτον τὸν χειροποίητον καὶ διὰ τριῶν ἡμερῶν ἄλλον ἀχειροποίητον οἰκοδομήσω· 59 καὶ οὐδὲ οὕτως ἴση ἦν ἡ μαρτυρία αὐτῶν. 60 καὶ ἀναστὰς ὁ ἀρχιερεὺς εἰς μέσον ἐπηρώτησεν τὸν Ἰησοῦν λέγων Οὐκ ἀποκρίνη οὐδέν; τί οὗτοί σου καταμαρτυροῦσιν; 61 ὁ δὲ ἐσιώπα καὶ οὐκ ἀπεκρίνατο οὐδέν. πάλιν ὁ ἀρχιερεὺς ἐπηρώτα αὐτὸν καὶ λέγει αὐτῷ Σὺ εἶ ὁ χριστὸς ὁ υἱὸς τοῦ εὐλογητοῦ; 62 ὁ δὲ Ἰησοῦς εἶπεν Ἐγώ εἰμι, καὶ **ὄψεσθε τὸν υἱὸν τοῦ ἀνθρώπου ἐκ δεξιῶν καθήμενον τῆς δυνάμεως καὶ ἐρχόμενον μετὰ τῶν νεφελῶν τοῦ οὐρανοῦ.** 63 ὁ δὲ ἀρχιερεὺς διαρήξας τοὺς χιτῶνας αὐτοῦ λέγει Τί ἔτι χρείαν ἔχομεν μαρτύρων; 64 ἠκούσατε τῆς βλασφημίας; τί ὑμῖν φαίνεται; οἱ δὲ πάντες κατέκριναν αὐτὸν ἔνοχον εἶναι θανάτου. 65 Καὶ ἤρξαντό τινες ἐμπτύειν αὐτῷ καὶ περικαλύπτειν αὐτοῦ τὸ πρόσωπον καὶ κολαφίζειν αὐτὸν καὶ λέγειν αὐτῷ Προφήτευσον, καὶ οἱ ὑπηρέται ῥαπίσμασιν αὐτὸν ἔλαβον.

---

53 WH: πάντες {WH}/RP: αὐτῷ πάντες 55 WH: ηὕρισκον RP: εὕρισκον 60 WH: τί {WH}: ὅτι 61 WH: οὐκ ἀπεκρίνατο οὐδέν RP: οὐδὲν ἀπεκρίνατο 63 WH: διαρήξας RP: διαρρήξας 64 WH: ἔνοχον εἶναι RP: εἶναι ἔνοχον 65 WH: αὐτοῦ τὸ πρόσωπον RP: τὸ πρόσωπον αὐτοῦ // WH: ἔλαβον RP: ἔβαλλον

---

62 Dan 7:13; Ps 110:1

Peter Disowns Jesus
(Matt 26:69–75; Luke 22:54–62; cf. John 18:15–27)

66 Καὶ ὄντος τοῦ Πέτρου κάτω ἐν τῇ αὐλῇ ἔρχεται μία τῶν παιδισκῶν τοῦ ἀρχιερέως, 67 καὶ ἰδοῦσα τὸν Πέτρον θερμαινόμενον ἐμβλέψασα αὐτῷ λέγει Καὶ σὺ μετὰ τοῦ Ναζαρηνοῦ ἦσθα τοῦ Ἰησοῦ· 68 ὁ δὲ ἠρνήσατο λέγων Οὔτε οἶδα οὔτε ἐπίσταμαι σὺ τί λέγεις, καὶ ἐξῆλθεν ἔξω εἰς τὸ προαύλιον. 69 καὶ ἡ παιδίσκη ἰδοῦσα αὐτὸν ἤρξατο πάλιν λέγειν τοῖς παρεστῶσιν ὅτι Οὗτος ἐξ αὐτῶν ἐστίν. 70 ὁ δὲ πάλιν ἠρνεῖτο. καὶ μετὰ μικρὸν πάλιν οἱ παρεστῶτες ἔλεγον τῷ Πέτρῳ Ἀληθῶς ἐξ αὐτῶν εἶ, καὶ γὰρ Γαλιλαῖος εἶ· 71 ὁ δὲ ἤρξατο ἀναθεματίζειν καὶ ὀμνύναι ὅτι Οὐκ οἶδα τὸν ἄνθρωπον τοῦτον ὃν λέγετε. 72 καὶ εὐθὺς ἐκ δευτέρου ἀλέκτωρ ἐφώνησεν· καὶ ἀνεμνήσθη ὁ Πέτρος τὸ ῥῆμα ὡς εἶπεν αὐτῷ ὁ Ἰησοῦς ὅτι Πρὶν ἀλέκτορα δὶς φωνῆσαι τρίς με ἀπαρνήσῃ, καὶ ἐπιβαλὼν ἔκλαιεν.

Jesus Is Tried before Pilate
(Matt 27:1–14; Luke 23:1–5; cf. John 18:28–38)

15 Καὶ εὐθὺς πρωὶ συμβούλιον ποιήσαντες οἱ ἀρχιερεῖς μετὰ τῶν πρεσβυτέρων καὶ γραμματέων καὶ ὅλον τὸ συνέδριον δήσαντες τὸν Ἰησοῦν ἀπήνεγκαν καὶ παρέδωκαν Πειλάτῳ. 2 καὶ ἐπηρώτησεν αὐτὸν ὁ Πειλᾶτος Σὺ εἶ ὁ βασιλεὺς τῶν Ἰουδαίων; ὁ δὲ ἀποκριθεὶς αὐτῷ λέγει Σὺ λέγεις. 3 καὶ κατηγόρουν αὐτοῦ οἱ ἀρχιερεῖς πολλά. 4 ὁ δὲ

---

66 WH: κάτω ἐν τῇ αὐλῇ RP: ἐν τῇ αὐλῇ κάτω 67 WH: ἦσθα τοῦ Ἰησοῦ RP: Ἰησοῦ ἦσθα 68 WH: Οὔτε οἶδα οὔτε RP: Οὐκ οἶδα, οὐδὲ // WH: ἐπίσταμαι σὺ τί λέγεις, {WH}: ἐπίσταμαι· σὺ τί λέγεις; // WH: σὺ τί RP: τί σὺ // [NA]/RP: add καὶ ἀλέκτωρ ἐφώνησεν. after προαύλιον· 69 WH: ἤρξατο πάλιν λέγειν {WH}: εἶπεν RP: πάλιν ἤρξατο λέγειν // WH: παρεστῶσιν RP: παρεστηκόσιν 70 RP: add καὶ ἡ λαλιά σου ὁμοιάζει. after Γαλιλαῖος εἶ· 72 RP: omit εὐθὺς // WH: ὡς RP: ὃ // WH: δὶς φωνῆσαι NA/RP: φωνῆσαι δὶς // WH: τρίς με ἀπαρνήσῃ RP: ἀπαρνήσῃ με τρίς
15:1 WH: πρωὶ NA: πρωῖ RP: ἐπὶ τὸ πρωῖ // WH: ποιήσαντες {WH}: ἑτοιμάσαντες // WH: Πειλάτῳ RP: τῷ Πιλάτῳ 2 WH: αὐτῷ λέγει RP: εἶπεν αὐτῷ // WH: λέγεις. {WH}: λέγεις;

Πειλᾶτος πάλιν ἐπηρώτα αὐτὸν [λέγων] Οὐκ ἀποκρίνῃ
οὐδέν; ἴδε πόσα σου κατηγοροῦσιν. 5 ὁ δὲ Ἰησοῦς οὐκέτι
οὐδὲν ἀπεκρίθη, ὥστε θαυμάζειν τὸν Πειλᾶτον.

Jesus Is Sentenced to Death
(Matt 27:15–26; Luke 23:17–25; cf. John 18:39–19:16)

6 Κατὰ δὲ ἑορτὴν ἀπέλυεν αὐτοῖς ἕνα δέσμιον ὃν
παρῃτοῦντο. 7 ἦν δὲ ὁ λεγόμενος Βαραββᾶς μετὰ τῶν
στασιαστῶν δεδεμένος οἵτινες ἐν τῇ στάσει φόνον πεποιή-
κεισαν. 8 καὶ ἀναβὰς ὁ ὄχλος ἤρξατο αἰτεῖσθαι καθὼς
ἐποίει αὐτοῖς. 9 ὁ δὲ Πειλᾶτος ἀπεκρίθη αὐτοῖς λέγων
Θέλετε ἀπολύσω ὑμῖν τὸν βασιλέα τῶν Ἰουδαίων; 10 ἐγίνω-
σκεν γὰρ ὅτι διὰ φθόνον παραδεδώκεισαν αὐτὸν [οἱ
ἀρχιερεῖς]. 11 οἱ δὲ ἀρχιερεῖς ἀνέσεισαν τὸν ὄχλον ἵνα
μᾶλλον τὸν Βαραββᾶν ἀπολύσῃ αὐτοῖς. 12 ὁ δὲ Πειλᾶτος
πάλιν ἀποκριθεὶς ἔλεγεν αὐτοῖς Τί οὖν ποιήσω [ὃν] λέγετε
τὸν βασιλέα τῶν Ἰουδαίων; 13 οἱ δὲ πάλιν ἔκραξαν
Σταύρωσον αὐτόν. 14 ὁ δὲ Πειλᾶτος ἔλεγεν αὐτοῖς Τί γὰρ
ἐποίησεν κακόν; οἱ δὲ περισσῶς ἔκραξαν Σταύρωσον
αὐτόν. 15 ὁ δὲ Πειλᾶτος βουλόμενος τῷ ὄχλῳ τὸ ἱκανὸν
ποιῆσαι ἀπέλυσεν αὐτοῖς τὸν Βαραββᾶν, καὶ παρέδωκεν
τὸν Ἰησοῦν φραγελλώσας ἵνα σταυρωθῇ.

The Soldiers Mock Jesus
(Matt 27:27–31; cf. John 19:2–3)

16 Οἱ δὲ στρατιῶται ἀπήγαγον αὐτὸν ἔσω τῆς αὐλῆς, ὅ
ἐστιν πραιτώριον, καὶ συνκαλοῦσιν ὅλην τὴν σπεῖραν.

---

4 WH: ἐπηρώτα RP: ἐπηρώτησεν // WH: [λέγων] NA/RP: λέγων // WH:
κατηγοροῦσιν RP: καταμαρτυροῦσιν 6 WH: ὃν παρῃτοῦντο RP: ὅνπερ
ᾐτοῦντο 7 WH: στασιαστῶν RP: συστασιαστῶν 8 WH: ἀναβὰς RP: ἀναβοήσας
// RP: add ἀεὶ before ἐποίει 10 WH: [οἱ ἀρχιερεῖς] NA/RP: οἱ ἀρχιερεῖς 12 WH:
πάλιν ἀποκριθεὶς ἔλεγεν RP: ἀποκριθεὶς πάλιν εἶπεν // [NA]/RP: add θέλετε
before ποιήσω // WH: [ὃν] λέγετε NA: [ὃν λέγετε] RP: ὃν λέγετε // RP: omit τὸν
14 WH: ἐποίησεν κακόν RP: κακὸν ἐποίησεν // WH: περισσῶς RP:
περισσοτέρως

17 καὶ ἐνδιδύσκουσιν αὐτὸν πορφύραν καὶ περιτιθέασιν αὐτῷ πλέξαντες ἀκάνθινον στέφανον· 18 καὶ ἤρξαντο ἀσπάζεσθαι αὐτόν. Χαῖρε, βασιλεῦ τῶν Ἰουδαίων· 19 καὶ ἔτυπτον αὐτοῦ τὴν κεφαλὴν καλάμῳ καὶ ἐνέπτυον αὐτῷ, καὶ τιθέντες τὰ γόνατα προσεκύνουν αὐτῷ. 20 καὶ ὅτε ἐνέπαιξαν αὐτῷ, ἐξέδυσαν αὐτὸν τὴν πορφύραν καὶ ἐνέδυσαν αὐτὸν τὰ ἱμάτια αὐτοῦ.

Jesus Is Crucified
(Matt 27:32–44; Luke 23:26–43; cf. John 19:17–27)

Καὶ ἐξάγουσιν αὐτὸν ἵνα σταυρώσωσιν αὐτόν· 21 καὶ ἀγγαρεύουσιν παράγοντά τινα Σίμωνα Κυρηναῖον ἐρχόμενον ἀπ᾽ ἀγροῦ, τὸν πατέρα Ἀλεξάνδρου καὶ Ῥούφου, ἵνα ἄρῃ τὸν σταυρὸν αὐτοῦ. 22 καὶ φέρουσιν αὐτὸν ἐπὶ τὸν Γολγοθὰν τόπον, ὅ ἐστιν μεθερμηνευόμενος Κρανίου Τόπος. 23 καὶ ἐδίδουν αὐτῷ ἐσμυρνισμένον οἶνον, ὃς δὲ οὐκ ἔλαβεν. 24 καὶ σταυροῦσιν αὐτὸν καὶ **διαμερίζονται τὰ ἱμάτια** αὐτοῦ, **βάλλοντες κλῆρον ἐπ᾽ αὐτὰ** τίς τί ἄρῃ. 25 ἦν δὲ ὥρα τρίτη καὶ ἐσταύρωσαν αὐτόν. 26 καὶ ἦν ἡ ἐπιγραφὴ τῆς αἰτίας αὐτοῦ ἐπιγεγραμμένη Ο ΒΑΣΙΛΕΥΣ ΤΩΝ ΙΟΥΔΑΙΩΝ. 27 Καὶ σὺν αὐτῷ σταυροῦσιν δύο λῃστάς, ἕνα ἐκ δεξιῶν καὶ ἕνα ἐξ εὐωνύμων αὐτοῦ. 29 Καὶ οἱ παραπορευόμενοι ἐβλασφήμουν αὐτὸν **κινοῦντες τὰς κεφαλὰς** αὐτῶν καὶ λέγοντες Οὐὰ ὁ καταλύων τὸν ναὸν καὶ οἰκοδομῶν [ἐν] τρισὶν ἡμέραις, 30 σῶσον σεαυτὸν καταβὰς ἀπὸ τοῦ σταυροῦ. 31 ὁμοίως καὶ οἱ ἀρχιερεῖς ἐμπαίζοντες πρὸς ἀλλήλους μετὰ τῶν γραμματέων ἔλεγον Ἄλλους ἔσωσεν,

---

17 WH: ἐνδιδύσκουσιν RP: ἐνδύουσιν 18 WH: βασιλεῦ RP: ὁ βασιλεὺς 20 WH: αὐτοῦ RP: τὰ ἴδια 22 WH: μεθερμηνευόμενος {WH}/RP: μεθερμηνευόμενον NA: μεθερμηνευόμενον 23 RP: add πιεῖν after αὐτῷ // WH: ὃς RP: ὁ 24 WH: σταυροῦσιν αὐτὸν καὶ RP: σταυρώσαντες αὐτόν 28 RP: add v. 28: Καὶ ἐπληρώθη ἡ γραφὴ ἡ λέγουσα, Καὶ μετὰ ἀνόμων ἐλογίσθη. 29 WH: καὶ οἰκοδομῶν [ἐν] τρισὶν ἡμέραις RP: καὶ ἐν τρισὶν ἡμέραις οἰκοδομῶν // WH: [ἐν] NA: ἐν 30 WH: καταβὰς RP: καὶ κατάβα

ἑαυτὸν οὐ δύναται σῶσαι· 32 ὁ χριστὸς ὁ βασιλεὺς Ἰσραὴλ καταβάτω νῦν ἀπὸ τοῦ σταυροῦ, ἵνα ἴδωμεν καὶ πιστεύσωμεν. καὶ οἱ συνεσταυρωμένοι σὺν αὐτῷ ὠνείδιζον αὐτόν.

The Death of Jesus
(Matt 27:45–56; Luke 23:44–49; cf. John 19:28–30)

33 Καὶ γενομένης ὥρας ἕκτης σκότος ἐγένετο ἐφ᾽ ὅλην τὴν γῆν ἕως ὥρας ἐνάτης. 34 καὶ τῇ ἐνάτῃ ὥρᾳ ἐβόησεν ὁ Ἰησοῦς φωνῇ μεγάλῃ **Ελωί ελωί λαμὰ σαβαχθανεί;** ὅ ἐστιν μεθερμηνευόμενον **Ὁ θεός μου [ὁ θεός μου], εἰς τί ἐγκατέλιπές με;** 35 καί τινες τῶν παρεστηκότων ἀκούσαντες ἔλεγον Ἴδε Ἠλείαν φωνεῖ. 36 δραμὼν δέ τις γεμίσας σπόγγον **ὄξους** περιθεὶς καλάμῳ **ἐπότιζεν** αὐτόν, λέγων Ἄφετε ἴδωμεν εἰ ἔρχεται Ἠλείας καθελεῖν αὐτόν. 37 ὁ δὲ Ἰησοῦς ἀφεὶς φωνὴν μεγάλην ἐξέπνευσεν. 38 Καὶ τὸ καταπέτασμα τοῦ ναοῦ ἐσχίσθη εἰς δύο ἀπ᾽ ἄνωθεν ἕως κάτω. 39 Ἰδὼν δὲ ὁ κεντυρίων ὁ παρεστηκὼς ἐξ ἐναντίας αὐτοῦ ὅτι οὕτως ἐξέπνευσεν εἶπεν Ἀληθῶς οὗτος ὁ ἄνθρωπος υἱὸς θεοῦ ἦν. 40 Ἦσαν δὲ καὶ γυναῖκες ἀπὸ μακρόθεν θεωροῦσαι, ἐν αἷς καὶ Μαριὰμ ἡ Μαγδαληνὴ καὶ Μαρία ἡ Ἰακώβου τοῦ μικροῦ καὶ Ἰωσῆτος μήτηρ καὶ Σαλώμη, 41 αἳ ὅτε ἦν ἐν τῇ Γαλιλαίᾳ ἠκολούθουν αὐτῷ καὶ διηκόνουν αὐτῷ, καὶ ἄλλαι πολλαὶ αἱ συναναβᾶσαι αὐτῷ εἰς Ἱεροσόλυμα.

---

32 RP: *add* τοῦ *before* σταυροῦ // RP: *add* αὐτῷ. *after* πιστεύσωμεν // RP: *omit* σὺν
33 WH: Καὶ γενομένης RP: Γενομένης δὲ 34 WH: τῇ ἐνάτῃ ὥρᾳ RP: τῇ ὥρᾳ τῇ ἐνάτῃ // RP: *add* λέγων, *after* μεγάλῃ, // WH: [ὁ θεός μου] NA/RP: ὁ θεός μου // WH: ἐγκατέλιπές με RP: με ἐγκατέλιπες 35 WH: παρεστηκότων {WH}: ἑστηκότων // WH: Ἴδε RP: Ἰδού 36 WH: δραμὼν δέ τις NA: δραμὼν δέ τις [καὶ] RP: Δραμὼν δὲ εἷς, καὶ // RP: *add* τε *after* περιθείς 39 RP: *add* κράξας *after* οὕτως // WH: οὗτος ὁ ἄνθρωπος RP: ὁ ἄνθρωπος οὗτος // WH: θεοῦ ἦν RP: ἦν θεοῦ 40 RP: *add* ἦν *after* αἷς // RP: *add* τοῦ *before* Ἰακώβου // WH: Ἰωσῆτος RP: Ἰωσῆ 41 RP: *add* καί, *before* ὅτε

---

34 Ps 22:1   36 Ps 69:21

The Burial of Jesus
(Matt 27:57–61; Luke 23:50–56; cf. John 19:38–42)

42 Καὶ ἤδη ὀψίας γενομένης, ἐπεὶ ἦν παρασκευή, ὅ
ἐστιν προσάββατον, 43 ἐλθὼν Ἰωσὴφ ἀπὸ Ἀριμαθαίας
εὐσχήμων βουλευτής, ὃς καὶ αὐτὸς ἦν προσδεχόμενος τὴν
βασιλείαν τοῦ θεοῦ, τολμήσας εἰσῆλθεν πρὸς τὸν Πειλᾶτον
καὶ ᾐτήσατο τὸ σῶμα τοῦ Ἰησοῦ. 44 ὁ δὲ Πειλᾶτος
ἐθαύμασεν εἰ ἤδη τέθνηκεν, καὶ προσκαλεσάμενος τὸν κεν-
τυρίωνα ἐπηρώτησεν αὐτὸν εἰ ἤδη ἀπέθανεν· 45 καὶ γνοὺς
ἀπὸ τοῦ κεντυρίωνος ἐδωρήσατο τὸ πτῶμα τῷ Ἰωσήφ.
46 καὶ ἀγοράσας σινδόνα καθελὼν αὐτὸν ἐνείλησεν τῇ
σινδόνι καὶ ἔθηκεν αὐτὸν ἐν μνήματι ὃ ἦν λελατομημένον
ἐκ πέτρας, καὶ προσεκύλισεν λίθον ἐπὶ τὴν θύραν τοῦ μνη-
μείου. 47 Ἡ δὲ Μαρία ἡ Μαγδαληνὴ καὶ Μαρία ἡ Ἰωσῆτος
ἐθεώρουν ποῦ τέθειται.

The Resurrection
(Matt 28:1–10; Luke 24:1–12; cf. John 20:1–10)

16 Καὶ διαγενομένου τοῦ σαββάτου [ἡ] Μαρία ἡ Μαγ-
δαληνὴ καὶ Μαρία ἡ [τοῦ] Ἰακώβου καὶ Σαλώμη ἠγόρασαν
ἀρώματα ἵνα ἐλθοῦσαι ἀλείψωσιν αὐτόν. 2 καὶ λίαν πρωὶ
[τῇ] μιᾷ τῶν σαββάτων ἔρχονται ἐπὶ τὸ μνημεῖον ἀνατεί-
λαντος τοῦ ἡλίου. 3 καὶ ἔλεγον πρὸς ἑαυτάς Τίς ἀποκυλί-
σει ἡμῖν τὸν λίθον ἐκ τῆς θύρας τοῦ μνημείου; 4 καὶ
ἀναβλέψασαι θεωροῦσιν ὅτι ἀνακεκύλισται ὁ λίθος, ἦν
γὰρ μέγας σφόδρα. 5 καὶ εἰσελθοῦσαι εἰς τὸ μνημεῖον εἶδον
νεανίσκον καθήμενον ἐν τοῖς δεξιοῖς περιβεβλημένον
στολὴν λευκήν, καὶ ἐξεθαμβήθησαν. 6 ὁ δὲ λέγει αὐταῖς

---

43 WH: ἐλθὼν RP: ἦλθεν // {WH}/[NA]/RP: add ὁ before ἀπὸ 44 WH: ἤδη
{WH}/NA/RP: πάλαι 45 WH: πτῶμα RP: σῶμα 46 RP: add καὶ after σινδόνα, //
WH: ἔθηκεν RP: κατέθηκεν // NA/RP: μνήματι NA/RP: μνημείῳ 47 WH: ἡ
Ἰωσῆτος RP: Ἰωσῆ // WH: τέθειται RP: τίθεται
16:1 WH: [ἡ] NA/RP: omit [ἡ] // RP: omit ἡ [τοῦ] 2 WH: [τῇ] μιᾷ τῶν NA: τῇ μιᾷ
τῶν RP: τῆς μιᾶς // WH: ἀνατείλαντος {WH}: ἀνατέλλοντος 4 WH:
ἀνακεκύλισται NA/RP: ἀποκεκύλισται 5 WH: εἰσελθοῦσαι {WH}: ἐλθοῦσαι

Μὴ ἐκθαμβεῖσθε· Ἰησοῦν ζητεῖτε τὸν Ναζαρηνὸν τὸν
ἐσταυρωμένον· ἠγέρθη, οὐκ ἔστιν ὧδε· ἴδε ὁ τόπος ὅπου
ἔθηκαν αὐτόν· 7 ἀλλὰ ὑπάγετε εἴπατε τοῖς μαθηταῖς αὐτοῦ
καὶ τῷ Πέτρῳ ὅτι Προάγει ὑμᾶς εἰς τὴν Γαλιλαίαν· ἐκεῖ
αὐτὸν ὄψεσθε, καθὼς εἶπεν ὑμῖν. 8 καὶ ἐξελθοῦσαι ἔφυγον
ἀπὸ τοῦ μνημείου, εἶχεν γὰρ αὐτὰς τρόμος καὶ ἔκστασις·
καὶ οὐδενὶ οὐδὲν εἶπαν, ἐφοβοῦντο γάρ·

Jesus Appears to Mary Magdalene
(Matt 28:9–10; cf. John 20:11–18)

9 [[Ἀναστὰς δὲ πρωὶ πρώτῃ σαββάτου ἐφάνη πρῶτον
Μαρίᾳ τῇ Μαγδαληνῇ, παρ' ἧς ἐκβεβλήκει ἑπτὰ δαιμόνια.
10 ἐκείνη πορευθεῖσα ἀπήγγειλεν τοῖς μετ' αὐτοῦ γενομέ-
νοις πενθοῦσι καὶ κλαίουσιν· 11 κἀκεῖνοι ἀκούσαντες ὅτι
ζῇ καὶ ἐθεάθη ὑπ' αὐτῆς ἠπίστησαν.

Jesus Appears to Two Followers
(Luke 24:13–35)

12 Μετὰ δὲ ταῦτα δυσὶν ἐξ αὐτῶν περιπατοῦσιν ἐφανερώθη
ἐν ἑτέρᾳ μορφῇ πορευομένοις εἰς ἀγρόν· 13 κἀκεῖνοι ἀπελ-
θόντες ἀπήγγειλαν τοῖς λοιποῖς· οὐδὲ ἐκείνοις ἐπίστευσαν.

Jesus Commissions His Disciples
(Matt 28:16–20; Luke 24:36–49; cf. John 20:19–23)

14 Ὕστερον [δὲ] ἀνακειμένοις αὐτοῖς τοῖς ἕνδεκα ἐφανε-
ρώθη, καὶ ὠνείδισεν τὴν ἀπιστίαν αὐτῶν καὶ σκληρο-
καρδίαν ὅτι τοῖς θεασαμένοις αὐτὸν ἐγηγερμένον [ἐκ
νεκρῶν] οὐκ ἐπίστευσαν. 15 καὶ εἶπεν αὐτοῖς Πορευθέν-
τες εἰς τὸν κόσμον ἅπαντα κηρύξατε τὸ εὐαγγέλιον πάσῃ τῇ

---

8 WH: γὰρ RP: δὲ // 9–20 Alternate (shorter) ending: NA: *Add alternate ending after v.
8 (see below).* **Longer ending:** RP: *omit double brackets for vv. 9–20.* 14 RP: *omit* [δὲ] //
NA/RP: *omit* [ἐκ νεκρῶν]

κτίσει. 16 ὁ πιστεύσας καὶ βαπτισθεὶς σωθήσεται, ὁ δὲ ἀπιστήσας κατακριθήσεται. 17 σημεῖα δὲ τοῖς πιστεύσασιν ἀκολουθήσει ταῦτα, ἐν τῷ ὀνόματί μου δαιμόνια ἐκβαλοῦσιν, γλώσσαις λαλήσουσιν, 18 [καὶ ἐν ταῖς χερσὶν] ὄφεις ἀροῦσιν κἂν θανάσιμόν τι πίωσιν οὐ μὴ αὐτοὺς βλάψῃ, ἐπὶ ἀρρώστους χεῖρας ἐπιθήσουσιν καὶ καλῶς ἕξουσιν.

Jesus Ascends to Heaven
(Luke 24:50–53; cf. Acts 1:9–11)

19 Ὁ μὲν οὖν κύριος [Ἰησοῦς] μετὰ τὸ λαλῆσαι αὐτοῖς **ἀνελήμφθη εἰς τὸν οὐρανὸν καὶ ἐκάθισεν ἐκ δεξιῶν τοῦ θεοῦ.** 20 ἐκεῖνοι δὲ ἐξελθόντες ἐκήρυξαν πανταχοῦ, τοῦ κυρίου συνεργοῦντος καὶ τὸν λόγον βεβαιοῦντος διὰ τῶν ἐπακολουθούντων σημείων.]]

ΑΛΛΩΣ

An Alternate Ending to Mark's Gospel

[[Πάντα δὲ τὰ παρηγγελμένα τοῖς περὶ τὸν Πέτρον συντόμως ἐξήγγειλαν. Μετὰ δὲ ταῦτα καὶ αὐτὸς ὁ Ἰησοῦς ἀπὸ ἀνατολῆς καὶ ἄχρι δύσεως ἐξαπέστειλεν δι' αὐτῶν τὸ ἱερὸν καὶ ἄφθαρτον κήρυγμα τῆς αἰωνίου σωτηρίας.]]

---

17 WH: ἀκολουθήσει ταῦτα {WH}/NA/RP: ταῦτα παρακολουθήσει // {WH}/NA/RP: *add* καιναῖς *after* λαλήσουσιν 18 RP: *omit* [καὶ ἐν ταῖς χερσὶν] 19 WH: [Ἰησοῦς] NA: Ἰησοῦς RP: *omit* [Ἰησοῦς] 20 {WH}: *add* Ἀμήν. *after* σημείων. **Alternate (shorter) ending:** NA: *add* ἀμήν *after* σωτηρίας. RP: *omit the alternate (shorter) ending of Mark.*

ΚΑΤΑ ΛΟΥΚΑΝ

Introduction

1 Ἐπειδήπερ πολλοὶ ἐπεχείρησαν ἀνατάξασθαι διήγησιν
περὶ τῶν πεπληροφορημένων ἐν ἡμῖν πραγμάτων, 2 καθὼς
παρέδοσαν ἡμῖν οἱ ἀπ' ἀρχῆς αὐτόπται καὶ ὑπηρέται
γενόμενοι τοῦ λόγου, 3 ἔδοξε κἀμοὶ παρηκολουθηκότι ἄνω-
θεν πᾶσιν ἀκριβῶς καθεξῆς σοι γράψαι, κράτιστε Θεόφιλε,
4 ἵνα ἐπιγνῷς περὶ ὧν κατηχήθης λόγων τὴν ἀσφάλειαν.

The Birth of John the Baptist Is Foretold

5 Ἐγένετο ἐν ταῖς ἡμέραις Ἡρῴδου βασιλέως τῆς
Ἰουδαίας ἱερεύς τις ὀνόματι Ζαχαρίας ἐξ ἐφημερίας Ἀβιά,
καὶ γυνὴ αὐτῷ ἐκ τῶν θυγατέρων Ἀαρών, καὶ τὸ ὄνομα
αὐτῆς Ἐλεισάβετ. 6 ἦσαν δὲ δίκαιοι ἀμφότεροι ἐναντίον
τοῦ θεοῦ, πορευόμενοι ἐν πάσαις ταῖς ἐντολαῖς καὶ δικαιώ-
μασιν τοῦ κυρίου ἄμεμπτοι. 7 καὶ οὐκ ἦν αὐτοῖς τέκνον,
καθότι ἦν [ἡ] Ἐλεισάβετ στεῖρα, καὶ ἀμφότεροι προβε-
βηκότες ἐν ταῖς ἡμέραις αὐτῶν ἦσαν.

8 Ἐγένετο δὲ ἐν τῷ ἱερατεύειν αὐτὸν ἐν τῇ τάξει τῆς
ἐφημερίας αὐτοῦ ἔναντι τοῦ θεοῦ 9 κατὰ τὸ ἔθος τῆς ἱερα-
τίας ἔλαχε τοῦ θυμιᾶσαι εἰσελθὼν εἰς τὸν ναὸν τοῦ κυρίου,
10 καὶ πᾶν τὸ πλῆθος ἦν τοῦ λαοῦ προσευχόμενον ἔξω τῇ
ὥρᾳ τοῦ θυμιάματος· 11 ὤφθη δὲ αὐτῷ ἄγγελος Κυρίου
ἑστὼς ἐκ δεξιῶν τοῦ θυσιαστηρίου τοῦ θυμιάματος. 12 καὶ
ἐταράχθη Ζαχαρίας ἰδών, καὶ φόβος ἐπέπεσεν ἐπ' αὐτόν.
13 εἶπεν δὲ πρὸς αὐτὸν ὁ ἄγγελος Μὴ φοβοῦ, Ζαχαρία,

1:5 RP: *add* τοῦ *before* βασιλέως // RP: *add* ἡ *before* γυνὴ // WH: αὐτῷ RP: αὐτοῦ
6 WH: ἐναντίον RP: ἐνώπιον 7 WH: ἦν [ἡ] Ἐλεισάβετ NA: ἦν ἡ Ἐλεισάβετ RP:
ἡ Ἐλισάβετ ἦν

διότι εἰσηκούσθη ἡ δέησίς σου, καὶ ἡ γυνή σου Ἐλεισάβετ γεννήσει υἱόν σοι, καὶ καλέσεις τὸ ὄνομα αὐτοῦ Ἰωάνην· 14 καὶ ἔσται χαρά σοι καὶ ἀγαλλίασις, καὶ πολλοὶ ἐπὶ τῇ γενέσει αὐτοῦ χαρήσονται· 15 ἔσται γὰρ μέγας ἐνώπιον Κυρίου, καὶ **οἶνον καὶ σίκερα οὐ μὴ πίῃ**, καὶ πνεύματος ἁγίου πλησθήσεται ἔτι ἐκ κοιλίας μητρὸς αὐτοῦ, 16 καὶ πολλοὺς τῶν υἱῶν Ἰσραὴλ ἐπιστρέψει ἐπὶ Κύριον τὸν θεὸν αὐτῶν· 17 καὶ αὐτὸς προελεύσεται ἐνώπιον αὐτοῦ ἐν πνεύματι καὶ δυνάμει **Ἡλεία, ἐπιστρέψαι καρδίας πατέρων ἐπὶ τέκνα** καὶ ἀπειθεῖς ἐν φρονήσει δικαίων, ἑτοιμάσαι Κυρίῳ λαὸν κατεσκευασμένον. 18 καὶ εἶπεν Ζαχαρίας πρὸς τὸν ἄγγελον Κατὰ τί γνώσομαι τοῦτο; ἐγὼ γάρ εἰμι πρεσβύτης καὶ ἡ γυνή μου προβεβηκυῖα ἐν ταῖς ἡμέραις αὐτῆς. 19 καὶ ἀποκριθεὶς ὁ ἄγγελος εἶπεν αὐτῷ Ἐγώ εἰμι Γαβριὴλ ὁ παρεστηκὼς ἐνώπιον τοῦ θεοῦ, καὶ ἀπεστάλην λαλῆσαι πρὸς σὲ καὶ εὐαγγελίσασθαί σοι ταῦτα· 20 καὶ ἰδοὺ ἔσῃ σιωπῶν καὶ μὴ δυνάμενος λαλῆσαι ἄχρι ἧς ἡμέρας γένηται ταῦτα, ἀνθ' ὧν οὐκ ἐπίστευσας τοῖς λόγοις μου, οἵτινες πληρωθήσονται εἰς τὸν καιρὸν αὐτῶν. 21 καὶ ἦν ὁ λαὸς προσδοκῶν τὸν Ζαχαρίαν, καὶ ἐθαύμαζον ἐν τῷ χρονίζειν ἐν τῷ ναῷ αὐτόν. 22 ἐξελθὼν δὲ οὐκ ἐδύνατο λαλῆσαι αὐτοῖς, καὶ ἐπέγνωσαν ὅτι ὀπτασίαν ἑώρακεν ἐν τῷ ναῷ· καὶ αὐτὸς ἦν διανεύων αὐτοῖς, καὶ διέμενεν κωφός. 23 Καὶ ἐγένετο ὡς ἐπλήσθησαν αἱ ἡμέραι τῆς λειτουργίας αὐτοῦ, ἀπῆλθεν εἰς τὸν οἶκον αὐτοῦ.

24 Μετὰ δὲ ταύτας τὰς ἡμέρας συνέλαβεν Ἐλεισάβετ ἡ γυνὴ αὐτοῦ· καὶ περιέκρυβεν ἑαυτὴν μῆνας πέντε, λέγουσα 25 ὅτι Οὕτως μοι πεποίηκεν Κύριος ἐν ἡμέραις αἷς ἐπεῖδεν ἀφελεῖν ὄνειδός μου ἐν ἀνθρώποις.

---

14 WH: γενέσει RP: γεννήσει 15 WH: Κυρίου {WH}/RP: τοῦ κυρίου NA: [τοῦ] κυρίου 17 WH: προελεύσεται {WH}: προσελεύσεται // WH: Ἡλεία NA/RP: Ἡλίου 21 WH: ἐν τῷ ναῷ αὐτόν RP: αὐτὸν ἐν τῷ ναῷ 22 WH: ἐδύνατο RP: ἠδύνατο 25 WH: Κύριος {WH}/RP: ὁ κύριος NA: κύριος // RP: add τὸ before ὄνειδός

1:15 Num 6:3; 1 Sam 1:11 LXX   17 Mal 4:5, 6

The Birth of Jesus Is Foretold

26 Ἐν δὲ τῷ μηνὶ τῷ ἕκτῳ ἀπεστάλη ὁ ἄγγελος Γαβριὴλ ἀπὸ τοῦ θεοῦ εἰς πόλιν τῆς Γαλιλαίας ᾗ ὄνομα Ναζαρὲτ 27 πρὸς παρθένον ἐμνηστευμένην ἀνδρὶ ᾧ ὄνομα Ἰωσὴφ ἐξ οἴκου Δαυείδ, καὶ τὸ ὄνομα τῆς παρθένου Μαριάμ. 28 καὶ εἰσελθὼν πρὸς αὐτὴν εἶπεν Χαῖρε, κεχαριτωμένη, ὁ κύριος μετὰ σοῦ. 29 ἡ δὲ ἐπὶ τῷ λόγῳ διεταράχθη καὶ διελογίζετο ποταπὸς εἴη ὁ ἀσπασμὸς οὗτος. 30 καὶ εἶπεν ὁ ἄγγελος αὐτῇ Μὴ φοβοῦ, Μαριάμ, εὗρες γὰρ χάριν παρὰ τῷ θεῷ· 31 καὶ ἰδοὺ συλλήμψῃ ἐν γαστρὶ καὶ τέξῃ υἱόν, καὶ καλέσεις τὸ ὄνομα αὐτοῦ Ἰησοῦν. 32 οὗτος ἔσται μέγας καὶ υἱὸς Ὑψίστου κληθήσεται, καὶ δώσει αὐτῷ Κύριος ὁ θεὸς **τὸν θρόνον Δαυεὶδ** τοῦ πατρὸς αὐτοῦ, **33 καὶ βασιλεύσει** ἐπὶ τὸν οἶκον Ἰακὼβ **εἰς τοὺς αἰῶνας,** καὶ τῆς βασιλείας αὐτοῦ οὐκ ἔσται τέλος. 34 εἶπεν δὲ Μαριὰμ πρὸς τὸν ἄγγελον Πῶς ἔσται τοῦτο, ἐπεὶ ἄνδρα οὐ γινώσκω; 35 καὶ ἀποκριθεὶς ὁ ἄγγελος εἶπεν αὐτῇ Πνεῦμα ἅγιον ἐπελεύσεται ἐπὶ σέ, καὶ δύναμις Ὑψίστου ἐπισκιάσει σοι· διὸ καὶ τὸ γεννώμενον **ἅγιον κληθήσεται,** υἱὸς θεοῦ· 36 καὶ ἰδοὺ Ἐλεισάβετ ἡ συγγενίς σου καὶ αὐτὴ συνείληφεν υἱὸν ἐν γήρει αὐτῆς, καὶ οὗτος μὴν ἕκτος ἐστὶν αὐτῇ τῇ καλουμένῃ στείρᾳ· 37 ὅτι **οὐκ ἀδυνατήσει παρὰ τοῦ θεοῦ πᾶν ῥῆμα.** 38 εἶπεν δὲ Μαριάμ Ἰδοὺ ἡ δούλη Κυρίου· γένοιτό μοι κατὰ τὸ ῥῆμά σου. καὶ ἀπῆλθεν ἀπ' αὐτῆς ὁ ἄγγελος.

Mary Visits Elizabeth

39 Ἀναστᾶσα δὲ Μαριὰμ ἐν ταῖς ἡμέραις ταύταις ἐπορεύθη εἰς τὴν ὀρινὴν μετὰ σπουδῆς εἰς πόλιν Ἰούδα, 40 καὶ

---

26 WH: ἀπὸ RP: ὑπὸ 27 WH: ἐμνηστευμένην RP: μεμνηστευμένην 28 RP: add ὁ ἄγγελος *after* εἰσελθὼν // RP: add εὐλογημένη σὺ ἐν γυναιξίν *after* σοῦ 29 RP: add ἰδοῦσα *before* διεταράχθη // WH: ἐπὶ τῷ λόγῳ διεταράχθη RP: διεταράχθη ἐπὶ τῷ λόγῳ // RP: add αὐτοῦ *after* λόγῳ 36 WH: συγγενίς RP: συγγενής // WH: συνείληφεν RP: συνειληφυῖα 37 WH: τοῦ θεοῦ RP: τῷ θεῷ 39 WH: ὀρινὴν NA/RP: ὀρεινὴν

32–33 Isa 9:7 35 Exod 13:12 37 Gen 18:14

εἰσῆλθεν εἰς τὸν οἶκον Ζαχαρίου καὶ ἠσπάσατο τὴν Ἐλεισάβετ. 41 καὶ ἐγένετο, ὡς ἤκουσεν τὸν ἀσπασμὸν τῆς Μαρίας ἡ Ἐλεισάβετ, ἐσκίρτησεν τὸ βρέφος ἐν τῇ κοιλίᾳ αὐτῆς, καὶ ἐπλήσθη πνεύματος ἁγίου ἡ Ἐλεισάβετ, 42 καὶ ἀνεφώνησεν κραυγῇ μεγάλῃ καὶ εἶπεν Εὐλογημένη σὺ ἐν γυναιξίν, καὶ εὐλογημένος ὁ καρπὸς τῆς κοιλίας σου. 43 καὶ πόθεν μοι τοῦτο ἵνα ἔλθῃ ἡ μήτηρ τοῦ κυρίου μου πρὸς ἐμέ; 44 ἰδοὺ γὰρ ὡς ἐγένετο ἡ φωνὴ τοῦ ἀσπασμοῦ σου εἰς τὰ ὦτά μου, ἐσκίρτησεν ἐν ἀγαλλιάσει τὸ βρέφος ἐν τῇ κοιλίᾳ μου. 45 καὶ μακαρία ἡ πιστεύσασα ὅτι ἔσται τελείωσις τοῖς λελαλημένοις αὐτῇ παρὰ Κυρίου.

The Magnificat: Mary's Song

46 Καὶ εἶπεν Μαριάμ

Μεγαλύνει **ἡ ψυχή μου τὸν κύριον,**
    47 καὶ **ἠγαλλίασεν** τὸ πνεῦμά μου **ἐπὶ τῷ θεῷ τῷ**
       σωτῆρί μου·
48 ὅτι **ἐπέβλεψεν ἐπὶ τὴν ταπείνωσιν τῆς δούλης**
       αὐτοῦ,
    ἰδοὺ γὰρ ἀπὸ τοῦ νῦν μακαριοῦσίν με πᾶσαι αἱ
    γενεαί·

49 ὅτι ἐποίησέν μοι μεγάλα ὁ δυνατός,
    καὶ **ἅγιον τὸ ὄνομα αὐτοῦ,**
50 καὶ **τὸ ἔλεος αὐτοῦ εἰς γενεὰς καὶ γενεὰς**
    τοῖς φοβουμένοις αὐτόν.

51 Ἐποίησεν κράτος **ἐν βραχίονι** αὐτοῦ,

---

41 WH: τὸν ἀσπασμὸν τῆς Μαρίας ἡ Ἐλεισάβετ RP: ἡ Ἐλισάβετ τὸν ἀσπασμὸν τῆς Μαρίας 42 WH: κραυγῇ RP: φωνῇ 43 WH: ἐμέ RP: μέ 44 WH: ἐν ἀγαλλιάσει τὸ βρέφος RP: τὸ βρέφος ἐν ἀγαλλιάσει 49 WH: μεγάλα RP: μεγαλεῖα 50 WH: καὶ γενεὰς RP: γενεῶν

46–47 1 Sam 2:1   48 1 Sam 1:11   49 Ps 111:9   50 Ps 103:17

διεσκόρπισεν ὑπερηφάνους διανοίᾳ καρδίας
αὐτῶν·
52 **καθεῖλεν δυνάστας** ἀπὸ θρόνων **καὶ ὕψωσεν**
ταπεινούς,
53 **πεινῶντας ἐνέπλησεν ἀγαθῶν** καὶ
πλουτοῦντας ἐξαπέστειλεν κενούς.

54 **ἀντελάβετο Ἰσραὴλ παιδὸς αὐτοῦ,**
μνησθῆναι ἐλέους,
55 **καθὼς ἐλάλησεν πρὸς τοὺς πατέρας ἡμῶν,**
τῷ Ἀβραὰμ καὶ τῷ **σπέρματι** αὐτοῦ εἰς τὸν αἰῶνα.

56 Ἔμεινεν δὲ Μαριὰμ σὺν αὐτῇ ὡς μῆνας τρεῖς, καὶ
ὑπέστρεψεν εἰς τὸν οἶκον αὐτῆς.

The Birth of John the Baptist

57 Τῇ δὲ Ἐλεισάβετ ἐπλήσθη ὁ χρόνος τοῦ τεκεῖν
αὐτήν, καὶ ἐγέννησεν υἱόν. 58 καὶ ἤκουσαν οἱ περίοικοι
καὶ οἱ συγγενεῖς αὐτῆς ὅτι ἐμεγάλυνεν Κύριος τὸ ἔλεος
αὐτοῦ μετ' αὐτῆς, καὶ συνέχαιρον αὐτῇ. 59 Καὶ ἐγένετο ἐν
τῇ ἡμέρᾳ τῇ ὀγδόῃ ἦλθαν περιτεμεῖν τὸ παιδίον, καὶ ἐκά-
λουν αὐτὸ ἐπὶ τῷ ὀνόματι τοῦ πατρὸς αὐτοῦ Ζαχαρίαν.
60 καὶ ἀποκριθεῖσα ἡ μήτηρ αὐτοῦ εἶπεν Οὐχί, ἀλλὰ
κληθήσεται Ἰωάνης. 61 καὶ εἶπαν πρὸς αὐτὴν ὅτι   Οὐδεὶς
ἔστιν ἐκ τῆς συγγενείας σου ὃς καλεῖται τῷ ὀνόματι τούτῳ.
62 ἐνένευον δὲ τῷ πατρὶ αὐτοῦ τὸ τί ἂν θέλοι καλεῖσθαι
αὐτό. 63 καὶ αἰτήσας πινακίδιον ἔγραψεν λέγων   Ἰωάνης
ἐστὶν ὄνομα αὐτοῦ. καὶ ἐθαύμασαν πάντες. 64 ἀνεῴχθη δὲ
τὸ στόμα αὐτοῦ παραχρῆμα καὶ ἡ γλῶσσα αὐτοῦ, καὶ

---

56 WH: ὡς RP: ὡσεὶ 59 WH: ἡμέρᾳ τῇ ὀγδόῃ ἦλθαν RP: ὀγδόῃ ἡμέρᾳ ἦλθον
61 WH: ἐκ τῆς συγγενείας RP: ἐν τῇ συγγενείᾳ 62 WH: αὐτὸ RP: αὐτόν 63 RP:
add τὸ *before* ὄνομα

---

51 Ps 89:10   52 Job 12:19; Job 5:11; 1 Sam 2:7–8   53 Ps 107:9; 34:10 LXX; 1 Sam 2:5
54 Ps 98:3   54–55 Isa 41:8–9   55 Mic 7:20

ἐλάλει εὐλογῶν τὸν θεόν. 65 Καὶ ἐγένετο ἐπὶ πάντας φόβος τοὺς περιοικοῦντας αὐτούς, καὶ ἐν ὅλῃ τῇ ὀρινῇ τῆς Ἰουδαίας διελαλεῖτο πάντα τὰ ῥήματα ταῦτα, 66 καὶ ἔθεντο πάντες οἱ ἀκούσαντες ἐν τῇ καρδίᾳ αὐτῶν, λέγοντες Τί ἄρα τὸ παιδίον τοῦτο ἔσται; καὶ γὰρ χεὶρ Κυρίου ἦν μετ' αὐτοῦ.

Zachariah's Song

67 Καὶ Ζαχαρίας ὁ πατὴρ αὐτοῦ ἐπλήσθη πνεύματος ἁγίου καὶ ἐπροφήτευσεν λέγων

68 **Εὐλογητὸς Κύριος ὁ θεὸς τοῦ Ἰσραήλ,**
　　ὅτι ἐπεσκέψατο καὶ ἐποίησεν **λύτρωσιν τῷ λαῷ αὐτοῦ,**
69 καὶ **ἤγειρεν κέρας** σωτηρίας ἡμῖν
　　ἐν οἴκῳ **Δαυεὶδ** παιδὸς αὐτοῦ,

70 καθὼς ἐλάλησεν διὰ στόματος τῶν ἁγίων ἀπ'
　　αἰῶνος προφητῶν αὐτοῦ,
71 **σωτηρίαν ἐξ ἐχθρῶν ἡμῶν καὶ ἐκ χειρὸς**
　　πάντων **τῶν μισούντων ἡμᾶς,**
72 ποιῆσαι **ἔλεος μετὰ τῶν πατέρων ἡμῶν**
　　καὶ **μνησθῆναι διαθήκης** ἁγίας **αὐτοῦ,**

73 **ὅρκον** ὃν **ὤμοσεν πρὸς Ἀβραὰμ** τὸν πατέρα ἡμῶν,
　　τοῦ δοῦναι ἡμῖν 74 ἀφόβως ἐκ χειρὸς ἐχθρῶν
　　　　ῥυσθέντας
　　λατρεύειν αὐτῷ 75 ἐν ὁσιότητι καὶ δικαιοσύνῃ
　　　　ἐνώπιον αὐτοῦ πάσαις ταῖς ἡμέραις ἡμῶν.

---

65 WH: ὀρινὴ NA/RP: ὀρεινὴ 6 RP: *omit* γὰρ 67 WH: ἐπροφήτευσεν RP: προεφήτευσεν 69 RP: *add* τῷ *before* οἴκῳ // RP: *add* τοῦ *before* παιδὸς 70 RP: *add* τῶν *before* ἀπ' 74 RP: *add* τῶν *before* ἐχθρῶν // RP: *add* ἡμῶν *after* ἐχθρῶν 75 WH: πάσαις ταῖς ἡμέραις {WH}: πάσας τὰς ἡμέρας RP: πάσας τὰς ἡμέρας τῆς ζωῆς

---

68 Ps 41:13; 72:18; 106:48; 111:9 69 Ps 132:17; 1 Sam 2:10 71 Ps 106:10 72–73 Ps 105:8–9; 106:45; Mic 7:20

76 Καὶ σὺ δέ, παιδίον, προφήτης Ὑψίστου κληθήσῃ·
προπορεύσῃ γὰρ ἐνώπιον Κυρίου ἑτοιμάσαι
ὁδοὺς αὐτοῦ,
77 τοῦ δοῦναι γνῶσιν σωτηρίας τῷ λαῷ αὐτοῦ
ἐν ἀφέσει ἁμαρτιῶν αὐτῶν,

78 διὰ σπλάγχνα ἐλέους θεοῦ ἡμῶν,
ἐν οἷς ἐπισκέψεται ἡμᾶς ἀνατολὴ ἐξ ὕψους,
79 ἐπιφᾶναι τοῖς ἐν σκότει καὶ σκιᾷ θανάτου
καθημένοις,
τοῦ κατευθῦναι τοὺς πόδας ἡμῶν εἰς ὁδὸν εἰρήνης.

80 Τὸ δὲ παιδίον ηὔξανε καὶ ἐκραταιοῦτο πνεύματι, καὶ
ἦν ἐν ταῖς ἐρήμοις ἕως ἡμέρας ἀναδείξεως αὐτοῦ πρὸς τὸν
Ἰσραήλ.

The Birth of Jesus Christ

2 Ἐγένετο δὲ ἐν ταῖς ἡμέραις ἐκείναις ἐξῆλθεν δόγμα
παρὰ Καίσαρος Αὐγούστου ἀπογράφεσθαι πᾶσαν τὴν
οἰκουμένην· 2 (αὕτη ἀπογραφὴ πρώτη ἐγένετο ἡγεμονεύον-
τος τῆς Συρίας Κυρηνίου·) 3 καὶ ἐπορεύοντο πάντες ἀπο-
γράφεσθαι, ἕκαστος εἰς τὴν ἑαυτοῦ πόλιν. 4 Ἀνέβη δὲ καὶ
Ἰωσὴφ ἀπὸ τῆς Γαλιλαίας ἐκ πόλεως Ναζαρὲτ εἰς τὴν
Ἰουδαίαν εἰς πόλιν Δαυεὶδ ἥτις καλεῖται Βηθλεέμ, διὰ τὸ
εἶναι αὐτὸν ἐξ οἴκου καὶ πατριᾶς Δαυείδ, 5 ἀπογράψασθαι
σὺν Μαριὰμ τῇ ἐμνηστευμένῃ αὐτῷ, οὔσῃ ἐγκύῳ. 6 Ἐγένε-
το δὲ ἐν τῷ εἶναι αὐτοὺς ἐκεῖ ἐπλήσθησαν αἱ ἡμέραι τοῦ
τεκεῖν αὐτήν, 7 καὶ ἔτεκεν τὸν υἱὸν αὐτῆς τὸν πρωτότοκον,

---

76 RP: *omit* δέ // WH: ἐνώπιον RP: πρὸ προσώπου 78 WH: ἐπισκέψεται RP:
ἐπεσκέψατο
2:2 RP: *add* ἡ *before* ἀπογραφὴ // WH: Κυρηνίου {WH}· Κυρείνου 3 WH: ἑαυτοῦ
RP: ἰδίαν 5 WH: ἐμνηστευμένῃ RP: μεμνηστευμένῃ // RP: *add* γυναικί *after* αὐτῷ

---

76 Mal 3:1 79 Isa 9:2

καὶ ἐσπαργάνωσεν αὐτὸν καὶ ἀνέκλινεν αὐτὸν ἐν φάτνῃ, διότι οὐκ ἦν αὐτοῖς τόπος ἐν τῷ καταλύματι.

Jesus' Birth is Announced to Shepherds

8 Καὶ ποιμένες ἦσαν ἐν τῇ χώρᾳ τῇ αὐτῇ ἀγραυλοῦντες καὶ φυλάσσοντες φυλακὰς τῆς νυκτὸς ἐπὶ τὴν ποίμνην αὐτῶν. 9 καὶ ἄγγελος Κυρίου ἐπέστη αὐτοῖς καὶ δόξα Κυρίου περιέλαμψεν αὐτούς, καὶ ἐφοβήθησαν φόβον μέγαν· 10 καὶ εἶπεν αὐτοῖς ὁ ἄγγελος Μὴ φοβεῖσθε, ἰδοὺ γὰρ εὐαγγελίζομαι ὑμῖν χαρὰν μεγάλην ἥτις ἔσται παντὶ τῷ λαῷ, 11 ὅτι ἐτέχθη ὑμῖν σήμερον σωτὴρ ὅς ἐστιν χριστὸς κύριος ἐν πόλει Δαυείδ· 12 καὶ τοῦτο ὑμῖν σημεῖον, εὑρήσετε βρέφος ἐσπαργανωμένον καὶ κείμενον ἐν φάτνῃ. 13 καὶ ἐξέφνης ἐγένετο σὺν τῷ ἀγγέλῳ πλῆθος στρατιᾶς οὐρανίου αἰνούντων τὸν θεὸν καὶ λεγόντων

14 Δόξα ἐν ὑψίστοις θεῷ καὶ ἐπὶ γῆς εἰρήνη ἐν ἀνθρώποις εὐδοκίας.

15 Καὶ ἐγένετο ὡς ἀπῆλθον ἀπ' αὐτῶν εἰς τὸν οὐρανὸν οἱ ἄγγελοι, οἱ ποιμένες ἐλάλουν πρὸς ἀλλήλους Διέλθωμεν δὴ ἕως Βηθλεὲμ καὶ ἴδωμεν τὸ ῥῆμα τοῦτο τὸ γεγονὸς ὃ ὁ κύριος ἐγνώρισεν ἡμῖν. 16 καὶ ἦλθαν σπεύσαντες καὶ ἀνεῦραν τήν τε Μαριὰμ καὶ τὸν Ἰωσὴφ καὶ τὸ βρέφος κείμενον ἐν τῇ φάτνῃ· 17 ἰδόντες δὲ ἐγνώρισαν περὶ τοῦ ῥήματος τοῦ λαληθέντος αὐτοῖς περὶ τοῦ παιδίου τούτου. 18 καὶ πάντες οἱ ἀκούσαντες ἐθαύμασαν περὶ τῶν λαληθέντων ὑπὸ τῶν ποιμένων πρὸς αὐτούς, 19 ἡ δὲ Μαρία πάντα συνετήρει τὰ ῥήματα ταῦτα συνβάλλουσα ἐν τῇ καρδίᾳ αὐτῆς. 20 καὶ ὑπέστρεψαν οἱ ποιμένες δοξάζοντες καὶ αἰνοῦντες τὸν θεὸν ἐπὶ πᾶσιν οἷς ἤκουσαν καὶ εἶδον καθὼς ἐλαλήθη πρὸς αὐτούς.

---

7 RP: *add* τῇ *before* φάτνῃ 9 RP: *add* ἰδού *after* Καὶ 12 {WH}/NA/RP: *add* τὸ *before* σημεῖον // RP: *omit* καὶ *before* κείμενον 13 WH: ἐξέφνης NA/RP: ἐξαίφνης // WH: οὐρανίου {WH}: οὐρανοῦ 14 WH: εὐδοκίας {WH}/RP: εὐδοκία 15 RP: *add* καὶ οἱ ἄνθρωποι *after* οἱ ἄγγελοι // WH: ἐλάλουν RP: εἶπον 17 WH: ἐγνώρισαν RP: διεγνώρισαν 19 WH: Μαρία {WH}/NA/RP: Μαριὰμ

Jesus Is Named and Presented at the Temple

21 Καὶ ὅτε ἐπλήσθησαν ἡμέραι ὀκτὼ τοῦ περιτεμεῖν αὐτόν, καὶ ἐκλήθη τὸ ὄνομα αὐτοῦ Ἰησοῦς, τὸ κληθὲν ὑπὸ τοῦ ἀγγέλου πρὸ τοῦ συλλημφθῆναι αὐτὸν ἐν τῇ κοιλίᾳ.

22 Καὶ ὅτε **ἐπλήσθησαν αἱ ἡμέραι τοῦ καθαρισμοῦ** αὐτῶν κατὰ τὸν νόμον Μωυσέως, ἀνήγαγον αὐτὸν εἰς Ἱεροσόλυμα παραστῆσαι τῷ κυρίῳ, 23 καθὼς γέγραπται ἐν νόμῳ Κυρίου ὅτι **Πᾶν ἄρσεν διανοῖγον μήτραν ἅγιον τῷ κυρίῳ κληθήσεται,** 24 καὶ τοῦ δοῦναι θυσίαν κατὰ τὸ εἰρημένον ἐν τῷ νόμῳ Κυρίου, **ζεῦγος τρυγόνων ἢ δύο νοσσοὺς περιστερῶν.**

Simeon's Prophecy

25 Καὶ ἰδοὺ ἄνθρωπος ἦν ἐν Ἱερουσαλὴμ ᾧ ὄνομα Συμεών, καὶ ὁ ἄνθρωπος οὗτος δίκαιος καὶ εὐλαβής, προσδεχόμενος παράκλησιν τοῦ Ἰσραήλ, καὶ πνεῦμα ἦν ἅγιον ἐπ' αὐτόν· 26 καὶ ἦν αὐτῷ κεχρηματισμένον ὑπὸ τοῦ πνεύματος τοῦ ἁγίου μὴ ἰδεῖν θάνατον πρὶν [ἢ] ἂν ἴδῃ τὸν χριστὸν Κυρίου. 27 καὶ ἦλθεν ἐν τῷ πνεύματι εἰς τὸ ἱερόν· καὶ ἐν τῷ εἰσαγαγεῖν τοὺς γονεῖς τὸ παιδίον Ἰησοῦν τοῦ ποιῆσαι αὐτοὺς κατὰ τὸ εἰθισμένον τοῦ νόμου περὶ αὐτοῦ 28 καὶ αὐτὸς ἐδέξατο αὐτὸ εἰς τὰς ἀγκάλας καὶ εὐλόγησεν τὸν θεὸν καὶ εἶπεν

29 Νῦν ἀπολύεις τὸν δοῦλόν σου, δέσποτα,
     κατὰ τὸ ῥῆμά σου ἐν εἰρήνῃ·
30 ὅτι **εἶδον** οἱ ὀφθαλμοί μου **τὸ σωτήριόν σου**
     31 ὃ ἡτοίμασας **κατὰ πρόσωπον πάντων τῶν λαῶν,**
32 **φῶς εἰς ἀποκάλυψιν ἐθνῶν**
     καὶ **δόξαν** λαοῦ σου **Ἰσραήλ.**

---

24 RP: *omit* τῷ // WH: νοσσοὺς RP: νεοσσοὺς 25 WH: ἄνθρωπος ἦν RP: ἦν ἄνθρωπος 26 WH: [ἢ] ἂν RP: ἢ ἴδῃ 28 RP: *add* αὐτοῦ *after* ἀγκάλας

2:22 Lev 12:6   23 Exod 13:12   24 Lev 12:8; 5:11   30–31 Isa 40:5; 52:10   32 Isa 25:7; 42:6; 46:13; 49:6

33 καὶ ἦν ὁ πατὴρ αὐτοῦ καὶ ἡ μήτηρ θαυμάζοντες ἐπὶ τοῖς λαλουμένοις περὶ αὐτοῦ. 34 καὶ εὐλόγησεν αὐτοὺς Συμεὼν καὶ εἶπεν πρὸς Μαριὰμ τὴν μητέρα αὐτοῦ· Ἰδοὺ οὗτος κεῖται εἰς πτῶσιν καὶ ἀνάστασιν πολλῶν ἐν τῷ Ἰσραὴλ καὶ εἰς σημεῖον ἀντιλεγόμενον, 35 καὶ σοῦ αὐτῆς τὴν ψυχὴν διελεύσεται ῥομφαία, ὅπως ἂν ἀποκαλυφθῶσιν ἐκ πολλῶν καρδιῶν διαλογισμοί.

Anna's Prophecy

36 Καὶ ἦν Ἅννα προφῆτις, θυγάτηρ Φανουήλ, ἐκ φυλῆς Ἀσήρ, (αὕτη προβεβηκυῖα ἐν ἡμέραις πολλαῖς, ζήσασα μετὰ ἀνδρὸς ἔτη ἑπτὰ ἀπὸ τῆς παρθενίας αὐτῆς, 37 καὶ αὐτὴ χήρα ἕως ἐτῶν ὀγδοήκοντα τεσσάρων,) ἢ οὐκ ἀφίστατο τοῦ ἱεροῦ νηστείαις καὶ δεήσεσιν λατρεύουσα νύκτα καὶ ἡμέραν. 38 καὶ αὐτῇ τῇ ὥρᾳ ἐπιστᾶσα ἀνθωμολογεῖτο τῷ θεῷ καὶ ἐλάλει περὶ αὐτοῦ πᾶσιν τοῖς προσδεχομένοις λύτρωσιν Ἰερουσαλήμ.

39 Καὶ ὡς ἐτέλεσαν πάντα τὰ κατὰ τὸν νόμον Κυρίου, ἐπέστρεψαν εἰς τὴν Γαλιλαίαν εἰς πόλιν ἑαυτῶν Ναζαρέτ. 40 Τὸ δὲ παιδίον ηὔξανεν καὶ ἐκραταιοῦτο πληρούμενον σοφίᾳ, καὶ χάρις θεοῦ ἦν ἐπ᾽ αὐτό.

The Boy Jesus at the Temple

41 Καὶ ἐπορεύοντο οἱ γονεῖς αὐτοῦ κατ᾽ ἔτος εἰς Ἰερουσαλὴμ τῇ ἑορτῇ τοῦ πάσχα. 42 Καὶ ὅτε ἐγένετο ἐτῶν δώδεκα, ἀναβαινόντων αὐτῶν κατὰ τὸ ἔθος τῆς ἑορτῆς 43 καὶ τελειωσάντων τὰς ἡμέρας, ἐν τῷ ὑποστρέφειν αὐ-

---

33 WH: ὁ πατὴρ RP: Ἰωσὴφ // WH: αὐτοῦ καὶ ἡ μήτηρ RP: καὶ ἡ μήτηρ αὐτοῦ 35 {WH}/[NA]/RP: add δὲ after σοῦ 36 WH: μετὰ ἀνδρὸς ἔτη RP: ἔτη μετὰ ἀνδρὸς 36–37 WH: [αὕτη . . . τεσσάρων,] RP: —αὕτη . . . τεσσάρων— 37 WH: ἕως RP: ὡς // RP: add ἀπὸ before τοῦ ἱεροῦ 38 RP: add αὐτὴ before τῇ ὥρᾳ // WH: θεῷ RP: κυρίου // RP: add ἐν before Ἰερουσαλήμ 39 WH: πάντα RP: ἅπαντα // WH: ἐπέστρεψαν RP: ὑπέστρεψαν // RP: add τὴν before πόλιν 40 RP: add πνεύματι after ἐκραταιοῦτο // WH: σοφίᾳ RP: σοφίας 42 WH: ἀναβαινόντων RP: ἀναβάντων // RP: add εἰς Ἰεροσόλυμα after αὐτῶν

τοὺς ὑπέμεινεν Ἰησοῦς ὁ παῖς ἐν Ἰερουσαλήμ, καὶ οὐκ ἔγνωσαν οἱ γονεῖς αὐτοῦ. 44 νομίσαντες δὲ αὐτὸν εἶναι ἐν τῇ συνοδίᾳ ἦλθον ἡμέρας ὁδὸν καὶ ἀνεζήτουν αὐτὸν ἐν τοῖς συγγενεῦσιν καὶ τοῖς γνωστοῖς, 45 καὶ μὴ εὑρόντες ὑπέστρεψαν εἰς Ἰερουσαλὴμ ἀναζητοῦντες αὐτόν. 46 καὶ ἐγένετο μετὰ ἡμέρας τρεῖς εὗρον αὐτὸν ἐν τῷ ἱερῷ καθε-ζόμενον ἐν μέσῳ τῶν διδασκάλων καὶ ἀκούοντα αὐτῶν καὶ ἐπερωτῶντα αὐτούς· 47 ἐξίσταντο δὲ πάντες οἱ ἀκούοντες αὐτοῦ ἐπὶ τῇ συνέσει καὶ ταῖς ἀποκρίσεσιν αὐτοῦ. 48 καὶ ἰδόντες αὐτὸν ἐξεπλάγησαν, καὶ εἶπεν πρὸς αὐτὸν ἡ μήτηρ αὐτοῦ Τέκνον, τί ἐποίησας ἡμῖν οὕτως; ἰδοὺ ὁ πατήρ σου καὶ ἐγὼ ὀδυνώμενοι ζητοῦμέν σε. 49 καὶ εἶπεν πρὸς αὐτούς Τί ὅτι ἐζητεῖτέ με; οὐκ ᾔδειτε ὅτι ἐν τοῖς τοῦ πατρός μου δεῖ εἶναί με; 50 καὶ αὐτοὶ οὐ συνῆκαν τὸ ῥῆμα ὃ ἐλάλησεν αὐτοῖς. 51 καὶ κατέβη μετ᾽ αὐτῶν καὶ ἦλθεν εἰς Ναζαρέτ, καὶ ἦν ὑποτασσόμενος αὐτοῖς. καὶ ἡ μήτηρ αὐτοῦ διετήρει πάντα τὰ ῥήματα ἐν τῇ καρδίᾳ αὐτῆς.

52 Καὶ Ἰησοῦς **προέκοπτεν** τῇ σοφίᾳ καὶ ἡλικίᾳ **καὶ χάριτι παρὰ θεῷ καὶ ἀνθρώποις.**

John the Baptist Prepares the Way
(Matt 3:1–12; Mark 1:1–8)

3 Ἐν ἔτει δὲ πεντεκαιδεκάτῳ τῆς ἡγεμονίας Τιβερίου Καίσαρος, ἡγεμονεύοντος Ποντίου Πειλάτου τῆς Ἰου-δαίας, καὶ τετρααρχοῦντος τῆς Γαλιλαίας Ἡρῴδου, Φιλίπ-που δὲ τοῦ ἀδελφοῦ αὐτοῦ τετρααρχοῦντος τῆς Ἰτουραίας καὶ Τραχωνίτιδος χώρας, καὶ Λυσανίου τῆς Ἀβειληνῆς

---

43 WH: ἔγνωσαν οἱ γονεῖς RP: ἔγνω Ἰωσὴφ καὶ ἡ μήτηρ 44 WH: εἶναι ἐν τῇ συνοδίᾳ RP: ἐν τῇ συνοδίᾳ εἶναι // WH: συγγενεῦσιν RP: συγγενέσιν // RP: add ἐν before τοῖς γνωστοῖς 45 RP: add αὐτόν after εὑρόντες // WH: ἀναζητοῦντες RP: ζητοῦντες 48 WH: εἶπεν πρὸς αὐτὸν ἡ μήτηρ αὐτοῦ RP: πρὸς αὐτὸν ἡ μήτηρ αὐτοῦ εἶπεν // WH: καὶ ἐγὼ ὀδυνώμενοι ζητοῦμέν NA/RP: κἀγὼ ὀδυνώμενοι ἐζητοῦμέν 51 RP: add ταῦτα after ῥήματα 52 WH: τῇ σοφίᾳ NA: [ἐν τῇ] σοφίᾳ RP: σοφίᾳ

---

52 1 Sam 2:26

τετρααρχοῦντος, 2 ἐπὶ ἀρχιερέως Ἅννα καὶ Καιάφα, ἐγένετο ῥῆμα θεοῦ ἐπὶ Ἰωάνην τὸν Ζαχαρίου υἱὸν ἐν τῇ ἐρήμῳ. 3 καὶ ἦλθεν εἰς πᾶσαν περίχωρον τοῦ Ἰορδάνου κηρύσσων βάπτισμα μετανοίας εἰς ἄφεσιν ἁμαρτιῶν, 4 ὡς γέγραπται ἐν βίβλῳ λόγων Ἠσαΐου τοῦ προφήτου

Φωνὴ βοῶντος ἐν τῇ ἐρήμῳ
Ἑτοιμάσατε τὴν ὁδὸν Κυρίου,
εὐθείας ποιεῖτε τὰς τρίβους αὐτοῦ.
5 πᾶσα φάραγξ πληρωθήσεται
καὶ πᾶν ὄρος καὶ βουνὸς ταπεινωθήσεται,
καὶ ἔσται τὰ σκολιὰ εἰς εὐθείας
καὶ αἱ τραχεῖαι εἰς ὁδοὺς λείας·
6 καὶ ὄψεται πᾶσα σὰρξ τὸ σωτήριον τοῦ θεοῦ.

7 Ἔλεγεν οὖν τοῖς ἐκπορευομένοις ὄχλοις βαπτισθῆναι ὑπ᾽ αὐτοῦ Γεννήματα ἐχιδνῶν, τίς ὑπέδειξεν ὑμῖν φυγεῖν ἀπὸ τῆς μελλούσης ὀργῆς; 8 ποιήσατε οὖν καρποὺς ἀξίους τῆς μετανοίας· καὶ μὴ ἄρξησθε λέγειν ἐν ἑαυτοῖς Πατέρα ἔχομεν τὸν Ἀβραάμ, λέγω γὰρ ὑμῖν ὅτι δύναται ὁ θεὸς ἐκ τῶν λίθων τούτων ἐγεῖραι τέκνα τῷ Ἀβραάμ. 9 ἤδη δὲ καὶ ἡ ἀξίνη πρὸς τὴν ῥίζαν τῶν δένδρων κεῖται· πᾶν οὖν δένδρον μὴ ποιοῦν καρπὸν [καλὸν] ἐκκόπτεται καὶ εἰς πῦρ βάλλεται. 10 καὶ ἐπηρώτων αὐτὸν οἱ ὄχλοι λέγοντες Τί οὖν ποιήσωμεν; 11 ἀποκριθεὶς δὲ ἔλεγεν αὐτοῖς Ὁ ἔχων δύο χιτῶνας μεταδότω τῷ μὴ ἔχοντι, καὶ ὁ ἔχων βρώματα ὁμοίως ποιείτω. 12 ἦλθον δὲ καὶ τελῶναι βαπτισθῆναι καὶ εἶπαν πρὸς αὐτόν Διδάσκαλε, τί ποιήσωμεν; 13 ὁ δὲ εἶπεν πρὸς αὐτούς Μηδὲν πλέον παρὰ τὸ διατεταγμένον ὑμῖν πράσσετε. 14 ἐπηρώτων δὲ αὐτὸν καὶ στρατευόμενοι λέγοντες Τί ποιήσωμεν καὶ ἡμεῖς; καὶ εἶπεν αὐτοῖς Μηδέ-

---

3:3 [NA]/RP: *add* τὴν *before* περίχωρον 4 RP: *add* λέγοντος *before* Φωνὴ 5 WH: εὐθείας NA: εὐθεῖαν RP: εὐθείαν 8 WH: καρποὺς ἀξίους {WH}: ἀξίους καρποὺς 9 WH: [καλὸν] NA/RP: καλὸν 10 WH: ποιήσωμεν RP: ποιήσομεν 11 WH: ἔλεγεν RP: λέγει 12 WH: ποιήσωμεν RP: ποιήσομεν 14 WH: Τί ποιήσωμεν καὶ ἡμεῖς RP: Καὶ ἡμεῖς τί ποιήσομεν // WH: αὐτοῖς RP: πρὸς αὐτούς

να διασείσητε μηδὲ συκοφαντήσητε, καὶ ἀρκεῖσθε τοῖς ὀψωνίοις ὑμῶν.

15 Προσδοκῶντος δὲ τοῦ λαοῦ καὶ διαλογιζομένων πάντων ἐν ταῖς καρδίαις αὐτῶν περὶ τοῦ Ἰωάνου, μή ποτε αὐτὸς εἴη ὁ χριστός, 16 ἀπεκρίνατο λέγων πᾶσιν ὁ Ἰωάνης Ἐγὼ μὲν ὕδατι βαπτίζω ὑμᾶς· ἔρχεται δὲ ὁ ἰσχυρότερός μου, οὗ οὐκ εἰμὶ ἱκανὸς λῦσαι τὸν ἱμάντα τῶν ὑποδημάτων αὐτοῦ· αὐτὸς ὑμᾶς βαπτίσει ἐν πνεύματι ἁγίῳ καὶ πυρί· 17 οὗ τὸ πτύον ἐν τῇ χειρὶ αὐτοῦ διακαθᾶραι τὴν ἅλωνα αὐτοῦ καὶ συναγαγεῖν τὸν σῖτον εἰς τὴν ἀποθήκην αὐτοῦ, τὸ δὲ ἄχυρον κατακαύσει πυρὶ ἀσβέστῳ.

18 Πολλὰ μὲν οὖν καὶ ἕτερα παρακαλῶν εὐηγγελίζετο τὸν λαόν· 19 ὁ δὲ Ἡρῴδης ὁ τετραάρχης, ἐλεγχόμενος ὑπ' αὐτοῦ περὶ Ἡρῳδιάδος τῆς γυναικὸς τοῦ ἀδελφοῦ αὐτοῦ καὶ περὶ πάντων ὧν ἐποίησεν πονηρῶν ὁ Ἡρῴδης, 20 προσέθηκεν καὶ τοῦτο ἐπὶ πᾶσιν, κατέκλεισεν τὸν Ἰωάνην ἐν φυλακῇ.

Jesus Is Baptized
(Matt 3:13–17; Mark 1:9–11)

21 Ἐγένετο δὲ ἐν τῷ βαπτισθῆναι ἅπαντα τὸν λαὸν καὶ Ἰησοῦ βαπτισθέντος καὶ προσευχομένου ἀνεῳχθῆναι τὸν οὐρανὸν 22 καὶ καταβῆναι τὸ πνεῦμα τὸ ἅγιον σωματικῷ εἴδει ὡς περιστερὰν ἐπ' αὐτόν, καὶ φωνὴν ἐξ οὐρανοῦ γενέσθαι Σὺ εἶ ὁ υἱός μου ὁ ἀγαπητός, ἐν σοὶ εὐδόκησα.

The Genealogy of Jesus

23 Καὶ αὐτὸς ἦν Ἰησοῦς ἀρχόμενος ὡσεὶ ἐτῶν τριάκοντα, ὢν υἱός, ὡς ἐνομίζετο, Ἰωσὴφ

---

16 WH: λέγων πᾶσιν ὁ Ἰωάνης RP: ὁ Ἰωάννης, ἅπασιν λέγων 17 WH: διακαθᾶραι RP: καὶ διακαθαριεῖ // WH: συναγαγεῖν RP: συνάξει 20 [ΝΑ]/RP: add καὶ before κατέκλεισεν 22 WH: ὡς RP: ὡσεὶ // RP: add λέγουσαν before Σὺ 23 RP: add ὁ before Ἰησοῦς // WH: ἀρχόμενος ὡσεὶ ἐτῶν τριάκοντα RP: ὡσεὶ ἐτῶν τριάκοντα ἀρχόμενος // WH: υἱός, ὡς ἐνομίζετο, RP: —ὡς ἐνομίζετο—υἱὸς

τοῦ Ἡλεί

24 τοῦ Ματθάτ

τοῦ Λευεί

τοῦ Μελχεί

τοῦ Ἰανναί

τοῦ Ἰωσήφ

25 τοῦ Ματταθίου

τοῦ Ἀμώς

τοῦ Ναούμ

τοῦ Ἐσλεί

τοῦ Ναγγαί

26 τοῦ Μαάθ

τοῦ Ματταθίου

τοῦ Σεμεείν

τοῦ Ἰωσήχ

τοῦ Ἰωδά

27 τοῦ Ἰωανάν

τοῦ Ῥησά

τοῦ Ζοροβάβελ

τοῦ Σαλαθιήλ

τοῦ Νηρεί

28 τοῦ Μελχεί

τοῦ Ἀδδεί

τοῦ Κωσάμ

τοῦ Ἐλμαδάμ

τοῦ Ἤρ

29 τοῦ Ἰησοῦ

τοῦ Ἐλιέζερ

τοῦ Ἰωρείμ

τοῦ Μαθθάτ

τοῦ Λευεί

30 τοῦ Συμεών

τοῦ Ἰούδα

τοῦ Ἰωσήφ

τοῦ Ἰωνάμ

τοῦ Ἐλιακείμ

31 τοῦ Μελεά

τοῦ Μεννά

τοῦ Ματταθά

τοῦ Ναθάμ

τοῦ Δαυείδ

32 τοῦ Ἰεσσαί

τοῦ Ἰωβήλ

τοῦ Βοός

τοῦ Σαλά

τοῦ Ναασσών

33 τοῦ Ἀδμείν

τοῦ Ἀρνεί

τοῦ Ἐσρών

τοῦ Φαρές

τοῦ Ἰούδα

34 τοῦ Ἰακώβ

τοῦ Ἰσαάκ

τοῦ Ἀβραάμ

τοῦ Θαρά

τοῦ Ναχώρ

35 τοῦ Σερούχ

τοῦ Ῥαγαύ

τοῦ Φάλεκ

τοῦ Ἔβερ

τοῦ Σαλά

36 τοῦ Καινάμ

---

26 WH: Ἰωσήχ RP: Ἰωσήφ // WH: Ἰωδά RP: Ἰούδα 28 WH: Ἐλμαδάμ RP: Ἐλμωδάμ 29 WH: Ἰησοῦ RP: Ἰωσή 30 WH: Ἰωνάμ RP: Ἰωνάν 31 WH: Μεννά RP: Μαϊνάν // WH: Ναθάμ RP: Ναθάν 32 WH: Ἰωβήλ ΝΑ: Ἰωβὴδ RP: Ὠβήδ // WH: Σαλά RP: Σαλμών 33 WH: τοῦ Ἀδμείν τοῦ Ἀρνεί τοῦ Ἐσρών ΝΑ: τοῦ Ἀμιναδὰβ τοῦ Ἀδμὶν τοῦ Ἀρνὶ τοῦ Ἐσρὼμ RP: τοῦ Ἀμιναδάβ, τοῦ Ἀράμ, τοῦ Ἐσρώμ 35 WH: Φάλεκ RP: Φάλεγ

τοῦ Ἀρφαξάδ	τοῦ Μαλελεήλ
τοῦ Σήμ	τοῦ Καινάμ
τοῦ Νῶε	38 τοῦ Ἐνώς
τοῦ Λάμεχ	τοῦ Σήθ
37 τοῦ Μαθουσαλά	τοῦ Ἀδάμ
τοῦ Ἐνώχ	τοῦ θεοῦ.
τοῦ Ἰάρετ	

Jesus Faces Temptation
(Matt 4:1–11; Mark 1:12–13)

4 Ἰησοῦς δὲ πλήρης πνεύματος ἁγίου ὑπέστρεψεν ἀπὸ τοῦ Ἰορδάνου, καὶ ἤγετο ἐν τῷ πνεύματι ἐν τῇ ἐρήμῳ 2 ἡμέρας τεσσεράκοντα πειραζόμενος ὑπὸ τοῦ διαβόλου. Καὶ οὐκ ἔφαγεν οὐδὲν ἐν ταῖς ἡμέραις ἐκείναις, καὶ συντελεσθεισῶν αὐτῶν ἐπείνασεν. 3 εἶπεν δὲ αὐτῷ ὁ διάβολος Εἰ υἱὸς εἶ τοῦ θεοῦ, εἰπὲ τῷ λίθῳ τούτῳ ἵνα γένηται ἄρτος. 4 καὶ ἀπεκρίθη πρὸς αὐτὸν ὁ Ἰησοῦς Γέγραπται ὅτι **Οὐκ ἐπ᾽ ἄρτῳ μόνῳ ζήσεται ὁ ἄνθρωπος.** 5 Καὶ ἀναγαγὼν αὐτὸν ἔδειξεν αὐτῷ πάσας τὰς βασιλείας τῆς οἰκουμένης ἐν στιγμῇ χρόνου· 6 καὶ εἶπεν αὐτῷ ὁ διάβολος Σοὶ δώσω τὴν ἐξουσίαν ταύτην ἅπασαν καὶ τὴν δόξαν αὐτῶν, ὅτι ἐμοὶ παραδέδοται καὶ ᾧ ἂν θέλω δίδωμι αὐτήν· 7 σὺ οὖν ἐὰν προσκυνήσῃς ἐνώπιον ἐμοῦ, ἔσται σοῦ πᾶσα. 8 καὶ ἀποκριθεὶς ὁ Ἰησοῦς εἶπεν αὐτῷ Γέγραπται **Κύριον τὸν θεόν σου προσκυνήσεις καὶ αὐτῷ μόνῳ λατρεύσεις.** 9 Ἤγαγεν δὲ αὐτὸν εἰς Ἰερουσαλὴμ καὶ ἔστησεν ἐπὶ τὸ

---

37 WH: Καινάμ NA: Καϊνὰμ RP: Καϊνάν
4:1 WH: πλήρης πνεύματος ἁγίου RP: πνεύματος ἁγίου πλήρης // WH: ἐν τῇ ἐρήμῳ RP: εἰς τὴν ἔρημον 2 RP: add ὕστερον before ἐπείνασεν 3 WH: εἶπεν δὲ RP: Καὶ εἶπεν 4 WH: πρὸς αὐτὸν ὁ Ἰησοῦς RP: Ἰησοῦς πρὸς αὐτόν // RP: add λέγων after αὐτόν // RP: omit ὁ before ἄνθρωπος // RP: add ἀλλ᾽ ἐπὶ παντὶ ῥήματι θεοῦ after ἄνθρωπος 5 RP: add ὁ διάβολος εἰς ὅρος ὑψηλὸν before ἔδειξεν 6 WH: ἂν NA/RP: ἐὰν 8 WH: ὁ Ἰησοῦς εἶπεν αὐτῷ {WH}: αὐτῷ εἶπεν [ὁ] Ἰησοῦς RP: αὐτῷ εἶπεν ὁ Ἰησοῦς // RP: add Ὕπαγε ὀπίσω μου, Σατανᾶ after Ἰησοῦς // WH: Κύριον τὸν θεόν σου προσκυνήσεις RP: Προσκυνήσεις κύριον τὸν θεόν σου 9 WH: Ἤγαγεν δὲ RP: Καὶ ἤγαγεν // RP: add αὐτὸν after ἔστησεν //

4:4 Deut 8:3 8 Deut 6:13

πτερύγιον τοῦ ἱεροῦ, καὶ εἶπεν [αὐτῷ] Εἰ υἱὸς εἶ τοῦ θεοῦ, βάλε σεαυτὸν ἐντεῦθεν κάτω· 10 γέγραπται γὰρ ὅτι **τοῖς ἀγγέλοις αὐτοῦ ἐντελεῖται περὶ σοῦ τοῦ διαφυλάξαι σε, 11 καὶ ὅτι ἐπὶ χειρῶν ἀροῦσίν σε, μή ποτε προσκόψῃς πρὸς λίθον τὸν πόδα σου.** 12 καὶ ἀποκριθεὶς εἶπεν αὐτῷ ὁ Ἰησοῦς ὅτι Εἴρηται **Οὐκ ἐκπειράσεις Κύριον τὸν θεόν σου.** 13 Καὶ συντελέσας πάντα πειρασμὸν ὁ διάβολος ἀπέστη ἀπ᾽ αὐτοῦ ἄχρι καιροῦ.

Jesus Begins His Galilean Ministry
(Matt 4:12–17; Mark 1:14–15)

14 Καὶ ὑπέστρεψεν ὁ Ἰησοῦς ἐν τῇ δυνάμει τοῦ πνεύματος εἰς τὴν Γαλιλαίαν. καὶ φήμη ἐξῆλθεν καθ᾽ ὅλης τῆς περιχώρου περὶ αὐτοῦ. 15 καὶ αὐτὸς ἐδίδασκεν ἐν ταῖς συναγωγαῖς αὐτῶν, δοξαζόμενος ὑπὸ πάντων.

Jesus Is Rejected at Nazareth

16 Καὶ ἦλθεν εἰς Ναζαρά, οὗ ἦν τεθραμμένος, καὶ εἰσῆλθεν κατὰ τὸ εἰωθὸς αὐτῷ ἐν τῇ ἡμέρᾳ τῶν σαββάτων εἰς τὴν συναγωγήν, καὶ ἀνέστη ἀναγνῶναι. 17 καὶ ἐπεδόθη αὐτῷ βιβλίον τοῦ προφήτου Ἠσαΐου, καὶ ἀνοίξας τὸ βιβλίον εὗρεν [τὸν] τόπον οὗ ἦν γεγραμμένον

18 **Πνεῦμα Κυρίου ἐπ᾽ ἐμέ,**
    οὗ εἵνεκεν ἔχρισέν με εὐαγγελίσασθαι πτωχοῖς,
ἀπέσταλκέν με κηρύξαι αἰχμαλώτοις ἄφεσιν καὶ
    τυφλοῖς ἀνάβλεψιν,
ἀποστεῖλαι τεθραυσμένους ἐν ἀφέσει,
    19 **κηρύξαι ἐνιαυτὸν Κυρίου δεκτόν.**

WH: [αὐτῷ] NA/RP: αὐτῷ 11 RP: *omit* ὅτι 16 WH: τεθραμμένος {WH}: ἀνατεθραμμένος // WH: Ναζαρά RP: τὴν Ναζαρέτ 17 WH: τοῦ προφήτου Ἠσαΐου RP: Ἠσαΐου τοῦ προφήτου // WH: ἀνοίξας NA/RP: ἀναπτύξας // WH: [τὸν] NA/RP: τὸν 18 RP: *omit* ἰάσασθαι τοὺς συντετριμμένους τὴν καρδίαν

10–11 Ps 91:11–12   12 Deut 6:16   18–19 Isa 61:1–2

20 καὶ πτύξας τὸ βιβλίον ἀποδοὺς τῷ ὑπηρέτῃ ἐκάθισεν· καὶ πάντων οἱ ὀφθαλμοὶ ἐν τῇ συναγωγῇ ἦσαν ἀτενίζοντες αὐτῷ. 21 ἤρξατο δὲ λέγειν πρὸς αὐτοὺς ὅτι Σήμερον πεπλήρωται ἡ γραφὴ αὕτη ἐν τοῖς ὠσὶν ὑμῶν. 22 καὶ πάντες ἐμαρτύρουν αὐτῷ καὶ ἐθαύμαζον ἐπὶ τοῖς λόγοις τῆς χάριτος τοῖς ἐκπορευομένοις ἐκ τοῦ στόματος αὐτοῦ, καὶ ἔλεγον Οὐχὶ υἱός ἐστιν Ἰωσὴφ οὗτος; 23 καὶ εἶπεν πρὸς αὐτούς Πάντως ἐρεῖτέ μοι τὴν παραβολὴν ταύτην Ἰατρέ, θεράπευσον σεαυτόν· ὅσα ἠκούσαμεν γενόμενα εἰς τὴν Καφαρναοὺμ ποίησον καὶ ὧδε ἐν τῇ πατρίδι σου. 24 εἶπεν δέ Ἀμὴν λέγω ὑμῖν ὅτι οὐδεὶς προφήτης δεκτός ἐστιν ἐν τῇ πατρίδι αὐτοῦ. 25 ἐπ᾽ ἀληθείας δὲ λέγω ὑμῖν, πολλαὶ χῆραι ἦσαν ἐν ταῖς ἡμέραις Ἠλείου ἐν τῷ Ἰσραήλ, ὅτε ἐκλείσθη ὁ οὐρανὸς ἔτη τρία καὶ μῆνας ἕξ, ὡς ἐγένετο λιμὸς μέγας ἐπὶ πᾶσαν τὴν γῆν, 26 καὶ πρὸς οὐδεμίαν αὐτῶν ἐπέμφθη Ἠλείας εἰ μὴ **εἰς Σάρεπτα τῆς Σιδωνίας πρὸς γυναῖκα χήραν.** 27 καὶ πολλοὶ λεπροὶ ἦσαν ἐν τῷ Ἰσραὴλ ἐπὶ Ἐλισαίου τοῦ προφήτου, καὶ οὐδεὶς αὐτῶν ἐκαθαρίσθη, εἰ μὴ Ναιμὰν ὁ Σύρος. 28 καὶ ἐπλήσθησαν πάντες θυμοῦ ἐν τῇ συναγωγῇ ἀκούοντες ταῦτα, 29 καὶ ἀναστάντες ἐξέβαλον αὐτὸν ἔξω τῆς πόλεως, καὶ ἤγαγον αὐτὸν ἕως ὀφρύος τοῦ ὄρους ἐφ᾽ οὗ ἡ πόλις ᾠκοδόμητο αὐτῶν, ὥστε κατακρημνίσαι αὐτόν· 30 αὐτὸς δὲ διελθὼν διὰ μέσου αὐτῶν ἐπορεύετο.

Jesus Drives Out an Evil Spirit
(Mark 1:21–28)

31 Καὶ κατῆλθεν εἰς Καφαρναοὺμ πόλιν τῆς Γαλιλαίας. Καὶ ἦν διδάσκων αὐτοὺς ἐν τοῖς σάββασιν· 32 καὶ

---

20 WH: οἱ ὀφθαλμοὶ ἐν τῇ συναγωγῇ RP: ἐν τῇ συναγωγῇ οἱ ὀφθαλμοὶ 22 WH: Οὐχὶ RP: Οὐχ // WH: υἱός ἐστιν Ἰωσὴφ οὗτος RP: οὗτός ἐστιν ὁ υἱὸς Ἰωσήφ 23 WH: εἰς τὴν Καφαρναοὺμ RP: ἐν τῇ Καπερναοὺμ 25 {WH}/NA/RP: add ἐπὶ before ἔτη 26 WH: Σιδωνίας RP: Σιδῶνος 27 WH: ἐν τῷ Ἰσραὴλ ἐπὶ Ἐλισαίου RP: ἐπὶ Ἐλισσαίου τοῦ προφήτου ἐν τῷ Ἰσραήλ // WH: Ναιμὰν RP: Νεεμὰν 29 WH: ᾠκοδόμητο αὐτῶν, ὥστε RP: αὐτῶν ᾠκοδόμητο, εἰς τὸ

26 1 Kgs 17:9

ἐξεπλήσσοντο ἐπὶ τῇ διδαχῇ αὐτοῦ, ὅτι ἐν ἐξουσίᾳ ἦν ὁ λόγος αὐτοῦ. 33 καὶ ἐν τῇ συναγωγῇ ἦν ἄνθρωπος ἔχων πνεῦμα δαιμονίου ἀκαθάρτου, καὶ ἀνέκραξεν φωνῇ μεγάλῃ 34 Ἔα, τί ἡμῖν καὶ σοί, Ἰησοῦ Ναζαρηνέ; ἦλθες ἀπολέσαι ἡμᾶς; οἶδά σε τίς εἶ, ὁ ἅγιος τοῦ θεοῦ. 35 καὶ ἐπετίμησεν αὐτῷ ὁ Ἰησοῦς λέγων Φιμώθητι καὶ ἔξελθε ἀπ᾽ αὐτοῦ. καὶ ῥίψαν αὐτὸν τὸ δαιμόνιον εἰς τὸ μέσον ἐξῆλθεν ἀπ᾽ αὐτοῦ μηδὲν βλάψαν αὐτόν. 36 καὶ ἐγένετο θάμβος ἐπὶ πάντας, καὶ συνελάλουν πρὸς ἀλλήλους λέγοντες Τίς ὁ λόγος οὗτος ὅτι ἐν ἐξουσίᾳ καὶ δυνάμει ἐπιτάσσει τοῖς ἀκαθάρτοις πνεύμασιν, καὶ ἐξέρχονται; 37 Καὶ ἐξεπορεύετο ἦχος περὶ αὐτοῦ εἰς πάντα τόπον τῆς περιχώρου.

Jesus Heals Many
(Matt 4:23–25; Mark 1:29–39)

38 Ἀναστὰς δὲ ἀπὸ τῆς συναγωγῆς εἰσῆλθεν εἰς τὴν οἰκίαν Σίμωνος. πενθερὰ δὲ τοῦ Σίμωνος ἦν συνεχομένη πυρετῷ μεγάλῳ, καὶ ἠρώτησαν αὐτὸν περὶ αὐτῆς. 39 καὶ ἐπιστὰς ἐπάνω αὐτῆς ἐπετίμησεν τῷ πυρετῷ, καὶ ἀφῆκεν αὐτήν· παραχρῆμα δὲ ἀναστᾶσα διηκόνει αὐτοῖς.

40 Δύνοντος δὲ τοῦ ἡλίου ἅπαντες ὅσοι εἶχον ἀσθενοῦντας νόσοις ποικίλαις ἤγαγον αὐτοὺς πρὸς αὐτόν· ὁ δὲ ἑνὶ ἑκάστῳ αὐτῶν τὰς χεῖρας ἐπιτιθεὶς ἐθεράπευεν αὐτούς. 41 ἐξήρχετο δὲ καὶ δαιμόνια ἀπὸ πολλῶν, κράζοντα καὶ λέγοντα ὅτι Σὺ εἶ ὁ υἱὸς τοῦ θεοῦ· καὶ ἐπιτιμῶν οὐκ εἴα αὐτὰ λαλεῖν, ὅτι ᾔδεισαν τὸν χριστὸν αὐτὸν εἶναι.

42 Γενομένης δὲ ἡμέρας ἐξελθὼν ἐπορεύθη εἰς ἔρημον τόπον· καὶ οἱ ὄχλοι ἐπεζήτουν αὐτόν, καὶ ἦλθον ἕως αὐτοῦ, καὶ κατεῖχον αὐτὸν τοῦ μὴ πορεύεσθαι ἀπ᾽ αὐτῶν. 43 ὁ δὲ εἶπεν πρὸς αὐτοὺς ὅτι Καὶ ταῖς ἑτέραις πόλεσιν εὐαγγελί-

---

34 RP: *add* λέγων *before* Ἔα 35 WH: ἀπ᾽ RP: ἐξ // RP: *omit* τὸ *before* μέσον 38 WH: ἀπὸ RP: ἐκ 40 WH: ἅπαντες {WH}/RP: πάντες // WH: ἐπιτιθεὶς RP: ἐπιθεὶς // WH: ἐθεράπευεν {WH}/RP: ἐθεράπευσεν 41 WH: ἐξήρχετο {WH}: ἐξήρχοντο // WH: κράζοντα ΝΑ: κρ[αυγ]άζοντα // RP: *add* ὁ χριστὸς *before* ὁ υἱος

σασθαί με δεῖ τὴν βασιλείαν τοῦ θεοῦ, ὅτι ἐπὶ τοῦτο ἀπεστάλην. 44 Καὶ ἦν κηρύσσων εἰς τὰς συναγωγὰς τῆς Ἰουδαίας.

Jesus Calls His First Disciples

5 Ἐγένετο δὲ ἐν τῷ τὸν ὄχλον ἐπικεῖσθαι αὐτῷ καὶ ἀκού-ειν τὸν λόγον τοῦ θεοῦ καὶ αὐτὸς ἦν ἑστὼς παρὰ τὴν λίμνην Γεννησαρέτ, 2 καὶ εἶδεν πλοῖα δύο ἑστῶτα παρὰ τὴν λίμνην, οἱ δὲ ἁλεεῖς ἀπ᾽ αὐτῶν ἀποβάντες ἔπλυνον τὰ δί-κτυα. 3 ἐμβὰς δὲ εἰς ἓν τῶν πλοίων, ὃ ἦν Σίμωνος, ἠρώτησεν αὐτὸν ἀπὸ τῆς γῆς ἐπαναγαγεῖν ὀλίγον, καθίσας δὲ ἐκ τοῦ πλοίου ἐδίδασκεν τοὺς ὄχλους. 4 ὡς δὲ ἐπαύσατο λαλῶν, εἶπεν πρὸς τὸν Σίμωνα Ἐπανάγαγε εἰς τὸ βάθος καὶ χαλά-σατε τὰ δίκτυα ὑμῶν εἰς ἄγραν. 5 καὶ ἀποκριθεὶς Σίμων εἶπεν Ἐπιστάτα, δι᾽ ὅλης νυκτὸς κοπιάσαντες οὐδὲν ἐλάβομεν, ἐπὶ δὲ τῷ ῥήματί σου χαλάσω τὰ δίκτυα. 6 καὶ τοῦτο ποιήσαντες συνέκλεισαν πλῆθος ἰχθύων πολύ, διε-ρήσσετο δὲ τὰ δίκτυα αὐτῶν. 7 καὶ κατένευσαν τοῖς μετό-χοις ἐν τῷ ἑτέρῳ πλοίῳ τοῦ ἐλθόντας συλλαβέσθαι αὐτοῖς· καὶ ἦλθαν, καὶ ἔπλησαν ἀμφότερα τὰ πλοῖα ὥστε βυθί-ζεσθαι αὐτά. 8 ἰδὼν δὲ Σίμων Πέτρος προσέπεσεν τοῖς γόνασιν Ἰησοῦ λέγων Ἔξελθε ἀπ᾽ ἐμοῦ, ὅτι ἀνὴρ ἁμαρ-τωλός εἰμι, κύριε· 9 θάμβος γὰρ περιέσχεν αὐτὸν καὶ πάν-τας τοὺς σὺν αὐτῷ ἐπὶ τῇ ἄγρᾳ τῶν ἰχθύων ὧν συνέλαβον, 10 ὁμοίως δὲ καὶ Ἰάκωβον καὶ Ἰωάνην υἱοὺς Ζεβεδαίου, οἳ ἦσαν κοινωνοὶ τῷ Σίμωνι. καὶ εἶπεν πρὸς τὸν Σίμωνα

43 WH: με δεῖ {WH}: δεῖ με // WH: ἐπὶ τοῦτο ἀπεστάλην RP: εἰς τοῦτο ἀπέσταλμαι 44 WH: εἰς τὰς συναγωγὰς RP: ἐν ταῖς συναγωγαῖς // WH: Ἰουδαίας RP: Γαλιλαίας

5:1 WH: καὶ RP: τοῦ 2 WH: πλοῖα δύο {WH}: δύο πλοιάρια ΝΑ/RP: δύο πλοῖα // WH: ἁλεεῖς ΝΑ/RP: ἁλιεῖς // WH: ἀπ᾽ αὐτῶν ἀποβάντες RP: ἀποβάντες ἀπ᾽ αὐτῶν // WH: ἔπλυνον {WH}: ἔπλυναν RP: ἀπέπλυναν 3 RP: add τοῦ before Σίμωνος // WH: καθίσας δὲ RP: Καὶ καθίσας // WH: ἐκ τοῦ πλοίου ἐδίδασκεν RP: ἐδίδασκεν ἐκ τοῦ πλοίου 5 RP: add ὁ before Σίμων // RP: add αὐτῷ after εἶπεν // RP: add τῆς before νυκτὸς // WH: τὰ δίκτυα RP: τὸ δίκτυον 6 WH: διερήσσετο ΝΑ: διερρήσσετο RP: διερρήγνυτο // WH: τὰ δίκτυα RP: τὸ δίκτυον 7 RP: add τοῖς after μετόχοις 9 WH: ὧν {WH}/RP: ἣ

Ἰησοῦς Μὴ φοβοῦ· ἀπὸ τοῦ νῦν ἀνθρώπους ἔσῃ ζωγρῶν. 11 καὶ καταγαγόντες τὰ πλοῖα ἐπὶ τὴν γῆν ἀφέντες πάντα ἠκολούθησαν αὐτῷ.

Jesus Heals a Man with Leprosy
(Matt 8:1–4; Mark 1:40–45)

12 Καὶ ἐγένετο ἐν τῷ εἶναι αὐτὸν ἐν μιᾷ τῶν πόλεων καὶ ἰδοὺ ἀνὴρ πλήρης λέπρας· ἰδὼν δὲ τὸν Ἰησοῦν πεσὼν ἐπὶ πρόσωπον ἐδεήθη αὐτοῦ λέγων Κύριε, ἐὰν θέλῃς δύνασαί με καθαρίσαι. 13 καὶ ἐκτείνας τὴν χεῖρα ἥψατο αὐτοῦ λέγων Θέλω, καθαρίσθητι· καὶ εὐθέως ἡ λέπρα ἀπῆλθεν ἀπ᾽ αὐτοῦ. 14 καὶ αὐτὸς παρήγγειλεν αὐτῷ μηδενὶ εἰπεῖν, ἀλλὰ ἀπελθὼν **δεῖξον** σεαυτὸν **τῷ ἱερεῖ**, καὶ προσένεγκε περὶ τοῦ καθαρισμοῦ σου καθὼς προσέταξεν Μωυσῆς εἰς μαρτύριον αὐτοῖς. 15 διήρχετο δὲ μᾶλλον ὁ λόγος περὶ αὐτοῦ, καὶ συνήρχοντο ὄχλοι πολλοὶ ἀκούειν καὶ θεραπεύεσθαι ἀπὸ τῶν ἀσθενειῶν αὐτῶν· 16 αὐτὸς δὲ ἦν ὑποχωρῶν ἐν ταῖς ἐρήμοις καὶ προσευχόμενος.

Jesus Heals a Paralyzed Man
(Matt 9:1–8; Mark 2:1–12)

17 Καὶ ἐγένετο ἐν μιᾷ τῶν ἡμερῶν καὶ αὐτὸς ἦν διδάσκων, καὶ ἦσαν καθήμενοι Φαρισαῖοι καὶ νομοδιδάσκαλοι οἳ ἦσαν ἐληλυθότες ἐκ πάσης κώμης τῆς Γαλιλαίας καὶ Ἰουδαίας καὶ Ἰερουσαλήμ· καὶ δύναμις Κυρίου ἦν εἰς τὸ ἰᾶσθαι αὐτόν. 18 καὶ ἰδοὺ ἄνδρες φέροντες ἐπὶ κλίνης ἄνθρωπον ὃς ἦν παραλελυμένος, καὶ ἐζήτουν αὐτὸν εἰσενεγκεῖν καὶ θεῖναι [αὐτὸν] ἐνώπιον αὐτοῦ. 19 καὶ μὴ εὑρόντες ποίας εἰσενέγκωσιν αὐτὸν διὰ τὸν ὄχλον ἀνα-

---

10 NA/RP: *add* ὁ *before* Ἰησοῦς 11 WH: πάντα RP: ἅπαντα 12 WH: ἰδὼν δὲ RP: καὶ ἰδὼν 13 WH: λέγων RP: εἰπών 15 RP: *add* ὑπ᾽ αὐτοῦ *after* θεραπεύεσθαι 17 WH: αὐτόν RP: αὐτούς 18 RP: *omit* [αὐτὸν]

βάντες ἐπὶ τὸ δῶμα διὰ τῶν κεράμων καθῆκαν αὐτὸν σὺν
τῷ κλινιδίῳ εἰς τὸ μέσον ἔμπροσθεν τοῦ Ἰησοῦ. 20 καὶ ἰδὼν
τὴν πίστιν αὐτῶν εἶπεν Ἄνθρωπε, ἀφέωνταί σοι αἱ
ἁμαρτίαι σου. 21 καὶ ἤρξαντο διαλογίζεσθαι οἱ γραμματεῖς
καὶ οἱ Φαρισαῖοι λέγοντες Τίς ἐστιν οὗτος ὃς λαλεῖ
βλασφημίας; τίς δύναται ἁμαρτίας ἀφεῖναι εἰ μὴ μόνος ὁ
θεός; 22 ἐπιγνοὺς δὲ ὁ Ἰησοῦς τοὺς διαλογισμοὺς αὐτῶν
ἀποκριθεὶς εἶπεν πρὸς αὐτούς Τί διαλογίζεσθε ἐν ταῖς
καρδίαις ὑμῶν; 23 τί ἐστιν εὐκοπώτερον, εἰπεῖν Ἀφέωνταί
σοι αἱ ἁμαρτίαι σου, ἢ εἰπεῖν Ἔγειρε καὶ περιπάτει;
24 ἵνα δὲ εἰδῆτε ὅτι ὁ υἱὸς τοῦ ἀνθρώπου ἐξουσίαν ἔχει ἐπὶ
τῆς γῆς ἀφιέναι ἁμαρτίας—εἶπεν τῷ παραλελυμένῳ Σοὶ
λέγω, ἔγειρε καὶ ἄρας τὸ κλινίδιόν σου πορεύου εἰς τὸν
οἶκόν σου. 25 καὶ παραχρῆμα ἀναστὰς ἐνώπιον αὐτῶν,
ἄρας ἐφ' ὃ κατέκειτο, ἀπῆλθεν εἰς τὸν οἶκον αὐτοῦ δοξάζων
τὸν θεόν. 26 Καὶ ἔκστασις ἔλαβεν ἅπαντας καὶ ἐδόξαζον
τὸν θεόν, καὶ ἐπλήσθησαν φόβου λέγοντες ὅτι Εἴδαμεν
παράδοξα σήμερον.

Jesus Calls Levi (Matthew)
(Matt 9:9–13; Mark 2:13–17)

27 Καὶ μετὰ ταῦτα ἐξῆλθεν καὶ ἐθεάσατο τελώνην
ὀνόματι Λευεὶν καθήμενον ἐπὶ τὸ τελώνιον, καὶ εἶπεν αὐτῷ
Ἀκολούθει μοι. 28 καὶ καταλιπὼν πάντα ἀναστὰς
ἠκολούθει αὐτῷ. 29 Καὶ ἐποίησεν δοχὴν μεγάλην Λευεὶς
αὐτῷ ἐν τῇ οἰκίᾳ αὐτοῦ· καὶ ἦν ὄχλος πολὺς τελωνῶν καὶ
ἄλλων οἳ ἦσαν μετ' αὐτῶν κατακείμενοι. 30 καὶ ἐγόγγυζον
οἱ Φαρισαῖοι καὶ οἱ γραμματεῖς αὐτῶν πρὸς τοὺς μαθητὰς
αὐτοῦ λέγοντες Διὰ τί μετὰ τῶν τελωνῶν καὶ ἁμαρτωλῶν

---

20 RP: *add* αὐτῷ *after* εἶπεν 21 WH: ἁμαρτίας ἀφεῖναι RP: ἀφιέναι ἁμαρτίας
23 WH: Ἔγειρε RP: Ἔγειραι 24 WH: ὁ υἱὸς τοῦ ἀνθρώπου ἐξουσίαν ἔχει RP:
ἐξουσίαν ἔχει ὁ υἱὸς τοῦ ἀνθρώπου // WH: παραλελυμένῳ {WH}: παραλυτικῷ
// WH: ἔγειρε RP: ἔγειραι 28 WH: πάντα RP: ἅπαντα // WH: ἠκολούθει RP:
ἠκολούθησεν 29 WH: πολὺς τελωνῶν RP: τελωνῶν πολύς // WH: αὐτῶν {WH}:
αὐτοῦ 30 WH: οἱ Φαρισαῖοι καὶ οἱ γραμματεῖς αὐτῶν RP: οἱ γραμματεῖς αὐτῶν
καὶ οἱ Φαρισαῖοι

ἐσθίετε καὶ πίνετε; 31 καὶ ἀποκριθεὶς [ὁ] Ἰησοῦς εἶπεν πρὸς αὐτούς Οὐ χρείαν ἔχουσιν οἱ ὑγιαίνοντες ἰατροῦ ἀλλὰ οἱ κακῶς ἔχοντες· 32 οὐκ ἐλήλυθα καλέσαι δικαίους ἀλλὰ ἁμαρτωλοὺς εἰς μετάνοιαν.

Jesus Is Questioned about Fasting
(Matt 9:14–17; Mark 2:18–22)

33 Οἱ δὲ εἶπαν πρὸς αὐτόν Οἱ μαθηταὶ Ἰωάνου νηστεύουσιν πυκνὰ καὶ δεήσεις ποιοῦνται, ὁμοίως καὶ οἱ τῶν Φαρισαίων, οἱ δὲ σοὶ ἐσθίουσιν καὶ πίνουσιν. 34 ὁ δὲ Ἰησοῦς εἶπεν πρὸς αὐτούς Μὴ δύνασθε τοὺς υἱοὺς τοῦ νυμφῶνος ἐν ᾧ ὁ νυμφίος μετ' αὐτῶν ἐστὶν ποιῆσαι νηστεῦσαι; 35 ἐλεύσονται δὲ ἡμέραι, καὶ ὅταν ἀπαρθῇ ἀπ' αὐτῶν ὁ νυμφίος τότε νηστεύσουσιν ἐν ἐκείναις ταῖς ἡμέραις. 36 Ἔλεγεν δὲ καὶ παραβολὴν πρὸς αὐτοὺς ὅτι Οὐδεὶς ἐπίβλημα ἀπὸ ἱματίου καινοῦ σχίσας ἐπιβάλλει ἐπὶ ἱμάτιον παλαιόν· εἰ δὲ μήγε, καὶ τὸ καινὸν σχίσει καὶ τῷ παλαιῷ οὐ συμφωνήσει τὸ ἐπίβλημα τὸ ἀπὸ τοῦ καινοῦ. 37 καὶ οὐδεὶς βάλλει οἶνον νέον εἰς ἀσκοὺς παλαιούς· εἰ δὲ μήγε, ῥήξει ὁ οἶνος ὁ νέος τοὺς ἀσκούς, καὶ αὐτὸς ἐκχυθήσεται καὶ οἱ ἀσκοὶ ἀπολοῦνται· 38 ἀλλὰ οἶνον νέον εἰς ἀσκοὺς καινοὺς βλητέον. 39 [Οὐδεὶς πιὼν παλαιὸν θέλει νέον· λέγει γάρ Ὁ παλαιὸς χρηστός ἐστιν.]

The Lord of the Sabbath
(Matt 12:1–8; Mark 2:23–28)

6 Ἐγένετο δὲ ἐν σαββάτῳ διαπορεύεσθαι αὐτὸν διὰ σπορίμων, καὶ ἔτιλλον οἱ μαθηταὶ αὐτοῦ καὶ ἤσθιον τοὺς

---

31 WH: [ὁ] NA/RP: ὁ 33 RP: *add* Διὰ τί *before* οἱ μαθηταὶ 34 RP: *omit* Ἰησοῦς // WH: νηστεῦσαι RP: νηστεύειν 36 RP: *omit* ἀπὸ *before* ἱματίου // RP: *omit* σχίσας // WH: σχίσει RP: σχίζει // WH: συμφωνήσει τὸ ἐπίβλημα RP: συμφωνεῖ 37 WH: ὁ οἶνος ὁ νέος RP: ὁ νέος οἶνος 38 RP: *add* καὶ ἀμφότεροι συντηροῦνται *after* βλητέον 39 NA/RP: *omit brackets for v. 39* // WH: Οὐδεὶς {WH}/RP: Καὶ οὐδεὶς NA: [καὶ] οὐδεὶς // RP: *add* εὐθέως *before* θέλει // WH: χρηστός RP: χρηστότερός 6:1 RP: *add* δευτεροπρώτῳ *after* σαββάτῳ // RP: *add* τῶν *before* σπορίμων // WH: καὶ ἤσθιον τοὺς στάχυας RP: τοὺς στάχυας, καὶ ἤσθιον

στάχυας ψώχοντες ταῖς χερσίν. 2 τινὲς δὲ τῶν Φαρισαίων
εἶπαν Τί ποιεῖτε ὃ οὐκ ἔξεστιν τοῖς σάββασιν; 3 καὶ ἀπο-
κριθεὶς πρὸς αὐτοὺς εἶπεν [ὁ] Ἰησοῦς Οὐδὲ τοῦτο
ἀνέγνωτε ὃ ἐποίησεν Δαυεὶδ ὅτε ἐπείνασεν αὐτὸς καὶ οἱ
μετ' αὐτοῦ; 4 [ὡς] εἰσῆλθεν εἰς τὸν οἶκον τοῦ θεοῦ καὶ **τοὺς**
ἄρτους τῆς προθέσεως λαβὼν ἔφαγεν καὶ ἔδωκεν τοῖς μετ'
αὐτοῦ, οὓς οὐκ ἔξεστιν φαγεῖν εἰ μὴ μόνους τοὺς ἱερεῖς;
5 καὶ ἔλεγεν αὐτοῖς Κύριός ἐστιν τοῦ σαββάτου ὁ υἱὸς
τοῦ ἀνθρώπου.

Jesus Heals on the Sabbath
(Matt 12:9–14; Mark 3:1–6)

6 Ἐγένετο δὲ ἐν ἑτέρῳ σαββάτῳ εἰσελθεῖν αὐτὸν εἰς
τὴν συναγωγὴν καὶ διδάσκειν· καὶ ἦν ἄνθρωπος ἐκεῖ καὶ ἡ
χεὶρ αὐτοῦ ἡ δεξιὰ ἦν ξηρά· 7 παρετηροῦντο δὲ αὐτὸν οἱ
γραμματεῖς καὶ οἱ Φαρισαῖοι εἰ ἐν τῷ σαββάτῳ θεραπεύει,
ἵνα εὕρωσιν κατηγορεῖν αὐτοῦ. 8 αὐτὸς δὲ ᾔδει τοὺς δι-
αλογισμοὺς αὐτῶν, εἶπεν δὲ τῷ ἀνδρὶ τῷ ξηρὰν ἔχοντι τὴν
χεῖρα Ἔγειρε καὶ στῆθι εἰς τὸ μέσον· καὶ ἀναστὰς ἔστη.
9 εἶπεν δὲ [ὁ] Ἰησοῦς πρὸς αὐτούς Ἐπερωτῶ ὑμᾶς, εἰ
ἔξεστιν τῷ σαββάτῳ ἀγαθοποιῆσαι ἢ κακοποιῆσαι, ψυχὴν
σῶσαι ἢ ἀπολέσαι; 10 καὶ περιβλεψάμενος πάντας αὐτοὺς
εἶπεν αὐτῷ Ἔκτεινον τὴν χεῖρά σου· ὁ δὲ ἐποίησεν, καὶ

---

2 WH: εἶπαν RP: εἶπον αὐτοῖς // RP: add ποιεῖν after ἔξεστιν // RP: add ἐν before
τοῖς σάββασιν 3 WH: [ὁ] NA/RP: ὁ // WH: ὅτε RP: ὁπότε // [NA]/RP: add ὄντες
after μετ' αὐτοῦ 4 WH: [ὡς] RP: Ὡς // WH: λαβὼν ἔφαγεν καὶ RP: ἔλαβεν, καὶ
ἔφαγεν // RP: add καὶ after ἔδωκεν 5 RP: add ὅτι before Κύριός // WH: τοῦ
σαββάτου ὁ υἱὸς τοῦ ἀνθρώπου {WH}/RP: ὁ υἱὸς τοῦ ἀνθρώπου καὶ τοῦ
σαββάτου 6 RP: add καὶ after δὲ // WH: ἄνθρωπος ἐκεῖ RP: ἐκεῖ ἄνθρωπος 7 WH:
παρετηροῦντο δὲ αὐτὸν RP: Παρετήρουν δὲ // WH: θεραπεύει {WH}/RP:
θεραπεύσει // WH: κατηγορεῖν RP: κατηγορίαν 8 WH: εἶπεν δὲ RP: καὶ εἶπεν //
WH: ἀνδρὶ RP: ἀνθρώπῳ // WH: Ἔγειρε RP: Ἔγειραι // WH: καὶ RP: Ὁ δὲ
9 WH: δὲ [ὁ] NA: δὲ ὁ RP: οὖν ὁ // WH: Ἐπερωτῶ RP: Ἐπερωτήσω // WH: εἰ RP:
τί // WH: τῷ σαββάτῳ RP: τοῖς σάββασιν // WH: ἀπολέσαι RP: ἀποκτεῖναι

6:4 1 Sam 21:6

ἀπεκατεστάθη ἡ χεὶρ αὐτοῦ. 11 Αὐτοὶ δὲ ἐπλήσθησαν ἀνοίας, καὶ διελάλουν πρὸς ἀλλήλους τί ἂν ποιήσαιεν τῷ Ἰησοῦ.

Jesus Chooses the Twelve Disciples
(Mark 3:13–19)

12 Ἐγένετο δὲ ἐν ταῖς ἡμέραις ταύταις ἐξελθεῖν αὐτὸν εἰς τὸ ὄρος προσεύξασθαι, καὶ ἦν διανυκτερεύων ἐν τῇ προσευχῇ τοῦ θεοῦ. 13 καὶ ὅτε ἐγένετο ἡμέρα, προσεφώνησεν τοὺς μαθητὰς αὐτοῦ, καὶ ἐκλεξάμενος ἀπ’ αὐτῶν δώδεκα, οὓς καὶ ἀποστόλους ὠνόμασεν, 14 Σίμωνα ὃν καὶ ὠνόμασεν Πέτρον καὶ Ἀνδρέαν τὸν ἀδελφὸν αὐτοῦ καὶ Ἰάκωβον καὶ Ἰωάνην καὶ Φίλιππον καὶ Βαρθολομαῖον 15 καὶ Μαθθαῖον καὶ Θωμᾶν [καὶ] Ἰάκωβον Ἁλφαίου καὶ Σίμωνα τὸν καλούμενον Ζηλωτὴν 16 καὶ Ἰούδαν Ἰακώβου καὶ Ἰούδαν Ἰσκαριὼθ ὃς ἐγένετο προδότης,

Jesus Teaches and Heals
(Matt 12:15–21; Mark 3:7–12)

17 καὶ καταβὰς μετ’ αὐτῶν ἔστη ἐπὶ τόπου πεδινοῦ, καὶ ὄχλος πολὺς μαθητῶν αὐτοῦ, καὶ πλῆθος πολὺ τοῦ λαοῦ ἀπὸ πάσης τῆς Ἰουδαίας καὶ Ἰερουσαλὴμ καὶ τῆς παραλίου Τύρου καὶ Σιδῶνος, 18 οἳ ἦλθαν ἀκοῦσαι αὐτοῦ καὶ ἰαθῆναι ἀπὸ τῶν νόσων αὐτῶν· καὶ οἱ ἐνοχλούμενοι ἀπὸ πνευμάτων ἀκαθάρτων ἐθεραπεύοντο· 19 καὶ πᾶς ὁ ὄχλος ἐζήτουν ἅπτεσθαι αὐτοῦ, ὅτι δύναμις παρ’ αὐτοῦ ἐξήρχετο καὶ ἰᾶτο πάντας.

---

10 WH: ἀπεκατεστάθη RP: ἀποκατεστάθη // RP: add ὑγιὴς ὡς ἡ ἄλλη after ἡ χεὶρ αὐτοῦ 11 WH: ποιήσαιεν RP: ποιήσειαν 12 WH: ἐξελθεῖν αὐτὸν RP: ἐξῆλθεν 14 RP: omit καὶ before Ἰάκωβον // RP: omit καὶ after Ἰωάνην 15 WH: [καὶ] NA: καὶ RP: omit [καὶ] // RP: add τὸν τοῦ before Ἁλφαίου 16 RP: omit καὶ before Ἰούδαν Ἰακώβου // WH: Ἰσκαριὼθ RP: Ἰσκαριώτην 17–18 RP: end v. 17 after τῶν νόσων αὐτῶν· 17 RP: omit πολὺς 18 WH: ἐνοχλούμενοι RP: ὀχλούμενοι // WH: ἀπὸ RP: ὑπὸ // RP: add καὶ before ἐθεραπεύοντο 19 WH: ἐζήτουν RP: ἐζήτει

Blessings and Curses
(cf. Matt 5:3–12)

20 Καὶ αὐτὸς ἐπάρας τοὺς ὀφθαλμοὺς αὐτοῦ εἰς τοὺς μαθητὰς αὐτοῦ ἔλεγεν

Μακάριοι οἱ πτωχοί, ὅτι ὑμετέρα ἐστὶν ἡ βασιλεία τοῦ θεοῦ.

21 μακάριοι οἱ πεινῶντες *νῦν*, ὅτι χορτασθήσεσθε.

μακάριοι οἱ κλαίοντες *νῦν*, ὅτι γελάσετε.

22 μακάριοί ἐστε ὅταν μισήσωσιν ὑμᾶς οἱ ἄνθρωποι, καὶ ὅταν ἀφορίσωσιν ὑμᾶς καὶ ὀνειδίσωσιν καὶ ἐκβάλωσιν τὸ ὄνομα ὑμῶν ὡς πονηρὸν ἕνεκα τοῦ υἱοῦ τοῦ ἀνθρώπου· 23 χάρητε ἐν ἐκείνῃ τῇ ἡμέρᾳ καὶ σκιρτήσατε, ἰδοὺ γὰρ ὁ μισθὸς ὑμῶν πολὺς ἐν τῷ οὐρανῷ· κατὰ τὰ αὐτὰ γὰρ ἐποίουν τοῖς προφήταις οἱ πατέρες αὐτῶν.

24 Πλὴν οὐαὶ ὑμῖν τοῖς πλουσίοις, ὅτι ἀπέχετε τὴν παράκλησιν ὑμῶν.

25 οὐαὶ ὑμῖν, οἱ ἐμπεπλησμένοι *νῦν*, ὅτι πεινάσετε.

οὐαί, οἱ γελῶντες *νῦν*, ὅτι πενθήσετε καὶ κλαύσετε.

26 οὐαὶ ὅταν καλῶς ὑμᾶς εἴπωσιν πάντες οἱ ἄνθρωποι, κατὰ τὰ αὐτὰ γὰρ ἐποίουν τοῖς ψευδοπροφήταις οἱ πατέρες αὐτῶν.

Love for Enemies
(cf. Matt 5:39–48)

27 Ἀλλὰ ὑμῖν λέγω τοῖς ἀκούουσιν, ἀγαπᾶτε τοὺς ἐχθροὺς ὑμῶν, καλῶς ποιεῖτε τοῖς μισοῦσιν ὑμᾶς, 28 εὐλογεῖτε τοὺς καταρωμένους ὑμᾶς, προσεύχεσθε περὶ τῶν ἐπηρεαζόντων ὑμᾶς. 29 τῷ τύπτοντί σε ἐπὶ τὴν σιαγόνα πάρεχε καὶ τὴν ἄλλην, καὶ ἀπὸ τοῦ αἴροντός σου τὸ ἱμάτιον καὶ τὸν χιτῶνα μὴ κωλύσῃς. 30 παντὶ αἰτοῦντί σε δίδου, καὶ ἀπὸ τοῦ

---

23 WH: τὰ αὐτὰ RP: ταῦτα 25 RP: *omit* νῦν *after* ἐμπεπλησμένοι // RP: *add* ὑμῖν *before ,* οἱ γελῶντες 26 WH: καλῶς ὑμᾶς ΝΑ: ὑμᾶς καλῶς // RP: *omit* πάντες // WH: τὰ αὐτὰ RP: ταῦτα 28 WH: ὑμᾶς RP: ὑμῖν // WH: περὶ RP: ὑπὲρ 30 RP: *add* δὲ τῷ *before* αἰτοῦντί

αἴροντος τὰ σὰ μὴ ἀπαίτει. 31 καὶ καθὼς θέλετε ἵνα ποιῶσιν ὑμῖν οἱ ἄνθρωποι, ποιεῖτε αὐτοῖς ὁμοίως. 32 καὶ εἰ ἀγαπᾶτε τοὺς ἀγαπῶντας ὑμᾶς, ποία ὑμῖν χάρις ἐστίν; καὶ γὰρ οἱ ἁμαρτωλοὶ τοὺς ἀγαπῶντας αὐτοὺς ἀγαπῶσιν. 33 καὶ [γὰρ] ἐὰν ἀγαθοποιῆτε τοὺς ἀγαθοποιοῦντας ὑμᾶς, ποία ὑμῖν χάρις ἐστίν; καὶ οἱ ἁμαρτωλοὶ τὸ αὐτὸ ποιοῦσιν. 34 καὶ ἐὰν δανίσητε παρ' ὧν ἐλπίζετε λαβεῖν, ποία ὑμῖν χάρις [ἐστίν]; καὶ ἁμαρτωλοὶ ἁμαρτωλοῖς δανίζουσιν ἵνα ἀπολάβωσιν τὰ ἴσα. 35 πλὴν ἀγαπᾶτε τοὺς ἐχθροὺς ὑμῶν καὶ ἀγαθοποιεῖτε καὶ δανίζετε μηδὲν ἀπελπίζοντες· καὶ ἔσται ὁ μισθὸς ὑμῶν πολύς, καὶ ἔσεσθε υἱοὶ Ὑψίστου, ὅτι αὐτὸς χρηστός ἐστιν ἐπὶ τοὺς ἀχαρίστους καὶ πονηρούς. 36 Γίνεσθε οἰκτίρμονες καθὼς ὁ πατὴρ ὑμῶν οἰκτίρμων ἐστίν·

Judging Is Forbidden
(cf. Matt 7:1–5)

37 καὶ μὴ κρίνετε, καὶ οὐ μὴ κριθῆτε· καὶ μὴ καταδικάζετε, καὶ οὐ μὴ καταδικασθῆτε. ἀπολύετε, καὶ ἀπολυθήσεσθε· 38 δίδοτε, καὶ δοθήσεται ὑμῖν· μέτρον καλὸν πεπιεσμένον σεσαλευμένον ὑπερεκχυννόμενον δώσουσιν εἰς τὸν κόλπον ὑμῶν· ᾧ γὰρ μέτρῳ μετρεῖτε ἀντιμετρηθήσεται ὑμῖν.

39 Εἶπεν δὲ καὶ παραβολὴν αὐτοῖς Μήτι δύναται τυφλὸς τυφλὸν ὁδηγεῖν; οὐχὶ ἀμφότεροι εἰς βόθυνον ἐμπεσοῦνται; 40 οὐκ ἔστιν μαθητὴς ὑπὲρ τὸν διδάσκαλον, κατηρτισμένος δὲ πᾶς ἔσται ὡς ὁ διδάσκαλος αὐτοῦ. 41 Τί δὲ βλέπεις τὸ κάρφος τὸ ἐν τῷ ὀφθαλμῷ τοῦ ἀδελφοῦ σου,

---

31 {WH}/RP: add καὶ ὑμεῖς before ποιεῖτε 33 RP: omit [γὰρ] // RP: add γὰρ before οἱ ἁμαρτωλοὶ 34 WH: δανίσητε RP: δανείζητε // WH: λαβεῖν RP: ἀπολαβεῖν // WH: [ἐστίν] RP: ἐστίν // RP: add γὰρ before ἁμαρτωλοὶ 35 WH: μηδὲν {WH}: μηδένα 36 [NA]/RP: add καὶ after καθὼς // RP: add οὖν after Γίνεσθε 37 RP: omit καὶ before Μὴ καταδικάζετε 38 RP: add καὶ before σεσαλευμένον // WH: ὑπερεκχυννόμενον RP: καὶ ὑπερεκχυννόμενον // WH: ᾧ RP: Τῷ // RP: add αὐτῷ before μετρῷ // RP: add ᾧ before μετρεῖτε // WH: ἀντιμετρηθήσεται {WH}: μετρηθήσεται 39 RP: omit καὶ // WH: ἐμπεσοῦνται RP: πεσοῦνται 40 RP: add αὐτοῦ after διδάσκαλον

τὴν δὲ δοκὸν τὴν ἐν τῷ ἰδίῳ ὀφθαλμῷ οὐ κατανοεῖς; 42 πῶς
δύνασαι λέγειν τῷ ἀδελφῷ σου ᾿Αδελφέ, ἄφες ἐκβάλω τὸ
κάρφος τὸ ἐν τῷ ὀφθαλμῷ σου, αὐτὸς τὴν ἐν τῷ ὀφθαλμῷ
σοῦ δοκὸν οὐ βλέπων; ὑποκριτά, ἔκβαλε πρῶτον τὴν δοκὸν
ἐκ τοῦ ὀφθαλμοῦ σοῦ, καὶ τότε διαβλέψεις τὸ κάρφος τὸ ἐν
τῷ ὀφθαλμῷ τοῦ ἀδελφοῦ σου ἐκβαλεῖν.

A Tree and Its Fruit
(cf. Matt 7:15–21)

43 Οὐ γὰρ ἔστιν δένδρον καλὸν ποιοῦν καρπὸν σαπρόν,
οὐδὲ πάλιν δένδρον σαπρὸν ποιοῦν καρπὸν καλόν. 44 ἕκα-
στον γὰρ δένδρον ἐκ τοῦ ἰδίου καρποῦ γινώσκεται· οὐ γὰρ
ἐξ ἀκανθῶν συλλέγουσιν σῦκα, οὐδὲ ἐκ βάτου σταφυλὴν
τρυγῶσιν. 45 ὁ ἀγαθὸς ἄνθρωπος ἐκ τοῦ ἀγαθοῦ θησαυροῦ
τῆς καρδίας προφέρει τὸ ἀγαθόν, καὶ ὁ πονηρὸς ἐκ τοῦ
πονηροῦ προφέρει τὸ πονηρόν· ἐκ γὰρ περισσεύματος
καρδίας λαλεῖ τὸ στόμα αὐτοῦ.

The Wise and Foolish Builders
(cf. Matt 7:24–27)

46 Τί δέ με καλεῖτε Κύριε κύριε, καὶ οὐ ποιεῖτε ἃ λέγω;
47 πᾶς ὁ ἐρχόμενος πρός με καὶ ἀκούων μου τῶν λόγων καὶ
ποιῶν αὐτούς, ὑποδείξω ὑμῖν τίνι ἐστὶν ὅμοιος· 48 ὅμοιός
ἐστιν ἀνθρώπῳ οἰκοδομοῦντι οἰκίαν ὃς ἔσκαψεν καὶ
ἐβάθυνεν καὶ ἔθηκεν θεμέλιον ἐπὶ τὴν πέτραν· πλημμύρης
δὲ γενομένης προσέρηξεν ὁ ποταμὸς τῇ οἰκίᾳ ἐκείνῃ, καὶ
οὐκ ἴσχυσεν σαλεῦσαι αὐτὴν διὰ τὸ καλῶς οἰκοδομῆσθαι

---

42 RP add ῍Η before πῶς // WH: τὸ κάρφος . . . ἀδελφοῦ σου ἐκβαλεῖν RP:
ἐκβαλεῖν τὸ κάρφος . . . ἀδελφοῦ σου 43 RP: omit πάλιν 44 WH: σταφυλὴν
τρυγῶσιν RP: τρυγῶσιν σταφυλήν 45 RP: add αὐτοῦ after καρδίας // RP: add
ἄνθρωπος after ὁ πονηρὸς // RP: add θησαυροῦ τῆς καρδίας αὐτοῦ after τοῦ
πονηροῦ // RP: add τοῦ before περισσεύματος // RP: add τῆς before καρδίας
46 WH: ἃ {WH}: ὃ 48 WH: πλημμύρης RP: πλημμύρας // WH: προσέρηξεν RP:
προσέρρηξεν // WH: διὰ τὸ καλῶς οἰκοδομῆσθαι αὐτήν RP: τεθεμελίωτο γὰρ
ἐπὶ τὴν πέτραν

αὐτήν. 49 ὁ δὲ ἀκούσας καὶ μὴ ποιήσας ὅμοιός ἐστιν
ἀνθρώπῳ οἰκοδομήσαντι οἰκίαν ἐπὶ τὴν γῆν χωρὶς
θεμελίου, ᾗ προσέρηξεν ὁ ποταμός, καὶ εὐθὺς συνέπεσεν,
καὶ ἐγένετο τὸ ῥῆγμα τῆς οἰκίας ἐκείνης μέγα.

Jesus Heals a Centurion's Servant

7 Ἐπειδὴ ἐπλήρωσεν πάντα τὰ ῥήματα αὐτοῦ εἰς τὰς
ἀκοὰς τοῦ λαοῦ, εἰσῆλθεν εἰς Καφαρναούμ.
2 Ἑκατοντάρχου δέ τινος δοῦλος κακῶς ἔχων ἤμελλεν
τελευτᾶν, ὃς ἦν αὐτῷ ἔντιμος. 3 ἀκούσας δὲ περὶ τοῦ Ἰησοῦ
ἀπέστειλεν πρὸς αὐτὸν πρεσβυτέρους τῶν Ἰουδαίων,
ἐρωτῶν αὐτὸν ὅπως ἐλθὼν διασώσῃ τὸν δοῦλον αὐτοῦ. 4 οἱ
δὲ παραγενόμενοι πρὸς τὸν Ἰησοῦν παρεκάλουν αὐτὸν
σπουδαίως λέγοντες ὅτι ἄξιός ἐστιν ᾧ παρέξῃ τοῦτο, 5 ἀγαπᾷ
γὰρ τὸ ἔθνος ἡμῶν καὶ τὴν συναγωγὴν αὐτὸς ᾠκοδόμησεν
ἡμῖν. 6 ὁ δὲ Ἰησοῦς ἐπορεύετο σὺν αὐτοῖς. ἤδη δὲ αὐτοῦ οὐ
μακρὰν ἀπέχοντος ἀπὸ τῆς οἰκίας ἔπεμψεν φίλους ὁ
ἑκατοντάρχης λέγων αὐτῷ　Κύριε, μὴ σκύλλου, οὐ γὰρ
ἱκανός εἰμι ἵνα ὑπὸ τὴν στέγην μου εἰσέλθῃς· 7 διὸ οὐδὲ
ἐμαυτὸν ἠξίωσα πρὸς σὲ ἐλθεῖν· ἀλλὰ εἰπὲ λόγῳ, καὶ ἰαθή-
τω ὁ παῖς μου· 8 καὶ γὰρ ἐγὼ ἄνθρωπός εἰμι ὑπὸ ἐξουσίαν
τασσόμενος, ἔχων ὑπ᾿ ἐμαυτὸν στρατιώτας, καὶ λέγω τούτῳ
Πορεύθητι, καὶ πορεύεται, καὶ ἄλλῳ　Ἔρχου, καὶ ἔρχεται,
καὶ τῷ δούλῳ μου　Ποίησον τοῦτο, καὶ ποιεῖ. 9 ἀκούσας δὲ
ταῦτα ὁ Ἰησοῦς ἐθαύμασεν αὐτόν, καὶ στραφεὶς τῷ ἀκολου-
θοῦντι αὐτῷ ὄχλῳ εἶπεν　Λέγω ὑμῖν, οὐδὲ ἐν τῷ Ἰσραὴλ
τοσαύτην πίστιν εὗρον. 10 καὶ ὑποστρέψαντες εἰς τὸν
οἶκον οἱ πεμφθέντες εὗρον τὸν δοῦλον ὑγιαίνοντα.

---

49 WH: προσέρηξεν RP: προσέρρηξεν // WH: εὐθὺς RP: εὐθέως // WH:
συνέπεσεν RP: ἔπεσεν
7:1 WH: Ἐπειδὴ {WH}/RP: Ἐπεὶ δὲ 2 WH: ἤμελλεν RP: ἔμελλεν 4 WH: παρέξῃ
RP: παρέξει 6 WH: φίλους ὁ ἑκατοντάρχης RP: πρὸς αὐτὸν ὁ ἑκατόνταρχος
φίλους // WH: ἱκανός εἰμι RP: εἰμι ἱκανὸς 7 WH: ἰαθήτω RP: ἰαθήσεται 9 WH:
οὐδὲ RP: οὔτε 10 WH: εἰς τὸν οἶκον οἱ πεμφθέντες RP: οἱ πεμφθέντες εἰς τὸν
οἶκον // RP: add ἀσθενοῦντα before δοῦλον

Jesus Raises a Widow's Son

11 Καὶ ἐγένετο ἐν τῷ ἑξῆς ἐπορεύθη εἰς πόλιν καλου-
μένην Ναΐν, καὶ συνεπορεύοντο αὐτῷ οἱ μαθηταὶ αὐτοῦ
καὶ ὄχλος πολύς. 12 ὡς δὲ ἤγγισεν τῇ πύλῃ τῆς πόλεως, καὶ
ἰδοὺ ἐξεκομίζετο τεθνηκὼς μονογενὴς υἱὸς τῇ μητρὶ αὐτοῦ,
καὶ αὐτὴ ἦν χήρα, καὶ ὄχλος τῆς πόλεως ἱκανὸς ἦν σὺν
αὐτῇ. 13 καὶ ἰδὼν αὐτὴν ὁ κύριος ἐσπλαγχνίσθη ἐπ' αὐτῇ
καὶ εἶπεν αὐτῇ Μὴ κλαῖε. 14 καὶ προσελθὼν ἥψατο τῆς
σοροῦ, οἱ δὲ βαστάζοντες ἔστησαν, καὶ εἶπεν Νεανίσκε,
σοὶ λέγω, ἐγέρθητι. 15 καὶ ἀνεκάθισεν ὁ νεκρὸς καὶ ἤρξατο
λαλεῖν, καὶ ἔδωκεν αὐτὸν τῇ μητρὶ αὐτοῦ. 16 Ἔλαβεν δὲ
φόβος πάντας, καὶ ἐδόξαζον τὸν θεὸν λέγοντες ὅτι
Προφήτης μέγας ἠγέρθη ἐν ἡμῖν, καὶ ὅτι Ἐπεσκέψατο ὁ
θεὸς τὸν λαὸν αὐτοῦ. 17 καὶ ἐξῆλθεν ὁ λόγος οὗτος ἐν ὅλῃ
τῇ Ἰουδαίᾳ περὶ αὐτοῦ καὶ πάσῃ τῇ περιχώρῳ.

Jesus and John the Baptist

18 Καὶ ἀπήγγειλαν Ἰωάνει οἱ μαθηταὶ αὐτοῦ περὶ πάν-
των τούτων. καὶ προσκαλεσάμενος δύο τινὰς τῶν μαθητῶν
αὐτοῦ ὁ Ἰωάνης 19 ἔπεμψεν πρὸς τὸν κύριον λέγων Σὺ εἶ
ὁ ἐρχόμενος ἢ ἕτερον προσδοκῶμεν; 20 παραγενόμενοι δὲ
πρὸς αὐτὸν οἱ ἄνδρες εἶπαν Ἰωάνης ὁ βαπτιστὴς
ἀπέστειλεν ἡμᾶς πρὸς σὲ λέγων Σὺ εἶ ὁ ἐρχόμενος ἢ
ἄλλον προσδοκῶμεν; 21 ἐν ἐκείνῃ τῇ ὥρᾳ ἐθεράπευσεν
πολλοὺς ἀπὸ νόσων καὶ μαστίγων καὶ πνευμάτων πονηρῶν,
καὶ τυφλοῖς πολλοῖς ἐχαρίσατο βλέπειν. 22 καὶ ἀποκριθεὶς
εἶπεν αὐτοῖς Πορευθέντες ἀπαγγείλατε Ἰωάνει ἃ εἴδετε

---

11 WH: τῷ {WH}: τῇ // WH: ἐπορεύθη RP: ἐπορεύετο // RP: add ἱκανοί after
αὐτοῦ 12 WH: μονογενὴς υἱὸς RP: υἱὸς μονογενὴς // RP: omit ἦν after αὐτῇ // RP:
omit ἦν after αὐτῇ 15 WH: ἀνεκάθισεν {WH}: ἐκάθισεν 16 WH: πάντας {WH}:
ἅπαντας // WH: ἠγέρθη RP: ἐγήγερται 17 RP: add ἐν before πάσῃ 18–19 RP: end v.
18 after τούτων. 19 WH: κύριον RP: Ἰησοῦν // WH: ἕτερον NA/RP: ἄλλον
20 WH: ἀπέστειλεν RP: ἀπέσταλκεν // WH: ἄλλον {WH}: ἕτερον 21 WH: ἐν
ἐκείνῃ RP: Ἐν αὐτῇ δὲ // RP: add τὸ before βλέπειν 22 RP: add ὁ Ἰησοῦς before
εἶπεν //

καὶ ἠκούσατε· **τυφλοὶ ἀναβλέπουσιν**, χωλοὶ περιπατοῦσιν, λεπροὶ καθαρίζονται καὶ κωφοὶ ἀκούουσιν, νεκροὶ ἐγείρονται, **πτωχοὶ εὐαγγελίζονται·** 23 καὶ μακάριός ἐστιν ὃς ἐὰν μὴ σκανδαλισθῇ ἐν ἐμοί.

24 Ἀπελθόντων δὲ τῶν ἀγγέλων Ἰωάνου ἤρξατο λέγειν πρὸς τοὺς ὄχλους περὶ Ἰωάνου Τί ἐξήλθατε εἰς τὴν ἔρημον θεάσασθαι; κάλαμον ὑπὸ ἀνέμου σαλευόμενον; 25 ἀλλὰ τί ἐξήλθατε ἰδεῖν; ἄνθρωπον ἐν μαλακοῖς ἱματίοις ἠμφιεσμένον; ἰδοὺ οἱ ἐν ἱματισμῷ ἐνδόξῳ καὶ τρυφῇ ὑπάρχοντες ἐν τοῖς βασιλείοις εἰσίν. 26 ἀλλὰ τί ἐξήλθατε ἰδεῖν; προφήτην; ναί, λέγω ὑμῖν, καὶ περισσότερον προφήτου. 27 οὗτός ἐστιν περὶ οὗ γέγραπται

Ἰδοὺ ἀποστέλλω τὸν ἄγγελόν μου πρὸ προσώπου σου, ὃς κατασκευάσει τὴν ὁδόν σου ἔμπροσθέν σου.

28 λέγω ὑμῖν, μείζων ἐν γεννητοῖς γυναικῶν Ἰωάνου οὐδεὶς ἔστιν· ὁ δὲ μικρότερος ἐν τῇ βασιλείᾳ τοῦ θεοῦ μείζων αὐτοῦ ἐστίν.—29 Καὶ πᾶς ὁ λαὸς ἀκούσας καὶ οἱ τελῶναι ἐδικαίωσαν τὸν θεόν, βαπτισθέντες τὸ βάπτισμα Ἰωάνου· 30 οἱ δὲ Φαρισαῖοι καὶ οἱ νομικοὶ τὴν βουλὴν τοῦ θεοῦ ἠθέτησαν εἰς ἑαυτούς, μὴ βαπτισθέντες ὑπ᾽ αὐτοῦ.—31 Τίνι οὖν ὁμοιώσω τοὺς ἀνθρώπους τῆς γενεᾶς ταύτης, καὶ τίνι εἰσὶν ὅμοιοι; 32 ὅμοιοί εἰσιν παιδίοις τοῖς ἐν ἀγορᾷ καθημένοις καὶ προσφωνοῦσιν ἀλλήλοις, ἃ λέγει

Ηὐλήσαμεν ὑμῖν καὶ οὐκ ὠρχήσασθε·
ἐθρηνήσαμεν καὶ οὐκ ἐκλαύσατε·

33 ἐλήλυθεν γὰρ Ἰωάνης ὁ βαπτιστὴς μὴ ἔσθων ἄρτον μήτε πίνων οἶνον, καὶ λέγετε Δαιμόνιον ἔχει· 34 ἐλήλυθεν ὁ υἱὸς τοῦ ἀνθρώπου ἔσθων καὶ πίνων, καὶ λέγετε Ἰδοὺ

RP: add ὅτι before τυφλοὶ // RP: omit καὶ after καθαρίζονται 24 WH: πρὸς τοὺς ὄχλους RP: τοῖς ὄχλοις // WH: ἐξήλθατε RP: ἐξεληλύθατε 25 WH: ἐξήλθατε RP: ἐξεληλύθατε 26 WH: ἐξήλθατε RP: ἐξεληλύθατε 27 RP: add ἐγὼ before ἀποστέλλω 28 RP: add γὰρ after Λέγω // RP: add προφήτης before Ἰωάννου // RP: add τοῦ βαπτιστοῦ after Ἰωάννου 32 WH: ἃ λέγει RP: καὶ λέγουσιν // RP: add ὑμῖν after ἐθρηνήσαμεν 33 WH: μὴ RP: μήτε // WH: ἔσθων ἄρτον ΝΑ: ἐσθίων ἄρτον RP: ἄρτον ἐσθίων // WH: πίνων οἶνον RP: οἶνον πίνων 34 WH: ἔσθων ΝΑ/RP: ἐσθίων

ἄνθρωπος φάγος καὶ οἰνοπότης, φίλος τελωνῶν καὶ ἁμαρτωλῶν. 35 καὶ ἐδικαιώθη ἡ σοφία ἀπὸ πάντων τῶν τέκνων αὐτῆς.

Jesus Is Anointed by a Sinful Woman
(cf. Matt 26:6–13; Mark 14:3–9)

36 Ἠρώτα δέ τις αὐτὸν τῶν Φαρισαίων ἵνα φάγῃ μετ' αὐτοῦ· καὶ εἰσελθὼν εἰς τὸν οἶκον τοῦ Φαρισαίου κατεκλίθη. 37 Καὶ ἰδοὺ γυνὴ ἥτις ἦν ἐν τῇ πόλει ἁμαρτωλός, καὶ ἐπιγνοῦσα ὅτι κατάκειται ἐν τῇ οἰκίᾳ τοῦ Φαρισαίου, κομίσασα ἀλάβαστρον μύρου 38 καὶ στᾶσα ὀπίσω παρὰ τοὺς πόδας αὐτοῦ κλαίουσα, τοῖς δάκρυσιν ἤρξατο βρέχειν τοὺς πόδας αὐτοῦ καὶ ταῖς θριξὶν τῆς κεφαλῆς αὐτῆς ἐξέμασσεν, καὶ κατεφίλει τοὺς πόδας αὐτοῦ καὶ ἤλειφεν τῷ μύρῳ. 39 Ἰδὼν δὲ ὁ Φαρισαῖος ὁ καλέσας αὐτὸν εἶπεν ἐν ἑαυτῷ λέγων Οὗτος εἰ ἦν [ὁ] προφήτης, ἐγίνωσκεν ἂν τίς καὶ ποταπὴ ἡ γυνὴ ἥτις ἅπτεται αὐτοῦ, ὅτι ἁμαρτωλός ἐστιν. 40 καὶ ἀποκριθεὶς ὁ Ἰησοῦς εἶπεν πρὸς αὐτόν Σίμων, ἔχω σοί τι εἰπεῖν. ὁ δέ Διδάσκαλε, εἰπέ, φησίν. 41 δύο χρεοφιλέται ἦσαν δανιστῇ τινί· ὁ εἷς ὤφειλεν δηνάρια πεντακόσια, ὁ δὲ ἕτερος πεντήκοντα. 42 μὴ ἐχόντων αὐτῶν ἀποδοῦναι ἀμφοτέροις ἐχαρίσατο. τίς οὖν αὐτῶν πλεῖον ἀγαπήσει αὐτόν; 43 ἀποκριθεὶς Σίμων εἶπεν Ὑπολαμβάνω ὅτι ᾧ τὸ πλεῖον ἐχαρίσατο. ὁ δὲ εἶπεν αὐτῷ Ὀρθῶς ἔκρινας. 44 καὶ στραφεὶς πρὸς τὴν γυναῖκα τῷ Σίμωνι ἔφη Βλέπεις ταύτην τὴν γυναῖκα; εἰσῆλθόν σου εἰς

---

35 WH: πάντων τῶν τέκνων αὐτῆς {WH}/RP: τῶν τέκνων αὐτῆς πάντων 36 WH: τὸν οἶκον RP: τὴν // WH: κατεκλίθη RP: ἀνεκλίθη 37 WH: ἥτις ἦν ἐν τῇ πόλει RP: ἐν τῇ πόλει, ἥτις ἦν // RP: omit καὶ before ἐπιγνοῦσα // WH: κατάκειται RP: ἀνάκειται 38 WH: ὀπίσω παρὰ τοὺς πόδας αὐτοῦ RP: παρὰ τοὺς πόδας αὐτοῦ ὀπίσω // WH: τοῖς δάκρυσιν ἤρξατο βρέχειν τοὺς πόδας αὐτοῦ RP: ἤρξατο βρέχειν τοὺς πόδας αὐτοῦ τοῖς δάκρυσιν 39 WH: [ὁ] NA/RP: omit [ὁ] 40 WH: Διδάσκαλε, εἰπέ, φησίν RP: φησιν, Διδάσκαλε, εἰπέ 41 WH: χρεοφιλέται RP: χρεωφειλέται 42 RP: add δὲ after ἐχόντων // RP: add εἰπέ after αὐτῶν // WH: πλεῖον ἀγαπήσει αὐτόν RP: πλεῖον αὐτὸν ἀγαπήσει 43 RP: add δὲ after Ἀποκριθεὶς // RP: add ὁ before Σίμων

τὴν οἰκίαν, ὕδωρ μοι ἐπὶ πόδας οὐκ ἔδωκας· αὕτη δὲ τοῖς δάκρυσιν ἔβρεξέν μου τοὺς πόδας καὶ ταῖς θριξὶν αὐτῆς ἐξέμαξεν. 45 φίλημά μοι οὐκ ἔδωκας· αὕτη δὲ ἀφ' ἧς εἰσῆλθον οὐ διέλιπεν καταφιλοῦσά μου τοὺς πόδας. 46 ἐλαίῳ τὴν κεφαλήν μου οὐκ ἤλειψας· αὕτη δὲ μύρῳ ἤλειψεν τοὺς πόδας μου. 47 οὗ χάριν, λέγω σοι, ἀφέωνται αἱ ἁμαρτίαι αὐτῆς αἱ πολλαί, ὅτι ἠγάπησεν πολύ· ᾧ δὲ ὀλίγον ἀφίεται, ὀλίγον ἀγαπᾷ. 48 εἶπεν δὲ αὐτῇ Ἀφέωνταί σου αἱ ἁμαρτίαι. 49 καὶ ἤρξαντο οἱ συνανακείμενοι λέγειν ἐν ἑαυτοῖς Τίς οὗτός ἐστιν ὃς καὶ ἁμαρτίας ἀφίησιν; 50 εἶπεν δὲ πρὸς τὴν γυναῖκα Ἡ πίστις σου σέσωκέν σε· πορεύου εἰς εἰρήνην.

Women Who Followed Jesus

8 Καὶ ἐγένετο ἐν τῷ καθεξῆς καὶ αὐτὸς διώδευεν κατὰ πόλιν καὶ κώμην κηρύσσων καὶ εὐαγγελιζόμενος τὴν βασιλείαν τοῦ θεοῦ, καὶ οἱ δώδεκα σὺν αὐτῷ, 2 καὶ γυναῖκές τινες αἳ ἦσαν τεθεραπευμέναι ἀπὸ πνευμάτων πονηρῶν καὶ ἀσθενειῶν, Μαρία ἡ καλουμένη Μαγδαληνή, ἀφ' ἧς δαιμόνια ἑπτὰ ἐξεληλύθει, 3 καὶ Ἰωάνα γυνὴ Χουζᾶ ἐπιτρόπου Ἡρῴδου καὶ Σουσάννα καὶ ἕτεραι πολλαί, αἵτινες διηκόνουν αὐτοῖς ἐκ τῶν ὑπαρχόντων αὐταῖς.

The Parable of the Sower and the Seeds
(Matt 13:1–9; Mark 4:1–9)

4 Συνιόντος δὲ ὄχλου πολλοῦ καὶ τῶν κατὰ πόλιν ἐπιπορευομένων πρὸς αὐτὸν εἶπεν διὰ παραβολῆς 5 Ἐξῆλθεν ὁ σπείρων τοῦ σπεῖραι τὸν σπόρον αὐτοῦ. καὶ ἐν τῷ σπείρειν αὐτὸν ὃ μὲν ἔπεσεν παρὰ τὴν ὁδόν, καὶ κατεπατήθη καὶ τὰ πετεινὰ τοῦ οὐρανοῦ κατέφαγεν αὐτό.

---

44 WH: ὕδωρ μοι ἐπὶ πόδας {WH}: ὕδωρ μου ἐπὶ τοὺς πόδας RP: ὕδωρ ἐπὶ τοὺς πόδας μου // RP: *add* τῆς κεφαλῆς *after* θριξὶν 45 WH: διέλιπεν {WH}: διέλειπεν
46 WH: τοὺς πόδας μου RP: μου τοὺς πόδας
8:3 WH: ἐκ RP: ἀπὸ

6 καὶ ἕτερον κατέπεσεν ἐπὶ τὴν πέτραν, καὶ φυὲν ἐξηράνθη
διὰ τὸ μὴ ἔχειν ἰκμάδα. 7 καὶ ἕτερον ἔπεσεν ἐν μέσῳ τῶν
ἀκανθῶν, καὶ συνφυεῖσαι αἱ ἄκανθαι ἀπέπνιξαν αὐτό.
8 καὶ ἕτερον ἔπεσεν εἰς τὴν γῆν τὴν ἀγαθήν, καὶ φυὲν
ἐποίησεν καρπὸν ἑκατονταπλασίονα. Ταῦτα λέγων ἐφώνει
Ὁ ἔχων ὦτα ἀκούειν ἀκουέτω.

The Purpose of Jesus' Parables
(Matt 13:10–15; Mark 4:10–12)

9 Ἐπηρώτων δὲ αὐτὸν οἱ μαθηταὶ αὐτοῦ τίς αὕτη εἴη ἡ
παραβολή. 10 ὁ δὲ εἶπεν   Ὑμῖν δέδοται γνῶναι τὰ μυστήρια
τῆς βασιλείας τοῦ θεοῦ, τοῖς δὲ λοιποῖς ἐν παραβολαῖς, ἵνα
βλέποντες μὴ βλέπωσιν καὶ ἀκούοντες μὴ συνίωσιν.

Jesus Explains the Parable of the Sower
(Matt 13:18–23; Mark 4:13–20)

11 ἔστιν δὲ αὕτη ἡ παραβολή. Ὁ σπόρος ἐστὶν ὁ λόγος τοῦ
θεοῦ. 12 οἱ δὲ παρὰ τὴν ὁδόν εἰσιν οἱ ἀκούσαντες, εἶτα
ἔρχεται ὁ διάβολος καὶ αἴρει τὸν λόγον ἀπὸ τῆς καρδίας
αὐτῶν, ἵνα μὴ πιστεύσαντες σωθῶσιν. 13 οἱ δὲ ἐπὶ τῆς
πέτρας οἳ ὅταν ἀκούσωσιν μετὰ χαρᾶς δέχονται τὸν λόγον,
καὶ οὗτοι ῥίζαν οὐκ ἔχουσιν, οἳ πρὸς καιρὸν πιστεύουσιν
καὶ ἐν καιρῷ πειρασμοῦ ἀφίστανται. 14 τὸ δὲ εἰς τὰς
ἀκάνθας πεσόν, οὗτοί εἰσιν οἱ ἀκούσαντες, καὶ ὑπὸ
μεριμνῶν καὶ πλούτου καὶ ἡδονῶν τοῦ βίου πορευόμενοι
συνπνίγονται καὶ οὐ τελεσφοροῦσιν. 15 τὸ δὲ ἐν τῇ καλῇ γῇ,
οὗτοί εἰσιν οἵτινες ἐν καρδίᾳ καλῇ καὶ ἀγαθῇ ἀκούσαντες
τὸν λόγον κατέχουσιν καὶ καρποφοροῦσιν ἐν ὑπομονῇ.

---

6 WH: κατέπεσεν RP: ἔπεσεν 9 RP: *add* λέγοντες *after* αὐτοῦ // WH: αὕτη εἴη ἡ
παραβολή RP: εἴη ἡ παραβολὴ αὕτη 10 WH: συνίωσιν NA: συνιῶσιν 12 WH:
ἀκούσαντες RP: ἀκούοντες 13 WH: τῆς πέτρας {WH}: τὴν πέτραν // WH: οὗτοι
{WH}: αὐτοὶ

Illustration of the Lamp on a Stand
(Mark 4:21–25)

16 Οὐδεὶς δὲ λύχνον ἅψας καλύπτει αὐτὸν σκεύει ἢ ὑποκάτω κλίνης τίθησιν, ἀλλ' ἐπὶ λυχνίας τίθησιν, ἵνα οἱ εἰσπορευόμενοι βλέπωσιν τὸ φῶς. 17 οὐ γὰρ ἔστιν κρυπτὸν ὃ οὐ φανερὸν γενήσεται, οὐδὲ ἀπόκρυφον ὃ οὐ μὴ γνωσθῇ καὶ εἰς φανερὸν ἔλθῃ. 18 Βλέπετε οὖν πῶς ἀκούετε· ὃς ἂν γὰρ ἔχῃ, δοθήσεται αὐτῷ, καὶ ὃς ἂν μὴ ἔχῃ, καὶ ὃ δοκεῖ ἔχειν ἀρθήσεται ἀπ' αὐτοῦ.

Jesus' True Relatives
(cf. Matt 12:46–50; Mark 3:31–35)

19 Παρεγένετο δὲ πρὸς αὐτὸν ἡ μήτηρ καὶ οἱ ἀδελφοὶ αὐτοῦ, καὶ οὐκ ἠδύναντο συντυχεῖν αὐτῷ διὰ τὸν ὄχλον. 20 ἀπηγγέλη δὲ αὐτῷ Ἡ μήτηρ σου καὶ οἱ ἀδελφοί σου ἑστήκασιν ἔξω ἰδεῖν θέλοντές σε. 21 ὁ δὲ ἀποκριθεὶς εἶπεν πρὸς αὐτούς Μήτηρ μου καὶ ἀδελφοί μου οὗτοί εἰσιν οἱ τὸν λόγον τοῦ θεοῦ ἀκούοντες καὶ ποιοῦντες.

Jesus Calms a Storm
(Matt 8:23–27; Mark 4:35–41)

22 Ἐγένετο δὲ ἐν μιᾷ τῶν ἡμερῶν καὶ αὐτὸς ἐνέβη εἰς πλοῖον καὶ οἱ μαθηταὶ αὐτοῦ, καὶ εἶπεν πρὸς αὐτούς Διέλθωμεν εἰς τὸ πέραν τῆς λίμνης, καὶ ἀνήχθησαν. 23 πλεόντων δὲ αὐτῶν ἀφύπνωσεν. καὶ κατέβη λαῖλαψ ἀνέμου εἰς τὴν λίμνην, καὶ συνεπληροῦντο καὶ ἐκινδύνευον. 24 προσελθόντες δὲ διήγειραν αὐτὸν λέγοντες Ἐπιστάτα ἐπιστάτα, ἀπολλύμεθα· ὁ δὲ διεγερθεὶς ἐπετίμησεν τῷ ἀνέμῳ καὶ

---

16 WH: τίθησιν RP: ἐπιτίθησιν 17 WH: μὴ γνωσθῇ RP: γνωσθήσεται 18 WH: ἂν γὰρ RP: γὰρ ἐὰν // WH: ἂν RP: ἐὰν 19 WH: Παρεγένετο RP: Παρεγένοντο 20 WH: ἀπηγγέλη δὲ RP: Καὶ ἀπηγγέλη // RP: add λεγόντων after αὐτῷ // WH: θέλοντές σε RP: σε θέλοντες 21 RP: add αὐτόν after ποιοῦντες 22 WH: Ἐγένετο δὲ RP: Καὶ ἐγένετο 23 WH: ἀνέμου εἰς τὴν λίμνην {WH}: εἰς τὴν λίμνην ἀνέμου 24 WH: διεγερθεὶς RP: ἐγερθεὶς

τῷ κλύδωνι τοῦ ὕδατος, καὶ ἐπαύσαντο, καὶ ἐγένετο γαλή-
νη. 25 εἶπεν δὲ αὐτοῖς Ποῦ ἡ πίστις ὑμῶν; φοβηθέντες δὲ
ἐθαύμασαν, λέγοντες πρὸς ἀλλήλους Τίς ἄρα οὗτός ἐστιν
ὅτι καὶ τοῖς ἀνέμοις ἐπιτάσσει καὶ τῷ ὕδατι, καὶ ὑπακού-
ουσιν αὐτῷ;

Jesus Heals A Demon-Possessed Man
(Matt 8:28–34; Mark 5:1–20)

26 Καὶ κατέπλευσαν εἰς τὴν χώραν τῶν Γερασηνῶν,
ἥτις ἐστὶν ἀντίπερα τῆς Γαλιλαίας. 27 ἐξελθόντι δὲ αὐτῷ
ἐπὶ τὴν γῆν ὑπήντησεν ἀνήρ τις ἐκ τῆς πόλεως ἔχων
δαιμόνια· καὶ χρόνῳ ἱκανῷ οὐκ ἐνεδύσατο ἱμάτιον, καὶ ἐν
οἰκίᾳ οὐκ ἔμενεν ἀλλ' ἐν τοῖς μνήμασιν. 28 ἰδὼν δὲ τὸν
Ἰησοῦν ἀνακράξας προσέπεσεν αὐτῷ καὶ φωνῇ μεγάλῃ
εἶπεν Τί ἐμοὶ καὶ σοί, Ἰησοῦ υἱὲ [τοῦ θεοῦ] τοῦ ὑψίστου;
δέομαί σου, μή με βασανίσῃς· 29 παρήγγελλεν γὰρ τῷ
πνεύματι τῷ ἀκαθάρτῳ ἐξελθεῖν ἀπὸ τοῦ ἀνθρώπου.
πολλοῖς γὰρ χρόνοις συνηρπάκει αὐτόν, καὶ ἐδεσμεύετο
ἁλύσεσιν καὶ πέδαις φυλασσόμενος, καὶ διαρήσσων τὰ
δεσμὰ ἠλαύνετο ἀπὸ τοῦ δαιμονίου εἰς τὰς ἐρήμους.
30 ἐπηρώτησεν δὲ αὐτὸν ὁ Ἰησοῦς Τί σοι ὄνομά ἐστιν; ὁ
δὲ εἶπεν Λεγιών, ὅτι εἰσῆλθεν δαιμόνια πολλὰ εἰς αὐτόν.
31 καὶ παρεκάλουν αὐτὸν ἵνα μὴ ἐπιτάξῃ αὐτοῖς εἰς τὴν
ἄβυσσον ἀπελθεῖν. 32 Ἦν δὲ ἐκεῖ ἀγέλη χοίρων ἱκανῶν
βοσκομένη ἐν τῷ ὄρει· καὶ παρεκάλεσαν αὐτὸν ἵνα

---

25 RP: *add* ἐστιν *after* Ποῦ 26 WH: Γερασηνῶν RP: Γαδαρηνῶν // WH: ἀντίπερα
RP: ἀντιπέραν 27 WH: ὑπήντησεν ἀνήρ τις {WH}: ὑπήντησέν [τις] ἀνὴρ RP:
ὑπήντησεν αὐτῷ ἀνήρ τις // WH: ἔχων δαιμόνια· καὶ RP: ὃς εἶχεν δαιμόνια //
WH: χρόνῳ ἱκανῷ RP: ἐκ χρόνων ἱκανῶν // WH: οὐκ ἐνεδύσατο ἱμάτιον RP:
καὶ ἱμάτιον οὐκ ἐνεδιδύσκετο 28 RP: *add* καὶ *before* ἀνακράξας // WH: [τοῦ
θεοῦ] NA/RP: τοῦ θεοῦ 29 WH: παρήγγελλεν {WH}/NA/RP: παρήγγειλεν // WH:
ἐδεσμεύετο RP: ἐδεσμεῖτο // WH: διαρήσσων RP: διαρρήσσων // WH: ἀπὸ τοῦ
δαιμονίου {WH}/NA: ὑπὸ τοῦ δαιμονίου RP: ὑπὸ τοῦ δαίμονος 30 RP: *add*
λέγων *after* Ιησοῦς // WH: ὄνομά ἐστιν RP: ἐστιν ὄνομα // WH: εἰσῆλθεν
δαιμόνια πολλὰ RP: δαιμόνια πολλὰ εἰσῆλθεν 31 WH: παρεκάλουν RP:
παρεκάλει 32 WH: βοσκομένη {WH}/RP: βοσκομένων // WH: παρεκάλεσαν RP:
παρεκάλουν

ἐπιτρέψῃ αὐτοῖς εἰς ἐκείνους εἰσελθεῖν· καὶ ἐπέτρεψεν αὐτοῖς. 33 ἐξελθόντα δὲ τὰ δαιμόνια ἀπὸ τοῦ ἀνθρώπου εἰσῆλθον εἰς τοὺς χοίρους, καὶ ὥρμησεν ἡ ἀγέλη κατὰ τοῦ κρημνοῦ εἰς τὴν λίμνην καὶ ἀπεπνίγη. 34 Ἰδόντες δὲ οἱ βόσκοντες τὸ γεγονὸς ἔφυγον καὶ ἀπήγγειλαν εἰς τὴν πόλιν καὶ εἰς τοὺς ἀγρούς. 35 ἐξῆλθον δὲ ἰδεῖν τὸ γεγονὸς καὶ ἦλ-θαν πρὸς τὸν Ἰησοῦν, καὶ εὗραν καθήμενον τὸν ἄνθρωπον ἀφ᾽ οὗ τὰ δαιμόνια ἐξῆλθεν ἱματισμένον καὶ σωφρονοῦντα παρὰ τοὺς πόδας [τοῦ] Ἰησοῦ, καὶ ἐφοβήθησαν. 36 ἀπήγ-γειλαν δὲ αὐτοῖς οἱ ἰδόντες πῶς ἐσώθη ὁ δαιμονισθείς. 37 καὶ ἠρώτησεν αὐτὸν ἅπαν τὸ πλῆθος τῆς περιχώρου τῶν Γερασηνῶν ἀπελθεῖν ἀπ᾽ αὐτῶν, ὅτι φόβῳ μεγάλῳ συνεί-χοντο· αὐτὸς δὲ ἐμβὰς εἰς πλοῖον ὑπέστρεψεν. 38 ἐδεῖτο δὲ αὐτοῦ ὁ ἀνὴρ ἀφ᾽ οὗ ἐξεληλύθει τὰ δαιμόνια εἶναι σὺν αὐτῷ· ἀπέλυσεν δὲ αὐτὸν λέγων 39 Ὑπόστρεφε εἰς τὸν οἶκόν σου, καὶ διηγοῦ ὅσα σοι ἐποίησεν ὁ θεός. καὶ ἀπῆλ-θεν καθ᾽ ὅλην τὴν πόλιν κηρύσσων ὅσα ἐποίησεν αὐτῷ ὁ Ἰησοῦς.

Jesus Raises a Dead Girl and Heals a Sick Woman
(Matt 9:18–26; Mark 5:21–43)

40 Ἐν δὲ τῷ ὑποστρέφειν τὸν Ἰησοῦν ἀπεδέξατο αὐτὸν ὁ ὄχλος, ἦσαν γὰρ πάντες προσδοκῶντες αὐτόν. 41 Καὶ ἰδοὺ ἦλθεν ἀνὴρ ᾧ ὄνομα Ἰάειρος, καὶ οὗτος ἄρχων τῆς συναγωγῆς ὑπῆρχεν, καὶ πεσὼν παρὰ τοὺς πόδας Ἰησοῦ παρεκάλει αὐτὸν εἰσελθεῖν εἰς τὸν οἶκον αὐτοῦ, 42 ὅτι θυγάτηρ μονογενὴς ἦν αὐτῷ ὡς ἐτῶν δώδεκα καὶ αὐτὴ ἀπέθνησκεν. Ἐν δὲ τῷ ὑπάγειν αὐτὸν οἱ ὄχλοι συνέπνιγον αὐτόν. 43 καὶ γυνὴ οὖσα ἐν ῥύσει αἵματος ἀπὸ ἐτῶν δώδε-

---

34 WH: γεγονὸς RP: γεγενημένον 35 WH: ἐξῆλθεν RP: ἐξεληλύθει // WH: [τοῦ] NA/RP: τοῦ 36 RP: add καὶ before οἱ 37 WH: ἠρώτησεν RP: ἠρώτησαν // WH: Γερασηνῶν RP: Γαδαρηνῶν // RP: add τὸ before πλοῖον 38 WH: ἐδεῖτο RP: Ἐδέετο // RP: add ὁ Ἰησοῦς before λέγων 39 WH: σοι ἐποίησεν RP: ἐποίησεν σοι 40 RP: add Ἐγένετο before δὲ // WH: Ἐν δὲ RP: δὲ ἐν // WH: ὑποστρέφειν RP: ὑποστρέψαι 41 WH: οὗτος {WH}/RP: αὐτὸς // [NA]/RP: add τοῦ before Ἰησοῦ

κα, ἥτις οὐκ ἴσχυσεν ἀπ' οὐδενὸς θεραπευθῆναι, 44 προ-
σελθοῦσα ὄπισθεν ἥψατο τοῦ κρασπέδου τοῦ ἱματίου
αὐτοῦ, καὶ παραχρῆμα ἔστη ἡ ῥύσις τοῦ αἵματος αὐτῆς.
45 καὶ εἶπεν ὁ Ἰησοῦς Τίς ὁ ἁψάμενός μου; ἀρνουμένων
δὲ πάντων εἶπεν ὁ Πέτρος Ἐπιστάτα, οἱ ὄχλοι συνέχουσίν
σε καὶ ἀποθλίβουσιν. 46 ὁ δὲ Ἰησοῦς εἶπεν Ἥψατό μού
τις, ἐγὼ γὰρ ἔγνων δύναμιν ἐξεληλυθυῖαν ἀπ' ἐμοῦ.
47 ἰδοῦσα δὲ ἡ γυνὴ ὅτι οὐκ ἔλαθεν τρέμουσα ἦλθεν καὶ
προσπεσοῦσα αὐτῷ δι' ἣν αἰτίαν ἥψατο αὐτοῦ ἀπήγγειλεν
ἐνώπιον παντὸς τοῦ λαοῦ καὶ ὡς ἰάθη παραχρῆμα. 48 ὁ δὲ
εἶπεν αὐτῇ Θυγάτηρ, ἡ πίστις σου σέσωκέν σε· πορεύου
εἰς εἰρήνην. 49 Ἔτι αὐτοῦ λαλοῦντος ἔρχεταί τις παρὰ τοῦ
ἀρχισυναγώγου λέγων ὅτι Τέθνηκεν ἡ θυγάτηρ σου,
μηκέτι σκύλλε τὸν διδάσκαλον. 50 ὁ δὲ Ἰησοῦς ἀκούσας
ἀπεκρίθη αὐτῷ Μὴ φοβοῦ, μόνον πίστευσον, καὶ σωθήσε-
ται. 51 ἐλθὼν δὲ εἰς τὴν οἰκίαν οὐκ ἀφῆκεν εἰσελθεῖν τινὰ
σὺν αὐτῷ εἰ μὴ Πέτρον καὶ Ἰωάνην καὶ Ἰάκωβον καὶ τὸν
πατέρα τῆς παιδὸς καὶ τὴν μητέρα. 52 ἔκλαιον δὲ πάντες
καὶ ἐκόπτοντο αὐτήν. ὁ δὲ εἶπεν Μὴ κλαίετε, οὐ γὰρ
ἀπέθανεν ἀλλὰ καθεύδει. 53 καὶ κατεγέλων αὐτοῦ, εἰδότες
ὅτι ἀπέθανεν. 54 αὐτὸς δὲ κρατήσας τῆς χειρὸς αὐτῆς
ἐφώνησεν λέγων Ἡ παῖς, ἔγειρε. 55 καὶ ἐπέστρεψεν τὸ
πνεῦμα αὐτῆς, καὶ ἀνέστη παραχρῆμα, καὶ διέταξεν αὐτῇ
δοθῆναι φαγεῖν. 56 καὶ ἐξέστησαν οἱ γονεῖς αὐτῆς· ὁ δὲ
παρήγγειλεν αὐτοῖς μηδενὶ εἰπεῖν τὸ γεγονός.

---

43 [NA]/RP: add ἰατροῖς προσαναλώσασα ὅλον τὸν βίον after ἥτις // WH: ἀπ'
RP: ὑπ' 45 RP: add καὶ οἱ μετ' αὐτοῦ after ὁ Πέτρος // RP: add καὶ λέγεις, Τίς ὁ
ἁψάμενός μου after ἀποθλίβουσιν 46 WH: ἐξεληλυθυῖαν RP: ἐξελθοῦσαν
47 RP: αὐτῷ after ἀπήγγειλεν 48 WH: Θυγάτηρ RP: Θάρσει, θύγατερ 49 RP:
add αὐτῷ after λέγων // WH: μηκέτι RP: μὴ 50 RP: add λέγων after ἀπεκρίθη αὐτῷ,
// WH: πίστευσον RP: πίστευε 51 WH: τινὰ σὺν αὐτῷ RP: οὐδένα 52 WH: οὐ
γὰρ RP: οὐκ 54 RP: add ἐκβαλὼν ἔξω πάντας, καὶ before κρατήσας // WH: ἔγειρε
RP: ἐγείρου

Jesus Sends Out the Twelve Disciples
(Matt 10:1–15; Mark 6:6b–13)

9 Συνκαλεσάμενος δὲ τοὺς δώδεκα ἔδωκεν αὐτοῖς δύνα-
μιν καὶ ἐξουσίαν ἐπὶ πάντα τὰ δαιμόνια καὶ νόσους θερα-
πεύειν, 2 καὶ ἀπέστειλεν αὐτοὺς κηρύσσειν τὴν βασιλείαν
τοῦ θεοῦ καὶ ἰᾶσθαι, 3 καὶ εἶπεν πρὸς αὐτούς Μηδὲν
αἴρετε εἰς τὴν ὁδόν, μήτε ῥάβδον μήτε πήραν μήτε ἄρτον
μήτε ἀργύριον, μήτε δύο χιτῶνας ἔχειν. 4 καὶ εἰς ἣν ἂν οἰκί-
αν εἰσέλθητε, ἐκεῖ μένετε καὶ ἐκεῖθεν ἐξέρχεσθε. 5 καὶ ὅσοι
ἂν μὴ δέχωνται ὑμᾶς, ἐξερχόμενοι ἀπὸ τῆς πόλεως ἐκείνης
τὸν κονιορτὸν ἀπὸ τῶν ποδῶν ὑμῶν ἀποτινάσσετε εἰς
μαρτύριον ἐπ' αὐτούς. 6 Ἐξερχόμενοι δὲ διήρχοντο κατὰ
τὰς κώμας εὐαγγελιζόμενοι καὶ θεραπεύοντες πανταχοῦ.

Herod Is Confused about Jesus
(Matt 14:1–2; Mark 6:14–16)

7 Ἤκουσεν δὲ Ἡρῴδης ὁ τετραάρχης τὰ γινόμενα
πάντα, καὶ διηπόρει διὰ τὸ λέγεσθαι ὑπὸ τινῶν ὅτι Ἰωάνης
ἠγέρθη ἐκ νεκρῶν, 8 ὑπὸ τινῶν δὲ ὅτι Ἠλείας ἐφάνη, ἄλλων
δὲ ὅτι προφήτης τις τῶν ἀρχαίων ἀνέστη. 9 εἶπεν δὲ [ὁ]
Ἡρῴδης Ἰωάνην ἐγὼ ἀπεκεφάλισα· τίς δέ ἐστιν οὗτος
περὶ οὗ ἀκούω τοιαῦτα; καὶ ἐζήτει ἰδεῖν αὐτόν.

Jesus Feeds Five Thousand People
(Matt 14:13–21; Mark 6:30–44)

10 Καὶ ὑποστρέψαντες οἱ ἀπόστολοι διηγήσαντο αὐτῷ
ὅσα ἐποίησαν. Καὶ παραλαβὼν αὐτοὺς ὑπεχώρησεν κατ'
ἰδίαν εἰς πόλιν καλουμένην Βηθσαιδά. 11 οἱ δὲ ὄχλοι γνόν-

9:1 WH: αὐτοῖς δύναμιν {WH}: δύναμιν αὐτοῖς 2 WH: ἰᾶσθαι NA: ἰᾶσθαι [τοὺς
ἀσθενεῖς] RP: ἰᾶσθαι τοὺς ἀσθενοῦντας 3 [NA]/RP: add ἀνα before δύο // WH:
ῥάβδον RP: ῥάβδους 5 WH: ἂν RP: ἐάν // WH: δέχωνται RP: δέξωνται // RP: add
καὶ before τὸν κονιορτὸν // WH: ἀποτινάσσετε RP: ἀποτινάξατε 7 RP: add ὑπ'
αὐτοῦ before πάντα // WH: ἠγέρθη RP: ἐγήγερται 8 WH: τις RP: εἷς 9 WH: εἶπεν
δὲ RP: Καὶ εἶπεν // WH: [ὁ] NA/RP: omit [ὁ] // RP: add ἐγὼ before ἀκούω 10 RP: add
τόπον ἔρημον after εἰς // WH: πόλιν καλουμένην RP: πόλεως καλουμένης

τες ἠκολούθησαν αὐτῷ. καὶ ἀποδεξάμενος αὐτοὺς ἐλάλει αὐτοῖς περὶ τῆς βασιλείας τοῦ θεοῦ, καὶ τοὺς χρείαν ἔχοντας θεραπείας ἰᾶτο. 12 Ἡ δὲ ἡμέρα ἤρξατο κλίνειν· προσελθόντες δὲ οἱ δώδεκα εἶπαν αὐτῷ Ἀπόλυσον τὸν ὄχλον, ἵνα πορευθέντες εἰς τὰς κύκλῳ κώμας καὶ ἀγροὺς καταλύσωσιν καὶ εὕρωσιν ἐπισιτισμόν, ὅτι ὧδε ἐν ἐρήμῳ τόπῳ ἐσμέν. 13 εἶπεν δὲ πρὸς αὐτούς Δότε αὐτοῖς φαγεῖν ὑμεῖς. οἱ δὲ εἶπαν Οὐκ εἰσὶν ἡμῖν πλεῖον ἢ ἄρτοι πέντε καὶ ἰχθύες δύο, εἰ μήτι πορευθέντες ἡμεῖς ἀγοράσωμεν εἰς πάντα τὸν λαὸν τοῦτον βρώματα. 14 ἦσαν γὰρ ὡσεὶ ἄνδρες πεντακισχίλιοι. εἶπεν δὲ πρὸς τοὺς μαθητὰς αὐτοῦ Κατακλίνατε αὐτοὺς κλισίας ὡσεὶ ἀνὰ πεντήκοντα. 15 καὶ ἐποίησαν οὕτως καὶ κατέκλιναν ἅπαντας. 16 λαβὼν δὲ τοὺς πέντε ἄρτους καὶ τοὺς δύο ἰχθύας ἀναβλέψας εἰς τὸν οὐρανὸν εὐλόγησεν αὐτοὺς καὶ κατέκλασεν καὶ ἐδίδου τοῖς μαθηταῖς παραθεῖναι τῷ ὄχλῳ. 17 καὶ ἔφαγον καὶ ἐχορτάσθησαν πάντες, καὶ ἤρθη τὸ περισσεῦσαν αὐτοῖς κλασμάτων κόφινοι δώδεκα.

Peter's Declaration about Jesus
(Matt 16:13–20; Mark 8:27–30)

18 Καὶ ἐγένετο ἐν τῷ εἶναι αὐτὸν προσευχόμενον κατὰ μόνας συνῆσαν αὐτῷ οἱ μαθηταί, καὶ ἐπηρώτησεν αὐτοὺς λέγων Τίνα με οἱ ὄχλοι λέγουσιν εἶναι; 19 οἱ δὲ ἀποκριθέντες εἶπαν Ἰωάνην τὸν βαπτιστήν, ἄλλοι δὲ Ἡλείαν, ἄλλοι δὲ ὅτι προφήτης τις τῶν ἀρχαίων ἀνέστη. 20 εἶπεν δὲ αὐτοῖς Ὑμεῖς δὲ τίνα με λέγετε εἶναι; Πέτρος δὲ ἀποκριθεὶς εἶπεν Τὸν χριστὸν τοῦ θεοῦ.

---

11 WH: ἀποδεξάμενος RP: δεξάμενος 12 WH: πορευθέντες RP: ἀπελθόντες // RP: add τοὺς before ἀγροὺς 13 WH: φαγεῖν ὑμεῖς {WH}/NA/RP: ὑμεῖς φαγεῖν // WH: ἄρτοι πέντε {WH}/RP: πέντε ἄρτοι 14 WH: ὡσεὶ ἀνὰ NA: [ὡσεὶ] ἀνὰ RP: ἀνὰ 15 WH: κατέκλιναν RP: ἀνέκλιναν // WH: ἅπαντας {WH}: πάντας 16 WH: παραθεῖναι RP: παρατιθέναι 18 WH: συνῆσαν {WH}: συνήντησαν // WH: οἱ ὄχλοι λέγουσιν NA/RP: λέγουσιν οἱ ὄχλοι 20 WH: Πέτρος δὲ ἀποκριθεὶς RP: Ἀποκριθεὶς δὲ ὁ Πέτρος

Jesus Predicts His Death and Resurrection
(Matt 16:21–23; Mark 8:31–33)

21 ὁ δὲ ἐπιτιμήσας αὐτοῖς παρήγγειλεν μηδενὶ λέγειν τοῦτο, 22 εἰπὼν ὅτι Δεῖ τὸν υἱὸν τοῦ ἀνθρώπου πολλὰ παθεῖν καὶ ἀποδοκιμασθῆναι ἀπὸ τῶν πρεσβυτέρων καὶ ἀρχιερέων καὶ γραμματέων καὶ ἀποκτανθῆναι καὶ τῇ τρίτῃ ἡμέρᾳ ἐγερθῆναι.

The Demands of Discipleship
(Matt 16:24–28; Mark 8:34–9:1)

23 Ἔλεγεν δὲ πρὸς πάντας Εἴ τις θέλει ὀπίσω μου ἔρχεσθαι, ἀρνησάσθω ἑαυτὸν καὶ ἀράτω τὸν σταυρὸν αὐτοῦ καθ᾽ ἡμέραν, καὶ ἀκολουθείτω μοι. 24 ὃς γὰρ ἂν θέλῃ τὴν ψυχὴν αὐτοῦ σῶσαι, ἀπολέσει αὐτήν· ὃς δ᾽ ἂν ἀπολέσῃ τὴν ψυχὴν αὐτοῦ ἕνεκεν ἐμοῦ, οὗτος σώσει αὐτήν. 25 τί γὰρ ὠφελεῖται ἄνθρωπος κερδήσας τὸν κόσμον ὅλον ἑαυτὸν δὲ ἀπολέσας ἢ ζημιωθείς; 26 ὃς γὰρ ἂν ἐπαισχυνθῇ με καὶ τοὺς ἐμοὺς λόγους, τοῦτον ὁ υἱὸς τοῦ ἀνθρώπου ἐπαισχυνθήσεται, ὅταν ἔλθῃ ἐν τῇ δόξῃ αὐτοῦ καὶ τοῦ πατρὸς καὶ τῶν ἁγίων ἀγγέλων. 27 Λέγω δὲ ὑμῖν ἀληθῶς, εἰσίν τινες τῶν αὐτοῦ ἑστηκότων οἳ οὐ μὴ γεύσωνται θανάτου ἕως ἂν ἴδωσιν τὴν βασιλείαν τοῦ θεοῦ.

The Transfiguration of Jesus
(Matt 17:1–8; Mark: 9:2–8)

28 Ἐγένετο δὲ μετὰ τοὺς λόγους τούτους ὡσεὶ ἡμέραι ὀκτὼ παραλαβὼν Πέτρον καὶ Ἰωάνην καὶ Ἰάκωβον ἀνέβη εἰς τὸ ὄρος προσεύξασθαι. 29 καὶ ἐγένετο ἐν τῷ προσεύχεσθαι αὐτὸν τὸ εἶδος τοῦ προσώπου αὐτοῦ ἕτερον καὶ ὁ

---

21 WH: λέγειν RP: εἰπεῖν 22 WH: ἐγερθῆναι {WH}/RP: ἀναστῆναι 23 WH: ἔρχεσθαι RP: ἐλθεῖν // WH: ἀρνησάσθω {WH}/RP: ἀπαρνησάσθω // RP: omit καθ᾽ ἡμέραν 24 WH: ἂν RP: ἐὰν 25 WH: ὠφελεῖται {WH}: ὠφελεῖ 27 WH: αὐτοῦ ἑστηκότων RP: ὧδε ἑστώτων 28 {WH}/[NA]/RP: add καὶ before παραλαβὼν

ἱματισμὸς αὐτοῦ λευκὸς ἐξαστράπτων. 30 καὶ ἰδοὺ ἄνδρες δύο συνελάλουν αὐτῷ, οἵτινες ἦσαν Μωυσῆς καὶ Ἠλείας, 31 οἳ ὀφθέντες ἐν δόξῃ ἔλεγον τὴν ἔξοδον αὐτοῦ ἣν ἤμελλεν πληροῦν ἐν Ἰερουσαλήμ. 32 ὁ δὲ Πέτρος καὶ οἱ σὺν αὐτῷ ἦσαν βεβαρημένοι ὕπνῳ· διαγρηγορήσαντες δὲ εἶδαν τὴν δόξαν αὐτοῦ καὶ τοὺς δύο ἄνδρας τοὺς συνεστῶτας αὐτῷ. 33 καὶ ἐγένετο ἐν τῷ διαχωρίζεσθαι αὐτοὺς ἀπ᾽ αὐτοῦ εἶπεν ὁ Πέτρος πρὸς τὸν Ἰησοῦν   Ἐπιστάτα, καλόν ἐστιν ἡμᾶς ὧδε εἶναι, καὶ ποιήσωμεν σκηνὰς τρεῖς, μίαν σοὶ καὶ μίαν Μωυσεῖ καὶ μίαν Ἠλείᾳ, μὴ εἰδὼς ὃ λέγει. 34 ταῦτα δὲ αὐτοῦ λέγοντος ἐγένετο νεφέλη καὶ ἐπεσκίαζεν αὐτούς· ἐφοβήθησαν δὲ ἐν τῷ εἰσελθεῖν αὐτοὺς εἰς τὴν νεφέλην. 35 καὶ φωνὴ ἐγένετο ἐκ τῆς νεφέλης λέγουσα   Οὗτός ἐστιν ὁ υἱός μου ὁ ἐκλελεγμένος, αὐτοῦ ἀκούετε. 36 καὶ ἐν τῷ γενέσθαι τὴν φωνὴν εὑρέθη Ἰησοῦς μόνος. καὶ αὐτοὶ ἐσίγησαν καὶ οὐδενὶ ἀπήγγειλαν ἐν ἐκείναις ταῖς ἡμέραις οὐδὲν ὧν ἑώρακαν.

Jesus Heals a Demon-Possessed Boy
(Matt 17:14–21; Mark 9:14–29)

37 Ἐγένετο δὲ τῇ ἑξῆς ἡμέρᾳ κατελθόντων αὐτῶν ἀπὸ τοῦ ὄρους συνήντησεν αὐτῷ ὄχλος πολύς. 38 καὶ ἰδοὺ ἀνὴρ ἀπὸ τοῦ ὄχλου ἐβόησεν λέγων   Διδάσκαλε, δέομαί σου ἐπιβλέψαι ἐπὶ τὸν υἱόν μου, ὅτι μονογενής μοί ἐστιν, 39 καὶ ἰδοὺ πνεῦμα λαμβάνει αὐτόν, καὶ ἐξέφνης κράζει, καὶ σπαράσσει αὐτὸν μετὰ ἀφροῦ καὶ μόλις ἀποχωρεῖ ἀπ᾽ αὐτοῦ συντρῖβον αὐτόν· 40 καὶ ἐδεήθην τῶν μαθητῶν σου ἵνα ἐκβάλωσιν αὐτό, καὶ οὐκ ἠδυνήθησαν. 41 ἀποκριθεὶς δὲ ὁ Ἰησοῦς εἶπεν   Ὦ γενεὰ ἄπιστος καὶ διεστραμμένη, ἕως πότε ἔσομαι πρὸς ὑμᾶς καὶ ἀνέξομαι ὑμῶν; προσάγαγε

---

31 WH: ἤμελλεν RP: ἔμελλεν 34 WH: ἐπεσκίαζεν RP: ἐπεσκίασεν // WH: εἰσελθεῖν αὐτοὺς RP: ἐκείνους εἰσελθεῖν 35 WH: ὁ ἐκλελεγμένος RP· ὁ ἀγαπητός 36 RP: add ὁ before Ἰησοῦς // WH: ἑώρακαν RP: ἑώρακασιν 37 RP: add ἐν before τῇ ἑξῆς ἡμέρᾳ 38 WH: ἐβόησεν RP: ἀνεβόησεν // WH: μοί ἐστιν RP: ἐστίν μοι 39 WH: ἐξέφνης NA/RP: ἐξαίφνης // WH: μόλις NA/RP: μόγις

ὧδε τὸν υἱόν σου. 42 ἔτι δὲ προσερχομένου αὐτοῦ ἔρρηξεν
αὐτὸν τὸ δαιμόνιον καὶ συνεσπάραξεν· ἐπετίμησεν δὲ ὁ
Ἰησοῦς τῷ πνεύματι τῷ ἀκαθάρτῳ, καὶ ἰάσατο τὸν παῖδα
καὶ ἀπέδωκεν αὐτὸν τῷ πατρὶ αὐτοῦ. 43 ἐξεπλήσσοντο δὲ
πάντες ἐπὶ τῇ μεγαλειότητι τοῦ θεοῦ.

Jesus Predicts His Death a Second Time
(Matt 17:22–23; Mark 9:30–32)

Πάντων δὲ θαυμαζόντων ἐπὶ πᾶσιν οἷς ἐποίει εἶπεν
πρὸς τοὺς μαθητὰς αὐτοῦ 44 Θέσθε ὑμεῖς εἰς τὰ ὦτα ὑμῶν
τοὺς λόγους τούτους, ὁ γὰρ υἱὸς τοῦ ἀνθρώπου μέλλει
παραδίδοσθαι εἰς χεῖρας ἀνθρώπων. 45 οἱ δὲ ἠγνόουν τὸ
ῥῆμα τοῦτο, καὶ ἦν παρακεκαλυμμένον ἀπ᾽ αὐτῶν ἵνα μὴ
αἴσθωνται αὐτό, καὶ ἐφοβοῦντο ἐρωτῆσαι αὐτὸν περὶ τοῦ
ῥήματος τούτου.

The Greatest in the Kingdom
(Matt 18:1–5; Mark 9:33–37)

46 Εἰσῆλθεν δὲ διαλογισμὸς ἐν αὐτοῖς, τὸ τίς ἂν εἴη μεί-
ζων αὐτῶν. 47 ὁ δὲ Ἰησοῦς εἰδὼς τὸν διαλογισμὸν τῆς
καρδίας αὐτῶν ἐπιλαβόμενος παιδίον ἔστησεν αὐτὸ παρ᾽
ἑαυτῷ, 48 καὶ εἶπεν αὐτοῖς Ὃς ἂν δέξηται τοῦτο τὸ
παιδίον ἐπὶ τῷ ὀνόματί μου ἐμὲ δέχεται, καὶ ὃς ἂν ἐμὲ δέξη-
ται δέχεται τὸν ἀποστείλαντά με· ὁ γὰρ μικρότερος ἐν
πᾶσιν ὑμῖν ὑπάρχων οὗτός ἐστιν μέγας.

Using the Name of Jesus
(Mark 9:38–41)

49 Ἀποκριθεὶς δὲ Ἰωάνης εἶπεν Ἐπιστάτα, εἴδαμέν
τινα ἐν τῷ ὀνόματί σου ἐκβάλλοντα δαιμόνια, καὶ ἐκωλύ-

---

41 WH: ὧδε τὸν υἱόν σου RP: τὸν υἱόν σου ὧδε 43 WH: ἐποίει RP: ἐποίησεν //
RP: add ὁ Ἰησοῦς after ἐποίησεν 47 WH: εἰδὼς {WH}/RP: ἰδὼν // WH: παιδίον
RP: παιδίου 48 WH: Ὃς ἂν δέξηται NA/RP: ὃς ἐὰν δέξηται // WH: ὃς ἂν ἐμὲ RP:
ὃς ἐὰν ἐμὲ // WH: ἐστιν RP: ἔσται 49 WH: εἴδαμέν NA/RP: εἴδομέν // WH: ἐν RP:
ἐπὶ // WH: ἐκωλύομεν RP: ἐκωλύσαμεν

ομεν αὐτὸν ὅτι οὐκ ἀκολουθεῖ μεθ᾽ ἡμῶν. 50 εἶπεν δὲ πρὸς
αὐτὸν Ἰησοῦς Μὴ κωλύετε, ὃς γὰρ οὐκ ἔστιν καθ᾽ ὑμῶν
ὑπὲρ ὑμῶν ἐστίν.

Opposition from a Samaritan Village

51 Ἐγένετο δὲ ἐν τῷ συμπληροῦσθαι τὰς ἡμέρας τῆς
ἀναλήμψεως αὐτοῦ καὶ αὐτὸς τὸ πρόσωπον ἐστήρισεν τοῦ
πορεύεσθαι εἰς Ἰερουσαλήμ, 52 καὶ ἀπέστειλεν ἀγγέλους
πρὸ προσώπου αὐτοῦ. Καὶ πορευθέντες εἰσῆλθον εἰς κώμην
Σαμαρειτῶν, ὡς ἑτοιμάσαι αὐτῷ· 53 καὶ οὐκ ἐδέξαντο
αὐτόν, ὅτι τὸ πρόσωπον αὐτοῦ ἦν πορευόμενον εἰς Ἰερου-
σαλήμ. 54 ἰδόντες δὲ οἱ μαθηταὶ Ἰάκωβος καὶ Ἰωάνης
εἶπαν Κύριε, θέλεις εἴπωμεν **πῦρ καταβῆναι ἀπὸ τοῦ**
οὐρανοῦ καὶ ἀναλῶσαι αὐτούς; 55 στραφεὶς δὲ ἐπετίμησεν
αὐτοῖς. 56 καὶ ἐπορεύθησαν εἰς ἑτέραν κώμην.

The Immediacy of Discipleship
(cf. Matt 8:19–22)

57 Καὶ πορευομένων αὐτῶν ἐν τῇ ὁδῷ εἶπέν τις πρὸς
αὐτόν Ἀκολουθήσω σοι ὅπου ἐὰν ἀπέρχῃ. 58 καὶ εἶπεν
αὐτῷ [ὁ] Ἰησοῦς Αἱ ἀλώπεκες φωλεοὺς ἔχουσιν καὶ τὰ
πετεινὰ τοῦ οὐρανοῦ κατασκηνώσεις, ὁ δὲ υἱὸς τοῦ ἀνθρώ-
που οὐκ ἔχει ποῦ τὴν κεφαλὴν κλίνῃ. 59 Εἶπεν δὲ πρὸς ἕτε-
ρον Ἀκολούθει μοι. ὁ δὲ εἶπεν Ἐπίτρεψόν μοι πρῶτον

---

50 WH: εἶπεν δὲ RP: Καὶ εἶπεν // NA/RP: add ὁ before Ἰησοῦς // WH: καθ᾽ ὑμῶν
RP: καθ᾽ ἡμῶν // WH: ὑπὲρ ὑμῶν RP: ὑπὲρ ἡμῶν 51 RP: add αὐτοῦ after
πρόσωπον // WH: ἐστήρισεν RP: ἐστήριξεν 52 WH: ὡς RP: ὥστε 54 RP: add
αὐτοῦ after οἱ μαθηταὶ // RP: add ὡς καὶ Ἡλίας ἐποίησεν after αὐτούς 55 RP: add
καὶ εἶπεν, Οὐκ οἴδατε οἵου πνεύματός ἐστε ὑμεῖς after αὐτοῖς 56 RP: add ὁ γὰρ
υἱὸς τοῦ ἀνθρώπου οὐκ ἦλθεν ψυχὰς ἀνθρώπων ἀπολέσαι, ἀλλὰ σῶσαι before
Καὶ 57 WH: Καὶ RP: Ἐγένετο δὲ // WH: ἐὰν RP: ἂν // RP: add κύριε after ἀπέρχῃ
58 WH: [ὁ] NA/RP: ὁ 59 {WH}/[NA]/RP: add Κύριε, before ἐπίτρεψόν // WH:
πρῶτον ἀπελθόντι NA/RP: ἀπελθόντι πρῶτον

ἀπελθόντι θάψαι τὸν πατέρα μου. 60 εἶπεν δὲ αὐτῷ ˉΑφες
τοὺς νεκροὺς θάψαι τοὺς ἑαυτῶν νεκρούς, σὺ δὲ ἀπελθὼν
διάγγελλε τὴν βασιλείαν τοῦ θεοῦ. 61 εἶπεν δὲ καὶ ἕτερος
Ἀκολουθήσω σοι, κύριε· πρῶτον δὲ ἐπίτρεψόν μοι ἀποτά-
ξασθαι τοῖς εἰς τὸν οἶκόν μου. 62 εἶπεν δὲ [πρὸς αὐτὸν] ὁ
Ἰησοῦς Οὐδεὶς ἐπιβαλὼν τὴν χεῖρα ἐπ᾽ ἄροτρον καὶ
βλέπων εἰς τὰ ὀπίσω εὔθετός ἐστιν τῇ βασιλείᾳ τοῦ θεοῦ.

Jesus Sends Out Seventy-two Disciples
(cf. Matt 10:1–42; 11:21–23)

10 Μετὰ δὲ ταῦτα ἀνέδειξεν ὁ κύριος ἑτέρους ἑβδομήκον-
τα [δύο] καὶ ἀπέστειλεν αὐτοὺς ἀνὰ δύο [δύο] πρὸ
προσώπου αὐτοῦ εἰς πᾶσαν πόλιν καὶ τόπον οὗ ἤμελλεν
αὐτὸς ἔρχεσθαι. 2 ἔλεγεν δὲ πρὸς αὐτούς Ὁ μὲν θερισμὸς
πολύς, οἱ δὲ ἐργάται ὀλίγοι· δεήθητε οὖν τοῦ κυρίου τοῦ
θερισμοῦ ὅπως ἐργάτας ἐκβάλῃ εἰς τὸν θερισμὸν αὐτοῦ.
3 ὑπάγετε· ἰδοὺ ἀποστέλλω ὑμᾶς ὡς ἄρνας ἐν μέσῳ λύκων.
4 μὴ βαστάζετε βαλλάντιον, μὴ πήραν, μὴ ὑποδήματα, καὶ
μηδένα κατὰ τὴν ὁδὸν ἀσπάσησθε. 5 εἰς ἣν δ᾽ ἂν εἰσέλθητε
οἰκίαν πρῶτον λέγετε Εἰρήνη τῷ οἴκῳ τούτῳ. 6 καὶ ἐὰν
ἐκεῖ ἦ υἱὸς εἰρήνης, ἐπαναπαήσεται ἐπ᾽ αὐτὸν ἡ εἰρήνη
ὑμῶν· εἰ δὲ μήγε, ἐφ᾽ ὑμᾶς ἀνακάμψει. 7 ἐν αὐτῇ δὲ τῇ οἰκίᾳ
μένετε, ἔσθοντες καὶ πίνοντες τὰ παρ᾽ αὐτῶν, ἄξιος γὰρ ὁ
ἐργάτης τοῦ μισθοῦ αὐτοῦ. μὴ μεταβαίνετε ἐξ οἰκίας εἰς
οἰκίαν. 8 καὶ εἰς ἣν ἂν πόλιν εἰσέρχησθε καὶ δέχωνται
ὑμᾶς, ἐσθίετε τὰ παρατιθέμενα ὑμῖν, 9 καὶ θεραπεύετε τοὺς
ἐν αὐτῇ ἀσθενεῖς, καὶ λέγετε αὐτοῖς Ἤγγικεν ἐφ᾽ ὑμᾶς ἡ
βασιλεία τοῦ θεοῦ. 10 εἰς ἣν δ᾽ ἂν πόλιν εἰσέλθητε καὶ μὴ

---

60 RP: add ὁ Ἰησοῦς *after* αὐτῷ 62 WH: [πρὸς αὐτὸν] ὁ Ἰησοῦς RP: ὁ Ἰησοῦς πρὸς
αὐτόν // RP: add αὐτοῦ *after* χεῖρα // WH: τῇ βασιλείᾳ RP: εἰς τὴν βασιλείαν
10:1 RP: add καὶ *after* κύριος // RP: *omit* [δύο] *after* ἑβδομήκοντα // RP: *omit* [δύο]
after δύο // WH: ἤμελλεν RP: ἔμελλεν 2 WH: δὲ RP: οὖν // WH: ἐργάτας ἐκβάλῃ
RP: ἐκβάλῃ ἐργάτας 3 RP: add ἐγὼ *before* ἀποστέλλω 4 WH: μὴ RP: μηδὲ 5 WH:
εἰσέλθητε οἰκίαν RP: οἰκίαν εἰσέρχησθε 6 WH: ἐκεῖ ἦ {WH}/RP: ἦ ἐκεῖ // WH:
ἐπαναπαήσεται RP: ἐπαναπαύσεται 7 WH: ἔσθοντες ΝΑ/RP: ἐσθίοντες // RP:
add ἐστίν *after* αὐτοῦ 10 WH: εἰσέλθητε RP: εἰσέρχησθε

δέχωνται ὑμᾶς, ἐξελθόντες εἰς τὰς πλατείας αὐτῆς εἴπατε
11 Καὶ τὸν κονιορτὸν τὸν κολληθέντα ἡμῖν ἐκ τῆς πόλεως
ὑμῶν εἰς τοὺς πόδας ἀπομασσόμεθα ὑμῖν· πλὴν τοῦτο
γινώσκετε ὅτι ἤγγικεν ἡ βασιλεία τοῦ θεοῦ. 12 λέγω ὑμῖν ὅτι
Σοδόμοις ἐν τῇ ἡμέρᾳ ἐκείνῃ ἀνεκτότερον ἔσται ἢ τῇ πόλει
ἐκείνῃ. 13 Οὐαί σοι, Χοραζείν· οὐαί σοι, Βηθσαϊδά· ὅτι εἰ
ἐν Τύρῳ καὶ Σιδῶνι ἐγενήθησαν αἱ δυνάμεις αἱ γενόμεναι
ἐν ὑμῖν, πάλαι ἂν ἐν σάκκῳ καὶ σποδῷ καθήμενοι
μετενόησαν. 14 πλὴν Τύρῳ καὶ Σιδῶνι ἀνεκτότερον ἔσται
ἐν τῇ κρίσει ἢ ὑμῖν. 15 Καὶ σύ, Καφαρναούμ, μὴ ἕως
οὐρανοῦ ὑψωθήσῃ; ἕως τοῦ ᾅδου καταβήσῃ. 16 Ὁ ἀκούων
ὑμῶν ἐμοῦ ἀκούει, καὶ ὁ ἀθετῶν ὑμᾶς ἐμὲ ἀθετεῖ· ὁ δὲ ἐμὲ
ἀθετῶν ἀθετεῖ τὸν ἀποστείλαντά με.

17 Ὑπέστρεψαν δὲ οἱ ἑβδομήκοντα [δύο] μετὰ χαρᾶς
λέγοντες Κύριε, καὶ τὰ δαιμόνια ὑποτάσσεται ἡμῖν ἐν τῷ
ὀνόματί σου. 18 εἶπεν δὲ αὐτοῖς Ἐθεώρουν τὸν Σατανᾶν
ὡς ἀστραπὴν ἐκ τοῦ οὐρανοῦ πεσόντα. 19 ἰδοὺ δέδωκα
ὑμῖν τὴν ἐξουσίαν τοῦ **πατεῖν ἐπάνω ὄφεων** καὶ σκορπίων,
καὶ ἐπὶ πᾶσαν τὴν δύναμιν τοῦ ἐχθροῦ, καὶ οὐδὲν ὑμᾶς οὐ
μὴ ἀδικήσει. 20 πλὴν ἐν τούτῳ μὴ χαίρετε ὅτι τὰ πνεύματα
ὑμῖν ὑποτάσσεται, χαίρετε δὲ ὅτι τὰ ὀνόματα ὑμῶν ἐνγέ-
γραπται ἐν τοῖς οὐρανοῖς.

Jesus Gives Thanks to the Father
(cf. Matt 11:25–27)

21 Ἐν αὐτῇ τῇ ὥρᾳ ἠγαλλιάσατο τῷ πνεύματι τῷ ἁγίῳ
καὶ εἶπεν Ἐξομολογοῦμαί σοι, πάτερ κύριε τοῦ οὐρανοῦ

---

11 RP: *omit* εἰς τοὺς πόδας // RP: *add* ἐφ᾽ ὑμᾶς *after* ἤγγικεν 13 WH: ἐγενήθησαν
RP: ἐγένοντο // WH: καθήμενοι RP: καθήμεναι 15 WH: μὴ RP: ἦ // RP: *add* τοῦ
before οὐρανοῦ // WH: ὑψωθήσῃ RP: ὑψωθεῖσα // RP: *omit* τοῦ // WH: καταβήσῃ
{WH}/RP: καταβιβασθήσῃ 17 RP: *omit* [δύο] 18 WH: ὡς ἀστραπὴν ἐκ τοῦ
οὐρανοῦ {WH}: ἐκ τοῦ οὐρανοῦ ὡς ἀστραπὴν 19 WH: δέδωκα RP: δίδωμι //
WH: ἀδικήσει {WH}/NA/RP: ἀδικήσῃ 20 WH: ἐνγέγραπται NA: ἐγγέγραπται RP:
ἐγράφη 21 WH: τῷ πνεύματι NA: [ἐν] τῷ πνεύματι // RP: *omit* τῷ ἁγίῳ // RP: *add*

10:15 Isa 14:13, 15 **19** Ps 91:13

καὶ τῆς γῆς, ὅτι ἀπέκρυψας ταῦτα ἀπὸ σοφῶν καὶ συνετῶν, καὶ ἀπεκάλυψας αὐτὰ νηπίοις· ναί, ὁ πατήρ, ὅτι οὕτως εὐδοκία ἐγένετο ἔμπροσθέν σου. 22 Πάντα μοι παρεδόθη ὑπὸ τοῦ πατρός μου, καὶ οὐδεὶς γινώσκει τίς ἐστιν ὁ υἱὸς εἰ μὴ ὁ πατήρ, καὶ τίς ἐστιν ὁ πατὴρ εἰ μὴ ὁ υἱὸς καὶ ᾧ ἂν βούληται ὁ υἱὸς ἀποκαλύψαι. 23 Καὶ στραφεὶς πρὸς τοὺς μαθητὰς κατ᾽ ἰδίαν εἶπεν Μακάριοι οἱ ὀφθαλμοὶ οἱ βλέποντες ἃ βλέπετε. 24 λέγω γὰρ ὑμῖν ὅτι πολλοὶ προφῆται καὶ βασιλεῖς ἠθέλησαν ἰδεῖν ἃ ὑμεῖς βλέπετε καὶ οὐκ εἶδαν, καὶ ἀκοῦσαι ἃ ἀκούετε καὶ οὐκ ἤκουσαν.

The Most Important Commandment
(cf. Matt 22:34–40; Mark 12:28–31)

25 Καὶ ἰδοὺ νομικός τις ἀνέστη ἐκπειράζων αὐτὸν λέγων Διδάσκαλε, τί ποιήσας ζωὴν αἰώνιον κληρονομήσω; 26 ὁ δὲ εἶπεν πρὸς αὐτόν Ἐν τῷ νόμῳ τί γέγραπται; πῶς ἀναγινώσκεις; 27 ὁ δὲ ἀποκριθεὶς εἶπεν **Ἀγαπήσεις Κύριον τὸν θεόν σου ἐξ ὅλης καρδίας σου καὶ ἐν ὅλῃ τῇ ψυχῇ σου καὶ ἐν ὅλῃ τῇ ἰσχύι σου καὶ ἐν ὅλῃ τῇ διανοίᾳ σου, καὶ τὸν πλησίον σου ὡς σεαυτόν.** 28 εἶπεν δὲ αὐτῷ Ὀρθῶς ἀπεκρίθης· **τοῦτο ποίει καὶ ζήσῃ.** 29 Ὁ δὲ θέλων δικαιῶσαι ἑαυτὸν εἶπεν πρὸς τὸν Ἰησοῦν Καὶ τίς ἐστίν μου πλησίον;

The Parable of the Good Samaritan

30 ὑπολαβὼν ὁ Ἰησοῦς εἶπεν Ἄνθρωπός τις κατέβαινεν ἀπὸ Ἰερουσαλὴμ εἰς Ἰεριχὼ καὶ λῃσταῖς περιέπεσεν, οἳ

ὁ Ἰησοῦς *after* πνεύματι // WH: εὐδοκία ἐγένετο RP: ἐγένετο εὐδοκία 22 RP: *add* Καὶ στραφεὶς πρὸς τοὺς μαθητὰς εἶπεν *before* Πάντα // WH: ἂν NA/RP: ἐὰν 25 RP: *add* καὶ *before* λέγων 27 WH: θεόν σου {WH}: θεὸν // {WH}/[NA]/RP: *add* τῆς *before* καρδίας // WH: ἐν ὅλῃ τῇ ψυχῇ RP: ἐξ ὅλης τῆς ψυχῆς // WH: ἐν ὅλῃ τῇ ἰσχύι RP: ἐξ ὅλης τῆς ἰσχύος // WH: ἐν ὅλῃ τῇ διανοίᾳ RP: ἐξ ὅλης τῆς διανοίας 29 WH: δικαιῶσαι RP: δικαιοῦν

---

27 Deut 6:5; Lev 19:18 28 Lev 18:5

καὶ ἐκδύσαντες αὐτὸν καὶ πληγὰς ἐπιθέντες ἀπῆλθον ἀφέντες ἡμιθανῆ. 31 κατὰ συγκυρίαν δὲ ἱερεύς τις κατέβαινεν [ἐν] τῇ ὁδῷ ἐκείνῃ, καὶ ἰδὼν αὐτὸν ἀντιπαρῆλθεν· 32 ὁμοίως δὲ καὶ Λευείτης κατὰ τὸν τόπον ἐλθὼν καὶ ἰδὼν ἀντιπαρῆλθεν. 33 Σαμαρείτης δέ τις ὁδεύων ἦλθεν κατ' αὐτὸν καὶ ἰδὼν ἐσπλαγχνίσθη, 34 καὶ προσελθὼν κατέδησεν τὰ τραύματα αὐτοῦ ἐπιχέων ἔλαιον καὶ οἶνον, ἐπιβιβάσας δὲ αὐτὸν ἐπὶ τὸ ἴδιον κτῆνος ἤγαγεν αὐτὸν εἰς πανδοχεῖον καὶ ἐπεμελήθη αὐτοῦ. 35 καὶ ἐπὶ τὴν αὔριον ἐκβαλὼν δύο δηνάρια ἔδωκεν τῷ πανδοχεῖ καὶ εἶπεν Ἐπιμελήθητι αὐτοῦ, καὶ ὅτι ἂν προσδαπανήσῃς ἐγὼ ἐν τῷ ἐπανέρχεσθαί με ἀποδώσω σοι. 36 τίς τούτων τῶν τριῶν πλησίον δοκεῖ σοι γεγονέναι τοῦ ἐμπεσόντος εἰς τοὺς λῃστάς; 37 ὁ δὲ εἶπεν Ὁ ποιήσας τὸ ἔλεος μετ' αὐτοῦ. εἶπεν δὲ αὐτῷ [ὁ] Ἰησοῦς Πορεύου καὶ σὺ ποίει ὁμοίως.

Jesus Visits Martha and Mary

38 Ἐν δὲ τῷ πορεύεσθαι αὐτοὺς αὐτὸς εἰσῆλθεν εἰς κώμην τινά· γυνὴ δέ τις ὀνόματι Μάρθα ὑπεδέξατο αὐτὸν εἰς τὴν οἰκίαν. 39 καὶ τῇδε ἦν ἀδελφὴ καλουμένη Μαριάμ, [ἣ] καὶ παρακαθεσθεῖσα πρὸς τοὺς πόδας τοῦ κυρίου ἤκουεν τὸν λόγον αὐτοῦ. 40 ἡ δὲ Μάρθα περιεσπᾶτο περὶ πολλὴν διακονίαν· ἐπιστᾶσα δὲ εἶπεν Κύριε, οὐ μέλει σοι ὅτι ἡ ἀδελφή μου μόνην με κατέλειπεν διακονεῖν; εἰπὸν οὖν αὐτῇ ἵνα μοι συναντιλάβηται. 41 ἀποκριθεὶς δὲ εἶπεν αὐτῇ ὁ κύριος Μάρθα Μάρθα, μεριμνᾷς καὶ θορυβάζῃ περὶ

---

30 RP: *add* τυγχάνοντα *after* ἡμιθανῆ 31 WH: [ἐν] NA/RP: ἐν 32 RP/[NA]: *add* γενόμενος *after* Λευΐτης 33 RP: *add* αὐτὸν *after* ἰδὼν 35 RP: *add* ἐξελθών *after* αὔριον // WH: δύο δηνάρια ἔδωκεν {WH}/NA: ἔδωκεν δύο δηνάρια // RP: *add* αὐτῷ *after* εἶπεν // WH: ὅτι NA/RP: ὅ τι 36 RP: *add* οὖν *after* Τίς 37 WH: δὲ RP: οὖν // WH: [ὁ] NA/RP: ὁ 38 WH: Ἐν δὲ RP: Ἐγένετο δὲ ἐν // RP: *add* καὶ *before* αὐτὸς // WH: εἰς τὴν οἰκίαν [{WH}]/RP: εἰς τὸν οἶκον αὐτῆς NA: *omit* εἰς τὴν οἰκίαν 39 WH: Μαριάμ RP: Μαρία // WH: [ἣ] RP: ἣ // WH: παρακαθεσθεῖσα πρὸς RP: παρακαθίσασα παρὰ // WH: κυρίου RP: Ἰησοῦ 40 WH: κατέλειπεν NA: κατέλιπεν // WH: εἰπὸν NA/RP: εἰπὲ 41 WH: κύριος RP: Ἰησοῦς // WH: θορυβάζῃ RP: τυρβάζῃ // RP: *omit* ὀλίγων // WH: δέ ἐστιν χρεία ἢ ἑνός· NA/RP (v. 42): ἑνὸς δέ ἐστιν χρεία· 41–42 WH: μεριμνᾷς . . . ἑνός· {WH}: θορυβάζῃ· //

πολλά, ὀλίγων δέ ἐστιν χρεία ἢ ἑνός· 42 Μαριὰμ γὰρ τὴν ἀγαθὴν μερίδα ἐξελέξατο ἥτις οὐκ ἀφαιρεθήσεται αὐτῆς.

Jesus' Teaching on Prayer
(cf. Matt 6:9–13)

11 Καὶ ἐγένετο ἐν τῷ εἶναι αὐτὸν ἐν τόπῳ τινὶ προσευχόμενον, ὡς ἐπαύσατο, εἶπέν τις τῶν μαθητῶν αὐτοῦ πρὸς αὐτόν Κύριε, δίδαξον ἡμᾶς προσεύχεσθαι, καθὼς καὶ Ἰωάνης ἐδίδαξεν τοὺς μαθητὰς αὐτοῦ. 2 εἶπεν δὲ αὐτοῖς Ὅταν προσεύχησθε, λέγετε Πάτερ, ἁγιασθήτω τὸ ὄνομά σου· ἐλθάτω ἡ βασιλεία σου· 3 τὸν ἄρτον ἡμῶν τὸν ἐπιούσιον δίδου ἡμῖν τὸ καθ' ἡμέραν· 4 καὶ ἄφες ἡμῖν τὰς ἁμαρτίας ἡμῶν, καὶ γὰρ αὐτοὶ ἀφίομεν παντὶ ὀφείλοντι ἡμῖν· καὶ μὴ εἰσενέγκῃς ἡμᾶς εἰς πειρασμόν.

5 Καὶ εἶπεν πρὸς αὐτούς Τίς ἐξ ὑμῶν ἕξει φίλον καὶ πορεύσεται πρὸς αὐτὸν μεσονυκτίου καὶ εἴπῃ αὐτῷ Φίλε, χρῆσόν μοι τρεῖς ἄρτους, 6 ἐπειδὴ φίλος μου παρεγένετο ἐξ ὁδοῦ πρός με καὶ οὐκ ἔχω ὃ παραθήσω αὐτῷ· 7 κἀκεῖνος ἔσωθεν ἀποκριθεὶς εἴπῃ Μή μοι κόπους πάρεχε· ἤδη ἡ θύρα κέκλεισται, καὶ τὰ παιδία μου μετ' ἐμοῦ εἰς τὴν κοίτην εἰσίν· οὐ δύναμαι ἀναστὰς δοῦναί σοι. 8 λέγω ὑμῖν, εἰ καὶ οὐ δώσει αὐτῷ ἀναστὰς διὰ τὸ εἶναι φίλον αὐτοῦ, διά γε τὴν ἀναιδίαν αὐτοῦ ἐγερθεὶς δώσει αὐτῷ ὅσων χρῄζει.

Asking and Receiving

9 Κἀγὼ ὑμῖν λέγω, αἰτεῖτε, καὶ δοθήσεται ὑμῖν· ζητεῖτε, καὶ εὑρήσετε· κρούετε, καὶ ἀνοιγήσεται ὑμῖν. 10 πᾶς γὰρ ὁ αἰτῶν λαμβάνει, καὶ ὁ ζητῶν εὑρίσκει, καὶ τῷ κρούοντι

RP: *end v. 41 after* πολλά· 42 WH: Μαριὰμ γὰρ {WH}: Μαριὰμ RP: Μαρία δὲ // RP: *add* ἀπ' *before* αὐτῆς
11:2 RP: *add* ἡμῶν ὁ ἐν τοῖς οὐρανοῖς *after* Πάτερ // WH: ἐλθάτω NA/RP: ἐλθέτω // RP: *add* Γενηθήτω τὸ θέλημά σου, ὡς ἐν οὐρανῷ, καὶ ἐπὶ τῆς γῆς *after* σου. 4 WH: ἀφίομεν RP: ἀφίεμεν // RP: *add* ἀλλὰ ῥῦσαι ἡμᾶς ἀπὸ τοῦ πονηροῦ *after* πειρασμόν 6 RP: *omit* μου 8 WH: φίλον αὐτοῦ RP: αὐτοῦ φίλον // WH: ὅσων RP: ὅσον

ἀνοιγήσεται. 11 τίνα δὲ ἐξ ὑμῶν τὸν πατέρα αἰτήσει ὁ υἱὸς ἰχθύν, μὴ ἀντὶ ἰχθύος ὄφιν αὐτῷ ἐπιδώσει; 12 ἢ καὶ αἰτήσει ᾠόν, ἐπιδώσει αὐτῷ σκορπίον; 13 εἰ οὖν ὑμεῖς πονηροὶ ὑπάρχοντες οἴδατε δόματα ἀγαθὰ διδόναι τοῖς τέκνοις ὑμῶν, πόσῳ μᾶλλον ὁ πατὴρ [ὁ] ἐξ οὐρανοῦ δώσει πνεῦμα ἅγιον τοῖς αἰτοῦσιν αὐτόν.

Jesus and Beelzebul
(cf. Matt 9:32–34; 12:22–30; Mark 3:22–27; cf. Matt 12:43–45)

14 Καὶ ἦν ἐκβάλλων δαιμόνιον κωφόν· ἐγένετο δὲ τοῦ δαιμονίου ἐξελθόντος ἐλάλησεν ὁ κωφός. Καὶ ἐθαύμασαν οἱ ὄχλοι· 15 τινὲς δὲ ἐξ αὐτῶν εἶπαν Ἐν Βεεζεβοὺλ τῷ ἄρχοντι τῶν δαιμονίων ἐκβάλλει τὰ δαιμόνια· 16 ἕτεροι δὲ πειράζοντες σημεῖον ἐξ οὐρανοῦ ἐζήτουν παρ' αὐτοῦ. 17 αὐτὸς δὲ εἰδὼς αὐτῶν τὰ διανοήματα εἶπεν αὐτοῖς Πᾶσα βασιλεία ἐφ' ἑαυτὴν διαμερισθεῖσα ἐρημοῦται, καὶ οἶκος ἐπὶ οἶκον πίπτει. 18 εἰ δὲ καὶ ὁ Σατανᾶς ἐφ' ἑαυτὸν διεμερίσθη, πῶς σταθήσεται ἡ βασιλεία αὐτοῦ; ὅτι λέγετε ἐν Βεεζεβοὺλ ἐκβάλλειν με τὰ δαιμόνια. 19 εἰ δὲ ἐγὼ ἐν Βεεζεβοὺλ ἐκβάλλω τὰ δαιμόνια, οἱ υἱοὶ ὑμῶν ἐν τίνι ἐκβάλλουσιν; διὰ τοῦτο αὐτοὶ ὑμῶν κριταὶ ἔσονται. 20 εἰ δὲ ἐν δακτύλῳ θεοῦ [ἐγὼ] ἐκβάλλω τὰ δαιμόνια, ἄρα ἔφθασεν ἐφ' ὑμᾶς ἡ βασιλεία τοῦ θεοῦ. 21 ὅταν ὁ ἰσχυρὸς καθωπλισμένος φυλάσσῃ τὴν ἑαυτοῦ αὐλήν, ἐν εἰρήνῃ ἐστὶν τὰ ὑπάρχοντα αὐτοῦ· 22 ἐπὰν δὲ ἰσχυρότερος αὐτοῦ ἐπελθὼν νικήσῃ αὐτόν, τὴν πανοπλίαν αὐτοῦ αἴρει ἐφ' ᾗ ἐπεποίθει, καὶ τὰ σκῦλα αὐτοῦ διαδίδωσιν. 23 ὁ μὴ ὢν μετ' ἐμοῦ κατ' ἐμοῦ ἐστίν, καὶ ὁ μὴ συνάγων μετ' ἐμοῦ σκορπίζει.

---

10 WH: ἀνοιγήσεται {WH}: ἀνοίγεται ΝΑ: ἀνοιγ[ήσ]εται. 11 RP: omit ἐξ // WH: τὸν πατέρα αἰτήσει {WH}: αἰτήσει τὸν πατέρα // {WH}/RP: add ἄρτον, μὴ λίθον ἐπιδώσει αὐτῷ; ῍Η καὶ ({WH}: [καὶ]) after υἱὸς // WH: μὴ ΝΑ: καὶ // WH: αὐτῷ ἐπιδώσει RP: ἐπιδώσει αὐτῷ 12 WH: αἰτήσει RP: αἰτήσῃ // RP: add ἐὰν before αἰτήσῃ // RP: add μὴ before ἐπιδώσει 13 WH: [ὁ] RP: ὁ 14 [ΝΑ]/RP: add καὶ αὐτὸ ἦν before κωφόν 15 RP: omit ἐξ 16 WH: ἐξ οὐρανοῦ ἐζήτουν παρ' αὐτοῦ RP: παρ' αὐτοῦ ἐζήτουν ἐξ οὐρανοῦ 17 WH: ἐφ' ἑαυτὴν διαμερισθεῖσα {WH}: διαμερισθεῖσα ἐφ' ἑαυτὴν 19 WH: αὐτοὶ ὑμῶν κριταὶ {WH}: αὐτοὶ κριταὶ ὑμῶν RP: κριταὶ ὑμῶν αὐτοὶ 20 RP: omit [ἐγὼ] 22 RP: add ὁ before ἰσχυρότερος

24 Ὅταν τὸ ἀκάθαρτον πνεῦμα ἐξέλθῃ ἀπὸ τοῦ ἀνθρώ-
που, διέρχεται δι᾽ ἀνύδρων τόπων ζητοῦν ἀνάπαυσιν, καὶ
μὴ εὑρίσκον [τότε] λέγει Ὑποστρέψω εἰς τὸν οἶκόν μου
ὅθεν ἐξῆλθον· 25 καὶ ἐλθὸν εὑρίσκει [σχολάζοντα,] σεσα-
ρωμένον καὶ κεκοσμημένον. 26 τότε πορεύεται καὶ παρα-
λαμβάνει ἕτερα πνεύματα πονηρότερα ἑαυτοῦ ἑπτά, καὶ
εἰσελθόντα κατοικεῖ ἐκεῖ, καὶ γίνεται τὰ ἔσχατα τοῦ ἀν-
θρώπου ἐκείνου χείρονα τῶν πρώτων.

True Happiness

27 Ἐγένετο δὲ ἐν τῷ λέγειν αὐτὸν ταῦτα ἐπάρασά τις
φωνὴν γυνὴ ἐκ τοῦ ὄχλου εἶπεν αὐτῷ Μακαρία ἡ κοιλία ἡ
βαστάσασά σε καὶ μαστοὶ οὓς ἐθήλασας· 28 αὐτὸς δὲ εἶπεν
Μενοῦν μακάριοι οἱ ἀκούοντες τὸν λόγον τοῦ θεοῦ καὶ
φυλάσσοντες.

The Sign of Jonah
(cf. Matt 12:38–42; Mark 8:11–12)

29 Τῶν δὲ ὄχλων ἐπαθροιζομένων ἤρξατο λέγειν Ἡ
γενεὰ αὕτη γενεὰ πονηρά ἐστιν· σημεῖον ζητεῖ, καὶ σημεῖον
οὐ δοθήσεται αὐτῇ εἰ μὴ τὸ σημεῖον Ἰωνᾶ. 30 καθὼς γὰρ
ἐγένετο [ὁ] Ἰωνᾶς τοῖς Νινευείταις σημεῖον, οὕτως ἔσται
καὶ ὁ υἱὸς τοῦ ἀνθρώπου τῇ γενεᾷ ταύτῃ. 31 βασίλισσα
νότου ἐγερθήσεται ἐν τῇ κρίσει μετὰ τῶν ἀνδρῶν τῆς γενεᾶς
ταύτης καὶ κατακρινεῖ αὐτούς· ὅτι ἦλθεν ἐκ τῶν περάτων
τῆς γῆς ἀκοῦσαι τὴν σοφίαν Σολομῶνος, καὶ ἰδοὺ πλεῖον
Σολομῶνος ὧδε. 32 ἄνδρες Νινευεῖται ἀναστήσονται ἐν τῇ

---

24 WH: ἀνάπαυσιν, καὶ μὴ εὑρίσκον [τότε] {WH}: ἀνάπαυσιν καὶ μὴ
εὑρίσκον. τότε NA: ἀνάπαυσιν καὶ μὴ εὑρίσκον· [τότε] RP: ἀνάπαυσιν· καὶ μὴ
εὑρίσκον 25 NA/RP: omit [σχολάζοντα,] 26 WH: ἕτερα πνεύματα πονηρότερα
ἑαυτοῦ ἑπτά, RP: ἑπτὰ ἕτερα πνεύματα πονηρότερα ἑαυτοῦ, // WH:
εἰσελθόντα RP: ἐλθόντα 27 WH: φωνὴν γυνὴ RP: γυνὴ φωνὴν 28 WH: Μενοῦν
RP: Μενοῦνγε // RP: add αὐτόν after φυλάσσοντες 29 RP: omit γενεὰ // WH: ζητεῖ
RP: ἐπιζητεῖ // RP: add τοῦ προφήτου after Ἰωνᾶ 30 WH: [ὁ] NA/RP: omit [ὁ] //
WH: τοῖς Νινευείταις σημεῖον RP: σημεῖον τοῖς Νινευίταις 32 WH: Νινευεῖται
NA: Νινευῖται RP: Νινευῖ

κρίσει μετὰ τῆς γενεᾶς ταύτης καὶ κατακρινοῦσιν αὐτήν·
ὅτι μετενόησαν εἰς τὸ κήρυγμα Ἰωνᾶ, καὶ ἰδοὺ πλεῖον Ἰωνᾶ
ὧδε. 33 Οὐδεὶς λύχνον ἅψας εἰς κρύπτην τίθησιν οὐδὲ ὑπὸ
τὸν μόδιον ἀλλ' ἐπὶ τὴν λυχνίαν, ἵνα οἱ εἰσπορευόμενοι τὸ
φῶς βλέπωσιν.

The Eye Is the Lamp of the Body
(cf. Matt 6:22–23)

34 Ὁ λύχνος τοῦ σώματός ἐστιν ὁ ὀφθαλμός σου. ὅταν ὁ
ὀφθαλμός σου ἁπλοῦς ᾖ, καὶ ὅλον τὸ σῶμά σου φωτινόν
ἐστιν· ἐπὰν δὲ πονηρὸς ᾖ, καὶ τὸ σῶμά σου σκοτινόν.
35 σκόπει οὖν μὴ τὸ φῶς τὸ ἐν σοὶ σκότος ἐστίν. 36 εἰ οὖν τὸ
σῶμά σου ὅλον φωτινόν, μὴ ἔχον μέρος τι σκοτινόν, ἔσται
φωτινὸν ὅλον ὡς ὅταν ὁ λύχνος τῇ ἀστραπῇ φωτίζῃ σε.

Jesus Denounces the Pharisees and the Teachers of the Law
(cf. Matt 23:4–36; Mark 12:38,39)

37 Ἐν δὲ τῷ λαλῆσαι ἐρωτᾷ αὐτὸν Φαρισαῖος ὅπως
ἀριστήσῃ παρ' αὐτῷ· εἰσελθὼν δὲ ἀνέπεσεν. 38 ὁ δὲ
Φαρισαῖος ἰδὼν ἐθαύμασεν ὅτι οὐ πρῶτον ἐβαπτίσθη πρὸ
τοῦ ἀρίστου. 39 εἶπεν δὲ ὁ κύριος πρὸς αὐτόν Νῦν ὑμεῖς οἱ
Φαρισαῖοι τὸ ἔξωθεν τοῦ ποτηρίου καὶ τοῦ πίνακος κα-
θαρίζετε, τὸ δὲ ἔσωθεν ὑμῶν γέμει ἁρπαγῆς καὶ πονηρίας.
40 ἄφρονες, οὐχ ὁ ποιήσας τὸ ἔξωθεν καὶ τὸ ἔσωθεν
ἐποίησεν; 41 πλὴν τὰ ἐνόντα δότε ἐλεημοσύνην, καὶ ἰδοὺ
πάντα καθαρὰ ὑμῖν ἐστίν. 42 ἀλλὰ οὐαὶ ὑμῖν τοῖς Φαρι-
σαίοις, ὅτι ἀποδεκατοῦτε τὸ ἡδύοσμον καὶ τὸ πήγανον καὶ
πᾶν λάχανον, καὶ παρέρχεσθε τὴν κρίσιν καὶ τὴν ἀγάπην
τοῦ θεοῦ· ταῦτα δὲ ἔδει ποιῆσαι κἀκεῖνα μὴ παρεῖναι.

---

33 RP: *add* δὲ *after* Οὐδεὶς // WH: οὐδὲ ὑπὸ τὸν μόδιον ΝΑ: [οὐδὲ ὑπὸ τὸν μόδιον]
// WH: φῶς RP: φέγγος 34 WH: ὀφθαλμός σου. ὅταν RP: ὀφθαλμός· ὅταν οὖν
35–36 {WH}: *35–36* 36 WH: μέρος τι {WH}: [τι] μέρος RP: τι μέρος // {WH}: *add*
ἐν *before* τῇ ἀστραπῇ 37 WH: ἐρωτᾷ RP: ἠρώτα // RP: *add* τις *after* Φαρισαῖός
42 RP: *omit* δὲ // WH: παρεῖναι RP: ἀφιέναι

43 οὐαὶ ὑμῖν τοῖς Φαρισαίοις, ὅτι ἀγαπᾶτε τὴν πρωτοκαθεδρίαν ἐν ταῖς συναγωγαῖς καὶ τοὺς ἀσπασμοὺς ἐν ταῖς ἀγοραῖς. 44 οὐαὶ ὑμῖν, ὅτι ἐστὲ ὡς τὰ μνημεῖα τὰ ἄδηλα, καὶ οἱ ἄνθρωποι οἱ περιπατοῦντες ἐπάνω οὐκ οἴδασιν. 45 Ἀποκριθεὶς δέ τις τῶν νομικῶν λέγει αὐτῷ Διδάσκαλε, ταῦτα λέγων καὶ ἡμᾶς ὑβρίζεις. 46 ὁ δὲ εἶπεν Καὶ ὑμῖν τοῖς νομικοῖς οὐαί, ὅτι φορτίζετε τοὺς ἀνθρώπους φορτία δυσβάστακτα, καὶ αὐτοὶ ἑνὶ τῶν δακτύλων ὑμῶν οὐ προσψαύετε τοῖς φορτίοις. 47 οὐαὶ ὑμῖν, ὅτι οἰκοδομεῖτε τὰ μνημεῖα τῶν προφητῶν οἱ δὲ πατέρες ὑμῶν ἀπέκτειναν αὐτούς. 48 ἄρα μάρτυρές ἐστε καὶ συνευδοκεῖτε τοῖς ἔργοις τῶν πατέρων ὑμῶν, ὅτι αὐτοὶ μὲν ἀπέκτειναν αὐτοὺς ὑμεῖς δὲ οἰκοδομεῖτε. 49 διὰ τοῦτο καὶ ἡ σοφία τοῦ θεοῦ εἶπεν Ἀποστελῶ εἰς αὐτοὺς προφήτας καὶ ἀποστόλους, καὶ ἐξ αὐτῶν ἀποκτενοῦσιν καὶ διώξουσιν, 50 ἵνα ἐκζητηθῇ τὸ αἷμα πάντων τῶν προφητῶν τὸ ἐκκεχυμένον ἀπὸ καταβολῆς κόσμου ἀπὸ τῆς γενεᾶς ταύτης, 51 ἀπὸ αἵματος Ἄβελ ἕως αἵματος Ζαχαρίου τοῦ ἀπολομένου μεταξὺ τοῦ θυσιαστηρίου καὶ τοῦ οἴκου· ναί, λέγω ὑμῖν, ἐκζητηθήσεται ἀπὸ τῆς γενεᾶς ταύτης. 52 οὐαὶ ὑμῖν τοῖς νομικοῖς, ὅτι ἤρατε τὴν κλεῖδα τῆς γνώσεως· αὐτοὶ οὐκ εἰσήλθατε καὶ τοὺς εἰσερχομένους ἐκωλύσατε.

53 Κἀκεῖθεν ἐξελθόντος αὐτοῦ ἤρξαντο οἱ γραμματεῖς καὶ οἱ Φαρισαῖοι δεινῶς ἐνέχειν καὶ ἀποστοματίζειν αὐτὸν περὶ πλειόνων, 54 ἐνεδρεύοντες αὐτὸν θηρεῦσαί τι ἐκ τοῦ στόματος αὐτοῦ.

---

44 RP: *add* γραμματεῖς καὶ Φαρισαῖοι, ὑποκριταί *after* ὑμῖν // WH: οἱ περιπατοῦντες NA: [οἱ] περιπατοῦντες RP: περιπατοῦντες 48 WH: μάρτυρές ἐστε RP: μαρτυρεῖτε // RP: *add* αὐτῶν τὰ μνημεῖα *after* οἰκοδομεῖτε 49 WH: διώξουσιν RP: ἐκδιώξουσιν 50 WH: ἐκκεχυμένον {WH}: ἐκχυννόμενον RP: ἐκχυνόμενον 51 RP: *add* τοῦ *before* αἵματος *twice* 53 WH: Κἀκεῖθεν ἐξελθόντος αὐτοῦ RP: Λέγοντος δὲ αὐτοῦ ταῦτα πρὸς αὐτούς 54 RP: *add* ζητοῦντες *before* θηρεῦσαί // RP: *add* ἵνα κατηγορήσωσιν αὐτοῦ *after* αὐτοῦ

Warnings and Encouragements
(cf. Matt 10:19–20, 26–33; Mark 3:28,29; 4:22)

12 Ἐν οἷς ἐπισυναχθεισῶν τῶν μυριάδων τοῦ ὄχλου, ὥστε καταπατεῖν ἀλλήλους, ἤρξατο λέγειν πρὸς τοὺς μαθητὰς αὐτοῦ πρῶτον Προσέχετε ἑαυτοῖς ἀπὸ τῆς ζύμης, ἥτις ἐστὶν ὑπόκρισις, τῶν Φαρισαίων. 2 Οὐδὲν δὲ συγκεκαλυμμένον ἐστὶν ὃ οὐκ ἀποκαλυφθήσεται, καὶ κρυπτὸν ὃ οὐ γνωσθήσεται. 3 ἀνθ᾽ ὧν ὅσα ἐν τῇ σκοτίᾳ εἴπατε ἐν τῷ φωτὶ ἀκουσθήσεται, καὶ ὃ πρὸς τὸ οὖς ἐλαλήσατε ἐν τοῖς ταμείοις κηρυχθήσεται ἐπὶ τῶν δωμάτων. 4 Λέγω δὲ ὑμῖν τοῖς φίλοις μου, μὴ φοβηθῆτε ἀπὸ τῶν ἀποκτεινόντων τὸ σῶμα καὶ μετὰ ταῦτα μὴ ἐχόντων περισσότερόν τι ποιῆσαι. 5 ὑποδείξω δὲ ὑμῖν τίνα φοβηθῆτε· φοβήθητε τὸν μετὰ τὸ ἀποκτεῖναι ἔχοντα ἐξουσίαν ἐμβαλεῖν εἰς τὴν γέενναν· ναί, λέγω ὑμῖν, τοῦτον φοβήθητε. 6 οὐχὶ πέντε στρουθία πωλοῦνται ἀσσαρίων δύο; καὶ ἓν ἐξ αὐτῶν οὐκ ἔστιν ἐπιλελησμένον ἐνώπιον τοῦ θεοῦ. 7 ἀλλὰ καὶ αἱ τρίχες τῆς κεφαλῆς ὑμῶν πᾶσαι ἠρίθμηνται· μὴ φοβεῖσθε· πολλῶν στρουθίων διαφέρετε. 8 Λέγω δὲ ὑμῖν, πᾶς ὃς ἂν ὁμολογήσει ἐν ἐμοὶ ἔμπροσθεν τῶν ἀνθρώπων, καὶ ὁ υἱὸς τοῦ ἀνθρώπου ὁμολογήσει ἐν αὐτῷ ἔμπροσθεν τῶν ἀγγέλων τοῦ θεοῦ· 9 ὁ δὲ ἀρνησάμενός με ἐνώπιον τῶν ἀνθρώπων ἀπαρνηθήσεται ἐνώπιον τῶν ἀγγέλων τοῦ θεοῦ. 10 Καὶ πᾶς ὃς ἐρεῖ λόγον εἰς τὸν υἱὸν τοῦ ἀνθρώπου, ἀφεθήσεται αὐτῷ· τῷ δὲ εἰς τὸ ἅγιον πνεῦμα βλασφημήσαντι οὐκ ἀφεθήσεται. 11 Ὅταν δὲ εἰσφέρωσιν ὑμᾶς ἐπὶ τὰς συναγωγὰς καὶ τὰς ἀρχὰς καὶ τὰς ἐξουσίας, μὴ μεριμνήσητε πῶς [ἢ τί] ἀπολογήσησθε ἢ τί εἴπητε· 12 τὸ γὰρ ἅγιον πνεῦμα διδάξει ὑμᾶς ἐν αὐτῇ τῇ ὥρᾳ ἃ δεῖ εἰπεῖν.

12:1 WH: ἥτις ἐστὶν ὑπόκρισις, τῶν Φαρισαίων RP: τῶν Φαρισαίων, ἥτις ἐστὶν ὑπόκρισις 4 WH: ἀποκτεινόντων RP: ἀποκτενόντων 5 WH: ἔχοντα ἐξουσίαν RP: ἐξουσίαν ἔχοντα 6 WH: πωλοῦνται RP: πωλεῖται 7 RP: *add* οὖν *before* φοβεῖσθε 8 WH: ὁμολογήσει NA/RP: ὁμολογήσῃ 11 WH: εἰσφέρωσιν RP: προσφέρωσιν // WH: μεριμνήσητε RP: μεριμνᾶτε // WH: [ἢ τί] NA/RP: ἢ τί

The Parable of the Rich Fool

13 Εἶπεν δέ τις ἐκ τοῦ ὄχλου αὐτῷ Διδάσκαλε, εἰπὲ τῷ ἀδελφῷ μου μερίσασθαι μετ' ἐμοῦ τὴν κληρονομίαν. 14 ὁ δὲ εἶπεν αὐτῷ Ἄνθρωπε, τίς με κατέστησεν κριτὴν ἢ μεριστὴν ἐφ' ὑμᾶς; 15 εἶπεν δὲ πρὸς αὐτούς Ὁρᾶτε καὶ φυλάσσεσθε ἀπὸ πάσης πλεονεξίας, ὅτι οὐκ ἐν τῷ περισ-σεύειν τινὶ ἡ ζωὴ αὐτοῦ ἐστιν ἐκ τῶν ὑπαρχόντων αὐτῷ. 16 Εἶπεν δὲ παραβολὴν πρὸς αὐτοὺς λέγων Ἀνθρώπου τινὸς πλουσίου εὐφόρησεν ἡ χώρα. 17 καὶ διελογίζετο ἐν αὐτῷ λέγων Τί ποιήσω, ὅτι οὐκ ἔχω ποῦ συνάξω τοὺς καρπούς μου; 18 καὶ εἶπεν Τοῦτο ποιήσω· καθελῶ μου τὰς ἀποθήκας καὶ μείζονας οἰκοδομήσω, καὶ συνάξω ἐκεῖ πάντα τὸν σῖτον καὶ τὰ ἀγαθά μου, 19 καὶ ἐρῶ τῇ ψυχῇ μου Ψυχή, ἔχεις πολλὰ ἀγαθὰ [κείμενα εἰς ἔτη πολλά· ἀνα-παύου, φάγε, πίε], εὐφραίνου. 20 εἶπεν δὲ αὐτῷ ὁ θεός Ἄφρων, ταύτῃ τῇ νυκτὶ τὴν ψυχήν σου αἰτοῦσιν ἀπὸ σοῦ· ἃ δὲ ἡτοίμασας, τίνι ἔσται; 21 [Οὕτως ὁ θησαυρίζων αὑτῷ καὶ μὴ εἰς θεὸν πλουτῶν.]

Avoiding Anxiety
(cf. Matt 6:19–21, 25–33)

22 Εἶπεν δὲ πρὸς τοὺς μαθητὰς [αὐτοῦ] Διὰ τοῦτο λέγω ὑμῖν, μὴ μεριμνᾶτε τῇ ψυχῇ τί φάγητε, μηδὲ τῷ σώματι [ὑμῶν] τί ἐνδύσησθε. 23 ἡ γὰρ ψυχὴ πλεῖόν ἐστιν τῆς τροφῆς καὶ τὸ σῶμα τοῦ ἐνδύματος. 24 κατανοήσατε τοὺς κόρακας ὅτι οὐ σπείρουσιν οὐδὲ θερίζουσιν, οἷς οὐκ ἔστιν ταμεῖον οὐδὲ ἀποθήκη, καὶ ὁ θεὸς τρέφει αὐτούς· πόσῳ

---

13 WH: ἐκ τοῦ ὄχλου αὐτῷ RP: αὐτῷ ἐκ τοῦ ὄχλου 14 WH: κριτὴν RP: δικαστὴν 15 WH: πάσης RP: τῆς // WH: ζωὴ αὐτοῦ RP: ζωὴ αὐτῷ // WH: ὑπαρχόντων αὐτῷ RP: ὑπαρχόντων αὐτοῦ 17 WH: αὑτῷ NA/RP: ἑαυτῷ 18 WH: τὸν σῖτον RP: τὰ γενήματά μου 19 NA/RP: omit brackets for κείμενα . . . φάγε, πίε 20 WH: Ἄφρων RP: Ἄφρον RP: Ἄφρων // WH: αἰτοῦσιν NA/RP: ἀπαιτοῦσιν 21 NA/RP: omit brackets for Οὕτως . . . πλουτῶν. // WH: αὑτῷ NA/RP: ἑαυτῷ 22 WH: [αὐτοῦ] RP: αὐτοῦ // WH: λέγω ὑμῖν {WH}/RP: ὑμῖν λέγω // RP: add ὑμῶν after ψυχῇ // NA/RP: omit [ὑμῶν] 23 RP: omit γὰρ 24 WH: οὐ σπείρουσιν οὐδὲ {WH}: οὔτε σπείρουσιν οὔτε

μᾶλλον ὑμεῖς διαφέρετε τῶν πετεινῶν. 25 τίς δὲ ἐξ ὑμῶν
μεριμνῶν δύναται ἐπὶ τὴν ἡλικίαν αὐτοῦ προσθεῖναι
πῆχυν; 26 εἰ οὖν οὐδὲ ἐλάχιστον δύνασθε, τί περὶ τῶν
λοιπῶν μεριμνᾶτε; 27 κατανοήσατε τὰ κρίνα πῶς αὐξάνει·
οὐ κοπιᾷ οὐδὲ νήθει· λέγω δὲ ὑμῖν, οὐδὲ Σολομὼν ἐν πάσῃ
τῇ δόξῃ αὐτοῦ περιεβάλετο ὡς ἓν τούτων. 28 εἰ δὲ ἐν ἀγρῷ
τὸν χόρτον ὄντα σήμερον καὶ αὔριον εἰς κλίβανον
βαλλόμενον ὁ θεὸς οὕτως ἀμφιάζει, πόσῳ μᾶλλον ὑμᾶς,
ὀλιγόπιστοι. 29 καὶ ὑμεῖς μὴ ζητεῖτε τί φάγητε καὶ τί πίητε,
καὶ μὴ μετεωρίζεσθε, 30 ταῦτα γὰρ πάντα τὰ ἔθνη τοῦ κόσ-
μου ἐπιζητοῦσιν, ὑμῶν δὲ ὁ πατὴρ οἶδεν ὅτι χρῄζετε τού-
των· 31 πλὴν ζητεῖτε τὴν βασιλείαν αὐτοῦ, καὶ ταῦτα
προστεθήσεται ὑμῖν. 32 μὴ φοβοῦ, τὸ μικρὸν ποίμνιον, ὅτι
εὐδόκησεν ὁ πατὴρ ὑμῶν δοῦναι ὑμῖν τὴν βασιλείαν.
33 Πωλήσατε τὰ ὑπάρχοντα ὑμῶν καὶ δότε ἐλεημοσύνην·
ποιήσατε ἑαυτοῖς βαλλάντια μὴ παλαιούμενα, θησαυρὸν
ἀνέκλειπτον ἐν τοῖς οὐρανοῖς, ὅπου κλέπτης οὐκ ἐγγίζει
οὐδὲ σὴς διαφθείρει· 34 ὅπου γάρ ἐστιν ὁ θησαυρὸς ὑμῶν,
ἐκεῖ καὶ ἡ καρδία ὑμῶν ἔσται.

A Call to Watchfulness
(cf. Matt 24:43–51; Mark 13:35–36)

35 Ἔστωσαν ὑμῶν αἱ ὀσφύες περιεζωσμέναι καὶ οἱ λύχνοι
καιόμενοι, 36 καὶ ὑμεῖς ὅμοιοι ἀνθρώποις προσδεχομένοις
τὸν κύριον ἑαυτῶν πότε ἀναλύσῃ ἐκ τῶν γάμων, ἵνα ἐλθόν-
τος καὶ κρούσαντος εὐθέως ἀνοίξωσιν αὐτῷ. 37 μακάριοι
οἱ δοῦλοι ἐκεῖνοι, οὓς ἐλθὼν ὁ κύριος εὑρήσει γρηγοροῦν-
τας· ἀμὴν λέγω ὑμῖν ὅτι περιζώσεται καὶ ἀνακλινεῖ αὐτοὺς
καὶ παρελθὼν διακονήσει αὐτοῖς. 38 κἂν ἐν τῇ δευτέρᾳ κἂν

---

25 WH: ἐπὶ τὴν ἡλικίαν αὐτοῦ προσθεῖναι {WH}/RP: προσθεῖναι ἐπὶ τὴν
ἡλικίαν αὐτοῦ // RP: add ἕνα after πῆχυν 26 WH: οὐδὲ RP: οὔτε 28 WH: ἐν ἀγρῷ
τὸν χόρτον RP: τὸν χόρτον ἐν τῷ ἀγρῷ // WH: ὄντα σήμερον RP: σήμερον ὄντα
// WH: ἀμφιάζει, ΝΑ: ἀμφιέζει RP: ἀμφιέννυσιν 29 WH: καὶ RP: ἢ 30 WH:
ἐπιζητοῦσιν RP: ἐπιζητεῖ 31 WH: αὐτοῦ RP: τοῦ θεοῦ // RP: add πάντα after
ταῦτα 38 WH: κἂν RP: Καὶ ἐὰν // RP: add ἔλθῃ before ἐν τῇ δευτέρᾳ // WH:
δευτέρᾳ κἂν RP: δευτέρᾳ φυλακῇ, καὶ //

ἐν τῇ τρίτῃ φυλακῇ ἔλθῃ καὶ εὕρῃ οὕτως, μακάριοί εἰσιν ἐκεῖνοι. 39 τοῦτο δὲ γινώσκετε ὅτι εἰ ᾔδει ὁ οἰκοδεσπότης ποίᾳ ὥρᾳ ὁ κλέπτης ἔρχεται, ἐγρηγόρησεν ἂν καὶ οὐκ ἀφῆκεν διορυχθῆναι τὸν οἶκον αὐτοῦ. 40 καὶ ὑμεῖς γίνεσθε ἕτοιμοι, ὅτι ᾗ ὥρᾳ οὐ δοκεῖτε ὁ υἱὸς τοῦ ἀνθρώπου ἔρχεται.

The Faithful or the Unfaithful Servant

41 Εἶπεν δὲ ὁ Πέτρος Κύριε, πρὸς ἡμᾶς τὴν παραβολὴν ταύτην λέγεις ἢ καὶ πρὸς πάντας; 42 καὶ εἶπεν ὁ κύριος Τίς ἄρα ἐστὶν ὁ πιστὸς οἰκονόμος, ὁ φρόνιμος, ὃν καταστήσει ὁ κύριος ἐπὶ τῆς θεραπείας αὐτοῦ τοῦ διδόναι ἐν καιρῷ [τὸ] σιτομέτριον; 43 μακάριος ὁ δοῦλος ἐκεῖνος, ὃν ἐλθὼν ὁ κύριος αὐτοῦ εὑρήσει ποιοῦντα οὕτως· 44 ἀληθῶς λέγω ὑμῖν ὅτι ἐπὶ πᾶσιν τοῖς ὑπάρχουσιν αὐτοῦ καταστήσει αὐτόν. 45 ἐὰν δὲ εἴπῃ ὁ δοῦλος ἐκεῖνος ἐν τῇ καρδίᾳ αὐτοῦ Χρονί- ζει ὁ κύριός μου ἔρχεσθαι, καὶ ἄρξηται τύπτειν τοὺς παῖδας καὶ τὰς παιδίσκας, ἐσθίειν τε καὶ πίνειν καὶ μεθύσκεσθαι, 46 ἥξει ὁ κύριος τοῦ δούλου ἐκείνου ἐν ἡμέρᾳ ᾗ οὐ προσ- δοκᾷ καὶ ἐν ὥρᾳ ᾗ οὐ γινώσκει, καὶ διχοτομήσει αὐτὸν καὶ τὸ μέρος αὐτοῦ μετὰ τῶν ἀπίστων θήσει. 47 ἐκεῖνος δὲ ὁ δοῦλος ὁ γνοὺς τὸ θέλημα τοῦ κυρίου αὐτοῦ καὶ μὴ ἑτοι- μάσας ἢ ποιήσας πρὸς τὸ θέλημα αὐτοῦ δαρήσεται πολλάς· 48 ὁ δὲ μὴ γνοὺς ποιήσας δὲ ἄξια πληγῶν δαρήσεται ὀλίγας. παντὶ δὲ ᾧ ἐδόθη πολύ, πολὺ ζητηθήσεται παρ᾽ αὐτοῦ, καὶ ᾧ παρέθεντο πολύ, περισσότερον αἰτήσουσιν αὐτόν.

Houses Divided
(cf. Matt 10:34–36; Mark 10:38)

49 Πῦρ ἦλθον βαλεῖν ἐπὶ τὴν γῆν, καὶ τί θέλω εἰ ἤδη ἀνήφ- θη; 50 βάπτισμα δὲ ἔχω βαπτισθῆναι, καὶ πῶς συνέχομαι

RP: add οἱ δοῦλοι *after* εἰσιν 39 WH: ἐγρηγόρησεν ἂν καὶ οὐκ {WH}/NA: οὐκ ἂν // RP: add ἂν *before* ἀφῆκεν // WH: διορυχθῆναι RP: διορυγῆναι 40 RP: add οὖν *before* γίνεσθε 41 RP: add αὐτῷ *after* Εἶπεν δὲ 42 WH: καὶ εἶπεν RP: Εἶπεν δὲ // WH: ὁ RP: καὶ // WH: [τὸ] RP: τὸ 47 WH: αὐτοῦ RP: ἑαυτοῦ // WH: ἢ RP: μηδὲ 49 WH: ἐπὶ RP: εἰς

ἕως ὅτου τελεσθῇ. 51 δοκεῖτε ὅτι εἰρήνην παρεγενόμην δοῦ-
ναι ἐν τῇ γῇ; οὐχί, λέγω ὑμῖν, ἀλλ' ἢ διαμερισμόν. 52 ἔσον-
ται γὰρ ἀπὸ τοῦ νῦν πέντε ἐν ἑνὶ οἴκῳ διαμεμερισμένοι,
τρεῖς ἐπὶ δυσὶν καὶ δύο ἐπὶ τρισίν, 53 διαμερισθήσονται
πατὴρ ἐπὶ υἱῷ καὶ **υἱὸς ἐπὶ πατρί,** μήτηρ ἐπὶ θυγατέρα καὶ
θυγάτηρ ἐπὶ τὴν μητέρα, πενθερὰ ἐπὶ τὴν νύμφην αὐτῆς καὶ
νύμφη ἐπὶ τὴν πενθεράν.

Interpreting the Times
(cf. Matt 16:2–3)

54 Ἔλεγεν δὲ καὶ τοῖς ὄχλοις Ὅταν ἴδητε νεφέλην
ἀνατέλλουσαν ἐπὶ δυσμῶν, εὐθέως λέγετε ὅτι Ὄμβρος
ἔρχεται, καὶ γίνεται οὕτως· 55 καὶ ὅταν νότον πνέοντα,
λέγετε ὅτι Καύσων ἔσται, καὶ γίνεται. 56 ὑποκριταί, τὸ
πρόσωπον τῆς γῆς καὶ τοῦ οὐρανοῦ οἴδατε δοκιμάζειν, τὸν
καιρὸν δὲ τοῦτον πῶς οὐκ οἴδατε δοκιμάζειν; 57 Τί δὲ καὶ
ἀφ' ἑαυτῶν οὐ κρίνετε τὸ δίκαιον; 58 ὡς γὰρ ὑπάγεις μετὰ
τοῦ ἀντιδίκου σου ἐπ' ἄρχοντα, ἐν τῇ ὁδῷ δὸς ἐργασίαν
ἀπηλλάχθαι [ἀπ'] αὐτοῦ, μή ποτε κατασύρῃ σε πρὸς τὸν
κριτήν, καὶ ὁ κριτής σε παραδώσει τῷ πράκτορι, καὶ ὁ
πράκτωρ σε βαλεῖ εἰς φυλακήν. 59 λέγω σοι, οὐ μὴ ἐξέλθῃς
ἐκεῖθεν ἕως καὶ τὸ ἔσχατον λεπτὸν ἀποδῷς.

A Call to Repentance

13 Παρῆσαν δέ τινες ἐν αὐτῷ τῷ καιρῷ ἀπαγγέλλοντες
αὐτῷ περὶ τῶν Γαλιλαίων ὧν τὸ αἷμα Πειλᾶτος ἔμιξεν μετὰ

---

50 WH: ὅτου RP: οὗ 52 WH: ἑνὶ οἴκῳ RP: οἴκῳ ἑνὶ 53 WH: διαμερισθήσονται
RP: Διαμερισθήσεται // WH: θυγατέρα ΝΑ: τὴν θυγατέρα RP: θυγατρί // WH:
τὴν μητέρα RP: μητρί // RP: add αὐτῆς after πενθερὰν 54 [ΝΑ]/RP: add τὴν before
νεφέλην // WH: ἐπὶ RP: ἀπὸ // RP: omit ὅτι 56 WH: καιρὸν δὲ {WH}/RP: δὲ
καιρὸν // WH: οὐκ οἴδατε δοκιμάζειν; RP: οὐ δοκιμάζετε 58 WH: παραδώσει
RP: παραδῷ // WH: βαλεῖ RP: βάλῃ // WH: [ἀπ'] ΝΑ/RP: ἀπ' 59 RP: add οὗ after
ἕως // WH: τὸ RP: τὸν

τῶν θυσιῶν αὐτῶν. 2 καὶ ἀποκριθεὶς εἶπεν αὐτοῖς   Δοκεῖτε ὅτι οἱ Γαλιλαῖοι οὗτοι ἁμαρτωλοὶ παρὰ πάντας τοὺς Γαλιλαίους ἐγένοντο, ὅτι ταῦτα πεπόνθασιν; 3 οὐχί, λέγω ὑμῖν, ἀλλ᾽ ἐὰν μὴ μετανοῆτε πάντες ὁμοίως ἀπολεῖσθε. 4 ἢ ἐκεῖνοι οἱ δέκα ὀκτὼ ἐφ᾽ οὓς ἔπεσεν ὁ πύργος ἐν τῷ Σιλωὰμ καὶ ἀπέκτεινεν αὐτούς, δοκεῖτε ὅτι αὐτοὶ ὀφειλέται ἐγένοντο παρὰ πάντας τοὺς ἀνθρώπους τοὺς κατοικοῦντας Ἰερουσαλήμ; 5 οὐχί, λέγω ὑμῖν, ἀλλ᾽ ἐὰν μὴ μετανοήσητε πάντες ὡσαύτως ἀπολεῖσθε.

The Parable of the Barren Fig Tree

6 Ἔλεγεν δὲ ταύτην τὴν παραβολήν. Συκῆν εἶχέν τις πεφυτευμένην ἐν τῷ ἀμπελῶνι αὐτοῦ, καὶ ἦλθεν ζητῶν καρπὸν ἐν αὐτῇ καὶ οὐχ εὗρεν. 7 εἶπεν δὲ πρὸς τὸν ἀμπελουργόν   Ἰδοὺ τρία ἔτη ἀφ᾽ οὗ ἔρχομαι ζητῶν καρπὸν ἐν τῇ συκῇ ταύτῃ καὶ οὐχ εὑρίσκω· ἔκκοψον αὐτήν· ἵνα τί καὶ τὴν γῆν καταργεῖ; 8 ὁ δὲ ἀποκριθεὶς λέγει αὐτῷ   Κύριε, ἄφες αὐτὴν καὶ τοῦτο τὸ ἔτος, ἕως ὅτου σκάψω περὶ αὐτὴν καὶ βάλω κόπρια· 9 κἂν μὲν ποιήσῃ καρπὸν εἰς τὸ μέλλον— εἰ δὲ μήγε, ἐκκόψεις αὐτήν.

Jesus Heals a Crippled Woman on the Sabbath
(cf. Matt 12:11–12)

10 Ἦν δὲ διδάσκων ἐν μιᾷ τῶν συναγωγῶν ἐν τοῖς σάββασιν. 11 καὶ ἰδοὺ γυνὴ πνεῦμα ἔχουσα ἀσθενείας ἔτη δέκα ὀκτώ, καὶ ἦν συνκύπτουσα καὶ μὴ δυναμένη ἀνακύψαι εἰς

13:2 RP: *add* ὁ Ἰησοῦς *before* εἶπεν // WH: ταῦτα RP: τοιαῦτα 3 WH: ὁμοίως RP: ὡσαύτως 4 WH: δέκα ὀκτὼ NA: δεκαοκτὼ RP: δέκα καὶ ὀκτώ // WH: αὐτοὶ RP: οὗτοι // RP: *omit* τοὺς *before* ἀνθρώπους // RP: *add* ἐν *before* Ἰερουσαλήμ 5 WH: μετανοήσητε {WH}/NA/RP: μετανοῆτε // WH: ὡσαύτως RP: ὁμοίως 6 WH: πεφυτευμένην ἐν τῷ ἀμπελῶνι αὐτοῦ RP: ἐν τῷ ἀμπελῶνι αὐτοῦ πεφυτευμένην 7 RP: *omit* ἀφ᾽ οὗ // NA: *add* [οὖν] *after* ἔκκοψον // WH: ἵνα τί NA: ἱνατί 9 WH: εἰς τὸ μέλλον—εἰ δὲ μήγε NA: εἰς τὸ μέλλον· εἰ δὲ μή γε RP: εἰ δὲ μήγε, εἰς τὸ μέλλον 11 RP: *add* ἦν *before* πνεῦμα // WH: δέκα ὀκτώ NA: δεκαοκτὼ RP: δέκα καὶ ὀκτώ

τὸ παντελές. 12 ἰδὼν δὲ αὐτὴν ὁ Ἰησοῦς προσεφώνησεν καὶ
εἶπεν αὐτῇ Γύναι, ἀπολέλυσαι τῆς ἀσθενείας σου, 13 καὶ
ἐπέθηκεν αὐτῇ τὰς χεῖρας· καὶ παραχρῆμα ἀνωρθώθη,
καὶ ἐδόξαζεν τὸν θεόν. 14 ἀποκριθεὶς δὲ ὁ ἀρχισυνάγωγος,
ἀγανακτῶν ὅτι τῷ σαββάτῳ ἐθεράπευσεν ὁ Ἰησοῦς, ἔλεγεν
τῷ ὄχλῳ ὅτι Ἓξ ἡμέραι εἰσὶν ἐν αἷς δεῖ ἐργάζεσθαι· ἐν
αὐταῖς οὖν ἐρχόμενοι θεραπεύεσθε καὶ μὴ τῇ ἡμέρᾳ τοῦ
σαββάτου. 15 ἀπεκρίθη δὲ αὐτῷ ὁ κύριος καὶ εἶπεν Ὑπο-
κριταί, ἕκαστος ὑμῶν τῷ σαββάτῳ οὐ λύει τὸν βοῦν αὐτοῦ
ἢ τὸν ὄνον ἀπὸ τῆς φάτνης καὶ ἀπάγων ποτίζει; 16 ταύτην
δὲ θυγατέρα Ἀβραὰμ οὖσαν, ἣν ἔδησεν ὁ Σατανᾶς ἰδοὺ
δέκα καὶ ὀκτὼ ἔτη, οὐκ ἔδει λυθῆναι ἀπὸ τοῦ δεσμοῦ τού-
του τῇ ἡμέρᾳ τοῦ σαββάτου; 17 Καὶ ταῦτα λέγοντος αὐτοῦ
κατῃσχύνοντο πάντες οἱ ἀντικείμενοι αὐτῷ, καὶ πᾶς ὁ
ὄχλος ἔχαιρεν ἐπὶ πᾶσιν τοῖς ἐνδόξοις τοῖς γινομένοις ὑπ᾽
αὐτοῦ.

The Parables of the Mustard Seed and the Yeast
(Matt 13:31–33; Mark 4:30–32)

18 Ἔλεγεν οὖν Τίνι ὁμοία ἐστὶν ἡ βασιλεία τοῦ θεοῦ,
καὶ τίνι ὁμοιώσω αὐτήν; 19 ὁμοία ἐστὶν κόκκῳ σινάπεως,
ὃν λαβὼν ἄνθρωπος ἔβαλεν εἰς κῆπον ἑαυτοῦ, καὶ ηὔξησεν
καὶ ἐγένετο εἰς δένδρον, καὶ **τὰ πετεινὰ τοῦ οὐρανοῦ
κατεσκήνωσεν ἐν τοῖς κλάδοις αὐτοῦ.** 20 Καὶ πάλιν εἶπεν
Τίνι ὁμοιώσω τὴν βασιλείαν τοῦ θεοῦ; 21 ὁμοία ἐστὶν ζύμη,
ἣν λαβοῦσα γυνὴ ἔκρυψεν εἰς ἀλεύρου σάτα τρία ἕως οὗ
ἐζυμώθη ὅλον.

---

14 RP: *omit* ὅτι *after* ὄχλῳ // WH: αὐταῖς RP: ταύταις 15 WH: δὲ RP: οὖν // WH:
ἀπάγων {WH}/NA/RP: ἀπαγαγὼν 18 WH: οὖν RP: δέ 19 RP: *add* μέγα *after*
δένδρον 20 RP: *omit* Καὶ 21 WH: ἔκρυψεν NA: [ἐν]έκρυψεν RP: ἐνέκρυψεν

The Narrow and Wide Gates
(cf. Matt 7:13–14, 22–23; 8:11–12; 19:30; Mark 10:31)

22 Καὶ διεπορεύετο κατὰ πόλεις καὶ κώμας διδάσκων καὶ πορείαν ποιούμενος εἰς Ἱεροσόλυμα. 23 Εἶπεν δέ τις αὐτῷ Κύριε, εἰ ὀλίγοι οἱ σῳζόμενοι; ὁ δὲ εἶπεν πρὸς αὐτούς 24 Ἀγωνίζεσθε εἰσελθεῖν διὰ τῆς στενῆς θύρας, ὅτι πολλοί, λέγω ὑμῖν, ζητήσουσιν εἰσελθεῖν καὶ οὐκ ἰσχύσουσιν, 25 ἀφ᾽ οὗ ἂν ἐγερθῇ ὁ οἰκοδεσπότης καὶ ἀποκλείσῃ τὴν θύραν, καὶ ἄρξησθε ἔξω ἑστάναι καὶ κρούειν τὴν θύραν λέγοντες Κύριε, ἄνοιξον ἡμῖν· καὶ ἀποκριθεὶς ἐρεῖ ὑμῖν Οὐκ οἶδα ὑμᾶς πόθεν ἐστέ. 26 τότε ἄρξεσθε λέγειν Ἐφάγομεν ἐνώπιόν σου καὶ ἐπίομεν, καὶ ἐν ταῖς πλατείαις ἡμῶν ἐδίδαξας· 27 καὶ ἐρεῖ λέγων ὑμῖν Οὐκ οἶδα πόθεν ἐστέ· **ἀπόστητε ἀπ᾽ ἐμοῦ, πάντες ἐργάται ἀδικίας.** 28 Ἐκεῖ ἔσται ὁ κλαυθμὸς καὶ ὁ βρυγμὸς τῶν ὀδόντων, ὅταν ὄψησθε Ἀβραὰμ καὶ Ἰσαὰκ καὶ Ἰακὼβ καὶ πάντας τοὺς προφήτας ἐν τῇ βασιλείᾳ τοῦ θεοῦ, ὑμᾶς δὲ ἐκβαλλομένους ἔξω. 29 καὶ ἥξουσιν **ἀπὸ ἀνατολῶν καὶ δυσμῶν** καὶ ἀπὸ βορρᾶ καὶ νότου καὶ ἀνακλιθήσονται ἐν τῇ βασιλείᾳ τοῦ θεοῦ. 30 καὶ ἰδοὺ εἰσὶν ἔσχατοι οἳ ἔσονται πρῶτοι, καὶ εἰσὶν πρῶτοι οἳ ἔσονται ἔσχατοι.

Jesus' Lament over Jerusalem
(Matt 23:37–39)

31 Ἐν αὐτῇ τῇ ὥρᾳ προσῆλθάν τινες Φαρισαῖοι λέγοντες αὐτῷ Ἔξελθε καὶ πορεύου ἐντεῦθεν, ὅτι Ἡρώδης θέλει σε ἀποκτεῖναι. 32 καὶ εἶπεν αὐτοῖς Πορευθέντες εἴπατε τῇ ἀλώπεκι ταύτῃ Ἰδοὺ ἐκβάλλω δαιμόνια καὶ ἰάσεις ἀποτελῶ σήμερον καὶ αὔριον, καὶ τῇ τρίτῃ τελειοῦμαι.

---

24 WH: θύρας RP: πύλης 25 RP: add κύριε after Κύριε 26 WH: ἄρξεσθε {WH}: ἄρξησθε 27 WH: λέγων RP: Λέγω // [NA]/RP: add ὑμᾶς after οἶδα // RP: add οἱ before ἐργάται // RP: add τῆς before ἀδικίας 28 WH: ὄψησθε {WH}: ὄψεσθε 29 RP: omit ἀπὸ before βορρᾶ 31 WH: ὥρα RP: ἡμέρα 32 WH: ἀποτελῶ RP: ἐπιτελῶ

27 Ps 6:8   29 Mal 1:11; Isa 59:19

33 πλὴν δεῖ με σήμερον καὶ αὔριον καὶ τῇ ἐχομένῃ πορεύεσθαι, ὅτι οὐκ ἐνδέχεται προφήτην ἀπολέσθαι ἔξω Ἰερουσαλήμ. 34 Ἰερουσαλήμ Ἰερουσαλήμ, ἡ ἀποκτείνουσα τοὺς προφήτας καὶ λιθοβολοῦσα τοὺς ἀπεσταλμένους πρὸς αὐτήν,—ποσάκις ἠθέλησα ἐπισυνάξαι τὰ τέκνα σου ὃν τρόπον ὄρνις τὴν ἑαυτῆς νοσσιὰν ὑπὸ τὰς πτέρυγας, καὶ οὐκ ἠθελήσατε. 35 ἰδοὺ **ἀφίεται ὑμῖν ὁ οἶκος ὑμῶν.** λέγω [δὲ] ὑμῖν, οὐ μὴ ἴδητέ με ἕως εἴπητε

Εὐλογημένος ὁ ἐρχόμενος ἐν ὀνόματι Κυρίου.

Jesus Heals a Sick Man on the Sabbath

14 Καὶ ἐγένετο ἐν τῷ ἐλθεῖν αὐτὸν εἰς οἰκόν τινος τῶν ἀρχόντων [τῶν] Φαρισαίων σαββάτῳ φαγεῖν ἄρτον καὶ αὐτοὶ ἦσαν παρατηρούμενοι αὐτόν. 2 καὶ ἰδοὺ ἄνθρωπός τις ἦν ὑδρωπικὸς ἔμπροσθεν αὐτοῦ. 3 καὶ ἀποκριθεὶς ὁ Ἰησοῦς εἶπεν πρὸς τοὺς νομικοὺς καὶ Φαρισαίους λέγων Ἔξεστιν τῷ σαββάτῳ θεραπεῦσαι ἢ οὔ; 4 οἱ δὲ ἡσύχασαν. καὶ ἐπιλαβόμενος ἰάσατο αὐτὸν καὶ ἀπέλυσεν. 5 καὶ πρὸς αὐτοὺς εἶπεν Τίνος ὑμῶν υἱὸς ἢ βοῦς εἰς φρέαρ πεσεῖται, καὶ οὐκ εὐθέως ἀνασπάσει αὐτὸν ἐν ἡμέρᾳ τοῦ σαββάτου; 6 καὶ οὐκ ἴσχυσαν ἀνταποκριθῆναι πρὸς ταῦτα.

Jesus Teaches About Humility and Hospitality

7 Ἔλεγεν δὲ πρὸς τοὺς κεκλημένους παραβολήν, ἐπέχων πῶς τὰς πρωτοκλισίας ἐξελέγοντο, λέγων πρὸς αὐτούς 8 Ὅταν κληθῇς ὑπό τινος εἰς γάμους, μὴ κατακλιθῇς εἰς τὴν πρωτοκλισίαν, μή ποτε ἐντιμότερός σου ᾖ κεκλημένος

---

34 WH: ἀποκτείνουσα RP: ἀποκτένουσα 35 RP: *add* ἔρημος *after* ὑμῶν // WH: [δὲ] RP: δὲ // RP: *add* ὅτι *before* οὐ μή // WH: ἴδητέ με RP: με ἴδητε // WH: ἕως NA: ἕως [ἥξει ὅτε] RP: ἕως ἥξει, ὅτε

14:1 WH: [τῶν] RP: τῶν 3 RP: *add* Εἰ *before* ἔξεστιν // WH: θεραπεῦσαι ἢ οὔ RP: θεραπεύειν 5 RP: *add* ἀποκριθεὶς *after* Καὶ // WH: πεσεῖται RP: ἐμπεσεῖται // RP: *add* τῇ *before* ἡμέρᾳ 6 RP: *add* αὐτῷ *after* ἀνταποκριθῆναι

ὑπ' αὐτοῦ, 9 καὶ ἐλθὼν ὁ σὲ καὶ αὐτὸν καλέσας ἐρεῖ σοι
Δὸς τούτῳ τόπον, καὶ τότε ἄρξῃ μετὰ αἰσχύνης τὸν ἔσχατον
τόπον κατέχειν. 10 ἀλλ' ὅταν κληθῇς πορευθεὶς ἀνάπεσε
εἰς τὸν ἔσχατον τόπον, ἵνα ὅταν ἔλθῃ ὁ κεκληκώς σε ἐρεῖ
σοι Φίλε, προσανάβηθι ἀνώτερον· τότε ἔσται σοι δόξα
ἐνώπιον πάντων τῶν συνανακειμένων σοι. 11 ὅτι πᾶς ὁ
ὑψῶν ἑαυτὸν ταπεινωθήσεται καὶ ὁ ταπεινῶν ἑαυτὸν ὑψω-
θήσεται.

12 Ἔλεγεν δὲ καὶ τῷ κεκληκότι αὐτόν· Ὅταν ποιῇς
ἄριστον ἢ δεῖπνον, μὴ φώνει τοὺς φίλους σου μηδὲ τοὺς
ἀδελφούς σου μηδὲ τοὺς συγγενεῖς σου μηδὲ γείτονας πλου-
σίους, μή ποτε καὶ αὐτοὶ ἀντικαλέσωσίν σε καὶ γένηται ἀν-
ταπόδομά σοι. 13 ἀλλ' ὅταν δοχὴν ποιῇς, κάλει πτωχούς,
ἀναπείρους, χωλούς, τυφλούς· 14 καὶ μακάριος ἔσῃ, ὅτι
οὐκ ἔχουσιν ἀνταποδοῦναί σοι, ἀνταποδοθήσεται γάρ σοι
ἐν τῇ ἀναστάσει τῶν δικαίων.

The Parable of the Great Banquet
(Matt 22:1–10)

15 Ἀκούσας δέ τις τῶν συνανακειμένων ταῦτα εἶπεν
αὐτῷ Μακάριος ὅστις φάγεται ἄρτον ἐν τῇ βασιλείᾳ τοῦ
θεοῦ. 16 ὁ δὲ εἶπεν αὐτῷ Ἄνθρωπός τις ἐποίει δεῖπνον
μέγα, καὶ ἐκάλεσεν πολλούς, 17 καὶ ἀπέστειλεν τὸν δοῦλον
αὐτοῦ τῇ ὥρᾳ τοῦ δείπνου εἰπεῖν τοῖς κεκλημένοις
Ἔρχεσθε ὅτι ἤδη ἕτοιμά ἐστιν. 18 καὶ ἤρξαντο ἀπὸ μιᾶς
πάντες παραιτεῖσθαι. ὁ πρῶτος εἶπεν αὐτῷ Ἀγρὸν
ἠγόρασα καὶ ἔχω ἀνάγκην ἐξελθὼν ἰδεῖν αὐτόν· ἐρωτῶ σε,
ἔχε με παρῃτημένον. 19 καὶ ἕτερος εἶπεν Ζεύγη βοῶν ἠγό-
ρασα πέντε καὶ πορεύομαι δοκιμάσαι αὐτά· ἐρωτῶ σε, ἔχε

10 WH: ἐρεῖ RP: εἴπῃ // RP: omit πάντων 12 WH: ἀντικαλέσωσίν σε RP: σε
ἀντικαλέσωσιν // WH: ἀνταπόδομά σοι RP: σοι ἀνταπόδομα 13 WH: δοχὴν
ποιῇς RP: ποιῇς δοχήν // WH: ἀναπείρους RP: ἀναπήρους 15 WH: ὅστις RP: ὃς
// WH: ἄρτον RP: ἄριστον 16 WH: ἐποίει RP: ἐποίησεν 17 WH: Ἔρχεσθε {WH}:
ἔρχεσθαι // WH: ἐστιν {WH}: εἰσιν RP: ἐστιν πάντα 18 WH: πάντες
παραιτεῖσθαι RP: παραιτεῖσθαι πάντες // WH: ἐξελθὼν RP: ἐξελθεῖν καὶ

με παρητημένον. 20 καὶ ἕτερος εἶπεν Γυναῖκα ἔγημα καὶ διὰ τοῦτο οὐ δύναμαι ἐλθεῖν. 21 καὶ παραγενόμενος ὁ δοῦλος ἀπήγγειλεν τῷ κυρίῳ αὐτοῦ ταῦτα. τότε ὀργισθεὶς ὁ οἰκοδεσπότης εἶπεν τῷ δούλῳ αὐτοῦ Ἔξελθε ταχέως εἰς τὰς πλατείας καὶ ῥύμας τῆς πόλεως, καὶ τοὺς πτωχοὺς καὶ ἀναπείρους καὶ τυφλοὺς καὶ χωλοὺς εἰσάγαγε ὧδε. 22 καὶ εἶπεν ὁ δοῦλος Κύριε, γέγονεν ὃ ἐπέταξας, καὶ ἔτι τόπος ἐστίν. 23 καὶ εἶπεν ὁ κύριος πρὸς τὸν δοῦλον Ἔξελθε εἰς τὰς ὁδοὺς καὶ φραγμοὺς καὶ ἀνάγκασον εἰσελθεῖν, ἵνα γεμισθῇ μου ὁ οἶκος· 24 λέγω γὰρ ὑμῖν ὅτι οὐδεὶς τῶν ἀνδρῶν ἐκείνων τῶν κεκλημένων γεύσεταί μου τοῦ δείπνου.

The Cost of Discipleship
(Matt 10:37–38)

25 Συνεπορεύοντο δὲ αὐτῷ ὄχλοι πολλοί, καὶ στραφεὶς εἶπεν πρὸς αὐτούς 26 Εἴ τις ἔρχεται πρός με καὶ οὐ μισεῖ τὸν πατέρα ἑαυτοῦ καὶ τὴν μητέρα καὶ τὴν γυναῖκα καὶ τὰ τέκνα καὶ τοὺς ἀδελφοὺς καὶ τὰς ἀδελφάς, ἔτι τε καὶ τὴν ψυχὴν ἑαυτοῦ, οὐ δύναται εἶναί μου μαθητής. 27 ὅστις οὐ βαστάζει τὸν σταυρὸν ἑαυτοῦ καὶ ἔρχεται ὀπίσω μου, οὐ δύναται εἶναί μου μαθητής. 28 τίς γὰρ ἐξ ὑμῶν θέλων πύργον οἰκοδομῆσαι οὐχὶ πρῶτον καθίσας ψηφίζει τὴν δαπάνην, εἰ ἔχει εἰς ἀπαρτισμόν; 29 ἵνα μή ποτε θέντος αὐτοῦ θεμέλιον καὶ μὴ ἰσχύοντος ἐκτελέσαι πάντες οἱ θεωροῦντες ἄρξωνται αὐτῷ ἐμπαίζειν 30 λέγοντες ὅτι Οὗτος ὁ ἄνθρωπος ἤρξατο οἰκοδομεῖν καὶ οὐκ ἴσχυσεν ἐκτελέσαι. 31 ἢ τίς βασιλεὺς πορευόμενος ἑτέρῳ βασιλεῖ συνβαλεῖν εἰς πόλεμον οὐχὶ καθίσας πρῶτον βουλεύσεται

21 RP: *add* ἐκεῖνος *after* δοῦλος // WH: ἀναπείρους RP: ἀναπήρους // WH: τυφλοὺς καὶ χωλοὺς RP: χωλοὺς καὶ τυφλοὺς 22 WH: ὃ RP: ὡς 23 WH: μου ὁ οἶκος RP: ὁ οἶκός μου 24 RP: *add* Πολλοὶ γάρ εἰσιν κλητοί, ὀλίγοι δὲ ἐκλεκτοί. *after* δείπνου. 26 WH: ἑαυτοῦ RP: αὐτοῦ // WH: τε RP: δὲ // WH: ψυχὴν ἑαυτοῦ RP: ἑαυτοῦ ψυχήν // WH: εἶναί μου μαθητής RP: μου μαθητῆς εἶναι 27 RP: *add* Καὶ *before* ὅστις // WH: ἑαυτοῦ RP: αὐτοῦ 28 RP: *add* ὁ *before* θέλων // RP: *add* τὰ *after* ἔχει 29 WH: αὐτῷ ἐμπαίζειν RP: ἐμπαίζειν αὐτῷ 31 WH: ἑτέρῳ βασιλεῖ συνβαλεῖν RP: συμβαλεῖν ἑτέρῳ βασιλεῖ // WH: βουλεύσεται RP: βουλεύεται

εἰ δυνατός ἐστιν ἐν δέκα χιλιάσιν ὑπαντῆσαι τῷ μετὰ
εἴκοσι χιλιάδων ἐρχομένῳ ἐπ᾽ αὐτόν; 32 εἰ δὲ μήγε, ἔτι
αὐτοῦ πόρρω ὄντος πρεσβείαν ἀποστείλας ἐρωτᾷ πρὸς
εἰρήνην. 33 οὕτως οὖν πᾶς ἐξ ὑμῶν ὃς οὐκ ἀποτάσσεται
πᾶσιν τοῖς ἑαυτοῦ ὑπάρχουσιν οὐ δύναται εἶναί μου μαθη-
τής. 34 Καλὸν οὖν τὸ ἅλας· ἐὰν δὲ καὶ τὸ ἅλας μωρανθῇ, ἐν
τίνι ἀρτυθήσεται; 35 οὔτε εἰς γῆν οὔτε εἰς κοπρίαν εὔθετόν
ἐστιν· ἔξω βάλλουσιν αὐτό. Ὁ ἔχων ὦτα ἀκούειν ἀκουέτω.

The Parables of the Lost Sheep and Lost Coin
(Matt 18:12–14)

15 Ἦσαν δὲ αὐτῷ ἐγγίζοντες πάντες οἱ τελῶναι καὶ οἱ
ἁμαρτωλοὶ ἀκούειν αὐτοῦ. 2 καὶ διεγόγγυζον οἵ τε Φαρι-
σαῖοι καὶ οἱ γραμματεῖς λέγοντες ὅτι   Οὗτος ἁμαρτωλοὺς
προσδέχεται καὶ συνεσθίει αὐτοῖς. 3 εἶπεν δὲ πρὸς αὐτοὺς
τὴν παραβολὴν ταύτην λέγων 4 Τίς ἄνθρωπος ἐξ ὑμῶν ἔχων
ἑκατὸν πρόβατα καὶ ἀπολέσας ἐξ αὐτῶν ἓν οὐ καταλείπει
τὰ ἐνενήκοντα ἐννέα ἐν τῇ ἐρήμῳ καὶ πορεύεται ἐπὶ τὸ
ἀπολωλὸς ἕως εὕρῃ αὐτό; 5 καὶ εὑρὼν ἐπιτίθησιν ἐπὶ τοὺς
ὤμους αὐτοῦ χαίρων, 6 καὶ ἐλθὼν εἰς τὸν οἶκον συνκαλεῖ
τοὺς φίλους καὶ τοὺς γείτονας, λέγων αὐτοῖς   Συνχάρητέ
μοι ὅτι εὗρον τὸ πρόβατόν μου τὸ ἀπολωλός. 7 λέγω ὑμῖν
ὅτι οὕτως χαρὰ ἐν τῷ οὐρανῷ ἔσται ἐπὶ ἑνὶ ἁμαρτωλῷ
μετανοοῦντι ἢ ἐπὶ ἐνενήκοντα ἐννέα δικαίοις οἵτινες οὐ
χρείαν ἔχουσιν μετανοίας. 8 Ἢ τίς γυνὴ δραχμὰς ἔχουσα
δέκα, ἐὰν ἀπολέσῃ δραχμὴν μίαν, οὐχὶ ἅπτει λύχνον καὶ
σαροῖ τὴν οἰκίαν καὶ ζητεῖ ἐπιμελῶς ἕως οὗ εὕρῃ; 9 καὶ
εὑροῦσα συνκαλεῖ τὰς φίλας καὶ γείτονας λέγουσα   Συν-
χάρητέ μοι ὅτι εὗρον τὴν δραχμὴν ἣν ἀπώλεσα. 10 οὕτως,

// WH: ὑπαντῆσαι RP: ἀπαντῆσαι 32 WH: μήγε NA: μή γε // WH: αὐτοῦ πόρρω
RP: πόρρω αὐτοῦ // NA/RP: add τὰ before πρὸς εἰρήνην // WH: πρὸς {WH}: εἰς or
τὰ πρὸς 33 WH: εἶναί μου RP: μου εἶναι 34 RP: omit οὖν // RP: omit καὶ
15:1 WH: αὐτῷ ἐγγίζοντες RP: ἐγγίζοντες αὐτῷ 2 RP: omit τε 4 WH: ἐξ αὐτῶν ἓν
RP: ἓν ἐξ αὐτῶν 5 WH: αὐτοῦ RP: ἑαυτοῦ 7 WH: ἐν τῷ οὐρανῷ ἔσται RP: ἔσται
ἐν τῷ οὐρανῷ 8 WH: οὗ RP: ὅτου 9 RP: add τὰς before γείτονας

λέγω ὑμῖν, γίνεται χαρὰ ἐνώπιον τῶν ἀγγέλων τοῦ θεοῦ ἐπὶ ἑνὶ ἁμαρτωλῷ μετανοοῦντι.

The Parable of the Lost Son

11 Εἶπεν δέ ῎Ανθρωπός τις εἶχεν δύο υἱούς. 12 καὶ εἶπεν ὁ νεώτερος αὐτῶν τῷ πατρί Πάτερ, δός μοι τὸ ἐπιβάλλον μέρος τῆς οὐσίας· ὁ δὲ διεῖλεν αὐτοῖς τὸν βίον. 13 καὶ μετ᾽ οὐ πολλὰς ἡμέρας συναγαγὼν πάντα ὁ νεώτερος υἱὸς ἀπεδήμησεν εἰς χώραν μακράν, καὶ ἐκεῖ διεσκόρπισεν τὴν οὐσίαν αὐτοῦ ζῶν ἀσώτως. 14 δαπανήσαντος δὲ αὐτοῦ πάντα ἐγένετο λιμὸς ἰσχυρὰ κατὰ τὴν χώραν ἐκείνην, καὶ αὐτὸς ἤρξατο ὑστερεῖσθαι. 15 καὶ πορευθεὶς ἐκολλήθη ἑνὶ τῶν πολιτῶν τῆς χώρας ἐκείνης, καὶ ἔπεμψεν αὐτὸν εἰς τοὺς ἀγροὺς αὐτοῦ βόσκειν χοίρους· 16 καὶ ἐπεθύμει χορτασθῆναι ἐκ τῶν κερατίων ὧν ἤσθιον οἱ χοῖροι, καὶ οὐδεὶς ἐδίδου αὐτῷ. 17 εἰς ἑαυτὸν δὲ ἐλθὼν ἔφη Πόσοι μίσθιοι τοῦ πατρός μου περισσεύονται ἄρτων, ἐγὼ δὲ λιμῷ ὧδε ἀπόλλυμαι· 18 ἀναστὰς πορεύσομαι πρὸς τὸν πατέρα μου καὶ ἐρῶ αὐτῷ Πάτερ, ἥμαρτον εἰς τὸν οὐρανὸν καὶ ἐνώπιόν σου, 19 οὐκέτι εἰμὶ ἄξιος κληθῆναι υἱός σου· ποίησόν με ὡς ἕνα τῶν μισθίων σου. 20 Καὶ ἀναστὰς ἦλθεν πρὸς τὸν πατέρα ἑαυτοῦ. ἔτι δὲ αὐτοῦ μακρὰν ἀπέχοντος εἶδεν αὐτὸν ὁ πατὴρ αὐτοῦ καὶ ἐσπλαγχνίσθη καὶ δραμὼν ἐπέπεσεν ἐπὶ τὸν τράχηλον αὐτοῦ καὶ κατεφίλησεν αὐτόν. 21 εἶπεν δὲ ὁ υἱὸς αὐτῷ Πάτερ, ἥμαρτον εἰς τὸν οὐρανὸν καὶ ἐνώπιόν σου, οὐκέτι εἰμὶ ἄξιος κληθῆναι υἱός σου [· ποίησόν με ὡς ἕνα τῶν μισθίων σου]. 22 εἶπεν δὲ ὁ πατὴρ πρὸς τοὺς δούλους αὐτοῦ Ταχὺ ἐξενέγκατε στολὴν τὴν πρώτην καὶ ἐνδύσατε αὐτόν, καὶ δότε δακτύλιον εἰς τὴν

10 WH: γίνεται χαρὰ RP: χαρὰ γίνεται 12 WH: ὁ δὲ RP: Καὶ 13 WH: πάντα {WH}/RP: ἅπαντα 14 WH: ἰσχυρὰ RP: ἰσχυρὸς 16 WH: χορτασθῆναι RP: γεμίσαι τὴν κοιλίαν αὐτοῦ // WH: ἐκ RP: ἀπὸ 17 WH: ἔφη RP: εἶπεν // WH: περισσεύονται RP: περισσεύουσιν // RP: omit ὧδε 19 RP: add καὶ before οὐκέτι 20 WH: ἑαυτοῦ RP: αὐτοῦ 21 WH: ὁ υἱὸς αὐτῷ RP: αὐτῷ ὁ υίός // RP: add καὶ before οὐκέτι // NA/RP: omit [ποίησόν με ὡς ἕνα τῶν μισθίων σου] 22 RP: omit Ταχὺ // RP: add τὴν before στολὴν

χεῖρα αὐτοῦ καὶ ὑποδήματα εἰς τοὺς πόδας, 23 καὶ φέρετε
τὸν μόσχον τὸν σιτευτόν, θύσατε καὶ φαγόντες εὐφραν-
θῶμεν, 24 ὅτι οὗτος ὁ υἱός μου νεκρὸς ἦν καὶ ἀνέζησεν, ἦν
ἀπολωλὼς καὶ εὑρέθη. Καὶ ἤρξαντο εὐφραίνεσθαι. 25 ἦν δὲ
ὁ υἱὸς αὐτοῦ ὁ πρεσβύτερος ἐν ἀγρῷ· καὶ ὡς ἐρχόμενος ἤγ-
γισεν τῇ οἰκίᾳ, ἤκουσεν συμφωνίας καὶ χορῶν, 26 καὶ
προσκαλεσάμενος ἕνα τῶν παίδων ἐπυνθάνετο τί ἂν εἴη
ταῦτα· 27 ὁ δὲ εἶπεν αὐτῷ ὅτι Ὁ ἀδελφός σου ἥκει, καὶ
ἔθυσεν ὁ πατήρ σου τὸν μόσχον τὸν σιτευτόν, ὅτι ὑγιαί-
νοντα αὐτὸν ἀπέλαβεν. 28 ὠργίσθη δὲ καὶ οὐκ ἤθελεν
εἰσελθεῖν. ὁ δὲ πατὴρ αὐτοῦ ἐξελθὼν παρεκάλει αὐτόν. 29 ὁ
δὲ ἀποκριθεὶς εἶπεν τῷ πατρὶ αὐτοῦ Ἰδοὺ τοσαῦτα ἔτη
δουλεύω σοι καὶ οὐδέποτε ἐντολήν σου παρῆλθον, καὶ ἐμοὶ
οὐδέποτε ἔδωκας ἔριφον ἵνα μετὰ τῶν φίλων μου εὐφρανθῶ·
30 ὅτε δὲ ὁ υἱός σου οὗτος ὁ καταφαγών σου τὸν βίον μετὰ
πορνῶν ἦλθεν, ἔθυσας αὐτῷ τὸν σιτευτὸν μόσχον. 31 ὁ δὲ
εἶπεν αὐτῷ Τέκνον, σὺ πάντοτε μετ᾽ ἐμοῦ εἶ, καὶ πάντα τὰ
ἐμὰ σά ἐστιν· 32 εὐφρανθῆναι δὲ καὶ χαρῆναι ἔδει, ὅτι ὁ
ἀδελφός σου οὗτος νεκρὸς ἦν καὶ ἔζησεν, καὶ ἀπολωλὼς
καὶ εὑρέθη.

The Parable of the Shrewd Manager

16 Ἔλεγεν δὲ καὶ πρὸς τοὺς μαθητάς Ἄνθρωπός τις ἦν
πλούσιος ὃς εἶχεν οἰκονόμον, καὶ οὗτος διεβλήθη αὐτῷ ὡς
διασκορπίζων τὰ ὑπάρχοντα αὐτοῦ. 2 καὶ φωνήσας αὐτὸν
εἶπεν αὐτῷ Τί τοῦτο ἀκούω περὶ σοῦ; ἀπόδος τὸν λόγον
τῆς οἰκονομίας σου, οὐ γὰρ δύνῃ ἔτι οἰκονομεῖν. 3 εἶπεν δὲ
ἐν ἑαυτῷ ὁ οἰκονόμος Τί ποιήσω ὅτι ὁ κύριός μου ἀφαι-
ρεῖται τὴν οἰκονομίαν ἀπ᾽ ἐμοῦ; σκάπτειν οὐκ ἰσχύω, ἐπ-
αιτεῖν αἰσχύνομαι· 4 ἔγνων τί ποιήσω, ἵνα ὅταν μετασταθῶ

23 WH: φέρετε RP: ἐνέγκαντες 24 WH: ἀνέζησεν {WH}: ἔζησεν // WH: ἦν
ἀπολωλὼς καὶ RP: καὶ ἀπολωλὼς ἦν 26 RP: omit ἂν 28 WH: δὲ RP: οὖν 29 RP:
omit αὐτοῦ // WH: ἔριφον {WH}: ἐρίφιον 30 {WH}: add τῶν before πορνῶν // WH:
σιτευτὸν μόσχον RP: μόσχον τὸν σιτευτὸν 32 WH: ἔζησεν RP: ἀνέζησεν // RP:
add ἦν after ἀπολωλὼς
16:1 RP: add αὐτοῦ after μαθητὰς 2 WH: δύνῃ RP: δυνήσῃ

ἐκ τῆς οἰκονομίας δέξωνταί με εἰς τοὺς οἴκους ἑαυτῶν.
5 καὶ προσκαλεσάμενος ἕνα ἕκαστον τῶν χρεοφιλετῶν τοῦ
κυρίου ἑαυτοῦ ἔλεγεν τῷ πρώτῳ Πόσον ὀφείλεις τῷ κυρίῳ
μου; 6 ὁ δὲ εἶπεν Ἑκατὸν βάτους ἐλαίου· ὁ δὲ εἶπεν αὐτῷ
Δέξαι σου τὰ γράμματα καὶ καθίσας ταχέως γράψον πεντή-
κοντα. 7 ἔπειτα ἑτέρῳ εἶπεν Σὺ δὲ πόσον ὀφείλεις; ὁ δὲ
εἶπεν Ἑκατὸν κόρους σίτου· λέγει αὐτῷ Δέξαι σου τὰ
γράμματα καὶ γράψον ὀγδοήκοντα. 8 καὶ ἐπῄνεσεν ὁ κύριος
τὸν οἰκονόμον τῆς ἀδικίας ὅτι φρονίμως ἐποίησεν· ὅτι οἱ
υἱοὶ τοῦ αἰῶνος τούτου φρονιμώτεροι ὑπὲρ τοὺς υἱοὺς τοῦ
φωτὸς εἰς τὴν γενεὰν τὴν ἑαυτῶν εἰσίν. 9 Καὶ ἐγὼ ὑμῖν λέγω,
ἑαυτοῖς ποιήσατε φίλους ἐκ τοῦ μαμωνᾶ τῆς ἀδικίας, ἵνα
ὅταν ἐκλίπῃ δέξωνται ὑμᾶς εἰς τὰς αἰωνίους σκηνάς. 10 ὁ
πιστὸς ἐν ἐλαχίστῳ καὶ ἐν πολλῷ πιστός ἐστιν, καὶ ὁ ἐν
ἐλαχίστῳ ἄδικος καὶ ἐν πολλῷ ἄδικός ἐστιν. 11 εἰ οὖν ἐν τῷ
ἀδίκῳ μαμωνᾷ πιστοὶ οὐκ ἐγένεσθε, τὸ ἀληθινὸν τίς ὑμῖν
πιστεύσει; 12 καὶ εἰ ἐν τῷ ἀλλοτρίῳ πιστοὶ οὐκ ἐγένεσθε, τὸ
ἡμέτερον τίς δώσει ὑμῖν 13 Οὐδεὶς οἰκέτης δύναται δυσὶ
κυρίοις δουλεύειν· ἢ γὰρ τὸν ἕνα μισήσει καὶ τὸν ἕτερον
ἀγαπήσει, ἢ ἑνὸς ἀνθέξεται καὶ τοῦ ἑτέρου καταφρονήσει.
οὐ δύνασθε θεῷ δουλεύειν καὶ μαμωνᾷ.

God's Law and God's Kingdom
(Matt 11:12–13; 5:18, 32)

14 Ἤκουον δὲ ταῦτα πάντα οἱ Φαρισαῖοι φιλάργυροι
ὑπάρχοντες, καὶ ἐξεμυκτήριζον αὐτόν. 15 καὶ εἶπεν αὐτοῖς
Ὑμεῖς ἐστε οἱ δικαιοῦντες ἑαυτοὺς ἐνώπιον τῶν ἀνθρώπων,
ὁ δὲ θεὸς γινώσκει τὰς καρδίας ὑμῶν· ὅτι τὸ ἐν ἀνθρώποις
ὑψηλὸν βδέλυγμα ἐνώπιον τοῦ θεοῦ. 16 Ὁ νόμος καὶ οἱ

---

4 RP: omit ἐκ // WH: ἑαυτῶν ΝΑ/RP: αὐτῶν 5 WH: χρεοφιλετῶν ΝΑ:
χρεοφειλετῶν RP: χρεωφειλετῶν 6 WH: ὁ δὲ RP: Καὶ // WH: τὰ γράμματα RP:
τὸ γράμμα // WH: ταχέως γράψον {WH}: γράψον ταχέως 7 RP: add Καὶ before
λέγει // WH: τὰ γράμματα RP: τὸ γράμμα 9 WH: ἑαυτοῖς ποιήσατε RP:
Ποιήσατε ἑαυτοῖς // WH: ἐκλίπῃ RP: ἐκλίπητε 12 WH: ἡμέτερον {WH}/ΝΑ/RP:
ὑμέτερον // WH: δώσει ὑμῖν {WH}/ΝΑ/RP: ὑμῖν δώσει 13 WH: δυσὶ RP: δυσὶν
14 RP: add καὶ before οἱ Φαρισαῖοι

προφῆται μέχρι Ἰωάνου· ἀπὸ τότε ἡ βασιλεία τοῦ θεοῦ εὐαγγελίζεται καὶ πᾶς εἰς αὐτὴν βιάζεται. 17 Εὐκοπώτερον δέ ἐστιν τὸν οὐρανὸν καὶ τὴν γῆν παρελθεῖν ἢ τοῦ νόμου μίαν κερέαν πεσεῖν. 18 Πᾶς ὁ ἀπολύων τὴν γυναῖκα αὐτοῦ καὶ γαμῶν ἑτέραν μοιχεύει, καὶ ὁ ἀπολελυμένην ἀπὸ ἀνδρὸς γαμῶν μοιχεύει.

The Rich Man and Lazarus

19 Ἄνθρωπος δέ τις ἦν πλούσιος, καὶ ἐνεδιδύσκετο πορφύραν καὶ βύσσον εὐφραινόμενος καθ' ἡμέραν λαμπρῶς. 20 πτωχὸς δέ τις ὀνόματι Λάζαρος ἐβέβλητο πρὸς τὸν πυλῶνα αὐτοῦ εἱλκωμένος 21 καὶ ἐπιθυμῶν χορτασθῆναι ἀπὸ τῶν πιπτόντων ἀπὸ τῆς τραπέζης τοῦ πλουσίου· ἀλλὰ καὶ οἱ κύνες ἐρχόμενοι ἐπέλειχον τὰ ἕλκη αὐτοῦ. 22 ἐγένετο δὲ ἀποθανεῖν τὸν πτωχὸν καὶ ἀπενεχθῆναι αὐτὸν ὑπὸ τῶν ἀγγέλων εἰς τὸν κόλπον Ἀβραάμ· ἀπέθανεν δὲ καὶ ὁ πλούσιος καὶ ἐτάφη. 23 καὶ ἐν τῷ ᾅδῃ ἐπάρας τοὺς ὀφθαλμοὺς αὐτοῦ, ὑπάρχων ἐν βασάνοις, ὁρᾷ Ἀβραὰμ ἀπὸ μακρόθεν καὶ Λάζαρον ἐν τοῖς κόλποις αὐτοῦ. 24 καὶ αὐτὸς φωνήσας εἶπεν Πάτερ Ἀβραάμ, ἐλέησόν με καὶ πέμψον Λάζαρον ἵνα βάψῃ τὸ ἄκρον τοῦ δακτύλου αὐτοῦ ὕδατος καὶ καταψύξῃ τὴν γλῶσσάν μου, ὅτι ὀδυνῶμαι ἐν τῇ φλογὶ ταύτῃ. 25 εἶπεν δὲ Ἀβραάμ Τέκνον, μνήσθητι ὅτι ἀπέλαβες τὰ ἀγαθά σου ἐν τῇ ζωῇ σου, καὶ Λάζαρος ὁμοίως τὰ κακά· νῦν δὲ ὧδε παρακαλεῖται σὺ δὲ ὀδυνᾶσαι. 26 καὶ ἐν πᾶσι τούτοις μεταξὺ ἡμῶν καὶ ὑμῶν χάσμα μέγα ἐστήρικται, ὅπως οἱ θέλοντες διαβῆναι ἔνθεν πρὸς ὑμᾶς μὴ δύνωνται, μηδὲ ἐκεῖθεν πρὸς ἡμᾶς διαπερῶσιν. 27 εἶπεν δέ Ἐρωτῶ σε οὖν, πάτερ, ἵνα πέμψῃς αὐτὸν εἰς τὸν οἶκον τοῦ πατρός μου, 28 ἔχω γὰρ πέντε ἀδελφούς, ὅπως διαμαρτύρη-

---

16 WH: μέχρι RP: ἕως 17 WH: μίαν κερέαν {WH}: κερέαν μίαν NA/RP: μίαν κεραίαν 18 RP: add πᾶς before ὁ ἀπολελυμένην 20 RP: add ἦν after τις // RP: add ὃς before ἐβέβλητο // WH: εἱλκωμένος RP: ἡλκωμένος 21 RP: add ψιχίων τῶν before πιπτόντων // WH: ἐπέλειχον RP: ἀπέλειχον 23 RP: add τὸν before Ἀβραὰμ 25 RP: add σὺ after ἀπέλαβες 26 WH: ἐν πᾶσι RP: ἐπὶ πᾶσιν // RP: add οἱ before ἐκεῖθεν 27 WH: σε οὖν RP: οὖν σε

ται αὐτοῖς, ἵνα μὴ καὶ αὐτοὶ ἔλθωσιν εἰς τὸν τόπον τοῦτον τῆς βασάνου. 29 λέγει δὲ Ἀβραάμ Ἔχουσι Μωυσέα καὶ τοὺς προφήτας· ἀκουσάτωσαν αὐτῶν. 30 ὁ δὲ εἶπεν Οὐχί, πάτερ Ἀβραάμ, ἀλλ' ἐάν τις ἀπὸ νεκρῶν πορευθῇ πρὸς αὐτοὺς μετανοήσουσιν. 31 εἶπεν δὲ αὐτῷ Εἰ Μωυσέως καὶ τῶν προφητῶν οὐκ ἀκούουσιν, οὐδ' ἐάν τις ἐκ νεκρῶν ἀναστῇ πεισθήσονται.

Jesus Teaches About Sin, Forgiveness, and Faith
(cf. Matt 18:6–7, 15, 21–22; 17:20; Mark 9:42)

17 Εἶπεν δὲ πρὸς τοὺς μαθητὰς αὐτοῦ Ἀνένδεκτόν ἐστιν τοῦ τὰ σκάνδαλα μὴ ἐλθεῖν, πλὴν οὐαὶ δι' οὗ ἔρχεται· 2 λυσιτελεῖ αὐτῷ εἰ λίθος μυλικὸς περίκειται περὶ τὸν τράχηλον αὐτοῦ καὶ ἔρριπται εἰς τὴν θάλασσαν ἢ ἵνα σκανδαλίσῃ τῶν μικρῶν τούτων ἕνα. 3 προσέχετε ἑαυτοῖς. ἐὰν ἁμάρτῃ ὁ ἀδελφός σου ἐπιτίμησον αὐτῷ, καὶ ἐὰν μετανοήσῃ ἄφες αὐτῷ· 4 καὶ ἐὰν ἑπτάκις τῆς ἡμέρας ἁμαρτήσῃ εἰς σὲ καὶ ἑπτάκις ἐπιστρέψῃ πρὸς σὲ λέγων Μετανοῶ, ἀφήσεις αὐτῷ.

5 Καὶ εἶπαν οἱ ἀπόστολοι τῷ κυρίῳ Πρόσθες ἡμῖν πίστιν. 6 εἶπεν δὲ ὁ κύριος Εἰ ἔχετε πίστιν ὡς κόκκον σινάπεως, ἐλέγετε ἂν τῇ συκαμίνῳ [ταύτῃ] Ἐκριζώθητι καὶ φυτεύθητι ἐν τῇ θαλάσσῃ· καὶ ὑπήκουσεν ἂν ὑμῖν.

Unworthy Servants

7 Τίς δὲ ἐξ ὑμῶν δοῦλον ἔχων ἀροτριῶντα ἢ ποιμαίνοντα, ὃς εἰσελθόντι ἐκ τοῦ ἀγροῦ ἐρεῖ αὐτῷ Εὐθέως παρελθὼν ἀνάπεσε, 8 ἀλλ' οὐχὶ ἐρεῖ αὐτῷ Ἑτοίμασον τί δειπνήσω, καὶ περιζωσάμενος διακόνει μοι ἕως φάγω καὶ

---

29 WH: δὲ RP: αὐτῷ
17:1 RP: omit αὐτοῦ // WH: τὰ σκάνδαλα μὴ ἐλθεῖν RP: μὴ ἐλθεῖν τὰ σκάνδαλα // RP: omit πλὴν // RP: add δὲ before δι' 2 WH: λίθος μυλικὸς RP: μύλος ὀνικὸς // WH: τῶν μικρῶν τούτων ἕνα RP: ἕνα τῶν μικρῶν τούτων 3 RP: add δὲ after Ἐὰν // RP: add εἰς σὲ after ἁμάρτῃ 4 WH: ἁμαρτήσῃ RP: ἁμάρτῃ // RP: add τῆς ἡμέρας after ἑπτάκις // RP: omit πρὸς σὲ 6 WH: [ταύτῃ] RP: ταύτῃ 7 RP: omit αὐτῷ

πίω, καὶ μετὰ ταῦτα φάγεσαι καὶ πίεσαι σύ; 9 μὴ ἔχει χάριν τῷ δούλῳ ὅτι ἐποίησεν τὰ διαταχθέντα; 10 οὕτως καὶ ὑμεῖς, ὅταν ποιήσητε πάντα τὰ διαταχθέντα ὑμῖν, λέγετε ὅτι Δοῦλοι ἀχρεῖοί ἐσμεν, ὃ ὠφείλομεν ποιῆσαι πεποιήκαμεν.

Jesus Heals Ten Men with Leprosy

11 Καὶ ἐγένετο ἐν τῷ πορεύεσθαι εἰς Ἰερουσαλὴμ καὶ αὐτὸς διήρχετο διὰ μέσον Σαμαρίας καὶ Γαλιλαίας. 12 Καὶ εἰσερχομένου αὐτοῦ εἴς τινα κώμην ἀπήντησαν δέκα λεπροὶ ἄνδρες, οἳ ἀνέστησαν πόρρωθεν, 13 καὶ αὐτοὶ ἦραν φωνὴν λέγοντες Ἰησοῦ ἐπιστάτα, ἐλέησον ἡμᾶς. 14 καὶ ἰδὼν εἶπεν αὐτοῖς Πορευθέντες **ἐπιδείξατε** ἑαυτοὺς **τοῖς ἱερεῦσιν.** καὶ ἐγένετο ἐν τῷ ὑπάγειν αὐτοὺς ἐκαθαρίσθησαν. 15 εἷς δὲ ἐξ αὐτῶν, ἰδὼν ὅτι ἰάθη, ὑπέστρεψεν μετὰ φωνῆς μεγάλης δοξάζων τὸν θεόν, 16 καὶ ἔπεσεν ἐπὶ πρόσωπον παρὰ τοὺς πόδας αὐτοῦ εὐχαριστῶν αὐτῷ· καὶ αὐτὸς ἦν Σαμαρείτης. 17 ἀποκριθεὶς δὲ ὁ Ἰησοῦς εἶπεν Οὐχ οἱ δέκα ἐκαθαρίσθησαν; οἱ [δὲ] ἐννέα ποῦ; 18 οὐχ εὑρέθησαν ὑποστρέψαντες δοῦναι δόξαν τῷ θεῷ εἰ μὴ ὁ ἀλλογενὴς οὗτος; 19 καὶ εἶπεν αὐτῷ Ἀναστὰς πορεύου· ἡ πίστις σου σέσωκέν σε.

The Coming of the Kingdom of God
(cf. Matt 24:26–28, 37–41)

20 Ἐπερωτηθεὶς δὲ ὑπὸ τῶν Φαρισαίων πότε ἔρχεται ἡ βασιλεία τοῦ θεοῦ ἀπεκρίθη αὐτοῖς καὶ εἶπεν Οὐκ ἔρχεται ἡ βασιλεία τοῦ θεοῦ μετὰ παρατηρήσεως, 21 οὐδὲ

---

9 WH: ἔχει χάριν RP: χάριν ἔχει // RP: add ἐκείνῳ after δούλῳ // RP: add οὐ δοκῶ after διαταχθέντα 10 RP: add ὅτι before ὃ ὠφείλομεν // WH: ὠφείλομεν RP: ὀφείλομεν 11 RP: add αὐτὸν after πορεύεσθαι // WH: μέσον RP: μέσου 12 WH: ἀπήντησαν {WH}: ὑπήντησαν // [NA]/RP: ἀπήντησαν // WH: ἀνέστησαν {WH}/RP: ἔστησαν NA: ἔστησαν 17 WH: Οὐχ NA/RP: οὐχὶ // WH: [δὲ] NA/RP: δὲ

ἐροῦσιν Ἰδοὺ ὧδε ἤ Ἐκεῖ· ἰδοὺ γὰρ ἡ βασιλεία τοῦ θεοῦ ἐντὸς ὑμῶν ἐστίν.

22 Εἶπεν δὲ πρὸς τοὺς μαθητάς Ἐλεύσονται ἡμέραι ὅτε ἐπιθυμήσετε μίαν τῶν ἡμερῶν τοῦ υἱοῦ τοῦ ἀνθρώπου ἰδεῖν καὶ οὐκ ὄψεσθε. 23 καὶ ἐροῦσιν ὑμῖν Ἰδοὺ ἐκεῖ ἤ Ἰδοὺ ὧδε· μὴ [ἀπέλθητε μηδὲ] διώξητε. 24 ὥσπερ γὰρ ἡ ἀστραπὴ ἀστράπτουσα ἐκ τῆς ὑπὸ τὸν οὐρανὸν εἰς τὴν ὑπ' οὐρανὸν λάμπει, οὕτως ἔσται ὁ υἱὸς τοῦ ἀνθρώπου. 25 πρῶτον δὲ δεῖ αὐτὸν πολλὰ παθεῖν καὶ ἀποδοκιμασθῆναι ἀπὸ τῆς γενεᾶς ταύτης. 26 καὶ καθὼς ἐγένετο ἐν ταῖς ἡμέραις Νῶε, οὕτως ἔσται καὶ ἐν ταῖς ἡμέραις τοῦ υἱοῦ τοῦ ἀνθρώπου· 27 ἤσθιον, ἔπινον, ἐγάμουν, ἐγαμίζοντο, ἄχρι ἧς ἡμέρας εἰσῆλθεν Νῶε εἰς τὴν κιβωτόν, καὶ ἦλθεν ὁ κατακλυσμὸς καὶ ἀπώλεσεν πάντας. 28 ὁμοίως καθὼς ἐγένετο ἐν ταῖς ἡμέραις Λώτ· ἤσθιον, ἔπινον, ἠγόραζον, ἐπώλουν, ἐφύτευον, ᾠκοδόμουν· 29 ᾗ δὲ ἡμέρᾳ ἐξῆλθεν Λὼτ ἀπὸ Σοδόμων, ἔβρεξεν πῦρ καὶ θεῖον ἀπ' οὐρανοῦ καὶ ἀπώλεσεν πάντας. 30 κατὰ τὰ αὐτὰ ἔσται ᾗ ἡμέρᾳ ὁ υἱὸς τοῦ ἀνθρώπου ἀποκαλύπτεται. 31 ἐν ἐκείνῃ τῇ ἡμέρᾳ ὃς ἔσται ἐπὶ τοῦ δώματος καὶ τὰ σκεύη αὐτοῦ ἐν τῇ οἰκίᾳ, μὴ καταβάτω ἆραι αὐτά, καὶ ὁ ἐν ἀγρῷ ὁμοίως μὴ ἐπιστρεψάτω εἰς τὰ ὀπίσω. 32 μνημονεύετε τῆς γυναικὸς Λώτ. 33 ὃς ἐὰν ζητήσῃ τὴν ψυχὴν αὐτοῦ περιποιήσασθαι ἀπολέσει αὐτήν, ὃς δ' ἂν ἀπολέσει ζωογονήσει αὐτήν. 34 λέγω ὑμῖν, ταύτῃ τῇ νυκτὶ ἔσονται δύο ἐπὶ κλίνης [μιᾶς], ὁ εἷς παραλημφθήσεται καὶ ὁ ἕτερος ἀφεθήσεται· 35 ἔσονται δύο ἀλήθουσαι ἐπὶ τὸ αὐτό, ἡ μία παραλημφθήσεται ἡ δὲ ἑτέρα

---

21 RP: add Ἰδοὺ *before* ἐκεῖ 23 WH: ἐκεῖ ἤ Ἰδοὺ ὧδε {WH}: ἐκεῖ, Ἰδοὺ ὧδε NA: ἐκεῖ, [ἤ·] ἰδοὺ ὧδε RP: ὧδε, ἤ, Ἰδοὺ ἐκεῖ // WH: [ἀπέλθητε μηδὲ] NA/RP: ἀπέλθητε μηδὲ 24 RP: add ἡ *before* ἀστράπτουσα // {WH}/[NA]/RP: add ἐν τῇ ἡμέρᾳ αὐτοῦ *after* ἀνθρώπου 27 WH: ἐγαμίζοντο RP: ἐξεγαμίζοντο // WH: πάντας {WH}/RP: ἅπαντας 28 WH: καθὼς RP: καὶ ὡς 29 WH: πάντας {WH}/RP: ἅπαντας 30 WH: τὰ αὐτὰ RP: ταῦτα 31 RP: add τῷ *before* ἀγρῷ 33 WH: περιποιήσασθαι RP: σῶσαι // WH: ὃς δ' ἂν RP: καὶ ὃς ἐὰν // WH: ἀπολέσει NA/RP: ἀπολέσῃ RP: ἀπολέσῃ αὐτὴν 34 WH: [μιᾶς] NA/RP: μιᾶς // RP: *omit* ὁ *before* εἷς 35 WH: ἔσονται δύο RP: Δύο ἔσονται // RP: *omit* ἡ *before* μία // WH: ἡ

27 Gen 7:7 29 Gen 19:24 31 Gen 19:26

ἀφεθήσεται. 37 καὶ ἀποκριθέντες λέγουσιν αὐτῷ Ποῦ, κύριε; ὁ δὲ εἶπεν αὐτοῖς Ὅπου τὸ σῶμα, ἐκεῖ καὶ οἱ ἀετοὶ ἐπισυναχθήσονται.

The Parable of the Persistent Widow

18 Ἔλεγεν δὲ παραβολὴν αὐτοῖς πρὸς τὸ δεῖν πάντοτε προσεύχεσθαι αὐτοὺς καὶ μὴ ἐνκακεῖν, 2 λέγων Κριτής τις ἦν ἔν τινι πόλει τὸν θεὸν μὴ φοβούμενος καὶ ἄνθρωπον μὴ ἐντρεπόμενος. 3 χήρα δὲ ἦν ἐν τῇ πόλει ἐκείνῃ καὶ ἤρχετο πρὸς αὐτὸν λέγουσα Ἐκδίκησόν με ἀπὸ τοῦ ἀντιδίκου μου. 4 καὶ οὐκ ἤθελεν ἐπὶ χρόνον, μετὰ ταῦτα δὲ εἶπεν ἐν ἑαυτῷ Εἰ καὶ τὸν θεὸν οὐ φοβοῦμαι οὐδὲ ἄνθρωπον ἐντρέπομαι, 5 διά γε τὸ παρέχειν μοι κόπον τὴν χήραν ταύτην ἐκδικήσω αὐτήν, ἵνα μὴ εἰς τέλος ἐρχομένη ὑπωπιάζῃ με. 6 Εἶπεν δὲ ὁ κύριος Ἀκούσατε τί ὁ κριτὴς τῆς ἀδικίας λέγει· 7 ὁ δὲ θεὸς οὐ μὴ ποιήσῃ τὴν ἐκδίκησιν τῶν ἐκλεκτῶν αὐτοῦ τῶν βοώντων αὐτῷ ἡμέρας καὶ νυκτός, καὶ μακροθυμεῖ ἐπ᾽ αὐτοῖς; 8 λέγω ὑμῖν ὅτι ποιήσει τὴν ἐκδίκησιν αὐτῶν ἐν τάχει. πλὴν ὁ υἱὸς τοῦ ἀνθρώπου ἐλθὼν ἆρα εὑρήσει τὴν πίστιν ἐπὶ τῆς γῆς;

The Parable of the Pharisee and the Tax Collector

9 Εἶπεν δὲ καὶ πρός τινας τοὺς πεποιθότας ἐφ᾽ ἑαυτοῖς ὅτι εἰσὶν δίκαιοι καὶ ἐξουθενοῦντας τοὺς λοιποὺς τὴν παραβολὴν ταύτην. 10 Ἄνθρωποι δύο ἀνέβησαν εἰς τὸ ἱερὸν προσεύξασθαι, εἷς Φαρισαῖος καὶ ὁ ἕτερος τελώνης. 11 ὁ Φαρισαῖος σταθεὶς ταῦτα πρὸς ἑαυτὸν προσηύχετο

δὲ RP: καὶ ἡ   36 WH/NA/RP: *omit v. 36*: δύο ἐν τῷ ἀγρῷ· εἷς παραλημφθήσεται καὶ ὁ ἕτερος ἀφεθήσεται. 37 RP: *omit* καὶ // WH: οἱ ἀετοὶ ἐπισυναχθήσονται RP: συναχθήσονται οἱ ἀετοί
18:1 WH: ἐνκακεῖν NA: ἐγκακεῖν RP: ἐκκακεῖν // RP: *add* καὶ *after* δὲ // RP: *omit* αὐτοὺς 4 WH: ἤθελεν RP: ἠθέλησεν // WH: ταῦτα δὲ NA/RP: δὲ ταῦτα // WH: οὐδὲ RP: καὶ // RP: *add* οὐκ *before* ἐντρέπομαι 5 WH: ὑπωπιάζῃ RP: ὑποπιάζῃ 7 WH: αὐτῷ RP: πρὸς αὐτὸν // WH: μακροθυμεῖ RP: μακροθυμῶν 9 RP: *omit* καὶ *after* Εἶπεν δὲ 10 {WH}/NA/RP: *add* ὁ *before* εἷς 11 WH: ταῦτα πρὸς ἑαυτὸν {WH}/RP: πρὸς ἑαυτὸν ταῦτα NA: πρὸς ἑαυτὸν ταῦτα //

Ὁ θεός, εὐχαριστῶ σοι ὅτι οὐκ εἰμὶ ὥσπερ οἱ λοιποὶ τῶν
ἀνθρώπων, ἅρπαγες, ἄδικοι, μοιχοί, ἢ καὶ ὡς οὗτος ὁ
τελώνης· 12 νηστεύω δὶς τοῦ σαββάτου, ἀποδεκατεύω
πάντα ὅσα κτῶμαι. 13 ὁ δὲ τελώνης μακρόθεν ἑστὼς οὐκ
ἤθελεν οὐδὲ τοὺς ὀφθαλμοὺς ἐπᾶραι εἰς τὸν οὐρανόν, ἀλλ᾽
ἔτυπτε τὸ στῆθος ἑαυτοῦ λέγων Ὁ θεός, ἱλάσθητί μοι τῷ
ἁμαρτωλῷ. 14 λέγω ὑμῖν, κατέβη οὗτος δεδικαιωμένος εἰς
τὸν οἶκον αὐτοῦ παρ᾽ ἐκεῖνον· ὅτι πᾶς ὁ ὑψῶν ἑαυτὸν
ταπεινωθήσεται, ὁ δὲ ταπεινῶν ἑαυτὸν ὑψωθήσεται.

Jesus Blesses the Little Children
(Matt 19:13–15; Mark 10:13–16)

15 Προσέφερον δὲ αὐτῷ καὶ τὰ βρέφη ἵνα αὐτῶν ἅπτη-
ται· ἰδόντες δὲ οἱ μαθηταὶ ἐπετίμων αὐτοῖς. 16 ὁ δὲ Ἰησοῦς
προσεκαλέσατο [αὐτὰ] λέγων Ἄφετε τὰ παιδία ἔρχεσθαι
πρός με καὶ μὴ κωλύετε αὐτά, τῶν γὰρ τοιούτων ἐστὶν ἡ
βασιλεία τοῦ θεοῦ. 17 ἀμὴν λέγω ὑμῖν, ὃς ἂν μὴ δέξηται τὴν
βασιλείαν τοῦ θεοῦ ὡς παιδίον, οὐ μὴ εἰσέλθῃ εἰς αὐτήν.

The Rich and the Kingdom of God
(Matt 19:16–30; Mark 10:17–31)

18 Καὶ ἐπηρώτησέν τις αὐτὸν ἄρχων λέγων Διδάσκα-
λε ἀγαθέ, τί ποιήσας ζωὴν αἰώνιον κληρονομήσω; 19 εἶπεν
δὲ αὐτῷ ὁ Ἰησοῦς Τί με λέγεις ἀγαθόν; οὐδεὶς ἀγαθὸς εἰ
μὴ εἷς [ὁ] θεός. 20 τὰς ἐντολὰς οἶδας **Μὴ μοιχεύσῃς, Μὴ
φονεύσῃς, Μὴ κλέψῃς, Μὴ ψευδομαρτυρήσῃς, Τίμα τὸν
πατέρα σου καὶ τὴν μητέρα.** 21 ὁ δὲ εἶπεν Ταῦτα πάντα

WH: ὥσπερ {WH}: ὡς 12 WH: ἀποδεκατεύω NA/RP: ἀποδεκατῶ 13 WH: ὁ δὲ RP:
Καὶ ὁ // WH: ἐπᾶραι εἰς τὸν οὐρανόν RP: εἰς τὸν οὐρανὸν ἐπᾶραι // RP: add εἰς
before τὸ στῆθος // WH: ἑαυτοῦ NA/RP: αὐτοῦ 14 WH: παρ᾽ ἐκεῖνον RP: ἢ γὰρ
ἐκεῖνος 15 WH: ἐπετίμων RP: ἐπετίμησαν 16 WH: προσεκαλέσατο RP:
προσκαλεσάμενος // WH: [αὐτὰ] NA/RP: αὐτὰ // WH: λέγων RP: εἶπεν 17 WH:
ἂν RP: ἐὰν 19 WH: [ὁ] NA/RP: ὁ 20 RP: add σου *after* μητέρα

18:20 Exod 20:12–16; Deut 5:16–20

ἐφύλαξα ἐκ νεότητος. 22 ἀκούσας δὲ ὁ Ἰησοῦς εἶπεν αὐτῷ Ἔτι ἕν σοι λείπει· πάντα ὅσα ἔχεις πώλησον καὶ διάδος πτωχοῖς, καὶ ἕξεις θησαυρὸν ἐν [τοῖς] οὐρανοῖς, καὶ δεῦρο ἀκολούθει μοι. 23 ὁ δὲ ἀκούσας ταῦτα περίλυπος ἐγενήθη, ἦν γὰρ πλούσιος σφόδρα. 24 Ἰδὼν δὲ αὐτὸν [ὁ] Ἰησοῦς εἶπεν Πῶς δυσκόλως οἱ τὰ χρήματα ἔχοντες εἰς τὴν βασιλείαν τοῦ θεοῦ εἰσπορεύονται· 25 εὐκοπώτερον γάρ ἐστιν κάμηλον διὰ τρήματος βελόνης εἰσελθεῖν ἢ πλούσιον εἰς τὴν βασιλείαν τοῦ θεοῦ εἰσελθεῖν. 26 εἶπαν δὲ οἱ ἀκούσαντες Καὶ τίς δύναται σωθῆναι; 27 ὁ δὲ εἶπεν Τὰ ἀδύνατα παρὰ ἀνθρώποις δυνατὰ παρὰ τῷ θεῷ ἐστίν.

28 Εἶπεν δὲ ὁ Πέτρος Ἰδοὺ ἡμεῖς ἀφέντες τὰ ἴδια ἠκολουθήσαμέν σοι. 29 ὁ δὲ εἶπεν αὐτοῖς Ἀμὴν λέγω ὑμῖν ὅτι οὐδεὶς ἔστιν ὃς ἀφῆκεν οἰκίαν ἢ γυναῖκα ἢ ἀδελφοὺς ἢ γονεῖς ἢ τέκνα εἵνεκεν τῆς βασιλείας τοῦ θεοῦ, 30 ὃς οὐχὶ μὴ λάβῃ πολλαπλασίονα ἐν τῷ καιρῷ τούτῳ καὶ ἐν τῷ αἰῶνι τῷ ἐρχομένῳ ζωὴν αἰώνιον.

Jesus Predicts His Death a Third Time
(Matt 20:17–19; Mark 10:32–34)

31 Παραλαβὼν δὲ τοὺς δώδεκα εἶπεν πρὸς αὐτούς Ἰδοὺ ἀναβαίνομεν εἰς Ἰερουσαλήμ, καὶ τελεσθήσεται πάντα τὰ γεγραμμένα διὰ τῶν προφητῶν τῷ υἱῷ τοῦ ἀνθρώπου· 32 παραδοθήσεται γὰρ τοῖς ἔθνεσιν καὶ ἐμπαιχθήσεται καὶ ὑβρισθήσεται καὶ ἐμπτυσθήσεται, 33 καὶ μαστιγώσαντες ἀποκτενοῦσιν αὐτόν, καὶ τῇ ἡμέρᾳ τῇ τρίτῃ ἀναστήσεται. 34 Καὶ αὐτοὶ οὐδὲν τούτων συνῆκαν, καὶ ἦν

---

21 WH: ἐφύλαξα RP: ἐφυλαξάμην // RP: add μου after νεότητός 22 RP: add ταῦτα after δὲ // WH: ἐν [τοῖς] οὐρανοῖς RP: ἐν οὐρανῷ 23 WH: ἐγενήθη RP: ἐγένετο 24 WH: [ὁ] Ἰησοῦς NA/RP: ὁ Ἰησοῦς // [NA]/RP: add περίλυπον γενόμενον after Ἰησοῦς // WH: εἰς τὴν βασιλείαν τοῦ θεοῦ εἰσπορεύονται RP: εἰσελεύσονται εἰς τὴν βασιλείαν τοῦ θεοῦ 25 WH: τρήματος βελόνης RP: τρυμαλιᾶς ῥαφίδος 27 WH: παρὰ τῷ θεῷ ἐστίν RP: ἐστιν παρὰ τῷ θεῷ 28 RP: omit ὁ // WH: ἀφέντες τὰ ἴδια RP: ἀφήκαμεν πάντα, καὶ 29 WH: ἢ γυναῖκα ἢ ἀδελφοὺς ἢ γονεῖς RP: ἢ γονεῖς, ἢ ἀδελφούς, ἢ γυναῖκα // WH: εἵνεκεν NA/RP: ἕνεκεν 30 WH: οὐχὶ RP: οὐ // WH: λάβῃ {WH}/RP: ἀπολάβῃ NA: [ἀπο]λάβῃ

τὸ ῥῆμα τοῦτο κεκρυμμένον ἀπ' αὐτῶν, καὶ οὐκ ἐγίνωσκον
τὰ λεγόμενα.

Jesus Heals a Blind Beggar
(Matt 20:29–34; Mark 10:46–52)

35 Ἐγένετο δὲ ἐν τῷ ἐγγίζειν αὐτὸν εἰς Ἰερειχὼ τυφλός
τις ἐκάθητο παρὰ τὴν ὁδὸν ἐπαιτῶν. 36 ἀκούσας δὲ ὄχλου
διαπορευομένου ἐπυνθάνετο τί εἴη τοῦτο· 37 ἀπήγγειλαν δὲ
αὐτῷ ὅτι Ἰησοῦς ὁ Ναζωραῖος παρέρχεται. 38 καὶ ἐβόησεν
λέγων Ἰησοῦ υἱὲ Δαυείδ, ἐλέησόν με. 39 καὶ οἱ προά-
γοντες ἐπετίμων αὐτῷ ἵνα σιγήσῃ· αὐτὸς δὲ πολλῷ μᾶλλον
ἔκραζεν Υἱὲ Δαυείδ, ἐλέησόν με. 40 σταθεὶς δὲ Ἰησοῦς
ἐκέλευσεν αὐτὸν ἀχθῆναι πρὸς αὐτόν. ἐγγίσαντος δὲ αὐτοῦ
ἐπηρώτησεν αὐτόν 41 Τί σοι θέλεις ποιήσω; ὁ δὲ εἶπεν
Κύριε, ἵνα ἀναβλέψω. 42 καὶ ὁ Ἰησοῦς εἶπεν αὐτῷ
Ἀνάβλεψον· ἡ πίστις σου σέσωκέν σε. 43 καὶ παραχρῆμα
ἀνέβλεψεν, καὶ ἠκολούθει αὐτῷ δοξάζων τὸν θεόν. Καὶ πᾶς
ὁ λαὸς ἰδὼν ἔδωκεν αἶνον τῷ θεῷ.

Jesus Dines with Zacchaeus the Tax Collector

19 Καὶ εἰσελθὼν διήρχετο τὴν Ἰερειχώ. 2 Καὶ ἰδοὺ ἀνὴρ
ὀνόματι καλούμενος Ζακχαῖος, καὶ αὐτὸς ἦν ἀρχιτελώνης
καὶ αὐτὸς πλούσιος· 3 καὶ ἐζήτει ἰδεῖν τὸν Ἰησοῦν τίς
ἐστιν, καὶ οὐκ ἠδύνατο ἀπὸ τοῦ ὄχλου ὅτι τῇ ἡλικίᾳ μικρὸς
ἦν. 4 καὶ προδραμὼν εἰς τὸ ἔμπροσθεν ἀνέβη ἐπὶ συκομο-
ρέαν ἵνα ἴδῃ αὐτόν, ὅτι ἐκείνης ἤμελλεν διέρχεσθαι. 5 καὶ
ὡς ἦλθεν ἐπὶ τὸν τόπον, ἀναβλέψας [ὁ] Ἰησοῦς εἶπεν πρὸς
αὐτόν Ζακχαῖε, σπεύσας κατάβηθι, σήμερον γὰρ ἐν
τῷ οἴκῳ σου δεῖ με μεῖναι. 6 καὶ σπεύσας κατέβη, καὶ

---

35 // WH: ἐπαιτῶν RP: προσαιτῶν 36 {WH}: *add* ἂν *after* τί 39 WH: σιγήσῃ RP:
σιωπήσῃ 40 NA/RP: *add* ὁ *before* Ἰησοῦς 41 RP: *add* λέγων *before* Τί
19:2 WH: καὶ αὐτὸς {WH}: καὶ ἦν RP: καὶ οὗτος ἦν 4 RP: *omit* εἰς τὸ // WH:
συκομορέαν RP: συκομωραίαν // WH: ἤμελλεν RP: ἔμελλεν 5 WH: [ὁ] NA/RP:
ὁ // RP: *add* εἶδεν αὐτόν, καὶ *after* Ἰησοῦς

ὑπεδέξατο αὐτὸν χαίρων. 7 καὶ ἰδόντες πάντες διεγόγγυζον λέγοντες ὅτι   Παρὰ ἁμαρτωλῷ ἀνδρὶ εἰσῆλθεν καταλῦσαι. 8 σταθεὶς δὲ Ζακχαῖος εἶπεν πρὸς τὸν κύριον   Ἰδοὺ τὰ ἡμίσιά μου τῶν ὑπαρχόντων, κύριε, [τοῖς] πτωχοῖς δίδωμι, καὶ εἴ τινός τι ἐσυκοφάντησα ἀποδίδωμι τετραπλοῦν. 9 εἶπεν δὲ πρὸς αὐτὸν [ὁ] Ἰησοῦς ὅτι   Σήμερον σωτηρία τῷ οἴκῳ τούτῳ ἐγένετο, καθότι καὶ αὐτὸς υἱὸς Ἀβραάμ [ἐστιν]· 10 ἦλθεν γὰρ ὁ υἱὸς τοῦ ἀνθρώπου **ζητῆσαι** καὶ σῶσαι **τὸ ἀπολωλός.**

The Parable of the Ten Servants
(cf. Matt 25:14–30)

11 Ἀκουόντων δὲ αὐτῶν ταῦτα προσθεὶς εἶπεν παραβολὴν διὰ τὸ ἐγγὺς εἶναι Ἰερουσαλὴμ αὐτὸν καὶ δοκεῖν αὐτοὺς ὅτι παραχρῆμα μέλλει ἡ βασιλεία τοῦ θεοῦ ἀναφαίνεσθαι· 12 εἶπεν οὖν   Ἄνθρωπός τις εὐγενὴς ἐπορεύθη εἰς χώραν μακρὰν λαβεῖν ἑαυτῷ βασιλείαν καὶ ὑποστρέψαι. 13 καλέσας δὲ δέκα δούλους ἑαυτοῦ ἔδωκεν αὐτοῖς δέκα μνᾶς καὶ εἶπεν πρὸς αὐτοὺς πραγματεύσασθαι ἐν ᾧ ἔρχομαι. 14 Οἱ δὲ πολῖται αὐτοῦ ἐμίσουν αὐτόν, καὶ ἀπέστειλαν πρεσβείαν ὀπίσω αὐτοῦ λέγοντες   Οὐ θέλομεν τοῦτον βασιλεῦσαι ἐφ᾽ ἡμᾶς. 15 Καὶ ἐγένετο ἐν τῷ ἐπανελθεῖν αὐτὸν λαβόντα τὴν βασιλείαν καὶ εἶπεν φωνηθῆναι αὐτῷ τοὺς δούλους τούτους οἷς δεδώκει τὸ ἀργύριον, ἵνα γνοῖ τί διεπραγματεύσαντο. 16 παρεγένετο δὲ ὁ πρῶτος λέγων   Κύριε, ἡ μνᾶ σου δέκα προσηργάσατο μνᾶς. 17 καὶ εἶπεν

---

8 WH: ἡμίσιά RP: ἡμίση // WH: μου τῶν ὑπαρχόντων RP: τῶν ὑπαρχόντων μου // WH: [τοῖς] πτωχοῖς δίδωμι ΝΑ: τοῖς πτωχοῖς δίδωμι RP: δίδωμι τοῖς πτωχοῖς 9 WH: [ὁ] ΝΑ/RP: ὁ // WH: [ἐστιν] ΝΑ/RP: ἐστιν 11 WH: εἶναι Ἰερουσαλὴμ αὐτὸν RP: αὐτὸν εἶναι Ἰερουσαλήμ 13 WH: αὐτοὺς πραγματεύσασθαι ἐν ᾧ {WH}: αὐτούς Πραγματεύσασθε ἐν ᾧ ΝΑ: αὐτούς· πραγματεύσασθε ἐν ᾧ RP: αὐτούς, Πραγματεύσασθε ἕως 15 WH: δεδώκει RP: ἔδωκεν // WH: γνοῖ RP: γνῷ // RP: add τίς before τί // WH: διεπραγματεύσαντο RP: διεπραγματεύσατο 16 WH: δέκα προσηργάσατο RP: προσειργάσατο δέκα

αὐτῷ Εὖγε, ἀγαθὲ δοῦλε, ὅτι ἐν ἐλαχίστῳ πιστὸς ἐγένου, ἴσθι ἐξουσίαν ἔχων ἐπάνω δέκα πόλεων. 18 καὶ ἦλθεν ὁ δεύτερος λέγων Ἡ μνᾶ σου, κύριε, ἐποίησεν πέντε μνᾶς. 19 εἶπεν δὲ καὶ τούτῳ Καὶ σὺ ἐπάνω γίνου πέντε πόλεων. 20 καὶ ὁ ἕτερος ἦλθεν λέγων Κύριε, ἰδοὺ ἡ μνᾶ σου ἦν εἶχον ἀποκειμένην ἐν σουδαρίῳ· 21 ἐφοβούμην γάρ σε ὅτι ἄνθρωπος αὐστηρὸς εἶ, αἴρεις ὃ οὐκ ἔθηκας καὶ θερίζεις ὃ οὐκ ἔσπειρας. 22 λέγει αὐτῷ Ἐκ τοῦ στόματός σου κρίνω σε, πονηρὲ δοῦλε· ᾔδεις ὅτι ἐγὼ ἄνθρωπος αὐστηρός εἰμι, αἴρων ὃ οὐκ ἔθηκα καὶ θερίζων ὃ οὐκ ἔσπειρα; 23 καὶ διὰ τί οὐκ ἔδωκάς μου τὸ ἀργύριον ἐπὶ τράπεζαν; κἀγὼ ἐλθὼν σὺν τόκῳ ἂν αὐτὸ ἔπραξα. 24 καὶ τοῖς παρεστῶσιν εἶπεν Ἄρατε ἀπ᾽ αὐτοῦ τὴν μνᾶν καὶ δότε τῷ τὰς δέκα μνᾶς ἔχοντι—25 καὶ εἶπαν αὐτῷ Κύριε, ἔχει δέκα μνᾶς·—26 λέγω ὑμῖν ὅτι παντὶ τῷ ἔχοντι δοθήσεται, ἀπὸ δὲ τοῦ μὴ ἔχοντος καὶ ὃ ἔχει ἀρθήσεται. 27 Πλὴν τοὺς ἐχθρούς μου τούτους τοὺς μὴ θελήσαντάς με βασιλεῦσαι ἐπ᾽ αὐτοὺς ἀγάγετε ὧδε καὶ κατασφάξατε αὐτοὺς ἔμπροσθέν μου. 28 Καὶ εἰπὼν ταῦτα ἐπορεύετο ἔμπροσθεν ἀναβαίνων εἰς Ἱεροσόλυμα.

Jesus' Triumphal Entry into Jerusalem
(Matt 21:1–9; Mark 11:1–10)

29 Καὶ ἐγένετο ὡς ἤγγισεν εἰς Βηθφαγὴ καὶ Βηθανιὰ πρὸς τὸ ὄρος τὸ καλούμενον Ἐλαιῶν, ἀπέστειλεν δύο τῶν μαθητῶν 30 λέγων Ὑπάγετε εἰς τὴν κατέναντι κώμην, ἐν ᾗ εἰσπορευόμενοι εὑρήσετε πῶλον δεδεμένον, ἐφ᾽ ὃν οὐδεὶς πώποτε ἀνθρώπων ἐκάθισεν, καὶ λύσαντες αὐτὸν ἀγάγετε. 31 καὶ ἐάν τις ὑμᾶς ἐρωτᾷ Διὰ τί λύετε; οὕτως ἐρεῖτε ὅτι

---

17 WH: Εὖγε {WH}/RP: Εὖ 18 WH: Ἡ μνᾶ σου, κύριε RP: Κύριε, ἡ μνᾶ σου 19 WH: ἐπάνω γίνου RP: γίνου ἐπάνω 20 RP: omit ὁ 22 RP: add δὲ after Λέγει // WH: κρίνω NA: κρινῶ 23 WH: μου τὸ ἀργύριον RP: τὸ ἀργύριόν μου // WH: κἀγὼ RP: καὶ ἐγὼ // WH: αὐτὸ ἔπραξα RP: ἔπραξα αὐτὸ 26 RP: add γὰρ after Λέγω // RP: add ἀπ᾽ αὐτοῦ after ἀρθήσεται 27 WH: τούτους RP: ἐκείνους // RP: omit αὐτοὺς after κατασφάξατε 29 WH: Βηθανιὰ NA: Βηθανία[ν] RP: Βηθανίαν // RP: add αὐτοῦ after μαθητῶν 30 RP: omit λέγων // RP: omit καὶ 31 RP: add αὐτῷ after ἐρεῖτε

Ὁ κύριος αὐτοῦ χρείαν ἔχει. 32 ἀπελθόντες δὲ οἱ ἀπεσταλ-
μένοι εὗρον καθὼς εἶπεν αὐτοῖς. 33 λυόντων δὲ αὐτῶν τὸν
πῶλον εἶπαν οἱ κύριοι αὐτοῦ πρὸς αὐτούς Τί λύετε τὸν
πῶλον; 34 οἱ δὲ εἶπαν ὅτι Ὁ κύριος αὐτοῦ χρείαν ἔχει.
35 καὶ ἤγαγον αὐτὸν πρὸς τὸν Ἰησοῦν, καὶ ἐπιρίψαντες
αὐτῶν τὰ ἱμάτια ἐπὶ τὸν πῶλον ἐπεβίβασαν τὸν Ἰησοῦν·
36 πορευομένου δὲ αὐτοῦ ὑπεστρώννυον τὰ ἱμάτια ἑαυτῶν
ἐν τῇ ὁδῷ. 37 ἐγγίζοντος δὲ αὐτοῦ ἤδη πρὸς τῇ καταβάσει
τοῦ Ὄρους τῶν Ἐλαιῶν ἤρξαντο ἅπαν τὸ πλῆθος τῶν
μαθητῶν χαίροντες αἰνεῖν τὸν θεὸν φωνῇ μεγάλῃ περὶ
πασῶν ὧν εἶδον δυνάμεων, 38 λέγοντες
    Εὐλογημένος ὁ ἐρχόμενος,
        ὁ βασιλεύς, ἐν ὀνόματι Κυρίου·
    ἐν οὐρανῷ εἰρήνη
        καὶ δόξα ἐν ὑψίστοις.
39 Καί τινες τῶν Φαρισαίων ἀπὸ τοῦ ὄχλου εἶπαν πρὸς
αὐτόν Διδάσκαλε, ἐπιτίμησον τοῖς μαθηταῖς σου. 40 καὶ
ἀποκριθεὶς εἶπεν Λέγω ὑμῖν, ἐὰν οὗτοι σιωπήσουσιν, οἱ
λίθοι κράξουσιν.

Jesus Weeps Over Jerusalem

41 Καὶ ὡς ἤγγισεν, ἰδὼν τὴν πόλιν ἔκλαυσεν ἐπ᾽ αὐτήν,
42 λέγων ὅτι Εἰ ἔγνως ἐν τῇ ἡμέρᾳ ταύτῃ καὶ σὺ τὰ πρὸς
εἰρήνην—νῦν δὲ ἐκρύβη ἀπὸ ὀφθαλμῶν σου. 43 ὅτι
ἥξουσιν ἡμέραι ἐπὶ σὲ καὶ παρεμβαλοῦσιν οἱ ἐχθροί σου
χάρακά σοι καὶ περικυκλώσουσίν σε καὶ συνέξουσίν σε
πάντοθεν, 44 καὶ ἐδαφιοῦσίν σε καὶ τὰ τέκνα σου ἐν σοί,

34 WH: εἶπαν ὅτι RP: εἶπον 35 WH: ἐπιρίψαντες RP: ἐπιρρίψαντες // WH:
αὐτῶν RP: ἑαυτῶν 36 WH: ἑαυτῶν NA/RP: αὐτῶν 38 WH: ὁ ἐρχόμενος, ὁ {WH}:
ὁ or ὁ ἐρχόμενος RP: ὁ ἐρχόμενος // WH: ἐν οὐρανῷ εἰρήνη RP: εἰρήνη ἐν
οὐρανῷ 40 RP: add αὐτοῖς after εἶπεν // WH: ὑμῖν {WH}/RP: ὑμῖν ὅτι // WH:
σιωπήσουσιν RP: σιωπήσωσιν // WH: κράξουσιν RP: κεκράξονται 42 RP: add
καὶ σύ, καί γε after ἔγνως // WH: ταύτῃ καὶ σὺ RP: σου ταύτῃ // RP: add σου after
εἰρήνην 43 WH: παρεμβαλοῦσιν {WH}/RP: περιβαλοῦσιν

38 Ps 118:26 44 Ps 137:9

καὶ οὐκ ἀφήσουσιν λίθον ἐπὶ λίθον ἐν σοί, ἀνθ' ὧν οὐκ ἔγνως τὸν καιρὸν τῆς ἐπισκοπῆς σου.

Jesus Clears the Temple
(Matt 21:10–19; Mark 11:11–19)

45 Καὶ εἰσελθὼν εἰς τὸ ἱερὸν ἤρξατο ἐκβάλλειν τοὺς πωλοῦντας, 46 λέγων αὐτοῖς Γέγραπται **Καὶ ἔσται ὁ οἶκός μου οἶκος προσευχῆς,** ὑμεῖς δὲ αὐτὸν ἐποιήσατε **σπήλαιον λῃστῶν.**

47 Καὶ ἦν διδάσκων τὸ καθ' ἡμέραν ἐν τῷ ἱερῷ· οἱ δὲ ἀρχιερεῖς καὶ οἱ γραμματεῖς ἐζήτουν αὐτὸν ἀπολέσαι καὶ οἱ πρῶτοι τοῦ λαοῦ, 48 καὶ οὐχ ηὕρισκον τὸ τί ποιήσωσιν, ὁ λαὸς γὰρ ἅπας ἐξεκρέμετο αὐτοῦ ἀκούων.

The Authority of Jesus Is Questioned
(Matt 21:23–27; Mark 11:27–33)

20 Καὶ ἐγένετο ἐν μιᾷ τῶν ἡμερῶν διδάσκοντος αὐτοῦ τὸν λαὸν ἐν τῷ ἱερῷ καὶ εὐαγγελιζομένου ἐπέστησαν οἱ ἀρχιερεῖς καὶ οἱ γραμματεῖς σὺν τοῖς πρεσβυτέροις, 2 καὶ εἶπαν λέγοντες πρὸς αὐτόν Εἰπὸν ἡμῖν ἐν ποίᾳ ἐξουσίᾳ ταῦτα ποιεῖς, ἢ τίς ἐστιν ὁ δούς σοι τὴν ἐξουσίαν ταύτην. 3 ἀποκριθεὶς δὲ εἶπεν πρὸς αὐτούς Ἐρωτήσω ὑμᾶς κἀγὼ λόγον, καὶ εἴπατέ μοι 4 Τὸ βάπτισμα Ἰωάνου ἐξ οὐρανοῦ ἦν ἢ ἐξ ἀνθρώπων; 5 οἱ δὲ συνελογίσαντο πρὸς ἑαυτοὺς λέγοντες ὅτι Ἐὰν εἴπωμεν Ἐξ οὐρανοῦ, ἐρεῖ Διὰ τί οὐκ ἐπιστεύσατε αὐτῷ; 6 ἐὰν δὲ εἴπωμεν Ἐξ ἀνθρώπων, ὁ λαὸς ἅπας

---

44 WH: λίθον ἐπὶ λίθον ἐν σοί RP: ἐν σοὶ λίθον ἐπὶ λίθῳ 45 RP: *add* ἐν αὐτῷ καὶ ἀγοράζοντας *after* πωλοῦντας 46 WH: Καὶ ἔσται ὁ οἶκός μου οἶκος προσευχῆς RP: Ὁ οἶκός μου οἶκος προσευχῆς ἐστίν 48 WH: ηὕρισκον NA/RP: εὕρισκον // WH: ἐξεκρέμετο RP: ἐξεκρέματο
20:1 RP: *add* ἐκείνων *after* ἡμερῶν // WH: ἀρχιερεῖς RP: ἱερεῖς 2 WH: λέγοντες πρὸς αὐτόν RP: πρὸς αὐτόν, λέγοντες // WH: Εἰπὸν RP: Εἰπὲ 3 RP: *add* ἕνα *before* λόγον 6 WH: ὁ λαὸς ἅπας RP: πᾶς ὁ λαὸς

---

46 Isa 56:7; Jer 7:11

καταλιθάσει ἡμᾶς, πεπεισμένος γάρ ἐστιν Ἰωάνην προφή-
την εἶναι· 7 καὶ ἀπεκρίθησαν μὴ εἰδέναι πόθεν. 8 καὶ ὁ
Ἰησοῦς εἶπεν αὐτοῖς Οὐδὲ ἐγὼ λέγω ὑμῖν ἐν ποίᾳ ἐξουσίᾳ
ταῦτα ποιῶ.

The Parable of the Evil Tenants
(Matt 21:33–46; Mark 12:1–12)

9 Ἤρξατο δὲ πρὸς τὸν λαὸν λέγειν τὴν παραβολὴν ταύ-
την Ἄνθρωπος ἐφύτευσεν ἀμπελῶνα, καὶ ἐξέδετο αὐτὸν
γεωργοῖς, καὶ ἀπεδήμησεν χρόνους ἱκανούς. 10 καὶ καιρῷ
ἀπέστειλεν πρὸς τοὺς γεωργοὺς δοῦλον, ἵνα ἀπὸ τοῦ καρ-
ποῦ τοῦ ἀμπελῶνος δώσουσιν αὐτῷ· οἱ δὲ γεωργοὶ ἐξαπέ-
στειλαν αὐτὸν δείραντες κενόν. 11 καὶ προσέθετο ἕτερον
πέμψαι δοῦλον· οἱ δὲ κἀκεῖνον δείραντες καὶ ἀτιμάσαντες
ἐξαπέστειλαν κενόν. 12 καὶ προσέθετο τρίτον πέμψαι· οἱ δὲ
καὶ τοῦτον τραυματίσαντες ἐξέβαλον. 13 εἶπεν δὲ ὁ κύριος
τοῦ ἀμπελῶνος Τί ποιήσω; πέμψω τὸν υἱόν μου τὸν
ἀγαπητόν· ἴσως τοῦτον ἐντραπήσονται. 14 ἰδόντες δὲ αὐτὸν
οἱ γεωργοὶ διελογίζοντο πρὸς ἀλλήλους λέγοντες Οὗτός
ἐστιν ὁ κληρονόμος· ἀποκτείνωμεν αὐτόν, ἵνα ἡμῶν γένη-
ται ἡ κληρονομία· 15 καὶ ἐκβαλόντες αὐτὸν ἔξω τοῦ ἀμπε-
λῶνος ἀπέκτειναν. τί οὖν ποιήσει αὐτοῖς ὁ κύριος τοῦ
ἀμπελῶνος; 16 ἐλεύσεται καὶ ἀπολέσει τοὺς γεωργοὺς τού-
τους, καὶ δώσει τὸν ἀμπελῶνα ἄλλοις. ἀκούσαντες δὲ εἶπαν
Μὴ γένοιτο. 17 ὁ δὲ ἐμβλέψας αὐτοῖς εἶπεν Τί οὖν ἐστιν τὸ
γεγραμμένον τοῦτο
**Λίθον ὃν ἀπεδοκίμασαν οἱ οἰκοδομοῦντες,
οὗτος ἐγενήθη εἰς κεφαλὴν γωνίας;**

---

9 WH: ἐξέδετο RP: ἐξέδοτο // NA: add [τις] after Ἄνθρωπός 10 RP: add ἐν before
καιρῷ // WH: δώσουσιν RP: δῶσιν // WH: ἐξαπέστειλαν αὐτὸν δείραντες RP:
δείραντες αὐτὸν ἐξαπέστειλαν 11 WH: ἕτερον πέμψαι RP: πέμψαι ἕτερον
12 WH: τρίτον πέμψαι RP: πέμψαι τρίτον 13 RP: add ἰδόντες before ἐντραπήσονται
14 WH: ἀλλήλους RP: ἑαυτούς // RP: add δεῦτε before ἀποκτείνωμεν

18 πᾶς ὁ πεσὼν ἐπ᾽ ἐκεῖνον τὸν λίθον συνθλασθήσεται· ἐφ᾽ ὃν δ᾽ ἂν πέσῃ, λικμήσει αὐτόν.

19 Καὶ ἐζήτησαν οἱ γραμματεῖς καὶ οἱ ἀρχιερεῖς ἐπιβαλεῖν ἐπ᾽ αὐτὸν τὰς χεῖρας ἐν αὐτῇ τῇ ὥρᾳ, καὶ ἐφοβήθησαν τὸν λαόν, ἔγνωσαν γὰρ ὅτι πρὸς αὐτοὺς εἶπεν τὴν παραβολὴν ταύτην.

A Question about Paying Taxes
(Matt 22:15–22; Mark 12:13–17)

20 Καὶ παρατηρήσαντες ἀπέστειλαν ἐνκαθέτους ὑποκρινομένους ἑαυτοὺς δικαίους εἶναι, ἵνα ἐπιλάβωνται αὐτοῦ λόγου, ὥστε παραδοῦναι αὐτὸν τῇ ἀρχῇ καὶ τῇ ἐξουσίᾳ τοῦ ἡγεμόνος. 21 καὶ ἐπηρώτησαν αὐτὸν λέγοντες Διδάσκαλε, οἴδαμεν ὅτι ὀρθῶς λέγεις καὶ διδάσκεις καὶ οὐ λαμβάνεις πρόσωπον, ἀλλ᾽ ἐπ᾽ ἀληθείας τὴν ὁδὸν τοῦ θεοῦ διδάσκεις· 22 ἔξεστιν ἡμᾶς Καίσαρι φόρον δοῦναι ἢ οὔ; 23 κατανοήσας δὲ αὐτῶν τὴν πανουργίαν εἶπεν πρὸς αὐτούς 24 Δείξατέ μοι δηνάριον· τίνος ἔχει εἰκόνα καὶ ἐπιγραφήν; οἱ δὲ εἶπαν Καίσαρος. 25 ὁ δὲ εἶπεν πρὸς αὐτούς Τοίνυν ἀπόδοτε τὰ Καίσαρος Καίσαρι καὶ τὰ τοῦ θεοῦ τῷ θεῷ. 26 καὶ οὐκ ἴσχυσαν ἐπιλαβέσθαι τοῦ ῥήματος ἐναντίον τοῦ λαοῦ, καὶ θαυμάσαντες ἐπὶ τῇ ἀποκρίσει αὐτοῦ ἐσίγησαν.

A Question about the Resurrection
(Matt 22:23–33; Mark 12:18–27)

27 Προσελθόντες δέ τινες τῶν Σαδδουκαίων, οἱ λέγοντες ἀνάστασιν μὴ εἶναι, ἐπηρώτησαν αὐτὸν 28 λέγοντες

---

19 WH: γραμματεῖς καὶ οἱ ἀρχιερεῖς RP: ἀρχιερεῖς καὶ οἱ γραμματεῖς // RP: *omit* τὸν λαόν // WH: εἶπεν τὴν παραβολὴν ταύτην RP: τὴν παραβολὴν ταύτην εἶπεν // WH: ὥστε RP: εἰς τὸ 22 WH: ἡμᾶς RP: ἡμῖν 23 RP: *add* Τί με πειράζετε *after* αὐτούς 24 WH: Δείξατέ RP: Ἐπιδείξατέ // WH: οἱ δὲ εἶπαν RP: Ἀποκριθέντες δὲ εἶπον 25 WH: πρὸς αὐτούς RP: αὐτοῖς // WH: Τοίνυν ἀπόδοτε RP: Ἀπόδοτε τοίνυν 26 WH: τοῦ NA/RP: αὐτοῦ 27 WH: λέγοντες NA: [ἀντι]λέγοντες RP: ἀντιλέγοντες // WH: ἐπηρώτησαν {WH}: ἐπηρώτων

Διδάσκαλε, Μωυσῆς ἔγραψεν ἡμῖν, **ἐάν τινος ἀδελφὸς ἀπο-
θάνη** ἔχων γυναῖκα, **καὶ οὗτος ἄτεκνος ᾖ, ἵνα λάβη ὁ
ἀδελφὸς αὐτοῦ τὴν γυναῖκα καὶ ἐξαναστήση σπέρμα τῷ
ἀδελφῷ αὐτοῦ.** 29 ἑπτὰ οὖν ἀδελφοὶ ἦσαν· καὶ ὁ πρῶτος
λαβὼν γυναῖκα ἀπέθανεν ἄτεκνος· 30 καὶ ὁ δεύτερος 31 καὶ
ὁ τρίτος ἔλαβεν αὐτήν, ὡσαύτως δὲ καὶ οἱ ἑπτὰ οὐ
κατέλιπον τέκνα καὶ ἀπέθανον· 32 ὕστερον καὶ ἡ γυνὴ
ἀπέθανεν. 33 ἡ γυνὴ οὖν ἐν τῇ ἀναστάσει τίνος αὐτῶν
γίνεται γυνή; οἱ γὰρ ἑπτὰ ἔσχον αὐτὴν γυναῖκα. 34 καὶ εἶπεν
αὐτοῖς ὁ Ἰησοῦς Οἱ υἱοὶ τοῦ αἰῶνος τούτου γαμοῦσιν καὶ
γαμίσκονται, 35 οἱ δὲ καταξιωθέντες τοῦ αἰῶνος ἐκείνου
τυχεῖν καὶ τῆς ἀναστάσεως τῆς ἐκ νεκρῶν οὔτε γαμοῦσιν
οὔτε γαμίζονται· 36 οὐδὲ γὰρ ἀποθανεῖν ἔτι δύνανται, ἰσάγ-
γελοι γάρ εἰσιν, καὶ υἱοί εἰσιν θεοῦ τῆς ἀναστάσεως υἱοὶ
ὄντες. 37 ὅτι δὲ ἐγείρονται οἱ νεκροὶ καὶ Μωυσῆς ἐμήνυσεν
ἐπὶ τῆς βάτου, ὡς λέγει **Κύριον τὸν θεὸν Ἀβραὰμ καὶ θεὸν
Ἰσαὰκ καὶ θεὸν Ἰακώβ·** 38 θεὸς δὲ οὐκ ἔστιν νεκρῶν ἀλλὰ
ζώντων, πάντες γὰρ αὐτῷ ζῶσιν. 39 ἀποκριθέντες δέ τινες
τῶν γραμματέων εἶπαν Διδάσκαλε, καλῶς εἶπας· 40 οὐκέτι
γὰρ ἐτόλμων ἐπερωτᾶν αὐτὸν οὐδέν.

A Question about the Messiah
(Matt 22:41–23:36; Mark 12:35–40)

41 Εἶπεν δὲ πρὸς αὐτούς Πῶς λέγουσιν τὸν χριστὸν
εἶναι Δαυεὶδ υἱόν; 42 αὐτὸς γὰρ Δαυεὶδ λέγει ἐν Βίβλῳ
Ψαλμῶν

---

28 WH: ᾖ RP: ἀποθάνη 30 RP: add ἔλαβεν before ὁ δεύτερος // RP: add τὴν
γυναῖκα, καὶ οὗτος ἀπέθανεν ἄτεκνος after ὁ δεύτερος 31 RP: add Ὡσαύτως
before δὲ 32 RP: add δὲ πάντων after Ὕστερον // WH: καὶ ἡ γυνὴ ἀπέθανεν RP:
ἀπέθανεν καὶ ἡ γυνή 33 RP: omit ἡ γυνὴ before οὖν // WH: οὖν ἐν τῇ RP: Ἐν τῇ
οὖν 34 RP: add ἀποκριθεὶς before εἶπεν // WH: γαμίσκονται RP: ἐκγαμίσκονται
35 WH: γαμίζονται {WH}/RP: γαμίσκονται 36 WH: οὐδὲ RP: οὔτε // RP: add τοῦ
before θεοῦ 37 RP: add τὸν before θεὸν Ἰσαὰκ // RP: add τὸν before τὸν θεὸν Ἰακώβ
40 WH: γὰρ RP: δὲ // WH: ἐπερωτᾶν NA: ἐπερωτᾷν 41 WH: εἶναι Δαυεὶδ υἱόν
RP: υἱὸν Δαυὶδ εἶναι 42 WH: αὐτὸς γὰρ Δαυεὶδ RP: Καὶ αὐτὸς Δαυὶδ //

---

28 Deut 25:5; Gen 38:8   37 Exod 3:6

Εἶπεν Κύριος τῷ κυρίῳ μου Κάθου ἐκ δεξιῶν μου
43 ἕως ἂν θῶ τοὺς ἐχθρούς σου ὑποπόδιον τῶν
ποδῶν σου·
44 Δαυεὶδ οὖν αὐτὸν κύριον καλεῖ, καὶ πῶς αὐτοῦ υἱός
ἐστιν;
45 Ἀκούοντος δὲ παντὸς τοῦ λαοῦ εἶπεν τοῖς μαθηταῖς
46 Προσέχετε ἀπὸ τῶν γραμματέων τῶν θελόντων περι-
πατεῖν ἐν στολαῖς καὶ φιλούντων ἀσπασμοὺς ἐν ταῖς
ἀγοραῖς καὶ πρωτοκαθεδρίας ἐν ταῖς συναγωγαῖς καὶ πρω-
τοκλισίας ἐν τοῖς δείπνοις, 47 οἳ κατεσθίουσιν τὰς οἰκίας
τῶν χηρῶν καὶ προφάσει μακρὰ προσεύχονται· οὗτοι
λήμψονται περισσότερον κρίμα.

The Widow's Offering
(Mark 12:41–44)

21 Ἀναβλέψας δὲ εἶδεν τοὺς βάλλοντας εἰς τὸ
γαζοφυλάκιον τὰ δῶρα αὐτῶν πλουσίους. 2 εἶδεν δέ τινα
χήραν πενιχρὰν βάλλουσαν ἐκεῖ λεπτὰ δύο, 3 καὶ εἶπεν
Ἀληθῶς λέγω ὑμῖν ὅτι ἡ χήρα αὕτη ἡ πτωχὴ πλεῖον πάντων
ἔβαλεν· 4 πάντες γὰρ οὗτοι ἐκ τοῦ περισσεύοντος αὐτοῖς
ἔβαλον εἰς τὰ δῶρα, αὕτη δὲ ἐκ τοῦ ὑστερήματος αὐτῆς
πάντα τὸν βίον ὃν εἶχεν ἔβαλεν.

Jesus Foretells the Destruction of the Temple
(Matt 24:1–3; Mark 13:1–4)

5 Καί τινων λεγόντων περὶ τοῦ ἱεροῦ, ὅτι λίθοις καλοῖς
καὶ ἀναθήμασιν κεκόσμηται, εἶπεν 6 Ταῦτα ἃ θεωρεῖτε,

RP: *add* ὁ *before* κύριος 44 WH: αὐτὸν κύριον NA/RP: κύριον αὐτὸν // WH:
αὐτοῦ υἱός RP: υἱὸς αὐτοῦ 45 [NA]/RP: *add* αὐτοῦ *after* μαθηταῖς
21:1 WH: εἰς τὸ γαζοφυλάκιον τὰ δῶρα αὐτῶν RP: τὰ δῶρα αὐτῶν εἰς τὸ
γαζοφυλάκιον 2 RP: *add* καὶ *after* τινα // WH: λεπτὰ δύο RP: δύο λεπτά 3 WH:
αὕτη ἡ πτωχὴ RP: ἡ πτωχὴ αὕτη 4 WH: πάντες RP: ἅπαντες // RP: *add* τοῦ θεοῦ
after δῶρα // WH: πάντα RP: ἅπαντα

42–43 Ps 110:1

ἐλεύσονται ἡμέραι ἐν αἷς οὐκ ἀφεθήσεται λίθος ἐπὶ λίθῳ ὧδε ὃς οὐ καταλυθήσεται.

Troubles and Persecutions to Come
(Matt 24:4–14; Mark 13:5–13)

7 ἐπηρώτησαν δὲ αὐτὸν λέγοντες Διδάσκαλε, πότε οὖν ταῦτα ἔσται, καὶ τί τὸ σημεῖον ὅταν μέλλῃ ταῦτα γίνεσθαι; 8 ὁ δὲ εἶπεν Βλέπετε μὴ πλανηθῆτε· πολλοὶ γὰρ ἐλεύσονται ἐπὶ τῷ ὀνόματί μου λέγοντες Ἐγώ εἰμι καί Ὁ καιρὸς ἤγγικεν· μὴ πορευθῆτε ὀπίσω αὐτῶν. 9 ὅταν δὲ ἀκούσητε πολέμους καὶ ἀκαταστασίας, μὴ πτοηθῆτε· δεῖ γὰρ ταῦτα **γενέσθαι** πρῶτον, ἀλλ' οὐκ εὐθέως τὸ τέλος. 10 Τότε ἔλεγεν αὐτοῖς **Ἐγερθήσεται ἔθνος ἐπ' ἔθνος καὶ βασιλεία ἐπὶ βασιλείαν,** 11 σεισμοί τε μεγάλοι καὶ κατὰ τόπους λοιμοὶ καὶ λιμοὶ ἔσονται, φόβηθρά τε καὶ ἀπ' οὐρανοῦ σημεῖα μεγάλα ἔσται. 12 πρὸ δὲ τούτων πάντων ἐπιβαλοῦσιν ἐφ' ὑμᾶς τὰς χεῖρας αὐτῶν καὶ διώξουσιν, παραδιδόντες εἰς τὰς συναγωγὰς καὶ φυλακάς, ἀπαγομένους ἐπὶ βασιλεῖς καὶ ἡγεμόνας ἕνεκεν τοῦ ὀνόματός μου· 13 ἀποβήσεται ὑμῖν εἰς μαρτύριον. 14 θέτε οὖν ἐν ταῖς καρδίαις ὑμῶν μὴ προμελετᾶν ἀπολογηθῆναι, 15 ἐγὼ γὰρ δώσω ὑμῖν στόμα καὶ σοφίαν ᾗ οὐ δυνήσονται ἀντιστῆναι ἢ ἀντειπεῖν ἅπαντες οἱ ἀντικείμενοι ὑμῖν. 16 παραδοθήσεσθε δὲ καὶ ὑπὸ γονέων καὶ ἀδελφῶν καὶ συγγενῶν καὶ φίλων, καὶ θανατώσουσιν ἐξ ὑμῶν, 17 καὶ ἔσεσθε μισούμε-

---

6 NA/RP: omit ὧδε 8 RP: add ὅτι after λέγοντες // RP: add οὖν after μὴ 11 WH: καὶ κατὰ τόπους RP: κατὰ τόπους καὶ // WH: λοιμοὶ καὶ λιμοὶ {WH}/NA/RP: λιμοὶ καὶ λοιμοὶ // WH: ἀπ' οὐρανοῦ σημεῖα μεγάλα {WH}: σημεῖα μεγάλα ἀπ' οὐρανοῦ RP: σημεῖα ἀπ' οὐρανοῦ μεγάλα 12 RP: omit τὰς before συναγωγὰς // WH: ἀπαγομένους RP: ἀγομένους 13 RP: add δὲ after Ἀποβήσεται 14 WH: θέτε RP: Θέσθε // WH: ἐν ταῖς καρδίαις RP: εἰς τὰς καρδίας // WH: προμελετᾶν NA: προμελετᾶν 15 WH: ἀντιστῆναι ἢ ἀντειπεῖν RP: ἀντειπεῖν οὐδὲ ἀντιστῆναι // WH: ἅπαντες {WH}/RP: πάντες 16 WH: ἀδελφῶν καὶ συγγενῶν καὶ φίλων RP: συγγενῶν καὶ φίλων καὶ ἀδελφῶν

21:9 Dan 2:23 10 Isa 19:2

νοι ὑπὸ πάντων διὰ τὸ ὄνομά μου. 18 καὶ θρὶξ ἐκ τῆς
κεφαλῆς ὑμῶν οὐ μὴ ἀπόληται. 19 ἐν τῇ ὑπομονῇ ὑμῶν
κτήσεσθε τὰς ψυχὰς ὑμῶν.

The Destruction of Jerusalem
(Matt 24:15–22; Mark 13:14–20)

20 Ὅταν δὲ ἴδητε κυκλουμένην ὑπὸ στρατοπέδων Ἰερου-
σαλήμ, τότε γνῶτε ὅτι ἤγγικεν ἡ ἐρήμωσις αὐτῆς. 21 τότε οἱ
ἐν τῇ Ἰουδαίᾳ φευγέτωσαν εἰς τὰ ὄρη, καὶ οἱ ἐν μέσῳ αὐτῆς
ἐκχωρείτωσαν, καὶ οἱ ἐν ταῖς χώραις μὴ εἰσερχέσθωσαν εἰς
αὐτήν, 22 ὅτι **ἡμέραι ἐκδικήσεως** αὗταί εἰσιν τοῦ πλη-
σθῆναι πάντα τὰ γεγραμμένα. 23 οὐαὶ ταῖς ἐν γαστρὶ ἐχού-
σαις καὶ ταῖς θηλαζούσαις ἐν ἐκείναις ταῖς ἡμέραις· ἔσται
γὰρ ἀνάγκη μεγάλη ἐπὶ τῆς γῆς καὶ ὀργὴ τῷ λαῷ τούτῳ,
24 καὶ πεσοῦνται στόματι μαχαίρης καὶ αἰχμαλωτισθή-
σονται εἰς τὰ ἔθνη πάντα, καὶ **Ἰερουσαλὴμ** ἔσται **πατου-
μένη ὑπὸ ἐθνῶν,** ἄχρι οὗ πληρωθῶσιν [καὶ ἔσονται] καιροὶ
ἐθνῶν.

The Coming of the Son of Man
(Matt 24:23–25; Mark 13:21–23)

25 καὶ ἔσονται σημεῖα ἐν ἡλίῳ καὶ σελήνῃ καὶ ἄστροις, καὶ
ἐπὶ τῆς γῆς συνοχὴ **ἐθνῶν** ἐν ἀπορίᾳ **ἠχοῦς θαλάσσης** καὶ
σάλου, 26 ἀποψυχόντων ἀνθρώπων ἀπὸ φόβου καὶ προσδο-
κίας τῶν ἐπερχομένων τῇ οἰκουμένῃ, **αἱ** γὰρ **δυνάμεις τῶν
οὐρανῶν σαλευθήσονται.** 27 καὶ τότε ὄψονται **τὸν υἱὸν τοῦ
ἀνθρώπου ἐρχόμενον ἐν νεφέλῃ** μετὰ δυνάμεως καὶ δόξης

---

19 WH: κτήσεσθε NA/RP: κτήσασθε 20 RP: *add* τὴν *before* Ἰερουσαλήμ 23 RP:
add δὲ *after* Οὐαὶ // RP: *add* ἐν *before* τῷ 24 WH: μαχαίρης RP: μαχαίρας // WH:
τὰ ἔθνη πάντα RP: πάντα τὰ ἔθνη // RP: *omit* οὗ // NA/RP: *omit* [καὶ ἔσονται]
25 WH: ἔσονται RP: ἔσται // WH: ἠχοῦς RP: ἠχούσης

---

22 Hos 9:7   24 Zech 12:3 LXX; Isa 63:18; Ps 79:1; Dan 8:10   25 Ps 65:7   26 Isa 34:4
27 Dan 7:13

πολλῆς. 28 Ἀρχομένων δὲ τούτων γίνεσθαι ἀνακύψατε καὶ ἐπάρατε τὰς κεφαλὰς ὑμῶν, διότι ἐγγίζει ἡ ἀπολύτρωσις ὑμῶν.

The Lesson of the Fig Tree
(Matt 24:32–33; Mark 13:28–37)

29 Καὶ εἶπεν παραβολὴν αὐτοῖς Ἴδετε τὴν συκῆν καὶ πάντα τὰ δένδρα· 30 ὅταν προβάλωσιν ἤδη, βλέποντες ἀφ' ἑαυτῶν γινώσκετε ὅτι ἤδη ἐγγὺς τὸ θέρος ἐστίν· 31 οὕτως καὶ ὑμεῖς, ὅταν ἴδητε ταῦτα γινόμενα, γινώσκετε ὅτι ἐγγύς ἐστιν ἡ βασιλεία τοῦ θεοῦ. 32 ἀμὴν λέγω ὑμῖν ὅτι οὐ μὴ παρέλθῃ ἡ γενεὰ αὕτη ἕως [ἂν] πάντα γένηται. 33 ὁ οὐρανὸς καὶ ἡ γῆ παρελεύσονται, οἱ δὲ λόγοι μου οὐ μὴ παρελεύσονται. 34 Προσέχετε δὲ ἑαυτοῖς μή ποτε βαρηθῶσιν αἱ καρδίαι ὑμῶν ἐν κρεπάλῃ καὶ μέθῃ καὶ μερίμναις βιωτικαῖς, καὶ ἐπιστῇ ἐφ' ὑμᾶς ἐφνίδιος ἡ ἡμέρα ἐκείνη 35 ὡς παγίς· ἐπεισελεύσεται γὰρ ἐπὶ πάντας τοὺς καθημένους ἐπὶ πρόσωπον πάσης τῆς γῆς. 36 ἀγρυπνεῖτε δὲ ἐν παντὶ καιρῷ δεόμενοι ἵνα κατισχύσητε ἐκφυγεῖν ταῦτα πάντα τὰ μέλλοντα γίνεσθαι, καὶ σταθῆναι ἔμπροσθεν τοῦ υἱοῦ τοῦ ἀνθρώπου.

37 Ἦν δὲ τὰς ἡμέρας ἐν τῷ ἱερῷ διδάσκων, τὰς δὲ νύκτας ἐξερχόμενος ηὐλίζετο εἰς τὸ ὄρος τὸ καλούμενον Ἐλαιῶν· 38 καὶ πᾶς ὁ λαὸς ὤρθριζεν πρὸς αὐτὸν ἐν τῷ ἱερῷ ἀκούειν αὐτοῦ.

---

32 WH: [ἂν] NA/RP: ἂν 33 WH: παρελεύσονται RP: παρέλθωσιν 34 WH: αἱ καρδίαι ὑμῶν NA/RP: ὑμῶν αἱ καρδίαι // WH: κρεπάλῃ NA/RP: κραιπάλῃ // WH: ἐπιστῇ ἐφ' ὑμᾶς ἐφνίδιος NA: ἐπιστῇ ἐφ' ὑμᾶς αἰφνίδιος RP: αἰφνίδιος ἐφ' ὑμᾶς ἐπιστῇ 35 WH: ἐπεισελεύσεται γὰρ RP: γὰρ ἐπελεύσεται 36 WH: δὲ RP: οὖν // WH: κατισχύσητε RP: καταξιωθῆτε // RP: omit ταῦτα 37 WH: ἐν τῷ ἱερῷ διδάσκων {WH}: διδάσκων ἐν τῷ ἱερῷ

35 Isa 24:17

Judas Agrees to Betray Jesus
(Matt 26:1–16; Mark 14:1–11)

22 Ἤγγιζεν δὲ ἡ ἑορτὴ τῶν ἀζύμων ἡ λεγομένη Πάσχα. 2 Καὶ ἐζήτουν οἱ ἀρχιερεῖς καὶ οἱ γραμματεῖς τὸ πῶς ἀνέλωσιν αὐτόν, ἐφοβοῦντο γὰρ τὸν λαόν.

3 Εἰσῆλθεν δὲ Σατανᾶς εἰς Ἰούδαν τὸν καλούμενον Ἰσκαριώτην, ὄντα ἐκ τοῦ ἀριθμοῦ τῶν δώδεκα· 4 καὶ ἀπελθὼν συνελάλησεν τοῖς ἀρχιερεῦσιν καὶ στρατηγοῖς τὸ πῶς αὐτοῖς παραδῷ αὐτόν. 5 καὶ ἐχάρησαν καὶ συνέθεντο αὐτῷ ἀργύριον δοῦναι. 6 καὶ ἐξωμολόγησεν, καὶ ἐζήτει εὐκαιρίαν τοῦ παραδοῦναι αὐτὸν ἄτερ ὄχλου αὐτοῖς.

Preparation for the Passover
(Matt 26:17–25; Mark 14:12–21)

7 Ἦλθεν δὲ ἡ ἡμέρα τῶν ἀζύμων, ᾗ ἔδει θύεσθαι τὸ πάσχα· 8 καὶ ἀπέστειλεν Πέτρον καὶ Ἰωάνην εἰπών Πορευθέντες ἑτοιμάσατε ἡμῖν τὸ πάσχα ἵνα φάγωμεν. 9 οἱ δὲ εἶπαν αὐτῷ Ποῦ θέλεις ἑτοιμάσωμεν; 10 ὁ δὲ εἶπεν αὐτοῖς Ἰδοὺ εἰσελθόντων ὑμῶν εἰς τὴν πόλιν συναντήσει ὑμῖν ἄνθρωπος κεράμιον ὕδατος βαστάζων· ἀκολουθήσατε αὐτῷ εἰς τὴν οἰκίαν εἰς ἣν εἰσπορεύεται. 11 καὶ ἐρεῖτε τῷ οἰκοδεσπότῃ τῆς οἰκίας Λέγει σοι ὁ διδάσκαλος Ποῦ ἐστιν τὸ κατάλυμα ὅπου τὸ πάσχα μετὰ τῶν μαθητῶν μου φάγω; 12 κἀκεῖνος ὑμῖν δείξει ἀνάγαιον μέγα ἐστρωμένον· ἐκεῖ ἑτοιμάσατε. 13 ἀπελθόντες δὲ εὗρον καθὼς εἰρήκει αὐτοῖς, καὶ ἡτοίμασαν τὸ πάσχα.

22:3 WH: καλούμενον RP: ἐπικαλούμενον 4 WH: αὐτοῖς παραδῷ αὐτόν RP: αὐτὸν παραδῷ αὐτοῖς 6 WH: ἄτερ ὄχλου αὐτοῖς RP: αὐτοῖς ἄτερ ὄχλου 7 [NA]/RP: add ἐν before ᾗ ἔδει 9 WH: ἑτοιμάσωμεν RP: ἑτοιμάσομεν 10 WH: εἰς ἣν RP: οὗ 11 {WH}: add λέγοντες after οἰκίας 12 WH: ἀνάγαιον RP: ἀνώγεον 13 WH: εἰρήκει RP: εἴρηκεν

The Institution of the Lord's Supper
(Matt 26:26–29; Mark 14:22–25)

14 Καὶ ὅτε ἐγένετο ἡ ὥρα, ἀνέπεσεν καὶ οἱ ἀπόστολοι σὺν αὐτῷ. 15 καὶ εἶπεν πρὸς αὐτούς Ἐπιθυμίᾳ ἐπεθύμησα τοῦτο τὸ πάσχα φαγεῖν μεθ' ὑμῶν πρὸ τοῦ με παθεῖν· 16 λέγω γὰρ ὑμῖν ὅτι οὐ μὴ φάγω αὐτὸ ἕως ὅτου πληρωθῇ ἐν τῇ βασιλείᾳ τοῦ θεοῦ. 17 καὶ δεξάμενος ποτήριον εὐχαριστήσας εἶπεν Λάβετε τοῦτο καὶ διαμερίσατε εἰς ἑαυτούς· 18 λέγω γὰρ ὑμῖν, οὐ μὴ πίω ἀπὸ τοῦ νῦν ἀπὸ τοῦ γενήματος τῆς ἀμπέλου ἕως οὗ ἡ βασιλεία τοῦ θεοῦ ἔλθῃ. 19 καὶ λαβὼν ἄρτον εὐχαριστήσας ἔκλασεν καὶ ἔδωκεν αὐτοῖς λέγων Τοῦτό ἐστιν τὸ σῶμά μου [[τὸ ὑπὲρ ὑμῶν διδόμενον· τοῦτο ποιεῖτε εἰς τὴν ἐμὴν ἀνάμνησιν. 20 καὶ τὸ ποτήριον ὡσαύτως μετὰ τὸ δειπνῆσαι, λέγων Τοῦτο τὸ ποτήριον ἡ καινὴ **διαθήκη** ἐν τῷ **αἵματί** μου, τὸ ὑπὲρ ὑμῶν ἐκχυννόμενον]]. 21 πλὴν ἰδοὺ ἡ χεὶρ τοῦ παραδιδόντος με μετ' ἐμοῦ ἐπὶ τῆς τραπέζης· 22 ὅτι ὁ υἱὸς μὲν τοῦ ἀνθρώπου κατὰ τὸ ὡρισμένον πορεύεται, πλὴν οὐαὶ τῷ ἀνθρώπῳ ἐκείνῳ δι' οὗ παραδίδοται. 23 καὶ αὐτοὶ ἤρξαντο συνζητεῖν πρὸς ἑαυτοὺς τὸ τίς ἄρα εἴη ἐξ αὐτῶν ὁ τοῦτο μέλλων πράσσειν.

The Disciples Argue about Greatness
(cf. Matt 20:25–28; Mark 10:42–45)

24 Ἐγένετο δὲ καὶ φιλονεικία ἐν αὐτοῖς, τὸ τίς αὐτῶν δοκεῖ εἶναι μείζων. 25 ὁ δὲ εἶπεν αὐτοῖς Οἱ βασιλεῖς τῶν

---

14 RP: *add* δώδεκα *before* ἀπόστολοι 16 RP: *add* οὐκέτι *before* οὐ // WH: αὐτὸ RP: ἐξ αὐτοῦ // RP: *add* ὅτι *after* ὑμῖν 17 WH: εἰς ἑαυτούς RP: ἑαυτοῖς 18 RP: *omit* νῦν ἀπὸ τοῦ // WH: οὗ RP: ὅτου // NA/RP: *add* [ὅτι] *before* οὐ μὴ 19–20 NA/RP: *omit double brackets for:* τὸ ὑπὲρ ὑμῶν διδόμενον· τοῦτο ποιεῖτε εἰς τὴν ἐμὴν ἀνάμνησιν. 20 καὶ τὸ ποτήριον ὡσαύτως μετὰ τὸ δειπνῆσαι, λέγων Τοῦτο τὸ ποτήριον ἡ καινὴ διαθήκη ἐν τῷ αἵματί μου, τὸ ὑπὲρ ὑμῶν ἐκχυννόμενον. 20 WH: καὶ τὸ ποτήριον ὡσαύτως RP: Ὡσαύτως καὶ τὸ ποτήριον // WH: ἐκχυννόμενον RP: ἐκχυνόμενον 22 WH: ὅτι RP: Καὶ // WH: υἱὸς μὲν RP: μὲν υἱός // WH: κατὰ τὸ ὡρισμένον πορεύεται RP: πορεύεται κατὰ τὸ ὡρισμένον 23 WH: συνζητεῖν NA/RP: συζητεῖν

ἐθνῶν κυριεύουσιν αὐτῶν καὶ οἱ ἐξουσιάζοντες αὐτῶν εὐ- εργέται καλοῦνται. 26 ὑμεῖς δὲ οὐχ οὕτως, ἀλλ᾽ ὁ μείζων ἐν ὑμῖν γινέσθω ὡς ὁ νεώτερος, καὶ ὁ ἡγούμενος ὡς ὁ δια- κονῶν· 27 τίς γὰρ μείζων, ὁ ἀνακείμενος ἢ ὁ διακονῶν; οὐχὶ ὁ ἀνακείμενος; ἐγὼ δὲ ἐν μέσῳ ὑμῶν εἰμι ὡς ὁ διακονῶν. 28 Ὑμεῖς δέ ἐστε οἱ διαμεμενηκότες μετ᾽ ἐμοῦ ἐν τοῖς πειρασμοῖς μου· 29 κἀγὼ διατίθεμαι ὑμῖν, καθὼς διέθετό μοι ὁ πατήρ μου βασιλείαν, 30 ἵνα ἔσθητε καὶ πίνητε ἐπὶ τῆς τραπέζης μου ἐν τῇ βασιλείᾳ μου, καὶ καθῆσθε ἐπὶ θρόνων τὰς δώδεκα φυλὰς κρίνοντες τοῦ Ἰσραήλ.

Jesus Predicts Peter's Denial

31 Σίμων Σίμων, ἰδοὺ ὁ Σατανᾶς ἐξῃτήσατο ὑμᾶς τοῦ σινι- άσαι ὡς τὸν σῖτον· 32 ἐγὼ δὲ ἐδεήθην περὶ σοῦ ἵνα μὴ ἐκλίπῃ ἡ πίστις σου· καὶ σύ ποτε ἐπιστρέψας στήρισον τοὺς ἀδελφούς σου. 33 ὁ δὲ εἶπεν αὐτῷ Κύριε, μετὰ σοῦ ἕτοιμός εἰμι καὶ εἰς φυλακὴν καὶ εἰς θάνατον πορεύεσθαι. 34 ὁ δὲ εἶπεν Λέγω σοι, Πέτρε, οὐ φωνήσει σήμερον ἀλέκτωρ ἕως τρίς με ἀπαρνήσῃ εἰδέναι.

35 Καὶ εἶπεν αὐτοῖς Ὅτε ἀπέστειλα ὑμᾶς ἄτερ βαλλαντίου καὶ πήρας καὶ ὑποδημάτων, μή τινος ὑστε- ρήσατε; οἱ δὲ εἶπαν Οὐθενός. 36 εἶπεν δὲ αὐτοῖς Ἀλλὰ νῦν ὁ ἔχων βαλλάντιον ἀράτω, ὁμοίως καὶ πήραν, καὶ ὁ μὴ ἔχων πωλησάτω τὸ ἱμάτιον αὐτοῦ καὶ ἀγορασάτω μάχαι- ραν. 37 λέγω γὰρ ὑμῖν ὅτι τοῦτο τὸ γεγραμμένον δεῖ τελεσθῆναι ἐν ἐμοί, τό **Καὶ μετὰ ἀνόμων ἐλογίσθη·** καὶ

---

26 WH: γινέσθω RP: γενέσθω 27 WH: ἐν μέσῳ ὑμῶν εἰμι RP: εἰμι ἐν μέσῳ ὑμῶν 29 WH: μου {WH}/RP: μου, 30 WH: ἔσθητε RP: ἐσθίητε // RP: *omit* ἐν τῇ βασιλείᾳ μου // WH: καθῆσθε {WH}/NA: καθήσεσθε RP: καθίσεσθε // WH: τὰς δώδεκα φυλὰς κρίνοντες RP: κρίνοντες τὰς δώδεκα φυλὰς 31 RP: *add* Εἶπεν δὲ ὁ κύριος *before* Σίμων 32 WH: στήρισον RP: στήριξον 34 WH: φωνήσει RP: μὴ φωνήσῃ // WH: ἕως RP: πρὶν ἢ // WH: με ἀπαρνήσῃ εἰδέναι RP: ἀπαρνήσῃ μὴ εἰδέναι με 36 WH: δὲ RP: οὖν // WH: πωλησάτω RP: πωλήσει // WH: ἀγορασάτω RP: ἀγοράσει 37 RP: *add* ἔτι *after* ὅτι //

γὰρ τὸ περὶ ἐμοῦ τέλος ἔχει. 38 οἱ δὲ εἶπαν Κύριε, ἰδοὺ μάχαιραι ὧδε δύο. ὁ δὲ εἶπεν αὐτοῖς Ἱκανόν ἐστιν.

Jesus Prays on the Mount of Olives
(Matt 26:30–46; Mark 14:26–42)

39 Καὶ ἐξελθὼν ἐπορεύθη κατὰ τὸ ἔθος εἰς τὸ Ὄρος τῶν Ἐλαιῶν· ἠκολούθησαν δὲ αὐτῷ [καὶ] οἱ μαθηταί. 40 γενόμενος δὲ ἐπὶ τοῦ τόπου εἶπεν αὐτοῖς Προσεύχεσθε μὴ εἰσελθεῖν εἰς πειρασμόν. 41 καὶ αὐτὸς ἀπεσπάσθη ἀπ' αὐτῶν ὡσεὶ λίθου βολήν, καὶ θεὶς τὰ γόνατα προσηύχετο 42 λέγων Πάτερ, εἰ βούλει παρένεγκε τοῦτο τὸ ποτήριον ἀπ' ἐμοῦ· πλὴν μὴ τὸ θέλημά μου ἀλλὰ τὸ σὸν γινέσθω. 43 [[ὤφθη δὲ αὐτῷ ἄγγελος ἀπὸ τοῦ οὐρανοῦ ἐνισχύων αὐτόν. 44 καὶ γενόμενος ἐν ἀγωνίᾳ ἐκτενέστερον προσηύχετο· καὶ ἐγένετο ὁ ἱδρὼς αὐτοῦ ὡσεὶ θρόμβοι αἵματος καταβαίνοντες ἐπὶ τὴν γῆν.]] 45 καὶ ἀναστὰς ἀπὸ τῆς προσευχῆς ἐλθὼν πρὸς τοὺς μαθητὰς εὗρεν κοιμωμένους αὐτοὺς ἀπὸ τῆς λύπης, 46 καὶ εἶπεν αὐτοῖς Τί καθεύδετε; ἀναστάντες προσεύχεσθε, ἵνα μὴ εἰσέλθητε εἰς πειρασμόν.

Jesus Is Betrayed and Arrested
(Matt 26:47–56; Mark 14:43–52)

47 Ἔτι αὐτοῦ λαλοῦντος ἰδοὺ ὄχλος, καὶ ὁ λεγόμενος Ἰούδας εἷς τῶν δώδεκα προήρχετο αὐτούς, καὶ ἤγγισεν τῷ Ἰησοῦ φιλῆσαι αὐτόν. 48 Ἰησοῦς δὲ εἶπεν αὐτῷ Ἰούδα, φιλήματι τὸν υἱὸν τοῦ ἀνθρώπου παραδίδως; 49 ἰδόντες δὲ οἱ περὶ αὐτὸν τὸ ἐσόμενον εἶπαν Κύριε, εἰ πατάξομεν ἐν

WH: τὸ περὶ RP: τὰ περὶ 39 WH: Ὄρος τῶν Ἐλαιῶν· NA: ὄρος τῶν ἐλαιῶν, // WH: [καὶ] NA/RP: καὶ // RP: add αὐτοῦ after μαθηταὶ 42 WH: παρένεγκε τοῦτο τὸ ποτήριον RP: παρενεγκεῖν τὸ ποτήριον τοῦτο // WH: γινέσθω RP: γενέσθω 43 WH: ἀπὸ τοῦ {WH}/NA/RP: ἀπ' 43–44 RP: omit double brackets for vv. 43–44. 44 WH: καὶ ἐγένετο {WH}/RP: ἐγένετο δὲ 45 WH: κοιμωμένους αὐτοὺς RP: αὐτοὺς κοιμωμένους 47 RP: add δὲ after Ἔτι 48 WH: Ἰησοῦς δὲ RP: Ὁ δὲ Ἰησοῦς 49 WH: εἶπαν RP: εἶπον αὐτῷ //

μαχαίρῃ; 50 καὶ ἐπάταξεν εἷς τις ἐξ αὐτῶν τοῦ ἀρχιερέως
τὸν δοῦλον καὶ ἀφεῖλεν τὸ οὖς αὐτοῦ τὸ δεξιόν. 51 ἀποκρι-
θεὶς δὲ [ὁ] Ἰησοῦς εἶπεν Ἐᾶτε ἕως τούτου· καὶ ἁψάμενος
τοῦ ὠτίου ἰάσατο αὐτόν. 52 εἶπεν δὲ Ἰησοῦς πρὸς τοὺς
παραγενομένους ἐπ' αὐτὸν ἀρχιερεῖς καὶ στρατηγοὺς τοῦ
ἱεροῦ καὶ πρεσβυτέρους Ὡς ἐπὶ λῃστὴν ἐξήλθατε μετὰ
μαχαιρῶν καὶ ξύλων; 53 καθ' ἡμέραν ὄντος μου μεθ' ὑμῶν
ἐν τῷ ἱερῷ οὐκ ἐξετείνατε τὰς χεῖρας ἐπ' ἐμέ· ἀλλ' αὕτη
ἐστὶν ὑμῶν ἡ ὥρα καὶ ἡ ἐξουσία τοῦ σκότους.

Peter Disowns Jesus
(Matt 26:57–66; Mark 14:53–64)

54 Συλλαβόντες δὲ αὐτὸν ἤγαγον καὶ εἰσήγαγον εἰς τὴν
οἰκίαν τοῦ ἀρχιερέως· ὁ δὲ Πέτρος ἠκολούθει μακρόθεν.
55 περιαψάντων δὲ πῦρ ἐν μέσῳ τῆς αὐλῆς καὶ συν-
καθισάντων ἐκάθητο ὁ Πέτρος μέσος αὐτῶν. 56 ἰδοῦσα δὲ
αὐτὸν παιδίσκη τις καθήμενον πρὸς τὸ φῶς καὶ ἀτενίσασα
αὐτῷ εἶπεν Καὶ οὗτος σὺν αὐτῷ ἦν· 57 ὁ δὲ ἠρνήσατο
λέγων Οὐκ οἶδα αὐτόν, γύναι. 58 καὶ μετὰ βραχὺ ἕτερος
ἰδὼν αὐτὸν ἔφη Καὶ σὺ ἐξ αὐτῶν εἶ· ὁ δὲ Πέτρος ἔφη
Ἄνθρωπε, οὐκ εἰμί. 59 καὶ διαστάσης ὡσεὶ ὥρας μιᾶς
ἄλλος τις διισχυρίζετο λέγων Ἐπ' ἀληθείας καὶ οὗτος
μετ' αὐτοῦ ἦν, καὶ γὰρ Γαλιλαῖός ἐστιν· 60 εἶπεν δὲ ὁ
Πέτρος Ἄνθρωπε, οὐκ οἶδα ὃ λέγεις. καὶ παραχρῆμα ἔτι
λαλοῦντος αὐτοῦ ἐφώνησεν ἀλέκτωρ. 61 καὶ στραφεὶς ὁ
κύριος ἐνέβλεψεν τῷ Πέτρῳ, καὶ ὑπεμνήσθη ὁ Πέτρος τοῦ
ῥήματος τοῦ κυρίου ὡς εἶπεν αὐτῷ ὅτι Πρὶν ἀλέκτορα

WH: μαχαίρῃ RP: μαχαίρᾳ 50 WH: τοῦ ἀρχιερέως τὸν δοῦλον RP: τὸν δοῦλον
τοῦ ἀρχιερέως // WH: τὸ οὖς αὐτοῦ RP: αὐτοῦ τὸ οὖς 51 WH: [ὁ] NA/RP: ὁ //
RP: add αὐτοῦ after ὠτίου 52 RP: add ὁ before Ἰησοῦς // WH: ἐξήλθατε RP:
ἐξεληλύθατε 53 WH: ἐστὶν ὑμῶν RP: ὑμῶν ἐστὶν 54 RP: add αὐτὸν after
εἰσήγαγον // WH: τὴν οἰκίαν RP: τὸν οἶκον 55 WH: περιαψάντων RP:
Ἁψάντων // RP: add αὐτῶν after συγκαθισάντων // WH: μέσος RP: ἐν μέσῳ
57 RP: add αὐτόν after ἠρνήσατο // WH: Οὐκ οἶδα αὐτόν, γύναι RP: Γύναι, οὐκ
οἶδα αὐτόν 58 WH: ἔφη RP: εἶπεν 61 WH: ῥήματος RP: λόγου //

φωνῆσαι σήμερον ἀπαρνήσῃ με τρίς. 62 [καὶ ἐξελθὼν ἔξω
ἔκλαυσεν πικρῶς.]

The Guards Mock Jesus
(Matt 26:67–75; Mark 14:65–72)

63 Καὶ οἱ ἄνδρες οἱ συνέχοντες αὐτὸν ἐνέπαιζον αὐτῷ
δέροντες, 64 καὶ περικαλύψαντες αὐτὸν ἐπηρώτων λέγοντες
Προφήτευσον, τίς ἐστιν ὁ παίσας σε; 65 καὶ ἕτερα πολλὰ
βλασφημοῦντες ἔλεγον εἰς αὐτόν.

Jesus Appears Before the Council
(Matt 27:1–2; Mark 15:1)

66 Καὶ ὡς ἐγένετο ἡμέρα, συνήχθη τὸ πρεσβυτέριον τοῦ
λαοῦ, ἀρχιερεῖς τε καὶ γραμματεῖς, καὶ ἀπήγαγον αὐτὸν εἰς
τὸ συνέδριον αὐτῶν, 67 λέγοντες Εἰ σὺ εἶ ὁ χριστός, εἰπὸν
ἡμῖν. εἶπεν δὲ αὐτοῖς Ἐὰν ὑμῖν εἴπω οὐ μὴ πιστεύσητε·
68 ἐὰν δὲ ἐρωτήσω οὐ μὴ ἀποκριθῆτε. 69 ἀπὸ τοῦ νῦν δὲ
ἔσται ὁ **υἱὸς τοῦ ἀνθρώπου καθήμενος ἐκ δεξιῶν τῆς δυνά-
μεως τοῦ θεοῦ.** 70 εἶπαν δὲ πάντες Σὺ οὖν εἶ ὁ υἱὸς τοῦ
θεοῦ; ὁ δὲ πρὸς αὐτοὺς ἔφη Ὑμεῖς λέγετε ὅτι ἐγώ εἰμι. 71 οἱ
δὲ εἶπαν Τί ἔτι ἔχομεν μαρτυρίας χρείαν; αὐτοὶ γὰρ
ἠκούσαμεν ἀπὸ τοῦ στόματος αὐτοῦ.

Jesus Is Brought Before Pilate
(Matt 27:11–14; Mark 15:2–5)

23 Καὶ ἀναστὰν ἅπαν τὸ πλῆθος αὐτῶν ἤγαγον αὐτὸν ἐπὶ
τὸν Πειλᾶτον. 2 ἤρξαντο δὲ κατηγορεῖν αὐτοῦ λέγοντες

RP: *omit* σήμερον 62 RP: *omit brackets for:* Καὶ ἐξελθὼν . . . πικρῶς. // RP: *add* ὁ
Πέτρος *before* ἔκλαυσεν 63 WH: αὐτὸν RP: τὸν Ἰησοῦν 64 RP: *add* ἔτυπτον
αὐτοῦ τὸ πρόσωπον, καὶ *before* ἐπηρώτων // RP: *add* αὐτόν *after* ἐπηρώτων 6 RP:
omit τε // RP: *add* λέγοντες *after* αὐτῶν 67 WH: εἰπὸν RP: εἰπὲ 68 RP: *add* καὶ *after*
δὲ // RP: *add* μοι, ἢ ἀπολύσητε *after* ἀποκριθῆτέ 70 WH: εἰμι. {WH}: εἰμι; 71 WH:
ἔχομεν μαρτυρίας χρείαν RP: χρείαν ἔχομεν μαρτυρίας

---

69 Dan 7:13; Ps 110:1–3

Τοῦτον εὕραμεν διαστρέφοντα τὸ ἔθνος ἡμῶν καὶ κωλύοντα φόρους Καίσαρι διδόναι καὶ λέγοντα αὐτὸν χριστὸν βασιλέα εἶναι. 3 ὁ δὲ Πειλᾶτος ἠρώτησεν αὐτὸν λέγων   Σὺ εἰ ὁ βασιλεὺς τῶν Ἰουδαίων; ὁ δὲ ἀποκριθεὶς αὐτῷ ἔφη   Σὺ λέγεις. 4 ὁ δὲ Πειλᾶτος εἶπεν πρὸς τοὺς ἀρχιερεῖς καὶ τοὺς ὄχλους   Οὐδὲν εὑρίσκω αἴτιον ἐν τῷ ἀνθρώπῳ τούτῳ. 5 οἱ δὲ ἐπίσχυον λέγοντες ὅτι   Ἀνασείει τὸν λαὸν διδάσκων καθ᾽ ὅλης τῆς Ἰουδαίας, καὶ ἀρξάμενος ἀπὸ τῆς Γαλιλαίας ἕως ὧδε.

Jesus Is Questioned by Herod

6 Πειλᾶτος δὲ ἀκούσας ἐπηρώτησεν εἰ [ὁ] ἄνθρωπος Γαλιλαῖός ἐστιν, 7 καὶ ἐπιγνοὺς ὅτι ἐκ τῆς ἐξουσίας Ἡρώδου ἐστὶν ἀνέπεμψεν αὐτὸν πρὸς Ἡρῴδην, ὄντα καὶ αὐτὸν ἐν Ἱεροσολύμοις ἐν ταύταις ταῖς ἡμέραις. 8 Ὁ δὲ Ἡρῴδης ἰδὼν τὸν Ἰησοῦν ἐχάρη λίαν, ἦν γὰρ ἐξ ἱκανῶν χρόνων θέλων ἰδεῖν αὐτὸν διὰ τὸ ἀκούειν περὶ αὐτοῦ, καὶ ἤλπιζέν τι σημεῖον ἰδεῖν ὑπ᾽ αὐτοῦ γινόμενον. 9 ἐπηρώτα δὲ αὐτὸν ἐν λόγοις ἱκανοῖς· αὐτὸς δὲ οὐδὲν ἀπεκρίνατο αὐτῷ. 10 ἱστήκεισαν δὲ οἱ ἀρχιερεῖς καὶ οἱ γραμματεῖς εὐτόνως κατηγοροῦντες αὐτοῦ. 11 ἐξουθενήσας δὲ αὐτὸν ὁ Ἡρῴδης σὺν τοῖς στρατεύμασιν αὐτοῦ καὶ ἐμπαίξας περιβαλὼν ἐσθῆτα λαμπρὰν ἀνέπεμψεν αὐτὸν τῷ Πειλάτῳ. 12 Ἐγένοντο δὲ φίλοι ὅ τε Ἡρῴδης καὶ ὁ Πειλᾶτος ἐν αὐτῇ τῇ ἡμέρᾳ μετ᾽ ἀλλήλων· προϋπῆρχον γὰρ ἐν ἔχθρᾳ ὄντες πρὸς αὐτούς.

23:2 WH: εὕραμεν RP: εὕρομεν // RP: omit ἡμῶν // WH: φόρους Καίσαρι RP: Καίσαρι φόρους // RP: omit καὶ after διδόναι // WH: αὐτὸν NA/RP: ἑαυτὸν 3 WH: λέγεις. {WH}: λέγεις; // WH: ἠρώτησεν RP: ἐπηρώτησε 5 RP: omit καὶ 6 RP: add Γαλιλαίαν after ἀκούσας // WH: [ὁ] NA/RP: ὁ 8 WH: ἐξ ἱκανῶν χρόνων θέλων RP: θέλων ἐξ ἱκανοῦ // RP: add πολλὰ after τὸ ἀκούειν 10 WH: ἱστήκεισαν NA/RP: εἱστήκεισαν 11 {WH}/[NA]: add καὶ before ὁ Ἡρῴδης // RP: add αὐτὸν after περιβαλὼν 12 WH: Ἡρῴδης καὶ ὁ Πειλᾶτος RP: Πιλᾶτος καὶ ὁ Ἡρῴδης // WH: αὐτούς NA: αὐτούς RP: ἑαυτούς

Jesus Is Sentenced to Death
(Matt 27:15–26; Mark 15:6–15)

13 Πειλᾶτος δὲ συνκαλεσάμενος τοὺς ἀρχιερεῖς καὶ τοὺς ἄρχοντας καὶ τὸν λαὸν 14 εἶπεν πρὸς αὐτούς Προσηνέγκατέ μοι τὸν ἄνθρωπον τοῦτον ὡς ἀποστρέφοντα τὸν λαόν, καὶ ἰδοὺ ἐγὼ ἐνώπιον ὑμῶν ἀνακρίνας οὐθὲν εὗρον ἐν τῷ ἀνθρώπῳ τούτῳ αἴτιον ὧν κατηγορεῖτε κατ' αὐτοῦ. 15 ἀλλ' οὐδὲ Ἡρῴδης, ἀνέπεμψεν γὰρ αὐτὸν πρὸς ἡμᾶς· καὶ ἰδοὺ οὐδὲν ἄξιον θανάτου ἐστὶν πεπραγμένον αὐτῷ· 16 παιδεύσας οὖν αὐτὸν ἀπολύσω. 18 ἀνέκραγον δὲ πανπληθεὶ λέγοντες Αἶρε τοῦτον, ἀπόλυσον δὲ ἡμῖν τὸν Βαραββᾶν· 19 ὅστις ἦν διὰ στάσιν τινὰ γενομένην ἐν τῇ πόλει καὶ φόνον βληθεὶς ἐν τῇ φυλακῇ. 20 πάλιν δὲ ὁ Πειλᾶτος προσεφώνησεν αὐτοῖς, θέλων ἀπολῦσαι τὸν Ἰησοῦν. 21 οἱ δὲ ἐπεφώνουν λέγοντες Σταύρου σταύρου αὐτόν. 22 ὁ δὲ τρίτον εἶπεν πρὸς αὐτούς Τί γὰρ κακὸν ἐποίησεν οὗτος; οὐδὲν αἴτιον θανάτου εὗρον ἐν αὐτῷ· παιδεύσας οὖν αὐτὸν ἀπολύσω. 23 οἱ δὲ ἐπέκειντο φωναῖς μεγάλαις αἰτούμενοι αὐτὸν σταυρωθῆναι, καὶ κατίσχυον αἱ φωναὶ αὐτῶν. 24 καὶ Πειλᾶτος ἐπέκρινεν γενέσθαι τὸ αἴτημα αὐτῶν· 25 ἀπέλυσεν δὲ τὸν διὰ στάσιν καὶ φόνον βεβλημένον εἰς φυλακὴν ὃν ἡτοῦντο, τὸν δὲ Ἰησοῦν παρέδωκεν τῷ θελήματι αὐτῶν.

Jesus Is Crucified
(Matt 27:32–44; Mark 15:21–32)

26 Καὶ ὡς ἀπήγαγον αὐτόν, ἐπιλαβόμενοι Σίμωνά τινα Κυρηναῖον ἐρχόμενον ἀπ' ἀγροῦ ἐπέθηκαν αὐτῷ τὸν

---

15 WH: ἀνέπεμψεν RP: ἀνέπεμψα // WH: αὐτὸν πρὸς ἡμᾶς RP: ὑμᾶς πρὸς αὐτόν 17 RP: add v. 17: Ἀνάγκην δὲ εἶχεν ἀπολύειν αὐτοῖς κατὰ ἑορτὴν ἕνα. 18 WH: ἀνέκραγον RP: Ἀνέκραξαν // RP: omit τὸν 19 WH: βληθεὶς RP: βεβλημένος // WH: ἐν τῇ φυλακῇ RP: εἰς φυλακήν 20 WH: δὲ RP: οὖν // RP: omit αὐτοῖς 21 WH: Σταύρου σταύρου RP: Σταύρωσον, σταύρωσον 23 WH: σταυρωθῆναι {WH}: σταυρῶσαι // RP: add καὶ τῶν ἀρχιερέων after αὐτῶν 24 WH: καὶ Πειλᾶτος RP: Ὁ δὲ Πιλᾶτος 26 WH: ἀπήγαγον {WH}: ἀπῆγον // WH: Σίμωνά τινα Κυρηναῖον ἐρχόμενον RP: Σίμωνός τινος Κυρηναίου ἐρχομένου

σταυρὸν φέρειν ὄπισθεν τοῦ Ἰησοῦ. 27 Ἠκολούθει δὲ αὐτῷ πολὺ πλῆθος τοῦ λαοῦ καὶ γυναικῶν αἳ ἐκόπτοντο καὶ ἐθρήνουν αὐτόν. 28 στραφεὶς δὲ πρὸς αὐτὰς Ἰησοῦς εἶπεν Θυγατέρες Ἰερουσαλήμ, μὴ κλαίετε ἐπ' ἐμέ· πλὴν ἐφ' ἑαυτὰς κλαίετε καὶ ἐπὶ τὰ τέκνα ὑμῶν, 29 ὅτι ἰδοὺ ἔρχονται ἡμέραι ἐν αἷς ἐροῦσιν Μακάριαι αἱ στεῖραι καὶ αἱ κοιλίαι αἳ οὐκ ἐγέννησαν καὶ μαστοὶ οἳ οὐκ ἔθρεψαν. 30 τότε ἄρξονται **λέγειν τοῖς ὄρεσιν Πέσατε ἐφ' ἡμᾶς, καὶ τοῖς βουνοῖς Καλύψατε ἡμᾶς·** 31 ὅτι εἰ ἐν ὑγρῷ ξύλῳ ταῦτα ποιοῦσιν, ἐν τῷ ξηρῷ τί γένηται; 32 Ἤγοντο δὲ καὶ ἕτεροι κακοῦργοι δύο σὺν αὐτῷ ἀναιρεθῆναι.

33 Καὶ ὅτε ἦλθαν ἐπὶ τὸν τόπον τὸν καλούμενον Κρανίον, ἐκεῖ ἐσταύρωσαν αὐτὸν καὶ τοὺς κακούργους, ὃν μὲν ἐκ δεξιῶν ὃν δὲ ἐξ ἀριστερῶν. 34 [[ὁ δὲ Ἰησοῦς ἔλεγεν Πάτερ, ἄφες αὐτοῖς, οὐ γὰρ οἴδασιν τί ποιοῦσιν.]] **διαμεριζόμενοι δὲ τὰ ἱμάτια αὐτοῦ ἔβαλον κλῆρον.** 35 καὶ ἱστήκει ὁ λαὸς θεωρῶν. **ἐξεμυκτήριζον** δὲ καὶ οἱ ἄρχοντες λέγοντες Ἄλλους ἔσωσεν, σωσάτω ἑαυτόν, εἰ οὗτός ἐστιν ὁ χριστὸς τοῦ θεοῦ, ὁ ἐκλεκτός. 36 ἐνέπαιξαν δὲ **αὐτῷ** καὶ οἱ στρατιῶται προσερχόμενοι, **ὄξος** προσφέροντες αὐτῷ 37 καὶ λέγοντες Εἰ σὺ εἶ ὁ βασιλεὺς τῶν Ἰουδαίων, σῶσον σεαυτόν. 38 ἦν δὲ καὶ ἐπιγραφὴ ἐπ' αὐτῷ Ο ΒΑΣΙΛΕΥΣ ΤΩΝ ΙΟΥΔΑΙΩΝ ΟΥΤΟΣ. 39 Εἷς δὲ τῶν κρεμασθέντων κακούργων ἐβλασφήμει αὐτόν Οὐχὶ σὺ εἶ ὁ χριστός; σῶσον σεαυτὸν καὶ ἡμᾶς. 40 ἀποκριθεὶς δὲ ὁ ἕτερος ἐπιτιμῶν αὐτῷ ἔφη Οὐδὲ φοβῇ σὺ τὸν θεόν, ὅτι ἐν τῷ αὐτῷ κρίματι εἶ;

---

27 RP: add καὶ *before* ἐκόπτοντο 28 [NA]/RP: add ὁ *before* Ἰησοῦς 29 RP: add κοιλίαι οὐκ *before* αἱ κοιλίαι // RP: add αἳ οὐκ *before* ἐγέννησαν // WH: ἔθρεψαν RP: ἐθήλασαν 30 WH: Πέσατε NA/RP: πέσετε 31 {WH}/NA/RP: add τῷ *before* ὑγρῷ 32 WH: κακοῦργοι δύο RP: δύο κακοῦργοι 33 WH: ἦλθαν NA: ἦλθον RP: ἀπῆλθον 34 RP: *omit double brackets for:* Ὁ δὲ Ἰησοῦς ... ποιοῦσιν. // WH: κλῆρον NA: κλήρους 35 WH: ἱστήκει NA/RP: εἱστήκει // RP: add σὺν αὐτοῖς *after* οἱ ἄρχοντες 36 WH: ἐνέπαιξαν RP: Ἐνέπαιζον // RP: add καὶ *before* ὄξος 38 RP: add γεγραμμένη *after* ἐπιγραφὴ // RP: add γράμμασιν Ἑλληνικοῖς καὶ Ῥωμαϊκοῖς καὶ Ἑβραϊκοῖς, Οὗτός ἐστιν *after* αὐτῷ 39 WH: Οὐχὶ NA: λέγων· οὐχὶ RP: λέγων, Εἰ 40 WH: ἐπιτιμῶν RP: ἐπετίμα // WH: ἔφη RP: λέγων

23:30 Hos 10:8 34 Ps 22:18 35 Ps 22:7 36 Ps 69:21

41 καὶ ἡμεῖς μὲν δικαίως, ἄξια γὰρ ὧν ἐπράξαμεν ἀπολαμ-
βάνομεν· οὗτος δὲ οὐδὲν ἄτοπον ἔπραξεν. 42 καὶ ἔλεγεν
Ἰησοῦ, μνήσθητί μου ὅταν ἔλθῃς εἰς τὴν βασιλείαν σου.
43 καὶ εἶπεν αὐτῷ Ἀμήν σοι λέγω, σήμερον μετ᾽ ἐμοῦ ἔσῃ
ἐν τῷ παραδείσῳ.

Jesus Dies on the Cross
(Matt 27:45–56; Mark 15:33–41)

44 Καὶ ἦν ἤδη ὡσεὶ ὥρα ἕκτη καὶ σκότος ἐγένετο ἐφ᾽ ὅλην
τὴν γῆν ἕως ὥρας ἐνάτης 45 τοῦ ἡλίου ἐκλείποντος, ἐσχί-
σθη δὲ τὸ καταπέτασμα τοῦ ναοῦ μέσον. 46 καὶ φωνήσας
φωνῇ μεγάλῃ ὁ Ἰησοῦς εἶπεν Πάτερ, **εἰς χεῖράς σου**
παρατίθεμαι τὸ πνεῦμά μου· τοῦτο δὲ εἰπὼν ἐξέπνευσεν.
47 Ἰδὼν δὲ ὁ ἑκατοντάρχης τὸ γενόμενον ἐδόξαζεν τὸν θεὸν
λέγων Ὄντως ὁ ἄνθρωπος οὗτος δίκαιος ἦν. 48 καὶ πάν-
τες οἱ συνπαραγενόμενοι ὄχλοι ἐπὶ τὴν θεωρίαν ταύτην,
θεωρήσαντες τὰ γενόμενα, τύπτοντες τὰ στήθη ὑπέστρεφον.
49 **ἱστήκεισαν** δὲ πάντες **οἱ γνωστοὶ** αὐτῷ **ἀπὸ μακρόθεν,**
καὶ γυναῖκες αἱ συνακολουθοῦσαι αὐτῷ ἀπὸ τῆς Γαλι-
λαίας, ὁρῶσαι ταῦτα.

Jesus Is Buried
(Matt 27:57–61; Mark 15:42–47)

50 Καὶ ἰδοὺ ἀνὴρ ὀνόματι Ἰωσὴφ βουλευτὴς ὑπάρχων,
ἀνὴρ ἀγαθὸς καὶ δίκαιος,—51 οὗτος οὐκ ἦν συνκατατε-

---

42 RP: *add* τῷ *before* Ἰησοῦ // RP: *add* κύριε, *before* ὅταν // WH: εἰς τὴν βασιλείαν
{WH}/RP: ἐν τῇ βασιλείᾳ 43 RP: *add* ὁ Ἰησοῦς *after* αὐτῷ // WH: σοι λέγω RP:
λέγω σοι 44 WH: ἤδη RP: δὲ 45 WH: τοῦ ἡλίου ἐκλείποντος ΝΑ: τοῦ ἡλίου
ἐκλιπόντος RP: Καὶ ἐσκοτίσθη ὁ ἥλιος, καὶ // WH: ἐσχίσθη δὲ RP: καὶ ἐσχίσθη
46 WH: παρατίθεμαι RP: παραθήσομαι // WH: τοῦτο δὲ RP: καὶ ταῦτα 47 WH:
ἑκατοντάρχης RP: ἑκατόνταρχος 48 WH: θεωρήσαντες RP: θεωροῦντες // RP:
add ἑαυτῶν *after* τύπτοντες 49 WH: ἱστήκεισαν ΝΑ/RP: εἱστήκεισαν // WH:
αὐτῷ ἀπὸ RP: αὐτοῦ // {WH}: *add* αἱ *before* γυναῖκες // WH: συνακολουθοῦσαι
RP: συνακολουθήσασαι 50 ΝΑ: *add* [καὶ] *before* ἀνὴρ ἀγαθὸς // WH: ἀγαθὸς καὶ
δίκαιος,— {WH}: ἀγαθός,—δίκαιος

---

46 Ps 31:5   49 Ps 88:8; 38:11

θειμένος τῇ βουλῇ καὶ τῇ πράξει αὐτῶν,—ἀπὸ Ἀριμαθαίας πόλεως τῶν Ἰουδαίων, ὃς προσεδέχετο τὴν βασιλείαν τοῦ θεοῦ, 52 οὗτος προσελθὼν τῷ Πειλάτῳ ᾐτήσατο τὸ σῶμα τοῦ Ἰησοῦ, 53 καὶ καθελὼν ἐνετύλιξεν αὐτὸ σινδόνι, καὶ ἔθηκεν αὐτὸν ἐν μνήματι λαξευτῷ οὗ οὐκ ἦν οὐδεὶς οὔπω κείμενος. 54 Καὶ ἡμέρα ἦν παρασκευῆς, καὶ σάββατον ἐπέφωσκεν. 55 Κατακολουθήσασαι δὲ αἱ γυναῖκες, αἵτινες ἦσαν συνεληλυθυῖαι ἐκ τῆς Γαλιλαίας αὐτῷ, ἐθεάσαντο τὸ μνημεῖον καὶ ὡς ἐτέθη τὸ σῶμα αὐτοῦ, 56 ὑποστρέψασαι δὲ ἡτοίμασαν ἀρώματα καὶ μύρα.

Jesus Rises from the Dead
(Matt 28:1–10; Mark 16:1–8)

24 Καὶ τὸ μὲν σάββατον ἡσύχασαν κατὰ τὴν ἐντολήν, τῇ δὲ μιᾷ τῶν σαββάτων ὄρθρου βαθέως ἐπὶ τὸ μνῆμα ἦλθαν φέρουσαι ἃ ἡτοίμασαν ἀρώματα. 2 εὗρον δὲ τὸν λίθον ἀποκεκυλισμένον ἀπὸ τοῦ μνημείου, 3 εἰσελθοῦσαι δὲ οὐχ εὗρον τὸ σῶμα [[τοῦ κυρίου Ἰησοῦ]]. 4 καὶ ἐγένετο ἐν τῷ ἀπορεῖσθαι αὐτὰς περὶ τούτου καὶ ἰδοὺ ἄνδρες δύο ἐπέστησαν αὐταῖς ἐν ἐσθῆτι ἀστραπτούσῃ. 5 ἐμφόβων δὲ γενομένων αὐτῶν καὶ κλινουσῶν τὰ πρόσωπα εἰς τὴν γῆν εἶπαν πρὸς αὐτάς Τί ζητεῖτε τὸν ζῶντα μετὰ τῶν νεκρῶν; 6 [[οὐκ ἔστιν ὧδε, ἀλλὰ ἠγέρθη.]] μνήσθητε ὡς ἐλάλησεν ὑμῖν ἔτι ὢν ἐν τῇ Γαλιλαίᾳ, 7 λέγων τὸν υἱὸν τοῦ ἀνθρώπου ὅτι δεῖ παραδοθῆναι εἰς χεῖρας ἀνθρώπων ἁμαρτωλῶν καὶ

---

51 WH: συνκατατεθειμένος {WH}: συνκατατιθέμενος NA/RP: συγκατατεθειμένος // RP: add καὶ after ὃς // RP: add καὶ αὐτὸς after προσεδέχετο 53 WH: ἐνετύλιξεν αὐτὸ σινδόνι RP: αὐτὸ ἐνετύλιξεν αὐτὸ σινδόνι // WH: οὐδεὶς οὔπω RP: οὐδέπω οὐδεὶς 54 WH: παρασκευῆς, καὶ RP: Παρασκευὴ 55 RP: omit αἱ // WH: ἐκ τῆς Γαλιλαίας αὐτῷ RP: αὐτῷ ἐκ τῆς Γαλιλαίας
24:1 WH: βαθέως RP: βαθέος // WH: ἐπὶ τὸ μνῆμα ἦλθαν RP: ἦλθον ἐπὶ τὸ μνῆμα // RP: add καί τινες σὺν αὐταῖς after ἀρώματα 3 WH: εἰσελθοῦσαι δὲ RP: Καὶ εἰσελθοῦσαι // NA/RP: omit double brackets for: τοῦ κυρίου Ἰησοῦ 4 WH: ἀπορεῖσθαι RP: διαπορεῖσθαι // WH: ἐν ἐσθῆτι ἀστραπτούσῃ RP: ἐν ἐσθήσεσιν ἀστραπτούσαις 5 WH: τὰ πρόσωπα RP: τὸ πρόσωπον 6 NA/RP: omit double brackets for: οὐκ ἔστιν ὧδε, ἀλλὰ ἠγέρθη. 7 WH: τὸν υἱὸν τοῦ ἀνθρώπου ὅτι δεῖ RP: ὅτι δεῖ τὸν υἱὸν τοῦ ἀνθρώπου

σταυρωθῆναι καὶ τῇ τρίτῃ ἡμέρᾳ ἀναστῆναι. 8 καὶ ἐμνή-
σθησαν τῶν ῥημάτων αὐτοῦ, 9 καὶ ὑποστρέψασαι [ἀπὸ τοῦ
μνημείου] ἀπήγγειλαν ταῦτα πάντα τοῖς ἕνδεκα καὶ πᾶσιν
τοῖς λοιποῖς. 10 ἦσαν δὲ ἡ Μαγδαληνὴ Μαρία καὶ Ἰωάνα
καὶ Μαρία ἡ Ἰακώβου· καὶ αἱ λοιπαὶ σὺν αὐταῖς ἔλεγον
πρὸς τοὺς ἀποστόλους ταῦτα. 11 καὶ ἐφάνησαν ἐνώπιον
αὐτῶν ὡσεὶ λῆρος τὰ ῥήματα ταῦτα, καὶ ἠπίστουν αὐταῖς.

12 [[Ὁ δὲ Πέτρος ἀναστὰς ἔδραμεν ἐπὶ τὸ μνημεῖον· καὶ
παρακύψας βλέπει τὰ ὀθόνια μόνα· καὶ ἀπῆλθεν πρὸς
αὐτὸν θαυμάζων τὸ γεγονός.]]

Jesus Appears on the Road to Emmaus

13 Καὶ ἰδοὺ δύο ἐξ αὐτῶν ἐν αὐτῇ τῇ ἡμέρᾳ ἦσαν πο-
ρευόμενοι εἰς κώμην ἀπέχουσαν σταδίους ἑξήκοντα ἀπὸ
Ἰερουσαλήμ, ᾗ ὄνομα Ἐμμαούς, 14 καὶ αὐτοὶ ὡμίλουν
πρὸς ἀλλήλους περὶ πάντων τῶν συμβεβηκότων τούτων.
15 καὶ ἐγένετο ἐν τῷ ὁμιλεῖν αὐτοὺς καὶ συνζητεῖν [καὶ]
αὐτὸς Ἰησοῦς ἐγγίσας συνεπορεύετο αὐτοῖς, 16 οἱ δὲ
ὀφθαλμοὶ αὐτῶν ἐκρατοῦντο τοῦ μὴ ἐπιγνῶναι αὐτόν.
17 εἶπεν δὲ πρὸς αὐτούς Τίνες οἱ λόγοι οὗτοι οὓς ἀντι-
βάλλετε πρὸς ἀλλήλους περιπατοῦντες; καὶ ἐστάθησαν
σκυθρωποί. 18 ἀποκριθεὶς δὲ εἷς ὀνόματι Κλεόπας εἶπεν
πρὸς αὐτόν Σὺ μόνος παροικεῖς Ἰερουσαλὴμ καὶ οὐκ
ἔγνως τὰ γενόμενα ἐν αὐτῇ ἐν ταῖς ἡμέραις ταύταις; 19 καὶ
εἶπεν αὐτοῖς Ποῖα; οἱ δὲ εἶπαν αὐτῷ Τὰ περὶ Ἰησοῦ τοῦ
Ναζαρηνοῦ, ὃς ἐγένετο ἀνὴρ προφήτης δυνατὸς ἐν ἔργῳ καὶ
λόγῳ ἐναντίον τοῦ θεοῦ καὶ παντὸς τοῦ λαοῦ, 20 ὅπως τε
παρέδωκαν αὐτὸν οἱ ἀρχιερεῖς καὶ οἱ ἄρχοντες ἡμῶν εἰς

---

9 NA/RP: *omit brackets for:* ἀπὸ τοῦ μνημείου 10 RP: *omit* ἡ *before* Ἰακώβου // WH:
αὐταῖς ἔλεγον NA: αὐταῖς. ἔλεγον RP: αὐταῖς, αἳ ἔλεγον 11 WH: ταῦτα RP:
αὐτῶν 12 NA/RP: *omit double brackets for:* Ὁ δὲ Πέτρος . . . τὸ γεγονός. // RP: *add*
κείμενα *after* ὀθόνια // WH: αὐτὸν NA: ἑαυτὸν 13 WH: ἐν αὐτῇ τῇ ἡμέρᾳ ἦσαν
πορευόμενοι RP: ἦσαν πορευόμενοι ἐν αὐτῇ τῇ ἡμέρᾳ 15 WH: συνζητεῖν [καὶ]
NA: συζητεῖν καὶ RP: συζητεῖν, καὶ 17 WH: ἐστάθησαν RP: ἐστε 18 WH: εἷς
ὀνόματι RP: ὁ εἷς, ᾧ ὄνομα 19 WH: Ναζαρηνοῦ RP: Ναζωραίου

κρίμα θανάτου καὶ ἐσταύρωσαν αὐτόν. 21 ἡμεῖς δὲ ἠλπί-
ζομεν ὅτι αὐτός ἐστιν ὁ μέλλων λυτροῦσθαι τὸν Ἰσραήλ·
ἀλλά γε καὶ σὺν πᾶσιν τούτοις τρίτην ταύτην ἡμέραν ἄγει
ἀφ' οὗ ταῦτα ἐγένετο. 22 ἀλλὰ καὶ γυναῖκές τινες ἐξ ἡμῶν
ἐξέστησαν ἡμᾶς, γενόμεναι ὀρθριναὶ ἐπὶ τὸ μνημεῖον
23 καὶ μὴ εὑροῦσαι τὸ σῶμα αὐτοῦ ἦλθαν λέγουσαι καὶ
ὀπτασίαν ἀγγέλων ἑωρακέναι, οἳ λέγουσιν αὐτὸν ζῆν.
24 καὶ ἀπῆλθάν τινες τῶν σὺν ἡμῖν ἐπὶ τὸ μνημεῖον, καὶ
εὗρον οὕτως καθὼς αἱ γυναῖκες εἶπον, αὐτὸν δὲ οὐκ εἶδον.
25 καὶ αὐτὸς εἶπεν πρὸς αὐτούς Ὦ ἀνόητοι καὶ βραδεῖς
τῇ καρδίᾳ τοῦ πιστεύειν ἐπὶ πᾶσιν οἷς ἐλάλησαν οἱ προφῆ-
ται· 26 οὐχὶ ταῦτα ἔδει παθεῖν τὸν χριστὸν καὶ εἰσελθεῖν εἰς
τὴν δόξαν αὐτοῦ; 27 καὶ ἀρξάμενος ἀπὸ Μωυσέως καὶ ἀπὸ
πάντων τῶν προφητῶν διερμήνευσεν αὐτοῖς ἐν πάσαις ταῖς
γραφαῖς τὰ περὶ ἑαυτοῦ. 28 Καὶ ἤγγισαν εἰς τὴν κώμην οὗ
ἐπορεύοντο, καὶ αὐτὸς προσεποιήσατο πορρώτερον πορεύ-
εσθαι. 29 καὶ παρεβιάσαντο αὐτὸν λέγοντες Μεῖνον μεθ'
ἡμῶν, ὅτι πρὸς ἑσπέραν ἐστὶν καὶ κέκλικεν ἤδη ἡ ἡμέρα.
καὶ εἰσῆλθεν τοῦ μεῖναι σὺν αὐτοῖς. 30 Καὶ ἐγένετο ἐν τῷ
κατακλιθῆναι αὐτὸν μετ' αὐτῶν λαβὼν τὸν ἄρτον
εὐλόγησεν καὶ κλάσας ἐπεδίδου αὐτοῖς· 31 αὐτῶν δὲ διη-
νοίχθησαν οἱ ὀφθαλμοὶ καὶ ἐπέγνωσαν αὐτόν· καὶ αὐτὸς
ἄφαντος ἐγένετο ἀπ' αὐτῶν. 32 καὶ εἶπαν πρὸς ἀλλήλους
Οὐχὶ ἡ καρδία ἡμῶν καιομένη ἦν ὡς ἐλάλει ἡμῖν ἐν τῇ ὁδῷ,
ὡς διήνοιγεν ἡμῖν τὰς γραφάς;

33 Καὶ ἀναστάντες αὐτῇ τῇ ὥρᾳ ὑπέστρεψαν εἰς
Ἰερουσαλήμ, καὶ εὗρον ἠθροισμένους τοὺς ἕνδεκα καὶ
τοὺς σὺν αὐτοῖς, 34 λέγοντας ὅτι ὄντως ἠγέρθη ὁ κύριος καὶ
ὤφθη Σίμωνι. 35 καὶ αὐτοὶ ἐξηγοῦντο τὰ ἐν τῇ ὁδῷ καὶ ὡς
ἐγνώσθη αὐτοῖς ἐν τῇ κλάσει τοῦ ἄρτου.

21 RP: omit καὶ // RP: add σήμερον after ἄγει 24 NA/RP: add καὶ after καθὼς
27 WH: διερμήνευσεν RP: διηρμήνευεν 28 WH: προσεποιήσατο RP:
προσεποιεῖτο // WH: πορρώτερον RP: πορρωτέρω 29 RP: omit ἤδη
32 {WH}/[NA]/RP: add ἐν ἡμῖν after ἦν // RP: add καὶ after ὁδῷ 33 WH:
ἠθροισμένους RP: συνηθροισμένους 34 WH: ὄντως ἠγέρθη ὁ κύριος RP:
Ἠγέρθη ὁ κύριος ὄντως

Jesus Appears to His Disciples in Jerusalem

36 Ταῦτα δὲ αὐτῶν λαλούντων αὐτὸς ἔστη ἐν μέσῳ αὐτῶν [[καὶ λέγει αὐτοῖς Εἰρήνη ὑμῖν]]. 37 πτοηθέντες δὲ καὶ ἔμφοβοι γενόμενοι ἐδόκουν πνεῦμα θεωρεῖν. 38 καὶ εἶπεν αὐτοῖς Τί τεταραγμένοι ἐστέ, καὶ διὰ τί διαλογισμοὶ ἀναβαίνουσιν ἐν τῇ καρδίᾳ ὑμῶν; 39 ἴδετε τὰς χεῖράς μου καὶ τοὺς πόδας μου ὅτι ἐγώ εἰμι αὐτός· ψηλαφήσατέ με καὶ ἴδετε, ὅτι πνεῦμα σάρκα καὶ ὀστέα οὐκ ἔχει καθὼς ἐμὲ θεωρεῖτε ἔχοντα. 40 [[καὶ τοῦτο εἰπὼν ἔδειξεν αὐτοῖς τὰς χεῖρας καὶ τοὺς πόδας.]] 41 Ἔτι δὲ ἀπιστούντων αὐτῶν ἀπὸ τῆς χαρᾶς καὶ θαυμαζόντων εἶπεν αὐτοῖς Ἔχετέ τι βρώσιμον ἐνθάδε; 42 οἱ δὲ ἐπέδωκαν αὐτῷ ἰχθύος ὀπτοῦ μέρος· 43 καὶ λαβὼν ἐνώπιον αὐτῶν ἔφαγεν.

44 Εἶπεν δὲ πρὸς αὐτούς Οὗτοι οἱ λόγοι μου οὓς ἐλάλησα πρὸς ὑμᾶς ἔτι ὢν σὺν ὑμῖν, ὅτι δεῖ πληρωθῆναι πάντα τὰ γεγραμμένα ἐν τῷ νόμῳ Μωυσέως καὶ τοῖς προφήταις καὶ Ψαλμοῖς περὶ ἐμοῦ. 45 τότε διήνοιξεν αὐτῶν τὸν νοῦν τοῦ συνιέναι τὰς γραφάς. 46 καὶ εἶπεν αὐτοῖς ὅτι οὕτως γέγραπται παθεῖν τὸν χριστὸν καὶ ἀναστῆναι ἐκ νεκρῶν τῇ τρίτῃ ἡμέρᾳ, 47 καὶ κηρυχθῆναι ἐπὶ τῷ ὀνόματι αὐτοῦ μετάνοιαν εἰς ἄφεσιν ἁμαρτιῶν εἰς πάντα τὰ ἔθνη,— ἀρξάμενοι ἀπὸ Ἰερουσαλήμ· 48 ὑμεῖς μάρτυρες τούτων. 49 καὶ ἰδοὺ ἐγὼ ἐξαποστέλλω τὴν ἐπαγγελίαν τοῦ πατρός μου ἐφ᾽ ὑμᾶς· ὑμεῖς δὲ καθίσατε ἐν τῇ πόλει ἕως οὗ ἐνδύσησθε ἐξ ὕψους δύναμιν.

---

36 RP: *add* ὁ Ἰησοῦς *after* αὐτὸς // NA/RP: *omit double brackets for:* καὶ λέγει αὐτοῖς· εἰρήνη ὑμῖν. 37 WH: πτοηθέντες {WH}: θροηθέντες 38 WH: τῇ καρδίᾳ RP: ταῖς καρδίαις 39 WH: ἐγώ εἰμι αὐτός RP: αὐτὸς ἐγώ εἰμι 40 NA/RP: *omit double brackets for:* καὶ τοῦτο εἰπὼν ἔδειξεν αὐτοῖς τὰς χεῖρας καὶ τοὺς πόδας. // WH: ἔδειξεν RP: ἐπέδειξεν 42 RP: *add* καὶ ἀπὸ μελισσίου κηρίου *after* μέρος 44 WH: πρὸς αὐτούς RP: αὐτοῖς // RP: *omit* μου // RP: *omit* τοῖς 46 RP: *add* καὶ οὕτως ἔδει *before* παθεῖν 47 WH: εἰς ἄφεσιν {WH}/RP: καὶ ἄφεσιν // WH: ἀρξάμενοι RP: ἀρξάμενον 47–48 WH: ἔθνη,—ἀρξάμενοι ἀπὸ Ἰερουσαλήμ 48 ὑμεῖς {WH}/NA: ἔθνη· ἀρξάμενοι ἀπὸ Ἰερουσαλὴμ 48 ὑμεῖς RP: ἔθνη, ἀρξάμενοι ἀπὸ Ἰερουσαλήμ. 48 Ὑμεῖς 48 RP: *add* δέ *after* Ὑμεῖς 49 WH: ἰδοὺ ἐγὼ ἐξαποστέλλω NA: [ἰδοὺ ἐγὼ ἀποστέλλω] RP: ἰδού, ἐγὼ ἀποστέλλω // RP: *add* Ἰερουσαλήμ *after* πόλει // WH: ἐξ ὕψους δύναμιν RP: δύναμιν ἐξ ὕψους

Jesus Ascends to Heaven

50 Ἐξήγαγεν δὲ αὐτοὺς ἕως πρὸς Βηθανίαν, καὶ ἐπάρας τὰς χεῖρας αὐτοῦ εὐλόγησεν αὐτούς. 51 καὶ ἐγένετο ἐν τῷ εὐλογεῖν αὐτὸν αὐτοὺς διέστη ἀπ' αὐτῶν [[καὶ ἀνεφέρετο εἰς τὸν οὐρανόν]]. 52 καὶ αὐτοὶ [[προσκυνήσαντες αὐτὸν]] ὑπέστρεψαν εἰς Ἰερουσαλὴμ μετὰ χαρᾶς μεγάλης, 53 καὶ ἦσαν διὰ παντὸς ἐν τῷ ἱερῷ εὐλογοῦντες τὸν θεόν.

---

50 WH: ἕως πρὸς NA: [ἔξω] ἕως πρὸς RP: ἔξω ἕως εἰς 51 NA/RP: *omit double brackets for:* καὶ ἀνεφέρετο εἰς τὸν οὐρανόν. 52 NA/RP: *omit double brackets for:* προσκυνήσαντες αὐτὸν 53 RP: *add* αἰνοῦντες καὶ *before* εὐλογοῦντες // RP: *add* Ἀμήν *after* θεόν

ΚΑΤΑ ΙΩΑΝΗΝ

The Word Became Flesh

1 Ἐν ἀρχῇ ἦν ὁ λόγος, καὶ ὁ λόγος ἦν πρὸς τὸν θεόν, καὶ θεὸς ἦν ὁ λόγος. 2 Οὗτος ἦν ἐν ἀρχῇ πρὸς τὸν θεόν. 3 πάντα δι' αὐτοῦ ἐγένετο, καὶ χωρὶς αὐτοῦ ἐγένετο οὐδὲ ἕν. ὃ γέγονεν 4 ἐν αὐτῷ ζωὴ ἦν, καὶ ἡ ζωὴ ἦν τὸ φῶς τῶν ἀνθρώπων· 5 καὶ τὸ φῶς ἐν τῇ σκοτίᾳ φαίνει, καὶ ἡ σκοτία αὐτὸ οὐ κατέλαβεν.

6 Ἐγένετο ἄνθρωπος ἀπεσταλμένος παρὰ θεοῦ, ὄνομα αὐτῷ Ἰωάνης· 7 οὗτος ἦλθεν εἰς μαρτυρίαν, ἵνα μαρτυρήσῃ περὶ τοῦ φωτός, ἵνα πάντες πιστεύσωσιν δι' αὐτοῦ. 8 οὐκ ἦν ἐκεῖνος τὸ φῶς, ἀλλ' ἵνα μαρτυρήσῃ περὶ τοῦ φωτός.

9 Ἦν τὸ φῶς τὸ ἀληθινὸν ὃ φωτίζει πάντα ἄνθρωπον ἐρχόμενον εἰς τὸν κόσμον. 10 ἐν τῷ κόσμῳ ἦν, καὶ ὁ κόσμος δι' αὐτοῦ ἐγένετο, καὶ ὁ κόσμος αὐτὸν οὐκ ἔγνω. 11 Εἰς τὰ ἴδια ἦλθεν, καὶ οἱ ἴδιοι αὐτὸν οὐ παρέλαβον. 12 ὅσοι δὲ ἔλαβον αὐτόν, ἔδωκεν αὐτοῖς ἐξουσίαν τέκνα θεοῦ γενέσθαι, τοῖς πιστεύουσιν εἰς τὸ ὄνομα αὐτοῦ, 13 οἳ οὐκ ἐξ αἱμάτων οὐδὲ ἐκ θελήματος σαρκὸς οὐδὲ ἐκ θελήματος ἀνδρὸς ἀλλ' ἐκ θεοῦ ἐγεννήθησαν.

14 Καὶ ὁ λόγος σὰρξ ἐγένετο καὶ ἐσκήνωσεν ἐν ἡμῖν, καὶ ἐθεασάμεθα τὴν δόξαν αὐτοῦ, δόξαν ὡς μονογενοῦς παρὰ πατρός, πλήρης χάριτος καὶ ἀληθείας· 15 (Ἰωάνης μαρτυρεῖ περὶ αὐτοῦ καὶ κέκραγεν λέγων—οὗτος ἦν ὁ εἰπών—Ὁ ὀπίσω μου ἐρχόμενος ἔμπροσθέν μου γέγονεν, ὅτι πρῶτός μου ἦν·) 16 ὅτι ἐκ τοῦ πληρώματος αὐτοῦ ἡμεῖς πάντες ἐλάβομεν, καὶ χάριν ἀντὶ χάριτος· 17 ὅτι ὁ νόμος διὰ Μωυσέως ἐδόθη, ἡ χάρις καὶ ἡ ἀλήθεια διὰ Ἰησοῦ Χριστοῦ

1:3-4 WH: ἕν. ὃ γέγονεν 4 ἐν {WH}/RP: ἓν ὃ γέγονεν. 4 ἐν 11 WH: Εἰς {WH}: εἰς 15 WH: ὁ εἰπών {WH}/NA/RP: ὃν εἶπον 16 WH: ὅτι RP: Καὶ

ἐγένετο. 18 θεὸν οὐδεὶς ἑώρακεν πώποτε· μονογενὴς θεὸς ὁ
ὢν εἰς τὸν κόλπον τοῦ πατρὸς ἐκεῖνος ἐξηγήσατο.

The Testimony of John the Baptist
(cf. Matt 3:1–12; Mark 1:2–8; Luke 3:15–17)

19 Καὶ αὕτη ἐστὶν ἡ μαρτυρία τοῦ Ἰωάνου ὅτε
ἀπέστειλαν πρὸς αὐτὸν οἱ Ἰουδαῖοι ἐξ Ἱεροσολύμων ἱερεῖς
καὶ Λευείτας ἵνα ἐρωτήσωσιν αὐτόν Σὺ τίς εἶ; 20 καὶ
ὡμολόγησεν καὶ οὐκ ἠρνήσατο, καὶ ὡμολόγησεν ὅτι Ἐγὼ
οὐκ εἰμὶ ὁ χριστός. 21 καὶ ἠρώτησαν αὐτόν Τί οὖν; [σὺ]
Ἠλείας εἶ; καὶ λέγει Οὐκ εἰμί. Ὁ προφήτης εἶ σύ; καὶ ἀπε-
κρίθη Οὔ. 22 εἶπαν οὖν αὐτῷ Τίς εἶ; ἵνα ἀπόκρισιν
δῶμεν τοῖς πέμψασιν ἡμᾶς· τί λέγεις περὶ σεαυτοῦ; 23 ἔφη
Ἐγὼ **φωνὴ βοῶντος ἐν τῇ ἐρήμῳ Εὐθύνατε τὴν ὁδὸν**
Κυρίου, καθὼς εἶπεν Ἡσαίας ὁ προφήτης. 24 Καὶ ἀπεσταλ-
μένοι ἦσαν ἐκ τῶν Φαρισαίων. 25 καὶ ἠρώτησαν αὐτὸν καὶ
εἶπαν αὐτῷ Τί οὖν βαπτίζεις εἰ σὺ οὐκ εἶ ὁ χριστὸς οὐδὲ
Ἠλείας οὐδὲ ὁ προφήτης; 26 ἀπεκρίθη αὐτοῖς ὁ Ἰωάνης
λέγων Ἐγὼ βαπτίζω ἐν ὕδατι· μέσος ὑμῶν στήκει ὃν ὑμεῖς
οὐκ οἴδατε, 27 ὀπίσω μου ἐρχόμενος, οὗ οὐκ εἰμὶ [ἐγὼ]
ἄξιος ἵνα λύσω αὐτοῦ τὸν ἱμάντα τοῦ ὑποδήματος.
28 Ταῦτα ἐν Βηθανίᾳ ἐγένετο πέραν τοῦ Ἰορδάνου, ὅπου ἦν
ὁ Ἰωάνης βαπτίζων.

Jesus, the Lamb of God

29 Τῇ ἐπαύριον βλέπει τὸν Ἰησοῦν ἐρχόμενον πρὸς
αὐτόν, καὶ λέγει Ἴδε ὁ ἀμνὸς τοῦ θεοῦ ὁ αἴρων τὴν

---

18 WH: θεὸς RP: υἱός 19 WH: πρὸς αὐτὸν NA: [πρὸς αὐτὸν] 20 WH: Ἐγὼ οὐκ
εἰμὶ RP: Οὐκ εἰμὶ ἐγὼ 21 WH: Τί οὖν; [σὺ] Ἠλείας εἶ; {WH}: Τί οὖν σύ; Ἠλείας
εἶ; NA: τί οὖν; σὺ Ἠλίας εἶ; RP: Τί οὖν; Ἠλίας εἶ σύ; 24 RP: add οἱ before
ἀπεσταλμένοι 26 WH: ὑμῶν στήκει NA: ὑμῶν ἕστηκεν RP: δὲ ὑμῶν ἕστηκεν
27 WH: ὀπίσω NA: ὁ ὀπίσω RP: Αὐτός ἐστιν ὁ ὀπίσω // WH: οὗ οὐκ εἰμὶ [ἐγὼ]
RP: ὃς ἔμπροσθέν μου γέγονεν· οὗ ἐγὼ οὐκ εἰμὶ

ἁμαρτίαν τοῦ κόσμου. 30 οὗτός ἐστιν ὑπὲρ οὗ ἐγὼ εἶπον Ὀπίσω μου ἔρχεται ἀνὴρ ὃς ἔμπροσθέν μου γέγονεν, ὅτι πρῶτός μου ἦν· 31 κἀγὼ οὐκ ᾔδειν αὐτόν, ἀλλ' ἵνα φανερωθῇ τῷ Ἰσραὴλ διὰ τοῦτο ἦλθον ἐγὼ ἐν ὕδατι βαπτίζων.

32 Καὶ ἐμαρτύρησεν Ἰωάνης λέγων ὅτι Τεθέαμαι τὸ πνεῦμα καταβαῖνον ὡς περιστερὰν ἐξ οὐρανοῦ, καὶ ἔμεινεν ἐπ' αὐτόν· 33 κἀγὼ οὐκ ᾔδειν αὐτόν, ἀλλ' ὁ πέμψας με βαπτίζειν ἐν ὕδατι ἐκεῖνός μοι εἶπεν Ἐφ' ὃν ἂν ἴδῃς τὸ πνεῦμα καταβαῖνον καὶ μένον ἐπ' αὐτόν, οὗτός ἐστιν ὁ βαπτίζων ἐν πνεύματι ἁγίῳ· 34 κἀγὼ ἑώρακα, καὶ μεμαρτύρηκα ὅτι οὗτός ἐστιν ὁ υἱὸς τοῦ θεοῦ.

Jesus' First Disciples

35 Τῇ ἐπαύριον πάλιν ἱστήκει Ἰωάνης καὶ ἐκ τῶν μαθητῶν αὐτοῦ δύο, 36 καὶ ἐμβλέψας τῷ Ἰησοῦ περιπατοῦντι λέγει Ἴδε ὁ ἀμνὸς τοῦ θεοῦ. 37 καὶ ἤκουσαν οἱ δύο μαθηταὶ αὐτοῦ λαλοῦντος καὶ ἠκολούθησαν τῷ Ἰησοῦ. 38 στραφεὶς δὲ ὁ Ἰησοῦς καὶ θεασάμενος αὐτοὺς ἀκολουθοῦντας λέγει αὐτοῖς Τί ζητεῖτε; οἱ δὲ εἶπαν αὐτῷ Ῥαββεί, (ὃ λέγεται μεθερμηνευόμενον Διδάσκαλε,) ποῦ μένεις; 39 λέγει αὐτοῖς Ἔρχεσθε καὶ ὄψεσθε. ἦλθαν οὖν καὶ εἶδαν ποῦ μένει, καὶ παρ' αὐτῷ ἔμειναν τὴν ἡμέραν ἐκείνην· ὥρα ἦν ὡς δεκάτη. 40 Ἦν Ἀνδρέας ὁ ἀδελφὸς Σίμωνος Πέτρου εἷς ἐκ τῶν δύο τῶν ἀκουσάντων παρὰ Ἰωάνου καὶ ἀκολουθησάντων αὐτῷ· 41 εὑρίσκει οὗτος πρῶτον τὸν ἀδελφὸν τὸν ἴδιον Σίμωνα καὶ λέγει αὐτῷ Εὑρήκαμεν τὸν Μεσσίαν (ὅ ἐστιν μεθερμηνευόμενον Χριστός). 42 ἤγαγεν αὐτὸν πρὸς τὸν Ἰησοῦν. ἐμβλέψας αὐτῷ ὁ Ἰησοῦς εἶπεν Σὺ εἶ Σίμων ὁ υἱὸς Ἰωάνου, σὺ κληθήσῃ Κηφᾶς (ὃ ἑρμηνεύεται Πέτρος).

---

30 WH: ὑπὲρ RP: περὶ 31 RP: add τῷ before ὕδατι 32 WH: ὡς RP: ὡσεὶ 35 WH: ἱστήκει Ἰωάνης NA/RP: εἰστήκει ὁ Ἰωάννης 37 WH: οἱ δύο μαθηταὶ αὐτοῦ {WH}: οἱ δύο αὐτοῦ μαθηταί RP: αὐτοῦ οἱ δύο μαθηταί 38 WH: μεθερμηνευόμενον RP: ἑρμηνευόμενον 39 WH: ὄψεσθε RP: ἴδετε // WH: ἦλθαν οὖν καὶ εἶδαν RP: Ἦλθον καὶ εἶδον 41 WH: πρῶτον RP: πρῶτος 42 RP: add Καὶ before ἤγαγεν // WH: Ἰωάνου NA: Ἰωάννου RP: Ἰωνα

Jesus Calls Philip and Nathanael

43 Τῇ ἐπαύριον ἠθέλησεν ἐξελθεῖν εἰς τὴν Γαλιλαίαν. καὶ εὑρίσκει Φίλιππον καὶ λέγει αὐτῷ ὁ Ἰησοῦς Ἀκολούθει μοι. 44 ἦν δὲ ὁ Φίλιππος ἀπὸ Βηθσαιδά, ἐκ τῆς πόλεως Ἀνδρέου καὶ Πέτρου. 45 εὑρίσκει Φίλιππος τὸν Ναθαναὴλ καὶ λέγει αὐτῷ Ὃν ἔγραψεν Μωϋσῆς ἐν τῷ νόμῳ καὶ οἱ προφῆται εὑρήκαμεν, Ἰησοῦν υἱὸν τοῦ Ἰωσὴφ τὸν ἀπὸ Ναζαρέτ. 46 καὶ εἶπεν αὐτῷ Ναθαναήλ Ἐκ Ναζαρὲτ δύναταί τι ἀγαθὸν εἶναι; λέγει αὐτῷ ὁ Φίλιππος Ἔρχου καὶ ἴδε. 47 εἶδεν Ἰησοῦς τὸν Ναθαναὴλ ἐρχόμενον πρὸς αὐτὸν καὶ λέγει περὶ αὐτοῦ Ἴδε ἀληθῶς Ἰσραηλείτης ἐν ᾧ δόλος οὐκ ἔστιν. 48 λέγει αὐτῷ Ναθαναήλ Πόθεν με γινώσκεις; ἀπεκρίθη Ἰησοῦς καὶ εἶπεν αὐτῷ Πρὸ τοῦ σε Φίλιππον φωνῆσαι ὄντα ὑπὸ τὴν συκῆν εἶδόν σε. 49 ἀπεκρίθη αὐτῷ Ναθαναήλ Ῥαββεί, σὺ εἶ ὁ υἱὸς τοῦ θεοῦ, σὺ βασιλεὺς εἶ τοῦ Ἰσραήλ. 50 ἀπεκρίθη Ἰησοῦς καὶ εἶπεν αὐτῷ Ὅτι εἶπόν σοι ὅτι εἶδόν σε ὑποκάτω τῆς συκῆς πιστεύεις; μείζω τούτων ὄψῃ. 51 καὶ λέγει αὐτῷ Ἀμὴν ἀμὴν λέγω ὑμῖν, ὄψεσθε **τὸν οὐρανὸν** ἀνεῳγότα καὶ **τοὺς ἀγγέλους τοῦ θεοῦ ἀναβαίνοντας καὶ καταβαίνοντας** ἐπὶ τὸν υἱὸν τοῦ ἀνθρώπου.

Jesus Changes Water into Wine

2 Καὶ τῇ ἡμέρᾳ τῇ τρίτῃ γάμος ἐγένετο ἐν Κανὰ τῆς Γαλιλαίας, καὶ ἦν ἡ μήτηρ τοῦ Ἰησοῦ ἐκεῖ· 2 ἐκλήθη δὲ καὶ ὁ Ἰησοῦς καὶ οἱ μαθηταὶ αὐτοῦ εἰς τὸν γάμον. 3 καὶ ὑστερήσαντος οἴνου λέγει ἡ μήτηρ τοῦ Ἰησοῦ πρὸς αὐτόν Οἶνον οὐκ ἔχουσιν. 4 καὶ λέγει αὐτῇ ὁ Ἰησοῦς Τί ἐμοὶ καὶ

---

45 RP: *add* τὸν *before* υἱὸν 46 WH: ὁ ΝΑ: [ὁ] RP: *omit* ὁ 47 ΝΑ/RP: *add* ὁ *before* Ἰησοῦς 49 WH: ἀπεκρίθη αὐτῷ Ναθαναήλ RP: Ἀπεκρίθη Ναθαναὴλ καὶ λέγει αὐτῷ // RP: *add* εἶ ὁ *before* βασιλεὺς 50 RP: *omit* ὅτι *after* σοι // WH: ὄψῃ RP: ὄψει 51 RP: *add* ἀπ᾽ ἄρτι *before* ὄψεσθε
2:1 WH: ἡμέρᾳ τῇ τρίτῃ {WH}: τρίτῃ ἡμέρᾳ 4 WH: καὶ λέγει ΝΑ: [καὶ] λέγει RP: λέγει

---

51 Gen 28:12

σοί, γύναι; οὔπω ἥκει ἡ ὥρα μου. 5 λέγει ἡ μήτηρ αὐτοῦ τοῖς διακόνοις Ὅτι ἂν λέγῃ ὑμῖν ποιήσατε. 6 ἦσαν δὲ ἐκεῖ λίθιναι ὑδρίαι ἓξ κατὰ τὸν καθαρισμὸν τῶν Ἰουδαίων κείμεναι, χωροῦσαι ἀνὰ μετρητὰς δύο ἢ τρεῖς. 7 λέγει αὐτοῖς ὁ Ἰησοῦς Γεμίσατε τὰς ὑδρίας ὕδατος· καὶ ἐγέμισαν αὐτὰς ἕως ἄνω. 8 καὶ λέγει αὐτοῖς Ἀντλήσατε νῦν καὶ φέρετε τῷ ἀρχιτρικλίνῳ· οἱ δὲ ἤνεγκαν. 9 ὡς δὲ ἐγεύσατο ὁ ἀρχιτρίκλινος τὸ ὕδωρ οἶνον γεγενημένον, καὶ οὐκ ᾔδει πόθεν ἐστίν, οἱ δὲ διάκονοι ᾔδεισαν οἱ ἠντληκότες τὸ ὕδωρ, φωνεῖ τὸν νυμφίον ὁ ἀρχιτρίκλινος 10 καὶ λέγει αὐτῷ Πᾶς ἄνθρωπος πρῶτον τὸν καλὸν οἶνον τίθησιν, καὶ ὅταν μεθυσθῶσιν τὸν ἐλάσσω· σὺ τετήρηκας τὸν καλὸν οἶνον ἕως ἄρτι. 11 Ταύτην ἐποίησεν ἀρχὴν τῶν σημείων ὁ Ἰησοῦς ἐν Κανὰ τῆς Γαλιλαίας καὶ ἐφανέρωσεν τὴν δόξαν αὐτοῦ, καὶ ἐπίστευσαν εἰς αὐτὸν οἱ μαθηταὶ αὐτοῦ.

Jesus Clears the Temple
(cf. Matt 21:12–13; Mark 11:15–17; Luke 19:45–46)

12 Μετὰ τοῦτο κατέβη εἰς Καφαρναοὺμ αὐτὸς καὶ ἡ μήτηρ αὐτοῦ καὶ οἱ ἀδελφοὶ καὶ οἱ μαθηταὶ αὐτοῦ, καὶ ἐκεῖ ἔμειναν οὐ πολλὰς ἡμέρας.

13 Καὶ ἐγγὺς ἦν τὸ πάσχα τῶν Ἰουδαίων, καὶ ἀνέβη εἰς Ἱεροσόλυμα ὁ Ἰησοῦς. 14 καὶ εὗρεν ἐν τῷ ἱερῷ τοὺς πωλοῦντας βόας καὶ πρόβατα καὶ περιστερὰς καὶ τοὺς κερματιστὰς καθημένους, 15 καὶ ποιήσας φραγέλλιον ἐκ σχοινίων πάντας ἐξέβαλεν ἐκ τοῦ ἱεροῦ τά τε πρόβατα καὶ τοὺς βόας, καὶ τῶν κολλυβιστῶν ἐξέχεεν τὰ κέρματα καὶ τὰς τραπέζας ἀνέτρεψεν, 16 καὶ τοῖς τὰς περιστερὰς πωλοῦσιν εἶπεν Ἄρατε ταῦτα ἐντεῦθεν, μὴ ποιεῖτε τὸν οἶκον τοῦ πατρός μου οἶκον ἐμπορίου. 17 Ἐμνήσθησαν οἱ

---

5 WH: Ὅτι NA/RP: ὅ τι 6 WH: λίθιναι ὑδρίαι ἓξ κατὰ τὸν καθαρισμὸν τῶν Ἰουδαίων κείμεναι // RP: ὑδρίαι λίθιναι ἓξ κείμεναι κατὰ τὸν καθαρισμὸν τῶν Ἰουδαίων 8 WH: οἱ δὲ ἤνεγκαν RP: Καὶ ἤνεγκαν 10 RP: add τότε before τὸν ἐλάσσω 11 RP: add τὴν before ἀρχὴν 12 [NA]/RP: add αὐτοῦ after ἀδελφοὶ 15 WH: τὰ κέρματα NA/RP: τὸ κέρμα // WH: ἀνέτρεψεν {WH}/RP: ἀνέστρεψεν

μαθηταὶ αὐτοῦ ὅτι γεγραμμένον ἐστίν Ὁ ζῆλος τοῦ οἴκου σου καταφάγεταί με.

18 Ἀπεκρίθησαν οὖν οἱ Ἰουδαῖοι καὶ εἶπαν αὐτῷ Τί σημεῖον δεικνύεις ἡμῖν, ὅτι ταῦτα ποιεῖς; 19 ἀπεκρίθη Ἰησοῦς καὶ εἶπεν αὐτοῖς Λύσατε τὸν ναὸν τοῦτον καὶ [ἐν] τρισὶν ἡμέραις ἐγερῶ αὐτόν. 20 εἶπαν οὖν οἱ Ἰουδαῖοι Τεσσεράκοντα καὶ ἓξ ἔτεσιν οἰκοδομήθη ὁ ναὸς οὗτος, καὶ σὺ ἐν τρισὶν ἡμέραις ἐγερεῖς αὐτόν; 21 ἐκεῖνος δὲ ἔλεγεν περὶ τοῦ ναοῦ τοῦ σώματος αὐτοῦ. 22 Ὅτε οὖν ἠγέρθη ἐκ νεκρῶν, ἐμνήσθησαν οἱ μαθηταὶ αὐτοῦ ὅτι τοῦτο ἔλεγεν, καὶ ἐπίστευσαν τῇ γραφῇ καὶ τῷ λόγῳ ὃν εἶπεν ὁ Ἰησοῦς.

Jesus' Knowledge of Human Nature

23 Ὡς δὲ ἦν ἐν τοῖς Ἱεροσολύμοις ἐν τῷ πάσχα ἐν τῇ ἑορτῇ, πολλοὶ ἐπίστευσαν εἰς τὸ ὄνομα αὐτοῦ, θεωροῦντες αὐτοῦ τὰ σημεῖα ἃ ἐποίει· 24 αὐτὸς δὲ Ἰησοῦς οὐκ ἐπίστευεν αὐτὸν αὐτοῖς διὰ τὸ αὐτὸν γινώσκειν πάντας 25 καὶ ὅτι οὐ χρείαν εἶχεν ἵνα τις μαρτυρήσῃ περὶ τοῦ ἀνθρώπου, αὐτὸς γὰρ ἐγίνωσκεν τί ἦν ἐν τῷ ἀνθρώπῳ.

Jesus Instructs Nicodemus

3 ¹ Ἦν δὲ ἄνθρωπος ἐκ τῶν Φαρισαίων, Νικόδημος ὄνομα αὐτῷ, ἄρχων τῶν Ἰουδαίων· 2 οὗτος ἦλθεν πρὸς αὐτὸν νυκτὸς καὶ εἶπεν αὐτῷ Ῥαββεί, οἴδαμεν ὅτι ἀπὸ θεοῦ ἐλήλυθας διδάσκαλος· οὐδεὶς γὰρ δύναται ταῦτα τὰ σημεῖα ποιεῖν ἃ σὺ ποιεῖς, ἐὰν μὴ ᾖ ὁ θεὸς μετ᾽ αὐτοῦ. 3 ἀπεκρίθη Ἰησοῦς καὶ εἶπεν αὐτῷ Ἀμὴν ἀμὴν λέγω σοι, ἐὰν μή τις γεννηθῇ ἄνωθεν, οὐ δύναται ἰδεῖν τὴν βασιλείαν

---

17 RP: *add* δὲ *before* οἱ μαθηταὶ 19 WH: [ἐν] NA/RP: ἐν 20 WH: οἰκοδομήθη RP: ᾠκοδομήθη 22 WH: λόγῳ ὃν RP: λόγῳ ᾧ 24 RP: *add* ὁ *before* Ἰησοῦς // WH: αὐτὸν NA: αὐτὸν RP: ἑαυτὸν
3:2 WH: δύναται ταῦτα τὰ σημεῖα RP: ταῦτα τὰ σημεῖα δύναται 3 RP: *add* ὁ *before* Ἰησοῦς

2:17 Ps 69:9

τοῦ θεοῦ. 4 λέγει πρὸς αὐτὸν [ὁ] Νικόδημος Πῶς δύναται ἄνθρωπος γεννηθῆναι γέρων ὤν; μὴ δύναται εἰς τὴν κοιλίαν τῆς μητρὸς αὐτοῦ δεύτερον εἰσελθεῖν καὶ γεννηθῆναι; 5 ἀπεκρίθη [ὁ] Ἰησοῦς Ἀμὴν ἀμὴν λέγω σοι, ἐὰν μή τις γεννηθῇ ἐξ ὕδατος καὶ πνεύματος, οὐ δύναται εἰσελθεῖν εἰς τὴν βασιλείαν τοῦ θεοῦ. 6 τὸ γεγεννημένον ἐκ τῆς σαρκὸς σάρξ ἐστιν, καὶ τὸ γεγεννημένον ἐκ τοῦ πνεύματος πνεῦμά ἐστιν. 7 μὴ θαυμάσῃς ὅτι εἶπόν σοι Δεῖ ὑμᾶς γεννηθῆναι ἄνωθεν. 8 τὸ πνεῦμα ὅπου θέλει πνεῖ, καὶ τὴν φωνὴν αὐτοῦ ἀκούεις, ἀλλ᾽ οὐκ οἶδας πόθεν ἔρχεται καὶ ποῦ ὑπάγει· οὕτως ἐστὶν πᾶς ὁ γεγεννημένος ἐκ τοῦ πνεύματος. 9 ἀπεκρίθη Νικόδημος καὶ εἶπεν αὐτῷ Πῶς δύναται ταῦτα γενέσθαι; 10 ἀπεκρίθη Ἰησοῦς καὶ εἶπεν αὐτῷ Σὺ εἶ ὁ διδάσκαλος τοῦ Ἰσραὴλ καὶ ταῦτα οὐ γινώσκεις; 11 ἀμὴν ἀμὴν λέγω σοι ὅτι ὃ οἴδαμεν λαλοῦμεν καὶ ὃ ἑωράκαμεν μαρτυροῦμεν, καὶ τὴν μαρτυρίαν ἡμῶν οὐ λαμβάνετε. 12 εἰ τὰ ἐπίγεια εἶπον ὑμῖν καὶ οὐ πιστεύετε, πῶς ἐὰν εἴπω ὑμῖν τὰ ἐπουράνια πιστεύσετε; 13 καὶ οὐδεὶς ἀναβέβηκεν εἰς τὸν οὐρανὸν εἰ μὴ ὁ ἐκ τοῦ οὐρανοῦ καταβάς, ὁ υἱὸς τοῦ ἀνθρώπου. 14 καὶ καθὼς Μωυσῆς ὕψωσεν τὸν ὄφιν ἐν τῇ ἐρήμῳ, οὕτως ὑψωθῆναι δεῖ τὸν υἱὸν τοῦ ἀνθρώπου, 15 ἵνα πᾶς ὁ πιστεύων ἐν αὐτῷ ἔχῃ ζωὴν αἰώνιον.

16 Οὕτως γὰρ ἠγάπησεν ὁ θεὸς τὸν κόσμον ὥστε τὸν υἱὸν τὸν μονογενῆ ἔδωκεν, ἵνα πᾶς ὁ πιστεύων εἰς αὐτὸν μὴ ἀπόληται ἀλλὰ ἔχῃ ζωὴν αἰώνιον. 17 οὐ γὰρ ἀπέστειλεν ὁ θεὸς τὸν υἱὸν εἰς τὸν κόσμον ἵνα κρίνῃ τὸν κόσμον, ἀλλ᾽ ἵνα σωθῇ ὁ κόσμος δι᾽ αὐτοῦ. 18 ὁ πιστεύων εἰς αὐτὸν οὐ κρίνεται. ὁ μὴ πιστεύων ἤδη κέκριται, ὅτι μὴ πεπίστευκεν εἰς τὸ ὄνομα τοῦ μονογενοῦς υἱοῦ τοῦ θεοῦ. 19 αὕτη δέ ἐστιν ἡ κρίσις ὅτι τὸ φῶς ἐλήλυθεν εἰς τὸν κόσμον καὶ ἠγάπησαν οἱ ἄνθρωποι μᾶλλον τὸ σκότος ἢ τὸ φῶς, ἦν γὰρ αὐτῶν πονηρὰ τὰ ἔργα. 20 πᾶς γὰρ ὁ φαῦλα πράσσων μισεῖ

---

5 NA/RP: omit [ὁ] 13 RP: add ὁ ὢν ἐν τῷ οὐρανῷ after ἀνθρώπου 15 WH: ἐν αὐτῷ RP: εἰς αὐτὸν μὴ ἀπόληται, ἀλλ᾽ 16 RP: add αὐτοῦ before τὸν μονογενῆ 17 RP: add αὐτοῦ before εἰς 18 NA/RP: add δὲ before μὴ πιστεύων 19 WH: αὐτῶν πονηρὰ RP: πονηρὰ αὐτῶν

τὸ φῶς καὶ οὐκ ἔρχεται πρὸς τὸ φῶς, ἵνα μὴ ἐλεγχθῇ τὰ ἔργα αὐτοῦ· 21 ὁ δὲ ποιῶν τὴν ἀλήθειαν ἔρχεται πρὸς τὸ φῶς, ἵνα φανερωθῇ αὐτοῦ τὰ ἔργα ὅτι ἐν θεῷ ἐστιν εἰργασμένα.

John the Baptist Exalts Jesus

22 Μετὰ ταῦτα ἦλθεν ὁ Ἰησοῦς καὶ οἱ μαθηταὶ αὐτοῦ εἰς τὴν Ἰουδαίαν γῆν, καὶ ἐκεῖ διέτριβεν μετ' αὐτῶν καὶ ἐβάπτιζεν. 23 ἦν δὲ καὶ [ὁ] Ἰωάνης βαπτίζων ἐν Αἰνὼν ἐγγὺς τοῦ Σαλείμ, ὅτι ὕδατα πολλὰ ἦν ἐκεῖ, καὶ παρεγίνοντο καὶ ἐβαπτίζοντο· 24 οὔπω γὰρ ἦν βεβλημένος εἰς τὴν φυλακὴν Ἰωάνης. 25 Ἐγένετο οὖν ζήτησις ἐκ τῶν μαθητῶν Ἰωάνου μετὰ Ἰουδαίου περὶ καθαρισμοῦ. 26 καὶ ἦλθαν πρὸς τὸν Ἰωάνην καὶ εἶπαν αὐτῷ Ῥαββεί, ὃς ἦν μετὰ σοῦ πέραν τοῦ Ἰορδάνου, ᾧ σὺ μεμαρτύρηκας, ἴδε οὗτος βαπτίζει καὶ πάντες ἔρχονται πρὸς αὐτόν. 27 ἀπεκρίθη Ἰωάνης καὶ εἶπεν Οὐ δύναται ἄνθρωπος λαμβάνειν οὐδὲν ἐὰν μὴ ᾖ δεδομένον αὐτῷ ἐκ τοῦ οὐρανοῦ. 28 αὐτοὶ ὑμεῖς μοι μαρτυρεῖτε ὅτι εἶπον [ἐγώ] Οὐκ εἰμὶ ἐγὼ ὁ χριστός, ἀλλ' ὅτι Ἀπεσταλμένος εἰμὶ ἔμπροσθεν ἐκείνου. 29 ὁ ἔχων τὴν νύμφην νυμφίος ἐστίν· ὁ δὲ φίλος τοῦ νυμφίου, ὁ ἑστηκὼς καὶ ἀκούων αὐτοῦ, χαρᾷ χαίρει διὰ τὴν φωνὴν τοῦ νυμφίου. αὕτη οὖν ἡ χαρὰ ἡ ἐμὴ πεπλήρωται. 30 ἐκεῖνον δεῖ αὐξάνειν, ἐμὲ δὲ ἐλαττοῦσθαι.

31 Ὁ ἄνωθεν ἐρχόμενος ἐπάνω πάντων ἐστίν. ὁ ὢν ἐκ τῆς γῆς ἐκ τῆς γῆς ἐστὶν καὶ ἐκ τῆς γῆς λαλεῖ· ὁ ἐκ τοῦ οὐρανοῦ ἐρχόμενος ἐπάνω πάντων ἐστίν· 32 ὃ ἑώρακεν καὶ ἤκουσεν τοῦτο μαρτυρεῖ, καὶ τὴν μαρτυρίαν αὐτοῦ οὐδεὶς λαμβάνει. 33 ὁ λαβὼν αὐτοῦ τὴν μαρτυρίαν ἐσφράγισεν ὅτι ὁ θεὸς ἀληθής ἐστιν. 34 ὃν γὰρ ἀπέστειλεν ὁ θεὸς τὰ ῥήματα τοῦ θεοῦ λαλεῖ, οὐ γὰρ ἐκ μέτρου δίδωσιν τὸ πνεῦμα.

---

23 WH: [ὁ] NA: ὁ RP: *omit* [ὁ] // WH: Σαλείμ RP: Σαλήμ 24 NA/RP: *add* ὁ *before* Ἰωάννης 25 WH: Ἰουδαίου {WH}: Ἰουδαίων 27 WH: οὐδὲν NA: οὐδὲ ἓν 28 RP: *omit* μοι // WH: [ἐγώ] NA: [ὅτι] RP: *omit* [ἐγώ] 31–32 WH: ἐπάνω πάντων ἐστίν· [32] ὃ ἑώρακεν καὶ ἤκουσεν τοῦτο {WH}: ὃ ἑώρακεν καὶ ἤκουσεν NA: [ἐπάνω πάντων ἐστίν]· [32] ὃ ἑώρακεν καὶ ἤκουσεν τοῦτο RP: ἐπάνω πάντων ἐστίν. 32 Καὶ ὃ ἑώρακεν καὶ ἤκουσεν, τοῦτο 34 RP: *add* ὁ θεὸς *before* τὸ πνεῦμα

35 ὁ πατὴρ ἀγαπᾷ τὸν υἱόν, καὶ πάντα δέδωκεν ἐν τῇ χειρὶ
αὐτοῦ. 36 ὁ πιστεύων εἰς τὸν υἱὸν ἔχει ζωὴν αἰώνιον· ὁ δὲ
ἀπειθῶν τῷ υἱῷ οὐκ ὄψεται ζωήν, ἀλλ᾽ ἡ ὀργὴ τοῦ θεοῦ
μένει ἐπ᾽ αὐτόν.

Jesus Talks With a Samaritan Woman

4 Ὡς οὖν ἔγνω ὁ κύριος ὅτι ἤκουσαν οἱ Φαρισαῖοι ὅτι
Ἰησοῦς πλείονας μαθητὰς ποιεῖ καὶ βαπτίζει [ἢ] Ἰωάνης,
2 —καίτοιγε Ἰησοῦς αὐτὸς οὐκ ἐβάπτιζεν ἀλλ᾽ οἱ μαθηταὶ
αὐτοῦ,—3 ἀφῆκεν τὴν Ἰουδαίαν καὶ ἀπῆλθεν πάλιν εἰς τὴν
Γαλιλαίαν. 4 Ἔδει δὲ αὐτὸν διέρχεσθαι διὰ τῆς Σαμαρίας.
5 ἔρχεται οὖν εἰς πόλιν τῆς Σαμαρίας λεγομένην Συχὰρ
πλησίον τοῦ χωρίου ὃ ἔδωκεν Ἰακὼβ [τῷ] Ἰωσὴφ τῷ υἱῷ
αὐτοῦ· 6 ἦν δὲ ἐκεῖ πηγὴ τοῦ Ἰακώβ. ὁ οὖν Ἰησοῦς κεκοπι-
ακὼς ἐκ τῆς ὁδοιπορίας ἐκαθέζετο οὕτως ἐπὶ τῇ πηγῇ· ὥρα
ἦν ὡς ἕκτη. 7 ἔρχεται γυνὴ ἐκ τῆς Σαμαρίας ἀντλῆσαι
ὕδωρ. λέγει αὐτῇ ὁ Ἰησοῦς Δός μοι πεῖν· 8 οἱ γὰρ μαθηταὶ
αὐτοῦ ἀπεληλύθεισαν εἰς τὴν πόλιν, ἵνα τροφὰς ἀγο-
ράσωσιν. 9 λέγει οὖν αὐτῷ ἡ γυνὴ ἡ Σαμαρεῖτις Πῶς σὺ
Ἰουδαῖος ὢν παρ᾽ ἐμοῦ πεῖν αἰτεῖς γυναικὸς Σαμαρείτιδος
οὔσης; [οὐ γὰρ συνχρῶνται Ἰουδαῖοι Σαμαρείταις.] 10 ἀπε-
κρίθη Ἰησοῦς καὶ εἶπεν αὐτῇ Εἰ ᾔδεις τὴν δωρεὰν τοῦ
θεοῦ καὶ τίς ἐστιν ὁ λέγων σοι Δός μοι πεῖν, σὺ ἂν ᾔτησας
αὐτὸν καὶ ἔδωκεν ἄν σοι ὕδωρ ζῶν. 11 λέγει αὐτῷ Κύριε,
οὔτε ἄντλημα ἔχεις καὶ τὸ φρέαρ ἐστὶν βαθύ· πόθεν οὖν
ἔχεις τὸ ὕδωρ τὸ ζῶν; 12 μὴ σὺ μείζων εἶ τοῦ πατρὸς ἡμῶν
Ἰακώβ, ὃς ἔδωκεν ἡμῖν τὸ φρέαρ καὶ αὐτὸς ἐξ αὐτοῦ ἔπιεν
καὶ οἱ υἱοὶ αὐτοῦ καὶ τὰ θρέμματα αὐτοῦ; 13 ἀπεκρίθη
Ἰησοῦς καὶ εἶπεν αὐτῇ Πᾶς ὁ πίνων ἐκ τοῦ ὕδατος τούτου
διψήσει πάλιν· 14 ὃς δ᾽ ἂν πίῃ ἐκ τοῦ ὕδατος οὗ ἐγὼ δώσω

4:1 {WH}: *Ὡς οὖν . . . [ἢ] Ἰωάνης* // WH: κύριος ΝΑ: Ἰησοῦς // WH: [ἢ]
ΝΑ/RP: ἢ 3 RP: omit πάλιν 5 RP: omit [τῷ] 6 WH: ὡς RP: ὡσεὶ 7 WH: πεῖν RP:
πιεῖν 9 WH: πεῖν RP: πιεῖν // WH: γυναικὸς Σαμαρείτιδος οὔσης RP: οὔσης
γυναικὸς Σαμαρείτιδος // ΝΑ/RP: omit brackets for Οὐ γὰρ συνχρῶνται Ἰουδαῖοι
Σαμαρείταις. 10 WH: πεῖν RP: πιεῖν 11 {WH}/[ΝΑ]/RP: add ἡ γυνή after αὐτῷ

αὐτῷ, οὐ μὴ διψήσει εἰς τὸν αἰῶνα, ἀλλὰ τὸ ὕδωρ ὃ δώσω αὐτῷ γενήσεται ἐν αὐτῷ πηγὴ ὕδατος ἁλλομένου εἰς ζωὴν αἰώνιον. 15 λέγει πρὸς αὐτὸν ἡ γυνή Κύριε, δός μοι τοῦτο τὸ ὕδωρ, ἵνα μὴ διψῶ μηδὲ διέρχωμαι ἐνθάδε ἀντλεῖν. 16 λέγει αὐτῇ Ὕπαγε φώνησόν σου τὸν ἄνδρα καὶ ἐλθὲ ἐνθάδε. 17 ἀπεκρίθη ἡ γυνὴ καὶ εἶπεν [αὐτῷ] Οὐκ ἔχω ἄνδρα. λέγει αὐτῇ ὁ Ἰησοῦς Καλῶς εἶπες ὅτι Ἄνδρα οὐκ ἔχω· 18 πέντε γὰρ ἄνδρας ἔσχες, καὶ νῦν ὃν ἔχεις οὐκ ἔστιν σου ἀνήρ· τοῦτο ἀληθὲς εἴρηκας. 19 λέγει αὐτῷ ἡ γυνή Κύριε, θεωρῶ ὅτι προφήτης εἶ σύ. 20 οἱ πατέρες ἡμῶν ἐν τῷ ὄρει τούτῳ προσεκύνησαν· καὶ ὑμεῖς λέγετε ὅτι ἐν Ἱεροσολύμοις ἐστὶν ὁ τόπος ὅπου προσκυνεῖν δεῖ. 21 λέγει αὐτῇ ὁ Ἰησοῦς Πίστευέ μοι, γύναι, ὅτι ἔρχεται ὥρα ὅτε οὔτε ἐν τῷ ὄρει τούτῳ οὔτε ἐν Ἱεροσολύμοις προσκυνήσετε τῷ πατρί. 22 ὑμεῖς προσκυνεῖτε ὃ οὐκ οἴδατε, ἡμεῖς προσκυνοῦμεν ὃ οἴδαμεν, ὅτι ἡ σωτηρία ἐκ τῶν Ἰουδαίων ἐστίν· 23 ἀλλὰ ἔρχεται ὥρα καὶ νῦν ἐστίν, ὅτε οἱ ἀληθινοὶ προσκυνηταὶ προσκυνήσουσιν τῷ πατρὶ ἐν πνεύματι καὶ ἀληθείᾳ, καὶ γὰρ ὁ πατὴρ τοιούτους ζητεῖ τοὺς προσκυνοῦντας αὐτόν· 24 πνεῦμα ὁ θεός, καὶ τοὺς προσκυνοῦντας αὐτὸν ἐν πνεύματι καὶ ἀληθείᾳ δεῖ προσκυνεῖν. 25 λέγει αὐτῷ ἡ γυνή Οἶδα ὅτι Μεσσίας ἔρχεται, ὁ λεγόμενος Χριστός· ὅταν ἔλθῃ ἐκεῖνος, ἀναγγελεῖ ἡμῖν ἅπαντα. 26 λέγει αὐτῇ ὁ Ἰησοῦς Ἐγώ εἰμι, ὁ λαλῶν σοι.

The Disciples Rejoin Jesus

27 Καὶ ἐπὶ τούτῳ ἦλθαν οἱ μαθηταὶ αὐτοῦ, καὶ ἐθαύμαζον ὅτι μετὰ γυναικὸς ἐλάλει· οὐδεὶς μέντοι εἶπεν Τί ζητεῖς; ἢ Τί λαλεῖς μετ᾽ αὐτῆς; 28 ἀφῆκεν οὖν τὴν ὑδρίαν αὐτῆς ἡ γυνὴ καὶ ἀπῆλθεν εἰς τὴν πόλιν καὶ λέγει

---

14 WH: διψήσει RP: διψήσῃ 15 WH: διέρχωμαι RP: ἔρχομαι 16 RP: add ὁ Ἰησοῦς after αὐτῇ // WH: σου τὸν ἄνδρα NA/RP: τὸν ἄνδρα σου 17 WH: [αὐτῷ] NA: αὐτῷ RP: omit [αὐτῷ] // WH: εἶπες NA/RP: εἶπας 20 WH: προσκυνεῖν δεῖ RP: δεῖ προσκυνεῖν 21 WH: Πίστευέ μοι, γύναι RP: Γύναι, πίστευσόν μοι 25 WH: ἅπαντα RP: πάντα 27 WH: ἐθαύμαζον RP: ἐθαύμασαν

τοῖς ἀνθρώποις 29 Δεῦτε ἴδετε ἄνθρωπον ὃς εἶπέ μοι πάντα ἃ ἐποίησα· μήτι οὗτός ἐστιν ὁ χριστός; 30 ἐξῆλθον ἐκ τῆς πόλεως καὶ ἤρχοντο πρὸς αὐτόν. 31 Ἐν τῷ μεταξὺ ἠρώτων αὐτὸν οἱ μαθηταὶ λέγοντες Ῥαββεί, φάγε. 32 ὁ δὲ εἶπεν αὐτοῖς Ἐγὼ βρῶσιν ἔχω φαγεῖν ἣν ὑμεῖς οὐκ οἴδατε. 33 ἔλεγον οὖν οἱ μαθηταὶ πρὸς ἀλλή-λους Μή τις ἤνεγκεν αὐτῷ φαγεῖν; 34 λέγει αὐτοῖς ὁ Ἰησοῦς Ἐμὸν βρῶμά ἐστιν ἵνα ποιήσω τὸ θέλημα τοῦ πέμψαντός με καὶ τελειώσω αὐτοῦ τὸ ἔργον. 35 οὐχ ὑμεῖς λέγετε ὅτι Ἔτι τετράμηνός ἐστιν καὶ ὁ θερισμὸς ἔρχεται; ἰδοὺ λέγω ὑμῖν, ἐπάρατε τοὺς ὀφθαλμοὺς ὑμῶν καὶ θεάσασθε τὰς χώρας ὅτι λευκαί εἰσιν πρὸς θερισμόν· ἤδη 36 ὁ θερίζων μισθὸν λαμβάνει καὶ συνάγει καρπὸν εἰς ζωὴν αἰώνιον, ἵνα ὁ σπείρων ὁμοῦ χαίρῃ καὶ ὁ θερίζων. 37 ἐν γὰρ τούτῳ ὁ λόγος ἐστὶν ἀληθινὸς ὅτι ἄλλος ἐστὶν ὁ σπείρων καὶ ἄλλος ὁ θερίζων· 38 ἐγὼ ἀπέστειλα ὑμᾶς θερίζειν ὃ οὐχ ὑμεῖς κεκοπιάκατε· ἄλλοι κεκοπιάκασιν, καὶ ὑμεῖς εἰς τὸν κόπον αὐτῶν εἰσεληλύθατε.

Many Samaritans Believe

39 Ἐκ δὲ τῆς πόλεως ἐκείνης πολλοὶ ἐπίστευσαν εἰς αὐτὸν τῶν Σαμαρειτῶν διὰ τὸν λόγον τῆς γυναικὸς μαρ-τυρούσης ὅτι Εἶπέν μοι πάντα ἃ ἐποίησα. 40 ὡς οὖν ἦλθον πρὸς αὐτὸν οἱ Σαμαρεῖται, ἠρώτων αὐτὸν μεῖναι παρ' αὐτοῖς· καὶ ἔμεινεν ἐκεῖ δύο ἡμέρας. 41 καὶ πολλῷ πλείους ἐπίστευσαν διὰ τὸν λόγον αὐτοῦ, 42 τῇ τε γυναικὶ ἔλεγον [ὅτι] Οὐκέτι διὰ τὴν σὴν λαλιὰν πιστεύομεν· αὐτοὶ γὰρ ἀκηκόαμεν, καὶ οἴδαμεν ὅτι οὗτός ἐστιν ἀληθῶς ὁ σωτὴρ τοῦ κόσμου.

---

29 WH: ἃ NA: ὅσα 31 RP: add δὲ before τῷ 34 WH: ποιήσω RP: ποιῶ 36 RP: add Καὶ before ὁ θερίζων // RP: add καὶ before ὁ σπείρων 39 WH: ἃ RP: ὅσα 42 WH: [ὅτι] NA: ὅτι // WH: σὴν λαλιὰν {WH}: λαλιάν σου // RP: add ὁ χριστός after κόσμου,

Jesus Heals an Official's Son

43 Μετὰ δὲ τὰς δύο ἡμέρας ἐξῆλθεν ἐκεῖθεν εἰς τὴν Γαλιλαίαν· 44 αὐτὸς γὰρ Ἰησοῦς ἐμαρτύρησεν ὅτι προφήτης ἐν τῇ ἰδίᾳ πατρίδι τιμὴν οὐκ ἔχει. 45 ὅτε οὖν ἦλθεν εἰς τὴν Γαλιλαίαν, ἐδέξαντο αὐτὸν οἱ Γαλιλαῖοι, πάντα ἑωρακότες ὅσα ἐποίησεν ἐν Ἱεροσολύμοις ἐν τῇ ἑορτῇ, καὶ αὐτοὶ γὰρ ἦλθον εἰς τὴν ἑορτήν. 46 Ἦλθεν οὖν πάλιν εἰς τὴν Κανὰ τῆς Γαλιλαίας, ὅπου ἐποίησεν τὸ ὕδωρ οἶνον. Καὶ ἦν τις βασιλικὸς οὗ ὁ υἱὸς ἠσθένει ἐν Καφαρναούμ· 47 οὗτος ἀκούσας ὅτι Ἰησοῦς ἥκει ἐκ τῆς Ἰουδαίας εἰς τὴν Γαλιλαίαν ἀπῆλθεν πρὸς αὐτὸν καὶ ἠρώτα ἵνα καταβῇ καὶ ἰάσηται αὐτοῦ τὸν υἱόν, ἤμελλεν γὰρ ἀποθνήσκειν. 48 εἶπεν οὖν ὁ Ἰησοῦς πρὸς αὐτόν Ἐὰν μὴ σημεῖα καὶ τέρατα ἴδητε, οὐ μὴ πιστεύσητε. 49 λέγει πρὸς αὐτὸν ὁ βασιλικός Κύριε, κατάβηθι πρὶν ἀποθανεῖν τὸ παιδίον μου. 50 λέγει αὐτῷ ὁ Ἰησοῦς Πορεύου· υἱός σου ζῇ. ἐπίστευσεν ὁ ἄνθρωπος τῷ λόγῳ ὃν εἶπεν αὐτῷ ὁ Ἰησοῦς καὶ ἐπορεύετο. 51 ἤδη δὲ αὐτοῦ καταβαίνοντος οἱ δοῦλοι αὐτοῦ ὑπήντησαν αὐτῷ λέγοντες ὅτι ὁ παῖς αὐτοῦ ζῇ. 52 ἐπύθετο οὖν τὴν ὥραν παρ᾽ αὐτῶν ἐν ᾗ κομψότερον ἔσχεν· εἶπαν οὖν αὐτῷ ὅτι Ἐχθὲς ὥραν ἑβδόμην ἀφῆκεν αὐτὸν ὁ πυρετός. 53 ἔγνω οὖν ὁ πατὴρ ὅτι ἐκείνῃ τῇ ὥρᾳ ἐν ᾗ εἶπεν αὐτῷ ὁ Ἰησοῦς Ὁ υἱός σου ζῇ, καὶ ἐπίστευσεν αὐτὸς καὶ ἡ οἰκία αὐτοῦ ὅλη. 54 Τοῦτο [δὲ] πάλιν δεύτερον σημεῖον ἐποίησεν ὁ Ἰησοῦς ἐλθὼν ἐκ τῆς Ἰουδαίας εἰς τὴν Γαλιλαίαν.

43 RP: *add* καὶ ἀπῆλθεν *before* εἰς 44 RP: *add* ὁ *before* Ἰησοῦς 45 WH: ὅσα RP: ἃ 46 WH: Καὶ ἦν {WH}: Ἦν δέ // RP: *add* ὁ Ἰησοῦς *after* πάλιν 47 RP: *add* αὐτὸν *before* ἵνα // WH: ἤμελλεν RP: ἔμελλεν 48 WH: πιστεύσητε. {WH}: πιστεύσητε; 50 RP: *add* Καὶ *before* ἐπίστευσεν // WH: ὃν εἶπεν RP: ᾧ εἶπεν 51 WH: ὑπήντησαν RP: ἀπήντησαν // RP: *add* καὶ ἀπήγγειλαν *before* λέγοντες // WH: αὐτοῦ ζῇ RP: σου ζῇ 52 WH: τὴν ὥραν παρ᾽ αὐτῶν RP: παρ᾽ αὐτῶν τὴν ὥραν // WH: εἶπαν οὖν αὐτῷ ὅτι Ἐχθὲς RP: Καὶ εἶπον αὐτῷ ὅτι Χθὲς 53 NA: *add* [ἐν] *before* ἐκείνῃ // RP: *add* ὅτι *after* ὁ Ἰησοῦς 54 RP: *omit* [δὲ]

Jesus Heals a Lame Man

5 Μετὰ ταῦτα ἦν ἑορτὴ τῶν Ἰουδαίων, καὶ ἀνέβη Ἰησοῦς εἰς Ἱεροσόλυμα. 2 Ἔστιν δὲ ἐν τοῖς Ἱεροσολύμοις ἐπὶ τῇ προβατικῇ κολυμβήθρα ἡ ἐπιλεγομένη Ἑβραϊστὶ Βηθζαθά, πέντε στοὰς ἔχουσα· 3 ἐν ταύταις κατέκειτο πλῆθος τῶν ἀσθενούντων, τυφλῶν, χωλῶν, ξηρῶν. 5 ἦν δέ τις ἄνθρωπος ἐκεῖ τριάκοντα [καὶ] ὀκτὼ ἔτη ἔχων ἐν τῇ ἀσθενείᾳ αὐτοῦ· 6 τοῦτον ἰδὼν ὁ Ἰησοῦς κατακείμενον, καὶ γνοὺς ὅτι πολὺν ἤδη χρόνον ἔχει, λέγει αὐτῷ Θέλεις ὑγιὴς γενέσθαι; 7 ἀπεκρίθη αὐτῷ ὁ ἀσθενῶν Κύριε, ἄνθρωπον οὐκ ἔχω ἵνα ὅταν ταραχθῇ τὸ ὕδωρ βάλῃ με εἰς τὴν κολυμβήθραν· ἐν ᾧ δὲ ἔρχομαι ἐγὼ ἄλλος πρὸ ἐμοῦ καταβαίνει. 8 λέγει αὐτῷ ὁ Ἰησοῦς Ἔγειρε ἆρον τὸν κράβαττόν σου καὶ περιπάτει. 9 καὶ εὐθέως ἐγένετο ὑγιὴς ὁ ἄνθρωπος, καὶ ἦρε τὸν κράβαττον αὐτοῦ καὶ περιεπάτει.

Ἦν δὲ σάββατον ἐν ἐκείνῃ τῇ ἡμέρᾳ. 10 ἔλεγον οὖν οἱ Ἰουδαῖοι τῷ τεθεραπευμένῳ Σάββατόν ἐστιν, καὶ οὐκ ἔξεστίν σοι ἆραι τὸν κράβαττον. 11 ὃς δὲ ἀπεκρίθη αὐτοῖς Ὁ ποιήσας με ὑγιῆ ἐκεῖνός μοι εἶπεν Ἆρον τὸν κράβαττόν σου καὶ περιπάτει. 12 ἠρώτησαν αὐτόν Τίς ἐστιν ὁ ἄνθρωπος ὁ εἰπών σοι Ἆρον καὶ περιπάτει; 13 ὁ δὲ ἰαθεὶς οὐκ ᾔδει τίς ἐστιν, ὁ γὰρ Ἰησοῦς ἐξένευσεν ὄχλου ὄντος ἐν τῷ τόπῳ. 14 Μετὰ ταῦτα εὑρίσκει αὐτὸν [ὁ] Ἰησοῦς ἐν τῷ ἱερῷ καὶ εἶπεν αὐτῷ Ἴδε ὑγιὴς γέγονας· μηκέτι ἁμάρτανε, ἵνα μὴ χεῖρόν σοί τι γένηται. 15 ἀπῆλθεν ὁ ἄνθρωπος καὶ εἶπεν τοῖς Ἰουδαίοις ὅτι Ἰησοῦς ἐστὶν ὁ ποιήσας αὐτὸν ὑγιῆ. 16 καὶ διὰ τοῦτο ἐδίωκον οἱ Ἰουδαῖοι τὸν Ἰησοῦν ὅτι

5:1 RP: add ἡ before ἑορτὴ // RP: add ὁ before Ἰησοῦς 2 WH: Βηθζαθά {WH}: Βηθσαιδά RP: Βηθεσδά 3 RP: add πολὺ after πλῆθος // RP: add ἐκδεχομένων τὴν τοῦ ὕδατος κίνησιν after ξηρῶν 4 RP: add v. 4: Ἄγγελος γὰρ κατὰ καιρὸν κατέβαινεν ἐν τῇ κολυμβήθρᾳ, καὶ ἐτάρασσεν τὸ ὕδωρ· ὁ οὖν πρῶτος ἐμβὰς μετὰ τὴν ταραχὴν τοῦ ὕδατος, ὑγιὴς ἐγίνετο, ᾧ δήποτε κατείχετο νοσήματι. 5 RP: omit [καὶ] // RP: omit αὐτοῦ 8 WH: Ἔγειρε RP: Ἔγειραι 10 RP: omit καὶ // NA: add σου after κράβαττον 11 WH: ὃς δὲ NA: ὁ δὲ RP: omit ὃς δὲ 12 RP: add οὖν before αὐτόν // RP: add τὸν κράββατόν σου after Ἆρον 14 WH: [ὁ] NA/RP: ὁ // WH: σοί τι RP: τί σοι 15 WH: εἶπεν {WH}/NA/RP: ἀνήγγειλεν 16 WH: οἱ Ἰουδαῖοι τὸν Ἰησοῦν RP: τὸν Ἰησοῦν οἱ Ἰουδαῖοι, καὶ ἐζήτουν αὐτὸν ἀποκτεῖναι

ταῦτα ἐποίει ἐν σαββάτῳ. 17 ὁ δὲ ἀπεκρίνατο αὐτοῖς Ὁ
πατήρ μου ἕως ἄρτι ἐργάζεται, κἀγὼ ἐργάζομαι. 18 διὰ
τοῦτο οὖν μᾶλλον ἐζήτουν αὐτὸν οἱ Ἰουδαῖοι ἀποκτεῖναι
ὅτι οὐ μόνον ἔλυε τὸ σάββατον ἀλλὰ καὶ πατέρα ἴδιον
ἔλεγε τὸν θεόν, ἴσον ἑαυτὸν ποιῶν τῷ θεῷ.

Jesus, the Son of God

19 Ἀπεκρίνατο οὖν [ὁ Ἰησοῦς] καὶ ἔλεγεν αὐτοῖς Ἀμὴν
ἀμὴν λέγω ὑμῖν, οὐ δύναται ὁ υἱὸς ποιεῖν ἀφ᾽ ἑαυτοῦ οὐδὲν
ἂν μή τι βλέπῃ τὸν πατέρα ποιοῦντα· ἃ γὰρ ἂν ἐκεῖνος ποιῇ,
ταῦτα καὶ ὁ υἱὸς ὁμοίως ποιεῖ. 20 ὁ γὰρ πατὴρ φιλεῖ τὸν
υἱὸν καὶ πάντα δείκνυσιν αὐτῷ ἃ αὐτὸς ποιεῖ, καὶ μείζονα
τούτων δείξει αὐτῷ ἔργα, ἵνα ὑμεῖς θαυμάζητε. 21 ὥσπερ
γὰρ ὁ πατὴρ ἐγείρει τοὺς νεκροὺς καὶ ζωοποιεῖ, οὕτως καὶ ὁ
υἱὸς οὓς θέλει ζωοποιεῖ. 22 οὐδὲ γὰρ ὁ πατὴρ κρίνει οὐδένα,
ἀλλὰ τὴν κρίσιν πᾶσαν δέδωκεν τῷ υἱῷ, 23 ἵνα πάντες
τιμῶσι τὸν υἱὸν καθὼς τιμῶσι τὸν πατέρα. ὁ μὴ τιμῶν τὸν
υἱὸν οὐ τιμᾷ τὸν πατέρα τὸν πέμψαντα αὐτόν. 24 Ἀμὴν
ἀμὴν λέγω ὑμῖν ὅτι ὁ τὸν λόγον μου ἀκούων καὶ πιστεύων
τῷ πέμψαντί με ἔχει ζωὴν αἰώνιον, καὶ εἰς κρίσιν οὐκ ἔρχε-
ται ἀλλὰ μεταβέβηκεν ἐκ τοῦ θανάτου εἰς τὴν ζωήν.
25 ἀμὴν ἀμὴν λέγω ὑμῖν ὅτι ἔρχεται ὥρα καὶ νῦν ἐστὶν ὅτε
οἱ νεκροὶ ἀκούσουσιν τῆς φωνῆς τοῦ υἱοῦ τοῦ θεοῦ καὶ οἱ
ἀκούσαντες ζήσουσιν. 26 ὥσπερ γὰρ ὁ πατὴρ ἔχει ζωὴν ἐν
ἑαυτῷ, οὕτως καὶ τῷ υἱῷ ἔδωκεν ζωὴν ἔχειν ἐν ἑαυτῷ·
27 καὶ ἐξουσίαν ἔδωκεν αὐτῷ κρίσιν ποιεῖν, ὅτι υἱὸς
ἀνθρώπου ἐστίν. 28 μὴ θαυμάζετε τοῦτο, ὅτι ἔρχεται ὥρα
ἐν ᾗ πάντες οἱ ἐν τοῖς μνημείοις ἀκούσουσιν τῆς φωνῆς
αὐτοῦ 29 καὶ ἐκπορεύσονται οἱ τὰ ἀγαθὰ ποιήσαντες εἰς
ἀνάστασιν ζωῆς, οἱ τὰ φαῦλα πράξαντες εἰς ἀνάστασιν

---

17 NA/RP: add Ἰησοῦς after δὲ 19 WH: [ὁ] Ἰησοῦς NA: ὁ Ἰησοῦς // WH: ἔλεγεν
RP: εἶπεν // WH: ἂν NA/RP: ἐὰν 25 WH: ἀκούσουσιν RP: ἀκούσονται // WH:
ζήσουσιν RP: ζήσονται 26 WH: καὶ τῷ υἱῷ ἔδωκεν RP: ἔδωκεν καὶ τῷ υἱῷ
27 RP: add καὶ before κρίσιν 28 WH: ἀκούσουσιν RP: ἀκούσονται
29 {WH}/NA/RP: add δὲ before τὰ φαῦλα

κρίσεως. 30 Οὐ δύναμαι ἐγὼ ποιεῖν ἀπ' ἐμαυτοῦ οὐδέν· καθὼς ἀκούω κρίνω, καὶ ἡ κρίσις ἡ ἐμὴ δικαία ἐστίν, ὅτι οὐ ζητῶ τὸ θέλημα τὸ ἐμὸν ἀλλὰ τὸ θέλημα τοῦ πέμψαντός με.

Witnesses to Jesus

31 Ἐὰν ἐγὼ μαρτυρῶ περὶ ἐμαυτοῦ, ἡ μαρτυρία μου οὐκ ἔστιν ἀληθής· 32 ἄλλος ἐστὶν ὁ μαρτυρῶν περὶ ἐμοῦ, καὶ οἶδα ὅτι ἀληθής ἐστιν ἡ μαρτυρία ἣν μαρτυρεῖ περὶ ἐμοῦ. 33 ὑμεῖς ἀπεστάλκατε πρὸς Ἰωάνην, καὶ μεμαρτύρηκε τῇ ἀληθείᾳ· 34 ἐγὼ δὲ οὐ παρὰ ἀνθρώπου τὴν μαρτυρίαν λαμβάνω, ἀλλὰ ταῦτα λέγω ἵνα ὑμεῖς σωθῆτε. 35 ἐκεῖνος ἦν ὁ λύχνος ὁ καιόμενος καὶ φαίνων, ὑμεῖς δὲ ἠθελήσατε ἀγαλλιαθῆναι πρὸς ὥραν ἐν τῷ φωτὶ αὐτοῦ· 36 ἐγὼ δὲ ἔχω τὴν μαρτυρίαν μείζω τοῦ Ἰωάνου, τὰ γὰρ ἔργα ἃ δέδωκέν μοι ὁ πατὴρ ἵνα τελειώσω αὐτά, αὐτὰ τὰ ἔργα ἃ ποιῶ, μαρτυρεῖ περὶ ἐμοῦ ὅτι ὁ πατήρ με ἀπέσταλκεν, 37 καὶ ὁ πέμψας με πατὴρ ἐκεῖνος μεμαρτύρηκεν περὶ ἐμοῦ. οὔτε φωνὴν αὐτοῦ πώποτε ἀκηκόατε οὔτε εἶδος αὐτοῦ ἑωράκατε, 38 καὶ τὸν λόγον αὐτοῦ οὐκ ἔχετε ἐν ὑμῖν μένοντα, ὅτι ὃν ἀπέστειλεν ἐκεῖνος τούτῳ ὑμεῖς οὐ πιστεύετε. 39 ἐραυνᾶτε τὰς γραφάς, ὅτι ὑμεῖς δοκεῖτε ἐν αὐταῖς ζωὴν αἰώνιον ἔχειν· καὶ ἐκεῖναί εἰσιν αἱ μαρτυροῦσαι περὶ ἐμοῦ· 40 καὶ οὐ θέλετε ἐλθεῖν πρός με ἵνα ζωὴν ἔχητε. 41 Δόξαν παρὰ ἀνθρώπων οὐ λαμβάνω, 42 ἀλλὰ ἔγνωκα ὑμᾶς ὅτι τὴν ἀγάπην τοῦ θεοῦ οὐκ ἔχετε ἐν ἑαυτοῖς. 43 ἐγὼ ἐλήλυθα ἐν τῷ ὀνόματι τοῦ πατρός μου καὶ οὐ λαμβάνετέ με· ἐὰν ἄλλος ἔλθῃ ἐν τῷ ὀνόματι τῷ ἰδίῳ, ἐκεῖνον λήμψεσθε. 44 πῶς δύνασθε ὑμεῖς πιστεῦσαι, δόξαν παρ' ἀλλήλων λαμβάνοντες, καὶ τὴν δόξαν τὴν παρὰ τοῦ μόνου [θεοῦ] οὐ ζητεῖτε; 45 μὴ δοκεῖτε ὅτι ἐγὼ κατηγορήσω ὑμῶν πρὸς τὸν πατέρα· ἔστιν ὁ κατηγορῶν ὑμῶν Μωυσῆς, εἰς ὃν ὑμεῖς ἠλπίκατε. 46 εἰ γὰρ

---

30 RP: *add* με *after* πατρός 36 WH: δέδωκέν RP: ἔδωκεν // RP: *add* ἐγὼ *before* ποιῶ
37 WH: ἐκεῖνος RP: αὐτὸς // WH: πώποτε ἀκηκόατε RP: ἀκηκόατε πώποτε
38 WH: ἐν ὑμῖν μένοντα RP: μένοντα ἐν ὑμῖν 39 WH: ἐραυνᾶτε RP: Ἐρευνᾶτε
44 WH: [θεοῦ] NA/RP: θεοῦ

ἐπιστεύετε Μωυσεῖ, ἐπιστεύετε ἂν ἐμοί, περὶ γὰρ ἐμοῦ ἐκεῖνος ἔγραψεν. 47 εἰ δὲ τοῖς ἐκείνου γράμμασιν οὐ πιστεύετε, πῶς τοῖς ἐμοῖς ῥήμασιν πιστεύσετε;

Jesus Feeds Five Thousand People
(cf. Matt 14:13–21; Mark 6:30–44; Luke 9:10–17)

6 Μετὰ ταῦτα ἀπῆλθεν ὁ Ἰησοῦς πέραν τῆς θαλάσσης τῆς Γαλιλαίας τῆς Τιβεριάδος. 2 ἠκολούθει δὲ αὐτῷ ὄχλος πολύς, ὅτι ἐθεώρουν τὰ σημεῖα ἃ ἐποίει ἐπὶ τῶν ἀσθενούντων. 3 ἀνῆλθεν δὲ εἰς τὸ ὄρος Ἰησοῦς, καὶ ἐκεῖ ἐκάθητο μετὰ τῶν μαθητῶν αὐτοῦ. 4 ἦν δὲ ἐγγὺς τὸ πάσχα, ἡ ἑορτὴ τῶν Ἰουδαίων. 5 ἐπάρας οὖν τοὺς ὀφθαλμοὺς ὁ Ἰησοῦς καὶ θεασάμενος ὅτι πολὺς ὄχλος ἔρχεται πρὸς αὐτὸν λέγει πρὸς Φίλιππον Πόθεν ἀγοράσωμεν ἄρτους ἵνα φάγωσιν οὗτοι; 6 τοῦτο δὲ ἔλεγεν πειράζων αὐτόν, αὐτὸς γὰρ ᾔδει τί ἔμελλεν ποιεῖν. 7 ἀπεκρίθη αὐτῷ Φίλιππος Διακοσίων δηναρίων ἄρτοι οὐκ ἀρκοῦσιν αὐτοῖς ἵνα ἕκαστος βραχὺ λάβῃ. 8 λέγει αὐτῷ εἷς ἐκ τῶν μαθητῶν αὐτοῦ, Ἀνδρέας ὁ ἀδελφὸς Σίμωνος Πέτρου 9 Ἔστιν παιδάριον ὧδε ὃς ἔχει πέντε ἄρτους κριθίνους καὶ δύο ὀψάρια· ἀλλὰ ταῦτα τί ἐστιν εἰς τοσούτους; 10 εἶπεν ὁ Ἰησοῦς Ποιήσατε τοὺς ἀνθρώπους ἀναπεσεῖν. ἦν δὲ χόρτος πολὺς ἐν τῷ τόπῳ. ἀνέπεσαν οὖν οἱ ἄνδρες τὸν ἀριθμὸν ὡς πεντακισχίλιοι. 11 ἔλαβεν οὖν τοὺς ἄρτους ὁ Ἰησοῦς καὶ εὐχαριστήσας διέδωκεν τοῖς ἀνακειμένοις, ὁμοίως καὶ ἐκ τῶν ὀψαρίων ὅσον ἤθελον. 12 ὡς δὲ ἐνεπλήσθησαν λέγει τοῖς μαθηταῖς αὐτοῦ Συναγάγετε τὰ περισσεύσαντα κλάσματα, ἵνα μή

---

47 WH: πιστεύσετε {WH}: πιστεύετε
6:2 WH: ἠκολούθει δὲ RP: Καὶ ἠκολούθει // WH: ἐθεώρουν RP: ἑώρων αὐτοῦ
3 RP: *add* ὁ *before* Ἰησοῦς 4 {WH}: *ἐγγὺς τὸ πάσχα,* 5 WH: τοὺς ὀφθαλμοὺς ὁ Ἰησοῦς RP: ὁ Ἰησοῦς τοὺς ὀφθαλμούς // WH: ἀγοράσωμεν RP: ἀγοράσομεν 7 NA: *add* [ὁ] *before* Φίλιππος // WH: βραχὺ NA: βραχύ [τι] RP: αὐτῶν βραχύ τι
9 RP: *add* ἓν *before* ὧδε // WH: ὃς RP: ὃ 10 RP: *add* δὲ *before* ὁ Ἰησοῦς // WH: ἀνέπεσαν RP: Ἀνέπεσον // WH: οὖν οἱ ἄνδρες {WH}: οὖν, ἄνδρες // WH: ὡς RP: ὡσεὶ 11 WH: οὖν RP: δὲ // RP: *add* μαθηταῖς, οἱ δὲ μαθηταὶ τοῖς *before* ἀνακειμένοις

τι ἀπόληται. 13 συνήγαγον οὖν, καὶ ἐγέμισαν δώδεκα κοφί-
νους κλασμάτων ἐκ τῶν πέντε ἄρτων τῶν κριθίνων ἃ ἐπε-
ρίσσευσαν τοῖς βεβρωκόσιν.

14 Οἱ οὖν ἄνθρωποι ἰδόντες ἃ ἐποίησεν σημεῖα ἔλεγον
ὅτι Οὗτός ἐστιν ἀληθῶς ὁ προφήτης ὁ ἐρχόμενος εἰς τὸν
κόσμον. 15 Ἰησοῦς οὖν γνοὺς ὅτι μέλλουσιν ἔρχεσθαι καὶ
ἁρπάζειν αὐτὸν ἵνα ποιήσωσιν βασιλέα ἀνεχώρησεν πάλιν
εἰς τὸ ὄρος αὐτὸς μόνος.

Jesus Walks on Water
(cf. Matt 14:22–27; Mark 6:45–52)

16 Ὡς δὲ ὀψία ἐγένετο κατέβησαν οἱ μαθηταὶ αὐτοῦ ἐπὶ
τὴν θάλασσαν, 17 καὶ ἐμβάντες εἰς πλοῖον ἤρχοντο πέραν
τῆς θαλάσσης εἰς Καφαρναούμ. καὶ σκοτία ἤδη ἐγεγόνει
καὶ οὔπω ἐληλύθει πρὸς αὐτοὺς ὁ Ἰησοῦς, 18 ἥ τε θάλασσα
ἀνέμου μεγάλου πνέοντος διεγείρετο. 19 ἐληλακότες οὖν ὡς
σταδίους εἴκοσι πέντε ἢ τριάκοντα θεωροῦσιν τὸν Ἰησοῦν
περιπατοῦντα ἐπὶ τῆς θαλάσσης καὶ ἐγγὺς τοῦ πλοίου
γινόμενον, καὶ ἐφοβήθησαν. 20 ὁ δὲ λέγει αὐτοῖς Ἐγώ εἰμι,
μὴ φοβεῖσθε. 21 ἤθελον οὖν λαβεῖν αὐτὸν εἰς τὸ πλοῖον, καὶ
εὐθέως ἐγένετο τὸ πλοῖον ἐπὶ τῆς γῆς εἰς ἣν ὑπῆγον.

Jesus, the Bread of Life

22 Τῇ ἐπαύριον ὁ ὄχλος ὁ ἑστηκὼς πέραν τῆς θαλάσσης
εἶδον ὅτι πλοιάριον ἄλλο οὐκ ἦν ἐκεῖ εἰ μὴ ἕν, καὶ ὅτι οὐ
συνεισῆλθεν τοῖς μαθηταῖς αὐτοῦ ὁ Ἰησοῦς εἰς τὸ πλοῖον
ἀλλὰ μόνοι οἱ μαθηταὶ αὐτοῦ ἀπῆλθον· 23 ἀλλὰ ἦλθεν

---

13 WH: ἐπερίσσευσαν RP: ἐπερίσσευσεν 14 WH: ἃ ἐποίησεν σημεῖα
{WH}/NA/RP: ὃ ἐποίησεν σημεῖον // RP: add ὁ Ἰησοῦς after σημεῖον 15 RP: add
αὐτὸν before βασιλέα // RP: omit πάλιν 17 RP: add τὸ before πλοῖον // WH: οὔπω
RP: οὐκ // WH: πρὸς αὐτοὺς ὁ Ἰησοῦς {WH}: Ἰησοῦς πρὸς αὐτοὺς 18 WH:
διεγείρετο RP: διηγείρετο 21 WH: ἐγένετο τὸ πλοῖον RP: τὸ πλοῖον ἐγένετο
22 WH: εἶδον RP: ἰδὼν // RP: add ἐκεῖνο εἰς ὃ ἐνέβησαν οἱ μαθηταὶ αὐτοῦ after
ἕν // WH: πλοῖον RP: πλοιάριον

πλοῖα ἐκ Τιβεριάδος ἐγγὺς τοῦ τόπου ὅπου ἔφαγον τὸν ἄρτον εὐχαριστήσαντος τοῦ κυρίου. 24 ὅτε οὖν εἶδεν ὁ ὄχλος ὅτι Ἰησοῦς οὐκ ἔστιν ἐκεῖ οὐδὲ οἱ μαθηταὶ αὐτοῦ, ἐνέβησαν αὐτοὶ εἰς τὰ πλοιάρια καὶ ἦλθον εἰς Καφαρναοὺμ ζητοῦντες τὸν Ἰησοῦν. 25 καὶ εὑρόντες αὐτὸν πέραν τῆς θαλάσσης εἶπον αὐτῷ Ῥαββεί, πότε ὧδε γέγονας; 26 ἀπεκρίθη αὐτοῖς ὁ Ἰησοῦς καὶ εἶπεν Ἀμὴν ἀμὴν λέγω ὑμῖν, ζητεῖτέ με οὐχ ὅτι εἴδετε σημεῖα ἀλλ' ὅτι ἐφάγετε ἐκ τῶν ἄρτων καὶ ἐχορτάσθητε· 27 ἐργάζεσθε μὴ τὴν βρῶσιν τὴν ἀπολλυμένην ἀλλὰ τὴν βρῶσιν τὴν μένουσαν εἰς ζωὴν αἰώνιον, ἣν ὁ υἱὸς τοῦ ἀνθρώπου ὑμῖν δώσει, τοῦτον γὰρ ὁ πατὴρ ἐσφράγισεν ὁ θεός. 28 εἶπον οὖν πρὸς αὐτόν Τί ποιῶμεν ἵνα ἐργαζώμεθα τὰ ἔργα τοῦ θεοῦ; 29 ἀπεκρίθη ὁ Ἰησοῦς καὶ εἶπεν αὐτοῖς Τοῦτό ἐστιν τὸ ἔργον τοῦ θεοῦ ἵνα πιστεύητε εἰς ὃν ἀπέστειλεν ἐκεῖνος. 30 εἶπον οὖν αὐτῷ Τί οὖν ποιεῖς σὺ σημεῖον, ἵνα ἴδωμεν καὶ πιστεύσωμέν σοι; τί ἐργάζῃ; 31 οἱ πατέρες ἡμῶν τὸ μάννα ἔφαγον ἐν τῇ ἐρήμῳ, καθώς ἐστιν γεγραμμένον **Ἄρτον ἐκ τοῦ οὐρανοῦ ἔδωκεν αὐτοῖς φαγεῖν.** 32 εἶπεν οὖν αὐτοῖς ὁ Ἰησοῦς Ἀμὴν ἀμὴν λέγω ὑμῖν, οὐ Μωυσῆς ἔδωκεν ὑμῖν τὸν ἄρτον ἐκ τοῦ οὐρανοῦ, ἀλλ' ὁ πατήρ μου δίδωσιν ὑμῖν τὸν ἄρτον ἐκ τοῦ οὐρανοῦ τὸν ἀληθινόν· 33 ὁ γὰρ ἄρτος τοῦ θεοῦ ἐστιν ὁ καταβαίνων ἐκ τοῦ οὐρανοῦ καὶ ζωὴν διδοὺς τῷ κόσμῳ. 34 εἶπον οὖν πρὸς αὐτόν Κύριε, πάντοτε δὸς ἡμῖν τὸν ἄρτον τοῦτον. 35 εἶπεν αὐτοῖς ὁ Ἰησοῦς Ἐγώ εἰμι ὁ ἄρτος τῆς ζωῆς· ὁ ἐρχόμενος πρὸς ἐμὲ οὐ μὴ πεινάσῃ, καὶ ὁ πιστεύων εἰς ἐμὲ οὐ μὴ διψήσει πώποτε. 36 ἀλλ' εἶπον ὑμῖν ὅτι καὶ ἑωράκατε [με] καὶ οὐ πιστεύετε. 37 Πᾶν ὃ δίδωσίν μοι ὁ πατὴρ πρὸς ἐμὲ ἥξει, καὶ τὸν ἐρχόμενον πρός με οὐ μὴ ἐκβάλω ἔξω, 38 ὅτι καταβέβηκα ἀπὸ τοῦ οὐρανοῦ οὐχ ἵνα

---

23 WH: πλοῖα ΝΑ: πλοιά[ρια] RP: πλοιάρια 23–24 WH: κυρίου. 24 ὅτε {WH}: κυρίου·— 24 ὅτε 24 WH: πλοιάρια RP: πλοῖα 29 WH: ὁ ΝΑ: [ὁ] RP: omit ὁ // WH: πιστεύητε RP: πιστεύσητε 32 WH: ἔδωκεν {WH}/ΝΑ/RP: δέδωκεν 35 RP: add δὲ before αὐτοῖς // WH: ἐμὲ RP: με // WH: διψήσει RP: διψήσῃ 37 WH: με ΝΑ: ἐμὲ 38 WH: ἀπὸ RP: ἐκ

ποιῶ τὸ θέλημα τὸ ἐμὸν ἀλλὰ τὸ θέλημα τοῦ πέμψαντός με· 39 τοῦτο δέ ἐστιν τὸ θέλημα τοῦ πέμψαντός με ἵνα πᾶν ὃ δέδωκέν μοι μὴ ἀπολέσω ἐξ αὐτοῦ ἀλλὰ ἀναστήσω αὐτὸ τῇ ἐσχάτῃ ἡμέρα. 40 τοῦτο γάρ ἐστιν τὸ θέλημα τοῦ πατρός μου ἵνα πᾶς ὁ θεωρῶν τὸν υἱὸν καὶ πιστεύων εἰς αὐτὸν ἔχῃ ζωὴν αἰώνιον, καὶ ἀναστήσω αὐτὸν ἐγὼ τῇ ἐσχάτῃ ἡμέρα.

41 Ἐγόγγυζον οὖν οἱ Ἰουδαῖοι περὶ αὐτοῦ ὅτι εἶπεν Ἐγώ εἰμι ὁ ἄρτος ὁ καταβὰς ἐκ τοῦ οὐρανοῦ, 42 καὶ ἔλεγον Οὐχὶ οὗτός ἐστιν Ἰησοῦς ὁ υἱὸς Ἰωσήφ, οὗ ἡμεῖς οἴδαμεν τὸν πατέρα καὶ τὴν μητέρα; πῶς νῦν λέγει ὅτι Ἐκ τοῦ οὐρανοῦ καταβέβηκα; 43 ἀπεκρίθη Ἰησοῦς καὶ εἶπεν αὐτοῖς Μὴ γογγύζετε μετ' ἀλλήλων. 44 οὐδεὶς δύναται ἐλθεῖν πρός με ἐὰν μὴ ὁ πατὴρ ὁ πέμψας με ἑλκύσῃ αὐτόν, κἀγὼ ἀναστήσω αὐτὸν ἐν τῇ ἐσχάτῃ ἡμέρα. 45 ἔστιν γεγραμμένον ἐν τοῖς προφήταις **Καὶ ἔσονται πάντες διδακτοὶ θεοῦ**· πᾶς ὁ ἀκούσας παρὰ τοῦ πατρὸς καὶ μαθὼν ἔρχεται πρὸς ἐμέ. 46 οὐχ ὅτι τὸν πατέρα ἑώρακέν τις εἰ μὴ ὁ ὢν παρὰ [τοῦ] θεοῦ, οὗτος ἑώρακεν τὸν πατέρα. 47 ἀμὴν ἀμὴν λέγω ὑμῖν, ὁ πιστεύων ἔχει ζωὴν αἰώνιον. 48 ἐγώ εἰμι ὁ ἄρτος τῆς ζωῆς· 49 οἱ πατέρες ὑμῶν ἔφαγον ἐν τῇ ἐρήμῳ τὸ μάννα καὶ ἀπέθανον· 50 οὗτός ἐστιν ὁ ἄρτος ὁ ἐκ τοῦ οὐρανοῦ καταβαίνων ἵνα τις ἐξ αὐτοῦ φάγῃ καὶ μὴ ἀποθάνῃ· 51 ἐγώ εἰμι ὁ ἄρτος ὁ ζῶν ὁ ἐκ τοῦ οὐρανοῦ καταβάς· ἐάν τις φάγῃ ἐκ τούτου τοῦ ἄρτου ζήσει εἰς τὸν αἰῶνα, καὶ ὁ ἄρτος δὲ ὃν ἐγὼ δώσω ἡ σάρξ μου ἐστὶν ὑπὲρ τῆς τοῦ κόσμου ζωῆς.

52 Ἐμάχοντο οὖν πρὸς ἀλλήλους οἱ Ἰουδαῖοι λέγοντες

---

39 RP: *add* πατρός *after* με // NA: *add* [ἐν] *before* τῇ ἐσχάτῃ 40 NA: *add* [ἐν] *before* τῇ ἐσχάτῃ // WH: γάρ RP: δέ // WH: πατρός μου RP: πέμψαντός με 42 WH: Οὐχὶ {WH}/NA/RP: Οὐχ // WH: πῶς νῦν λέγει RP: Πῶς οὖν λέγει οὗτος 43 RP: *add* οὖν ὁ *before* Ἰησοῦς 44 WH: πρός με {WH}: πρὸς ἐμὲ // WH: κἀγὼ RP: καὶ ἐγὼ 45 WH: ὁ ἀκούσας RP: οὖν ὁ ἀκούων // WH: ἐμέ RP: με 46 WH: ἑώρακέν τις RP: τις ἑώρακεν // WH: [τοῦ] NA/RP: τοῦ 47 RP: *add* εἰς ἐμὲ *before* ἔχει 49 WH: ἐν τῇ ἐρήμῳ τὸ μάννα RP: τὸ μάννα ἐν τῇ ἐρήμῳ 50 WH: ἀποθάνῃ {WH}: ἀποθνήσκῃ 51 WH: ζήσει RP: ζήσεται // RP: *add* ἣν ἐγὼ δώσω *before* ὑπὲρ

45 Isa 54:13

Πῶς δύναται οὗτος ἡμῖν δοῦναι τὴν σάρκα [αὐτοῦ] φαγεῖν; 53 εἶπεν οὖν αὐτοῖς [ὁ] Ἰησοῦς Ἀμὴν ἀμὴν λέγω ὑμῖν, ἐὰν μὴ φάγητε τὴν σάρκα τοῦ υἱοῦ τοῦ ἀνθρώπου καὶ πίητε αὐτοῦ τὸ αἷμα, οὐκ ἔχετε ζωὴν ἐν ἑαυτοῖς. 54 ὁ τρώγων μου τὴν σάρκα καὶ πίνων μου τὸ αἷμα ἔχει ζωὴν αἰώνιον, κἀγὼ ἀναστήσω αὐτὸν τῇ ἐσχάτῃ ἡμέρᾳ· 55 ἡ γὰρ σάρξ μου ἀληθής ἐστι βρῶσις, καὶ τὸ αἷμά μου ἀληθής ἐστι πόσις. 56 ὁ τρώγων μου τὴν σάρκα καὶ πίνων μου τὸ αἷμα ἐν ἐμοὶ μένει κἀγὼ ἐν αὐτῷ. 57 καθὼς ἀπέστειλέν με ὁ ζῶν πατὴρ κἀγὼ ζῶ διὰ τὸν πατέρα, καὶ ὁ τρώγων με κἀκεῖνος ζήσει δι᾽ ἐμέ. 58 οὗτός ἐστιν ὁ ἄρτος ὁ ἐξ οὐρανοῦ καταβάς, οὐ καθὼς ἔφαγον οἱ πατέρες καὶ ἀπέθανον· ὁ τρώγων τοῦτον τὸν ἄρτον ζήσει εἰς τὸν αἰῶνα. 59 Ταῦτα εἶπεν ἐν συναγωγῇ διδάσκων ἐν Καφαρναούμ.

Many Turn Away from Jesus

60 Πολλοὶ οὖν ἀκούσαντες ἐκ τῶν μαθητῶν αὐτοῦ εἶπαν Σκληρός ἐστιν ὁ λόγος οὗτος· τίς δύναται αὐτοῦ ἀκούειν; 61 εἰδὼς δὲ ὁ Ἰησοῦς ἐν ἑαυτῷ ὅτι γογγύζουσιν περὶ τούτου οἱ μαθηταὶ αὐτοῦ εἶπεν αὐτοῖς Τοῦτο ὑμᾶς σκανδαλίζει; 62 ἐὰν οὖν θεωρῆτε τὸν υἱὸν τοῦ ἀνθρώπου ἀναβαίνοντα ὅπου ἦν τὸ πρότερον; 63 τὸ πνεῦμά ἐστιν τὸ ζωοποιοῦν, ἡ σὰρξ οὐκ ὠφελεῖ οὐδέν· τὰ ῥήματα ἃ ἐγὼ λελάληκα ὑμῖν πνεῦμά ἐστιν καὶ ζωή ἐστιν· 64 ἀλλὰ εἰσὶν ἐξ ὑμῶν τινὲς οἳ οὐ πιστεύουσιν. Ἤιδει γὰρ ἐξ ἀρχῆς ὁ Ἰησοῦς τίνες εἰσὶν οἱ μὴ πιστεύοντες καὶ τίς ἐστιν ὁ παραδώσων αὐτόν. 65 καὶ ἔλεγεν Διὰ τοῦτο εἴρηκα ὑμῖν ὅτι οὐδεὶς δύναται ἐλθεῖν πρός με ἐὰν μὴ ᾖ δεδομένον αὐτῷ ἐκ τοῦ πατρός.

66 Ἐκ τούτου πολλοὶ ἐκ τῶν μαθητῶν αὐτοῦ ἀπῆλθον

---

52 RP: omit [αὐτοῦ] 53 WH: [ὁ] NA/RP: ὁ 55 WH: ἀληθής ἐστι RP: ἀληθῶς ἐστιν twice 58 WH: ζήσει RP: ζήσεται 60 WH: ὁ λόγος οὗτος RP: οὗτος ὁ λόγος 63 WH: ζωοποιοῦν NA: ζῳοποιοῦν // WH: λελάληκα RP: λαλῶ 64 WH: ἀλλὰ NA/RP: ἀλλ᾽ // WH: Ἤιδει NA/RP: ᾔδει 65 RP: add μου after πατρός 66 WH: ἐκ NA: [ἐκ] RP: omit ἐκ // WH: τῶν μαθητῶν αὐτοῦ ἀπῆλθον RP: ἀπῆλθον τῶν μαθητῶν αὐτοῦ

εἰς τὰ ὀπίσω καὶ οὐκέτι μετ' αὐτοῦ περιεπάτουν. 67 Εἶπεν οὖν ὁ Ἰησοῦς τοῖς δώδεκα Μὴ καὶ ὑμεῖς θέλετε ὑπάγειν; 68 ἀπεκρίθη αὐτῷ Σίμων Πέτρος Κύριε, πρὸς τίνα ἀπελευσόμεθα; ῥήματα ζωῆς αἰωνίου ἔχεις, 69 καὶ ἡμεῖς πεπιστεύκαμεν καὶ ἐγνώκαμεν ὅτι σὺ εἶ ὁ ἅγιος τοῦ θεοῦ. 70 ἀπεκρίθη αὐτοῖς ὁ Ἰησοῦς Οὐκ ἐγὼ ὑμᾶς τοὺς δώδεκα ἐξελεξάμην; καὶ ἐξ ὑμῶν εἷς διάβολός ἐστιν. 71 ἔλεγεν δὲ τὸν Ἰούδαν Σίμωνος Ἰσκαριώτου· οὗτος γὰρ ἔμελλεν παραδιδόναι αὐτόν, εἷς ἐκ τῶν δώδεκα.

Jesus' Unbelieving Brothers

7 Καὶ μετὰ ταῦτα περιεπάτει [ὁ] Ἰησοῦς ἐν τῇ Γαλιλαίᾳ, οὐ γὰρ ἤθελεν ἐν τῇ Ἰουδαίᾳ περιπατεῖν, ὅτι ἐζήτουν αὐτὸν οἱ Ἰουδαῖοι ἀποκτεῖναι. 2 ἦν δὲ ἐγγὺς ἡ ἑορτὴ τῶν Ἰουδαίων ἡ σκηνοπηγία. 3 εἶπον οὖν πρὸς αὐτὸν οἱ ἀδελφοὶ αὐτοῦ Μετάβηθι ἐντεῦθεν καὶ ὕπαγε εἰς τὴν Ἰουδαίαν, ἵνα καὶ οἱ μαθηταί σου θεωρήσουσιν [σοῦ] τὰ ἔργα ἃ ποιεῖς· 4 οὐδεὶς γάρ τι ἐν κρυπτῷ ποιεῖ καὶ ζητεῖ αὐτὸς ἐν παρρησίᾳ εἶναι· εἰ ταῦτα ποιεῖς, φανέρωσον σεαυτὸν τῷ κόσμῳ. 5 οὐδὲ γὰρ οἱ ἀδελφοὶ αὐτοῦ ἐπίστευον εἰς αὐτόν. 6 λέγει οὖν αὐτοῖς ὁ Ἰησοῦς Ὁ καιρὸς ὁ ἐμὸς οὔπω πάρεστιν, ὁ δὲ καιρὸς ὁ ὑμέτερος πάντοτέ ἐστιν ἕτοιμος. 7 οὐ δύναται ὁ κόσμος μισεῖν ὑμᾶς, ἐμὲ δὲ μισεῖ, ὅτι ἐγὼ μαρτυρῶ περὶ αὐτοῦ ὅτι τὰ ἔργα αὐτοῦ πονηρά ἐστιν. 8 ὑμεῖς ἀνάβητε εἰς τὴν ἑορτήν· ἐγὼ οὔπω ἀναβαίνω εἰς τὴν ἑορτὴν ταύτην, ὅτι ὁ ἐμὸς καιρὸς οὔπω πεπλήρωται. 9 ταῦτα δὲ εἰπὼν αὐτοῖς ἔμεινεν ἐν τῇ Γαλιλαίᾳ.

---

68 RP: add οὖν after ἀπεκρίθη 69 WH: ἅγιος τοῦ θεοῦ RP: χριστὸς ὁ υἱὸς τοῦ θεοῦ τοῦ ζῶντος 71 WH: Ἰσκαριώτου RP: Ἰσκαριώτην // WH: παραδιδόναι αὐτόν RP: αὐτὸν παραδιδόναι // RP: add ὢν after εἷς
7:1 WH: μετὰ ταῦτα περιεπάτει [ὁ] Ἰησοῦς NA: μετὰ ταῦτα περιεπάτει ὁ Ἰησοῦς RP: περιεπάτει ὁ Ἰησοῦς μετὰ ταῦτα 3 WH: θεωρήσουσιν [σοῦ] τὰ ἔργα {WH}: θεωρήσουσιν τὰ ἔργα σου NA: θεωρήσουσιν σοῦ τὰ ἔργα RP: θεωρήσουσιν τὰ ἔργα σου 4 WH: τι ἐν κρυπτῷ RP: ἐν κρυπτῷ τι // WH: αὐτὸς {WH}: αὐτὸ 8 RP: add ταύτην after ἑορτὴν // WH: οὔπω {WH}/NA: οὐκ // WH: ἐμὸς καιρὸς RP: καιρὸς ὁ ἐμὸς 9 WH: αὐτοῖς {WH}: αὐτὸς NA: αὐτὸς

Jesus at the Feast of Tabernacles

10 Ὡς δὲ ἀνέβησαν οἱ ἀδελφοὶ αὐτοῦ εἰς τὴν ἑορτήν, τότε καὶ αὐτὸς ἀνέβη, οὐ φανερῶς ἀλλὰ ὡς ἐν κρυπτῷ. 11 οἱ οὖν Ἰουδαῖοι ἐζήτουν αὐτὸν ἐν τῇ ἑορτῇ καὶ ἔλεγον Ποῦ ἐστὶν ἐκεῖνος; 12 καὶ γογγυσμὸς περὶ αὐτοῦ ἦν πολὺς ἐν τοῖς ὄχλοις· οἱ μὲν ἔλεγον ὅτι Ἀγαθός ἐστιν, ἄλλοι [δὲ] ἔλεγον Οὔ, ἀλλὰ πλανᾷ τὸν ὄχλον. 13 οὐδεὶς μέντοι παρρησίᾳ ἐλάλει περὶ αὐτοῦ διὰ τὸν φόβον τῶν Ἰουδαίων. 14 Ἤδη δὲ τῆς ἑορτῆς μεσούσης ἀνέβη Ἰησοῦς εἰς τὸ ἱερὸν καὶ ἐδίδασκεν. 15 ἐθαύμαζον οὖν οἱ Ἰουδαῖοι λέγοντες Πῶς οὗτος γράμματα οἶδεν μὴ μεμαθηκώς; 16 ἀπεκρίθη οὖν αὐτοῖς Ἰησοῦς καὶ εἶπεν Ἡ ἐμὴ διδαχὴ οὐκ ἔστιν ἐμὴ ἀλλὰ τοῦ πέμψαντός με· 17 ἐάν τις θέλῃ τὸ θέλημα αὐτοῦ ποιεῖν, γνώσεται περὶ τῆς διδαχῆς πότερον ἐκ τοῦ θεοῦ ἐστὶν ἢ ἐγὼ ἀπ' ἐμαυτοῦ λαλῶ. 18 ὁ ἀφ' ἑαυτοῦ λαλῶν τὴν δόξαν τὴν ἰδίαν ζητεῖ· ὁ δὲ ζητῶν τὴν δόξαν τοῦ πέμψαντος αὐτὸν οὗτος ἀληθής ἐστιν καὶ ἀδικία ἐν αὐτῷ οὐκ ἔστιν. 19 οὐ Μωυσῆς ἔδωκεν ὑμῖν τὸν νόμον; καὶ οὐδεὶς ἐξ ὑμῶν ποιεῖ τὸν νόμον. τί με ζητεῖτε ἀποκτεῖναι; 20 ἀπεκρίθη ὁ ὄχλος Δαιμόνιον ἔχεις· τίς σε ζητεῖ ἀποκτεῖναι; 21 ἀπεκρίθη Ἰησοῦς καὶ εἶπεν αὐτοῖς Ἓν ἔργον ἐποίησα καὶ πάντες θαυμάζετε. 22 διὰ τοῦτο Μωυσῆς δέδωκεν ὑμῖν τὴν περιτομήν,—οὐχ ὅτι ἐκ τοῦ Μωυσέως ἐστὶν ἀλλ' ἐκ τῶν πατέρων,—καὶ [ἐν] σαββάτῳ περιτέμνετε ἄνθρωπον. 23 εἰ περιτομὴν λαμβάνει [ὁ] ἄνθρωπος ἐν σαββάτῳ ἵνα μὴ λυθῇ ὁ νόμος Μωυσέως, ἐμοὶ χολᾶτε ὅτι ὅλον ἄνθρωπον ὑγιῆ ἐποίησα ἐν σαββάτῳ; 24 μὴ κρίνετε κατ' ὄψιν, ἀλλὰ τὴν δικαίαν κρίσιν κρίνετε.

---

10 WH: εἰς τὴν ἑορτήν, τότε καὶ αὐτὸς ἀνέβη RP: τότε καὶ αὐτὸς ἀνέβη εἰς τὴν ἑορτήν // WH: ὡς NA: [ὡς] 12 WH: περὶ αὐτοῦ ἦν πολὺς RP: πολὺς περὶ αὐτοῦ ἦν // RP: omit [δὲ] 14 RP: add ὁ before Ἰησοῦς 15 RP: add Καὶ before ἐθαύμαζον // RP: omit οὖν 16 [NA]/RP: add ὁ before Ἰησοῦς 19 WH: ἔδωκεν {WH}/NA/RP: δέδωκεν 20 RP: add καὶ εἶπεν after ὁ ὄχλος 22 WH: [ἐν] NA/RP: ἐν 23 NA/RP: omit [ὁ] 24 WH: κρίνετε RP: κρίνατε. ὁ χριστός

Division Over Jesus' Authority

25 Ἔλεγον οὖν τινὲς ἐκ τῶν Ἱεροσολυμειτῶν Οὐχ οὗτός ἐστιν ὃν ζητοῦσιν ἀποκτεῖναι; 26 καὶ ἴδε παρρησίᾳ λαλεῖ καὶ οὐδὲν αὐτῷ λέγουσιν· μή ποτε ἀληθῶς ἔγνωσαν οἱ ἄρχοντες ὅτι οὗτός ἐστιν ὁ χριστός; 27 ἀλλὰ τοῦτον οἴδαμεν πόθεν ἐστίν· ὁ δὲ χριστὸς ὅταν ἔρχηται οὐδεὶς γινώσκει πόθεν ἐστίν. 28 Ἔκραξεν οὖν ἐν τῷ ἱερῷ διδάσκων [ὁ] Ἰησοῦς καὶ λέγων Κἀμὲ οἴδατε καὶ οἴδατε πόθεν εἰμί· καὶ ἀπ᾽ ἐμαυτοῦ οὐκ ἐλήλυθα, ἀλλ᾽ ἔστιν ἀληθινὸς ὁ πέμψας με, ὃν ὑμεῖς οὐκ οἴδατε· 29 ἐγὼ οἶδα αὐτόν, ὅτι παρ᾽ αὐτοῦ εἰμὶ κἀκεῖνός με ἀπέστειλεν. 30 Ἐζήτουν οὖν αὐτὸν πιάσαι, καὶ οὐδεὶς ἐπέβαλεν ἐπ᾽ αὐτὸν τὴν χεῖρα, ὅτι οὔπω ἐληλύθει ἡ ὥρα αὐτοῦ. 31 Ἐκ τοῦ ὄχλου δὲ πολλοὶ ἐπίστευσαν εἰς αὐτόν, καὶ ἔλεγον Ὁ χριστὸς ὅταν ἔλθῃ μὴ πλείονα σημεῖα ποιήσει ὧν οὗτος ἐποίησεν;

Guards Are Sent to Arrest Jesus

32 Ἤκουσαν οἱ Φαρισαῖοι τοῦ ὄχλου γογγύζοντος περὶ αὐτοῦ ταῦτα, καὶ ἀπέστειλαν οἱ ἀρχιερεῖς καὶ οἱ Φαρισαῖοι ὑπηρέτας ἵνα πιάσωσιν αὐτόν. 33 εἶπεν οὖν ὁ Ἰησοῦς Ἔτι χρόνον μικρὸν μεθ᾽ ὑμῶν εἰμὶ καὶ ὑπάγω πρὸς τὸν πέμψαντά με. 34 ζητήσετέ με καὶ οὐχ εὑρήσετέ με, καὶ ὅπου εἰμὶ ἐγὼ ὑμεῖς οὐ δύνασθε ἐλθεῖν. 35 εἶπον οὖν οἱ Ἰουδαῖοι πρὸς ἑαυτούς Ποῦ οὗτος μέλλει πορεύεσθαι ὅτι ἡμεῖς οὐχ εὑρήσομεν αὐτόν; μὴ εἰς τὴν διασπορὰν τῶν Ἑλλήνων μέλλει πορεύεσθαι καὶ διδάσκειν τοὺς Ἕλληνας; 36 τίς ἐστιν ὁ λόγος οὗτος ὃν εἶπε Ζητήσετέ με καὶ οὐχ εὑρήσετέ με καὶ ὅπου εἰμὶ ἐγὼ ὑμεῖς οὐ δύνασθε ἐλθεῖν;

25–26 RP: *omit verses 25–26* 28 WH: [ὁ] NA/RP: ὁ 31 WH: Ἐκ τοῦ ὄχλου δὲ πολλοὶ RP: Πολλοὶ δὲ ἐκ τοῦ ὄχλου // RP: *add* ὅτι *before* Ὁ χριστὸς // WH: μὴ RP: μήτι // RP: *add* τούτων *before* ποιήσει 32 WH: οἱ ἀρχιερεῖς καὶ οἱ Φαρισαῖοι ὑπηρέτας RP: ὑπηρέτας οἱ Φαρισαῖοι καὶ οἱ ἀρχιερεῖς 33 WH: χρόνον μικρὸν RP: μικρὸν χρόνον 34 WH: εὑρήσετέ με NA: εὑρήσετέ [με] RP: εὑρήσετε 36 WH: ὁ λόγος οὗτος RP: οὗτος ὁ λόγος // WH: εὑρήσετέ με NA: εὑρήσετέ [με] RP: εὑρήσετέ

Jesus Promises the Spirit

37 Ἐν δὲ τῇ ἐσχάτῃ ἡμέρᾳ τῇ μεγάλῃ τῆς ἑορτῆς ἱστή-
κει ὁ Ἰησοῦς, καὶ ἔκραξεν λέγων   Ἐάν τις διψᾷ ἐρχέσθω
πρός με καὶ πινέτω. 38 ὁ πιστεύων εἰς ἐμέ, καθὼς εἶπεν ἡ
γραφή, ποταμοὶ ἐκ τῆς κοιλίας αὐτοῦ ῥεύσουσιν ὕδατος
ζῶντος. 39 Τοῦτο δὲ εἶπεν περὶ τοῦ πνεύματος οὗ ἔμελλον
λαμβάνειν οἱ πιστεύσαντες εἰς αὐτόν· οὔπω γὰρ ἦν πνεῦμα,
ὅτι Ἰησοῦς οὔπω ἐδοξάσθη.

The People Are Divided over Jesus

40 Ἐκ τοῦ ὄχλου οὖν ἀκούσαντες τῶν λόγων τούτων ἔλεγον
[ὅτι]   Οὗτός ἐστιν ἀληθῶς ὁ προφήτης· 41 ἄλλοι ἔλεγον
Οὗτός ἐστιν ὁ χριστός· οἱ δὲ ἔλεγον   Μὴ γὰρ ἐκ τῆς Γαλι-
λαίας ὁ χριστὸς ἔρχεται; 42 οὐχ ἡ γραφὴ εἶπεν ὅτι ἐκ **τοῦ
σπέρματος Δαυείδ, καὶ ἀπὸ Βηθλεὲμ** τῆς κώμης ὅπου ἦν
Δαυείδ, **ἔρχεται** ὁ χριστός; 43 σχίσμα οὖν ἐγένετο ἐν τῷ
ὄχλῳ δι᾽ αὐτόν. 44 τινὲς δὲ ἤθελον ἐξ αὐτῶν πιάσαι αὐτόν,
ἀλλ᾽ οὐδεὶς ἔβαλεν ἐπ᾽ αὐτὸν τὰς χεῖρας.

The Unbelief of the Religious Leaders

45 Ἦλθον οὖν οἱ ὑπηρέται πρὸς τοὺς ἀρχιερεῖς καὶ
Φαρισαίους, καὶ εἶπον αὐτοῖς ἐκεῖνοι   Διὰ τί οὐκ ἠγάγετε
αὐτόν; 46 ἀπεκρίθησαν οἱ ὑπηρέται   Οὐδέποτε ἐλάλησεν
οὕτως ἄνθρωπος. 47 ἀπεκρίθησαν οὖν [αὐτοῖς] οἱ Φαρισαῖ-
οι   Μὴ καὶ ὑμεῖς πεπλάνησθε; 48 μή τις ἐκ τῶν ἀρχόντων

---

37 WH: ἱστήκει ΝΑ: εἱστήκει 39 WH: πιστεύσαντες RP: πιστεύοντες // RP: *add*
ἅγιον *after* πνεῦμα // WH: οὗ {WH}/ΝΑ: ὃ // WH: οὔπω ΝΑ/RP: οὐδέπω 40 WH:
Ἐκ τοῦ ὄχλου οὖν RP: Πολλοὶ οὖν ἐκ τοῦ ὄχλου // WH: τῶν λόγων τούτων RP
τὸν λόγον // ΝΑ/RP: *omit* [ὅτι] 41 WH: οἱ δὲ RP: ῎Αλλοι 42 WH: οὐχ RP: Οὐχὶ //
WH: ἔρχεται ὁ χριστός RP: ὁ χριστὸς ἔρχεται 43 WH: ἐγένετο ἐν τῷ ὄχλῳ RP:
ἐν τῷ ὄχλῳ ἐγένετο 44 WH: ἔβαλεν ΝΑ/RP: ἐπέβαλεν 46 WH: ἐλάλησεν οὕτως
ἄνθρωπος RP: οὕτως ἐλάλησεν ἄνθρωπος, ὡς οὗτος ὁ ἄνθρωπος 47 WH:
[αὐτοῖς] ΝΑ/RP: αὐτοῖς

ἐπίστευσεν εἰς αὐτὸν ἢ ἐκ τῶν Φαρισαίων; 49 ἀλλὰ ὁ ὄχλος οὗτος ὁ μὴ γινώσκων τὸν νόμον ἐπάρατοί εἰσιν. 50 λέγει Νικόδημος πρὸς αὐτούς, ὁ ἐλθὼν πρὸς αὐτὸν πρότερον, εἷς ὢν ἐξ αὐτῶν 51 Μὴ ὁ νόμος ἡμῶν κρίνει τὸν ἄνθρωπον ἐὰν μὴ ἀκούσῃ πρῶτον παρ᾽ αὐτοῦ καὶ γνῷ τί ποιεῖ; 52 ἀπεκρίθησαν καὶ εἶπαν αὐτῷ　Μὴ καὶ σὺ ἐκ τῆς Γαλιλαίας εἶ; ἐραύνησον καὶ ἴδε ὅτι ἐκ τῆς Γαλιλαίας προφήτης οὐκ ἐγείρεται.

A Woman Caught in Adultery

8 53 [[Καὶ ἐπορεύθησαν ἕκαστος εἰς τὸν οἶκον αὐτοῦ, Ἰησοῦς δὲ ἐπορεύθη εἰς τὸ Ὄρος τῶν Ἐλαιῶν. 2 Ὄρθρου δὲ πάλιν παρεγένετο εἰς τὸ ἱερόν [, καὶ πᾶς ὁ λαὸς ἤρχετο πρὸς αὐτόν, καὶ καθίσας ἐδίδασκεν αὐτούς]. 3 Ἄγουσιν δὲ οἱ γραμματεῖς καὶ οἱ Φαρισαῖοι γυναῖκα ἐπὶ μοιχείᾳ κατειλημμένην, καὶ στήσαντες αὐτὴν ἐν μέσῳ 4 λέγουσιν αὐτῷ　Διδάσκαλε, αὕτη ἡ γυνὴ κατείληπται ἐπ᾽ αὐτοφώρῳ μοιχευομένη· 5 ἐν δὲ τῷ νόμῳ [ἡμῖν] Μωυσῆς ἐνετείλατο τὰς τοιαύτας λιθάζειν· σὺ οὖν τί λέγεις 6 [τοῦτο δὲ ἔλεγον πειράζοντες αὐτόν, ἵνα ἔχωσιν κατηγορεῖν αὐτοῦ.] ὁ δὲ Ἰησοῦς κάτω κύψας τῷ δακτύλῳ κατέγραφεν εἰς τὴν γῆν.

49 WH: ἐπάρατοί RP: ἐπικατάρατοί 50 WH: πρὸς αὐτὸν πρότερον NA: πρὸς αὐτὸν [τὸ] πρότερον RP: νυκτὸς πρὸς αὐτόν 51 WH: πρῶτον παρ᾽ αὐτοῦ RP: παρ᾽ αὐτοῦ πρότερον 52 WH: ἐραύνησον RP: Ἐρεύνησον // WH: ἐκ τῆς Γαλιλαίας προφήτης οὐκ ἐγείρεται RP: προφήτης ἐκ τῆς Γαλιλαίας οὐκ ἐγήγερται 53 WH: ἐπορεύθησαν RP: ἐπορεύθη 7:53–8:11 WH: *Westcott and Hort originally included this section (the pericope concerning the woman caught in adultery) in double brackets at the end of the gospel of John.* NA: *This section is included in double brackets in the text of the gospel of John.* RP: *This section is included in the text without brackets.*
8:2 WH: παρεγένετο {WH}: ἦλθεν // NA/RP: *omit brackets for* , καὶ . . . αὐτούς // RP: *omit* πρὸς αὐτόν 3 RP: *add* πρὸς αὐτὸν *after* Φαρισαῖοι // WH: γυναῖκα ἐπὶ μοιχείᾳ {WH}: ἐπὶ ἁμαρτίᾳ γυναῖκα　RP: γυναῖκα ἐν μοιχείᾳ // WH: κατειλημμένην RP: καταλήφθεισαν 4 WH: λέγουσιν {WH}: εἶπον // RP: *add* πειράζοντες *after* αὐτῷ // WH: κατείληπται {WH}: εἴληπται RP: κατελήφθη // WH: αὐτοφώρῳ RP: αὐτοφόρῳ 5 WH: [ἡμῖν] Μωυσῆς NA: ἡμῖν Μωυσῆς RP: Μωσῆς ἡμῖν // WH: λιθάζειν RP: λιθοβολεῖσθαι // WH: οὖν {WH}: δὲ // {WH}: *add* περὶ αὐτῆς *after* λέγεις 6 NA/RP: *omit* brackets for τοῦτο . . . αὐτοῦ. // WH: κατέγραφεν {WH}/RP: ἔγραφεν // RP: *add* μὴ προσποιούμενος *after* γῆν,

7 ὡς δὲ ἐπέμενον ἐρωτῶντες [αὐτόν], ἀνέκυψεν καὶ εἶπεν
[αὐτοῖς] Ὁ ἀναμάρτητος ὑμῶν πρῶτος ἐπ' αὐτὴν βαλέτω
λίθον· 8 καὶ πάλιν κατακύψας ἔγραφεν εἰς τὴν γῆν. 9 οἱ δὲ
ἀκούσαντες ἐξήρχοντο εἷς καθ' εἷς ἀρξάμενοι ἀπὸ τῶν
πρεσβυτέρων, καὶ κατελείφθη μόνος, καὶ ἡ γυνὴ ἐν μέσῳ
οὖσα. 10 ἀνακύψας δὲ ὁ Ἰησοῦς εἶπεν αὐτῇ   Γύναι, ποῦ
εἰσίν; οὐδείς σε κατέκρινεν; 11 ἡ δὲ εἶπεν   Οὐδείς, κύριε.
εἶπεν δὲ ὁ Ἰησοῦς   Οὐδὲ ἐγώ σε κατακρίνω· πορεύου, ἀπὸ
τοῦ νῦν μηκέτι ἁμάρτανε.]]

Jesus, the Light of the World

12 Πάλιν οὖν αὐτοῖς ἐλάλησεν [ὁ] Ἰησοῦς λέγων   Ἐγώ
εἰμι τὸ φῶς τοῦ κόσμου· ὁ ἀκολουθῶν μοι οὐ μὴ περι-
πατήσῃ ἐν τῇ σκοτίᾳ, ἀλλ' ἕξει τὸ φῶς τῆς ζωῆς. 13 εἶπον
οὖν αὐτῷ οἱ Φαρισαῖοι   Σὺ περὶ σεαυτοῦ μαρτυρεῖς· ἡ
μαρτυρία σου οὐκ ἔστιν ἀληθής. 14 ἀπεκρίθη Ἰησοῦς καὶ
εἶπεν αὐτοῖς   Κἂν ἐγὼ μαρτυρῶ περὶ ἐμαυτοῦ, ἀληθής
ἐστιν ἡ μαρτυρία μου, ὅτι οἶδα πόθεν ἦλθον καὶ ποῦ ὑπάγω·
ὑμεῖς δὲ οὐκ οἴδατε πόθεν ἔρχομαι ἢ ποῦ ὑπάγω. 15 ὑμεῖς
κατὰ τὴν σάρκα κρίνετε, ἐγὼ οὐ κρίνω οὐδένα. 16 καὶ ἐὰν
κρίνω δὲ ἐγώ, ἡ κρίσις ἡ ἐμὴ ἀληθινή ἐστιν, ὅτι μόνος οὐκ
εἰμί, ἀλλ' ἐγὼ καὶ ὁ πέμψας με [πατήρ]. 17 καὶ ἐν τῷ νόμῳ
δὲ τῷ ὑμετέρῳ γέγραπται ὅτι δύο ἀνθρώπων ἡ μαρτυρία
ἀληθής ἐστιν. 18 ἐγώ εἰμι ὁ μαρτυρῶν περὶ ἐμαυτοῦ καὶ
μαρτυρεῖ περὶ ἐμοῦ ὁ πέμψας με πατήρ. 19 ἔλεγον οὖν αὐτῷ

---

7 WH: [αὐτόν] NA/RP: αὐτόν // WH: ἀνέκυψεν καὶ RP: ἀνακύψας // WH:
[αὐτοῖς] NA: αὐτοῖς RP: πρὸς αὐτούς // WH: πρῶτον RP: πρῶτον // WH: βαλέτω
λίθον {WH}: [τὸν] λίθον βαλέτω RP: τὸν λίθον βαλέτω 8 WH: κατακύψας
{WH}/RP: κάτω κύψας // {WH}: add τῷ δακτύλῳ before ἔγραφεν 9 {WH}: *verse 9*
// RP: add καὶ ὑπὸ τῆς συνειδήσεως ἐλεγχόμενοι after ἀκούσαντες // {WH}/RP:
add ὁ Ἰησοῦς after μόνος 10 RP: add καὶ μηδένα θεασάμενος πλὴν τῆς γυναικός
after ὁ Ἰησοῦς // WH: αὐτῇ Γύναι, ποῦ {WH}: τῇ γυναικί Ποῦ RP: αὐτῇ, Ποῦ //
RP: add ἐκεῖνοι οἱ κατήγοροί σου before Οὐδείς 11 WH: κατακρίνω RP: κρίνω //
WH: ἀπὸ τοῦ νῦν NA: [καὶ] ἀπὸ τοῦ νῦν RP: καὶ ἀπὸ τοῦ νῦν 12 WH: ἐλάλησεν [ὁ] Ἰησοῦς
NA: ἐλάλησεν ὁ Ἰησοῦς RP: ὁ Ἰησοῦς ἐλάλησεν // WH: μοι NA: ἐμοὶ
14 WH: ἀληθής ἐστιν ἡ μαρτυρία μου {WH}: ἡ μαρτυρία μου ἀληθής ἐστιν //
WH: ἢ RP: καὶ 16 WH: ἀληθινή RP: ἀληθής // WH: [πατήρ] NA/RP: πατήρ

Ποῦ ἐστὶν ὁ πατήρ σου; ἀπεκρίθη Ἰησοῦς Οὔτε ἐμὲ οἴ-
δατε οὔτε τὸν πατέρα μου· εἰ ἐμὲ ᾔδειτε, καὶ τὸν πατέρα μου
ἂν ᾔδειτε. 20 Ταῦτα τὰ ῥήματα ἐλάλησεν ἐν τῷ γαζοφυλα-
κίῳ διδάσκων ἐν τῷ ἱερῷ· καὶ οὐδεὶς ἐπίασεν αὐτόν, ὅτι
οὔπω ἐληλύθει ἡ ὥρα αὐτοῦ.

A Warning to Unbelievers

21 Εἶπεν οὖν πάλιν αὐτοῖς Ἐγὼ ὑπάγω καὶ ζητήσετέ
με, καὶ ἐν τῇ ἁμαρτίᾳ ὑμῶν ἀποθανεῖσθε· ὅπου ἐγὼ ὑπάγω
ὑμεῖς οὐ δύνασθε ἐλθεῖν. 22 ἔλεγον οὖν οἱ Ἰουδαῖοι Μήτι
ἀποκτενεῖ ἑαυτὸν ὅτι λέγει Ὅπου ἐγὼ ὑπάγω ὑμεῖς οὐ δύ-
νασθε ἐλθεῖν; 23 καὶ ἔλεγεν αὐτοῖς Ὑμεῖς ἐκ τῶν κάτω
ἐστέ, ἐγὼ ἐκ τῶν ἄνω εἰμί· ὑμεῖς ἐκ τούτου τοῦ κόσμου ἐστέ,
ἐγὼ οὐκ εἰμὶ ἐκ τοῦ κόσμου τούτου. 24 εἶπον οὖν ὑμῖν ὅτι
ἀποθανεῖσθε ἐν ταῖς ἁμαρτίαις ὑμῶν· ἐὰν γὰρ μὴ πιστεύ-
σητε ὅτι ἐγώ εἰμι, ἀποθανεῖσθε ἐν ταῖς ἁμαρτίαις ὑμῶν.
25 ἔλεγον οὖν αὐτῷ Σὺ τίς εἶ; εἶπεν αὐτοῖς [ὁ] Ἰησοῦς
Τὴν ἀρχὴν ὅτι καὶ λαλῶ ὑμῖν; 26 πολλὰ ἔχω περὶ ὑμῶν
λαλεῖν καὶ κρίνειν· ἀλλ᾽ ὁ πέμψας με ἀληθής ἐστιν, κἀγὼ ἃ
ἤκουσα παρ᾽ αὐτοῦ ταῦτα λαλῶ εἰς τὸν κόσμον. 27 οὐκ
ἔγνωσαν ὅτι τὸν πατέρα αὐτοῖς ἔλεγεν. 28 εἶπεν οὖν ὁ
Ἰησοῦς Ὅταν ὑψώσητε τὸν υἱὸν τοῦ ἀνθρώπου, τότε
γνώσεσθε ὅτι ἐγώ εἰμι, καὶ ἀπ᾽ ἐμαυτοῦ ποιῶ οὐδέν, ἀλλὰ
καθὼς ἐδίδαξέν με ὁ πατὴρ ταῦτα λαλῶ. 29 καὶ ὁ πέμψας με
μετ᾽ ἐμοῦ ἐστίν· οὐκ ἀφῆκέν με μόνον, ὅτι ἐγὼ τὰ ἀρεστὰ
αὐτῷ ποιῶ πάντοτε. 30 Ταῦτα αὐτοῦ λαλοῦντος πολλοὶ
ἐπίστευσαν εἰς αὐτόν.

---

19 WH: ἂν ᾔδειτε RP: ᾔδειτε ἂν 20 RP: *add* ὁ Ἰησοῦς *after* ἐλάλησεν 21 RP: *add*
ὁ Ἰησοῦς *after* αὐτοῖς 23 WH: ἔλεγεν RP: εἶπεν // WH: τούτου τοῦ κόσμου RP:
τοῦ κόσμου τούτου 24 WH: ἐγώ εἰμι {WH}: ἐγὼ εἰμί 25 RP: *add* Καὶ *before* εἶπεν
// WH: [ὁ] NA/RP: ὁ // WH: ὅτι NA/RP: ὅ τι // WH: ὑμῖν; {WH}: ὑμῖν. 28 [NA]/RP:
add αὐτοῖς *after* οὖν // WH: ἐγώ εἰμι {WH}: ἐγὼ εἰμί // RP: *add* μου *after* πατήρ
29 RP: *add* ὁ πατήρ *after* μόνον

Jesus Teaches About True Freedom

31 Ἔλεγεν οὖν ὁ Ἰησοῦς πρὸς τοὺς πεπιστευκότας αὐτῷ Ἰουδαίους Ἐὰν ὑμεῖς μείνητε ἐν τῷ λόγῳ τῷ ἐμῷ, ἀληθῶς μαθηταί μού ἐστε, 32 καὶ γνώσεσθε τὴν ἀλήθειαν, καὶ ἡ ἀλήθεια ἐλευθερώσει ὑμᾶς. 33 ἀπεκρίθησαν πρὸς αὐτόν Σπέρμα Ἀβραάμ ἐσμεν καὶ οὐδενὶ δεδουλεύκαμεν πώποτε· πῶς σὺ λέγεις ὅτι Ἐλεύθεροι γενήσεσθε; 34 ἀπεκρίθη αὐτοῖς [ὁ] Ἰησοῦς Ἀμὴν ἀμὴν λέγω ὑμῖν ὅτι πᾶς ὁ ποιῶν τὴν ἁμαρτίαν δοῦλός ἐστιν [τῆς ἁμαρτίας]· 35 ὁ δὲ δοῦλος οὐ μένει ἐν τῇ οἰκίᾳ εἰς τὸν αἰῶνα· ὁ υἱὸς μένει εἰς τὸν αἰῶνα. 36 ἐὰν οὖν ὁ υἱὸς ὑμᾶς ἐλευθερώσῃ, ὄντως ἐλεύθεροι ἔσεσθε. 37 οἶδα ὅτι σπέρμα Ἀβραάμ ἐστε· ἀλλὰ ζητεῖτέ με ἀποκτεῖναι, ὅτι ὁ λόγος ὁ ἐμὸς οὐ χωρεῖ ἐν ὑμῖν. 38 ἃ ἐγὼ ἑώρακα παρὰ τῷ πατρὶ λαλῶ· καὶ ὑμεῖς οὖν ἃ ἠκούσατε παρὰ τοῦ πατρὸς ποιεῖτε. 39 ἀπεκρίθησαν καὶ εἶπαν αὐτῷ Ὁ πατὴρ ἡμῶν Ἀβραάμ ἐστιν. λέγει αὐτοῖς [ὁ] Ἰησοῦς Εἰ τέκνα τοῦ Ἀβραάμ ἐστε, τὰ ἔργα τοῦ Ἀβραὰμ ποιεῖτε· 40 νῦν δὲ ζητεῖτέ με ἀποκτεῖναι, ἄνθρωπον ὃς τὴν ἀλήθειαν ὑμῖν λελάληκα ἣν ἤκουσα παρὰ τοῦ θεοῦ· τοῦτο Ἀβραὰμ οὐκ ἐποίησεν. 41 ὑμεῖς ποιεῖτε τὰ ἔργα τοῦ πατρὸς ὑμῶν. εἶπαν αὐτῷ Ἡμεῖς ἐκ πορνείας οὐκ ἐγεννήθημεν· ἕνα πατέρα ἔχομεν τὸν θεόν. 42 εἶπεν αὐτοῖς [ὁ] Ἰησοῦς Εἰ ὁ θεὸς πατὴρ ὑμῶν ἦν ἠγαπᾶτε ἂν ἐμέ, ἐγὼ γὰρ ἐκ τοῦ θεοῦ ἐξῆλθον καὶ ἥκω· οὐδὲ γὰρ ἀπ᾽ ἐμαυτοῦ ἐλήλυθα, ἀλλ᾽ ἐκεῖνός με ἀπέστειλεν. 43 διὰ τί τὴν λαλιὰν τὴν ἐμὴν οὐ γινώσκετε; ὅτι οὐ δύνασθε ἀκούειν τὸν λόγον τὸν ἐμόν. 44 ὑμεῖς ἐκ τοῦ πατρὸς τοῦ διαβόλου ἐστὲ καὶ τὰς ἐπιθυμίας τοῦ πατρὸς ὑμῶν θέλετε ποιεῖν. ἐκεῖνος ἀνθρωποκτόνος ἦν ἀπ᾽ ἀρχῆς, καὶ ἐν τῇ ἀληθείᾳ οὐκ ἔστηκεν, ὅτι οὐκ ἔστιν ἀλήθεια ἐν αὐτῷ. ὅταν λαλῇ τὸ ψεῦδος,

---

33 WH: πρὸς αὐτόν RP: αὐτῷ 34 WH: [ὁ] NA/RP: ὁ // WH: [τῆς ἁμαρτίας] NA/RP: τῆς ἁμαρτίας 38 WH: ἃ ἐγὼ RP: Ἐγὼ ὃ // RP: add μου before λαλῶ // WH: ἃ ἠκούσατε παρὰ τοῦ πατρὸς RP: ὃ ἑωράκατε παρὰ τῷ πατρὶ ὑμῶν 39 WH: NA: ὁ // WH: ἐστε RP: ἦτε // WH: ποιεῖτε {WH}/NA/RP: ἐποιεῖτε 41 [NA]/RP: add οὖν before αὐτῷ // WH: οὐκ ἐγεννήθημεν {WH}/NA/RP: οὐ γεγεννήμεθα 42 RP: add οὖν after Εἶπεν // WH: [ὁ] Ἰησοῦς NA/RP: ὁ Ἰησοῦς 44 WH: οὐκ RP: οὐχ

ἐκ τῶν ἰδίων λαλεῖ, ὅτι ψεύστης ἐστὶν καὶ ὁ πατὴρ αὐτοῦ. 45 ἐγὼ δὲ ὅτι τὴν ἀλήθειαν λέγω, οὐ πιστεύετέ μοι. 46 τίς ἐξ ὑμῶν ἐλέγχει με περὶ ἁμαρτίας; εἰ ἀλήθειαν λέγω, διὰ τί ὑμεῖς οὐ πιστεύετέ μοι; 47 ὁ ὢν ἐκ τοῦ θεοῦ τὰ ῥήματα τοῦ θεοῦ ἀκούει· διὰ τοῦτο ὑμεῖς οὐκ ἀκούετε ὅτι ἐκ τοῦ θεοῦ οὐκ ἐστέ.

Jesus and Abraham

48 ἀπεκρίθησαν οἱ Ἰουδαῖοι καὶ εἶπαν αὐτῷ Οὐ καλῶς λέγομεν ἡμεῖς ὅτι Σαμαρείτης εἶ σὺ καὶ δαιμόνιον ἔχεις; 49 ἀπεκρίθη Ἰησοῦς Ἐγὼ δαιμόνιον οὐκ ἔχω, ἀλλὰ τιμῶ τὸν πατέρα μου, καὶ ὑμεῖς ἀτιμάζετέ με. 50 ἐγὼ δὲ οὐ ζητῶ τὴν δόξαν μου· ἔστιν ὁ ζητῶν καὶ κρίνων. 51 Ἀμὴν ἀμὴν λέγω ὑμῖν, ἐάν τις τὸν ἐμὸν λόγον τηρήσῃ, θάνατον οὐ μὴ θεωρήσῃ εἰς τὸν αἰῶνα. 52 εἶπαν αὐτῷ οἱ Ἰουδαῖοι Νῦν ἐγνώκαμεν ὅτι δαιμόνιον ἔχεις. Ἀβραὰμ ἀπέθανεν καὶ οἱ προφῆται, καὶ σὺ λέγεις Ἐάν τις τὸν λόγον μου τηρήσῃ, οὐ μὴ γεύσηται θανάτου εἰς τὸν αἰῶνα· 53 μὴ σὺ μείζων εἶ τοῦ πατρὸς ἡμῶν Ἀβραάμ, ὅστις ἀπέθανεν; καὶ οἱ προφῆται ἀπέθανον· τίνα σεαυτὸν ποιεῖς; 54 ἀπεκρίθη Ἰησοῦς Ἐὰν ἐγὼ δοξάσω ἐμαυτόν, ἡ δόξα μου οὐδέν ἐστιν· ἔστιν ὁ πατήρ μου ὁ δοξάζων με, ὃν ὑμεῖς λέγετε ὅτι θεὸς ὑμῶν ἐστίν, 55 καὶ οὐκ ἐγνώκατε αὐτόν, ἐγὼ δὲ οἶδα αὐτόν· κἂν εἴπω ὅτι οὐκ οἶδα αὐτόν, ἔσομαι ὅμοιος ὑμῖν ψεύστης· ἀλλὰ οἶδα αὐτὸν καὶ τὸν λόγον αὐτοῦ τηρῶ. 56 Ἀβραὰμ ὁ πατὴρ ὑμῶν ἠγαλλιάσατο ἵνα ἴδῃ τὴν ἡμέραν τὴν ἐμήν, καὶ εἶδεν καὶ ἐχάρη. 57 εἶπαν οὖν οἱ Ἰουδαῖοι πρὸς αὐτόν Πεντήκοντα ἔτη οὔπω ἔχεις καὶ Ἀβραὰμ ἑώρακας 58 εἶπεν αὐτοῖς Ἰησοῦς Ἀμὴν ἀμὴν λέγω ὑμῖν, πρὶν Ἀβραὰμ

---

46 RP: add δὲ before ἀλήθειαν 48 RP: add οὖν after ἀπεκρίθησαν 51 WH: ἐμὸν λόγον RP: λόγον τὸν ἐμὸν 52 WH: εἶπαν ΝΑ: Εἶπον [οὖν] RP: Εἶπον οὖν 53 RP: add σὺ before ποιεῖς 54 WH: δοξάσω RP: δοξάζω // WH: θεὸς ὑμῶν {WH}: Θεὸς ἡμῶν ΝΑ/RP: θεὸς ἡμῶν 55 WH: κἂν RP: καὶ ἐὰν // WH: ὑμῖν RP: ὑμῶν 57 WH: ἑώρακας {WH}: ἑώρακέν σε 58 RP: add ὁ before Ἰησοῦς

γενέσθαι ἐγὼ εἰμί. 59 ἦραν οὖν λίθους ἵνα βάλωσιν ἐπ'
αὐτόν· Ἰησοῦς δὲ ἐκρύβη καὶ ἐξῆλθεν ἐκ τοῦ ἱεροῦ.

Jesus Heals a Man Born Blind

9 Καὶ παράγων εἶδεν ἄνθρωπον τυφλὸν ἐκ γενετῆς. 2 καὶ
ἠρώτησαν αὐτὸν οἱ μαθηταὶ αὐτοῦ λέγοντες Ῥαββεί, τίς
ἥμαρτεν, οὗτος ἢ οἱ γονεῖς αὐτοῦ, ἵνα τυφλὸς γεννηθῇ;
3 ἀπεκρίθη Ἰησοῦς Οὔτε οὗτος ἥμαρτεν οὔτε οἱ γονεῖς
αὐτοῦ, ἀλλ' ἵνα φανερωθῇ τὰ ἔργα τοῦ θεοῦ ἐν αὐτῷ.
4 ἡμᾶς δεῖ ἐργάζεσθαι τὰ ἔργα τοῦ πέμψαντός με ἕως ἡμέρα
ἐστίν· ἔρχεται νὺξ ὅτε οὐδεὶς δύναται ἐργάζεσθαι. 5 ὅταν
ἐν τῷ κόσμῳ ὦ, φῶς εἰμὶ τοῦ κόσμου. 6 ταῦτα εἰπὼν ἔπτυσεν
χαμαὶ καὶ ἐποίησεν πηλὸν ἐκ τοῦ πτύσματος, καὶ ἐπέθηκεν
αὐτοῦ τὸν πηλὸν ἐπὶ τοὺς ὀφθαλμούς, 7 καὶ εἶπεν αὐτῷ
Ὕπαγε νίψαι εἰς τὴν κολυμβήθραν τοῦ Σιλωάμ (ὃ ἑρμηνεύ-
εται Ἀπεσταλμένος). ἀπῆλθεν οὖν καὶ ἐνίψατο, καὶ ἦλθεν
βλέπων.

8 Οἱ οὖν γείτονες καὶ οἱ θεωροῦντες αὐτὸν τὸ πρότερον
ὅτι προσαίτης ἦν ἔλεγον Οὐχ οὗτός ἐστιν ὁ καθήμενος
καὶ προσαιτῶν; 9 ἄλλοι ἔλεγον ὅτι Οὗτός ἐστιν· ἄλλοι
ἔλεγον Οὐχί, ἀλλὰ ὅμοιος αὐτῷ ἐστίν. ἐκεῖνος ἔλεγεν ὅτι
Ἐγώ εἰμι. 10 ἔλεγον οὖν αὐτῷ Πῶς [οὖν] ἠνεῴχθησάν σου
οἱ ὀφθαλμοί; 11 ἀπεκρίθη ἐκεῖνος Ὁ ἄνθρωπος ὁ λεγόμε-
νος Ἰησοῦς πηλὸν ἐποίησεν καὶ ἐπέχρισέν μου τοὺς ὀφθαλ-
μοὺς καὶ εἶπέν μοι ὅτι Ὕπαγε εἰς τὸν Σιλωὰμ καὶ νίψαι·
ἀπελθὼν οὖν καὶ νιψάμενος ἀνέβλεψα. 12 καὶ εἶπαν αὐτῷ
Ποῦ ἐστιν ἐκεῖνος; λέγει Οὐκ οἶδα.

---

59 RP: *add* διελθὼν διὰ μέσου αὐτῶν· καὶ παρῆγεν οὕτως *after* ἱεροῦ,
9:4 WH: ἡμᾶς RP: Ἐμὲ // WH: ἕως {WH}: ὡς 6 WH: ἐπέθηκεν {WH}/NA/RP:
ἐπέχρισεν // RP: *omit* αὐτοῦ // RP: *add* τοῦ τυφλοῦ *after* ὀφθαλμοὺς 8 WH:
προσαίτης RP: τυφλὸς 9 WH: ἔλεγον Οὐχί, ἀλλὰ RP: δὲ ὅτι 10 WH: [Οὖν]
ἠνεῴχθησάν RP: ἀνεῴχθησάν 11 RP: *add* καὶ εἶπεν *after* ἐκεῖνος // WH: Ὁ
ἄνθρωπος ὁ λεγόμενος RP: ἄνθρωπος λεγόμενος // RP: *omit* ὅτι // WH: τὸν
Σιλωὰμ RP: τὴν κολυμβήθραν τοῦ Σιλωάμ // WH: οὖν καὶ νιψαμενος RP: δὲ
καὶ νιψάμενος 12 WH: καὶ εἶπαν RP: Εἶπον οὖν

The Pharisees Investigate the Healing

13 Ἄγουσιν αὐτὸν πρὸς τοὺς Φαρισαίους τόν ποτε τυ-
φλόν. 14 ἦν δὲ σάββατον ἐν ᾗ ἡμέρᾳ τὸν πηλὸν ἐποίησεν ὁ
Ἰησοῦς καὶ ἀνέῳξεν αὐτοῦ τοὺς ὀφθαλμούς. 15 πάλιν οὖν
ἠρώτων αὐτὸν καὶ οἱ Φαρισαῖοι πῶς ἀνέβλεψεν. ὁ δὲ εἶπεν
αὐτοῖς Πηλὸν ἐπέθηκέν μου ἐπὶ τοὺς ὀφθαλμούς, καὶ
ἐνιψάμην, καὶ βλέπω. 16 ἔλεγον οὖν ἐκ τῶν Φαρισαίων
τινές Οὐκ ἔστιν οὗτος παρὰ θεοῦ ὁ ἄνθρωπος, ὅτι τὸ σάβ-
βατον οὐ τηρεῖ. ἄλλοι [δὲ] ἔλεγον Πῶς δύναται ἄνθρωπος
ἁμαρτωλὸς τοιαῦτα σημεῖα ποιεῖν; καὶ σχίσμα ἦν ἐν
αὐτοῖς. 17 λέγουσιν οὖν τῷ τυφλῷ πάλιν Τί σὺ λέγεις περὶ
αὐτοῦ, ὅτι ἠνέῳξέν σου τοὺς ὀφθαλμούς; ὁ δὲ εἶπεν ὅτι
Προφήτης ἐστίν. 18 Οὐκ ἐπίστευσαν οὖν οἱ Ἰουδαῖοι περὶ
αὐτοῦ ὅτι ἦν τυφλὸς καὶ ἀνέβλεψεν, ἕως ὅτου ἐφώνησαν
τοὺς γονεῖς αὐτοῦ τοῦ ἀναβλέψαντος 19 καὶ ἠρώτησαν αὐ-
τοὺς λέγοντες Οὗτός ἐστιν ὁ υἱὸς ὑμῶν, ὃν ὑμεῖς λέγετε ὅτι
τυφλὸς ἐγεννήθη; πῶς οὖν βλέπει ἄρτι; 20 ἀπεκρίθησαν οὖν
οἱ γονεῖς αὐτοῦ καὶ εἶπαν Οἴδαμεν ὅτι οὗτός ἐστιν ὁ υἱὸς
ἡμῶν καὶ ὅτι τυφλὸς ἐγεννήθη· 21 πῶς δὲ νῦν βλέπει οὐκ οἴ-
δαμεν, ἢ τίς ἤνοιξεν αὐτοῦ τοὺς ὀφθαλμοὺς ἡμεῖς οὐκ οἴ-
δαμεν· αὐτὸν ἐρωτήσατε, ἡλικίαν ἔχει, αὐτὸς περὶ ἑαυτοῦ
λαλήσει. 22 ταῦτα εἶπαν οἱ γονεῖς αὐτοῦ ὅτι ἐφοβοῦντο
τοὺς Ἰουδαίους, ἤδη γὰρ συνετέθειντο οἱ Ἰουδαῖοι ἵνα ἐάν
τις αὐτὸν ὁμολογήσῃ Χριστόν, ἀποσυνάγωγος γένηται.
23 διὰ τοῦτο οἱ γονεῖς αὐτοῦ εἶπαν ὅτι Ἡλικίαν ἔχει,
αὐτὸν ἐπερωτήσατε. 24 Ἐφώνησαν οὖν τὸν ἄνθρωπον ἐκ
δευτέρου ὃς ἦν τυφλὸς καὶ εἶπαν αὐτῷ Δὸς δόξαν τῷ θεῷ·
ἡμεῖς οἴδαμεν ὅτι οὗτος ὁ ἄνθρωπος ἁμαρτωλός ἐστιν.

---

14 WH: ἐν ᾗ ἡμέρᾳ RP: ὅτε 16 WH: Οὐκ ἔστιν οὗτος παρὰ θεοῦ ὁ ἄνθρωπος RP:
Οὗτος ὁ ἄνθρωπος οὐκ ἔστιν παρὰ τοῦ θεοῦ // RP: omit [δὲ] 17 WH: λέγουσιν
οὖν RP: Λέγουσιν // WH: Τί σὺ RP: Σὺ τί // WH: ἠνέῳξέν RP: ἤνοιξεν 18 WH:
ἦν τυφλὸς RP: τυφλὸς ἦν 19 WH: βλέπει ἄρτι RP: ἄρτι βλέπει 20 WH:
ἀπεκρίθησαν οὖν RP: Ἀπεκρίθησαν δὲ αὐτοῖς 21 WH: αὐτὸν ἐρωτήσατε,
ἡλικίαν ἔχει RP: αὐτὸς ἡλικίαν ἔχει· αὐτὸν ἐρωτήσατε 23 WH: ἐπερωτήσατε
{WH}/RP: ἐρωτήσατε 24 WH: τὸν ἄνθρωπον ἐκ δευτέρου RP: ἐκ δευτέρου τὸν
ἄνθρωπον // WH: οὗτος ὁ ἄνθρωπος RP: ὁ ἄνθρωπος οὗτος

25 ἀπεκρίθη οὖν ἐκεῖνος   Εἰ ἁμαρτωλός ἐστιν οὐκ οἶδα· ἓν οἶδα ὅτι τυφλὸς ὢν ἄρτι βλέπω. 26 εἶπαν οὖν αὐτῷ Τί ἐποίησέν σοι; πῶς ἤνοιξέν σου τοὺς ὀφθαλμούς; 27 ἀπε-κρίθη αὐτοῖς   Εἶπον ὑμῖν ἤδη καὶ οὐκ ἠκούσατε· τί πάλιν θέλετε ἀκούειν; μὴ καὶ ὑμεῖς θέλετε αὐτοῦ μαθηταὶ γενέσθαι; 28 καὶ ἐλοιδόρησαν αὐτὸν καὶ εἶπαν Σὺ μαθητὴς εἶ ἐκείνου, ἡμεῖς δὲ τοῦ Μωυσέως ἐσμὲν μαθηταί· 29 ἡμεῖς οἴδαμεν ὅτι Μωυσεῖ λελάληκεν ὁ θεός, τοῦτον δὲ οὐκ οἴδαμεν πόθεν ἐστίν. 30 ἀπεκρίθη ὁ ἄνθρωπος καὶ εἶπεν αὐτοῖς   Ἐν τούτῳ γὰρ τὸ θαυμαστόν ἐστιν ὅτι ὑμεῖς οὐκ οἴδατε πόθεν ἐστίν, καὶ ἤνοιξέν μου τοὺς ὀφθαλμούς. 31 οἴδαμεν ὅτι ὁ θεὸς ἁμαρτωλῶν οὐκ ἀκούει, ἀλλ᾽ ἐάν τις θεοσεβὴς ᾖ καὶ τὸ θέλημα αὐτοῦ ποιῇ τούτου ἀκούει. 32 ἐκ τοῦ αἰῶνος οὐκ ἠκούσθη ὅτι ἠνέῳξέν τις ὀφθαλμοὺς τυφλοῦ γεγεννημένου· 33 εἰ μὴ ἦν οὗτος παρὰ θεοῦ, οὐκ ἠδύνατο ποιεῖν οὐδέν. 34 ἀπεκρίθησαν καὶ εἶπαν αὐτῷ Ἐν ἁμαρτίαις σὺ ἐγεννήθης ὅλος, καὶ σὺ διδάσκεις ἡμᾶς; καὶ ἐξέβαλον αὐτὸν ἔξω.

Spiritual Blindness

35 Ἤκουσεν Ἰησοῦς ὅτι ἐξέβαλον αὐτὸν ἔξω, καὶ εὑρὼν αὐτὸν εἶπεν Σὺ πιστεύεις εἰς τὸν υἱὸν τοῦ ἀνθρώπου; 36 ἀπεκρίθη ἐκεῖνος [καὶ εἶπεν]   Καὶ τίς ἐστιν, κύριε, ἵνα πιστεύσω εἰς αὐτόν; 37 εἶπεν αὐτῷ ὁ Ἰησοῦς Καὶ ἑώρακας αὐτὸν καὶ ὁ λαλῶν μετὰ σοῦ ἐκεῖνός ἐστιν. 38 ὁ δὲ ἔφη   Πιστεύω, κύριε· καὶ προσεκύνησεν αὐτῷ. 39 καὶ εἶπεν ὁ Ἰησοῦς   Εἰς κρίμα ἐγὼ εἰς τὸν κόσμον τοῦ-τον ἦλθον, ἵνα οἱ μὴ βλέποντες βλέπωσιν καὶ οἱ βλέποντες

---

25 RP: *add* καὶ εἶπεν *after* ἐκεῖνος 26 WH: εἶπαν οὖν αὐτῷ NA: εἶπον οὖν RP: Εἶπον δὲ // RP: *add* πάλιν *after* αὐτῷ 27 {WH}: *add* οὖν *after* τί 28 RP: *omit* καὶ *before* ἐλοιδόρησαν // WH: μαθητὴς εἶ RP: εἰ μαθητὴς 30 WH: τούτῳ γὰρ τὸ RP: γὰρ τούτῳ // WH: ἤνοιξέν RP: ἀνέῳξέν 31 RP: *add* δὲ *after* Οἴδαμεν // WH: ὁ θεὸς ἁμαρτωλῶν NA/RP: ἁμαρτωλῶν ὁ θεὸς 32 WH: ἠνέῳξέν RP: ἤνοιξέν 35 RP: *add* ὁ *before* Ἰησοῦς // RP: *add* αὐτῷ *after* εἶπεν // WH: ἀνθρώπου RP: θεοῦ 36 WH: ἀπεκρίθη ἐκεῖνος [καὶ εἶπεν] Καὶ τίς ἐστιν {WH}: Καὶ τίς ἐστιν, ἔφη // WH: [καὶ εἶπεν] NA: καὶ εἶπεν 37 RP: *add* δὲ *before* αὐτῷ

τυφλοὶ γένωνται. 40 Ἤκουσαν ἐκ τῶν Φαρισαίων ταῦτα οἱ μετ᾽ αὐτοῦ ὄντες, καὶ εἶπαν αὐτῷ Μὴ καὶ ἡμεῖς τυφλοί ἐσμεν; 41 εἶπεν αὐτοῖς [ὁ] Ἰησοῦς Εἰ τυφλοὶ ἦτε, οὐκ ἂν εἴχετε ἁμαρτίαν· νῦν δὲ λέγετε ὅτι Βλέπομεν· ἡ ἁμαρτία ὑμῶν μένει.

The Parable of the Shepherd

10 Ἀμὴν ἀμὴν λέγω ὑμῖν, ὁ μὴ εἰσερχόμενος διὰ τῆς θύρας εἰς τὴν αὐλὴν τῶν προβάτων ἀλλὰ ἀναβαίνων ἀλλαχόθεν ἐκεῖνος κλέπτης ἐστὶν καὶ λῃστής· 2 ὁ δὲ εἰσερχόμενος διὰ τῆς θύρας ποιμήν ἐστιν τῶν προβάτων. 3 τούτῳ ὁ θυρωρὸς ἀνοίγει, καὶ τὰ πρόβατα τῆς φωνῆς αὐτοῦ ἀκούει, καὶ τὰ ἴδια πρόβατα φωνεῖ κατ᾽ ὄνομα καὶ ἐξάγει αὐτά. 4 ὅταν τὰ ἴδια πάντα ἐκβάλῃ, ἔμπροσθεν αὐτῶν πορεύεται, καὶ τὰ πρόβατα αὐτῷ ἀκολουθεῖ, ὅτι οἴδασιν τὴν φωνὴν αὐτοῦ· 5 ἀλλοτρίῳ δὲ οὐ μὴ ἀκολουθήσουσιν ἀλλὰ φεύξονται ἀπ᾽ αὐτοῦ, ὅτι οὐκ οἴδασι τῶν ἀλλοτρίων τὴν φωνήν. 6 Ταύτην τὴν παροιμίαν εἶπεν αὐτοῖς ὁ Ἰησοῦς· ἐκεῖνοι δὲ οὐκ ἔγνωσαν τίνα ἦν ἃ ἐλάλει αὐτοῖς.

Jesus, the Good Shepherd

7 Εἶπεν οὖν πάλιν [ὁ] Ἰησοῦς Ἀμὴν ἀμὴν λέγω ὑμῖν, ἐγώ εἰμι ἡ θύρα τῶν προβάτων. 8 πάντες ὅσοι ἦλθον πρὸ ἐμοῦ κλέπται εἰσὶν καὶ λῃσταί· ἀλλ᾽ οὐκ ἤκουσαν αὐτῶν τὰ πρόβατα. 9 ἐγώ εἰμι ἡ θύρα· δι᾽ ἐμοῦ ἐάν τις εἰσέλθῃ σωθήσεται καὶ εἰσελεύσεται καὶ ἐξελεύσεται καὶ νομὴν εὑρήσει. 10 ὁ κλέπτης οὐκ ἔρχεται εἰ μὴ ἵνα κλέψῃ καὶ θύσῃ καὶ ἀπολέσῃ· ἐγὼ ἦλθον ἵνα ζωὴν ἔχωσιν καὶ περισσὸν ἔχωσιν. 11 Ἐγώ εἰμι ὁ ποιμὴν ὁ καλός· ὁ ποιμὴν ὁ καλὸς τὴν ψυχὴν

---

40 RP: *add* Καὶ *before* ἤκουσαν // WH: μετ᾽ αὐτοῦ ὄντες RP: ὄντες μετ᾽ αὐτοῦ
41 WH: [ὁ] NA/RP: ὁ // RP: *add* οὖν *before* ἁμαρτία
10:3 WH: φωνεῖ RP: καλεῖ 4 WH: πάντα RP: πρόβατα 5 WH: ἀκολουθήσουσιν RP: ἀκολουθήσωσιν 7 RP: *add* αὐτοῖς *after* πάλιν // WH: [ὁ] NA/RP: ὁ // NA/RP: *add* ὅτι *before* ἐγώ 8 WH: πρὸ ἐμοῦ NA: [πρὸ ἐμοῦ] RP: *omit* πρὸ ἐμοῦ

αὐτοῦ τίθησιν ὑπὲρ τῶν προβάτων· 12 ὁ μισθωτὸς καὶ οὐκ
ὢν ποιμήν, οὗ οὐκ ἔστιν τὰ πρόβατα ἴδια, θεωρεῖ τὸν λύκον
ἐρχόμενον καὶ ἀφίησιν τὰ πρόβατα καὶ φεύγει,—καὶ ὁ
λύκος ἁρπάζει αὐτὰ καὶ σκορπίζει,—13 ὅτι μισθωτός ἐστιν
καὶ οὐ μέλει αὐτῷ περὶ τῶν προβάτων. 14 ἐγώ εἰμι ὁ ποιμὴν
ὁ καλός, καὶ γινώσκω τὰ ἐμὰ καὶ γινώσκουσί με τὰ ἐμά,
15 καθὼς γινώσκει με ὁ πατὴρ κἀγὼ γινώσκω τὸν πατέρα,
καὶ τὴν ψυχήν μου τίθημι ὑπὲρ τῶν προβάτων. 16 καὶ ἄλλα
πρόβατα ἔχω ἃ οὐκ ἔστιν ἐκ τῆς αὐλῆς ταύτης· κἀκεῖνα δεῖ
με ἀγαγεῖν, καὶ τῆς φωνῆς μου ἀκούσουσιν, καὶ γενήσονται
μία ποίμνη, **εἷς ποιμήν.** 17 διὰ τοῦτό με ὁ πατὴρ ἀγαπᾷ ὅτι
ἐγὼ τίθημι τὴν ψυχήν μου, ἵνα πάλιν λάβω αὐτήν. 18 οὐδεὶς
ἦρεν αὐτὴν ἀπ᾽ ἐμοῦ, ἀλλ᾽ ἐγὼ τίθημι αὐτὴν ἀπ᾽ ἐμαυτοῦ.
ἐξουσίαν ἔχω θεῖναι αὐτήν, καὶ ἐξουσίαν ἔχω πάλιν λαβεῖν
αὐτήν· ταύτην τὴν ἐντολὴν ἔλαβον παρὰ τοῦ πατρός μου.

19 Σχίσμα πάλιν ἐγένετο ἐν τοῖς Ἰουδαίοις διὰ τοὺς λό-
γους τούτους. 20 ἔλεγον δὲ πολλοὶ ἐξ αὐτῶν Δαιμόνιον
ἔχει καὶ μαίνεται· τί αὐτοῦ ἀκούετε; 21 ἄλλοι ἔλεγον
Ταῦτα τὰ ῥήματα οὐκ ἔστιν δαιμονιζομένου· μὴ δαιμόνιον
δύναται τυφλῶν ὀφθαλμοὺς ἀνοῖξαι;

Conflict Over Jesus' Claims

22 Ἐγένετο τότε τὰ ἐνκαίνια ἐν τοῖς Ἱεροσολύμοις·
χειμὼν ἦν, 23 καὶ περιεπάτει [ὁ] Ἰησοῦς ἐν τῷ ἱερῷ ἐν τῇ
στοᾷ τοῦ Σολομῶνος. 24 ἐκύκλωσαν οὖν αὐτὸν οἱ Ἰουδαῖοι
καὶ ἔλεγον αὐτῷ Ἕως πότε τὴν ψυχὴν ἡμῶν αἴρεις; εἰ σὺ

---

12 RP: *add* δέ *after* μισθωτὸς // WH: ἔστιν RP: εἰσιν // RP: *add* τὰ πρόβατα *after*
σκορπίζει 13 RP: *add* Ὁ δὲ μισθωτὸς φεύγει *before* ὅτι 14 WH: γινώσκουσί με τὰ
ἐμά RP: γινώσκομαι ὑπὸ τῶν ἐμῶν 16 WH: δεῖ με RP: με δεῖ // WH: γενήσονται
RP: γενήσεται 17 WH: με ὁ πατὴρ RP: ὁ πατήρ με 18 WH: ἦρεν {WH}/NA/RP:
αἴρει 19 RP: *add* οὖν *after* Σχίσμα 21 WH: ἀνοῖξαι RP: ἀνοίγειν 22 WH: τότε RP:
δὲ // WH: ἐνκαίνια NA/RP: Ἐγκαίνια // WH: τοῖς Ἱεροσολύμοις RP:
Ἱεροσολύμοις καὶ 23 WH: [ὁ] NA/RP: ὁ // RP: *omit* τοῦ 24 WH: ἐκύκλωσαν
{WH}: ἐκύκλευσαν //

10:16 Ezek 34:23; 37:24

εἰ ὁ χριστός, εἰπὸν ἡμῖν παρρησίᾳ. 25 ἀπεκρίθη αὐτοῖς [ὁ] Ἰησοῦς Εἶπον ὑμῖν καὶ οὐ πιστεύετε· τὰ ἔργα ἃ ἐγὼ ποιῶ ἐν τῷ ὀνόματι τοῦ πατρός μου ταῦτα μαρτυρεῖ περὶ ἐμοῦ· 26 ἀλλὰ ὑμεῖς οὐ πιστεύετε, ὅτι οὐκ ἐστὲ ἐκ τῶν προβάτων τῶν ἐμῶν. 27 τὰ πρόβατα τὰ ἐμὰ τῆς φωνῆς μου ἀκούουσιν, κἀγὼ γινώσκω αὐτά, καὶ ἀκολουθοῦσίν μοι, 28 κἀγὼ δίδωμι αὐτοῖς ζωὴν αἰώνιον, καὶ οὐ μὴ ἀπόλωνται εἰς τὸν αἰῶνα, καὶ οὐχ ἁρπάσει τις αὐτὰ ἐκ τῆς χειρός μου. 29 ὁ πατήρ μου ὃ δέδωκέν μοι πάντων μεῖζόν ἐστιν, καὶ οὐδεὶς δύναται ἁρπάζειν ἐκ τῆς χειρὸς τοῦ πατρός. 30 ἐγὼ καὶ ὁ πατὴρ ἕν ἐσμεν. 31 Ἐβάστασαν πάλιν λίθους οἱ Ἰουδαῖοι ἵνα λιθά-σωσιν αὐτόν. 32 ἀπεκρίθη αὐτοῖς ὁ Ἰησοῦς Πολλὰ ἔργα ἔδειξα ὑμῖν καλὰ ἐκ τοῦ πατρός· διὰ ποῖον αὐτῶν ἔργον ἐμὲ λιθάζετε; 33 ἀπεκρίθησαν αὐτῷ οἱ Ἰουδαῖοι Περὶ καλοῦ ἔργου οὐ λιθάζομέν σε ἀλλὰ περὶ βλασφημίας, καὶ ὅτι σὺ ἄνθρωπος ὢν ποιεῖς σεαυτὸν θεόν. 34 ἀπεκρίθη αὐτοῖς [ὁ] Ἰησοῦς Οὐκ ἔστιν γεγραμμένον ἐν τῷ νόμῳ ὑμῶν ὅτι Ἐγὼ εἶπα Θεοί ἐστε; 35 εἰ ἐκείνους εἶπεν θεοὺς πρὸς οὓς ὁ λόγος τοῦ θεοῦ ἐγένετο, καὶ οὐ δύναται λυθῆναι ἡ γραφή, 36 ὃν ὁ πατὴρ ἡγίασεν καὶ ἀπέστειλεν εἰς τὸν κόσμον ὑμεῖς λέγετε ὅτι Βλασφημεῖς, ὅτι εἶπον Υἱὸς τοῦ θεοῦ εἰμί; 37 εἰ οὐ ποιῶ τὰ ἔργα τοῦ πατρός μου, μὴ πιστεύετέ μοι· 38 εἰ δὲ ποιῶ, κἂν ἐμοὶ μὴ πιστεύητε τοῖς ἔργοις πιστεύετε, ἵνα γνῶτε καὶ γινώσκητε ὅτι ἐν ἐμοὶ ὁ πατὴρ κἀγὼ ἐν τῷ πατρί. 39 Ἐζήτουν [οὖν] αὐτὸν πάλιν πιάσαι· καὶ ἐξῆλθεν ἐκ τῆς χειρὸς αὐτῶν.

WH: εἰπὸν NA/RP: εἰπὲ 25 WH: [ὁ] NA/RP: ὁ 26 WH: ὅτι οὐκ RP: οὐ γάρ // RP: add καθὼς εἶπον ὑμῖν after ἐμῶν 27 WH: ἀκούουσιν RP: ἀκούει 28 WH: δίδωμι αὐτοῖς ζωὴν αἰώνιον RP: ζωὴν αἰώνιον δίδωμι αὐτοῖς 29 WH: ὃ . . . πάντων μεῖζόν {WH}: ὃς . . . πάντων μείζων RP: ὃς . . . μείζων πάντων // RP: add μου after πατρός 31 RP: add οὖν before πάλιν 32 WH: ἔργα ἔδειξα ὑμῖν καλὰ {WH}/NA: ἔργα καλὰ ἔδειξα ὑμῖν RP: καλὰ ἔργα ἔδειξα ὑμῖν // RP: add μου after πατρός // WH: ἐμὲ λιθάζετε RP: λιθάζετέ με 33 RP: add λέγοντες after Ἰουδαῖοι 34 RP: omit ὅτι 38 WH: πιστεύετε RP: πιστεύσατε // WH: γινώσκητε RP: πιστεύσητε // WH: τῷ πατρί RP: αὐτῷ 39 WH: αὐτὸν πάλιν {WH}: [πάλιν] αὐτὸν RP: πάλιν αὐτὸν

---

34 Ps 82:6

40 Καὶ ἀπῆλθεν πάλιν πέραν τοῦ Ἰορδάνου εἰς τὸν τόπον ὅπου ἦν Ἰωάνης τὸ πρῶτον βαπτίζων, καὶ ἔμενεν ἐκεῖ. 41 καὶ πολλοὶ ἦλθον πρὸς αὐτὸν καὶ ἔλεγον ὅτι Ἰωάνης μὲν σημεῖον ἐποίησεν οὐδέν, πάντα δὲ ὅσα εἶπεν Ἰωάνης περὶ τούτου ἀληθῆ ἦν. 42 καὶ πολλοὶ ἐπίστευσαν εἰς αὐτὸν ἐκεῖ.

The Death of Lazarus

11 Ἦν δέ τις ἀσθενῶν, Λάζαρος ἀπὸ Βηθανίας ἐκ τῆς κώμης Μαρίας καὶ Μάρθας τῆς ἀδελφῆς αὐτῆς. 2 ἦν δὲ Μαριὰμ ἡ ἀλείψασα τὸν κύριον μύρῳ καὶ ἐκμάξασα τοὺς πόδας αὐτοῦ ταῖς θριξὶν αὐτῆς, ἧς ὁ ἀδελφὸς Λάζαρος ἠσθένει. 3 ἀπέστειλαν οὖν αἱ ἀδελφαὶ πρὸς αὐτὸν λέγουσαι Κύριε, ἴδε ὃν φιλεῖς ἀσθενεῖ. 4 ἀκούσας δὲ ὁ Ἰησοῦς εἶπεν Αὕτη ἡ ἀσθένεια οὐκ ἔστιν πρὸς θάνατον ἀλλ' ὑπὲρ τῆς δόξης τοῦ θεοῦ ἵνα δοξασθῇ ὁ υἱὸς τοῦ θεοῦ δι' αὐτῆς. 5 ἠγάπα δὲ ὁ Ἰησοῦς τὴν Μάρθαν καὶ τὴν ἀδελφὴν αὐτῆς καὶ τὸν Λάζαρον. 6 ὡς οὖν ἤκουσεν ὅτι ἀσθενεῖ, τότε μὲν ἔμεινεν ἐν ᾧ ἦν τόπῳ δύο ἡμέρας· 7 ἔπειτα μετὰ τοῦτο λέγει τοῖς μαθηταῖς Ἄγωμεν εἰς τὴν Ἰουδαίαν πάλιν. 8 λέγουσιν αὐτῷ οἱ μαθηταί Ῥαββεί, νῦν ἐζήτουν σε λιθάσαι οἱ Ἰουδαῖοι, καὶ πάλιν ὑπάγεις ἐκεῖ; 9 ἀπεκρίθη Ἰησοῦς Οὐχὶ δώδεκα ὧραί εἰσιν τῆς ἡμέρας; ἐάν τις περιπατῇ ἐν τῇ ἡμέρᾳ, οὐ προσκόπτει, ὅτι τὸ φῶς τοῦ κόσμου τούτου βλέπει· 10 ἐὰν δέ τις περιπατῇ ἐν τῇ νυκτί, προσκόπτει, ὅτι τὸ φῶς οὐκ ἔστιν ἐν αὐτῷ. 11 ταῦτα εἶπεν, καὶ μετὰ τοῦτο λέγει αὐτοῖς Λάζαρος ὁ φίλος ἡμῶν κεκοίμηται, ἀλλὰ πορεύομαι ἵνα ἐξυπνίσω αὐτόν. 12 εἶπαν οὖν οἱ μαθηταὶ αὐτῷ Κύριε, εἰ κεκοίμηται σωθήσεται. 13 εἰρήκει δὲ ὁ Ἰησοῦς περὶ τοῦ θανάτου αὐτοῦ. ἐκεῖνοι δὲ ἔδοξαν ὅτι περὶ τῆς κοιμήσεως τοῦ ὕπνου λέγει. 14 τότε οὖν εἶπεν αὐτοῖς ὁ

---

40 WH: ἔμενεν {WH}/NA/RP: ἔμεινεν 41 WH: Ἰωάνης NA: Ἰωάννης // WH: Ἰωάνης NA: Ἰωάννης 42 WH: πολλοὶ ἐπίστευσαν εἰς αὐτὸν ἐκεῖ RP: ἐπίστευσαν πολλοὶ ἐκεῖ εἰς αὐτόν
11:9 WH: ὧραί εἰσιν RP: εἰσιν ὧραι 12 WH: αὐτῷ RP: αὐτοῦ

Ἰησοῦς παρρησίᾳ Λάζαρος ἀπέθανεν, 15 καὶ χαίρω δι᾽ ὑμᾶς, ἵνα πιστεύσητε, ὅτι οὐκ ἤμην ἐκεῖ· ἀλλὰ ἄγωμεν πρὸς αὐτόν. 16 εἶπεν οὖν Θωμᾶς ὁ λεγόμενος Δίδυμος τοῖς συμμαθηταῖς Ἄγωμεν καὶ ἡμεῖς ἵνα ἀποθάνωμεν μετ᾽ αὐτοῦ.

Jesus, the Resurrection and the Life

17 Ἐλθὼν οὖν ὁ Ἰησοῦς εὗρεν αὐτὸν τέσσαρας ἤδη ἡμέρας ἔχοντα ἐν τῷ μνημείῳ. 18 ἦν δὲ Βηθανία ἐγγὺς τῶν Ἱεροσολύμων ὡς ἀπὸ σταδίων δεκαπέντε. 19 πολλοὶ δὲ ἐκ τῶν Ἰουδαίων ἐληλύθεισαν πρὸς τὴν Μάρθαν καὶ Μαριὰμ ἵνα παραμυθήσωνται αὐτὰς περὶ τοῦ ἀδελφοῦ. 20 ἡ οὖν Μάρθα ὡς ἤκουσεν ὅτι Ἰησοῦς ἔρχεται ὑπήντησεν αὐτῷ· Μαριὰμ δὲ ἐν τῷ οἴκῳ ἐκαθέζετο. 21 εἶπεν οὖν ἡ Μάρθα πρὸς Ἰησοῦν Κύριε, εἰ ἦς ὧδε οὐκ ἂν ἀπέθανεν ὁ ἀδελφός μου· 22 καὶ νῦν οἶδα ὅτι ὅσα ἂν αἰτήσῃ τὸν θεὸν δώσει σοι ὁ θεός. 23 λέγει αὐτῇ ὁ Ἰησοῦς Ἀναστήσεται ὁ ἀδελφός σου. 24 λέγει αὐτῷ ἡ Μάρθα Οἶδα ὅτι ἀναστήσεται ἐν τῇ ἀναστάσει ἐν τῇ ἐσχάτῃ ἡμέρᾳ. 25 εἶπεν αὐτῇ ὁ Ἰησοῦς Ἐγώ εἰμι ἡ ἀνάστασις καὶ ἡ ζωή· ὁ πιστεύων εἰς ἐμὲ κἂν ἀποθάνῃ ζήσεται, 26 καὶ πᾶς ὁ ζῶν καὶ πιστεύων εἰς ἐμὲ οὐ μὴ ἀποθάνῃ εἰς τὸν αἰῶνα· πιστεύεις τοῦτο; 27 λέγει αὐτῷ Ναί, κύριε· ἐγὼ πεπίστευκα ὅτι σὺ εἶ ὁ χριστὸς ὁ υἱὸς τοῦ θεοῦ ὁ εἰς τὸν κόσμον ἐρχόμενος.

Jesus Weeps over Lazarus' Death

28 καὶ τοῦτο εἰποῦσα ἀπῆλθεν καὶ ἐφώνησεν Μαριὰμ τὴν ἀδελφὴν αὐτῆς λάθρᾳ εἴπασα Ὁ διδάσκαλος πάρεστιν καὶ φωνεῖ σε. 29 ἐκείνη δὲ ὡς ἤκουσεν ἠγέρθη ταχὺ καὶ

ἤρχετο πρὸς αὐτόν· 30 οὔπω δὲ ἐληλύθει ὁ Ἰησοῦς εἰς τὴν κώμην, ἀλλ᾽ ἦν ἔτι ἐν τῷ τόπῳ ὅπου ὑπήντησεν αὐτῷ ἡ Μάρθα. 31 οἱ οὖν Ἰουδαῖοι οἱ ὄντες μετ᾽ αὐτῆς ἐν τῇ οἰκίᾳ καὶ παραμυθούμενοι αὐτήν, ἰδόντες τὴν Μαριὰμ ὅτι ταχέως ἀνέστη καὶ ἐξῆλθεν, ἠκολούθησαν αὐτῇ δόξαντες ὅτι ὑπάγει εἰς τὸ μνημεῖον ἵνα κλαύσῃ ἐκεῖ. 32 ἡ οὖν Μαριὰμ ὡς ἦλθεν ὅπου ἦν Ἰησοῦς ἰδοῦσα αὐτὸν ἔπεσεν αὐτοῦ πρὸς τοὺς πόδας, λέγουσα αὐτῷ Κύριε, εἰ ἦς ὧδε οὐκ ἄν μου ἀπέθανεν ὁ ἀδελφός. 33 Ἰησοῦς οὖν ὡς εἶδεν αὐτὴν κλαίουσαν καὶ τοὺς συνελθόντας αὐτῇ Ἰουδαίους κλαίοντας ἐνεβριμήσατο τῷ πνεύματι καὶ ἐτάραξεν ἑαυτόν, 34 καὶ εἶπεν Ποῦ τεθείκατε αὐτόν; λέγουσιν αὐτῷ Κύριε, ἔρχου καὶ ἴδε. 35 ἐδάκρυσεν ὁ Ἰησοῦς. 36 ἔλεγον οὖν οἱ Ἰουδαῖοι Ἴδε πῶς ἐφίλει αὐτόν. 37 τινὲς δὲ ἐξ αὐτῶν εἶπαν Οὐκ ἐδύνατο οὗτος ὁ ἀνοίξας τοὺς ὀφθαλμοὺς τοῦ τυφλοῦ ποιῆσαι ἵνα καὶ οὗτος μὴ ἀποθάνῃ;

Jesus Raises Lazarus from Death

38 Ἰησοῦς οὖν πάλιν ἐμβριμώμενος ἐν ἑαυτῷ ἔρχεται εἰς τὸ μνημεῖον· ἦν δὲ σπήλαιον, καὶ λίθος ἐπέκειτο ἐπ᾽ αὐτῷ. 39 λέγει ὁ Ἰησοῦς Ἄρατε τὸν λίθον. λέγει αὐτῷ ἡ ἀδελφὴ τοῦ τετελευτηκότος Μάρθα Κύριε, ἤδη ὄζει, τεταρταῖος γάρ ἐστιν. 40 λέγει αὐτῇ ὁ Ἰησοῦς Οὐκ εἶπόν σοι ὅτι ἐὰν πιστεύσῃς ὄψῃ τὴν δόξαν τοῦ θεοῦ; 41 ἦραν οὖν τὸν λίθον. ὁ δὲ Ἰησοῦς ἦρεν τοὺς ὀφθαλμοὺς ἄνω καὶ εἶπεν Πάτερ, εὐχαριστῶ σοι ὅτι ἤκουσάς μου, 42 ἐγὼ δὲ ᾔδειν ὅτι πάντοτέ μου ἀκούεις· ἀλλὰ διὰ τὸν ὄχλον τὸν περιεστῶτα εἶπον ἵνα πιστεύσωσιν ὅτι σύ με ἀπέστειλας. 43 καὶ ταῦτα εἰπὼν φωνῇ μεγάλῃ ἐκραύγασεν Λάζαρε, δεῦρο ἔξω. 44 ἐξῆλθεν ὁ τεθνηκὼς δεδεμένος τοὺς πόδας καὶ τὰς χεῖρας

WH: ἠγέρθη ταχὺ καὶ ἤρχετο RP: ἐγείρεται ταχὺ καὶ ἔρχεται 30 RP: omit ἔτι 31 WH: δόξαντες RP: λέγοντες 32 RP: add ὁ before Ἰησοῦς // WH: πρὸς RP: εἰς // WH: μου ἀπέθανεν RP: ἀπέθανέν μου 37 WH: ἐδύνατο RP: ἠδύνατο 39 WH: τετελευτηκότος RP: τεθνηκότος 40 WH: ὄψῃ RP: ὄψει 41 RP: add οὗ ἦν ὁ τεθνηκὼς κείμενος after λίθον 44 RP: add Καὶ before ἐξῆλθεν //

κειρίαις, καὶ ἡ ὄψις αὐτοῦ σουδαρίῳ περιεδέδετο. λέγει [ὁ]
Ἰησοῦς αὐτοῖς Λύσατε αὐτὸν καὶ ἄφετε αὐτὸν ὑπάγειν.

The Plot to Kill Jesus
(cf. Matt 26:1–5; Mark 14:1–2; Luke 22:1–2)

45 Πολλοὶ οὖν ἐκ τῶν Ἰουδαίων, οἱ ἐλθόντες πρὸς τὴν
Μαριὰμ καὶ θεασάμενοι ὃ ἐποίησεν, ἐπίστευσαν εἰς αὐτόν·
46 τινὲς δὲ ἐξ αὐτῶν ἀπῆλθον πρὸς τοὺς Φαρισαίους καὶ
εἶπαν αὐτοῖς ἃ ἐποίησεν Ἰησοῦς.

47 Συνήγαγον οὖν οἱ ἀρχιερεῖς καὶ οἱ Φαρισαῖοι
συνέδριον, καὶ ἔλεγον Τί ποιοῦμεν ὅτι οὗτος ὁ ἄνθρωπος
πολλὰ ποιεῖ σημεῖα; 48 ἐὰν ἀφῶμεν αὐτὸν οὕτως, πάντες
πιστεύσουσιν εἰς αὐτόν, καὶ ἐλεύσονται οἱ Ῥωμαῖοι καὶ
ἀροῦσιν ἡμῶν καὶ τὸν τόπον καὶ τὸ ἔθνος. 49 εἷς δέ τις ἐξ
αὐτῶν Καιάφας, ἀρχιερεὺς ὢν τοῦ ἐνιαυτοῦ ἐκείνου, εἶπεν
αὐτοῖς Ὑμεῖς οὐκ οἴδατε οὐδέν, 50 οὐδὲ λογίζεσθε ὅτι
συμφέρει ὑμῖν ἵνα εἷς ἄνθρωπος ἀποθάνῃ ὑπὲρ τοῦ λαοῦ
καὶ μὴ ὅλον τὸ ἔθνος ἀπόληται. 51 Τοῦτο δὲ ἀφ᾽ ἑαυτοῦ οὐκ
εἶπεν, ἀλλὰ ἀρχιερεὺς ὢν τοῦ ἐνιαυτοῦ ἐκείνου ἐπροφή-
τευσεν ὅτι ἔμελλεν Ἰησοῦς ἀποθνήσκειν ὑπὲρ τοῦ ἔθνους,
52 καὶ οὐχ ὑπὲρ τοῦ ἔθνους μόνον, ἀλλ᾽ ἵνα καὶ τὰ τέκνα
τοῦ θεοῦ τὰ διεσκορπισμένα συναγάγῃ εἰς ἕν. 53 Ἀπ᾽ ἐκεί-
νης οὖν τῆς ἡμέρας ἐβουλεύσαντο ἵνα ἀποκτείνωσιν αὐτόν.

54 Ὁ οὖν Ἰησοῦς οὐκέτι παρρησίᾳ περιεπάτει ἐν τοῖς
Ἰουδαίοις, ἀλλὰ ἀπῆλθεν ἐκεῖθεν εἰς τὴν χώραν ἐγγὺς τῆς
ἐρήμου, εἰς Ἐφραὶμ λεγομένην πόλιν, κἀκεῖ ἔμεινεν μετὰ
τῶν μαθητῶν. 55 Ἦν δὲ ἐγγὺς τὸ πάσχα τῶν Ἰουδαίων, καὶ
ἀνέβησαν πολλοὶ εἰς Ἱεροσόλυμα ἐκ τῆς χώρας πρὸ τοῦ
πάσχα ἵνα ἁγνίσωσιν ἑαυτούς. 56 ἐζήτουν οὖν τὸν Ἰησοῦν

WH: [ὁ] Ἰησοῦς αὐτοῖς NA/RP: αὐτοῖς ὁ Ἰησοῦς // RP: *omit* αὐτὸν *before* ὑπάγειν
45 WH: ὃ {WH}/NA/RP: ἃ // RP: *add* ὁ Ἰησοῦς *after* ἐποίησεν 46 RP: *add* ὁ *before*
Ἰησοῦς 47 WH: ποιεῖ σημεῖα RP: σημεῖα ποιεῖ 50 WH: λογίζεσθε RP:
διαλογίζεσθε // WH: ὑμῖν RP: ἡμῖν 51 WH: ἐπροφήτευσεν RP: προεφήτευσεν
53 WH: ἐβουλεύσαντο RP: συνεβουλεύσαντο 54 WH: Ὁ οὖν Ἰησοῦς RP:
Ἰησοῦς οὖν // WH: ἔμεινεν RP: διέτριβεν // RP: *add* αὐτοῦ *after* μαθητῶν

καὶ ἔλεγον μετ' ἀλλήλων ἐν τῷ ἱερῷ ἑστηκότες Τί δοκεῖ ὑμῖν; ὅτι οὐ μὴ ἔλθῃ εἰς τὴν ἑορτήν; 57 δεδώκεισαν δὲ οἱ ἀρχιερεῖς καὶ οἱ Φαρισαῖοι ἐντολὰς ἵνα ἐάν τις γνῷ ποῦ ἐστὶν μηνύσῃ, ὅπως πιάσωσιν αὐτόν.

Jesus Is Anointed at Bethany
(cf. Matt 26:6–13; Mark 14:3–9)

12 Ὁ οὖν Ἰησοῦς πρὸ ἓξ ἡμερῶν τοῦ πάσχα ἦλθεν εἰς Βηθανίαν, ὅπου ἦν Λάζαρος, ὃν ἤγειρεν ἐκ νεκρῶν Ἰησοῦς. 2 ἐποίησαν οὖν αὐτῷ δεῖπνον ἐκεῖ, καὶ ἡ Μάρθα διηκόνει, ὁ δὲ Λάζαρος εἷς ἦν ἐκ τῶν ἀνακειμένων σὺν αὐτῷ· 3 ἡ οὖν Μαριὰμ λαβοῦσα λίτραν μύρου νάρδου πιστικῆς πολυτίμου ἤλειψεν τοὺς πόδας [τοῦ] Ἰησοῦ καὶ ἐξέμαξεν ταῖς θριξὶν αὐτῆς τοὺς πόδας αὐτοῦ· ἡ δὲ οἰκία ἐπληρώθη ἐκ τῆς ὀσμῆς τοῦ μύρου. 4 λέγει [δὲ] Ἰούδας ὁ Ἰσκαριώτης εἷς τῶν μαθητῶν αὐτοῦ, ὁ μέλλων αὐτὸν παραδιδόναι 5 Διὰ τί τοῦτο τὸ μύρον οὐκ ἐπράθη τριακοσίων δηναρίων καὶ ἐδόθη πτωχοῖς; 6 εἶπεν δὲ τοῦτο οὐχ ὅτι περὶ τῶν πτωχῶν ἔμελεν αὐτῷ ἀλλ' ὅτι κλέπτης ἦν καὶ τὸ γλωσσόκομον ἔχων τὰ βαλλόμενα ἐβάσταζεν. 7 εἶπεν οὖν ὁ Ἰησοῦς Ἄφες αὐτήν, ἵνα εἰς τὴν ἡμέραν τοῦ ἐνταφιασμοῦ μου τηρήσῃ αὐτό· 8 τοὺς πτωχοὺς γὰρ πάντοτε ἔχετε μεθ' ἑαυτῶν, ἐμὲ δὲ οὐ πάντοτε ἔχετε.

9 Ἔγνω οὖν ὁ ὄχλος πολὺς ἐκ τῶν Ἰουδαίων ὅτι ἐκεῖ ἐστίν, καὶ ἦλθαν οὐ διὰ τὸν Ἰησοῦν μόνον ἀλλ' ἵνα καὶ τὸν Λάζαρον ἴδωσιν ὃν ἤγειρεν ἐκ νεκρῶν. 10 ἐβουλεύσαντο δὲ οἱ ἀρχιερεῖς ἵνα καὶ τὸν Λάζαρον ἀποκτείνωσιν, 11 ὅτι πολλοὶ δι' αὐτὸν ὑπῆγον τῶν Ἰουδαίων καὶ ἐπίστευον εἰς τὸν Ἰησοῦν.

---

57 RP: *add* καὶ *after* δὲ // WH: ἐντολὰς RP: ἐντολήν
12:1 RP: *add* ὁ τεθνηκώς *after* Λάζαρος // RP: *omit* Ἰησοῦς *after* νεκρῶν 2 RP: *omit* ἐκ 3 WH: [τοῦ] NA/RP: τοῦ 4 WH: [δὲ] NA: δὲ RP: οὖν // [NA]/RP: *add* ἐκ *after* εἷς // WH: Ἰούδας ὁ Ἰσκαριώτης εἷς τῶν μαθητῶν αὐτοῦ RP: εἷς ἐκ τῶν μαθητῶν αὐτοῦ, Ἰούδας Σίμωνος Ἰσκαριώτης 6 WH: ἔχων τὰ RP: εἶχεν, καὶ τὰ 7 RP: *omit* ἵνα // WH: τηρήσῃ RP: τετήρηκεν 9 WH: ὁ NA: [ὁ]

Jesus' Triumphal Entry into Jerusalem
(cf. Matt 21:1–11; Mark 11:1–11; Luke 19:28–40)

12 Τῇ ἐπαύριον ὁ ὄχλος πολὺς ὁ ἐλθὼν εἰς τὴν ἑορτήν, ἀκούσαντες ὅτι ἔρχεται Ἰησοῦς εἰς Ἰεροσόλυμα, 13 ἔλαβον τὰ βαΐα τῶν φοινίκων καὶ ἐξῆλθον εἰς ὑπάντησιν αὐτῷ, καὶ ἐκραύγαζον

Ὡσαννά,

εὐλογημένος ὁ ἐρχόμενος ἐν ὀνόματι Κυρίου,

    καὶ ὁ βασιλεὺς τοῦ Ἰσραήλ.

14 εὑρὼν δὲ ὁ Ἰησοῦς ὀνάριον ἐκάθισεν ἐπ' αὐτό, καθώς ἐστιν γεγραμμένον

15 **Μὴ φοβοῦ, θυγάτηρ Σιών·**

    ἰδοὺ ὁ βασιλεύς σου ἔρχεται,

    καθήμενος ἐπὶ πῶλον ὄνου.

16 Ταῦτα οὐκ ἔγνωσαν αὐτοῦ οἱ μαθηταὶ τὸ πρῶτον, ἀλλ' ὅτε ἐδοξάσθη Ἰησοῦς τότε ἐμνήσθησαν ὅτι ταῦτα ἦν ἐπ' αὐτῷ γεγραμμένα καὶ ταῦτα ἐποίησαν αὐτῷ. 17 Ἐμαρτύρει οὖν ὁ ὄχλος ὁ ὢν μετ' αὐτοῦ ὅτε τὸν Λάζαρον ἐφώνησεν ἐκ τοῦ μνημείου καὶ ἤγειρεν αὐτὸν ἐκ νεκρῶν. 18 διὰ τοῦτο καὶ ὑπήντησεν αὐτῷ ὁ ὄχλος ὅτι ἤκουσαν τοῦτο αὐτὸν πεποιηκέναι τὸ σημεῖον. 19 οἱ οὖν Φαρισαῖοι εἶπαν πρὸς ἑαυτούς Θεωρεῖτε ὅτι οὐκ ὠφελεῖτε οὐδέν· ἴδε ὁ κόσμος ὀπίσω αὐτοῦ ἀπῆλθεν.

Jesus Speaks About His Death

20 Ἦσαν δὲ Ἕλληνές τινες ἐκ τῶν ἀναβαινόντων ἵνα προσκυνήσωσιν ἐν τῇ ἑορτῇ· 21 οὗτοι οὖν προσῆλθαν Φιλίππῳ τῷ ἀπὸ Βηθσαϊδὰ τῆς Γαλιλαίας, καὶ ἠρώτων αὐτὸν

---

12 WH: ὄχλος NA: ὁ ὄχλος 13 WH: καὶ NA: [καὶ] // WH: ἐκραύγαζον RP: ἔκραζον // RP: *add* καὶ ὁ *before* βασιλεὺς 15 WH: θυγάτηρ RP: θύγατερ 16 RP: *add* δὲ *before* οὐκ // WH: αὐτοῦ οἱ μαθηταὶ RP: οἱ μαθηταὶ αὐτοῦ 18 WH: καὶ NA: [καὶ] // WH: ἤκουσαν RP: ἤκουσεν 20 WH: Ἕλληνές τινες RP: τινες Ἕλληνες

λέγοντες Κύριε, θέλομεν τὸν Ἰησοῦν ἰδεῖν. 22 ἔρχεται ὁ Φίλιππος καὶ λέγει τῷ Ἀνδρέᾳ· ἔρχεται Ἀνδρέας καὶ Φίλιππος καὶ λέγουσιν τῷ Ἰησοῦ. 23 ὁ δὲ Ἰησοῦς ἀποκρίνεται αὐτοῖς λέγων Ἐλήλυθεν ἡ ὥρα ἵνα δοξασθῇ ὁ υἱὸς τοῦ ἀνθρώπου. 24 ἀμὴν ἀμὴν λέγω ὑμῖν, ἐὰν μὴ ὁ κόκκος τοῦ σίτου πεσὼν εἰς τὴν γῆν ἀποθάνῃ, αὐτὸς μόνος μένει· ἐὰν δὲ ἀποθάνῃ, πολὺν καρπὸν φέρει. 25 ὁ φιλῶν τὴν ψυχὴν αὐτοῦ ἀπολλύει αὐτήν, καὶ ὁ μισῶν τὴν ψυχὴν αὐτοῦ ἐν τῷ κόσμῳ τούτῳ εἰς ζωὴν αἰώνιον φυλάξει αὐτήν. 26 ἐὰν ἐμοί τις διακονῇ ἐμοὶ ἀκολουθείτω, καὶ ὅπου εἰμὶ ἐγὼ ἐκεῖ καὶ ὁ διάκονος ὁ ἐμὸς ἔσται· ἐάν τις ἐμοὶ διακονῇ τιμήσει αὐτὸν ὁ πατήρ. 27 *νῦν* **ἡ ψυχή μου τετάρακται,** καὶ τί εἴπω; πάτερ, σῶσόν με ἐκ τῆς ὥρας ταύτης. ἀλλὰ διὰ τοῦτο ἦλθον εἰς τὴν ὥραν ταύτην. 28 πάτερ, δόξασόν σου τὸ ὄνομα. ἦλθεν οὖν φωνὴ ἐκ τοῦ οὐρανοῦ Καὶ ἐδόξασα καὶ πάλιν δοξάσω. 29 ὁ [οὖν] ὄχλος ὁ ἑστὼς καὶ ἀκούσας ἔλεγεν βροντὴν γεγονέναι· ἄλλοι ἔλεγον Ἄγγελος αὐτῷ λελάληκεν. 30 ἀπεκρίθη καὶ εἶπεν Ἰησοῦς Οὐ δι᾿ ἐμὲ ἡ φωνὴ αὕτη γέγονεν ἀλλὰ δι᾿ ὑμᾶς. 31 νῦν κρίσις ἐστὶν τοῦ κόσμου τούτου, νῦν ὁ ἄρχων τοῦ κόσμου τούτου ἐκβληθήσεται ἔξω· 32 κἀγὼ ἂν ὑψωθῶ ἐκ τῆς γῆς, πάντας ἑλκύσω πρὸς ἐμαυτόν. 33 τοῦτο δὲ ἔλεγεν σημαίνων ποίῳ θανάτῳ ἤμελλεν ἀποθνήσκειν. 34 ἀπεκρίθη οὖν αὐτῷ ὁ ὄχλος Ἡμεῖς ἠκούσαμεν ἐκ τοῦ νόμου ὅτι ὁ χριστὸς μένει εἰς τὸν αἰῶνα, καὶ πῶς λέγεις σὺ ὅτι δεῖ ὑψωθῆναι τὸν υἱὸν τοῦ ἀνθρώπου; τίς ἐστιν οὗτος ὁ υἱὸς τοῦ ἀνθρώπου; 35 εἶπεν οὖν αὐτοῖς ὁ Ἰησοῦς Ἔτι μικρὸν χρόνον τὸ φῶς ἐν ὑμῖν ἐστίν. περιπατεῖτε ὡς τὸ φῶς ἔχετε, ἵνα μὴ σκοτία ὑμᾶς καταλάβῃ, καὶ ὁ περιπατῶν ἐν τῇ σκοτίᾳ οὐκ οἶδεν ποῦ

---

22 RP: *omit* ὁ // WH: ἔρχεται RP: καὶ πάλιν // RP: *omit* καὶ *before* λέγουσιν 23 WH: ἀποκρίνεται RP: ἀπεκρίνατο 25 WH: ἀπολλύει RP: ἀπολέσει 26 WH: τις διακονῇ RP: διακονῇ τις // RP: *add* καὶ *before* ἐὰν 29 WH: [οὖν] ΝΑ: οὖν 30 WH: καὶ εἶπεν Ἰησοῦς ΝΑ/RP: Ἰησοῦς καὶ εἶπεν // WH: ἡ φωνὴ αὕτη RP: αὕτη ἡ φωνὴ 32 WH: ἂν ΝΑ/RP: ἐὰν 33 WH: ἤμελλεν RP: ἔμελλεν 34 RP: *omit* οὖν // WH: λέγεις σὺ ὅτι RP: σὺ λέγεις 35 WH: ἐν RP: μεθ᾿ // WH: ὡς RP: ἕως

27 Ps 6:3; 42:6

ὑπάγει. 36 ὡς τὸ φῶς ἔχετε, πιστεύετε εἰς τὸ φῶς, ἵνα υἱοὶ φωτὸς γένησθε.

The Unbelief of the People

Ταῦτα ἐλάλησεν Ἰησοῦς, καὶ ἀπελθὼν ἐκρύβη ἀπ' αὐτῶν. 37 Τοσαῦτα δὲ αὐτοῦ σημεῖα πεποιηκότος ἔμπροσθεν αὐτῶν οὐκ ἐπίστευον εἰς αὐτόν, 38 ἵνα ὁ λόγος Ἠσαΐου τοῦ προφήτου πληρωθῇ ὃν εἶπεν

Κύριε, τίς ἐπίστευσεν τῇ ἀκοῇ ἡμῶν;

καὶ ὁ βραχίων Κυρίου τίνι ἀπεκαλύφθη;

39 διὰ τοῦτο οὐκ ἠδύναντο πιστεύειν ὅτι πάλιν εἶπεν Ἠσαΐας

40 Τετύφλωκεν αὐτῶν τοὺς ὀφθαλμοὺς καὶ ἐπώρωσεν αὐτῶν τὴν καρδίαν,

ἵνα μὴ ἴδωσιν τοῖς ὀφθαλμοῖς καὶ νοήσωσιν τῇ καρδίᾳ καὶ στραφῶσιν,

καὶ ἰάσομαι αὐτούς.

41 ταῦτα εἶπεν Ἠσαΐας ὅτι εἶδεν τὴν δόξαν αὐτοῦ, καὶ ἐλάλησεν περὶ αὐτοῦ. 42 Ὅμως μέντοι καὶ ἐκ τῶν ἀρχόντων πολλοὶ ἐπίστευσαν εἰς αὐτόν, ἀλλὰ διὰ τοὺς Φαρισαίους οὐχ ὡμολόγουν ἵνα μὴ ἀποσυνάγωγοι γένωνται, 43 ἠγάπησαν γὰρ τὴν δόξαν τῶν ἀνθρώπων μᾶλλον ἤπερ τὴν δόξαν τοῦ θεοῦ.

44 Ἰησοῦς δὲ ἔκραξεν καὶ εἶπεν Ὁ πιστεύων εἰς ἐμὲ οὐ πιστεύει εἰς ἐμὲ ἀλλὰ εἰς τὸν πέμψαντά με, 45 καὶ ὁ θεωρῶν ἐμὲ θεωρεῖ τὸν πέμψαντά με. 46 ἐγὼ φῶς εἰς τὸν κόσμον ἐλήλυθα, ἵνα πᾶς ὁ πιστεύων εἰς ἐμὲ ἐν τῇ σκοτίᾳ μὴ μείνῃ. 47 καὶ ἐάν τίς μου ἀκούσῃ τῶν ῥημάτων καὶ μὴ φυλάξῃ, ἐγὼ οὐ κρίνω αὐτόν, οὐ γὰρ ἦλθον ἵνα κρίνω τὸν κόσμον ἀλλ' ἵνα σώσω τὸν κόσμον. 48 ὁ ἀθετῶν ἐμὲ καὶ μὴ λαμβάνων τὰ ῥήματά μου ἔχει τὸν κρίνοντα αὐτόν· ὁ λόγος

---

36 WH: ὡς RP: Ἕως // RP: *add* ὁ *before* Ἰησοῦς 40 WH: ἐπώρωσεν RP: πεπώρωκεν // WH: στραφῶσιν RP: ἐπιστραφῶσιν // WH: ἰάσομαι RP: ἰάσωμαι 41 WH: ὅτι RP: ὅτε 43 WH: ἤπερ {WH}: ὑπὲρ 47 WH: φυλάξῃ RP: πιστεύσῃ

38 Isa 53:40 40 Isa 6:10

ὃν ἐλάλησα ἐκεῖνος κρινεῖ αὐτὸν ἐν τῇ ἐσχάτῃ ἡμέρᾳ·
49 ὅτι ἐγὼ ἐξ ἐμαυτοῦ οὐκ ἐλάλησα, ἀλλ᾽ ὁ πέμψας με
πατὴρ αὐτός μοι ἐντολὴν δέδωκεν τί εἴπω καὶ τί λαλήσω.
50 καὶ οἶδα ὅτι ἡ ἐντολὴ αὐτοῦ ζωὴ αἰώνιός ἐστιν. ἃ οὖν
ἐγὼ λαλῶ, καθὼς εἴρηκέν μοι ὁ πατήρ, οὕτως λαλῶ.

Jesus Washes His Disciples' Feet

13 Πρὸ δὲ τῆς ἑορτῆς τοῦ πάσχα εἰδὼς ὁ Ἰησοῦς ὅτι ἦλθεν
αὐτοῦ ἡ ὥρα ἵνα μεταβῇ ἐκ τοῦ κόσμου τούτου πρὸς τὸν
πατέρα ἀγαπήσας τοὺς ἰδίους τοὺς ἐν τῷ κόσμῳ εἰς τέλος
ἠγάπησεν αὐτούς. 2 Καὶ δείπνου γινομένου, τοῦ διαβόλου
ἤδη βεβληκότος εἰς τὴν καρδίαν ἵνα παραδοῖ αὐτὸν Ἰού-
δας Σίμωνος Ἰσκαριώτης, 3 εἰδὼς ὅτι πάντα ἔδωκεν αὐτῷ ὁ
πατὴρ εἰς τὰς χεῖρας, καὶ ὅτι ἀπὸ θεοῦ ἐξῆλθεν καὶ πρὸς
τὸν θεὸν ὑπάγει, 4 ἐγείρεται ἐκ τοῦ δείπνου καὶ τίθησιν τὰ
ἱμάτια, καὶ λαβὼν λέντιον διέζωσεν ἑαυτόν· 5 εἶτα βάλλει
ὕδωρ εἰς τὸν νιπτῆρα, καὶ ἤρξατο νίπτειν τοὺς πόδας τῶν
μαθητῶν καὶ ἐκμάσσειν τῷ λεντίῳ ᾧ ἦν διεζωσμένος.
6 ἔρχεται οὖν πρὸς Σίμωνα Πέτρον. λέγει αὐτῷ Κύριε, σύ
μου νίπτεις τοὺς πόδας; 7 ἀπεκρίθη Ἰησοῦς καὶ εἶπεν αὐτῷ
Ὃ ἐγὼ ποιῶ σὺ οὐκ οἶδας ἄρτι, γνώσῃ δὲ μετὰ ταῦτα.
8 λέγει αὐτῷ Πέτρος Οὐ μὴ νίψῃς μου τοὺς πόδας εἰς τὸν
αἰῶνα. ἀπεκρίθη Ἰησοῦς αὐτῷ Ἐὰν μὴ νίψω σε, οὐκ ἔχεις
μέρος μετ᾽ ἐμοῦ. 9 λέγει αὐτῷ Σίμων Πέτρος Κύριε, μὴ
τοὺς πόδας μου μόνον ἀλλὰ καὶ τὰς χεῖρας καὶ τὴν κεφα-
λήν. 10 λέγει αὐτῷ Ἰησοῦς Ὁ λελουμένος οὐκ ἔχει χρείαν
[εἰ μὴ τοὺς πόδας] νίψασθαι, ἀλλ᾽ ἔστιν καθαρὸς ὅλος· καὶ

---

49 WH: δέδωκεν RP: ἔδωκεν 50 WH: ἐγὼ λαλῶ RP: λαλῶ ἐγώ
13:1 WH: ἦλθεν RP: ἐλήλυθεν 1–2 WH: πατέρα, ἀγαπήσας . . . αὐτούς. ² Καὶ
{WH}: πατέρα,—ἀγαπήσας . . . αὐτούς,— ² καὶ 2 WH: γινομένου RP: γενομένου
// WH: ἵνα παραδοῖ αὐτὸν Ἰούδας Σίμωνος Ἰσκαριώτης RP: Ἰούδα Σίμωνος
Ἰσκαριώτου ἵνα αὐτὸν παραδῷ 3 RP: add ὁ Ἰησοῦς after εἰδὼς // WH: ἔδωκεν
RP: δέδωκεν 6 RP: add καὶ before λέγει // RP: add ἐκεῖνος before Κύριε 8 WH: μου
τοὺς πόδας RP: τοὺς πόδας μου // WH: Ἰησοῦς αὐτῷ RP: αὐτῷ ὁ Ἰησοῦς
10 NA/RP: add ὁ before Ἰησοῦς // WH: οὐκ ἔχει χρείαν RP: οὐ χρείαν ἔχει // WH:
[εἰ μὴ τοὺς πόδας] NA: εἰ μὴ τοὺς πόδας RP: ἢ τοὺς πόδας

ὑμεῖς καθαροί ἐστε, ἀλλ᾽ οὐχὶ πάντες. 11 ᾔδει γὰρ τὸν παραδιδόντα αὐτόν· διὰ τοῦτο εἶπεν ὅτι Οὐχὶ πάντες καθαροί ἐστε. 12 Ὅτε οὖν ἔνιψεν τοὺς πόδας αὐτῶν καὶ ἔλαβεν τὰ ἱμάτια αὐτοῦ καὶ ἀνέπεσεν, πάλιν εἶπεν αὐτοῖς Γινώσκετε τί πεποίηκα ὑμῖν; 13 ὑμεῖς φωνεῖτέ με Ὁ διδάσκαλος καί Ὁ κύριος, καὶ καλῶς λέγετε, εἰμὶ γάρ. 14 εἰ οὖν ἐγὼ ἔνιψα ὑμῶν τοὺς πόδας ὁ κύριος καὶ ὁ διδάσκαλος, καὶ ὑμεῖς ὀφείλετε ἀλλήλων νίπτειν τοὺς πόδας· 15 ὑπόδειγμα γὰρ ἔδωκα ὑμῖν ἵνα καθὼς ἐγὼ ἐποίησα ὑμῖν καὶ ὑμεῖς ποιῆτε. 16 ἀμὴν ἀμὴν λέγω ὑμῖν, οὐκ ἔστιν δοῦλος μείζων τοῦ κυρίου αὐτοῦ οὐδὲ ἀπόστολος μείζων τοῦ πέμψαντος αὐτόν. 17 εἰ ταῦτα οἴδατε, μακάριοί ἐστε ἐὰν ποιῆτε αὐτά.

Jesus Predicts His Betrayal
(cf. Matt 26:20–25; Mark 14:17–21; Luke 22:21–23)

18 οὐ περὶ πάντων ὑμῶν λέγω· ἐγὼ οἶδα τίνας ἐξελεξάμην· ἀλλ᾽ ἵνα ἡ γραφὴ πληρωθῇ Ὁ **τρώγων μου τὸν ἄρτον ἐπῆρεν ἐπ᾽ ἐμὲ τὴν πτέρναν αὐτοῦ.** 19 ἀπ᾽ ἄρτι λέγω ὑμῖν πρὸ τοῦ γενέσθαι, ἵνα πιστεύητε ὅταν γένηται ὅτι ἐγώ εἰμι. 20 ἀμὴν ἀμὴν λέγω ὑμῖν, ὁ λαμβάνων ἄν τινα πέμψω ἐμὲ λαμβάνει, ὁ δὲ ἐμὲ λαμβάνων λαμβάνει τὸν πέμψαντά με.

21 Ταῦτα εἰπὼν Ἰησοῦς ἐταράχθη τῷ πνεύματι καὶ ἐμαρτύρησεν καὶ εἶπεν Ἀμὴν ἀμὴν λέγω ὑμῖν ὅτι εἷς ἐξ ὑμῶν παραδώσει με. 22 ἔβλεπον εἰς ἀλλήλους οἱ μαθηταὶ ἀπορούμενοι περὶ τίνος λέγει. 23 ἦν ἀνακείμενος εἷς ἐκ τῶν μαθητῶν αὐτοῦ ἐν τῷ κόλπῳ τοῦ Ἰησοῦ, ὃν ἠγάπα [ὁ] Ἰησοῦς· 24 νεύει οὖν τούτῳ Σίμων Πέτρος καὶ λέγει αὐτῷ Εἰπὲ τίς ἐστιν περὶ οὗ λέγει. 25 ἀναπεσὼν ἐκεῖνος οὕτως ἐπὶ

---

11 RP: *omit* ὅτι 12 WH: καὶ ἀνέπεσεν, πάλιν {WH}/NA: καὶ ἀνέπεσεν πάλιν, RP: ἀναπεσὼν πάλιν, 18 WH: τίνας RP: οὓς // WH: μου RP: μετ᾽ ἐμοῦ 19 WH: πιστεύητε ὅταν γένηται NA: πιστεύσητε ὅταν γένηται RP: ὅταν γένηται, πιστεύσητε // WH: ἐγώ εἰμι{WH}: ἐγὼ εἰμί 20 WH: ἄν RP: ἐὰν 21 [NA]/RP: *add* ὁ *before* Ἰησοῦς 22 RP: *add* οὖν *after* ἔβλεπον 23 RP: *add* δὲ *after* ἦν // RP: *omit* ἐκ // WH: [ὁ] NA: ὁ 24 WH: καὶ λέγει αὐτῷ Εἰπὲ τίς ἐστιν NA/RP: πυθέσθαι τίς ἂν εἴη

τὸ στῆθος τοῦ Ἰησοῦ λέγει αὐτῷ Κύριε, τίς ἐστιν; 26 ἀπο-
κρίνεται οὖν [ὁ] Ἰησοῦς Ἐκεῖνός ἐστιν ᾧ ἐγὼ βάψω τὸ
ψωμίον καὶ δώσω αὐτῷ· βάψας οὖν [τὸ] ψωμίον λαμβάνει
καὶ δίδωσιν Ἰούδᾳ Σίμωνος Ἰσκαριώτου. 27 καὶ μετὰ τὸ
ψωμίον τότε εἰσῆλθεν εἰς ἐκεῖνον ὁ Σατανᾶς. λέγει οὖν
αὐτῷ Ἰησοῦς Ὃ ποιεῖς ποίησον τάχειον. 28 τοῦτο [δὲ]
οὐδεὶς ἔγνω τῶν ἀνακειμένων πρὸς τί εἶπεν αὐτῷ· 29 τινὲς
γὰρ ἐδόκουν, ἐπεὶ τὸ γλωσσόκομον εἶχεν Ἰούδας, ὅτι λέγει
αὐτῷ Ἰησοῦς Ἀγόρασον ὧν χρείαν ἔχομεν εἰς τὴν ἑορ-
τήν, ἢ τοῖς πτωχοῖς ἵνα τι δῷ. 30 λαβὼν οὖν τὸ ψωμίον
ἐκεῖνος ἐξῆλθεν εὐθύς· ἦν δὲ νύξ.

Jesus Gives a New Commandment

31 Ὅτε οὖν ἐξῆλθεν λέγει Ἰησοῦς Νῦν ἐδοξάσθη ὁ
υἱὸς τοῦ ἀνθρώπου, καὶ ὁ θεὸς ἐδοξάσθη ἐν αὐτῷ· 32 καὶ ὁ
θεὸς δοξάσει αὐτὸν ἐν αὐτῷ, καὶ εὐθὺς δοξάσει αὐτόν.
33 Τεκνία, ἔτι μικρὸν μεθ' ὑμῶν εἰμί· ζητήσετέ με, καὶ καθὼς
εἶπον τοῖς Ἰουδαίοις ὅτι Ὅπου ἐγὼ ὑπάγω ὑμεῖς οὐ δύ-
νασθε ἐλθεῖν, καὶ ὑμῖν λέγω ἄρτι. 34 ἐντολὴν καινὴν δίδωμι
ὑμῖν ἵνα ἀγαπᾶτε ἀλλήλους, καθὼς ἠγάπησα ὑμᾶς ἵνα καὶ
ὑμεῖς ἀγαπᾶτε ἀλλήλους. 35 ἐν τούτῳ γνώσονται πάντες ὅτι
ἐμοὶ μαθηταί ἐστε, ἐὰν ἀγάπην ἔχητε ἐν ἀλλήλοις.

Jesus Predicts Peter's Denial
(cf. Matt 26:31–35; Mark 14:27–31; Luke 22:31–34)

36 Λέγει αὐτῷ Σίμων Πέτρος Κύριε, ποῦ ὑπάγεις;
ἀπεκρίθη Ἰησοῦς Ὅπου ὑπάγω οὐ δύνασαί μοι νῦν

---

25 WH: ἀναπεσὼν NA: ἀναπεσὼν οὖν RP: Ἐπιπεσὼν δὲ 26 NA/RP: omit οὖν //
WH: [ὁ] RP: ὁ // WH: βάψω RP: βάψας // WH: καὶ δώσω αὐτῷ RP: ἐπιδώσω //
WH: βάψας οὖν [τὸ] ψωμίον λαμβάνει καὶ NA: βάψας οὖν τὸ ψωμίον
[λαμβάνει καὶ] RP: Καὶ ἐμβάψας τὸ ψωμίον // WH: Ἰσκαριώτου RP:
Ἰσκαριώτῃ 27 NA/RP: add ὁ before Ἰησοῦς 29 RP: add ὁ before Ἰούδας // [NA]/RP:
add ὁ before Ἰησοῦς 30 WH: ἐξῆλθεν εὐθύς RP: εὐθέως ἐξῆλθεν 31 RP: omit οὖν
// RP: add ὁ before Ἰησοῦς 32 [NA]/RP: add εἰ ὁ θεὸς ἐδοξάσθη ἐν αὐτῷ before καὶ
ὁ θεὸς // WH: αὐτῷ NA: αὐτῷ RP: ἑαυτῷ 33 WH: ἐγὼ ὑπάγω RP: ὑπάγω ἐγὼ
36 [NA]/RP: add αὐτῷ ὁ before Ἰησοῦς //

ἀκολουθῆσαι, ἀκολουθήσεις δὲ ὕστερον. 37 λέγει αὐτῷ [ὁ]
Πέτρος　Κύριε, διὰ τί οὐ δύναμαί σοι ἀκολουθεῖν ἄρτι;
τὴν ψυχήν μου ὑπὲρ σοῦ θήσω. 38 ἀποκρίνεται Ἰησοῦς
Τὴν ψυχήν σου ὑπὲρ ἐμοῦ θήσεις; ἀμὴν ἀμὴν λέγω σοι, οὐ
μὴ ἀλέκτωρ φωνήσῃ ἕως οὗ ἀρνήσῃ με τρίς.

Jesus Comforts the Disciples

14 Μὴ ταρασσέσθω ὑμῶν ἡ καρδία· πιστεύετε εἰς τὸν θεόν,
καὶ εἰς ἐμὲ πιστεύετε. 2 ἐν τῇ οἰκίᾳ τοῦ πατρός μου μοναὶ
πολλαί εἰσιν· εἰ δὲ μή, εἶπον ἂν ὑμῖν, ὅτι πορεύομαι
ἑτοιμάσαι τόπον ὑμῖν· 3 καὶ ἐὰν πορευθῶ καὶ ἑτοιμάσω
τόπον ὑμῖν, πάλιν ἔρχομαι καὶ παραλήμψομαι ὑμᾶς πρὸς
ἐμαυτόν, ἵνα ὅπου εἰμὶ ἐγὼ καὶ ὑμεῖς ἦτε. 4 καὶ ὅπου ἐγὼ
ὑπάγω οἴδατε τὴν ὁδόν.

Jesus, the Way to the Father

5 Λέγει αὐτῷ Θωμᾶς　Κύριε, οὐκ οἴδαμεν ποῦ ὑπάγεις·
πῶς οἴδαμεν τὴν ὁδόν; 6 λέγει αὐτῷ Ἰησοῦς　Ἐγώ εἰμι ἡ
ὁδὸς καὶ ἡ ἀλήθεια καὶ ἡ ζωή· οὐδεὶς ἔρχεται πρὸς τὸν
πατέρα εἰ μὴ δι’ ἐμοῦ. 7 εἰ ἐγνώκειτέ με, καὶ τὸν πατέρα μου
ἂν ᾔδειτε· ἀπ’ ἄρτι γινώσκετε αὐτὸν καὶ ἑωράκατε.

8 Λέγει αὐτῷ Φίλιππος　Κύριε, δεῖξον ἡμῖν τὸν πατέρα,
καὶ ἀρκεῖ ἡμῖν. 9 λέγει αὐτῷ [ὁ] Ἰησοῦς　Τοσοῦτον χρόνον
μεθ’ ὑμῶν εἰμι καὶ οὐκ ἔγνωκάς με, Φίλιππε; ὁ ἑωρακὼς ἐμὲ
ἑώρακεν τὸν πατέρα· πῶς σὺ λέγεις　Δεῖξον ἡμῖν τὸν πατέρα;

WH: ἀκολουθήσεις δὲ ὕστερον RP: ὕστερον δὲ ἀκολουθήσεις μοι 37 WH: [ὁ]
NA: ὁ RP: omit [ὁ] // WH: Κύριε, διὰ {WH}: Διὰ // WH: ἀκολουθεῖν NA/RP:
ἀκολουθῆσαι 38 WH: ἀποκρίνεται RP: Ἀπεκρίθη αὐτῷ ὁ // WH: ἀρνήσῃ RP:
ἀπαρνήσῃ
14:1 WH: πιστεύετε εἰς τὸν θεόν, καὶ {WH}: πιστεύετε, εἰς τὸν θεὸν καὶ 2 RP:
omit ὅτι 3 RP: omit καὶ before ἑτοιμάσω // WH: τόπον ὑμῖν RP: ὑμῖν τόπον // WH:
παραλήμψομαι RP: παραλήψομαι 4 WH: ἐγὼ NA: [ἐγὼ] // RP: add καὶ before τὴν
// RP: add οἴδατὲ after ὁδόν 5 RP: add καὶ before πῶς // WH: οἴδαμεν τὴν ὁδόν
NA/RP: δυνάμεθα τὴν ὁδὸν εἰδέναι 6 [NA]/RP: add ὁ before Ἰησοῦς 7 WH:
ἐγνώκειτέ NA: ἐγνώκατέ // WH: ἂν ᾔδειτε· NA: γνώσεσθε. καὶ RP: ἐγνώκειτε ἄν·
καὶ // {WH}/NA/RP: add αὐτὸν after ἑωράκατε 9 WH: [ὁ] NA/RP: ὁ // WH:
Τοσοῦτον χρόνον {WH}/NA: Τοσούτῳ χρόνῳ // RP: add καὶ before πῶς

10 οὐ πιστεύεις ὅτι ἐγὼ ἐν τῷ πατρὶ καὶ ὁ πατὴρ ἐν ἐμοί ἐστιν; τὰ ῥήματα ἃ ἐγὼ λέγω ὑμῖν ἀπ' ἐμαυτοῦ οὐ λαλῶ· ὁ δὲ πατὴρ ἐν ἐμοὶ μένων ποιεῖ τὰ ἔργα αὐτοῦ. 11 πιστεύετέ μοι ὅτι ἐγὼ ἐν τῷ πατρὶ καὶ ὁ πατὴρ ἐν ἐμοί· εἰ δὲ μή, διὰ τὰ ἔργα αὐτὰ πιστεύετε. 12 Ἀμὴν ἀμὴν λέγω ὑμῖν, ὁ πιστεύων εἰς ἐμὲ τὰ ἔργα ἃ ἐγὼ ποιῶ κἀκεῖνος ποιήσει, καὶ μείζονα τούτων ποιήσει, ὅτι ἐγὼ πρὸς τὸν πατέρα πορεύομαι· 13 καὶ ὅτι ἂν αἰτήσητε ἐν τῷ ὀνόματί μου τοῦτο ποιήσω, ἵνα δοξασθῇ ὁ πατὴρ ἐν τῷ υἱῷ· 14 ἐάν τι αἰτήσητέ [με] ἐν τῷ ὀνόματί μου τοῦτο ποιήσω.

Jesus Promises the Holy Spirit

15 Ἐὰν ἀγαπᾶτέ με, τὰς ἐντολὰς τὰς ἐμὰς τηρήσετε· 16 κἀγὼ ἐρωτήσω τὸν πατέρα καὶ ἄλλον παράκλητον δώσει ὑμῖν ἵνα ᾖ μεθ' ὑμῶν εἰς τὸν αἰῶνα, 17 τὸ πνεῦμα τῆς ἀληθείας, ὃ ὁ κόσμος οὐ δύναται λαβεῖν, ὅτι οὐ θεωρεῖ αὐτὸ οὐδὲ γινώσκει· ὑμεῖς γινώσκετε αὐτό, ὅτι παρ' ὑμῖν μένει καὶ ἐν ὑμῖν ἐστίν. 18 Οὐκ ἀφήσω ὑμᾶς ὀρφανούς, ἔρχομαι πρὸς ὑμᾶς. 19 ἔτι μικρὸν καὶ ὁ κόσμος με οὐκέτι θεωρεῖ, ὑμεῖς δὲ θεωρεῖτέ με, ὅτι ἐγὼ ζῶ καὶ ὑμεῖς ζήσετε. 20 ἐν ἐκείνῃ τῇ ἡμέρᾳ ὑμεῖς γνώσεσθε ὅτι ἐγὼ ἐν τῷ πατρί μου καὶ ὑμεῖς ἐν ἐμοὶ κἀγὼ ἐν ὑμῖν. 21 ὁ ἔχων τὰς ἐντολάς μου καὶ τηρῶν αὐτὰς ἐκεῖνός ἐστιν ὁ ἀγαπῶν με· ὁ δὲ ἀγαπῶν με ἀγαπηθήσεται ὑπὸ τοῦ πατρός μου, κἀγὼ ἀγαπήσω αὐτὸν καὶ ἐμφανίσω αὐτῷ ἐμαυτόν.

22 Λέγει αὐτῷ Ἰούδας, οὐχ ὁ Ἰσκαριώτης, Κύριε, τί

---

10 WH: λέγω RP: λαλῶ // RP: add ὁ before ἐν ἐμοὶ // WH: ποιεῖ τὰ ἔργα αὐτοῦ RP: αὐτὸς ποιεῖ τὰ ἔργα 11 RP: omit entire verse // WH: αὐτὰ {WH}: αὐτοῦ // {WH}: add μοι after αὐτὰ πιστεύετε 12 RP: add μου after πατέρα // WH: πορεύομαι {WH}: πορεύομαι 13 WH: αἰτήσητε {WH}: αἰτῆτε // WH: ὅτι NA: ὅ τι 14 WH: [με] NA/RP: με // NA/RP: omit τοῦτο // {WH}/NA/RP: add ἐγὼ before ποιήσω 15 WH: τηρήσετε RP: τηρήσατε 16 WH: κἀγὼ RP: Καὶ ἐγὼ // WH: ᾖ μεθ' ὑμῶν εἰς τὸν αἰῶνα {WH}/NA: μεθ' ὑμῶν εἰς τὸν αἰῶνα ᾖ RP: μένῃ μεθ' ὑμῶν εἰς τὸν αἰῶνα 17 WH: ὑμεῖς RP: αὐτό. Ὑμεῖς δὲ // WH: ἐστίν {WH}/NA/RP: ἔσται 19 WH: ζήσετε RP: ζήσεσθε 20 WH: ὑμεῖς γνώσεσθε NA/RP: γνώσεσθε ὑμεῖς // WH: κἀγὼ RP: καὶ ἐγὼ 21 WH: κἀγὼ RP: καὶ ἐγὼ 22 [NA]/RP: add καὶ before τί

γέγονεν ὅτι ἡμῖν μέλλεις ἐμφανίζειν σεαυτὸν καὶ οὐχὶ τῷ κόσμῳ; 23 ἀπεκρίθη Ἰησοῦς καὶ εἶπεν αὐτῷ Ἐάν τις ἀγαπᾷ με τὸν λόγον μου τηρήσει, καὶ ὁ πατήρ μου ἀγαπήσει αὐτόν, καὶ πρὸς αὐτὸν ἐλευσόμεθα καὶ μονὴν παρ' αὐτῷ ποιησόμεθα. 24 ὁ μὴ ἀγαπῶν με τοὺς λόγους μου οὐ τηρεῖ· καὶ ὁ λόγος ὃν ἀκούετε οὐκ ἔστιν ἐμὸς ἀλλὰ τοῦ πέμψαντός με πατρός.

25 Ταῦτα λελάληκα ὑμῖν παρ' ὑμῖν μένων· 26 ὁ δὲ παράκλητος, τὸ πνεῦμα τὸ ἅγιον ὃ πέμψει ὁ πατὴρ ἐν τῷ ὀνόματί μου, ἐκεῖνος ὑμᾶς διδάξει πάντα καὶ ὑπομνήσει ὑμᾶς πάντα ἃ εἶπον ὑμῖν ἐγώ. 27 Εἰρήνην ἀφίημι ὑμῖν, εἰρήνην τὴν ἐμὴν δίδωμι ὑμῖν· οὐ καθὼς ὁ κόσμος δίδωσιν ἐγὼ δίδωμι ὑμῖν. μὴ ταρασσέσθω ὑμῶν ἡ καρδία μηδὲ δειλιάτω. 28 ἠκούσατε ὅτι ἐγὼ εἶπον ὑμῖν Ὑπάγω καὶ ἔρχομαι πρὸς ὑμᾶς. εἰ ἠγαπᾶτέ με ἐχάρητε ἄν, ὅτι πορεύομαι πρὸς τὸν πατέρα, ὅτι ὁ πατὴρ μείζων μού ἐστιν. 29 καὶ νῦν εἴρηκα ὑμῖν πρὶν γενέσθαι, ἵνα ὅταν γένηται πιστεύσητε. 30 οὐκέτι πολλὰ λαλήσω μεθ' ὑμῶν, ἔρχεται γὰρ ὁ τοῦ κόσμου ἄρχων· καὶ ἐν ἐμοὶ οὐκ ἔχει οὐδέν, 31 ἀλλ' ἵνα γνῷ ὁ κόσμος ὅτι ἀγαπῶ τὸν πατέρα, καὶ καθὼς ἐντολὴν ἔδωκέν μοι ὁ πατὴρ οὕτως ποιῶ. Ἐγείρεσθε, ἄγωμεν ἐντεῦθεν.

Jesus, the True Vine

15 Ἐγώ εἰμι ἡ ἄμπελος ἡ ἀληθινή, καὶ ὁ πατήρ μου ὁ γεωργός ἐστιν· 2 πᾶν κλῆμα ἐν ἐμοὶ μὴ φέρον καρπὸν αἴρει αὐτό, καὶ πᾶν τὸ καρπὸν φέρον καθαίρει αὐτὸ ἵνα καρπὸν πλείονα φέρῃ. 3 ἤδη ὑμεῖς καθαροί ἐστε διὰ τὸν λόγον ὃν λελάληκα ὑμῖν· 4 μείνατε ἐν ἐμοί, κἀγὼ ἐν ὑμῖν. καθὼς τὸ κλῆμα οὐ δύναται καρπὸν φέρειν ἀφ' ἑαυτοῦ ἐὰν μὴ μένῃ ἐν τῇ ἀμπέλῳ, οὕτως οὐδὲ ὑμεῖς ἐὰν μὴ ἐν ἐμοὶ μένητε.

---

23 WH: ποιησόμεθα RP: ποιήσομεν 26 WH: ἐγώ NA: [ἐγώ] RP: *omit* ἐγώ 28 RP: add εἶπον *after* ἄν, ὅτι // RP: add μου *after* πατήρ 31 WH: ἐντολὴν ἔδωκέν NA/RP: ἐνετείλατό
15:2 WH: καρπὸν πλείονα RP: πλείονα καρπὸν 4 WH: μένῃ RP: μείνῃ // WH: μένητε RP: μείνητε

5 ἐγώ εἰμι ἡ ἄμπελος, ὑμεῖς τὰ κλήματα. ὁ μένων ἐν ἐμοὶ
κἀγὼ ἐν αὐτῷ οὗτος φέρει καρπὸν πολύν, ὅτι χωρὶς ἐμοῦ οὐ
δύνασθε ποιεῖν οὐδέν. 6 ἐὰν μή τις μένῃ ἐν ἐμοί, ἐβλήθη
ἔξω ὡς τὸ κλῆμα καὶ ἐξηράνθη, καὶ συνάγουσιν αὐτὰ καὶ
εἰς τὸ πῦρ βάλλουσιν καὶ καίεται. 7 Ἐὰν μείνητε ἐν ἐμοὶ
καὶ τὰ ῥήματά μου ἐν ὑμῖν μείνῃ, ὃ ἐὰν θέλητε αἰτήσασθε
καὶ γενήσεται ὑμῖν· 8 ἐν τούτῳ ἐδοξάσθη ὁ πατήρ μου ἵνα
καρπὸν πολὺν φέρητε καὶ γένησθε ἐμοὶ μαθηταί. 9 καθὼς
ἠγάπησέν με ὁ πατήρ, κἀγὼ ὑμᾶς ἠγάπησα, μείνατε ἐν τῇ
ἀγάπῃ τῇ ἐμῇ. 10 ἐὰν τὰς ἐντολάς μου τηρήσητε, μενεῖτε ἐν
τῇ ἀγάπῃ μου, καθὼς ἐγὼ τοῦ πατρὸς τὰς ἐντολὰς τετήρηκα
καὶ μένω αὐτοῦ ἐν τῇ ἀγάπῃ. 11 Ταῦτα λελάληκα ὑμῖν ἵνα
ἡ χαρὰ ἡ ἐμὴ ἐν ὑμῖν ᾖ καὶ ἡ χαρὰ ὑμῶν πληρωθῇ. 12 αὕτη
ἐστὶν ἡ ἐντολὴ ἡ ἐμὴ ἵνα ἀγαπᾶτε ἀλλήλους καθὼς
ἠγάπησα ὑμᾶς· 13 μείζονα ταύτης ἀγάπην οὐδεὶς ἔχει, ἵνα
τις τὴν ψυχὴν αὐτοῦ θῇ ὑπὲρ τῶν φίλων αὐτοῦ. 14 ὑμεῖς
φίλοι μού ἐστε ἐὰν ποιῆτε ὃ ἐγὼ ἐντέλλομαι ὑμῖν. 15 οὐκέτι
λέγω ὑμᾶς δούλους, ὅτι ὁ δοῦλος οὐκ οἶδεν τί ποιεῖ αὐτοῦ ὁ
κύριος· ὑμᾶς δὲ εἴρηκα φίλους, ὅτι πάντα ἃ ἤκουσα παρὰ
τοῦ πατρός μου ἐγνώρισα ὑμῖν. 16 οὐχ ὑμεῖς με ἐξελέξασθε,
ἀλλ᾽ ἐγὼ ἐξελεξάμην ὑμᾶς, καὶ ἔθηκα ὑμᾶς ἵνα ὑμεῖς
ὑπάγητε καὶ καρπὸν φέρητε καὶ ὁ καρπὸς ὑμῶν μένῃ, ἵνα
ὅτι ἂν αἰτήσητε τὸν πατέρα ἐν τῷ ὀνόματί μου δῷ ὑμῖν.

The World's Hatred for the Disciples

17 Ταῦτα ἐντέλλομαι ὑμῖν ἵνα ἀγαπᾶτε ἀλλήλους. 18 Εἰ
ὁ κόσμος ὑμᾶς μισεῖ, γινώσκετε ὅτι ἐμὲ πρῶτον ὑμῶν με-
μίσηκεν. 19 εἰ ἐκ τοῦ κόσμου ἦτε, ὁ κόσμος ἂν τὸ ἴδιον
ἐφίλει· ὅτι δὲ ἐκ τοῦ κόσμου οὐκ ἐστέ, ἀλλ᾽ ἐγὼ ἐξελεξάμην
ὑμᾶς ἐκ τοῦ κόσμου, διὰ τοῦτο μισεῖ ὑμᾶς ὁ κόσμος.

---

6 WH: μένῃ RP: μείνῃ 7 WH: αἰτήσασθε RP: αἰτήσεσθε 8 WH: γένησθε
{WH}/RP: γενήσεσθε 9 WH: ὑμᾶς ἠγάπησα, {WH}: ὑμᾶς ἠγάπησα· RP:
ἠγάπησα ὑμᾶς· 10 {WH}: add μου after πατρός // WH: τοῦ πατρὸς τὰς ἐντολὰς
NA/RP: τὰς ἐντολὰς τοῦ πατρός μου 11 WH: ᾖ RP: μείνῃ 14 WH: ὃ {WH}/NA: ἃ
RP: ὅσα 15 WH: λέγω ὑμᾶς RP: ὑμᾶς λέγω 16 WH: ὅτι NA: ὅ τι // WH: αἰτήσητε
{WH}: αἰτῆτε

20 μνημονεύετε τοῦ λόγου οὗ ἐγὼ εἶπον ὑμῖν Οὐκ ἔστιν
δοῦλος μείζων τοῦ κυρίου αὐτοῦ· εἰ ἐμὲ ἐδίωξαν, καὶ ὑμᾶς
διώξουσιν· εἰ τὸν λόγον μου ἐτήρησαν, καὶ τὸν ὑμέτερον
τηρήσουσιν. 21 ἀλλὰ ταῦτα πάντα ποιήσουσιν εἰς ὑμᾶς
διὰ τὸ ὄνομά μου, ὅτι οὐκ οἴδασιν τὸν πέμψαντά με. 22 Εἰ
μὴ ἦλθον καὶ ἐλάλησα αὐτοῖς, ἁμαρτίαν οὐκ εἴχοσαν· νῦν
δὲ πρόφασιν οὐκ ἔχουσιν περὶ τῆς ἁμαρτίας αὐτῶν. 23 ὁ ἐμὲ
μισῶν καὶ τὸν πατέρα μου μισεῖ. 24 εἰ τὰ ἔργα μὴ ἐποίησα
ἐν αὐτοῖς ἃ οὐδεὶς ἄλλος ἐποίησεν, ἁμαρτίαν οὐκ εἴχοσαν·
νῦν δὲ καὶ ἑωράκασιν καὶ μεμισήκασιν καὶ ἐμὲ καὶ τὸν
πατέρα μου. 25 ἀλλ᾽ ἵνα πληρωθῇ ὁ λόγος ὁ ἐν τῷ νόμῳ
αὐτῶν γεγραμμένος ὅτι   Ἐμίσησάν με δωρεάν.

Jesus Will Send the Holy Spirit

26 Ὅταν ἔλθῃ ὁ παράκλητος ὃν ἐγὼ πέμψω ὑμῖν παρὰ τοῦ
πατρός, τὸ πνεῦμα τῆς ἀληθείας ὃ παρὰ τοῦ πατρὸς ἐκπο-
ρεύεται, ἐκεῖνος μαρτυρήσει περὶ ἐμοῦ· 27 καὶ ὑμεῖς δὲ
μαρτυρεῖτε, ὅτι ἀπ᾽ ἀρχῆς μετ᾽ ἐμοῦ ἐστέ.
16 Ταῦτα λελάληκα ὑμῖν ἵνα μὴ σκανδαλισθῆτε. 2 ἀπο-
συναγώγους ποιήσουσιν ὑμᾶς· ἀλλ᾽ ἔρχεται ὥρα ἵνα πᾶς ὁ
ἀποκτείνας [ὑμᾶς] δόξῃ λατρείαν προσφέρειν τῷ θεῷ. 3 καὶ
ταῦτα ποιήσουσιν ὅτι οὐκ ἔγνωσαν τὸν πατέρα οὐδὲ ἐμέ.
4 ἀλλὰ ταῦτα λελάληκα ὑμῖν ἵνα ὅταν ἔλθῃ ἡ ὥρα αὐτῶν
μνημονεύητε αὐτῶν ὅτι ἐγὼ εἶπον ὑμῖν· ταῦτα δὲ ὑμῖν ἐξ
ἀρχῆς οὐκ εἶπον, ὅτι μεθ᾽ ὑμῶν ἤμην.

The Work of the Holy Spirit

5 νῦν δὲ ὑπάγω πρὸς τὸν πέμψαντά με καὶ οὐδεὶς ἐξ ὑμῶν
ἐρωτᾷ με Ποῦ ὑπάγεις; 6 ἀλλ᾽ ὅτι ταῦτα λελάληκα ὑμῖν ἡ

---

21 WH: εἰς ὑμᾶς RP: ὑμῖν 22 WH: εἴχοσαν RP: εἶχον 24 WH: ἐποίησεν RP:
πεποίηκεν // WH: εἴχοσαν RP: εἶχον 25 WH: ἐν τῷ νόμῳ αὐτῶν γεγραμμένος
RP: γεγραμμένος ἐν τῷ νόμῳ αὐτῶν 26 RP: add δὲ after Ὅταν
16:2 WH: [ὑμᾶς] NA/RP: ὑμᾶς 4 RP: omit αὐτῶν after ὥρα

λύπη πεπλήρωκεν ὑμῶν τὴν καρδίαν. 7 ἀλλ᾽ ἐγὼ τὴν
ἀλήθειαν λέγω ὑμῖν, συμφέρει ὑμῖν ἵνα ἐγὼ ἀπέλθω. ἐὰν
γὰρ μὴ ἀπέλθω, ὁ παράκλητος οὐ μὴ ἔλθῃ πρὸς ὑμᾶς· ἐὰν
δὲ πορευθῶ, πέμψω αὐτὸν πρὸς ὑμᾶς. 8 Καὶ ἐλθὼν ἐκεῖνος
ἐλέγξει τὸν κόσμον περὶ ἁμαρτίας καὶ περὶ δικαιοσύνης καὶ
περὶ κρίσεως· 9 περὶ ἁμαρτίας μέν, ὅτι οὐ πιστεύουσιν εἰς
ἐμέ· 10 περὶ δικαιοσύνης δέ, ὅτι πρὸς τὸν πατέρα ὑπάγω καὶ
οὐκέτι θεωρεῖτέ με· 11 περὶ δὲ κρίσεως, ὅτι ὁ ἄρχων τοῦ
κόσμου τούτου κέκριται. 12 Ἔτι πολλὰ ἔχω ὑμῖν λέγειν,
ἀλλ᾽ οὐ δύνασθε βαστάζειν ἄρτι· 13 ὅταν δὲ ἔλθῃ ἐκεῖνος,
τὸ πνεῦμα τῆς ἀληθείας, ὁδηγήσει ὑμᾶς εἰς τὴν ἀλήθειαν
πᾶσαν, οὐ γὰρ λαλήσει ἀφ᾽ ἑαυτοῦ, ἀλλ᾽ ὅσα ἀκούει λαλή-
σει, καὶ τὰ ἐρχόμενα ἀναγγελεῖ ὑμῖν. 14 ἐκεῖνος ἐμὲ δοξά-
σει, ὅτι ἐκ τοῦ ἐμοῦ λήμψεται καὶ ἀναγγελεῖ ὑμῖν. 15 πάντα
ὅσα ἔχει ὁ πατὴρ ἐμά ἐστιν· διὰ τοῦτο εἶπον ὅτι ἐκ τοῦ ἐμοῦ
λαμβάνει καὶ ἀναγγελεῖ ὑμῖν.

Sadness Turned to Joy

16 Μικρὸν καὶ οὐκέτι θεωρεῖτέ με, καὶ πάλιν μικρὸν καὶ
ὄψεσθέ με. 17 Εἶπαν οὖν ἐκ τῶν μαθητῶν αὐτοῦ πρὸς
ἀλλήλους Τί ἐστιν τοῦτο ὃ λέγει ἡμῖν Μικρὸν καὶ οὐ
θεωρεῖτέ με, καὶ πάλιν μικρὸν καὶ ὄψεσθέ με; καί Ὅτι
ὑπάγω πρὸς τὸν πατέρα; 18 ἔλεγον οὖν Τί ἐστιν τοῦτο ὃ
λέγει μικρόν; οὐκ οἴδαμεν [τί λαλεῖ]. 19 ἔγνω Ἰησοῦς ὅτι
ἤθελον αὐτὸν ἐρωτᾶν, καὶ εἶπεν αὐτοῖς Περὶ τούτου
ζητεῖτε μετ᾽ ἀλλήλων ὅτι εἶπον Μικρὸν καὶ οὐ θεωρεῖτέ
με, καὶ πάλιν μικρὸν καὶ ὄψεσθέ με; 20 ἀμὴν ἀμὴν λέγω

---

7 RP: add ἐγὼ after γὰρ // WH: οὐ μὴ ἔλθῃ NA/RP: οὐκ ἐλεύσεται 8 WH: Καὶ
{WH}: καὶ 10 RP: add μου after πατέρα 12 WH: ὑμῖν λέγειν RP: λέγειν ὑμῖν
13 WH: εἰς τὴν ἀλήθειαν πᾶσαν {WH}/NA: ἐν τῇ ἀληθείᾳ πάσῃ RP: εἰς πᾶσαν
τὴν ἀλήθειαν // WH: ἀκούει {WH}/NA: ἀκούσει RP: ἀκούσῃ 14 WH: λήμψεται
RP: λήψεται 16 WH: οὐκέτι RP: οὐ // RP: add ὅτι ὑπάγω πρὸς τὸν πατέρα after
ὄψεσθέ με, 17 RP: add Ἐγὼ after Ὅτι 18 WH: Τί ἐστιν τοῦτο RP: Τοῦτο τί ἐστιν
// WH: ὃ λέγει NA: [ὃ λέγει] τὸ RP: ὃ λέγει, τὸ // WH: [τί λαλεῖ] NA/RP: τί λαλεῖ
19 WH: ἔγνω Ἰησοῦς NA: ἔγνω [ὁ] Ἰησοῦς RP: ἔγνω οὖν ὁ Ἰησοῦς // WH:
ἐρωτᾶν NA: ἐρωτᾶν

ὑμῖν ὅτι κλαύσετε καὶ θρηνήσετε ὑμεῖς, ὁ δὲ κόσμος χαρήσεται· ὑμεῖς λυπηθήσεσθε, ἀλλ' ἡ λύπη ὑμῶν εἰς χαρὰν γενήσεται. 21 ἡ γυνὴ ὅταν τίκτῃ λύπην ἔχει, ὅτι ἦλθεν ἡ ὥρα αὐτῆς· ὅταν δὲ γεννήσῃ τὸ παιδίον, οὐκέτι μνημονεύει τῆς θλίψεως διὰ τὴν χαρὰν ὅτι ἐγεννήθη ἄνθρωπος εἰς τὸν κόσμον. 22 καὶ ὑμεῖς οὖν νῦν μὲν λύπην ἔχετε· πάλιν δὲ ὄψομαι ὑμᾶς, **καὶ χαρήσεται ὑμῶν ἡ καρδία,** καὶ τὴν χαρὰν ὑμῶν οὐδεὶς ἀρεῖ ἀφ' ὑμῶν. 23 καὶ ἐν ἐκείνῃ τῇ ἡμέρᾳ ἐμὲ οὐκ ἐρωτήσετε οὐδέν· ἀμὴν ἀμὴν λέγω ὑμῖν, ἄν τι αἰτήσητε τὸν πατέρα δώσει ὑμῖν ἐν τῷ ὀνόματί μου. 24 ἕως ἄρτι οὐκ ᾐτήσατε οὐδὲν ἐν τῷ ὀνόματί μου· αἰτεῖτε καὶ λήμψεσθε, ἵνα ἡ χαρὰ ὑμῶν ᾖ πεπληρωμένη.

25 Ταῦτα ἐν παροιμίαις λελάληκα ὑμῖν· ἔρχεται ὥρα ὅτε οὐκέτι ἐν παροιμίαις λαλήσω ὑμῖν ἀλλὰ παρρησίᾳ περὶ τοῦ πατρὸς ἀπαγγελῶ ὑμῖν. 26 ἐν ἐκείνῃ τῇ ἡμέρᾳ ἐν τῷ ὀνόματί μου αἰτήσεσθε, καὶ οὐ λέγω ὑμῖν ὅτι ἐγὼ ἐρωτήσω τὸν πατέρα περὶ ὑμῶν· 27 αὐτὸς γὰρ ὁ πατὴρ φιλεῖ ὑμᾶς, ὅτι ὑμεῖς ἐμὲ πεφιλήκατε καὶ πεπιστεύκατε ὅτι ἐγὼ παρὰ τοῦ πατρὸς ἐξῆλθον. 28 ἐξῆλθον ἐκ τοῦ πατρὸς καὶ ἐλήλυθα εἰς τὸν κόσμον· πάλιν ἀφίημι τὸν κόσμον καὶ πορεύομαι πρὸς τὸν πατέρα. 29 Λέγουσιν οἱ μαθηταὶ αὐτοῦ Ἴδε νῦν ἐν παρρησίᾳ λαλεῖς, καὶ παροιμίαν οὐδεμίαν λέγεις. 30 νῦν οἴδαμεν ὅτι οἶδας πάντα καὶ οὐ χρείαν ἔχεις ἵνα τίς σε ἐρωτᾷ· ἐν τούτῳ πιστεύομεν ὅτι ἀπὸ θεοῦ ἐξῆλθες. 31 ἀπεκρίθη αὐτοῖς Ἰησοῦς Ἄρτι πιστεύετε; 32 ἰδοὺ ἔρχεται ὥρα καὶ ἐλήλυθεν ἵνα σκορπισθῆτε ἕκαστος εἰς τὰ ἴδια κἀμὲ μόνον ἀφῆτε· καὶ οὐκ εἰμὶ μόνος, ὅτι ὁ πατὴρ μετ'

---

20 RP: *add* δὲ *before* λυπηθήσεσθε 22 WH: νῦν μὲν λύπην RP: λύπην μὲν νῦν // WH: ἀρεῖ {WH}/NA/RP: αἴρει 23 WH: οὐδέν· {WH}: οὐδέν. // WH: ἄν τι αἰτήσητε RP: ὅτι ὅσα ἂν αἰτήσητε // WH: δώσει ὑμῖν ἐν τῷ ὀνόματί μου NA/RP: ἐν τῷ ὀνόματί μου δώσει ὑμῖν 24 WH: λήμψεσθε RP: λήψεσθε 25 RP: *add* ἀλλ' *before* ἔρχεται // WH: ἀπαγγελῶ RP: ἀναγγελῶ 27 WH: τοῦ πατρὸς NA: [τοῦ θεοῦ] RP: τοῦ θεοῦ 28 WH: ἐκ NA/RP: παρὰ 29 RP: *add* αὐτῷ *after* Λέγουσιν // RP: *omit* ἐν 31 RP: add ὁ *before* Ἰησοῦς 32 RP: *add* νῦν *before* ἐλήλυθεν // WH: κἀμὲ RP: καὶ ἐμὲ

16:22 Isa 66:14

ἐμοῦ ἐστίν. 33 ταῦτα λελάληκα ὑμῖν ἵνα ἐν ἐμοὶ εἰρήνην
ἔχητε· ἐν τῷ κόσμῳ θλῖψιν ἔχετε, ἀλλὰ θαρσεῖτε, ἐγὼ
νενίκηκα τὸν κόσμον.

Jesus Prays for His Disciples

17 Ταῦτα ἐλάλησεν Ἰησοῦς, καὶ ἐπάρας τοὺς ὀφθαλμοὺς
αὐτοῦ εἰς τὸν οὐρανὸν εἶπεν   Πάτερ, ἐλήλυθεν ἡ ὥρα· δό-
ξασόν σου τὸν υἱόν, ἵνα ὁ υἱὸς δοξάσῃ σέ, 2 καθὼς ἔδωκας
αὐτῷ ἐξουσίαν πάσης σαρκός, ἵνα πᾶν ὃ δέδωκας αὐτῷ
δώσει αὐτοῖς ζωὴν αἰώνιον. 3 αὕτη δέ ἐστιν ἡ αἰώνιος ζωὴ
ἵνα γινώσκωσι σὲ τὸν μόνον ἀληθινὸν θεὸν καὶ ὃν
ἀπέστειλας Ἰησοῦν Χριστόν. 4 ἐγώ σε ἐδόξασα ἐπὶ τῆς γῆς,
τὸ ἔργον τελειώσας ὃ δέδωκάς μοι ἵνα ποιήσω· 5 καὶ νῦν δό-
ξασόν με σύ, πάτερ, παρὰ σεαυτῷ τῇ δόξῃ ᾗ εἶχον πρὸ τοῦ
τὸν κόσμον εἶναι παρὰ σοί.

6 Ἐφανέρωσά σου τὸ ὄνομα τοῖς ἀνθρώποις οὓς
ἔδωκάς μοι ἐκ τοῦ κόσμου. σοὶ ἦσαν κἀμοὶ αὐτοὺς ἔδωκας,
καὶ τὸν λόγον σου τετήρηκαν. 7 νῦν ἔγνωκαν ὅτι πάντα ὅσα
ἔδωκάς μοι παρὰ σοῦ εἰσίν· 8 ὅτι τὰ ῥήματα ἃ ἔδωκάς μοι
δέδωκα αὐτοῖς, καὶ αὐτοὶ ἔλαβον καὶ ἔγνωσαν ἀληθῶς ὅτι
παρὰ σοῦ ἐξῆλθον, καὶ ἐπίστευσαν ὅτι σύ με ἀπέστειλας.
9 Ἐγὼ περὶ αὐτῶν ἐρωτῶ· οὐ περὶ τοῦ κόσμου ἐρωτῶ ἀλλὰ
περὶ ὧν δέδωκάς μοι, ὅτι σοί εἰσιν, 10 καὶ τὰ ἐμὰ πάντα σά
ἐστιν καὶ τὰ σὰ ἐμά, καὶ δεδόξασμαι ἐν αὐτοῖς. 11 καὶ
οὐκέτι εἰμὶ ἐν τῷ κόσμῳ, καὶ αὐτοὶ ἐν τῷ κόσμῳ εἰσίν, κἀγὼ
πρὸς σὲ ἔρχομαι. πάτερ ἅγιε, τήρησον αὐτοὺς ἐν τῷ
ὀνόματί σου ᾧ δέδωκάς μοι, ἵνα ὦσιν ἓν καθὼς ἡμεῖς.
12 Ὅτε ἤμην μετ' αὐτῶν ἐγὼ ἐτήρουν αὐτοὺς ἐν τῷ ὀνόματί
σου ᾧ δέδωκάς μοι, καὶ ἐφύλαξα, καὶ οὐδεὶς ἐξ αὐτῶν

17:1 RP: *add* ὁ *before* Ἰησοῦς // WH: ἐπάρας RP: ἐπῆρεν // RP: *add* καὶ *before* εἶπεν
// WH: ὁ υἱὸς RP: καὶ ὁ υἱός σου 2 WH: δώσει ΝΑ: δώσῃ 4 WH: τελειώσας RP:
ἐτελείωσα 5 WH: ᾗ {WH}: ἣν 6 WH: ἔδωκάς μοι RP: δέδωκάς μοι // WH: κἀμοὶ
RP: καὶ ἐμοὶ // WH: αὐτοὺς ἔδωκας RP: αὐτοὺς δέδωκας // WH: τετήρηκαν RP:
τετηρήκασιν 7 WH: ἔδωκάς {WH}/ΝΑ/RP: δέδωκάς // WH: εἰσίν RP: ἐστιν
8 WH: ἔδωκάς {WH}/RP: δέδωκάς 11 WH: αὐτοὶ {WH}/RP: οὗτοι // WH: κἀγὼ
RP: καὶ ἐγὼ 12 RP: *add* ἐν τῷ κόσμῳ *after* μετ' αὐτῶν // WH: ᾧ RP: οὓς // RP: *omit*

ἀπώλετο εἰ μὴ ὁ υἱὸς τῆς ἀπωλείας, ἵνα ἡ γραφὴ πληρωθῇ.
13 νῦν δὲ πρὸς σὲ ἔρχομαι, καὶ ταῦτα λαλῶ ἐν τῷ κόσμῳ
ἵνα ἔχωσιν τὴν χαρὰν τὴν ἐμὴν πεπληρωμένην ἐν ἑαυτοῖς.
14 Ἐγὼ δέδωκα αὐτοῖς τὸν λόγον σου, καὶ ὁ κόσμος ἐμίση-
σεν αὐτούς, ὅτι οὐκ εἰσὶν ἐκ τοῦ κόσμου καθὼς ἐγὼ οὐκ εἰμὶ
ἐκ τοῦ κόσμου. 15 οὐκ ἐρωτῶ ἵνα ἄρῃς αὐτοὺς ἐκ τοῦ κό-
σμου ἀλλ᾽ ἵνα τηρήσῃς αὐτοὺς ἐκ τοῦ πονηροῦ. 16 ἐκ τοῦ
κόσμου οὐκ εἰσὶν καθὼς ἐγὼ οὐκ εἰμὶ ἐκ τοῦ κόσμου.
17 ἁγίασον αὐτοὺς ἐν τῇ ἀληθείᾳ· ὁ λόγος ὁ σὸς ἀλήθειά
ἐστιν. 18 καθὼς ἐμὲ ἀπέστειλας εἰς τὸν κόσμον, κἀγὼ
ἀπέστειλα αὐτοὺς εἰς τὸν κόσμον· 19 καὶ ὑπὲρ αὐτῶν [ἐγὼ]
ἁγιάζω ἐμαυτόν, ἵνα ὦσιν καὶ αὐτοὶ ἡγιασμένοι ἐν
ἀληθείᾳ.

20 Οὐ περὶ τούτων δὲ ἐρωτῶ μόνον, ἀλλὰ καὶ περὶ τῶν
πιστευόντων διὰ τοῦ λόγου αὐτῶν εἰς ἐμέ, 21 ἵνα πάντες ἓν
ὦσιν, καθὼς σύ, πατήρ, ἐν ἐμοὶ κἀγὼ ἐν σοί, ἵνα καὶ αὐτοὶ
ἐν ἡμῖν ὦσιν, ἵνα ὁ κόσμος πιστεύῃ ὅτι σύ με ἀπέστειλας.
22 κἀγὼ τὴν δόξαν ἣν δέδωκάς μοι δέδωκα αὐτοῖς, ἵνα ὦσιν
ἓν καθὼς ἡμεῖς ἕν, 23 ἐγὼ ἐν αὐτοῖς καὶ σὺ ἐν ἐμοί, ἵνα ὦσιν
τετελειωμένοι εἰς ἕν, ἵνα γινώσκῃ ὁ κόσμος ὅτι σύ με ἀπέ-
στειλας καὶ ἠγάπησας αὐτοὺς καθὼς ἐμὲ ἠγάπησας.
24 Πατήρ, ὃ δέδωκάς μοι, θέλω ἵνα ὅπου εἰμὶ ἐγὼ κἀκεῖνοι
ὦσιν μετ᾽ ἐμοῦ, ἵνα θεωρῶσιν τὴν δόξαν τὴν ἐμὴν ἣν
δέδωκάς μοι, ὅτι ἠγάπησάς με πρὸ καταβολῆς κόσμου.
25 Πατὴρ δίκαιε, καὶ ὁ κόσμος σε οὐκ ἔγνω, ἐγὼ δέ σε
ἔγνων, καὶ οὗτοι ἔγνωσαν ὅτι σύ με ἀπέστειλας, 26 καὶ
ἐγνώρισα αὐτοῖς τὸ ὄνομά σου καὶ γνωρίσω, ἵνα ἡ ἀγάπη
ἣν ἠγάπησάς με ἐν αὐτοῖς ᾖ κἀγὼ ἐν αὐτοῖς.

καὶ *before* ἐφύλαξα 13 WH: ἑαυτοῖς RP: αὐτοῖς 16 WH: οὐκ εἰμὶ ἐκ τοῦ κόσμου
RP: ἐκ τοῦ κόσμου οὐκ εἰμὶ 17 RP: *add* σου *after* ἀληθείᾳ 19 WH: [ἐγὼ] NA/RP:
ἐγὼ // WH: ὦσιν καὶ αὐτοὶ RP: καὶ αὐτοὶ ὦσιν 21 WH: πατήρ NA/RP: πάτερ //
RP: *add* ἓν *before* ὦσιν // WH: πιστεύῃ RP: πιστεύσῃ 22 WH: κἀγὼ RP: Καὶ ἐγὼ //
RP: *add* ἐσμεν *after* ἡμεῖς ἕν 23 RP: *add* καὶ *before* ἵνα γινώσκῃ 24 WH: Πατήρ, ὃ
NA: Πάτερ, ὃ RP: Πάτερ, οὓς // WH: δέδωκάς {WH}/RP: ἔδωκάς 25 WH: Πατήρ
NA/RP: Πάτερ

Jesus Is Betrayed and Arrested
(cf. Matt 26:47–56; Mark 14:43–50; Luke 22:47–53)

18 Ταῦτα εἰπὼν Ἰησοῦς ἐξῆλθεν σὺν τοῖς μαθηταῖς αὐτοῦ πέραν τοῦ Χειμάρρου τῶν Κέδρων ὅπου ἦν κῆπος, εἰς ὃν εἰσῆλθεν αὐτὸς καὶ οἱ μαθηταὶ αὐτοῦ. 2 ᾔδει δὲ καὶ Ἰούδας ὁ παραδιδοὺς αὐτὸν τὸν τόπον, ὅτι πολλάκις συνήχθη Ἰησοῦς ἐκεῖ μετὰ τῶν μαθητῶν αὐτοῦ. 3 ὁ οὖν Ἰούδας λαβὼν τὴν σπεῖραν καὶ ἐκ τῶν ἀρχιερέων καὶ [ἐκ] τῶν Φαρισαίων ὑπηρέτας ἔρχεται ἐκεῖ μετὰ φανῶν καὶ λαμπάδων καὶ ὅπλων. 4 Ἰησοῦς οὖν εἰδὼς πάντα τὰ ἐρχόμενα ἐπ᾽ αὐτὸν ἐξῆλθεν, καὶ λέγει αὐτοῖς Τίνα ζητεῖτε; 5 ἀπεκρίθησαν αὐτῷ Ἰησοῦν τὸν Ναζωραῖον. λέγει αὐτοῖς Ἐγώ εἰμι. ἱστήκει δὲ καὶ Ἰούδας ὁ παραδιδοὺς αὐτὸν μετ᾽ αὐτῶν. 6 ὡς οὖν εἶπεν αὐτοῖς Ἐγώ εἰμι, ἀπῆλθαν εἰς τὰ ὀπίσω καὶ ἔπεσαν χαμαί. 7 πάλιν οὖν ἐπηρώτησεν αὐτούς Τίνα ζητεῖτε; οἱ δὲ εἶπαν Ἰησοῦν τὸν Ναζωραῖον. 8 ἀπεκρίθη Ἰησοῦς Εἶπον ὑμῖν ὅτι ἐγώ εἰμι· εἰ οὖν ἐμὲ ζητεῖτε, ἄφετε τούτους ὑπάγειν· 9 ἵνα πληρωθῇ ὁ λόγος ὃν εἶπεν ὅτι Οὓς δέδωκάς μοι οὐκ ἀπώλεσα ἐξ αὐτῶν οὐδένα. 10 Σίμων οὖν Πέτρος ἔχων μάχαιραν εἵλκυσεν αὐτὴν καὶ ἔπαισεν τὸν τοῦ ἀρχιερέως δοῦλον καὶ ἀπέκοψεν αὐτοῦ τὸ ὠτάριον τὸ δεξιόν. ἦν δὲ ὄνομα τῷ δούλῳ Μάλχος. 11 εἶπεν οὖν ὁ Ἰησοῦς τῷ Πέτρῳ Βάλε τὴν μάχαιραν εἰς τὴν θήκην· τὸ ποτήριον ὃ δέδωκέν μοι ὁ πατὴρ οὐ μὴ πίω αὐτό;

Jesus Is Taken to the High Priest
(cf. Matt 26:57–58; Mark 14:53–54; Luke 22:54)

12 Ἡ οὖν σπεῖρα καὶ ὁ χιλίαρχος καὶ οἱ ὑπηρέται τῶν Ἰουδαίων συνέλαβον τὸν Ἰησοῦν καὶ ἔδησαν αὐτὸν 13 καὶ

18:1 RP: *add* ὁ *before* Ἰησοῦς // WH: τῶν NA: τοῦ 2 RP: *add* ὁ *before* Ἰησοῦς // WH: ἐκεῖ μετὰ τῶν μαθητῶν αὐτοῦ {WH}: μετὰ τῶν μαθητῶν αὐτοῦ ἐκεῖ 3 WH: [ἐκ] τῶν NA: ἐκ τῶν RP: *omit* [ἐκ] τῶν 4 WH: ἐξῆλθεν, καὶ λέγει RP: ἐξελθὼν εἶπεν 5 {WH}: *add* Ἰησοῦς *after* Ἐγώ εἰμι // RP: *add* ὁ Ἰησοῦς *after* αὐτοῖς // WH: ἱστήκει NA/RP: εἱστήκει 6 RP: *add* ὅτι *after* αὐτοῖς 7 WH: ἐπηρώτησεν αὐτούς RP: αὐτοὺς ἐπηρώτησεν 10 WH: ὠτάριον RP: ὠτίον 11 RP: *add* σου *after* μάχαιράν

ἤγαγον πρὸς Ἄνναν πρῶτον· ἦν γὰρ πενθερὸς τοῦ Καιάφα, ὃς ἦν ἀρχιερεὺς τοῦ ἐνιαυτοῦ ἐκείνου· 14 ἦν δὲ Καιάφας ὁ συμβουλεύσας τοῖς Ἰουδαίοις ὅτι συμφέρει ἕνα ἄνθρωπον ἀποθανεῖν ὑπὲρ τοῦ λαοῦ.

Peter's First Denial
(cf. Matt 26:69–70; Mark 14:66–68; Luke 22:55–57)

15 Ἠκολούθει δὲ τῷ Ἰησοῦ Σίμων Πέτρος καὶ ἄλλος μαθητής. ὁ δὲ μαθητὴς ἐκεῖνος ἦν γνωστὸς τῷ ἀρχιερεῖ, καὶ συνεισῆλθεν τῷ Ἰησοῦ εἰς τὴν αὐλὴν τοῦ ἀρχιερέως, 16 ὁ δὲ Πέτρος ἱστήκει πρὸς τῇ θύρᾳ ἔξω. ἐξῆλθεν οὖν ὁ μαθητὴς ὁ ἄλλος ὁ γνωστὸς τοῦ ἀρχιερέως καὶ εἶπεν τῇ θυρωρῷ καὶ εἰσήγαγεν τὸν Πέτρον. 17 λέγει οὖν τῷ Πέτρῳ ἡ παιδίσκη ἡ θυρωρός Μὴ καὶ σὺ ἐκ τῶν μαθητῶν εἶ τοῦ ἀνθρώπου τούτου; λέγει ἐκεῖνος Οὐκ εἰμί. 18 ἱστήκεισαν δὲ οἱ δοῦλοι καὶ οἱ ὑπηρέται ἀνθρακιὰν πεποιηκότες, ὅτι ψῦχος ἦν, καὶ ἐθερμαίνοντο· ἦν δὲ καὶ ὁ Πέτρος μετ' αὐτῶν ἑστὼς καὶ θερμαινόμενος.

The High Priest Questions Jesus
(cf. Matt 26:59–66; Mark 14:55–64; Luke 22:66–71)

19 Ὁ οὖν ἀρχιερεὺς ἠρώτησεν τὸν Ἰησοῦν περὶ τῶν μαθητῶν αὐτοῦ καὶ περὶ τῆς διδαχῆς αὐτοῦ. 20 ἀπεκρίθη αὐτῷ Ἰησοῦς Ἐγὼ παρρησίᾳ λελάληκα τῷ κόσμῳ· ἐγὼ πάντοτε ἐδίδαξα ἐν συναγωγῇ καὶ ἐν τῷ ἱερῷ, ὅπου πάντες οἱ Ἰουδαῖοι συνέρχονται, καὶ ἐν κρυπτῷ ἐλάλησα οὐδέν· 21 τί με ἐρωτᾷς; ἐρώτησον τοὺς ἀκηκοότας τί ἐλάλησα

---

13 WH: ἤγαγον RP: ἀπήγαγον αὐτὸν 14 WH: ἀποθανεῖν RP: ἀπολέσθαι 15 RP: add ὁ before ἄλλος // WH: ἦν γνωστὸς {WH}: γνωστὸς ἦν 16 WH: ἱστήκει NA/RP: εἱστήκει // WH: ὁ γνωστὸς τοῦ ἀρχιερέως RP: ὃς ἦν γνωστὸς τῷ ἀρχιερεῖ 17 WH: τῷ Πέτρῳ ἡ παιδίσκη ἡ θυρωρός RP: ἡ παιδίσκη ἡ θυρωρὸς τῷ Πέτρῳ 18 WH: ἱστήκεισαν NA/RP: εἱστήκεισαν // WH: καὶ οἱ Πέτρος μετ' αὐτῶν RP: μετ' αὐτῶν ὁ Πέτρος 20 RP: add ὁ before Ἰησοῦς // WH: λελάληκα RP: ἐλάλησα // WH: πάντες RP: πάντοτε 21 WH: ἐρωτᾷς RP: ἐπερωτᾷς // WH: ἐρώτησον RP: Ἐπερώτησον

αὐτοῖς· ἴδε οὗτοι οἴδασιν ἃ εἶπον ἐγώ. 22 ταῦτα δὲ αὐτοῦ
εἰπόντος εἷς παρεστηκὼς τῶν ὑπηρετῶν ἔδωκεν ῥάπισμα τῷ
Ἰησοῦ εἰπών   Οὕτως ἀποκρίνῃ τῷ ἀρχιερεῖ; 23 ἀπεκρίθη
αὐτῷ Ἰησοῦς   Εἰ κακῶς ἐλάλησα, μαρτύρησον περὶ τοῦ
κακοῦ· εἰ δὲ καλῶς, τί με δέρεις; 24 Ἀπέστειλεν οὖν αὐτὸν
ὁ Ἄννας δεδεμένον πρὸς Καιάφαν τὸν ἀρχιερέα.

Peter's Second Denial
(cf. Matt 26:71–75; Mark 14:69–72; Luke 22:58–62)

25 Ἦν δὲ Σίμων Πέτρος ἑστὼς καὶ θερμαινόμενος. εἶπον
οὖν αὐτῷ   Μὴ καὶ σὺ ἐκ τῶν μαθητῶν αὐτοῦ εἶ; ἠρνήσατο
ἐκεῖνος καὶ εἶπεν   Οὐκ εἰμί. 26 λέγει εἷς ἐκ τῶν δούλων τοῦ
ἀρχιερέως, συγγενὴς ὢν οὗ ἀπέκοψεν Πέτρος τὸ ὠτίον
Οὐκ ἐγώ σε εἶδον ἐν τῷ κήπῳ μετ᾽ αὐτοῦ; 27 πάλιν οὖν
ἠρνήσατο Πέτρος· καὶ εὐθέως ἀλέκτωρ ἐφώνησεν.

Jesus Goes Before Pilate
(cf. Matt 27:1–2, 11–14; Mark 15:1–5; Luke 23:1–5)

28 Ἄγουσιν οὖν τὸν Ἰησοῦν ἀπὸ τοῦ Καιάφα εἰς τὸ
πραιτώριον· ἦν δὲ πρωί· καὶ αὐτοὶ οὐκ εἰσῆλθον εἰς τὸ
πραιτώριον, ἵνα μὴ μιανθῶσιν ἀλλὰ φάγωσιν τὸ πάσχα.
29 ἐξῆλθεν οὖν ὁ Πειλᾶτος ἔξω πρὸς αὐτοὺς καί φησιν
Τίνα κατηγορίαν φέρετε τοῦ ἀνθρώπου τούτου; 30 ἀπε-
κρίθησαν καὶ εἶπαν αὐτῷ   Εἰ μὴ ἦν οὗτος κακὸν ποιῶν,
οὐκ ἄν σοι παρεδώκαμεν αὐτόν. 31 εἶπεν οὖν αὐτοῖς
Πειλᾶτος   Λάβετε αὐτὸν ὑμεῖς, καὶ κατὰ τὸν νόμον ὑμῶν
κρίνατε αὐτόν. εἶπον αὐτῷ οἱ Ἰουδαῖοι   Ἡμῖν οὐκ ἔξεστιν
ἀποκτεῖναι οὐδένα· 32 ἵνα ὁ λόγος τοῦ Ἰησοῦ πληρωθῇ ὃν
εἶπεν σημαίνων ποίῳ θανάτῳ ἤμελλεν ἀποθνῄσκειν.

---

22 WH: παρεστηκὼς τῶν ὑπηρετῶν RP: τῶν ὑπηρετῶν παρεστηκὼς 23 RP: *add*
ὁ *before* Ἰησοῦς 24 RP: *omit* οὖν 25 RP: *add* οὖν *after* ἠρνήσατο 27 RP: *add* ὁ *before*
Πέτρος 28 RP: *omit* καὶ αὐτοὶ οὐκ εἰσῆλθον εἰς τὸ πραιτώριον // RP: *omit* μὴ
μιανθῶσιν ἀλλὰ 29 RP: *omit* ἔξω // WH: φησιν RP: εἶπεν // [NA]/RP: *add* κατὰ
after φέρετε 30 WH: κακὸν ποιῶν RP: κακοποιός 31 WH: Πειλᾶτος NA/RP: ὁ
Πιλᾶτος // RP: *add* οὖν *after* εἶπον

33 Εἰσῆλθεν οὖν πάλιν εἰς τὸ πραιτώριον ὁ Πειλᾶτος καὶ ἐφώνησεν τὸν Ἰησοῦν καὶ εἶπεν αὐτῷ Σὺ εἶ ὁ βασιλεὺς τῶν Ἰουδαίων; 34 ἀπεκρίθη Ἰησοῦς Ἀπὸ σεαυτοῦ σὺ τοῦτο λέγεις ἢ ἄλλοι εἶπόν σοι περὶ ἐμοῦ; 35 ἀπεκρίθη ὁ Πειλᾶτος Μήτι ἐγὼ Ἰουδαῖός εἰμι; τὸ ἔθνος τὸ σὸν καὶ οἱ ἀρχιερεῖς παρέδωκάν σε ἐμοί· τί ἐποίησας; 36 ἀπεκρίθη Ἰησοῦς Ἡ βασιλεία ἡ ἐμὴ οὐκ ἔστιν ἐκ τοῦ κόσμου τούτου· εἰ ἐκ τοῦ κόσμου τούτου ἦν ἡ βασιλεία ἡ ἐμή, οἱ ὑπηρέται οἱ ἐμοὶ ἠγωνίζοντο ἄν, ἵνα μὴ παραδοθῶ τοῖς Ἰουδαίοις· νῦν δὲ ἡ βασιλεία ἡ ἐμὴ οὐκ ἔστιν ἐντεῦθεν. 37 εἶπεν οὖν αὐτῷ ὁ Πειλᾶτος Οὐκοῦν βασιλεὺς εἶ σύ; ἀπεκρίθη [ὁ] Ἰησοῦς Σὺ λέγεις ὅτι βασιλεύς εἰμι. ἐγὼ εἰς τοῦτο γεγέννημαι καὶ εἰς τοῦτο ἐλήλυθα εἰς τὸν κόσμον ἵνα μαρτυρήσω τῇ ἀληθείᾳ· πᾶς ὁ ὢν ἐκ τῆς ἀληθείας ἀκούει μου τῆς φωνῆς. 38 λέγει αὐτῷ ὁ Πειλᾶτος Τί ἐστιν ἀλήθεια;

Καὶ τοῦτο εἰπὼν πάλιν ἐξῆλθεν πρὸς τοὺς Ἰουδαίους, καὶ λέγει αὐτοῖς Ἐγὼ οὐδεμίαν εὑρίσκω ἐν αὐτῷ αἰτίαν· 39 ἔστιν δὲ συνήθεια ὑμῖν ἵνα ἕνα ἀπολύσω ὑμῖν [ἐν] τῷ πάσχα· βούλεσθε οὖν ἀπολύσω ὑμῖν τὸν βασιλέα τῶν Ἰουδαίων; 40 ἐκραύγασαν οὖν πάλιν λέγοντες Μὴ τοῦτον ἀλλὰ τὸν Βαραββᾶν. ἦν δὲ ὁ Βαραββᾶς λῃστής.

Jesus Is Condemned to Die
(cf. Matt 27:15–31; Mark 15:6–20; Luke 23:13–25)

19 Τότε οὖν ἔλαβεν ὁ Πειλᾶτος τὸν Ἰησοῦν καὶ ἐμαστίγωσεν. 2 καὶ οἱ στρατιῶται πλέξαντες στέφανον ἐξ ἀκανθῶν ἐπέθηκαν αὐτοῦ τῇ κεφαλῇ, καὶ ἱμάτιον πορφυροῦν περιέβαλον αὐτόν, 3 καὶ ἤρχοντο πρὸς αὐτὸν καὶ ἔλεγον

---

33 WH: πάλιν εἰς τὸ πραιτώριον RP: εἰς τὸ πραιτώριον πάλιν 34 WH: Ἰησοῦς Ἀπὸ σεαυτοῦ RP: αὐτῷ ὁ Ἰησοῦς, Ἀφ᾿ ἑαυτοῦ // WH: εἶπόν σοι RP: σοι εἶπον 36 WH: οἱ ἐμοὶ ἠγωνίζοντο ἄν NA: οἱ ἐμοὶ ἠγωνίζοντο [ἄν] RP: ἂν οἱ ἐμοὶ ἠγωνίζοντο 37 WH: [ὁ] NA: ὁ RP: omit [ὁ] // WH: εἰμι. {WH}: εἰμι; // RP: add ἐγώ after εἰμι 38 WH: εὑρίσκω ἐν αὐτῷ αἰτίαν RP: αἰτίαν εὑρίσκω ἐν αὐτῷ 39 WH: ἀπολύσω ὑμῖν RP: ὑμῖν ἀπολύσω twice // WH: [ἐν] NA/RP: ἐν 40 RP: add πάντες after πάλιν
19:3 RP: omit ἤρχοντο πρὸς αὐτὸν καὶ // WH: ἐδίδοσαν RP: ἐδίδουν

Χαῖρε, ὁ βασιλεὺς τῶν Ἰουδαίων· καὶ ἐδίδοσαν αὐτῷ ῥαπίσματα. 4 Καὶ ἐξῆλθεν πάλιν ἔξω ὁ Πειλᾶτος καὶ λέγει αὐτοῖς Ἴδε ἄγω ὑμῖν αὐτὸν ἔξω, ἵνα γνῶτε ὅτι οὐδεμίαν αἰτίαν εὑρίσκω ἐν αὐτῷ. 5 ἐξῆλθεν οὖν [ὁ] Ἰησοῦς ἔξω, φορῶν τὸν ἀκάνθινον στέφανον καὶ τὸ πορφυροῦν ἱμάτιον. καὶ λέγει αὐτοῖς Ἰδοὺ ὁ ἄνθρωπος. 6 ὅτε οὖν εἶδον αὐτὸν οἱ ἀρχιερεῖς καὶ οἱ ὑπηρέται ἐκραύγασαν λέγοντες Σταύ-ρωσον σταύρωσον. λέγει αὐτοῖς ὁ Πειλᾶτος Λάβετε αὐτὸν ὑμεῖς καὶ σταυρώσατε, ἐγὼ γὰρ οὐχ εὑρίσκω ἐν αὐτῷ αἰτίαν. 7 ἀπεκρίθησαν αὐτῷ οἱ Ἰουδαῖοι Ἡμεῖς νόμον ἔχομεν, καὶ κατὰ τὸν νόμον ὀφείλει ἀποθανεῖν, ὅτι υἱὸν θεοῦ ἑαυτὸν ἐποίησεν. 8 Ὅτε οὖν ἤκουσεν ὁ Πειλᾶτος τοῦτον τὸν λόγον, μᾶλλον ἐφοβήθη, 9 καὶ εἰσῆλθεν εἰς τὸ πραιτώριον πάλιν καὶ λέγει τῷ Ἰησοῦ Πόθεν εἶ σύ; ὁ δὲ Ἰησοῦς ἀπόκρισιν οὐκ ἔδωκεν αὐτῷ. 10 λέγει οὖν αὐτῷ ὁ Πειλᾶτος Ἐμοὶ οὐ λαλεῖς; οὐκ οἶδας ὅτι ἐξουσίαν ἔχω ἀπολῦσαί σε καὶ ἐξουσίαν ἔχω σταυρῶσαί σε; 11 ἀπεκρίθη αὐτῷ Ἰησοῦς Οὐκ εἶχες ἐξουσίαν κατ' ἐμοῦ οὐδεμίαν εἰ μὴ ἦν δεδομένον σοι ἄνωθεν· διὰ τοῦτο ὁ παραδούς μέ σοι μείζονα ἁμαρτίαν ἔχει. 12 ἐκ τούτου ὁ Πειλᾶτος ἐζήτει ἀπολῦσαι αὐτόν· οἱ δὲ Ἰουδαῖοι ἐκραύγασαν λέγοντες Ἐὰν τοῦτον ἀπολύσῃς, οὐκ εἶ φίλος τοῦ Καίσαρος· πᾶς ὁ βασιλέα ἑαυτὸν ποιῶν ἀντιλέγει τῷ Καίσαρι. 13 Ὁ οὖν Πειλᾶτος ἀκούσας τῶν λόγων τούτων ἤγαγεν ἔξω τὸν Ἰησοῦν, καὶ ἐκάθισεν ἐπὶ βήματος εἰς τόπον λεγόμενον Λι-θόστρωτον, Ἑβραϊστὶ δὲ Γαββαθά. 14 ἦν δὲ παρασκευὴ τοῦ πάσχα, ὥρα ἦν ὡς ἕκτη. καὶ λέγει τοῖς Ἰουδαίοις Ἴδε ὁ

---

4 WH: Καὶ ἐξῆλθεν {WH}: Ἐξῆλθεν RP: Ἐξῆλθεν οὖν // WH: ἔξω ὁ Πειλᾶτος {WH}: ὁ Πειλᾶτος ἔξω // WH: οὐδεμίαν αἰτίαν εὑρίσκω ἐν αὐτῷ RP: ἐν αὐτῷ οὐδεμίαν αἰτίαν εὑρίσκω 5 WH: [ὁ] NA/RP: ὁ // WH: Ἰδοὺ RP: Ἴδε 6 RP: add αὐτόν after σταύρωσον 7 RP: add ἡμῶν after νόμον // WH: υἱὸν θεοῦ ἑαυτὸν RP: ἑαυτὸν υἱὸν θεοῦ 10 WH: ἀπολῦσαί RP: σταυρῶσαί // WH: σταυρῶσαί RP: ἀπολῦσαί 11 WH: αὐτῷ NA: [αὐτῷ] RP: omit αὐτῷ // WH: κατ' ἐμοῦ οὐδεμίαν RP: οὐδεμίαν κατ' ἐμοῦ // WH: δεδομένον σοι RP: σοι δεδομένον // WH: παραδούς RP: παραδιδούς 12 WH: ὁ Πειλᾶτος ἐζήτει RP: ἐζήτει ὁ Πιλᾶτος // WH: ἐκραύγασαν RP: ἔκραζον 13 WH: τῶν λόγων τούτων RP: τοῦτον τὸν λόγον 14 WH: ἦν ὡς RP: δὲ ὡσεὶ

βασιλεὺς ὑμῶν. 15 ἐκραύγασαν οὖν ἐκεῖνοι Ἆρον ἆρον, σταύρωσον αὐτόν. λέγει αὐτοῖς ὁ Πειλᾶτος Τὸν βασιλέα ὑμῶν σταυρώσω; ἀπεκρίθησαν οἱ ἀρχιερεῖς Οὐκ ἔχομεν βασιλέα εἰ μὴ Καίσαρα. 16 τότε οὖν παρέδωκεν αὐτὸν αὐτοῖς ἵνα σταυρωθῇ.

Jesus Is Crucified
(cf. Matt 27:32–44; Mark 15:21–32; Luke 23:26–43)

Παρέλαβον οὖν τὸν Ἰησοῦν· 17 καὶ βαστάζων αὐτῷ τὸν σταυρὸν ἐξῆλθεν εἰς τὸν λεγόμενον Κρανίου Τόπον, ὃ λέγεται Ἑβραϊστὶ Γολγοθά, 18 ὅπου αὐτὸν ἐσταύρωσαν, καὶ μετ' αὐτοῦ ἄλλους δύο ἐντεῦθεν καὶ ἐντεῦθεν, μέσον δὲ τὸν Ἰησοῦν. 19 ἔγραψεν δὲ καὶ τίτλον ὁ Πειλᾶτος καὶ ἔθηκεν ἐπὶ τοῦ σταυροῦ· ἦν δὲ γεγραμμένον ΙΗΣΟΥΣ Ο ΝΑΖΩΡΑΙΟΣ Ο ΒΑΣΙΛΕΥΣ ΤΩΝ ΙΟΥΔΑΙΩΝ. 20 τοῦτον οὖν τὸν τίτλον πολλοὶ ἀνέγνωσαν τῶν Ἰουδαίων, ὅτι ἐγγὺς ἦν ὁ τόπος τῆς πόλεως ὅπου ἐσταυρώθη ὁ Ἰησοῦς· καὶ ἦν γεγραμμένον Ἑβραϊστί, Ῥωμαϊστί, Ἑλληνιστί. 21 ἔλεγον οὖν τῷ Πειλάτῳ οἱ ἀρχιερεῖς τῶν Ἰουδαίων Μὴ γράφε Ὁ βασιλεὺς τῶν Ἰουδαίων, ἀλλ' ὅτι ἐκεῖνος εἶπεν Βασιλεὺς τῶν Ἰουδαίων εἰμί. 22 ἀπεκρίθη ὁ Πειλᾶτος Ὃ γέγραφα γέγραφα.

23 Οἱ οὖν στρατιῶται ὅτε ἐσταύρωσαν τὸν Ἰησοῦν ἔλαβον τὰ ἱμάτια αὐτοῦ καὶ ἐποίησαν τέσσερα μέρη, ἑκάστῳ στρατιώτῃ μέρος, καὶ τὸν χιτῶνα. ἦν δὲ ὁ χιτὼν ἄραφος, ἐκ τῶν ἄνωθεν ὑφαντὸς δι' ὅλου· 24 εἶπαν οὖν πρὸς ἀλλήλους Μὴ σχίσωμεν αὐτόν, ἀλλὰ λάχωμεν περὶ αὐτοῦ τίνος ἔσται· ἵνα ἡ γραφὴ πληρωθῇ

---

15 WH: ἐκραύγασαν οὖν ἐκεῖνοι RP: Οἱ δὲ ἐκραύγασαν 16 WH: οὖν τὸν Ἰησοῦν RP: δὲ τὸν Ἰησοῦν καὶ ἤγαγον 17 WH: αὐτῷ ΝΑ: ἑαυτῷ // WH: αὐτῷ τὸν σταυρὸν RP: τὸν σταυρὸν αὐτοῦ // WH: εἰς τὸν RP: εἰς τόπον // WH: ὃ λέγεται RP: ὅς λέγεται // WH: Γολγοθά {WH}: Γολγόθ 20 WH: Ῥωμαϊστί, Ἑλληνιστί RP: Ἑλληνιστί, Ῥωμαϊστί 21 WH: τῶν Ἰουδαίων εἰμί ΝΑ/RP: εἰμι τῶν Ἰουδαίων 24 [ΝΑ]/RP: add ἡ λέγουσα after πληρωθῇ

Διεμερίσαντο τὰ ἱμάτιά μου ἑαυτοῖς
καὶ ἐπὶ τὸν ἱματισμόν μου ἔβαλον κλῆρον.
Οἱ μὲν οὖν στρατιῶται ταῦτα ἐποίησαν· 25 ἱστήκεισαν δὲ
παρὰ τῷ σταυρῷ τοῦ Ἰησοῦ ἡ μήτηρ αὐτοῦ καὶ ἡ ἀδελφὴ
τῆς μητρὸς αὐτοῦ, Μαρία ἡ τοῦ Κλωπᾶ καὶ Μαρία ἡ Μα-
γδαληνή. 26 Ἰησοῦς οὖν ἰδὼν τὴν μητέρα καὶ τὸν μαθητὴν
παρεστῶτα ὃν ἠγάπα λέγει τῇ μητρί Γύναι, ἴδε ὁ υἱός σου·
27 εἶτα λέγει τῷ μαθητῇ Ἴδε ἡ μήτηρ σου. καὶ ἀπ' ἐκείνης
τῆς ὥρας ἔλαβεν ὁ μαθητὴς αὐτὴν εἰς τὰ ἴδια.

The Death of Jesus
(cf. Matt 27:45–56; Mark 15:33–41; Luke 23:44–49)

28 Μετὰ τοῦτο εἰδὼς ὁ Ἰησοῦς ὅτι ἤδη πάντα τετέλε-
σται ἵνα τελειωθῇ ἡ γραφὴ λέγει Διψῶ. 29 σκεῦος ἔκειτο
ὄξους μεστόν· σπόγγον οὖν μεστὸν τοῦ ὄξους ὑσσώπῳ περι-
θέντες προσήνεγκαν αὐτοῦ τῷ στόματι. 30 ὅτε οὖν ἔλαβεν
τὸ ὄξος [ὁ] Ἰησοῦς εἶπεν Τετέλεσται, καὶ κλίνας τὴν κε-
φαλὴν παρέδωκεν τὸ πνεῦμα.

31 Οἱ οὖν Ἰουδαῖοι, ἐπεὶ παρασκευὴ ἦν, ἵνα μὴ μείνῃ
ἐπὶ τοῦ σταυροῦ τὰ σώματα ἐν τῷ σαββάτῳ, ἦν γὰρ μεγάλη
ἡ ἡμέρα ἐκείνου τοῦ σαββάτου, ἠρώτησαν τὸν Πειλᾶτον
ἵνα κατεαγῶσιν αὐτῶν τὰ σκέλη καὶ ἀρθῶσιν. 32 ἦλθον
οὖν οἱ στρατιῶται, καὶ τοῦ μὲν πρώτου κατέαξαν τὰ σκέλη
καὶ τοῦ ἄλλου τοῦ συνσταυρωθέντος αὐτῷ· 33 ἐπὶ δὲ τὸν
Ἰησοῦν ἐλθόντες, ὡς εἶδον ἤδη αὐτὸν τεθνηκότα, οὐ
κατέαξαν αὐτοῦ τὰ σκέλη, 34 ἀλλ' εἷς τῶν στρατιωτῶν
λόγχῃ αὐτοῦ τὴν πλευρὰν ἔνυξεν, καὶ ἐξῆλθεν εὐθὺς αἷμα

25 WH: ἱστήκεισαν NA/RP: εἱστήκεισαν 26 RP: add αὐτοῦ after μητρὶ // WH: ἴδε
RP: ἰδοὺ 27 WH: Ἴδε RP: Ἰδοὺ 28 WH: εἰδὼς ὁ Ἰησοῦς {WH}: Ἰησοῦς εἰδὼς RP:
ἰδὼν ὁ Ἰησοῦς // WH: ἤδη πάντα RP: πάντα ἤδη 29 RP: add οὖν before ἔκειτο //
WH: σπόγγον οὖν μεστὸν τοῦ ὄξους RP: οἱ δέ, πλήσαντες σπόγγον ὄξους, καὶ
31 WH: ἐκείνου {WH}: ἐκείνη // RP: omit ἐπεὶ παρασκευὴ ἦν // RP: add ἐπεὶ
Παρασκευὴ ἦν after σαββάτῳ 33 WH: ἤδη αὐτὸν RP: αὐτὸν ἤδη 34 WH:
ἐξῆλθεν εὐθὺς RP: εὐθέως ἐξῆλθεν

19:24 Ps 22:18 28–29 Ps 69:21

καὶ ὕδωρ. 35 καὶ ὁ ἑωρακὼς μεμαρτύρηκεν, καὶ ἀληθινὴ αὐτοῦ ἐστιν ἡ μαρτυρία, καὶ ἐκεῖνος οἶδεν ὅτι ἀληθῆ λέγει, ἵνα καὶ ὑμεῖς πιστεύητε. 36 ἐγένετο γὰρ ταῦτα ἵνα ἡ γραφὴ πληρωθῇ Ὀστοῦν οὐ συντριβήσεται αὐτοῦ. 37 καὶ πάλιν ἑτέρα γραφὴ λέγει Ὄψονται εἰς ὃν ἐξεκέντησαν.

The Burial of Jesus
(cf. Matt 27:57–61; Mark 15:42–47; Luke 23:50–56)

38 Μετὰ δὲ ταῦτα ἠρώτησεν τὸν Πειλᾶτον Ἰωσὴφ ἀπὸ Ἁριμαθαίας, ὢν μαθητὴς [τοῦ] Ἰησοῦ κεκρυμμένος δὲ διὰ τὸν φόβον τῶν Ἰουδαίων, ἵνα ἄρῃ τὸ σῶμα τοῦ Ἰησοῦ· καὶ ἐπέτρεψεν ὁ Πειλᾶτος. ἦλθεν οὖν καὶ ἦρεν τὸ σῶμα αὐτοῦ. 39 ἦλθεν δὲ καὶ Νικόδημος, ὁ ἐλθὼν πρὸς αὐτὸν νυκτὸς τὸ πρῶτον, φέρων ἕλιγμα σμύρνης καὶ ἀλόης ὡς λίτρας ἑκατόν. 40 ἔλαβον οὖν τὸ σῶμα τοῦ Ἰησοῦ καὶ ἔδησαν αὐτὸ ὀθονίοις μετὰ τῶν ἀρωμάτων, καθὼς ἔθος ἐστὶν τοῖς Ἰουδαίοις ἐνταφιάζειν. 41 ἦν δὲ ἐν τῷ τόπῳ ὅπου ἐσταυρώθη κῆπος, καὶ ἐν τῷ κήπῳ μνημεῖον καινόν, ἐν ᾧ οὐδέπω οὐδεὶς ἦν τεθειμένος· 42 ἐκεῖ οὖν διὰ τὴν παρασκευὴν τῶν Ἰουδαίων, ὅτι ἐγγὺς ἦν τὸ μνημεῖον, ἔθηκαν τὸν Ἰησοῦν.

Jesus' Resurrection and the Empty Tomb
(cf. Matt 28:1–10; Mark 16:1–8; Luke 24:1–12)

20 Τῇ δὲ μιᾷ τῶν σαββάτων Μαρία ἡ Μαγδαληνὴ ἔρχεται πρωῒ σκοτίας ἔτι οὔσης εἰς τὸ μνημεῖον, καὶ βλέπει τὸν λίθον ἠρμένον ἐκ τοῦ μνημείου. 2 τρέχει οὖν καὶ ἔρχεται πρὸς Σίμωνα Πέτρον καὶ πρὸς τὸν ἄλλον μαθητὴν ὃν ἐφίλει

---

35 WH: αὐτοῦ ἐστὶν RP: ἐστιν αὐτοῦ // WH: καὶ ἐκεῖνος RP: κἀκεῖνος // RP: omit καὶ before ὑμεῖς // WH: πιστεύητε NA/RP: πιστεύσητε 36 RP: add ἀπ' before αὐτοῦ 38 RP: omit δὲ before ταῦτα // [NA]/RP: add ὁ before αὐτὸ // WH: μαθητὴς [τοῦ] Ἰησοῦ NA/RP: μαθητὴς τοῦ Ἰησοῦ 39 WH: αὐτὸν RP: τὸν Ἰησοῦν // WH: ἕλιγμα {WH}/NA/RP: μίγμα 40 RP: add ἐν before ὀθονίοις 41 WH: ἦν τεθειμένος RP: ἐτέθη

---

36 Exod 12:46; Num 9:12; Ps 34:20   37 Zech 12:10

ὁ Ἰησοῦς, καὶ λέγει αὐτοῖς Ἦραν τὸν κύριον ἐκ τοῦ μνημείου, καὶ οὐκ οἴδαμεν ποῦ ἔθηκαν αὐτόν. 3 Ἐξῆλθεν οὖν ὁ Πέτρος καὶ ὁ ἄλλος μαθητής, καὶ ἤρχοντο εἰς τὸ μνημεῖον. 4 ἔτρεχον δὲ οἱ δύο ὁμοῦ· καὶ ὁ ἄλλος μαθητὴς προέδραμεν τάχειον τοῦ Πέτρου καὶ ἦλθεν πρῶτος εἰς τὸ μνημεῖον, 5 καὶ παρακύψας βλέπει κείμενα τὰ ὀθόνια, οὐ μέντοι εἰσῆλθεν. 6 ἔρχεται οὖν καὶ Σίμων Πέτρος ἀκολουθῶν αὐτῷ, καὶ εἰσῆλθεν εἰς τὸ μνημεῖον· καὶ θεωρεῖ τὰ ὀθόνια κείμενα, 7 καὶ τὸ σουδάριον, ὃ ἦν ἐπὶ τῆς κεφαλῆς αὐτοῦ, οὐ μετὰ τῶν ὀθονίων κείμενον ἀλλὰ χωρὶς ἐντετυλιγμένον εἰς ἕνα τόπον· 8 τότε οὖν εἰσῆλθεν καὶ ὁ ἄλλος μαθητὴς ὁ ἐλθὼν πρῶτος εἰς τὸ μνημεῖον, καὶ εἶδεν καὶ ἐπίστευσεν· 9 οὐδέπω γὰρ ᾔδεισαν τὴν γραφὴν ὅτι δεῖ αὐτὸν ἐκ νεκρῶν ἀναστῆναι. 10 ἀπῆλθον οὖν πάλιν πρὸς αὐτοὺς οἱ μαθηταί.

Jesus Appears to Mary Magdalene
(cf. Mark 16:9–11)

11 Μαρία δὲ ἱστήκει πρὸς τῷ μνημείῳ ἔξω κλαίουσα. ὡς οὖν ἔκλαιεν παρέκυψεν εἰς τὸ μνημεῖον, 12 καὶ θεωρεῖ δύο ἀγγέλους ἐν λευκοῖς καθεζομένους, ἕνα πρὸς τῇ κεφαλῇ καὶ ἕνα πρὸς τοῖς ποσίν, ὅπου ἔκειτο τὸ σῶμα τοῦ Ἰησοῦ. 13 καὶ λέγουσιν αὐτῇ ἐκεῖνοι Γύναι, τί κλαίεις; λέγει αὐτοῖς ὅτι Ἦραν τὸν κύριόν μου, καὶ οὐκ οἶδα ποῦ ἔθηκαν αὐτόν. 14 ταῦτα εἰποῦσα ἐστράφη εἰς τὰ ὀπίσω, καὶ θεωρεῖ τὸν Ἰησοῦν ἑστῶτα, καὶ οὐκ ᾔδει ὅτι Ἰησοῦς ἐστίν. 15 λέγει αὐτῇ Ἰησοῦς Γύναι, τί κλαίεις; τίνα ζητεῖς; ἐκείνη δοκοῦσα ὅτι ὁ κηπουρός ἐστιν λέγει αὐτῷ Κύριε, εἰ σὺ ἐβάστασας αὐτόν, εἰπέ μοι ποῦ ἔθηκας αὐτόν, κἀγὼ αὐτὸν ἀρῶ. 16 λέγει αὐτῇ Ἰησοῦς Μαριάμ. στραφεῖσα ἐκείνη λέγει αὐτῷ Ἑβραϊστί Ῥαββουνεί (ὃ λέγεται Διδάσκαλε).

20:6 RP: omit καὶ before Σίμων 10 WH: αὐτοὺς RP: ἑαυτοὺς 11 WH: ἱστήκει NA/RP: εἱστήκει // WH: τῷ μνημείῳ RP: τὸ μνημεῖον // RP: add ἔξω after κλαίουσα 13 WH: ὅτι Ἦραν {WH}: Ὅτι ἦραν 14 RP: add Καὶ before ταῦτα 15 RP: add ὁ before Ἰησοῦς 16 RP: add ὁ before Ἰησοῦς // WH: Μαριάμ RP: Μαρία // RP: omit Ἑβραϊστί

17 λέγει αὐτῇ Ἰησοῦς Μή μου ἅπτου, οὔπω γὰρ ἀναβέβη-
κα πρὸς τὸν πατέρα· πορεύου δὲ πρὸς τοὺς ἀδελφούς μου
καὶ εἰπὲ αὐτοῖς Ἀναβαίνω πρὸς τὸν πατέρα μου καὶ
πατέρα ὑμῶν καὶ θεόν μου καὶ θεὸν ὑμῶν. 18 ἔρχεται
Μαριὰμ ἡ Μαγδαληνὴ ἀγγέλλουσα τοῖς μαθηταῖς ὅτι
Ἑώρακα τὸν κύριον καὶ ταῦτα εἶπεν αὐτῇ.

Jesus Appears to His Disciples
(cf. Matt 28:16–20; Mark 16:14–18; Luke 24:36–49)

19 Οὔσης οὖν ὀψίας τῇ ἡμέρᾳ ἐκείνῃ τῇ μιᾷ σαββάτων,
καὶ τῶν θυρῶν κεκλεισμένων ὅπου ἦσαν οἱ μαθηταὶ διὰ τὸν
φόβον τῶν Ἰουδαίων, ἦλθεν ὁ Ἰησοῦς καὶ ἔστη εἰς τὸ μέσον,
καὶ λέγει αὐτοῖς Εἰρήνη ὑμῖν. 20 καὶ τοῦτο εἰπὼν ἔδειξεν
καὶ τὰς χεῖρας καὶ τὴν πλευρὰν αὐτοῖς. ἐχάρησαν οὖν οἱ
μαθηταὶ ἰδόντες τὸν κύριον. 21 εἶπεν οὖν αὐτοῖς [ὁ Ἰησοῦς]
πάλιν Εἰρήνη ὑμῖν· καθὼς ἀπέσταλκέν με ὁ πατήρ, κἀγὼ
πέμπω ὑμᾶς. 22 καὶ τοῦτο εἰπὼν ἐνεφύσησεν καὶ λέγει
αὐτοῖς Λάβετε πνεῦμα ἅγιον· 23 ἄν τινων ἀφῆτε τὰς
ἁμαρτίας ἀφέωνται αὐτοῖς· ἄν τινων κρατῆτε κεκράτηνται.

Jesus Appears to Thomas

24 Θωμᾶς δὲ εἷς ἐκ τῶν δώδεκα, ὁ λεγόμενος Δίδυμος,
οὐκ ἦν μετ' αὐτῶν ὅτε ἦλθεν Ἰησοῦς. 25 ἔλεγον οὖν αὐτῷ οἱ
ἄλλοι μαθηταί Ἑωράκαμεν τὸν κύριον. ὁ δὲ εἶπεν αὐτοῖς
Ἐὰν μὴ ἴδω ἐν ταῖς χερσὶν αὐτοῦ τὸν τύπον τῶν ἥλων καὶ
βάλω τὸν δάκτυλόν μου εἰς τὸν τύπον τῶν ἥλων καὶ βάλω
μου τὴν χεῖρα εἰς τὴν πλευρὰν αὐτοῦ, οὐ μὴ πιστεύσω.

---

17 RP: *add* ὁ *before* Ἰησοῦς // WH: Μὴ ἅπτου μου {WH}: Μὴ ἅπτου μου // RP: *add*
μου *after* πατέρα 18 WH: Μαριὰμ RP: Μαρία // WH: ἀγγέλλουσα RP:
ἀπαγγέλλουσα // WH: Ἑώρακα RP: ἑώρακεν 19 RP: *add* τῶν *before* σαββάτων //
RP: *add* συνηγμένοι *after* μαθηταί 20 NA: *add* καὶ *after* ἔδειξεν // WH: καὶ τὰς . . .
πλευρὰν αὐτοῖς NA: τὰς . . . πλευρὰν αὐτοῖς RP: αὐτοῖς τὰς . . . πλευρὰν αὐτοῦ
21 WH: [ὁ Ἰησοῦς] RP: ὁ Ἰησοῦς 23 WH: τινων . . . τινων {WH}: τινος . . . τινος
// WH: ἀφέωνται {WH}: ἀφίονται RP: ἀφιένται 24 RP: *add* ὁ *before* Ἰησοῦς
25 WH: μου τὴν χεῖρα RP: τὴν χεῖρά μου

26 Καὶ μεθ᾽ ἡμέρας ὀκτὼ πάλιν ἦσαν ἔσω οἱ μαθηταὶ αὐτοῦ καὶ Θωμᾶς μετ᾽ αὐτῶν. ἔρχεται ὁ Ἰησοῦς τῶν θυρῶν κεκλεισμένων, καὶ ἔστη εἰς τὸ μέσον καὶ εἶπεν   Εἰρήνη ὑμῖν. 27 εἶτα λέγει τῷ Θωμᾷ   Φέρε τὸν δάκτυλόν σου ὧδε καὶ ἴδε τὰς χεῖράς μου, καὶ φέρε τὴν χεῖρά σου καὶ βάλε εἰς τὴν πλευράν μου, καὶ μὴ γίνου ἄπιστος ἀλλὰ πιστός. 28 ἀπεκρίθη Θωμᾶς καὶ εἶπεν αὐτῷ   Ὁ κύριός μου καὶ ὁ θεός μου. 29 λέγει αὐτῷ [ὁ] Ἰησοῦς   Ὅτι ἑώρακάς με πεπίστευκας; μακάριοι οἱ μὴ ἰδόντες καὶ πιστεύσαντες.

The Purpose of John's Gospel

30 Πολλὰ μὲν οὖν καὶ ἄλλα σημεῖα ἐποίησεν ὁ Ἰησοῦς ἐνώπιον τῶν μαθητῶν, ἃ οὐκ ἔστιν γεγραμμένα ἐν τῷ βιβλίῳ τούτῳ· 31 ταῦτα δὲ γέγραπται ἵνα πιστεύητε ὅτι Ἰησοῦς ἐστιν ὁ χριστὸς ὁ υἱὸς τοῦ θεοῦ, καὶ ἵνα πιστεύοντες ζωὴν ἔχητε ἐν τῷ ὀνόματι αὐτοῦ.

Jesus Appears to Seven Disciples

21 Μετὰ ταῦτα ἐφανέρωσεν ἑαυτὸν πάλιν Ἰησοῦς τοῖς μαθηταῖς ἐπὶ τῆς θαλάσσης τῆς Τιβεριάδος· ἐφανέρωσεν δὲ οὕτως. 2 Ἦσαν ὁμοῦ Σίμων Πέτρος καὶ Θωμᾶς ὁ λεγόμενος Δίδυμος καὶ Ναθαναὴλ ὁ ἀπὸ Κανὰ τῆς Γαλιλαίας καὶ οἱ τοῦ Ζεβεδαίου καὶ ἄλλοι ἐκ τῶν μαθητῶν αὐτοῦ δύο. 3 λέγει αὐτοῖς Σίμων Πέτρος   Ὑπάγω ἁλιεύειν· λέγουσιν αὐτῷ   Ἐρχόμεθα καὶ ἡμεῖς σὺν σοί. ἐξῆλθαν καὶ ἐνέβησαν εἰς τὸ πλοῖον, καὶ ἐν ἐκείνῃ τῇ νυκτὶ ἐπίασαν οὐδέν. 4 πρωίας δὲ ἤδη γινομένης ἔστη Ἰησοῦς εἰς τὸν αἰγιαλόν· οὐ μέντοι ᾔδεισαν οἱ μαθηταὶ ὅτι Ἰησοῦς ἐστιν. 5 λέγει οὖν αὐτοῖς Ἰησοῦς   Παιδία, μή τι προσφάγιον ἔχετε; ἀπεκρίθησαν

---

28 RP: *add* Καὶ *before* ἀπεκρίθη 29 WH: [ὁ] NA/RP: ὁ 30 {WH}/[NA]/RP: *add* αὐτοῦ *after* μαθητῶν 31 WH: πιστεύητε NA/RP: πιστεύσητε
21:1 NA/RP: *add* ὁ *before* Ἰησοῦς 3 RP: *add* εὐθύς *after* πλοῖον 4 WH: γινομένης NA/RP: γενομένης // RP: *add* ὁ *before* Ἰησοῦς // WH: εἰς {WH}: ἐπὶ 5 [NA]/RP: *add* ὁ *before* Ἰησοῦς

αὐτῷ Οὔ. 6 ὁ δὲ εἶπεν αὐτοῖς Βάλετε εἰς τὰ δεξιὰ μέρη τοῦ πλοίου τὸ δίκτυον, καὶ εὑρήσετε. ἔβαλον οὖν, καὶ οὐκέτι αὐτὸ ἑλκύσαι ἴσχυον ἀπὸ τοῦ πλήθους τῶν ἰχθύων.

Jesus and the Miraculous Catch of Fish

7 λέγει οὖν ὁ μαθητὴς ἐκεῖνος ὃν ἠγάπα ὁ Ἰησοῦς τῷ Πέτρῳ Ὁ κύριός ἐστιν. Σίμων οὖν Πέτρος, ἀκούσας ὅτι ὁ κύριός ἐστιν, τὸν ἐπενδύτην διεζώσατο, ἦν γὰρ γυμνός, καὶ ἔβαλεν ἑαυτὸν εἰς τὴν θάλασσαν· 8 οἱ δὲ ἄλλοι μαθηταὶ τῷ πλοιαρίῳ ἦλθον, οὐ γὰρ ἦσαν μακρὰν ἀπὸ τῆς γῆς ἀλλὰ ὡς ἀπὸ πηχῶν διακοσίων, σύροντες τὸ δίκτυον τῶν ἰχθύων. 9 Ὡς οὖν ἀπέβησαν εἰς τὴν γῆν βλέπουσιν ἀνθρακιὰν κειμένην καὶ ὀψάριον ἐπικείμενον καὶ ἄρτον. 10 λέγει αὐτοῖς [ὁ] Ἰησοῦς Ἐνέγκατε ἀπὸ τῶν ὀψαρίων ὧν ἐπιάσατε νῦν. 11 ἀνέβη οὖν Σίμων Πέτρος καὶ εἵλκυσεν τὸ δίκτυον εἰς τὴν γῆν μεστὸν ἰχθύων μεγάλων ἑκατὸν πεντήκοντα τριῶν· καὶ τοσούτων ὄντων οὐκ ἐσχίσθη τὸ δίκτυον. 12 λέγει αὐτοῖς [ὁ] Ἰησοῦς Δεῦτε ἀριστήσατε. οὐδεὶς ἐτόλμα τῶν μαθητῶν ἐξετάσαι αὐτόν Σὺ τίς εἶ; εἰδότες ὅτι ὁ κύριός ἐστιν. 13 ἔρχεται Ἰησοῦς καὶ λαμβάνει τὸν ἄρτον καὶ δίδωσιν αὐτοῖς, καὶ τὸ ὀψάριον ὁμοίως. 14 Τοῦτο ἤδη τρίτον ἐφανερώθη Ἰησοῦς τοῖς μαθηταῖς ἐγερθεὶς ἐκ νεκρῶν.

Jesus Challenges Peter

15 Ὅτε οὖν ἠρίστησαν λέγει τῷ Σίμωνι Πέτρῳ ὁ Ἰησοῦς Σίμων Ἰωάνου, ἀγαπᾷς με πλέον τούτων; λέγει αὐτῷ Ναί, κύριε, σὺ οἶδας ὅτι φιλῶ σε. λέγει αὐτῷ Βόσκε τὰ ἀρνία μου. 16 λέγει αὐτῷ πάλιν δεύτερον Σίμων Ἰωάνου, ἀγαπᾷς με; λέγει αὐτῷ Ναί, κύριε, σὺ οἶδας ὅτι φιλῶ σε. λέγει αὐτῷ

---

6 WH: ἴσχυον RP: ἴσχυσαν 10 WH: [ὁ] NA/RP: ὁ 11 RP: omit οὖν // WH: εἰς τὴν γῆν RP: ἐπὶ τῆς γῆς 12 WH: [ὁ] NA/RP: ὁ // NA/RP: add δὲ after οὐδεὶς 13 RP: add οὖν ὁ after ἔρχεται 14 RP: add ὁ before Ἰησοῦς // RP: add αὐτοῦ after μαθηταῖς 15 WH: Ἰωάνου NA: Ἰωάννου RP: Ἰωνᾶ

Ποίμαινε τὰ προβάτιά μου. 17 λέγει αὐτῷ τὸ τρίτον Σίμων Ἰωάνου, φιλεῖς με; ἐλυπήθη ὁ Πέτρος ὅτι εἶπεν αὐτῷ τὸ τρίτον Φιλεῖς με; καὶ εἶπεν αὐτῷ Κύριε, πάντα σὺ οἶδας, σὺ γινώσκεις ὅτι φιλῶ σε. λέγει αὐτῷ Ἰησοῦς Βόσκε τὰ προβάτιά μου. 18 ἀμὴν ἀμὴν λέγω σοι, ὅτε ἦς νεώτερος, ἐζώννυες σεαυτὸν καὶ περιεπάτεις ὅπου ἤθελες· ὅταν δὲ γηράσῃς, ἐκτενεῖς τὰς χεῖράς σου, καὶ ἄλλος ζώσει σε καὶ οἴσει ὅπου οὐ θέλεις. 19 τοῦτο δὲ εἶπεν σημαίνων ποίῳ θανάτῳ δοξάσει τὸν θεόν. καὶ τοῦτο εἰπὼν λέγει αὐτῷ Ἀκολούθει μοι.

20 Ἐπιστραφεὶς ὁ Πέτρος βλέπει τὸν μαθητὴν ὃν ἠγάπα ὁ Ἰησοῦς ἀκολουθοῦντα, ὃς καὶ ἀνέπεσεν ἐν τῷ δείπνῳ ἐπὶ τὸ στῆθος αὐτοῦ καὶ εἶπεν Κύριε, τίς ἐστιν ὁ παραδιδούς σε; 21 τοῦτον οὖν ἰδὼν ὁ Πέτρος λέγει τῷ Ἰησοῦ Κύριε, οὗτος δὲ τί; 22 λέγει αὐτῷ ὁ Ἰησοῦς Ἐὰν αὐτὸν θέλω μένειν ἕως ἔρχομαι, τί πρὸς σέ; σύ μοι ἀκολούθει. 23 Ἐξῆλθεν οὖν οὗτος ὁ λόγος εἰς τοὺς ἀδελφοὺς ὅτι ὁ μαθητὴς ἐκεῖνος οὐκ ἀποθνήσκει. οὐκ εἶπεν δὲ αὐτῷ ὁ Ἰησοῦς ὅτι οὐκ ἀποθνήσκει, ἀλλ' Ἐὰν αὐτὸν θέλω μένειν ἕως ἔρχομαι, τί πρὸς σέ;

Conclusion

24 Οὗτός ἐστιν ὁ μαθητὴς ὁ μαρτυρῶν περὶ τούτων καὶ ὁ γράψας ταῦτα, καὶ οἴδαμεν ὅτι ἀληθὴς αὐτοῦ ἡ μαρτυρία ἐστίν.

25 Ἔστιν δὲ καὶ ἄλλα πολλὰ ἃ ἐποίησεν ὁ Ἰησοῦς, ἅτινα ἐὰν γράφηται καθ' ἕν, οὐδ' αὐτὸν οἶμαι τὸν κόσμον χωρήσειν τὰ γραφόμενα βιβλία.

16 WH: προβάτιά {WH}/NA/RP: πρόβατά 17 WH: Ἰωάνου NA: Ἰωάννου RP: Ἰωνᾶ // WH: εἶπεν NA: λέγει // WH: πάντα σὺ RP: σὺ πάντα // WH: Ἰησοῦς NA: [ὁ] Ἰησοῦς RP: ὁ Ἰησοῦς // WH: προβάτιά {WH}/NA/RP: πρόβατά 18 WH: ζώσει σε NA/RP: σε ζώσει 20 RP: add δὲ before ὁ Πέτρος 21 RP: omit οὖν 22 WH: μοι ἀκολούθει RP: ἀκολούθει μοι 23 WH: οὗτος ὁ λόγος RP: ὁ λόγος οὗτος // WH: οὐκ εἶπεν δὲ RP: καὶ οὐκ εἶπεν // WH: , τί πρὸς σέ; NA: [, τί πρὸς σέ]; 24 RP: omit ὁ before γράψας // WH: αὐτοῦ ἡ μαρτυρία ἐστίν RP: ἐστιν ἡ μαρτυρία αὐτοῦ // {WH}: add καὶ before μαρτυρῶν // WH: καὶ ὁ {WH}: [ὁ] καὶ 25 RP: ὅσα // WH: χωρήσειν NA/RP: χωρῆσαι // RP: add Ἀμήν after βιβλία.

ΠΡΑΞΕΙΣ ΑΠΟΣΤΟΛΩΝ

Prologue and Promise

1 Τὸν μὲν πρῶτον λόγον ἐποιησάμην περὶ πάντων, ὦ Θεόφιλε, ὧν ἤρξατο Ἰησοῦς ποιεῖν τε καὶ διδάσκειν 2 ἄχρι ἧς ἡμέρας ἐντειλάμενος τοῖς ἀποστόλοις διὰ πνεύματος ἁγίου οὓς ἐξελέξατο ἀνελήμφθη· 3 οἷς καὶ παρέστησεν ἑαυτὸν ζῶντα μετὰ τὸ παθεῖν αὐτὸν ἐν πολλοῖς τεκμηρίοις, δι' ἡμερῶν τεσσεράκοντα ὀπτανόμενος αὐτοῖς καὶ λέγων τὰ περὶ τῆς βασιλείας τοῦ θεοῦ. 4 καὶ συναλιζόμενος παρήγγειλεν αὐτοῖς ἀπὸ Ἰεροσολύμων μὴ χωρίζεσθαι, ἀλλὰ περιμένειν τὴν ἐπαγγελίαν τοῦ πατρὸς ἣν ἠκούσατέ μου· 5 ὅτι Ἰωάνης μὲν ἐβάπτισεν ὕδατι, ὑμεῖς δὲ ἐν πνεύματι βαπτισθήσεσθε ἁγίῳ οὐ μετὰ πολλὰς ταύτας ἡμέρας.

Jesus Ascends to Heaven

6 Οἱ μὲν οὖν συνελθόντες ἠρώτων αὐτὸν λέγοντες Κύριε, εἰ ἐν τῷ χρόνῳ τούτῳ ἀποκαθιστάνεις τὴν βασιλείαν τῷ Ἰσραήλ; 7 εἶπεν πρὸς αὐτούς Οὐχ ὑμῶν ἐστὶν γνῶναι χρόνους ἢ καιροὺς οὓς ὁ πατὴρ ἔθετο ἐν τῇ ἰδίᾳ ἐξουσίᾳ, 8 ἀλλὰ λήμψεσθε δύναμιν ἐπελθόντος τοῦ ἁγίου πνεύματος ἐφ' ὑμᾶς, καὶ ἔσεσθέ μου μάρτυρες ἔν τε Ἰερουσαλὴμ καὶ [ἐν] πάσῃ τῇ Ἰουδαίᾳ καὶ Σαμαρίᾳ καὶ ἕως ἐσχάτου τῆς γῆς. 9 καὶ ταῦτα εἰπὼν βλεπόντων αὐτῶν ἐπήρθη, καὶ νεφέλη ὑπέλαβεν αὐτὸν ἀπὸ τῶν ὀφθαλμῶν αὐτῶν. 10 καὶ ὡς ἀτενίζοντες ἦσαν εἰς τὸν οὐρανὸν πορευομένου αὐτοῦ, καὶ ἰδοὺ ἄνδρες δύο παριστήκεισαν αὐτοῖς ἐν ἐσθήσεσι

λευκαῖς, 11 οἳ καὶ εἶπαν Ἄνδρες Γαλιλαῖοι, τί ἑστήκατε
βλέποντες εἰς τὸν οὐρανόν; οὗτος ὁ Ἰησοῦς ὁ ἀναλημφθεὶς
ἀφ᾿ ὑμῶν εἰς τὸν οὐρανὸν οὕτως ἐλεύσεται ὃν τρόπον
ἐθεάσασθε αὐτὸν πορευόμενον εἰς τὸν οὐρανόν. 12 Τότε
ὑπέστρεψαν εἰς Ἰερουσαλὴμ ἀπὸ ὄρους τοῦ καλουμένου
Ἐλαιῶνος, ὅ ἐστιν ἐγγὺς Ἰερουσαλὴμ σαββάτου ἔχον ὁδόν.

The Disciples Gather in the Upper Room

13 Καὶ ὅτε εἰσῆλθον, εἰς τὸ ὑπερῷον ἀνέβησαν οὗ ἦσαν
καταμένοντες, ὅ τε Πέτρος καὶ Ἰωάνης καὶ Ἰάκωβος καὶ
Ἀνδρέας, Φίλιππος καὶ Θωμᾶς, Βαρθολομαῖος καὶ Μαθ-
θαῖος, Ἰάκωβος Ἀλφαίου καὶ Σίμων ὁ ζηλωτὴς καὶ Ἰούδας
Ἰακώβου. 14 οὗτοι πάντες ἦσαν προσκαρτεροῦντες ὁμοθυ-
μαδὸν τῇ προσευχῇ σὺν γυναιξὶν καὶ Μαριὰμ τῇ μητρὶ
[τοῦ] Ἰησοῦ καὶ σὺν τοῖς ἀδελφοῖς αὐτοῦ.

Judas' Successor Is Chosen

15 Καὶ ἐν ταῖς ἡμέραις ταύταις ἀναστὰς Πέτρος ἐν
μέσῳ τῶν ἀδελφῶν εἶπεν (ἦν τε ὄχλος ὀνομάτων ἐπὶ τὸ αὐτὸ
ὡς ἑκατὸν εἴκοσι) 16 Ἄνδρες ἀδελφοί, ἔδει πληρωθῆναι τὴν
γραφὴν ἣν προεῖπε τὸ πνεῦμα τὸ ἅγιον διὰ στόματος Δαυεὶδ
περὶ Ἰούδα τοῦ γενομένου ὁδηγοῦ τοῖς συλλαβοῦσιν
Ἰησοῦν, 17 ὅτι κατηριθμημένος ἦν ἐν ἡμῖν καὶ ἔλαχεν τὸν
κλῆρον τῆς διακονίας ταύτης. 18 —Οὗτος μὲν οὖν ἐκτή-
σατο χωρίον ἐκ μισθοῦ τῆς ἀδικίας, καὶ πρηνὴς γενόμενος
ἐλάκησεν μέσος, καὶ ἐξεχύθη πάντα τὰ σπλάγχνα αὐτοῦ.
19 καὶ γνωστὸν ἐγένετο πᾶσι τοῖς κατοικοῦσιν Ἰερουσα-
λήμ, ὥστε κληθῆναι τὸ χωρίον ἐκεῖνο τῇ διαλέκτῳ αὐτῶν

---

11 WH: βλέποντες NA: [ἐμ]βλέποντες RP: ἐμβλέποντες 13 WH: εἰς τὸ ὑπερῷον
ἀνέβησαν RP: ἀνέβησαν εἰς τὸ ὑπερῷον 14 RP: add καὶ τῇ δεήσει after
προσευχῇ // WH: [τοῦ] NA: τοῦ // NA: omit σὺν 15 WH: ἀδελφῶν RP: μαθητῶν
// WH: ὡς NA: ὡσεὶ 16 RP: add ταύτην after γραφὴν // RP: add τὸν before Ἰησοῦν
17 WH: ἐν RP: σὺν 19 NA/RP: add ἰδίᾳ before διαλέκτῳ //

Ἀκελδαμάχ, τοῦτ᾽ ἔστιν Χωρίον Αἵματος.—20 Γέγραπται
γὰρ ἐν Βίβλῳ Ψαλμῶν
    Γενηθήτω ἡ ἔπαυλις αὐτοῦ ἔρημος
    καὶ μὴ ἔστω ὁ κατοικῶν ἐν αὐτῇ,
καί
    Τὴν ἐπισκοπὴν αὐτοῦ λαβέτω ἕτερος.

21 δεῖ οὖν τῶν συνελθόντων ἡμῖν ἀνδρῶν ἐν παντὶ χρόνῳ
ᾧ εἰσῆλθεν καὶ ἐξῆλθεν ἐφ᾽ ἡμᾶς ὁ κύριος Ἰησοῦς,
22 ἀρξάμενος ἀπὸ τοῦ βαπτίσματος Ἰωάνου ἕως τῆς
ἡμέρας ἧς ἀνελήμφθη ἀφ᾽ ἡμῶν, μάρτυρα τῆς ἀναστάσεως
αὐτοῦ σὺν ἡμῖν γενέσθαι ἕνα τούτων. 23 καὶ ἔστησαν δύο,
Ἰωσὴφ τὸν καλούμενον Βαρσαββᾶν, ὃς ἐπεκλήθη Ἰοῦστος,
καὶ Μαθθίαν. 24 καὶ προσευξάμενοι εἶπαν Σὺ κύριε καρ-
διογνῶστα πάντων, ἀνάδειξον ὃν ἐξελέξω, ἐκ τούτων τῶν
δύο ἕνα, 25 λαβεῖν τὸν τόπον τῆς διακονίας ταύτης καὶ
ἀποστολῆς, ἀφ᾽ ἧς παρέβη Ἰούδας πορευθῆναι εἰς τὸν
τόπον τὸν ἴδιον. 26 καὶ ἔδωκαν κλήρους αὐτοῖς, καὶ ἔπεσεν
ὁ κλῆρος ἐπὶ Μαθθίαν, καὶ συνκατεψηφίσθη μετὰ τῶν ἔνδε-
κα ἀποστόλων.

The Holy Spirit Descends at Pentecost

2 Καὶ ἐν τῷ συνπληροῦσθαι τὴν ἡμέραν τῆς πεντηκοστῆς
ἦσαν πάντες ὁμοῦ ἐπὶ τὸ αὐτό, 2 καὶ ἐγένετο ἄφνω ἐκ τοῦ
οὐρανοῦ ἦχος ὥσπερ φερομένης πνοῆς βιαίας καὶ ἐπλήρω-
σεν ὅλον τὸν οἶκον οὗ ἦσαν καθήμενοι, 3 καὶ ὤφθησαν
αὐτοῖς διαμεριζόμεναι γλῶσσαι ὡσεὶ πυρός, καὶ ἐκάθισεν
ἐφ᾽ ἕνα ἕκαστον αὐτῶν, 4 καὶ ἐπλήσθησαν πάντες πνεύμα-
τος ἁγίου, καὶ ἤρξαντο λαλεῖν ἑτέραις γλώσσαις καθὼς τὸ
πνεῦμα ἐδίδου ἀποφθέγγεσθαι αὐτοῖς.

WH: Ἀκελδαμάχ RP: Ἀκελδαμά 20 WH: λαβέτω RP: λάβοι 21 RP: *add* ἐν *after*
χρόνῳ 22 WH: σὺν ἡμῖν γενέσθαι RP: γενέσθαι σὺν ἡμῖν 25 WH: τόπον RP:
κλῆρον // WH: ἀφ᾽ RP: ἐξ 26 WH: αὐτοῖς RP: αὐτῶν
2:1 WH: πάντες ὁμοῦ RP: ἅπαντες ὁμοθυμαδὸν 3 RP: *omit* καὶ // RP: *add* τε *after*
ἐκάθισέν 4 WH: πάντες RP: ἅπαντες // WH: ἀποφθέγγεσθαι αὐτοῖς RP: αὐτοῖς

5 Ἦσαν δὲ ἐν Ἰερουσαλὴμ κατοικοῦντες Ἰουδαῖοι, ἄνδρες εὐλαβεῖς ἀπὸ παντὸς ἔθνους τῶν ὑπὸ τὸν οὐρανόν· 6 γενομένης δὲ τῆς φωνῆς ταύτης συνῆλθε τὸ πλῆθος καὶ συνεχύθη, ὅτι ἤκουσεν εἷς ἕκαστος τῇ ἰδίᾳ διαλέκτῳ λαλούντων αὐτῶν· 7 ἐξίσταντο δὲ καὶ ἐθαύμαζον λέγοντες Οὐχὶ ἰδοὺ πάντες οὗτοί εἰσιν οἱ λαλοῦντες Γαλιλαῖοι; 8 καὶ πῶς ἡμεῖς ἀκούομεν ἕκαστος τῇ ἰδίᾳ διαλέκτῳ ἡμῶν ἐν ᾗ ἐγεννήθημεν; 9 Πάρθοι καὶ Μῆδοι καὶ Ἐλαμεῖται, καὶ οἱ κατοικοῦντες τὴν Μεσοποταμίαν, Ἰουδαίαν τε καὶ Καππαδοκίαν, Πόντον καὶ τὴν Ἀσίαν, 10 Φρυγίαν τε καὶ Παμφυλίαν, Αἴγυπτον καὶ τὰ μέρη τῆς Λιβύης τῆς κατὰ Κυρήνην, καὶ οἱ ἐπιδημοῦντες Ῥωμαῖοι, Ἰουδαῖοί τε καὶ προσήλυτοι, 11 Κρῆτες καὶ Ἄραβες, ἀκούομεν λαλούντων αὐτῶν ταῖς ἡμετέραις γλώσσαις τὰ μεγαλεῖα τοῦ θεοῦ. 12 ἐξίσταντο δὲ πάντες καὶ διηποροῦντο, ἄλλος πρὸς ἄλλον λέγοντες Τί θέλει τοῦτο εἶναι; 13 ἕτεροι δὲ διαχλευάζοντες ἔλεγον ὅτι Γλεύκους μεμεστωμένοι εἰσίν.

Peter Addresses the Crowd

14 Σταθεὶς δὲ ὁ Πέτρος σὺν τοῖς ἕνδεκα ἐπῆρεν τὴν φωνὴν αὐτοῦ καὶ ἀπεφθέγξατο αὐτοῖς Ἄνδρες Ἰουδαῖοι καὶ οἱ κατοικοῦντες Ἰερουσαλὴμ πάντες, τοῦτο ὑμῖν γνωστὸν ἔστω καὶ ἐνωτίσασθε τὰ ῥήματά μου. 15 οὐ γὰρ ὡς ὑμεῖς ὑπολαμβάνετε οὗτοι μεθύουσιν, ἔστιν γὰρ ὥρα τρίτη τῆς ἡμέρας, 16 ἀλλὰ τοῦτό ἐστιν τὸ εἰρημένον διὰ τοῦ προφήτου Ἰωήλ

17 **Καὶ ἔσται** ἐν ταῖς ἐσχάταις ἡμέραις, λέγει ὁ θεός, **ἐκχεῶ ἀπὸ τοῦ πνεύματός μου ἐπὶ πᾶσαν σάρκα,**

ἀποφθέγγεσθαι 5 WH: ἐν {WH}/NA: εἰς 6 WH: ἤκουσεν NA/RP: ἤκουον 7 RP *add* πάντες *after* δὲ // RP *add* πρὸς ἀλλήλους *after* λέγοντες // WH: Οὐχὶ {WH}/RP: Οὐχ NA: οὐχ // WH: ἰδοὺ πάντες NA: ἰδοὺ ἅπαντες 12 WH: διηποροῦντο NA/RP: διηπόρουν // RP: *add* ἂν *after* Τί // WH: θέλει RP: θέλοι 13 WH: διαχλευάζοντες RP: χλευάζοντες 14 RP: *omit* ὁ 17 WH: ἐνυπνίοις RP: ἐνύπνια

καὶ προφητεύσουσιν οἱ υἱοὶ ὑμῶν καὶ αἱ θυγατέρες
ὑμῶν,
καὶ οἱ νεανίσκοι ὑμῶν ὁράσεις ὄψονται,
καὶ οἱ πρεσβύτεροι ὑμῶν ἐνυπνίοις
ἐνυπνιασθήσονται·
18 καί γε ἐπὶ τοὺς δούλους μου καὶ ἐπὶ τὰς
δούλας μου
ἐν ταῖς ἡμέραις ἐκείναις ἐκχεῶ ἀπὸ τοῦ πνεύματός
μου,
καὶ προφητεύσουσιν.
19 Καὶ δώσω τέρατα ἐν τῷ οὐρανῷ ἄνω
καὶ σημεῖα ἐπὶ τῆς γῆς κάτω,
αἷμα καὶ πῦρ καὶ ἀτμίδα καπνοῦ·
20 ὁ ἥλιος μεταστραφήσεται εἰς σκότος
καὶ ἡ σελήνη εἰς αἷμα
πρὶν ἐλθεῖν ἡμέραν Κυρίου τὴν μεγάλην καὶ
ἐπιφανῆ.
21 Καὶ ἔσται πᾶς ὃς ἐὰν ἐπικαλέσηται τὸ
ὄνομα Κυρίου σωθήσεται.
22 Ἄνδρες Ἰσραηλεῖται, ἀκούσατε τοὺς λόγους τούτους.
Ἰησοῦν τὸν Ναζωραῖον, ἄνδρα ἀποδεδειγμένον ἀπὸ τοῦ
θεοῦ εἰς ὑμᾶς δυνάμεσι καὶ τέρασι καὶ σημείοις οἷς
ἐποίησεν δι᾽ αὐτοῦ ὁ θεὸς ἐν μέσῳ ὑμῶν, καθὼς αὐτοὶ οἴ-
δατε, 23 τοῦτον τῇ ὡρισμένῃ βουλῇ καὶ προγνώσει τοῦ θεοῦ
ἔκδοτον διὰ χειρὸς ἀνόμων προσπήξαντες ἀνείλατε, 24 ὃν
ὁ θεὸς ἀνέστησεν λύσας τὰς ὠδῖνας τοῦ θανάτου, καθότι
οὐκ ἦν δυνατὸν κρατεῖσθαι αὐτὸν ὑπ᾽ αὐτοῦ· 25 Δαυεὶδ
γὰρ λέγει εἰς αὐτόν
Προορώμην τὸν κύριον ἐνώπιόν μου διὰ παντός,
ὅτι ἐκ δεξιῶν μού ἐστιν ἵνα μὴ σαλευθῶ.

---

20 {WH}: *add* ἢ *after* πρὶν // RP: *add* τὴν *after* ἐλθεῖν 21 WH: ἐὰν NA/RP:
ἂν 22 WH: ἀποδεδειγμένον ἀπὸ τοῦ θεοῦ RP: ἀπὸ τοῦ θεοῦ ἀποδεδειγμένον //
RP: *add* καὶ *before* αὐτοὶ 23 RP: *add* λαβόντες *after* ἔκδοτον // WH: χειρὸς RP:
χειρῶν

25–28 Ps 16:8–11

26 διὰ τοῦτο ηὐφράνθη μου ἡ καρδία καὶ
 ἠγαλλιάσατο ἡ γλῶσσά μου,
 ἔτι δὲ καὶ ἡ σάρξ μου κατασκηνώσει ἐπ' ἐλπίδι·
27 ὅτι οὐκ ἐνκαταλείψεις τὴν ψυχήν μου εἰς ᾅδην,
 οὐδὲ δώσεις τὸν ὅσιόν σου ἰδεῖν διαφθοράν.
28 ἐγνώρισάς μοι ὁδοὺς ζωῆς,
 πληρώσεις με εὐφροσύνης μετὰ τοῦ προσώπου σου.

29 Ἄνδρες ἀδελφοί, ἐξὸν εἰπεῖν μετὰ παρρησίας πρὸς ὑμᾶς
περὶ τοῦ πατριάρχου Δαυείδ, ὅτι καὶ ἐτελεύτησεν καὶ ἐτάφη
καὶ τὸ μνῆμα αὐτοῦ ἔστιν ἐν ἡμῖν ἄχρι τῆς ἡμέρας ταύτης·
30 προφήτης οὖν ὑπάρχων, καὶ εἰδὼς ὅτι ὅρκῳ ὤμοσεν
αὐτῷ ὁ θεὸς ἐκ καρποῦ τῆς ὀσφύος αὐτοῦ καθίσαι ἐπὶ τὸν
θρόνον αὐτοῦ, 31 προιδὼν ἐλάλησεν περὶ τῆς ἀναστάσεως
τοῦ χριστοῦ ὅτι οὔτε ἐνκατελείφθη εἰς ᾅδην οὔτε ἡ σὰρξ
αὐτοῦ εἶδεν διαφθοράν. 32 τοῦτον τὸν Ἰησοῦν ἀνέστησεν ὁ
θεός, οὗ πάντες ἡμεῖς ἐσμεν μάρτυρες. 33 τῇ δεξιᾷ οὖν τοῦ
θεοῦ ὑψωθεὶς τήν τε ἐπαγγελίαν τοῦ πνεύματος τοῦ ἁγίου
λαβὼν παρὰ τοῦ πατρὸς ἐξέχεεν τοῦτο ὃ ὑμεῖς [καὶ] βλέπετε
καὶ ἀκούετε. 34 οὐ γὰρ Δαυεὶδ ἀνέβη εἰς τοὺς οὐρανούς,
λέγει δὲ αὐτός
 Εἶπεν Κύριος τῷ κυρίῳ μου   Κάθου ἐκ δεξιῶν μου
35 ἕως ἂν θῶ τοὺς ἐχθρούς σου ὑποπόδιον τῶν ποδῶν
 σου.
36 ἀσφαλῶς οὖν γινωσκέτω πᾶς οἶκος Ἰσραὴλ ὅτι καὶ κύρι-
ον αὐτὸν καὶ χριστὸν ἐποίησεν ὁ θεός, τοῦτον τὸν Ἰησοῦν
ὃν ὑμεῖς ἐσταυρώσατε.

---

26 WH: ηὐφράνθη RP: εὐφράνθη // WH: μου ἡ καρδία NA/RP: ἡ καρδία μου
27 WH: ᾅδην RP: Ἅδου 30 RP: add τὸ κατὰ σάρκα ἀναστήσειν τὸν χριστόν
before καθίσαι // WH: τὸν θρόνον RP: τοῦ θρόνου 31 WH: οὔτε ἐνκατελείφθη εἰς
ᾅδην οὔτε RP: οὐ κατελείφθη ἡ ψυχὴ αὐτοῦ εἰς Ἅδου, οὐδὲ // WH: τοῦ
πνεύματος τοῦ ἁγίου RP: τοῦ ἁγίου πνεύματος // RP: add νῦν *before* ὑμεῖς 33 RP:
omit [καὶ] 34 WH: Κύριος NA: [ὁ] κύριος RP: ὁ κύριος 36 WH: αὐτὸν καὶ
χριστὸν RP: καὶ χριστὸν αὐτὸν // WH: ἐποίησεν ὁ θεός RP: ὁ θεὸς ἐποίησεν

---

30 Ps 132:11 31 Ps 16:10 34–35 Ps 110:1

37 Ἀκούσαντες δὲ κατενύγησαν τὴν καρδίαν, εἶπάν τε πρὸς τὸν Πέτρον καὶ τοὺς λοιποὺς ἀποστόλους Τί ποιήσωμεν, ἄνδρες ἀδελφοί; 38 Πέτρος δὲ πρὸς αὐτούς Μετανοήσατε, καὶ βαπτισθήτω ἕκαστος ὑμῶν ἐν τῷ ὀνόματι Ἰησοῦ Χριστοῦ εἰς ἄφεσιν τῶν ἁμαρτιῶν ὑμῶν, καὶ λήμψεσθε τὴν δωρεὰν τοῦ ἁγίου πνεύματος· 39 ὑμῖν γάρ ἐστιν ἡ ἐπαγγελία καὶ τοῖς τέκνοις ὑμῶν καὶ πᾶσι **τοῖς εἰς μακρὰν ὅσους ἂν προσκαλέσηται Κύριος** ὁ θεὸς ἡμῶν. 40 ἑτέροις τε λόγοις πλείοσιν διεμαρτύρατο, καὶ παρεκάλει αὐτοὺς λέγων Σώθητε ἀπὸ τῆς γενεᾶς τῆς σκολιᾶς ταύτης. 41 Οἱ μὲν οὖν ἀποδεξάμενοι τὸν λόγον αὐτοῦ ἐβαπτίσθησαν, καὶ προσετέθησαν ἐν τῇ ἡμέρᾳ ἐκείνῃ ψυχαὶ ὡσεὶ τρισχίλιαι. 42 ἦσαν δὲ προσκαρτεροῦντες τῇ διδαχῇ τῶν ἀποστόλων καὶ τῇ κοινωνίᾳ, τῇ κλάσει τοῦ ἄρτου καὶ ταῖς προσευχαῖς.

The Early Christian Community

43 Ἐγίνετο δὲ πάσῃ ψυχῇ φόβος, πολλὰ δὲ τέρατα καὶ σημεῖα διὰ τῶν ἀποστόλων ἐγίνετο. 44 πάντες δὲ οἱ πιστεύσαντες ἐπὶ τὸ αὐτὸ εἶχον ἅπαντα κοινά, 45 καὶ τὰ κτήματα καὶ τὰς ὑπάρξεις ἐπίπρασκον καὶ διεμέριζον αὐτὰ πᾶσιν καθότι ἄν τις χρείαν εἶχεν· 46 καθ' ἡμέραν τε προσκαρτεροῦντες ὁμοθυμαδὸν ἐν τῷ ἱερῷ, κλῶντές τε κατ' οἶκον ἄρτον, μετελάμβανον τροφῆς ἐν ἀγαλλιάσει καὶ ἀφελότητι καρδίας, 47 αἰνοῦντες τὸν θεὸν καὶ ἔχοντες χάριν πρὸς ὅλον τὸν λαόν. ὁ δὲ κύριος προσετίθει τοὺς σωζομένους καθ' ἡμέραν ἐπὶ τὸ αὐτό.

---

37 WH: τὴν καρδίαν RP: τῇ καρδίᾳ // WH: ποιήσωμεν RP: ποιήσομεν 38 RP: *add* ἔφη *after* δὲ // NA: *add* [φησίν,] *after* Μετανοήσατε, // WH: ἐν NA/RP: ἐπὶ // WH: τῶν ἁμαρτιῶν ὑμῶν RP: ἁμαρτιῶν 40 WH: διεμαρτύρατο RP: διεμαρτύρετο // RP: *omit* αὐτοὺς 41 RP: *add* ἀσμένως *before* ἀποδεξάμενοι // RP: *omit* ἐν 42 RP: *add* καὶ *after* κοινωνίᾳ // WH: ἄρτου {WH}: ἄρτου, 43 WH: Ἐγίνετο RP: Ἐγένετο // WH: δὲ NA/RP: τε 44 WH: πιστεύσαντες NA/RP: πιστεύοντες // WH: ἐπὶ τὸ αὐτὸ {WH}/NA/RP: ἦσαν ἐπὶ τὸ αὐτὸ καὶ 47 WH: ἐπὶ τὸ αὐτό RP: τῇ ἐκκλησίᾳ

Peter and John Heal a Lame Man

3 Πέτρος δὲ καὶ Ἰωάνης ἀνέβαινον εἰς τὸ ἱερὸν ἐπὶ τὴν ὥραν τῆς προσευχῆς τὴν ἐνάτην, 2 καί τις ἀνὴρ χωλὸς ἐκ κοιλίας μητρὸς αὐτοῦ ὑπάρχων ἐβαστάζετο, ὃν ἐτίθουν καθ᾽ ἡμέραν πρὸς τὴν θύραν τοῦ ἱεροῦ τὴν λεγομένην Ὡραίαν τοῦ αἰτεῖν ἐλεημοσύνην παρὰ τῶν εἰσπορευομένων εἰς τὸ ἱερόν, 3 ὃς ἰδὼν Πέτρον καὶ Ἰωάνην μέλλοντας εἰσιέναι εἰς τὸ ἱερὸν ἠρώτα ἐλεημοσύνην λαβεῖν. 4 ἀτενίσας δὲ Πέτρος εἰς αὐτὸν σὺν τῷ Ἰωάνῃ εἶπεν Βλέψον εἰς ἡμᾶς. 5 ὁ δὲ ἐπεῖχεν αὐτοῖς προσδοκῶν τι παρ᾽ αὐτῶν λαβεῖν. 6 εἶπεν δὲ Πέτρος Ἀργύριον καὶ χρυσίον οὐχ ὑπάρχει μοι, ὃ δὲ ἔχω τοῦτό σοι δίδωμι· ἐν τῷ ὀνόματι Ἰησοῦ Χριστοῦ τοῦ Ναζωραίου περιπάτει. 7 καὶ πιάσας αὐτὸν τῆς δεξιᾶς χειρὸς ἤγειρεν αὐτόν· παραχρῆμα δὲ ἐστερεώθησαν αἱ βάσεις αὐτοῦ καὶ τὰ σφυδρά, 8 καὶ ἐξαλλόμενος ἔστη καὶ περιεπάτει, καὶ εἰσῆλθεν σὺν αὐτοῖς εἰς τὸ ἱερὸν περιπατῶν καὶ ἁλλόμενος καὶ αἰνῶν τὸν θεόν. 9 καὶ εἶδεν πᾶς ὁ λαὸς αὐτὸν περιπατοῦντα καὶ αἰνοῦντα τὸν θεόν, 10 ἐπεγίνωσκον δὲ αὐτὸν ὅτι οὗτος ἦν ὁ πρὸς τὴν ἐλεημοσύνην καθήμενος ἐπὶ τῇ Ὡραίᾳ Πύλῃ τοῦ ἱεροῦ, καὶ ἐπλήσθησαν θάμβους καὶ ἐκστάσεως ἐπὶ τῷ συμβεβηκότι αὐτῷ.

Peter Preaches in Solomon's Portico

11 Κρατοῦντος δὲ αὐτοῦ τὸν Πέτρον καὶ τὸν Ἰωάνην συνέδραμεν πᾶς ὁ λαὸς πρὸς αὐτοὺς ἐπὶ τῇ στοᾷ τῇ καλουμένῃ Σολομῶντος ἔκθαμβοι. 12 ἰδὼν δὲ ὁ Πέτρος ἀπεκρίνατο πρὸς τὸν λαόν Ἄνδρες Ἰσραηλεῖται, τί θαυμάζετε ἐπὶ τούτῳ, ἢ ἡμῖν τί ἀτενίζετε ὡς ἰδίᾳ δυνάμει ἢ εὐσεβείᾳ

3:1 RP: *add* Ἐπὶ τὸ αὐτὸ *before* δὲ // WH: Πέτρος δὲ RP: δὲ Πέτρος 3 RP: *omit* λαβεῖν 6 [NA]/RP: *add* ἔγειρε καὶ *before* περιπάτει 7 RP: *omit* αὐτόν *after* ἤγειρεν // WH: αἱ βάσεις αὐτοῦ RP: αὐτοῦ αἱ βάσεις // WH: σφυδρά RP: σφυρά 9 WH: πᾶς ὁ λαὸς αὐτὸν RP: αὐτὸν πᾶς ὁ λαὸς 10 WH: δὲ RP: τε // WH: οὗτος NA: αὐτὸς 11 WH: αὐτοῦ RP: τοῦ τοῦ ἰαθέντος χωλοῦ // RP: *omit* τὸν *before* Ἰωάννην // WH: πᾶς ὁ λαὸς πρὸς αὐτοὺς RP: πρὸς αὐτοὺς πᾶς ὁ λαὸς 12 RP: *omit* ὁ

πεποιηκόσιν τοῦ περιπατεῖν αὐτόν; 13 **ὁ θεὸς Ἀβραὰμ καὶ Ἰσαὰκ καὶ Ἰακώβ, ὁ θεὸς τῶν πατέρων ἡμῶν, ἐδόξασεν τὸν παῖδα αὐτοῦ** Ἰησοῦν, ὃν ὑμεῖς μὲν παρεδώκατε καὶ ἠρνήσασθε κατὰ πρόσωπον Πειλάτου, κρίναντος ἐκείνου ἀπολύειν· 14 ὑμεῖς δὲ τὸν ἅγιον καὶ δίκαιον ἠρνήσασθε, καὶ ᾐτήσασθε ἄνδρα φονέα χαρισθῆναι ὑμῖν, 15 τὸν δὲ ἀρχηγὸν τῆς ζωῆς ἀπεκτείνατε, ὃν ὁ θεὸς ἤγειρεν ἐκ νεκρῶν, οὗ ἡμεῖς μάρτυρές ἐσμεν. 16 καὶ τῇ πίστει τοῦ ὀνόματος αὐτοῦ τοῦτον ὃν θεωρεῖτε καὶ οἴδατε ἐστερέωσεν τὸ ὄνομα αὐτοῦ, καὶ ἡ πίστις ἡ δι᾽ αὐτοῦ ἔδωκεν αὐτῷ τὴν ὁλοκληρίαν ταύτην ἀπέναντι πάντων ὑμῶν. 17 καὶ νῦν, ἀδελφοί, οἶδα ὅτι κατὰ ἄγνοιαν ἐπράξατε, ὥσπερ καὶ οἱ ἄρχοντες ὑμῶν· 18 ὁ δὲ θεὸς ἃ προκατήγγειλεν διὰ στόματος πάντων τῶν προφητῶν παθεῖν τὸν χριστὸν αὐτοῦ ἐπλήρωσεν οὕτως. 19 μετανοήσατε οὖν καὶ ἐπιστρέψατε πρὸς τὸ ἐξαλιφθῆναι ὑμῶν τὰς ἁμαρτίας, 20 ὅπως ἂν ἔλθωσιν καιροὶ ἀναψύξεως ἀπὸ προσώπου τοῦ κυρίου καὶ ἀποστείλῃ τὸν προκεχειρισμένον ὑμῖν χριστὸν Ἰησοῦν, 21 ὃν δεῖ οὐρανὸν μὲν δέξασθαι ἄχρι χρόνων ἀποκαταστάσεως πάντων ὧν ἐλάλησεν ὁ θεὸς διὰ στόματος τῶν ἁγίων ἀπ᾽ αἰῶνος αὐτοῦ προφητῶν. 22 Μωυσῆς μὲν εἶπεν ὅτι **Προφήτην ὑμῖν ἀναστήσει Κύριος ὁ θεὸς ἐκ τῶν ἀδελφῶν ὑμῶν ὡς ἐμέ· αὐτοῦ ἀκούσεσθε κατὰ πάντα ὅσα ἂν λαλήσῃ πρὸς ὑμᾶς. 23 ἔσται δὲ πᾶσα ψυχὴ ἥτις ἂν μὴ ἀκούσῃ τοῦ προφήτου ἐκείνου ἐξολεθρευθήσεται ἐκ τοῦ λαοῦ.** 24 καὶ πάντες δὲ οἱ προφῆται ἀπὸ Σαμουὴλ καὶ τῶν καθεξῆς ὅσοι ἐλάλησαν καὶ κατήγγειλαν τὰς ἡμέρας ταύτας. 25 ὑμεῖς ἐστὲ οἱ υἱοὶ τῶν προφητῶν καὶ τῆς διαθήκης ἧς ὁ θεὸς διέθετο πρὸς τοὺς πατέρας ὑμῶν, λέγων πρὸς

---

13 NA: add [ὁ θεὸς] before Ἰσαὰκ and before Ἰακώβ // RP: add αὐτὸν before κατὰ 16 NA/RP: add ἐπὶ before τῇ πίστει 18 RP: add αὐτοῦ after προφητῶν // RP: omit αὐτοῦ 19 WH: πρὸς NA/RP: εἰς 21 RP: add πάντων after στόματος // WH: ἀπ᾽ αἰῶνος αὐτοῦ προφητῶν RP: αὐτοῦ προφητῶν ἀπ᾽ αἰῶνος 22 RP: add γὰρ πρὸς τοὺς πατέρας before εἶπεν // WH: θεὸς NA: θεὸς ὑμῶν RP: θεὸς ἡμῶν 23 WH: ἂν NA/RP: ἐὰν 25 RP: omit οἱ // WH: ὁ θεὸς διέθετο NA/RP: διέθετο ὁ θεὸς //

3:13 Exod 3:6; Isa 52:13 22–23 Deut 18:15–16, 18–19 23 Lev 23:29

Ἀβραάμ **Καὶ ἐν τῷ σπέρματί σου εὐλογηθήσονται πᾶσαι αἱ πατριαὶ τῆς γῆς.** 26 ὑμῖν πρῶτον ἀναστήσας ὁ θεὸς τὸν παῖδα αὐτοῦ ἀπέστειλεν αὐτὸν εὐλογοῦντα ὑμᾶς ἐν τῷ ἀποστρέφειν ἕκαστον ἀπὸ τῶν πονηριῶν [ὑμῶν].

Peter and John Appear before the Council

4 Λαλούντων δὲ αὐτῶν πρὸς τὸν λαὸν ἐπέστησαν αὐτοῖς οἱ ἀρχιερεῖς καὶ ὁ στρατηγὸς τοῦ ἱεροῦ καὶ οἱ Σαδδουκαῖοι, 2 διαπονούμενοι διὰ τὸ διδάσκειν αὐτοὺς τὸν λαὸν καὶ καταγγέλλειν ἐν τῷ Ἰησοῦ τὴν ἀνάστασιν τὴν ἐκ νεκρῶν, 3 καὶ ἐπέβαλον αὐτοῖς τὰς χεῖρας καὶ ἔθεντο εἰς τήρησιν εἰς τὴν αὔριον, ἦν γὰρ ἑσπέρα ἤδη. 4 πολλοὶ δὲ τῶν ἀκουσάντων τὸν λόγον ἐπίστευσαν, καὶ ἐγενήθη ἀριθμὸς τῶν ἀνδρῶν ὡς χιλιάδες πέντε.

5 Ἐγένετο δὲ ἐπὶ τὴν αὔριον συναχθῆναι αὐτῶν τοὺς ἄρχοντας καὶ τοὺς πρεσβυτέρους καὶ τοὺς γραμματεῖς ἐν Ἰερουσαλήμ 6 (καὶ Ἄννας ὁ ἀρχιερεὺς καὶ Καιάφας καὶ Ἰωάννης καὶ Ἀλέξανδρος καὶ ὅσοι ἦσαν ἐκ γένους ἀρχιερατικοῦ), 7 καὶ στήσαντες αὐτοὺς ἐν τῷ μέσῳ ἐπυνθάνοντο Ἐν ποίᾳ δυνάμει ἢ ἐν ποίῳ ὀνόματι ἐποιήσατε τοῦτο ὑμεῖς; 8 τότε Πέτρος πλησθεὶς πνεύματος ἁγίου εἶπεν πρὸς αὐτούς Ἄρχοντες τοῦ λαοῦ καὶ πρεσβύτεροι, 9 εἰ ἡμεῖς σήμερον ἀνακρινόμεθα ἐπὶ εὐεργεσίᾳ ἀνθρώπου ἀσθενοῦς, ἐν τίνι οὗτος σέσωσται, 10 γνωστὸν ἔστω πᾶσιν ὑμῖν καὶ παντὶ τῷ λαῷ Ἰσραὴλ ὅτι ἐν τῷ ὀνόματι Ἰησοῦ

WH: ὑμῶν {WH}/RP: ἡμῶν // WH: εὐλογηθήσονται ΝΑ: [ἐν]ευλογηθήσονται RP: ἐνευλογηθήσονται 26 WH: ἀναστήσας ὁ θεὸς RP: ὁ θεός, ἀναστήσας // RP: *add* Ἰησοῦν, *before* ἀπέστειλεν // WH: [ὑμῶν] ΝΑ/RP: ὑμῶν
4:1 WH: ἀρχιερεῖς {WH}/ΝΑ/RP: ἱερεῖς 2 WH: τὴν ἐκ νεκρῶν RP: τῶν νεκρῶν // RP: *add* ὁ *before* ἀριθμὸς // WH: ὡς RP: ὡσεὶ 4 ΝΑ: *add* [ὁ] *before* ἀριθμὸς // WH: ὡς ΝΑ: [ὡς] 5 RP: *omit* τοὺς *before* πρεσβυτέρους *and before* γραμματεῖς // WH: ἐν RP: εἰς 6 WH: Ἄννας ὁ ἀρχιερεὺς καὶ Καιάφας καὶ Ἰωάννης καὶ Ἀλέξανδρος RP: Ἄνναν τὸν ἀρχιερέα, καὶ Καϊάφαν, καὶ Ἰωάννην, καὶ Ἀλέξανδρον 7 RP: *omit* τῷ 8 RP: *add* τοῦ Ἰσραὴλ *after* πρεσβύτεροι 9 WH: σέσωσται ΝΑ: σέσωται

Χριστοῦ τοῦ Ναζωραίου, ὃν ὑμεῖς ἐσταυρώσατε, ὃν ὁ θεὸς ἤγειρεν ἐκ νεκρῶν, ἐν τούτῳ οὗτος παρέστηκεν ἐνώπιον ὑμῶν ὑγιής. 11 οὗτός ἐστιν ὁ **λίθος ὁ ἐξουθενηθεὶς ὑφ'** ὑμῶν **τῶν οἰκοδόμων, ὁ γενόμενος εἰς κεφαλὴν γωνίας.** 12 καὶ οὐκ ἔστιν ἐν ἄλλῳ οὐδενὶ ἡ σωτηρία, οὐδὲ γὰρ ὄνομά ἐστιν ἕτερον ὑπὸ τὸν οὐρανὸν τὸ δεδομένον ἐν ἀνθρώποις ἐν ᾧ δεῖ σωθῆναι ἡμᾶς. 13 Θεωροῦντες δὲ τὴν τοῦ Πέτρου παρρησίαν καὶ Ἰωάνου, καὶ καταλαβόμενοι ὅτι ἄνθρωποι ἀγράμματοί εἰσιν καὶ ἰδιῶται, ἐθαύμαζον, ἐπεγίνωσκόν τε αὐτοὺς ὅτι σὺν τῷ Ἰησοῦ ἦσαν, 14 τόν τε ἄνθρωπον βλέποντες σὺν αὐτοῖς ἑστῶτα τὸν τεθεραπευμένον οὐδὲν εἶχον ἀντειπεῖν. 15 κελεύσαντες δὲ αὐτοὺς ἔξω τοῦ συνεδρίου ἀπελθεῖν συνέβαλλον πρὸς ἀλλήλους 16 λέγοντες Τί ποιήσωμεν τοῖς ἀνθρώποις τούτοις; ὅτι μὲν γὰρ γνωστὸν σημεῖον γέγονεν δι' αὐτῶν πᾶσιν τοῖς κατοικοῦσιν Ἰερουσαλὴμ φανερόν, καὶ οὐ δυνάμεθα ἀρνεῖσθαι· 17 ἀλλ' ἵνα μὴ ἐπὶ πλεῖον διανεμηθῇ εἰς τὸν λαόν, ἀπειλησώμεθα αὐτοῖς μηκέτι λαλεῖν ἐπὶ τῷ ὀνόματι τούτῳ μηδενὶ ἀνθρώπων. 18 καὶ καλέσαντες αὐτοὺς παρήγγειλαν καθόλου μὴ φθέγγεσθαι μηδὲ διδάσκειν ἐπὶ τῷ ὀνόματι [τοῦ] Ἰησοῦ. 19 ὁ δὲ Πέτρος καὶ Ἰωάνης ἀποκριθέντες εἶπαν πρὸς αὐτούς Εἰ δίκαιόν ἐστιν ἐνώπιον τοῦ θεοῦ ὑμῶν ἀκούειν μᾶλλον ἢ τοῦ θεοῦ κρίνατε, 20 οὐ δυνάμεθα γὰρ ἡμεῖς ἃ εἴδαμεν καὶ ἠκούσαμεν μὴ λαλεῖν. 21 οἱ δὲ προσαπειλησάμενοι ἀπέλυσαν αὐτούς, μηδὲν εὑρίσκοντες τὸ πῶς κολάσωνται αὐτούς, διὰ τὸν λαόν, ὅτι πάντες ἐδόξαζον τὸν θεὸν ἐπὶ τῷ γεγονότι· 22 ἐτῶν γὰρ ἦν πλειόνων τεσσεράκοντα ὁ ἄνθρωπος ἐφ' ὃν γεγόνει τὸ σημεῖον τοῦτο τῆς ἰάσεως.

---

11 WH: οἰκοδόμων RP: οἰκοδομούντων 12 WH: οὐδὲ RP: οὔτε // RP: *omit* ὑπὸ τὸν οὐρανὸν 16 WH: ἀρνεῖσθαι RP: ἀρνήσασθαι 17 WH: ἀπειλησώμεθα RP: ἀπειλησόμεθα 18 WH: καθόλου NA: τὸ καθόλου RP: αὐτοῖς τὸ καθόλου // WH: [τοῦ] NA/RP: τοῦ 19 WH: εἶπαν πρὸς αὐτούς NA: εἶπον πρὸς αὐτούς RP: πρὸς αὐτοὺς εἶπον 21 WH: κολάσωνται RP: κολάσονται 22 WH: γεγόνει RP: ἐγεγόνει

The Believers Pray for Boldness

23 Ἀπολυθέντες δὲ ἦλθον πρὸς τοὺς ἰδίους καὶ ἀπήγγει-
λαν ὅσα πρὸς αὐτοὺς οἱ ἀρχιερεῖς καὶ οἱ πρεσβύτεροι
εἶπαν. 24 οἱ δὲ ἀκούσαντες ὁμοθυμαδὸν ἦραν φωνὴν πρὸς
τὸν θεὸν καὶ εἶπαν Δέσποτα, σὺ ὁ **ποιήσας τὸν οὐρανὸν
καὶ τὴν γῆν καὶ τὴν θάλασσαν καὶ πάντα τὰ ἐν αὐτοῖς,**
25 ὁ τοῦ πατρὸς ἡμῶν διὰ πνεύματος ἁγίου στόματος
Δαυεὶδ παιδός σου εἰπών
    Ἵνα τί ἐφρύαξαν ἔθνη
        καὶ λαοὶ ἐμελέτησαν κενά;
    26 **παρέστησαν οἱ βασιλεῖς τῆς γῆς**
        καὶ οἱ ἄρχοντες συνήχθησαν ἐπὶ τὸ αὐτὸ
            κατὰ τοῦ κυρίου καὶ κατὰ τοῦ χριστοῦ αὐτοῦ.
27 **συνήχθησαν** γὰρ ἐπ᾽ ἀληθείας ἐν τῇ πόλει ταύτῃ ἐπὶ τὸν
ἅγιον παῖδά σου Ἰησοῦν, ὃν **ἔχρισας,** Ἡρῴδης τε καὶ Πόν-
τιος Πειλᾶτος σὺν **ἔθνεσιν** καὶ **λαοῖς** Ἰσραήλ, 28 ποιῆσαι
ὅσα ἡ χείρ σου καὶ ἡ βουλὴ προώρισεν γενέσθαι. 29 καὶ τὰ
νῦν, κύριε, ἔπιδε ἐπὶ τὰς ἀπειλὰς αὐτῶν, καὶ δὸς τοῖς
δούλοις σου μετὰ παρρησίας πάσης λαλεῖν τὸν λόγον σου,
30 ἐν τῷ τὴν χεῖρα ἐκτείνειν σε εἰς ἴασιν καὶ σημεῖα καὶ
τέρατα γίνεσθαι διὰ τοῦ ὀνόματος τοῦ ἁγίου παιδός σου
Ἰησοῦ. 31 καὶ δεηθέντων αὐτῶν ἐσαλεύθη ὁ τόπος ἐν ᾧ
ἦσαν συνηγμένοι, καὶ ἐπλήσθησαν ἅπαντες τοῦ ἁγίου πνεύ-
ματος, καὶ ἐλάλουν τὸν λόγον τοῦ θεοῦ μετὰ παρρησίας.

Generosity in the Early Christian Community

32 Τοῦ δὲ πλήθους τῶν πιστευσάντων ἦν καρδία καὶ
ψυχὴ μία, καὶ οὐδὲ εἷς τι τῶν ὑπαρχόντων αὐτῷ ἔλεγεν

---

24 RP: *add* ὁ θεὸς *after* σὺ 25 {WH}: *ὁ ... στόματος* RP: ὁ διὰ στόματος // WH:
Ἵνα τί NA: ἱνατί 27 RP: *omit* ἐν τῇ πόλει ταύτῃ 28 [NA]/RP: *add* σου *after* βουλὴ
30 [NA]/RP: *add* σου *after* χεῖρά 31 WH: τοῦ ἁγίου πνεύματος RP: πνεύματος
ἁγίου 32 RP: *add* ἡ *before* καρδία // RP: *add* ἡ *before* ψυχὴ //

---

24 Exod 20:11; Ps 146:6 25–27 Ps 2:1–2

ἴδιον εἶναι, ἀλλ' ἦν αὐτοῖς πάντα κοινά. 33 καὶ δυνάμει μεγάλῃ ἀπεδίδουν τὸ μαρτύριον οἱ ἀπόστολοι τοῦ κυρίου Ἰησοῦ τῆς ἀναστάσεως, χάρις τε μεγάλη ἦν ἐπὶ πάντας αὐτούς. 34 οὐδὲ γὰρ ἐνδεής τις ἦν ἐν αὐτοῖς· ὅσοι γὰρ κτήτορες χωρίων ἢ οἰκιῶν ὑπῆρχον, πωλοῦντες ἔφερον τὰς τιμὰς τῶν πιπρασκομένων 35 καὶ ἐτίθουν παρὰ τοὺς πόδας τῶν ἀποστόλων· διεδίδετο δὲ ἑκάστῳ καθότι ἄν τις χρείαν εἶχεν. 36 Ἰωσὴφ δὲ ὁ ἐπικληθεὶς Βαρνάβας ἀπὸ τῶν ἀποστόλων, ὅ ἐστιν μεθερμηνευόμενον Υἱὸς Παρακλήσεως, Λευείτης, Κύπριος τῷ γένει, 37 ὑπάρχοντος αὐτῷ ἀγροῦ πωλήσας ἤνεγκεν τὸ χρῆμα καὶ ἔθηκεν παρὰ τοὺς πόδας τῶν ἀποστόλων.

Ananias and Sapphira

5 Ἀνὴρ δέ τις Ἀνανίας ὀνόματι σὺν Σαπφείρῃ τῇ γυναικὶ αὐτοῦ ἐπώλησεν κτῆμα 2 καὶ ἐνοσφίσατο ἀπὸ τῆς τιμῆς, συνειδυίης καὶ τῆς γυναικός, καὶ ἐνέγκας μέρος τι παρὰ τοὺς πόδας τῶν ἀποστόλων ἔθηκεν. 3 εἶπεν δὲ ὁ Πέτρος Ἀνανία, διὰ τί ἐπλήρωσεν ὁ Σατανᾶς τὴν καρδίαν σου ψεύσασθαί σε τὸ πνεῦμα τὸ ἅγιον καὶ νοσφίσασθαι ἀπὸ τῆς τιμῆς τοῦ χωρίου; 4 οὐχὶ μένον σοὶ ἔμενεν καὶ πραθὲν ἐν τῇ σῇ ἐξουσίᾳ ὑπῆρχεν; τί ὅτι ἔθου ἐν τῇ καρδίᾳ σου τὸ πρᾶγμα τοῦτο; οὐκ ἐψεύσω ἀνθρώποις ἀλλὰ τῷ θεῷ. 5 ἀκούων δὲ ὁ Ἀνανίας τοὺς λόγους τούτους πεσὼν ἐξέψυξεν· καὶ ἐγένετο φόβος μέγας ἐπὶ πάντας τοὺς ἀκούοντας. 6 ἀναστάντες δὲ οἱ νεώτεροι συνέστειλαν αὐτὸν καὶ ἐξενέγκαντες ἔθαψαν.

7 Ἐγένετο δὲ ὡς ὡρῶν τριῶν διάστημα καὶ ἡ γυνὴ αὐτοῦ μὴ εἰδυῖα τὸ γεγονὸς εἰσῆλθεν. 8 ἀπεκρίθη δὲ πρὸς

WH: πάντα NA/RP: ἅπαντα 33 WH: δυνάμει μεγάλῃ RP: μεγάλῃ δυνάμει // WH: τοῦ κυρίου Ἰησοῦ τῆς ἀναστάσεως NA/RP: τῆς ἀναστάσεως τοῦ κυρίου Ἰησοῦ 34 WH: ἦν RP: ὑπῆρχεν 35 WH: διεδίδετο RP: διεδίδοτο 36 WH: Ἰωσὴφ RP: Ἰωσῆς 37 WH: παρὰ NA: πρὸς
5:2 WH: συνειδυίης RP: συνειδυίας // RP: add αὐτοῦ after γυναικὸς 5 RP: add ταῦτα after ἀκούοντας

αὐτὴν Πέτρος Εἰπέ μοι, εἰ τοσούτου τὸ χωρίον ἀπέδοσθε;
ἡ δὲ εἶπεν Ναί, τοσούτου. 9 ὁ δὲ Πέτρος πρὸς αὐτήν Τί
ὅτι συνεφωνήθη ὑμῖν πειράσαι τὸ πνεῦμα Κυρίου; ἰδοὺ οἱ
πόδες τῶν θαψάντων τὸν ἄνδρα σου ἐπὶ τῇ θύρᾳ καὶ ἐξοί-
σουσίν σε. 10 ἔπεσεν δὲ παραχρῆμα πρὸς τοὺς πόδας αὐτοῦ
καὶ ἐξέψυξεν· εἰσελθόντες δὲ οἱ νεανίσκοι εὗρον αὐτὴν
νεκράν, καὶ ἐξενέγκαντες ἔθαψαν πρὸς τὸν ἄνδρα αὐτῆς.
11 Καὶ ἐγένετο φόβος μέγας ἐφ' ὅλην τὴν ἐκκλησίαν καὶ ἐπὶ
πάντας τοὺς ἀκούοντας ταῦτα.

The Apostles Perform Miracles and Wonders

12 Διὰ δὲ τῶν χειρῶν τῶν ἀποστόλων ἐγίνετο σημεῖα
καὶ τέρατα πολλὰ ἐν τῷ λαῷ· καὶ ἦσαν ὁμοθυμαδὸν πάντες
ἐν τῇ Στοᾷ Σολομῶντος· 13 τῶν δὲ λοιπῶν οὐδεὶς ἐτόλμα
κολλᾶσθαι αὐτοῖς, ἀλλ' ἐμεγάλυνεν αὐτοὺς ὁ λαός,
14 μᾶλλον δὲ προσετίθεντο πιστεύοντες τῷ κυρίῳ πλήθη
ἀνδρῶν τε καὶ γυναικῶν· 15 ὥστε καὶ εἰς τὰς πλατείας
ἐκφέρειν τοὺς ἀσθενεῖς καὶ τιθέναι ἐπὶ κλιναρίων καὶ
κραβάττων, ἵνα ἐρχομένου Πέτρου κἂν ἡ σκιὰ ἐπισκιάσει
τινὶ αὐτῶν. 16 συνήρχετο δὲ καὶ τὸ πλῆθος τῶν πέριξ
πόλεων Ἰερουσαλήμ, φέροντες ἀσθενεῖς καὶ ὀχλουμένους
ὑπὸ πνευμάτων ἀκαθάρτων, οἵτινες ἐθεραπεύοντο ἅπαντες.

The Apostles are Persecuted

17 Ἀναστὰς δὲ ὁ ἀρχιερεὺς καὶ πάντες οἱ σὺν αὐτῷ, ἡ
οὖσα αἵρεσις τῶν Σαδδουκαίων, ἐπλήσθησαν ζήλου 18 καὶ
ἐπέβαλον τὰς χεῖρας ἐπὶ τοὺς ἀποστόλους καὶ ἔθεντο αὐ-
τοὺς ἐν τηρήσει δημοσίᾳ. 19 Ἄγγελος δὲ Κυρίου διὰ νυκτὸς
ἤνοιξε τὰς θύρας τῆς φυλακῆς ἐξαγαγών τε αὐτοὺς εἶπεν

---

8 WH: πρὸς αὐτὴν RP: αὐτῇ // RP: add ὁ before Πέτρος 9 RP: add εἶπεν after
Πέτρος 10 WH: πρὸς RP: παρὰ 12 WH: πολλὰ ἐν τῷ λαῷ RP: ἐν τῷ λαῷ πολλά
// WH: πάντες NA: ἅπαντες 15 WH: καὶ εἰς RP: κατὰ // WH: κλιναρίων RP:
κλινῶν // WH: ἐπισκιάσει NA: ἐπισκιάσῃ 16 RP: add εἰς after πόλεων 19 WH:
ἤνοιξε NA: ἀνοίξας RP: ἤνοιξεν

20 Πορεύεσθε καὶ σταθέντες λαλεῖτε ἐν τῷ ἱερῷ τῷ λαῷ πάντα τὰ ῥήματα τῆς ζωῆς ταύτης. 21 ἀκούσαντες δὲ εἰσῆλθον ὑπὸ τὸν ὄρθρον εἰς τὸ ἱερὸν καὶ ἐδίδασκον. Παραγενόμενος δὲ ὁ ἀρχιερεὺς καὶ οἱ σὺν αὐτῷ συνεκάλεσαν τὸ συνέδριον καὶ πᾶσαν τὴν γερουσίαν τῶν υἱῶν Ἰσραήλ, καὶ ἀπέστειλαν εἰς τὸ δεσμωτήριον ἀχθῆναι αὐτούς. 22 οἱ δὲ παραγενόμενοι ὑπηρέται οὐχ εὗρον αὐτοὺς ἐν τῇ φυλακῇ, ἀναστρέψαντες δὲ ἀπήγγειλαν 23 λέγοντες ὅτι Τὸ δεσμωτήριον εὕρομεν κεκλεισμένον ἐν πάσῃ ἀσφαλείᾳ καὶ τοὺς φύλακας ἑστῶτας ἐπὶ τῶν θυρῶν, ἀνοίξαντες δὲ ἔσω οὐδένα εὕρομεν. 24 ὡς δὲ ἤκουσαν τοὺς λόγους τούτους ὅ τε στρατηγὸς τοῦ ἱεροῦ καὶ οἱ ἀρχιερεῖς, διηπόρουν περὶ αὐτῶν τί ἂν γένοιτο τοῦτο. 25 Παραγενόμενος δέ τις ἀπήγγειλεν αὐτοῖς ὅτι Ἰδοὺ οἱ ἄνδρες οὓς ἔθεσθε ἐν τῇ φυλακῇ εἰσὶν ἐν τῷ ἱερῷ ἑστῶτες καὶ διδάσκοντες τὸν λαόν. 26 τότε ἀπελθὼν ὁ στρατηγὸς σὺν τοῖς ὑπηρέταις ἦγεν αὐτούς, οὐ μετὰ βίας, ἐφοβοῦντο γὰρ τὸν λαόν, μὴ λιθασθῶσιν· 27 ἀγαγόντες δὲ αὐτοὺς ἔστησαν ἐν τῷ συνεδρίῳ. καὶ ἐπηρώτησεν αὐτοὺς ὁ ἀρχιερεὺς 28 λέγων Παραγγελίᾳ παρηγγείλαμεν ὑμῖν μὴ διδάσκειν ἐπὶ τῷ ὀνόματι τούτῳ, καὶ ἰδοὺ πεπληρώκατε τὴν Ἰερουσαλὴμ τῆς διδαχῆς ὑμῶν, καὶ βούλεσθε ἐπαγαγεῖν ἐφ᾽ ἡμᾶς τὸ αἷμα τοῦ ἀνθρώπου τούτου. 29 ἀποκριθεὶς δὲ Πέτρος καὶ οἱ ἀπόστολοι εἶπαν Πειθαρχεῖν δεῖ θεῷ μᾶλλον ἢ ἀνθρώποις. 30 ὁ θεὸς τῶν πατέρων ἡμῶν ἤγειρεν Ἰησοῦν, ὃν ὑμεῖς διεχειρίσασθε **κρεμάσαντες ἐπὶ ξύλου·** 31 τοῦτον ὁ θεὸς ἀρχηγὸν καὶ σωτῆρα ὕψωσεν τῇ δεξιᾷ αὐτοῦ, [τοῦ] δοῦναι μετάνοιαν τῷ Ἰσραὴλ καὶ ἄφεσιν ἁμαρτιῶν· 32 καὶ ἡμεῖς ἐσμὲν μάρτυρες τῶν ῥημάτων τούτων, καὶ τὸ πνεῦμα τὸ ἅγιον ὃ ἔδωκεν ὁ θεὸς τοῖς πειθαρ-

---

22 WH: παραγενόμενοι ὑπηρέται RP: ὑπηρέται παραγενόμενοι 23 RP: add μὲν after Τὸ // WH: ἐπὶ RP: πρὸ 24 WH: στρατηγὸς τοῦ ἱεροῦ RP: ἱερεὺς καὶ ὁ στρατηγὸς 26 WH: ἦγεν RP: ἤγαγεν // RP: add ἵνα before μὴ 28 NA/[RP]: add οὐ before παραγγελίᾳ 31 RP: omit [τοῦ] 32 WH: ἐσμὲν {WH}: ἐν αὐτῷ or ἐσμὲν αὐτῷ // RP: add αὐτοῦ before μάρτυρες // WH: τούτων, καὶ τὸ πνεῦμα τὸ ἅγιον ὃ

χοῦσιν αὐτῷ. 33 οἱ δὲ ἀκούσαντες διεπρίοντο καὶ ἐβούλοντο ἀνελεῖν αὐτούς. 34 Ἀναστὰς δέ τις ἐν τῷ συνεδρίῳ Φαρισαῖος ὀνόματι Γαμαλιήλ, νομοδιδάσκαλος τίμιος παντὶ τῷ λαῷ, ἐκέλευσεν ἔξω βραχὺ τοὺς ἀνθρώπους ποιῆσαι, 35 εἶπέν τε πρὸς αὐτούς Ἄνδρες Ἰσραηλεῖται, προσέχετε ἑαυτοῖς ἐπὶ τοῖς ἀνθρώποις τούτοις τί μέλλετε πράσσειν. 36 πρὸ γὰρ τούτων τῶν ἡμερῶν ἀνέστη Θευδᾶς, λέγων εἶναί τινα ἑαυτόν, ᾧ προσεκλίθη ἀνδρῶν ἀριθμὸς ὡς τετρακοσίων· ὃς ἀνῃρέθη, καὶ πάντες ὅσοι ἐπείθοντο αὐτῷ διελύθησαν καὶ ἐγένοντο εἰς οὐδέν. 37 μετὰ τοῦτον ἀνέστη Ἰούδας ὁ Γαλιλαῖος ἐν ταῖς ἡμέραις τῆς ἀπογραφῆς καὶ ἀπέστησε λαὸν ὀπίσω αὐτοῦ· κἀκεῖνος ἀπώλετο, καὶ πάντες ὅσοι ἐπείθοντο αὐτῷ διεσκορπίσθησαν. 38 καὶ [τὰ] νῦν λέγω ὑμῖν, ἀπόστητε ἀπὸ τῶν ἀνθρώπων τούτων καὶ ἄφετε αὐτούς· (ὅτι ἐὰν ᾖ ἐξ ἀνθρώπων ἡ βουλὴ αὕτη ἢ τὸ ἔργον τοῦτο, καταλυθήσεται· 39 εἰ δὲ ἐκ θεοῦ ἐστίν, οὐ δυνήσεσθε καταλῦσαι αὐτούς·) μή ποτε καὶ θεομάχοι εὑρεθῆτε. 40 ἐπείσθησαν δὲ αὐτῷ, καὶ προσκαλεσάμενοι τοὺς ἀποστόλους δείραντες παρήγγειλαν μὴ λαλεῖν ἐπὶ τῷ ὀνόματι τοῦ Ἰησοῦ καὶ ἀπέλυσαν. 41 Οἱ μὲν οὖν ἐπορεύοντο χαίροντες ἀπὸ προσώπου τοῦ συνεδρίου ὅτι κατηξιώθησαν ὑπὲρ τοῦ ὀνόματος ἀτιμασθῆναι· 42 πᾶσάν τε ἡμέραν ἐν τῷ ἱερῷ καὶ κατ' οἶκον οὐκ ἐπαύοντο διδάσκοντες καὶ εὐαγγελιζόμενοι τὸν χριστὸν Ἰησοῦν.

Seven Men Are Chosen for Service

6 Ἐν δὲ ταῖς ἡμέραις ταύταις πληθυνόντων τῶν μαθητῶν ἐγένετο γογγυσμὸς τῶν Ἑλληνιστῶν πρὸς τοὺς Ἑβραίους

{WH}: τούτων· καὶ τὸ πνεῦμα τὸ ἅγιον // RP: add δὲ after πνεῦμα 33 WH: ἀκούσαντες RP: ἀκούοντες 34 WH: τοὺς ἀνθρώπους RP: τι τοὺς ἀποστόλους 36 WH: προσεκλίθη ἀνδρῶν ἀριθμὸς ὡς RP: προσεκλήθη ἀριθμὸς ἀνδρῶν ὡσεὶ 37 RP: add ἱκανὸν after λαὸν 38 WH: [τὰ] NA: τὰ // WH: ἄφετε RP: ἐάσατε // RP: omit αὕτη 39 WH: δυνήσεσθε RP: δύνασθε // WH: αὐτοὺς RP: αὐτό // WH: μή ποτε NA: μήποτε 40 RP: add αὐτοὺς after ἀπέλυσαν 41 WH: κατηξιώθησαν ὑπὲρ τοῦ ὀνόματος RP: ὑπὲρ τοῦ ὀνόματος τοῦ Ἰησοῦ κατηξιώθησαν 42 WH: τὸν χριστὸν Ἰησοῦν RP: Ἰησοῦν τὸν χριστόν

ὅτι παρεθεωροῦντο ἐν τῇ διακονίᾳ τῇ καθημερινῇ αἱ χῆραι αὐτῶν. 2 προσκαλεσάμενοι δὲ οἱ δώδεκα τὸ πλῆθος τῶν μαθητῶν εἶπαν Οὐκ ἀρεστόν ἐστιν ἡμᾶς καταλείψαντας τὸν λόγον τοῦ θεοῦ διακονεῖν τραπέζαις· 3 ἐπισκέψασθε δέ, ἀδελφοί, ἄνδρας ἐξ ὑμῶν μαρτυρουμένους ἑπτὰ πλήρεις πνεύματος καὶ σοφίας, οὓς καταστήσομεν ἐπὶ τῆς χρείας ταύτης· 4 ἡμεῖς δὲ τῇ προσευχῇ καὶ τῇ διακονίᾳ τοῦ λόγου προσκαρτερήσομεν. 5 καὶ ἤρεσεν ὁ λόγος ἐνώπιον παντὸς τοῦ πλήθους, καὶ ἐξελέξαντο Στέφανον, ἄνδρα πλήρη πίστεως καὶ πνεύματος ἁγίου, καὶ Φίλιππον καὶ Πρόχορον καὶ Νικάνορα καὶ Τίμωνα καὶ Παρμενᾶν καὶ Νικόλαον προσήλυτον Ἀντιοχέα, 6 οὓς ἔστησαν ἐνώπιον τῶν ἀποστόλων, καὶ προσευξάμενοι ἐπέθηκαν αὐτοῖς τὰς χεῖρας.

7 Καὶ ὁ λόγος τοῦ θεοῦ ηὔξανεν, καὶ ἐπληθύνετο ὁ ἀριθμὸς τῶν μαθητῶν ἐν Ἰερουσαλὴμ σφόδρα, πολύς τε ὄχλος τῶν ἱερέων ὑπήκουον τῇ πίστει.

Stephen Is Accused of Blasphemy

8 Στέφανος δὲ πλήρης χάριτος καὶ δυνάμεως ἐποίει τέρατα καὶ σημεῖα μεγάλα ἐν τῷ λαῷ. 9 Ἀνέστησαν δέ τινες τῶν ἐκ τῆς συναγωγῆς τῆς λεγομένης Λιβερτίνων καὶ Κυρηναίων καὶ Ἀλεξανδρέων καὶ τῶν ἀπὸ Κιλικίας καὶ Ἀσίας συνζητοῦντες τῷ Στεφάνῳ, 10 καὶ οὐκ ἴσχυον ἀντιστῆναι τῇ σοφίᾳ καὶ τῷ πνεύματι ᾧ ἐλάλει. 11 τότε ὑπέβαλον ἄνδρας λέγοντας ὅτι Ἀκηκόαμεν αὐτοῦ λαλοῦντος ῥήματα βλάσφημα εἰς Μωυσῆν καὶ τὸν θεόν· 12 συνεκίνησάν τε τὸν λαὸν καὶ τοὺς πρεσβυτέρους καὶ τοὺς γραμματεῖς, καὶ ἐπιστάντες συνήρπασαν αὐτὸν καὶ ἤγαγον εἰς τὸ συνέδριον, 13 ἔστησάν τε μάρτυρας ψευδεῖς λέγοντας Ὁ ἄνθρωπος οὗτος οὐ παύεται λαλῶν ῥήματα κατὰ τοῦ τόπου τοῦ ἁγίου [τούτου] καὶ τοῦ νόμου, 14 ἀκη-

---

6:3 WH: δέ {WH}: [δή] RP: οὖν // RP: add ἁγίου after πνεύματος // WH: καταστήσομεν RP: καταστήσωμεν 5 WH: πλήρη {WH} **πλήρης** NA/RP: πλήρης 8 WH: χάριτος RP: πίστεως 13 WH: λαλῶν ῥήματα RP: ῥήματα βλάσφημα λαλῶν // RP: omit [τούτου]

κόαμεν γὰρ αὐτοῦ λέγοντος ὅτι Ἰησοῦς ὁ Ναζωραῖος οὗτος καταλύσει τὸν τόπον τοῦτον καὶ ἀλλάξει τὰ ἔθη ἃ παρέδωκεν ἡμῖν Μωυσῆς. 15 καὶ ἀτενίσαντες εἰς αὐτὸν πάντες οἱ καθεζόμενοι ἐν τῷ συνεδρίῳ εἶδαν τὸ πρόσωπον αὐτοῦ ὡσεὶ πρόσωπον ἀγγέλου.

Stephen Presents His Defense to the Council

7 Εἶπεν δὲ ὁ ἀρχιερεύς Εἰ ταῦτα οὕτως ἔχει; 2 ὁ δὲ ἔφη Ἄνδρες ἀδελφοὶ καὶ πατέρες, ἀκούσατε. Ὁ θεὸς τῆς δόξης ὤφθη τῷ πατρὶ ἡμῶν Ἀβραὰμ ὄντι ἐν τῇ Μεσοποταμίᾳ πρὶν ἢ κατοικῆσαι αὐτὸν ἐν Χαρράν, 3 καὶ εἶπεν πρὸς αὐτόν Ἔξελθε ἐκ τῆς γῆς σου καὶ τῆς συγγενείας σου, καὶ δεῦρο εἰς τὴν γῆν ἣν ἄν σοι δείξω· 4 τότε ἐξελθὼν ἐκ γῆς Χαλδαίων κατῴκησεν ἐν Χαρράν. κἀκεῖθεν μετὰ τὸ ἀποθανεῖν τὸν πατέρα αὐτοῦ μετῴκισεν αὐτὸν εἰς τὴν γῆν ταύτην εἰς ἣν ὑμεῖς νῦν κατοικεῖτε, 5 καὶ οὐκ ἔδωκεν αὐτῷ κληρονομίαν ἐν αὐτῇ οὐδὲ βῆμα ποδός, καὶ ἐπηγγείλατο δοῦναι αὐτῷ εἰς κατάσχεσιν αὐτὴν καὶ τῷ σπέρματι αὐτοῦ μετ' αὐτόν, οὐκ ὄντος αὐτῷ τέκνου. 6 ἐλάλησεν δὲ οὕτως ὁ θεὸς ὅτι ἔσται τὸ σπέρμα αὐτοῦ πάροικον ἐν γῇ ἀλλοτρίᾳ, καὶ δουλώσουσιν αὐτὸ καὶ κακώσουσιν ἔτη τετρακόσια· 7 καὶ τὸ ἔθνος ᾧ ἄν δουλεύσουσιν κρινῶ ἐγώ, ὁ θεὸς εἶπεν, καὶ μετὰ ταῦτα ἐξελεύσονται καὶ λατρεύσουσίν μοι ἐν τῷ τόπῳ τούτῳ. 8 καὶ ἔδωκεν αὐτῷ διαθήκην περιτομῆς· καὶ οὕτως ἐγέννησεν τὸν Ἰσαὰκ καὶ περιέτεμεν αὐτὸν τῇ ἡμέρᾳ τῇ ὀγδόῃ, καὶ Ἰσαὰκ τὸν Ἰακώβ, καὶ Ἰακὼβ τοὺς δώδεκα πατριάρχας. 9 Καὶ οἱ πατριάρχαι ζηλώσαντες τὸν Ἰωσὴφ ἀπέδοντο εἰς Αἴγυπτον· καὶ ἦν ὁ θεὸς μετ' αὐτοῦ, 10 καὶ ἐξείλατο αὐτὸν ἐκ πασῶν τῶν θλίψεων αὐτοῦ, καὶ ἔδωκεν

---

15 WH: πάντες RP: ἅπαντες
7:1 RP: *add* ἆρα *after* Εἰ 3 {WH}/[NA]/RP: *add* ἐκ *before* τῆς συγγενείας // RP: *omit* τὴν 7 WH: ἄν NA: ἐὰν RP: ᾧ // WH: δουλεύσουσιν RP: δουλεύσωσιν // WH: ὁ θεὸς εἶπεν RP: εἶπεν ὁ θεός 8 RP: *add* ὁ *before* Ἰσαὰκ // RP: *add* ὁ *before* Ἰακὼβ

7:2 Ps 29:3 3 Gen 12:1; 48:4 5 Deut 2:5; Gen 17:8; 48:4; Deut 32:49 6–7 Gen 15:13–14; Exod 2:22 7 Exod 3:12 8 Gen 17:10, 11; Gen 21:4 9 Gen 37:11; Gen 45:4; Gen 39:2, 3, 21

αὐτῷ χάριν καὶ σοφίαν ἐναντίον **Φαραὼ βασιλέως Αἰγύπτου**, **καὶ κατέστησεν αὐτὸν ἡγούμενον ἐπ' Αἴγυπτον καὶ ὅλον τὸν οἶκον αὐτοῦ**. 11 **ἦλθεν δὲ λιμὸς ἐφ' ὅλην τὴν Αἴγυπτον καὶ Χαναὰν** καὶ θλῖψις μεγάλη, καὶ οὐχ ηὕρισκον χορτάσματα οἱ πατέρες ἡμῶν· 12 **ἀκούσας δὲ Ἰακὼβ ὄντα σιτία εἰς Αἴγυπτον** ἐξαπέστειλεν τοὺς πατέρας ἡμῶν πρῶτον· 13 καὶ ἐν τῷ δευτέρῳ **ἐγνωρίσθη Ἰωσὴφ τοῖς ἀδελφοῖς αὐτοῦ**, καὶ φανερὸν ἐγένετο τῷ Φαραὼ τὸ γένος Ἰωσήφ. 14 ἀποστείλας δὲ Ἰωσὴφ μετεκαλέσατο Ἰακὼβ τὸν πατέρα αὐτοῦ καὶ πᾶσαν τὴν συγγένειαν **ἐν ψυχαῖς ἑβδομήκοντα πέντε**, 15 **κατέβη** δὲ Ἰακὼβ [**εἰς Αἴγυπτον**]. **καὶ ἐτελεύτησεν αὐτὸς καὶ** οἱ πατέρες ἡμῶν, 16 **καὶ μετετέθησαν εἰς Συχὲμ** καὶ ἐτέθησαν **ἐν τῷ μνήματι ᾧ ὠνήσατο** Ἀβραὰμ τιμῆς ἀργυρίου **παρὰ τῶν υἱῶν Ἑμμὼρ ἐν Συχέμ**. 17 Καθὼς δὲ ἤγγιζεν ὁ χρόνος τῆς ἐπαγγελίας ἧς ὡμολόγησεν ὁ θεὸς τῷ Ἀβραάμ, **ηὔξησεν ὁ λαὸς καὶ ἐπληθύνθη** ἐν Αἰγύπτῳ, 18 ἄχρι οὗ **ἀνέστη βασιλεὺς ἕτερος ἐπ' Αἴγυπτον**, ὃς οὐκ ᾔδει τὸν Ἰωσήφ. 19 οὗτος **κατασοφισάμενος** τὸ γένος ἡμῶν **ἐκάκωσεν** τοὺς πατέρας τοῦ ποιεῖν τὰ βρέφη ἔκθετα αὐτῶν εἰς τὸ μὴ **ζωογονεῖσθαι**. 20 ἐν ᾧ καιρῷ ἐγεννήθη Μωυσῆς, καὶ ἦν ἀστεῖος τῷ θεῷ· ὃς ἀνετράφη **μῆνας τρεῖς** ἐν τῷ οἴκῳ τοῦ πατρός· 21 ἐκτεθέντος δὲ αὐτοῦ **ἀνείλατο** αὐτὸν ἡ **θυγάτηρ Φαραὼ** καὶ ἀνεθρέψατο αὐτὸν ἑαυτῇ **εἰς υἱόν**. 22 καὶ ἐπαιδεύθη Μωυσῆς πάσῃ σοφίᾳ Αἰγυπτίων, ἦν δὲ δυνατὸς ἐν λόγοις καὶ ἔργοις αὐτοῦ. 23 Ὡς

---

10 WH: ὅλον {WH}: ἐφ' ὅλον NA: [ἐφ'] ὅλον 11 RP: add γῆν before Αἰγύπτου // WH: ηὕρισκον RP: εὕρισκον 12 WH: σιτία εἰς Αἴγυπτον RP: σῖτα ἐν Αἰγύπτῳ 13 WH: ἐγνωρίσθη {WH}/NA/RP: ἀνεγνωρίσθη // NA: add [τοῦ] before Ἰωσήφ 14 WH: Ἰακὼβ τὸν πατέρα αὐτοῦ RP: τὸν πατέρα αὐτοῦ Ἰακώβ 15 WH: κατέβη δὲ {WH}/NA: καὶ κατέβη // WH: [εἰς] Αἴγυπτον NA: εἰς Αἴγυπτον 16 WH: Ἑμμὼρ ἐν Συχέμ RP: Ἐμμὸρ τοῦ Συχέμ 17 WH: ὡμολόγησεν RP: ὤμοσεν 18 WH: ἐπ' Αἴγυπτον NA: [ἐπ' Αἴγυπτον] RP: omit ἐπ' Αἴγυπτον 19 [NA]/RP: add ἡμῶν after πατέρας // WH: τὰ βρέφη ἔκθετα RP: ἔκθετα τὰ βρέφη 21 WH: ἐκτεθέντος RP: Ἐκτεθέντα // WH: αὐτοῦ ἀνείλατο αὐτὸν RP: αὐτόν, ἀνείλετο 22 NA: add [ἐν] after Μωυσῆς // RP: omit αὐτοῦ

---

10 Gen 39:21; Gen 41:40, 41, 43, 46; Ps 105:21 11 Gen 41:54, 55; Gen 42:5 12 Gen 42:2 13 Gen 45:1 14–15 Deut 10:22 15 Exod 1:6 16 Josh 24:32; Gen 1:13 17–18 Exod 1:7, 8 19 Exod 1:9, 10; Exod 1:18 20 Exod 2:2 21 Exod 2:5; Exod 2:10

δὲ ἐπληροῦτο αὐτῷ τεσσερακονταετὴς χρόνος, ἀνέβη ἐπὶ τὴν καρδίαν αὐτοῦ ἐπισκέψασθαι **τοὺς ἀδελφοὺς αὐτοῦ τοὺς υἱοὺς Ἰσραήλ.** 24 καὶ ἰδών τινα ἀδικούμενον ἠμύνατο καὶ ἐποίησεν ἐκδίκησιν τῷ καταπονουμένῳ **πατάξας τὸν Αἰγύπτιον.** 25 ἐνόμιζεν δὲ συνιέναι τοὺς ἀδελφοὺς ὅτι ὁ θεὸς διὰ χειρὸς αὐτοῦ δίδωσιν σωτηρίαν αὐτοῖς, οἱ δὲ οὐ συνῆκαν. 26 τῇ τε ἐπιούσῃ ἡμέρᾳ ὤφθη αὐτοῖς μαχομένοις καὶ συνήλλασσεν αὐτοὺς εἰς εἰρήνην εἰπών Ἄνδρες, ἀδελφοί ἐστε· ἵνα τί ἀδικεῖτε ἀλλήλους; 27 ὁ δὲ **ἀδικῶν τὸν πλησίον** ἀπώσατο αὐτὸν εἰπών **Τίς σὲ κατέστησεν ἄρχοντα καὶ δικαστὴν ἐφ᾽ ἡμῶν;** 28 μὴ **ἀνελεῖν με σὺ θέλεις ὃν τρόπον ἀνεῖλες ἐχθὲς τὸν Αἰγύπτιον;** 29 **ἔφυγεν δὲ Μωυσῆς ἐν τῷ λόγῳ τούτῳ, καὶ ἐγένετο πάροικος ἐν γῇ Μαδιάμ,** οὗ ἐγέννησεν υἱοὺς δύο. 30 Καὶ πληρωθέντων ἐτῶν τεσσεράκοντα **ὤφθη αὐτῷ ἐν τῇ ἐρήμῳ τοῦ ὄρους** Σινὰ **ἄγγελος ἐν φλογὶ πυρὸς βάτου·** 31 ὁ δὲ Μωυσῆς ἰδὼν ἐθαύμασεν τὸ ὅραμα· προσερχομένου δὲ αὐτοῦ κατανοῆσαι ἐγένετο φωνὴ Κυρίου 32 **Ἐγὼ ὁ θεὸς τῶν πατέρων σου, ὁ θεὸς Ἀβραὰμ καὶ Ἰσαὰκ καὶ Ἰακώβ.** ἔντρομος δὲ γενόμενος Μωυσῆς οὐκ ἐτόλμα κατανοῆσαι. 33 **εἶπεν δὲ αὐτῷ ὁ κύριος** Λῦσον τὸ **ὑπόδημα τῶν ποδῶν σου, ὁ γὰρ τόπος ἐφ᾽ ᾧ ἕστηκας γῆ ἁγία ἐστίν.** 34 **ἰδὼν εἶδον τὴν κάκωσιν τοῦ λαοῦ μου τοῦ ἐν Αἰγύπτῳ, καὶ τοῦ στεναγμοῦ αὐτοῦ ἤκουσα, καὶ κατέβην ἐξελέσθαι αὐτούς· καὶ νῦν δεῦρο ἀποστείλω σε εἰς Αἴγυπτον.** 35 Τοῦτον τὸν Μωυσῆν, ὃν ἠρνήσαντο εἰπόντες **Τίς σὲ κατέστησεν ἄρχοντα καὶ δικαστήν,** τοῦτον ὁ θεὸς καὶ ἄρχοντα καὶ λυτρωτὴν ἀπέσταλκεν σὺν χειρὶ ἀγγέλου τοῦ

---

25 NA: *add* [αὐτοῦ] *after* ἀδελφοὺς // WH: σωτηρίαν αὐτοῖς RP: αὐτοῖς σωτηρίαν 26 WH: συνήλλασσεν RP: συνήλασεν // RP: *add* ὑμεῖς *after* ἐστε // WH: ἵνα τί NA: ἱνατί 27 WH: ἐπ᾽ ἡμῶν NA: ἐφ᾽ ἡμῶν RP: ἐφ᾽ ἡμᾶς 28 WH: ἐχθὲς RP: χθὲς // RP: *add* κυρίου *after* ἄγγελος 31 WH: ἐθαύμασεν NA/RP: ἐθαύμαζεν // RP: *add* πρὸς αὐτὸν *after* κυρίου 32 RP: *add* ὁ θεὸς *before* Ἰσαὰκ // RP: *add* ὁ θεὸς *before* Ἰακώβ 33 WH: ἐφ᾽ RP: ἐν 34 WH: αὐτοῦ NA/RP: αὐτῶν // WH: ἀποστείλω RP: ἀποστελῶ 35 WH: θεὸς καὶ NA: θεὸς [καὶ] RP: θεὸς // WH: ἀπέσταλκεν σὺν RP: ἀπέστειλεν ἐν

---

23 Exod 2:11 24 Exod 2:12 27–28 Exod 2:13–14 29 Exod 2:15, 22 30 Exod 3:1, 2 32 Exod 3:6 33 Exod 3:7; Exod 3:5 34 Exod 3:7, 8, 10; 2:24 35 Exod 2:14

ὀφθέντος αὐτῷ ἐν τῇ βάτῳ. 36 οὗτος ἐξήγαγεν αὐτοὺς ποιήσας **τέρατα καὶ σημεῖα ἐν τῇ Αἰγύπτῳ** καὶ ἐν Ἐρυθρᾷ Θαλάσσῃ **καὶ ἐν τῇ ἐρήμῳ ἔτη τεσσεράκοντα.** 37 οὗτός ἐστιν ὁ Μωυσῆς ὁ εἴπας τοῖς υἱοῖς Ἰσραήλ **Προφήτην ὑμῖν ἀναστήσει ὁ θεὸς ἐκ τῶν ἀδελφῶν ὑμῶν ὡς ἐμέ.** 38 οὗτός ἐστιν ὁ γενόμενος ἐν τῇ ἐκκλησίᾳ ἐν τῇ ἐρήμῳ μετὰ τοῦ ἀγγέλου τοῦ λαλοῦντος αὐτῷ ἐν τῷ ὄρει Σινᾶ καὶ τῶν πατέρων ἡμῶν, ὃς ἐδέξατο λόγια ζῶντα δοῦναι ὑμῖν, 39 ᾧ οὐκ ἠθέλησαν ὑπήκοοι γενέσθαι οἱ πατέρες ἡμῶν ἀλλὰ ἀπώσαντο καὶ **ἐστράφησαν** ἐν ταῖς καρδίαις αὐτῶν **εἰς Αἴγυπτον,** 40 εἰπόντες τῷ Ἀαρών **Ποίησον ἡμῖν θεοὺς οἳ προπορεύσονται ἡμῶν· ὁ γὰρ Μωυσῆς οὗτος, ὃς ἐξήγαγεν ἡμᾶς ἐκ γῆς Αἰγύπτου, οὐκ οἴδαμεν τί ἐγένετο αὐτῷ.** 41 καὶ **ἐμοσχοποίησαν** ἐν ταῖς ἡμέραις ἐκείναις καὶ **ἀνήγαγον θυσίαν** τῷ εἰδώλῳ, καὶ εὐφραίνοντο ἐν τοῖς ἔργοις τῶν χειρῶν αὐτῶν. 42 ἔστρεψεν δὲ ὁ θεὸς καὶ παρέδωκεν αὐτοὺς λατρεύειν **τῇ στρατιᾷ τοῦ οὐρανοῦ,** καθὼς γέγραπται ἐν Βίβλῳ τῶν προφητῶν

Μὴ σφάγια καὶ θυσίας προσηνέγκατέ μοι
 ἔτη τεσσεράκοντα ἐν τῇ ἐρήμῳ, οἶκος Ἰσραήλ;
43 **καὶ ἀνελάβετε τὴν σκηνὴν τοῦ Μολόχ**
 καὶ τὸ ἄστρον τοῦ θεοῦ Ῥομφά,
 τοὺς τύπους οὓς ἐποιήσατε προσκυνεῖν αὐτοῖς.
 καὶ μετοικιῶ ὑμᾶς ἐπέκεινα Βαβυλῶνος.

44 Ἡ σκηνὴ τοῦ μαρτυρίου ἦν τοῖς πατράσιν ἡμῶν ἐν τῇ ἐρήμῳ, καθὼς διετάξατο ὁ λαλῶν τῷ **Μωυσῇ ποιῆσαι** αὐτὴν **κατὰ τὸν τύπον ὃν ἑωράκει,** 45 ἣν καὶ εἰσήγαγον διαδεξάμενοι οἱ πατέρες ἡμῶν μετὰ Ἰησοῦ ἐν τῇ **κατασχέσει**

---

36 WH: τῇ NA/RP: γῇ // WH: εἴπας RP: εἰπὼν // WH: ὁ θεὸς RP: κύριος ὁ θεὸς ἡμῶν 38 WH: λόγια RP: λόγον // WH: ὑμῖν {WH}/NA/RP: ἡμῖν 39 WH: ἐν ταῖς καρδίαις RP: τῇ καρδίᾳ // WH: ἐγένετο RP: γέγονεν 43 WH: Ῥομφά NA: [ὑμῶν] Ῥαιφάν RP: ὑμῶν Ῥεμφάν

36 Exod 7:3; Num 14:33 37 Deut 18:15, 18 39 Num 14:3, 4 40 Exod 32:1, 23 41 Exod 32:4, 6 42 Jer 7:18 LXX; 19:13 42–43 Amos 5:25–27 44 Exod 25:1, 40 45 Gen 17:8; 48:4; Deut 32:49

τῶν ἐθνῶν ὧν ἐξῶσεν ὁ θεὸς ἀπὸ προσώπου τῶν πατέρων ἡμῶν ἕως τῶν ἡμερῶν Δαυείδ· 46 ὃς εὗρεν χάριν ἐνώπιον τοῦ θεοῦ καὶ ᾐτήσατο εὑρεῖν σκήνωμα τῷ θεῷ Ἰακώβ. 47 Σολομῶν δὲ οἰκοδόμησεν αὐτῷ οἶκον. 48 ἀλλ᾽ οὐχ ὁ ὕψιστος ἐν χειροποιήτοις κατοικεῖ· καθὼς ὁ προφήτης λέγει
49 Ὁ οὐρανός μοι θρόνος,
καὶ ἡ γῆ ὑποπόδιον τῶν ποδῶν μου·
ποῖον οἶκον οἰκοδομήσετέ μοι, λέγει Κύριος,
ἢ τίς τόπος τῆς καταπαύσεώς μου;
50 οὐχὶ ἡ χείρ μου ἐποίησεν ταῦτα πάντα;
51 Σκληροτράχηλοι καὶ ἀπερίτμητοι καρδίαις καὶ τοῖς ὠσίν, ὑμεῖς ἀεὶ τῷ πνεύματι τῷ ἁγίῳ ἀντιπίπτετε, ὡς οἱ πατέρες ὑμῶν καὶ ὑμεῖς. 52 τίνα τῶν προφητῶν οὐκ ἐδίωξαν οἱ πατέρες ὑμῶν; καὶ ἀπέκτειναν τοὺς προκαταγγείλαντας περὶ τῆς ἐλεύσεως τοῦ δικαίου οὗ νῦν ὑμεῖς προδόται καὶ φονεῖς ἐγένεσθε, 53 οἵτινες ἐλάβετε τὸν νόμον εἰς διαταγὰς ἀγγέλων, καὶ οὐκ ἐφυλάξατε.

Stephen Is Martyred

54 Ἀκούοντες δὲ ταῦτα διεπρίοντο ταῖς καρδίαις αὐτῶν καὶ ἔβρυχον τοὺς ὀδόντας ἐπ᾽ αὐτόν. 55 ὑπάρχων δὲ πλήρης πνεύματος ἁγίου ἀτενίσας εἰς τὸν οὐρανὸν εἶδεν δόξαν θεοῦ καὶ Ἰησοῦν ἑστῶτα ἐκ δεξιῶν τοῦ θεοῦ, 56 καὶ εἶπεν Ἰδοὺ θεωρῶ τοὺς οὐρανοὺς διηνοιγμένους καὶ τὸν υἱὸν τοῦ ἀνθρώπου ἐκ δεξιῶν ἑστῶτα τοῦ θεοῦ. 57 κράξαντες δὲ φωνῇ μεγάλῃ συνέσχον τὰ ὦτα αὐτῶν, καὶ ὥρμησαν ὁμοθυμαδὸν ἐπ᾽ αὐτόν, 58 καὶ ἐκβαλόντες ἔξω τῆς πόλεως ἐλιθοβόλουν. καὶ οἱ μάρτυρες ἀπέθεντο τὰ ἱμάτια αὐτῶν παρὰ τοὺς πόδας νεανίου καλουμένου Σαύλου.

46 WH: θεῷ {WH}: *θεῷ* NA: οἴκῳ 47 WH: οἰκοδόμησεν RP: ᾠκοδόμησεν 48 RP: add ναοῖς after χειροποιήτοις 49 WH: καὶ ἡ {WH}/NA/RP: ἡ δὲ 51 WH: καρδίαις {WH}: καρδίας RP: τῇ καρδίᾳ 52 WH: ἐγένεσθε RP: γεγένησθε 56 WH: διηνοιγμένους RP: ἀνεῳγμένους 58 RP: omit αὐτῶν

46 Ps 132:5 47 1 Kgs 6:1, 2 49–50 Isa 66:1, 2 51 Exod 33:3, 5; Jer 9:26; 6:10; Num 27:14; Isa 63:10

59 καὶ ἐλιθοβόλουν τὸν Στέφανον ἐπικαλούμενον καὶ λέ-
γοντα   Κύριε Ἰησοῦ, δέξαι τὸ πνεῦμά μου· 60 θεὶς δὲ τὰ γό-
νατα ἔκραξεν φωνῇ μεγάλῃ   Κύριε, μὴ στήσῃς αὐτοῖς
ταύτην τὴν ἁμαρτίαν· καὶ τοῦτο εἰπὼν ἐκοιμήθη.
8 Σαῦλος δὲ ἦν συνευδοκῶν τῇ ἀναιρέσει αὐτοῦ.

Saul Persecutes the Church

Ἐγένετο δὲ ἐν ἐκείνῃ τῇ ἡμέρᾳ διωγμὸς μέγας ἐπὶ τὴν
ἐκκλησίαν τὴν ἐν Ἱεροσολύμοις· πάντες [δὲ] διεσπάρησαν
κατὰ τὰς χώρας τῆς Ἰουδαίας καὶ Σαμαρίας πλὴν τῶν
ἀποστόλων. 2 συνεκόμισαν δὲ τὸν Στέφανον ἄνδρες εὐ-
λαβεῖς καὶ ἐποίησαν κοπετὸν μέγαν ἐπ᾽ αὐτῷ. 3 Σαῦλος δὲ
ἐλυμαίνετο τὴν ἐκκλησίαν κατὰ τοὺς οἴκους εἰσπορευόμε-
νος, σύρων τε ἄνδρας καὶ γυναῖκας παρεδίδου εἰς φυλακήν.

The Gospel Reaches Samaria

4 Οἱ μὲν οὖν διασπαρέντες διῆλθον εὐαγγελιζόμενοι
τὸν λόγον. 5 Φίλιππος δὲ κατελθὼν εἰς τὴν πόλιν τῆς
Σαμαρίας ἐκήρυσσεν αὐτοῖς τὸν χριστόν. 6 προσεῖχον δὲ οἱ
ὄχλοι τοῖς λεγομένοις ὑπὸ τοῦ Φιλίππου ὁμοθυμαδὸν ἐν τῷ
ἀκούειν αὐτοὺς καὶ βλέπειν τὰ σημεῖα ἃ ἐποίει· 7 πολλοὶ
γὰρ τῶν ἐχόντων πνεύματα ἀκάθαρτα βοῶντα φωνῇ μεγάλῃ
ἐξήρχοντο, πολλοὶ δὲ παραλελυμένοι καὶ χωλοὶ ἐθε-
ραπεύθησαν· 8 ἐγένετο δὲ πολλὴ χαρὰ ἐν τῇ πόλει ἐκείνῃ.

Simon the Sorcerer Is Converted

9 Ἀνὴρ δέ τις ὀνόματι Σίμων προυπῆρχεν ἐν τῇ πόλει
μαγεύων καὶ ἐξιστάνων τὸ ἔθνος τῆς Σαμαρίας, λέγων εἶναί

---

60 WH: ταύτην τὴν ἁμαρτίαν RP: τὴν ἁμαρτίαν ταύτην
8:1 WH: [δὲ] NA: δὲ 2 WH: ἐποίησαν RP: ἐποιήσαντο 5 WH: τὴν NA: [τὴν] RP:
omit τὴν 6 WH: δὲ RP: τε 7 WH: πολλοὶ RP: Πολλῶν // WH: ἐξήρχοντο RP:
ἐξήρχετο 8 RP: add Καὶ before ἐγένετο // WH: δὲ πολλὴ χαρὰ RP: χαρὰ
μεγάλη 9 WH: ἐξιστάνων RP: ἐξιστῶν

τινα ἑαυτὸν μέγαν, 10 ᾧ προσεῖχον πάντες ἀπὸ μικροῦ ἕως μεγάλου λέγοντες Οὗτός ἐστιν ἡ Δύναμις τοῦ θεοῦ ἡ καλουμένη Μεγάλη. 11 προσεῖχον δὲ αὐτῷ διὰ τὸ ἱκανῷ χρόνῳ ταῖς μαγίαις ἐξεστακέναι αὐτούς. 12 ὅτε δὲ ἐπίστευσαν τῷ Φιλίππῳ εὐαγγελιζομένῳ περὶ τῆς βασιλείας τοῦ θεοῦ καὶ τοῦ ὀνόματος Ἰησοῦ Χριστοῦ, ἐβαπτίζοντο ἄνδρες τε καὶ γυναῖκες. 13 ὁ δὲ Σίμων καὶ αὐτὸς ἐπίστευσεν, καὶ βαπτισθεὶς ἦν προσκαρτερῶν τῷ Φιλίππῳ, θεωρῶν τε σημεῖα καὶ δυνάμεις μεγάλας γινομένας ἐξίστατο.

Peter and John Visit Samaria

14 Ἀκούσαντες δὲ οἱ ἐν Ἱεροσολύμοις ἀπόστολοι ὅτι δέδεκται ἡ Σαμαρία τὸν λόγον τοῦ θεοῦ ἀπέστειλαν πρὸς αὐτοὺς Πέτρον καὶ Ἰωάνην, 15 οἵτινες καταβάντες προσηύξαντο περὶ αὐτῶν ὅπως λάβωσιν πνεῦμα ἅγιον· 16 οὐδέπω γὰρ ἦν ἐπ' οὐδενὶ αὐτῶν ἐπιπεπτωκός, μόνον δὲ βεβαπτισμένοι ὑπῆρχον εἰς τὸ ὄνομα τοῦ κυρίου Ἰησοῦ. 17 τότε ἐπετίθεσαν τὰς χεῖρας ἐπ' αὐτούς, καὶ ἐλάμβανον πνεῦμα ἅγιον. 18 Ἰδὼν δὲ ὁ Σίμων ὅτι διὰ τῆς ἐπιθέσεως τῶν χειρῶν τῶν ἀποστόλων δίδοται τὸ πνεῦμα προσήνεγκεν αὐτοῖς χρήματα 19 λέγων Δότε κἀμοὶ τὴν ἐξουσίαν ταύτην ἵνα ᾧ ἐὰν ἐπιθῶ τὰς χεῖρας λαμβάνῃ πνεῦμα ἅγιον. 20 Πέτρος δὲ εἶπεν πρὸς αὐτόν Τὸ ἀργύριόν σου σὺν σοὶ εἴη εἰς ἀπώλειαν, ὅτι τὴν δωρεὰν τοῦ θεοῦ ἐνόμισας διὰ χρημάτων κτᾶσθαι. 21 οὐκ ἔστιν σοι μερὶς οὐδὲ κλῆρος ἐν τῷ λόγῳ τούτῳ, ἡ γὰρ **καρδία** σου **οὐκ ἔστιν εὐθεῖα ἔναντι τοῦ θεοῦ.** 22 μετανόησον οὖν ἀπὸ τῆς κακίας σου ταύτης, καὶ δεήθητι τοῦ κυρίου εἰ ἄρα ἀφεθήσεταί σοι ἡ ἐπίνοια τῆς καρδίας σου· 23 εἰς γὰρ **χολὴν πικρίας** καὶ **σύνδεσμον ἀδικίας** ὁρῶ

---

10 RP: omit πάντες // RP: omit καλουμένη 12 RP: add τὰ before περὶ 13 WH: σημεῖα καὶ δυνάμεις RP: δυνάμεις καὶ σημεῖα // WH: μεγάλας γινομένας RP: γινόμενα 16 WH: οὐδέπω RP: οὔπω 17 WH: ἐπετίθεσαν RP: ἐπετίθουν 18 WH: Ἰδὼν RP: Θεασάμενος // RP: add τὸ ἅγιον after τὸ πνεῦμα 21 WH: ἔναντι RP: ἐνώπιον 22 WH: κυρίου RP: θεοῦ

σε ὄντα. 24 ἀποκριθεὶς δὲ ὁ Σίμων εἶπεν Δεήθητε ὑμεῖς ὑπὲρ ἐμοῦ πρὸς τὸν κύριον ὅπως μηδὲν ἐπέλθῃ ἐπ' ἐμὲ ὧν εἰρήκατε.

25 Οἱ μὲν οὖν διαμαρτυράμενοι καὶ λαλήσαντες τὸν λόγον τοῦ κυρίου ὑπέστρεφον εἰς Ἰεροσόλυμα, πολλάς τε κώμας τῶν Σαμαρειτῶν εὐηγγελίζοντο.

Philip Proclaims the Gospel to an Ethiopian Official

26 Ἄγγελος δὲ Κυρίου ἐλάλησεν πρὸς Φίλιππον λέγων Ἀνάστηθι καὶ πορεύου κατὰ μεσημβρίαν ἐπὶ τὴν ὁδὸν τὴν καταβαίνουσαν ἀπὸ Ἰερουσαλὴμ εἰς Γάζαν· αὕτη ἐστὶν ἔρημος. 27 καὶ ἀναστὰς ἐπορεύθη, καὶ ἰδοὺ ἀνὴρ Αἰθίοψ εὐνοῦχος δυνάστης Κανδάκης βασιλίσσης Αἰθιόπων, ὃς ἦν ἐπὶ πάσης τῆς γάζης αὐτῆς, [ὃς] ἐληλύθει προσκυνήσων εἰς Ἰερουσαλήμ, 28 ἦν δὲ ὑποστρέφων καὶ καθήμενος ἐπὶ τοῦ ἅρματος αὐτοῦ καὶ ἀνεγίνωσκεν τὸν προφήτην Ἡσαΐαν. 29 εἶπεν δὲ τὸ πνεῦμα τῷ Φιλίππῳ Πρόσελθε καὶ κολλήθητι τῷ ἅρματι τούτῳ. 30 προσδραμὼν δὲ ὁ Φίλιππος ἤκουσεν αὐτοῦ ἀναγινώσκοντος Ἡσαΐαν τὸν προφήτην, καὶ εἶπεν Ἆρά γε γινώσκεις ἃ ἀναγινώσκεις; 31 ὁ δὲ εἶπεν Πῶς γὰρ ἂν δυναίμην ἐὰν μή τις ὁδηγήσει με; παρεκάλεσέν τε τὸν Φίλιππον ἀναβάντα καθίσαι σὺν αὐτῷ. 32 ἡ δὲ περιοχὴ τῆς γραφῆς ἣν ἀνεγίνωσκεν ἦν αὕτη

Ὡς πρόβατον ἐπὶ σφαγὴν ἤχθη,
    καὶ ὡς ἀμνὸς ἐναντίον τοῦ κείροντος αὐτὸν
        ἄφωνος,
        οὕτως οὐκ ἀνοίγει τὸ στόμα αὐτοῦ.
33 Ἐν τῇ ταπεινώσει ἡ κρίσις αὐτοῦ ἤρθη·

---

25 WH: ὑπέστρεφον RP: ὑπέστρεψαν // WH: εὐηγγελίζοντο RP: εὐηγγελίσαντο 27 RP: add τῆς before βασιλίσσης // WH: [ὃς] NA/RP: ὃς 28 WH: ἦν δὲ NA: ἦν τε // WH: Ἡσαΐαν τὸν προφήτην RP: τὸν προφήτην Ἡσαΐαν 31 WH: ὁδηγήσει RP: ὁδηγήσῃ 32 WH: κείροντος {WH}/NA: κείραντος 33 [NA]/RP: add αὐτοῦ after ταπεινώσει // RP: add δὲ before γενεὰν

τὴν γενεὰν αὐτοῦ τίς διηγήσεται;
ὅτι αἴρεται ἀπὸ τῆς γῆς ἡ ζωὴ αὐτοῦ.

34 ἀποκριθεὶς δὲ ὁ εὐνοῦχος τῷ Φιλίππῳ εἶπεν Δέομαί σου, περὶ τίνος ὁ προφήτης λέγει τοῦτο; περὶ ἑαυτοῦ ἢ περὶ ἑτέρου τινός; 35 ἀνοίξας δὲ ὁ Φίλιππος τὸ στόμα αὐτοῦ καὶ ἀρξάμενος ἀπὸ τῆς γραφῆς ταύτης εὐηγγελίσατο αὐτῷ τὸν Ἰησοῦν. 36 ὡς δὲ ἐπορεύοντο κατὰ τὴν ὁδόν, ἦλθον ἐπί τι ὕδωρ, καί φησιν ὁ εὐνοῦχος Ἰδοὺ ὕδωρ· τί κωλύει με βαπτισθῆναι; 38 καὶ ἐκέλευσεν στῆναι τὸ ἅρμα, καὶ κατέβησαν ἀμφότεροι εἰς τὸ ὕδωρ ὅ τε Φίλιππος καὶ ὁ εὐνοῦχος, καὶ ἐβάπτισεν αὐτόν. 39 ὅτε δὲ ἀνέβησαν ἐκ τοῦ ὕδατος, πνεῦμα Κυρίου ἥρπασεν τὸν Φίλιππον, καὶ οὐκ εἶδεν αὐτὸν οὐκέτι ὁ εὐνοῦχος, ἐπορεύετο γὰρ τὴν ὁδὸν αὐτοῦ χαίρων. 40 Φίλιππος δὲ εὑρέθη εἰς Ἄζωτον, καὶ διερχόμενος εὐηγγελίζετο τὰς πόλεις πάσας ἕως τοῦ ἐλθεῖν αὐτὸν εἰς Καισαρίαν.

Saul Is Converted to Christ

9 Ὁ δὲ Σαῦλος, ἔτι ἐνπνέων ἀπειλῆς καὶ φόνου εἰς τοὺς μαθητὰς τοῦ κυρίου, προσελθὼν τῷ ἀρχιερεῖ 2 ᾐτήσατο παρ' αὐτοῦ ἐπιστολὰς εἰς Δαμασκὸν πρὸς τὰς συναγωγάς, ὅπως ἐάν τινας εὕρῃ τῆς ὁδοῦ ὄντας, ἄνδρας τε καὶ γυναῖκας, δεδεμένους ἀγάγῃ εἰς Ἰερουσαλήμ.

3 Ἐν δὲ τῷ πορεύεσθαι ἐγένετο αὐτὸν ἐγγίζειν τῇ Δαμασκῷ, ἐξέφνης τε αὐτὸν περιήστραψεν φῶς ἐκ τοῦ οὐρανοῦ, 4 καὶ πεσὼν ἐπὶ τὴν γῆν ἤκουσεν φωνὴν λέγουσαν αὐτῷ Σαοὺλ Σαούλ, τί με διώκεις; 5 εἶπεν δέ Τίς εἶ, κύριε; ὁ δέ Ἐγώ εἰμι Ἰησοῦς ὃν σὺ διώκεις· 6 ἀλλὰ ἀνάστηθι καὶ εἴσελθε εἰς τὴν πόλιν, καὶ λαληθήσεταί σοι ὅτι σε δεῖ ποιεῖν. 7 οἱ δὲ ἄνδρες οἱ συνοδεύοντες αὐτῷ ἱστήκεισαν ἐνεοί, ἀκούοντες μὲν τῆς φωνῆς μηδένα δὲ θεωροῦντες.

37 *a few later manuscripts and some Latin versions include v. 37:* εἶπε δὲ αὐτῷ, Εἰ πιστεύεις ἐξ ὅλης καρδίας σου, ἔξεστιν· ἀποκριθεὶς δὲ εἶπε, Πιστεύω τὸν υἱὸν τοῦ θεοῦ εἶναι Ἰησοῦν Χριστόν.
9:3 WH: ἐξέφνης τε NA: ἐξαίφνης τε RP: καὶ ἐξαίφνης // WH: αὐτὸν περιήστραψεν RP: περιήστραψεν αὐτὸν 5 RP: *add* κύριος εἶπεν *before* Ἐγώ 6 WH: ὅτι NA: ὅ τί RP: τί 7 WH: ἱστήκεισαν NA/RP: εἱστήκεισαν

8 ἠγέρθη δὲ Σαῦλος ἀπὸ τῆς γῆς, ἀνεῳγμένων δὲ τῶν ὀφθαλμῶν αὐτοῦ οὐδὲν ἔβλεπεν· χειραγωγοῦντες δὲ αὐτὸν εἰσήγαγον εἰς Δαμασκόν. 9 καὶ ἦν ἡμέρας τρεῖς μὴ βλέπων, καὶ οὐκ ἔφαγεν οὐδὲ ἔπιεν.

Saul Is Baptized by Ananias

10 Ἦν δέ τις μαθητὴς ἐν Δαμασκῷ ὀνόματι Ἁνανίας, καὶ εἶπεν πρὸς αὐτὸν ἐν ὁράματι ὁ κύριος Ἁνανία. ὁ δὲ εἶπεν Ἰδοὺ ἐγώ, κύριε. 11 ὁ δὲ κύριος πρὸς αὐτόν Ἀνάστα πορεύθητι ἐπὶ τὴν ῥύμην τὴν καλουμένην Εὐθεῖαν καὶ ζήτησον ἐν οἰκίᾳ Ἰούδα Σαῦλον ὀνόματι Ταρσέα, ἰδοὺ γὰρ προσεύχεται, 12 καὶ εἶδεν ἄνδρα [ἐν ὁράματι] Ἁνανίαν ὀνόματι εἰσελθόντα καὶ ἐπιθέντα αὐτῷ [τὰς] χεῖρας ὅπως ἀναβλέψῃ. 13 ἀπεκρίθη δὲ Ἁνανίας Κύριε, ἤκουσα ἀπὸ πολλῶν περὶ τοῦ ἀνδρὸς τούτου, ὅσα κακὰ τοῖς ἁγίοις σου ἐποίησεν ἐν Ἰερουσαλήμ· 14 καὶ ὧδε ἔχει ἐξουσίαν παρὰ τῶν ἀρχιερέων δῆσαι πάντας τοὺς ἐπικαλουμένους τὸ ὄνομά σου. 15 εἶπεν δὲ πρὸς αὐτὸν ὁ κύριος Πορεύου, ὅτι σκεῦος ἐκλογῆς ἐστίν μοι οὗτος τοῦ βαστάσαι τὸ ὄνομά μου ἐνώπιον [τῶν] ἐθνῶν τε καὶ βασιλέων υἱῶν τε Ἰσραήλ, 16 ἐγὼ γὰρ ὑποδείξω αὐτῷ ὅσα δεῖ αὐτὸν ὑπὲρ τοῦ ὀνόματός μου παθεῖν. 17 Ἀπῆλθεν δὲ Ἁνανίας καὶ εἰσῆλθεν εἰς τὴν οἰκίαν, καὶ ἐπιθεὶς ἐπ᾽ αὐτὸν τὰς χεῖρας εἶπεν Σαοὺλ ἀδελφέ, ὁ κύριος ἀπέσταλκέν με, Ἰησοῦς ὁ ὀφθείς σοι ἐν τῇ ὁδῷ ᾗ ἤρχου, ὅπως ἀναβλέψῃς καὶ πλησθῇς πνεύματος ἁγίου. 18 καὶ εὐθέως ἀπέπεσαν αὐτοῦ ἀπὸ τῶν ὀφθαλμῶν ὡς λεπίδες, ἀνέβλεψέν τε, καὶ ἀναστὰς ἐβαπτίσθη, 19 καὶ λαβὼν τροφὴν ἐνισχύθη.

---

8 WH: οὐδὲν RP: οὐδένα 10 WH: ἐν ὁράματι ὁ κύριος RP: ὁ κύριος ἐν ὁράματι 11 WH: Ἀνάστα {WH}/NA/RP: Ἀναστὰς 12 WH: ἄνδρα [ἐν ὁράματι] RP: ἐν ὁράματι ἄνδρα // WH: Ἁνανίαν ὀνόματι RP: ὀνόματι Ἁνανίαν // WH: [τὰς] χεῖρας RP: χεῖρα 13 WH: ἤκουσα RP: ἀκήκοα // WH: τοῖς ἁγίοις σου ἐποίησεν RP: ἐποίησεν τοῖς ἁγίοις σου 15 WH: ἐστίν μοι RP: μοι ἐστὶν // NA/RP: omit [τῶν] // RP: omit τε after ἐθνῶν 17 RP: omit Ἰησοῦς 18 WH: αὐτοῦ ἀπὸ τῶν ὀφθαλμῶν ὡς RP: ἀπὸ τῶν ὀφθαλμῶν αὐτοῦ ὡσεὶ 19 WH: ἐνισχύθη NA/RP: ἐνίσχυσεν //

Saul Preaches at Damascus

Ἐγένετο δὲ μετὰ τῶν ἐν Δαμασκῷ μαθητῶν ἡμέρας τινάς, 20 καὶ εὐθέως ἐν ταῖς συναγωγαῖς ἐκήρυσσεν τὸν Ἰησοῦν ὅτι οὗτός ἐστιν ὁ υἱὸς τοῦ θεοῦ. 21 ἐξίσταντο δὲ πάντες οἱ ἀκούοντες καὶ ἔλεγον Οὐχ οὗτός ἐστιν ὁ πορθήσας ἐν Ἰερουσαλὴμ τοὺς ἐπικαλουμένους τὸ ὄνομα τοῦτο, καὶ ὧδε εἰς τοῦτο ἐληλύθει ἵνα δεδεμένους αὐτοὺς ἀγάγῃ ἐπὶ τοὺς ἀρχιερεῖς; 22 Σαῦλος δὲ μᾶλλον ἐνεδυναμοῦτο καὶ συνέχυννεν Ἰουδαίους τοὺς κατοικοῦντας ἐν Δαμασκῷ, συνβιβάζων ὅτι οὗτός ἐστιν ὁ χριστός.

Saul Escapes Persecution

23 Ὡς δὲ ἐπληροῦντο ἡμέραι ἱκαναί, συνεβουλεύσαντο οἱ Ἰουδαῖοι ἀνελεῖν αὐτόν· 24 ἐγνώσθη δὲ τῷ Σαύλῳ ἡ ἐπιβουλὴ αὐτῶν. παρετηροῦντο δὲ καὶ τὰς πύλας ἡμέρας τε καὶ νυκτὸς ὅπως αὐτὸν ἀνέλωσιν· 25 λαβόντες δὲ οἱ μαθηταὶ αὐτοῦ νυκτὸς διὰ τοῦ τείχους καθῆκαν αὐτὸν χαλάσαντες ἐν σφυρίδι.

Saul Visits the Church in Jerusalem

26 Παραγενόμενος δὲ εἰς Ἰερουσαλὴμ ἐπείραζεν κολλᾶσθαι τοῖς μαθηταῖς· καὶ πάντες ἐφοβοῦντο αὐτόν, μὴ πιστεύοντες ὅτι ἐστὶν μαθητής. 27 Βαρνάβας δὲ ἐπιλαβόμενος αὐτὸν ἤγαγεν πρὸς τοὺς ἀποστόλους, καὶ διηγήσατο αὐτοῖς πῶς ἐν τῇ ὁδῷ εἶδεν τὸν κύριον καὶ ὅτι ἐλάλησεν αὐτῷ, καὶ πῶς ἐν Δαμασκῷ ἐπαρρησιάσατο ἐν τῷ ὀνόματι Ἰησοῦ. 28 καὶ ἦν μετ' αὐτῶν εἰσπορευόμενος καὶ ἐκπορευόμενος

RP: *add* ὁ Σαῦλος *before* μετὰ 20 WH: Ἰησοῦν RP: χριστόν 21 WH: ἐν NA: εἰς // WH: ἐληλύθει RP: ἐλήλυθεν 22 WH: συνέχυννεν RP: συνέχυνεν // [NA]/RP: *add* τοὺς *before* Ἰουδαίους 24 WH: παρετηροῦντο δὲ καὶ RP: Παρετήρουν τε 25 WH: οἱ μαθηταὶ αὐτοῦ RP: αὐτὸν οἱ μαθηταὶ // WH: διὰ τοῦ τείχους καθῆκαν αὐτὸν RP: καθῆκαν διὰ τοῦ τείχους // WH: σφυρίδι NA: σπυρίδι 26 RP: *add* ὁ Σαῦλος *after* δὲ // WH: εἰς RP: ἐν // WH: ἐπείραζεν RP: ἐπειρᾶτο 27 NA/RP: *add* τοῦ *before* Ἰησου 28 RP: *omit* καὶ ἐκπορευόμενος //

εἰς Ἰερουσαλήμ, παρρησιαζόμενος ἐν τῷ ὀνόματι τοῦ κυρίου, 29 ἐλάλει τε καὶ συνεζήτει πρὸς τοὺς Ἑλληνιστάς· οἱ δὲ ἐπεχείρουν ἀνελεῖν αὐτόν. 30 ἐπιγνόντες δὲ οἱ ἀδελφοὶ κατήγαγον αὐτὸν εἰς Καισαρίαν καὶ ἐξαπέστειλαν αὐτὸν εἰς Ταρσόν.

31 Ἡ μὲν οὖν ἐκκλησία καθ' ὅλης τῆς Ἰουδαίας καὶ Γαλιλαίας καὶ Σαμαρίας εἶχεν εἰρήνην οἰκοδομουμένη, καὶ πορευομένη τῷ φόβῳ τοῦ κυρίου καὶ τῇ παρακλήσει τοῦ ἁγίου πνεύματος ἐπληθύνετο.

Peter Heals Aeneas

32 Ἐγένετο δὲ Πέτρον διερχόμενον διὰ πάντων κατελθεῖν καὶ πρὸς τοὺς ἁγίους τοὺς κατοικοῦντας Λύδδα. 33 εὗρεν δὲ ἐκεῖ ἄνθρωπόν τινα ὀνόματι Αἰνέαν ἐξ ἐτῶν ὀκτὼ κατακείμενον ἐπὶ κραβάττου, ὃς ἦν παραλελυμένος. 34 καὶ εἶπεν αὐτῷ ὁ Πέτρος Αἰνέα, ἰαταί σε Ἰησοῦς Χριστός· ἀνάστηθι καὶ στρῶσον σεαυτῷ· καὶ εὐθέως ἀνέστη. 35 καὶ εἶδαν αὐτὸν πάντες οἱ κατοικοῦντες Λύδδα καὶ τὸν Σαρῶνα, οἵτινες ἐπέστρεψαν ἐπὶ τὸν κύριον.

Peter Restores Dorcas to Life

36 Ἐν Ἰόππῃ δέ τις ἦν μαθήτρια ὀνόματι Ταβειθά, ἣ διερμηνευομένη λέγεται Δορκάς· αὕτη ἦν πλήρης ἔργων ἀγαθῶν καὶ ἐλεημοσυνῶν ὧν ἐποίει. 37 ἐγένετο δὲ ἐν ταῖς ἡμέραις ἐκείναις ἀσθενήσασαν αὐτὴν ἀποθανεῖν· λούσαντες δὲ ἔθηκαν ἐν ὑπερῴῳ. 38 ἐγγὺς δὲ οὔσης Λύδδας τῇ

RP: add καὶ after Ἰερουσαλήμ // RP add κυρίου before Ἰησοῦ 29 WH: ἀνελεῖν αὐτόν RP: αὐτὸν ἀνελεῖν 31 WH: Ἡ ἐκκλησία RP: Αἱ ἐκκλησίαι // WH: εἶχεν RP: εἶχον // WH: οἰκοδομουμένη καὶ πορευομένη RP: οἰκοδομούμεναι καὶ πορευόμεναι // WH: ἐπληθύνετο RP: ἐπληθύνοντο 33 WH: ὀνόματι Αἰνέαν RP: Αἰνέαν ὀνόματι // WH: κραβάττου RP: κραββάτῳ 34 RP: add ὁ before χριστός 35 WH: Σαρῶνα RP: Ἀσσάρωνα 36 WH: ἔργων ἀγαθῶν RP: ἀγαθῶν ἔργων 37 {WH}/[NA]/RP: add αὐτὴν before ἔθηκαν

Ἰόππῃ οἱ μαθηταὶ ἀκούσαντες ὅτι Πέτρος ἐστὶν ἐν αὐτῇ ἀπέστειλαν δύο ἄνδρας πρὸς αὐτὸν παρακαλοῦντες Μὴ ὀκνήσῃς διελθεῖν ἕως ἡμῶν· 39 ἀναστὰς δὲ Πέτρος συνῆλθεν αὐτοῖς· ὃν παραγενόμενον ἀνήγαγον εἰς τὸ ὑπερῷον, καὶ παρέστησαν αὐτῷ πᾶσαι αἱ χῆραι κλαίουσαι καὶ ἐπιδεικνύμεναι χιτῶνας καὶ ἱμάτια ὅσα ἐποίει μετ᾽ αὐτῶν οὖσα ἡ Δορκάς. 40 ἐκβαλὼν δὲ ἔξω πάντας ὁ Πέτρος καὶ θεὶς τὰ γόνατα προσηύξατο, καὶ ἐπιστρέψας πρὸς τὸ σῶμα εἶπεν Ταβειθά, ἀνάστηθι. ἡ δὲ ἤνοιξεν τοὺς ὀφθαλμοὺς αὐτῆς, καὶ ἰδοῦσα τὸν Πέτρον ἀνεκάθισεν. 41 δοὺς δὲ αὐτῇ χεῖρα ἀνέστησεν αὐτήν, φωνήσας δὲ τοὺς ἁγίους καὶ τὰς χήρας παρέστησεν αὐτὴν ζῶσαν. 42 γνωστὸν δὲ ἐγένετο καθ᾽ ὅλης Ἰόππης, καὶ ἐπίστευσαν πολλοὶ ἐπὶ τὸν κύριον. 43 Ἐγένετο δὲ ἡμέρας ἱκανὰς μεῖναι ἐν Ἰόππῃ παρά τινι Σίμωνι βυρσεῖ.

Cornelius Sends for Peter

10 Ἀνὴρ δέ τις ἐν Καισαρίᾳ ὀνόματι Κορνήλιος, ἑκατοντάρχης ἐκ σπείρης τῆς καλουμένης Ἰταλικῆς, 2 εὐσεβὴς καὶ φοβούμενος τὸν θεὸν σὺν παντὶ τῷ οἴκῳ αὐτοῦ, ποιῶν ἐλεημοσύνας πολλὰς τῷ λαῷ καὶ δεόμενος τοῦ θεοῦ διὰ παντός, 3 εἶδεν ἐν ὁράματι φανερῶς ὡσεὶ περὶ ὥραν ἐνάτην τῆς ἡμέρας ἄγγελον τοῦ θεοῦ εἰσελθόντα πρὸς αὐτὸν καὶ εἰπόντα αὐτῷ Κορνήλιε. 4 ὁ δὲ ἀτενίσας αὐτῷ καὶ ἔμφοβος γενόμενος εἶπεν Τί ἐστιν, κύριε; εἶπεν δὲ αὐτῷ Αἱ προσευχαί σου καὶ αἱ ἐλεημοσύναι σου ἀνέβησαν εἰς μνημόσυνον ἔμπροσθεν τοῦ θεοῦ· 5 καὶ νῦν πέμψον ἄνδρας εἰς Ἰόππην καὶ μετάπεμψαι Σίμωνά τινα ὃς ἐπικαλεῖται Πέτρος· 6 οὗτος ξενίζεται παρά τινι Σίμωνι

---

38 RP: *omit* δύο ἄνδρας // WH: ὀκνήσῃς RP: ὀκνῆσαι // WH: ἡμῶν RP: αὐτῶν
40 RP: *omit* καὶ *before* θεὶς 42 NA: *add* τῆς *before* Ἰόππης // WH: ἐπίστευσαν πολλοὶ RP: πολλοὶ ἐπίστευσαν 43 RP: *add* αὐτὸν *after* μεῖναι
10:1 RP: *add* ἦν *after* τις 2 RP: *add* τε *after* ποιῶν 3 RP: *omit* περὶ 4 WH: ἔμπροσθεν RP: ἐνώπιον 5 RP: ἄνδρας εἰς Ἰόππην RP: εἰς Ἰόππην ἄνδρας // WH: τινα ὃς ἐπικαλεῖται Πέτρος RP: τὸν ἐπικαλούμενον Πέτρον

βυρσεῖ, ᾧ ἐστὶν οἰκία παρὰ θάλασσαν. 7 ὡς δὲ ἀπῆλθεν ὁ
ἄγγελος ὁ λαλῶν αὐτῷ, φωνήσας δύο τῶν οἰκετῶν καὶ
στρατιώτην εὐσεβῆ τῶν προσκαρτερούντων αὐτῷ 8 καὶ
ἐξηγησάμενος ἅπαντα αὐτοῖς ἀπέστειλεν αὐτοὺς εἰς τὴν
Ἰόππην.

Peter Has a Vision

9 Τῇ δὲ ἐπαύριον ὁδοιπορούντων ἐκείνων καὶ τῇ πόλει
ἐγγιζόντων ἀνέβη Πέτρος ἐπὶ τὸ δῶμα προσεύξασθαι περὶ
ὥραν ἕκτην. 10 ἐγένετο δὲ πρόσπεινος καὶ ἤθελεν γεύ-
σασθαι· παρασκευαζόντων δὲ αὐτῶν ἐγένετο ἐπ᾽ αὐτὸν
ἔκστασις, 11 καὶ θεωρεῖ τὸν οὐρανὸν ἀνεῳγμένον καὶ κα-
ταβαῖνον σκεῦός τι ὡς ὀθόνην μεγάλην τέσσαρσιν ἀρχαῖς
καθιέμενον ἐπὶ τῆς γῆς, 12 ἐν ᾧ ὑπῆρχεν πάντα τὰ τετράπο-
δα καὶ ἑρπετὰ τῆς γῆς καὶ πετεινὰ τοῦ οὐρανοῦ. 13 καὶ
ἐγένετο φωνὴ πρὸς αὐτόν Ἀναστάς, Πέτρε, θῦσον καὶ
φάγε. 14 ὁ δὲ Πέτρος εἶπεν Μηδαμῶς, κύριε, ὅτι οὐδέποτε
ἔφαγον πᾶν κοινὸν καὶ ἀκάθαρτον. 15 καὶ φωνὴ πάλιν ἐκ
δευτέρου πρὸς αὐτόν Ἃ ὁ θεὸς ἐκαθάρισεν σὺ μὴ κοίνου.
16 τοῦτο δὲ ἐγένετο ἐπὶ τρίς, καὶ εὐθὺς ἀνελήμφθη τὸ
σκεῦος εἰς τὸν οὐρανόν.

Peter Is Summoned to Caesarea

17 Ὡς δὲ ἐν ἑαυτῷ διηπόρει ὁ Πέτρος τί ἂν εἴη τὸ ὅραμα
ὃ εἶδεν, ἰδοὺ οἱ ἄνδρες οἱ ἀπεσταλμένοι ὑπὸ τοῦ Κορνηλίου
διερωτήσαντες τὴν οἰκίαν τοῦ Σίμωνος ἐπέστησαν ἐπὶ τὸν
πυλῶνα, 18 καὶ φωνήσαντες ἐπύθοντο εἰ Σίμων ὁ ἐπι-
καλούμενος Πέτρος ἐνθάδε ξενίζεται. 19 Τοῦ δὲ Πέτρου

---

7 WH: αὐτῷ RP: τῷ Κορνηλίῳ 8 WH: ἅπαντα αὐτοῖς RP: αὐτοῖς ἅπαντα
10 WH: αὐτῶν ἐγένετο RP: ἐκείνων, ἐπέπεσεν 11 RP: add ἐπ᾽ αὐτὸν after
καταβαῖνον // RP: add δεδεμένον, καὶ after ἀρχαῖς 12 RP: omit καὶ ἑρπετὰ // RP:
add καὶ τὰ θηρία καὶ τὰ ἑρπετὰ after γῆς // RP: add τὰ before πετεινὰ 16 WH:
εὐθὺς RP: πάλιν // WH: ἀνελήμφθη RP: ἀνελήφθη 17 RP: add καὶ before ἰδοὺ //
WH: ὑπὸ RP: ἀπὸ 18 WH: ἐπύθοντο {WH}/NA/RP: ἐπυνθάνοντο

διενθυμουμένου περὶ τοῦ ὁράματος εἶπεν τὸ πνεῦμα   Ἰδοὺ
ἄνδρες δύο ζητοῦντές σε· 20 ἀλλὰ ἀναστὰς κατάβηθι καὶ
πορεύου σὺν αὐτοῖς μηδὲν διακρινόμενος, ὅτι ἐγὼ ἀπέ-
σταλκα αὐτούς. 21 καταβὰς δὲ Πέτρος πρὸς τοὺς ἄνδρας
εἶπεν   Ἰδοὺ ἐγώ εἰμι ὃν ζητεῖτε· τίς ἡ αἰτία δι' ἣν πάρεστε;
22 οἱ δὲ εἶπαν   Κορνήλιος ἑκατοντάρχης, ἀνὴρ δίκαιος
καὶ φοβούμενος τὸν θεὸν μαρτυρούμενός τε ὑπὸ ὅλου τοῦ
ἔθνους τῶν Ἰουδαίων, ἐχρηματίσθη ὑπὸ ἀγγέλου ἁγίου
μεταπέμψασθαί σε εἰς τὸν οἶκον αὐτοῦ καὶ ἀκοῦσαι ῥήμα-
τα παρὰ σοῦ. 23 εἰσκαλεσάμενος οὖν αὐτοὺς ἐξένισεν.

Peter Enters Cornelius' House

Τῇ δὲ ἐπαύριον ἀναστὰς ἐξῆλθεν σὺν αὐτοῖς, καί τινες
τῶν ἀδελφῶν τῶν ἀπὸ Ἰόππης συνῆλθαν αὐτῷ. 24 τῇ δὲ
ἐπαύριον εἰσῆλθεν εἰς τὴν Καισαρίαν· ὁ δὲ Κορνήλιος ἦν
προσδοκῶν αὐτοὺς συνκαλεσάμενος τοὺς συγγενεῖς αὐτοῦ
καὶ τοὺς ἀναγκαίους φίλους. 25 Ὡς δὲ ἐγένετο τοῦ
εἰσελθεῖν τὸν Πέτρον, συναντήσας αὐτῷ ὁ Κορνήλιος
πεσὼν ἐπὶ τοὺς πόδας προσεκύνησεν. 26 ὁ δὲ Πέτρος
ἤγειρεν αὐτὸν λέγων   Ἀνάστηθι· καὶ ἐγὼ αὐτὸς ἄνθρωπός
εἰμι. 27 καὶ συνομιλῶν αὐτῷ εἰσῆλθεν, καὶ εὑρίσκει
συνεληλυθότας πολλούς, 28 ἔφη τε πρὸς αὐτούς   Ὑμεῖς
ἐπίστασθε ὡς ἀθέμιτόν ἐστιν ἀνδρὶ Ἰουδαίῳ κολλᾶσθαι ἢ
προσέρχεσθαι ἀλλοφύλῳ· κἀμοὶ ὁ θεὸς ἔδειξεν μηδένα
κοινὸν ἢ ἀκάθαρτον λέγειν ἄνθρωπον· 29 διὸ καὶ ἀναν-
τιρήτως ἦλθον μεταπεμφθείς. πυνθάνομαι οὖν τίνι λόγῳ
μετεπέμψασθέ με. 30 καὶ ὁ Κορνήλιος ἔφη   Ἀπὸ τετάρτης
ἡμέρας μέχρι ταύτης τῆς ὥρας ἤμην τὴν ἐνάτην προσευχό-
μενος ἐν τῷ οἴκῳ μου, καὶ ἰδοὺ ἀνὴρ ἔστη ἐνώπιόν μου ἐν

---

19 {WH}: *add* αὐτῷ *after* τὸ πνεῦμα [NA]/RP: *add* αὐτῷ *before* τὸ πνεῦμα // WH:
δύο {WH}: [τρεῖς] NA: τρεῖς RP: *omit* δύο // WH: ζητοῦντές RP: ζητοῦσίν 23 WH:
ἀναστὰς RP: ὁ Πέτρος 24 WH: τῇ δὲ RP: Καὶ τῇ 26 WH: ἤγειρεν αὐτὸν RP:
αὐτὸν ἤγειρεν // WH: καὶ ἐγὼ RP: κἀγὼ 28 WH: κἀμοὶ RP: καὶ ἐμοὶ 29 WH:
ἀναντιρήτως NA/RP: ἀναντιρρήτως 30 RP: *add* νηστεύων, καὶ *after* ἤμην // RP:
add ὥραν *after* ἐνάτην

ἐσθῆτι λαμπρᾷ 31 καί φησι Κορνήλιε, εἰσηκούσθη σου ἡ προσευχὴ καὶ αἱ ἐλεημοσύναι σου ἐμνήσθησαν ἐνώπιον τοῦ θεοῦ· 32 πέμψον οὖν εἰς Ἰόππην καὶ μετακάλεσαι Σίμωνα ὃς ἐπικαλεῖται Πέτρος· οὗτος ξενίζεται ἐν οἰκίᾳ Σίμωνος βυρσέως παρὰ θάλασσαν. 33 ἐξαυτῆς οὖν ἔπεμψα πρὸς σέ, σύ τε καλῶς ἐποίησας παραγενόμενος. νῦν οὖν πάντες ἡμεῖς ἐνώπιον τοῦ θεοῦ πάρεσμεν ἀκοῦσαι πάντα τὰ προστεταγμένα σοι ὑπὸ τοῦ κυρίου. 34 ἀνοίξας δὲ Πέτρος τὸ στόμα εἶπεν Ἐπ᾽ ἀληθείας καταλαμβάνομαι ὅτι **οὐκ ἔστιν προσωπολήμπτης ὁ θεός,** 35 ἀλλ᾽ ἐν παντὶ ἔθνει ὁ φοβούμενος αὐτὸν καὶ ἐργαζόμενος δικαιοσύνην δεκτὸς αὐτῷ ἐστίν. 36 **τὸν λόγον ἀπέστειλεν** τοῖς υἱοῖς **Ἰσραὴλ εὐαγγελιζόμενος εἰρήνην** διὰ Ἰησοῦ Χριστοῦ· οὗτός ἐστιν πάντων κύριος. 37 ὑμεῖς οἴδατε τὸ γενόμενον ῥῆμα καθ᾽ ὅλης τῆς Ἰουδαίας, ἀρξάμενος ἀπὸ τῆς Γαλιλαίας μετὰ τὸ βάπτισμα ὃ ἐκήρυξεν Ἰωάνης, 38 Ἰησοῦν τὸν ἀπὸ Ναζαρέθ, ὡς **ἔχρισεν** αὐτὸν **ὁ θεὸς πνεύματι** ἁγίῳ καὶ δυνάμει, ὃς διῆλθεν εὐεργετῶν καὶ ἰώμενος πάντας τοὺς καταδυναστευομένους ὑπὸ τοῦ διαβόλου, ὅτι ὁ θεὸς ἦν μετ᾽ αὐτοῦ· 39 καὶ ἡμεῖς μάρτυρες πάντων ὧν ἐποίησεν ἔν τε τῇ χώρᾳ τῶν Ἰουδαίων καὶ Ἰερουσαλήμ· ὃν καὶ ἀνεῖλαν **κρεμάσαντες ἐπὶ ξύλου.** 40 τοῦτον ὁ θεὸς ἤγειρεν τῇ τρίτῃ ἡμέρᾳ καὶ ἔδωκεν αὐτὸν ἐμφανῆ γενέσθαι, 41 οὐ παντὶ τῷ λαῷ ἀλλὰ μάρτυσι τοῖς προκεχειροτονημένοις ὑπὸ τοῦ θεοῦ, ἡμῖν, οἵτινες συνεφάγομεν καὶ συνεπίομεν αὐτῷ μετὰ τὸ ἀναστῆναι αὐτὸν ἐκ νεκρῶν· 42 καὶ παρήγγειλεν ἡμῖν κηρύξαι τῷ λαῷ καὶ διαμαρτύρασθαι ὅτι οὗτός ἐστιν ὁ ὡρισμένος ὑπὸ τοῦ θεοῦ κριτὴς ζώντων καὶ νεκρῶν.

---

32 RP: *add* ὃς παραγενόμενος λαλήσει σοι *after* θάλασσαν 33 WH: κυρίου RP: θεοῦ 36 [NA]/RP: *add* ὃν *after* λόγον 36–37 {WH}/[NA]: *add* ὃν *before* ἀπέστειλεν // WH: Χριστοῦ· οὗτός . . . κύριος. ὑμεῖς οἴδατε τὸ {WH}: Χριστοῦ (οὗτος . . . κύριος) ὑμεῖς οἴδατε, τὸ NA: Χριστοῦ, οὗτός . . . κύριος, ὑμεῖς οἴδατε τὸ 39 RP: *add* ἐσμεν *before* μάρτυρες // [NA]/RP: *add* ἐν *before* Ἰερουσαλήμ 40 NA: *add* [ἐν] *before* τῇ τρίτῃ

10:34 Deut 10:17   36 Ps 107:20; 147:18; Isa 52:7; Nah 1:15   38 Isa 61:1   39 Deut 21:22–23

43 τούτῳ πάντες οἱ προφῆται μαρτυροῦσιν, ἄφεσιν ἁμαρ-
τιῶν λαβεῖν διὰ τοῦ ὀνόματος αὐτοῦ πάντα τὸν πιστεύοντα
εἰς αὐτόν.

Gentiles Receive the Holy Spirit

44 Ἔτι λαλοῦντος τοῦ Πέτρου τὰ ῥήματα ταῦτα ἐπέ-
πεσε τὸ πνεῦμα τὸ ἅγιον ἐπὶ πάντας τοὺς ἀκούοντας τὸν
λόγον. 45 καὶ ἐξέστησαν οἱ ἐκ περιτομῆς πιστοὶ οἳ συνῆλ-
θαν τῷ Πέτρῳ, ὅτι καὶ ἐπὶ τὰ ἔθνη ἡ δωρεὰ τοῦ πνεύματος
τοῦ ἁγίου ἐκκέχυται· 46 ἤκουον γὰρ αὐτῶν λαλούντων
γλώσσαις καὶ μεγαλυνόντων τὸν θεόν. τότε ἀπεκρίθη
Πέτρος 47 Μήτι τὸ ὕδωρ δύναται κωλῦσαί τις τοῦ μὴ βα-
πτισθῆναι τούτους οἵτινες τὸ πνεῦμα τὸ ἅγιον ἔλαβον ὡς
καὶ ἡμεῖς; 48 προσέταξεν δὲ αὐτοὺς ἐν τῷ ὀνόματι Ἰησοῦ
Χριστοῦ βαπτισθῆναι. τότε ἠρώτησαν αὐτὸν ἐπιμεῖναι
ἡμέρας τινάς.

Peter Reports to the Church in Jerusalem

11 Ἤκουσαν δὲ οἱ ἀπόστολοι καὶ οἱ ἀδελφοὶ οἱ ὄντες κατὰ
τὴν Ἰουδαίαν ὅτι καὶ τὰ ἔθνη ἐδέξαντο τὸν λόγον τοῦ θεοῦ.
2 Ὅτε δὲ ἀνέβη Πέτρος εἰς Ἰερουσαλήμ, διεκρίνοντο πρὸς
αὐτὸν οἱ ἐκ περιτομῆς 3 λέγοντες ὅτι εἰσῆλθεν πρὸς ἄνδρας
ἀκροβυστίαν ἔχοντας καὶ συνέφαγεν αὐτοῖς. 4 ἀρξάμενος
δὲ Πέτρος ἐξετίθετο αὐτοῖς καθεξῆς λέγων 5 Ἐγὼ ἤμην ἐν
πόλει Ἰόππῃ προσευχόμενος καὶ εἶδον ἐν ἐκστάσει ὅραμα,
καταβαῖνον σκεῦός τι ὡς ὀθόνην μεγάλην τέσσαρσιν ἀρ-
χαῖς καθιεμένην ἐκ τοῦ οὐρανοῦ, καὶ ἦλθεν ἄχρι ἐμοῦ·
6 εἰς ἣν ἀτενίσας κατενόουν καὶ εἶδον τὰ τετράποδα τῆς
γῆς καὶ τὰ θηρία καὶ τὰ ἑρπετὰ καὶ τὰ πετεινὰ τοῦ

---

45 WH: οἱ {WH}/NA/RP: ὅσοι // WH: τοῦ πνεύματος τοῦ ἁγίου NA/RP: τοῦ
ἁγίου πνεύματος 47 WH: δύναται κωλῦσαί RP: κωλῦσαι δύναταί // WH: ὡς
RP: καθὼς 48 WH: δὲ RP: τε // WH: ἐν τῷ ὀνόματι Ἰησοῦ Χριστοῦ βαπτισθῆναι
RP: βαπτισθῆναι ἐν τῷ ὀνόματι τοῦ κυρίου
11:2 WH: Ὅτε δὲ RP: Καὶ ὅτε 3 WH: εἰσῆλθεν {WH}/[NA]: Εἰσῆλθες RP: omit
εἰσῆλθεν // WH: συνέφαγεν {WH}/NA/RP: συνέφαγες 4 RP: add ὁ before Πέτρος

οὐρανοῦ· 7 ἤκουσα δὲ καὶ φωνῆς λεγούσης μοι Ἀναστάς,
Πέτρε, θῦσον καὶ φάγε. 8 εἶπον δέ Μηδαμῶς, κύριε, ὅτι
κοινὸν ἢ ἀκάθαρτον οὐδέποτε εἰσῆλθεν εἰς τὸ στόμα μου.
9 ἀπεκρίθη δὲ ἐκ δευτέρου φωνὴ ἐκ τοῦ οὐρανοῦ Ἃ ὁ θεὸς
ἐκαθάρισεν σὺ μὴ κοίνου. 10 τοῦτο δὲ ἐγένετο ἐπὶ τρίς, καὶ
ἀνεσπάσθη πάλιν ἅπαντα εἰς τὸν οὐρανόν. 11 καὶ ἰδοὺ
ἐξαυτῆς τρεῖς ἄνδρες ἐπέστησαν ἐπὶ τὴν οἰκίαν ἐν ᾗ ἦμεν,
ἀπεσταλμένοι ἀπὸ Καισαρίας πρός με. 12 εἶπεν δὲ τὸ
πνεῦμά μοι συνελθεῖν αὐτοῖς μηδὲν διακρίναντα. ἦλθον δὲ
σὺν ἐμοὶ καὶ οἱ ἓξ ἀδελφοὶ οὗτοι, καὶ εἰσήλθομεν εἰς τὸν
οἶκον τοῦ ἀνδρός. 13 ἀπήγγειλεν δὲ ἡμῖν πῶς εἶδεν τὸν ἄγ-
γελον ἐν τῷ οἴκῳ αὐτοῦ σταθέντα καὶ εἰπόντα Ἀπόστει-
λον εἰς Ἰόππην καὶ μετάπεμψαι Σίμωνα τὸν ἐπικαλούμενον
Πέτρον, 14 ὃς λαλήσει ῥήματα πρὸς σὲ ἐν οἷς σωθήσῃ σὺ
καὶ πᾶς ὁ οἶκός σου. 15 ἐν δὲ τῷ ἄρξασθαί με λαλεῖν ἐπέπε-
σεν τὸ πνεῦμα τὸ ἅγιον ἐπ' αὐτοὺς ὥσπερ καὶ ἐφ' ἡμᾶς ἐν
ἀρχῇ. 16 ἐμνήσθην δὲ τοῦ ῥήματος τοῦ κυρίου ὡς ἔλεγεν
Ἰωάνης μὲν ἐβάπτισεν ὕδατι ὑμεῖς δὲ βαπτισθήσεσθε ἐν
πνεύματι ἁγίῳ. 17 εἰ οὖν τὴν ἴσην δωρεὰν ἔδωκεν αὐτοῖς ὁ
θεὸς ὡς καὶ ἡμῖν πιστεύσασιν ἐπὶ τὸν κύριον Ἰησοῦν
Χριστόν, ἐγὼ τίς ἤμην δυνατὸς κωλῦσαι τὸν θεόν; 18 ἀκού-
σαντες δὲ ταῦτα ἡσύχασαν καὶ ἐδόξασαν τὸν θεὸν λέγον-
τες Ἄρα καὶ τοῖς ἔθνεσιν ὁ θεὸς τὴν μετάνοιαν εἰς ζωὴν
ἔδωκεν.

Barnabas and Saul Travel to Antioch

19 Οἱ μὲν οὖν διασπαρέντες ἀπὸ τῆς θλίψεως τῆς γε-
νομένης ἐπὶ Στεφάνῳ διῆλθον ἕως Φοινίκης καὶ Κύπρου καὶ
Ἀντιοχείας, μηδενὶ λαλοῦντες τὸν λόγον εἰ μὴ μόνον

---

7 RP: omit καὶ before φωνῆς 8 RP: add πᾶν before κοινὸν 9 RP: add μοι after δέ // WH:
ἐκ δευτέρου φωνὴ {WH}/NA/RP: φωνὴ ἐκ δευτέρου 10 WH: ἀνεσπάσθη πάλιν
RP: πάλιν ἀνεσπάσθη 11 WH: ἦμεν {WH}/RP: ἤμην 12 WH: τὸ πνεῦμά μοι RP:
μοι τὸ πνεῦμα // WH: διακρίναντα RP: διακρινόμενον 13 WH: δὲ RP: τε // WH:
τὸν NA: [τὸν] // RP: add αὐτῷ after εἰπόντα // RP: add ἄνδρας after Ἰόππην 16 RP:
omit τοῦ before κυρίου 17 RP: add δὲ after ἐγὼ 18 WH: ἐδόξασαν RP: ἐδόξαζον //
RP: add γε after Ἄρα // WH: εἰς ζωὴν ἔδωκεν RP: ἔδωκεν εἰς ζωήν

Ἰουδαίοις. 20 Ἦσαν δέ τινες ἐξ αὐτῶν ἄνδρες Κύπριοι καὶ Κυρηναῖοι, οἵτινες ἐλθόντες εἰς Ἀντιόχειαν ἐλάλουν καὶ πρὸς τοὺς Ἑλληνιστάς, εὐαγγελιζόμενοι τὸν κύριον Ἰησοῦν. 21 καὶ ἦν χεὶρ Κυρίου μετ' αὐτῶν, πολύς τε ἀριθμὸς ὁ πιστεύσας ἐπέστρεψεν ἐπὶ τὸν κύριον. 22 Ἠκούσθη δὲ ὁ λόγος εἰς τὰ ὦτα τῆς ἐκκλησίας τῆς οὔσης ἐν Ἰερουσαλὴμ περὶ αὐτῶν, καὶ ἐξαπέστειλαν Βαρνάβαν ἕως Ἀντιοχείας· 23 ὃς παραγενόμενος καὶ ἰδὼν τὴν χάριν τὴν τοῦ θεοῦ ἐχάρη καὶ παρεκάλει πάντας τῇ προθέσει τῆς καρδίας προσμένειν [ἐν] τῷ κυρίῳ, 24 ὅτι ἦν ἀνὴρ ἀγαθὸς καὶ πλήρης πνεύματος ἁγίου καὶ πίστεως. καὶ προσετέθη ὄχλος ἱκανὸς τῷ κυρίῳ. 25 ἐξῆλθεν δὲ εἰς Ταρσὸν ἀναζητῆσαι Σαῦλον, 26 καὶ εὑρὼν ἤγαγεν εἰς Ἀντιόχειαν. ἐγένετο δὲ αὐτοῖς καὶ ἐνιαυτὸν ὅλον συναχθῆναι ἐν τῇ ἐκκλησίᾳ καὶ διδάξαι ὄχλον ἱκανόν, χρηματίσαι τε πρώτως ἐν Ἀντιοχείᾳ τοὺς μαθητὰς Χριστιανούς.

Relief Is Sent to the Church in Jerusalem

27 Ἐν ταύταις δὲ ταῖς ἡμέραις κατῆλθον ἀπὸ Ἰεροσολύμων προφῆται εἰς Ἀντιόχειαν· 28 ἀναστὰς δὲ εἷς ἐξ αὐτῶν ὀνόματι Ἅγαβος ἐσήμαινεν διὰ τοῦ πνεύματος λιμὸν μεγάλην μέλλειν ἔσεσθαι ἐφ' ὅλην τὴν οἰκουμένην· ἥτις ἐγένετο ἐπὶ Κλαυδίου. 29 τῶν δὲ μαθητῶν καθὼς εὐπορεῖτό τις ὥρισαν ἕκαστος αὐτῶν εἰς διακονίαν πέμψαι τοῖς κατοικοῦσιν ἐν τῇ Ἰουδαίᾳ ἀδελφοῖς· 30 ὃ καὶ ἐποίησαν ἀποστείλαντες πρὸς τοὺς πρεσβυτέρους διὰ χειρὸς Βαρνάβα καὶ Σαύλου.

---

20 WH: ἐλθόντες RP: εἰσελθόντες // RP: omit καὶ after ἐλάλουν 21 RP: omit ὁ 22 WH: τῆς οὔσης ἐν Ἰερουσαλὴμ RP: τῆς ἐν Ἰεροσολύμοις // [NA]/RP: add διελθεῖν after Βαρνάβαν 23 WH: χάριν τὴν NA: χάριν [τὴν] RP: χάριν // NA/RP: omit [ἐν] 25 RP: add ὁ Βαρνάβας after Ταρσὸν 26 RP: add αὐτὸν after ἤγαγεν // WH: αὐτοῖς RP: αὐτοὺς // RP: omit ἐν before τῇ ἐκκλησίᾳ // WH: πρώτως RP: πρῶτον 28 WH: ἐσήμαινεν {WH}/NA/RP: ἐσήμανεν // WH: μεγάλην RP: μέγαν // WH: ἥτις RP: ὅστις καὶ // RP: add Καίσαρος after Κλαυδίου

Herod Persecutes the Church

12 Κατ' ἐκεῖνον δὲ τὸν καιρὸν ἐπέβαλεν Ἡρῴδης ὁ βασιλεὺς τὰς χεῖρας κακῶσαί τινας τῶν ἀπὸ τῆς ἐκκλησίας. 2 ἀνεῖλεν δὲ Ἰάκωβον τὸν ἀδελφὸν Ἰωάνου μαχαίρῃ. 3 ἰδὼν δὲ ὅτι ἀρεστόν ἐστιν τοῖς Ἰουδαίοις προσέθετο συλλαβεῖν καὶ Πέτρον, (ἦσαν δὲ ἡμέραι τῶν ἀζύμων,) 4 ὃν καὶ πιάσας ἔθετο εἰς φυλακήν, παραδοὺς τέσσαρσιν τετραδίοις στρατιωτῶν φυλάσσειν αὐτόν, βουλόμενος μετὰ τὸ πάσχα ἀναγαγεῖν αὐτὸν τῷ λαῷ. 5 ὁ μὲν οὖν Πέτρος ἐτηρεῖτο ἐν τῇ φυλακῇ· προσευχὴ δὲ ἦν ἐκτενῶς γινομένη ὑπὸ τῆς ἐκκλησίας πρὸς τὸν θεὸν περὶ αὐτοῦ.

Peter Is Released from Prison

6 Ὅτε δὲ ἤμελλεν προσαγαγεῖν αὐτὸν ὁ Ἡρῴδης, τῇ νυκτὶ ἐκείνῃ ἦν ὁ Πέτρος κοιμώμενος μεταξὺ δύο στρατιωτῶν δεδεμένος ἁλύσεσιν δυσίν, φύλακές τε πρὸ τῆς θύρας ἐτήρουν τὴν φυλακήν. 7 καὶ ἰδοὺ ἄγγελος Κυρίου ἐπέστη, καὶ φῶς ἔλαμψεν ἐν τῷ οἰκήματι· πατάξας δὲ τὴν πλευρὰν τοῦ Πέτρου ἤγειρεν αὐτὸν λέγων Ἀνάστα ἐν τάχει· καὶ ἐξέπεσαν αὐτοῦ αἱ ἁλύσεις ἐκ τῶν χειρῶν. 8 εἶπεν δὲ ὁ ἄγγελος πρὸς αὐτόν Ζῶσαι καὶ ὑπόδησαι τὰ σανδάλιά σου· ἐποίησεν δὲ οὕτως. καὶ λέγει αὐτῷ Περιβαλοῦ τὸ ἱμάτιόν σου καὶ ἀκολούθει μοι· 9 καὶ ἐξελθὼν ἠκολούθει, καὶ οὐκ ᾔδει ὅτι ἀληθές ἐστιν τὸ γινόμενον διὰ τοῦ ἀγγέλου, ἐδόκει δὲ ὅραμα βλέπειν. 10 διελθόντες δὲ πρώτην φυλακὴν καὶ δευτέραν ἦλθαν ἐπὶ τὴν πύλην τὴν σιδηρᾶν τὴν φέρουσαν εἰς τὴν πόλιν, ἥτις αὐτομάτη ἠνοίγη αὐτοῖς, καὶ ἐξελθόντες προῆλθον ῥύμην μίαν, καὶ εὐθέως ἀπέστη ὁ ἄγγελος ἀπ' αὐτοῦ. 11 καὶ ὁ Πέτρος ἐν ἑαυτῷ γενόμενος εἶπεν Νῦν

12:2 WH: μαχαίρῃ RP: μαχαίρα 3 WH: ἰδὼν δὲ RP: Καὶ ἰδὼν // [NA]/RP: add αἱ before ἡμέραι 5 WH: ἐκτενῶς RP: ἐκτενὴς // WH: περὶ RP: ὑπὲρ 6 WH: ἤμελλεν προσαγαγεῖν αὐτὸν {WH}/NA: ἤμελλεν προαγαγεῖν αὐτὸν RP: ἔμελλεν αὐτὸν προάγειν 7 WH: ἐξέπεσαν RP: ἐξέπεσον 8 WH: δὲ RP: τε // WH: Ζῶσαι RP: Περίζωσαι 9 RP: add αὐτῷ after ἠκολούθει 10 WH: ἠνοίγη RP: ἠνοίχθη 11 WH: ἐν ἑαυτῷ γενόμενος RP: γενόμενος ἐν ἑαυτῷ //

οἶδα ἀληθῶς ὅτι ἐξαπέστειλεν ὁ κύριος τὸν ἄγγελον αὐτοῦ καὶ ἐξείλατό με ἐκ χειρὸς Ἡρῴδου καὶ πάσης τῆς προσδοκίας τοῦ λαοῦ τῶν Ἰουδαίων. 12 συνιδών τε ἦλθεν ἐπὶ τὴν οἰκίαν τῆς Μαρίας τῆς μητρὸς Ἰωάνου τοῦ ἐπικαλουμένου Μάρκου, οὗ ἦσαν ἱκανοὶ συνηθροισμένοι καὶ προσευχόμενοι. 13 κρούσαντος δὲ αὐτοῦ τὴν θύραν τοῦ πυλῶνος προσῆλθε παιδίσκη ὑπακοῦσαι ὀνόματι Ῥόδη, 14 καὶ ἐπιγνοῦσα τὴν φωνὴν τοῦ Πέτρου ἀπὸ τῆς χαρᾶς οὐκ ἤνοιξεν τὸν πυλῶνα, εἰσδραμοῦσα δὲ ἀπήγγειλεν ἑστάναι τὸν Πέτρον πρὸ τοῦ πυλῶνος. 15 οἱ δὲ πρὸς αὐτὴν εἶπαν Μαίνῃ. ἡ δὲ διισχυρίζετο οὕτως ἔχειν. οἱ δὲ ἔλεγον Ὁ ἄγγελός ἐστιν αὐτοῦ. 16 ὁ δὲ Πέτρος ἐπέμενεν κρούων· ἀνοίξαντες δὲ εἶδαν αὐτὸν καὶ ἐξέστησαν. 17 κατασείσας δὲ αὐτοῖς τῇ χειρὶ σιγᾶν διηγήσατο αὐτοῖς πῶς ὁ κύριος αὐτὸν ἐξήγαγεν ἐκ τῆς φυλακῆς, εἶπέν τε Ἀπαγγείλατε Ἰακώβῳ καὶ τοῖς ἀδελφοῖς ταῦτα. καὶ ἐξελθὼν ἐπορεύθη εἰς ἕτερον τόπον. 18 Γενομένης δὲ ἡμέρας ἦν τάραχος οὐκ ὀλίγος ἐν τοῖς στρατιώταις, τί ἄρα ὁ Πέτρος ἐγένετο. 19 Ἡρῴδης δὲ ἐπιζητήσας αὐτὸν καὶ μὴ εὑρὼν ἀνακρίνας τοὺς φύλακας ἐκέλευσεν ἀπαχθῆναι, καὶ κατελθὼν ἀπὸ τῆς Ἰουδαίας εἰς Καισαρίαν διέτριβεν.

Herod Suffers a Violent Death

20 Ἦν δὲ θυμομαχῶν Τυρίοις καὶ Σιδωνίοις· ὁμοθυμαδὸν δὲ παρῆσαν πρὸς αὐτόν, καὶ πείσαντες Βλάστον τὸν ἐπὶ τοῦ κοιτῶνος τοῦ βασιλέως ἠτοῦντο εἰρήνην διὰ τὸ τρέφεσθαι αὐτῶν τὴν χώραν ἀπὸ τῆς βασιλικῆς. 21 τακτῇ δὲ ἡμέρᾳ [ὁ] Ἡρῴδης ἐνδυσάμενος ἐσθῆτα βασιλικὴν καθίσας ἐπὶ τοῦ βήματος ἐδημηγόρει πρὸς αὐτούς· 22 ὁ δὲ δῆμος ἐπεφώνει Θεοῦ φωνὴ καὶ οὐκ ἀνθρώπου. 23 παραχρῆμα

WH: ὁ κύριος {WH}/RP: κύριος ΝΑ: [ὁ] κύριος // WH: ἐξείλατό RP: ἐξείλετό 12 RP: omit τῆς before Μαρίας 13 WH: αὐτοῦ RP: τοῦ Πέτρου // WH: προσῆλθε {WH}: προῆλθε ΝΑ/RP προσῆλθεν 15 WH: ἔλεγον {WH}: εἶπαν 17 WH: αὐτοῖς ΝΑ: [αὐτοῖς] 20 RP: add ὁ Ἡρῴδης after δὲ 21 WH: [ὁ] ΝΑ/RP: ὁ // [ΝΑ]/RP: add καὶ before καθίσας 22 WH: Θεοῦ φωνὴ RP: Φωνὴ θεοῦ

δὲ ἐπάταξεν αὐτὸν ἄγγελος Κυρίου ἀνθ' ὧν οὐκ ἔδωκεν τὴν δόξαν τῷ θεῷ, καὶ γενόμενος σκωληκόβρωτος ἐξέψυξεν. 24 Ὁ δὲ λόγος τοῦ κυρίου ηὔξανεν καὶ ἐπληθύνετο. 25 Βαρνάβας δὲ καὶ Σαῦλος ὑπέστρεψαν εἰς Ἰερουσαλὴμ πληρώσαντες τὴν διακονίαν, συνπαραλαβόντες Ἰωάνην τὸν ἐπικληθέντα Μάρκον.

Barnabas and Saul Are Commissioned

13 Ἦσαν δὲ ἐν Ἀντιοχείᾳ κατὰ τὴν οὖσαν ἐκκλησίαν προφῆται καὶ διδάσκαλοι ὅ τε Βαρνάβας καὶ Συμεὼν ὁ καλούμενος Νίγερ, καὶ Λούκιος ὁ Κυρηναῖος, Μαναήν τε Ἡρῴδου τοῦ τετραάρχου σύντροφος καὶ Σαῦλος. 2 Λειτουργούντων δὲ αὐτῶν τῷ κυρίῳ καὶ νηστευόντων εἶπεν τὸ πνεῦμα τὸ ἅγιον Ἀφορίσατε δή μοι τὸν Βαρνάβαν καὶ Σαῦλον εἰς τὸ ἔργον ὃ προσκέκλημαι αὐτούς. 3 τότε νηστεύσαντες καὶ προσευξάμενοι καὶ ἐπιθέντες τὰς χεῖρας αὐτοῖς ἀπέλυσαν.

Barnabas and Saul Travel to Cyprus

4 Αὐτοὶ μὲν οὖν ἐκπεμφθέντες ὑπὸ τοῦ ἁγίου πνεύματος κατῆλθον εἰς Σελεύκιαν, ἐκεῖθέν τε ἀπέπλευσαν εἰς Κύπρον, 5 καὶ γενόμενοι ἐν Σαλαμῖνι κατήγγελλον τὸν λόγον τοῦ θεοῦ ἐν ταῖς συναγωγαῖς τῶν Ἰουδαίων· εἶχον δὲ καὶ Ἰωάννην ὑπηρέτην.

6 Διελθόντες δὲ ὅλην τὴν νῆσον ἄχρι Πάφου εὗρον ἄνδρα τινὰ μάγον ψευδοπροφήτην Ἰουδαῖον ᾧ ὄνομα Βαριησοῦς, 7 ὃς ἦν σὺν τῷ ἀνθυπάτῳ Σεργίῳ Παύλῳ, ἀνδρὶ συνετῷ. οὗτος προσκαλεσάμενος Βαρνάβαν καὶ Σαῦλον

---

23 RP: *omit* τὴν 24 WH: κυρίου {WH}/NA/RP: θεοῦ 25 WH: εἰς . . . τὴν {WH}: *ἐξ . . . τὴν*
13:1 RP: *add* τινες *after* δέ // WH: τετραάρχου RP: τετράρχου 2 RP: *add* τὸν *before* Σαῦλον 4 WH: Αὐτοὶ RP: Οὗτοι // WH: τοῦ ἁγίου πνεύματος RP: τοῦ πνεύματος τοῦ ἁγίου 6 RP: *omit* ὅλην // RP: *omit* ἄνδρα // WH: Βαριησοῦς, NA: Βαριησοῦ

ἐπεζήτησεν ἀκοῦσαι τὸν λόγον τοῦ θεοῦ· 8 ἀνθίστατο δὲ
αὐτοῖς Ἐλύμας ὁ μάγος, οὕτως γὰρ μεθερμηνεύεται τὸ
ὄνομα αὐτοῦ, ζητῶν διαστρέψαι τὸν ἀνθύπατον ἀπὸ τῆς
πίστεως. 9 Σαῦλος δέ, ὁ καὶ Παῦλος, πλησθεὶς πνεύματος
ἁγίου ἀτενίσας εἰς αὐτὸν 10 εἶπεν Ὦ πλήρης παντὸς δόλου
καὶ πάσης ῥαδιουργίας, υἱὲ διαβόλου, ἐχθρὲ πάσης δικαι-
οσύνης, οὐ παύσῃ διαστρέφων **τὰς ὁδοὺς τοῦ κυρίου τὰς
εὐθείας;** 11 καὶ νῦν ἰδοὺ χεὶρ Κυρίου ἐπὶ σέ, καὶ ἔσῃ τυφλὸς
μὴ βλέπων τὸν ἥλιον ἄχρι καιροῦ. παραχρῆμα δὲ ἔπεσεν
ἐπ᾽ αὐτὸν ἀχλὺς καὶ σκότος, καὶ περιάγων ἐζήτει χειραγω-
γούς. 12 τότε ἰδὼν ὁ ἀνθύπατος τὸ γεγονὸς ἐπίστευσεν ἐκ-
πληττόμενος ἐπὶ τῇ διδαχῇ τοῦ κυρίου.

Barnabas and Saul Reach Pisidian Antioch

13 Ἀναχθέντες δὲ ἀπὸ τῆς Πάφου οἱ περὶ Παῦλον
ἦλθον εἰς Πέργην τῆς Παμφυλίας· Ἰωάνης δὲ ἀποχωρήσας
ἀπ᾽ αὐτῶν ὑπέστρεψεν εἰς Ἱεροσόλυμα. 14 Αὐτοὶ δὲ
διελθόντες ἀπὸ τῆς Πέργης παρεγένοντο εἰς Ἀντιόχειαν
τὴν Πισιδίαν, καὶ ἐλθόντες εἰς τὴν συναγωγὴν τῇ ἡμέρᾳ
τῶν σαββάτων ἐκάθισαν. 15 μετὰ δὲ τὴν ἀνάγνωσιν τοῦ
νόμου καὶ τῶν προφητῶν ἀπέστειλαν οἱ ἀρχισυνάγωγοι
πρὸς αὐτοὺς λέγοντες Ἄνδρες ἀδελφοί, εἴ τις ἔστιν ἐν
ὑμῖν λόγος παρακλήσεως πρὸς τὸν λαόν, λέγετε. 16 ἀνα-
στὰς δὲ Παῦλος καὶ κατασείσας τῇ χειρὶ εἶπεν Ἄνδρες
Ἰσραηλεῖται καὶ οἱ φοβούμενοι τὸν θεόν, ἀκούσατε. 17 Ὁ
θεὸς τοῦ λαοῦ τούτου Ἰσραὴλ ἐξελέξατο τοὺς πατέρας
ἡμῶν, καὶ τὸν λαὸν ὕψωσεν ἐν τῇ παροικίᾳ ἐν γῇ Αἰγύπτου,

---

9 RP: *add* καὶ *before* ἀτενίσας 10 WH: τοῦ κυρίου {WH}/RP: Κυρίου NA: [τοῦ]
κυρίου 11 WH: παραχρῆμα δὲ {WH}/NA: παραχρῆμά τε // WH: ἔπεσεν RP:
ἐπέπεσεν 12 WH: ἐκπληττόμενος NA: ἐκπλησσόμενος 13 RP: *add* τὸν *before*
Παῦλον 14 WH: τὴν Πισιδίαν RP: τῆς Πισιδίας // WH: ἐλθόντες NA:
[εἰσ]ελθόντες 15 RP: *omit* τις // WH: ἐν ὑμῖν λόγος RP: λόγος ἐν ὑμῖν 17 RP: *omit*
Ἰσραὴλ // WH: Αἰγύπτου RP: Αἰγύπτῳ

13:10 Hos 14:9

καὶ μετὰ βραχίονος ὑψηλοῦ ἐξήγαγεν αὐτοὺς ἐξ αὐτῆς, 18 καί, ὡς τεσσερακονταετῆ χρόνον ἐτροποφόρησεν αὐτοὺς ἐν τῇ ἐρήμῳ, 19 καθελὼν ἔθνη ἑπτὰ ἐν γῇ Χαναὰν κατεκληρονόμησεν τὴν γῆν αὐτῶν 20 ὡς ἔτεσι τετρακοσίοις καὶ πεντήκοντα. καὶ μετὰ ταῦτα ἔδωκεν κριτὰς ἕως Σαμουὴλ προφήτου. 21 κἀκεῖθεν ᾐτήσαντο βασιλέα, καὶ ἔδωκεν αὐτοῖς ὁ θεὸς τὸν Σαοὺλ υἱὸν Κείς, ἄνδρα ἐκ φυλῆς Βενιαμείν, ἔτη τεσσεράκοντα· 22 καὶ μεταστήσας αὐτὸν ἤγειρεν τὸν Δαυεὶδ αὐτοῖς εἰς βασιλέα, ᾧ καὶ εἶπεν μαρτυρήσας Εὗρον Δαυεὶδ τὸν τοῦ Ἰεσσαί, [ἄνδρα] κατὰ τὴν καρδίαν μου, ὃς ποιήσει πάντα τὰ θελήματά μου. 23 τούτου ὁ θεὸς ἀπὸ τοῦ σπέρματος κατ᾽ ἐπαγγελίαν ἤγαγεν τῷ Ἰσραὴλ σωτῆρα Ἰησοῦν, 24 προκηρύξαντος Ἰωάνου πρὸ προσώπου τῆς εἰσόδου αὐτοῦ βάπτισμα μετανοίας παντὶ τῷ λαῷ Ἰσραήλ. 25 ὡς δὲ ἐπλήρου Ἰωάνης τὸν δρόμον, ἔλεγεν Τί ἐμὲ ὑπονοεῖτε εἶναι; οὐκ εἰμὶ ἐγώ· ἀλλ᾽ ἰδοὺ ἔρχεται μετ᾽ ἐμὲ οὗ οὐκ εἰμὶ ἄξιος τὸ ὑπόδημα τῶν ποδῶν λῦσαι. 26 Ἄνδρες ἀδελφοί, υἱοὶ γένους Ἀβραὰμ καὶ οἱ ἐν ὑμῖν φοβούμενοι τὸν θεόν, ἡμῖν ὁ λόγος τῆς σωτηρίας ταύτης ἐξαπεστάλη. 27 οἱ γὰρ κατοικοῦντες ἐν Ἰερουσαλὴμ καὶ οἱ ἄρχοντες αὐτῶν τοῦτον ἀγνοήσαντες καὶ τὰς φωνὰς τῶν προφητῶν τὰς κατὰ πᾶν σάββατον ἀναγινωσκομένας κρίναντες ἐπλήρωσαν, 28 καὶ μηδεμίαν αἰτίαν θανάτου εὑρόντες ᾐτήσαντο Πειλᾶτον ἀναιρεθῆναι αὐτόν· 29 ὡς δὲ ἐτέλεσαν πάντα τὰ περὶ αὐτοῦ γεγραμμένα, καθελόντες ἀπὸ τοῦ ξύλου ἔθηκαν εἰς μνημεῖον. 30 ὁ δὲ θεὸς

---

19 {WH}/NA: add καὶ before καθελὼν // RP: add αὐτοῖς before τὴν 20 WH: ὡς . . . πεντήκοντα. καὶ μετὰ ταῦτα RP: Καὶ μετὰ ταῦτα, ὡς . . . πεντήκοντα // [NA]/RP: add τοῦ before προφήτου 22 WH: τὸν Δαυεὶδ αὐτοῖς RP: αὐτοῖς τὸν Δαυὶδ // WH: [ἄνδρα] NA/RP: ἄνδρα 23 WH: σωτῆρα RP: σωτηρίαν // RP: omit Ἰησοῦν 24 WH: παντὶ τῷ λαῷ Ἰσραήλ RP: τῷ Ἰσραήλ 25 WH: Τί ἐμὲ RP: Τίνα με // WH: εἶναι; οὐκ {WH}: εἶναι, οὐκ 26 WH: ἡμῖν RP: ὑμῖν // WH: ἐξαπεστάλη RP: ἀπεστάλη 28 WH: ᾐτήσαντο {WH}: ᾔτησαν τὸν 29 WH: περὶ αὐτοῦ γεγραμμένα {WH}: γεγραμμένα περὶ αὐτοῦ

---

17 Exod 6:1, 6 18 Deut 1:31 19 Deut 7:1; Josh 14:1 22 Ps 89:20; 1 Sam 13:14 26 Ps 107:20

ἤγειρεν αὐτὸν ἐκ νεκρῶν· 31 ὃς ὤφθη ἐπὶ ἡμέρας πλείους τοῖς συναναβᾶσιν αὐτῷ ἀπὸ τῆς Γαλιλαίας εἰς Ἰερουσαλήμ, οἵτινες [νῦν] εἰσὶ μάρτυρες αὐτοῦ πρὸς τὸν λαόν. 32 καὶ ἡμεῖς ὑμᾶς εὐαγγελιζόμεθα τὴν πρὸς τοὺς πατέρας ἐπαγγελίαν γενομένην 33 ὅτι ταύτην ὁ θεὸς ἐκπεπλήρωκεν τοῖς τέκνοις ἡμῶν ἀναστήσας Ἰησοῦν, ὡς καὶ ἐν τῷ ψαλμῷ γέγραπται τῷ δευτέρῳ Υἱός μου εἶ σύ, ἐγὼ σήμερον γεγέννηκά σε. 34 ὅτι δὲ ἀνέστησεν αὐτὸν ἐκ νεκρῶν μηκέτι μέλλοντα ὑποστρέφειν εἰς διαφθοράν, οὕτως εἴρηκεν ὅτι Δώσω ὑμῖν τὰ ὅσια Δαυεὶδ τὰ πιστά. 35 διότι καὶ ἐν ἑτέρῳ λέγει Οὐ δώσεις τὸν ὅσιόν σου ἰδεῖν διαφθοράν· 36 Δαυεὶδ μὲν γὰρ ἰδίᾳ γενεᾷ ὑπηρετήσας τῇ τοῦ θεοῦ βουλῇ ἐκοιμήθη καὶ προσετέθη πρὸς τοὺς πατέρας αὐτοῦ καὶ εἶδεν διαφθοράν, 37 ὃν δὲ ὁ θεὸς ἤγειρεν οὐκ εἶδεν διαφθοράν. 38 Γνωστὸν οὖν ἔστω ὑμῖν, ἄνδρες ἀδελφοί, ὅτι διὰ τούτου ὑμῖν ἄφεσις ἁμαρτιῶν καταγγέλλεται, 39 καὶ ἀπὸ πάντων ὧν οὐκ ἠδυνήθητε ἐν νόμῳ Μωυσέως δικαιωθῆναι ἐν τούτῳ πᾶς ὁ πιστεύων δικαιοῦται. 40 βλέπετε οὖν μὴ ἐπέλθῃ τὸ εἰρημένον ἐν τοῖς προφήταις

41 Ἴδετε, οἱ καταφρονηταί, καὶ θαυμάσατε καὶ
ἀφανίσθητε,
ὅτι ἔργον ἐργάζομαι ἐγὼ ἐν ταῖς ἡμέραις ὑμῶν,
ἔργον ὃ οὐ μὴ πιστεύσητε ἐάν τις ἐκδιηγῆται
ὑμῖν.

42 Ἐξιόντων δὲ αὐτῶν παρεκάλουν εἰς τὸ μεταξὺ σάββατον λαληθῆναι αὐτοῖς τὰ ῥήματα ταῦτα. 43 λυθείσης δὲ τῆς συναγωγῆς ἠκολούθησαν πολλοὶ τῶν Ἰουδαίων καὶ τῶν σεβομένων προσηλύτων τῷ Παύλῳ καὶ τῷ Βαρνάβᾳ,

---

31 WH: [νῦν] εἰσὶ RP: εἰσὶν 32–33 RP: end v. 32 after Ἰησοῦν· // WH (v. 33): ἡμῶν {WH}: *ἡμῶν* NA (v. 33): [αὐτῶν] ἡμῖν RP (v. 32): αὐτῶν ἡμῖν 33 WH: γέγραπται τῷ δευτέρῳ RP: τῷ δευτέρῳ γέγραπται 38–39 NA: end v. 38 after δικαιωθῆναι, 39 WH: καὶ NA (v. 38): [καὶ] // RP: add τῷ before νόμῳ 40 RP: add ἐφ' ὑμᾶς after ἐπέλθῃ 41 WH: ἐργάζομαι ἐγὼ RP: ἐγὼ ἐργάζομαι // RP: omit ἔργον after ὑμῶν, 42 WH: αὐτῶν παρεκάλουν RP: ἐκ τῆς συναγωγῆς τῶν Ἰουδαίων, παρεκάλουν τὰ ἔθνη // RP: omit ταῦτα // {WH}: *Ἐξιόντων . . . ταῦτα.*

---

33 Ps 2:7 34 Isa 55:3 34–35 Ps 16:10 36 1 Kgs 2:10; Judg 2:10 41 Hab 1:5

οἵτινες προσλαλοῦντες αὐτοῖς ἔπειθον αὐτοὺς προσμένειν τῇ χάριτι τοῦ θεοῦ.

Paul Turns to the Gentiles

44 Τῷ δὲ ἐρχομένῳ σαββάτῳ σχεδὸν πᾶσα ἡ πόλις συνήχθη ἀκοῦσαι τὸν λόγον τοῦ θεοῦ. 45 ἰδόντες δὲ οἱ Ἰουδαῖοι τοὺς ὄχλους ἐπλήσθησαν ζήλου καὶ ἀντέλεγον τοῖς ὑπὸ Παύλου λαλουμένοις βλασφημοῦντες. 46 παρρησιασάμενοί τε ὁ Παῦλος καὶ ὁ Βαρνάβας εἶπαν Ὑμῖν ἦν ἀναγκαῖον πρῶτον λαληθῆναι τὸν λόγον τοῦ θεοῦ· ἐπειδὴ ἀπωθεῖσθε αὐτὸν καὶ οὐκ ἀξίους κρίνετε ἑαυτοὺς τῆς αἰωνίου ζωῆς, ἰδοὺ στρεφόμεθα εἰς τὰ ἔθνη· 47 οὕτω γὰρ ἐντέταλται ἡμῖν ὁ κύριος

Τέθεικά σε εἰς φῶς ἐθνῶν
τοῦ εἶναί σε εἰς σωτηρίαν ἕως ἐσχάτου τῆς γῆς.

48 ἀκούοντα δὲ τὰ ἔθνη ἔχαιρον καὶ ἐδόξαζον τὸν λόγον τοῦ θεοῦ, καὶ ἐπίστευσαν ὅσοι ἦσαν τεταγμένοι εἰς ζωὴν αἰώνιον· 49 διεφέρετο δὲ ὁ λόγος τοῦ κυρίου δι᾽ ὅλης τῆς χώρας. 50 οἱ δὲ Ἰουδαῖοι παρώτρυναν τὰς σεβομένας γυναῖκας τὰς εὐσχήμονας καὶ τοὺς πρώτους τῆς πόλεως καὶ ἐπήγειραν διωγμὸν ἐπὶ τὸν Παῦλον καὶ Βαρνάβαν, καὶ ἐξέβαλον αὐτοὺς ἀπὸ τῶν ὁρίων αὐτῶν. 51 οἱ δὲ ἐκτιναξάμενοι τὸν κονιορτὸν τῶν ποδῶν ἐπ᾽ αὐτοὺς ἦλθον εἰς Ἰκόνιον, 52 οἵ τε μαθηταὶ ἐπληροῦντο χαρᾶς καὶ πνεύματος ἁγίου.

---

43 RP: *omit* αὐτοῖς // WH: προσμένειν RP: ἐπιμένειν 44 WH: δὲ {WH}: τε // WH: ἐρχομένῳ {WH}: ἐχομένῳ // WH: θεοῦ {WH}/NA: κυρίου 45 RP: *add* τοῦ *before* Παύλου // WH: λαλουμένοις RP: λεγομένοις, ἀντιλέγοντες καὶ 46 WH: τε RP: δὲ // WH: ἐπειδὴ {WH}: ἐπεὶ δὲ RP: Ἐπειδὴ δὲ 47 WH: οὕτω NA/RP: οὕτως 48 WH: θεοῦ {WH}/NA/RP: κυρίου 50 RP: *add* καὶ *after* γυναῖκας // RP: *add* τὸν *before* Βαρνάβαν 51 RP: *add* αὐτῶν *after* ποδῶν 52 WH: οἵ τε {WH}/RP: οἱ δὲ

47 Isa 49:6

Paul and Barnabas Preach at Iconium

14 Ἐγένετο δὲ ἐν Ἰκονίῳ κατὰ τὸ αὐτὸ εἰσελθεῖν αὐτοὺς εἰς τὴν συναγωγὴν τῶν Ἰουδαίων καὶ λαλῆσαι οὕτως ὥστε πιστεῦσαι Ἰουδαίων τε καὶ Ἑλλήνων πολὺ πλῆθος. 2 οἱ δὲ ἀπειθήσαντες Ἰουδαῖοι ἐπήγειραν καὶ ἐκάκωσαν τὰς ψυχὰς τῶν ἐθνῶν κατὰ τῶν ἀδελφῶν. 3 ἱκανὸν μὲν οὖν χρόνον διέτριψαν παρρησιαζόμενοι ἐπὶ τῷ κυρίῳ τῷ μαρτυροῦντι τῷ λόγῳ τῆς χάριτος αὐτοῦ, διδόντι σημεῖα καὶ τέρατα γίνεσθαι διὰ τῶν χειρῶν αὐτῶν. 4 ἐσχίσθη δὲ τὸ πλῆθος τῆς πόλεως, καὶ οἱ μὲν ἦσαν σὺν τοῖς Ἰουδαίοις οἱ δὲ σὺν τοῖς ἀποστόλοις. 5 ὡς δὲ ἐγένετο ὁρμὴ τῶν ἐθνῶν τε καὶ Ἰουδαίων σὺν τοῖς ἄρχουσιν αὐτῶν ὑβρίσαι καὶ λιθοβολῆσαι αὐτούς, 6 συνιδόντες κατέφυγον εἰς τὰς πόλεις τῆς Λυκαονίας Λύστραν καὶ Δέρβην καὶ τὴν περίχωρον, 7 κἀκεῖ εὐαγγελιζόμενοι ἦσαν.

Idolatry at Lystra

8 Καί τις ἀνὴρ ἀδύνατος ἐν Λύστροις τοῖς ποσὶν ἐκάθητο, χωλὸς ἐκ κοιλίας μητρὸς αὐτοῦ, ὃς οὐδέποτε περιεπάτησεν. 9 οὗτος ἤκουεν τοῦ Παύλου λαλοῦντος· ὃς ἀτενίσας αὐτῷ καὶ ἰδὼν ὅτι ἔχει πίστιν τοῦ σωθῆναι 10 εἶπεν μεγάλῃ φωνῇ Ἀνάστηθι ἐπὶ τοὺς πόδας σου ὀρθός· καὶ ἥλατο καὶ περιεπάτει. 11 οἵ τε ὄχλοι ἰδόντες ὃ ἐποίησεν Παῦλος ἐπῆραν τὴν φωνὴν αὐτῶν Λυκαονιστὶ λέγοντες Οἱ θεοὶ ὁμοιωθέντες ἀνθρώποις κατέβησαν πρὸς ἡμᾶς, 12 ἐκάλουν τε τὸν Βαρνάβαν Δία, τὸν δὲ Παῦλον Ἑρμῆν ἐπειδὴ αὐτὸς ἦν ὁ ἡγούμενος τοῦ λόγου. 13 ὅ τε ἱερεὺς τοῦ Διὸς τοῦ ὄντος πρὸ τῆς πόλεως ταύρους καὶ στέμματα ἐπὶ τοὺς πυλῶνας

14:2 WH: ἀπειθήσαντες RP: ἀπειθοῦντες 3 NA: *add* [ἐπὶ] *after* μαρτυροῦντι 7 WH: εὐαγγελιζόμενοι ἦσαν RP: ἦσαν εὐαγγελιζόμενοι 8 WH: ἀδύνατος ἐν Λύστροις RP: ἐν Λύστροις ἀδύνατος // RP: *add* ὑπάρχων *after* αὐτοῦ // WH: περιεπάτησεν RP: περιπεπάτήκει 9 WH: ἤκουεν NA/RP: ἤκουσεν // WH: ἔχει πίστιν RP: πίστιν ἔχει 10 RP: *add* τῇ *before* φωνῇ // WH: ὀρθός RP: ὀρθῶς // WH: ἥλατο RP: ἥλλετο 11 RP: *add* ὁ *before* Παῦλος 12 RP: *add* μὲν *before* Βαρνάβαν 13 WH: τε RP: δὲ // RP: *add* αὐτῶν *after* πόλεως

ἐνέγκας σὺν τοῖς ὄχλοις ἤθελεν θύειν. 14 ἀκούσαντες δὲ οἱ
ἀπόστολοι Βαρνάβας καὶ Παῦλος, διαρρήξαντες τὰ ἱμάτια
ἑαυτῶν ἐξεπήδησαν εἰς τὸν ὄχλον, κράζοντες 15 καὶ λέ-
γοντες Ἄνδρες, τί ταῦτα ποιεῖτε; καὶ ἡμεῖς ὁμοιοπαθεῖς
ἐσμεν ὑμῖν ἄνθρωποι, εὐαγγελιζόμενοι ὑμᾶς ἀπὸ τούτων
τῶν ματαίων ἐπιστρέφειν ἐπὶ θεὸν ζῶντα **ὃς ἐποίησεν τὸν
οὐρανὸν καὶ τὴν γῆν καὶ τὴν θάλασσαν καὶ πάντα τὰ ἐν
αὐτοῖς·** 16 ὃς ἐν ταῖς παρῳχημέναις γενεαῖς εἴασεν πάντα
τὰ ἔθνη πορεύεσθαι ταῖς ὁδοῖς αὐτῶν· 17 καίτοι οὐκ ἀμάρ-
τυρον αὐτὸν ἀφῆκεν ἀγαθουργῶν, οὐρανόθεν ὑμῖν ὑετοὺς
διδοὺς καὶ καιροὺς καρποφόρους, ἐμπιπλῶν τροφῆς καὶ
εὐφροσύνης τὰς καρδίας ὑμῶν. 18 καὶ ταῦτα λέγοντες
μόλις κατέπαυσαν τοὺς ὄχλους τοῦ μὴ θύειν αὐτοῖς.

Paul Is Stoned and Left for Dead

19 Ἐπῆλθαν δὲ ἀπὸ Ἀντιοχείας καὶ Ἰκονίου Ἰουδαῖοι,
καὶ πείσαντες τοὺς ὄχλους καὶ λιθάσαντες τὸν Παῦλον
ἔσυρον ἔξω τῆς πόλεως, νομίζοντες αὐτὸν τεθνηκέναι.
20 κυκλωσάντων δὲ τῶν μαθητῶν αὐτὸν ἀναστὰς εἰσῆλθεν
εἰς τὴν πόλιν. καὶ τῇ ἐπαύριον ἐξῆλθεν σὺν τῷ Βαρνάβᾳ εἰς
Δέρβην.

Paul and Barnabas Return to Antioch

21 εὐαγγελισάμενοί τε τὴν πόλιν ἐκείνην καὶ μαθητεύσαν-
τες ἱκανοὺς ὑπέστρεψαν εἰς τὴν Λύστραν καὶ εἰς Ἰκόνιον
καὶ [εἰς] Ἀντιόχειαν, 22 ἐπιστηρίζοντες τὰς ψυχὰς τῶν
μαθητῶν, παρακαλοῦντες ἐμμένειν τῇ πίστει καὶ ὅτι διὰ

---

14 WH: ἑαυτῶν ἐξεπήδησαν {WH}/NA: αὐτῶν ἐξεπήδησαν RP: αὐτῶν,
εἰσεπήδησαν 15 RP: add τὸν *after* θεὸν 17 WH: καίτοι RP: Καίτοιγε // WH: αὐτὸν
NA: αὐτὸν RP: ἑαυτὸν // WH: ἀγαθουργῶν RP: ἀγαθοποιῶν // WH: ὑμῶν RP:
ἡμῶν 19 WH: νομίζοντες RP: νομίσαντες // WH: τεθνηκέναι RP: τεθνάναι
20 WH: τῶν μαθητῶν αὐτὸν RP: αὐτὸν τῶν μαθητῶν 21 RP: omit εἰς *before*
Ἰκόνιον // WH: [εἰς] Ἀντιόχειαν NA: εἰς Ἀντιόχειαν RP: Ἀντιόχειαν

πολλῶν θλίψεων δεῖ ἡμᾶς εἰσελθεῖν εἰς τὴν βασιλείαν τοῦ θεοῦ. 23 χειροτονήσαντες δὲ αὐτοῖς κατ' ἐκκλησίαν πρεσβυτέρους προσευξάμενοι μετὰ νηστειῶν παρέθεντο αὐτοὺς τῷ κυρίῳ εἰς ὃν πεπιστεύκεισαν. 24 καὶ διελθόντες τὴν Πισιδίαν ἦλθαν εἰς τὴν Παμφυλίαν, 25 καὶ λαλήσαντες ἐν Πέργῃ τὸν λόγον κατέβησαν εἰς Ἀτταλίαν, 26 κἀκεῖθεν ἀπέπλευσαν εἰς Ἀντιόχειαν, ὅθεν ἦσαν παραδεδομένοι τῇ χάριτι τοῦ θεοῦ εἰς τὸ ἔργον ὃ ἐπλήρωσαν. 27 Παραγενόμενοι δὲ καὶ συναγαγόντες τὴν ἐκκλησίαν ἀνήγγελλον ὅσα ἐποίησεν ὁ θεὸς μετ' αὐτῶν καὶ ὅτι ἤνοιξεν τοῖς ἔθνεσιν θύραν πίστεως. 28 διέτριβον δὲ χρόνον οὐκ ὀλίγον σὺν τοῖς μαθηταῖς.

The Apostles and Elders Gather at Jerusalem

15 Καί τινες κατελθόντες ἀπὸ τῆς Ἰουδαίας ἐδίδασκον τοὺς ἀδελφοὺς ὅτι Ἐὰν μὴ περιτμηθῆτε τῷ ἔθει τῷ Μωυσέως, οὐ δύνασθε σωθῆναι. 2 γενομένης δὲ στάσεως καὶ ζητήσεως οὐκ ὀλίγης τῷ Παύλῳ καὶ τῷ Βαρνάβᾳ πρὸς αὐτοὺς ἔταξαν ἀναβαίνειν Παῦλον καὶ Βαρνάβαν καί τινας ἄλλους ἐξ αὐτῶν πρὸς τοὺς ἀποστόλους καὶ πρεσβυτέρους εἰς Ἰερουσαλὴμ περὶ τοῦ ζητήματος τούτου.

3 Οἱ μὲν οὖν προπεμφθέντες ὑπὸ τῆς ἐκκλησίας διήρχοντο τήν τε Φοινίκην καὶ Σαμαρίαν ἐκδιηγούμενοι τὴν ἐπιστροφὴν τῶν ἐθνῶν, καὶ ἐποίουν χαρὰν μεγάλην πᾶσι τοῖς ἀδελφοῖς. 4 παραγενόμενοι δὲ εἰς Ἰεροσόλυμα παρεδέχθησαν ἀπὸ τῆς ἐκκλησίας καὶ τῶν ἀποστόλων καὶ τῶν πρεσβυτέρων, ἀνήγγειλάν τε ὅσα ὁ θεὸς ἐποίησεν μετ' αὐτῶν. 5 Ἐξανέστησαν δέ τινες τῶν ἀπὸ τῆς αἱρέσεως τῶν Φαρισαίων πεπιστευκότες, λέγοντες ὅτι δεῖ περιτέμνειν αὐτοὺς παραγγέλλειν τε τηρεῖν τὸν νόμον Μωυσέως.

---

23 WH: κατ' ἐκκλησίαν πρεσβυτέρους RP: πρεσβυτέρους κατ' ἐκκλησίαν
24 RP: *omit* τὴν *before* Παμφυλίαν 25 WH: ἐν Πέργῃ {WH}: εἰς τὴν Πέργην
27 WH: ἀνήγγελλον RP: ἀνήγγειλαν 28 RP: *add* ἐκεῖ *after* δὲ
15:1 WH: περιτμηθῆτε RP: περιτέμνησθε 2 WH: δὲ RP: οὖν 3 RP: *omit* τε 4 WH: παρεδέχθησαν ἀπὸ RP: ἀπεδέχθησαν ὑπὸ

6 Συνήχθησάν τε οἱ ἀπόστολοι καὶ οἱ πρεσβύτεροι ἰδεῖν περὶ τοῦ λόγου τούτου. 7 Πολλῆς δὲ ζητήσεως γενομένης ἀναστὰς Πέτρος εἶπεν πρὸς αὐτούς Ἄνδρες ἀδελφοί, ὑμεῖς ἐπίστασθε ὅτι ἀφ᾽ ἡμερῶν ἀρχαίων ἐν ὑμῖν ἐξελέξατο ὁ θεὸς διὰ τοῦ στόματός μου ἀκοῦσαι τὰ ἔθνη τὸν λόγον τοῦ εὐαγγελίου καὶ πιστεῦσαι, 8 καὶ ὁ καρδιογνώστης θεὸς ἐμαρτύρησεν αὐτοῖς δοὺς τὸ πνεῦμα τὸ ἅγιον καθὼς καὶ ἡμῖν, 9 καὶ οὐθὲν διέκρινεν μεταξὺ ἡμῶν τε καὶ αὐτῶν, τῇ πίστει καθαρίσας τὰς καρδίας αὐτῶν. 10 νῦν οὖν τί πειράζετε τὸν θεόν, ἐπιθεῖναι ζυγὸν ἐπὶ τὸν τράχηλον τῶν μαθητῶν ὃν οὔτε οἱ πατέρες ἡμῶν οὔτε ἡμεῖς ἰσχύσαμεν βαστάσαι; 11 ἀλλὰ διὰ τῆς χάριτος τοῦ κυρίου Ἰησοῦ πιστεύομεν σωθῆναι καθ᾽ ὃν τρόπον κἀκεῖνοι. 12 Ἐσίγησεν δὲ πᾶν τὸ πλῆθος, καὶ ἤκουον Βαρνάβα καὶ Παύλου ἐξηγουμένων ὅσα ἐποίησεν ὁ θεὸς σημεῖα καὶ τέρατα ἐν τοῖς ἔθνεσιν δι᾽ αὐτῶν. 13 Μετὰ δὲ τὸ σιγῆσαι αὐτοὺς ἀπεκρίθη Ἰάκωβος λέγων Ἄνδρες ἀδελφοί, ἀκούσατέ μου. 14 Συμεὼν ἐξηγήσατο καθὼς πρῶτον ὁ θεὸς ἐπεσκέψατο λαβεῖν ἐξ ἐθνῶν λαὸν τῷ ὀνόματι αὐτοῦ. 15 καὶ τούτῳ συμφωνοῦσιν οἱ λόγοι τῶν προφητῶν, καθὼς γέγραπται

16 Μετὰ ταῦτα ἀναστρέψω
    καὶ ἀνοικοδομήσω τὴν σκηνὴν Δαυεὶδ τὴν
        πεπτωκυῖαν
    καὶ τὰ κατεστραμμένα αὐτῆς ἀνοικοδομήσω
    καὶ ἀνορθώσω αὐτήν,
17 ὅπως ἂν ἐκζητήσωσιν οἱ κατάλοιποι τῶν
        ἀνθρώπων τὸν κύριον,
    καὶ πάντα τὰ ἔθνη ἐφ᾽ οὓς ἐπικέκληται τὸ ὄνομά
        μου ἐπ᾽ αὐτούς,
    λέγει Κύριος ποιῶν ταῦτα 18 γνωστὰ ἀπ᾽
        αἰῶνος.

---

7 WH: ζητήσεως RP: συζητήσεως // WH: ἐν ὑμῖν ἐξελέξατο ὁ θεὸς RP: ὁ θεὸς ἐν ἡμῖν ἐξελέξατο 8 RP: add αὐτοῖς after δοὺς 9 WH: οὐθὲν {WH}: οὐδὲν 14 RP: add ἐπὶ after λαὸν 16 WH: κατεστραμμένα NA/RP: κατεσκαμμένα 17 RP: add πάντα after ταῦτα 18 RP: add ἐστιν τῷ θεῷ πάντα τὰ ἔργα αὐτοῦ after αἰῶνός

15:16 Jer 12:15 16–17 Amos 9:11, 12 18 Isa 45:21

19 διὸ ἐγὼ κρίνω μὴ παρενοχλεῖν τοῖς ἀπὸ τῶν ἐθνῶν ἐπιστρέφουσιν ἐπὶ τὸν θεόν, 20 ἀλλὰ ἐπιστεῖλαι αὐτοῖς τοῦ ἀπέχεσθαι τῶν ἀλισγημάτων τῶν εἰδώλων καὶ τῆς πορνείας καὶ πνικτοῦ καὶ τοῦ αἵματος· 21 Μωυσῆς γὰρ ἐκ γενεῶν ἀρχαίων κατὰ πόλιν τοὺς κηρύσσοντας αὐτὸν ἔχει ἐν ταῖς συναγωγαῖς κατὰ πᾶν σάββατον ἀναγινωσκόμενος.

The Apostles and Elders Gives Instructions

22 Τότε ἔδοξε τοῖς ἀποστόλοις καὶ τοῖς πρεσβυτέροις σὺν ὅλῃ τῇ ἐκκλησίᾳ ἐκλεξαμένους ἄνδρας ἐξ αὐτῶν πέμψαι εἰς Ἀντιόχειαν σὺν τῷ Παύλῳ καὶ Βαρνάβᾳ, Ἰούδαν τὸν καλούμενον Βαρσαββᾶν καὶ Σίλαν, ἄνδρας ἡγουμένους ἐν τοῖς ἀδελφοῖς, 23 γράψαντες διὰ χειρὸς αὐτῶν Οἱ ἀπόστολοι καὶ οἱ πρεσβύτεροι ἀδελφοὶ τοῖς κατὰ τὴν Ἀντιόχειαν καὶ Συρίαν καὶ Κιλικίαν ἀδελφοῖς τοῖς ἐξ ἐθνῶν χαίρειν. 24 Ἐπειδὴ ἠκούσαμεν ὅτι τινὲς ἐξ ἡμῶν ἐτάραξαν ὑμᾶς λόγοις ἀνασκευάζοντες τὰς ψυχὰς ὑμῶν, οἷς οὐ διεστειλάμεθα, 25 ἔδοξεν ἡμῖν γενομένοις ὁμοθυμαδὸν ἐκλεξαμένοις ἄνδρας πέμψαι πρὸς ὑμᾶς σὺν τοῖς ἀγαπητοῖς ἡμῶν Βαρνάβᾳ καὶ Παύλῳ, 26 ἀνθρώποις παραδεδωκόσι τὰς ψυχὰς αὐτῶν ὑπὲρ τοῦ ὀνόματος τοῦ κυρίου ἡμῶν Ἰησοῦ Χριστοῦ. 27 ἀπεστάλκαμεν οὖν Ἰούδαν καὶ Σίλαν, καὶ αὐτοὺς διὰ λόγου ἀπαγγέλλοντας τὰ αὐτά. 28 ἔδοξεν γὰρ τῷ πνεύματι τῷ ἁγίῳ καὶ ἡμῖν μηδὲν πλέον ἐπιτίθεσθαι ὑμῖν βάρος πλὴν τούτων τῶν ἐπάναγκες, 29 ἀπέχεσθαι εἰδωλοθύτων καὶ αἵματος καὶ πνικτῶν καὶ πορνείας· ἐξ ὧν διατηροῦντες ἑαυτοὺς εὖ πράξετε. Ἔρρωσθε.

---

20 RP: *add* ἀπὸ *after* ἀπέχεσθαι // NA/RP: *add* τοῦ *before* πνικτοῦ 22 RP: *omit* τῷ // WH: καλούμενον RP: ἐπικαλούμενον 23 RP: *add* τάδε *after* αὐτῶν RP: *add* καὶ οἱ *after* πρεσβύτεροι 24 [NA]/RP: *add* ἐξελθόντες *before* ἐτάραξαν // RP: *add* λέγοντες περιτέμνεσθαι καὶ τηρεῖν τὸν νόμον *after* ὑμῶν 25 WH: ἐκλεξαμένοις {WH}/RP: ἐκλεξαμένους 28 WH: τῷ πνεύματι τῷ ἁγίῳ RP: τῷ ἁγίῳ πνεύματι // WH: τούτων τῶν ἐπάναγκες RP: τῶν ἐπάναγκες τούτων 29 WH: πνικτῶν RP: πνικτοῦ

Ministry Continues in Antioch

30 Οἱ μὲν οὖν ἀπολυθέντες κατῆλθον εἰς Ἀντιόχειαν, καὶ συναγαγόντες τὸ πλῆθος ἐπέδωκαν τὴν ἐπιστολήν· 31 ἀναγνόντες δὲ ἐχάρησαν ἐπὶ τῇ παρακλήσει. 32 Ἰούδας τε καὶ Σίλας, καὶ αὐτοὶ προφῆται ὄντες, διὰ λόγου πολλοῦ παρεκάλεσαν τοὺς ἀδελφοὺς καὶ ἐπεστήριξαν· 33 ποιήσαντες δὲ χρόνον ἀπελύθησαν μετ᾽ εἰρήνης ἀπὸ τῶν ἀδελφῶν πρὸς τοὺς ἀποστείλαντας αὐτούς. 35 Παῦλος δὲ καὶ Βαρνάβας διέτριβον ἐν Ἀντιοχείᾳ διδάσκοντες καὶ εὐαγγελιζόμενοι μετὰ καὶ ἑτέρων πολλῶν τὸν λόγον τοῦ κυρίου.

Paul and Barnabas Part Ways

36 Μετὰ δέ τινας ἡμέρας εἶπεν πρὸς Βαρνάβαν Παῦλος Ἐπιστρέψαντες δὴ ἐπισκεψώμεθα τοὺς ἀδελφοὺς κατὰ πόλιν πᾶσαν ἐν αἷς κατηγγείλαμεν τὸν λόγον τοῦ κυρίου, πῶς ἔχουσιν. 37 Βαρνάβας δὲ ἐβούλετο συνπαραλαβεῖν καὶ τὸν Ἰωάνην τὸν καλούμενον Μάρκον· 38 Παῦλος δὲ ἠξίου, τὸν ἀποστάντα ἀπ᾽ αὐτῶν ἀπὸ Παμφυλίας καὶ μὴ συνελθόντα αὐτοῖς εἰς τὸ ἔργον, μὴ συνπαραλαμβάνειν τοῦτον. 39 ἐγένετο δὲ παροξυσμὸς ὥστε ἀποχωρισθῆναι αὐτοὺς ἀπ᾽ ἀλλήλων, τόν τε Βαρνάβαν παραλαβόντα τὸν Μάρκον ἐκπλεῦσαι εἰς Κύπρον. 40 Παῦλος δὲ ἐπιλεξάμενος Σίλαν ἐξῆλθεν παραδοθεὶς τῇ χάριτι τοῦ κυρίου ὑπὸ τῶν ἀδελφῶν, 41 διήρχετο δὲ τὴν Συρίαν καὶ [τὴν] Κιλικίαν ἐπιστηρίζων τὰς ἐκκλησίας.

Timothy Joins Paul and Silas

16 Κατήντησεν δὲ καὶ εἰς Δέρβην καὶ εἰς Λύστραν. καὶ ἰδοὺ μαθητής τις ἦν ἐκεῖ ὀνόματι Τιμόθεος, υἱὸς γυναικὸς

30 WH: κατῆλθον RP: ἦλθον 33 WH: ἀποστείλαντας αὐτούς RP: ἀποστόλους 36 WH: πρὸς Βαρνάβαν Παῦλος RP: Παῦλος πρὸς Βαρνάβαν // RP: add ἡμῶν after ἀδελφοὺς // WH: πόλιν πᾶσαν RP: πᾶσαν πόλιν 37 WH: ἐβούλετο RP: ἐβουλεύσατο 38 WH: συνπαραλαμβάνειν NA: συμπαραλαμβάνειν RP: συμπαραλαβεῖν 39 WH: δὲ RP: οὖν 40 WH: κυρίου RP: θεοῦ 41 RP: omit [τὴν] 16:1 WH: καὶ NA: [καὶ] RP: omit καὶ // RP: omit εἰς before Λύστραν // RP: add τινος

Ἰουδαίας πιστῆς πατρὸς δὲ Ἕλληνος, 2 ὃς ἐμαρτυρεῖτο ὑπὸ τῶν ἐν Λύστροις καὶ Ἰκονίῳ ἀδελφῶν· 3 τοῦτον ἠθέλησεν ὁ Παῦλος σὺν αὐτῷ ἐξελθεῖν, καὶ λαβὼν περιέτεμεν αὐτὸν διὰ τοὺς Ἰουδαίους τοὺς ὄντας ἐν τοῖς τόποις ἐκείνοις, ᾔδεισαν γὰρ ἅπαντες ὅτι Ἕλλην ὁ πατὴρ αὐτοῦ ὑπῆρχεν. 4 Ὡς δὲ διεπορεύοντο τὰς πόλεις, παρεδίδοσαν αὐτοῖς φυλάσσειν τὰ δόγματα τὰ κεκριμένα ὑπὸ τῶν ἀποστόλων καὶ πρεσβυτέρων τῶν ἐν Ἱεροσολύμοις. 5 Αἱ μὲν οὖν ἐκκλησίαι ἐστερεοῦντο τῇ πίστει καὶ ἐπερίσσευον τῷ ἀριθμῷ καθ᾽ ἡμέραν.

Paul's Vision of a Macedonian Man

6 Διῆλθον δὲ τὴν Φρυγίαν καὶ Γαλατικὴν χώραν, κωλυθέντες ὑπὸ τοῦ ἁγίου πνεύματος λαλῆσαι τὸν λόγον ἐν τῇ Ἀσίᾳ, 7 ἐλθόντες δὲ κατὰ τὴν Μυσίαν ἐπείραζον εἰς τὴν Βιθυνίαν πορευθῆναι καὶ οὐκ εἴασεν αὐτοὺς τὸ πνεῦμα Ἰησοῦ· 8 παρελθόντες δὲ τὴν Μυσίαν κατέβησαν εἰς Τρῳάδα. 9 καὶ ὅραμα διὰ νυκτὸς τῷ Παύλῳ ὤφθη, ἀνὴρ Μακεδών τις ἦν ἑστὼς καὶ παρακαλῶν αὐτὸν καὶ λέγων Διαβὰς εἰς Μακεδονίαν βοήθησον ἡμῖν. 10 ὡς δὲ τὸ ὅραμα εἶδεν, εὐθέως ἐζητήσαμεν ἐξελθεῖν εἰς Μακεδονίαν, συνβιβάζοντες ὅτι προσκέκληται ἡμᾶς ὁ θεὸς εὐαγγελίσασθαι αὐτούς.

Lydia Is Converted

11 Ἀναχθέντες οὖν ἀπὸ Τρῳάδος εὐθυδρομήσαμεν εἰς Σαμοθρᾴκην, τῇ δὲ ἐπιούσῃ εἰς Νέαν Πόλιν, 12 κἀκεῖθεν εἰς

---

after γυναικὸς 3 WH: ὅτι Ἕλλην ὁ πατὴρ αὐτοῦ RP: τὸν πατέρα αὐτοῦ, ὅτι Ἕλλην 4 WH: παρεδίδοσαν RP: παρεδίδουν // RP: *add* τῶν *before* πρεσβυτέρων 6 WH: Διῆλθον RP: Διελθόντες // RP: *add* τὴν *before* Γαλατικὴν 7 RP: *omit* δὲ *before* κατὰ // WH: εἰς RP: κατὰ // WH: πορευθῆναι RP: πορεύεσθαι // *omit* Ἰησοῦ 9 [NA]/RP: *add* τῆς *before* νυκτὸς // WH: τῷ Παύλῳ ὤφθη RP: ὤφθη τῷ Παύλῳ // WH: Μακεδών τις ἦν RP: τις ἦν Μακεδὼν 10 RP: *add* τὴν *before* Μακεδονίαν WH: θεὸς RP: κύριος 11 WH: οὖν NA: δὲ // RP: *add* τῆς *after* ἀπὸ // WH: δὲ RP: τε // WH: Νέαν Πόλιν RP: Νεάπολιν 12 WH: κἀκεῖθεν RP: ἐκεῖθέν τε //

Φιλίππους, ἥτις ἐστὶν πρώτη τῆς μερίδος Μακεδονίας πόλις, κολωνία. ³Ημεν δὲ ἐν ταύτῃ τῇ πόλει διατρίβοντες ἡμέρας τινάς. 13 τῇ τε ἡμέρᾳ τῶν σαββάτων ἐξήλθομεν ἔξω τῆς πύλης παρὰ ποταμὸν οὗ ἐνομίζομεν προσευχὴν εἶναι, καὶ καθίσαντες ἐλαλοῦμεν ταῖς συνελθούσαις γυναιξίν. 14 καί τις γυνὴ ὀνόματι Λυδία, πορφυρόπωλις πόλεως Θυατείρων σεβομένη τὸν θεόν, ἤκουεν, ἧς ὁ κύριος διήνοιξεν τὴν καρδίαν προσέχειν τοῖς λαλουμένοις ὑπὸ Παύλου. 15 ὡς δὲ ἐβαπτίσθη καὶ ὁ οἶκος αὐτῆς, παρεκάλεσεν λέγουσα Εἰ κεκρίκατέ με πιστὴν τῷ κυρίῳ εἶναι, εἰσελθόντες εἰς τὸν οἶκόν μου μένετε· καὶ παρεβιάσατο ἡμᾶς.

Paul and Silas Are Imprisoned at Philippi

16 Ἐγένετο δὲ πορευομένων ἡμῶν εἰς τὴν προσευχὴν παιδίσκην τινὰ ἔχουσαν πνεῦμα πύθωνα ὑπαντῆσαι ἡμῖν, ἥτις ἐργασίαν πολλὴν παρεῖχεν τοῖς κυρίοις αὐτῆς μαντευομένη· 17 αὕτη κατακολουθοῦσα [τῷ] Παύλῳ καὶ ἡμῖν ἔκραζεν λέγουσα Οὗτοι οἱ ἄνθρωποι δοῦλοι τοῦ θεοῦ τοῦ ὑψίστου εἰσίν, οἵτινες καταγγέλλουσιν ὑμῖν ὁδὸν σωτηρίας. 18 τοῦτο δὲ ἐποίει ἐπὶ πολλὰς ἡμέρας. διαπονηθεὶς δὲ Παῦλος καὶ ἐπιστρέψας τῷ πνεύματι εἶπεν Παραγγέλλω σοι ἐν ὀνόματι Ἰησοῦ Χριστοῦ ἐξελθεῖν ἀπ' αὐτῆς· καὶ ἐξῆλθεν αὐτῇ τῇ ὥρᾳ. 19 Ἰδόντες δὲ οἱ κύριοι αὐτῆς ὅτι ἐξῆλθεν ἡ ἐλπὶς τῆς ἐργασίας αὐτῶν ἐπιλαβόμενοι τὸν Παῦλον καὶ τὸν Σίλαν εἵλκυσαν εἰς τὴν ἀγορὰν ἐπὶ τοὺς ἄρχοντας, 20 καὶ προσαγαγόντες αὐτοὺς τοῖς στρατηγοῖς εἶπαν Οὗτοι οἱ ἄνθρωποι ἐκταράσσουσιν ἡμῶν τὴν πόλιν Ἰουδαῖοι ὑπάρχοντες, 21 καὶ καταγγέλλουσιν ἔθη ἃ οὐκ

WH: πρώτη τῆς μερίδος {WH}: *πρώτη τῆς μερίδος* NA: πρώτη[ς] μερίδος τῆς RP: πρώτη τῆς μερίδος τῆς // WH: ταύτη RP: αὐτῇ 13 WH: πύλης RP: πόλεως // WH: ἐνομίζομεν προσευχὴν RP: ἐνομίζετο προσευχὴ 14 NA/RP: add τοῦ before Παύλου 15 WH: μένετε RP: μείνατε 16 RP: omit τὴν // WH: πύθωνα ὑπαντῆσαι RP: Πύθωνος ἀπαντῆσαι 17 WH: κατακολουθοῦσα RP: κατακολουθήσασα // WH: [τῷ] NA: τῷ // WH: ὑμῖν RP: ἡμῖν 18 RP: add ὁ before Παῦλος 19 WH: Ἰδόντες δὲ {WH}: Καὶ ἰδόντες

ἔξεστιν ἡμῖν παραδέχεσθαι οὐδὲ ποιεῖν Ῥωμαίοις οὖσιν. 22 καὶ συνεπέστη ὁ ὄχλος κατ' αὐτῶν, καὶ οἱ στρατηγοὶ περιρήξαντες αὐτῶν τὰ ἱμάτια ἐκέλευον ῥαβδίζειν, 23 πολλὰς δὲ ἐπιθέντες αὐτοῖς πληγὰς ἔβαλον εἰς φυλακήν, παραγγείλαντες τῷ δεσμοφύλακι ἀσφαλῶς τηρεῖν αὐτούς· 24 ὃς παραγγελίαν τοιαύτην λαβὼν ἔβαλεν αὐτοὺς εἰς τὴν ἐσωτέραν φυλακὴν καὶ τοὺς πόδας ἠσφαλίσατο αὐτῶν εἰς τὸ ξύλον.

The Philippian Jailer Is Converted

25 Κατὰ δὲ τὸ μεσονύκτιον Παῦλος καὶ Σίλας προσευχόμενοι ὕμνουν τὸν θεόν, ἐπηκροῶντο δὲ αὐτῶν οἱ δέσμιοι· 26 ἄφνω δὲ σεισμὸς ἐγένετο μέγας ὥστε σαλευθῆναι τὰ θεμέλια τοῦ δεσμωτηρίου, ἠνεῴχθησαν δὲ [παραχρῆμα] αἱ θύραι πᾶσαι, καὶ πάντων τὰ δεσμὰ ἀνέθη. 27 ἔξυπνος δὲ γενόμενος ὁ δεσμοφύλαξ καὶ ἰδὼν ἀνεῳγμένας τὰς θύρας τῆς φυλακῆς σπασάμενος τὴν μάχαιραν ἤμελλεν ἑαυτὸν ἀναιρεῖν, νομίζων ἐκπεφευγέναι τοὺς δεσμίους. 28 ἐφώνησεν δὲ Παῦλος μεγάλη φωνῇ λέγων Μηδὲν πράξῃς σεαυτῷ κακόν, ἅπαντες γάρ ἐσμεν ἐνθάδε. 29 αἰτήσας δὲ φῶτα εἰσεπήδησεν, καὶ ἔντρομος γενόμενος προσέπεσεν τῷ Παύλῳ καὶ Σίλᾳ, 30 καὶ προαγαγὼν αὐτοὺς ἔξω ἔφη Κύριοι, τί με δεῖ ποιεῖν ἵνα σωθῶ; 31 οἱ δὲ εἶπαν Πίστευσον ἐπὶ τὸν κύριον Ἰησοῦν, καὶ σωθήσῃ σὺ καὶ ὁ οἶκός σου. 32 καὶ ἐλάλησαν αὐτῷ τὸν λόγον τοῦ θεοῦ σὺν πᾶσι τοῖς ἐν τῇ οἰκίᾳ αὐτοῦ. 33 καὶ παραλαβὼν αὐτοὺς ἐν ἐκείνῃ τῇ ὥρᾳ τῆς νυκτὸς ἔλουσεν ἀπὸ τῶν πληγῶν, καὶ ἐβαπτίσθη αὐτὸς καὶ οἱ αὐτοῦ ἅπαντες παραχρῆμα, 34 ἀναγαγών τε

---

22 WH: περιρήξαντες RP: περιρρήξαντες 23 WH: δὲ {WH}/NA/RP: τε 24 WH: λαβὼν RP: εἰληφώς // WH: ἠσφαλίσατο αὐτῶν RP: αὐτῶν ἠσφαλίσατο 26 WH: ἠνεῴχθησαν δὲ RP: ἀνεῴχθησάν τε WH: [παραχρῆμα] NA/RP: παραχρῆμα 27 WH: τὴν NA: [τὴν] RP: omit τὴν // WH: ἤμελλεν RP: ἔμελλεν 28 WH: Παῦλος μεγάλη φωνῇ NA: μεγάλη φωνῇ [ὁ] Παῦλος RP: φωνῇ μεγάλη ὁ Παῦλος 29 WH: Σίλᾳ, NA: [τῷ] Σιλᾷ RP: τῷ Σίλᾳ 31 RP: add χριστόν after Ἰησοῦν 32 WH: θεοῦ σὺν πᾶσι RP: κυρίου, καὶ πᾶσιν 33 WH: ἅπαντες NA/RP: πάντες

αὐτοὺς εἰς τὸν οἶκον παρέθηκεν τράπεζαν, καὶ ἠγαλλιά-
σατο πανοικεὶ πεπιστευκὼς τῷ θεῷ.

Paul and Silas Leave Philippi

35 Ἡμέρας δὲ γενομένης ἀπέστειλαν οἱ στρατηγοὶ τοὺς
ῥαβδούχους λέγοντες Ἀπόλυσον τοὺς ἀνθρώπους ἐκεί-
νους. 36 ἀπήγγειλεν δὲ ὁ δεσμοφύλαξ τοὺς λόγους πρὸς τὸν
Παῦλον, ὅτι Ἀπέσταλκαν οἱ στρατηγοὶ ἵνα ἀπολυθῆτε·
νῦν οὖν ἐξελθόντες πορεύεσθε ἐν εἰρήνῃ. 37 ὁ δὲ Παῦλος
ἔφη πρὸς αὐτούς Δείραντες ἡμᾶς δημοσίᾳ ἀκατακρίτους,
ἀνθρώπους Ῥωμαίους ὑπάρχοντας, ἔβαλαν εἰς φυλακήν·
καὶ νῦν λάθρᾳ ἡμᾶς ἐκβάλλουσιν; οὐ γάρ, ἀλλὰ ἐλθόντες
αὐτοὶ ἡμᾶς ἐξαγαγέτωσαν. 38 ἀπήγγειλαν δὲ τοῖς στρατη-
γοῖς οἱ ῥαβδοῦχοι τὰ ῥήματα ταῦτα· ἐφοβήθησαν δὲ
ἀκούσαντες ὅτι Ῥωμαῖοί εἰσιν, 39 καὶ ἐλθόντες παρεκάλε-
σαν αὐτούς, καὶ ἐξαγαγόντες ἠρώτων ἀπελθεῖν ἀπὸ τῆς
πόλεως. 40 ἐξελθόντες δὲ ἀπὸ τῆς φυλακῆς εἰσῆλθον πρὸς
τὴν Λυδίαν, καὶ ἰδόντες παρεκάλεσαν τοὺς ἀδελφοὺς καὶ
ἐξῆλθαν.

Proclamation and Opposition in Thessalonica

17 Διοδεύσαντες δὲ τὴν Ἀμφίπολιν καὶ τὴν Ἀπολλωνίαν
ἦλθον εἰς Θεσσαλονίκην, ὅπου ἦν συναγωγὴ τῶν Ἰουδαί-
ων. 2 κατὰ δὲ τὸ εἰωθὸς τῷ Παύλῳ εἰσῆλθεν πρὸς αὐτοὺς
καὶ ἐπὶ σάββατα τρία διελέξατο αὐτοῖς ἀπὸ τῶν γραφῶν,
3 διανοίγων καὶ παρατιθέμενος ὅτι τὸν χριστὸν ἔδει παθεῖν
καὶ ἀναστῆναι ἐκ νεκρῶν, καὶ ὅτι οὗτός ἐστιν ὁ χριστός, ὁ

---

34 RP: add αὐτοῦ after οἶκον // WH: ἠγαλλιάσατο πανοικεὶ RP: ἠγαλλίατο
πανοικὶ 36 [NA]/RP: add τούτους after λόγους // WH: Ἀπέσταλκαν RP:
Ἀπεστάλκασιν 37 RP: omit ἡμᾶς after αὐτοὶ 38 WH: ἀπήγγειλαν RP:
Ἀνήγγειλαν // RP: add καὶ after ταῦτα // RP: omit δὲ after ἐφοβήθησαν 39 WH:
ἀπελθεῖν ἀπὸ RP: ἐξελθεῖν ἀπὸ 40 WH: ἀπὸ RP: ἐκ // WH: παρεκάλεσαν τοὺς
ἀδελφοὺς RP: τοὺς ἀδελφούς, παρεκάλεσαν αὐτούς
17:1 RP: add ἡ before συναγωγὴ // RP: omit τὴν before Ἀπολλωνίαν 3 WH: ὁ
χριστός, ὁ Ἰησοῦς {WH}: Χριστὸς Ἰησοῦς NA: ὁ χριστός, [ὁ] Ἰησοῦς RP: ὁ

Ἰησοῦς ὃν ἐγὼ καταγγέλλω ὑμῖν. 4 καί τινες ἐξ αὐτῶν
ἐπείσθησαν καὶ προσεκληρώθησαν τῷ Παύλῳ καὶ [τῷ]
Σίλᾳ, τῶν τε σεβομένων Ἑλλήνων πλῆθος πολὺ γυναικῶν
τε τῶν πρώτων οὐκ ὀλίγαι. 5 Ζηλώσαντες δὲ οἱ Ἰουδαῖοι καὶ
προσλαβόμενοι τῶν ἀγοραίων ἄνδρας τινὰς πονηροὺς καὶ
ὀχλοποιήσαντες ἐθορύβουν τὴν πόλιν, καὶ ἐπιστάντες τῇ
οἰκίᾳ Ἰάσονος ἐζήτουν αὐτοὺς προαγαγεῖν εἰς τὸν δῆμον·
6 μὴ εὑρόντες δὲ αὐτοὺς ἔσυρον Ἰάσονα καί τινας ἀδελ-
φοὺς ἐπὶ τοὺς πολιτάρχας, βοῶντες ὅτι Οἱ τὴν οἰκουμένην
ἀναστατώσαντες οὗτοι καὶ ἐνθάδε πάρεισιν, 7 οὓς ὑποδέ-
δεκται Ἰάσων· καὶ οὗτοι πάντες ἀπέναντι τῶν δογμάτων
Καίσαρος πράσσουσι, βασιλέα ἕτερον λέγοντες εἶναι
Ἰησοῦν. 8 ἐτάραξαν δὲ τὸν ὄχλον καὶ τοὺς πολιτάρχας
ἀκούοντας ταῦτα, 9 καὶ λαβόντες τὸ ἱκανὸν παρὰ τοῦ Ἰά-
σονος καὶ τῶν λοιπῶν ἀπέλυσαν αὐτούς.

Paul and Silas Reach Berea

10 Οἱ δὲ ἀδελφοὶ εὐθέως διὰ νυκτὸς ἐξέπεμψαν τόν τε
Παῦλον καὶ τὸν Σίλαν εἰς Βέροιαν, οἵτινες παραγενόμενοι
εἰς τὴν συναγωγὴν τῶν Ἰουδαίων ἀπῄεσαν· 11 οὗτοι δὲ
ἦσαν εὐγενέστεροι τῶν ἐν Θεσσαλονίκῃ, οἵτινες ἐδέξαντο
τὸν λόγον μετὰ πάσης προθυμίας, [τὸ] καθ᾽ ἡμέραν ἀνα-
κρίνοντες τὰς γραφὰς εἰ ἔχοι ταῦτα οὕτως. 12 πολλοὶ μὲν
οὖν ἐξ αὐτῶν ἐπίστευσαν, καὶ τῶν Ἑλληνίδων γυναικῶν
τῶν εὐσχημόνων καὶ ἀνδρῶν οὐκ ὀλίγοι. 13 Ὡς δὲ ἔγνωσαν
οἱ ἀπὸ τῆς Θεσσαλονίκης Ἰουδαῖοι ὅτι καὶ ἐν τῇ Βεροίᾳ
κατηγγέλη ὑπὸ τοῦ Παύλου ὁ λόγος τοῦ θεοῦ, ἦλθον κἀκεῖ
σαλεύοντες καὶ ταράσσοντες τοὺς ὄχλους. 14 εὐθέως δὲ
τότε τὸν Παῦλον ἐξαπέστειλαν οἱ ἀδελφοὶ πορεύεσθαι ἕως

χριστός Ἰησοῦς 4 WH: [τῷ] NA/RP: τῷ // WH: πλῆθος πολὺ RP: πολὺ πλῆθος
5 WH: Ζηλώσαντες δὲ οἱ Ἰουδαῖοι καὶ προσλαβόμενοι RP: Προσλαβόμενοι δὲ
οἱ Ἰουδαῖοι οἱ ἀπειθοῦντες // WH: ἄνδρας τινὰς RP: τινὰς ἄνδρας // WH: καὶ
ἐπιστάντες RP: ἐπιστάντες τε // WH: προαγαγεῖν RP: ἀγαγεῖν 6 RP: add τὸν before
Ἰάσονα 7 WH: ἕτερον λέγοντες RP: λέγοντες ἕτερον 10 RP: add τῆς before νυκτὸς
// WH: τῶν Ἰουδαίων ἀπῄεσαν RP: ἀπῄεσαν τῶν Ἰουδαίων 11 WH: [τὸ] NA:
omit τὸ RP: τὸ 13 RP: omit καὶ ταράσσοντες 14 WH: ἕως RP: ὡς //

ἐπὶ τὴν θάλασσαν· ὑπέμεινάν τε ὅ τε Σίλας καὶ ὁ Τιμόθεος
ἐκεῖ. 15 οἱ δὲ καθιστάνοντες τὸν Παῦλον ἤγαγον ἕως
Ἀθηνῶν, καὶ λαβόντες ἐντολὴν πρὸς τὸν Σίλαν καὶ τὸν
Τιμόθεον ἵνα ὡς τάχιστα ἔλθωσιν πρὸς αὐτὸν ἐξῄεσαν.

Paul Addresses Philosophers in Athens

16 Ἐν δὲ ταῖς Ἀθήναις ἐκδεχομένου αὐτοὺς τοῦ Παύ-
λου, παρωξύνετο τὸ πνεῦμα αὐτοῦ ἐν αὐτῷ θεωροῦντος
κατείδωλον οὖσαν τὴν πόλιν. 17 διελέγετο μὲν οὖν ἐν τῇ
συναγωγῇ τοῖς Ἰουδαίοις καὶ τοῖς σεβομένοις καὶ ἐν τῇ
ἀγορᾷ κατὰ πᾶσαν ἡμέραν πρὸς τοὺς παρατυγχάνοντας.
18 τινὲς δὲ καὶ τῶν Ἐπικουρίων καὶ Στωικῶν φιλοσόφων
συνέβαλλον αὐτῷ, καί τινες ἔλεγον Τί ἂν θέλοι ὁ σπερμο-
λόγος οὗτος λέγειν· οἱ δέ Ξένων δαιμονίων δοκεῖ καταγγε-
λεὺς εἶναι· ὅτι τὸν Ἰησοῦν καὶ τὴν ἀνάστασιν εὐηγγελίζετο.
19 ἐπιλαβόμενοι δὲ αὐτοῦ ἐπὶ τὸν Ἄρειον Πάγον ἤγαγον,
λέγοντες Δυνάμεθα γνῶναι τίς ἡ καινὴ αὕτη [ἡ] ὑπὸ σοῦ
λαλουμένη διδαχή; 20 ξενίζοντα γάρ τινα εἰσφέρεις εἰς τὰς
ἀκοὰς ἡμῶν· βουλόμεθα οὖν γνῶναι τίνα θέλει ταῦτα εἶναι.
21 Ἀθηναῖοι δὲ πάντες καὶ οἱ ἐπιδημοῦντες ξένοι εἰς οὐδὲν
ἕτερον ηὐκαίρουν ἢ λέγειν τι ἢ ἀκούειν τι καινότερον.
22 σταθεὶς δὲ Παῦλος ἐν μέσῳ τοῦ Ἀρείου Πάγου ἔφη
Ἄνδρες Ἀθηναῖοι, κατὰ πάντα ὡς δεισιδαιμονεστέρους
ὑμᾶς θεωρῶ· 23 διερχόμενος γὰρ καὶ ἀναθεωρῶν τὰ σεβάσ-
ματα ὑμῶν εὗρον καὶ βωμὸν ἐν ᾧ ἐπεγέγραπτο ΑΓΝΩΣΤΩ
ΘΕΩ. ὃ οὖν ἀγνοοῦντες εὐσεβεῖτε, τοῦτο ἐγὼ καταγγέλλω
ὑμῖν. 24 ὁ θεὸς ὁ ποιήσας τὸν κόσμον καὶ πάντα τὰ ἐν αὐτῷ,
οὗτος οὐρανοῦ καὶ γῆς ὑπάρχων κύριος οὐκ ἐν χειροποιή-

WH: ὑπέμεινάν τε RP: ὑπέμενον δὲ 15 WH: καθιστάνοντες RP: καθιστῶντες //
RP: add αὐτὸν after ἤγαγον // RP: omit τὸν before Τιμόθεον 16 WH: θεωροῦντος
RP: θεωροῦντι 19 WH: δὲ NA/RP: τε // WH: [ἡ] NA: ἡ 20 WH: τίνα θέλει RP: τί
ἂν θέλοι 21 WH: ἢ ἀκούειν τι RP: καὶ
ἀκούειν 22 NA/RP: add [ὁ] before Παῦλος 23 WH: ὃ RP: Ὃν // WH: τοῦτο RP:
τοῦτον 24 WH: ὃ RP: Ὃν // WH: ὑπάρχων κύριος RP: κύριος ὑπάρχων

τοῖς ναοῖς κατοικεῖ 25 οὐδὲ ὑπὸ χειρῶν ἀνθρωπίνων θεραπεύεται προσδεόμενός τινος, αὐτὸς **διδοὺς** πᾶσι ζωὴν καὶ **πνοὴν** καὶ τὰ πάντα· 26 ἐποίησέν τε ἐξ ἑνὸς πᾶν ἔθνος ἀνθρώπων κατοικεῖν ἐπὶ παντὸς προσώπου τῆς γῆς, ὁρίσας προστεταγμένους καιροὺς καὶ τὰς ὁροθεσίας τῆς κατοικίας αὐτῶν, 27 ζητεῖν τὸν θεὸν εἰ ἄραγε ψηλαφήσειαν αὐτὸν καὶ εὕροιεν, καί γε οὐ μακρὰν ἀπὸ ἑνὸς ἑκάστου ἡμῶν ὑπάρχοντα. 28 ἐν αὐτῷ γὰρ ζῶμεν καὶ κινούμεθα καὶ ἐσμέν, ὡς καί τινες τῶν καθ' ὑμᾶς ποιητῶν εἰρήκασιν
  Τοῦ γὰρ καὶ γένος ἐσμέν.
29 γένος οὖν ὑπάρχοντες τοῦ θεοῦ οὐκ ὀφείλομεν νομίζειν χρυσῷ ἢ ἀργύρῳ ἢ λίθῳ, χαράγματι τέχνης καὶ ἐνθυμήσεως ἀνθρώπου, τὸ θεῖον εἶναι ὅμοιον. 30 τοὺς μὲν οὖν χρόνους τῆς ἀγνοίας ὑπεριδὼν ὁ θεὸς τὰ νῦν ἀπαγγέλλει τοῖς ἀνθρώποις πάντας πανταχοῦ μετανοεῖν, 31 καθότι ἔστησεν ἡμέραν ἐν ᾗ μέλλει **κρίνειν τὴν οἰκουμένην ἐν δικαιοσύνῃ** ἐν ἀνδρὶ ᾧ ὥρισεν, πίστιν παρασχὼν πᾶσιν ἀναστήσας αὐτὸν ἐκ νεκρῶν. 32 ἀκούσαντες δὲ ἀνάστασιν νεκρῶν οἱ μὲν ἐχλεύαζον οἱ δὲ εἶπαν Ἀκουσόμεθά σου περὶ τούτου καὶ πάλιν. 33 οὕτως ὁ Παῦλος ἐξῆλθεν ἐκ μέσου αὐτῶν· 34 τινὲς δὲ ἄνδρες κολληθέντες αὐτῷ ἐπίστευσαν, ἐν οἷς καὶ Διονύσιος [ὁ] Ἀρεοπαγίτης καὶ γυνὴ ὀνόματι Δάμαρις καὶ ἕτεροι σὺν αὐτοῖς.

Paul Reasons with the Corinthians

18 Μετὰ ταῦτα χωρισθεὶς ἐκ τῶν Ἀθηνῶν ἦλθεν εἰς Κόρινθον. 2 καὶ εὑρών τινα Ἰουδαῖον ὀνόματι Ἀκύλαν,

---

25 WH: ἀνθρωπίνων RP: ἀνθρώπων // WH: καὶ τὰ RP: κατὰ 26 RP: *add* αἵματος *after* ἑνὸς // WH: παντὸς προσώπου RP: πᾶν τὸ πρόσωπον 27 WH: θεὸν RP: κύριον // WH: ἄραγε RP: ἄρα γε 28 WH: ὑμᾶς {WH}: ἡμᾶς 30 WH: ἀπαγγέλλει NA/RP: παραγγέλλει // WH: πάντας RP: πᾶσιν 31 WH: καθότι RP: διότι 32 WH: περὶ τούτου καὶ πάλιν RP: πάλιν περὶ τούτου 33 RP: *add* Καὶ *before* οὕτως 34 WH: [ὁ] NA/RP: ὁ
18:1 RP: *add* δὲ *before* ταῦτα // RP: *add* ὁ Παῦλος *after* χωρισθεὶς

---

31 Ps 9:8; 96:13; 98:9

Ποντικὸν τῷ γένει, προσφάτως ἐληλυθότα ἀπὸ τῆς Ἰταλίας καὶ Πρίσκιλλαν γυναῖκα αὐτοῦ διὰ τὸ διατεταχέναι Κλαύδιον χωρίζεσθαι πάντας τοὺς Ἰουδαίους ἀπὸ τῆς Ῥώμης, προσῆλθεν αὐτοῖς, 3 καὶ διὰ τὸ ὁμότεχνον εἶναι ἔμενεν παρ' αὐτοῖς, καὶ ἠργάζοντο, ἦσαν γὰρ σκηνοποιοὶ τῇ τέχνῃ. 4 διελέγετο δὲ ἐν τῇ συναγωγῇ κατὰ πᾶν σάββατον, ἔπειθέν τε Ἰουδαίους καὶ Ἕλληνας.

5 Ὡς δὲ κατῆλθον ἀπὸ τῆς Μακεδονίας ὅ τε Σίλας καὶ ὁ Τιμόθεος, συνείχετο τῷ λόγῳ ὁ Παῦλος, διαμαρτυρόμενος τοῖς Ἰουδαίοις εἶναι τὸν χριστὸν Ἰησοῦν. 6 ἀντιτασσομένων δὲ αὐτῶν καὶ βλασφημούντων ἐκτιναξάμενος τὰ ἱμάτια εἶπεν πρὸς αὐτούς Τὸ αἷμα ὑμῶν ἐπὶ τὴν κεφαλὴν ὑμῶν· καθαρὸς ἐγώ· ἀπὸ τοῦ νῦν εἰς τὰ ἔθνη πορεύσομαι. 7 καὶ μεταβὰς ἐκεῖθεν ἦλθεν εἰς οἰκίαν τινὸς ὀνόματι Τιτίου Ἰούστου σεβομένου τὸν θεόν, οὗ ἡ οἰκία ἦν συνομοροῦσα τῇ συναγωγῇ. 8 Κρίσπος δὲ ὁ ἀρχισυνάγωγος ἐπίστευσεν τῷ κυρίῳ σὺν ὅλῳ τῷ οἴκῳ αὐτοῦ, καὶ πολλοὶ τῶν Κορινθίων ἀκούοντες ἐπίστευον καὶ ἐβαπτίζοντο. 9 Εἶπεν δὲ ὁ κύριος ἐν νυκτὶ δι' ὁράματος τῷ Παύλῳ **Μὴ φοβοῦ,** ἀλλὰ λάλει καὶ μὴ σιωπήσῃς, **10 διότι ἐγώ εἰμι μετὰ σοῦ** καὶ οὐδεὶς ἐπιθήσεταί σοι τοῦ κακῶσαί σε, διότι λαός ἐστί μοι πολὺς ἐν τῇ πόλει ταύτῃ. 11 Ἐκάθισεν δὲ ἐνιαυτὸν καὶ μῆνας ἓξ διδάσκων ἐν αὐτοῖς τὸν λόγον τοῦ θεοῦ.

12 Γαλλίωνος δὲ ἀνθυπάτου ὄντος τῆς Ἀχαίας κατεπέστησαν οἱ Ἰουδαῖοι ὁμοθυμαδὸν τῷ Παύλῳ καὶ ἤγαγον αὐτὸν ἐπὶ τὸ βῆμα, 13 λέγοντες ὅτι Παρὰ τὸν νόμον ἀναπείθει οὗτος τοὺς ἀνθρώπους σέβεσθαι τὸν θεόν. 14 μέλλοντος δὲ τοῦ Παύλου ἀνοίγειν τὸ στόμα εἶπεν ὁ Γαλλίων

---

2 WH: διατεταχέναι RP: τεταχέναι // WH: ἀπὸ RP: ἐκ 3 WH: ἠργάζοντο {WH}: ἠργάζετο ΝΑ: ἠργάζετο RP: εἰργάζετο // WH: τέχνῃ RP: τέχνην 5 WH: λόγῳ RP: πνεύματι // RP: omit εἶναι 6 WH: ἐγώ· ἀπὸ {WH}: ἐγὼ ἀπὸ 7 WH: ἦλθεν ΝΑ: εἰσῆλθεν // RP: omit Τιτίου 9 WH: ἐν νυκτὶ δι' ὁράματος RP: δι' ὁράματος ἐν νυκτὶ 11 WH: δὲ RP: τε 12 WH: ἀνθυπάτου ὄντος RP: ἀνθυπατεύοντος // WH: οἱ Ἰουδαῖοι ὁμοθυμαδὸν {WH}/ΝΑ/RP: ὁμοθυμαδὸν οἱ Ἰουδαῖοι 13 WH: ἀναπείθει οὗτος RP: οὗτος ἀναπείθει

18:9–10 Isa 43:5; Jer 1:8

πρὸς τοὺς Ἰουδαίους Εἰ μὲν ἦν ἀδίκημά τι ἢ ῥᾳδιούργημα πονηρόν, ὦ Ἰουδαῖοι, κατὰ λόγον ἂν ἀνεσχόμην ὑμῶν· 15 εἰ δὲ ζητήματά ἐστιν περὶ λόγου καὶ ὀνομάτων καὶ νόμου τοῦ καθ᾽ ὑμᾶς, ὄψεσθε αὐτοί· κριτὴς ἐγὼ τούτων οὐ βούλομαι εἶναι. 16 καὶ ἀπήλασεν αὐτοὺς ἀπὸ τοῦ βήματος. 17 ἐπιλαβόμενοι δὲ πάντες Σωσθένην τὸν ἀρχισυνάγωγον ἔτυπτον ἔμπροσθεν τοῦ βήματος· καὶ οὐδὲν τούτων τῷ Γαλλίωνι ἔμελεν.

Paul Returns to Antioch

18 Ὁ δὲ Παῦλος ἔτι προσμείνας ἡμέρας ἱκανὰς τοῖς ἀδελφοῖς ἀποταξάμενος ἐξέπλει εἰς τὴν Συρίαν, καὶ σὺν αὐτῷ Πρίσκιλλα καὶ Ἀκύλας, κειράμενος ἐν Κενχρεαῖς τὴν κεφαλήν, εἶχεν γὰρ εὐχήν. 19 κατήντησαν δὲ εἰς Ἔφε-σον, κἀκείνους κατέλιπεν αὐτοῦ, αὐτὸς δὲ εἰσελθὼν εἰς τὴν συναγωγὴν διελέξατο τοῖς Ἰουδαίοις. 20 ἐρωτώντων δὲ αὐτῶν ἐπὶ πλείονα χρόνον μεῖναι οὐκ ἐπένευσεν, 21 ἀλλὰ ἀποταξάμενος καὶ εἰπών Πάλιν ἀνακάμψω πρὸς ὑμᾶς τοῦ θεοῦ θέλοντος ἀνήχθη ἀπὸ τῆς Ἐφέσου, 22 καὶ κατελθὼν εἰς Καισαρίαν, ἀναβὰς καὶ ἀσπασάμενος τὴν ἐκκλησίαν, κατέβη εἰς Ἀντιόχειαν, 23 καὶ ποιήσας χρόνον τινὰ ἐξῆλθεν, διερχόμενος καθεξῆς τὴν Γαλατικὴν χώραν καὶ Φρυγίαν, στηρίζων πάντας τοὺς μαθητάς.

Apollos Teaches Powerfully at Ephesus

24 Ἰουδαῖος δέ τις Ἀπολλὼς ὀνόματι, Ἀλεξανδρεὺς τῷ γένει, ἀνὴρ λόγιος, κατήντησεν εἰς Ἔφεσον, δυνατὸς ὢν ἐν

---

14 RP: add οὖν after μὲν // WH: ἀνεσχόμην RP: ἠνεσχόμην 15 WH: ζητήματα RP: ζήτημά // RP: add γὰρ after κριτὴς 17 RP: add οἱ Ἕλληνες after πάντες // WH: ἔμελεν RP: ἔμελλεν 18 WH: ἐν Κενχρεαῖς τὴν κεφαλήν RP: τὴν κεφαλὴν ἐν Κεγχρεαῖς 19 WH: κατήντησαν RP: Κατήντησεν // WH: διελέξατο RP: διελέχθη 20 RP: add παρ᾽ αὐτοῖς after μεῖναι 21 WH: ἀλλὰ ἀποταξάμενος καὶ RP: ἀλλ᾽ ἀπετάξατο αὐτοῖς // RP: add Δεῖ με πάντως τὴν ἑορτὴν τὴν ἐρχομένην ποιῆσαι εἰς Ἱεροσόλυμα after εἰπών // RP: add δὲ after πάλιν 23 WH: στηρίζων NA/RP: ἐπιστηρίζων

ταῖς γραφαῖς. 25 οὗτος ἦν κατηχημένος τὴν ὁδὸν τοῦ κυρίου, καὶ ζέων τῷ πνεύματι ἐλάλει καὶ ἐδίδασκεν ἀκριβῶς τὰ περὶ τοῦ Ἰησοῦ, ἐπιστάμενος μόνον τὸ βάπτισμα Ἰωάνου. 26 οὗτός τε ἤρξατο παρρησιάζεσθαι ἐν τῇ συναγωγῇ· ἀκούσαντες δὲ αὐτοῦ Πρίσκιλλα καὶ Ἀκύλας προσελάβοντο αὐτὸν καὶ ἀκριβέστερον αὐτῷ ἐξέθεντο τὴν ὁδὸν τοῦ θεοῦ. 27 βουλομένου δὲ αὐτοῦ διελθεῖν εἰς τὴν Ἀχαίαν προτρεψάμενοι οἱ ἀδελφοὶ ἔγραψαν τοῖς μαθηταῖς ἀποδέξασθαι αὐτόν· ὃς παραγενόμενος συνεβάλετο πολὺ τοῖς πεπιστευκόσιν διὰ τῆς χάριτος· 28 εὐτόνως γὰρ τοῖς Ἰουδαίοις διακατηλέγχετο δημοσίᾳ ἐπιδεικνὺς διὰ τῶν γραφῶν εἶναι τὸν χριστὸν Ἰησοῦν.

Paul Speaks Boldly in Ephesus

19 Ἐγένετο δὲ ἐν τῷ τὸν Ἀπολλὼ εἶναι ἐν Κορίνθῳ Παῦλον διελθόντα τὰ ἀνωτερικὰ μέρη ἐλθεῖν εἰς Ἔφεσον καὶ εὑρεῖν τινὰς μαθητάς, 2 εἶπέν τε πρὸς αὐτούς Εἰ πνεῦμα ἅγιον ἐλάβετε πιστεύσαντες; οἱ δὲ πρὸς αὐτόν Ἀλλ' οὐδ' εἰ πνεῦμα ἅγιον ἔστιν ἠκούσαμεν. 3 εἶπέν τε Εἰς τί οὖν ἐβαπτίσθητε; οἱ δὲ εἶπαν Εἰς τὸ Ἰωάνου βάπτισμα. 4 εἶπεν δὲ Παῦλος Ἰωάνης ἐβάπτισεν βάπτισμα μετανοίας, τῷ λαῷ λέγων εἰς τὸν ἐρχόμενον μετ' αὐτὸν ἵνα πιστεύσωσιν, τοῦτ' ἔστιν εἰς τὸν Ἰησοῦν. 5 ἀκούσαντες δὲ ἐβαπτίσθησαν εἰς τὸ ὄνομα τοῦ κυρίου Ἰησοῦ· 6 καὶ ἐπιθέντος αὐτοῖς τοῦ Παύλου χεῖρας ἦλθε τὸ πνεῦμα τὸ ἅγιον ἐπ' αὐτούς, ἐλάλουν τε γλώσσαις καὶ ἐπροφήτευον. 7 ἦσαν δὲ οἱ πάντες ἄνδρες ὡσεὶ δώδεκα.

8 Εἰσελθὼν δὲ εἰς τὴν συναγωγὴν ἐπαρρησιάζετο ἐπὶ μῆνας τρεῖς διαλεγόμενος καὶ πείθων περὶ τῆς βασιλείας

25 WH: τοῦ κυρίου {WH}: Κυρίου 26 WH: Πρίσκιλλα καὶ Ἀκύλας RP: Ἀκύλας καὶ Πρίσκιλλα // WH: ὁδὸν τοῦ θεοῦ ΝΑ: ὁδὸν [τοῦ θεοῦ] RP: τοῦ θεοῦ ὁδόν
19:1 WH: ἐλθεῖν ΝΑ: [κατ]ελθεῖν // WH: εὑρεῖν RP: εὑρών 2 RP: omit τε // RP: add εἶπον after Οἱ δὲ 3 WH: εἶπέν τε {WH}: ὁ δὲ εἶπεν RP: εἶπέν τε πρὸς αὐτούς 4 WH: add μὲν after Ἰωάννης // RP: add χριστὸν before Ἰησοῦν 6 [ΝΑ]/RP: add τὰς before χεῖρας // WH: ἐπροφήτευον RP: προεφήτευον 7 WH: δώδεκα RP: δεκαδύο 8 ΝΑ: add [τὰ] before περὶ

τοῦ θεοῦ. 9 ὡς δέ τινες ἐσκληρύνοντο καὶ ἠπείθουν κα-
κολογοῦντες τὴν ὁδὸν ἐνώπιον τοῦ πλήθους, ἀποστὰς ἀπ᾽
αὐτῶν ἀφώρισεν τοὺς μαθητάς, καθ᾽ ἡμέραν διαλεγόμενος
ἐν τῇ σχολῇ Τυράννου. 10 τοῦτο δὲ ἐγένετο ἐπὶ ἔτη δύο,
ὥστε πάντας τοὺς κατοικοῦντας τὴν Ἀσίαν ἀκοῦσαι τὸν
λόγον τοῦ κυρίου, Ἰουδαίους τε καὶ Ἕλληνας.

The Word of the Lord Prevails in Ephesus

11 Δυνάμεις τε οὐ τὰς τυχούσας ὁ θεὸς ἐποίει διὰ τῶν
χειρῶν Παύλου, 12 ὥστε καὶ ἐπὶ τοὺς ἀσθενοῦντας
ἀποφέρεσθαι ἀπὸ τοῦ χρωτὸς αὐτοῦ σουδάρια ἢ σιμικίνθια
καὶ ἀπαλλάσσεσθαι ἀπ᾽ αὐτῶν τὰς νόσους, τά τε πνεύματα
τὰ πονηρὰ ἐκπορεύεσθαι. 13 Ἐπεχείρησαν δέ τινες καὶ τῶν
περιερχομένων Ἰουδαίων ἐξορκιστῶν ὀνομάζειν ἐπὶ τοὺς
ἔχοντας τὰ πνεύματα τὰ πονηρὰ τὸ ὄνομα τοῦ κυρίου
Ἰησοῦ λέγοντες Ὁρκίζω ὑμᾶς τὸν Ἰησοῦν ὃν Παῦλος
κηρύσσει. 14 ἦσαν δέ τινος Σκευᾶ Ἰουδαίου ἀρχιερέως
ἑπτὰ υἱοὶ τοῦτο ποιοῦντες. 15 ἀποκριθὲν δὲ τὸ πνεῦμα τὸ
πονηρὸν εἶπεν αὐτοῖς Τὸν [μὲν] Ἰησοῦν γινώσκω καὶ τὸν
Παῦλον ἐπίσταμαι, ὑμεῖς δὲ τίνες ἐστέ; 16 καὶ ἐφαλόμενος
ὁ ἄνθρωπος ἐπ᾽ αὐτοὺς ἐν ᾧ ἦν τὸ πνεῦμα τὸ πονηρὸν κατα-
κυριεύσας ἀμφοτέρων ἴσχυσεν κατ᾽ αὐτῶν, ὥστε γυμνοὺς
καὶ τετραυματισμένους ἐκφυγεῖν ἐκ τοῦ οἴκου ἐκείνου.
17 τοῦτο δὲ ἐγένετο γνωστὸν πᾶσιν Ἰουδαίοις τε καὶ Ἕλλη-
σιν τοῖς κατοικοῦσιν τὴν Ἔφεσον, καὶ ἐπέπεσεν φόβος ἐπὶ
πάντας αὐτούς, καὶ ἐμεγαλύνετο τὸ ὄνομα τοῦ κυρίου
Ἰησοῦ. 18 πολλοί τε τῶν πεπιστευκότων ἤρχοντο ἐξομολο-
γούμενοι καὶ ἀναγγέλλοντες τὰς πράξεις αὐτῶν. 19 ἱκανοὶ

---

9 RP: *add* τινός *after* Τυράννου 10 RP: *add* Ἰησοῦ, *before* Ἰουδαίους 11 WH: ὁ θεὸς
ἐποίει RP: ἐποίει ὁ θεὸς 12 WH: ἀποφέρεσθαι RP: ἐπιφέρεσθαι // WH:
ἐκπορεύεσθαι RP: ἐξέρχεσθαι ἀπ᾽ αὐτῶν 13 WH: καὶ RP: ἀπὸ // WH: Ὁρκίζω
RP: Ὁρκίζομεν // RP: *add* ὁ *before* Παῦλος 14 WH: τινος RP: τινες // WH: Σκευᾶ
Ἰουδαίου ἀρχιερέως ἑπτὰ υἱοὶ RP: υἱοὶ Σκευᾶ Ἰουδαίου ἀρχιερέως ἑπτὰ //
WH: τοῦτο RP: οἱ τοῦτο 15 RP: *omit* αὐτοῖς // RP: *omit* [μὲν] 16 WH: ἐφαλόμενος
RP: ἐφαλλόμενος // WH: ὁ ἄνθρωπος ἐπ᾽ αὐτοὺς RP: ἐπ᾽ αὐτοὺς ὁ ἄνθρωπος //
WH: κατακυριεύσας ἀμφοτέρων RP: καὶ κατακυριεύσαν αὐτῶν

δὲ τῶν τὰ περίεργα πραξάντων συνενέγκαντες τὰς βίβλους κατέκαιον ἐνώπιον πάντων· καὶ συνεψήφισαν τὰς τιμὰς αὐτῶν καὶ εὗρον ἀργυρίου μυριάδας πέντε. 20 Οὕτως κατὰ κράτος τοῦ κυρίου ὁ λόγος ηὔξανεν καὶ ἴσχυεν.

A Riot in Ephesus

21 Ὡς δὲ ἐπληρώθη ταῦτα, ἔθετο ὁ Παῦλος ἐν τῷ πνεύματι διελθὼν τὴν Μακεδονίαν καὶ Ἀχαίαν πορεύεσθαι εἰς Ἱεροσόλυμα, εἰπὼν ὅτι Μετὰ τὸ γενέσθαι με ἐκεῖ δεῖ με καὶ Ῥώμην ἰδεῖν. 22 ἀποστείλας δὲ εἰς τὴν Μακεδονίαν δύο τῶν διακονούντων αὐτῷ, Τιμόθεον καὶ Ἔραστον, αὐτὸς ἐπέσχεν χρόνον εἰς τὴν Ἀσίαν.

23 Ἐγένετο δὲ κατὰ τὸν καιρὸν ἐκεῖνον τάραχος οὐκ ὀλίγος περὶ τῆς ὁδοῦ. 24 Δημήτριος γάρ τις ὀνόματι, ἀργυροκόπος, ποιῶν ναοὺς [ἀργυροῦς] Ἀρτέμιδος παρείχετο τοῖς τεχνίταις οὐκ ὀλίγην ἐργασίαν, 25 οὓς συναθροίσας καὶ τοὺς περὶ τὰ τοιαῦτα ἐργάτας εἶπεν Ἄνδρες, ἐπίστασθε ὅτι ἐκ ταύτης τῆς ἐργασίας ἡ εὐπορία ἡμῖν ἐστίν, 26 καὶ θεωρεῖτε καὶ ἀκούετε ὅτι οὐ μόνον Ἐφέσου ἀλλὰ σχεδὸν πάσης τῆς Ἀσίας ὁ Παῦλος οὗτος πείσας μετέστησεν ἱκανὸν ὄχλον, λέγων ὅτι οὐκ εἰσὶν θεοὶ οἱ διὰ χειρῶν γινόμενοι. 27 οὐ μόνον δὲ τοῦτο κινδυνεύει ἡμῖν τὸ μέρος εἰς ἀπελεγμὸν ἐλθεῖν, ἀλλὰ καὶ τὸ τῆς μεγάλης θεᾶς Ἀρτέμιδος ἱερὸν εἰς οὐθὲν λογισθῆναι, μέλλειν τε καὶ καθαιρεῖσθαι τῆς μεγαλειότητος αὐτῆς, ἣν ὅλη [ἡ] Ἀσία καὶ [ἡ] οἰκουμένη σέβεται. 28 ἀκούσαντες δὲ καὶ γενόμενοι πλήρεις θυμοῦ ἔκραζον λέγοντες Μεγάλη ἡ Ἄρτεμις Ἐφεσίων. 29 καὶ ἐπλήσθη ἡ πόλις τῆς συγχύσεως, ὥρμησάν τε ὁμοθυμαδὸν εἰς τὸ θέατρον συναρπάσαντες Γάϊον καὶ Ἀρίσταρχον Μακεδόνας, συνεκδήμους Παύλου. 30 Παύλου δὲ βουλομένου

---

20 WH: τοῦ κυρίου ὁ λόγος RP: ὁ λόγος τοῦ κυρίου 24 WH: [ἀργυροῦς] NA: ἀργυροῦς // WH: οὐκ ὀλίγην ἐργασίαν RP: ἐργασίαν οὐκ ὀλίγην 25 WH: ἡμῖν RP: ἡμῶν 27 WH: τε RP: δὲ // WH: Ἀρτέμιδος ἱερὸν RP: ἱερὸν Ἀρτέμιδος // WH: τῆς μεγαλειότητος RP: τὴν μεγαλειότητα // WH: [ἡ] Ἀσία NA/RP: ἡ Ἀσία // WH: [ἡ] οἰκουμένη NA/RP: ἡ οἰκουμένη 29 RP: add ὅλη after πόλις 30 WH: Παύλου δὲ RP: Τοῦ δὲ Παύλου

εἰσελθεῖν εἰς τὸν δῆμον οὐκ εἴων αὐτὸν οἱ μαθηταί· 31 τινὲς δὲ καὶ τῶν Ἀσιαρχῶν, ὄντες αὐτῷ φίλοι, πέμψαντες πρὸς αὐτὸν παρεκάλουν μὴ δοῦναι ἑαυτὸν εἰς τὸ θέατρον. 32 ἄλλοι μὲν οὖν ἄλλο τι ἔκραζον, ἦν γὰρ ἡ ἐκκλησία συγκεχυμένη, καὶ οἱ πλείους οὐκ ᾔδεισαν τίνος ἕνεκα συνεληλύθεισαν. 33 ἐκ δὲ τοῦ ὄχλου συνεβίβασαν Ἀλέξανδρον προβαλόντων αὐτὸν τῶν Ἰουδαίων, ὁ δὲ Ἀλέξανδρος κατασείσας τὴν χεῖρα ἤθελεν ἀπολογεῖσθαι τῷ δήμῳ. 34 ἐπιγνόντες δὲ ὅτι Ἰουδαῖός ἐστιν φωνὴ ἐγένετο μία ἐκ πάντων ὡσεὶ ἐπὶ ὥρας δύο κραζόντων Μεγάλη ἡ Ἄρτεμις Ἐφεσίων. 35 καταστείλας δὲ τὸν ὄχλον ὁ γραμματεύς φησιν Ἄνδρες Ἐφέσιοι, τίς γάρ ἐστιν ἀνθρώπων ὃς οὐ γινώσκει τὴν Ἐφεσίων πόλιν νεωκόρον οὖσαν τῆς μεγάλης Ἀρτέμιδος καὶ τοῦ διοπετοῦς; 36 ἀναντιρήτων οὖν ὄντων τούτων δέον ἐστὶν ὑμᾶς κατεσταλμένους ὑπάρχειν καὶ μηδὲν προπετὲς πράσσειν. 37 ἠγάγετε γὰρ τοὺς ἄνδρας τούτους οὔτε ἱεροσύλους οὔτε βλασφημοῦντας τὴν θεὸν ἡμῶν. 38 εἰ μὲν οὖν Δημήτριος καὶ οἱ σὺν αὐτῷ τεχνῖται ἔχουσιν πρός τινα λόγον, ἀγοραῖοι ἄγονται καὶ ἀνθύπατοί εἰσιν, ἐγκαλείτωσαν ἀλλήλοις. 39 εἰ δέ τι περαιτέρω ἐπιζητεῖτε, ἐν τῇ ἐννόμῳ ἐκκλησίᾳ ἐπιλυθήσεται. 40 καὶ γὰρ κινδυνεύομεν ἐγκαλεῖσθαι στάσεως περὶ τῆς σήμερον μηδενὸς αἰτίου ὑπάρχοντος, περὶ οὗ οὐ δυνησόμεθα ἀποδοῦναι λόγον περὶ τῆς συστροφῆς ταύτης. 41 καὶ ταῦτα εἰπὼν ἀπέλυσεν τὴν ἐκκλησίαν.

Paul Travels to Macedonia and Greece

20 Μετὰ δὲ τὸ παύσασθαι τὸν θόρυβον μεταπεμψάμενος ὁ Παῦλος τοὺς μαθητὰς καὶ παρακαλέσας ἀσπασάμενος

---

32 WH: ἕνεκα RP: ἕνεκεν 33 WH: συνεβίβασαν RP: προεβίβασαν 34 WH: ὡσεὶ {WH}/NA/RP: ὡς // WH: κραζόντων {WH}: κράζοντες // {WH}: add (repeated) Μεγάλη ἡ Ἄρτεμις Ἐφεσίων after Ἐφεσίων 35 WH: τὸν ὄχλον ὁ γραμματεύς NA/RP: ὁ γραμματεὺς τὸν ὄχλον // RP: add θεᾶς after μεγάλης 36 WH: ἀναντιρήτων NA: ἀναντιρρήτων 37 WH: ἡμῶν RP: ὑμῶν 39 WH: περαιτέρω RP: περὶ ἑτέρων 40 WH: οὐ NA: [οὐ] // WH: ἀποδοῦναι RP: δοῦναι // {WH}: *περὶ τῆς σήμερον . . . ταύτης* // RP: omit περὶ after λόγον 20:1 WH: μεταπεμψάμενος RP: προσκαλεσάμενος // RP: omit παρακαλέσας //

ἐξῆλθεν πορεύεσθαι εἰς Μακεδονίαν. 2 διελθὼν δὲ τὰ μέρη ἐκεῖνα καὶ παρακαλέσας αὐτοὺς λόγῳ πολλῷ ἦλθεν εἰς τὴν Ἑλλάδα, 3 ποιήσας τε μῆνας τρεῖς γενομένης ἐπιβουλῆς αὐτῷ ὑπὸ τῶν Ἰουδαίων μέλλοντι ἀνάγεσθαι εἰς τὴν Συρίαν ἐγένετο γνώμης τοῦ ὑποστρέφειν διὰ Μακεδονίας. 4 συνείπετο δὲ αὐτῷ Σώπατρος Πύρρου Βεροιαῖος, Θεσσαλονικέων δὲ Ἀρίσταρχος καὶ Σέκουνδος, καὶ Γαῖος Δερβαῖος καὶ Τιμόθεος, Ἀσιανοὶ δὲ Τύχικος καὶ Τρόφιμος· 5 οὗτοι δὲ προσελθόντες ἔμενον ἡμᾶς ἐν Τρῳάδι· 6 ἡμεῖς δὲ ἐξεπλεύσαμεν μετὰ τὰς ἡμέρας τῶν ἀζύμων ἀπὸ Φιλίππων, καὶ ἤλθομεν πρὸς αὐτοὺς εἰς τὴν Τρῳάδα ἄχρι ἡμερῶν πέντε, οὗ διετρίψαμεν ἡμέρας ἑπτά.

Paul Brings Comfort at Troas

7 Ἐν δὲ τῇ μιᾷ τῶν σαββάτων συνηγμένων ἡμῶν κλάσαι ἄρτον ὁ Παῦλος διελέγετο αὐτοῖς, μέλλων ἐξιέναι τῇ ἐπαύριον, παρέτεινέν τε τὸν λόγον μέχρι μεσονυκτίου. 8 ἦσαν δὲ λαμπάδες ἱκαναὶ ἐν τῷ ὑπερῴῳ οὗ ἦμεν συνηγμένοι· 9 καθεζόμενος δέ τις νεανίας ὀνόματι Εὔτυχος ἐπὶ τῆς θυρίδος, καταφερόμενος ὕπνῳ βαθεῖ διαλεγομένου τοῦ Παύλου ἐπὶ πλεῖον, κατενεχθεὶς ἀπὸ τοῦ ὕπνου ἔπεσεν ἀπὸ τοῦ τριστέγου κάτω καὶ ἤρθη νεκρός. 10 καταβὰς δὲ ὁ Παῦλος ἐπέπεσεν αὐτῷ καὶ συνπεριλαβὼν εἶπεν Μὴ θορυβεῖσθε, ἡ γὰρ ψυχὴ αὐτοῦ ἐν αὐτῷ ἐστίν. 11 ἀναβὰς δὲ [καὶ] κλάσας τὸν ἄρτον καὶ γευσάμενος ἐφ' ἱκανόν τε ὁμιλήσας ἄχρι αὐγῆς οὕτως ἐξῆλθεν. 12 ἤγαγον δὲ τὸν παῖδα ζῶντα, καὶ παρεκλήθησαν οὐ μετρίως.

WH: πορεύεσθαι RP: πορευθῆναι // RP: add τὴν before Μακεδονίαν 3 WH: ἐπιβουλῆς αὐτῷ RP: αὐτῷ ἐπιβουλῆς // WH: γνώμης RP: γνώμη 4 RP: add ἄχρι τῆς Ἀσίας after αὐτῷ // RP: omit Πύρρου 5 RP: omit δὲ // WH: προσελθόντες {WH}/ΝΑ: προελθόντες 6 WH: οὗ ΝΑ: ὅπου 7 WH: ἡμῶν RP: τῶν μαθητῶν 9 WH: καθεζόμενος RP: Καθήμενος // WH: Παύλου ἐπὶ πλεῖον, κατενεχθεὶς {WH}: Παύλου, ἐπὶ πλεῖον κατενεχθεὶς 10 WH: θορυβεῖσθε {WH}: θορυβεῖσθαι 11 WH: [καὶ] ΝΑ/RP: καὶ // RP: omit τὸν

Paul Travels to Miletus

13 Ἡμεῖς δὲ προελθόντες ἐπὶ τὸ πλοῖον ἀνήχθημεν ἐπὶ τὴν Ἆσσον, ἐκεῖθεν μέλλοντες ἀναλαμβάνειν τὸν Παῦλον, οὕτως γὰρ διατεταγμένος ἦν μέλλων αὐτὸς πεζεύειν. 14 ὡς δὲ συνέβαλλεν ἡμῖν εἰς τὴν Ἆσσον, ἀναλαβόντες αὐτὸν ἤλθομεν εἰς Μιτυλήνην, 15 κἀκεῖθεν ἀποπλεύσαντες τῇ ἐπιούσῃ κατηντήσαμεν ἄντικρυς Χίου, τῇ δὲ ἑτέρᾳ παρεβάλομεν εἰς Σάμον, τῇ δὲ ἐχομένῃ ἤλθομεν εἰς Μίλητον· 16 κεκρίκει γὰρ ὁ Παῦλος παραπλεῦσαι τὴν Ἔφεσον, ὅπως μὴ γένηται αὐτῷ χρονοτριβῆσαι ἐν τῇ Ἀσίᾳ, ἔσπευδεν γὰρ εἰ δυνατὸν εἴη αὐτῷ τὴν ἡμέραν τῆς πεντηκοστῆς γενέσθαι εἰς Ἱεροσόλυμα.

Paul Exhorts the Ephesian Elders

17 Ἀπὸ δὲ τῆς Μιλήτου πέμψας εἰς Ἔφεσον μετεκαλέσατο τοὺς πρεσβυτέρους τῆς ἐκκλησίας. 18 ὡς δὲ παρεγένοντο πρὸς αὐτὸν εἶπεν αὐτοῖς Ὑμεῖς ἐπίστασθε ἀπὸ πρώτης ἡμέρας ἀφ᾽ ἧς ἐπέβην εἰς τὴν Ἀσίαν πῶς μεθ᾽ ὑμῶν τὸν πάντα χρόνον ἐγενόμην, 19 δουλεύων τῷ κυρίῳ μετὰ πάσης ταπεινοφροσύνης καὶ δακρύων καὶ πειρασμῶν τῶν συμβάντων μοι ἐν ταῖς ἐπιβουλαῖς τῶν Ἰουδαίων· 20 ὡς οὐδὲν ὑπεστειλάμην τῶν συμφερόντων τοῦ μὴ ἀναγγεῖλαι ὑμῖν καὶ διδάξαι ὑμᾶς δημοσίᾳ καὶ κατ᾽ οἴκους, 21 διαμαρτυρόμενος Ἰουδαίοις τε καὶ Ἕλλησιν τὴν εἰς θεὸν μετάνοιαν καὶ πίστιν εἰς τὸν κύριον ἡμῶν Ἰησοῦν. 22 καὶ νῦν ἰδοὺ δεδεμένος ἐγὼ τῷ πνεύματι πορεύομαι εἰς Ἱερουσαλήμ, τὰ ἐν αὐτῇ συναντήσοντα ἐμοὶ μὴ εἰδώς, 23 πλὴν ὅτι τὸ πνεῦμα τὸ ἅγιον κατὰ πόλιν διαμαρτύρεταί μοι λέγον ὅτι

---

13 WH: προελθόντες {WH}: προσελθόντες // WH: ἐπὶ RP: εἰς // WH: διατεταγμένος ἦν RP: ἦν διατεταγμένος 14 WH: συνέβαλλεν RP: συνέβαλεν 15 WH: ἄντικρυς RP: ἄντικρὺ // WH: ἑτέρᾳ {WH}: ἐσπέρᾳ // RP: add καὶ μείναντες ἐν Τρωγυλλίῳ after Σάμον // RP: omit δὲ before ἐχομένη 16 WH: κεκρίκει RP: Ἔκρινεν // WH: εἴη RP: ἦν 19 RP: add πολλῶν before δακρύων 21 RP: add τὸν before θεὸν // RP: add τὴν after πίστιν // {WH}: add Χριστόν after Ἰησοῦν 22 WH: δεδεμένος ἐγὼ RP: ἐγὼ δεδεμένος // WH: ἐμοὶ NA/RP: μοι 23 RP: omit μοι //

δεσμὰ καὶ θλίψεις με μένουσιν· 24 ἀλλ' οὐδενὸς λόγου ποι-
οῦμαι τὴν ψυχὴν τιμίαν ἐμαυτῷ ὡς τελειώσω τὸν δρόμον
μου καὶ τὴν διακονίαν ἣν ἔλαβον παρὰ τοῦ κυρίου Ἰησοῦ,
διαμαρτύρασθαι τὸ εὐαγγέλιον τῆς χάριτος τοῦ θεοῦ.
25 καὶ νῦν ἰδοὺ ἐγὼ οἶδα ὅτι οὐκέτι ὄψεσθε τὸ πρόσωπόν
μου ὑμεῖς πάντες ἐν οἷς διῆλθον κηρύσσων τὴν βασιλείαν·
26 διότι μαρτύρομαι ὑμῖν ἐν τῇ σήμερον ἡμέρᾳ ὅτι καθα-
ρός εἰμι ἀπὸ τοῦ αἵματος πάντων, 27 οὐ γὰρ ὑπεστειλάμην
τοῦ μὴ ἀναγγεῖλαι πᾶσαν τὴν βουλὴν τοῦ θεοῦ ὑμῖν.
28 προσέχετε ἑαυτοῖς καὶ παντὶ τῷ ποιμνίῳ, ἐν ᾧ ὑμᾶς τὸ
πνεῦμα τὸ ἅγιον ἔθετο ἐπισκόπους, ποιμαίνειν **τὴν**
ἐκκλησίαν τοῦ θεοῦ, ἣν περιεποιήσατο διὰ τοῦ αἵματος
τοῦ ἰδίου. 29 ἐγὼ οἶδα ὅτι εἰσελεύσονται μετὰ τὴν ἄφιξίν
μου λύκοι βαρεῖς εἰς ὑμᾶς μὴ φειδόμενοι τοῦ ποιμνίου,
30 καὶ ἐξ ὑμῶν [αὐτῶν] ἀναστήσονται ἄνδρες λαλοῦντες
διεστραμμένα τοῦ ἀποσπᾶν τοὺς μαθητὰς ὀπίσω ἑαυτῶν·
31 διὸ γρηγορεῖτε, μνημονεύοντες ὅτι τριετίαν νύκτα καὶ
ἡμέραν οὐκ ἐπαυσάμην μετὰ δακρύων νουθετῶν ἕνα ἕκα-
στον. 32 καὶ τὰ νῦν παρατίθεμαι ὑμᾶς τῷ κυρίῳ καὶ τῷ
λόγῳ τῆς χάριτος αὐτοῦ τῷ δυναμένῳ οἰκοδομῆσαι καὶ
δοῦναι τὴν **κληρονομίαν** ἐν **τοῖς ἡγιασμένοις πᾶσιν.**
33 ἀργυρίου ἢ χρυσίου ἢ ἱματισμοῦ οὐδενὸς ἐπεθύμησα·
34 αὐτοὶ γινώσκετε ὅτι ταῖς χρείαις μου καὶ τοῖς οὖσι μετ'
ἐμοῦ ὑπηρέτησαν αἱ χεῖρες αὗται. 35 πάντα ὑπέδειξα ὑμῖν
ὅτι οὕτως κοπιῶντας δεῖ ἀντιλαμβάνεσθαι τῶν ἀσθενούν-
των, μνημονεύειν τε τῶν λόγων τοῦ κυρίου Ἰησοῦ ὅτι αὐτὸς

WH: καὶ θλίψεις με RP: με καὶ θλίψεις 24 RP: add οὐδὲ ἔχω after ποιοῦμαι // RP:
add μου after ψυχήν // WH: τελειώσω {WH}/NA/RP: τελειῶσαι // RP: add μετὰ
χαρᾶς after δρόμου μου 25 RP: add τοῦ θεοῦ after βασιλείαν 27 WH: πᾶσαν τὴν
βουλὴν τοῦ θεοῦ ὑμῖν RP: ὑμῖν πᾶσαν τὴν βουλὴν τοῦ θεοῦ 28 RP: add οὖν after
Προσέχετε // RP: add κυρίου καὶ before θεοῦ // WH: αἵματος τοῦ ἰδίου RP: ἰδίου
αἵματος // {WH}: *ἰδίου* 29 RP: add γὰρ after Ἐγὼ // RP: add τοῦτο after οἶδα
30 WH: [αὐτῶν] NA/RP: αὐτῶν // WH: ἀποσπᾶν NA: ἀποσπᾶν // WH: ἑαυτῶν
NA: αὐτῶν 32 RP: add ἀδελφοὶ after ὑμᾶς // WH: κυρίῳ {WH}/NA/RP: θεῷ // WH:
οἰκοδομῆσαι RP: ἐποικοδομῆσαι // WH: τὴν RP: ὑμῖν

20:28 Ps 74:2 32 Deut 33:3, 4

εἶπεν Μακάριόν ἐστιν μᾶλλον διδόναι ἢ λαμβάνειν. 36 καὶ ταῦτα εἰπὼν θεὶς τὰ γόνατα αὐτοῦ σὺν πᾶσιν αὐτοῖς προσηύξατο. 37 ἱκανὸς δὲ κλαυθμὸς ἐγένετο πάντων, καὶ ἐπιπεσόντες ἐπὶ τὸν τράχηλον τοῦ Παύλου κατεφίλουν αὐτόν, 38 ὀδυνώμενοι μάλιστα ἐπὶ τῷ λόγῳ ᾧ εἰρήκει ὅτι οὐκέτι μέλλουσιν τὸ πρόσωπον αὐτοῦ θεωρεῖν. προέπεμπον δὲ αὐτὸν εἰς τὸ πλοῖον.

Paul Is Warned about His Visit to Jerusalem

21 Ὡς δὲ ἐγένετο ἀναχθῆναι ἡμᾶς ἀποσπασθέντας ἀπ' αὐτῶν, εὐθυδρομήσαντες ἤλθομεν εἰς τὴν Κῶ, τῇ δὲ ἑξῆς εἰς τὴν Ῥόδον, κἀκεῖθεν εἰς Πάταρα· 2 καὶ εὑρόντες πλοῖον διαπερῶν εἰς Φοινίκην ἐπιβάντες ἀνήχθημεν. 3 ἀναφάναντες δὲ τὴν Κύπρον καὶ καταλιπόντες αὐτὴν εὐώνυμον ἐπλέομεν εἰς Συρίαν, καὶ κατήλθομεν εἰς Τύρον, ἐκεῖσε γὰρ τὸ πλοῖον ἦν ἀποφορτιζόμενον τὸν γόμον. 4 ἀνευρόντες δὲ τοὺς μαθητὰς ἐπεμείναμεν αὐτοῦ ἡμέρας ἑπτά, οἵτινες τῷ Παύλῳ ἔλεγον διὰ τοῦ πνεύματος μὴ ἐπιβαίνειν εἰς Ἰεροσόλυμα. 5 ὅτε δὲ ἐγένετο ἐξαρτίσαι ἡμᾶς τὰς ἡμέρας, ἐξελθόντες ἐπορευόμεθα προπεμπόντων ἡμᾶς πάντων σὺν γυναιξὶ καὶ τέκνοις ἕως ἔξω τῆς πόλεως, καὶ θέντες τὰ γόνατα ἐπὶ τὸν αἰγιαλὸν προσευξάμενοι 6 ἀπησπασάμεθα ἀλλήλους, καὶ ἐνέβημεν εἰς τὸ πλοῖον, ἐκεῖνοι δὲ ὑπέστρεψαν εἰς τὰ ἴδια.

7 Ἡμεῖς δὲ τὸν πλοῦν διανύσαντες ἀπὸ Τύρου κατηντήσαμεν εἰς Πτολεμαΐδα, καὶ ἀσπασάμενοι τοὺς ἀδελφοὺς ἐμείναμεν ἡμέραν μίαν παρ' αὐτοῖς. 8 τῇ δὲ ἐπαύριον ἐξελθόντες ἤλθαμεν εἰς Καισαρίαν, καὶ εἰσελθόντες εἰς τὸν

---

37 WH: κλαυθμὸς ἐγένετο RP: ἐγένετο κλαυθμὸς
21:1 WH: ἡμᾶς ἀποσπασθέντας ἀπ' αὐτῶν, {WH}: ἡμᾶς, ἀποσπασθέντες ἀπ' αὐτῶν // WH: Κῶ RP: Κῶν 3 WH: ἀναφάναντες RP: Ἀναφανέντες // WH: κατήλθομεν RP: κατήχθημεν // WH: τὸ πλοῖον ἦν RP: ἦν τὸ πλοῖον 4 WH: ἀνευρόντες δὲ τοὺς RP: Καὶ ἀνευρόντες τοὺς // WH: ἐπιβαίνειν RP: ἀναβαίνειν 5 WH: ἐξαρτίσαι ἡμᾶς {WH}/NA/RP: ἡμᾶς ἐξαρτίσαι // WH: προσευξάμενοι RP: προσηυξάμεθα 6 WH: ἀπησπασάμεθα ἀλλήλους, καὶ ἐνέβημεν RP: Καὶ ἀσπασάμενοι ἀλλήλους, ἐπέβημεν 8 WH: ἤλθαμεν NA: ἤλθομεν RP: ἦλθον // RP: *add* οἱ περὶ τὸν Παῦλον *after* ἐξελθόντες

οἶκον Φιλίππου τοῦ εὐαγγελιστοῦ ὄντος ἐκ τῶν ἑπτὰ ἐμείναμεν παρ' αὐτῷ. 9 τούτῳ δὲ ἦσαν θυγατέρες τέσσαρες παρθένοι προφητεύουσαι. 10 Ἐπιμενόντων δὲ ἡμέρας πλείους κατῆλθέν τις ἀπὸ τῆς Ἰουδαίας προφήτης ὀνόματι Ἄγαβος, 11 καὶ ἐλθὼν πρὸς ἡμᾶς καὶ ἄρας τὴν ζώνην τοῦ Παύλου δήσας ἑαυτοῦ τοὺς πόδας καὶ τὰς χεῖρας εἶπεν Τάδε λέγει τὸ πνεῦμα τὸ ἅγιον Τὸν ἄνδρα οὗ ἐστιν ἡ ζώνη αὕτη οὕτως δήσουσιν ἐν Ἰερουσαλὴμ οἱ Ἰουδαῖοι καὶ παραδώσουσιν εἰς χεῖρας ἐθνῶν. 12 ὡς δὲ ἠκούσαμεν ταῦτα, παρεκαλοῦμεν ἡμεῖς τε καὶ οἱ ἐντόπιοι τοῦ μὴ ἀναβαίνειν αὐτὸν εἰς Ἰερουσαλήμ. 13 τότε ἀπεκρίθη [ὁ] Παῦλος Τί ποιεῖτε κλαίοντες καὶ συνθρύπτοντές μου τὴν καρδίαν; ἐγὼ γὰρ οὐ μόνον δεθῆναι ἀλλὰ καὶ ἀποθανεῖν εἰς Ἰερουσαλὴμ ἑτοίμως ἔχω ὑπὲρ τοῦ ὀνόματος τοῦ κυρίου Ἰησοῦ. 14 μὴ πειθομένου δὲ αὐτοῦ ἡσυχάσαμεν εἰπόντες Τοῦ κυρίου τὸ θέλημα γινέσθω.

Paul Meets with James

15 Μετὰ δὲ τὰς ἡμέρας ταύτας ἐπισκευασάμενοι ἀνεβαίνομεν εἰς Ἱεροσόλυμα· 16 συνῆλθον δὲ καὶ τῶν μαθητῶν ἀπὸ Καισαρίας σὺν ἡμῖν, ἄγοντες παρ' ᾧ ξενισθῶμεν Μνάσωνί τινι Κυπρίῳ, ἀρχαίῳ μαθητῇ. 17 Γενομένων δὲ ἡμῶν εἰς Ἱεροσόλυμα ἀσμένως ἀπεδέξαντο ἡμᾶς οἱ ἀδελφοί. 18 τῇ δὲ ἐπιούσῃ εἰσῄει ὁ Παῦλος σὺν ἡμῖν πρὸς Ἰάκωβον, πάντες τε παρεγένοντο οἱ πρεσβύτεροι. 19 καὶ ἀσπασάμενος αὐτοὺς ἐξηγεῖτο καθ' ἓν ἕκαστον ὧν ἐποίησεν ὁ θεὸς ἐν τοῖς ἔθνεσιν διὰ τῆς διακονίας αὐτοῦ. 20 οἱ δὲ ἀκούσαντες ἐδόξαζον τὸν θεόν, εἶπάν τε αὐτῷ Θεωρεῖς, ἀδελφέ, πόσαι μυριάδες εἰσὶν ἐν τοῖς Ἰουδαίοις τῶν πεπιστευκότων, καὶ πάντες ζηλωταὶ τοῦ νόμου ὑπάρχουσιν·

---

21 κατηχήθησαν δὲ περὶ σοῦ ὅτι ἀποστασίαν διδάσκεις ἀπὸ Μωυσέως τοὺς κατὰ τὰ ἔθνη πάντας Ἰουδαίους, λέγων μὴ περιτέμνειν αὐτοὺς τὰ τέκνα μηδὲ τοῖς ἔθεσιν περιπατεῖν. 22 τί οὖν ἐστίν; πάντως ἀκούσονται ὅτι ἐλήλυθας. 23 τοῦτο οὖν ποίησον ὅ σοι λέγομεν· εἰσὶν ἡμῖν ἄνδρες τέσσαρες εὐχὴν ἔχοντες ἀφ᾽ ἑαυτῶν. 24 τούτους παραλαβὼν ἁγνίσθητι σὺν αὐτοῖς καὶ δαπάνησον ἐπ᾽ αὐτοῖς ἵνα ξυρήσονται τὴν κεφαλήν, καὶ γνώσονται πάντες ὅτι ὧν κατήχηνται περὶ σοῦ οὐδὲν ἔστιν, ἀλλὰ στοιχεῖς καὶ αὐτὸς φυλάσσων τὸν νόμον. 25 περὶ δὲ τῶν πεπιστευκότων ἐθνῶν ἡμεῖς ἀπεστείλαμεν κρίναντες φυλάσσεσθαι αὐτοὺς τό τε εἰδωλόθυτον καὶ αἷμα καὶ πνικτὸν καὶ πορνείαν. 26 τότε ὁ Παῦλος παραλαβὼν τοὺς ἄνδρας τῇ ἐχομένῃ ἡμέρᾳ σὺν αὐτοῖς ἁγνισθεὶς εἰσῄει εἰς τὸ ἱερόν, διαγγέλλων τὴν ἐκπλήρωσιν **τῶν ἡμερῶν τοῦ ἁγνισμοῦ** ἕως οὗ προσηνέχθη ὑπὲρ ἑνὸς ἑκάστου αὐτῶν ἡ προσφορά.

Paul Is Arrested in the Temple

27 Ὡς δὲ ἔμελλον αἱ ἑπτὰ ἡμέραι συντελεῖσθαι, οἱ ἀπὸ τῆς Ἀσίας Ἰουδαῖοι θεασάμενοι αὐτὸν ἐν τῷ ἱερῷ συνέχεον πάντα τὸν ὄχλον καὶ ἐπέβαλαν ἐπ᾽ αὐτὸν τὰς χεῖρας, 28 κράζοντες Ἄνδρες Ἰσραηλεῖται, βοηθεῖτε· οὗτός ἐστιν ὁ ἄνθρωπος ὁ κατὰ τοῦ λαοῦ καὶ τοῦ νόμου καὶ τοῦ τόπου τούτου πάντας πανταχῇ διδάσκων, ἔτι τε καὶ Ἕλληνας εἰσήγαγεν εἰς τὸ ἱερὸν καὶ κεκοίνωκεν τὸν ἅγιον τόπον τοῦτον. 29 ἦσαν γὰρ προεωρακότες Τρόφιμον τὸν Ἐφέσιον ἐν τῇ πόλει σὺν αὐτῷ, ὃν ἐνόμιζον ὅτι εἰς τὸ ἱερὸν εἰσήγαγεν ὁ Παῦλος. 30 ἐκινήθη τε ἡ πόλις ὅλη καὶ ἐγένετο

---

22 RP: *add* δεῖ πλῆθος συνελθεῖν *after* Πάντως // RP: *add* γὰρ *before* ὅτι 23 WH: ἀφ᾽ {WH}/NA/RP: ἐφ᾽ 24 WH: γνώσονται RP: γνῶσιν // WH: φυλάσσων τὸν νόμον RP: τὸν νόμον φυλάσσων 25 WH: ἀπεστείλαμεν {WH}/NA/RP: ἐπεστείλαμεν // RP: *add* μηδὲν τοιοῦτον τηρεῖν αὐτούς, εἰ μὴ *after* κρίναντες // RP: *add* τὸ *before* αἷμα 27 WH: ἐπέβαλαν NA/RP: ἐπέβαλον 28 WH: πανταχῇ RP: πανταχοῦ 29 WH: προεωρακότες RP: ἑωρακότες

συνδρομὴ τοῦ λαοῦ, καὶ ἐπιλαβόμενοι τοῦ Παύλου εἷλκον αὐτὸν ἔξω τοῦ ἱεροῦ, καὶ εὐθέως ἐκλείσθησαν αἱ θύραι. 31 Ζητούντων τε αὐτὸν ἀποκτεῖναι ἀνέβη φάσις τῷ χιλιάρχῳ τῆς σπείρης ὅτι ὅλη συνχύννεται Ἰερουσαλήμ, 32 ὃς ἐξαυτῆς παραλαβὼν στρατιώτας καὶ ἑκατοντάρχας κατέδραμεν ἐπ᾽ αὐτούς, οἱ δὲ ἰδόντες τὸν χιλίαρχον καὶ τοὺς στρατιώτας ἐπαύσαντο τύπτοντες τὸν Παῦλον. 33 τότε ἐγγίσας ὁ χιλίαρχος ἐπελάβετο αὐτοῦ καὶ ἐκέλευσε δεθῆναι ἁλύσεσι δυσί, καὶ ἐπυνθάνετο τίς εἴη καὶ τί ἐστιν πεποιηκώς· 34 ἄλλοι δὲ ἄλλο τι ἐπεφώνουν ἐν τῷ ὄχλῳ· μὴ δυναμένου δὲ αὐτοῦ γνῶναι τὸ ἀσφαλὲς διὰ τὸν θόρυβον ἐκέλευσεν ἄγεσθαι αὐτὸν εἰς τὴν παρεμβολήν. 35 ὅτε δὲ ἐγένετο ἐπὶ τοὺς ἀναβαθμούς, συνέβη βαστάζεσθαι αὐτὸν ὑπὸ τῶν στρατιωτῶν διὰ τὴν βίαν τοῦ ὄχλου, 36 ἠκολούθει γὰρ τὸ πλῆθος τοῦ λαοῦ κράζοντες Αἶρε αὐτόν.

Paul's Defense in Jerusalem

37 Μέλλων τε εἰσάγεσθαι εἰς τὴν παρεμβολὴν ὁ Παῦλος λέγει τῷ χιλιάρχῳ Εἰ ἔξεστίν μοι εἰπεῖν τι πρὸς σέ; ὁ δὲ ἔφη Ἑλληνιστὶ γινώσκεις; 38 οὐκ ἄρα σὺ εἶ ὁ Αἰγύπτιος ὁ πρὸ τούτων τῶν ἡμερῶν ἀναστατώσας καὶ ἐξαγαγὼν εἰς τὴν ἔρημον τοὺς τετρακισχιλίους ἄνδρας τῶν σικαρίων; 39 εἶπεν δὲ ὁ Παῦλος Ἐγὼ ἄνθρωπος μέν εἰμι Ἰουδαῖος, Ταρσεὺς τῆς Κιλικίας, οὐκ ἀσήμου πόλεως πολίτης· δέομαι δέ σου, ἐπίτρεψόν μοι λαλῆσαι πρὸς τὸν λαόν. 40 ἐπιτρέψαντος δὲ αὐτοῦ ὁ Παῦλος ἑστὼς ἐπὶ τῶν ἀναβαθμῶν κατέσεισε τῇ χειρὶ τῷ λαῷ, πολλῆς δὲ σιγῆς γενομένης προσεφώνησεν τῇ Ἑβραΐδι διαλέκτῳ λέγων 22 Ἄνδρες ἀδελφοὶ καὶ πατέρες, ἀκούσατέ μου τῆς πρὸς ὑμᾶς νυνὶ ἀπολογίας.—2 ἀκούσαντες δὲ ὅτι τῇ Ἑβραΐδι δι-

---

31 WH: τε RP: δὲ // WH: συνχύννεται ΝΑ: συγχύννεται RP: συγκέχυται 32 WH: παραλαβὼν {WH}: λαβὼν // WH: ἑκατοντάρχας RP: ἑκατοντάρχους 33 WH: τότε ἐγγίσας RP: Ἐγγίσας δὲ // RP: add ἂν after τίς 34 WH: ἐπεφώνουν RP: ἐβόων // WH: δυναμένου δὲ αὐτοῦ RP: δυνάμενος δὲ 36 WH: κράζοντες RP: κρᾶζον 37 RP: omit τι before πρὸς 40 WH: σιγῆς γενομένης {WH}: γενομένης σιγῆς // WH: προσεφώνησεν RP: προσεφώνει

ἀλέκτῳ προσεφώνει αὐτοῖς μᾶλλον παρέσχον ἡσυχίαν. καί φησιν—3 Ἐγώ εἰμι ἀνὴρ Ἰουδαῖος, γεγεννημένος ἐν Ταρσῷ τῆς Κιλικίας, ἀνατεθραμμένος δὲ ἐν τῇ πόλει ταύτῃ παρὰ τοὺς πόδας Γαμαλιήλ, πεπαιδευμένος κατὰ ἀκρίβειαν τοῦ πατρῴου νόμου, ζηλωτὴς ὑπάρχων τοῦ θεοῦ καθὼς πάντες ὑμεῖς ἐστὲ σήμερον, 4 ὃς ταύτην τὴν ὁδὸν ἐδίωξα ἄχρι θανάτου, δεσμεύων καὶ παραδιδοὺς εἰς φυλακὰς ἄνδρας τε καὶ γυναῖκας, 5 ὡς καὶ ὁ ἀρχιερεὺς μαρτυρεῖ μοι καὶ πᾶν τὸ πρεσβυτέριον· παρ᾽ ὧν καὶ ἐπιστολὰς δεξάμενος πρὸς τοὺς ἀδελφοὺς εἰς Δαμασκὸν ἐπορευόμην ἄξων καὶ τοὺς ἐκεῖσε ὄντας δεδεμένους εἰς Ἰερουσαλὴμ ἵνα τιμωρηθῶσιν. 6 Ἐγέ-νετο δέ μοι πορευομένῳ καὶ ἐγγίζοντι τῇ Δαμασκῷ περὶ με-σημβρίαν ἐξαίφνης ἐκ τοῦ οὐρανοῦ περιαστράψαι φῶς ἱκανὸν περὶ ἐμέ, 7 ἔπεσά τε εἰς τὸ ἔδαφος καὶ ἤκουσα φωνῆς λεγούσης μοι Σαούλ Σαούλ, τί με διώκεις; 8 ἐγὼ δὲ ἀπε-κρίθην Τίς εἶ, κύριε; εἶπέν τε πρός ἐμέ Ἐγώ εἰμι Ἰησοῦς ὁ Ναζωραῖος ὃν σὺ διώκεις. 9 οἱ δὲ σὺν ἐμοὶ ὄντες τὸ μὲν φῶς ἐθεάσαντο τὴν δὲ φωνὴν οὐκ ἤκουσαν τοῦ λαλοῦντός μοι. 10 εἶπον δέ Τί ποιήσω, κύριε; ὁ δὲ κύριος εἶπεν πρός με Ἀναστὰς πορεύου εἰς Δαμασκόν, κἀκεῖ σοι λαληθήσε-ται περὶ πάντων ὧν τέτακταί σοι ποιῆσαι. 11 ὡς δὲ οὐκ ἐνέβλεπον ἀπὸ τῆς δόξης τοῦ φωτὸς ἐκείνου, χειραγωγούμε-νος ὑπὸ τῶν συνόντων μοι ἦλθον εἰς Δαμασκόν. 12 Ἀνανί-ας δέ τις ἀνὴρ εὐλαβὴς κατὰ τὸν νόμον, μαρτυρούμενος ὑπὸ πάντων τῶν κατοικούντων Ἰουδαίων, 13 ἐλθὼν πρὸς ἐμὲ καὶ ἐπιστὰς εἶπέν μοι Σαοὺλ ἀδελφέ, ἀνάβλεψον· κἀγὼ αὐτῇ τῇ ὥρᾳ ἀνέβλεψα εἰς αὐτόν. 14 ὁ δὲ εἶπεν Ὁ θεὸς τῶν πατέρων ἡμῶν προεχειρίσατό σε γνῶναι τὸ θέλημα αὐτοῦ καὶ ἰδεῖν τὸν δίκαιον καὶ ἀκοῦσαι φωνὴν ἐκ τοῦ στόματος αὐτοῦ, 15 ὅτι ἔσῃ μάρτυς αὐτῷ πρὸς πάντας ἀνθρώπους ὧν ἑώρακας καὶ ἤκουσας. 16 καὶ νῦν τί μέλλεις; ἀναστὰς βάπτισαι καὶ ἀπόλουσαι τὰς ἁμαρτίας σου ἐπικαλεσάμενος τὸ ὄνομα αὐτοῦ. 17 Ἐγένετο δέ μοι

22:3 RP: *add* μέν *before* εἰμι 8 WH: ἐμέ NA/RP: με 9 RP: *add* καὶ ἔμφοβοι ἐγένοντο *after* ἐθεάσαντο 11 WH: οὐκ ἐνέβλεπον {WH}: οὐδὲν ἔβλεπον 12 WH: εὐλαβὴς RP: εὐσεβὴς 13 WH: ἐμὲ NA/RP: με 16 WH: αὐτοῦ RP: τοῦ κυρίου

ὑποστρέψαντι εἰς Ἰερουσαλὴμ καὶ προσευχομένου μου ἐν τῷ ἱερῷ γενέσθαι με ἐν ἐκστάσει 18 καὶ ἰδεῖν αὐτὸν λέγοντά μοι Σπεῦσον καὶ ἔξελθε ἐν τάχει ἐξ Ἰερουσαλήμ, διότι οὐ παραδέξονταί σου μαρτυρίαν περὶ ἐμοῦ. 19 κἀγὼ εἶπον Κύριε, αὐτοὶ ἐπίστανται ὅτι ἐγὼ ἤμην φυλακίζων καὶ δέρων κατὰ τὰς συναγωγὰς τοὺς πιστεύοντας ἐπὶ σέ· 20 καὶ ὅτε ἐξεχύννετο τὸ αἷμα Στεφάνου τοῦ μάρτυρός σου, καὶ αὐτὸς ἤμην ἐφεστὼς καὶ συνευδοκῶν καὶ φυλάσσων τὰ ἱμάτια τῶν ἀναιρούντων αὐτόν. 21 καὶ εἶπεν πρός με Πορεύου, ὅτι ἐγὼ εἰς ἔθνη μακρὰν ἐξαποστελῶ σε.

Paul Appeals to His Roman Citizenship

22 Ἤκουον δὲ αὐτοῦ ἄχρι τούτου τοῦ λόγου καὶ ἐπῆραν τὴν φωνὴν αὐτῶν λέγοντες Αἶρε ἀπὸ τῆς γῆς τὸν τοιοῦτον, οὐ γὰρ καθῆκεν αὐτὸν ζῆν. 23 κραυγαζόντων τε αὐτῶν καὶ ῥιπτούντων τὰ ἱμάτια καὶ κονιορτὸν βαλλόντων εἰς τὸν ἀέρα 24 ἐκέλευσεν ὁ χιλίαρχος εἰσάγεσθαι αὐτὸν εἰς τὴν παρεμβολήν, εἴπας μάστιξιν ἀνετάζεσθαι αὐτὸν ἵνα ἐπιγνῷ δι᾽ ἣν αἰτίαν οὕτως ἐπεφώνουν αὐτῷ. 25 ὡς δὲ προέτειναν αὐτὸν τοῖς ἱμάσιν εἶπεν πρὸς τὸν ἑστῶτα ἑκατόνταρχον ὁ Παῦλος Εἰ ἄνθρωπον Ῥωμαῖον καὶ ἀκατάκριτον ἔξεστιν ὑμῖν μαστίζειν; 26 ἀκούσας δὲ ὁ ἑκατοντάρχης προσελθὼν τῷ χιλιάρχῳ ἀπήγγειλεν λέγων Τί μέλλεις ποιεῖν; ὁ γὰρ ἄνθρωπος οὗτος Ῥωμαῖός ἐστιν. 27 προσελθὼν δὲ ὁ χιλίαρχος εἶπεν αὐτῷ Λέγε μοι, σὺ Ῥωμαῖος εἶ; ὁ δὲ ἔφη Ναί. 28 ἀπεκρίθη δὲ ὁ χιλίαρχος Ἐγὼ πολλοῦ κεφαλαίου τὴν πολιτείαν ταύτην ἐκτησάμην. ὁ δὲ Παῦλος ἔφη Ἐγὼ δὲ καὶ γεγέννημαι. 29 εὐθέως οὖν ἀπέστησαν ἀπ᾽ αὐτοῦ οἱ μέλλοντες αὐτὸν ἀνετάζειν· καὶ ὁ

---

18 RP: *add* τὴν *before* μαρτυρίαν 20 WH: καὶ RP: τῇ ἀναιρέσει αὐτοῦ // WH: ἐξεχύννετο RP: ἐξεχεῖτο 21 WH: ἐξαποστελῶ {WH}: ἀποστελῶ 23 WH: κραυγαζόντων τε RP: Κραζόντων δὲ 24 RP: *add* αὐτὸν *after* ἐκέλευσεν // WH: εἰσάγεσθαι αὐτὸν RP: ἄγεσθαι // WH: εἴπας RP: εἰπὼν 26 WH: τῷ χιλιάρχῳ ἀπήγγειλεν RP: ἀπήγγειλεν τῷ χιλιάρχῳ // RP: *add* Ὅρα *after* λέγων 27 RP: *add* εἰ *before* σὺ 28 WH: δὲ RP: τε

χιλίαρχος δὲ ἐφοβήθη ἐπιγνοὺς ὅτι Ῥωμαῖός ἐστιν καὶ ὅτι
αὐτὸν ἦν δεδεκώς.

Paul Appears before the High Council

30 Τῇ δὲ ἐπαύριον βουλόμενος γνῶναι τὸ ἀσφαλὲς τὸ τί
κατηγορεῖται ὑπὸ τῶν Ἰουδαίων ἔλυσεν αὐτόν, καὶ
ἐκέλευσεν συνελθεῖν τοὺς ἀρχιερεῖς καὶ πᾶν τὸ συνέδριον,
καὶ καταγαγὼν τὸν Παῦλον ἔστησεν εἰς αὐτούς.
23 ἀτενίσας δὲ Παῦλος τῷ συνεδρίῳ εἶπεν　Ἄνδρες ἀδελ-
φοί, ἐγὼ πάσῃ συνειδήσει ἀγαθῇ πεπολίτευμαι τῷ θεῷ ἄχρι
ταύτης τῆς ἡμέρας. 2 ὁ δὲ ἀρχιερεὺς Ἁνανίας ἐπέταξεν
τοῖς παρεστῶσιν αὐτῷ τύπτειν αὐτοῦ τὸ στόμα. 3 τότε ὁ
Παῦλος πρὸς αὐτὸν εἶπεν　Τύπτειν σε μέλλει ὁ θεός, τοῖχε
κεκονιαμένε· καὶ σὺ κάθῃ κρίνων με κατὰ τὸν νόμον, καὶ
παρανομῶν κελεύεις με τύπτεσθαι; 4 οἱ δὲ παρεστῶτες
εἶπαν　Τὸν ἀρχιερέα τοῦ θεοῦ λοιδορεῖς; 5 ἔφη τε ὁ
Παῦλος　Οὐκ ᾔδειν, ἀδελφοί, ὅτι ἐστὶν ἀρχιερεύς· γέγρα-
πται γὰρ ὅτι **Ἄρχοντα τοῦ λαοῦ σου οὐκ ἐρεῖς κακῶς.**
6 Γνοὺς δὲ ὁ Παῦλος ὅτι τὸ ἓν μέρος ἐστὶν Σαδδουκαίων τὸ
δὲ ἕτερον Φαρισαίων ἔκραζεν ἐν τῷ συνεδρίῳ　Ἄνδρες
ἀδελφοί, ἐγὼ Φαρισαῖός εἰμι, υἱὸς Φαρισαίων· περὶ ἐλπίδος
καὶ ἀναστάσεως νεκρῶν κρίνομαι. 7 τοῦτο δὲ αὐτοῦ λα-
λοῦντος ἐγένετο στάσις τῶν Φαρισαίων καὶ Σαδδουκαίων,
καὶ ἐσχίσθη τὸ πλῆθος. 8 Σαδδουκαῖοι γὰρ λέγουσιν μὴ
εἶναι ἀνάστασιν μήτε ἄγγελον μήτε πνεῦμα, Φαρισαῖοι
δὲ ὁμολογοῦσιν τὰ ἀμφότερα. 9 ἐγένετο δὲ κραυγὴ μεγάλη,
καὶ ἀναστάντες τινὲς τῶν γραμματέων τοῦ μέρους τῶν

---

30 WH: ὑπὸ RP: παρὰ // RP: *add* ἀπὸ τῶν δεσμῶν *after* αὐτόν // WH: συνελθεῖν
RP: ἐλθεῖν // WH: πᾶν RP: ὅλον // RP: *add* αὐτῶν *after* συνέδριον
23:1 WH: Παῦλος τῷ συνεδρίῳ {WH}: τῷ συνεδρίῳ ὁ Παῦλος NA/RP: ὁ Παῦλος
τῷ συνεδρίῳ 5 RP: *omit* ὅτι *after* γὰρ 6 WH: Φαρισαίων RP: Φαρισαίου //
{WH}/[NA]/RP: *add* ἐγὼ *before* κρίνομαι 7 WH: λαλοῦντος {WH}/NA: εἰπόντος
RP: λαλήσαντος // WH: ἐγένετο {WH}: ἐπέπεσεν // RP: *omit* καὶ Σαδδουκαίων
8 {WH}/NA/RP: *add* μὲν *after* Σαδδουκαῖοι // WH: μήτε RP: μηδὲ 9 WH: τινὲς τῶν
γραμματέων RP: οἱ γραμματεῖς //

23:5 Exod 22:28

Φαρισαίων διεμάχοντο λέγοντες Οὐδὲν κακὸν εὑρίσκομεν ἐν τῷ ἀνθρώπῳ τούτῳ· εἰ δὲ πνεῦμα ἐλάλησεν αὐτῷ ἢ ἄγγελος—. 10 Πολλῆς δὲ γινομένης στάσεως φοβηθεὶς ὁ χιλίαρχος μὴ διασπασθῇ ὁ Παῦλος ὑπ᾽ αὐτῶν ἐκέλευσεν τὸ στράτευμα καταβὰν ἁρπάσαι αὐτὸν ἐκ μέσου αὐτῶν, ἄγειν εἰς τὴν παρεμβολήν.

A Plot Against Paul's Life

11 Τῇ δὲ ἐπιούσῃ νυκτὶ ἐπιστὰς αὐτῷ ὁ κύριος εἶπεν Θάρσει, ὡς γὰρ διεμαρτύρω τὰ περὶ ἐμοῦ εἰς Ἰερουσαλὴμ οὕτω σε δεῖ καὶ εἰς Ῥώμην μαρτυρῆσαι.

12 Γενομένης δὲ ἡμέρας ποιήσαντες συστροφὴν οἱ Ἰουδαῖοι ἀνεθεμάτισαν ἑαυτοὺς λέγοντες μήτε φαγεῖν μήτε πεῖν ἕως οὗ ἀποκτείνωσιν τὸν Παῦλον. 13 ἦσαν δὲ πλείους τεσσεράκοντα οἱ ταύτην τὴν συνωμοσίαν ποιησάμενοι· 14 οἵτινες προσελθόντες τοῖς ἀρχιερεῦσιν καὶ τοῖς πρεσβυτέροις εἶπαν Ἀναθέματι ἀνεθεματίσαμεν ἑαυτοὺς μηδενὸς γεύσασθαι ἕως οὗ ἀποκτείνωμεν τὸν Παῦλον. 15 νῦν οὖν ὑμεῖς ἐμφανίσατε τῷ χιλιάρχῳ σὺν τῷ συνεδρίῳ ὅπως καταγάγῃ αὐτὸν εἰς ὑμᾶς ὡς μέλλοντας διαγινώσκειν ἀκριβέστερον τὰ περὶ αὐτοῦ· ἡμεῖς δὲ πρὸ τοῦ ἐγγίσαι αὐτὸν ἕτοιμοί ἐσμεν τοῦ ἀνελεῖν αὐτόν. 16 Ἀκούσας δὲ ὁ υἱὸς τῆς ἀδελφῆς Παύλου τὴν ἐνέδραν παραγενόμενος καὶ εἰσελθὼν εἰς τὴν παρεμβολὴν ἀπήγγειλεν τῷ Παύλῳ. 17 προσκαλεσάμενος δὲ ὁ Παῦλος ἕνα τῶν ἑκατονταρχῶν ἔφη Τὸν νεανίαν τοῦτον ἄπαγε πρὸς τὸν χιλίαρχον, ἔχει γὰρ ἀπαγγεῖλαί τι αὐτῷ. 18 ὁ μὲν οὖν παραλαβὼν αὐτὸν ἤγαγεν πρὸς τὸν χιλίαρχον καί φησιν Ὁ δέσμιος Παῦλος

RP: add μὴ θεομαχῶμεν after ἄγγελος 10 WH: γινομένης RP: γενομένης // WH: φοβηθεὶς RP: εὐλαβηθεὶς // WH: καταβὰν RP: καταβῆναι καὶ // {WH}/NA/RP: add τε after ἄγειν 11 RP: add Παῦλε after Θάρσει // WH: οὕτω RP: οὕτως 12 WH: δὲ {WH}: τε // WH: συστροφὴν οἱ Ἰουδαῖοι RP: τινες τῶν Ἰουδαίων συστροφὴν // WH: πεῖν NA/RP: πιεῖν 13 WH: ποιησάμενοι RP: πεποιηκότες 15 RP: add αὔριον after ὅπως // WH: καταγάγῃ αὐτὸν εἰς RP: αὐτὸν καταγάγῃ πρὸς 16 WH: τὴν ἐνέδραν RP: τὸ ἔνεδρον 17 WH: ἄπαγε NA/RP: ἀπάγαγε // WH: ἀπαγγεῖλαί τι RP: τι ἀπαγγεῖλαι

προσκαλεσάμενός με ἠρώτησεν τοῦτον τὸν νεανίαν ἀγα-
γεῖν πρὸς σέ, ἔχοντά τι λαλῆσαί σοι. 19 ἐπιλαβόμενος δὲ
τῆς χειρὸς αὐτοῦ ὁ χιλίαρχος καὶ ἀναχωρήσας κατ' ἰδίαν
ἐπυνθάνετο Τί ἐστιν ὃ ἔχεις ἀπαγγεῖλαί μοι; 20 εἶπεν δὲ
ὅτι Οἱ Ἰουδαῖοι συνέθεντο τοῦ ἐρωτῆσαί σε ὅπως αὔριον
τὸν Παῦλον καταγάγῃς εἰς τὸ συνέδριον ὡς μέλλων τι ἀκρι-
βέστερον πυνθάνεσθαι περὶ αὐτοῦ· 21 σὺ οὖν μὴ πεισθῇς
αὐτοῖς, ἐνεδρεύουσιν γὰρ αὐτὸν ἐξ αὐτῶν ἄνδρες πλείους
τεσσεράκοντα, οἵτινες ἀνεθεμάτισαν ἑαυτοὺς μήτε φαγεῖν
μήτε πεῖν ἕως οὗ ἀνέλωσιν αὐτόν, καὶ νῦν εἰσὶν ἕτοιμοι
προσδεχόμενοι τὴν ἀπὸ σοῦ ἐπαγγελίαν. 22 ὁ μὲν οὖν χιλί-
αρχος ἀπέλυσε τὸν νεανίσκον παραγγείλας μηδενὶ ἐκλαλῆ-
σαι ὅτι ταῦτα ἐνεφάνισας πρὸς ἐμέ.

Paul Is Sent to Governor Felix

23 Καὶ προσκαλεσάμενός τινας δύο τῶν ἑκατονταρχῶν
εἶπεν Ἑτοιμάσατε στρατιώτας διακοσίους ὅπως πορευ-
θῶσιν ἕως Καισαρίας, καὶ ἱππεῖς ἑβδομήκοντα καὶ δεξιο-
λάβους διακοσίους, ἀπὸ τρίτης ὥρας τῆς νυκτός, 24 κτήνη
τε παραστῆσαι ἵνα ἐπιβιβάσαντες τὸν Παῦλον διασώσωσι
πρὸς Φήλικα τὸν ἡγεμόνα, 25 γράψας ἐπιστολὴν ἔχουσαν
τὸν τύπον τοῦτον 26 Κλαύδιος Λυσίας τῷ κρατίστῳ ἡγεμό-
νι Φήλικι χαίρειν. 27 Τὸν ἄνδρα τοῦτον συλλημφθέντα ὑπὸ
τῶν Ἰουδαίων καὶ μέλλοντα ἀναιρεῖσθαι ὑπ' αὐτῶν ἐπι-
στὰς σὺν τῷ στρατεύματι ἐξειλάμην, μαθὼν ὅτι Ῥωμαῖός
ἐστιν, 28 βουλόμενός τε ἐπιγνῶναι τὴν αἰτίαν δι' ἣν ἐνε-
κάλουν αὐτῷ [κατήγαγον εἰς τὸ συνέδριον αὐτῶν]· 29 ὃν
εὗρον ἐγκαλούμενον περὶ ζητημάτων τοῦ νόμου αὐτῶν,

---

18 WH: νεανίαν {WH}/NA: νεανίσκον 20 WH: τὸν Παῦλον καταγάγῃς εἰς τὸ
συνέδριον RP: εἰς τὸ συνέδριον καταγάγῃς τὸν Παῦλον // WH: μέλλων NA:
μέλλον RP: μέλλοντά 21 WH: πεῖν NA/RP: πιεῖν // WH: εἰσὶν ἕτοιμοι RP:
ἕτοιμοί εἰσιν 22 WH: νεανίσκον RP: νεανίαν // WH: ἐμέ NA/RP: με 23 WH:
τινας δύο NA: δύο [τινὰς]RP: δύο τινὰς 25 WH: ἔχουσαν RP: περιέχουσαν
27 RP: add αὐτόν before μαθὼν 28 WH: τε ἐπιγνῶναι RP: δὲ γνῶναι // WH:
[κατήγαγον εἰς τὸ συνέδριον αὐτῶν] NA: κατήγαγον εἰς τὸ συνέδριον αὐτῶν
RP: κατήγαγον αὐτὸν εἰς τὸ συνέδριον αὐτῶν

μηδὲν δὲ ἄξιον θανάτου ἢ δεσμῶν ἔχοντα ἔγκλημα. 30 μη- νυθείσης δέ μοι ἐπιβουλῆς εἰς τὸν ἄνδρα ἔσεσθαι ἐξαυτῆς ἔπεμψα πρὸς σέ, παραγγείλας καὶ τοῖς κατηγόροις λέγειν πρὸς αὐτὸν ἐπὶ σοῦ.

31 Οἱ μὲν οὖν στρατιῶται κατὰ τὸ διατεταγμένον αὐτοῖς ἀναλαβόντες τὸν Παῦλον ἤγαγον διὰ νυκτὸς εἰς τὴν Ἀντιπατρίδα· 32 τῇ δὲ ἐπαύριον ἐάσαντες τοὺς ἱππεῖς ἀπέρχεσθαι σὺν αὐτῷ ὑπέστρεψαν εἰς τὴν παρεμβολήν· 33 οἵτινες εἰσελθόντες εἰς τὴν Καισαρίαν καὶ ἀναδόντες τὴν ἐπιστολὴν τῷ ἡγεμόνι παρέστησαν καὶ τὸν Παῦλον αὐτῷ. 34 ἀναγνοὺς δὲ καὶ ἐπερωτήσας ἐκ ποίας ἐπαρχείας ἐστὶν καὶ πυθόμενος ὅτι ἀπὸ Κιλικίας 35 Διακούσομαί σου, ἔφη, ὅταν καὶ οἱ κατήγοροί σου παραγένωνται· κελεύσας ἐν τῷ πραιτωρίῳ τοῦ Ἡρῴδου φυλάσσεσθαι αὐτόν.

Paul Appears before Felix

24 Μετὰ δὲ πέντε ἡμέρας κατέβη ὁ ἀρχιερεὺς Ἀνανίας μετὰ πρεσβυτέρων τινῶν καὶ ῥήτορος Τερτύλλου τινός, οἵ- τινες ἐνεφάνισαν τῷ ἡγεμόνι κατὰ τοῦ Παύλου. 2 κληθέν- τος δὲ [αὐτοῦ] ἤρξατο κατηγορεῖν ὁ Τέρτυλλος λέγων Πολλῆς εἰρήνης τυγχάνοντες διὰ σοῦ καὶ διορθωμάτων γινομένων τῷ ἔθνει τούτῳ διὰ τῆς σῆς προνοίας 3 πάντη τε καὶ πανταχοῦ ἀποδεχόμεθα, κράτιστε Φῆλιξ, μετὰ πάσης εὐχαριστίας. 4 ἵνα δὲ μὴ ἐπὶ πλεῖόν σε ἐνκόπτω, παρακαλῶ ἀκοῦσαί σε ἡμῶν συντόμως τῇ σῇ ἐπιεικία. 5 εὑρόντες γὰρ τὸν ἄνδρα τοῦτον λοιμὸν καὶ κινοῦντα στάσεις πᾶσι τοῖς Ἰουδαίοις τοῖς κατὰ τὴν οἰκουμένην πρωτοστάτην τε τῆς τῶν Ναζωραίων αἱρέσεως, 6 ὃς καὶ τὸ ἱερὸν ἐπείρασεν

---

29 RP: *omit* δὲ // WH: ἔχοντα ἔγκλημα RP: ἔγκλημα ἔχοντα 30 RP: *add* μέλλειν *after* ἄνδρα // RP: *add* ὑπὸ τῶν Ἰουδαίων *after* ἔσεσθαι // [NA]/RP: *add* τὰ *after* λέγειν // RP: *add* Ἔρρωσο. *after* σοῦ. 32 WH: ἀπέρχεσθαι RP: πορεύεσθαι 34 RP: *add* ὁ ἡγεμών *after* δὲ // WH: ἐπαρχείας RP: ἐπαρχίας 35 WH: κελεύσας RP: Ἐκέλευσέν τε αὐτὸν // WH: τοῦ Ἡρῴδου {WH}: τῷ Ἡρῴδου RP: Ἡρῴδου // RP: *omit* αὐτὸν *after* φυλάσσεσθαι
24:1 RP: *omit* τινῶν 2 WH: [αὐτοῦ] NA/RP: αὐτοῦ // WH: διορθωμάτων RP: κατορθωμάτων 5 WH: στάσεις πᾶσι NA: στάσεις πᾶσιν RP: στάσιν πᾶσιν

βεβηλῶσαι, ὃν καὶ ἐκρατήσαμεν, 8 παρ' οὗ δυνήσῃ αὐτὸς ἀνακρίνας περὶ πάντων τούτων ἐπιγνῶναι ὧν ἡμεῖς κατηγοροῦμεν αὐτοῦ. 9 συνεπέθεντο δὲ καὶ οἱ Ἰουδαῖοι φάσκοντες ταῦτα οὕτως ἔχειν.

Paul Defends Himself before Felix

10 Ἀπεκρίθη τε ὁ Παῦλος νεύσαντος αὐτῷ τοῦ ἡγεμόνος λέγειν Ἐκ πολλῶν ἐτῶν ὄντα σε κριτὴν τῷ ἔθνει τούτῳ ἐπιστάμενος εὐθύμως τὰ περὶ ἐμαυτοῦ ἀπολογοῦμαι, 11 δυναμένου σου ἐπιγνῶναι, ὅτι οὐ πλείους εἰσίν μοι ἡμέραι δώδεκα ἀφ' ἧς ἀνέβην προσκυνήσων εἰς Ἰερουσαλήμ, 12 καὶ οὔτε ἐν τῷ ἱερῷ εὗρόν με πρός τινα διαλεγόμενον ἢ ἐπίστασιν ποιοῦντα ὄχλου οὔτε ἐν ταῖς συναγωγαῖς οὔτε κατὰ τὴν πόλιν, 13 οὐδὲ παραστῆσαι δύνανταί σοι περὶ ὧν νυνὶ κατηγοροῦσίν μου. 14 ὁμολογῶ δὲ τοῦτό σοι ὅτι κατὰ τὴν ὁδὸν ἣν λέγουσιν αἵρεσιν οὕτως λατρεύω τῷ πατρῴῳ θεῷ, πιστεύων πᾶσι τοῖς κατὰ τὸν νόμον καὶ τοῖς ἐν τοῖς προφήταις γεγραμμένοις, 15 ἐλπίδα ἔχων εἰς τὸν θεόν, ἣν καὶ αὐτοὶ οὗτοι προσδέχονται, ἀνάστασιν μέλλειν ἔσεσθαι δικαίων τε καὶ ἀδίκων· 16 ἐν τούτῳ καὶ αὐτὸς ἀσκῶ ἀπρόσκοπον συνείδησιν ἔχειν πρὸς τὸν θεὸν καὶ τοὺς ἀνθρώπους διὰ παντός. 17 δι' ἐτῶν δὲ πλειόνων ἐλεημοσύνας ποιήσων εἰς τὸ ἔθνος μου παρεγενόμην καὶ προσφοράς, 18 ἐν αἷς εὗρόν με ἡγνισμένον ἐν τῷ ἱερῷ, οὐ μετὰ ὄχλου οὐδὲ μετὰ θορύβου, 19 τινὲς δὲ ἀπὸ τῆς Ἀσίας Ἰουδαῖοι, οὓς ἔδει ἐπὶ σοῦ παρεῖναι καὶ κατηγορεῖν εἴ τι ἔχοιεν πρὸς ἐμέ,—20 ἢ αὐτοὶ οὗτοι εἰπάτωσαν τί εὗρον ἀδίκημα στάντος μου ἐπὶ τοῦ συνεδρίου 21 ἢ περὶ μιᾶς ταύτης φωνῆς ἧς

---

10 WH: εὐθύμως RP: εὐθυμότερον 11 WH: ἐπιγνῶναι RP: γνῶναι // WH: δώδεκα RP: δεκαδύο // WH: εἰς RP: ἐν 12 WH: ἐπίστασιν RP: ἐπισύστασιν 13 WH: οὐδὲ RP: Οὔτε // WH: δύνανταί σοι RP: με δύνανται // WH: νυνὶ RP: νῦν 14 RP: omit ἐν τοῖς 15 RP: add νεκρῶν after ἔσεσθαι 16 WH: καὶ RP: δὲ // WH: ἔχειν RP: ἔχων 17 WH: ἐλεημοσύνας ποιήσων εἰς τὸ ἔθνος μου παρεγενόμην RP: παρεγενόμην ἐλεημοσύνας ποιήσων εἰς τὸ ἔθνος μου 18 WH: αἷς RP: οἷς 18–19 RP: end v. 18 after Ἰουδαῖοι 19 RP (v. 18): omit δὲ // WH: ἔδει RP: δεῖ // WH: ἐμέ RP: με 20 RP: add ἐν ἐμοὶ after εὗρον

ἐκέκραξα ἐν αὐτοῖς ἑστὼς ὅτι   Περὶ ἀναστάσεως νεκρῶν
ἐγὼ κρίνομαι σήμερον ἐφ' ὑμῶν. 22 Ἀνεβάλετο δὲ αὐτοὺς ὁ
Φῆλιξ, ἀκριβέστερον εἰδὼς τὰ περὶ τῆς ὁδοῦ, εἴπας Ὅταν
Λυσίας ὁ χιλίαρχος καταβῇ διαγνώσομαι τὰ καθ' ὑμᾶς·
23 διαταξάμενος τῷ ἑκατοντάρχῃ τηρεῖσθαι αὐτὸν ἔχειν τε
ἄνεσιν καὶ μηδένα κωλύειν τῶν ἰδίων αὐτοῦ ὑπηρετεῖν
αὐτῷ.

Paul Remains in Custody

24 Μετὰ δὲ ἡμέρας τινὰς παραγενόμενος ὁ Φῆλιξ σὺν
Δρουσίλλῃ τῇ ἰδίᾳ γυναικὶ οὔσῃ Ἰουδαίᾳ μετεπέμψατο τὸν
Παῦλον καὶ ἤκουσεν αὐτοῦ περὶ τῆς εἰς Χριστὸν Ἰησοῦν
πίστεως. 25 διαλεγομένου δὲ αὐτοῦ περὶ δικαιοσύνης καὶ
ἐγκρατείας καὶ τοῦ κρίματος τοῦ μέλλοντος ἔμφοβος γενό-
μενος ὁ Φῆλιξ ἀπεκρίθη   Τὸ νῦν ἔχον πορεύου, καιρὸν δὲ
μεταλαβὼν μετακαλέσομαί σε· 26 ἅμα καὶ ἐλπίζων ὅτι
χρήματα δοθήσεται [αὐτῷ] ὑπὸ τοῦ Παύλου· διὸ καὶ πυκ-
νότερον αὐτὸν μεταπεμπόμενος ὡμίλει αὐτῷ.

27 Διετίας δὲ πληρωθείσης ἔλαβεν διάδοχον ὁ Φῆλιξ
Πόρκιον Φῆστον· θέλων τε χάριτα καταθέσθαι τοῖς Ἰου-
δαίοις ὁ Φῆλιξ κατέλιπε τὸν Παῦλον δεδεμένον.

Paul Appeals to Festus

25 Φῆστος οὖν ἐπιβὰς τῇ ἐπαρχείᾳ μετὰ τρεῖς ἡμέρας
ἀνέβη εἰς Ἱεροσόλυμα ἀπὸ Καισαρίας, 2 ἐνεφάνισάν τε
αὐτῷ οἱ ἀρχιερεῖς καὶ οἱ πρῶτοι τῶν Ἰουδαίων κατὰ τοῦ

---

21 WH: ἐκέκραξα ἐν αὐτοῖς ἑστὼς RP: ἔκραξα ἑστὼς ἐν αὐτοῖς // WH: ἐφ' RP:
ὑφ' 22 WH: Ἀνεβάλετο δὲ αὐτοὺς ὁ Φῆλιξ RP: Ἀκούσας δὲ ταῦτα ὁ Φῆλιξ
ἀνεβάλετο αὐτούς // WH: εἴπας RP: εἰπών 23 RP: *add* τε *after* διαταξάμενός //
WH: αὐτὸν RP: τὸν Παῦλον // RP: *add* ἢ προσέρχεσθαι *before* αὐτῷ 24 RP: *omit*
ἰδίᾳ // RP: *omit* Ἰησοῦν 25 RP: *add* ἔσεσθαι *after* μέλλοντος 26 WH: [αὐτῷ]
NA/RP: αὐτῷ // RP: *add* ὅπως λύσῃ αὐτόν *after* Παύλου 27 WH: χάριτα RP:
χάριτας
25:1 WH: ἐπαρχείᾳ {WH}: ἐπαρχείῳ RP: ἐπαρχίᾳ 2 WH: τε RP: δὲ // WH: οἱ
ἀρχιερεῖς RP: ὁ ἀρχιερεὺς

Παύλου, καὶ παρεκάλουν αὐτὸν 3 αἰτούμενοι χάριν κατ᾽ αὐτοῦ ὅπως μεταπέμψηται αὐτὸν εἰς Ἰερουσαλήμ, ἐνέδραν ποιοῦντες ἀνελεῖν αὐτὸν κατὰ τὴν ὁδόν. 4 ὁ μὲν οὖν Φῆστος ἀπεκρίθη τηρεῖσθαι τὸν Παῦλον εἰς Καισαρίαν, ἑαυτὸν δὲ μέλλειν ἐν τάχει ἐκπορεύεσθαι· 5 Οἱ οὖν ἐν ὑμῖν, φησίν, δυνατοὶ συνκαταβάντες εἴ τί ἐστιν ἐν τῷ ἀνδρὶ ἄτοπον κατηγορείτωσαν αὐτοῦ.

6 Διατρίψας δὲ ἐν αὐτοῖς ἡμέρας οὐ πλείους ὀκτὼ ἢ δέκα, καταβὰς εἰς Καισαρίαν, τῇ ἐπαύριον καθίσας ἐπὶ τοῦ βήματος ἐκέλευσεν τὸν Παῦλον ἀχθῆναι. 7 παραγενομένου δὲ αὐτοῦ περιέστησαν αὐτὸν οἱ ἀπὸ Ἰεροσολύμων καταβεβηκότες Ἰουδαῖοι, πολλὰ καὶ βαρέα αἰτιώματα καταφέροντες ἃ οὐκ ἴσχυον ἀποδεῖξαι, 8 τοῦ Παύλου ἀπολογουμένου ὅτι Οὔτε εἰς τὸν νόμον τῶν Ἰουδαίων οὔτε εἰς τὸ ἱερὸν οὔτε εἰς Καίσαρά τι ἥμαρτον. 9 ὁ Φῆστος δὲ θέλων τοῖς Ἰουδαίοις χάριν καταθέσθαι ἀποκριθεὶς τῷ Παύλῳ εἶπεν Θέλεις εἰς Ἰεροσόλυμα ἀναβὰς ἐκεῖ περὶ τούτων κριθῆναι ἐπ᾽ ἐμοῦ; 10 εἶπεν δὲ ὁ Παῦλος Ἑστὼς ἐπὶ τοῦ βήματος Καίσαρός εἰμι, οὗ με δεῖ κρίνεσθαι. Ἰουδαίους οὐδὲν ἠδίκηκα, ὡς καὶ σὺ κάλλιον ἐπιγινώσκεις. 11 εἰ μὲν οὖν ἀδικῶ καὶ ἄξιον θανάτου πέπραχά τι, οὐ παραιτοῦμαι τὸ ἀποθανεῖν· εἰ δὲ οὐδὲν ἔστιν ὧν οὗτοι κατηγοροῦσίν μου, οὐδείς με δύναται αὐτοῖς χαρίσασθαι· Καίσαρα ἐπικαλοῦμαι. 12 τότε ὁ Φῆστος συνλαλήσας μετὰ τοῦ συμβουλίου ἀπεκρίθη Καίσαρα ἐπικέκλησαι, ἐπὶ Καίσαρα πορεύσῃ.

Paul Appears before Agrippa and Bernice

13 Ἡμερῶν δὲ διαγενομένων τινῶν Ἀγρίππας ὁ βασιλεὺς καὶ Βερνίκη κατήντησαν εἰς Καισαρίαν ἀσπασάμενοι

---

4 WH: εἰς Καισαρίαν RP: ἐν Καισαρείᾳ 5 WH: ἐν ὑμῖν, φησίν, δυνατοὶ RP: δυνατοὶ ἐν ὑμῖν, φησίν // WH: ἄτοπον RP: τούτῳ 6 WH: οὐ πλείους ὀκτὼ RP: πλείους 7 RP: omit αὐτὸν // WH: καταφέροντες RP: φέροντες κατὰ τοῦ Παύλου 8 WH: τοῦ Παύλου ἀπολογουμένου RP: ἀπολογουμένου αὐτοῦ 9 WH: θέλων τοῖς Ἰουδαίοις RP: τοῖς Ἰουδαίοις θέλων // WH: κριθῆναι RP: κρίνεσθαι 10 WH: Ἑστὼς ἐπὶ τοῦ βήματος Καίσαρός NA/RP: ἐπὶ τοῦ βήματος Καίσαρος ἑστώς // WH: ἠδίκηκα NA: ἠδίκησα 11 WH: οὖν RP: γὰρ 13 {WH}: *ἀσπασάμενοι*

τὸν Φῆστον. 14 ὡς δὲ πλείους ἡμέρας διέτριβον ἐκεῖ, ὁ Φῆστος τῷ βασιλεῖ ἀνέθετο τὰ κατὰ τὸν Παῦλον λέγων Ἀνήρ τίς ἐστιν καταλελιμμένος ὑπὸ Φήλικος δέσμιος, 15 περὶ οὗ γενομένου μου εἰς Ἱεροσόλυμα ἐνεφάνισαν οἱ ἀρχιερεῖς καὶ οἱ πρεσβύτεροι τῶν Ἰουδαίων, αἰτούμενοι κατ' αὐτοῦ καταδίκην· 16 πρὸς οὓς ἀπεκρίθην ὅτι οὐκ ἔστιν ἔθος Ῥωμαίοις χαρίζεσθαί τινα ἄνθρωπον πρὶν ἢ ὁ κατηγορούμενος κατὰ πρόσωπον ἔχοι τοὺς κατηγόρους τόπον τε ἀπολογίας λάβοι περὶ τοῦ ἐγκλήματος. 17 συνελθόντων οὖν ἐνθάδε ἀναβολὴν μηδεμίαν ποιησάμενος τῇ ἑξῆς καθίσας ἐπὶ τοῦ βήματος ἐκέλευσα ἀχθῆναι τὸν ἄνδρα· 18 περὶ οὗ σταθέντες οἱ κατήγοροι οὐδεμίαν αἰτίαν ἔφερον ὧν ἐγὼ ὑπενόουν πονηρῶν, 19 ζητήματα δέ τινα περὶ τῆς ἰδίας δεισιδαιμονίας εἶχον πρὸς αὐτὸν καὶ περί τινος Ἰησοῦ τεθνηκότος, ὃν ἔφασκεν ὁ Παῦλος ζῆν. 20 ἀπορούμενος δὲ ἐγὼ τὴν περὶ τούτων ζήτησιν ἔλεγον εἰ βούλοιτο πορεύεσθαι εἰς Ἱεροσόλυμα κἀκεῖ κρίνεσθαι περὶ τούτων. 21 τοῦ δὲ Παύλου ἐπικαλεσαμένου τηρηθῆναι αὐτὸν εἰς τὴν τοῦ Σεβαστοῦ διάγνωσιν, ἐκέλευσα τηρεῖσθαι αὐτὸν ἕως οὗ ἀναπέμψω αὐτὸν πρὸς Καίσαρα. 22 Ἀγρίππας δὲ πρὸς τὸν Φῆστον Ἐβουλόμην καὶ αὐτὸς τοῦ ἀνθρώπου ἀκοῦσαι. Αὔριον, φησίν, ἀκούσῃ αὐτοῦ.

23 Τῇ οὖν ἐπαύριον ἐλθόντος τοῦ Ἀγρίππα καὶ τῆς Βερνίκης μετὰ πολλῆς φαντασίας καὶ εἰσελθόντων εἰς τὸ ἀκροατήριον σύν τε χιλιάρχοις καὶ ἀνδράσιν τοῖς κατ' ἐξοχὴν τῆς πόλεως καὶ κελεύσαντος τοῦ Φήστου ἤχθη ὁ Παῦλος. 24 καί φησιν ὁ Φῆστος Ἀγρίππα βασιλεῦ καὶ πάντες οἱ συμπαρόντες ἡμῖν ἄνδρες, θεωρεῖτε τοῦτον περὶ οὗ ἅπαν τὸ πλῆθος τῶν Ἰουδαίων ἐνέτυχέν μοι ἔν τε Ἱεροσολύμοις καὶ ἐνθάδε, βοῶντες μὴ δεῖν αὐτὸν ζῆν μηκέτι.

---

14 WH: διέτριβον RP: διέτριβεν 15 WH: καταδίκην RP: δίκην 16 RP: add εἰς ἀπώλειαν after ἄνθρωπον // WH: τε {WH}: δὲ 17 [NA]/RP: add αὐτῶν before ἐνθάδε 18 WH: ἔφερον RP: ἐπέφερον // WH: ἐγὼ ὑπενόουν RP: ὑπενόουν ἐγώ // WH: πονηρῶν {WH}: πονηράν RP: omit πονηρῶν 20 WH: τούτων RP: τούτου 21 WH: ἀναπέμψω RP: πέμψω 22 RP: add ἔφη after Φῆστον // RP: add Ὁ δέ before Αὔριον 23 RP: add οὖσιν after ἐξοχὴν 24 WH: ἅπαν RP: πᾶν // WH: ἐνέτυχέν {WH}/NA: ἐνετύχόν // WH: βοῶντες RP: ἐπιβοῶντες // WH: αὐτὸν ζῆν RP: ζῆν

25 ἐγὼ δὲ κατελαβόμην μηδὲν ἄξιον αὐτὸν θανάτου πεπρα-
χέναι, αὐτοῦ δὲ τούτου ἐπικαλεσαμένου τὸν Σεβαστὸν
ἔκρινα πέμπειν. 26 περὶ οὗ ἀσφαλές τι γράψαι τῷ κυρίῳ οὐκ
ἔχω· διὸ προήγαγον αὐτὸν ἐφ᾽ ὑμῶν καὶ μάλιστα ἐπὶ σοῦ,
βασιλεῦ Ἀγρίππα, ὅπως τῆς ἀνακρίσεως γενομένης σχῶ τί
γράψω· 27 ἄλογον γάρ μοι δοκεῖ πέμποντα δέσμιον μὴ καὶ
τὰς κατ᾽ αὐτοῦ αἰτίας σημᾶναι.

Paul Defends Himself before Agrippa

26 Ἀγρίππας δὲ πρὸς τὸν Παῦλον ἔφη Ἐπιτρέπεταί σοι
ὑπὲρ σεαυτοῦ λέγειν. τότε ὁ Παῦλος ἐκτείνας τὴν χεῖρα
ἀπελογεῖτο 2 Περὶ πάντων ὧν ἐγκαλοῦμαι ὑπὸ Ἰουδαίων,
βασιλεῦ Ἀγρίππα, ἥγημαι ἐμαυτὸν μακάριον ἐπὶ σοῦ
μέλλων σήμερον ἀπολογεῖσθαι, 3 μάλιστα γνώστην ὄντα σε
πάντων τῶν κατὰ Ἰουδαίους ἐθῶν τε καὶ ζητημάτων· διὸ
δέομαι μακροθύμως ἀκοῦσαί μου. 4 Τὴν μὲν οὖν βίωσίν
μου ἐκ νεότητος τὴν ἀπ᾽ ἀρχῆς γενομένην ἐν τῷ ἔθνει μου ἔν
τε Ἱεροσολύμοις ἴσασι πάντες Ἰουδαῖοι, 5 προγινώσκοντές
με ἄνωθεν, ἐὰν θέλωσι μαρτυρεῖν, ὅτι κατὰ τὴν ἀκριβεστάτ-
ην αἵρεσιν τῆς ἡμετέρας θρησκείας ἔζησα Φαρισαῖος. 6 καὶ
νῦν ἐπ᾽ ἐλπίδι τῆς εἰς τοὺς πατέρας ἡμῶν ἐπαγγελίας γε-
νομένης ὑπὸ τοῦ θεοῦ ἕστηκα κρινόμενος, 7 εἰς ἣν τὸ δωδε-
κάφυλον ἡμῶν ἐν ἐκτενείᾳ νύκτα καὶ ἡμέραν λατρεῦον
ἐλπίζει καταντῆσαι περὶ ἧς ἐλπίδος ἐγκαλοῦμαι ὑπὸ
Ἰουδαίων, βασιλεῦ· 8 τί ἄπιστον κρίνεται παρ᾽ ὑμῖν εἰ ὁ
θεὸς νεκροὺς ἐγείρει; 9 Ἐγὼ μὲν οὖν ἔδοξα ἐμαυτῷ πρὸς τὸ
ὄνομα Ἰησοῦ τοῦ Ναζωραίου δεῖν πολλὰ ἐναντία πρᾶξαι·

αὐτὸν 25 WH: κατελαβόμην RP: καταλαβόμενος // WH: αὐτὸν θανάτου RP:
θανάτου αὐτὸν // RP: add καὶ before αὐτοῦ // RP: add αὐτὸν after πέμπειν 26 WH:
γράψω RP: γράψαι
26:1 WH: ὑπὲρ {WH}/NA: περὶ // WH: ἐκτείνας τὴν χεῖρα ἀπελογεῖτο RP:
ἀπελογεῖτο, ἐκτείνας τὴν χεῖρα 2 WH: σήμερον ἀπολογεῖσθαι RP:
ἀπολογεῖσθαι σήμερον 3 WH: ἐθῶν RP: ἠθῶν // RP: add σου after δέομαί
4 [NA]/RP: add τὴν before ἐκ // RP: omit τε // [NA]/RP: add οἱ before Ἰουδαῖοι 6 RP:
omit ἡμῶν 7 WH: καταντῆσαι {WH}: καταντήσειν // WH: ὑπὸ Ἰουδαίων,
βασιλεῦ RP: βασιλεῦ Ἀγρίππα, ὑπὸ Ἰουδαίων

10 ὃ καὶ ἐποίησα ἐν Ἱεροσολύμοις, καὶ πολλούς τε τῶν
ἁγίων ἐγὼ ἐν φυλακαῖς κατέκλεισα τὴν παρὰ τῶν ἀρχιερέων
ἐξουσίαν λαβών, ἀναιρουμένων τε αὐτῶν κατήνεγκα
ψῆφον, 11 καὶ κατὰ πάσας τὰς συναγωγὰς πολλάκις
τιμωρῶν αὐτοὺς ἠνάγκαζον βλασφημεῖν, περισσῶς τε ἐμ-
μαινόμενος αὐτοῖς ἐδίωκον ἕως καὶ εἰς τὰς ἔξω πόλεις.

Paul Recounts His Conversion

12 Ἐν οἷς πορευόμενος εἰς τὴν Δαμασκὸν μετ᾽ ἐξουσίας καὶ
ἐπιτροπῆς τῆς τῶν ἀρχιερέων 13 ἡμέρας μέσης κατὰ τὴν
ὁδὸν εἶδον, βασιλεῦ, οὐρανόθεν ὑπὲρ τὴν λαμπρότητα τοῦ
ἡλίου περιλάμψαν με φῶς καὶ τοὺς σὺν ἐμοὶ πορευομένους·
14 πάντων τε καταπεσόντων ἡμῶν εἰς τὴν γῆν ἤκουσα
φωνὴν λέγουσαν πρός με τῇ Ἑβραΐδι διαλέκτῳ Σαοὺλ
Σαούλ, τί με διώκεις; σκληρόν σοι πρὸς κέντρα λακτίζειν.
15 ἐγὼ δὲ εἶπα Τίς εἶ, κύριε; ὁ δὲ κύριος εἶπεν Ἐγώ εἰμι
Ἰησοῦς ὃν σὺ διώκεις· 16 ἀλλὰ ἀνάστηθι καὶ **στῆθι ἐπὶ
τοὺς πόδας σου·** εἰς τοῦτο γὰρ ὤφθην σοι, προχειρίσασθαί
σε ὑπηρέτην καὶ μάρτυρα ὧν τε εἶδές με ὧν τε ὀφθήσομαί
σοι, 17 **ἐξαιρούμενός σε** ἐκ τοῦ λαοῦ καὶ **ἐκ τῶν ἐθνῶν, εἰς
οὓς ἐγὼ ἀποστέλλω σε** 18 **ἀνοῖξαι ὀφθαλμοὺς** αὐτῶν, τοῦ
ἐπιστρέψαι **ἀπὸ σκότους εἰς φῶς** καὶ τῆς ἐξουσίας τοῦ
Σατανᾶ ἐπὶ τὸν θεόν, τοῦ λαβεῖν αὐτοὺς ἄφεσιν ἁμαρτιῶν
καὶ κλῆρον ἐν τοῖς ἡγιασμένοις πίστει τῇ εἰς ἐμέ.

Paul Tells of His Ministry

19 Ὅθεν, βασιλεῦ Ἀγρίππα, οὐκ ἐγενόμην ἀπειθὴς τῇ οὐ-
ρανίῳ ὀπτασίᾳ, 20 ἀλλὰ τοῖς ἐν Δαμασκῷ πρῶτόν τε καὶ

---

10 WH: πολλούς τε {WH}/RP: πολλοὺς // RP: omit ἐν before φυλακαῖς 12 RP: add
καὶ after οἷς // RP: add παρὰ after τῆς 14 WH: τε RP: δὲ // WH: λέγουσαν RP:
λαλοῦσαν // RP: add καὶ λέγουσαν after με 15 WH: εἶπα RP: εἶπον // RP: omit
κύριος 16 WH: με NA: [με] RP: omit με 17 RP: omit ἐκ before τῶν ἐθνῶν // WH:
ἀποστέλλω σε RP: σε ἀποστέλλω 18 WH: ἐπιστρέψαι RP: ὑποστρέψαι 20 RP:
omit τε after πρῶτον //

26:16–17 Ezek 2:1, 3 17 Jer 1:7; 1 Chr 16:35 18 Isa 42:7, 16

Ἱεροσολύμοις, πᾶσάν τε τὴν χώραν τῆς Ἰουδαίας, καὶ τοῖς ἔθνεσιν ἀπήγγελλον μετανοεῖν καὶ ἐπιστρέφειν ἐπὶ τὸν θεόν, ἄξια τῆς μετανοίας ἔργα πράσσοντας. 21 ἕνεκα τούτων με Ἰουδαῖοι συλλαβόμενοι ἐν τῷ ἱερῷ ἐπειρῶντο διαχειρίσασθαι. 22 ἐπικουρίας οὖν τυχὼν τῆς ἀπὸ τοῦ θεοῦ ἄχρι τῆς ἡμέρας ταύτης ἕστηκα μαρτυρόμενος μικρῷ τε καὶ μεγάλῳ, οὐδὲν ἐκτὸς λέγων ὧν τε οἱ προφῆται ἐλάλησαν μελλόντων γίνεσθαι καὶ Μωυσῆς, 23 εἰ παθητὸς ὁ χριστός, εἰ πρῶτος ἐξ ἀναστάσεως νεκρῶν φῶς μέλλει καταγγέλλειν τῷ τε λαῷ καὶ τοῖς ἔθνεσιν.

Paul Challenges Agrippa to Believe

24 Ταῦτα δὲ αὐτοῦ ἀπολογουμένου ὁ Φῆστος μεγάλῃ τῇ φωνῇ φησίν· Μαίνῃ, Παῦλε· τὰ πολλά σε γράμματα εἰς μανίαν περιτρέπει. 25 ὁ δὲ Παῦλος Οὐ μαίνομαι, φησίν, κράτιστε Φῆστε, ἀλλὰ ἀληθείας καὶ σωφροσύνης ῥήματα ἀποφθέγγομαι. 26 ἐπίσταται γὰρ περὶ τούτων ὁ βασιλεύς, πρὸς ὃν παρρησιαζόμενος λαλῶ· λανθάνειν γὰρ αὐτὸν τούτων οὐ πείθομαι οὐθέν, οὐ γάρ ἐστιν ἐν γωνίᾳ πεπραγμένον τοῦτο. 27 πιστεύεις, βασιλεῦ Ἀγρίππα, τοῖς προφήταις; οἶδα ὅτι πιστεύεις. 28 ὁ δὲ Ἀγρίππας πρὸς τὸν Παῦλον Ἐν ὀλίγῳ με πείθεις Χριστιανὸν ποιῆσαι. 29 ὁ δὲ Παῦλος Εὐξαίμην ἂν τῷ θεῷ καὶ ἐν ὀλίγῳ καὶ ἐν μεγάλῳ οὐ μόνον σὲ ἀλλὰ καὶ πάντας τοὺς ἀκούοντάς μου σήμερον γενέσθαι τοιούτους ὁποῖος καὶ ἐγώ εἰμι παρεκτὸς τῶν δεσμῶν τούτων.

30 Ἀνέστη τε ὁ βασιλεὺς καὶ ὁ ἡγεμὼν ἥ τε Βερνίκη καὶ οἱ συνκαθήμενοι αὐτοῖς, 31 καὶ ἀναχωρήσαντες ἐλάλουν

RP: *add* εἰς *before* πᾶσάν // WH: ἀπήγγελλον RP: ἀπαγγέλλων 21 WH: με Ἰουδαῖοι RP: οἱ Ἰουδαῖοι με // NA: *add* [ὄντα] *before* συλλαβόμενοι 22 WH: ἀπὸ RP: παρὰ 23 RP: *omit* τε 24 WH: φησίν RP: ἔφη 25 RP: *omit* Παῦλος 26 {WH}/NA/RP: *add* καὶ *after* ὃν // WH: αὐτὸν {WH}/RP: αὐτόν τι NA: αὐτόν [τι] // RP: *omit* ἐστιν 28 RP: *add* ἔφη *after* Παῦλον // {WH}: *μ̔ε πείθεις Χριστιανὸν ποιῆσαι* // WH: ποιῆσαι RP: γενέσθαι 29 RP: *add* εἶπεν *after* Παῦλος // WH: μεγάλῳ RP: πολλῷ // WH: καὶ ἐγώ RP: κἀγώ 30 RP: *add* Καὶ ταῦτα εἰπόντος αὐτοῦ *before* ἀνέστη // RP: *omit* τε *after* Ἀνέστη πρὸς ἀλλήλους λέγοντες ὅτι Οὐδὲν θανάτου ἢ δεσμῶν ἄξιον πράσσει ὁ ἄνθρωπος οὗτος. 32 Ἀγρίππας δὲ τῷ Φήστῳ ἔφη Ἀπολελύσθαι ἐδύνατο ὁ ἄνθρωπος οὗτος εἰ μὴ ἐπεκέκλητο Καίσαρα.

Paul Sails for Rome

27 Ὡς δὲ ἐκρίθη τοῦ ἀποπλεῖν ἡμᾶς εἰς τὴν Ἰταλίαν, παρεδίδουν τόν τε Παῦλον καί τινας ἑτέρους δεσμώτας ἑκατοντάρχῃ ὀνόματι Ἰουλίῳ σπείρης Σεβαστῆς. 2 ἐπιβάντες δὲ πλοίῳ Ἀδραμυντηνῷ μέλλοντι πλεῖν εἰς τοὺς κατὰ τὴν Ἀσίαν τόπους ἀνήχθημεν, ὄντος σὺν ἡμῖν Ἀριστάρχου Μακεδόνος Θεσσαλονικέως· 3 τῇ τε ἑτέρᾳ κατήχθημεν εἰς Σιδῶνα, φιλανθρώπως τε ὁ Ἰούλιος τῷ Παύλῳ χρησάμενος ἐπέτρεψεν πρὸς τοὺς φίλους πορευθέντι ἐπιμελείας τυχεῖν. 4 κἀκεῖθεν ἀναχθέντες ὑπεπλεύσαμεν τὴν Κύπρον διὰ τὸ τοὺς ἀνέμους εἶναι ἐναντίους, 5 τό τε πέλαγος τὸ κατὰ τὴν Κιλικίαν καὶ Παμφυλίαν διαπλεύσαντες κατήλθαμεν εἰς Μύρρα τῆς Λυκίας. 6 Κἀκεῖ εὑρὼν ὁ ἑκατοντάρχης πλοῖον Ἀλεξανδρινὸν πλέον εἰς τὴν Ἰταλίαν ἐνεβίβασεν ἡμᾶς εἰς αὐτό. 7 ἐν ἱκαναῖς δὲ ἡμέραις βραδυπλοοῦντες καὶ μόλις γενόμενοι κατὰ τὴν Κνίδον, μὴ προσεῶντος ἡμᾶς τοῦ ἀνέμου, ὑπεπλεύσαμεν τὴν Κρήτην κατὰ Σαλμώνην, 8 μόλις τε παραλεγόμενοι αὐτὴν ἤλθομεν εἰς τόπον τινὰ καλούμενον Καλοὺς Λιμένας, ᾧ ἐγγὺς ἦν πόλις Λασέα.

9 Ἱκανοῦ δὲ χρόνου διαγενομένου καὶ ὄντος ἤδη ἐπισφαλοῦς τοῦ πλοὸς διὰ τὸ καὶ τὴν νηστείαν ἤδη παρεληλυθέναι, παρῄνει ὁ Παῦλος 10 λέγων αὐτοῖς Ἄνδρες, θεωρῶ ὅτι μετὰ ὕβρεως καὶ πολλῆς ζημίας οὐ μόνον τοῦ φορτίου καὶ τοῦ πλοίου ἀλλὰ καὶ τῶν ψυχῶν ἡμῶν μέλλειν

---

31 WH: ἢ δεσμῶν ἄξιον RP: ἄξιον ἢ δεσμῶν // {WH}/[NA]: add τι after ἄξιόν
27:2 WH: Ἀδραμυντηνῷ μέλλοντι RP: Ἀδραμυττηνῷ μέλλοντες // RP: omit εἰς
3 WH: πορευθέντι RP: πορευθέντα 5 WH: Μύρρα NA/RP: Μύρα 6 WH: ἑκατοντάρχης RP: ἑκατόνταρχος 8 WH: ἦν πόλις NA: πόλις ἦν // WH: Λασέα NA/RP: Λασαία

ἔσεσθαι τὸν πλοῦν. 11 ὁ δὲ ἑκατοντάρχης τῷ κυβερνήτῃ καὶ τῷ ναυκλήρῳ μᾶλλον ἐπείθετο ἢ τοῖς ὑπὸ Παύλου λεγομένοις. 12 ἀνευθέτου δὲ τοῦ λιμένος ὑπάρχοντος πρὸς παραχειμασίαν οἱ πλείονες ἔθεντο βουλὴν ἀναχθῆναι ἐκεῖθεν, εἴ πως δύναιντο καταντήσαντες εἰς Φοίνικα παραχειμάσαι, λιμένα τῆς Κρήτης βλέποντα κατὰ λίβα καὶ κατὰ χῶρον.

A Storm at Sea

13 Ὑποπνεύσαντος δὲ νότου δόξαντες τῆς προθέσεως κεκρατηκέναι ἄραντες ἆσσον παρελέγοντο τὴν Κρήτην. 14 μετ᾽ οὐ πολὺ δὲ ἔβαλεν κατ᾽ αὐτῆς ἄνεμος τυφωνικὸς ὁ καλούμενος Εὐρακύλων· 15 συναρπασθέντος δὲ τοῦ πλοίου καὶ μὴ δυναμένου ἀντοφθαλμεῖν τῷ ἀνέμῳ ἐπιδόντες ἐφερόμεθα. 16 νησίον δέ τι ὑποδραμόντες καλούμενον Καῦδα ἰσχύσαμεν μόλις περικρατεῖς γενέσθαι τῆς σκάφης, 17 ἣν ἄραντες βοηθείαις ἐχρῶντο ὑποζωννύντες τὸ πλοῖον· φοβούμενοί τε μὴ εἰς τὴν Σύρτιν ἐκπέσωσιν, χαλάσαντες τὸ σκεῦος, οὕτως ἐφέροντο. 18 σφοδρῶς δὲ χειμαζομένων ἡμῶν τῇ ἑξῆς ἐκβολὴν ἐποιοῦντο, 19 καὶ τῇ τρίτῃ αὐτόχειρες τὴν σκευὴν τοῦ πλοίου ἔριψαν. 20 μήτε δὲ ἡλίου μήτε ἄστρων ἐπιφαινόντων ἐπὶ πλείονας ἡμέρας, χειμῶνός τε οὐκ ὀλίγου ἐπικειμένου, λοιπὸν περιῃρεῖτο ἐλπὶς πᾶσα τοῦ σῴζεσθαι ἡμᾶς. 21 Πολλῆς τε ἀσιτίας ὑπαρχούσης τότε σταθεὶς ὁ Παῦλος ἐν μέσῳ αὐτῶν εἶπεν Ἔδει μέν, ὦ ἄνδρες, πειθαρχήσαντάς μοι μὴ ἀνάγεσθαι ἀπὸ τῆς Κρήτης κερδῆσαί τε τὴν ὕβριν ταύτην καὶ τὴν ζημίαν. 22 καὶ τὰ νῦν παραινῶ ὑμᾶς εὐθυμεῖν, ἀποβολὴ γὰρ ψυχῆς οὐδεμία ἔσται ἐξ ὑμῶν πλὴν τοῦ πλοίου· 23 παρέστη γάρ μοι ταύτῃ τῇ νυκτὶ τοῦ θεοῦ οὗ εἰμί, ᾧ καὶ λατρεύω, ἄγγελος 24 λέγων Μὴ φοβοῦ, Παῦλε· Καίσαρί σε δεῖ παραστῆναι, καὶ ἰδοὺ

---

11 WH: μᾶλλον ἐπείθετο RP: ἐπείθετο μᾶλλον 12 WH: ἐκεῖθεν RP: κἀκεῖθεν 16 WH: Καῦδα RP: Κλαύδην // WH: ἰσχύσαμεν μόλις RP: μόλις ἰσχύσαμεν 17 WH: Σύρτιν RP: Σύρτην 19 WH: ἔριψαν NA: ἔρριψαν RP: ἐρρίψαμεν 20 WH: ἐλπὶς πᾶσα RP: πᾶσα ἐλπὶς 21 WH: τε RP: δὲ 23 WH: τοῦ θεοῦ οὗ εἰμί, ᾧ καὶ λατρεύω, ἄγγελος RP: ἄγγελος τοῦ θεοῦ, οὗ εἰμι, ᾧ καὶ λατρεύω // NA: add [ἐγώ] after εἰμί

κεχάρισταί σοι ὁ θεὸς πάντας τοὺς πλέοντας μετὰ σοῦ. 25 διὸ εὐθυμεῖτε, ἄνδρες· πιστεύω γὰρ τῷ θεῷ ὅτι οὕτως ἔσται καθ' ὃν τρόπον λελάληταί μοι. 26 εἰς νῆσον δέ τινα δεῖ ἡμᾶς ἐκπεσεῖν.

27 Ὡς δὲ τεσσαρεσκαιδεκάτη νὺξ ἐγένετο διαφερομένων ἡμῶν ἐν τῷ Ἀδρίᾳ, κατὰ μέσον τῆς νυκτὸς ὑπενόουν οἱ ναῦται προσάγειν τινὰ αὐτοῖς χώραν. 28 καὶ βολίσαντες εὗρον ὀργυιὰς εἴκοσι, βραχὺ δὲ διαστήσαντες καὶ πάλιν βολίσαντες εὗρον ὀργυιὰς δεκαπέντε· 29 φοβούμενοί τε μή που κατὰ τραχεῖς τόπους ἐκπέσωμεν ἐκ πρύμνης ῥίψαντες ἀγκύρας τέσσαρας ηὔχοντο ἡμέραν γενέσθαι. 30 Τῶν δὲ ναυτῶν ζητούντων φυγεῖν ἐκ τοῦ πλοίου καὶ χαλασάντων τὴν σκάφην εἰς τὴν θάλασσαν προφάσει ὡς ἐκ πρῴρης ἀγκύρας μελλόντων ἐκτείνειν, 31 εἶπεν ὁ Παῦλος τῷ ἑκατοντάρχῃ καὶ τοῖς στρατιώταις Ἐὰν μὴ οὗτοι μείνωσιν ἐν τῷ πλοίῳ, ὑμεῖς σωθῆναι οὐ δύνασθε. 32 τότε ἀπέκοψαν οἱ στρατιῶται τὰ σχοινία τῆς σκάφης καὶ εἴασαν αὐτὴν ἐκπεσεῖν. 33 Ἄχρι δὲ οὗ ἡμέρα ἤμελλεν γίνεσθαι παρεκάλει ὁ Παῦλος ἅπαντας μεταλαβεῖν τροφῆς λέγων Τεσσαρεσκαιδεκάτην σήμερον ἡμέραν προσδοκῶντες ἄσιτοι διατελεῖτε, μηθὲν προσλαβόμενοι· 34 διὸ παρακαλῶ ὑμᾶς μεταλαβεῖν τροφῆς, τοῦτο γὰρ πρὸς τῆς ὑμετέρας σωτηρίας ὑπάρχει· οὐδενὸς γὰρ ὑμῶν θρὶξ ἀπὸ τῆς κεφαλῆς ἀπολεῖται. 35 εἴπας δὲ ταῦτα καὶ λαβὼν ἄρτον εὐχαρίστησεν τῷ θεῷ ἐνώπιον πάντων καὶ κλάσας ἤρξατο ἐσθίειν. 36 εὔθυμοι δὲ γενόμενοι πάντες καὶ αὐτοὶ προσελάβοντο τροφῆς. 37 ἤμεθα δὲ αἱ πᾶσαι ψυχαὶ ἐν τῷ πλοίῳ ὡς ἑβδομήκοντα ἕξ. 38 κορεσθέντες δὲ τροφῆς ἐκούφιζον τὸ πλοῖον ἐκβαλλόμενοι τὸν σῖτον εἰς τὴν θάλασσαν.

---

27 WH: προσάγειν {WH}: προσαχεῖν 29 WH: μή που κατὰ RP: μήπως εἰς 30 WH: πρῴρης RP: πρώρας // WH: ἀγκύρας μελλόντων RP: μελλόντων ἀγκύρας 32 WH: ἀπέκοψαν οἱ στρατιῶται RP: οἱ στρατιῶται ἀπέκοψαν 33 WH: ἡμέρα ἤμελλεν RP: ἤμελλεν ἡμέρα 34 WH: μεταλαβεῖν RP: προσλαβεῖν // WH: ἀπὸ RP: ἐκ // WH: ἀπολεῖται RP: πεσεῖται 35 WH: εἴπας RP: Εἰπὼν 37 WH: ἤμεθα RP: Ἦμεν // WH: αἱ πᾶσαι ψυχαὶ ἐν τῷ πλοίῳ RP: ἐν τῷ πλοίῳ αἱ πᾶσαι ψυχαί // WH: ὡς {WH}/NA/RP: διακόσιαι 38 RP: add τῆς before τροφῆς

Paul Is Shipwrecked on Malta

39 Ὅτε δὲ ἡμέρα ἐγένετο, τὴν γῆν οὐκ ἐπεγίνωσκον, κόλπον δέ τινα κατενόουν ἔχοντα αἰγιαλὸν εἰς ὃν ἐβουλεύοντο εἰ δύναιντο ἐκσῶσαι τὸ πλοῖον. 40 καὶ τὰς ἀγκύρας περιελόντες εἴων εἰς τὴν θάλασσαν, ἅμα ἀνέντες τὰς ζευκτηρίας τῶν πηδαλίων, καὶ ἐπάραντες τὸν ἀρτέμωνα τῇ πνεούσῃ κατεῖχον εἰς τὸν αἰγιαλόν. 41 περιπεσόντες δὲ εἰς τόπον διθάλασσον ἐπέκειλαν τὴν ναῦν καὶ ἡ μὲν πρῷρα ἐρείσασα ἔμεινεν ἀσάλευτος, ἡ δὲ πρύμνα ἐλύετο ὑπὸ τῆς βίας. 42 Τῶν δὲ στρατιωτῶν βουλὴ ἐγένετο ἵνα τοὺς δεσμώτας ἀποκτείνωσιν, μή τις ἐκκολυμβήσας διαφύγῃ· 43 ὁ δὲ ἑκατοντάρχης βουλόμενος διασῶσαι τὸν Παῦλον ἐκώλυσεν αὐτοὺς τοῦ βουλήματος, ἐκέλευσέν τε τοὺς δυναμένους κολυμβᾶν ἀπορίψαντας πρώτους ἐπὶ τὴν γῆν ἐξιέναι, 44 καὶ τοὺς λοιποὺς οὓς μὲν ἐπὶ σανίσιν οὓς δὲ ἐπί τινων τῶν ἀπὸ τοῦ πλοίου· καὶ οὕτως ἐγένετο πάντας διασωθῆναι ἐπὶ τὴν γῆν.

Paul's Ministry on Malta

28 Καὶ διασωθέντες τότε ἐπέγνωμεν ὅτι Μελιτήνη ἡ νῆσος καλεῖται. 2 οἵ τε βάρβαροι παρεῖχαν οὐ τὴν τυχοῦσαν φιλανθρωπίαν ἡμῖν, ἅψαντες γὰρ πυρὰν προσελάβοντο πάντας ἡμᾶς διὰ τὸν ὑετὸν τὸν ἐφεστῶτα καὶ διὰ τὸ ψῦχος. 3 συστρέψαντος δὲ τοῦ Παύλου φρυγάνων τι πλῆθος καὶ ἐπιθέντος ἐπὶ τὴν πυράν, ἔχιδνα ἀπὸ τῆς θέρμης ἐξελθοῦσα καθῆψε τῆς χειρὸς αὐτοῦ. 4 ὡς δὲ εἶδαν οἱ βάρβαροι κρεμάμενον τὸ θηρίον ἐκ τῆς χειρὸς αὐτοῦ, πρὸς ἀλλήλους ἔλεγον Πάντως φονεύς ἐστιν ὁ ἄνθρωπος οὗτος ὃν διασωθέντα ἐκ

39 WH: ἐβουλεύοντο RP: ἐβουλεύσαντο // WH: δύναιντο RP: δυνατόν // WH: ἐκσῶσαι {WH}/NA/RP: ἐξῶσαι 40 WH: ἀρτέμωνα RP: ἀρτέμονα 41 WH: ἐπέκειλαν RP: ἐπώκειλαν // [NA]/RP: add τῶν κυμάτων after βίας 43 WH: ἑκατοντάρχης RP: ἑκατόνταρχος // WH: ἀπορίψαντας RP: ἀπορρίψαντας 28:1 WH: ἐπέγνωμεν RP: ἐπέγνωσαν // WH: Μελιτήνη NA/RP: Μελίτη 2 WH: παρεῖχαν RP: παρεῖχον // WH: ἅψαντες RP: ἀνάψαντες 3 RP: omit τι // WH: ἀπὸ RP: ἐκ // WH: ἐξελθοῦσα RP: διεξελθοῦσα 4 WH: πρὸς ἀλλήλους ἔλεγον RP: ἔλεγον πρὸς ἀλλήλους

τῆς θαλάσσης ἡ δίκη ζῆν οὐκ εἴασεν. 5 ὁ μὲν οὖν ἀποτινά-
ξας τὸ θηρίον εἰς τὸ πῦρ ἔπαθεν οὐδὲν κακόν· 6 οἱ δὲ
προσεδόκων αὐτὸν μέλλειν πίμπρασθαι ἢ καταπίπτειν
ἄφνω νεκρόν. ἐπὶ πολὺ δὲ αὐτῶν προσδοκώντων καὶ θεω-
ρούντων μηδὲν ἄτοπον εἰς αὐτὸν γινόμενον, μεταβαλόμε-
νοι ἔλεγον αὐτὸν εἶναι θεόν.

7 Ἐν δὲ τοῖς περὶ τὸν τόπον ἐκεῖνον ὑπῆρχεν χωρία τῷ
πρώτῳ τῆς νήσου ὀνόματι Ποπλίῳ, ὃς ἀναδεξάμενος ἡμᾶς
ἡμέρας τρεῖς φιλοφρόνως ἐξένισεν. 8 ἐγένετο δὲ τὸν πατέρα
τοῦ Ποπλίου πυρετοῖς καὶ δυσεντερίῳ συνεχόμενον κατα-
κεῖσθαι, πρὸς ὃν ὁ Παῦλος εἰσελθὼν καὶ προσευξάμενος
ἐπιθεὶς τὰς χεῖρας αὐτῷ ἰάσατο αὐτόν. 9 τούτου δὲ γενο-
μένου [καὶ] οἱ λοιποὶ οἱ ἐν τῇ νήσῳ ἔχοντες ἀσθενείας
προσήρχοντο καὶ ἐθεραπεύοντο, 10 οἳ καὶ πολλαῖς τιμαῖς
ἐτίμησαν ἡμᾶς καὶ ἀναγομένοις ἐπέθεντο τὰ πρὸς τὰς
χρείας.

Paul Arrives in Rome

11 Μετὰ δὲ τρεῖς μῆνας ἀνήχθημεν ἐν πλοίῳ παρακε-
χειμακότι ἐν τῇ νήσῳ Ἀλεξανδρινῷ, παρασήμῳ Διοσκού-
ροις. 12 καὶ καταχθέντες εἰς Συρακούσας ἐπεμείναμεν
ἡμέρας τρεῖς, 13 ὅθεν περιελόντες κατηντήσαμεν εἰς Ῥή-
γιον. καὶ μετὰ μίαν ἡμέραν ἐπιγενομένου νότου δευτεραῖοι
ἤλθομεν εἰς Ποτιόλους, 14 οὗ εὑρόντες ἀδελφοὺς παρεκλή-
θημεν παρ' αὐτοῖς ἐπιμεῖναι ἡμέρας ἑπτά· καὶ οὕτως εἰς τὴν
Ῥώμην ἤλθαμεν. 15 κἀκεῖθεν οἱ ἀδελφοὶ ἀκούσαντες τὰ
περὶ ἡμῶν ἦλθαν εἰς ἀπάντησιν ἡμῖν ἄχρι Ἀππίου Φόρου
καὶ Τριῶν Ταβερνῶν, οὓς ἰδὼν ὁ Παῦλος εὐχαριστήσας τῷ
θεῷ ἔλαβε θάρσος.

---

6 WH: μεταβαλόμενοι RP: μεταβαλλόμενοι // WH: αὐτὸν εἶναι θεόν RP: θεὸν
αὐτὸν εἶναι 7 WH: ἡμέρας τρεῖς {WH}/NA/RP: τρεῖς ἡμέρας 8 WH: δυσεντερίῳ
RP: δυσεντερίᾳ 9 WH: δὲ RP: οὖν // WH: [καὶ] NA: καὶ // WH: οἱ ἐν τῇ νήσῳ
ἔχοντες ἀσθενείας RP: οἱ ἔχοντες ἀσθενείας ἐν τῇ νήσῳ 10 WH: χρείας RP:
χρείαν 11 WH: ἀνήχθημεν RP: ἤχθημεν 13 WH: περιελόντες RP:
περιελθόντες 14 WH: παρ' RP: ἐπ' 15 WH: ἦλθαν RP: ἐξῆλθον

16 Ὅτε δὲ εἰσήλθαμεν εἰς Ῥώμην, ἐπετράπη τῷ Παύλῳ μένειν καθ᾽ ἑαυτὸν σὺν τῷ φυλάσσοντι αὐτὸν στρατιώτῃ.

Paul Preaches in Rome

17 Ἐγένετο δὲ μετὰ ἡμέρας τρεῖς συνκαλέσασθαι αὐτὸν τοὺς ὄντας τῶν Ἰουδαίων πρώτους· συνελθόντων δὲ αὐτῶν ἔλεγεν πρὸς αὐτούς· Ἐγώ, ἄνδρες ἀδελφοί, οὐδὲν ἐναντίον ποιήσας τῷ λαῷ ἢ τοῖς ἔθεσι τοῖς πατρῴοις δέσμιος ἐξ Ἱεροσολύμων παρεδόθην εἰς τὰς χεῖρας τῶν Ῥωμαίων, 18 οἵτινες ἀνακρίναντές με ἐβούλοντο ἀπολῦσαι διὰ τὸ μηδεμίαν αἰτίαν θανάτου ὑπάρχειν ἐν ἐμοί· 19 ἀντιλεγόντων δὲ τῶν Ἰουδαίων ἠναγκάσθην ἐπικαλέσασθαι Καίσαρα, οὐχ ὡς τοῦ ἔθνους μου ἔχων τι κατηγορεῖν. 20 διὰ ταύτην οὖν τὴν αἰτίαν παρεκάλεσα ὑμᾶς ἰδεῖν καὶ προσλαλῆσαι, εἵνεκεν γὰρ τῆς ἐλπίδος τοῦ Ἰσραὴλ τὴν ἅλυσιν ταύτην περίκειμαι. 21 οἱ δὲ πρὸς αὐτὸν εἶπαν· Ἡμεῖς οὔτε γράμματα περὶ σοῦ ἐδεξάμεθα ἀπὸ τῆς Ἰουδαίας, οὔτε παραγενόμενός τις τῶν ἀδελφῶν ἀπήγγειλεν ἢ ἐλάλησέν τι περὶ σοῦ πονηρόν. 22 ἀξιοῦμεν δὲ παρὰ σοῦ ἀκοῦσαι ἃ φρονεῖς, περὶ μὲν γὰρ τῆς αἱρέσεως ταύτης γνωστὸν ἡμῖν ἐστὶν ὅτι πανταχοῦ ἀντιλέγεται.

23 Ταξάμενοι δὲ αὐτῷ ἡμέραν ἦλθαν πρὸς αὐτὸν εἰς τὴν ξενίαν πλείονες, οἷς ἐξετίθετο διαμαρτυρόμενος τὴν βασιλείαν τοῦ θεοῦ πείθων τε αὐτοὺς περὶ τοῦ Ἰησοῦ ἀπό τε τοῦ νόμου Μωυσέως καὶ τῶν προφητῶν ἀπὸ πρωῒ ἕως ἑσπέρας. 24 Καὶ οἱ μὲν ἐπείθοντο τοῖς λεγομένοις οἱ δὲ ἠπίστουν, 25 ἀσύμφωνοι δὲ ὄντες πρὸς ἀλλήλους ἀπελύοντο, εἰπόντος τοῦ Παύλου ῥῆμα ἓν ὅτι   Καλῶς τὸ πνεῦμα τὸ ἅγιον ἐλάλησεν διὰ Ἠσαίου τοῦ προφήτου πρὸς τοὺς πατέρας ὑμῶν 26 λέγων

---

16 RP: *add* ὁ ἑκατόνταρχος παρέδωκεν τοὺς δεσμίους τῷ στρατοπεδάρχῃ *after* Ῥώμην // RP: *add* δὲ *before* Παύλῳ // WH: ἐπετράπη τῷ Παύλῳ μένειν RP: τῷ δὲ Παύλῳ ἐπετράπη μένειν 17 WH: αὐτὸν RP: τὸν Παῦλον // WH: Ἐγώ, ἄνδρες ἀδελφοί RP: Ἄνδρες ἀδελφοί, ἐγὼ 19 WH: κατηγορεῖν RP: κατηγορῆσαι 20 WH: εἵνεκεν NA/RP: ἕνεκεν 22 WH: ἡμῖν ἐστὶν RP: ἐστιν ἡμῖν 23 WH: ἦλθαν NA: ἦλθον RP: ἦκον

Πορεύθητι πρὸς τὸν λαὸν τοῦτον καὶ εἰπόν
Ἀκοῇ ἀκούσετε καὶ οὐ μὴ συνῆτε,
καὶ βλέποντες βλέψετε καὶ οὐ μὴ ἴδητε·
27 ἐπαχύνθη γὰρ ἡ καρδία τοῦ λαοῦ τούτου,
καὶ τοῖς ὠσὶν βαρέως ἤκουσαν,
καὶ τοὺς ὀφθαλμοὺς αὐτῶν ἐκάμμυσαν·
μή ποτε ἴδωσιν τοῖς ὀφθαλμοῖς
καὶ τοῖς ὠσὶν ἀκούσωσιν
καὶ τῇ καρδίᾳ συνῶσιν καὶ ἐπιστρέψωσιν,
καὶ ἰάσομαι αὐτούς.
28 γνωστὸν οὖν ὑμῖν ἔστω ὅτι τοῖς ἔθνεσιν ἀπεστάλη τοῦτο
τὸ σωτήριον τοῦ θεοῦ· αὐτοὶ καὶ ἀκούσονται. 30 Ἐνέμεινεν
δὲ διετίαν ὅλην ἐν ἰδίῳ μισθώματι, καὶ ἀπεδέχετο πάντας
τοὺς εἰσπορευομένους πρὸς αὐτόν, 31 κηρύσσων τὴν
βασιλείαν τοῦ θεοῦ καὶ διδάσκων τὰ περὶ τοῦ κυρίου
Ἰησοῦ Χριστοῦ μετὰ πάσης παρρησίας ἀκωλύτως.

---

27 WH: μή ποτε NA: μήποτε 28 WH: ὑμῖν ἔστω NA/RP: ἔστω ὑμῖν // RP: omit
τοῦτο after ἀπεστάλη 29 RP: add v. 29: Καὶ ταῦτα αὐτοῦ εἰπόντος, ἀπῆλθον οἱ
Ἰουδαῖοι, πολλὴν ἔχοντες ἐν ἑαυτοῖς συζήτησιν. 30 WH: Ἐνέμεινεν RP:
Ἔμεινεν // RP: add ὁ Παῦλος before διετίαν

28:26–27 Isa 6:9–10 28 Ps 67:2

ΠΡΟΣ ΡΩΜΑΙΟΥΣ

Opening Salutation

1 Παῦλος δοῦλος Ἰησοῦ Χριστοῦ, κλητὸς ἀπόστολος, ἀφωρισμένος εἰς εὐαγγέλιον θεοῦ 2 ὃ προεπηγγείλατο διὰ τῶν προφητῶν αὐτοῦ ἐν γραφαῖς ἁγίαις 3 περὶ τοῦ υἱοῦ αὐτοῦ, τοῦ γενομένου ἐκ σπέρματος Δαυεὶδ κατὰ σάρκα, 4 τοῦ ὁρισθέντος υἱοῦ θεοῦ ἐν δυνάμει κατὰ πνεῦμα ἁγιωσύνης ἐξ ἀναστάσεως νεκρῶν, Ἰησοῦ Χριστοῦ τοῦ κυρίου ἡμῶν, 5 δι' οὗ ἐλάβομεν χάριν καὶ ἀποστολὴν εἰς ὑπακοὴν πίστεως ἐν πᾶσιν τοῖς ἔθνεσιν ὑπὲρ τοῦ ὀνόματος αὐτοῦ, 6 ἐν οἷς ἐστὲ καὶ ὑμεῖς κλητοὶ Ἰησοῦ Χριστοῦ, 7 πᾶσιν τοῖς οὖσιν ἐν Ῥώμῃ ἀγαπητοῖς θεοῦ, κλητοῖς ἁγίοις· χάρις ὑμῖν καὶ εἰρήνη ἀπὸ θεοῦ πατρὸς ἡμῶν καὶ κυρίου Ἰησοῦ Χριστοῦ.

Paul's Desire to Visit Rome

8 Πρῶτον μὲν εὐχαριστῶ τῷ θεῷ μου διὰ Ἰησοῦ Χριστοῦ περὶ πάντων ὑμῶν, ὅτι ἡ πίστις ὑμῶν καταγγέλλεται ἐν ὅλῳ τῷ κόσμῳ. 9 μάρτυς γάρ μού ἐστιν ὁ θεός, ᾧ λατρεύω ἐν τῷ πνεύματί μου ἐν τῷ εὐαγγελίῳ τοῦ υἱοῦ αὐτοῦ, ὡς ἀδιαλείπτως μνείαν ὑμῶν ποιοῦμαι 10 πάντοτε ἐπὶ τῶν προσευχῶν μου, δεόμενος εἴ πως ἤδη ποτὲ εὐοδωθήσομαι ἐν τῷ θελήματι τοῦ θεοῦ ἐλθεῖν πρὸς ὑμᾶς. 11 ἐπιποθῶ γὰρ ἰδεῖν ὑμᾶς, ἵνα τι μεταδῶ χάρισμα ὑμῖν πνευματικὸν εἰς τὸ στηριχθῆναι ὑμᾶς, 12 τοῦτο δέ ἐστιν συνπαρακληθῆναι ἐν ὑμῖν διὰ τῆς ἐν ἀλλήλοις πίστεως ὑμῶν τε καὶ ἐμοῦ. 13 οὐ θέλω δὲ ὑμᾶς ἀγνοεῖν, ἀδελφοί, ὅτι πολλάκις προεθέμην

1:1 WH: Ἰησοῦ Χριστοῦ {WH}/NA: Χριστοῦ Ἰησοῦ 8 WH: περὶ RP: ὑπὲρ

ἐλθεῖν πρὸς ὑμᾶς, καὶ ἐκωλύθην ἄχρι τοῦ δεῦρο, ἵνα τινὰ καρπὸν σχῶ καὶ ἐν ὑμῖν καθὼς καὶ ἐν τοῖς λοιποῖς ἔθνεσιν.

Not Ashamed of the Gospel

14 Ἕλλησίν τε καὶ βαρβάροις, σοφοῖς τε καὶ ἀνοήτοις ὀφειλέτης εἰμί· 15 οὕτω τὸ κατ' ἐμὲ πρόθυμον καὶ ὑμῖν τοῖς ἐν Ῥώμῃ εὐαγγελίσασθαι. 16 οὐ γὰρ ἐπαισχύνομαι τὸ εὐαγγέλιον, δύναμις γὰρ θεοῦ ἐστιν εἰς σωτηρίαν παντὶ τῷ πιστεύοντι, Ἰουδαίῳ τε [πρῶτον] καὶ Ἕλληνι· 17 δικαιοσύνη γὰρ θεοῦ ἐν αὐτῷ ἀποκαλύπτεται ἐκ πίστεως εἰς πίστιν, καθὼς γέγραπται Ὁ δὲ δίκαιος ἐκ πίστεως ζήσεται.

Humanity's Guilt Before God

18 Ἀποκαλύπτεται γὰρ ὀργὴ θεοῦ ἀπ' οὐρανοῦ ἐπὶ πᾶσαν ἀσέβειαν καὶ ἀδικίαν ἀνθρώπων τῶν τὴν ἀλήθειαν ἐν ἀδικίᾳ κατεχόντων, 19 διότι τὸ γνωστὸν τοῦ θεοῦ φανερόν ἐστιν ἐν αὐτοῖς, ὁ θεὸς γὰρ αὐτοῖς ἐφανέρωσεν. 20 τὰ γὰρ ἀόρατα αὐτοῦ ἀπὸ κτίσεως κόσμου τοῖς ποιήμασιν νοούμενα καθορᾶται, ἥ τε ἀΐδιος αὐτοῦ δύναμις καὶ θειότης, εἰς τὸ εἶναι αὐτοὺς ἀναπολογήτους, 21 διότι γνόντες τὸν θεὸν οὐχ ὡς θεὸν ἐδόξασαν ἢ ηὐχαρίστησαν, ἀλλὰ ἐματαιώθησαν ἐν τοῖς διαλογισμοῖς αὐτῶν καὶ ἐσκοτίσθη ἡ ἀσύνετος αὐτῶν καρδία· 22 φάσκοντες εἶναι σοφοὶ ἐμωράνθησαν, 23 καὶ ἤλλαξαν τὴν δόξαν τοῦ ἀφθάρτου θεοῦ ἐν ὁμοιώματι εἰκόνος φθαρτοῦ ἀνθρώπου καὶ πετεινῶν καὶ τετραπόδων καὶ ἑρπετῶν.

---

15 WH: οὕτω ΝΑ/RP: οὕτως 16 RP: *add* τοῦ χριστοῦ *after* εὐαγγέλιον // WH: [πρῶτον] ΝΑ/RP: πρῶτον 19 WH: ὁ θεὸς γὰρ RP: ὁ γὰρ θεὸς 21 WH: ηὐχαρίστησαν RP: εὐχαρίστησαν

1:17 Hab 2:4 23 Ps 106:20

Given Over to Ungodliness

24 Διὸ παρέδωκεν αὐτοὺς ὁ θεὸς ἐν ταῖς ἐπιθυμίαις τῶν καρδιῶν αὐτῶν εἰς ἀκαθαρσίαν τοῦ ἀτιμάζεσθαι τὰ σώματα αὐτῶν ἐν αὐτοῖς, 25 οἵτινες μετήλλαξαν τὴν ἀλήθειαν τοῦ θεοῦ ἐν τῷ ψεύδει, καὶ ἐσεβάσθησαν καὶ ἐλάτρευσαν τῇ κτίσει παρὰ τὸν κτίσαντα, ὅς ἐστιν εὐλογητὸς εἰς τοὺς αἰῶνας· ἀμήν. 26 Διὰ τοῦτο παρέδωκεν αὐτοὺς ὁ θεὸς εἰς πάθη ἀτιμίας· αἵ τε γὰρ θήλειαι αὐτῶν μετήλλαξαν τὴν φυσικὴν χρῆσιν εἰς τὴν παρὰ φύσιν, 27 ὁμοίως τε καὶ οἱ ἄρσενες ἀφέντες τὴν φυσικὴν χρῆσιν τῆς θηλείας ἐξεκαύθησαν ἐν τῇ ὀρέξει αὐτῶν εἰς ἀλλήλους ἄρσενες ἐν ἄρσεσιν, τὴν ἀσχημοσύνην κατεργαζόμενοι καὶ τὴν ἀντιμισθίαν ἣν ἔδει τῆς πλάνης αὐτῶν ἐν αὐτοῖς ἀπολαμβάνοντες. 28 Καὶ καθὼς οὐκ ἐδοκίμασαν τὸν θεὸν ἔχειν ἐν ἐπιγνώσει, παρέδωκεν αὐτοὺς ὁ θεὸς εἰς ἀδόκιμον νοῦν, ποιεῖν τὰ μὴ καθήκοντα, 29 πεπληρωμένους πάσῃ ἀδικίᾳ πονηρίᾳ πλεονεξίᾳ κακίᾳ, μεστοὺς φθόνου φόνου ἔριδος δόλου κακοηθίας, ψιθυριστάς, 30 καταλάλους, θεοστυγεῖς, ὑβριστάς, ὑπερηφάνους, ἀλαζόνας, ἐφευρετὰς κακῶν, γονεῦσιν ἀπειθεῖς, 31 ἀσυνέτους, ἀσυνθέτους, ἀστόργους, ἀνελεήμονας· 32 οἵτινες τὸ δικαίωμα τοῦ θεοῦ ἐπιγνόντες, ὅτι οἱ τὰ τοιαῦτα πράσσοντες ἄξιοι θανάτου εἰσίν, οὐ μόνον αὐτὰ ποιοῦσιν ἀλλὰ καὶ συνευδοκοῦσιν τοῖς πράσσουσιν.

God's Righteous Judgment

2 Διὸ ἀναπολόγητος εἶ, ὦ ἄνθρωπε πᾶς ὁ κρίνων· ἐν ᾧ γὰρ κρίνεις τὸν ἕτερον, σεαυτὸν κατακρίνεις, τὰ γὰρ αὐτὰ πράσσεις ὁ κρίνων· 2 οἴδαμεν δὲ ὅτι τὸ κρίμα τοῦ θεοῦ ἐστὶν κατὰ ἀλήθειαν ἐπὶ τοὺς τὰ τοιαῦτα πράσσοντας. 3 λογίζῃ

---

24 RP: *add* καὶ *after* Διὸ // WH: αὐτοῖς RP: ἑαυτοῖς 27 WH: ἄρσενες RP: ἄρρενες // WH: αὐτοῖς NA/RP: ἑαυτοῖς 29 WH: πονηρίᾳ πλεονεξίᾳ κακίᾳ {WH}: κακίᾳ πονηρίᾳ πλεονεξίᾳ *or* πονηρίᾳ κακίᾳ πλεονεξίᾳ RP: πορνείᾳ πονηρίᾳ πλεονεξίᾳ κακίᾳ 31 RP: *add* ἀσπόνδους, *after* ἀστόργους, 32 WH: ἐπιγνόντες {WH}: ἐπιγινώσκοντες // {WH}: *ὅτι οἱ τὰ . . . συνευδοκοῦσιν τοῖς* 2:2 WH: δὲ {WH}: γὰρ

δὲ τοῦτο, ὦ ἄνθρωπε ὁ κρίνων τοὺς τὰ τοιαῦτα πράσσοντας καὶ ποιῶν αὐτά, ὅτι σὺ ἐκφεύξῃ τὸ κρίμα τοῦ θεοῦ; 4 ἢ τοῦ πλούτου τῆς χρηστότητος αὐτοῦ καὶ τῆς ἀνοχῆς καὶ τῆς μακροθυμίας καταφρονεῖς, ἀγνοῶν ὅτι τὸ χρηστὸν τοῦ θεοῦ εἰς μετάνοιάν σε ἄγει; 5 κατὰ δὲ τὴν σκληρότητά σου καὶ ἀμετανόητον καρδίαν θησαυρίζεις σεαυτῷ ὀργὴν ἐν ἡμέρᾳ ὀργῆς καὶ ἀποκαλύψεως δικαιοκρισίας τοῦ θεοῦ, 6 ὃς **ἀποδώσει ἑκάστῳ κατὰ τὰ ἔργα αὐτοῦ·** 7 τοῖς μὲν καθ' ὑπομονὴν ἔργου ἀγαθοῦ δόξαν καὶ τιμὴν καὶ ἀφθαρσίαν ζητοῦσιν ζωὴν αἰώνιον· 8 τοῖς δὲ ἐξ ἐριθίας καὶ ἀπειθοῦσι τῇ ἀληθείᾳ πειθομένοις δὲ τῇ ἀδικίᾳ ὀργὴ καὶ θυμός, 9 θλῖψις καὶ στενοχωρία, ἐπὶ πᾶσαν ψυχὴν ἀνθρώπου τοῦ κατεργαζομένου τὸ κακόν, Ἰουδαίου τε πρῶτον καὶ Ἕλληνος· 10 δόξα δὲ καὶ τιμὴ καὶ εἰρήνη παντὶ τῷ ἐργαζομένῳ τὸ ἀγαθόν, Ἰουδαίῳ τε πρῶτον καὶ Ἕλληνι· 11 οὐ γάρ ἐστιν προσωπολημψία παρὰ τῷ θεῷ.

The Guilt of Those Without the Law

12 Ὅσοι γὰρ ἀνόμως ἥμαρτον, ἀνόμως καὶ ἀπολοῦνται· καὶ ὅσοι ἐν νόμῳ ἥμαρτον, διὰ νόμου κριθήσονται· 13 οὐ γὰρ οἱ ἀκροαταὶ νόμου δίκαιοι παρὰ [τῷ] θεῷ, ἀλλ' οἱ ποιηταὶ νόμου δικαιωθήσονται. 14 ὅταν γὰρ ἔθνη τὰ μὴ νόμον ἔχοντα φύσει τὰ τοῦ νόμου ποιῶσιν, οὗτοι νόμον μὴ ἔχοντες ἑαυτοῖς εἰσιν νόμος· 15 οἵτινες ἐνδείκνυνται τὸ ἔργον τοῦ νόμου γραπτὸν ἐν ταῖς καρδίαις αὐτῶν, συνμαρτυρούσης αὐτῶν τῆς συνειδήσεως καὶ μεταξὺ ἀλλήλων τῶν λογισμῶν κατηγορούντων ἢ καὶ ἀπολογουμένων, 16 ἐν ᾗ ἡμέρᾳ κρίνει ὁ θεὸς τὰ κρυπτὰ τῶν ἀνθρώπων κατὰ τὸ εὐαγγέλιόν μου διὰ Χριστοῦ Ἰησοῦ.

---

5 RP: *add* καὶ *after* ἀποκαλύψεως 8 WH: ἀπειθοῦσι RP: ἀπειθοῦσιν μὲν // WH: ὀργὴ καὶ θυμός RP: θυμὸς καὶ ὀργή 13 RP: *add* τοῦ *before* νόμου *twice* // WH: [τῷ] RP: τῷ 14 WH: ποιῶσιν RP: ποιῇ 16 WH: ᾗ ἡμέρᾳ {WH}: ἡμέρᾳ ᾗ *or* ἡμέρᾳ ὅτε NA/RP: ἡμέρᾳ ὅτε // WH: κρίνει {WH}: κρινεῖ // WH: Χριστοῦ Ἰησοῦ {WH}/RP:

2:6 Ps 62:12; Prov 24:12

The Guilt of Those Having the Law

17 Εἰ δὲ σὺ Ἰουδαῖος ἐπονομάζῃ καὶ ἐπαναπαύῃ νόμῳ καὶ καυχᾶσαι ἐν θεῷ 18 καὶ γινώσκεις τὸ θέλημα καὶ δοκιμάζεις τὰ διαφέροντα κατηχούμενος ἐκ τοῦ νόμου, 19 πέποιθάς τε σεαυτὸν ὁδηγὸν εἶναι τυφλῶν, φῶς τῶν ἐν σκότει, 20 παιδευτὴν ἀφρόνων, διδάσκαλον νηπίων, ἔχοντα τὴν μόρφωσιν τῆς γνώσεως καὶ τῆς ἀληθείας ἐν τῷ νόμῳ,— 21 ὁ οὖν διδάσκων ἕτερον σεαυτὸν οὐ διδάσκεις; ὁ κηρύσσων μὴ κλέπτειν κλέπτεις; 22 ὁ λέγων μὴ μοιχεύειν μοιχεύεις; ὁ βδελυσσόμενος τὰ εἴδωλα ἱεροσυλεῖς; 23 ὃς ἐν νόμῳ καυχᾶσαι, διὰ τῆς παραβάσεως τοῦ νόμου τὸν θεὸν ἀτιμάζεις; 24 **τὸ γὰρ ὄνομα τοῦ θεοῦ δι' ὑμᾶς βλασφημεῖται ἐν τοῖς ἔθνεσιν,** καθὼς γέγραπται. 25 περιτομὴ μὲν γὰρ ὠφελεῖ ἐὰν νόμον πράσσῃς· ἐὰν δὲ παραβάτης νόμου ᾖς, ἡ περιτομή σου ἀκροβυστία γέγονεν. 26 ἐὰν οὖν ἡ ἀκροβυστία τὰ δικαιώματα τοῦ νόμου φυλάσσῃ, οὐχ ἡ ἀκροβυστία αὐτοῦ εἰς περιτομὴν λογισθήσεται; 27 καὶ κρινεῖ ἡ ἐκ φύσεως ἀκροβυστία τὸν νόμον τελοῦσα σὲ τὸν διὰ γράμματος καὶ περιτομῆς παραβάτην νόμου. 28 οὐ γὰρ ὁ ἐν τῷ φανερῷ Ἰουδαῖός ἐστιν, οὐδὲ ἡ ἐν τῷ φανερῷ ἐν σαρκὶ περιτομή· 29 ἀλλ' ὁ ἐν τῷ κρυπτῷ Ἰουδαῖος, καὶ περιτομὴ καρδίας ἐν πνεύματι οὐ γράμματι, οὗ ὁ ἔπαινος οὐκ ἐξ ἀνθρώπων ἀλλ' ἐκ τοῦ θεοῦ.

God's Judgment Defended

3 Τί οὖν τὸ περισσὸν τοῦ Ἰουδαίου, ἢ τίς ἡ ὠφελία τῆς περιτομῆς; 2 πολὺ κατὰ πάντα τρόπον. πρῶτον μὲν [γὰρ] ὅτι ἐπιστεύθησαν τὰ λόγια τοῦ θεοῦ. 3 τί γάρ; εἰ ἠπίστησάν τινες, μὴ ἡ ἀπιστία αὐτῶν τὴν πίστιν τοῦ θεοῦ καταργήσει;

Ἰησοῦ Χριστοῦ 17 WH: Εἰ δὲ RP: Ἴδε // RP: *add* τῷ *before* νόμῳ 26 WH: οὐχ RP: οὐχὶ
3:2 WH: [γὰρ] RP: γὰρ

---

24 Isa 52:5

4 μὴ γένοιτο· γινέσθω δὲ ὁ θεὸς ἀληθής, **πᾶς δὲ ἄνθρωπος ψεύστης,** καθάπερ γέγραπται

Ὅπως ἂν δικαιωθῇς ἐν τοῖς λόγοις σου καὶ νικήσεις ἐν τῷ κρίνεσθαί σε.

5 εἰ δὲ ἡ ἀδικία ἡμῶν θεοῦ δικαιοσύνην συνίστησιν, τί ἐροῦμεν; μὴ ἄδικος ὁ θεὸς ὁ ἐπιφέρων τὴν ὀργήν; κατὰ ἄνθρωπον λέγω. 6 μὴ γένοιτο· ἐπεὶ πῶς κρινεῖ ὁ θεὸς τὸν κόσμον; 7 εἰ δὲ ἡ ἀλήθεια τοῦ θεοῦ ἐν τῷ ἐμῷ ψεύσματι ἐπερίσσευσεν εἰς τὴν δόξαν αὐτοῦ, τί ἔτι κἀγὼ ὡς ἁμαρτωλὸς κρίνομαι, 8 καὶ μὴ **καθὼς βλασφημούμεθα** [καὶ] καθώς φασίν τινες ἡμᾶς λέγειν ὅτι   Ποιήσωμεν τὰ κακὰ ἵνα ἔλθῃ τὰ ἀγαθά; ὧν τὸ κρίμα ἔνδικόν ἐστιν.

All Have Fallen Short

9 Τί οὖν; προεχόμεθα; οὐ πάντως, προῃτιασάμεθα γὰρ Ἰουδαίους τε καὶ Ἕλληνας πάντας ὑφ' ἁμαρτίαν εἶναι, 10 καθὼς γέγραπται ὅτι

Οὐκ ἔστιν δίκαιος οὐδὲ εἷς,

11 **οὐκ ἔστιν συνίων, οὐκ ἔστιν ἐκζητῶν τὸν θεόν·** 12 **πάντες ἐξέκλιναν, ἅμα ἠχρεώθησαν·**

οὐκ ἔστιν ποιῶν χρηστότητα, οὐκ ἔστιν ἕως ἑνός.

13 **τάφος ἀνεῳγμένος ὁ λάρυγξ αὐτῶν,**

ταῖς γλώσσαις αὐτῶν ἐδολιοῦσαν,

ἰὸς ἀσπίδων ὑπὸ τὰ χείλη αὐτῶν·

14 **ὧν τὸ στόμα ἀρᾶς καὶ πικρίας γέμει·**

15 **ὀξεῖς οἱ πόδες αὐτῶν ἐκχέαι αἷμα,**

16 **σύντριμμα καὶ ταλαιπωρία ἐν ταῖς ὁδοῖς αὐτῶν,**

17 **καὶ ὁδὸν εἰρήνης οὐκ ἔγνωσαν.**

---

4 WH: καθάπερ RP: καθὼς // WH: νικήσεις RP: νικήσῃς 7 WH: δὲ {WH}/RP: γὰρ 8 WH: [καὶ] NA/RP: καὶ 11 WH: συνίων . . . ἐκζητῶν NA/RP: ὁ συνίων . . . ὁ ἐκζητῶν // {WH}: ὁ συνίων . . . ὁ ζητῶν 12 WH: ποιῶν {WH}/NA: ὁ ποιῶν // WH: οὐκ ἔστιν {WH}: *omit* οὐκ ἔστιν NA: [οὐκ ἔστιν] 14 {WH}: *add* αὐτῶν *after* στόμα

3:4 Ps 116:11; Ps 51:4 10–12 Ps 14:1–3 13 Ps 5:9; 140:3 14 Ps 10:7 15–17 Isa 59:7–8

18 οὐκ ἔστιν φόβος θεοῦ ἀπέναντι τῶν ὀφθαλμῶν αὐτῶν.

19 Οἴδαμεν δὲ ὅτι ὅσα ὁ νόμος λέγει τοῖς ἐν τῷ νόμῳ λαλεῖ, ἵνα πᾶν στόμα φραγῇ καὶ ὑπόδικος γένηται πᾶς ὁ κόσμος τῷ θεῷ· **20** διότι ἐξ ἔργων νόμου οὐ δικαιωθήσεται πᾶσα σὰρξ ἐνώπιον αὐτοῦ, διὰ γὰρ νόμου ἐπίγνωσις ἁμαρτίας.

Righteousness by Faith

21 νυνὶ δὲ χωρὶς νόμου δικαιοσύνη θεοῦ πεφανέρωται, μαρτυρουμένη ὑπὸ τοῦ νόμου καὶ τῶν προφητῶν, **22** δικαιοσύνη δὲ θεοῦ διὰ πίστεως ['Ιησοῦ] Χριστοῦ, εἰς πάντας τοὺς πιστεύοντας, οὐ γάρ ἐστιν διαστολή. **23** πάντες γὰρ ἥμαρτον καὶ ὑστεροῦνται τῆς δόξης τοῦ θεοῦ, **24** δικαιού-μενοι δωρεὰν τῇ αὐτοῦ χάριτι διὰ τῆς ἀπολυτρώσεως τῆς ἐν Χριστῷ Ἰησοῦ· **25** ὃν προέθετο ὁ θεὸς ἱλαστήριον διὰ πίστεως ἐν τῷ αὐτοῦ αἵματι εἰς ἔνδειξιν τῆς δικαιοσύνης αὐτοῦ διὰ τὴν πάρεσιν τῶν προγεγονότων ἁμαρτημάτων **26** ἐν τῇ ἀνοχῇ τοῦ θεοῦ, πρὸς τὴν ἔνδειξιν τῆς δικαιοσύνης αὐτοῦ ἐν τῷ νῦν καιρῷ, εἰς τὸ εἶναι αὐτὸν δίκαιον καὶ δικαιοῦντα τὸν ἐκ πίστεως Ἰησοῦ.

Boasting Excluded

27 Ποῦ οὖν ἡ καύχησις; ἐξεκλείσθη. διὰ ποίου νόμου; τῶν ἔργων; οὐχί, ἀλλὰ διὰ νόμου πίστεως. **28** λογιζόμεθα γὰρ δικαιοῦσθαι πίστει ἄνθρωπον χωρὶς ἔργων νόμου. **29** ἢ Ἰουδαίων ὁ θεὸς μόνον; οὐχὶ καὶ ἐθνῶν; ναὶ καὶ ἐθνῶν, **30** εἴπερ εἷς ὁ θεός, ὃς δικαιώσει περιτομὴν ἐκ πίστεως καὶ

---

22 WH: ['Ιησοῦ] NA/RP: Ἰησοῦ // RP: *add* καὶ ἐπὶ πάντας *after* εἰς πάντας 25 WH: πίστεως NA: [τῆς] πίστεως {WH}/RP: τῆς πίστεως 26 RP: *omit* τὴν *before* ἔνδειξιν 28 WH: γὰρ {WH}/RP: οὖν // WH: δικαιοῦσθαι πίστει RP: πίστει δικαιοῦσθαι 29 WH: μόνον {WH}: μόνων // RP: *add* δὲ *after* οὐχὶ 30 WH: εἴπερ RP: ἐπείπερ

---

18 Ps 36:1 20 Ps 143:2

ἀκροβυστίαν διὰ τῆς πίστεως. 31 νόμον οὖν καταργοῦμεν διὰ τῆς πίστεως; μὴ γένοιτο, ἀλλὰ νόμον ἱστάνομεν.

Abraham's Discovery

4 Τί οὖν ἐροῦμεν Ἀβραὰμ τὸν προπάτορα ἡμῶν κατὰ σάρκα; 2 εἰ γὰρ Ἀβραὰμ ἐξ ἔργων ἐδικαιώθη, ἔχει καύχημα· ἀλλ' οὐ πρὸς θεόν, 3 τί γὰρ ἡ γραφὴ λέγει; **Ἐπίστευσεν δὲ Ἀβραὰμ τῷ θεῷ, καὶ ἐλογίσθη αὐτῷ εἰς δικαιοσύνην.** 4 τῷ δὲ ἐργαζομένῳ ὁ μισθὸς οὐ λογίζεται κατὰ χάριν ἀλλὰ κατὰ ὀφείλημα· 5 τῷ δὲ μὴ ἐργαζομένῳ, πιστεύοντι δὲ ἐπὶ τὸν δικαιοῦντα τὸν ἀσεβῆ, λογίζεται ἡ πίστις αὐτοῦ εἰς δικαιοσύνην, 6 καθάπερ καὶ Δαυεὶδ λέγει τὸν μακαρισμὸν τοῦ ἀνθρώπου ᾧ ὁ θεὸς λογίζεται δικαιοσύνην χωρὶς ἔργων

7 **Μακάριοι ὧν ἀφέθησαν αἱ ἀνομίαι καὶ ὧν**
      ἐπεκαλύφθησαν αἱ ἁμαρτίαι,
8 **μακάριος ἀνὴρ οὗ οὐ μὴ λογίσηται Κύριος**
      ἁμαρτίαν.

9 ὁ μακαρισμὸς οὖν οὗτος ἐπὶ τὴν περιτομὴν ἢ καὶ ἐπὶ τὴν ἀκροβυστίαν; λέγομεν γάρ Ἐλογίσθη τῷ Ἀβραὰμ ἡ πίστις εἰς δικαιοσύνην. 10 πῶς οὖν ἐλογίσθη; ἐν περιτομῇ ὄντι ἢ ἐν ἀκροβυστίᾳ; οὐκ ἐν περιτομῇ ἀλλ' ἐν ἀκροβυστίᾳ· 11 καὶ **σημεῖον** ἔλαβεν **περιτομῆς,** σφραγῖδα τῆς δικαιοσύνης τῆς πίστεως τῆς ἐν **τῇ ἀκροβυστίᾳ,** εἰς τὸ εἶναι αὐτὸν πατέρα πάντων τῶν πιστευόντων δι' ἀκροβυστίας, εἰς τὸ λογισθῆναι αὐτοῖς [τὴν] δικαιοσύνην, 12 καὶ πατέρα περιτομῆς τοῖς οὐκ ἐκ περιτομῆς μόνον ἀλλὰ καὶ τοῖς στοιχοῦσιν τοῖς ἴχνεσιν τῆς ἐν ἀκροβυστίᾳ πίστεως τοῦ πατρὸς ἡμῶν Ἀβραάμ.

---

31 WH: ἱστάνομεν RP: ἱστῶμεν
4:1 {WH}/NA: εὑρηκέναι Ἀβραὰμ τὸν προπάτορα ἡμῶν RP: Ἀβραὰμ τὸν πατέρα ἡμῶν εὑρηκέναι 2 RP: add τὸν before θεόν 8 WH: οὐ {WH}/RP: ᾧ 9 RP: add ὅτι before Ἐλογίσθη 11 WH: περιτομῆς {WH}: περιτομήν // [NA]/RP: add καὶ after λογισθῆναι // WH: [τὴν] RP: τὴν 12 {WH}: *καὶ τοῖς* // WH: τῆς ἐν ἀκροβυστίᾳ πίστεως RP: τῆς πίστεως τῆς ἐν τῇ ἀκροβυστίᾳ

4:3 Gen 15:6 7–8 Ps 32:1–2 9 Gen 15:6 11 Gen 17:11

13 Οὐ γὰρ διὰ νόμου ἡ ἐπαγγελία τῷ Ἀβραὰμ ἢ τῷ σπέρματι αὐτοῦ, τὸ κληρονόμον αὐτὸν εἶναι κόσμου, ἀλλὰ διὰ δικαιοσύνης πίστεως· 14 εἰ γὰρ οἱ ἐκ νόμου κληρονό-μοι, κεκένωται ἡ πίστις καὶ κατήργηται ἡ ἐπαγγελία· 15 ὁ γὰρ νόμος ὀργὴν κατεργάζεται, οὗ δὲ οὐκ ἔστιν νόμος, οὐδὲ παράβασις.

Abraham's Example of Faith

16 Διὰ τοῦτο ἐκ πίστεως, ἵνα κατὰ χάριν, εἰς τὸ εἶναι βε-βαίαν τὴν ἐπαγγελίαν παντὶ τῷ σπέρματι, οὐ τῷ ἐκ τοῦ νόμου μόνον ἀλλὰ καὶ τῷ ἐκ πίστεως Ἀβραάμ, (ὅς ἐστιν πατὴρ πάντων ἡμῶν, 17 καθὼς γέγραπται ὅτι **Πατέρα πολλῶν ἐθνῶν τέθεικά σε,**) κατέναντι οὗ ἐπίστευσεν θεοῦ τοῦ ζωοποιοῦντος τοὺς νεκροὺς καὶ καλοῦντος τὰ μὴ ὄντα ὡς ὄντα· 18 ὃς παρ' ἐλπίδα ἐπ' ἐλπίδι ἐπίστευσεν εἰς τὸ γενέσθαι αὐτὸν **πατέρα πολλῶν ἐθνῶν** κατὰ τὸ εἰρημένον **Οὕτως ἔσται τὸ σπέρμα σου** 19 καὶ μὴ ἀσθενήσας τῇ πίστει κατενόησεν τὸ ἑαυτοῦ σῶμα [ἤδη] νενεκρωμένον, ἑκατον-ταετής που ὑπάρχων, καὶ τὴν νέκρωσιν τῆς μήτρας Σάρρας, 20 εἰς δὲ τὴν ἐπαγγελίαν τοῦ θεοῦ οὐ διεκρίθη τῇ ἀπιστίᾳ ἀλλὰ ἐνεδυναμώθη τῇ πίστει, δοὺς δόξαν τῷ θεῷ 21 καὶ πληροφορηθεὶς ὅτι ὃ ἐπήγγελται δυνατός ἐστιν καὶ ποιῆσαι. 22 διὸ [καὶ] **ἐλογίσθη αὐτῷ εἰς δικαιοσύνην.**

23 Οὐκ ἐγράφη δὲ δι' αὐτὸν μόνον ὅτι **ἐλογίσθη αὐτῷ,** 24 ἀλλὰ καὶ δι' ἡμᾶς οἷς μέλλει λογίζεσθαι, τοῖς πιστεύου-σιν ἐπὶ τὸν ἐγείραντα Ἰησοῦν τὸν κύριον ἡμῶν ἐκ νεκρῶν, 25 ὃς **παρεδόθη διὰ τὰ παραπτώματα** ἡμῶν καὶ ἠγέρθη διὰ τὴν δικαίωσιν ἡμῶν.

---

13 RP: *add* τοῦ *before* κόσμου 15 WH: δὲ RP: γὰρ 19 RP: *add* οὐ *before* κατενόησεν // WH: [ἤδη] RP: ἤδη 22 WH: [καὶ] RP: καὶ

17–18 Gen 17:5 18 Gen 15:5 22–23 Gen 15:6 25 Isa 53:12 LXX

The Fruits of Justification

5 Δικαιωθέντες οὖν ἐκ πίστεως εἰρήνην ἔχωμεν πρὸς τὸν
θεὸν διὰ τοῦ κυρίου ἡμῶν Ἰησοῦ Χριστοῦ, 2 δι' οὗ καὶ τὴν
προσαγωγὴν ἐσχήκαμεν [τῇ πίστει] εἰς τὴν χάριν ταύτην ἐν
ᾗ ἐστήκαμεν, καὶ καυχώμεθα ἐπ' ἐλπίδι τῆς δόξης τοῦ
θεοῦ· 3 οὐ μόνον δέ, ἀλλὰ καὶ καυχώμεθα ἐν ταῖς θλίψεσιν,
εἰδότες ὅτι ἡ θλῖψις ὑπομονὴν κατεργάζεται, 4 ἡ δὲ ὑπο-
μονὴ δοκιμήν, ἡ δὲ δοκιμὴ ἐλπίδα, 5 ἡ δὲ ἐλπὶς οὐ καται-
σχύνει. ὅτι ἡ ἀγάπη τοῦ θεοῦ ἐκκέχυται ἐν ταῖς καρδίαις
ἡμῶν διὰ πνεύματος ἁγίου τοῦ δοθέντος ἡμῖν· 6 εἴ γε
Χριστὸς ὄντων ἡμῶν ἀσθενῶν ἔτι κατὰ καιρὸν ὑπὲρ
ἀσεβῶν ἀπέθανεν. 7 μόλις γὰρ ὑπὲρ δικαίου τις ἀποθανεῖ-
ται· ὑπὲρ γὰρ τοῦ ἀγαθοῦ τάχα τις καὶ τολμᾷ ἀποθανεῖν·
8 συνίστησιν δὲ τὴν ἑαυτοῦ ἀγάπην εἰς ἡμᾶς ὁ θεὸς ὅτι ἔτι
ἁμαρτωλῶν ὄντων ἡμῶν Χριστὸς ὑπὲρ ἡμῶν ἀπέθανεν.
9 πολλῷ οὖν μᾶλλον δικαιωθέντες νῦν ἐν τῷ αἵματι αὐτοῦ
σωθησόμεθα δι' αὐτοῦ ἀπὸ τῆς ὀργῆς. 10 εἰ γὰρ ἐχθροὶ
ὄντες κατηλλάγημεν τῷ θεῷ διὰ τοῦ θανάτου τοῦ υἱοῦ
αὐτοῦ, πολλῷ μᾶλλον καταλλαγέντες σωθησόμεθα ἐν τῇ
ζωῇ αὐτοῦ· 11 οὐ μόνον δέ, ἀλλὰ καὶ καυχώμενοι ἐν τῷ θεῷ
διὰ τοῦ κυρίου ἡμῶν Ἰησοῦ [Χριστοῦ], δι' οὗ νῦν τὴν
καταλλαγὴν ἐλάβομεν.

Adam and Christ Compared

12 Διὰ τοῦτο ὥσπερ δι' ἑνὸς ἀνθρώπου ἡ ἁμαρτία εἰς
τὸν κόσμον εἰσῆλθεν καὶ διὰ τῆς ἁμαρτίας ὁ θάνατος, καὶ
οὕτως εἰς πάντας ἀνθρώπους ὁ θάνατος διῆλθεν ἐφ' ᾧ
πάντες ἥμαρτον—. 13 ἄχρι γὰρ νόμου ἁμαρτία ἦν ἐν
κόσμῳ, ἁμαρτία δὲ οὐκ ἐλλογᾶται μὴ ὄντος νόμου, 14 ἀλλὰ

5:1 WH: ἔχωμεν NA/RP: ἔχομεν 2 WH: [τῇ πίστει] RP: τῇ πίστει 3 WH:
καυχώμεθα {WH}: καυχώμενοι 6 WH: εἴ γε {WH}: *εἴ γε* NA/RP: Ἔτι γὰρ // RP:
omit ἔτι after ἀσθενῶν 11 WH: [Χριστοῦ] NA: Χριστοῦ RP: χριστοῦ 13 WH:
ἐλλογᾶται NA/RP: ἐλλογεῖται

5:5 Ps 22:5

ἐβασίλευσεν ὁ θάνατος ἀπὸ Ἀδὰμ μέχρι Μωυσέως καὶ ἐπὶ τοὺς μὴ ἁμαρτήσαντας ἐπὶ τῷ ὁμοιώματι τῆς παραβάσεως Ἀδάμ, ὅς ἐστιν τύπος τοῦ μέλλοντος.

15 Ἀλλ' οὐχ ὡς τὸ παράπτωμα, οὕτως [καὶ] τὸ χάρισμα· εἰ γὰρ τῷ τοῦ ἑνὸς παραπτώματι οἱ πολλοὶ ἀπέθανον, πολλῷ μᾶλλον ἡ χάρις τοῦ θεοῦ καὶ ἡ δωρεὰ ἐν χάριτι τῇ τοῦ ἑνὸς ἀνθρώπου Ἰησοῦ Χριστοῦ εἰς τοὺς πολλοὺς ἐπερίσσευσεν. 16 καὶ οὐχ ὡς δι' ἑνὸς ἁμαρτήσαντος τὸ δώρημα· τὸ μὲν γὰρ κρίμα ἐξ ἑνὸς εἰς κατάκριμα, τὸ δὲ χάρισμα ἐκ πολλῶν παραπτωμάτων εἰς δικαίωμα. 17 εἰ γὰρ τῷ τοῦ ἑνὸς παραπτώματι ὁ θάνατος ἐβασίλευσεν διὰ τοῦ ἑνός, πολλῷ μᾶλλον οἱ τὴν περισσείαν τῆς χάριτος καὶ [τῆς δωρεᾶς] τῆς δικαιοσύνης λαμβάνοντες ἐν ζωῇ βασιλεύσουσιν διὰ τοῦ ἑνὸς Ἰησοῦ Χριστοῦ.

18 Ἄρα οὖν ὡς δι' ἑνὸς παραπτώματος εἰς πάντας ἀνθρώπους εἰς κατάκριμα, οὕτως καὶ δι' ἑνὸς δικαιώματος εἰς πάντας ἀνθρώπους εἰς δικαίωσιν ζωῆς· 19 ὥσπερ γὰρ διὰ τῆς παρακοῆς τοῦ ἑνὸς ἀνθρώπου ἁμαρτωλοὶ κατεστάθησαν οἱ πολλοί, οὕτως καὶ διὰ τῆς ὑπακοῆς τοῦ ἑνὸς δίκαιοι κατασταθήσονται οἱ πολλοί. 20 νόμος δὲ παρεισῆλθεν ἵνα πλεονάσῃ τὸ παράπτωμα· οὗ δὲ ἐπλεόνασεν ἡ ἁμαρτία, ὑπερεπερίσσευσεν ἡ χάρις, 21 ἵνα ὥσπερ ἐβασίλευσεν ἡ ἁμαρτία ἐν τῷ θανάτῳ, οὕτως καὶ ἡ χάρις βασιλεύσῃ διὰ δικαιοσύνης εἰς ζωὴν αἰώνιον διὰ Ἰησοῦ Χριστοῦ τοῦ κυρίου ἡμῶν.

Dead to Sin and Alive to God

6 Τί οὖν ἐροῦμεν; ἐπιμένωμεν τῇ ἁμαρτίᾳ, ἵνα ἡ χάρις πλεονάσῃ; 2 μὴ γένοιτο· οἵτινες ἀπεθάνομεν τῇ ἁμαρτίᾳ, πῶς ἔτι ζήσομεν ἐν αὐτῇ; 3 ἢ ἀγνοεῖτε ὅτι ὅσοι ἐβαπτίσθημεν εἰς Χριστὸν [Ἰησοῦν] εἰς τὸν θάνατον αὐτοῦ ἐβαπτίσθημεν; 4 συνετάφημεν οὖν αὐτῷ διὰ τοῦ βαπτίσματος

15 WH: [καὶ] NA/RP: καὶ 17 WH: τῷ τοῦ {WH}: ἐν // WH: [τῆς δωρεᾶς] NA/RP: τῆς δωρεᾶς // WH: Ἰησοῦ Χριστοῦ {WH}: Χριστοῦ Ἰησοῦ
6:1 WH: ἐπιμένωμεν RP: Ἐπιμένομεν 3 WH: [Ἰησοῦν] NA/RP: Ἰησοῦν

εἰς τὸν θάνατον, ἵνα ὥσπερ ἠγέρθη Χριστὸς ἐκ νεκρῶν διὰ τῆς δόξης τοῦ πατρός, οὕτως καὶ ἡμεῖς ἐν καινότητι ζωῆς περιπατήσωμεν. 5 εἰ γὰρ σύμφυτοι γεγόναμεν τῷ ὁμοιώματι τοῦ θανάτου αὐτοῦ, ἀλλὰ καὶ τῆς ἀναστάσεως ἐσόμεθα· 6 τοῦτο γινώσκοντες ὅτι ὁ παλαιὸς ἡμῶν ἄνθρωπος συνεσταυρώθη, ἵνα καταργηθῇ τὸ σῶμα τῆς ἁμαρτίας, τοῦ μηκέτι δουλεύειν ἡμᾶς τῇ ἁμαρτίᾳ, 7 ὁ γὰρ ἀποθανὼν δεδικαίωται ἀπὸ τῆς ἁμαρτίας. 8 εἰ δὲ ἀπεθάνομεν σὺν Χριστῷ, πιστεύομεν ὅτι καὶ συνζήσομεν αὐτῷ· 9 εἰδότες ὅτι Χριστὸς ἐγερθεὶς ἐκ νεκρῶν οὐκέτι ἀποθνῄσκει, θάνατος αὐτοῦ οὐκέτι κυριεύει· 10 ὃ γὰρ ἀπέθανεν, τῇ ἁμαρτίᾳ ἀπέθανεν ἐφάπαξ· ὃ δὲ ζῇ, ζῇ τῷ θεῷ. 11 οὕτως καὶ ὑμεῖς λογίζεσθε ἑαυτοὺς εἶναι νεκροὺς μὲν τῇ ἁμαρτίᾳ ζῶντας δὲ τῷ θεῷ ἐν Χριστῷ Ἰησοῦ.

12 Μὴ οὖν βασιλευέτω ἡ ἁμαρτία ἐν τῷ θνητῷ ὑμῶν σώματι εἰς τὸ ὑπακούειν ταῖς ἐπιθυμίαις αὐτοῦ, 13 μηδὲ παριστάνετε τὰ μέλη ὑμῶν ὅπλα ἀδικίας τῇ ἁμαρτίᾳ, ἀλλὰ παραστήσατε ἑαυτοὺς τῷ θεῷ ὡσεὶ ἐκ νεκρῶν ζῶντας καὶ τὰ μέλη ὑμῶν ὅπλα δικαιοσύνης τῷ θεῷ· 14 ἁμαρτία γὰρ ὑμῶν οὐ κυριεύσει, οὐ γάρ ἐστε ὑπὸ νόμον ἀλλὰ ὑπὸ χάριν.

Slaves to Sin, Servants of God

15 Τί οὖν; ἁμαρτήσωμεν ὅτι οὐκ ἐσμὲν ὑπὸ νόμον ἀλλὰ ὑπὸ χάριν; μὴ γένοιτο· 16 οὐκ οἴδατε ὅτι ᾧ παριστάνετε ἑαυτοὺς δούλους εἰς ὑπακοήν, δοῦλοί ἐστε ᾧ ὑπακούετε, ἤτοι ἁμαρτίας εἰς θάνατον ἢ ὑπακοῆς εἰς δικαιοσύνην; 17 χάρις δὲ τῷ θεῷ ὅτι ἦτε δοῦλοι τῆς ἁμαρτίας ὑπηκούσατε δὲ ἐκ καρδίας εἰς ὃν παρεδόθητε τύπον διδαχῆς, 18 ἐλευθερωθέντες δὲ ἀπὸ τῆς ἁμαρτίας ἐδουλώθητε τῇ δικαιοσύνῃ· 19 ἀνθρώπινον λέγω διὰ τὴν ἀσθένειαν τῆς σαρκὸς ὑμῶν· ὥσπερ γὰρ παρεστήσατε τὰ μέλη ὑμῶν

---

11 WH: εἶναι νεκροὺς μὲν NA: [εἶναι] νεκροὺς μὲν RP: νεκροὺς μὲν εἶναι // RP: add τῷ κυρίῳ ἡμῶν after Ἰησοῦ 12 RP: add αὐτῇ ἐν after ὑπακούειν 13 WH: ὡσεὶ RP: ὡς 15 WH: ἁμαρτήσωμεν RP: Ἁμαρτήσομεν

δοῦλα τῇ ἀκαθαρσίᾳ καὶ τῇ ἀνομίᾳ [εἰς τὴν ἀνομίαν],
οὕτω νῦν παραστήσατε τὰ μέλη ὑμῶν δοῦλα τῇ δικαιο-
σύνῃ εἰς ἁγιασμόν· 20 ὅτε γὰρ δοῦλοι ἦτε τῆς ἁμαρτίας,
ἐλεύθεροι ἦτε τῇ δικαιοσύνῃ. 21 τίνα οὖν καρπὸν εἴχετε
τότε ἐφ᾽ οἷς νῦν ἐπαισχύνεσθε; τὸ γὰρ τέλος ἐκείνων θάνα-
τος· 22 νυνὶ δέ, ἐλευθερωθέντες ἀπὸ τῆς ἁμαρτίας δουλω-
θέντες δὲ τῷ θεῷ, ἔχετε τὸν καρπὸν ὑμῶν εἰς ἁγιασμόν, τὸ
δὲ τέλος ζωὴν αἰώνιον. 23 τὰ γὰρ ὀψώνια τῆς ἁμαρτίας θά-
νατος, τὸ δὲ χάρισμα τοῦ θεοῦ ζωὴ αἰώνιος ἐν Χριστῷ
Ἰησοῦ τῷ κυρίῳ ἡμῶν.

Released from the Law

7 Ἢ ἀγνοεῖτε, ἀδελφοί, γινώσκουσιν γὰρ νόμον λαλῶ, ὅτι
ὁ νόμος κυριεύει τοῦ ἀνθρώπου ἐφ᾽ ὅσον χρόνον ζῇ; 2 ἡ γὰρ
ὕπανδρος γυνὴ τῷ ζῶντι ἀνδρὶ δέδεται νόμῳ· ἐὰν δὲ ἀπο-
θάνῃ ὁ ἀνήρ, κατήργηται ἀπὸ τοῦ νόμου τοῦ ἀνδρός. 3 ἄρα
οὖν ζῶντος τοῦ ἀνδρὸς μοιχαλὶς χρηματίσει ἐὰν γένηται
ἀνδρὶ ἑτέρῳ· ἐὰν δὲ ἀποθάνῃ ὁ ἀνήρ, ἐλευθέρα ἐστὶν ἀπὸ
τοῦ νόμου, τοῦ μὴ εἶναι αὐτὴν μοιχαλίδα γενομένην ἀνδρὶ
ἑτέρῳ. 4 ὥστε, ἀδελφοί μου, καὶ ὑμεῖς ἐθανατώθητε τῷ
νόμῳ διὰ τοῦ σώματος τοῦ Χριστοῦ, εἰς τὸ γενέσθαι ὑμᾶς
ἑτέρῳ, τῷ ἐκ νεκρῶν ἐγερθέντι ἵνα καρποφορήσωμεν τῷ θεῷ.
5 ὅτε γὰρ ἦμεν ἐν τῇ σαρκί, τὰ παθήματα τῶν ἁμαρτιῶν τὰ
διὰ τοῦ νόμου ἐνηργεῖτο ἐν τοῖς μέλεσιν ἡμῶν εἰς τὸ καρπο-
φορῆσαι τῷ θανάτῳ· 6 νυνὶ δὲ κατηργήθημεν ἀπὸ τοῦ
νόμου, ἀποθανόντες ἐν ᾧ κατειχόμεθα, ὥστε δουλεύειν
[ἡμᾶς] ἐν καινότητι πνεύματος καὶ οὐ παλαιότητι γράμμα-
τος.

Sin Empowered by the Law

7 Τί οὖν ἐροῦμεν; ὁ νόμος ἁμαρτία; μὴ γένοιτο· ἀλλὰ τὴν
ἁμαρτίαν οὐκ ἔγνων εἰ μὴ διὰ νόμου, τήν τε γὰρ ἐπιθυμίαν

---

19 WH: [εἰς τὴν ἀνομίαν] NA/RP: εἰς τὴν ἀνομίαν // WH: οὕτω NA/RP: οὕτως
7:6 WH: [ἡμᾶς] NA/RP: ἡμᾶς

οὐκ ᾔδειν εἰ μὴ ὁ νόμος ἔλεγεν **Οὐκ ἐπιθυμήσεις**· 8 ἀφορ-
μὴν δὲ λαβοῦσα ἡ ἁμαρτία διὰ τῆς ἐντολῆς κατειργάσατο
ἐν ἐμοὶ πᾶσαν ἐπιθυμίαν, χωρὶς γὰρ νόμου ἁμαρτία νεκρά.
9 ἐγὼ δὲ ἔζων χωρὶς νόμου ποτέ· ἐλθούσης δὲ τῆς ἐντολῆς ἡ
ἁμαρτία ἀνέζησεν, ἐγὼ δὲ ἀπέθανον, 10 καὶ εὑρέθη μοι ἡ
ἐντολὴ ἡ εἰς ζωὴν αὕτη εἰς θάνατον· 11 ἡ γὰρ ἁμαρτία
ἀφορμὴν λαβοῦσα διὰ τῆς ἐντολῆς ἐξηπάτησέν με καὶ δι'
αὐτῆς ἀπέκτεινεν. 12 ὥστε ὁ μὲν νόμος ἅγιος, καὶ ἡ ἐντολὴ
ἁγία καὶ δικαία καὶ ἀγαθή.

The Power of Indwelling Sin

13 Τὸ οὖν ἀγαθὸν ἐμοὶ ἐγένετο θάνατος; μὴ γένοιτο·
ἀλλὰ ἡ ἁμαρτία, ἵνα φανῇ ἁμαρτία διὰ τοῦ ἀγαθοῦ μοι
κατεργαζομένη θάνατον· ἵνα γένηται καθ' ὑπερβολὴν
ἁμαρτωλὸς ἡ ἁμαρτία διὰ τῆς ἐντολῆς. 14 οἴδαμεν γὰρ ὅτι
ὁ νόμος πνευματικός ἐστιν· ἐγὼ δὲ σάρκινός εἰμι, πεπραμέ-
νος ὑπὸ τὴν ἁμαρτίαν. 15 ὃ γὰρ κατεργάζομαι οὐ γινώσκω·
οὐ γὰρ ὃ θέλω τοῦτο πράσσω, ἀλλ' ὃ μισῶ τοῦτο ποιῶ. 16 εἰ
δὲ ὃ οὐ θέλω τοῦτο ποιῶ, σύνφημι τῷ νόμῳ ὅτι καλός.
17 Νυνὶ δὲ οὐκέτι ἐγὼ κατεργάζομαι αὐτὸ ἀλλὰ ἡ ἐνοι-
κοῦσα ἐν ἐμοὶ ἁμαρτία. 18 οἶδα γὰρ ὅτι οὐκ οἰκεῖ ἐν ἐμοί,
τοῦτ' ἔστιν ἐν τῇ σαρκί μου, ἀγαθόν· τὸ γὰρ θέλειν παρά-
κειταί μοι, τὸ δὲ κατεργάζεσθαι τὸ καλὸν οὔ· 19 οὐ γὰρ ὃ
θέλω ποιῶ ἀγαθόν, ἀλλὰ ὃ οὐ θέλω κακὸν τοῦτο πράσσω.
20 εἰ δὲ ὃ οὐ θέλω τοῦτο ποιῶ, οὐκέτι ἐγὼ κατεργάζομαι
αὐτὸ ἀλλὰ ἡ οἰκοῦσα ἐν ἐμοὶ ἁμαρτία. 21 Εὑρίσκω ἄρα τὸν
νόμον τῷ θέλοντι ἐμοὶ ποιεῖν τὸ καλὸν ὅτι ἐμοὶ τὸ κακὸν
παράκειται· 22 συνήδομαι γὰρ τῷ νόμῳ τοῦ θεοῦ κατὰ τὸν
ἔσω ἄνθρωπον, 23 βλέπω δὲ ἕτερον νόμον ἐν τοῖς μέλεσίν
μου ἀντιστρατευόμενον τῷ νόμῳ τοῦ νοός μου καὶ αἰχμα-

---

13 WH: ἐγένετο RP: γέγονεν 14 WH: σάρκινός RP: σαρκικός 17 WH: ἐνοικοῦσα
NA/RP: οἰκοῦσα 18 WH: οὔ RP: οὐχ εὑρίσκω 20 {WH}/[NA]/RP: add ἐγώ *after*
θέλω 23 WH: [ἐν] NA: ἐν RP: *omit* [ἐν]

7:7 Exod 20:14, 17; Deut 5:18, 21

λωτίζοντά με [ἐν] τῷ νόμῳ τῆς ἁμαρτίας τῷ ὄντι ἐν τοῖς μέλεσίν μου. 24 ταλαίπωρος ἐγὼ ἄνθρωπος· τίς με ῥύσεται ἐκ τοῦ σώματος τοῦ θανάτου τούτου; 25 χάρις [δὲ] τῷ θεῷ διὰ Ἰησοῦ Χριστοῦ τοῦ κυρίου ἡμῶν. ἄρα οὖν αὐτὸς ἐγὼ τῷ μὲν νοΐ δουλεύω νόμῳ θεοῦ, τῇ δὲ σαρκὶ νόμῳ ἁμαρτίας.

Freedom through the Spirit

8 Οὐδὲν ἄρα νῦν κατάκριμα τοῖς ἐν Χριστῷ Ἰησοῦ· 2 ὁ γὰρ νόμος τοῦ πνεύματος τῆς ζωῆς ἐν Χριστῷ Ἰησοῦ ἠλευθέρωσέν σε ἀπὸ τοῦ νόμου τῆς ἁμαρτίας καὶ τοῦ θανάτου. 3 τὸ γὰρ ἀδύνατον τοῦ νόμου, ἐν ᾧ ἠσθένει διὰ τῆς σαρκός, ὁ θεὸς τὸν ἑαυτοῦ υἱὸν πέμψας ἐν ὁμοιώματι σαρκὸς ἁμαρτίας καὶ περὶ ἁμαρτίας κατέκρινε τὴν ἁμαρτίαν ἐν τῇ σαρκί, 4 ἵνα τὸ δικαίωμα τοῦ νόμου πληρωθῇ ἐν ἡμῖν τοῖς μὴ κατὰ σάρκα περιπατοῦσιν ἀλλὰ κατὰ πνεῦμα· 5 οἱ γὰρ κατὰ σάρκα ὄντες τὰ τῆς σαρκὸς φρονοῦσιν, οἱ δὲ κατὰ πνεῦμα τὰ τοῦ πνεύματος. 6 τὸ γὰρ φρόνημα τῆς σαρκὸς θάνατος, τὸ δὲ φρόνημα τοῦ πνεύματος ζωὴ καὶ εἰρήνη· 7 διότι τὸ φρόνημα τῆς σαρκὸς ἔχθρα εἰς θεόν, τῷ γὰρ νόμῳ τοῦ θεοῦ οὐχ ὑποτάσσεται, οὐδὲ γὰρ δύναται· 8 οἱ δὲ ἐν σαρκὶ ὄντες θεῷ ἀρέσαι οὐ δύνανται. 9 Ὑμεῖς δὲ οὐκ ἐστὲ ἐν σαρκὶ ἀλλὰ ἐν πνεύματι, εἴπερ πνεῦμα θεοῦ οἰκεῖ ἐν ὑμῖν. εἰ δέ τις πνεῦμα Χριστοῦ οὐκ ἔχει, οὗτος οὐκ ἔστιν αὐτοῦ. 10 εἰ δὲ Χριστὸς ἐν ὑμῖν, τὸ μὲν σῶμα νεκρὸν διὰ ἁμαρτίαν, τὸ δὲ πνεῦμα ζωὴ διὰ δικαιοσύνην. 11 εἰ δὲ τὸ πνεῦμα τοῦ ἐγείραντος τὸν Ἰησοῦν ἐκ νεκρῶν οἰκεῖ ἐν ὑμῖν, ὁ ἐγείρας ἐκ νεκρῶν Χριστὸν Ἰησοῦν ζωοποιήσει [καὶ] τὰ θνητὰ σώματα ὑμῶν διὰ τοῦ ἐνοικοῦντος αὐτοῦ πνεύματος ἐν ὑμῖν.

---

25 WH: χάρις [δὲ] {WH}: εὐχαριστῶ NA: χάρις δὲ RP: Εὐχαριστῶ
8:1 RP: *add* μὴ κατὰ σάρκα περιπατοῦσιν, ἀλλὰ κατὰ πνεῦμα *after* Ἰησοῦ
2 WH: σε {WH}: *με* RP: με 11 RP: *omit* τὸν *after* ἐγείραντος // WH: ὁ ἐγείρας ἐκ νεκρῶν Χριστὸν Ἰησοῦν NA: ὁ ἐγείρας Χριστὸν ἐκ νεκρῶν RP: ὁ ἐγείρας τὸν χριστὸν ἐκ νεκρῶν // WH: [καὶ] NA/RP: καὶ // WH: διὰ τοῦ ἐνοικοῦντος αὐτοῦ πνεύματος {WH}/RP: διὰ τὸ ἐνοικοῦν αὐτοῦ πνεῦμα

The Spirit of Sonship

12 Ἄρα οὖν, ἀδελφοί, ὀφειλέται ἐσμέν, οὐ τῇ σαρκὶ τοῦ κατὰ σάρκα ζῆν, 13 εἰ γὰρ κατὰ σάρκα ζῆτε μέλλετε ἀποθνήσκειν, εἰ δὲ πνεύματι τὰς πράξεις τοῦ σώματος θανατοῦτε ζήσεσθε. 14 ὅσοι γὰρ πνεύματι θεοῦ ἄγονται, οὗτοι υἱοὶ θεοῦ εἰσίν. 15 οὐ γὰρ ἐλάβετε πνεῦμα δουλείας πάλιν εἰς φόβον, ἀλλὰ ἐλάβετε πνεῦμα υἱοθεσίας, ἐν ᾧ κράζομεν Ἀββά ὁ πατήρ· 16 αὐτὸ τὸ πνεῦμα συνμαρτυρεῖ τῷ πνεύματι ἡμῶν ὅτι ἐσμὲν τέκνα θεοῦ. 17 εἰ δὲ τέκνα, καὶ κληρονόμοι· κληρονόμοι μὲν θεοῦ, συνκληρονόμοι δὲ Χριστοῦ, εἴπερ συνπάσχομεν ἵνα καὶ συνδοξασθῶμεν.

Longing for Liberty

18 Λογίζομαι γὰρ ὅτι οὐκ ἄξια τὰ παθήματα τοῦ νῦν καιροῦ πρὸς τὴν μέλλουσαν δόξαν ἀποκαλυφθῆναι εἰς ἡμᾶς. 19 ἡ γὰρ ἀποκαραδοκία τῆς κτίσεως τὴν ἀποκάλυψιν τῶν υἱῶν τοῦ θεοῦ ἀπεκδέχεται· 20 τῇ γὰρ ματαιότητι ἡ κτίσις ὑπετάγη, οὐχ ἑκοῦσα ἀλλὰ διὰ τὸν ὑποτάξαντα, ἐφ᾽ ἐλπίδι 21 ὅτι καὶ αὐτὴ ἡ κτίσις ἐλευθερωθήσεται ἀπὸ τῆς δουλείας τῆς φθορᾶς εἰς τὴν ἐλευθερίαν τῆς δόξης τῶν τέκνων τοῦ θεοῦ. 22 οἴδαμεν γὰρ ὅτι πᾶσα ἡ κτίσις συνστενάζει καὶ συνωδίνει ἄχρι τοῦ νῦν· 23 οὐ μόνον δέ, ἀλλὰ καὶ αὐτοὶ τὴν ἀπαρχὴν τοῦ πνεύματος ἔχοντες [ἡμεῖς] καὶ αὐτοὶ ἐν ἑαυτοῖς στενάζομεν, υἱοθεσίαν ἀπεκδεχόμενοι τὴν ἀπολύτρωσιν τοῦ σώματος ἡμῶν. 24 τῇ γὰρ ἐλπίδι ἐσώθημεν· ἐλπὶς δὲ βλεπομένη οὐκ ἔστιν ἐλπίς, ὃ γὰρ βλέπει τίς ἐλπίζει; 25 εἰ δὲ ὃ οὐ βλέπομεν ἐλπίζομεν, δι᾽ ὑπομονῆς ἀπεκδεχόμεθα.

---

14 WH: υἱοὶ θεοῦ εἰσίν RP: εἰσιν υἱοὶ θεοῦ 15–16 WH: υἱοθεσίας, ἐν ... πατήρ· αὐτὸ {WH}: υἱοθεσίας· ἐν ... πατήρ, αὐτὸ 16 WH: συνμαρτυρεῖ NA/RP: συμμαρτυρεῖ 20 WH: ἐφ᾽ RP: ἐπ᾽ 23 WH: [ἡμεῖς] καὶ NA: ἡμεῖς καὶ RP: καὶ ἡμεῖς 24 WH: τίς ἐλπίζει {WH}: τις, τί καὶ ἐλπίζει or τίς καὶ ὑπομένει RP: τις, τί καὶ ἐλπίζει

Destined for Glory

26 Ὡσαύτως δὲ καὶ τὸ πνεῦμα συναντιλαμβάνεται τῇ ἀσθενείᾳ ἡμῶν· τὸ γὰρ τί προσευξώμεθα καθὸ δεῖ οὐκ οἴδαμεν, ἀλλὰ αὐτὸ τὸ πνεῦμα ὑπερεντυγχάνει στεναγμοῖς ἀλαλήτοις, 27 ὁ δὲ ἐραυνῶν τὰς καρδίας οἶδεν τί τὸ φρόνημα τοῦ πνεύματος, ὅτι κατὰ θεὸν ἐντυγχάνει ὑπὲρ ἁγίων. 28 οἴδαμεν δὲ ὅτι τοῖς ἀγαπῶσι τὸν θεὸν πάντα συνεργεῖ [ὁ θεὸς] εἰς ἀγαθόν, τοῖς κατὰ πρόθεσιν κλητοῖς οὖσιν. 29 ὅτι οὓς προέγνω, καὶ προώρισεν συμμόρφους τῆς εἰκόνος τοῦ υἱοῦ αὐτοῦ, εἰς τὸ εἶναι αὐτὸν πρωτότοκον ἐν πολλοῖς ἀδελφοῖς· 30 οὓς δὲ προώρισεν, τούτους καὶ ἐκάλεσεν· καὶ οὓς ἐκάλεσεν, τούτους καὶ ἐδικαίωσεν· οὓς δὲ ἐδικαίωσεν, τούτους καὶ ἐδόξασεν.

More than Conquerors

31 Τί οὖν ἐροῦμεν πρὸς ταῦτα; εἰ ὁ θεὸς ὑπὲρ ἡμῶν, τίς καθ' ἡμῶν; 32 ὅς γε τοῦ ἰδίου υἱοῦ οὐκ ἐφείσατο, ἀλλὰ ὑπὲρ ἡμῶν πάντων παρέδωκεν αὐτόν, πῶς οὐχὶ καὶ σὺν αὐτῷ τὰ πάντα ἡμῖν χαρίσεται; 33 τίς ἐγκαλέσει κατὰ ἐκλεκτῶν θεοῦ; θεὸς ὁ **δικαιῶν**· 34 **τίς ὁ κατακρινῶν**; Χριστὸς [Ἰησοῦς] ὁ ἀποθανών, μᾶλλον δὲ ἐγερθεὶς [ἐκ νεκρῶν], ὅς ἐστιν **ἐν δεξιᾷ τοῦ θεοῦ**, ὃς καὶ ἐντυγχάνει ὑπὲρ ἡμῶν· 35 τίς ἡμᾶς χωρίσει ἀπὸ τῆς ἀγάπης τοῦ Χριστοῦ; θλῖψις ἢ στενοχωρία ἢ διωγμὸς ἢ λιμὸς ἢ γυμνότης ἢ κίνδυνος ἢ μάχαιρα; 36 καθὼς γέγραπται ὅτι

Ἕνεκεν σοῦ θανατούμεθα ὅλην τὴν ἡμέραν,
ἐλογίσθημεν ὡς πρόβατα σφαγῆς.

37 ἀλλ' ἐν τούτοις πᾶσιν ὑπερνικῶμεν διὰ τοῦ ἀγαπήσαντος

---

26 WH: τῇ ἀσθενείᾳ RP: ταῖς ἀσθενείαις // WH: προσευξώμεθα RP: προσευξόμεθα // RP: add ὑπὲρ ἡμῶν *after* ὑπερεντυγχάνει 27 WH: ἐραυνῶν RP: ἐρευνῶν 28 WH: [ὁ θεὸς] NA: ὁ θεὸς RP: omit [ὁ θεὸς] 34 RP: omit [Ἰησοῦς] // RP: add καὶ *before* ἐγερθείς // WH: [ἐκ νεκρῶν] NA/RP: omit [ἐκ νεκρῶν] // WH: ὅς NA/RP: ὃς καὶ 35 WH: χριστοῦ {WH}: θεοῦ NA: Χριστοῦ

8:33–34 Isa 50:8–9 34 Ps 110:1 36 Ps 44:22

ἡμᾶς. 38 πέπεισμαι γὰρ ὅτι οὔτε θάνατος οὔτε ζωὴ οὔτε ἄγ-
γελοι οὔτε ἀρχαὶ οὔτε ἐνεστῶτα οὔτε μέλλοντα οὔτε δυνά-
μεις 39 οὔτε ὕψωμα οὔτε βάθος οὔτε τις κτίσις ἑτέρα
δυνήσεται ἡμᾶς χωρίσαι ἀπὸ τῆς ἀγάπης τοῦ θεοῦ τῆς ἐν
Χριστῷ Ἰησοῦ τῷ κυρίῳ ἡμῶν.

God's Purpose for Israel

9 Ἀλήθειαν λέγω ἐν Χριστῷ, οὐ ψεύδομαι, συνμαρτυ-
ρούσης μοι τῆς συνειδήσεώς μου ἐν πνεύματι ἁγίῳ, 2 ὅτι
λύπη μοί ἐστιν μεγάλη καὶ ἀδιάλειπτος ὀδύνη τῇ καρδίᾳ
μοῦ 3 ηὐχόμην γὰρ ἀνάθεμα εἶναι αὐτὸς ἐγὼ ἀπὸ τοῦ Χρι-
στοῦ ὑπὲρ τῶν ἀδελφῶν μου τῶν συγγενῶν μου κατὰ σάρ-
κα, 4 οἵτινές εἰσιν Ἰσραηλεῖται, ὧν ἡ υἱοθεσία καὶ ἡ δόξα
καὶ αἱ διαθῆκαι καὶ ἡ νομοθεσία καὶ ἡ λατρεία καὶ αἱ ἐπαγ-
γελίαι, 5 ὧν οἱ πατέρες, καὶ ἐξ ὧν ὁ Χριστὸς τὸ κατὰ σάρκα,
ὁ ὢν ἐπὶ πάντων, θεὸς εὐλογητὸς εἰς τοὺς αἰῶνας· ἀμήν.
6 Οὐχ οἷον δὲ ὅτι ἐκπέπτωκεν ὁ λόγος τοῦ θεοῦ. οὐ γὰρ
πάντες οἱ ἐξ Ἰσραήλ, οὗτοι Ἰσραήλ· 7 οὐδ' ὅτι εἰσὶν σπέρ-
μα Ἀβραάμ, πάντες τέκνα, ἀλλ' **Ἐν Ἰσαὰκ κληθήσεταί
σοι σπέρμα**. 8 τοῦτ' ἔστιν, οὐ τὰ τέκνα τῆς σαρκὸς ταῦτα
τέκνα τοῦ θεοῦ, ἀλλὰ τὰ τέκνα τῆς ἐπαγγελίας λογίζεται εἰς
σπέρμα· 9 ἐπαγγελίας γὰρ ὁ λόγος οὗτος **Κατὰ τὸν καιρὸν
τοῦτον ἐλεύσομαι καὶ ἔσται τῇ Σάρρᾳ υἱός**. 10 οὐ μόνον δέ,
ἀλλὰ καὶ Ῥεβέκκα ἐξ ἑνὸς κοίτην ἔχουσα, Ἰσαὰκ τοῦ
πατρὸς ἡμῶν· 11 μήπω γὰρ γεννηθέντων μηδὲ πραξάντων τι
ἀγαθὸν ἢ φαῦλον, ἵνα ἡ κατ' ἐκλογὴν πρόθεσις τοῦ θεοῦ
μένῃ, 12 οὐκ ἐξ ἔργων ἀλλ' ἐκ τοῦ καλοῦντος, ἐρρέθη αὐτῇ

---

38 WH: ἐνεστῶτα οὔτε μέλλοντα οὔτε δυνάμεις RP: δυνάμεις οὔτε ἐνεστῶτα
οὔτε μέλλοντα
9:3 WH: ηὐχόμην RP: Εὐχόμην // WH: ἀνάθεμα εἶναι αὐτὸς ἐγὼ RP: αὐτὸς ἐγὼ
ἀνάθεμα εἶναι 5 WH: σάρκα, ὁ ὢν ἐπὶ πάντων, θεὸς {WH}: σάρκα· ὁ ὢν ἐπὶ
πάντων θεὸς 11 WH: φαῦλον RP: κακόν 11–12 WH: end v. 11 after μένῃ, RP: end
v. 11 after καλοῦντος, 12 WH: ἐρρέθη RP: ἐρρήθη

9:7 Gen 21:12   9 Gen 18:10

ὅτι   Ὁ **μείζων δουλεύσει τῷ ἐλάσσονι·** 13 καθάπερ γέγραπται   **Τὸν Ἰακὼβ ἠγάπησα, τὸν δὲ Ἠσαῦ ἐμίσησα.**

God's Sovereign Mercy

14 Τί οὖν ἐροῦμεν; μὴ ἀδικία παρὰ τῷ θεῷ; μὴ γένοιτο· 15 τῷ Μωυσεῖ γὰρ λέγει   **Ἐλεήσω ὃν ἂν ἐλεῶ, καὶ οἰκτειρήσω ὃν ἂν οἰκτείρω.** 16 ἄρα οὖν οὐ τοῦ θέλοντος οὐδὲ τοῦ τρέχοντος, ἀλλὰ τοῦ ἐλεῶντος θεοῦ. 17 λέγει γὰρ ἡ γραφὴ τῷ Φαραὼ ὅτι   **Εἰς αὐτὸ τοῦτο ἐξήγειρά σε ὅπως ἐνδείξωμαι ἐν σοὶ τὴν δύναμίν μου, καὶ ὅπως διαγγελῇ τὸ ὄνομά μου ἐν πάσῃ τῇ γῇ.** 18 ἄρα οὖν ὃν θέλει ἐλεεῖ, ὃν δὲ θέλει σκληρύνει.

The Potter and the Clay

19 Ἐρεῖς μοι οὖν   Τί ἔτι μέμφεται; τῷ γὰρ βουλήματι αὐτοῦ τίς ἀνθέστηκεν; 20 ὦ ἄνθρωπε, μενοῦνγε σὺ τίς εἶ ὁ ἀνταποκρινόμενος τῷ θεῷ; **μὴ ἐρεῖ τὸ πλάσμα τῷ πλάσαντι** Τί με ἐποίησας οὕτως; 21 ἢ οὐκ ἔχει ἐξουσίαν ὁ **κεραμεὺς τοῦ πηλοῦ** ἐκ τοῦ αὐτοῦ φυράματος ποιῆσαι ὃ μὲν εἰς τιμὴν σκεῦος, ὃ δὲ εἰς ἀτιμίαν; 22 εἰ δὲ θέλων ὁ θεὸς ἐνδείξασθαι τὴν ὀργὴν καὶ γνωρίσαι τὸ δυνατὸν αὐτοῦ **ἤνεγκεν** ἐν πολλῇ μακροθυμίᾳ **σκεύη ὀργῆς** κατηρτισμένα **εἰς ἀπώλειαν,** 23 ἵνα γνωρίσῃ τὸν πλοῦτον τῆς δόξης αὐτοῦ ἐπὶ σκεύη ἐλέους, ἃ προητοίμασεν εἰς δόξαν, 24 οὓς καὶ ἐκάλεσεν ἡμᾶς οὐ μόνον ἐξ Ἰουδαίων ἀλλὰ καὶ ἐξ ἐθνῶν—; 25 ὡς καὶ ἐν τῷ Ὡσηὲ λέγει

Καλέσω τὸν οὐ λαόν μου λαόν μου
     καὶ τὴν οὐκ ἠγαπημένην ἠγαπημένην·

---

13 WH: καθάπερ {WH}/NA/RP: καθὼς 15 WH: τῷ Μωυσεῖ γὰρ NA: τῷ Μωϋσεῖ γὰρ RP: τῷ γὰρ Μωϋσῇ 16 WH: ἐλεῶντος RP: ἐλεοῦντος 19 WH: μοι οὖν Τί NA: μοι οὖν· Τί [οὖν] RP: οὖν μοι, Τί 20 WH: ὦ ἄνθρωπε, μενοῦνγε RP: Μενοῦνγε, ὦ ἄνθρωπε 23 NA/RP: *add* καὶ *before* ἵνα

---

12 Gen 25:23   13 Mal 1:2–3   15 Exod 33:19   17 Exod 9:16   18 Exod 7:3; 9:12; 14:4, 17   20 Isa 29:16; 45:9   21 Jer 18:6; Isa 29:16; 45:9   22 Jer 50:25; Isa 13:5; 54:16   25 Hos 2:23

26 καὶ ἔσται ἐν τῷ τόπῳ οὗ ἐρρέθη [αὐτοῖς]   Οὐ
      λαός μου ὑμεῖς,
   ἐκεῖ κληθήσονται υἱοὶ θεοῦ ζῶντος.
27 Ἡσαίας δὲ κράζει ὑπὲρ τοῦ Ἰσραήλ   Ἐὰν ᾖ ὁ ἀριθμὸς
τῶν υἱῶν Ἰσραὴλ ὡς ἡ ἄμμος τῆς θαλάσσης, τὸ ὑπόλιμμα
σωθήσεται· 28 λόγον γὰρ συντελῶν καὶ συντέμνων ποιή-
σει Κύριος ἐπὶ τῆς γῆς. 29 καὶ καθὼς προείρηκεν Ἡσαίας
   Εἰ μὴ Κύριος Σαβαὼθ ἐγκατέλιπεν ἡμῖν σπέρμα,
   ὡς Σόδομα ἂν ἐγενήθημεν καὶ ὡς Γόμορρα ἂν
      ὡμοιώθημεν.

The Stumbling Stone

30 Τί οὖν ἐροῦμεν; ὅτι ἔθνη τὰ μὴ διώκοντα δικαιοσύνην
κατέλαβεν δικαιοσύνην, δικαιοσύνην δὲ τὴν ἐκ πίστεως·
31 Ἰσραὴλ δὲ διώκων νόμον δικαιοσύνης εἰς νόμον οὐκ
ἔφθασεν. 32 διὰ τί; ὅτι οὐκ ἐκ πίστεως ἀλλ᾽ ὡς ἐξ ἔργων· προσ-
έκοψαν τῷ λίθῳ τοῦ προσκόμματος, 33 καθὼς γέγραπται
   Ἰδοὺ τίθημι ἐν Σιὼν λίθον προσκόμματος καὶ
      πέτραν σκανδάλου,
   καὶ ὁ πιστεύων ἐπ᾽ αὐτῷ οὐ καταισχυνθήσεται.

Righteousness in Christ the Lord

10 Ἀδελφοί, ἡ μὲν εὐδοκία τῆς ἐμῆς καρδίας καὶ ἡ δέησις
πρὸς τὸν θεὸν ὑπὲρ αὐτῶν εἰς σωτηρίαν. 2 μαρτυρῶ γὰρ
αὐτοῖς ὅτι ζῆλον θεοῦ ἔχουσιν· ἀλλ᾽ οὐ κατ᾽ ἐπίγνωσιν,
3 ἀγνοοῦντες γὰρ τὴν τοῦ θεοῦ δικαιοσύνην, καὶ τὴν ἰδίαν
ζητοῦντες στῆσαι, τῇ δικαιοσύνῃ τοῦ θεοῦ οὐχ ὑπετάγη-
σαν· 4 τέλος γὰρ νόμου Χριστὸς εἰς δικαιοσύνην παντὶ τῷ

---

26 WH: ἐρρέθη [αὐτοῖς] NA: ἐρρέθη αὐτοῖς RP: ἐρρήθη αὐτοῖς 27 WH:
ὑπόλιμμα NA: ὑπόλειμμα RP: κατάλειμμα 28 RP: add ἐν δικαιοσύνῃ· ὅτι λόγον
συντετμημένον *after* συντέμνων 31 RP: add δικαιοσύνης *before* οὐκ 32 WH:
ἔργων· {WH}: ἔργων, RP: ἔργων νόμου· // RP: add γὰρ *after* προσέκοψαν 33 RP:
add πᾶς *before* ὁ πιστεύων
10:1 RP: add ἡ *before* πρὸς // RP: add τοῦ Ἰσραήλ ἐστιν *after* ὑπὲρ

26–27 Hos 1:10   27–28 Isa 10:22–23   29 Isa 1:9   32–33 Isa 8:14–15   33 Isa 28:16

πιστεύοντι. 5 Μωυσῆς γὰρ γράφει ὅτι τὴν δικαιοσύνην τὴν
ἐκ νόμου ὁ **ποιήσας ἄνθρωπος ζήσεται ἐν** αὐτῇ. 6 ἡ δὲ ἐκ
πίστεως δικαιοσύνη οὕτως λέγει **Μὴ εἴπῃς** ἐν τῇ καρδίᾳ
σου **Τίς ἀναβήσεται εἰς τὸν οὐρανόν;** τοῦτ' ἔστιν
Χριστὸν καταγαγεῖν· 7 ἤ **Τίς καταβήσεται εἰς τὴν ἄβυσ-
σον;** τοῦτ' ἔστιν Χριστὸν ἐκ νεκρῶν ἀναγαγεῖν. 8 ἀλλὰ τί
λέγει; **Ἐγγύς σου τὸ ῥῆμά ἐστιν, ἐν τῷ στόματί σου καὶ ἐν
τῇ καρδίᾳ σου·** τοῦτ' ἔστιν **τὸ ῥῆμα** τῆς πίστεως ὃ κηρύσ-
σομεν. 9 ὅτι ἐὰν ὁμολογήσῃς **τὸ ῥῆμα ἐν τῷ στόματί σου** ὅτι
ΚΥΡΙΟΣ ΙΗΣΟΥΣ, καὶ πιστεύσῃς **ἐν τῇ καρδίᾳ σου** ὅτι ὁ
θεὸς αὐτὸν ἤγειρεν ἐκ νεκρῶν, σωθήσῃ· 10 καρδίᾳ γὰρ πι-
στεύεται εἰς δικαιοσύνην, στόματι δὲ ὁμολογεῖται εἰς σω-
τηρίαν· 11 λέγει γὰρ ἡ γραφή **Πᾶς ὁ πιστεύων ἐπ' αὐτῷ οὐ
καταισχυνθήσεται.** 12 οὐ γάρ ἐστιν διαστολὴ Ἰουδαίου τε
καὶ Ἕλληνος, ὁ γὰρ αὐτὸς κύριος πάντων, πλουτῶν εἰς
πάντας τοὺς ἐπικαλουμένους αὐτόν· 13 **Πᾶς γὰρ ὃς ἂν ἐπι-
καλέσηται τὸ ὄνομα Κυρίου σωθήσεται.** 14 Πῶς οὖν ἐπι-
καλέσωνται εἰς ὃν οὐκ ἐπίστευσαν; πῶς δὲ πιστεύσωσιν οὗ
οὐκ ἤκουσαν; πῶς δὲ ἀκούσωσιν χωρὶς κηρύσσοντος;
15 πῶς δὲ κηρύξωσιν ἐὰν μὴ ἀποσταλῶσιν; καθάπερ γέ-
γραπται **Ὡς ὡραῖοι οἱ πόδες τῶν εὐαγγελιζομένων ἀγαθά.**

Righteousness for Those Who Believe

16 Ἀλλ' οὐ πάντες ὑπήκουσαν τῷ εὐαγγελίῳ· Ἠσαίας
γὰρ λέγει **Κύριε, τίς ἐπίστευσεν τῇ ἀκοῇ ἡμῶν;** 17 ἄρα ἡ
πίστις ἐξ ἀκοῆς, ἡ δὲ ἀκοὴ διὰ ῥήματος Χριστοῦ. 18 ἀλλὰ
λέγω, μὴ οὐκ ἤκουσαν; μενοῦνγε

5 WH: τὴν ἐκ νόμου ὁ ποιήσας RP: τὴν ἐκ τοῦ νόμου, ὅτι ὁ ποιήσας αὐτὰ //
WH: αὐτῇ RP: αὐτοῖς 8 WH: καθάπερ ΝΑ: καθὼς 9 RP: omit τὸ ῥῆμα // WH: ὅτι
κύριος Ἰησοῦς RP: κύριον Ἰησοῦν 14 WH: ἐπικαλέσωνται RP: ἐπικαλέσονται
// WH: πιστεύσωσιν RP: πιστεύσουσιν // WH: ἀκούσωσιν RP: ἀκούσουσιν
15 WH: κηρύξωσιν RP: κηρύξουσιν // WH: καθάπερ RP: Καθὼς // RP: add τῶν
εὐαγγελιζομένων εἰρήνην *after* πόδες // RP: add τὰ *before* ἀγαθά 17 WH: Χριστοῦ
RP: θεοῦ

10:5 Lev 18:5 6–9 Deut 30:12–14 11 Isa 28:16 13 Joel 2:32 15 Isa 52:7 16 Isa 53:1

Εἰς πᾶσαν τὴν γῆν ἐξῆλθεν ὁ φθόγγος αὐτῶν,
καὶ εἰς τὰ πέρατα τῆς οἰκουμένης τὰ ῥήματα
αὐτῶν.

19 ἀλλὰ λέγω, μὴ Ἰσραὴλ οὐκ ἔγνω; πρῶτος Μωυσῆς λέγει
Ἐγὼ παραζηλώσω ὑμᾶς ἐπ᾽ οὐκ ἔθνει,
ἐπ᾽ ἔθνει ἀσυνέτῳ παροργιῶ ὑμᾶς.

20 Ἠσαΐας δὲ ἀποτολμᾷ καὶ λέγει
Εὑρέθην τοῖς ἐμὲ μὴ ζητοῦσιν,
ἐμφανὴς ἐγενόμην τοῖς ἐμὲ μὴ ἐπερωτῶσιν.

21 πρὸς δὲ τὸν Ἰσραὴλ λέγει   Ὅλην τὴν ἡμέραν ἐξεπέτα-
σα τὰς χεῖράς μου πρὸς λαὸν ἀπειθοῦντα καὶ ἀντιλέγοντα.

God's Remnant in Unbelieving Israel

11 Λέγω οὖν, μὴ ἀπώσατο ὁ θεὸς τὸν λαὸν αὐτοῦ; μὴ γέ-
νοιτο· καὶ γὰρ ἐγὼ Ἰσραηλείτης εἰμί, ἐκ σπέρματος Ἀβρα-
άμ, φυλῆς Βενιαμείν. 2 οὐκ ἀπώσατο ὁ θεὸς τὸν λαὸν αὐτοῦ
ὃν προέγνω. ἢ οὐκ οἴδατε ἐν Ἠλείᾳ τί λέγει ἡ γραφή, ὡς ἐν-
τυγχάνει τῷ θεῷ κατὰ τοῦ Ἰσραήλ; 3 Κύριε, τοὺς προφήτας
σου ἀπέκτειναν, τὰ θυσιαστήριά σου κατέσκαψαν, κἀγὼ
ὑπελείφθην μόνος, καὶ ζητοῦσιν τὴν ψυχήν μου. 4 ἀλλὰ τί
λέγει αὐτῷ ὁ χρηματισμός; Κατέλιπον ἐμαυτῷ ἑπτακισχι-
λίους ἄνδρας, οἵτινες οὐκ ἔκαμψαν γόνυ τῇ Βάαλ. 5 οὕτως
οὖν καὶ ἐν τῷ νῦν καιρῷ λίμμα κατ᾽ ἐκλογὴν χάριτος γέ-
γονεν· 6 εἰ δὲ χάριτι, οὐκέτι ἐξ ἔργων, ἐπεὶ ἡ χάρις οὐκέτι
γίνεται χάρις. 7 τί οὖν; ὃ ἐπιζητεῖ Ἰσραήλ, τοῦτο οὐκ ἐπέ-
τυχεν, ἡ δὲ ἐκλογὴ ἐπέτυχεν· οἱ δὲ λοιποὶ ἐπωρώθησαν,
8 καθάπερ γέγραπται   Ἔδωκεν αὐτοῖς ὁ θεὸς πνεῦμα

---

19 WH: Ἰσραὴλ οὐκ ἔγνω RP: οὐκ ἔγνω Ἰσραήλ 20 {WH}/NA: add ἐν after
Εὑρέθην // {WH}: add ἐν after ἐγενόμην
11:2 RP: add λέγων after Ἰσραήλ 3 RP: add καὶ before τὰ θυσιαστήριά 6 RP: add Εἰ
δὲ ἐξ ἔργων, οὐκέτι ἐστὶν χάρις· ἐπεὶ τὸ ἔργον οὐκέτι ἐστὶν ἔργον. after γίνεται
χάρις. 8 WH: καθάπερ NA/RP: καθὼς

---

18 Ps 19:4   19 Deut 32:21 20–21 Isa 65:1–2   11:1–2 Ps 94:14; 1 Sam 12:22   3 1 Kgs
19:10   4 1 Kgs 19:18 8 Isa 29:10; Deut 29:4

κατανύξεως, ὀφθαλμοὺς τοῦ μὴ βλέπειν καὶ ὦτα τοῦ μὴ ἀκούειν, ἕως τῆς σήμερον ἡμέρας. 9 καὶ Δαυεὶδ λέγει

Γενηθήτω ἡ τράπεζα αὐτῶν εἰς παγίδα καὶ εἰς θήραν
καὶ εἰς σκάνδαλον καὶ εἰς ἀνταπόδομα
αὐτοῖς,
10 σκοτισθήτωσαν οἱ ὀφθαλμοὶ αὐτῶν τοῦ μὴ βλέπειν,
καὶ τὸν νῶτον αὐτῶν διὰ παντὸς σύνκαμψον.

11 Λέγω οὖν, μὴ ἔπταισαν ἵνα πέσωσιν; μὴ γένοιτο· ἀλλὰ τῷ αὐτῶν παραπτώματι ἡ σωτηρία τοῖς ἔθνεσιν, εἰς τὸ παραζηλῶσαι αὐτούς. 12 εἰ δὲ τὸ παράπτωμα αὐτῶν πλοῦτος κόσμου καὶ τὸ ἥττημα αὐτῶν πλοῦτος ἐθνῶν, πόσῳ μᾶλλον τὸ πλήρωμα αὐτῶν.

The Ingrafting of the Gentiles

13 Ὑμῖν δὲ λέγω τοῖς ἔθνεσιν. ἐφ᾽ ὅσον μὲν οὖν εἰμὶ ἐγὼ ἐθνῶν ἀπόστολος, τὴν διακονίαν μου δοξάζω, 14 εἴ πως παραζηλώσω μου τὴν σάρκα καὶ σώσω τινὰς ἐξ αὐτῶν. 15 εἰ γὰρ ἡ ἀποβολὴ αὐτῶν καταλλαγὴ κόσμου, τίς ἡ πρόσλημψις εἰ μὴ ζωὴ ἐκ νεκρῶν; 16 εἰ δὲ ἡ ἀπαρχὴ ἁγία, καὶ τὸ φύραμα· καὶ εἰ ἡ ῥίζα ἁγία, καὶ οἱ κλάδοι.

17 Εἰ δέ τινες τῶν κλάδων ἐξεκλάσθησαν, σὺ δὲ ἀγριέλαιος ὢν ἐνεκεντρίσθης ἐν αὐτοῖς καὶ συνκοινωνὸς τῆς ῥίζης τῆς πιότητος τῆς ἐλαίας ἐγένου, 18 μὴ κατακαυχῶ τῶν κλάδων· εἰ δὲ κατακαυχᾶσαι, οὐ σὺ τὴν ῥίζαν βαστάζεις ἀλλὰ ἡ ῥίζα σέ. 19 ἐρεῖς οὖν   Ἐξεκλάσθησαν κλάδοι ἵνα ἐγὼ ἐνκεντρισθῶ. 20 καλῶς· τῇ ἀπιστίᾳ ἐξεκλάσθησαν, σὺ δὲ τῇ πίστει ἔστηκας. μὴ ὑψηλὰ φρόνει, ἀλλὰ φοβοῦ· 21 εἰ γὰρ ὁ θεὸς τῶν κατὰ φύσιν κλάδων οὐκ ἐφείσατο, οὐδὲ σοῦ φείσεται. 22 ἴδε οὖν χρηστότητα καὶ ἀποτομίαν θεοῦ· ἐπὶ μὲν τοὺς πεσόντας ἀποτομία, ἐπὶ δὲ σὲ χρηστότης θεοῦ,

---

13 WH: δὲ RP: γὰρ // RP: *omit* οὖν 17 RP: *add* καὶ *after* ῥίζης 20 WH: ὑψηλὰ φρόνει RP: ὑψηλοφρόνει 21 WH: οὐδὲ NA: [μή πως] οὐδὲ RP: μήπως οὐδέ 22 WH: ἀποτομία RP: ἀποτομίαν // WH: χρηστότης θεοῦ RP: χρηστότητα //

9–10 Ps 69:22–23; 35:8 11 Deut 32:21

ἐὰν ἐπιμένῃς τῇ χρηστότητι, ἐπεὶ καὶ σὺ ἐκκοπήσῃ. 23 κἀ-
κεῖνοι δέ, ἐὰν μὴ ἐπιμένωσι τῇ ἀπιστίᾳ, ἐνκεντρισθήσον-
ται· δυνατὸς γάρ ἐστιν ὁ θεὸς πάλιν ἐνκεντρίσαι αὐτούς.
24 εἰ γὰρ σὺ ἐκ τῆς κατὰ φύσιν ἐξεκόπης ἀγριελαίου καὶ
παρὰ φύσιν ἐνεκεντρίσθης εἰς καλλιέλαιον, πόσῳ μᾶλλον
οὗτοι οἱ κατὰ φύσιν ἐνκεντρισθήσονται τῇ ἰδίᾳ ἐλαίᾳ.

The Restoration of Israel

25 Οὐ γὰρ θέλω ὑμᾶς ἀγνοεῖν, ἀδελφοί, τὸ μυστήριον
τοῦτο, ἵνα μὴ ἦτε ἐν ἑαυτοῖς φρόνιμοι, ὅτι πώρωσις ἀπὸ
μέρους τῷ Ἰσραὴλ γέγονεν ἄχρι οὗ τὸ πλήρωμα τῶν ἐθνῶν
εἰσέλθῃ, 26 καὶ οὕτως πᾶς Ἰσραὴλ σωθήσεται· καθὼς γέ-
γραπται
Ἥξει ἐκ Σιὼν ὁ ῥυόμενος,
     ἀποστρέψει ἀσεβείας ἀπὸ Ἰακώβ.
27 καὶ αὕτη αὐτοῖς ἡ παρ' ἐμοῦ διαθήκη,
     ὅταν ἀφέλωμαι τὰς ἁμαρτίας αὐτῶν.
28 κατὰ μὲν τὸ εὐαγγέλιον ἐχθροὶ δι' ὑμᾶς, κατὰ δὲ τὴν
ἐκλογὴν ἀγαπητοὶ διὰ τοὺς πατέρας· 29 ἀμεταμέλητα γὰρ
τὰ χαρίσματα καὶ ἡ κλῆσις τοῦ θεοῦ. 30 ὥσπερ γὰρ ὑμεῖς
ποτὲ ἠπειθήσατε τῷ θεῷ, νῦν δὲ ἠλεήθητε τῇ τούτων ἀπει-
θίᾳ, 31 οὕτως καὶ οὗτοι νῦν ἠπείθησαν τῷ ὑμετέρῳ ἐλέει
ἵνα καὶ αὐτοὶ νῦν ἐλεηθῶσιν· 32 συνέκλεισεν γὰρ ὁ θεὸς
τοὺς πάντας εἰς ἀπειθίαν ἵνα τοὺς πάντας ἐλεήσῃ. 33 Ὦ
βάθος πλούτου καὶ σοφίας καὶ γνώσεως θεοῦ· ὡς ἀνεξεραύ-
νητα τὰ κρίματα αὐτοῦ καὶ ἀνεξιχνίαστοι αἱ ὁδοὶ αὐτοῦ.
     34 Τίς γὰρ ἔγνω νοῦν Κυρίου; ἢ τίς σύμβουλος
          αὐτοῦ ἐγένετο;

WH: ἐπιμένῃς RP: ἐπιμείνῃς 23 WH: ἐπιμένωσι ΝΑ: ἐπιμένωσιν RP:
ἐπιμείνωσιν // WH: κἀκεῖνοι RP: Καὶ ἐκεῖνοι // WH: ἐστιν ὁ θεὸς RP: ὁ θεὸς
ἐστιν 25 WH: ἐν {WH}/[ΝΑ]/RP: παρ' 26 RP: add καὶ before ἀποστρέψει 30 RP: add
καὶ after γὰρ // WH: νῦν {WH}: νυνὶ 31 WH: νῦν ἐλεηθῶσιν ΝΑ: [νῦν]
ἐλεηθῶσιν RP: ἐλεηθῶσιν 33 WH: ἀνεξεραύνητα RP: ἀνεξερεύνητα

26–27 Isa 59:20–21   27 Isa 27:9   34–35 Isa 11:13–14

35 ἢ τίς προέδωκεν αὐτῷ, καὶ ἀνταποδοθήσεται
αὐτῷ;
36 ὅτι ἐξ αὐτοῦ καὶ δι᾽ αὐτοῦ καὶ εἰς αὐτὸν τὰ πάντα· αὐτῷ
ἡ δόξα εἰς τοὺς αἰῶνας· ἀμήν.

Living the Transformed Life

12 Παρακαλῶ οὖν ὑμᾶς, ἀδελφοί, διὰ τῶν οἰκτιρμῶν τοῦ
θεοῦ παραστῆσαι τὰ σώματα ὑμῶν θυσίαν ζῶσαν ἁγίαν τῷ
θεῷ εὐάρεστον, τὴν λογικὴν λατρείαν ὑμῶν· 2 καὶ μὴ συν-
σχηματίζεσθε τῷ αἰῶνι τούτῳ, ἀλλὰ μεταμορφοῦσθε τῇ
ἀνακαινώσει τοῦ νοός, εἰς τὸ δοκιμάζειν ὑμᾶς τί τὸ θέλημα
τοῦ θεοῦ, τὸ ἀγαθὸν καὶ εὐάρεστον καὶ τέλειον.

Serving with Spiritual Gifts

3 Λέγω γὰρ διὰ τῆς χάριτος τῆς δοθείσης μοι παντὶ τῷ
ὄντι ἐν ὑμῖν μὴ ὑπερφρονεῖν παρ᾽ ὃ δεῖ φρονεῖν, ἀλλὰ φρονεῖν
εἰς τὸ σωφρονεῖν, ἑκάστῳ ὡς ὁ θεὸς ἐμέρισεν μέτρον πίστεως.
4 καθάπερ γὰρ ἐν ἑνὶ σώματι πολλὰ μέλη ἔχομεν, τὰ δὲ μέλη
πάντα οὐ τὴν αὐτὴν ἔχει πρᾶξιν, 5 οὕτως οἱ πολλοὶ ἓν σῶμά
ἐσμεν ἐν Χριστῷ, τὸ δὲ καθ᾽ εἷς ἀλλήλων μέλη. 6 Ἔχοντες δὲ
χαρίσματα κατὰ τὴν χάριν τὴν δοθεῖσαν ἡμῖν διάφορα, εἴτε
προφητείαν κατὰ τὴν ἀναλογίαν τῆς πίστεως, 7 εἴτε διακο-
νίαν ἐν τῇ διακονίᾳ, εἴτε ὁ διδάσκων ἐν τῇ διδασκαλίᾳ, 8 εἴτε
ὁ παρακαλῶν ἐν τῇ παρακλήσει, ὁ μεταδιδοὺς ἐν ἁπλότητι,
ὁ προϊστάμενος ἐν σπουδῇ, ὁ ἐλεῶν ἐν ἱλαρότητι.

Directions for Christian Living

9 ἡ ἀγάπη ἀνυπόκριτος. ἀποστυγοῦντες τὸ πονηρόν,
κολλώμενοι τῷ ἀγαθῷ· 10 τῇ φιλαδελφίᾳ εἰς ἀλλήλους

12:1 WH: τῷ θεῷ εὐάρεστον {WH}/NA/RP: εὐάρεστον τῷ θεῷ 2 WH:
συνσχηματίζεσθε NA: συσχηματίζεσθε {WH}/RP: συνσχηματίζεσθαι // WH:
μεταμορφοῦσθε {WH}/RP: μεταμορφοῦσθαι // RP: *add* ὑμῶν *after* νοός 4 WH:
πολλὰ μέλη {WH}/RP: μέλη πολλὰ 5 WH: τὸ RP: ὁ

φιλόστοργοι, τῇ τιμῇ ἀλλήλους προηγούμενοι, 11 τῇ σπου-
δῇ μὴ ὀκνηροί, τῷ πνεύματι ζέοντες, τῷ κυρίῳ δουλεύοντες,
12 τῇ ἐλπίδι χαίροντες, τῇ θλίψει ὑπομένοντες, τῇ προσ-
ευχῇ προσκαρτεροῦντες, 13 ταῖς χρείαις τῶν ἁγίων κοινω-
νοῦντες, τὴν φιλοξενίαν διώκοντες. 14 εὐλογεῖτε τοὺς
διώκοντας, εὐλογεῖτε καὶ μὴ καταρᾶσθε. 15 χαίρειν μετὰ
χαιρόντων, κλαίειν μετὰ κλαιόντων. 16 τὸ αὐτὸ εἰς ἀλλή-
λους φρονοῦντες, μὴ τὰ ὑψηλὰ φρονοῦντες ἀλλὰ τοῖς τα-
πεινοῖς συναπαγόμενοι. **μὴ γίνεσθε φρόνιμοι παρ' ἑαυτοῖς.**
17 μηδενὶ κακὸν ἀντὶ κακοῦ ἀποδιδόντες· **προνοούμενοι
καλὰ ἐνώπιον** πάντων ἀνθρώπων· 18 εἰ δυνατόν, τὸ ἐξ
ὑμῶν μετὰ πάντων ἀνθρώπων εἰρηνεύοντες· 19 μὴ ἑαυτοὺς
ἐκδικοῦντες, ἀγαπητοί, ἀλλὰ δότε τόπον τῇ ὀργῇ, γέγραπται
γάρ Ἐμοὶ **ἐκδίκησις, ἐγὼ ἀνταποδώσω,** λέγει Κύριος.
20 ἀλλὰ ἐὰν **πεινᾷ ὁ ἐχθρός σου, ψώμιζε αὐτόν· ἐὰν διψᾷ,
πότιζε αὐτόν· τοῦτο γὰρ ποιῶν ἄνθρακας πυρὸς σωρεύσεις
ἐπὶ τὴν κεφαλὴν αὐτοῦ.** 21 μὴ νικῶ ὑπὸ τοῦ κακοῦ, ἀλλὰ
νίκα ἐν τῷ ἀγαθῷ τὸ κακόν.

Submission to Governing Authorities

13 Πᾶσα ψυχὴ ἐξουσίαις ὑπερεχούσαις ὑποτασσέσθω, οὐ
γὰρ ἔστιν ἐξουσία εἰ μὴ ὑπὸ θεοῦ, αἱ δὲ οὖσαι ὑπὸ θεοῦ
τεταγμέναι εἰσίν· 2 ὥστε ὁ ἀντιτασσόμενος τῇ ἐξουσίᾳ τῇ
τοῦ θεοῦ διαταγῇ ἀνθέστηκεν, οἱ δὲ ἀνθεστηκότες ἑαυτοῖς
κρίμα λήμψονται. 3 οἱ γὰρ ἄρχοντες οὐκ εἰσὶν φόβος τῷ
ἀγαθῷ ἔργῳ ἀλλὰ τῷ κακῷ. θέλεις δὲ μὴ φοβεῖσθαι τὴν
ἐξουσίαν; τὸ ἀγαθὸν ποίει, καὶ ἕξεις ἔπαινον ἐξ αὐτῆς·
4 θεοῦ γὰρ διάκονός ἐστιν σοὶ εἰς τὸ ἀγαθόν. ἐὰν δὲ τὸ
κακὸν ποιῇς, φοβοῦ· οὐ γὰρ εἰκῇ τὴν μάχαιραν φορεῖ· θεοῦ

---

14 [NA]/RP: *add* ὑμᾶς *after* διώκοντας 15 {WH}/RP: *add* καὶ *before* κλαίειν 20 WH:
ἀλλὰ ἐὰν RP: Ἐὰν οὖν
13:1 RP: *add* ἐξουσίαι *after* οὖσαι // RP: *add* τοῦ *before* θεοῦ τεταγμέναι 3 WH: τῷ
ἀγαθῷ ἔργῳ {WH}: τῷ *ἀγαθῷ ἔργῳ* RP: τῶν ἀγαθῶν ἔργων // WH: τῷ κακῷ RP:
τῶν κακῶν

12:16 Prov 3:7 17 Prov 3:4 LXX 19 Deut 32:35 20–21 Prov 25:21–22

γὰρ διάκονός ἐστιν, ἔκδικος εἰς ὀργὴν τῷ τὸ κακὸν πράσ-
σοντι. 5 διὸ ἀνάγκη ὑποτάσσεσθαι, οὐ μόνον διὰ τὴν ὀργὴν
ἀλλὰ καὶ διὰ τὴν συνείδησιν, 6 διὰ τοῦτο γὰρ καὶ φόρους
τελεῖτε, λειτουργοὶ γὰρ θεοῦ εἰσὶν εἰς αὐτὸ τοῦτο προσκαρ-
τεροῦντες. 7 ἀπόδοτε πᾶσι τὰς ὀφειλάς, τῷ τὸν φόρον τὸν
φόρον, τῷ τὸ τέλος τὸ τέλος, τῷ τὸν φόβον τὸν φόβον, τῷ τὴν
τιμὴν τὴν τιμήν.

Love: The Fullness of the Law

8 Μηδενὶ μηδὲν ὀφείλετε, εἰ μὴ τὸ ἀλλήλους ἀγαπᾶν· ὁ
γὰρ ἀγαπῶν τὸν ἕτερον νόμον πεπλήρωκεν. 9 τὸ γὰρ   Οὐ
μοιχεύσεις, Οὐ φονεύσεις, Οὐ κλέψεις, Οὐκ ἐπιθυμήσεις,
καὶ εἴ τις ἑτέρα ἐντολή, ἐν τῷ λόγῳ τούτῳ ἀνακεφαλαιοῦ-
ται, [ἐν τῷ]   **Ἀγαπήσεις τὸν πλησίον σου ὡς σεαυτόν.** 10 ἡ
ἀγάπη τῷ πλησίον κακὸν οὐκ ἐργάζεται· πλήρωμα οὖν
νόμου ἡ ἀγάπη.

The Day Is at Hand

11 Καὶ τοῦτο εἰδότες τὸν καιρόν, ὅτι ὥρα ἤδη ὑμᾶς ἐξ
ὕπνου ἐγερθῆναι, νῦν γὰρ ἐγγύτερον ἡμῶν ἡ σωτηρία ἢ ὅτε
ἐπιστεύσαμεν. 12 ἡ νὺξ προέκοψεν, ἡ δὲ ἡμέρα ἤγγικεν.
ἀποθώμεθα οὖν τὰ ἔργα τοῦ σκότους, ἐνδυσώμεθα [δὲ] τὰ
ὅπλα τοῦ φωτός. 13 ὡς ἐν ἡμέρᾳ εὐσχημόνως περιπατή-
σωμεν, μὴ κώμοις καὶ μέθαις, μὴ κοίταις καὶ ἀσελγείαις, μὴ
ἔριδι καὶ ζήλῳ. 14 ἀλλὰ ἐνδύσασθε τὸν κύριον Ἰησοῦν
Χριστόν, καὶ τῆς σαρκὸς πρόνοιαν μὴ ποιεῖσθε εἰς ἐπιθυ-
μίας.

---

7 RP: *add* οὖν *after* ἀπόδοτε 8 WH: ἀλλήλους ἀγαπᾶν ΝΑ: ἀλλήλους ἀγαπᾶν RP:
ἀγαπᾶν ἀλλήλους 9 WH: τῷ λόγῳ τούτῳ {WH}/RP: τούτῳ τῷ λόγῳ // WH: [ἐν
τῷ] RP: ἐν τῷ 11 WH: ἤδη ὑμᾶς {WH}: ἤδη ἡμᾶς RP: ἡμᾶς ἤδη 12 RP: *add* καί
before ἐνδυσώμεθα // RP: *omit* [δὲ] 13 WH: ἔριδι καὶ ζήλῳ {WH}: ἔρισι καὶ ζήλοις
14 WH: κύριον Ἰησοῦν Χριστόν {WH}: χριστὸν Ἰησοῦν

13:9 Exod 20:13–15, 17; Deut 5:17–19, 21; Lev 19:18

Accepting Our Differences

14 Τὸν δὲ ἀσθενοῦντα τῇ πίστει προσλαμβάνεσθε, μὴ εἰς διακρίσεις διαλογισμῶν. 2 ὃς μὲν πιστεύει φαγεῖν πάντα, ὁ δὲ ἀσθενῶν λάχανα ἐσθίει. 3 ὁ ἐσθίων τὸν μὴ ἐσθίοντα μὴ ἐξουθενείτω, ὁ δὲ μὴ ἐσθίων τὸν ἐσθίοντα μὴ κρινέτω, ὁ θεὸς γὰρ αὐτὸν προσελάβετο. 4 σὺ τίς εἶ ὁ κρίνων ἀλλότριον οἰκέτην; τῷ ἰδίῳ κυρίῳ στήκει ἢ πίπτει· σταθήσεται δέ, δυνατεῖ γὰρ ὁ κύριος στῆσαι αὐτόν. 5 ὃς μὲν [γὰρ] κρίνει ἡμέραν παρ' ἡμέραν, ὃς δὲ κρίνει πᾶσαν ἡμέραν· ἕκαστος ἐν τῷ ἰδίῳ νοῖ πληροφορείσθω· 6 ὁ φρονῶν τὴν ἡμέραν κυρίῳ φρονεῖ. καὶ ὁ ἐσθίων κυρίῳ ἐσθίει, εὐχαριστεῖ γὰρ τῷ θεῷ· καὶ ὁ μὴ ἐσθίων κυρίῳ οὐκ ἐσθίει, καὶ εὐχαριστεῖ τῷ θεῷ. 7 Οὐδεὶς γὰρ ἡμῶν ἑαυτῷ ζῇ, καὶ οὐδεὶς ἑαυτῷ ἀποθνήσκει· 8 ἐάν τε γὰρ ζῶμεν, τῷ κυρίῳ ζῶμεν, ἐάν τε ἀποθνήσκωμεν, τῷ κυρίῳ ἀποθνήσκομεν. ἐάν τε οὖν ζῶμεν ἐάν τε ἀποθνήσκωμεν, τοῦ κυρίου ἐσμέν. 9 εἰς τοῦτο γὰρ Χριστὸς ἀπέθανεν καὶ ἔζησεν ἵνα καὶ νεκρῶν καὶ ζώντων κυριεύσῃ. 10 Σὺ δὲ τί κρίνεις τὸν ἀδελφόν σου; ἢ καὶ σὺ τί ἐξουθενεῖς τὸν ἀδελφόν σου; πάντες γὰρ παραστησόμεθα τῷ βήματι τοῦ θεοῦ· 11 γέγραπται γάρ

Ζῶ ἐγώ, λέγει Κύριος, ὅτι ἐμοὶ κάμψει πᾶν γόνυ,
καὶ πᾶσα γλῶσσα ἐξομολογήσεται τῷ θεῷ.

12 ἄρα [οὖν] ἕκαστος ἡμῶν περὶ ἑαυτοῦ λόγον δώσει [τῷ θεῷ].

Avoiding Personal Offense

13 Μηκέτι οὖν ἀλλήλους κρίνωμεν· ἀλλὰ τοῦτο κρίνατε μᾶλλον, τὸ μὴ τιθέναι πρόσκομμα τῷ ἀδελφῷ ἢ σκάν-

---

14:3 WH: ὁ δὲ RP: καὶ ὁ 4 WH: δυνατεῖ γὰρ ὁ κύριος RP: δυνατὸς γάρ ἐστιν ὁ θεὸς 5 RP: *omit* [γὰρ] 6 RP: *add* καὶ ὁ μὴ φρονῶν τὴν ἡμέραν, κυρίῳ οὐ φρονεῖ *after* φρονεῖ. 9 RP: *add* καὶ *after* χριστὸς // WH: ἀπέθανεν καὶ ἔζησεν RP: καὶ ἀπέθανεν καὶ ἀνέστη καὶ ἔζησεν 10 WH: θεοῦ RP: χριστοῦ 12 WH: [οὖν] RP: οὖν // WH: [τῷ θεῷ] RP: τῷ θεῷ 13 WH: πρόσκομμα τῷ ἀδελφῷ ἢ {WH}: τῷ ἀδελφῷ

14:11 Isa 45:23; 49:18

δαλον. 14 οἶδα καὶ πέπεισμαι ἐν κυρίῳ Ἰησοῦ ὅτι οὐδὲν κοινὸν δι' ἑαυτοῦ· εἰ μὴ τῷ λογιζομένῳ τι κοινὸν εἶναι, ἐκείνῳ κοινόν. 15 εἰ γὰρ διὰ βρῶμα ὁ ἀδελφός σου λυπεῖται, οὐκέτι κατὰ ἀγάπην περιπατεῖς. μὴ τῷ βρώματί σου ἐκεῖνον ἀπόλλυε ὑπὲρ οὗ Χριστὸς ἀπέθανεν. 16 μὴ βλασφημείσθω οὖν ὑμῶν τὸ ἀγαθόν. 17 οὐ γάρ ἐστιν ἡ βασιλεία τοῦ θεοῦ βρῶσις καὶ πόσις, ἀλλὰ δικαιοσύνη καὶ εἰρήνη καὶ χαρὰ ἐν πνεύματι ἁγίῳ· 18 ὁ γὰρ ἐν τούτῳ δουλεύων τῷ Χριστῷ εὐάρεστος τῷ θεῷ καὶ δόκιμος τοῖς ἀνθρώποις. 19 ἄρα οὖν τὰ τῆς εἰρήνης διώκωμεν καὶ τὰ τῆς οἰκοδομῆς τῆς εἰς ἀλλήλους· 20 μὴ ἕνεκεν βρώματος κατάλυε τὸ ἔργον τοῦ θεοῦ. πάντα μὲν καθαρά, ἀλλὰ κακὸν τῷ ἀνθρώπῳ τῷ διὰ προσκόμματος ἐσθίοντι. 21 καλὸν τὸ μὴ φαγεῖν κρέα μηδὲ πεῖν οἶνον μηδὲ ἐν ᾧ ὁ ἀδελφός σου προσκόπτει· 22 σὺ πίστιν ἣν ἔχεις κατὰ σεαυτὸν ἔχε ἐνώπιον τοῦ θεοῦ. μακάριος ὁ μὴ κρίνων ἑαυτὸν ἐν ᾧ δοκιμάζει· 23 ὁ δὲ διακρινόμενος ἐὰν φάγῃ κατακέκριται, ὅτι οὐκ ἐκ πίστεως· πᾶν δὲ ὃ οὐκ ἐκ πίστεως ἁμαρτία ἐστίν.

Bear One Another's Burdens

15 Ὀφείλομεν δὲ ἡμεῖς οἱ δυνατοὶ τὰ ἀσθενήματα τῶν ἀδυνάτων βαστάζειν, καὶ μὴ ἑαυτοῖς ἀρέσκειν. 2 ἕκαστος ἡμῶν τῷ πλησίον ἀρεσκέτω εἰς τὸ ἀγαθὸν πρὸς οἰκοδομήν· 3 καὶ γὰρ ὁ Χριστὸς οὐχ ἑαυτῷ ἤρεσεν· ἀλλὰ καθὼς γέγραπται **Οἱ ὀνειδισμοὶ τῶν ὀνειδιζόντων σὲ ἐπέπεσαν ἐπ'**

---

14 WH: ἑαυτοῦ RP: αὐτοῦ // RP: add ἢ σκανδαλίζεται ἢ ἀσθενεῖ *after* προσκόπτει 15 WH: γὰρ RP: δὲ 18 WH: τούτῳ RP: τούτοις 19 WH: διώκωμεν {WH}: διώκομεν 21 WH: πεῖν NA/RP: πιεῖν 22 WH: πίστιν ἣν ἔχεις NA: πίστιν [ἣν] ἔχεις RP: πίστιν ἔχεις; 24–26 RP: add verses 24–26: ²⁴ Τῷ δὲ δυναμένῳ ὑμᾶς στηρίξαι κατὰ τὸ εὐαγγέλιόν μου καὶ τὸ κήρυγμα Ἰησοῦ χριστοῦ, κατὰ ἀποκάλυψιν μυστηρίου χρόνοις αἰωνίοις σεσιγημένου, ²⁵ φανερωθέντος δὲ νῦν, διά τε γραφῶν προφητικῶν, κατ' ἐπιταγὴν τοῦ αἰωνίου θεοῦ, εἰς ὑπακοὴν πίστεως εἰς πάντα τὰ ἔθνη γνωρισθέντος, ²⁶ μόνῳ σοφῷ θεῷ, διὰ Ἰησοῦ χριστοῦ, ᾧ ἡ δόξα εἰς τοὺς αἰῶνας. Ἀμήν.
15:3 WH: ἐπέπεσαν RP: ἐπέπεσον

ἐμέ. 4 ὅσα γὰρ προεγράφη, [πάντα] εἰς τὴν ἡμετέραν διδα-
σκαλίαν ἐγράφη, ἵνα διὰ τῆς ὑπομονῆς καὶ διὰ τῆς παρα-
κλήσεως τῶν γραφῶν τὴν ἐλπίδα ἔχωμεν. 5 ὁ δὲ θεὸς τῆς
ὑπομονῆς καὶ τῆς παρακλήσεως δῴη ὑμῖν τὸ αὐτὸ φρονεῖν
ἐν ἀλλήλοις κατὰ Χριστὸν Ἰησοῦν, 6 ἵνα ὁμοθυμαδὸν ἐν
ἑνὶ στόματι δοξάζητε τὸν θεὸν καὶ πατέρα τοῦ κυρίου ἡμῶν
Ἰησοῦ Χριστοῦ.

Receive One Another

7 Διὸ προσλαμβάνεσθε ἀλλήλους, καθὼς καὶ ὁ Χριστὸς
προσελάβετο ἡμᾶς, εἰς δόξαν τοῦ θεοῦ. 8 λέγω γὰρ Χριστὸν
διάκονον γεγενῆσθαι περιτομῆς ὑπὲρ ἀληθείας θεοῦ, εἰς τὸ
βεβαιῶσαι τὰς ἐπαγγελίας τῶν πατέρων, 9 τὰ δὲ ἔθνη ὑπὲρ
ἐλέους δοξάσαι τὸν θεόν· καθὼς γέγραπται Διὰ τοῦτο
ἐξομολογήσομαί σοι ἐν ἔθνεσι, καὶ τῷ ὀνόματί σου ψαλῶ.
10 καὶ πάλιν λέγει Εὐφράνθητε, ἔθνη, μετὰ τοῦ λαοῦ
αὐτοῦ. 11 καὶ πάλιν
Αἰνεῖτε, πάντα τὰ ἔθνη, τὸν κύριον,
καὶ ἐπαινεσάτωσαν αὐτὸν πάντες οἱ λαοί.
12 καὶ πάλιν Ἠσαΐας λέγει
Ἔσται ἡ ῥίζα τοῦ Ἰεσσαί,
καὶ ὁ ἀνιστάμενος ἄρχειν ἐθνῶν·
ἐπ' αὐτῷ ἔθνη ἐλπιοῦσιν.
13 ὁ δὲ θεὸς τῆς ἐλπίδος πληρώσαι ὑμᾶς πάσης χαρᾶς καὶ
εἰρήνης ἐν τῷ πιστεύειν, εἰς τὸ περισσεύειν ὑμᾶς ἐν τῇ ἐλπί-
δι ἐν δυνάμει πνεύματος ἁγίου.

---

4 NA/RP: omit [πάντα] // WH: ἐγράφη RP: προεγράφη // {WH}: add τῆς
παρακλήσεως after ἔχωμεν 5 WH: Χριστόν Ἰησοῦν {WH}: Ἰησοῦν Χριστόν
7 WH: ἡμᾶς {WH}/NA/RP: ὑμᾶς // RP: omit τοῦ 8 WH: γὰρ RP: δέ // RP: add
Ἰησοῦν after Χριστὸν // WH: γεγενῆσθαι {WH}: γενέσθαι 11 WH: πάντα τὰ
ἔθνη, τὸν κύριον RP: τὸν κύριον πάντα τὰ ἔθνη // WH: ἐπαινεσάτωσαν RP:
ἐπαινέσατε

9 Ps 18:49 10 Deut 32:43 11 Ps 117:1 12 Isa 11:10

Paul, the Minister of Christ

14 Πέπεισμαι δέ, ἀδελφοί μου, καὶ αὐτὸς ἐγὼ περὶ ὑμῶν, ὅτι καὶ αὐτοὶ μεστοί ἐστε ἀγαθωσύνης, πεπληρωμένοι πάσης τῆς γνώσεως, δυνάμενοι καὶ ἀλλήλους νουθετεῖν. 15 τολμηροτέρως δὲ ἔγραψα ὑμῖν ἀπὸ μέρους, ὡς ἐπαναμιμνήσκων ὑμᾶς, διὰ τὴν χάριν τὴν δοθεῖσάν μοι ἀπὸ τοῦ θεοῦ 16 εἰς τὸ εἶναί με λειτουργὸν Χριστοῦ Ἰησοῦ εἰς τὰ ἔθνη, ἱερουργοῦντα τὸ εὐαγγέλιον τοῦ θεοῦ, ἵνα γένηται ἡ προσφορὰ τῶν ἐθνῶν εὐπρόσδεκτος, ἡγιασμένη ἐν πνεύματι ἁγίῳ. 17 ἔχω οὖν [τὴν] καύχησιν ἐν Χριστῷ Ἰησοῦ τὰ πρὸς τὸν θεόν· 18 οὐ γὰρ τολμήσω τι λαλεῖν ὧν οὐ κατειργάσατο Χριστὸς δι' ἐμοῦ εἰς ὑπακοὴν ἐθνῶν, λόγῳ καὶ ἔργῳ, 19 ἐν δυνάμει σημείων καὶ τεράτων, ἐν δυνάμει πνεύματος [ἁγίου]· ὥστε με ἀπὸ Ἰερουσαλὴμ καὶ κύκλῳ μέχρι τοῦ Ἰλλυρικοῦ πεπληρωκέναι τὸ εὐαγγέλιον τοῦ Χριστοῦ, 20 οὕτως δὲ φιλοτιμούμενον εὐαγγελίζεσθαι οὐχ ὅπου ὠνομάσθη Χριστός, ἵνα μὴ ἐπ' ἀλλότριον θεμέλιον οἰκοδομῶ, 21 ἀλλὰ καθὼς γέγραπται

**Ὄψονται οἷς οὐκ ἀνηγγέλη περὶ αὐτοῦ,
καὶ οἳ οὐκ ἀκηκόασιν συνήσουσιν.**

Paul's Plan to Visit Rome

22 Διὸ καὶ ἐνεκοπτόμην τὰ πολλὰ τοῦ ἐλθεῖν πρὸς ὑμᾶς· 23 νυνὶ δὲ μηκέτι τόπον ἔχων ἐν τοῖς κλίμασι τούτοις, ἐπιπόθειαν δὲ ἔχων τοῦ ἐλθεῖν πρὸς ὑμᾶς ἀπὸ ἱκανῶν ἐτῶν, 24 ὡς ἂν πορεύωμαι εἰς τὴν Σπανίαν, ἐλπίζω γὰρ διαπορευόμενος θεάσασθαι ὑμᾶς καὶ ὑφ' ὑμῶν προπεμφθῆναι

---

14 WH: τῆς NA: [τῆς] RP: *omit* τῆς // WH: ἀλλήλους RP: ἄλλους 15 WH: τολμηροτέρως NA/RP: τολμηρότερον // RP: *add* ἀδελφοί *after* ὑμῖν // WH: ἀπὸ NA/RP: ὑπὸ 16 WH: Χριστοῦ Ἰησοῦ RP: Ἰησοῦ χριστοῦ 17 RP: *omit* [τὴν] 18 WH: τολμήσω {WH}: τολμῶ // WH: τι λαλεῖν RP: λαλεῖν τι 19 WH: [ἁγίου] NA: [θεοῦ] RP: θεοῦ 21 WH: Ὄψονται οἷς . . . περὶ αὐτοῦ {WH}/NA/RP: Οἷς . . . περὶ αὐτοῦ ὄψονται 23 WH: ἱκανῶν NA/RP: πολλῶν 24 WH: ἂν RP: ἐὰν // RP: *add* ἐλεύσομαι πρὸς ὑμᾶς· *after* Σπανίαν,

---

21 Isa 52:15

ἐκεῖ ἐὰν ὑμῶν πρῶτον ἀπὸ μέρους ἐμπλησθῶ,—25 νυνὶ δὲ πορεύομαι εἰς Ἰερουσαλὴμ διακονῶν τοῖς ἁγίοις. 26 ηὐδόκησαν γὰρ Μακεδονία καὶ Ἀχαία κοινωνίαν τινὰ ποιήσασθαι εἰς τοὺς πτωχοὺς τῶν ἁγίων τῶν ἐν Ἰερουσαλήμ. 27 ηὐδόκησαν γάρ, καὶ ὀφειλέται εἰσὶν αὐτῶν· εἰ γὰρ τοῖς πνευματικοῖς αὐτῶν ἐκοινώνησαν τὰ ἔθνη, ὀφείλουσιν καὶ ἐν τοῖς σαρκικοῖς λειτουργῆσαι αὐτοῖς. 28 τοῦτο οὖν ἐπιτελέσας, καὶ σφραγισάμενος αὐτοῖς τὸν καρπὸν τοῦτον, ἀπελεύσομαι δι' ὑμῶν εἰς Σπανίαν· 29 οἶδα δὲ ὅτι ἐρχόμενος πρὸς ὑμᾶς ἐν πληρώματι εὐλογίας Χριστοῦ ἐλεύσομαι.

30 Παρακαλῶ δὲ ὑμᾶς [, ἀδελφοί,] διὰ τοῦ κυρίου ἡμῶν Ἰησοῦ Χριστοῦ καὶ διὰ τῆς ἀγάπης τοῦ πνεύματος συναγωνίσασθαί μοι ἐν ταῖς προσευχαῖς ὑπὲρ ἐμοῦ πρὸς τὸν θεόν, 31 ἵνα ῥυσθῶ ἀπὸ τῶν ἀπειθούντων ἐν τῇ Ἰουδαίᾳ καὶ ἡ διακονία μου ἡ εἰς Ἰερουσαλὴμ εὐπρόσδεκτος τοῖς ἁγίοις γένηται, 32 ἵνα ἐν χαρᾷ ἐλθὼν πρὸς ὑμᾶς διὰ θελήματος θεοῦ συναναπαύσωμαι ὑμῖν. 33 ὁ δὲ θεὸς τῆς εἰρήνης μετὰ πάντων ὑμῶν· ἀμήν.

Phoebe Commended

16 Συνίστημι δὲ ὑμῖν Φοίβην τὴν ἀδελφὴν ἡμῶν, οὖσαν [καὶ] διάκονον τῆς ἐκκλησίας τῆς ἐν Κενχρεαῖς, 2 ἵνα προσδέξησθε αὐτὴν ἐν κυρίῳ ἀξίως τῶν ἁγίων, καὶ παραστῆτε αὐτῇ ἐν ᾧ ἂν ὑμῶν χρῄζῃ πράγματι, καὶ γὰρ αὐτὴ προστάτις πολλῶν ἐγενήθη καὶ ἐμοῦ αὐτοῦ.

---

26 WH: ηὐδόκησαν NA/RP: εὐδόκησαν 27 WH: ηὐδόκησαν NA/RP: εὐδόκησαν // WH: εἰσὶν αὐτῶν RP: αὐτῶν εἰσιν 28 RP: add τὴν before Σπανίαν 29 RP: add τοῦ εὐαγγελίου τοῦ before Χριστοῦ 30 WH: [, ἀδελφοί,] RP: ἀδελφοί 31 RP: add ἵνα after καὶ // WH: τοῖς ἁγίοις γένηται RP: γένηται τοῖς ἁγίοις 32 WH: ἐλθὼν πρὸς . . . θεοῦ {WH}: ἔλθω πρὸς . . . θεοῦ καὶ RP: ἔλθω πρὸς . . . θεοῦ, καὶ // {WH}: *θεοῦ*
16:1 RP: omit [καὶ] 2 WH: προσδέξησθε αὐτὴν {WH}/NA/RP: αὐτὴν προσδέξησθε // WH: ἐμοῦ αὐτοῦ RP: αὐτοῦ ἐμοῦ

Personal Greetings

3 Ἀσπάσασθε Πρίσκαν καὶ Ἀκύλαν τοὺς συνεργούς
μου ἐν Χριστῷ Ἰησοῦ, 4 οἵτινες ὑπὲρ τῆς ψυχῆς μου τὸν
ἑαυτῶν τράχηλον ὑπέθηκαν, οἷς οὐκ ἐγὼ μόνος εὐχαριστῶ
ἀλλὰ καὶ πᾶσαι αἱ ἐκκλησίαι τῶν ἐθνῶν, 5 καὶ τὴν κατ᾽
οἶκον αὐτῶν ἐκκλησίαν. ἀσπάσασθε Ἐπαίνετον τὸν
ἀγαπητόν μου, ὅς ἐστιν ἀπαρχὴ τῆς Ἀσίας εἰς Χριστόν.
6 ἀσπάσασθε Μαρίαν, ἥτις πολλὰ ἐκοπίασεν εἰς ὑμᾶς.
7 ἀσπάσασθε Ἀνδρόνικον καὶ Ἰουνίαν τοὺς συγγενεῖς μου
καὶ συναιχμαλώτους μου, οἵτινές εἰσιν ἐπίσημοι ἐν τοῖς
ἀποστόλοις, οἳ καὶ πρὸ ἐμοῦ γέγοναν ἐν Χριστῷ. 8 ἀσπά-
σασθε Ἀμπλιᾶτον τὸν ἀγαπητόν μου ἐν κυρίῳ. 9 ἀσπά-
σασθε Οὐρβανὸν τὸν συνεργὸν ἡμῶν ἐν Χριστῷ καὶ Στάχυν
τὸν ἀγαπητόν μου. 10 ἀσπάσασθε Ἀπελλῆν τὸν δόκιμον ἐν
Χριστῷ. ἀσπάσασθε τοὺς ἐκ τῶν Ἀριστοβούλου. 11 ἀσπά-
σασθε Ἡρῳδίωνα τὸν συγγενῆ μου. ἀσπάσασθε τοὺς ἐκ τῶν
Ναρκίσσου τοὺς ὄντας ἐν κυρίῳ. 12 ἀσπάσασθε Τρύφαιναν
καὶ Τρυφῶσαν τὰς κοπιώσας ἐν κυρίῳ. ἀσπάσασθε Περσί-
δα τὴν ἀγαπητήν, ἥτις πολλὰ ἐκοπίασεν ἐν κυρίῳ. 13 ἀσπά-
σασθε Ῥοῦφον τὸν ἐκλεκτὸν ἐν κυρίῳ καὶ τὴν μητέρα
αὐτοῦ καὶ ἐμοῦ. 14 ἀσπάσασθε Ἀσύνκριτον, Φλέγοντα,
Ἑρμῆν, Πατρόβαν, Ἑρμᾶν, καὶ τοὺς σὺν αὐτοῖς ἀδελφούς.
15 ἀσπάσασθε Φιλόλογον καὶ Ἰουλίαν, Νηρέα καὶ τὴν
ἀδελφὴν αὐτοῦ, καὶ Ὀλυμπᾶν, καὶ τοὺς σὺν αὐτοῖς πάντας
ἁγίους. 16 Ἀσπάσασθε ἀλλήλους ἐν φιλήματι ἁγίῳ. Ἀσπά-
ζονται ὑμᾶς αἱ ἐκκλησίαι πᾶσαι τοῦ Χριστοῦ.

Avoid the Divisive

17 Παρακαλῶ δὲ ὑμᾶς, ἀδελφοί, σκοπεῖν τοὺς τὰς δι-
χοστασίας καὶ τὰ σκάνδαλα παρὰ τὴν διδαχὴν ἣν ὑμεῖς
ἐμάθετε ποιοῦντας, καὶ ἐκκλίνετε ἀπ᾽ αὐτῶν· 18 οἱ γὰρ

---

5 WH: Ἀσίας RP: Ἀχαῖας 6 WH: Μαρίαν RP: Μαριάμ // WH: ὑμᾶς RP: ἡμᾶς
7 WH: γέγοναν RP: γεγόνασιν 8 WH: Ἀμπλιᾶτον RP: Ἀμπλίαν 14 WH: Ἑρμῆν,
Πατρόβαν, Ἑρμᾶν, RP: Ἑρμᾶν, Πατρόβαν, Ἑρμῆν, 16 RP: omit πᾶσαι 17 WH:
ἐκκλίνετε RP: ἐκκλίνατε

τοιοῦτοι τῷ κυρίῳ ἡμῶν Χριστῷ οὐ δουλεύουσιν ἀλλὰ τῇ
ἑαυτῶν κοιλίᾳ, καὶ διὰ τῆς χρηστολογίας καὶ εὐλογίας ἐξα-
πατῶσι τὰς καρδίας τῶν ἀκάκων. 19 ἡ γὰρ ὑμῶν ὑπακοὴ εἰς
πάντας ἀφίκετο· ἐφ' ὑμῖν οὖν χαίρω, θέλω δὲ ὑμᾶς σοφοὺς
[μὲν] εἶναι εἰς τὸ ἀγαθόν, ἀκεραίους δὲ εἰς τὸ κακόν. 20 ὁ δὲ
θεὸς τῆς εἰρήνης συντρίψει τὸν Σατανᾶν ὑπὸ τοὺς πόδας
ὑμῶν ἐν τάχει.
Ἡ χάρις τοῦ κυρίου ἡμῶν Ἰησοῦ μεθ' ὑμῶν.

Greetings from Paul's Coworkers

21 Ἀσπάζεται ὑμᾶς Τιμόθεος ὁ συνεργός [μου], καὶ
Λούκιος καὶ Ἰάσων καὶ Σωσίπατρος οἱ συγγενεῖς μου.
22 ἀσπάζομαι ὑμᾶς ἐγὼ Τέρτιος ὁ γράψας τὴν ἐπιστολὴν ἐν
κυρίῳ. 23 ἀσπάζεται ὑμᾶς Γάϊος ὁ ξένος μου καὶ ὅλης τῆς
ἐκκλησίας. ἀσπάζεται ὑμᾶς Ἔραστος ὁ οἰκονόμος τῆς
πόλεως καὶ Κούαρτος ὁ ἀδελφός.

A Closing Benediction

25 Τῷ δὲ δυναμένῳ ὑμᾶς στηρίξαι κατὰ τὸ εὐαγγέλιόν
μου καὶ τὸ κήρυγμα Ἰησοῦ Χριστοῦ, κατὰ ἀποκάλυψιν
μυστηρίου χρόνοις αἰωνίοις σεσιγημένου 26 φανερωθέντος
δὲ νῦν διά τε γραφῶν προφητικῶν κατ' ἐπιταγὴν τοῦ αἰω-
νίου θεοῦ εἰς ὑπακοὴν πίστεως εἰς πάντα τὰ ἔθνη γνω-
ρισθέντος, 27 μόνῳ σοφῷ θεῷ διὰ Ἰησοῦ Χριστοῦ [ᾧ] ἡ
δόξα εἰς τοὺς αἰῶνας· ἀμήν.

---

18 RP: *add* Ἰησοῦ *before* Χριστῷ 19 WH: [μὲν] NA: *omit* [μὲν] RP: μὲν // WH: ἐφ'
ὑμῖν οὖν χαίρω RP: Χαίρω οὖν τὸ ἐφ' ὑμῖν 20 {WH}/RP: *add* χριστοῦ *after*
Ἰησοῦ 21 WH: Ἀσπάζεται RP: Ἀσπάζονται // WH: [μου], NA/RP: μου 23 WH:
ὅλης τῆς ἐκκλησίας RP: τῆς ἐκκλησίας ὅλης 24 RP *add v. 24:* Ἡ χάρις τοῦ
κυρίου ἡμῶν Ἰησοῦ χριστοῦ μετὰ πάντων ὑμῶν. Ἀμήν. 25–27 NA: *bracket vv.*
25–27 RP: *omit vv. 25–27* 25 WH: Τῷ NA: [Τῷ] 27 WH: [ᾧ] NA: ᾧ

ΠΡΟΣ ΚΟΡΙΝΘΙΟΥΣ Α

Opening Greeting

1 Παῦλος κλητὸς ἀπόστολος Ἰησοῦ Χριστοῦ διὰ θελή-
ματος θεοῦ καὶ Σωσθένης ὁ ἀδελφὸς 2 τῇ ἐκκλησίᾳ τοῦ
θεοῦ τῇ οὔσῃ ἐν Κορίνθῳ, ἡγιασμένοις ἐν Χριστῷ Ἰησοῦ,
κλητοῖς ἁγίοις, σὺν πᾶσιν τοῖς ἐπικαλουμένοις τὸ ὄνομα
τοῦ κυρίου ἡμῶν Ἰησοῦ Χριστοῦ ἐν παντὶ τόπῳ αὐτῶν καὶ
ἡμῶν· 3 χάρις ὑμῖν καὶ εἰρήνη ἀπὸ θεοῦ πατρὸς ἡμῶν καὶ
κυρίου Ἰησοῦ Χριστοῦ.

Thanksgiving and Blessings

4 Εὐχαριστῶ τῷ θεῷ πάντοτε περὶ ὑμῶν ἐπὶ τῇ χάριτι
τοῦ θεοῦ τῇ δοθείσῃ ὑμῖν ἐν Χριστῷ Ἰησοῦ, 5 ὅτι ἐν παντὶ
ἐπλουτίσθητε ἐν αὐτῷ, ἐν παντὶ λόγῳ καὶ πάσῃ γνώσει,
6 καθὼς τὸ μαρτύριον τοῦ χριστοῦ ἐβεβαιώθη ἐν ὑμῖν,
7 ὥστε ὑμᾶς μὴ ὑστερεῖσθαι ἐν μηδενὶ χαρίσματι, ἀπεκδε-
χομένους τὴν ἀποκάλυψιν τοῦ κυρίου ἡμῶν Ἰησοῦ Χρι-
στοῦ· 8 ὃς καὶ βεβαιώσει ὑμᾶς ἕως τέλους ἀνεγκλήτους ἐν
τῇ ἡμέρᾳ τοῦ κυρίου ἡμῶν Ἰησοῦ [Χριστοῦ]. 9 πιστὸς ὁ
θεὸς δι' οὗ ἐκλήθητε εἰς κοινωνίαν τοῦ υἱοῦ αὐτοῦ Ἰησοῦ
Χριστοῦ τοῦ κυρίου ἡμῶν.

Divisions in the Church

10 Παρακαλῶ δὲ ὑμᾶς, ἀδελφοί, διὰ τοῦ ὀνόματος τοῦ
κυρίου ἡμῶν Ἰησοῦ Χριστοῦ ἵνα τὸ αὐτὸ λέγητε πάντες,
καὶ μὴ ᾖ ἐν ὑμῖν σχίσματα, ἦτε δὲ κατηρτισμένοι ἐν τῷ

1:1 WH: Ἰησοῦ Χριστοῦ {WH}/NA: Χριστοῦ Ἰησοῦ 2 RP: *add* τε *before* καὶ
4 NA/RP: *add* μου *after* θεῷ 8 WH: [Χριστοῦ] RP: χριστοῦ

αὐτῷ νοΐ καὶ ἐν τῇ αὐτῇ γνώμῃ. 11 ἐδηλώθη γάρ μοι περὶ ὑμῶν, ἀδελφοί μου, ὑπὸ τῶν Χλόης ὅτι ἔριδες ἐν ὑμῖν εἰσίν. 12 λέγω δὲ τοῦτο ὅτι ἕκαστος ὑμῶν λέγει Ἐγὼ μέν εἰμι Παύλου, Ἐγὼ δὲ Ἀπολλώ, Ἐγὼ δὲ Κηφᾶ, Ἐγὼ δὲ Χριστοῦ. 13 μεμέρισται ὁ χριστός. μὴ Παῦλος ἐσταυρώθη ὑπὲρ ὑμῶν, ἢ εἰς τὸ ὄνομα Παύλου ἐβαπτίσθητε; 14 εὐχαριστῶ ὅτι οὐδένα ὑμῶν ἐβάπτισα εἰ μὴ Κρίσπον καὶ Γαῖον, 15 ἵνα μή τις εἴπῃ ὅτι εἰς τὸ ἐμὸν ὄνομα ἐβαπτίσθητε· 16 ἐβάπτισα δὲ καὶ τὸν Στεφανᾶ οἶκον· λοιπὸν οὐκ οἶδα εἴ τινα ἄλλον ἐβάπτισα. 17 οὐ γὰρ ἀπέστειλέν με Χριστὸς βαπτίζειν ἀλλὰ εὐαγγελίζεσθαι, οὐκ ἐν σοφίᾳ λόγου, ἵνα μὴ κενωθῇ ὁ σταυρὸς τοῦ χριστοῦ.

Christ, the Wisdom and Power of God

18 Ὁ λόγος γὰρ ὁ τοῦ σταυροῦ τοῖς μὲν ἀπολλυμένοις μωρία ἐστίν, τοῖς δὲ σωζομένοις ἡμῖν δύναμις θεοῦ ἐστίν. 19 γέγραπται γάρ
Ἀπολῶ τὴν σοφίαν τῶν σοφῶν,
καὶ τὴν σύνεσιν τῶν συνετῶν ἀθετήσω.
20 ποῦ σοφός; ποῦ γραμματεύς; ποῦ συνζητητὴς τοῦ αἰῶνος τούτου; οὐχὶ ἐμώρανεν ὁ θεὸς τὴν σοφίαν τοῦ κόσμου; 21 ἐπειδὴ γὰρ ἐν τῇ σοφίᾳ τοῦ θεοῦ οὐκ ἔγνω ὁ κόσμος διὰ τῆς σοφίας τὸν θεόν, εὐδόκησεν ὁ θεὸς διὰ τῆς μωρίας τοῦ κηρύγματος σῶσαι τοὺς πιστεύοντας. 22 ἐπειδὴ καὶ Ἰουδαῖοι σημεῖα αἰτοῦσιν καὶ Ἕλληνες σοφίαν ζητοῦσιν· 23 ἡμεῖς δὲ κηρύσσομεν Χριστὸν ἐσταυρωμένον, Ἰουδαίοις μὲν σκάνδαλον ἔθνεσιν δὲ μωρίαν, 24 αὐτοῖς δὲ τοῖς κλητοῖς, Ἰουδαίοις τε καὶ Ἕλλησιν, Χριστὸν θεοῦ δύναμιν καὶ θεοῦ σοφίαν. 25 ὅτι τὸ μωρὸν τοῦ θεοῦ σοφώτερον τῶν ἀνθρώπων ἐστίν, καὶ τὸ ἀσθενὲς τοῦ θεοῦ ἰσχυρότερον τῶν ἀνθρώπων.

13 WH: χριστός. {WH}/NA: χριστός; // WH: ὑπὲρ {WH}: περὶ 14 {WH}/[NA]/RP: add τῷ θεῷ after Εὐχαριστῶ 15 WH: ἐβαπτίσθητε RP: ἐβάπτισα 20 RP: add τούτου after κόσμου 22 WH: σημεῖα RP: σημεῖον 23 WH: ἔθνεσιν RP: Ἕλλησιν 25 RP: add ἐστίν after ἀνθρώπων

1:19 Isa 29:14 20 Isa 19:11–12; 33:18

26 Βλέπετε γὰρ τὴν κλῆσιν ὑμῶν, ἀδελφοί, ὅτι οὐ πολλοὶ σοφοὶ κατὰ σάρκα, οὐ πολλοὶ δυνατοί, οὐ πολλοὶ εὐγενεῖς· 27 ἀλλὰ τὰ μωρὰ τοῦ κόσμου ἐξελέξατο ὁ θεός, ἵνα καταισχύνῃ τοὺς σοφούς, καὶ τὰ ἀσθενῆ τοῦ κόσμου ἐξελέξατο ὁ θεός, ἵνα καταισχύνῃ τὰ ἰσχυρά, 28 καὶ τὰ ἀγενῆ τοῦ κόσμου καὶ τὰ ἐξουθενημένα ἐξελέξατο ὁ θεός, [καὶ] τὰ μὴ ὄντα, ἵνα τὰ ὄντα καταργήσῃ, 29 ὅπως μὴ καυχήσηται πᾶσα σὰρξ ἐνώπιον τοῦ θεοῦ. 30 ἐξ αὐτοῦ δὲ ὑμεῖς ἐστε ἐν Χριστῷ Ἰησοῦ, ὃς ἐγενήθη σοφία ἡμῖν ἀπὸ θεοῦ, δικαιοσύνη τε καὶ ἁγιασμὸς καὶ ἀπολύτρωσις, 31 ἵνα καθὼς γέγραπται   Ὁ καυχώμενος ἐν Κυρίῳ καυχάσθω.

Paul Proclaims God's Mystery

2 Κἀγὼ ἐλθὼν πρὸς ὑμᾶς, ἀδελφοί, ἦλθον οὐ καθ' ὑπερ-οχὴν λόγου ἢ σοφίας καταγγέλλων ὑμῖν τὸ μυστήριον τοῦ θεοῦ, 2 οὐ γὰρ ἔκρινά τι εἰδέναι ἐν ὑμῖν εἰ μὴ Ἰησοῦν Χριστὸν καὶ τοῦτον ἐσταυρωμένον· 3 κἀγὼ ἐν ἀσθενείᾳ καὶ ἐν φόβῳ καὶ ἐν τρόμῳ πολλῷ ἐγενόμην πρὸς ὑμᾶς, 4 καὶ ὁ λόγος μου καὶ τὸ κήρυγμά μου οὐκ ἐν πιθοῖς σοφίας λόγοις ἀλλ' ἐν ἀποδείξει πνεύματος καὶ δυνάμεως, 5 ἵνα ἡ πίστις ὑμῶν μὴ ᾖ ἐν σοφίᾳ ἀνθρώπων ἀλλ' ἐν δυνάμει θεοῦ.

True Wisdom from the Spirit of God

6 Σοφίαν δὲ λαλοῦμεν ἐν τοῖς τελείοις, σοφίαν δὲ οὐ τοῦ αἰῶνος τούτου οὐδὲ τῶν ἀρχόντων τοῦ αἰῶνος τούτου τῶν καταργουμένων· 7 ἀλλὰ λαλοῦμεν θεοῦ σοφίαν ἐν μυστηρίῳ,

---

27 WH: καταισχύνῃ τοὺς σοφούς RP: τοὺς σοφοὺς καταισχύνῃ 28 WH: [καὶ] NA: omit [καὶ] RP: καὶ 30 WH: σοφία ἡμῖν RP: ἡμῖν σοφία // WH: θεοῦ, δικαιοσύνη {WH}: θεοῦ δικαιοσύνη
2:1 WH: μυστήριον {WH}/RP: μαρτύριον 2 WH: τι εἰδέναι RP: τοῦ εἰδέναι τι 3 WH: κἀγὼ RP: Καὶ ἐγὼ 4 WH: πιθοῖς σοφίας λόγοις NA: πειθοῖ[ς] σοφίας [λόγοις] RP: πειθοῖς ἀνθρωπίνης σοφίας λόγοις 7 WH: θεοῦ σοφίαν RP: σοφίαν θεοῦ

---

31 Jer 9:24

τὴν ἀποκεκρυμμένην, ἣν προώρισεν ὁ θεὸς πρὸ τῶν αἰώνων εἰς δόξαν ἡμῶν· 8 ἣν οὐδεὶς τῶν ἀρχόντων τοῦ αἰῶνος τούτου ἔγνωκεν, εἰ γὰρ ἔγνωσαν, οὐκ ἂν τὸν κύριον τῆς δόξης ἐσταύρωσαν· 9 ἀλλὰ καθὼς γέγραπται

Ἃ ὀφθαλμὸς οὐκ εἶδεν καὶ οὖς οὐκ ἤκουσεν
καὶ ἐπὶ καρδίαν ἀνθρώπου οὐκ ἀνέβη,
ὅσα ἡτοίμασεν ὁ θεὸς τοῖς ἀγαπῶσιν αὐτόν.

10 ἡμῖν γὰρ ἀπεκάλυψεν ὁ θεὸς διὰ τοῦ πνεύματος, τὸ γὰρ πνεῦμα πάντα ἐραυνᾷ, καὶ τὰ βάθη τοῦ θεοῦ. 11 τίς γὰρ οἶδεν ἀνθρώπων τὰ τοῦ ἀνθρώπου εἰ μὴ τὸ πνεῦμα τοῦ ἀνθρώπου τὸ ἐν αὐτῷ; οὕτως καὶ τὰ τοῦ θεοῦ οὐδεὶς ἔγνωκεν εἰ μὴ τὸ πνεῦμα τοῦ θεοῦ. 12 ἡμεῖς δὲ οὐ τὸ πνεῦμα τοῦ κόσμου ἐλάβομεν ἀλλὰ τὸ πνεῦμα τὸ ἐκ τοῦ θεοῦ, ἵνα εἰδῶμεν τὰ ὑπὸ τοῦ θεοῦ χαρισθέντα ἡμῖν· 13 ἃ καὶ λαλοῦμεν οὐκ ἐν διδακτοῖς ἀνθρωπίνης σοφίας λόγοις, ἀλλ᾽ ἐν διδακτοῖς πνεύματος, πνευματικοῖς πνευματικὰ συνκρίνοντες. 14 ψυχικὸς δὲ ἄνθρωπος οὐ δέχεται τὰ τοῦ πνεύματος τοῦ θεοῦ, μωρία γὰρ αὐτῷ ἐστιν, καὶ οὐ δύναται γνῶναι, ὅτι πνευματικῶς ἀνακρίνεται· 15 ὁ δὲ πνευματικὸς ἀνακρίνει μὲν πάντα, αὐτὸς δὲ ὑπ᾽ οὐδενὸς ἀνακρίνεται. 16 **τίς** γὰρ **ἔγνω νοῦν Κυρίου, ὃς συνβιβάσει αὐτόν;** ἡμεῖς δὲ νοῦν Χριστοῦ ἔχομεν.

Jesus, the Only Foundation

3 Κἀγώ, ἀδελφοί, οὐκ ἠδυνήθην λαλῆσαι ὑμῖν ὡς πνευματικοῖς ἀλλ᾽ ὡς σαρκίνοις, ὡς νηπίοις ἐν Χριστῷ. 2 γάλα ὑμᾶς ἐπότισα, οὐ βρῶμα, οὔπω γὰρ ἐδύνασθε.

---

9 WH: ὅσα NA/RP: ἃ 10 WH: γὰρ ἀπεκάλυψεν ὁ θεὸς {WH}/NA: δὲ ἀπεκάλυψεν ὁ θεὸς RP: δὲ ὁ θεὸς ἀπεκάλυψεν // RP: add αὐτοῦ after πνεύματος // WH: ἐραυνᾷ RP: ἐρευνᾷ 11 WH: ἔγνωκεν RP: οἶδεν 13 RP: add ἁγίου after πνεύματος // WH: πνευματικοῖς {WH}: πνευματικῶς 15 WH: μὲν {WH}/NA: [τὰ]
3:1 WH: Κἀγώ RP: Καὶ ἐγώ // WH: λαλῆσαι ὑμῖν RP: ὑμῖν λαλῆσαι // WH: σαρκίνοις RP: σαρκικοῖς 2 RP: add καὶ before οὐ // WH: οὐδὲ [ἔτι] NA: οὐδὲ ἔτι RP: οὔτε ἔτι

2:9 Isa 64:4 16 Isa 40:13

Ἀλλ' οὐδὲ [ἔτι] νῦν δύνασθε, 3 ἔτι γὰρ σαρκικοί ἐστε. ὅπου γὰρ ἐν ὑμῖν ζῆλος καὶ ἔρις, οὐχὶ σαρκικοί ἐστε καὶ κατὰ ἄνθρωπον περιπατεῖτε; 4 ὅταν γὰρ λέγῃ τις Ἐγὼ μέν εἰμι Παύλου, ἕτερος δέ Ἐγὼ Ἀπολλώ, οὐκ ἄνθρωποί ἐστε; 5 τί οὖν ἐστιν Ἀπολλώς; τί δέ ἐστιν Παῦλος; διάκονοι δι' ὧν ἐπιστεύσατε, καὶ ἑκάστῳ ὡς ὁ κύριος ἔδωκεν. 6 ἐγὼ ἐφύτευσα, Ἀπολλὼς ἐπότισεν, ἀλλὰ ὁ θεὸς ηὔξανεν· 7 ὥστε οὔτε ὁ φυτεύων ἐστίν τι οὔτε ὁ ποτίζων, ἀλλ' ὁ αὐξάνων θεός. 8 ὁ φυτεύων δὲ καὶ ὁ ποτίζων ἕν εἰσιν, ἕκαστος δὲ τὸν ἴδιον μισθὸν λήμψεται κατὰ τὸν ἴδιον κόπον, 9 θεοῦ γάρ ἐσμεν συνεργοί· θεοῦ γεώργιον, θεοῦ οἰκοδομή ἐστε.

10 Κατὰ τὴν χάριν τοῦ θεοῦ τὴν δοθεῖσάν μοι ὡς σοφὸς ἀρχιτέκτων θεμέλιον ἔθηκα, ἄλλος δὲ ἐποικοδομεῖ. ἕκαστος δὲ βλεπέτω πῶς ἐποικοδομεῖ· 11 θεμέλιον γὰρ ἄλλον οὐδεὶς δύναται θεῖναι παρὰ τὸν κείμενον, ὅς ἐστιν Ἰησοῦς Χριστός· 12 εἰ δέ τις ἐποικοδομεῖ ἐπὶ τὸν θεμέλιον χρυσίον, ἀργύριον, λίθους τιμίους, ξύλα, χόρτον, καλάμην, 13 ἑκά-στου τὸ ἔργον φανερὸν γενήσεται, ἡ γὰρ ἡμέρα δηλώσει· ὅτι ἐν πυρὶ ἀποκαλύπτεται, καὶ ἑκάστου τὸ ἔργον ὁποῖόν ἐστιν τὸ πῦρ αὐτὸ δοκιμάσει. 14 εἴ τινος τὸ ἔργον μενεῖ ὃ ἐποικο-δόμησεν, μισθὸν λήμψεται· 15 εἴ τινος τὸ ἔργον κατακαή-σεται, ζημιωθήσεται, αὐτὸς δὲ σωθήσεται, οὕτως δὲ ὡς διὰ πυρός.

16 Οὐκ οἴδατε ὅτι ναὸς θεοῦ ἐστε καὶ τὸ πνεῦμα τοῦ θεοῦ ἐν ὑμῖν οἰκεῖ 17 εἴ τις τὸν ναὸν τοῦ θεοῦ φθείρει, φθερεῖ τοῦτον ὁ θεός· ὁ γὰρ ναὸς τοῦ θεοῦ ἅγιός ἐστιν, οἵ-τινές ἐστε ὑμεῖς.

18 Μηδεὶς ἑαυτὸν ἐξαπατάτω· εἴ τις δοκεῖ σοφὸς εἶναι ἐν ὑμῖν ἐν τῷ αἰῶνι τούτῳ, μωρὸς γενέσθω, ἵνα γένηται σοφός, 19 ἡ γὰρ σοφία τοῦ κόσμου τούτου μωρία παρὰ τῷ

---

3 RP: add καὶ διχοστασίαι after ἔρις 4 WH: οὐκ ἄνθρωποί RP: οὐχὶ σαρκικοί 5 WH: τί οὖν ἐστιν Ἀπολλώς; τί δέ ἐστιν Παῦλος; RP: Τίς οὖν ἐστιν Παῦλος, τίς δὲ Ἀπολλώς, ἀλλ' ἢ 10 WH: ἔθηκα RP: τέθεικα 12 WH: χρυσίον, ἀργύριον {WH}: χρυσίον καὶ ἀργύριον ΝΑ: χρυσόν, ἄργυρον RP: τοῦτον χρυσόν, ἄργυρον 13 WH: αὐτὸ ΝΑ: [αὐτὸ] RP: omit αὐτὸ 16 WH: ἐν ὑμῖν οἰκεῖ {WH}/ΝΑ/RP: οἰκεῖ ἐν ὑμῖν

θεῷ ἐστίν· γέγραπται γάρ Ὁ δρασσόμενος τοὺς σοφοὺς ἐν τῇ πανουργίᾳ αὐτῶν· 20 καὶ πάλιν Κύριος γινώσκει τοὺς διαλογισμοὺς τῶν σοφῶν ὅτι εἰσὶν μάταιοι. 21 ὥστε μηδεὶς καυχάσθω ἐν ἀνθρώποις· πάντα γὰρ ὑμῶν ἐστίν, 22 εἴτε Παῦλος εἴτε Ἀπολλὼς εἴτε Κηφᾶς εἴτε κόσμος εἴτε ζωὴ εἴτε θάνατος εἴτε ἐνεστῶτα εἴτε μέλλοντα, πάντα ὑμῶν, 23 ὑμεῖς δὲ Χριστοῦ, Χριστὸς δὲ θεοῦ.

The Apostles as Servants of Christ

4 Οὕτως ἡμᾶς λογιζέσθω ἄνθρωπος ὡς ὑπηρέτας Χριστοῦ καὶ οἰκονόμους μυστηρίων θεοῦ. 2 ὧδε λοιπὸν ζητεῖται ἐν τοῖς οἰκονόμοις ἵνα πιστός τις εὑρεθῇ. 3 ἐμοὶ δὲ εἰς ἐλάχιστόν ἐστιν ἵνα ὑφ᾽ ὑμῶν ἀνακριθῶ ἢ ὑπὸ ἀνθρωπίνης ἡμέρας· ἀλλ᾽ οὐδὲ ἐμαυτὸν ἀνακρίνω· 4 οὐδὲν γὰρ ἐμαυτῷ σύνοιδα, ἀλλ᾽ οὐκ ἐν τούτῳ δεδικαίωμαι, ὁ δὲ ἀνακρίνων με κύριός ἐστιν. 5 ὥστε μὴ πρὸ καιροῦ τι κρίνετε, ἕως ἂν ἔλθῃ ὁ κύριος, ὃς καὶ φωτίσει τὰ κρυπτὰ τοῦ σκότους καὶ φανερώσει τὰς βουλὰς τῶν καρδιῶν, καὶ τότε ὁ ἔπαινος γενήσεται ἑκάστῳ ἀπὸ τοῦ θεοῦ.

6 Ταῦτα δέ, ἀδελφοί, μετεσχημάτισα εἰς ἐμαυτὸν καὶ Ἀπολλὼν δι᾽ ὑμᾶς, ἵνα ἐν ἡμῖν μάθητε τό Μὴ ὑπὲρ ἃ γέγραπται, ἵνα μὴ εἷς ὑπὲρ τοῦ ἑνὸς φυσιοῦσθε κατὰ τοῦ ἑτέρου. 7 τίς γάρ σε διακρίνει; τί δὲ ἔχεις ὃ οὐκ ἔλαβες; εἰ δὲ καὶ ἔλαβες, τί καυχᾶσαι ὡς μὴ λαβών; 8 ἤδη κεκορεσμένοι ἐστέ; ἤδη ἐπλουτήσατε; χωρὶς ἡμῶν ἐβασιλεύσατε; καὶ ὄφελόν γε ἐβασιλεύσατε, ἵνα καὶ ἡμεῖς ὑμῖν συνβασιλεύσωμεν. 9 δοκῶ γάρ, ὁ θεὸς ἡμᾶς τοὺς ἀποστόλους ἐσχάτους ἀπέδειξεν ὡς ἐπιθανατίους, ὅτι θέατρον ἐγενήθημεν τῷ κόσμῳ καὶ ἀγγέλοις καὶ ἀνθρώποις. 10 ἡμεῖς μωροὶ διὰ

---

22 RP: *add* ἐστιν *after* ὑμῶν
4:2 WH: ὧδε RP: Ὃ δὲ 6 WH: ἃ RP: ὃ // RP: *add* φρονεῖν *after* γέγραπται 8 WH: ἐστέ; NA/RP: ἐστέ, // WH: ἐπλουτήσατε; NA/RP: ἐπλουτήσατε, // WH: ἐβασιλεύσατε; NA/RP: ἐβασιλεύσατε· 9 RP: *add* ὅτι *after* γὰρ // WH: ἀπέδειξεν {WH}: ἀπέδειξεν,

---

Χριστόν, ὑμεῖς δὲ φρόνιμοι ἐν Χριστῷ· ἡμεῖς ἀσθενεῖς, ὑμεῖς δὲ ἰσχυροί· ὑμεῖς ἔνδοξοι, ἡμεῖς δὲ ἄτιμοι. 11 ἄχρι τῆς ἄρτι ὥρας καὶ πεινῶμεν καὶ διψῶμεν καὶ γυμνιτεύομεν καὶ κολαφιζόμεθα καὶ ἀστατοῦμεν 12 καὶ κοπιῶμεν ἐργαζόμενοι ταῖς ἰδίαις χερσίν· λοιδορούμενοι εὐλογοῦμεν, διωκόμενοι ἀνεχόμεθα, 13 δυσφημούμενοι παρακαλοῦμεν· ὡς περικαθάρματα τοῦ κόσμου ἐγενήθημεν, πάντων περίψημα, ἕως ἄρτι.

14 Οὐκ ἐντρέπων ὑμᾶς γράφω ταῦτα, ἀλλ᾽ ὡς τέκνα μου ἀγαπητὰ νουθετῶν· 15 ἐὰν γὰρ μυρίους παιδαγωγοὺς ἔχητε ἐν Χριστῷ, ἀλλ᾽ οὐ πολλοὺς πατέρας, ἐν γὰρ Χριστῷ Ἰησοῦ διὰ τοῦ εὐαγγελίου ἐγὼ ὑμᾶς ἐγέννησα. 16 παρακαλῶ οὖν ὑμᾶς, μιμηταί μου γίνεσθε. 17 Διὰ τοῦτο ἔπεμψα ὑμῖν Τιμόθεον, ὅς ἐστίν μου τέκνον ἀγαπητὸν καὶ πιστὸν ἐν κυρίῳ, ὃς ὑμᾶς ἀναμνήσει τὰς ὁδούς μου τὰς ἐν Χριστῷ [Ἰησοῦ], καθὼς πανταχοῦ ἐν πάσῃ ἐκκλησίᾳ διδάσκω.

18 Ὡς μὴ ἐρχομένου δέ μου πρὸς ὑμᾶς ἐφυσιώθησάν τινες· 19 ἐλεύσομαι δὲ ταχέως πρὸς ὑμᾶς, ἐὰν ὁ κύριος θελήσῃ, καὶ γνώσομαι οὐ τὸν λόγον τῶν πεφυσιωμένων ἀλλὰ τὴν δύναμιν, 20 οὐ γὰρ ἐν λόγῳ ἡ βασιλεία τοῦ θεοῦ ἀλλ᾽ ἐν δυνάμει. 21 τί θέλετε; ἐν ῥάβδῳ ἔλθω πρὸς ὑμᾶς, ἢ ἐν ἀγάπῃ πνεύματί τε πραΰτητος;

A Case of Immorality in the Church

5 Ὅλως ἀκούεται ἐν ὑμῖν πορνεία, καὶ τοιαύτη πορνεία ἥτις οὐδὲ ἐν τοῖς ἔθνεσιν, ὥστε γυναῖκά τινα τοῦ πατρὸς ἔχειν. 2 καὶ ὑμεῖς πεφυσιωμένοι ἐστέ, καὶ οὐχὶ μᾶλλον ἐπενθήσατε, ἵνα ἀρθῇ ἐκ μέσου ὑμῶν ὁ τὸ ἔργον τοῦτο πράξας; 3 Ἐγὼ μὲν γάρ, ἀπὼν τῷ σώματι παρὼν δὲ τῷ πνεύματι, ἤδη κέκρικα ὡς παρὼν τὸν οὕτως τοῦτο κατεργασάμενον

---

11 WH: γυμνιτεύομεν RP: γυμνητεύομεν 13 WH: δυσφημούμενοι RP: βλασφημούμενοι 14 WH: νουθετῶν NA: νουθετῶ[ν] RP: νουθετῶ 17 WH: μου τέκνον RP: τέκνον μου // RP: omit [Ἰησοῦ] // {WH}: add αὐτὸ after τοῦτο 21 WH: πραΰτητος RP: πραότητος
5:1 RP: add ὀνομάζεται after ἔθνεσιν 2 WH: ἀρθῇ RP: ἐξαρθῇ // WH: πράξας RP: ποιήσας 3 RP: add ὡς before ἀπὼν

4 ἐν τῷ ὀνόματι τοῦ κυρίου [ἡμῶν] Ἰησοῦ, συναχθέντων ὑμῶν καὶ τοῦ ἐμοῦ πνεύματος σὺν τῇ δυνάμει τοῦ κυρίου ἡμῶν Ἰησοῦ, 5 παραδοῦναι τὸν τοιοῦτον τῷ Σατανᾷ εἰς ὄλεθρον τῆς σαρκός, ἵνα τὸ πνεῦμα σωθῇ ἐν τῇ ἡμέρᾳ τοῦ κυρίου. 6 Οὐ καλὸν τὸ καύχημα ὑμῶν. οὐκ οἴδατε ὅτι μικρὰ ζύμη ὅλον τὸ φύραμα ζυμοῖ; 7 ἐκκαθάρατε τὴν παλαιὰν ζύμην, ἵνα ἦτε νέον φύραμα, καθώς ἐστε ἄζυμοι. καὶ γὰρ τὸ πάσχα ἡμῶν ἐτύθη Χριστός· 8 ὥστε ἑορτάζωμεν, μὴ ἐν ζύμῃ παλαιᾷ μηδὲ ἐν ζύμῃ κακίας καὶ πονηρίας, ἀλλ᾽ ἐν ἀζύμοις εἰλικρινίας καὶ ἀληθείας.

9 Ἔγραψα ὑμῖν ἐν τῇ ἐπιστολῇ μὴ συναναμίγνυσθαι πόρνοις, 10 οὐ πάντως τοῖς πόρνοις τοῦ κόσμου τούτου ἢ τοῖς πλεονέκταις καὶ ἅρπαξιν ἢ εἰδωλολάτραις, ἐπεὶ ὠφείλετε ἄρα ἐκ τοῦ κόσμου ἐξελθεῖν. 11 νῦν δὲ ἔγραψα ὑμῖν μὴ συναναμίγνυσθαι ἐάν τις ἀδελφὸς ὀνομαζόμενος ἢ πόρνος ἢ πλεονέκτης ἢ εἰδωλολάτρης ἢ λοίδορος ἢ μέθυσος ἢ ἅρπαξ, τῷ τοιούτῳ μηδὲ συνεσθίειν. 12 τί γάρ μοι τοὺς ἔξω κρίνειν; οὐχὶ τοὺς ἔσω ὑμεῖς κρίνετε, 13 τοὺς δὲ ἔξω ὁ θεὸς κρίνει; **ἐξάρατε τὸν πονηρὸν ἐξ ὑμῶν αὐτῶν.**

Avoiding Lawsuits Among Believers

6 Τολμᾷ τις ὑμῶν πρᾶγμα ἔχων πρὸς τὸν ἕτερον κρίνεσθαι ἐπὶ τῶν ἀδίκων, καὶ οὐχὶ ἐπὶ τῶν ἁγίων; 2 ἢ οὐκ οἴδατε ὅτι οἱ ἅγιοι τὸν κόσμον κρινοῦσιν; καὶ εἰ ἐν ὑμῖν κρίνεται ὁ κόσμος, ἀνάξιοί ἐστε κριτηρίων ἐλαχίστων; 3 οὐκ οἴδατε ὅτι ἀγγέλους κρινοῦμεν, μήτιγε βιωτικά; 4 βιωτικὰ μὲν οὖν κριτήρια ἐὰν ἔχητε, τοὺς ἐξουθενημένους ἐν τῇ ἐκκλησίᾳ,

---

4 WH: [ἡμῶν] RP: ἡμῶν // RP: add χριστοῦ, after Ἰησοῦ twice 5 {WH}/RP: add Ἰησοῦ after κυρίου 7 RP: add ὑπὲρ ἡμῶν before ἐτύθη 8 WH: παλαιᾷ μηδὲ {WH}: παλαιᾷ, μὴ 10 RP: add καὶ before οὐ // WH: καὶ RP: ἢ // WH: ὠφείλετε RP: ὀφείλετε 12 RP: add καί after μοι 13 RP: add καί before ἐξαρεῖτε
6:2 RP: omit ἢ // WH: κρινοῦσιν {WH}: κρίνουσιν // RP: add Καὶ εἰ ἐν ὑμῖν κρίνεται ὁ κόσμος, ἀνάξιοί ἐστε κριτηρίων ἐλαχίστων; after κρινοῦσιν 3 WH: μήτιγε NA/RP: μήτι γε

5:7 Exod 12:21 13 Deut 22:24

τούτους καθίζετε; 5 πρὸς ἐντροπὴν ὑμῖν λέγω. οὕτως οὐκ
ἔνι ἐν ὑμῖν οὐδεὶς σοφὸς ὃς δυνήσεται διακρῖναι ἀνὰ μέσον
τοῦ ἀδελφοῦ αὐτοῦ, 6 ἀλλὰ ἀδελφὸς μετὰ ἀδελφοῦ κρίνε-
ται, καὶ τοῦτο ἐπὶ ἀπίστων; 7 ἤδη μὲν οὖν ὅλως ἥττημα
ὑμῖν ἐστὶν ὅτι κρίματα ἔχετε μεθ᾿ ἑαυτῶν· διὰ τί οὐχὶ μᾶλ-
λον ἀδικεῖσθε; διὰ τί οὐχὶ μᾶλλον ἀποστερεῖσθε; 8 ἀλλὰ
ὑμεῖς ἀδικεῖτε καὶ ἀποστερεῖτε, καὶ τοῦτο ἀδελφούς.

Avoiding Sexual Immorality

9 ἢ οὐκ οἴδατε ὅτι ἄδικοι θεοῦ βασιλείαν οὐ κληρονομή-
σουσιν; Μὴ πλανᾶσθε· οὔτε πόρνοι οὔτε εἰδωλολάτραι
οὔτε μοιχοὶ οὔτε μαλακοὶ οὔτε ἀρσενοκοῖται 10 οὔτε κλέ-
πται οὔτε πλεονέκται, οὐ μέθυσοι, οὐ λοίδοροι, οὐχ ἅρπα-
γες βασιλείαν θεοῦ κληρονομήσουσιν. 11 Καὶ ταῦτά τινες
ἦτε· ἀλλὰ ἀπελούσασθε, ἀλλὰ ἡγιάσθητε, ἀλλὰ ἐδι-
καιώθητε ἐν τῷ ὀνόματι τοῦ κυρίου [ἡμῶν] Ἰησοῦ Χριστοῦ
καὶ ἐν τῷ πνεύματι τοῦ θεοῦ ἡμῶν.

12 Πάντα μοι ἔξεστιν· ἀλλ᾿ οὐ πάντα συμφέρει. πάντα
μοι ἔξεστιν· ἀλλ᾿ οὐκ ἐγὼ ἐξουσιασθήσομαι ὑπό τινος.
13 τὰ βρώματα τῇ κοιλίᾳ, καὶ ἡ κοιλία τοῖς βρώμασιν· ὁ δὲ
θεὸς καὶ ταύτην καὶ ταῦτα καταργήσει. τὸ δὲ σῶμα οὐ τῇ
πορνείᾳ ἀλλὰ τῷ κυρίῳ, καὶ ὁ κύριος τῷ σώματι· 14 ὁ δὲ
θεὸς καὶ τὸν κύριον ἤγειρεν καὶ ἡμᾶς ἐξεγερεῖ διὰ τῆς δυνά-
μεως αὐτοῦ. 15 οὐκ οἴδατε ὅτι τὰ σώματα ὑμῶν μέλη Χρι-
στοῦ ἐστίν; ἄρας οὖν τὰ μέλη τοῦ χριστοῦ ποιήσω πόρνης
μέλη; μὴ γένοιτο. 16 ἢ οὐκ οἴδατε ὅτι ὁ κολλώμενος τῇ
πόρνῃ ἓν σῶμά ἐστιν; **Ἔσονται** γάρ, φησίν, **οἱ δύο εἰς
σάρκα μίαν.** 17 ὁ δὲ κολλώμενος τῷ κυρίῳ ἓν πνεῦμά ἐστιν.
18 φεύγετε τὴν πορνείαν· πᾶν ἁμάρτημα ὃ ἐὰν ποιήσῃ

---

5 WH: οὐδεὶς σοφὸς RP: σοφὸς οὐδὲ εἷς 7 WH: οὖν NA: [οὖν] 8 WH: τοῦτο RP:
ταῦτα 9 WH: θεοῦ βασιλείαν RP: βασιλείαν θεοῦ 10 WH: κλέπται οὔτε
πλεονέκται, οὐ RP: πλεονέκται, οὔτε κλέπται οὔτε // RP: add οὐ *before*
κληρονομήσουσιν 11 WH: [ἡμῶν] Ἰησοῦ Χριστοῦ NA: Ἰησοῦ Χριστοῦ RP:
Ἰησοῦ 14 WH: ἐξεγερεῖ {WH}: ἐξήγειρεν 16 WH: ἢ NA: [ἢ] RP: *omit* ἢ

ἄνθρωπος ἐκτὸς τοῦ σώματός ἐστιν, ὁ δὲ πορνεύων εἰς τὸ ἴδιον σῶμα ἁμαρτάνει. 19 ἢ οὐκ οἴδατε ὅτι τὸ σῶμα ὑμῶν ναὸς τοῦ ἐν ὑμῖν ἁγίου πνεύματός ἐστιν, οὗ ἔχετε ἀπὸ θεοῦ; καὶ οὐκ ἐστὲ ἑαυτῶν, 20 ἠγοράσθητε γὰρ τιμῆς· δοξάσατε δὴ τὸν θεὸν ἐν τῷ σώματι ὑμῶν.

Instructions Concerning Marriage

7 Περὶ δὲ ὧν ἐγράψατε, καλὸν ἀνθρώπῳ γυναικὸς μὴ ἅπτεσθαι· 2 διὰ δὲ τὰς πορνείας ἕκαστος τὴν ἑαυτοῦ γυναῖκα ἐχέτω, καὶ ἑκάστη τὸν ἴδιον ἄνδρα ἐχέτω. 3 τῇ γυναικὶ ὁ ἀνὴρ τὴν ὀφειλὴν ἀποδιδότω, ὁμοίως δὲ καὶ ἡ γυνὴ τῷ ἀνδρί. 4 ἡ γυνὴ τοῦ ἰδίου σώματος οὐκ ἐξουσιάζει ἀλλὰ ὁ ἀνήρ· ὁμοίως δὲ καὶ ὁ ἀνὴρ τοῦ ἰδίου σώματος οὐκ ἐξουσιάζει ἀλλὰ ἡ γυνή. 5 μὴ ἀποστερεῖτε ἀλλήλους, εἰ μήτι [ἂν] ἐκ συμφώνου πρὸς καιρὸν ἵνα σχολάσητε τῇ προσευχῇ καὶ πάλιν ἐπὶ τὸ αὐτὸ ἦτε, ἵνα μὴ πειράζῃ ὑμᾶς ὁ Σατανᾶς διὰ τὴν ἀκρασίαν [ὑμῶν]. 6 τοῦτο δὲ λέγω κατὰ συνγνώμην, οὐ κατ᾽ ἐπιταγήν. 7 θέλω δὲ πάντας ἀνθρώπους εἶναι ὡς καὶ ἐμαυτόν· ἀλλὰ ἕκαστος ἴδιον ἔχει χάρισμα ἐκ θεοῦ, ὁ μὲν οὕτως, ὁ δὲ οὕτως.

8 Λέγω δὲ τοῖς ἀγάμοις καὶ ταῖς χήραις, καλὸν αὐτοῖς ἐὰν μείνωσιν ὡς κἀγώ· 9 εἰ δὲ οὐκ ἐγκρατεύονται, γαμησά-τωσαν, κρεῖττον γάρ ἐστιν γαμεῖν ἢ πυροῦσθαι. 10 Τοῖς δὲ γεγαμηκόσιν παραγγέλλω, οὐκ ἐγὼ ἀλλὰ ὁ κύριος, γυναῖκα ἀπὸ ἀνδρὸς μὴ χωρισθῆναι,—11 ἐὰν δὲ καὶ χωρισθῇ, μενέ-τω ἄγαμος ἢ τῷ ἀνδρὶ καταλλαγήτω,—καὶ ἄνδρα γυναῖκα μὴ ἀφιέναι. 12 Τοῖς δὲ λοιποῖς λέγω ἐγώ, οὐχ ὁ κύριος· εἴ τις

---

19 WH: ἁγίου πνεύματός ἐστιν {WH}: πνεύματος ἁγίου ἐστίν // WH: θεοῦ; NA: θεοῦ, // WH: ἑαυτῶν, NA: ἑαυτῶν; 20 RP: *add* καὶ ἐν τῷ πνεύματι ὑμῶν, ἅτινά ἐστιν τοῦ θεοῦ *after* ὑμῶν
7:1 RP: *add* μοι *after* ἐγράψατε 3 WH: ὀφειλὴν RP: ὀφειλομένην εὔνοιαν 5 WH: μήτι [ἂν] NA: μήτι ἂν RP: μή τι ἂν // WH: σχολάσητε RP: σχολάζητε τῇ νηστείᾳ καὶ // WH: ἦτε RP: συνέρχησθε // WH: [ὑμῶν] NA/RP: ὑμῶν 7 WH: δὲ RP: γὰρ // WH: ἔχει χάρισμα RP: χάρισμα ἔχει // WH: ὁ . . . ὁ RP: ὃς . . . ὃς 8 RP: *add* ἐστιν *after* αὐτοῖς 9 WH: γαμεῖν {WH}/NA/RP: γαμῆσαι 12 WH: λέγω ἐγώ RP: ἐγὼ λέγω,

ἀδελφὸς γυναῖκα ἔχει ἄπιστον, καὶ αὕτη συνευδοκεῖ οἰκεῖν μετ' αὐτοῦ, μὴ ἀφιέτω αὐτήν· 13 καὶ γυνὴ ἥτις ἔχει ἄνδρα ἄπιστον, καὶ οὗτος συνευδοκεῖ οἰκεῖν μετ' αὐτῆς, μὴ ἀφιέτω τὸν ἄνδρα. 14 ἡγίασται γὰρ ὁ ἀνὴρ ὁ ἄπιστος ἐν τῇ γυναικί, καὶ ἡγίασται ἡ γυνὴ ἡ ἄπιστος ἐν τῷ ἀδελφῷ· ἐπεὶ ἄρα τὰ τέκνα ὑμῶν ἀκάθαρτά ἐστιν, νῦν δὲ ἅγιά ἐστιν. 15 εἰ δὲ ὁ ἄπιστος χωρίζεται, χωριζέσθω· οὐ δεδούλωται ὁ ἀδελφὸς ἢ ἡ ἀδελφὴ ἐν τοῖς τοιούτοις, ἐν δὲ εἰρήνῃ κέκληκεν ὑμᾶς ὁ θεός. 16 τί γὰρ οἶδας, γύναι, εἰ τὸν ἄνδρα σώσεις; ἢ τί οἶδας, ἄνερ, εἰ τὴν γυναῖκα σώσεις;

Instructions for Change of Status

17 Εἰ μὴ ἑκάστῳ ὡς μεμέρικεν ὁ κύριος, ἕκαστον ὡς κέκληκεν ὁ θεός, οὕτως περιπατείτω· καὶ οὕτως ἐν ταῖς ἐκκλησίαις πάσαις διατάσσομαι. 18 περιτετμημένος τις ἐκλήθη; μὴ ἐπισπάσθω· ἐν ἀκροβυστίᾳ κέκληταί τις; μὴ περιτεμνέσθω. 19 ἡ περιτομὴ οὐδέν ἐστιν, καὶ ἡ ἀκροβυστία οὐδέν ἐστιν, ἀλλὰ τήρησις ἐντολῶν θεοῦ. 20 ἕκαστος ἐν τῇ κλήσει ᾗ ἐκλήθη ἐν ταύτῃ μενέτω. 21 δοῦλος ἐκλήθης; μή σοι μελέτω· ἀλλ' εἰ καὶ δύνασαι ἐλεύθερος γενέσθαι, μᾶλλον χρῆσαι. 22 ὁ γὰρ ἐν κυρίῳ κληθεὶς δοῦλος ἀπελεύθερος κυρίου ἐστίν· ὁμοίως ὁ ἐλεύθερος κληθεὶς δοῦλός ἐστιν Χριστοῦ. 23 τιμῆς ἠγοράσθητε· μὴ γίνεσθε δοῦλοι ἀνθρώπων. 24 ἕκαστος ἐν ᾧ ἐκλήθη, ἀδελφοί, ἐν τούτῳ μενέτω παρὰ θεῷ.

Instructions for the Unmarried and Widows

25 Περὶ δὲ τῶν παρθένων ἐπιταγὴν κυρίου οὐκ ἔχω, γνώμην δὲ δίδωμι ὡς ἠλεημένος ὑπὸ κυρίου πιστὸς εἶναι.

26 Νομίζω οὖν τοῦτο καλὸν ὑπάρχειν διὰ τὴν ἐνεστῶσαν

---

13 WH: ἥτις NA: εἴ τις // WH: οὗτος RP: αὐτὸς // WH: τὸν ἄνδρα RP: αὐτόν
14 WH: ἀδελφῷ RP: ἀνδρί 15 WH: ὑμᾶς {WH}/RP: ἡμᾶς 17 WH: μεμέρικεν ὁ κύριος {WH}/NA: ἐμέρισεν ὁ κύριος RP: ἐμέρισεν ὁ θεός // WH: θεός RP: κύριος 18 WH: κέκληταί τις RP: τις ἐκλήθη 22 RP: add καὶ after ὁμοίως

ἀνάγκην, ὅτι καλὸν ἀνθρώπῳ τὸ οὕτως εἶναι. 27 δέδεσαι γυναικί; μὴ ζήτει λύσιν· λέλυσαι ἀπὸ γυναικός; μὴ ζήτει γυναῖκα· 28 ἐὰν δὲ καὶ γαμήσῃς, οὐχ ἥμαρτες. καὶ ἐὰν γήμῃ [ἡ] παρθένος, οὐχ ἥμαρτεν. θλίψιν δὲ τῇ σαρκὶ ἕξουσιν οἱ τοιοῦτοι, ἐγὼ δὲ ὑμῶν φείδομαι. 29 Τοῦτο δέ φημι, ἀδελφοί, ὁ καιρὸς συνεσταλμένος ἐστίν· τὸ λοιπὸν ἵνα καὶ οἱ ἔχοντες γυναῖκας ὡς μὴ ἔχοντες ὦσιν, 30 καὶ οἱ κλαίοντες ὡς μὴ κλαίοντες, καὶ οἱ χαίροντες ὡς μὴ χαίροντες, καὶ οἱ ἀγοράζοντες ὡς μὴ κατέχοντες, 31 καὶ οἱ χρώμενοι τὸν κόσμον ὡς μὴ καταχρώμενοι· παράγει γὰρ τὸ σχῆμα τοῦ κόσμου τούτου. 32 θέλω δὲ ὑμᾶς ἀμερίμνους εἶναι. ὁ ἄγαμος μεριμνᾷ τὰ τοῦ κυρίου, πῶς ἀρέσῃ τῷ κυρίῳ· 33 ὁ δὲ γαμήσας μεριμνᾷ τὰ τοῦ κόσμου, πῶς ἀρέσῃ τῇ γυναικί, 34 καὶ μεμέρισται. καὶ ἡ γυνὴ ἡ ἄγαμος καὶ ἡ παρθένος μεριμνᾷ τὰ τοῦ κυρίου, ἵνα ᾖ ἁγία [καὶ] τῷ σώματι καὶ τῷ πνεύματι· ἡ δὲ γαμήσασα μεριμνᾷ τὰ τοῦ κόσμου, πῶς ἀρέσῃ τῷ ἀνδρί. 35 τοῦτο δὲ πρὸς τὸ ὑμῶν αὐτῶν σύμφορον λέγω, οὐχ ἵνα βρόχον ὑμῖν ἐπιβάλω, ἀλλὰ πρὸς τὸ εὔσχημον καὶ εὐπάρεδρον τῷ κυρίῳ ἀπερισπάστως.

36 Εἰ δέ τις ἀσχημονεῖν ἐπὶ τὴν παρθένον αὐτοῦ νομίζει ἐὰν ᾖ ὑπέρακμος, καὶ οὕτως ὀφείλει γίνεσθαι, ὃ θέλει ποιείτω· οὐχ ἁμαρτάνει· γαμείτωσαν. 37 ὃς δὲ ἕστηκεν ἐν τῇ καρδίᾳ αὐτοῦ ἑδραῖος, μὴ ἔχων ἀνάγκην, ἐξουσίαν δὲ ἔχει περὶ τοῦ ἰδίου θελήματος, καὶ τοῦτο κέκρικεν ἐν τῇ ἰδίᾳ καρδίᾳ, τηρεῖν τὴν ἑαυτοῦ παρθένον, καλῶς ποιήσει· 38 ὥστε καὶ ὁ γαμίζων τὴν ἑαυτοῦ παρθένον καλῶς ποιεῖ, καὶ ὁ μὴ γαμίζων κρεῖσσον ποιήσει.

28 WH: γαμήσῃς RP: γήμῃς // WH: [ἡ] NA/RP: ἡ 29 WH: ἐστίν· τὸ λοιπὸν {WH}: ἐστὶν τὸ λοιπόν, RP: τὸ λοιπόν ἐστιν 31 WH: τὸν κόσμον RP: τῷ κόσμῳ τούτῳ, 32 WH: ἀρέσῃ RP: ἀρέσει 33 WH: ἀρέσῃ RP: ἀρέσει 34 RP: omit καὶ before Μεμέρισται // WH: ἡ ἄγαμος καὶ ἡ παρθένος RP: καὶ ἡ παρθένος. Ἡ ἄγαμος // WH: [καὶ] NA/RP: καὶ // WH: τῷ σώματι καὶ τῷ RP: σώματι καὶ // WH: ἀρέσῃ RP: ἀρέσει 35 WH: σύμφορον RP: συμφέρον // WH: εὐπάρεδρον RP: εὐπρόσεδρον 37 WH: ἐν τῇ καρδίᾳ αὐτοῦ ἑδραῖος RP: ἑδραῖος ἐν τῇ καρδίᾳ // WH: ἰδίᾳ καρδίᾳ RP: καρδίᾳ αὐτοῦ, τοῦ // WH: ποιήσει RP: ποιεῖ 38 WH: γαμίζων RP: ἐκγαμίζων // WH: τὴν ἑαυτοῦ παρθένον {WH}: τὴν παρθένον ἑαυτοῦ RP: omit τὴν ἑαυτοῦ παρθένον // WH: καλῶς ποιεῖ {WH}: καλῶς ποιήσει // WH: καὶ ὁ μὴ γαμίζων κρεῖσσον ποιήσει RP: ὁ δὲ μὴ ἐκγαμίζων

39 Γυνὴ δέδεται ἐφ᾽ ὅσον χρόνον ζῇ ὁ ἀνὴρ αὐτῆς· ἐὰν δὲ κοιμηθῇ ὁ ἀνήρ, ἐλευθέρα ἐστὶν ᾧ θέλει γαμηθῆναι, μόνον ἐν κυρίῳ· 40 μακαριωτέρα δέ ἐστιν ἐὰν οὕτως μείνῃ, κατὰ τὴν ἐμὴν γνώμην, δοκῶ γὰρ κἀγὼ πνεῦμα θεοῦ ἔχειν.

Food Sacrificed to Idols

8 Περὶ δὲ τῶν εἰδωλοθύτων, οἴδαμεν ὅτι πάντες γνῶσιν ἔχομεν. ἡ γνῶσις φυσιοῖ, ἡ δὲ ἀγάπη οἰκοδομεῖ. 2 εἴ τις δοκεῖ ἐγνωκέναι τι, οὔπω ἔγνω καθὼς δεῖ γνῶναι· 3 εἰ δέ τις ἀγαπᾷ τὸν θεόν, οὗτος ἔγνωσται ὑπ᾽ αὐτοῦ. 4 Περὶ τῆς βρώσεως οὖν τῶν εἰδωλοθύτων οἴδαμεν ὅτι οὐδὲν εἴδωλον ἐν κόσμῳ, καὶ ὅτι οὐδεὶς θεὸς εἰ μὴ εἷς. 5 καὶ γὰρ εἴπερ εἰσὶν λεγόμενοι θεοὶ εἴτε ἐν οὐρανῷ εἴτε ἐπὶ γῆς, ὥσπερ εἰσὶν θεοὶ πολλοὶ καὶ κύριοι πολλοί, 6 [ἀλλ᾽] ἡμῖν εἷς θεὸς ὁ πατήρ, ἐξ οὗ τὰ πάντα καὶ ἡμεῖς εἰς αὐτόν, καὶ εἷς κύριος Ἰησοῦς Χριστός, δι᾽ οὗ τὰ πάντα καὶ ἡμεῖς δι᾽ αὐτοῦ. 7 Ἀλλ᾽ οὐκ ἐν πᾶσιν ἡ γνῶσις· τινὲς δὲ τῇ συνηθείᾳ ἕως ἄρτι τοῦ εἰδώλου ὡς εἰδωλόθυτον ἐσθίουσιν, καὶ ἡ συνείδησις αὐτῶν ἀσθενὴς οὖσα μολύνεται. 8 βρῶμα δὲ ἡμᾶς οὐ παραστήσει τῷ θεῷ· οὔτε ἐὰν μὴ φάγωμεν, ὑστερούμεθα, οὔτε ἐὰν φάγωμεν, περισσεύομεν. 9 βλέπετε δὲ μή πως ἡ ἐξουσία ὑμῶν αὕτη πρόσκομμα γένηται τοῖς ἀσθενέσιν. 10 ἐὰν γάρ τις ἴδῃ [σὲ] τὸν ἔχοντα γνῶσιν ἐν εἰδωλίῳ κατακείμενον, οὐχὶ ἡ συνείδησις αὐτοῦ ἀσθενοῦς ὄντος οἰκοδομηθήσεται εἰς τὸ τὰ εἰδωλόθυτα ἐσθίειν; 11 ἀπόλλυται γὰρ ὁ ἀσθενῶν ἐν τῇ σῇ γνώσει, ὁ ἀδελφὸς δι᾽ ὃν Χριστὸς ἀπέθανεν. 12 οὕτως δὲ

κρεῖσσον ποιεῖ 39 RP: *add* νόμῳ *after* δέδεται // RP: *add* καί *after* δὲ 40 WH: γὰρ {WH}/NA/RP: δὲ

8:2 RP: *add* δέ *after* Εἰ // WH: ἐγνωκέναι RP: εἰδέναι // WH: οὔπω ἔγνω RP: οὐδέπω οὐδὲν ἔγνωκεν 4 RP: *add* ἕτερος *after* θεὸς 6 WH: [ἀλλ᾽] NA/RP: ἀλλ᾽ // WH: δι᾽ οὗ {WH}: δι᾽ ὃν 7 WH: συνηθείᾳ ἕως ἄρτι τοῦ εἰδώλου RP: συνειδήσει τοῦ εἰδώλου ἕως ἄρτι 8 WH: παραστήσει RP: παρίστησιν // WH: ἐὰν μὴ φάγωμεν, ὑστερούμεθα, οὔτε ἐὰν φάγωμεν, περισσεύομεν RP: γὰρ ἐὰν φάγωμεν περισσεύομεν, οὔτε ἐὰν μὴ φάγωμεν ὑστερούμεθα 9 WH: μή πως RP: μήπως // WH: ἀσθενέσιν RP: ἀσθενοῦσιν 10 WH: [σὲ] NA/RP: σὲ 11 WH: ἀπόλλυται γὰρ RP: Καὶ ἀπολεῖται // WH: ἐν τῇ σῇ γνώσει, ὁ ἀδελφὸς RP: ἀδελφὸς ἐπὶ τῇ σῇ γνώσει

ἁμαρτάνοντες εἰς τοὺς ἀδελφοὺς καὶ τύπτοντες αὐτῶν τὴν συνείδησιν ἀσθενοῦσαν εἰς Χριστὸν ἁμαρτάνετε. 13 διόπερ εἰ βρῶμα σκανδαλίζει τὸν ἀδελφόν μου, οὐ μὴ φάγω κρέα εἰς τὸν αἰῶνα, ἵνα μὴ τὸν ἀδελφόν μου σκανδαλίσω.

Paul's Rights as an Apostle

9 Οὐκ εἰμὶ ἐλεύθερος; οὐκ εἰμὶ ἀπόστολος; οὐχὶ Ἰησοῦν τὸν κύριον ἡμῶν ἑόρακα; οὐ τὸ ἔργον μου ὑμεῖς ἐστε ἐν κυρίῳ; 2 εἰ ἄλλοις οὐκ εἰμὶ ἀπόστολος, ἀλλά γε ὑμῖν εἰμί, ἡ γὰρ σφραγίς μου τῆς ἀποστολῆς ὑμεῖς ἐστε ἐν κυρίῳ. 3 Ἡ ἐμὴ ἀπολογία τοῖς ἐμὲ ἀνακρίνουσίν ἐστιν αὕτη. 4 μὴ οὐκ ἔχομεν ἐξουσίαν φαγεῖν καὶ πεῖν; 5 μὴ οὐκ ἔχομεν ἐξουσίαν ἀδελφὴν γυναῖκα περιάγειν, ὡς καὶ οἱ λοιποὶ ἀπόστολοι καὶ οἱ ἀδελφοὶ τοῦ κυρίου καὶ Κηφᾶς; 6 ἢ μόνος ἐγὼ καὶ Βαρνάβας οὐκ ἔχομεν ἐξουσίαν μὴ ἐργάζεσθαι; 7 τίς στρατεύεται ἰδίοις ὀψωνίοις ποτέ; τίς φυτεύει ἀμπελῶνα καὶ τὸν καρπὸν αὐτοῦ οὐκ ἐσθίει; [ἢ] τίς ποιμαίνει ποίμνην καὶ ἐκ τοῦ γάλακτος τῆς ποίμνης οὐκ ἐσθίει; 8 Μὴ κατὰ ἄνθρωπον ταῦτα λαλῶ, ἢ καὶ ὁ νόμος ταῦτα οὐ λέγει; 9 ἐν γὰρ τῷ Μωυσέως νόμῳ γέγραπται **Οὐ φιμώσεις βοῦν ἀλοῶντα.** μὴ τῶν βοῶν μέλει τῷ θεῷ, 10 ἢ δι' ἡμᾶς πάντως λέγει; δι' ἡμᾶς γὰρ ἐγράφη, ὅτι ὀφείλει ἐπ' ἐλπίδι ὁ ἀροτριῶν ἀροτριᾶν, καὶ ὁ ἀλοῶν ἐπ' ἐλπίδι τοῦ μετέχειν. 11 Εἰ ἡμεῖς ὑμῖν τὰ πνευματικὰ ἐσπείραμεν, μέγα εἰ ἡμεῖς ὑμῶν τὰ σαρκικὰ θερίσομεν; 12 εἰ ἄλλοι τῆς ὑμῶν ἐξουσίας μετέχουσιν, οὐ μᾶλλον ἡμεῖς; ἀλλ' οὐκ ἐχρησάμεθα τῇ ἐξουσίᾳ

9:1 WH: ἐλεύθερος; οὐκ εἰμὶ ἀπόστολος; RP: ἀπόστολος; Οὐκ εἰμὶ ἐλεύθερος; // RP: *add* χριστὸν *after* Ἰησοῦν // WH: ἑόρακα RP: ἑώρακα 2 WH: μου τῆς RP: τῆς ἐμῆς 3 WH: ἐστιν αὕτη RP: αὕτη ἐστίν 4 WH: πεῖν RP: πιεῖν 6 RP: *add* τοῦ *before* μὴ 7 WH: τὸν καρπὸν RP: ἐκ τοῦ καρποῦ // WH: [ἢ] NA/RP: ἢ 8 WH: καὶ ὁ νόμος ταῦτα οὐ RP: οὐχὶ καὶ ὁ νόμος ταῦτα 9 WH: φιμώσεις {WH}/NA: κημώσεις 10 WH: ὀφείλει ἐπ' ἐλπίδι RP: ἐπ' ἐλπίδι ὀφείλει // WH: ἐπ' ἐλπίδι τοῦ μετέχειν RP: τῆς ἐλπίδος αὐτοῦ μετέχειν ἐπ' ἐλπίδι 12 WH: ὑμῶν ἐξουσίας RP: ἐξουσίας ὑμῶν //

9:9 Deut 25:4

ταύτῃ, ἀλλὰ πάντα στέγομεν ἵνα μή τινα ἐνκοπὴν δῶμεν τῷ εὐαγγελίῳ τοῦ χριστοῦ. 13 οὐκ οἴδατε ὅτι οἱ τὰ ἱερὰ ἐργαζόμενοι τὰ ἐκ τοῦ ἱεροῦ ἐσθίουσιν, οἱ τῷ θυσιαστηρίῳ παρεδρεύοντες τῷ θυσιαστηρίῳ συνμερίζονται; 14 οὕτως καὶ ὁ κύριος διέταξεν τοῖς τὸ εὐαγγέλιον καταγγέλλουσιν ἐκ τοῦ εὐαγγελίου ζῆν. 15 ἐγὼ δὲ οὐ κέχρημαι οὐδενὶ τούτων. Οὐκ ἔγραψα δὲ ταῦτα ἵνα οὕτως γένηται ἐν ἐμοί, καλὸν γάρ μοι μᾶλλον ἀποθανεῖν ἤ—τὸ καύχημά μου οὐδεὶς κενώσει. 16 ἐὰν γὰρ εὐαγγελίζωμαι, οὐκ ἔστιν μοι καύχημα, ἀνάγκη γάρ μοι ἐπίκειται· οὐαὶ γάρ μοί ἐστιν ἐὰν μὴ εὐαγγελίσωμαι. 17 εἰ γὰρ ἑκὼν τοῦτο πράσσω, μισθὸν ἔχω· εἰ δὲ ἄκων, οἰκονομίαν πεπίστευμαι. 18 τίς οὖν μού ἐστιν ὁ μισθός; ἵνα εὐαγγελιζόμενος ἀδάπανον θήσω τὸ εὐαγγέλιον, εἰς τὸ μὴ καταχρήσασθαι τῇ ἐξουσίᾳ μου ἐν τῷ εὐαγγελίῳ.

19 Ἐλεύθερος γὰρ ὢν ἐκ πάντων πᾶσιν ἐμαυτὸν ἐδούλωσα, ἵνα τοὺς πλείονας κερδήσω· 20 καὶ ἐγενόμην τοῖς Ἰουδαίοις ὡς Ἰουδαῖος, ἵνα Ἰουδαίους κερδήσω· τοῖς ὑπὸ νόμον ὡς ὑπὸ νόμον, μὴ ὢν αὐτὸς ὑπὸ νόμον, ἵνα τοὺς ὑπὸ νόμον κερδήσω· 21 τοῖς ἀνόμοις ὡς ἄνομος, μὴ ὢν ἄνομος θεοῦ ἀλλ᾽ ἔννομος Χριστοῦ, ἵνα κερδανῶ τοὺς ἀνόμους· 22 ἐγενόμην τοῖς ἀσθενέσιν ἀσθενής, ἵνα τοὺς ἀσθενεῖς κερδήσω· τοῖς πᾶσιν γέγονα πάντα, ἵνα πάντως τινὰς σώσω. 23 πάντα δὲ ποιῶ διὰ τὸ εὐαγγέλιον, ἵνα συνκοινωνὸς αὐτοῦ γένωμαι.

24 Οὐκ οἴδατε ὅτι οἱ ἐν σταδίῳ τρέχοντες πάντες μὲν τρέχουσιν, εἷς δὲ λαμβάνει τὸ βραβεῖον; οὕτως τρέχετε ἵνα καταλάβητε. 25 πᾶς δὲ ὁ ἀγωνιζόμενος πάντα ἐγκρατεύεται, ἐκεῖνοι μὲν οὖν ἵνα φθαρτὸν στέφανον λάβωσιν, ἡμεῖς δὲ ἄφθαρτον. 26 ἐγὼ τοίνυν οὕτως τρέχω ὡς οὐκ ἀδήλως, οὕτως πυκτεύω ὡς οὐκ ἀέρα δέρων· 27 ἀλλὰ ὑπωπιάζω μου

WH: τινα ἐνκοπὴν RP: ἐγκοπήν τινα 13 WH: τὰ ἐκ ΝΑ: [τὰ] ἐκ RP: ἐκ // WH: παρεδρεύοντες RP: προσεδρεύοντες 15 WH: οὐ κέχρημαι οὐδενὶ RP: οὐδενὶ ἐχρησάμην // WH: οὐδεὶς κενώσει RP: ἵνα τις κενώσῃ 16 WH: γάρ RP: δέ // WH: εὐαγγελίσωμαι {WH}/RP: εὐαγγελίζωμαι 18 WH: μού RP: μοί // RP: add τοῦ χριστοῦ after εὐαγγέλιον 20 RP: omit μὴ ὢν αὐτὸς ὑπὸ νόμον 21 WH: θεοῦ RP: θεῷ // WH: Χριστοῦ RP: χριστῷ // WH: κερδανῶ τοὺς ΝΑ: κερδάνω τοὺς RP: κερδήσω 22 RP: add ὡς before ἀσθενής // RP: add τὰ before πάντα 23 WH: πάντα RP: Τοῦτο

τὸ σῶμα καὶ δουλαγωγῶ, μή πως ἄλλοις κηρύξας αὐτὸς ἀδόκιμος γένωμαι.

Warnings against Idolatry

10 Οὐ θέλω γὰρ ὑμᾶς ἀγνοεῖν, ἀδελφοί, ὅτι οἱ πατέρες ἡμῶν πάντες ὑπὸ τὴν νεφέλην ἦσαν καὶ πάντες διὰ τῆς θαλάσσης διῆλθον, 2 καὶ πάντες εἰς τὸν Μωυσῆν ἐβαπτίσαντο ἐν τῇ νεφέλῃ καὶ ἐν τῇ θαλάσσῃ, 3 καὶ πάντες [τὸ αὐτὸ] πνευματικὸν βρῶμα ἔφαγον 4 καὶ πάντες τὸ αὐτὸ πνευματικὸν ἔπιον πόμα, ἔπινον γὰρ ἐκ πνευματικῆς ἀκολουθούσης πέτρας, ἡ πέτρα δὲ ἦν ὁ χριστός· 5 ἀλλ᾽ οὐκ ἐν τοῖς πλείοσιν αὐτῶν ηὐδόκησεν ὁ θεός, **κατεστρώθησαν** γὰρ **ἐν τῇ ἐρήμῳ.**

6 Ταῦτα δὲ τύποι ἡμῶν ἐγενήθησαν, εἰς τὸ μὴ εἶναι ἡμᾶς **ἐπιθυμητὰς** κακῶν, καθὼς κἀκεῖνοι **ἐπεθύμησαν.** 7 μηδὲ εἰδωλολάτραι γίνεσθε, καθώς τινες αὐτῶν· ὥσπερ γέγραπται Ἐκάθισεν ὁ λαὸς **φαγεῖν καὶ πεῖν, καὶ ἀνέστησαν παίζειν.** 8 μηδὲ πορνεύωμεν, καθώς τινες αὐτῶν ἐπόρνευσαν, καὶ ἔπεσαν μιᾷ ἡμέρᾳ εἴκοσι τρεῖς χιλιάδες. 9 μηδὲ ἐκπειράζωμεν τὸν κύριον, καθώς τινες αὐτῶν ἐπείρασαν, καὶ ὑπὸ τῶν ὄφεων ἀπώλλυντο. 10 μηδὲ γογγύζετε, καθάπερ τινὲς αὐτῶν ἐγόγγυσαν, καὶ ἀπώλοντο ὑπὸ τοῦ ὀλοθρευτοῦ. 11 ταῦτα δὲ τυπικῶς συνέβαινεν ἐκείνοις, ἐγράφη δὲ πρὸς νουθεσίαν ἡμῶν, εἰς οὓς τὰ τέλη τῶν αἰώνων κατήντηκεν.

12 Ὥστε ὁ δοκῶν ἑστάναι βλεπέτω μὴ πέσῃ. 13 πειρασμὸς ὑμᾶς οὐκ εἴληφεν εἰ μὴ ἀνθρώπινος· πιστὸς δὲ ὁ θεός,

---

27 WH: μή πως RP: μήπως
10:1 WH: γὰρ RP: δὲ 2 WH: ἐβαπτίσαντο {WH}/NA: ἐβαπτίσθησαν 3 WH: [τὸ αὐτὸ] NA/RP: τὸ αὐτὸ // WH: πνευματικὸν βρῶμα RP: βρῶμα πνευματικὸν 4 WH: πνευματικὸν ἔπιον πόμα RP: πόμα πνευματικὸν ἔπιον // WH: πέτρα δὲ RP: δὲ πέτρα 5 WH: ηὐδόκησεν RP: εὐδόκησεν 7 WH: πεῖν RP: πιεῖν 8 WH: ἔπεσαν RP: ἔπεσον // {WH}/RP: add ἐν before μιᾷ 9 WH: ἐπείρασαν {WH}: ἐξεπείρασαν // WH: κύριον NA/RP: Χριστόν // RP: add καί after καθὼς // WH: ἀπώλλυντο RP: ἀπώλοντο 10 WH: καθάπερ RP: καθὼς καί 11 WH: τυπικῶς συνέβαινεν RP: πάντα τύποι συνέβαινον // WH: κατήντηκεν RP: κατήντησεν

10:5 Num 14:16 6 Num 11:34, 4 7 Exod 32:6

ὃς οὐκ ἐάσει ὑμᾶς πειρασθῆναι ὑπὲρ ὃ δύνασθε, ἀλλὰ ποιήσει σὺν τῷ πειρασμῷ καὶ τὴν ἔκβασιν τοῦ δύνασθαι ὑπενεγκεῖν.

Idol Feasts and the Lord's Supper

14 Διόπερ, ἀγαπητοί μου, φεύγετε ἀπὸ τῆς εἰδωλολατρίας. 15 ὡς φρονίμοις λέγω· κρίνατε ὑμεῖς ὅ φημι. 16 Τὸ ποτήριον τῆς εὐλογίας ὃ εὐλογοῦμεν, οὐχὶ κοινωνία ἐστὶν τοῦ αἵματος τοῦ χριστοῦ; τὸν ἄρτον ὃν κλῶμεν, οὐχὶ κοινωνία τοῦ σώματος τοῦ χριστοῦ ἐστίν; 17 ὅτι εἷς ἄρτος, ἓν σῶμα οἱ πολλοί ἐσμεν, οἱ γὰρ πάντες ἐκ τοῦ ἑνὸς ἄρτου μετέχομεν. 18 βλέπετε τὸν Ἰσραὴλ κατὰ σάρκα· οὐχ οἱ ἐσθίοντες τὰς θυσίας κοινωνοὶ τοῦ θυσιαστηρίου εἰσίν; 19 τί οὖν φημί; ὅτι εἰδωλόθυτόν τί ἐστιν, ἢ ὅτι εἴδωλόν τί ἐστιν; 20 ἀλλ᾽ ὅτι ἃ θύουσιν [τὰ ἔθνη], **δαιμονίοις καὶ οὐ θεῷ θύουσιν,** οὐ θέλω δὲ ὑμᾶς κοινωνοὺς τῶν δαιμονίων γίνεσθαι. 21 οὐ δύνασθε ποτήριον Κυρίου πίνειν καὶ ποτήριον δαιμονίων· οὐ δύνασθε **τραπέζης Κυρίου** μετέχειν καὶ τραπέζης δαιμονίων. 22 ἢ **παραζηλοῦμεν τὸν κύριον;** μὴ ἰσχυρότεροι αὐτοῦ ἐσμέν;

The Freedom of the Believer

23 Πάντα ἔξεστιν· ἀλλ᾽ οὐ πάντα συμφέρει. πάντα ἔξεστιν· ἀλλ᾽ οὐ πάντα οἰκοδομεῖ. 24 μηδεὶς τὸ ἑαυτοῦ ζητείτω ἀλλὰ τὸ τοῦ ἑτέρου.

25 Πᾶν τὸ ἐν μακέλλῳ πωλούμενον ἐσθίετε μηδὲν

---

13 WH: ὑμᾶς πειρασθῆναι {WH}: πειρασθῆναι ὑμᾶς // RP: *add* ὑμᾶς *after* δύνασθαι 16 WH: ἐστὶν τοῦ αἵματος τοῦ χριστοῦ RP: τοῦ αἵματος τοῦ χριστοῦ ἐστίν 18 WH: οὐχ {WH}/RP: οὐχὶ 19 WH: εἰδωλόθυτόν RP: εἴδωλόν // WH: εἴδωλόν RP: εἰδωλόθυτόν 20 WH: θύουσιν [τὰ ἔθνη] NA: θύουσιν RP: θύει τὰ ἔθνη // WH: καὶ οὐ θεῷ θύουσιν NA: καὶ οὐ θεῷ [θύουσιν] RP: θύει, καὶ οὐ θεῷ 23 RP: *add* μοι *before* ἔξεστιν *twice* 24 RP: *add* ἕκαστος *after* ἑτέρου

20 Deut 32:17 21 Mal 1:7, 12 22 Deut 32:21

ἀνακρίνοντες διὰ τὴν συνείδησιν, 26 τοῦ κυρίου γὰρ ἡ γῆ καὶ τὸ πλήρωμα αὐτῆς. 27 εἴ τις καλεῖ ὑμᾶς τῶν ἀπίστων καὶ θέλετε πορεύεσθαι, πᾶν τὸ παρατιθέμενον ὑμῖν ἐσθίετε μηδὲν ἀνακρίνοντες διὰ τὴν συνείδησιν· 28 ἐὰν δέ τις ὑμῖν εἴπῃ Τοῦτο ἱερόθυτόν ἐστιν, μὴ ἐσθίετε δι᾽ ἐκεῖνον τὸν μηνύσαντα καὶ τὴν συνείδησιν· 29 συνείδησιν δὲ λέγω οὐχὶ τὴν ἑαυτοῦ ἀλλὰ τὴν τοῦ ἑτέρου· ἵνα τί γὰρ ἡ ἐλευθερία μου κρίνεται ὑπὸ ἄλλης συνειδήσεως; 30 εἰ ἐγὼ χάριτι μετέχω, τί βλασφημοῦμαι ὑπὲρ οὗ ἐγὼ εὐχαριστῶ;

31 Εἴτε οὖν ἐσθίετε εἴτε πίνετε εἴτε τι ποιεῖτε, πάντα εἰς δόξαν θεοῦ ποιεῖτε. 32 ἀπρόσκοποι καὶ Ἰουδαίοις γίνεσθε καὶ Ἕλλησιν καὶ τῇ ἐκκλησίᾳ τοῦ θεοῦ, 33 καθὼς κἀγὼ πάντα πᾶσιν ἀρέσκω, μὴ ζητῶν τὸ ἐμαυτοῦ σύμφορον ἀλλὰ τὸ τῶν πολλῶν, ἵνα σωθῶσιν. 11 μιμηταί μου γίνεσθε, καθὼς κἀγὼ Χριστοῦ.

Instructions for Public Worship

2 Ἐπαινῶ δὲ ὑμᾶς ὅτι πάντα μου μέμνησθε καὶ καθὼς παρέδωκα ὑμῖν τὰς παραδόσεις κατέχετε. 3 Θέλω δὲ ὑμᾶς εἰδέναι ὅτι παντὸς ἀνδρὸς ἡ κεφαλὴ ὁ χριστός ἐστιν, κεφαλὴ δὲ γυναικὸς ὁ ἀνήρ, κεφαλὴ δὲ τοῦ χριστοῦ ὁ θεός. 4 πᾶς ἀνὴρ προσευχόμενος ἢ προφητεύων κατὰ κεφαλῆς ἔχων καταισχύνει τὴν κεφαλὴν αὐτοῦ· 5 πᾶσα δὲ γυνὴ προσευχομένη ἢ προφητεύουσα ἀκατακαλύπτῳ τῇ κεφαλῇ καταισχύνει τὴν κεφαλὴν αὐτῆς, ἓν γάρ ἐστιν καὶ τὸ αὐτὸ τῇ ἐξυρημένῃ. 6 εἰ γὰρ οὐ κατακαλύπτεται γυνή, καὶ κειράσθω· εἰ δὲ αἰσχρὸν γυναικὶ τὸ κείρασθαι ἢ ξυρᾶσθαι, κατακαλυπτέσθω. 7 ἀνὴρ μὲν γὰρ οὐκ ὀφείλει κατακαλύ-

---

26 WH: κυρίου γὰρ RP: γὰρ κυρίου 27 RP: add δέ after Εἰ 28 WH: ἱερόθυτόν RP: εἰδωλόθυτόν // RP: add Τοῦ γὰρ κυρίου ἡ γῆ καὶ τὸ πλήρωμα αὐτῆς after συνείδησιν 32 WH: καὶ Ἰουδαίοις γίνεσθε RP: γίνεσθε καὶ Ἰουδαίοις 33 WH: σύμφορον RP: συμφέρον
11:2 RP: add ἀδελφοί after ὑμᾶς 3 WH: τοῦ χριστοῦ RP: χριστοῦ 5 WH: αὐτῆς {WH}/RP: ἑαυτῆς 7 RP: omit ἡ

---

26 Ps 24:1

πτεσθαι τὴν κεφαλήν, **εἰκὼν** καὶ δόξα **θεοῦ** ὑπάρχων· ἡ γυνὴ δὲ δόξα ἀνδρός ἐστιν. 8 οὐ γάρ ἐστιν ἀνὴρ ἐκ γυναικός, ἀλλὰ γυνὴ ἐξ ἀνδρός· 9 καὶ γὰρ οὐκ ἐκτίσθη ἀνὴρ διὰ τὴν γυναῖκα, ἀλλὰ γυνὴ διὰ τὸν ἄνδρα. 10 διὰ τοῦτο ὀφείλει ἡ γυνὴ ἐξουσίαν ἔχειν ἐπὶ τῆς κεφαλῆς διὰ τοὺς ἀγγέλους. 11 πλὴν οὔτε γυνὴ χωρὶς ἀνδρὸς οὔτε ἀνὴρ χωρὶς γυναικὸς ἐν κυρίῳ· 12 ὥσπερ γὰρ ἡ γυνὴ ἐκ τοῦ ἀνδρός, οὕτως καὶ ὁ ἀνὴρ διὰ τῆς γυναικός· τὰ δὲ πάντα ἐκ τοῦ θεοῦ. 13 ἐν ὑμῖν αὐτοῖς κρίνατε· πρέπον ἐστὶν γυναῖκα ἀκατακάλυπτον τῷ θεῷ προσεύχεσθαι; 14 οὐδὲ ἡ φύσις αὐτὴ διδάσκει ὑμᾶς ὅτι ἀνὴρ μὲν ἐὰν κομᾷ, ἀτιμία αὐτῷ ἐστίν, 15 γυνὴ δὲ ἐὰν κομᾷ, δόξα αὐτῇ ἐστίν; ὅτι ἡ κόμη ἀντὶ περιβολαίου δέδοται αὐτῇ. 16 Εἰ δέ τις δοκεῖ φιλόνεικος εἶναι, ἡμεῖς τοιαύτην συνήθειαν οὐκ ἔχομεν, οὐδὲ αἱ ἐκκλησίαι τοῦ θεοῦ.

Order at the Lord's Table

17 Τοῦτο δὲ παραγγέλλων οὐκ ἐπαινῶ ὅτι οὐκ εἰς τὸ κρεῖσσον ἀλλὰ εἰς τὸ ἧσσον συνέρχεσθε. 18 πρῶτον μὲν γὰρ συνερχομένων ὑμῶν ἐν ἐκκλησίᾳ ἀκούω σχίσματα ἐν ὑμῖν ὑπάρχειν, καὶ μέρος τι πιστεύω. 19 δεῖ γὰρ καὶ αἱρέσεις ἐν ὑμῖν εἶναι, ἵνα [καὶ] οἱ δόκιμοι φανεροὶ γένωνται ἐν ὑμῖν. 20 Συνερχομένων οὖν ὑμῶν ἐπὶ τὸ αὐτὸ οὐκ ἔστιν κυριακὸν δεῖπνον φαγεῖν, 21 ἕκαστος γὰρ τὸ ἴδιον δεῖπνον προλαμβάνει ἐν τῷ φαγεῖν, καὶ ὃς μὲν πεινᾷ, ὃς δὲ μεθύει. 22 μὴ γὰρ οἰκίας οὐκ ἔχετε εἰς τὸ ἐσθίειν καὶ πίνειν; ἢ τῆς ἐκκλησίας τοῦ θεοῦ καταφρονεῖτε, καὶ καταισχύνετε τοὺς μὴ ἔχοντας; τί εἴπω ὑμῖν; ἐπαινέσω ὑμᾶς; ἐν τούτῳ οὐκ ἐπαινῶ. 23 ἐγὼ γὰρ παρέλαβον ἀπὸ τοῦ κυρίου, ὃ καὶ

---

11 WH: γυνὴ χωρὶς ἀνδρὸς οὔτε ἀνὴρ χωρὶς γυναικὸς RP: ἀνὴρ χωρὶς γυναικός οὔτε γυνὴ χωρὶς ἀνδρός 14 WH: οὐδὲ ἡ φύσις αὐτὴ RP: Ἢ οὐδὲ αὐτὴ ἡ φύσις 15 WH: δέδοται αὐτῇ NA: δέδοται [αὐτῇ] RP: δέδοται 17 WH: παραγγέλλων οὐκ ἐπαινῶ {WH}: παραγγέλλω οὐκ ἐπαινῶν 19 RP: omit [καὶ] 22 WH: εἴπω ὑμῖν RP: ὑμῖν εἴπω

11:7 Gen 5:1

παρέδωκα ὑμῖν, ὅτι ὁ κύριος Ἰησοῦς ἐν τῇ νυκτὶ ᾗ παρε-
δίδετο ἔλαβεν ἄρτον 24 καὶ εὐχαριστήσας ἔκλασεν καὶ
εἶπεν Τοῦτό μού ἐστιν τὸ σῶμα τὸ ὑπὲρ ὑμῶν· τοῦτο ποι-
εῖτε εἰς τὴν ἐμὴν ἀνάμνησιν. 25 ὡσαύτως καὶ τὸ ποτήριον
μετὰ τὸ δειπνῆσαι, λέγων Τοῦτο τὸ ποτήριον ἡ καινὴ δια-
θήκη ἐστὶν ἐν τῷ ἐμῷ αἵματι· τοῦτο ποιεῖτε, ὁσάκις ἐὰν
πίνητε, εἰς τὴν ἐμὴν ἀνάμνησιν. 26 ὁσάκις γὰρ ἐὰν ἐσθίητε
τὸν ἄρτον τοῦτον καὶ τὸ ποτήριον πίνητε, τὸν θάνατον τοῦ
κυρίου καταγγέλλετε, ἄχρι οὗ ἔλθῃ. 27 ὥστε ὃς ἂν ἐσθίῃ
τὸν ἄρτον ἢ πίνῃ τὸ ποτήριον τοῦ κυρίου ἀναξίως, ἔνοχος
ἔσται τοῦ σώματος καὶ τοῦ αἵματος τοῦ κυρίου. 28 δοκι-
μαζέτω δὲ ἄνθρωπος ἑαυτόν, καὶ οὕτως ἐκ τοῦ ἄρτου ἐσθιέ-
τω καὶ ἐκ τοῦ ποτηρίου πινέτω· 29 ὁ γὰρ ἐσθίων καὶ πίνων
κρίμα ἑαυτῷ ἐσθίει καὶ πίνει μὴ διακρίνων τὸ σῶμα. 30 διὰ
τοῦτο ἐν ὑμῖν πολλοὶ ἀσθενεῖς καὶ ἄρρωστοι καὶ κοιμῶνται
ἱκανοί. 31 εἰ δὲ ἑαυτοὺς διεκρίνομεν, οὐκ ἂν ἐκρινόμεθα·
32 κρινόμενοι δὲ ὑπὸ τοῦ κυρίου παιδευόμεθα, ἵνα μὴ σὺν
τῷ κόσμῳ κατακριθῶμεν. 33 ὥστε, ἀδελφοί μου, συνερχό-
μενοι εἰς τὸ φαγεῖν ἀλλήλους ἐκδέχεσθε. 34 εἴ τις πεινᾷ, ἐν
οἴκῳ ἐσθιέτω, ἵνα μὴ εἰς κρίμα συνέρχησθε. Τὰ δὲ λοιπὰ ὡς
ἂν ἔλθω διατάξομαι.

A Diversity of Spiritual Gifts

12 Περὶ δὲ τῶν πνευματικῶν, ἀδελφοί, οὐ θέλω ὑμᾶς ἀγνο-
εῖν. 2 Οἴδατε ὅτι ὅτε ἔθνη ἦτε πρὸς τὰ εἴδωλα τὰ ἄφωνα ὡς
ἂν ἤγεσθε ἀπαγόμενοι. 3 διὸ γνωρίζω ὑμῖν ὅτι οὐδεὶς ἐν
πνεύματι θεοῦ λαλῶν λέγει ΑΝΑΘΕΜΑ ΙΗΣΟΥΣ, καὶ

---

23 WH: παρεδίδετο RP: παρεδίδοτο 24 RP: add Λάβετε, φάγετε after εἶπεν // RP:
add κλώμενον after ὑμῶν 25 WH: ἐὰν RP: ἂν 26 WH: ἐὰν RP: ἂν // RP: add τοῦτο
after ποτήριον // RP: add ἂν after οὗ 27 RP: add τοῦτον after ἄρτον // RP: add τοῦ
κυρίου after ἀναξίως 29 RP: add ἀναξίως after πίνων // RP: add τοῦ κυρίου after
σῶμα 31 WH: δὲ RP: γὰρ 32 WH: τοῦ ΝΑ: [τοῦ] RP: omit τοῦ 34 RP: add δέ after Εἰ
12:2 {WH}: *ὅτι ὅτε* 3 WH: Ἰησοῦς RP: Ἰησοῦν //

---

25 Exod 24:8; Zech 9:11

οὐδεὶς δύναται εἰπεῖν ΚΥΡΙΟΣ ΙΗΣΟΥΣ εἰ μὴ ἐν πνεύματι ἁγίῳ.

4 Διαιρέσεις δὲ χαρισμάτων εἰσίν, τὸ δὲ αὐτὸ πνεῦμα· 5 καὶ διαιρέσεις διακονιῶν εἰσίν, καὶ ὁ αὐτὸς κύριος· 6 καὶ διαιρέσεις ἐνεργημάτων εἰσίν, καὶ ὁ αὐτὸς θεός, ὁ ἐνεργῶν τὰ πάντα ἐν πᾶσιν. 7 ἑκάστῳ δὲ δίδοται ἡ φανέρωσις τοῦ πνεύματος πρὸς τὸ συμφέρον. 8 ᾧ μὲν γὰρ διὰ τοῦ πνεύματος δίδοται λόγος σοφίας, ἄλλῳ δὲ λόγος γνώσεως κατὰ τὸ αὐτὸ πνεῦμα, 9 ἑτέρῳ πίστις ἐν τῷ αὐτῷ πνεύματι, ἄλλῳ δὲ χαρίσματα ἰαμάτων ἐν τῷ ἑνὶ πνεύματι, 10 ἄλλῳ δὲ ἐνεργήματα δυνάμεων, ἄλλῳ [δὲ] προφητεία, ἄλλῳ [δὲ] διακρίσεις πνευμάτων, ἑτέρῳ γένη γλωσσῶν, ἄλλῳ δὲ ἑρμηνία γλωσσῶν· 11 πάντα δὲ ταῦτα ἐνεργεῖ τὸ ἓν καὶ τὸ αὐτὸ πνεῦμα, διαιροῦν ἰδίᾳ ἑκάστῳ καθὼς βούλεται.

One Body With Many Parts

12 Καθάπερ γὰρ τὸ σῶμα ἕν ἐστιν καὶ μέλη πολλὰ ἔχει, πάντα δὲ τὰ μέλη τοῦ σώματος πολλὰ ὄντα ἕν ἐστιν σῶμα, οὕτως καὶ ὁ χριστός· 13 καὶ γὰρ ἐν ἑνὶ πνεύματι ἡμεῖς πάντες εἰς ἓν σῶμα ἐβαπτίσθημεν, εἴτε Ἰουδαῖοι εἴτε Ἕλληνες, εἴτε δοῦλοι εἴτε ἐλεύθεροι, καὶ πάντες ἓν πνεῦμα ἐποτίσθημεν. 14 καὶ γὰρ τὸ σῶμα οὐκ ἔστιν ἓν μέλος ἀλλὰ πολλά. 15 ἐὰν εἴπῃ ὁ πούς Ὅτι οὐκ εἰμὶ χείρ, οὐκ εἰμὶ ἐκ τοῦ σώματος, οὐ παρὰ τοῦτο οὐκ ἔστιν ἐκ τοῦ σώματος· 16 καὶ ἐὰν εἴπῃ τὸ οὖς Ὅτι οὐκ εἰμὶ ὀφθαλμός, οὐκ εἰμὶ ἐκ τοῦ σώματος, οὐ παρὰ τοῦτο οὐκ ἔστιν ἐκ τοῦ σώματος· 17 εἰ ὅλον τὸ σῶμα ὀφθαλμός, ποῦ ἡ ἀκοή; εἰ ὅλον ἀκοή, ποῦ ἡ ὄσφρησις; 18 νῦν δὲ ὁ θεὸς ἔθετο τὰ μέλη, ἓν ἕκαστον αὐτῶν, ἐν τῷ σώματι καθὼς ἠθέλησεν. 19 εἰ δὲ ἦν [τὰ] πάντα ἓν μέλος, ποῦ τὸ σῶμα; 20 νῦν δὲ πολλὰ μέλη, ἓν δὲ

WH: Κύριος Ἰησοῦς RP: Κύριον Ἰησοῦν 6 WH: καὶ ὁ {WH}/NA/RP: ὁ δὲ // RP: *add* ἐστιν *after* αὐτὸς 9 RP: *add* δὲ *after* ἑτέρῳ // WH: ἑνὶ RP: αὐτῷ 10 WH: [δὲ] . . . [δὲ] RP: δὲ . . . δὲ // RP: *add* δὲ *after* ἑτέρῳ 12 WH: πολλὰ ἔχει RP: ἔχει πολλά // RP: *add* τοῦ ἑνός *after* σώματος 13 RP: *add* εἰς *after* πάντες 18 WH: νῦν {WH}/NA/RP: νυνὶ 19 WH: [τὰ] NA/RP: τὰ 20 {WH}/NA/RP: *add* μὲν *before* μέλη

σῶμα. 21 οὐ δύναται [δὲ] ὁ ὀφθαλμὸς εἰπεῖν τῇ χειρί Χρείαν σου οὐκ ἔχω, ἢ πάλιν ἡ κεφαλὴ τοῖς ποσίν Χρείαν ὑμῶν οὐκ ἔχω· 22 ἀλλὰ πολλῷ μᾶλλον τὰ δοκοῦντα μέλη τοῦ σώματος ἀσθενέστερα ὑπάρχειν ἀναγκαῖά ἐστιν, 23 καὶ ἃ δοκοῦμεν ἀτιμότερα εἶναι τοῦ σώματος, τούτοις τιμὴν περισσοτέραν περιτίθεμεν, καὶ τὰ ἀσχήμονα ἡμῶν εὐσχημοσύνην περισσοτέραν ἔχει, 24 τὰ δὲ εὐσχήμονα ἡμῶν οὐ χρείαν ἔχει. ἀλλὰ ὁ θεὸς συνεκέρασεν τὸ σῶμα, τῷ ὑστερουμένῳ περισσοτέραν δοὺς τιμήν, 25 ἵνα μὴ ᾖ σχίσμα ἐν τῷ σώματι, ἀλλὰ τὸ αὐτὸ ὑπὲρ ἀλλήλων μεριμνῶσι τὰ μέλη. 26 καὶ εἴτε πάσχει ἓν μέλος, συνπάσχει πάντα τὰ μέλη· εἴτε δοξάζεται μέλος, συνχαίρει πάντα τὰ μέλη. 27 ὑμεῖς δέ ἐστε σῶμα Χριστοῦ καὶ μέλη ἐκ μέρους. 28 Καὶ οὓς μὲν ἔθετο ὁ θεὸς ἐν τῇ ἐκκλησίᾳ πρῶτον ἀποστόλους, δεύτερον προφήτας, τρίτον διδασκάλους, ἔπειτα δυνάμεις, ἔπειτα χαρίσματα ἰαμάτων, ἀντιλήμψεις, κυβερνήσεις, γένη γλωσσῶν. 29 μὴ πάντες ἀπόστολοι; μὴ πάντες προφῆ-ται; μὴ πάντες διδάσκαλοι; μὴ πάντες δυνάμεις; 30 μὴ πάντες χαρίσματα ἔχουσιν ἰαμάτων; μὴ πάντες γλώσσαις λαλοῦσιν; μὴ πάντες διερμηνεύουσιν; 31 ζηλοῦτε δὲ τὰ χαρίσματα τὰ μείζονα.

Love, the Greatest Gift

Καὶ ἔτι καθ᾽ ὑπερβολὴν ὁδὸν ὑμῖν δείκνυμι. 13 Ἐὰν ταῖς γλώσσαις τῶν ἀνθρώπων λαλῶ καὶ τῶν ἀγγέλων, ἀγάπην δὲ μὴ ἔχω, γέγονα χαλκὸς ἠχῶν ἢ κύμβαλον ἀλαλάζον. 2 κἂν ἔχω προφητείαν καὶ εἰδῶ τὰ μυστήρια πάντα καὶ πᾶσαν τὴν γνῶσιν, κἂν ἔχω πᾶσαν τὴν πίστιν ὥστε ὄρη μεθιστάνειν, ἀγάπην δὲ μὴ ἔχω, οὐθέν εἰμι. 3 κἂν ψωμίσω πάντα τὰ ὑπάρχοντά μου, κἂν παραδῶ τὸ σῶμά μου, ἵνα καυχήσωμαι, ἀγάπην δὲ μὴ ἔχω, οὐδὲν ὠφελοῦμαι.

---

21 WH: [δὲ] NA/RP: δὲ 24 WH: ὑστερουμένῳ RP: ὑστεροῦντι 25 WH: σχίσμα RP: σχίσματα 26 [NA]/RP: add ἓν before μέλος 28 WH: ἔπειτα RP: εἶτα 31 WH: μείζονα RP: κρείττονα
13:2 WH: κἂν NA/RP: καὶ ἐὰν twice // WH: μεθιστάνειν NA: μεθιστάναι 3 WH: κἂν NA: καὶ ἐὰν twice // WH: καυχήσωμαι RP: καυθήσωμαι

4 Ἡ ἀγάπη μακροθυμεῖ, χρηστεύεται, ἡ ἀγάπη οὐ ζηλοῖ, οὐ περπερεύεται, οὐ φυσιοῦται, 5 οὐκ ἀσχημονεῖ, οὐ ζητεῖ τὰ ἑαυτῆς, οὐ παροξύνεται, **οὐ λογίζεται τὸ κακόν**, 6 οὐ χαίρει ἐπὶ τῇ ἀδικίᾳ, συνχαίρει δὲ τῇ ἀληθείᾳ· 7 πάντα στέγει, πάντα πιστεύει, πάντα ἐλπίζει, πάντα ὑπομένει. 8 Ἡ ἀγάπη οὐδέποτε πίπτει. εἴτε δὲ προφητεῖαι, καταργηθήσονται· εἴτε γλῶσσαι, παύσονται· εἴτε γνῶσις, καταργηθήσεται. 9 ἐκ μέρους γὰρ γινώσκομεν καὶ ἐκ μέρους προφητεύομεν· 10 ὅταν δὲ ἔλθῃ τὸ τέλειον, τὸ ἐκ μέρους καταργηθήσεται. 11 ὅτε ἤμην νήπιος, ἐλάλουν ὡς νήπιος, ἐφρόνουν ὡς νήπιος, ἐλογιζόμην ὡς νήπιος· ὅτε γέγονα ἀνήρ, κατήργηκα τὰ τοῦ νηπίου. 12 βλέπομεν γὰρ ἄρτι δι' ἐσόπτρου ἐν αἰνίγματι, τότε δὲ πρόσωπον πρὸς πρόσωπον· ἄρτι γινώσκω ἐκ μέρους, τότε δὲ ἐπιγνώσομαι καθὼς καὶ ἐπεγνώσθην. 13 νυνὶ δὲ μένει πίστις, ἐλπίς, ἀγάπη· τὰ τρία ταῦτα, μείζων δὲ τούτων ἡ ἀγάπη.

The Gifts of Prophecy and Tongues

14 Διώκετε τὴν ἀγάπην, ζηλοῦτε δὲ τὰ πνευματικά, μᾶλλον δὲ ἵνα προφητεύητε. 2 ὁ γὰρ λαλῶν γλώσσῃ οὐκ ἀνθρώποις λαλεῖ ἀλλὰ θεῷ, οὐδεὶς γὰρ ἀκούει, πνεύματι δὲ λαλεῖ μυστήρια· 3 ὁ δὲ προφητεύων ἀνθρώποις λαλεῖ οἰκοδομὴν καὶ παράκλησιν καὶ παραμυθίαν. 4 ὁ λαλῶν γλώσσῃ ἑαυτὸν οἰκοδομεῖ· ὁ δὲ προφητεύων ἐκκλησίαν οἰκοδομεῖ. 5 θέλω δὲ πάντας ὑμᾶς λαλεῖν γλώσσαις, μᾶλλον δὲ ἵνα προφητεύητε· μείζων δὲ ὁ προφητεύων ἢ ὁ λαλῶν γλώσσαις, ἐκτὸς εἰ μὴ διερμηνεύῃ, ἵνα ἡ ἐκκλησία

---

4 [NA]/RP: *add* ἡ ἀγάπη *before* οὐ περπερεύεται 5 WH: τὰ {WH}: τὸ μὴ 8 WH: πίπτει RP: ἐκπίπτει // WH: προφητεῖαι, καταργηθήσονται {WH}: προφητεία, καταργηθήσεται 9 WH: γὰρ RP: δὲ 10 RP: *add* τότε *before* τὸ ἐκ 11 WH: ἐλάλουν ὡς νήπιος RP: ὡς νήπιος ἐλάλουν // WH: ἐφρόνουν ὡς νήπιος RP: ὡς νήπιος ἐφρόνουν // WH: ἐλογιζόμην ὡς νήπιος RP: ὡς νήπιος ἐλογιζόμην // RP: *add* δὲ *after* ὅτε
14:2 RP: *add* τῷ *before* θεῷ 5 WH: δὲ RP: γὰρ // WH: διερμηνεύῃ RP: διερμηνεύει

13:5 Zech 8:17 LXX

οἰκοδομὴν λάβῃ. 6 νῦν δέ, ἀδελφοί, ἐὰν ἔλθω πρὸς ὑμᾶς γλώσσαις λαλῶν, τί ὑμᾶς ὠφελήσω, ἐὰν μὴ ὑμῖν λαλήσω ἢ ἐν ἀποκαλύψει ἢ ἐν γνώσει ἢ ἐν προφητείᾳ ἢ ἐν διδαχῇ; 7 ὅμως τὰ ἄψυχα φωνὴν διδόντα, εἴτε αὐλὸς εἴτε κιθάρα, ἐὰν διαστολὴν τοῖς φθόγγοις μὴ δῷ, πῶς γνωσθήσεται τὸ αὐλούμενον ἢ τὸ κιθαριζόμενον; 8 καὶ γὰρ ἐὰν ἄδηλον σάλπιγξ φωνὴν δῷ, τίς παρασκευάσεται εἰς πόλεμον; 9 οὕτως καὶ ὑμεῖς διὰ τῆς γλώσσης ἐὰν μὴ εὔσημον λόγον δῶτε, πῶς γνωσθήσεται τὸ λαλούμενον; ἔσεσθε γὰρ εἰς ἀέρα λαλοῦντες. 10 τοσαῦτα εἰ τύχοι γένη φωνῶν εἰσὶν ἐν κόσμῳ, καὶ οὐδὲν ἄφωνον· 11 ἐὰν οὖν μὴ εἰδῶ τὴν δύναμιν τῆς φωνῆς, ἔσομαι τῷ λαλοῦντι βάρβαρος καὶ ὁ λαλῶν ἐν ἐμοὶ βάρβαρος. 12 οὕτως καὶ ὑμεῖς, ἐπεὶ ζηλωταί ἐστε πνευμάτων, πρὸς τὴν οἰκοδομὴν τῆς ἐκκλησίας ζητεῖτε ἵνα περισσεύητε. 13 Διὸ ὁ λαλῶν γλώσσῃ προσευχέσθω ἵνα διερμηνεύῃ. 14 ἐὰν [γὰρ] προσεύχωμαι γλώσσῃ, τὸ πνεῦμά μου προσεύχεται, ὁ δὲ νοῦς μου ἄκαρπός ἐστιν. 15 τί οὖν ἐστίν; προσεύξομαι τῷ πνεύματι, προσεύξομαι δὲ καὶ τῷ νοῒ· ψαλῶ τῷ πνεύματι, ψαλῶ [δὲ] καὶ τῷ νοΐ· 16 ἐπεὶ ἐὰν εὐλογῇς [ἐν] πνεύματι, ὁ ἀναπληρῶν τὸν τόπον τοῦ ἰδιώτου πῶς ἐρεῖ τό Ἀμήν ἐπὶ τῇ σῇ εὐχαριστίᾳ; ἐπειδὴ τί λέγεις οὐκ οἶδεν· 17 σὺ μὲν γὰρ καλῶς εὐχαριστεῖς, ἀλλ' ὁ ἕτερος οὐκ οἰκοδομεῖται. 18 εὐχαριστῶ τῷ θεῷ, πάντων ὑμῶν μᾶλλον γλώσσαις λαλῶ· 19 ἀλλὰ ἐν ἐκκλησίᾳ θέλω πέντε λόγους τῷ νοΐ μου λαλῆσαι, ἵνα καὶ ἄλλους κατηχήσω, ἢ μυρίους λόγους ἐν γλώσσῃ.

20 Ἀδελφοί, μὴ παιδία γίνεσθε ταῖς φρεσίν, ἀλλὰ τῇ κακίᾳ νηπιάζετε, ταῖς δὲ φρεσὶν τέλειοι γίνεσθε. 21 ἐν τῷ νόμῳ γέγραπται ὅτι **Ἐν ἑτερογλώσσοις καὶ ἐν χείλεσιν ἑτέρων λαλήσω τῷ λαῷ τούτῳ, καὶ οὐδ' οὕτως εἰσακού-**

---

6 WH: νῦν RP: Νυνὶ // WH: ἐν διδαχῇ NA: [ἐν] διδαχῇ 7 WH: δῷ RP: διδῷ 8 WH: σάλπιγξ φωνὴν {WH}/RP: φωνὴν σάλπιγξ 10 WH: εἰσὶν RP: ἐστὶν // RP: add αὐτῶν *before* ἄφωνον 13 WH: Διὸ RP: Διόπερ 14 WH: [γὰρ] RP: γὰρ 15 WH: [δὲ] NA/RP: δὲ 16 WH: [ἐν] RP: τῷ 18 RP: add μου *after* θεῷ // WH: γλώσσαις {WH}: γλώσσῃ // WH: λαλῶ RP: λαλῶν 19 WH: τῷ νοΐ RP: διὰ τοῦ νοός 21 WH: ἑτέρων

σονταί μου, λέγει Κύριος. 22 ὥστε αἱ γλῶσσαι εἰς σημεῖόν εἰσιν οὐ τοῖς πιστεύουσιν ἀλλὰ τοῖς ἀπίστοις, ἡ δὲ προφητεία οὐ τοῖς ἀπίστοις ἀλλὰ τοῖς πιστεύουσιν. 23 Ἐὰν οὖν συνέλθῃ ἡ ἐκκλησία ὅλη ἐπὶ τὸ αὐτὸ καὶ πάντες λαλῶσιν γλώσσαις, εἰσέλθωσιν δὲ ἰδιῶται ἢ ἄπιστοι, οὐκ ἐροῦσιν ὅτι μαίνεσθε; 24 ἐὰν δὲ πάντες προφητεύωσιν, εἰσέλθῃ δέ τις ἄπιστος ἢ ἰδιώτης, ἐλέγχεται ὑπὸ πάντων, ἀνακρίνεται ὑπὸ πάντων, 25 τὰ κρυπτὰ τῆς καρδίας αὐτοῦ φανερὰ γίνεται, καὶ οὕτως πεσὼν ἐπὶ πρόσωπον **προσκυνήσει** τῷ θεῷ, ἀπαγγέλλων ὅτι **Ὄντως ὁ θεὸς ἐν ὑμῖν ἐστίν.**

Directions for Orderly Worship

26 Τί οὖν ἐστίν, ἀδελφοί; ὅταν συνέρχησθε, ἕκαστος ψαλμὸν ἔχει, διδαχὴν ἔχει, ἀποκάλυψιν ἔχει, γλῶσσαν ἔχει, ἑρμηνίαν ἔχει· πάντα πρὸς οἰκοδομὴν γινέσθω. 27 εἴτε γλώσσῃ τις λαλεῖ, κατὰ δύο ἢ τὸ πλεῖστον τρεῖς, καὶ ἀνὰ μέρος, καὶ εἷς διερμηνευέτω· 28 ἐὰν δὲ μὴ ἦ διερμηνευτής, σιγάτω ἐν ἐκκλησίᾳ, ἑαυτῷ δὲ λαλείτω καὶ τῷ θεῷ. 29 προφῆται δὲ δύο ἢ τρεῖς λαλείτωσαν, καὶ οἱ ἄλλοι διακρινέτωσαν· 30 ἐὰν δὲ ἄλλῳ ἀποκαλυφθῇ καθημένῳ, ὁ πρῶτος σιγάτω. 31 δύνασθε γὰρ καθ᾽ ἕνα πάντες προφητεύειν, ἵνα πάντες μανθάνωσιν καὶ πάντες παρακαλῶνται, 32 (καὶ πνεύματα προφητῶν προφήταις ὑποτάσσεται, 33 οὐ γάρ ἐστιν ἀκαταστασίας ὁ θεὸς ἀλλὰ εἰρήνης,) ὡς ἐν πάσαις ταῖς ἐκκλησίαις τῶν ἁγίων.

34 Αἱ γυναῖκες ἐν ταῖς ἐκκλησίαις σιγάτωσαν, οὐ γὰρ ἐπιτρέπεται αὐταῖς λαλεῖν· ἀλλὰ ὑποτασσέσθωσαν, καθὼς

RP: ἑτέροις 23 WH: λαλῶσιν γλώσσαις RP: γλώσσαις λαλῶσιν 25 RP: add καὶ οὕτως *before* τὰ κρυπτὰ // WH: Ὄντως ὁ θεὸς RP: Ὁ θεὸς ὄντως 26 RP: *add* ὑμῶν *before* ψαλμὸν // WH: ἀποκάλυψιν ἔχει, γλῶσσαν ἔχει RP: γλῶσσαν ἔχει, ἀποκάλυψιν ἔχει 28 WH: διερμηνευτής {WH}: ἑρμηνευτής 31–34 WH: παρακαλῶνται, 32 καὶ . . . εἰρήνης, ὡς . . . ἁγίων. 34 Αἱ {WH}: παρακαλῶνται, 32 καὶ . . . εἰρήνης. Ὡς . . . ἁγίων, 34 αἱ 34 RP: *add* ὑμῶν *after* γυναῖκες // WH: ἐπιτρέπεται RP: ἐπιτέτραπται // WH: ἀλλὰ ὑποτασσέσθωσαν RP: ἀλλ᾽ ὑποτάσσεσθαι

25 Isa 45:14

καὶ ὁ νόμος λέγει. 35 εἰ δέ τι μανθάνειν θέλουσιν, ἐν οἴκῳ τοὺς ἰδίους ἄνδρας ἐπερωτάτωσαν, αἰσχρὸν γάρ ἐστιν γυναικὶ λαλεῖν ἐν ἐκκλησίᾳ. 36 Ἢ ἀφ᾽ ὑμῶν ὁ λόγος τοῦ θεοῦ ἐξῆλθεν, ἢ εἰς ὑμᾶς μόνους κατήντησεν; 37 Εἴ τις δοκεῖ προφήτης εἶναι ἢ πνευματικός, ἐπιγινωσκέτω ἃ γράφω ὑμῖν ὅτι κυρίου ἐστὶν ἐντολή· 38 εἰ δέ τις ἀγνοεῖ, ἀγνοεῖται. 39 ὥστε, ἀδελφοί μου, ζηλοῦτε τὸ προφητεύειν, καὶ τὸ λαλεῖν μὴ κωλύετε γλώσσαις· 40 πάντα δὲ εὐσχημόνως καὶ κατὰ τάξιν γινέσθω.

The Resurrection of Christ

15 Γνωρίζω δὲ ὑμῖν, ἀδελφοί, τὸ εὐαγγέλιον ὃ εὐηγγελισάμην ὑμῖν, ὃ καὶ παρελάβετε, ἐν ᾧ καὶ ἑστήκατε, 2 δι᾽ οὗ καὶ σώζεσθε, τίνι λόγῳ εὐηγγελισάμην ὑμῖν, εἰ κατέχετε, ἐκτὸς εἰ μὴ εἰκῆ ἐπιστεύσατε. 3 παρέδωκα γὰρ ὑμῖν ἐν πρώτοις, ὃ καὶ παρέλαβον, ὅτι Χριστὸς ἀπέθανεν ὑπὲρ τῶν ἁμαρτιῶν ἡμῶν κατὰ τὰς γραφάς, 4 καὶ ὅτι ἐτάφη, καὶ ὅτι ἐγήγερται τῇ ἡμέρᾳ τῇ τρίτῃ κατὰ τὰς γραφάς, 5 καὶ ὅτι ὤφθη Κηφᾷ, εἶτα τοῖς δώδεκα· 6 ἔπειτα ὤφθη ἐπάνω πεντακοσίοις ἀδελφοῖς ἐφάπαξ, ἐξ ὧν οἱ πλείονες μένουσιν ἕως ἄρτι, τινὲς δὲ ἐκοιμήθησαν· 7 ἔπειτα ὤφθη Ἰακώβῳ, εἶτα τοῖς ἀποστόλοις πᾶσιν· 8 ἔσχατον δὲ πάντων ὡσπερεὶ τῷ ἐκτρώματι ὤφθη κἀμοί. 9 Ἐγὼ γάρ εἰμι ὁ ἐλάχιστος τῶν ἀποστόλων, ὃς οὐκ εἰμὶ ἱκανὸς καλεῖσθαι ἀπόστολος, διότι ἐδίωξα τὴν ἐκκλησίαν τοῦ θεοῦ· 10 χάριτι δὲ θεοῦ εἰμι ὅ εἰμι, καὶ ἡ χάρις αὐτοῦ ἡ εἰς ἐμὲ οὐ κενὴ ἐγενήθη, ἀλλὰ περισσότερον αὐτῶν πάντων ἐκοπίασα, οὐκ ἐγὼ δὲ ἀλλὰ ἡ χάρις τοῦ θεοῦ σὺν ἐμοί. 11 εἴτε οὖν ἐγὼ εἴτε ἐκεῖνοι, οὕτως κηρύσσομεν καὶ οὕτως ἐπιστεύσατε.

---

35 WH: μανθάνειν {WH}/NA/RP: μαθεῖν // WH: γυναικὶ λαλεῖν ἐν ἐκκλησίᾳ RP: γυναιξὶν ἐν ἐκκλησίᾳ λαλεῖν 37 WH: ἐστὶν ἐντολή RP: εἰσὶν ἐντολαί 38 WH: ἀγνοεῖται {WH}/RP: ἀγνοείτω 39 WH: μου NA: [μου] RP: omit μου // WH: μὴ κωλύετε γλώσσαις RP: γλώσσαις μὴ κωλύετε 40 RP: omit δὲ after πάντα 15:4 WH: τῇ ἡμέρᾳ τῇ τρίτῃ RP: τῇ τρίτῃ ἡμέρᾳ 5 WH: εἶτα {WH}: ἔπειτα 6 WH: πλείονες RP: πλείους // RP: add καὶ after δὲ 7 WH: εἶτα {WH}: ἔπειτα 10 {WH}/[NA]/RP: add ἡ after θεοῦ

The Resurrection of the Dead

12 Εἰ δὲ Χριστὸς κηρύσσεται ὅτι ἐκ νεκρῶν ἐγήγερται, πῶς λέγουσιν ἐν ὑμῖν τινὲς ὅτι ἀνάστασις νεκρῶν οὐκ ἔστιν; 13 εἰ δὲ ἀνάστασις νεκρῶν οὐκ ἔστιν, οὐδὲ Χριστὸς ἐγήγερται· 14 εἰ δὲ Χριστὸς οὐκ ἐγήγερται, κενὸν ἄρα τὸ κήρυγμα ἡμῶν, κενὴ καὶ ἡ πίστις ἡμῶν, 15 εὑρισκόμεθα δὲ καὶ ψευδομάρτυρες τοῦ θεοῦ, ὅτι ἐμαρτυρήσαμεν κατὰ τοῦ θεοῦ ὅτι ἤγειρεν τὸν χριστόν, ὃν οὐκ ἤγειρεν εἴπερ ἄρα νεκροὶ οὐκ ἐγείρονται. 16 εἰ γὰρ νεκροὶ οὐκ ἐγείρονται, οὐδὲ Χριστὸς ἐγήγερται· 17 εἰ δὲ Χριστὸς οὐκ ἐγήγερται, ματαία ἡ πίστις ὑμῶν [ἐστίν], ἔτι ἐστὲ ἐν ταῖς ἁμαρτίαις ὑμῶν. 18 ἄρα καὶ οἱ κοιμηθέντες ἐν Χριστῷ ἀπώλοντο. 19 εἰ ἐν τῇ ζωῇ ταύτῃ ἐν Χριστῷ ἠλπικότες ἐσμὲν μόνον, ἐλεεινότεροι πάντων ἀνθρώπων ἐσμέν.

20 Νυνὶ δὲ Χριστὸς ἐγήγερται ἐκ νεκρῶν, ἀπαρχὴ τῶν κεκοιμημένων. 21 ἐπειδὴ γὰρ δι' ἀνθρώπου θάνατος, καὶ δι' ἀνθρώπου ἀνάστασις νεκρῶν· 22 ὥσπερ γὰρ ἐν τῷ Ἀδὰμ πάντες ἀποθνήσκουσιν, οὕτως καὶ ἐν τῷ χριστῷ πάντες ζωοποιηθήσονται. 23 Ἕκαστος δὲ ἐν τῷ ἰδίῳ τάγματι· ἀπαρχὴ Χριστός, ἔπειτα οἱ τοῦ χριστοῦ ἐν τῇ παρουσίᾳ αὐτοῦ· 24 εἶτα τὸ τέλος, ὅταν παραδιδῷ τὴν βασιλείαν τῷ θεῷ καὶ πατρί, ὅταν καταργήσῃ πᾶσαν ἀρχὴν καὶ πᾶσαν ἐξουσίαν καὶ δύναμιν, 25 δεῖ γὰρ αὐτὸν βασιλεύειν ἄχρι οὗ θῇ πάντας **τοὺς ἐχθροὺς ὑπὸ τοὺς πόδας** αὐτοῦ. 26 ἔσχατος ἐχθρὸς καταργεῖται ὁ θάνατος, 27 **πάντα** γὰρ **ὑπέταξεν ὑπὸ τοὺς πόδας αὐτοῦ.** ὅταν δὲ εἴπῃ ὅτι πάντα ὑποτέτακται, δῆλον ὅτι ἐκτὸς τοῦ ὑποτάξαντος αὐτῷ τὰ πάντα. 28 ὅταν δὲ ὑποταγῇ αὐτῷ τὰ πάντα, τότε [καὶ] αὐτὸς ὁ υἱὸς ὑποταγήσεται τῷ ὑποτάξαντι αὐτῷ τὰ πάντα, ἵνα ᾖ ὁ θεὸς πάντα ἐν πᾶσιν.

---

12 WH: ἐν ὑμῖν τινὲς RP: τινες ἐν ὑμῖν 14 {WH}/[NA]: *add* καὶ *after* ἄρα // WH: ἡμῶν {WH}/NA/RP: ὑμῶν 17 NA/RP: *omit* [ἐστίν] 19 WH: ἐν Χριστῷ ἠλπικότες ἐσμὲν RP: ἠλπικότες ἐσμὲν ἐν χριστῷ 20 RP: *add* ἐγένετο *after* κεκοιμημένων 21 RP: *add* ὁ *before* θάνατος 24 WH: παραδιδῷ RP: παραδῷ 25 RP: *add* ἂν *before* θῇ 27 WH: ὅτι πάντα {WH}: Πάντα 28 WH: [καὶ] RP: καὶ // [NA]/RP: *add* τὰ *after* θεὸς

15:25 Ps 110:1   27 Ps 8:6

29 Ἐπεὶ τί ποιήσουσιν οἱ βαπτιζόμενοι ὑπὲρ τῶν νεκρῶν;
εἰ ὅλως νεκροὶ οὐκ ἐγείρονται, τί καὶ βαπτίζονται ὑπὲρ
αὐτῶν; 30 τί καὶ ἡμεῖς κινδυνεύομεν πᾶσαν ὥραν; 31 καθ'
ἡμέραν ἀποθνήσκω, νὴ τὴν ὑμετέραν καύχησιν, ἀδελφοί,
ἣν ἔχω ἐν Χριστῷ Ἰησοῦ τῷ κυρίῳ ἡμῶν. 32 εἰ κατὰ ἄνθρω-
πον ἐθηριομάχησα ἐν Ἐφέσῳ, τί μοι τὸ ὄφελος; εἰ νεκροὶ
οὐκ ἐγείρονται, **φάγωμεν καὶ πίωμεν, αὔριον γὰρ ἀποθνή-
σκομεν.** 33 μὴ πλανᾶσθε· φθείρουσιν ἤθη χρηστὰ ὁμιλίαι
κακαί· 34 ἐκνήψατε δικαίως καὶ μὴ ἁμαρτάνετε, ἀγνωσίαν
γὰρ θεοῦ τινὲς ἔχουσιν· πρὸς ἐντροπὴν ὑμῖν λαλῶ.

The Resurrection Body

35 Ἀλλὰ ἐρεῖ τις Πῶς ἐγείρονται οἱ νεκροί, ποίῳ δὲ
σώματι ἔρχονται; 36 ἄφρων, σὺ ὃ σπείρεις οὐ ζωοποιεῖται
ἐὰν μὴ ἀποθάνῃ· 37 καὶ ὃ σπείρεις, οὐ τὸ σῶμα τὸ
γενησόμενον σπείρεις ἀλλὰ γυμνὸν κόκκον εἰ τύχοι σίτου ἤ
τινος τῶν λοιπῶν· 38 ὁ δὲ θεὸς δίδωσιν αὐτῷ σῶμα καθὼς
ἠθέλησεν, καὶ ἑκάστῳ τῶν σπερμάτων ἴδιον σῶμα. 39 οὐ
πᾶσα σὰρξ ἡ αὐτὴ σάρξ, ἀλλὰ ἄλλη μὲν ἀνθρώπων, ἄλλη
δὲ σὰρξ κτηνῶν, ἄλλη δὲ σὰρξ πτηνῶν, ἄλλη δὲ ἰχθύων.
40 καὶ σώματα ἐπουράνια, καὶ σώματα ἐπίγεια· ἀλλὰ ἑτέρα
μὲν ἡ τῶν ἐπουρανίων δόξα, ἑτέρα δὲ ἡ τῶν ἐπιγείων.
41 ἄλλη δόξα ἡλίου, καὶ ἄλλη δόξα σελήνης, καὶ ἄλλη
δόξα ἀστέρων, ἀστὴρ γὰρ ἀστέρος διαφέρει ἐν δόξῃ.
42 οὕτως καὶ ἡ ἀνάστασις τῶν νεκρῶν. σπείρεται ἐν φθορᾷ,
ἐγείρεται ἐν ἀφθαρσίᾳ· 43 σπείρεται ἐν ἀτιμίᾳ, ἐγείρεται ἐν
δόξῃ· σπείρεται ἐν ἀσθενείᾳ, ἐγείρεται ἐν δυνάμει· 44 σπεί-
ρεται σῶμα ψυχικόν, ἐγείρεται σῶμα πνευματικόν. Εἰ ἔστιν
σῶμα ψυχικόν, ἔστιν καὶ πνευματικόν. 45 οὕτως καὶ γέ-

---

29 WH: αὐτῶν RP: τῶν νεκρῶν 31 WH: ἀδελφοί, NA: [ἀδελφοί] RP: omit ἀδελφοί
34 WH: λαλῶ RP: λέγω 36 WH: ἄφρων RP: Ἄφρον 38 WH: δίδωσιν αὐτῷ RP:
αὐτῷ δίδωσιν // RP: add τὸ before ἴδιον 39 WH: σὰρξ πτηνῶν, ἄλλη δὲ ἰχθύων
RP: ἰχθύων, ἄλλη δὲ πτηνῶν 44 RP: omit Εἰ // WH: ἔστιν καὶ RP: καὶ ἔστιν σῶμα

32 Isa 22:13

γραπται Ἐγένετο ὁ πρῶτος ἄνθρωπος Ἀδὰμ εἰς ψυχὴν ζῶσαν· ὁ ἔσχατος Ἀδὰμ εἰς πνεῦμα ζωοποιοῦν. 46 ἀλλ᾽ οὐ πρῶτον τὸ πνευματικὸν ἀλλὰ τὸ ψυχικόν, ἔπειτα τὸ πνευματικόν. 47 ὁ πρῶτος ἄνθρωπος ἐκ γῆς χοϊκός, ὁ δεύτερος ἄνθρωπος ἐξ οὐρανοῦ. 48 οἷος ὁ χοϊκός, τοιοῦτοι καὶ οἱ χοϊκοί, καὶ οἷος ὁ ἐπουράνιος, τοιοῦτοι καὶ οἱ ἐπουράνιοι· 49 καὶ καθὼς ἐφορέσαμεν τὴν εἰκόνα τοῦ χοϊκοῦ, φορέσωμεν καὶ τὴν εἰκόνα τοῦ ἐπουρανίου. 50 Τοῦτο δέ φημι, ἀδελφοί, ὅτι σὰρξ καὶ αἷμα βασιλείαν θεοῦ κληρονομῆσαι οὐ δύναται, οὐδὲ ἡ φθορὰ τὴν ἀφθαρσίαν κληρονομεῖ. 51 ἰδοὺ μυστήριον ὑμῖν λέγω· πάντες οὐ κοιμηθησόμεθα πάντες δὲ ἀλλαγησόμεθα, 52 ἐν ἀτόμῳ, ἐν ῥιπῇ ὀφθαλμοῦ, ἐν τῇ ἐσχάτῃ σάλπιγγι· σαλπίσει γάρ, καὶ οἱ νεκροὶ ἐγερθήσονται ἄφθαρτοι, καὶ ἡμεῖς ἀλλαγησόμεθα. 53 δεῖ γὰρ τὸ φθαρτὸν τοῦτο ἐνδύσασθαι ἀφθαρσίαν καὶ τὸ θνητὸν τοῦτο ἐνδύσασθαι ἀθανασίαν. 54 ὅταν δὲ τὸ θνητὸν τοῦτο ἐνδύσηται [τὴν] ἀθανασίαν, τότε γενήσεται ὁ λόγος ὁ γεγραμμένος **Κατεπόθη ὁ θάνατος εἰς νῖκος. 55 ποῦ σου, θάνατε, τὸ νῖκος; ποῦ σου, θάνατε, τὸ κέντρον;** 56 τὸ δὲ κέντρον τοῦ θανάτου ἡ ἁμαρτία, ἡ δὲ δύναμις τῆς ἁμαρτίας ὁ νόμος· 57 τῷ δὲ θεῷ χάρις τῷ διδόντι ἡμῖν **τὸ νῖκος** διὰ τοῦ κυρίου ἡμῶν Ἰησοῦ Χριστοῦ. 58 Ὥστε, ἀδελφοί μου ἀγαπητοί, ἑδραῖοι γίνεσθε, ἀμετακίνητοι, περισσεύοντες ἐν τῷ ἔργῳ τοῦ κυρίου πάντοτε, εἰδότες ὅτι ὁ κόπος ὑμῶν οὐκ ἔστιν κενὸς ἐν κυρίῳ.

The Offering for the Jerusalem Believers

16 Περὶ δὲ τῆς λογίας τῆς εἰς τοὺς ἁγίους, ὥσπερ διέταξα ταῖς ἐκκλησίαις τῆς Γαλατίας, οὕτως καὶ ὑμεῖς ποιήσατε.

---

47 RP: *add* ὁ κύριος *after* ἄνθρωπος 49 WH: φορέσωμεν {WH}/NA: φορέσομεν 51 RP: *add* μὲν *before* οὐ 54 WH: θνητὸν RP: φθαρτὸν // {WH}/NA/RP: *add* τὸ φθαρτὸν τοῦτο ἐνδύσηται ἀφθαρσίαν καὶ *after* δὲ // NA/RP: *omit* [τὴν] 55 WH: νῖκος; ποῦ σου, θάνατε, τὸ κέντρον RP: κέντρον; Ποῦ σου, ᾍδη, τὸ νῖκος

45, 47 Gen 2:7 54 Isa 25:8 55, 57 Hos 13:14

2 κατὰ μίαν σαββάτου ἕκαστος ὑμῶν παρ' ἑαυτῷ τιθέτω θησαυρίζων ὅτι ἐὰν εὐοδῶται, ἵνα μὴ ὅταν ἔλθω τότε λογίαι γίνωνται. 3 ὅταν δὲ παραγένωμαι, οὓς ἐὰν δοκιμάσητε δι' ἐπιστολῶν, τούτους πέμψω ἀπενεγκεῖν τὴν χάριν ὑμῶν εἰς Ἰερουσαλήμ· 4 ἐὰν δὲ ἄξιον ᾖ τοῦ κἀμὲ πορεύεσθαι, σὺν ἐμοὶ πορεύσονται.

Paul's Travel Plans

5 Ἐλεύσομαι δὲ πρὸς ὑμᾶς ὅταν Μακεδονίαν διέλθω, Μακεδονίαν γὰρ διέρχομαι, 6 πρὸς ὑμᾶς δὲ τυχὸν καταμενῶ ἢ παραχειμάσω, ἵνα ὑμεῖς με προπέμψητε οὗ ἐὰν πορεύωμαι. 7 οὐ θέλω γὰρ ὑμᾶς ἄρτι ἐν παρόδῳ ἰδεῖν, ἐλπίζω γὰρ χρόνον τινὰ ἐπιμεῖναι πρὸς ὑμᾶς, ἐὰν ὁ κύριος ἐπιτρέψῃ. 8 ἐπιμένω δὲ ἐν Ἐφέσῳ ἕως τῆς πεντηκοστῆς· 9 θύρα γάρ μοι ἀνέῳγεν μεγάλη καὶ ἐνεργής, καὶ ἀντικείμενοι πολλοί.

10 Ἐὰν δὲ ἔλθῃ Τιμόθεος, βλέπετε ἵνα ἀφόβως γένηται πρὸς ὑμᾶς, τὸ γὰρ ἔργον Κυρίου ἐργάζεται ὡς ἐγώ· 11 μή τις οὖν αὐτὸν ἐξουθενήσῃ. προπέμψατε δὲ αὐτὸν ἐν εἰρήνῃ, ἵνα ἔλθῃ πρός με, ἐκδέχομαι γὰρ αὐτὸν μετὰ τῶν ἀδελφῶν.

12 Περὶ δὲ Ἀπολλὼ τοῦ ἀδελφοῦ, πολλὰ παρεκάλεσα αὐτὸν ἵνα ἔλθῃ πρὸς ὑμᾶς μετὰ τῶν ἀδελφῶν· καὶ πάντως οὐκ ἦν θέλημα ἵνα νῦν ἔλθῃ, ἐλεύσεται δὲ ὅταν εὐκαιρήσῃ.

13 Γρηγορεῖτε, στήκετε ἐν τῇ πίστει, ἀνδρίζεσθε, κραταιοῦσθε. 14 πάντα ὑμῶν ἐν ἀγάπῃ γινέσθω.

15 Παρακαλῶ δὲ ὑμᾶς, ἀδελφοί· οἴδατε τὴν οἰκίαν Στεφανᾶ, ὅτι ἐστὶν ἀπαρχὴ τῆς Ἀχαΐας καὶ εἰς διακονίαν τοῖς ἁγίοις ἔταξαν ἑαυτούς· 16 ἵνα καὶ ὑμεῖς ὑποτάσσησθε τοῖς τοιούτοις καὶ παντὶ τῷ συνεργοῦντι καὶ κοπιῶντι. 17 χαίρω δὲ ἐπὶ τῇ παρουσίᾳ Στεφανᾶ καὶ Φορτουνάτου καὶ Ἀχαϊκοῦ,

---

16:2 WH: σαββάτου RP: σαββάτων // WH: ὅτι ἐὰν RP: ὅ τι ἂν // WH: εὐοδῶται {WH}: εὐοδωθῇ 4 WH: ἄξιον ᾖ RP: ἢ ἄξιον 6 WH: καταμενῶ ἢ ΝΑ/RP: παραμενῶ ἢ // {WH}/ΝΑ/RP: add καὶ after ἢ 7 WH: γὰρ RP: δὲ // WH: ἐπιτρέψῃ RP: ἐπιτρέπῃ 8 WH: ἐπιμένω ΝΑ: ἐπιμενῶ 10 WH: ἐγώ {WH}/ΝΑ: κἀγώ RP: καὶ ἐγώ

ὅτι τὸ ὑμέτερον ὑστέρημα οὗτοι ἀνεπλήρωσαν, 18 ἀνέπαυ-
σαν γὰρ τὸ ἐμὸν πνεῦμα καὶ τὸ ὑμῶν. ἐπιγινώσκετε οὖν
τοὺς τοιούτους.

Paul's Final Greetings

19 Ἀσπάζονται ὑμᾶς αἱ ἐκκλησίαι τῆς Ἀσίας. ἀσπάζε-
ται ὑμᾶς ἐν κυρίῳ πολλὰ Ἀκύλας καὶ Πρίσκα σὺν τῇ κατ'
οἶκον αὐτῶν ἐκκλησίᾳ. 20 ἀσπάζονται ὑμᾶς οἱ ἀδελφοὶ
πάντες. Ἀσπάσασθε ἀλλήλους ἐν φιλήματι ἁγίῳ.
21 Ὁ ἀσπασμὸς τῇ ἐμῇ χειρὶ Παύλου. 22 εἴ τις οὐ φιλεῖ
τὸν κύριον, ἤτω ἀνάθεμα. Μαρὰν ἀθά. 23 ἡ χάρις τοῦ
κυρίου Ἰησοῦ μεθ' ὑμῶν. 24 ἡ ἀγάπη μου μετὰ πάντων
ὑμῶν ἐν Χριστῷ Ἰησοῦ.

---

17 WH: ὑμέτερον {WH}/RP: ὑμῶν 19 WH: ἀσπάζεται RP: ἀσπάζονται // WH:
Πρίσκα RP: Πρίσκιλλα 22 RP: add Ἰησοῦν χριστόν after κύριον // WH: Μαρὰν
ἀθά NA: μαράνα θά 23 RP: add χριστοῦ after Ἰησοῦ 24 RP add Ἀμήν after Ἰησοῦ

ΠΡΟΣ ΚΟΡΙΝΘΙΟΥΣ Β

Opening Greeting

1 Παῦλος ἀπόστολος Χριστοῦ Ἰησοῦ διὰ θελήματος θεοῦ καὶ Τιμόθεος ὁ ἀδελφὸς τῇ ἐκκλησίᾳ τοῦ θεοῦ τῇ οὔσῃ ἐν Κορίνθῳ, σὺν τοῖς ἁγίοις πᾶσιν τοῖς οὖσιν ἐν ὅλῃ τῇ Ἀχαΐᾳ· 2 χάρις ὑμῖν καὶ εἰρήνη ἀπὸ θεοῦ πατρὸς ἡμῶν καὶ κυρίου Ἰησοῦ Χριστοῦ.

Praise to the God of All Comfort

3 Εὐλογητὸς ὁ θεὸς καὶ πατὴρ τοῦ κυρίου ἡμῶν Ἰησοῦ Χριστοῦ, ὁ πατὴρ τῶν οἰκτιρμῶν καὶ θεὸς πάσης παρακλήσεως, 4 ὁ παρακαλῶν ἡμᾶς ἐπὶ πάσῃ τῇ θλίψει ἡμῶν, εἰς τὸ δύνασθαι ἡμᾶς παρακαλεῖν τοὺς ἐν πάσῃ θλίψει διὰ τῆς παρακλήσεως ἧς παρακαλούμεθα αὐτοὶ ὑπὸ τοῦ θεοῦ. 5 ὅτι καθὼς περισσεύει τὰ παθήματα τοῦ χριστοῦ εἰς ἡμᾶς, οὕτως διὰ τοῦ χριστοῦ περισσεύει καὶ ἡ παράκλησις ἡμῶν. 6 εἴτε δὲ θλιβόμεθα, ὑπὲρ τῆς ὑμῶν παρακλήσεως καὶ σωτηρίας· εἴτε παρακαλούμεθα, ὑπὲρ τῆς ὑμῶν παρακλήσεως τῆς ἐνεργουμένης ἐν ὑπομονῇ τῶν αὐτῶν παθημάτων ὧν καὶ ἡμεῖς πάσχομεν, 7 καὶ ἡ ἐλπὶς ἡμῶν βεβαία ὑπὲρ ὑμῶν· εἰδότες ὅτι ὡς κοινωνοί ἐστε τῶν παθημάτων, οὕτως καὶ τῆς παρακλήσεως. 8 Οὐ γὰρ θέλομεν ὑμᾶς ἀγνοεῖν, ἀδελφοί, ὑπὲρ τῆς θλίψεως ἡμῶν τῆς γενομένης ἐν τῇ Ἀσίᾳ, ὅτι καθ᾽

1:1 WH: Χριστοῦ Ἰησοῦ RP: Ἰησοῦ χριστοῦ 6–7 {WH}/RP: *Replace v. 6–7 with*: εἴτε δὲ θλιβόμεθα, ὑπὲρ τῆς ὑμῶν παρακλήσεως [RP: *add* καὶ σωτηρίας,] τῆς ἐνεργουμένης ἐν ὑπομονῇ τῶν αὐτῶν παθημάτων ὧν καὶ ἡμεῖς πάσχομεν, καὶ ἡ ἐλπὶς ἡμῶν βεβαία ὑπὲρ ὑμῶν· εἴτε παρακαλούμεθα, ὑπὲρ τῆς ὑμῶν παρακλήσεως καὶ σωτηρίας· 7 εἰδότες ὅτι ὥσπερ κοινωνοί ἐστε τῶν παθημάτων, οὕτως καὶ τῆς παρακλήσεως. 8 WH: ὑπὲρ τῆς θλίψεως {WH}: περὶ τῆς θλίψεως // RP: *add* ἡμῖν *after* γενομένης // WH: ὑπὲρ δύναμιν ἐβαρήθημεν RP: ἐβαρήθημεν ὑπὲρ δύναμιν

ὑπερβολὴν ὑπὲρ δύναμιν ἐβαρήθημεν, ὥστε ἐξαπορηθῆναι ἡμᾶς καὶ τοῦ ζῆν· 9 ἀλλὰ αὐτοὶ ἐν ἑαυτοῖς τὸ ἀπόκριμα τοῦ θανάτου ἐσχήκαμεν, ἵνα μὴ πεποιθότες ὦμεν ἐφ᾽ ἑαυτοῖς ἀλλ᾽ ἐπὶ τῷ θεῷ τῷ ἐγείροντι τοὺς νεκρούς· 10 ὃς ἐκ τηλικούτου θανάτου ἐρύσατο ἡμᾶς καὶ ῥύσεται, εἰς ὃν ἠλπίκαμεν [ὅτι] καὶ ἔτι ῥύσεται, 11 συνυπουργούντων καὶ ὑμῶν ὑπὲρ ἡμῶν τῇ δεήσει, ἵνα ἐκ πολλῶν προσώπων τὸ εἰς ἡμᾶς χάρισμα διὰ πολλῶν εὐχαριστηθῇ ὑπὲρ ἡμῶν.

Paul's Change of Plans

12 Ἡ γὰρ καύχησις ἡμῶν αὕτη ἐστίν, τὸ μαρτύριον τῆς συνειδήσεως ἡμῶν, ὅτι ἐν ἁγιότητι καὶ εἰλικρινίᾳ τοῦ θεοῦ, [καὶ] οὐκ ἐν σοφίᾳ σαρκικῇ ἀλλ᾽ ἐν χάριτι θεοῦ, ἀνεστράφημεν ἐν τῷ κόσμῳ, περισσοτέρως δὲ πρὸς ὑμᾶς· 13 οὐ γὰρ ἄλλα γράφομεν ὑμῖν ἀλλ᾽ ἢ ἃ ἀναγινώσκετε ἢ καὶ ἐπιγινώσκετε, ἐλπίζω δὲ ὅτι ἕως τέλους ἐπιγνώσεσθε, 14 καθὼς καὶ ἐπέγνωτε ἡμᾶς ἀπὸ μέρους, ὅτι καύχημα ὑμῶν ἐσμὲν καθάπερ καὶ ὑμεῖς ἡμῶν ἐν τῇ ἡμέρᾳ τοῦ κυρίου ἡμῶν Ἰησοῦ.

15 Καὶ ταύτῃ τῇ πεποιθήσει ἐβουλόμην πρότερον πρὸς ὑμᾶς ἐλθεῖν, ἵνα δευτέραν χαρὰν σχῆτε, 16 καὶ δι᾽ ὑμῶν διελθεῖν εἰς Μακεδονίαν, καὶ πάλιν ἀπὸ Μακεδονίας ἐλθεῖν πρὸς ὑμᾶς καὶ ὑφ᾽ ὑμῶν προπεμφθῆναι εἰς τὴν Ἰουδαίαν. 17 τοῦτο οὖν βουλόμενος μήτι ἄρα τῇ ἐλαφρίᾳ ἐχρησάμην; ἢ ἃ βουλεύομαι κατὰ σάρκα βουλεύομαι, ἵνα ᾖ παρ᾽ ἐμοὶ τό Ναί ναὶ καὶ τό Οὒ οὔ; 18 πιστὸς δὲ ὁ θεὸς ὅτι ὁ λόγος ἡμῶν ὁ πρὸς ὑμᾶς οὐκ ἔστιν Ναί καὶ Οὔ· 19 ὁ τοῦ θεοῦ γὰρ υἱὸς Χριστὸς Ἰησοῦς ὁ ἐν ὑμῖν δι᾽ ἡμῶν κηρυχθείς, δι᾽ ἐμοῦ καὶ Σιλουανοῦ καὶ Τιμοθέου, οὐκ ἐγένετο Ναί καὶ

10 WH: ἐρύσατο NA/RP: ἐρρύσατο // WH: ῥύσεται RP: ῥύεται // WH: [ὅτι] RP: ὅτι 11 WH: ἡμῶν RP: ὑμῶν 12 WH: ἁγιότητι NA/RP: ἁπλότητι // WH: εἰλικρινίᾳ τοῦ θεοῦ [καὶ] RP: εἰλικρινείᾳ θεοῦ 13 RP: add καὶ after δὲ ὅτι 14 WH: κυρίου ἡμῶν NA: κυρίου [ἡμῶν] RP: κυρίου 15 WH: πρότερον πρὸς ὑμᾶς ἐλθεῖν RP: ἐλθεῖν πρὸς ὑμᾶς τὸ πρότερον // WH: χαρὰν σχῆτε {WH}/NA: χάριν σχῆτε RP: χάριν ἔχητε 17 WH: βουλόμενος μήτι RP: βουλευόμενος, μή τι // WH: τό Ναί RP: τὸ Ναὶ 18 WH: ἔστιν Ναί RP: ἐγένετο Ναὶ 19 WH: ὁ τοῦ θεοῦ γὰρ RP: Ὁ γὰρ τοῦ θεοῦ // WH: Χριστὸς Ἰησοῦς NA/RP: Ἰησοῦς Χριστὸς

Οὗ, ἀλλὰ Ναί ἐν αὐτῷ γέγονεν· 20 ὅσαι γὰρ ἐπαγγελίαι θεοῦ, ἐν αὐτῷ τό Ναί· διὸ καὶ δι' αὐτοῦ τό Ἀμήν τῷ θεῷ πρὸς δόξαν δι' ἡμῶν. 21 ὁ δὲ βεβαιῶν ἡμᾶς σὺν ὑμῖν εἰς Χριστὸν καὶ χρίσας ἡμᾶς θεός, 22 [ὁ] καὶ σφραγισάμενος ἡμᾶς καὶ δοὺς τὸν ἀρραβῶνα τοῦ πνεύματος ἐν ταῖς καρδίαις ἡμῶν.

23 Ἐγὼ δὲ μάρτυρα τὸν θεὸν ἐπικαλοῦμαι ἐπὶ τὴν ἐμὴν ψυχήν, ὅτι φειδόμενος ὑμῶν οὐκέτι ἦλθον εἰς Κόρινθον. 24 οὐχ ὅτι κυριεύομεν ὑμῶν τῆς πίστεως, ἀλλὰ συνεργοί ἐσμεν τῆς χαρᾶς ὑμῶν, τῇ γὰρ πίστει ἑστήκατε.

2 ἔκρινα γὰρ ἐμαυτῷ τοῦτο, τὸ μὴ πάλιν ἐν λύπῃ πρὸς ὑμᾶς ἐλθεῖν· 2 εἰ γὰρ ἐγὼ λυπῶ ὑμᾶς, καὶ τίς ὁ εὐφραίνων με εἰ μὴ ὁ λυπούμενος ἐξ ἐμοῦ; 3 καὶ ἔγραψα τοῦτο αὐτὸ ἵνα μὴ ἐλθὼν λύπην σχῶ ἀφ' ὧν ἔδει με χαίρειν, πεποιθὼς ἐπὶ πάντας ὑμᾶς ὅτι ἡ ἐμὴ χαρὰ πάντων ὑμῶν ἐστίν. 4 ἐκ γὰρ πολλῆς θλίψεως καὶ συνοχῆς καρδίας ἔγραψα ὑμῖν διὰ πολλῶν δακρύων, οὐχ ἵνα λυπηθῆτε, ἀλλὰ τὴν ἀγάπην ἵνα γνῶτε ἣν ἔχω περισσοτέρως εἰς ὑμᾶς.

Paul Urges Forgiveness for an Offender

5 Εἰ δέ τις λελύπηκεν, οὐκ ἐμὲ λελύπηκεν, ἀλλὰ ἀπὸ μέρους ἵνα μὴ ἐπιβαρῶ πάντας ὑμᾶς. 6 ἱκανὸν τῷ τοιούτῳ ἡ ἐπιτιμία αὕτη ἡ ὑπὸ τῶν πλειόνων, 7 ὥστε τοὐναντίον ὑμᾶς χαρίσασθαι καὶ παρακαλέσαι, μή πως τῇ περισσοτέρᾳ λύπῃ καταποθῇ ὁ τοιοῦτος. 8 διὸ παρακαλῶ ὑμᾶς κυρῶσαι εἰς αὐτὸν ἀγάπην· 9 εἰς τοῦτο γὰρ καὶ ἔγραψα ἵνα γνῶ τὴν δοκιμὴν ὑμῶν, εἰ εἰς πάντα ὑπήκοοί ἐστε. 10 ᾧ δέ τι χαρίζεσθε, κἀγώ· καὶ γὰρ ἐγὼ ὃ κεχάρισμαι, εἴ τι κεχάρισμαι, δι' ὑμᾶς ἐν προσώπῳ Χριστοῦ, 11 ἵνα μὴ πλεονεκτηθῶμεν ὑπὸ τοῦ Σατανᾶ, οὐ γὰρ αὐτοῦ ‹ ἃ νοήματα ἀγνοοῦμεν.

20 RP: omit διὸ // WH: δι' αὐτοῦ RP: ἐν αὐτῷ 22 WH: [ὁ] NA/RP: ὁ
2:1 WH: γὰρ {WH}/RP: δὲ 2 RP: add ἐστιν after καὶ τίς 3 RP: add ὑμῖν after ἔγραψα // WH: σχῶ RP: ἔχω 7 {WH}/NA/RP: add μᾶλλον after τοὐναντίον // WH: μή πως RP: μήπως 9 {WH}: ἢ 10 WH: κἀγώ RP: καὶ ἐγώ // WH: ὃ κεχάρισμαι, εἴ τι κεχάρισμαι RP: εἴ τι κεχάρισμαι, ᾧ κεχάρισμαι

Ministers of the New Covenant

12 Ἐλθὼν δὲ εἰς τὴν Τρῳάδα εἰς τὸ εὐαγγέλιον τοῦ χριστοῦ, καὶ θύρας μοι ἀνεῳγμένης ἐν κυρίῳ, 13 οὐκ ἔσχηκα ἄνεσιν τῷ πνεύματί μου τῷ μὴ εὑρεῖν με Τίτον τὸν ἀδελφόν μου, ἀλλὰ ἀποταξάμενος αὐτοῖς ἐξῆλθον εἰς Μακεδονίαν. 14 Τῷ δὲ θεῷ χάρις τῷ πάντοτε θριαμβεύοντι ἡμᾶς ἐν τῷ χριστῷ καὶ τὴν ὀσμὴν τῆς γνώσεως αὐτοῦ φανεροῦντι δι' ἡμῶν ἐν παντὶ τόπῳ· 15 ὅτι Χριστοῦ εὐωδία ἐσμὲν τῷ θεῷ ἐν τοῖς σῳζομένοις καὶ ἐν τοῖς ἀπολλυμένοις, 16 οἷς μὲν ὀσμὴ ἐκ θανάτου εἰς θάνατον, οἷς δὲ ὀσμὴ ἐκ ζωῆς εἰς ζωήν. καὶ πρὸς ταῦτα τίς ἱκανός; 17 οὐ γάρ ἐσμεν ὡς οἱ πολλοὶ καπηλεύοντες τὸν λόγον τοῦ θεοῦ, ἀλλ' ὡς ἐξ εἰλικρινίας, ἀλλ' ὡς ἐκ θεοῦ κατέναντι θεοῦ ἐν Χριστῷ λαλοῦμεν.

3 Ἀρχόμεθα πάλιν ἑαυτοὺς συνιστάνειν; ἢ μὴ χρῄζομεν ὥς τινες συστατικῶν ἐπιστολῶν πρὸς ὑμᾶς ἢ ἐξ ὑμῶν; 2 ἡ ἐπιστολὴ ἡμῶν ὑμεῖς ἐστέ, ἐγγεγραμμένη ἐν ταῖς καρδίαις ἡμῶν, γινωσκομένη καὶ ἀναγινωσκομένη ὑπὸ πάντων ἀνθρώπων· 3 φανερούμενοι ὅτι ἐστὲ ἐπιστολὴ Χριστοῦ διακονηθεῖσα ὑφ' ἡμῶν, **ἐνγεγραμμένη** οὐ μέλανι ἀλλὰ πνεύματι θεοῦ ζῶντος, οὐκ ἐν **πλαξὶν λιθίναις** ἀλλ' ἐν **πλαξὶν καρδίαις σαρκίναις.**

4 Πεποίθησιν δὲ τοιαύτην ἔχομεν διὰ τοῦ χριστοῦ πρὸς τὸν θεόν. 5 οὐχ ὅτι ἀφ' ἑαυτῶν ἱκανοί ἐσμεν λογίσασθαί τι ὡς ἐξ αὐτῶν, ἀλλ' ἡ ἱκανότης ἡμῶν ἐκ τοῦ θεοῦ, 6 ὃς καὶ ἱκάνωσεν ἡμᾶς διακόνους καινῆς διαθήκης, οὐ γράμματος ἀλλὰ πνεύματος, τὸ γὰρ γράμμα ἀποκτείνει, τὸ δὲ πνεῦμα ζωοποιεῖ.

---

16 RP: *omit* ἐκ twice 17 WH: πολλοὶ RP: λοιποί // WH: κατέναντι θεοῦ ἐν Χριστῷ RP: κατενώπιον τοῦ θεοῦ, ἐν χριστῷ
3:1 WH: ἢ μὴ RP: Εἰ μὴ // RP: *add* συστατικῶν *after* ὑμῶν 3 {WH}: *add* καὶ *before* ἐγγεγραμμένη // {WH}: *πλαξὶν καρδίαις σαρκίναις* 4 WH: θεόν. {WH}: θεόν, 5 WH: ἀφ' ἑαυτῶν ἱκανοί ἐσμεν RP: ἱκανοί ἐσμεν ἀφ' ἑαυτῶν // WH: ἐσμεν {WH}: ἐσμεν, // WH: ἐξ αὐτῶν NA/RP: ἐξ ἑαυτῶν 6 WH: ἀποκτείνει NA: ἀποκτέννει RP: ἀποκτείνει

3:3 Exod 31:18; 34:1; Prov 3:3; Ezek 11:19; 36:26

The Greater Glory of the New Covenant

7 Εἰ δὲ ἡ διακονία τοῦ θανάτου ἐν γράμμασιν ἐντετυ-
πωμένη λίθοις ἐγενήθη ἐν δόξῃ, ὥστε μὴ δύνασθαι ἀτενίσαι
τοὺς υἱοὺς Ἰσραὴλ εἰς τὸ πρόσωπον **Μωυσέως διὰ τὴν
δόξαν τοῦ προσώπου αὐτοῦ** τὴν καταργουμένην, 8 πῶς οὐχὶ
μᾶλλον ἡ διακονία τοῦ πνεύματος ἔσται ἐν δόξῃ; 9 εἰ γὰρ ἡ
διακονία τῆς κατακρίσεως δόξα, πολλῷ μᾶλλον περισσεύει
ἡ διακονία τῆς δικαιοσύνης δόξῃ. 10 καὶ γὰρ οὐ **δεδόξα-
σται τὸ δεδοξασμένον** ἐν τούτῳ τῷ μέρει εἵνεκεν τῆς ὑπερ-
βαλλούσης δόξης· 11 εἰ γὰρ τὸ καταργούμενον διὰ δόξης,
πολλῷ μᾶλλον τὸ μένον ἐν δόξῃ.

12 Ἔχοντες οὖν τοιαύτην ἐλπίδα πολλῇ παρρησίᾳ χρώ-
μεθα, 13 καὶ οὐ καθάπερ **Μωυσῆς ἐτίθει κάλυμμα ἐπὶ τὸ
πρόσωπον αὐτοῦ**, πρὸς τὸ μὴ ἀτενίσαι τοὺς υἱοὺς Ἰσραὴλ
εἰς τὸ τέλος τοῦ καταργουμένου. 14 ἀλλὰ ἐπωρώθη τὰ νοή-
ματα αὐτῶν. ἄχρι γὰρ τῆς σήμερον ἡμέρας τὸ αὐτὸ κάλυμμα
ἐπὶ τῇ ἀναγνώσει τῆς παλαιᾶς διαθήκης μένει μὴ ἀνακα-
λυπτόμενον, ὅτι ἐν Χριστῷ καταργεῖται, 15 ἀλλ᾽ ἕως σήμε-
ρον ἡνίκα ἂν ἀναγινώσκηται Μωυσῆς κάλυμμα ἐπὶ τὴν
καρδίαν αὐτῶν κεῖται· 16 **ἡνίκα δὲ ἐὰν ἐπιστρέψῃ πρὸς
Κύριον, περιαιρεῖται τὸ κάλυμμα.** 17 ὁ δὲ κύριος τὸ πνεῦμά
ἐστιν· οὗ δὲ τὸ πνεῦμα Κυρίου, ἐλευθερία. 18 ἡμεῖς δὲ
πάντες ἀνακεκαλυμμένῳ προσώπῳ **τὴν δόξαν Κυρίου**
κατοπτριζόμενοι τὴν αὐτὴν εἰκόνα μεταμορφούμεθα ἀπὸ
δόξης εἰς δόξαν, καθάπερ ἀπὸ κυρίου πνεύματος.

Treasure in Clay Jars

4 Διὰ τοῦτο, ἔχοντες τὴν διακονίαν ταύτην καθὼς ἠλεή-
θημεν, οὐκ ἐγκακοῦμεν, 2 ἀλλὰ ἀπειπάμεθα τὰ κρυπτὰ τῆς

---

7 RP: *add* ἐν *after* ἐντετυπωμένη 9 WH: ἡ διακονία {WH}/NA: τῇ διακονίᾳ // RP: *add*
ἐν *after* δικαιοσύνης 13 WH: αὐτοῦ RP: ἑαυτοῦ 14 RP: *omit* ἡμέρας 15 RP: *omit* ἂν
// WH: ἀναγινώσκηται RP: ἀναγινώσκεται 16 WH: δὲ ἐὰν {WH}/RP: δ᾽ ἂν
17 {WH}: *Κυρίου* // RP: *add* ἐκεῖ *after* κυρίου, // 18 WH: καθάπερ {WH}: καθώσπερ

7, 10, 13, 16 Exod 34:29, 30, 34, 35 **18** Exod 24:17

αἰσχύνης, μὴ περιπατοῦντες ἐν πανουργίᾳ μηδὲ δολοῦντες τὸν λόγον τοῦ θεοῦ, ἀλλὰ τῇ φανερώσει τῆς ἀληθείας συνιστάνοντες ἑαυτοὺς πρὸς πᾶσαν συνείδησιν ἀνθρώπων ἐνώπιον τοῦ θεοῦ. 3 εἰ δὲ καὶ ἔστιν κεκαλυμμένον τὸ εὐαγγέλιον ἡμῶν, ἐν τοῖς ἀπολλυμένοις ἐστὶν κεκαλυμμένον, 4 ἐν οἷς ὁ θεὸς τοῦ αἰῶνος τούτου ἐτύφλωσεν τὰ νοήματα τῶν ἀπίστων εἰς τὸ μὴ αὐγάσαι τὸν φωτισμὸν τοῦ εὐαγγελίου τῆς δόξης τοῦ χριστοῦ, ὅς ἐστιν εἰκὼν τοῦ θεοῦ. 5 οὐ γὰρ ἑαυτοὺς κηρύσσομεν ἀλλὰ Χριστὸν Ἰησοῦν κύριον, ἑαυτοὺς δὲ δούλους ὑμῶν διὰ Ἰησοῦν. 6 ὅτι ὁ θεὸς ὁ εἰπών Ἐκ σκότους φῶς λάμψει, ὃς ἔλαμψεν ἐν ταῖς καρδίαις ἡμῶν πρὸς φωτισμὸν τῆς γνώσεως τῆς δόξης τοῦ θεοῦ ἐν προσώπῳ Χριστοῦ.

7 Ἔχομεν δὲ τὸν θησαυρὸν τοῦτον ἐν ὀστρακίνοις σκεύεσιν, ἵνα ἡ ὑπερβολὴ τῆς δυνάμεως ᾖ τοῦ θεοῦ καὶ μὴ ἐξ ἡμῶν· 8 ἐν παντὶ θλιβόμενοι ἀλλ' οὐ στενοχωρούμενοι, ἀπορούμενοι ἀλλ' οὐκ ἐξαπορούμενοι, 9 διωκόμενοι ἀλλ' οὐκ ἐγκαταλειπόμενοι, καταβαλλόμενοι ἀλλ' οὐκ ἀπολλύμενοι, 10 πάντοτε τὴν νέκρωσιν τοῦ Ἰησοῦ ἐν τῷ σώματι περιφέροντες, ἵνα καὶ ἡ ζωὴ τοῦ Ἰησοῦ ἐν τῷ σώματι ἡμῶν φανερωθῇ· 11 ἀεὶ γὰρ ἡμεῖς οἱ ζῶντες εἰς θάνατον παραδιδόμεθα διὰ Ἰησοῦν, ἵνα καὶ ἡ ζωὴ τοῦ Ἰησοῦ φανερωθῇ ἐν τῇ θνητῇ σαρκὶ ἡμῶν. 12 ὥστε ὁ θάνατος ἐν ἡμῖν ἐνεργεῖται, ἡ δὲ ζωὴ ἐν ὑμῖν. 13 ἔχοντες δὲ τὸ αὐτὸ πνεῦμα τῆς πίστεως, κατὰ τὸ γεγραμμένον **Ἐπίστευσα, διὸ ἐλάλησα,** καὶ ἡμεῖς πιστεύομεν, διὸ καὶ λαλοῦμεν, 14 εἰδότες ὅτι ὁ ἐγείρας τὸν [κύριον] Ἰησοῦν καὶ ἡμᾶς σὺν Ἰησοῦ ἐγερεῖ καὶ παραστήσει σὺν ὑμῖν. 15 τὰ γὰρ πάντα δι' ὑμᾶς, ἵνα ἡ χάρις πλεονάσασα διὰ τῶν πλειόνων τὴν εὐχαριστίαν περισσεύσῃ εἰς τὴν δόξαν τοῦ θεοῦ.

4:2 WH: συνιστάνοντες RP: συνιστῶντες 4 RP: add αὐτοῖς after αὐγάσαι 5 WH: Χριστὸν Ἰησοῦν {WH}/NA: Ἰησοῦν Χριστὸν // WH: Ἰησοῦν {WH}: Ἰησοῦ 6 WH: λάμψει RP: λάμψαι // WH: Χριστοῦ NA: [Ἰησοῦ] Χριστοῦ RP: Ἰησοῦ χριστοῦ 10 RP: add κυρίου after νέκρωσιν τοῦ 12 RP: add μὲν after Ὥστε ὁ 14 WH: [κύριον] NA/RP: κύριον // WH: σὺν RP: διὰ

4:13 Ps 116:10

Living by Faith

16 Διὸ οὐκ ἐγκακοῦμεν, ἀλλ᾽ εἰ καὶ ὁ ἔξω ἡμῶν ἄνθρω-
πος διαφθείρεται, ἀλλ᾽ ὁ ἔσω ἡμῶν ἀνακαινοῦται ἡμέρᾳ
καὶ ἡμέρᾳ. 17 τὸ γὰρ παραυτίκα ἐλαφρὸν τῆς θλίψεως καθ᾽
ὑπερβολὴν εἰς ὑπερβολὴν αἰώνιον βάρος δόξης κατεργάζε-
ται ἡμῖν, 18 μὴ σκοπούντων ἡμῶν τὰ βλεπόμενα ἀλλὰ τὰ
μὴ βλεπόμενα, τὰ γὰρ βλεπόμενα πρόσκαιρα, τὰ δὲ μὴ βλε-
πόμενα αἰώνια.

5 οἴδαμεν γὰρ ὅτι ἐὰν ἡ ἐπίγειος ἡμῶν οἰκία τοῦ σκήνους
καταλυθῇ, οἰκοδομὴν ἐκ θεοῦ ἔχομεν οἰκίαν ἀχειροποίη-
τον αἰώνιον ἐν τοῖς οὐρανοῖς. 2 καὶ γὰρ ἐν τούτῳ στενά-
ζομεν, τὸ οἰκητήριον ἡμῶν τὸ ἐξ οὐρανοῦ ἐπενδύσασθαι
ἐπιποθοῦντες, 3 εἴ γε καὶ ἐνδυσάμενοι οὐ γυμνοὶ εὑρεθησό-
μεθα. 4 καὶ γὰρ οἱ ὄντες ἐν τῷ σκήνει στενάζομεν βαρούμε-
νοι ἐφ᾽ ᾧ οὐ θέλομεν ἐκδύσασθαι ἀλλ᾽ ἐπενδύσασθαι, ἵνα
καταποθῇ τὸ θνητὸν ὑπὸ τῆς ζωῆς. 5 ὁ δὲ κατεργασάμενος
ἡμᾶς εἰς αὐτὸ τοῦτο θεός, ὁ δοὺς ἡμῖν τὸν ἀρραβῶνα τοῦ
πνεύματος.

Awaiting New Bodies

6 Θαρροῦντες οὖν πάντοτε καὶ εἰδότες ὅτι ἐνδημοῦντες
ἐν τῷ σώματι ἐκδημοῦμεν ἀπὸ τοῦ κυρίου, 7 διὰ πίστεως
γὰρ περιπατοῦμεν οὐ διὰ εἴδους,—8 θαρροῦμεν δὲ καὶ εὐ-
δοκοῦμεν μᾶλλον ἐκδημῆσαι ἐκ τοῦ σώματος καὶ ἐνδη-
μῆσαι πρὸς τὸν κύριον· 9 διὸ καὶ φιλοτιμούμεθα, εἴτε
ἐνδημοῦντες εἴτε ἐκδημοῦντες, εὐάρεστοι αὐτῷ εἶναι.
10 τοὺς γὰρ πάντας ἡμᾶς φανερωθῆναι δεῖ ἔμπροσθεν τοῦ
βήματος τοῦ χριστοῦ, ἵνα κομίσηται ἕκαστος τὰ διὰ τοῦ
σώματος πρὸς ἃ ἔπραξεν, εἴτε ἀγαθὸν εἴτε φαῦλον.

---

16 WH: ἔσω ἡμῶν RP: ἔσωθεν 17 {WH}/NA/RP: *add* ἡμῶν *after* θλίψεως
5:3 WH: εἴ γε {WH}: εἴ περ RP: εἴγε // WH: ἐνδυσάμενοι NA: ἐκδυσάμενοι 5 RP:
add καὶ *after* θεός, ὁ 10 WH: φαῦλον RP: κακόν

God's Ambassadors of Reconciliation

11 Εἰδότες οὖν τὸν φόβον τοῦ κυρίου ἀνθρώπους πείθο-
μεν, θεῷ δὲ πεφανερώμεθα· ἐλπίζω δὲ καὶ ἐν ταῖς συνειδήσε-
σιν ὑμῶν πεφανερῶσθαι. 12 οὐ πάλιν ἑαυτοὺς συνιστάνομεν
ὑμῖν, ἀλλὰ ἀφορμὴν διδόντες ὑμῖν καυχήματος ὑπὲρ ἡμῶν,
ἵνα ἔχητε πρὸς τοὺς ἐν προσώπῳ καυχωμένους καὶ μὴ ἐν
καρδίᾳ. 13 εἴτε γὰρ ἐξέστημεν, θεῷ· εἴτε σωφρονοῦμεν, ὑμῖν.
14 ἡ γὰρ ἀγάπη τοῦ χριστοῦ συνέχει ἡμᾶς, κρίναντας τοῦτο
ὅτι εἷς ὑπὲρ πάντων ἀπέθανεν· ἄρα οἱ πάντες ἀπέθανον·
15 καὶ ὑπὲρ πάντων ἀπέθανεν ἵνα οἱ ζῶντες μηκέτι ἑαυτοῖς
ζῶσιν ἀλλὰ τῷ ὑπὲρ αὐτῶν ἀποθανόντι καὶ ἐγερθέντι.

16 Ὥστε ἡμεῖς ἀπὸ τοῦ νῦν οὐδένα οἴδαμεν κατὰ
σάρκα· εἰ καὶ ἐγνώκαμεν κατὰ σάρκα Χριστόν, ἀλλὰ νῦν
οὐκέτι γινώσκομεν. 17 ὥστε εἴ τις ἐν Χριστῷ, καινὴ κτίσις·
τὰ ἀρχαῖα παρῆλθεν, **ἰδοὺ** γέγονεν **καινά·** 18 τὰ δὲ πάντα ἐκ
τοῦ θεοῦ τοῦ καταλλάξαντος ἡμᾶς ἑαυτῷ διὰ Χριστοῦ καὶ
δόντος ἡμῖν τὴν διακονίαν τῆς καταλλαγῆς, 19 ὡς ὅτι θεὸς
ἦν ἐν Χριστῷ κόσμον καταλλάσσων ἑαυτῷ, μὴ λογιζόμενος
αὐτοῖς τὰ παραπτώματα αὐτῶν, καὶ θέμενος ἐν ἡμῖν τὸν
λόγον τῆς καταλλαγῆς.

20 Ὑπὲρ Χριστοῦ οὖν πρεσβεύομεν ὡς τοῦ θεοῦ παρα-
καλοῦντος δι' ἡμῶν· δεόμεθα ὑπὲρ Χριστοῦ, καταλλάγητε
τῷ θεῷ. 21 τὸν μὴ γνόντα ἁμαρτίαν ὑπὲρ ἡμῶν ἁμαρτίαν
ἐποίησεν, ἵνα ἡμεῖς γενώμεθα δικαιοσύνη θεοῦ ἐν αὐτῷ.

Paul's Hardships

6 Συνεργοῦντες δὲ καὶ παρακαλοῦμεν μὴ εἰς κενὸν τὴν
χάριν τοῦ θεοῦ δέξασθαι ὑμᾶς· 2 λέγει γάρ
Καιρῷ δεκτῷ ἐπήκουσά σου
καὶ ἐν ἡμέρᾳ σωτηρίας ἐβοήθησά σοι·

---

12 RP: *add* γὰρ *after* Οὐ // WH: μὴ ἐν καρδίᾳ RP: οὐ καρδίᾳ 14 RP: *add* εἰ *after* ὅτι
16 RP: *add* δὲ *after* σάρκα· εἰ 17 RP: *add* τὰ πάντα *after* καινὰ 18 WH: Χριστοῦ
RP: Ἰησοῦ χριστοῦ 21 RP: *add* γὰρ *after* Τὸν

ἰδοὺ νῦν **καιρὸς εὐπρόσδεκτος,**
ἰδοὺ νῦν **ἡμέρα σωτηρίας·**
3 μηδεμίαν ἐν μηδενὶ διδόντες προσκοπήν, ἵνα μὴ μωμηθῇ
ἡ διακονία, 4 ἀλλ' ἐν παντὶ συνιστάνοντες ἑαυτοὺς ὡς θεοῦ
διάκονοι· ἐν ὑπομονῇ πολλῇ, ἐν θλίψεσιν, ἐν ἀνάγκαις, ἐν
στενοχωρίαις, 5 ἐν πληγαῖς, ἐν φυλακαῖς, ἐν ἀκαταστα-
σίαις, ἐν κόποις, ἐν ἀγρυπνίαις, ἐν νηστείαις, 6 ἐν ἁγνότητι,
ἐν γνώσει, ἐν μακροθυμίᾳ, ἐν χρηστότητι, ἐν πνεύματι ἁγίῳ,
ἐν ἀγάπῃ ἀνυποκρίτῳ, 7 ἐν λόγῳ ἀληθείας, ἐν δυνάμει θεοῦ·
διὰ τῶν ὅπλων τῆς δικαιοσύνης τῶν δεξιῶν καὶ ἀριστερῶν,
8 διὰ δόξης καὶ ἀτιμίας, διὰ δυσφημίας καὶ εὐφημίας· ὡς
πλάνοι καὶ ἀληθεῖς, 9 ὡς ἀγνοούμενοι καὶ ἐπιγινωσκό-
μενοι, ὡς **ἀποθνῄσκοντες** καὶ ἰδοὺ **ζῶμεν,** ὡς **παιδευόμενοι**
καὶ μὴ θανατούμενοι, 10 ὡς λυπούμενοι ἀεὶ δὲ χαίροντες,
ὡς πτωχοὶ πολλοὺς δὲ πλουτίζοντες, ὡς μηδὲν ἔχοντες καὶ
πάντα κατέχοντες.
11 Τὸ στόμα ἡμῶν ἀνέῳγεν πρὸς ὑμᾶς, Κορίνθιοι, **ἡ**
καρδία ἡμῶν **πεπλάτυνται·** 12 οὐ στενοχωρεῖσθε ἐν ἡμῖν,
στενοχωρεῖσθε δὲ ἐν τοῖς σπλάγχνοις ὑμῶν· 13 τὴν δὲ
αὐτὴν ἀντιμισθίαν, ὡς τέκνοις λέγω, πλατύνθητε καὶ ὑμεῖς.

Warning Against Idolatry

14 Μὴ γίνεσθε ἑτεροζυγοῦντες ἀπίστοις· τίς γὰρ μετοχὴ
δικαιοσύνῃ καὶ ἀνομίᾳ, ἢ τίς κοινωνία φωτὶ πρὸς σκότος;
15 τίς δὲ συμφώνησις Χριστοῦ πρὸς Βελίαρ, ἢ τίς μερὶς
πιστῷ μετὰ ἀπίστου; 16 τίς δὲ συνκατάθεσις ναῷ θεοῦ μετὰ
εἰδώλων; ἡμεῖς γὰρ ναὸς θεοῦ ἐσμὲν ζῶντος· καθὼς εἶπεν ὁ
θεὸς ὅτι
Ἐνοικήσω ἐν αὐτοῖς καὶ ἐνπεριπατήσω,
καὶ ἔσομαι αὐτῶν θεός, καὶ αὐτοὶ ἔσονταί μου
λαός.

6:4 WH: συνιστάνοντες NA: συνίσταντες RP: συνιστῶντες 14 WH: ἢ τίς
κοινωνία RP: Τίς δὲ κοινωνία 15 WH: πιστῷ {WH}: πιστοῦ 16 WH: ἐσμὲν RP:
ἐστε // WH: μου RP: μοι

---

9 Ps 118:17–18 11 Ps 119:32 16 Lev 26:11–12; Ezek 37:27

17 διὸ ἐξέλθατε ἐκ μέσου αὐτῶν,
καὶ ἀφορίσθητε, λέγει Κύριος,
καὶ ἀκαθάρτου μὴ ἅπτεσθε·
κἀγὼ εἰσδέξομαι ὑμᾶς·
18 καὶ ἔσομαι ὑμῖν εἰς πατέρα,
καὶ ὑμεῖς ἔσεσθέ μοι εἰς υἱοὺς καὶ θυγατέρας,
λέγει Κύριος Παντοκράτωρ.

7 ταύτας οὖν ἔχοντες τὰς ἐπαγγελίας, ἀγαπητοί, καθαρί-
σωμεν ἑαυτοὺς ἀπὸ παντὸς μολυσμοῦ σαρκὸς καὶ πνεύμα-
τος, ἐπιτελοῦντες ἁγιωσύνην ἐν φόβῳ θεοῦ.

Paul's Joy at the Church's Repentance

2 Χωρήσατε ἡμᾶς· οὐδένα ἠδικήσαμεν, οὐδένα ἐφθείρα-
μεν, οὐδένα ἐπλεονεκτήσαμεν. 3 πρὸς κατάκρισιν οὐ λέγω,
προείρηκα γὰρ ὅτι ἐν ταῖς καρδίαις ἡμῶν ἐστὲ εἰς τὸ συναπο-
θανεῖν καὶ συνζῆν. 4 πολλή μοι παρρησία πρὸς ὑμᾶς, πολλή
μοι καύχησις ὑπὲρ ὑμῶν· πεπλήρωμαι τῇ παρακλήσει, ὑπερ-
περισσεύομαι τῇ χαρᾷ ἐπὶ πάσῃ τῇ θλίψει ἡμῶν.

5 Καὶ γὰρ ἐλθόντων ἡμῶν εἰς Μακεδονίαν οὐδεμίαν
ἔσχηκεν ἄνεσιν ἡ σὰρξ ἡμῶν, ἀλλ᾽ ἐν παντὶ θλιβόμενοι—
ἔξωθεν μάχαι, ἔσωθεν φόβοι—. 6 ἀλλ᾽ ὁ παρακαλῶν τοὺς
ταπεινοὺς παρεκάλεσεν ἡμᾶς ὁ θεὸς ἐν τῇ παρουσίᾳ Τίτου·
7 οὐ μόνον δὲ ἐν τῇ παρουσίᾳ αὐτοῦ, ἀλλὰ καὶ ἐν τῇ παρα-
κλήσει ᾗ παρεκλήθη ἐφ᾽ ὑμῖν, ἀναγγέλλων ἡμῖν τὴν ὑμῶν
ἐπιπόθησιν, τὸν ὑμῶν ὀδυρμόν, τὸν ὑμῶν ζῆλον ὑπὲρ ἐμοῦ,
ὥστε με μᾶλλον χαρῆναι. 8 ὅτι εἰ καὶ ἐλύπησα ὑμᾶς ἐν τῇ
ἐπιστολῇ, οὐ μεταμέλομαι· εἰ καὶ μετεμελόμην, (βλέπω ὅτι
ἡ ἐπιστολὴ ἐκείνη εἰ καὶ πρὸς ὥραν ἐλύπησεν ὑμᾶς,) 9 νῦν
χαίρω, οὐχ ὅτι ἐλυπήθητε, ἀλλ᾽ ὅτι ἐλυπήθητε εἰς μετά-
νοιαν, ἐλυπήθητε γὰρ κατὰ θεόν, ἵνα ἐν μηδενὶ ζημιωθῆτε

7:3 WH: πρὸς κατάκρισιν οὐ RP: Οὐ πρὸς κατάκρισιν 8 {WH}: *βλέπω* //
[NA]/RP: add γὰρ after βλέπω

---

17 Isa 52:11; Jer 51:45; Ezek 20:33–34, 41 18 2 Sam 7:8, 14; Hos 1:10; Isa 43:6; Amos
4:13 LXX

ἐξ ἡμῶν. 10 ἡ γὰρ κατὰ θεὸν λύπη μετάνοιαν εἰς σωτηρίαν ἀμεταμέλητον ἐργάζεται· ἡ δὲ τοῦ κόσμου λύπη θάνατον κατεργάζεται. 11 ἰδοὺ γὰρ αὐτὸ τοῦτο τὸ κατὰ θεὸν λυπηθῆναι πόσην κατειργάσατο ὑμῖν σπουδήν, ἀλλὰ ἀπολογίαν, ἀλλὰ ἀγανάκτησιν, ἀλλὰ φόβον, ἀλλὰ ἐπιπόθησιν, ἀλλὰ ζῆλον, ἀλλὰ ἐκδίκησιν· ἐν παντὶ συνεστήσατε ἑαυτοὺς ἁγνοὺς εἶναι τῷ πράγματι. 12 ἄρα εἰ καὶ ἔγραψα ὑμῖν, οὐχ ἕνεκεν τοῦ ἀδικήσαντος, [ἀλλ'] οὐδὲ ἕνεκεν τοῦ ἀδικηθέντος, ἀλλ' ἕνεκεν τοῦ φανερωθῆναι τὴν σπουδὴν ὑμῶν τὴν ὑπὲρ ἡμῶν πρὸς ὑμᾶς ἐνώπιον τοῦ θεοῦ. 13 διὰ τοῦτο παρακεκλήμεθα.

Ἐπὶ δὲ τῇ παρακλήσει ἡμῶν περισσοτέρως μᾶλλον ἐχάρημεν ἐπὶ τῇ χαρᾷ Τίτου, ὅτι ἀναπέπαυται τὸ πνεῦμα αὐτοῦ ἀπὸ πάντων ὑμῶν· 14 ὅτι εἴ τι αὐτῷ ὑπὲρ ὑμῶν κεκαύχημαι, οὐ κατῃσχύνθην, ἀλλ' ὡς πάντα ἐν ἀληθείᾳ ἐλαλήσαμεν ὑμῖν, οὕτως καὶ ἡ καύχησις ἡμῶν ἐπὶ Τίτου ἀλήθεια ἐγενήθη. 15 καὶ τὰ σπλάγχνα αὐτοῦ περισσοτέρως εἰς ὑμᾶς ἐστιν ἀναμιμνῃσκομένου τὴν πάντων ὑμῶν ὑπακοήν, ὡς μετὰ φόβου καὶ τρόμου ἐδέξασθε αὐτόν. 16 Χαίρω ὅτι ἐν παντὶ θαρρῶ ἐν ὑμῖν.

Generosity Encouraged

8 Γνωρίζομεν δὲ ὑμῖν, ἀδελφοί, τὴν χάριν τοῦ θεοῦ τὴν δεδομένην ἐν ταῖς ἐκκλησίαις τῆς Μακεδονίας, 2 ὅτι ἐν πολλῇ δοκιμῇ θλίψεως ἡ περισσεία τῆς χαρᾶς αὐτῶν καὶ ἡ κατὰ βάθους πτωχεία αὐτῶν ἐπερίσσευσεν εἰς τὸ πλοῦτος τῆς ἁπλότητος αὐτῶν· 3 ὅτι κατὰ δύναμιν, μαρτυρῶ, καὶ παρὰ δύναμιν, αὐθαίρετοι 4 μετὰ πολλῆς παρακλήσεως δεόμενοι ἡμῶν, τὴν χάριν καὶ τὴν κοινωνίαν τῆς διακονίας τῆς εἰς τοὺς ἁγίους,—5 καὶ οὐ καθὼς ἠλπίσαμεν ἀλλ' ἑαυτοὺς ἔδωκαν πρῶτον τῷ κυρίῳ καὶ ἡμῖν διὰ θελήματος

---

10 WH: ἐργάζεται RP: κατεργάζεται 11 RP: *add* ὑμᾶς *after* λυπηθῆναι // RP: *add* ἐν *after* εἶναι 12 WH: [ἀλλ'] NA/RP: *omit* [ἀλλ'] 13 WH: ἡμῶν RP: ὑμῶν 14 {WH}/NA/RP: *add* ἡ *after* καύχησις ἡμῶν
8:2 WH: τὸ πλοῦτος RP: τὸν πλοῦτον 3 WH: παρὰ RP: ὑπὲρ

θεοῦ, 6 εἰς τὸ παρακαλέσαι ἡμᾶς Τίτον ἵνα καθὼς προενήρ-
ξατο οὕτως καὶ ἐπιτελέσῃ εἰς ὑμᾶς καὶ τὴν χάριν ταύτην·
7 ἀλλ᾽ ὥσπερ ἐν παντὶ περισσεύετε, πίστει καὶ λόγῳ καὶ
γνώσει καὶ πάσῃ σπουδῇ καὶ τῇ ἐξ ἡμῶν ἐν ὑμῖν ἀγάπῃ, ἵνα
καὶ ἐν ταύτῃ τῇ χάριτι περισσεύητε.

8 Οὐ κατ᾽ ἐπιταγὴν λέγω, ἀλλὰ διὰ τῆς ἑτέρων σπουδῆς
καὶ τὸ τῆς ὑμετέρας ἀγάπης γνήσιον δοκιμάζων· 9 γινώσκε-
τε γὰρ τὴν χάριν τοῦ κυρίου ἡμῶν Ἰησοῦ [Χριστοῦ], ὅτι δι᾽
ὑμᾶς ἐπτώχευσεν πλούσιος ὤν, ἵνα ὑμεῖς τῇ ἐκείνου πτω-
χείᾳ πλουτήσητε. 10 καὶ γνώμην ἐν τούτῳ δίδωμι· τοῦτο
γὰρ ὑμῖν συμφέρει, οἵτινες οὐ μόνον τὸ ποιῆσαι ἀλλὰ καὶ
τὸ θέλειν προενήρξασθε ἀπὸ πέρυσι· 11 νυνὶ δὲ καὶ τὸ ποιῆ-
σαι ἐπιτελέσατε, ὅπως καθάπερ ἡ προθυμία τοῦ θέλειν
οὕτως καὶ τὸ ἐπιτελέσαι ἐκ τοῦ ἔχειν. 12 εἰ γὰρ ἡ προθυμία
πρόκειται, καθὸ ἐὰν ἔχῃ εὐπρόσδεκτος, οὐ καθὸ οὐκ ἔχει.
13 οὐ γὰρ ἵνα ἄλλοις ἄνεσις, ὑμῖν θλῖψις· ἀλλ᾽ ἐξ ἰσότητος
14 ἐν τῷ νῦν καιρῷ τὸ ὑμῶν περίσσευμα εἰς τὸ ἐκείνων
ὑστέρημα, ἵνα καὶ τὸ ἐκείνων περίσσευμα γένηται εἰς τὸ
ὑμῶν ὑστέρημα, ὅπως γένηται ἰσότης· 15 καθὼς γέγραπται
**Ὁ τὸ πολὺ οὐκ ἐπλεόνασεν, καὶ ὁ τὸ ὀλίγον οὐκ ἠλαττόνη-
σεν.**

Titus Sent to Receive the Collection

16 Χάρις δὲ τῷ θεῷ τῷ διδόντι τὴν αὐτὴν σπουδὴν ὑπὲρ
ὑμῶν ἐν τῇ καρδίᾳ Τίτου, 17 ὅτι τὴν μὲν παράκλησιν ἐδέ-
ξατο, σπουδαιότερος δὲ ὑπάρχων αὐθαίρετος ἐξῆλθεν πρὸς
ὑμᾶς. 18 συνεπέμψαμεν δὲ μετ᾽ αὐτοῦ τὸν ἀδελφὸν οὗ ὁ
ἔπαινος ἐν τῷ εὐαγγελίῳ διὰ πασῶν τῶν ἐκκλησιῶν,—19 οὐ
μόνον δὲ ἀλλὰ καὶ χειροτονηθεὶς ὑπὸ τῶν ἐκκλησιῶν

---

7 WH: ἡμῶν ἐν ὑμῖν {WH}/RP: ἐξ ὑμῶν ἐν ἡμῖν 9 WH: [Χριστοῦ] NA/RP:
Χριστοῦ 12 RP: *add* τις *after* ἔχῃ 13 WH: θλῖψις· ἀλλ᾽ ἐξ ἰσότητος {WH}/NA:
θλῖψις, ἀλλ᾽ ἐξ ἰσότητος· 13–14 RP: *end v. 13 after* ὑστέρημα 16 WH: διδόντι NA:
δόντι

8:15 Exod 16:18

συνέκδημος ἡμῶν ἐν τῇ χάριτι ταύτῃ τῇ διακονουμένῃ ὑφ᾽ ἡμῶν πρὸς τὴν τοῦ κυρίου δόξαν καὶ προθυμίαν ἡμῶν,— 20 στελλόμενοι τοῦτο μή τις ἡμᾶς μωμήσηται ἐν τῇ ἁδρότητι ταύτῃ τῇ διακονουμένῃ ὑφ᾽ ἡμῶν, 21 **προνοοῦμεν** γὰρ **καλὰ** οὐ μόνον **ἐνώπιον Κυρίου** ἀλλὰ **καὶ** ἐνώπιον **ἀνθρώπων.** 22 συνεπέμψαμεν δὲ αὐτοῖς τὸν ἀδελφὸν ἡμῶν ὃν ἐδοκιμάσαμεν ἐν πολλοῖς πολλάκις σπουδαῖον ὄντα, νυνὶ δὲ πολὺ σπουδαιότερον πεποιθήσει πολλῇ τῇ εἰς ὑμᾶς. 23 εἴτε ὑπὲρ Τίτου, κοινωνὸς ἐμὸς καὶ εἰς ὑμᾶς συνεργός· εἴτε ἀδελφοὶ ἡμῶν, ἀπόστολοι ἐκκλησιῶν, δόξα Χριστοῦ. 24 Τὴν οὖν ἔνδειξιν τῆς ἀγάπης ὑμῶν καὶ ἡμῶν καυχήσεως ὑπὲρ ὑμῶν εἰς αὐτοὺς ἐνδείξασθε εἰς πρόσωπον τῶν ἐκκλησιῶν.

Help for the Christians in Jerusalem

9 Περὶ μὲν γὰρ τῆς διακονίας τῆς εἰς τοὺς ἁγίους περισσόν μοί ἐστιν τὸ γράφειν ὑμῖν, 2 οἶδα γὰρ τὴν προθυμίαν ὑμῶν ἣν ὑπὲρ ὑμῶν καυχῶμαι Μακεδόσιν ὅτι Ἀχαΐα παρεσκεύασται ἀπὸ πέρυσι, καὶ τὸ ὑμῶν ζῆλος ἠρέθισε τοὺς πλείονας. 3 ἔπεμψα δὲ τοὺς ἀδελφούς, ἵνα μὴ τὸ καύχημα ἡμῶν τὸ ὑπὲρ ὑμῶν κενωθῇ ἐν τῷ μέρει τούτῳ, ἵνα καθὼς ἔλεγον παρεσκευασμένοι ἦτε, 4 μή πως ἐὰν ἔλθωσιν σὺν ἐμοὶ Μακεδόνες καὶ εὕρωσιν ὑμᾶς ἀπαρασκευάστους καταισχυνθῶμεν ἡμεῖς, ἵνα μὴ λέγωμεν ὑμεῖς, ἐν τῇ ὑποστάσει ταύτῃ. 5 ἀναγκαῖον οὖν ἡγησάμην παρακαλέσαι τοὺς ἀδελφοὺς ἵνα προέλθωσιν εἰς ὑμᾶς καὶ προκαταρτίσωσι τὴν προεπηγγελμένην εὐλογίαν ὑμῶν, ταύτην ἑτοίμην εἶναι οὕτως ὡς εὐλογίαν καὶ μὴ ὡς πλεονεξίαν.

---

19 WH: ἐν NA/RP: σὺν // [NA]/RP: *add* αὐτοῦ *after* πρὸς τὴν 21 WH: προνοοῦμεν γὰρ RP: προνοούμενοι 24 WH: ἐνδείξασθε {WH}/NA: ἐνδεικνύμενοι 9:2 WH: τὸ RP: ὁ ἐξ 4 WH: λέγωμεν NA: λέγω // WH: μή πως RP: μήπως // RP: *add* τῆς καυχήσεως *after* ταύτῃ 5 WH: προεπηγγελμένην RP: προκατηγγελμένην

21 Prov 3:4 LXX

Generosity Encouraged

6 Τοῦτο δέ, ὁ σπείρων φειδομένως φειδομένως καὶ θερί-
σει, καὶ ὁ σπείρων ἐπ' εὐλογίαις ἐπ' εὐλογίαις καὶ θερίσει.
7 ἕκαστος καθὼς προῄρηται τῇ καρδίᾳ, μὴ ἐκ λύπης ἢ ἐξ
ἀνάγκης, ἱλαρὸν γὰρ δότην ἀγαπᾷ ὁ θεός. 8 δυνατεῖ δὲ ὁ
θεὸς πᾶσαν χάριν περισσεῦσαι εἰς ὑμᾶς, ἵνα ἐν παντὶ πάν-
τοτε πᾶσαν αὐτάρκειαν ἔχοντες περισσεύητε εἰς πᾶν ἔργον
ἀγαθόν· 9 (καθὼς γέγραπται

Ἐσκόρπισεν, ἔδωκεν τοῖς πένησιν,
ἡ δικαιοσύνη αὐτοῦ μένει εἰς τὸν αἰῶνα·

10 ὁ δὲ ἐπιχορηγῶν σπέρμα τῷ σπείροντι καὶ ἄρτον εἰς
βρῶσιν χορηγήσει καὶ πληθυνεῖ τὸν σπόρον ὑμῶν καὶ
αὐξήσει τὰ γενήματα τῆς δικαιοσύνης ὑμῶν·) 11 ἐν παντὶ
πλουτιζόμενοι εἰς πᾶσαν ἁπλότητα, ἥτις κατεργάζεται δι'
ἡμῶν εὐχαριστίαν τῷ θεῷ,—12 ὅτι ἡ διακονία τῆς λειτουρ-
γίας ταύτης οὐ μόνον ἐστὶν προσαναπληροῦσα τὰ ὑστε-
ρήματα τῶν ἁγίων, ἀλλὰ καὶ περισσεύουσα διὰ πολλῶν
εὐχαριστιῶν τῷ θεῷ,—13 διὰ τῆς δοκιμῆς τῆς διακονίας
ταύτης δοξάζοντες τὸν θεὸν ἐπὶ τῇ ὑποταγῇ τῆς ὁμολογίας
ὑμῶν εἰς τὸ εὐαγγέλιον τοῦ χριστοῦ καὶ ἁπλότητι τῆς
κοινωνίας εἰς αὐτοὺς καὶ εἰς πάντας, 14 καὶ αὐτῶν δεήσει
ὑπὲρ ὑμῶν ἐπιποθούντων ὑμᾶς διὰ τὴν ὑπερβάλλουσαν
χάριν τοῦ θεοῦ ἐφ' ὑμῖν. 15 Χάρις τῷ θεῷ ἐπὶ τῇ ἀνεκδιη-
γήτῳ αὐτοῦ δωρεᾷ.

Paul Defends His Ministry

10 Αὐτὸς δὲ ἐγὼ Παῦλος παρακαλῶ ὑμᾶς διὰ τῆς πραΰτη-
τος καὶ ἐπιεικίας τοῦ χριστοῦ, ὃς κατὰ πρόσωπον μὲν
ταπεινὸς ἐν ὑμῖν, ἀπὼν δὲ θαρρῶ εἰς ὑμᾶς· 2 δέομαι δὲ τὸ μὴ

---

7 WH: προῄρηται RP: προαιρεῖται 8 WH: δυνατεῖ RP: Δυνατὸς 10 WH: σπέρμα
NA: σπόρον // WH: χορηγήσει καὶ πληθυνεῖ RP: χορηγήσαι καὶ πληθύναι //
WH: αὐξήσει RP: αὐξήσαι 11 WH: τῷ θεῷ {WH}: θεοῦ 15 RP: add δὲ after Χάρις
10:1 WH: πραΰτητος RP: πραότητος

9:7 Prov 22:8 LXX 9 Ps 112:9 10 Hos 10:12; Isa 55:10

παρὼν θαρρῆσαι τῇ πεποιθήσει ᾗ λογίζομαι τολμῆσαι ἐπί τινας τοὺς λογιζομένους ἡμᾶς ὡς κατὰ σάρκα περιπατοῦντας. 3 Ἐν σαρκὶ γὰρ περιπατοῦντες οὐ κατὰ σάρκα στρατευόμεθα,—4 τὰ γὰρ ὅπλα τῆς στρατείας ἡμῶν οὐ σαρκικὰ ἀλλὰ δυνατὰ τῷ θεῷ πρὸς καθαίρεσιν ὀχυρωμάτων,—5 λογισμοὺς καθαιροῦντες καὶ πᾶν ὕψωμα ἐπαιρόμενον κατὰ τῆς γνώσεως τοῦ θεοῦ, καὶ αἰχμαλωτίζοντες πᾶν νόημα εἰς τὴν ὑπακοὴν τοῦ χριστοῦ, 6 καὶ ἐν ἑτοίμῳ ἔχοντες ἐκδικῆσαι πᾶσαν παρακοήν, ὅταν πληρωθῇ ὑμῶν ἡ ὑπακοή. 7 Τὰ κατὰ πρόσωπον βλέπετε. εἴ τις πέποιθεν ἑαυτῷ Χριστοῦ εἶναι, τοῦτο λογιζέσθω πάλιν ἐφ' ἑαυτοῦ ὅτι καθὼς αὐτὸς Χριστοῦ οὕτως καὶ ἡμεῖς. 8 ἐάν τε γὰρ περισσότερόν τι καυχήσωμαι περὶ τῆς ἐξουσίας ἡμῶν, ἧς ἔδωκεν ὁ κύριος εἰς οἰκοδομὴν καὶ οὐκ εἰς καθαίρεσιν ὑμῶν, οὐκ αἰσχυνθήσομαι, 9 ἵνα μὴ δόξω ὡς ἂν ἐκφοβεῖν ὑμᾶς διὰ τῶν ἐπιστολῶν· 10 ὅτι   Αἱ ἐπιστολαὶ μέν, φησίν, βαρεῖαι καὶ ἰσχυραί, ἡ δὲ παρουσία τοῦ σώματος ἀσθενὴς καὶ ὁ λόγος ἐξουθενημένος. 11 τοῦτο λογιζέσθω ὁ τοιοῦτος, ὅτι οἷοί ἐσμεν τῷ λόγῳ δι' ἐπιστολῶν ἀπόντες, τοιοῦτοι καὶ παρόντες τῷ ἔργῳ. 12 Οὐ γὰρ τολμῶμεν ἐνκρῖναι ἢ συνκρῖναι ἑαυτούς τισιν τῶν ἑαυτοὺς συνιστανόντων· ἀλλὰ αὐτοὶ ἐν ἑαυτοῖς ἑαυτοὺς μετροῦντες καὶ συνκρίνοντες ἑαυτοὺς ἑαυτοῖς οὐ συνιᾶσιν. 13 ἡμεῖς δὲ οὐκ εἰς τὰ ἄμετρα καυχησόμεθα, ἀλλὰ κατὰ τὸ μέτρον τοῦ κανόνος οὗ ἐμέρισεν ἡμῖν ὁ θεὸς μέτρου, ἐφικέσθαι ἄχρι καὶ ὑμῶν·—14 οὐ γὰρ ὡς μὴ ἐφικνούμενοι εἰς ὑμᾶς ὑπερεκτείνομεν ἑαυτούς, ἄχρι γὰρ καὶ ὑμῶν ἐφθάσαμεν ἐν τῷ εὐαγγελίῳ τοῦ χριστοῦ·—15 οὐκ εἰς τὰ ἄμετρα καυχώμενοι ἐν ἀλλοτρίοις κόποις, ἐλπίδα δὲ ἔχοντες αὐξανομένης τῆς πίστεως ὑμῶν ἐν ὑμῖν μεγαλυνθῆναι κατὰ τὸν κανόνα ἡμῶν εἰς περισσείαν, 16 εἰς τὰ

---

7 WH: ἐφ' RP: ἀφ' // RP: add χριστοῦ after ἡμεῖς 8 WH: ἐάν τε {WH}: ἐὰν NA: ἐάν [τε] // RP: add καὶ after γὰρ // RP: add ἡμῖν after κύριος 10 WH: φησίν {WH}: φασίν // WH: ἐπιστολαὶ μέν RP: μὲν ἐπιστολαί 12 WH: συνιᾶσιν RP: συνιοῦσιν 13 WH: οὐκ RP: οὐχὶ 14 WH: οὐ γὰρ ὡς μὴ . . . ἑαυτούς, {WH}: ὡς γὰρ μὴ . . . ἑαυτούς;

ὑπερέκεινα ὑμῶν εὐαγγελίσασθαι, οὐκ ἐν ἀλλοτρίῳ κανόνι εἰς τὰ ἕτοιμα καυχήσασθαι. 17 Ὁ δὲ **καυχώμενος ἐν Κυρίῳ καυχάσθω·** 18 οὐ γὰρ ὁ ἑαυτὸν συνιστάνων, ἐκεῖνός ἐστιν δόκιμος, ἀλλὰ ὃν ὁ κύριος συνίστησιν.

Paul and the False Apostles

11 Ὄφελον ἀνείχεσθέ μου μικρόν τι ἀφροσύνης· ἀλλὰ καὶ ἀνέχεσθέ μου. 2 ζηλῶ γὰρ ὑμᾶς θεοῦ ζήλῳ, ἡρμοσάμην γὰρ ὑμᾶς ἑνὶ ἀνδρὶ παρθένον ἁγνὴν παραστῆσαι τῷ χριστῷ· 3 φοβοῦμαι δὲ μή πως, ὡς ὁ **ὄφις ἐξηπάτησεν** Εὔαν ἐν τῇ πανουργίᾳ αὐτοῦ, φθαρῇ τὰ νοήματα ὑμῶν ἀπὸ τῆς ἁπλότητος [καὶ τῆς ἁγνότητος] τῆς εἰς τὸν χριστόν. 4 εἰ μὲν γὰρ ὁ ἐρχόμενος ἄλλον Ἰησοῦν κηρύσσει ὃν οὐκ ἐκηρύξαμεν, ἢ πνεῦμα ἕτερον λαμβάνετε ὃ οὐκ ἐλάβετε, ἢ εὐαγγέλιον ἕτερον ὃ οὐκ ἐδέξασθε, καλῶς ἀνέχεσθε. 5 λογίζομαι γὰρ μηδὲν ὑστερηκέναι τῶν ὑπερλίαν ἀποστόλων· 6 εἰ δὲ καὶ ἰδιώτης τῷ λόγῳ, ἀλλ᾽ οὐ τῇ γνώσει, ἀλλ᾽ ἐν παντὶ φανερώσαντες ἐν πᾶσιν εἰς ὑμᾶς.

7 Ἢ ἁμαρτίαν ἐποίησα ἐμαυτὸν ταπεινῶν ἵνα ὑμεῖς ὑψωθῆτε, ὅτι δωρεὰν τὸ τοῦ θεοῦ εὐαγγέλιον εὐηγγελισάμην ὑμῖν; 8 ἄλλας ἐκκλησίας ἐσύλησα λαβὼν ὀψώνιον πρὸς τὴν ὑμῶν διακονίαν, 9 καὶ παρὼν πρὸς ὑμᾶς καὶ ὑστερηθεὶς οὐ κατενάρκησα οὐθενός· τὸ γὰρ ὑστέρημά μου προσανεπλήρωσαν οἱ ἀδελφοὶ ἐλθόντες ἀπὸ Μακεδονίας· καὶ ἐν παντὶ ἀβαρῆ ἐμαυτὸν ὑμῖν ἐτήρησα καὶ τηρήσω. 10 ἔστιν ἀλήθεια Χριστοῦ ἐν ἐμοὶ ὅτι ἡ καύχησις αὕτη οὐ

---

18 WH: συνιστάνων RP: συνιστῶν
11:1 WH: μικρόν τι ἀφροσύνης RP: μικρὸν τῇ ἀφροσύνῃ 3 WH: μή πως RP: μήπως // WH: ἐξηπάτησεν Εὔαν RP: Εὔαν ἐξηπάτησεν // RP: add οὕτως before φθαρῇ // RP: omit [καὶ τῆς ἁγνότητος] 4 WH: ἀνέχεσθε {WH}: ἀνείχεσθε // ἠνείχεσθε 5 WH: ὑπερλίαν RP: ὑπὲρ λίαν 6 WH: φανερώσαντες RP: φανερωθέντες 9 WH: οὐθενός RP: οὐδενός // WH: ἐμαυτὸν ὑμῖν RP: ὑμῖν ἐμαυτὸν

10:17 Jer 9:24 11:3 Gen 3:13

φραγήσεται εἰς ἐμὲ ἐν τοῖς κλίμασι τῆς Ἀχαίας. 11 διὰ τί; ὅτι οὐκ ἀγαπῶ ὑμᾶς; ὁ θεὸς οἶδεν. 12 Ὃ δὲ ποιῶ καὶ ποιήσω, ἵνα ἐκκόψω τὴν ἀφορμὴν τῶν θελόντων ἀφορμήν, ἵνα ἐν ᾧ καυχῶνται εὑρεθῶσιν καθὼς καὶ ἡμεῖς. 13 οἱ γὰρ τοιοῦτοι ψευδαπόστολοι, ἐργάται δόλιοι, μετασχηματιζόμενοι εἰς ἀποστόλους Χριστοῦ· 14 καὶ οὐ θαῦμα, αὐτὸς γὰρ ὁ Σατανᾶς μετασχηματίζεται εἰς ἄγγελον φωτός· 15 οὐ μέγα οὖν εἰ καὶ οἱ διάκονοι αὐτοῦ μετασχηματίζονται ὡς διάκονοι δικαιοσύνης, ὧν τὸ τέλος ἔσται κατὰ τὰ ἔργα αὐτῶν.

Paul's Sufferings as Christ's Apostle

16 Πάλιν λέγω, μή τίς με δόξῃ ἄφρονα εἶναι·—εἰ δὲ μήγε, κἂν ὡς ἄφρονα δέξασθέ με, ἵνα κἀγὼ μικρόν τι καυχήσωμαι· 17 ὃ λαλῶ οὐ κατὰ κύριον λαλῶ, ἀλλ᾽ ὡς ἐν ἀφροσύνῃ, ἐν ταύτῃ τῇ ὑποστάσει τῆς καυχήσεως. 18 ἐπεὶ πολλοὶ καυχῶνται κατὰ [τὴν] σάρκα, κἀγὼ καυχήσομαι. 19 ἡδέως γὰρ ἀνέχεσθε τῶν ἀφρόνων φρόνιμοι ὄντες· 20 ἀνέχεσθε γὰρ εἴ τις ὑμᾶς καταδουλοῖ, εἴ τις κατεσθίει, εἴ τις λαμβάνει, εἴ τις ἐπαίρεται, εἴ τις εἰς πρόσωπον ὑμᾶς δέρει. 21 κατὰ ἀτιμίαν λέγω, ὡς ὅτι ἡμεῖς ἠσθενήκαμεν· ἐν ᾧ δ᾽ ἄν τις τολμᾷ, ἐν ἀφροσύνῃ λέγω, τολμῶ κἀγώ. 22 Ἑβραῖοί εἰσιν; κἀγώ. Ἰσραηλεῖταί εἰσιν; κἀγώ. σπέρμα Ἀβραάμ εἰσιν; κἀγώ. 23 διάκονοι Χριστοῦ εἰσίν; παραφρονῶν λαλῶ, ὕπερ ἐγώ· ἐν κόποις περισσοτέρως, ἐν φυλακαῖς περισσοτέρως, ἐν πληγαῖς ὑπερβαλλόντως, ἐν θανάτοις πολλάκις· 24 ὑπὸ Ἰουδαίων πεντάκις τεσσεράκοντα παρὰ μίαν ἔλαβον, 25 τρὶς ἐραβδίσθην, ἅπαξ ἐλιθάσθην, τρὶς ἐναυάγησα, νυχθήμερον ἐν τῷ βυθῷ πεποίηκα· 26 ὁδοιπορίαις πολλάκις, κινδύνοις ποταμῶν, κινδύνοις λῃστῶν, κινδύνοις ἐκ γέ-

---

14 WH: θαῦμα RP: θαυμαστόν 16 WH: μήγε NA: μή γε 17 WH: κατὰ κύριον λαλῶ RP: λαλῶ κατὰ κύριον 18 WH: [τὴν] NA: omit [τὴν] RP: τὴν 20 WH: εἰς πρόσωπον ὑμᾶς RP: ὑμᾶς εἰς πρόσωπον 21 WH: ἠσθενήκαμεν RP: ἠσθενήσαμεν 23 WH: ἐν φυλακαῖς περισσοτέρως, ἐν πληγαῖς ὑπερβαλλόντως RP: ἐν πληγαῖς ὑπερβαλλόντως, ἐν φυλακαῖς περισσοτέρως 25 WH: ἐραβδίσθην NA: ἐρραβδίσθην

νους, κινδύνοις ἐξ ἐθνῶν, κινδύνοις ἐν πόλει, κινδύνοις ἐν
ἐρημίᾳ, κινδύνοις ἐν θαλάσσῃ, κινδύνοις ἐν ψευδαδέλφοις,
27 κόπῳ καὶ μόχθῳ, ἐν ἀγρυπνίαις πολλάκις, ἐν λιμῷ καὶ
δίψει, ἐν νηστείαις πολλάκις, ἐν ψύχει καὶ γυμνότητι·
28 χωρὶς τῶν παρεκτὸς ἡ ἐπίστασίς μοι ἡ καθ᾽ ἡμέραν, ἡ
μέριμνα πασῶν τῶν ἐκκλησιῶν. 29 τίς ἀσθενεῖ, καὶ οὐκ
ἀσθενῶ; τίς σκανδαλίζεται, καὶ οὐκ ἐγὼ πυροῦμαι; 30 εἰ
καυχᾶσθαι δεῖ, τὰ τῆς ἀσθενείας [μου] καυχήσομαι. 31 ὁ
θεὸς καὶ πατὴρ τοῦ κυρίου Ἰησοῦ οἶδεν, ὁ ὢν εὐλογητὸς εἰς
τοὺς αἰῶνας, ὅτι οὐ ψεύδομαι. 32 ἐν Δαμασκῷ ὁ ἐθνάρχης
Ἁρέτα τοῦ βασιλέως ἐφρούρει τὴν πόλιν Δαμασκηνῶν πιά-
σαι με, 33 καὶ διὰ θυρίδος ἐν σαργάνῃ ἐχαλάσθην διὰ τοῦ
τείχους καὶ ἐξέφυγον τὰς χεῖρας αὐτοῦ.

Paul's Vision and His Thorn

12 Καυχᾶσθαι δεῖ· οὐ συμφέρον μέν, ἐλεύσομαι δὲ εἰς ὀπ-
τασίας καὶ ἀποκαλύψεις Κυρίου. 2 οἶδα ἄνθρωπον ἐν
Χριστῷ πρὸ ἐτῶν δεκατεσσάρων,—εἴτε ἐν σώματι οὐκ οἶδα,
εἴτε ἐκτὸς τοῦ σώματος οὐκ οἶδα, ὁ θεὸς οἶδεν,—ἁρπαγέντα
τὸν τοιοῦτον ἕως τρίτου οὐρανοῦ. 3 καὶ οἶδα τὸν τοιοῦτον
ἄνθρωπον,—εἴτε ἐν σώματι εἴτε χωρὶς τοῦ σώματος [Οὐκ
οἶδα,] ὁ θεὸς οἶδεν,—4 ὅτι ἡρπάγη εἰς τὸν παράδεισον καὶ
ἤκουσεν ἄρρητα ῥήματα ἃ οὐκ ἐξὸν ἀνθρώπῳ λαλῆσαι.
5 ὑπὲρ τοῦ τοιούτου καυχήσομαι, ὑπὲρ δὲ ἐμαυτοῦ οὐ καυ-
χήσομαι εἰ μὴ ἐν ταῖς ἀσθενείαις. 6 ἐὰν γὰρ θελήσω καυχή-
σασθαι, οὐκ ἔσομαι ἄφρων, ἀλήθειαν γὰρ ἐρῶ· φείδομαι δέ,
μή τις εἰς ἐμὲ λογίσηται ὑπὲρ ὃ βλέπει με ἢ ἀκούει ἐξ ἐμοῦ,
7 καὶ τῇ ὑπερβολῇ τῶν ἀποκαλύψεων. διὸ ἵνα μὴ ὑπεραί-
ρωμαι, ἐδόθη μοι σκόλοψ τῇ σαρκί, ἄγγελος Σατανᾶ, ἵνα με

27 RP: *add* ἐν *before* κόπῳ 28 WH: ἐπίστασίς μοι RP: ἐπισύστασίς μου 30 WH:
[μου] NA/RP: μου 31 RP: *add* χριστοῦ *after* Ἰησοῦ 32 WH: πόλιν Δαμασκηνῶν
RP: Δαμασκηνῶν πόλιν // RP: *add* θέλων *after* με
12:1 WH: δεῖ· οὐ {WH}: δὲ οὐ RP: δὴ οὐ // WH: συμφέρον μέν RP: συμφέρει μοι
// WH: δὲ RP: γὰρ 3 WH: χωρὶς RP: ἐκτὸς // WH: [οὐκ οἶδα,] NA/RP: οὐκ οἶδα,
5 RP: *add* μου *after* ἀσθενείαις 6 [NA]/RP: *add* τι *after* ἀκούει 6–7 {WH}: *ἐμοῦ,
⁷ καὶ . . . ὑπεραίρωμαι.* 7 RP: *omit* διὸ

κολαφίζῃ, ἵνα μὴ ὑπεραίρωμαι. 8 ὑπὲρ τούτου τρὶς τὸν κύριον παρεκάλεσα ἵνα ἀποστῇ ἀπ᾽ ἐμοῦ· 9 καὶ εἴρηκέν μοι Ἀρκεῖ σοι ἡ χάρις μου· ἡ γὰρ δύναμις ἐν ἀσθενείᾳ τελεῖται. Ἥδιστα οὖν μᾶλλον καυχήσομαι ἐν ταῖς ἀσθενείαις, ἵνα ἐπισκηνώσῃ ἐπ᾽ ἐμὲ ἡ δύναμις τοῦ χριστοῦ. 10 διὸ εὐδοκῶ ἐν ἀσθενείαις, ἐν ὕβρεσιν, ἐν ἀνάγκαις, ἐν διωγμοῖς καὶ στενοχωρίαις, ὑπὲρ Χριστοῦ· ὅταν γὰρ ἀσθενῶ, τότε δυνατός εἰμι.

Paul's Concern for the Corinthians

11 Γέγονα ἄφρων· ὑμεῖς με ἠναγκάσατε· ἐγὼ γὰρ ὤφειλον ὑφ᾽ ὑμῶν συνίστασθαι. οὐδὲν γὰρ ὑστέρησα τῶν ὑπερλίαν ἀποστόλων, εἰ καὶ οὐδέν εἰμι· 12 τὰ μὲν σημεῖα τοῦ ἀποστόλου κατειργάσθη ἐν ὑμῖν ἐν πάσῃ ὑπομονῇ, σημείοις [τε] καὶ τέρασιν καὶ δυνάμεσιν. 13 τί γάρ ἐστιν ὃ ἡσσώθητε ὑπὲρ τὰς λοιπὰς ἐκκλησίας, εἰ μὴ ὅτι αὐτὸς ἐγὼ οὐ κατενάρκησα ὑμῶν; χαρίσασθέ μοι τὴν ἀδικίαν ταύτην.

14 Ἰδοὺ τρίτον τοῦτο ἑτοίμως ἔχω ἐλθεῖν πρὸς ὑμᾶς, καὶ οὐ καταναρκήσω· οὐ γὰρ ζητῶ τὰ ὑμῶν ἀλλὰ ὑμᾶς, οὐ γὰρ ὀφείλει τὰ τέκνα τοῖς γονεῦσιν θησαυρίζειν, ἀλλὰ οἱ γονεῖς τοῖς τέκνοις. 15 ἐγὼ δὲ ἥδιστα δαπανήσω καὶ ἐκδαπανηθήσομαι ὑπὲρ τῶν ψυχῶν ὑμῶν. εἰ περισσοτέρως ὑμᾶς ἀγαπῶ, ἧσσον ἀγαπῶμαι; 16 Ἔστω δέ, ἐγὼ οὐ κατεβάρησα ὑμᾶς· ἀλλὰ ὑπάρχων πανοῦργος δόλῳ ὑμᾶς ἔλαβον. 17 μή τινα ὧν ἀπέσταλκα πρὸς ὑμᾶς, δι᾽ αὐτοῦ ἐπλεονέκτησα ὑμᾶς; 18 παρεκάλεσα Τίτον καὶ συναπέστειλα τὸν ἀδελφόν· μήτι ἐπλεονέκτησεν ὑμᾶς Τίτος; οὐ τῷ αὐτῷ πνεύματι περιεπατήσαμεν; οὐ τοῖς αὐτοῖς ἴχνεσιν;

9 NA/RP: *add* μου *after* δύναμις // WH: τελεῖται RP: τελειοῦται // NA/RP: *add* μου *after* ἀσθενείαις 10 WH: διωγμοῖς καὶ {WH}/RP: διωγμοῖς, ἐν 11 RP: *add* καυχώμενος *after* ἄφρων // WH: γὰρ {WH}: γάρ τι // WH: ὑπερλίαν RP: ὑπὲρ λίαν 12 RP: *add* ἐν *before* σημείοις // WH: [τε] NA: τε RP: *omit* [τε] 13 WH: ἡσσώθητε RP: ἡττήθητε 14 RP: *omit* τοῦτο // RP: *add* ὑμῶν *after* καταναρκήσω 15 RP: *add* καὶ *after* εἰ // WH: ἀγαπῶ NA: ἀγαπῶ[ν] RP: ἀγαπῶν // WH: ὑμῶν. εἰ . . . ἀγαπῶ, ἧσσον ἀγαπῶμαι; {WH}: ὑμῶν, εἰ . . . ἀγαπῶν ἧσσον ἀγαπῶμαι 18 WH: μήτι RP: μή τι

19 Πάλαι δοκεῖτε ὅτι ὑμῖν ἀπολογούμεθα; κατέναντι θεοῦ ἐν Χριστῷ λαλοῦμεν. τὰ δὲ πάντα, ἀγαπητοί, ὑπὲρ τῆς ὑμῶν οἰκοδομῆς, 20 φοβοῦμαι γὰρ μή πως ἐλθὼν οὐχ οἵους θέλω εὕρω ὑμᾶς, κἀγὼ εὑρεθῶ ὑμῖν οἷον οὐ θέλετε, μή πως ἔρις, ζῆλος, θυμοί, ἐριθίαι, καταλαλιαί, ψιθυρισμοί, φυσιώσεις, ἀκαταστασίαι· 21 μὴ πάλιν ἐλθόντος μου ταπεινώσῃ με ὁ θεός μου πρὸς ὑμᾶς, καὶ πενθήσω πολλοὺς τῶν προημαρτηκότων καὶ μὴ μετανοησάντων ἐπὶ τῇ ἀκαθαρσίᾳ καὶ πορνείᾳ καὶ ἀσελγείᾳ ᾗ ἔπραξαν.

Final Warnings

13 Τρίτον τοῦτο ἔρχομαι πρὸς ὑμᾶς· **ἐπὶ στόματος δύο μαρτύρων καὶ τριῶν σταθήσεται πᾶν ῥῆμα.** 2 προείρηκα καὶ προλέγω ὡς παρὼν τὸ δεύτερον καὶ ἀπὼν νῦν τοῖς προημαρτηκόσιν καὶ τοῖς λοιποῖς πᾶσιν, ὅτι ἐὰν ἔλθω εἰς τὸ πάλιν οὐ φείσομαι, 3 ἐπεὶ δοκιμὴν ζητεῖτε τοῦ ἐν ἐμοὶ λαλοῦντος χριστοῦ· ὃς εἰς ὑμᾶς οὐκ ἀσθενεῖ ἀλλὰ δυνατεῖ ἐν ὑμῖν, 4 καὶ γὰρ ἐσταυρώθη ἐξ ἀσθενείας, ἀλλὰ ζῇ ἐκ δυνάμεως θεοῦ. καὶ γὰρ ἡμεῖς ἀσθενοῦμεν ἐν αὐτῷ, ἀλλὰ ζήσομεν σὺν αὐτῷ ἐκ δυνάμεως θεοῦ [εἰς ὑμᾶς]. 5 Ἑαυτοὺς πειράζετε εἰ ἐστὲ ἐν τῇ πίστει, ἑαυτοὺς δοκιμάζετε· ἢ οὐκ ἐπιγινώσκετε ἑαυτοὺς ὅτι Ἰησοῦς Χριστὸς ἐν ὑμῖν; εἰ μήτι ἀδόκιμοί ἐστε. 6 ἐλπίζω δὲ ὅτι γνώσεσθε ὅτι ἡμεῖς οὐκ ἐσμὲν ἀδόκιμοι. 7 εὐχόμεθα δὲ πρὸς τὸν θεὸν μὴ ποιῆσαι ὑμᾶς κακὸν μηδέν, οὐχ ἵνα ἡμεῖς δόκιμοι φανῶμεν, ἀλλ' ἵνα ὑμεῖς τὸ καλὸν ποιῆτε, ἡμεῖς δὲ ὡς ἀδόκιμοι ὦμεν. 8 οὐ γὰρ δυνάμεθά τι κατὰ τῆς ἀληθείας, ἀλλὰ ὑπὲρ τῆς

---

19 WH: Πάλαι RP: Πάλιν // WH: κατέναντι RP: Κατενώπιον τοῦ 20 WH: μή πως RP: μήπως // WH: ἔρις RP: ἔρεις // WH: ζῆλος RP: ζῆλοι 21 WH: ἐλθόντος μου ταπεινώσῃ με RP: ἐλθόντα με ταπεινώσει

13:2 RP: *add* γράφω *after* νῦν 4 RP: *add* εἰ *after* γὰρ // WH: ζήσομεν RP: ζησόμεθα // WH: ἐν {WH}: σὺν // WH: [εἰς ὑμᾶς] NA/RP: εἰς ὑμᾶς 5 WH: Χριστὸς {WH}: Χριστὸς Ἰησοῦς // RP: *add* ἐστίν *after* ὑμῖν // WH: μήτι RP: μή τι 7 WH: εὐχόμεθα RP: Εὔχομαι

13:1 Deut 19:15

ἀληθείας. 9 χαίρομεν γὰρ ὅταν ἡμεῖς ἀσθενῶμεν, ὑμεῖς δὲ δυνατοὶ ἦτε· τοῦτο καὶ εὐχόμεθα, τὴν ὑμῶν κατάρτισιν. 10 Διὰ τοῦτο ταῦτα ἀπὼν γράφω, ἵνα παρὼν μὴ ἀποτόμως χρήσωμαι κατὰ τὴν ἐξουσίαν ἣν ὁ κύριος ἔδωκέν μοι, εἰς οἰκοδομὴν καὶ οὐκ εἰς καθαίρεσιν.

Final Greetings

11 Λοιπόν, ἀδελφοί, χαίρετε, καταρτίζεσθε, παρακαλεῖσθε, τὸ αὐτὸ φρονεῖτε, εἰρηνεύετε, καὶ ὁ θεὸς τῆς ἀγάπης καὶ εἰρήνης ἔσται μεθ' ὑμῶν. 12 Ἀσπάσασθε ἀλλήλους ἐν ἁγίῳ φιλήματι. Ἀσπάζονται ὑμᾶς οἱ ἅγιοι πάντες.

13 Ἡ χάρις τοῦ κυρίου Ἰησοῦ [Χριστοῦ] καὶ ἡ ἀγάπη τοῦ θεοῦ καὶ ἡ κοινωνία τοῦ ἁγίου πνεύματος μετὰ πάντων ὑμῶν.

---

9 RP: *add* δὲ *after* τοῦτο 10 WH: ὁ κύριος ἔδωκέν μοι RP: ἔδωκέν μοι ὁ κύριος 12 RP: *end v. 12 after* φιλήματι. 13 RP: *begin v. 13 before* Ἀσπάζονται // RP: *number v. 13 as v. 14.* // WH: [Χριστοῦ] NA/RP: Χριστοῦ

ΠΡΟΣ ΓΑΛΑΤΑΣ

Opening Greeting

1 Παῦλος ἀπόστολος, οὐκ ἀπ' ἀνθρώπων οὐδὲ δι' ἀνθρώ-
που ἀλλὰ διὰ Ἰησοῦ Χριστοῦ καὶ θεοῦ πατρὸς τοῦ ἐγείραν-
τος αὐτὸν ἐκ νεκρῶν, 2 καὶ οἱ σὺν ἐμοὶ πάντες ἀδελφοί, ταῖς
ἐκκλησίαις τῆς Γαλατίας· 3 χάρις ὑμῖν καὶ εἰρήνη ἀπὸ
θεοῦ πατρὸς ἡμῶν καὶ κυρίου Ἰησοῦ Χριστοῦ, 4 τοῦ δόντος
ἑαυτὸν ὑπὲρ τῶν ἁμαρτιῶν ἡμῶν ὅπως ἐξέληται ἡμᾶς ἐκ
τοῦ αἰῶνος τοῦ ἐνεστῶτος πονηροῦ κατὰ τὸ θέλημα τοῦ
θεοῦ καὶ πατρὸς ἡμῶν, 5 ᾧ ἡ δόξα εἰς τοὺς αἰῶνας τῶν
αἰώνων· ἀμήν.

There Is No Other Gospel

6 Θαυμάζω ὅτι οὕτως ταχέως μετατίθεσθε ἀπὸ τοῦ κα-
λέσαντος ὑμᾶς ἐν χάριτι Χριστοῦ εἰς ἕτερον εὐαγγέλιον, 7 ὃ
οὐκ ἔστιν ἄλλο· εἰ μή τινές εἰσιν οἱ ταράσσοντες ὑμᾶς καὶ
θέλοντες μεταστρέψαι τὸ εὐαγγέλιον τοῦ χριστοῦ. 8 ἀλλὰ
καὶ ἐὰν ἡμεῖς ἢ ἄγγελος ἐξ οὐρανοῦ εὐαγγελίσηται [ὑμῖν]
παρ' ὃ εὐηγγελισάμεθα ὑμῖν, ἀνάθεμα ἔστω. 9 ὡς προειρή-
καμεν, καὶ ἄρτι πάλιν λέγω, εἴ τις ὑμᾶς εὐαγγελίζεται παρ'
ὃ παρελάβετε, ἀνάθεμα ἔστω.

Paul's Gospel is Not of Human Origin

10 Ἄρτι γὰρ ἀνθρώπους πείθω ἢ τὸν θεόν; ἢ ζητῶ ἀν-
θρώποις ἀρέσκειν; εἰ ἔτι ἀνθρώποις ἤρεσκον, Χριστοῦ

1:3 WH: πατρὸς ἡμῶν καὶ κυρίου {WH}: πατρὸς καὶ κυρίου [ἡμῶν] RP: πατρός,
καὶ κυρίου ἡμῶν 4 WH: ὑπὲρ {WH}/RP: περὶ // WH: αἰῶνος τοῦ ἐνεστῶτος RP:
ἐνεστῶτος αἰῶνος 6 WH: Χριστοῦ ΝΑ: [Χριστοῦ] 8 WH: εὐαγγελίσηται ΝΑ/RP:
εὐαγγελίζηται // WH: [ὑμῖν] RP: ὑμῖν 10 RP: add γὰρ after Εἰ

δοῦλος οὐκ ἂν ἤμην. 11 γνωρίζω γὰρ ὑμῖν, ἀδελφοί, τὸ εὐ-
αγγέλιον τὸ εὐαγγελισθὲν ὑπ' ἐμοῦ ὅτι οὐκ ἔστιν κατὰ ἄν-
θρωπον· 12 οὐδὲ γὰρ ἐγὼ παρὰ ἀνθρώπου παρέλαβον αὐτό,
οὔτε ἐδιδάχθην, ἀλλὰ δι' ἀποκαλύψεως Ἰησοῦ Χριστοῦ.

13 Ἠκούσατε γὰρ τὴν ἐμὴν ἀναστροφήν ποτε ἐν τῷ
Ἰουδαϊσμῷ, ὅτι καθ' ὑπερβολὴν ἐδίωκον τὴν ἐκκλησίαν
τοῦ θεοῦ καὶ ἐπόρθουν αὐτήν, 14 καὶ προέκοπτον ἐν τῷ
Ἰουδαϊσμῷ ὑπὲρ πολλοὺς συνηλικιώτας ἐν τῷ γένει μου,
περισσοτέρως ζηλωτὴς ὑπάρχων τῶν πατρικῶν μου
παραδόσεων. 15 Ὅτε δὲ εὐδόκησεν [ὁ θεὸς] ὁ ἀφορίσας με
ἐκ κοιλίας μητρός μου καὶ **καλέσας** διὰ τῆς χάριτος αὐτοῦ
16 ἀποκαλύψαι τὸν υἱὸν αὐτοῦ ἐν ἐμοὶ ἵνα εὐαγγελίζωμαι
αὐτὸν ἐν τοῖς ἔθνεσιν, εὐθέως οὐ προσανεθέμην σαρκὶ καὶ
αἵματι, 17 οὐδὲ ἀνῆλθον εἰς Ἰεροσόλυμα πρὸς τοὺς πρὸ
ἐμοῦ ἀποστόλους, ἀλλὰ ἀπῆλθον εἰς Ἀραβίαν, καὶ πάλιν
ὑπέστρεψα εἰς Δαμασκόν. 18 Ἔπειτα μετὰ τρία ἔτη
ἀνῆλθον εἰς Ἰεροσόλυμα ἱστορῆσαι Κηφᾶν, καὶ ἐπέμεινα
πρὸς αὐτὸν ἡμέρας δεκαπέντε· 19 ἕτερον δὲ τῶν ἀποστόλων
οὐκ εἶδον, εἰ μὴ Ἰάκωβον τὸν ἀδελφὸν τοῦ κυρίου. 20 ἃ δὲ
γράφω ὑμῖν, ἰδοὺ ἐνώπιον τοῦ θεοῦ ὅτι οὐ ψεύδομαι.
21 ἔπειτα ἦλθον εἰς τὰ κλίματα τῆς Συρίας καὶ [τῆς] Κιλι-
κίας. 22 ἤμην δὲ ἀγνοούμενος τῷ προσώπῳ ταῖς ἐκκλησίαις
τῆς Ἰουδαίας ταῖς ἐν Χριστῷ, 23 μόνον δὲ ἀκούοντες ἦσαν
ὅτι   Ὁ διώκων ἡμᾶς ποτὲ νῦν εὐαγγελίζεται τὴν πίστιν ἥν
ποτε ἐπόρθει, 24 καὶ ἐδόξαζον ἐν ἐμοὶ τὸν θεόν.

The Apostles Accept Paul

2 Ἔπειτα διὰ δεκατεσσάρων ἐτῶν πάλιν ἀνέβην εἰς Ἰεροσό-
λυμα μετὰ Βαρνάβα, συνπαραλαβὼν καὶ Τίτον· 2 ἀνέβην
δὲ κατὰ ἀποκάλυψιν· καὶ ἀνεθέμην αὐτοῖς τὸ εὐαγγέλιον ὃ

---

11 WH: γὰρ {WH}/RP: δὲ 12 WH: οὔτε {WH}: οὐδὲ 15 WH: [ὁ θεὸς] RP: ὁ θεὸς
18 WH: τρία ἔτη ΝΑ/RP: ἔτη τρία // WH: Κηφᾶν RP: Πέτρον 21 WH: [τῆς]
ΝΑ/RP: τῆς

1:15 Isa 49:1

κηρύσσω ἐν τοῖς ἔθνεσιν, κατ' ἰδίαν δὲ τοῖς δοκοῦσιν, μή πως εἰς κενὸν τρέχω ἢ ἔδραμον. 3 ἀλλ' οὐδὲ Τίτος ὁ σὺν ἐμοί, Ἕλλην ὤν, ἠναγκάσθη περιτμηθῆναι· 4 διὰ δὲ τοὺς παρεισάκτους ψευδαδέλφους, οἵτινες παρεισῆλθον κατασκοπῆσαι τὴν ἐλευθερίαν ἡμῶν ἣν ἔχομεν ἐν Χριστῷ Ἰησοῦ, ἵνα ἡμᾶς καταδουλώσουσιν,—5 οἷς οὐδὲ πρὸς ὥραν εἴξαμεν τῇ ὑποταγῇ, ἵνα ἡ ἀλήθεια τοῦ εὐαγγελίου διαμείνῃ πρὸς ὑμᾶς. 6 ἀπὸ δὲ τῶν δοκούντων εἶναί τι— ὁποῖοί ποτε ἦσαν οὐδέν μοι διαφέρει—πρόσωπον [ὁ] θεὸς ἀνθρώπου οὐ λαμβάνει—ἐμοὶ γὰρ οἱ δοκοῦντες οὐδὲν προσανέθεντο, 7 ἀλλὰ τοὐναντίον ἰδόντες ὅτι πεπίστευμαι τὸ εὐαγγέλιον τῆς ἀκροβυστίας καθὼς Πέτρος τῆς περιτομῆς, 8 ὁ γὰρ ἐνεργήσας Πέτρῳ εἰς ἀποστολὴν τῆς περιτομῆς ἐνήργησεν καὶ ἐμοὶ εἰς τὰ ἔθνη, 9 καὶ γνόντες τὴν χάριν τὴν δοθεῖσάν μοι, Ἰάκωβος καὶ Κηφᾶς καὶ Ἰωάνης, οἱ δοκοῦντες στύλοι εἶναι, δεξιὰς ἔδωκαν ἐμοὶ καὶ Βαρνάβᾳ κοινωνίας, ἵνα ἡμεῖς εἰς τὰ ἔθνη, αὐτοὶ δὲ εἰς τὴν περιτομήν· 10 μόνον τῶν πτωχῶν ἵνα μνημονεύωμεν, ὃ καὶ ἐσπούδασα αὐτὸ τοῦτο ποιῆσαι.

Paul Confronts Peter at Antioch

11 Ὅτε δὲ ἦλθεν Κηφᾶς εἰς Ἀντιόχειαν, κατὰ πρόσωπον αὐτῷ ἀντέστην, ὅτι κατεγνωσμένος ἦν· 12 πρὸ τοῦ γὰρ ἐλθεῖν τινας ἀπὸ Ἰακώβου μετὰ τῶν ἐθνῶν συνήσθιεν· ὅτε δὲ ἦλθον, ὑπέστελλεν καὶ ἀφώριζεν ἑαυτόν, φοβούμενος τοὺς ἐκ περιτομῆς. 13 καὶ συνυπεκρίθησαν αὐτῷ [καὶ] οἱ λοιποὶ Ἰουδαῖοι, ὥστε καὶ Βαρνάβας συναπήχθη αὐτῶν τῇ ὑποκρίσει· 14 ἀλλ' ὅτε εἶδον ὅτι οὐκ ὀρθοποδοῦσιν πρὸς τὴν ἀλήθειαν τοῦ εὐαγγελίου, εἶπον τῷ Κηφᾷ ἔμπροσθεν πάντων Εἰ σὺ Ἰουδαῖος ὑπάρχων ἐθνικῶς καὶ οὐκ Ἰουδαϊκῶς ζῇς, πῶς τὰ ἔθνη ἀναγκάζεις Ἰουδαΐζειν;

2:2 WH: μή πως RP: μήπως 4 WH: καταδουλώσουσιν RP: καταδουλώσωνται 6 RP: omit [ὁ] 9 RP: add μὲν after ἡμεῖς 11 WH: Κηφᾶς RP: Πέτρος 12 WH: τινὰς RP: τινας 13 WH: [καὶ] RP: καὶ 14 WH: Κηφᾷ RP: Πέτρῳ // WH: καὶ οὐκ Ἰουδαϊκῶς ζῇς {WH}: καὶ **οὐχ** Ἰουδαϊκῶς ζῇς NA: καὶ οὐχὶ Ἰουδαϊκῶς ζῇς RP: ζῇς καὶ οὐκ Ἰουδαϊκῶς // WH: πῶς RP: τί

Jews and Gentiles Are Saved by Faith

15 Ἡμεῖς φύσει Ἰουδαῖοι καὶ οὐκ ἐξ ἐθνῶν ἁμαρτωλοί,
16 εἰδότες δὲ ὅτι οὐ δικαιοῦται ἄνθρωπος ἐξ ἔργων νόμου
ἐὰν μὴ διὰ πίστεως Χριστοῦ Ἰησοῦ, καὶ ἡμεῖς εἰς Χριστὸν
Ἰησοῦν ἐπιστεύσαμεν, ἵνα δικαιωθῶμεν ἐκ πίστεως Χρι-
στοῦ καὶ οὐκ ἐξ ἔργων νόμου, ὅτι ἐξ ἔργων νόμου **οὐ δι-
καιωθήσεται πᾶσα σάρξ.** 17 εἰ δὲ ζητοῦντες δικαιωθῆναι
ἐν Χριστῷ εὑρέθημεν καὶ αὐτοὶ ἁμαρτωλοί, ἆρα Χριστὸς
ἁμαρτίας διάκονος; μὴ γένοιτο· 18 εἰ γὰρ ἃ κατέλυσα
ταῦτα πάλιν οἰκοδομῶ, παραβάτην ἐμαυτὸν συνιστάνω.
19 ἐγὼ γὰρ διὰ νόμου νόμῳ ἀπέθανον ἵνα θεῷ ζήσω·
Χριστῷ συνεσταύρωμαι· 20 ζῶ δὲ οὐκέτι ἐγώ, ζῇ δὲ ἐν ἐμοὶ
Χριστός· ὃ δὲ νῦν ζῶ ἐν σαρκί, ἐν πίστει ζῶ τῇ τοῦ υἱοῦ τοῦ
θεοῦ τοῦ ἀγαπήσαντός με καὶ παραδόντος ἑαυτὸν ὑπὲρ
ἐμοῦ. 21 Οὐκ ἀθετῶ τὴν χάριν τοῦ θεοῦ· εἰ γὰρ διὰ νόμου
δικαιοσύνη, ἆρα Χριστὸς δωρεὰν ἀπέθανεν.

Observance of the Law or Faith

3 Ὦ ἀνόητοι Γαλάται, τίς ὑμᾶς ἐβάσκανεν, οἷς κατ'
ὀφθαλμοὺς Ἰησοῦς Χριστὸς προεγράφη ἐσταυρωμένος;
2 τοῦτο μόνον θέλω μαθεῖν ἀφ' ὑμῶν, ἐξ ἔργων νόμου τὸ
πνεῦμα ἐλάβετε ἢ ἐξ ἀκοῆς πίστεως; 3 οὕτως ἀνόητοί ἐστε;
ἐναρξάμενοι πνεύματι νῦν σαρκὶ ἐπιτελεῖσθε; 4 τοσαῦτα
ἐπάθετε εἰκῇ; εἴ γε καὶ εἰκῇ. 5 ὁ οὖν ἐπιχορηγῶν ὑμῖν τὸ
πνεῦμα καὶ ἐνεργῶν δυνάμεις ἐν ὑμῖν ἐξ ἔργων νόμου ἢ ἐξ
ἀκοῆς πίστεως; 6 καθὼς Ἀβραὰμ **ἐπίστευσεν τῷ θεῷ, καὶ
ἐλογίσθη αὐτῷ εἰς δικαιοσύνην.**

---

16 WH: δὲ NA: [δὲ] RP: *omit* δὲ // WH: Χριστοῦ Ἰησοῦ NA/RP: Ἰησοῦ Χριστοῦ
// WH: Χριστὸν Ἰησοῦν {WH}: Ἰησοῦν Χριστὸν // WH: ὅτι ἐξ ἔργων νόμου οὐ
δικαιωθήσεται RP: διότι οὐ δικαιωθήσεται ἐξ ἔργων νόμου 18 WH: συνιστάνω
RP: συνίστημι 19–20 RP: *end* verse 19 *after* θεῷ ζήσω.
3:1 RP: *add* τῇ ἀληθείᾳ μὴ πείθεσθαι *after* ἐβάσκανεν // RP: *add* ἐν ὑμῖν *after*
προεγράφη 3 WH: ἐστε; NA: ἐστε, 4 WH: εἴ γε RP: Εἴγε

2:16 Ps 143:2   3:6 Gen 15:6

7 Γινώσκετε ἄρα ὅτι οἱ ἐκ πίστεως, οὗτοι υἱοί εἰσιν
Ἀβραάμ. 8 προϊδοῦσα δὲ ἡ γραφὴ ὅτι ἐκ πίστεως δικαιοῖ τὰ
ἔθνη ὁ θεὸς προευηγγελίσατο τῷ Ἀβραὰμ ὅτι **Ἐνευλογη-
θήσονται ἐν σοὶ πάντα τὰ ἔθνη.** 9 ὥστε οἱ ἐκ πίστεως εὐλο-
γοῦνται σὺν τῷ πιστῷ Ἀβραάμ.

10 Ὅσοι γὰρ ἐξ ἔργων νόμου εἰσὶν ὑπὸ κατάραν εἰσίν,
γέγραπται γὰρ ὅτι **Ἐπικατάρατος πᾶς ὃς οὐκ ἐμμένει
πᾶσιν τοῖς γεγραμμένοις ἐν τῷ βιβλίῳ τοῦ νόμου τοῦ
ποιῆσαι αὐτά.** 11 ὅτι δὲ ἐν νόμῳ οὐδεὶς δικαιοῦται παρὰ τῷ
θεῷ δῆλον, ὅτι **Ὁ δίκαιος ἐκ πίστεως ζήσεται,** 12 ὁ δὲ
νόμος οὐκ ἔστιν ἐκ πίστεως, ἀλλ᾽ **Ὁ ποιήσας αὐτὰ ζήσε-
ται ἐν αὐτοῖς.** 13 Χριστὸς ἡμᾶς ἐξηγόρασεν ἐκ τῆς κατάρας
τοῦ νόμου γενόμενος ὑπὲρ ἡμῶν κατάρα, ὅτι γέγραπται
Ἐπικατάρατος πᾶς ὁ κρεμάμενος ἐπὶ ξύλου, 14 ἵνα εἰς τὰ
ἔθνη ἡ εὐλογία τοῦ Ἀβραὰμ γένηται ἐν Ἰησοῦ Χριστῷ, ἵνα
τὴν ἐπαγγελίαν τοῦ πνεύματος λάβωμεν διὰ τῆς πίστεως.

The Law and the Promise

15 Ἀδελφοί, κατὰ ἄνθρωπον λέγω· ὅμως ἀνθρώπου κε-
κυρωμένην διαθήκην οὐδεὶς ἀθετεῖ ἢ ἐπιδιατάσσεται.
16 τῷ δὲ Ἀβραὰμ ἐρρέθησαν αἱ ἐπαγγελίαι **καὶ τῷ
σπέρματι** αὐτοῦ· οὐ λέγει Καὶ τοῖς σπέρμασιν, ὡς ἐπὶ
πολλῶν, ἀλλ᾽ ὡς ἐφ᾽ ἑνός **Καὶ τῷ σπέρματί σου,** ὅς ἐστιν
Χριστός. 17 τοῦτο δὲ λέγω· διαθήκην προκεκυρωμένην ὑπὸ
τοῦ θεοῦ ὁ μετὰ τετρακόσια καὶ τριάκοντα ἔτη γεγονὼς
νόμος οὐκ ἀκυροῖ, εἰς τὸ καταργῆσαι τὴν ἐπαγγελίαν. 18 εἰ

---

7 WH: υἱοί εἰσιν RP: εἰσιν υἱοί 10 RP: *omit* ὅτι // RP: *add* ἐν *after* ἐμμένει 12 RP:
add ἄνθρωπος *after* αὐτὰ 13 WH: ὅτι γέγραπται RP: γέγραπται γάρ 14 WH:
Ἰησοῦ Χριστῷ {WH}/NA/RP: Χριστῷ Ἰησοῦ 16 WH: ἐρρέθησαν RP:
ἐρρήθησαν 17 RP: *add* εἰς χριστὸν *after* θεοῦ // WH: τετρακόσια καὶ τριάκοντα
ἔτη RP: ἔτη τετρακόσια καὶ τριάκοντα

---

8 Gen 12:3; 18:18 10 Deut 27:26 11 Hab 2:4 12 Lev 18:5 13 Deut 21:23 16 Gen
12:7; 13:15; 17:7–8; 22:18; 24:7

γὰρ ἐκ νόμου ἡ κληρονομία, οὐκέτι ἐξ ἐπαγγελίας· τῷ δὲ Ἀβραὰμ δι' ἐπαγγελίας κεχάρισται ὁ θεός.

19 Τί οὖν ὁ νόμος; τῶν παραβάσεων χάριν προσετέθη, ἄχρις ἂν ἔλθῃ τὸ σπέρμα ᾧ ἐπήγγελται, διαταγεὶς δι' ἀγγέλων ἐν χειρὶ μεσίτου· 20 ὁ δὲ μεσίτης ἑνὸς οὐκ ἔστιν, ὁ δὲ θεὸς εἷς ἐστίν. 21 ὁ οὖν νόμος κατὰ τῶν ἐπαγγελιῶν [τοῦ θεοῦ]; μὴ γένοιτο· εἰ γὰρ ἐδόθη νόμος ὁ δυνάμενος ζωοποιῆσαι, ὄντως ἐν νόμῳ ἂν ἦν ἡ δικαιοσύνη. 22 ἀλλὰ συνέκλεισεν ἡ γραφὴ τὰ πάντα ὑπὸ ἁμαρτίαν ἵνα ἡ ἐπαγγελία ἐκ πίστεως Ἰησοῦ Χριστοῦ δοθῇ τοῖς πιστεύουσιν.

Slaves and Sons

23 Πρὸ τοῦ δὲ ἐλθεῖν τὴν πίστιν ὑπὸ νόμον ἐφρουρούμεθα συνκλειόμενοι εἰς τὴν μέλλουσαν πίστιν ἀποκαλυφθῆναι. 24 ὥστε ὁ νόμος παιδαγωγὸς ἡμῶν γέγονεν εἰς Χριστόν, ἵνα ἐκ πίστεως δικαιωθῶμεν· 25 ἐλθούσης δὲ τῆς πίστεως οὐκέτι ὑπὸ παιδαγωγόν ἐσμεν.

26 Πάντες γὰρ υἱοὶ θεοῦ ἐστὲ διὰ τῆς πίστεως ἐν Χριστῷ Ἰησοῦ. 27 ὅσοι γὰρ εἰς Χριστὸν ἐβαπτίσθητε, Χριστὸν ἐνεδύσασθε· 28 οὐκ ἔνι Ἰουδαῖος οὐδὲ Ἕλλην, οὐκ ἔνι δοῦλος οὐδὲ ἐλεύθερος, οὐκ ἔνι ἄρσεν καὶ θῆλυ· πάντες γὰρ ὑμεῖς εἷς ἐστὲ ἐν Χριστῷ Ἰησοῦ. 29 εἰ δὲ ὑμεῖς Χριστοῦ, ἄρα τοῦ Ἀβραὰμ σπέρμα ἐστέ, κατ' ἐπαγγελίαν κληρονόμοι.

4 Λέγω δέ, ἐφ' ὅσον χρόνον ὁ κληρονόμος νήπιός ἐστιν, οὐδὲν διαφέρει δούλου κύριος πάντων ὤν, 2 ἀλλὰ ὑπὸ ἐπιτρόπους ἐστὶ καὶ οἰκονόμους ἄχρι τῆς προθεσμίας τοῦ πατρός. 3 οὕτως καὶ ἡμεῖς, ὅτε ἦμεν νήπιοι, ὑπὸ τὰ στοιχεῖα τοῦ κόσμου ἤμεθα δεδουλωμένοι· 4 ὅτε δὲ ἦλθεν τὸ πλήρωμα τοῦ χρόνου, ἐξαπέστειλεν ὁ θεὸς τὸν υἱὸν αὐτοῦ, γενό-

---

19 WH: ἄχρις ἂν {WH}/NA: ἄχρις οὗ RP: ἄχρι οὗ 21 WH: [τοῦ θεοῦ] RP: τοῦ θεοῦ // WH: ἐν νόμῳ ἂν ἦν {WH}: ἐκ νόμου ἦν [ἂν] NA: ἐκ νόμου ἂν ἦν RP: ἂν ἐκ νόμου ἦν 23 WH: συνκλειόμενοι RP: συγκεκλεισμένοι 29 RP: add καὶ before κατ'
4:3 WH: ἤμεθα RP: ἦμεν

μενον ἐκ γυναικός, γενόμενον ὑπὸ νόμον, 5 ἵνα τοὺς ὑπὸ νόμον ἐξαγοράσῃ, ἵνα τὴν υἱοθεσίαν ἀπολάβωμεν.

6 Ὅτι δέ ἐστε υἱοί, ἐξαπέστειλεν ὁ θεὸς τὸ πνεῦμα τοῦ υἱοῦ αὐτοῦ εἰς τὰς καρδίας ἡμῶν, κρᾶζον Ἀββά ὁ πατήρ. 7 ὥστε οὐκέτι εἶ δοῦλος ἀλλὰ υἱός· εἰ δὲ υἱός, καὶ κληρονόμος διὰ θεοῦ.

Paul's Deep Concern for the Galatians

8 Ἀλλὰ τότε μὲν οὐκ εἰδότες θεὸν ἐδουλεύσατε τοῖς φύσει μὴ οὖσι θεοῖς· 9 νῦν δὲ γνόντες θεόν, μᾶλλον δὲ γνωσθέντες ὑπὸ θεοῦ, πῶς ἐπιστρέφετε πάλιν ἐπὶ τὰ ἀσθενῆ καὶ πτωχὰ στοιχεῖα, οἷς πάλιν ἄνωθεν δουλεῦσαι θέλετε; 10 ἡμέρας παρατηρεῖσθε καὶ μῆνας καὶ καιροὺς καὶ ἐνιαυτούς. 11 φοβοῦμαι ὑμᾶς μή πως εἰκῇ κεκοπίακα εἰς ὑμᾶς.

12 Γίνεσθε ὡς ἐγώ, ὅτι κἀγὼ ὡς ὑμεῖς, ἀδελφοί, δέομαι ὑμῶν. οὐδέν με ἠδικήσατε· 13 οἴδατε δὲ ὅτι δι᾽ ἀσθένειαν τῆς σαρκὸς εὐηγγελισάμην ὑμῖν τὸ πρότερον, 14 καὶ τὸν πειρασμὸν ὑμῶν ἐν τῇ σαρκί μου οὐκ ἐξουθενήσατε οὐδὲ ἐξεπτύσατε, ἀλλὰ ὡς ἄγγελον θεοῦ ἐδέξασθέ με, ὡς Χριστὸν Ἰησοῦν. 15 ποῦ οὖν ὁ μακαρισμὸς ὑμῶν; μαρτυρῶ γὰρ ὑμῖν ὅτι εἰ δυνατὸν τοὺς ὀφθαλμοὺς ὑμῶν ἐξορύξαντες ἐδώκατέ μοι. 16 ὥστε ἐχθρὸς ὑμῶν γέγονα ἀληθεύων ὑμῖν; 17 ζηλοῦσιν ὑμᾶς οὐ καλῶς, ἀλλὰ ἐκκλεῖσαι ὑμᾶς θέλουσιν, ἵνα αὐτοὺς ζηλοῦτε. 18 καλὸν δὲ ζηλοῦσθαι ἐν καλῷ πάντοτε, καὶ μὴ μόνον ἐν τῷ παρεῖναί με πρὸς ὑμᾶς, 19 τεκνία μου, οὓς πάλιν ὠδίνω μέχρις οὗ μορφωθῇ Χριστὸς ἐν ὑμῖν· 20 ἤθελον δὲ παρεῖναι πρὸς ὑμᾶς ἄρτι, καὶ ἀλλάξαι τὴν φωνήν μου, ὅτι ἀποροῦμαι ἐν ὑμῖν.

---

6 WH: ἡμῶν RP: ὑμῶν 7 WH: διὰ θεοῦ RP: θεοῦ διὰ χριστοῦ 8 WH: φύσει μὴ RP: μὴ φύσει 9 WH: δουλεῦσαι {WH}/NA/RP: δουλεύειν 11 WH: μή πως RP: μήπως 14 WH: πειρασμὸν ὑμῶν RP: πειρασμόν μου τὸν 15 WH: ποῦ οὖν RP: Τίς οὖν ἦν // RP: add ἂν after ἐξορύξαντες 18 RP: add τὸ after Καλὸν δὲ 19 WH: τεκνία {WH}/NA: τέκνα // WH: μέχρις RP: ἄχρι

The Allegory of Hagar and Sarah

21 Λέγετέ μοι, οἱ ὑπὸ νόμον θέλοντες εἶναι, τὸν νόμον οὐκ ἀκούετε; 22 γέγραπται γὰρ ὅτι ᾿Αβραὰμ δύο υἱοὺς ἔσχεν, ἕνα ἐκ τῆς παιδίσκης καὶ ἕνα ἐκ τῆς ἐλευθέρας· 23 ἀλλ᾽ ὁ [μὲν] ἐκ τῆς παιδίσκης κατὰ σάρκα γεγέννηται, ὁ δὲ ἐκ τῆς ἐλευθέρας δι᾽ ἐπαγγελίας. 24 ἅτινά ἐστιν ἀλληγο-ρούμενα· αὗται γάρ εἰσιν δύο διαθῆκαι, μία μὲν ἀπὸ ὄρους Σινᾶ, εἰς δουλείαν γεννῶσα, ἥτις ἐστὶν ῞Αγαρ, 25 τὸ δὲ ῞Αγαρ Σινὰ ὄρος ἐστὶν ἐν τῇ ᾿Αραβίᾳ, συστοιχεῖ δὲ τῇ νῦν ᾿Ιερουσαλήμ, δουλεύει γὰρ μετὰ τῶν τέκνων αὐτῆς· 26 ἡ δὲ ἄνω ᾿Ιερουσαλὴμ ἐλευθέρα ἐστίν, ἥτις ἐστὶν μήτηρ ἡμῶν· 27 γέγραπται γάρ

Εὐφράνθητι, στεῖρα ἡ οὐ τίκτουσα·
ῥῆξον καὶ βόησον, ἡ οὐκ ὠδίνουσα·
ὅτι πολλὰ τὰ τέκνα τῆς ἐρήμου μᾶλλον
ἢ τῆς ἐχούσης τὸν ἄνδρα.

28 ἡμεῖς δέ, ἀδελφοί, κατὰ ᾿Ισαὰκ ἐπαγγελίας τέκνα ἐσμέν· 29 ἀλλ᾽ ὥσπερ τότε ὁ κατὰ σάρκα γεννηθεὶς ἐδίωκε τὸν κατὰ πνεῦμα, οὕτως καὶ νῦν. 30 ἀλλὰ τί λέγει ἡ γραφή; Ἔκβαλε τὴν παιδίσκην καὶ τὸν υἱὸν αὐτῆς, οὐ γὰρ μὴ κληρονομήσει ὁ υἱὸς τῆς παιδίσκης μετὰ τοῦ υἱοῦ τῆς ἐλευθέρας. 31 διό, ἀδελφοί, οὐκ ἐσμὲν παιδίσκης τέκνα ἀλλὰ τῆς ἐλευθέρας.

Freedom in Christ

5 Τῇ ἐλευθερίᾳ ἡμᾶς Χριστὸς ἠλευθέρωσεν· στήκετε οὖν καὶ μὴ πάλιν ζυγῷ δουλείας ἐνέχεσθε.—

---

23 WH: [μὲν] NA/RP: μὲν // WH: δι᾽ {WH}/RP: διὰ τῆς 25 WH: δὲ ῞Αγαρ {WH}: γὰρ RP: γὰρ ῞Αγαρ // WH: γὰρ μετὰ RP: δὲ μετὰ 26 RP: add πάντων after μήτηρ 28 WH: ἡμεῖς δέ . . . τέκνα ἐσμέν {WH}/NA: ὑμεῖς δέ . . . τέκνα ἐστέ 30 WH: κληρονομήσει RP: κληρονομήσῃ 31 WH: διό RP: ῎Αρα
5:1 {WH}: *Τῇ ἐλευθερίᾳ . . . ἠλευθέρωσεν* // WH: ἡμᾶς Χριστὸς RP: οὖν ἢ χριστὸς ἡμᾶς // RP: omit οὖν after στήκετε

4:27 Isa 54:1 30 Gen 21:10

2 Ἴδε ἐγὼ Παῦλος λέγω ὑμῖν ὅτι ἐὰν περιτέμνησθε Χριστὸς ὑμᾶς οὐδὲν ὠφελήσει. 3 μαρτύρομαι δὲ πάλιν παντὶ ἀνθρώπῳ περιτεμνομένῳ ὅτι ὀφειλέτης ἐστὶν ὅλον τὸν νόμον ποιῆσαι. 4 κατηργήθητε ἀπὸ Χριστοῦ οἵτινες ἐν νόμῳ δικαιοῦσθε, τῆς χάριτος ἐξεπέσατε. 5 ἡμεῖς γὰρ πνεύματι ἐκ πίστεως ἐλπίδα δικαιοσύνης ἀπεκδεχόμεθα. 6 ἐν γὰρ Χριστῷ [Ἰησοῦ] οὔτε περιτομή τι ἰσχύει οὔτε ἀκροβυστία, ἀλλὰ πίστις δι' ἀγάπης ἐνεργουμένη.

7 Ἐτρέχετε καλῶς· τίς ὑμᾶς ἐνέκοψεν ἀληθείᾳ μὴ πείθεσθαι; 8 ἡ πεισμονὴ οὐκ ἐκ τοῦ καλοῦντος ὑμᾶς. 9 μικρὰ ζύμη ὅλον τὸ φύραμα ζυμοῖ. 10 ἐγὼ πέποιθα εἰς ὑμᾶς ἐν κυρίῳ ὅτι οὐδὲν ἄλλο φρονήσετε· ὁ δὲ ταράσσων ὑμᾶς βαστάσει τὸ κρίμα, ὅστις ἐὰν ᾖ. 11 Ἐγὼ δέ, ἀδελφοί, εἰ περιτομὴν ἔτι κηρύσσω, τί ἔτι διώκομαι; ἄρα κατήργηται τὸ σκάνδαλον τοῦ σταυροῦ. 12 Ὄφελον καὶ ἀποκόψονται οἱ ἀναστατοῦντες ὑμᾶς.

13 Ὑμεῖς γὰρ ἐπ' ἐλευθερίᾳ ἐκλήθητε, ἀδελφοί· μόνον μὴ τὴν ἐλευθερίαν εἰς ἀφορμὴν τῇ σαρκί, ἀλλὰ διὰ τῆς ἀγάπης δουλεύετε ἀλλήλοις· 14 ὁ γὰρ πᾶς νόμος ἐν ἑνὶ λόγῳ πεπλήρωται, ἐν τῷ **Ἀγαπήσεις τὸν πλησίον σου ὡς σεαυτόν.** 15 εἰ δὲ ἀλλήλους δάκνετε καὶ κατεσθίετε, βλέπετε μὴ ὑπ' ἀλλήλων ἀναλωθῆτε.

Living by the Spirit

16 Λέγω δέ, πνεύματι περιπατεῖτε καὶ ἐπιθυμίαν σαρκὸς οὐ μὴ τελέσητε. 17 ἡ γὰρ σὰρξ ἐπιθυμεῖ κατὰ τοῦ πνεύματος, τὸ δὲ πνεῦμα κατὰ τῆς σαρκός, ταῦτα γὰρ ἀλλήλοις ἀντίκειται, ἵνα μὴ ἃ ἐὰν θέλητε ταῦτα ποιῆτε. 18 εἰ δὲ πνεύματι ἄγεσθε, οὐκ ἐστὲ ὑπὸ νόμον. 19 φανερὰ δέ ἐστιν

---

4 RP: *add* τοῦ *after* ἀπὸ 6 WH: [Ἰησοῦ] NA/RP: Ἰησοῦ 7 [NA]/RP: *add* τῇ *after* ἐνέκοψεν 10 WH: ἐὰν RP: ἂν 14 WH: πεπλήρωται RP: πληροῦται // WH: σεαυτόν RP: ἑαυτόν 17 WH: γὰρ ἀλλήλοις ἀντίκειται RP: δὲ ἀντίκειται ἀλλήλοις // WH: ἐὰν RP: ἂν

τὰ ἔργα τῆς σαρκός, ἅτινά ἐστιν πορνεία, ἀκαθαρσία, ἀσέλγεια, 20 εἰδωλολατρία, φαρμακία, ἔχθραι, ἔρις, ζῆλος, θυμοί, ἐριθίαι, διχοστασίαι, αἱρέσεις, 21 φθόνοι, μέθαι, κῶμοι, καὶ τὰ ὅμοια τούτοις, ἃ προλέγω ὑμῖν καθὼς προεῖπον ὅτι οἱ τὰ τοιαῦτα πράσσοντες βασιλείαν θεοῦ οὐ κληρονομήσουσιν. 22 ὁ δὲ καρπὸς τοῦ πνεύματός ἐστιν ἀγάπη, χαρά, εἰρήνη, μακροθυμία, χρηστότης, ἀγαθωσύνη, πίστις, 23 πραΰτης, ἐγκράτεια· κατὰ τῶν τοιούτων οὐκ ἔστιν νόμος. 24 οἱ δὲ τοῦ χριστοῦ Ἰησοῦ τὴν σάρκα ἐσταύ-ρωσαν σὺν τοῖς παθήμασιν καὶ ταῖς ἐπιθυμίαις.

Bear One Another's Burdens

25 Εἰ ζῶμεν πνεύματι, πνεύματι καὶ στοιχῶμεν. 26 μὴ γινώμεθα κενόδοξοι, ἀλλήλους προκαλούμενοι, ἀλλήλοις φθονοῦντες. 6 Ἀδελφοί, ἐὰν καὶ προλημφθῇ ἄνθρωπος ἔν τινι παραπτώματι, ὑμεῖς οἱ πνευματικοὶ καταρτίζετε τὸν τοιοῦτον ἐν πνεύματι πραΰτητος, σκοπῶν σεαυτόν, μὴ καὶ σὺ πειρασθῇς. 2 Ἀλλήλων τὰ βάρη βαστάζετε, καὶ οὕτως ἀναπληρώσατε τὸν νόμον τοῦ χριστοῦ. 3 εἰ γὰρ δοκεῖ τις εἶναί τι μηδὲν ὤν, φρεναπατᾷ ἑαυτόν· 4 τὸ δὲ ἔργον ἑαυτοῦ δοκιμαζέτω [ἕκαστος], καὶ τότε εἰς ἑαυτὸν μόνον τὸ καύχημα ἕξει καὶ οὐκ εἰς τὸν ἕτερον, 5 ἕκαστος γὰρ τὸ ἴδιον φορτίον βαστάσει. 6 Κοινωνείτω δὲ ὁ κατηχούμενος τὸν λόγον τῷ κατηχοῦντι ἐν πᾶσιν ἀγαθοῖς.

7 Μὴ πλανᾶσθε, θεὸς οὐ μυκτηρίζεται· ὃ γὰρ ἐὰν σπείρῃ ἄνθρωπος, τοῦτο καὶ θερίσει· 8 ὅτι ὁ σπείρων εἰς τὴν σάρκα ἑαυτοῦ ἐκ τῆς σαρκὸς θερίσει φθοράν, ὁ δὲ σπείρων εἰς τὸ πνεῦμα ἐκ τοῦ πνεύματος θερίσει ζωὴν

---

19 RP: *add* μοιχεία *after* ἐστιν 20 WH: ἔρις ζῆλος {WH}: ἔρεις, ζῆλοι, RP: ἔρεις ζῆλοι 21 RP: *add* φόνοι *after* φθόνοι // {WH}/RP: *add* καὶ *after* καθὼς 23 WH: πραΰτης RP: πραότης 24 WH: Ἰησοῦ NA: [Ἰησοῦ] RP: *omit* Ἰησοῦ 26 WH: ἀλλήλοις {WH}: ἀλλήλους
6:1 WH: πραΰτητος RP: πραότητος 2 WH: ἀναπληρώσατε NA: ἀναπληρώσετε 3 WH: φρεναπατᾷ ἑαυτόν RP: ἑαυτὸν φρεναπατᾷ 4 WH: [ἕκαστος] NA/RP: ἕκαστος

αἰώνιον. 9 τὸ δὲ καλὸν ποιοῦντες μὴ ἐνκακῶμεν, καιρῷ γὰρ ἰδίῳ θερίσομεν μὴ ἐκλυόμενοι. 10 Ἄρα οὖν ὡς καιρὸν ἔχωμεν, ἐργαζώμεθα τὸ ἀγαθὸν πρὸς πάντας, μάλιστα δὲ πρὸς τοὺς οἰκείους τῆς πίστεως.

Final Warning and Benediction

11 Ἴδετε πηλίκοις ὑμῖν γράμμασιν ἔγραψα τῇ ἐμῇ χειρί. 12 Ὅσοι θέλουσιν εὐπροσωπῆσαι ἐν σαρκί, οὗτοι ἀναγκά- ζουσιν ὑμᾶς περιτέμνεσθαι, μόνον ἵνα τῷ σταυρῷ τοῦ χριστοῦ [Ἰησοῦ]—μὴ διώκωνται· 13 οὐδὲ γὰρ οἱ περιτεμνό- μενοι αὐτοὶ νόμον φυλάσσουσιν, ἀλλὰ θέλουσιν ὑμᾶς πε- ριτέμνεσθαι ἵνα ἐν τῇ ὑμετέρᾳ σαρκὶ καυχήσωνται. 14 ἐμοὶ δὲ μὴ γένοιτο καυχᾶσθαι εἰ μὴ ἐν τῷ σταυρῷ τοῦ κυρίου ἡμῶν Ἰησοῦ Χριστοῦ, δι᾽ οὗ ἐμοὶ κόσμος ἐσταύρωται κἀγὼ κόσμῳ. 15 οὔτε γὰρ περιτομή τι ἔστιν οὔτε ἀκροβυστία, ἀλλὰ καινὴ κτίσις. 16 καὶ ὅσοι τῷ κανόνι τούτῳ στοιχή- σουσιν, **εἰρήνη** ἐπ᾽ αὐτοὺς καὶ ἔλεος, καὶ **ἐπὶ τὸν Ἰσραὴλ** τοῦ θεοῦ.

17 Τοῦ λοιποῦ κόπους μοι μηδεὶς παρεχέτω, ἐγὼ γὰρ τὰ στίγματα τοῦ Ἰησοῦ ἐν τῷ σώματί μου βαστάζω.

18 Ἡ χάρις τοῦ κυρίου [ἡμῶν] Ἰησοῦ Χριστοῦ μετὰ τοῦ πνεύματος ὑμῶν, ἀδελφοί· ἀμήν.

---

9 WH: ἐνκακῶμεν NA: ἐγκακῶμεν RP: ἐκκακῶμεν 10 WH: ἔχωμεν NA/RP: ἔχομεν 11 WH: πηλίκοις {WH}: ἡλίκοις 12 RP: add μὴ after ἵνα // WH: χριστοῦ [Ἰησοῦ]—μὴ NA: Χριστοῦ μὴ RP: χριστοῦ 13 WH: περιτεμνόμενοι {WH}/RP: περιτετμημένοι 14 RP: add τῷ before κόσμῳ 15 WH: οὔτε RP: Ἐν // RP: add χριστῷ Ἰησοῦ οὔτε after γὰρ // WH: ἔστιν RP: ἰσχύει 16 RP: add κυρίου after στίγματα τοῦ 18 WH: [ἡμῶν] NA/RP: ἡμῶν

ΠΡΟΣ ΕΦΕΣΙΟΥΣ

Opening Greeting

1 Παῦλος ἀπόστολος Χριστοῦ Ἰησοῦ διὰ θελήματος θεοῦ τοῖς ἁγίοις τοῖς οὖσιν [ἐν Ἐφέσῳ] καὶ πιστοῖς ἐν Χριστῷ Ἰησοῦ· 2 χάρις ὑμῖν καὶ εἰρήνη ἀπὸ θεοῦ πατρὸς ἡμῶν καὶ κυρίου Ἰησοῦ Χριστοῦ.

Spiritual Blessings in Christ

3 Εὐλογητὸς ὁ θεὸς καὶ πατὴρ τοῦ κυρίου ἡμῶν Ἰησοῦ Χριστοῦ, ὁ εὐλογήσας ἡμᾶς ἐν πάσῃ εὐλογίᾳ πνευματικῇ ἐν τοῖς ἐπουρανίοις ἐν Χριστῷ, 4 καθὼς ἐξελέξατο ἡμᾶς ἐν αὐτῷ πρὸ καταβολῆς κόσμου, εἶναι ἡμᾶς ἁγίους καὶ ἀμώμους κατενώπιον αὐτοῦ ἐν ἀγάπῃ, 5 προορίσας ἡμᾶς εἰς υἱοθεσίαν διὰ Ἰησοῦ Χριστοῦ εἰς αὐτόν, κατὰ τὴν εὐδοκίαν τοῦ θελήματος αὐτοῦ, 6 εἰς ἔπαινον δόξης τῆς χάριτος αὐτοῦ ἧς ἐχαρίτωσεν ἡμᾶς ἐν τῷ ἠγαπημένῳ, 7 ἐν ᾧ ἔχομεν τὴν ἀπολύτρωσιν διὰ τοῦ αἵματος αὐτοῦ, τὴν ἄφεσιν τῶν παραπτωμάτων, κατὰ τὸ πλοῦτος τῆς χάριτος αὐτοῦ 8 ἧς ἐπερίσσευσεν εἰς ἡμᾶς ἐν πάσῃ σοφίᾳ καὶ φρονήσει 9 γνωρίσας ἡμῖν τὸ μυστήριον τοῦ θελήματος αὐτοῦ, κατὰ τὴν εὐδοκίαν αὐτοῦ ἣν προέθετο ἐν αὐτῷ 10 εἰς οἰκονομίαν τοῦ πληρώματος τῶν καιρῶν, ἀνακεφαλαιώσασθαι τὰ πάντα ἐν τῷ χριστῷ, τὰ ἐπὶ τοῖς οὐρανοῖς καὶ τὰ ἐπὶ τῆς γῆς· 11 ἐν αὐτῷ, ἐν ᾧ καὶ ἐκληρώθημεν προορισθέντες κατὰ πρόθεσιν τοῦ τὰ πάντα ἐνεργοῦντος κατὰ τὴν βουλὴν τοῦ θελήματος αὐτοῦ, 12 εἰς τὸ εἶναι ἡμᾶς εἰς ἔπαινον δόξης

1:1 WH: Χριστοῦ Ἰησοῦ RP: Ἰησοῦ χριστοῦ // WH: [ἐν Ἐφέσῳ] RP: ἐν Ἐφέσῳ 6 WH: ἧς RP: ἐν ᾗ 7 WH: τὸ πλοῦτος RP: τὸν πλοῦτον

αὐτοῦ τοὺς προηλπικότας ἐν τῷ χριστῷ· 13 ἐν ᾧ καὶ ὑμεῖς ἀκούσαντες τὸν λόγον τῆς ἀληθείας, τὸ εὐαγγέλιον τῆς σωτηρίας ὑμῶν, ἐν ᾧ καὶ πιστεύσαντες ἐσφραγίσθητε τῷ πνεύματι τῆς ἐπαγγελίας τῷ ἁγίῳ, 14 ὅ ἐστιν ἀρραβὼν τῆς κληρονομίας ἡμῶν, εἰς ἀπολύτρωσιν τῆς περιποιήσεως, εἰς ἔπαινον τῆς δόξης αὐτοῦ.

Paul's Thanksgiving and Prayer

15 Διὰ τοῦτο κἀγώ, ἀκούσας τὴν καθ' ὑμᾶς πίστιν ἐν τῷ κυρίῳ Ἰησοῦ καὶ τὴν εἰς πάντας τοὺς ἁγίους, 16 οὐ παύομαι εὐχαριστῶν ὑπὲρ ὑμῶν μνείαν ποιούμενος ἐπὶ τῶν προσευχῶν μου, 17 ἵνα ὁ θεὸς τοῦ κυρίου ἡμῶν Ἰησοῦ Χριστοῦ, ὁ πατὴρ τῆς δόξης, δῴη ὑμῖν πνεῦμα σοφίας καὶ ἀποκαλύψεως ἐν ἐπιγνώσει αὐτοῦ, 18 πεφωτισμένους τοὺς ὀφθαλμοὺς τῆς καρδίας [ὑμῶν] εἰς τὸ εἰδέναι ὑμᾶς τίς ἐστιν ἡ ἐλπὶς τῆς κλήσεως αὐτοῦ, τίς ὁ πλοῦτος τῆς δόξης τῆς **κληρονομίας** αὐτοῦ **ἐν τοῖς ἁγίοις,** 19 καὶ τί τὸ ὑπερβάλλον μέγεθος τῆς δυνάμεως αὐτοῦ εἰς ἡμᾶς τοὺς πιστεύοντας κατὰ τὴν ἐνέργειαν τοῦ κράτους τῆς ἰσχύος αὐτοῦ 20 ἣν ἐνήργηκεν ἐν τῷ χριστῷ ἐγείρας αὐτὸν ἐκ νεκρῶν, καὶ **καθίσας ἐν δεξιᾷ αὐτοῦ** ἐν τοῖς ἐπουρανίοις 21 ὑπεράνω πάσης ἀρχῆς καὶ ἐξουσίας καὶ δυνάμεως καὶ κυριότητος καὶ παντὸς ὀνόματος ὀνομαζομένου οὐ μόνον ἐν τῷ αἰῶνι τούτῳ ἀλλὰ καὶ ἐν τῷ μέλλοντι· 22 καὶ **πάντα ὑπέταξεν ὑπὸ τοὺς πόδας αὐτοῦ,** καὶ αὐτὸν ἔδωκεν κεφαλὴν ὑπὲρ πάντα τῇ ἐκκλησίᾳ, 23 ἥτις ἐστὶν τὸ σῶμα αὐτοῦ, τὸ πλήρωμα τοῦ τὰ πάντα ἐν πᾶσιν πληρουμένου.

---

14 WH: ὅ {WH}/RP: ὅς 15 NA/RP: *add* ἀγάπην τὴν *after* καὶ τὴν 16 RP: *add* ὑμῶν *after* μνείαν 17 WH: δῴη {WH}: δώῃ *or* δῷ NA/RP: δώῃ 18 WH: [ὑμῶν] RP: ὑμῶν // RP: *add* καὶ *after* αὐτοῦ 20 WH: ἐνήργηκεν {WH}/NA/RP: ἐνήργησεν // RP: *add* τῶν *after* αὐτὸν ἐκ // WH: καθίσας RP: ἐκάθισεν

1:18 Deut 33:3–4 20 Ps 110(109):1 22 Ps 8:6

Made Alive in Christ

2 καὶ ὑμᾶς ὄντας νεκροὺς τοῖς παραπτώμασιν καὶ ταῖς ἁμαρτίαις ὑμῶν, 2 ἐν αἷς ποτὲ περιεπατήσατε κατὰ τὸν αἰῶνα τοῦ κόσμου τούτου, κατὰ τὸν ἄρχοντα τῆς ἐξουσίας τοῦ ἀέρος, τοῦ πνεύματος τοῦ νῦν ἐνεργοῦντος ἐν τοῖς υἱοῖς τῆς ἀπειθίας· 3 ἐν οἷς καὶ ἡμεῖς πάντες ἀνεστράφημέν ποτε ἐν ταῖς ἐπιθυμίαις τῆς σαρκὸς ἡμῶν, ποιοῦντες τὰ θελήματα τῆς σαρκὸς καὶ τῶν διανοιῶν, καὶ ἤμεθα τέκνα φύσει ὀργῆς ὡς καὶ οἱ λοιποί·—4 ὁ δὲ θεὸς πλούσιος ὢν ἐν ἐλέει, διὰ τὴν πολλὴν ἀγάπην αὐτοῦ ἣν ἠγάπησεν ἡμᾶς, 5 καὶ ὄντας ἡμᾶς νεκροὺς τοῖς παραπτώμασιν συνεζωοποίησεν τῷ χριστῷ,—χάριτί ἐστε σεσωσμένοι,—6 καὶ συνήγειρεν καὶ συνεκάθισεν ἐν τοῖς ἐπουρανίοις ἐν Χριστῷ Ἰησοῦ, 7 ἵνα ἐνδείξηται ἐν τοῖς αἰῶσιν τοῖς ἐπερχομένοις τὸ ὑπερβάλλον πλοῦτος τῆς χάριτος αὐτοῦ ἐν χρηστότητι ἐφ᾽ ἡμᾶς ἐν Χριστῷ Ἰησοῦ. 8 τῇ γὰρ χάριτί ἐστε σεσωσμένοι διὰ πίστεως· καὶ τοῦτο οὐκ ἐξ ὑμῶν, θεοῦ τὸ δῶρον· 9 οὐκ ἐξ ἔργων, ἵνα μή τις καυχήσηται. 10 αὐτοῦ γάρ ἐσμεν ποίημα, κτισθέντες ἐν Χριστῷ Ἰησοῦ ἐπὶ ἔργοις ἀγαθοῖς οἷς προητοίμασεν ὁ θεὸς ἵνα ἐν αὐτοῖς περιπατήσωμεν.

Jew and Gentile United in Christ

11 Διὸ μνημονεύετε ὅτι ποτὲ ὑμεῖς τὰ ἔθνη ἐν σαρκί, οἱ λεγόμενοι ἀκροβυστία ὑπὸ τῆς λεγομένης περιτομῆς ἐν σαρκὶ χειροποιήτου,—12 ὅτι ἦτε τῷ καιρῷ ἐκείνῳ χωρὶς Χριστοῦ, ἀπηλλοτριωμένοι τῆς πολιτείας τοῦ Ἰσραὴλ καὶ ξένοι τῶν διαθηκῶν τῆς ἐπαγγελίας, ἐλπίδα μὴ ἔχοντες καὶ ἄθεοι ἐν τῷ κόσμῳ. 13 νυνὶ δὲ ἐν Χριστῷ Ἰησοῦ ὑμεῖς οἵ ποτε ὄντες **μακρὰν** ἐγενήθητε **ἐγγὺς** ἐν τῷ αἵματι τοῦ χρι-

---

2:1 RP: *add* ὑμῶν *after* ἁμαρτίαις 3 WH: ἤμεθα RP: ἦμεν 5 {WH}: *add* ἐν *after* συνεζωοποίησεν 7 WH: ὑπερβάλλον πλοῦτος RP: ὑπερβάλλοντα πλοῦτον 8 RP: *add* τῆς *before* πίστεως 11 WH: ποτὲ ὑμεῖς RP: ὑμεῖς ποτὲ 12 RP: *add* ἐν *after* ἦτε 13 WH: ἐγενήθητε ἐγγὺς RP: ἐγγὺς ἐγενήθητε

2:13–14, 17 Isa 57:19; 52:7

στοῦ. 14 Αὐτὸς γάρ ἐστιν ἡ **εἰρήνη** ἡμῶν, ὁ ποιήσας τὰ ἀμφότερα ἓν καὶ τὸ μεσότοιχον τοῦ φραγμοῦ λύσας, 15 τὴν ἔχθραν ἐν τῇ σαρκὶ αὐτοῦ, τὸν νόμον τῶν ἐντολῶν ἐν δόγμασιν καταργήσας, ἵνα τοὺς δύο κτίσῃ ἐν αὐτῷ εἰς ἕνα καινὸν ἄνθρωπον ποιῶν εἰρήνην, 16 καὶ ἀποκαταλλάξῃ τοὺς ἀμφοτέρους ἐν ἑνὶ σώματι τῷ θεῷ διὰ τοῦ σταυροῦ ἀποκτείνας τὴν ἔχθραν ἐν αὐτῷ· 17 καὶ ἐλθὼν **εὐηγγελίσατο εἰρήνην** ὑμῖν **τοῖς μακρὰν καὶ εἰρήνην τοῖς ἐγγύς·** 18 ὅτι δι᾽ αὐτοῦ ἔχομεν τὴν προσαγωγὴν οἱ ἀμφότεροι ἐν ἑνὶ πνεύματι πρὸς τὸν πατέρα. 19 Ἄρα οὖν οὐκέτι ἐστὲ ξένοι καὶ πάροικοι, ἀλλὰ ἐστὲ συμπολῖται τῶν ἁγίων καὶ οἰκεῖοι τοῦ θεοῦ, 20 ἐποικοδομηθέντες ἐπὶ τῷ θεμελίῳ τῶν ἀποστόλων καὶ προφητῶν, ὄντος **ἀκρογωνιαίου** αὐτοῦ Χριστοῦ Ἰησοῦ, 21 ἐν ᾧ πᾶσα οἰκοδομὴ συναρμολογουμένη αὔξει εἰς ναὸν ἅγιον ἐν κυρίῳ, 22 ἐν ᾧ καὶ ὑμεῖς συνοικοδομεῖσθε εἰς κατοικητήριον τοῦ θεοῦ ἐν πνεύματι.

God's Plan for the Gentiles

3 Τούτου χάριν ἐγὼ Παῦλος ὁ δέσμιος τοῦ χριστοῦ Ἰησοῦ ὑπὲρ ὑμῶν τῶν ἐθνῶν,—2 εἴ γε ἠκούσατε τὴν οἰκονομίαν τῆς χάριτος τοῦ θεοῦ τῆς δοθείσης μοι εἰς ὑμᾶς, 3 [ο"τι] κατὰ ἀποκάλυψιν ἐγνωρίσθη μοι τὸ μυστήριον, καθὼς προέγραψα ἐν ὀλίγῳ, 4 πρὸς ὃ δύνασθε ἀναγινώσκοντες νοῆσαι τὴν σύνεσίν μου ἐν τῷ μυστηρίῳ τοῦ χριστοῦ, 5 ὃ ἑτέραις γενεαῖς οὐκ ἐγνωρίσθη τοῖς υἱοῖς τῶν ἀνθρώπων ὡς νῦν ἀπεκαλύφθη τοῖς ἁγίοις ἀποστόλοις αὐτοῦ καὶ προφήταις ἐν πνεύματι, 6 εἶναι τὰ ἔθνη συγκληρονόμα καὶ σύνσωμα καὶ συνμέτοχα τῆς ἐπαγγελίας ἐν Χριστῷ Ἰησοῦ διὰ τοῦ εὐαγγελίου, 7 οὗ ἐγενήθην διάκονος

---

15 WH: αὐτῷ NA: αὐτῷ RP: ἑαυτῷ 17 RP: *add* εἰρήνην *after* μακρὰν καὶ 19 RP: *omit* ἐστὲ *after* ἀλλὰ 20 WH: Χριστοῦ Ἰησοῦ RP: Ἰησοῦ χριστοῦ
3:1 WH: Ἰησοῦ NA: [Ἰησοῦ] 3 WH: [ὅτι] RP: ὅτι // WH: ἐγνωρίσθη RP: ἐγνώρισέν 6 RP: *add* αὐτοῦ *after* ἐπαγγελίας // WH: Χριστῷ Ἰησοῦ RP: τῷ χριστῷ 7 WH: ἐγενήθην RP: ἐγενόμην //

---

20 Isa 28:16

κατὰ τὴν δωρεὰν τῆς χάριτος τοῦ θεοῦ τῆς δοθείσης μοι
κατὰ τὴν ἐνέργειαν τῆς δυνάμεως αὐτοῦ—8 ἐμοὶ τῷ ἐλαχι-
στοτέρῳ πάντων ἁγίων ἐδόθη ἡ χάρις αὕτη—τοῖς ἔθνεσιν
εὐαγγελίσασθαι τὸ ἀνεξιχνίαστον πλοῦτος τοῦ χριστοῦ,
9 καὶ φωτίσαι τίς ἡ οἰκονομία τοῦ μυστηρίου τοῦ ἀποκε-
κρυμμένου ἀπὸ τῶν αἰώνων ἐν τῷ θεῷ τῷ τὰ πάντα κτί-
σαντι, 10 ἵνα γνωρισθῇ νῦν ταῖς ἀρχαῖς καὶ ταῖς ἐξουσίαις
ἐν τοῖς ἐπουρανίοις διὰ τῆς ἐκκλησίας ἡ πολυποίκιλος
σοφία τοῦ θεοῦ, 11 κατὰ πρόθεσιν τῶν αἰώνων ἣν ἐποίησεν
ἐν τῷ χριστῷ Ἰησοῦ τῷ κυρίῳ ἡμῶν, 12 ἐν ᾧ ἔχομεν τὴν
παρρησίαν καὶ προσαγωγὴν ἐν πεποιθήσει διὰ τῆς πίστεως
αὐτοῦ. 13 Διὸ αἰτοῦμαι μὴ ἐνκακεῖν ἐν ταῖς θλίψεσίν μου
ὑπὲρ ὑμῶν, ἥτις ἐστὶν δόξα ὑμῶν.

Paul's Prayer for the Ephesians

14 Τούτου χάριν κάμπτω τὰ γόνατά μου πρὸς τὸν
πατέρα, 15 ἐξ οὗ πᾶσα πατριὰ ἐν οὐρανοῖς καὶ ἐπὶ γῆς ὀνο-
μάζεται, 16 ἵνα δῷ ὑμῖν κατὰ τὸ πλοῦτος τῆς δόξης αὐτοῦ
δυνάμει κραταιωθῆναι διὰ τοῦ πνεύματος αὐτοῦ εἰς τὸν
ἔσω ἄνθρωπον, 17 κατοικῆσαι τὸν χριστὸν διὰ τῆς πίστεως
ἐν ταῖς καρδίαις ὑμῶν ἐν ἀγάπῃ· ἐρριζωμένοι καὶ τεθεμελι-
ωμένοι, 18 ἵνα ἐξισχύσητε καταλαβέσθαι σὺν πᾶσιν τοῖς
ἁγίοις τί τὸ πλάτος καὶ μῆκος καὶ ὕψος καὶ βάθος, 19 γνῶναί
τε τὴν ὑπερβάλλουσαν τῆς γνώσεως ἀγάπην τοῦ χριστοῦ,
ἵνα πληρωθῆτε εἰς πᾶν τὸ πλήρωμα τοῦ θεοῦ.

20 Τῷ δὲ δυναμένῳ ὑπὲρ πάντα ποιῆσαι ὑπερεκπερισ-
σοῦ ὧν αἰτούμεθα ἢ νοοῦμεν κατὰ τὴν δύναμιν τὴν ἐνερ-
γουμένην ἐν ἡμῖν, 21 αὐτῷ ἡ δόξα ἐν τῇ ἐκκλησίᾳ καὶ ἐν

WH: τῆς δοθείσης RP: τὴν δοθεῖσάν 8 RP: add ἐν after αὕτη // WH: τὸ RP: τὸν //
WH: πλοῦτος RP: πλοῦτον 9 {WH}/[NA]/RP: add πάντας after φωτίσαι // RP: add
διὰ Ἰησοῦ χριστοῦ after κτίσαντι 11 RP: omit τῷ after ἐποίησεν ἐν 12 RP: add τὴν
after παρρησίαν καὶ 13 WH: ἐνκακεῖν RP: ἐκκακεῖν 14 RP: add τοῦ κυρίου ἡμῶν
Ἰησοῦ χριστοῦ after πατέρα 16 WH: δῷ RP: δῴη // WH: τὸ πλοῦτος RP: τὸν
πλοῦτον 17–18 RP: end v. 17 after ὑμῶν· // WH: ὑμῶν ἐν ἀγάπῃ· NA: ὑμῶν, ἐν
ἀγάπῃ· RP: ὑμῶν· 18 ἐν ἀγάπῃ 18 WH: ὕψος καὶ βάθος {WH}/RP: βάθος καὶ
ὕψος 19 WH: πληρωθῆτε εἰς {WH}: πληρωθῇ 20 WH: ὑπερεκπερισσοῦ RP: ὑπὲρ
ἐκπερισσοῦ 21 RP: omit καὶ after ἐκκλησίᾳ

Χριστῷ Ἰησοῦ εἰς πάσας τὰς γενεὰς τοῦ αἰῶνος τῶν αἰώνων· ἀμήν.

Unity and Maturity in the Body of Christ

4 Παρακαλῶ οὖν ὑμᾶς ἐγὼ ὁ δέσμιος ἐν κυρίῳ ἀξίως περιπατῆσαι τῆς κλήσεως ἧς ἐκλήθητε, 2 μετὰ πάσης ταπεινοφροσύνης καὶ πραΰτητος, μετὰ μακροθυμίας, ἀνεχόμενοι ἀλλήλων ἐν ἀγάπῃ, 3 σπουδάζοντες τηρεῖν τὴν ἑνότητα τοῦ πνεύματος ἐν τῷ συνδέσμῳ τῆς εἰρήνης· 4 ἓν σῶμα καὶ ἓν πνεῦμα, καθὼς [καὶ] ἐκλήθητε ἐν μιᾷ ἐλπίδι τῆς κλήσεως ὑμῶν· 5 εἷς κύριος, μία πίστις, ἓν βάπτισμα· 6 εἷς θεὸς καὶ πατὴρ πάντων, ὁ ἐπὶ πάντων καὶ διὰ πάντων καὶ ἐν πᾶσιν. 7 Ἑνὶ δὲ ἑκάστῳ ἡμῶν ἐδόθη [ἡ] χάρις κατὰ τὸ μέτρον τῆς δωρεᾶς τοῦ χριστοῦ. 8 διὸ λέγει

Ἀναβὰς εἰς ὕψος ᾐχμαλώτευσεν αἰχμαλωσίαν,
   [καὶ] ἔδωκεν δόματα τοῖς ἀνθρώποις.

9 τὸ δὲ Ἀνέβη τί ἐστιν εἰ μὴ ὅτι καὶ κατέβη εἰς τὰ κατώτερα μέρη τῆς γῆς; 10 ὁ καταβὰς αὐτός ἐστιν καὶ ὁ ἀναβὰς ὑπεράνω πάντων τῶν οὐρανῶν, ἵνα πληρώσῃ τὰ πάντα. 11 καὶ αὐτὸς ἔδωκεν τοὺς μὲν ἀποστόλους, τοὺς δὲ προφήτας, τοὺς δὲ εὐαγγελιστάς, τοὺς δὲ ποιμένας καὶ διδασκάλους, 12 πρὸς τὸν καταρτισμὸν τῶν ἁγίων εἰς ἔργον διακονίας, εἰς οἰκοδομὴν τοῦ σώματος τοῦ χριστοῦ, 13 μέχρι καταντήσωμεν οἱ πάντες εἰς τὴν ἑνότητα τῆς πίστεως καὶ τῆς ἐπιγνώσεως τοῦ υἱοῦ τοῦ θεοῦ, εἰς ἄνδρα τέλειον, εἰς μέτρον ἡλικίας τοῦ πληρώματος τοῦ χριστοῦ, 14 ἵνα μηκέτι ὦμεν νήπιοι, κλυδωνιζόμενοι καὶ περιφερόμενοι παντὶ ἀνέμῳ τῆς διδασκαλίας ἐν τῇ κυβίᾳ τῶν ἀνθρώπων ἐν πανουργίᾳ πρὸς τὴν μεθοδίαν τῆς πλάνης, 15 ἀληθεύοντες

4:2 WH: πραΰτητος, RP: πραότητος 4 WH: [καὶ] NA/RP: καὶ 6 RP: *add* ἡμῖν *after* πᾶσιν 7 WH: [ἡ] NA/RP: ἡ 8 WH: [καὶ] NA: *omit* [καὶ] RP: καὶ 9 {WH}/RP: *add* πρῶτον *after* κατέβη // WH: μέρη NA: [μέρη]

4:8–9 Ps 68:18

δὲ ἐν ἀγάπῃ αὐξήσωμεν εἰς αὐτὸν τὰ πάντα, ὅς ἐστιν ἡ κε-
φαλή, Χριστός, 16 ἐξ οὗ πᾶν τὸ σῶμα συναρμολογούμενον
καὶ συνβιβαζόμενον διὰ πάσης ἁφῆς τῆς ἐπιχορηγίας κατ᾽
ἐνέργειαν ἐν μέτρῳ ἑνὸς ἑκάστου μέρους τὴν αὔξησιν τοῦ
σώματος ποιεῖται εἰς οἰκοδομὴν ἑαυτοῦ ἐν ἀγάπῃ.

New Life in Christ

17 Τοῦτο οὖν λέγω καὶ μαρτύρομαι ἐν κυρίῳ, μηκέτι
ὑμᾶς περιπατεῖν καθὼς καὶ τὰ ἔθνη περιπατεῖ ἐν ματαιό-
τητι τοῦ νοὸς αὐτῶν, 18 ἐσκοτωμένοι τῇ διανοίᾳ ὄντες,
ἀπηλλοτριωμένοι τῆς ζωῆς τοῦ θεοῦ, διὰ τὴν ἄγνοιαν τὴν
οὖσαν ἐν αὐτοῖς, διὰ τὴν πώρωσιν τῆς καρδίας αὐτῶν,
19 οἵτινες ἀπηλγηκότες ἑαυτοὺς παρέδωκαν τῇ ἀσελγείᾳ
εἰς ἐργασίαν ἀκαθαρσίας πάσης ἐν πλεονεξίᾳ. 20 Ὑμεῖς δὲ
οὐχ οὕτως ἐμάθετε τὸν χριστόν, 21 εἴ γε αὐτὸν ἠκούσατε
καὶ ἐν αὐτῷ ἐδιδάχθητε, καθὼς ἔστιν ἀλήθεια ἐν τῷ Ἰησοῦ,
22 ἀποθέσθαι ὑμᾶς κατὰ τὴν προτέραν ἀναστροφὴν τὸν
παλαιὸν ἄνθρωπον τὸν φθειρόμενον κατὰ τὰς ἐπιθυμίας
τῆς ἀπάτης, 23 ἀνανεοῦσθαι δὲ τῷ πνεύματι τοῦ νοὸς
ὑμῶν, 24 καὶ ἐνδύσασθαι τὸν καινὸν ἄνθρωπον τὸν κατὰ
θεὸν κτισθέντα ἐν δικαιοσύνῃ καὶ ὁσιότητι τῆς ἀληθείας.
25 Διὸ ἀποθέμενοι τὸ ψεῦδος **λαλεῖτε ἀλήθειαν ἕκα-
στος μετὰ τοῦ πλησίον αὐτοῦ,** ὅτι ἐσμὲν ἀλλήλων μέλη.
26 **ὀργίζεσθε καὶ μὴ ἁμαρτάνετε**· ὁ ἥλιος μὴ ἐπιδυέτω ἐπὶ
παροργισμῷ ὑμῶν, 27 μηδὲ δίδοτε τόπον τῷ διαβόλῳ. 28 ὁ
κλέπτων μηκέτι κλεπτέτω, μᾶλλον δὲ κοπιάτω ἐργαζόμενος
ταῖς χερσὶν τὸ ἀγαθόν, ἵνα ἔχῃ μεταδιδόναι τῷ χρείαν ἔχον-
τι. 29 πᾶς λόγος σαπρὸς ἐκ τοῦ στόματος ὑμῶν μὴ ἐκπο-
ρευέσθω, ἀλλὰ εἴ τις ἀγαθὸς πρὸς οἰκοδομὴν τῆς χρείας,

---

15 WH: Χριστός RP: ὁ χριστός 16 WH: μέρους {WH}: μέλους 17 RP: add λοιπὰ
after καὶ τὰ 18 WH: ἐσκοτωμένοι RP: ἐσκοτισμένοι 21 WH: καθὼς ἔστιν
ἀλήθεια ἐν {WH}: καθώς ἐστιν ἀληθείᾳ, ἐν 26 [NA]/RP: add τῷ *after* ἐπὶ 28 WH:
ταῖς χερσὶν τὸ ἀγαθόν // {WH}: ταῖς ἰδίαις χερσὶν τὸ ἀγαθόν // NA: ταῖς [ἰδίαις]
χερσὶν τὸ ἀγαθόν RP: τὸ ἀγαθόν ταῖς χερσίν

ἵνα δῷ χάριν τοῖς ἀκούουσιν. 30 καὶ μὴ λυπεῖτε τὸ πνεῦμα τὸ ἅγιον τοῦ θεοῦ, ἐν ᾧ ἐσφραγίσθητε εἰς ἡμέραν ἀπολυτρώσεως. 31 πᾶσα πικρία καὶ θυμὸς καὶ ὀργὴ καὶ κραυγὴ καὶ βλασφημία ἀρθήτω ἀφ' ὑμῶν σὺν πάσῃ κακίᾳ. 32 γίνεσθε [δὲ] εἰς ἀλλήλους χρηστοί, εὔσπλαγχνοι, χαριζόμενοι ἑαυτοῖς καθὼς καὶ ὁ θεὸς ἐν Χριστῷ ἐχαρίσατο ὑμῖν.

Living in the Light

5 γίνεσθε οὖν μιμηταὶ τοῦ θεοῦ, ὡς τέκνα ἀγαπητά, 2 καὶ περιπατεῖτε ἐν ἀγάπῃ, καθὼς καὶ ὁ χριστὸς ἠγάπησεν ὑμᾶς καὶ παρέδωκεν ἑαυτὸν ὑπὲρ ὑμῶν **προσφορὰν καὶ θυσίαν** τῷ θεῷ **εἰς ὀσμὴν εὐωδίας.**

3 Πορνεία δὲ καὶ ἀκαθαρσία πᾶσα ἢ πλεονεξία μηδὲ ὀνομαζέσθω ἐν ὑμῖν, καθὼς πρέπει ἁγίοις, 4 καὶ αἰσχρότης καὶ μωρολογία ἢ εὐτραπελία, ἃ οὐκ ἀνῆκεν, ἀλλὰ μᾶλλον εὐχαριστία. 5 τοῦτο γὰρ ἴστε γινώσκοντες ὅτι πᾶς πόρνος ἢ ἀκάθαρτος ἢ πλεονέκτης, ὅ ἐστιν εἰδωλολάτρης, οὐκ ἔχει κληρονομίαν ἐν τῇ βασιλείᾳ τοῦ χριστοῦ καὶ θεοῦ.

6 Μηδεὶς ὑμᾶς ἀπατάτω κενοῖς λόγοις, διὰ ταῦτα γὰρ ἔρχεται ἡ ὀργὴ τοῦ θεοῦ ἐπὶ τοὺς υἱοὺς τῆς ἀπειθίας. 7 μὴ οὖν γίνεσθε συμμέτοχοι αὐτῶν· 8 ἦτε γάρ ποτε σκότος, νῦν δὲ φῶς ἐν κυρίῳ· ὡς τέκνα φωτὸς περιπατεῖτε, 9 ὁ γὰρ καρπὸς τοῦ φωτὸς ἐν πάσῃ ἀγαθωσύνῃ καὶ δικαιοσύνῃ καὶ ἀληθείᾳ, 10 δοκιμάζοντες τί ἐστιν εὐάρεστον τῷ κυρίῳ· 11 καὶ μὴ συνκοινωνεῖτε τοῖς ἔργοις τοῖς ἀκάρποις τοῦ σκότους, μᾶλλον δὲ καὶ ἐλέγχετε, 12 τὰ γὰρ κρυφῇ γινόμενα ὑπ' αὐτῶν αἰσχρόν ἐστιν καὶ λέγειν· 13 τὰ δὲ πάντα ἐλεγχόμενα ὑπὸ τοῦ φωτὸς φανεροῦται, πᾶν γὰρ τὸ φανερούμενον φῶς ἐστίν. 14 διὸ λέγει

---

32 WH: [δὲ] RP: δὲ // WH: ὑμῖν {WH}/RP: ἡμῖν
5:2 WH: ὑμᾶς NA/RP: ἡμᾶς // WH: ὑμῶν {WH}/NA/RP: ἡμῶν 3 WH: ἀκαθαρσία πᾶσα RP: πᾶσα ἀκαθαρσία 4 WH: ἃ οὐκ ἀνῆκεν RP: τὰ οὐκ ἀνήκοντα 5 WH: ἴστε RP: ἔστε // WH: ὅ ἐστιν RP: ὅς ἐστιν 9 WH: φωτὸς RP: πνεύματος 12 WH: κρυφῇ RP: κρυφῇ

5:2 Ps 40:6; Ezek 20:41

Ἔγειρε, ὁ καθεύδων,
καὶ ἀνάστα ἐκ τῶν νεκρῶν,
καὶ ἐπιφαύσει σοι ὁ χριστός.

Living by the Spirit's Power

15 Βλέπετε οὖν ἀκριβῶς πῶς περιπατεῖτε, μὴ ὡς ἄσοφοι ἀλλ᾽ ὡς σοφοί, 16 ἐξαγοραζόμενοι τὸν καιρόν, ὅτι αἱ ἡμέραι πονηραί εἰσιν. 17 διὰ τοῦτο μὴ γίνεσθε ἄφρονες, ἀλλὰ συνίετε τί τὸ θέλημα τοῦ κυρίου· 18 καὶ μὴ μεθύσκεσθε οἴνῳ, ἐν ᾧ ἐστὶν ἀσωτία, ἀλλὰ πληροῦσθε ἐν πνεύματι, 19 λαλοῦντες ἑαυτοῖς ψαλμοῖς καὶ ὕμνοις καὶ ᾠδαῖς πνευματικαῖς, ᾄδοντες καὶ ψάλλοντες τῇ καρδίᾳ ὑμῶν τῷ κυρίῳ, 20 εὐχαριστοῦντες πάντοτε ὑπὲρ πάντων ἐν ὀνόματι τοῦ κυρίου ἡμῶν Ἰησοῦ Χριστοῦ τῷ θεῷ καὶ πατρί, 21 ὑποτασσόμενοι ἀλλήλοις ἐν φόβῳ Χριστοῦ.

Wives and Husbands

22 Αἱ γυναῖκες τοῖς ἰδίοις ἀνδράσιν ὡς τῷ κυρίῳ, 23 ὅτι ἀνήρ ἐστιν κεφαλὴ τῆς γυναικὸς ὡς καὶ ὁ χριστὸς κεφαλὴ τῆς ἐκκλησίας, αὐτὸς σωτὴρ τοῦ σώματος. 24 ἀλλὰ ὡς ἡ ἐκκλησία ὑποτάσσεται τῷ χριστῷ, οὕτως καὶ αἱ γυναῖκες τοῖς ἀνδράσιν ἐν παντί. 25 Οἱ ἄνδρες, ἀγαπᾶτε τὰς γυναῖκας, καθὼς καὶ ὁ χριστὸς ἠγάπησεν τὴν ἐκκλησίαν καὶ ἑαυτὸν παρέδωκεν ὑπὲρ αὐτῆς, 26 ἵνα αὐτὴν ἁγιάσῃ καθαρίσας τῷ λουτρῷ τοῦ ὕδατος ἐν ῥήματι, 27 ἵνα παραστήσῃ αὐτὸς ἑαυτῷ ἔνδοξον τὴν ἐκκλησίαν, μὴ ἔχουσαν σπίλον ἢ ῥυτίδα ἤ τι τῶν τοιούτων, ἀλλ᾽ ἵνα ᾖ ἁγία καὶ

---

15 WH: ἀκριβῶς πῶς RP: πῶς ἀκριβῶς 17 WH: συνίετε RP: συνιέντες 19 {WH}/[NA]: add ἐν before ψαλμοῖς // RP: add ἐν after ψάλλοντες 22 WH: ἀνδράσιν {WH}: ἀνδράσιν ὑποτασσέσθωσαν RP: ἀνδράσιν ὑποτάσσεσθε 23 WH: ἀνήρ ἐστιν κεφαλὴ {WH}: ἀνὴρ κεφαλή ἐστιν // WH: αὐτὸς RP: καὶ αὐτὸς ἐστιν 24 WH: ἀλλὰ ὡς RP: Ἀλλ᾽ ὥσπερ // RP: add ἰδίοις after τοῖς 25 RP: add ἑαυτῶν after γυναῖκας 27 WH: αὐτὸς RP: αὐτὴν

---

18 Prov 23:31 LXX

ἄμωμος. 28 οὕτως ὀφείλουσιν [καὶ] οἱ ἄνδρες ἀγαπᾶν τὰς
ἑαυτῶν γυναῖκας ὡς τὰ ἑαυτῶν σώματα· ὁ ἀγαπῶν τὴν
ἑαυτοῦ γυναῖκα ἑαυτὸν ἀγαπᾷ, 29 οὐδεὶς γάρ ποτε τὴν
ἑαυτοῦ σάρκα ἐμίσησεν, ἀλλὰ ἐκτρέφει καὶ θάλπει αὐτήν,
καθὼς καὶ ὁ χριστὸς τὴν ἐκκλησίαν, 30 ὅτι μέλη ἐσμὲν τοῦ
σώματος αὐτοῦ. 31 **ἀντὶ τούτου καταλείψει ἄνθρωπος [τὸν]
πατέρα καὶ [τὴν] μητέρα καὶ προσκολληθήσεται πρὸς τὴν
γυναῖκα αὐτοῦ, καὶ ἔσονται οἱ δύο εἰς σάρκα μίαν.** 32 τὸ
μυστήριον τοῦτο μέγα ἐστίν, ἐγὼ δὲ λέγω εἰς Χριστὸν καὶ
[εἰς] τὴν ἐκκλησίαν. 33 πλὴν καὶ ὑμεῖς οἱ καθ' ἕνα ἕκαστος
τὴν ἑαυτοῦ γυναῖκα οὕτως ἀγαπάτω ὡς ἑαυτόν, ἡ δὲ γυνὴ
ἵνα φοβῆται τὸν ἄνδρα.

Children and Parents

6 Τὰ τέκνα, ὑπακούετε τοῖς γονεῦσιν ὑμῶν [ἐν κυρίῳ],
τοῦτο γάρ ἐστιν δίκαιον· 2 **τίμα τὸν πατέρα σου καὶ τὴν
μητέρα,** ἥτις ἐστὶν ἐντολὴ πρώτη ἐν ἐπαγγελίᾳ, 3 **ἵνα εὖ σοι
γένηται καὶ ἔσῃ μακροχρόνιος ἐπὶ τῆς γῆς.** 4 Καὶ οἱ
πατέρες, μὴ παροργίζετε τὰ τέκνα ὑμῶν, ἀλλὰ ἐκτρέφετε
αὐτὰ ἐν **παιδείᾳ** καὶ **νουθεσίᾳ Κυρίου.**

Slaves and Masters

5 Οἱ δοῦλοι, ὑπακούετε τοῖς κατὰ σάρκα κυρίοις μετὰ
φόβου καὶ τρόμου ἐν ἁπλότητι τῆς καρδίας ὑμῶν ὡς τῷ
χριστῷ, 6 μὴ κατ' ὀφθαλμοδουλίαν ὡς ἀνθρωπάρεσκοι
ἀλλ' ὡς δοῦλοι Χριστοῦ ποιοῦντες τὸ θέλημα τοῦ θεοῦ, ἐκ

28 RP: omit [καὶ] after ὀφείλουσιν 29 WH: χριστὸς RP: κύριος 30 RP: add ἐκ τῆς
σαρκός αὐτοῦ καί ἐκ τῶν ὀστέων αὐτοῦ after σώματος αὐτοῦ 31 WH: [τὸν] RP:
τὸν // RP: add αὐτοῦ after πατέρα // WH: [τὴν] RP: τὴν // WH: πρὸς τὴν γυναῖκα
{WH}: τῇ γυναικὶ 32 WH: [εἰς] NA/RP: εἰς
6:1 WH: [ἐν κυρίῳ] RP: ἐν κυρίῳ 2–3 WH: πρώτη ἐν ἐπαγγελίᾳ, 3 ἵνα {WH}:
πρώτη, ἐν ἐπαγγελίᾳ 3 ἵνα 5 WH: κατὰ σάρκα κυρίοις RP: κυρίοις κατὰ σάρκα
6 WH: Χριστοῦ RP: τοῦ χριστοῦ

31 Gen 2:24 6:2–3 Exod 20:12; Deut 5:16 4 Prov 3:11; Isa 50:5; Prov 2:2 LXX, 5

ψυχῆς 7 μετ᾽ εὐνοίας δουλεύοντες, ὡς τῷ κυρίῳ καὶ οὐκ ἀνθρώποις, 8 εἰδότες ὅτι ἕκαστος, ἐάν τι ποιήσῃ ἀγαθόν, τοῦτο κομίσεται παρὰ κυρίου, εἴτε δοῦλος εἴτε ἐλεύθερος. 9 Καὶ οἱ κύριοι, τὰ αὐτὰ ποιεῖτε πρὸς αὐτούς, ἀνιέντες τὴν ἀπειλήν, εἰδότες ὅτι καὶ αὐτῶν καὶ ὑμῶν ὁ κύριός ἐστιν ἐν οὐρανοῖς, καὶ προσωπολημψία οὐκ ἔστιν παρ᾽ αὐτῷ.

The Armor of God

10 Τοῦ λοιποῦ ἐνδυναμοῦσθε ἐν κυρίῳ καὶ ἐν τῷ κράτει τῆς ἰσχύος αὐτοῦ. 11 ἐνδύσασθε τὴν πανοπλίαν τοῦ θεοῦ πρὸς τὸ δύνασθαι ὑμᾶς στῆναι πρὸς τὰς μεθοδίας τοῦ διαβόλου· 12 ὅτι οὐκ ἔστιν ἡμῖν ἡ πάλη πρὸς αἷμα καὶ σάρκα, ἀλλὰ πρὸς τὰς ἀρχάς, πρὸς τὰς ἐξουσίας, πρὸς τοὺς κοσμοκράτορας τοῦ σκότους τούτου, πρὸς τὰ πνευματικὰ τῆς πονηρίας ἐν τοῖς ἐπουρανίοις. 13 διὰ τοῦτο ἀναλάβετε τὴν πανοπλίαν τοῦ θεοῦ, ἵνα δυνηθῆτε ἀντιστῆναι ἐν τῇ ἡμέρᾳ τῇ πονηρᾷ καὶ ἅπαντα κατεργασάμενοι στῆναι. 14 στῆτε οὖν **περιζωσάμενοι τὴν ὀσφὺν** ὑμῶν **ἐν ἀληθείᾳ**, καὶ **ἐνδυσάμενοι τὸν θώρακα τῆς δικαιοσύνης**, 15 καὶ ὑποδησάμενοι **τοὺς πόδας ἐν ἑτοιμασίᾳ τοῦ εὐαγγελίου τῆς εἰρήνης**, 16 ἐν πᾶσιν ἀναλαβόντες τὸν θυρεὸν τῆς πίστεως, ἐν ᾧ δυνήσεσθε πάντα τὰ βέλη τοῦ πονηροῦ [τὰ] πεπυρωμένα σβέσαι· 17 καὶ **τὴν περικεφαλαίαν τοῦ σωτηρίου** δέξασθε, καὶ **τὴν μάχαιραν τοῦ πνεύματος**, ὅ ἐστιν **ῥῆμα θεοῦ**, 18 διὰ πάσης προσευχῆς καὶ δεήσεως, προσευχόμενοι ἐν παντὶ καιρῷ ἐν πνεύματι, καὶ εἰς αὐτὸ ἀγρυπνοῦντες ἐν πάσῃ προσκαρτερήσει καὶ δεήσει περὶ πάντων τῶν ἁγίων, 19 καὶ ὑπὲρ ἐμοῦ, ἵνα μοι δοθῇ λόγος ἐν ἀνοίξει τοῦ στόματός μου,

---

8 WH: ἕκαστος, ἐάν τι RP: ὃ ἐάν τι ἕκαστος // WH: κομίσεται RP: κομιεῖται // RP: *add* τοῦ *after* παρὰ 9 WH: αὐτῶν καὶ ὑμῶν RP: ὑμῶν αὐτῶν 10 WH: Τοῦ λοιποῦ, RP: Τὸ λοιπόν, ἀδελφοί μου, // WH: ἐνδυναμοῦσθε {WH}: δυναμοῦσθε 12 WH: ἡμῖν {WH}: ὑμῖν // RP: *add* τοῦ αἰῶνος *after* σκότους 16 WH: ἐν RP: ἐπὶ // WH: [τὰ] RP: τὰ 17 WH: δέξασθε RP: δέξασθαι 18 RP: *add* τοῦτο *after* εἰς αὐτὸ

---

14 Isa 11:5; 59:17 15 Isa 52:7; 40:3, 9 17 Isa 59:17; 11:4; 49:2; 51:16; Hos 6:5

ἐν παρρησίᾳ γνωρίσαι τὸ μυστήριον [τοῦ εὐαγγελίου]
20 ὑπὲρ οὗ πρεσβεύω ἐν ἁλύσει, ἵνα ἐν αὐτῷ παρρησιάσω-
μαι ὡς δεῖ με λαλῆσαι.

Final Greetings and Benediction

21 Ἵνα δὲ εἰδῆτε καὶ ὑμεῖς τὰ κατ' ἐμέ, τί πράσσω,
πάντα γνωρίσει ὑμῖν Τύχικος ὁ ἀγαπητὸς ἀδελφὸς καὶ
πιστὸς διάκονος ἐν κυρίῳ, 22 ὃν ἔπεμψα πρὸς ὑμᾶς εἰς αὐτὸ
τοῦτο ἵνα γνῶτε τὰ περὶ ἡμῶν καὶ παρακαλέσῃ τὰς καρδίας
ὑμῶν.
23 Εἰρήνη τοῖς ἀδελφοῖς καὶ ἀγάπη μετὰ πίστεως ἀπὸ
θεοῦ πατρὸς καὶ κυρίου Ἰησοῦ Χριστοῦ. 24 Ἡ χάρις μετὰ
πάντων τῶν ἀγαπώντων τὸν κύριον ἡμῶν Ἰησοῦν Χριστὸν
ἐν ἀφθαρσίᾳ.

---

19 WH: [τοῦ εὐαγγελίου] NA/RP: τοῦ εὐαγγελίου 21 WH: εἰδῆτε καὶ ὑμεῖς
{WH}: καὶ ὑμεῖς εἰδῆτε // WH: γνωρίσει ὑμῖν Τύχικος RP: ὑμῖν γνωρίσει
Τυχικὸς 24 RP: add Ἀμήν after ἀφθαρσίᾳ.

ΠΡΟΣ ΘΙΛΙΠΠΗΣΙΟΥΣ

Opening Greeting

1 Παῦλος καὶ Τιμόθεος δοῦλοι Χριστοῦ Ἰησοῦ πᾶσιν τοῖς ἁγίοις ἐν Χριστῷ Ἰησοῦ τοῖς οὖσιν ἐν Φιλίπποις σὺν ἐπισκόποις καὶ διακόνοις· 2 χάρις ὑμῖν καὶ εἰρήνη ἀπὸ θεοῦ πατρὸς ἡμῶν καὶ κυρίου Ἰησοῦ Χριστοῦ.

Thanksgiving and Prayer

3 Εὐχαριστῶ τῷ θεῷ μου ἐπὶ πάσῃ τῇ μνείᾳ ὑμῶν 4 πάντοτε ἐν πάσῃ δεήσει μου ὑπὲρ πάντων ὑμῶν, μετὰ χαρᾶς τὴν δέησιν ποιούμενος, 5 ἐπὶ τῇ κοινωνίᾳ ὑμῶν εἰς τὸ εὐαγγέλιον ἀπὸ τῆς πρώτης ἡμέρας ἄχρι τοῦ νῦν, 6 πεποιθὼς αὐτὸ τοῦτο ὅτι ὁ ἐναρξάμενος ἐν ὑμῖν ἔργον ἀγαθὸν ἐπιτελέσει ἄχρι ἡμέρας Ἰησοῦ Χριστοῦ· 7 καθώς ἐστιν δίκαιον ἐμοὶ τοῦτο φρονεῖν ὑπὲρ πάντων ὑμῶν, διὰ τὸ ἔχειν με ἐν τῇ καρδίᾳ ὑμᾶς, ἔν τε τοῖς δεσμοῖς μου καὶ ἐν τῇ ἀπολογίᾳ καὶ βεβαιώσει τοῦ εὐαγγελίου συνκοινωνούς μου τῆς χάριτος πάντας ὑμᾶς ὄντας· 8 μάρτυς γάρ μου ὁ θεός, ὡς ἐπιποθῶ πάντας ὑμᾶς ἐν σπλάγχνοις Χριστοῦ Ἰησοῦ. 9 καὶ τοῦτο προσεύχομαι ἵνα ἡ ἀγάπη ὑμῶν ἔτι μᾶλλον καὶ μᾶλλον περισσεύῃ ἐν ἐπιγνώσει καὶ πάσῃ αἰσθήσει, 10 εἰς τὸ δοκιμάζειν ὑμᾶς τὰ διαφέροντα, ἵνα ἦτε εἰλικρινεῖς καὶ ἀπρόσκοποι εἰς ἡμέραν Χριστοῦ, 11 πεπληρωμένοι καρπὸν δικαιοσύνης τὸν διὰ Ἰησοῦ Χριστοῦ εἰς δόξαν καὶ ἔπαινον θεοῦ.

1:1 WH: Χριστοῦ Ἰησοῦ RP: Ἰησοῦ χριστοῦ 5 RP: *omit* τῆς 6 WH: Ἰησοῦ Χριστοῦ {WH}/NA/RP: Χριστοῦ Ἰησοῦ 8 RP: *add* ἐστιν *after* μού // WH: Χριστοῦ Ἰησοῦ RP: Ἰησοῦ χριστοῦ 9 WH: περισσεύῃ {WH}: περισσεύσῃ 11 WH: καρπὸν RP: καρπῶν // WH: τὸν RP: τῶν

Paul's Sufferings Advance the Gospel

12 Γινώσκειν δὲ ὑμᾶς βούλομαι, ἀδελφοί, ὅτι τὰ κατ' ἐμὲ μᾶλλον εἰς προκοπὴν τοῦ εὐαγγελίου ἐλήλυθεν, 13 ὥστε τοὺς δεσμούς μου φανεροὺς ἐν Χριστῷ γενέσθαι ἐν ὅλῳ τῷ πραιτωρίῳ καὶ τοῖς λοιποῖς πᾶσιν, 14 καὶ τοὺς πλείονας τῶν ἀδελφῶν ἐν κυρίῳ πεποιθότας τοῖς δεσμοῖς μου περισσοτέρως τολμᾶν ἀφόβως τὸν λόγον τοῦ θεοῦ λαλεῖν.

15 Τινὲς μὲν καὶ διὰ φθόνον καὶ ἔριν, τινὲς δὲ καὶ δι' εὐδοκίαν τὸν χριστὸν κηρύσσουσιν· 16 οἱ μὲν ἐξ ἀγάπης, εἰδότες ὅτι εἰς ἀπολογίαν τοῦ εὐαγγελίου κεῖμαι, 17 οἱ δὲ ἐξ ἐριθίας τὸν χριστὸν καταγγέλλουσιν, οὐχ ἁγνῶς, οἰόμενοι θλῖψιν ἐγείρειν τοῖς δεσμοῖς μου. 18 τί γάρ; πλὴν ὅτι παντὶ τρόπῳ, εἴτε προφάσει εἴτε ἀληθείᾳ, Χριστὸς καταγγέλλεται, καὶ ἐν τούτῳ χαίρω· ἀλλὰ καὶ χαρήσομαι, 19 οἶδα γὰρ ὅτι **τοῦτό μοι ἀποβήσεται εἰς σωτηρίαν** διὰ τῆς ὑμῶν δεήσεως καὶ ἐπιχορηγίας τοῦ πνεύματος Ἰησοῦ Χριστοῦ, 20 κατὰ τὴν ἀποκαραδοκίαν καὶ ἐλπίδα μου ὅτι ἐν οὐδενὶ αἰσχυνθήσομαι, ἀλλ' ἐν πάσῃ παρρησίᾳ ὡς πάντοτε καὶ νῦν μεγαλυνθήσεται Χριστὸς ἐν τῷ σώματί μου, εἴτε διὰ ζωῆς εἴτε διὰ θανάτου.

To Live Is Christ

21 Ἐμοὶ γὰρ τὸ ζῆν Χριστὸς καὶ τὸ ἀποθανεῖν κέρδος. 22 εἰ δὲ τὸ ζῆν ἐν σαρκί, τοῦτό μοι καρπὸς ἔργου,—καὶ τί αἱρήσομαι οὐ γνωρίζω· 23 συνέχομαι δὲ ἐκ τῶν δύο, τὴν ἐπιθυμίαν ἔχων εἰς τὸ ἀναλῦσαι καὶ σὺν Χριστῷ εἶναι, πολλῷ γὰρ μᾶλλον κρεῖσσον, 24 τὸ δὲ ἐπιμένειν τῇ σαρκὶ

---

14 NA/RP: *omit* τοῦ θεοῦ 16–17 RP: *reverse v. 16 and v. 17 and reword as follows:* οἱ μὲν ἐξ ἐριθείας τὸν χριστὸν καταγγέλλουσιν, οὐχ ἁγνῶς, οἰόμενοι θλῖψιν ἐπιφέρειν τοῖς δεσμοῖς μου· [17] οἱ δὲ ἐξ ἀγάπης, εἰδότες ὅτι εἰς ἀπολογίαν τοῦ εὐαγγελίου κεῖμαι 17 WH: τὸν χριστὸν {WH}: Χριστὸν NA: τὸν Χριστὸν 18 RP: *omit* ὅτι 19 WH: γὰρ {WH}: δὲ 22 WH: ἔργου,—καὶ τί αἱρήσομαι {WH}: ἔργου, καὶ τί αἱρήσομαι; 23 WH: γὰρ NA: [γὰρ] RP: *omit* γὰρ 24 WH: ἐπιμένειν {WH}: ἐπιμεῖναι // WH: [NA]/RP: *add* ἐν *before* τῇ σαρκὶ

ἀναγκαιότερον δι' ὑμᾶς. 25 καὶ τοῦτο πεποιθὼς οἶδα ὅτι μενῶ καὶ παραμενῶ πᾶσιν ὑμῖν εἰς τὴν ὑμῶν προκοπὴν καὶ χαρὰν τῆς πίστεως, 26 ἵνα τὸ καύχημα ὑμῶν περισσεύῃ ἐν Χριστῷ Ἰησοῦ ἐν ἐμοὶ διὰ τῆς ἐμῆς παρουσίας πάλιν πρὸς ὑμᾶς.

A Life Worthy of the Gospel

27 Μόνον ἀξίως τοῦ εὐαγγελίου τοῦ χριστοῦ πολιτεύ-εσθε, ἵνα εἴτε ἐλθὼν καὶ ἰδὼν ὑμᾶς εἴτε ἀπὼν ἀκούω τὰ περὶ ὑμῶν, ὅτι στήκετε ἐν ἑνὶ πνεύματι, μιᾷ ψυχῇ συναθλοῦντες τῇ πίστει τοῦ εὐαγγελίου, 28 καὶ μὴ πτυρόμενοι ἐν μηδενὶ ὑπὸ τῶν ἀντικειμένων (ἥτις ἐστὶν αὐτοῖς ἔνδειξις ἀπωλείας, ὑμῶν δὲ σωτηρίας, καὶ τοῦτο ἀπὸ θεοῦ, 29 ὅτι ὑμῖν ἐχαρίσθη τὸ ὑπὲρ Χριστοῦ, οὐ μόνον τὸ εἰς αὐτὸν πιστεύειν ἀλλὰ καὶ τὸ ὑπὲρ αὐτοῦ πάσχειν), 30 τὸν αὐτὸν ἀγῶνα ἔχοντες οἷον εἴδετε ἐν ἐμοὶ καὶ νῦν ἀκούετε ἐν ἐμοί.

Imitating Christ's Humility

2 Εἴ τις οὖν παράκλησις ἐν Χριστῷ, εἴ τι παραμύθιον ἀγάπης, εἴ τις κοινωνία πνεύματος, εἴ τις σπλάγχνα καὶ οἰκτιρμοί, 2 πληρώσατέ μου τὴν χαρὰν ἵνα τὸ αὐτὸ φρονῆτε, τὴν αὐτὴν ἀγάπην ἔχοντες, σύνψυχοι, τὸ ἓν φρονοῦντες, 3 μηδὲν κατ' ἐριθίαν μηδὲ κατὰ κενοδοξίαν, ἀλλὰ τῇ τα-πεινοφροσύνῃ ἀλλήλους ἡγούμενοι ὑπερέχοντας ἑαυτῶν, 4 μὴ τὰ ἑαυτῶν ἕκαστοι σκοποῦντες, ἀλλὰ καὶ τὰ ἑτέρων ἕκαστοι. 5 τοῦτο φρονεῖτε ἐν ὑμῖν ὃ καὶ ἐν Χριστῷ Ἰησοῦ, 6 ὃς ἐν μορφῇ θεοῦ ὑπάρχων οὐχ ἁρπαγμὸν ἡγήσατο τὸ εἶναι ἴσα θεῷ, 7 ἀλλὰ ἑαυτὸν ἐκένωσεν μορφὴν δούλου

---

25 WH: παραμενῶ RP: συμπαραμενῶ 27 WH: ἀκούω RP: ἀκούσω 28 WH: ἐστὶν αὐτοῖς RP: αὐτοῖς μέν ἐστιν // WH: ὑμῶν RP: ὑμῖν

2:2 WH: ἓν {WH}: αὐτὸ 3 WH: κατ' ἐριθίαν μηδὲ κατὰ RP: κατὰ ἐριθείαν ἢ 4 WH: ἕκαστοι σκοποῦντες {WH}/NA: ἕκαστος σκοποῦντες RP: ἕκαστος σκοπεῖτε // WH: καὶ NA: [καὶ] 4–5 WH: ἑτέρων ἕκαστοι. 5 τοῦτο {WH}: ἑτέρων. 5 ἕκαστοι τοῦτο RP: ἑτέρων ἕκαστος. 5 Τοῦτο 5 WH: φρονεῖτε RP: γὰρ φρονείσθω

λαβών, ἐν ὁμοιώματι ἀνθρώπων γενόμενος· καὶ σχήματι
εὑρεθεὶς ὡς ἄνθρωπος 8 ἐταπείνωσεν ἑαυτὸν γενόμενος
ὑπήκοος μέχρι θανάτου, θανάτου δὲ σταυροῦ· 9 διὸ καὶ ὁ
θεὸς αὐτὸν ὑπερύψωσεν, καὶ ἐχαρίσατο αὐτῷ τὸ ὄνομα τὸ
ὑπὲρ πᾶν ὄνομα, 10 ἵνα ἐν τῷ ὀνόματι Ἰησοῦ **πᾶν γόνυ
κάμψῃ** ἐπουρανίων καὶ ἐπιγείων καὶ καταχθονίων, 11 **καὶ
πᾶσα γλῶσσα ἐξομολογήσηται** ὅτι ΚΥΡΙΟΣ ΙΗΣΟΥΣ ΧΡΙΣ-
ΤΟΣ εἰς δόξαν **θεοῦ** πατρός.

Shining as Lights for Christ

12 Ὥστε, ἀγαπητοί μου, καθὼς πάντοτε ὑπηκούσατε,
μὴ [ὡς] ἐν τῇ παρουσίᾳ μου μόνον ἀλλὰ νῦν πολλῷ μᾶλλον
ἐν τῇ ἀπουσίᾳ μου, μετὰ φόβου καὶ τρόμου τὴν ἑαυτῶν
σωτηρίαν κατεργάζεσθε, 13 θεὸς γάρ ἐστιν ὁ ἐνεργῶν ἐν
ὑμῖν καὶ τὸ θέλειν καὶ τὸ ἐνεργεῖν ὑπὲρ τῆς εὐδοκίας·
14 πάντα ποιεῖτε χωρὶς γογγυσμῶν καὶ διαλογισμῶν· 15 ἵνα
γένησθε ἄμεμπτοι καὶ ἀκέραιοι, **τέκνα θεοῦ ἄμωμα** μέσον
γενεᾶς σκολιᾶς καὶ διεστραμμένης, ἐν οἷς φαίνεσθε ὡς
φωστῆρες ἐν κόσμῳ 16 λόγον ζωῆς ἐπέχοντες, εἰς καύχημα
ἐμοὶ εἰς ἡμέραν Χριστοῦ, ὅτι οὐκ εἰς κενὸν ἔδραμον οὐδὲ
εἰς κενὸν ἐκοπίασα. 17 Ἀλλὰ εἰ καὶ σπένδομαι ἐπὶ τῇ
θυσίᾳ καὶ λειτουργίᾳ τῆς πίστεως ὑμῶν, χαίρω καὶ συν-
χαίρω πᾶσιν ὑμῖν· 18 τὸ δὲ αὐτὸ καὶ ὑμεῖς χαίρετε καὶ
συνχαίρετέ μοι.

Timothy and Epaphroditus Commended

19 Ἐλπίζω δὲ ἐν κυρίῳ Ἰησοῦ Τιμόθεον ταχέως πέμψαι
ὑμῖν, ἵνα κἀγὼ εὐψυχῶ γνοὺς τὰ περὶ ὑμῶν. 20 οὐδένα γὰρ
ἔχω ἰσόψυχον ὅστις γνησίως τὰ περὶ ὑμῶν μεριμνήσει,

---

9 RP: *omit* τὸ *before* ὄνομα 12 WH: [ὡς] NA/RP: ὡς 13 RP: *add* ὁ *before* θεὸς 15 WH:
ἄμωμα μέσον RP: ἀμώμητα ἐν μέσῳ

2:10–11 Isa 45:23 15 Deut 32:5 16 Isa 49:4; 65:23

21 οἱ πάντες γὰρ τὰ ἑαυτῶν ζητοῦσιν, οὐ τὰ Χριστοῦ
Ἰησοῦ. 22 τὴν δὲ δοκιμὴν αὐτοῦ γινώσκετε, ὅτι ὡς πατρὶ
τέκνον σὺν ἐμοὶ ἐδούλευσεν εἰς τὸ εὐαγγέλιον. 23 Τοῦτον
μὲν οὖν ἐλπίζω πέμψαι ὡς ἂν ἀφίδω τὰ περὶ ἐμὲ ἐξαυτῆς·
24 πέποιθα δὲ ἐν κυρίῳ ὅτι καὶ αὐτὸς ταχέως ἐλεύσομαι.
25 ἀναγκαῖον δὲ ἡγησάμην Ἐπαφρόδιτον τὸν ἀδελφὸν καὶ
συνεργὸν καὶ συνστρατιώτην μου, ὑμῶν δὲ ἀπόστολον καὶ
λειτουργὸν τῆς χρείας μου, πέμψαι πρὸς ὑμᾶς, 26 ἐπειδὴ
ἐπιποθῶν ἦν πάντας ὑμᾶς [ἰδεῖν], καὶ ἀδημονῶν διότι
ἠκούσατε ὅτι ἠσθένησεν. 27 καὶ γὰρ ἠσθένησεν παραπλή-
σιον θανάτου· ἀλλὰ ὁ θεὸς ἠλέησεν αὐτόν, οὐκ αὐτὸν δὲ
μόνον ἀλλὰ καὶ ἐμέ, ἵνα μὴ λύπην ἐπὶ λύπην σχῶ. 28 σπου-
δαιοτέρως οὖν ἔπεμψα αὐτὸν ἵνα ἰδόντες αὐτὸν πάλιν
χαρῆτε κἀγὼ ἀλυπότερος ὦ. 29 προσδέχεσθε οὖν αὐτὸν ἐν
κυρίῳ μετὰ πάσης χαρᾶς, καὶ τοὺς τοιούτους ἐντίμους
ἔχετε, 30 ὅτι διὰ τὸ ἔργον Κυρίου μέχρι θανάτου ἤγγισεν,
παραβολευσάμενος τῇ ψυχῇ ἵνα ἀναπληρώσῃ τὸ ὑμῶν
ὑστέρημα τῆς πρός με λειτουργίας.

The Value of Knowing Christ

3 Τὸ λοιπόν, ἀδελφοί μου, χαίρετε ἐν κυρίῳ. τὰ αὐτὰ
γράφειν ὑμῖν ἐμοὶ μὲν οὐκ ὀκνηρόν, ὑμῖν δὲ ἀσφαλές.—
  2 Βλέπετε τοὺς κύνας, βλέπετε τοὺς κακοὺς ἐργάτας,
βλέπετε τὴν κατατομήν. 3 ἡμεῖς γάρ ἐσμεν ἡ περιτομή, οἱ
πνεύματι θεοῦ λατρεύοντες καὶ καυχώμενοι ἐν Χριστῷ
Ἰησοῦ καὶ οὐκ ἐν σαρκὶ πεποιθότες, 4 καίπερ ἐγὼ ἔχων πε-
ποίθησιν καὶ ἐν σαρκί.
  Εἴ τις δοκεῖ ἄλλος πεποιθέναι ἐν σαρκί, ἐγὼ μᾶλλον·
5 περιτομῇ ὀκταήμερος, ἐκ γένους Ἰσραήλ, φυλῆς Βενια-
μείν, Ἑβραῖος ἐξ Ἑβραίων, κατὰ νόμον Φαρισαῖος, 6 κατὰ

---

21 WH: Χριστοῦ Ἰησοῦ {WH}/NA: Ἰησοῦ Χριστοῦ 23 WH: ἀφίδω RP: ἀπίδω
26 WH: πάντας ὑμᾶς [ἰδεῖν] {WH}: ὑμᾶς πάντας NA/RP: πάντας ὑμᾶς 27 WH:
θανάτου NA/RP: θανάτῳ // WH: ἠλέησεν αὐτόν RP: αὐτὸν ἠλέησεν 30 WH:
Κυρίου {WH}/NA: Χριστοῦ RP: τοῦ χριστοῦ // WH: παραβολευσάμενος RP:
παραβουλευσάμενος

ζῆλος διώκων τὴν ἐκκλησίαν, κατὰ δικαιοσύνην τὴν ἐν νόμῳ γενόμενος ἄμεμπτος. 7 Ἀλλὰ ἅτινα ἦν μοι κέρδη, ταῦτα ἥγημαι διὰ τὸν χριστὸν ζημίαν. 8 ἀλλὰ μὲν οὖν γε καὶ ἡγοῦμαι πάντα ζημίαν εἶναι διὰ τὸ ὑπερέχον τῆς γνώσεως Χριστοῦ Ἰησοῦ τοῦ κυρίου μου δι᾽ ὃν τὰ πάντα ἐζημιώθην, καὶ ἡγοῦμαι σκύβαλα ἵνα Χριστὸν κερδήσω 9 καὶ εὑρεθῶ ἐν αὐτῷ, μὴ ἔχων ἐμὴν δικαιοσύνην τὴν ἐκ νόμου ἀλλὰ τὴν διὰ πίστεως Χριστοῦ, τὴν ἐκ θεοῦ δικαιοσύνην ἐπὶ τῇ πίστει, 10 τοῦ γνῶναι αὐτὸν καὶ τὴν δύναμιν τῆς ἀναστάσεως αὐτοῦ καὶ κοινωνίαν παθημάτων αὐτοῦ, συμμορφιζόμενος τῷ θανάτῳ αὐτοῦ, 11 εἴ πως καταντήσω εἰς τὴν ἐξανάστασιν τὴν ἐκ νεκρῶν.

Running Toward the Goal

12 οὐχ ὅτι ἤδη ἔλαβον ἢ ἤδη τετελείωμαι, διώκω δὲ εἰ καὶ καταλάβω, ἐφ᾽ ᾧ καὶ κατελήμφθην ὑπὸ Χριστοῦ [Ἰησοῦ]. 13 ἀδελφοί, ἐγὼ ἐμαυτὸν οὔπω λογίζομαι κατειληφέναι· ἓν δέ, τὰ μὲν ὀπίσω ἐπιλανθανόμενος τοῖς δὲ ἔμπροσθεν ἐπεκτεινόμενος, 14 κατὰ σκοπὸν διώκω εἰς τὸ βραβεῖον τῆς ἄνω κλήσεως τοῦ θεοῦ ἐν Χριστῷ Ἰησοῦ. 15 Ὅσοι οὖν τέλειοι, τοῦτο φρονῶμεν· καὶ εἴ τι ἑτέρως φρονεῖτε, καὶ τοῦτο ὁ θεὸς ὑμῖν ἀποκαλύψει· 16 πλὴν εἰς ὃ ἐφθάσαμεν, τῷ αὐτῷ στοιχεῖν.

17 Συμμιμηταί μου γίνεσθε, ἀδελφοί, καὶ σκοπεῖτε τοὺς οὕτω περιπατοῦντας καθὼς ἔχετε τύπον ἡμᾶς· 18 πολλοὶ γὰρ περιπατοῦσιν οὓς πολλάκις ἔλεγον ὑμῖν, νῦν δὲ καὶ κλαίων λέγω, τοὺς ἐχθροὺς τοῦ σταυροῦ τοῦ χριστοῦ, 19 ὧν τὸ τέλος ἀπώλεια, ὧν ὁ θεὸς ἡ κοιλία καὶ ἡ δόξα ἐν τῇ αἰσχύνῃ αὐτῶν, οἱ τὰ ἐπίγεια φρονοῦντες. 20 ἡμῶν γὰρ

3:6 WH: ζῆλος RP: ζῆλον 7 WH: Ἀλλὰ NA: [Ἀλλὰ] RP: Ἀλλ᾽ 8 WH: μὲν οὖν γε NA: μενοῦνγε RP: μὲν οὖν // RP: *add* εἶναι *after* σκύβαλα 10 [NA]/RP: *add* τὴν *before* κοινωνίαν // [NA]/RP: *add* τῶν *before* παθημάτων // WH: συμμορφιζόμενος RP: συμμορφούμενος 11 WH: τὴν ἐκ RP: τῶν 12 WH: Χριστοῦ [Ἰησοῦ] RP: τοῦ χριστοῦ Ἰησοῦ 13 WH: οὔπω {WH}/NA/RP: οὐ 14 WH: εἰς RP: ἐπὶ 16 RP: *add* κανόνι, τὸ αὐτὸ φρονεῖν *after* στοιχεῖν 17 WH: οὕτω RP: οὕτως

τὸ πολίτευμα ἐν οὐρανοῖς ὑπάρχει, ἐξ οὗ καὶ σωτῆρα ἀπεκ-
δεχόμεθα κύριον Ἰησοῦν Χριστόν, 21 ὃς μετασχηματίσει
τὸ σῶμα τῆς ταπεινώσεως ἡμῶν σύμμορφον τῷ σώματι τῆς
δόξης αὐτοῦ κατὰ τὴν ἐνέργειαν τοῦ δύνασθαι αὐτὸν καὶ
ὑποτάξαι αὐτῷ τὰ πάντα.

Concluding Exhortations

4 Ὥστε, ἀδελφοί μου ἀγαπητοὶ καὶ ἐπιπόθητοι, χαρὰ καὶ
στέφανός μου, οὕτως στήκετε ἐν κυρίῳ, ἀγαπητοί.
2 Εὐοδίαν παρακαλῶ καὶ Συντύχην παρακαλῶ τὸ αὐτὸ
φρονεῖν ἐν κυρίῳ. 3 ναὶ ἐρωτῶ καὶ σέ, γνήσιε σύνζυγε, συλ-
λαμβάνου αὐταῖς, αἵτινες ἐν τῷ εὐαγγελίῳ συνήθλησάν μοι
μετὰ καὶ Κλήμεντος καὶ τῶν λοιπῶν συνεργῶν μου, ὧν τὰ
ὀνόματα **ἐν βίβλῳ ζωῆς**.
4 Χαίρετε ἐν κυρίῳ πάντοτε· πάλιν ἐρῶ, χαίρετε. 5 τὸ
ἐπιεικὲς ὑμῶν γνωσθήτω πᾶσιν ἀνθρώποις. ὁ κύριος ἐγγύς·
6 μηδὲν μεριμνᾶτε, ἀλλ᾽ ἐν παντὶ τῇ προσευχῇ καὶ τῇ δεή-
σει μετ᾽ εὐχαριστίας τὰ αἰτήματα ὑμῶν γνωριζέσθω πρὸς
τὸν θεόν· 7 καὶ ἡ εἰρήνη τοῦ θεοῦ ἡ ὑπερέχουσα πάντα
νοῦν φρουρήσει τὰς καρδίας ὑμῶν καὶ τὰ νοήματα ὑμῶν ἐν
Χριστῷ Ἰησοῦ.
8 Τὸ λοιπόν, ἀδελφοί, ὅσα ἐστὶν ἀληθῆ, ὅσα σεμνά, ὅσα
δίκαια, ὅσα ἁγνά, ὅσα προσφιλῆ, ὅσα εὔφημα, εἴ τις ἀρετὴ
καὶ εἴ τις ἔπαινος, ταῦτα λογίζεσθε· 9 ἃ καὶ ἐμάθετε καὶ
παρελάβετε καὶ ἠκούσατε καὶ εἴδετε ἐν ἐμοί, ταῦτα πράσ-
σετε· καὶ ὁ θεὸς τῆς εἰρήνης ἔσται μεθ᾽ ὑμῶν.

---

21 RP: *add* εἰς τὸ γενέσθαι αὐτὸ *before* σύμμορφον // WH: αὐτῷ NA: αὐτῷ RP:
ἑαυτῷ
4:1 {WH}: *add* μου *after* κυρίῳ, ἀγαπητοί 3 WH: γνήσιε σύνζυγε {WH}: γνήσιε
Σύνζυγε RP: σύζυγε γνήσιε

4:3 Ps 69:28

Paul's Gratitude for Their Gifts

10 Ἐχάρην δὲ ἐν κυρίῳ μεγάλως ὅτι ἤδη ποτὲ ἀνεθάλετε τὸ ὑπὲρ ἐμοῦ φρονεῖν, ἐφ᾽ ᾧ καὶ ἐφρονεῖτε ἠκαιρεῖσθε δέ. 11 οὐχ ὅτι καθ᾽ ὑστέρησιν λέγω, ἐγὼ γὰρ ἔμαθον ἐν οἷς εἰμὶ αὐτάρκης εἶναι· 12 οἶδα καὶ ταπεινοῦσθαι, οἶδα καὶ περισσεύειν· ἐν παντὶ καὶ ἐν πᾶσιν μεμύημαι, καὶ χορτάζεσθαι καὶ πεινᾶν, καὶ περισσεύειν καὶ ὑστερεῖσθαι· 13 πάντα ἰσχύω ἐν τῷ ἐνδυναμοῦντί με. 14 πλὴν καλῶς ἐποιήσατε συνκοινωνήσαντές μου τῇ θλίψει. 15 οἴδατε δὲ καὶ ὑμεῖς, Φιλιππήσιοι, ὅτι ἐν ἀρχῇ τοῦ εὐαγγελίου, ὅτε ἐξῆλθον ἀπὸ Μακεδονίας, οὐδεμία μοι ἐκκλησία ἐκοινώνησεν εἰς λόγον δόσεως καὶ λήμψεως εἰ μὴ ὑμεῖς μόνοι, 16 ὅτι καὶ ἐν Θεσσαλονίκῃ καὶ ἅπαξ καὶ δὶς εἰς τὴν χρείαν μοι ἐπέμψατε. 17 οὐχ ὅτι ἐπιζητῶ τὸ δόμα, ἀλλὰ ἐπιζητῶ τὸν καρπὸν τὸν πλεονάζοντα εἰς λόγον ὑμῶν. 18 ἀπέχω δὲ πάντα καὶ περισσεύω· πεπλήρωμαι δεξάμενος παρὰ Ἐπαφροδίτου τὰ παρ᾽ ὑμῶν, **ὀσμὴν εὐωδίας**, θυσίαν δεκτήν, εὐάρεστον τῷ θεῷ. 19 ὁ δὲ θεός μου πληρώσει πᾶσαν χρείαν ὑμῶν κατὰ τὸ πλοῦτος αὐτοῦ ἐν δόξῃ ἐν Χριστῷ Ἰησοῦ. 20 τῷ δὲ θεῷ καὶ πατρὶ ἡμῶν ἡ δόξα εἰς τοὺς αἰῶνας τῶν αἰώνων· ἀμήν.

Final Greetings

21 Ἀσπάσασθε πάντα ἅγιον ἐν Χριστῷ Ἰησοῦ. Ἀσπάζονται ὑμᾶς οἱ σὺν ἐμοὶ ἀδελφοί. 22 ἀσπάζονται ὑμᾶς πάντες οἱ ἅγιοι, μάλιστα δὲ οἱ ἐκ τῆς Καίσαρος οἰκίας.

23 Ἡ χάρις τοῦ κυρίου Ἰησοῦ Χριστοῦ μετὰ τοῦ πνεύματος ὑμῶν.

---

13 RP: *add* χριστῷ *after* με 19 WH: τὸ πλοῦτος RP: τὸν πλοῦτον 23 WH: τοῦ πνεύματος RP: πάντων // RP: *add* Ἀμην *after* ὑμῶν

---

18 Ezek 20:41

ΠΡΟΣ ΚΟΛΟΣΣΑΕΙΣ

Opening Greeting

1 Παῦλος ἀπόστολος Χριστοῦ Ἰησοῦ διὰ θελήματος θεοῦ καὶ Τιμόθεος ὁ ἀδελφὸς 2 τοῖς ἐν Κολοσσαῖς ἁγίοις καὶ πιστοῖς ἀδελφοῖς ἐν Χριστῷ· χάρις ὑμῖν καὶ εἰρήνη ἀπὸ θεοῦ πατρὸς ἡμῶν.

Paul's Thanksgiving and Prayer

3 Εὐχαριστοῦμεν τῷ θεῷ πατρὶ τοῦ κυρίου ἡμῶν Ἰησοῦ [Χριστοῦ] πάντοτε περὶ ὑμῶν προσευχόμενοι, 4 ἀκούσαντες τὴν πίστιν ὑμῶν ἐν Χριστῷ Ἰησοῦ καὶ τὴν ἀγάπην [ἣν ἔχετε] εἰς πάντας τοὺς ἁγίους 5 διὰ τὴν ἐλπίδα τὴν ἀποκειμένην ὑμῖν ἐν τοῖς οὐρανοῖς, ἣν προηκούσατε ἐν τῷ λόγῳ τῆς ἀληθείας τοῦ εὐαγγελίου 6 τοῦ παρόντος εἰς ὑμᾶς, καθὼς καὶ ἐν παντὶ τῷ κόσμῳ ἐστὶν καρποφορούμενον καὶ αὐξανόμενον καθὼς καὶ ἐν ὑμῖν, ἀφ' ἧς ἡμέρας ἠκούσατε καὶ ἐπέγνωτε τὴν χάριν τοῦ θεοῦ ἐν ἀληθείᾳ· 7 καθὼς ἐμάθετε ἀπὸ Ἐπαφρᾶ τοῦ ἀγαπητοῦ συνδούλου ἡμῶν, ὅς ἐστιν πιστὸς ὑπὲρ ἡμῶν διάκονος τοῦ χριστοῦ, 8 ὁ καὶ δηλώσας ἡμῖν τὴν ὑμῶν ἀγάπην ἐν πνεύματι. 9 Διὰ τοῦτο καὶ ἡμεῖς, ἀφ' ἧς ἡμέρας ἠκούσαμεν, οὐ παυόμεθα ὑπὲρ ὑμῶν προσευχόμενοι καὶ αἰτούμενοι ἵνα πληρωθῆτε τὴν ἐπίγνωσιν τοῦ θελήματος αὐτοῦ ἐν πάσῃ σοφίᾳ καὶ συνέσει πνευματικῇ, 10 περιπατῆσαι ἀξίως τοῦ κυρίου εἰς πᾶσαν ἀρεσκίαν ἐν παντὶ ἔργῳ ἀγαθῷ καρποφοροῦντες καὶ αὐ-

---

1:1 WH: Χριστοῦ Ἰησοῦ RP: Ἰησοῦ χριστοῦ 2 RP: *add* καὶ κυρίου Ἰησοῦ χριστοῦ *after* ἡμῶν 3 RP: *add* καὶ *after* θεῷ // WH: [Χριστοῦ] NA/RP: Χριστοῦ // WH: περὶ {WH}: ὑπὲρ 4 WH: [ἣν ἔχετε] NA: ἣν ἔχετε RP: τὴν 6 RP: *add* καὶ *before* ἔστιν 7 RP: *add* καὶ *after* καθὼς // WH: ἡμῶν {WH}/NA/RP: ὑμῶν 10 RP: *add* ὑμᾶς *after* περιπατῆσαι //

ξανόμενοι τῇ ἐπιγνώσει τοῦ θεοῦ, 11 ἐν πάσῃ δυνάμει δυναμούμενοι κατὰ τὸ κράτος τῆς δόξης αὐτοῦ εἰς πᾶσαν ὑπομονὴν καὶ μακροθυμίαν μετὰ χαρᾶς, 12 εὐχαριστοῦντες τῷ πατρὶ τῷ ἱκανώσαντι ὑμᾶς εἰς τὴν μερίδα τοῦ κλήρου τῶν ἁγίων ἐν τῷ φωτί, 13 ὃς ἐρύσατο ἡμᾶς ἐκ τῆς ἐξουσίας τοῦ σκότους καὶ μετέστησεν εἰς τὴν βασιλείαν τοῦ υἱοῦ τῆς ἀγάπης αὐτοῦ, 14 ἐν ᾧ ἔχομεν τὴν ἀπολύτρωσιν, τὴν ἄφεσιν τῶν ἁμαρτιῶν·

The Supremacy of the Son of God

15 ὅς ἐστιν εἰκὼν τοῦ θεοῦ τοῦ ἀοράτου, πρωτότοκος πάσης κτίσεως, 16 ὅτι ἐν αὐτῷ ἐκτίσθη τὰ πάντα ἐν τοῖς οὐρανοῖς καὶ ἐπὶ τῆς γῆς, τὰ ὁρατὰ καὶ τὰ ἀόρατα, εἴτε θρόνοι εἴτε κυριότητες εἴτε ἀρχαὶ εἴτε ἐξουσίαι· τὰ πάντα δι᾽ αὐτοῦ καὶ εἰς αὐτὸν ἔκτισται· 17 καὶ αὐτός ἐστιν πρὸ πάντων καὶ τὰ πάντα ἐν αὐτῷ συνέστηκεν, 18 καὶ αὐτός ἐστιν ἡ κεφαλὴ τοῦ σώματος, τῆς ἐκκλησίας· ὅς ἐστιν [ἡ] ἀρχή, πρωτότοκος ἐκ τῶν νεκρῶν, ἵνα γένηται ἐν πᾶσιν αὐτὸς πρωτεύων, 19 ὅτι ἐν αὐτῷ εὐδόκησεν πᾶν τὸ πλήρωμα κατοικῆσαι 20 καὶ δι᾽ αὐτοῦ ἀποκαταλλάξαι τὰ πάντα εἰς αὐτόν, εἰρηνοποιήσας διὰ τοῦ αἵματος τοῦ σταυροῦ αὐτοῦ, [δι᾽ αὐτοῦ] εἴτε τὰ ἐπὶ τῆς γῆς εἴτε τὰ ἐν τοῖς οὐρανοῖς· 21 καὶ ὑμᾶς ποτὲ ὄντας ἀπηλλοτριωμένους καὶ ἐχθροὺς τῇ διανοίᾳ ἐν τοῖς ἔργοις τοῖς πονηροῖς,—22 νυνὶ δὲ ἀποκατήλλαξεν ἐν τῷ σώματι τῆς σαρκὸς αὐτοῦ διὰ τοῦ θανάτου,—παραστῆσαι ὑμᾶς ἁγίους καὶ ἀμώμους καὶ ἀνεγκλήτους κατενώπιον αὐτοῦ, 23 εἴ γε ἐπιμένετε τῇ πίστει τεθεμελιωμένοι καὶ ἑδραῖοι καὶ μὴ μετακινούμενοι ἀπὸ τῆς ἐλπίδος τοῦ εὐαγγελίου οὗ ἠκούσατε, τοῦ κηρυχθέντος ἐν πάσῃ κτίσει τῇ ὑπὸ τὸν οὐρανόν, οὗ ἐγενόμην ἐγὼ Παῦλος διάκονος.

WH: τῇ ἐπιγνώσει RP: εἰς τὴν ἐπίγνωσιν 12 {WH}: add θεῷ before πατρὶ // WH: ὑμᾶς {WH}/RP: ἡμᾶς 13 WH: ἐρύσατο NA/RP: ἐρρύσατο 14 WH: ἔχομεν {WH}: ἔσχομεν 16 RP: add τὰ before ἐν // RP: add τὰ before ἐπὶ 18 NA/RP: omit [ἡ] 20 WH: [δι᾽ αὐτοῦ] RP: δι᾽ αὐτοῦ // WH: ἐν RP: ἐπὶ 21–22 RP: end v. 21 after ἀποκατήλλαξεν 22 WH: ἀποκατήλλαξεν {WH}: ἀποκατηλλάγητε 23 WH: εἴ γε RP: εἴγε // RP: add τῇ before κτίσει

Paul's Labor for the Church

24 Νῦν χαίρω ἐν τοῖς παθήμασιν ὑπὲρ ὑμῶν, καὶ ἀντ-
αναπληρῶ τὰ ὑστερήματα τῶν θλίψεων τοῦ χριστοῦ ἐν τῇ
σαρκί μου ὑπὲρ τοῦ σώματος αὐτοῦ, ὅ ἐστιν ἡ ἐκκλησία,
25 ἧς ἐγενόμην ἐγὼ διάκονος κατὰ τὴν οἰκονομίαν τοῦ θεοῦ
τὴν δοθεῖσάν μοι εἰς ὑμᾶς πληρῶσαι τὸν λόγον τοῦ θεοῦ,
26 τὸ μυστήριον τὸ ἀποκεκρυμμένον ἀπὸ τῶν αἰώνων καὶ
ἀπὸ τῶν γενεῶν,—νῦν δὲ ἐφανερώθη τοῖς ἁγίοις αὐτοῦ,
27 οἷς ἠθέλησεν ὁ θεὸς γνωρίσαι τί τὸ πλοῦτος τῆς δόξης
τοῦ μυστηρίου τούτου ἐν τοῖς ἔθνεσιν, ὅ ἐστιν Χριστὸς ἐν
ὑμῖν, ἡ ἐλπὶς τῆς δόξης· 28 ὃν ἡμεῖς καταγγέλλομεν νουθε-
τοῦντες πάντα ἄνθρωπον καὶ διδάσκοντες πάντα ἄνθρωπον
ἐν πάσῃ σοφίᾳ, ἵνα παραστήσωμεν πάντα ἄνθρωπον
τέλειον ἐν Χριστῷ· 29 εἰς ὃ καὶ κοπιῶ ἀγωνιζόμενος κατὰ
τὴν ἐνέργειαν αὐτοῦ τὴν ἐνεργουμένην ἐν ἐμοὶ ἐν δυνάμει.
2 Θέλω γὰρ ὑμᾶς εἰδέναι ἡλίκον ἀγῶνα ἔχω ὑπὲρ ὑμῶν
καὶ τῶν ἐν Λαοδικίᾳ καὶ ὅσοι οὐχ ἑόρακαν τὸ πρόσωπόν
μου ἐν σαρκί, 2 ἵνα παρακληθῶσιν αἱ καρδίαι αὐτῶν, συν-
βιβασθέντες ἐν ἀγάπῃ καὶ εἰς πᾶν πλοῦτος τῆς πληροφο-
ρίας τῆς συνέσεως, εἰς ἐπίγνωσιν τοῦ μυστηρίου τοῦ θεοῦ,
Χριστοῦ, 3 ἐν ᾧ εἰσὶν πάντες **οἱ θησαυροὶ τῆς σοφίας** καὶ
γνώσεως **ἀπόκρυφοι.** 4 Τοῦτο λέγω ἵνα μηδεὶς ὑμᾶς παρα-
λογίζηται ἐν πιθανολογίᾳ. 5 εἰ γὰρ καὶ τῇ σαρκὶ ἄπειμι,
ἀλλὰ τῷ πνεύματι σὺν ὑμῖν εἰμί, χαίρων καὶ βλέπων ὑμῶν
τὴν τάξιν καὶ τὸ στερέωμα τῆς εἰς Χριστὸν πίστεως ὑμῶν.

The Fullness of God in Christ

6 Ὡς οὖν παρελάβετε τὸν χριστὸν Ἰησοῦν τὸν κύριον,
ἐν αὐτῷ περιπατεῖτε, 7 ἐρριζωμένοι καὶ ἐποικοδομούμενοι

---

26 WH: νῦν RP: νυνὶ 27 WH: ὅ {WH}/RP: ὅς 28 RP: *add* Ἰησοῦ *after* χριστῷ
2:1 WH: ὑπὲρ RP: περὶ // WH: ἑόρακαν RP: ἑωράκασιν 2 WH: συνβιβασθέντες
RP: συμβιβασθέντων // WH: πᾶν πλοῦτος RP: πάντα πλοῦτον // {WH}: *θεοῦ,
Χριστοῦ* // RP: *add* καὶ πατρὸς καὶ τοῦ *after* θεοῦ 3 RP: *add* τῆς *before* γνώσεως 4
RP: *add* δὲ *after* Τοῦτο // WH: μηδεὶς RP: μή τις

2:3 Isa 45:3; Prov 2:3–4

ἐν αὐτῷ καὶ βεβαιούμενοι τῇ πίστει καθὼς ἐδιδάχθητε, περισσεύοντες [ἐν αὐτῇ] ἐν εὐχαριστίᾳ.

8 Βλέπετε μή τις ὑμᾶς ἔσται ὁ συλαγωγῶν διὰ τῆς φιλοσοφίας καὶ κενῆς ἀπάτης κατὰ τὴν παράδοσιν τῶν ἀνθρώπων, κατὰ τὰ στοιχεῖα τοῦ κόσμου καὶ οὐ κατὰ Χριστόν· 9 ὅτι ἐν αὐτῷ κατοικεῖ πᾶν τὸ πλήρωμα τῆς θεότητος σωματικῶς, 10 καὶ ἐστὲ ἐν αὐτῷ πεπληρωμένοι, ὅς ἐστιν ἡ κεφαλὴ πάσης ἀρχῆς καὶ ἐξουσίας, 11 ἐν ᾧ καὶ περιετμήθητε περιτομῇ ἀχειροποιήτῳ ἐν τῇ ἀπεκδύσει τοῦ σώματος τῆς σαρκός, ἐν τῇ περιτομῇ τοῦ χριστοῦ, 12 συνταφέντες αὐτῷ ἐν τῷ βαπτίσματι, ἐν ᾧ καὶ συνηγέρθητε διὰ τῆς πίστεως τῆς ἐνεργείας τοῦ θεοῦ τοῦ ἐγείραντος αὐτὸν ἐκ νεκρῶν· 13 καὶ ὑμᾶς νεκροὺς ὄντας τοῖς παραπτώμασιν καὶ τῇ ἀκροβυστίᾳ τῆς σαρκὸς ὑμῶν, συνεζωοποίησεν ὑμᾶς σὺν αὐτῷ· χαρισάμενος ἡμῖν πάντα τὰ παραπτώματα, 14 ἐξαλείψας τὸ καθ᾽ ἡμῶν χειρόγραφον τοῖς δόγμασιν ὃ ἦν ὑπεναντίον ἡμῖν, καὶ αὐτὸ ἦρκεν ἐκ τοῦ μέσου προσηλώσας αὐτὸ τῷ σταυρῷ· 15 ἀπεκδυσάμενος τὰς ἀρχὰς καὶ τὰς ἐξουσίας ἐδειγμάτισεν ἐν παρρησίᾳ θριαμβεύσας αὐτοὺς ἐν αὐτῷ.

Freedom from Human Regulations

16 Μὴ οὖν τις ὑμᾶς κρινέτω ἐν βρώσει καὶ ἐν πόσει ἢ ἐν μέρει ἑορτῆς ἢ νεομηνίας ἢ σαββάτων, 17 ἅ ἐστιν σκιὰ τῶν μελλόντων, τὸ δὲ σῶμα τοῦ χριστοῦ. 18 μηδεὶς ὑμᾶς καταβραβευέτω θέλων ἐν ταπεινοφροσύνῃ καὶ θρησκείᾳ τῶν ἀγγέλων, ἃ ἑόρακεν ἐμβατεύων, εἰκῇ φυσιούμενος ὑπὸ τοῦ νοὸς τῆς σαρκὸς αὐτοῦ, 19 καὶ οὐ κρατῶν τὴν κεφαλήν, ἐξ οὗ πᾶν τὸ σῶμα διὰ τῶν ἁφῶν καὶ συνδέσμων ἐπιχορηγούμενον καὶ συνβιβαζόμενον αὔξει τὴν αὔξησιν τοῦ θεοῦ.

---

7 RP: *add* ἐν *before* τῇ // WH: [ἐν αὐτῇ] NA: *omit* [ἐν αὐτῇ] RP: ἐν αὐτῇ 8 WH: ὑμᾶς ἔσται {WH}: ἔσται ὑμᾶς 11 RP: *add* τῶν ἁμαρτιῶν *before* τῆς σαρκός 12 WH: βαπτίσματι NA: βαπτισμῷ // RP: *add* τῶν *before* νεκρῶν 13 [NA]/RP: *add* ἐν *before* τοῖς // WH: ὑμᾶς {WH}: ἡμᾶς 14 WH: αὐτῷ· χαρισάμενος . . . ἡμῖν, {WH}: αὐτῷ, χαρισάμενος . . . ἡμῖν· 16 WH: καὶ {WH}/RP: ἢ // WH: νεομηνίας RP: νουμηνίας 17 WH: ἅ {WH}: ὅ // RP: *omit* τοῦ *before* χριστοῦ 18 {WH}: *θέλων . . . ἐμβατεύων* // WH: ἑόρακεν RP: μὴ ἑόρακεν

20 Εἰ ἀπεθάνετε σὺν Χριστῷ ἀπὸ τῶν στοιχείων τοῦ κόσμου, τί ὡς ζῶντες ἐν κόσμῳ δογματίζεσθε 21 Μὴ ἅψῃ μηδὲ γεύσῃ μηδὲ θίγῃς, 22 ἅ ἐστιν πάντα εἰς φθορὰν τῇ ἀποχρήσει, κατὰ τὰ **ἐντάλματα καὶ διδασκαλίας τῶν ἀνθρώπων;** 23 ἅτινά ἐστιν λόγον μὲν ἔχοντα σοφίας ἐν ἐθελοθρησκίᾳ καὶ ταπεινοφροσύνῃ [καὶ] ἀφειδίᾳ σώματος, οὐκ ἐν τιμῇ τινὶ πρὸς πλησμονὴν τῆς σαρκός.

Living the New Life in Christ

3 Εἰ οὖν συνηγέρθητε τῷ χριστῷ, τὰ ἄνω ζητεῖτε, οὗ ὁ χριστός ἐστιν **ἐν δεξιᾷ τοῦ θεοῦ καθήμενος·** 2 τὰ ἄνω φρονεῖτε, μὴ τὰ ἐπὶ τῆς γῆς, 3 ἀπεθάνετε γάρ, καὶ ἡ ζωὴ ὑμῶν κέκρυπται σὺν τῷ χριστῷ ἐν τῷ θεῷ· 4 ὅταν ὁ χριστὸς φανερωθῇ, ἡ ζωὴ ἡμῶν, τότε καὶ ὑμεῖς σὺν αὐτῷ φανερωθήσεσθε ἐν δόξῃ.

5 Νεκρώσατε οὖν τὰ μέλη τὰ ἐπὶ τῆς γῆς, πορνείαν, ἀκαθαρσίαν, πάθος, ἐπιθυμίαν κακήν, καὶ τὴν πλεονεξίαν ἥτις ἐστὶν εἰδωλολατρία, 6 δι᾽ ἃ ἔρχεται ἡ ὀργὴ τοῦ θεοῦ· 7 ἐν οἷς καὶ ὑμεῖς περιεπατήσατέ ποτε ὅτε ἐζῆτε ἐν τούτοις· 8 νυνὶ δὲ ἀπόθεσθε καὶ ὑμεῖς τὰ πάντα, ὀργήν, θυμόν, κακίαν, βλασφημίαν, αἰσχρολογίαν ἐκ τοῦ στόματος ὑμῶν· 9 μὴ ψεύδεσθε εἰς ἀλλήλους· ἀπεκδυσάμενοι τὸν παλαιὸν ἄνθρωπον σὺν ταῖς πράξεσιν αὐτοῦ, 10 καὶ ἐνδυσάμενοι τὸν νέον τὸν ἀνακαινούμενον εἰς ἐπίγνωσιν **κατ᾽ εἰκόνα τοῦ κτίσαντος** αὐτόν, 11 ὅπου οὐκ ἔνι Ἕλλην καὶ Ἰουδαῖος, περιτομὴ καὶ ἀκροβυστία, βάρβαρος, Σκύθης, δοῦλος, ἐλεύθερος, ἀλλὰ πάντα καὶ ἐν πᾶσιν Χριστός.

12 Ἐνδύσασθε οὖν ὡς ἐκλεκτοὶ τοῦ θεοῦ, ἅγιοι καὶ ἠγαπημένοι, σπλάγχνα οἰκτιρμοῦ, χρηστότητα, ταπεινο-

---

23 WH: [καὶ] RP: καὶ // {WH}: *[καὶ] . . . σαρκός*
3:4 WH: ἡμῶν {WH}/NA: ὑμῶν 5 RP: *add* ὑμῶν *after* μέλη 6 [NA]/RP: *add* ἐπὶ τοὺς υἱοὺς τῆς ἀπειθείας *after* θεοῦ 7 WH: τούτοις RP: αὐτοῖς 11 [NA]/RP: *add* τὰ *before* πάντα 12 WH: ἅγιοι καὶ {WH}: ἅγιοι, //

φροσύνην, πραΰτητα, μακροθυμίαν, 13 ἀνεχόμενοι ἀλλή-
λων καὶ χαριζόμενοι ἑαυτοῖς ἐάν τις πρός τινα ἔχῃ μομφήν·
καθὼς καὶ ὁ κύριος ἐχαρίσατο ὑμῖν οὕτως καὶ ὑμεῖς· 14 ἐπὶ
πᾶσι δὲ τούτοις τὴν ἀγάπην, ὅ ἐστιν σύνδεσμος τῆς τελει-
ότητος. 15 καὶ ἡ εἰρήνη τοῦ χριστοῦ βραβευέτω ἐν ταῖς
καρδίαις ὑμῶν, εἰς ἣν καὶ ἐκλήθητε ἐν [ἑνὶ] σώματι· καὶ εὐ-
χάριστοι γίνεσθε. 16 ὁ λόγος τοῦ χριστοῦ ἐνοικείτω ἐν ὑμῖν
πλουσίως ἐν πάσῃ σοφίᾳ· διδάσκοντες καὶ νουθετοῦντες
ἑαυτοὺς ψαλμοῖς, ὕμνοις, ᾠδαῖς πνευματικαῖς ἐν χάριτι,
ᾄδοντες ἐν ταῖς καρδίαις ὑμῶν τῷ θεῷ· 17 καὶ πᾶν ὅτι ἐὰν
ποιῆτε ἐν λόγῳ ἢ ἐν ἔργῳ, πάντα ἐν ὀνόματι κυρίου Ἰησοῦ,
εὐχαριστοῦντες τῷ θεῷ πατρὶ δι᾽ αὐτοῦ.

Instructions for Christian Households

18 Αἱ γυναῖκες, ὑποτάσσεσθε τοῖς ἀνδράσιν, ὡς ἀνῆκεν
ἐν κυρίῳ. 19 Οἱ ἄνδρες, ἀγαπᾶτε τὰς γυναῖκας καὶ μὴ πι-
κραίνεσθε πρὸς αὐτάς.

20 Τὰ τέκνα, ὑπακούετε τοῖς γονεῦσιν κατὰ πάντα,
τοῦτο γὰρ εὐάρεστόν ἐστιν ἐν κυρίῳ. 21 Οἱ πατέρες, μὴ ἐρε-
θίζετε τὰ τέκνα ὑμῶν, ἵνα μὴ ἀθυμῶσιν.

22 Οἱ δοῦλοι, ὑπακούετε κατὰ πάντα τοῖς κατὰ σάρκα
κυρίοις, μὴ ἐν ὀφθαλμοδουλίαις, ὡς ἀνθρωπάρεσκοι, ἀλλ᾽
ἐν ἁπλότητι καρδίας, φοβούμενοι τὸν κύριον. 23 ὃ ἐὰν ποι-
ῆτε, ἐκ ψυχῆς ἐργάζεσθε, ὡς τῷ κυρίῳ καὶ οὐκ ἀνθρώποις,
24 εἰδότες ὅτι ἀπὸ κυρίου ἀπολήμψεσθε τὴν ἀνταπόδοσιν
τῆς κληρονομίας· τῷ κυρίῳ Χριστῷ δουλεύετε· 25 ὁ γὰρ
ἀδικῶν κομίσεται ὃ ἠδίκησεν, καὶ οὐκ ἔστιν προσωπο-
λημψία.

WH: πραΰτητα RP: πραότητα 13 WH: κύριος {WH}/RP: χριστὸς 14 WH: ὅ RP:
ἥτις 15 WH: χριστοῦ RP: θεοῦ // WH: [ἑνὶ] NA/RP: ἑνὶ 16 WH: χριστοῦ {WH}:
κυρίου // WH: ὕμνοις, RP: καὶ ὕμνοις, καὶ // {WH}/[NA]: *add* τῇ *before* χάριτι //
WH: ταῖς καρδίαις RP: τῇ καρδίᾳ // WH: θεῷ RP: κυρίῳ 17 WH: ὅτι ἐὰν NA: ὃ
τι ἐὰν RP: ὅ τι ἂν // RP: *add* καὶ *after* θεῷ 18 RP: *add* ἰδίοις *before* ἀνδράσιν 20 WH:
εὐάρεστόν ἐστιν RP: ἐστιν εὐάρεστον 22 WH: ὀφθαλμοδουλίαις {WH}/NA:
ὀφθαλμοδουλίᾳ // WH: κύριον RP: θεόν 23 WH: ὃ RP: καὶ πᾶν ὃ τι 24 WH:
ἀπολήμψεσθε RP: λήψεσθε // RP: *add* γὰρ *after* τῷ 25 WH: γὰρ RP: δὲ // WH:
κομίσεται RP: κομιεῖται

4 Οἱ κύριοι, τὸ δίκαιον καὶ τὴν ἰσότητα τοῖς δούλοις παρέχεσθε, εἰδότες ὅτι καὶ ὑμεῖς ἔχετε κύριον ἐν οὐρανῷ.

An Encouragement to Prayer

2 Τῇ προσευχῇ προσκαρτερεῖτε, γρηγοροῦντες ἐν αὐτῇ ἐν εὐχαριστίᾳ, 3 προσευχόμενοι ἅμα καὶ περὶ ἡμῶν, ἵνα ὁ θεὸς ἀνοίξῃ ἡμῖν θύραν τοῦ λόγου, λαλῆσαι τὸ μυστήριον τοῦ χριστοῦ, δι' ὃ καὶ δέδεμαι, 4 ἵνα φανερώσω αὐτὸ ὡς δεῖ μὲ λαλῆσαι. 5 Ἐν σοφίᾳ περιπατεῖτε πρὸς τοὺς ἔξω, τὸν καιρὸν ἐξαγοραζόμενοι. 6 ὁ λόγος ὑμῶν πάντοτε ἐν χάριτι, ἅλατι ἠρτυμένος, εἰδέναι πῶς δεῖ ὑμᾶς ἑνὶ ἑκάστῳ ἀποκρίνεσθαι.

Final Greetings

7 Τὰ κατ' ἐμὲ πάντα γνωρίσει ὑμῖν Τύχικος ὁ ἀγαπητὸς ἀδελφὸς καὶ πιστὸς διάκονος καὶ σύνδουλος ἐν κυρίῳ, 8 ὃν ἔπεμψα πρὸς ὑμᾶς εἰς αὐτὸ τοῦτο ἵνα γνῶτε τὰ περὶ ἡμῶν καὶ παρακαλέσῃ τὰς καρδίας ὑμῶν, 9 σὺν Ὀνησίμῳ τῷ πιστῷ καὶ ἀγαπητῷ ἀδελφῷ, ὅς ἐστιν ἐξ ὑμῶν· πάντα ὑμῖν γνωρίσουσιν τὰ ὧδε.

10 Ἀσπάζεται ὑμᾶς Ἀρίσταρχος ὁ συναιχμάλωτός μου, καὶ Μάρκος ὁ ἀνεψιὸς Βαρνάβα, (περὶ οὗ ἐλάβετε ἐντολάς, ἐὰν ἔλθῃ πρὸς ὑμᾶς δέξασθε αὐτόν,) 11 καὶ Ἰησοῦς ὁ λεγόμενος Ἰοῦστος, οἱ ὄντες ἐκ περιτομῆς, οὗτοι μόνοι συνεργοὶ εἰς τὴν βασιλείαν τοῦ θεοῦ, οἵτινες ἐγενήθησάν μοι παρηγορία. 12 ἀσπάζεται ὑμᾶς Ἐπαφρᾶς ὁ ἐξ ὑμῶν, δοῦλος Χριστοῦ Ἰησοῦ, πάντοτε ἀγωνιζόμενος ὑπὲρ ὑμῶν ἐν ταῖς προσευχαῖς, ἵνα σταθῆτε τέλειοι καὶ πεπληροφορημένοι ἐν παντὶ θελήματι τοῦ θεοῦ. 13 μαρτυρῶ γὰρ αὐτῷ ὅτι ἔχει πολὺν πόνον ὑπὲρ ὑμῶν καὶ τῶν ἐν Λαοδικίᾳ καὶ τῶν

4:1 WH: οὐρανῷ RP: οὐρανοῖς 8 WH: γνῶτε RP: γνῷ // WH: ἡμῶν RP: ὑμῶν 9 WH: γνωρίσουσιν RP: γνωριοῦσιν 12 WH: Ἰησοῦ NA: [Ἰησοῦ] RP: omit Ἰησοῦ // WH: σταθῆτε RP: στῆτε // WH: πεπληροφορημένοι RP: πεπληρωμένοι 13 WH: πολὺν πόνον RP: ζῆλον πολὺν

ἐν Ἱερᾷ Πόλει. 14 ἀσπάζεται ὑμᾶς Λουκᾶς ὁ ἰατρὸς ὁ ἀγαπητὸς καὶ Δημᾶς. 15 Ἀσπάσασθε τοὺς ἐν Λαοδικίᾳ ἀδελφοὺς καὶ Νύμφαν καὶ τὴν κατ᾽ οἶκον αὐτῆς ἐκκλησίαν. 16 καὶ ὅταν ἀναγνωσθῇ παρ᾽ ὑμῖν ἡ ἐπιστολή, ποιήσατε ἵνα καὶ ἐν τῇ Λαοδικέων ἐκκλησίᾳ ἀναγνωσθῇ, καὶ τὴν ἐκ Λαοδικίας ἵνα καὶ ὑμεῖς ἀναγνῶτε. 17 καὶ εἴπατε Ἀρχίππῳ Βλέπε τὴν διακονίαν ἣν παρέλαβες ἐν κυρίῳ, ἵνα αὐτὴν πληροῖς.
18 Ὁ ἀσπασμὸς τῇ ἐμῇ χειρὶ Παύλου. μνημονεύετέ μου τῶν δεσμῶν. ἡ χάρις μεθ᾽ ὑμῶν.

---

15 WH: αὐτῆς RP: αὐτοῦ 18 RP: *add* Ἀμήν *after* ὑμῶν

ΠΡΟΣ ΘΕΣΣΑΛΟΝΙΚΕΙΣ Α

Opening Greeting

1 Παῦλος καὶ Σιλουανὸς καὶ Τιμόθεος τῇ ἐκκλησίᾳ Θεσσαλονικέων ἐν θεῷ πατρὶ καὶ κυρίῳ Ἰησοῦ Χριστῷ· χάρις ὑμῖν καὶ εἰρήνη.

Thanksgiving for the Faith of the Thessalonians

2 Εὐχαριστοῦμεν τῷ θεῷ πάντοτε περὶ πάντων ὑμῶν μνείαν ποιούμενοι ἐπὶ τῶν προσευχῶν ἡμῶν, ἀδιαλείπτως 3 μνημονεύοντες ὑμῶν τοῦ ἔργου τῆς πίστεως καὶ τοῦ κόπου τῆς ἀγάπης καὶ τῆς ὑπομονῆς τῆς ἐλπίδος τοῦ κυρίου ἡμῶν Ἰησοῦ Χριστοῦ ἔμπροσθεν τοῦ θεοῦ καὶ πατρὸς ἡμῶν, 4 εἰδότες, ἀδελφοὶ ἠγαπημένοι ὑπὸ [τοῦ] θεοῦ, τὴν ἐκλογὴν ὑμῶν, 5 ὅτι τὸ εὐαγγέλιον ἡμῶν οὐκ ἐγενήθη εἰς ὑμᾶς ἐν λόγῳ μόνον ἀλλὰ καὶ ἐν δυνάμει καὶ ἐν πνεύματι ἁγίῳ καὶ πληροφορίᾳ πολλῇ, καθὼς οἴδατε οἷοι ἐγενήθημεν ὑμῖν δι᾽ ὑμᾶς· 6 καὶ ὑμεῖς μιμηταὶ ἡμῶν ἐγενήθητε καὶ τοῦ κυρίου, δεξάμενοι τὸν λόγον ἐν θλίψει πολλῇ μετὰ χαρᾶς πνεύματος ἁγίου, 7 ὥστε γενέσθαι ὑμᾶς τύπον πᾶσιν τοῖς πιστεύουσιν ἐν τῇ Μακεδονίᾳ καὶ ἐν τῇ Ἀχαΐᾳ. 8 ἀφ᾽ ὑμῶν γὰρ ἐξήχηται ὁ λόγος τοῦ κυρίου οὐ μόνον ἐν τῇ Μακεδονίᾳ καὶ Ἀχαΐᾳ, ἀλλ᾽ ἐν παντὶ τόπῳ ἡ πίστις ὑμῶν ἡ πρὸς τὸν θεὸν ἐξελήλυθεν, ὥστε μὴ χρείαν ἔχειν ἡμᾶς λαλεῖν τι· 9 αὐτοὶ γὰρ περὶ ἡμῶν ἀπαγγέλλουσιν ὁποίαν εἴσοδον ἔσχομεν πρὸς ὑμᾶς, καὶ πῶς ἐπεστρέψατε

1:1 RP: *add* ἀπὸ θεοῦ πατρὸς ἡμῶν καὶ κυρίου Ἰησοῦ χριστοῦ *after* εἰρήνη 2 RP: *add* ὑμῶν *after* μνείαν // RP: *end v. 2 after* ἡμῶν, 4 RP: *omit* [τοῦ] 5 [NA]/RP: *add* ἐν *before* πληροφορίᾳ // {WH}/[NA]/RP: *add* ἐν *before* ὑμῖν 7 WH: τύπον {WH}/RP: τύπους // WH: καὶ ἐν RP: καὶ 8 [NA]/RP: *add* ἐν τῇ *before* Ἀχαΐᾳ // RP: *add* καὶ *before* ἐν παντὶ // WH: ἔχειν ἡμᾶς RP: ἡμᾶς ἔχειν 9 WH: ἡμῶν {WH}: ὑμῶν

πρὸς τὸν θεὸν ἀπὸ τῶν εἰδώλων δουλεύειν θεῷ ζῶντι καὶ ἀληθινῷ, 10 καὶ ἀναμένειν τὸν υἱὸν αὐτοῦ ἐκ τῶν οὐρανῶν, ὃν ἤγειρεν ἐκ [τῶν] νεκρῶν, Ἰησοῦν τὸν ῥυόμενον ἡμᾶς ἐκ τῆς ὀργῆς τῆς ἐρχομένης.

Paul's Ministry in Thessalonica

2 Αὐτοὶ γὰρ οἴδατε, ἀδελφοί, τὴν εἴσοδον ἡμῶν τὴν πρὸς ὑμᾶς ὅτι οὐ κενὴ γέγονεν, 2 ἀλλὰ προπαθόντες καὶ ὑβρισθέντες καθὼς οἴδατε ἐν Φιλίπποις ἐπαρρησιασάμεθα ἐν τῷ θεῷ ἡμῶν λαλῆσαι πρὸς ὑμᾶς τὸ εὐαγγέλιον τοῦ θεοῦ ἐν πολλῷ ἀγῶνι. 3 ἡ γὰρ παράκλησις ἡμῶν οὐκ ἐκ πλάνης οὐδὲ ἐξ ἀκαθαρσίας οὐδὲ ἐν δόλῳ, 4 ἀλλὰ καθὼς δεδοκιμάσμεθα ὑπὸ τοῦ θεοῦ πιστευθῆναι τὸ εὐαγγέλιον οὕτως λαλοῦμεν, οὐχ ὡς ἀνθρώποις ἀρέσκοντες ἀλλὰ θεῷ τῷ **δοκιμάζοντι τὰς καρδίας** ἡμῶν. 5 οὔτε γάρ ποτε ἐν λόγῳ κολακίας ἐγενήθημεν, καθὼς οἴδατε, οὔτε προφάσει πλεονεξίας, θεὸς μάρτυς, 6 οὔτε ζητοῦντες ἐξ ἀνθρώπων δόξαν, οὔτε ἀφ' ὑμῶν οὔτε ἀπ' ἄλλων, 7 δυνάμενοι ἐν βάρει εἶναι ὡς Χριστοῦ ἀπόστολοι· ἀλλὰ ἐγενήθημεν νήπιοι ἐν μέσῳ ὑμῶν, ὡς ἐὰν τροφὸς θάλπῃ τὰ ἑαυτῆς τέκνα· 8 οὕτως ὁμειρόμενοι ὑμῶν ηὐδοκοῦμεν μεταδοῦναι ὑμῖν οὐ μόνον τὸ εὐαγγέλιον τοῦ θεοῦ ἀλλὰ καὶ τὰς ἑαυτῶν ψυχάς, διότι ἀγαπητοὶ ἡμῖν ἐγενήθητε· 9 μνημονεύετε γάρ, ἀδελφοί, τὸν κόπον ἡμῶν καὶ τὸν μόχθον· νυκτὸς καὶ ἡμέρας ἐργαζόμενοι πρὸς τὸ μὴ ἐπιβαρῆσαί τινα ὑμῶν ἐκηρύξαμεν εἰς ὑμᾶς τὸ εὐαγγέλιον τοῦ θεοῦ. 10 ὑμεῖς μάρτυρες καὶ ὁ θεός, ὡς ὁσίως καὶ δικαίως καὶ ἀμέμπτως ὑμῖν τοῖς πιστεύουσιν ἐγενήθημεν, 11 καθάπερ οἴδατε ὡς ἕνα ἕκαστον ὑμῶν ὡς

---

10 WH: [τῶν] RP: τῶν // WH: ἐκ RP: ἀπὸ
2:3 WH: οὐδὲ RP: οὔτε 4 RP: add τῷ before θεῷ 5 NA/RP: add ἐν before προφάσει
6–7 RP: end v. 6 until after ἀπόστολοι 7 WH: νήπιοι RP: ἤπιοι // WH: ἐὰν RP: ἂν
8 WH: ηὐδοκοῦμεν NA/RP: εὐδοκοῦμεν // WH: ἐγενήθητε RP: γεγένησθε 9 RP: add γάρ after νυκτὸς

2:4 Jer 11:20

πατὴρ τέκνα ἑαυτοῦ 12 παρακαλοῦντες ὑμᾶς καὶ παραμυ-
θούμενοι καὶ μαρτυρόμενοι, εἰς τὸ περιπατεῖν ὑμᾶς ἀξίως
τοῦ θεοῦ τοῦ καλοῦντος ὑμᾶς εἰς τὴν ἑαυτοῦ βασιλείαν καὶ
δόξαν.

13 Καὶ διὰ τοῦτο καὶ ἡμεῖς εὐχαριστοῦμεν τῷ θεῷ ἀδια-
λείπτως, ὅτι παραλαβόντες λόγον ἀκοῆς παρ' ἡμῶν τοῦ
θεοῦ ἐδέξασθε οὐ λόγον ἀνθρώπων ἀλλὰ καθὼς ἀληθῶς
ἐστὶν λόγον θεοῦ, ὃς καὶ ἐνεργεῖται ἐν ὑμῖν τοῖς πιστεύ-
ουσιν. 14 ὑμεῖς γὰρ μιμηταὶ ἐγενήθητε, ἀδελφοί, τῶν ἐκκλη-
σιῶν τοῦ θεοῦ τῶν οὐσῶν ἐν τῇ Ἰουδαίᾳ ἐν Χριστῷ Ἰησοῦ,
ὅτι τὰ αὐτὰ ἐπάθετε καὶ ὑμεῖς ὑπὸ τῶν ἰδίων συμφυλετῶν
καθὼς καὶ αὐτοὶ ὑπὸ τῶν Ἰουδαίων, 15 τῶν καὶ τὸν κύριον
ἀποκτεινάντων Ἰησοῦν καὶ τοὺς προφήτας καὶ ἡμᾶς ἐκδιω-
ξάντων, καὶ θεῷ μὴ ἀρεσκόντων, καὶ πᾶσιν ἀνθρώποις
ἐναντίων, 16 κωλυόντων ἡμᾶς τοῖς ἔθνεσιν λαλῆσαι ἵνα
σωθῶσιν, εἰς τὸ **ἀναπληρῶσαι** αὐτῶν **τὰς ἁμαρτίας** πάν-
τοτε. ἔφθασεν δὲ ἐπ' αὐτοὺς ἡ ὀργὴ εἰς τέλος.

Paul's Desire to Visit the Thessalonians

17 Ἡμεῖς δέ, ἀδελφοί, ἀπορφανισθέντες ἀφ' ὑμῶν πρὸς
καιρὸν ὥρας, προσώπῳ οὐ καρδίᾳ, περισσοτέρως ἐσπουδά-
σαμεν τὸ πρόσωπον ὑμῶν ἰδεῖν ἐν πολλῇ ἐπιθυμίᾳ. 18 διότι
ἠθελήσαμεν ἐλθεῖν πρὸς ὑμᾶς, ἐγὼ μὲν Παῦλος καὶ ἅπαξ
καὶ δίς, καὶ ἐνέκοψεν ἡμᾶς ὁ Σατανᾶς. 19 τίς γὰρ ἡμῶν
ἐλπὶς ἢ χαρὰ ἢ στέφανος καυχήσεως—ἢ οὐχὶ καὶ ὑμεῖς—
ἔμπροσθεν τοῦ κυρίου ἡμῶν Ἰησοῦ ἐν τῇ αὐτοῦ παρουσίᾳ;
20 ὑμεῖς γάρ ἐστε ἡ δόξα ἡμῶν καὶ ἡ χαρά.

3 Διὸ μηκέτι στέγοντες ηὐδοκήσαμεν καταλειφθῆναι ἐν
Ἀθήναις μόνοι, 2 καὶ ἐπέμψαμεν Τιμόθεον, τὸν ἀδελφὸν

11–12 RP: *end v. 11 after* παραμυθούμενοι 12 WH: περιπατεῖν RP: περιπατῆσαι
// WH: καλοῦντος {WH}: καλέσαντος 13 RP: *omit* Καὶ *before* διὰ // WH: ἀληθῶς
ἐστὶν NA/RP: ἐστιν ἀληθῶς 15 RP: *add* ἰδίους *before* προφήτας 16 WH: ἔφθασεν
{WH}: ἔφθακεν 18 WH: διότι RP: διό
3:1 WH: ηὐδοκήσαμεν NA/RP: εὐδοκήσαμεν

16 Gen 15:16

ἡμῶν καὶ διάκονον τοῦ θεοῦ ἐν τῷ εὐαγγελίῳ τοῦ χριστοῦ, εἰς τὸ στηρίξαι ὑμᾶς καὶ παρακαλέσαι ὑπὲρ τῆς πίστεως ὑμῶν 3 τὸ μηδένα σαίνεσθαι ἐν ταῖς θλίψεσιν ταύταις. αὐτοὶ γὰρ οἴδατε ὅτι εἰς τοῦτο κείμεθα· 4 καὶ γὰρ ὅτε πρὸς ὑμᾶς ἦμεν, προελέγομεν ὑμῖν ὅτι μέλλομεν θλίβεσθαι, καθὼς καὶ ἐγένετο καὶ οἴδατε. 5 διὰ τοῦτο κἀγὼ μηκέτι στέγων ἔπεμψα εἰς τὸ γνῶναι τὴν πίστιν ὑμῶν, μή πως ἐπείρασεν ὑμᾶς ὁ πειράζων καὶ εἰς κενὸν γένηται ὁ κόπος ἡμῶν.

Timothy's Good Report

6 Ἄρτι δὲ ἐλθόντος Τιμοθέου πρὸς ἡμᾶς ἀφ' ὑμῶν καὶ εὐαγγελισαμένου ἡμῖν τὴν πίστιν καὶ τὴν ἀγάπην ὑμῶν, καὶ ὅτι ἔχετε μνείαν ἡμῶν ἀγαθὴν πάντοτε ἐπιποθοῦντες ἡμᾶς ἰδεῖν καθάπερ καὶ ἡμεῖς ὑμᾶς, 7 διὰ τοῦτο παρεκλήθημεν, ἀδελφοί, ἐφ' ὑμῖν ἐπὶ πάσῃ τῇ ἀνάγκῃ καὶ θλίψει ἡμῶν διὰ τῆς ὑμῶν πίστεως, 8 ὅτι νῦν ζῶμεν ἐὰν ὑμεῖς στήκετε ἐν κυρίῳ. 9 τίνα γὰρ εὐχαριστίαν δυνάμεθα τῷ θεῷ ἀνταποδοῦναι περὶ ὑμῶν ἐπὶ πάσῃ τῇ χαρᾷ ᾗ χαίρομεν δι' ὑμᾶς ἔμπροσθεν τοῦ θεοῦ ἡμῶν, 10 νυκτὸς καὶ ἡμέρας ὑπερεκπερισσοῦ δεόμενοι εἰς τὸ ἰδεῖν ὑμῶν τὸ πρόσωπον καὶ καταρτίσαι τὰ ὑστερήματα τῆς πίστεως ὑμῶν;

11 Αὐτὸς δὲ ὁ θεὸς καὶ πατὴρ ἡμῶν καὶ ὁ κύριος ἡμῶν Ἰησοῦς κατευθύναι τὴν ὁδὸν ἡμῶν πρὸς ὑμᾶς· 12 ὑμᾶς δὲ ὁ κύριος πλεονάσαι καὶ περισσεύσαι τῇ ἀγάπῃ εἰς ἀλλήλους καὶ εἰς πάντας, καθάπερ καὶ ἡμεῖς εἰς ὑμᾶς, 13 εἰς τὸ στηρίξαι ὑμῶν τὰς καρδίας ἀμέμπτους ἐν ἁγιωσύνῃ ἔμπροσθεν τοῦ θεοῦ καὶ πατρὸς ἡμῶν ἐν τῇ παρουσίᾳ τοῦ κυρίου ἡμῶν Ἰησοῦ μετὰ πάντων τῶν ἁγίων αὐτοῦ.

---

2 WH: διάκονον τοῦ θεοῦ {WH}: συνεργὸν [τοῦ θεοῦ] NA: συνεργὸν τοῦ θεοῦ RP: διάκονον τοῦ θεοῦ καὶ συνεργὸν ἡμῶν // WH: ὑπὲρ RP: ὑμᾶς περὶ 5 WH: πίστιν ὑμῶν {WH}: ὑμῶν πίστιν // 7 WH: ἀνάγκῃ καὶ θλίψει RP: θλίψει καὶ ἀνάγκῃ 10 WH: ὑπερεκπερισσοῦ RP: ὑπὲρ ἐκπερισσοῦ 11 RP: add χριστός after Ἰησοῦς 13 WH: ἀμέμπτους {WH}: ἀμέμπτως // RP: add χριστοῦ after Ἰησοῦ // {WH}/[NA]: add ἀμήν after αὐτοῦ

Living to Please God

4 Λοιπόν, ἀδελφοί, ἐρωτῶμεν ὑμᾶς καὶ παρακαλοῦμεν ἐν κυρίῳ Ἰησοῦ, [ἵνα] καθὼς παρελάβετε παρ' ἡμῶν τὸ πῶς δεῖ ὑμᾶς περιπατεῖν καὶ ἀρέσκειν θεῷ, καθὼς καὶ περιπατεῖτε,—ἵνα περισσεύητε μᾶλλον. 2 οἴδατε γὰρ τίνας παραγγελίας ἐδώκαμεν ὑμῖν διὰ τοῦ κυρίου Ἰησοῦ.

3 Τοῦτο γάρ ἐστιν θέλημα τοῦ θεοῦ, ὁ ἁγιασμὸς ὑμῶν, ἀπέχεσθαι ὑμᾶς ἀπὸ τῆς πορνείας, 4 εἰδέναι ἕκαστον ὑμῶν τὸ ἑαυτοῦ σκεῦος κτᾶσθαι ἐν ἁγιασμῷ καὶ τιμῇ, 5 μὴ ἐν πάθει ἐπιθυμίας καθάπερ καὶ **τὰ ἔθνη τὰ μὴ εἰδότα τὸν θεόν,** 6 τὸ μὴ ὑπερβαίνειν καὶ πλεονεκτεῖν ἐν τῷ πράγματι τὸν ἀδελφὸν αὐτοῦ, διότι **ἔκδικος Κύριος** περὶ πάντων τούτων, καθὼς καὶ προείπαμεν ὑμῖν καὶ διεμαρτυράμεθα. 7 οὐ γὰρ ἐκάλεσεν ἡμᾶς ὁ θεὸς ἐπὶ ἀκαθαρσίᾳ ἀλλ' ἐν ἁγιασμῷ. 8 τοιγαροῦν ὁ ἀθετῶν οὐκ ἄνθρωπον ἀθετεῖ ἀλλὰ τὸν θεὸν τὸν **διδόντα τὸ πνεῦμα αὐτοῦ** τὸ ἅγιον **εἰς ὑμᾶς.**

9 Περὶ δὲ τῆς φιλαδελφίας οὐ χρείαν ἔχετε γράφειν ὑμῖν, αὐτοὶ γὰρ ὑμεῖς θεοδίδακτοί ἐστε εἰς τὸ ἀγαπᾶν ἀλλήλους· 10 καὶ γὰρ ποιεῖτε αὐτὸ εἰς πάντας τοὺς ἀδελφοὺς [τοὺς] ἐν ὅλῃ τῇ Μακεδονίᾳ.

Παρακαλοῦμεν δὲ ὑμᾶς, ἀδελφοί, περισσεύειν μᾶλλον, 11 καὶ φιλοτιμεῖσθαι ἡσυχάζειν καὶ πράσσειν τὰ ἴδια καὶ ἐργάζεσθαι ταῖς χερσὶν ὑμῶν, **καθὼς ὑμῖν παρηγγείλαμεν,** 12 ἵνα περιπατῆτε εὐσχημόνως πρὸς τοὺς ἔξω καὶ μηδενὸς χρείαν ἔχητε.

The Hope of the Lord's Coming

13 Οὐ θέλομεν δὲ ὑμᾶς ἀγνοεῖν, ἀδελφοί, περὶ τῶν κοιμωμένων, ἵνα μὴ λυπῆσθε καθὼς καὶ οἱ λοιποὶ οἱ μὴ ἔχον-

---

4:1 {WH}/NA/RP: *add* οὖν *after* Λοιπὸν // WH: [ἵνα] NA: ἵνα RP: *omit* [ἵνα] // RP: *omit* καθὼς καὶ περιπατεῖτε 6 WH: Κύριος RP: ὁ κύριος 8 WH: διδόντα NA: [καὶ] διδόντα RP: καὶ δόντα 10 WH: [τοὺς] RP: τοὺς 11 [NA]/RP: *add* ἰδίαις *before* χερσὶν 13 WH: κοιμωμένων RP: κεκοιμημένων

4:5 Jer 10:25; Ps 79:6   6 Ps 94:1   8 Ezek 37:14

τες ἐλπίδα. 14 εἰ γὰρ πιστεύομεν ὅτι Ἰησοῦς ἀπέθανεν καὶ ἀνέστη, οὕτως καὶ ὁ θεὸς τοὺς κοιμηθέντας διὰ τοῦ Ἰησοῦ ἄξει σὺν αὐτῷ. 15 Τοῦτο γὰρ ὑμῖν λέγομεν ἐν λόγῳ κυρίου, ὅτι ἡμεῖς οἱ ζῶντες οἱ περιλειπόμενοι εἰς τὴν παρουσίαν τοῦ κυρίου οὐ μὴ φθάσωμεν τοὺς κοιμηθέντας· 16 ὅτι αὐτὸς ὁ κύριος ἐν κελεύσματι, ἐν φωνῇ ἀρχαγγέλου καὶ ἐν σάλπιγγι θεοῦ, καταβήσεται ἀπ᾽ οὐρανοῦ, καὶ οἱ νεκροὶ ἐν Χριστῷ ἀναστήσονται πρῶτον, 17 ἔπειτα ἡμεῖς οἱ ζῶντες οἱ περιλειπόμενοι ἅμα σὺν αὐτοῖς ἁρπαγησόμεθα ἐν νεφέλαις εἰς ἀπάντησιν τοῦ κυρίου εἰς ἀέρα· καὶ οὕτως πάντοτε σὺν κυρίῳ ἐσόμεθα. 18 Ὥστε παρακαλεῖτε ἀλλήλους ἐν τοῖς λόγοις τούτοις.

The Day of the Lord

5 Περὶ δὲ τῶν χρόνων καὶ τῶν καιρῶν, ἀδελφοί, οὐ χρείαν ἔχετε ὑμῖν γράφεσθαι, 2 αὐτοὶ γὰρ ἀκριβῶς οἴδατε ὅτι ἡμέρα Κυρίου ὡς κλέπτης ἐν νυκτὶ οὕτως ἔρχεται. 3 ὅταν λέγωσιν Εἰρήνη καὶ ἀσφάλεια, τότε αἰφνίδιος αὐτοῖς ἐπίσταται ὄλεθρος ὥσπερ ἡ ὠδὶν τῇ ἐν γαστρὶ ἐχούσῃ, καὶ οὐ μὴ ἐκφύγωσιν. 4 ὑμεῖς δέ, ἀδελφοί, οὐκ ἐστὲ ἐν σκότει, ἵνα ἡ ἡμέρα ὑμᾶς ὡς κλέπτας καταλάβῃ, 5 πάντες γὰρ ὑμεῖς υἱοὶ φωτός ἐστε καὶ υἱοὶ ἡμέρας. Οὐκ ἐσμὲν νυκτὸς οὐδὲ σκότους· 6 ἄρα οὖν μὴ καθεύδωμεν ὡς οἱ λοιποί, ἀλλὰ γρηγορῶμεν καὶ νήφωμεν. 7 οἱ γὰρ καθεύδοντες νυκτὸς καθεύδουσιν, καὶ οἱ μεθυσκόμενοι νυκτὸς μεθύουσιν· 8 ἡμεῖς δὲ ἡμέρας ὄντες νήφωμεν, **ἐνδυσάμενοι θώρακα** πίστεως καὶ ἀγάπης καὶ **περικεφαλαίαν** ἐλπίδα **σωτηρίας·** 9 ὅτι οὐκ ἔθετο ἡμᾶς ὁ θεὸς εἰς ὀργὴν ἀλλὰ εἰς περιποίησιν σωτηρίας διὰ τοῦ κυρίου ἡμῶν Ἰησοῦ [Χριστοῦ], 10 τοῦ ἀποθανόντος περὶ ἡμῶν ἵνα εἴτε γρηγορῶμεν εἴτε καθεύδωμεν ἅμα

5:2 RP: *add* ἡ *before* ἡμέρα 3 WH: ὅταν {WH}: ὅταν δὲ RP: ὅταν γὰρ 4 WH: κλέπτας {WH}/NA/RP: κλέπτης 5 RP *omit* γὰρ *after* πάντες 6 RP: *add* καὶ *before* οἱ 9 WH: ἡμᾶς ὁ θεὸς {WH}: ὁ θεὸς ἡμᾶς // WH: [Χριστοῦ] NA/RP: Χριστοῦ 10 WH: περὶ {WH}/NA/RP: ὑπὲρ

5:8 Isa 59:17

σὺν αὐτῷ ζήσωμεν. 11 Διὸ παρακαλεῖτε ἀλλήλους καὶ
οἰκοδομεῖτε εἰς τὸν ἕνα, καθὼς καὶ ποιεῖτε.

Closing Exhortations

12 Ἐρωτῶμεν δὲ ὑμᾶς, ἀδελφοί, εἰδέναι τοὺς κοπιῶντας
ἐν ὑμῖν καὶ προϊσταμένους ὑμῶν ἐν κυρίῳ καὶ νουθε-
τοῦντας ὑμᾶς, 13 καὶ ἡγεῖσθαι αὐτοὺς ὑπερεκπερισσοῦ ἐν
ἀγάπῃ διὰ τὸ ἔργον αὐτῶν. εἰρηνεύετε ἐν ἑαυτοῖς. 14 Παρα-
καλοῦμεν δὲ ὑμᾶς, ἀδελφοί, νουθετεῖτε τοὺς ἀτάκτους,
παραμυθεῖσθε τοὺς ὀλιγοψύχους, ἀντέχεσθε τῶν ἀσθενῶν,
μακροθυμεῖτε πρὸς πάντας. 15 ὁρᾶτε μή τις κακὸν ἀντὶ
κακοῦ τινὶ ἀποδῷ, ἀλλὰ πάντοτε τὸ ἀγαθὸν διώκετε εἰς
ἀλλήλους καὶ εἰς πάντας. 16 Πάντοτε χαίρετε, 17 ἀδιαλείπ-
τως προσεύχεσθε, 18 ἐν παντὶ εὐχαριστεῖτε· τοῦτο γὰρ
θέλημα θεοῦ ἐν Χριστῷ Ἰησοῦ εἰς ὑμᾶς. 19 τὸ πνεῦμα μὴ
σβέννυτε, 20 προφητείας μὴ ἐξουθενεῖτε· 21 πάντα [δὲ] δο-
κιμάζετε, τὸ καλὸν κατέχετε, 22 **ἀπὸ παντὸς** εἴδους **πονη-
ροῦ ἀπέχεσθε.**

Final Greetings

23 Αὐτὸς δὲ ὁ θεὸς τῆς εἰρήνης ἁγιάσαι ὑμᾶς ὁλοτελεῖς,
καὶ ὁλόκληρον ὑμῶν τὸ πνεῦμα καὶ ἡ ψυχὴ καὶ τὸ σῶμα
ἀμέμπτως ἐν τῇ παρουσίᾳ τοῦ κυρίου ἡμῶν Ἰησοῦ Χριστοῦ
τηρηθείη. 24 πιστὸς ὁ καλῶν ὑμᾶς, ὃς καὶ ποιήσει.

25 Ἀδελφοί, προσεύχεσθε [καὶ] περὶ ἡμῶν.

26 Ἀσπάσασθε τοὺς ἀδελφοὺς πάντας ἐν φιλήματι ἁγίῳ.

27 Ἐνορκίζω ὑμᾶς τὸν κύριον ἀναγνωσθῆναι τὴν ἐπι-
στολὴν πᾶσιν τοῖς ἀδελφοῖς.

28 Ἡ χάρις τοῦ κυρίου ἡμῶν Ἰησοῦ Χριστοῦ μεθ' ὑμῶν.

---

13 WH: ὑπερεκπερισσοῦ {WH}: ὑπερεκπερισσῶς RP: ὑπὲρ ἐκπερισσοῦ
15 {WH}/[NA]/RP: add καὶ after διώκετε 21 WH: [δὲ] NA/RP: δὲ 25 RP: omit [καὶ]
27 WH: Ἐνορκίζω RP: Ὁρκίζω // {WH}/RP: add ἁγίοις before ἀδελφοῖς 28 RP: add
Ἀμήν. after ὑμῶν.

22 Job 1:1; 2:3

ΠΡΟΣ ΘΕΣΣΑΛΟΝΙΚΕΙΣ Β

Opening Greeting

1 Παῦλος καὶ Σιλουανὸς καὶ Τιμόθεος τῇ ἐκκλησίᾳ Θεσσαλονικέων ἐν θεῷ πατρὶ ἡμῶν καὶ κυρίῳ Ἰησοῦ Χριστῷ· 2 χάρις ὑμῖν καὶ εἰρήνη ἀπὸ θεοῦ πατρὸς καὶ κυρίου Ἰησοῦ Χριστοῦ.

Paul's Thanksgiving and Prayer

3 Εὐχαριστεῖν ὀφείλομεν τῷ θεῷ πάντοτε περὶ ὑμῶν, ἀδελφοί, καθὼς ἄξιόν ἐστιν, ὅτι ὑπεραυξάνει ἡ πίστις ὑμῶν καὶ πλεονάζει ἡ ἀγάπη ἑνὸς ἑκάστου πάντων ὑμῶν εἰς ἀλλήλους, 4 ὥστε αὐτοὺς ἡμᾶς ἐν ὑμῖν ἐνκαυχᾶσθαι ἐν ταῖς ἐκκλησίαις τοῦ θεοῦ ὑπὲρ τῆς ὑπομονῆς ὑμῶν καὶ πίστεως ἐν πᾶσιν τοῖς διωγμοῖς ὑμῶν καὶ ταῖς θλίψεσιν αἷς ἀνέχεσθε, 5 ἔνδειγμα τῆς δικαίας κρίσεως τοῦ θεοῦ, εἰς τὸ καταξιωθῆναι ὑμᾶς τῆς βασιλείας τοῦ θεοῦ, ὑπὲρ ἧς καὶ πάσχετε, 6 εἴπερ δίκαιον παρὰ θεῷ ἀνταποδοῦναι τοῖς θλίβουσιν ὑμᾶς θλῖψιν 7 καὶ ὑμῖν τοῖς θλιβομένοις ἄνεσιν μεθ' ἡμῶν ἐν τῇ ἀποκαλύψει τοῦ κυρίου Ἰησοῦ ἀπ' οὐρανοῦ μετ' ἀγγέλων δυνάμεως αὐτοῦ 8 **ἐν πυρὶ φλογός, διδόντος ἐκδίκησιν τοῖς μὴ εἰδόσι θεὸν** καὶ **τοῖς μὴ ὑπακούουσιν** τῷ εὐαγγελίῳ τοῦ κυρίου ἡμῶν Ἰησοῦ, 9 οἵτινες δίκην τίσουσιν ὄλεθρον αἰώνιον **ἀπὸ προσώπου τοῦ κυρίου καὶ ἀπὸ τῆς δόξης τῆς ἰσχύος αὐτοῦ**, 10 ὅταν ἔλθῃ **ἐνδοξασθῆναι ἐν τοῖς ἁγίοις αὐτοῦ** καὶ **θαυμασθῆναι** ἐν πᾶσιν τοῖς

1:2 [NA]/RP: *add* ἡμῶν *after* πατρὸς 4 WH: αὐτοὺς ἡμᾶς RP: ἡμᾶς αὐτοὺς // WH: ἐνκαυχᾶσθαι RP: καυχᾶσθαι // WH: ἀνέχεσθε {WH}: ἐνέχεσθε 10 {WH}: *ἐπιστεύθη*

1:8 Isa 66:14, 15; Jer 10:25; Ps 79:6 9–10 Isa 2:10–11, 19, 21

πιστεύσασιν, ὅτι ἐπιστεύθη τὸ μαρτύριον ἡμῶν ἐφ᾽ ὑμᾶς, **ἐν τῇ ἡμέρᾳ ἐκείνῃ**. 11 Εἰς ὃ καὶ προσευχόμεθα πάντοτε περὶ ὑμῶν, ἵνα ὑμᾶς ἀξιώσῃ τῆς κλήσεως ὁ θεὸς ἡμῶν καὶ πληρώσῃ πᾶσαν εὐδοκίαν ἀγαθωσύνης καὶ ἔργον πίστεως ἐν δυνάμει, 12 **ὅπως ἐνδοξασθῇ τὸ ὄνομα** τοῦ κυρίου ἡμῶν Ἰησοῦ **ἐν ὑμῖν**, καὶ ὑμεῖς ἐν αὐτῷ, κατὰ τὴν χάριν τοῦ θεοῦ ἡμῶν καὶ κυρίου Ἰησοῦ Χριστοῦ.

The Man of Lawlessness

2 Ἐρωτῶμεν δὲ ὑμᾶς, ἀδελφοί, ὑπὲρ τῆς παρουσίας τοῦ κυρίου [ἡμῶν] Ἰησοῦ Χριστοῦ καὶ ἡμῶν ἐπισυναγωγῆς ἐπ᾽ αὐτόν, 2 εἰς τὸ μὴ ταχέως σαλευθῆναι ὑμᾶς ἀπὸ τοῦ νοὸς μηδὲ θροεῖσθαι μήτε διὰ πνεύματος μήτε διὰ λόγου μήτε δι᾽ ἐπιστολῆς ὡς δι᾽ ἡμῶν, ὡς ὅτι ἐνέστηκεν ἡ ἡμέρα τοῦ κυρίου. 3 μή τις ὑμᾶς ἐξαπατήσῃ κατὰ μηδένα τρόπον· ὅτι ἐὰν μὴ ἔλθῃ ἡ ἀποστασία πρῶτον καὶ ἀποκαλυφθῇ ὁ ἄνθρωπος τῆς ἀνομίας, ὁ υἱὸς τῆς ἀπωλείας, 4 ὁ ἀντικείμενος **καὶ ὑπεραιρόμενος ἐπὶ πάντα** λεγόμενον **θεὸν** ἢ σέβασμα, ὥστε αὐτὸν **εἰς τὸν** ναὸν **τοῦ θεοῦ καθίσαι**, ἀποδεικνύντα ἑαυτὸν ὅτι ἔστιν **θεός**—. 5 Οὐ μνημονεύετε ὅτι ἔτι ὢν πρὸς ὑμᾶς ταῦτα ἔλεγον ὑμῖν; 6 καὶ νῦν τὸ κατέχον οἴδατε, εἰς τὸ ἀποκαλυφθῆναι αὐτὸν ἐν τῷ αὐτοῦ καιρῷ· 7 τὸ γὰρ μυστήριον ἤδη ἐνεργεῖται τῆς ἀνομίας· μόνον ὁ κατέχων ἄρτι ἕως ἐκ μέσου γένηται. 8 καὶ τότε ἀποκαλυφθήσεται ὁ **ἄνομος**, ὃν ὁ κύριος [Ἰησοῦς] **ἀνελεῖ τῷ πνεύματι τοῦ στόματος αὐτοῦ** καὶ καταργήσει τῇ ἐπιφανείᾳ τῆς παρουσίας αὐτοῦ, 9 οὗ ἐστὶν ἡ παρουσία κατ᾽ ἐνέργειαν τοῦ Σατανᾶ ἐν πάσῃ δυνάμει καὶ σημείοις καὶ τέρασιν ψεύδους 10 καὶ ἐν πάσῃ ἀπάτῃ ἀδικίας τοῖς ἀπολλυμένοις, ἀνθ᾽ ὧν τὴν ἀγάπην

2:1 WH: [ἡμῶν] NA/RP: ἡμῶν 2 WH: μηδὲ RP: μήτε // WH: κυρίου. {WH}: κυρίου.— RP: χριστοῦ 3 WH: ἀνομίας {WH}/RP: ἁμαρτίας 4 RP: add ὡς θεὸν *after* τοῦ θεοῦ 6 WH: αὐτοῦ NA/RP: ἑαυτοῦ 8 RP: *omit* [Ἰησοῦς] // WH: ἀνελεῖ {WH}: ἀναλοῖ RP: ἀναλώσει 10 WH: ἀδικίας RP: τῆς ἀδικίας ἐν

---

10 Isa 89:7; 68:35 LXX; Isa 49:3 12 Isa 66:5 2:4 Dan 11:36, 37; Ezek 28:2 8 Isa 11:4; Job 4:9

τῆς ἀληθείας οὐκ ἐδέξαντο εἰς τὸ σωθῆναι αὐτούς· 11 καὶ διὰ τοῦτο πέμπει αὐτοῖς ὁ θεὸς ἐνέργειαν πλάνης εἰς τὸ πιστεῦσαι αὐτοὺς τῷ ψεύδει, 12 ἵνα κριθῶσιν πάντες οἱ μὴ πιστεύσαντες τῇ ἀληθείᾳ ἀλλὰ εὐδοκήσαντες τῇ ἀδικίᾳ.

An Exhortation to Stand Firm

13 Ἡμεῖς δὲ ὀφείλομεν εὐχαριστεῖν τῷ θεῷ πάντοτε περὶ ὑμῶν, ἀδελφοὶ **ἠγαπημένοι ὑπὸ Κυρίου,** ὅτι εἵλατο ὑμᾶς ὁ θεὸς ἀπ᾽ ἀρχῆς εἰς σωτηρίαν ἐν ἁγιασμῷ πνεύματος καὶ πίστει ἀληθείας, 14 εἰς ὃ ἐκάλεσεν ὑμᾶς διὰ τοῦ εὐαγγελίου ἡμῶν, εἰς περιποίησιν δόξης τοῦ κυρίου ἡμῶν Ἰησοῦ Χριστοῦ. 15 Ἄρα οὖν, ἀδελφοί, στήκετε, καὶ κρατεῖτε τὰς παραδόσεις ἃς ἐδιδάχθητε εἴτε διὰ λόγου εἴτε δι᾽ ἐπιστολῆς ἡμῶν. 16 Αὐτὸς δὲ ὁ κύριος ἡμῶν Ἰησοῦς Χριστὸς καὶ [ὁ] θεὸς ὁ πατὴρ ἡμῶν, ὁ ἀγαπήσας ἡμᾶς καὶ δοὺς παράκλησιν αἰωνίαν καὶ ἐλπίδα ἀγαθὴν ἐν χάριτι, 17 παρακαλέσαι ὑμῶν τὰς καρδίας καὶ στηρίξαι ἐν παντὶ ἔργῳ καὶ λόγῳ ἀγαθῷ.

Paul's Request for Prayer

3 Τὸ λοιπὸν προσεύχεσθε, ἀδελφοί, περὶ ἡμῶν, ἵνα ὁ λόγος τοῦ κυρίου τρέχῃ καὶ δοξάζηται καθὼς καὶ πρὸς ὑμᾶς, 2 καὶ ἵνα ῥυσθῶμεν ἀπὸ τῶν ἀτόπων καὶ πονηρῶν ἀνθρώπων, οὐ γὰρ πάντων ἡ πίστις.

3 Πιστὸς δέ ἐστιν ὁ κύριος, ὃς στηρίξει ὑμᾶς καὶ φυλάξει ἀπὸ τοῦ πονηροῦ. 4 πεποίθαμεν δὲ ἐν κυρίῳ ἐφ᾽ ὑμᾶς, ὅτι ἃ παραγγέλλομεν [καὶ] ποιεῖτε καὶ ποιήσετε. 5 Ὁ δὲ κύριος κατευθύναι ὑμῶν τὰς καρδίας εἰς τὴν ἀγάπην τοῦ θεοῦ καὶ εἰς τὴν ὑπομονὴν τοῦ χριστοῦ.

---

11 WH: πέμπει RP: πέμψει 12 WH: πάντες {WH}: ἅπαντες // RP: *add* ἐν *before* τῇ ἀδικίᾳ 13 WH: εἵλατο RP: εἵλετο // WH: ἀπ᾽ ἀρχῆς {WH}/NA: ἀπαρχὴν 14 NA: *add* [καὶ] *before* ἐκάλεσεν 16 WH: [ὁ] θεὸς ὁ RP: ὁ θεὸς καὶ 17 RP: *add* ὑμᾶς *after* στηρίξαι // WH: ἔργῳ καὶ λόγῳ RP: λόγῳ καὶ ἔργῳ
3:4 RP: *add* ὑμῖν *after* παραγγέλλομεν // WH: [καὶ] RP: καὶ

13 Deut 33:12

A Warning Against Idleness

6 Παραγγέλλομεν δὲ ὑμῖν, ἀδελφοί, ἐν ὀνόματι τοῦ κυρίου Ἰησοῦ Χριστοῦ στέλλεσθαι ὑμᾶς ἀπὸ παντὸς ἀδελφοῦ ἀτάκτως περιπατοῦντος καὶ μὴ κατὰ τὴν παράδοσιν ἣν παρελάβετε παρ' ἡμῶν. 7 αὐτοὶ γὰρ οἴδατε πῶς δεῖ μιμεῖσθαι ἡμᾶς, ὅτι οὐκ ἠτακτήσαμεν ἐν ὑμῖν 8 οὐδὲ δωρεὰν ἄρτον ἐφάγομεν παρά τινος, ἀλλ' ἐν κόπῳ καὶ μόχθῳ νυκτὸς καὶ ἡμέρας ἐργαζόμενοι πρὸς τὸ μὴ ἐπιβαρῆσαί τινα ὑμῶν· 9 οὐχ ὅτι οὐκ ἔχομεν ἐξουσίαν, ἀλλ' ἵνα ἑαυτοὺς τύπον δῶμεν ὑμῖν εἰς τὸ μιμεῖσθαι ἡμᾶς. 10 καὶ γὰρ ὅτε ἦμεν πρὸς ὑμᾶς, τοῦτο παρηγγέλλομεν ὑμῖν, ὅτι εἴ τις οὐ θέλει ἐργάζεσθαι μηδὲ ἐσθιέτω. 11 ἀκούομεν γάρ τινας περιπατοῦντας ἐν ὑμῖν ἀτάκτως, μηδὲν ἐργαζομένους ἀλλὰ περιεργαζομένους· 12 τοῖς δὲ τοιούτοις παραγγέλλομεν καὶ παρακαλοῦμεν ἐν κυρίῳ Ἰησοῦ Χριστῷ ἵνα μετὰ ἡσυχίας ἐργαζόμενοι τὸν ἑαυτῶν ἄρτον ἐσθίωσιν. 13 Ὑμεῖς δέ, ἀδελφοί, μὴ ἐνκακήσητε καλοποιοῦντες. 14 εἰ δέ τις οὐχ ὑπακούει τῷ λόγῳ ἡμῶν διὰ τῆς ἐπιστολῆς, τοῦτον σημειοῦσθε, μὴ συναναμίγνυσθαι αὐτῷ, ἵνα ἐντραπῇ· 15 καὶ μὴ ὡς ἐχθρὸν ἡγεῖσθε, ἀλλὰ νουθετεῖτε ὡς ἀδελφόν. 16 Αὐτὸς δὲ ὁ κύριος τῆς εἰρήνης δῴη ὑμῖν τὴν εἰρήνην διὰ παντὸς ἐν παντὶ τρόπῳ. ὁ κύριος μετὰ πάντων ὑμῶν.

Final Greetings

17 Ὁ ἀσπασμὸς τῇ ἐμῇ χειρὶ Παύλου, ὅ ἐστιν σημεῖον ἐν πάσῃ ἐπιστολῇ· οὕτως γράφω. 18 ἡ χάρις τοῦ κυρίου ἡμῶν Ἰησοῦ Χριστοῦ μετὰ πάντων ὑμῶν.

6 {WH}/[NA]/RP: add ἡμῶν after κυρίου // WH: παρελάβετε {WH}/NA: παρελάβοσαν RP: παρέλαβον 8 WH: νυκτὸς καὶ ἡμέρας RP: νύκτα καὶ ἡμέραν 12 WH: ἐν κυρίῳ Ἰησοῦ Χριστῷ RP: διὰ τοῦ κυρίου ἡμῶν Ἰησοῦ χριστοῦ 13 WH: ἐνκακήσητε NA: ἐγκακήσητε RP: ἐκκακήσητε 14 RP: add καὶ before μὴ // WH: συναναμίγνυσθαι RP: συναναμίγνυσθε 18 RP: add Ἀμήν. after ὑμῶν.

ΠΡΟΣ ΤΙΜΟΘΕΟΝ Α

Opening Greeting

1 Παῦλος ἀπόστολος Χριστοῦ Ἰησοῦ κατ' ἐπιταγὴν θεοῦ σωτῆρος ἡμῶν καὶ Χριστοῦ Ἰησοῦ τῆς ἐλπίδος ἡμῶν 2 Τιμοθέῳ γνησίῳ τέκνῳ ἐν πίστει· χάρις, ἔλεος, εἰρήνη ἀπὸ θεοῦ πατρὸς καὶ Χριστοῦ Ἰησοῦ τοῦ κυρίου ἡμῶν.

Warnings against False Teaching

3 Καθὼς παρεκάλεσά σε προσμεῖναι ἐν Ἐφέσῳ, πορευόμενος εἰς Μακεδονίαν, ἵνα παραγγείλῃς τισὶν μὴ ἑτεροδιδασκαλεῖν 4 μηδὲ προσέχειν μύθοις καὶ γενεαλογίαις ἀπεράντοις, αἵτινες ἐκζητήσεις παρέχουσι μᾶλλον ἢ οἰκονομίαν θεοῦ τὴν ἐν πίστει,—5 τὸ δὲ τέλος τῆς παραγγελίας ἐστὶν ἀγάπη ἐκ καθαρᾶς καρδίας καὶ συνειδήσεως ἀγαθῆς καὶ πίστεως ἀνυποκρίτου, 6 ὧν τινες ἀστοχήσαντες ἐξετράπησαν εἰς ματαιολογίαν, 7 θέλοντες εἶναι νομοδιδάσκαλοι, μὴ νοοῦντες μήτε ἃ λέγουσιν μήτε περὶ τίνων διαβεβαιοῦνται. 8 Οἴδαμεν δὲ ὅτι καλὸς ὁ νόμος ἐάν τις αὐτῷ νομίμως χρῆται, 9 εἰδὼς τοῦτο ὅτι δικαίῳ νόμος οὐ κεῖται, ἀνόμοις δὲ καὶ ἀνυποτάκτοις, ἀσεβέσι καὶ ἁμαρτωλοῖς, ἀνοσίοις καὶ βεβήλοις, πατρολῴαις καὶ μητρολῴαις, ἀνδροφόνοις, 10 πόρνοις, ἀρσενοκοίταις, ἀνδραποδισταῖς, ψεύσταις, ἐπιόρκοις, καὶ εἴ τι ἕτερον τῇ ὑγιαινούσῃ διδασκαλίᾳ ἀντίκειται, 11 κατὰ τὸ εὐαγγέλιον τῆς δόξης τοῦ μακαρίου θεοῦ, ὃ ἐπιστεύθην ἐγώ.

1:1 WH: Χριστοῦ Ἰησοῦ κατ' RP: Ἰησοῦ χριστοῦ κατ' // WH: καὶ Χριστοῦ Ἰησοῦ RP: καὶ κυρίου Ἰησοῦ χριστοῦ 2 RP: *add* ἡμῶν *after* πατρὸς 4 WH: ἐκζητήσεις RP: ζητήσεις

Paul's Gratitude for God's Mercy

12 Χάριν ἔχω τῷ ἐνδυναμώσαντί με Χριστῷ Ἰησοῦ τῷ κυρίῳ ἡμῶν, ὅτι πιστόν με ἡγήσατο θέμενος εἰς διακονίαν, 13 τὸ πρότερον ὄντα βλάσφημον καὶ διώκτην καὶ ὑβριστήν· ἀλλὰ ἠλεήθην, ὅτι ἀγνοῶν ἐποίησα ἐν ἀπιστίᾳ, 14 ὑπερεπλεόνασεν δὲ ἡ χάρις τοῦ κυρίου ἡμῶν μετὰ πίστεως καὶ ἀγάπης τῆς ἐν Χριστῷ Ἰησοῦ. 15 πιστὸς ὁ λόγος καὶ πάσης ἀποδοχῆς ἄξιος, ὅτι Χριστὸς Ἰησοῦς ἦλθεν εἰς τὸν κόσμον ἁμαρτωλοὺς σῶσαι· ὧν πρῶτός εἰμι ἐγώ, 16 ἀλλὰ διὰ τοῦτο ἠλεήθην, ἵνα ἐν ἐμοὶ πρώτῳ ἐνδείξηται Χριστὸς Ἰησοῦς τὴν ἅπασαν μακροθυμίαν, πρὸς ὑποτύπωσιν τῶν μελλόντων πιστεύειν ἐπ᾽ αὐτῷ εἰς ζωὴν αἰώνιον. 17 Τῷ δὲ βασιλεῖ τῶν αἰώνων, ἀφθάρτῳ, ἀοράτῳ, μόνῳ θεῷ, τιμὴ καὶ δόξα εἰς τοὺς αἰῶνας τῶν αἰώνων· ἀμήν.

Timothy's Responsibility

18 Ταύτην τὴν παραγγελίαν παρατίθεμαί σοι, τέκνον Τιμόθεε, κατὰ τὰς προαγούσας ἐπὶ σὲ προφητείας, ἵνα στρατεύῃ ἐν αὐταῖς τὴν καλὴν στρατείαν, 19 ἔχων πίστιν καὶ ἀγαθὴν συνείδησιν, ἥν τινες ἀπωσάμενοι περὶ τὴν πίστιν ἐναυάγησαν· 20 ὧν ἐστιν Ὑμέναιος καὶ Ἀλέξανδρος, οὓς παρέδωκα τῷ Σατανᾷ ἵνα παιδευθῶσι μὴ βλασφημεῖν.

Instructions on Church Worship

2 Παρακαλῶ οὖν πρῶτον πάντων ποιεῖσθαι δεήσεις, προσευχάς, ἐντεύξεις, εὐχαριστίας, ὑπὲρ πάντων ἀνθρώπων, 2 ὑπὲρ βασιλέων καὶ πάντων τῶν ἐν ὑπεροχῇ ὄντων, ἵνα ἤρεμον καὶ ἡσύχιον βίον διάγωμεν ἐν πάσῃ εὐσεβείᾳ καὶ σεμνότητι. 3 τοῦτο καλὸν καὶ ἀπόδεκτον ἐνώπιον τοῦ σωτῆρος ἡμῶν θεοῦ 4 ὃς πάντας ἀνθρώπους θέλει σωθῆναι

---

12 RP: *add* Καὶ *before* χάριν // WH: ἐνδυναμώσαντί {WH}: ἐνδυναμοῦντί 13 WH: τὸ RP: τὸν 16 WH: Χριστὸς Ἰησοῦς {WH}: Ἰησοῦς Χριστὸς // WH: ἅπασαν RP: πᾶσαν 17 RP: *add* σοφῷ *before* θεῷ 18 WH: στρατεύῃ {WH}: στρατεύσῃ 2:3 RP: *add* γὰρ *after* τοῦτο

καὶ εἰς ἐπίγνωσιν ἀληθείας ἐλθεῖν. 5 Εἷς γὰρ θεός, εἷς καὶ μεσίτης θεοῦ καὶ ἀνθρώπων ἄνθρωπος Χριστὸς Ἰησοῦς, 6 ὁ δοὺς ἑαυτὸν ἀντίλυτρον ὑπὲρ πάντων, τὸ μαρτύριον καιροῖς ἰδίοις· 7 εἰς ὃ ἐτέθην ἐγὼ κῆρυξ καὶ ἀπόστολος,—ἀλήθειαν λέγω, οὐ ψεύδομαι,—διδάσκαλος ἐθνῶν ἐν πίστει καὶ ἀληθείᾳ.

8 Βούλομαι οὖν προσεύχεσθαι τοὺς ἄνδρας ἐν παντὶ τόπῳ, ἐπαίροντας ὁσίους χεῖρας χωρὶς ὀργῆς καὶ διαλογισμῶν. 9 Ὡσαύτως γυναῖκας ἐν καταστολῇ κοσμίῳ μετὰ αἰδοῦς καὶ σωφροσύνης κοσμεῖν ἑαυτάς, μὴ ἐν πλέγμασιν καὶ χρυσίῳ ἢ μαργαρίταις ἢ ἱματισμῷ πολυτελεῖ, 10 ἀλλ' ὃ πρέπει γυναιξὶν ἐπαγγελλομέναις θεοσέβειαν, δι' ἔργων ἀγαθῶν. 11 Γυνὴ ἐν ἡσυχίᾳ μανθανέτω ἐν πάσῃ ὑποταγῇ· 12 διδάσκειν δὲ γυναικὶ οὐκ ἐπιτρέπω, οὐδὲ αὐθεντεῖν ἀνδρός, ἀλλ' εἶναι ἐν ἡσυχίᾳ. 13 Ἀδὰμ γὰρ πρῶτος ἐπλάσθη, εἶτα Εὕα· 14 καὶ Ἀδὰμ οὐκ ἠπατήθη, ἡ δὲ γυνὴ ἐξαπατηθεῖσα ἐν παραβάσει γέγονεν. 15 σωθήσεται δὲ διὰ τῆς τεκνογονίας, ἐὰν μείνωσιν ἐν πίστει καὶ ἀγάπῃ καὶ ἁγιασμῷ μετὰ σωφροσύνης.

3 πιστὸς ὁ λόγος.

Qualifications for Church Leaders

Εἴ τις ἐπισκοπῆς ὀρέγεται, καλοῦ ἔργου ἐπιθυμεῖ. 2 δεῖ οὖν τὸν ἐπίσκοπον ἀνεπίλημπτον εἶναι, μιᾶς γυναικὸς ἄνδρα, νηφάλιον, σώφρονα, κόσμιον, φιλόξενον, διδακτικόν, 3 μὴ πάροινον, μὴ πλήκτην, ἀλλὰ ἐπιεικῆ, ἄμαχον, ἀφιλάργυρον, 4 τοῦ ἰδίου οἴκου καλῶς προϊστάμενον, τέκνα ἔχοντα ἐν ὑποταγῇ μετὰ πάσης σεμνότητος· 5 (εἰ δέ τις τοῦ ἰδίου οἴκου προστῆναι οὐκ οἶδεν, πῶς ἐκκλησίας θεοῦ ἐπιμελήσεται;) 6 μὴ νεόφυτον, ἵνα μὴ τυφωθεὶς εἰς

---

7 RP: *add* ἐν χριστῷ, *after* λέγω 8 WH: διαλογισμῶν {WH}/NA/RP: διαλογισμοῦ 9 WH: γυναῖκας NA: [καὶ] γυναῖκας RP: καὶ τὰς γυναῖκας // WH: κοσμίῳ {WH}: κοσμίως // WH: καὶ χρυσίῳ {WH}: καὶ χρυσῷ RP: ἢ χρυσῷ 12 WH: διδάσκειν δὲ γυναικί RP: Γυναικὶ δὲ διδάσκειν 14 WH: ἐξαπατηθεῖσα RP: ἀπατηθεῖσα 3:3 RP: *add* μὴ αἰσχροκερδῆ, *after* πλήκτην,

κρίμα ἐμπέσῃ τοῦ διαβόλου. 7 δεῖ δὲ καὶ μαρτυρίαν καλὴν
ἔχειν ἀπὸ τῶν ἔξωθεν, ἵνα μὴ εἰς ὀνειδισμὸν ἐμπέσῃ καὶ
παγίδα τοῦ διαβόλου. 8 Διακόνους ὡσαύτως σεμνούς, μὴ
διλόγους, μὴ οἴνῳ πολλῷ προσέχοντας, μὴ αἰσχροκερδεῖς,
9 ἔχοντας τὸ μυστήριον τῆς πίστεως ἐν καθαρᾷ συνειδήσει.
10 καὶ οὗτοι δὲ δοκιμαζέσθωσαν πρῶτον, εἶτα διακονεί-
τωσαν ἀνέγκλητοι ὄντες. 11 γυναῖκας ὡσαύτως σεμνάς, μὴ
διαβόλους, νηφαλίους, πιστὰς ἐν πᾶσιν. 12 διάκονοι ἔστω-
σαν μιᾶς γυναικὸς ἄνδρες, τέκνων καλῶς προϊστάμενοι καὶ
τῶν ἰδίων οἴκων· 13 οἱ γὰρ καλῶς διακονήσαντες βαθμὸν
ἑαυτοῖς καλὸν περιποιοῦνται καὶ πολλὴν παρρησίαν ἐν
πίστει τῇ ἐν Χριστῷ Ἰησοῦ.

The Great Mystery of Godliness

14 Ταῦτά σοι γράφω, ἐλπίζων ἐλθεῖν [πρὸς σὲ] ἐν τάχει,
15 ἐὰν δὲ βραδύνω, ἵνα εἰδῇς πῶς δεῖ ἐν οἴκῳ θεοῦ ἀναστρέ-
φεσθαι, ἥτις ἐστὶν ἐκκλησία θεοῦ ζῶντος, στύλος καὶ ἑδραί-
ωμα τῆς ἀληθείας· 16 καὶ ὁμολογουμένως μέγα ἐστὶν τὸ τῆς
εὐσεβείας μυστήριον·

Ὃς ἐφανερώθη ἐν σαρκί,
  ἐδικαιώθη ἐν πνεύματι,
    ὤφθη ἀγγέλοις,
ἐκηρύχθη ἐν ἔθνεσιν,
  ἐπιστεύθη ἐν κόσμῳ,
    ἀνελήμφθη ἐν δόξῃ.

Warning against False Teachers

4 Τὸ δὲ πνεῦμα ῥητῶς λέγει ὅτι ἐν ὑστέροις καιροῖς
ἀποστήσονταί τινες τῆς πίστεως, προσέχοντες πνεύμασι
πλάνοις καὶ διδασκαλίαις δαιμονίων 2 ἐν ὑποκρίσει ψευ-
δολόγων, κεκαυστηριασμένων τὴν ἰδίαν συνείδησιν,

---

7 RP: *add* αὐτὸν *after* δὲ 14 WH: [πρὸς σὲ] NA/RP: πρὸς σὲ // WH: ἐν τάχει RP:
τάχιον 16 WH: Ὃς RP: θεὸς
4:2 WH: κεκαυστηριασμένων RP: κεκαυτηριασμένων

3 κωλυόντων γαμεῖν, ἀπέχεσθαι βρωμάτων ἃ ὁ θεὸς ἔκτισεν εἰς μετάλημψιν μετὰ εὐχαριστίας τοῖς πιστοῖς καὶ ἐπεγνωκόσι τὴν ἀλήθειαν. 4 ὅτι πᾶν κτίσμα θεοῦ καλόν, καὶ οὐδὲν ἀπόβλητον μετὰ εὐχαριστίας λαμβανόμενον, 5 ἁγιάζεται γὰρ διὰ λόγου θεοῦ καὶ ἐντεύξεως.

A Good Servant of Jesus Christ

6 Ταῦτα ὑποτιθέμενος τοῖς ἀδελφοῖς καλὸς ἔσῃ διάκονος Χριστοῦ Ἰησοῦ, ἐντρεφόμενος τοῖς λόγοις τῆς πίστεως καὶ τῆς καλῆς διδασκαλίας ᾗ παρηκολούθηκας, 7 τοὺς δὲ βεβήλους καὶ γραώδεις μύθους παραιτοῦ. γύμναζε δὲ σεαυτὸν πρὸς εὐσέβειαν· 8 ἡ γὰρ σωματικὴ γυμνασία πρὸς ὀλίγον ἐστὶν ὠφέλιμος, ἡ δὲ εὐσέβεια πρὸς πάντα ὠφέλιμός ἐστιν, ἐπαγγελίαν ἔχουσα ζωῆς τῆς νῦν καὶ τῆς μελλούσης. 9 πιστὸς ὁ λόγος καὶ πάσης ἀποδοχῆς ἄξιος, 10 εἰς τοῦτο γὰρ κοπιῶμεν καὶ ἀγωνιζόμεθα, ὅτι ἠλπίκαμεν ἐπὶ θεῷ ζῶντι, ὅς ἐστιν σωτὴρ πάντων ἀνθρώπων, μάλιστα πιστῶν.

11 Παράγγελλε ταῦτα καὶ δίδασκε. 12 μηδείς σου τῆς νεότητος καταφρονείτω, ἀλλὰ τύπος γίνου τῶν πιστῶν ἐν λόγῳ, ἐν ἀναστροφῇ, ἐν ἀγάπῃ, ἐν πίστει, ἐν ἁγνίᾳ. 13 ἕως ἔρχομαι πρόσεχε τῇ ἀναγνώσει, τῇ παρακλήσει, τῇ διδασκαλίᾳ. 14 μὴ ἀμέλει τοῦ ἐν σοὶ χαρίσματος, ὃ ἐδόθη σοι διὰ προφητείας μετὰ ἐπιθέσεως τῶν χειρῶν τοῦ πρεσβυτερίου. 15 ταῦτα μελέτα, ἐν τούτοις ἴσθι, ἵνα σου ἡ προκοπὴ φανερὰ ᾖ πᾶσιν· 16 ἔπεχε σεαυτῷ καὶ τῇ διδασκαλίᾳ· ἐπίμενε αὐτοῖς· τοῦτο γὰρ ποιῶν καὶ σεαυτὸν σώσεις καὶ τοὺς ἀκούοντάς σου.

Responsibilities toward Widows, Elders, and Slaves

5 Πρεσβυτέρῳ μὴ ἐπιπλήξῃς, ἀλλὰ παρακάλει ὡς πατέρα, νεωτέρους ὡς ἀδελφούς, 2 πρεσβυτέρας ὡς μητέρας,

---

3 {WH}: *κωλυόντων γαμεῖν, ἀπέχεσθαι* 6 WH: Χριστοῦ Ἰησοῦ RP: Ἰησοῦ χριστοῦ // WH: παρηκολούθηκας {WH}: παρηκολούθησας 10 RP: *add* καὶ *after* γὰρ // WH: ἀγωνιζόμεθα {WH}/RP: ὀνειδιζόμεθα // WH: ἠλπίκαμεν {WH}: ἠλπίσαμεν 12 RP: *add* ἐν πνεύματι, *after* ἐν ἀγάπῃ, 15 RP: *add* ἐν *before* πᾶσιν

νεωτέρας ὡς ἀδελφὰς ἐν πάσῃ ἁγνίᾳ. 3 Χήρας τίμα τὰς
ὄντως χήρας. 4 εἰ δέ τις χήρα τέκνα ἢ ἔκγονα ἔχει, μανθα-
νέτωσαν πρῶτον τὸν ἴδιον οἶκον εὐσεβεῖν καὶ ἀμοιβὰς ἀπο-
διδόναι τοῖς προγόνοις, τοῦτο γάρ ἐστιν ἀπόδεκτον ἐνώπιον
τοῦ θεοῦ· 5 ἡ δὲ ὄντως χήρα καὶ μεμονωμένη ἤλπικεν ἐπὶ
[τὸν] θεὸν καὶ προσμένει ταῖς δεήσεσιν καὶ ταῖς προσ-
ευχαῖς νυκτὸς καὶ ἡμέρας· 6 ἡ δὲ σπαταλῶσα ζῶσα τέθνη-
κεν. 7 καὶ ταῦτα παράγγελλε, ἵνα ἀνεπίλημπτοι ὦσιν· 8 εἰ δέ
τις τῶν ἰδίων καὶ μάλιστα οἰκείων οὐ προνοεῖ, τὴν πίστιν
ἤρνηται καὶ ἔστιν ἀπίστου χείρων. 9 Χήρα καταλεγέσθω
μὴ ἔλαττον ἐτῶν ἑξήκοντα γεγονυῖα, ἑνὸς ἀνδρὸς γυνή,
10 ἐν ἔργοις καλοῖς μαρτυρουμένη, εἰ ἐτεκνοτρόφησεν, εἰ
ἐξενοδόχησεν, εἰ ἁγίων πόδας ἔνιψεν, εἰ θλιβομένοις ἐπήρ-
κεσεν, εἰ παντὶ ἔργῳ ἀγαθῷ ἐπηκολούθησεν. 11 νεωτέρας δὲ
χήρας παραιτοῦ· ὅταν γὰρ καταστρηνιάσωσιν τοῦ χρι-
στοῦ, γαμεῖν θέλουσιν, 12 ἔχουσαι κρίμα ὅτι τὴν πρώτην
πίστιν ἠθέτησαν· 13 ἅμα δὲ καὶ ἀργαὶ μανθάνουσιν, περι-
ερχόμεναι τὰς οἰκίας, οὐ μόνον δὲ ἀργαὶ ἀλλὰ καὶ φλύαροι
καὶ περίεργοι, λαλοῦσαι τὰ μὴ δέοντα. 14 βούλομαι οὖν
νεωτέρας γαμεῖν, τεκνογονεῖν, οἰκοδεσποτεῖν, μηδεμίαν
ἀφορμὴν διδόναι τῷ ἀντικειμένῳ λοιδορίας χάριν· 15 ἤδη
γάρ τινες ἐξετράπησαν ὀπίσω τοῦ Σατανᾶ. 16 εἴ τις πιστὴ
ἔχει χήρας, ἐπαρκείτω αὐταῖς, καὶ μὴ βαρείσθω ἡ ἐκκλη-
σία, ἵνα ταῖς ὄντως χήραις ἐπαρκέσῃ.

17 Οἱ καλῶς προεστῶτες πρεσβύτεροι διπλῆς τιμῆς
ἀξιούσθωσαν, μάλιστα οἱ κοπιῶντες ἐν λόγῳ καὶ διδασκα-
λίᾳ· 18 λέγει γὰρ ἡ γραφή **Βοῦν ἀλοῶντα οὐ φιμώσεις·** καί
῎Αξιος ὁ ἐργάτης τοῦ μισθοῦ αὐτοῦ. 19 κατὰ πρεσβυτέρου
κατηγορίαν μὴ παραδέχου, ἐκτὸς εἰ μὴ **ἐπὶ δύο ἢ τριῶν
μαρτύρων·** 20 τοὺς [δὲ] ἁμαρτάνοντας ἐνώπιον πάντων
ἔλεγχε, ἵνα καὶ οἱ λοιποὶ φόβον ἔχωσιν. 21 Διαμαρτύρομαι

5:5 WH: [τὸν] θεὸν {WH}: Κύριον NA: θεὸν RP: τόν θεὸν 8 RP: *add* τῶν *before*
οἰκείων // WH: προνοεῖ {WH}: προνοεῖται 16 RP: *add* πιστὸς ἢ *before* πιστὴ //
WH: ἐπαρκείτω {WH}: ἐπαρκείσθω 20 NA/RP: *omit* [δὲ]

5:18 Deut 25:4 19 Deut 19:15

ἐνώπιον τοῦ θεοῦ καὶ Χριστοῦ Ἰησοῦ καὶ τῶν ἐκλεκτῶν ἀγ-
γέλων, ἵνα ταῦτα φυλάξῃς χωρὶς προκρίματος, μηδὲν ποιῶν
κατὰ πρόσκλισιν. 22 Χεῖρας ταχέως μηδενὶ ἐπιτίθει, μηδὲ
κοινώνει ἁμαρτίαις ἀλλοτρίαις· σεαυτὸν ἁγνὸν τήρει.
23 Μηκέτι ὑδροπότει, ἀλλὰ οἴνῳ ὀλίγῳ χρῶ διὰ τὸν στόμα-
χον καὶ τὰς πυκνάς σου ἀσθενείας. 24 Τινῶν ἀνθρώπων αἱ
ἁμαρτίαι πρόδηλοί εἰσιν, προάγουσαι εἰς κρίσιν, τισὶν δὲ
καὶ ἐπακολουθοῦσιν· 25 ὡσαύτως καὶ τὰ ἔργα τὰ καλὰ
πρόδηλα, καὶ τὰ ἄλλως ἔχοντα κρυβῆναι οὐ δύνανται.
6 Ὅσοι εἰσὶν ὑπὸ ζυγὸν δοῦλοι, τοὺς ἰδίους δεσπότας
πάσης τιμῆς ἀξίους ἡγείσθωσαν, ἵνα μὴ τὸ ὄνομα τοῦ θεοῦ
καὶ ἡ διδασκαλία βλασφημῆται. 2 οἱ δὲ πιστοὺς ἔχοντες δε-
σπότας μὴ καταφρονείτωσαν, ὅτι ἀδελφοί εἰσιν· ἀλλὰ
μᾶλλον δουλευέτωσαν, ὅτι πιστοί εἰσιν καὶ ἀγαπητοὶ οἱ τῆς
εὐεργεσίας ἀντιλαμβανόμενοι.

False Teaching and True Riches

Ταῦτα δίδασκε καὶ παρακάλει. 3 εἴ τις ἑτεροδιδασκαλεῖ
καὶ μὴ προσέρχεται ὑγιαίνουσι λόγοις, τοῖς τοῦ κυρίου
ἡμῶν Ἰησοῦ Χριστοῦ, καὶ τῇ κατ' εὐσέβειαν διδασκαλίᾳ,
4 τετύφωται, μηδὲν ἐπιστάμενος, ἀλλὰ νοσῶν περὶ ζητήσεις
καὶ λογομαχίας, ἐξ ὧν γίνεται φθόνος, ἔρις, βλασφημίαι,
ὑπόνοιαι πονηραί, 5 διαπαρατριβαὶ διεφθαρμένων ἀνθρώ-
πων τὸν νοῦν καὶ ἀπεστερημένων τῆς ἀληθείας, νομιζόν-
των πορισμὸν εἶναι τὴν εὐσέβειαν. 6 ἔστιν δὲ πορισμὸς
μέγας ἡ εὐσέβεια μετὰ αὐταρκείας· 7 οὐδὲν γὰρ εἰσηνέγ-
καμεν εἰς τὸν κόσμον, ὅτι οὐδὲ ἐξενεγκεῖν τι δυνάμεθα·
8 ἔχοντες δὲ διατροφὰς καὶ σκεπάσματα, τούτοις ἀρκε-
σθησόμεθα. 9 οἱ δὲ βουλόμενοι πλουτεῖν ἐμπίπτουσιν εἰς
πειρασμὸν καὶ παγίδα καὶ ἐπιθυμίας πολλὰς ἀνοήτους καὶ

---

21 WH: Χριστοῦ Ἰησοῦ RP: κυρίου Ἰησοῦ χριστοῦ // WH: πρόσκλισιν RP:
πρόσκλησιν 23 RP: *add* σου *after* στόμαχον 25 WH: ἔργα τὰ καλὰ RP: καλὰ ἔργα
// RP: *add* ἐστίν *after* πρόδηλα
6:2 WH: ἀγαπητοὶ οἱ {WH}: ἀγαπητοί, οἱ 5 RP: *add* Ἀφίστασο ἀπὸ τῶν
τοιούτων. *after* εὐσέβειαν. 7 RP: *add* δῆλον *after* κόσμον, // {WH}: *ὅτι οὐδὲ*
8 WH: διατροφὰς {WH}: διατροφὴν

βλαβεράς, αἵτινες βυθίζουσι τοὺς ἀνθρώπους εἰς ὄλεθρον καὶ ἀπώλειαν· 10 ῥίζα γὰρ πάντων τῶν κακῶν ἐστιν ἡ φιλαργυρία, ἧς τινες ὀρεγόμενοι ἀπεπλανήθησαν ἀπὸ τῆς πίστεως καὶ ἑαυτοὺς περιέπειραν ὀδύναις πολλαῖς.

Final Instructions to Timothy

11 Σὺ δέ, ὦ ἄνθρωπε θεοῦ, ταῦτα φεῦγε· δίωκε δὲ δικαιο-σύνην, εὐσέβειαν, πίστιν, ἀγάπην, ὑπομονήν, πραϋπαθίαν. 12 ἀγωνίζου τὸν καλὸν ἀγῶνα τῆς πίστεως, ἐπιλαβοῦ τῆς αἰωνίου ζωῆς, εἰς ἣν ἐκλήθης καὶ ὡμολόγησας τὴν καλὴν ὁμολογίαν ἐνώπιον πολλῶν μαρτύρων. 13 παραγγέλλω σοι ἐνώπιον τοῦ θεοῦ τοῦ ζωογονοῦντος τὰ πάντα καὶ Χριστοῦ Ἰησοῦ τοῦ μαρτυρήσαντος ἐπὶ Ποντίου Πειλάτου τὴν καλὴν ὁμολογίαν, 14 τηρῆσαί σε τὴν ἐντολὴν ἄσπιλον ἀνε-πίλημπτον μέχρι τῆς ἐπιφανείας τοῦ κυρίου ἡμῶν Ἰησοῦ Χριστοῦ, 15 ἣν καιροῖς ἰδίοις δείξει ὁ μακάριος καὶ μόνος δυνάστης, ὁ βασιλεὺς τῶν βασιλευόντων καὶ κύριος τῶν κυριευόντων, 16 ὁ μόνος ἔχων ἀθανασίαν, φῶς οἰκῶν ἀπρόσιτον, ὃν εἶδεν οὐδεὶς ἀνθρώπων οὐδὲ ἰδεῖν δύναται· ᾧ τιμὴ καὶ κράτος αἰώνιον· ἀμήν.

17 Τοῖς πλουσίοις ἐν τῷ νῦν αἰῶνι παράγγελλε μὴ ὑψηλοφρονεῖν μηδὲ ἠλπικέναι ἐπὶ πλούτου ἀδηλότητι, ἀλλ᾽ ἐπὶ θεῷ τῷ παρέχοντι ἡμῖν πάντα πλουσίως εἰς ἀπόλαυσιν, 18 ἀγαθοεργεῖν, πλουτεῖν ἐν ἔργοις καλοῖς, εὐμεταδότους εἶναι, κοινωνικούς, 19 ἀποθησαυρίζοντας ἑαυτοῖς θεμέλιον καλὸν εἰς τὸ μέλλον, ἵνα ἐπιλάβωνται τῆς ὄντως ζωῆς.

20 Ὦ Τιμόθεε, τὴν παραθήκην φύλαξον, ἐκτρεπόμενος τὰς βεβήλους κενοφωνίας καὶ ἀντιθέσεις τῆς ψευδωνύμου γνώσεως, 21 ἥν τινες ἐπαγγελλόμενοι περὶ τὴν πίστιν ἠστόχησαν.

Ἡ χάρις μεθ᾽ ὑμῶν.

---

11 {WH}/RP: *add* τοῦ *before* θεοῦ // WH: πραϋπαθίαν RP: πραότητα 13 WH: σοι NA: [σοι] // WH: ζωογονοῦντος RP: ζωοποιοῦντος // WH: Χριστοῦ Ἰησοῦ {WH}: Ἰησοῦ Χριστοῦ 17 WH: ὑψηλοφρονεῖν {WH}: ὑψηλὰ φρονεῖν // WH: ἐπὶ θεῷ {WH} ἐπὶ τῷ θεῷ RP: ἐν τῷ θεῷ τῷ ζῶντι, 19 WH: ὄντως RP: αἰωνίου 21 WH: μεθ᾽ ὑμῶν. RP: μετὰ σοῦ. Ἀμήν.

ΠΡΟΣ ΤΙΜΟΘΕΟΝ Β

Opening Greeting

1 Παῦλος ἀπόστολος Χριστοῦ Ἰησοῦ διὰ θελήματος
θεοῦ κατ᾽ ἐπαγγελίαν ζωῆς τῆς ἐν Χριστῷ Ἰησοῦ 2 Τιμοθέῳ
ἀγαπητῷ τέκνῳ· χάρις, ἔλεος, εἰρήνη ἀπὸ θεοῦ πατρὸς καὶ
Χριστοῦ Ἰησοῦ τοῦ κυρίου ἡμῶν.

Encouragement to Be Faithful

3 Χάριν ἔχω τῷ θεῷ, ᾧ λατρεύω ἀπὸ προγόνων ἐν καθα-
ρᾷ συνειδήσει, ὡς ἀδιάλειπτον ἔχω τὴν περὶ σοῦ μνείαν ἐν
ταῖς δεήσεσίν μου, νυκτὸς καὶ ἡμέρας 4 ἐπιποθῶν σε ἰδεῖν,
μεμνημένος σου τῶν δακρύων, ἵνα χαρᾶς πληρωθῶ 5 ὑπό-
μνησιν λαβὼν τῆς ἐν σοὶ ἀνυποκρίτου πίστεως, ἥτις
ἐνῴκησεν πρῶτον ἐν τῇ μάμμῃ σου Λωΐδι καὶ τῇ μητρί σου
Εὐνίκῃ, πέπεισμαι δὲ ὅτι καὶ ἐν σοί. 6 δι᾽ ἣν αἰτίαν ἀνα-
μιμνήσκω σε ἀναζωπυρεῖν τὸ χάρισμα τοῦ θεοῦ, ὅ ἐστιν ἐν
σοὶ διὰ τῆς ἐπιθέσεως τῶν χειρῶν μου· 7 οὐ γὰρ ἔδωκεν
ἡμῖν ὁ θεὸς πνεῦμα δειλίας, ἀλλὰ δυνάμεως καὶ ἀγάπης καὶ
σωφρονισμοῦ. 8 μὴ οὖν ἐπαισχυνθῇς τὸ μαρτύριον τοῦ
κυρίου ἡμῶν μηδὲ ἐμὲ τὸν δέσμιον αὐτοῦ, ἀλλὰ συνκακο-
πάθησον τῷ εὐαγγελίῳ κατὰ δύναμιν θεοῦ, 9 τοῦ σώσαντος
ἡμᾶς καὶ καλέσαντος κλήσει ἁγίᾳ, οὐ κατὰ τὰ ἔργα ἡμῶν
ἀλλὰ κατὰ ἰδίαν πρόθεσιν καὶ χάριν, τὴν δοθεῖσαν ἡμῖν ἐν
Χριστῷ Ἰησοῦ πρὸ χρόνων αἰωνίων, 10 φανερωθεῖσαν δὲ
νῦν διὰ τῆς ἐπιφανείας τοῦ σωτῆρος ἡμῶν Χριστοῦ Ἰησοῦ,
καταργήσαντος μὲν τὸν θάνατον φωτίσαντος δὲ ζωὴν καὶ

1:1 WH: Χριστοῦ Ἰησοῦ RP: Ἰησοῦ χριστοῦ 2 WH: Χριστοῦ Ἰησοῦ {WH}:
κυρίου Ἰησοῦ Χριστοῦ 5 WH: λαβὼν RP: λαμβάνων 10 NA: Χριστοῦ Ἰησοῦ RP:
Ἰησοῦ χριστοῦ

ἀφθαρσίαν διὰ τοῦ εὐαγγελίου, 11 εἰς ὃ ἐτέθην ἐγὼ κῆρυξ καὶ ἀπόστολος καὶ διδάσκαλος. 12 δι᾽ ἣν αἰτίαν καὶ ταῦτα πάσχω, ἀλλ᾽ οὐκ ἐπαισχύνομαι, οἶδα γὰρ ᾧ πεπίστευκα, καὶ πέπεισμαι ὅτι δυνατός ἐστιν τὴν παραθήκην μου φυλάξαι εἰς ἐκείνην τὴν ἡμέραν. 13 ὑποτύπωσιν ἔχε ὑγιαινόντων λόγων ὧν παρ᾽ ἐμοῦ ἤκουσας ἐν πίστει καὶ ἀγάπῃ τῇ ἐν Χριστῷ Ἰησοῦ· 14 τὴν καλὴν παραθήκην φύλαξον διὰ πνεύματος ἁγίου τοῦ ἐνοικοῦντος ἐν ἡμῖν.

15 Οἶδας τοῦτο ὅτι ἀπεστράφησάν με πάντες οἱ ἐν τῇ Ἀσίᾳ, ὧν ἐστιν Φύγελος καὶ Ἑρμογένης. 16 δῴη ἔλεος ὁ κύριος τῷ Ὀνησιφόρου οἴκῳ, ὅτι πολλάκις με ἀνέψυξεν, καὶ τὴν ἅλυσίν μου οὐκ ἐπαισχύνθη· 17 ἀλλὰ γενόμενος ἐν Ῥώμῃ σπουδαίως ἐζήτησέν με καὶ εὗρεν·—18 δῴη αὐτῷ ὁ κύριος εὑρεῖν ἔλεος παρὰ κυρίου ἐν ἐκείνῃ τῇ ἡμέρᾳ—καὶ ὅσα ἐν Ἐφέσῳ διηκόνησεν, βέλτιον σὺ γινώσκεις.

A Good Soldier of Christ Jesus

2 Σὺ οὖν, τέκνον μου, ἐνδυναμοῦ ἐν τῇ χάριτι τῇ ἐν Χριστῷ Ἰησοῦ, 2 καὶ ἃ ἤκουσας παρ᾽ ἐμοῦ διὰ πολλῶν μαρτύρων, ταῦτα παράθου πιστοῖς ἀνθρώποις, οἵτινες ἱκανοὶ ἔσονται καὶ ἑτέρους διδάξαι. 3 συνκακοπάθησον ὡς καλὸς στρατιώτης Χριστοῦ Ἰησοῦ. 4 οὐδεὶς στρατευόμενος ἐμπλέκεται ταῖς τοῦ βίου πραγματίαις, ἵνα τῷ στρατολογήσαντι ἀρέσῃ· 5 ἐὰν δὲ καὶ ἀθλῇ τις, οὐ στεφανοῦται ἐὰν μὴ νομίμως ἀθλήσῃ· 6 τὸν κοπιῶντα γεωργὸν δεῖ πρῶτον τῶν καρπῶν μεταλαμβάνειν. 7 νόει ὃ λέγω· δώσει γάρ σοι ὁ κύριος σύνεσιν ἐν πᾶσιν. 8 μνημόνευε Ἰησοῦν Χριστὸν ἐγηγερμένον ἐκ νεκρῶν, ἐκ σπέρματος Δαυείδ, κατὰ τὸ εὐαγγέλιόν μου· 9 ἐν ᾧ κακοπαθῶ μέχρι δεσμῶν ὡς κακοῦργος. ἀλλὰ ὁ λόγος τοῦ θεοῦ οὐ δέδεται· 10 διὰ τοῦτο πάντα ὑπομένω διὰ τοὺς ἐκλεκτούς, ἵνα καὶ αὐτοὶ σωτη-

---

11 RP: *add* ἐθνῶν. *after* διδάσκαλος 13 {WH}: *ὧν* 17 WH: σπουδαίως RP: σπουδαιότερον
2:3 WH: συνκακοπάθησον RP: Σὺ οὖν κακοπάθησον // WH: Χριστοῦ Ἰησοῦ RP: Ἰησοῦ χριστοῦ 7 WH: ὃ RP: ἃ // WH: δώσει RP: δῴη

ρίας τύχωσιν τῆς ἐν Χριστῷ Ἰησοῦ μετὰ δόξης αἰωνίου. 11 πιστὸς ὁ λόγος· εἰ γὰρ συναπεθάνομεν, καὶ συνζήσομεν· 12 εἰ ὑπομένομεν, καὶ συνβασιλεύσομεν· εἰ ἀρνησόμεθα, κἀκεῖνος ἀρνήσεται ἡμᾶς· 13 εἰ ἀπιστοῦμεν, ἐκεῖνος πιστὸς μένει, ἀρνήσασθαι γὰρ ἑαυτὸν οὐ δύναται.

A Worker Approved by God

14 Ταῦτα ὑπομίμνησκε, διαμαρτυρόμενος ἐνώπιον τοῦ θεοῦ, μὴ λογομαχεῖν, ἐπ᾽ οὐδὲν χρήσιμον, ἐπὶ καταστροφῇ τῶν ἀκουόντων. 15 σπούδασον σεαυτὸν δόκιμον παραστῆσαι τῷ θεῷ, ἐργάτην ἀνεπαίσχυντον, ὀρθοτομοῦντα τὸν λόγον τῆς ἀληθείας. 16 τὰς δὲ βεβήλους κενοφωνίας περιΐστασο· ἐπὶ πλεῖον γὰρ προκόψουσιν ἀσεβείας, 17 καὶ ὁ λόγος αὐτῶν ὡς γάγγραινα νομὴν ἕξει· ὧν ἐστιν Ὑμέναιος καὶ Φίλητος, 18 οἵτινες περὶ τὴν ἀλήθειαν ἠστόχησαν, λέγοντες ἀνάστασιν ἤδη γεγονέναι, καὶ ἀνατρέπουσιν τήν τινων πίστιν. 19 ὁ μέντοι στερεὸς θεμέλιος τοῦ θεοῦ ἔστηκεν, ἔχων τὴν σφραγῖδα ταύτην **Ἔγνω Κύριος τοὺς ὄντας αὐτοῦ,** καί Ἀποστήτω ἀπὸ ἀδικίας πᾶς ὁ **ὀνομάζων τὸ ὄνομα Κυρίου.** 20 ἐν μεγάλῃ δὲ οἰκίᾳ οὐκ ἔστιν μόνον σκεύη χρυσᾶ καὶ ἀργυρᾶ ἀλλὰ καὶ ξύλινα καὶ ὀστράκινα, καὶ ἃ μὲν εἰς τιμὴν ἃ δὲ εἰς ἀτιμίαν· 21 ἐὰν οὖν τις ἐκκαθάρῃ ἑαυτὸν ἀπὸ τούτων, ἔσται σκεῦος εἰς τιμήν, ἡγιασμένον, εὔχρηστον τῷ δεσπότῃ, εἰς πᾶν ἔργον ἀγαθὸν ἡτοιμασμένον. 22 τὰς δὲ νεωτερικὰς ἐπιθυμίας φεῦγε, δίωκε δὲ δικαιοσύνην, πίστιν, ἀγάπην, εἰρήνην μετὰ τῶν ἐπικαλουμένων τὸν κύριον ἐκ καθαρᾶς καρδίας. 23 τὰς δὲ μωρὰς καὶ ἀπαιδεύτους ζητήσεις παραιτοῦ, εἰδὼς ὅτι γεννῶσι μάχας· 24 δοῦλον δὲ κυρίου οὐ δεῖ μάχεσθαι, ἀλλὰ ἤπιον

---

12 WH: ἀρνησόμεθα RP: ἀρνούμεθα 13 RP: *omit* γὰρ 14 WH: θεοῦ {WH}/RP: κυρίου // WH: ἐπ᾽ RP: εἰς 18 {WH}/[NA]/RP: *add* τὴν *before* ἀνάστασιν 21 RP: *add* καὶ *after* ἡγιασμένον 22 {WH}: *add* πάντων *after* μετὰ

2:19 Num 16:5; Isa 26:13

εἶναι πρὸς πάντας, διδακτικόν, ἀνεξίκακον, 25 ἐν πραΰτητι
παιδεύοντα τοὺς ἀντιδιατιθεμένους, μή ποτε δώῃ αὐτοῖς ὁ
θεὸς μετάνοιαν εἰς ἐπίγνωσιν ἀληθείας, 26 καὶ ἀνανήψω-
σιν ἐκ τῆς τοῦ διαβόλου παγίδος, ἐζωγρημένοι ὑπ' αὐτοῦ εἰς
τὸ ἐκείνου θέλημα.

The Dangers of the Last Days

3 Τοῦτο δὲ γίνωσκε ὅτι ἐν ἐσχάταις ἡμέραις ἐνστήσονται
καιροὶ χαλεποί· 2 ἔσονται γὰρ οἱ ἄνθρωποι φίλαυτοι, φι-
λάργυροι, ἀλαζόνες, ὑπερήφανοι, βλάσφημοι, γονεῦσιν
ἀπειθεῖς, ἀχάριστοι, ἀνόσιοι, 3 ἄστοργοι, ἄσπονδοι, διά-
βολοι, ἀκρατεῖς, ἀνήμεροι, ἀφιλάγαθοι, 4 προδόται, προπε-
τεῖς, τετυφωμένοι, φιλήδονοι μᾶλλον ἢ φιλόθεοι, 5 ἔχοντες
μόρφωσιν εὐσεβείας τὴν δὲ δύναμιν αὐτῆς ἠρνημένοι· καὶ
τούτους ἀποτρέπου. 6 ἐκ τούτων γάρ εἰσιν οἱ ἐνδύνοντες εἰς
τὰς οἰκίας καὶ αἰχμαλωτίζοντες γυναικάρια σεσωρευμένα
ἁμαρτίαις, ἀγόμενα ἐπιθυμίαις ποικίλαις, 7 πάντοτε μαν-
θάνοντα καὶ μηδέποτε εἰς ἐπίγνωσιν ἀληθείας ἐλθεῖν
δυνάμενα. 8 ὃν τρόπον δὲ Ἰαννῆς καὶ Ἰαμβρῆς ἀντέστησαν
Μωυσεῖ, οὕτως καὶ οὗτοι ἀνθίστανται τῇ ἀληθείᾳ, ἄνθρω-
ποι κατεφθαρμένοι τὸν νοῦν, ἀδόκιμοι περὶ τὴν πίστιν.
9 ἀλλ' οὐ προκόψουσιν ἐπὶ πλεῖον, ἡ γὰρ ἄνοια αὐτῶν
ἔκδηλος ἔσται πᾶσιν, ὡς καὶ ἡ ἐκείνων ἐγένετο.

Paul's Final Charge to Timothy

10 Σὺ δὲ παρηκολούθησάς μου τῇ διδασκαλίᾳ, τῇ ἀγωγῇ, τῇ
προθέσει, τῇ πίστει, τῇ μακροθυμίᾳ, τῇ ἀγάπῃ, τῇ ὑπομονῇ,
11 τοῖς διωγμοῖς, τοῖς παθήμασιν, οἷά μοι ἐγένετο ἐν Ἀντιο-
χείᾳ, ἐν Ἰκονίῳ, ἐν Λύστροις, οἵους διωγμοὺς ὑπήνεγκα·
καὶ ἐκ πάντων με ἐρύσατο ὁ κύριος. 12 καὶ πάντες δὲ οἱ

---

25 WH: πραΰτητι RP: πραότητι // WH: μή ποτε NA/RP: μήποτε // WH: δώῃ
{WH}/NA: δώη RP: δῷ
3:6 WH: αἰχμαλωτίζοντες RP: αἰχμαλωτεύοντες 10 WH: παρηκολούθησάς
{WH}/RP: παρηκολούθηκάς 11 WH: ἐρύσατο NA/RP: ἐρρύσατο

θέλοντες ζῆν εὐσεβῶς ἐν Χριστῷ Ἰησοῦ διωχθήσονται· 13 πονηροὶ δὲ ἄνθρωποι καὶ γόητες προκόψουσιν ἐπὶ τὸ χεῖρον, πλανῶντες καὶ πλανώμενοι. 14 σὺ δὲ μένε ἐν οἷς ἔμαθες καὶ ἐπιστώθης, εἰδὼς παρὰ τίνων ἔμαθες, 15 καὶ ὅτι ἀπὸ βρέφους ἱερὰ γράμματα οἶδας, τὰ δυνάμενά σε σοφίσαι εἰς σωτηρίαν διὰ πίστεως τῆς ἐν Χριστῷ Ἰησοῦ· 16 πᾶσα γραφὴ θεόπνευστος καὶ ὠφέλιμος πρὸς διδασκαλίαν, πρὸς ἐλεγμόν, πρὸς ἐπανόρθωσιν, πρὸς παιδείαν τὴν ἐν δικαιοσύνῃ, 17 ἵνα ἄρτιος ᾖ ὁ τοῦ θεοῦ ἄνθρωπος, πρὸς πᾶν ἔργον ἀγαθὸν ἐξηρτισμένος.

4 Διαμαρτύρομαι ἐνώπιον τοῦ θεοῦ καὶ Χριστοῦ Ἰησοῦ, τοῦ μέλλοντος κρίνειν ζῶντας καὶ νεκρούς, καὶ τὴν ἐπιφάνειαν αὐτοῦ καὶ τὴν βασιλείαν αὐτοῦ· 2 κήρυξον τὸν λόγον, ἐπίστηθι εὐκαίρως ἀκαίρως, ἔλεγξον, ἐπιτίμησον, παρακάλεσον, ἐν πάσῃ μακροθυμίᾳ καὶ διδαχῇ. 3 ἔσται γὰρ καιρὸς ὅτε τῆς ὑγιαινούσης διδασκαλίας οὐκ ἀνέξονται, ἀλλὰ κατὰ τὰς ἰδίας ἐπιθυμίας ἑαυτοῖς ἐπισωρεύσουσιν διδασκάλους κνηθόμενοι τὴν ἀκοήν, 4 καὶ ἀπὸ μὲν τῆς ἀληθείας τὴν ἀκοὴν ἀποστρέψουσιν, ἐπὶ δὲ τοὺς μύθους ἐκτραπήσονται. 5 σὺ δὲ νῆφε ἐν πᾶσιν, κακοπάθησον, ἔργον ποίησον εὐαγγελιστοῦ, τὴν διακονίαν σου πληροφόρησον.

Personal Instructions

6 Ἐγὼ γὰρ ἤδη σπένδομαι, καὶ ὁ καιρὸς τῆς ἀναλύσεώς μου ἐφέστηκεν. 7 τὸν καλὸν ἀγῶνα ἠγώνισμαι, τὸν δρόμον τετέλεκα, τὴν πίστιν τετήρηκα· 8 λοιπὸν ἀπόκειταί μοι ὁ τῆς δικαιοσύνης στέφανος, ὃν ἀποδώσει μοι ὁ κύριος ἐν

---

12 WH: ζῆν εὐσεβῶς ΝΑ: εὐσεβῶς ζῆν RP: εὐσεβῶς ζῆν 14 WH: τίνων RP: τίνος 15 [ΝΑ]/RP: add τὰ before ἱερὰ 16 WH: ἐλεγμόν RP: ἔλεγχον
4:1 RP: add οὖν ἐγὼ after Διαμαρτύρομαι // WH: Χριστοῦ Ἰησοῦ RP: τοῦ κυρίου Ἰησοῦ χριστοῦ // WH: κρίνειν {WH}: κρῖναι // WH: καὶ τὴν ἐπιφάνειαν RP: κατὰ τὴν ἐπιφάνειαν 2 {WH}: παρακάλεσον, ἐπιτίμησον 3 WH: ἰδίας ἐπιθυμίας RP: ἐπιθυμίας τὰς ἰδίας 6 WH: ἀναλύσεώς μου RP: ἐμῆς ἀναλύσεως 7 WH: καλὸν ἀγῶνα RP: ἀγῶνα τὸν καλὸν

ἐκείνῃ τῇ ἡμέρᾳ, ὁ δίκαιος κριτής, οὐ μόνον δὲ ἐμοὶ ἀλλὰ καὶ πᾶσιν τοῖς ἠγαπηκόσι τὴν ἐπιφάνειαν αὐτοῦ.

9 Σπούδασον ἐλθεῖν πρός με ταχέως· 10 Δημᾶς γάρ με ἐγκατέλειπεν ἀγαπήσας τὸν νῦν αἰῶνα, καὶ ἐπορεύθη εἰς Θεσσαλονίκην, Κρήσκης εἰς Γαλατίαν, Τίτος εἰς Δαλματίαν· 11 Λουκᾶς ἐστὶν μόνος μετ᾽ ἐμοῦ. Μάρκον ἀναλαβὼν ἄγε μετὰ σεαυτοῦ, ἔστιν γάρ μοι εὔχρηστος εἰς διακονίαν, 12 Τύχικον δὲ ἀπέστειλα εἰς Ἔφεσον. 13 τὸν φελόνην, ὃν ἀπέλιπον ἐν Τρῳάδι παρὰ Κάρπῳ, ἐρχόμενος φέρε, καὶ τὰ βιβλία, μάλιστα τὰς μεμβράνας. 14 Ἀλέξανδρος ὁ χαλκεὺς πολλά μοι κακὰ ἐνεδείξατο·—**ἀποδώσει** αὐτῷ **ὁ κύριος κατὰ τὰ ἔργα αὐτοῦ·**—15 ὃν καὶ σὺ φυλάσσου, λίαν γὰρ ἀντέστη τοῖς ἡμετέροις λόγοις. 16 Ἐν τῇ πρώτῃ μου ἀπολογίᾳ οὐδείς μοι παρεγένετο, ἀλλὰ πάντες με ἐγκατέλειπον·—μὴ αὐτοῖς λογισθείη·—17 ὁ δὲ κύριός μοι παρέστη καὶ ἐνεδυνάμωσέν με, ἵνα δι᾽ ἐμοῦ τὸ κήρυγμα πληροφορηθῇ καὶ ἀκούσωσιν πάντα τὰ ἔθνη, καὶ ἐρύσθην **ἐκ στόματος λέοντος.** 18 ῥύσεταί με ὁ κύριος ἀπὸ παντὸς ἔργου πονηροῦ καὶ σώσει εἰς τὴν βασιλείαν αὐτοῦ τὴν ἐπουράνιον· ᾧ ἡ δόξα εἰς τοὺς αἰῶνας τῶν αἰώνων, ἀμήν.

Final Greetings

19 Ἄσπασαι Πρίσκαν καὶ Ἀκύλαν καὶ τὸν Ὀνησιφόρου οἶκον.

20 Ἔραστος ἔμεινεν ἐν Κορίνθῳ, Τρόφιμον δὲ ἀπέλιπον ἐν Μιλήτῳ ἀσθενοῦντα. 21 Σπούδασον πρὸ χειμῶνος ἐλθεῖν.

---

10 WH: ἐγκατέλειπεν {WH}/NA/RP: ἐγκατέλιπεν 13 WH: φελόνην NA: φαιλόνην // WH: ἀπέλιπον {WH}/NA/RP: ἀπέλιπον 14 WH: ἀποδώσει RP: ἀποδῴη 15 WH: ἀντέστη RP: ἀνθέστηκεν 16 WH: παρεγένετο RP: συμπαρεγένετο // WH: ἐγκατέλειπον {WH}/NA/RP: ἐγκατέλιπον 17 WH: ἀκούσωσιν RP: ἀκούσῃ // WH: ἐρύσθην NA/RP: ἐρρύσθην 18 RP: *add* Καὶ *before* ῥύσεταί 20 WH: ἀπέλιπον {WH}/NA/RP: ἀπέλιπον

Ἀσπάζεταί σε Εὔβουλος καὶ Πούδης καὶ Λίνος καὶ Κλαυδία καὶ οἱ ἀδελφοὶ [πάντες].

22 Ὁ κύριος μετὰ τοῦ πνεύματός σου. ἡ χάρις μεθ᾽ ὑμῶν.

ΠΡΟΣ ΤΙΤΟΝ

Opening Greeting

1 Παῦλος δοῦλος θεοῦ, ἀπόστολος δὲ Ἰησοῦ Χριστοῦ κατὰ πίστιν ἐκλεκτῶν θεοῦ καὶ ἐπίγνωσιν ἀληθείας τῆς κατ᾽ εὐσέβειαν 2 ἐπ᾽ ἐλπίδι ζωῆς αἰωνίου, ἣν ἐπηγγείλατο ὁ ἀψευδὴς θεὸς πρὸ χρόνων αἰωνίων 3 ἐφανέρωσεν δὲ καιροῖς ἰδίοις, τὸν λόγον αὐτοῦ ἐν κηρύγματι ὃ ἐπιστεύθην ἐγὼ κατ᾽ ἐπιταγὴν τοῦ σωτῆρος ἡμῶν θεοῦ, 4 Τίτῳ γνησίῳ τέκνῳ κατὰ κοινὴν πίστιν· χάρις καὶ εἰρήνη ἀπὸ θεοῦ πατρὸς καὶ Χριστοῦ Ἰησοῦ τοῦ σωτῆρος ἡμῶν.

Titus' Work in Crete

5 Τούτου χάριν ἀπέλειπόν σε ἐν Κρήτῃ ἵνα τὰ λείποντα ἐπιδιορθώσῃ, καὶ καταστήσῃς κατὰ πόλιν πρεσβυτέρους, ὡς ἐγώ σοι διεταξάμην, 6 εἴ τίς ἐστιν ἀνέγκλητος, μιᾶς γυναικὸς ἀνήρ, τέκνα ἔχων πιστά, μὴ ἐν κατηγορίᾳ ἀσωτίας ἢ ἀνυπότακτα. 7 δεῖ γὰρ τὸν ἐπίσκοπον ἀνέγκλητον εἶναι ὡς θεοῦ οἰκονόμον, μὴ αὐθάδη, μὴ ὀργίλον, μὴ πάροινον, μὴ πλήκτην, μὴ αἰσχροκερδῆ, 8 ἀλλὰ φιλόξενον, φιλάγαθον, σώφρονα, δίκαιον, ὅσιον, ἐγκρατῆ, 9 ἀντεχόμενον τοῦ κατὰ τὴν διδαχὴν πιστοῦ λόγου, ἵνα δυνατὸς ᾖ καὶ παρακαλεῖν ἐν τῇ διδασκαλίᾳ τῇ ὑγιαινούσῃ καὶ τοὺς ἀντιλέγοντας ἐλέγχειν.

10 Εἰσὶν γὰρ πολλοὶ ἀνυπότακτοι, ματαιολόγοι καὶ φρεναπάται, μάλιστα οἱ ἐκ τῆς περιτομῆς, 11 οὓς δεῖ ἐπι-

---

1:1 WH: Ἰησοῦ Χριστοῦ {WH}: Χριστοῦ [Ἰησοῦ] 4 WH: χάρις καὶ εἰρήνη RP: χάρις, ἔλεος, εἰρήνη // WH: Χριστοῦ Ἰησοῦ RP: κυρίου Ἰησοῦ χριστοῦ 5 WH: ἀπέλειπόν {WH}/NA: ἀπέλιπόν RP: κατέλιπόν 10 [NA]/RP: add καὶ *after* πολλοὶ // RP: *omit* τῆς

στομίζειν, οἵτινες ὅλους οἴκους ἀνατρέπουσιν διδάσκοντες
ἃ μὴ δεῖ αἰσχροῦ κέρδους χάριν. 12 εἶπέν τις ἐξ αὐτῶν,
ἴδιος αὐτῶν προφήτης,
Κρῆτες ἀεὶ ψεῦσται, κακὰ θηρία, γαστέρες ἀργαί·
13 ἡ μαρτυρία αὕτη ἐστὶν ἀληθής. δι᾽ ἣν αἰτίαν ἔλεγχε
αὐτοὺς ἀποτόμως, ἵνα ὑγιαίνωσιν [ἐν] τῇ πίστει, 14 μὴ
προσέχοντες Ἰουδαϊκοῖς μύθοις καὶ ἐντολαῖς ἀνθρώπων
ἀποστρεφομένων τὴν ἀλήθειαν. 15 πάντα καθαρὰ τοῖς
καθαροῖς· τοῖς δὲ μεμιαμμένοις καὶ ἀπίστοις οὐδὲν καθα-
ρόν, ἀλλὰ μεμίανται αὐτῶν καὶ ὁ νοῦς καὶ ἡ συνείδησις.
16 θεὸν ὁμολογοῦσιν εἰδέναι, τοῖς δὲ ἔργοις ἀρνοῦνται,
βδελυκτοὶ ὄντες καὶ ἀπειθεῖς καὶ πρὸς πᾶν ἔργον ἀγαθὸν
ἀδόκιμοι.

Promoting Sound Teaching

2 Σὺ δὲ λάλει ἃ πρέπει τῇ ὑγιαινούσῃ διδασκαλίᾳ.
2 Πρεσβύτας νηφαλίους εἶναι, σεμνούς, σώφρονας, ὑγιαί-
νοντας τῇ πίστει, τῇ ἀγάπῃ, τῇ ὑπομονῇ. 3 πρεσβύτιδας
ὡσαύτως ἐν καταστήματι ἱεροπρεπεῖς, μὴ διαβόλους μηδὲ
οἴνῳ πολλῷ δεδουλωμένας, καλοδιδασκάλους, 4 ἵνα
σωφρονίζωσι τὰς νέας φιλάνδρους εἶναι, φιλοτέκνους,
5 σώφρονας, ἁγνάς, οἰκουργούς, ἀγαθάς, ὑποτασσομένας
τοῖς ἰδίοις ἀνδράσιν, ἵνα μὴ ὁ λόγος τοῦ θεοῦ βλασφη-
μῆται. 6 τοὺς νεωτέρους ὡσαύτως παρακάλει σωφρονεῖν·
7 περὶ πάντα σεαυτὸν παρεχόμενος τύπον καλῶν ἔργων, ἐν
τῇ διδασκαλίᾳ ἀφθορίαν, σεμνότητα, 8 λόγον ὑγιῆ
ἀκατάγνωστον, ἵνα ὁ ἐξ ἐναντίας ἐντραπῇ μηδὲν ἔχων λέ-
γειν περὶ ἡμῶν φαῦλον. 9 δούλους ἰδίοις δεσπόταις ὑπο-
τάσσεσθαι ἐν πᾶσιν, εὐαρέστους εἶναι, μὴ ἀντιλέγοντας,

---

13 WH: [ἐν] NA/RP: ἐν 15 RP: *add* μὲν *after* Πάντα // WH: μεμιαμμένοις RP:
μεμιασμένοις
2:2 WH: νηφαλίους RP: νηφαλέους 3 WH: διαβόλους μηδὲ {WH}/RP:
διαβόλους, μὴ 5 WH: οἰκουργούς RP: οἰκουρούς 7 WH: ἔργων, ἐν τῇ
διδασκαλίᾳ ἀφθορίαν {WH}: ἔργων ἐν τῇ διδασκαλίᾳ, ἀφθορίαν // WH:
ἀφθορίαν RP: ἀδιαφθορίαν // RP: *add* ἀφθαρσίαν, *after* σεμνότητα, 8 WH: λέγειν
περὶ ἡμῶν RP: περὶ ἡμῶν λέγειν

10 μὴ νοσφιζομένους, ἀλλὰ πᾶσαν πίστιν ἐνδεικνυμένους ἀγαθήν, ἵνα τὴν διδασκαλίαν τὴν τοῦ σωτῆρος ἡμῶν θεοῦ κοσμῶσιν ἐν πᾶσιν.

11 Ἐπεφάνη γὰρ ἡ χάρις τοῦ θεοῦ σωτήριος πᾶσιν ἀνθρώποις 12 παιδεύουσα ἡμᾶς, ἵνα ἀρνησάμενοι τὴν ἀσέβειαν καὶ τὰς κοσμικὰς ἐπιθυμίας σωφρόνως καὶ δικαίως καὶ εὐσεβῶς ζήσωμεν ἐν τῷ νῦν αἰῶνι, 13 προσδεχόμενοι τὴν μακαρίαν ἐλπίδα καὶ ἐπιφάνειαν τῆς δόξης τοῦ μεγάλου θεοῦ καὶ σωτῆρος ἡμῶν Χριστοῦ Ἰησοῦ, 14 ὃς ἔδωκεν ἑαυτὸν ὑπὲρ ἡμῶν ἵνα **λυτρώσηται** ἡμᾶς **ἀπὸ πάσης ἀνομίας** καὶ **καθαρίσῃ ἑαυτῷ λαὸν περιούσιον,** ζηλωτὴν καλῶν ἔργων.

Doing What Is Good

15 Ταῦτα λάλει καὶ παρακάλει καὶ ἔλεγχε μετὰ πάσης ἐπιταγῆς· μηδείς σου περιφρονείτω.

3 Ὑπομίμνησκε αὐτοὺς ἀρχαῖς ἐξουσίαις ὑποτάσσεσθαι πειθαρχεῖν, πρὸς πᾶν ἔργον ἀγαθὸν ἑτοίμους εἶναι, 2 μηδένα βλασφημεῖν, ἀμάχους εἶναι, ἐπιεικεῖς, πᾶσαν ἐνδεικνυμένους πραΰτητα πρὸς πάντας ἀνθρώπους. 3 Ἦμεν γάρ ποτε καὶ ἡμεῖς ἀνόητοι, ἀπειθεῖς, πλανώμενοι, δουλεύοντες ἐπιθυμίαις καὶ ἡδοναῖς ποικίλαις, ἐν κακίᾳ καὶ φθόνῳ διάγοντες, στυγητοί, μισοῦντες ἀλλήλους. 4 ὅτε δὲ ἡ χρηστότης καὶ ἡ φιλανθρωπία ἐπεφάνη τοῦ σωτῆρος ἡμῶν θεοῦ, 5 οὐκ ἐξ ἔργων τῶν ἐν δικαιοσύνῃ ἃ ἐποιήσαμεν ἡμεῖς ἀλλὰ κατὰ τὸ αὐτοῦ ἔλεος ἔσωσεν ἡμᾶς διὰ λουτροῦ παλιγγενεσίας καὶ ἀνακαινώσεως πνεύματος ἁγίου, 6 οὗ ἐξέχεεν ἐφ᾽ ἡμᾶς πλουσίως διὰ Ἰησοῦ Χριστοῦ τοῦ σωτῆρος ἡμῶν,

---

9–10 WH: ἀντιλέγοντας, ¹⁰ μὴ {WH}: ἀντιλέγοντας ¹⁰ μηδὲ 10 WH: πᾶσαν πίστιν RP: πίστιν πᾶσαν // WH: πίστιν ἐνδεικνυμένους ἀγαθήν {WH}: ἐνδεικνυμένους ἀγάπην // RP: omit τὴν 11 RP: add ἡ before σωτήριος 13 WH: ἡμῶν {WH}: ἡμῶν, // WH: Χριστοῦ Ἰησοῦ {WH}/NA/RP: Ἰησοῦ Χριστοῦ 3:1 RP: add καὶ before ἐξουσίαις 2 WH: πραΰτητα RP: πρᾳότητα 5 WH: ἃ RP: ὧν // WH: τὸ αὐτοῦ ἔλεος RP: τὸν αὐτοῦ ἔλεον

2:14 Ps 130:8; Ezek 37:23; Deut 14:2

7 ἵνα δικαιωθέντες τῇ ἐκείνου χάριτι κληρονόμοι γενηθῶμεν κατ᾽ ἐλπίδα ζωῆς αἰωνίου. 8 Πιστὸς ὁ λόγος, καὶ περὶ τούτων βούλομαί σε διαβεβαιοῦσθαι, ἵνα φροντίζωσιν καλῶν ἔργων προΐστασθαι οἱ πεπιστευκότες θεῷ. Ταῦτά ἐστιν καλὰ καὶ ὠφέλιμα τοῖς ἀνθρώποις· 9 μωρὰς δὲ ζητήσεις καὶ γενεαλογίας καὶ ἔριν καὶ μάχας νομικὰς περιίστασο, εἰσὶν γὰρ ἀνωφελεῖς καὶ μάταιοι. 10 αἱρετικὸν ἄνθρωπον μετὰ μίαν καὶ δευτέραν νουθεσίαν παραιτοῦ, 11 εἰδὼς ὅτι ἐξέστραπται ὁ τοιοῦτος καὶ ἁμαρτάνει, ὢν αὐτοκατάκριτος.

Final Remarks

12 Ὅταν πέμψω Ἀρτεμᾶν πρὸς σὲ ἢ Τύχικον, σπούδασον ἐλθεῖν πρός με εἰς Νικόπολιν, ἐκεῖ γὰρ κέκρικα παραχειμάσαι. 13 Ζηνᾶν τὸν νομικὸν καὶ Ἀπολλὼν σπουδαίως πρόπεμψον, ἵνα μηδὲν αὐτοῖς λείπῃ. 14 Μανθανέτωσαν δὲ καὶ οἱ ἡμέτεροι καλῶν ἔργων προΐστασθαι εἰς τὰς ἀναγκαίας χρείας, ἵνα μὴ ὦσιν ἄκαρποι.

15 Ἀσπάζονταί σε οἱ μετ᾽ ἐμοῦ πάντες. Ἄσπασαι τοὺς φιλοῦντας ἡμᾶς ἐν πίστει.

Ἡ χάρις μετὰ πάντων ὑμῶν.

---

7 WH: γενηθῶμεν RP: γενώμεθα 8 RP: *add* τὰ *before* καλὰ 9 WH: ἔριν NA/RP: ἔρεις 13 WH: Ἀπολλὼν RP: Ἀπολλὼ // WH: λείπῃ {WH}: λίπῃ 15 RP: *add* Ἀμήν. *after* ὑμῶν.

ΠΡΟΣ ΦΙΛΗΜΟΝΑ

Opening Greeting

1 Παῦλος δέσμιος Χριστοῦ Ἰησοῦ καὶ Τιμόθεος ὁ ἀδελφὸς Φιλήμονι τῷ ἀγαπητῷ καὶ συνεργῷ ἡμῶν 2 καὶ Ἀπφίᾳ τῇ ἀδελφῇ καὶ Ἀρχίππῳ τῷ συστρατιώτῃ ἡμῶν καὶ τῇ κατ' οἶκόν σου ἐκκλησίᾳ· 3 χάρις ὑμῖν καὶ εἰρήνη ἀπὸ θεοῦ πατρὸς ἡμῶν καὶ κυρίου Ἰησοῦ Χριστοῦ.

Thanksgiving and Prayer

4 Εὐχαριστῶ τῷ θεῷ μου πάντοτε μνείαν σου ποιούμενος ἐπὶ τῶν προσευχῶν μου, 5 ἀκούων σου τὴν ἀγάπην καὶ τὴν πίστιν ἣν ἔχεις εἰς τὸν κύριον Ἰησοῦν καὶ εἰς πάντας τοὺς ἁγίους, 6 ὅπως ἡ κοινωνία τῆς πίστεώς σου ἐνεργὴς γένηται ἐν ἐπιγνώσει παντὸς ἀγαθοῦ [τοῦ] ἐν ἡμῖν εἰς Χριστόν· 7 χαρὰν γὰρ πολλὴν ἔσχον καὶ παράκλησιν ἐπὶ τῇ ἀγάπῃ σου, ὅτι τὰ σπλάγχνα τῶν ἁγίων ἀναπέπαυται διὰ σοῦ, ἀδελφέ.

Paul's Request for Onesimus

8 Διό, πολλὴν ἐν Χριστῷ παρρησίαν ἔχων ἐπιτάσσειν σοι τὸ ἀνῆκον, 9 διὰ τὴν ἀγάπην μᾶλλον παρακαλῶ, τοιοῦτος ὢν ὡς Παῦλος πρεσβύτης νυνὶ δὲ καὶ δέσμιος Χριστοῦ Ἰησοῦ,—10 παρακαλῶ σε περὶ τοῦ ἐμοῦ τέκνου, ὃν ἐγέννησα ἐν τοῖς δεσμοῖς Ὀνήσιμον, 11 τόν ποτέ σοι ἄχρηστον

---

2 WH: ἀδελφῇ RP: ἀγαπητῇ 5 WH: εἰς {WH}/NA/RP: πρὸς 6 WH: [τοῦ] NA/RP: τοῦ // WH: ἡμῖν {WH}: ὑμῖν // RP: add Ἰησοῦν after χριστὸν 7 WH: χαρὰν RP: Χάριν // WH: πολλὴν ἔσχον RP: ἔχομεν πολλὴν 9 {WH}: *πρεσβύτης* // WH: νυνὶ {WH}: νῦν // WH: Χριστοῦ Ἰησοῦ RP: Ἰησοῦ χριστοῦ 10 RP: add μου after δεσμοῖς

νυνὶ δὲ σοὶ καὶ ἐμοὶ εὔχρηστον, 12 ὃν ἀνέπεμψά σοι αὐτόν, τοῦτ' ἔστιν τὰ ἐμὰ σπλάγχνα· 13 ὃν ἐγὼ ἐβουλόμην πρὸς ἐμαυτὸν κατέχειν, ἵνα ὑπὲρ σοῦ μοι διακονῇ ἐν τοῖς δεσμοῖς τοῦ εὐαγγελίου, 14 χωρὶς δὲ τῆς σῆς γνώμης οὐδὲν ἠθέλησα ποιῆσαι, ἵνα μὴ ὡς κατὰ ἀνάγκην τὸ ἀγαθόν σου ᾖ ἀλλὰ κατὰ ἑκούσιον. 15 τάχα γὰρ διὰ τοῦτο ἐχωρίσθη πρὸς ὥραν ἵνα αἰώνιον αὐτὸν ἀπέχῃς, 16 οὐκέτι ὡς δοῦλον ἀλλὰ ὑπὲρ δοῦλον, ἀδελφὸν ἀγαπητόν, μάλιστα ἐμοί, πόσῳ δὲ μᾶλλον σοὶ καὶ ἐν σαρκὶ καὶ ἐν κυρίῳ. 17 εἰ οὖν με ἔχεις κοινωνόν, προσλαβοῦ αὐτὸν ὡς ἐμέ. 18 εἰ δέ τι ἠδίκησέν σε ἢ ὀφείλει, τοῦτο ἐμοὶ ἐλλόγα· 19 ἐγὼ Παῦλος ἔγραψα τῇ ἐμῇ χειρί, ἐγὼ ἀποτίσω· ἵνα μὴ λέγω σοι ὅτι καὶ σεαυτόν μοι προσοφείλεις. 20 ναί, ἀδελφέ, ἐγώ σου ὀναίμην ἐν κυρίῳ· ἀνάπαυσόν μου τὰ σπλάγχνα ἐν Χριστῷ.

21 Πεποιθὼς τῇ ὑπακοῇ σου ἔγραψά σοι, εἰδὼς ὅτι καὶ ὑπὲρ ἃ λέγω ποιήσεις. 22 ἅμα δὲ καὶ ἑτοίμαζέ μοι ξενίαν, ἐλπίζω γὰρ ὅτι διὰ τῶν προσευχῶν ὑμῶν χαρισθήσομαι ὑμῖν.

Final Greetings

23 Ἀσπάζεταί σε Ἐπαφρᾶς ὁ συναιχμάλωτός μου ἐν Χριστῷ Ἰησοῦ, 24 Μᾶρκος, Ἀρίσταρχος, Δημᾶς, Λουκᾶς, οἱ συνεργοί μου.

25 Ἡ χάρις τοῦ κυρίου Ἰησοῦ Χριστοῦ μετὰ τοῦ πνεύματος ὑμῶν.

11 {WH}/[NA]: *add* καὶ *after* δὲ 11–12 WH: 12 ὃν ἀνέπεμψά σοι αὐτόν RP: ὃν ἀνέπεμψα· 12 σὺ δὲ αὐτὸν 12 RP: *add* προσλαβοῦ *after* σπλάγχνα, 13 WH: μοι διακονῇ RP: διακονῇ μοι 18 WH: ἐλλόγα RP: ἐλλόγει 20 WH: Χριστῷ RP: κυρίῳ 21 WH: ἃ RP: ὃ 23 WH: Ἀσπάζεταί RP: Ἀσπάζονταί 25 {WH}/RP: *add* ἡμῶν *after* κυρίου // RP: *add* Ἀμήν. *after* ὑμῶν.

ΠΡΟΣ ΕΒΡΑΙΟΥΣ

God's Supreme Revelation

1 Πολυμερῶς καὶ πολυτρόπως πάλαι ὁ θεὸς λαλήσας τοῖς
πατράσιν ἐν τοῖς προφήταις 2 ἐπ᾽ ἐσχάτου τῶν ἡμερῶν τού-
των ἐλάλησεν ἡμῖν ἐν υἱῷ, ὃν ἔθηκεν κληρονόμον πάντων,
δι᾽ οὗ καὶ ἐποίησεν τοὺς αἰῶνας· 3 ὃς ὢν ἀπαύγασμα τῆς
δόξης καὶ χαρακτὴρ τῆς ὑποστάσεως αὐτοῦ, φέρων τε τὰ
πάντα τῷ ῥήματι τῆς δυνάμεως αὐτοῦ, καθαρισμὸν τῶν
ἁμαρτιῶν ποιησάμενος **ἐκάθισεν ἐν δεξιᾷ** τῆς μεγαλωσύ-
νης ἐν ὑψηλοῖς, 4 τοσούτῳ κρείττων γενόμενος τῶν ἀγγέλων
ὅσῳ διαφορώτερον παρ᾽ αὐτοὺς κεκληρονόμηκεν ὄνομα.

The Son's Superiority to the Angels

5 Τίνι γὰρ εἶπέν ποτε τῶν ἀγγέλων
Υἱός μου εἶ σύ,
    ἐγὼ σήμερον γεγέννηκά σε,
καὶ πάλιν
Ἐγὼ ἔσομαι αὐτῷ εἰς πατέρα,
    καὶ αὐτὸς ἔσται μοι εἰς υἱόν;
6 ὅταν δὲ πάλιν εἰσαγάγῃ τὸν πρωτότοκον εἰς τὴν οἰκου-
μένην, λέγει
Καὶ προσκυνησάτωσαν αὐτῷ πάντες ἄγγελοι θεοῦ.
7 καὶ πρὸς μὲν τοὺς ἀγγέλους λέγει
Ὁ ποιῶν τοὺς ἀγγέλους αὐτοῦ πνεύματα,
    καὶ τοὺς λειτουργοὺς αὐτοῦ πυρὸς φλόγα·

1:2 WH: ἐποίησεν τοὺς αἰῶνας RP: τοὺς αἰῶνας ἐποίησεν 3 RP: *add* δι᾽ ἑαυτοῦ
before καθαρισμὸν // WH: τῶν ἁμαρτιῶν ποιησάμενος RP: ποιησάμενος τῶν
ἁμαρτιῶν ἡμῶν

1:3 Ps 110:1 5 Ps 2:7; 2 Sam 7:14 6 Deut 32:43 LXX; Ps 97:7 7 Ps 104:4

8 πρὸς δὲ τὸν υἱόν

Ὁ θρόνος σου ὁ θεὸς εἰς τὸν αἰῶνα [τοῦ αἰῶνος],
καὶ ἡ ῥάβδος τῆς εὐθύτητος ῥάβδος τῆς
βασιλείας αὐτοῦ.

9 ἠγάπησας δικαιοσύνην καὶ ἐμίσησας ἀνομίαν·
διὰ τοῦτο ἔχρισέν σε ὁ θεός, ὁ θεός σου, ἔλαιον
ἀγαλλιάσεως παρὰ τοὺς μετόχους σου·

10 καί

Σὺ κατ' ἀρχάς, κύριε, τὴν γῆν ἐθεμελίωσας,
καὶ ἔργα τῶν χειρῶν σού εἰσιν οἱ οὐρανοί·

11 αὐτοὶ ἀπολοῦνται, σὺ δὲ διαμένεις·
καὶ πάντες ὡς ἱμάτιον παλαιωθήσονται,

12 καὶ ὡσεὶ περιβόλαιον ἑλίξεις αὐτούς,
ὡς ἱμάτιον καὶ ἀλλαγήσονται·
σὺ δὲ ὁ αὐτὸς εἶ, καὶ τὰ ἔτη σου οὐκ
ἐκλείψουσιν.

13 πρὸς τίνα δὲ τῶν ἀγγέλων εἴρηκέν ποτε

Κάθου ἐκ δεξιῶν μου
ἕως ἂν θῶ τοὺς ἐχθρούς σου ὑποπόδιον τῶν
ποδῶν σου;

14 οὐχὶ πάντες εἰσὶν λειτουργικὰ πνεύματα εἰς διακονίαν
ἀποστελλόμενα διὰ τοὺς μέλλοντας κληρονομεῖν σωτηρίαν;

The Peril of Neglect

2 Διὰ τοῦτο δεῖ περισσοτέρως προσέχειν ἡμᾶς τοῖς
ἀκουσθεῖσιν, μή ποτε παραρυῶμεν. 2 εἰ γὰρ ὁ δι' ἀγγέλων
λαληθεὶς λόγος ἐγένετο βέβαιος, καὶ πᾶσα παράβασις καὶ

---

8 WH: σου ὁ θεὸς εἰς {WH}: σου, ὁ θεός, εἰς // WH: [τοῦ αἰῶνος] NA: τοῦ
αἰῶνος // WH: καὶ ἡ ῥάβδος τῆς εὐθύτητος ῥάβδος RP: ῥάβδος εὐθύτητος ἡ
ῥάβδος // WH: βασιλείας αὐτοῦ {WH}/NA/RP: βασιλείας σου 12 RP: *omit* ὡς
ἱμάτιον
2:1 WH: προσέχειν ἡμᾶς RP: ἡμᾶς προσέχειν // WH: μή ποτε NA/RP: μήποτε //
WH: παραρυῶμεν RP: παραρρυῶμεν

8–9 Ps 45:6–7 10–12 Ps 102:25–28 13 Ps 110:1

παρακοὴ ἔλαβεν ἔνδικον μισθαποδοσίαν, 3 πῶς ἡμεῖς ἐκ-
φευξόμεθα τηλικαύτης ἀμελήσαντες σωτηρίας, ἥτις, ἀρχὴν
λαβοῦσα λαλεῖσθαι διὰ τοῦ κυρίου, ὑπὸ τῶν ἀκουσάντων
εἰς ἡμᾶς ἐβεβαιώθη, 4 συνεπιμαρτυροῦντος τοῦ θεοῦ ση-
μείοις τε καὶ τέρασιν καὶ ποικίλαις δυνάμεσιν καὶ πνεύμα-
τος ἁγίου μερισμοῖς κατὰ τὴν αὐτοῦ θέλησιν;

Our Merciful and Faithful High Priest

5 Οὐ γὰρ ἀγγέλοις ὑπέταξεν τὴν οἰκουμένην τὴν μέλ-
λουσαν, περὶ ἧς λαλοῦμεν· 6 διεμαρτύρατο δέ πού τις λέγων
Τί ἐστιν ἄνθρωπος ὅτι μιμνῄσκῃ αὐτοῦ,
    ἢ υἱὸς ἀνθρώπου ὅτι ἐπισκέπτῃ αὐτόν;
7 **ἠλάττωσας αὐτὸν βραχύ τι παρ᾽ ἀγγέλους,**
    δόξῃ καὶ τιμῇ ἐστεφάνωσας αὐτόν,
    [καὶ κατέστησας αὐτὸν ἐπὶ τὰ ἔργα τῶν χειρῶν σου,]
    8 **πάντα ὑπέταξας ὑποκάτω τῶν ποδῶν αὐτοῦ·**
ἐν τῷ γὰρ ὑποτάξαι [αὐτῷ] τὰ **πάντα** οὐδὲν ἀφῆκεν αὐτῷ
ἀνυπότακτον. νῦν δὲ οὔπω ὁρῶμεν αὐτῷ τὰ **πάντα ὑποτε-
ταγμένα·** 9 τὸν δὲ **βραχύ τι παρ᾽ ἀγγέλους ἠλαττωμένον**
βλέπομεν Ἰησοῦν διὰ τὸ πάθημα τοῦ θανάτου **δόξῃ καὶ
τιμῇ ἐστεφανωμένον,** ὅπως χάριτι θεοῦ ὑπὲρ παντὸς γεύση-
ται θανάτου. 10 Ἔπρεπεν γὰρ αὐτῷ, δι᾽ ὃν τὰ πάντα καὶ δι᾽
οὗ τὰ πάντα, πολλοὺς υἱοὺς εἰς δόξαν ἀγαγόντα τὸν ἀρχη-
γὸν τῆς σωτηρίας αὐτῶν διὰ παθημάτων τελειῶσαι. 11 ὅ τε
γὰρ ἁγιάζων καὶ οἱ ἁγιαζόμενοι ἐξ ἑνὸς πάντες· δι᾽ ἣν αἰτί-
αν οὐκ ἐπαισχύνεται **ἀδελφοὺς** αὐτοὺς καλεῖν, 12 λέγων
Ἀπαγγελῶ τὸ ὄνομά σου τοῖς ἀδελφοῖς μου,
    ἐν μέσῳ ἐκκλησίας ὑμνήσω σε·
13 καὶ πάλιν
Ἐγὼ ἔσομαι πεποιθὼς ἐπ᾽ αὐτῷ

---

7 NA/RP: *omit* [καὶ κατέστησας αὐτὸν ἐπὶ τὰ ἔργα τῶν χειρῶν σου,] 8 WH: ἐν
τῷ γὰρ RP: Ἐν γὰρ τῷ // WH: [αὐτῷ] RP: αὐτῷ

2:6–9 Ps 8:4–28   11–12 Ps 22:22

καὶ πάλιν

Ἰδοὺ ἐγὼ καὶ τὰ παιδία ἅ μοι ἔδωκεν ὁ θεός.
14 ἐπεὶ οὖν **τὰ παιδία** κεκοινώνηκεν αἵματος καὶ σαρκός, καὶ αὐτὸς παραπλησίως μετέσχεν τῶν αὐτῶν, ἵνα διὰ τοῦ θανάτου καταργήσῃ τὸν τὸ κράτος ἔχοντα τοῦ θανάτου, τοῦτ᾽ ἔστι τὸν διάβολον, 15 καὶ ἀπαλλάξῃ τούτους, ὅσοι φόβῳ θανάτου διὰ παντὸς τοῦ ζῆν ἔνοχοι ἦσαν δουλείας. 16 οὐ γὰρ δή που ἀγγέλων ἐπιλαμβάνεται, ἀλλὰ **σπέρματος Ἀβραὰμ ἐπιλαμβάνεται.** 17 ὅθεν ὤφειλεν κατὰ πάντα **τοῖς ἀδελφοῖς** ὁμοιωθῆναι, ἵνα ἐλεήμων γένηται καὶ πιστὸς ἀρχιερεὺς τὰ πρὸς τὸν θεόν, εἰς τὸ ἱλάσκεσθαι τὰς ἁμαρτίας τοῦ λαοῦ 18 ἐν ᾧ γὰρ πέπονθεν αὐτὸς πειρασθείς, δύναται τοῖς πειραζομένοις βοηθῆσαι.

The Son's Superiority to Moses

3 Ὅθεν, ἀδελφοὶ ἅγιοι, κλήσεως ἐπουρανίου μέτοχοι, κατανοήσατε τὸν ἀπόστολον καὶ ἀρχιερέα τῆς ὁμολογίας ἡμῶν Ἰησοῦν, 2 **πιστὸν** ὄντα τῷ ποιήσαντι αὐτὸν ὡς καὶ **Μωυσῆς ἐν [ὅλῳ] τῷ οἴκῳ αὐτοῦ.** 3 πλείονος γὰρ οὗτος δόξης παρὰ Μωυσῆν ἠξίωται καθ᾽ ὅσον πλείονα τιμὴν ἔχει τοῦ οἴκου ὁ κατασκευάσας αὐτόν· 4 πᾶς γὰρ οἶκος κατασκευάζεται ὑπό τινος, ὁ δὲ **πάντα** κατασκευάσας θεός. 5 καὶ **Μωυσῆς** μὲν **πιστὸς ἐν ὅλῳ τῷ οἴκῳ αὐτοῦ** ὡς **θεράπων** εἰς μαρτύριον τῶν λαληθησομένων, 6 Χριστὸς δὲ ὡς υἱὸς ἐπὶ **τὸν οἶκον αὐτοῦ·** οὗ οἶκός ἐσμεν ἡμεῖς, ἐὰν τὴν παρρησίαν καὶ τὸ καύχημα τῆς ἐλπίδος [μέχρι τέλους βεβαίαν] κατάσχωμεν.

---

14 WH: αἵματος καὶ σαρκός RP: σαρκός καὶ αἵματος 16 WH: δή που NA/RP: δήπου
3:1 RP: *add* χριστόν *after* Ἰησοῦν 2 WH: [ὅλῳ] RP: ὅλῳ 3 WH: οὗτος δόξης RP: δόξης οὗτος 4 RP: *add* τὰ *before* πάντα 6 WH: ἐὰν NA: ἐάν[περ] RP: ἐάνπερ // WH: [μέχρι τέλους βεβαίαν] NA: *omit* [μέχρι τέλους βεβαίαν] RP: μέχρι τέλους βεβαίαν

13–14 Isa 8:17–18 16 Isa 41:8–9 17 Ps 22:22 3:2, 5–6 Num 12:7

The Danger of Apostasy

7 Διό, καθὼς λέγει τὸ πνεῦμα τὸ ἅγιον

Σήμερον ἐὰν τῆς φωνῆς αὐτοῦ ἀκούσητε,

  8 μὴ σκληρύνητε τὰς καρδίας ὑμῶν ὡς ἐν τῷ
      παραπικρασμῷ,

  κατὰ τὴν ἡμέραν τοῦ πειρασμοῦ ἐν τῇ ἐρήμῳ,

    9 οὗ ἐπείρασαν οἱ πατέρες ὑμῶν ἐν δοκιμασίᾳ

  καὶ εἶδον τὰ ἔργα μου 10 τεσσεράκοντα ἔτη·

  διὸ προσώχθισα τῇ γενεᾷ ταύτῃ

  καὶ εἶπον   Ἀεὶ πλανῶνται τῇ καρδίᾳ·

    αὐτοὶ δὲ οὐκ ἔγνωσαν τὰς ὁδούς μου·

  11 ὡς ὤμοσα ἐν τῇ ὀργῇ μου

  Εἰ εἰσελεύσονται εἰς τὴν κατάπαυσίν μου·

12 βλέπετε, ἀδελφοί, μή ποτε ἔσται ἔν τινι ὑμῶν καρδία
πονηρὰ ἀπιστίας ἐν τῷ ἀποστῆναι ἀπὸ θεοῦ ζῶντος,
13 ἀλλὰ παρακαλεῖτε ἑαυτοὺς καθ᾽ ἑκάστην ἡμέραν, ἄχρις
οὗ τὸ **Σήμερον** καλεῖται, ἵνα μὴ **σκληρυνθῇ** τις ἐξ ὑμῶν
ἀπάτῃ τῆς ἁμαρτίας· 14 μέτοχοι γὰρ τοῦ χριστοῦ γεγό-
ναμεν, ἐάνπερ τὴν ἀρχὴν τῆς ὑποστάσεως μέχρι τέλους βε-
βαίαν κατάσχωμεν. 15 ἐν τῷ λέγεσθαι

Σήμερον ἐὰν τῆς φωνῆς αὐτοῦ ἀκούσητε,

  Μὴ σκληρύνητε τὰς καρδίας ὑμῶν ὡς ἐν τῷ
      παραπικρασμῷ.

16 τίνες γὰρ ἀκούσαντες **παρεπίκραναν**; ἀλλ᾽ οὐ πάντες οἱ
ἐξελθόντες ἐξ Αἰγύπτου διὰ Μωϋσέως; 17 τίσιν δὲ **προσώ-
χθισεν τεσσεράκοντα ἔτη**; οὐχὶ τοῖς ἁμαρτήσασιν, ὧν **τὰ
κῶλα ἔπεσεν ἐν τῇ ἐρήμῳ**; 18 τίσιν δὲ **ὤμοσεν μὴ εἰσελεύ-
σεσθαι εἰς τὴν κατάπαυσιν αὐτοῦ** εἰ μὴ τοῖς ἀπειθήσασιν;
19 καὶ βλέπομεν ὅτι οὐκ ἠδυνήθησαν **εἰσελθεῖν** δι᾽ ἀπιστίαν.

---

9 RP: *add* με *after* ἐπείρασαν // WH: ἐν δοκιμασίᾳ RP: ἐδοκιμασάν με 9–10 WH:
begin v. 10 at τεσσεράκοντα RP: *begin v. 10 at* Διὸ 10 WH: ταύτῃ RP: ἐκείνῃ
12 WH: μή ποτε NA: μήποτε 13 WH: ἄχρις RP: ἄχρι // WH: τις ἐξ ὑμῶν
{WH}/RP: ἐξ ὑμῶν τις 14 WH: τοῦ χριστοῦ γεγόναμεν RP: γεγόναμεν τοῦ
χριστοῦ

7–11, 13, 15–19 Ps 95:7–11 17 Num 14:29

•

Be Diligent to Enter God's Rest

4 φοβηθῶμεν οὖν μή ποτε καταλειπομένης ἐπαγγελίας **εἰσ-ελθεῖν εἰς τὴν κατάπαυσιν αὐτοῦ** δοκῇ τις ἐξ ὑμῶν ὑστερη-κέναι· 2 καὶ γὰρ ἐσμεν εὐηγγελισμένοι καθάπερ κἀκεῖνοι, ἀλλ᾽ οὐκ ὠφέλησεν ὁ λόγος τῆς ἀκοῆς ἐκείνους, μὴ συνκε-κερασμένους τῇ πίστει τοῖς ἀκούσασιν. 3 **Εἰσερχόμεθα** γὰρ **εἰς [τὴν] κατάπαυσιν** οἱ πιστεύσαντες, καθὼς εἴρηκεν

῾Ως ὤμοσα ἐν τῇ ὀργῇ μου
Εἰ εἰσελεύσονται εἰς τὴν κατάπαυσίν μου,

καίτοι **τῶν ἔργων** ἀπὸ καταβολῆς κόσμου γενηθέντων, 4 εἴρηκεν γάρ που περὶ τῆς ἑβδόμης οὕτως **Καὶ κατέ-παυσεν ὁ θεὸς ἐν τῇ ἡμέρᾳ τῇ ἑβδόμῃ ἀπὸ πάντων τῶν ἔργων αὐτοῦ,** 5 καὶ ἐν τούτῳ πάλιν **Εἰ εἰσελεύσονται εἰς τὴν κατάπαυσίν μου.** 6 ἐπεὶ οὖν ἀπολείπεται τινὰς **εἰσελ-θεῖν** εἰς αὐτήν, καὶ οἱ πρότερον εὐαγγελισθέντες οὐκ **εἰσ-ῆλθον** δι᾽ ἀπείθειαν, 7 πάλιν τινὰ ὁρίζει ἡμέραν, **Σήμερον,** ἐν Δαυεὶδ λέγων μετὰ τοσοῦτον χρόνον, καθὼς προείρηται,

Σήμερον ἐὰν τῆς φωνῆς αὐτοῦ ἀκούσητε,
μὴ σκληρύνητε τὰς καρδίας ὑμῶν·

8 εἰ γὰρ αὐτοὺς Ἰησοῦς κατέπαυσεν, οὐκ ἂν περὶ ἄλλης ἐλάλει μετὰ ταῦτα ἡμέρας. 9 ἄρα ἀπολείπεται σαββατισμὸς τῷ λαῷ τοῦ θεοῦ 10 ὁ γὰρ **εἰσελθὼν εἰς τὴν κατάπαυσιν αὐτοῦ** καὶ αὐτὸς **κατέπαυσεν ἀπὸ τῶν ἔργων αὐτοῦ** ὥσπερ **ἀπὸ τῶν** ἰδίων ὁ θεός. 11 Σπουδάσωμεν οὖν **εἰσελθεῖν εἰς** ἐκείνην **τὴν κατάπαυσιν,** ἵνα μὴ ἐν τῷ αὐτῷ τις ὑποδείγματι πέσῃ τῆς ἀπειθείας. 12 Ζῶν γὰρ ὁ λόγος τοῦ θεοῦ καὶ ἐνερ-γὴς καὶ τομώτερος ὑπὲρ πᾶσαν μάχαιραν δίστομον καὶ δι-ικνούμενος ἄχρι μερισμοῦ ψυχῆς καὶ πνεύματος, ἁρμῶν τε καὶ μυελῶν, καὶ κριτικὸς ἐνθυμήσεων καὶ ἐννοιῶν καρδίας·

4:1 WH: μή ποτε NA: μήποτε 2 {WH}: *μὴ συνκεκερασμένους τῇ πίστει τοῖς ἀκούσασιν* // WH: συνκεκερασμένους {WH}: συνκεκερασμένος NA: συγκεκερασμένους RP: συγκεκραμένους 3 WH: [τὴν] RP: τὴν // WH: γὰρ {WH}: οὖν 7 WH: προείρηται {WH}: προείρηκεν RP: εἴρηται 12 RP: *add* τε *before* καὶ πνεύματος

4:1, 3 Ps 95:11 3–4 Gen 2:2 5–6 Ps 95:11 7 Ps 95:7, 8 10 Gen 2:2 10–11 Ps 95:11

13 καὶ οὐκ ἔστιν κτίσις ἀφανὴς ἐνώπιον αὐτοῦ, πάντα δὲ γυμνὰ καὶ τετραχηλισμένα τοῖς ὀφθαλμοῖς αὐτοῦ, πρὸς ὃν ἡμῖν ὁ λόγος.

Our Compassionate High Priest

14 Ἔχοντες οὖν ἀρχιερέα μέγαν διεληλυθότα τοὺς οὐρανούς, Ἰησοῦν τὸν υἱὸν τοῦ θεοῦ, κρατῶμεν τῆς ὁμολογίας· 15 οὐ γὰρ ἔχομεν ἀρχιερέα μὴ δυνάμενον συνπαθῆσαι ταῖς ἀσθενείαις ἡμῶν, πεπειρασμένον δὲ κατὰ πάντα καθ' ὁμοιότητα χωρὶς ἁμαρτίας. 16 προσερχώμεθα οὖν μετὰ παρρησίας τῷ θρόνῳ τῆς χάριτος, ἵνα λάβωμεν ἔλεος καὶ χάριν εὕρωμεν εἰς εὔκαιρον βοήθειαν.

The Qualifications of a High Priest

5 Πᾶς γὰρ ἀρχιερεὺς ἐξ ἀνθρώπων λαμβανόμενος ὑπὲρ ἀνθρώπων καθίσταται τὰ πρὸς τὸν θεόν, ἵνα προσφέρῃ δῶρά [τε] καὶ θυσίας ὑπὲρ ἁμαρτιῶν, 2 μετριοπαθεῖν δυνάμενος τοῖς ἀγνοοῦσι καὶ πλανωμένοις ἐπεὶ καὶ αὐτὸς περίκειται ἀσθένειαν, 3 καὶ δι' αὐτὴν ὀφείλει, καθὼς περὶ τοῦ λαοῦ, οὕτως καὶ περὶ ἑαυτοῦ προσφέρειν περὶ ἁμαρτιῶν. 4 καὶ οὐχ ἑαυτῷ τις λαμβάνει τὴν τιμήν, ἀλλὰ καλούμενος ὑπὸ τοῦ θεοῦ, καθώσπερ καὶ Ἀαρών. 5 Οὕτως καὶ ὁ χριστὸς οὐχ ἑαυτὸν ἐδόξασεν γενηθῆναι ἀρχιερέα, ἀλλ' ὁ λαλήσας πρὸς αὐτόν

Υἱός μου εἶ σύ, ἐγὼ σήμερον γεγέννηκά σε·

6 καθὼς καὶ ἐν ἑτέρῳ λέγει

Σὺ ἱερεὺς εἰς τὸν αἰῶνα κατὰ τὴν τάξιν Μελχισεδέκ.

7 ὃς ἐν ταῖς ἡμέραις τῆς σαρκὸς αὐτοῦ, δεήσεις τε καὶ ἱκε-

---

15 WH: πεπειρασμένον RP: πεπειραμένον 16 WH: ἔλεος RP: ἔλεον
5:1 WH: [τε] NA/RP: τε 3 WH: δι' αὐτὴν RP: διὰ ταύτην // WH: ἑαυτοῦ NA: αὐτοῦ // WH: περὶ RP: ὑπὲρ 4 WH: καθώσπερ RP: καθάπερ

5:5 Ps 2:7   6 Ps 110:4

τηρίας πρὸς τὸν δυνάμενον σώζειν αὐτὸν ἐκ θανάτου μετὰ κραυγῆς ἰσχυρᾶς καὶ δακρύων προσενέγκας καὶ εἰσακουσθεὶς ἀπὸ τῆς εὐλαβείας, 8 καίπερ ὢν υἱός, ἔμαθεν ἀφ᾽ ὧν ἔπαθεν τὴν ὑπακοήν, 9 καὶ τελειωθεὶς ἐγένετο πᾶσιν τοῖς ὑπακούουσιν αὐτῷ αἴτιος **σωτηρίας αἰωνίου**, 10 προσαγορευθεὶς ὑπὸ τοῦ θεοῦ ἀρχιερεὺς **κατὰ τὴν τάξιν Μελχισεδέκ.**

The Need for Maturity

11 Περὶ οὗ πολὺς ἡμῖν ὁ λόγος καὶ δυσερμήνευτος λέγειν, ἐπεὶ νωθροὶ γεγόνατε ταῖς ἀκοαῖς· 12 καὶ γὰρ ὀφείλοντες εἶναι διδάσκαλοι διὰ τὸν χρόνον, πάλιν χρείαν ἔχετε τοῦ διδάσκειν ὑμᾶς τινὰ τὰ στοιχεῖα τῆς ἀρχῆς τῶν λογίων τοῦ θεοῦ, καὶ γεγόνατε χρείαν ἔχοντες γάλακτος, οὐ στερεᾶς τροφῆς. 13 πᾶς γὰρ ὁ μετέχων γάλακτος ἄπειρος λόγου δικαιοσύνης, νήπιος γάρ ἐστιν· 14 τελείων δέ ἐστιν ἡ στερεὰ τροφή, τῶν διὰ τὴν ἕξιν τὰ αἰσθητήρια γεγυμνασμένα ἐχόντων πρὸς διάκρισιν καλοῦ τε καὶ κακοῦ.

Moving on to Maturity

6 Διὸ ἀφέντες τὸν τῆς ἀρχῆς τοῦ χριστοῦ λόγον ἐπὶ τὴν τελειότητα φερώμεθα, μὴ πάλιν θεμέλιον καταβαλλόμενοι μετανοίας ἀπὸ νεκρῶν ἔργων, καὶ πίστεως ἐπὶ θεόν, 2 βαπτισμῶν διδαχὴν ἐπιθέσεώς τε χειρῶν, ἀναστάσεως νεκρῶν καὶ κρίματος αἰωνίου. 3 καὶ τοῦτο ποιήσομεν ἐάνπερ ἐπιτρέπῃ ὁ θεός. 4 Ἀδύνατον γὰρ τοὺς ἅπαξ φωτισθέντας γευσαμένους τε τῆς δωρεᾶς τῆς ἐπουρανίου καὶ μετόχους γενηθέντας πνεύματος ἁγίου 5 καὶ καλὸν γευσαμένους

---

9 WH: πᾶσιν τοῖς ὑπακούουσιν αὐτῷ RP: τοῖς ὑπακούουσιν αὐτῷ πᾶσιν
12 {WH}/[NA]/RP: add καὶ *before* οὗ // WH: τινὰ RP: τίνα
6:2 WH: διδαχὴν {WH}/NA/RP: διδαχῆς // {WH}/NA: *add* τε *after* ἀναστάσεως
3 WH: ποιήσομεν RP: ποιήσωμεν

---

9 Isa 14:17   10 Ps 110:4

θεοῦ ῥῆμα δυνάμεις τε μέλλοντος αἰῶνος, 6 καὶ παραπε-
σόντας, πάλιν ἀνακαινίζειν εἰς μετάνοιαν, ἀνασταυροῦν-
τας ἑαυτοῖς τὸν υἱὸν τοῦ θεοῦ καὶ παραδειγματίζοντας.
7 **γῆ** γὰρ ἡ πιοῦσα τὸν ἐπ' αὐτῆς ἐρχόμενον πολλάκις ὑετόν,
καὶ τίκτουσα **βοτάνην** εὔθετον ἐκείνοις δι' οὓς καὶ γεωρ-
γεῖται, μεταλαμβάνει εὐλογίας ἀπὸ τοῦ θεοῦ· 8 **ἐκφέρουσα**
δὲ **ἀκάνθας καὶ τριβόλους** ἀδόκιμος καὶ **κατάρας** ἐγγύς, ἧς
τὸ τέλος εἰς καῦσιν.

Diligent to the End

9 Πεπείσμεθα δὲ περὶ ὑμῶν, ἀγαπητοί, τὰ κρείσσονα
καὶ ἐχόμενα σωτηρίας, εἰ καὶ οὕτως λαλοῦμεν· 10 οὐ γὰρ
ἄδικος ὁ θεὸς ἐπιλαθέσθαι τοῦ ἔργου ὑμῶν καὶ τῆς ἀγάπης
ἧς ἐνεδείξασθε εἰς τὸ ὄνομα αὐτοῦ, διακονήσαντες τοῖς
ἁγίοις καὶ διακονοῦντες. 11 ἐπιθυμοῦμεν δὲ ἕκαστον ὑμῶν
τὴν αὐτὴν ἐνδείκνυσθαι σπουδὴν πρὸς τὴν πληροφορίαν
τῆς ἐλπίδος ἄχρι τέλους, 12 ἵνα μὴ νωθροὶ γένησθε, μιμηταὶ
δὲ τῶν διὰ πίστεως καὶ μακροθυμίας κληρονομούντων τὰς
ἐπαγγελίας.

God's Infallible Oath

13 Τῷ γὰρ Ἀβραὰμ ἐπαγγειλάμενος ὁ θεός, ἐπεὶ κατ'
οὐδενὸς εἶχεν μείζονος ὀμόσαι, **ὤμοσεν καθ' ἑαυτοῦ,**
14 λέγων   **Εἰ μὴν εὐλογῶν εὐλογήσω σε καὶ πληθύνων
πληθυνῶ σε·** 15 καὶ οὕτως μακροθυμήσας ἐπέτυχεν τῆς
ἐπαγγελίας. 16 ἄνθρωποι γὰρ κατὰ τοῦ μείζονος ὀμνύου-
σιν, καὶ πάσης αὐτοῖς ἀντιλογίας πέρας εἰς βεβαίωσιν ὁ
ὅρκος· 17 ἐν ᾧ περισσότερον βουλόμενος ὁ θεὸς ἐπιδεῖξαι
τοῖς κληρονόμοις τῆς ἐπαγγελίας τὸ ἀμετάθετον τῆς βουλῆς
αὐτοῦ ἐμεσίτευσεν ὅρκῳ, 18 ἵνα διὰ δύο πραγμάτων ἀμετα-

---

7 WH: ἐρχόμενον πολλάκις RP: πολλάκις ἐρχόμενον 10 RP: *add* τοῦ κόπου
before τῆς ἀγάπης 14 WH: Εἰ RP: Ἦ 16 RP: *add* μὲν *before* γὰρ

6:7 Gen 1:11, 12   8 Gen 3:17, 18   13–14 Gen 22:16–17

θέτων, ἐν οἷς ἀδύνατον ψεύσασθαι θεόν, ἰσχυρὰν παράκλησιν ἔχωμεν οἱ καταφυγόντες κρατῆσαι τῆς προκειμένης ἐλπίδος· 19 ἣν ὡς ἄγκυραν ἔχομεν τῆς ψυχῆς, ἀσφαλῆ τε καὶ βεβαίαν καὶ **εἰσερχομένην εἰς τὸ ἐσώτερον τοῦ καταπετάσματος,** 20 ὅπου πρόδρομος ὑπὲρ ἡμῶν εἰσῆλθεν Ἰησοῦς, **κατὰ τὴν τάξιν Μελχισεδὲκ** ἀρχιερεὺς γενόμενος **εἰς τὸν αἰῶνα.**

Melchizedek, King of Salem

7 Οὗτος γὰρ ὁ **Μελχισεδέκ, βασιλεὺς Σαλήμ,** ἱερεὺς τοῦ **θεοῦ τοῦ ὑψίστου,** ὁ *συναντήσας* Ἀβραὰμ *ὑποστρέφοντι* ἀπὸ τῆς κοπῆς τῶν βασιλέων καὶ *εὐλογήσας αὐτόν,* 2 ᾧ καὶ **δεκάτην ἀπὸ πάντων** ἐμέρισεν Ἀβραάμ, πρῶτον μὲν ἑρμηνευόμενος Βασιλεὺς Δικαιοσύνης ἔπειτα δὲ καὶ **Βασιλεὺς Σαλήμ,** ὅ ἐστιν βασιλεὺς Εἰρήνης, 3 ἀπάτωρ, ἀμήτωρ, ἀγενεαλόγητος, μήτε ἀρχὴν ἡμερῶν μήτε ζωῆς τέλος ἔχων, ἀφωμοιωμένος δὲ τῷ υἱῷ τοῦ θεοῦ, μένει **ἱερεὺς** εἰς τὸ διηνεκές.

4 Θεωρεῖτε δὲ πηλίκος οὗτος ᾧ **δεκάτην** Ἀβραὰμ **ἔδωκεν** ἐκ τῶν ἀκροθινίων ὁ πατριάρχης. 5 καὶ οἱ μὲν ἐκ τῶν υἱῶν Λευεὶ τὴν ἱερατίαν λαμβάνοντες ἐντολὴν ἔχουσιν ἀποδεκατοῖν τὸν λαὸν κατὰ τὸν νόμον, τοῦτ' ἔστιν τοὺς ἀδελφοὺς αὐτῶν, καίπερ ἐξεληλυθότας ἐκ τῆς ὀσφύος Ἀβραάμ· 6 ὁ δὲ μὴ γενεαλογούμενος ἐξ αὐτῶν δεδεκάτωκεν Ἀβραάμ, καὶ τὸν ἔχοντα τὰς ἐπαγγελίας **εὐλόγηκεν.** 7 χωρὶς δὲ πάσης ἀντιλογίας τὸ ἔλαττον ὑπὸ τοῦ κρείττονος εὐλογεῖται. 8 καὶ ὧδε μὲν δεκάτας ἀποθνήσκοντες ἄνθρωποι λαμβάνουσιν, ἐκεῖ δὲ μαρτυρούμενος ὅτι ζῇ. 9 καὶ ὡς ἔπος εἰπεῖν, δι' Ἀβραὰμ καὶ Λευεὶς ὁ δεκάτας λαμβάνων

---

18 {WH}/[NA]: add τὸν before θεόν
7:1 WH: ὁ {WH}: **ὃς** 4 {WH}/[NA]/RP: add καὶ before δεκάτην 5 WH: ἀποδεκατοῖν NA/RP: ἀποδεκατοῦν 6 RP: add τὸν before Ἀβραάμ 9 WH: δι' RP: διὰ

---

19 Lev 16:2, 12 **20** Ps 110:4 **7:1–2** Gen 14:17–18 **3** Gen 14:18; Ps 110:4 **4, 6, 10** Gen 14:17–20

δεδεκάτωται, 10 ἔτι γὰρ ἐν τῇ ὀσφύϊ τοῦ πατρὸς ἦν ὅτε συνήντησεν αὐτῷ Μελχισεδέκ.

A Superior Priesthood

11 Εἰ μὲν οὖν τελείωσις διὰ τῆς Λευειτικῆς ἱερωσύνης ἦν, ὁ λαὸς γὰρ ἐπ᾽ αὐτῆς νενομοθέτηται, τίς ἔτι χρεία **κατὰ τὴν τάξιν Μελχισεδὲκ** ἕτερον ἀνίστασθαι ἱερέα καὶ οὐ **κατὰ τὴν τάξιν** ᾽Ααρὼν λέγεσθαι; 12 μετατιθεμένης γὰρ τῆς ἱερωσύνης ἐξ ἀνάγκης καὶ νόμου μετάθεσις γίνεται. 13 ἐφ᾽ ὃν γὰρ λέγεται ταῦτα φυλῆς ἑτέρας μετέσχηκεν, ἀφ᾽ ἧς οὐδεὶς προσέσχηκεν τῷ θυσιαστηρίῳ· 14 πρόδηλον γὰρ ὅτι ἐξ ᾽Ιούδα ἀνατέταλκεν ὁ κύριος ἡμῶν, εἰς ἣν φυλὴν περὶ ἱερέων οὐδὲν Μωυσῆς ἐλάλησεν. 15 Καὶ περισσότερον ἔτι κατάδηλόν ἐστιν, εἰ **κατὰ τὴν** ὁμοιότητα **Μελχισεδὲκ** ἀνίσταται ἱερεὺς ἕτερος, 16 ὃς οὐ κατὰ νόμον ἐντολῆς σαρκίνης γέγονεν ἀλλὰ κατὰ δύναμιν ζωῆς ἀκαταλύτου, 17 μαρτυρεῖται γὰρ ὅτι **Σὺ ἱερεὺς εἰς τὸν αἰῶνα κατὰ τὴν τάξιν Μελχισεδέκ.** 18 ἀθέτησις μὲν γὰρ γίνεται προαγούσης ἐντολῆς διὰ τὸ αὐτῆς ἀσθενὲς καὶ ἀνωφελές, 19 οὐδὲν γὰρ ἐτελείωσεν ὁ νόμος, ἐπεισαγωγὴ δὲ κρείττονος ἐλπίδος, δι᾽ ἧς ἐγγίζομεν τῷ θεῷ. 20 Καὶ καθ᾽ ὅσον οὐ χωρὶς ὁρκωμοσίας, (οἱ μὲν γὰρ χωρὶς ὁρκωμοσίας εἰσὶν ἱερεῖς γεγονότες, 21 ὁ δὲ μετὰ ὁρκωμοσίας διὰ τοῦ λέγοντος πρὸς αὐτόν **Ὤμοσεν Κύριος, καὶ οὐ μεταμεληθήσεται, Σὺ ἱερεὺς εἰς τὸν αἰῶνα,**) 22 κατὰ τοσοῦτο καὶ κρείττονος διαθήκης γέγονεν ἔγγυος ᾽Ιησοῦς. 23 Καὶ οἱ μὲν πλείονές εἰσιν γεγονότες ἱερεῖς διὰ τὸ θανάτῳ κωλύεσθαι παραμένειν· 24 ὁ δὲ διὰ τὸ μένειν αὐτὸν **εἰς τὸν αἰῶνα** ἀπαράβατον ἔχει τὴν ἱερωσύνην· 25 ὅθεν καὶ σώζειν εἰς τὸ παντελὲς δύναται

---

10 RP: *add* ὁ *before* Μελχισεδέκ 11 WH: αὐτῆς νενομοθέτηται RP: αὐτῇ νενομοθέτητο 14 WH: περὶ ἱερέων οὐδὲν RP: οὐδὲν περὶ ἱερωσύνης 16 WH: σαρκίνης RP: σαρκικῆς 17 WH: μαρτυρεῖται RP: μαρτυρεῖ 21 RP: *add* κατὰ τὴν τάξιν Μελχισεδέκ *after* αἰῶνα 22 WH: τοσοῦτο καὶ NA: τοσοῦτο [καὶ] RP: τοσοῦτον

11, 15, 17, 21, 24 Ps 110:4

τοὺς προσερχομένους δι' αὐτοῦ τῷ θεῷ, πάντοτε ζῶν εἰς τὸ ἐντυγχάνειν ὑπὲρ αὐτῶν.

26 Τοιοῦτος γὰρ ἡμῖν [καὶ] ἔπρεπεν ἀρχιερεύς, ὅσιος, ἄκακος, ἀμίαντος, κεχωρισμένος ἀπὸ τῶν ἁμαρτωλῶν, καὶ ὑψηλότερος τῶν οὐρανῶν γενόμενος· 27 ὃς οὐκ ἔχει καθ' ἡμέραν ἀνάγκην, ὥσπερ οἱ ἀρχιερεῖς, πρότερον ὑπὲρ τῶν ἰδίων ἁμαρτιῶν θυσίας ἀναφέρειν, ἔπειτα τῶν τοῦ λαοῦ· (τοῦτο γὰρ ἐποίησεν ἐφάπαξ ἑαυτὸν ἀνενέγκας·) 28 ὁ νόμος γὰρ ἀνθρώπους καθίστησιν ἀρχιερεῖς ἔχοντας ἀσθένειαν, ὁ λόγος δὲ τῆς ὁρκωμοσίας τῆς μετὰ τὸν νόμον **υἱόν, εἰς τὸν αἰῶνα** τετελειωμένον.

A New Priest and a New Covenant

8 Κεφάλαιον δὲ ἐπὶ τοῖς λεγομένοις, τοιοῦτον ἔχομεν ἀρχιερέα, ὃς **ἐκάθισεν ἐν δεξιᾷ** τοῦ θρόνου τῆς μεγαλωσύνης ἐν τοῖς οὐρανοῖς, 2 τῶν ἁγίων λειτουργὸς καὶ **τῆς σκηνῆς** τῆς ἀληθινῆς, **ἣν ἔπηξεν ὁ κύριος,** οὐκ ἄνθρωπος. 3 πᾶς γὰρ ἀρχιερεὺς εἰς τὸ προσφέρειν δῶρά τε καὶ θυσίας καθίσταται· ὅθεν ἀναγκαῖον ἔχειν τι καὶ τοῦτον ὃ προσενέγκῃ. 4 εἰ μὲν οὖν ἦν ἐπὶ γῆς, οὐδ' ἂν ἦν ἱερεύς, ὄντων τῶν προσφερόντων κατὰ νόμον τὰ δῶρα· 5 (οἵτινες ὑποδείγματι καὶ σκιᾷ λατρεύουσιν τῶν ἐπουρανίων, καθὼς κεχρημάτισται Μωυσῆς μέλλων ἐπιτελεῖν τὴν σκηνήν, Ὅρα γάρ, φησίν, **ποιήσεις πάντα κατὰ τὸν τύπον τὸν δειχθέντα σοι ἐν τῷ ὄρει·**) 6 νῦν δὲ διαφορωτέρας τέτυχεν λειτουργίας, ὅσῳ καὶ κρείττονός ἐστιν διαθήκης μεσίτης, ἥτις ἐπὶ κρείττοσιν ἐπαγγελίαις νενομοθέτηται. 7 εἰ γὰρ ἡ πρώτη ἐκείνη ἦν ἄμεμπτος, οὐκ ἂν δευτέρας ἐζητεῖτο τόπος· 8 μεμφόμενος γὰρ αὐτοὺς λέγει

---

26 WH: [καὶ] ἔπρεπεν NA: καὶ ἔπρεπεν RP: ἔπρεπεν 27 NA/RP: *omit brackets for* [τοῦτο γὰρ . . . ἀνενέγκας·] // WH: ἀνενέγκας {WH}: προσενέγκας
8:2 RP: *add* καὶ *before* οὐκ 4 WH: οὖν RP: γὰρ // RP: *add* ἱερέων τῶν *before* προσφερόντων // RP: *add* τὸν *before* νόμον 6 WH: νῦν {WH}/RP: νυνὶ NA: Νυν[ὶ]

---

28 Ps 2:7; 110:4 **8:1** Ps 110:1 2 Num 24:6 5 Exod 25:40

Ἰδοὺ ἡμέραι ἔρχονται, λέγει Κύριος,
  καὶ συντελέσω ἐπὶ τὸν οἶκον Ἰσραὴλ καὶ
    ἐπὶ τὸν οἶκον Ἰούδα διαθήκην καινήν,
9 οὐ κατὰ τὴν διαθήκην ἣν ἐποίησα τοῖς πατράσιν
    αὐτῶν
  ἐν ἡμέρᾳ ἐπιλαβομένου μου τῆς χειρὸς αὐτῶν
    ἐξαγαγεῖν αὐτοὺς ἐκ γῆς Αἰγύπτου,
ὅτι αὐτοὶ οὐκ ἐνέμειναν ἐν τῇ διαθήκῃ μου,
  κἀγὼ ἠμέλησα αὐτῶν, λέγει Κύριος.
10 ὅτι αὕτη ἡ διαθήκη ἣν διαθήσομαι τῷ οἴκῳ Ἰσραὴλ
    μετὰ τὰς ἡμέρας ἐκείνας, λέγει Κύριος,
  διδοὺς νόμους μου εἰς τὴν διάνοιαν αὐτῶν,
    καὶ ἐπὶ καρδίας αὐτῶν ἐπιγράψω αὐτούς,
  καὶ ἔσομαι αὐτοῖς εἰς θεόν
    καὶ αὐτοὶ ἔσονταί μοι εἰς λαόν.
11 καὶ οὐ μὴ διδάξωσιν ἕκαστος τὸν πολίτην αὐτοῦ
    καὶ ἕκαστος τὸν ἀδελφὸν αὐτοῦ, λέγων   Γνῶθι
      τὸν κύριον,
  ὅτι πάντες εἰδήσουσίν με
    ἀπὸ μικροῦ ἕως μεγάλου αὐτῶν.
12 ὅτι ἵλεως ἔσομαι ταῖς ἀδικίαις αὐτῶν,
    καὶ τῶν ἁμαρτιῶν αὐτῶν οὐ μὴ μνησθῶ ἔτι.
13 ἐν τῷ λέγειν   Καινήν   πεπαλαίωκεν τὴν πρώτην, τὸ δὲ
παλαιούμενον καὶ γηράσκον ἐγγὺς ἀφανισμοῦ.

The Earthly Sanctuary

9 Εἶχε μὲν οὖν [καὶ] ἡ πρώτη δικαιώματα λατρείας τό τε
ἅγιον κοσμικόν. 2 σκηνὴ γὰρ κατεσκευάσθη ἡ πρώτη ἐν ᾗ
ἥ τε λυχνία καὶ ἡ τράπεζα καὶ ἡ πρόθεσις τῶν ἄρτων, ἥτις
λέγεται Ἅγια· 3 μετὰ δὲ τὸ δεύτερον καταπέτασμα σκηνὴ ἡ

---

8 WH: αὐτοὺς {WH}/RP: αὐτοῖς 10 WH: καρδίας {WH}: καρδίαν 11 RP: *add*
αὐτῶν *before* ἕως 12 RP: *add* καὶ τῶν ἀνομιῶν αὐτῶν *before* οὐ μὴ
9:1 WH: [καὶ] RP: καὶ 2 WH: Ἅγια {WH}: Τὰ ἅγια

λεγομένη Ἅγια Ἁγίων, 4 χρυσοῦν ἔχουσα θυμιατήριον καὶ τὴν κιβωτὸν τῆς διαθήκης περικεκαλυμμένην πάντοθεν χρυσίῳ, ἐν ᾗ στάμνος χρυσῆ ἔχουσα τὸ μάννα καὶ ἡ ῥάβδος Ἀαρὼν ἡ βλαστήσασα καὶ αἱ πλάκες τῆς διαθήκης, 5 ὑπεράνω δὲ αὐτῆς Χερουβεὶν δόξης κατασκιάζοντα τὸ ἱλαστήριον· περὶ ὧν οὐκ ἔστιν νῦν λέγειν κατὰ μέρος. 6 Τούτων δὲ οὕτως κατεσκευασμένων, εἰς μὲν τὴν πρώτην σκηνὴν διὰ παντὸς εἰσίασιν οἱ ἱερεῖς τὰς λατρείας ἐπιτελοῦντες, 7 εἰς δὲ τὴν δευτέραν ἅπαξ τοῦ ἐνιαυτοῦ μόνος ὁ ἀρχιερεύς, οὐ χωρὶς αἵματος, ὃ προσφέρει ὑπὲρ ἑαυτοῦ καὶ τῶν τοῦ λαοῦ ἀγνοημάτων, 8 τοῦτο δηλοῦντος τοῦ πνεύματος τοῦ ἁγίου, μήπω πεφανερῶσθαι τὴν τῶν ἁγίων ὁδὸν ἔτι τῆς πρώτης σκηνῆς ἐχούσης στάσιν, 9 ἥτις παραβολὴ εἰς τὸν καιρὸν τὸν ἐνεστηκότα, καθ᾽ ἣν δῶρά τε καὶ θυσίαι προσφέρονται μὴ δυνάμεναι κατὰ συνείδησιν τελειῶσαι τὸν λατρεύοντα, 10 μόνον ἐπὶ βρώμασιν καὶ πόμασιν καὶ διαφόροις βαπτισμοῖς, δικαιώματα σαρκὸς μέχρι καιροῦ διορθώσεως ἐπικείμενα.

The Heavenly Sanctuary

11 Χριστὸς δὲ παραγενόμενος ἀρχιερεὺς τῶν γενομένων ἀγαθῶν διὰ τῆς μείζονος καὶ τελειοτέρας σκηνῆς οὐ χειροποιήτου, τοῦτ᾽ ἔστιν οὐ ταύτης τῆς κτίσεως, 12 οὐδὲ δι᾽ αἵματος τράγων καὶ μόσχων διὰ δὲ τοῦ ἰδίου αἵματος, εἰσῆλθεν ἐφάπαξ εἰς τὰ ἅγια, αἰωνίαν λύτρωσιν εὑράμενος. 13 εἰ γὰρ τὸ αἷμα τράγων καὶ ταύρων καὶ σποδὸς δαμάλεως ῥαντίζουσα τοὺς κεκοινωμένους ἁγιάζει πρὸς τὴν τῆς σαρκὸς καθαρότητα, 14 πόσῳ μᾶλλον τὸ αἷμα τοῦ χριστοῦ, ὃς διὰ πνεύματος αἰωνίου ἑαυτὸν προσήνεγκεν ἄμωμον τῷ θεῷ, καθαριεῖ τὴν συνείδησιν ἡμῶν ἀπὸ νεκρῶν ἔργων εἰς τὸ λατρεύειν θεῷ ζῶντι.

---

3 WH: Ἅγια Ἁγίων {WH}: Τὰ ἅγια τῶν ἁγίων 9 WH: ἣν RP: ὃν 10 {WH}: add καὶ before δικαιώματα // WH: δικαιώματα RP: καὶ δικαιώμασιν 11 WH: γενομένων {WH}/RP: μελλόντων 13 WH: τράγων καὶ ταύρων RP: ταύρων καὶ τράγων 14 WH: ἡμῶν {WH}/RP: ὑμῶν

The Blood of the Covenant

15 Καὶ διὰ τοῦτο διαθήκης καινῆς μεσίτης ἐστίν, ὅπως θανάτου γενομένου εἰς ἀπολύτρωσιν τῶν ἐπὶ τῇ πρώτῃ διαθήκῃ παραβάσεων τὴν ἐπαγγελίαν λάβωσιν οἱ κεκλημένοι τῆς αἰωνίου κληρονομίας. 16 ὅπου γὰρ διαθήκη, θάνατον ἀνάγκη φέρεσθαι τοῦ διαθεμένου· 17 διαθήκη γὰρ ἐπὶ νεκροῖς βεβαία, ἐπεὶ μὴ τότε ἰσχύει ὅτε ζῇ ὁ διαθέμενος. 18 Ὅθεν οὐδὲ ἡ πρώτη χωρὶς αἵματος ἐνκεκαίνισται· 19 λαληθείσης γὰρ πάσης ἐντολῆς κατὰ τὸν νόμον ὑπὸ Μωυσέως παντὶ τῷ λαῷ, λαβὼν τὸ αἷμα τῶν μόσχων καὶ τῶν τράγων μετὰ ὕδατος καὶ ἐρίου κοκκίνου καὶ ὑσσώπου αὐτό τε τὸ βιβλίον καὶ πάντα τὸν λαὸν ἐράντισεν, 20 λέγων **Τοῦτο τὸ αἷμα τῆς διαθήκης ἧς ἐνετείλατο πρὸς ὑμᾶς ὁ θεός·** 21 καὶ τὴν σκηνὴν δὲ καὶ πάντα τὰ σκεύη τῆς λειτουργίας τῷ αἵματι ὁμοίως ἐράντισεν. 22 καὶ σχεδὸν ἐν αἵματι πάντα καθαρίζεται κατὰ τὸν νόμον, καὶ χωρὶς αἱματεκχυσίας οὐ γίνεται ἄφεσις.

The Sacrifice of Christ

23 Ἀνάγκη οὖν τὰ μὲν ὑποδείγματα τῶν ἐν τοῖς οὐρανοῖς τούτοις καθαρίζεσθαι, αὐτὰ δὲ τὰ ἐπουράνια κρείττοσι θυσίαις παρὰ ταύτας. 24 οὐ γὰρ εἰς χειροποίητα εἰσῆλθεν ἅγια Χριστός, ἀντίτυπα τῶν ἀληθινῶν, ἀλλ᾽ εἰς αὐτὸν τὸν οὐρανόν, νῦν ἐμφανισθῆναι τῷ προσώπῳ τοῦ θεοῦ ὑπὲρ ἡμῶν· 25 οὐδ᾽ ἵνα πολλάκις προσφέρῃ ἑαυτόν, ὥσπερ ὁ ἀρχιερεὺς εἰσέρχεται εἰς τὰ ἅγια κατ᾽ ἐνιαυτὸν ἐν αἵματι ἀλλοτρίῳ, 26 ἐπεὶ ἔδει αὐτὸν πολλάκις παθεῖν ἀπὸ καταβολῆς κόσμου· νυνὶ δὲ ἅπαξ ἐπὶ συντελείᾳ τῶν αἰώνων εἰς ἀθέτησιν τῆς ἁμαρτίας διὰ τῆς θυσίας αὐτοῦ

---

17 WH: μὴ τότε {WH}: μή ποτε NA/RP: μήποτε 18 WH: οὐδὲ RP: οὐδ᾽ 19 RP: *omit* τὸν *before* νόμον // WH: καὶ τῶν τράγων NA: [καὶ τῶν τράγων] RP: καὶ τράγων // WH: ἐράντισεν NA/RP: ἐρράντισεν 21 WH: ἐράντισεν NA: ἐρράντισεν 24 WH: εἰσῆλθεν ἅγια Χριστός RP: ἅγια εἰσῆλθεν ὁ χριστός 26 WH: νυνὶ RP: νῦν // WH: τῆς ἁμαρτίας NA: [τῆς] ἁμαρτίας RP: ἁμαρτίας

πεφανέρωται. 27 καὶ καθ' ὅσον ἀπόκειται τοῖς ἀνθρώποις ἅπαξ ἀποθανεῖν, μετὰ δὲ τοῦτο κρίσις, 28 οὕτως καὶ ὁ χριστός, ἅπαξ προσενεχθεὶς εἰς τὸ **πολλῶν ἀνενεγκεῖν ἁμαρτίας,** ἐκ δευτέρου χωρὶς ἁμαρτίας ὀφθήσεται τοῖς αὐτὸν ἀπεκδεχομένοις εἰς σωτηρίαν.

The Superior Sacrifice of Christ

10 Σκιὰν γὰρ ἔχων ὁ νόμος τῶν μελλόντων ἀγαθῶν, οὐκ αὐτὴν τὴν εἰκόνα τῶν πραγμάτων, κατ' ἐνιαυτὸν ταῖς αὐταῖς θυσίαις ἃς προσφέρουσιν εἰς τὸ διηνεκὲς οὐδέποτε δύνανται τοὺς προσερχομένους τελειῶσαι· 2 ἐπεὶ οὐκ ἂν ἐπαύσαντο προσφερόμεναι, διὰ τὸ μηδεμίαν ἔχειν ἔτι συνείδησιν ἁμαρτιῶν τοὺς λατρεύοντας ἅπαξ κεκαθαρισμένους; 3 ἀλλ' ἐν αὐταῖς ἀνάμνησις ἁμαρτιῶν κατ' ἐνιαυτόν, 4 ἀδύνατον γὰρ αἷμα ταύρων καὶ τράγων ἀφαιρεῖν ἁμαρτίας. 5 Διὸ εἰσερχόμενος εἰς τὸν κόσμον λέγει

> **Θυσίαν καὶ προσφορὰν οὐκ ἠθέλησας, σῶμα δὲ κατηρτίσω μοι·**
> 6 **ὁλοκαυτώματα καὶ περὶ ἁμαρτίας οὐκ εὐδόκησας.**
> 7 **τότε εἶπον Ἰδοὺ ἥκω, ἐν κεφαλίδι βιβλίου γέγραπται περὶ ἐμοῦ,**
> **τοῦ ποιῆσαι, ὁ θεός, τὸ θέλημά σου.**

8 ἀνώτερον λέγων ὅτι **Θυσίας καὶ προσφορὰς καὶ ὁλοκαυτώματα καὶ περὶ ἁμαρτίας οὐκ ἠθέλησας οὐδὲ εὐδόκησας,** αἵτινες κατὰ νόμον προσφέρονται, 9 **τότε εἴρηκεν Ἰδοὺ ἥκω τοῦ ποιῆσαι τὸ θέλημά σου·** ἀναιρεῖ τὸ πρῶτον ἵνα τὸ δεύτερον στήσῃ. 10 ἐν ᾧ **θελήματι** ἡγιασμένοι ἐσμὲν διὰ τῆς **προσφορᾶς** τοῦ **σώματος** Ἰησοῦ Χριστοῦ

10:1 {WH}: *κατ' ἐνιαυτὸν...τελειῶσαι* // {WH}: *add* αὐτῶν *after* θυσίαις // WH: δύνανται {WH}/NA: δύναται 2 WH: κεκαθαρισμένους RP: κεκαθαρμένους 4 WH: ταύρων καὶ τράγων {WH}: τράγων καὶ ταύρων 8 WH: Θυσίας καὶ προσφορὰς RP: Θυσίαν καὶ προσφορὰν // RP: *add* τόν *before* νόμον 9 RP: *add* ὁ θεός, *before* τὸ θέλημά, 10 RP: *add* οἱ *before* διὰ

28 Isa 53:12 10:5–10 Ps 40:6–8

ἐφάπαξ. 11 Καὶ πᾶς μὲν ἱερεὺς ἕστηκεν καθ᾽ ἡμέραν
λειτουργῶν καὶ τὰς αὐτὰς πολλάκις προσφέρων θυσίας, αἵ-
τινες οὐδέποτε δύνανται περιελεῖν ἁμαρτίας. 12 οὗτος δὲ
μίαν ὑπὲρ ἁμαρτιῶν προσενέγκας θυσίαν εἰς τὸ διηνεκὲς
ἐκάθισεν ἐν δεξιᾷ τοῦ θεοῦ, 13 τὸ λοιπὸν ἐκδεχόμενος **ἕως
τεθῶσιν οἱ ἐχθροὶ αὐτοῦ ὑποπόδιον τῶν ποδῶν αὐτοῦ,**
14 μιᾷ γὰρ προσφορᾷ τετελείωκεν εἰς τὸ διηνεκὲς τοὺς
ἁγιαζομένους. 15 Μαρτυρεῖ δὲ ἡμῖν καὶ τὸ πνεῦμα τὸ ἅγιον,
μετὰ γὰρ τὸ εἰρηκέναι

16 **Αὕτη ἡ διαθήκη ἣν διαθήσομαι** πρὸς αὐτοὺς
μετὰ τὰς ἡμέρας ἐκείνας, λέγει Κύριος,
διδοὺς νόμους μου ἐπὶ καρδίας αὐτῶν,
καὶ ἐπὶ τὴν διάνοιαν αὐτῶν ἐπιγράψω αὐτούς,—

17 **Καὶ τῶν ἁμαρτιῶν αὐτῶν καὶ τῶν ἀνομιῶν**
αὐτῶν οὐ μὴ μνησθήσομαι ἔτι·

18 ὅπου δὲ ἄφεσις τούτων, οὐκέτι προσφορὰ περὶ ἁμαρτίας.

The Exhortation to Draw Near

19 Ἔχοντες οὖν, ἀδελφοί, παρρησίαν εἰς τὴν εἴσοδον
τῶν ἁγίων ἐν τῷ αἵματι Ἰησοῦ, 20 ἣν ἐνεκαίνισεν ἡμῖν ὁδὸν
πρόσφατον καὶ ζῶσαν διὰ τοῦ καταπετάσματος, τοῦτ᾽ ἔστιν
τῆς σαρκὸς αὐτοῦ, 21 καὶ **ἱερέα μέγαν ἐπὶ τὸν οἶκον τοῦ**
θεοῦ, 22 προσερχώμεθα μετὰ ἀληθινῆς καρδίας ἐν πληρο-
φορίᾳ πίστεως, ῥεραντισμένοι τὰς καρδίας ἀπὸ συνει-
δήσεως πονηρᾶς καὶ λελουσμένοι τὸ σῶμα ὕδατι καθαρῷ·
23 κατέχωμεν τὴν ὁμολογίαν τῆς ἐλπίδος ἀκλινῆ, πιστὸς
γὰρ ὁ ἐπαγγειλάμενος· 24 καὶ κατανοῶμεν ἀλλήλους εἰς
παροξυσμὸν ἀγάπης καὶ καλῶν ἔργων, 25 μὴ ἐγκατα-
λείποντες τὴν ἐπισυναγωγὴν ἑαυτῶν, καθὼς ἔθος τισίν,

---

11 WH: ἱερεὺς {WH}: ἀρχιερεὺς 12 WH: οὗτος RP: αὐτὸς 15 WH: εἰρηκέναι RP:
προειρηκέναι 16 WH: τὴν διάνοιαν RP: τῶν διανοιῶν 17 WH: μνησθήσομαι
RP: μνησθῶ 22 WH: ῥεραντισμένοι ΝΑ: ῥεραντισμένοι RP: ἐρραντισμένοι //
WH: λελουσμένοι RP: λελουμένοι

12–13 Ps 110:1 16–17 Jer 31:33, 34 21 Zech 6:11–12; Num 12:7

ἀλλὰ παρακαλοῦντες, καὶ τοσούτῳ μᾶλλον ὅσῳ βλέπετε ἐγγίζουσαν τὴν ἡμέραν.

The Danger of Rejection

26 Ἑκουσίως γὰρ ἁμαρτανόντων ἡμῶν μετὰ τὸ λαβεῖν τὴν ἐπίγνωσιν τῆς ἀληθείας, οὐκέτι περὶ ἁμαρτιῶν ἀπολείπεται θυσία, 27 φοβερὰ δέ τις ἐκδοχὴ κρίσεως καὶ **πυρὸς ζῆλος ἐσθίειν** μέλλοντος **τοὺς ὑπεναντίους**. 28 ἀθετήσας τις νόμον Μωυσέως χωρὶς οἰκτιρμῶν **ἐπὶ δυσὶν ἢ τρισὶν μάρτυσιν ἀποθνήσκει·** 29 πόσῳ δοκεῖτε χείρονος ἀξιωθήσεται τιμωρίας ὁ τὸν υἱὸν τοῦ θεοῦ καταπατήσας, καὶ **τὸ αἷμα τῆς διαθήκης** κοινὸν ἡγησάμενος ἐν ᾧ ἡγιάσθη, καὶ τὸ πνεῦμα τῆς χάριτος ἐνυβρίσας. 30 οἴδαμεν γὰρ τὸν εἰπόντα **Ἐμοὶ ἐκδίκησις, ἐγὼ ἀνταποδώσω·** καὶ πάλιν **Κρινεῖ Κύριος τὸν λαὸν αὐτοῦ.** 31 φοβερὸν τὸ ἐμπεσεῖν εἰς χεῖρας θεοῦ ζῶντος.

The Need for Endurance

32 Ἀναμιμνῄσκεσθε δὲ τὰς πρότερον ἡμέρας, ἐν αἷς φωτισθέντες πολλὴν ἄθλησιν ὑπεμείνατε παθημάτων, 33 τοῦτο μὲν ὀνειδισμοῖς τε καὶ θλίψεσιν θεατριζόμενοι, τοῦτο δὲ κοινωνοὶ τῶν οὕτως ἀναστρεφομένων γενηθέντες· 34 καὶ γὰρ τοῖς δεσμίοις συνεπαθήσατε, καὶ τὴν ἁρπαγὴν τῶν ὑπαρχόντων ὑμῶν μετὰ χαρᾶς προσεδέξασθε, γινώσκοντες ἔχειν ἑαυτοὺς κρείσσονα ὕπαρξιν καὶ μένουσαν. 35 Μὴ ἀποβάλητε οὖν τὴν παρρησίαν ὑμῶν, ἥτις ἔχει μεγάλην μισθαποδοσίαν, 36 ὑπομονῆς γὰρ ἔχετε χρείαν ἵνα τὸ θέλημα τοῦ θεοῦ ποιήσαντες κομίσησθε τὴν ἐπαγγελίαν·

---

30 RP: *add* λέγει κύριος· *before* καὶ // WH: Κρινεῖ Κύριος RP: κύριος κρινεῖ
34 WH: δεσμίοις RP: δεσμοῖς μου // WH: ἑαυτοὺς κρείσσονα ΝΑ: ἑαυτοὺς κρείττονα RP: ἑαυτοῖς κρείττονα // RP: *add* ἐν οὐρανοῖς *after* ὕπαρξιν 35 WH: μεγάλην μισθαποδοσίαν RP: μισθαποδοσίαν μεγάλην

---

27 Isa 26:11 LXX 28 Deut 17:6 29 Exod 24:8 30 Deut 32:35, 36

37 ἔτι γὰρ **μικρὸν ὅσον ὅσον**,
   ὁ ἐρχόμενος ἥξει καὶ οὐ χρονίσει·
38 ὁ δὲ **δίκαιός [μου] ἐκ πίστεως ζήσεται**,
   καὶ ἐὰν **ὑποστείληται, οὐκ εὐδοκεῖ ἡ ψυχή μου
   ἐν αὐτῷ.**
39 ἡμεῖς δὲ οὐκ ἐσμὲν **ὑποστολῆς** εἰς ἀπώλειαν, ἀλλὰ
πίστεως εἰς περιποίησιν ψυχῆς.

The Centrality of Faith

11 Ἔστιν δὲ πίστις ἐλπιζομένων ὑπόστασις, πραγμάτων
ἔλεγχος οὐ βλεπομένων· 2 ἐν ταύτῃ γὰρ ἐμαρτυρήθησαν οἱ
πρεσβύτεροι.

Examples of Faith

3 Πίστει νοοῦμεν κατηρτίσθαι τοὺς αἰῶνας ῥήματι
θεοῦ, εἰς τὸ μὴ ἐκ φαινομένων τὸ βλεπόμενον γεγονέναι.
4 Πίστει πλείονα θυσίαν Ἄβελ παρὰ Καὶν προσήνεγκεν τῷ
θεῷ, δι᾽ ἧς ἐμαρτυρήθη εἶναι δίκαιος, μαρτυροῦντος **ἐπὶ
τοῖς δώροις αὐτοῦ τοῦ θεοῦ**, καὶ δι᾽ αὐτῆς ἀποθανὼν ἔτι
λαλεῖ. 5 Πίστει Ἐνὼχ μετετέθη τοῦ μὴ ἰδεῖν θάνατον, καὶ
οὐχ ηὑρίσκετο διότι μετέθηκεν αὐτὸν ὁ θεός· πρὸ γὰρ τῆς
μεταθέσεως μεμαρτύρηται **εὐαρεστηκέναι τῷ θεῷ**, 6 χωρὶς
δὲ πίστεως ἀδύνατον **εὐαρεστῆσαι**, πιστεῦσαι γὰρ δεῖ τὸν
προσερχόμενον [τῷ] θεῷ ὅτι ἔστιν καὶ τοῖς ἐκζητοῦσιν
αὐτὸν μισθαποδότης γίνεται. 7 Πίστει χρηματισθεὶς Νῶε
περὶ τῶν μηδέπω βλεπομένων εὐλαβηθεὶς κατεσκεύασεν
κιβωτὸν εἰς σωτηρίαν τοῦ οἴκου αὐτοῦ, δι᾽ ἧς κατέκρινεν
τὸν κόσμον, καὶ τῆς κατὰ πίστιν δικαιοσύνης ἐγένετο

---

37 WH: χρονίσει RP: χρονιεῖ 38 WH: δίκαιός [μου] ΝΑ: δίκαιός μου RP:
δίκαιος
11:1 WH: ὑπόστασις, πραγμάτων {WH}: ὑπόστασις πραγμάτων, 3 WH: τὸ
βλεπόμενον RP: τὰ βλεπόμενα 4 {WH}: *αὐτοῦ τοῦ θεοῦ* // WH: λαλεῖ RP:
λαλεῖται 5 WH: ηὑρίσκετο RP: εὑρίσκετο // RP: add αὐτοῦ *after* μεταθέσεως //
WH: εὐαρεστηκέναι RP: εὐηρεστηκέναι 6 WH: [τῷ] ΝΑ/RP: τῷ

---

37 Isa 26:20   37–39 Hab 2:3–4   11:4 Gen 4:4   5–6 Gen 5:24

κληρονόμος. 8 Πίστει καλούμενος Ἀβραὰμ ὑπήκουσεν ἐξελθεῖν εἰς τόπον ὃν ἤμελλεν λαμβάνειν εἰς κληρονομίαν, καὶ ἐξῆλθεν μὴ ἐπιστάμενος ποῦ ἔρχεται. 9 Πίστει παρῴκησεν εἰς γῆν τῆς ἐπαγγελίας ὡς ἀλλοτρίαν, ἐν σκηναῖς κατοικήσας μετὰ Ἰσαὰκ καὶ Ἰακὼβ τῶν συνκληρονόμων τῆς ἐπαγγελίας τῆς αὐτῆς· 10 ἐξεδέχετο γὰρ τὴν τοὺς θεμελίους ἔχουσαν πόλιν, ἧς τεχνίτης καὶ δημιουργὸς ὁ θεός. 11 Πίστει καὶ αὐτὴ Σάρρα δύναμιν εἰς καταβολὴν σπέρματος ἔλαβεν καὶ παρὰ καιρὸν ἡλικίας, ἐπεὶ πιστὸν ἡγήσατο τὸν ἐπαγγειλάμενον· 12 διὸ καὶ ἀφ' ἑνὸς ἐγεννήθησαν, καὶ ταῦτα νενεκρωμένου, **καθὼς τὰ ἄστρα τοῦ οὐρανοῦ** τῷ πλήθει **καὶ ὡς ἡ ἄμμος ἡ παρὰ τὸ χεῖλος τῆς θαλάσσης ἡ ἀναρίθμητος.**

13 Κατὰ πίστιν ἀπέθανον οὗτοι πάντες, μὴ κομισάμενοι τὰς ἐπαγγελίας, ἀλλὰ πόρρωθεν αὐτὰς ἰδόντες καὶ ἀσπασάμενοι, καὶ ὁμολογήσαντες ὅτι **ξένοι καὶ παρεπίδημοί** εἰσιν **ἐπὶ τῆς γῆς**· 14 οἱ γὰρ τοιαῦτα λέγοντες ἐμφανίζουσιν ὅτι πατρίδα ἐπιζητοῦσιν. 15 καὶ εἰ μὲν ἐκείνης ἐμνημόνευον ἀφ' ἧς ἐξέβησαν, εἶχον ἂν καιρὸν ἀνακάμψαι· 16 νῦν δὲ κρείττονος ὀρέγονται, τοῦτ' ἔστιν ἐπουρανίου. διὸ οὐκ ἐπαισχύνεται αὐτοὺς ὁ θεὸς θεὸς ἐπικαλεῖσθαι αὐτῶν, ἡτοίμασεν γὰρ αὐτοῖς πόλιν.

17 Πίστει **προσενήνοχεν Ἀβραὰμ τὸν Ἰσαὰκ πειραζόμενος,** καὶ **τὸν μονογενῆ** προσέφερεν ὁ τὰς ἐπαγγελίας ἀναδεξάμενος, 18 πρὸς ὃν ἐλαλήθη ὅτι **Ἐν Ἰσαὰκ κληθήσεταί σοι σπέρμα,** 19 λογισάμενος ὅτι καὶ ἐκ νεκρῶν ἐγείρειν δυνατὸς ὁ θεός· ὅθεν αὐτὸν καὶ ἐν παραβολῇ ἐκομίσατο. 20 Πίστει καὶ περὶ μελλόντων εὐλόγησεν Ἰσαὰκ τὸν Ἰακὼβ καὶ τὸν Ἠσαῦ. 21 Πίστει Ἰακὼβ ἀποθνήσκων ἕκαστον τῶν υἱῶν Ἰωσὴφ εὐλόγησεν, καὶ **προσεκύνησεν**

---

8 RP: *add* τὸν *before* τόπον 11 WH: αὐτὴ Σάρρα {WH}: αὐτῇ Σάρρᾳ // NA: *add* στεῖρα *after* Σάρρα // RP: *add* ἔτεκεν *after* ἡλικίας 12 WH: ἐγεννήθησαν {WH}: ἐγενήθησαν 13 WH: κομισάμενοι NA/RP: λαβόντες 15 WH: ἐξέβησαν RP: ἐξῆλθον 20 RP: *omit* καὶ *before* περὶ

---

8 Gen 12:1 9 Gen 23:4 12 Gen 22:17; 32:12 13 1 Chr 29:15; Ps 32:12; Gen 23:4 17 Gen 22:1, 2, 6 18 Gen 22:12 21 Gen 47:31

ἐπὶ τὸ ἄκρον τῆς ῥάβδου αὐτοῦ. 22 Πίστει Ἰωσὴφ τελευτῶν
περὶ τῆς ἐξόδου τῶν υἱῶν Ἰσραὴλ ἐμνημόνευσεν, καὶ περὶ
τῶν ὀστέων αὐτοῦ ἐνετείλατο. 23 Πίστει Μωυσῆς γεννηθεὶς
ἐκρύβη τρίμηνον ὑπὸ τῶν πατέρων αὐτοῦ, διότι εἶδον
ἀστεῖον τὸ παιδίον καὶ οὐκ ἐφοβήθησαν τὸ διάταγμα τοῦ
βασιλέως. 24 Πίστει Μωυσῆς μέγας γενόμενος ἠρνήσατο
λέγεσθαι υἱὸς θυγατρὸς Φαραώ, 25 μᾶλλον ἑλόμενος συγ-
κακουχεῖσθαι τῷ λαῷ τοῦ θεοῦ ἢ πρόσκαιρον ἔχειν
ἁμαρτίας ἀπόλαυσιν, 26 μείζονα πλοῦτον ἡγησάμενος τῶν
Αἰγύπτου θησαυρῶν τὸν ὀνειδισμὸν τοῦ χριστοῦ, ἀπέ-
βλεπεν γὰρ εἰς τὴν μισθαποδοσίαν. 27 Πίστει κατέλιπεν
Αἴγυπτον, μὴ φοβηθεὶς τὸν θυμὸν τοῦ βασιλέως, τὸν γὰρ
ἀόρατον ὡς ὁρῶν ἐκαρτέρησεν. 28 Πίστει πεποίηκεν τὸ
πάσχα καὶ τὴν πρόσχυσιν τοῦ αἵματος, ἵνα μὴ ὁ ὀλοθρεύων
τὰ πρωτότοκα θίγῃ αὐτῶν. 29 Πίστει διέβησαν τὴν Ἐρυθρὰν
Θάλασσαν ὡς διὰ ξηρᾶς γῆς, ἧς πεῖραν λαβόντες οἱ Αἰγύπ-
τιοι κατεπόθησαν. 30 Πίστει τὰ τείχη Ἰεριχὼ ἔπεσαν κυ-
κλωθέντα ἐπὶ ἑπτὰ ἡμέρας. 31 Πίστει Ῥαὰβ ἡ πόρνη οὐ
συναπώλετο τοῖς ἀπειθήσασιν, δεξαμένη τοὺς κατασκό-
πους μετ᾽ εἰρήνης.

Feats of Faith

32 Καὶ τί ἔτι λέγω; ἐπιλείψει με γὰρ διηγούμενον ὁ χρό-
νος περὶ Γεδεών, Βαράκ, Σαμψών, Ἰεφθάε, Δαυείδ τε καὶ
Σαμουὴλ καὶ τῶν προφητῶν, 33 οἳ διὰ πίστεως κατη-
γωνίσαντο βασιλείας, ἠργάσαντο δικαιοσύνην, ἐπέτυχον
ἐπαγγελιῶν, ἔφραξαν στόματα λεόντων, 34 ἔσβεσαν δύνα-
μιν πυρός, ἔφυγον στόματα μαχαίρης, ἐδυναμώθησαν ἀπὸ
ἀσθενείας, ἐγενήθησαν ἰσχυροὶ ἐν πολέμῳ, παρεμβολὰς

29 RP: omit γῆς 30 WH: ἔπεσαν RP: ἔπεσεν 32 WH: με γὰρ RP: γὰρ με // RP: add
τε καὶ before Σαμψών // RP: add καὶ before Ἰεφθάε 33 WH: ἠργάσαντο ΝΑ/RP:
εἰργάσαντο 34 WH: μαχαίρης ἐδυναμώθησαν RP: μαχαίρας ἐνεδυναμώθησαν

23 Exod 2:2　24 Exod 2:11　26 Ps 89:50–51; 69:9　28 Exod 12:21–23

ἔκλιναν ἀλλοτρίων· 35 ἔλαβον γυναῖκες ἐξ ἀναστάσεως τοὺς νεκροὺς αὐτῶν· ἄλλοι δὲ ἐτυμπανίσθησαν, οὐ προσδεξάμενοι τὴν ἀπολύτρωσιν, ἵνα κρείττονος ἀναστάσεως τύχωσιν· 36 ἕτεροι δὲ ἐμπαιγμῶν καὶ μαστίγων πεῖραν ἔλαβον, ἔτι δὲ δεσμῶν καὶ φυλακῆς· 37 ἐλιθάσθησαν, ἐπειράσθησαν, ἐπρίσθησαν, ἐν φόνῳ μαχαίρης ἀπέθανον, περιῆλθον ἐν μηλωταῖς, ἐν αἰγίοις δέρμασιν, ὑστερούμενοι, θλιβόμενοι, κακουχούμενοι, 38 ὧν οὐκ ἦν ἄξιος ὁ κόσμος ἐπὶ ἐρημίαις πλανώμενοι καὶ ὄρεσι καὶ σπηλαίοις καὶ ταῖς ὀπαῖς τῆς γῆς.

39 Καὶ οὗτοι πάντες μαρτυρηθέντες διὰ τῆς πίστεως οὐκ ἐκομίσαντο τὴν ἐπαγγελίαν, 40 τοῦ θεοῦ περὶ ἡμῶν κρεῖττόν τι προβλεψαμένου, ἵνα μὴ χωρὶς ἡμῶν τελειωθῶσιν.

Enduring Discipline

12 Τοιγαροῦν καὶ ἡμεῖς, τοσοῦτον ἔχοντες περικείμενον ἡμῖν νέφος μαρτύρων, ὄγκον ἀποθέμενοι πάντα καὶ τὴν εὐπερίστατον ἁμαρτίαν, δι᾽ ὑπομονῆς τρέχωμεν τὸν προκείμενον ἡμῖν ἀγῶνα, 2 ἀφορῶντες εἰς τὸν τῆς πίστεως ἀρχηγὸν καὶ τελειωτὴν Ἰησοῦν, ὃς ἀντὶ τῆς προκειμένης αὐτῷ χαρᾶς ὑπέμεινεν σταυρὸν αἰσχύνης καταφρονήσας, ἐν δεξιᾷ τε τοῦ θρόνου τοῦ θεοῦ κεκάθικεν. 3 ἀναλογίσασθε γὰρ τὸν τοιαύτην ὑπομεμενηκότα ὑπὸ τῶν ἁμαρτωλῶν εἰς ἑαυτοὺς ἀντιλογίαν, ἵνα μὴ κάμητε ταῖς ψυχαῖς ὑμῶν ἐκλυόμενοι. 4 Οὔπω μέχρις αἵματος ἀντικατέστητε πρὸς τὴν ἁμαρτίαν ἀνταγωνιζόμενοι, 5 καὶ ἐκλέλησθε τῆς παρακλήσεως, ἥτις ὑμῖν ὡς υἱοῖς διαλέγεται,

Υἱέ μου, μὴ ὀλιγώρει παιδείας Κυρίου,
μηδὲ ἐκλύου ὑπ᾽ αὐτοῦ ἐλεγχόμενος·

---

35 WH: γυναῖκες {WH}: **γυναῖκας** 37 WH: ἐπειράσθησαν, ἐπρίσθησαν {WH}: *ἐπρίσθησαν, ἐπειράσθησαν* NA: ἐπρίσθησαν RP: ἐπρίσθησαν, ἐπειράσθησαν // WH: μαχαίρης RP: μαχαίρας // WH: αἰγίοις NA/RP: αἰγείοις 38 WH: ἐπὶ {WH}/RP: ἐν
12:3 WH: ἑαυτοὺς {WH}/NA: ἑαυτὸν RP: αὐτὸν 4 WH: μέχρις RP: μέχρι

12:2 Ps 110:1 3 Num 16:38 5–8 Prov 3:11–12

6 ὃν γὰρ ἀγαπᾷ Κύριος παιδεύει,
μαστιγοῖ δὲ πάντα υἱὸν ὃν παραδέχεται.

7 εἰς παιδείαν ὑπομένετε· ὡς υἱοῖς ὑμῖν προσφέρεται ὁ θεός·
τίς γὰρ υἱὸς ὃν οὐ παιδεύει πατήρ; 8 εἰ δὲ χωρίς ἐστε
παιδείας ἧς μέτοχοι γεγόνασι πάντες, ἄρα νόθοι καὶ οὐχ
υἱοί ἐστε. 9 εἶτα τοὺς μὲν τῆς σαρκὸς ἡμῶν πατέρας εἴχομεν
παιδευτὰς καὶ ἐνετρεπόμεθα· οὐ πολὺ μᾶλλον ὑποταγησό-
μεθα τῷ πατρὶ τῶν πνευμάτων καὶ ζήσομεν; 10 οἱ μὲν γὰρ
πρὸς ὀλίγας ἡμέρας κατὰ τὸ δοκοῦν αὐτοῖς ἐπαίδευον, ὁ δὲ
ἐπὶ τὸ συμφέρον εἰς τὸ μεταλαβεῖν τῆς ἁγιότητος αὐτοῦ.
11 πᾶσα μὲν παιδεία πρὸς μὲν τὸ παρὸν οὐ δοκεῖ χαρᾶς
εἶναι ἀλλὰ λύπης, ὕστερον δὲ καρπὸν εἰρηνικὸν τοῖς δι᾽
αὐτῆς γεγυμνασμένοις ἀποδίδωσιν δικαιοσύνης. 12 Διὸ τὰς
παρειμένας χεῖρας καὶ τὰ παραλελυμένα γόνατα ἀνορ-
θώσατε, 13 καὶ τροχιὰς ὀρθὰς ποιεῖτε τοῖς ποσὶν ὑμῶν, ἵνα
μὴ τὸ χωλὸν ἐκτραπῇ, ἰαθῇ δὲ μᾶλλον.

Pursuing Peace

14 Εἰρήνην διώκετε μετὰ πάντων, καὶ τὸν ἁγιασμόν, οὗ
χωρὶς οὐδεὶς ὄψεται τὸν κύριον, 15 ἐπισκοποῦντες μή τις
ὑστερῶν ἀπὸ τῆς χάριτος τοῦ θεοῦ, μή τις ῥίζα πικρίας
ἄνω φύουσα ἐνοχλῇ καὶ δι᾽ αὐτῆς μιανθῶσιν οἱ πολλοί,
16 μή τις πόρνος ἢ βέβηλος ὡς Ἠσαῦ, ὃς ἀντὶ βρώσεως μιᾶς
ἀπέδετο τὰ πρωτοτόκια ἑαυτοῦ. 17 ἴστε γὰρ ὅτι καὶ μετέπει-
τα θέλων κληρονομῆσαι τὴν εὐλογίαν ἀπεδοκιμάσθη,
μετανοίας γὰρ τόπον οὐχ εὗρεν, καίπερ μετὰ δακρύων ἐκ-
ζητήσας αὐτήν.

---

7 RP: add ἐστιν before υἱὸς 8 WH: καὶ οὐχ υἱοί ἐστε RP: ἐστε καὶ οὐχ υἱοί 9 WH:
πολὺ RP: πολλῷ // NA: add [δὲ] before μᾶλλον 11 WH: μὲν {WH}: *δὲ* NA/RP: δὲ
13 WH: ποιεῖτε {WH}/RP: ποιήσατε 15 WH: δι᾽ αὐτῆς {WH}/RP: διὰ ταύτης //
NA/RP: omit οἱ before πολλοί 16 WH: ἀπέδετο RP: ἀπέδοτο // WH: ἑαυτοῦ RP:
αὐτοῦ

---

12 Isa 35:3 13 Prov 4:26 LXX 14 Ps 34:14 15 Deut 29:18 LXX 16 Gen 25:33

Serving God Reverently

18 Οὐ γὰρ προσεληλύθατε ψηλαφωμένῳ καὶ **κε-καυμένῳ πυρὶ** καὶ **γνόφῳ** καὶ **ζόφῳ καὶ θυέλλῃ** 19 **καὶ σάλπιγγος ἤχῳ καὶ φωνῇ ῥημάτων,** ἧς οἱ ἀκούσαντες παρῃτήσαντο προστεθῆναι αὐτοῖς λόγον· 20 οὐκ ἔφερον γὰρ τὸ διαστελλόμενον **Κἂν θηρίον θίγῃ τοῦ ὄρους, λιθο-βοληθήσεται·** 21 καί, οὕτω φοβερὸν ἦν τὸ φανταζόμενον, Μωυσῆς εἶπεν Ἔκφοβός εἰμι καὶ ἔντρομος. 22 ἀλλὰ προσεληλύθατε Σιὼν ὄρει καὶ πόλει θεοῦ ζῶντος, Ἰερουσαλὴμ ἐπουρανίῳ, καὶ μυριάσιν ἀγγέλων, 23 πανηγύρει καὶ ἐκκλησίᾳ πρωτοτόκων ἀπογεγραμμένων ἐν οὐρανοῖς, καὶ κριτῇ θεῷ πάντων, καὶ πνεύμασι δικαίων τετελειωμένων, 24 καὶ διαθήκης νέας μεσίτῃ Ἰησοῦ, καὶ αἵματι ῥαντισμοῦ κρεῖττον λαλοῦντι παρὰ τὸν Ἅβελ. 25 Βλέπετε μὴ παραιτήσησθε τὸν λαλοῦντα· εἰ γὰρ ἐκεῖνοι οὐκ ἐξέφυγον ἐπὶ γῆς παραιτησάμενοι τὸν χρηματίζοντα, πολὺ μᾶλλον ἡμεῖς οἱ τὸν ἀπ' οὐρανῶν ἀποστρεφόμενοι· 26 οὗ ἡ φωνὴ τὴν γῆν ἐσάλευσεν τότε, νῦν δὲ ἐπήγγελται λέγων Ἔτι ἅπαξ ἐγὼ σείσω οὐ μόνον **τὴν γῆν** ἀλλὰ καὶ **τὸν οὐρανόν.** 27 τὸ δέ Ἔτι ἅπαξ δηλοῖ [τὴν] τῶν σαλευομένων μετάθεσιν ὡς πεποιημένων, ἵνα μείνῃ τὰ μὴ σαλευόμενα. 28 Διὸ βασιλείαν ἀσάλευτον παραλαμβάνοντες ἔχωμεν χάριν, δι' ἧς λατρεύωμεν εὐαρέστως τῷ θεῷ μετὰ εὐλαβείας καὶ δέους, 29 καὶ γὰρ ὁ θεὸς ἡμῶν **πῦρ καταναλίσκον.**

---

18 RP: *add* ὄρει *after* ψηλαφωμένῳ // WH: ζόφῳ RP: σκότῳ 19 {WH}/NA/RP: *add* μὴ *before* προστεθῆναι 21 WH: οὕτω RP: οὕτως // WH: ἔντρομος {WH}: ἔκτρομος 23 WH: ἀπογεγραμμένων ἐν οὐρανοῖς RP: ἐν οὐρανοῖς ἀπογεγραμμένων 25 WH: ἐξέφυγον τὸν // RP: *omit* τὸν *before* χρηματίζοντα, // WH: πολὺ RP: πολλῷ // WH: οὐρανῶν {WH}: οὐρανοῦ 26 WH: σείσω RP: σείω 27 WH: [τὴν] τῶν σαλευομένων RP: τῶν σαλευομένων τὴν 28 WH: λατρεύωμεν RP: λατρεύομεν // WH: εὐλαβείας καὶ δέους RP: αἰδοῦς καὶ εὐλαβείας

18–19 Deut 4:11–12 19 Exod 19:16; Deut 5:23, 25, 26 20 Exod 19:12–13 21 Deut 9:19 26–27 Hag 2:6 29 Deut 4:24

Exhibiting Brotherly Love

13 Ἡ φιλαδελφία μενέτω. 2 τῆς φιλοξενίας μὴ ἐπιλανθάνεσθε, διὰ ταύτης γὰρ ἔλαθόν τινες ξενίσαντες ἀγγέλους. 3 μιμνήσκεσθε τῶν δεσμίων ὡς συνδεδεμένοι, τῶν κακουχουμένων ὡς καὶ αὐτοὶ ὄντες ἐν σώματι. 4 Τίμιος ὁ γάμος ἐν πᾶσιν καὶ ἡ κοίτη ἀμίαντος, πόρνους γὰρ καὶ μοιχοὺς κρινεῖ ὁ θεός. 5 Ἀφιλάργυρος ὁ τρόπος· ἀρκούμενοι τοῖς παροῦσιν· αὐτὸς γὰρ εἴρηκεν **Οὐ μή σε ἀνῶ οὐδ' οὐ μή σε ἐγκαταλίπω·** 6 ὥστε θαρροῦντας ἡμᾶς λέγειν

Κύριος ἐμοὶ βοηθός, οὐ φοβηθήσομαι·
τί ποιήσει μοι ἄνθρωπος;

7 Μνημονεύετε τῶν ἡγουμένων ὑμῶν, οἵτινες ἐλάλησαν ὑμῖν τὸν λόγον τοῦ θεοῦ, ὧν ἀναθεωροῦντες τὴν ἔκβασιν τῆς ἀναστροφῆς μιμεῖσθε τὴν πίστιν.

Offering the Sacrifice of Praise

8 Ἰησοῦς Χριστὸς ἐχθὲς καὶ σήμερον ὁ αὐτός, καὶ εἰς τοὺς αἰῶνας. 9 διδαχαῖς ποικίλαις καὶ ξέναις μὴ παραφέρεσθε· καλὸν γὰρ χάριτι βεβαιοῦσθαι τὴν καρδίαν, οὐ βρώμασιν, ἐν οἷς οὐκ ὠφελήθησαν οἱ περιπατοῦντες. 10 ἔχομεν θυσιαστήριον ἐξ οὗ φαγεῖν οὐκ ἔχουσιν [ἐξουσίαν] οἱ τῇ σκηνῇ λατρεύοντες. 11 ὧν γὰρ **εἰσφέρεται** ζῴων **τὸ αἷμα περὶ ἁμαρτίας εἰς τὰ ἅγια** διὰ τοῦ ἀρχιερέως, τούτων τὰ σώματα **κατακαίεται ἔξω τῆς παρεμβολῆς·** 12 διὸ καὶ Ἰησοῦς, ἵνα ἁγιάσῃ διὰ τοῦ ἰδίου αἵματος τὸν λαόν, ἔξω τῆς πύλης ἔπαθεν. 13 τοίνυν ἐξερχώμεθα πρὸς αὐτὸν **ἔξω τῆς παρεμβολῆς,** τὸν ὀνειδισμὸν αὐτοῦ φέροντες, 14 οὐ γὰρ ἔχομεν ὧδε μένουσαν πόλιν, ἀλλὰ τὴν μέλλουσαν ἐπιζητοῦμεν· 15 δι' αὐτοῦ **ἀναφέρωμεν θυσίαν**

13:4 WH: γὰρ RP: δὲ 5 WH: ἐγκαταλίπω RP: ἐγκαταλείπω 6 NA/RP: add [καὶ] after βοηθός, 8 WH: ἐχθὲς RP: χθὲς 9 WH: περιπατοῦντες {WH}/RP: περιπατήσαντες 10 WH: [ἐξουσίαν] NA/RP: ἐξουσίαν 15 {WH}/[NA]/RP: add οὖν before ἀναφέρωμεν

13:5 Deut 31:6, 8; Josh 1:5　**6** Ps 118:6　**11, 13** Lev 16:27　**15** Ps 1:14; Lev 7:12; 2 Chr 29:31; Isa 57:19; Hos 14:2

αἰνέσεως διὰ παντὸς τῷ θεῷ, τοῦτ' ἔστιν καρπὸν χειλέων ὁμολογούντων τῷ ὀνόματι αὐτοῦ. 16 τῆς δὲ εὐποιίας καὶ κοινωνίας μὴ ἐπιλανθάνεσθε, τοιαύταις γὰρ θυσίαις εὐαρεστεῖται ὁ θεός.

Obedience and Prayer

17 Πείθεσθε τοῖς ἡγουμένοις ὑμῶν καὶ ὑπείκετε, αὐτοὶ γὰρ ἀγρυπνοῦσιν ὑπὲρ τῶν ψυχῶν ὑμῶν ὡς λόγον ἀποδώσοντες, ἵνα μετὰ χαρᾶς τοῦτο ποιῶσιν καὶ μὴ στενάζοντες, ἀλυσιτελὲς γὰρ ὑμῖν τοῦτο.

18 Προσεύχεσθε περὶ ἡμῶν, πειθόμεθα γὰρ ὅτι καλὴν συνείδησιν ἔχομεν, ἐν πᾶσιν καλῶς θέλοντες ἀναστρέφεσθαι. 19 περισσοτέρως δὲ παρακαλῶ τοῦτο ποιῆσαι ἵνα τάχειον ἀποκατασταθῶ ὑμῖν.

Benediction and Closing Greetings

20 Ὁ δὲ θεὸς τῆς εἰρήνης, ὁ ἀναγαγὼν ἐκ νεκρῶν τὸν ποιμένα τῶν προβάτων τὸν μέγαν ἐν αἵματι διαθήκης αἰωνίου, τὸν κύριον ἡμῶν Ἰησοῦν, 21 καταρτίσαι ὑμᾶς ἐν παντὶ ἀγαθῷ εἰς τὸ ποιῆσαι τὸ θέλημα αὐτοῦ, ποιῶν ἐν ἡμῖν τὸ εὐάρεστον ἐνώπιον αὐτοῦ διὰ Ἰησοῦ Χριστοῦ, ᾧ ἡ δόξα εἰς τοὺς αἰῶνας τῶν αἰώνων· ἀμήν.

22 Παρακαλῶ δὲ ὑμᾶς, ἀδελφοί, ἀνέχεσθε τοῦ λόγου τῆς παρακλήσεως, καὶ γὰρ διὰ βραχέων ἐπέστειλα ὑμῖν.

23 Γινώσκετε τὸν ἀδελφὸν ἡμῶν Τιμόθεον ἀπολελυμένον, μεθ' οὗ ἐὰν τάχειον ἔρχηται ὄψομαι ὑμᾶς.

24 Ἀσπάσασθε πάντας τοὺς ἡγουμένους ὑμῶν καὶ πάντας τοὺς ἁγίους. Ἀσπάζονται ὑμᾶς οἱ ἀπὸ τῆς Ἰταλίας.

25 Ἡ χάρις μετὰ πάντων ὑμῶν.

---

18 WH: πειθόμεθα RP: πεποίθαμεν 21 RP: *add* ἔργῳ *before* ἀγαθῷ // {WH}: *add* *αὐτῷ* *before* ποιῶν // WH: ἡμῖν RP: ὑμῖν // WH: τῶν αἰώνων· NA: [τῶν αἰώνων], 22 WH: ἀνέχεσθε {WH}: ἀνέχεσθαι 23 RP: *omit* ἡμῶν 25 {WH}/RP: *add* ἀμήν *after* ὑμῶν

---

20 Isa 63:11; Zech 9:11; Isa 55:3; Ezek 37:26

ΙΑΚΩΒΟΥ

Opening Greeting

1 Ἰάκωβος θεοῦ καὶ κυρίου Ἰησοῦ Χριστοῦ δοῦλος ταῖς δώδεκα φυλαῖς ταῖς ἐν τῇ διασπορᾷ χαίρειν.

Endurance and Wisdom

2 Πᾶσαν χαρὰν ἡγήσασθε, ἀδελφοί μου, ὅταν πειρασμοῖς περιπέσητε ποικίλοις, 3 γινώσκοντες ὅτι τὸ δοκίμιον ὑμῶν τῆς πίστεως κατεργάζεται ὑπομονήν· 4 ἡ δὲ ὑπομονὴ ἔργον τέλειον ἐχέτω, ἵνα ἦτε τέλειοι καὶ ὁλόκληροι, ἐν μηδενὶ λειπόμενοι.

5 Εἰ δέ τις ὑμῶν λείπεται σοφίας, αἰτείτω παρὰ τοῦ διδόντος θεοῦ πᾶσιν ἁπλῶς καὶ μὴ ὀνειδίζοντος, καὶ δοθήσεται αὐτῷ· 6 αἰτείτω δὲ ἐν πίστει, μηδὲν διακρινόμενος, ὁ γὰρ διακρινόμενος ἔοικεν κλύδωνι θαλάσσης ἀνεμιζομένῳ καὶ ῥιπιζομένῳ· 7 μὴ γὰρ οἰέσθω ὁ ἄνθρωπος ἐκεῖνος ὅτι λήμψεταί τι παρὰ τοῦ κυρίου 8 ἀνὴρ δίψυχος, ἀκατάστατος ἐν πάσαις ταῖς ὁδοῖς αὐτοῦ.

Poverty and Riches

9 Καυχάσθω δὲ [ὁ] ἀδελφὸς ὁ ταπεινὸς ἐν τῷ ὕψει αὐτοῦ, 10 ὁ δὲ πλούσιος ἐν τῇ ταπεινώσει αὐτοῦ, ὅτι **ὡς ἄνθος χόρτου** παρελεύσεται. 11 ἀνέτειλεν γὰρ ὁ ἥλιος σὺν τῷ καύσωνι καὶ **ἐξήρανεν τὸν χόρτον, καὶ τὸ ἄνθος** αὐτοῦ **ἐξέπεσεν** καὶ ἡ εὐπρέπεια τοῦ προσώπου αὐτοῦ ἀπώλετο· οὕτως καὶ ὁ πλούσιος ἐν ταῖς πορείαις αὐτοῦ μαρανθήσεται.

1:5 WH: μὴ RP: οὐκ 7 WH: κυρίου {WH}: κυρίου, 9 WH: [ὁ] NA/RP: ὁ

1:10–11 Isa 40:6–7

Testing and Temptation

12 **Μακάριος** ἀνὴρ ὃς **ὑπομένει** πειρασμόν, ὅτι δόκιμος γενόμενος λήμψεται τὸν στέφανον τῆς ζωῆς, ὃν ἐπηγγείλατο τοῖς ἀγαπῶσιν αὐτόν. 13 μηδεὶς πειραζόμενος λεγέτω ὅτι Ἀπὸ θεοῦ πειράζομαι· ὁ γὰρ θεὸς ἀπείραστός ἐστιν κακῶν, πειράζει δὲ αὐτὸς οὐδένα. 14 ἕκαστος δὲ πειράζεται ὑπὸ τῆς ἰδίας ἐπιθυμίας ἐξελκόμενος καὶ δελεαζόμενος· 15 εἶτα ἡ ἐπιθυμία συλλαβοῦσα τίκτει ἁμαρτίαν, ἡ δὲ ἁμαρτία ἀποτελεσθεῖσα ἀποκυεῖ θάνατον. 16 Μὴ πλανᾶσθε, ἀδελφοί μου ἀγαπητοί. 17 πᾶσα δόσις ἀγαθὴ καὶ πᾶν δώρημα τέλειον ἄνωθέν ἐστιν, καταβαῖνον ἀπὸ τοῦ πατρὸς τῶν φώτων, παρ' ᾧ οὐκ ἔνι παραλλαγὴ ἢ τροπῆς ἀποσκίασμα. 18 βουληθεὶς ἀπεκύησεν ἡμᾶς λόγῳ ἀληθείας, εἰς τὸ εἶναι ἡμᾶς ἀπαρχήν τινα τῶν αὐτοῦ κτισμάτων.

Listening and Doing

19 Ἴστε, ἀδελφοί μου ἀγαπητοί. ἔστω δὲ πᾶς ἄνθρωπος ταχὺς εἰς τὸ ἀκοῦσαι, βραδὺς εἰς τὸ λαλῆσαι, βραδὺς εἰς ὀργήν, 20 ὀργὴ γὰρ ἀνδρὸς δικαιοσύνην θεοῦ οὐκ ἐργάζεται. 21 διὸ ἀποθέμενοι πᾶσαν ῥυπαρίαν καὶ περισσείαν κακίας ἐν πραΰτητι δέξασθε τὸν ἔμφυτον λόγον τὸν δυνάμενον σῶσαι τὰς ψυχὰς ὑμῶν. 22 Γίνεσθε δὲ ποιηταὶ λόγου καὶ μὴ ἀκροαταὶ μόνον παραλογιζόμενοι ἑαυτούς. 23 ὅτι εἴ τις ἀκροατὴς λόγου ἐστὶν καὶ οὐ ποιητής, οὗτος ἔοικεν ἀνδρὶ κατανοοῦντι τὸ πρόσωπον τῆς γενέσεως αὐτοῦ ἐν ἐσόπτρῳ, 24 κατενόησεν γὰρ ἑαυτὸν καὶ ἀπελήλυθεν καὶ εὐθέως ἐπελάθετο ὁποῖος ἦν. 25 ὁ δὲ παρακύψας εἰς νόμον τέλειον τὸν τῆς ἐλευθερίας καὶ παραμείνας, οὐκ ἀκροατὴς ἐπιλησμονῆς γενόμενος ἀλλὰ ποιητὴς ἔργου, οὗτος μακάριος

---

12 RP: *add* ὁ κύριος *after* ἐπηγγείλατο 15 WH: ἀποκυεῖ NA: ἀποκύει 18 {WH}: ἑαυτοῦ 19 WH: Ἴστε RP: Ὥστε // RP: *omit* δὲ 20 WH: οὐκ ἐργάζεται RP: οὐ κατεργάζεται 22 WH: ἀκροαταὶ μόνον NA/RP: μόνον ἀκροαταὶ 25 RP: *add* οὗτος *before* οὐκ

---

12 Dan 12:12

ἐν τῇ ποιήσει αὐτοῦ ἔσται. 26 Εἴ τις δοκεῖ θρησκὸς εἶναι μὴ χαλιναγωγῶν γλῶσσαν ἑαυτοῦ ἀλλὰ ἀπατῶν καρδίαν ἑαυτοῦ, τούτου μάταιος ἡ θρησκεία. 27 θρησκεία καθαρὰ καὶ ἀμίαντος παρὰ τῷ θεῷ καὶ πατρὶ αὕτη ἐστίν, ἐπισκέπτεσθαι ὀρφανοὺς καὶ χήρας ἐν τῇ θλίψει αὐτῶν, ἄσπιλον ἑαυτὸν τηρεῖν ἀπὸ τοῦ κόσμου.

Warning against Favoritism

2 Ἀδελφοί μου, μὴ ἐν προσωπολημψίαις ἔχετε τὴν πίστιν τοῦ κυρίου ἡμῶν Ἰησοῦ Χριστοῦ τῆς δόξης; 2 ἐὰν γὰρ εἰσέλθῃ εἰς συναγωγὴν ὑμῶν ἀνὴρ χρυσοδακτύλιος ἐν ἐσθῆτι λαμπρᾷ, εἰσέλθῃ δὲ καὶ πτωχὸς ἐν ῥυπαρᾷ ἐσθῆτι, 3 ἐπιβλέψητε δὲ ἐπὶ τὸν φοροῦντα τὴν ἐσθῆτα τὴν λαμπρὰν καὶ εἴπητε Σὺ κάθου ὧδε καλῶς, καὶ τῷ πτωχῷ εἴπητε Σὺ στῆθι ἢ κάθου ἐκεῖ ὑπὸ τὸ ὑποπόδιόν μου, 4 οὐ διεκρίθητε ἐν ἑαυτοῖς καὶ ἐγένεσθε κριταὶ διαλογισμῶν πονηρῶν; 5 Ἀκούσατε, ἀδελφοί μου ἀγαπητοί. οὐχ ὁ θεὸς ἐξελέξατο τοὺς πτωχοὺς τῷ κόσμῳ πλουσίους ἐν πίστει καὶ κληρονόμους τῆς βασιλείας ἧς ἐπηγγείλατο τοῖς ἀγαπῶσιν αὐτόν; 6 ὑμεῖς δὲ ἠτιμάσατε τὸν πτωχόν. οὐχ οἱ πλούσιοι καταδυναστεύουσιν ὑμῶν, καὶ αὐτοὶ ἕλκουσιν ὑμᾶς εἰς κριτήρια; 7 οὐκ αὐτοὶ βλασφημοῦσιν τὸ καλὸν ὄνομα τὸ ἐπικληθὲν ἐφ' ὑμᾶς; 8 εἰ μέντοι νόμον τελεῖτε βασιλικὸν κατὰ τὴν γραφήν Ἀγαπήσεις τὸν πλησίον σου ὡς σεαυτόν, καλῶς ποιεῖτε· 9 εἰ δὲ προσωπολημπτεῖτε, ἁμαρτίαν ἐργάζεσθε, ἐλεγχόμενοι ὑπὸ τοῦ νόμου ὡς παραβάται. 10 Ὅστις γὰρ ὅλον τὸν νόμον τηρήσῃ, πταίσῃ δὲ ἐν ἑνί, γέγονεν πάντων

---

26 RP: *add* ἐν ὑμῖν *after* εἶναι // WH: ἑαυτοῦ {WH}/NA/RP: αὐτοῦ *twice* 27 RP: *omit* τῷ

2:1 WH: Χριστοῦ {WH}: Χριστοῦ, // WH: δόξης; NA: δόξης. 2 RP: *add* τὴν *before* συναγωγὴν 3 WH: ἐπιβλέψητε δὲ RP: καὶ ἐπιβλέψητε // RP: *add* αὐτῷ *after* εἴπητε // WH: ἢ κάθου ἐκεῖ {WH}/NA: ἐκεῖ ἢ κάθου RP: ἐκεῖ, ἢ κάθου ὧδε 4 RP: *add* καὶ *before* οὐ // WH: οὐ διεκρίθητε . . . πονηρῶν; {WH}: διεκρίθητε . . . πονηρῶν. 5 WH: τῷ κόσμῳ RP: τοῦ κόσμου 10 WH: τηρήσῃ, πταίσῃ, RP: τηρήσει, πταίσει

ἔνοχος. 11 ὁ γὰρ εἰπών **Μὴ μοιχεύσῃς** εἶπεν καί **Μὴ φονεύσῃς·** εἰ δὲ οὐ μοιχεύεις φονεύεις δέ, γέγονας παραβάτης νόμου. 12 οὕτως λαλεῖτε καὶ οὕτως ποιεῖτε ὡς διὰ νόμου ἐλευθερίας μέλλοντες κρίνεσθαι. 13 ἡ γὰρ κρίσις ἀνέλεος τῷ μὴ ποιήσαντι ἔλεος· κατακαυχᾶται ἔλεος κρίσεως.

Faith and Deeds

14 Τί ὄφελος, ἀδελφοί μου, ἐὰν πίστιν λέγῃ τις ἔχειν ἔργα δὲ μὴ ἔχῃ; μὴ δύναται ἡ πίστις σῶσαι αὐτόν; 15 ἐὰν ἀδελφὸς ἢ ἀδελφὴ γυμνοὶ ὑπάρχωσιν καὶ λειπόμενοι τῆς ἐφημέρου τροφῆς, 16 εἴπῃ δέ τις αὐτοῖς ἐξ ὑμῶν Ὑπάγετε ἐν εἰρήνῃ, θερμαίνεσθε καὶ χορτάζεσθε, μὴ δῶτε δὲ αὐτοῖς τὰ ἐπιτήδεια τοῦ σώματος, τί ὄφελος; 17 οὕτως καὶ ἡ πίστις, ἐὰν μὴ ἔχῃ ἔργα, νεκρά ἐστιν καθ᾽ ἑαυτήν. 18 ἀλλ᾽ ἐρεῖ τις Σὺ πίστιν ἔχεις κἀγὼ ἔργα ἔχω. δεῖξόν μοι τὴν πίστιν σου χωρὶς τῶν ἔργων, κἀγώ σοι δείξω ἐκ τῶν ἔργων μου τὴν πίστιν. 19 σὺ πιστεύεις ὅτι εἷς θεός ἐστιν; καλῶς ποιεῖς· καὶ τὰ δαιμόνια πιστεύουσιν καὶ φρίσσουσιν. 20 θέλεις δὲ γνῶναι, ὦ ἄνθρωπε κενέ, ὅτι ἡ πίστις χωρὶς τῶν ἔργων ἀργή ἐστιν; 21 Ἀβραὰμ ὁ πατὴρ ἡμῶν οὐκ ἐξ ἔργων ἐδικαιώθη, **ἀνενέγκας Ἰσαὰκ τὸν υἱὸν αὐτοῦ ἐπὶ τὸ θυσιαστήριον;** 22 βλέπεις ὅτι ἡ πίστις συνήργει τοῖς ἔργοις αὐτοῦ καὶ ἐκ τῶν ἔργων ἡ πίστις ἐτελειώθη, 23 καὶ ἐπληρώθη ἡ γραφὴ ἡ λέγουσα **Ἐπίστευσεν δὲ Ἀβραὰμ τῷ θεῷ, καὶ ἐλογίσθη αὐτῷ εἰς δικαιοσύνην,** καὶ **φίλος θεοῦ** ἐκλήθη. 24 ὁρᾶτε ὅτι ἐξ ἔργων δικαιοῦται ἄνθρωπος καὶ οὐκ ἐκ πίστεως μόνον. 25 ὁμοίως

---

11 WH: μοιχεύσῃς RP: μοιχεύσεις // WH: φονεύσῃς RP: φονεύσεις // WH: μοιχεύεις φονεύεις RP: μοιχεύσεις, φονεύσεις 13 WH: ἔλεος RP: ἔλεον 14 NA/RP: add τὸ before ὄφελος 15 RP: add δὲ after Ἐὰν // RP: add ὦσιν after λειπόμενοι 16 NA/RP: add τὸ before ὄφελος 17 WH: ἔχῃ ἔργα RP: ἔργα ἔχῃ 18 WH: ἔχεις {WH}: ἔχεις; // WH: χωρὶς τῶν ἔργων RP: ἐκ τῶν ἔργων σου // WH: σοι δείξω RP: δείξω σοι // RP: add μου after πίστιν 19 WH: εἷς θεὸς ἔστιν; WH: εἷς θεός ἔστιν; {WH}: εἷς ὁ θεός ἐστιν NA: εἷς ἐστιν ὁ θεός, RP: εἷς θεὸς εἷς ἐστίν· // NA/RP: add καλῶς ποιεῖς· καὶ τὰ δαιμόνια πιστεύουσιν, καὶ φρίσσουσιν after ἐστίν 20 WH: ἀργή RP: νεκρά 24 RP: add τοίνυν after Ὁρᾶτε

---

11 Exod 20:13, 14; Deut 5:17, 18 21 Gen 22:2, 9 23 Gen 15:6; Isa 41:8; 2:Chr 20:7

δὲ καὶ Ῥαὰβ ἡ πόρνη οὐκ ἐξ ἔργων ἐδικαιώθη, ὑποδεξαμένη
τοὺς ἀγγέλους καὶ ἑτέρα ὁδῷ ἐκβαλοῦσα; 26 ὥσπερ τὸ
σῶμα χωρὶς πνεύματος νεκρόν ἐστιν, οὕτως καὶ ἡ πίστις
χωρὶς ἔργων νεκρά ἐστιν.

Controlling the Tongue

3 Μὴ πολλοὶ διδάσκαλοι γίνεσθε, ἀδελφοί μου, εἰδότες
ὅτι μεῖζον κρίμα λημψόμεθα· 2 πολλὰ γὰρ πταίομεν
ἅπαντες. εἴ τις ἐν λόγῳ οὐ πταίει, οὗτος τέλειος ἀνήρ, δυ-
νατὸς χαλιναγωγῆσαι καὶ ὅλον τὸ σῶμα. 3 εἰ δὲ τῶν ἵππων
τοὺς χαλινοὺς εἰς τὰ στόματα βάλλομεν εἰς τὸ πείθεσθαι
αὐτοὺς ἡμῖν, καὶ ὅλον τὸ σῶμα αὐτῶν μετάγομεν. 4 ἰδοὺ
καὶ τὰ πλοῖα, τηλικαῦτα ὄντα καὶ ὑπὸ ἀνέμων σκληρῶν
ἐλαυνόμενα, μετάγεται ὑπὸ ἐλαχίστου πηδαλίου ὅπου ἡ
ὁρμὴ τοῦ εὐθύνοντος βούλεται· 5 οὕτως καὶ ἡ γλῶσσα μι-
κρὸν μέλος ἐστὶν καὶ μεγάλα αὐχεῖ. ἰδοὺ ἡλίκον πῦρ
ἡλίκην ὕλην ἀνάπτει· 6 καὶ ἡ γλῶσσα πῦρ, ὁ κόσμος τῆς
ἀδικίας ἡ γλῶσσα καθίσταται ἐν τοῖς μέλεσιν ἡμῶν, ἡ
σπιλοῦσα ὅλον τὸ σῶμα καὶ φλογίζουσα τὸν τροχὸν τῆς
γενέσεως καὶ φλογιζομένη ὑπὸ τῆς γεέννης. 7 πᾶσα γὰρ
φύσις θηρίων τε καὶ πετεινῶν ἑρπετῶν τε καὶ ἐναλίων
δαμάζεται καὶ δεδάμασται τῇ φύσει τῇ ἀνθρωπίνῃ· 8 τὴν δὲ
γλῶσσαν οὐδεὶς δαμάσαι δύναται ἀνθρώπων· ἀκατάστα-
τον κακόν, μεστὴ ἰοῦ θανατηφόρου. 9 ἐν αὐτῇ εὐλογοῦμεν
τὸν κύριον καὶ πατέρα, καὶ ἐν αὐτῇ καταρώμεθα τοὺς
ἀνθρώπους τοὺς **καθ᾽ ὁμοίωσιν θεοῦ** γεγονότας· 10 ἐκ τοῦ
αὐτοῦ στόματος ἐξέρχεται εὐλογία καὶ κατάρα. οὐ χρή,
ἀδελφοί μου, ταῦτα οὕτως γίνεσθαι. 11 μήτι ἡ πηγὴ ἐκ τῆς

---

26 {WH}/NA/RP: *add* γὰρ *after* Ὥσπερ // RP: *add* τῶν *before* ἔργων
3:3 WH: εἰ δὲ RP: Ἴδε // WH: εἰς RP: πρὸς 4 WH: ἀνέμων σκληρῶν RP: σκληρῶν
ἀνέμων // RP: *add* ἂν *after* ὅπου // WH: βούλεται RP: βούληται 5 WH: μεγάλα
αὐχεῖ RP: μεγαλαυχεῖ // WH: ἡλίκον RP: ὀλίγον 6 RP: *add* οὕτως *before* ἡ γλῶσσα
8 WH: δαμάσαι δύναται ἀνθρώπων RP: δύναται ἀνθρώπων δαμάσαι // WH:
ἀκατάστατον RP: ἀκατάσχετον 9 WH: κύριον RP: θεὸν

3:9 Gen 1:26

αὐτῆς ὀπῆς βρύει τὸ γλυκὺ καὶ τὸ πικρόν; 12 μὴ δύναται, ἀδελφοί μου, συκῆ ἐλαίας ποιῆσαι ἢ ἄμπελος σῦκα; οὔτε ἁλυκὸν γλυκὺ ποιῆσαι ὕδωρ.

The Wisdom from Above

13 Τίς σοφὸς καὶ ἐπιστήμων ἐν ὑμῖν; δειξάτω ἐκ τῆς καλῆς ἀναστροφῆς τὰ ἔργα αὐτοῦ ἐν πραΰτητι σοφίας. 14 εἰ δὲ ζῆλον πικρὸν ἔχετε καὶ ἐριθίαν ἐν τῇ καρδίᾳ ὑμῶν, μὴ κατακαυχᾶσθε καὶ ψεύδεσθε κατὰ τῆς ἀληθείας. 15 οὐκ ἔστιν αὕτη ἡ σοφία ἄνωθεν κατερχομένη, ἀλλὰ ἐπίγειος, ψυχική, δαιμονιώδης· 16 ὅπου γὰρ ζῆλος καὶ ἐριθία, ἐκεῖ ἀκαταστασία καὶ πᾶν φαῦλον πρᾶγμα. 17 ἡ δὲ ἄνωθεν σοφία πρῶτον μὲν ἁγνή ἐστιν, ἔπειτα εἰρηνική, ἐπιεικής, εὐπειθής, μεστὴ ἐλέους καὶ καρπῶν ἀγαθῶν, ἀδιάκριτος, ἀνυπόκριτος· 18 καρπὸς δὲ δικαιοσύνης ἐν εἰρήνῃ σπείρεται τοῖς ποιοῦσιν εἰρήνην.

Submitting to God

4 Πόθεν πόλεμοι καὶ πόθεν μάχαι ἐν ὑμῖν; οὐκ ἐντεῦθεν, ἐκ τῶν ἡδονῶν ὑμῶν τῶν στρατευομένων ἐν τοῖς μέλεσιν ὑμῶν; 2 ἐπιθυμεῖτε, καὶ οὐκ ἔχετε· φονεύετε καὶ ζηλοῦτε, καὶ οὐ δύνασθε ἐπιτυχεῖν· μάχεσθε καὶ πολεμεῖτε. οὐκ ἔχετε διὰ τὸ μὴ αἰτεῖσθαι ὑμᾶς· 3 αἰτεῖτε καὶ οὐ λαμβάνετε, διότι κακῶς αἰτεῖσθε, ἵνα ἐν ταῖς ἡδοναῖς ὑμῶν δαπανήσητε. 4 μοιχαλίδες, οὐκ οἴδατε ὅτι ἡ φιλία τοῦ κόσμου ἔχθρα τοῦ θεοῦ ἐστίν; ὃς ἐὰν οὖν βουληθῇ φίλος εἶναι τοῦ κόσμου, ἐχθρὸς τοῦ θεοῦ καθίσταται. 5 ἢ δοκεῖτε ὅτι κενῶς ἡ γραφὴ λέγει Πρὸς φθόνον ἐπιποθεῖ τὸ πνεῦμα ὃ κατῴκισεν ἐν ἡμῖν; 6 μείζονα δὲ **δίδωσιν χάριν·** διὸ λέγει

---

12 WH: οὔτε ἁλυκὸν RP: Οὕτως οὐδεμία πηγὴ ἁλυκὸν καὶ 17 RP: *add* καὶ *after* ἀδιάκριτος 18 RP: *add* τῆς *before* δικαιοσύνης
4:1 RP: *omit* πόθεν *after* καὶ 2 WH: φονεύετε καὶ {WH}: φονεύετε. καὶ 4 RP: *add* Μοιχοὶ καὶ *before* μοιχαλίδες // WH: ἐὰν RP: ἂν 5 WH: κατῴκισεν RP: κατῴκησεν 5–6 WH: λέγει Πρὸς . . . ἡμῖν; 6 μείζονα {WH}: λέγει· πρὸς . . . ἡμῖν;

Ὁ θεὸς ὑπερηφάνοις ἀντιτάσσεται ταπεινοῖς δὲ δίδωσιν χάριν. 7 Ὑποτάγητε οὖν τῷ θεῷ· ἀντίστητε δὲ τῷ διαβόλῳ, καὶ φεύξεται ἀφ᾽ ὑμῶν· 8 ἐγγίσατε τῷ θεῷ, καὶ ἐγγίσει ὑμῖν. καθαρίσατε χεῖρας, ἁμαρτωλοί, καὶ ἁγνίσατε καρδίας, δίψυχοι. 9 ταλαιπωρήσατε καὶ πενθήσατε καὶ κλαύσατε· ὁ γέλως ὑμῶν εἰς πένθος μετατραπήτω καὶ ἡ χαρὰ εἰς κατήφειαν· 10 ταπεινώθητε ἐνώπιον Κυρίου, καὶ ὑψώσει ὑμᾶς.

Warning against Judging Others

11 Μὴ καταλαλεῖτε ἀλλήλων, ἀδελφοί· ὁ καταλαλῶν ἀδελφοῦ ἢ κρίνων τὸν ἀδελφὸν αὐτοῦ καταλαλεῖ νόμου καὶ κρίνει νόμον· εἰ δὲ νόμον κρίνεις, οὐκ εἶ ποιητὴς νόμου ἀλλὰ κριτής. 12 εἷς ἔστιν νομοθέτης καὶ κριτής, ὁ δυνάμενος σῶσαι καὶ ἀπολέσαι· σὺ δὲ τίς εἶ, ὁ κρίνων τὸν πλησίον;

Warning against Boasting

13 Ἄγε νῦν οἱ λέγοντες Σήμερον ἢ αὔριον πορευσόμεθα εἰς τήνδε τὴν πόλιν καὶ ποιήσομεν ἐκεῖ ἐνιαυτὸν καὶ ἐμπορευσόμεθα καὶ κερδήσομεν· 14 οἵτινες οὐκ ἐπίστασθε τῆς αὔριον ποία ἡ ζωὴ ὑμῶν· ἀτμὶς γάρ ἐστε πρὸς ὀλίγον φαινομένη, ἔπειτα καὶ ἀφανιζομένη· 15 ἀντὶ τοῦ λέγειν ὑμᾶς Ἐὰν ὁ κύριος θέλῃ, καὶ ζήσομεν καὶ ποιήσομεν τοῦτο ἢ ἐκεῖνο. 16 νῦν δὲ καυχᾶσθε ἐν ταῖς ἀλαζονίαις

---

6 μείζονα or λέγει· πρὸς . . . ἡμῖν, 6 μείζονα 8 WH: ἐγγίσει ΝΑ/RP: ἐγγιεῖ 9 WH: μετατραπήτω {WH}/RP: μεταστραφήτω 10 RP: add τοῦ before κυρίου 11 WH: ἢ RP: καὶ 12 WH: νομοθέτης καὶ κριτής ΝΑ: [ὁ] νομοθέτης καὶ κριτής RP: ὁ νομοθέτης // WH: ὁ κρίνων τὸν πλησίον RP: ὃς κρίνεις τὸν ἕτερον // {WH}/[ΝΑ]/RP: add ὁ before νομοθέτης 13 WH: ἢ RP: καὶ // WH: πορευσόμεθα . . . ποιήσομεν . . . ἐμπορευσόμεθα . . . κερδήσομεν RP: πορευσώμεθα . . . ποιήσωμεν . . . ἐμπορευσώμεθα . . . κερδήσωμεν // RP: add ἕνα after ἐνιαυτὸν 14 ΝΑ/RP: add τὸ before τῆς αὔριον // WH: τῆς αὔριον ποία ἡ ζωὴ ὑμῶν· ἀτμὶς γάρ ἐστε {WH}: τὰ τῆς αὔριον· ποία γὰρ ἡ ζωὴ ὑμῶν· ἀτμίς ἐστε ἡ // RP: add γὰρ after Ποία // WH: ἐστε ΝΑ: ἐστε ἡ RP: ἔσται ἡ // RP: add δὲ after ἔπειτα 15 WH: θέλῃ {WH}/ΝΑ/RP: θελήσῃ // WH: ζήσομεν καὶ ποιήσομεν RP: ζήσωμεν καὶ ποιήσωμεν

ὑμῶν· πᾶσα καύχησις τοιαύτη πονηρά ἐστιν. 17 εἰδότι οὖν καλὸν ποιεῖν καὶ μὴ ποιοῦντι, ἁμαρτία αὐτῷ ἐστίν.

Warning to Rich Oppressors

5 Ἄγε νῦν οἱ πλούσιοι, κλαύσατε ὀλολύζοντες ἐπὶ ταῖς ταλαιπωρίαις ὑμῶν ταῖς ἐπερχομέναις. 2 ὁ πλοῦτος ὑμῶν σέσηπεν, καὶ τὰ ἱμάτια ὑμῶν σητόβρωτα γέγονεν, 3 ὁ χρυσὸς ὑμῶν καὶ ὁ ἄργυρος κατίωται, καὶ ὁ ἰὸς αὐτῶν εἰς μαρτύριον ὑμῖν ἔσται καὶ φάγεται τὰς σάρκας ὑμῶν· ὡς πῦρ ἐθησαυρίσατε ἐν ἐσχάταις ἡμέραις. 4 ἰδοὺ ὁ μισθὸς τῶν ἐργατῶν τῶν ἀμησάντων τὰς χώρας ὑμῶν ὁ ἀφυστερημένος ἀφ' ὑμῶν κράζει, καὶ αἱ βοαὶ τῶν θερισάντων εἰς τὰ ὦτα Κυρίου Σαβαὼθ εἰσελήλυθαν· 5 ἐτρυφήσατε ἐπὶ τῆς γῆς καὶ ἐσπαταλήσατε, ἐθρέψατε τὰς καρδίας ὑμῶν ἐν ἡμέρᾳ σφαγῆς. 6 κατεδικάσατε, ἐφονεύσατε τὸν δίκαιον. οὐκ ἀντιτάσσεται ὑμῖν;

Patience and Humility

7 Μακροθυμήσατε οὖν, ἀδελφοί, ἕως τῆς παρουσίας τοῦ κυρίου. ἰδοὺ ὁ γεωργὸς ἐκδέχεται τὸν τίμιον καρπὸν τῆς γῆς, μακροθυμῶν ἐπ' αὐτῷ ἕως λάβῃ πρόϊμον καὶ ὄψιμον. 8 μακροθυμήσατε καὶ ὑμεῖς, στηρίξατε τὰς καρδίας ὑμῶν, ὅτι ἡ παρουσία τοῦ κυρίου ἤγγικεν. 9 μὴ στενάζετε, ἀδελφοί, κατ' ἀλλήλων, ἵνα μὴ κριθῆτε· ἰδοὺ ὁ κριτὴς πρὸ τῶν θυρῶν ἕστηκεν. 10 ὑπόδειγμα λάβετε, ἀδελφοί, τῆς κακοπαθίας καὶ τῆς μακροθυμίας τοὺς προφήτας, οἳ ἐλάλησαν ἐν τῷ ὀνόματι Κυρίου. 11 ἰδοὺ μακαρίζομεν τοὺς ὑπομείναντας·

5:3 WH: ὑμῶν· ὡς πῦρ {WH}: ὑμῶν ὡς πῦρ· NA/RP: ὑμῶν ὡς πῦρ. 4 WH: ἀφυστερημένος NA/RP: ἀπεστερημένος // WH: εἰσελήλυθαν NA/RP: εἰσεληλύθασιν 5 RP: add ὡς after ὑμῶν 6 WH: δίκαιον NA: δίκαιον // WH: ὑμῖν; {WH}/NA/RP: ὑμῖν. 7 WH: αὐτῷ RP: αὐτόν // WH: πρόϊμον RP: ὑετὸν πρώϊμον 9 WH: ἀδελφοί, κατ' ἀλλήλων RP: κατ' ἀλλήλων, ἀδελφοί 10 RP: add μου after ἀδελφοί // RP: omit ἐν 11 WH: ὑπομείναντας RP: ὑπομένοντας //

5:3 Prov 16:27 4 Deut 24:15, 17; Mal 3:5; Isa 5:9 5 Jer 12:3 6 Hos 1:6; Prov 3:34 7 Deut 11:14; Jer 5:24; Joel 2:23; Zech 10:1 11 Dan 12:12; Ps 103:8; 111:4

τὴν ὑπομονὴν Ἰὼβ ἠκούσατε, καὶ τὸ τέλος Κυρίου εἴδετε, ὅτι **πολύσπλαγχνός ἐστιν ὁ κύριος καὶ οἰκτίρμων.**

12 Πρὸ πάντων δέ, ἀδελφοί μου, μὴ ὀμνύετε, μήτε τὸν οὐρανὸν μήτε τὴν γῆν μήτε ἄλλον τινὰ ὅρκον· ἤτω δὲ ὑμῶν τό Ναί ναὶ καὶ τὸ Οὒ οὔ, ἵνα μὴ ὑπὸ κρίσιν πέσητε.

Praying with Faith

13 Κακοπαθεῖ τις ἐν ὑμῖν; προσευχέσθω· εὐθυμεῖ τις; ψαλλέτω. 14 ἀσθενεῖ τις ἐν ὑμῖν; προσκαλεσάσθω τοὺς πρεσβυτέρους τῆς ἐκκλησίας, καὶ προσευξάσθωσαν ἐπ᾽ αὐτὸν ἀλείψαντες ἐλαίῳ ἐν τῷ ὀνόματι [τοῦ κυρίου]· 15 καὶ ἡ εὐχὴ τῆς πίστεως σώσει τὸν κάμνοντα, καὶ ἐγερεῖ αὐτὸν ὁ κύριος· κἂν ἁμαρτίας ᾖ πεποιηκώς, ἀφεθήσεται αὐτῷ. 16 ἐξομολογεῖσθε οὖν ἀλλήλοις τὰς ἁμαρτίας καὶ προσεύχεσθε ὑπὲρ ἀλλήλων, ὅπως ἰαθῆτε. πολὺ ἰσχύει δέησις δικαίου ἐνεργουμένη. 17 Ἠλείας ἄνθρωπος ἦν ὁμοιοπαθὴς ἡμῖν, καὶ προσευχῇ προσηύξατο τοῦ μὴ βρέξαι, καὶ οὐκ ἔβρεξεν ἐπὶ τῆς γῆς ἐνιαυτοὺς τρεῖς καὶ μῆνας ἕξ· 18 καὶ πάλιν προσηύξατο, καὶ ὁ οὐρανὸς ὑετὸν ἔδωκεν καὶ ἡ γῆ ἐβλάστησεν τὸν καρπὸν αὐτῆς.

Restoring Wayward Believers

19 Ἀδελφοί μου, ἐάν τις ἐν ὑμῖν πλανηθῇ ἀπὸ τῆς ἀληθείας καὶ ἐπιστρέψῃ τις αὐτόν, 20 γινώσκετε ὅτι ὁ ἐπιστρέψας ἁμαρτωλὸν ἐκ πλάνης ὁδοῦ αὐτοῦ σώσει ψυχὴν αὐτοῦ ἐκ θανάτου καὶ **καλύψει** πλῆθος **ἁμαρτιῶν.**

WH: εἴδετε RP: ἴδετε // RP: omit ὁ κύριος 12 WH: ὑπὸ κρίσιν RP: εἰς ὑπόκρισιν 13 WH: ὑμῖν; NA: ὑμῖν, // WH: τις; NA: τις, 14 WH: ὑμῖν; NA: ὑμῖν, // [NA]/RP: add αὐτὸν after ἀλείψαντες // WH: [τοῦ κυρίου] NA/RP: τοῦ κυρίου 16 RP: omit οὖν // WH: τὰς ἁμαρτίας RP: τὰ παραπτώματα // WH: προσεύχεσθε {WH}/NA/RP: εὔχεσθε 18 WH: ὑετὸν ἔδωκεν {WH}: ἔδωκεν ὑετὸν 19 RP: omit μου 20 WH: γινώσκετε {WH}/NA/RP: γινωσκέτω // RP: omit αὐτοῦ after ψυχὴν // WH: αὐτοῦ ἐκ θανάτου {WH}: ἐκ θανάτου αὐτοῦ RP: ἐκ θανάτου

ΠΕΤΡΟΥ Α

Opening Greeting

1 Πέτρος ἀπόστολος Ἰησοῦ Χριστοῦ ἐκλεκτοῖς παρεπιδή-
μοις διασπορᾶς Πόντου, Γαλατίας, Καππαδοκίας, Ἀσίας,
καὶ Βιθυνίας, 2 κατὰ πρόγνωσιν θεοῦ πατρός, ἐν ἁγιασμῷ
πνεύματος, εἰς ὑπακοὴν καὶ ῥαντισμὸν αἵματος Ἰησοῦ
Χριστοῦ· χάρις ὑμῖν καὶ εἰρήνη πληθυνθείη.

Praise to God for a Living Hope

3 Εὐλογητὸς ὁ θεὸς καὶ πατὴρ τοῦ κυρίου ἡμῶν Ἰησοῦ
Χριστοῦ, ὁ κατὰ τὸ πολὺ αὐτοῦ ἔλεος ἀναγεννήσας ἡμᾶς
εἰς ἐλπίδα ζῶσαν δι᾽ ἀναστάσεως Ἰησοῦ Χριστοῦ ἐκ
νεκρῶν, 4 εἰς κληρονομίαν ἄφθαρτον καὶ ἀμίαντον καὶ
ἀμάραντον, τετηρημένην ἐν οὐρανοῖς εἰς ὑμᾶς 5 τοὺς ἐν
δυνάμει θεοῦ φρουρουμένους διὰ πίστεως εἰς σωτηρίαν
ἑτοίμην ἀποκαλυφθῆναι ἐν καιρῷ ἐσχάτῳ. 6 ἐν ᾧ ἀγαλ-
λιᾶσθε, ὀλίγον ἄρτι εἰ δέον λυπηθέντες ἐν ποικίλοις πειρα-
σμοῖς, 7 ἵνα τὸ δοκίμιον ὑμῶν τῆς πίστεως πολυτιμότερον
χρυσίου τοῦ ἀπολλυμένου διὰ πυρὸς δὲ δοκιμαζομένου
εὑρεθῇ εἰς ἔπαινον καὶ δόξαν καὶ τιμὴν ἐν ἀποκαλύψει
Ἰησοῦ Χριστοῦ. 8 ὃν οὐκ ἰδόντες ἀγαπᾶτε, εἰς ὃν ἄρτι μὴ
ὁρῶντες πιστεύοντες δὲ ἀγαλλιᾶτε χαρᾷ ἀνεκλαλήτῳ καὶ
δεδοξασμένῃ, 9 κομιζόμενοι τὸ τέλος τῆς πίστεως σω-
τηρίαν ψυχῶν. 10 Περὶ ἧς σωτηρίας ἐξεζήτησαν καὶ
ἐξηραύνησαν προφῆται οἱ περὶ τῆς εἰς ὑμᾶς χάριτος

1:6 [NA]/RP: *add* ἐστίν *after* δέον 7 {WH}: *δοκίμιον* // WH: πολυτιμότερον RP:
πολὺ τιμιώτερον // WH: δόξαν καὶ τιμὴν RP: τιμὴν καὶ εἰς δόξαν 8 WH: ἰδόντες
RP: εἰδότες // WH: ἀγαλλιᾶτε NA/RP: ἀγαλλιᾶσθε 9 [NA]/RP: *add* ὑμῶν *after*
πίστεως 10 WH: ἐξηραύνησαν RP: ἐξηρεύνησαν

προφητεύσαντες, 11 ἐραυνῶντες εἰς τίνα ἢ ποῖον καιρὸν ἐδήλου τὸ ἐν αὐτοῖς πνεῦμα Χριστοῦ προμαρτυρόμενον τὰ εἰς Χριστὸν παθήματα καὶ τὰς μετὰ ταῦτα δόξας· 12 οἷς ἀπεκαλύφθη ὅτι οὐχ ἑαυτοῖς ὑμῖν δὲ διηκόνουν αὐτά, ἃ νῦν ἀνηγγέλη ὑμῖν διὰ τῶν εὐαγγελισαμένων ὑμᾶς πνεύματι ἁγίῳ ἀποσταλέντι ἀπ' οὐρανοῦ, εἰς ἃ ἐπιθυμοῦσιν ἄγγελοι παρακύψαι.

A Call to Holy Living

13 Διὸ ἀναζωσάμενοι τὰς ὀσφύας τῆς διανοίας ὑμῶν, νήφοντες τελείως, ἐλπίσατε ἐπὶ τὴν φερομένην ὑμῖν χάριν ἐν ἀποκαλύψει Ἰησοῦ Χριστοῦ. 14 ὡς τέκνα ὑπακοῆς, μὴ συνσχηματιζόμενοι ταῖς πρότερον ἐν τῇ ἀγνοίᾳ ὑμῶν ἐπιθυμίαις, 15 ἀλλὰ κατὰ τὸν καλέσαντα ὑμᾶς ἅγιον καὶ αὐτοὶ ἅγιοι ἐν πάσῃ ἀναστροφῇ γενήθητε, 16 διότι γέγραπται [ὅτι] **Ἅγιοι ἔσεσθε, ὅτι ἐγὼ ἅγιος.** 17 καὶ εἰ **πατέρα ἐπικαλεῖσθε** τὸν ἀπροσωπολήμπτως κρίνοντα κατὰ τὸ ἑκάστου ἔργον, ἐν φόβῳ τὸν τῆς παροικίας ὑμῶν χρόνον ἀναστράφητε· 18 εἰδότες ὅτι οὐ φθαρτοῖς, **ἀργυρίῳ** ἢ χρυσίῳ, **ἐλυτρώθητε** ἐκ τῆς ματαίας ὑμῶν ἀναστροφῆς πατροπαραδότου, 19 ἀλλὰ τιμίῳ αἵματι ὡς ἀμνοῦ ἀμώμου καὶ ἀσπίλου Χριστοῦ, 20 προεγνωσμένου μὲν πρὸ καταβολῆς κόσμου, φανερωθέντος δὲ ἐπ' ἐσχάτου τῶν χρόνων δι' ὑμᾶς 21 τοὺς δι' αὐτοῦ πιστοὺς εἰς θεὸν τὸν ἐγείραντα αὐτὸν ἐκ νεκρῶν καὶ δόξαν αὐτῷ δόντα, ὥστε τὴν πίστιν ὑμῶν καὶ ἐλπίδα εἶναι εἰς θεόν.

22 Τὰς ψυχὰς ὑμῶν ἡγνικότες ἐν τῇ ὑπακοῇ τῆς ἀληθείας εἰς φιλαδελφίαν ἀνυπόκριτον ἐκ καρδίας ἀλλήλους ἀγαπήσατε ἐκτενῶς, 23 ἀναγεγεννημένοι οὐκ ἐκ σπορᾶς

---

11 WH: ἐραυνῶντες RP: ἐρευνῶντες // WH: ἐδήλου τὸ {WH}: ἐδηλοῦτο 12 WH: αὐτὰ, ἃ {WH}: αὐτὰ ἃ // [NA]/RP: *add* ἐν *before* πνεύματι 16 RP: *omit* [ὅτι] // WH: ἔσεσθε RP: γίνεσθε // [NA]/RP: *add* εἰμι *after* ἅγιός 20 WH: ἐσχάτου RP: ἐσχάτων 21 WH: πιστοὺς RP: πιστεύοντας 22 RP: *add* διὰ πνεύματος *after* ἀληθείας // [NA]/RP: *add* καθαρᾶς *before* καρδίας

1:16 Lev 11:44, 45; 19:2; 20:7 17 Jer 3:19 18 Isa 52:3

φθαρτῆς ἀλλὰ ἀφθάρτου, διὰ λόγου **ζῶντος θεοῦ καὶ μένον-
τος·** 24 διότι

πᾶσα σὰρξ ὡς χόρτος,
    καὶ πᾶσα δόξα αὐτῆς ὡς ἄνθος χόρτου·
ἐξηράνθη ὁ χόρτος,
    καὶ τὸ ἄνθος ἐξέπεσεν·
        25 τὸ δὲ ῥῆμα Κυρίου μένει εἰς τὸν αἰῶνα.

τοῦτο δέ ἐστιν τὸ ῥῆμα τὸ εὐαγγελισθὲν εἰς ὑμᾶς.

The Living Stone and the Holy Nation

2 ᾿Αποθέμενοι οὖν πᾶσαν κακίαν καὶ πάντα δόλον καὶ
ὑπόκρισιν καὶ φθόνους καὶ πάσας καταλαλιάς, 2 ὡς ἀρτι-
γέννητα βρέφη τὸ λογικὸν ἄδολον γάλα ἐπιποθήσατε, ἵνα ἐν
αὐτῷ αὐξηθῆτε εἰς σωτηρίαν, 3 εἰ **ἐγεύσασθε ὅτι χρηστὸς ὁ
κύριος.** 4 πρὸς ὃν προσερχόμενοι, **λίθον** ζῶντα, ὑπὸ ἀν-
θρώπων μὲν **ἀποδεδοκιμασμένον** παρὰ δὲ θεῷ **ἐκλεκτὸν
ἔντιμον** 5 καὶ αὐτοὶ ὡς λίθοι ζῶντες οἰκοδομεῖσθε οἶκος
πνευματικὸς εἰς ἱεράτευμα ἅγιον, ἀνενέγκαι πνευματικὰς
θυσίας εὐπροσδέκτους θεῷ διὰ ᾿Ιησοῦ Χριστοῦ· 6 διότι πε-
ριέχει ἐν γραφῇ

᾿Ιδοὺ **τίθημι ἐν Σιὼν λίθον ἐκλεκτὸν ἀκρογωνιαῖον
    ἔντιμον,**
καὶ ὁ πιστεύων ἐπ᾿ αὐτῷ οὐ μὴ καταισχυνθῇ.

7 ὑμῖν οὖν ἡ τιμὴ τοῖς πιστεύουσιν· ἀπιστοῦσιν δὲ **λίθος** ὃν
**ἀπεδοκίμασαν οἱ οἰκοδομοῦντες οὗτος ἐγενήθη εἰς κε-
φαλὴν γωνίας** 8 καὶ **λίθος προσκόμματος καὶ πέτρα σκαν-
δάλου·** οἳ **προσκόπτουσιν** τῷ λόγῳ ἀπειθοῦντες· εἰς ὃ καὶ
ἐτέθησαν. 9 ὑμεῖς δὲ **γένος ἐκλεκτόν, βασίλειον ἱεράτευμα,**

---

23 RP: *add* εἰς τὸν αἰῶνα *after* μένοντος 24 WH: αὐτῆς RP: ἀνθρώπου // RP: *add*
αὐτοῦ *after* ἄνθος
2:1 WH: ὑπόκρισιν {WH}/NA/RP: ὑποκρίσεις 2 RP: *omit* εἰς σωτηρίαν 3 WH: εἰ
RP: εἴπερ 5 RP: *omit* εἰς // [NA]/RP: *add* τῷ *before* θεῷ 6 RP: *add* τῇ *before* γραφῇ //
WH: ἐκλεκτὸν ἀκρογωνιαῖον NA/RP: ἀκρογωνιαῖον ἐκλεκτὸν 7 WH:
ἀπιστοῦσιν δὲ λίθος RP: ἀπειθοῦσιν δέ, Λίθον

---

23 Dan 6:26 24–25 Isa 40:6–9 2:3 Ps 34:8 4 Ps 118:22 4, 6 Isa 28:16 7 Ps 118:22
8 Isa 8:14, 15 9 Isa 43:20, 21; Exod 19:5, 6; 23:22 LXX

ἔθνος ἅγιον, λαὸς εἰς περιποίησιν, ὅπως τὰς ἀρετὰς ἐξαγγείλητε τοῦ ἐκ σκότους ὑμᾶς καλέσαντος εἰς τὸ θαυμαστὸν αὐτοῦ φῶς· 10 οἵ ποτε **οὐ λαὸς** νῦν δὲ **λαὸς θεοῦ**, οἱ **οὐκ ἠλεημένοι** νῦν δὲ **ἐλεηθέντες.**

11 Ἀγαπητοί, παρακαλῶ ὡς **παροίκους καὶ παρεπιδήμους** ἀπέχεσθαι τῶν σαρκικῶν ἐπιθυμιῶν, αἵτινες στρατεύονται κατὰ τῆς ψυχῆς· 12 τὴν ἀναστροφὴν ὑμῶν ἐν τοῖς ἔθνεσιν ἔχοντες καλήν, ἵνα, ἐν ᾧ καταλαλοῦσιν ὑμῶν ὡς κακοποιῶν, ἐκ τῶν καλῶν ἔργων ἐποπτεύοντες δοξάσωσι τὸν θεὸν **ἐν ἡμέρᾳ ἐπισκοπῆς.**

Respecting Rulers and Masters

13 Ὑποτάγητε πάσῃ ἀνθρωπίνῃ κτίσει διὰ τὸν κύριον· εἴτε βασιλεῖ ὡς ὑπερέχοντι, 14 εἴτε ἡγεμόσιν ὡς δι' αὐτοῦ πεμπομένοις εἰς ἐκδίκησιν κακοποιῶν ἔπαινον δὲ ἀγαθοποιῶν· 15 (ὅτι οὕτως ἐστὶν τὸ θέλημα τοῦ θεοῦ, ἀγαθοποιοῦντας φιμοῖν τὴν τῶν ἀφρόνων ἀνθρώπων ἀγνωσίαν·) 16 ὡς ἐλεύθεροι, καὶ μὴ ὡς ἐπικάλυμμα ἔχοντες τῆς κακίας τὴν ἐλευθερίαν, ἀλλ' ὡς θεοῦ δοῦλοι. 17 πάντας τιμήσατε, τὴν ἀδελφότητα ἀγαπᾶτε, **τὸν θεὸν φοβεῖσθε, τὸν βασιλέα** τιμᾶτε.

Instructions for Slaves

18 Οἱ οἰκέται ὑποτασσόμενοι ἐν παντὶ φόβῳ τοῖς δεσπόταις, οὐ μόνον τοῖς ἀγαθοῖς καὶ ἐπιεικέσιν ἀλλὰ καὶ τοῖς σκολιοῖς. 19 τοῦτο γὰρ χάρις εἰ διὰ συνείδησιν θεοῦ ὑποφέρει τις λύπας πάσχων ἀδίκως· 20 ποῖον γὰρ κλέος εἰ ἁμαρτάνοντες καὶ κολαφιζόμενοι ὑπομενεῖτε; ἀλλ' εἰ ἀγαθοποιοῦντες καὶ πάσχοντες ὑπομενεῖτε, τοῦτο χάρις παρὰ θεῷ. 21 εἰς τοῦτο γὰρ ἐκλήθητε, ὅτι καὶ Χριστὸς ἔπαθεν ὑπὲρ

---

12 WH: ἐν τοῖς ἔθνεσιν ἔχοντες καλήν RP: ἔχοντες καλὴν ἐν τοῖς ἔθνεσιν // WH: ἐποπτεύοντες RP: ἐποπτεύσαντες 13 RP: add οὖν after Ὑποτάγητε 15 WH: φιμοῖν NA/RP: φιμοῦν 16 WH: θεοῦ δοῦλοι RP: δοῦλοι θεοῦ 17 WH: ἀγαπᾶτε RP: ἀγαπήσατε

---

10 Hos 1:6, 8–9; 2:1, 23 11 Ps 39:12 12 Isa 10:3 17 Prov 24:21

ὑμῶν, ὑμῖν ὑπολιμπάνων ὑπογραμμὸν ἵνα ἐπακολουθήσητε
τοῖς ἴχνεσιν αὐτοῦ· 22 ὃς ἁμαρτίαν οὐκ ἐποίησεν οὐδὲ
εὑρέθη δόλος ἐν τῷ στόματι αὐτοῦ· 23 ὃς λοιδορούμενος
οὐκ ἀντελοιδόρει, πάσχων οὐκ ἠπείλει, παρεδίδου δὲ τῷ κρί-
νοντι δικαίως· 24 ὃς τὰς ἁμαρτίας ἡμῶν αὐτὸς ἀνήνεγκεν
ἐν τῷ σώματι αὐτοῦ ἐπὶ τὸ ξύλον, ἵνα ταῖς ἁμαρτίαις ἀπο-
γενόμενοι τῇ δικαιοσύνῃ ζήσωμεν· οὗ τῷ μώλωπι ἰάθητε.
25 ἦτε γὰρ ὡς πρόβατα πλανώμενοι, ἀλλὰ ἐπεστράφητε νῦν
ἐπὶ τὸν ποιμένα καὶ ἐπίσκοπον τῶν ψυχῶν ὑμῶν.

Instructions for Wives and Husbands

3 Ὁμοίως γυναῖκες ὑποτασσόμεναι τοῖς ἰδίοις ἀνδράσιν,
ἵνα εἴ τινες ἀπειθοῦσιν τῷ λόγῳ διὰ τῆς τῶν γυναικῶν
ἀναστροφῆς ἄνευ λόγου κερδηθήσονται 2 ἐποπτεύσαντες
τὴν ἐν φόβῳ ἁγνὴν ἀναστροφὴν ὑμῶν. 3 ὧν ἔστω οὐχ ὁ ἔξω-
θεν ἐμπλοκῆς τριχῶν καὶ περιθέσεως χρυσίων ἢ ἐνδύσεως
ἱματίων κόσμος, 4 ἀλλ' ὁ κρυπτὸς τῆς καρδίας ἄνθρωπος ἐν
τῷ ἀφθάρτῳ τοῦ ἡσυχίου καὶ πραέως πνεύματος, ὅ ἐστιν
ἐνώπιον τοῦ θεοῦ πολυτελές. 5 οὕτως γάρ ποτε καὶ αἱ ἅγιαι
γυναῖκες αἱ ἐλπίζουσαι εἰς θεὸν ἐκόσμουν ἑαυτάς,
ὑποτασσόμεναι τοῖς ἰδίοις ἀνδράσιν, 6 ὡς Σάρρα ὑπήκουεν
τῷ Ἀβραάμ, κύριον αὐτὸν καλοῦσα· ἧς ἐγενήθητε τέκνα
ἀγαθοποιοῦσαι καὶ μὴ φοβούμεναι μηδεμίαν πτόησιν.

7 Οἱ ἄνδρες ὁμοίως συνοικοῦντες κατὰ γνῶσιν, ὡς
ἀσθενεστέρῳ σκεύει τῷ γυναικείῳ ἀπονέμοντες τιμήν, ὡς
καὶ συνκληρονόμοι χάριτος ζωῆς, εἰς τὸ μὴ ἐγκόπτεσθαι
τὰς προσευχὰς ὑμῶν.

---

21 WH: ὑμῶν RP: ἡμῶν 24 WH: ἡμῶν {WH}: ὑμῶν // RP: add αὐτοῦ after μώλωπι
25 WH: πλανώμενοι RP: πλανώμενα
3:1 [NA]/RP: add αἱ before γυναῖκες // {WH}/NA/RP: add καὶ after ἵνα 4 WH:
ἡσυχίου καὶ πραέως {WH}/NA: πραέως καὶ ἡσυχίου RP: πραέος καὶ ἡσυχίου
5 WH: εἰς RP: ἐπὶ 6 WH: ὑπήκουεν NA/RP: ὑπήκουσεν // WH: ὡς . . . καλοῦσα·
ἧς . . . τέκνα {WH}: (ὡς . . . καλοῦσα, ἧς . . . τέκνα,) 7 WH: συνκληρονόμοι
{WH}: συνκληρονόμοις ΝΑ: συγκληρονόμοις // WH: τὰς προσευχὰς {WH}:
ταῖς προσευχαῖς

---

22 Isa 53:9 24 Isa 53:12 24–25 Isa 53:5–6 3:6 Gen 18:12; Prov 3:25

Instructions for Everyone

8 Τὸ δὲ τέλος πάντες ὁμόφρονες, συμπαθεῖς, φιλάδελ-
φοι, εὔσπλαγχνοι, ταπεινόφρονες, 9 μὴ ἀποδιδόντες κακὸν
ἀντὶ κακοῦ ἢ λοιδορίαν ἀντὶ λοιδορίας τοὐναντίον δὲ
εὐλογοῦντες, ὅτι εἰς τοῦτο ἐκλήθητε ἵνα εὐλογίαν κληρο-
νομήσητε.
10 ὁ γὰρ θέλων ζωὴν ἀγαπᾶν
   καὶ ἰδεῖν ἡμέρας ἀγαθάς
παυσάτω τὴν γλῶσσαν ἀπὸ κακοῦ
   καὶ χείλη τοῦ μὴ λαλῆσαι δόλον,
11 ἐκκλινάτω δὲ ἀπὸ κακοῦ καὶ ποιησάτω ἀγαθόν,
   ζητησάτω εἰρήνην καὶ διωξάτω αὐτήν.
12 ὅτι ὀφθαλμοὶ Κυρίου ἐπὶ δικαίους
   καὶ ὦτα αὐτοῦ εἰς δέησιν αὐτῶν,
πρόσωπον δὲ Κυρίου ἐπὶ ποιοῦντας κακά.
13 Καὶ τίς ὁ κακώσων ὑμᾶς ἐὰν τοῦ ἀγαθοῦ ζηλωταὶ
γένησθε; 14 ἀλλ' εἰ καὶ πάσχοιτε διὰ δικαιοσύνην, μα-
κάριοι. τὸν δὲ φόβον αὐτῶν μὴ φοβηθῆτε μηδὲ ταραχθῆτε,
15 κύριον δὲ τὸν Χριστὸν ἁγιάσατε ἐν ταῖς καρδίαις ὑμῶν,
ἕτοιμοι ἀεὶ πρὸς ἀπολογίαν παντὶ τῷ αἰτοῦντι ὑμᾶς λόγον
περὶ τῆς ἐν ὑμῖν ἐλπίδος, ἀλλὰ μετὰ πραΰτητος καὶ φόβου,
16 συνείδησιν ἔχοντες ἀγαθήν, ἵνα ἐν ᾧ καταλαλεῖσθε κατ-
αισχυνθῶσιν οἱ ἐπηρεάζοντες ὑμῶν τὴν ἀγαθὴν ἐν Χριστῷ
ἀναστροφήν. 17 κρεῖττον γὰρ ἀγαθοποιοῦντας, εἰ θέλοι τὸ
θέλημα τοῦ θεοῦ, πάσχειν ἢ κακοποιοῦντας. 18 ὅτι καὶ
Χριστὸς ἅπαξ περὶ ἁμαρτιῶν ἀπέθανεν, δίκαιος ὑπὲρ
ἀδίκων, ἵνα ὑμᾶς προσαγάγῃ τῷ θεῷ, θανατωθεὶς μὲν σαρκὶ
ζωοποιηθεὶς δὲ πνεύματι· 19 ἐν ᾧ καὶ τοῖς ἐν φυλακῇ πνεύ-
μασιν πορευθεὶς ἐκήρυξεν, 20 ἀπειθήσασίν ποτε ὅτε ἀπεξε-

---

8 WH: ταπεινόφρονες RP: φιλόφρονες 9 RP: add εἰδότες before ὅτι 10 RP: add
αὐτοῦ after γλῶσσαν // RP: add αὐτοῦ after χείλη 11 RP: omit δὲ 13 WH: ζηλωταὶ
RP: μιμηταὶ 15 WH: Χριστὸν RP: θεὸν // RP: add δὲ after ἕτοιμοι // RP: omit ἀλλὰ
16 WH: καταλαλεῖσθε RP: καταλαλοῦσιν ὑμῶν ὡς κακοποιῶν 18 WH:
ἀπέθανεν {WH}/NA/RP: ἔπαθεν

10–12 Ps 34:12–16 14–15 Isa 8:12, 13

δέχετο ἡ τοῦ θεοῦ μακροθυμία ἐν ἡμέραις Νῶε κατασκευ-
αζομένης κιβωτοῦ εἰς ἣν ὀλίγοι, τοῦτ' ἔστιν ὀκτὼ ψυχαί,
διεσώθησαν δι' ὕδατος. 21 ὃ καὶ ὑμᾶς ἀντίτυπον νῦν σώζει
βάπτισμα, οὐ σαρκὸς ἀπόθεσις ῥύπου ἀλλὰ συνειδήσεως
ἀγαθῆς ἐπερώτημα εἰς θεόν, δι' ἀναστάσεως Ἰησοῦ Χριστοῦ,
22 ὅς ἐστιν **ἐν δεξιᾷ θεοῦ** πορευθεὶς εἰς οὐρανὸν ὑποταγέν-
των αὐτῷ ἀγγέλων καὶ ἐξουσιῶν καὶ δυνάμεων.

Living a Changed Life for God

4 Χριστοῦ οὖν παθόντος σαρκὶ καὶ ὑμεῖς τὴν αὐτὴν ἔν-
νοιαν ὁπλίσασθε, ὅτι ὁ παθὼν σαρκὶ πέπαυται ἁμαρτίαις,
2 εἰς τὸ μηκέτι ἀνθρώπων ἐπιθυμίαις ἀλλὰ θελήματι θεοῦ
τὸν ἐπίλοιπον ἐν σαρκὶ βιῶσαι χρόνον. 3 ἀρκετὸς γὰρ ὁ
παρεληλυθὼς χρόνος τὸ βούλημα τῶν ἐθνῶν κατειργάσθαι,
πεπορευμένους ἐν ἀσελγείαις, ἐπιθυμίαις, οἰνοφλυγίαις,
κώμοις, πότοις, καὶ ἀθεμίτοις εἰδωλολατρίαις. 4 ἐν ᾧ ξενί-
ζονται μὴ συντρεχόντων ὑμῶν εἰς τὴν αὐτὴν τῆς ἀσωτίας
ἀνάχυσιν, βλασφημοῦντες· 5 οἳ ἀποδώσουσιν λόγον τῷ
ἑτοίμως κρίνοντι ζῶντας καὶ νεκρούς· 6 εἰς τοῦτο γὰρ καὶ
νεκροῖς εὐηγγελίσθη ἵνα κριθῶσι μὲν κατὰ ἀνθρώπους
σαρκὶ ζῶσι δὲ κατὰ θεὸν πνεύματι.

Good Managers of God's Gifts

7 Πάντων δὲ τὸ τέλος ἤγγικεν. σωφρονήσατε οὖν καὶ
νήψατε εἰς προσευχάς· 8 πρὸ πάντων τὴν εἰς ἑαυτοὺς ἀγά-
πην ἐκτενῆ ἔχοντες, ὅτι **ἀγάπη καλύπτει** πλῆθος **ἁμαρτιῶν**·
9 φιλόξενοι εἰς ἀλλήλους ἄνευ γογγυσμοῦ· 10 ἕκαστος

---

20 WH: ὀλίγοι RP: ὀλίγαι 21 {WH}: *δ* // WH: καὶ ὑμᾶς ἀντίτυπον νῦν RP:
ἀντίτυπον νῦν καὶ ἡμᾶς 22 [NA]/RP: add τοῦ before θεοῦ
4:1 RP: add ὑπὲρ ἡμῶν before σαρκί // RP: add ἐν after παθὼν // WH: ἁμαρτίαις
{WH}/NA/RP: ἁμαρτίας 3 RP: add ἡμῖν after γὰρ // WH: τὸ βούλημα RP: τοῦ βίου
τὸ θέλημα // WH: κατειργάσθαι RP: κατεργάσασθαι 5 WH: κρίνοντι NA/RP:
ἔχοντι κρῖναι 7 RP: add τὰς before προσευχάς 8 RP: add δὲ after πάντων // WH:
καλύπτει RP: καλύψει 9 WH: γογγυσμοῦ RP: γογγυσμῶν

---

22 Ps 110:1 4:8 Prov 10:12

καθὼς ἔλαβεν χάρισμα, εἰς ἑαυτοὺς αὐτὸ διακονοῦντες ὡς καλοὶ οἰκονόμοι ποικίλης χάριτος θεοῦ· 11 εἴ τις λαλεῖ, ὡς λόγια θεοῦ· εἴ τις διακονεῖ, ὡς ἐξ ἰσχύος ἧς χορηγεῖ ὁ θεός· ἵνα ἐν πᾶσιν δοξάζηται ὁ θεὸς διὰ Ἰησοῦ Χριστοῦ, ᾧ ἐστὶν ἡ δόξα καὶ τὸ κράτος εἰς τοὺς αἰῶνας τῶν αἰώνων· ἀμήν.

Suffering for Being a Christian

12 Ἀγαπητοί, μὴ ξενίζεσθε τῇ ἐν ὑμῖν πυρώσει πρὸς πειρασμὸν ὑμῖν γινομένῃ ὡς ξένου ὑμῖν συμβαίνοντος, 13 ἀλλὰ καθὸ κοινωνεῖτε τοῖς τοῦ Χριστοῦ παθήμασιν χαίρετε, ἵνα καὶ ἐν τῇ ἀποκαλύψει τῆς δόξης αὐτοῦ χαρῆτε ἀγαλλιώμενοι. 14 εἰ **ὀνειδίζεσθε** ἐν ὀνόματι **Χριστοῦ**, μακάριοι, ὅτι τὸ τῆς δόξης καὶ **τὸ τοῦ θεοῦ πνεῦμα ἐφ'** ὑμᾶς **ἀναπαύεται.** 15 μὴ γάρ τις ὑμῶν πασχέτω ὡς φονεὺς ἢ κλέπτης ἢ κακοποιὸς ἢ ὡς ἀλλοτριεπίσκοπος· 16 εἰ δὲ ὡς Χριστιανός, μὴ αἰσχυνέσθω, δοξαζέτω δὲ τὸν θεὸν ἐν τῷ ὀνόματι τούτῳ. 17 ὅτι [ὁ] καιρὸς τοῦ **ἄρξασθαι** τὸ κρίμα **ἀπὸ τοῦ οἴκου** τοῦ θεοῦ· εἰ δὲ πρῶτον ἀφ' ἡμῶν, τί τὸ τέλος τῶν ἀπειθούντων τῷ τοῦ θεοῦ εὐαγγελίῳ; 18 καὶ εἰ ὁ **δίκαιος μόλις σώζεται, ὁ [δὲ] ἀσεβὴς καὶ ἁμαρτωλὸς ποῦ φανεῖται;** 19 ὥστε καὶ οἱ πάσχοντες κατὰ τὸ θέλημα τοῦ θεοῦ πιστῷ κτίστῃ παρατιθέσθωσαν τὰς ψυχὰς ἐν ἀγαθοποιΐᾳ.

Instructions for Elders and Young Men

5 Πρεσβυτέρους οὖν ἐν ὑμῖν παρακαλῶ ὁ συνπρεσβύτερος καὶ μάρτυς τῶν τοῦ Χριστοῦ παθημάτων, ὁ καὶ τῆς μελλούσης ἀποκαλύπτεσθαι δόξης κοινωνός, 2 ποιμάνατε

---

11 WH: ἧς RP: ὡς 14 RP: *add* κατὰ μὲν αὐτοὺς βλασφημεῖται, κατὰ δὲ ὑμᾶς δοξάζεται *after* ἀναπαύεται 16 WH: ὀνόματι RP: μέρει 17 WH: [ὁ] RP: ὁ 18 NA/RP: *omit* [δὲ] // {WH}: *add* ὁ *before* ἁμαρτωλὸς 19 RP: *add* ὡς *before* πιστῷ // {WH}/NA/RP: *add* αὐτῶν *after* ψυχὰς
5:1 WH: οὖν RP: τοὺς

---

14 Ps 89:50, 51; Isa 11:2 17 Ezek 9:6 18 Prov 11:31

τὸ ἐν ὑμῖν ποίμνιον τοῦ θεοῦ, μὴ ἀναγκαστῶς ἀλλὰ ἑκουσίως, μηδὲ αἰσχροκερδῶς ἀλλὰ προθύμως, 3 μηδ' ὡς κατακυριεύοντες τῶν κλήρων ἀλλὰ τύποι γινόμενοι τοῦ ποιμνίου· 4 καὶ φανερωθέντος τοῦ ἀρχιποίμενος κομιεῖσθε τὸν ἀμαράντινον τῆς δόξης στέφανον. 5 Ὁμοίως, νεώτεροι, ὑποτάγητε πρεσβυτέροις. Πάντες δὲ ἀλλήλοις τὴν ταπεινο-φροσύνην ἐγκομβώσασθε, ὅτι [ὁ] **θεὸς ὑπερηφάνοις ἀντι-τάσσεται ταπεινοῖς δὲ δίδωσιν χάριν.**

6 Ταπεινώθητε οὖν ὑπὸ τὴν κραταιὰν χεῖρα τοῦ θεοῦ, ἵνα ὑμᾶς ὑψώσῃ ἐν καιρῷ, 7 πᾶσαν **τὴν μέριμναν ὑμῶν ἐπιρίψαντες ἐπ'** αὐτόν, ὅτι αὐτῷ μέλει περὶ ὑμῶν. 8 Νήψα-τε, γρηγορήσατε. ὁ ἀντίδικος ὑμῶν διάβολος ὡς λέων ὠρυό-μενος περιπατεῖ ζητῶν καταπιεῖν· 9 ᾧ ἀντίστητε στερεοὶ τῇ πίστει, εἰδότες τὰ αὐτὰ τῶν παθημάτων τῇ ἐν τῷ κόσμῳ ὑμῶν ἀδελφότητι ἐπιτελεῖσθαι. 10 Ὁ δὲ θεὸς πάσης χάρι-τος, ὁ καλέσας ὑμᾶς εἰς τὴν αἰώνιον αὐτοῦ δόξαν ἐν Χριστῷ, ὀλίγον παθόντας αὐτὸς καταρτίσει, στηρίξει, σθενώσει. 11 αὐτῷ τὸ κράτος εἰς τοὺς αἰῶνας· ἀμήν.

Final Greetings

12 Διὰ Σιλουανοῦ ὑμῖν τοῦ πιστοῦ ἀδελφοῦ, ὡς λογίζο-μαι, δι' ὀλίγων ἔγραψα, παρακαλῶν καὶ ἐπιμαρτυρῶν ταύ-την εἶναι ἀληθῆ χάριν τοῦ θεοῦ· εἰς ἣν στῆτε. 13 Ἀσπάζεται ὑμᾶς ἡ ἐν Βαβυλῶνι συνεκλεκτὴ καὶ Μάρκος ὁ υἱός μου. 14 Ἀσπάσασθε ἀλλήλους ἐν φιλήματι ἀγάπης.

Εἰρήνη ὑμῖν πᾶσιν τοῖς ἐν Χριστῷ.

---

2 [NA]/RP: *add* ἐπισκοποῦντες *before* μὴ // NA: *add* κατὰ θεόν *after* ἑκουσίως 5 RP: *add* ὑποτασσόμενοι *after* ἀλλήλοις // WH: [ὁ] RP: ὁ 7 WH: ἐπιρίψαντες RP: ἐπιρρίψαντες 8 WH: καταπιεῖν {WH}: τινὰ καταπιεῖν NA: [τινα] καταπιεῖν RP: τίνα καταπίῃ 9 WH: τῷ NA: [τῷ] RP: *omit* τῷ 10 {WH}: *add* τῷ *before* Χριστῷ // [NA]/RP: *add* Ἰησοῦ *after* χριστῷ // WH: καταρτίσει RP: καταρτίσαι ὑμᾶς // NA/RP: *add* θεμελιώσει *after* σθενώσει 11 RP: *add* ἡ δόξα καὶ *after* Αὐτῷ // RP: *add* τῶν αἰώνων *after* αἰῶνας 12 WH: στῆτε RP: ἑστήκατε 14 RP: *add* Ἰησοῦ. Ἀμήν. *after* χριστῷ

5:5 Prov 3:34 7 Ps 55:22

ΠΕΤΡΟΥ Β

Opening Greeting

1 Σίμων Πέτρος δοῦλος καὶ ἀπόστολος Ἰησοῦ Χριστοῦ τοῖς ἰσότιμον ἡμῖν λαχοῦσιν πίστιν ἐν δικαιοσύνῃ τοῦ θεοῦ ἡμῶν καὶ σωτῆρος Ἰησοῦ Χριστοῦ· 2 χάρις ὑμῖν καὶ εἰρήνη πληθυνθείη ἐν ἐπιγνώσει τοῦ θεοῦ καὶ Ἰησοῦ τοῦ κυρίου ἡμῶν,

Confirming God's Calling and Choice

3 ὡς πάντα ἡμῖν τῆς θείας δυνάμεως αὐτοῦ τὰ πρὸς ζωὴν καὶ εὐσέβειαν δεδωρημένης διὰ τῆς ἐπιγνώσεως τοῦ καλέσαντος ἡμᾶς διὰ δόξης καὶ ἀρετῆς, 4 δι' ὧν τὰ τίμια καὶ μέγιστα ἡμῖν ἐπαγγέλματα δεδώρηται, ἵνα διὰ τούτων γένησθε θείας κοινωνοὶ φύσεως, ἀποφυγόντες τῆς ἐν τῷ κόσμῳ ἐν ἐπιθυμίᾳ φθορᾶς. 5 καὶ αὐτὸ τοῦτο δὲ σπουδὴν πᾶσαν παρεισενέγκαντες ἐπιχορηγήσατε ἐν τῇ πίστει ὑμῶν τὴν ἀρετήν, ἐν δὲ τῇ ἀρετῇ τὴν γνῶσιν, 6 ἐν δὲ τῇ γνώσει τὴν ἐγκράτειαν, ἐν δὲ τῇ ἐγκρατείᾳ τὴν ὑπομονήν, ἐν δὲ τῇ ὑπομονῇ τὴν εὐσέβειαν, 7 ἐν δὲ τῇ εὐσεβείᾳ τὴν φιλαδελφίαν, ἐν δὲ τῇ φιλαδελφίᾳ τὴν ἀγάπην· 8 ταῦτα γὰρ ὑμῖν ὑπάρχοντα καὶ πλεονάζοντα οὐκ ἀργοὺς οὐδὲ ἀκάρπους καθίστησιν εἰς τὴν τοῦ κυρίου ἡμῶν Ἰησοῦ Χριστοῦ ἐπίγνωσιν· 9 ᾧ γὰρ μὴ πάρεστιν ταῦτα, τυφλός ἐστιν μυωπάζων, λήθην λαβὼν τοῦ καθαρισμοῦ τῶν πάλαι αὐτοῦ ἁμαρτιῶν. 10 διὸ μᾶλλον, ἀδελφοί, σπουδάσατε βεβαίαν ὑμῶν τὴν κλῆσιν καὶ ἐκλογὴν ποιεῖσθαι· ταῦτα γὰρ ποιοῦν-

---

1:1 WH: Σίμων {WH}/NA/RP: Συμεὼν 3 WH: διὰ δόξης καὶ ἀρετῆς {WH}/NA: ἰδίᾳ δόξῃ καὶ ἀρετῇ 4 WH: καὶ μέγιστα ἡμῖν {WH}/RP: ἡμῖν καὶ μέγιστα // RP: *omit* τῷ 9 WH: ἁμαρτιῶν {WH}: ἁμαρτημάτων

τες οὐ μὴ πταίσητέ ποτε· 11 οὕτως γὰρ πλουσίως ἐπιχορη-
γηθήσεται ὑμῖν ἡ εἴσοδος εἰς τὴν αἰώνιον βασιλείαν τοῦ
κυρίου ἡμῶν καὶ σωτῆρος Ἰησοῦ Χριστοῦ.

The Reliability of Scripture

12 Διὸ μελλήσω ἀεὶ ὑμᾶς ὑπομιμνήσκειν περὶ τούτων,
καίπερ εἰδότας καὶ ἐστηριγμένους ἐν τῇ παρούσῃ ἀληθείᾳ.
13 δίκαιον δὲ ἡγοῦμαι, ἐφ' ὅσον εἰμὶ ἐν τούτῳ τῷ σκη-
νώματι, διεγείρειν ὑμᾶς ἐν ὑπομνήσει, 14 εἰδὼς ὅτι ταχινή
ἐστιν ἡ ἀπόθεσις τοῦ σκηνώματός μου, καθὼς καὶ ὁ κύριος
ἡμῶν Ἰησοῦς Χριστὸς ἐδήλωσέν μοι· 15 σπουδάσω δὲ καὶ
ἑκάστοτε ἔχειν ὑμᾶς μετὰ τὴν ἐμὴν ἔξοδον τὴν τούτων
μνήμην ποιεῖσθαι. 16 οὐ γὰρ σεσοφισμένοις μύθοις ἐξακο-
λουθήσαντες ἐγνωρίσαμεν ὑμῖν τὴν τοῦ κυρίου ἡμῶν
Ἰησοῦ Χριστοῦ δύναμιν καὶ παρουσίαν, ἀλλ' ἐπόπται
γενηθέντες τῆς ἐκείνου μεγαλειότητος. 17 λαβὼν γὰρ παρὰ
θεοῦ πατρὸς τιμὴν καὶ δόξαν φωνῆς ἐνεχθείσης αὐτῷ
τοιᾶσδε ὑπὸ τῆς μεγαλοπρεποῦς δόξης Ὁ υἱός μου ὁ
ἀγαπητός μου οὗτός ἐστιν, εἰς ὃν ἐγὼ εὐδόκησα,—18 καὶ
ταύτην τὴν φωνὴν ἡμεῖς ἠκούσαμεν ἐξ οὐρανοῦ
ἐνεχθεῖσαν σὺν αὐτῷ ὄντες ἐν τῷ ἁγίῳ ὄρει. 19 καὶ ἔχομεν
βεβαιότερον τὸν προφητικὸν λόγον, ᾧ καλῶς ποιεῖτε προσέ-
χοντες ὡς λύχνῳ φαίνοντι ἐν αὐχμηρῷ τόπῳ, ἕως οὗ ἡμέρα
διαυγάσῃ καὶ φωσφόρος ἀνατείλῃ ἐν ταῖς καρδίαις ὑμῶν·
20 τοῦτο πρῶτον γινώσκοντες ὅτι πᾶσα προφητεία γραφῆς
ἰδίας ἐπιλύσεως οὐ γίνεται, 21 οὐ γὰρ θελήματι ἀνθρώπου
ἠνέχθη προφητεία ποτέ, ἀλλὰ ὑπὸ πνεύματος ἁγίου φε-
ρόμενοι ἐλάλησαν ἀπὸ θεοῦ ἄνθρωποι.

The Danger of False Teachers

2 Ἐγένοντο δὲ καὶ ψευδοπροφῆται ἐν τῷ λαῷ, ὡς καὶ ἐν
ὑμῖν ἔσονται ψευδοδιδάσκαλοι, οἵτινες παρεισάξουσιν

---

12 WH: μελλήσω RP: οὐκ ἀμελήσω 17 WH: Ὁ υἱός μου ὁ ἀγαπητός μου οὗτός
ἐστιν RP: Οὗτός ἐστιν ὁ υἱός μου ὁ ἀγαπητός 18 WH: ἁγίῳ ὄρει RP: ὄρει τῷ
ἁγίῳ 21 WH: προφητεία ποτέ RP: ποτὲ προφητεία // WH: ἀπὸ RP: ἅγιοι

αἱρέσεις ἀπωλείας, καὶ τὸν ἀγοράσαντα αὐτοὺς δεσπότην ἀρνούμενοι, ἐπάγοντες ἑαυτοῖς ταχινὴν ἀπώλειαν· 2 καὶ πολλοὶ ἐξακολουθήσουσιν αὐτῶν ταῖς ἀσελγείαις, δι' οὓς ἡ ὁδὸς τῆς ἀληθείας βλασφημηθήσεται· 3 καὶ ἐν πλεονεξίᾳ πλαστοῖς λόγοις ὑμᾶς ἐμπορεύσονται· οἷς τὸ κρίμα ἔκπαλαι οὐκ ἀργεῖ, καὶ ἡ ἀπώλεια αὐτῶν οὐ νυστάζει. 4 εἰ γὰρ ὁ θεὸς ἀγγέλων ἁμαρτησάντων οὐκ ἐφείσατο, ἀλλὰ σειροῖς ζόφου ταρταρώσας παρέδωκεν εἰς κρίσιν τηρουμένους, 5 καὶ ἀρχαίου κόσμου οὐκ ἐφείσατο, ἀλλὰ ὄγδοον Νῶε δικαιοσύνης κήρυκα ἐφύλαξεν, κατακλυσμὸν κόσμῳ ἀσεβῶν ἐπάξας, 6 καὶ πόλεις Σοδόμων καὶ Γομόρρας τεφρώσας κατέκρινεν, ὑπόδειγμα μελλόντων ἀσεβέσιν τεθεικώς, 7 καὶ δίκαιον Λὼτ καταπονούμενον ὑπὸ τῆς τῶν ἀθέσμων ἐν ἀσελγείᾳ ἀναστροφῆς ἐρύσατο,—8 βλέμματι γὰρ καὶ ἀκοῇ δίκαιος ἐνκατοικῶν ἐν αὐτοῖς ἡμέραν ἐξ ἡμέρας ψυχὴν δικαίαν ἀνόμοις ἔργοις ἐβασάνιζεν,—9 οἶδεν Κύριος εὐσεβεῖς ἐκ πειρασμοῦ ῥύεσθαι, ἀδίκους δὲ εἰς ἡμέραν κρίσεως κολαζομένους τηρεῖν, 10 μάλιστα δὲ τοὺς ὀπίσω σαρκὸς ἐν ἐπιθυμίᾳ μιασμοῦ πορευομένους καὶ κυριότητος καταφρονοῦντας. τολμηταί, αὐθάδεις, δόξας οὐ τρέμουσιν, βλασφημοῦντες, 11 ὅπου ἄγγελοι ἰσχύϊ καὶ δυνάμει μείζονες ὄντες οὐ φέρουσιν κατ' αὐτῶν [παρὰ Κυρίῳ] βλάσφημον κρίσιν. 12 οὗτοι δέ, ὡς ἄλογα ζῷα γεγεννημένα φυσικὰ εἰς ἅλωσιν καὶ φθοράν, ἐν οἷς ἀγνοοῦσιν βλασφημοῦντες, ἐν τῇ φθορᾷ αὐτῶν καὶ φθαρήσονται, 13 ἀδικούμενοι μισθὸν ἀδικίας· ἡδονὴν ἡγούμενοι τὴν ἐν ἡμέρᾳ τρυφήν, σπίλοι καὶ μῶμοι ἐντρυφῶντες ἐν ταῖς ἀπάταις αὐτῶν συνευωχούμενοι ὑμῖν, 14 ὀφθαλμοὺς ἔχοντες μεστοὺς μοιχαλίδος καὶ ἀκαταπά-

---

2:3 WH: νυστάζει RP: νυστάξει 4 WH: σειροῖς NA/RP: σειραῖς 6 [NA]/RP: add καταστροφῇ after τεφρώσας // WH: ἀσεβέσιν NA: ἀσεβέ[σ]ιν RP: ἀσεβεῖν 7 WH: ἐρύσατο NA/RP: ἐρρύσατο 8 {WH}/NA/RP: add ὁ before δίκαιος // WH: ἐνκατοικῶν NA/RP: ἐγκατοικῶν 11 WH: [παρὰ Κυρίῳ] NA/RP: παρὰ κυρίου 12 WH: γεγεννημένα φυσικὰ RP: φυσικὰ γεγενημένα // WH: καὶ φθαρήσονται RP: καταφθαρήσονται 13 WH: ἀδικούμενοι RP: κομιούμενοι // WH: ἀπάταις {WH}: ἀγάπαις 14 WH: ἀκαταπάστους NA/RP: ἀκαταπαύστους

στους ἁμαρτίας, δελεάζοντες ψυχὰς ἀστηρίκτους, καρδίαν γεγυμνασμένην πλεονεξίας ἔχοντες, κατάρας τέκνα, 15 καταλείποντες εὐθεῖαν ὁδὸν ἐπλανήθησαν, ἐξακολουθήσαντες τῇ ὁδῷ τοῦ Βαλαὰμ τοῦ Βεὼρ ὃς μισθὸν ἀδικίας ἠγάπησεν 16 ἔλεγξιν δὲ ἔσχεν ἰδίας παρανομίας· ὑποζύγιον ἄφωνον ἐν ἀνθρώπου φωνῇ φθεγξάμενον ἐκώλυσεν τὴν τοῦ προφήτου παραφρονίαν. 17 οὗτοί εἰσιν πηγαὶ ἄνυδροι καὶ ὁμίχλαι ὑπὸ λαίλαπος ἐλαυνόμεναι, οἷς ὁ ζόφος τοῦ σκότους τετήρηται. 18 ὑπέρογκα γὰρ ματαιότητος φθεγγόμενοι δελεάζουσιν ἐν ἐπιθυμίαις σαρκὸς ἀσελγείαις τοὺς ὀλίγως ἀποφεύγοντας τοὺς ἐν πλάνῃ ἀναστρεφομένους, 19 ἐλευθερίαν αὐτοῖς ἐπαγγελλόμενοι, αὐτοὶ δοῦλοι ὑπάρχοντες τῆς φθορᾶς· ᾧ γάρ τις ἥττηται, τούτῳ δεδούλωται. 20 εἰ γὰρ ἀποφυγόντες τὰ μιάσματα τοῦ κόσμου ἐν ἐπιγνώσει τοῦ κυρίου καὶ σωτῆρος Ἰησοῦ Χριστοῦ τούτοις δὲ πάλιν ἐμπλακέντες ἡττῶνται, γέγονεν αὐτοῖς τὰ ἔσχατα χείρονα τῶν πρώτων. 21 κρεῖττον γὰρ ἦν αὐτοῖς μὴ ἐπεγνωκέναι τὴν ὁδὸν τῆς δικαιοσύνης ἢ ἐπιγνοῦσιν ὑποστρέψαι ἐκ τῆς παραδοθείσης αὐτοῖς ἁγίας ἐντολῆς· 22 συμβέβηκεν αὐτοῖς τὸ τῆς ἀληθοῦς παροιμίας **Κύων ἐπιστρέψας ἐπὶ τὸ ἴδιον ἐξέραμα,** καί ῾Υς λουσαμένη εἰς κυλισμὸν βορβόρου.

The Day of the Lord Will Come

3 Ταύτην ἤδη, ἀγαπητοί, δευτέραν ὑμῖν γράφω ἐπιστολήν, ἐν αἷς διεγείρω ὑμῶν ἐν ὑπομνήσει τὴν εἰλικρινῆ διάνοιαν, 2 μνησθῆναι τῶν προειρημένων ῥημάτων ὑπὸ τῶν ἁγίων προφητῶν καὶ τῆς τῶν ἀποστόλων ὑμῶν ἐντολῆς τοῦ κυρίου καὶ σωτῆρος, 3 τοῦτο πρῶτον γινώσκοντες ὅτι ἐλεύσονται

---

15 WH: καταλείποντες {WH}/RP: καταλιπόντες // WH: Βεὼρ {WH}/NA/RP: Βοσὸρ // {WH}: *omit* ὃς // WH: ἠγάπησεν {WH}: ἠγάπησαν 17 WH: καὶ ὁμίχλαι RP: νεφέλαι // RP: *add* εἰς αἰῶνα *after* σκότους 18 WH: ὀλίγως ἀποφεύγοντας RP: ὄντως ἀποφυγόντας 19 RP: *add* καὶ *before* δεδούλωται 20 {WH}/[NA]: *add* ἡμῶν *after* κυρίου 21 WH: ὑποστρέψαι RP: ἐπιστρέψαι 22 RP: *add* δὲ *after* Συμβέβηκεν // WH: κυλισμὸν RP: κύλισμα

22 Prov 26:11

ἐπ᾽ ἐσχάτων τῶν ἡμερῶν ἐν ἐμπαιγμονῇ ἐμπαῖκται κατὰ τὰς ἰδίας ἐπιθυμίας αὐτῶν πορευόμενοι 4 καὶ λέγοντες Ποῦ ἐστὶν ἡ ἐπαγγελία τῆς παρουσίας αὐτοῦ; ἀφ᾽ ἧς γὰρ οἱ πατέρες ἐκοιμήθησαν, πάντα οὕτως διαμένει ἀπ᾽ ἀρχῆς κτίσεως. 5 λανθάνει γὰρ αὐτοὺς τοῦτο θέλοντας ὅτι οὐρανοὶ ἦσαν ἔκπαλαι καὶ γῆ ἐξ ὕδατος καὶ δι᾽ ὕδατος συνεστῶσα τῷ τοῦ θεοῦ λόγῳ, 6 δι᾽ ὧν ὁ τότε κόσμος ὕδατι κατακλυσθεὶς ἀπώλετο· 7 οἱ δὲ νῦν οὐρανοὶ καὶ ἡ γῆ τῷ αὐτῷ λόγῳ τεθησαυρισμένοι εἰσὶν πυρὶ τηρούμενοι εἰς ἡμέραν κρίσεως καὶ ἀπωλείας τῶν ἀσεβῶν ἀνθρώπων.

8 Ἓν δὲ τοῦτο μὴ λανθανέτω ὑμᾶς, ἀγαπητοί, ὅτι μία ἡμέρα **παρὰ Κυρίῳ** ὡς χίλια ἔτη καὶ **χίλια ἔτη ὡς ἡμέρα** μία. 9 οὐ βραδύνει Κύριος τῆς ἐπαγγελίας, ὥς τινες βραδυτῆτα ἡγοῦνται, ἀλλὰ μακροθυμεῖ εἰς ὑμᾶς, μὴ βουλόμενός τινας ἀπολέσθαι ἀλλὰ πάντας εἰς μετάνοιαν χωρῆσαι. 10 Ἥξει δὲ ἡμέρα Κυρίου ὡς κλέπτης, ἐν ᾗ οἱ οὐρανοὶ ῥοιζηδὸν παρελεύσονται, στοιχεῖα δὲ καυσούμενα λυθήσεται, καὶ γῆ καὶ τὰ ἐν αὐτῇ ἔργα εὑρεθήσεται. 11 Τούτων οὕτως πάντων λυομένων ποταποὺς δεῖ ὑπάρχειν [ὑμᾶς] ἐν ἁγίαις ἀναστροφαῖς καὶ εὐσεβείαις, 12 προσδοκῶντας καὶ σπεύδοντας τὴν παρουσίαν τῆς τοῦ θεοῦ ἡμέρας, δι᾽ ἣν **οὐρανοὶ** πυρούμενοι λυθήσονται καὶ στοιχεῖα καυσούμενα **τήκεται·** 13 **καινοὺς** δὲ **οὐρανοὺς καὶ γῆν καινὴν** κατὰ τὸ ἐπάγγελμα αὐτοῦ προσδοκῶμεν, ἐν οἷς δικαιοσύνη κατοικεῖ.

14 Διό, ἀγαπητοί, ταῦτα προσδοκῶντες σπουδάσατε ἄσπιλοι καὶ ἀμώμητοι αὐτῷ εὑρεθῆναι ἐν εἰρήνῃ, 15 καὶ τὴν τοῦ κυρίου ἡμῶν μακροθυμίαν σωτηρίαν ἡγεῖσθε, καθὼς καὶ ὁ ἀγαπητὸς ἡμῶν ἀδελφὸς Παῦλος κατὰ τὴν

3:3 WH: ἐσχάτων RP: ἐσχάτου // WH: ἐν ΝΑ: [ἐν] // RP: omit ἐν ἐμπαιγμονῇ 5 WH: συνεστῶσα {WH}: συνεστῶτα 7 WH: αὐτῷ RP: αὐτοῦ 9 RP: add ὁ before Κύριος // WH: ὑμᾶς RP: ἡμᾶς 10 RP: add ἡ before ἡμέρα // RP: add ἐν νυκτί after κλέπτης // WH: λυθήσεται RP: λυθήσονται // WH: εὑρεθήσεται {WH}: *εὑρεθήσεται* RP: κατακαήσεται 11 WH: οὕτως RP: οὖν // WH: [ὑμᾶς] RP: ὑμᾶς 12 {WH}: *τήκεται*

3:8 Ps 90:4 12 Isa 34:4 13 Isa 65:17; 66:22

δοθεῖσαν αὐτῷ σοφίαν ἔγραψεν ὑμῖν, 16 ὡς καὶ ἐν πάσαις ἐπιστολαῖς λαλῶν ἐν αὐταῖς περὶ τούτων, ἐν αἷς ἐστὶν δυσνόητά τινα, ἃ οἱ ἀμαθεῖς καὶ ἀστήρικτοι στρεβλοῦσιν ὡς καὶ τὰς λοιπὰς γραφὰς πρὸς τὴν ἰδίαν αὐτῶν ἀπώλειαν.

Final Words

17 Ὑμεῖς οὖν, ἀγαπητοί, προγινώσκοντες φυλάσσεσθε ἵνα μὴ τῇ τῶν ἀθέσμων πλάνῃ συναπαχθέντες ἐκπέσητε τοῦ ἰδίου στηριγμοῦ, 18 αὐξάνετε δὲ ἐν χάριτι καὶ γνώσει τοῦ κυρίου ἡμῶν καὶ σωτῆρος Ἰησοῦ Χριστοῦ. αὐτῷ ἡ δόξα καὶ νῦν καὶ εἰς ἡμέραν αἰῶνος.

---

15 WH: δοθεῖσαν αὐτῷ RP: αὐτῷ δοθεῖσαν 16 RP: *add* ταῖς *before* ἐπιστολαῖς //
WH: αἷς RP: οἷς 18 [NA]/RP: *add* Ἀμήν. *after* αἰῶνος

ΙΩΑΝΟΥ Α

The Word of Life

1 Ὃ ἦν ἀπ' ἀρχῆς, ὃ ἀκηκόαμεν, ὃ ἑωράκαμεν τοῖς ὀφθαλμοῖς ἡμῶν, ὃ ἐθεασάμεθα καὶ αἱ χεῖρες ἡμῶν ἐψηλάφησαν, περὶ τοῦ λόγου τῆς ζωῆς,—2 καὶ ἡ ζωὴ ἐφανερώθη, καὶ ἑωράκαμεν καὶ μαρτυροῦμεν καὶ ἀπαγγέλλομεν ὑμῖν τὴν ζωὴν τὴν αἰώνιον ἥτις ἦν πρὸς τὸν πατέρα καὶ ἐφανερώθη ἡμῖν,—3 ὃ ἑωράκαμεν καὶ ἀκηκόαμεν ἀπαγγέλλομεν καὶ ὑμῖν, ἵνα καὶ ὑμεῖς κοινωνίαν ἔχητε μεθ' ἡμῶν· καὶ ἡ κοινωνία δὲ ἡ ἡμετέρα μετὰ τοῦ πατρὸς καὶ μετὰ τοῦ υἱοῦ αὐτοῦ Ἰησοῦ Χριστοῦ· 4 καὶ ταῦτα γράφομεν ἡμεῖς ἵνα ἡ χαρὰ ἡμῶν ᾖ πεπληρωμένη.

Living in God's Light

5 Καὶ ἔστιν αὕτη ἡ ἀγγελία ἣν ἀκηκόαμεν ἀπ' αὐτοῦ καὶ ἀναγγέλλομεν ὑμῖν, ὅτι ὁ θεὸς φῶς ἐστιν καὶ σκοτία οὐκ ἔστιν ἐν αὐτῷ οὐδεμία.

6 Ἐὰν εἴπωμεν ὅτι κοινωνίαν ἔχομεν μετ' αὐτοῦ καὶ ἐν τῷ σκότει περιπατῶμεν, ψευδόμεθα καὶ οὐ ποιοῦμεν τὴν ἀλήθειαν· 7 ἐὰν δὲ ἐν τῷ φωτὶ περιπατῶμεν ὡς αὐτός ἔστιν ἐν τῷ φωτί, κοινωνίαν ἔχομεν μετ' ἀλλήλων καὶ τὸ αἷμα Ἰησοῦ τοῦ υἱοῦ αὐτοῦ καθαρίζει ἡμᾶς ἀπὸ πάσης ἁμαρτίας. 8 Ἐὰν εἴπωμεν ὅτι ἁμαρτίαν οὐκ ἔχομεν, ἑαυτοὺς πλανῶμεν καὶ ἡ ἀλήθεια οὐκ ἔστιν ἐν ἡμῖν. 9 ἐὰν ὁμολογῶμεν τὰς ἁμαρτίας ἡμῶν, πιστός ἐστιν καὶ δίκαιος ἵνα ἀφῇ ἡμῖν τὰς ἁμαρτίας καὶ καθαρίσῃ ἡμᾶς ἀπὸ πάσης ἀδικίας.

1:3 RP: *omit* καὶ *before* ὑμῖν 4 WH: ἡμεῖς RP: ὑμῖν // WH: ἡμῶν {WH}: ὑμῶν 5 WH: οὐκ ἔστιν ἐν αὐτῷ NA/RP: ἐν αὐτῷ οὐκ ἔστιν 7 RP: *add* χριστοῦ *after* Ἰησοῦ

10 Ἐὰν εἴπωμεν ὅτι οὐχ ἡμαρτήκαμεν, ψεύστην ποιοῦμεν αὐτὸν καὶ ὁ λόγος αὐτοῦ οὐκ ἔστιν ἐν ἡμῖν.

Christ Our Redemption

2 Τεκνία μου, ταῦτα γράφω ὑμῖν ἵνα μὴ ἁμάρτητε. καὶ ἐάν τις ἁμάρτῃ, παράκλητον ἔχομεν πρὸς τὸν πατέρα Ἰησοῦν Χριστὸν δίκαιον, 2 καὶ αὐτὸς ἱλασμός ἐστιν περὶ τῶν ἁμαρτιῶν ἡμῶν, οὐ περὶ τῶν ἡμετέρων δὲ μόνον ἀλλὰ καὶ περὶ ὅλου τοῦ κόσμου. 3 Καὶ ἐν τούτῳ γινώσκομεν ὅτι ἐγνώκαμεν αὐτόν, ἐὰν τὰς ἐντολὰς αὐτοῦ τηρῶμεν. 4 ὁ λέγων ὅτι Ἔγνωκα αὐτόν καὶ τὰς ἐντολὰς αὐτοῦ μὴ τηρῶν ψεύστης ἐστίν, καὶ ἐν τούτῳ ἡ ἀλήθεια οὐκ ἔστιν· 5 ὃς δ᾽ ἂν τηρῇ αὐτοῦ τὸν λόγον, ἀληθῶς ἐν τούτῳ ἡ ἀγάπη τοῦ θεοῦ τετελείωται. Ἐν τούτῳ γινώσκομεν ὅτι ἐν αὐτῷ ἐσμέν· 6 ὁ λέγων ἐν αὐτῷ μένειν ὀφείλει καθὼς ἐκεῖνος περιεπάτησεν καὶ αὐτὸς περιπατεῖν.

A New Commandment

7 Ἀγαπητοί, οὐκ ἐντολὴν καινὴν γράφω ὑμῖν, ἀλλ᾽ ἐντολὴν παλαιὰν ἣν εἴχετε ἀπ᾽ ἀρχῆς· ἡ ἐντολὴ ἡ παλαιά ἐστιν ὁ λόγος ὃν ἠκούσατε. 8 πάλιν ἐντολὴν καινὴν γράφω ὑμῖν, ὅ ἐστιν ἀληθὲς ἐν αὐτῷ καὶ ἐν ὑμῖν, ὅτι ἡ σκοτία παράγεται καὶ τὸ φῶς τὸ ἀληθινὸν ἤδη φαίνει.

9 Ὁ λέγων ἐν τῷ φωτὶ εἶναι καὶ τὸν ἀδελφὸν αὐτοῦ μισῶν ἐν τῇ σκοτίᾳ ἐστὶν ἕως ἄρτι. 10 ὁ ἀγαπῶν τὸν ἀδελφὸν αὐτοῦ ἐν τῷ φωτὶ μένει, καὶ σκάνδαλον ἐν αὐτῷ οὐκ ἔστιν· 11 ὁ δὲ μισῶν τὸν ἀδελφὸν αὐτοῦ ἐν τῇ σκοτίᾳ ἐστὶν καὶ ἐν τῇ σκοτίᾳ περιπατεῖ, καὶ οὐκ οἶδεν ποῦ ὑπάγει, ὅτι ἡ σκοτία ἐτύφλωσεν τοὺς ὀφθαλμοὺς αὐτοῦ.

2:2 WH: μόνον {WH}: μόνων 4 RP: omit ὅτι 6 [NA]/RP: add οὕτως before περιπατεῖν 7 WH: Ἀγαπητοί RP: Ἀδελφοί // RP: add ἀπ᾽ ἀρχῆς after ἠκούσατε 10 WH: ἐν αὐτῷ οὐκ ἔστιν {WH}: οὐκ ἔστιν ἐν αὐτῷ

Exhortations for All Ages

12 Γράφω ὑμῖν, τεκνία, ὅτι ἀφέωνται ὑμῖν αἱ ἁμαρτίαι διὰ τὸ ὄνομα αὐτοῦ· 13 γράφω ὑμῖν, πατέρες, ὅτι ἐγνώκατε τὸν ἀπ' ἀρχῆς· γράφω ὑμῖν, νεανίσκοι, ὅτι νενικήκατε τὸν πονηρόν. 14 ἔγραψα ὑμῖν, παιδία, ὅτι ἐγνώκατε τὸν πατέρα· ἔγραψα ὑμῖν, πατέρες, ὅτι ἐγνώκατε τὸν ἀπ' ἀρχῆς· ἔγραψα ὑμῖν, νεανίσκοι, ὅτι ἰσχυροί ἐστε καὶ ὁ λόγος [τοῦ θεοῦ] ἐν ὑμῖν μένει καὶ νενικήκατε τὸν πονηρόν. 15 Μὴ ἀγαπᾶτε τὸν κόσμον μηδὲ τὰ ἐν τῷ κόσμῳ. ἐάν τις ἀγαπᾷ τὸν κόσμον, οὐκ ἔστιν ἡ ἀγάπη τοῦ πατρὸς ἐν αὐτῷ· 16 ὅτι πᾶν τὸ ἐν τῷ κόσμῳ, ἡ ἐπιθυμία τῆς σαρκὸς καὶ ἡ ἐπιθυμία τῶν ὀφθαλμῶν καὶ ἡ ἀλαζονία τοῦ βίου, οὐκ ἔστιν ἐκ τοῦ πατρός, ἀλλὰ ἐκ τοῦ κόσμου ἐστίν· 17 καὶ ὁ κόσμος παράγεται καὶ ἡ ἐπιθυμία [αὐτοῦ], ὁ δὲ ποιῶν τὸ θέλημα τοῦ θεοῦ μένει εἰς τὸν αἰῶνα.

Beware of Antichrists

18 Παιδία, ἐσχάτη ὥρα ἐστίν, καὶ καθὼς ἠκούσατε ὅτι ἀντίχριστος ἔρχεται, καὶ νῦν ἀντίχριστοι πολλοὶ γεγόνασιν· ὅθεν γινώσκομεν ὅτι ἐσχάτη ὥρα ἐστίν. 19 ἐξ ἡμῶν ἐξῆλθαν, ἀλλ' οὐκ ἦσαν ἐξ ἡμῶν· εἰ γὰρ ἐξ ἡμῶν ἦσαν, μεμενήκεισαν ἂν μεθ' ἡμῶν· ἀλλ' ἵνα φανερωθῶσιν ὅτι οὐκ εἰσὶν πάντες ἐξ ἡμῶν. 20 καὶ ὑμεῖς χρίσμα ἔχετε ἀπὸ τοῦ ἁγίου· οἴδατε πάντες—21 οὐκ ἔγραψα ὑμῖν ὅτι οὐκ οἴδατε τὴν ἀλήθειαν, ἀλλ' ὅτι οἴδατε αὐτήν, καὶ ὅτι πᾶν ψεῦδος ἐκ τῆς ἀληθείας οὐκ ἔστιν.

22 Τίς ἐστιν ὁ ψεύστης εἰ μὴ ὁ ἀρνούμενος ὅτι Ἰησοῦς οὐκ ἔστιν ὁ χριστός; οὗτός ἐστιν ὁ ἀντίχριστος, ὁ ἀρνούμενος τὸν πατέρα καὶ τὸν υἱόν. 23 πᾶς ὁ ἀρνούμενος τὸν υἱὸν οὐδὲ τὸν πατέρα ἔχει· ὁ ὁμολογῶν τὸν υἱὸν καὶ τὸν πατέρα

---

13 WH: ἔγραψα RP: (v. 14) Γράφω 13–14 RP: end v. 13 after πατέρα 14 WH: (τοῦ θεοῦ) NA/RP: τοῦ θεοῦ 17 WH: (αὐτοῦ) NA/RP: αὐτοῦ 18 RP: add ὁ before ἀντίχριστος 19 WH: ἐξ ἡμῶν ἦσαν RP: ἦσαν ἐξ ἡμῶν 20 WH: οἴδατε πάντες {WH}/RP: καὶ οἴδατε πάντα NA: καὶ οἴδατε πάντες 23 RP: omit ὁ ὁμολογῶν τὸν υἱὸν καὶ τὸν πατέρα ἔχει after ἔχει

ἔχει. 24 Ὑμεῖς ὃ ἠκούσατε ἀπ' ἀρχῆς, ἐν ὑμῖν μενέτω· ἐὰν ἐν ὑμῖν μείνῃ ὃ ἀπ' ἀρχῆς ἠκούσατε, καὶ ὑμεῖς ἐν τῷ υἱῷ καὶ [ἐν] τῷ πατρὶ μενεῖτε. 25 καὶ αὕτη ἐστὶν ἡ ἐπαγγελία ἣν αὐτὸς ἐπηγγείλατο ἡμῖν, τὴν ζωὴν τὴν αἰώνιον.

26 Ταῦτα ἔγραψα ὑμῖν περὶ τῶν πλανώντων ὑμᾶς. 27 καὶ ὑμεῖς τὸ χρίσμα ὃ ἐλάβετε ἀπ' αὐτοῦ μένει ἐν ὑμῖν, καὶ οὐ χρείαν ἔχετε ἵνα τις διδάσκῃ ὑμᾶς· ἀλλ' ὡς τὸ αὐτοῦ χρίσμα διδάσκει ὑμᾶς περὶ πάντων, καὶ ἀληθές ἐστιν καὶ οὐκ ἔστιν ψεῦδος, καὶ καθὼς ἐδίδαξεν ὑμᾶς, μένετε ἐν αὐτῷ. 28 Καὶ νῦν, τεκνία, μένετε ἐν αὐτῷ, ἵνα ἐὰν φανερω- θῇ σχῶμεν παρρησίαν καὶ μὴ αἰσχυνθῶμεν ἀπ' αὐτοῦ ἐν τῇ παρουσίᾳ αὐτοῦ. 29 ἐὰν εἰδῆτε ὅτι δίκαιός ἐστιν, γινώσκε- τε ὅτι πᾶς ὁ ποιῶν τὴν δικαιοσύνην ἐξ αὐτοῦ γεγέννηται.

Live as Children of God

3 Ἴδετε ποταπὴν ἀγάπην δέδωκεν ἡμῖν ὁ πατὴρ ἵνα τέκνα θεοῦ κληθῶμεν, καί ἐσμεν. διὰ τοῦτο ὁ κόσμος οὐ γινώσκει ἡμᾶς ὅτι οὐκ ἔγνω αὐτόν. 2 Ἀγαπητοί, νῦν τέκνα θεοῦ ἐσμέν, καὶ οὔπω ἐφανερώθη τί ἐσόμεθα. οἴδαμεν ὅτι ἐὰν φανερωθῇ ὅμοιοι αὐτῷ ἐσόμεθα, ὅτι ὀψόμεθα αὐτὸν καθώς ἐστιν. 3 καὶ πᾶς ὁ ἔχων τὴν ἐλπίδα ταύτην ἐπ' αὐτῷ ἁγνίζει ἑαυτὸν καθὼς ἐκεῖνος ἁγνός ἐστιν.

4 Πᾶς ὁ ποιῶν τὴν ἁμαρτίαν καὶ τὴν ἀνομίαν ποιεῖ, καὶ ἡ ἁμαρτία ἐστὶν ἡ ἀνομία. 5 καὶ οἴδατε ὅτι ἐκεῖνος ἐφανε- ρώθη ἵνα τὰς ἁμαρτίας ἄρῃ, καὶ ἁμαρτία ἐν αὐτῷ οὐκ ἔστιν. 6 πᾶς ὁ ἐν αὐτῷ μένων οὐχ ἁμαρτάνει· πᾶς ὁ ἁμαρτάνων οὐχ ἑώρακεν αὐτὸν οὐδὲ ἔγνωκεν αὐτόν. 7 Τεκνία, μηδεὶς πλανάτω ὑμᾶς· ὁ ποιῶν τὴν δικαιοσύνην δίκαιός ἐστιν, καθὼς ἐκεῖνος δίκαιός ἐστιν· 8 ὁ ποιῶν τὴν

---

24 RP: add οὖν after Ὑμεῖς // WH: (ἐν) NA/RP: ἐν 27 WH: μένει ἐν ὑμῖν RP: ἐν ὑμῖν μένει // WH: αὐτοῦ RP: αὐτὸ // WH: ὑμᾶς· ἀλλ' ὡς τὸ . . . ψεῦδος {WH}: ὑμᾶς, ἀλλὰ τὸ . . . ψεῦδος // WH: μένετε RP: μενεῖτε 28 WH: ἐὰν RP: ὅταν // WH: σχῶμεν RP: ἔχωμεν 29 {WH}/NA: add καὶ before πᾶς

3:1 RP: omit καί ἐσμεν // WH: ἡμᾶς RP: ὑμᾶς 2 RP: add δὲ after οἴδαμεν 5 RP: add ἡμῶν after ἁμαρτίας 7 WH: Τεκνία {WH}: Παιδία

ἁμαρτίαν ἐκ τοῦ διαβόλου ἐστίν, ὅτι ἀπ' ἀρχῆς ὁ διάβολος
ἁμαρτάνει. εἰς τοῦτο ἐφανερώθη ὁ υἱὸς τοῦ θεοῦ ἵνα λύσῃ
τὰ ἔργα τοῦ διαβόλου.

9 Πᾶς ὁ γεγεννημένος ἐκ τοῦ θεοῦ ἁμαρτίαν οὐ ποιεῖ,
ὅτι σπέρμα αὐτοῦ ἐν αὐτῷ μένει, καὶ οὐ δύναται ἁμαρτά-
νειν, ὅτι ἐκ τοῦ θεοῦ γεγέννηται. 10 ἐν τούτῳ φανερά ἐστιν
τὰ τέκνα τοῦ θεοῦ καὶ τὰ τέκνα τοῦ διαβόλου· πᾶς ὁ μὴ
ποιῶν δικαιοσύνην οὐκ ἔστιν ἐκ τοῦ θεοῦ, καὶ ὁ μὴ ἀγαπῶν
τὸν ἀδελφὸν αὐτοῦ.

Love One Another

11 ὅτι αὕτη ἐστὶν ἡ ἀγγελία ἣν ἠκούσατε ἀπ' ἀρχῆς, ἵνα
ἀγαπῶμεν ἀλλήλους· 12 οὐ καθὼς Κάϊν ἐκ τοῦ πονηροῦ ἦν
καὶ ἔσφαξεν τὸν ἀδελφὸν αὐτοῦ· καὶ χάριν τίνος ἔσφαξεν
αὐτόν; ὅτι τὰ ἔργα αὐτοῦ πονηρὰ ἦν, τὰ δὲ τοῦ ἀδελφοῦ
αὐτοῦ δίκαια.

13 Μὴ θαυμάζετε, ἀδελφοί, εἰ μισεῖ ὑμᾶς ὁ κόσμος.
14 ἡμεῖς οἴδαμεν ὅτι μεταβεβήκαμεν ἐκ τοῦ θανάτου εἰς
τὴν ζωήν, ὅτι ἀγαπῶμεν τοὺς ἀδελφούς· ὁ μὴ ἀγαπῶν μένει
ἐν τῷ θανάτῳ. 15 πᾶς ὁ μισῶν τὸν ἀδελφὸν αὐτοῦ ἀνθρω-
ποκτόνος ἐστίν, καὶ οἴδατε ὅτι πᾶς ἀνθρωποκτόνος οὐκ ἔχει
ζωὴν αἰώνιον ἐν αὐτῷ μένουσαν.

16 Ἐν τούτῳ ἐγνώκαμεν τὴν ἀγάπην, ὅτι ἐκεῖνος ὑπὲρ
ἡμῶν τὴν ψυχὴν αὐτοῦ ἔθηκεν· καὶ ἡμεῖς ὀφείλομεν ὑπὲρ
τῶν ἀδελφῶν τὰς ψυχὰς θεῖναι. 17 ὃς δ' ἂν ἔχῃ τὸν βίον τοῦ
κόσμου καὶ θεωρῇ τὸν ἀδελφὸν αὐτοῦ χρείαν ἔχοντα καὶ
κλείσῃ τὰ σπλάγχνα αὐτοῦ ἀπ' αὐτοῦ, πῶς ἡ ἀγάπη τοῦ
θεοῦ μένει ἐν αὐτῷ; 18 Τεκνία, μὴ ἀγαπῶμεν λόγῳ μηδὲ τῇ
γλώσσῃ ἀλλὰ ἐν ἔργῳ καὶ ἀληθείᾳ.

19 Ἐν τούτῳ γνωσόμεθα ὅτι ἐκ τῆς ἀληθείας ἐσμέν, καὶ
ἔμπροσθεν αὐτοῦ πείσομεν τὴν καρδίαν ἡμῶν 20 ὅτι ἐὰν

---

13 WH: Μὴ NA: (Καὶ) μὴ // RP: add μου after ἀδελφοί 14 RP: add τὸν ἀδελφόν after
ἀγαπῶν 15 WH: αὐτοῦ {WH}: ἑαυτοῦ // WH: αὐτῷ {WH}/RP: ἑαυτῷ 16 WH:
θεῖναι RP: τιθέναι 18 RP: add μου after Τεκνία 19 WH: Ἐν NA: (Καὶ) ἐν RP: Καὶ
ἐν // WH: γνωσόμεθα RP: γινώσκομεν // WH: τὴν καρδίαν RP: τὰς καρδίας

καταγινώσκη ἡμῶν ἡ καρδία, ὅτι μείζων ἐστὶν ὁ θεὸς τῆς καρδίας ἡμῶν καὶ γινώσκει πάντα. 21 Ἀγαπητοί, ἐὰν ἡ καρδία μὴ καταγινώσκη, παρρησίαν ἔχομεν πρὸς τὸν θεόν, 22 καὶ ὃ ἂν αἰτῶμεν λαμβάνομεν ἀπ' αὐτοῦ, ὅτι τὰς ἐντολὰς αὐτοῦ τηροῦμεν καὶ τὰ ἀρεστὰ ἐνώπιον αὐτοῦ ποιοῦμεν. 23 καὶ αὕτη ἐστὶν ἡ ἐντολὴ αὐτοῦ, ἵνα πιστεύσωμεν τῷ ὀνόματι τοῦ υἱοῦ αὐτοῦ Ἰησοῦ Χριστοῦ καὶ ἀγαπῶμεν ἀλλήλους, καθὼς ἔδωκεν ἐντολὴν ἡμῖν. 24 καὶ ὁ τηρῶν τὰς ἐντολὰς αὐτοῦ ἐν αὐτῷ μένει καὶ αὐτὸς ἐν αὐτῷ· καὶ ἐν τούτῳ γινώσκομεν ὅτι μένει ἐν ἡμῖν, ἐκ τοῦ πνεύματος οὗ ἡμῖν ἔδωκεν.

Test the Spirits

4 Ἀγαπητοί, μὴ παντὶ πνεύματι πιστεύετε, ἀλλὰ δοκιμάζετε τὰ πνεύματα εἰ ἐκ τοῦ θεοῦ ἐστίν, ὅτι πολλοὶ ψευδοπροφῆται ἐξεληλύθασιν εἰς τὸν κόσμον.

2 Ἐν τούτῳ γινώσκετε τὸ πνεῦμα τοῦ θεοῦ· πᾶν πνεῦμα ὃ ὁμολογεῖ Ἰησοῦν Χριστὸν ἐν σαρκὶ ἐληλυθότα ἐκ τοῦ θεοῦ ἐστίν, 3 καὶ πᾶν πνεῦμα ὃ μὴ ὁμολογεῖ τὸν Ἰησοῦν ἐκ τοῦ θεοῦ οὐκ ἔστιν· καὶ τοῦτό ἐστιν τὸ τοῦ ἀντιχρίστου, ὃ ἀκηκόατε ὅτι ἔρχεται, καὶ νῦν ἐν τῷ κόσμῳ ἐστὶν ἤδη.

4 Ὑμεῖς ἐκ τοῦ θεοῦ ἐστέ, τεκνία, καὶ νενικήκατε αὐτούς, ὅτι μείζων ἐστὶν ὁ ἐν ὑμῖν ἢ ὁ ἐν τῷ κόσμῳ· 5 αὐτοὶ ἐκ τοῦ κόσμου εἰσίν· διὰ τοῦτο ἐκ τοῦ κόσμου λαλοῦσιν καὶ ὁ κόσμος αὐτῶν ἀκούει. 6 ἡμεῖς ἐκ τοῦ θεοῦ ἐσμέν· ὁ γινώσκων τὸν θεὸν ἀκούει ἡμῶν, ὃς οὐκ ἔστιν ἐκ τοῦ θεοῦ οὐκ ἀκούει ἡμῶν. ἐκ τούτου γινώσκομεν τὸ πνεῦμα τῆς ἀληθείας καὶ τὸ πνεῦμα τῆς πλάνης.

---

21 [NA]/RP: *add* ἡμῶν *after* καρδία // RP: *add* ἡμῶν *after* καταγινώσκη 22 WH: ἂν NA/RP: ἐὰν // WH: ἀπ' RP: παρ' 23 WH: πιστεύσωμεν {WH}: πιστεύωμεν // RP: *omit* ἡμῖν
4:2 WH: γινώσκετε RP: γινώσκεται // WH: ἐληλυθότα {WH}: ἐληλυθέναι 3 WH: μὴ ὁμολογεῖ {WH}: λύει // WH: τὸν Ἰησοῦν RP: Ἰησοῦν χριστὸν ἐν σαρκὶ ἐληλυθότα

Remain in God's Love

7 Ἀγαπητοί, ἀγαπῶμεν ἀλλήλους, ὅτι ἡ ἀγάπη ἐκ τοῦ θεοῦ ἐστίν, καὶ πᾶς ὁ ἀγαπῶν ἐκ τοῦ θεοῦ γεγέννηται καὶ γινώσκει τὸν θεόν. 8 ὁ μὴ ἀγαπῶν οὐκ ἔγνω τὸν θεόν, ὅτι ὁ θεὸς ἀγάπη ἐστίν. 9 ἐν τούτῳ ἐφανερώθη ἡ ἀγάπη τοῦ θεοῦ ἐν ἡμῖν, ὅτι τὸν υἱὸν αὐτοῦ τὸν μονογενῆ ἀπέσταλκεν ὁ θεὸς εἰς τὸν κόσμον ἵνα ζήσωμεν δι' αὐτοῦ. 10 ἐν τούτῳ ἐστὶν ἡ ἀγάπη, οὐχ ὅτι ἡμεῖς ἠγαπήκαμεν τὸν θεόν, ἀλλ' ὅτι αὐτὸς ἠγάπησεν ἡμᾶς καὶ ἀπέστειλεν τὸν υἱὸν αὐτοῦ ἱλασμὸν περὶ τῶν ἁμαρτιῶν ἡμῶν.

11 Ἀγαπητοί, εἰ οὕτως ὁ θεὸς ἠγάπησεν ἡμᾶς, καὶ ἡμεῖς ὀφείλομεν ἀλλήλους ἀγαπᾶν. 12 θεὸν οὐδεὶς πώποτε τεθέαται· ἐὰν ἀγαπῶμεν ἀλλήλους, ὁ θεὸς ἐν ἡμῖν μένει καὶ ἡ ἀγάπη αὐτοῦ τετελειωμένη ἐν ἡμῖν ἐστίν. 13 ἐν τούτῳ γινώσκομεν ὅτι ἐν αὐτῷ μένομεν καὶ αὐτὸς ἐν ἡμῖν, ὅτι ἐκ τοῦ πνεύματος αὐτοῦ δέδωκεν ἡμῖν. 14 Καὶ ἡμεῖς τεθεάμεθα καὶ μαρτυροῦμεν ὅτι ὁ πατὴρ ἀπέσταλκεν τὸν υἱὸν σωτῆρα τοῦ κόσμου. 15 ὃς ἐὰν ὁμολογήσῃ ὅτι Ἰησοῦς [Χριστός] ἐστιν ὁ υἱὸς τοῦ θεοῦ, ὁ θεὸς ἐν αὐτῷ μένει καὶ αὐτὸς ἐν τῷ θεῷ.

16 Καὶ ἡμεῖς ἐγνώκαμεν καὶ πεπιστεύκαμεν τὴν ἀγάπην ἣν ἔχει ὁ θεὸς ἐν ἡμῖν. Ὁ θεὸς ἀγάπη ἐστίν, καὶ ὁ μένων ἐν τῇ ἀγάπῃ ἐν τῷ θεῷ μένει καὶ ὁ θεὸς ἐν αὐτῷ [μένει]. 17 Ἐν τούτῳ τετελείωται ἡ ἀγάπη μεθ' ἡμῶν, ἵνα παρρησίαν ἔχωμεν ἐν τῇ ἡμέρᾳ τῆς κρίσεως, ὅτι καθὼς ἐκεῖνός ἐστιν καὶ ἡμεῖς ἐσμὲν ἐν τῷ κόσμῳ τούτῳ. 18 φόβος οὐκ ἔστιν ἐν τῇ ἀγάπῃ, ἀλλ' ἡ τελεία ἀγάπη ἔξω βάλλει τὸν φόβον, ὅτι ὁ φόβος κόλασιν ἔχει, ὁ δὲ φοβούμενος οὐ τετελείωται ἐν τῇ ἀγάπῃ. 19 Ἡμεῖς ἀγαπῶμεν, ὅτι αὐτὸς πρῶτος ἠγάπησεν ἡμᾶς. 20 ἐάν τις εἴπῃ ὅτι Ἀγαπῶ τὸν θεόν, καὶ τὸν ἀδελφὸν αὐτοῦ μισῇ, ψεύστης ἐστίν· ὁ γὰρ μὴ ἀγαπῶν τὸν ἀδελφὸν αὐτοῦ ὃν ἑώρακεν, τὸν θεὸν ὃν οὐχ ἑώρακεν οὐ

---

10 WH: ἠγαπήκαμεν {WH}/RP: ἠγαπήσαμεν 12 WH: τετελειωμένη ἐν ἡμῖν ἐστίν NA: ἐν ἡμῖν τετελειωμένη ἐστιν RP: τετελειωμένη ἐστιν ἐν ἡμῖν 15 WH: ἐὰν RP: ἂν // NA/RP: omit (Χριστός) 16 WH: (μένει) NA/RP: μένει 19 RP: add αὐτόν after ἀγαπῶμεν 20 WH: οὐ RP: πῶς

δύναται ἀγαπᾶν. 21 καὶ ταύτην τὴν ἐντολὴν ἔχομεν ἀπ᾽ αὐτοῦ, ἵνα ὁ ἀγαπῶν τὸν θεὸν ἀγαπᾷ καὶ τὸν ἀδελφὸν αὐτοῦ.

Trust in the Son of God

5 Πᾶς ὁ πιστεύων ὅτι Ἰησοῦς ἐστιν ὁ χριστὸς ἐκ τοῦ θεοῦ γεγέννηται, καὶ πᾶς ὁ ἀγαπῶν τὸν γεννήσαντα ἀγαπᾷ τὸν γεγεννημένον ἐξ αὐτοῦ. 2 ἐν τούτῳ γινώσκομεν ὅτι ἀγαπῶμεν τὰ τέκνα τοῦ θεοῦ, ὅταν τὸν θεὸν ἀγαπῶμεν καὶ τὰς ἐντολὰς αὐτοῦ ποιῶμεν· 3 αὕτη γάρ ἐστιν ἡ ἀγάπη τοῦ θεοῦ ἵνα τὰς ἐντολὰς αὐτοῦ τηρῶμεν, καὶ αἱ ἐντολαὶ αὐτοῦ βαρεῖαι οὐκ εἰσίν, 4 ὅτι πᾶν τὸ γεγεννημένον ἐκ τοῦ θεοῦ νικᾷ τὸν κόσμον. καὶ αὕτη ἐστὶν ἡ νίκη ἡ νικήσασα τὸν κόσμον, ἡ πίστις ἡμῶν· 5 τίς ἐστιν [δὲ] ὁ νικῶν τὸν κόσμον εἰ μὴ ὁ πιστεύων ὅτι Ἰησοῦς ἐστιν ὁ υἱὸς τοῦ θεοῦ; 6 Οὗτός ἐστιν ὁ ἐλθὼν δι᾽ ὕδατος καὶ αἵματος, Ἰησοῦς Χριστός· οὐκ ἐν τῷ ὕδατι μόνον ἀλλ᾽ ἐν τῷ ὕδατι καὶ ἐν τῷ αἵματι· καὶ τὸ πνεῦμά ἐστιν τὸ μαρτυροῦν, ὅτι τὸ πνεῦμά ἐστιν ἡ ἀλήθεια. 7 ὅτι τρεῖς εἰσὶν οἱ μαρτυροῦντες, 8 τὸ πνεῦμα καὶ τὸ ὕδωρ καὶ τὸ αἷμα, καὶ οἱ τρεῖς εἰς τὸ ἕν εἰσιν. 9 εἰ τὴν μαρτυρίαν τῶν ἀνθρώπων λαμβάνομεν, ἡ μαρτυρία τοῦ θεοῦ μείζων ἐστίν, ὅτι αὕτη ἐστὶν ἡ μαρτυρία τοῦ θεοῦ ὅτι μεμαρτύρη-κεν περὶ τοῦ υἱοῦ αὐτοῦ. 10 ὁ πιστεύων εἰς τὸν υἱὸν τοῦ θεοῦ ἔχει τὴν μαρτυρίαν ἐν αὐτῷ· ὁ μὴ πιστεύων τῷ θεῷ ψεύστην πεποίηκεν αὐτόν, ὅτι οὐ πεπίστευκεν εἰς τὴν μαρ-τυρίαν ἣν μεμαρτύρηκεν ὁ θεὸς περὶ τοῦ υἱοῦ αὐτοῦ. 11 καὶ αὕτη ἐστὶν ἡ μαρτυρία, ὅτι ζωὴν αἰώνιον ἔδωκεν ὁ θεὸς ἡμῖν, καὶ αὕτη ἡ ζωὴ ἐν τῷ υἱῷ αὐτοῦ ἐστίν. 12 ὁ ἔχων τὸν υἱὸν ἔχει τὴν ζωήν· ὁ μὴ ἔχων τὸν υἱὸν τοῦ θεοῦ τὴν ζωὴν οὐκ ἔχει.

5:1 [NA]/RP: add καὶ after ἀγαπᾷ 2 WH: ποιῶμεν RP: τηρῶμεν 5 WH: ἐστιν (δὲ) NA: (δέ) ἐστιν RP: ἐστιν 6 {WH}: μόνον {WH}: μόνῳ // RP: omit ἐν before τῷ αἵματι 9 WH: ὅτι RP: ἣν 10 WH: αὐτῷ {WH}: αὐτῷ NA: ἑαυτῷ // {WH}: *τῷ θεῷ* 11 WH: ὁ θεὸς ἡμῖν NA/RP: ἡμῖν ὁ θεός

Confidence Before God

13 Ταῦτα ἔγραψα ὑμῖν ἵνα εἰδῆτε ὅτι ζωὴν ἔχετε αἰώνιον, τοῖς πιστεύουσιν εἰς τὸ ὄνομα τοῦ υἱοῦ τοῦ θεοῦ. 14 καὶ αὕτη ἐστὶν ἡ παρρησία ἣν ἔχομεν πρὸς αὐτόν, ὅτι ἐάν τι αἰτώμεθα κατὰ τὸ θέλημα αὐτοῦ ἀκούει ἡμῶν. 15 καὶ ἐὰν οἴδαμεν ὅτι ἀκούει ἡμῶν ὃ ἐὰν αἰτώμεθα, οἴδαμεν ὅτι ἔχομεν τὰ αἰτήματα ἃ ᾐτήκαμεν ἀπ' αὐτοῦ. 16 Ἐάν τις ἴδῃ τὸν ἀδελφὸν αὐτοῦ ἁμαρτάνοντα ἁμαρτίαν μὴ πρὸς θάνατον, αἰτήσει, καὶ δώσει αὐτῷ ζωήν, τοῖς ἁμαρτάνουσιν μὴ πρὸς θάνατον. ἔστιν ἁμαρτία πρὸς θάνατον· οὐ περὶ ἐκείνης λέγω ἵνα ἐρωτήσῃ. 17 πᾶσα ἀδικία ἁμαρτία ἐστίν, καὶ ἔστιν ἁμαρτία οὐ πρὸς θάνατον.

18 Οἴδαμεν ὅτι πᾶς ὁ γεγεννημένος ἐκ τοῦ θεοῦ οὐχ ἁμαρτάνει, ἀλλ' ὁ γεννηθεὶς ἐκ τοῦ θεοῦ τηρεῖ αὐτόν, καὶ ὁ πονηρὸς οὐχ ἅπτεται αὐτοῦ. 19 οἴδαμεν ὅτι ἐκ τοῦ θεοῦ ἐσμέν, καὶ ὁ κόσμος ὅλος ἐν τῷ πονηρῷ κεῖται. 20 οἴδαμεν δὲ ὅτι ὁ υἱὸς τοῦ θεοῦ ἥκει, καὶ δέδωκεν ἡμῖν διάνοιαν ἵνα γινώσκομεν τὸν ἀληθινόν· καί ἐσμεν ἐν τῷ ἀληθινῷ, ἐν τῷ υἱῷ αὐτοῦ Ἰησοῦ Χριστῷ. οὗτός ἐστιν ὁ ἀληθινὸς θεὸς καὶ ζωὴ αἰώνιος. 21 Τεκνία, φυλάξατε ἑαυτὰ ἀπὸ τῶν εἰδώλων.

---

13 RP: omit ἵνα εἰδῆτε ὅτι ζωὴν ἔχετε αἰώνιον, // RP: add ἵνα εἰδῆτε ὅτι ζωὴν αἰώνιον ἔχετε, καὶ ἵνα πιστεύητε εἰς τὸ ὄνομα τοῦ υἱοῦ τοῦ θεοῦ. after τοῦ θεοῦ 15 WH: ἀπ' RP: παρ' 18 WH: αὐτόν RP: ἑαυτόν 20 WH: γινώσκομεν NA/RP: γινώσκωμεν // WH: ἀληθινόν· {WH}: ἀληθινόν, 21 RP: add Ἀμήν. after εἰδώλων.

ΙΩΑΝΟΥ Β

Opening Greeting

1 Ὁ πρεσβύτερος ἐκλεκτῇ κυρίᾳ καὶ τοῖς τέκνοις αὐτῆς, οὓς ἐγὼ ἀγαπῶ ἐν ἀληθείᾳ, καὶ οὐκ ἐγὼ μόνος ἀλλὰ καὶ πάντες οἱ ἐγνωκότες τὴν ἀλήθειαν, 2 διὰ τὴν ἀλήθειαν τὴν μένουσαν ἐν ἡμῖν, καὶ μεθ᾽ ἡμῶν ἔσται εἰς τὸν αἰῶνα· 3 ἔσται μεθ᾽ ἡμῶν χάρις ἔλεος εἰρήνη παρὰ θεοῦ πατρός, καὶ παρὰ Ἰησοῦ Χριστοῦ τοῦ υἱοῦ τοῦ πατρός, ἐν ἀληθείᾳ καὶ ἀγάπῃ.

Live in Truth and Love

4 Ἐχάρην λίαν ὅτι εὕρηκα ἐκ τῶν τέκνων σου περιπατοῦντας ἐν ἀληθείᾳ, καθὼς ἐντολὴν ἐλάβομεν παρὰ τοῦ πατρός. 5 καὶ νῦν ἐρωτῶ σε, κυρία, οὐχ ὡς ἐντολὴν γράφων σοι καινὴν ἀλλὰ ἣν εἴχαμεν ἀπ᾽ ἀρχῆς, ἵνα ἀγαπῶμεν ἀλλήλους. 6 καὶ αὕτη ἐστὶν ἡ ἀγάπη, ἵνα περιπατῶμεν κατὰ τὰς ἐντολὰς αὐτοῦ· αὕτη ἡ ἐντολή ἐστιν, καθὼς ἠκούσατε ἀπ᾽ ἀρχῆς, ἵνα ἐν αὐτῇ περιπατῆτε. 7 ὅτι πολλοὶ πλάνοι ἐξῆλθαν εἰς τὸν κόσμον, οἱ μὴ ὁμολογοῦντες Ἰησοῦν Χριστὸν ἐρχόμενον ἐν σαρκί· οὗτός ἐστιν ὁ πλάνος καὶ ὁ ἀντίχριστος. 8 βλέπετε ἑαυτούς, ἵνα μὴ ἀπολέσητε ἃ ἠργασάμεθα, ἀλλὰ μισθὸν πλήρη ἀπολάβητε. 9 πᾶς ὁ προάγων καὶ μὴ μένων ἐν τῇ διδαχῇ τοῦ χριστοῦ θεὸν οὐκ ἔχει· ὁ μένων ἐν τῇ διδαχῇ, οὗτος καὶ τὸν πατέρα καὶ τὸν

---

1 WH: ἐκλεκτῇ κυρίᾳ {WH}: Ἐκλέκτῃ Κυρίᾳ 3 RP: *add* κυρίου *before* Ἰησοῦ 5 WH: γράφων σοι καινὴν NA: καινὴν γράφων σοι // WH: εἴχαμεν NA/RP: εἴχομεν 6 WH: ἡ ἐντολή ἐστιν RP: ἐστιν ἡ ἐντολή 7 WH: ἐξῆλθαν RP: εἰσῆλθον 8 WH: ἀπολέσητε RP: ἀπολέσωμεν // WH: ἠργασάμεθα NA: εἰργασάμεθα // WH: ἀπολάβητε RP: ἀπολάβωμεν 9 WH: προάγων RP: παραβαίνων // RP: *add* τοῦ χριστοῦ *after* διδαχῇ

υἱὸν ἔχει. 10 εἴ τις ἔρχεται πρὸς ὑμᾶς καὶ ταύτην τὴν διδα-
χὴν οὐ φέρει, μὴ λαμβάνετε αὐτὸν εἰς οἰκίαν καὶ χαίρειν
αὐτῷ μὴ λέγετε· 11 ὁ λέγων γὰρ αὐτῷ χαίρειν κοινωνεῖ τοῖς
ἔργοις αὐτοῦ τοῖς πονηροῖς.

Final Words

12 Πολλὰ ἔχων ὑμῖν γράφειν οὐκ ἐβουλήθην διὰ χάρ-
του καὶ μέλανος, ἀλλὰ ἐλπίζω γενέσθαι πρὸς ὑμᾶς καὶ
στόμα πρὸς στόμα λαλῆσαι, ἵνα ἡ χαρὰ ὑμῶν πεπλη-
ρωμένη ᾖ. 13 Ἀσπάζεταί σε τὰ τέκνα τῆς ἀδελφῆς σου τῆς
ἐκλεκτῆς.

---

11 WH: λέγων γὰρ RP: γὰρ λέγων 12 WH: γενέσθαι RP: ἐλθεῖν // WH: ὑμῶν
{WH}/NA/RP: ἡμῶν // WH: πεπληρωμένη ᾖ RP: ᾖ πεπληρωμένη 13 RP: add
Ἀμήν. after ἐκλεκτῆς.

ΙΩΑΝΟΥ Γ

Opening Greeting

1 Ὁ πρεσβύτερος Γαΐῳ τῷ ἀγαπητῷ, ὃν ἐγὼ ἀγαπῶ ἐν ἀληθείᾳ.

2 Ἀγαπητέ, περὶ πάντων εὔχομαί σε εὐοδοῦσθαι καὶ ὑγιαίνειν, καθὼς εὐοδοῦταί σου ἡ ψυχή. 3 ἐχάρην γὰρ λίαν ἐρχομένων ἀδελφῶν καὶ μαρτυρούντων σου τῇ ἀληθείᾳ, καθὼς σὺ ἐν ἀληθείᾳ περιπατεῖς. 4 μειζοτέραν τούτων οὐκ ἔχω χάριν, ἵνα ἀκούω τὰ ἐμὰ τέκνα ἐν τῇ ἀληθείᾳ περιπατοῦντα.

Caring for the Lord's Workers

5 Ἀγαπητέ, πιστὸν ποιεῖς ὃ ἐὰν ἐργάσῃ εἰς τοὺς ἀδελφοὺς καὶ τοῦτο ξένους, 6 οἳ ἐμαρτύρησάν σου τῇ ἀγάπῃ ἐνώπιον ἐκκλησίας, οὓς καλῶς ποιήσεις προπέμψας ἀξίως τοῦ θεοῦ· 7 ὑπὲρ γὰρ τοῦ ὀνόματος ἐξῆλθαν μηδὲν λαμβάνοντες ἀπὸ τῶν ἐθνικῶν. 8 ἡμεῖς οὖν ὀφείλομεν ὑπολαμβάνειν τοὺς τοιούτους, ἵνα συνεργοὶ γινώμεθα τῇ ἀληθείᾳ.

9 Ἔγραψά τι τῇ ἐκκλησίᾳ· ἀλλ᾽ ὁ φιλοπρωτεύων αὐτῶν Διοτρέφης οὐκ ἐπιδέχεται ἡμᾶς. 10 διὰ τοῦτο, ἐὰν ἔλθω, ὑπομνήσω αὐτοῦ τὰ ἔργα ἃ ποιεῖ, λόγοις πονηροῖς φλυαρῶν ἡμᾶς, καὶ μὴ ἀρκούμενος ἐπὶ τούτοις οὔτε αὐτὸς ἐπιδέχεται τοὺς ἀδελφοὺς καὶ τοὺς βουλομένους κωλύει καὶ ἐκ τῆς ἐκκλησίας ἐκβάλλει.

11 Ἀγαπητέ, μὴ μιμοῦ τὸ κακὸν ἀλλὰ τὸ ἀγαθόν. ὁ ἀγαθοποιῶν ἐκ τοῦ θεοῦ ἐστίν· ὁ κακοποιῶν οὐχ ἑώρακεν τὸν

---

4 WH: χάριν {WH}/NA/RP: χαράν // RP: *omit* τῇ 5 WH: τοῦτο RP: εἰς τοὺς 7 WH: ἐθνικῶν RP: ἐθνῶν 8 WH: ὑπολαμβάνειν RP: ἀπολαμβάνειν 9 RP: *omit* τι

θεόν. 12 Δημητρίῳ μεμαρτύρηται ὑπὸ πάντων καὶ ὑπὸ αὐτῆς τῆς ἀληθείας· καὶ ἡμεῖς δὲ μαρτυροῦμεν, καὶ οἶδας ὅτι ἡ μαρτυρία ἡμῶν ἀληθής ἐστιν.

Final Words

13 Πολλὰ εἶχον γράψαι σοι, ἀλλ᾽ οὐ θέλω διὰ μέλανος καὶ καλάμου σοι γράφειν· 14 ἐλπίζω δὲ εὐθέως σε ἰδεῖν, καὶ στόμα πρὸς στόμα λαλήσομεν. 15 Εἰρήνη σοι. ἀσπάζονταί σε οἱ φίλοι. ἀσπάζου τοὺς φίλους κατ᾽ ὄνομα.

---

12 WH: οἶδας RP: οἴδατε 13 WH: γράψαι σοι RP: γράφειν // WH: γράφειν RP: γράψαι 14 WH: σε ἰδεῖν RP: ἰδεῖν σε

ΙΟΥΔΑ

Opening Greeting

1 Ἰούδας Ἰησοῦ Χριστοῦ δοῦλος, ἀδελφὸς δὲ Ἰακώβου, τοῖς ἐν θεῷ πατρὶ ἠγαπημένοις καὶ Ἰησοῦ Χριστῷ τετηρημένοις κλητοῖς· 2 ἔλεος ὑμῖν καὶ εἰρήνη καὶ ἀγάπη πληθυνθείη.

The Doom of False Teachers

3 Ἀγαπητοί, πᾶσαν σπουδὴν ποιούμενος γράφειν ὑμῖν περὶ τῆς κοινῆς ἡμῶν σωτηρίας ἀνάγκην ἔσχον γράψαι ὑμῖν παρακαλῶν ἐπαγωνίζεσθαι τῇ ἅπαξ παραδοθείσῃ τοῖς ἁγίοις πίστει. 4 παρεισεδύησαν γάρ τινες ἄνθρωποι, οἱ πάλαι προγεγραμμένοι εἰς τοῦτο τὸ κρίμα, ἀσεβεῖς, τὴν τοῦ θεοῦ ἡμῶν χάριτα μετατιθέντες εἰς ἀσέλγειαν καὶ τὸν μόνον δεσπότην καὶ κύριον ἡμῶν Ἰησοῦν Χριστὸν ἀρνούμενοι.

5 Ὑπομνῆσαι δὲ ὑμᾶς βούλομαι, εἰδότας ἅπαξ πάντα, ὅτι Κύριος λαὸν ἐκ γῆς Αἰγύπτου σώσας τὸ δεύτερον τοὺς μὴ πιστεύσαντας ἀπώλεσεν, 6 ἀγγέλους τε τοὺς μὴ τηρήσαντας τὴν ἑαυτῶν ἀρχὴν ἀλλὰ ἀπολιπόντας τὸ ἴδιον οἰκητήριον εἰς κρίσιν μεγάλης ἡμέρας δεσμοῖς ἀϊδίοις ὑπὸ ζόφον τετήρηκεν· 7 ὡς Σόδομα καὶ Γόμορρα καὶ αἱ περὶ αὐτὰς πόλεις, τὸν ὅμοιον τρόπον τούτοις ἐκπορνεύσασαι καὶ ἀπελθοῦσαι ὀπίσω σαρκὸς ἑτέρας, πρόκεινται δεῖγμα πυρὸς αἰωνίου δίκην ὑπέχουσαι.

1 WH: ἠγαπημένοις RP: ἡγιασμένοις // {WH}: *ἐν θεῷ πατρὶ ἠγαπημένοις καὶ*
3 RP: omit ἡμῶν before σωτηρίας 4 WH: παρεισεδύησαν NA/RP: παρεισέδυσαν // WH: χάριτα RP: χάριν // RP: add θεόν after δεσπότην 5 WH: ἅπαξ πάντα, ὅτι Κύριος NA: (ὑμᾶς) πάντα ὅτι (ὁ) κύριος ἅπαξ RP: ὑμᾶς ἅπαξ τοῦτο, ὅτι ὁ κύριος // {WH}: *πάντα* // WH: Κύριος {WH}: Ἰησοῦς 7 WH: τρόπον τούτοις RP: τούτοις τρόπον

8 Ὁμοίως μέντοι καὶ οὗτοι ἐνυπνιαζόμενοι σάρκα μὲν μιαίνουσιν, κυριότητα δὲ ἀθετοῦσιν, δόξας δὲ βλασφημοῦσιν. 9 Ὁ δὲ **Μιχαὴλ ὁ ἀρχάγγελος**, ὅτε τῷ διαβόλῳ διακρινόμενος διελέγετο περὶ τοῦ Μωυσέως σώματος, οὐκ ἐτόλμησεν κρίσιν ἐπενεγκεῖν βλασφημίας, ἀλλὰ εἶπεν **Ἐπιτιμήσαι σοι Κύριος**. 10 Οὗτοι δὲ ὅσα μὲν οὐκ οἴδασιν βλασφημοῦσιν, ὅσα δὲ φυσικῶς ὡς τὰ ἄλογα ζῷα ἐπίστανται, ἐν τούτοις φθείρονται. 11 οὐαὶ αὐτοῖς, ὅτι τῇ ὁδῷ τοῦ Καὶν ἐπορεύθησαν, καὶ τῇ πλάνῃ τοῦ Βαλαὰμ μισθοῦ ἐξεχύθησαν, καὶ τῇ ἀντιλογίᾳ τοῦ Κορὲ ἀπώλοντο. 12 οὗτοί εἰσιν οἱ ἐν ταῖς ἀγάπαις ὑμῶν σπιλάδες συνευωχούμενοι, ἀφόβως **ἑαυτοὺς ποιμαίνοντες**, νεφέλαι ἄνυδροι ὑπὸ ἀνέμων παραφερόμεναι, δένδρα φθινοπωρινὰ ἄκαρπα δὶς ἀποθανόντα ἐκριζωθέντα, 13 κύματα ἄγρια θαλάσσης ἐπαφρίζοντα τὰς ἑαυτῶν αἰσχύνας, ἀστέρες πλανῆται οἷς ὁ ζόφος τοῦ σκότους εἰς αἰῶνα τετήρηται.

14 Ἐπροφήτευσεν δὲ καὶ τούτοις ἕβδομος ἀπὸ Ἀδὰμ Ἑνὼχ λέγων Ἰδοὺ **ἦλθεν Κύριος ἐν ἁγίαις μυριάσιν αὐτοῦ**, 15 ποιῆσαι κρίσιν κατὰ πάντων καὶ ἐλέγξαι πάντας τοὺς ἀσεβεῖς περὶ πάντων τῶν ἔργων ἀσεβείας αὐτῶν ὧν ἠσέβησαν καὶ περὶ πάντων τῶν σκληρῶν ὧν ἐλάλησαν κατ' αὐτοῦ ἁμαρτωλοὶ ἀσεβεῖς.

16 Οὗτοί εἰσιν γογγυσταί, μεμψίμοιροι, κατὰ τὰς ἐπιθυμίας αὐτῶν πορευόμενοι, καὶ τὸ στόμα αὐτῶν λαλεῖ ὑπέρογκα, θαυμάζοντες πρόσωπα ὠφελίας χάριν.

A Call to Persevere

17 Ὑμεῖς δέ, ἀγαπητοί, μνήσθητε τῶν ῥημάτων τῶν προειρημένων ὑπὸ τῶν ἀποστόλων τοῦ κυρίου ἡμῶν Ἰησοῦ

---

12 RP: *omit* οἱ 13 WH: πλανῆται οἷς ὁ ζόφος τοῦ {WH}: πλάνητες οἷς ζόφος 14 WH: Ἐπροφήτευσεν NA/RP: Προεφήτευσεν 15 WH: πάντας τοὺς ἀσεβεῖς NA: πᾶσαν ψυχὴν // RP: *add* αὐτῶν *after* ἀσεβεῖς 16 WH: αὐτῶν NA: ἑαυτῶν

9 Dan 12:1; Zech 3:2 12 Ezek 34:8 14 Deut 33:2; Zech 14:5

Χριστοῦ· 18 ὅτι ἔλεγον ὑμῖν Ἐπ᾽ ἐσχάτου χρόνου ἔσονται ἐμπαῖκται κατὰ τὰς ἑαυτῶν ἐπιθυμίας πορευόμενοι τῶν ἀσεβειῶν. 19 Οὗτοί εἰσιν οἱ ἀποδιορίζοντες, ψυχικοί, πνεῦμα μὴ ἔχοντες. 20 Ὑμεῖς δέ, ἀγαπητοί, ἐποικοδομοῦντες ἑαυτοὺς τῇ ἁγιωτάτῃ ὑμῶν πίστει, ἐν πνεύματι ἁγίῳ προσευχόμενοι, 21 ἑαυτοὺς ἐν ἀγάπῃ θεοῦ τηρήσατε προσδεχόμενοι τὸ ἔλεος τοῦ κυρίου ἡμῶν Ἰησοῦ Χριστοῦ εἰς ζωὴν αἰώνιον. 22 Καὶ οὓς μὲν ἐλεᾶτε διακρινομένους σώζετε **ἐκ πυρὸς ἁρπάζοντες,** 23 οὓς δὲ ἐλεᾶτε ἐν φόβῳ, μισοῦντες καὶ τὸν ἀπὸ τῆς σαρκὸς **ἐσπιλωμένον χιτῶνα.**

Benediction

24 Τῷ δὲ δυναμένῳ φυλάξαι ὑμᾶς ἀπταίστους καὶ στῆσαι κατενώπιον τῆς δόξης αὐτοῦ ἀμώμους ἐν ἀγαλλιάσει 25 μόνῳ θεῷ σωτῆρι ἡμῶν διὰ Ἰησοῦ Χριστοῦ τοῦ κυρίου ἡμῶν δόξα μεγαλωσύνη κράτος καὶ ἐξουσία πρὸ παντὸς τοῦ αἰῶνος καὶ νῦν καὶ εἰς πάντας τοὺς αἰῶνας· ἀμήν.

---

18 WH: Ἐπ᾽ ἐσχάτου χρόνου NA: (ὅτι) ἐπ᾽ ἐσχάτου (τοῦ) χρόνου RP: ὅτι ἐν ἐσχάτῳ χρόνῳ 20 WH: ἐποικοδομοῦντες ἑαυτοὺς τῇ ἁγιωτάτῃ ὑμῶν πίστει RP: τῇ ἁγιωτάτῃ ὑμῶν πίστει ἐποικοδομοῦντες ἑαυτούς 22–23 NA: *end v. 22 after* διακρινομένους // {WH}: *ἐλεᾶτε . . . ἐλεᾶτε* // WH: σώζετε ἐκ πυρὸς ἁρπάζοντες NA: 23 οὓς δὲ σώζετε ἐκ πυρὸς ἁρπάζοντες // RP: *reword vv. 22–23 to read:* 22 Καὶ οὓς μὲν ἐλεεῖτε διακρινόμενοι· 23 οὓς δὲ ἐν φόβῳ σώζετε, ἐκ πυρὸς ἁρπάζοντες, μισοῦντες καὶ τὸν ἀπὸ τῆς σαρκὸς ἐσπιλωμένον χιτῶνα. 24 WH: ὑμᾶς RP: αὐτούς 25 RP: *add* σοφῷ *before* θεῷ // RP: *omit* διὰ Ἰησοῦ Χριστοῦ τοῦ κυρίου ἡμῶν // RP: *add* καὶ *after* δόξα // RP: *omit* πρὸ παντὸς τοῦ αἰῶνος *after* ἐξουσία

22–23 Zech 3:2, 3

ΑΠΟΚΑΛΥΨΙΣ ΙΩΑΝΟΥ

Introduction and Salutation

1 Ἀποκάλυψις Ἰησοῦ Χριστοῦ, ἣν ἔδωκεν αὐτῷ ὁ θεὸς δεῖξαι τοῖς δούλοις αὐτοῦ, **ἃ δεῖ γενέσθαι** ἐν τάχει, καὶ ἐσήμανεν ἀποστείλας διὰ τοῦ ἀγγέλου αὐτοῦ τῷ δούλῳ αὐτοῦ Ἰωάνει, 2 ὃς ἐμαρτύρησεν τὸν λόγον τοῦ θεοῦ καὶ τὴν μαρτυρίαν Ἰησοῦ Χριστοῦ, ὅσα εἶδεν. 3 μακάριος ὁ ἀναγινώσκων καὶ οἱ ἀκούοντες τοὺς λόγους τῆς προφητείας καὶ τηροῦντες τὰ ἐν αὐτῇ γεγραμμένα, ὁ γὰρ καιρὸς ἐγγύς.

Greeting to the Seven Churches

4 Ἰωάνης ταῖς ἑπτὰ ἐκκλησίαις ταῖς ἐν τῇ Ἀσίᾳ· χάρις ὑμῖν καὶ εἰρήνη ἀπὸ **ὁ ὢν** καὶ **ὁ ἦν** καὶ **ὁ ἐρχόμενος**, καὶ ἀπὸ τῶν ἑπτὰ πνευμάτων ἃ ἐνώπιον τοῦ θρόνου αὐτοῦ, 5 καὶ ἀπὸ Ἰησοῦ Χριστοῦ, **ὁ μάρτυς ὁ πιστός**, **ὁ πρωτότοκος** τῶν νεκρῶν καὶ **ὁ ἄρχων τῶν βασιλέων τῆς γῆς.** Τῷ ἀγαπῶντι ἡμᾶς καὶ **λύσαντι** ἡμᾶς **ἐκ** τῶν ἁμαρτιῶν [ἡμῶν] ἐν τῷ αἵματι αὐτοῦ,—6 καὶ ἐποίησεν ἡμᾶς **βασιλείαν, ἱερεῖς** τῷ **θεῷ** καὶ πατρὶ αὐτοῦ,—αὐτῷ ἡ δόξα καὶ τὸ κράτος εἰς τοὺς αἰῶνας· ἀμήν. 7 **Ἰδοὺ ἔρχεται μετὰ τῶν νεφελῶν**, καὶ ὄψεται αὐτὸν πᾶς ὀφθαλμὸς καὶ οἵτινες αὐτὸν **ἐξεκέντησαν, καὶ κόψονται ἐπ' αὐτὸν πᾶσαι αἱ φυλαὶ τῆς γῆς.** ναί, ἀμήν.

8 **Ἐγώ εἰμι** τὸ **Ἄλφα** καὶ τὸ **Ὦ**, λέγει **Κύριος**, ὁ **θεός**, ὁ **ὢν** καὶ ὁ **ἦν** καὶ ὁ ἐρχόμενος, ὁ **παντοκράτωρ.**

1:4 RP: *add* θεοῦ *after* ἀπὸ // WH: ἃ {WH}: τῶν 5 WH: λύσαντι RP: λούσαντι // WH: ἐκ RP: ἀπὸ // WH: [ἡμῶν] NA/RP: ἡμῶν 6 WH: ἡμᾶς {WH}: ἡμῖν // [NA]/RP: *add* τῶν αἰώνων *after* αἰῶνας

1:1 Dan 2:28 **4** Exod 3:14; Isa 41:4; Ps 89:37; 89:27; 130:8; Isa 40:2 **6** Exod 19:6 **7** Dan 7:13; Zech 12:10, 12, 14 **8** Exod 3:14; Isa 12:4; Amos 4:13 LXX

The Vision of the Son of Man

9 Ἐγὼ Ἰωάνης, ὁ ἀδελφὸς ὑμῶν καὶ συνκοινωνὸς ἐν τῇ θλίψει καὶ βασιλείᾳ καὶ ὑπομονῇ ἐν Ἰησοῦ, ἐγενόμην ἐν τῇ νήσῳ τῇ καλουμένῃ Πάτμῳ διὰ τὸν λόγον τοῦ θεοῦ καὶ τὴν μαρτυρίαν Ἰησοῦ. 10 ἐγενόμην ἐν πνεύματι ἐν τῇ κυριακῇ ἡμέρᾳ, καὶ ἤκουσα ὀπίσω μου φωνὴν μεγάλην ὡς σάλπιγγος 11 λεγούσης Ὃ βλέπεις γράψον εἰς βιβλίον καὶ πέμψον ταῖς ἑπτὰ ἐκκλησίαις, εἰς Ἔφεσον καὶ εἰς Σμύρναν καὶ εἰς Πέργαμον καὶ εἰς Θυάτειρα καὶ εἰς Σάρδεις καὶ εἰς Φιλαδελφίαν καὶ εἰς Λαοδικίαν. 12 Καὶ ἐπέστρεψα βλέπειν τὴν φωνὴν ἥτις ἐλάλει μετ᾽ ἐμοῦ· καὶ ἐπιστρέψας εἶδον ἑπτὰ λυχνίας χρυσᾶς, 13 καὶ ἐν μέσῳ τῶν λυχνιῶν **ὅμοιον υἱὸν ἀνθρώπου, ἐνδεδυμένον ποδήρη** καὶ **περιεζωσμένον** πρὸς τοῖς μαστοῖς ζώνην **χρυσᾶν·** 14 ἡ δὲ **κεφαλὴ αὐτοῦ** καὶ **αἱ τρίχες λευκαὶ ὡς ἔριον** λευκόν, **ὡς χιών, καὶ οἱ ὀφθαλμοὶ αὐτοῦ ὡς φλὸξ πυρός,** 15 **καὶ οἱ πόδες αὐτοῦ** ὅμοιοι χαλκολιβάνῳ, ὡς ἐν καμίνῳ πεπυρωμένης, **καὶ ἡ φωνὴ αὐτοῦ ὡς φωνὴ ὑδάτων πολλῶν,** 16 καὶ ἔχων ἐν τῇ δεξιᾷ χειρὶ αὐτοῦ ἀστέρας ἑπτά, καὶ ἐκ τοῦ στόματος αὐτοῦ ῥομφαία δίστομος ὀξεῖα ἐκπορευομένη, καὶ ἡ ὄψις αὐτοῦ ὡς ὁ **ἥλιος** φαίνει **ἐν τῇ δυνάμει αὐτοῦ.** 17 Καὶ ὅτε εἶδον αὐτόν, ἔπεσα πρὸς τοὺς πόδας αὐτοῦ ὡς νεκρός· καὶ ἔθηκεν τὴν δεξιὰν αὐτοῦ ἐπ᾽ ἐμὲ λέγων **Μὴ φοβοῦ· ἐγώ εἰμι ὁ πρῶτος καὶ ὁ ἔσχατος,** 18 καὶ ὁ ζῶν,—καὶ ἐγενόμην νεκρὸς καὶ ἰδοὺ ζῶν εἰμὶ εἰς τοὺς αἰῶνας τῶν αἰώνων,—καὶ ἔχω τὰς κλεῖς τοῦ θανάτου καὶ τοῦ ᾅδου. 19 γράψον οὖν ἃ εἶδες καὶ ἃ εἰσὶν

---

9 WH: συνκοινωνὸς NA: συγκοινωνὸς RP: κοινωνὸς // RP: *add* χριστῷ *after* ὑπομονῇ ἐν // RP: *add* διὰ *before* τὴν μαρτυρίαν // RP: *add* χριστοῦ *after* Ἰησοῦ 10 WH: ὀπίσω μου φωνὴν μεγάλην {WH}: φωνὴν μεγάλην ὄπισθέν μου RP: φωνὴν ὀπίσω μου μεγάλην 12 RP: *add* ἐκεῖ *before* ἐπέστρεψα 13 RP: *add* ἑπτὰ *before* λυχνιῶν // NA: υἱὸν {WH}/RP: υἱῷ // WH: χρυσᾶν RP: χρυσῇ 15 WH: πεπυρωμένης {WH}/RP: πεπυρωμένοι 16 WH: χειρὶ αὐτοῦ RP: αὐτοῦ χειρὶ 18 RP: *add* ἀμήν *after* αἰώνων

---

13 Dan 7:13; Ezek 1:26; 8:2; Ezek 9:2, 3, 11 LXX; Dan 10:5   14 Dan 7:9   14–15 Dan 10:6   15 Ezek 1:24; 43:2   16 Judg 5:31   17 Dan 10:12, 19; Isa 44:6; 48:12

καὶ ἃ μέλλει γίνεσθαι μετὰ ταῦτα. 20 τὸ μυστήριον τῶν
ἑπτὰ ἀστέρων οὓς εἶδες ἐπὶ τῆς δεξιᾶς μου, καὶ τὰς ἑπτὰ
λυχνίας τὰς χρυσᾶς· οἱ ἑπτὰ ἀστέρες ἄγγελοι τῶν ἑπτὰ
ἐκκλησιῶν εἰσίν, καὶ αἱ λυχνίαι αἱ ἑπτὰ ἑπτὰ ἐκκλησίαι
εἰσίν.

The Message to the Church in Ephesus

2 Τῷ ἀγγέλῳ τῷ ἐν Ἐφέσῳ ἐκκλησίας γράψον

Τάδε λέγει ὁ κρατῶν τοὺς ἑπτὰ ἀστέρας ἐν τῇ δεξιᾷ
αὐτοῦ, ὁ περιπατῶν ἐν μέσῳ τῶν ἑπτὰ λυχνιῶν τῶν χρυσῶν,
2 Οἶδα τὰ ἔργα σου, καὶ τὸν κόπον καὶ τὴν ὑπομονήν σου,
καὶ ὅτι οὐ δύνῃ βαστάσαι κακούς, καὶ ἐπείρασας τοὺς λέ-
γοντας ἑαυτοὺς ἀποστόλους, καὶ οὐκ εἰσίν, καὶ εὗρες αὐ-
τοὺς ψευδεῖς· 3 καὶ ὑπομονὴν ἔχεις, καὶ ἐβάστασας διὰ τὸ
ὄνομά μου, καὶ οὐ κεκοπίακες. 4 ἀλλὰ ἔχω κατὰ σοῦ ὅτι
τὴν ἀγάπην σου τὴν πρώτην ἀφῆκες. 5 μνημόνευε οὖν
πόθεν πέπτωκες, καὶ μετανόησον καὶ τὰ πρῶτα ἔργα ποίη-
σον· εἰ δὲ μή, ἔρχομαί σοι, καὶ κινήσω τὴν λυχνίαν σου ἐκ
τοῦ τόπου αὐτῆς, ἐὰν μὴ μετανοήσῃς. 6 ἀλλὰ τοῦτο ἔχεις
ὅτι μισεῖς τὰ ἔργα τῶν Νικολαϊτῶν, ἃ κἀγὼ μισῶ. 7 Ὁ ἔχων
οὖς ἀκουσάτω τί τὸ πνεῦμα λέγει ταῖς ἐκκλησίαις. Τῷ
νικῶντι δώσω αὐτῷ **φαγεῖν ἐκ τοῦ ξύλου τῆς ζωῆς,** ὅ ἐστιν
ἐν τῷ παραδείσῳ τοῦ θεοῦ.

The Message to the Church in Smyrna

8 Καὶ τῷ ἀγγέλῳ τῷ ἐν Σμύρνῃ ἐκκλησίας γράψον

Τάδε λέγει ὁ **πρῶτος καὶ ὁ ἔσχατος,** ὃς ἐγένετο νεκρὸς
καὶ ἔζησεν, 9 Οἶδά σου τὴν θλῖψιν καὶ τὴν πτωχείαν, ἀλλὰ

---

19 WH: γίνεσθαι NA: γενέσθαι 20 WH: οὓς RP: ὧν // {WH}: *ἑπτὰ ἑπτὰ*
2:1 WH: τῷ NA/RP: τῆς 2 RP: *add* σου *after* κόπον // RP: *add* εἶναι *after*
ἀποστόλους 3 WH: οὐ κεκοπίακες RP: οὐκ ἐκοπίασας 4 WH: ἀφῆκες RP:
ἀφῆκας 5 WH: πέπτωκες NA/RP: πέπτωκας // RP: *add* ταχύ *after* σοι 7 {WH}/RP:
add μου *after* θεοῦ 8 WH: τῷ NA/RP: τῆς 9 RP: *add* τὰ ἔργα καὶ *after* Οἶδά σου

πλούσιος εἶ, καὶ τὴν βλασφημίαν ἐκ τῶν λεγόντων Ἰουδαί-
ους εἶναι ἑαυτούς, καὶ οὐκ εἰσίν, ἀλλὰ συναγωγὴ τοῦ Σατα-
νᾶ. 10 μὴ φοβοῦ ἃ μέλλεις πάσχειν. ἰδοὺ μέλλει βάλλει ὁ
διάβολος ἐξ ὑμῶν εἰς φυλακὴν ἵνα **πειρασθῆτε,** καὶ ἔχητε
θλίψιν **ἡμερῶν δέκα.** γίνου πιστὸς ἄχρι θανάτου, καὶ δώσω
σοι τὸν στέφανον τῆς ζωῆς. 11 Ὁ ἔχων οὖς ἀκουσάτω τί τὸ
πνεῦμα λέγει ταῖς ἐκκλησίαις. Ὁ νικῶν οὐ μὴ ἀδικηθῇ ἐκ
τοῦ θανάτου τοῦ δευτέρου.

The Message to the Church in Pergamum

12 Καὶ τῷ ἀγγέλῳ τῆς ἐν Περγάμῳ ἐκκλησίας γράψον
Τάδε λέγει ὁ ἔχων τὴν ῥομφαίαν τὴν δίστομον τὴν
ὀξεῖαν 13 Οἶδα ποῦ κατοικεῖς, ὅπου ὁ θρόνος τοῦ Σατανᾶ,
καὶ κρατεῖς τὸ ὄνομά μου, καὶ οὐκ ἠρνήσω τὴν πίστιν μου
καὶ ἐν ταῖς ἡμέραις Ἀντίπας, ὁ μάρτυς μου, ὁ πιστός [μου],
ὃς ἀπεκτάνθη παρ' ὑμῖν, ὅπου ὁ Σατανᾶς κατοικεῖ. 14 ἀλλὰ
ἔχω κατὰ σοῦ ὀλίγα, ὅτι ἔχεις ἐκεῖ κρατοῦντας τὴν διδαχὴν
Βαλαάμ, ὃς ἐδίδασκεν τῷ Βαλὰκ βαλεῖν σκάνδαλον ἐνώπι-
ον **τῶν υἱῶν Ἰσραήλ, φαγεῖν εἰδωλόθυτα καὶ πορνεῦσαι·**
15 οὕτως ἔχεις καὶ σὺ κρατοῦντας τὴν διδαχὴν Νικολαϊτῶν
ὁμοίως. 16 μετανόησον οὖν· εἰ δὲ μή, ἔρχομαί σοι ταχύ, καὶ
πολεμήσω μετ' αὐτῶν ἐν τῇ ῥομφαίᾳ τοῦ στόματός μου.
17 Ὁ ἔχων οὖς ἀκουσάτω τί τὸ πνεῦμα λέγει ταῖς ἐκκλη-
σίαις. Τῷ νικῶντι **δώσω αὐτῷ τοῦ μάννα** τοῦ κεκρυμμένου,
καὶ δώσω αὐτῷ ψῆφον λευκήν, καὶ ἐπὶ τὴν ψῆφον **ὄνομα
καινὸν** γεγραμμένον ὃ οὐδεὶς οἶδεν εἰ μὴ ὁ λαμβάνων.

---

10 WH: μὴ {WH}/NA: μηδὲν // WH: πάσχειν. ἰδοὺ RP: παθεῖν· ἰδού, δή // WH:
βάλλειν RP: βαλεῖν // WH: ἔχητε {WH}: ἔξετε or ἔχετε NA/RP: ἔξετε 12 {WH}:
τῆς 13 RP: add τὰ ἔργα σου καὶ after Οἶδα // RP: omit καὶ after πίστιν μου // RP:
add ἐν αἷς after ἡμέραις // WH: Ἀντίπας {WH}: *᾿Αντίπας* NA: Ἀντιπᾶς // WH:
[μου] NA: μου RP: omit [μου] 14 WH: ἀλλὰ NA: ἀλλ' // WH: ὀλίγα, ὅτι {WH}:
ὀλίγα· // WH: ἐδίδασκεν RP: ἐδίδαξεν // RP: add καὶ before φαγεῖν 15 [NA]/RP: add
τῶν before Νικολαϊτῶν 17 RP: add φαγεῖν after αὐτῷ

10 Dan 1:12, 14 14 Num 31:16; Num 25:1, 2 17 Ps 78:24; Isa 62:2; 65:15

The Message to the Church in Thyatira

18 Καὶ τῷ ἀγγέλῳ τῷ ἐν Θυατείροις ἐκκλησίας γράψον
Τάδε λέγει ὁ υἱὸς τοῦ θεοῦ, ὁ ἔχων **τοὺς ὀφθαλμοὺς
[αὐτοῦ]** ὡς φλόγα **πυρός, καὶ οἱ πόδες αὐτοῦ ὅμοιοι χαλκο-
λιβάνῳ,** 19 Οἶδά σου τὰ ἔργα, καὶ τὴν ἀγάπην καὶ τὴν πί-
στιν καὶ τὴν διακονίαν καὶ τὴν ὑπομονήν σου, καὶ τὰ ἔργα
σου τὰ ἔσχατα πλείονα τῶν πρώτων. 20 ἀλλὰ ἔχω κατὰ σοῦ
ὅτι ἀφεῖς τὴν γυναῖκα Ἰεζάβελ, ἡ λέγουσα ἑαυτὴν προφῆ-
τιν, καὶ διδάσκει καὶ πλανᾷ τοὺς ἐμοὺς δούλους **πορνεῦσαι
καὶ φαγεῖν εἰδωλόθυτα.** 21 καὶ ἔδωκα αὐτῇ χρόνον ἵνα
μετανοήσῃ, καὶ οὐ θέλει μετανοῆσαι ἐκ τῆς πορνείας
αὐτῆς. 22 ἰδοὺ βάλλω αὐτὴν εἰς κλίνην, καὶ τοὺς μοιχεύον-
τας μετ᾽ αὐτῆς εἰς θλῖψιν μεγάλην, ἐὰν μὴ μετανοήσουσιν
ἐκ τῶν ἔργων αὐτῆς· 23 καὶ τὰ τέκνα αὐτῆς ἀποκτενῶ ἐν
θανάτῳ· καὶ γνώσονται πᾶσαι αἱ ἐκκλησίαι ὅτι ἐγώ εἰμι ὁ
ἐραυνῶν νεφροὺς καὶ καρδίας, καὶ **δώσω** ὑμῖν **ἑκάστῳ
κατὰ τὰ ἔργα** ὑμῶν. 24 ὑμῖν δὲ λέγω τοῖς λοιποῖς τοῖς ἐν
Θυατείροις, ὅσοι οὐκ ἔχουσιν τὴν διδαχὴν ταύτην, οἵτινες
οὐκ ἔγνωσαν τὰ βαθέα τοῦ Σατανᾶ, ὡς λέγουσιν, οὐ βάλλω
ἐφ᾽ ὑμᾶς ἄλλο βάρος· 25 πλὴν ὃ ἔχετε κρατήσατε ἄχρι οὗ
ἂν ἥξω. 26 Καὶ ὁ νικῶν καὶ ὁ τηρῶν ἄχρι τέλους τὰ ἔργα
μου, **δώσω αὐτῷ** ἐξουσίαν ἐπὶ **τῶν ἐθνῶν,** 27 καὶ **ποιμανεῖ
αὐτοὺς ἐν ῥάβδῳ σιδηρᾷ ὡς τὰ σκεύη τὰ κεραμικὰ συντρί-
βεται,** 28 ὡς κἀγὼ εἴληφα παρὰ τοῦ πατρός μου, καὶ δώσω
αὐτῷ τὸν ἀστέρα τὸν πρωινόν. 29 Ὁ ἔχων οὖς ἀκουσάτω τί
τὸ πνεῦμα λέγει ταῖς ἐκκλησίαις.

---

18 WH: τῷ NA/RP: τῆς // WH: [αὐτοῦ] NA/RP: αὐτοῦ 20 WH: γυναῖκα {WH}/RP:
γυναῖκά σου // WH: λέγουσα RP: λέγει 22 WH: μετανοήσουσιν NA/RP:
μετανοήσωσιν // WH: αὐτῆς {WH}: αὐτῶν 23 WH: ἐραυνῶν RP: ἐρευνῶν
25 WH: ἄχρι NA: ἄχρι[ς] 27 WH: συντρίβεται RP: συντριβήσεται 27–28 RP: *end
v. 27 after* μου

---

18 Dan 10:6 20 Num 25:1, 2 23 Jer 17:10; Ps 7:9; 62:12 26–27 Ps 2:8, 9

The Message to the Church in Sardis

3 Καὶ τῷ ἀγγέλῳ τῆς ἐν Σάρδεσιν ἐκκλησίας γράψον

Τάδε λέγει ὁ ἔχων τὰ ἑπτὰ πνεύματα τοῦ θεοῦ καὶ τοὺς ἑπτὰ ἀστέρας Οἶδά σου τὰ ἔργα, ὅτι ὄνομα ἔχεις ὅτι ζῇς, καὶ νεκρὸς εἶ. 2 γίνου γρηγορῶν, καὶ στήρισον τὰ λοιπὰ ἃ ἔμελλον ἀποθανεῖν, οὐ γὰρ εὕρηκά σου ἔργα πεπληρωμένα ἐνώπιον τοῦ θεοῦ μου· 3 μνημόνευε οὖν πῶς εἴληφας καὶ ἤκουσας καὶ τήρει, καὶ μετανόησον· ἐὰν οὖν μὴ γρηγορήσῃς, ἥξω ὡς κλέπτης, καὶ οὐ μὴ γνῷς ποίαν ὥραν ἥξω ἐπὶ σέ· 4 ἀλλὰ ἔχεις ὀλίγα ὀνόματα ἐν Σάρδεσιν ἃ οὐκ ἐμόλυναν τὰ ἱμάτια αὐτῶν, καὶ περιπατήσουσιν μετ' ἐμοῦ ἐν λευκοῖς, ὅτι ἄξιοί εἰσιν. 5 Ὁ νικῶν οὕτως περιβαλεῖται ἐν ἱματίοις λευκοῖς, καὶ οὐ μὴ **ἐξαλείψω** τὸ ὄνομα αὐτοῦ **ἐκ τῆς βίβλου τῆς ζωῆς**, καὶ ὁμολογήσω τὸ ὄνομα αὐτοῦ ἐνώπιον τοῦ πατρός μου καὶ ἐνώπιον τῶν ἀγγέλων αὐτοῦ. 6 Ὁ ἔχων οὖς ἀκουσάτω τί τὸ πνεῦμα λέγει ταῖς ἐκκλησίαις.

The Message to the Church in Philadelphia

7 Καὶ τῷ ἀγγέλῳ τῆς ἐν Φιλαδελφίᾳ ἐκκλησίας γράψον

Τάδε λέγει ὁ ἅγιος, ὁ ἀληθινός, ὁ ἔχων **τὴν κλεῖν Δαυείδ, ὁ ἀνοίγων καὶ οὐδεὶς κλείσει, καὶ κλείων καὶ οὐδεὶς ἀνοίγει,** 8 Οἶδά σου τὰ ἔργα,—ἰδοὺ δέδωκα ἐνώπιόν σου θύραν ἠνεῳγμένην, ἣν οὐδεὶς δύναται κλεῖσαι αὐτήν,—ὅτι μικρὰν ἔχεις δύναμιν, καὶ ἐτήρησάς μου τὸν λόγον, καὶ οὐκ ἠρνήσω τὸ ὄνομά μου. 9 ἰδοὺ διδῶ ἐκ τῆς συναγωγῆς τοῦ Σατανᾶ, τῶν λεγόντων ἑαυτοὺς Ἰουδαίους εἶναι, καὶ οὐκ

3:1 WH: τῆς {WH}: *τῷ* 2 WH: ἔμελλον ἀποθανεῖν RP: ἔμελλες ἀποβάλλειν // {WH}/NA/RP: *add* τὰ *before* ἔργα 3 RP: *add* ἐπί σε *after* ἥξω // WH: γνῷς {WH}: γνώσῃ 4 WH: ἀλλὰ ἔχεις ὀλίγα RP: 'Αλλ' ὀλίγα ἔχεις 5 WH: οὕτως RP: οὗτος 7 WH: τῆς {WH}: *τῷ*// WH: ὁ ἅγιος, ὁ ἀληθινός {WH}: ὁ ἀληθινός, ὁ ἅγιος // WH: Δαυείδ {WH}: τοῦ Δαυείδ NA: Δαυίδ RP: τοῦ Δαυίδ // WH: καὶ κλείων {WH}: καὶ κλείει RP: αὐτήν, εἰ μὴ ὁ ἀνοίγων· // WH: ἀνοίγει RP: ἀνοίξει 8 WH: ἠνεῳγμένην RP: ἀνεῳγμένην 9 WH: διδῶ RP: δίδωμι //

3:5 Exod 32:33; Ps 69:28 7 Isa 22:22

εἰσὶν ἀλλὰ ψεύδονται,—ἰδοὺ ποιήσω αὐτοὺς ἵνα **ἥξουσιν καὶ προσκυνήσουσιν ἐνώπιον τῶν ποδῶν σου,** καὶ γνῶσιν ὅτι ἐγὼ **ἠγάπησά σε.** 10 ὅτι ἐτήρησας τὸν λόγον τῆς ὑπομονῆς μου, κἀγώ σε τηρήσω ἐκ τῆς ὥρας τοῦ πειρασμοῦ τῆς μελλούσης ἔρχεσθαι ἐπὶ τῆς οἰκουμένης ὅλης, πειράσαι τοὺς κατοικοῦντας ἐπὶ τῆς γῆς. 11 ἔρχομαι ταχύ· κράτει ὃ ἔχεις, ἵνα μηδεὶς λάβῃ τὸν στέφανόν σου. 12 Ὁ νικῶν ποιήσω αὐτὸν στύλον ἐν τῷ ναῷ τοῦ θεοῦ μου, καὶ ἔξω οὐ μὴ ἐξέλθῃ ἔτι, καὶ γράψω ἐπ' αὐτὸν τὸ ὄνομα τοῦ θεοῦ μου καὶ **τὸ ὄνομα τῆς πόλεως** τοῦ θεοῦ μου, τῆς καινῆς Ἰερουσαλήμ, ἡ καταβαίνουσα ἐκ τοῦ οὐρανοῦ ἀπὸ τοῦ θεοῦ μου, καὶ **τὸ ὄνομά** μου **τὸ καινόν.** 13 Ὁ ἔχων οὖς ἀκουσάτω τί τὸ πνεῦμα λέγει ταῖς ἐκκλησίαις.

The Message to the Church in Laodicea

14 Καὶ τῷ ἀγγέλῳ τῆς ἐν Λαοδικίᾳ ἐκκλησίας γράψον

Τάδε λέγει ὁ Ἀμήν, **ὁ μάρτυς ὁ πιστὸς** καὶ [ὁ] ἀληθινός, **ἡ ἀρχὴ τῆς κτίσεως** τοῦ θεοῦ, 15 Οἶδά σου τὰ ἔργα, ὅτι οὔτε ψυχρὸς εἶ οὔτε ζεστός. ὄφελον ψυχρὸς ἦς ἢ ζεστός. 16 οὕτως, ὅτι χλιαρὸς εἶ καὶ οὔτε ζεστὸς οὔτε ψυχρός, μέλλω σε ἐμέσαι ἐκ τοῦ στόματός μου. 17 ὅτι λέγεις ὅτι Πλούσιός εἰμι καὶ **πεπλούτηκα** καὶ οὐδὲν χρείαν ἔχω, καὶ οὐκ οἶδας ὅτι σὺ εἶ ὁ ταλαίπωρος καὶ ἐλεινὸς καὶ πτωχὸς καὶ τυφλὸς καὶ γυμνός, 18 συμβουλεύω σοι ἀγοράσαι παρ' ἐμοῦ χρυσίον πεπυρωμένον ἐκ πυρὸς ἵνα πλουτήσῃς, καὶ ἱμάτια λευκὰ ἵνα περιβάλῃ καὶ μὴ φανερωθῇ ἡ αἰσχύνη τῆς γυμνότητός σου, καὶ κολλούριον ἐγχρῖσαι τοὺς ὀφθαλ-

---

WH: ἥξουσιν καὶ προσκυνήσουσιν RP: ἥξωσιν καὶ προσκυνήσωσιν // RP: *omit* ἐγὼ 12 WH: καταβαίνουσα RP: καταβαίνει 14 {WH}: *τῆς* // WH: [ὁ] NA: *omit* [ὁ] RP: ὁ 16 WH: οὔτε RP: οὐ 17 RP: *omit* ὅτι *after* λέγεις // WH: οὐδὲν RP: οὐδενὸς // WH: ἐλεινὸς {WH}: ὁ ἐλεινὸς NA: ἐλεεινὸς RP: ὁ ἐλεινὸς 18 WH: παρ' ἐμοῦ χρυσίον RP: χρυσίον παρ' ἐμοῦ // WH: κολλούριον ἐγχρῖσαι NA: κολλ[ο]ύριον ἐγχρῖσαι RP: κολλύριον ἵνα ἐγχρίσῃ

---

9 Isa 45:14; 49:23; 60:14; 66:23; Isa 43:4 **12** Ezek 48:35; Isa 62:2; 65:15 **14** Ps 89:37; Prov 8:22 **17** Hos 12:8

μούς σου ἵνα βλέπῃς. 19 ἐγὼ **ὅσους ἐὰν φιλῶ ἐλέγχω** καὶ **παιδεύω·** ζήλευε οὖν καὶ μετανόησον. 20 Ἰδοὺ ἕστηκα ἐπὶ τὴν θύραν καὶ κρούω· ἐάν τις ἀκούσῃ τῆς φωνῆς μου καὶ ἀνοίξῃ τὴν θύραν, εἰσελεύσομαι πρὸς αὐτὸν καὶ δειπνήσω μετ᾽ αὐτοῦ καὶ αὐτὸς μετ᾽ ἐμοῦ. 21 Ὁ νικῶν δώσω αὐτῷ καθίσαι μετ᾽ ἐμοῦ ἐν τῷ θρόνῳ μου, ὡς κἀγὼ ἐνίκησα καὶ ἐκάθισα μετὰ τοῦ πατρός μου ἐν τῷ θρόνῳ αὐτοῦ. 22 Ὁ ἔχων οὖς ἀκουσάτω τί τὸ πνεῦμα λέγει ταῖς ἐκκλησίαις.

Worship in the Heavenly Throne Room

4 Μετὰ ταῦτα εἶδον, καὶ ἰδοὺ θύρα ἠνεῳγμένη ἐν τῷ οὐρανῷ, καὶ ἡ φωνὴ ἡ πρώτη ἣν ἤκουσα ὡς **σάλπιγγος** λαλούσης μετ᾽ ἐμοῦ, λέγων Ἀνάβα ὧδε, καὶ δείξω σοι ἃ **δεῖ γενέσθαι.** μετὰ ταῦτα 2 εὐθέως ἐγενόμην ἐν πνεύματι· καὶ ἰδοὺ θρόνος ἔκειτο ἐν τῷ οὐρανῷ, καὶ **ἐπὶ τὸν θρόνον καθήμενος,** 3 καὶ ὁ καθήμενος ὅμοιος ὁράσει λίθῳ ἰάσπιδι καὶ σαρδίῳ, καὶ **ἶρις κυκλόθεν τοῦ θρόνου** ὅμοιος ὁράσει σμαραγδίνῳ. 4 καὶ κυκλόθεν τοῦ θρόνου θρόνοι εἴκοσι τέσσαρες, καὶ ἐπὶ τοὺς θρόνους εἴκοσι τέσσαρας πρεσβυτέρους καθημένους περιβεβλημένους ἱματίοις λευκοῖς, καὶ ἐπὶ τὰς κεφαλὰς αὐτῶν στεφάνους χρυσοῦς. 5 καὶ ἐκ τοῦ θρόνου **ἐκπορεύονται ἀστραπαὶ καὶ φωναὶ** καὶ **βρονταί·** καὶ ἑπτὰ λαμπάδες πυρὸς καιόμεναι ἐνώπιον τοῦ θρόνου, ἅ εἰσιν τὰ ἑπτὰ πνεύματα τοῦ θεοῦ, 6 καὶ ἐνώπιον τοῦ θρόνου ὡς θάλασσα ὑαλίνη **ὁμοία κρυστάλλῳ.** καὶ ἐν μέσῳ τοῦ **θρόνου** καὶ **κύκλῳ τοῦ θρόνου τέσσερα ζῷα γέμοντα**

---

19 WH: ζήλευε RP: ζήλωσον 20 {WH}/[NA]/RP: *add* καὶ *before* εἰσελεύσομαι 4:1 WH: ἠνεῳγμένη RP: ἀνεῳγμένη // WH: γενέσθαι. μετὰ ταῦτα ΝΑ/RP: γενέσθαι μετὰ ταῦτα. 2 RP: *add* Καὶ *before* εὐθέως 3 RP: *omit* καὶ ὁ καθήμενος // WH: ὅμοιος ὁράσει σμαραγδίνῳ RP: ὁμοίως ὅρασις σμαραγδίνων 4 WH: θρόνοι {WH}/ΝΑ: θρόνους // RP: *add* τοὺς *before* εἴκοσι // {WH}/ΝΑ/RP: *add* ἐν *before* ἱματίοις 5 WH: τοῦ θρόνου, ἅ εἰσιν τὰ ἑπτὰ RP: τοῦ θρόνου αὐτοῦ, αἵ εἰσιν ἑπτὰ

19 Prov 3:12 LXX 4:1 Exod 19:16, 24; Dan 2:29 2 Isa 6:1; Ps 47:8 3 Ezek 1:26ff. 5 Ezek 1:13; Exod 19:16 6 Ezek 1:5, 18, 22, 26; 10:1; Isa 6:1, 2

ὀφθαλμῶν ἔμπροσθεν καὶ ὄπισθεν· 7 καὶ τὸ ζῷον τὸ πρῶτον ὅμοιον λέοντι, καὶ τὸ δεύτερον ζῷον ὅμοιον μόσχῳ, καὶ τὸ τρίτον ζῷον ἔχων τὸ πρόσωπον ὡς ἀνθρώπου, καὶ τὸ τέταρτον ζῷον ὅμοιον ἀετῷ πετομένῳ· 8 καὶ τὰ τέσσερα ζῷα, ἓν καθ' ἓν αὐτῶν ἔχων ἀνὰ πτέρυγας ἕξ, κυκλόθεν καὶ ἔσωθεν γέμουσιν ὀφθαλμῶν· καὶ ἀνάπαυσιν οὐκ ἔχουσιν ἡμέρας καὶ νυκτὸς λέγοντες

Ἅγιος ἅγιος ἅγιος Κύριος,
  ὁ θεός, ὁ παντοκράτωρ,
ὁ ἦν καὶ ὁ ὢν καὶ ὁ ἐρχόμενος.

9 Καὶ ὅταν δώσουσιν τὰ ζῷα δόξαν καὶ τιμὴν καὶ εὐχαριστίαν τῷ καθημένῳ ἐπὶ τοῦ θρόνου, τῷ ζῶντι εἰς τοὺς αἰῶνας τῶν αἰώνων, 10 πεσοῦνται οἱ εἴκοσι τέσσαρες πρεσβύτεροι ἐνώπιον τοῦ καθημένου ἐπὶ τοῦ θρόνου, καὶ προσκυνήσουσιν τῷ ζῶντι εἰς τοὺς αἰῶνας τῶν αἰώνων, καὶ βαλοῦσιν τοὺς στεφάνους αὐτῶν ἐνώπιον τοῦ θρόνου, λέγοντες

11 Ἄξιος εἶ, ὁ κύριος καὶ ὁ θεὸς ἡμῶν,
  λαβεῖν τὴν δόξαν καὶ τὴν τιμὴν καὶ τὴν δύναμιν,
ὅτι σὺ ἔκτισας τὰ πάντα,
  καὶ διὰ τὸ θέλημά σου ἦσαν καὶ ἐκτίσθησαν.

The Scroll and the Lamb

5 Καὶ εἶδον ἐπὶ τὴν δεξιὰν τοῦ καθημένου ἐπὶ τοῦ θρόνου βιβλίον γεγραμμένον ἔσωθεν καὶ ὄπισθεν, κατεσφραγισμένον σφραγῖσιν ἑπτά. 2 καὶ εἶδον ἄγγελον ἰσχυρὸν κηρύσσοντα ἐν φωνῇ μεγάλῃ Τίς ἄξιος ἀνοῖξαι τὸ βιβλίον καὶ λῦσαι τὰς σφραγῖδας αὐτοῦ; 3 καὶ οὐδεὶς ἐδύνατο ἐν τῷ οὐρανῷ οὐδὲ ἐπὶ τῆς γῆς οὐδὲ ὑποκάτω τῆς γῆς ἀνοῖξαι τὸ

---

7 WH: ἔχων τὸ {WH} ἔχον τὸ RP: ἔχον // RP: omit ὡς 8 RP: omit αὐτῶν // WH: ἔχων RP: ἔχον 9 WH: δώσουσιν RP: δῶσιν // WH: τοῦ θρόνου {WH}/NA: τῷ θρόνῳ 11 RP: add ὁ ἅγιος after ἡμῶν // RP: omit τὰ
5:1 WH: ὄπισθεν RP: ἔξωθεν 2 RP: add ἐστιν after ἄξιός 3 RP: add ἄνω, after οὐρανῷ // WH: οὐδὲ {WH}/RP: οὔτε twice

---

7 Ezek 1:10; 10:14 8 Isa 6:2, 3; Ezek 1:18; 10:12; Amos 4:13 LXX; Exod 3:14; Isa 12:4 9–10 Isa 6:1; Ps 47:8; Dan 4:34; 6:26; 41:7 5:1 Isa 6:1; Ps 47:8; Ezek 2:9, 10; Isa 29:11

βιβλίον οὔτε βλέπειν αὐτό. 4 καὶ [ἐγὼ] ἔκλαιον πολὺ ὅτι οὐδεὶς ἄξιος εὑρέθη ἀνοῖξαι τὸ βιβλίον οὔτε βλέπειν αὐτό· 5 καὶ εἷς ἐκ τῶν πρεσβυτέρων λέγει μοι Μὴ κλαῖε· ἰδοὺ ἐνίκησεν ὁ **λέων** ὁ ἐκ τῆς φυλῆς Ἰούδα, ἡ ῥίζα Δαυείδ, ἀνοῖξαι τὸ βιβλίον καὶ τὰς ἑπτὰ σφραγῖδας αὐτοῦ.

Worthy is the Lamb

6 Καὶ εἶδον ἐν μέσῳ τοῦ θρόνου καὶ τῶν τεσσάρων ζῴων καὶ ἐν μέσῳ τῶν πρεσβυτέρων **ἀρνίον** ἑστηκὸς ὡς **ἐσφαγμένον**, ἔχων κέρατα ἑπτὰ καὶ **ὀφθαλμοὺς ἑπτά**, οἵ εἰσιν τὰ [ἑπτὰ] πνεύματα τοῦ θεοῦ, ἀπεσταλμένοι **εἰς πᾶσαν τὴν γῆν.** 7 καὶ ἦλθεν καὶ εἴληφεν ἐκ τῆς δεξιᾶς **τοῦ καθημένου ἐπὶ τοῦ θρόνου.** 8 Καὶ ὅτε ἔλαβεν τὸ βιβλίον, τὰ τέσσερα ζῷα καὶ οἱ εἴκοσι τέσσαρες πρεσβύτεροι ἔπεσαν ἐνώπιον τοῦ ἀρνίου, ἔχοντες ἕκαστος κιθάραν καὶ φιάλας χρυσᾶς γεμούσας **θυμιαμάτων,** αἵ εἰσιν **αἱ προσευχαὶ** τῶν ἁγίων· 9 καὶ **ᾄδουσιν ᾠδὴν καινὴν** λέγοντες
    Ἄξιος εἶ λαβεῖν τὸ βιβλίον
        καὶ ἀνοῖξαι τὰς σφραγῖδας αὐτοῦ,
    ὅτι ἐσφάγης καὶ ἠγόρασας τῷ θεῷ ἐν τῷ αἵματί σου
        ἐκ πάσης φυλῆς καὶ γλώσσης καὶ λαοῦ καὶ ἔθνους,
    10 καὶ ἐποίησας αὐτοὺς **τῷ θεῷ** ἡμῶν **βασιλείαν** καὶ **ἱερεῖς,**
        καὶ βασιλεύουσιν ἐπὶ τῆς γῆς.
11 καὶ εἶδον, καὶ ἤκουσα φωνὴν ἀγγέλων πολλῶν κύκλῳ τοῦ θρόνου καὶ τῶν ζῴων καὶ τῶν πρεσβυτέρων, καὶ ἦν ὁ

---

4 WH: [ἐγὼ] NA: *omit* [ἐγὼ] RP: ἐγὼ 5 WH: ἀνοῖξαι RP: ὁ ἀνοίγων 6 WH: ἑστηκὸς {WH}: ἑστηκὼς // WH: ἔχων RP: ἔχον // WH: οἵ RP: ἃ // WH: [ἑπτὰ] RP: ἑπτὰ // WH: ἀπεσταλμένοι {WH}: ἀπεσταλμένα RP: ἀποστελλόμενα 8 WH: αἵ εἰσιν αἱ προσευχαὶ {WH}: ἃ εἰσιν αἱ προσευχαὶ RP: αἵ εἰσιν προσευχαὶ 9 RP: *add* ἡμᾶς *after* τῷ θεῷ 10 WH: βασιλείαν RP: βασιλεῖς // WH: βασιλεύουσιν NA/RP: βασιλεύσουσιν 11 {WH}/RP: *add* ὡς *after* ἤκουσα

---

5 Gen 49:9; Isa 11:10 6 Isa 53:7; Zech 4:10 7 Isa 6:1; Ps 47:8 8 Ps 141:2 9 Ps 144:9 10 Exod 19:6

ἀριθμὸς αὐτῶν **μυριάδες μυριάδων καὶ χιλιάδες χιλιάδων,**
12 λέγοντες φωνῇ μεγάλῃ

Ἄξιόν ἐστιν τὸ **ἀρνίον** τὸ **ἐσφαγμένον** λαβεῖν τὴν δύ-
ναμιν καὶ πλοῦτον καὶ σοφίαν καὶ ἰσχὺν καὶ τιμὴν καὶ
δόξαν καὶ εὐλογίαν.

13 καὶ πᾶν κτίσμα ὃ ἐν τῷ οὐρανῷ καὶ ἐπὶ τῆς γῆς καὶ ὑπο-
κάτω τῆς γῆς καὶ ἐπὶ τῆς θαλάσσης [ἐστίν], καὶ τὰ ἐν αὐτοῖς
πάντα, ἤκουσα λέγοντας

Τῷ **καθημένῳ ἐπὶ τοῦ θρόνου** καὶ τῷ ἀρνίῳ ἡ εὐλογία
καὶ ἡ τιμὴ καὶ ἡ δόξα καὶ τὸ κράτος εἰς τοὺς αἰῶνας
τῶν αἰώνων.

14 καὶ τὰ τέσσερα ζῷα ἔλεγον   Ἀμήν, καὶ οἱ πρεσβύτεροι
ἔπεσαν καὶ προσεκύνησαν.

The First Seal

6 Καὶ εἶδον ὅτε ἤνοιξεν τὸ ἀρνίον μίαν ἐκ τῶν ἑπτὰ
σφραγίδων, καὶ ἤκουσα ἑνὸς ἐκ τῶν τεσσάρων ζῴων λέγον-
τος ὡς φωνῇ βροντῆς   Ἔρχου. 2 καὶ εἶδον, καὶ ἰδοὺ **ἵππος
λευκός,** καὶ ὁ καθήμενος ἐπ᾽ αὐτὸν ἔχων τόξον, καὶ ἐδόθη
αὐτῷ στέφανος, καὶ ἐξῆλθεν νικῶν καὶ ἵνα νικήσῃ.

The Second Seal

3 Καὶ ὅτε ἤνοιξεν τὴν σφραγῖδα τὴν δευτέραν, ἤκουσα
τοῦ δευτέρου ζῴου λέγοντος   Ἔρχου. 4 καὶ ἐξῆλθεν ἄλλος
ἵππος πυρρός, καὶ τῷ καθημένῳ ἐπ᾽ αὐτὸν ἐδόθη [αὐτῷ]
λαβεῖν τὴν εἰρήνην [ἐκ] τῆς γῆς καὶ ἵνα ἀλλήλους σφάξου-
σιν, καὶ ἐδόθη αὐτῷ μάχαιρα μεγάλη.

---

12 WH: Ἄξιόν {WH}: Ἄξιός // RP: *add* τὸν *before* πλοῦτον 13 WH: [ἐστίν] NA:
omit [ἐστίν] RP: ἐστίν // WH: πάντα RP: πάντας // WH: λέγοντας {WH}: λέγοντα
// RP: τοῦ θρόνου {WH}/NA: τῷ θρόνῳ 14 WH: ἔλεγον RP: λέγοντα τὸ
6:1 WH: ὅτε RP: ὅτι // WH: φωνῇ NA/RP: φωνὴ // RP: *add* καὶ ἴδε *after* Ἔρχου
2 RP: *omit* καὶ εἶδον 3 WH: τὴν σφραγῖδα τὴν δευτέραν RP: τὴν δευτέραν
σφραγῖδα 4 WH: πυρρός RP: πυρός // WH: [αὐτῷ] NA/RP: αὐτῷ // WH: [ἐκ]
NA/RP: ἐκ // RP: *omit* καὶ *after* γῆς // WH: σφάξουσιν RP: σφάξωσιν

---

11 Dan 7:10 12 Isa 53:7 13 Isa 6:1; Ps 47:8 **6:2,** 4–5 Zech 1:8; 6:2, 3, 6

The Third Seal

5 Καὶ ὅτε ἤνοιξε τὴν σφραγῖδα τὴν τρίτην, ἤκουσα τοῦ τρίτου ζῴου λέγοντος Ἔρχου. καὶ εἶδον, καὶ ἰδοὺ **ἵππος μέλας,** καὶ ὁ καθήμενος ἐπ' αὐτὸν ἔχων ζυγὸν ἐν τῇ χειρὶ αὐτοῦ. 6 καὶ ἤκουσα ὡς φωνὴν ἐν μέσῳ τῶν τεσσάρων ζῴων λέγουσαν Χοῖνιξ σίτου δηναρίου, καὶ τρεῖς χοίνικες κριθῶν δηναρίου· καὶ τὸ ἔλαιον καὶ τὸν οἶνον μὴ ἀδικήσῃς.

The Fourth Seal

7 Καὶ ὅτε ἤνοιξεν τὴν σφραγῖδα τὴν τετάρτην, ἤκουσα φωνὴν τοῦ τετάρτου ζῴου λέγοντος Ἔρχου. 8 καὶ εἶδον, καὶ ἰδοὺ ἵππος χλωρός, καὶ ὁ καθήμενος ἐπάνω [αὐτοῦ] ὄνομα αὐτῷ [Ὁ] **Θάνατος,** καὶ ὁ **ᾅδης** ἠκολούθει μετ' αὐτοῦ, καὶ ἐδόθη αὐτοῖς ἐξουσία ἐπὶ τὸ τέταρτον τῆς γῆς, **ἀποκτεῖναι ἐν ῥομφαίᾳ καὶ ἐν λιμῷ καὶ ἐν θανάτῳ καὶ** ὑπὸ **τῶν θηρίων τῆς γῆς.**

The Fifth Seal

9 Καὶ ὅτε ἤνοιξεν τὴν πέμπτην σφραγῖδα, εἶδον ὑποκάτω τοῦ θυσιαστηρίου τὰς ψυχὰς τῶν ἐσφαγμένων διὰ τὸν λόγον τοῦ θεοῦ καὶ διὰ τὴν μαρτυρίαν ἣν εἶχον. 10 καὶ ἔκραξαν φωνῇ μεγάλῃ λέγοντες Ἕως **πότε, ὁ δεσπότης** ὁ ἅγιος καὶ ἀληθινός, οὐ **κρίνεις** καὶ **ἐκδικεῖς τὸ αἷμα** ἡμῶν **ἐκ τῶν κατοικούντων ἐπὶ τῆς γῆς;** 11 καὶ ἐδόθη αὐτοῖς ἑκάστῳ στολὴ λευκή, καὶ ἐρρέθη αὐτοῖς ἵνα ἀναπαύσονται

---

5 WH: εἶδον RP: ἴδε 6 RP: *omit* ὡς // WH: κριθῶν RP: κριθῆς 7 RP: *omit* φωνὴν // RP: *add* καὶ ἴδε *after* Ἔρχου 8 RP: *omit* καὶ εἶδον // WH: [αὐτοῦ] NA/RP: αὐτοῦ // WH: [Ὁ] Θάνατος NA: [ὁ] θάνατος RP: ὁ θάνατος // RP: *omit* μετ' // WH: αὐτοῖς RP: αὐτῷ 9 RP: *add* τοῦ ἀρνίου *after* μαρτυρίαν 11 WH: ἀναπαύσονται RP: ἀναπαύσωνται //

---

8 Hos 13:14; Ezek 33:27; 14:21; 5:12; 29:5; 34:28 10 Zech 1:12; Deut 32:43; 2 Kgs 9:7; Hos 4:1

ἔτι χρόνον μικρόν, ἕως πληρωθῶσιν καὶ οἱ σύνδουλοι αὐτῶν καὶ οἱ ἀδελφοὶ αὐτῶν οἱ μέλλοντες ἀποκτέννεσθαι ὡς καὶ αὐτοί.

The Sixth Seal

12 Καὶ εἶδον ὅτε ἤνοιξεν τὴν σφραγῖδα τὴν ἕκτην, καὶ σεισμὸς μέγας ἐγένετο, καὶ ὁ **ἥλιος** ἐγένετο μέλας ὡς σάκκος τρίχινος, **καὶ ἡ σελήνη** ὅλη ἐγένετο ὡς **αἷμα,** 13 καὶ **οἱ ἀστέρες τοῦ οὐρανοῦ ἔπεσαν** εἰς τὴν γῆν, **ὡς συκῆ** βάλλει τοὺς ὀλύνθους αὐτῆς ὑπὸ ἀνέμου μεγάλου σειομένη, 14 καὶ ὁ **οὐρανὸς** ἀπεχωρίσθη ὡς **βιβλίον ἑλισσόμενον,** καὶ πᾶν ὄρος καὶ νῆσος ἐκ τῶν τόπων αὐτῶν ἐκινήθησαν. 15 **καὶ οἱ βασιλεῖς τῆς γῆς καὶ οἱ μεγιστᾶνες** καὶ οἱ χιλίαρχοι καὶ οἱ πλούσιοι καὶ οἱ ἰσχυροὶ καὶ πᾶς δοῦλος καὶ ἐλεύθερος **ἔκρυψαν ἑαυτοὺς εἰς τὰ σπήλαια καὶ εἰς τὰς πέτρας** τῶν ὀρέων· 16 **καὶ λέγουσιν τοῖς ὄρεσιν καὶ ταῖς πέτραις Πέσατε ἐφ᾽ ἡμᾶς** καὶ **κρύψατε ἡμᾶς** ἀπὸ προσώπου τοῦ **καθημένου ἐπὶ τοῦ θρόνου** καὶ ἀπὸ τῆς ὀργῆς τοῦ ἀρνίου, 17 ὅτι ἦλθεν ἡ **ἡμέρα ἡ μεγάλη τῆς ὀργῆς** αὐτῶν, **καὶ τίς δύναται σταθῆναι;**

The Sealing of the 144,000

7 Μετὰ τοῦτο εἶδον τέσσαρας ἀγγέλους ἑστῶτας **ἐπὶ τὰς τέσσαρας γωνίας τῆς γῆς,** κρατοῦντας τοὺς **τέσσαρας ἀνέμους** τῆς γῆς, ἵνα μὴ πνέῃ ἄνεμος ἐπὶ τῆς γῆς μήτε ἐπὶ τῆς θαλάσσης μήτε ἐπὶ πᾶν δένδρον. 2 καὶ εἶδον ἄλλον ἄγ-

---

RP: *omit* μικρόν // WH: πληρωθῶσιν {WH}/RP: πληρώσωσιν // WH: ἀποκτέννεσθαι RP: ἀποκτένεσθαι 12 WH: ἐγένετο μέλας RP: μέλας ἐγένετο 13 WH: βάλλει RP: βαλοῦσα 14 WH: ἑλισσόμενον {WH}: ἑλισσόμενος 17 WH: αὐτῶν RP: αὐτοῦ 7:1 WH: Μετὰ {WH}/RP: Καὶ μετὰ // WH: ἐπὶ πᾶν δένδρον {WH}: ἐπί [τι] δένδρον RP: ἐπὶ τι δένδρον

12 Joel 2:31 13–14 Isa 34:4; 13:10 15 Ps 48:4 LXX; 2:2; Isa 24:21; 34:12; Jer 4:29; Isa 2:10 16 Hos 10:8; Isa 6:1; Ps 47:8 17 Joel 2:11; Zeph 1:14, 15, 18; Mal 3:2 7:1 Ezek 7:2; 37:9; Zech 6:5

γελον ἀναβαίνοντα ἀπὸ ἀνατολῆς ἡλίου, ἔχοντα σφραγῖδα
θεοῦ ζῶντος, καὶ ἔκραξεν φωνῇ μεγάλῃ τοῖς τέσσαρσιν ἀγ-
γέλοις οἷς ἐδόθη αὐτοῖς ἀδικῆσαι τὴν γῆν καὶ τὴν θάλασ-
σαν, 3 λέγων Μὴ ἀδικήσητε τὴν γῆν μήτε τὴν θάλασσαν
μήτε τὰ δένδρα, ἄχρι **σφραγίσωμεν** τοὺς δούλους τοῦ θεοῦ
ἡμῶν **ἐπὶ τῶν μετώπων** αὐτῶν. 4 Καὶ ἤκουσα τὸν ἀριθμὸν
τῶν ἐσφραγισμένων, ἑκατὸν τεσσεράκοντα τέσσαρες χιλι-
άδες, ἐσφραγισμένοι ἐκ πάσης φυλῆς υἱῶν Ἰσραήλ·
    5 ἐκ φυλῆς Ἰούδα δώδεκα χιλιάδες ἐσφραγισμένοι,
    ἐκ φυλῆς Ῥουβὴν δώδεκα χιλιάδες,
    ἐκ φυλῆς Γὰδ δώδεκα χιλιάδες,
    6 ἐκ φυλῆς Ἀσὴρ δώδεκα χιλιάδες,
    ἐκ φυλῆς Νεφθαλὶμ δώδεκα χιλιάδες,
    ἐκ φυλῆς Μανασσῆ δώδεκα χιλιάδες,
    7 ἐκ φυλῆς Συμεὼν δώδεκα χιλιάδες,
    ἐκ φυλῆς Λευεὶ δώδεκα χιλιάδες,
    ἐκ φυλῆς Ἰσσαχὰρ δώδεκα χιλιάδες,
    8 ἐκ φυλῆς Ζαβουλὼν δώδεκα χιλιάδες,
    ἐκ φυλῆς Ἰωσὴφ δώδεκα χιλιάδες,
    ἐκ φυλῆς Βενιαμεὶν δώδεκα χιλιάδες ἐσφραγισμένοι.

A Multitude from Every Nation

9 Μετὰ ταῦτα εἶδον, καὶ ἰδοὺ ὄχλος πολύς, ὃν ἀριθμῆσαι
αὐτὸν οὐδεὶς ἐδύνατο, ἐκ παντὸς ἔθνους καὶ φυλῶν καὶ
λαῶν καὶ γλωσσῶν, ἑστῶτες ἐνώπιον τοῦ θρόνου καὶ ἐνώ-
πιον τοῦ ἀρνίου, περιβεβλημένους στολὰς λευκάς, καὶ φοί-
νικες ἐν ταῖς χερσὶν αὐτῶν· 10 καὶ κράζουσι φωνῇ μεγάλῃ
λέγοντες

---

2 WH: ἀνατολῆς {WH}: ἀνατολῶν // WH: ἔκραξεν {WH}: ἔκραζεν 3 WH: μήτε
{WH}: καὶ // RP: add οὗ after ἄχρι 4 WH: ἐσφραγισμένοι RP: ἐσφραγισμένων
5 WH: ἐσφραγισμένοι RP: ἐσφραγισμέναι // WH: Ῥουβὴν RP: Ῥουβίμ 8 WH:
ἐσφραγισμένοι RP: ἐσφραγισμέναι 9 WH: ἑστῶτες RP: ἑστῶτας // WH: φοίνικες
RP: φοίνικας

3 Ezek 9:4

Ἡ σωτηρία τῷ θεῷ ἡμῶν τῷ **καθημένῳ ἐπὶ τῷ θρόνῳ** καὶ τῷ ἀρνίῳ.

11 καὶ πάντες οἱ ἄγγελοι ἱστήκεισαν κύκλῳ τοῦ θρόνου καὶ τῶν πρεσβυτέρων καὶ τῶν τεσσάρων ζῴων, καὶ ἔπεσαν ἐνώπιον τοῦ θρόνου ἐπὶ τὰ πρόσωπα αὐτῶν καὶ προσεκύνησαν τῷ θεῷ, 12 λέγοντες

Ἀμήν· ἡ εὐλογία καὶ ἡ δόξα καὶ ἡ σοφία καὶ ἡ εὐχαριστία καὶ ἡ τιμὴ καὶ ἡ δύναμις καὶ ἡ ἰσχὺς τῷ θεῷ ἡμῶν εἰς τοὺς αἰῶνας τῶν αἰώνων [· ἀμήν].

13 Καὶ ἀπεκρίθη εἷς ἐκ τῶν πρεσβυτέρων λέγων μοι Οὗτοι οἱ περιβεβλημένοι τὰς στολὰς τὰς λευκὰς τίνες εἰσὶν καὶ πόθεν ἦλθον; 14 καὶ εἴρηκα αὐτῷ Κύριέ μου, σὺ οἶδας. καὶ εἶπέν μοι Οὗτοί εἰσιν οἱ ἐρχόμενοι ἐκ τῆς **θλίψεως** τῆς μεγάλης, καὶ **ἔπλυναν τὰς στολὰς αὐτῶν** καὶ ἐλεύκαναν αὐτὰς **ἐν τῷ αἵματι** τοῦ ἀρνίου. 15 διὰ τοῦτό εἰσιν ἐνώπιον τοῦ θρόνου τοῦ θεοῦ, καὶ λατρεύουσιν αὐτῷ ἡμέρας καὶ νυκτὸς ἐν τῷ ναῷ αὐτοῦ, καὶ ὁ **καθήμενος ἐπὶ τοῦ θρόνου** σκηνώσει ἐπ᾽ αὐτούς. 16 οὐ **πεινάσουσιν** ἔτι οὐδὲ **διψήσουσιν** ἔτι, οὐδὲ **μὴ πέσῃ ἐπ᾽ αὐτοὺς ὁ ἥλιος** οὐδὲ πᾶν **καῦμα,** 17 ὅτι τὸ ἀρνίον τὸ ἀνὰ μέσον τοῦ θρόνου **ποιμανεῖ αὐτούς, καὶ ὁδηγήσει αὐτοὺς ἐπὶ ζωῆς πηγὰς ὑδάτων·** καὶ **ἐξαλείψει ὁ θεὸς πᾶν δάκρυον ἐκ τῶν ὀφθαλμῶν** αὐτῶν.

The Seventh Seal

8 Καὶ ὅταν ἤνοιξεν τὴν σφραγῖδα τὴν ἑβδόμην, ἐγένετο σιγὴ ἐν τῷ οὐρανῷ ὡς ἡμίωρον. 2 καὶ εἶδον τοὺς ἑπτὰ ἀγγέλους οἳ ἐνώπιον τοῦ θεοῦ ἑστήκασιν, καὶ ἐδόθησαν αὐτοῖς ἑπτὰ σάλπιγγες.

---

12 WH: [ἀμήν] NA: ἀμήν RP: Ἀμήν 14 WH: εἴρηκα RP: εἶπον // RP: omit αὐτὰς 15 WH: τοῦ θρόνου RP: τῷ θρόνῳ 16 WH: οὐδὲ RP: οὐδ᾽ οὐ 17 WH: ποιμανεῖ RP: ποιμαίνει // WH: ὁδηγήσει RP: ὁδηγεῖ
8:1 WH: ὅταν RP: ὅτε // WH: ἡμίωρον RP: ἡμιώριον 2 WH: ἐδόθησαν {WH}: ἐδόθη

---

10 Isa 6:1; Ps 47:8 14 Dan 12:1; Gen 49:11 15 Isa 6:1; Ps 47:8 16–17 Isa 49:10 17 Ezek 34:23; Jer 2:13; Isa 25:8; Jer 31:16

3 Καὶ ἄλλος ἄγγελος ἦλθεν καὶ **ἐστάθη ἐπὶ τοῦ θυσιασ-τηρίου** ἔχων λιβανωτὸν χρυσοῦν, καὶ ἐδόθη αὐτῷ **θυμιάμα-τα** πολλὰ ἵνα δώσει **ταῖς προσευχαῖς** τῶν ἁγίων πάντων ἐπὶ τὸ θυσιαστήριον τὸ χρυσοῦν τὸ ἐνώπιον τοῦ θρόνου. 4 καὶ ἀνέβη ὁ καπνὸς **τῶν θυμιαμάτων ταῖς προσευχαῖς** τῶν ἁγίων ἐκ χειρὸς τοῦ ἀγγέλου ἐνώπιον τοῦ θεοῦ. 5 καὶ εἴλη-φεν ὁ ἄγγελος **τὸν λιβανωτόν,** καὶ **ἐγέμισεν** αὐτὸν ἐκ **τοῦ πυρὸς τοῦ θυσιαστηρίου,** καὶ ἔβαλεν εἰς τὴν γῆν· καὶ ἐγέ-νοντο **βρονταὶ** καὶ **φωναὶ καὶ ἀστραπαὶ** καὶ σεισμός.

The Sounding of the Trumpets

6 Καὶ οἱ ἑπτὰ ἄγγελοι οἱ ἔχοντες τὰς ἑπτὰ σάλπιγγας ἡτοίμασαν αὐτοὺς ἵνα σαλπίσωσιν.

The First Trumpet

7 Καὶ ὁ πρῶτος ἐσάλπισεν· καὶ **ἐγένετο χάλαζα καὶ πῦρ** μεμιγμένα ἐν **αἵματι,** καὶ ἐβλήθη **εἰς τὴν γῆν·** καὶ τὸ τρίτον τῆς γῆς κατεκάη, καὶ τὸ τρίτον τῶν δένδρων κατεκάη, καὶ πᾶς χόρτος χλωρὸς κατεκάη.

The Second Trumpet

8 Καὶ ὁ δεύτερος ἄγγελος ἐσάλπισεν· καὶ **ὡς ὄρος** μέγα **πυρὶ καιόμενον** ἐβλήθη εἰς τὴν θάλασσαν· καὶ **ἐγένετο** τὸ τρίτον τῆς θαλάσσης **αἷμα,** 9 καὶ ἀπέθανε τὸ τρίτον τῶν κτισμάτων τῶν ἐν τῇ θαλάσσῃ, τὰ ἔχοντα ψυχάς, καὶ τὸ τρίτον τῶν πλοίων διεφθάρησαν.

---

3 WH: τοῦ θυσιαστηρίου {WH}: τὸ θυσιαστήριον // WH: δώσει RP: δώσῃ
5 WH: φωναὶ καὶ ἀστραπαὶ {WH}: ἀστραπαὶ καὶ φωναὶ 6 WH: αὐτοὺς RP: ἑαυτοὺς 8 RP: *omit* πυρὶ 9 RP: *omit* τῶν *after* κτισμάτων // WH: διεφθάρησαν RP: διεφθάρη

8:3 Amos 9:1   3–4 Ps 141:2 5 Lev 16:12; Exod 19:16 7 Exod 9:24; Ezek 38:22; Joel 2:30 8 Jer 51:25; Exod 7:19

The Third Trumpet

10 Καὶ ὁ τρίτος ἄγγελος ἐσάλπισεν· καὶ **ἔπεσεν ἐκ τοῦ οὐρανοῦ ἀστὴρ** μέγας καιόμενος ὡς λαμπάς, καὶ ἔπεσεν ἐπὶ τὸ τρίτον τῶν ποταμῶν καὶ ἐπὶ τὰς πηγὰς τῶν ὑδάτων. 11 καὶ τὸ ὄνομα τοῦ ἀστέρος λέγεται Ὁ Ἄψινθος. καὶ ἐγένετο τὸ τρίτον τῶν ὑδάτων εἰς ἄψινθον, καὶ πολλοὶ τῶν ἀνθρώπων ἀπέθανον ἐκ τῶν ὑδάτων, ὅτι ἐπικράνθησαν.

The Fourth Trumpet

12 Καὶ ὁ τέταρτος ἄγγελος ἐσάλπισεν· καὶ ἐπλήγη τὸ τρίτον τοῦ ἡλίου καὶ τὸ τρίτον τῆς σελήνης καὶ τὸ τρίτον τῶν ἀστέρων, ἵνα σκοτισθῇ τὸ τρίτον αὐτῶν καὶ ἡ ἡμέρα μὴ φάνῃ τὸ τρίτον αὐτῆς, καὶ ἡ νὺξ ὁμοίως.

13 Καὶ εἶδον, καὶ ἤκουσα ἑνὸς ἀετοῦ πετομένου ἐν μεσουρανήματι λέγοντος φωνῇ μεγάλῃ Οὐαί οὐαί οὐαὶ τοὺς κατοικοῦντας ἐπὶ τῆς γῆς ἐκ τῶν λοιπῶν φωνῶν τῆς σάλπιγγος τῶν τριῶν ἀγγέλων τῶν μελλόντων σαλπίζειν.

The Fifth Trumpet

9 Καὶ ὁ πέμπτος ἄγγελος ἐσάλπισεν· καὶ εἶδον ἀστέρα ἐκ τοῦ οὐρανοῦ πεπτωκότα εἰς τὴν γῆν, καὶ ἐδόθη αὐτῷ ἡ κλεὶς τοῦ φρέατος τῆς ἀβύσσου· 2 καὶ ἤνοιξεν τὸ φρέαρ τῆς ἀβύσσου, **καὶ ἀνέβη καπνὸς** ἐκ τοῦ φρέατος ὡς **καπνὸς καμίνου** μεγάλης, καὶ **ἐσκοτώθη ὁ ἥλιος** καὶ ὁ ἀὴρ ἐκ τοῦ καπνοῦ τοῦ φρέατος. 3 καὶ ἐκ τοῦ καπνοῦ ἐξῆλθον **ἀκρίδες εἰς τὴν γῆν,** καὶ ἐδόθη αὐταῖς ἐξουσία ὡς ἔχουσιν ἐξουσίαν οἱ σκορπίοι τῆς γῆς. 4 καὶ ἐρρέθη αὐταῖς ἵνα μὴ ἀδική-σουσιν **τὸν χόρτον τῆς γῆς** οὐδὲ **πᾶν χλωρὸν** οὐδὲ **πᾶν δένδρον,** εἰ μὴ τοὺς ἀνθρώπους οἵτινες οὐκ ἔχουσι **τὴν**

---

12 WH: ἡ ἡμέρα μὴ φάνῃ τὸ τρίτον αὐτῆς RP: τὸ τρίτον αὐτῆς μὴ φάνῃ ἡ ἡμέρα 13 WH: τοὺς κατοικοῦντας {WH}/RP: τοῖς κατοικοῦσιν
9:2 WH: μεγάλης RP: καιομένης // WH: ἐσκοτώθη RP: ἐσκοτίσθη 4 WH: ἀδικήσουσιν RP: ἀδικήσωσιν //

---

10 Isa 14:12 9:2 Gen 19:28; Exod 19:18; Joel 2:10 3–4 Exod 10:12, 15 4 Ezek 9:4

σφραγῖδα τοῦ θεοῦ ἐπὶ τῶν μετώπων. 5 καὶ ἐδόθη αὐταῖς
ἵνα μὴ ἀποκτείνωσιν αὐτούς, ἀλλ' ἵνα βασανισθήσονται
μῆνας πέντε· καὶ ὁ βασανισμὸς αὐτῶν ὡς βασανισμὸς
σκορπίου, ὅταν παίσῃ ἄνθρωπον. 6 καὶ ἐν ταῖς ἡμέραις
ἐκείναις ζητήσουσιν οἱ ἄνθρωποι τὸν θάνατον καὶ οὐ μὴ
εὑρήσουσιν αὐτόν, καὶ ἐπιθυμήσουσιν ἀποθανεῖν καὶ φεύ-
γει ὁ θάνατος ἀπ' αὐτῶν. 7 καὶ τὰ ὁμοιώματα τῶν ἀκρίδων
ὅμοια ἵπποις ἡτοιμασμένοις εἰς πόλεμον, καὶ ἐπὶ τὰς κε-
φαλὰς αὐτῶν ὡς στέφανοι ὅμοιοι χρυσῷ, καὶ τὰ πρόσωπα
αὐτῶν ὡς πρόσωπα ἀνθρώπων, 8 καὶ εἶχαν τρίχας ὡς
τρίχας γυναικῶν, καὶ οἱ ὀδόντες αὐτῶν ὡς λεόντων ἦσαν,
9 καὶ εἶχαν θώρακας ὡς θώρακας σιδηροῦς, καὶ ἡ φωνὴ τῶν
πτερύγων αὐτῶν ὡς φωνὴ ἁρμάτων ἵππων πολλῶν τρεχόν-
των εἰς πόλεμον· 10 καὶ ἔχουσιν οὐρὰς ὁμοίας σκορπίοις
καὶ κέντρα, καὶ ἐν ταῖς οὐραῖς αὐτῶν ἡ ἐξουσία αὐτῶν
ἀδικῆσαι τοὺς ἀνθρώπους μῆνας πέντε. 11 ἔχουσιν ἐπ'
αὐτῶν βασιλέα τὸν ἄγγελον τῆς ἀβύσσου· ὄνομα αὐτῷ
Ἑβραϊστὶ Ἀβαδδών καὶ ἐν τῇ Ἑλληνικῇ ὄνομα ἔχει
Ἀπολλύων.

12 Ἡ Οὐαὶ ἡ μία ἀπῆλθεν· ἰδοὺ ἔρχεται ἔτι δύο Οὐαὶ
μετὰ ταῦτα.

The Sixth Trumpet

13 Καὶ ὁ ἕκτος ἄγγελος ἐσάλπισεν· καὶ ἤκουσα φωνὴν
μίαν ἐκ τῶν κεράτων τοῦ θυσιαστηρίου τοῦ χρυσοῦ τοῦ
ἐνώπιον τοῦ θεοῦ, 14 λέγοντα τῷ ἕκτῳ ἀγγέλῳ, ὁ ἔχων τὴν

RP: *add* αὐτῶν *after* μετώπων 5 WH: αὐταῖς {WH}/NA: αὐτοῖς // WH:
βασανισθήσονται RP: βασανισθῶσιν 6 WH: εὑρήσουσιν {WH}: εὕρωσιν //
WH: φεύγει ὁ θάνατος ἀπ' αὐτῶν RP: φεύξεται ἀπ' αὐτῶν ὁ θάνατος 7 WH:
ὅμοια ἵπποις {WH}: ὅμοιοι ἵπποις // WH: ὅμοιοι χρυσῷ RP: χρυσοῖ 10 WH:
ὁμοίας {WH}: *ὁμοίοις* // WH: ἡ ἐξουσία αὐτῶν RP: ἐξουσίαν ἔχουσιν τοῦ
11 WH: ἔχουσιν ἐπ' αὐτῶν βασιλέα τὸν RP: Ἔχουσαι βασιλέα ἐπ' αὐτῶν //
WH: Ἀβαδδών καὶ ἐν RP: Ἀββαδών, ἐν δὲ 13 WH: τῶν κεράτων NA: τῶν
[τεσσάρων] κεράτων RP: τῶν τεσσάρων κεράτων 14 WH: λέγοντα RP:
λέγουσαν

---

6 Job 3:21 7 Joel 2:4, 5 8 Joel 1:6 9 Joel 2:5

σάλπιγγα, Λῦσον τοὺς τέσσαρας ἀγγέλους τοὺς δεδεμένους ἐπὶ **τῷ ποταμῷ τῷ μεγάλῳ Εὐφράτῃ.** 15 καὶ ἐλύθησαν οἱ τέσσαρες ἄγγελοι οἱ ἡτοιμασμένοι εἰς τὴν ὥραν καὶ ἡμέραν καὶ μῆνα καὶ ἐνιαυτόν, ἵνα ἀποκτείνωσιν τὸ τρίτον τῶν ἀνθρώπων. 16 καὶ ὁ ἀριθμὸς τῶν στρατευμάτων τοῦ ἱππικοῦ δὶς μυριάδες μυριάδων· ἤκουσα τὸν ἀριθμὸν αὐτῶν. 17 καὶ οὕτως εἶδον τοὺς ἵππους ἐν τῇ ὁράσει καὶ τοὺς καθημένους ἐπ᾽ αὐτῶν, ἔχοντας θώρακας πυρίνους καὶ ὑακινθίνους καὶ θειώδεις· καὶ αἱ κεφαλαὶ τῶν ἵππων ὡς κεφαλαὶ λεόντων, καὶ ἐκ τῶν στομάτων αὐτῶν ἐκπορεύεται πῦρ καὶ καπνὸς καὶ θεῖον. 18 ἀπὸ τῶν τριῶν πληγῶν τούτων ἀπεκτάνθησαν τὸ τρίτον τῶν ἀνθρώπων, ἐκ τοῦ πυρὸς καὶ τοῦ καπνοῦ καὶ τοῦ θείου τοῦ ἐκπορευομένου ἐκ τῶν στομάτων αὐτῶν. 19 ἡ γὰρ ἐξουσία τῶν ἵππων ἐν τῷ στόματι αὐτῶν ἐστὶν καὶ ἐν ταῖς οὐραῖς αὐτῶν· αἱ γὰρ οὐραὶ αὐτῶν ὅμοιαι ὄφεσιν, ἔχουσαι κεφαλάς, καὶ ἐν αὐταῖς ἀδικοῦσιν. 20 καὶ οἱ λοιποὶ τῶν ἀνθρώπων, οἳ οὐκ ἀπεκτάνθησαν ἐν ταῖς πληγαῖς ταύταις, οὐ μετενόησαν ἐκ **τῶν ἔργων τῶν χειρῶν αὐτῶν,** ἵνα μὴ προσκυνήσουσιν **τὰ δαιμόνια** καὶ **τὰ εἴδωλα τὰ χρυσᾶ καὶ τὰ ἀργυρᾶ καὶ τὰ χαλκᾶ καὶ τὰ λίθινα καὶ τὰ ξύλινα, ἃ οὔτε βλέπειν** δύνανται **οὔτε ἀκούειν οὔτε περιπατεῖν,** 21 καὶ οὐ μετενόησαν ἐκ τῶν φόνων αὐτῶν οὔτε ἐκ **τῶν φαρμάκων** αὐτῶν οὔτε ἐκ **τῆς πορνείας** αὐτῶν οὔτε ἐκ τῶν κλεμμάτων αὐτῶν.

The Angel and the Little Scroll

10 Καὶ εἶδον ἄλλον ἄγγελον ἰσχυρὸν καταβαίνοντα ἐκ τοῦ οὐρανοῦ, περιβεβλημένον νεφέλην, καὶ ἡ ἶρις ἐπὶ τὴν κεφα-

---

15 RP: *add* εἰς τὴν *after* ὥραν καὶ 16 WH: ἱππικοῦ δὶς μυριάδες NA: ἱππικοῦ δισμυριάδες RP: ἵππου μυριάδες 18 WH: ἐκ RP: ἀπὸ 19 WH: ὄφεσιν RP: ὄφεων 20 WH: οὐ {WH}: οὔτε *or* οὐδὲ NA: οὐδὲ // WH: προσκυνήσουσιν RP: προσκυνήσωσιν // WH: δύνανται RP: δύναται 21 WH: φαρμάκων {WH}: φαρμακιῶν RP: φαρμακειῶν
10:1 RP: *omit* ἄλλον // WH: τὴν κεφαλὴν NA/RP: τῆς κεφαλῆς

---

14 Gen 15:18; Deut 1:7; Josh 1:4 20 Isa 17:8; Dan 5:3, 23 LXX; Dan 5:4, 23; Deut 32:17; Ps 115:7 21 2 Kgs 9:22

λὴν αὐτοῦ, καὶ τὸ πρόσωπον αὐτοῦ ὡς ὁ ἥλιος, καὶ οἱ πόδες αὐτοῦ ὡς στύλοι πυρός, 2 καὶ ἔχων ἐν τῇ χειρὶ αὐτοῦ βιβλαρίδιον ἠνεῳγμένον. καὶ ἔθηκεν τὸν πόδα αὐτοῦ τὸν δεξιὸν ἐπὶ τῆς θαλάσσης, τὸν δὲ εὐώνυμον ἐπὶ τῆς γῆς, 3 καὶ ἔκραξεν φωνῇ μεγάλῃ ὥσπερ λέων μυκᾶται. καὶ ὅτε ἔκραξεν, ἐλάλησαν αἱ ἑπτὰ βρονταὶ τὰς ἑαυτῶν φωνάς. 4 Καὶ ὅτε ἐλάλησαν αἱ ἑπτὰ βρονταί, ἤμελλον γράφειν· καὶ ἤκουσα φωνὴν ἐκ τοῦ οὐρανοῦ λέγουσαν **Σφράγισον** ἃ ἐλάλησαν αἱ ἑπτὰ βρονταί, καὶ μὴ αὐτὰ γράψῃς. 5 Καὶ ὁ ἄγγελος, ὃν εἶδον ἑστῶτα ἐπὶ τῆς θαλάσσης καὶ ἐπὶ τῆς γῆς, **ἦρεν τὴν χεῖρα αὐτοῦ τὴν δεξιὰν εἰς τὸν οὐρανόν, 6 καὶ ὤμοσεν ἐν τῷ ζῶντι εἰς τοὺς αἰῶνας** τῶν αἰώνων, ὃς **ἔκτισεν τὸν οὐρανὸν καὶ τὰ ἐν αὐτῷ καὶ τὴν γῆν καὶ τὰ ἐν αὐτῇ [καὶ τὴν θάλασσαν καὶ τὰ ἐν αὐτῇ]**, ὅτι χρόνος οὐκέτι ἔσται· ἀλλ᾽ ἐν ταῖς ἡμέραις τῆς φωνῆς τοῦ ἑβδόμου ἀγγέλου, ὅταν μέλλῃ σαλπίζειν, καὶ ἐτελέσθη **τὸ μυστήριον τοῦ θεοῦ**, ὡς εὐηγγέλισεν **τοὺς ἑαυτοῦ δούλους τοὺς προφήτας.** 8 Καὶ ἡ φωνὴ ἣν ἤκουσα ἐκ τοῦ οὐρανοῦ, πάλιν λαλοῦσαν μετ᾽ ἐμοῦ καὶ λέγουσαν ῞Υπαγε λάβε τὸ βιβλίον τὸ ἠνεῳγμένον ἐν τῇ χειρὶ τοῦ ἀγγέλου τοῦ ἑστῶτος ἐπὶ τῆς θαλάσσης καὶ ἐπὶ τῆς γῆς. 9 καὶ ἀπῆλθα πρὸς τὸν ἄγγελον λέγων αὐτῷ δοῦναί μοι **τὸ βιβλαρίδιον. καὶ λέγει μοι** Λάβε **καὶ κατάφαγε** αὐτό, καὶ πικρανεῖ **σου τὴν κοιλίαν,** ἀλλ᾽ ἐν **τῷ στόματί σου** ἔσται γλυκὺ ὡς μέλι. 10 καὶ ἔλαβον **τὸ βιβλαρίδιον** ἐκ τῆς χειρὸς τοῦ ἀγγέλου καὶ **κατέφαγον αὐτό, καὶ ἦν ἐν τῷ στόματί μου ὡς μέλι γλυκύ·** καὶ ὅτε ἔφαγον αὐτό, ἐπικράνθη ἡ κοιλία μου. 11 καὶ λέγουσίν μοι

---

2 WH: βιβλαρίδιον RP: βιβλίον // WH: ἠνεῳγμένον RP: ἀνεῳγμένον 4 WH: ἤμελλον RP: ἔμελλον 6 RP: *omit* ἐν *after* ὤμοσεν // NA/RP: *omit brakets for* [καὶ τὴν θάλασσαν καὶ τὰ ἐν αὐτῇ] 6–7 WH: ἔσται· ⁷ ἀλλ᾽ . . . σαλπίζειν, {WH}: ἔσται, ⁷ ἀλλ᾽ . . . σαλπίζειν· 7 WH: ἑαυτοῦ δούλους RP: δούλους αὐτοῦ 8 WH: λαλοῦσαν RP: λαλοῦσα // WH: λέγουσαν RP: λέγουσα // WH: βιβλίον RP: βιβλιδάριον // WH: ἠνεῳγμένον RP: ἀνεῳγμένον 9 WH: ἀπῆλθα RP: ἀπῆλθον // WH: βιβλαρίδιον RP: βιβλιδάριον 10 WH: βιβλαρίδιον RP: βιβλίον

10:4 Dan 8:26; 12:4 **5–6** Dan 12:7; Gen 14:19, 22; Neh 9:6; Exod 20:11; Ps 146:6 **7** Amos 3:7; Dan 9:6, 10; Zech 1:6 **9–10** Ezek 3:1–3

Δεῖ σε πάλιν **προφητεῦσαι ἐπὶ λαοῖς καὶ ἔθνεσιν καὶ γλώσσαις καὶ βασιλεῦσιν** πολλοῖς.

The Two Witnesses

11 Καὶ ἐδόθη μοι **κάλαμος** ὅμοιος ῥάβδῳ, λέγων ῎Εγειρε καὶ μέτρησον τὸν ναὸν τοῦ θεοῦ καὶ τὸ θυσιαστήριον καὶ τοὺς προσκυνοῦντας ἐν αὐτῷ. 2 καὶ τὴν αὐλὴν τὴν ἔξωθεν τοῦ ναοῦ ἔκβαλε ἔξωθεν, καὶ μὴ αὐτὴν μετρήσῃς, ὅτι ἐδόθη **τοῖς ἔθνεσιν,** καὶ τὴν πόλιν τὴν ἁγίαν **πατήσουσιν** μῆνας τεσσεράκοντα [καὶ] δύο. 3 καὶ δώσω τοῖς δυσὶν μάρτυσίν μου, καὶ προφητεύσουσιν ἡμέρας χιλίας διακοσίας ἑξήκοντα, περιβεβλημένους σάκκους. 4 Οὗτοί εἰσιν **αἱ δύο ἐλαῖαι** καὶ αἱ δύο **λυχνίαι** [αἱ] **ἐνώπιον τοῦ κυρίου τῆς γῆς ἑστῶτες.** 5 καὶ εἴ τις αὐτοὺς θέλει ἀδικῆσαι, **πῦρ ἐκπορεύεται ἐκ τοῦ στόματος** αὐτῶν καὶ **κατεσθίει τοὺς ἐχθροὺς** αὐτῶν· καὶ εἴ τις θελήσῃ αὐτοὺς ἀδικῆσαι, οὕτως δεῖ αὐτὸν ἀποκτανθῆναι. 6 οὗτοι ἔχουσιν τὴν ἐξουσίαν κλεῖσαι τὸν οὐρανόν, ἵνα **μὴ ὑετὸς βρέχῃ** τὰς ἡμέρας τῆς προφητείας αὐτῶν, καὶ ἐξουσίαν ἔχουσιν ἐπὶ **τῶν ὑδάτων στρέφειν** αὐτὰ **εἰς αἷμα** καὶ **πατάξαι** τὴν γῆν **ἐν πάσῃ πληγῇ** ὁσάκις ἐὰν θελήσωσιν. 7 καὶ ὅταν τελέσωσιν τὴν μαρτυρίαν αὐτῶν, τὸ **θηρίον** τὸ **ἀναβαῖνον ἐκ τῆς ἀβύσσου ποιήσει μετ'** αὐτῶν **πόλεμον καὶ νικήσει αὐτοὺς** καὶ ἀποκτενεῖ αὐτούς. 8 καὶ τὸ πτῶμα αὐτῶν ἐπὶ τῆς πλατείας τῆς πόλεως τῆς μεγάλης, ἥτις καλεῖται πνευματικῶς **Σόδομα** καὶ Αἴγυπτος, ὅπου καὶ ὁ κύριος αὐτῶν ἐσταυρώθη. 9 καὶ βλέπουσιν

---

11 RP: *add* ἐπὶ *after* λαοῖς καὶ
11:1 WH: ῎Εγειρε RP: ῎Εγειραι 2 WH: ἔξωθεν RP: ἔξω // WH: [καὶ] RP: καὶ 3 WH: περιβεβλημένους {WH}: *περιβεβλημένους* NA/RP: περιβεβλημένοι 4 WH: [αἱ] NA/RP: αἱ // WH: ἑστῶτες RP: ἑστῶσαι 5 WH: θελήσῃ {WH}: θέλει *or* θελήσει RP: θέλει 6 WH: τὴν ἐξουσίαν κλεῖσαι τὸν οὐρανόν RP: τὸν οὐρανὸν ἐξουσίαν κλεῖσαι // WH: ἐν πάσῃ πληγῇ ὁσάκις ἐὰν θελήσωσιν RP: ὁσάκις ἐὰν θελήσωσιν ἐν πάσῃ πληγῇ

---

11 Jer 1:10; 25:30; Dan 3:4; 7:14 **11:1** Ezek 40:3 **2** Zech 12:3 LXX; Isa 63:18; Ps 79:1; Dan 8:10 **4** Zech 4:2, 3, 11, 14 **5** 2 Kgs 1:10; 2 Sam 22:9; Jer 5:14; Ps 97:3 **6** 1 Kgs 17:1; Exod 7:17, 19; 1 Sam 4:8 **7** Dan 7:3, 7, 8, 20, 21 **8** Isa 1:10

ἐκ τῶν λαῶν καὶ φυλῶν καὶ γλωσσῶν καὶ ἐθνῶν τὸ πτῶμα αὐτῶν ἡμέρας τρεῖς καὶ ἥμισυ, καὶ τὰ πτώματα αὐτῶν οὐκ ἀφίουσιν τεθῆναι εἰς μνῆμα. 10 καὶ οἱ κατοικοῦντες ἐπὶ τῆς γῆς χαίρουσιν ἐπ' αὐτοῖς καὶ **εὐφραίνονται**, καὶ δῶρα πέμψουσιν ἀλλήλοις, ὅτι οὗτοι οἱ δύο προφῆται ἐβασάνισαν τοὺς κατοικοῦντας ἐπὶ τῆς γῆς. 11 καὶ μετὰ [τὰς] τρεῖς ἡμέρας καὶ ἥμισυ **πνεῦμα ζωῆς** ἐκ τοῦ θεοῦ **εἰσῆλθεν [ἐν] αὐτοῖς, καὶ ἔστησαν ἐπὶ τοὺς πόδας αὐτῶν,** καὶ **φόβος** μέγας **ἐπέπεσεν ἐπὶ** τοὺς θεωροῦντας αὐτούς· 12 καὶ ἤκουσαν φωνῆς μεγάλης ἐκ τοῦ οὐρανοῦ λεγούσης αὐτοῖς Ἀνάβατε ὧδε, καὶ ἀνέβησαν **εἰς τὸν οὐρανὸν** ἐν τῇ νεφέλῃ, καὶ ἐθεώρησαν αὐτοὺς οἱ ἐχθροὶ αὐτῶν. 13 Καὶ ἐν ἐκείνῃ τῇ ὥρᾳ ἐγένετο **σεισμὸς μέγας**, καὶ τὸ δέκατον τῆς πόλεως **ἔπεσεν**, καὶ ἀπεκτάνθησαν ἐν τῷ σεισμῷ ὀνόματα ἀνθρώπων χιλιάδες ἑπτά, καὶ οἱ λοιποὶ ἔμφοβοι ἐγένοντο καὶ ἔδωκαν δόξαν **τῷ θεῷ τοῦ οὐρανοῦ.**

14 Ἡ Οὐαὶ ἡ δευτέρα ἀπῆλθεν· ἰδοὺ ἡ Οὐαὶ ἡ τρίτη ἔρχεται ταχύ.

The Seventh Trumpet

15 Καὶ ὁ ἕβδομος ἄγγελος ἐσάλπισεν· καὶ ἐγένοντο φωναὶ μεγάλαι ἐν τῷ οὐρανῷ, λέγοντες

Ἐγένετο **ἡ βασιλεία** τοῦ κόσμου **τοῦ κυρίου** ἡμῶν **καὶ τοῦ χριστοῦ αὐτοῦ,** καὶ **βασιλεύσει εἰς τοὺς αἰῶνας τῶν αἰώνων.**

16 καὶ οἱ εἴκοσι τέσσαρες πρεσβύτεροι [οἱ] ἐνώπιον τοῦ

---

9 WH: καὶ ἥμισυ, RP: ἥμισυ, καὶ // WH: ἀφίουσιν RP: ἀφήσουσιν 10 WH: εὐφραίνονται RP: εὐφρανθήσονται // WH: πέμψουσιν RP: δώσουσιν 11 WH: [τὰς] NA/RP: τὰς // WH: [ἐν] NA: ἐν RP: εἰς // WH: αὐτοῖς RP: αὐτούς // WH: ἐπέπεσεν RP: ἔπεσεν 12 WH: ἤκουσαν φωνῆς μεγάλης . . . λεγούσης {WH}/RP: ἤκουσα φωνὴν μεγάλην . . . λέγουσαν // WH: Ἀνάβατε RP: Ἀνάβητε 13 WH: ὥρᾳ RP: ἡμέρᾳ 14 WH: ἰδοὺ ἡ Οὐαὶ ἡ τρίτη RP: ἡ οὐαὶ ἡ τρίτη, ἰδού 15 WH: λέγοντες RP: λέγουσαι 16 WH: [Οἱ] {WH}: οἱ RP: οἱ //

10–11 Ps 105:38 11 Ezek 37:5, 10 12 2 Kgs 2:11 13 Ezek 38:19, 20; Dan 2:19 15 Obad 21; Ps 22:28; Exod 15:18; Ps 10:16; Dan 2:44; 7:14; Ps 2:2

θεοῦ καθήμενοι ἐπὶ τοὺς θρόνους αὐτῶν ἔπεσαν ἐπὶ τὰ
πρόσωπα αὐτῶν καὶ προσεκύνησαν τῷ θεῷ, 17 λέγοντες
Εὐχαριστοῦμέν σοι, **κύριε, ὁ θεός, ὁ παντοκράτωρ,** ὁ ὢν
καὶ ὁ ἦν, ὅτι εἴληφες τὴν δύναμίν σου τὴν μεγάλην καὶ
ἐβασίλευσας· 18 καὶ **τὰ ἔθνη ὠργίσθησαν,** καὶ ἦλθεν ἡ
ὀργή σου καὶ ὁ καιρὸς τῶν νεκρῶν κριθῆναι, καὶ δοῦ-
ναι τὸν μισθὸν **τοῖς δούλοις σου τοῖς προφήταις** καὶ τοῖς
ἁγίοις καὶ **τοῖς φοβουμένοις** τὸ ὄνομά σου, **τοὺς μικροὺς
καὶ τοὺς μεγάλους,** καὶ διαφθεῖραι τοὺς διαφθείροντας
τὴν γῆν.
19 καὶ ἠνοίγη ὁ ναὸς τοῦ θεοῦ ὁ ἐν τῷ οὐρανῷ, καὶ ὤφθη **ἡ
κιβωτὸς τῆς διαθήκης** αὐτοῦ **ἐν τῷ ναῷ** αὐτοῦ· καὶ ἐγένον-
το **ἀστραπαὶ καὶ φωναὶ** καὶ **βρονταὶ** καὶ σεισμὸς καὶ
χάλαζα μεγάλη.

The Woman and the Dragon

12 Καὶ σημεῖον μέγα ὤφθη ἐν τῷ οὐρανῷ, γυνὴ περιβεβλη-
μένη τὸν ἥλιον, καὶ ἡ σελήνη ὑποκάτω τῶν ποδῶν αὐτῆς,
καὶ ἐπὶ τῆς κεφαλῆς αὐτῆς στέφανος ἀστέρων δώδεκα, 2 καὶ
ἐν γαστρὶ ἔχουσα· καὶ **κράζει ὠδίνουσα καὶ βασανιζομένη
τεκεῖν.** 3 καὶ ὤφθη ἄλλο σημεῖον ἐν τῷ οὐρανῷ, καὶ ἰδοὺ
δράκων μέγας πυρρός, ἔχων κεφαλὰς ἑπτὰ καὶ **κέρατα δέκα**
καὶ ἐπὶ τὰς κεφαλὰς αὐτοῦ ἑπτὰ διαδήματα, 4 καὶ ἡ οὐρὰ
αὐτοῦ σύρει τὸ τρίτον **τῶν ἀστέρων τοῦ οὐρανοῦ, καὶ
ἔβαλεν** αὐτοὺς **εἰς τὴν γῆν.** καὶ ὁ δράκων ἔστηκεν ἐνώπιον
τῆς γυναικὸς τῆς μελλούσης τεκεῖν, ἵνα ὅταν τέκῃ τὸ τέκ-

RP: add τοῦ θρόνου *after* ἐνώπιον // WH: καθήμενοι {WH}: κάθηνται 17 {WH}:
add καὶ *before* ὅτι // WH: εἴληφες ΝΑ/RP: εἴληφας 18 WH: τοὺς μικροὺς RP: τοῖς
μικροῖς // WH: τοὺς μεγάλους RP: τοῖς μεγάλοις 19 WH: αὐτοῦ RP: τοῦ κυρίου
// RP: *add* καὶ σεισμὸς *after* βρονταὶ
12:2 WH: ἔχουσα· καὶ κράζει {WH}: ἔχουσα κράζει, RP: ἔχουσα, ἔκραζεν
3 WH: μέγας πυρρός {WH}: πυρρὸς μέγας RP: πυρὸς μέγας 4 WH: ἔστηκεν
ΝΑ/RP: ἔστηκεν

---

17 Amos 4:13 LXX; Exod 3:14; Isa 41:4 **17–18** Ps 99:1 **18** Ps 2:1, 5; 46:6; Ps 115:13;
Amos 3:7; Dan 9:6, 10; Zech 1:6 **19** 1 Kgs 8:1, 6; 2:Chr 5:7; Exod 19:16; Exod 9:24
12:2 Isa 66:6, 7 **3** Dan 7:7 **4** Dan 8:10

νον αὐτῆς καταφάγῃ. 5 καὶ **ἔτεκεν** υἱόν, **ἄρσεν**, ὃς μέλλει **ποιμαίνειν** πάντα **τὰ ἔθνη ἐν ῥάβδῳ σιδηρᾷ·** καὶ ἡρπάσθη τὸ τέκνον αὐτῆς πρὸς τὸν θεὸν καὶ πρὸς τὸν θρόνον αὐτοῦ. 6 καὶ ἡ γυνὴ ἔφυγεν εἰς τὴν ἔρημον, ὅπου ἔχει ἐκεῖ τόπον ἡτοιμασμένον ἀπὸ τοῦ θεοῦ, ἵνα ἐκεῖ τρέφωσιν αὐτὴν ἡμέρας χιλίας διακοσίας ἑξήκοντα.

7 Καὶ ἐγένετο πόλεμος ἐν τῷ οὐρανῷ, ὁ **Μιχαὴλ** καὶ οἱ ἄγγελοι αὐτοῦ **τοῦ πολεμῆσαι** μετὰ τοῦ δράκοντος. καὶ ὁ δράκων ἐπολέμησεν καὶ οἱ ἄγγελοι αὐτοῦ, 8 καὶ οὐκ ἴσχυσεν, οὐδὲ τόπος εὑρέθη αὐτῶν ἔτι ἐν τῷ οὐρανῷ. 9 καὶ ἐβλήθη ὁ δράκων ὁ μέγας, **ὁ ὄφις** ὁ ἀρχαῖος, ὁ καλούμενος **Διάβολος** καί ῾Ο **Σατανᾶς**, ὁ πλανῶν τὴν οἰκουμένην ὅλην,—ἐβλήθη εἰς τὴν γῆν, καὶ οἱ ἄγγελοι αὐτοῦ μετ᾽ αὐτοῦ ἐβλήθησαν. 10 καὶ ἤκουσα φωνὴν μεγάλην ἐν τῷ οὐρανῷ λέγουσαν

῎Αρτι ἐγένετο ἡ σωτηρία καὶ ἡ δύναμις καὶ ἡ βασιλεία τοῦ θεοῦ ἡμῶν καὶ ἡ ἐξουσία τοῦ χριστοῦ αὐτοῦ, ὅτι ἐβλήθη ὁ κατήγωρ τῶν ἀδελφῶν ἡμῶν, ὁ κατηγορῶν αὐτοὺς ἐνώπιον τοῦ θεοῦ ἡμῶν ἡμέρας καὶ νυκτός· 11 καὶ αὐτοὶ ἐνίκησαν αὐτὸν διὰ τὸ αἷμα τοῦ ἀρνίου καὶ διὰ τὸν λόγον τῆς μαρτυρίας αὐτῶν, καὶ οὐκ ἠγάπησαν τὴν ψυχὴν αὐτῶν ἄχρι θανάτου· 12 διὰ τοῦτο **εὐφραίνεσθε, οὐρανοὶ** καὶ οἱ ἐν αὐτοῖς σκηνοῦντες· οὐαὶ τὴν γῆν καὶ τὴν θάλασσαν, ὅτι κατέβη ὁ διάβολος πρὸς ὑμᾶς, ἔχων θυμὸν μέγαν, εἰδὼς ὅτι ὀλίγον καιρὸν ἔχει.

13 Καὶ ὅτε εἶδεν ὁ δράκων ὅτι ἐβλήθη εἰς τὴν γῆν, ἐδίωξεν τὴν γυναῖκα ἥτις ἔτεκεν τὸν ἄρσενα. 14 καὶ ἐδόθησαν τῇ γυναικὶ αἱ δύο πτέρυγες τοῦ ἀετοῦ τοῦ μεγάλου, ἵνα πέτηται εἰς τὴν ἔρημον εἰς τὸν τόπον αὐτῆς, ὅπου τρέφεται ἐκεῖ

---

5 WH: υἱόν, ἄρσεν ΝΑ: υἱόν ἄρσεν RP: υἱὸν ἄρρενα 6 WH: ἀπὸ RP: ὑπὸ // WH: τρέφωσιν {WH}: τρέφουσιν RP: ἐκτρέφωσιν 7 RP: *add* τοῦ *after* αὐτοῦ 8 WH: ἴσχυσεν {WH}: ἴσχυσαν // WH: αὐτῶν RP: αὐτῷ 9 RP: *omit* ῾Ο 10 WH: κατήγωρ RP: κατήγορος // WH: αὐτοὺς RP: αὐτῶν 12 WH: οὐρανοὶ {WH}: οἱ οὐρανοὶ ΝΑ: [οἱ] οὐρανοὶ // WH: τὴν γῆν RP: τῇ γῇ // WH: τὴν θάλασσαν RP: τῇ θαλάσσῃ 13 WH: ἄρσενα RP: ἄρρενα 14 RP: *add* αἱ *after* γυναικὶ // WH: ὅπου τρέφεται RP: ὅπως τρέφηται

5 Isa 66:7; Ps 2:8, 9 7 Dan 10:13, 20 9 Gen 3:1; Zech 3:1, 2 12 Isa 44:23; 49:13

καιρὸν καὶ καιροὺς καὶ ἥμισυ καιροῦ ἀπὸ προσώπου τοῦ ὄφεως. 15 καὶ ἔβαλεν ὁ ὄφις ἐκ τοῦ στόματος αὐτοῦ ὀπίσω τῆς γυναικὸς ὕδωρ ὡς ποταμόν, ἵνα αὐτὴν ποταμοφόρητον ποιήσῃ. 16 καὶ ἐβοήθησεν ἡ γῆ τῇ γυναικί, καὶ ἤνοιξεν ἡ γῆ τὸ στόμα αὐτῆς καὶ κατέπιεν τὸν ποταμὸν ὃν ἔβαλεν ὁ δράκων ἐκ τοῦ στόματος αὐτοῦ· 17 καὶ ὠργίσθη ὁ δράκων ἐπὶ τῇ γυναικί, καὶ ἀπῆλθεν ποιῆσαι πόλεμον μετὰ τῶν λοιπῶν τοῦ σπέρματος αὐτῆς, τῶν τηρούντων τὰς ἐντολὰς τοῦ θεοῦ καὶ ἐχόντων τὴν μαρτυρίαν Ἰησοῦ· 18 καὶ ἐστάθη ἐπὶ τὴν ἄμμον τῆς θαλάσσης.

The Beast from the Sea

13 Καὶ εἶδον ἐκ τῆς θαλάσσης θηρίον ἀναβαῖνον, ἔχον κέρατα δέκα καὶ κεφαλὰς ἑπτά, καὶ ἐπὶ τῶν κεράτων αὐτοῦ δέκα διαδήματα, καὶ ἐπὶ τὰς κεφαλὰς αὐτοῦ ὀνόματα βλασφημίας. 2 καὶ τὸ θηρίον ὃ εἶδον ἦν ὅμοιον παρδάλει, καὶ οἱ πόδες αὐτοῦ ὡς ἄρκου, καὶ τὸ στόμα αὐτοῦ ὡς στόμα λέοντος. καὶ ἔδωκεν αὐτῷ ὁ δράκων τὴν δύναμιν αὐτοῦ καὶ τὸν θρόνον αὐτοῦ καὶ ἐξουσίαν μεγάλην. 3 καὶ μίαν ἐκ τῶν κεφαλῶν αὐτοῦ ὡς ἐσφαγμένην εἰς θάνατον, καὶ ἡ πληγὴ τοῦ θανάτου αὐτοῦ ἐθεραπεύθη. καὶ ἐθαυμάσθη ὅλη ἡ γῆ ὀπίσω τοῦ θηρίου, 4 καὶ προσεκύνησαν τῷ δράκοντι ὅτι ἔδωκεν τὴν ἐξουσίαν τῷ θηρίῳ, καὶ προσεκύνησαν τῷ θηρίῳ λέγοντες Τίς ὅμοιος τῷ θηρίῳ, καὶ τίς δύναται πολεμῆσαι μετ᾽ αὐτοῦ; 5 καὶ ἐδόθη αὐτῷ στόμα λαλοῦν μεγάλα καὶ βλασφημίας, καὶ ἐδόθη αὐτῷ ἐξουσία ποιῆσαι μῆνας τεσσεράκοντα [καὶ] δύο. 6 καὶ ἤνοιξε τὸ στόμα αὐτοῦ εἰς βλασφημίας πρὸς τὸν θεόν, βλασφημῆσαι τὸ

12:17–13:1 RP: *End chapter after v. 17; include 12:18 with 13:1* 18 WH: ἐστάθη RP: (13:1) ἐστάθην

13:1 WH: ὀνόματα {WH}: ὄνομα NA: ὀνόμα[τα] 2 WH: λέοντος {WH}: λεόντων 3 WH: ὡς RP: ὡσεὶ // WH: ἐθαυμάσθη RP: ἐθαύμασεν 4 WH: ὅτι ἔδωκεν RP: τῷ δεδωκότι // WH: τῷ θηρίῳ {WH}: τὸ θηρίον // WH: δύναται RP: δυνατὸς 5 WH: βλασφημίας RP: βλασφημίαν // RP: *add* πόλεμον *after* ἐξουσία // RP: *omit* [καὶ] 6 WH: βλασφημίας RP: βλασφημίαν

---

14 Dan 7:25; 12:7 13:1 Dan 7:3, 7 2 Dan 7:4–6, 8 5 Dan 8:12, 24

ὄνομα αὐτοῦ καὶ τὴν σκηνὴν αὐτοῦ, τοὺς ἐν τῷ οὐρανῷ σκηνοῦντας. 7 [καὶ ἐδόθη αὐτῷ **ποιῆσαι πόλεμον μετὰ τῶν ἁγίων καὶ νικῆσαι αὐτούς**,] καὶ ἐδόθη αὐτῷ ἐξουσία ἐπὶ πᾶσαν φυλὴν καὶ λαὸν καὶ γλῶσσαν καὶ ἔθνος. 8 καὶ προσκυνήσουσιν αὐτὸν πάντες οἱ κατοικοῦντες ἐπὶ τῆς γῆς, **οὗ** οὗ **γέγραπται** τὸ ὄνομα αὐτοῦ **ἐν τῷ βιβλίῳ τῆς ζωῆς τοῦ ἀρνίου** τοῦ **ἐσφαγμένου** ἀπὸ καταβολῆς κόσμου. 9 Εἴ τις ἔχει οὖς ἀκουσάτω. 10 **εἴ τις εἰς αἰχμαλωσίαν, εἰς αἰχμαλωσίαν** ὑπάγει· **εἴ τις ἐν μαχαίρῃ** ἀποκτενεῖ, δεῖ αὐτὸν ἐν **μαχαίρῃ** ἀποκτανθῆναι. Ὧδέ ἐστιν ἡ ὑπομονὴ καὶ ἡ πίστις τῶν ἁγίων.

The Beast from the Earth

11 Καὶ εἶδον ἄλλο θηρίον ἀναβαῖνον ἐκ τῆς γῆς, καὶ εἶχεν κέρατα δύο ὅμοια ἀρνίῳ, καὶ ἐλάλει ὡς δράκων. 12 καὶ τὴν ἐξουσίαν τοῦ πρώτου θηρίου πᾶσαν ποιεῖ ἐνώπιον αὐτοῦ. καὶ ποιεῖ τὴν γῆν καὶ τοὺς ἐν αὐτῇ κατοικοῦντας ἵνα προσκυνήσουσιν τὸ θηρίον τὸ πρῶτον, οὗ ἐθεραπεύθη ἡ πληγὴ τοῦ θανάτου αὐτοῦ. 13 καὶ ποιεῖ σημεῖα μεγάλα, ἵνα καὶ πῦρ ποιῇ ἐκ τοῦ οὐρανοῦ καταβαίνειν εἰς τὴν γῆν ἐνώπιον τῶν ἀνθρώπων. 14 καὶ πλανᾷ τοὺς κατοικοῦντας ἐπὶ τῆς γῆς διὰ τὰ σημεῖα ἃ ἐδόθη αὐτῷ ποιῆσαι ἐνώπιον τοῦ θηρίου, λέγων τοῖς κατοικοῦσιν ἐπὶ τῆς γῆς ποιῆσαι εἰκόνα τῷ θηρίῳ ὃς ἔχει τὴν πληγὴν τῆς μαχαίρης καὶ ἔζησεν. 15 καὶ ἐδόθη αὐτῇ δοῦναι πνεῦμα τῇ εἰκόνι τοῦ

---

7 NA/RP: *omit brackets for* [Καὶ ἐδόθη αὐτῷ ποιῆσαι πόλεμον μετὰ τῶν ἁγίων καὶ νικῆσαι αὐτούς] 8 WH: αὐτὸν RP: αὐτῷ // WH: οὗ RP: ὧν // RP: *omit* αὐτοῦ 10 WH: εἰς RP: ἔχει // RP: *omit* εἰς αἰχμαλωσίαν // WH: τις ἐν μαχαίρῃ RP: τις ἐν μαχαίρᾳ // WH: ἀποκτενεῖ {WH}: *ἀποκτείνει* NA: ἀποκτανθῆναι // WH: αὐτὸν ἐν μαχαίρῃ RP: αὐτὸν ἐν μαχαίρᾳ 12 WH: ποιεῖ RP: ἐποίει // WH: προσκυνήσουσιν RP: προσκυνήσωσιν 13 WH: ἵνα καὶ πῦρ RP: καὶ πῦρ ἵνα // RP: *omit* ποιῇ // WH: καταβαίνειν εἰς RP: καταβαίνῃ ἐπὶ 14 RP: *add* ἐμοὺς τοὺς *after* τοὺς // WH: ὃς ἔχει RP: ὃ εἶχεν // WH: τῆς μαχαίρης καὶ ἔζησεν RP: καὶ ἔζησεν ἀπὸ τῆς μαχαίρας 15 WH: αὐτῇ {WH}: *αὐτῇ* NA: αὐτῷ // WH: δοῦναι πνεῦμα RP: πνεῦμα δοῦναι //

---

7 Dan 7:8 LXX, 21 8 Dan 12:1; Ps 69:28; Isa 53:7 10 Jer 15:2

θηρίου, ἵνα καὶ λαλήσῃ ἡ εἰκὼν τοῦ θηρίου καὶ ποιήσῃ [ἵνα] **ὅσοι ἐὰν μὴ προσκυνήσωσιν τῇ εἰκόνι** τοῦ θηρίου ἀποκτανθῶσιν. 16 καὶ ποιεῖ πάντας, τοὺς μικροὺς καὶ τοὺς μεγάλους, καὶ τοὺς πλουσίους καὶ τοὺς πτωχούς, καὶ τοὺς ἐλευθέρους καὶ τοὺς δούλους, ἵνα δῶσιν αὐτοῖς χάραγμα ἐπὶ τῆς χειρὸς αὐτῶν τῆς δεξιᾶς ἢ ἐπὶ τὸ μέτωπον αὐτῶν, 17 [καὶ] ἵνα μή τις δύνηται ἀγοράσαι ἢ πωλῆσαι εἰ μὴ ὁ ἔχων τὸ χάραγμα, τὸ ὄνομα τοῦ θηρίου ἢ τὸν ἀριθμὸν τοῦ ὀνόματος αὐτοῦ. 18 Ὧδε ἡ σοφία ἐστίν· ὁ ἔχων νοῦν ψηφισάτω τὸν ἀριθμὸν τοῦ θηρίου, ἀριθμὸς γὰρ ἀνθρώπου ἐστίν· καὶ ὁ ἀριθμὸς αὐτοῦ ἑξακόσιοι ἑξήκοντα ἕξ.

The Lamb and His People

14 Καὶ εἶδον, καὶ ἰδοὺ τὸ ἀρνίον ἑστὸς ἐπὶ τὸ ὄρος Σιών, καὶ μετ᾽ αὐτοῦ ἑκατὸν τεσσεράκοντα τέσσαρες χιλιάδες ἔχουσαι τὸ ὄνομα αὐτοῦ καὶ τὸ ὄνομα τοῦ πατρὸς αὐτοῦ γεγραμμένον **ἐπὶ τῶν μετώπων** αὐτῶν. 2 καὶ ἤκουσα φωνὴν ἐκ τοῦ οὐρανοῦ **ὡς φωνὴν ὑδάτων πολλῶν** καὶ ὡς φωνὴν βροντῆς μεγάλης, καὶ ἡ φωνὴ ἣν ἤκουσα ὡς κιθαρῳδῶν κιθαριζόντων ἐν ταῖς κιθάραις αὐτῶν. 3 καὶ **ᾄδουσιν ὡς ᾠδὴν καινὴν** ἐνώπιον τοῦ θρόνου καὶ ἐνώπιον τῶν τεσσάρων ζῴων καὶ τῶν πρεσβυτέρων· καὶ οὐδεὶς ἐδύνατο μαθεῖν τὴν ᾠδὴν εἰ μὴ αἱ ἑκατὸν τεσσεράκοντα τέσσαρες χιλιάδες, οἱ ἠγορασμένοι ἀπὸ τῆς γῆς. 4 οὗτοί εἰσιν οἱ μετὰ γυναικῶν οὐκ ἐμολύνθησαν, παρθένοι γάρ εἰσιν· οὗτοι οἱ ἀκολουθοῦντες τῷ ἀρνίῳ ὅπου ἂν ὑπάγει· οὗτοι ἠγοράσθησαν ἀπὸ

WH: ποιήσῃ {WH}: ποιήσει // WH: [ἵνα] RP: ἵνα // WH: τῇ εἰκόνι {WH}: τὴν εἰκόνα 16 WH: δῶσιν {WH}: *δώσει* RP: δώσωσιν // WH: χάραγμα RP: χαράγματα 17 WH: [καὶ] NA/RP: καὶ // WH: δύνηται {WH}/RP: δύναται 18 WH: ἑξακόσιοι {WH}: ἐστὶν ἑξακόσιαι RP: ἐστὶν ἑξακόσια
14:1 WH: ἑστὸς RP: ἑστηκὸς // RP: add ἀριθμός *after* αὐτοῦ 3 WH: ὡς NA: [ὡς] RP: *omit* ὡς 3–4 WH: γῆς. 4 οὗτοί εἰσιν οἱ {WH}: γῆς, 4 οἱ 4 WH: ὑπάγει NA/RP: ὑπάγῃ // RP: *add* εἰσὶν *before* οἱ ἀκολουθοῦντες // RP: *add* ὑπὸ Ἰησοῦ *before* ἠγοράσθησαν

---

15 Dan 3:5, 6 14:1 Ezek 9:4 2 Ezek 1:24; 43:2; Dan 10:6 3 Ps 144:9

τῶν ἀνθρώπων ἀπαρχὴ τῷ θεῷ καὶ τῷ ἀρνίῳ, 5 καὶ **ἐν τῷ στόματι** αὐτῶν **οὐχ εὑρέθη ψεῦδος·** ἄμωμοί εἰσιν.

The Three Angels

6 Καὶ εἶδον ἄλλον ἄγγελον πετόμενον ἐν μεσουρανή-ματι, ἔχοντα εὐαγγέλιον αἰώνιον εὐαγγελίσαι ἐπὶ τοὺς καθημένους ἐπὶ τῆς γῆς καὶ ἐπὶ πᾶν ἔθνος καὶ φυλὴν καὶ γλῶσσαν καὶ λαόν, 7 λέγων ἐν φωνῇ μεγάλῃ Φοβήθητε τὸν θεὸν καὶ δότε αὐτῷ δόξαν, ὅτι ἦλθεν ἡ ὥρα τῆς κρίσεως αὐτοῦ, καὶ προσκυνήσατε **τῷ ποιήσαντι τὸν οὐρανὸν καὶ τὴν γῆν καὶ θάλασσαν** καὶ πηγὰς ὑδάτων.

8 Καὶ ἄλλος δεύτερος [ἄγγελος] ἠκολούθησεν λέγων **Ἔπεσεν, ἔπεσεν Βαβυλὼν ἡ μεγάλη,** ἣ **ἐκ τοῦ οἴνου** τοῦ θυμοῦ τῆς πορνείας **αὐτῆς πεπότικεν πάντα τὰ ἔθνη.**

9 Καὶ ἄλλος ἄγγελος τρίτος ἠκολούθησεν αὐτοῖς λέγων ἐν φωνῇ μεγάλῃ Εἴ τις προσκυνεῖ τὸ θηρίον καὶ τὴν εἰκό-να αὐτοῦ, καὶ λαμβάνει χάραγμα ἐπὶ τοῦ μετώπου αὐτοῦ ἢ ἐπὶ τὴν χεῖρα αὐτοῦ, 10 καὶ αὐτὸς **πίεται ἐκ τοῦ οἴνου** τοῦ θυμοῦ τοῦ θεοῦ τοῦ **κεκερασμένου ἀκράτου** ἐν **τῷ ποτηρίῳ τῆς ὀργῆς αὐτοῦ,** καὶ βασανισθήσεται ἐν **πυρὶ καὶ θείῳ** ἐνώπιον ἀγγέλων ἁγίων καὶ ἐνώπιον τοῦ ἀρνίου. 11 **καὶ ὁ καπνὸς** τοῦ βασανισμοῦ αὐτῶν **εἰς αἰῶνας** αἰώνων **ἀναβαίνει,** καὶ οὐκ ἔχουσιν ἀνάπαυσιν **ἡμέρας καὶ νυκ-τός,** οἱ προσκυνοῦντες τὸ θηρίον καὶ τὴν εἰκόνα αὐτοῦ, καὶ εἴ τις λαμβάνει τὸ χάραγμα τοῦ ὀνόματος αὐτοῦ. 12 Ὧδε ἡ ὑπομονὴ τῶν ἁγίων ἐστίν, οἱ τηροῦντες τὰς ἐντολὰς τοῦ θεοῦ καὶ τὴν πίστιν Ἰησοῦ.

---

5 WH: ἐν τῷ στόματι αὐτῶν οὐχ εὑρέθη RP: οὐχ εὑρέθη ἐν τῷ στόματι αὐτῶν // RP: *add* γάρ *after* ἄμωμοι 6 RP: *omit* ἄλλον // RP: *omit* ἐπὶ *after* εὐαγγελίσαι 7 WH: θεὸν RP: κύριον // WH: τῷ ποιήσαντι RP: αὐτὸν τὸν ποιήσαντα // RP: *add* τὴν *before* θάλασσαν 8 WH: δεύτερος [ἄγγελος] ΝΑ: ἄγγελος δεύτερος RP: δεύτερος ἄγγελος // RP: *add* ἔπεσεν *after* Ἔπεσεν, // RP: *omit* ἣ 10 WH: ἀγγέλων ἁγίων {WH}: τῶν ἀγγέλων RP: τῶν ἁγίων ἀγγέλων

---

5 Isa 53:9; Zeph 3:13 7 Exod 20:11; Ps 146:6 8 Isa 21:9; Dan 4:30; Jer 51:7, 8 10 Isa 51:17; Ps 75:8; Gen 19:24; Ezek 38:22 11 Isa 34:10

13 Καὶ ἤκουσα φωνῆς ἐκ τοῦ οὐρανοῦ λεγούσης Γράψον Μακάριοι οἱ νεκροὶ οἱ ἐν κυρίῳ ἀποθνήσκοντες ἀπ᾽ ἄρτι. ναί, λέγει τὸ πνεῦμα, ἵνα ἀναπαήσονται ἐκ τῶν κόπων αὐτῶν, τὰ γὰρ ἔργα αὐτῶν ἀκολουθεῖ μετ᾽ αὐτῶν.

Harvesting the Earth

14 Καὶ **εἶδον, καὶ ἰδοὺ** νεφέλη λευκή, **καὶ ἐπὶ τὴν νεφέλην** καθήμενον **ὅμοιον υἱὸν ἀνθρώπου,** ἔχων ἐπὶ τῆς κεφαλῆς αὐτοῦ στέφανον χρυσοῦν καὶ ἐν τῇ χειρὶ αὐτοῦ δρέπανον ὀξύ.

15 Καὶ ἄλλος ἄγγελος ἐξῆλθεν ἐκ τοῦ ναοῦ, κράζων ἐν φωνῇ μεγάλῃ τῷ καθημένῳ ἐπὶ τῆς νεφέλης **Πέμψον τὸ δρέπανόν** σου καὶ θέρισον, **ὅτι ἦλθεν ἡ ὥρα θερίσαι,** ὅτι ἐξηράνθη ὁ θερισμὸς τῆς γῆς. 16 καὶ ἔβαλεν ὁ καθήμενος ἐπὶ τῆς νεφέλης τὸ δρέπανον αὐτοῦ ἐπὶ τὴν γῆν, καὶ ἐθερίσθη ἡ γῆ.

17 Καὶ ἄλλος ἄγγελος ἐξῆλθεν ἐκ τοῦ ναοῦ τοῦ ἐν τῷ οὐρανῷ ἔχων καὶ αὐτὸς δρέπανον ὀξύ.

18 Καὶ ἄλλος ἄγγελος [ἐξῆλθεν] ἐκ τοῦ θυσιαστηρίου, [ὁ] ἔχων ἐξουσίαν ἐπὶ τοῦ πυρός, καὶ ἐφώνησεν φωνῇ μεγάλῃ τῷ ἔχοντι τὸ δρέπανον τὸ ὀξὺ λέγων **Πέμψον** σου **τὸ δρέπανον** τὸ ὀξὺ καὶ τρύγησον τοὺς βότρυας τῆς ἀμπέλου τῆς γῆς, ὅτι ἤκμασαν αἱ σταφυλαὶ αὐτῆς. 19 καὶ ἔβαλεν ὁ ἄγγελος τὸ δρέπανον αὐτοῦ εἰς τὴν γῆν, καὶ ἐτρύγησεν τὴν ἄμπελον τῆς γῆς, καὶ ἔβαλεν εἰς τὴν ληνὸν τοῦ θυμοῦ τοῦ θεοῦ τὸν μέγαν. 20 καὶ **ἐπατήθη ἡ ληνὸς** ἔξωθεν τῆς πόλεως, καὶ ἐξῆλθεν αἷμα ἐκ τῆς ληνοῦ ἄχρι τῶν χαλινῶν τῶν ἵππων ἀπὸ σταδίων χιλίων ἑξακοσίων.

---

13 WH: ναί, λέγει RP: λέγει Ναί // WH: ἀναπαήσονται RP: ἀναπαύσωνται // WH: γὰρ RP: δὲ 14 WH: υἱὸν RP: υἱῷ 16 WH: τῆς νεφέλης {WH}/RP: τὴν νεφέλην 18 WH: [ἐξῆλθεν] RP: ἐξῆλθεν // RP: omit [ὁ] // WH: φωνῇ RP: κραυγῇ

14 Dan 7:13; 10:16 15, 18, 20 Joel 3:13

The Seven Angels and the Seven Last Plagues

15 Καὶ εἶδον ἄλλο σημεῖον ἐν τῷ οὐρανῷ μέγα καὶ θαυ-
μαστόν, ἀγγέλους ἑπτὰ ἔχοντας **πληγὰς ἑπτὰ** τὰς ἐσχάτας,
ὅτι ἐν αὐταῖς ἐτελέσθη ὁ θυμὸς τοῦ θεοῦ.

2 Καὶ εἶδον ὡς θάλασσαν ὑαλίνην μεμιγμένην πυρί, καὶ
τοὺς νικῶντας ἐκ τοῦ θηρίου καὶ ἐκ τῆς εἰκόνος αὐτοῦ καὶ
ἐκ τοῦ ἀριθμοῦ τοῦ ὀνόματος αὐτοῦ ἑστῶτας ἐπὶ τὴν
θάλασσαν τὴν ὑαλίνην, ἔχοντας κιθάρας τοῦ θεοῦ. 3 καὶ
ᾄδουσιν τὴν ᾠδὴν Μωϋσέως τοῦ δούλου τοῦ θεοῦ καὶ τὴν
ᾠδὴν τοῦ ἀρνίου λέγοντες

Μεγάλα καὶ **θαυμαστὰ τὰ ἔργα σου,**
  κύριε, ὁ θεός, ὁ παντοκράτωρ·
δίκαιαι καὶ ἀληθιναὶ αἱ ὁδοί σου,
  ὁ βασιλεὺς τῶν αἰώνων·
4 **τίς οὐ μὴ φοβηθῇ, κύριε,**
  καὶ δοξάσει τὸ ὄνομά σου,
    ὅτι μόνος **ὅσιος;**
  ὅτι **πάντα τὰ ἔθνη ἥξουσιν**
    καὶ προσκυνήσουσιν ἐνώπιόν σου,
      ὅτι τὰ δικαιώματά σου ἐφανερώθησαν.

5 Καὶ μετὰ ταῦτα εἶδον, καὶ ἠνοίγη ὁ ναὸς **τῆς σκηνῆς τοῦ**
μαρτυρίου ἐν τῷ οὐρανῷ, 6 καὶ ἐξῆλθαν οἱ ἑπτὰ ἄγγελοι
[οἱ] ἔχοντες τὰς **ἑπτὰ πληγὰς** ἐκ τοῦ ναοῦ, **ἐνδεδυμένοι**
λίθον καθαρὸν λαμπρὸν καὶ περιεζωσμένοι περὶ τὰ στήθη
ζώνας χρυσᾶς. 7 καὶ ἓν ἐκ τῶν τεσσάρων ζῴων ἔδωκεν τοῖς
ἑπτὰ ἀγγέλοις ἑπτὰ φιάλας χρυσᾶς γεμούσας τοῦ θυμοῦ τοῦ
θεοῦ τοῦ ζῶντος εἰς τοὺς αἰῶνας τῶν αἰώνων. 8 **καὶ**
ἐγεμίσθη ὁ ναὸς καπνοῦ ἐκ τῆς δόξης τοῦ θεοῦ καὶ ἐκ τῆς
δυνάμεως αὐτοῦ, καὶ **οὐδεὶς ἐδύνατο εἰσελθεῖν εἰς** τὸν
ναὸν ἄχρι τελεσθῶσιν αἱ **ἑπτὰ πληγαὶ** τῶν ἑπτὰ ἀγγέλων.

15:3 WH: αἰώνων {WH}/NA/RP: ἐθνῶν 4 RP: *add* σε *after* φοβηθῇ // WH: σου, NA:
σου; // WH: δοξάσει RP: δοξάσῃ // WH: ὅσιος; NA: ὅσιος, RP: ἅγιος· 6 WH: [Οἱ]
RP: οἱ // RP: *add* οἳ ἦσαν *after* ναοῦ // WH: λίθον NA/RP: λίνον

15:1 Lev 26:21 3 Exod 15:1; Josh 14:7; Ps 111:2; Exod 34:10; Ps 139:14; Amos 4:13
LXX; Deut 32:4; Jer 10:10 4 Jer 10:7; Ps 86:9; Mal 1:11; Deut 32:4; Ps 145:17 5 Exod
40:34 6 Lev 26:21; Ezek 28:13 8 Isa 6:4; Exod 40:34, 35; Lev 26:21

The Seven Bowls of God's Wrath

16 Καὶ ἤκουσα μεγάλης **φωνῆς ἐκ τοῦ ναοῦ** λεγούσης τοῖς ἑπτὰ ἀγγέλοις Ὑπάγετε καὶ **ἐκχέετε** τὰς ἑπτὰ φιάλας **τοῦ θυμοῦ** τοῦ θεοῦ **εἰς τὴν γῆν.**

2 Καὶ ἀπῆλθεν ὁ πρῶτος καὶ ἐξέχεεν τὴν φιάλην αὐτοῦ εἰς τὴν γῆν· **καὶ ἐγένετο ἕλκος** κακὸν καὶ **πονηρὸν ἐπὶ τοὺς ἀνθρώπους** τοὺς ἔχοντας τὸ χάραγμα τοῦ θηρίου καὶ τοὺς προσκυνοῦντας τῇ εἰκόνι αὐτοῦ.

3 Καὶ ὁ δεύτερος ἐξέχεεν τὴν φιάλην αὐτοῦ εἰς τὴν θάλασσαν· **καὶ ἐγένετο αἷμα** ὡς νεκροῦ, καὶ πᾶσα ψυχὴ ζωῆς **ἀπέθανεν, τὰ ἐν** τῇ θαλάσσῃ.

4 Καὶ ὁ τρίτος ἐξέχεεν τὴν φιάλην αὐτοῦ εἰς **τοὺς ποταμοὺς** καὶ τὰς πηγὰς τῶν ὑδάτων· **καὶ ἐγένετο αἷμα.** 5 Καὶ ἤκουσα τοῦ ἀγγέλου τῶν ὑδάτων λέγοντος **Δίκαιος εἶ,** ὁ **ὢν** καὶ ὁ ἦν, [ὁ] **ὅσιος,** ὅτι ταῦτα ἔκρινας, 6 ὅτι **αἷμα** ἁγίων καὶ προφητῶν **ἐξέχεαν,** καὶ **αἷμα αὐτοῖς** δέδωκας **πεῖν·** ἄξιοί εἰσιν. 7 Καὶ ἤκουσα τοῦ θυσιαστηρίου λέγοντος Ναί, **κύριε,** ὁ **θεός,** ὁ **παντοκράτωρ, ἀληθιναὶ** καὶ **δίκαιαι αἱ κρίσεις σου.**

8 Καὶ ὁ τέταρτος ἐξέχεεν τὴν φιάλην αὐτοῦ ἐπὶ τὸν ἥλιον· καὶ ἐδόθη αὐτῷ καυματίσαι τοὺς ἀνθρώπους ἐν πυρί, 9 καὶ ἐκαυματίσθησαν οἱ ἄνθρωποι καῦμα μέγα· καὶ ἐβλασφήμησαν τὸ ὄνομα τοῦ θεοῦ τοῦ ἔχοντος τὴν ἐξουσίαν ἐπὶ τὰς πληγὰς ταύτας, καὶ οὐ μετενόησαν δοῦναι αὐτῷ δόξαν.

10 Καὶ ὁ πέμπτος ἐξέχεεν τὴν φιάλην αὐτοῦ ἐπὶ τὸν θρόνον τοῦ θηρίου· καὶ **ἐγένετο** ἡ βασιλεία αὐτοῦ **ἐσκοτωμένη,**

16:1 WH: μεγάλης φωνῆς RP: φωνῆς μεγάλης // WH: ἐκχέετε RP: ἐκχέατε 3 RP: add ἄγγελος after δεύτερος // WH: ζωῆς RP: ζῶσα // RP: add τὰ after ἀπέθανεν 4 RP: add εἰς before τὰς πηγὰς // WH: ἐγένετο {WH}: ἐγένοντο 5 WH: [ὁ] NA/RP: ὁ 6 WH: δέδωκας {WH}/RP: ἔδωκας NA: [δ]έδωκας // WH: πεῖν NA/RP: πιεῖν 8 RP: add ἄγγελος after τέταρτος // WH: τοὺς ἀνθρώπους ἐν πυρί, RP: ἐν πυρὶ τοὺς ἀνθρώπους. 9 RP: add οἱ ἄνθρωποι after ἐβλασφήμησαν // RP: add τὴν before ἐξουσίαν

16:1 Isa 66:6; Ps 69:24; Jer 10 25; Zeph 8 2 Exod 9:9, 10; Deut 28:35 3 Exod 7:20, 21 4 Ps 78:44; Exod 7:20 5 Ps 19:9; 19:137; Exod 3:14; Isa 41:4; Deut 32:4; Ps 145:17 6 Ps 79:3; Isa 49:26 7 Amos 4:13 LXX; Ps 19:9; 119:137 10 Exod 10:22

καὶ ἐμασῶντο τὰς γλώσσας αὐτῶν ἐκ τοῦ πόνου, 11 καὶ ἐβλασφήμησαν **τὸν θεὸν τοῦ οὐρανοῦ** ἐκ τῶν πόνων αὐτῶν καὶ ἐκ τῶν ἑλκῶν αὐτῶν, καὶ οὐ μετενόησαν ἐκ τῶν ἔργων αὐτῶν.

12 Καὶ ὁ ἕκτος ἐξέχεεν τὴν φιάλην αὐτοῦ ἐπὶ **τὸν ποταμὸν τὸν μέγαν [τὸν] Εὐφράτην·** καὶ **ἐξηράνθη** τὸ ὕδωρ αὐτοῦ, ἵνα ἑτοιμασθῇ ἡ ὁδὸς τῶν βασιλέων τῶν **ἀπὸ ἀνατολῆς ἡλίου.** 13 Καὶ εἶδον ἐκ τοῦ στόματος τοῦ δράκοντος καὶ ἐκ τοῦ στόματος τοῦ θηρίου καὶ ἐκ τοῦ στόματος τοῦ ψευδοπροφήτου πνεύματα τρία ἀκάθαρτα ὡς **βάτραχοι·** 14 εἰσὶν γὰρ πνεύματα δαιμονίων ποιοῦντα σημεῖα, ἃ ἐκπορεύεται ἐπὶ τοὺς βασιλεῖς τῆς οἰκουμένης ὅλης, συναγαγεῖν αὐτοὺς εἰς τὸν πόλεμον τῆς ἡμέρας τῆς μεγάλης **τοῦ θεοῦ τοῦ παντοκράτορος.**—15 Ἰδοὺ ἔρχομαι ὡς κλέπτης. μακάριος ὁ γρηγορῶν καὶ τηρῶν τὰ ἱμάτια αὐτοῦ, ἵνα μὴ γυμνὸς περιπατῇ καὶ βλέπωσιν τὴν ἀσχημοσύνην αὐτοῦ.—16 καὶ συνήγαγεν αὐτοὺς εἰς τὸν τόπον τὸν καλούμενον Ἑβραϊστί Ἁρ **Μαγεδών.**

17 Καὶ ὁ ἕβδομος ἐξέχεεν τὴν φιάλην αὐτοῦ ἐπὶ τὸν ἀέρα·—καὶ ἐξῆλθεν **φωνὴ** μεγάλη ἐκ τοῦ ναοῦ ἀπὸ τοῦ θρόνου λέγουσα Γέγονεν·—18 καὶ ἐγένοντο **ἀστραπαὶ καὶ φωναὶ** καὶ **βρονταί,** καὶ σεισμὸς ἐγένετο μέγας, **οἷος οὐκ ἐγένετο ἀφ᾽ οὗ** ἄνθρωποι **ἐγένοντο ἐπὶ τῆς γῆς** τηλικοῦτος σεισμὸς οὕτω μέγας, 19 καὶ ἐγένετο ἡ πόλις ἡ μεγάλη εἰς τρία μέρη, καὶ αἱ πόλεις τῶν ἐθνῶν ἔπεσαν· καὶ **Βαβυλὼν ἡ μεγάλη** ἐμνήσθη ἐνώπιον τοῦ θεοῦ δοῦναι αὐτῇ **τὸ ποτήριον**

---

12 WH: [τὸν] NA: τὸν RP: *omit* [τὸν] // WH: ἀνατολῆς {WH}: ἀνατολῶν 13 WH: τρία ἀκάθαρτα RP: ἀκάθαρτα τρία 14 RP: *add* ἐκείνης *after* ἡμέρας // WH: ἡμέρας τῆς μεγάλης {WH}: μεγάλης ἡμέρας 16 WH: Ἑβραϊστί Ἁρ Μαγεδών NA/RP: Ἑβραϊστί Ἁρμαγεδών 17 WH: ἐκ RP: ἀπὸ // RP: *add* τοῦ οὐρανοῦ *after* ναοῦ 18 WH: καὶ φωναὶ καὶ βρονταί RP: καὶ βρονταὶ καὶ φωναί // RP: *omit* ἐγένετο *after* σεισμὸς // RP: *add* οἱ *before* ἄνθρωποι // WH: ἄνθρωποι ἐγένοντο {WH}/NA: ἄνθρωπος ἐγένετο

---

11 Dan 2:19 12 Isa 44:27; Jer 50:38; Gen 15:18; Deut 1:7; Josh 1:4; Isa 41:25 13 Exod 8:3 14 Amos 4:13 LXX 16 Zech 12:11 17 Isa 66:6 18 Exod 19:16; Dan 12 19 Dan 4:30; Isa 51:17; Jer 25:15

τοῦ **οἴνου τοῦ θυμοῦ** τῆς ὀργῆς **αὐτοῦ·** 20 καὶ πᾶσα νῆσος ἔφυγεν, καὶ ὄρη οὐχ εὑρέθησαν. 21 καὶ **χάλαζα μεγάλη** ὡς ταλαντιαία καταβαίνει ἐκ τοῦ οὐρανοῦ ἐπὶ τοὺς ἀνθρώπους· καὶ ἐβλασφήμησαν οἱ ἄνθρωποι τὸν θεὸν ἐκ τῆς πληγῆς τῆς χαλάζης, ὅτι **μεγάλη** ἐστὶν ἡ πληγὴ αὐτῆς **σφόδρα.**

The Great Prostitute and the Beast

17 Καὶ ἦλθεν εἷς ἐκ τῶν ἑπτὰ ἀγγέλων τῶν ἐχόντων τὰς ἑπτὰ φιάλας, καὶ ἐλάλησεν μετ᾽ ἐμοῦ λέγων   Δεῦρο, δείξω σοι τὸ κρίμα τῆς πόρνης τῆς μεγάλης τῆς καθημένης **ἐπὶ ὑδάτων πολλῶν,** 2 μεθ᾽ **ἧς ἐπόρνευσαν οἱ βασιλεῖς τῆς γῆς,** καὶ **ἐμεθύσθησαν** οἱ κατοικοῦντες **τὴν γῆν ἐκ τοῦ οἴνου** τῆς πορνείας **αὐτῆς.** 3 καὶ ἀπήνεγκέν με εἰς ἔρημον ἐν πνεύματι. καὶ εἶδον γυναῖκα καθημένην ἐπὶ **θηρίον** κόκκινον, γέμοντα ὀνόματα βλασφημίας, ἔχων κεφαλὰς ἑπτὰ καὶ κέρατα δέκα· 4 καὶ ἡ γυνὴ ἦν περιβεβλημένη πορφυροῦν καὶ κόκκινον, καὶ κεχρυσωμένη χρυσίῳ καὶ λίθῳ τιμίῳ καὶ μαργαρίταις, ἔχουσα **ποτήριον χρυσοῦν** ἐν τῇ χειρὶ αὐτῆς γέμον βδελυγμάτων καὶ τὰ ἀκάθαρτα τῆς πορνείας αὐτῆς, 5 καὶ ἐπὶ τὸ μέτωπον αὐτῆς ὄνομα γεγραμμένον, μυστήριον, **ΒΑΒΥΛΩΝ Η ΜΕΓΑΛΗ,** Η ΜΗΤΗΡ ΤΩΝ ΠΟΡΝΩΝ ΚΑΙ ΤΩΝ ΒΔΕΛΥΓΜΑΤΩΝ ΤΗΣ ΓΗΣ. 6 καὶ εἶδον τὴν γυναῖκα μεθύουσαν ἐκ τοῦ αἵματος τῶν ἁγίων καὶ ἐκ τοῦ αἵματος τῶν μαρτύρων Ἰησοῦ. Καὶ ἐθαύμασα ἰδὼν αὐτὴν θαῦμα μέγα· 7 καὶ εἶπέν μοι ὁ ἄγγελος   Διὰ τί ἐθαύμασας; ἐγὼ ἐρῶ σοι τὸ μυστήριον τῆς γυναικὸς καὶ τοῦ θηρίου τοῦ βαστάζοντος αὐτήν, τοῦ ἔχοντος τὰς ἑπτὰ κεφαλὰς καὶ τὰ δέκα κέρατα· 8 **τὸ θηρίον** ὃ εἶδες ἦν καὶ οὐκ ἔστιν, καὶ μέλλει

17:1 RP: add τῶν after ὑδάτων 3 WH: γέμοντα ΝΑ: γέμον[τα] RP: γέμον // WH: ἔχων {WH}: ἔχοντα RP: ἔχον 4 RP: omit καὶ before κεχρυσωμένη // WH: χρυσίῳ {WH}: χρυσῷ // WH: γέμον {WH}: γέμων 6 RP: omit καὶ after ἁγίων 7 WH: ἐγὼ ἐρῶ σοι {WH}: ἐγώ σοι ἐρῶ

---

21 Exod 9:24 17:1–2 Jer 51:13, 7 2 Isa 23:17 3 Dan 7:7 4 Jer 51:7 5 Dan 4:30 8 Dan 7:3; Dan:12:1; Ps 69:28

ἀναβαίνειν ἐκ τῆς ἀβύσσου, καὶ εἰς ἀπώλειαν ὑπάγει· καὶ
θαυμασθήσονται οἱ κατοικοῦντες ἐπὶ τῆς γῆς, ὧν οὐ γέ-
γραπται τὸ ὄνομα ἐπὶ τὸ βιβλίον τῆς ζωῆς ἀπὸ καταβολῆς
κόσμου, βλεπόντων τὸ θηρίον ὅτι ἦν καὶ οὐκ ἔστιν καὶ πάρ-
εσται. 9 Ὧδε ὁ νοῦς ὁ ἔχων σοφίαν. αἱ ἑπτὰ κεφαλαὶ ἑπτὰ
ὄρη εἰσίν, ὅπου ἡ γυνὴ κάθηται ἐπ᾽ αὐτῶν. καὶ βασιλεῖς
ἑπτὰ εἰσιν· 10 οἱ πέντε ἔπεσαν, ὁ εἷς ἔστιν, ὁ ἄλλος οὔπω
ἦλθεν, καὶ ὅταν ἔλθῃ ὀλίγον αὐτὸν δεῖ μεῖναι, 11 καὶ τὸ
θηρίον ὃ ἦν καὶ οὐκ ἔστιν. καὶ αὐτὸς ὄγδοός ἐστιν καὶ ἐκ
τῶν ἑπτά ἐστιν, καὶ εἰς ἀπώλειαν ὑπάγει. 12 καὶ τὰ δέκα
κέρατα ἃ εἶδες δέκα βασιλεῖς εἰσιν, οἵτινες βασιλείαν
οὔπω ἔλαβον, ἀλλὰ ἐξουσίαν ὡς βασιλεῖς μίαν ὥραν λαμ-
βάνουσιν μετὰ τοῦ θηρίου. 13 οὗτοι μίαν γνώμην ἔχουσιν,
καὶ τὴν δύναμιν καὶ ἐξουσίαν αὐτῶν τῷ θηρίῳ διδόασιν.
14 οὗτοι μετὰ τοῦ ἀρνίου πολεμήσουσιν, καὶ τὸ ἀρνίον νι-
κήσει αὐτούς, ὅτι κύριος κυρίων ἐστὶν καὶ βασιλεὺς βασι-
λέων, καὶ οἱ μετ᾽ αὐτοῦ κλητοὶ καὶ ἐκλεκτοὶ καὶ πιστοί.
15 Καὶ λέγει μοι   Τὰ ὕδατα ἃ εἶδες, οὗ ἡ πόρνη κάθηται,
λαοὶ καὶ ὄχλοι εἰσὶν καὶ ἔθνη καὶ γλῶσσαι. 16 καὶ τὰ δέκα
κέρατα ἃ εἶδες καὶ τὸ θηρίον, οὗτοι μισήσουσι τὴν πόρνην,
καὶ ἠρημωμένην ποιήσουσιν αὐτὴν καὶ γυμνήν, καὶ τὰς
σάρκας αὐτῆς φάγονται, καὶ αὐτὴν κατακαύσουσιν [ἐν]
πυρί· 17 ὁ γὰρ θεὸς ἔδωκεν εἰς τὰς καρδίας αὐτῶν ποιῆσαι
τὴν γνώμην αὐτοῦ, καὶ ποιῆσαι μίαν γνώμην καὶ δοῦναι
τὴν βασιλείαν αὐτῶν τῷ θηρίῳ, ἄχρι τελεσθήσονται οἱ
λόγοι τοῦ θεοῦ. 18 καὶ ἡ γυνὴ ἣν εἶδες ἔστιν ἡ πόλις ἡ
μεγάλη ἡ ἔχουσα βασιλείαν ἐπὶ τῶν βασιλέων τῆς γῆς.

---

8 WH: ὑπάγει {WH}/RP: ὑπάγειν // WH: θαυμασθήσονται RP: θαυμάσονται //
WH: βλεπόντων τὸ θηρίον ὅτι ἦν RP: βλεπόντων ὅτι ἦν τὸ θηρίον 9–10 WH: (v.
9) καὶ βασιλεῖς ἑπτά εἰσιν RP: (v. 10) Καὶ βασιλεῖς εἰσιν ἑπτά 10 WH: αὐτὸν δεῖ
RP: δεῖ αὐτὸν 10–11 WH: μεῖναι, 11 καὶ τὸ . . . οὐκ ἔστιν. {WH}: μεῖναι. 11 καὶ τὸ
. . . οὐκ ἔστιν, 13 WH: γνώμην ἔχουσιν RP: ἔχουσιν γνώμην // {WH}: add τὴν
before ἐξουσίαν 16 RP: add ποιήσουσιν αὐτήν after γυμνήν // WH: [ἐν] NA/RP: ἐν
17 WH: μίαν γνώμην RP: γνώμην μίαν // WH: τελεσθήσονται RP: τελεσθῶσιν

---

12 Dan 7:24 14 Deut 10:17; Dan 2:47 15 Jer 51:13 18 Ps 2:2; 89:27

The Fall of Babylon

18 Μετὰ ταῦτα εἶδον ἄλλον ἄγγελον καταβαίνοντα ἐκ τοῦ οὐρανοῦ, ἔχοντα ἐξουσίαν μεγάλην, καὶ ἡ γῆ ἐφωτίσθη ἐκ τῆς δόξης αὐτοῦ. 2 καὶ ἔκραξεν ἐν ἰσχυρᾷ φωνῇ λέγων Ἔπεσεν, ἔπεσεν Βαβυλὼν ἡ μεγάλη, καὶ ἐγένετο κατοικητή-ριον δαιμονίων καὶ φυλακὴ παντὸς πνεύματος ἀκαθάρτου καὶ φυλακὴ παντὸς ὀρνέου ἀκαθάρτου καὶ μεμισημένου, 3 ὅτι ἐκ [τοῦ οἴνου] τοῦ θυμοῦ τῆς πορνείας αὐτῆς πέπτω-καν πάντα τὰ ἔθνη, καὶ οἱ βασιλεῖς τῆς γῆς μετ' αὐτῆς ἐπόρνευσαν, καὶ οἱ ἔμποροι τῆς γῆς ἐκ τῆς δυνάμεως τοῦ στρήνους αὐτῆς ἐπλούτησαν.

Warning to Escape Babylon's Judgment

4 Καὶ ἤκουσα ἄλλην φωνὴν ἐκ τοῦ οὐρανοῦ λέγουσαν Ἐξέλθατε, ὁ λαός μου, ἐξ αὐτῆς, ἵνα μὴ συγκοινωνήσητε ταῖς ἁμαρτίαις αὐτῆς, καὶ ἐκ τῶν πληγῶν αὐτῆς ἵνα μὴ λάβητε· 5 ὅτι ἐκολλήθησαν αὐτῆς αἱ ἁμαρτίαι ἄχρι τοῦ οὐρανοῦ, καὶ ἐμνημόνευσεν ὁ θεὸς τὰ ἀδικήματα αὐτῆς. 6 ἀπόδοτε αὐτῇ ὡς καὶ αὐτὴ ἀπέδωκεν, καὶ διπλώσατε [τὰ] διπλᾶ κατὰ τὰ ἔργα αὐτῆς· ἐν τῷ ποτηρίῳ ᾧ ἐκέρασεν κεράσατε αὐτῇ διπλοῦν· 7 ὅσα ἐδόξασεν αὐτὴν καὶ ἐστρηνίασεν, τοσοῦτον δότε αὐτῇ βασανισμὸν καὶ πένθος. ὅτι ἐν τῇ καρδίᾳ αὐτῆς λέγει ὅτι Κάθημαι βασίλισσα, καὶ χήρα οὐκ εἰμί, καὶ πένθος οὐ μὴ ἴδω· 8 διὰ τοῦτο ἐν μιᾷ ἡμέρᾳ ἥξουσιν αἱ πλη-γαὶ αὐτῆς, θάνατος καὶ πένθος καὶ λιμός, καὶ ἐν πυρὶ κατα-καυθήσεται· ὅτι ἰσχυρὸς [Κύριος] ὁ θεὸς ὁ κρίνας αὐτήν.

18:2 RP: *omit* ἐν // RP: *omit* ἔπεσεν *after* Ἔπεσεν // WH: δαιμονίων RP: δαιμόνων // NA: *add* [καὶ φυλακὴ παντὸς θηρίου ἀκαθάρτου] *before* καὶ μεμισημένου 3 WH: [τοῦ οἴνου] NA/RP: τοῦ οἴνου // WH: πέπτωκαν {WH}/NA: πέπωκαν RP: πεπτώκασιν 4 WH: Ἐξέλθατε, ὁ λαός μου, ἐξ αὐτῆς {WH}: Ἐξέλθατε ἐξ αὐτῆς, ὁ λαός μου RP: Ἔξελθε ἐξ αὐτῆς ὁ λαός μου 6 WH: [τὰ] NA: τὰ RP: αὐτῇ 7 WH: αὐτὴν NA/RP: αὐτὴν 8 WH: [Κύριος] NA/RP: κύριος

18:2 Isa 21:9; Dan 4:30; Jer 9:11; Isa 13:21; 34:14; cf. Lev 17:7; 2 Chr 11:15 3 Jer 51:7; 25:16, 27, cf. Isa 51:17, 22; Isa 23:17 4–5 Jer 51:6, 9, 6 Ps 137:8; Jer 50:29 7–8 Isa 47:7 8 Jer 50:34

Three Woes for Babylon's Fall

9 καὶ **κλαύσουσιν καὶ κόψονται ἐπ'** αὐτὴν **οἱ βασιλεῖς τῆς γῆς οἱ μετ' αὐτῆς πορνεύσαντες** καὶ στρηνιάσαντες, ὅταν βλέπωσιν τὸν καπνὸν τῆς πυρώσεως αὐτῆς, 10 ἀπὸ μακρόθεν ἑστηκότες διὰ τὸν φόβον τοῦ βασανισμοῦ αὐτῆς, λέγοντες Οὐαί οὐαί, ἡ πόλις **ἡ μεγάλη, Βαβυλὼν ἡ πόλις ἡ ἰσχυρά,** ὅτι μιᾷ ὥρᾳ ἦλθεν ἡ κρίσις σου. 11 καὶ οἱ **ἔμποροι** τῆς γῆς **κλαίουσιν καὶ πενθοῦσιν** ἐπ' αὐτήν, ὅτι τὸν γόμον αὐτῶν οὐδεὶς ἀγοράζει οὐκέτι, 12 γόμον χρυσοῦ καὶ ἀργύρου καὶ λίθου τιμίου καὶ μαργαριτῶν καὶ βυσσίνου καὶ πορφύρας καὶ σιρικοῦ καὶ κοκκίνου, καὶ πᾶν ξύλον θύινον καὶ πᾶν σκεῦος ἐλεφάντινον καὶ πᾶν σκεῦος ἐκ ξύλου τιμιωτάτου καὶ χαλκοῦ καὶ σιδήρου καὶ μαρμάρου, 13 καὶ κιννάμωμον καὶ ἄμωμον καὶ θυμιάματα καὶ μύρον καὶ λίβανον καὶ οἶνον καὶ ἔλαιον καὶ σεμίδαλιν καὶ σῖτον καὶ κτήνη καὶ πρόβατα, καὶ ἵππων καὶ ῥεδῶν καὶ σωμάτων, καὶ **ψυχὰς ἀνθρώπων.** 14 καὶ ἡ ὀπώρα σου τῆς ἐπιθυμίας τῆς ψυχῆς ἀπῆλθεν ἀπὸ σοῦ, καὶ πάντα τὰ λιπαρὰ καὶ τὰ λαμπρὰ ἀπώλετο ἀπὸ σοῦ, καὶ οὐκέτι οὐ μὴ αὐτὰ εὑρήσουσιν. 15 οἱ **ἔμποροι** τούτων, οἱ πλουτήσαντες ἀπ' αὐτῆς, ἀπὸ μακρόθεν στήσονται διὰ τὸν φόβον τοῦ βασανισμοῦ αὐτῆς **κλαίοντες καὶ πενθοῦντες,** 16 λέγοντες Οὐαί οὐαί, ἡ πόλις ἡ μεγάλη, ἡ περιβεβλημένη βύσσινον καὶ πορφυροῦν καὶ κόκκινον, καὶ κεχρυσωμένη [ἐν] χρυσίῳ καὶ λίθῳ τιμίῳ καὶ μαργαρίτῃ, 17 ὅτι μιᾷ ὥρᾳ ἠρημώθη ὁ τοσοῦτος πλοῦτος. καὶ πᾶς **κυβερνήτης** καὶ πᾶς ὁ ἐπὶ τόπον πλέων,

---

9 WH: κλαύσουσιν {WH}: κλαύσονται // WH: ἐπ' αὐτὴν {WH}: ἐπ' αὐτῇ 10 WH: μιᾷ ὥρᾳ {WH}: μίαν ὥραν 11 WH: κλαίουσιν καὶ πενθοῦσιν RP: κλαύσουσιν καὶ πενθήσουσιν // WH: ἐπ' αὐτήν RP: ἐπ' αὐτῇ 12 WH: μαργαριτῶν {WH}: *μαργαρίτας* RP: μαργαρίτου // WH: πορφύρας RP: πορφυροῦ // WH: σιρικοῦ RP: σηρικοῦ 13 RP: *omit* καὶ ἄμωμον // WH: καὶ κτήνη καὶ πρόβατα RP: καὶ πρόβατα, καὶ κτήνη // WH: ῥεδῶν RP: ῥαιδῶν 14 WH: τῆς ἐπιθυμίας τῆς ψυχῆς σου RP: σου τῆς ἐπιθυμίας τῆς ψυχῆς // WH: οὐ μὴ αὐτὰ εὑρήσουσιν RP: αὐτὰ οὐ μὴ εὕρῃς 16 RP: *add* καὶ *before* λέγοντες // RP: *omit* [ἐν] // WH: χρυσίῳ {WH}: χρυσῷ // WH: μαργαρίτῃ RP: μαργαρίταις

---

9 Ezek 26:16, 17; 27:30, 33; Ps 48:4 LXX; Ezek 27:35; Isa 23:17 **10** Dan 4:30; Ezek 26:17 **11** Ezek 27:36, 31 **13** Ezek 27:13 **15** Ezek 27:36, 31 **17** Ezek 27:28, 29

καὶ ναῦται καὶ ὅσοι τὴν θάλασσαν ἐργάζονται, ἀπὸ μα-
κρόθεν ἔστησαν 18 καὶ ἔκραξαν βλέποντες τὸν καπνὸν τῆς
πυρώσεως αὐτῆς λέγοντες Τίς ὁμοία τῇ πόλει τῇ μεγάλῃ;
19 καὶ ἔβαλον χοῦν ἐπὶ τὰς κεφαλὰς αὐτῶν καὶ ἔκραξαν
κλαίοντες καὶ πενθοῦντες, λέγοντες Οὐαί οὐαί, ἡ πόλις ἡ
μεγάλη, ἐν ᾗ ἐπλούτησαν πάντες οἱ ἔχοντες τὰ πλοῖα ἐν τῇ
θαλάσσῃ ἐκ τῆς τιμιότητος αὐτῆς, ὅτι μιᾷ ὥρᾳ ἠρημώθη.
20 Εὐφραίνου ἐπ᾽ αὐτῇ, οὐρανέ, καὶ οἱ ἅγιοι καὶ οἱ ἀπόστο-
λοι καὶ οἱ προφῆται, ὅτι ἔκρινεν ὁ θεὸς τὸ κρίμα ὑμῶν ἐξ
αὐτῆς.

Babylon's Doom

21 Καὶ ἦρεν εἷς ἄγγελος ἰσχυρὸς λίθον ὡς μύλινον μέγαν,
καὶ ἔβαλεν εἰς τὴν θάλασσαν λέγων Οὕτως ὁρμήματι
βληθήσεται Βαβυλὼν ἡ μεγάλη πόλις, καὶ οὐ μὴ εὑρεθῇ
ἔτι. 22 καὶ φωνὴ κιθαρῳδῶν καὶ μουσικῶν καὶ αὐλητῶν
καὶ σαλπιστῶν οὐ μὴ ἀκουσθῇ ἐν σοὶ ἔτι, καὶ πᾶς τεχνίτης
[πάσης τέχνης] οὐ μὴ εὑρεθῇ ἐν σοὶ ἔτι, καὶ φωνὴ μύλου οὐ
μὴ ἀκουσθῇ ἐν σοὶ ἔτι, 23 καὶ φῶς λύχνου οὐ μὴ φάνῃ ἐν
σοὶ ἔτι, καὶ φωνὴ νυμφίου καὶ νύμφης οὐ μὴ ἀκουσθῇ ἐν
σοὶ ἔτι· ὅτι [οἱ] ἔμποροί σου ἦσαν οἱ μεγιστᾶνες τῆς γῆς, ὅτι
ἐν τῇ φαρμακίᾳ σου ἐπλανήθησαν πάντα τὰ ἔθνη, 24 καὶ ἐν
αὐτῇ αἷμα προφητῶν καὶ ἁγίων εὑρέθη καὶ πάντων τῶν
ἐσφαγμένων ἐπὶ τῆς γῆς.

Three Songs of Victory Over Babylon's Fall

19 Μετὰ ταῦτα ἤκουσα ὡς φωνὴν μεγάλην ὄχλου πολλοῦ
ἐν τῷ οὐρανῷ λεγόντων

---

18 WH: ἔκραξαν NA/RP: ἔκραζον 19 WH: ἔβαλον {WH}: ἐπέβαλον // WH:
ἔκραξαν NA/RP: ἔκραζον // RP: add καὶ after πενθοῦντες 21 WH: μύλινον RP:
μύλον 22 WH: [πάσης τέχνης] NA/RP: πάσης τέχνης 23 WH: φάνῃ RP: φανῇ //
WH: [Οἱ] NA/RP: οἱ 24 WH: αἷμα RP: αἵματα

---

18 Ezek 27:32 19 Ezek 27:30, 31, 36, 33, 9; 26:19 20 Deut 32:43 21 Jer 51:63, 64;
Ezek 26:21; Dan 4:30 22 Ezek 26:13 22–23 Jer 25:10 23 Isa 23:8; 47:9 24 Jer 51:49

῾Αλληλουιά·
ἡ σωτηρία καὶ ἡ δόξα καὶ ἡ δύναμις τοῦ θεοῦ ἡμῶν,
2 ὅτι ἀληθιναὶ καὶ δίκαιαι αἱ κρίσεις αὐτοῦ·
ὅτι ἔκρινεν τὴν πόρνην τὴν μεγάλην
ἥτις ἔφθειρεν τὴν γῆν ἐν τῇ πορνείᾳ αὐτῆς,
καὶ ἐξεδίκησεν τὸ αἷμα τῶν δούλων αὐτοῦ ἐκ χειρὸς
αὐτῆς.
3 καὶ δεύτερον εἴρηκαν ῾Αλληλουιά· καὶ ὁ καπνὸς αὐτῆς
ἀναβαίνει εἰς τοὺς αἰῶνας τῶν αἰώνων. 4 καὶ ἔπεσαν οἱ
πρεσβύτεροι οἱ εἴκοσι τέσσαρες καὶ τὰ τέσσερα ζῷα, καὶ
προσεκύνησαν τῷ θεῷ τῷ καθημένῳ ἐπὶ τῷ θρόνῳ λέγοντες
᾿Αμήν, ῾Αλληλουιά. 5 καὶ φωνὴ ἀπὸ τοῦ θρόνου ἐξῆλθεν
λέγουσα
Αἰνεῖτε τῷ θεῷ ἡμῶν, πάντες οἱ δοῦλοι αὐτοῦ, οἱ φοβού-
μενοι αὐτόν, οἱ μικροὶ καὶ οἱ μεγάλοι.
6 Καὶ ἤκουσα ὡς φωνὴν ὄχλου πολλοῦ καὶ ὡς φωνὴν ὑδά-
των πολλῶν καὶ ὡς φωνὴν βροντῶν ἰσχυρῶν, λεγόντων
῾Αλληλουιά,
ὅτι ἐβασίλευσεν Κύριος,
ὁ θεὸς [ἡμῶν], ὁ παντοκράτωρ.
7 χαίρωμεν καὶ ἀγαλλιῶμεν,
καὶ δώσομεν τὴν δόξαν αὐτῷ,
ὅτι ἦλθεν ὁ γάμος τοῦ ἀρνίου,
καὶ ἡ γυνὴ αὐτοῦ ἡτοίμασεν ἑαυτήν,
8 καὶ ἐδόθη αὐτῇ ἵνα περιβάληται
βύσσινον λαμπρὸν καθαρόν,
τὸ γὰρ βύσσινον τὰ δικαιώματα τῶν ἁγίων ἐστίν.

19:1 WH: δόξα καὶ ἡ δύναμις RP: δύναμις καὶ ἡ δόξα 2 WH: ἔφθειρεν RP:
διέφθειρεν 3 WH: εἴρηκαν RP: εἴρηκεν 4 WH: τῷ θρόνῳ RP: τοῦ θρόνου 5 WH:
τῷ θεῷ RP: τὸν θεὸν // [NA]/RP: add καὶ before οἱ φοβούμενοι 6 WH: λεγόντων
{WH}/RP: λέγοντες // WH: [ἡμῶν] RP: ἡμῶν 7 WH: ἀγαλλιῶμεν RP:
ἀγαλλιώμεθα // WH: δώσομεν {WH}/RP: δῶμεν NA: δώσωμεν 8 RP: add καὶ after
λαμπρὸν

19:1 Ps 104:35 2 Ps 19:9; 119:137; Deut 32:43; 2 Kgs 9:7 3 Isa 34:10 3–4 Ps 104:35
4 Isa 6:1; Ps 47:8 5 Ps 134:1; 135:1; Ps 22:23; 115:13 6 Dan 10:6; Ezek 1:24; 43:2; Ps
104:35; 93:1; 99:1; Amos 4:13 LXX 6–7 Ps 97:1

9 Καὶ λέγει μοι   Γράψον   Μακάριοι οἱ εἰς τὸ δεῖπνον τοῦ γάμου τοῦ ἀρνίου κεκλημένοι. καὶ λέγει μοι   Οὗτοι οἱ λόγοι ἀληθινοὶ τοῦ θεοῦ εἰσίν. 10 καὶ ἔπεσα ἔμπροσθεν τῶν ποδῶν αὐτοῦ προσκυνῆσαι αὐτῷ. καὶ λέγει μοι   Ὅρα μή· σύνδουλός σού εἰμι καὶ τῶν ἀδελφῶν σου τῶν ἐχόντων τὴν μαρτυρίαν Ἰησοῦ· τῷ θεῷ προσκύνησον· ἡ γὰρ μαρτυρία Ἰησοῦ ἐστὶν τὸ πνεῦμα τῆς προφητείας.

The Warrior on the White Horse

11 **Καὶ εἶδον τὸν οὐρανὸν ἠνεῳγμένον,** καὶ ἰδοὺ ἵππος λευκός, καὶ ὁ καθήμενος ἐπ᾽ αὐτὸν πιστὸς [καλούμενος] καὶ ἀληθινός, καὶ **ἐν δικαιοσύνῃ κρίνει** καὶ πολεμεῖ. 12 **οἱ δὲ ὀφθαλμοὶ αὐτοῦ** φλὸξ **πυρός,** καὶ ἐπὶ τὴν κεφαλὴν αὐτοῦ διαδήματα πολλά, ἔχων ὄνομα γεγραμμένον ὃ οὐδεὶς οἶδεν εἰ μὴ αὐτός, 13 καὶ περιβεβλημένος ἱμάτιον ῥεραντισμένον αἵματι, καὶ κέκληται τὸ ὄνομα αὐτοῦ   Ὁ Λόγος τοῦ Θεοῦ. 14 καὶ τὰ στρατεύματα τὰ ἐν τῷ οὐρανῷ ἠκολούθει αὐτῷ ἐφ᾽ ἵπποις λευκοῖς, ἐνδεδυμένοι βύσσινον λευκὸν καθαρόν. 15 καὶ ἐκ **τοῦ στόματος** αὐτοῦ ἐκπορεύεται ῥομφαία ὀξεῖα, ἵνα ἐν αὐτῇ **πατάξῃ τὰ ἔθνη,** καὶ αὐτὸς **ποιμανεῖ αὐτοὺς ἐν ῥάβδῳ σιδηρᾷ·** καὶ αὐτὸς **πατεῖ τὴν ληνὸν** τοῦ οἴνου τοῦ θυμοῦ τῆς ὀργῆς **τοῦ θεοῦ τοῦ παντοκράτορος.** 16 καὶ ἔχει ἐπὶ τὸ ἱμάτιον καὶ ἐπὶ τὸν μηρὸν αὐτοῦ ὄνομα γεγραμμένον **ΒΑΣΙΛΕΥΣ ΒΑΣΙΛΕΩΝ ΚΑΙ ΚΥΡΙΟΣ ΚΥΡΙΩΝ.**

17 Καὶ εἶδον ἕνα ἄγγελον ἑστῶτα ἐν τῷ ἡλίῳ, καὶ ἔκραξεν [ἐν] φωνῇ μεγάλῃ **λέγων πᾶσι τοῖς ὀρνέοις τοῖς πετομένοις** ἐν μεσουρανήματι   **Δεῦτε συνάχθητε εἰς τὸ δεῖπνον**

---

9 {WH}: add οἱ before ἀληθινοὶ 10 RP: add τοῦ after μαρτυρίᾳ 11 WH: ἠνεῳγμένον RP: ἀνεῳγμένον // WH: πιστὸς [καλούμενος] NA: [καλούμενος] πιστὸς RP: καλούμενος πιστὸς 12 {WH}/[NA]: add ὡς before φλὸξ // RP: add ὀνόματα γεγραμμένα καὶ after ἔχων 13 WH: ῥεραντισμένον {WH}: *ῥεραντισμένον* NA/RP: βεβαμμένον // WH: κέκληται RP: καλεῖται 14 WH: τὰ NA: [τὰ] // WH: ἐφ᾽ RP: ἐπὶ // WH: βύσσινον λευκὸν {WH}: λευκοβύσσινον 15 RP: add δίστομος after ῥομφαίᾳ 17 RP: omit ἕνα // RP: omit [ἐν]

11 Ezek 1:1; Ps 96:13 **12** Dan 10:6 **15** Isa 11:4; Ps 2:8, 9; Joel 3:13; Amos 4:13 LXX **16** Deut 10:17; Dan 2:47 **17–18** Ezek 39:17–18, 20

τὸ μέγα τοῦ θεοῦ, 18 ἵνα **φάγητε** σάρκας **βασιλέων** καὶ σάρ-
κας χιλιάρχων καὶ **σάρκας ἰσχυρῶν** καὶ σάρκας **ἵππων** καὶ
τῶν καθημένων ἐπ' αὐτούς, καὶ σάρκας πάντων ἐλευθέρων
τε καὶ δούλων καὶ μικρῶν καὶ μεγάλων.

19 Καὶ εἶδον τὸ θηρίον καὶ **τοὺς βασιλεῖς τῆς γῆς** καὶ τὰ
στρατεύματα αὐτῶν **συνηγμένα** ποιῆσαι τὸν πόλεμον μετὰ
τοῦ καθημένου ἐπὶ τοῦ ἵππου καὶ μετὰ τοῦ στρατεύματος
αὐτοῦ. 20 καὶ ἐπιάσθη τὸ θηρίον καὶ μετ' αὐτοῦ ὁ ψευδο-
προφήτης ὁ ποιήσας τὰ σημεῖα ἐνώπιον αὐτοῦ, ἐν οἷς ἐπλά-
νησεν τοὺς λαβόντας τὸ χάραγμα τοῦ θηρίου καὶ τοὺς
προσκυνοῦντας τῇ εἰκόνι αὐτοῦ· ζῶντες ἐβλήθησαν οἱ δύο
εἰς τὴν λίμνην τοῦ πυρὸς τῆς **καιομένης ἐν θείῳ**. 21 καὶ οἱ
λοιποὶ ἀπεκτάνθησαν ἐν τῇ ῥομφαίᾳ τοῦ καθημένου ἐπὶ
τοῦ ἵππου τῇ ἐξελθούσῃ ἐκ τοῦ στόματος αὐτοῦ, καὶ **πάντα
τὰ ὄρνεα ἐχορτάσθησαν ἐκ τῶν σαρκῶν** αὐτῶν.

The Thousand Years

20 Καὶ εἶδον ἄγγελον καταβαίνοντα ἐκ τοῦ οὐρανοῦ,
ἔχοντα τὴν κλεῖν τῆς ἀβύσσου καὶ ἅλυσιν μεγάλην ἐπὶ τὴν
χεῖρα αὐτοῦ. 2 καὶ ἐκράτησεν τὸν δράκοντα, ὁ ὄφις ὁ
ἀρχαῖος, ὅς ἐστιν **Διάβολος** καὶ Ὁ **Σατανᾶς**, καὶ ἔδησεν
αὐτὸν χίλια ἔτη, 3 καὶ ἔβαλεν αὐτὸν εἰς τὴν ἄβυσσον, καὶ
ἔκλεισεν καὶ ἐσφράγισεν ἐπάνω αὐτοῦ, ἵνα μὴ πλανήσῃ ἔτι
τὰ ἔθνη, ἄχρι τελεσθῇ τὰ χίλια ἔτη· μετὰ ταῦτα δεῖ λυθῆναι
αὐτὸν μικρὸν χρόνον.

4 Καὶ **εἶδον θρόνους**, καὶ **ἐκάθισαν** ἐπ' αὐτούς, **καὶ
κρίμα ἐδόθη** αὐτοῖς, καὶ τὰς ψυχὰς τῶν πεπελεκισμένων
διὰ τὴν μαρτυρίαν Ἰησοῦ καὶ διὰ τὸν λόγον τοῦ θεοῦ, καὶ

---

18 WH: αὐτούς {WH}/NA/RP: αὐτῶν // RP: *add* τε *after* μικρῶν 19 RP: *add* τὸν *after*
ποιῆσαι 20 WH: μετ' αὐτοῦ ὁ {WH}/RP: ὁ μετ' αὐτοῦ
20:2 WH: ὁ ὄφις ὁ ἀρχαῖος {WH}/RP: τὸν ὄφιν τὸν ἀρχαῖον // RP: *add* ὁ πλανῶν
τὴν οἰκουμένην ὅλην *after* Σατανᾶς 3 WH: πλανήσῃ RP: πλανᾷ // RP: *add* καὶ
after ἔτη // WH: λυθῆναι αὐτὸν RP: αὐτὸν λυθῆναι

---

19 Ps 2:2 20 Gen 19:24; Isa 30:33; Ezek 38:22 21 Ezek 39:17, 18, 20 20:2 Gen 3:1;
Zech 3:1–2 (LXX + Heb.) 4 Dan 7:9, 10, 22

οἵτινες οὐ προσεκύνησαν τὸ θηρίον οὐδὲ τὴν εἰκόνα αὐτοῦ καὶ οὐκ ἔλαβον τὸ χάραγμα ἐπὶ τὸ μέτωπον καὶ ἐπὶ τὴν χεῖρα αὐτῶν· καὶ ἔζησαν καὶ ἐβασίλευσαν μετὰ τοῦ χριστοῦ χίλια ἔτη. 5 οἱ λοιποὶ τῶν νεκρῶν οὐκ ἔζησαν ἄχρι τελεσθῇ τὰ χίλια ἔτη. αὕτη ἡ ἀνάστασις ἡ πρώτη. 6 μακάριος καὶ ἅγιος ὁ ἔχων μέρος ἐν τῇ ἀναστάσει τῇ πρώτῃ· ἐπὶ τούτων ὁ δεύτερος θάνατος οὐκ ἔχει ἐξουσίαν, ἀλλ' ἔσονται **ἱερεῖς τοῦ θεοῦ** καὶ τοῦ χριστοῦ, καὶ βασιλεύσουσιν μετ' αὐτοῦ [τὰ] χίλια ἔτη.

The Defeat of Satan

7 Καὶ ὅταν τελεσθῇ τὰ χίλια ἔτη, λυθήσεται ὁ Σατανᾶς ἐκ τῆς φυλακῆς αὐτοῦ, 8 καὶ ἐξελεύσεται πλανῆσαι τὰ ἔθνη τὰ ἐν **ταῖς τέσσαρσι γωνίαις τῆς γῆς, τὸν Γὼγ καὶ Μαγώγ,** συναγαγεῖν αὐτοὺς εἰς τὸν πόλεμον, ὧν ὁ ἀριθμὸς αὐτῶν ὡς ἡ ἄμμος τῆς θαλάσσης. 9 καὶ ἀνέβησαν **ἐπὶ τὸ πλάτος τῆς γῆς,** καὶ ἐκύκλευσαν τὴν παρεμβολὴν τῶν ἁγίων καὶ τὴν πόλιν **τὴν ἠγαπημένην. καὶ κατέβη πῦρ ἐκ τοῦ οὐρανοῦ καὶ κατέφαγεν** αὐτούς· 10 καὶ ὁ διάβολος ὁ πλανῶν αὐτοὺς ἐβλήθη εἰς τὴν λίμνην τοῦ **πυρὸς καὶ θείου,** ὅπου καὶ τὸ θηρίον καὶ ὁ ψευδοπροφήτης, καὶ βασανισθήσονται ἡμέρας καὶ νυκτὸς εἰς τοὺς αἰῶνας τῶν αἰώνων.

The Judgment of the Dead

11 **Καὶ εἶδον θρόνον** μέγαν λευκὸν καὶ τὸν **καθήμενον** ἐπ' αὐτοῦ, οὗ **ἀπὸ τοῦ προσώπου ἔφυγεν ἡ γῆ** καὶ ὁ οὐρανός, καὶ **τόπος οὐχ εὑρέθη αὐτοῖς.** 12 καὶ εἶδον τοὺς νεκρούς,

---

4 RP: add τὰ before χίλια 5 {WH}: add καὶ before οἱ λοιποὶ 6 RP: omit [τὰ] 8 RP: add τὸν before Μαγὼγ // RP: omit αὐτῶν 9 WH: ἐκύκλευσαν RP: ἐκύκλωσαν // {WH}/RP: add ἀπὸ τοῦ θεοῦ after οὐρανοῦ 10 {WH}: add τοῦ before θείου 11 WH: αὐτοῦ {WH}/NA/RP: αὐτόν // RP: omit τοῦ

---

6 Isa 61:6 8 Ezek 7:2; 38:2 9 Hab 1:6; Jer 11:15; 12:7; cf. Ps 87:2; 78:68; 2 Kgs 1:10 10 Gen 19:24; Ezek 38:22 11 Isa 6:1; Dan 7:9; Ps 114:7, 3; Dan 2:35

τοὺς μεγάλους καὶ τοὺς μικρούς, ἑστῶτας ἐνώπιον τοῦ θρό-
νου, **καὶ βιβλία ἠνοίχθησαν**· καὶ ἄλλο **βιβλίον** ἠνοίχθη, ὅ
ἐστιν **τῆς ζωῆς**· καὶ ἐκρίθησαν οἱ νεκροὶ ἐκ τῶν γεγραμ-
μένων ἐν τοῖς βιβλίοις **κατὰ τὰ ἔργα αὐτῶν**. 13 καὶ ἔδωκεν
ἡ θάλασσα τοὺς νεκροὺς τοὺς ἐν αὐτῇ, καὶ ὁ θάνατος καὶ
ὁ ᾅδης ἔδωκαν τοὺς νεκροὺς τοὺς ἐν αὐτοῖς, καὶ ἐκρίθησαν
ἕκαστος **κατὰ τὰ ἔργα αὐτῶν**. 14 καὶ ὁ θάνατος καὶ ὁ ᾅδης
ἐβλήθησαν εἰς τὴν λίμνην τοῦ πυρός. οὗτος ὁ θάνατος ὁ
δεύτερός ἐστιν, ἡ λίμνη τοῦ πυρός. 15 καὶ εἴ τις οὐχ **εὑρέθη
ἐν τῇ βίβλῳ τῆς ζωῆς γεγραμμένος** ἐβλήθη εἰς τὴν λίμνην
τοῦ πυρός.

The New Heaven and the New Earth

21 Καὶ εἶδον **οὐρανὸν καινὸν καὶ γῆν καινήν**· ὁ γὰρ
πρῶτος οὐρανὸς καὶ ἡ πρώτη γῆ ἀπῆλθαν, καὶ ἡ θάλασσα
οὐκ ἔστιν ἔτι. 2 καὶ **τὴν πόλιν τὴν ἁγίαν** Ἰερουσαλὴμ και-
νὴν εἶδον καταβαίνουσαν ἐκ τοῦ οὐρανοῦ ἀπὸ τοῦ θεοῦ,
ἡτοιμασμένην **ὡς νύμφην κεκοσμημένην** τῷ ἀνδρὶ αὐτῆς.
3 καὶ ἤκουσα φωνῆς μεγάλης ἐκ τοῦ θρόνου λεγούσης
Ἰδοὺ **ἡ σκηνὴ** τοῦ θεοῦ μετὰ τῶν ἀνθρώπων, **καὶ σκηνώσει
μετ' αὐτῶν, καὶ αὐτοὶ λαοὶ αὐτοῦ ἔσονται**, καὶ αὐτὸς ὁ θεὸς
μετ' αὐτῶν ἔσται, 4 **καὶ ἐξαλείψει πᾶν δάκρυον ἐκ τῶν
ὀφθαλμῶν** αὐτῶν, καὶ ὁ θάνατος οὐκ ἔσται ἔτι· οὔτε **πένθος**
οὔτε **κραυγὴ** οὔτε πόνος οὐκ ἔσται ἔτι. **τὰ πρῶτα** ἀπῆλθαν.
5 καὶ εἶπεν ὁ **καθήμενος ἐπὶ τῷ θρόνῳ** Ἰδοὺ **καινὰ ποιῶ
πάντα**. καὶ λέγει Γράψον, ὅτι οὗτοι οἱ λόγοι πιστοὶ καὶ

---

12 WH: ἠνοίχθησαν RP: ἠνεῴχθησαν // WH: ἠνοίχθη RP: ἠνεῴχθη 15 WH: τῇ
βίβλῳ RP: τῷ βιβλίῳ
21:3 WH: θρόνου RP: οὐρανοῦ // WH: λαοὶ {WH}/RP: λαὸς // WH: μετ' αὐτῶν
ἔσται RP: ἔσται μετ' αὐτῶν // {WH}/[NA]: add αὐτῶν θεὸς after ἔσται 4 WH: ἐκ
{WH}/RP: ἀπὸ // WH: ἔτι. {WH}/RP: ἔτι, ὅτι τὰ NA: ἔτι, [ὅτι] // WH: ἀπῆλθαν
{WH}: ἀπῆλθεν RP: ἀπῆλθον 5 WH: Ἰδοὺ καινὰ ποιῶ πάντα RP: Ἰδού, πάντα
καινὰ ποιῶ // {WH}/RP: add μοι after λέγει //

---

12 Dan 7:10; Ps 69:28 12–13 Ps 28:4; 62:12; Jer 17:10 15 Dan 12:1; Ps 69:28 21:1 Isa
65:17; 66:22 2 Isa 52:1; 61:10 3 Ezek 37:27; Zech 2:10, 11; Isa 8:8 4 Isa 25:8; Jer 31:16;
Isa 65:19, 17 5 Isa 6:1; Ps 47:8; Isa 43:19

ἀληθινοί εἰσιν. 6 καὶ εἶπέν μοι   Γέγοναν. ἐγὼ τὸ Ἄλφα καὶ
τὸ Ὦ, ἡ ἀρχὴ καὶ τὸ τέλος. ἐγὼ τῷ διψῶντι δώσω ἐκ τῆς
πηγῆς τοῦ ὕδατος τῆς ζωῆς δωρεάν. 7 ὁ νικῶν κληρονομή-
σει ταῦτα, καὶ ἔσομαι αὐτῷ θεὸς καὶ αὐτὸς ἔσται μοι υἱός.
8 τοῖς δὲ δειλοῖς καὶ ἀπίστοις καὶ ἐβδελυγμένοις καὶ
φονεῦσι καὶ πόρνοις καὶ φαρμακοῖς καὶ εἰδωλολάτραις καὶ
πᾶσι τοῖς ψευδέσιν τὸ μέρος αὐτῶν ἐν τῇ λίμνῃ τῇ
καιομένῃ πυρὶ καὶ θείῳ, ὅ ἐστιν ὁ θάνατος ὁ δεύτερος.

The New Jerusalem

9 Καὶ ἦλθεν εἷς ἐκ τῶν ἑπτὰ ἀγγέλων τῶν ἐχόντων τὰς
ἑπτὰ φιάλας, τῶν γεμόντων τῶν ἑπτὰ πληγῶν τῶν ἐσχάτων,
καὶ ἐλάλησεν μετ᾽ ἐμοῦ λέγων   Δεῦρο, δείξω σοι τὴν νύμ-
φην τὴν γυναῖκα τοῦ ἀρνίου. 10 καὶ ἀπήνεγκέν με ἐν πνεύ-
ματι ἐπὶ ὄρος μέγα καὶ ὑψηλόν, καὶ ἔδειξέν μοι τὴν πόλιν
τὴν ἁγίαν Ἰερουσαλὴμ καταβαίνουσαν ἐκ τοῦ οὐρανοῦ
ἀπὸ τοῦ θεοῦ, 11 ἔχουσαν τὴν δόξαν τοῦ θεοῦ· ὁ φωστὴρ
αὐτῆς ὅμοιος λίθῳ τιμιωτάτῳ, ὡς λίθῳ ἰάσπιδι κρυσταλλί-
ζοντι· 12 ἔχουσα τεῖχος μέγα καὶ ὑψηλόν, ἔχουσα πυλῶνας
δώδεκα, καὶ ἐπὶ τοῖς πυλῶσιν ἀγγέλους δώδεκα, καὶ ὀνόμα-
τα ἐπιγεγραμμένα ἅ ἐστιν τῶν δώδεκα φυλῶν υἱῶν Ἰσραήλ·
13 ἀπὸ ἀνατολῆς πυλῶνες τρεῖς, καὶ ἀπὸ βορρᾶ πυλῶνες
τρεῖς, καὶ ἀπὸ νότου πυλῶνες τρεῖς, καὶ ἀπὸ δυσμῶν
πυλῶνες τρεῖς· 14 καὶ τὸ τεῖχος τῆς πόλεως ἔχων θεμελίους
δώδεκα, καὶ ἐπ᾽ αὐτῶν δώδεκα ὀνόματα τῶν δώδεκα
ἀποστόλων τοῦ ἀρνίου. 15 Καὶ ὁ λαλῶν μετ᾽ ἐμοῦ εἶχεν

WH: πιστοὶ καὶ ἀληθινοί RP: ἀληθινοὶ καὶ πιστοί 6 WH: Γέγοναν. ἐγὼ τὸ
Ἄλφα NA: Γέγοναν. ἐγὼ [εἰμι] τὸ Ἄλφα RP: Γέγονα· τὸ Ἄλφα 8 RP: add καὶ
ἁμαρτωλοῖς after καὶ ἀπίστοις 9 WH: τῶν γεμόντων RP: γεμούσας // WH: τὴν
νύμφην τὴν γυναῖκα RP: τὴν γυναῖκα τὴν νύμφην 10 RP: add τὴν μεγάλην after
πόλιν 12 WH: ἅ ἐστιν τῶν δώδεκα NA: ἅ ἐστιν [τὰ ὀνόματα] τῶν δώδεκα RP: ἅ
ἐστιν ὀνόματα τῶν δώδεκα // RP: add τῶν after φυλῶν 13 WH: ἀνατολῆς RP:
ἀνατολῶν 14 WH: ἔχων RP: ἔχον

6 Isa 55:1; Zech 14:8 7 2 Sam 7:14; Ps 89:26 8 Gen 19:24; Isa 30:33; Ezek 38:22 9 Lev
26:21 10 Ezek 40:1, 2; Isa 52:1 11 Isa 58:8; 60:1, 2, 19 12–13 Ezek 48:31–34

μέτρον **κάλαμον** χρυσοῦν, ἵνα μετρήσῃ τὴν πόλιν καὶ τοὺς πυλῶνας αὐτῆς καὶ τὸ τεῖχος αὐτῆς. 16 καὶ ἡ πόλις **τετρά- γωνος** κεῖται, καὶ τὸ μῆκος αὐτῆς ὅσον τὸ πλάτος. καὶ ἐμέτρησεν τὴν πόλιν τῷ καλάμῳ ἐπὶ σταδίων δώδεκα χιλι- άδων· τὸ μῆκος καὶ τὸ πλάτος καὶ τὸ ὕψος αὐτῆς ἴσα ἐστίν. 17 καὶ **ἐμέτρησεν** τὸ **τεῖχος** αὐτῆς ἑκατὸν τεσσεράκοντα τεσσάρων πηχῶν, μέτρον ἀνθρώπου, ὅ ἐστιν ἀγγέλου. 18 καὶ ἡ ἐνδώμησις τοῦ **τείχους** αὐτῆς **ἴασπις**, καὶ ἡ πόλις χρυσίον καθαρὸν ὅμοιον ὑάλῳ καθαρῷ· 19 οἱ **θεμέλιοι** τοῦ τείχους τῆς πόλεως παντὶ **λίθῳ τιμίῳ** κεκοσμημένοι· ὁ θεμέ- λιος ὁ πρῶτος ἴασπις, ὁ δεύτερος σάπφειρος, ὁ τρίτος χαλ- κηδών, ὁ τέταρτος σμάραγδος, 20 ὁ πέμπτος σαρδόνυξ, ὁ ἕκτος σάρδιον, ὁ ἕβδομος χρυσόλιθος, ὁ ὄγδοος βήρυλλος, ὁ ἔνατος τοπάζιον, ὁ δέκατος χρυσόπρασος, ὁ ἑνδέκατος ὑάκινθος, ὁ δωδέκατος ἀμέθυστος· 21 καὶ οἱ δώδεκα πυλῶ- νες δώδεκα μαργαρῖται, ἀνὰ εἷς ἕκαστος τῶν πυλώνων ἦν ἐξ ἑνὸς μαργαρίτου· καὶ ἡ πλατεῖα τῆς πόλεως χρυσίον κα- θαρὸν ὡς ὕαλος διαυγής. 22 Καὶ ναὸν οὐκ εἶδον ἐν αὐτῇ, ὁ γὰρ **κύριος, ὁ θεός, ὁ παντοκράτωρ,** ναὸς αὐτῆς ἐστίν, καὶ τὸ ἀρνίον. 23 καὶ ἡ πόλις οὐ χρείαν ἔχει **τοῦ ἡλίου οὐδὲ τῆς σελήνης,** ἵνα **φαίνωσιν** αὐτῇ, ἡ γὰρ **δόξα τοῦ θεοῦ ἐφώτισεν** αὐτήν, καὶ ὁ λύχνος αὐτῆς τὸ ἀρνίον. 24 **καὶ περιπατή- σουσιν τὰ ἔθνη διὰ τοῦ φωτὸς** αὐτῆς· **καὶ οἱ βασιλεῖς τῆς γῆς φέρουσιν τὴν δόξαν** αὐτῶν εἰς αὐτήν· 25 **καὶ οἱ πυλῶνες** αὐτῆς **οὐ μὴ κλεισθῶσιν ἡμέρας, νὺξ** γὰρ οὐκ ἔσται ἐκεῖ· 26 καὶ **οἴσουσιν τὴν δόξαν** καὶ τὴν τιμὴν **τῶν ἐθνῶν** εἰς αὐτήν. 27 καὶ **οὐ μὴ εἰσέλθῃ εἰς αὐτὴν πᾶν κοινὸν** καὶ [ὁ] ποιῶν βδέλυγμα καὶ ψεῦδος, εἰ μὴ **οἱ γεγραμ- μένοι ἐν τῷ βιβλίῳ τῆς ζωῆς** τοῦ ἀρνίου.

---

16 NA: *add* [καὶ] *after* ὅσον // WH: σταδίων {WH}/RP: σταδίους // RP: *add* δώδεκα *after* χιλιάδων 18 WH: ἡ ἐνδώμησις RP: ἦν ἡ ἐνδόμησις // WH: ὑάλῳ RP: ὑέλῳ 20 WH: ἀμέθυστος RP: ἀμέθυσος 21 WH: ὕαλος RP: ὕελος 24 WH: τὴν RP: αὐτῷ // WH: αὐτῶν RP: καὶ τιμὴν τῶν ἐθνῶν 27 WH: [ὁ] ποιῶν RP: ποιοῦν

15–17 Ezek 40:3, 5 16–17 Ezek 43:16 18–19 Isa 54:11, 12 22 Amos 4:13 LXX
23–26 Isa 60:1–2, 6, 10, 11, 13, 19 24 Ps 89:27 27 Isa 52:1; Dan 12:1; Ps 69:28

The River of Life

22 καὶ ἔδειξέν μοι **ποταμὸν ὕδατος ζωῆς** λαμπρὸν ὡς κρύσταλλον, **ἐκπορευόμενον** ἐκ τοῦ θρόνου τοῦ θεοῦ καὶ τοῦ ἀρνίου 2 **ἐν μέσῳ** τῆς πλατείας αὐτῆς· καὶ **τοῦ ποταμοῦ ἐντεῦθεν καὶ ἐκεῖθεν ξύλον ζωῆς** ποιοῦν καρποὺς δώδεκα, **κατὰ μῆνα** ἕκαστον ἀποδιδοῦν **τὸν καρπὸν αὐτοῦ, καὶ τὰ φύλλα** τοῦ ξύλου **εἰς θεραπείαν** τῶν ἐθνῶν. 3 **καὶ πᾶν κατάθεμα οὐκ ἔσται ἔτι.** καὶ ὁ θρόνος τοῦ θεοῦ καὶ τοῦ ἀρνίου ἐν αὐτῇ ἔσται, καὶ οἱ δοῦλοι αὐτοῦ λατρεύσουσιν αὐτῷ, 4 **καὶ ὄψονται τὸ πρόσωπον αὐτοῦ,** καὶ τὸ ὄνομα αὐτοῦ ἐπὶ τῶν μετώπων αὐτῶν. 5 καὶ νὺξ οὐκ ἔσται ἔτι, **καὶ οὐκ** ἔχουσιν χρείαν φωτὸς λύχνου καὶ **φῶς ἡλίου,** ὅτι **Κύριος ὁ θεὸς φωτίσει** [ἐπ'] αὐτούς, **καὶ βασιλεύσουσιν εἰς τοὺς αἰῶνας τῶν αἰώνων.**

Epilogue: Final Blessings and Warnings

6 Καὶ εἶπέν μοι Οὗτοι οἱ λόγοι πιστοὶ καὶ ἀληθινοί, καὶ ὁ κύριος, ὁ θεὸς τῶν πνευμάτων τῶν προφητῶν, ἀπέστειλεν τὸν ἄγγελον αὐτοῦ δεῖξαι τοῖς δούλοις αὐτοῦ **ἃ δεῖ γενέσθαι** ἐν τάχει· 7 καί Ἰδοὺ ἔρχομαι ταχύ· μακάριος ὁ τηρῶν τοὺς λόγους τῆς προφητείας τοῦ βιβλίου τούτου.

8 Κἀγὼ Ἰωάννης ὁ ἀκούων καὶ βλέπων ταῦτα. καὶ ὅτε ἤκουσα καὶ ἔβλεψα, ἔπεσα προσκυνῆσαι ἔμπροσθεν τῶν ποδῶν τοῦ ἀγγέλου τοῦ δεικνύοντός μοι ταῦτα. 9 καὶ λέγει μοι Ὅρα μή· σύνδουλός σού εἰμι καὶ τῶν ἀδελφῶν σου τῶν προφητῶν καὶ τῶν τηρούντων τοὺς λόγους τοῦ βιβλίου τούτου· τῷ θεῷ προσκύνησον.

22:1 RP: *add* καθαρὸν *after* ποταμὸν 2 WH: ποιοῦν {WH}: ποιῶν // WH: ἀποδιδοῦν {WH}/RP: ἀποδιδοὺς 5 WH: ἔτι RP: ἐκεῖ // WH: οὐκ ἔχουσιν χρείαν RP: χρείαν οὐκ ἔχουσιν // WH: φωτὸς λύχνου καὶ φῶς ἡλίου RP: λύχνου καὶ φωτὸς ἡλίου // WH: φωτίσει RP: φωτιεῖ // WH: [ἐπ'] NA: ἐπ' RP: *omit* [ἐπ'] 6 WH: εἶπέν RP: λέγει // RP: *omit* ὁ *before* κύριος 8 WH: ἔβλεψα {WH}: ἔβλεπον

22:1 Zech 14:8 1–2 Gen 2:9–10; 3:22; Ezek 47:1, 7, 12 3 Zech 14:11 4 Ps 17:15 5 Isa 60:19; Dan 7:18 6 Dan 2:28 7 Isa 40:10

10 Καὶ λέγει μοι Μὴ **σφραγίσῃς** τοὺς λόγους τῆς προ-
φητείας **τοῦ βιβλίου** τούτου, ὁ **καιρὸς** γὰρ ἐγγύς ἐστιν. 11 ὁ
ἀδικῶν ἀδικησάτω ἔτι, καὶ ὁ ῥυπαρὸς ῥυπανθήτω ἔτι, καὶ ὁ
δίκαιος δικαιοσύνην ποιησάτω ἔτι, καὶ ὁ ἅγιος ἁγιασθήτω
ἔτι.—12 Ἰδοὺ ἔρχομαι ταχύ, **καὶ ὁ μισθός** μου **μετ'** ἐμοῦ,
ἀποδοῦναι ἑκάστῳ ὡς **τὸ ἔργον** ἐστὶν **αὐτοῦ.** 13 ἐγὼ τὸ
Ἄλφα καὶ τὸ Ὦ, ὁ **πρῶτος καὶ ὁ ἔσχατος,** ἡ ἀρχὴ καὶ τὸ
τέλος.—14 Μακάριοι οἱ **πλύνοντες τὰς στολὰς** αὐτῶν, ἵνα
ἔσται ἡ ἐξουσία αὐτῶν ἐπὶ **τὸ ξύλον τῆς ζωῆς** καὶ τοῖς
πυλῶσιν εἰσέλθωσιν εἰς τὴν πόλιν. 15 ἔξω οἱ κύνες καὶ οἱ
φαρμακοὶ καὶ οἱ πόρνοι καὶ οἱ φονεῖς καὶ οἱ εἰδωλολάτραι
καὶ πᾶς φιλῶν καὶ ποιῶν ψεῦδος.

16 Ἐγὼ Ἰησοῦς ἔπεμψα τὸν ἄγγελόν μου μαρτυρῆσαι
ὑμῖν ταῦτα ἐπὶ ταῖς ἐκκλησίαις. ἐγώ εἰμι **ἡ ῥίζα** καὶ τὸ γένος
Δαυείδ, ὁ ἀστὴρ ὁ λαμπρός, ὁ πρωινός.

17 Καὶ τὸ πνεῦμα καὶ ἡ νύμφη λέγουσιν Ἔρχου· καὶ ὁ
ἀκούων εἰπάτω Ἔρχου· καὶ ὁ **διψῶν ἐρχέσθω,** ὁ θέλων
λαβέτω **ὕδωρ ζωῆς δωρεάν.**

18 Μαρτυρῶ ἐγὼ παντὶ τῷ ἀκούοντι **τοὺς λόγους** τῆς
προφητείας τοῦ βιβλίου τούτου· ἐάν τις **ἐπιθῇ ἐπ' αὐτά,** ἐπι-
θήσει ὁ θεὸς **ἐπ' αὐτὸν** τὰς πληγὰς **τὰς γεγραμμένας ἐν τῷ
βιβλίῳ τούτῳ·** 19 **καὶ** ἐάν τις **ἀφέλῃ ἀπὸ** τῶν λόγων τοῦ
βιβλίου τῆς προφητείας ταύτης, ἀφελεῖ ὁ θεὸς τὸ μέρος
αὐτοῦ ἀπὸ **τοῦ ξύλου τῆς ζωῆς** καὶ ἐκ τῆς πόλεως τῆς ἁγίας,
τῶν γεγραμμένων ἐν τῷ βιβλίῳ τούτῳ.

20 Λέγει ὁ μαρτυρῶν ταῦτα Ναί· ἔρχομαι ταχύ.
Ἀμήν· ἔρχου, κύριε Ἰησοῦ.

21 Ἡ χάρις τοῦ κυρίου Ἰησοῦ [Χριστοῦ] μετὰ τῶν ἁγίων.

---

11 WH: ῥυπανθήτω {WH}/RP: ῥυπαρευθήτω 12 WH: ἐστὶν RP: ἔσται 13 WH: ὁ
πρῶτος καὶ ὁ {WH}: πρῶτος καὶ 14 WH: πλύνοντες RP: ποιοῦντες // WH:
στολὰς αὐτῶν RP: ἐντολὰς αὐτοῦ 16 WH: ἐπὶ {WH}: ἐν 17 WH: τὸ πνεῦμα καὶ
ἡ {WH}: πνεῦμα καὶ 18 WH: ἐπιθήσει RP: ἐπιθῆσαι 19 WH: ἀφελεῖ RP: ἀφέλοι
20 RP: add Ναί after Ἀμήν 21 WH: [Χριστοῦ] RP: χριστοῦ // WH: μετὰ τῶν
ἁγίων. ΝΑ: μετὰ πάντων. RP: μετὰ πάντων τῶν ἁγίων. Ἀμήν.

---

10 Dan 12:4   **12** Isa 40:10; Ps 28:4; 62:12; Jer 17:10   **13** Isa 44:6; 48:12   **14** Gen 49:11;
2:9; 3:22   **16** Isa 11:10   **17** Isa 55:1; Zech 14:8   **18–19** Deut 4:2; 12:31; 29:20   **19** Gen
2:9; 3:22

GREEK DICTIONARY

revised and expanded from
A Pocket Lexicon to the Greek New Testament
by Alexander Souter

PREFACE TO THE REVISED AND EXPANDED EDITION

The *Greek Dictionary* included with this edition of the Westcott-Hort (WH) *Greek New Testament* is a revision and expansion of Alexander Souter's popular *A Pocket Lexicon to the Greek New Testament* (Oxford: Clarendon, 1916). Before the compilation of the original edition, Souter, an Oxford-trained classics scholar, had published a popular edition of the Greek NT (1910)[1] and a widely used textbook on the text and canon of the NT (1913).[2] Souter was also a noted Latin authority who edited works of the Latin Fathers and produced a *Glossary of Later Latin.*[3] His *Pocket Lexicon* became one of the most widely used compact Greek dictionaries of his own and succeeding generations.

In considering a compact Greek dictionary to include with this new edition of Westcott-Hort, Souter's *Pocket Lexicon* seemed the most appropriate starting point. Both works made a significant contribution to a previous generation of NT scholars, pastors, and students by placing before them the best scholarship available for their study in a readily accessible form. In addition, both works have been awarded the highest regard and have long been treasured in the memories of generations of those studying the NT. However, the inclusion of a revision of Souter's *Pocket Lexicon* serves a more practical purpose as well. It offers readers ready access to a concise yet comprehensive set of definitions for the entire NT vocabulary.

Just as the WH *Greek New Testament* has been improved by the addition of several features not included in the original edition, so the *Pocket Lexicon* has been updated and expanded in several important respects:

- Souter's clear definitions, still set apart in italicized type, have been moved to the beginning of each entry, with grammatical, etymological, and other extraneous information following;
- Parts of complex word definitions have been more consistently numbered to simplify analysis;

---

[1] *Novum Testamentum Graece, Texui a Retractatoribus Anglis adhibito brevem Adnotationem Criticam subiecit* (Oxford: Clarendon Press, 1910, repr. 1947).
[2] *The Text and Canon of the New Testament* (New York: Scribner's Sons, 1913, repr. 1923).
[3] *A Glossary of Later Latin to 600 A.D.* (Oxford: Clarendon Press, 1949, repr. 1996).

- Definitions have been revised where needed to keep pace with current English usage;
- Several new Greek word entries have been added to the dictionary to reflect more recent NT textual discoveries;
- Definite articles and genitive word endings have been included for nouns, giving quicker insight into both gender and pattern of declension;
- Adjective endings have been provided to offer help in identifying both regular and irregular forms;
- Prepositions and adverbs have been more explicitly and consistently labeled;
- Biblical references have been converted from Roman to Arabic numerals and set forth in a format more familiar to contemporary readers;
- Latin equivalents, with the exception of cognate forms, have been removed;
- Abbreviations, listed at the beginning of this volume, have been updated and applied more consistently throughout.

All told, these new features make the *Greek Dictionary* an even more helpful tool for the contemporary user of the Greek NT.

Preface to the Original Edition

The present work is the third and last volume of the tiny trilogy which I have been permitted to contribute for the use of students of the New Testament.[1]

In my Oxford days I was particularly struck by the fact that many theological works, which in their German form cost a small sum, were only to be obtained at a greatly increased price, when they appeared in an English dress. It seemed to me that there was at least as large a public for such productions in Britain and America as in Germany, and I could never see that the usual improvement in form justified the higher cost. The supineness of the clergy and others interested has been and is to me a subject of wonder, especially as few of them are men of means. I have long held the view that the most necessary knowledge in all departments should be available to the English reading public at a moderate price, and in this view I have been heartily encouraged by the Delegates of the Clarendon Press.

The last quarter of a century or so has, as is well known, seen a vast accession to the material of value for the textual interpretation of the Greek New Testament, particularly in Greek papyri discovered in Egypt. These documents are for the most part written in the nonliterary Greek, the κοινὴ (διάλεκτος), "the common dialect" or *lingua franca,* spoken and written throughout almost the whole Graeco-Roman world. Of this Greek an excellent account will be found in A. Meillet's *Aperçu de la langue grecque* (Paris, 1913), a delightful volume which all interested in Greek ought to read. A number of years ago I formed the plan of a small pocket dictionary, in which as much of this new knowledge as possible should be incorporated in an unobtrusive way. This plan had been quite given up before the end of 1911, but in 1912 such pressure was applied by the Delegates of the Clarendon Press that I felt compelled to take it up again and do what I could with it.

---

[1] The other volumes in Souter's "tiny trilogy" are *Novum Testamentum Graece, Texui a Retractatoribus Anglis adhibito brevem Adnotationem Criticam subiecit* (Oxford: Clarendon Press, 1910, repr. 1947), and *The Text and Canon of the New Testament* (New York: Scribner's Sons, 1913, repr. 1923).

The aim I have set before me is to give the forms of Greek words in the New Testament and their meanings as exactly as possible, according to the best knowledge available at the present time. I have studied brevity throughout, omitting matters connected with declension, conjugation, gender, &c., and even references to passages in the New Testament itself, except in cases where the reader might be left in doubt which of two or more senses to choose. I have thus been able to secure space for extended explanation, where the simplicity of the language is merely specious. I have endeavored also to assign all borrowings of words or idioms from other languages (Latin, Aramaic, Hebrew) as accurately as possible. It may be assumed, where no such borrowing is indicated, that the evidence now favors the vernacular origin of word or idiom. Occasionally I have added the Latin word expressing the meaning of the Greek.

As readers, I hope to have all who are interested in the Greek New Testament, from the working man, who with Moulton's smaller grammar[2] and the present work struggles to understand the meaning of the New Testament as exactly as possible, to the experienced scholar, who sometimes forgets the meaning of a word, and may be grateful for some of the information culled from the Latin Fathers and not readily accessible. Most readers, however, will belong to the class of theological students or ministers, who, whether at home or in the train, may he glad to have a handy volume to turn to in a difficulty. Unless I am mistaken, the newer knowledge sheds a flood of light on passages hitherto misunderstood or regarded as unprofitable (e. g. 1 Cor 10:11; James 1:3; 1 Pet 2:2), and sweeps into the dustbin a deal of the well-meant but hairsplitting theology of the past (cf. εἰς), quite unsuited as it was to the comprehension of plain first-century Christians.

Naturally a work like the present is deeply indebted to many former publications. It is based not on any preceding dictionary of New Testament Greek—to them I am under almost no direct obligation at all—but on the Concordance of Moulton and Geden. The best available modern commentaries on the New Testament are my main source. I should like to express my deep indebtedness to the posthumous com-

---

[2] *An Introduction to the Study of New Testament Greek* (5th ed.; New York: Macmillan, 1955).

mentaries of Hort in particular, for the precise definitions of words, unsurpassed anywhere, which they contain. His method, working as he did with material less abundant and of far inferior usefulness, has led him again and again by a divination, which belongs only to the finest scholarship, to conclusions made certain by the newer knowledge. Next, I am under the profoundest obligation to the *Vocabulary* of Moulton and Milligan, which gives one in an extremely attractive form, gracefully concealing a severe philological discipline unequalled in the world, all the important lexical knowledge accruing from the recent finds. My book also bears traces of the closest study of the invaluable *Prolegomena* of Moulton. For the proper names I am indebted above all to the *Kurzes Bibelwörterbuch,* edited by H. Guthe (Tübingen and Leipzig, 1903). In addition to these works I have made use of many others, and I trust that their authors will regard this acknowledgement as sufficient.

Of personal, apart from literary, obligations, I ought to mention my indebtedness to the true friend of many years, Dr. Sanday, for constant counsel and interest; to Dr. Milligan, for so kindly lending me the first part of the *Vocabulary* in proof, while it was still unpublished; and, finally, to two former pupils, Mr. John Fraser, M.A., Lecturer in Latin and Lecturer in Comparative Philology in the University of Aberdeen, from whose scholarly revision the book has greatly benefited, and Rev. C. H. Dodd, now Lecturer, Mansfield College, Oxford, whose critical faculty I have often had occasion to appreciate. For the defects that remain—and even in a small work like this, where thousands of statements are made, they are inevitable—I am entirely responsible.

Alexander Souter, University of Aberdeen, 1915

A

A the first letter of the Greek alphabet, see ἄλφα.

Ἀαρών, ὁ *Aaron,* son of Amram and Jochebed, younger brother of Moses [Heb.].

Ἀβαδδών, ὁ *Destroyer* (i.e., *Destroying Angel*) or *"place of destruction"* (personified) [Heb.].

ἀβαρής, ές *not burdensome, bringing no weight or oppression upon.*

ἀββᾶ (ἀββᾶ), ὁ *Father!* (voc., from Aram.).

Ἀβειληνή, ῆς, ἡ *the Abilenian territory* (understand χώρα), *the territory of Abila* (in Syria), a small principality in the mountains northwest of Damascus.

Ἅβελ, ὁ *Abel,* second son of Adam and Eve, brother of Cain [Heb.].

Ἀβιά, ὁ *Abjah,* founder of the eighth class of priests (1 Chr 24:10) [Heb.].

Ἀβιάθαρ (Ἀβιαθάρ), ὁ *Abiathar,* a priest in King David's time [Heb.].

Ἀβιληνή, ῆς, ἡ see Ἀβειληνή.

Ἀβιούδ, ὁ *Abiud,* son of Zorobabel and father of Eliakim [Heb.].

Ἀβραάμ, ὁ *Abraham,* progenitor of the Hebrew race; hence the phrase θυγατέρα Ἀβραάμ (Luke 13:16) means simply *a woman of Hebrew race* [Heb.].

ἄβυσσος, ου, ἡ *the abyss, the unfathomable depth,* an especially Jewish conception, the home of the dead and of evil spirits.

Ἅγαβος (Ἄγαβος), ου, ὁ *Agabus,* a Christian prophet (Acts 11:28; 21:10).

ἀγαθοεργέω (ἀγαθουργέω) *I work that which is good, I perform good deeds.*

ἀγαθοποιέω *I do that which is good* (opp. κακοποιέω).

ἀγαθοποιΐα (ἀγαθοποιΐα), ας, ἡ *the doing of that which is good.*

ἀγαθοποιός, οῦ, ὁ *a doer of that which is good,* opp. of κακοποιός (adj. as noun, ἀγαθοποιῶν gen. plur. masc., 1 Pet 2:14).

ἀγαθός, ή, όν (1) *good* (intrinsically), *good* (in nature), *good* (whether it be seen to be so or not), the widest and most colorless of all words with this meaning (opp. πονηρός, κακός); (2) subs. τὰ ἀγαθά, *the goods,* Luke 12:18.

ἀγαθουργέω see ἀγαθοεργέω.

ἀγαθωσύνη, ης, ἡ *goodness* (intrinsic, especially as a personal quality), with stress on the kindly (rather than the righteous) side of goodness.

ἀγαλλίασις, εως, ἡ *wild joy, ecstatic delight, exultation, exhilaration.*

ἀγαλλιάω *I exult, I am full of joy.*

ἄγαμος, ου, ὁ or **ἡ** *unmarried, not married,* of a person not in a state of wedlock, whether he or she has formerly been married or not.

ἀγανακτέω *I am angry, I am incensed.*

ἀγανάκτησις, εως, ἡ *feeling of anger, vexation.*

ἀγαπάω *I love* (never of love between the sexes, but nearly always of the love of God or Christ to us, and of our love to Him and to our fellow creatures, as inspired by His love for us).

ἀγάπη, ης, ἡ (1) *love* (this was the sense of the word *charity* in the time of the Authorized Version), as that of God or Christ to us, and our love to Him and to our fellow creatures thus inspired (a word exclusively biblical, curtailed from ἀγάπησις (from ἀγαπάω); (2) in LXX generally of sexual love; first in higher sense not before about 100 B.C.); (3) ἀγάπη τοῦ θεοῦ, τοῦ χριστοῦ are sometimes ambiguous, when it is doubtful whether

God's/Christ's love for us, or our love for God/Christ, is intended; in most cases the former is probably the primary thought; (4) ἀγάπαι plur. concr., of the *love feasts* of the Christians, evening meals partaken of by Christians in the early Church, either accompanied or followed by the Eucharist (Jude 12). Such common meals were sacred, and intended to be expressive of the union of Christians in their Head.

ἀγαπητός, ή, όν *loved, beloved*, with two special applications, (1) ὁ ἀγαπητός, *the Beloved*, a title of the Messiah (Christ), as beloved beyond all others by the God who sent Him; (2) of Christians, as beloved by God, Christ, and one another.

Ἄγαρ (Ἀγάρ), ἡ *Hagar*, the servant of Sarah, wife of Abraham, and interpreted by Rabbinic lore, countenanced by Paul, as a type of Mount Sinai, where the Mosaic Law was given (Gal 4:24–25) [Heb.].

ἀγγαρεύω *I impress* (into my service), *I send* (on an errand); from a Persian word, meaning *to impress for the postal service.*

ἀγγεῖον, ου, τό *a vessel, flask, can.*

ἀγγελία, ας, ἡ *a message.*

ἀγγέλλω *I report, I announce* (as a messenger).

ἄγγελος, ου, ὁ (1) *a messenger*, generally; (2) *a* (supernatural) *messenger from God, an angel*, conveying news or requests from God to men; (3) almost *an intermediary*, Gal 3:19.

ἄγγος, ους, τό *a vessel.*

ἄγε *come now! Ho now!* (an interj., properly imper. of ἄγω).

ἀγέλη, ης, ἡ *a herd.*

ἀγενεαλόγητος, ον *not provided with a genealogy, whose descent cannot be traced.*

ἀγενής, ές *ignoble*, lit., *without* γένος *(family).*

ἁγιάζω *I make* ἅγιος *(set apart, holy);* apparently exclusively biblical.

ἁγιασμός, οῦ, ὁ *the process of making* or *becoming* ἅγιος *(set apart, holy).*

ἅγιος, α, ον *set apart* by (or for) the God, *holy, sacred*, e.g., (of Jerusalem) ἁγία πόλις (Matt 4:5); τὸ ἅγιον πνεῦμα, practically synonymous with τὸ πνεῦμα τοῦ θεοῦ; ὁ ἅγιος τοῦ θεοῦ (Mark 1:24) of the Messiah; οἱ ἅγιοι, of the Christians as the new people of God, taking the place of the Hebrews; τὸ ἅγιον, τὰ ἅγια, *the temple;* τὰ ἅγια τῶν ἁγίων, *the inmost part of the temple, the inner shrine.*

ἁγιότης, ητος, ἡ *holiness* (see ἅγιος), as an abstr. quality.

ἁγιωσύνη, ης, ἡ *a holy* or *sanctified state,* the resulting state of the ἅγιος.

ἀγκάλη, ης, ἡ *an arm*, especially as bent to receive a burden.

ἄγκιστρον, ου, τό *a fishhook.*

ἄγκυρα, ας, ἡ *an anchor.*

ἄγναφος, ον *unshrunken* (of cloth), *unmilled, not yet dressed* (by the fuller).

ἁγνεία, ας, ἡ *purity, chastity.*

ἁγνίζω *I make pure*, either (1) ceremonially (e.g., Acts 21:24), or (2) actually (e.g., 1 Pet 1:22).

ἁγνισμός, οῦ, ὁ *purification* (ceremonial).

ἀγνοέω *I do not know, I am ignorant of* (a person, thing, or fact), sometimes with the idea of willful ignorance.

ἀγνόημα, ατος, τό *an offence committed through ignorance, an error due to* (willful or culpable) *ignorance.*

ἄγνοια, ας, ἡ *ignorance, inadver-*

tence; sometimes with the idea of *willful blindness* (Eph 4:18).

ἁγνός, ή, όν (1) *pure* (either ethically, or ritually, ceremonially); (2) *chaste* (orig., *in a condition prepared for worship).*

ἁγνότης, ητος, ἡ *purity, chastity.*

ἁγνῶς adv., *purely, with pure motives, honestly.*

ἁγνωσία, ας, ἡ disgraceful *ignorance.*

ἄγνωστος, ον *unknown, unknowable.*

ἀγορά, ᾶς, ἡ *marketplace, market.*

ἀγοράζω *I buy.*

ἀγοραῖος, ου, ὁ (1) *a lounger in the marketplace,* perhaps with the idea of *agitator* (Acts 17:5); (2) ἀγοραῖοι (understand ἡμέραι), *market days;* (3) (understand σύνοδοι) *judicial inquests.*

ἄγρα, ας, ἡ *catching, a catch.*

ἀγράμματος, ον *unlettered, illiterate, uneducated,* perhaps with the narrower idea, *unacquainted with Rabbinic teaching.*

ἀγραυλέω *I spend the night in the open, bivouac.*

ἀγρεύω *I catch, capture.*

ἀγριέλαιος, ου, ἡ *a wild olive.*

ἄγριος, α, ον *wild.*

Ἀγρίππας, α, ὁ *Agrippa,* i.e., Herod Agrippa II (M. Iulius Agrippa, A.D. 28–c. 93), son of Agrippa I (the Herod of Acts 12), king of Chalcis (A.D. 50), and afterwards of the old tetrarchies of Philip and Lysanias also.

ἀγρός, οῦ, ὁ (1) *a field* (a word rare in papyrus documents, and now obsolete), especially as bearing a crop; (2) *the country,* Mark 15:21; 16:12: plur. ἀγροί, *lands, property in land, a country estate.*

ἀγρυπνέω (1) *I am not asleep, I am awake;* (2) especially *I am watchful, careful.*

ἀγρυπνία, ας, ἡ *the state of being awake* (at night).

ἄγω (1) *I lead, I lead away, I bring* (a person, or animal); thus *I bring* before a court of justice; (2) especially in first pers. plur. subjun. ἄγωμεν, intrans., *let us depart* (e.g., Mark 1:38); (3) *I hold, keep, celebrate;* ἀγοραῖοι ἄγονται (Acts 19:38), *judicial inquests are held.*

ἀγωγή, ῆς, ἡ (1) *leading;* (2) hence, *mode of life, conduct.*

ἀγών, ῶνος, ὁ (1) *an* (athletic) *contest;* (2) hence, *a struggle* (in the soul).

ἀγωνία, ας, ἡ (1) *great fear, terror,* of death; (2) *anxiety* (properly the feeling of the athlete before a contest).

ἀγωνίζομαι *I am struggling* (as in an athletic contest or warfare); sometimes w. the obj. ἀγῶνα expressed.

Ἀδάμ, ὁ *Adam,* the first man, the first parent of the human race; ὁ ἔσχατος Ἀδάμ, its latest ideal representative, who inaugurates the new age, Jesus the Messiah (1 Cor 15:45) [Heb.].

ἀδάπανος, ον *without expense, for which nothing has to be paid.*

Ἀδδεί (Ἀδδί), ὁ *Addei,* son of Cosam, and father of Melchei, one of the ancestors of Jesus (Luke 3:28) [Heb.].

ἀδελφή, ῆς, ἡ (1) *a sister;* (2) *a woman (fellow) member of a church, a Christian woman* (Rom 16:1; 1 Cor 7:15, etc.).

ἀδελφός, οῦ, ὁ (1) *a brother* (so probably even in Rom 16:23; 2 Cor 12:18); (2) *a member of the same religious community,* especially *a fellow Christian* (particularly in the plur., a use characteristic of Jewish literature but not confined to it).

ἀδελφότης, ητος, ἡ *brotherhood*

(in the collective sense), *the members of the Christian Church, Christendom.*

ἄδηλος, ον *unseen, inconspicuous, indistinct* (also of sound).

ἀδηλότης, ητος, ἡ *the quality of being unseen (of disappearing), indefiniteness, uncertainty.*

ἀδήλως adv., (1) *out of sight, obscurely, inconspicuously;* (2) in 1 Cor 9:26 perhaps = *uncertainly, without certain aim.*

ἀδημονέω (1) *I feel fear, I lack courage;* (2) *I am distressed* (orig., *I am bewildered,* from δήμων, *knowing, prudent*).

ᾅδης, ου, ὁ *Hades, the unseen world,* into which the spirits of all persons pass at death (in LXX = Heb. *šĕôl,* Sheol).

ἀδιάκριτος, ον *without divisions of mind, undivided, wholehearted.*

ἀδιάλειπτος, ον *unceasing, unremitting.*

ἀδιαλείπτως adv., *unceasingly, without remission.*

ἀδικέω *I act unjustly towards, I injure, I harm* (animate or inanimate).

ἀδίκημα, ατος, τό (1) *a legal wrong, a crime* (with which one is charged), *a misdeed;* (2) *a crime against God, a sin* (Rev 18:5).

ἀδικία, ας, ἡ *injustice, unrighteousness, hurt;* sometimes in a Hebraistic gen., equivalent to the adj. ἄδικος (e.g., Luke 16:8; 18:6).

ἄδικος, ον *unjust, unrighteous* (opp. δίκαιος).

ἀδίκως adv., *unjustly.*

Ἀδμείν (Ἀδμίν), ὁ *Admein,* son of Arnei, father of Naasson, one of the ancestors of Jesus [Heb.].

ἀδόκιμος, ον *failing to pass the test, unapproved, counterfeit.*

ἄδολος, ον *unadulterated, pure.*

Ἀδραμυντηνός (Ἀδραμυττηνός), ή, όν *belonging to Adramyt-*

tium, a port in Mysia, northwest Asia Minor.

Ἀδρίας (Ἀδρίας), ου, ὁ *the Hadria,* a name given by sailors not merely to the Adriatic Sea, to which it properly belonged, but also to the open Mediterranean to the southeast of Italy, to the sea that lay between Malta, Italy, Greece, and Crete.

ἁδρότης, ητος, ἡ *lavishness, lavish generosity.*

ἀδυνατέω of things, *to be impossible.*

ἀδύνατος, ον (1) of persons, *incapable* (Acts 14:8; Rom 15:1); (2) of things, *impossible;* τὸ ἀδύνατον, either *the inability,* or *that which is impossible* (Rom 8:3).

ἀδυσβάστακτος, ον *not too difficult to bear* (cf. δυσβάστακτος).

ᾄδω (ᾅδω) *I sing.*

ἀεί adv., *always* (rare in colloquial Gk.).

ἀετός, οῦ, ὁ *an eagle.*

ἄζυμος, ον (1) *unleavened,* especially in the neut. plur., τὰ ἄζυμα, *the unleavened bread,* a festival of the Hebrews, held from 15 to 21 Nisan, in commemoration of their deliverance from Egypt; (2) in a moral sense, 1 Cor 5:7–8.

Ἀζώρ, ὁ *Azor,* son of Eliakim and father of Zadok, an ancestor of Jesus [Heb.].

Ἄζωτος, ου, ἡ *Azotus, Ashdod,* a coast town of Palestine belonging to the ancient Philistia, and part of Herod's kingdom.

ἀήρ, έρος, ὁ *air,* the lower air we breathe.

ἀθανασία, ας, ἡ *immortality, imperishability, freedom from death.*

ἀθέμιτος, ον (1) *illegal, unlawful;* (2) thus *abominable.*

ἄθεος, ον *without god, without (the only true) god, godless.*

ἄθεσμος, ον *lawless, ignoring the* (divine) *ordinances.*

ἀθετέω (1) *I annul, make of no eject, set aside, ignore, slight;* (2) *I break faith with,* Mark 6:26.

ἀθέτησις, εως, ἡ *annulment.*

Ἀθῆναι, ῶν, ἡ *Athens,* the intellectual capital of Greece.

Ἀθηναῖος, α, ον *Athenian, belonging to Athens.*

ἀθλέω *I engage, compete, in an* (athletic) *contest.*

ἄθλησις, εως, ἡ *a struggling* (as in an athletic contest).

ἀθροίζω *I gather together, collect.*

ἀθυμέω *I lose heart, am despondent.*

ἀθῷος, ον *guiltless, innocent* (sometimes, *unpunished*).

αἴγειος, α, ον *of a goat.*

αἰγιαλός, οῦ, ὁ (1) *sea coast,* (sandy) *beach;* (2) *shore* (of sea or lake), *land.*

Αἰγύπτιος, α, ον *Egyptian.*

Αἴγυπτος, ου, ἡ *Egypt.*

ἀΐδιος, ον *lasting for ever.*

αἰδώς, οῦς, ἡ *shame, modesty.*

Αἰθίοψ, οπος, ὁ *Ethiopian, Abyssinian* (apparently absent from papyri).

αἷμα, ατος, τό *blood* (especially as shed); σὰρξ καὶ αἷμα (αἷμα καὶ σάρξ), a Hebraistic expression for *a human being, human beings, human nature.*

αἱματεκχυσία, ας, ἡ *a shedding* or *pouring forth of blood* (in sacrifice).

αἱμορροέω *I suffer from a continual flow (oozing) of blood.*

Αἰνέας, ου, ὁ *Aeneas,* a citizen of Lydda.

αἴνεσις, εως, ἡ *praise, commendation.*

αἰνέω *I praise.*

αἴνιγμα, ατος, τό *a riddle.*

αἶνος, ου, ὁ *praise.*

Αἰνών, ἡ *Aenon.* Eusebius and Jerome place this site eight

(Roman) miles south of Scythopolis near the Jordan.

αἵρεσις, εως, ἡ (1) *a self-chosen opinion;* (2) *a religious or philosophical sect* (orig., *choosing, choice*).

αἱρετίζω *I choose.*

αἱρετικός, ή, όν *disposed to form sects, sectarian, factious.*

αἱρέω mid. *I choose.*

αἴρω (1) *I raise, lift up;* (2) *I take away, remove.*

αἰσθάνομαι *I perceive.*

αἴσθησις, εως, ἡ *perception.*

αἰσθητήριον, ου, τό *perceptive faculty.*

αἰσχροκερδής, ές *fond of base gain.*

αἰσχροκερδῶς adv., *in a spirit of eagerness for base gain.*

αἰσχρολογία, ας, ἡ *filthy, obscene speech.*

αἰσχρός, ά, όν *base, disgraceful.*

αἰσχρότης, ητος, ἡ *baseness.*

αἰσχύνη, ης, ἡ (1) *shame;* (2) *shamefacedness.*

αἰσχύνομαι *I am ashamed.*

αἰτέω *I ask, request, beg, petition;* mid. voice αἰτέομαι, *I ask for myself* (perhaps w. entreaty).

αἴτημα, ατος, τό *a request.*

αἰτία, ας, ἡ (1) *a cause, reason; excuse;* (2) *a charge, accusation;* (3) *guilt;* (4) *relationship, matter, circumstances, case,* Matt 19:10.

αἴτιον, ου, τό (1) *cause* shading into *crime;* (2) *guilt, criminality* (neut. of adj. αἴτιος).

αἴτιος, ου, ὁ (1) *the cause of the originator of;* (2) *responsible for* (adj.).

αἰτίωμα, ατος, τό *a charge, accusation.*

αἰφνίδιος, ον *sudden.*

αἰχμαλωσία, ας, ἡ (1) *captivity;* (2) Hebraistically = *captives,* Eph 4:8.

αἰχμαλωτεύω *I take captive* (in war).

αἰχμαλωτίζω *I take captive* (in war), *I subdue, I ensnare.*

αἰχμάλωτος, ου, ὁ *a captive* (in war), hence generally.

αἰών, ῶνος, ὁ *an age, a cycle* (of time), especially of the present age as contrasted with the future age, and of one of a series of ages stretching to infinity; ἀπ᾽ αἰῶνος, from *the beginning of the present age, from the beginning of time,* Luke 1:70, etc.; εἰς αἰῶνα *for eternity;* αἰῶνες αἰώνων, a Hebraistic expression, more emphatic than the simple αἰῶνες, Gal 1:5, etc. (From a root meaning *life,* especially *long life, old age.*)

αἰώνιος, ον (1) *age-long,* and, therefore, practically *eternal, unending;* (2) partaking of the character of that which lasts for an age, as contrasted with that which is brief and fleeting.

ἀκαθαρσία, ας, ἡ *uncleanness, impurity.*

ἀκάθαρτος, ον *unclean, impure;* in reference to demons, spirits, Matt 10:1, etc.

ἀκαιρέομαι *I am without a suitable opportunity* (to effect something).

ἀκαίρως adv., *unseasonably, out of due season, inopportunely.*

ἄκακος, ον (1) *innocent, guileless;* (2) *simple,* Rom 16:18.

ἄκανθα, ης, ἡ *a thorn bush.*

ἀκάνθινος, η, ον *made of thorns.*

ἄκαρπος, ον *fruitless, profitless.*

ἀκατάγνωστος, ον *uncondemned, unimpeachable.*

ἀκατακάλυπτος, ον *not veiled, unveiled.*

ἀκατάκριτος, ον *uncondemned* (probably an attempt to translate the Lat. *re incognita* or *causâ*

indictâ, "[our, one's] case not having been tried").

ἀκατάλυτος, ον *indissoluble, that cannot be broken up.*

ἀκατάπαστος, ον a colloquial spelling of ἀκατάπαυστος.

ἀκατάπαυστος, ον *not ceasing from, not abandoning (giving up),* w. gen.

ἀκαταστασία, ας, ἡ *disturbance, upheaval, revolution,* almost *anarchy,* first in the political, and thence in the moral sphere.

ἀκατάστατος, ον *unsettled, unstable* (though these are hardly strong enough equivalents), almost *anarchic;* (in LXX *staggering, reeling*).

Ἀκελδαμάχ see Ἀχελδαμάχ.

ἀκέραιος, ον *simple, unsophisticated* (lit. *unmixed*).

ἀκλινής, ές *unbent, unyielding, resolute.*

ἀκμάζω (1) *I reach maturity, become ripe;* (2) *I am in full vigor.*

ἀκμήν adv., *thus* (properly adv. acc. of ἀκμή [full time, maturity], and meaning *just now*), Matt 15:16 where par. in Mark 7:18 has οὕτως).

ἀκοή, ῆς, ἡ (1) *hearing, faculty of hearing, ear;* in ἀκοῇ ἀκούειν (Matt 13:14, etc.), a Hebraistic(?) expression, the ἀκοή is emphatic; (2) *report, rumor.*

ἀκολουθέω *I accompany, attend* (takes the place of the old ἕπομαι).

ἀκούω *I hear, listen;* in the pas., *is heard, is reported;* ἀκοῇ ἀκούειν, see ἀκοή.

ἀκρασία (= ἀκράτεια), **ας, ἡ** *incontinence, intemperance* (in wide sense).

ἀκρατής, ές (*impotent*), hence, *lacking self control, inclined to excess.*

ἄκρατος, ον *unmixed, undiluted* (from κεράννυμι).

ἀκρίβεια, ας, ἡ *accuracy, exactness, attention to detail, scrupulousness.*

ἀκριβής, ές *careful, accurate, exact, strict, scrupulous, precise.*

ἀκριβόω *I examine carefully, inquire strictly.*

ἀκριβῶς adv., *carefully, exactly, strictly.*

ἀκρίς, ίδος, ἡ *a locust.*

ἀκροατήριον, ου, τό (1) *auditorium, recitation hall;* (2) *court room* (for hearing cases).

ἀκροατής, οῦ, ὁ *a hearer of, a listener to.*

ἀκροβυστία, ας, ἡ *foreskin, prepuce* (a technical word of Jewish use, perhaps adapted from ἀκροποσθία); *uncircumcision,* a slang term used by Jews to refer to Gentiles, (Eph 2:11).

ἀκρογωνιαῖος, α, ον adj., *in the corner* (of a building), *corner*(stone) [= Attic γωνιαῖος].

ἀκροθίνιον, ου, τό *spoil, treasure* (taken in war); lit. *top of a heap.*

ἄκρον, ου, τό *edge, tip* (neut. of adj. ἄκρος).

Ἀκύλας acc. -αν, ὁ the Gk. way of writing the Lat. *Aquila,* a male proper name; the husband of Priscilla (Prisca), and a Jew, of a family belonging to (Sinope in) Pontus.

ἀκυρόω *I annul, make of no eject, cancel.*

ἀκωλύτως adv., *without let or hindrance* (characteristic of legal documents).

ἄκων adj., *unwilling,* generally used where Eng. would express by an adv., *unwillingly.*

ἀλάβαστρος (or -ον), ου, τό *an alabaster phial* or *bottle.*

ἀλαζονεία, ας, ἡ (1) *arrogant display, ostentation;* (2) plur. = *occasions of ostentation.*

ἀλαζών, όνος, ὁ *boastful,* giving

one's self airs in a loud and flaunting way.

ἀλαλάζω (1) *I cry aloud,* generally of persons (in Mark 5:38 from sorrow); (2) κύμβαλον ἀλαλάζον, a *clanging* or *clashing* cymbal (1 Cor 13:1); onomatopoeic, cf. Heb.

ἀλάλητος, ον *unutterable, that baffles words.*

ἄλαλος, ον *dumb.*

ἅλας, ατος, τό *salt.*

ἁλεεύς (ἁλιεύς), έως, ὁ *a fisherman* (a modification of the earlier ἁλιεύς).

ἀλείφω *I anoint.*

ἀλεκτοροφωνία, ας, ἡ *cockcrow,* as a period of time, between midnight and 3 a.m.

ἀλέκτωρ, ορος, ὁ *a cock.*

Ἀλεξανδρεύς, έως, ὁ *an Alexandrian,* a native (or resident) of Alexandria in Egypt.

Ἀλεξανδρινός (Ἀλεξανδρῖνος), ή, όν *belonging to Alexandria* in Egypt.

Ἀλέξανδρος, ου, ὁ *Alexander,* a proper name of Gk. origin, borne by four, possibly five, persons in the NT, (1) an early Christian, son of Simon of Cyrene, who carried the Cross, Mark 15:21; (2) a leading non-Christian Jew in Jerusalem, Acts 4:6; (3) an Ephesian Jew, Acts 19:33; (4) a renegade Christian at Rome (1 Tim 1:20), probably to be identified with Alexander the coppersmith (2 Tim 4:14).

ἄλευρον, ου, τό *meal.*

ἀλήθεια, ας, ἡ *truth,* but not merely truth as spoken; truth of idea, reality, sincerity, truth in the moral sphere, straightforwardness; ἐπ' ἀληθείας, *really, truly.*

ἀληθεύω (1) *I say (speak) truth,* Gal 4:16; (2) *I do truth, I maintain* truth (the truth); see ἀλήθεια for the sense of "truth."

ἀληθής, ές   true in fact; hence more widely (see ἀλήθεια).

ἀληθινός, ή, όν   true (lit., made of truth), real, genuine (less common than ἀληθής).

ἀλήθω   I grind.

ἀληθῶς   adv., truly, verily.

ἁλιεύς, έως, ὁ   see ἁλεεύς.

ἁλιεύω   I fish.

ἁλίζω   I salt, salten, sprinkle with salt (of sacrifices or of those who offer sacrifice), keep fresh and sound, and so acceptable to God.

ἁλίσγημα, ατος, τό   pollution, perhaps a polluted thing (especially of food); from ἁλισγέω, read in Freer manuscript at Mark 9:49.

ἀλλά   (1) but; (2) except (used very like πλήν), Mark 4:22; in Matt 20:23; ἀλλ' ἤ, except, 2 Cor 1:13; in Mark 6:9 ἀλλά is probably a misrendering of an Aram. word meaning and not.

ἀλλάσσω   trans., I change, alter.

ἀλλαχόθεν   adv., from another quarter, practically by another way.

ἀλλαχοῦ   adv., elsewhere (= ἄλλοσε, ἀλλαχόσε, to another place).

ἀλληγορέω   I allegorize, I interpret as an allegory.

ἀλληλουϊά (ἀλληλουϊά)   Hallelujah, Praise the Lord [Heb.].

ἀλλήλων, ους   οξε   another (a reciprocal word).

ἀλλογενής, οῦς, ὁ   a man of another race, a foreigner.

ἄλλομαι   I leap, leap up.

ἄλλος, η, ο   (1) other, another (of more than two), different; (2) see under ἕτερος; ὁ ἄλλος, the other (of two only), Matt 5:39, etc.; ἄλλοι . . . ἄλλο τι . . . some . . . one thing, some . . . another thing.

ἀλλοτρι(ο)επίσκοπος, ου, ὁ   one who pries into other men's affairs by means of soothsayers, astrologers, etc. (a word of uncertain application).

ἀλλότριος, α, ον   belonging to another person, belonging to others.

ἀλλόφυλος, ον   a foreigner.

ἄλλως   otherwise; τὰ ἄλλως ἔχοντα, things that are otherwise.

ἀλοάω   I thresh (corn).

ἄλογος, ον   (1) without (devoid of) human reason; (2) unreasonable, senseless.

ἀλόη, ης, ἡ   aloes, the powdered fragrant aloe wood.

ἅλς, ἁλός, ὁ   salt.

ἁλυκός, ή, όν   salty, saline.

ἄλυπος, ή, όν   free from pain (grief, trouble), comp. in Phil. 2:28.

ἅλυσις, εως, ἡ   a (light) chain.

ἀλυσιτελής, ές   profitless, unprofitable.

ἄλφα, τό   alpha, the first letter of the Greek alphabet, cf. A.

Ἀλφαῖος, ου, ὁ   Alphaeus, apparently two persons, (1) father of Levi (Mark 2:14); and (2) father of James (Mark 3:18, etc.). (Some say = Aram. Chalphai, and identify with Clopas, John 19:25.)

ἅλων, ωνος, ἡ   a threshing floor (= ἅλως).

ἀλώπηξ, εκος, ἡ   a fox.

ἅλωσις, εως, ἡ   capture, capturing.

ἅμα   (1) adv., at the same time, therewith; (2) prep. w. dat., along with, together with.

ἀμαθής, ές   unlearned (very rare in Hellenistic period).

ἀμαράντινος, η, ον   unfading, fadeless.

ἀμάραντος, ον   unfading.

ἁμαρτάνω   orig., I miss the mark; hence, (1) I make a mistake; (2) I sin, I commit a sin (against God); sometimes (Luke 17:4; Acts 25:8, etc.) the idea of sinning against a fellow creature is present.

ἁμάρτημα, ατος, τό   a fault, a sin.

ἁμαρτία, ας, ἡ (error, *a wrong state of mind* or *soul*), *a sin.*

ἀμάρτυρος, ον *unwitnessed, untestified to.*

ἁμαρτωλός, όν (1) *sinning, sinful;* (2) frequent as a translation of a contemptuous Aram. word, w. reference to particular classes despised by strict Jews, *a sinner.*

ἄμαχος, ον *not quarrelsome, peaceable* (orig. a military word).

ἀμάω *I mow, reap.*

ἀμέθυστος, ου, ἡ *amethyst* (a kind of rock crystal; the best specimens are the color of unmixed wine, whence perhaps the name).

ἀμελέω *I neglect.*

ἄμεμπτος, ον *blameless.*

ἀμέμπτως adv., *blamelessly.*

ἀμέριμνος, ον *free from anxiety* (though "anxiety" is rather too strong a word).

ἀμετάθετος, ον *unchanged, unchangeable.*

ἀμετακίνητος, ον *immovable.*

ἀμεταμέλητος, ον *not to be repented of, about which no change of mind can take place, not affected by change of mind.*

ἀμετανόητος, ον *unrepentant.*

ἄμετρος, ον *unmeasurable, immeasurable;* εἰς τὰ ἄμετρα, *to a limitless degree.*

ἀμήν *verily, truly;* at the end of sentences may be paraphrased by *So let it be!* [Heb.]

ἀμήτωρ, ορος *whose mother's name is not recorded* (or *known*); lit., *motherless.*

ἀμίαντος, ον *undefiled, untainted.*

Ἀμιναδάβ, ὁ *Aminadab,* son of Aram and father of Naasson, one of the ancestors of Jesus [Heb.].

ἄμμος, ου, ἡ *sand.*

ἀμνός, οῦ, ὁ *a lamb* (as a type of innocence, and w. sacrificial connotation).

ἀμοιβή, ῆς, ἡ (1) a *change,* an exchange; (2) hence, plur. *reciprocal good deeds (services), a fitting requital.*

ἄμπελος, ου, ἡ *a vine.*

ἀμπελουργός, οῦ, ὁ *a vinedresser.*

ἀμπελών, ῶνος, ὁ *a vineyard* (-ών indicates "plantation of," cf. ἐλαιών).

Ἀμπλιᾶτος, ου, ὁ *Ampliatus,* a male member of the church at Rome, probably of the imperial household (pet form Ἀμπλίας).

ἀμύνομαι *I attack in defense, I defend* (by force); (very rare in the colloquial language).

ἀμφιάζω *I clothe, I put clothing (covering) on (over);* from ἀμφί, as ἀντιάζω is from ἀντί.

ἀμφιβάλλω *I cast* (a fishing net), *I fish.*

ἀμφίβληστρον, ου, τό *a* (casting) *net.*

ἀμφιέζω see ἀμφιάζω.

ἀμφιέννυμι *I clothe* (a survival of literary language).

Ἀμφίπολις, εως, ἡ *Amphipolis,* a leading city of Macedonia.

ἄμφοδον, ου, τό *a street,* or rather *a quarter* or *block* of a city.

ἀμφότεροι, αι, α *both* (of two); in Acts 19:16; 23:8, perhaps = *all* (of more than two); so in common speech and in Byzantine Gk.

ἀμώμητος, ον *unblemished* (a literary word; the Gk. properly means *not to be blamed,* but under the influence of Heb. the other sense has come into prominence).

ἄμωμον, ου, τό *spice,* an odorous unguent derived from an Eastern plant with fruit like grapes, Rev 18:13.

ἄμωμος, ον (1) *blameless,* the original sense, which may be that in Eph 1:4; 5:27, etc.; (2) *without blemish, unblemished,* a sense almost invariable in the LXX, of sacrificial animals, and possibly the only sense intended in NT (cf. ἀμώμητος).

Ἀμώς, Ἀμών, ὁ *Amos,* son of Manasseh and father of Josiah, an ancestor of Jesus [Heb. = ʼamon, OT].

ἄν (1) an untranslatable word *(under the circumstances, in that case, anyhow),* the general effect of which is to make a statement contingent, which would otherwise be definite; it is thus regularly used w. the subjun. mood; cf. ἕως ἄν, *until such time as,* ὃς ἄν, ὅστις ἄν, *whosoever,* ὅσοι ἄν, *as many as* . . . *may,* ὅπως ἄν, ὡς ἄν (1 Cor 11:34, etc., not in 1 Cor 12:2), *that so;* so, w. the indic. past, in the apodosis of a cond. sentence, e.g., Matt 11:21 ἄν . . . μετένοησαν, *"would* have repented," where μετένοησαν alone would have meant "repented"; cf. also Mark 7:11 (reading ὃ ἄν . . . ὠφελήθης); and w. the opt. (rare in NT), e.g., τί ἄν θέλοι, "how he *would* like" (Luke 1:62), where τί θέλοι would be "how he *might* like"; (2) *if* (= Attic ἤν, ἐάν), e.g., John 12:32 (var.), 13:20.

ἀνά prep. w. acc., (1) *up;* hence, *up along;* (2) ἀνὰ μέσον, *in the middle;* (3) most commonly w. a distributive force, e.g., ἀνὰ δηνάριον (Matt 20:9), "a denarius *each,*" ἀνὰ δύο χιτῶνας (Luke 9:3), "two tunics *each,*" ἀνὰ πεντήκοντα (Luke 9:14), "in fifties," "in *groups of* fifty," ἀνὰ δύο (Luke 10:1), "two by two" (where perhaps ἀνὰ δύο δύο, a mixed distributive, ought to be read).

ἀναβαθμός, οῦ, ὁ (1) *a step;* (2) plur. *a flight of steps,* the well known "stairs" leading up from the temple to the tower of Antonia at Jerusalem.

ἀναβαίνω *I go up, mount, ascend.*

ἀναβάλλομαι *I postpone,* especially *I postpone the trial of,* w. acc. of the person affected.

ἀναβιβάζω *I cause to come up, bring up,* regularly from sea to land.

ἀναβλέπω (1) *I look up,* e.g., Matt 14:19; (2) *I recover my sight,* e.g., Matt 11:5.

ἀνάβλεψις, εως, ἡ *recovery of sight.*

ἀναβοάω *I shout upwards, cry out, raise my voice,* Matt 27:46, var.

ἀναβολή, ῆς, ἡ *postponement, delay, putting off.*

ἀνάγαιον, ον, τό *an upper room;* another form is ἀνώγεον.

ἀναγγέλλω *I announce, report.*

ἀναγεννάω *I beget again, I beget into a new life.*

ἀναγινώσκω *I read aloud* (in the scriptures, i.e., the OT).

ἀναγκάζω *I compel, I constrain.*

ἀναγκαῖος, α, ον (1) *necessary, essential;* (2) *intimate,* Acts 10:24.

ἀναγκαστῶς adv., *by way of compulsion, by force.*

ἀνάγκη, ης, ἡ *necessity, constraint, compulsion;* ἔχω ἀνάγκη, *I am obliged.*

ἀναγνωρίζω *I make known to again, I make to be recognized* (var. in Acts 7:13).

ἀνάγνωσις, εως, ἡ public *reading* (of the law and prophets in synagogue or church).

ἀνάγω (1) *I lead up;* (2) mid., and pas. *I put to sea, set sail.*

ἀναδείκνυμι (1) *I show forth* or *clearly;* (2) hence, *I proclaim* (a person's appointment to an office), *I appoint.*

ἀνάδειξις, εως, ἡ (1) *the proclamation of an appointment* (to an office); (2) perhaps rather *admission to membership* of a society.

ἀναδέχομαι (1) *I welcome, receive*

kindly; (2) in Heb 11:17 perhaps *I undertake, I assume the responsibility of.*

ἀναδίδωμι *I send up, deliver, hand over.*

ἀναζάω *I come to life again, I revive* (var. in Luke 15:24).

ἀναζητέω *I seek out, search for* (implying the difficulty of the task).

ἀναζώννυμι *I gird up, brace up* (with a view to active exertion). A metaphor from the girding of the flowing tunic, to prevent its hampering one in active work.

ἀναζωπυρέω *I stir up the fire, fan the flame of.*

ἀναθάλλω *I cause to bloom again.*

ἀνάθεμα, ατος, τό *a curse, a cursed thing* (properly, a devoting to the vengeance of the infernal goddesses). Distinguish from ἀνάθημα, q.v.

ἀναθεματίζω *I curse, I invoke curses.*

ἀναθεωρέω *I look up at, I gaze up at.*

ἀνάθημα, ατος, τό an *offering dedicated* (hung up in a temple) by a worshipper to a god, in return for a favor received, Luke 21:5.

ἀναίδεια, ας, ἡ *shamelessness, shameless persistence* (e.g., in greed).

ἀναίρεσις, εως, ἡ *taking away* (of life), *killing, slaying, murder.*

ἀναιρέω (1) *I take up,* e.g., Acts 7:21; more often (2) *I take away the life of, murder* (2 Thess 2:8, var.).

ἀναίτιος, ον *guiltless.*

ἀνακαθίζω *I sit up* (in classical Gk. *I cause to sit up*); var. in Luke 7:15.

ἀνακαινίζω *I make fresh again, I make fresh as at the first.*

ἀνακαινόω *I renew, I make new again* (cf. ἀνακαινίζω); not cited before Paul.

ἀνακαίνωσις, εως, ἡ *renewing* (not cited earlier).

ἀνακαλύπτω *I unveil.*

ἀνακάμπτω *I return.*

ἀνάκειμαι *I recline* (especially at a dinner table).

ἀνακεφαλαιόομαι (1) *I sum up, summarize, recapitulate;* (2) in Eph 1:10 *gather up in one* (a literary word, from κεφάλαιον, *chapter, section*).

ἀνακλίνω (1) *I make to recline* (especially at a dinner table); (2) mid. and pas. *I recline at a table.*

ἀνακράζω *I shout* (aloud); colloquial.

ἀνακρίνω *I examine, inquire into* (judicially; see ἀνάκρισις); of the preliminary examination, preceding the trial proper; hence with derived applications.

ἀνάκρισις, εως, ἡ *judicial examination, preliminary inquiry.*

ἀνακυλίω *I roll back.*

ἀνακύπτω (1) *I raise myself, become erect* (Luke 13:11); (2) *I look up* (Luke 21:28).

ἀναλαμβάνω (1) *I take up, raise;* (2) *I pick up,* 2 Tim 4:11, or *take on board,* Acts 20:13, 14; (3) *I carry off, lead away,* Acts 23:31.

ἀνάλημψις, εως, ἡ *a taking up, lifting up* (of the Ascension); lit. *Assumption.*

ἀναλίσκω (ἀναλόω) *I destroy, annihilate* (var. in 2 Thess 2:8).

ἀναλογία, ας, ἡ *proportion, measure.*

ἀναλογίζομαι *I reckon up, count over* (from λόγος = *account*).

ἄναλος, ον *saltless, tasteless, flat.*

ἀναλόω see ἀναλίσκω.

ἀνάλυσις, εως, ἡ *departing, departure* (from this life, probably a metaphor from the yoking and unyoking of transport animals).

ἀναλύω (1) *I depart,* Phil 1:23;

(2) perhaps, *I return,* Luke 12:36 (see ἀνάλυσις).

ἀναμάρτητος, ον   *sinless.*

ἀναμένω   *I await* (one whose coming is expected).

ἀναμιμνήσκω   (1) act. *I remind;* (2) mid. or pas. *I am reminded, remind myself, remember, recall.*

ἀνάμνησις, εως, ἡ   *a recalling, remembrance, memory.*

ἀνανεόομαι   *I am renewed* (regularly a legal word).

ἀνανήφω   *I become sober again, I recover sound sense.*

Ἀνανίας (Ἀνανίας), ου, ὁ *Ananias,* (1) husband of Sapphira, a member of the early church at Jerusalem, Acts v; (2) a member of the church at Damascus, Acts 9:10, etc.; (3) the high priest at Jerusalem, Acts 23:2; 24:1.

ἀναντίρ(ρ)ητος, ον *that cannot be gainsaid, undeniable.*

ἀναντιρ(ρ)ήτως   adv., *without saying anything against* (the request), *unquestioningly.*

ἀνάξιος, ον   *unworthy.*

ἀναξίως   adv., *unworthily, in an unworthy manner.*

ἀνάπαυσις, εως, ἡ   *a resting, rest,* especially *a respite* or *temporary rest* as a preparation for future toil.

ἀναπαύω   (1) act. *I make to rest, I give rest to;* (2) mid. and pas. *I rest, take my ease* (see ἀνάπαυσις).

ἀναπείθω   *I urge by* (evil) *persuasion, I tempt.*

ἀνάπειρος   see ἀνάπηρος.

ἀναπέμπω   (1) *I send up* (to a higher tribunal), Luke 23:7; Acts 25:21, etc.; (2) *I send back,* Phlm 12, etc.

ἀναπηδάω   *I leap up.*

ἀνάπηρος, ου, ὁ   *maimed.*

ἀναπίπτω   (1) *I lie down, recline* (at a dinner table); (2) *I fall back upon* (the breast of another person reclining at dinner).

ἀναπληρόω   (1) *I fill up, make up, complete the measure of,* Phil 2:30; (2) *I fulfill, I carry out the commands* (*provisions,* etc.) *of,* Matt 13:14; Gal 6:2, etc.

ἀναπολόγητος, ον   *without* (ground of) *defense, indefensible, inexcusable.*

ἀναπτύσσω   *I unroll* (reading uncertain).

ἀνάπτω   *I kindle.*

ἀναρίθμητος, ον   *uncountable, innumerable, that cannot be numbered.*

ἀνασείω   *I shake up, stir up, excite.*

ἀνασκευάζω   (1) *I pack up;* (2) hence, *I carry away,* or *dismantle;* (3) hence, *I upset, destroy, overthrow, subvert* (lit. and met.).

ἀνασπάω   *I drag up, pull up.*

ἀνάστασις, εως, ἡ   *a rising again, resurrection.*

ἀναστατόω   *I turn upside dawn, upset, unsettle* (perhaps a political metaphor).

ἀνασταυρόω   *I crucify again* (so the sense seems to require, but elsewhere simply = σταυρόω, *I crucify*).

ἀναστενάζω   *I groan.*

ἀναστρέφω   (1) *I overturn, turn upside down,* John 2:15 (var.); (2) *I return,* Acts 5:22; 15:16 (in a Hebraistic idiom, where the verb means little more than the adv. *again*); (3) mid. and pas. *I conduct* (*behave*) *myself, live* (w. reference to the manner of life, especially in a moral and religious aspect), Matt 17:22 (var.), etc., often w. ἐν and a noun indicating condition or circumstances.

ἀναστροφή, ῆς, ἡ   *dealing with* other men, *going up and down* among men, *life, manner of life* (not in papyri, common in inscriptions).

ἀνατάσσομαι   *I arrange, draw up,*

but perhaps, as Blass thought, *I set down from memory, I restore from memory,* Luke 1:1.

ἀνατέλλω (1) *I make to rise,* Matt 5:45; (2) *I rise, shine* (generally of the sun, and hence met.).

ἀνατίθεμαι *I lay* (a case) *before, I impart, I communicate, I relate* (with a view to consulting).

ἀνατολή, ῆς, ἡ (1) *rising* of the sun; (2) hence, the quarter whence the sun rises, *the east* (sing. and plur.).

ἀνατρέπω *I overturn* (lit. or met.); var. in John 2:15.

ἀνατρέφω *I rear, bring up* (var. in Luke 4:16).

ἀναφαίνω (1) a nautical term, *I sight* (a place); (2) mid. *I appear* (as it were, out of the unseen).

ἀναφέρω (1) *I carry up, lead up;* (2) *I offer up* (on a high altar) as a sacrifice, *I offer up* to God on high.

ἀναφωνέω *I call out, shout.*

ἀνάχυσις, εως, ἡ *outpouring, excess* (probably literary).

ἀναχωρέω (1) *I return,* Matt 2:12; (2) *I retire, depart* (underlying idea perhaps of taking refuge from danger or of going into retirement).

ἀνάψυξις, εως, ἡ *refreshing, refreshment.*

ἀναψύχω *I refresh, revive, comfort.*

ἀνδραποδιστής, οῦ, ὁ *an enslaver,* one who forcibly enslaves, *a kidnapper.*

Ἀνδρέας, ου, ὁ *Andrew,* brother of Simon Peter, and one of the disciples of Jesus, belonging to Bethsaida (John 1:44) [a Gk. name].

ἀνδρίζομαι *I act in manly fashion, I play the man, I display manly qualities.*

Ἀνδρόνικος, ου, ὁ *Andronicus,* a member of the Roman church, probably husband of Junia, and a

kinsman or fellow tribesman of Paul.

ἀνδροφόνος, ου, ὁ *a murderer.*

ἀνέγκλητος, ον *irreproachable* (especially in private life), *blameless.*

ἀνεκδιήγητος, ον *indescribable, that cannot be thoroughly, related.*

ἀνεκλάλητος, ον *incapable of expression in speech.*

ἀνέκλειπτος (ἀνέγλειπτος), ον *unfailing.*

ἀνεκτός, όν *endurable, tolerable.*

ἀνελεήμων, ον *unpitying, unmerciful.*

ἀνέλεος, ον *unmerciful.*

ἀνεμίζομαι *I am blown with the wind* (referring to the gentler motions of the air).

ἄνεμος, ου, ὁ (1) *wind* (lit., and in Eph 4:14 met.); (2) in the sense *quarter of the heaven, cardinal point,* as both Greeks and Romans habitually defined the quarters of the heaven by the winds which came from those quarters, Matt 24:31 (Mark 13:27).

ἀνένδεκτος, ον *impossible.*

ἀνεξεραύνητος, ον *that cannot be searched into, inscrutable.*

ἀνεξίκακος, ον *enduring evil, patient of evil.*

ἀνεξιχνίαστος, ον *that cannot be tracked out, unexplorable, unsearchable* (perhaps from Job [LXX]).

ἀνεπαίσχυντος, ον *not ashamed* (of his work).

ἀνεπίλημπτος, ον *giving no cause for accusation.*

ἀνέρχομαι *I go up* (to the capital).

ἄνεσις, εως, ἡ (1) *relief, remission, indulgence, freedom,* Acts 24:23; (2) *rest* (opp. θλῖψις, lit., *loosening, relaxing*).

ἀνετάζω *I examine* (a person on trial, a witness) *judicially* (frequently by the aid of torture).

ἄνευ prep. w. gen., *without, without*

the cooperation (or *knowledge*) *of* (Matt 10:29).

ἀνεύθετος, ον *unfitted, unsuitable.*

ἀνευρίσκω *I find by seeking out.*

ἀνέχομαι *I endure,* Matt 6:24 (= Luke 16:13); 2 Thess 1:4 (var.).

ἀνεψιός, οῦ, ὁ *cousin* (male), whether on the father's or on the mother's side.

ἄνηθον, ου, τό *dill (anethum graveolens).*

ἀνήκω *is due, becoming, suitable, proper;* in third pers., especially of impf. (cf. Eng. *ought* = *owed*).

ἀνήμερος, ον (1) *ungentle;* (2) *untamed.*

ἀνήρ, ἀνδρός, ὁ (1) *a male human being, a man* (contrast ἄνθρωπος); (2) often in addresses, at the beginning of speeches, *Gentlemen;* (3) *a husband.*

ἀνθίστημι *I take a stand against, oppose, resist;* only in intrans. tenses of act., and in all tenses of the mid. or pas.

ἀνθομολογέομαι *I confess* (so e.g., the Lat. and Sahidic versions), (1) *acknowledge, formally admit;* (2) *I give thanks* (so e.g., the Peshitta Syriac and the Bohairic versions, and moderns generally). (The senses *I agree, I answer to [come up to], I come to an understanding with,* appear in papyri.)

ἄνθος, ους, τό *bloom,* possibly a reference to the bright flowers, such as poppies (among the grass).

ἀνθρακιά, ᾶς, ἡ *a coal fire.*

ἄνθραξ, ακος, ὁ *a coal.*

ἀνθρωπάρεσκος, ον *a men-pleaser, one who renders service to human beings* (as opposed to God).

ἀνθρώπινος, η, ον (1) *belonging to human beings* (especially as contrasted with God), *human* (as contrasted with divine); (2) perhaps *moderate,* Rom 6:19; 1 Cor 10:13.

ἀνθρωποκτόνος, ου, ὁ *a murderer* (borrowed from poetry).

ἄνθρωπος, ου, ὁ *a human being;* υἱὸς ἀνθρώπου, notable because of the sing. (rather than the plur. ἀνθρώπων), a Hebraistic expression of a somewhat frequent type (see under υἱός), indicating *a human being with all the characteristics of a human being* (ὁ υἱὸς τοῦ ἀνθρώπου, a Messianic title especially favored by our Lord for this very reason).

ἀνθύπατος, ου, ὁ *a proconsul,* a title applied to the governor of a senatorial province under the Empire, such as Cyprus (Acts 13:7, 8, 12), Achaia (Acts 18:12), and Asia (Acts 19:38, where the plur. is general and does not mean that there were more than one at a time). The word means orig. *one with the rank and insignia of a consul* (i.e., the chief Roman magistrate), but was later applied to those who had not yet held the office of consul as well as to those who had.

ἀνίημι *I let go, loosen, release, give up.*

ἄνιπτος, ον *unwashed.*

ἀνίστημι (1) *I raise up, set up;* only the fut. ἀναστήσω and the 1 aor. ἀνέστησα are used in this trans. sense in the NT; (2) much more frequent are the mid. voice and the 2 aor. of the act. in the intrans. sense, *I rise,* especially ἐκ νεκρῶν, *from among (the) dead bodies, dead persons, the dead.*

Ἄννα (Ἅννα), ας, ἡ *Anna,* a prophetess, who visited the infant Jesus. (The aspirated form Ἅννα, favored by WH, is contradicted by the evidence of the versions.)

Ἄννας (Ἅννας), α, ὁ *Annas,* high priest at Jerusalem.

ἀνόητος, ον *senseless* (in Gal 3:1

pathos is behind the use of the word, according to Ramsay, *Historical Commentary,* pp. 308 ff., and it describes a state of culture unworthy of the Romanized Galatians).

ἄνοια, ας, ἡ *senselessness.*

ἀνοίγω *I open.*

ἀνοικοδομέω (1) *I rebuild, build up* (what has fallen or been razed to the ground); (2) sometimes merely *I build.*

ἄνοιξις, εως, ἡ *opening* (abstr.).

ἀνομία, ας, ἡ (1) *lawlessness;* (2) especially *disobedience to the divine law, sin.*

ἄνομος, ον (1) *lawless, disobedient to the law* of God, *sinful;* (2) *illegal;* ἄνομος θεοῦ = ἄνευ νόμου θεοῦ (1 Cor 9:21).

ἀνόμως adv., *without law.*

ἀνορθόω *I make upright (straight) again, I rear again, restore.*

ἀνόσιος, ον *regarding nothing as holy.*

ἀνοχή, ῆς, ἡ (1) *forbearance;* (2) *suspense* or *delay* (of punishment).

ἀνταγωνίζομαι *I struggle against.*

ἀντάλλαγμα, ατος, τό *an exchange, purchasing price.*

ἀνταναπληρόω *I fill up in place of someone else.*

ἀνταποδίδωμι *I give in return.*

ἀνταπόδομα, ατος, τό *a gift in return* (for another), *a return, a recompense.*

ἀνταπόδοσις, εως, ἡ orig. abstr., *giving in return,* but in Col 3:24 practically = ἀνταπόδομα.

ἀνταποκρίνομαι *I give a hostile answer.*

ἀντεῖπον *I said in reply* (with idea of hostility, contradiction); 2 aor. of ἀντιλέγω.

ἀντέχομαι *I hold fast (firmly) to.*

ἀντί prep. w. gen. (1) *instead of, in return for, in exchange for, as a substitute for;* λύτρον ἀντὶ πολλῶν

Mark 10:45 (= Matt 20:28), *a ransom to buy the many, for the many;* cf. Heb 12:16 and ἀντίλυτρον; (2) ἀντὶ ἐμοῦ, *on my behalf,* Matt 17:27; (3) ἀνθ' ὧν (lit., *in return for which things*) has become a conj., *wherefore, because;* (orig. local, *in front of, opposite*).

ἀντιβάλλω (1) *I throw at in opposition* (or quasi-opposition), *I exchange* (words) *with;* (2) perhaps, *I compare.*

ἀντιδιατίθεμαι *I am adversely affected against, I oppose.*

ἀντίδικος, ου, ὁ *an opponent* (in a lawsuit); probably so even in 1 Pet 5:8.

ἀντίθεσις, εως, ἡ *a proposition, tenet, opinion* advanced by one party *against* another.

ἀντικαθίστημι *I stoutly resisted* (2 aor.).

ἀντικαλέω *I invite in return.*

ἀντίκειμαι *I resist, oppose* (used as a pas. for ἀντιτίθημι, just as κεῖμαι is a pas. for τίθημι).

ἄντικρυς prep. w. gen., *right opposite, off* (nautical sense).

ἀντιλαμβάνομαι (1) *I lay hold of* (in order to help), *I aid (succor);* (2) *I take in hand* (lit. and met.), *I undertake;* (3) *I partake of, enjoy,* 1 Tim 6:2.

ἀντιλέγω *I speak* or *say in opposition, I contradict (oppose, resist);* σημεῖον ἀντιλεγόμενον, *a disputed sign,* a sign that is debated about.

ἀντίλημψις, εως, ἡ *a lending a hand to, a helping* (cf. ἀντιλαμβάνομαι, both being often used in petitions).

ἀντιλογία, ας, ἡ *contradiction, dispute.*

ἀντιλοιδορέω *I abuse in return, I give abuse for abuse.*

ἀντίλυτρον, ου, τό   a stronger form of λύτρον, *a ransom.*

ἀντιμετρέω   *I measure in return, I give equivalent measure,* Luke 6:38 (var.).

ἀντιμισθία, ας, ἡ   *a reward, recompense* (a more emphatic expression than the simple μισθός).

Ἀντιόχεια, ας, ἡ   *Antioch* (derived from Antiochus, a king of the Seleucid dynasty), (1) *Antioch* on the river Orontes, capital of the Province Syria; (2) "Pisidian" *Antioch,* not in Pisidia, but near Pisidia, in the Roman Province Galatia, where was a Roman colony founded by Augustus, Acts 13:14; 14:19, 21; 2 Tim 3:11.

Ἀντιοχεύς, έως, ὁ   *an Antiochian, an inhabitant of* (Syrian) *Antioch.*

ἀντιπαρέρχομαι   *I pass opposite,* on the *opposite* side of the road.

Ἀντιπᾶς (᾽Αντιπᾶς, ᾽Αντείπας, ᾽Αντίφας)**, α, ὁ**   *Antipas,* a Christian martyr of Pergamum (a pet form of ᾽Αντίπατρος).

Ἀντιπατρίς, ίδος, ἡ   *Antipatris,* a town, where was a Roman colony, on the road between Caesarea and Jerusalem.

ἀντίπερα (**ἀντιπέρα**)   prep. w. gen., *opposite.*

ἀντιπίπτω   (1) *I fall foul of;* (2) *I resist, oppose.*

ἀντιστρατεύομαι   *I campaign against, war against.*

ἀντιτάσσομαι   *I range myself against, resist* (the attack of).

ἀντίτυπος, ον   (1) *typical of, representing by type* (or *pattern*), *corresponding to;* (2) neut., as noun, *an image* (from τύπος, *impress, impression left by a die*).

ἀντίχριστος, ου, ὁ   *antichrist,* either *one who puts himself in the place of* or *the enemy (opponent) of the Messiah,* a figure first appearing in the NT, identified with various

historical persons; the plur., of many such, in 1 John 2:18.

ἀντλέω   (1) *I draw* (generally water from a deep well in the ground); (2) perhaps, *I draw out,* John 2:9.

ἄντλημα, ατος, τό   *a pail* attached to a rope, by which it is let down into a well.

ἀντοφθαλμέω   (1) *I face* (lit. "I present my eye to"); (2) *I resist.*

ἄνυδρος, ον   *waterless.*

ἀνυπόκριτος, ον   *unfeigned, genuine* (literary).

ἀνυπότακτος, ον   *disorderly, unruly.*

ἄνω   adv., *up, above;* ἕως ἄνω, *up to the top, up to the brim,* John 2:7; τὰ ἄνω, *things above, heaven, the heavenly region;* see ἀνώτερον.

ἄνωθεν   adv. (1) from *above,* sometimes strengthened by ἀπό, *from heaven* (locally and spiritually); (2) *from the beginning, from their origin (source), from of old,* Luke 1:3; Acts 26:5; Gal 4:9; Jas 1:17; (3) *again* (the meaning taken out of Jesus' words by Nicodemus, John 3:4, where δεύτερον is his paraphrase of ἄνωθεν [3:3]).

ἀνωτερικός, ή, όν   *upper, higher-lying* (the high central plateau of Asia Minor in contrast to the road through the valley).

ἀνώτερον   adv. (1) *higher, to a more honorable place* (at the dinner table), Luke 14:10; (2) *previously, in an earlier passage* (of the book), *above,* (comp. of ἄνω, q.v.).

ἀνωφελής, ές   *useless, unprofitable* (perhaps also with the further idea, *harmful,* as in Plato).

ἀξίνη, ης, ἡ   *axe.*

ἄξιος, α, ον   (1) *worthy;* (2) *worthy of, deserving.*

ἀξιόω   *I account* or *treat as worthy.*

ἀξίως   adv., *worthily, in a manner worthy of.*

ἀόρατος, ον   *unseen, invisible.*

’Αουλία　*see* ’Ιουλία.

ἀπαγγέλλω　*I report* (from one place to another), *I bring a report, I announce.*

ἀπάγχομαι　*I choke, strangle, hang myself.*

ἀπάγω　(1) *I lead away,* (e.g., *I lead away* to execution, Acts 12:19); (2) hence, in the moral sphere, 1 Cor 12:2; (3) also, of a road *leading* to a place.

ἀπαίδευτος, ον　*untrained, uneducated, showing a want of training or education.*

ἀπαίρω　*I take away, remove.*

ἀπαιτέω　*I ask back,* or *I ask what is my due.*

ἀπαλγέω　*I am past feeling, cease to care* (suggesting sometimes despair, sometimes recklessness), *I become callous;* (lit. *I cease to feel [my] pain*).

ἀπαλλάσσω　(1) *I free* (a person) *from* (anything); (2) oftener in the mid. voice, *I am released from, I am rid of* (a person or thing).

ἀπαλλοτριόομαι　(1) lit. *I am being alienated from;* (2) the perf. part. pas. is practically a noun, *aliens.*

ἀπαλός, ή, όν　*tender.*

ἀπαντάω　*I meet.*

ἀπάντησις, εως, ἡ　the act of *meeting;* εἰς ἀπάντησιν, *to meet* (a phrase seemingly almost technical for the reception of a newly arrived official).

ἅπαξ　adv., (1) *once;* (2) *once for all.*

ἀπαράβατος, ον　*inviolate, inviolable.*

ἀπαρασκεύαστος, ον　*unprepared.*

ἀπαρνέομαι　*I deny, disown, repudiate* (either another person or myself).

ἀπάρτι　(1) *henceforth;* (2) *even now* (properly ἀπ’ ἄρτι, lit., *from now*).

ἀπαρτισμός, οῦ, ὁ　(1) *setting up, erection;* (2) hence, *completion.*

ἀπαρχή, ῆς, ἡ　(1) *firstfruits, the earliest crop* of the year; (2) hence also met., e.g., of the earliest converts in a district. There is evidence in favor of rendering in some passages merely by *sacrifice, gift.*

ἅπας, ασα, αν　*all, whole* (cf. πᾶς). It is rather a literary word and is used by preference after consonants.

ἀπασπάζομαι　*I greet at parting, I give parting greetings to.*

ἀπατάω　*I deceive, cheat* (becoming obsolete in most countries).

ἀπάτη, ης, ἡ　*deceit, deception,* (or more probably, according to a Hellenistic sense), *pleasure* in Mark 4:19 (= Matt 13:22, cf. Luke 8:14); 2 Pet 2:13.

ἀπάτωρ, ορος　*without* (recorded) *father, of unknown father.*

ἀπαύγασμα, ατος, τό　*a light flashing forth* (from), *radiation, gleam.*

ἀπείθεια, ας, ἡ　*disobedience, rebellion, contumacy;* for υἱοὶ τῆς ἀπειθείας, see υἱός.

ἀπειθέω　*I disobey, I rebel, I am disloyal.*

ἀπειθής, ές　*disobedient.*

ἀπειλέω　*I threaten* (apparently going out of popular speech).

ἀπειλή, ῆς, ἡ　*threatening, a threat.*

ἄπειμι　(1) *I am absent;* (2) *I shall go away, I go away* (only Acts 17:10).

ἀπεῖπον　in mid., ἀπειπάμην, *I have renounced.*

ἀπείραστος, ον　(1) *untried, inexperienced* (c. gen. = *in*); (2) or *untempted* (c. gen. = *to*).

ἄπειρος, ον　*inexperienced* (in), *without experience* (of), *unacquainted* (with); from πεῖρα.

ἀπεκδέχομαι　*I expect eagerly, I wait for eagerly* (rare).

ἀπεκδύομαι　*I put off* (as a garment) *from myself, I throw off* (probably coined by Paul).

ἀπέκδυσις, εως, ἡ　*a putting off* (as

of a garment), *a casting off* (probably coined by Paul).

ἀπελαύνω *I drive away.*

ἀπελεγμός, οῦ, ὁ (1) *refutation, rejection;* (2) hence, *disrepute.*

ἀπελεύθερος, ου, ὁ *a freedman,* one who has been a slave but has been manumitted by his master.

Ἀπελλῆς, οῦ, ὁ *Apelles,* a Christian (man) in Rome.

ἀπελπίζω (ἀφελπίζω) *I despair;* in Luke 6:35, if μηδέν be the correct reading, μηδὲν ἀφελπίζοντες must be translated, *despairing not at all,* if μηδένα ἀφ., *despairing of no one.*

ἀπέναντι prep. w. gen., (1) *over against, opposite;* (2) *in view of, in presence of.*

ἀπέραντος, ον *unaccomplished, unending, endless.*

ἀπερισπάστως adv., *without distraction, without being distracted.*

ἀπερίτμητος, ον (1) *uncircumcised;* (2) hence practically, *unclean;* (3) met, used of rankness, want of restraint.

ἀπέρχομαι *I go away from* (a place).

ἀπέχω (1) trans., *I have received* (payment), a formula of receipts; so prob. also in Mark 14:41, ὁ Ἰούδας being understood as subj. (there is hardly any other example in Gk. of the meaning *it is sufficient*); (2) intrans., *I am away (from, distant from),* of places and objects; (3) mid., *I keep myself away* (from), *I refrain* (from), *I abstain* (from).

ἀπιστέω (1) *I am unfaithful;* (2) *I disbelieve.*

ἀπιστία, ας, ἡ *unbelief.*

ἄπιστος, ον (1) *unbelieving, incredulous;* (2) *unchristian;* sometimes substantivally, *unbeliever.*

ἀπλότης, ητος, ἡ *singleness of mind, sincerity.*

ἁπλοῦς, ῆ, οῦν (1) *single;* (2) of the eye, *directed towards one object.*

ἁπλῶς adv., (1) *singly, simply;* (2) in Jas 1:5 either *graciously* or *unreservedly, without reserve.*

ἀπό prep. w. gen., w. nouns or advs., *from,* (as distinguished from ἐκ) = *from the outside of, away from;* (1) ἀπ' ἀγορᾶς, *fresh from market,* Mark 7:4; ἀπ' ἀγροῦ, *fresh from the country,* Mark 15:21; Rev 1:4, constr. is peculiar; (2) οἱ ἀπὸ τῆς Ἰταλίας, *those who are in(?) Italy,* Heb 13:24; (3) φοβεῖσθαι ἀπό, see φοβέομαι; (4) *by* (expressing agent), e.g., Luke 8:43; (5) = gen. of material, Matt 3:4; 27:21.

ἀποβαίνω (1) *I disembark;* (2) ἀποβαίνειν εἰς, *to result in, to end in* (lit. *I go away).*

ἀποβάλλω (1) *I cast away, I cast off;* (2) *I lose,* Heb 10:35.

ἀποβλέπω *I look away from* one thing to another, *I turn my attention* to.

ἀπόβλητος, ον *worthy to be cast away, worthless.*

ἀποβολή, ῆς, ἡ *a casting away, a loss.*

ἀπογίνομαι w. the dat., *I die away from* (opp. γίνομαι; therefore, *I go out of being, I cease to be).*

ἀπογραφή, ῆς, ἡ *an enrollment, a census taking,* in which particulars not only of the persons but also of their property were generally given on the census papers. The system began 10–9 B.C., and such an enrollment took place every fourteen years.

ἀπογράφομαι *I enroll myself* (for the census); hence Heb 12:23, in another connection.

ἀποδείκνυμι (1) *I show off, display, exhibit,* 1 Cor 4:9; (2) *I make good, demonstrate,* Acts 25:7; (3) *I make out* (to be so and so), *proclaim* (to be), 2 Thess 2:4; (4) *I designate, nominate, appoint,* Acts 2:22.

ἀπόδειξις, εως, ἡ *(1) display, exhibition* (abstr.); (2) the ordinary sense is *proof.*

ἀποδεκατεύω *I take off (deduct) a tenth part* (of my property to give away), *I pay tithe.*

ἀποδεκατόω (1) as ἀποδεκατεύω; (2) w. acc. pers. *I take a tenth part from.*

ἀπόδεκτος, ον *worthy to be received (welcomed), acceptable, welcome.*

ἀποδέχομαι (1) *I receive, welcome, entertain* (with hospitality); (2) hence, met. Acts 2:41; 24:3.

ἀποδημέω *I am away from my parish, I am away from home, I am absent* (ἀπό *from,* δῆμος *parish*).

ἀπόδημος, ον *away from home* (see ἀποδημέω).

ἀποδίδωμι (1) *I give back, return, restore;* (2) *I give, render,* as due; (3) mid., *I sell,* Acts 5:8, etc.

ἀποδιορίζω *(I make a [logical] distinction), I make an* (invidious) *distinction.*

ἀποδοκιμάζω *I reject after testing (examination), I disqualify.*

ἀποδοχή, ῆς, ἡ *acceptance, appreciation, approbation* (properly *reception, welcome,* of guests).

ἀπόθεσις, εως, ἡ *a putting off, a laying down.*

ἀποθήκη, ης, ἡ *a storehouse, storeroom* for foodstuffs, *a barn.*

ἀποθησαυρίζω *I store up, treasure up.*

ἀποθλίβω *I jostle;* (lit. *I rub*).

ἀποθνήσκω *I am dying* (= obsolete θνήσκω), Luke 8:42; 2 Cor 6:9; Heb 11:21; aor. ἀποθανεῖν, *to die;* the pres. is frequentative in 1 Cor 15:22; Heb 7:8; 10:28; Rev 14:13 (different individuals), iterative in 1 Cor 15:31 (same person), equivalent to the fut., John 21:23; 1 Cor 15:32.

ἀποκαθίστημι (ἀποκαθιστάνω) (1) *I set up again, I restore to its original position* or *condition;* (2) hence, *I restore, give back.*

ἀποκαλύπτω *I unveil, reveal* (correlative to μυστήριον, *secret*).

ἀποκάλυψις, εως, ἡ *an unveiling, uncovering, revealing.*

ἀποκαραδοκία, ας, ἡ *eager expectation* (perhaps coined by Paul).

ἀποκαταλλάσσω *I reconcile.*

ἀποκατάστασις, εως, ἡ *reestablishment, restoration.*

ἀπόκειμαι *I have been put away, I am stored.*

ἀποκεφαλίζω *I behead.*

ἀποκλείω *I shut.*

ἀποκόπτω (1) *I cut off, I cut loose;* (2) *I emasculate, castrate* (Gal 5:12, where mid. = pas., probably).

ἀπόκριμα, ατος, τό *an answer* (of God to the apostle's appeal, preserved in his heart).

ἀποκρίνομαι (1) *I answer* (either a spoken or an unspoken question), ἀπεκρίθην, etc. (absent from papyri after second c. B.C.), are borrowed by NT from LXX; (2) ἀπεκρινάμην, *I uttered solemnly,* Luke 3:16; John 5:17, 19; Acts 3:12; (3) *I replied* in a court of law, Matt 27:12; Mark 14:61; Luke 23:9 (cf. John 5:11 var.).

ἀπόκρισις, εως, ἡ *answering, answer* (rare in NT times).

ἀποκρύπτω *I hide away, conceal.*

ἀπόκρυφος, ον *hidden away, secret.*

ἀποκτείνω (ἀποκτέννω, ἀποκτεννύω) *I kill* (absent from papyri of NT times).

ἀποκυέω *I bring forth, give birth to* (a child), a medical or physical word, marking the close of pregnancy.

ἀποκυλίω trans., *I roll away from*

ἀπολαμβάνω (1) *I get back, I receive back;* (2) *I get (receive) as due* *(deserved)*; (3) mid., *I draw aside, separate,* Mark 7:33.

ἀπόλαυσις, εως, ἡ *the faculty* or *experience of enjoyment.*

ἀπολείπω *I leave behind;* in Heb 4:6 ἀπολείπεται is impers., *it remains.*

ἀπόλλυμι (1) *I destroy;* (2) *I lose;* (3) mid., *I am perishing* (the resultant death being viewed as certain).

Ἀπολλύων, ονος, ὁ *The Destroying One,* a Gk. translation of the Heb. ʾ*Abaddôn* (properly pres. part. of ἀπολλύω, cf. ἀπόλλυμι).

Ἀπολλωνία, ας, ἡ *Apollonia,* a city of Macedonia.

Ἀπολλώς (Ἀπολλῶς), ῶ, ὁ *Apollos,* a Jew of Alexandria (a pet, familiar form of Ἀπολλώνιος).

ἀπολογέομαι *I give a defense, I defend myself* (especially in a law court); it can take an obj. of what is said in defense.

ἀπολογία, ας, ἡ *a defense* (particularly in a law court).

ἀπολούω (1) *I wash off;* (2) mid. *I wash away* (my sins, in baptism).

ἀπολύτρωσις, εως, ἡ *ransoming, deliverance, liberation* (from captivity), *ransoming away, emancipation, manumission* (of a slave by his master); the idea of payment, though orig. present, seems wholly to have disappeared in NT.

ἀπολύω (1) *I let loose, set free, release, permit to depart;* (2) mid., *I withdraw myself, depart,* Acts 28:25.

ἀπομάσσομαι *I wipe off myself* (on to another).

ἀπονέμω *I apportion, render (as due).*

ἀπονίπτω (ἀπονίζω) *I wash dirt off.*

ἀποπίπτω *I fall away (from), I fall off.*

ἀποπλανάω *I cause to wander*

astray; 1 Tim 6:10 (aor. pas.), *I have wandered away.*

ἀποπλέω *I sail away.*

ἀποπληρόω *I fulfill* (Gal 6:2, var.).

ἀποπνίγω (1) *I choke, drown;* (2) *I stop the growth of.*

ἀπορέω (lit. *I lose the way*), esp. in mid., *I am in difficulties, I am at my wits' end.*

ἀπορία, ας, ἡ *state of difficulty, distress.*

ἀπορίπτω *I throw away* from, *I throw overboard.*

ἀπορφανίζω *I separate from* some one.

ἀποσκίασμα, ατος, τό either *a shadow cast* by an object, or *a faint image* or *copy* of an object.

ἀποσπάω (1) lit. *I wrench away from, I drag away;* (2) but perhaps sometimes in the well attested weakened sense, *I withdraw.*

ἀποστασία, ας, ἡ *a revolting, revolt,* especially religious *apostasy.*

ἀποστάσιον, ου, τό *divorce.*

ἀποστεγάζω *I unroof, take the roof off.*

ἀποστέλλω (1) *I send away, commission;* (2) *I put forth,* Mark 4:29.

ἀποστερέω *I deprive* one of something, *I rob;* absol. in Mark 10:19; 1 Cor 7:5, var.

ἀποστολή, ῆς, ἡ *commission, duty* of ἀπόστολος *(apostle), apostleship.*

ἀπόστολος, ου, ὁ *a messenger, an envoy, a delegate,* one commissioned by another to represent him in some way, especially a man sent out by Jesus Christ Himself to preach the Gospel, *an apostle.*

ἀποστοματίζω *I draw out* by questioning (literary, from ἀπὸ στόματος).

ἀποστρέφω (1) *I turn away (from);* (2) mid., *I turn myself away from;* (3) met., *I pervert,* Luke 23:14; (trans., seems mostly literary).

ἀποστυγέω *I shrink from* (with horror).

ἀποσυνάγωγος, ον *away from the synagogue, expelled the synagogue, excommunicated.*

ἀποτάσσομαι (1) *I give parting instructions;* (2) *I say farewell (good bye), I take leave.*

ἀποτελέω (1) *I complete, accomplish,* Luke 13:32; (2) *I form fully,* Jas 1:15.

ἀποτίθεμαι (1) *I put off (away), cast off (away) from myself;* (2) hence, *I put, store (in).*

ἀποτινάσσω *I shake off.*

ἀποτίνω *I repay, pay what is due* (by way of punishment or fine).

ἀποτολμάω *I break out boldly* (literary).

ἀποτομία, ας, ἡ *peremptoriness, inexorableness, harshness, severity* (lit. *sheerness,* of a rock).

ἀποτόμως adv., *sharply, severely.*

ἀποτρέπομαι *I turn myself away from.*

ἀπουσία, ας, ἡ *absence.*

ἀποφέρω *I carry, bear away* (sometimes with violence, as Mark 15:1).

ἀποφεύγω *I flee from.*

ἀποφθέγγομαι *I utter forth, speak out.*

ἀποφορτίζομαι *I discharge my cargo.*

ἀπόχρησις, εως, ἡ *using up.*

ἀποχωρέω *I go away, depart.*

ἀποχωρίζομαι *I separate myself from.*

ἀποψύχω *I faint* or *I die.*

Ἄππιος *Appius* (censor 312 B.C.), after whom the township *Appi Forum* (Ἀππίου Φόρον) on the Appian Way, 43 Roman miles from Rome, was named.

ἀπρόσιτος, ον *unapproachable.*

ἀπρόσκοπος, ον (*free from hurt or harm*), hence, *not offending, not causing offence, blameless.*

ἀπροσωπολήμπτως adv., *without*

any preference (*undue favor, partiality*) *for a person* (literary and Jewish).

ἄπταιστος, ον *not stumbling* (literary and rare).

ἅπτω (1) act. *I light, kindle;* (2) mid. w. gen. *I lay hold of, I cling to* (eagerly).

Ἀπφία (Ἀφφία), ας, ἡ *Apphia,* a Christian lady of Colossae, either wife or sister of Philemon.

ἀπωθέομαι *I push (thrust) away from myself.*

ἀπώλεια, ας, ἡ *destruction, ruin, loss.*

Ἄρ (Ἄρ) *Ar, Har,* only in the combined expression Ἄρ Μαγεδών, Heb. *har măgiddôn,* "the hill of Megiddo." In the neighborhood of Megiddo the sovereignty of Palestine was often decided by battle. Hence name transferred to the place of the decisive battle on the Day of Judgment.

ἄρα an inferential particle, *then, therefore;* found also in combination w. other particles, such as γε and οὖν, etc.; εἰ ἄρα, *if perchance,* Mark 11:13, etc.

ἆρα a particle asking a question, to which a neg. answer is expected.

ἀρά, ᾶς, ἡ *cursing, a curse.*

Ἀραβία, ας *Arabia,* the district south of Palestine.

Ἀράμ, ὁ *Aram,* son of Esrom and father of Aminadab.

ἄραφος, ον *without seam* [Heb.].

Ἄραψ, βος, ὁ *an Arabian.*

ἀργέω *I am idle (unemployed, without occupation);* generally, outside NT, of necessity, and not blame worthily.

ἀργός, ἡ, όν (1) *idle, lazy;* (2) *thoughtless,* Matt 12:36.

ἀργύρεος (ἀργυροῦς), ᾶ, οῦν *made of silver, silver.*

ἀργύριον, ου, τό *a piece of silver*

money (except 1 Cor 3:12, where *silver*).

ἀργυροκόπος, ου, ὁ   *a silversmith* (lit., *silver cutter*).

ἄργυρος, ου, ὁ   *silver* as a metal (except Matt 10:9, where *silver used as money*); rare in papyri.

Ἄρειος Πάγος, ὁ   *the Aeropagus,* a hill in Athens (lit. *Hill of Ares,* the Athenian war god, corresponding to Mars). As on this hill the Council of the Areopagus (ἡ ἐξ Ἀρείου Πάγου βουλή), the supreme court of Athens, had met in early times, the expression ὁ Ἄρειος Πάγος came to be used (as in Acts 17:19, 22) for the *Council of the Aeropagus,* wherever it met.

Ἀρεοπαγίτης, ου, ὁ   *member of the Council of the Areopagus, an Areopagite.*

ἀρέσκεια (ἀρεσκεία), ας, ἡ   *pleasing, willing service.*

ἀρέσκω   (1) *I please,* with the idea of willing service rendered to others; (2) hence almost, *I serve.*

ἀρεστός, ή, όν   *pleasing, satisfactory, acceptable.*

Ἀρέτας (Ἀρέτας, for **Ἀρέθας), α, ὁ**   Arabic Ḥāriṭā, *Aretas,* Aretas IV, King of the Nabataeans.

ἀρετή, ῆς, ἡ   (1) *excellence,* particularly *moral excellence;* (2) *manifestation of power,* 2 Pet 1:3 (a word of wide significance in non-Christian ethics).

Ἀρηί   see Ἀρνεί.

ἀρήν, ἀρνός, ὁ   *a lamb;* acc. plur. ἄρνας (Luke 10:3); the nom. (= Ϝαρήν) is found only in early times, and its place is taken by ἀρνίον.

ἀριθμέω   *I number, count.*

ἀριθμός, οῦ, ὁ   *a number, total.*

Ἀριμαθαία (Ἀριμαθαία), ας, ἡ   *Arimathaea,* a place in Palestine, identical with Ramathaim, the

birthplace of Samuel. Orig. part of Samaria, it with its surrounding district was united to Judaea under the Maccabees.

Ἀρίσταρχος, ου, ὁ   *Aristarchus,* a Christian, belonging to Thessalonica in Macedonia.

ἀριστάω   *I breakfast.*

ἀριστερός, ά, όν   *on the left hand;* ἡ ἀριστερά (understand χείρ), Matt 6:3; ἐξ ἀριστερῶν, *on the left hand.*

Ἀριστόβουλος, ου, ὁ   *Aristobulus,* a Christian in Rome.

ἄριστον, ου, τό   *breakfast.*

ἀρκετός, ή, όν   *sufficient* (rare).

ἀρκέω   (1) act. *I am sufficient, I suffice;* impers. John 14:8; (2) mid. w. dat. *I am content, satisfied (with).*

ἄρκος, ου, ὁ   *a bear* (a later form of ἄρκτος).

ἅρμα, ατος, τό   *a chariot.*

Ἁρμαγεδών (Ἁρμαγεδών)   see Ἁρ.

ἁρμόζομαι   *I fit, join* (the mid. indicating deep personal interest).

ἁρμός, οῦ, ὁ   *a joint* of the body.

Ἀρνεί (Ἀρνί), ὁ   *Arnei,* son of Esrom, and father of Admein [Heb.].

ἀρνέομαι   (1) *I deny* (a statement); (2) *I repudiate* (a person, or belief).

ἀρνίον, ου, τό   *a lamb* (orig., *a little lamb,* but diminutive force was lost); see ἀρήν.

ἄρνας   see ἀρήν.

ἀροτριάω   *I plough.*

ἄροτρον, ου, τό   *a plough.*

ἁρπαγή, ῆς, ἡ   *robbery, robbing.*

ἁρπαγμός, οῦ, ὁ   either (1) *snatching, robbery, the action of plundering, rapacity, self-aggrandizement,* or (2) *a thing to be snatched, plunder, prey, booty, a prize, spoil.*

ἁρπάζω   *I seize, snatch, obtain by robbery.*

ἅρπαξ, αγος   (1) *snatching, robbing,*

greedy; (2) subst. *swindler, extortioner,* 1 Cor 5:10.

ἀρραβών (ἀραβών), ῶνος, ὁ *an earnest, earnest money,* a large part of the payment, given in advance as a security that the whole will be paid afterwards (a word of Semitic origin).

ἄρραφος see ἄραφος.

ἄρρην see ἄρσην.

ἄρρητος, ον *not to be uttered* (because too sacred), *secret.*

ἄρρωστος, ον (1) *infirm;* (2) *sick, ill.*

ἀρσενοκοίτης, ου, ὁ *a pederast.*

ἄρσην (ἄρρην), εν, gen. **ενος** *male.*

Ἀρτεμᾶς, ᾶ, ὁ *Artemas,* a Christian in Rome (a pet form of Ἀρτεμίδωρος).

Ἄρτεμις, ιδος, ἡ *Artemis,* a goddess, worshipped principally at Ephesus, typifying fertility (she had no relation with the other Artemis, the maiden huntress, to whom corresponded the Lat. Diana).

ἀρτέμων, ωνος, ὁ *a foresail,* set on the bow.

ἄρτι adv., *now, just now* (of present time).

ἀρτιγέννητος, ον *newly begotten, newly born.*

ἄρτιος, α, ον *perfect.*

ἄρτος, ου, ὁ *bread, a loaf.*

ἀρτύω *I season.*

Ἀρφαξάδ, ὁ *Arphaxad,* son of Shem, and father of Cainam [Heb.].

ἀρχάγγελος, ου, ὁ *a ruler of angels, a superior angel, an archangel.*

ἀρχαῖος, α, ον (1) *original, primitive;* (2) *ancient,* Matt 5:21, etc.

Ἀρχέλαος, ου, ὁ *Archelaus,* Herod Archelaus, son and successor of Herod I, reigned over Judaea from 4 B.C. to A.D. 6 and died before A.D. 18.

ἀρχή, ῆς, ἡ (1) *rule* (kingly or

magisterial); (2) plur., in a quasi-personal sense, almost *rulers, magistrates,* Titus 3:1; (3) *beginning.* In the very difficult John 8:25 τὴν ἀρχήν would naturally mean *originally,* but the passage is not yet explained.

ἀρχηγός, οῦ, ὁ *originator, author, founder.*

ἀρχιερατικός, όν *high priestly, to which the chief priest belongs.*

ἀρχιερεύς, έως, ὁ *high priest, chief priest.*

ἀρχιποίμην, ενος, ὁ *chief shepherd.*

Ἄρχιππος, ου, ὁ *Archippus,* a Christian of Colossae.

ἀρχισυνάγωγος, ου, ὁ *a leader of the synagogue,* a leading man (or woman) connected with the synagogue; sometimes there was only one; and the name was in some cases merely honorary.

ἀρχιτέκτων, ονος, ὁ *master builder.*

ἀρχιτελώνης, ου, ὁ *head of a custom house, chief tax gatherer.*

ἀρχιτρίκλινος, ου, ὁ *master of ceremonies* at a dinner, *master of the feast.*

ἄρχω (1) act. w. gen. *I rule;* (2) mid. *I begin;* sometimes in this sense the word is otiose, being merely an imitation of OT language or a lit. translation of Heb. or Aram., e.g., repeatedly in the Synoptic Gospels, and particularly in Mark, Luke 3:8, etc.

ἄρχων, οντος, ὁ (1) *a ruler, governor, leader, leading man;* (2) with the Jews, *an official member (a member of the executive)* of the γερουσία.

ἄρωμα, ατος, τό *spice.*

ἀσάλευτος, ον *unshaken, immovable.*

Ἀσάφ, Ἀσά, ὁ *Asaph, Asa,* son of Abijah and father of Jehoshaphat, king of Judah about 900 B.C. for 41 years [Heb.].

ἄσβεστος, ον *inextinguishable, unquenchable.*

ἀσέβεια, ας, ἡ *impiety, irreverence.*

ἀσεβέω (1) intrans., *I am impious, irreverent;* (2) trans., *I do impiously.*

ἀσεβής, ές *impious, irreverent, irreligious.*

ἀσέλγεια, ας, ἡ *wantonness, lewdness, (outrageous conduct; conduct shocking to public decency; a wanton violence).*

ἄσημος, ον *undistinguished, obscure* (lit., *unmarked, unstamped*).

Ἀσήρ, ὁ *Asher,* one of the sons of Jacob, and founder of one of the Twelve Tribes [Heb.].

ἀσθένεια, ας, ἡ *want of strength, weakness, illness.*

ἀσθενέω (1) (physically) *I am weak;* (2) (then morally) *I am sick.*

ἀσθένημα, ατος, τό *weakness.*

ἀσθενής, ές lit. *not strong;* (1) *weak* (physically or morally); (2) *ill.*

Ἀσία, ας, ἡ *the Roman province Asia,* roughly the western third of Asia Minor.

Ἀσιανός, οῦ, ὁ *belonging to the Roman province Asia.*

Ἀσιάρχης, ου, ὁ *Asiarch,* an official connected with the worship of Rome and the Emperor in the Roman province Asia.

ἀσιτία, ας, ἡ either *lack of corn, lack of food* (the lit. meaning), or *abstinence from food, loss of appetite, seasickness* (the extended meaning).

ἄσιτος, ον either *without corn, without food,* or *seasick.*

ἀσκέω *I train, practice, exercise.*

ἀσκός, οῦ, ὁ *a wineskin.*

ἀσμένως adv., *joyfully, with delight.*

ἄσοφος, ον *unskilled, unwise, foolish.*

ἀσπάζομαι (1) *I greet, salute;* (2) *I pay my respects to,* Acts 25:13 (a term regularly used at the end of a letter).

ἀσπασμός, οῦ, ὁ *a greeting, salutation* (very rare in papyri).

ἄσπιλος, ον *unstained, undefiled.*

ἀσπίς, ίδος, ἡ *an asp (hooded snake, cobra da capello).*

ἄσπονδος, ον *untrue to one's promise.*

ἀσσάριον, ου, τό *a penny* (one sixteenth of a denarius and one tenth of a drachma).

ἆσσον adv., *nearer* (comp. of ἄγχι).

Ἄσσος, ου, ἡ *Assos,* a port of Mysia, in the Roman province Asia.

ἀστατέω *I am unsettled, have no place of abode, lead a vagabond life.*

ἀστεῖος, α, ον *elegant, pretty, fair, fine* (lit. *belonging to the city;* then *witty, clever*).

ἀστήρ, έρος, ὁ *a star.*

ἀστήρικτος, ον *unsteady, unstable* (rather literary, lit. *unpropped*).

ἄστοργος, ον *unloving, devoid of affection.*

ἀστοχέω *I miss the mark, miss my aim, make a false aim.*

ἀστραπή, ῆς, ἡ *a flash of lightning.*

ἀστράπτω *I flash,* (with, then like, lightning).

ἄστρον, ου, τό *a star.*

Ἀσύγκριτος, ου, ὁ *see* Ἀσύνκριτος.

ἀσύμφωνος, ον *inharmonious, disagreeing.*

ἀσύνετος, ον *unintelligent, without wisdom, unwise, undiscerning* (implying probably moral defect, like ἀμαθής sometimes in classical Gk.).

ἀσύνθετος, ον *not covenanting, untrue to an agreement, treacherous.*

Ἀσύνκριτος *Asyncritus,* a Christian in Rome.

ἀσφάλεια, ας, ἡ (1) *safety;* (2) *security, reliability,* Luke 1:4.

ἀσφαλής, ές *safe, reliable, trustworthy* (lit., *unfailing*).

ἀσφαλίζω *I make safe (secure, fast).*

ἀσφαλῶς adv., *securely.*

ἀσχημονέω (1) *I am unseemly, I behave unbecomingly* (or even *dishonorably*); (2) perhaps, *I consider* (something) *unseemly.*

ἀσχημοσύνη, ης, ἡ *unseemly behavior, indecency,* or concr., *an indecent (lewd) act.*

ἀσχήμων, ον *unseemly, indecent.*

ἀσωτία, ας, ἡ *wantonness, profligacy.*

ἀσώτως adv., *prodigally;* ζῶν ἀσώτως, *with prodigal living.*

ἀτακτέω *I am disorderly, I neglect my duty, I am careless* (or *idle*) *in habits* (lit. *I march out of order;* then *I riot, I rebel*).

ἄτακτος, ον *disorderly, slack* (in performance of duty), (lit. *out of order*).

ἀτάκτως adv., *in a disorderly manner* (see ἄτακτος, ἀτακτέω).

ἄτεκνος, ον *childless.*

ἀτενίζω *I direct my gaze, I look steadily.*

ἄτερ prep., *apart from, without* (orig. poetic).

ἀτιμάζω (1) *I disgrace, treat disgracefully, dishonor, insult;* (2) *I despise.*

ἀτιμία, ας, ἡ *disgrace, dishonor.*

ἄτιμος, ον *unhonored, without honor, unesteemed.*

ἀτμίς, ίδος, ἡ (1) *breath;* (2) *steam, vapor.*

ἄτομος, ον an indivisible part of time, *a second* (lit., *that cannot be cut*).

ἄτοπος, ον (1) *improper, unrighteous, perverse, froward;* (2) almost = *evil,* Acts 28:6; (lit., *out of place, unusual, unbecoming*).

Ἀττάλεια, ας, ἡ *Attalia,* the port of Perga in Pamphylia.

αὐγάζω *I flash, gleam, appear* white, bright (as in LXX), but perhaps, *I see, I see clearly* (as in classical poetry).

αὐγή, ῆς, ἡ *light (of day).*

Αὔγουστος (Αὐγοῦστος), ου, ὁ *Augustus,* a title conferred on the first Roman Emperor, C. Iulius Octauianus, denoting sanctity (almost divinity); grecized as Σεβαστός (q.v.).

αὐθάδης, ες *self-satisfied;* hence, *arrogant.*

αὐθαίρετος, ον *of one's own accord.*

αὐθεντέω *I domineer over* (a colloquial word, from αὐθέντης, "master," "autocrat," = αὐτός + root sen, "accomplish," in ἀνύω).

αὐλέω *I play the flute.*

αὐλή, ῆς, ἡ (1) *courtyard, forecourt;* (2) but it may be understood as *palace, house,* e.g., Matt 26:3.

αὐλητής, οῦ, ὁ *a flute player.*

αὐλίζομαι *I bivouac, I pass the night.*

αὐλός, οῦ, ὁ *a flute.*

αὐξάνω (αὔξω) (1) trans., *I cause to increase;* (2) intrans., *I increase, grow;* w. cog. acc. Col 2:19.

αὔξησις, εως, ἡ *increasing, increase, growth.*

αὔξω see αὐξάνω.

αὔριον adv., *tomorrow.*

αὐστηρός, ά, όν (1) *grim, severe;* (2) *strict, exacting.*

αὐτάρκεια, ας, ἡ *self-sufficiency, independence.*

αὐτάρκης, ες *self-sufficient, independent, contented* (a literary use).

αὐτοκατάκριτος, ον *self-condemned* (perhaps a new coinage).

αὐτόματος, η, ον *of its own accord.*

αὐτόπτης, ου, ὁ *eyewitness.*

αὐτός, ή, ὁ (1) *he,* etc.; (2) *self;* e.g., αὐτὸς ὁ, etc., *the very,* but often weakened to mean simply *that;* αὐτός = αὐτόματος, *of his own accord,* John 16:27; (3) ὁ αὐτὸς, etc., *the same.* Parts of αὐτός are sometimes added pleonastically to the rel. pron. (colloquial; where the usage is not due to inferior culture, it is due to translation Gk.), cf. Mark 7:25; (4) αὐτοῦ, adv., *there;* (5) ἐπὶ τὸ αὐτό, κατὰ τὸ αὐτό, *together.*

αὐτοῦ = ἑαυτοῦ, of altogether uncertain existence in NT.

αὐτοῦ adv. see αὐτός.

αὐτόφωρος, ον ἐπ᾽ αὐτοφώρῳ, *in the act* (αὐτός and φώρ, *a thief*).

αὐτόχειρ, ος *with one's own hand* (probably exclusively literary).

αὐχέω *I speak with proud confidence of, I boast of* (mostly in poetry).

αὐχμηρός, α, όν *dingy, dusky, obscure, dark, funereal* (poetic. lit. *dry and parched;* then *squalid and rough*).

ἀφαιρέω *I take away.*

ἀφανής, ές *invisible.*

ἀφανίζω (1) *I cause to disappear, hide, remove;* (2) *I disfigure* (probably by leaving unwashed for a long period), Matt 6:16.

ἀφανισμός, οῦ, ὁ *disappearing, disappearance.*

ἄφαντος, ον *disappearing, invisible, hidden* (orig. poetic).

ἀφεδρών, ῶνος, ὁ *a drain, latrine.*

ἀφειδία, ας, ἡ *severe treatment* (lit. *unsparingness*).

ἀφελότης, ητος, ἡ *simplicity.*

ἄφεσις, εως, ἡ (1) *a sending away, a letting go, release;* (2) hence, *remission, forgiveness* (cf. in inscriptions, *remission* from debt or punishment; from ἀφίημι).

ἀφή, ῆς, ἡ *a band, fastening* (hence, possibly, *a ligament*).

ἀφθαρσία, ας, ἡ (1) *indestructibility, incorruptibility;* (2) hence, *immortality.*

ἄφθαρτος, ον (1) *indestructible, imperishable, incorruptible;* (2) hence, *immortal.*

ἀφθορία, ας, ἡ *(moral) incorrupt-ness, incorruption, purity, freedom from taint.*

ἀφίημι (1) *I send away;* (2) *I let go or away, release, permit to depart;* (3) *I remit, forgive;* (4) *I permit,* followed by the subjun. w. (or without) ἵνα, or w. acc. obj. and infin.; ἄφες ἐκβάλω (Matt 7:4 = Luke 6:42), *let me (allow me to) cast out;* so also Matt 27:49 = Mark 15:36; John 12:7.

ἀφικνέομαι *I arrive, reach* (in ordinary use very rare at this time).

ἀφιλάγαθος, ον *not loving that which is good.*

ἀφιλάργυρος, ον *not loving money, not avaricious.*

ἄφιξις, εως, ἡ *departure.* (This is the sense required by Acts 20:29, but as the word comes from ἀφι-κνέομαι, it ought to mean *arrival.*)

ἀφίστημι (1) 1 aor. trans., *I made to stand away, I drew away,* Acts 5:37; *I repelled;* (2) other tenses of act., and mid. *I take up a position away from, I withdraw from, I leave.*

ἄφνω adv., *suddenly.*

ἀφόβως adv., *fearlessly* (literary).

ἀφομοιόω *I make like to.*

ἀφοράω *I look away from (something else) to;* ἀφίδω, Phil 2:23, aspirated from ἀπίδω by analogy w. ἀφοράω; (cf. ἀποβλέπω).

ἀφορίζω *I rail off, I separate, I place apart.*

ἀφορμή, ῆς, ἡ (1) *a starting, a start;* (2) *cause, occasion, opportunity.*

ἀφρίζω *I foam* (at the mouth).

ἀφρός, οῦ, ὁ *foam* (at the mouth).

ἀφροσύνη, ης, ἡ *want of sense, foolishness.*

ἄφρων, ον *senseless, foolish, inconsiderate.*

ἀφυπνόω *I fall asleep* (very rare).

ἀφυστερέω *I withdraw, take away.*

ἄφωνος, ον *soundless, voiceless, speechless, dumb.*

Ἄχαζ (Ἀχάζ, Ἄχας), ὁ *Achaz, son of Joatham and father of Hezekiah* [Heb.].

Ἀχαΐα, ας, ἡ *the Roman Province Achaia,* governed by a proconsul, and practically conterminous w. mod. Greece before 1912.

Ἀχαϊκός, οῦ, ὁ *Achaicus,* a Corinthian Christian.

ἀχάριστος, ον *ungrateful.*

Ἀχείμ (Ἀχίμ), ὁ *Acheim,* son of Zadok and father of Eliud [Heb.].

ἀχειροποίητος, ον *not made by hand, not handmade* (unknown outside NT).

Ἀχελδαμάχ *Acheldamach,* the place where Judas Iscariot committed suicide [Aram.].

ἀχλύς, ύος, ἡ *mist.*

ἀχρεῖος, ον *unprofitable, useless, unworthy.*

ἀχρεόομαι (earlier ἀχρειόομαι) *I am good for nothing* (lit. *I become sour, I turn,* of milk).

ἄχρηστος, ον *unprofitable, useless* (a play upon words, w. ὀνήσιμος).

ἄχρι, ἄχρις, prep. w. gen., *as far as, up to,* conj. *until;* ἄχρι τοῦ νῦν = *until now;* ἄχρι οὗ (with or without ἄν) w. the subjun., *until.*

ἄχυρον, ου, τό *chaff.*

ἀψευδής, ές *not guilty of falsehood, truthful.*

ἄψινθος (Ἄψινθος), ου, ὁ *wormwood;* ὁ Ἄψινθος, a star.

ἄψυχος, ον *lifeless.*

B

Βάαλ, ὁ (Bahal, properly *Lord,* and so not a proper name), *Baal,* a god worshipped by the Hebrews (in Rom 11:4 fem., because Jews in reading substituted αἰσχύνη), being the highest god of all the West Semitic peoples.

Βαβυλών, ῶνος, ἡ (1) *Babylon,* the ancient city on the Euphrates, to which the people of Jerusalem, etc., were transported; (2) hence allegorically of Rome, from the point of view of the Christian people, Rev (6 times), 1 Pet 5:13 (probably).

βαθμός, οῦ, ὁ (1) *a step* (of a stairway); (2) hence, *a stage* in a career, *a position.*

βάθος, ους, τό (1) *depth;* (2) *a depth, a deep* (also met.).

βαθύνω *I deepen.*

βαθύς, εῖα, ύ *deep* (lit., and met.); ὄρθρου βαθέως, *in the depths of the early morning, while still very early.*

βαΐον (βάϊον), ου, τό *a palm branch.*

Βαλαάμ, ὁ *Balaam* (Balaham), son of Beor of Pethor on the Euphrates, a soothsayer in the OT [Heb.].

Βαλάκ, ὁ *Balac, Balak,* son of Zippor, King of Moab.

βαλλάντιον, ου, τό *a purse* [Heb.].

βάλλω (1) *I cast, throw;* (2) intrans., *I rush,* Acts 27:14; (3) often, in the weaker sense, *I place, put, drop;* βεβλημένος, *lying in bed,* Matt 8:14.

βαπτίζω lit. *I dip, submerge,* but specifically of ceremonial dipping (whether immersion or pouring), *I baptize;* when the prep. εἰς w. a noun in the acc. follows, it appears to indicate that through this ceremony the baptized person becomes the property of the person indicated after εἰς; met. Mark 10:38.

βάπτισμα, ατος, τό *a dipping, a baptism;* w. gen. μετανοίας, belonging to a change of mental attitude, sign of a change of mental attitude.

βαπτισμός, οῦ, ὁ *dipping, washing* (of a ceremonial character).

βαπτιστής, οῦ, ὁ *the baptizer, the baptist,* epithet used only of John, the son of Zechariah and Elizabeth, forerunner of Jesus.

βάπτω (1) *I dip;* (2) *I dye;* Rev 19:13, cf. δίβαφα, twice-dyed garments.

Βαραββᾶς, ᾶ, ὁ *Barabbas* (really *Jesus Barabbas,* according to certain MSS of Matt 27:17), a highway robber.

Βαράκ, ὁ *Barak,* one of the judges of Israel [Heb.].

Βαραχίας, ου, ὁ *Barachias, Baruch* [Heb.]. His identity is uncertain, perhaps father of the Zacharias killed by the Zealots in the last Jewish War (Josephus, *B.J.* 4.5.4). See Ζαχαρίας.

βάρβαρος, ον *a foreigner,* one who speaks neither Gk. nor Lat.; as adj., *foreign.*

βαρέω *I weight, load, burden,* lit. and met.

βαρέως adv., *heavily, with difficulty.*

Βαρθολομαῖος, ου, ὁ *Bartholomew,* one of the twelve disciples of Jesus (son of Tholmai [= Ptolomaeus], Aram.).

Βαριησοῦς, οῦ, ὁ *Bar-Jesus* (i.e., son of Jesus), the name of the magician and false prophet at Paphos in Cyprus. He is also called *Elymas* [Aram.].

Βαριωνᾶ (Βαριωνᾶς), ᾶ, ὁ *Bar-jonas,* son of Jonas, the surname of Simon Peter [Aram.].

Βαρνάβας (Βαρναβᾶς), ᾶ, ὁ *Barnabas* (son of Nebo), a Cypriote Jew, uncle of John Mark; his other name was Joseph [Aram.].

βάρος, ους, τό (1) *a weight, a burden,* lit. or met.; (2) in 1 Thess 2:7 there may be a play on the derived sense, *authority, dignity.*

Βαρσαββᾶς, ᾶ, ὁ *Barsabbas,* son of Sabbas, a surname of Joseph (Acts 1:23) and Judas (Acts 15:22) [Aram.].

Βαρτίμαιος (Βαρτιμαῖος), ου, ὁ *Bartimaeus,* son of(?) Timaeus [Aram.].

βαρύς, εῖα, ὑ *heavy, weighty, burdensome,* lit. and met.

βαρύτιμος, ον *heavy in price, very expensive.*

βασανίζω *I torture.*

βασανισμός, οῦ, ὁ *torture.*

βασανιστής, οῦ, ὁ *a torturer.*

βάσανος, ου, ἡ *torture.*

βασιλεία, ας, ἡ (1) *kingship, sovereignty, authority, rule,* especially of God, both in the world, and in the hearts of men; (2) hence, *kingdom,* in the concr. sense; ἡ βασιλεία τῶν οὐρανῶν perhaps always signifies the *coming* kingdom, but ἡ βασιλεία τοῦ θεοῦ is wider.

βασίλειος, ον (1) in Luke 7:25 either masc. *courtiers,* or neut. *palaces;* (2) the LXX intended βασίλειον as subst., *a body of kings,* in the passage quoted by 1 Pet 2:9, but Peter clearly takes βασίλειον as adj., *royal.*

βασιλεύς, έως, ὁ *a king,* but in some passages, as 1 Pet 2:17, clearly to be translated *emperor;* ὁ βασιλεὺς τῶν βασιλέων (βασιλευόντων), *the King of Kings,* an oriental type of phrase, used for the Persian king as overlord of other kings, and in scripture of God.

βασιλεύω (1) *I rule, reign;* (2) *I reign over,* w. gen.

βασιλικός, ή, όν (1) *connected with a king, royal, regal* in Jas 2:8 βασιλικὸς νόμος, a supreme law is referred to, the more important parts of the law; (2) substantivally, (a) *an officer in the service of the king* (Herod Antipas), John 4:46, 49, (b) ἡ βασιλικὴ (understand χώρα), *the king's country,* Acts 12:20.

βασίλισσα, ης, ἡ   *a queen.*

βάσις, εως, ἡ   *a foot* (properly, that on which something may rest).

βασκαίνω   *I give the evil eye to, fascinate, bewitch, overpower.*

βαστάζω   (1) *I carry, bear;* (2) *I carry (take) away,* Matt 3:11; John 20:15; (3) *I pilfer,* John 12:6.

βάτος, ου   ὁ or ἡ   *a thorn bush;* ἐπὶ τοῦ (Luke τῆς) βάτου, *in the passage about the thorn bush,* Mark 12:26; Luke 20:37.

βάτος, ου, ὁ   *a batus,* a liquid measure among the Jews, containing between eight and nine gallons [Heb.].

βάτραχος, ου, ὁ   *a frog.*

βατταλογέω   *I chatter, am longwinded, utter empty words.*

βδέλυγμα, ατος, τό   *an abominable thing, an accursed thing.*

βδελυκτός, ή, όν   *abominable, detestable.*

βδελύσσομαι   *I abominate, detest.*

βέβαιος, α, ον   *firm, steadfast, enduring.*

βεβαιόω   *I confirm, ratify.*

βεβαίωσις, εως, ἡ   *confirmation, ratification, establishment.*

βέβηλος, ον   (1) *profane, secular;* (2) *unspiritual, godless, worldly,* Heb 12:16.

βεβηλόω   *I profane.*

Βεεζεβούλ (Βεελζεβούλ), ὁ   *Beezebul, Beelzebul,* a name of uncertain derivation, the chief of evil spirits among the Jews. The form Beelzebub = god of Flies at Ekron (2 Kgs 1:2, 3); the better attested form perhaps = the Phoenician sun god as lord of the heavenly dwelling.

Βελίαρ (Βελιάρ), ὁ   *Beliar* (spelled sometimes Belial, Beliab), a demon, among the Jews, and in fact a name for Satan (orig. a Heb. word = *uselessness, corruption*).

βελόνη, ης, ἡ   *a needle.*

βέλος, ους, τό   *a missile, dart.*

βέλτιον   adv., *best,* an adv., comp. in form, superl. in meaning, (very rare in this period).

Βενιαμείν (Βενιαμίν), ὁ   *Benjamin,* youngest son of Jacob, founder of one of the twelve tribes of Israel [Heb.].

Βερνίκη, ης, ἡ   *Bernice,* (born A.D. 29) daughter of Agrippa I and Kypros, and sister of M. Iulius Agrippa II, in whose company she appears, Acts 25, 26.

Βέροια, ας, ἡ   *Beroea,* a town of the province Macedonia.

Βεροιαῖος, α, ον   *belonging to Beroea, Beroean.*

Βεώρ, ὁ   *Beor,* father of Balaam [Heb.]. (The var. Βόσορ has no authority in LXX, and is probably due to textual corruption here).

Βηθαβαρά, ἡ   *Bethabara,* one reading in John 1:28. If the place existed, it was on east side of Jordan, see Βηθανία.

Βηθανία, ας, ἡ   (1) *Bethany,* the home of Lazarus, Martha, and Mary, near Jerusalem; (2) *Bethany,* beyond Jordan, the reading with the strongest attestation in John 1:28, see Βηθαβαρά.

Βηθεσδά, ἡ   see Βηθζαθά.

Βηθζαθά, ἡ   *Bethzatha* (= House of Olives), name of a pool in Jerusalem. (But there is great doubt as to the real form).

Βηθλέεμ (Βηθλεέμ), ἡ   *Bethlehem,* a town of Judaea.

Βηθσαϊδά, ἡ   *Bethsaida,* a city of Galilee.

Βηθφαγή, ἡ   *Bethphage,* a village in the neighborhood of Jerusalem, on the Mount of Olives.

βῆμα, ατος, τό   (1) βῆμα ποδός, the space covered by a step of the

foot; (2) *tribunal;* (from root of
ἔβην, *I went).*

Βηρεύς, έως, ὁ   *Bereus* (Acts 16:15
var.)

βήρυλλος, ου, ὁ   *a beryl,* a precious
stone of various colors, the best
known being sea green.

βία, ας, ἡ   *force.*

βιάζομαι   (1) mid. *I use force, I
force my way, I come forward vio-
lently,* cf. Matt 11:12 (where
perhaps pas.); (2) pas. *I am forcibly
treated.*

βίαιος, α, ον   *strong, violent.*

βιαστής, οῦ, ὁ   *a forceful, violent
man.*

βιβλαρίδιον, ου, τό   *a little papyrus
roll.*

βιβλίον, ου, τό   (1) *a papyrus roll;*
(2) ἀποστασίου, document of
divorce, handed by the husband to
the wife whom he divorces;
(3) ζωῆς, of life, preserved in
heaven and containing the names
of those who share in (eternal) life;
(orig. a diminutive).

βίβλος, ου, ἡ   *a papyrus roll,* with a
sacred connotation; ζωῆς, see
βιλίον, which had almost ousted
it.

βιβρώσκω   *I eat.*

Βιθυνία, ας, ἡ   *Bithynia,* a Roman
province, northwest of Asia Minor
and southwest of the Black Sea.

βίος, ου, ὁ   (1) *life;* (2) *manner of
life;* (3) *livelihood.*

βιόω   *I live.*

βίωσις, εως, ἡ   *manner of life.*

βιωτικός, ή, όν   *belonging to ordi-
nary life,* with somewhat contemp-
tuous attitude.

βλαβερός, ά, όν   *injurious.*

βλάπτω   *I injure.*

βλαστάνω (βλαστάω)
(1) intrans., *I sprout;* (2) trans., *I
cause to sprout, make to grow up,* Jas
5:18.

Βλάστος, ου, ὁ   *Blastus,* chamber-
lain of King Herod Agrippa I.

βλασφημέω   *I speak evil against, I
use abusive* or *scurrilous language
about* (God or men).

βλασφημία, ας, ἡ   *abusive* or *scur-
rilous language.*

βλάσφημος, ον   *abusive, scurrilous.*

βλέμμα, ατος, τό   *look,* the faculty
of looking.

βλέπω   (1) *I look, see* (primarily
physical); βλέποντες βλέψετε,
Hebraistic; βλέπειν ἀπό, *to look
away from, to beware of;* βλέπειν
μή, *to take care lest;* βλτέπειν
πῶς, *to take care how;* (2) almost *I
find,* Rom 7:23 (cf. 21).

βλητέος, α, ον   *one must put* (verbal
adj. from βάλλω, understand
ἐστίν).

Βοανηργές   *Boanerges,* a name of
doubtful origin and meaning.

βοάω   *I shout, call aloud.*

Βοές, Βόες   see Βοός.

βοή, ῆς, ἡ   *a shout.*

βοήθεια, ας, ἡ   (1) abstr., *assistance;*
(2) concr. (a technical term of nau-
tical language), *a help.*

βοηθέω   *I come to the rescue of, come
to help, help.*

βοηθός, οῦ, ὁ   *helper.*

βόθυνος, ου, ὁ   *a hole in the earth,
ditch.*

βολή, ῆς, ἡ   *a casting, throw;* in acc.
as measure of distance.

βολίζω   *I cast the line* (for sound-
ing), *I sound.*

Βοός (Βοές, Βόες), ὁ   *Boos* or *Boes
(Boaz),* son of Salmon (Sala) and
Rahab, husband of Ruth, father of
Iobed [Heb.].

βόρβορος, ου, ὁ   *a miry dungeon,
hole.*

βορρᾶς, ᾶ, ὁ   *the north wind,* hence,
the north.

βόσκω   *I feed.*

Βοσόρ, ὁ   *Bosor,* father of Balaam;
but see Βεώρ.

βοτάνη, ης, ἡ *fodder, food.*

βότρυς, υος, ὁ *cluster (bunch) of grapes.*

βουλεύομαι *I deliberate, take counsel.*

βουλευτής, οῦ, ὁ *a member of a* βουλή, *(city council),* in NT of the συνέδριον, Sanhedrin at Jerusalem.

βουλή, ῆς, ἡ *counsel, deliberate wisdom.*

βούλημα, ατος, τό *will, desire.*

βούλομαι *I will.*

βουνός, οῦ, ὁ *a hillock, hill.*

βοῦς, βοός, ὁ *an ox, cow, head of cattle.*

Βραβεῖον, ου, τό *a prize.*

βραβεύω (1) *I decide* (in a conflict between contending forces); (2) hence, *I rule, I administer.*

βραδύνω *I am slow, I delay;* followed by gen., 2 Pet 3:9.

βραδυπλοέω *I sail slowly.*

βραδύς, εῖα, ύ *slow.*

βραδύτης (βραδυτής), ητος, ἡ *tardiness, dilatoriness.*

βραχίων, ονος, ὁ *arm.*

βραχύς, εῖα, ύ *little;* mostly in various adv. phrases, indicating degree or time.

βρέφος, ους, τό *infant, baby, child in arms;* ἀπὸ βρέφους, *from babyhood.*

βρέχω (1) *I wet;* (2) *I rain,* having orig. the rain god (Ζεύς, Jupiter) as subj. (cf. Matt 5:45); (3) hence, of a shower from the sky other than rain, Luke 17:29.

βροντή, ῆς, ἡ *thunder.*

βροχή, ῆς, ἡ *a wetting, rain.*

βρόχος, ου, ὁ *a noose.*

βρυγμός, οῦ, ὁ *gnashing, crunching.*

βρύχω *I gnash, crunch.*

βρύω *I cause to gush forth, send forth.*

βρῶμα, ατος, τό *food.*

βρώσιμος, ον *eatable, suitable for food.*

βρῶσις, εως, ἡ (1) (abstr.) *eating;* (2) *food, a meal,* Heb 12:16; (3) *rust.*

βυθίζω *I cause to sink.*

βυθός, οῦ, ὁ *the deep sea.*

βυρσεύς, έως, ὁ *a tanner.*

βύσσινος, η, ον *of fine linen, of lawn.*

βύσσος, ου, ἡ *fine linen* (Semitic origin, some authorities consider *cotton* to be meant; others *silk*).

βωμός, οῦ, ὁ *an altar.*

Γ

Γαββαθά *Gabbatha,* i.e., *Gab Baitha,* "the ridge (back) of the House," i.e., the Aram. name for what the Greeks called Λιθόστρωτον, a sort of paved square, on which the procurator had his judgment seat.

Γαβριήλ, ὁ *Gabriel,* a messenger of God [Heb.].

γάγγραινα, ης, ἡ *a cancerous sore, a cancer.*

Γάδ, ὁ *Gad,* one of the twelve tribes of Israel [Heb.].

Γαδαρηνός, ή, όν *Gadarene, belonging to Gadara* (an important Hellenized town, one of the Decapolis, and southeast of the Sea of Galilee), see Γερασηνός, Γεργεσηνός.

Γάζα, ης, ἡ *Gaza,* an old town in the south of Palestine, on the sea coast.

γάζα, ης, ἡ *treasure* (a Persian loanword).

γαζοφυλάκιον, ου, τό *treasury.*

Γάϊος, ου, ὁ *Gaius,* (1) a Corinthian, Rom 16:23; 1 Cor 1:14; (2) a Macedonian(?), Acts 19:29; (3) a citizen of Derbe, Acts 20:4; (4) an Ephesian(?), 3 John 1, It may be that (2) and (3) or even (2), (3), and (4) are identical.

γάλα, γάλακτος, τό *milk.*

Γαλάτης, ου, ὁ *a Galatian*

(meaning any inhabitant of the Roman *province* Galatia).

Γαλατία, ας, ἡ *Galatia,* a large Roman province in central Asia Minor, comprising the districts of Paphlagonia, Pontus Galaticus, Galatia (in the narrower sense, which some still think is intended in the NT), Phrygia Galatica, Lycaonia Galatica, Pisidia and Isaurica. In 2 Tim 4:10 the reference may be to *Gaul,* even if we read Γαλατίαν.

Γαλατικός, ή, όν *Galatic,* belonging to the province Galatia; τὴν φρυγίαν καὶ Γαλατικὴν χώραν, Acts 16:6, "the region which is both Phrygian (racially) and Galatic (by administration)."

γαλήνη, ης, ἡ *a calm.*

Γαλιλαία, ας, ἡ *Galilee,* a district towards the southern end of the Roman province Syria.

Γαλιλαῖος, α, ον *a Galilaean,* an inhabitant of Galilee.

Γαλλία, ας, ἡ *Gaul,* a var. reading in 2 Tim 4:10, indicating one of the four provinces called by this name, which together comprised for the most part the territory of mod. France.

Γαλλίων, ωνος, ὁ *Gallio,* Lucius Iunius Gallio, who received this name by adoption into another family, but was born brother of the philosopher Seneca and orig. named L. Annaeus Nouatus; proconsul of the Roman province Achaia from spring A.D. 52 to spring 53.

Γαμαλιήλ, ὁ *Gamaliel,* a noted Pharisee, teacher of Saul [Heb.].

γαμέω *I marry,* used of either sex.

γαμίζω *I give in marriage;* this sense probably even in 1 Cor 7:38, where the older view took it as equal to γαμέω.

γαμίσκομαι *I am given in marriage* (only as var.).

γάμος, ου, ὁ (1) *a marriage, wedding, wedding ceremony;* (2) γάμοι (plur.), *a wedding feast.*

γάρ conj., *for.*

γαστήρ, τρός, ἡ *belly;* often ἐν γαστρὶ ἔχειν, of a woman, *to be pregnant* (lit., *to have* [a child] *in the belly*).

Γαύδη see Καῦδα.

γέ *at least, indeed, really,* an enclitic, emphasizing particle generally too subtle to be represented in Eng.

Γεδεών, ὁ *Gideon,* one of the Judges of Israel [Heb.].

γέεννα, ης, ἡ *gehenna,* and orig. *gē ben hinnôm,* name of a valley or cavity near Jerusalem, Jer 7:31; 2 Kgs 23:10, a place underneath the earth, a place of punishment (retributive or purificatory) for evil [Aram.].

Γεθσημανί (Γεθσημανεί) *Gethsemani,* a small place between the brook Kidron and the Mount of Olives near Jerusalem.

γείτων, ονος, ὁ or **ἡ** *a neighbor.*

γελάω *I laugh.*

γέλως, ωτος, ὁ *laughter.*

γεμίζω *I fill, load.*

γέμω *I am full of.*

γενεά, ᾶς, ἡ *a generation;* in combination w. another γενεά, or w. αἰών, practically indicates infinity of time.

γενεαλογέομαι *I am put into a genealogy.*

γενεαλογία, ας, ἡ *genealogy.*

γενέσια, ων, τό *birthday or anniversary feast.*

γένεσις, εως, ἡ *birth, creation, beginning.*

γενετή, ῆς, ἡ *birth.*

γένημα, ατος, τό of vegetable, never of animal, products (contrast γέννημα), *fruit, crop, produce of the earth* (from γίνομαι).

γεννάω *I beget* (of the male), more rarely (e.g., Luke 1:13), (of the female) *I bring forth.*

γέννημα, ατος, τό of animal, never of vegetable, products (contrast γένημα), *offspring, child* (from γεννάω).

Γεννησαρέτ, ἡ *Gennesaret,* a fertile district by the lake of Tiberias, which was in consequence sometimes called the Lake of Gennesaret.

γέννησις, εως, ἡ *birth.*

γεννητός, ή, όν *begotten,* used as subst.

γένος, ους, τό (1) *race;* (2) *kind.*

Γερασηνός, ή, όν *Gerasene, of Gerasa,* a town on the east of the Lake of Tiberias. Wherever this people is mentioned, the variants Γαδαρηνός and Γεργεσηνός occur.

Γεργεσηνός, ή, όν *Gergesene, of Gergesa* (mod. Kursi), a place on a hill on the Lake of Tiberias. It is best perhaps to regard Γερασηνός as a by form of this word, Γαδαρηνός being a conscious alteration.

γερουσία, ας, ἡ *the assembly* or *body of elders,* probably as synonymous w. or explicative of συνέδριον and πρεσβύτεροι. (The term γερουσία was often used in such a collective sense in the cities of Asia Minor.)

γέρων, οντος, ὁ *an old man.*

γεύομαι (1) *I taste;* (2) *I experience.*

γεωργέω *I work the soil, I cultivate the soil.*

γεώργιον, ου, τό *a cultivated field.*

γεωργός, οῦ, ὁ *a worker of the soil, husbandman, farmer, farm laborer.*

γῆ, γῆς, ἡ *the earth, soil, land.*

γῆρας, ως or **ους** (dat. **γήρᾳ** or **γήρει**), **τό** *old age.*

γηράσκω *I become old, grow old.*

γίνομαι (1) *I come into being, am* born, John 8:58; Gal 4:4, etc.; (2) *I become, come about, happen.* (In aor. ἐγένετο used by Luke, to give Hebraistic coloring, in various constructions: ἐγένετο ἦλθεν, ἐγένετο καὶ ἦλθεν, ἐγένετο ἐλθεῖν [the latest of the three and non-Hebraistic].)

γινώσκω (1) *I am taking in knowledge, come to know, learn;* (2) aor. *I ascertained, realized,* but not in John 17:25; 2 Tim 2:19.

γλεῦκος, ους, τό *sweet wine,* made perhaps from a small specially sweet grape.

γλυκύς, εῖα, ὑ *sweet.*

γλῶσσα, ης, ἡ (1) *tongue,* especially as an organ of speech; (2) *tongue, language;* (3) also, usually in the plur., for the unintelligible sounds uttered in spiritual ecstasy.

γλωσσόκομον, ου, τό *bag, purse;* some prefer to take as *box, chest* (a vernacular word).

γναφεύς, έως, ὁ *fuller.*

γνήσιος, α, ον (lit. *born*), hence, *real, true, genuine;* τὸ γνήσιον, *the true, genuine element.*

γνησίως adv., (1) *truly, genuinely;* (2) *honorably.*

γνόφος, ου, ὁ *darkness.*

γνώμη, ης, ἡ *opinion, counsel.*

γνωρίζω *I make known.*

γνῶσις, εως, ἡ *knowledge.*

γνώστης, ου, ὁ *a knower, expert.*

γνωστός, ή, όν (1) *known;* (2) subst. *an acquaintance.*

γογγύζω *I whisper, murmur, grumble* (generally of smoldering discontent).

γογγυσμός, οῦ, ὁ *murmuring, grumbling.*

γογγυστής, οῦ, ὁ *murmurer, grumbler.*

γόης, ητος, ὁ (1) *a conjuror, juggler, sorcerer;* (2) *a tricky (crafty) deceiver, impostor.*

Γολγοθᾶ (Γολγοθά), ἡ *Golgotha,* a knoll outside the wall of Jerusalem.

Γόμορρα, ας or **ων, ἡ** or **τά** *Gomorrha,* one of the destroyed cities on the Dead Sea.

γόμος, ου, ὁ *a cargo, freight.*

γονεύς, έως, ὁ *a parent.*

γόνυ, γόνατος, τό *a knee.*

γονυπετέω *I fall on my knees before* (in supplication), *supplicate, entreat.*

γράμμα, ατος, τό *a letter of the alphabet;* collectively, *written* (revelation), Rom 2:27: γράμματα, *writings,* (1) *a written document,* Luke 16:6, 7; *a letter an epistle,* Acts 28:21; (2) *writings, literature,* John 5:47; 7:15; Acts 26:24; 2 Tim 3:15.

γραμματεύς, έως, ὁ (1) in Jerusalem, *a scribe,* one learned in the Jewish Law, a religious teacher; (2) at Ephesus, *the town clerk, the secretary of the city,* Acts 19:35.

γραπτός, ή, όν *written.*

γραφή, ῆς, ἡ (1) *a writing;* (2) *a passage of scripture;* plur. αἱ γραφαί, *the scriptures* (of the OT, and in 2 Pet 3:16 also of the New).

γράφω (1) *I write;* (2) γέγραπται, *it is written, it stands written* (in the scriptures of the OT; so in ordinary life, a formula introducing an unalterable agreement); (3) = προγράφω, Rom 15:4.

γραώδης, ες *belonging to old women, such as old women tell.*

γρηγορέω (1) *I am awake* (in the night), *watch;* (2) *I am watchful, on the alert.*

γυμνάζω (1) *I train by physical exercise;* (2) hence, *train* in widest sense; w. gen. of sphere, 2 Pet 2:14.

γυμνασία, ας, ἡ (physical) *exercise,* in a wide sense.

γυμνιτεύω *I am habitually* γυμνός, i.e., *I wear the undergar-* *ment* (χιτών) *only,* it being the regular practice to wear two garments.

γυμνός, ή, όν (1) rarely *stark naked,* generally *wearing only the undergarment* (χιτών), see γυμνιτεύω; (2) γυμνὸς κόκκος *a simple seed, a seed* per se.

γυμνότης, ητος, ἡ *nakedness,* cf. γυμνός, γυμνιτεύω.

γυναικάριον, ου, τό *a poor weak woman* (physically or morally).

γυναικεῖος, α, ον *belonging to woman, of woman.*

γυνή, αικός, ἡ (1) *a* (married) *woman, a wife;* so even in Matt 5:28 (2) voc., γύναι, *my lady,* Luke 22:57; John 2:4.

Γώγ, ὁ *Gog,* a name borrowed from Ezekiel (38:2 ff., where = prince over Mesech and Thubal) to indicate a race or races to be led astray by Satan at the end of the thousand years.

γωνία, ας, ἡ *a corner.*

Δ

δαιμονίζομαι *I am under the power of an evil spirit* or *demon.*

δαιμόνιον, ου, τό *an evil spirit, demon.*

δαιμονιώδης, ες *demon-like, such as demons have.*

δαίμων, ονος, ὁ *an evil spirit, a demon,* much less common than the diminutive δαιμόνιον.

δάκνω (1) *I bite;* (2) hence, *I backbite,* or *harm seriously.*

δάκρυον (δάκρυ), ου, τό *a tear.*

δακρύω *I shed tears, weep.*

δακτύλιος, ου, ὁ *a finger ring.*

δάκτυλος, ου, ὁ *a finger;* the picturesque δακτύλῳ of Luke 11:20 is represented by πνεύματι in Matt 12:28.

Δαλμανουθά, ἡ *Dalmanutha;* nothing is known of name or place, and text is probably corrupt.

Δαλματία, ας, ἡ *Dalmatia*, a province of the Roman Empire, east of the Adriatic, a later name for part of what was earlier called *Illyricum* (Rom 15:19).

δαμάζω *I tame, subdue*, involving obedience and restraint.

δάμαλις, εως, ἡ *a heifer.*

Δάμαρις, ιδος, ἡ *Damaris*, an Athenian woman.

Δαμασκηνός, ή, όν *a Damascene, an inhabitant of Damascus.*

Δαμασκός, οῦ, ἡ *Damascus*, an ancient city of Syria.

δαν(ε)ίζω (1) *I lend;* (2) mid. **δανείζομαι**, *I borrow.*

δάν(ε)ιον, ου, τό *a loan.*

δαν(ε)ιστής, οῦ, ὁ *a lender, creditor.*

Δανιήλ, ὁ *Daniel*, loosely called a "prophet" [Heb.].

δαπανάω *I spend.*

δαπάνη, ης, ἡ *cost, expense.*

Δαυίδ (Δαυείδ), ὁ *David*, King of Israel, to whose name the OT collection of Psalms was attached [Heb.].

δέ a weak adversative particle, generally placed second in its clause, (1) *but, on the other hand;* (2) *and.* See μέν.

δέησις, εως, ἡ *a requesting, a begging, request.*

δεῖ (1) *it is necessary, inevitable;* (2) less frequently, *it is a duty,* τὰ μὴ δέοντα, *what is improper, wrong;* δέον (ἐστίν) = δεῖ, Acts 19:36; 1 Pet 1:6.

δεῖγμα, ατος, τό *an example, type.*

δειγματίζω *I hold up as an example.*

δείκνυμι (δεικνύω) *I point out, show.*

δειλία, ας, ἡ *cowardice.*

δειλιάω *I shrink, am fearful.*

δειλός, ή, όν *cowardly, timid.*

δεῖνα, ὁ, ἡ or τό ὁ δεῖνα, *so and so, a certain one*, where the name of the person is known but not used.

δεινός ή, όν *terrible.*

δεινῶς adv., *terribly.*

δειπνέω *I dine.*

δεῖπνον, ου, τό *a dinner, an afternoon or evening meal.*

δεισιδαιμονία, ας, ἡ *superstition, religion.*

δεισιδαίμων, ον gen. ονος *respectful of what is divine, religious* perhaps, rather than *superstitious* (the usual meaning). Comp. δεισιδαιμονέστερος used as superl., *very devout* (Acts 17:22).

δέκα *ten.*

δεκαπέντε (δεκάπεντε) *fifteen.*

Δεκάπολις, εως, ἡ *Decapolis*, meaning a group or district of ten cities (of the Greek type) in Palestine, mostly southeast of the Lake of Tiberias. The names and number vary in ancient authorities.

δεκατέσσαρες *fourteen.*

δεκάτη, ης, ἡ *a tenth part, a tithe.*

δέκατος, η, ον *tenth.*

δεκατόω *I tithe, I collect tithe from.*

δεκτός, ή, όν *acceptable.*

δελεάζω *I allure* (by a bait).

δένδρον, ου, τό *a tree.*

δεξιολάβος, ου, ὁ a word of uncertain meaning, indicating some class of *soldier.*

δεξιός, ά, όν *on the right hand, right hand, right.*

δέομαι *I request, beg.*

δέον see δεῖ.

δέος, ους, τό *fear.*

Δερβαῖος, α, ον *Derbean, belonging to Derbe.*

Δέρβη, ης, ἡ *Derbe*, a town in Lycaonia and in the southern part of the Roman province Galatia.

δέρμα, ατος, τό *a hide, skin.*

δερμάτινος, η, ον *made of hide or leather.*

δέρω *I flay, flog, beat.*

δεσμεύω *I bind.*

δέσμη, ης, ἡ   *a bond.*

δέσμιος, α, ον   (1) *bound, captive, in chains;* (2) sometimes substantivally *prisoner, captive.*

δεσμός, οῦ, ὁ   *a bond, chain;* in Acts 23:29; 26:31, the reference is to the form of "capital" punishment involving loss of freedom and work in chains in the quarries; plur. sometimes δεσμά.

δεσμοφύλαξ, ακος, ὁ   *a prison governor, jailer.*

δεσμωτήριον, ου, τό   *a prison, jail.*

δεσμώτης, ου, ὁ   *a prisoner, captive.*

δεσπότης, ου, ὁ   *a master.* particularly a master and owner of slaves, *lord.*

δεῦρο   adv. (1) exclamatory, *come;* (2) temp., *now, the present,* Rom 1:13 (orig. *hither*).

δεῦτε   adv., *come hither, come, hither,* an exclamatory word (plur. of δεῦρο).

δευτεραῖος, α, ον   *on the second day, on the next day* (adj. where Eng. requires adv.).

δευτερόπρωτος, ον   a word of doubtful meaning; a doubtful var. in Luke 6:1.

δεύτερος, α, ον   (1) *second;* (2) (τὸ) δεύτερον is used adverbially, *in the second place, for the second time.*

δέχομαι   *I receive, welcome.*

δέω   *I bind.*

δή   (1) in a clause expressing demand, *so, then,* 1 Cor 6:20; (2) *indeed,* Luke 2:15, etc.; (3) *truly,* Matt 13:23.

δηλαυγῶς   *with perfect clearness* (from δῆλος and αὐγή), but see τηλαυγῶς.

δῆλος, η, ον   *clear, manifest.*

δηλόω   *I show, make clear, reveal.*

Δημᾶς, ᾶ, ὁ   *Demas,* a helper of Paul in Rome (a pet form, probably of Δημήτριος).

δημηγορέω   *I make a public speech, I address a multitude.*

Δημήτριος, ου, ὁ   *Demetrius;* a silversmith of Ephesus.

δημιουργός, οῦ, ὁ   *a constructor, builder.*

δῆμος, ου, ὁ   properly *the people,* especially the citizens of a Greek city in popular assembly (ἐκκλησία), but in NT = *multitude, rabble.*

δημόσιος, α, ον   (1) *public;* (2) dat. as adv., δημοσίᾳ, *publicly.*

δηνάριον, ου, ὁ   *a denarius,* a small Roman silver coin, weighing in Nero's time 53 grams. Its value and purchasing power varied from time to time.

δήποτε (δή ποτε)   adv., *even at that time, at any time,* var. in John 5:4.

δήπου (δή που)   adv., *of course, surely,* qualifying and yet strengthening the assertion.

διά   (1) w. gen. *through; throughout* (διὰ παντός, *always*); *by the instrumentality of;* denoting mediate and not original authorship, e.g., Matt 1:22; John 1:3; 1 Cor 8:6; (2) w. acc. *on account of, by reason of, for the sake of, because of; through,* Luke 17:11(?).

διαβαίνω   *I cross.*

διαβάλλω   (1) *I slander;* (2) merely *I complain of* (without idea of malice), Luke 16:1.

διαβεβαιόομαι   *I assert emphatically.*

διαβλέπω   *I see thoroughly.*

διάβολος, η, ον   (1) *slanderous* (1 Tim 3:11; 2 Tim 3:3; Titus 2:3); (2) adj. used oftener as noun, almost always ὁ Διάβολος, *the Slanderer* (par excellence), *the Devil.*

διαγγέλλω   *I announce throughout* the world, *I spread the news of.*

διαγίνομαι   *I pass* (of time).

διαγινώσκω   *I learn thoroughly, I determine* (Acts 24:22).

διάγνωσις, εως, ἡ *decision resulting from an investigation.*

διαγογγύζω *I murmur greatly, I continue murmuring.*

διαγρηγορέω *I awake out of sleep, I am thoroughly awake.*

διάγω *I spend time, pass time, live* (either trans. or intrans.).

διαδέχομαι *I receive in my turn.*

διάδημα, ατος, τό *a chaplet, crown.*

διαδίδωμι *I offer here and there, distribute.*

διάδοχος, ου, ὁ *a successor.*

διαζώννυμι *I gird myself,* by pulling up the tunic and allowing a fold to fall over the belt (ζώνη).

διαθήκη, ης, ἡ (1) = συνθήκη, *a covenant* between two parties; (2) *a will, testament* (the ordinary, everyday sense, found a countless number of times in papyri), Gal 3:15, 17; Heb 9:16.

διαίρεσις, εως, ἡ *division, distribution.*

διαιρέω *I divide, distribute.*

διακαθαίρω *I clean thoroughly.*

διακαθαρίζω *I clean thoroughly.*

διακατελέγχομαι *I effectively (utterly) refute (confute).*

διακονέω (1) *I wait at table* (particularly of a slave who pours out wine to the guests); (2) *I serve* (generally).

διακονία, ας, ἡ (1) *waiting at table;* (2) in a wider sense, *service, ministration.*

διάκονος, ου, ὁ or ἡ (1) *a waiter, servant;* (2) then of any one who performs any service, *an administrator,* etc.

διακόσιοι, αι, α *two hundred.*

διακούω *I hear throughout,* of a judicial hearing.

διακρίνω (1) *I separate, distinguish, discern* one thing *from* another; (2) mid., *I doubt, hesitate, waver.*

διάκρισις, εως, ἡ (1) *distinguish-*

ing; (2) hence, *deciding, passing sentence on* (Rom 14:1).

διακωλύω *I obstinately prevent.*

διαλαλέω *I interchange talk,* of conversation passing from mouth to mouth.

διαλέγομαι (1) *I converse,* Mark 9:34; (2) elsewhere, *I address, preach, lecture.*

διαλείπω *I cease, give over, give up.*

διάλεκτος, ου, ἡ *language, speech.*

διαλιμπάνω *I cease, stop, quit,* a by-form of διαλείπω.

διαλλάσσομαι *I become reconciled to, I reconcile myself with.*

διαλογίζομαι *I reason (with), debate (with), consider.*

διαλογισμός, οῦ, ὁ *a calculation, reasoning, thought, movement of thought, deliberation, plotting.*

διαλύω *I break up, disperse.*

διαμαρτύρομαι *I give solemn evidence, I testify (declare) solemnly.*

διαμάχομαι *I strive greatly.*

διαμένω *I remain throughout.*

διαμερίζω (1) *I divide up into parts, break up;* (2) *I distribute.*

διαμερισμός, οῦ, ὁ (1) *breaking up;* (2) *discord, hostility.*

διανέμω (1) *I divide into portions, distribute;* (2) *I spread abroad.*

διανεύω *I nod continually.*

διανόημα, ατος, τό *a reasoning, thought, cogitation.*

διάνοια, ας, ἡ *understanding, intellect, mind* (*process of reasoning* in Plato).

διανοίγω *I open up.*

διανυκτερεύω *I spend the whole night.*

διανύω *I finish, complete.*

διαπαντός = διὰ παντός; see διά.

διαπαρατριβή, ῆς, ἡ *perpetual wrangling.*

διαπεράω *I cross over.*

διαπλέω *I sail over (across).*

διαπονέομαι *I am greatly troubled.*

διαπορεύομαι *I journey through (past).*

διαπορέω *I am in trouble, doubt, difficulty.*

διαπραγματεύομαι *I gain by business (trading).*

διαπρίω *I cut to the quick* (with indignation and envy), lit. *I saw through.*

διαρπάζω *I plunder, rob thoroughly.*

δια(ρ)ρήγνυμι (δια[ρ]ρήσσω) *I tear asunder.*

διασαφέω *I make clear, explain.*

διασείω *I blackmail, extort from.*

διασκορπίζω *I scatter.*

διασπάω *I tear apart, burst.*

διασπείρω *I scatter (like seed).*

διασπορά, ᾶς, ἡ (1) lit. *scattering abroad of seed* by the sower; (2) hence, *dispersion,* used especially of the Jews who had migrated and were scattered over the ancient world. In Jas 1:1 and 1 Pet 1:1 the reference may be to the New Israel, the Christians.

διαστέλλομαι *I give a commission (instructions), I order.*

διάστημα, ατος, τό *an interval.*

διαστολή, ῆς, ἡ *distinction, separation.*

διαστρέφω *I pervert.*

διασῴζω (διασῴζω) (1) *I save (rescue) through* (some danger); (2) διασῴζω πρός (Acts 23:34), *I bring safely to,* so διεσώθησαν εἰς (1 Pet 3:20), *escaped into.*

διαταγή, ῆς, ἡ *ordaining, ordinance, disposition.*

διάταγμα, ατος, τό *a commandment.*

διαταράσσω *I disturb greatly.*

διατάσσω *I command.*

διατελέω *I continue,* (act. and) mid.

διατηρέω *I keep safe, hold fast.*

διατί = διὰ τί.

διατίθεμαι (1) *I appoint, make* (of a covenant); (2) *I make* (a will), Heb 9:16, 17, regular in papyri.

διατρίβω *I tarry, continue, stay* in a place.

διατροφή, ῆς, ἡ *nourishment, food.*

διαυγάζω *I dawn* (of the light coming *through* the shadows).

διαυγής, ές *through which light passes, transparent.*

διαφέρω (1) trans., *I carry through, hither and thither;* (2) intrans., *I am different, I differ,* sometimes w. gen.; (3) hence w. gen., *I surpass, I excel.*

διαφεύγω *I flee through, I escape.*

διαφημίζω *I spread about* (by *word* of mouth).

διαφθείρω (1) *I destroy, waste;* (2) hence met., *I corrupt.*

διαφθορά, ᾶς, ἡ (1) *destruction, dissolution;* (2) *corruption.*

διάφορος, ον (1) *differing, different;* (2) hence, *excellent.*

διαφυλάσσω *I guard securely, I preserve,* or *guard through* (a danger), *save.*

διαχειρίζομαι *I lay my hands upon,* and so, *I slay, kill.*

διαχλευάζω *I mock (scorn) greatly,* with words and gesture.

διαχωρίζομαι *I separate myself from, I part from.*

διδακτικός, ή, όν *able to teach, apt to teach.*

διδακτός, ή, όν *taught.*

διδασκαλία, ας, ἡ *teaching.*

διδάσκαλος, ου, ὁ *teacher.*

διδάσκω *I teach.*

διδαχή, ῆς, ἡ *teaching.*

δίδραχμον, ου, τό (1) *a double-drachma, two drachmae,* a Greek silver coin. In the time of Christ 1 drachma roughly = 1 denarius = ¼ shekel; (2) δίδραχμον, the yearly temple tax thus = ½ shekel.

Δίδυμος, ου, ὁ *the Twin.*

δίδωμι (1) *I offer, give;* used ellipti-

cally in Rev 2:23; (2) Hebraistic
(= τίθημι), *I put, place,* Rev 3:8.

διεγείρω (1) *I wake out of sleep;*
(2) *I arouse,* in general.

διενθυμέομαι *I weigh in my mind,
ponder.*

διέξοδος, ου, ἡ (1) *a going out in
various directions, a parting;*
(2) hence, *the issue* of a street,
where it leads out of the city into
the country.

διερμηνευτής, οῦ, ὁ *an interpreter.*

διερμηνεύω *I translate, interpret,
explain.*

διέρχομαι (1) *I go (come, journey)
all the way through;* (2) in Acts
seems frequently to imply, *I itiner-
ate, evangelize as I go.*

διερωτάω *I inquire for.*

διετής, ές *two years old.*

διετία, ας, ἡ *a period of two years,
two years.* (According to ancient
practice this means any period
between one and two years.)

διηγέομαι *I relate, narrate.*

διήγησις, εως, ἡ *a narrative.*

διηνεκής, ές (1) *continuous;*
(2) εἰς τὸ διηνεκές, *perpetually.*

διθάλασσος, ον *between two seas,*
which has sea on both sides.

διϊκνέομαι (διικνέομαι) *I pass
through (to), come through (to).*

διΐστημι (διίστημι)
(1) διαστήσαντες (Acts 27:28)
trans. w. τὸ πλοῖον understood,
*having moved (the ship) some dis-
tance;* (2) διαστῆναι, intrans., *to
be distant from, to be separated from;*
(3) *to pass away.*

διϊσχυρίζομαι (διισχυρίζομαι)
I assert emphatically.

δικαιοκρισία, ας, ἡ *just judging,
just judgment.*

δίκαιος, α, ον (1) *just;* (2) espe-
cially, *just in the eyes of God, righ-
teous;* (3) οἱ δίκαιοι in Matt *the
elect* (a Jewish idea); (4) κρίνω τὸ

δίκαιον, *I give just judgment,* Luke
12:57.

δικαιοσύνη, ης, ἡ (1) *justice, just-
ness;* (2) *righteousness* (cf. δίκαιος);
(3) δικαιοσύνη θεοῦ strictly,
*righteousness of which God is the
source* or *author,* but practically, *a
divine righteousness* and equivalent
to βασιλεία τοῦ θεοῦ (usually if
not always in Jewish atmosphere).

δικαιόω (1) *I make* δίκαιος *(righ-
teous), I defend the cause of, plead
for the righteousness (innocence) of, I
acquit, justify;* (2) hence, *I regard as*
δίκαιος *(righteous).*

δικαίωμα, ατος, τό (1) *(an argu-
ment, a piece justificative),* hence, *a
thing pronounced (by God) to be*
δίκαιος *(just, the right);* (2) or *the
restoration* of a criminal, a fresh
chance given him; (3) *a righteous
deed* (e.g., Rom 5:18).

δικαίως adv., *justly, righteously.*

δικαίωσις, εως, ἡ *justifying, justi-
fication, a process of absolution.*

δικαστής, οῦ, ὁ *a judge.*

δίκη, ης, ἡ (1) (orig. *custom,
usage*); hence, *right, justice,* Acts
28:4, where rather *Justice* (the
goddess); (2) *process of law, judicial
hearing;* (3) *execution of sentence,
punishment, penalty,* 2 Thess 1:9;
Jude 7.

δίκτυον, ου, τό *a net.*

δίλογος, ον *double-tongued.*

διό *wherefore* (= δι᾽ ὅ, *on account of
which thing*).

διοδεύω *I travel through.*

Διονύσιος, ου, ὁ *Dionysius,* an
Athenian.

διόπερ *therefore, for this very reason*
(= δι᾽ ὅπερ, an emphatic διό).

διοπετής, ές *fallen from the sky.*

διόρθωμα, ατος, τό *a correction,
reform.*

διόρθωσις, εως, ἡ *amendment,
improvement* (orig. *right ordering;*
then *bettering*).

διορύσσω   *I dig through, break through.*

Διόσκουροι, ων, ὁ   *the Dioscuri,* Castor and Pollux, sons of Zeus and Leda, and patrons of sailors (= Διὸς κοῦροι, *boys of Zeus*).

διότι   (1) = διὰ ὅ τι, *wherefore;* (2) = ὅτι Rom 8:21 (var.).

Διοτρέφης, ους, ὁ   *Diotrephes.*

διπλοῦς, ῆ,οῦν   *double* (contracted from διπλόος).

διπλόω   *I double.*

δίς   adv., *twice.*

δισμυριάς, άδος, ἡ   = δὶς μυριάς, *a double myriad, 20,000.*

διστάζω   *I doubt.*

δίστομος, ον   *two-edged* (lit. *two-mouthed;* hence of a sword, as a drinker of blood).

δισχίλιοι, αι, α   *two-thousand.*

διυλίζω (διϋλίζω)   *I strain, put through a sieve.*

διχάζω   *I make to differ from, I make to be hostile.*

διχοστασία, ας, ἡ   *division* (between persons).

διχοτομέω   *I cut in two.*

διψάω   *I thirst.*

δίψος, ους, τό   *thirst.*

δίψυχος, ον   *double-minded, wavering* (lit. *of two souls, of two selves*).

διωγμός, οῦ, ὁ   *persecution.*

διώκτης, ου, ὁ   *a persecutor.*

διώκω   (1) *I pursue;* (2) hence, *I persecute.*

δόγμα, ατος, τό   *a decree.*

δογματίζομαι   *I subject myself to regulations,* or *I am decree-ridden.*

δοκέω   (1) *I seem, am thought;* (2) δοκεῖ impers. w. dat., *it seems good, it is resolved by.*

δοκιμάζω   (1) *I put to the test, I prove, examine;* (2) in Rom 2:18; Phil 1:10 either *I distinguish by testing,* or, more probably, *I approve after testing;* (3) *I think fit,* Rom 1:28.

δοκιμασία, ας, ἡ   *testing, proving.*

δοκιμή, ῆς, ἡ   (1) *approved status;* (2) hence, *character.*

δοκίμιον, ου, τό   *what is genuine, the approved part, the pure part* (neut. of δοκίμιος *genuine,* as opposed to *alloyed, counterfeit*).

δόκιμος, ον   *approved.*

δοκός, οῦ, ἡ   *a beam.*

δόλιος, α, ον   *treacherous, deceitful.*

δολιόω   *I act deceitfully, treacherously.*

δόλος, ου, ὁ   *deceit, guile, treachery.*

δολόω   *I adulterate* (cf. ἄδολος).

δόμα, ατος, τό   *a gift.*

δόξα, ης, ἡ   (1) *glory,* an especially divine quality, the unspoken manifestation of God; (2) in Jas 2:1 it is in apposition to Ἰησοῦ Χριστοῦ, and is personified (cf. 1 Cor 2:8; Acts 7:2, and the Shekinah of Targums and post-canonical Jewish writings).

δοξάζω   (1) *I glorify, bestow glory on;* (2) τὸν θεόν, *I acknowledge the glory of God.*

Δορκάς, άδος, ἡ   the Gk. name of Tabitha, *Dorcas* (lit. *gazelle*).

δόσις, εως, ἡ   *giving* (from God).

δότης, ου, ὁ   *giver.*

Δουβέριος, α, ον   *Douberius,* a Macedonian city; Acts 20:4 (var.).

δουλαγωγέω   *I enslave.*

δουλεία, ας, ἡ   *slavery.*

δουλεύω   *I serve as a slave, I am a slave.*

δούλη, ης, ἡ   *a female slave.*

δοῦλος, ου, ὁ   *a (male) slave.*

δουλόω   *I enslave.*

δοχή, ῆς, ἡ   *a reception, party.*

δράκων, οντος, ὁ   *a serpent.*

δράσσομαι   *I take hold of, grasp.*

δραχμή, ῆς, ἡ   *a drachma,* a Gk. silver coin.

δρέπανον, ου, τό   *a sickle.*

δρόμος, ου, ὁ   *a run, a course* (in running).

Δρούσιλλα, ης, ἡ   *Drusilla* (born A.D. 39), daughter of Herod

Agrippa I and his cousin Kypros, wife, first of Azizos, King of Emesa, and then of Antonius Felix, procurator of Judaea.

δύναμαι (1) *I am powerful, I have (the) power;* (2) *I am able, I can.*

δύναμις, εως, ἡ (1) *physical power, force, might;* (2) in plur., *powerful deeds, deeds showing* (physical) *power, marvelous works.*

δυναμόω *I empower, fill with power.*

δυνάστης, ου, ὁ (1) *a ruler, potentate;* (2) Acts 8:27 in appos., seems = *courtier, member of the court* (lit. *a man who rules by force*).

δυνατέω *I am powerful, I have power, I am able.*

δυνατός, ή, όν (1) of persons, *powerful, able;* (2) of things, *possible.*

δύνω intrans., *I sink*

δύο (1) *two;* (2) δυὸ δυό and ἀνὰ (κατὰ) δύο, *two by two;* ἀνὰ δύο δύο in some MSS of Luke 10:3 is a mistaken fusion of the two phrases.

δυσβάστακτος, ον *difficult to carry.*

δυσεντέριον, ου, τό *dysentery.*

δυσερμήνευτος, ον *difficult to interpret.*

δύσις, εως, ἡ *west.*

δύσκολος, ον *difficult.*

δυσκόλως adv., *with difficulty.*

δυσμή, ῆς, ἡ (1) *a setting* (of the sun); (2) hence, *the West;* always plur.

δυσνόητος, ον *hard to understand.*

δυσφημέω *I am badly spoken of, I have a bad reputation.*

δυσφημία, ας, ἡ *evil repute.*

δώδεκα (1) *twelve;* (2) οἱ δώδεκα, the usual way in which *the Twelve* disciples of Jesus are referred to.

δωδέκατος, η, ον *twelfth.*

δωδεκάφυλον, ου, τό *the Twelve Tribes* (of Israel).

δῶμα, ατος, τό *the roof* (of a house), *the top of the house.*

δωρεά, ᾶς, ἡ *a (free) gift, a gift (without repayment).*

δωρεάν (= acc. of δωρεά used as adv.), *as a free gift, without payment, freely, gratis.*

δωρέομαι *I give, grant, donate.*

δώρημα, ατος, τό *a gift;* in Jas 1:17 *(of God).*

δῶρον, ου, τό *a gift.*

δωροφορία, ας, ἡ *bringing of a gift or offering* (Rom 15:31, var.).

E

ἔα an interj., *ho!* It is supposed to imply surprise, fear and indignation.

ἐάν (1) introducing a clause, *if,* w. subjun., but 1 Thess 3:8; 1 John 5:15 have the indic.; (2) within a clause, modifying, generalizing, ὅς, ὅστις, ὅσος, ὁσάκις, ὅπου, οὗ (a usage beginning about 133 B.C., exactly as ἄν does in Attic Gk.), thus ὅς = *who,* ὅς ἐάν, *whosoever,* etc.

ἐάνπερ *if indeed.*

ἑαυτοῦ, ῆς, οῦ *self, selves;* not used in nom., used for all three persons, according to context, *ourselves; yourself, yourselves; himself, herself, itself, themselves.*

ἐάω *I allow, permit, leave.*

ἑβδομήκοντα *seventy.*

ἑβδομηκοντάκις *seventy times.*

ἕβδομος, η, ον *seventh.*

Ἔβερ, ὁ *Eber,* father of Phalek and son of Sala [Heb.].

Ἑβραϊκός, ή, όν *Hebrew.*

Ἑβραῖος, ου, ὁ *a Hebrew,* particularly one who speaks Hebrew (Aramaic), cf. Acts 6:1; Ἑβραῖος ἐξ Ἑβραίων, *a Hebrew descended from Hebrews* (Phil 3:5).

Ἑβραΐς, ΐδος, ἡ *Hebrew,* or rather *Aramaic.*

Ἑβραϊστί adv., *in the Hebrew,* or rather, *in the Aramaic dialect.*

ἐγγίζω *I come near, approach.*

ἐγγράφω *I write (in), inscribe.*

ἔγγυος, ου, ὁ *a surety, security.*

ἐγγύς adv., *near;* comp. ἐγγύτερον, superl. ἔγγιστα.

ἐγείρω (1) *I wake, arouse;* intrans. in imper., ἔγειρε, ἐγείρεσθε, *wake up!;* (2) *I raise up;* pas. sometimes = *I rise,* e.g., Mark 16:6.

ἔγερσις, εως, ἡ *a waking up.*

ἐγκάθετος, ου, ὁ *a snare setter, spy.*

ἐγκαίνια, ίων, τά *festival of dedication* of the Temple, to celebrate the rededication of the Temple by Judas Maccabeus in 164 B.C., held at Jerusalem about the middle of December.

ἐγκαινίζω (*I restore or carry out anew,* then) *I dedicate.*

ἐγκακέω (ἐκκακέω) *I lose heart* (*from* κακός in the sense of *cowardly;* very rare outside the Bible).

ἐγκαλέω *I bring a charge against.*

ἐγκαταλείπω *I leave in the lurch, I abandon* (one who is in straits), *I desert.*

ἐγκατοικέω *I am settled among, dwell among.*

ἐγκαυχάομαι *I boast in (because of)* something.

ἐγκεντρίζω *I graft.*

ἔγκλημα, ατος, τό *an accusation, charge.*

ἐγκομβόομαι *I clothe myself* (orig., *I tie round in a knot).*

ἐγκοπή (ἐκκοπή), ῆς, ἡ *a block, check, obstacle, hindrance.*

ἐγκόπτω *I block, check, hinder* (by introducing an obstacle sharply in the way of a moving object).

ἐγκράτεια, ας, ἡ *self-mastery, self-restraint, self-control, continence.*

ἐγκρατεύομαι *I exercise self-control, I am continent.*

ἐγκρατής, ές *self-controlled.*

ἐγκρίνω *I judge (reckon) to belong to, I class with.*

ἐγκρύπτω *I hide (within).*

ἔγκυος, ον *pregnant.*

ἐγχρίω *I besmear, anoint.*

ἐγώ First pers. pron., *I, me;* plur. ἡμεῖς; τί ἐμοὶ (ἡμῖν) καὶ σοί; *What have I (we) to do with thee?,* but in John 2:4 ἐμοὶ καὶ σοί may be simply equal to ἡμῖν; τὸ (τὰ) κατ᾽ ἐμέ, *so far as I am concerned;* in letters ἡμεῖς often alternates w. ἐγώ without real difference of meaning.

ἐδαφίζω *I dash to the ground.*

ἔδαφος, ους, τό *ground.*

ἑδραῖος, α, ον *firm, steadfast* (lit. *seated).*

ἑδραίωμα, ατος, τό *a foundation.*

Ἐζεκίας, ου, ὁ *Hezekiah,* son of Achas (Ahaz), father of Manasseh, and king of Judah (727–686? B.C.) [Heb.].

ἐθελοθρησκία (-εία), ας, ἡ *service (worship) of the will, worship of self,* practically, *worship of the angels* (cf. ἐθελοδουλεία).

ἐθέλω see θέλω.

ἐθίζω (1) *I accustom;* (2) τὸ εἰθισμένον, *the custom.*

ἐθνάρχης, ου, ὁ *ethnarch, tribal lord,* a subordinate ruler.

ἐθνικός, ή, όν *a Gentile,* a non-Jew (in biblical Hebrew = *nation,* but in rabbinic Heb. = *non-Jew).*

ἐθνικῶς adv., *in the manner of Gentiles.*

ἔθνος, ους, τό (1) *a race, people* (orig., a rustic or village people as opposed to those dwelling in organized cities or πόλεις; usually outside the privileged Jewish people, but also sometimes in the singular for it; sometimes = the inhabitants of a Roman province); (2) τὰ ἔθνη, *the nations* outside Judaism, *the Gentiles.*

ἔθος, ους, τό *a custom.*

ἔθω see εἴωθα.

εἰ (1) *if;* (2) *verily, indeed, assuredly* (Semitic, sometimes negative, *assuredly not,* Mk 8:12; Heb 3:11),

(a) in strong statements, approaching oaths in character, and as the first word in an interrog. clause, probably a mere graphic equivalent, first appearing second c. B.C., of ἦ, (b) merely a particle asking a question. εἰ μή; (3) *but only,* e.g., Luke 4:26–27; John 15:4; Acts 27:22; Rev 21:27; (4) *and not,* in Mark 6:8, probably due to a misreading of an Aram. word; (5) εἰ δὲ μή, εἰ δὲ μήγε (Aramaism?), *otherwise;* (6) εἴπερ (= εἴ περ) a more emphatic εἰ, *if indeed.*

εἰδέα, ας, ἡ see ἰδέα.

εἶδα (εἶδον) *I saw,* 1 and 2 aor. respectively, cf. ὁράω; ἰδών εἶδον, a Hebraistic repetition.

εἶδος, ους, τό (1) *visible form, shape, appearance, outward show;* (2) in 1 Thess 5:22 = *kind, species, class.*

εἰδωλεῖον, ου, τό *a temple for (containing) an image* (of a god).

εἰδωλόθυτος, ου, τό (meat) *sacrificed to an image* (of a god).

εἰδωλολατρία (-εία), ας, ἡ *service (worship) of an image* (of a god).

εἰδωλολάτρης, ου, ὁ *a server (worshipper) of an image* (of a god).

εἴδωλον, ου, τό *an image of a god.*

εἰκῆ (εἰκῇ) adv.; (1) *without a cause;* (2) *purposelessly, in vain, for nothing,* used both with reference to antecedent causes and purposes for the future.

εἴκοσι *twenty.*

εἴκω *I yield.*

εἰκών, όνος, ἡ *image, likeness, bust.*

εἰλικρίνεια, ας, ἡ *purity.*

εἰλικρινής, ές (orig. *unmixed*), *pure, uncontaminated.*

εἰλίσσω see ἑλίσσω.

εἰμί *I am, exist.* Note periphrasis w. parts., the special frequency of which in the impf. is due to the Aramaic basis of the language. ὁ

ἦν ungrammatically, in Rev, where an aor. part. would be expected.

εἵνεκεν see ἕνεκα.

εἶπα see εἶπον.

εἴπερ see εἰ (6).

εἶπα (εἶπον) (aor.) *I spoke, said;* ὡς ἔπος εἰπεῖν, *one might almost say (almost, about).*

εἰρηνεύω *I am peaceful, I keep the peace, I am at peace.*

εἰρήνη, ης, ἡ (1) *peace, undisturbed condition;* (2) invocation of peace a common Jewish farewell (Mark 5:34, etc.), in the Hebraistic sense of *the health (welfare)* of an individual.

εἰρηνικός, ή, όν *making for peace, productive of peace.*

εἰρηνοποιέω *I make peace.*

εἰρηνοποιός, οῦ, ὁ *peacemaking, peacemaker.*

εἰς prep. w. acc. (1) *into, until, for;* (2) εἰς τό w. infin. (a) generally final, (b) but also expressing tendency, result, e.g., Rom 12:3; 2 Cor 8:6; Gal 3:17, (c) content of command or entreaty, e.g., 1 Thess 2:12, or (d) simply = explanatory infin., 1 Thess 4:9; (3) encroaches on ἐν and = *in,* e.g., John 1:18; Acts 7:12; 2 Cor 11:10; 1 John 5:8; (4) εἰς ἑκατόν, etc., a *hundredfold.*

εἷς, μία, ἕν, gen. ἑνός, μιᾶς, ἑνός *one;* καθ' εἷς, *each single one, one by one;* sometimes no different from τις (Mark 14:10), and sometimes too = πρῶτος, *first.*

εἰσάγω *I lead in, bring in.*

εἰσακούω *I hear.*

εἰσδέχομαι *I welcome in.*

εἴσειμι *I go in, enter* (orig., *I shall go in*).

εἰσέρχομαι *I go in.*

εἰσκαλέομαι *I call in* (to my house).

εἴσοδος, ου, ἡ (1) abstr., *(act of) entering, entrance, entry;* (2) concr.,

the entrance itself, Heb 10:19 (cf.
20); 2 Pet 1:11.

εἰσπηδάω *I leap into, rush into.*

εἰσπορεύομαι *I journey in(to), I go
in(to).*

εἰστρέχω *I run in(to).*

εἰσφέρω *I carry (bring) in.*

εἶτα adv., *then, thereafter, next*
(marking a fresh stage).

εἴτε lit. *and if;* εἴτε . . . εἴτε,
whether . . . or.

εἴτεν = εἶτα.

εἴτις = εἴ τις.

εἴωθα (1) *I am accustomed* (perf. of
obsolete pres. ἔθω); (2) τὸ εἰωθός
(verbal adj. as subst.), *custom, what
was customary.*

ἐκ, ἐξ prep. w. gen., *from out, out
from among, from,* suggesting from
the interior outwards; ἐξ Ἑβραί-
ων, *descended from Hebrews,* Phil
3:5; w. gen. of price, Matt 20:2;
Acts 1:18; in partitive phrase, as
subj. of sentence, John 16:17; cf.
the periphrasis οἱ ἐξ ἐριθείας,
Rom 2:8.

ἕκαστος, η, ον *each* (of more than
two); εἷς ἕκαστος, *each individ-
ual;* plur. ἕκαστοι, etc., *each class,
group.*

ἑκάστοτε adv., *on each occasion.*

ἑκατόν *a hundred;* εἰς ἑκατόν, see
εἰς.

ἑκατονταετής, ές *a hundred years
old.*

ἑκατονταπλασίων, ον *a hundred-
fold.*

**ἑκατοντάρχης (ἑκατοντάρχος),
ου, ὁ** *a centurion* of the Roman
army (see κεντουρίων).

ἐκβαίνω *I go out.*

ἐκβάλλω (1) *I throw (cast, put) out;*
(2) *I banish,* Gal 4:30; 3 John 10;
(3) *I bring forth, I produce,* Matt
12:35.

ἔκβασις, εως, ἡ (1) *a way out,
escape,* 1 Cor 10:13; (2) *result,* Heb
13:7.

ἐκβολή, ῆς, ἡ *a throwing out, a jet-
tisoning* of cargo, to lighten a ship.

ἔκγονος, ον, τό *descended,* hence
subst., *a descendant.*

ἐκδαπανάω *I spend (give out) com-
pletely.*

ἐκδέχομαι *I wait for, expect.*

ἔκδηλος, ον *perfectly evident, mani-
fest.*

ἐκδημέω *I am away from the*
δῆμος, *from my parish, from home.*

ἐκδίδωμι (1) *I give out, let;*
(2) mid., *I let out for my own
advantage,* Mark 12:1.

ἐκδιηγέομαι *I give a complete nar-
rative of.*

ἐκδικέω *I give justice over, defend,
avenge, vindicate.*

ἐκδίκησις, εως, ἡ (1) *defense,
avenging, vindication, vengeance;*
(2) *full (complete) punishment,*
2 Thess 1:8; 1 Pet 2:14.

ἔκδικος, ον, ὁ *avenging, an
avenger.* (The word occurs fre-
quently in the sense of a special
advocate or *champion* of a city.)

ἐκδιώκω *I drive out.*

ἔκδοτος, ον *given up, delivered up.*

ἐκδοχή, ῆς, ἡ *waiting, expectation.*

ἐκδύω *I put off, take off, strip off* w.
acc. of person or garment or both.

ἐκεῖ adv. (1) *there, yonder;*
(2) *thither, there.*

ἐκεῖθεν adv., *thence, from that
place.*

ἐκείνης adv., *there* (Luke 19:4,
var.)

ἐκεῖνος, η, ο *that, yonder* (of what
is distant, or great); in 1 John
usually = Christ.

ἐκεῖσε adv. (1) *thither,* Acts 21:3;
(2) *there,* Acts 22:5.

ἐκζητέω *I seek out.*

ἐκζήτησις, εως, ἡ *a seeking out,
searching questioning.*

ἐκθαμβέομαι *I am greatly aston-
ished.*

ἔκθαμβος, ον *full of astonishment.*

ἐκθαυμάζω *I wonder greatly.*

ἔκθετος, ον *exposed* (to the elements).

ἐκκαθαίρω (1) *I clean (cleanse) out,* 1 Cor 5:7; (2) *I clean thoroughly,* 2 Tim 2:21.

ἐκκαίομαι *I burn (with lust).*

ἐκκεντέω *I pierce through* (or *deeply*).

ἐκκλάω *I break off.*

ἐκκλείω *I shut out, exclude.*

ἐκκλησία, ας, ἡ *an assembly, meeting of assembly* (lit., *a calling out*), Acts 19:39; (1) *a community, congregation, church, society* (first used in LXX for *the congregation* of Israel), the assembly of Christians in *one* city or community; in Matt 16:18; 18:17 the body of Palestinian adherents of the Messiah is intended; (2) much more rarely, in a developed sense, especially w. ὅλη, *the Church* (the whole body of Christians in the world).

ἐκκλίνω *I fall away from, I turn away* (from); (lit. *I bend away from*).

ἐκκολυμβάω *I swim out* (of the water).

ἐκκομίζω *I carry out* (of the city gate for burial).

ἐκκοπή see ἐγκοπή.

ἐκκόπτω *I cut out* (*off, away*).

ἐκκρέμαμαι (ἐκκρεμάννυμι) w. gen. *I hang upon* (met.).

ἐκλαλέω *I speak out, tell out.*

ἐκλάμπω *I shine forth* (out).

ἐκλανθάνομαι *I quite forget.*

ἐκλέγομαι *I pick out for myself, I choose.*

ἐκλείπω intrans., (1) *I fail utterly;* (2) *I am in a state of eclipse* (of the sun) Luke 23:45.

ἐκλεκτός, ή, όν *chosen out, selected,* sometimes as subst., of those chosen out by God for the rendering of special service to Him (of the Hebrew race, particular

Hebrews, the Messiah, and the Christians); an adj. in 2 John 1, 13.

ἐκλογή, ῆς, ἡ *choosing out, selecting, choice* (by God); in Acts 9:15 a Hebraistic gen., equivalent to ἐκλεκτόν.

ἐκλύομαι *I am unstrung, become weak, fail.*

ἐκμάσσω *I wipe (off) thoroughly.*

ἐκμυκτηρίζω *I mock greatly.*

ἐκνεύω *I retire, withdraw* (lit. *I bend the head aside,* to avoid a blow).

ἐκνήφω *I am thoroughly sober* (in mind).

ἑκούσιος, α, ον *willing;* κατὰ ἑκούσιον, *with right good will.*

ἑκουσίως adv., *willingly, with the will.*

ἔκπαλαι adv., *from of old, long since.*

ἐκπειράζω *I put to a thorough test.*

ἐκπέμπω *I send out.*

ἐκπερισσῶς adv., *most exceedingly, with exceeding emphasis.*

ἐκπετάννυμι *I spread (stretch) out.*

ἐκπηδάω *I leap (rush) out.*

ἐκπίπτω (1) *I fall out, I fall off, I fall away;* (2) hence, in nautical language, *I fall off* from the straight course; (3) of flowers, *I fade away, wither away.*

ἐκπλέω *I sail out* (of harbor), *I sail away.*

ἐκπληρόω *I fill completely, I fulfill in every particular* (to the utmost), *I make good.*

ἐκπλήρωσις, εως, ἡ *completion, fulfillment.*

ἐκπλήσσομαι *I am thunderstruck, astounded.*

ἐκπνέω *I breathe my last, I expire* (lit. *I breathe out*).

ἐκπορεύομαι (1) *I journey out;* (2) *I come forth.*

ἐκπορνεύω *I am guilty of fornication* (the force of ἐκ is uncertain).

ἐκπτύω I spit upon, disdain.

ἐκριζόω I root out, root up.

ἔκστασις, εως, ἡ bewilderment
(properly, distraction or disturbance
of mind caused by a shock).

ἐκστρέφω I pervert.

ἐκσῴζω I save completely, var. in
Acts 27:39.

ἐκταράσσω I disturb (trouble)
greatly (exceedingly).

ἐκτείνω I stretch out (forth).

ἐκτελέω I complete, bring to comple-
tion, carry out, perform.

ἐκτένεια, ας, ἡ earnestness, strenu-
ousness.

ἐκτενής, ές (1) intent, constant,
strenuous; (2) comp. adv.,
ἐκτενέστερον, more earnestly, very
fervently.

ἐκτενῶς adv., earnestly, strenuously.

ἐκτίθημι (1) I abandon or expose a
child; (2) mid. I set forth, expound,
explain.

ἐκτινάσσω I shake off; mid. I shake
off from myself.

ἐκτός (1) adv., (a) without, outside,
(b) except, (c) τὸ ἐκτός, substanti-
vally, the outside; (2) prep. w. gen.,
outside, apart from.

ἕκτος, η, ον sixth.

ἐκτρέπω mid. and pas. I turn aside
(from the right road), I wander,
and w. an obj. I remove from myself,
1 Tim 6:20 (lit. I turn out from).

ἐκτρέφω I nourish, nurture.

ἔκτρομος, ον trembling greatly.

ἔκτρωμα, ατος, τό an untimely
birth (strictly a lifeless abortion).

ἐκφέρω (1) I bring out, carry out,
sometimes out of the city for
burial; (2) I bring forth, bear, Heb
6:8.

ἐκφεύγω I flee out, away, I escape;
w. an acc. I escape something.

ἐκφοβέω I terrify exceedingly.

ἔκφοβος, ον exceedingly afraid.

ἐκφύω I put forth, cause to sprout.

ἐκχέω (ἐκχύννω) (1) I pour out

(liquid or solid), I shed; (2) pas. I
am swept on, rush or I surrender,
Jude 11.

ἐκχωρέω I go out.

ἐκψύχω I breathe my last, I die.

ἑκών, οῦσα, όν willing, willingly.

ἐλαία, ας, ἡ an olive tree; see
ἐλαίων.

ἔλαιον, ου, τό olive oil; ἔλαιον
ἀγαλλιάσεως, oil of enjoyment,
the oil with which the heads of
guests at banquets are anointed,
Heb 1:9.

ἐλαιών (Ἐλαιών), ῶνος, ὁ olive
orchard, Olive grove, Olive yard,
probably the right text in Luke
19:29; 21:37, as well as Acts 1:12.

Ἐλαμ(ε)ίτης, ου, ὁ an Elamite,
one of a people living to the north
of the Persian Gulf in the southern
part of Persia.

ἐλάσσων (ἐλάττων), ον (1) less,
smaller; (2) poorer, inferior, John
2:10; (3) adv., ἔλαττον, less.

ἐλαττονέω I have less, I lack.

ἐλαττόω I make less (inferior).

ἐλαύνω (1) trans., I drive (on),
propel; (2) intrans., I row, Mark
6:48; John 6:19.

ἐλαφρία, ας, ἡ levity, fickleness.

ἐλαφρός, ά, όν light.

ἐλάχιστος, η, ον (1) least, smallest
(Matt; 1 Cor 15:9), but perhaps
oftener in the weaker sense, very
little, very small (Luke; 1 Cor 4:3;
6:2; James); ὁ ἐλαχιστότερος, the
smallest, the least important; εἰς
ἐλάχιστόν ἐστιν, it matters very
little; (2) adv., ἐλάχιστον, a very
little.

Ἐλεάζαρ, ὁ Eleazar, son of Eliud,
and father of Matthan [Heb.].

ἐλεάω see ἐλεέω.

ἐλεγμός, οῦ, ὁ reproof.

ἔλεγξις, εως, ἡ rebuke, reproof.

ἔλεγχος, ου, ὁ (1) a proof; (2) pos-
sibly a persuasion.

ἐλέγχω (1) I reprove, rebuke; (2) I

expose, show to be guilty, John 3:20; 1 Cor 14:24; Eph 5:11, 13; Jas 2:9.

ἐλεεινός, ή, όν *merciful, pitiful.*

ἐλεέω (ἐλεάω) *I pity.*

ἐλεημοσύνη, ης, ἡ (1) abstr. *alms-giving, charity;* (2) concr. *alms, charity.*

ἐλεήμων, ον gen. **ονος** *pitiful, merciful.*

Ἐλεισάβετ see **Ἐλισάβετ**.

ἔλεος, ους, τό *pity, mercy.*

ἐλευθερία, ας, ἡ *freedom, liberty,* especially *a state of freedom* from slavery.

ἐλεύθερος, α, ον *free* (opp. *enslaved,* cf. 1 Cor 12:13).

ἐλευθερόω *I free, set free, liberate.*

ἔλευσις, εως, ἡ *coming, arrival.*

ἐλεφάντινος, η, ον *made of ivory.*

Ἐλιακ(ε)ίμ, ὁ *Eliakim,* son of Abiud and father of Azor (Matt 1:13), son of Melea and father of Jonam (Luke 3:30) [Heb.].

ἔλιγμα, ατος, τό *a roll.*

Ἐλιέζερ, ὁ *Eliezer,* son of Joreim and father of Joshua [Heb.].

Ἐλιούδ, ὁ *Eliud,* son of Acheim, and father of Eleazar [Heb.].

Ἐλισάβετ, ἡ *Elisabeth,* mother of John the Baptizer [Heb.].

Ἐλισαῖος (Ἐλισαῖος), ου, ὁ *Helisaeus,* grecized form of *Elisha.*

ἑλίσσω *I roll, roll up.*

ἑλκόομαι *I am covered with sores.*

ἕλκος, ους, τό *a (festering) sore.*

ἑλκύω, ἕλκω *I drag, draw, pull.*

Ἑλλάς, άδος, ἡ *Hellas,* the native name for *Greece.*

Ἕλλην, ηνος, ὁ *a Hellene,* the native word for *a Greek;* it is, however, a term wide enough to include all Greek-speaking (i.e., educated) non-Jews.

Ἑλληνικός, ή, όν *Greek;* ἡ Ἑλληνικὴ (γλῶσσα), *the Greek language.*

Ἑλληνίς, ίδος, ἡ *Greek;* see **Ἕλλην**.

Ἑλληνιστής, οῦ, ὁ *a Hellenist, Grecian Jew,* a Greek-speaking Jew, i.e., one who can speak Greek only and not Hebrew (or Aramaic).

Ἑλληνιστί *in the Greek language.*

ἐλλογέω (ἐλλογάω) *I put down* (set) *to some one's account, reckon, impute.*

Ἐλμαδάμ, ὁ *Elmadam, father of Kosam, son of Er* [Heb.].

ἐλπίζω *I hope, hope for;* the subst. following ἐν, εἰς, ἐπί w. dat. or acc., is the ground of the hope, that which makes hope possible.

ἐλπίς, ίδος, ἡ *hope.*

Ἐλύμας, α, ὁ *Elymas,* the name of the sorcerer at Paphos (the form of the name is doubtful; some MSS read Ἑτοιμᾶς, *Son of the Ready*).

ἐλωΐ, ελωι *my God* (Aram., form of word is doubtful).

ἐμαυτοῦ, ῆς *of myself.*

ἐμβαίνω *I embark.*

ἐμβάλλω *I cast in, throw in.*

ἐμβάπτω act. and mid. *I dip in.*

ἐμβατεύω (*I enter on, take possession of),* hence a technical expression connected with the pagan Mysteries, *I enter, set foot on* (the inner shrine, after the first initiation). It indicates the final act in mystic ceremonial, the entrance on a new life in presence of the god.

ἐμβιβάζω trans., *I embark, put on board.*

ἐμβλέπω *I look into* (upon).

ἐμβριμάομαι *I groan* (with the notion of coercion springing out of displeasure, anger, indignation, antagonism), *I express indignant displeasure,* w. dat. of person w. whom it is felt, Matt 9:30; Mark 1:43; 14:5; absol. John 11:33, 38.

ἐμέω *I vomit.*

ἐμμαίνομαι *I am madly enraged with.*

Ἐμμανουήλ, ὁ *Emmanuel,* a

Messianic title derived from Isa 7:14 = *God with us* [Heb.].

Ἐμμαοῦς (-οῦς), ἡ   *Emmaus (Ammaus),* a village not far from Jerusalem.

ἐμμένω   (1) *I remain (abide) in,* Acts 28:30; (2) hence met., Heb 8:9; (3) w. dat., *I abide by, maintain,* Acts 14:22; Gal 3:10.

Ἐμμώρ (Ἐμμώρ), ὁ   *Hamor, Emmor,* a man whose sons sold a field at Shechem to Jacob [Heb.].

ἐμός, ή, όν   *my, mine* (predominates in John).

ἐμπαιγμονή, ῆς, ἡ   *mockery.*

ἐμπαιγμός, οῦ, ὁ   *mockery.*

ἐμπαίζω   *I mock.*

ἐμπαίκτης, ου, ὁ   *a mocker.*

ἐμπεριπατέω   *I walk among.*

ἐμπί(μ)πλημι (ἐμπι[μ]πλάω)   *I fill up, fill.*

ἐμπί(μ)πρημι (ἐμπρήθω)   (1) *I burn, set on fire;* (2) pas. *I suffer inflammation* (from -πρήθω = *I cause to swell*), Acts 28:6 (var.).

ἐμπίπτω   *I fall in, am cast in.*

ἐμπλέκω   *I enfold, entangle.*

ἐμπλοκή, ῆς, ἡ   *braiding.*

ἐμπνέω   *I breathe of, breathe* (lit. *I breathe in*).

ἐμπορεύομαι   (1) *I travel as a merchant, engage in trade;* (2) w. acc. *I traffic in, make gain* or *business of.*

ἐμπορία, ας, ἡ   *trading, trade, trafficking, business.*

ἐμπόριον, ου, τό   *a place of traffic, mart, market, market house.*

ἔμπορος, ου, ὁ   *a merchant, trader.*

ἐμπρήθω   see ἐμπί(μ)πρημι.

ἔμπροσθεν   (1) prep., usually w. gen., *in front of, before the face of;* (2) adv., *in front, before the face;* sometimes made a subst. by the addition of the article.

ἐμπτύω   *I spit upon.*

ἐμφανής, ές   *manifest, visible.*

ἐμφανίζω   (1) *I make visible (manifest);* (2) hence, act. *I report*

(inform) against, Acts 24:1; 25:2, 15; (3) pas. (quasitechnical) *I appear before.*

ἔμφοβος, ον   *full of fear, terrified.*

ἐμφυσάω   *I breathe into, breathe upon.*

ἔμφυτος, ον   *inborn, ingrown, congenital, natural.*

ἐν   prep. w. dat., (1) of place, *in;* ἐν τοῖς, see ὁ; ἐν Χριστῷ, of mystic indwelling; (2) = εἰς, *into,* e.g., Matt 10:16; (3) of time, *in, during, at;* (4) of instrument, *(armed) with,* Luke 22:49; 1 Cor 4:21, etc.; (5) *amounting to,* Acts 7:14 (cf. Mark 4:8 twice); (6) *consisting in,* Eph 2:15; (7) *in the department of,* cf. 1 Cor 6:2; (8) *in the judgment of;* cf. 1 Cor 14:11; (9) Hebraistic use, Matt 10:32; Luke 12:8. For ἐν ᾧ, see ὅς.

ἐναγκαλίζομαι   *I take (fold) in my arms.*

ἐνάλιος, ον   of creatures, *living in the sea* (poetic).

ἔναντι   prep. w. gen., *before, in the presence of.*

ἐναντίον   prep. w. gen., (1) *before, in the presence of;* (2) *in the eyes of;* see also τοὐναντίον.

ἐναντιόομαι   *oppose, be in opposition to* (Acts 13:45, var.).

ἐναντίος, α, ον   *opposite, opposed, contrary;* ἐξ ἐναντίας (adv.), *opposite;* ὁ ἐξ ἐναντίας, *the adversary.*

ἐνάρχομαι   *I begin (in).*

ἔνατος, η, ον   *ninth.*

ἐνγ-   see ἐγγ-

ἐνδεής, ές   *in need, needy.*

ἔνδειγμα, ατος, τό   (*a thing proved*), hence, *a plain token (sign, proof).*

ἐνδείκνυμι   (in the mid. voice ἐνδείκνυμαι only), *I show forth.*

ἔνδειξις, εως, ἡ   *a showing, proof, demonstration.*

ἔνδεκα   *eleven.*

ἐνδέκατος, η, ον   *eleventh.*

ἐνδέχομαι ἐνδέχεται, impers., *it is possible.*

ἐνδημέω *I am in my* δῆμος *(parish), I am at home.*

ἐνδιδύσκω (of clothing, *I put on* another); mid. *I put on* (myself); somewhat rare.

ἔνδικος, ον *just.*

ἐνδοξάζω *I glorify, acknowledge the glory belonging to* (cf. δόξα), *recognize as glorious* (*I make* ἔνδοξος).

ἔνδοξος, ον *glorious.*

ἔνδυμα, ατος, τό *a garment, dress.*

ἐνδυναμόω *I fill with* δύναμις *(power);* almost = δυναμόω.

ἐνδύνω *I slip in* (deviously).

ἔνδυσις, εως, ἡ *putting on* (of a garment).

ἐνδύω (1) *I put on, clothe* (another); mid. *I clothe* (myself), *dress;* (2) hence, met., of acquiring qualities; = ἐπενδύομαι, 2 Cor 5:3.

ἐνδώμησις, εως, ἡ *roofing, coping.* (So probably, from δῶμα = *roof,* but most interpret *building.*)

ἐνέδρα, ας, ἡ (1) *ambush;* (2) hence, *plot, treachery, fraud.*

ἐνεδρεύω *I lie in wait (ambush) for, seek to entrap* (hence, *I defraud, deceive).*

ἐνειλέω *I wrap up, roll up in* (something).

ἔνειμι *I am in* (within); τὰ ἐνόντα, probably *the contents* (of the dish), or perhaps *what you can* (but the words are obscure and may be a mistranslation of an Aram. original).

ἕνεκα (ἕνεκεν, εἵνεκεν) prep. w. gen., *for the sake of, on account of;* οὗ (neut.) εἵνεκεν, *on account of which, wherefore,* Luke 4:18; τίνος ἕνεκα, *on account of what, wherefore, why,* Acts 19:32.

ἐνενήκοντα *ninety.*

ἐνεός, ά, όν *speechless, dumb, unable to speak* (= ἄνεως).

ἐνέργεια, ας, ἡ *working, action productive of* ἔργον (concr. *work), activity;* in the NT confined to superhuman activity.

ἐνεργέω (1) intrans., *I am at work, work;* (2) trans., *I work,* the acc. expressing "that which is worked," *effect.* In NT the word is generally connected with miraculous interventions; (3) pas. always w. non-personal subj., as ἐνεργεῖν always w. personal, *I am made operative (effective), I am made to produce my appropriate result, I am set in operation, I am made to work.* Mid. absent from NT.

ἐνέργημα, ατος, τό *a working.*

ἐνεργής, ές *effective, productive of due result.*

ἐνευλογέω *I bless* (of God); ἐν is considered to have instrumental force.

ἐνέχω (1) *I have a grudge against, I am angry (with);* (2) pas. or mid. *I am entangled, entangle myself* (var. in 2 Thess 1:4).

ἐνθάδε adv., *here, in this place.*

ἔνθεν adv., *hence, from this place.*

ἐνθυμέομαι *I meditate upon, reflect upon.*

ἐνθύμησις, εως, ἡ *inward thought, meditation;* plur. *thoughts.*

ἔνι, ἐνί Ionic form of ἐν), *is in* (among); οὐκ ἔνι, *there is* (or *can be*) *no room for.*

ἐνιαυτός, οῦ, ὁ *a year.*

ἐνίστημι only intrans., *I impend, am at hand, am present;* perf. part. ἐνεστηκώς (ἐνεστώς) as adj., *present.*

ἐνισχύω *I strengthen within, I fill with strength.*

ἐνκ- see ἐγκ-

ἐννέα *nine.*

ἐννεύω *I make a sign to by nodding.*

ἔννοια, ας, ἡ (*intelligence, thought), intention, purpose.*

ἔννομος, ον (1) *legal, statutory, duly constituted,* Acts 19:39; (2) *under* the law, obedient to the law, 1 Cor 9:21.

ἔννυχος, ον in the night; neut. plur. ἔννυχα as adv., at night.

ἐνοικέω I dwell in, am settled (stationary) in.

ἐνορκίζω w. double acc. I adjure some one by, I solemnly appeal to some one by (a strengthened ὁρκίζω).

ἑνότης, ητος, ἡ oneness, unity.

ἐνοχλέω I disturb, torment (Heb 12:15 is from the LXX, where ἐνοχλῇ appears to be a corruption for ἐν χολῇ, in gall).

ἔνοχος, ον involved in, hence, liable, generally w. dat. (or gen.) of the punishment.

ἐνπ- see ἐμπ-

ἔνταλμα, ατος, τό an injunction, ordinance.

ἐνταφιάζω I embalm, prepare for burial.

ἐνταφιασμός, οῦ, ὁ embalming, preparation of corpse for burial.

ἐντέλλομαι I give orders (injunctions, instructions, commands).

ἐντεῦθεν adv., (1) hence, from this place; (2) ἐντεῦθεν καὶ ἐντεῦθεν, on this side and on that, cf. Rev 22:2.

ἔντευξις, εως, ἡ (lit. approaching the king, hence a technical term), a petition.

ἔντιμος, ον (held precious), hence, (1) precious; (2) honored, honorable in rank, etc., Luke 14:8.

ἐντολή, ῆς, ἡ an ordinance, injunction, command.

ἐντόπιος, α, ον belonging to the place, native, resident.

ἐντός prep. w. gen., within, inside (so also Luke 17:21); τὸ ἐντός, the inside.

ἐντρέπω (1) I turn to confusion, put to shame, e.g., 1 Cor 4:14; 2 Thess 3:14; Titus 2:8; (2) mid. w. acc.,

meaning I reverence, e.g., Mark 12:6; Heb 12:9.

ἐντρέφω I nourish (sustain) on.

ἔντρομος, ον trembling.

ἐντροπή, ῆς, ἡ shame (from ἐντρέπω).

ἐντρυφάω I revel (in).

ἐντυγχάνω (1) I meet, encounter; hence, (2) I call (upon), I make a petition, I make suit, supplication, cf. ἔντευξις.

ἐντυλίσσω I wrap up, roll round, envelop.

ἐντυπόω I engrave.

ἐνυβρίζω I insult, outrage.

ἐνυπνιάζομαι I dream (see visions) in my sleep.

ἐνύπνιον, ου, τό a dream, vision.

ἐνφ- see ἐμφ-

ἐνώπιον prep. w. gen., (1) before the face of, in the presence of; (2) in the eyes of (vernacular).

Ἐνώς, ὁ Enos, son of Seth, and father of Cainam [Heb.].

ἐνωτίζομαι I take into my ear, give ear to (from ἐν and οὖς).

Ἐνώχ, (Ἑνώχ, Ἐνώκ), ὁ Enoch, son of Jaret and father of Mathusala [Heb.]; Jude 14 refers to the apocryphal Book of Enoch.

ἐξ see ἐκ.

ἕξ six.

ἐξαγγέλλω I announce publicly, proclaim.

ἐξαγοράζω (1) I buy out, buy away from, ransom; (2) mid., I purchase out, buy, redeem.

ἐξάγω I lead out, sometimes to death, execution.

ἐξαιρέω (1) I take out, remove; (2) sometimes (mid.) I choose, sometimes I rescue.

ἐξαίρω I remove.

ἐξαιτέομαι (1) I beg earnestly for; (2) aor. = I have procured to be given up to me.

ἐξαίφνης (ἐξέφνης) adv., suddenly.

ἐξακολουθέω *I follow closely, adhere to.*

ἐξακόσιοι, αι, α *six hundred.*

ἐξαλείφω *I wipe away, obliterate.*

ἐξάλλομαι *I leap up* (for joy).

ἐξανάστασις, εως, ἡ *rising up and out, resurrection.*

ἐξανατέλλω *I rise (spring) up out* (of the ground).

ἐξανίστημι (1) trans., *I raise up, cause to grow;* (2) intrans., *I rise up.*

ἐξαπατάω *I deceive.*

ἐξάπινα adv., *suddenly.*

ἐξαπορέομαι *I am at my wits' end, I despair;* w. gen. *about,* 2 Cor 1:8.

ἐξαποστέλλω *I send away out, I send forth* (a person qualified for a task).

ἐξαρτίζω (1) *I fit up, equip, furnish, supply,* 2 Tim 3:17; (2) *I accomplish, finish,* Acts 21:5.

ἐξαστράπτω *I flash forth like lightning.*

ἐξαυτῆς adv., *immediately* (= ἐξ αὐτῆς τῆς ὥρας).

ἐξεγείρω *I raise up, arouse.*

ἔξειμι *I go out (away), depart* (orig., *I shall go out*).

ἐξέλκω *I entice* (lit. *I draw out* of the right place, or *I draw aside* out of the right way).

ἐξέραμα, ατος, τό *vomit, purge.*

ἐξεραυνάω (ἐξερευνάω) *I search diligently, I examine carefully (minutely).*

ἐξέρχομαι *I go out.*

ἔξεστι(ν) impers. *it is permitted (allowed),* sometimes followed by acc. + infin.; ἐξόν (ἔστιν) = ἔξεστιν, the ἔστιν being understood in Acts 2:29; 2 Cor 12:4.

ἐξετάζω (indicates precise and careful inquiry), *I examine, question, inquire at.*

ἐξηγέομαι (1) *(I interpret) I relate, expound, explain;* (2) *make declaration* (John 1:18).

ἐξήκοντα *sixty.*

ἑξῆς adv., *next in order;* ἡ ἑξῆς (understand ἡμέρα), *the next day, the following day;* τῷ ἑξῆς (Luke 7:11, var.), perhaps = τῷ ἑξῆς χρόνῳ, *at the period immediately following.*

ἐξηχέω *I sound out (forth),* referring either to the clearness or to the loudness of the sound.

ἕξις, εως, ἡ *condition, state,* especially *good condition* of body or soul.

ἐξίστημι (ἐξιστάνω, ἐξιστάω) (lit. *I remove from a standing position*), (1) trans. (including ἐξέστακα), *I astonish, amaze;* (2) intrans., *I am astonished, amazed;* (3) *I am out of my mind, I am mad,* Mark 3:21; 2 Cor 5:13.

ἐξισχύω *I have strength for* (a difficult task).

ἔξοδος, ου, ἡ (1) *going out, departure* from a place; (2) *death,* Luke 9:31; 2 Pet 1:15.

ἐξολεθρεύω (ἐξολοθρεύω) *I destroy utterly, annihilate, exterminate.*

ἐξομολογέω (1) *I consent fully, agree out and out,* Luke 22:6; (2) *I confess, admit, acknowledge* (cf. the early Hellenistic sense of the mid., *I acknowledge* a debt); (3) in certain passages there is a difficulty as to the sense: in Matt 11:25 (Luke 10:21) the Vulgate (w. the Sahidic) renders by *confiteor,* but modern scholars prefer either *I give thanks* or *I praise.*

ἐξόν see ἔξεστιν.

ἐξορκίζω *I exorcise, cast out by appeal to a god.*

ἐξορκιστής, οῦ, ὁ *an exorcist, a caster out of evil spirits* by the use of names or spells.

ἐξορύσσω (1) *I dig out;* (2) hence, *I open up;* (3) *I gouge,* Gal 4:15.

ἐξουδενέω (ἐξουδενόω) see ἐξουθενέω.

ἐξουθενέω (ἐξουθενόω) *I set at naught, ignore, despise.*

ἐξουσία, ας, ἡ (1) *power, authority, weight,* especially *moral authority, influence;* in 1 Cor 11:10 the *authority* which the wearing of the veil gives the woman, making her sacrosanct; w. gen. indicates *over* any one; (2) in a quasipersonal sense, derived from later Judaism, of *a spiritual power,* 1 Pet 3:22, and hence of *an earthly power* (e.g., Luke 12:11 and often, in combination w. ἀρχή).

ἐξουσιάζω *I exercise (wield) power (authority),* w. gen., *over;* pas. 1 Cor 6:12, *I am ruled.*

ἐξουσιαστικός, ή, όν *authoritative* (Mark 1:27, var.).

ἐξοχή, ῆς, ἡ *projection, prominence;* οἱ κατ᾽ ἐξοχήν, *the prominent persons, the chief men.*

ἐξυπνίζω *I wake* out of sleep.

ἔξυπνος, ον *awake* out of sleep.

ἔξω (1) prep. w. gen., *outside;* (2) adv., *without, outside;* in ὁ ἔξω, etc. the adv. is equivalent to an adj., τὰς ἔξω πόλλεις, *foreign cities,* Acts 26:11, ὁ ἔξω ἄνθρωπος, *the outer (physical) nature,* 2 Cor 4:16, especially οἱ ἔξω, *the outsiders, the non-Christians.*

ἔξωθεν (1) prep. w. gen., *outside* (Mark 7:15; Rev 11:2; 14:20, etc.); (2) adv., *from outside, from without;* τὸ ἔξωθεν, *the outside,* etc., οἱ ἔξωθεν = οἱ ἔξω; equivalent to ἔξω, both as adv. and as prep.

ἐξωθέω *I push out, thrust out;* εἰς αἰγιαλὸν ἐξῶσαι, *to drive the ship upon the beach,* Acts 27:39.

ἐξώτερος, α, ον *outmost.*

ἔοικα *I am like, resemble.*

ἑορτάζω *I take part in a festival, keep a feast* (allegorically).

ἑορτή, ῆς, ἡ *a festival, feast,* periodically recurring; ποιεῖν ἑορτήν, Acts 18:21 = ἑορτάζειν.

ἐπαγγελία, ας, ἡ *a promise;* cf. τέκνον (2).

ἐπαγγέλλομαι (1) *I promise;* (2) *I profess,* 1 Tim 2:10; 6:21.

ἐπάγγελμα, ατος, τό *a promise.*

ἐπάγω *I bring upon.*

ἐπαγωνίζομαι *I contend for.*

ἐπαθροίζομαι *I crowd upon* (some one), *press around.*

Ἐπαίνετος, ου, ὁ *Epaenetus,* a Christian in Rome.

ἐπαινέω *I praise, commend.*

ἔπαινος, ου, ὁ *praise.*

ἐπαίρω *I raise, lift up.*

ἐπαισχύνομαι *I am ashamed of.*

ἐπαιτέω *I beg, am a beggar.*

ἐπακολουθέω *I follow close after, I accompany, dog; I promote,* 1 Tim 5:10; hence, *I endorse* Mark 16:20.

ἐπακούω *I listen to, hear.*

ἐπακροάομαι *I listen to, hearken to.*

ἐπάν *whenever.*

ἐπάναγκες adv. used as adj., *necessary, inevitable, obligatory.*

ἐπανάγω (1) nautical, *I put out* (from the shore), (lit. *I take up* a ship *on* to the high seas); (2) *I go up,* possibly *I go up again, return.*

ἐπαναμιμνήσκω *I remind,* possibly *I remind again.*

ἐπαναπαύομαι *I rest upon.*

ἐπανέρχομαι *I return.*

ἐπανίστημι intrans., *I rise against.*

ἐπανόρθωσις, εως, ἡ *setting straight (right) again.*

ἐπάνω (1) adv., *on the top, above;* (2) prep. w. gen., *on the top of, above, over, on;* met. of rule, *over,* Luke 19:17, etc.; *above, more than,* Mark 14:5; 1 Cor 15:6.

ἐπάρατος, ον *accursed, cursed.*

ἐπαρκέω *I do service, render help.*

ἐπαρχεία, ας, ἡ *sphere of duty, province.*

ἐπάρχειος, ον *belonging to the province;* τῇ ἐπαρχείῳ (understand ἐξουσία), *the power over the province, the province* (a var. in Acts 25:1).

ἔπαυλις, εως, ἡ *a farm, estate.*

ἐπαύριον adv., *tomorrow.*

Ἐπαφρᾶς, ᾶ, ὁ *Epaphras, Epaphroditus,* a Colossian Christian, in captivity w. Paul in Rome (the pet form of Ἐπαφρόδιτος).

ἐπαφρίζω *I foam out* (a metaphor from the seaweed and refuse borne on the crest of waves).

Ἐπαφρόδιτος, ου, ὁ see Ἐπαφρᾶς.

ἐπεγείρω *I arouse, stimulate,*

ἐπεί (1) *after,* Luke 7:1 (var.), Acts 13:46 (var.); (2) *for, since;* (3) *otherwise,* Rom 11:6, 22; 1 Cor 5:10, etc.

ἐπειδή (1) *when,* Luke 7:1; (2) *since.*

ἐπειδήπερ *since.*

ἐπεῖδον *I looked upon, regarded.*

ἔπειμι in the part. ἐπιοῦσα, *coming on, next;* τῇ ἐπιούσῃ (understand ἡμέρᾳ), *next day.*

ἐπείπερ *since indeed,* var. in Rom 3:30.

ἐπεισαγωγή, ῆς, ἡ *bringing in, introduction, importation.*

ἐπεισέρχομαι *I come (in) upon.*

ἔπειτα adv., *then, thereafter, afterwards.*

ἐπέκεινα prep. w. gen., *beyond.*

ἐπεκτείνομαι *I strain after.*

ἐπενδύομαι *I put on* (as a garment).

ἐπενδύτης, ου, ὁ *a coat, outer wrap.*

ἐπέρχομαι *I come upon,* sometimes with hostility.

ἐπερωτάω = ἐρωτάω simply, *I ask, question.*

ἐπερώτημα, ατος, τό = ἐρώτημα, *a request.*

ἐπέχω (1) trans., *I hold forth;* (2) intrans. (νοῦν being understood), *I mark, pay attention* (heed),

note, Acts 3:5; 1 Tim 4:16: *I delay,* Acts 19:22.

ἐπηρεάζω *I insult, treat wrongfully, molest.*

ἐπί prep., (1) w. gen. locally, *on, upon;* and so met. of that *on* which anything rests, e.g., ἐπ᾿ ἀληθείας, *in truth;* of authority *over,* e.g., Matt 24:45; *concerning,* Gal 3:16; *in presence of,* e.g., Matt 28:14; *at, in,* Mark 12:26; *in (at) the time (period) of,* e.g., Mark 2:26; (2) w. dat. *on, upon; near,* e.g., Matt 24:33; *on the basis (ground) of,* e.g., Matt 4:4; *on account of,* e.g., Luke 5:5, ἐφ᾿ ῷˢ = (ἐπὶ τούτῳ, ὅ, τι), *in view of the fact that; over* (cf. under [1]), Luke 12:44; *against,* Luke 12:52; *in addition to,* e.g., 2 Cor 7:13; *in, at,* ἐπὶ τούτῳ, *meantime,* John 4:27; *for, with a view to,* cf. Acts 5:35; (3) w. acc. locally, *on, upon,* generally after verbs indicating motion, but afterwards more widely used, both lit. and met., ἐπὶ τὸ αὐτό, *in the same place, together, in all,* cf. Acts 1:15; 2:47; *near, to, towards* (after word expressing motion, and then more widely), both lit. and met.; *against; in addition to* (cf. under [2]), Phil 2:27; of number or degree attained, *as far as,* e.g., ἐπὶ πλεῖον, ἐφ᾿ ὅσον; of charge, rule, or power *over; concerning,* e.g., Luke 23:28; *on account of, with a view to,* Mark 15:24; John 19:24; of time, *for, during,* e.g., Luke 4:25; of time, *about,* e.g., Luke 10:35.

ἐπιβαίνω (1) *I set foot on, I step on;* (2) *I mount* (a horse), *board* (a vessel).

ἐπιβάλλω (1) *I throw upon, cast over,* 1 Cor 7:35; Rev 18:19 (var.); (2) *I place upon;* (3) *I lay,* w. τήν χεῖρα (τὰς χεῖρας), either w. innocent, or w. hostile, intent; (4) intrans., *I strike upon,* Mark

4:37; (5) intrans., τὸ ἐπιβάλλον μέρος, *the share that falls to (belongs to) one*, Luke 15:12; (6) intrans., ἐπιβαλὼν ἔκλαιεν, *he set to and wept*, Mark 14:72.

ἐπιβαρέω *I put a burden on, burden.*

ἐπιβιβάζω *I place upon* (a horse, mule).

ἐπιβλέπω *I look with favor on.*

ἐπίβλημα, ατος, τό *something put on, a patch.*

ἐπιβουλή, ῆς, ἡ *a plot.*

ἐπιγαμβρεύω *I take to wife after.*

ἐπίγειος, ον (1) *on the earth, belonging to the earth* (as opposed to the sky); (2) in a spiritual sense, *belonging to the earthly sphere, earthly* (as opposed to heavenly); opp. to ἐπουράνιος in both senses.

ἐπιγίνομαι *I come on, supervene.*

ἐπιγινώσκω *I come to know* by directing my attention to (ἐπί) him or it, *I perceive, discern, recognize;* aor. *I found out.*

ἐπίγνωσις, εως, ἡ *knowledge* of a particular point (directed towards a particular object); *perception, discernment, recognition; intuition.*

ἐπιγραφή, ῆς, ἡ *an inscription.*

ἐπιγράφω *I write upon, inscribe.*

ἐπιδείκνυμι *I show, display, point out, indicate; I prove, demonstrate,* Acts 18:28; Heb 6:17.

ἐπιδέχομαι *I welcome.*

ἐπιδημέω *I am resident* (temporarily, in a foreign city).

ἐπιδιατάσσομαι *I make an additional testamentary disposition, I furnish with additions.*

ἐπιδίδωμι (1) trans., *I hand in;* (2) intrans., *I give way* (to the wind), Acts 27:15.

ἐπιδιορθόω *I put besides into a state of order, I put in order.*

ἐπιδύω *I sink, set.*

ἐπιείκεια, ας, ἡ *considerateness, forbearance, fairness.*

ἐπιεικής, ές *forbearing, fair, reasonable.*

ἐπιζητέω *I seek after, search for, make inquiries about.*

ἐπιθανάτιος, ον *at the point of death, doomed to death.*

ἐπίθεσις, εως, ἡ *laying on.*

ἐπιθυμέω *I desire, long;* ἐπιθυμία, ἐπιθυμεῖν, Hebraistic, *to long eagerly,* Luke 22:15.

ἐπιθυμητής, οῦ, ὁ *a longer after, luster after.*

ἐπιθυμία, ας, ἡ *eager (passionate) desire, passion;* see ἐπιθυμέω.

ἐπικαθίζω *I sit.*

ἐπικαλέω (1) *I call (name) by a supplementary (additional, alternative) name;* (2) mid. *I call upon, appeal to, address.*

ἐπικάλυμμα, ατος, τό *a covering, pretext.*

ἐπικαλύπτω *I put a cover on, cover up.*

ἐπικατάρατος, ον *on whom a curse has been invoked, accursed.*

ἐπίκειμαι (1) w. dat. or w. ἐπί + dat. *I am placed upon, am laid upon, lie upon, am imposed; I press upon,* Luke 5:1; (2) absol. *I press hard,* Acts 27:20; *I am insistent, insist,* Luke 23:23.

ἐπικέλλω *I beach, run aground, drive* a ship *on to.*

Ἐπικούρειος, ου, ὁ *an Epicurean,* one who holds the tenets of Epicurus (341–270 B.C.).

ἐπικουρία, ας, ἡ *succor* (against foes), *help.*

ἐπικρίνω *I give decision, decide.*

ἐπιλαμβάνομαι *I lay hold of, take hold of, seize* (sometimes with beneficent, sometimes with hostile, intent).

ἐπιλανθάνομαι *I forget.*

ἐπιλέγομαι (1) mid. *I choose for*

myself, Acts 15:40; (2) pas. *I am named.*

ἐπιλείπω   *I fail, leave behind.*

ἐπιλείχω   *I lick.*

ἐπιλησμονή, ῆς, ἡ   *forgetting,* in Jas 1:25 a Hebraistic gen. = *that forgets.*

ἐπίλοιπος, ον   *remaining, i.e., left over.*

ἐπίλυσις, εως, ἡ   *solution, explanation, interpretation.*

ἐπιλύω   *I explain.*

ἐπιμαρτυρέω   *I call to witness.*

ἐπιμέλεια, ας, ἡ   *care, attention.*

ἐπιμελέομαι   *I care for, attend to.*

ἐπιμελῶς   adv., *carefully, attentively.*

ἐπιμένω   (1) *I remain, tarry;* (2) w. dat. *I remain in, persist in.*

ἐπινεύω   *I consent.*

ἐπίνοια, ας, ἡ   *thought.*

ἐπιορκέω (ἐφιορκέω)   *I take an oath, swear.*

ἐπίορκος, ου, ὁ   *perjuring, a perjurer.*

ἐπιούσιος, ον   *belonging to the morrow* (from ἡ ἐπιοῦσα [ἡμέρα]).

ἐπιπίπτω   *I fall upon; I press upon,* Mark 3:10.

ἐπιπλήσσω   *I reprove.*

ἐπιποθέω   *I long for, strain after, desire greatly.*

ἐπιπόθησις, εως, ἡ   *eager longing (desire).*

ἐπιπόθητος, ον   *longed for, missed.*

ἐπιποθία, ας, ἡ   *longing, eager desire.*

ἐπιπορεύομαι   *I journey (to).*

ἐπι(ρ)ράπτω   *I sew (on).*

ἐπι(ρ)ρίπτω   *I throw (cast upon).*

ἐπισείω   *urge on, incite* (a crowd).

ἐπίσημος, ον   *notable, conspicuous.*

ἐπισιτισμός, οῦ, ὁ   *provision, nourishment, food.*

ἐπισκέπτομαι   (1) *I look out,* Acts 6:3; (2) *I visit.*

ἐπισκευάζομαι   *I equip* (horses).

ἐπισκηνόω   *I raise a tent (over).*

ἐπισκιάζω   *I overshadow, envelop.*

ἐπισκοπέω (ἐπισκοπεύω)   *I exercise oversight (care).*

ἐπισκοπή, ῆς, ἡ   (1) *visitation* (of judgment), Luke 19:44; 1 Pet 2:12; (2) *oversight, supervision.*

ἐπίσκοπος, ου, ὁ   *overseer, supervisor, ruler,* (used as an official title in civil life), especially used w. reference to the supervising function exercised by an elder or presbyter of a church or congregation, and therefore (at first) practically synonymous w. πρεσβύτερος.

ἐπισπάω   mid. *I undo the effects of circumcision on myself* (lit. *I draw over*).

ἐπισπείρω   *I sow above (over), I replant.*

ἐπίσταμαι   *I know, understand.*

ἐπίστασις, εως, ἡ   *plotting (conspiring) against.*

ἐπιστάτης, ου, ὁ   *master, teacher.*

ἐπιστέλλω   *I enjoin,* generally *in writing, I write.*

ἐπιστήμων, ον   gen. ονος   *knowing by experience (personal acquaintance).*

ἐπιστηρίζω   *I prop up, uphold, support, confirm.*

ἐπιστολή, ῆς, ἡ   *a letter, dispatch.*

ἐπιστομίζω   *I muzzle, silence.*

ἐπιστρέφω   (1) trans., *I turn (back) to (towards);* (2) intrans., *I turn (back to [towards]); I come to myself,* Luke 22:32.

ἐπιστροφή, ῆς, ἡ   *a turning (to God).*

ἐπισυνάγω   *I collect, gather together.*

ἐπισυναγωγή, ῆς, ἡ   *gathering (collecting) together, assembling.*

ἐπισυντρέχω   *I run together to (towards).*

ἐπισφαλής, ές   *dangerous.*

ἐπισχύω   *I persist, insist.*

ἐπισωρεύω   *I heap up.*

ἐπιταγή, ῆς, ἡ   *instruction,*

command, order, authority (often of a god).

ἐπιτάσσω   *I give order, command.*

ἐπιτελέω   *I complete, accomplish, perfect.*

ἐπιτήδειος, α, ον   *necessary.*

ἐπιτίθημι   *I place upon, lay on;* w. ὄνομα, *I add, give in addition.*

ἐπιτιμάω   (1) *I rebuke, chide, censure;* (2) w. ἵνα, *I warn.*

ἐπιτιμία, ας, ἡ   *punishment.*

ἐπιτρέπω   *I allow, permit.*

ἐπιτροπεύω   *I act as* ἐπίτροπος *(procurator) over,* var. Luke 3:1.

ἐπιτροπή, ῆς, ἡ   *commission.*

ἐπίτροπος, ου, ὁ   (1) (procurator) *a steward;* (2) (tutor) *a guardian* (appointed for an "infant" [under 14 perhaps] by the father or by a magistrate), Gal 4:2.

ἐπιτυγχάνω   *I attain, obtain.*

ἐπιφαίνω   *I appear* (as of a light in the heavens [cf. Acts 27:20] or from the heavens).

ἐπιφάνεια, ας, ἡ   *appearing, manifestation* (of a conspicuous intervention from the sky on behalf of a worshipper).

ἐπιφανής, ές   *manifest.*

ἐπιφαύσκω   *I shine upon.*

ἐπιφέρω   *I bring forward (against).*

ἐπιφωνέω   *I call out, shout;* w. dat. *against,* Acts 22:24.

ἐπιφώσκω   *I draw near, dawn,* of the next day.

ἐπιχειρέω   *I take in hand, I attempt.*

ἐπιχέω   *I pour on.*

ἐπιχορηγέω   *I supply, provide* (perhaps lavishly).

ἐπιχορηγία, ας, ἡ   *supply, provision, equipment.*

ἐπιχρίω   *I besmear, anoint.*

ἐποικοδομέω   *I build upon (above)* a foundation.

ἐπονομάζω   *I name, impose a name on.*

ἐποπτεύω   *I am an eyewitness of, behold.*

ἐπόπτης, ου, ὁ   *an eyewitness* (orig. of one initiated into the mysteries, but also found of *a surveyor, supervisor*).

ἔπος, ους, τό   *a word;* ὡς ἔπος εἰπεῖν (a literary phrase), *one might almost say,* modifying a statement, Heb 7:9.

ἐπουράνιος, ον   *heavenly, in heaven;* ἐν τοῖς ἐπουρανίοις, *in the heavenly sphere,* the sphere of spiritual activities (opp. ἐπίγειος).

ἑπτά   *seven;* οἱ ἑπτά, *the seven* ("deacons" of Acts 6:3–6).

ἑπτάκις   adv., *seven times;* ἑπτάκις τῆς ἡμέρας, *seven times in the day.*

ἑπτακισχίλιοι, αι, α   *seven thousand.*

ἑπταπλασίων, ον   gen. ονος *sevenfold.*

Ἔραστος, ου, ὁ   *Erastus,* steward of Corinth, a Christian.

ἐραυνάω   *I search;* = ἐξεραυνάω, 1 Pet 1:11; (a form of ἐρευνάω not known before first c. A.D.).

ἐργάζομαι   (1) *I am at work, I work;* (2) trans., *I produce by work, put in force, give operation to, realize,* e.g., Matt 7:23; w. cog. acc. ἔργον, ἔργα, Matt 26:10, etc.; w. acc. βρῶσιν, *I work for,* John 6:27.

ἐργασία, ας, ἡ   *working, activity, work, service, trade, business, gains of business;* δὸς ἐργασίαν, *take pains to, see to it that you,* Luke 12:58; *performance, practice,* Eph 4:19.

ἐργάτης, ου, ὁ   *a field laborer;* then, *a laborer, workman* in general.

ἔργον, ου, τό   (1) *work, labor* (in the physical, orig. in the agricultural, sphere); (2) moral *action, deed,* hence w. adjs. or gens. defining its character.

ἐρεθίζω   *I stir up,* 2 Cor 9:2; *I arouse to anger, provoke,* Col 3:21.

ἐρείδω   *I strike; I run aground* (of a ship).

ἐρεύγομαι   I utter, declare. (lit. I belch forth)

ἐρημία, ας, ἡ   a desert place, a desert.

ἔρημος, ου, ἡ   adj., desert; hence, ἡ ἔρημος (understand χώρα), the desert, to the east and south of Palestine; of a person, deserted, abandoned, desolate, Gal 4:27.

ἐρημόω   (1) I make desolate, bring to desolation, destroy, waste; (2) of a person, I strip, rob.

ἐρήμωσις, εως, ἡ   making into a desert, wasting, desolating, desolation.

ἐρίζω   I strive.

ἐριθεία, ας, ἡ   ambition, rivalry (lit. the seeking of followers and adherents by means of gifts, the seeking of followers).

ἔριον, ου, τό   wool.

ἔρις, ιδος, ἡ   strife.

ἐρίφιον, ου, τό   a goat, or kid.

ἔριφος, ου, ὁ   a goat.

Ἑρμᾶς, ᾶ, ὁ   Hermas, a Roman Christian.

ἑρμηνεία, ας, ἡ   translation, interpretation.

ἑρμηνευτής   translator, interpreter (1 Cor 14:28, var.).

ἑρμηνεύω   (1) I translate; (2) I interpret the meaning of, Luke 24:27 (var.).

Ἑρμῆς, οῦ, ὁ   (1) Hermes, the messenger and herald of the Greek gods, or rather the corresponding Lycaonian deity; to him also corresponded the Lat. Mercurius, Acts 14:12; (2) Hermes, a Roman Christian.

Ἑρμογένης, ους, ὁ   Hermogenes, a faithless Christian at Rome.

ἑρπετόν, οῦ, τό   a creeping creature, reptile, especially a serpent.

ἐρυθρός, ά, όν   red.

ἔρχομαι   (1) I go; w. acc. of extent, ὁδόν; (2) I come; εἰς ἑαυτὸν ἐλθών, having come to himself,

having come to his right mind, "having reasoned with himself" (Sahidic), Luke 15:17.

ἐρῶ   I shall say; w. acc. pers. ὑμᾶς εἴρηκα φίλους, I have called you friends, John 15:15, ἄρχοντα οὐκ ἐρεῖς κακῶς, you shall not speak evilly of a leader, Acts 23:5, cf. Rom 4:1 (var.); cf. εἶπον.

ἐρωτάω   (1) I ask (a question), I question; (2) (= αἰτέω) I request, make a request to, I pray.

ἐσθής, ῆτος, ἡ   clothing; ἐσθήσεσι = ἔσθεσι, dat. plur. of ἐσθής.

ἐσθίω (ἔσθω)   trans. and intrans., I eat, I am eating; I take a meal; aor. φαγεῖν, to eat, but in Rev 10:10 = καταφαγεῖν.

Ἐσλί (Ἐσλεί), ὁ   Esli (Eslei), son of Naggai and father of Nahum [Heb.].

ἔσοπτρον, ου, τό   a mirror, looking glass (made of highly polished metal).

ἑσπέρα, ας, ἡ   evening.

ἑσπερινός   in the evening, belonging to the evening, evening (Luke 12:38, var.).

Ἑσρώμ (Ἑσρών), ὁ   Hesrom, Hesron, son of Phares, father of Aram [Heb.].

ἑσσόομαι   be worse off than, be inferior to (2 Cor 12:13, var.).

ἔσχατος, η, ον   last; ἔσχατον, neut. acc. as adv., at the last, finally; ἐπ' ἐσχάτου, at the end; ἕως ἐσχάτου, till the end.

ἐσχάτως   adv., ἐσχάτως ἔχειν, to be at the extremity, to be "in extremis," to be at the last gasp.

ἔσω   adv., within, inside, w. verbs either of rest or of motion; ὁ ἔσω ἄνθρωπος, that part of man which is spiritual; οἱ ἔσω, those within (the church), members of the church, 1 Cor 5:12; prep. w. gen., within, to within, inside, Mark 15:16.

ἔσωθεν adv. (1) *from within, from inside;* (2) *within, inside;* τὸ ἔσωθεν, *the inner part, the inner element.*

ἐσώτερος, α, ον *inner;* τὸ ἐσώτερον, *the part that is within,* w. gen.

ἑταῖρος, ου, ὁ *companion, comrade.*

ἑτερόγλωσσος, ον *speaking another language.*

ἑτεροδιδασκαλέω *I teach different things,* i.e., *different from the true or necessary teaching.*

ἑτεροζυγέω *I am yoked with one different from myself, unequally yoked.*

ἕτερος, α, ον (1) of two, *another, a second:* ἐν ἑτέρῳ (understand ψαλμῷ), Heb 5:6; ὁ ἕτερος, *the other, the second,* τῇ ἑτέρᾳ (understand ἡμέρᾳ), *on the second day,* Acts 20:15; 27:3; ἕτεροι, *others, another group;* (2) sometimes it does not differ from ἄλλος, being used of more than two, *other, different,* cf. Luke 8:6–8; 2 Cor 11:4; in Gal 1:6, 7 ἕτερος appears to mean *another of the same kind,* as contrasted w. ἄλλος, *another of a different kind.*

ἑτέρως adv., *differently.*

ἔτι adv. (1) of time, *still, yet; even now;* οὐκ ἔτι, *no longer,* and similarly w. other negatives; (2) of degree, *even; further, more, in addition.*

ἑτοιμάζω *I make ready, prepare.*

ἑτοιμασία, ας, ἡ (in LXX, *a stand, base,* but also) *readiness* (of bearer of good tidings).

ἕτοιμος, η, ον *ready, prepared;* ἐν ἑτοίμῳ ἔχοντες, *being ready,* 2 Cor 10:6, cf. ἑτοίμως.

ἑτοίμως adv., *readily;* ἑτοίμως ἔχειν, *to be ready.*

ἔτος (ἔτος), ους, τό *a year;* κατ' ἔτος (καθ' ἔτος), *annually;* ἀπὸ or ἐξ ἐτῶν followed by a number *(for),* lit. *from . . . years.*

εὖ adv., *well;* as interj. *well done! bravo!*

Εὖα (Εὕα), ας, ἡ *Eva, Eve,* wife of Adam, the first man [Heb.].

εὐαγγελίζω *I bring good news, I preach good tidings,* normally mid., with or without an obj., expressing either the persons who receive the good news or the good news itself (the good news being sometimes expressed as a person, e.g., Acts 5:42).

εὐαγγέλιον, ου, τό *he good news* of the coming of the Messiah, *the gospel;* the gen. after it expresses sometimes the giver (God), sometimes the subj. (the Messiah, etc.), sometimes the human transmitter (an apostle).

εὐαγγελιστής, οῦ, ὁ *a missionary* (an occurrence on a pagan inscription = priest of Εὐάγγελος, i.e., of Ἑρμῆς, is found).

εὐαρεστέω *I give pleasure to, I please* (perhaps w. the added idea of *rendering good service to,* cf. ἀρέσκω).

εὐάρεστος, ον *well-pleasing* (especially to God).

εὐαρέστως adv., *in a well-pleasing way.*

Εὔβουλος, ου, ὁ *Eubulus,* a Christian with Paul in Rome.

εὖγε adv. interj., *well done! bravo!*

εὐγενής, ές (1) *of noble birth, of high birth;* (2) *noble* in nature, Acts 17:11.

εὐδία, ας, ἡ *fair weather, good weather.*

εὐδοκέω *I am well pleased,* w. acc. expressing *with,* Matt 12:18, etc.; *I think it good, am resolved* (a characteristic word of Jewish Gk.).

εὐδοκία, ας, ἡ (1) *goodwill (good pleasure), favor, feeling of complacency* of God to man; ἄνθρωποι εὐδοκίας (Hebraistic), *men with whom God is well pleased,* Luke

2:14; (2) *good pleasure, satisfaction, happiness, delight* of men, e.g., 2 Thess 1:11, though even in such passages there may be a latent reference to (divine) approval.

εὐεργεσία, ας, ἡ *good action, well doing, benefiting, kind service.*

εὐεργετέω *I do good deeds, perform kind service, benefit.*

εὐεργέτης, ου, ὁ *Benefactor,* an honorary title of kings and governors.

εὔθετος, ον *fitted, suitable;* absol. Heb 6:7.

εὐθέως adv., *immediately.*

εὐθυδρομέω *I run a straight course.*

εὐθυμέω *I keep up spirit, am of good courage.*

εὔθυμος, ον *in good spirits.*

εὐθύμως adv., *with good courage.*

εὐθύνω (1) *I make straight* (of the direction, not the surface, of a road); (2) *I steer,* Jas 3:4.

εὐθύς, εῖα, ύ gen. **έως** (1) *straight,* of direction, as opposed to crooked (σκολιός); (2) met. *upright.*

εὐθύς adv., *immediately;* characteristic of Mark.

εὐθύτης, ητος, ἡ *straightness, uprightness.*

εὐκαιρέω *I have a good (favorable) opportunity, I have leisure.*

εὐκαιρία, ας, ἡ *a good opportunity, an opportunity.*

εὔκαιρος, ον *opportune, timely, suitable;* in Mark 6:21 perhaps = *empty, holiday, festal.*

εὐκαίρως adv., *opportunely, in season, conveniently.*

εὔκοπος, η, ον *easy;* εὐκοπωτερόν ἐστιν, *it is easier.*

εὐλάβεια, ας, ἡ *caution, care;* then *anxiety, fear* (in a good sense); then almost *piety.*

εὐλαβέομαι *I am anxious,* περί, *about,* cf. εὐλάβεια).

εὐλαβής, ές (lit. *handling well*),

hence, *cautious, circumspect;* hence, *God-fearing, pious.*

εὐλογέω *I bless* (lit. *I speak well of,* opp. *I abuse, curse*); εὐλογημένος, of a man, *blessed* (by God; contrast εὐλογητός); εὐλογῶν (or ἐν εὐλογίᾳ) εὐλογῶ (Hebraistic), *I bless abundantly.*

εὐλογητός, ή, όν *blessed* (used only of God, as entitled to receive blessing from man).

εὐλογία, ας, ἡ *blessing.*

εὐμετάδοτος, ον *willingly sharing, ready to impart.*

Εὐνίκη, ης, ἡ *Eunice,* mother of Timothy.

εὐνοέω *I have goodwill.*

εὔνοια, ας, ἡ *goodwill.*

εὐνουχίζω *I make into a eunuch, emasculate, castrate.*

εὐνοῦχος, ου, ὁ (1) *a chamberlain, keeper of the bedchamber* of an Eastern potentate, *eunuch,* Acts 8; (2) hence, as such were castrated, *a eunuch, a castrated person.*

Εὐοδία, ας, ἡ *Euodia, Evodia,* or rather *Euhodia,* a Christian woman of Philippi.

εὐοδόομαι *I have a happy (successful) journey;* hence, *I prosper,* w. the acc. in 1 Cor 16:2 expressing the concrete sign of prosperity.

εὐπάρεδρος, ον *constant in service, promoting fit waiting on.*

εὐπειθής, ές, gen. **οὖς** *compliant.*

εὐπερίστατος, ον *easily surrounding, easily encircling.*

εὐποιΐα (εὐποιία), ας, ἡ *good doing, doing of good.*

εὐπορέομαι *I am prosperous.*

εὐπορία, ας, ἡ *wealth, gain.*

εὐπρέπεια, ας, ἡ *glory* (with a notion of stateliness or majesty).

εὐπρόσδεκτος, ον *well-received, acceptable, welcome.*

εὐπροσωπέω *I look well, I make a fair show (a good outward appearance,* and so *win good opinion).*

Εὐρακύλων, ωνος, ὁ *Euraquilo,* an east-northeast wind (Acts 27:14, var.). See Εὐροκλύδων.

εὑρίσκω *I find,* especially after searching; but in Phil 3:9 possibly *I surprise.*

Εὐροκλύδων, ωνος, ὁ *Euroclydon,* a southeast wind (Acts 27:14, var.). See Εὐρακύλων.

εὐρύχωρος, ον *broad.*

εὐσέβεια, ας, ἡ *piety* (towards God), *godliness.*

εὐσεβέω *I am dutiful, pious;* w. acc. pers. *towards* one who has the right to it, man or God.

εὐσεβής, ές *pious, God fearing.*

εὐσεβῶς adv., *piously.*

εὔσημος, ον *with clear meaning.*

εὔσπλαγχνος, ον *tender-hearted, merciful.*

εὐσχημόνως adv., *becomingly, decorously.*

εὐσχημοσύνη, ης, ἡ *comeliness.*

εὐσχήμων, ον gen. **ονος** (1) *comely, seemly, decorous;* (2) *of honorable position* (in society).

εὐτόνως adv., *vehemently, powerfully.*

εὐτραπελία, ας, ἡ *versatility* (especially of speech); *facetiousness, raillery.*

Εὔτυχος, ου, ὁ *Eutychus,* a young hearer of Paul at Troas.

εὐφημία, ας, ἡ *good reputation.*

εὔφημος, ον *well reported of.*

εὐφορέω *I bear well, I bring a good harvest.*

εὐφραίνω *I cheer, make glad;* generally mid. or pas. *I am glad; I make merry, revel, feast.*

Εὐφράτης, ου, ὁ *the Euphrates,* boundary river of the province Syria.

εὐφροσύνη, ης, ἡ *gladness.*

εὐχαριστέω *I give thanks;* pas. 3 sing. *is received with thanks,* 2 Cor 1:11.

εὐχαριστία, ας, ἡ *thankfulness, gratitude.*

εὐχάριστος, ον *thankful.*

εὐχή, ῆς, ἡ *a prayer* comprising *a vow,* as was usual; *a prayer; a vow.*

εὔχομαι *I pray.*

εὔχρηστος, ον *useful, serviceable.*

εὐψυχέω *I am of good cheer.*

εὐωδία, ας, ἡ *a sweet smell.*

εὐώνυμος, ον *on the left-hand side, left;* ἐξ εὐωνύμων, *on the left* (lit. *well-named,* to avoid the evil omen attaching to the left).

ἐφάλλομαι *I leap upon.*

ἐφάπαξ (ἐφ’ ἅπαξ) adv., *once, once for all.*

Ἐφέσιος, α, ον *Ephesian, of Ephesus.*

Ἔφεσος, ου, ἡ *Ephesus,* a coast city, capital of the Roman province Asia.

ἐφευρετής, ου, ὁ *a finder out, discoverer.*

ἐφημερία, ας, ἡ *a class* of priests who served for a stated number of days.

ἐφήμερος, ον *for the day, for a day.*

ἐφικνέομαι *I reach as far as.*

ἐφιορκέω see ἐπιορκέω.

ἐφίστημι intrans. and pas., *I come upon* (suddenly or unexpectedly) *and stand by;* met. *I press forward,* 2 Tim 4:2.

ἐφνίδιος a phonetic spelling of αἰφνίδιος.

Ἐφραίμ (Ἐφραΐμ), ὁ *Ephraim,* a city of uncertain situation.

ἐφφαθά *be opened up* [Aram.]

ἐχθές adv., *yesterday.*

ἔχθρα, ας, ἡ *enmity, hostility.*

ἐχθρός, ή, όν *an enemy.*

ἔχιδνα, ης, ἡ *a serpent, snake;* in Acts 28:3 probably *Coronella leopardinus,* a constrictor snake like a viper without poison fangs, which fixes its small teeth into the skin, but is harmless.

ἔχω (1) trans., *I hold, have, possess;*

ἔσχον, generally, *I got, received, acquired,* ἔσχηκα, *I possessed;* ἔχω τι κατά (εἰς), *I have* a ground of complaint *against;* ἐν γαστρὶ ἔχειν, *to have* (a child) *in the womb;* w. double acc., the second being in the pred. (with or without εἰς), *to have* so and so *as . . ., to regard* so and so *as* (cf. Mark 11:32); w. obj. indicating time *to be* so and so days etc. *old;* (2) w. infin. *I am able;* (3) w. adv. equal to εἰμί w. corresponding adj.; intrans., κατὰ κεφαλῆς ἔχων, *having* a covering *over the head, with head covered,* 1 Cor 11:4; (5) Mid. *I am neighboring, I am next to,* e.g., Mark 1:38, τῇ ἐχομένῃ (understand ἡμέρα), *next day,* Luke 13:33, cf. Acts 13:44 (var.), etc.

ἔως (1) conj., *until;* followed by the indic. where a def. time in the past is indicated; with or without οὗ or ὅτου, and followed by the subjun. aor. with or without ἄν or ἐάν, indicating an indef. time, *until . . . shall have,* e.g., ἔως ἄν πάντα γένηται, *until all shall have happened,* Matt 5:18; (2) prep. w. gen., *as far as, up to, as much as, until,* both in local and temp. connections, both w. nouns in gen. and w. advs. (or preps.).

Z

Ζαβουλών, ὁ   *Zebulon,* one of the sons of Jacob, and founder of one of the twelve tribes [Heb.].

Ζακχαῖος, ου, ὁ   *Zacchaeus,* a Jewish tax gatherer.

Ζάρα, Ζαρά, ὁ   *Zara,* son of Judah and Thamar [Heb.].

ζαφθάνι (ζαφθανεί)   (Why) *have you forsaken?* (Matt 27:46; Mark 15:34, var.); (Heb in contrast to the Aram. σαβαχθανεί).

Ζαχαρίας, ου, ὁ   *Zechariah:* (1) a

priest referred to in 2 Chr 24:20 as a son of Jehoiada, in most copies of Matt 23:35, and some of Luke 11:51, perhaps confused with Zechariah the prophet, who was son of Berechiah (Zech 1:1), but see also Βαραχίας; (2) another priest, father of John the Baptist [Heb].

ζάω   *I live;* ἑαυτῷ ζῆν, *to be one's own master.*

ζβέννυμι   see σβέννυμι.

Ζεβεδαῖος, ου, ὁ   *Zebedee,* father of the disciples James and John.

ζεστός, ή, όν   *boiling hot.*

ζεῦγος, ους, τό   (1) *a yoke, team;* (2) hence, *a pair.*

ζευκτηρία, ας, ἡ   *a band, a fastening.*

Ζεύς, gen. Διός, acc. Δία, ὁ   *Zeus,* the Greek god of the sky in all its manifestations, corresponding to the Roman Jupiter and to the leading god of the native Lycaonians, etc.

ζέω   *I burn* (in spirit); (lit. *I boil, I am boiling*).

ζηλεύω   *I am zealous.*

ζῆλος, ου, ὁ   (1) *eagerness, zeal, enthusiasm;* (2) *jealousy, rivalry.*

ζηλόω   (1) intrans., *I am jealous;* (2) trans., *I am jealous of,* w. acc. of a person; *I am eager for, I am eager to possess,* w. acc. of a thing.

ζηλωτής, οῦ, ὁ   *one who is eagerly devoted to* a person or thing, *a zealot.*

ζημία, ας, ἡ   *loss.*

ζημιόω   *I inflict loss (damage) upon, I fine, I punish,* sometimes w. the acc. of the penalty, even when verb is pas.

Ζηνᾶς   acc. ᾶν, ὁ   *Zenas,* a lawyer in Rome (pet form of Ζηνόδοτος or Ζηνόδωρος).

ζητέω   *I seek, search for.*

ζήτημα, ατος, τό   *a question, subject of inquiry.*

ζήτησις, εως, ἡ   *questioning.*

ζιζάνιον, ου, τό   plur. *darnel.*
Ζμύρνα   see Σμύρνα.
Ζοροβάβελ (Ζοροβαβέλ), ὁ
Zerubbabel (flourished sixth c.
B.C.), son of Salathiel, according to
one of three traditions, all of which
agree on Davidic descent, and
father Abiud and Resa [Heb.].
ζόφος, ου, ὁ   *darkness, murkiness.*
ζυγός, οῦ, ὁ   *a yoke;* hence met. (a
Jewish idea) of a *heavy burden,*
comparable to the heavy yokes
resting on the bullocks' necks.
ζύμη, ης, ἡ   *leaven, ferment,* both
lit. and met.
ζυμόω   *I leaven.*
ζωγρέω   *I capture alive* or *I capture
for life.*
ζωή, ῆς, ἡ   *life,* both of physical
(present) and of spiritual (particu-
larly future) existence; sometimes,
e.g., Mk 10:17, = Heb. *hayyim* (a
plur. form) = *all the days you are
alive* (nearer to βίος than ζωή), of
a place in the New Age.
ζώνη, ης, ἡ   *a girdle, belt, waist-
band;* because the purse was kept
there, also *a purse.*
ζώννυμι (ζωννύω)   *I gird, I put on
the girdle,* especially as preparatory
to active work; in John 21:18 there
a *double entendre,* the second
occurrence referring to *binding* by
another.
ζωογονέω (ζῳογονέω)   *I preserve
alive* (lit. *bring to birth*).
ζῷον, ου, τό   *an animal.*
ζωοποιέω (ζῳοποιέω)   *I make* that
which was dead *to live.*

H

ἤ   (1) *or,* both in rel. and interrog.
clauses; in interrog. sentences we
ought perhaps sometimes to accent
ἤ (cf. εἰ) and regard simply as an
interrog. particle, not to be trans-
lated; (2) *than,* sometimes almost
otiose after πρίν; ἀλλ' ἤ (Luke

12:51; 2 Cor 1:13) should be ἀλλ'
ἤ (i.e., ἄλλο ἤ), *nothing but;* ἤ
γάρ in Luke 18:14 (var.) is
corrupt.
ἡγεμονεύω   *I govern.*
ἡγεμονία, ας, ἡ   *rule, authority.*
ἡγεμών, όνος, ὁ   *a* (Roman) *gover-
nor.*
ἡγέομαι   (1) *I lead;* ὁ ἡγούμενος
(as subst.), *the leader;* (2) *I think, I
am of opinion.*
ἡδέως   adv., *gladly, pleasantly.*
ἤδη   adv., *already; now at length,
now after all this waiting* Rom
1:10.
ἥδιστα   see ἡδέως.
ἡδονή, ῆς, ἡ   *pleasure, a pleasure,*
especially sensuous pleasure.
ἡδύοσμον, ου, τό   *mint, pepper-
mint.*
ἦθος, ους, τό   *a habit.*
ἥκω   *I have come,* but other tenses
are translated as if the pres. meant
I come.
ἠλί (ἠλεί, Ἡλεί)   *my God* (Heb.,
as contrasted w. the Aram. ἐλωΐ).
Ἡλί (Ἡλεί), ὁ   *Heli,* the father of
Joseph, husband of Mary, accord-
ing to Luke [Heb.].
**Ἡλίας (Ἡλίας, Ἡλείας,
Ἡλείας), ου, ὁ**   *Elias, Elijah,* the
prophet [Heb.].
ἡλικία, ας, ἡ   *age, term of life; full
age,* ἡλικίαν ἔχει, *he has come to
maturity,* John 9:21, 23, cf. Eph
4:13; *stature,* only in Luke 19:3.
ἡλίκος, η, ον   rel. and interrog. *of
which size, of what size,* e.g., in Jas
3:5 ἡλίκον means *how small,*
ἡλίκην, *how much.* Context deter-
mines the sense in each case.
ἥλιος, ου, ὁ   *the sun;* μὴ βλέπων
τὸν ἥλιον, equivalent to *stone-
blind,* Acts 13:11.
ἧλος, ου, ὁ   *a nail.*
ἡμέρα, ας, ἡ   *a day,* the period
from sunrise to sunset; (ἡ) ἡμέρα
κρίσεως, ἡ ἡμέρα ἐκείνη, ἡ

ἡμέρα τοῦ κυρίου, *the judgment day,* coinciding with the end of the world, according to late Jewish belief; τῇ τρίτῃ ἡμέρᾳ, etc., *on the third day, after two days,* so διὰ τριῶν ἡμερῶν, Matt 26:61, etc.; νύκτα καὶ ἡμέραν, *through night as well as day;* νυκτὸς καὶ ἡμέρας, *by night as well as day,* imply merely *before dawn* as well as *during the day;* (τὸ) καθ' ἡμέραν, *day by day, each day;* πάσας τὰς ἡμέρας (vernacular phrase), *perpetually,* Matt 28:20.

ἡμέτερος, α, ον *our.*

ἡμιθανής, ές *half-dead.*

ἥμισυς, εια, υ, gen. ἡμίσους *half;* (τὸ) ἥμισυ, τὰ ἡμίσια (ἡμίσεια, elsewhere unparalleled; usual form ἡμίση), *the half.*

ἡμίωρον (ἡμιώριον), ου, τό *half an hour,* but see ὥρα.

ἡνίκα *when;* ἡνίκα ἄν, *whenever.*

ἤπερ an intensified ἤ, *than.*

ἤπιος, α, ον *gentle.*

Ἤρ, ὁ *Er,* son of Joshua and father of Elmadam [Heb.].

ἤρεμος, ον *undisturbed.*

Ἡρῴδης, ου, ὁ *Herod:* (1) "Herod the King," "Herod the Great," Herod I (73–4 B.C.), Matt 2 *passim;* Luke 1:5; Acts 23:35; (2) "Herod, the Tetrarch," son of (1), Herod Antipas, ruled 4 B.C.–A.D. 39; (3) "Herod the King," Agrippa I, grandson of (1), brother of Herodias (10 B.C.–A.D. 44), ruled A.D. 37–44, Acts 12 *passim.*

Ἡρῳδιανοί, ῶν, οἱ *the Herodians, the partisans of Herod* (Antipas).

Ἡρῳδιάς, άδος, ἡ *Herodias* (died after A.D. 40), daughter of Aristobulus and granddaughter of Herod I, wife, first, of her uncle Herod, second, of his half brother, her uncle Herod Antipass.

Ἡρῳδίων, ωνος, ὁ *Herodion,* a Christian in Rome, a "relative" of Paul.

Ἠσαΐας, ου, ὁ *Esaias, Isaiah,* the prophet [Heb.].

Ἠσαῦ, ὁ *Esau,* elder son of Isaac the patriarch, brother of Jacob [Heb.].

ἡσσάομαι see ἡττάομαι.

ἥσσων (ἥττων), ον, gen. ονος *less; worse* (sometimes ἥττων under the influence of ἡττάομαι).

ἡσυχάζω *I am quiet, I keep quiet, I rest; I am silent.*

ἡσυχία, ας, ἡ *quietness; silence.*

ἡσύχιος, ον *quiet.*

ἤτοι *or of course.*

ἡττάομαι *I am defeated, I am worsted, I am made inferior.*

ἥττημα, ατος, τό *a defeat (failure).*

ἥττων see ἥσσων.

ἠχέω *I make a sound, give forth a sound, sound* (when struck).

ἦχος, ους, τό (1) *a sound;* (2) *a rumor,* Luke 4:37.

Θ

θα see μαρὰν ἀθά.

Θα(δ)δαῖος, ου, ὁ *Thaddaeus,* one of the twelve disciples (var. Λεββαῖος), (Aram. = *Theodotus* or some similar name).

θάλασσα, ης, ἡ (1) *the sea,* in contrast to the land (γῆ); τὸ πέλαγος τῆς θαλάσσης, *the depth of the sea,* Matt 18:6; (2) *a* particular *sea* or *lake,* e.g., *the sea of Galilee (Tiberias), the Red Sea.*

θάλπω (properly *I warm,* then) *I cherish.*

Θάμαρ, Θαμάρ, ἡ *Thamar, Tamar,* mother of Phares and Zara by Judah, son of Jacob [Heb.].

θαμβέω pas. *I am amazed* (almost *terrified*).

θάμβος, ους, τό *astonishment, amazement* (allied to terror or awe).

θανάσιμος, ον *deadly.*

θανατηφόρος, ον *death-bringing, deadly.*

θάνατος, ου, ὁ *death,* physical or spiritual; θάνατοι appears to mean *risks to life,* 2 Cor 11:23; ὁ δεύτερος θάνατος (ὁ θάνατος ὁ δεύτερος), *spiritual death.*

θανατόω *I put to death.*

θάπτω *I bury.*

Θάρα (Θαρά), ὁ *Thara, Terah,* the father of Abraham [Heb.].

θαρρέω *I am courageous, I am of good cheer,* a by form of θαρσέω.

θαρσέω *be of good cheer,* a by form of θαρρέω, only in the imper.

θάρσος, ους, τό *courage.*

θαῦμα, ατος, τό (1) concr., *a marvel, a wonder;* (2) abstr., *wonder.*

θαυμάζω (1) intrans., *I wonder;* cog. acc. θαυμάζειν θαῦμα μέγα, Rev 17:6, to *wonder very greatly;* (2) trans., *I wonder at, admire.*

θαυμάσιος, α, ον *wonderful.*

θαυμαστός, ή, όν *to be wondered at, wonderful.*

θεά, ᾶς, ἡ *a goddess.*

θεάομαι *I behold.*

θεατρίζω *I make a public show of, I expose to public shame.*

θέατρον, ου, τό (1) *a theatre,* a semicircular stone building, generally open to the sky; (2) *a spectacle,* 1 Cor 4:9.

θεῖον, ου, τό *brimstone, sulfur.*

θεῖος, α, ον *divine;* τὸ θεῖον, *the divine, the divine nature,* Acts 17:29.

θειότης, ητος, ἡ *divinity.*

θειώδης, ες *of brimstone, sulphureous.*

θέλημα, ατος, τό *an act of will, will;* plur. *wishes, desires;* τὸ θέλημα τοῦ Θεοῦ, *the will of God,* sometimes as a will to be recognized, sometimes as a will to be obeyed.

θέλησις, εως, ἡ *willing, will.*

θέλω (1) intrans., *I will;* οὐ θέλω, *I refuse;* θέλειν ἐν, *to fix one's will on, to stick resolutely to,* Col 2:18; followed by subj. with, or without, ἵνα, *I will that;* (2) trans., *I wish, desire.*

θεμέλιον, ου, τό *foundation,* θεμέλια, Acts 16:26.

θεμέλιος, ου, ὁ *a foundation.*

θεμελιόω *I found (lay a foundation),* lit., and met.

θεοδίδακτος, ον *taught by the god.*

θεομάχος, ον *fighting against the god.*

θεόπνευστος, ον *inspired by the god, due to the inspiration of the god.*

θεός, οῦ, ὁ (1) *a god* or *goddess,* John 10:34, 35; Acts 7:40; 14:11; 19:26, 37; 1 Cor 8:5; Gal 4:8; (2) *the god.* The word is an appellative. The Christian, like the Jew and many pagans, avoided *naming* his God, and referred to him as *the* god.

θεοσέβεια, ας, ἡ *reverence for the god.*

θεοσεβής, ές *devout, religious.*

θεοστυγής, ές *hating the god.*

θεότης, ητος, ἡ *deity, godhead.*

Θεόφιλος, ου, ὁ *Theophilus,* a friend of Luke of equestrian rank, to whom the Gospel and Acts are dedicated.

θεραπεία, ας, ἡ *care, attention* (Luke 12:42), especially *medical attention (treatment),* Luke 9:11; hence almost *healing* (Rev 22:2). In Luke 12:42 may, however, be taken as abstr. for concr., *the slaves.*

θεραπεύω *I care for, attend, serve, treat,* especially of a physician; hence, *I heal,* sometimes w. ἀπό, *of.*

θεράπων, οντος, ὁ *a servant, slave.*

θερίζω *I reap.*

θερισμός, οῦ, ὁ *reaping, harvest.*

θεριστής, οῦ, ὁ *a reaper, harvester.*

θερμαίνομαι *I warm myself.*
θέρμη, ης, ἡ *heat.*
θέρος, ους, τό *summer.*
Θεσσαλονικεύς, έως, ὁ *a man of Thessalonica.*
Θεσσαλονίκη, ης, ἡ *Thessalonica* (mod. *Saloniki*), an important city of the Roman province Macedonia.
Θευδᾶς, ᾶ, ὁ *Theudas,* a Jewish pretender of date about 4 B.C., otherwise unknown.
θεωρέω *I behold, look at.*
θεωρία, ας, ἡ *a sight.*
θήκη, ης, ἡ *a scabbard, a sheath.*
θηλάζω (1) *I give suck;* (2) *I suck.*
θῆλυς, εια, υ *female.*
θήρα, ας, ἡ *hunting, entrapping.*
θηρεύω *I hunt, I seek to catch* or *entrap.*
θηριομαχέω *I fight with wild beasts* (i.e., wild beasts in human form).
θηρίον, ου, τό properly *a wild beast,* hence, any *animal.*
θησαυρίζω *I store up, I treasure up, I save.*
θησαυρός, οῦ, ὁ *a storehouse* for precious things; hence, *a treasure, a store.*
θιγγάνω *I touch.*
θλίβω (1) *I make narrow* (strictly *by pressure*), Matt 7:14; *I press upon,* Mark 3:9; (2) *I persecute, press hard.*
θλῖψις (θλίψις), εως, ἡ *persecution, affliction, distress.*
θνήσκω *I am dying;* perf. τέθνηκα, *I am dead;* τεθνηκώς, *dead.*
θνητός, ή, όν *mortal.*
θορυβάζω *I disturb greatly.*
θορυβέω *I disturb greatly, I terrify, I strike with panic.*
θόρυβος, ου, ὁ (1) *din, hubbub, confused noise,* Acts 21:34, cf. Mark 5:38; (2) *riot, disturbance.*
θραύω *I crush.*
θρέμμα, ατος, τό (lit. *a nursling*), hence plur., probably *cattle* (rather than *household, slaves*).
θρηνέω *I lament.*

θρῆνος, ου, ὁ *a dirge, lamentation* (Matt 2:18, var.).
θρησκεία, ας, ἡ *worship* as expressed in ritual acts, *religion* (underlying sense = *reverence* or *worship* of the gods).
θρησκός (θρῆσκος), όν *religious* (probably in a limited sense, refers probably to a careful observance of religious restrictions), Jas 1:26.
θριαμβεύω (properly, *I lead* one as my prisoner *in a triumphal procession*), hence, *I lead around, I make a show (spectacle) of.*
θρίξ (θρῖξ), τριχός, ἡ *a hair;* plur. *hair.*
θροέω *I disturb, agitate.*
θρόμβος, ου, ὁ *a clot.*
θρόνος, ου, ὁ *a* (king's) *throne, seat.*
θρύπτω *I break in pieces.*
Θυάτ(ε)ιρα, ων, τό *Thyatira,* a city of the old district Lydia, in the Roman province Asia.
θυγάτηρ, τρός, ἡ *a daughter;* hence (Hebraistic?), of any female *descendant,* however far removed, Luke 1:5; 13:16; even of one unrelated, *my young lady,* Mark 5:34, etc.
θυγάτριον, ου, τό *a little (young) daughter.*
θύελλα, ης, ἡ *a storm, tempest.*
θύϊνος, η, ον *of the sandarach* (so-called *citron*) *tree.*
θυμίαμα, ατος, τό *incense.*
θυμιατήριον, ου, τό (ordinarily *censer,* but) either the *altar of incense* (Exod 30:1–10), or the *shovel,* on which the high priest poured the coals, when he entered the Holy of Holies on the Day of Atonement (Lev 16:12).
θυμιάω *I burn incense.*
θυμομαχέω (lit. *I fight desperately*), hence, *I am furiously angry with.*
θυμόομαι *I am full of angry passion.*
θυμός, οῦ, ὁ *an outburst of passion, wrath.*

θύρα, ας, ἡ (1) *a door;* (2) met. *an opportunity,* Acts 14:27; 1 Cor 16:9, etc.

θυρεός, οῦ, ὁ the heavy oblong Roman *shield.*

θυρίς, ίδος, ἡ *a window sill.*

θυρωρός, οῦ, ὁ or ἡ *doorkeeper, porter.*

θυσία, ας, ἡ abstr. and concr., *sacrifice; a sacrifice.*

θυσιαστήριον, ου, τό *an altar* (for sacrifice).

θύω *I sacrifice,* generally an animal; hence, *I kill.*

Θωμᾶς, ᾶ, ὁ *Thomas,* also called Didymus, one of the Twelve.

θώραξ, ακος, ὁ *a breastplate, corslet, cuirass.*

I

Ἰάϊρος (Ἰάειρος), ου, ὁ *Jairus,* a Jewish ruler of the synagogue.

Ἰακώβ, ὁ *Jacob,* (1) the patriarch, son of Isaac; (2) father of Joseph, the husband of Mary, according to Matt 1:15, 16 [Heb.].

Ἰάκωβος, ου, ὁ *Jacobus, James,* (1) the Small, son of Alphaeus, and one of the Twelve, Matt 10:3; 27:56; Mark 2:13 (var.); 3:18; 15:40; 16:1; Luke 6:15; 24:10; Acts 1:13; (2) brother of Jesus, Matt 13:55; Mark 6:3; Acts 12:17; 15:13; 21:18; 1 Cor 15:7; Gal 1:19; 2:9, 12; Jas 1:1(?); Jude 1; (3) father(?) of Jude, Luke 6:16; Acts 1:13; (4) son of Zebedee, and brother of John, one of the Twelve, killed A.D. 44; (5) a late Egyptian(?) author, if not to be identified w. (2), Jas 1:1.

ἴαμα, ατος, τό *a healing, a curing.*

Ἰαμβρῆς, ὁ *Jambres,* a sorcerer at the court of the Pharaoh (var. Μαμβρῆς).

Ἰανναί, ὁ *Jannai,* an ancestor of Jesus, son of Joseph, and father of Melchi [Heb.].

Ἰάννης (Ἰαννῆς), ὁ *Jannes,* a sorcerer at the court of the Pharaoh (var. Ἰαμνῆς).

ἰάομαι *I heal,* generally of physical, sometimes of spiritual, disease.

Ἰάρετ, ὁ *Jareth,* son of Maleleel and father of Enoch. [Heb.]

ἴασις, εως, ἡ *healing.*

ἴασπις, ιδος, ἡ *jasper.*

Ἰάσων, ονος, ὁ *Jason,* a Christian of Thessalonica, perhaps the same as the "relative" of Paul in Rom 16:21.

ἰατρός, οῦ, ὁ *a physician.*

ἴδε *behold!* (orig. imper. of εἶδον and accented ἰδέ).

ἰδέα, ας, ἡ *appearance.*

ἴδιος (ἴδιος), α, ον *one's own, belonging to one, private, personal:* οἱ ἴδιοι, one's own people, one's own family, John 1:11; ὁ ἴδιος, possibly his own (son), Acts 20:28; τὰ ἴδια, one's own home, one's own property, John 1:11, etc.; ἰδίᾳ, κατ' ἰδίαν (καθ' ἰδίαν) *privately, apart, in private, by oneself, individually* (possibly understand ὁδόν).

ἰδιώτης, ου, ὁ *(unofficial),* hence, *an amateur, an unprofessional man, a layman.*

ἰδού interj., *behold! lo!* (orig. the imper. of εἰδόμην and accented ἰδοῦ, its excessive frequency is a Semitism).

Ἰδουμαία, ας, ἡ *Idumaea, Edom,* a district of Arabia, immediately south of Judaea.

ἱδρώς, ῶτος, ὁ *sweat, perspiration.*

Ἰεζάβελ, ἡ *Jezebel* (Zezabel, Old Lat. and Armenian), name given to a false prophetess of Thyatira, possibly borrowed from the name of Ahab's wife, queen of Israel (I Kgs 16:31, etc.).

Ἱεράπολις, εως, ἡ *Hierapolis,* a city of the Lycus valley in Phrygia, near Laodicea and Colossae.

ἱερατεία, ας, ἡ *the duty (office) of a priest.*

ἱεράτευμα, ατος, τό *act* or *office of priesthood.*

ἱερατεύω *I serve as priest.*

Ἰερεμίας (**Ἱερεμίας**), **ου, ὁ** *Jeremiah,* OT prophet (wrote about 603–586 B.C.) [Heb.].

Ἰεριχώ (**Ἱερειχώ, Ἱερειχώ**), **ἡ** *Jericho, Hiericus,* a city a little north of the Dead Sea.

ἱερεύς, έως, ὁ *a priest,* one who offers sacrifice to a god (in Jewish and pagan religions; of Christians only met.).

ἱερόθυτος, ον *slain as sacred, slain in sacrifice.*

ἱερόν, οῦ, τό *a temple,* either the whole building, or specifically the outer courts, open to worshippers; contrast ναός.

ἱεροπρεπής, ές *like those employed in sacred service.*

ἱερός, ά, όν *sacred.*

Ἰεροσόλυμα, ἡ or τά the Gk. form of the Heb. name *Jerusalem.* See Ἰερουσαλήμ.

Ἰεροσολυμ(ε)ίτης, ου, ὁ *an inhabitant of Jerusalem,* see Ἰερουσαλήμ.

ἱεροσυλέω *I rob temples.*

ἱερόσυλος, ου, ὁ *a robber of temples,* but possibly simply *sacrilegious.*

ἱερουργέω *I sacrifice.*

Ἰερουσαλήμ, ἡ *Jerusalem,* the capital of Palestine; hence, *Judaism,* Gal 4:25, and allegorically, *Christendom, the Christian Church,* Gal 4:26, etc. (Aram. form),

ἱερωσύνη, ης, ἡ the abstr. notion of the *priestly office* (earlier ἱερεωσύνη from ἱερεύς).

Ἰεσσαί, ὁ *Jesse,* son of Obed (Iobed), and father of King David [Heb.].

Ἰεφθάε, ὁ *Jephthah,* one of the Judges of Israel [Heb.].

Ἰεχονίας, ου, ὁ *Jechoniah,* son of Josiah and father of Salathiel [Heb.].

Ἰησοῦς, gen., dat. οῦ, acc. οῦν
(1) Jesus, the Gk. form of Joshua, and the human name of our Savior (see Χριστός). The name is generally contracted thus, I̅C̅, I̅H̅C̅, in MSS, as a sign of sanctity;
(2) according to certain manuscripts, one of the names of Barabbas, the robber, Matt 27:16, 17;
(3) *Joshua,* Moses' successor as leader of the children of Israel, Acts 7:45; Heb 4:8; (4) an ancestor of our Lord, Luke 3:29; (5) *Jesus,* who was also called Justus, an early Christian, with Paul, Col 4:11. In these cases the name is not contracted.

ἱκανός, ή, όν (1) *considerable, sufficient,* of number, quantity, time: ἐξ ἱκανῶν χρόνων (var. ἱκανοῦ), *already for a long time,* Luke 23:8 (cf. 8:27); ἐφ' ἱκανόν, *for a sufficiently long time,* Acts 20:11; ἱκανόν ἐστιν, *enough* of this subject, Luke 22:38 (cf. 2 Cor 2:6); τὸ ἱκανὸν ποιεῖν τινι, *to satisfy one, to give him no ground of complaint,* Mark 15:15, τὸ ἱκανὸν λαμβάνω, *I get surety (security),* Acts 17:9; (2) of persons, *sufficiently strong* (*good,* etc.), *worthy, suitable,* w. various constructions.

ἱκανότης, ητος, ἡ *sufficiency, ability, power.*

ἱκανόω *I make sufficient, I make fit.*

ἱκετηρία, ας, ἡ *supplication, entreaty;* (orig. ἱκετηρίας ῥάβδος, the olive branch held in the hand of the suppliant).

ἱκμάς, άδος, ἡ *moisture.*

Ἰκόνιον, ου, τό *Iconium,* a Phrygian city of the Roman province Galatia (mod. Konia).

ἱλαρός, ά, όν *cheerful.*

ἱλαρότης, ητος, ἡ *cheerfulness.*

ἱλάσκομαι (1) w. dat. *I have mercy*

on, I show favor to; (2) trans. w. obj. of sins, *I forgive.*

ἱλασμός, οῦ, ὁ   *a propitiation* (of an angry god).

ἱλαστήριον, ου, τό   (1) *a sin offering,* by which the wrath of the deity shall be appeased, *a means of propitiation,* Rom 3:25; (2) *the covering* of the ark, which was sprinkled with the atoning blood on the Day of Atonement (Heb. *kappōret*), Heb 9:5 (original idea, *propitiation* of an angry god).

ἵλεως, ων   *propitious, forgiving,* Heb 8:12: ἵλεως σοι = ἵλεως εἴη σοι ὁ Θεός, *may the god be favorable to you, God be merciful to you, may God help you, God forbid!* Matt 16:22.

Ἰλλυρικόν, οῦ, τό   *Illyricum,* a Roman province, afterwards called Dalmatia, bounded by Pannonia on the north, Macedonia on the south, Moesia on the east, and the Adriatic Sea on the west.

ἱμάς, άντος, ὁ   *a thong, strap,* (1) for binding a man who is to be flogged, Acts 22:25; (2) for fastening a sandal or shoe.

ἱματίζω   *I clothe, I provide clothing for.*

ἱμάτιον, ου, τό   a long flowing *outer garment.*

ἱματισμός, οῦ, ὁ   *raiment, clothing,* a collective word.

ἵνα   (1) in statements: (a) indicating purpose, *in order that,* (b) indicating a command or wish, *that,* Mark 5:23; 6:25; 10:35, 51; John 17:24; 1 Cor 7:29; 2 Cor 8:7; Gal 2:10; Eph 5:33, (c) indicating consequence, *so that,* e.g., Rom 11:11, (d) a mere introduction to a noun clause, *that,* e.g., John 17:3; (2) in interrogations ἵνα τί; *why? wherefore?*

ἱνατί   = ἵνα τί; see ἵνα.

Ἰόππη, ης, ἡ   *Joppa,* a coast town of Judaea, west northwest of Jerusalem.

Ἰορδάνης, ου, ὁ   *Jordan,* a great river flowing due south and bounding Galilee, Samaria, and Judaea on the east.

ἰός, οῦ, ὁ   *poison;* hence, *rust,* Jas 5:3.

Ἰούδα   see Ἰούδας.

Ἰουδαία, ας, ἡ   *Judaea,* a Roman province, capital Jerusalem.

Ἰουδαΐζω   *I live as a Jew* (in religion, ceremonially).

Ἰουδαϊκός, ή, όν   *Jewish, Judaic.*

Ἰουδαϊκῶς   adv., *in the manner of Jews* (religiously, ceremonially).

Ἰουδαῖος, α, ον   *Jewish.*

Ἰουδαϊσμός, οῦ, ὁ   *the Jewish religion, Judaism.*

Ἰούδας, α, ὁ   (1) *Judah,* son of Jacob, the tribe founded by him, and the country occupied by it, Matt 1:2, 3; 2:6; Luke 1:39 (but some think Ἰούδα the name of the city, mod. *Yutta*); 3:33; Heb 7:14; 8:8; Rev 5:5; 7:5; (2) *Judas,* Iscariot (son of Simon), the disciple who betrayed Jesus; (3) *Jude,* the brother of Jesus, Matt 13:55; Mark 6:3; Jude 1(?); (4) *Jude,* an ancestor of Jesus, Luke 3:30; (5) *Jude* (son of James), the apostle, Luke 6:16; John 14:22; Acts 1:13; (6) *Judas,* a Galilean rebel about 4 B.C., Acts 5:37; (7) *Judas,* a resident of Damascus, Acts 9:11; (8) *Judas,* surnamed Barsabbas, a leading Christian and "prophet" sent by the Jerusalem church to Antioch, Acts 15:22–34, perhaps identical with (7); [Heb.].

Ἰουλία, ας, ἡ   *Julia,* a Roman Christian, probably a slave or freedwoman of the Imperial household (Rom 16:15).

Ἰούλιος, ου, ὁ   *Julius,* a Roman centurion on special service.

Ἰουνιᾶς, ᾶ, ὁ   *Junias* a Roman Christian (Rom 16:7).

Ἰουνία, ας, ἡ   *Junia,* a Roman Christian (Rom 16:15).

Ἰοῦστος, ου, ὁ *Justus,* (1) a surname of Joseph Barsabbas, one of the two nominated to fill Judas' place as apostle, Acts 1:23; (2) Titius *Justus,* a Corinthian Christian, Acts 18:7; (3) surname of Jesus, a Christian with Paul in Rome.

ἱππεύς, έως, ὁ *a horse soldier, a mounted soldier, a cavalryman.*

ἱππικός, ή, όν *pertaining to horses;* adj. used as collective subst., *cavalry.*

ἵππος, ου, ὁ *a horse.*

ἶρις, ιδος, ἡ *a rainbow.*

Ἰσαάκ, Ἰσάκ, ὁ *Isaac,* the patriarch [Heb.].

ἰσάγγελος, ον *like the angels.*

Ἰσκαριώθ *Iscariot,* the surname of Judas the Betrayer, which would seem to indicate the place from which he came (var. Σκαριώθ).

Ἰσκαριώτης *Iscariot,* the grecized form of Ἰσκαριώθ (var. ἀπὸ Καρυώτου, *from Karyotes,* in John 6:71; 12:4; 14:22).

ἴσος (ἶσος), η, ον *equal, equivalent, identical;* τὰ ἴσα, *the equivalent,* Luke 6:34; ἴσα, adverbially, *on an equality,* Phil 2:6 (if text be sound).

ἰσότης, ητος, ἡ *equality; equality of treatment, fairness.*

ἰσότιμος, ον *equally privileged, equal.*

ἰσόψυχος, ον *likeminded.*

Ἰσραήλ (Ἰστραήλ), ὁ *Israel,* surname of Jacob, then the Jewish people, the people of God [Heb.].

Ἰσραηλ(ε)ίτης (Ἰστραηλείτης), ου, ὁ *an Israelite,* one of the chosen people Israel, a Jew.

Ἰσσαχάρ, ὁ *Issachar,* one of the sons of Jacob and founder of a tribe of Israel [Heb.].

ἵστημι (ἱστάνω) (1) trans. in act. tenses (including new perf. -έστακα), except 2 aor. and perf. (form ἕστηκα) and plup., *I make to stand, I set up; I weigh (pay),* Matt 26:15; (2) intrans. in 2 aor. and perf. (form ἕστηκα) and plup., also mid. and pas., *I am set up, I am made to stand, I stand, I take an erect position, I stand firm;* = ἀντιστῆναι, Eph 6:13. Form appearing first in third c. B.C..

ἱστορέω *I visit, see* (some person or object of importance).

ἰσχυρός, ά, όν *strong* (originally and generally of physical strength); *powerful.*

ἰσχύς, ύος, ἡ *strength* (absol.).

ἰσχύω *I have strength, I am strong, I am in full health and vigor* (opp. κακῶς ἔχω) Matt 9:12; and so *I am able,* sometimes followed by the infin. or εἰς w. acc. to indicate the purpose for which the strength is used, e.g., Matt 26:40; 5:13; w. acc. adverbially, qualifying the strength, τι ἰσχύει, *has any validity (value),* Gal 5:6, cf. Heb 9:17, πάντα ἰσχύω, *I have all strength (power),* Phil 4:13, πολὺ ἰσχύει, *has great power,* Jas 5:16.

ἴσως adv., *perhaps* (cf. Eng. *likely*).

Ἰταλία, ας, ἡ *Italy.*

Ἰταλικός, ή, όν *Italic,* the name of a cohort forming part of the Syrian army.

Ἰτουραῖος, α, ον *Ituraean,* an adj. applied to a district (χώρα), also called Trachonitic, about sixty miles east of the Sea of Galilee, and partly inhabited by the nomad tribe called Ituraeans (Ἰτουραῖοι).

ἰχθύδιον, ου, τό *a little fish.*

ἰχθύς, ύος, ὁ *a fish.*

ἴχνος, ους, τό *a track, footstep.*

Ἰωάθαμ (Ἰωαθάμ), ὁ *Joatham,* son of Ozias and father of Achaz [Heb.].

Ἰωακίμ (Ἰωακείμ), ὁ *Joakim* (Matt 1:11, var.) [Heb.]

Ἰωανάν, ὁ *Joanan, Johanan,* one of the ancestors of Jesus. [Heb.]

Ἰωάν(ν)α, ας, ἡ *Joanna, Johanna,* wife of Chuza, Herod's steward [Heb.].

Ἰωάν(ν)ης, Ἰωαν(ν)ᾶς, ου, ὁ *John:* (1) the Baptizer, son of Zacharias and Elizabeth; (2) son of Zebedee and brother of James; (3) the writer of the Apocalypse, by very many identified with (2); (4) also called Mark, cousin of Barnabas, generally regarded as author of the second Gospel, Acts 12, 13, 15; (5) the father of Simon Peter and Andrew, John 1, 21; (6) (var. Ἰωνάθας i.e., Jonathan, son of Annas, who succeeded Caiaphas) otherwise unknown, unless to be identified with Johanan ben Zacchai, president of the Great Synagogue after A.D. 70 [Heb.].

Ἰώβ, ὁ *Job,* the hero of the OT book of that name [Heb.].

Ἰωβήδ (Ὠβήδ), ὁ *Jobed, Obed,* son of Boaz and Ruth, father of Jesse, and grandfather of David [Heb.].

Ἰωδά, ὁ *Jodah,* an ancestor of Jesus [Heb.].

Ἰωήλ, ὁ *Joel,* the OT prophet [Heb.].

Ἰωνάθας (Ἰωναθάς), ου, ὁ *Jonathas* (Jonathan), Acts 4:6, var.; see Ἰωάννης.

Ἰωνάμ, ὁ *Jonam,* an ancestor of Jesus [Heb.].

Ἰωνᾶς, ᾶ, ὁ *Jonah,* the OT prophet [Heb.].

Ἰωράμ, ὁ *Joram,* son of Jehoshaphat and father of Ozias [Heb.].

Ἰωρ(ε)ίμ, ὁ *Jorim,* an ancestor of Jesus [Heb.].

Ἰωσαφάτ, ὁ *Jehoshaphat,* king of Judah, son of Asaph, father of Joram, an ancestor of Jesus [Heb.].

Ἰωσ(ε)ίας, ου, ὁ *Josiah,* king of Judah, son of Amos and father of Jechoniah [Heb.].

Ἰωσῆς, ῆ or ῆτος, ὁ *Joses,* son of Mary, sister of Mary, the mother of Jesus; see Ἰωσήφ (4) [Heb.].

Ἰωσήφ, ὁ *Joseph:* (1) son of Jacob the patriarch, John 4:5; Acts 7:9, 13, 14, 18; Heb 11:21, 22; Rev 7:8; (2) husband of Mary; (3) of Arimathaea, rich member of the Sanhedrin, Matt 27:57, 59; Mark 15:43, 45; Luke 23:50; John 19:38; (4) see Ἰωσῆς, which is a by form of Ἰωσήφ, and add Matt 13:55; 27:56; (5) an ancestor of Jesus, Luke 3:24; (6) another ancestor of Jesus, Luke 3:30; (7) also called Barsabbas and Justus, one of the two nominated to fill the place of the Betrayer Judas among the apostles, Acts 1:23; (8) another name of Barnabas of Cyprus, cousin of Mark, colleague of Paul.

Ἰωσήχ, ὁ *Josech,* an ancestor of Jesus [Heb.].

ἰῶτα, τό *yod,* the Heb. or rather Aram. letter which was smallest of all.

Κ

κἀγώ conj. or adv. contracted from καὶ ἐγώ, *I also, I too.*

καθά *as,* (i.e., καθ' ἅ, *according to which things*).

καθαίρεσις, εως, ἡ *taking down, razing, destroying.*

καθαιρέω (1) *I take down, pull down;* (2) *I depose,* Luke 1:52, cf. 2 Cor 10:4, w. gen. *I diminish* something *from,* Acts 19:27; (3) *I destroy,* Acts 13:19.

καθαίρω *I cleanse, purify.*

καθάπερ conj. or adv. (i.e., καθ' ἅπερ, *according to which things*), *even as.*

καθάπτω *I lay hold of, I fasten on to,* of a snake with short teeth harmless to the skin.

καθαρίζω *I make clean,* literally, ceremonially, or spiritually, according to context, ἀπό w. gen. being sometimes added, of the dirt removed. (Alternative spelling καθερίζω, perhaps = καθαιρίζω, but it occurs only in augmented and reduplicated forms and has been otherwise explained).

καθαρισμός, οῦ, ὁ *cleansing, purifying, purification,* literal, ceremonial, or moral.

καθαρός, ά, όν *clean, pure, unstained,* either Lat. or ceremonially or spiritually; καθαρὸς ἀπό, *unstained by.*

καθαρότης, ητος, ἡ *cleanness.*

καθέδρα, ας, ἡ *a seat, chair.*

καθέζομαι *I am sitting, I sit, I am seated.*

καθεξῆς adv., *in order, in succession;* ἐν τῷ καθεξῆς (understand χρόνῳ), *in the time immediately after, just after,* Luke 8:1; οἱ καθεξῆς, *those who followed,* Acts 3:24.

καθεύδω *I am sleeping (asleep), I sleep.*

καθηγητής, οῦ, ὁ *a leader, a teacher.*

καθήκω impers. καθήκει, *it is fitting;* τὰ μὴ καθήκοντα (a technical phrase of the Stoic philosophy), *what is unfitting.*

κάθημαι *I am seated, I sit;* καθήμενος, *seated, sitting.*

καθημερινός, ή, όν *daily.*

καθίζω (1) trans., *I make to sit, I set;* (2) intrans. aor., *I sat down.*

καθίημι *I let down.*

καθίστημι (καθιστάνω) trans. (see ἵστημι), *I set, establish, appoint, constitute, make; I conduct,* Acts 17:15; καθίσταται, *shows itself, acts its part,* Jas 3:6.

καθό adv., *as, according as* (i.e., καθ' ὅ, *according to which thing*).

καθόλου adv., *at all* (i.e., καθ' ὅλου).

καθοπλίζω trans., *I arm completely, I arm head-to-toe.*

καθοράω *I see clearly.*

καθότι (1) *in proportion as, according as,* Acts 2:45; 4:35; (2) *because,* Luke 1:7; 19:9; Acts 2:24; 17:31 (i.e., καθ' ὅ, τι, neut. of ὅστις, cf. καθό, καθά),

καθώς adv., *according to the manner in which, in the degree that, as.*

καθώσπερ adv., *according to the very manner in which, even as.*

καί *and;* sometimes modifying a following word, *even.*

Καϊάφας (Καϊαφᾶς), α, ὁ *Caiaphas,* Jewish high priest (Old Lat. and Sahidic = Καϊφας).

Κάϊν (Καΐν, Καίν), ὁ *Cain,* son of Adam and Eve and brother of Abel [Heb.].

Καϊνάμ (Καϊνάν), ὁ *Cainam,* one of the ancestors of Jesus [Heb.].

καινός, ή, όν *fresh, new.*

καινότης, ητος, ἡ *freshness, newness.*

καίπερ *although.*

καιρός, οῦ, ὁ *fitting season, season, opportunity, occasion, time;* πρὸς καιρόν, *for a time.*

Καῖσαρ, ος, ὁ *Caesar,* a surname of the gens Iulia, which became practically synonymous with *the Emperor* for the time being; in the Gospels it refers always to Tiberius (A.D. 14–37) except in Luke 2:1 to Augustus (23 B.C.–A.D. 14), in Acts 17:7 to Claudius (A.D. 41–54), in Acts 25–28 and Phil 4:22 to Nero (A.D. 54–68).

Καισάρεια, ας, ἡ *Caesarea,* (1) *Caesarea of Philip* (Luke 3:1), Matt 16:13; Mark 8:27, otherwise called *Caesarea Panias,* a city in Phoenice at the foot of Mount Hermon, by the source of the Jordan; (2) *Caesarea of Strato* (a king of Sidon) or *of Palestine,* on the coast of Palestine, about sixty miles north northwest of Jerusalem.

καίτοι *and yet.*

καίτοιγε *and yet.*

καίω trans., *I ignite, I light, I burn,* lit. and met.

κἀκεῖ adv., *and there, and yonder* (contraction of καὶ ἐκεῖ).

κἀκεῖθεν adv., *and thence, and from there* (contraction of καὶ ἐκεῖθεν).

κἀκεῖνος, η, ο *and he, and that* (contraction of καὶ ἐκεῖνος).

κακία, ας, ἡ (1) *evil* (i.e., trouble, labor, misfortune), Matt 6:34; (2) *wickedness,* Acts 8:22; (3) *vicious disposition, malice, spite.*

κακοήθεια, ας, ἡ *evil-mindedness,* the tendency to put the worst construction on everything.

κακολογέω *I speak evil of* (not so strong a word as βλασφημέω).

κακοπάθεια, ας, ἡ *experience of evil, suffering.*

κακοπαθέω *I am ill-treated.*

κακοποιέω *I do evil.*

κακοποιός, οῦ, ὁ *an evildoer;* in 1 Pet 4:15 probably *a sorcerer, magician,* or *poisoner.*

κακός, ή, όν *bad, evil,* in the widest sense.

κακοῦργος, ου, ὁ *a criminal* (lit. *an evil-worker*).

κακουχέω *I treat evilly.*

κακόω *I treat badly.*

κακῶς adv., *badly, evilly;* κακῶς ἔχω, see ἔχω.

κάκωσις, εως, ἡ *ill-treating, ill treatment.*

καλάμη, ης, ἡ *stubble.*

κάλαμος, ου, ὁ *a reed; a reed pen,* 3 John 13.

καλέω (1) *I call, summon, invite;* (2) *I call, name;* ἐπί, *after,* Luke 1:59.

καλλιέλαιος, ου, ἡ *a cultivated olive tree.*

κάλλιον see καλῶς.

καλοδιδάσκαλος, ον *a teacher of that which is noble (honorable).*

Καλοὶ Λιμένες, οἱ *Fair Havens.*

καλοποιέω *I do the noble (honorable) thing.*

καλός, ή, όν *beautiful,* as an outward sign of the inward *good, noble, honorable character; good, worthy, honorable, noble,* and seen to be so.

κάλυμμα, ατος, τό *a covering,* especially a covering of head and face, *a veil.*

καλύπτω *I veil, hide, conceal, envelop.*

καλῶς adv., *well, nobly, honorably;* in a good place, Jas 2:3: comp. κάλλιον; καλῶς ποιήσεις, especially w. aor. part., is idiomatic for *please,* 3 John 6, cf. Acts 10:33; Phil 4:14; 2 Pet 1:19.

κάμηλος, ου, ὁ or ἡ includes both *camel* and *dromedary.*

κάμινος, ου, ἡ *a furnace.*

καμμύω *I close.*

κάμνω (1) *I am weary,* Heb 12:3; (2) *I am ill,* Jas 5:15.

κάμπτω *I bend.*

κἄν *and if; even if* (= καὶ ἐάν).

Κανᾶ, ἡ *Cana,* a town in Galilee.

Καναναῖος, ου, ὁ *a Cananaean,* a (former) adherent of the party of Zealots (= ζηλωτής).

Κανανίτης, ου, ὁ *a Cananite.*

Κανδάκη, ης, ἡ *the Candace,* a dynastic name for queens of the Ethiopians in Abyssinia.

κανών, όνος, ὁ (1) *rule, regulation,* Gal 6:16; (2) *a measured (defined) area, province* (lit. *a level, ruler*).

καπηλεύω *I hawk, trade in, deal in for purposes of gain.*

καπνός, οῦ, ὁ *smoke.*

Καππαδοκία, ας, ἡ *Cappadocia,* a large Roman province in the central eastern part of Asia Minor.

καρδία, ας, ἡ (1) lit. *the heart,* as an organ of the body; (2) *mind* covers the nonphysical sense best: (a) *personality, character, inner life,* e.g., 1 Cor 14:25; 1 Pet 1:22,

(b) *emotional state,* e.g., Rom 9:2,
(c) *mind, intellect,* e.g., Rom 1:21,
(d) *will, volition, intention,* e.g.,
Rom 2:5; (Heb. *lēb, lēbāb*).

Καρδιογνώστης, ου, ὁ *one who
knows the inner life (character).*

καρπός, οῦ, ὁ (1) *fruit,* generally
vegetable, sometimes animal (e.g.,
Luke 1:42; Acts 2:30); (2) met.
fruit, deed, action, result, Matt 3:8;
Luke 3:8; Jas 3:17–18, etc.;
(3) *profit, gain,* Rom 1:13, etc.

Κάρπος, ου, ὁ *Carpus,* a Christian
of Troas.

καρποφορέω act. and mid. *I bear
fruit.*

καρποφόρος, ον *fruit-bearing.*

καρτερέω *I persevere, endure.*

Καρυώτου see Ἰσκαριώτης.

κάρφος, ους, τό *a dry stalk; a chip
of wood.*

κατά prep. (1) w. gen., (a) *against,*
Matt 12:30, (b) *down from,* Matt
8:32, κατὰ κεφαλῆς, *down over
the head, on the head,* 1 Cor 11:4,
(c) *throughout,* Luke 4:14; 23:5;
Acts 9:31; 10:37, always w. ὅλος;
ἡ κατὰ βάθους πτωχεία, *deep
(abject) poverty,* 2 Cor 8:2, (d) in
oaths, *by,* Matt 26:63; Heb 6:13,
16; (2) w. acc. (lit. *down along*),
(a) *over against,* Acts 2:10; 16:7,
(b) *among,* νόμος ὁ καθ᾽ ὑμᾶς,
the law among you, your law, Acts
18:15, cf. 17:28; 26:3; Eph 1:15;
Col 4:7, etc., (c) w. distributive
force, (τὸ) καθ᾽ ἡμέραν, *daily,
day by day, each day,* κατὰ ἑορτήν
at each feast, Matt 27:15; Mark
15:6, κατὰ ἑκατόν, *by hundreds,*
Mark 6:40, ungrammatically εἰς
κατὰ (καθ᾽) εἷς, Mark 14:19,
(John 8:9, contrast Eph 5:33), τὸ
δὲ καθ᾽ εἷς (καθεῖς), *singly, with
reference to each individual,* Rom
12:5, etc., (d) *according to, by way
of,* Matt 2:16, καθ᾽ ὅσον, etc.; in
titles of Gospels, κατά practically

indicates the author, (e) various
adv. phrases: τὸ κατ᾽ ἐμέ, *as far as
in me lies,* w. πρόθυμος, Rom
1:15, cf. τὸ κατὰ σάρκα, Rom
9:5, etc.; κατ᾽ ἰδίαν (καθ᾽ ἰδίαν),
privately, by oneself, individually
(opp. δημοσίᾳ), Matt 14:13, etc.;
κατὰ μόνας, *alone,* Mark 4:10;
Luke 9:18; κατὰ πρόσωπον, in a
Hebraistic periphrasis, *in the pres-
ence of,* Luke 2:31; Acts 3:13, cf.
25:16.

καταβαίνω *I go down, I come
down,* either from the sky or from
higher land.

καταβάλλω (1) mid. *I lay,* of a
foundation, Heb 6:1 (cf.
καταβολή); (2) met. *I cast down,*
2 Cor 4:9.

καταβαρέω *I burden, oppress.*

καταβαρύνω *I weigh down, make
heavy.*

κατάβασις, εως, ἡ *descent.*

καταβιβάζω *I bring down, I cause
to go down.*

καταβολή, ῆς, ἡ (1) *foundation,*
only in Matt 13:35 (var.) without
κόσμου; (2) *depositing, sowing,
deposit,* σπέρματος, technically
used of the act of conception, Heb
11:11.

καταβραβεύω of the umpire in a
contest, *I decide against, take part
against, condemn* (perhaps with the
idea of *unjust assumption, official-
ism*).

καταγγελεύς, έως, ὁ *a reporter,
announcer, proclaimer, herald, setter
forth.*

καταγγέλλω *I announce.*

καταγελάω *I laugh at, ridicule.*

καταγινώσκω *I condemn;* κατε-
γνωσμένος, *reprehensible,* Gal
2:11.

κατάγνυμι *I break.*

καταγράφω *I write (down).*

κατάγω *I lead down, I bring down,*
either from a high place on land to

a lower (or actually to the seacoast), or from the high seas to land.

καταγωνίζομαι *I subdue* (in warfare).

καταδέω *I bind up.*

κατάδηλος, ον *quite clear.*

καταδικάζω *I condemn.*

καταδίκη, ης, ἡ *sentence of condemnation, condemnation.*

καταδιώκω *I hunt down.*

καταδουλόω *I enslave.*

καταδυναστεύω *I overpower, quell; I treat harshly.*

κατάθεμα, ατος, τό *an accursed thing.*

καταθεματίζω *I curse.*

καταισχύνω *I shame, disgrace, bring to shame, put to utter confusion.*

κατακαίω *I burn down.*

κατακαλύπτομαι *I veil myself, I cover my head.*

κατακαυχάομαι *I boast against.*

κατάκειμαι *I recline* (at table); more often, *I keep my bed, I am lying ill* (in bed).

κατακλάω *I break up.*

κατακλείω *I shut up.*

κατακληροδοτέω *I distribute by lot, give as an inheritance* (var. for κατακληρονομέω in Acts 13:9).

κατακληρονομέω *I give as a rightful inheritance.* See κατακληροδοτέω.

κατακλίνω *I cause to recline* at table; mid. (and pas.) *I recline* at table.

κατακλύζω *I flood over, overwhelm.*

κατακλυσμός, οῦ, ὁ *a flood.*

κατακολουθέω *I follow after.*

κατακόπτω *I beat.*

κατακρημνίζω *I throw down a precipice.*

κατάκριμα, ατος, τό *punishment following condemnation, penal servitude.*

κατακρίνω *I condemn.*

κατάκρισις, εως, ἡ *condemnation.*

κατακύπτω *I stoop down, I look down.*

κατακυριεύω *I exercise lordship over, I overpower.*

καταλαλέω *I speak evil of.*

καταλαλιά, ᾶς, ἡ *evil-speaking, backbiting, detraction.*

κατάλαλος, ον, ὁ *speaking against; a backbiter.*

καταλαμβάνω (1) act., (a) *I seize tight hold of, arrest, catch, capture, appropriate,* Mark 9:18; (John 8:3, 4); Rom 9:30; 1 Cor 9:24; Phil 3:12, 13; (b) *I overtake,* John 1:5; 6:17 (var.); 12:35; 1 Thess 5:4; (2) mid. aor. *I perceived, comprehended.*

καταλέγω *I enter in a list, register.*

καταλείπω *I leave behind; I desert, abandon.*

καταλιθάζω *I stone down, stone to death, overwhelm with stones.*

καταλλαγή, ῆς, ἡ *reconciliation.*

καταλλάσσω *I reconcile.*

κατάλοιπος, ον *left behind;* οἱ κατάλοιποι, *the rest, the remainder.*

κατάλυμα, ατος, τό *an inn, lodging.*

καταλύω (1) trans., *I break up, overthrow, destroy,* both lit. and met., ὁ καταλύων, *you would-be destroyer (of),* Matt 27:40; (2) *I unyoke, unharness* a carriage horse or pack animal; hence, *I put up, I lodge, I find a lodging,* Luke 9:12; 19:7; (lit. *I loosen thoroughly*).

καταμανθάνω *I understand, take in a fact about.*

καταμαρτυρέω *I give evidence against.*

καταμένω *I wait,* Acts 1:13; *I stay,* πρός, *with,* 1 Cor 16:6.

καταναλίσκω *I consume utterly.*

καταναρκάω (properly a medical term, *I stupefy*), hence, *I burden, encumber.*

κατανεύω *I nod, make a sign.*

κατανοέω *I understand, take in a fact about, take knowledge of, take notice of, perceive; I detect,* Luke 20:23; *I master,* Acts 7:31.

καταντάω (1) *I come down,* either from high land to lower (or actually to the sea coast), or from the high seas to the coast; hence met., *I reach* (my destination), Acts 26:7; Eph 4:13; Phil 3:11; (2) of property, *I come down (descend)* by inheritance to an heir, 1 Cor 10:11; 14:36.

κατάνυξις, εως, ἡ *deep sleep, torpor, insensibility.*

κατανύσσομαι met. *I am pierced, stung.*

καταξιόω *I deem (count) worthy.*

καταπατέω lit. and met. *I trample down.*

κατάπαυσις, εως, ἡ *resting, rest* (in OT of *the rest* attained by the settlement in Canaan).

καταπαύω (1) trans., *I cause to rest, bring to rest;* w. gen. *I cause to refrain,* Acts 14:18; (2) intrans., *I rest,* Heb 4:4, 10.

καταπέτασμα, ατος, τό *curtain* (lit. *that which is spread out downwards, that which hangs down*), of that which separated the Holy of Holies from the outer parts of the temple at Jerusalem, also of an outer curtain at the entrance to the Holy Place in the same temple; the latter is strictly denoted by κάλυμμα; yet Heb 9:3 speaks of the former as τὸ δεύτερον καταπέτασμα.

καταπίμπρημι *I burn to ashes;* 2 Pet 2:6, var.

καταπίνω (1) *I drink up, swallow, gulp down; I gobble* (orig. of liquids, extended to solids); (2) pas. lit. and met. *I drown, am drowning.*

καταπίπτω *I fall down.*

καταπλέω *I sail down* (from the high seas to the shore).

καταπονέω *I ill treat;* pas. *I am getting the worse.*

καταποντίζω mid. *I am submerged, I drown.*

κατάρα, ας, ἡ *cursing; a curse.*

καταράομαι *I curse;* κατηραμένοι, *having become the subjects of a curse,* Matt 25:41.

καταργέω (1) *I make idle (inactive), I make of no effect, I annul, abolish, bring to naught;* (2) w. ἀπό, *I discharge, sever, separate from.*

καταριθμέω *I number.*

καταρτίζω (1) *I fit (join) together,* Mark 1:19; Matt 4:21; met. *I compact together,* 1 Cor 1:10; (2) act. and mid. *I prepare, I perfect,* for his (its) full destination or use, *I bring into its proper condition* (whether for the first time, or after a lapse).

κατάρτισις, εως, ἡ *restoration.*

καταρτισμός, οῦ, ὁ *bringing to a condition of fitness, perfecting.*

κατασείω *I shake* (the hand) up and *down, I wave;* intrans., *I beckon* for silence.

κατασκάπτω *I dig down.*

κατασκευάζω *I build, construct, prepare, make.*

κατασκηνόω *I encamp, take up my quarters, tabernacle, dwell.*

κατασκήνωσις, εως, ἡ *a dwelling.*

κατασκιάζω *I overshadow.*

κατασκοπέω *I spy out.*

κατάσκοπος, ου, ὁ *a spy.*

κατασοφίζομαι *I circumvent by trickery.*

καταστέλλω *I restrain, quiet.*

κατάστημα, ατος, τό *demeanor, deportment* (a man's outward bearing, including *gait, posture, expression of countenance, dress,* etc., involving the idea of *calmness* and *composure*).

καταστολή, ῆς, ἡ *garb, clothing.*

καταστρέφω *I overturn.*

καταστρηνιάω *I exercise my youthful vigor against.*

καταστροφή, ῆς, ἡ *destruction,* material or spiritual.

καταστρώννυμι *I scatter on the ground.*

κατασύρω *I drag (down).*

κατασφάζω *I slaughter.*

κατασφραγίζω *I seal* and thus close.

κατάσχεσις, εως, ἡ abstr., (permanent) *possession.*

κατατίθημι (1) *I lay down, deposit;* (2) mid. χάριν, χάριτα, *I lay down* or *deposit a favor,* with the view of receiving one in return, *I seek favor.*

κατατομή, ῆς, ἡ *a cutting up, spoiling* (a wordplay w. περιτομή).

κατατρέχω *I run down.*

καταφέρω (1) *I bring down,* ψῆφον, *the pebble* into the urn, i.e. *I give my vote;* αἰτίωμα, *I bring a charge against;* (2) *I oppress;* καταφερόμενος, *being gradually oppressed, becoming oppressed,* Acts 20:9, κατενεχθείς, *being borne down, overcome,* Acts 20:9.

καταφεύγω *I flee for refuge* (implying that the refuge is reached); aor. indicates moment of arrival.

καταφθείρω *I destroy, I corrupt.*

καταφιλέω *I kiss affectionately.*

καταφρονέω *I despise, scorn,* and show it by active insult.

καταφρονητής, οῦ, ὁ *a despiser.*

καταχέω *I pour (down) over.*

καταχθόνιος, ον *under the earth, subterranean.*

καταχράομαι *I use to the full, I use up.*

καταψύχω *I cool, I refresh.*

κατείδωλος, ον *full of images* of gods.

κατέναντι adv. and prep. w. gen., *opposite, in front (of).*

κατενώπιον prep. w. gen., *before the face of.*

κατεξουσιάζω *I have (exercise) power (authority) over.*

κατεργάζομαι *I work out; I produce, accomplish.*

κατέρχομαι *I come down* from sky to earth, or from high land to lower land (or to the coast), or from the high seas to the shore; part. qualitative in Jas 3:15.

κατεσθίω (κατέσθω) *I eat up, I eat till it is finished* (cf. κατ-απίνω); aor. καταφαγεῖν.

κατευθύνω (1) *I make straight,* 1 Thess 3:11; (2) met. *I put in the right way, I direct.*

κατευλογέω *I bless.*

κατεφίσταμαι aor. intrans., *I set upon, I rise up against.*

κατέχω (1) *I hold fast, bind, arrest;* (2) *I take possession of, lay hold of,* Luke 14:9; (3) *I hold back, detain, restrain,* Luke 4:42; Rom 1:18; 2 Thess 2:6, 7; Phlm 13; (4) *I hold a ship* (supply τὴν ναῦν), *keep its heading,* Acts 27:40.

κατηγορέω *I accuse, charge; I prosecute.*

κατηγορία, ας, ἡ *a charge, an accusation.*

κατήγορος, ου, ὁ *a prosecutor, an accuser.*

κατήγωρ, ορος, ὁ *an accuser* (an abbreviated vulgar form of κατήγορος).

κατήφεια, ας, ἡ *a downcast countenance* as a sign of sorrow, *gloominess, gloom, dejection.*

κατηχέω *I instruct orally.*

κατιόω *I rust;* pas. *I am rusted.*

κατισχύω (1) *I have strength against, I prevail against,* Matt 16:18; (2) *I prevail,* Luke 23:23; (3) *I have strength, I am able,* w. infin., Luke 21:36.

κατοικέω *I dwell in* (implying a more permanent settlement than

παροικέω), *I settle in, I am estab-
lished in* (permanently).

κατοίκησις, εως, ἡ *dwelling,
abode.*

κατοικητήριον, ου, τό *a habita-
tion, dwelling place.*

κατοικία, ας, ἡ *dwelling, habita-
tion.*

κατοικίζω *I take up a dwelling,*
but probably κατῴκισεν is an
itacistic error for κατῴκησεν
(from κατοικέω), as κατοικίζω
is properly trans.

κατοπτρίζω mid. for act., *I mirror,
reflect;* elsewhere mid. = *I gaze upon
myself in a mirror.*

κάτω adv., (1) *down, below,* also
downwards; (2) compar.
κατωτέρω, *lower, under, less,* of a
length of a time, Matt 2:16.

κατώτερος, α, ον compar. adj.,
lower, Hebraistic, w. ref. to Sheol.

κατωτέρω adv. *lower, below.*

Καῦδα *Cauda* (mod. *Gaudho*), an
island twenty-three miles south of
the western end of Crete (var.
Κλαῦδα).

καῦμα, ατος, τό *burning heat,
heat.*

καυματίζω trans., *I burn, I scorch.*

καῦσις, εως, ἡ *burning.*

καυσόω trans., *I burn* (perhaps by
internal heat).

καυστηριάζω (καυτηριάζω) *I
cauterize, I burn with a hot iron;*
hence met., *I sear.*

καύσων, ωνος, ὁ *the East wind* of
Palestine, *the Simoom,* which blows
from February to June.

καυχάομαι *I boast; I glory (exult)
proudly.*

καύχημα, ατος, τό *a boasting, a
ground of boasting (glorying, exulta-
tion).*

καύχησις, εως, ἡ *boasting; glory-
ing, exultation.*

Καφαρναούμ, ἡ *Capharnahum*
(the form *Capernaum* appears to be

a conscious alteration made in
Syria not earlier than the fourth
c.), perhaps mod. *Tell Ḥum.*

Κεγχρεαί (Κεγχρειαί), ῶν, αἱ
Cenchreae, the harbor town of
Corinth on the Saronic Gulf.

κέδρος (Κεδρών), ὁ *a cedar;* in
John 18:1 τῶν Κέδρων is proba-
bly due to a popular misunder-
standing of the orig. name τοῦ
Κεδρών (*Kidron,* 1 Kgs 2:37,
etc.), especially as cedars grew in
the vicinity.

κεῖμαι *I have been placed (put,
laid),* hence, *I lie;* a perf. used
instead of the perf. pas. of τίθημι,
the former sense explains the
constr. w. εἰς and acc.

κειρία, ας, ἡ *a kind of girdle* made
of cords; *a bandage.*

κείρω *I shear, I cut the hair of;* mid.
*I cut my own hair, I have my hair
cut.*

Κείς see Κίς.

κέλευσμα, ατος, τό *a word of
command, a call.*

κελεύω *I command, I order.*

κενοδοξία, ας, ἡ *vainglory.*

κενόδοξος, ον *vainglorious.*

κενός, ή, όν (1) *empty;* (2) met.
empty (in moral content), *vain,
ineffective, foolish, worthless;* εἰς
κενόν, *in vain, to no purpose;*
(3) *false, unreal, pretentious, hollow,*
Eph 5:6; Col 2:8; Jas 2:20.

κενοφωνία, ας, ἡ *a worthless utter-
ance.*

κενόω (1) *I empty,* Phil 2:7; (2) *I
deprive of content; make unreal.*

κέντρον, ου, τό *a goad.*

κεντυρίων, ωνος, ὁ *a centurion,*
an officer commanding about a
hundred infantry in the Roman
army (Lat., = Gk.
ἑκατοντάρχης).

Κενχρεαί (Κενχρειαί) see
Κεγχρεαί.

κενῶς adv., *falsely.*

κεραία (κερέα), ας, ἡ   *a little hook, an apostrophe* on letters of the alphabet, distinguishing them from other like letters, or *a separation stroke* between letters.

κεραμεύς, έως, ὁ   *a potter.*

κεραμικός, ή, όν   *of clay, made by a potter.*

κεράμιον, ου, τό   *an earthenware pitcher.*

κέραμος, ου, ὁ   *a tile;* οἱ κέραμοι, practically *the roof.*

κεράννυμι   *I mix.*

κέρας, ατος, τό   (1) *a horn;* (2) as a symbol of strength, κέρας σωτηρίας, *a powerful support of salvation,* Luke 1:69; (3) a dwarfed *column* set upon or at the corner of an altar, with ritual significance, Rev 9:13.

κεράτιον, ου, τό   *a husk (pod) of the carob* (siliqua graeca).

κερδαίνω   *I gain;* ὕβριν καὶ ζημίαν, *I gain injury and loss,* i.e. *I gain by shunning injury and loss, I do not suffer (I am spared) injury and loss,* Acts 27:21.

κέρδος, ους, τό   *gain.*

κερέα   see κεραία.

κέρμα, ατος, τό   *a small coin;* plur. *small change.*

κερματιστής, ου, ὁ   properly *a changer of* large into smaller *coins, a moneychanger.*

κεφάλαιον, ου, τό   (1) *the chief matter, the main point,* Heb 8:1; (2) *a sum* of money, Acts 22:28.

κεφαλαιόω   var. for κεφαλιόω in Mark 12:4, q.v.

κεφαλή, ῆς, ἡ   (1) *head,* κατὰ κεφαλῆς ἔχων, see κατά; (2) met. κεφαλὴ γωνίας, *a corner stone,* uniting two walls, Mark 12:10 and pars.; *head, ruler, lord,* 1 Cor. 11:3, etc.

κεφαλιόω   *I wound in the head.*

κεφαλίς, ίδος, ἡ   *a roll* (lit. *little head,* then the *knob* at the end of the wooden core of a roll of papyrus).

κημόω   *I muzzle* (from κημός, *a muzzle*).

κῆνσος, ου, ὁ   *poll tax* [Lat. *census*].

κῆπος, ου, ὁ   *a garden.*

κηπουρός, οῦ, ὁ   *keeper of a garden.*

κηρίον, ου, τό   *a honeycomb.*

κήρυγμα, ατος, τό   *a proclamation.*

κῆρυξ (κήρυξ), υκος, ὁ   *a herald, proclaimer.*

κηρύσσω   *I proclaim, herald, preach.*

κῆτος, ους, τό   *a sea monster, a huge sea fish.*

Κηφᾶς, ᾶ, ὁ   *Cephas* (Aram. for *rock*), the new name given to Simon, the disciple.

κιβωτός, οῦ, ἡ   (properly *a wooden box*), hence, *the Ark,* in which Noah sailed.

κιθάρα, ας, ἡ   *a harp.*

κιθαρίζω   intrans. and trans., *I play on the harp, I harp,* w. acc. of the tune.

κιθαρῳδός, οῦ, ὁ   *a harpist.*

Κιλικία, ας, ἡ   *Cilicia,* a Roman province between the Taurus range of mountains and the coast in the southeast corner of Asia Minor, linked up with the province of Syria.

κινδυνεύω   *I am in danger,* sometimes w. infin. *of. . . .*

κίνδυνος, ου, ὁ   *danger, peril, risk.*

κινέω   trans., *I move; I stir, excite.*

κίνησις, εως, ἡ   *moving, stirring.*

κιννάμωμον, ου, τό   *cinnamon* (a Semitic word).

Κίς, Κείς, ὁ   *Kish,* father of Saul, king of Israel [Heb.].

κίχρημι   *I lend.*

κλάδος, ου, ὁ   *a branch* of a tree.

κλαίω   *I weep;* w. acc. or ἐπί w. acc. *I weep for, mourn.*

κλάσις, εως, ἡ   *breaking.*

κλάσμα, ατος, τό   *a fragment.*

Κλαῦδα   see Καῦδα.

Κλαυδία, ας, ἡ   *Claudia,* a Christian woman in Rome; if historical, probably a freedwoman of the imperial household.

Κλαύδιος, ου, ὁ   (1) *Claudius,* the fourth of the Roman Emperors, Tiberius Claudius Caesar Augustus Germanicus, who ruled A.D. 41–54; (2) *Claudius* Lysias, a tribune at Jerusalem.

κλαυθμός, οῦ, ὁ   *weeping.*

κλάω   *I break.*

κλείς, κλειδός, ἡ   *a key.*

κλείω   *I shut.*

κλέμμα, ατος, τό   *a theft.*

Κλεοπᾶς (Κλεόπας), ᾶ, ὁ   *Cleopas,* one of the two companions of the risen Jesus from Jerusalem to Emmaus.

κλέος, ους, τό   *glory, fame.*

κλέπτης, ου, ὁ   *a thief.*

κλέπτω   *I steal;* ὁ κλέπτων, *the stealer,* Eph 4:28.

κλῆμα, ατος, τό   *a branch.*

Κλήμης, εντος, ὁ   *Clement,* a fellow worker of Paul in Rome [Lat. = *Clemens*].

κληρονομέω   *I inherit, I obtain (possess) by inheritance.*

κληρονομία, ας, ἡ   *an inheritance, an heritage,* regularly the gift of God to His chosen people, in OT the Promised Land, in NT a possession viewed in one sense as present, in another as future.

κληρονόμος, ου, ὁ   *an heir, an inheritor;* cf. κληρονομία.

κλῆρος, ου, ὁ   (1) *a lot;* (2) *a portion* assigned, Acts 1:17; 8:21; 26:18; Col 1:12; hence, a portion of the people of God assigned to one's care, *a congregation,* 1 Pet 5:3.

κληρόω   lit. *I choose by lot, I appoint by lot;* hence, *I assign;* mid. *I assign to myself, choose;* pas. *I am assigned, I am chosen* as God's portion (κλῆρος), Eph 1:11.

κλῆσις, εως, ἡ   *a calling, invitation,*

summons of God to the religious life; sometimes, e.g. Phil 3:14; 2 Thess 1:11; Heb 3:1, it may include a reference to the final issue of this invitation.

κλητός, ή, όν   *called, invited, summoned* by God to the religious life.

κλίβανος, ου, ὁ   *an oven, a furnace.*

κλίμα, ατος, τό   a small geographical division, district, or *territory,* a portion of a χώρα (q.v.).

κλινάριον, ου, τό   *a couch* or *litter* of a sick person.

κλίνη, ης, ἡ   *a couch, a bed,* alike a mere mat (e.g. Matt 9:2, 6), and a more elaborate structure (e.g. Mark 4:21); possibly *a bier* in Rev 2:22.

κλινίδιον, ου, τό   *a couch* or *litter* of a sick person.

κλίνω   (1) trans., (a) *I rest, recline* (even in John 19:30); *I bend, incline,* (b) *I cause to give ground, I make to yield,* Heb 11:34; (2) intrans. of the day, *declines, approaches its end,* Luke 9:12; 24:29.

κλισία, ας, ἡ   properly *a dining couch;* hence, *a group of diners.*

κλοπή, ῆς, ἡ   *thieving, theft.*

κλύδων, ωνος, ὁ   *rough water, roughness of water;* κλύδωνι θαλάσσης *a rough sea,* Jas 1:6.

κλυδωνίζω   *I toss as in a storm at sea.*

Κλωπᾶς, ᾶ, ὁ   *Clopas,* husband of one Mary, who stood by the cross.

κνήθω   *I rub, tickle;* κνηθόμενοι τὴν ἀκοήν, *with ears itching* with eagerness to hear pleasant things, 2 Tim 4:3.

Κνίδος, ου, ἡ   *Cnidus,* a town on the coast of Caria (southwest Asia Minor) near the island of Cos.

κοδράντης, ου, ὁ   *a quadrans,* the smallest Roman copper coin, a quarter of an *assarion,* the sixteenth part of a *sestertius.*

κοιλία, ας, ἡ *belly, abdomen,* a general term covering any organ in the abdomen, e.g. stomach, womb; ἐκ κοιλίας μητρός, *from birth.*

κοιμάομαι pas. w. act. sense, *I fall asleep, I am asleep,* sometimes of the sleep of death (e.g. Matt 27:52).

κοίμησις, εως, ἡ *sleeping,* followed by constituent gen. τοῦ ὕπνου, *which is slumber.*

κοινός, ή, όν (1) *common, shared;* (2) Heb. use (in contrast to ἅγιος), *profane; dirty, unclean, unwashed,* Mark 7:2; Acts 10:14, 28; 11:8; Rom 14:14; Heb 10:29; Rev 21:27.

κοινόω (cf. κοινός), (1) *I make unclean, I pollute;* (2) mid. *I regard (treat) as unclean,* Acts 10:15; 11:9.

κοινωνέω (1) *I share, communicate, contribute, impart,* Rom 12:13; Gal 6:6; (2) *I share in, I have a share of, I have fellowship with,* w. gen. or dat.

κοινωνία, ας, ἡ (1) *contributory help,* Acts 2:42; Rom 15:26; 2 Cor 8:4; 9:13; Heb 13:16; (2) *sharing in,* Phil 1:5; 3:10; Phlm 6, cf. (3); (3) spiritual *fellowship,* a *fellowship* in the spirit, 1 Cor. 1:9; 10:16; 2 Cor 6:14; 13:13; Gal 2:9; Phil 2:1; 1 John 1:3, 6, 7 (lit. *partnership,* frequently outside NT, of the marriage relationship).

κοινωνικός, ή, όν *willing to share.*

κοινωνός, οῦ, ὁ and **ἡ** *a sharer; a partner.*

κοίτη, ης, ἡ (1) *a bed,* Luke 11:7; (2) *a marriage bed,* Heb 13:4; κοίτην ἔχειν ἐκ, *to conceive seed from,* Rom 9:10; plur. *repeated* (immoral) *sexual intercourse,* Rom 13:13.

κοιτών, ῶνος, ὁ *bedchamber;* ὁ ἐπὶ τοῦ κοιτῶνος, *chamberlain.*

κόκκινος, η, ον *crimson,* dyed with Kermes, the female coccus of the Kermes oak.

κόκκος, ου, ὁ *a grain.*

κολάζω *I punish;* mid. *I cause to be punished.*

κολακεία, ας, ἡ *flattery,* with a view to advantage or gain.

κόλασις, εως, ἡ *punishing, punishment,* perhaps with the idea of *deprivation,* 1 John 4:18.

κολαφίζω *I strike with the fist;* hence, *I maltreat violently.*

κολλάω (lit. *I glue*); hence, mid. and pas. *I join myself closely, I cleave, I adhere* (to), *I keep company* (with), of friendly intercourse; of inanimate objects, Luke 10:11.

κολλούριον (κολλύριον), ου, τό *eye salve.*

κολλυβιστής, οῦ, ὁ *a money-changer,* who changed heathen into Jewish money, for payment into the Temple treasury (from κόλλυβος, *a commission paid on exchange*).

κολλύριον earlier spelling of κολλούριον.

κολοβόω (lit. *I maim, mutilate*), *I cut short, shorten, abbreviate.*

Κολοσσαί, ῶν, ἡ *Colossae,* a town of the Roman province Asia, in the Lycus valley, near Laodicea and Hierapolis.

κόλπος, ου, ὁ (1) sing. and plur. *bosom;* the overhanging fold of the garment used as a pocket, Luke 6:38; (2) *a bay, gulf,* Acts 27:39.

κολυμβάω (properly *I dive*); hence, *I swim.*

κολυμβήθρα, ας, ἡ (lit. a *diving* or *swimming place*), *a pool.*

κολωνία, ας, ἡ *a colony,* a city settlement of Roman (soldier) citizens; *a garrison city.*

κομάω *I wear the hair long, I allow the hair to grow long.*

κόμη, ης, ἡ *hair, long hair.*

κομίζω (1) act. *I convey, bring,*

Luke 7:37; (2) mid. *I receive back, I receive* what has belonged to myself but has been lost, or else promised but kept back, or *I get* what has come to be my own by earning, *I recover.*

κομψότερον compar. adv. *better* (of sick persons).

κονιάω *I whitewash.*

κονιορτός, οῦ, ὁ *dust.*

κοπάζω *I cease, drop.*

κοπετός, οῦ, ὁ *beating of the breast* or *head* in lamentation, *lamentation.*

κοπή, ῆς, ἡ *slaughter.*

κοπιάω (1) *I grow weary,* Matt 11:28; John 4:6; Rev 2:3; (2) *I toil, work with effort* (of bodily and mental labor alike).

κόπος, ου, ὁ (1) *trouble;* κόπους (κόπον) τινὶ παρέχειν, *to give trouble to one, to annoy one;* (2) *toil, labor, laborious toil,* involving weariness and fatigue.

κοπρία, ας, ἡ *manure.*

κόπριον, ου, τό *manure.*

κόπτω (1) *I cut, I cut of,* Matt 21:8; Mark 11:8; (2) mid. *I beat my breast* or *head* in lamentation, *I lament, mourn,* sometimes w. acc. (ἐπί w. acc.) of person whose loss is mourned.

κόραξ, ακος, ὁ *a raven.*

κοράσιον, ου, τό *a little girl, a young girl; a girl* (colloquial).

κορβᾶν (κορβάν) *a gift consecrated to God* [Aram.].

κορβανᾶς, ᾶ, ὁ *the temple treasure.*

Κόρε (Κορέ), ὁ *Korah* (Num 16:1ff.) [Heb.].

κορέννυμι *I fill, sate, glut, feed full.*

Κορίνθιος, ου, ὁ *Corinthian, of Corinth.*

Κόρινθος, ου, ἡ *Corinth,* in northeast Peloponnese, the capital of the Roman province Achaia.

Κορνήλιος, ου, ὁ *Cornelius,* a centurion of the Roman army, stationed at Caesarea (2).

κόρος, ου, ὁ *a (dry) measure,* equivalent to ten Attic μέδιμνοι or 120 gallons [Heb.].

κοσμέω *I put into order; I decorate, deck, adorn.*

κοσμικός, ή, όν *earthly, worldly* (belonging to the present, earthly world as opposed to the heavenly and future).

κόσμιος, ον *orderly, virtuous.*

κοσμίως *in an orderly, virtuous manner; modestly.*

κοσμοκράτωρ, ορος, ὁ *ruler of this world,* i.e., of the world as asserting its independence of God; used of the angelic or demonic powers controlling the sublunary world, cf. ἀρχή, ἐξουσία, στοιχεῖον.

κόσμος, ου, ὁ (1) *the universe, the world,* the sum total of created things; (2) a Jewish conception; the word has acquired a bad sense in Isaiah (e.g. 13:11), the sum of the fierce surrounding heathen nations, the powers of the heathen world, at once destructive and corruptive. Hence, *the world* as apart from God its Creator, the world as self-sufficient, consequently running counter to its Creator, and thus evil in its tendency, cf. John, 1 John (e.g. 2:15), Jas (e.g. 4:4), 2 Pet 2:20; (3) sometimes seems not different from, *the* inhabited *world;* (4) *adornment,* 1 Pet 3:3.

Κούαρτος, ου, ὁ *Quartus,* a Christian, brother of Erastus the Corinthian. Cf. ἀδελφός.

κουμ (κούμ, κούμι) *arise* [Aram.].

κουστωδία, ας, ἡ concr., *a guard* [Lat. *custodia*].

κουφίζω *I lighten.*

κόφινος, ου, ὁ *a stiff wicker basket.*

κράβαττος (κράβατος), ου, ὁ *a bed, mattress, mat* of a poor man (spelled κράβακτος in Egyptian documents).

κράζω *I cry aloud, shriek.*

κραιπάλη, ης, ἡ *excessive drunkenness, carousing, surfeiting.*

κρανίον, ου, τό *the skull.*

κράσπεδον, ου, τό *the fringe, the edge.*

κραταιόω *I strengthen,* pas. *I become strong.*

κραταιός, ά, όν *strong, powerful.*

κρατέω *I lay hold of, take possession of, obtain,* w. gen. and (much oftener) w. acc.

κράτιστος, η, ον *most excellent,* an official epithet, used in addressing a Roman of high rank, and in the second c. one of equestrian (as distinguished from senatorial) rank.

κράτος, ους, τό *might, rule, power,* divine except in Heb 2:14.

κραυγάζω *I cry aloud, shout.*

κραυγή, ῆς, ἡ (1) *a shout, cry, clamor;* (2) *outcry, clamoring* against another, Eph 4:31.

κρέας, κρέως and **κρέατος,** acc. plur. **κρέα, τό** *flesh; pieces of flesh, kinds of flesh.*

κρείττων (κρείσσων), ον gen. **ονος** *better.*

κρεμάννυμι *I hang, I suspend;* mid. *I am hanging, I hang.*

κρεπάλη see **κραιπάλη.**

κρημνός, οῦ, ὁ *a crag, precipice.*

Κρής, ητός, ὁ *a Cretan, an inhabitant of Crete.*

Κρήσκης, εντος, ὁ *Crescens,* a Christian, coadjutor of Paul.

Κρήτη, ης, ἡ *Crete;* see Κυρήνη.

κριθή, ῆς, ἡ *barley.*

κρίθινος, η, ον *made of barley.*

κρίμα, ατος, τό (1) *a judgment, a verdict;* sometimes implying *an adverse verdict, a condemnation;* (2) *a case at law, a lawsuit,* 1 Cor 6:7.

κρίνον, ου, τό *a lily* growing wild, variously identified with the red anemone, the white lily, the sword lily.

κρίνω (1) *I judge,* whether in a law court or privately; sometimes w. cog. nouns κρίμα, κρίματι, κρίσιν, emphasizing the notion of the verb; (2) *I decide, I think (it) good,* w. infin. Acts 3:13; 15:19, etc. (cf. Acts 27:1).

κρίσις, εως, ἡ *judging, judgment;* generally *divine judgment; accusation,* Jude 9.

Κρίσπος (Κρῖσπος), ου, ὁ *Crispus,* ruler of the synagogue at Corinth, converted and baptized by Paul.

κριτήριον, ου, τό (1) *a law court,* Jas 2:6; (2) *a law case* before an arbiter.

κριτής, ου, ὁ *a judge.*

κριτικός, ή, όν *able to judge.*

κρούω *I beat* a door with a stick, to gain admittance.

κρύπτη (κρυπτή), ης, ἡ *a hidden place,* cf. κρυπτός.

κρυπτός, ή, όν *hidden, secret;* τὰ κρυπτά, as subst. *the hidden (secret) things (parts), the inward nature (character);* ἐν [τῷ] κρυπτῷ, *in the secret place, in the hidden sphere, inwardly.*

κρύπτω *I hide, conceal.*

κρυσταλλίζω *I am clear as crystal.*

κρύσταλλος, ου, ὁ *crystal.*

κρυφαῖος, α, ον *hidden, secret;* ἐν τῷ κρυφαίῳ = ἐν τῷ κρυπτῷ.

κρυφῇ (κρυφῆ) adv., *in secret, secretly.*

κτάομαι (1) *I acquire, win, get, purchase, buy;* (2) *I possess,* 1 Thess 4:4.

κτῆμα, ατος, τό *a piece of landed property, a field,* Acts 5:1; plur. *possessions, property,* possibly *landed property, property in land* in Mark 10:22; Matt 19:22, as it is in Acts 2:45.

κτῆνος, ους, τό *a beast of burden* (generally, a horse or mule), either for riding or for carrying loads on its back, or for yoking to a cart or carriage.

κτήτωρ, ορος, ὁ   *a possessor, owner.*

κτίζω   *I create, found, make,* always of God.

κτίσις, εως, ἡ   (1) abstr., *creation;* (2) concr., *creation, creature, institution* (often of the *founding* of a city). Always of Divine work.

κτίσμα, ατος, τό   *a created thing, a creature,* of God.

κτίστης, ου, ὁ   *creator,* God, (often of the *founder* of a city).

κυβεία, ας, ἡ   (lit. *playing with dice, gaming*), hence, *trickery, sleight.*

κυβέρνησις, εως, ἡ   (lit. *steering, piloting*), *governing, government,* supposed to refer to such duty as was, later at least, performed by any presbyter or by that presbyter who was ἐπίσκοπος.

κυβερνήτης, ου, ὁ   *a steersman, a pilot.*

κυκλεύω   *I encircle, invest, enclose.*

κυκλόθεν   adv. and prep. w. gen., *in a circle round, round about.*

κύκλῳ   dat. of κύκλος, *a circle;* as adv., *in a circle, round about.*

κυκλόω   *I encircle, invest, surround.*

κυλισμός, οῦ, ὁ   *rolling, wallowing.*

κυλίω   trans., *I roll;* mid. intrans., *I roll* (myself).

κυλλός, ή, όν   *maimed.*

κῦμα, ατος, τό   *a wave.*

κύμβαλον, ου, τό   *a cymbal.*

κύμινον, ου, τό   *cummin,* a plant used as a spice (a Semitic word).

κυνάριον, ου, τό   *a house dog,* possibly with a touch of contempt.

Κύπριος, ου, ὁ   *Cypriote, belonging to Cyprus.*

Κύπρος, ου, ἡ   *Cyprus.*

κύπτω   *I stoop.*

Κυρηναῖος, ου, ὁ   *belonging to Cyrene.*

Κυρήνη, ης, ἡ   *Cyrene,* a district west of Egypt on the Medi-

terranean coast, forming with Crete a Roman province.

Κυρήνιος, ου, ὁ   Publius Sulpicius *Quirinius* (died A.D. 21), who conducted two censuses of the province Syria, one in 8, 7, or 6 B.C., Luke 2:2, as plenipotentiary of the Emperor, and another as *legatus pro praetore* in A.D. 7, Acts 5:37.

κυρία, ας, ἡ   *a lady;* voc. *my lady,* an address of courtesy.

κυριακός, ή, όν   *of the Lord* (κύριος), *special to the Lord;* δεῖπνον, supper (dinner) for church members, combined with the Eucharist; ἡμέρα, Sunday. (In constitutional law the word means *imperial.*)

κυριεύω   *I rule;* w. gen. *I rule over, lord it over, master.*

κύριος, ου, ὁ   (1) *an owner* of property, particularly of slaves (δοῦλοι), *a lord, master* (cf. 1 Pet 3:6); plur. οἱ κύριοι, *master and mistress,* Matt 15:27(?), Luke 19:33; Acts 16:16, 19, and perhaps elsewhere; (2) weaker sense, in the voc., as a polite address, κύριε, *sir!,* κύριοι, *gentlemen, sirs,* Acts 16:30, cf. κυρία; (3) of divine beings, κύριος, *Lord,* without article, generally refers to God, whereas ὁ κύριος, *the Lord,* generally refers to Jesus, the Messiah (cf. Acts 2:34). In this sense the word connotes that these Divine Beings are absolute rulers (kings) of the whole world, and that we are their slaves (subjects). As the term was also applied to oriental sovereigns and to the Roman Emperors (particularly frequently in Nero's case) in the same sense, it focused the deadly rivalry between the two powers (cf. Acts 25:26).

κυριότης, ητος, ἡ   (1) abstr., *lordship,* 2 Pet 2:10; (2) concr., *divine* or *angelic lordship, domination,* *dignity,* Eph 1:21; Col 1:16; Jude 8, usually with reference to a celestial hierarchy.

κυρόω　*I ratify, confirm.*

κύων, κυνός, dat. pl. **κυσί, ὁ**　*a dog;* universally despised in the east, and thus the name is applied contemptuously to persons, Phil 3:2; Rev 22:15 (cf. Matt 15:26).

κῶλον, ου, τό　*a limb;* plur. *bodies.*

κωλύω　*I prevent, debar, hinder;* w. infin. *from* doing so and so.

κώμη, ης, ἡ　*a village.*

κωμόπολις, εως, ἡ　a city which in constitution has only the status of a village.

κῶμος, ου, ὁ　*a revel, a reveling,* such as took place at the gathering of the grapes.

κώνωψ, ωπος, ὁ　*a gnat, mosquito,* referred to proverbially as something small.

Κῶς, Κῶ, ἡ　*Cos,* an island in the Aegean Sea, southwest of Asia Minor.

Κωσάμ, ὁ　*Cosam,* son of Elmadam and father of Addei [Heb.].

κωφός, ή, όν　*dumb.*

Λ

λαγχάνω　(1) *I obtain (receive) by lot, my lot (turn) is;* (2) *I cast lots,* John 19:24.

Λάζαρος, ου, ὁ ('Ελεάζαρος in old Western documents)　*Lazarus, Eliezer,* (1) the beggar, Luke 16:20ff.; (2) the brother of Martha and Mary, of Bethany, John 11, 12.

λάθρα (λάθρᾳ)　adv., *secretly.*

λαῖλαψ, απος, ἡ　*a sudden storm, a squall.*

λακάω　*I burst apart, burst open, burst asunder with a loud noise,* Acts 1:18. (The form λάσκω was previously believed to be the source of ἐλάκησεν.)

λακτίζω　*I kick.*

λαλέω　(*I talk, chatter* in classical

Gk., but in NT a more dignified word) *I speak; I say.*

λαλιά, ᾶς, ἡ　(in classical Gk. *babble, chattering*) *speech, talk; manner of speech.*

λαμά　*why* [Heb.].

λαμβάνω　(1) *I receive, get;* πρόσωπον λαμβάνειν τινός (Hebraistic), lit. *to receive the face of, to accept the person of,* i.e. *to favor specially;* (2) *I take;* συμβούλιον λαβεῖν, *to deliberate,* Matt 12:14; (3) = παραλαμβάνω, John 1:12.

Λάμεχ, ὁ　*Lamech,* son of Methuselah and father of Noah [Heb.].

λαμπάς, άδος, ἡ　*a lamp, a lantern.*

λαμπρός, ά, όν　*shining, glossy, bright.*

λαμπρότης, ητος, ἡ　*brightness.*

λαμπρῶς　adv., *sumptuously.*

λάμπω　*I shine.*

λανθάνω　*I am hidden (concealed), I lie hid, I escape notice,* sometimes w. acc. of person from whom concealment takes place, Acts 26:26; 2 Pet 3:8; w. parts. (classical constr.), I do so and so *unconsciously, unknown to myself, I shut my eyes to* so and so, Heb 13:2.

λαξευτός, ή, όν　*hewn* out of the rock.

Λαοδίκεια, ας, ἡ　*Laodicea,* a city in the Lycos valley in the Roman province Asia, near Colossae and Hierapolis.

Λαοδικεύς, έως, ὁ　*a Laodicean, an inhabitant of Laodicea.*

λαός, οῦ, ὁ　(1) *a people,* characteristically of God's chosen people, first the Jews, then the Christians; (2) sometimes, but rarely, *the people, the crowd,* e.g. Luke 9:13; 20:6.

λάρυγξ, γγος, ὁ　*the throat.*

Λασαία (Λασέα), ας, ἡ　*Lasaea,* a city in Crete, about the middle of the south coast.

λάσκω　see λακάω.

λατομέω *I hew* (of stone).

λατρεία, ας, ἡ *service* rendered to God, perhaps simply *worship*.

λατρεύω *I serve,* especially God, perhaps simply *I worship.*

λάχανον, ου, τό *a vegetable.*

Λεββαῖος, ου, ὁ *Lebbaeus,* a pet name, a var. for Thaddaeus, one of the twelve disciples of Jesus. The full form of the name is not known.

λεγιών (λεγεών), ῶνος, ἡ properly a division of the Roman army, numbering about 6,000 infantry with additional cavalry (cf. Matt 26:53); hence, *a very large number* [Lat. *legio*].

λέγω (denoting speech in progress), (1) *I say, speak; I mean; I mention, tell;* (2) *I call, name,* especially in the pas., e.g. Matt 1:16; John 1:38, but also act., e.g. Mark 10:18; (3) *I tell, I command,* e.g. Matt 5:34, 39; Rom 2:22.

λεῖμμα, ατος, τό *a remnant, a remainder.*

λεῖος, α, ον *smooth.*

λείπω (earlier, *I leave behind, abandon*), (1) *I am wanting;* τὰ λείποντα, *what is defective,* Tit. 1:5; (2) mid. e.g. w. gen. *I come behind* (in a race), *I am left behind in, I fall short of* (some standard), *I am wanting in.*

λειτουργέω *I act in the public service, I render service, I minister,* in the widest sense, Rom 15:27, of some special public religious service, Acts 13:2; but also of the service of priests and Levites, Heb 10:11.

λειτουργία, ας, ἡ *public service* in the widest sense, 2 Cor 9:12; Phil 2:30; *service* as of priest or Levite ritual, Luke 1:23; Phil 2:17; Heb 8:6; 9:21.

λειτουργικός, ή, όν *given to serving (ministration), ministering.*

λειτουργός, οῦ, ὁ *minister, servant,* of an official character; of priests and Levites, Heb 8:2.

λεμά *why;* see λαμά [Aram.].

λέντιον (λεντίον), ου, τό *a towel* [loan word from Lat. *linteum*].

λεπίς, ίδος, ἡ *a scale, a scaly substance* thrown off from the body.

λέπρα, ας, ἡ *leprosy.*

λεπρός, οῦ, ὁ *a leprous person, a leper.*

λεπτός, ου, τό *small, light;* neut. subs. *a small piece of money,* probably *the smallest piece of money* = a half quadrans (see κοδράντης).

Λευί (Λευεί, Λευίς, Λευείς), ὁ *Levi,* (1) an ancestor of Jesus, Luke 3:24; (2) another ancestor of Jesus, Luke 3:29; (3) third son of Jacob, the patriarch, and founder of a tribe named after him, Heb 7:5, 9; Rev 7:7; (4) son of Alphaeus, and called also Matthew, a revenue officer and one of the twelve disciples of Jesus [Heb.].

Λευίτης (λευείτης), ου, ὁ *a Levite,* properly a man of the tribe of Levi; hence, *a priest's assistant, an under priest;* as the members of that tribe were charged with this duty.

Λευιτικός (λευειτικός), ή, όν *belonging to the tribe of Levi, levitical.*

λευκαίνω *I whiten.*

λευκοβύσσινος *of white fine linen* (var. for βύσσινον λευκόν; see βύσσινος).

λευκός, ή, όν *white.*

λέων, οντος, ὁ *a lion;* ἐκ τῆς φυλῆς Ἰούδα applied to Jesus, Rev 5:5 (after Gen 49:9); in 2 Tim 4:17 used proverbially for very great danger.

λήθη, ης, ἡ *forgetfulness.*

λήμψις (λῆψις), εως, ἡ *a receiving.*

ληνός, οῦ, ἡ *a winepress;* hence met., Rev 14:19; 19:15.

λῆρος, ου, ὁ *folly, nonsense, idle talk.*

λῃστής, οῦ, ὁ *a robber, brigand, bandit.*

λίαν adv., *very; very much, exceedingly.*

λίβανος, ου, ὁ *frankincense, incense* (Semitic word).

λιβανωτός, οῦ, ὁ *a censer.*

Λιβερτῖνος, ου, ὁ *a freedman,* one of the class of manumitted slaves [Lat. *libertinus*]. A synagogue at Jerusalem appears to have been reserved for them.

Λιβύη, ης, ἡ *Libya, Africa* (in the mod. sense).

λιθάζω *I stone.*

λίθινος, η, ον *made of stone.*

λιθοβολέω *I stone, I cast stones (at).*

λίθος, ου, ὁ *a stone;* met. of Jesus as the chief stone in a building, etc., Acts 4:11, etc.

λιθόστρωτος, ου, τό *paved with stone;* neut. subs. *stone pavement.*

λικμάω *I crush to powder.*

λιμήν, ένος, ὁ *a harbor, port.*

λίμμα (λίμμα) see λεῖμμα.

λίμνη, ης, ἡ *a lake.*

λιμός, οῦ, ὁ and **ἡ** *a famine.*

λίνον, ου, τό *flax; linen.*

Λίνος, ου, ὁ *Linus,* a Christian in Rome.

λιπαρός, ά, όν (lit. *fat*) *rich, sumptuous.*

λίτρα, ας, ἡ *a Roman pound,* of about twelve ounces, 327½ grams.

λίψ, λιβός, acc. **λίβα, ὁ** *the southwest wind,* and thus the quarter from which it comes.

λογεία (λογία), ας, ἡ *a collection, collecting* (of money), particularly of an irregular local contribution for religious purposes (from λογεύω, "I collect").

λογίζομαι (properly of an accountant, bookkeeper, *I count, reckon up*), (1) *I reckon, count, put down* to one's account, τι or τινί τι,

Rom 4:6; 1 Cor. 13:5; 2 Cor 5:19; 2 Tim 4:16; also w. εἴς τι = *as something, as of some value,* e.g. Acts 19:27; Rom 4:3; Gal 3:6; (2) *I number, class* amongst, Mark 15:28; Luke 22:37; (3) *I reckon up accounts, I weigh arguments, I deliberate,* Mark 11:31 (var.); (4) hence, *I consider, weigh,* John 11:50; 2 Cor 10:11; Phil 4:8; Heb 11:19; (5) *I think, I judge,* often; (6) *I decide, determine,* 2 Cor 10:2.

λογικός, ή, όν (1) *reasonable, rational,* Rom 12:1; (2) *metaphorical,* as contrasted w. lit., 1 Pet 2:2 (so perhaps also in Rom 12:1).

λόγιον, ου, τό plur. *oracles, divine responses* or *utterances* (it can include the entire OT scriptures); in Rom 3:2 mainly of the promises in the OT; in Heb 5:12 probably of Jesus' teaching.

λόγιος, α, ον *eloquent.*

λογισμός, οῦ, ὁ *reasoning, thinking.*

λογομαχέω *I battle with (for) words.*

λογομαχία, ας, ἡ *a battling with (for) words, a battle of words.*

λόγος, ου, ὁ (speech in progress); (1) *a word, an utterance, speech, discourse, saying,* frequently of God through his messengers; the gen. expresses either this origin or the subj. of the word; διὰ λόγου, *by spoken word, by word of mouth;* ὁ λόγος, the Gospel news, e.g. Luke 1:2; Acts 14:25; (2) *the personalized Word* or *Divine utterance,* a conception of Palestinian or Alexandrian theology, referred by the Fourth Evangelist to Jesus the Messiah, John 1:1, 14; (3) *an account,* Acts 20:24; 1 Pet 4:5; hence, (4) *reason, a reason,* 1 Pet 3:15; κατὰ λόγον, *rightly, deservedly,* Acts 18:14; (5) *analogy,* ἐπέχειν λόγον τινος, *to correspond to, be analogous to, be instead of* something, Phil 2:16.

λόγχη, ης, ἡ *a long lance.*

λοιδορέω *I revile* a person *to his face, I abuse insultingly.*

λοιδορία, ας, ἡ *reviling, abuse.*

λοίδορος, ου, ὁ *a railer, reviler, abuser.*

λοιμός, οῦ, ὁ (1) *a pestilence;* (2) *a pestilent fellow,* Acts 24:5.

λοιπός, ή, όν (1) *left, left behind,* οἱ λοιποί, *the remainder, the rest, the others;* (2) adv. phrases, acc. neut., λοιπόν, τὸ λοιπόν, *for the rest, now, already;* temp. gen., τοῦ λοιποῦ (supply χρόνου), *henceforth.*

Λουκᾶς, ᾶ, ὁ *Lucas, Luke,* Christian physician and writer of the Third Gospel and Acts, an abbreviated pet form either of Λουκανός, as the Old Latin Bible gave in the title of the Third Gospel, or of Λουκίος, as some moderns have thought.

Λούκιος, ου, ὁ *Lucius,* (1) of Cyrene, an early Christian, in the church of Antioch, Acts 13:1, by some identified with the evangelist Luke; (2) a Christian with Paul at Corinth, by some identified with (1), Rom 16:21.

λουτρόν, οῦ, τό *a bath* (of the water, not the vessel), *water for washing, washing.*

λούω *I wash, bathe* (the body, literally or merely ceremonially); mid. of *washing, bathing oneself.*

Λύδδα, ας, ἡ *Lydda, Diospolis, Lod* (mod. *Ludd*), a city on the way to Joppa within a day's journey of Jerusalem.

Λυδία, ας, ἡ *Lydia,* a lady resident of Philippi, native of Thyatira in Lydia (Asia Minor), and engaged in the clothing trade.

Λυκαονία, ας, ἡ *Lycaonia, the country of the Lykaones,* a district of Asia Minor, comprised within the Roman province Galatia and including the cities Derbe and Lystra.

Λυκαονιστί *in the Lycaonian language.*

Λυκία, ας, ἡ *Lycia,* a small Roman province on the south coast of Asia Minor.

λύκος, ου, ὁ *a wolf,* or perhaps *a jackal;* often applied to persons of wolfish proclivities.

λυμαίνομαι *I ravage, harry, devastate.*

λυπέω *I pain, grieve, vex.*

λύπη, ης, ἡ *pain, grief.*

Λυσανίας, ου, ὁ *Lysanias,* tetrarch of Abilene.

Λυσίας, ου, ὁ Claudius *Lysias,* a Roman tribune of the soldiers in Jerusalem.

λύσις, εως, ἡ *dissolution, release.*

λυσιτελέω impers. 3 sing. *it is advantageous to, it profits.*

Λύστρα, dat. **Λύστροις,** acc. **Λύστραν, ἡ** and **τό** *Lystra,* a Lycaonian city in the southern part of the Roman province Galatia.

λύτρον, ου, τό *the purchasing money* for manumitting slaves, *a ransom, the price of ransoming;* especially *the sacrifice by which expiation is effected, an offering of expiation.*

λυτρόω (orig., *I deliver* captives from robbers or enemies in war *by payment, I manumit* or *liberate* a slave from slavery), *I ransom, liberate, deliver.*

λύτρωσις, εως, ἡ (in OT *ransoming from imprisonment for debt,* or *from slavery, release from national misfortune,* etc.), *liberation, deliverance, release* (cf. λυτρόω).

λυτρωτής, οῦ, ὁ *a redeemer, one who pays a ransom, a liberator.*

λυχνία, ας, ἡ *a lamp stand.*

λύχνος, ου, ὁ *a lamp.*

λύω (1) *I unloose, loose, loosen, untie, release,* Mark 1:7, etc.; thus *I break* (in a phrase where the time order of the two processes is inverted), Rev 5:2; (2) met. *I break, destroy, set at naught, contravene;* sometimes merely, *I declare* a law *to be not binding,* John 5:18; *I break up* a meeting, Acts 13:43; *I annul,* 1 John 4:3 (var.).

Λωΐς (Λωίς), ΐδος, ἡ *Lois,* grandmother of Timothy.

Λώτ (Λώθ), ὁ *Lot,* nephew of Abraham [Heb.].

M

Μάαθ (Μαάθ), ὁ *Maath, Mahath,* an ancestor of Jesus [Heb.].

Μαγαδάν (Μαγδαλά), ἡ *Magadan (Magdala).* The reading and the site are uncertain. Two views are held with regard to the latter, (1) that it was in the Decapolis near Gerasa; (2) that it was at Megdel on the western bank of the Sea of Galilee.

Μαγδαληνός, ή, όν *a Magdalene, of Magdala,* a place identical with mod. Megdel, near Tiberias; see Μαγαδάν (2). Fem. subs. Μαγδαληνή, surname of Mary from Magdala; see Μαρία (2).

Μαγεδών *Magedon,* the second part of the name, Ἁρ Μαγεδών *(Har Magedon),* perhaps *Megiddo.*

μαγεία (μαγία), ας, ἡ *sorcery, magic.*

μαγεύω *I practice sorcery* or *magic.*

μαγία see μαγεία.

μάγος, ου, ὁ *a sorcerer, a magician, a wizard.*

Μαγώγ, ὁ *Magog,* sometimes as name of a people, sometimes as name of a country in OT (Gen 10:2; Ezek 38:2; 39:6), probably the Scythians; hence, used in apocalyptic literature [Heb.].

Μαδιάμ, ὁ *Madiam, Midian,* generally taken to mean or to include the peninsula of Sinai [Heb.].

μαθητεύω *I make disciples, I make*

into disciples; followed by dat. of instrument, Matt 13:52.

μαθητής, οῦ, ὁ *a learner, disciple, pupil.*

μαθήτρια, ας, ἡ *a woman disciple.*

Ματθαῖος (Ματταῖος), ου, ὁ *Matthaeus, Matthew,* a revenue officer, then one of the twelve disciples of Jesus.

Ματθάν (Ματθάν), ὁ *Matthan,* son of Eleazar and father of Jacob, an ancestor of Jesus [Heb.].

Ματθάτ (Ματθάτ), ὁ *Matthat,* son of Levi and father of Jorem, an ancestor of Jesus [Heb.].

Ματθίας (Ματτίας), ου, ὁ *Matthias,* elected one of the Twelve in room of the deceased Judas.

Μαθουσαλά (Μαθουσάλα), ὁ *Methuselah,* son of Enoch and father of Lamech [Heb.].

μαίνομαι *I am raving mad, I speak as a madman.*

μακαρίζω *I deem (declare) happy.*

μακάριος, α, ον *happy, to be envied.*

μακαρισμός, οῦ, ὁ *felicitation, regarding as happy* or *enviable.*

Μακεδονία, ας, ἡ *Macedonia,* a Roman province north of Achaia (Greece) [Heb.].

Μακεδών, όνος, ὁ *a Macedonian,* an inhabitant of the Roman province Macedonia.

μάκελλον, ου, τό *meat market* [Lat. *macellum*].

μακράν adv., sometimes used adjectivally, *at a distance, far away.*

μακρόθεν adv., *from a (long) distance,* often in the tautological expression ἀπὸ μακρόθεν = μακρόθεν, ἀπὸ μακράν (cf. Luke 18:13).

μακροθυμέω *I defer my anger, I am longsuffering,* i.e. the opp. of short- or quick-tempered.

μακροθυμία, ας, ἡ *longsuffering.*

μακροθύμως adv., *with longsuffer-ing, patiently.*

μακρός, ά, όν (1) *long;* acc. neut. plur. as adv. *long,* Mark 12:40; Luke 20:47; (2) *distant.*

μακροχρόνιος, ον *long-timed, long-lived.*

μαλακία, ας, ἡ *weakness, illness.*

μαλακός, ή, όν (1) *soft,* (τὰ) μαλακά, as subs., *soft material;* (2) of persons, *soft, voluptuous, effeminate.*

Μαλελεήλ, ὁ *Maleleel, Malelehel,* one of the ancestors of Jesus [Heb.].

μάλιστα adv., *most of all, especially* (superl., see μᾶλλον).

μᾶλλον adv., *more, rather* (comp., see μάλιστα).

Μάλχος, ου, ὁ *Malchus,* a slave of the high priest at Jerusalem (Aram. *Malchu*).

μάμμη, ης, ἡ *a grandmother.*

μαμωνᾶς, ᾶ, ὁ *riches, money, posses-sions, property* (Aram., w. cog. words in Heb. and Punic).

Μαναήν, ὁ *Manaen,* probably a member of Herod Antipas' court (grecized form of Aram. *Menahem*).

Μανασσῆς (Μανασσῆ), ῆ, ὁ *Manasseh,* (1) son of Joseph, founder of a tribe of Israel, Rev 7:6; (2) son of Hezekiah and father of Amon (Amos) [Lat.].

μανθάνω *I learn;* w. adjs. or nouns, *I learn* to be so and so, 1 Tim 5:13; w. acc. of person who is the object of knowledge, Eph 4:20; aor. sometimes to *ascertain,* Acts 23:27; Gal 3:2.

μανία, ας, ἡ *raving madness.*

μάννα, τό *manna,* the supernatural food eaten by the Israelites in the desert; of spiritual food, Rev 2:17 [Lat.].

μαντεύομαι *I practice soothsaying,*

suggesting the fraud involved in the practice.

μαραίνω pas. *I die, I wither* (like the grass).

μαράνα θά (μαρὰν ἀθά) Aram., early Christian (eucharistic?) formula meaning, *Lord, come!* or *Our Lord hath come* or *Our Lord cometh (will come, is at hand).*

μαργαρίτης, ου, ὁ *a pearl.*

Μάρθα, ας, ἡ *Martha,* sister of Mary and Lazarus of Bethany.

Μαρία (Μαριάμ), ας, ἡ *Mary, Miriam* (the former is the grecized form), (1) the mother of Jesus; (2) of Magdala, which epithet is always attached (except John 20:11, 16 where it is unnecessary; (3) sister of Martha and Lazarus, Luke 10:39, 42; John 11; 12:3; (4) mother of James and Joseph (or Joses), Matt 27:56; Mark 15:40, and presumably in Mark 15:47; 16:1; Luke 24:10; wife of Clopas, John 19:25. Also referred to in Matt 27:61; 28:1; (5) mother of John Mark, Acts 12:12; (6) a Christian in Rome, Rom 16:6.

Μᾶρκος, ου, ὁ *Marcus, Mark,* who also had the Heb. name John, son of Mary ([5] above), nephew of Barnabas, coadjutor of Barnabas, Saul (Paul), and Peter.

μάρμαρος, ου, ὁ *marble.*

μαρτυρέω *I witness, I bear witness, I give evidence, I testify,* w. dat. pers. or quality, in one's favor, in favor of; w. acc. cog., μαρτυρίαν, ὁμολογίαν, practically otiose; in the pas., *I am witnessed to, I am borne witness to,* sometimes w. nom. and dependent infin. (impers., 3 John 12), correspon-ding to the act.; Rev 1:2; 22:16, 18, 20.

μαρτυρία, ας, ἡ *witness, evidence, testimony.*

μαρτύριον, ου, τό *witness, evidence*

(of recovery, Matt 8:4; Mark 1:44; Luke 5:14; so of other occurrences or thoughts); ἡ σκηνὴ τοῦ μαρτυρίου, *the tent* of the congregation, *the tent* of meeting of God with His people, because it contained the ark and the tablets *of the testimony* to the covenant between God and his people, cf. Exod 25:9, 10.

μαρτύρομαι (properly, *I call [summon] to witness,* and then, absol.) *I testify, I protest, I asseverate; I conjure, solemnly charge,* 1 Thess 2:12; Eph 4:17.

μάρτυς, μάρτυρος, dat. pl. **μάρτυσιν, ὁ** *a witness, eyewitness* or *ear witness.* In Acts 22:20; Rev 2:13 it approaches the ecclesiastical sense of *martyr,* i.e. one who gives public testimony to his faith before a tribunal, and suffers the penalty.

μασάομαι *I gnaw.*

μασθός see **μαστός.**

μαστιγόω *I flog, scourge,* the victim being strapped to a pole or frame, see **μάστιξ.**

μαστίζω *I flog, scourge,* see **μάστιξ.**

μάστιξ, ιγος, ἡ (1) *a scourge, lash,* of leathern thongs with pieces of metal sewn up in them, Acts 22:24; Heb 11:36; (2) met. *severe pains (sufferings)* sent by God.

μαστός (μασθός), οῦ, ὁ *a breast,* especially *a nipple* of a woman's breast.

ματαιολογία, ας, ἡ *vain speaking, foolish talking.*

ματαιολόγος, ου, ὁ *speaking vain things.*

ματαιόομαι pas., *I am made vain, ineffective, godless.*

μάταιος, α, ον *vain, unreal, ineffectual, unproductive;* practically *godless.*

ματαιότης, ητος, ἡ *vanity, emptiness, unreality, purposelessness, ineffectiveness, instability.*

μάτην adv., *in vain, in an unreal way.*

ματθ. see **μαθθ.**

Ματταθά, ὁ *Mattathah,* an ancestor of Jesus [Heb.].

Ματταθίας, ου, ὁ *Mattathias,* an ancestor of Jesus [Heb.].

μάχαιρα, ης, ἡ *a sword;* met. of the spirit, Eph 6:17.

μάχη, ης, ἡ (earlier, *a battle, conflict,* perhaps in Jas 4:1); hence in the sphere of words, etc., *strife, contention, quarrel.*

μάχομαι *I engage in battle, I fight;* hence, *I strive,* John 6:52.

μεγαλεῖος, α, ον neut. subs. *greatness;* plur. τὰ μεγαλεῖα, *the mighty deeds.*

μεγαλειότης, ητος, ἡ *(divine) majesty* or *magnificence.*

μεγαλοπρεπής, ές *magnificent, superb, transcendent.*

μεγαλύνω (1) *I enlarge, lengthen,* Matt 23:5; (2) *I increase, magnify.*

μεγάλως adv., *greatly;* compar. μεῖζον.

μεγαλωσύνη, ης, ἡ *(divine) majesty;* in Heb 1:3; 8:1, a sort of substitute for the divine Name.

μέγας, μεγάλη, μέγα *large, great,* in the widest sense; see μειζότερος, μείζων, μέγιστος.

μέγεθος, ους, τό *greatness.*

μεγιστάν, ᾶνος, ὁ *a great one, a lord, a courtier, a satrap.* (The word has an oriental flavor and belongs to late Gk..)

μέγιστος, η, ον (elative superl., practically obsolete and only literary), *very great;* see μέγας (positive), μείζων (comp. and superl.).

μεθερμηνεύω *I translate* (from one language into another).

μέθη, ης, ἡ *deep drinking, drunkenness.*

μεθίστημι (μεθιστάνω) *I cause to*

*change its place, I move out of its
place, I translate, transfer, remove.*

μεθοδεία, ας, ἡ   *scheming, craftiness*
(from μέθοδος, *a way of search
after something, an inquiry; a
method*).

μεθύσκω   *I intoxicate;* pas., *I become
intoxicated with wine, I become
drunk.*

μέθυσος, ου, ὁ   *a drunkard* (orig.,
tipsy).

μεθύω   *I am intoxicated with wine, I
am drunk.*

μεῖζον   adv. *all the more* (neut. sing.
of μείζων, comp. of μέγας); see
μεγάλως.

μειζότερος, α, ον   *greatest,* Matt
13:32; 23:11; 1 Cor 13:13, etc.
(superl. of μέγας).

μείζων, ον, ον   *greater,* 3 John 4
(compar. of μέγας). See also adv.
μεῖζον.

μέλας, αινα, αν, gen. **ανος,
αίνης, ανος**   *black;* τὸ μέλαν,
ink, 2 Cor 3:3; 2 John 12; 3 John
13.

Μελεά, ὁ   *Meleah,* one of the ances-
tors of Jesus [Heb.].

μέλει   impers., *it is a care, it is an
object of anxiety,* w. dat. of the
person; pers., διὸ μελήσω, where-
fore *I will take care,* true text in
2 Pet 1:12.

μελετάω   *I devise, plan; practice,
exercise myself in.*

μέλι, ιτος, τό   *honey.*

μελίσσιος, ον   *belonging to bees,
coming from bees.*

Μελίτη (Μελιτήνη), ης, ἡ
Malta.

μέλλω   (1) w. infin. *I am about to, I
intend;* (2) absol., in pres. part.,
coming, future; so τὸ μέλλον, *the
future,* εἰς τὸ μέλλον (supply
ἔτος), *next year,* Luke 13:9, τὰ
μέλλοντα, *the things that are to be
(come to pass).* See μέλει.

μέλος, ους, τό   *a bodily organ, limb,*

member (wider in sense than
κῶλον).

Μελχί (Μελχεί), ὁ   *Melchi,* one of
the ancestors of Jesus [Heb.].

Μελχισέδεκ (Μελχισεδέκ), ὁ
Melchisedek, king and priest of
Salem (Gen 14:18–20) [Heb.].

μεμβράνα, ης, ἡ   *a parchment leaf,*
perhaps for notes [Lat. *membrana*].

μέμφομαι   *I blame.*

μεμψίμοιρος, ον   *blaming one's lot*
or *destiny, discontented.*

μέν   an untranslatable particle, gen-
erally answered by δέ (sometimes
by ἀλλά, πλήν), each of the two
introducing a clause intended to be
contrasted with the other. (The
μέν is very often omitted as com-
pared with classical Gk..) Other
uses are (1) μέν followed by καί
(e.g. Luke 8:5), where an addi-
tional detail is given, not explicitly
contrasted with the earlier, (2) μέν
followed by no contrasting particle
in the following clause (e.g.
πρῶτον almost *at the very first,*
Rom 1:8; 1 Cor 11:18), and
(3) μὲν οὖν, for the most part in
narrative passages, where the μέν
brings the accompanying noun or
pron. into relief, without any con-
trast being expressed by a following
δέ (e.g. Acts 1:6), (a) where what
has preceded is summed up on the
way to the relation of some new
detail, or (b) where it acts as the
introduction to a further occur-
rence; but see μενοῦν for another
use.

Μεννά, ὁ   *Menna,* one of the ances-
tors of Jesus [Heb.].

**μενοῦν (μὲν οὖν), μενοῦνγε (μὲν
οὖν γε)**   *nay more, nay rather,*
especially in an answer, strengthen-
ing or correcting).

μέντοι   (1) *indeed, really,* Jas 2:8;
(2) *yet, however, nevertheless.*

μένω *I remain, abide, wait;* w. acc. *I wait for, await.*

μερίζω *I divide into parts, I divide, I part, I share, I distribute;* mid. *I go shares, I share* (with others; in this case with Paul, Apollos, Cephas), *I take part in a partitioning,* 1 Cor. 1:13; *I distract,* 1 Cor. 7:34.

μέριμνα, ης, ἡ *care, worry, anxiety.*

μεριμνάω *I am overanxious;* w. acc. *I am anxious about, I care for.*

μερίς, ίδος, ἡ (1) *a part, division* of a country, Acts 16:12 (a sense amply attested outside); (2) *a share, portion.*

μερισμός, οῦ, ὁ (1) *a distributing, a distribution,* Heb 2:4; (2) *a parting, dividing, severance, separation.*

μεριστής, οῦ, ὁ *a divider, arbitrator, distributor.*

μέρος, ους, τό *a part, portion;* τὰ μέρη, territorially, *the region;* adv, phrases are ἀπὸ μέρους, ἐκ μέρους, *in part, partly,* ἀνὰ μέρος, κατὰ μέρος, *part by part, each part separately, in detail; a party,* Acts 23:9.

μεσημβρία, ας, ἡ (lit. *midday,* hence, the position of the sun at midday), *the south.*

μεσιτεύω *I mediate, interpose;* but probably in Heb 6:17 rather *I am surety, I give bail.*

μεσίτης, ου, ὁ (1) *a mediator, intermediary,* 1 Tim 2:5; (2) *a go-between, arbiter, agent* of something good, Gal 3:19, 20; Heb 8:6; 9:15; 12:24.

μεσονύκτιον, ου, τό *midnight,* the middle of the period between sunset and sunrise.

Μεσοποταμία, ας, ἡ *Mesopotamia, the Country between the* (two) *Rivers,* i.e. the Euphrates and the Tigris.

μέσος, η, ον *middle, in the middle,* sometimes followed by the gen. of the whole area referred to; adv. (with or without gen.) are μέσον (acc. neut.), ἀνὰ μέσον (elliptical in 1 Cor. 6:5), κατὰ μέσον, ἐν [τῷ] μέσῳ, *in the middle, before them all,* ἐκ μέσου, *from the midst.*

μεσότοιχον, ου, τό *mid-wall.*

μεσουράνημα, ατος, τό *mid-heaven, the middle of heaven.*

μεσόω *I am in the middle* of my course.

Μεσσίας, ου, ὁ *Messiah, the Anointed One* [Heb.], generally translated into Gk. as Χριστός.

μεστός, ή, όν *full;* met. (cf. πλήρης) almost *tainted, diseased with,* Matt 23:28; Rom 1:29.

μεστόω *I fill.*

μετά prep. (1) w. gen. *with, in company with;* merely, *in connection with,* Luke 1:58; (2) w. acc., (a) *behind, beyond, after,* of place, (b) *after,* of time, w. nouns, neut. of adjs., or τό w. infin.

μεταβαίνω *I change my place (abode), I leave, I depart, I remove.*

μεταβάλλω mid. *I change my mind.*

μετάγω (usually *transfer, transport,* and met., to a better mind), *I turn about, I change the position of.*

μεταδίδωμι (lit. *I offer by way of change, I offer so that a change of owner is produced), I share;* sometimes merely, *I impart.*

μετάθεσις, εως, ἡ (1) *change, transformation,* Heb 7:12; 12:27; (2) *removal,* Heb 11:5.

μεταίρω *I change my position, remove.*

μετακαλέω mid. *I summon to myself, I send for.*

μετακινέω trans., *I move away, I dislodge.*

μεταλαμβάνω (1) w. gen. *I take a share (part) of, I share in, I partake of;* (2) w. acc. *I take after (later)* or *I take instead,* Acts 24:25.

μετάλημψις, εως, ἡ *partaking of, sharing in.*

μεταλλάσσω *I transform, alter.*

μεταμέλομαι (lit. *I change* one *care* or *interest* for another), *I change my mind* (generally for a better).

μεταμορφόω *I change a form* (involving a change of inmost nature; contrast the creatures described in Ovid's *Metamorphoses*); mid. w. acc. *I assume* something *through a change,* 2 Cor 3:18.

μετανοέω *I change* my *mind, I change the inner man* (particularly with reference to acceptance of the will of God by the νοῦς (mind) instead of rejection); w. ἀπό or ἐκ, the giving up definitely of the courses denoted by the following words is indicated.

μετάνοια, ας, ἡ *a change of mind, a change in the inner man;* ἀπό indicates what is given up in this change, Heb 6:1.

μεταξύ prep. w. gen., *between;* μεταξὺ σοῦ καὶ αὐτοῦ μόνου, *privately* (Aram. idiom), Matt 18:15; μεταξὺ ἀλλήλων, *in their mutual intercourse,* Rom 2:15; adv. w. ὁ in the sense *the next, the next after* (because *between* the present and the one after that), Acts 13:42, ἐν τῷ μεταξύ (supply χρόνῳ), *meantime, meanwhile,* John 4:31.

μεταπέμπομαι *I send for, summon.*

μεταστρέφω *I turn, change.*

μετασχηματίζω *I change the outward appearance (the dress, the form of presentation)* of something; *I transfer by a fiction, adapt.*

μετατίθημι (1) *I transfer,* Acts 7:16; Heb 11:5; mid. *I go over to* another party, *I desert,* Gal 1:6; (2) *I change,* Heb 7:12.

μετατρέπω trans., *I turn, change.*

μετέπειτα adv., *thereafter.*

μετέχω *I have a share of, I participate in, I share.*

μετεωρίζομαι *I am* μετέωρος, i.e. *suspended in midair, anxious,* Luke 12:29.

μετοικεσία, ας, ἡ *transportation, deportation,* followed by gen. of reference, βαβυλῶνος.

μετοικίζω *I transport.*

μετοχή, ῆς, ἡ *sharing, partnership.*

μέτοχος, ου, ὁ *a sharer, partner;* w. gen. *in* something.

μετρέω *I measure.*

μετρητής, οῦ, ὁ *a measure,* about 39.39 liters or 8¾ gallons.

μετριοπαθέω *I feel moderately,* with particular reference to displeasure at men's sin.

μετρίως adv., *moderately;* οὐ μετρίως, *greatly, exceedingly.*

μέτρον, ου, τό *a measure,* whether lineal (e.g. Rev 21:15) or cubic (e.g. Luke 6:38); ἐκ μέτρου (Aram. idiom?), *in scanty measure.*

μέτωπον, ου, τό *forehead.*

μέχρι, μέχρις conj. with or without οὗ, the ἄν (ἐάν) being omitted in NT examples, w. aor. subj., *until . . .* shall have . . .; prep. w. gen., *as far as; until.*

μή negative particle, *not, that . . . not (lest),* etc., used generally, instead of οὐ, the negative of fact (expressed by the indic.), where there is some indefiniteness about the action or occurrence referred to (expressed by other moods), either because it is in the future, or because it is in an interrog. clause (a feature of everyday language), or because it is in an indef. rel., or a cond., opt., or final clause, etc. Sometimes w. indic. to be translated by *perhaps,* Luke 11:35; Col 2:8 (cf. Heb 3:12); Gal 4:11 (but also w. subjun. as in classical Gk., Matt 25:9, var.). οὐ μή, (1) w. indic. fut. or, far more often, w.

subjun. aor., in a statement, a very emphatic negative, *assuredly not*. It occurs for the most part in passages coming from the OT and sayings of Christ (both from Semitic originals), where words of decisive tone are especially in place. In this constr. the prohibition refers to the future, "do not" (in future), as contrasted w. μὴ ποίει, meaning "desist from"; the latter is sometimes durative; (2) w. subjun. aor. in interrog. clause, *not*, Luke 18:7; John 18:11. μή ποτε, see μήποτε; μή που, see μήπου.

μήγε   see εἰ δὲ μήγε under εἰ.

μηδαμῶς   adv., *not at all*.

μηδέ   *nor . . . either,* generally after a preceding μή.

μηδείς, μηδεμία, μηδέν   (1) adj., *no*, in agreement w. nouns; (2) each gender used as a noun, *no person, nothing.* Its use with respect to that of οὐδείς corresponds to that of μή with respect to that of οὐ. See also μηδέν; (also another Hellenistic orthography μηθείς, Acts 27:33).

μηδέν   adv. (neut. sing. of μηδείς), *not at all, in no way.*

μηδέποτε   adv., *not at any time.*

μηδέπω   adv., *not yet.*

Μῆδος, ου, ὁ   *a Mede, a Median,* from east of Assyria.

μηθείς, μηθέν   see μηδείς, μηδέν.

μηκέτι   adv., *no longer.*

μῆκος, ους, τό   *length.*

μηκύνω   *I lengthen.*

μηλωτή, ῆς, ἡ   *sheep's* (sometimes pig's) *hide, sheepskin.*

μήν, μηνός, ὁ   noun, *a* (lunar) *month.*

μήν   adv., expressing emphasis, mostly in the formulae of oaths, *assuredly, in very truth.*

μηνύω   (1) *I reveal, make known;* in a law court, *I lay information, I inform,* John 11:57; Acts 23:30;

(2) *I make known, I point out,* Luke 20:37; 1 Cor 10:28.

μήποτε   *lest at any time, lest;* then weakened, *whether perhaps, whether at all;* in a principal clause, *perhaps* (= μή ποτε).

μήπου   *lest anywhere* (= μή που).

μήπω   adv., *not yet.*

μήπως   *lest in any way* (= μή πως).

μηρός, οῦ, ὁ   *thigh.*

μήτε   (= μή τε) *nor;* μήτε . . . μήτε, *neither . . . nor,* sometimes also oftener than twice (e.g. Jas 5:12)

μήτηρ, τρος, ἡ   *a mother;* sometimes also of one who is *as a mother,* who takes the place of a mother, Mark 3:34, 35, etc.; John 19:27; Rom 16:13; Gal 4:26; 1 Tim 5:2; Rev 17:5.

μήτι   (μή strengthened by the addition of the acc. neut. of τις [indef.] as adv.); (1) w. εἰ; thus εἰ μήτι = εἰ μή, *if not, unless,* Luke 9:13, εἰ μήτι ἄν, *unless in a given case,* 1 Cor 7:5; (2) in questions, expecting a negative answer, cf. Matt 7:16, *can it be that* suggesting impossibility.

μήτιγε   a modified μήτι, in elliptical constr., *not to speak of.*

μήτις   = μή τις.

μήτρα, ας, ἡ   *the womb.*

μητρολῷας (μητραλῴας), ου, ὁ   *a person who murders his mother, a matricide.*

μιαίνω   met. *I stain, pollute, defile.*

μίασμα, ατος, τό   *a pollution, a defilement.*

μιασμός, οῦ, ὁ   *pollution, defilement.*

μίγμα (μῖγμα, μεῖγμα), ατος, τό   *a mixture.*

μίγνυμι   *I mix.*

μικρόν   neut. sing. of μικρός, as adv. or noun, *a little,* both of space and of time as well as of size, degree; in John 14:19, etc., understand ἐστιν or ἔσται after μικρόν.

μικρός, ά, όν (1) *small;* superl. μικρότερος, *smallest,* in Mark 15:40 possibly *junior;* (2) of time, *short;* see μικρόν.

Μίλητος, ου, ἡ *Miletus,* a city on the coast of the Roman province Asia.

μίλιον, ου, τό *a Roman mile,* measuring 1478.5 meters [Lat. *milium, a thousand double paces*].

μιμέομαι *I imitate.*

μιμητής, οῦ, ὁ *an imitator.*

μιμνήσκομαι (μιμνήσκομαι) mid. and pas., *I remember;* the pas. forms sometimes have pas. sense, from act. μιμνήσκω, *I call to mind, I recall, I mention,* Acts 10:31; Rev 16:19.

μισέω *I hate.*

μισθαποδοσία, ας, ἡ (lit. *repayment of price* or *payment of price due*), *reward,* Heb 10:35; 11:26; in the sense, *due punishment,* Heb 2:2.

μισθαποδότης, ου, ὁ *a rewarder,* (see μισθαποδοσία).

μίσθιος, ου, ὁ *a paid worker, a hired servant, a hireling* (contrasted with a slave).

μισθόομαι *I hire, engage.*

μισθός, οῦ, ὁ (1) *pay, wages, salary;* (2) *reward, recompense.*

μίσθωμα, ατος, τό *a rented apartment* or *flat.*

μισθωτός, οῦ, ὁ *hired, engaged* for wages.

Μιτυλήνη (Μυτιλήνη), ης, ἡ *Mitylene,* the capital of the island of Lesbos in the northern Aegean sea

Μιχαήλ, ὁ *Michahel, Michael,* an archangel.

μνᾶ, ᾶς, ἡ *a mina,* a semitic word for the Gk. money unit worth about one hundred δραχμαί.

Μνάσων, ωνος, ὁ *Mnason,* an early Christian, native of Cyprus,

resident at a place between Caesarea and Jerusalem.

μνεία, ας, ἡ *remembrance, recollection, mention; commemoration,* Rom 12:13 (var.).

μνῆμα, ατος, τό *a tomb, monument.*

μνημεῖον, ου, τό *a tomb, monument.*

μνήμη, ης, ἡ *memory,* or *mention.*

μνημονεύω *I remember; I hold in remembrance; I make mention of,* Heb 11:22.

μνημόσυνον, ου, τό *reminder, memorial; a remembrance offering,* Acts 10:4.

μνηστεύω *I betroth.*

μογγιλάλος, ον *speaking with a hoarse voice;* var. for μογιλάλος in Mark 7:32.

μογιλάλος, ον (lit. *speaking with difficulty*), hence, *dumb.*

μόγις adv., *with difficulty; scarcely, hardly.*

μόδιος, ου, ὁ a dry measure, the chief corn unit, nearly two English gallons [Lat. *modius*].

μοιχαλίς, ίδος, ἡ (1) *an adulteress* (i.e., a married woman who commits adultery), Rom 7:3; 2 Pet 2:14; (2) Heb., extended to those who worship any other than the true God (Yahweh).

μοιχάομαι *I commit adultery,* not only of a married woman but of a married man (see Matt 19:9, var.; Mark 10:11).

μοιχεία, ας, ἡ *adultery.*

μοιχεύω *I commit adultery* (of a man with a married woman, but also (Luke 16:18) of a married man).

μοιχός, οῦ, ὁ *an adulterer,* i.e., a man who is guilty with a married woman.

μόλις adv., *with difficulty, hardly.*

Μολόχ, ὁ *Moloch,* a god worshipped by several Semitic peoples (Heb., name is properly an appellation = king).

μολύνω   I soil, stain, pollute, lit. and morally.

μολυσμός, οῦ, ὁ   staining, contamination, pollution.

μομφή, ῆς, ἡ   (lit. blame, fault finding), a complaint, fault.

μονή, ῆς, ἡ   (1) abstr., μονήν ποιεῖσθαι, to stay, to dwell, John 14:23; (2) concr., lodging, dwelling place, room.

μονογενής, ές   only-born, only, of children.

μόνον   only, acc. sing. neut. of μόνος, used as adv.

μόνος, η, ον   alone; κατὰ μόνας = κατ᾽ ἰδίαν, by himself.

μονόφθαλμος, ον   one-eyed, with one eye only.

μονόω   I leave alone (solitary).

μορφή, ῆς, ἡ   form, implying essential character as well as outline. It suggests unchangeableness, as contrasted with σχῆμα (= figure, fashion). In Phil 2:6 the reference is to the preincarnate Christ with divine attributes.

μορφόω   I form, shape (of the development of the embryo into the fully formed child).

μόρφωσις, εως, ἡ   a mere form, outline.

μοσχοποιέω   I make a model of a calf.

μόσχος, ου, ὁ   a calf.

μουσικός, οῦ, ὁ   a musician, but probably in some narrower sense in Rev 18:22.

μόχθος, ου, ὁ   struggle, hardship, involved in continued labors.

μυελός, οῦ, ὁ   marrow.

μυέω   (I initiate into the Mysteries), hence, I habituate.

μῦθος, ου, ὁ   an idle tale, fable, fanciful story.

μυκάομαι   I roar.

μυκτηρίζω   (properly, I turn up the nose as a sign of contempt), I sneer at, disdain.

μυλικός, ή, όν   belonging to a mill.

μύλινος, η, ον   a millstone.

μύλος, ου, ὁ   a mill.

Μύρα, ων, τό   Myra, a port in Lycia, southwest Asia Minor.

μυριάς, άδος, ἡ   a group of ten thousand, a ten thousand.

μυρίζω   I anoint.

μύριοι (μυρίοι), αι, α   ten thousand; also used for a very large number.

μυρίος, α, ον   innumerable, countless.

μύρον, ου, τό   anointing oil; ointment (a Semitic word).

Μύρρα   see Μύρα.

Μυσία, ας, ἡ   Mysia, a country in the northwest of the Roman province Asia (and of Asia Minor).

μυστήριον, ου, τό   a secret, Mark 4:11 and pars.; also (1) a symbol containing a secret meaning, Rev 17:5, cf. Eph 5:32; (2) the meaning of such a symbol, Rev 1:20; 17:7; (3) as the counterpart of ἀποκάλυψις, secret to be revealed, the secret purpose of God in His dealings with man, a Divine secret, especially the inclusion of the Gentiles as well as the Jews in the scope of the Messiah's beneficent reign; (4) the sum of the Christian faith, 1 Tim 3:9, 16.

Μυτιλήνη   see Μιτυλήνη.

μυωπάζω   I half close the eyes, I blink.

μώλωψ, ωπος, ὁ   a welt or bruise left on the body by scourging.

μωμάομαι   I calumniate, slander.

μῶμος, ου, ὁ   a blemish (a "Hebraic" sense peculiar to biblical Gk.; the classical sense is blame).

μωραίνω   (1) I make foolish, I turn to foolishness; (2) I taint, and thus make useless, Matt 5:13; Luke 14:34 (from μωρός).

μωρία, ας, ἡ   foolishness.

μωρολογία, ας, ἡ   foolish talking.

μωρός, ά, όν (1) adj., *foolish;* (2) noun, *a fool.*

Μωϋσῆς (Μωυσῆς), έως; ὁ *Moses* (the form nearer Heb. found in oldest Latin Bible and Vulgate), *Moyses,* the lawgiver of the Hebrews, thus regarded as the author of the Pentateuch, where the laws are preserved (cf. 2 Cor 3:15, etc.).

N

Ναασσών, ὁ *Naasson,* son of Aminadab and father of Salmon (Sala), and one of the ancestors of Jesus [Heb.].

Ναγγαί, ὁ *Naggai,* one of the ancestors of Jesus [Heb.].

Ναζαρά (Ναζαρέτ), ἡ *Nazareth,* a city of Galilee, where Jesus lived before His ministry. (The former is the Gk. form, declined, while the latter is the native form, not declined).

Ναζαρηνός, οῦ, ὁ *of Nazareth, a Nazarene.*

Ναζωραῖος, ου, ὁ commonly interpreted to mean, *of Nazareth, Nazarene,* the ω being nearer to the Syr. form *Natsoreth.*

Ναθάμ, ὁ *Nathan,* son of David, and an ancestor of Jesus [Heb.].

Ναθαναήλ, ὁ *Nathanael, Nathanahel,* of Cana in Galilee, an early disciple.

ναί *yes,* sometimes made a subs. by prefixing the article τό.

Ναιμάν, ὁ *Naaman,* commander in chief of the army of a king of Syria in the ninth c. B.C. (2 Kgs 5).

Ναΐν (Ναϊν, Ναΐμ), ἡ *Nain,* a city southwest of the Sea of Galilee.

ναός, οῦ, ὁ *a temple, a shrine,* that part of the temple where the god himself resides (contrast ἱερόν); so also figuratively.

Ναούμ, ὁ *Naum, Nahum,* an ancestor of Jesus [Heb.].

νάρδος, ου, ἡ *spikenard,* a perfume made originally from the *Nardo-stachys Jatamansi* growing on the Himalayas [Heb., borrowed into Persian and Sanskrit].

Νάρκισσος, ου, ὁ *Narcissus,* a resident in Rome in Nero's time.

ναυαγέω (1) *I am shipwrecked;* so (2) figuratively, *I come to ruin.*

ναύκληρος, ου, ὁ *a captain (master)* of a ship.

ναῦς, acc. **ναῦν, ἡ** *a ship, a vessel,* Acts 27:41 only (literary, almost obsolete, rare in the vernacular; see πλοῖον).

ναύτης, ου, ὁ *a sailor.*

Ναχώρ, ὁ *Nachor,* one of the ancestors of Jesus [Heb.].

νεανίας, ου, ὁ *a young man, a man in his prime* (used even of a man of 40).

νεανίσκος, ου, ὁ *a youth.*

Νεάπολις = Νέα Πόλις, see νέος.

νεῖκος, ους, τό see νῖκος.

νεκρός, ά, όν (1) adj., *dead, lifeless;* hence met.; (2) noun, *a dead body, a corpse,* ἐκ [τῶν] νεκρῶν, *from among the dead.*

νεκρόω lit. and met. *I make (cause) to be dead; I make as dead.*

νέκρωσις, εως, ἡ (1) *putting to death,* 2 Cor 4:10; (2) *dead* or *lifeless condition,* Rom 4:19.

νεομηνία (νουμηνία), ας, ἡ *a new moon* (the Ionic form νεομηνία probably not used by NT writers).

νέος, α, ον (1) *young;* (2) *new, fresh;* Νέα πόλις, *Neapolis, New City,* the harbor town of Philippi.

νεότης, ητος, ἡ *youth, youthfulness.*

νεόφυτος, ον (lit. *newly planted*), *newly converted* to Christianity.

νεύω *I nod, make a sign.*

νεφέλη, ης, ἡ *a cloud.*

Νεφθαλείμ (Νεφθαλίμ), ὁ *Naphthali,* son of Jacob, founder of a tribe which occupied territory.

νέφος, ους, τό (lit. *a cloud*), hence, *a dense crowd*.

νεφρός, οῦ, ὁ *a kidney* (as a general emotional centre).

νεωκόρος, ου, ὁ (lit. *temple sweeper*), *temple warden;* an honorary title.

νεωτερικός, ή, όν *associated with youth (younger men), youthful.*

νή *by,* w. an acc. of adjuration.

νήθω *I spin* (a vulgar and late form of νέω).

νηπιάζω *I am childish (infantile).*

νήπιος, α, ον *an infant, a child.*

Νηρεύς, έως, ὁ *Nereus,* a Christian in Rome.

Νηρί (Νηρεί), ὁ *Nerei,* an ancestor of Jesus [Heb.].

νησίον, ου, τό *a little island, an islet.*

νῆσος, ου, ἡ *an island.*

νηστεία, ας, ἡ *fasting.*

νηστεύω *I fast.*

νῆστις, ιδος, acc. pl. **νήστεις, ὁ** and **ἡ** *fasting, without food.*

νηφάλιος, α, ον *sober, not intoxicated* (with wine).

νήφω (lit. *I am sober*), *I am calm (vigilant).*

Νίγερ, ὁ *Niger,* another name of Symeon, a Christian at Antioch.

Νικάνωρ, ορος, ὁ *Nicanor,* one of the original seven "deacons" in the church at Jerusalem.

νικάω *I conquer* (transferred from battle to other conflicts).

νίκη, ης, ἡ *victory.*

Νικόδημος, ου, ὁ *Nicodemus,* a rich Jewish follower of Jesus, and member of the Sanhedrin.

Νικολαΐτης, ου, ὁ *a Nicolaitan, a follower of Nicolaus* (a heretic at Ephesus).

Νικόλαος, ου, ὁ *Nicolaus,* a Jewish proselyte of Antioch, one of the original seven "deacons" in the church at Jerusalem.

Νικόπολις, εως, ἡ *Nicopolis,* probably the city near Actium in Epirus, northwest Greece.

νῖκος, ους, τό *victory* (a later variety of νίκη, dating from about the middle of first c. B.C.).

Νινευίτης (Νινευείτης), ου, ὁ *a Ninevite, an inhabitant of Nineveh* or *Ninus,* a city on the Tigris in Assyria.

νιπτήρ, ῆρος, ὁ *a basin.*

νίπτω *I wash;* mid. *I wash my own* (hands, etc.).

νοέω *I understand, conceive, apprehend;* aor. possibly *realize,* John 12:40; Eph 3:4.

νόημα, ατος, τό *a thought; a design.*

νόθος, η, ον *a bastard, an illegitimate son.*

νομή, ῆς, ἡ (1) *pasture;* (2) ἔχειν νομήν, *to spread,* 2 Tim 2:17.

νομίζω *I think, suppose.*

νομικός, ή, όν (1) adj., *connected with law, about law,* Tit. 3:9; (2) noun, *a lawyer, one learned in the Law* (i.e. in the Gospels), *one learned in the* OT *scriptures* (like γραμματεύς), *a scribe; a jurist,* Tit. 3:13.

νομίμως adv., *in a legitimate way, according to law and regulation.*

νόμισμα, ατος, τό *a coin.*

νομοδιδάσκαλος, ου, ὁ (1) *a teacher of the Law, one learned in the Law* (i.e. the OT), = γραμματεύς, νομικός; (2) *a teacher of laws,* probably with reference to heretics of ascetic tendency, 1 Tim 1:7.

νομοθεσία, ας, ἡ *legislation* (at Sinai), *enactment of the Law.*

νομοθετέω (1) *I ordain, lay down, give the sanction of law to, enact,* Heb 8:6; (2) *I base legally, I regulate, I direct.*

νομοθέτης, ου, ὁ *a legislator.*

νόμος, ου, ὁ (1) *the Law,* and so sometimes = the body of moral and ceremonial enactments forming the basis of Judaism; especially as set forth in the OT; *the Old Testament;* but also ὁ νόμος καὶ οἱ προφῆται, Matt 7:12, etc., as a description of the content of the OT, though as strictly interpreted the phrase excludes the "writings" (namely Psalms, Proverbs, Job, Song of Songs, Ruth, Ecclesiastes, Esther, Daniel, Ezra, Nehemiah, Chronicles); (2) *power to legislate, a sense of law, something with legislative authority,* e.g. Rom 7:23; 8:2; Gal 6:2; (3) *a law, an ordinance,* Rom 7:2; Jas 1:25; 2:8.

νοσέω *I am diseased,* hence of mental or spiritual disease.

νόσημα, ατος, τό *a disease, a trouble.*

νόσος, ου, ἡ *a disease, a malady.*

νοσσιά (νοσσία), ᾶς, ἡ *a nestling, a young bird in the nest* (syncopated from νεοσσία).

νοσσίον, ου, τό *a nestling, a young bird in the nest;* see νοσσιά.

νοσσός, οῦ, ὁ *a nestling, a young bird, a young one.*

νοσφίζω mid. *I separate for myself, I set apart for myself, I annex, appropriate for my own benefit, purloin, peculate.*

νότος, ου, ὁ *the south wind;* hence, *the south.*

νουθεσία, ας, ἡ *a warning, admonition.*

νουθετέω *I admonish, warn.*

νουμηνία see νεομηνία.

νουνεχῶς adv., *reasonably, sensibly.*

νοῦς, νοός, ὁ *the intellectual faculty* of the natural man, applicable to God or Christ (Rom 11:34; 1 Cor 2:16), employed in practical judgment, capable of being good or evil, and of being regenerated, *the mind, the reason, the reasoning faculty* (a non-Semitic Gk. term, meaning in Plato *reason, intuition,*

sometimes in the LXX taking the place of the commoner καρδία as a rendering of Heb. *lēb*).

Νύμφα (Νυμφᾶς), ας, ἡ *Nympha,* a woman's name, if we read Νύμφαν and αὐτῆς in Col 4:15, as we probably should; otherwise, Νυμφᾶν will be the acc. of the masc. name Νυμφᾶς, a pet form of Νυμφόδωρος, *Nymphas, Nymphodorus.*

νύμφη (νύνφη), ης, ἡ (1) *a bride;* hence, in the symbolism of Rev, the New Jerusalem, the Lamb's Bride; (2) *a daughter-in-law,* Matt 10:35; Luke 12:53.

νυμφίος, ου, ὁ *a bridegroom;* name applied to the Messiah, Mark 2:19, 20 and pars.

νυμφών, ῶνος, ὁ *a wedding chamber;* οἱ υἱοὶ νυμφῶνος (a Semitism), *the wedding guests,* the Messiah being spoken of as bridegroom, Mark 2:19 and pars., cf. νυμφίος.

νῦν, adv. *now, at present,* sometimes w. article preceding, τὸ νῦν, τὰ νῦν, governed at times by preps., ἀπό, ἕως, ἄχρι.

νυνί, adv. *now* (orig. a more emphatic νῦν).

νύξ, νυκτός, ἡ (1) *night;* νυκτός, διὰ νυκτός, *by night, sometime during the night,* see also ἡμέρα; (2) met. 1 Thess 5:5, etc.

νύσσω *I prick.*

νυστάζω *I sleep, slumber;* met. 2 Pet 2:3.

νυχθήμερον, ου, τό *a night and a day* (not necessarily more than the latter part of a night and the earlier part of the succeeding day).

Νῶε, ὁ *Noah* [Heb.].

νωθρός, ά, όν (1) *blunt, dull;* (2) hence spiritually, *sluggish, remiss, slack.*

νῶτος, ου, ὁ *the back.*

Ξ

ξαίνω *I comb, clean* (of the preparation of wool to make thread).

ξενία, ας, ἡ *a lodging,* or rather, abstr., *hospitality.*

ξενίζω (1) *I entertain* a stranger; (2) *I startle, bewilder,* Acts 17:20; 1 Pet 4:4, 12.

ξενοδοχέω *I receive (entertain) strangers.*

ξένος, η, ον (1) adj., *foreign,* Acts 17:18; *strange, unusual,* Heb 13:9; 1 Pet 4:12; (2) noun, *a stranger, a foreigner* (either one belonging to another community in the same country, or to another country); *a resident alien,* without city rights, Acts 17:21; Eph 2:19; Heb 11:13; w. gen. *a stranger to,* Eph 2:12; *a host (guest) friend,* the word indicating the reciprocal relationship, which was a sacred one, Rom 16:23.

ξέστης, ου, ὁ properly a Roman dry measure, rather less than a pint; referred to rather as a household *utensil* than as a measure [Lat. *sextarius*].

ξηραίνω *I dry up; parch.*

ξηρός, ά, όν *dry;* ἡ ξηρά, *dry land,* as opposed to sea, etc.; *dried up, withered, parched;* in generalizing neut., Luke 23:31.

ξύλινος, η, ον *made of wood.*

ξύλον, ου, τό *wood, a piece of wood;* hence, *a club, a staff,* Mark 14:43, 48 and pars.; *the trunk of a tree,* used to support the crossbar of a cross in crucifixion, Acts 5:30, etc.; *a tree,* Luke 23:31, ζωῆς, the fruit of which gives life, Rev 2:7; 22:2, 14, 19.

ξυράω *I shave,* mid. and pas. *I have my head shaved.*

Ο

ὁ, ἡ, τό the def. article, by which the following word is defined more precisely or exactly than it would be (but it is often omitted, for example, after a prep., even where a definite place is intended, cf. ἐν οἴκῳ, *in the house,* Mark 2:1, ἐν ἀγορᾷ, *in the marketplace,* Luke 7:32, ἐν συναγωγῇ, *in church,* John 6:59; 18:20). It is thus found (1) w. common nouns, e.g. ὁ ἀγρός, *the* field (ἀγρός, *a* field), (in Tit. 2:13 the absence of τοῦ before σωτῆρος shows that Christ Jesus is our great God and Savior), and (2) sometimes also w. proper nouns, where it was equivalent to pointing out a man, and was popular in origin; w. the voc., commonest where translated from Semitic; (3) w. adjs., e.g. ὁ ἄλλος, *the* other (ἄλλος, *an* other), ὁ αὐτός, *the same* (αὐτός, *he, self*), ὁ πᾶς, πᾶς ὁ, *the whole* (πᾶς, *every*); (4) w. numerals, e.g. ὁ εἷς *the* one (εἷς, *one*), ὁ πρῶτος, *the* first, *the* former (πρῶτος, *first*); (5) w. parts., e.g. τοῖς καθημένοις, *those* seated, Matt 4:16, cf. instances where a part. may be regarded as understood, e.g. Σαῦλος ὁ καὶ Παῦλος, *Saul who was also called Paul, Saul, otherwise Paul,* Acts 13:9; (6) w. the infin., making it a subs., and so capable of being governed by preps.; see below also; (7) w. advs., e.g. τὸ πέραν, *the other side* (πέραν, *beyond*), τὸ νῦν, τὰ νῦν (8) w. interjections, e.g. τὸ ἀμήν, ἡ οὐαί (9) w. a clause or phrase, e.g. τὸ οὐ φονεύσεις, *the command Thou shalt do no murder,* Matt 19:18. The gen. sing. neut. τοῦ w. the infin. is used in three special ways (like ἵνα), (a) as in classical Gk., indicating purpose, final, telic, *in order that;* never in Paul, (b) indicating consequence, epexegetic, *so that, so as to, with the*

result that, e.g. Rom 1:24; 7:3;
8:12; 1 Cor. 10:13; Rev 12:7,
(c) introducing a noun clause, indi-
cating content, in no way different
from τό, Matt 21:32; Luke 17:1;
Acts 10:25; Jas 5:17. Orig. a
demons. pron., as in τοῦ γένος
ἐσμέν, *we are descended from Him,*
Acts 17:28, cf. ὁ μέν . . . ὁ δέ
(ἄλλος δέ), *the one . . . the other.*
But in the following phrases some
word is understood, ὁ τινός, *the
son of* so and so, cf. Matt 4:21, ἡ
τινός, *the daughter (wife) of* so and
so, ἐν τοῖς τινός, *in the house of*
so and so, Luke 2:49.

ὀγδοήκοντα *eighty.*

ὄγδοος, η, ον *eighth.*

ὄγκος, ου, ὁ (properly *bulk, mass*),
hence, *a burden.*

ὅδε, ἥδε, τόδε *this here, this;* also as
pron..

ὁδεύω *I am on a journey.*

ὁδηγέω *I lead, guide.*

ὁδηγός, οῦ, ὁ *a guide.*

ὁδοιπορέω *I am on a journey, I
journey.*

ὁδοιπορία, ας, ἡ *journeying, travel-
ing, travel.*

ὁδοποιέω *I journey* (a Latinism[?],
= *iter facere;* in careful Gk. it
would mean, *I build* or *pave a
road*).

ὁδός, οῦ, ἡ (1) *a road;* (2) *a
journey;* hence met., *a way of life, a
course of conduct,* and ἡ ὁδός, *the
way* of life, *Christianity,* Acts 9:2,
etc.

ὀδούς, ὀδόντος, ὁ *a tooth.*

ὀδυνάομαι pas. *I suffer acute pain,*
physical or mental.

ὀδύνη, ης, ἡ *acute* mental *pain.*

ὀδυρμός, οῦ, ὁ *mourning, grieving.*

Ὀζίας (Ὀζείας), ου, ὁ *Ozeias,
Uzziah,* son of Joram and father of
Joatham, and king of Judah from
about 785 to 746 B.C., an ancestor
of Jesus [Heb.].

ὄζω intrans., *I smell, am fetid.*

ὅθεν adv., (1) local, *whence, from
which place;* (2) inferential, *where-
fore.*

ὀθόνη, ης, ἡ *a sheet,* made of fine
linen (a word of Semitic origin).

ὀθόνιον, ου, τό *a bandage, a wrap-
ping* (see ὀθόνη).

οἶδα (1) *I know* a fact; perhaps, *I
remember,* 1 Cor 1:16; 2 Cor 12:3;
w. infin. *I know how to;* (2) *I know
(am acquainted with)* a person.

οἰκεῖος, ου, ὁ (from οἶκος, *house-
hold, family*), *of one's family, inti-
mate,* 1 Tim 5:8; hence met.

οἰκετεία, ας, ἡ *household* of slaves.

οἰκέτης, ου, ὁ *a household slave, a
slave.*

οἰκέω *I dwell,* lit. and met.; w. acc.
I inhabit.

οἴκημα, ατος, τό *a prison* (euphe-
mism for δεσμωτήριον).

οἰκητήριον, ου, τό *a dwelling
place,* lit. and met.

οἰκία, ας, ἡ *a house* (strictly *the
whole house,* see οἶκος); of Heaven,
John 14:2; also met. *property,
belongings,* Mark 12:40 and pars.;
household, John 4:53; of the body,
2 Cor 5:1, 2.

οἰκιακός, οῦ, ὁ *a member of one's
household.*

οἰκοδεσποτέω *I am master/mistress
of a house.*

οἰκοδεσπότης, ου, ὁ *a master of a
house, a head of a house.*

οἰκοδομέω *I build* (a house); hence
met.

οἰκοδομή, ῆς, ἡ (1) abstr., *build-
ing, the operation (process) of build-
ing,* sometimes transitional,
without being strictly concr., 1 Cor
3:9; 2 Cor 5:1; Eph 2:21; 4:12, 16,
29 (here perhaps = *improvement*);
(2) met. *upbuilding, edification;*
(3) concr., *a building,* Mark 13:1,
2; Matt 24:1.

οἰκοδόμος, ου, ὁ *a house builder, a builder.*

οἰκονομέω *I am a steward, I do the work* of *a steward.*

οἰκονομία, ας, ἡ *household management, stewardship, the office of a steward;* hence met. of any position of trust or the duties of that position, *provision, arrangement, dispensation* (even God being sometimes regarded as steward).

οἰκονόμος, ου, ὁ (1) *a steward* (commonly a superior slave of tried character, who looked after the accounts of a household; hence met. 1 Cor iv 1, 2; Tit. 1:7; 1 Pet 4:10; (2) apparently, *City Steward* or *Treasurer*, Rom 16:23; (3) perhaps not to be separated from (1), *a guardian, a legal guardian*, Gal 4:2. In any case he manages the property of the "infant" till the age of 25, perhaps.

οἶκος, ου, ὁ (strictly *a set of rooms*, see οἰκία), (1) *a house,* the material building; οἶκος τοῦ θεοῦ, the Temple at Jerusalem, Mark 2:26, etc. (referred to in Matt 23:38); (2) hence met., *a household, family;* οἶκος Ἰσραήλ, Ἰακώβ, Δαυείδ (Hebraic, note the omission of the article).

οἰκουμένη, ης, ἡ (properly pres. part. pas. of οἰκέω, w. γῆ understood, *the land that is being inhabited, the land in a state of habitation), the inhabited world,* i.e., *the Roman world,* for all outside it was regarded as of no account.

οἰκουργός, όν *a house worker, a housekeeper;* var. for οἰκουρός in Titus 2:5.

οἰκουρός, όν *staying at home; a housekeeper,* see οἰκουργός.

οἰκτίρω (οἰκτείρω) *I pity.*

οἰκτιρμός, οῦ, ὁ *pity, mercy;* the frequency of the plur. is due to Hebraic influence (the corresponding Heb. word has the same meaning in the plur.).

οἰκτίρμων, ον *pitiful, merciful.*

οἶμαι, οἴομαι *I think;* w. infin. the underlying idea is that of purpose, Phil 1:17.

οἰνοπότης, ου, ὁ *an excessive wine drinker.*

οἶνος, ου, ὁ *wine;* met. Rev (except 6:6; 18:13), where almost otiose.

οἰνοφλυγία, ας, ἡ *sottishness,* steeping of oneself in wine.

οἴομαι see οἶμαι.

οἷος, α, ον rel. and indir. interrog., *such as, of what kind (character);* οὐχ οἷον δὲ ὅτι, Rom 9:6, is equivalent to a strong negative, *not of course* (lit. *it is not so that*). Properly correlative to τοιοῦτος, the combined expression meaning *of such a kind as,* 1 Cor 15:48; by itself.

ὀκνέω *I shrink (from), I hesitate, I am afraid.*

ὀκνηρός, ά, όν *timid; slothful;* ἐμοὶ οὐκ ὀκνηρόν, a kind of epistolary formula, *I do not hesitate.*

ὀκταήμερος, ον *eight days old.*

ὀκτώ *eight.*

ὄλεθρος, ου, ὁ *ruin, doom, destruction.*

ὀλιγοπιστία, ας, ἡ *smallness of belief (faith).*

ὀλιγόπιστος, ον *of little faith (belief).*

ὀλίγος (ὀλίγος), η, ον (1) especially in the plur., *few;* (2) in the sing., *small;* hence, of time, *short,* of degree, *light, slight, little;* πρὸς ὀλίγον, *to a slight degree,* 1 Tim 4:8, *for a short time,* Jas 4:14; ἐν ὀλίγῳ, *in brief compass, in brief, in few words, briefly* (cf. 1 Pet 5:12), Eph 3:3; Acts 26:28 (perhaps = *in very short time*); ὀλίγον (acc. neut.), adverbially, of space, *a little,* Mark 1:19; Luke 5:3, of time, *for a*

short (little) time, Mark 6:31; 1 Pet
1:6 (but more probably, to a little
amount), 5:10; Rev 17:10.

ὀλιγόψυχος, ον pusillanimous, of
small courage.

ὀλιγωρέω I hold in low esteem, I
make light of.

ὀλίγως adv., slightly, just.

ὀλοθρευτής, οῦ, ὁ the destroying
angel (cf. Num 16:41ff.).

ὀλοθρεύω ὁ ὀλοθρεύων, the
Destroyer, the destroying angel (cf.
Exod 12:23, and ὀλοθρευτής).

ὀλοκαύτωμα, ατος, τό a burnt
offering.

ὀλοκληρία, ας, ἡ perfect (unim-
paired) health.

ὀλόκληρος, ον complete (in every
part), entire, whole (properly a
word of Gk. ritual, of either victim
for sacrifice or priest, free from
bodily defect).

ὀλολύζω I howl (onomatopoeic).

ὅλος, η, ον whole, all; δι᾽ ὅλου,
throughout, for its whole extent,
quite, entirely, John 19:23.

ὀλοτελής, ές complete, rounded off.

Ὀλυμπᾶς, ᾶ, ὁ Olympas, a Christ-
ian man in Rome (probably a pet
form of Ὀλυμπιόδωρος).

ὄλυνθος, ου, ὁ an unripe fig.

ὅλως adv., (1) entirely, altogether, at
all; (2) actually, 1 Cor 5:1;
absolutely, 1 Cor. 6:7; 15:29.

ὄμβρος, ου, ὁ a rainstorm.

ὀμείρομαι I long for, w. gen.
(perhaps a nursery word, derived
from a word indicating "remem-
brance").

ὀμιλέω I consort with, associate
with, commune with; particularly, I
talk (converse) with, Acts 20:11.

ὀμιλία, ας, ἡ intercourse, compan-
ionship, conversation.

ὄμιλος, ου, ὁ a crowd, throng (var.
in Rev 18:17).

ὀμίχλη, ης, ἡ a mist, fog.

ὄμμα, ατος, τό an eye.

ὀμνύω (ὄμνυμι) I swear, I take an
oath; sometimes w. cog. acc. or w.
dat.; w. acc., or w. κατά w. gen.,
of the power invoked or appealed
to, by, Jas 5:12; Heb 6:13, 16.

ὁμοθυμαδόν adv., with one mind,
with one accord.

ὁμοιάζω I am like.

ὁμοιοπαθής, ές of like feelings,
almost, of like nature.

ὅμοιος, α, ον like.

ὁμοιότης, ητος, ἡ resemblance;
understand ἡμῶν in Heb 4:15,
cf. 7:15.

ὁμοιόω I make like, liken; I
compare.

ὁμοίωμα, ατος, τό (orig., a thing
made like something else), likeness,
or rather form.

ὁμοίως adv., in a similar way, simi-
larly, in the same way.

ὁμοίωσις, εως, ἡ making like; like-
ness (cf. Gen 1:26).

ὁμολογέω (orig., I agree with the
statement of another), (1) I promise,
Matt 14:7; Acts 7:17; (2) I confess;
(3) I publicly declare, cf. 1 John
2:23, 4:3, sometimes w. the Aram.
and Syr. constr., ἐν w. dat. equiva-
lent to an acc., Matt 10:32; Luke
12:8, of confessing allegiance to
Jesus before an earthly law court;
w. cog. acc. 1 Tim 6:12; (4) a
Hebraism, I praise, celebrate, Heb
13:15 (cf. ἐξομολογέομαι).

ὁμολογία, ας, ἡ a confession (the
act rather than the contents or sub-
stance) of faith in Christ; 1 Tim
6:12 refers either to that at baptism
or to that at ordination; 1 Tim
6:13 is referred by Pelagius to John
18:37, not inappropriately.

ὁμολογουμένως adv., admittedly.

ὁμότεχνος, ον of the same trade.

ὁμοῦ adv., together.

ὁμόφρων, ον of one mind (intent,
purpose).

ὅμως adv., nevertheless.

ὄναρ, τό *a dream.*

ὀνάριον, ου, τό *an ass* (a conversational diminutive).

ὀνειδίζω *I reproach.*

ὀνειδισμός, οῦ, ὁ *a reproaching, a reproach.*

ὄνειδος, ους, τό *a reproach.*

Ὀνήσιμος, ου, ὁ *Onesimus,* a slave of Philemon, a Christian of Colossae (orig. adj., *useful,* hence the play upon words in Phlm 10, 11, and very common as slave name).

Ὀνησίφορος, ου, ὁ *Onesiphorus,* a Christian of the province of Asia. (An Onesiphorus, probably intended to be the same person, comes into the *Acts of Paul*).

ὀνικός, ή, όν *connected with an ass;* μύλος ὀνικός, an upper millstone so heavy that it requires an ass to turn it (in contrast to the ordinary hand mill).

ὀνίνημι trans., *I profit;* pas. w. gen. *I have joy of.*

ὄνομα, ατος, τό (1) *a name;* but as, according to Heb. notions, the name is something inseparable from the person to whom it belongs, something of his essence, and therefore in the case of the God specially sacred, it is often used Hebraistically in the sense of (2) *person, personality, power, authority, character* (cf. Acts 1:15; Rev 3:4; 11:13); in some passages it is in consequence best left untranslated altogether; εἰς τὸ ὄνομά τινος is a vernacular phrase, however [see (4)]; (3) *a title of rank (dignity),* Eph 1:21; Phil 2:9; (4) *account, reason, pretext,* Mark 9:41; 1 Pet 4:16; similarly εἰς ὄνομα, Matt 10:41, 42 = *as;* (5) *reputation,* Rev 3:1.

ὀνομάζω *I name, give a name to.*

ὄνος, ου, ὁ and ἡ *an ass.*

ὄντως adv., *really, actually.*

ὄξος, ους, τό *vinegar of wine* (Num 6:3), *vinegar,* the drink of field laborers and private soldiers.

ὀξύς, εῖα, ύ (1) *sharp;* (2) *swift, express,* Rom 3:15.

ὀπή, ῆς, ἡ *a crevice* (in a rock); *a cave.*

ὄπισθεν adv. and prep. w. gen., *behind;* in Rev 5:1 the reverse (outer) side of the papyrus roll, where the fibers are vertical, is referred to; this was seldom written on, and only from motives of economy.

ὀπίσω adv. and prep. w. gen. *behind; after;* εἰς τὰ ὀπίσω (Mark 13:16) = ὀπίσω (Matt 24:18), cf. Luke 9:62.

ὁπλίζω trans., *I arm;* mid. *I arm myself;* especially of defensive armor (breastplate, shield, etc.).

ὅπλον, ου, τό especially plur. ὅπλα, *defensive armor* (Rom 13:12), but also *offensive armor, weapons, arms* (John 18:3); sometimes met.

ὁποῖος, α, ον rel. and indir. interrog., corresponding to τοιοῦτος, *of which kind; of what kind, what sort of.* This word was dying out in NT times.

ὁπότε adv., *when,* Luke 6:3 (var. ὅτε); (in classical Gk. *whenever*).

ὅπου adv., *where,* also *to what place;* ὅπου ἄν (ἐάν), *wherever,* also *to whatever place.*

ὀπτάνομαι *I appear, I am seen (by), I let myself be seen (by).*

ὀπτασία, ας, ἡ *a vision; an appearance.*

ὀπτός, ή, όν *broiled.*

ὀπώρα, ας, ἡ *autumn;* hence, *fruit.*

ὅπως *in order that; that* (especially after ἐρωτάω), w. the subjun., with or without ἄν,

ὅραμα, ατος, τό (lit., *something seen*), *a sight, a vision.*

ὅρασις, εως, ἡ *a sight, a vision;* ὁράσει, *in appearance,* Rev 4:3.

ὁρατός, ή, όν   to be seen, visible.

ὁράω   I see; hence, like γεύω, widened in sense to mean, I experience (Luke 3:6, etc.); ὅρα (ὅρατε) μή, see that you do not . . ., beware of doing so and so; beware lest.

ὀργή, ῆς, ἡ   anger, wrath, passion; the settled feeling of anger (cf. Eph 4:31), particularly, τοῦ θεοῦ, of God, the hostility to sin; ἡ μέλλουσα (ἐρχομένη) ὀργή also refers to the divine wrath, and has a definite eschatological reference; occasionally also without epithet, of the divine wrath, e.g. Rom 3:5; 5:9; 9:22; 13:5; 1 Thess 2:16.

ὀργίζομαι   I am angry.

ὀργίλος, η, ον   irascible.

ὀργυιά, ᾶς, ἡ   a fathom (six feet).

ὀρέγομαι   mid. I hanker after, I seek (long) for, I am eager for, I aspire to.

ὀρεινός (ὀρινός), ή, όν, ἡ   hilly, mountainous; ἡ ὀρεινὴ (supply γῆ), the mountain (mountainous) country (region), the highlands.

ὄρεξις, εως, ἡ   eagerness, strong desire.

ὀρθοποδέω   (strictly, I am an ὀρθόπους [a man with straight feet], and therefore πρός = with reference to; but it is possible that we ought to take it) I go straight, πρός, to.

ὀρθός, ή, όν   straight, erect (perhaps with reference to recovery of health), Acts 14:10; met. that goes in the right direction, Heb 12:13.

ὀρθοτομέω   perhaps, I cut (or carve) according to rule (and thus, I define according to the norm of the Gospel); if the metaphor be from drawing furrows (understanding τὴν γῆν), then it may be, I cultivate, I am occupied with.

ὀρθρίζω   I rise early, I come in the morning.

ὀρθρινός, ή, όν   belonging to the morning; hence, equivalent to adv., in the morning, early.

ὄρθρος, ου, ὁ   dawn, early morning, daybreak.

ὀρθῶς   adv., rightly.

ὁρίζω   (lit. I bound, I fix a limit); hence, I fix, determine, define; I fix upon, appoint, designate.

ὀρινός   see ὀρεινός.

ὅριον, ου, τό   plur. ὅρια (fines), territory, district.

ὁρκίζω   I adjure, w. double acc., of the one adjured and of the one in the name of whom he is adjured.

ὅρκος, ου, ὁ   an oath (see ὀμνύω).

ὁρκωμοσία, ας, ἡ   the swearing of an oath, the taking of an oath.

ὁρμάω   I rush.

ὁρμή, ῆς, ἡ   a sudden movement, an impulse, communicated by the hand, Jas 3:4; inclination, hostile intention, instigation.

ὅρμημα, ατος, τό   a mighty impulse (impetus).

ὄρνεον, ου, τό   (orig., a little bird), a bird.

ὄρνιξ   a bird (var. for ὄρνις in Luke 13:34).

ὄρνις, ιθος, ἡ   a bird; fem., a hen.

ὁροθεσία, ας, ἡ   (orig., a laying down [fixing] of a boundary), a boundary.

ὅρος, ου, ὁ   a boundary, limit (var. in Freer ending of Mark).

ὄρος, ους, τό   a mountain.

ὀρύσσω   I dig.

ὀρφανός, ή, όν   orphaned; an orphan; hence, friendless, John 14:18.

ὀρχέομαι   I dance.

ὅς, ἥ, ὅ   rel. pron., who, which; ὅς ἄν (ἐάν) w. subjun., whosoever; ὅς is sometimes equal to the classical ὅστις, Matt 10:26; 24:2; Luke 12:2; Acts 19:35, etc.; it is frequently attracted into the case of its antecedent, the latter being sometimes omitted; sometimes the attraction is inverse, i.e., the antecedent is attracted into the case of the rel., e.g. Matt 21:42; Luke 12:48; Acts 10:36; 1 Cor. 10:16; sometimes the demons. pron. is pleonastically added in the rel. clause (a colloquial Gk. use) the frequency of which is probably suggested by Semitic usage, e.g. Mark 1:7; 7:25 (cf. 13:19); Luke 3:16; John 1:27; Acts 15:17; 1 Pet 2:24 (var.); Rev 3:8; 7:2, 9; 13:8, 12; 20:8 (either a Heb. or an Aram. source is generally presumed); ὃς μέν . . . ὃς δέ, the one . . . the other, or one . . . another; ἀφ' οὗ, ἀφ' ἧς, since (where ἡμέρας or ὥρας can be supplied) 2 Pet 3:4; ὅ ἐστιν can introduce rel. clauses containing interpretations, whatever be the gender and number of the antecedent, e.g. Mark 12:42; 15:22; ἐν ᾧ, in that, because, Rom 2:1; 8:3; Heb 2:18; wherefore, Heb 6:17; as long as, while, Mark 2:19; Luke 5:34; John 5:7; until, Luke 19:13 (= εἰς ὅ) ἐφ' ᾧ, see ἐπί; ἐφ' ὃ πάρει, to the task for which you have come!, Matt 26:50 (a command, not a question); ἄχρι, ἕως, μέχρις οὗ (lit. up to the point at which), until; ἀνθ' ὧν, οὗ εἵνεκεν, οὗ χάριν, on account of which, wherefore; ὅ, as cog. acc., Rom 6:10; Gal 2:20.

ὁσάκις adv., always w. ἐάν and subjun., as often as, as many times as.

ὅσιος, α, ον (1) holy, pious (implying the right relation to God); τὰ ὅσια, the pieties, the pious deeds, Acts 13:34; (2) ὁ ὅσιος, the Holy One, i.e. the Messiah. (Heb. ḥāsîd means not only godly, pious, but also beloved of Yahweh).

ὁσιότης, ητος, ἡ holiness, piety.

ὁσίως adv., religiously, piously.

ὀσμή, ῆς, ἡ odor; generally met. in connection w. εὐωδίας (from OT), originally of the sweet smelling odor of sacrifice, and then widely used.

ὅσος, η, ον rel. and indir. interrog. adj. (orig. correlative to τοσοῦτος, cf. Heb 10:25), as great as; how great; of time, as long as, Mark 2:19; ὅσος ἐάν (ἄν) generalizes, however great, plur. as many as; ὅσοι = πάντες οἵ, how many, as many as; ἐφ' ὅσον, as long as, e.g. Matt 9:15; to the degree that, inasmuch as, e.g. Matt 25:40; Rom 11:13; καθ' ὅσον, in proportion as, Heb 3:3; 7:20; 9:27; ὅσον ὅσον, a little (cf. Eng. so so).

ὅσπερ, ἥπερ, ὅπερ just the one who, which indeed (= ὅς περ, etc.).

ὀστέον (ὀστοῦν), έου (οῦ), τό a bone.

ὅστις, ἥτις, ὅ τι either generic, who, as other like persons, which, as other like things, or essential, who, by his/her very nature, which, by its very nature. Rare except in the nom. There is a tendency (seen in the Ionic dialect and also in colloquial Gk.) to weaken ὅστις to the sense of ὅς, cf. Matt 27:62; Luke 2:4; 10:42, but examples are very rare; ὅστις ἄν (ἐάν) = ἐάν τις, w. subjun., whosoever (it is doubtful whether the ἄν should be omitted, cf. Matt 10:33; Jas 2:10); ὅ, τι, short for τί ὅ, τι (= τί γέγονεν ὅτι, John 14:22), why, Mark 2:16 (var.); 9:11, 28 (var.); John 8:25 (but in this passage ὅτι can be read, "do you reproach me that . . ."); examples of τί ὅ, τι (or ὅτι) are Mark 2:16 (var.), Luke 2:49; ἕως ὅτου, until the time at which, until.

ὀστράκινος, η, ον made of pottery, of earthenware.

ὄσφρησις, εως, ἡ sense of smell.

ὀσφύς, ύος, ἡ sing. and plur., the

loins, the middle, mentioned in two connections, first as the quarter from which comes the male seed (Hebraism Acts 2:30, etc.), and second as the part of the body round which the girdle is placed, when the flowing robes are girt higher with a view to travel or work (cf. Luke 12:35); hence also met., 1 Pet 1:13 (the negation of mental slackness is referred to).

ὅταν *whenever, as often as,* followed by the indic., in case of repeated events in the past (thus it is incorrectly used = *when* in Rev 8:1, etc.), but also like ἐάν w. pres. and fut. indic., usually w. variations in the reading, Mark 11:25; 13:7; Luke 11:2; 13:28; John 7:27; followed by subjun., where frequency in the future is referred to, the subjun. pres. being strictly equivalent to the Lat. pres. subjun. or fut. indic. (conative, continuous, or iterative), while the subjun. aor. (punctiliar) corresponds to the fut. perf. indic. In Mark 11:19 perhaps *when.*

ὅτε *when, at which time,* used especially w. all tenses of the indic.; only once w. subjun., *the time when,* Luke 13:35 (var.).

ὅτι most often, either (1) *because, for,* or, (2) after a verb or other word of saying (perhaps under influence of Aram. in Mark) or thinking, *that,* introducing a noun clause; an ellipsis of δῆλον in 1 Tim 6:7; 1 John 3:20; so ὡς ὅτι pleonastically, 2 Cor 5:19; 11:21; 2 Thess 2:2, where the expressions are equivalent to ὡς w. the part.; ὅτι sometimes also introduces a piece of direct speech, e.g. John 10:36, and so perhaps in Mark 2:16; 9:11, 28; John 8:25 (see under ὅστις); ὅτι w. infin., Acts 27:10, is due to forgetfulness; οὐχ ὅτι = οὐ λέγω ὅτι, *not that,* John 6:46; 7:22; 2 Cor 1:24; Phil 4:11, etc., with which cf. οὐχ οἷον ὅτι, *it is not so that, it is by no means the case that,* Rom 9:6. A Hebraistic weakening of the force of causal ὅτι is seen in Matt 8:27; Mark 1:27, (var.); 4:41; Luke 4:36; 8:25; John 2:18 (14:22); Heb 2:6, etc. In Mark 8:24 ὅτι is a mistranslation of an Aram. word which should have been rendered οὕς. ὅτι orig. a development of ὅ, τι, neut. of ὅστις.

οὐ (οὐκ, οὐχ) *not,* the proper negative for a denial of a fact, used generally w. the indic., as μή is w. other moods, but sometimes w. the part., it being closely related to the indic. and coming also under the rule that οὐ negatives a single word rather than a clause; οὐ w. fut. indic. in a question is equivalent to an imper.; for οὐχ ὅτι see ὅτι; οὐ . . . πᾶς is Heb. = οὐδείς, Luke 1:37, etc.; for οὐ μή see under μή. Regularly οὐκ before smooth breathings and οὐχ before rough breathings.

οὔ interj., *no!* an accented form of οὐ.

οὗ, rel. adv., *where;* also *to the place where.*

οὐά an interj. expressing real or ironical wonder.

οὐαί adv., *woe,* w. dat. or acc., sometimes in Rev made a noun, ἡ οὐαί (= ἡ κραυγὴ οὐαί?); expresses rather a statement than a wish or imprecation, *distress comes (will come) upon.*

οὐδαμῶς adv., *in no way, in no respect, not at all.*

οὐδέ *nor . . . either, nor . . . at all; not even.*

οὐδείς (οὐθείς), οὐδεμία, οὐδέν adj. and noun, *no; no one* (masc. or fem.), *nothing* (neut.).

οὐδέποτε adv., *not at any time, never.*

οὐδέπω adv., *not yet either, not yet, not as yet, never before.*

οὐθείς later form of οὐδείς, occurring first in 378 B.C. and with more or less frequency until its disappearance before 200 A.D..

οὐκ see οὐ.

οὐκέτι adv., *no longer, no more.*

οὐκοῦν interog. adv., *so then?*

οὖν adv. or conj., *therefore,* properly in causal connection, but also freely of a mere temp. connection, continuing a narrative, *then,* for example, in the combined expression μέν οὖν (see under μέν); it sometimes indicates the return to the narrative after some digression, John 4:45; 6:24; 1 Cor 8:4; 11:20; ἄρα οὖν is a strengthened οὖν.

οὔπω adv., *not yet.*

οὐρά, ᾶς, ἡ *a tail.*

οὐράνιος, ον *in heaven, belonging to heaven, heavenly, from heaven.*

οὐρανόθεν adv., *from heaven, from the sky.*

οὐρανός, οῦ, ὁ *the sky. the heaven;* as later Jewish cosmology conceived of a series of heavens one above the other (sometimes three, sometimes seven), the plur. is sometimes used, where we should use the sing., and numbers are even attached to individual strata (e.g. 2 Cor 12:2). Heaven was conceived as the special realm and abode of the Deity, hence the word is constantly used in connection with Him, and almost as equivalent to the divine name; cf. the practical equivalence of ἡ βασιλεία τῶν οὐρανῶν, the kingdom (rule) *from heaven,* of *divine* origin, a phrase which may be in origin purely eschatological (so Matthew) w. ἡ βασιλεία τοῦ θεοῦ, God Himself being the ruler, Matt

12:28; 19:24 (var.); 21:31, 43; Mark; Luke; Paul.

Οὐρβανός, οῦ, ὁ *Urbanus,* a Christian in Rome, fellow worker of Paul.

Οὐρίας, ου, ὁ *Uriah,* husband of Bathsheba, the mother of Solomon [Heb.].

οὖς, ὠτός, τό *an ear.*

οὐσία, ας, ἡ *property.*

οὔτε adv., οὔτε . . . οὔτε, *neither . . . nor;* οὐ . . . οὔτε . . . οὔτε, *not . . . neither . . . nor;* sometimes the other clause is positive, e.g. John 4:11; 3 John 10.

οὗτος, αὕτη, τοῦτο demons. adj. and pron., *this; he, her, it;* αὕτη (Hebraistic) = τοῦτο, Matt 21:42; τοῦτ᾽ ἔστιν, *which means, meaning, actually, in reality* (cf. 1 Pet 3:20); ἐκ τούτου, *for this reason,* John 6:66 (possibly, *from that time onwards),*19:12, *by this mark, by this means,* 1 John 4:6; ἐν τούτῳ, *for this reason,* John 16:30; Acts 24:16, *by this mark, by this means,* 1 John 3:19; ἐπὶ τούτῳ, *meantime,* John 4:27; τούτου χάριν, *on this account;* κατὰ ταῦτα, *in the same way,* Luke 6:23 var., 17:30 var.; καὶ τοῦτο, *and that too; especially;* καὶ ταῦτα, *and indeed.* A special sense = *as it is called,* Heb 9:11.

οὕτω, οὕτως adv., *in this way (manner), thus, so, under these circumstances;* used sometimes w. εἶναι, γίνεσθαι, where a part of τοιοῦτος would be expected (cf. ἔχω), Matt 1:18; 19:10, etc.

οὐχ see οὐ.

οὐχί *not; no, not so,* a more emphatic form of οὐ (οὐκ, οὐχ), also used in a question, expecting a positive answer.

ὀφειλέτης, ου, ὁ (1) *a debtor, one who owes, one who is indebted;* (2) *one who has sinned against* another (an Aramaism, see ὀφείλημα), *a sinner*, Luke 13:4.

ὀφειλή, ῆς, ἡ *a debt, what is owing (due);* the mutual obligation of married life, 1 Cor 7:3.

ὀφείλημα, ατος, τό (1) *a debt;* (2) in Aram. the same word indicates a debt and a sin; hence, *a sin* (probably as that for which we owe reparation to God or to another person).

ὀφείλω *I owe;* w. infin. *I ought.*

ὄφελον *I would that* (orig. an aor. of ὀφείλω, w. augment dropped).

ὄφελος, ους, τό *advantage, gain.*

ὀφθαλμοδουλία (-εία), ας, ἡ *enslavement to the eye,* the subjection that waits upon a glance of a master's eye.

ὀφθαλμός, οῦ, ὁ (1) *an eye;* (2) ὀφθαλμὸς πονηρός (a Semitic idiom), *envy, ill will,* Matt 20:15; Mark 7:22; (3) met. "the mind's *eye*," Eph 1:18.

ὄφις, εως, ὁ *a serpent.*

ὀφρύς, ύος, ἡ (properly *the brow*); hence, *the brow, a ridge* (of a mountain).

ὀχετός, οῦ, ὁ *a drain pipe, a sewer line* Mark 7:19 (var.).

ὀχλέω *I trouble, torment, worry.*

ὀχλοποιέω *I gather a crowd.*

ὄχλος, ου, ὁ *a crowd* of men, *a mob, a multitude;* the plur. much affected by Matthew (Semitism?) does not differ in meaning from the sing. (cf. 4:25).

ὀχύρωμα, ατος, τό *a bulwark, a bastion;* hence, met.

ὀψάριον, ου, τό (conversational diminutive of ὄψον, *seasoning* [especially *fish*] taken as a relish with bread); hence, *a relish;* then especially, *a fish.*

ὀψέ adv., *late;* sometimes prep. w. gen., either *late on* or *after.*

ὀψία, ας, ἡ *early evening,* of a period never earlier than sunset.

ὄψιμος, ον, ὁ *late* in the year (opp. το πρόϊμος).

ὄψιος, α, ον *late,* Mark 11:11 (var.).

ὄψις, εως, ἡ (1) *the face;* (2) *the features, the outward appearance,* John 7:24.

ὀψώνιον, ου, τό especially plur. ὀψώνια, (*rations;* then) *soldier's pay,* Luke 3:14, cf. 1 Cor 9:7; *pay, wages, salary, reward* in general, Rom 6:23; 2 Cor 11:8; *charges,* 1 Cor 9:7.

Π

παγιδεύω *I ensnare, I entrap.*

παγίς, ίδος, ἡ *a snare* (especially for catching birds; perhaps a net thrown over one); hence, met., of moral snares.

Πάγος see Ἄρειος.

πάθημα, ατος, τό properly colorless, *an experience;* but most commonly, *an evil experience, evil treatment, suffering,* e.g. τὰ εἰς Χριστὸν παθήματα, *the sufferings destined for Messiah,* 1 Pet 1:11.

παθητός, ή, όν *capable of suffering.*

πάθος, ους, τό (properly *experience, feeling*); hence, *passion, lustfulness, lust* (as a state or condition).

παιδαγωγός, οῦ, ὁ *a boy leader,* a slave or freedman who attends and guards a boy to and from (sometimes also in) school, and looks after his moral character especially, *a tutor.*

παιδάριον, ου, τό either *a boy* or *a slave* (formerly a diminutive).

παιδεία (παιδία), ας, ἡ *discipline.*

παιδευτής, οῦ, ὁ *one who disciplines, a trainer;* almost *a chastiser,* Heb 12:9.

παιδεύω (1) *I discipline, educate, train;* (2) more severely, *I chastise.*

παιδία see παιδεία.

παιδιόθεν adv., *from childhood, from early boyhood.*

παιδίον, ου, τό (1) *a little boy, a child* (from birth onwards); hence affectionately, of those grown up; (2) *a slave* (cf. the use of *boy* in parts of Africa), Luke 11:7.

παιδίσκη, ης, ἡ *a female slave, a maidservant, a maid.*

παίζω *I play, I sport* (includes singing and dancing).

παῖς, παιδός, ὁ and **ἡ** (1) *a male child, a boy;* (2) *a* male *slave, a servant* (cf. παιδίον); thus *a servant of* God, especially as a title of the Messiah (from Isa. 41–53) Acts 4:27, 30; (3) *a female child, a girl,* Luke 8:51, 54.

παίω *I strike.*

πάλαι adv., *long ago,* almost weakened to *already* in Mark 15:44.

παλαιός, ά, όν *old;* ὁ παλαιὸς ἄνθρωπος (perhaps Hebraism), one's *former character (personality).* The word and its derivatives bear a derogatory sense.

παλαιότης, ητος, ἡ *oldness.*

παλαιόω *I make old, I antiquate; I wear out; I treat as past,* Heb 8:13; pas. *I fall to the past,* Heb 8:13.

πάλη, ης, ἡ *wrestling, a wrestling bout;* hence, *a struggle, a conflict.*

παλιγγενεσία, ας, ἡ (1) *rebirth,* an eschatological term (used by Pythagoreans and Stoics, found in Josephus of the rebirth of the fatherland after the exile, and in Philo of the rebirth of the earth after the flood), in Matt 19:28 for the current conception of the Messianic renewal of the world or of the people Israel, (2) *rebirth* of the individual life following on or typified in baptism, Tit. 3:5.

πάλιν adv., *again,* properly of a return over the same course in the reverse direction, but also used of a repetition of the same journey in the same direction; it may also be used of any number of times; in Mark 15:13 perhaps an unsuitable mistranslation of an Aram. word of much wider signification, *further, thereupon;* εἰς τὸ πάλιν = πάλιν, 2 Cor 13:2.

παλινγενεσία see παλιγγενεσία.

παμπληθεί adv., *all together* (in unison); lit., *with the whole crowd.*

Παμφυλία, ας, ἡ *Pamphylia,* a Roman province on the south coast of Asia Minor.

πανδοχεῖον, ου, τό *an inn, khan, hotel.*

πανδοχεύς, έως, ὁ *an innkeeper, landlord, hotel manager.*

πανήγυρις, εως, ἡ *a festival assembly.*

πανοικεί (πανοικί) adv., *with all* (his) *household.*

πανοπλία, ας, ἡ *armor.*

πανουργία, ας, ἡ (1) *cleverness,* usually with the idea that it is evil; (2) *cunning, craftiness,* Luke 20:23.

πανοῦργος, ον *crafty* (playfully used).

πανπληθεί see παμπληθεί.

πανταχῆ (πανταχῇ) adv., *everywhere.*

πανταχόθεν adv. *from every direction;* var. for πάντοθεν in Mark 1:45.

πανταχοῦ adv., *everywhere.*

παντελής, ές εἰς τὸ παντελές, *utterly, at all,* Luke 13:11; in Heb 7:25 either *entirely,* or, more probably, *for ever, finally.*

πάντη adv., *in every way.*

πάντοθεν adv., *from all sides, from all quarters; on all sides.*

παντοκράτωρ, ορος, ὁ *ruler of all, ruler of the universe;* the LXX introduced κύριος (θεὸς) παντοκράτωρ as a translation of *Lord of Hosts.*

πάντοτε adv., *at all times, always.*

πάντως adv., *entirely; in any case;* (after a negative) *at all; assuredly, to be sure.*

παρά prep. (1) w. acc. *by, beside, near,* without difference between "where?" (properly παρὰ τίνι) and "to what place?"; not w. persons; (*not in accordance with,* opp. κατά) *against, contrary to,* Rom 1:26; 11:24; 2 Cor 8:3 *(over); differently from,* Gal 1:8 (cf. 1 Cor 3:11); *more than,* sometimes w. comp., Luke 13:2, 4; Rom 1:25; 12:3; 14:5; *less,* 2 Cor 11:24; οὐ παρὰ τοῦτο . . . , *this is no reason that etc.,* 1 Cor 12:15; (2) w. gen. *from the side of, from,* only w. persons; οἱ παρ' αὐτοῦ, *his family, his relations,* Mark 3:21 (in papyri generally = *his agents, his representatives*), τὰ παρ' ἑαυτῆς, *her money, her wealth,* Mark 5:26, cf. Luke 10:7; Phil 4:18; (3) w. dat. *by, beside,* answering the question "where?" with the exception of John 19:25 only of persons, not of immediate proximity, but *in the house of* any one, Luke 19:7; John 1:39; Acts 10:6; *among* a people, Rev 2:13; *in the eyes of,* e.g. παρὰ τῷ θεῷ, *in the judgment of,* Rom 12:16, etc.

παραβαίνω (1) *I fall away, take a false step,* Acts 1:25; (2) *I overstep, transgress.*

παραβάλλω *I cross over, I strike across.*

παράβασις, εως, ἡ *transgression; a transgression.*

παραβάτης, ου, ὁ (lit. *an overstepper*), *a transgressor, a lawbreaker.*

παραβιάζομαι *I urge, press.*

παραβολεύομαι *I expose myself* (to danger).

παραβολή, ῆς, ἡ *a similitude, allegory, parable, emblematic allusion;* in Heb 11:19 ἐν = *as.*

παραβουλεύομαι *I am careless, I*

have no concern (w. dat.); var. for παραβολεύομαι Phil 2:30.

παραγγελία, ας, ἡ *a command, an injunction; a precept, rule* of living, 1 Thess 4:2.

παραγγέλλω *I command, I charge;* παπαγγελίᾳ παραγγέλλειν (Hebraism), *to charge strictly,* Acts 5:28.

παραγίνομαι (1) *I come on the scene, I appear, I come;* (2) w. words expressing destination, *I present myself at, I arrive at, I reach.*

παράγω (1) *I pass by,* Matt 20:30; Mark 15:21, etc.; (2) *I vanish, disappear,* 1 Cor 7:31, in which sense the pas. is used, 1 John 2:8, 17 (the verb being originally trans.); (3) *I depart,* Matt 9:9, 27 (var. in both passages, and therefore this meaning is questionable); (4) almost, *I walk,* Mark 1:16; 2:14; 15:21(?)

παραδειγματίζω *I put to open shame.*

παράδεισος, ου, ὁ *paradise* (lit. *an enclosed orchard* or *garden with fruit trees*), a quarter of heaven conceived by the later Jews to be in or just above the "third heaven."

παραδέχομαι *I receive (welcome) favorably.*

παραδίδωμι *I hand over, I pledge; I hand down, deliver; I betray.*

παράδοξος, ον *unexpected;* hence, *wonderful.*

παράδοσις, εως, ἡ orig. abstr., *handing over,* generally concr., *that which is handed down, a tradition* (whether of written or of oral teaching).

παραζηλόω *I make jealous, I provoke to jealousy.*

παραθαλάσσιος, α, ον *by the sea* (lake), *on the coast.*

παραθεωρέω *I look past, overlook, neglect.*

παραθήκη, ης, ἡ *a deposit* (properly of money or valuables deposited with a friend for safekeeping, while the owner is abroad).

παραινέω *I admonish, advise.*

παραιτέομαι (1) *I beg* from another, Mark 15:6 (var.), Heb 12:19 (cf. (2)); (2) *I beg off from, I seek to turn away* (from myself) *by entreaty;* hence, *I give an excuse, I excuse myself, I beg to be excused,* Luke 14:18, 19; Heb 12:25; *I decline, refuse, object to,* Acts 25:11; 1 Tim 4:7; 5:11; 2 Tim 2:23; Tit. 3:10.

παρακαθέζομαι *I sit beside.*

παρακαθίζω *I sit down beside,* var. for παρακαθέζομαι in Luke 10:39.

παρακαλέω (1) *I ask, beseech;* (2) *I exhort;* (3) *I comfort.*

παρακαλύπτω *I conceal, veil.*

παράκειμαι *I rest with.*

παράκλησις, εως, ἡ *an appeal,* which according to circumstances may be either hortatory, *exhortation,* or consolatory, *consolation;* in Luke 2:25 it seems to have a quasi-technical sense, with reference to the coming of the Messiah.

παράκλητος, ου, ὁ *helper; consoler* (corresponding to the name Menahem given to the Messiah); orig. pas. in sense, *one called in* for support, *one summoned* as support, but this idea drops into the background; in the technical legal sense it never occurs, but in writings prior to the NT has the general sense, *one who speaks in favor of another, an intercessor, helper;* it tends thus to have an act. sense, and was borrowed by Heb. and Aram.

παρακοή, ῆς, ἡ *disobedience.*

παρακολουθέω *I accompany, follow closely,* both lit. and met., *I investigate; I result* Mark 16:17 (var.).

παρακούω (1) *I hear carelessly* or *incidentally,* or *I pretend not to hear,* Mark 5:36; (2) *I refuse to hear; I disobey.*

παρακύπτω *I stretch forward the head to catch a glimpse* (especially through a window or door, sometimes inwards, oftener outwards; fig. it implies a rapid, hasty, and cursory glance), *I look, peep, peer in (at); I look down.*

παραλαμβάνω *I take* from, *I receive* from, or, *I take* to, *I receive* (apparently not used of money, see ἀπέχω); *I take with* me.

παραλέγομαι *I coast along, sail along.*

παράλιος, ου, ἡ *on the seacoast, on the seaboard;* ἡ παράλιος (supply χώρα), *the coast country.*

παραλλαγή, ῆς, ἡ *a variation;* hence, *a periodic change* of a heavenly body.

παραλογίζομαι *I deceive, beguile.*

παραλυτικός, οῦ, ὁ *a paralytic,* a more colloquial word than παραλελυμένος, the medical term (cf. Luke 5:24).

παραλύω pas., παραλελυμένος, *one who has become loosened (unstrung), one whose power of movement has gone, paralyzed, a paralytic.*

παραμένω *I remain beside, I stand by;* hence equivalent to, *I serve* (as a free man), cf. perhaps Phil 1:25; Jas 1:25; *I remain in* office, Heb 7:23; *I persevere* in the law, Jas 1:25.

παραμυθέομαι *I encourage, comfort, console.*

παραμυθία, ας, ἡ *encouragement, comfort, consolation.*

παραμύθιον, ου, τό *consolation.*

παρανομέω *I contravene a statute (law).*

παρανομία, ας, ἡ *a breach of a statute (law).*

παραπικραίνω absol. *I embitter, provoke, irritate.*

παραπικρασμός, οῦ, ὁ *embitterment, provocation, irritation.*

παραπίπτω *I fall back* (into the unbelieving and godless ways of the old time).

παραπλέω *I sail past* (without stopping there).

παραπλήσιος, ία, ιον *coming near, resembling, similar,* neut. sing. as adv. *nearly.*

παραπλησίως adv., *correspondingly, in like manner.*

παραπορεύομαι *I go past,* Mark 11:20; 15:29 (= Matt 27:39); *I go,* apparently a colloquial or incorrect use, Mark 2:23 (var.); 9:30 (var.).

παράπτωμα, ατος, τό *a falling away, a lapse, a slip, a false step, a trespass.*

παραρρέω (lit. *I flow past, I glide past*), hence, *I am lost, I perish,* or merely, *I drift away (I fall away) from duty* (or *the way of salvation*).

παράσημος, ον *a figurehead.*

παρασκευάζω *I prepare;* mid. *I prepare, make preparations,* 1 Cor 14:8.

παρασκευή, ῆς, ἡ *the day of preparation, the day before the Sabbath, Friday.*

παρατείνω *I prolong.*

παρατηρέω act. and mid. (1) *I watch carefully, keep my eye on* (as a cat does a mouse); absol. *I watch my opportunity,* Luke 20:20; (2) *I observe, keep,* Gal 4:10.

παρατήρησις, εως, ἡ *a watching for.*

παρατίθημι (1) *I set* (especially a meal) *before, I serve;* (2) act. and mid., *I deposit with, I entrust to.*

παρατυγχάνω *I come by chance, I am by chance* in a certain place.

παραυτίκα adv. w. force of adj., *present, immediate.*

παραφέρω *I turn aside, I cause (suffer) to pass by,* Mark 14:36; Luke 22:42; *I carry away, remove,* lit. or met.

παραφίημι *I set aside, neglect;* Luke 11:42, var.

παραφρονέω *I am out of my senses.*

παραφρονία, ας, ἡ *madness.*

παραχειμάζω *I spend the winter, I winter.*

παραχειμασία, ας, ἡ *spending the winter, wintering.*

παραχρῆμα adv., *immediately.*

πάρδαλις, εως, ἡ *a leopard.*

παρεδρεύω *I have my seat beside, I attend.*

πάρειμι *I am present; I have come, arrived* (hence w. εἰς, πρός).

παρεισάγω *I introduce from the side.*

παρείσακτος, ον *introduced (imported) from the side.*

παρεισδύω (παρεισδύνω) *I creep in.*

παρεισέρχομαι *I come in from the side.*

παρεισφέρω *I bring in (import) from the side, I smuggle.*

παρεκτός (1) adv. used as adj., *outside, without, left over;* (2) prep., *apart from.*

παρεμβάλλω *I throw (raise) up beside.*

παρεμβολή, ῆς, ἡ *a camp,* either a fixed camp, occupied possibly for centuries, *a fort, castle,* like that at Jerusalem, or a marching camp, according to context; hence, *the army* occupying such, Heb 11:34.

παρενοχλέω *I trouble,* or perhaps, *I trouble further.*

παρεπίδημος, ου, ὁ *a stranger* settled in a town or region for a time without making it his permanent residence, *a sojourner;* so in a spiritual sense of those who are on the earth for a time, whose real home is heaven.

παρέρχομαι   trans. and intrans., *I pass by, I pass;* sometimes practically, *I pass out of sight, I disappear;* w. acc. (cf. **παραβαίνω**) *I transgress;* intrans., *I approach, come up to,* Luke 12:37; 17:7; Acts 24:7 (var.).

πάρεσις, εως, ἡ   *overlooking, suspension, remission* of punishment for (from παρίημι).

παρέχω   act. and mid. *I offer, provide, confer, afford, give, bring, show, cause;* κόπους (κόπον) τινί παρέχειν, *to cause one trouble.*

παρηγορία, ας, ἡ   *a consolation.*

παρθενία, ας, ἡ   *maidenhood, virginity.*

παρθένος, ου, ἡ   *a maiden, a virgin;* hence (Rev 14:4), extended to men who have not known women; in 1 Cor 7:25–38, the word must have its usual sense, and refer to women living in merely spiritual wedlock with men. In Matt 1:23 παρθένος is an inaccurate translation (due to LXX) of a Heb word in Isa. 7:14 meaning *a female adolescent, a young woman of marriageable age,* whether married or not, rightly translated by Theodotion and Aquila νεᾶνις.

Πάρθος, ου, ὁ   *a Parthian,* an inhabitant of the country beyond the eastern boundary of the Roman Empire between the Caspian Sea and the Persian Gulf.

παρίημι   (1) *I let pass, neglect, omit,* Luke 11:42; (2) *I slacken, weary,* Heb 12:12.

παρίστημι (παριστάνω)   (1) in the trans. tenses, *I cause to come to and stand beside; I bring; I present, offer, commend; I introduce* (one person to another); *I prove by argument,* Acts 24:13; (2) in the intrans. tenses, *I come up to and*

stand by, sometimes with the idea of thus providing support (cf. 2 Tim 4:17).

Παρμενᾶς, ᾶ,   acc. **ᾶν, ὁ**   *Parmenas,* one of the original seven "deacons" at Jerusalem (a pet form of Παρμενίδης).

πάροδος, ου, ἡ   *way-by, passage.*

παροικέω   *I sojourn (in),* as a resident stranger.

παροικία, ας, ἡ   *a sojourn* in a foreign city or land; so also in the spiritual sense (cf. παρεπίδημος), 1 Pet 1:17.

πάροικος, ου, ὁ   adj. and noun, *a stranger, sojourner,* in a land not his own, *a non-citizen,* with limited rights; so, met., of the Christian resident on the earth, whose real home is in heaven, Eph 2:19; 1 Pet 2:11; (= μέτοικος).

παροιμία, ας, ἡ   *a veiled speech* in which particularly high thoughts are concealed, *a cryptic saying, an allegory; a proverb,* 2 Pet 2:22 (from παρά and οἶμος *beside the common way*).

πάροινος, ου, ὁ   *one given too much to wine, an excessive drinker.*

παροίχομαι   *I have passed.*

παρομοιάζω   *I resemble.*

παρόμοιος, ον   *like, similar.*

παροξύνω   *I arouse to anger, I provoke.*

παροξυσμός, οῦ, ὁ   (1) *irritation of mind, sharp feeling, indignation;* (2) *spurring, incitement,* Heb 10:24.

παροργίζω   *I provoke to anger.*

παροργισμός, οῦ, ὁ   (generally act. *provocation), the state of feeling provocation, wrath.*

παροτρύνω   *I urge on.*

παρουσία, ας, ἡ   (in ordinary Gk. = *presence; arrival;* also, technical term with reference to *the visit* of a king or some other official, *a royal visit),* (1) *presence,* as opposed to "absence," 1 Cor 16:17; 2 Cor 7:6, 7 (cf. 10:10); Phil 1:26; 2:12; (2) a technical eschatological term, representing a word used by Jesus Himself, *the presence, coming, arrival, advent* of the glorified Messiah, to be followed by a permanent residence with His people (so, in 2 Thess 2:9, of that of the Lawless One).

παροψίς, ίδος, ἡ   *a bowl, dish.*

παρρησία, ας, ἡ   *boldness, freedom, liberty,* shown especially *in speech;* ἐν παρρησίᾳ, μετὰ παρρησίας, *quite openly* (opp. to "secretly").

παρρησιάζομαι   *I speak boldly, I am bold of speech.*

πᾶς, πᾶσα, πᾶν, gen. **παντός, πάσης, παντός**   (1) adj. (a) in the sing. without the article, *every, every kind of;* (b) in the sing. w. the article preceding or following, *the whole, all the;* (c) in the plur. without the article, *all;* (d) in the plur. w. the article following, *all the;* (2) pron. (a) masc. *every one,* neut. *everything;* (b) πάντες, *all,* everybody, πάντα, *all things;* (c) οὐ πᾶς, etc., *not all,* i.e. *only some,* e.g. Matt 19:11; John 13:10; Rom 10:16, but also (like πᾶς . . . οὐ) Hebraistic, especially when words intervene between οὐ and πᾶς, etc. (translation Gk.), = *none, no,* Matt 24:22; Mark 13:20; Luke 1:37; Acts 20:25; Rom 3:20; Gal 2:16; 2 Pet 1:20; 1 John 2:21; Rev 7:16; 21:27; 22:3; πάντες οὐ = οὐ πάντες, 1 Cor 15:51; (3) with preps. (a) διὰ παντός, *continually, continuously, always;* (b) κατὰ πάντα, *in everything, in every respect,* Acts 3:22; 17:22, etc.

πάσχα, τό   *the feast of Passover, the paschal meal,* which took place on the night of full moon after the spring equinox, i.e., the night between 14th and 15th Nisan. On the afternoon of 14th Nisan before sunset the *paschal lamb,* also called τὸ πάσχα (so met., 1 Cor 5:7), was sacrificed [Heb., Aram.].

πάσχω   *I am acted upon* in a certain way, *I experience* certain treatment, e.g. Matt 17:15 (var.); hence (by a development from the original use), *I experience ill treatment, etc., I suffer,* e.g. Matt 17:12.

Πάταρα, ων, τό   *Patara,* a town on the coast of the Roman province Lycia.

πατάσσω   *I strike* (as, with a sword).

πατέω   trans. and intrans., *I tread; I trample upon.*

πατήρ, πατρός, ὁ   (1) *father* in the strict sense, e.g. Matt 2:22; (2) any male *ancestor,* e.g. Matt 3:9; (3) *The Father,* used of God as the creator of all beings (cf. Eph 3:14, 15), the fountain and origin of all life, and, among other beings, of our Lord Jesus Christ, who is in a special sense ὁ υἱός, *the Son,* of the Father (cf. especially John). He is sometimes spoken of as the Heavenly Father, the Father in the Heavens (e.g. Matt 5:16), as distinguished from earthly fathers. Other epithets, such as τῆς δόξης, τῶν οἰκτιρμῶν, τῶν φώτων, are attached to the Name, some of them under the influence of Heb., expressing not only that He is the author of these signs or qualities, but that they bear a likeness to Him; thus πατὴρ τῆς δόξης = *glorious Father.*

Πάτμος, ου, ὁ   *Patmos,* a small rocky island in the Aegean sea, southwest of Ephesus.

πατριά, ᾶς, ἡ   a group of persons united by descent from a common father or ancestor, *a family, a tribe.*

πατριάρχης, ου, ὁ   *a ruler of a family* (or *tribe*), given as an honorary title to David (Acts 2:29) as ancestor of the race of Jewish kings.

πατρικός, ή, όν *belonging to the fathers (ancestors).*

πατρίς, ίδος, ἡ *native city, native town, native place.*

Πατροβᾶς (Πατρόβας), ᾶ, ὁ *Patrobas,* a Christian in Rome.

πατρολῴας, ου, ὁ *a parricide, a murderer of his father.*

πατροπαράδοτος, ον *handed down by (from) one's ancestors, inherited.*

πατρῷος, α, ον *belonging to ancestors, ancestral.*

Παῦλος, ου, ὁ *Paulus, Paul,* (1) the third part (cognomen) of the full Roman name of the Apostle, the other two parts of which (Gaius Iulius?) are now unknown; (2) the third part (cognomen) of the full name of the proconsul of Cyprus, the first part of which seems to be unknown, Acts 13:7.

παύω (1) act. *I cause to cease,* 1 Pet 3:10; (2) mid. *I cease.*

Πάφος, ου, ἡ *Paphos,* a city at the western end of Cyprus.

παχύνω *I thicken;* used w. καρδία, of obtuseness of mind, *it has become obtuse.*

πέδη, ης, ἡ *a fetter.*

πεδινός, ή, όν *level, low-lying.*

πεζεύω *I go by land.*

πεζῇ adv. *on foot* or *by land.*

πεζός, ή, όν *going on foot* or *by land.*

πειθαρχέω *I obey* one in authority.

πειθός, ή, όν *persuasive.*

πειθώ, οῦς, dat. sg. **πειθοῖ, ἡ** *persuasiveness,* 1 Cor. 2:4, var.

πείθω (1) *I urge, I apply persuasion, I seek to persuade, I exercise suasion;* (2) 2 perf. and plup., *I trust,* ἐπί, *in;* (3) mid. or pas. *I am persuaded* (I admit suasion to myself); hence, *I believe;* hence also, w. dat., *I obey.*

Πειλᾶτος see Πιλᾶτος.

πεινάω *I hunger,* either lit. or met.; w. acc. *I hunger for.*

πεῖρα, ας, ἡ *an attempt, a trial;* πεῖραν λαμβάνειν, *to have experience of.*

πειράζω (1) *I make trial of, try, test, explore;* God *tests* man by means of suffering or in some other way, man *tests* God by seeking how far it is possible to go on disobeying Him, without provoking his anger; (2) a secondary neutral or evil sense, *I tempt,* Matt 4:1; Mark 1:13; Luke 4:2; 1 Cor 7:5; Jas 1:13 (second occurrence), 14; if trial fails, the result is moral evil; the agency of Satan is interposed, the same process being carried on for God's good purpose and Satan's evil purpose; thus ὁ πειράζων comes to indicate the intermediary, *the Tempter,* Matt 4:3; 1 Thess 3:5; (3) w. inf. *I try, attempt.*

πειράομαι *I try, attempt.*

πειρασμός, οῦ, ὁ (1) *trial, probation, testing, being tried;* (2) *temptation,* Mark 14:38 and pars., Matt 6:13; Luke 4:13; (3) in Gal 4:14 the reading τὸν πειρασμόν (without ὑμῶν or other addition) has been taken, on the analogy of modern popular Gk. usage, *the devil, the demonic power* as the cause of the Apostle's infirmity. (From πειράζω, q.v.)

πεισμονή, ῆς, ἡ *persuasion,* both *the act of persuasion* and *the being persuaded.*

πέλαγος, ους, τό *the open sea;* in Matt 18:6 the use of the two words for sea produces a more impressive effect.

πελεκίζω *I behead* with an axe.

πέμπτος, η, ον *fifth.*

πέμπω *I send.*

πένης, ητος, ὁ *poor.*

πενθερά, ᾶς, ἡ *a mother-in-law.*

πενθερός, οῦ, ὁ *a father-in-law.*

πενθέω   *I mourn.*
πένθος, ους, τό   *mourning, sorrow.*
πενιχρός, ά, όν   *poor.*
πεντάκις   adv., *five times.*
πεντακισχίλιοι, αι, α   *five thousand.*
πεντακόσιοι, αι, α   *five hundred.*
πέντε   *five.*
πεντεκαιδέκατος, η, ον   *fifteenth.*
πεντήκοντα   *fifty.*
πεντηκοστή, ῆς, ἡ   (orig. supply ἡμέρα; lit. *the fiftieth day* from 14th Nisan, the date of the Passover Feast), *Pentecost,* a Feast of the Jews, *Whitsuntide.*
πεποίθησις, εως, ἡ   *confidence, trust.*
περ   enclitic intensifying particle. See its compound forms: διόπερ, ἐάνπερ, εἴπερ, ἐπειδήπερ, ἐπείπερ, ἤπερ, καθάπερ, καίπερ, ὅσπερ, ὥσπερ.
περαιτέρω   adv., (compar. of πέρα, *beyond*), *further, beyond that.*
πέραν   prep. w. gen., *beyond, on the other side of, across;* sometimes elliptically used, πέραν = (ἀπὸ) τῆς πέραν, Mark 3:8 (Matt 4:25), πέραν = τῆς πέραν, Mark 10:1; τὸ πέραν, as subs., *the other side, the country beyond.*
πέρας, ατος, τό   (1) *a boundary, limit;* (2) *an end,* Heb 6:16.
Πέργαμος (Πέργαμον), ου, ἡ (τό)   *Pergamum,* an important city of the Roman province Asia.
Πέργη, ης, ἡ   *Perga,* a city on the river Cestrus in the Roman province Pamphylia.
περί   prep. (1) w. gen., oftenest, *concerning, about* (in such phrases as "to speak, know, care, etc., about"); at the beginning of a clause, *with regard to,* e.g. 1 Cor 7:1; *on account of* (w. κρίνεσθαι, ἐνκαλεῖν, ἐπωτᾶν, etc.), whence it often passes into the meaning *for* and becomes identical with ὑπέρ, e.g.

Matt 26:28; 1 Cor 1:13 (ὑπέρ is nearly always a textual variant in such cases); so w. verbs of feeling (= ἐπί w. acc. or dat.), *over;* περὶ αὐτοῦ, *with him,* Luke 2:27, seems incorrect (= περὶ αὐτόν, αὐτῷ, ἐν αὐτῷ); (2) w. acc., local and temp., *about,* οἱ περὶ αὐτόν Mark 4:10; Luke 22:49, *his disciples,* but οἱ περὶ Παῦλον, Acts 13:13, *Paul and his company* (according to the classical idiom); used to indicate the circumstances of the action or of the effort, e.g. w. ἐπιθυμίαι, Mark 4:19; Paul in his later epistles uses it = *concerning, touching,* e.g. Phil 2:23.
περιάγω   (1) trans., (a) *I carry about,* (b) *I go about;* (2) intrans., *I go about.*
περιαιρέω   (1) *I strip off, I strip from, I take away;* (2) *I cast off, cut adrift,* Acts 27:40; in Acts 28:13, if the text be right, the word must be rendered in the same way, *I cast off, I cast loose.*
περιάπτω   *I light, ignite.*
περιαστράπτω   *I flash (gleam) around* like lightning.
περιβάλλω   *I cast around,* Luke 19:43 (var.); *I wrap* a garment *about, I put on;* hence mid., *I put on* to myself, *I clothe myself, I dress.*
περιβλέπομαι   *I look round for, look for, survey.*
περιβόλαιον, ου, τό   *a wrapper, mantle.*
περιδέω   *I bind (tie) around.*
περιεργάζομαι   *I am active around, I am a busybody.*
περίεργος, ον, ὁ   (1) *inquisitive, prying, a busybody;* (2) *curious, magical,* Acts 19:19.
περιέρχομαι   intrans. and trans., (1) *I go round, I move about* (περιερχόμενοι, *strolling,* Acts 19:13); (2) *I make a circuit, tack,* Acts 28:13 (var.).

περιέχω (1) *I contain* (of a book *containing* subject matter); hence, impers., *it stands (has its content) thus,* 1 Pet 2:6; (2) *I encompass, surround; I get hold of, seize.*

περιζώννυμι *I gird round;* mid. *I gird myself,* generally for active work or travel.

περίθεσις, εως, ἡ *a putting around* (or *on*).

περιΐστημι (περιΐστημι) (1) in intrans. tenses, *I surround;* (2) *I stand clear of, avoid,* 2 Tim 2:16; Tit. 3:9.

περικάθαρμα, ατος, τό *a rinsing* of a dirty vessel.

περικαλύπτω *I veil round, I cover over; I conceal.*

περίκειμαι *I am placed around* something; *I have had* something *placed around* me, Acts 28:20; Heb 5:2.

περικεφαλαία, ας, ἡ *a helmet.*

περικρατής, ές *mastering, gaining control over.*

περικρύβω *I conceal, hide* (*entirely,* by putting something *around* it).

περικυκλόω *I encircle, invest.*

περιλάμπω *I shine around.*

περιλείπω *I leave behind.*

περίλυπος, ον *deeply pained* (*grieved*).

περιμένω *I await* the happening of something.

πέριξ adv., *round about, in the neighborhood.*

περιοικέω *I dwell around (near).*

περίοικος, ου, ὁ *neighboring; a neighbor.*

περιούσιος, ον *of (for) one's own* (*special, private*) *possession.*

περιοχή, ῆς, ἡ *a clause, sentence, short passage.*

περιπατέω (1) *I walk;* (2) hence Hebraistically in an ethical sense, *I conduct my life, I live.*

περιπείρω *I pierce round about (on all sides).*

περιπίπτω *I fall into, I fall in with, I meet with, I come upon accidentally, I chance upon, I light upon.*

περιποιέομαι *I make my own, I acquire (get) for myself, I gain for myself;* in Luke 17:33 perhaps, *I preserve alive.*

περιποίησις, εως, ἡ *acquiring, obtaining, possessing, possession, ownership.*

περι(ρ)ραίνω *I sprinkle round about, I sprinkle over.*

περι(ρ)ρήγνυμι *I rend all round, I tear of.*

περισπάω *I distract, trouble greatly.*

περισσεία, ας, ἡ *surplus, superabundance, superfluity.*

περίσσευμα, ατος, τό *what is in excess; overflow, superabundance, superfluity.*

περισσεύω (1) intrans., *I exceed* the ordinary (the necessary), *I abound, I overflow; I am left over;* hence met.; (2) trans., *I cause to abound,* Matt 13:12; Luke 15:17; 2 Cor 4:15(?); 9:8; Eph 1:8; 1 Thess 3:12.

περισσός, ή, όν adj. and adv., *over and above, excessive, abundant, overflowing; superfluous.* Practically a synonym for πλείων (cf. Matt 5:37), especially in the comp. περισσότερος; ἐκ περισσοῦ, *superabundantly, exceedingly.*

περισσοτέρως adj. and adv., *more exceedingly, to a greater degree;* see περισσός.

περισσῶς adv., *exceedingly,* so perhaps Acts 26:11; but usually *more* (cf. περισσός), with reference to what precedes.

περιστερά, ᾶς, ἡ *a dove.*

περιτέμνω *I cut round* the foreskin, *I circumcise.*

περιτίθημι *I place around; I put about (upon), I clothe with.*

περιτομή, ῆς, ἡ *circumcision* (see περιτέμνω); οἱ ἐκ περιτομῆς, the party of circumcision, the party advocating circumcision, the rigorist Christian Jews; sometimes met. (as in OT), of that *chastening* of the heart (mind) which leads to heartier service to God, e.g. Rom 2:29.

περιτρέπω *I turn round, I turn, change.*

περιτρέχω *I run round (around).*

περιφέρω *I carry around (about); I swing round,* Eph 4:14.

περιφρονέω *I lightly esteem; I despise.*

περίχωρος, ου, ἡ *neighboring;* ἡ περίχωρος (supply γῆ), *the neighboring country, the neighborhood, surroundings.*

περίψημα, ατος, τό *that which is scraped off round* anything, *a scraping.*

περπερεύομαι *I show myself off; I am boastful (a braggart).*

Περσίς, ίδος, ἡ *Persis,* name of a Christian lady in Rome.

πέρυσι adv., *the previous year, last year.*

πετεινός, ή, όν *flying;* neut. πετεινόν, *a bird.*

πέτομαι *I fly.*

πέτρα, ας, ἡ *rock, solid rock, native rock,* rising up through the earth, which trips up the traveler, Rom 9:33; 1 Pet 2:8; in Matt 16:18, of such faith as Peter has just shown; in 1 Cor 10:4, allegorically interpreted.

Πέτρος, ου, ὁ *Petros, Peter* (a Gk. name meaning "rock," a translation of the Aram. name Κηφᾶς, given to Symeon (Simon) by our Lord).

πετρώδης, ους, τό *rocky.*

πήγανον, ου, τό *rue,* a plant used for flavoring, garnishing dishes, etc.

πηγή, ῆς, ἡ *a spring, a fountain; a well,* John 4:6.

πήγνυμι *I fix, pitch; I erect.*

πηδάλιον, ου, τό *a helm, rudder.*

πηλίκος, η, ον *how large, how great.*

πηλός, οῦ, ὁ *mud; clay.*

πήρα, ας, ἡ *a bag* (to hold food, etc.), *a wallet, a traveling bag,* perhaps especially *a collecting bag* (such as beggar-priests of pagan cults carried).

πηρόω *I maim, disable, cripple.*

πῆχυς, εως, ὁ *the forearm;* hence, *a cubit,* about a foot and a half; used as a measurement of time in Matt 6:27 (Luke 12:25), to indicate any extension.

πιάζω *I take hold of, seize, apprehend, catch, arrest, grasp* (a Doric form; contrast πιέζω).

πιέζω *I press down.*

πιθανολογία, ας, ἡ *persuasive speech.*

πιθός see πειθός.

πικραίνω *I make bitter (tart, sour);* mid. *I am embittered, I show quick temper.*

πικρία, ας, ἡ *bitterness, sourness;* hence met., *an embittered (resentful) spirit,* which refuses reconciliation, Eph 4:31.

πικρός, ά, όν *bitter,* lit. and met.

πικρῶς adv., *bitterly.*

Πιλᾶτος, ου, ὁ *Pilatus, Pilate,* the third name (cognomen) of the procurator of Judaea, whose first name (praenomen) is unknown.

πίμπλημι *I fill.*

πίμπρημι *I cause to swell;* pas., *I become inflamed, I am swollen.*

πινακίδιον, ου, τό *a little* waxed *tablet,* on which to write with iron pen.

πίναξ, ακος, ἡ *a flat dish.*

πίνω *I drink.*

πιότης, ητος, ἡ *fatness.*

πιπράσκω *I sell.*

πίπτω *I fall.*

Πισιδία, ας, ἡ *Pisidia,* a country of Asia Minor, being the southwestern part of the Roman province Galatia.

Πισίδιος, α, ον *Pisidian,* or rather, *near Pisidia;* see Ἀντιόχεια.

πιστεύω (1) *I believe,* w. various constructions; w. dat., *I believe* a person, or a statement made by a person (to be true); εἰς (ἐπί) w. acc., ἐν (ἐπί) w. dat., *I place (repose) my trust* on either God or the Messiah, *I rely* on them, *I commit my life* to them, *I believe in, I believe on, I cast myself upon* them as stable and trustworthy, with energy of faith; ἐν is sometimes = *in the sphere of,* Mark 1:15 (cf. Rom 1:9; 2 Cor 8:18; 10:14; 1 Thess 3:2, etc.); (2) w. acc. and dat., *I entrust* (so in pas. constr., 1 Thess 2:4; 1 Tim 1:11).

πιστικός, ή, όν probably = *genuine, pure.*

πίστις, εως, ἡ (1) *faith, belief, trust,* generally of the leaning of the entire human personality upon God or the Messiah in absolute trust and confidence in His power, wisdom, and goodness. The older meaning, *intellectual conviction* of certain truths, is often present. (In Eph 1:15 [shorter text] εἰς = *among*); (2) w. the article, *the faith* (in Luke 18:8 perhaps *the necessary faith* or *the faith that perseveres*), *the Christian faith,* Acts 6:7; 13:8; 16:5; 24:24; Gal 1:23; 3:23; 6:10; Eph 4:13; Jude 3, 20, etc.; (3) as a psychological faculty, Heb 11:1; (4) *integrity, faithfulness, trustworthiness, loyalty,* Matt 23:23; Rom 1:17(?); Gal 5:22; 2 Tim 4:7; (5) *a guarantee,* Acts 17:31.

πιστός, ή, όν *faithful, trusty, trustworthy, reliable;* οἱ πιστοί, *the Christians.*

πιστόω *I make sure, I convince, I give assurance to;* pas. *I show myself faithful, I am convinced.*

πλανάω (1) *I cause to wander;* hence, in the moral sense, *I cause to err;* (2) pas. *I wander;* hence, *I err.*

πλάνη, ης, ἡ *wandering from the way,* and so met., *error* (perhaps sometimes actively, *deceit*).

πλανήτης, ου, ὁ *wandering* (probably of shooting stars).

πλάνος, ον adj., *misleading, deceiving;* as subst. *a deceiver.*

πλάξ, πλακός, ἡ *a tablet.*

πλάσμα, ατος, τό *a molded thing; a created thing, a creature.*

πλάσσω *I mold* out of clay; *I create.*

πλαστός, ή, όν *made up, fictitious.*

πλατεῖα, ας, ἡ *a public square* (supply ὁδός); generally taken as *an open street, a street.*

πλάτος, ους, τό *breadth.*

πλατύνω *I broaden, I make broad;* met., of the growth of tenderness and love, 2 Cor 6:11, 13.

πλατύς, εῖα, ύ *broad.*

πλέγμα, ατος, τό *plaiting, braiding, dressing* the hair.

πλεῖστος, η, ον superl. of πολύς, *very large;* plur. *very many (numerous);* adv. τὸ πλεῖστον, *at the most,* 1 Cor 14:27.

πλείων (πλέων), πλεῖον (πλέον) gen. **ονος** comp. of πολύς, *larger; more; a considerable number of,* Acts 21:10, etc.; οἱ πλείονες, *the majority,* 1 Cor 15:6; ἐπὶ πλεῖον, as adv., *more, to a greater extent.*

πλέκω *I plait.*

πλεονάζω (1) intrans., *I abound, I increase;* (2) trans., *I make to abound, I cause to increase,* 1 Thess 3:12.

πλεονεκτέω *I take advantage of, I overreach, I defraud* (sometimes with reference to adultery and the injury thus done to the husband).

πλεονέκτης, ου, ὁ *a greedy, covetous, rapacious, acquisitive, self-*

aggrandizing person; a defrauder, one who tramples on the rights of others.

πλεονεξία, ας, ἡ covetousness, greediness, rapacity, entire disregard of the rights of others, a word act. in meaning and wide in scope.

πλευρά, ᾶς, ἡ a side of a human being.

πλέω I travel by sea, I sail, voyage.

πληγή, ῆς, ἡ a blow, especially, caused by the lash, a stripe, a stroke.

πλῆθος, ους, τό a multitude, a crowd, a large number.

πληθύνω (1) trans., I multiply, I increase; (2) intrans., I multiply, I go on increasing, Acts 6:1.

πλήθω see πίμπλημι.

πλήκτης, ου, ὁ a striker; a pugnacious person.

πλήμμυρα (πλημμύρα), ης, ἡ a flooding, flood.

πλήν (1) conj., (a) however, nevertheless, Matt 26:39 (Luke 22:42); Matt 11:22, 24; 26:64, etc., (b) but, Luke 12:31; 23:28, (c) πλὴν ὅτι, except that, save that, Acts 20:23, (d) only, in any case, ending the discussion and calling special attention to the essential, especially in Paul, e.g. 1 Cor 11:11; Eph 5:33; (2) prep. w. gen., except, apart from.

πλήρης, ες full (sometimes, from about the beginning of our era, indeclinable, and used for any case sing. or plur., a usage perhaps derived from commercial life; e.g. Mark 4:28[?]; John 1:14, where πλήρης agrees with δόξαν, and there should be no parenthesis, Acts 6:5 [var.]).

πληροφορέω (lit. I carry full), (1) I complete, carry out fully, 2 Tim 4:5, 17; Luke 1:1(?); (2) I fully convince, Rom 4:21; 14:5; perhaps I satisfy fully, Col 4:12; (3) I fully believe, Luke 1:1(?).

πληροφορία, ας, ἡ full assurance, conviction (confidence).

πληρόω (1) I fill, I fill up, e.g. Luke 2:40; 3:5; John 12:3; (2) much oftener, I fill up to the full, I fulfill, I give fullness (completion) to, I accomplish, carry out, of prophecies or other statements which are absolutely and completely confirmed by reality (actual occurrence), or of duties; I preach fully, Rom 15:19, cf. Col 1:25; in Eph 1:23 the Messiah is being fulfilled (completed) by the Church.

πλήρωμα, ατος, τό (1) a fill, fullness; full complement; supply, supplement, Mark 2:21; Matt 9:16; (2) fullness, filling, fulfillment, completion. (Indicates the result of the activity denoted by πληρόω.)

πλησίον adv. and prep. w. gen., near (John 4:5), used as adj. and (especially w. article ὁ) noun, neighboring, neighborly; a neighbor.

πλησμονή, ῆς, ἡ repletion, satiety.

πλήσσω I strike.

πλοιάριον, ου, τό (a little boat), hence, a boat.

πλοῖον, ου, τό a boat; hence, a ship (the old word ναῦς having become almost obsolete), Acts 20:13, etc.

πλόος, πλοῦς, ὁ a voyage.

πλούσιος, α, ον rich, wealthy; hence, met., of other than material wealth.

πλουσίως adv., richly; lavishly.

πλουτέω I am rich (wealthy); w. εἰς and acc. the person on whom the wealth is lavished is indicated; w. ἐν, I abound in, 1 Tim 6:18.

πλουτίζω I enrich.

πλοῦτος, ου, ὁ and τό wealth, material or spiritual.

πλύνω I wash.

πνεῦμα, ατος, τό (from πνέω, has as its earliest meanings breath and wind, and it is from the former that the characteristic use is derived), (1) *wind,* John 3:8; Heb 1:7; (2) *breath,* what distinguishes a living from a dead body, the life principle, Matt 27:50; Luke 8:55; 23:46; John 6:63; 19:30; Acts 7:59; 2 Thess 2:8; Jas 2:26; Rev 11:11; 13:15; (3) the breath was often in early times identified with the life or soul itself. Heb. employed three words for the breath-soul, *nefesh, ruah, neshamah,* of which the first and second are the more important, indicating respectively the personal soul and the invading spirit. (1) *Nefesh,* orig. *breath,* (a) refers predominantly to the emotional life; (b) is a strong pers. or refl. pron.; or (c) is equivalent to *person.* (2) *Ruah,* orig. *wind,* indicates also especially, (a) supernatural influences acting on man from without; (b) the normal breath-soul, the principle of life (like *nefesh*) or of its energies, directly derived from the wind at the bidding of God; (c) the resultant psychical life, like *nefesh,* "heart," the inner life in general. It is distinguished from *nefesh* by its association with Yahweh. Normal human nature was regarded as animated by the same divine *ruah* to which its highest inspiration is due. In the Gk. OT *nefesh* is represented by ψυχή (q.v.) and *ruah* by πνεῦμα (a purely Hebraistic usage of the word). In the NT πνεῦμα refers nearly always to supernatural influences. Sometimes it is employed of the *higher nature* in man, e.g. Rom 1:9, and is hardly to be distinguished from the result of the influence of the divine πνεῦμα. Sometimes, e.g. Rom 8:16; 2 Cor 7:1, it denotes a normal element in human nature. But the Christian is essentially the product of the divine πνεῦμα, which is mediated to us by the Messiah. Parallel to the divine πνεῦμα are the unclean, evil spirits, the spirits of demons, etc., which act in a corresponding way on the spirit of man. πνεῦμα ἅγιον, *holy breath, spirit of holiness,* adopted originally from Isa 63:10–11; Ps 51:11, practically synonymous w. πνεῦμα θεοῦ, etc., gradually tends to become personalized. The first step in the process is reached by affixing the def. article and making it τὸ Πνεῦμα τὸ Ἅγιον (τὸ Ἅγιον Πνεῦμα). Each operation of *the* Holy Spirit is most commonly represented as due to *a* holy spirit.

πνευματικός, ή, όν *having the characteristics of* πνεῦμα, *spiritual,* with general reference to the higher nature of man as directly in touch with and influenced by the divine, but sometimes (like πνεῦμα) associated with the demonic world, τὰ πνευματικὰ τῆς πονηρίας, *the spiritual hosts of evil,* Eph 6:12; *supernatural,* 1 Cor 10:3.

πνευματικῶς adv., *spiritually, in a spiritual way; from a spiritual point of view.*

πνέω *I blow;* τῇ πνεούσῃ (supply αὔρᾳ, *breeze*).

πνίγω *I choke, throttle, strangle;* hence, *I drown,* Mark 5:13.

πνικτός, ή, όν *strangled* (i.e. killed without letting out the blood).

πνοή, ῆς, ἡ (1) *breath,* Acts 17:25; (2) *gust, breeze, wind,* Acts 2:2.

ποδήρης, ους, ὁ *a tunic* or *robe reaching the feet* (properly an adj. in the expression χιτὼν ποδήρης).

πόθεν interrog. adv., *whence? from what place?* also indir. interrog.; hence, *how?* e.g. Mark 12:37; John 1:48.

ποία *a green herb* (a possible

interpretation of the word in Jas
4:14; others regard it as the fem.
of ποῖος).

ποιέω (1) *I make, manufacture, con-
struct;* (2) *I do, act, cause;* μετά
τινος (Hebraistic idiom), *on some
one's behalf,* Luke 1:72; Acts 14:27,
etc.; w. an obj. indicating time, *I
spend,* e.g. Jas 4:13; ὁδὸν ποιεῖν,
Mark 2:23 (var.), which ought to
mean *to construct (pave) a road,* is
incorrectly used for ὁδὸν ποιεῖ-
σθαι (cf. μνείαν ποιεῖσθαι, Eph
1:16), *to journey* (cf. Luke 13:22);
w. καλῶς, see under καλῶς.

ποίημα, ατος, τό (concr.), *creation,
workmanship, handiwork;* plur.
pieces of work.

ποίησις, εως, ἡ *doing.*

ποιητής, οῦ, ὁ (1) *a "maker," a
poet,* Acts 17:28 (the reference is to
Epimenides' *Minos*); (2) *a doer, a
carrier out.*

ποικίλος, η, ον *multicolored, parti-
colored;* hence, *varied, various* (plu-
rality as well as difference seems
sometimes to be suggested).

ποιμαίνω *I shepherd, I tend, I herd;*
hence, *I rule.*

ποιμήν, ένος, ὁ *a shepherd;* hence
met., of the feeder, protector, and
ruler of a flock of men.

ποίμνη, ης, ἡ *a flock; herd* (of goats
perhaps, in 1 Cor 9:7).

ποίμνιον, ου, τό *a little flock;*
hence, of men.

ποῖος, α, ον properly direct inter-
rog., *of what sort?,* then often weak-
ened to *what?* simply; also indir.
interrog.; ποίας (local gen., supply
ὁδοῦ), *by what way.*

πολεμέω *I war, carry on war.*

πόλεμος, ου, ὁ *a war;* also, *a battle,*
Luke 14:31, etc.

πόλις, εως, ἡ strictly *a free city,
city-state* of the Gk. (particularly
the Athenian) type, comprising
not only the city in the mod.

sense, but territory (often consider-
able) around it. The word is used
rather of the citizens than of the
locality (cf. the examples below).
Its constitution commonly con-
sisted of an ἐκκλησία (assembly
of free citizens) and a βουλή (an
advisory and deliberative council,
in NT times a mere honorary cor-
poration). Examples are: Matt
8:34; 12:25; Mark 1:33; ἡ ἁγία
πόλις (cf. Ἱερο- in Ἱεροσό-
λυμα), *the holy city,* i.e. Jerusalem,
as containing the temple of
Yahweh.

πολιτάρχης, ου, ὁ *a politarch, a
city magistrate* (a special, character-
istically Macedonian, title of the
chief magistrates [five or six in
number] of Thessalonica and a few
other cities).

πολιτεία, ας, ἡ (1) *commonwealth,
polity; citizen body,* Eph 2:12;
(2) (the Roman) *citizenship,
citizen's rights, franchise,* Acts 22:28.

πολίτευμα, ατος, τό (properly,
that which one does as citizen), *the
constitution; citizenship, franchise;
the state, the community, the com-
monwealth.* The word sometimes
means *a colony* of foreigners, whose
organization is a miniature copy of
the πολιτεία at home, and this
gives excellent sense in Phil 3:20.

πολιτεύομαι (a characteristic Gk.
idea), *I live the life of a citizen; I
live as a member of a* (citizen) *body;
I fulfill corporate duties;* in Phil 1:27
some take simply of *manner of life.*

πολίτης, ου, ὁ *a citizen; a fellow
citizen,* Luke 19:14; Heb 8:11.

πολλάκις adv., *often, frequently.*

πολλαπλασίων, ον *manifold,
many times over.*

πολυλογία, ας, ἡ *much speaking,
loquaciousness, volubility.*

πολυμερῶς adv., *in many portions*

(one at one time, another at another, and so on).

πολυποίκιλος, ον *much varied, very varied.*

πολύς, πολλή, πολύ, gen. **πολλοῦ, πολλῆς** a word indicating quantity and number, not size, sing. *much,* plur. *many;* οἱ πολλοί, *the majority;* πολλῷ, before a comp., *much;* πολλά, as adv., *much* (often in Mark, an exact translation of Aram.), like the more regular πολύ; πολλοῦ, *for much, at a great price,* Matt 26:9; w. sing. words indicating time, *long* is the most suitable Eng. rendering; πολλάς (supply πληγάς), Luke 12:47. The καί following, Acts 25:7, is superfluous according to our idiom. (Compar. πλείων and superl. πλεῖστος, q.v.)

πολύσπλαγχνος, οῦ ον *full of tender feeling* (a Hebraistic idiom, the bowels [σπλάγχνα, q.v.] being regarded as the seat of compassion and pity, etc.).

πολυτελής, ές *expensive, costly;* hence, *precious, valuable,* 1 Pet 3:4.

πολύτιμος, ον *costly, expensive;* hence, *valuable, precious,* 1 Pet 1:7.

πολυτρόπως adv., *in many ways, under many aspects* (with reference probably to different laws or injunctions).

πόμα, ατος, τό *drink.*

πονηρία, ας, ἡ the active exercise of vicious propensity, *malignity, wickedness;* plur. *iniquities,* Mark 7:22; Acts 3:26.

πονηρός, ά, όν *evil, wicked, malicious,* particularly as active; especially, ὁ πονηρός (even Matt 6:13; Luke 11:4 [var.], according to the almost unanimous opinion of the early Church), *the evil one,* i.e. Satan, the devil (a Hebraism); many passages like these, being in the oblique cases, are unfortunately

ambiguous, but Matt 13:19; 1 John 2:13, 14; 5:18 are absolutely certain examples of the masc., and in many other passages there is a strong probability; τὸ πονηρόν, *the evil* in the world, *all that is wicked,* e.g. Rom 12:9.

πόνος, ου, ὁ *labor, toil; trouble.*

Ποντικός, ή, όν *belonging to Pontus* (q.v.).

Πόντιος, ου, ὁ *Pontius,* the second or gentile name of Pilate.

πόντος, ου, ὁ *the (open) sea,* Rev 18:17 var.

Πόντος, ου, ὁ *Pontus,* a Roman province in the north of Asia Minor, bordering on the Black Sea, governed along with Bithynia.

Πόπλιος, ου, ὁ the Gk. form of the Lat. name *Publius* (originally the same in form as the Gk. form); a governor of Malta.

πορεία, ας, ἡ *a journey.*

πορεύομαι *I travel, journey;* sometimes weakened to the sense, *I go; I depart* this life, *I die,* Luke 13:33(?); 22:22; Hebraistic, of manner of life, 1 Pet 4:3, etc.

πορθέω *I devastate, lay waste;* hence, *I bring destruction upon, I destroy.*

πορισμός, οῦ, ὁ *a means of gain, a way of making a living, a livelihood, a living.*

Πόρκιος, ου, ὁ *Porcius,* the middle (gentile) name of the procurator Festus.

πορνεία, ας, ἡ *fornication,* the practice of consorting with πόρναι or πόρνοι, habitual *immorality.*

πορνεύω *I practice fornication,* especially of men consorting with πόρναι.

πόρνη, ης, ἡ *a prostitute.*

πόρνος, ου, ὁ *a male prostitute;* the weaker sense, one who consorts with πόρναι, *a fornicator,* is generally adopted for NT.

πόρρω adv., *far, at a distance;* comp. adv. πορρώτερον *farther.*

πόρρωθεν adv., *from a long distance,* Heb 11:13; hence (cf. ἔξωθεν), *at a long distance, far away,* Luke 17:12.

πορφύρα, ας, ἡ *a purple robe, purple; a red colored cloak,* such as common soldiers wore, Mark 15:17, 20.

πορφυρόπωλις, ιδος, ἡ *a* woman *dealer in purple dyed* garments.

πορφυροῦς (πορφύρεος), ᾶ, οῦν *dyed with purple,* Rev 17:4; 18:16; *dyed scarlet,* John 19:2, 5 (see πορφύρα).

ποσάκις adv., *how many times?, how often?*

πόσις, εως, ἡ *drinking;* hence, concr., *drink,* as perhaps in all NT passages (certainly in John 6:55).

πόσος, η, ον *how great?, how large?;* in plur., *how many?;* πόσῳ, before compar. (cf. Matt 12:12), *by how much?, how much?*

ποταμός, οῦ, ὁ *a river.*

ποταμοφόρητος, ον *river-borne, carried off by a river.*

ποταπός, ή, όν (*from what country?, in what country born?,* and then) *of what sort?, how fashioned?* (hence, practically, *how great?,* 1 John 3:1).

πότε interrog. adv., *at what time?, when?;* ἕως πότε, *till what time?, till when?, how long?* Also in indir. interrog. clauses.

ποτέ indef. temp. particle, *at any time, ever, at some time; at one time,* especially w. past tenses; for μή ποτε, see μήποτε.

πότερον adv., *whether.*

ποτήριον, ου, τό *a wine cup.*

ποτίζω *I cause to drink, I make to drink, I give drink to.*

Ποτίολοι, ων, ὁ *Puteoli* (now Poz-

zuoli), the great harbor for traffic with Alexandria, etc., on the Bay of Naples.

πότος, ου, ὁ *a drinking bout.*

ποῦ interrog. adv., *where?;* also used (for the obsolete ποῖ) in the sense, *to what place?*

που adv., (1) *anywhere,* Acts 27:29; *somewhere,* Heb 2:6, etc.; (2) *about,* Rom 4:19; for δή που and μή που, see also δήπου, μήπου.

Πούδης, εντος, ὁ *Pudens,* a Christian man in Rome [Lat.].

πούς, ποδός, ὁ *a* (human) *foot.*

πρᾶγμα, ατος, τό (1) *a deed, action;* (2) used more vaguely, *a matter, an affair;* πρᾶγμα ἔχειν πρός τινα, *to have something against one, to have ground for a lawsuit against one,* 1 Cor 6:1; ἐν τῷ πράγματι, *in the matter in hand* (i.e. sins of the flesh), rather than generically, *in business,* 1 Thess 4:6.

πραγματεία, ῶν, ἡ *business, business transaction;* pl., *affairs, pursuits.*

πραγματεύομαι *I do business, I trade.*

πραιτώριον, ου, τό (1) *the official residence of the procurator,* which in Jerusalem was the palace of Herod on the west side of the city; (2) pers., *the imperial guard, the praetorian guard,* or perhaps, *the law officers of the Crown,* Phil 1:13 [From Lat. *praetorium,* meaning orig., *the quarters (residence) of the general.*]

πράκτωρ, ορος, ὁ (usually, *a collector of revenue,* but in Luke) *an officer (usher) of the court.*

πρᾶξις, εως, ἡ (1) abstr., *conduct; function,* Rom 12:4; (2) concr., in plur. *doings, deeds.*

πραότης *see* πραΰτης.

πρασιά, ᾶς, ἡ *a vegetable* or *flower bed;* πρασιαὶ πρασιαί, colloquial type of phrase, *like vegetable* or *flower beds,* referring to the rectangular arrangement of the groups.

πράσσω (referring rather to the purpose, motive of an action than to the actual doing), (1) trans., *I act, do;* (2) trans., *I exact, extort,* Luke 3:13; 19:23; (3) intrans., *I fare;* εὖ πράξετε, *you shall fare well,* Acts 15:29, τί πράσσω, *how I fare,* Eph 6:21.

πραϋπαθία (πραϋπάθεια), ας, ἡ *meekness (gentleness) of spirit.*

πραΰς, πραεῖα, πραΰ *meek, gentle.*

πραΰτης, ητος, ἡ *meekness, gentleness.*

πρέπω *I suit;* generally impers., or w. neut. pron. as subj., πρέπει = πρέπον ἐστίν, *it is becoming, it is fitting.*

πρεσβεία, ας, ἡ *an embassy, delegation.*

πρεσβεύω *I am an ambassador* (especially, *I am on embassy to the Emperor*).

πρεσβυτέριον, ου, τό (1) amongst the Jews, *a college of elders,* who supervised the worship, etc., of the synagogue; hence, *the Sanhedrin* at Jerusalem; (2) the Christian analogue, *a college of elders* of a particular church.

πρεσβύτερος, α, ον (1) of age simply, *the elder* of two, Luke 15:25; *old, aged,* Acts 2:17; 1 Tim 5:1; plur. our (their, etc.) *ancestors,* Matt 15:2; Mark 7:3, 5; Heb 11:2; (2) a title of honor applied among the Jews to various classes of dignitary, because such offices were originally conferred on the old, e.g. *a member of the Sanhedrin,* Matt 16:21, etc., [τοῦ Ἰσραήλ], Acts 4:8, τῶν Ἰουδαίων, Acts 25:15, τοῦ λαοῦ, Matt 21:23, etc.; *magistrates* of a particular city, Luke 7:3; (3) among the Christians, *an elder of* a congregation or church, Acts 11:30, etc., τῆς ἐκκλησίας,

Acts 20:17; Jas 5:14, one of whom was commonly appointed ἐπίσκοπος; hence the two words are practically identical in meaning, the former indicating status, the latter function; (4) *an elder* of the twenty-four in the heavenly assembly, Rev 4:4, etc. (The title was applied in Egypt (a) to holders of a communal office in civil life, who were responsible for the peace of the village, and received a small salary, (b) to priests of pagan temples.)

πρεσβύτης, ου, ὁ *an old man.*

πρεσβῦτις, ιδος, ἡ *an old woman.*

πρηνής, ές gen. **οὖς** *swollen up, inflamed* (a medical term, denoting a disease, and corresponding to πίμπρημι, q.v.).

πρίζω *I saw, I saw through.*

πρίν used either with or without ἤ *(than)* and w. the infin. following (once w. ἄν and subjun., Luke 2:26, once w. the opt., Acts 25:16), *before.*

Πρίσκα (Πρῖσκα), Πρίσκιλλα, ης, ἡ *Prisca, Priscilla,* a Roman lady, probably of good birth, wife of the Jewish Christian Aquila. The former is the more correct and formal name, the latter a diminutive and more familiar form.

πρό prep. w. gen., (1) of place, *before, in front of;* (2) of time, *before, earlier than;* found even w. article and the infin. = πρίν; πρὸ ἐξ ἡμερῶν τοῦ πάσχα, *six days before,* etc., John 12:1, πρὸ ἐτῶν δεκατεσσάρων, *fourteen years before,* 2 Cor 12:2.

προάγω (1) trans., *I lead forth,* Acts 16:30; in the judicial sense, into court, Acts 12:6, w. ἐπί w. gen. of the person who is to try the case, Acts 25:26; (2) intrans. and trans., *I precede, I go before;* so pres. part. *preceding, previous,* Heb 7:18; *I lead* *forwards* to a definite goal, 1 Tim 1:18; (3) intrans., *I go too far,* 2 John 9.

προαιρέομαι mid. *I choose deliberately.*

προαιτιάομαι *I make a prior accusation.*

προακούω *I hear beforehand.*

προαμαρτάνω *I sin previously.*

προαύλιον, ου, τό *a forecourt,* a courtyard in the front part of a building.

προβαίνω *I go forward, move forward, advance;* met. *I advance* (in years), Luke 1:7, 18; 2:36.

προβάλλω (1) trans., *I put forward;* (2) *I put forth shoots, I sprout, burst into leaf,* Luke 21:30.

προβατικός, ή, όν *connected with sheep;* προβατική (supply πύλη) *the Sheep Gate* of Jerusalem; if κολυμβήθρᾳ be read, προβατικῇ agrees with it.

προβάτιον, ου, τό lit. *a little sheep;* the diminutive (of πρόβατον) is here used to express tender affection.

πρόβατον, ου, τό *a sheep.*

προβιβάζω *I instruct.*

προβλέπομαι mid. *I provide; I resolve on.*

προγίνομαι *I happen (come about) previously.*

προγινώσκω (properly, *I get to know (I learn) beforehand*), (1) *I know previously;* (2) *I designate before* (to a position or function), 1 Pet 1:20.

πρόγνωσις, εως, ἡ *foreknowledge.*

πρόγονος, ου, ὁ or **ἡ** *an ancestor.*

προγράφω (1) *I write previously (aforetime),* Rom 15:4; Jude 4; *I write above (already),* Eph 3:3; (2) *I evidently portray* or *I placard, advertise,* Gal 3:1.

πρόδηλος, ον *perfectly clear (evident).*

προδίδωμι *I give previously.*

προδότης, ου, ὁ (1) *a betrayer;* (2) *traitorous, treacherous,* 2 Tim 3:4.

πρόδρομος, ου, ὁ *a forerunner.*

προεῖδον see προοράω.

προεῖπον *I said beforehand (previously).*

προείρηκα perf. of προλέγω, *I have previously said; I have said above.*

προελπίζω *I hope before* another, *I am the first to hope.*

προενάρχομαι *I begin earlier (previously).*

προεπαγγέλλομαι *I promise beforehand.*

προέρχομαι (1) intrans., *I go in front (before);* sometimes w. acc. of distance covered, Acts 12:10; (2) trans., *I precede,* Mark 6:33; Luke 22:47.

προετοιμάζω *I prepare beforehand.*

προευαγγελίζομαι *I proclaim the good news beforehand.*

προέχω *I excel, surpass;* pas. in Rom 3:9.

προηγέομαι *I lead in front, I give a lead to.*

πρόθεσις, εως, ἡ (1) οἱ ἄρτοι τῆς προθέσεως, lit. *the loaves of the laying out (before God),* i.e. *the loaves laid out,* grecized in Heb 9:2, ἡ πρόθεσις τῶν ἄρτων [Heb.]; (2) *deliberate purpose (plan, scheme).*

προθεσμία, ας, ἡ *a term* (or *age, date*) *previously indicated (fixed, laid down).*

προθυμία, ας, ἡ *eagerness, zeal, enthusiasm.*

πρόθυμος, ον *eager;* in Rom 1:15 τὸ κατ᾽ ἐμὲ πρόθυμον may be = ἡ ἐμὲ προθυμία, *my good will,* but perhaps it is better to read πρόθυμος (supply εἰμί) with some authorities.

προθύμως adv., *eagerly.*

πρόϊμος, ου, ὁ *early* in the year (understand ὑετός or some other word meaning *rain*); reference is to that beginning in October;

opposed to ὄψιμος. (Not πρώϊμος, but from πρό.)

προΐστημι (προΐστημι) in intrans. tenses, *I take up a position (stand) in front; I take the lead, I rule;* hence, w. gen. *I lead, supervise, manage;* also *I practice, exercise* a calling or profession.

προκαλέομαι mid. *I call forth, challenge.*

προκαταγγέλλω *I announce beforehand.*

προκαταρτίζω *I prepare (arrange) beforehand.*

προκατέχω *I possess* or *occupy previously;* Rom 3:9, var..

πρόκειμαι *I am set (placed, put) before, I am already there.*

προκηρύσσω *I proclaim previously.*

προκοπή, ῆς, ἡ *progress, advance.*

προκόπτω *I advance, progress, make progress* (originally of the pioneer cutting his way through brushwood).

πρόκριμα, ατος, τό *prejudgment* (favorable or unfavorable).

προκυρόω *I make valid beforehand.*

προλαμβάνω (1) *I take before* another (perhaps); *I am in a hurry to take, I take eagerly, I seize,* 1 Cor 11:21; (2) προέλαβεν μυρίσαι, *has by anticipation anointed* (perhaps an Aramaism), Mark 14:8; (3) *I catch, capture, overtake* (*before* he can escape).

προλέγω *I tell (say) beforehand.*

προμαρτύρομαι *I call (God) beforehand to witness.*

προμελετάω *I practice beforehand, I prepare, I get up.*

προμεριμνάω *I am anxious beforehand.*

προνοέω act. and mid., *I take thought for beforehand, I provide for.*

πρόνοια, ας, ἡ *forethought, foresight;* πρόνοιαν ποιοῦμαι = προνοέω.

προοράω *I see beforehand, I foresee, I*

see previously, Acts 21:29; mid. *I pay regard to, set before me,* Acts 2:25.

προορίζω *I foreordain* (lit. *I bound [limit] beforehand*).

προπάσχω *I suffer previously.*

προπάτωρ, ορος, ὁ *a forefather.*

προπέμπω (1) *I send in front (forth, forward), set forward, start on their way* (in Tit. 3:13, of being provided with necessaries for the journey); (2) *I convoy, I escort on* (*his,* etc.) *way,* as a mark of affection and respect, Acts 15:3; 20:38; 21:5; Rom 15:24; 3 John 6.

προπετής, ές, gen. **οὖς** *impulsive, rash, reckless* (of thoughtless haste).

προπορεύομαι *I journey in front, I go before.*

πρός prep. (1) w. gen., *on the side of, in the interests of, for* (literary), Acts 27:34; (2) w. dat., *close to, close by, near, at;* (3) w. acc. (of persons, places, things), (a) *to,* w. verbs of coming, sending, bringing, saying, (b) *near,* after the verb "to be," etc. (instead of παρά τινι), (c) *near,* instead of παρά, Acts 5:10, *into the house of,* Acts 11:3, (d) of time, *near,* Luke 24:29; *for* (a time), and no longer, Luke 8:13; John 5:35; Heb 12:10, etc., (e) of hostile or friendly relations, *with,* μάχεσθαι, εἰρήνην ἔχειν, etc.; τί πρὸς ἡμᾶς; *what have we to do with it?* Matt 27:4; John 21:22; *with reference to, of,* Mark 12:12, cf. 10:5; Matt 19:8; Luke 12:41; 18:1; 20:19; John 13:28, etc., (f) w. ἀγαθός, ὠφέλιμος, δυνατός, etc., *for,* 2 Cor 10:4; Eph 4:29; 1 Tim 4:8, where it indicates also the destination, purpose, result, e.g. Luke 14:32; 19:42; John 4:35; 11:4 (cf. John 5:16, 17); Acts 3:10, (g) *in conformity with, according to,* Luke 12:47; 1 Cor 12:7; 2 Cor 5:10;

with respect to, Heb 1:7, 8, (h) *in comparison with,* Rom 8:18.

προσάββατον, ου, τό *the day before the Sabbath,* i.e. from 6:00 p.m. on Thursday to 6:00 p.m. on Friday.

προσαγορεύω *I designate as* by addressing by a certain title; *I recognize as.*

προσάγω (1) *I lead to, I bring to;* characteristically, *I bring* a subj. *into the presence of* a king, *I present to, I introduce,* 1 Pet 3:18; (2) intrans., *I approach,* Acts 27:27 (var.).

προσαγωγή, ῆς, ἡ *access, entrée,* or perhaps a metaphor from the concr. sense *landing stage.*

προσαιτέω *I beg, I am a beggar.*

προσαίτης, ου, ὁ *a beggar.*

προσαναβαίνω *I go up to, I come up to.*

προσαναλίσκω *I spend in addition.*

προσαναπληρόω *I fill up by adding, make up, supply.*

προσανατίθεμαι (1) *I add, contribute;* (2) *I consult with, turn (have recourse) to.*

προσανέχω *I rise up toward,* w. dat., Acts 27:27, var.

προσαπειλέομαι *I add a threat* (or *threats*) *to the warning.*

προσαχέω *I sound near,* Acts 27:27 (Doric form for προσηχέω, var.).

προσδαπανάω *I spend in addition.*

προσδέομαι *I need* (have need of) something *additional.*

προσδέχομαι (1) *I await, expect;* (2) *I receive, welcome* (orig. *to* my house), e.g. Luke 15:2; Rom 16:2; Phil 2:29; (3) *I accept,* Acts 24:15.

προσδοκάω *I expect, wait for, await.*

προσδοκία, ας, ἡ *expectation, waiting.*

προσεάω *I permit* to go straight onwards.

προσεγγίζω *I come near to, I approach.*

προσεργάζομαι *I produce in addition, I gain.*

προσέρχομαι *I come up to, I come to; I come near* (to), *I approach; I consent (to),* 1 Tim 6:3.

προσευχή, ῆς, ἡ (1) *prayer* (to God); τοῦ θεοῦ, *to God,* Luke 6:12; (2) *a place for prayer,* Acts 16:13 (used by Jews, perhaps where there was no synagogue).

προσεύχομαι *I pray;* w. acc., *I pray for;* sometimes w. Hebraistic tautology, προσευχῇ or διὰ προσευχῆς is added.

προσέχω (1) *I attend to, pay attention to,* w. dat., Acts 8:6; 16:14, etc. (τὸν νοῦν was originally added, *I direct the mind*), cf. (3); (2) w. ἐμαυτῷ, or absol., *I attend to myself, I pay attention for myself,* Hebraism for *I am cautious, I beware, I take care for (of) myself,* Luke 17:3; Acts 5:35, w. ἀπό governing the thing *of* which one has to beware, Matt 7:15; Luke 12:1, etc.; so w. μή, *lest;* (3) supply ἐμαυτόν, *I attach myself to, I join,* Acts 8:10; 1 Tim 4:1; *I devote myself to* (by way of enjoyment or of work), 1 Tim 1:4; 3:8; 4:13; Tit. 1:14; Heb 7:13.

προσηλόω *I nail to.*

προσήλυτος, ου, ὁ (lit. *that has come to*), *a proselyte,* i.e., a non-Jew, who has been circumcised and has adopted the Jews' religion.

πρόσκαιρος, ον *for an occasion, transitory.*

προσκαλέομαι *I call to myself.*

προσκαρτερέω (1) *I continue all the time, I continue steadfast, I persist,* either of remaining in a place, or of persisting in a certain course of action; (2) *I attach myself assiduously to,* Acts 8:13; 10:7; (3) w. a lifeless subj., *I continue near (at hand),* Mark 3:9.

προσκαρτέρησις, εως, ἡ *constant*

attendance, persistence, perseverance, constancy.

προσκεφάλαιον, ου, τό *a pillow* or *a cushion.*

προσκληρόω *I allot (assign) to* (as disciples), Acts 17:4, where, if the pas. has a mid. force, we may translate, *threw in their lot with.*

προσκλίνω mid. *I attach myself to, follow.*

πρόσκλισις, εως, ἡ *inclination;* possibly, *taking sides, party spirit.*

προσκολλάω (lit. *I glue* one thing *to* another), *I join (unite) closely;* fut. pas. probably as mid., *I cleave (to).*

πρόσκομμα, ατος, τό (lit. *striking against,* generally in the Hebraistic gen., after λίθος, a stone or loose boulder in the way, *against* which the traveler may *strike* his foot), *an obstacle, a cause of stumbling; stumbling;* hence especially met.

προσκοπή, ῆς, ἡ *causing of stumbling* (met.).

προσκόπτω *I strike against;* intrans., Matt 7:27, etc., also absol., *I stumble,* John 11:9, 10; Rom 14:21; *I stumble at,* 1 Pet 2:8. Sometimes met. (cf. πρόσκομμα).

προσκυλίω *I roll to (up to).*

προσκυνέω *I go down on my knees to; I do obeisance to; I worship.*

προσκυνητής, οῦ, ὁ *a worshipper.*

προσλαλέω *I speak to.*

προσλαμβάνομαι (1) *I take to myself;* (2) *I take aside, take along* Mark 8:32; Matt 16:22; Acts 17:5; 18:26; (3) *I welcome,* Acts 28:2; Rom 14:1, etc.

προσλέγω *I answer, reply;* Mark 16:14, var.

πρόσλημψις, εως, ἡ *taking to one's self; assumption* into God's favor.

προσμένω *I remain;* w. dat., *I abide in, I remain in, I persist in.*

προσορμίζομαι *I come into harbor, I anchor at* a place.

προσοφείλω *I owe besides (in addition).*

προσοχθίζω *I entertain anger (disgust, abhorrence).*

πρόσπεινος, ον either *inclined to hunger* or *very hungry.*

προσπήγνυμι *I fix to* anything.

προσπίπτω *I fall upon; I fall at (beside).*

προσποιέομαι (1) *I pretend;* (2) *I take notice.*

προσπορεύομαι *I come to.*

προσρήσσω (προσρήγνυμι) *I burst upon, break in pieces.*

προστάσσω (1) *I instruct, command;* (2) *I appoint,* Acts 17:26.

προστάτις, ιδος, ἡ *protectress, patroness* (a development of the political sense of προστάτης, *a political sponsor* of resident aliens).

προστίθημι *I place (put) to, I add;* mid. w. infin. (perhaps a Hebraistic idiom), best translated by representing the verb in the infin. by the indic., and adding the word *besides,* etc., thus: προσέθετο πέμψαι, *besides (in addition, further) he sent,* Luke 20:11.

προστρέχω *I run (run up) to* a person.

προσφάγιον, ου, τό *a relish, delicacy,* or *tidbit* eaten with bread (commonly it would be fish).

πρόσφατος, ον (from πρός and the root of φόνος, therefore orig. *newly slaughtered, fresh-killed*), now *for the first time made, new.*

προσφάτως adv., *freshly, recently.*

προσφέρω (1) *I bring to;* (2) characteristically, *I offer* (of gifts, sacrifices, etc.).

προσφιλής, ές *lovable, amiable.*

προσφορά, ᾶς, ἡ *an offering* (especially to God).

προσφωνέω w. acc. *I call, I summon;* w. dat. *I call (out) to; I* *address, I give a speech to,* Acts 22:2, cf. absol. Acts 21:40.

πρόσχυσις, εως, ἡ *pouring upon* the altar (as was done in later times, not in that of Moses).

προσψαύω *I touch, handle.*

προσωπολημπτέω *I favor specially* (from προσωπολήμπτης, Hebraistic, later than LXX).

προσωπολήμπτης, ου, ὁ *a special favorer* of one more than of another, *a respecter of persons* (from πρόσωπον and λαμβάνειν, Hebraistic, later than LXX; see under the latter).

προσωπολημψία, ας, ἡ *favoritism, partiality* (a Hebraistic expression, later than LXX).

πρόσωπον, ου, τό (1) *the human face;* often Hebraistically otiose, e.g. πρὸ προσώπου σου practically = πρὸ σοῦ, Matt 11:10; πρόσωπον πρὸς πρόσωπον (Hebraistic), *face to face;* (2) hence applied to God, from His having been originally conceived as in human form, *presence* (cf. Acts 5:41); (3) *appearance, outward aspect* (Matt 16:3), Luke 12:56, etc.; *surface,* Luke 21:35; (4) for the practically synonymous Hebraistic expressions βλέπειν εἰς πρόσωπον, θαυμάζειν πρόσωπον, λαμβάνειν πρόσωπον, *to show special favor to,* see under λαμβάνω; (5) by Hebraistic pleonasm (cf. (1) above), πρὸ προσώπου τῆς εἰσόδου αὐτοῦ, *before his entrance,* Acts 13:24; (6) *person* in a rather loose sense as a possessor of dignity or honor; *pride,* Jas 1:11.

προτείνω *I stretch forward, I put into a tense posture.*

πρότερος, α, ον (becoming replaced by πρῶτος), *first of two, former, previous, earlier;* acc. as adv. (τὸ) πρότερον, *on the former of*

two occasions, e.g. Gal 4:13; *on a previous occasion; at first, formerly, previously,* sometimes used practically as an adj., as the latter was dying out (see πρῶτος), 1 Tim 1:13.

προτίθεμαι (1) *I add (to);* (2) *I set before myself, I purpose openly;* but perhaps, (3) *I offer, I provide.*

προτρέπομαι *I encourage.*

προτρέχω *I run forward.*

προϋπάρχω *I am (previously), I exist before, I have been already.*

πρόφασις, εως, ἡ *ostensible reason* for which a thing is done (i.e., commonly, the false reason), *pretence; excuse, pretext;* προφάσει, *under color, under pretence.*

προφέρω *I bring forth (out), produce.*

προφητεία, ας, ἡ the quality or action of a προφήτης, *declaration* of the will of God, whether with special reference to the future, in which case it may be translated *prophecy,* or not.

προφητεύω I do the duty of a προφήτης, *I declare* the will of God, sometimes with regard to what is to happen in the future, in which case it may be rendered, *I prophesy.*

προφήτης, ου, ὁ a man specially endowed to *tell forth (declare)* the will of God in speech, whether as touching the present or as regards the future, *a prophet;* the adoption of a literary form as seen in the prophetical books of the OT is a later stage of a prophet's activity; Epimenides is so styled (in Tit. 1:12), perhaps as related to the Cretans in the same way as the prophets of Israel were to Israel.

προφητικός, ή, όν belonging to a προφήτης or το προφῆται, *prophetic.*

προφῆτις, ιδος, ἡ *a prophetess.*

προφθάνω *I anticipate, I forestall.*

προχειρίζομαι *I appoint, elect* (for an important duty).

προχειροτονέω *I appoint beforehand.*

Πρόχορος, ου, ὁ *Prochorus,* one of the seven original "deacons" at Jerusalem.

πρύμνα, ης, ἡ *the stern* of a ship.

πρωΐ adv., *early, in the morning* (in John 20:1, even of the period before dawn).

πρωΐα, ας, ἡ *early morning.*

πρώϊμος see πρόϊμος.

πρωϊνός, ή, όν (from πρωΐ) *belonging to the morning, morning;* opp. ἑσπερινός.

πρῷρα (πρώρα), ης, ἡ *the prow, the bow* of a ship.

πρωτεύω *I hold the first (chief) place, I am the head.*

πρωτοκαθεδρία, ας, ἡ *the chief (most honorable) seat (chair, stall).*

πρωτοκλισία, ας, ἡ *the chief (most honorable) reclining place* on the dining couches at a dinner table.

πρῶτον adv., *in the first place, first;* τὸ πρῶτον, *at first, at the beginning.*

πρῶτος, η, ον *first* (of time, then of status), strictly of more than two, being a superl., but also used where there are two elements only, as πρότερος, the true comp., was dying out in NT times, Acts 1:1; Heb 8:7, 13; 9:1, 2, 6, 8, etc.; οἱ πρῶτοι, *the chief men,* Mark 6:21; Luke 19:47, etc., cf. ὁ πρῶτος, an official title, equivalent to *the governor,* Acts 28:7; πρῶτος μου, John 1:15, 30, either = πρότερός μου, *earlier than I* (cf. 15:18), or, w. μου as possessive gen., *my chief, my lord.*

πρωτοστάτης, ου, ὁ *one who stands in the front rank,* hence, *a leader, ringleader.*

πρωτοτόκια, ων, τό pl. *one's rights as firstborn.*

πρωτότοκος, ον *firstborn, earliest born, eldest.*

πρώτως adv., *for the first time* (var.).

πταίω *of incipient falling, I trip, stumble,* lit. or met.

πτέρνα, ης, ἡ *heel.*

πτερύγιον, ου, τό *the gable, roof projection of the temple roof, pinnacle;* or possibly (see ἱερόν), *the wall* surrounding the temple precinct.

πτέρυξ, υγος, ἡ *a wing.*

πτηνός, ή, όν, τό *winged;* hence as neut. subs., *a bird.*

πτοέω *I scare, I strike with panic.*

πτόησις, εως, ἡ *fear, terror* (or other violent excitement).

Πτολεμαΐς, ΐδος, ἡ *Ptolemais,* a coast city of Phoenicia, midway between Tyre and Caesarea.

πτύον, ου, τό *a winnowing fan,* a simple wooden pitchfork.

πτύρω *I frighten, terrify.*

πτύσμα, ατος, τό *spittle.*

πτύσσω *I roll up, close.*

πτύω *I spit.*

πτῶμα, ατος, τό *a corpse.*

πτῶσις, εως, ἡ *falling, fall.*

πτωχεία, ας, ἡ (strictly *beggary,* but rather merely) *poverty.*

πτωχεύω *I live the life of a poor man.*

πτωχός, ή, όν (strictly *a beggar;* weakened afterwards), *poor; a poor man;* met. (Matt 5:3; Luke 6:20; Rev 3:17), not of those who are poor in material things, but of the humble devout persons, who feel the need of God's help.

πυγμή, ῆς, ἡ *the fist;* meaning of Mark 7:3 (var.) still uncertain ("turning the closed fist of one hand about the hollow of the other," or "as far as the elbow," or paraphrased by "diligently," "carefully").

πύθων, ωνος, ὁ *a ventriloquist* (the utterance being supposed to be due to the presence of a familiar spirit [πύθων] within the body of the speaker).

πυκνός, ή, όν (spissus, *thick*); hence) *frequent;* acc. plur. neut. **πυκνά** as adv., *frequently, often* (cf. regular comp. of adv., Acts 24:26).

πυκτεύω *I am a boxer, I box.*

πύλη, ης, ή *a gate.*

πυλών, ῶνος, ὁ *entrance passage, gateway; gate* (properly, *the passage which led from the street through the front part of the house to the inner court,* closed by a heavy **πύλη** at the streetward end).

πυνθάνομαι *I enquire.*

πῦρ, ός, τό *fire; a fire,* both lit., and met., and eschatologically (as an instrument of punishment in the conception of later Judaism, *the fire* of the Divine wrath which burns in Gehenna).

πυρά, ᾶς, ή *a fire.*

πύργος, ου, ὁ *a tower.*

πυρέσσω *I have fever, I suffer from fever.*

πυρετός, οῦ, ὁ *a fever;* medical writers use the plur. (Acts 28:8), where we should use the sing., because of recurring attacks of fever.

πύρινος, η, ον *as of fire,* i.e., probably, *fire colored.*

πυρόω (1) *I equip with fire,* Eph 6:16 (of flaming darts), *I refine by fire,* Rev 1:15; 3:18, *I burn with fire,* 2 Pet 3:12; (2) mid. or pas. met., of strong passion or feeling, *I burn with fleshly lust,* 1 Cor 7:9; *I blaze with anger,* 2 Cor 11:29.

πυρράζω *I am red (ruddy).*

πυρρός, ά, όν *red.*

Πύρρος, ου, ὁ *Pyrrhus,* father of the Christian Sopater of Beroea.

πύρωσις, εως, ή (1) *burning;* (2) met. *trial* as it were *by fire, fiery test,* 1 Pet 4:12.

πωλέω (*I advertise, put up for sale), I sell.*

πῶλος, ου, ὁ (*the young* of various animals), hence particularly, *the foal (colt) of an ass.*

πώποτε adv., *ever yet, yet at any time,* only used after a negative word.

πωρόω (from **πῶρος,** *a kind of marble,* then, *a bony formation on the joints,* and a *callus* or *ossification* uniting two portions of a fractured bone; thus **πωρόω,** *I petrify* and *I cover with a callus,* and *I deaden, I dull) I make (render) obtuse (dull, dead); I bind (intellectually* or *morally).*

πώρωσις, εως, ή (orig., *petrifaction, hardness;* then the result of this, as met. applied to organs of feeling), *insensibility, numbness, obtuseness, dulling* of the faculty of perception, *deadness;* intellectual (moral) *blindness.*

πῶς indef., enclitic, *in some way, in any way;* εἴ πως, *if in any way;* see μήπως.

πῶς (1) *how?, in what manner?,* also in indir. interrog.; πῶς γάρ . . . *why, how . . .*; (2) = ὡς, ὅτι, *that* (variant readings sometimes occur), Matt 12:4; Mark 12:26, 41; Luke 6:4; 14:7; Acts 11:13; 1 Thess 1:9.

Ρ

Ῥαάβ, ή *Rahab,* a Canaanite woman, who rescued the Hebrew spies at Jericho, by tradition wife of Salmon (Matt 1:4, 5) [Heb.].

ῥαββί (ῥαββεί) *my master,* a title given by pupils to their teacher [Aram.].

ῥαββουνί (ῥαββουνεί) *my master* (Aram., a fuller form of (ῥαββεί).

ῥαβδίζω *I flog (beat) with a rod (staff),* a Roman punishment.

ῥάβδος, ου, ή *a staff, rod.*

ῥαβδοῦχος, ου, ὁ (lit. *a rod holder,*

holder of rods), *a lictor, an attendant (orderly),* of certain Roman magistrates, *a tipstaff.*

Ῥαγαύ, ὁ   *Ragau,* an ancestor of Jesus [Heb.].

ῥᾳδιούργημα, ατος, τό   *a moral wrong, a crime.*

ῥᾳδιουργία, ας, ἡ   *(ease in working; so unscrupulousness);* hence, *fraud, wickedness.*

Ῥαιφάν (Ῥεφάν, Ῥομφάν), ὁ   *Rephan, Rompha,* probably a corruption of the Assyrian name for the planet Saturn (= Chiun, Amos 5:26).

ῥακά (ῥαχά)   *empty foolish* [Aram.].

ῥάκος, ους, τό   *a piece of cloth.*

Ῥαμά, ἡ   *Rama,* a place in Ephraim, two hours north of Jerusalem.

ῥαντίζω   (1) *I sprinkle* and thus purify; (2) mid. *I sprinkle (purify) myself,* Mark 7:4.

ῥαντισμός, οὖ, ὁ   *sprinkling,* as a symbolic purification (cf. Exod 24:6–8).

ῥαπίζω   *I slap, strike.*

ῥάπισμα, ατος, τό   *a slap, a blow on the cheek with the open hand.*

ῥαφίς, ίδος, ἡ   *a sewing needle* (= classical βελόνη, used by Luke).

ῥαχά   see ῥακά.

Ῥαχάβ, ἡ   another spelling of Ῥαάβ [Heb.].

Ῥαχήλ, ἡ   *Rachel,* younger wife of the patriarch Jacob [Heb.].

Ῥεβέκκα, ας, ἡ   *Rebecca,* wife of the patriarch Isaac [Heb.].

ῥέδη, ης, ἡ   *a carriage* (*reda,* a word of Keltic origin).

Ῥεφάν   see Ῥαιφάν.

ῥέω   *I flow.*

Ῥήγιον, ου, τό   *Regium,* a city in the southwest corner of Italy opposite Sicily (mod. Reggio).

ῥῆγμα, ατος, τό   *a breaking up, collapse.*

ῥήγνυμι (ῥήσσω)   (1) *I break; I rend, tear;* in Mark 9:18; Luke 9:42, it either = σπαράσσω, of convulsions, or *I throw on the ground;* (2) intrans., *I break forth into joy,* Gal 4:27.

ῥῆμα, ατος, τό   (1) *a spoken word, an utterance,* the concr. expression of λόγος; hence, perhaps Hebraistic, (2) *a subject as spoken about, a subject of speech, a matter, a thing, a fact,* Matt 18:16; Luke 1:37; 2:15, etc.; (3) in a solemn sense, of a divine *word,* Luke 3:2; Eph 6:17, etc.; (4) the Christian *teaching, the gospel,* 1 Pet 1:25 (cf. Rom 10:8ff.), (the first = the promise to deliver Israel); (5) the Christian confession, "Jesus is Lord," which leads to salvation, and precedes baptism, Eph 5:26, cf. Rom 10:9; 1 Cor 12:3; Phil 2:11.

Ῥησά, ὁ   *Resa,* an ancestor of Jesus [Heb.].

ῥήσσω   see ῥήγνυμι.

ῥήτωρ, ορος, ὁ   *a rhetorician, a professional public speaker;* hence, *a barrister,* acting as counsel for the prosecution.

ῥητῶς   adv., *in so many words, expressly, explicitly.*

ῥίζα, ης, ἡ   *a root;* hence met., *a source.*

ῥιζόω   *I root, I fix by the root.*

ῥιπή, ῆς, ἡ   *a glance* (indicating instantaneousness), *flash* of an eye.

ῥιπίζω   (from ῥιπίς, a fire fan; hence, *I fan* either a fire or a person), *I raise* with the wind.

ῥιπτέω (ῥίπτω)   *I throw, cast; I shake, toss;* ἐρριμμένοι, *sunk powerless,* Matt 9:36; in Acts 22:23, *I toss about,* a sign of excitement and uncontrollable rage.

Ῥοβοάμ, ὁ   *Rehoboam,* son of Solomon, and King of Israel [Heb.].

Ῥόδη, ης, ἡ   (lit. *Rose*), *Rhoda,* a

maidservant in the house of John Mark's mother at Jerusalem.

Ῥόδος, ου, ἡ *Rhodes,* an island in the Aegean sea, southwest of Asia Minor.

ῥοιζηδόν adv., *with thunderous crash (roar);* properly expressing the whizzing sound produced by rapid motion through the air.

Ῥομφά see Ῥαιφάν.

ῥομφαία, ας, ἡ (properly a long Thracian sword), *a sword, scimitar;* met. in Luke 2:35 of acute suffering.

ῥοπή, ῆς, ἡ *an inclination, movement;* 1 Cor 15:52, var.

Ῥουβήν, ὁ *Reuben,* eldest son of the patriarch Jacob and founder of a tribe [Heb.].

Ῥούθ, ἡ *Ruth,* wife of Boes (Boaz) and mother of Iobed (Obed) [Heb.].

Ῥοῦφος, ου, ὁ *Rufus,* a Christian man in Rome (Rom 16:3), probably to be identified with the brother of Alexander and son of Simon of Cyrene mentioned in Mark 15:21.

ῥύμη, ης, ἡ *a street* or *lane* in a town or city.

ῥύομαι *I rescue* (from danger or destruction).

ῥυπαίνω *I make dirty, I stain;* mid. and pas., *I am filthy* (morally), *I am stained* (by sin); (var.).

ῥυπαρεύομαι mid. *I am filthy;* hence morally, *I am stained with sin* (var.).

ῥυπαρία, ας, ἡ *defilement.*

ῥυπαρός, ά, όν *shabby, soiled;* hence morally, *filthy, corrupt, sinful,* Rev 22:11.

ῥύπος, ου, ὁ *filth, dirt.*

ῥύσις, εως, ἡ *flowing;* ῥύσις αἵματος, *hemorrhage.*

ῥυτίς, ίδος, ἡ *a wrinkle* of age.

Ῥωμαϊκός, ή, όν *Roman* (language), *Latin,* var.

Ῥωμαῖος, ου, ὁ *Roman; a Roman;* the plur., according to context, suggests either the imperial people (e.g. John 11:48) or citizens of the Roman Empire (e.g. Acts 16:21).

Ῥωμαϊστί adv., *in the Latin language.*

Ῥώμη, ης, ἡ *Rome,* the famous city on the Tiber, the capital of the Roman Empire.

ῥώννυμι *I make strong;* perf. mid. imper., a formula of correspondence, at the end of a letter, ἔρρωσο, ἔρρωσθε, farewell.

Σ

σαβαχθανί (σαβαχθανεί) *thou hast forsaken* [Aram.].

Σαβαώθ (σαβαώθ) (Lord of) *Sabaoth, hosts, armies* [Heb.].

σαββατισμός, οῦ, ὁ *a resting* as on the Sabbath.

σάββατον, ου, τό sing. and plur., *the Sabbath,* a night and day which lasted from about 6:00 p.m. on Friday till about 6:00 p.m. on Saturday (Semitic); πρώτη (μία) [τῶν] σαββάτων ([τοῦ] σαββάτου), *Sunday, the first day after the Sabbath, the day following the Sabbath,* i.e., from about 6:00 p.m. on Saturday till about 6:00 p.m. on Sunday; [Heb.].

σαγήνη *a fishing net.*

Σαδδουκαῖος (Σαδδυκαῖος), ου, ὁ *a Sadducee, a Zadokite priest,* a member of the aristocratic party among the Jews, from whom the high priests were almost invariably chosen.

Σαδώκ, ὁ *Zadok,* an ancestor of Jesus [Heb.].

σαίνω *I draw aside, allure* from the right path (properly of dogs, *I wag the tail, fawn;* then met. *I fawn upon, beguile*), 1 Thess 3:3; perhaps the var. σιαίνεσθαι, *to be* *disturbed (troubled)*, ought to be read instead.

σάκκος, ου, ὁ *sackcloth, sacking,* a rough mourning dress held together by string, and hanging on the bare body (a Semitic word).

Σαλά, ὁ *Sala,* the name of two of the ancestors of Jesus (var. in Luke 3:32) [Heb.].

Σαλαθιήλ, ὁ *Salathiel,* son of Jechonias and father (according to one tradition) of Zerubbabel [Heb.].

Σαλαμίς, ῖνος, ἡ *Salamis,* a city at the eastern end of Cyprus.

Σαλίμ, Σαλείμ, ὁ *Salim,* a place eight Roman miles south of Scythopolis in the extreme north of Samaria.

σαλεύω *I shake,* lit., and met.; *I dislodge.*

Σαλήμ, ἡ *Salem,* doubtless identical with Jerusalem.

Σαλμών, ὁ *Salmon,* son of Naasson and father of Boes (Boaz); var. in Luke 3:32.

Σαλμώνη, ης, ἡ *Salmone,* a promontory on the east of Crete.

σάλος, ου, ὁ *a rough sea, surf.*

σάλπιγξ, ιγγος, ἡ *a bugle, a war trumpet,* used for signals and commands; hence in eschatological passage as signal for Judgment or Resurrection.

σαλπίζω *I sound the bugle, I give a blast of the bugle;* the subj. is sometimes omitted, so that the word becomes practically impers..

σαλπιστής, οῦ, ὁ *a bugler, trumpeter.*

Σαλώμη, ης, ἡ *Salome,* wife of Zebedee and mother of James and John, the disciples.

Σαλωμών see **Σολομών.**

Σαμάρεια, ας, ἡ *Samaria,* a small district of Palestine, bounded by Galilee on the north, and by Judaea on the south, and taking its name from the city of Samaria, the ancient capital of the kingdom of (northern) Israel.

Σαμαρίτης (Σαμαρείτης), ου, ὁ *a Samaritan, an inhabitant of Samaria.*

Σαμαρῖτις (Σαμαρεῖτις), ιδος, ἡ *a Samaritan woman.*

Σαμοθράκη, ης, ἡ *Samothrace,* an island south of the province of Thrace.

Σάμος, ου, ἡ *Samos,* an island in the Aegean sea off the coast of Asia Minor, near Ephesus and Miletus.

Σαμουήλ, ὁ *Samuhel, Samuel,* an OT prophet [Heb.].

Σαμψών, ὁ *Sampson, Samson,* one of the Judges of Israel [Heb.].

σανδάλιον, ου, τό *a sandal, an open work shoe, a shoe.*

σανίς, ίδος, ἡ *a plank, board.*

Σαούλ, ὁ (1) *Saul,* the first king of Israel, Acts 13:21; (2) *Saul,* the Heb. name of the Apostle to the Gentiles (see **Σαῦλος**).

σαπρός, ά, όν *crumbling, decayed, decaying, rotten;* hence, *old and worn out, stale, worthless;* met. *corrupt,* Eph 4:29.

Σάπφιρα (Σάπφειρα), ης, ἡ *Sapphira,* wife of Ananias, an early Christian (perhaps from an Aram. word meaning *beautiful*).

σάπφιρος (σάπφειρος), ου, ἡ *a sapphire; lapis lazuli* (Semitic).

σαργάνη, ης, ἡ *a mat basket,* a large basket of flexible material closed by sewing and usually employed to hold slices of salt fish (raisins and figs are also mentioned).

Σάρδεις, εων, ἡ *Sardis,* an ancient city of Lydia in the province of Asia.

σάρδιον, ου, τό *sardius, sard,* a quartz of a deep red color.

σαρδόνυξ, υχος, ὁ *sardonyx.*

Σάρεπτα, ων, τό *Sarepta,* a town

in the district of Sidon in Phoenicia.

σαρκικός, ή, όν generally ethical, *belonging to* σάρξ (q.v.), belonging to the natural life of man as a creature of flesh, *with the characteristics of* σάρξ, *fleshly, unspiritual, carnal.*

σάρκινος, η, ον material, *made of flesh, consisting of flesh.*

σάρξ, σαρκός, ἡ (in general used Hebraistically), (1) *flesh,* all the solid part of the body of man or beast except the bones, plur. (Hebraistic), e.g. Luke 24:39 (var.), Rev 17:16; σὰρξ καὶ αἷμα, a Hebraistic periphrasis for *human nature, a human being;* (2) hence, the substance (material) of the body, *the body;* μία σάρξ, *one body,* of husband and wife; it is contrasted sometimes w. πνεῦμα, sometimes w. ψυχή; (3) (Hebraistic) *mankind, humanity* as such, without any necessary connotation of frailty, e.g. Rom 3:20; 1 Cor. 1:29; Gal 2:16; (4) *the animal (sensuous) nature* of man, the sphere of present existence, e.g. John 1:13; Rom 9:3; 1 Cor 10:18; Heb 12:9; (5) in reference to fleshly (physical) weakness, helplessness, 1 Cor 15:50 (corruptible); 2 Cor 4:11 (mortal); 7:5; 10:3; Eph 6:12; intellectual weakness, Rom 6:19; Gal 1:16;;Col 2:18; cf. also 2 Cor 11:18, Gal 6:12, 13; Phil 3:3, 4; (6) in an ethical sense, characteristic of Paul, applied to part of human nature, generally as ruling instead of being, as it ought to be, in subjection; the two aspects are, (a) a general relation is implied between *the flesh* and sin, Rom 7:5; 8:3–9, 12, 13; 2 Cor 10:2; Gal 4:29; Col 2:11, 13, (b) *the flesh* is in some sense active in the production of evil, its desires (or lusts) are evil; in the physical

nature it is the immediate enemy of the higher life, e.g. Rom 7:7–25; 8:12; 13:14; Gal 5:13, 16, 17, 19, 24; Eph 2:3; Col 2:23.

σαρόω *I sweep.*

Σάρρα, ας, ἡ *Sarah,* wife of Abraham [Heb.].

Σαρών, ῶνος, ὁ *Sharon,* the maritime plain between Carmel and Joppa.

σατάν (σατανᾶς), ᾶ, ὁ both with and without the article, a representation of the word which is also translated ὁ διάβολος, *the enemy, Satan, the devil,* the chief of the evil spirits (Aram., lit. *adversary*).

σάτον, ου, τό a large measure equivalent to nearly three English gallons [Aram.].

Σαῦλος, ου, ὁ the grecized form of the Heb. name Σαούλ of the Apostle to the Gentiles.

σβέννυμι (ζβέννυμι) *I extinguish, put out;* met. 1 Thess 5:19.

σεαυτοῦ, ῆς *of thyself (yourself).*

σεβάζομαι *I reverence, worship.*

σέβασμα, ατος, τό *an object of worship, a thing worshipped.*

Σεβαστός, ή, όν (official Gk. equivalent of Augustus), *Augustus,* the name meaning "worthy to be reverenced (worshipped)," given to Octavian by the Senate in Jan. 27 B.C., and retained by most of his successors, e.g. by Nero, to whom it refers in Acts 25:21, 25, where it is of course used by non-Christians; in Acts 27:1 σπεῖρα Σεβαστή is the official equivalent of a *cohors Augusta* (a *cohors I Augusta* had its headquarters in Batanaea in northeast Palestine).

σέβομαι *I reverence, worship* generally in Acts of god-fearing, uncircumcised Gentiles who joined the Jewish synagogues (contrast Acts 13:43).

σειρός *a pit* (properly *a pit,*

excavation for the storage of grain); var. σειρά, *a chain, fetter.*

σεισμός, οῦ, ὁ *an earthquake.*

σείω *I shake.*

Σεκοῦνδος (Σέκουνδος), ου, ὁ *Secundus,* a Christian of Thessalonica [Lat.].

Σελεύκεια, ας, ἡ *Seleucia,* on the Syrian coast, the harbor of Syrian Antioch.

σελήνη, ης, ἡ *the moon.*

σεληνιάζω *I bring under the influence of the moon;* pas. *I am epileptic* (the state of an epileptic being attributed to the moon [σελήνη]).

Σεμεῖν (Σεμεείν), ὁ *Semein,* an ancestor of Jesus [Heb.].

σεμίδαλις, εως, ἡ *the finest wheaten meal.*

σεμνός, ή, όν *grave, worthy of respect.*

σεμνότης, ητος, ἡ *gravity, dignified behavior.*

Σέργιος, ου, ὁ *Sergius,* the middle (gentile) name of the proconsul of Cyprus.

Σερούχ, ὁ *Seruch,* an ancestor of Jesus [Heb.].

Σήθ, ὁ *Seth,* third son of Adam [Heb.].

Σήμ, ὁ *Shem,* a son of Noah [Heb.].

σημαίνω *I indicate by a word; I point out in a letter (by letter),* Acts 25:27 (a technical term for the speech of a communicator of an oracle).

σημεῖον, ου, τό *a sign, an outward (visible) indication* of secret power or truth; *a miracle* regarded from that point of view.

σημειόομαι *I mark (notify) for myself, I take note of;* hence, with an idea of disapprobation added.

σήμερον adv. *today, this day;* ἡ σήμερον (supply ἡμέρα), noun, *today, this day.*

σήπω trans., *I cause to rot;* 2 perf. σέσηπα, *I have rotted, I am rotten.*

σής, σητός, ὁ *a moth.*

σητόβρωτος, ον *moth-eaten.*

σθενόω *I strengthen.*

σιαγών, όνος, ἡ *a cheek.*

σιγάω *I am silent.*

σιγή, ῆς, ἡ *silence.*

σιδηροῦς (σιδήρεος), ᾶ, οῦν *made of iron.*

σίδηρος, ου, ὁ *iron.*

Σιδών, ῶνος, ἡ *Sidon,* a great coast city of Phoenicia; in Mark 7:31 perhaps an error for *Saidan* = Bethsaida.

Σιδώνιος, α, ον *belonging to Sidon, Sidonian;* hence, as subst., *a Sidonian;* ἡ Σιδωνία (supply χώρα), *the region* or *territory of Sidon,* Luke 4:26.

σικάριος, ου, ὁ *an assassin, a murderer* (from Lat. *sica,* a stiletto); with reference to a fanatical Jewish political faction, accustomed to assassinate their opponents.

σίκερα, τό *an intoxicating drink, a strong fruit wine* [Aram.].

Σίλας (Σιλᾶς), α (ᾶ), ὁ *Silas,* a Jewish prophet and evangelist, a Roman citizen and a helper of Paul. The name is generally regarded as a pet form (used in Acts only) of Σιλουανός, and Silas is in consequence identified with him.

Σιλουανός, οῦ, ὁ *Silvanus* [Lat., *Siluanus*]; see Σίλας.

Σιλωάμ, ὁ *Siloam, Shiloah,* a spring (the only spring) within the walls, in the southeast corner of Jerusalem. The name is Aram. and really a subs. (= *discharge* or *gushing forth* of water).

σιμικίνθιον, ου, τό *an artisan's working apron* [Lat., *semicinctium*].

Σίμων, ωνος, ὁ *Simon,* (1) the Apostle, son of Jonas (John) and brother of Andrew; (2) the Cananaean (former Zealot), one of the disciples; (3) a brother of Jesus;

(4) a Pharisee, a former leper, at Bethany; (5) a native of Cyrene, Mark 15:21; Matt 27:32; Luke 23:26; (6) father of Judas Iscariot; (7) Simon Magus, a sorcerer in Samaria; (8) a tanner at Joppa. (See also Συμεών.)

Σινᾶ (Σινά) *Sinai,* a mountain in Arabia; according to Hebrew allegorical methods of interpretation identified with Hagar, concubine of Abraham, Gal 4:25 (Arabic *hadjar* = *rock, stone,* and thus comes the equation Hagar = Sinai).

σίναπι, εως, τό *mustard.*

σινδών, όνος, ἡ *a fine light dress* worn over the underclothing, or *a nightgown,* or *a sheet* hastily seized (Semitic), Mark 14:51; of the grave clothes of Jesus, probably *a piece of unused linen,* Mark 15:46, etc.

σινιάζω *I sift, winnow.*

σιρικός, ή, όν *silken;* neut. subs., *silk fabrics* or *garments* (an inexact spelling of σηρικός, an adj. formed from Σῆρες, *the Chinese,* from whose country silk was obtained).

σιρός (σιρά) see σειρός.

σιτευτός, ή, όν *fed up* (with grain), *fattened.*

σιτίον, ου, τό *food made of corn, bread.*

σιτιστός, ή, όν the same in meaning as the much commoner σιτευτός.

σιτομέτριον, ου, τό *measure of corn, portion of corn, allowance of corn.*

σῖτος, ου, ὁ *corn.*

Σιών, ἡ *Sion, Zion,* the mountain on which the Davidic citadel of Jerusalem was built, and thus the center of the life of the people Israel.

σιωπάω *I keep silence, I am silent.*

σκανδαλίζω *I put a stumbling block in the way of, I cause to* stumble, I set a trap for (in the moral sphere); a Hebraistic, biblical word.

σκάνδαλον, ου, τό (1) *stumbling, cause of stumbling* (in the moral sphere); πέτρα σκανδάλου (Isa 8:14), *the native rock* rising up through the earth, *which trips up* the traveler, hence, of Jesus the Messiah, to the Jews who refused him; (2) *some person* (Matt 13:41; 16:23) or *thing which leads one to sin;* a Hebraistic, biblical word.

σκάπτω *I dig.*

σκάφη, ης, ἡ *a small boat,* towed behind.

σκέλος, ους, τό *a leg.*

σκέπασμα, ατος, τό strictly *roofing, shelter,* but with special reference to *clothing.*

Σκευᾶς, ᾶ, ὁ *Sceva,* an inhabitant of Ephesus.

σκευή, ῆς, ἡ *tackle* (a collective noun).

σκεῦος, ους, τό (1) *a vessel,* generally of earthenware, e.g. John 19:29; τὰ σκεύη, *utensils, goods and chattels, effects, property;* (2) met. of persons, e.g. of Paul as chosen *repository* of the power of Jesus (Hebraistic), Acts 9:15; either of one's own body as the case enclosing the soul, or of one's wife, 1 Thess 4:4 (cf. 1 Pet 3:7); (3) *tackle, furniture* of a ship, Acts 27:17.

σκηνή, ῆς, ἡ *a tent; a hut;* usually with reference to the temporary abode of Yahweh, which preceded the Temple; ἡ σκηνὴ τοῦ μαρτυρίου, *the tent as a witness to the covenant between God and His people;* in Heb 9 the two parts of the one σκηνή, separated from one another by the curtain, are each called σκηνή.

σκηνοπηγία, ας, ἡ *the Feast of Tabernacles* (lit. *of booth building),* sometimes called ἑορτὴ [τῶν] σκηνῶν or ἑορτὴ [τῆς] σκηνοπηγίας, the great festival of the Jews, held in October, originally the Feast of Ingathering.

σκηνοποιός, οῦ, ὁ *a tentmaker.*

σκῆνος, ους, τό *a tent;* so met. (used in Pythagorean philosophy) of the body as the temporary dwelling place of the soul.

σκηνόω *I dwell as in a tent, I encamp.*

σκήνωμα, ατος, τό *a tent,* really a humble word for the permanent building aimed at, Acts 7:46; of the body as the temporary abode of the soul.

σκιά, ᾶς, ἡ *a shadow, darkness, shade;* contrasted with the body casting the shadow, and used met. somewhat like *a pale reflection,* Col 2:17; Heb 8:5; 10:1.

σκιρτάω *I leap, bound, jump.*

σκληροκαρδία, ας, ἡ *stiffness, stubbornness, unyieldingness, obduracy* Hebraistic, from σκληρός and καρδία, as the seat of the will).

σκληρός, ά, όν (properly *hard*), (1) *strong,* Jas 3:4; (2) met. *harsh, rough;* almost = *dangerous,* Acts 26:14.

σκληρότης, ητος, ἡ *obstinacy.*

σκληροτράχηλος, ον *stiff-necked, stubborn.*

σκληρύνω *I make unyielding.*

σκολιός, ά, όν *crooked;* hence met., *perverse,* of turning off from the truth, *crooked* in nature.

σκόλοψ, οπος, ὁ orig., *a stake;* but commonly in NT times *a thorn; a splinter;* met. referring to some physical trouble.

σκοπέω *I look upon, I gaze upon, watch.*

σκοπός, οῦ, ὁ *a mark* to be aimed at (e.g. by an archer).

σκορπίζω *I scatter.*

σκορπίος, ου, ὁ *a scorpion.*

σκοτεινός, ή, όν *dark.*

σκοτία, ας, ἡ *darkness;* hence met. of ignorance and sin.

σκοτίζω *I darken,* especially of an eclipse of the sun, cf. Luke 23:45 (var.); met. of blindness, Rom 11:10, ignorance, Rom 1:21.

σκότος, ους, τό *darkness;* frequent in the conceptions of Jewish eschatology, Matt 8:12; 22:13; 25:30; met. of *the darkness* of ignorance and sin, Luke 1:79; John 3:19, etc.

σκοτόω *I darken,* lit. or met.

σκύβαλον, ου, τό *sweepings, refuse,* especially *dirt, dung* (popularly used of the human skeleton).

Σκύθης, ου, ὁ *a Scythian,* an uncivilized inhabitant of northeast Europe.

σκυθρωπός, ή, όν *with downcast countenance; sad-faced; gloomy.*

σκύλλω (orig., *I flay, skin*), (1) *I tire out by hunting; I distress,* Matt 9:36; (2) (a slang usage in origin) *I worry, trouble.*

σκῦλον, ου, τό plur., *booty, spoils.*

σκωληκόβρωτος, ον *eaten by worms.*

σκώληξ, ηκος, ὁ *a worm.*

σμαράγδινος (ζμαράγδινος), η, ον *of an emerald.*

σμάραγδος (ζμάραγδος), ου, ὁ *an emerald.*

σμῆγμα, ατος, τό *ointment, salve.*

σμίγμα see μίγμα.

σμύρνα, ης, ἡ (= μύρρα), *myrrh,* a fragrant gum-resin from the Arabian Balsamodendron Myrrhae.

Σμύρνα (Ζμύρνα), ης, ἡ *Smyrna,* a great port of the Roman province Asia.

σμυρνίζω *I spice with myrrh.*

Σόδομα, ων, τό *Sodom,* a city submerged by the Dead Sea.

Σολομών, ῶνος (ῶντος), ὁ *Solomon,* son of David, King of Israel, and Bathsheba (oldest form

Σαλωμών, next oldest
Σαλομών).

σορός, οῦ, ἡ   a bier.

σός, σή, σόν   your, thy, thine.

σουδάριον, ου, τό   a handkerchief
[Lat., borrowed by Gk., and thence
by Aram.].

Σουσάννα, ης, ἡ   Susannah, a
woman of the retinue of Jesus.

σοφία, ας, ἡ   wisdom, the highest
intellectual gift, of comprehensive
insight into the ways and purposes
of God; sometimes, e.g. Acts 6:3;
1 Cor 6:5; Jas 1:5, practical
wisdom, that endowment of heart
and mind which is needed for the
right conduct of life.

σοφίζω   I make wise; σεσοφισμέ-
νος, fictitious, 2 Pet 1:16.

σοφός, ή, όν   wise; skilled, an expert,
a man of learning (Hebraism), Matt
11:25; 1 Cor 3:10, etc.

Σπανία, ας, ἡ   Spain, roughly
coextensive with the mod. country
of the name [Lat. Hispania].

σπάω   mid. I draw my (sword).

σπαράσσω   I throw on the
ground.

σπαργανόω   I swathe.

σπαταλάω   I live voluptuously or
luxuriously.

σπεῖρα, ης, ἡ   a cohort, i.e., about
600 infantry, under the command
of a tribune.

σπείρω   I sow, lit. or met.

σπεκουλάτωρ, ορος, ὁ   a scout; a
courier; also an executioner [Lat.].

σπένδω   I pour out an offering of
wine to a god; hence pas. met., of
the outpouring of one's life blood in
service and suffering.

σπέρμα, ατος, τό   (1) seed, com-
monly of cereals; (2) offspring,
descendants, in the animal kingdom
(frequent in Heb.).

σπερμολόγος, ου, ὁ   (from
σπέρμα and λέγω; a slang term in
Acts), used properly of a bird

picking up seeds; hence, a parasite,
hanger on; also of one who picks up
scraps of information and retails
them at secondhand, an ignorant
plagiarist.

σπεύδω   I hasten, hurry.

σπήλαιον, ου, τό   a cave (especially
as inhabited).

σπιλάς, άδος, ἡ   adjectivally used
w. ἄνεμος understood, a dirty, foul
(lit.), miry wind, perhaps of its
effect on the water.

σπίλος, ου, ὁ   a spot of disfigure-
ment.

σπιλόω   I stain, lit. or met.

σπλαγχνίζομαι   I am filled with
pity, I have sympathy (Hebraism).

σπλάγχνον, ου, τό   (by form
σπλάγχνα [fem.] in Phil 2:1, if
text be genuine), usually plur.
σπλάγχνα, the nobler viscera,
heart, etc., and especially, Hebrais-
tically, as the seat of certain feel-
ings, or from the observed effect of
emotion on them, compassion and
pity.

σπόγγος, ου, ὁ   a sponge.

σποδός, οῦ, ἡ   ashes.

σπορά, ᾶς, ἡ   quasicollective,
seed.

σπόριμος, ου, τό   sown; pl. subs.,
τὰ σπόριμα, the crops.

σπόρος, ου, ὁ   seed.

σπουδάζω   I hasten; I am eager
(zealous).

σπουδαῖος, α, ον   eager, zealous;
earnest.

σπουδαίως   adv., eagerly, zealously;
earnestly.

σπουδή, ῆς, ἡ   haste; eagerness, zeal;
carefulness, care, anxiety; diligence,
earnestness (characteristically in
connection with religion).

σπυρίς (σφυρίς), ίδος, ἡ   a flexible
mat basket made of rushes and
such like, and used to carry either
fish or eatables generally, a fish
basket, a fisherman's basket.

στάδιον, ου, ὁ *a stadium;* pl. *a stade* (a measurement of distance about 1/8 mile).

στάμνος, ου, ἡ *an earthenware pot (jar).*

στασιαστής, οῦ, ὁ *a revolutionary.*

στάσις, εως, ἡ (1) *faction, sedition, discord; disturbance, upheaval, revolution, riot;* (2) in the more original but much rarer meaning, *standing, position, place,* Heb 9:8.

στατήρ, ῆρος, ὁ *a stater,* i.e., four drachmae (see δραχμή), the temple tax for two persons.

σταυρός, οῦ, ὁ *a cross,* strictly the transverse beam, which was placed at the top of the vertical part, thus forming a capital T. It was this transverse beam that was carried by the criminal; *the crucifixion* of Jesus.

σταυρόω *I crucify;* hence met., Gal 6:14.

σταφυλή, ῆς, ἡ *a grape.*

στάχυς, υος, ὁ *an ear (spike)* of corn.

Στάχυς, υος, ὁ a Christian man at Rome.

στέγη, ης, ἡ *a roof* (orig. poetical); in Mark 2:4 perhaps of thatch.

στέγω (1) *I roof over, cover;* hence, *I conceal, hide,* but not in NT; (2) *I keep out* (weather); hence, *I keep close, put up with, endure patiently, bear up under.*

στεῖρα, ας, ἡ *a barren (childless) woman.*

στέλλω (orig., *I set, place;* hence, *I bring together. make compact;* then, *I restrain, check*), mid. *I draw (shrink) back* from anything.

στέμμα, ατος, τό (from στέφω, *I wreathe*), *a garland.*

στεναγμός, οῦ, ὁ *a groan.*

στενάζω *I groan.*

στενός, ή, όν *narrow.*

στενοχωρέω *I press upon, cramp, restrain* (στενός and χῶρος, cf.

Eng. colloquial, *I keep some* one *in a tight place*).

στενοχωρία, ας, ἡ (lit. *confinement in a narrow space*), *restriction, restraint; anguish, great trouble.*

στερεός, ά, όν *solid; firm,* lit. or met.

στερεόω *I make firm,* or *solid;* met., Acts 16:5.

στερέωμα, ατος, τό *firm foundation, bulwark* (probably a military metaphor).

Στεφανᾶς, ᾶ, ὁ *Stephanas,* a Corinthian Christian (a pet form of Στεφανηφόρος).

Στέφανος, ου, ὁ *Stephen,* one of the seven original "deacons" at Jerusalem, and the first martyr.

στέφανος, ου, ὁ *a garland, wreath, chaplet, crown,* generally as the Greek victor's crown or chaplet, of perishable leaves (1 Cor 9:25), won in athletic and other contests, and familiar to the Jews for generations; ὁ στέφανος τῆς ζωῆς (Jas 1:12; Rev 2:10), *the crown (reward), which is life.*

στεφανόω *I wreathe, crown* as victor, 2 Tim 2:5, hence met.

στῆθος, ους, τό *the breast.*

στήκω *I stand; I remain standing, stand firm,* lit. or met. (form arising from the need for an act. form present in the intrans. sense, cf. ἵστημι).

στηριγμός, οῦ, ὁ *support.*

στηρίζω (1) *I fix firmly,* Luke 16:26; τὸ πρόσωπον (Hebraism) *I direct myself* towards, *I have my face turned steadfastly,* Luke 9:51; (2) generally met. *I buttress, prop, support; I strengthen, establish.*

στιβάς, άδος, ἡ *a wisp (bundle)* of brushwood, twigs or other light growth.

στίγμα, ατος, τό properly, *a brand* burned into, or *the mark* of a cut made in, the skin of a slave; in Gal

6:17 τὰ στίματα are the *marks* or *scars,* due to the lictor's rods at Pisidian Antioch and the stones at Lystra, *marking* Paul as the slave of Jesus.

στιγμή, ῆς, ἡ (lit. *a pricking*), *an instant, a moment.*

στίλβω *I gleam, flash.*

στοά, ᾶς, ἡ *a portico, colonnade, porch;* that "of Solomon" was on the east side of the Temple.

Στοϊκός, ή, όν *a Stoic,* a member of one of the two leading schools of philosophy (from στοιά, στοά, because of the original place of meeting).

στοιχεῖον, ου, τό (1) plur. *the heavenly bodies,* 2 Pet 3:10, 12; (2) *a rudiment, an element, a rudimentary principle, an elementary rule;* but in Gal 4:3 there is much to be said for taking the word in the sense of *spirit, demon* [possibly also in (1)]; pl., (physical) *elements, basic principles.*

στοιχέω *I walk* (properly, in a straight line, in rank).

στολή, ῆς, ἡ *a long robe,* worn by the upper classes in the east.

στόμα, ατος, τό *the mouth,* especially as an organ of speech in man and God; the sword has a mouth *(edge),* because it *drinks* blood, Luke 21:24; Heb 11:34; στόμα πρὸς στόμα (cf. πρόσωπον πρὸς πρόσωπον), *by word of mouth,* practically, *face to face.*

στόμαχος, ου, ὁ *the stomach.*

στρατεία, ας, ἡ *military service,* used met.

στράτευμα, ατος, τό *an army, a body of soldiers.*

στρατεύομαι *I serve in the army, I am in the army, I am a soldier* (whether on active service or not); hence met., *I make war, I take up war,* e.g. 1 Pet 2:11.

στρατηγός, οῦ, ὁ (1) in Jerusalem,

ὁ στρατηγὸς τοῦ ἱεροῦ, *the commandant of the temple,* a priest, next in rank to the high priest, and commander of the priests and Levites who guarded the temple, Acts 4:1; 5:24, 26; under him were the στρατηγοί, *captains* of the temple guards, Luke 22:4 (var.), 52; (2) at Philippi, a Roman "colonia," *a praetor* or *a duumvir, a chief magistrate* of the "colonia" Acts 16 (there were probably two of them).

στρατιά, ᾶς, ἡ *an army.*

στρατιώτης, ου, ὁ *a soldier;* hence (perhaps under the influence of the language of the Mysteries and that of philosophy), the worshipper as *the soldier* of his God, cf. 2 Tim 2:3.

στρατολογέω trans., *I enroll in the army.*

στρατοπεδάρχης, ου, ὁ *the chief of the camp, the commander of the corps* connected with the commissariat, custody of prisoners, etc., which was on detached duty.

στρατόπεδον, ου, τό *a camp.*

στρεβλόω (lit. *I twist, warp, stretch on the rack*), hence met., *I twist, strain.*

στρέφω trans., *I turn;* hence, *I bring back(?),* Matt 27:3; *I change,* Rev 11:6; act. intrans., Acts 7:42; mid. and pas. intrans., *I turn,* also met. *I change.*

στρηνιάω *I am wanton, I wanton.*

στρῆνος, ους, τό *wantonness, luxury.*

στρουθίον, ου, τό *a sparrow,* the cheapest of all birds for food.

στρωννύω (στρώννυμι) *I spread out, strew;* in Mark 14:15; Luke 22:12 of the dining couches with the cushions ready for diners, cf. Acts 9:34 of *making* one's bed.

στυγητός, ή, όν *hated, hateful.*

στυγνάζω (1) *I am sad,* Mark 10:22; (2) *I am dull (overcast),* Matt 16:3.

στῦλος (στύλος), ου, ὁ *a pillar* for supporting an entablature or other structure; hence met.

Στωϊκός see Στοϊκός.

σύ, σοῦ (σου), σοί (σοι), σέ (σε) pl. ὑμεῖς, ὑμῶν, ὑμῖν, ὑμᾶς, *you;* τί ἡμῖν (ἐμοὶ) καὶ σοί; Matt 8:29, etc., *what have we (I) to do with you?* but in John 2:4 it is probable that we ought to translate, *what have you and I to do with it? what concern is it of ours? never mind!* note the order ἡμῖν καὶ ὑμῖν (Matt 25:9), as in Lat.; for καθ᾽ ὑμᾶς, see κατά.

συγγένεια, ας, ἡ collective, *all the* συγγενεῖς, *kindred, kin, relations.*

συγγενής, οὖς, ὁ *a relation, relative, kinsman;* in Rom 9:3 the term is wide enough to include all Hebrews; in Rom 16:7, 11, 21 the reference may be narrower, to fellow members of the same (Jewish) tribe (φυλή) in the city of Tarsus.

συγγενίς, ίδος, ἡ *a kinswoman.*

συγγνώμη, ης, ἡ *indulgence, allowance* for circumstances.

συγκάθημαι *I am sitting (seated) with;* in Acts 26:30, perhaps to be compared w. Eng. *assessor.*

συγκαθίζω (1) trans., *I cause to sit along with;* (2) intrans., *I sit in company (together).*

συγκακοπαθέω *I am ill treated along with, I take my share of suffering* (in 2 Tim 1:8 the dat. is not governed by σύν, but = *for the benefit of).*

συγκακουχέομαι pas. *I suffer mistreatment with.*

συγκαλέω *I call together, invite, summon;* mid. *I call together to myself.*

συγκαλύπτω *I veil (cover) completely.*

συγκάμπτω *I bend low, I cause to stoop low.*

συγκαταβαίνω *I come down along with (together).*

συγκατάθεσις, εως, ἡ *agreement, union.*

συγκατανεύω *I agree, consent, join in agreeing.*

συγκατατίθεμαι *I agree with.*

συγκαταψηφίζω *I number (reckon) along with.*

συγκεράννυμι (1) *I mix together, compound,* 1 Cor 12:24; (2) pas. w. dat. of instrument (πίστει), *I agree with,* Heb 4:2 (reading acc. plur.).

συγκινέω *I stir violently.*

συγκλείω *I shut together; I enclose, I shut in on all sides,* e.g. Rom 11:32.

συγκληρονόμος, ον *a joint heir, a fellow heir.*

συγκοινωνέω *I have partnership in, I share in* (with others).

συγκοινωνός, οῦ, ὁ *a fellow sharer* (in), *a joint partaker* (of).

συγκομίζω *I carry (convey) together,* i.e. to burial; or *I take up* for burial; hence, *I bury;* perhaps, however, *I get back, recover* (the συν- expressing the collecting of the mangled remains).

συγκρίνω *I compare.*

συγκύπτω *I am bent double, bent in two, bowed down.*

συγκυρία, ας, ἡ *coincidence, chance.*

συγχαίρω act. and pas. *I rejoice with;* perhaps *I congratulate.*

συγχέω *I confuse, confound, trouble.*

συγχράομαι *I associate with, have friendly dealings with.*

συγχύ(ν)νω see συγχέω.

σύγχυσις, εως, ἡ *confusion, disturbance.*

συζάω *I live along with (in company with).*

συζεύγνυμι *I yoke (harness) together, join.*

συζητέω (lit. *I seek in company*), *I discuss, debate, dispute.*

συζήτησις, εως, ἡ *discussion, debate.*

συζητητής, οῦ, ὁ *a discusser, debater.*

σύζυγος, ον, ὁ *yokefellow, companion, colleague* (perhaps a proper name).

συζωοποιέω *I make living along with.*

συκάμινος, ου, ἡ *the black mulberry tree* (a Semitic word).

συκῆ, ῆς, ἡ *a fig tree.*

συκομορέα (συκομωραία), ας, ἡ *a sycamore tree.*

σῦκον, ου, τό *a fig.*

συκοφαντέω *I accuse falsely.*

συλαγωγέω *I take away from as booty (plunder), I rob.*

συλάω *I rob.*

συλλαλέω *I speak together* (with).

συλλαμβάνω (1) act. and mid., *I arrest, catch, capture;* (2) *I conceive* (a child), cf. met. Jas 1:15; (3) mid. *I lend a hand to, I help,* Luke 5:7; Phil 4:3.

συλλυπέομαι *I am greatly pained (grieved) with;* pas. w. act. sense.

συλλέγω *I collect, gather together.*

συλλογίζομαι *I reason together* with others.

συμβαίνω w. neut. subj. or impers., *I happen, occur; it happens.*

συμβάλλω (1) w. λόγους expressed or understood, *I engage in discussion with,* Luke 11:53 (var.); Acts 4:15; 17:18; (2) *I reflect, ponder,* Luke 2:19; (3) *I meet with, I fall in with,* Acts 20:14; in hostile sense, *I enter into conflict with, attack,* Luke 14:31; (4) mid. *I contribute to, benefit.*

συμβασιλεύω *I reign along with (together with)* another, *I am a king with,* in met. sense.

συμβιβάζω (1) *I bring together, join, unite,* Eph 4:16; Col 2:19;

(2) *I put together, compare, examine closely,* hence, *I consider, conclude,* Acts 16:10; *I deduce, prove,* Acts 9:22; (3) *I teach, instruct* (a biblical sense, translation Gk.), Acts 19:33 (var.), 1 Cor 2:16; Col 2:2.

συμβουλεύω act. *I advise;* mid. συμβουλευόμεθα, *we counsel one another.*

συμβούλιον, ου, τό (1) *a body of advisers (assessors)* in a court, *a council,* Acts 25:12; (2) abstr., *consultation, counsel, advice; resolution, decree;* διδόναι (Aramaism) Mark 3:6.

σύμβουλος, ου, ὁ *an adviser.*

Συμεών, ὁ *Symeon,* (1) the patriarch, son of Jacob and founder of a tribe, Rev 7:7; (2) an ancestor of Jesus, Luke 3:30; (3) an inhabitant of Jerusalem, who blessed the babe Jesus, Luke 2:25, 34; (4) an Antiochian Christian, also called Niger, Acts 13:1; (5) a form of the Heb. name of Peter the Apostle, Acts 15:14; 2 Pet 1:1 (var.).

συμμαθητής, οῦ, ὁ *a fellow disciple, a fellow scholar.*

συμμαρτυρέω *I join in giving evidence (bearing witness) with.*

συμμερίζω *I cause to share with* (in the sacrifices); mid. *I share with* (w. dat.).

συμμέτοχος, ου, ὁ *a fellow sharer, a partner.*

συμμιμητής, οῦ, ὁ *a joint imitator, an imitator along (together) with* others.

συμμορφίζω lit. *I cause to share the form* (see μορφή) *of another,* hence in Phil 3:10, συμμορφιζόμενος = *being made to share the experience of.*

σύμμορφος, ον *sharing the form* of another.

συμπαθέω *I suffer along with.*

συμπαθής, ές *sharing the experiences of others.*

συμπαραγίνομαι *I arrive along with.*

συμπαρακαλέω *I cheer (encourage) along with;* pas., *receive encouragement together with.*

συμπαραλαμβάνω *I take along with me* (as helper).

συμπάρειμι *I am present (here) along with.*

συμπάσχω *I suffer together.*

συμπέμπω *I send along with.*

συμπεριλαμβάνω *I embrace closely.*

συμπίνω *I drink* (wine) *along with.*

συμπίπτω *I fall together, I fall in, I collapse.*

συμπληρόω (1) *I fill up,* hence pas., by an idiom analogous to Eng., συνεπληροῦντο, Luke 8:23, *they were filling up* (where it was really the ship that was filling up); (2) *I complete* (Hebraistic), of the coming to an end of an interval of days before some event (in Acts 2:1 the day of the event may be partly included).

συμπνίγω met. *I choke utterly;* in Luke 8:42 by exaggeration (possibly slang), of *pressing very hard upon, hustling,* in a crowd (cf. the more correct συνθλίβω).

συμπολίτης, ου, ὁ *a fellow citizen.*

συμπορεύομαι *I journey with, I go with; I go together.*

συμπόσιον, ου, τό properly *a drinking bout,* following dinner; συμπόσια συμπόσια (colloquial), *in companies of diners.*

συμπρεσβύτερος, ου, ὁ *a fellow elder.*

συμφέρω (1) trans., *I collect, bring together,* Acts 19:19; (2) intrans. and generally impers., συμφέρει, *it is an advantage, it is expedient (beneficial);* συμφέρον (supply ἐστιν), 2 Cor 12:1 = συμφέρει; τὸ συμφέρον, as subs.

σύμφημι *I express agreement with, I agree with.*

σύμφορος, ου, τό *advantageous;* τὸ σύμφορον, as subs., *a benefit, advantage.*

συμφυλέτης, ου, ὁ *a fellow tribesman,* one of the same tribe, doubtless with reference to Jews in Thessalonica, all enrolled in one city-tribe.

σύμφυτος *grown along with, vitally one with, united with.*

συμφύω *I grow up together with* (another), 2 aor. pas. as act.

συμφωνέω (first of a harmony of voices, then) *I harmonize with, I agree with;* of more than one, *we agree together;* pas. impers. *it is agreed upon among* (possibly a Latinism, conuenit inter), Acts 5:9.

συμφώνησις, εως, ἡ *harmony, agreement.*

συμφωνία, ας, ἡ *bagpipes* (cf. Dan 3:5), but perhaps *music, symphony.*

σύμφωνος, ου, τό *agreeing;* neut. subs., *agreement;* ἐκ συμφώνου *by agreement.*

συμψηφίζω *I calculate together, I reckon up.*

σύμψυχος, ον *one in feeling with* others, *sharing the feelings of* others.

σύν prep. w. dat., *with* (Gk. allows either the sense *plus* or the sense *including*).

συνάγω *I gather together, collect, assemble,* persons or things; συναγαγὼν πάντα implies the converting of the goods into money, *having sold all of,* Luke 15:13.

συναγωγή, ῆς, ἡ (in origin abstr., *a leading [bringing] together, convening* an assembly, then concr., *a [religious] meeting,* a meeting (assembly), *a place of meeting* (assembly), particularly of Jews for the reading of scripture and for worship, *a synagogue.* In certain passages it is doubtful whether the congregation (e.g. John 6:59; 18:20) or the place of meeting (e.g. Jas 2:2) is particularly intended, but the sense is not seriously affected by the doubt. In the OT συναγωγή and ἐκκλησία are practically synonymous, but in ordinary Christian writings the former is rarely used, and seemingly only of communities of Jews or Jewish Christians (e.g. Jas 2:2, where it is probably the building).

συναγωνίζομαι *I struggle (contend) in company with.*

συναθλέω *I compete together with* others, originally of athletic contests, and then met.

συναθροίζω trans., *I gather together, assemble.*

συναίρω w. λόγον, *I compare (settle) accounts, make a reckoning.*

συναιχμάλωτος, ου, ὁ *a fellow captive, a fellow prisoner, a companion in chains.*

συνακολουθέω *I accompany.*

συναλίζομαι *I have table fellowship with, I share a common meal with, I meet with,* from time to time (from σύν, and ἅλς, "salt"; others take as from σύν and ἁλής, "crowded").

συναλλάσσω *I attempt (seek) to reconcile.*

συναναβαίνω *I go up with.*

συνανάκειμαι *I recline at* (dinner) *table with.*

συναναμίγνυμι mid. *I associate intimately with.*

συναναπαύομαι *I rest along with.*

συναντάω *I meet, encounter;* in Acts 20:22, w. inanimate subj.

συναντιλαμβάνομαι *I lend a hand along with, I take interest in* (a thing) *along with* (others), *I assist jointly* to perform some task, *I cooperate with, I take my share in.*

συναπάγω *I lead away with, I carry*

along with (in good or bad sense according to context); mid. w. dat., *I condescend to,* Rom 12:16.

συναποθνήσκω *I die along with, I die together* (with others).

συναπόλλυμαι *I perish along with.*

συναποστέλλω *I send away in some one's company.*

συναρμολογέω *I fit together* (by means of all the elaborate preparatory processes necessary); an architectural term, ἁρμός meaning "the side of a stone," and -λογεῖν added by analogy w. λιθολόγος without its proper force.

συναρπάζω *I keep a firm grip of.*

συναυξάνω *I make to increase (grow) together;* pas. *grow together.*

συνβ. see συμβ.

συνγ. see συγγ.

σύνδεσμος, ου, ὁ *a binding together, a means of holding together, a bond,* lit. and met.; in Acts 8:23 the man is *in* (εἰς = ἐν) the grip of ἀδικία.

συνδέω *I bind along with another;* pas. συνδεδεμένοι, *fellow captives.*

συνδοξάζω *I glorify along with.*

σύνδουλος, ου, ὁ *a fellow slave,* either of an earthly master, or of the glorified Lord.

συνδρομή, ῆς, ἡ *a running together, a tumultuous concourse.*

συνεγείρω *I raise along with* the Messiah (from the dead, or from a dead spiritual state).

συνέδριον, ου, τό *a council* of leading Jews, Mark 13:9; Matt 10:17, but elsewhere *the Jewish council at Jerusalem, the Sanhedrin* (Aram. form of συνέδριον), *the High Court, the Senate,* composed of seventy one members comprising members of high priestly families, Pharisees learned in the law, and a lay element of Elders.

συνείδησις, εως, ἡ (orig., *consciousness,* e.g. 1 Pet 2:19, where θεοῦ is obj. gen., but through the influence of the Stoic terminology) *conscience,* the innate power to discern what is good, an abiding consciousness bearing witness concerning a man's conduct.

συνεῖδον *I perceived, I was aware of, I saw distinctly, I realized;* see also the etymologically related σύνοιδα.

σύνειμι *I am with, I am in company with, I join with* (from εἰμί).

σύνειμι *I come together,* Luke 8:4 (from εἶμι).

συνεισέρχομαι *I go in with, I enter with.*

συνέκδημος, ου, ὁ *a traveling companion.*

συνεκλεκτός, ή, όν *fellow-chosen, fellow-elect,* understand ἐκκλησία.

συνεπιμαρτυρέω *I add my testimony to that already given.*

συνεπιτίθεμαι (lit. *I join in attacking*), *I join in the charge.*

συνέπομαι *I accompany.*

συνεργέω *I work along with, I cooperate with.*

συνεργός, οῦ, ὁ *a fellow worker.*

συνέρχομαι *I go along with, I accompany; I come (meet) together* with others, αὐτῷ in Mark 14:53 being = πρὸς αὐτόν; *have sexual intercourse,* Matt 1:18.

συνεσθίω *I eat in company with.*

σύνεσις, εως, ἡ *practical discernment, intelligence, understanding.*

συνετός, ή, όν (lit. *one who can put things together,* from συνίημι), *intelligent;* in Matt 11:25; Luke 10:21 it doubtless refers to Pharisees learned in the law.

συνευδοκέω *I entirely approve of.*

συνευωχέομαι *I feast along with.*

συνεφίστημι (*the multitude*) *rose up together, set upon together,* 2 aor. intrans.

συνέχω (1) *I hold together,* hence, *I*

restrain; I close, Acts 7:57; *I press from every side,* Luke 8:45; 19:43; (2) *I hold seized, I have in charge,* Luke 22:63, so pas. met. *I am pressed,* Acts 18:5; esp. in pas. w. datives, *I am seized (by), I am afflicted (by), I am suffering (from),* e.g. Matt 4:24; Luke 8:37; *I urge, impel, compel,* Luke 12:50; 2 Cor 5:14; Phil 1:23.

συνζ. see συζ.

συνήδομαι *I delight in.*

συνήθεια, ας, ἡ *custom, habit;* w. gen. *habituation to, intercourse with, familiarity with,* 1 Cor 8:7.

συνηλικιώτης, ου, ὁ *a contemporary.*

συνθάπτω *I bury along with.*

συνθλάω *I break in pieces, break completely.*

συνθλίβω *I press closely upon, hustle.*

συνθρύπτω (lit. *I crush to pieces*), *I weaken thoroughly, unman.*

συνίημι *I understand; I have understanding.*

συνίστημι (συνιστάνω) (1) in trans. tenses, (a) *I recommend, commend, introduce,* Rom 16:1; 2 Cor 3:1; 4:2; 5:12; 6:4; 10:12, 18; 12:11, (b) *I show, prove,* Rom 3:5; 5:8; 2 Cor 7:11; Gal 2:18; (2) in intrans. tenses, (a) *I stand with (by),* Luke 9:32, (b) *I consist, I am held together,* Col 1:17; 2 Pet 3:5.

συνκ. see συγκ.

συνλ. see συλλ.

συνμ. see συμμ.

συνοδεύω *I journey (travel) along with.*

συνοδία, ας, ἡ *a traveling company, caravan.*

σύνοιδα *I share knowledge with another, I am privy to anything.* In fact the word especially implies consciousness of *guilt,* e.g. 1 Cor 4:4.

συνοικέω *I cohabit with, live in wedlock with.*

συνοικοδομέω met. *I build together.*

συνομιλέω *I talk with.*

συνομορέω *I am contiguous with, I am next door to.*

συνοχή, ῆς, ἡ (lit. *compression;* then *narrowness*), met. *anxiety.*

συνπ. see συμπ.

συνσ. see συσ. and συσσ.

συντάσσω *I direct, instruct, command.*

συντέλεια, ας, ἡ w. αἰῶνος, a characteristic expression of Jewish apocalyptic, *conclusion, consummation, end* of the present period of time.

συντελέω *I bring to an end, complete, finish, exhaust; I accomplish, fulfill, bring to pass.*

συντέμνω *I cut down;* hence, *I contract, limit, restrict* the scope of.

συντηρέω *I keep safe.*

συντίθημι mid. and pas. *I make a compact (agreement) with (together), I covenant with, I agree.*

συντόμως adv., *briefly.*

συντρέχω *I run (rush) together,* lit. or met.

συντρίβω (1) *I break; I bruise;* (2) *I trample upon, crush,* Rom 16:20; *I maul,* Luke 9:39; (3) met. pas. *I am stunned, crushed,* Luke 4:18 (var.).

σύντριμμα, ατος, τό *destruction, ruin.*

σύντροφος, ου, ὁ *foster brother;* such is the lit. rendering, but it would appear to be a court title, and might therefore be translated *a courtier.*

συντυγχάνω *I encounter, come up with, come close to.*

Συντύχη, ης, ἡ *Syntyche,* a woman member of the church at Philippi.

συνυποκρίνομαι pas. *I dissemble along with.*

συνυπουργέω *I cooperate in a subordinate capacity.*

συνφ. see συμφ.

συνχ. see συγχ.

συνψ. see συμψ.

συνωδίνω *I unite in suffering travail (birth pangs, severe pain).*

συνωμοσία, ας, ἡ *a conspiracy, plot.*

Συράκουσαι, ῶν, ἡ *Syracuse,* in east Sicily (plur. because originally, as in many similar cases, both a citadel and a settlement in the valley).

Συρία, ας, ἡ *Syria,* a great Roman imperial province, united with Cilicia.

Σύρος, ου, ὁ *Syrian,* belonging to Syria.

Συροφοινίκισσα, ης, ἡ *Syrophoenician,* i.e. *Phoenician* (of Syria, in contrast to Carthage and its territory in N. Africa).

Σύρτις, εως, ἡ *Syrtis,* a quicksand off the coast of N. Africa.

σύρω *I drag, pull, draw.*

συσπαράσσω *I throw violently on the ground.*

σύσσημον, ου, ἡ *a signal agreed upon* between two parties.

σύσσωμος, ον *sharing in a body;* it has been taken as *fellow slave* (see σῶμα).

συστατικός, ή, όν *recommending, introducing.*

συσταυρόω *I crucify along with,* lit. or met.

συστέλλω (1) *I wrap round, swathe* in a sort of winding sheet, or possibly, *I lay out,* Acts 5:6; (2) *I contract, compress;* hence, *I shorten,* 1 Cor 7:29.

συστενάζω *I groan together.*

συστοιχέω (properly a military term, *I keep in line* or *file*), *I correspond exactly to.*

συστρατιώτης, ου, ὁ *a fellow soldier, comrade in arms.*

συστρέφω (1) trans., *I gather together, collect,* Acts 28:3; (2) mid.

either, *I press together* (about one) or *I stroll.*

συστροφή, ῆς, ἡ   *a crowding together;* hence, *a seditious meeting,* Acts 19:40; *a conspiracy,* Acts 23:12.

συσχηματίζω   mid. *I fashion myself in agreement with, I conform myself outwardly to.*

Συχάρ, ἡ   *Sychar,* a "city" of Samaria.

Συχέμ   *Sychem, Shechem, Sicyma* (later *Neapolis,* from which mod. *Nablus*), a city of Samaria.

σφαγή, ῆς, ἡ   *slaughter, sacrifice* (of an animal); πρόβατον σφαγῆς (Hebraism), *a sheep destined for sacrifice.*

σφάγιον, ου, τό   *a sacrifice* (of an animal).

σφάζω   *I slaughter; I sacrifice.*

σφόδρα   adv., *greatly, exceedingly, very much.*

σφοδρῶς   adv., *exceedingly.*

σφραγίζω   (1) *I seal* and thus close, for guardianship or protection, Matt 27:66; Rev 20:3; (2) *I conceal,* Rev 10:4; 22:10; (3) *I mark* with the impress of the signet ring, lit. or met.; (4) *I confirm, make undoubted,* John 3:33; 6:27; mid. Rom 15:28 (cf. under [1]).

σφραγίς, ῖδος, ἡ   *a seal,* a means not merely of attestation but also of closing, so that a cabinet, document, etc., could not be opened without breaking the seals.

σφυδρόν (σφυρόν), οῦ, τό   *an ankle (bone).*

σφυρίς   see σπυρίς.

σφυρόν   see σφυδρόν.

σχεδόν   adv., *almost, nearly.*

σχῆμα, ατος, τό   *the* outward (changeable) *fashion* (*form*).

σχίζω   *I cleave, split;* (of cloth) *I rend, tear;* of a crowd, *I divide* (sharply) *into two parties.*

σχίσμα, ατος, τό   *a cleavage, cleft,*

split, rent; so met, *a division* in a crowd, due to difference of opinion, *a party division.*

σχοινίον, ου, τό   *a rope; a cable, hawser.*

σχολάζω   (1) *I have leisure,* w. dat. for, 1 Cor 7:5; (2) *I stand empty,* of a house, Matt 12:44; Luke 11:25 (var.).

σχολή, ῆς, ἡ   *a school,* or *lecture hall.*

σώζω   (1) *I save, rescue* a life from death, e.g. Matt 8:25, a person from grave illness (and thus restore to health), e.g. Matt 9:21; (2) thus specially, of God and His Messiah, *I save, rescue, preserve,* from spiritual death (cf. Heb 5:7) or spiritual disease, i.e., from sin and its effects; the process is regarded as complete on God's part by the sacrifice of Jesus (e.g. Eph 2:5), but as progressive in our experience (1 Cor 1:18) or only to be realized in the future after acknowledgement of sin and expressed trust in Jesus.

σῶμα, ατος, τό   (1) *the* human *body,* alive or dead (e.g. Matt 27:58); *the physical nature,* and thus in Gk. thought distinguished from πνεῦμα (e.g. 1 Cor 5:3) or ψυχή (e.g. 1 Thess 5:23); Hebraistic genitives (= adjs.) ἁμαρτίας, σαρκός, sometimes follow; (2) figuratively, the Church is *the Body* of the Messiah who is the Head (e.g. Eph 1:23); (3) *a slave,* as a mere body and nothing more, Rev 18:13.

σωματικός, ή, όν   (1) *bodily,* hence, almost = *visible, tangible,* Luke 3:22; (2) *bodily, physical,* contrasted with "mental," "spiritual," 1 Tim 4:8.

σωματικῶς   adv., *bodily, in a bodily way,* almost = visibly.

Σώπατρος, ου, ὁ   *Sopater,* son of

Pyrrhus, and a Christian of Beroea in Macedonia (a pet form of Σωσίπατρος).

σωρεύω *I heap;* w. acc. and dat., *I overwhelm* someone with something, 2 Tim 3:6.

Σωσθένης, ους, ὁ *Sosthenes,* the ruler of the synagogue at Corinth (Acts 18:17), probably to be identified with the Christian of 1 Cor 1:1.

Σωσίπατρος, ου, ὁ *Sosipater,* a Christian at Rome.

σωτήρ, ῆρος, ὁ *savior, rescuer, preserver,* a term applied to (the) God and to the Messiah with respect to the human race and sin and its consequences (a word familiar to the Graeco-Roman world as a constant epithet of kings like the Ptolemies and of the Roman emperors, especially in the phrase ὁ σωτὴρ τοῦ κόσμου [cf. John 4:42; 1 John 4:14], connoting probably *preserver* from the enemies of the nation or the empire, and thus *a maintainer* of life and prosperity).

σωτηρία, ας, ἡ *the salvation* to be wrought by the Messiah for the Jews, the release from the foreign yoke in particular and the recovery of independence (cf. John 4:22); in purely Christian terminology, far fuller in content, including complete *recovery of health* from the disease of sin, *release* from captivity to it (in extrabiblical language has a reference generally to *bodily health, welfare* [so also Acts 27:34; Heb 11:7], especially as recovered after illness, but also to *deliverance* from every calamity, *victory* over enemies).

σωτήριον, ου, τό *the* Messianic salvation (cf. σωτηρία) in the wide sense (neut. of adj. σωτήριος used as subs., properly

that which produces σωτηρία, a sacrifice or gift dedicated to bring salvation, or to give thanks for salvation).

σωτήριος, ον *bringing salvation, fraught with salvation.*

σωφρονέω (1) *I am in my senses,* Mark 5:15 (Luke 8:35); (2) *I am sober-minded, I am orderly* and *restrained* in all the relations of life.

σωφρονίζω (lit. *I make σώφρων*), hence, *I admonish, warn.*

σωφρονισμός, οῦ, ὁ *self-discipline.*

σωφρόνως adv., *sober-mindedly.*

σωφροσύνη, ης, ἡ *sound sense, sober-mindedness.*

σώφρων, ον *sober-minded, prudent* (from σῶς, *safe, sound,* and φρήν, *the mind*).

T

ταβέρναι, ῶν, αἱ *inns, taverns;* Τρεῖς Ταβέρναι, *Three Shops,* the name of a village or town on the Appian Way, about thirty-three miles from Rome [Lat. *Tres Tabernae*].

Ταβιθά (Ταβειθά), ἡ *Tabitha,* a Christian woman at Joppa.

τάγμα, ατος, τό *rank; division* (a military term).

τακτός, ή, όν *appointed, arranged.*

ταλαιπωρέω *I am wretched (afflicted, in distress).*

ταλαιπωρία, ας, ἡ *wretchedness, distress, misery.*

ταλαίπωρος, ον *wretched, miserable.*

ταλαντιαῖος, α, ον *a talent in weight* or *size.* (But ἀγῶνες ταλαντιαῖοι are games where the value of the prizes amounted to a talent.)

τάλαντον, ου, τό *a talent,* i.e., a talent weight (see ταλαντιαῖος) of silver, both the weight and the value being different in different countries and at different times. A common value was 6000 *denarii.*

ταλιθα (ταλειθά) *maiden* [Aram.].

ταμεῖον, ου, τό *an office, a private room;* also *a store,* Luke 12:24 (being derived from ταμίας, "a steward"); syncopated from ταμιεῖον, and first appearing in syncopated form in first cent. after Christ.

τάξις, εως, ἡ (1) *appointed order,* Luke 1:8; *regulation, rule,* perhaps *office,* Heb 5:6, etc.; (2) *right order,* 1 Cor 14:40, *orderly attitude,* Col 2:5.

ταπεινός, ή, όν *of low estate, poor* (and thus despised by the mass of mankind); also *poor in spirit, meek,* a notion often combined by the Jews with the previous.

ταπεινοφροσύνη, ης, ἡ *meekness; lowliness, humility.*

ταπεινόφρων, ον gen. ονος *meek minded; humble minded.*

ταπεινόω lit. *I make low, I lower,* Luke 3:5; generally met. *I humble.*

ταπείνωσις, εως, ἡ *a being brought low,* Acts 8:33; Jas 1:10; *meekness; humility.*

ταράσσω *I disturb, trouble.*

ταραχή, ῆς, ἡ *disturbing, ruffling.*

τάραχος, ου, ὁ *disturbance.*

Ταρσεύς, έως, ὁ *belonging to Tarsus, a Tarsian.*

Ταρσός, οῦ, ἡ *Tarsus,* the capital of the Roman province Cilicia.

ταρταρόω *I send to Tartarus* (Tartarus being in the Greek view a place of punishment under the earth, to which, for example, the Titans were sent).

τάσσω (1) *I put in its place, assign, fix,* Matt 8:9 (var.), Luke 7:8; Acts 13:48; 22:10; Rom 13:1; 1 Cor 16:15; (2) *I order,* w. acc. and inf. Acts 15:2; mid. *I order* by virtue of my power (authority), Matt 28:16; w. plur. subj., *we fix upon* among ourselves, Acts 28:23.

ταῦρος, ου, ὁ *a bull; an ox.*

ταφή, ῆς, ἡ *burial.*

τάφος, ου, ὁ *a tomb;* sepulchral monument.

τάχα adv., *perhaps.*

ταχέως adv., *quickly, swiftly, speedily;* compar. form τάχειον (w. superl. force in all places except John 20:4); superl. ὡς τάχιστα, *as quickly as possible.*

τάχιον (τάχειον) adv., see ταχέως.

ταχινός, ή, όν *speedy,* possibly *sudden.*

τάχιστα adv., see ταχέως.

τάχος, ους, τό *quickness;* ἐν τάχει, adverbially, *speedily, quickly.*

ταχύ adv., *quickly, speedily* (neut. of ταχύς, as adv.).

ταχύς, εῖα, ύ *quick.*

τέ *and,* an enclitic connective particle, weaker in force than καί, to which it is related as Lat. *-que* to *et (ac, atque)*; τε . . . τε, τε . . . δέ, *both . . . and.*

τεῖχος, ους, τό *a wall,* especially *the wall* of a city.

τεκμήριον, ου, τό *an infallible proof,* a piece of certain (convincing) evidence.

τεκνογονέω *I bear a child (children), become a mother.*

τεκνίον, ου, τό *little child* (a diminutive form, suggesting affection, applied to grown up persons).

τεκνογονία, ας, ἡ *childbearing; motherhood.*

τέκνον, ου, τό (1) *a child,* used affectionately also of grown up persons; (2) met. (Hebraistic, cf. υἱός) w. gen., of those who show qualities like that expressed by the gen.; σοφίας, cf. Luke 7:35, those who draw from wisdom the impulses which mold their lives, and are as it were its representatives to others in speech and acts, *those who show* wisdom, φωτός Eph 5:8,

ὑπακοῆς 1 Pet 1:14, τέκνα
θεοῦ, *of godlike nature, of godly
nature.*

τεκνοτροφέω *I bring up children.*

τέκτων, ονος, ὁ *a worker in wood,
a carpenter.*

τέλειος, α, ον (1) *full grown,
mature, complete,* having reached its
utmost development, e.g. Eph
4:13; Heb 5:14; (2) *completely good*
(simply), Jas 1:4; (3) *completely
operative,* Jas 1:17; (4) *perfect,* as
dealing with universal principles,
Jas 1:25; (5) *perfect* in character,
Matt 5:48; Jas 3:2, etc. (from
τέλος, *final end*).

τελειότης, ητος, ἡ moral *complete-
ness (perfection).*

τελειόω (1) *I bring to completion, I
complete;* of persons, *I bring to
ethical* or *spiritual maturity (com-
pleteness); I fulfill,* John 19:28.

τελείως adv., *perfectly, absolutely,* w.
νήφοντες, 1 Pet 1:13.

τελείωσις, εως, ἡ *a bringing to
completion (perfection, fulfillment).*

τελειωτής, οῦ, ὁ *a completer, per-
fecter.*

τελεσφορέω *I bring* (fruit) *to matu-
rity.*

τελευτάω *I die* (lit. *I end*).

τελευτή, ῆς, ἡ *death* (lit. *end*).

τελέω (1) *I end, complete, accom-
plish, finish;* (2) *I fulfill;* (3) in Gal
5:16, possibly *I perform;* (4) of
taxes, dues, *I pay,* Matt 17:24;
Rom 13:6.

τέλος, ους, τό (1) sing. *the end, the
final end* of anything; εἰς τέλος,
continually, Luke 18:5; (2) *the
result, the culmination,* e.g. 1 Pet
1:9; (3) *fulfillment,* Luke 22:37;
(4) especially plur. *revenues, dues,*
Matt 17:25, also sing. Rom 13:7;
of the spiritual *revenues* of the ages,
1 Cor 10:11.

τελώνης, ου, ὁ *collector (receiver) of
customs, tax gatherer, revenue offi-*

cial, of any rank, but especially of
Jews of the lower rank, who col-
lected revenue for the Roman over-
lord, detested by their fellow
countrymen and practically identi-
fied w. ἁμαρτωλοί.

τελώνιον, ου, τό *a revenue office, a
custom-house.*

τέρας, ατος, τό *a prodigy, an
extraordinary occurrence (appear-
ance, act), a startling portent.*

Τέρτιος, ου, ὁ *Tertius,* a Roman(?)
Christian, who wrote the Epistle to
the Romans at Paul's dictation
[Lat.].

Τέρτυλλος, ου, ὁ *Tertullus,* a bar-
rister acting as professional prose-
cutor of Paul at Caesarea [Lat.].

τεσσαράκοντα *forty.*

τεσσαρακονταετής, ές *of forty
years, forty years long.*

τέσσαρες, τέσσαρα *four.*

τεσσαρεσκαιδέκατος, η, ον
fourteenth.

τεσσερ- see τεσσαρ-.

τεταρταῖος, α, ον *of the fourth day*
(Gk. idiom often personalizes such
adjs.), *four days since* he died.

τέταρτος, η, ον *fourth.*

τετρααρχέω (τετραρχέω) *I rule as
tetrarch.*

τετραάρχης (τετράρχης), ου, ὁ *a
tetrarch,* i.e., the ruler of a fourth
part of a territory divided into four
parts for efficient government, a
division sometimes found in the
Roman east.

τετράγωνος, ον *with four corners,
square.*

τετράδιον, ου, τό *a quaternion,* a
group of four soldiers.

τετρακισχίλιοι, αι, α *four thou-
sand.*

τετρακόσιοι, αι, α *four hundred.*

τετράμηνος, ου, ἡ adj., *of four
months* (understand χρόνος);
hence, *four months.*

τετραπλοῦς, ῆ, οῦν *fourfold, four times as much.*

τετράπους, πουν, gen. **ποδος** *four footed; a quadruped.*

τετραρχ- see **τετρααρχ-**.

τεφρόω *I cover with,* or *I convert into, ashes.*

τέχνη, ης, ἡ *art, handicraft, trade.*

τεχνίτης, ου, ὁ *a craftsman, an artisan;* w. gen. *a designer,* Heb 11:10.

τήκομαι pas. intrans., *I melt*

τηλαυγῶς adv., *clearly from afar, clearly* (so old MSS, but others of equal age read δηλαυγῶς, q.v.).

τηλικοῦτος, αύτη, οῦτο *so large, so great.*

τηρέω (1) lit. *I watch, observe;* (2) *I guard, preserve, keep, protect;* (3) of commandments and regulations, *I observe, keep, obey.*

τήρησις, εως, ἡ (1) *a keeping, an observance,* 1 Cor 7:19; (2) *a place of custody.*

Τιβεριάς, άδος, ἡ *Tiberias,* a town in Galilee on the western border of the sea called after it.

Τιβέριος, ου, ὁ *Tiberius,* the second Roman emperor (died A.D. 37).

τίθημι *I place, put, set forth;* sometimes w. two accusatives, the second in the pred., e.g. πατέρα πολλῶν ἐθνῶν τέθεικά σε, Rom 4:17, *I have made you a father,* etc.; τίθημι γόνατα, *I kneel;* τίθεμαι εἰς ὦτα, ἐν καρδίᾳ, *I put into my ears, into my mind,* i.e. *attend to,* e.g. Luke 1:66; 9:44; τίθημι ψυχήν, e.g. John 10:11 etc., for the synoptic and usual δίδωμι, *I give up my life, I offer up my life.*

τίκτω (of a woman), *I bear, give birth to, bring forth;* hence, met., of the earth, Heb 6:7, of evil desire, Jas 1:15.

τίλλω *I pluck, pull, pick.*

Τιμαῖος, ου, ὁ *Timaeus,* father of the blind beggar Bartimaeus.

τιμάω *I honor, give honor to.*

τιμή, ῆς, ἡ (1) *honor,* e.g. John 4:44; (2) *price,* e.g. Matt 27:6.

τίμιος, α, ον *precious, valuable,* in the lit. sense (of money value), e.g. Rev 17:4, and also, e.g. Acts 5:34, in an extended sense.

τιμιότης, ητος, ἡ *preciousness.*

Τιμόθεος, ου, ὁ *Timothy,* a Christian of Lystra, helper of Paul.

Τίμων, ωνος, ὁ *Timon,* one of the seven original "deacons" at Jerusalem.

τιμωρέω *I punish.*

τιμωρία, ας, ἡ (deserved) *punishment.*

τίνω *I pay.*

τίς masc. and fem., **τί** neut., gen. **τίνος**, dat. **τίνι**, acc. **τίνα, τί,** interrog. pron. and (sometimes) adj., *who? what? which?* (usually of more than two, but sometimes = πότερος, of two only, e.g. Matt 21:31); (1) τί = *what reward?* Matt 19:27; τί neut. as pred. to ταῦτα, e.g. Luke 15:26; Acts 17:20 (var.); John 6:9 (*what* use are they?); τί ἄρα ὁ Πέτρος ἐγένετο, *what then had happened to Peter,* Acts 12:18, τί ἄρα τὸ παιδίον τοῦτο ἔσται; Luke 1:66; Acts 5:24 (τί in pred.), abbreviated, οὗτος δὲ τί; *what will become of him?* John 21:21; (2) adverbially = *why?* Matt 6:28; Luke 2:48; Acts 14:15, like διὰ τί and ἵνα τί (supply γένηται), as well as τί ὅ, τι (ὅτι) = τί γέγονεν ὅτι (or δι' ὅ,τι) (cf. John 14:22); (3) (Hebraistic) *how,* Matt 7:14 (var.); Luke 12:49; 1 Cor 7:16; (4) τί πρὸς ἡμᾶς (supply ἐστιν); *what have we to do with it?* Matt 27:4, cf. John 21:22; 1 Cor 5:12 (see also under σύ); (5) τί γάρ; *what does it matter?* or *what difference does it make?* Rom 3:3; Phil 1:18; (6) τί οὖν (supply ἐροῦμεν?); Rom 6:15; (7) masc.

ἐγὼ τίς ἤμην; Acts 11:17;
(8) double interrog., τίς τί ἄρῃ,
Mark 15:24, τίς τί (what each)
διεπραγματεύσατο, Luke 19:15
(var.). Sometimes τίς is confused
w. the rel. ὅστις, ὅς, which is
rather a sign of illiteracy, Matt
10:19; Luke 17:8; Acts 13:25
(according to one punctuation); Jas
3:13 (if read as one sentence). In
Luke 11:5, 11, τίς (= εἴ τις, cf.
Phil 2:1) is non-Gk. and Semitic.

τὶς, masc. and fem., **τὶ** neut., gen.
τινός, dat. **τινί,** acc. **τινά, τὶ**
(enclitic), indef. pron. and adj.,
(1) some one, any one, something,
anything; (2) a (an), a certain, any,
some; (3) special uses, (a) softening
the metaphor, so to speak, a sort of,
ἀπαρχήν τινα, Jas 1:18, (b) w.
numbers, making indef., about, but
τινας δύο, a certain two, Acts
23:23 (cf. Luke 22:50; John
11:49), (c) w. adjs., strengthening,
Heb 10:27, cf. Acts 5:36; 8:9,
(d) τι, something special, Gal 2:6;
6:3. Sometimes unexpressed, where
it would be expected (Hebraism?),
John 7:40; 16:17; Acts 19:33;
21:16, etc.

Τίτιος, ου, ὁ Titius, the second
name (nomen) of a Christian
Roman citizen at Corinth, his first
name (praenomen) being unknown.

τίτλος, ου, ὁ an inscription [Lat.,
titulus].

Τίτος, ου, ὁ Titus, a Greek Christ-
ian, helper of Paul, perhaps also
brother of Luke.

τοιγαροῦν accordingly, wherefore.

τοίνυν so.

τοιόσδε, άδε, όνδε, gen. **οὗδε,**
ᾶσδε, οὗδε of such character, to
the following effect.

τοιοῦτος, αὐτη, οὗτον of such a
kind (character), such.

τοῖχος, ου, ὁ a wall.

τόκος, ου, ὁ (from τίκτω), interest
on money loaned.

τολμάω (1) I have courage, I dare, I
have the hardihood; (2) I take
courage, Mark 15:43; (3) I submit
to, Rom 5:7.

τολμηρός, ά, όν bold, courageous,
audacious; compar. adv. τολμ-
ηροτέρως or τολμηρότερον,
rather boldly.

τολμητής, οῦ, ὁ a shameless and
headstrong man.

τομός, ή, όν cutting, with cutting
power.

τόξον, ου, τό a bow (and arrows).

τοπάζιον, ου, τό a topaz.

τόπος, ου, ὁ (1) a place; κατὰ
τόπους, in various places, Mark
13:8, etc., διδόναι τόπον, to
make room for, give place to, Luke
14:9, etc.; (2) met. an opportunity,
Acts 25:16; Rom 15:23; Eph 4:27;
Heb 12:17.

τοσοῦτος, αὐτη, οὗτον (1) so
great, so large; (2) of time, so long,
plur. so many; (3) τοσούτου, at
such and such a price, Acts 5:8.

τότε adv., then, at that time; ὁ τότε
κόσμος, the world of that day,
2 Pet 3:6; ἀπὸ τότε, from that
time, thenceforward, Matt 4:17,
etc.; very often in Matt repre-
senting Heb. waw consecutive, and
thus simply continuing the narra-
tive.

τοὐναντίον as adv., on the contrary
(syncopated from τὸ ἐναντίον,
the opposite).

τοὔνομα as adv., by name (synco-
pated from τὸ ὄνομα).

τράγος, ου, ὁ a goat.

τράπεζα, ης, ἡ a table.

τραπεζίτης, ου, ὁ a moneychanger,
a banker (from τράπεζα, money-
changer's table).

τραῦμα, ατος, τό a wound.

τραυματίζω I wound.

τραχηλίζω τετραχηλισμένα, *open, manifest* (from τράχηλος).

τράχηλος, ου, ὁ *the neck;* τὸν ἑαυτῶν τράχηλον ὑποθεῖναι, *to lay down their own necks,* i.e. *to risk their own lives.*

τραχύς, εῖα, ὑ *rough.*

Τραχωνῖτις (Τραχωνῖτις), ιδος, ἡ *Trachonitic, belonging to Trachon,* adj. applied to a hilly region (inhabited by a nomad tribe), considerably to the south of Damascus, called also Ituraean.

τρεῖς, τρία gen. **τριῶν** dat. **τρισίν** *three;* μετὰ τρεῖς ἡμέρας = τῇ τρίτῃ ἡμέρᾳ.

τρέμω *I tremble.*

τρέφω (1) *I nourish, feed;* (2) *I bring up,* Luke 4:16; (2) met., Jas 5:5.

τρέχω (1) *I run;* sometimes w. acc. of the course, Heb 12:1; (2) met., e.g. Gal 2:2.

τρῆμα, ατος, τό (1) *opening, hole;* (2) *eye* of needle (perhaps a favorite term of medical writers).

τριάκοντα *thirty.*

τριακόσιοι, αι, α *three hundred.*

τρίβολος, ου, ὁ *a thistle.*

τρίβος, ου, ἡ *a path, track.*

τριετία, ας, ἡ *a period of three years, three years.*

τρίζω *I grind, crunch.*

τρίμηνος, η, ον *lasting three months;* acc. neut. as adv. *for three months.*

τρίς adv., *thrice, three times.*

τρίστεγος, η, ον (1) *having three roofs, with three floors (stories);* (2) hence, neut. as noun, *the third floor,* but it is uncertain whether the ground floor was counted or not in this enumeration; if so, we should have to translate, *the second floor.*

τρισχίλιοι, αι, α *three thousand.*

τρίτον acc. neut. of adj., generally w. def. article, as adv., (1) *the third time;* (2) *third, in the third place,* 1 Cor 12:28.

τρίτος, η, ον (see also τρίτον), *third;* ἐκ τρίτου, *a third time;* τῇ τρίτῃ ἡμέρᾳ (according to the ancient method of counting), *on the third day, two days after, on the next day but one, on the day after tomorrow.*

τρίχινος, η, ον *made of hair.*

τρόμος, ου, ὁ *trembling.*

τροπή, ῆς, ἡ (1) any *change* undergone by any object; (2) hence, referring to night and day, or the waxing and waning of the moon, the solstice, etc.

τρόπος, ου, ὁ (1) *manner, way;* (2) often acc. as adv. ὃν τρόπον, *in the way in which, as* (also w. κατά, etc.); (3) *manner of life,* Heb 13:5.

τροποφορέω *I bear (endure) the ways (disposition) of* (var.).

τροφή, ῆς, ἡ *nourishment, food, sustenance.*

Τρόφιμος, ου, ὁ *Trophimus,* a Christian of Ephesus in Asia.

τροφός, οῦ, ἡ *a nurse* (and thus of a mother who suckles her own children).

τροφοφορέω *I carry, dandle as a nurse* (var.).

τροχιά, ᾶς, ἡ *(a track);* hence, *a road.*

τροχός, οῦ, ὁ *(a wheel);* hence, *the chariot wheel* of man as he advances on the way of life, following his appointed course.

τρύβλιον, ου, τό *a dish.*

τρυγάω *I gather* (always of *grapes,* τρύξ).

τρυγών, όνος, ἡ *a turtledove.*

τρυμαλιά, ᾶς, ἡ (1) *an opening, hole;* (2) *an eye* of needle.

τρύπημα, ατος, τό (1) *a hole;* (2) *an eye.*

Τρύφαινα, ης, ἡ *Tryphaena,* a Christian woman in Rome.

τρυφάω *I live a luxurious life.*

τρυφή, ῆς, ἡ *luxury.*

Τρυφῶσα, ης, ἡ *Tryphosa,* a

Christian woman in Rome, perhaps a sister of Tryphaena.

Τρῳάς, άδος, ἡ *Troas,* a harbor city of Mysia.

Τρωγύλλιον, ου, τό *Trogyllium,* a promontory somewhat to the south of Ephesus.

τρώγω (orig., *I munch, I eat audibly*), *I eat.* (This word was displacing ἐσθίω in ordinary use.)

τυγχάνω (1) w. gen., *I obtain;* (2) absol., *I chance, happen;* (3) τυχών, *ordinary, everyday,* Acts 19:11; 28:2; (3) εἰ τύχοι (lit. *if it should happen*), *it may chance;* (4) old acc. absol., belonging to impers. verbs, τυχόν, *perhaps.*

τυμπανίζω *I break on the wheel* (from τύμπανον, "drum" used in worship, then "implement of torture").

τυπικῶς adv., either *by way of example,* or *typically, prefiguratively.*

τύπος, ου, ὁ (orig., *the mark* of a blow, cf. John 20:25; then *a stamp* struck by a die), (1) *a figure, a copy, image;* (2) *a pattern, model;* (3) *a type,* prefiguring something or somebody.

τύπτω *I strike.*

Τύραννος, ου, ὁ *Tyrannus* an inhabitant of Ephesus, probably a rhetorician.

τυρβάζομαι *be troubled, agitated.*

Τύριος, ου, ὁ *a Tyrian, an inhabitant of Tyre.*

Τύρος, ου, ἡ *Tyre,* an ancient city, the capital of Phoenicia.

τυφλός, ή, όν *blind,* either lit. or met.

τυφλόω *I blind, make blind,* lit. or met.

τύφομαι intrans., *I smoke.*

τυφόω pas. *I am puffed up, I am haughty.*

τυφωνικός, ή, όν (from τυφώς, *a vehement wind*); τυφωνικός ἄνεμος, *a heavy eddying squall.*

Τυχικός, οῦ, ὁ (or Τύχικος), *Tychicus,* a Christian of the Roman province Asia.

Y

ὑακίνθινος, η, ον *of the color of the martagon lily,* i.e., of a dusky red color.

ὑάκινθος, ου, ὁ *a sapphire* of dusky red color like the martagon lily.

ὑάλινος, η, ον *glassy, transparent as glass.*

ὕαλος, ου, ἡ *glass.*

ὑβρίζω *I treat insolently (outrageously), I insult.*

ὕβρις, εως, ἡ (1) *wanton insult, outrage,* 2 Cor 12:10; (2) *injury, loss,* due to the sea.

ὑβριστής, οῦ, ὁ noun as adj., *insolent, insulting, outrageous.*

ὑγιαίνω (1) *I am in* (good) *health, I am healthy (well);* (2) hence met. in connection with words and teaching, *I am right, reasonable.*

ὑγιής, ές, acc. **ὑγιῆ** (1) *whole, in health, sound;* (2) *restored to health;* (2) met. *reasonable.*

ὑγρός, ά, όν *moist, full of sap.*

ὑδρία, ας, ἡ *a water pot* (hence, of any pot).

ὑδροποτέω *I drink water* (alone, not mixed with wine).

ὑδρωπικός, ή, όν *afflicted with dropsy, edema.*

ὕδωρ, ὕδατος, τό *water;* ὕδωρ ζῶν, ζωῆς (Hebraistic gen.), *flowing water* (as opposed to stagnant), John 4:10, etc.

ὑετός, οῦ, ὁ (1) *a shower of rain;* (2) *rain.*

υἱοθεσία, ας, ἡ *adoption.*

υἱός, οῦ, ὁ (1) *a son* in the ordinary sense, with this difference, that one must keep in mind the greater solidarity of the family in ancient times and the greater ease in identifying father and son thence arising; also *a* male *descendant,* Matt 1:1, etc.; (2) in special senses: (a) w. a gen. of the Deity, θεοῦ, ὑψίστου, εὐλογητοῦ ("sons of God" in Job 1:6, etc., rendered by ἄγγελοι "angels," are members of the heavenly court gathered round Yahweh, and all men could be called "sons of God" as having been created by Him), rarely of a class of human beings, and in such cases only of those who perfectly perform God's will, those in and through whom His will is made known and who are thus like Him, e.g. Matt 5:9, (b) generally of Jesus, who as *God's Son* in an unique sense, as specially united with Him, is the Messiah, God's representative on earth, by whom His will is perfectly performed, and thus at times as it were identified with Him, Mark 1:11, etc., (c) ὁ υἱὸς τοῦ ἀνθρώπου (lit. *the Son of the Man,* an Aramaistic expression, originally equivalent to ὁ ἄνθρωπος, cf. Mark 3:28; Rev 1:13, *the man, the human being,* simply) at some stage become a Messianic title (cf. Dan 7:13 and *Parables of Enoch* for the growth in the use of the expression), used by Jesus Himself, representing the whole human race in the one Man, *the Son of Man,* who has to suffer but will be glorified, Mark 8:29, 31–32; Matt 16:13, 27–28, cf. Luke 9:18, 22–23, etc., (d) a similar Hebraism w. genitives indicating qualities, etc., ἀπειθείας, ἀπωλείας, γεέννης (cf. also διαβόλου), used of persons who so perfectly exemplify these qualities, etc., that they can be spoken of as having a family likeness to them (cf. τέκνον).

ὕλη, ης, ἡ *wood, timber, brushwood.*

Ὑμέναιος, ου, ὁ *Hymenaeus,* a backsliding Christian.

ὑμέτερος, α, ον *your.*

ὑμνέω (1) intrans., *I sing a hymn;* (2) trans., *I praise in a hymn.*

ὕμνος, ου, ὁ *a hymn,* especially of praise to God.

ὑπάγω (1) *I go away, withdraw, depart;* (2) *I depart this life,* Matt 26:24.

ὑπακοή, ῆς, ἡ *obedience.*

ὑπακούω *I obey;* w. infin., Heb 11:8.

ὕπανδρος, ον *under the authority of a husband.*

ὑπαντάω *I meet.*

ὑπάντησις, εως, ἡ *meeting, act of meeting.*

ὕπαρξις, εως, ἡ *a possession,* generally of *personal property.*

ὑπάρχω (1) *I am,* denoting originally a state or condition still subsisting in contrast to what is temporary or accidental; (2) τὰ ὑπάρχοντα, *one's belongings, possessions, personal property.*

ὑπείκω *I yield, submit.*

ὑπεναντίος, α, ον (1) *opposing, hostile;* (2) subs., *adversary,* Heb 10:27.

ὑπέρ (1) prep. w. gen., (a) *for, on behalf of, for the sake of* (opp. to κατά, e.g. Mark 9:40), *as agent of,* Phlm 13; perhaps, *in memory of,* 1 Cor 15:29, (b) colorlessly, *concerning, about, as to,* John 1:30; 2 Cor 8:23; 12:8; Phil 1:7; 4:10; 2 Thess 2:1, (c) perhaps elsewhere of the goal one wants to reach, *with a view to,* 2 Cor 1:6; Phil 2:13; (2) prep. w. acc., (a) *over, beyond,* indicating excess, (b) w. the comp., *than,* Luke 16:8; John 12:43 (var.); Acts 20:35 (var.); Heb 4:12, and in compound expressions given below; (3) adv., *more (than they),* an ancient use.

ὑπεραίρω (1) lit. *I raise beyond;* (2) pas. met., *I am exceedingly uplifted.*

ὑπέρακμος, ον of doubtful meaning; probably *of excessive* sexual *vigor* (of the man), rather than *past the bloom of youth* (of the woman).

ὑπεράνω prep. w. gen., *far above*.

ὑπερασπίζω *I protect*.

ὑπεραυξάνω intrans., *I grow exceedingly*.

ὑπερβαίνω intrans., *I transgress*.

ὑπερβαλλόντως adv., *exceedingly*.

ὑπερβάλλω (1) intrans. w. gen., *I exceed, surpass*; (2) part. pres., absol., *excessive, extraordinary*.

ὑπερβολή, ῆς, ἡ (1) *excess, abundance*; (2) καθ᾽ ὑπερβολήν, *superlatively, exceedingly, beyond measure*.

ὑπερεῖδον aor. of ὑπεροράω.

ὑπερέκεινα adv. *beyond*; τὰ ὑπερέκεινα, *the places beyond*.

ὑπερεκπερισσοῦ adv., *most exceedingly, beyond all measure*; w. gen. of comparison, *exceedingly more than*, Eph 3:20.

ὑπερεκπερισσῶς adv., *most exceedingly, beyond all measure*, 1 Thess 5:13 (var.).

ὑπερεκτείνω trans., *I stretch beyond the measure assigned to me*.

ὑπερεκχύ(ν)νω *I pour out so that it overflows*.

ὑπερεντυγχάνω *I supplicate on behalf of*.

ὑπερέχω absol. or w. gen. or w. acc., (1) *I am superior, I am supreme*; (2) *I surpass*.

ὑπερηφανία, ας, ἡ *haughtiness, arrogance*.

ὑπερήφανος, ον *haughty, disdainful, arrogant*.

ὑπερλίαν adv. used as adj., (lit. *more than very much*); οἱ ὑπερλίαν ἀπόστολοι, in irony, *the super-apostles*.

ὑπερνικάω (1) *I score a heavy victory*; (2) *I am more than a conqueror*.

ὑπέρογκος, ον (lit. *of great* or *excessive bulk*), *arrogant*.

ὑπεροράω *I look past, overlook, pretend not to see*.

ὑπεροχή, ῆς, ἡ (1) *superiority*, 1 Cor 2:1; (2) *a position of superiority*, 1 Tim 2:2.

ὑπερπερισσεύω (1) intrans., *I abound exceedingly*; (2) mid. as act. *I overflow*.

ὑπερπερισσῶς adv., *most exceedingly*.

ὑπερπλεονάζω *I abound exceedingly, I am exceedingly abundant*.

ὑπερυψόω *I elevate greatly (exceedingly)*.

ὑπερφρονέω *I have high notions*.

ὑπερῷον, ου, τό *an upper room, an upstairs room*.

ὑπέχω *I undergo*.

ὑπήκοος, ον *obedient*.

ὑπηρετέω *I serve, minister to*.

ὑπηρέτης, ου, ὁ *a servant, an attendant*.

ὕπνος, ου, ὁ *sleep*.

ὑπό prep. (1) w. gen., *by*, especially of a person as the original author (contrast διά), w. a verb pas. or quasi-pas. (cf. Rev 6:8); (2) w. acc., (a) both lit. and met., *under*, after a verb of motion, and so answering the question "to what place?", (b) both lit. and met., after a verb of rest, and so answering the question "where?", (c) of time, *about*, Acts 5:21.

ὑποβάλλω *I suborn*.

ὑπογραμμός, οῦ, ὁ (properly a piece of calligraphy, *a copy*, for children to imitate); hence, *a model, a type*, which has to be followed.

ὑπόδειγμα, ατος, τό (1) *a sign, image* of something, Heb 8:5; 9:23; (2) *an example*, given for imitation.

ὑποδείκνυμι (1) *I point out, show*; (2) hence, *I advise, warn*, Matt 3:7; Luke 3:7.

ὑποδέχομαι *I receive under my roof, I welcome to my house, I entertain hospitably.*

ὑποδέω (lit. *I bind under*), mid. *I put on* (my feet).

ὑπόδημα, ατος, τό *a shoe* (cf. ὑποδέω).

ὑπόδικος, ον (a forensic word), *liable to (brought under) the judgment of, answerable to.*

ὑποζύγιον, ου, τό *a beast of burden,* either *an ass* or *a mule.*

ὑποζώννυμι *I undergird, frap,* i.e., I fasten cables vertically round the hull of the ship to prevent the timbers from straining or giving way.

ὑποκάτω prep. w. gen., *underneath.*

ὑποκρίνομαι *I act the part, pretend.*

ὑπόκρισις, εως, ἡ (*acting a part,* properly), *hypocrisy, pose.*

ὑποκριτής, οῦ, ὁ (properly *an actor*), *a hypocrite,* one who outwardly plays the part of a religious man to perfection, but is inwardly alien to the spirit of true religion.

ὑπολαμβάνω (1) *I receive from beneath, I take up,* Acts 1:9; (2) *I welcome, entertain,* 3 John 8; (3) *I catch up* in speech, by answering or contradicting or supplementing, Luke 10:30; (4) *I suppose, imagine.*

ὑπόλειμμα, ατος, τό *a remnant.*

ὑπολείπω *I leave behind.*

ὑπολήνιον, ου, τό *a winepress,* probably the *lower* (ὑπο-) trough, smaller but deeper than the ληνός proper, both being cut out of the solid rock.

ὑπολιμπάνω Ionic form of ὑπολείπω.

ὑπομένω (1) *I remain behind,* Luke 2:43; Acts 17:14; (2) absol., *I stand my ground, I show endurance,* Matt 10:22, etc.; w. τῇ θλίψει, Rom 12:12, *in persecution, amid persecu-*

tion, w. εἰς = ἐν, Heb 12:7; (3) trans., *I endure, bear up against.*

ὑπομιμνῄσκω (1) *I remind;* (2) pas. practically *I remember,* Luke 22:61.

ὑπόμνησις, εως, ἡ *remembrance, recollection.*

ὑπομονή, ῆς, ἡ *steadfast endurance,* the virtue shown by martyrs.

ὑπονοέω *I suppose.*

ὑπόνοια, ας, ἡ *a supposition, suspicion.*

ὑποπλέω *I sail under the lee of (close to).*

ὑποπνέω *I blow moderately (gently).*

ὑποπόδιον, ου, τό *a footstool* (of the conquering king placing his foot on the neck of the conquered).

ὑπόστασις, εως, ἡ (lit. *an underlying*), (1) *confidence, assurance;* (2) *a giving substance* (or *reality*) *to,* or *a guaranteeing,* Heb 11:1 (where possibly *title deed* is the sense); (3) *substance, reality,* Heb 1:3.

ὑποστέλλω (1) act. trans., *I withdraw,* Gal 2:12; (2) mid. trans., *I keep back,* Acts 20:20; (3) intrans., *I withdraw,* Heb 10:38; (4) c. infin. and answering negative, *I shrink from, I shun,* Acts 20:27.

ὑποστολή, ῆς, ἡ (1) *withdrawal;* (2) *shrinking.*

ὑποστρέφω (1) intrans., *I return;* (2) met., *I withdraw,* 2 Pet 2:21.

ὑποστρωννύω (ὑποστρώννυμι) trans., *I spread underneath.*

ὑποταγή, ῆς, ἡ *subordination, subjection, submission.*

ὑποτάσσω (1) *I subject, I put into subjection* (lit. *I put in a lower rank, I rank under,* a military term); (2) mid. and pas., *I subordinate myself, I put myself into subjection, I submit.*

ὑποτίθημι (1) *I place (put) under* some danger, *I expose;* (2) mid. *I suggest, advise.*

ὑποτρέχω   I run before a wind *under* the lee of.

ὑποτύπωσις, εως, ἡ   a figurative representation, serving as *an example*.

ὑποφέρω   I endure, suffer.

ὑποχωρέω   I withdraw.

ὑπωπιάζω   (1) I strike under the eye, *bruise* (from ὑπώπιον, which is from ὑπό and ὤψ, "that part of the face under the eyes"); (2) hence, I treat severely, 1 Cor 9:27, I molest, annoy, harass, worry, exhaust, Luke 18:5.

ὗς, ὑός, ἡ   a sow.

ὑσσός, οῦ, ὁ   a javelin.

ὕσσωπος, ου, ὁ, ἡ, and **τό**   hyssop. In John 19:29 ὑσσώπῳ is a graphic error for ὑσσῷ, *pike*.

ὑστερέω   (1) act. intrans., (a) I come late, I am late, Heb 4:1, (b) I am left behind in the race for, I have no part in, w. ἀπό and the gen. of the end, Heb 12:15, (c) I fall short, I am inferior, Matt 19:20; 1 Cor 12:24 (var.); 2 Cor 11:5; 12:11, (d) I am wanting (to), Mark 10:21 (var.), John 2:3, (e) I am without, w. gen., Luke 22:35; (2) pas., (a) I suffer from want, absol., or w. gen., or w. ἐν and dat., (b) I am worse off (for honor), 1 Cor 8:8.

ὑστέρημα, ατος, τό   (1) that which is lacking, of things or persons; (2) want, poverty, Luke 21:4; 2 Cor 8:14; 9:12; 11:9.

ὑστέρησις, εως, ἡ   poverty, want.

ὕστερον   adv., later, afterwards.

ὕστερος, α, ον   (1) comp., latter; (2) superl., last, latest.

ὑφαίνω   I weave.

ὑφαντός, ή, όν   woven.

ὑψηλός, ή, όν   (1) lit. high, lofty; (2) met. μετὰ βραχίονος ὑψηλοῦ (Hebraistic), of God; (3) w. φρονεῖν, of haughtiness, arrogance, boasting.

ὑψηλοφρονέω   I am haughty (arrogant).

ὕψιστος, η, ον   highest, always as epithet either of God, or of the region where He lives.

ὕψος, ους, τό   (1) height; (2) heaven, Luke 1:78; 24:49; Eph 4:8; (3) met. spiritual height.

ὑψόω   I raise to a height, I lift up, I exalt, usually met.

ὕψωμα, ατος, τό   (1) height, Rom 8:39; (2) loftiness, haughtiness, (self-) exaltation, 2 Cor 10:5 (but including concr. as well as abstr., whatever is lofty, etc.).

Φ

φάγος, ου, ὁ   a glutton, gourmand.

φαιλόνης, ου, ὁ   a mantle, cloak; a metathesis from φαινόλης.

φαίνω   (1) act. I shine, I shed light; (2) pas., (a) I shine, (b) I become visible, I appear, cf. ἐφάνη, impers., Matt 9:33, (c) I become clear, appear, show myself as, Matt 6:5, 16, 18; 23:27; Rom 7:13; 2 Cor 13:7; 1 Pet 4:18; (d) of the mind and judgment (= δοκεῖ), Mark 14:64; Luke 24:11.

Φάλεκ, ὁ   Phalek, son of Eber, and one of the ancestors of Jesus [Heb.].

φανερός, ά, όν   (1) clear, visible (as opposed to "hidden," "secret"); (2) εἰς θανερὸν ἐλθεῖν, to come into the open, to appear before the public, Mark 4:22; Luke 8:17, ἐν τῷ φανερῷ, in public.

φανερόω   I make clear (visible, manifest).

φανερῶς   adv., openly, overtly.

φανέρωσις, εως, ἡ   a showing forth, w. obj. gen.

φανός, οῦ, ὁ   (a light, a torch); then, a lantern.

Φανουήλ, ὁ   Fanuhel, Phanuel, father of Anna the prophetess.

φαντάζω   I make to appear; τὸ φανταζόμενον, the appearance.

φαντασία, ας, ἡ *show, display.*

φάντασμα, ατος, τό (1) *an appearance;* (2) hence, *a ghost, a spirit.*

φάραγξ, αγγος, ἡ *a hollow place, a hollow, a valley.*

Φαραώ, ὁ *Pharaoh,* a king of Egypt, properly a dynastic title (cf. Decebalus in Dacia, Candace in Ethiopia), but, though sometimes preceded by the def. article, probably everywhere understood as a proper name.

Φάρες (Φαρές), ὁ *Phares,* son of Judah and one of the ancestors of Jesus [Heb.].

Φαρισαῖος, ου, ὁ (lit. a Separatist, a Purist), *a Pharisee,* a member of the strict religious legalistic party in Judaism after the exile.

φαρμακία (φαρμακεία), ας, ἡ (1) *the practice of drugging, drugging;* (2) hence, especially, from the use of mysterious liquids, *sorcery, witchcraft,* inextricably combined with idolatry.

φάρμακον, ου, τό (1) *a drug;* (2) hence, plur., of those used in sorcery, and thus *sorcery,* Rev 9:21 (var.).

φάρμακος (φαρμακός), ου, ὁ *a sorcerer, magician* (see φαρμακία).

φάσις, εως, ἡ *information* (from φαίνω).

φάσκω *I say,* either *I say frequently,* or *I allege.*

φάτνη, ης, ἡ *a manger, a feeding trough.*

φαῦλος, η, ον *worthless, low, paltry,* implying not so much what is evil as the limitations and paltrinesses belonging to a low order of things.

φέγγος, ους, τό *a light, ray, beam.*

φείδομαι *I spare,* I exempt from punishment or injury (death).

φειδομένως adv., *sparingly.*

φελόνης see φαιλόνης.

φέρω (1) *I carry, bear, bring;* (2) *I conduct, lead,* both trans. and intrans.; (3) perhaps, *I make publicly known,* Heb 9:16.

φεύγω (1) *I flee;* (2) *I escape.*

Φῆλιξ, ικος, ὁ *Felix,* third name of (Marcus) Antonius Felix, procurator of the Roman province Judaea from an uncertain date (before A.D. 52?) till A.D. 59 [Lat.].

φήμη, ης, ἡ *a report, a rumor.*

φημί *I say.*

φημίζω *I spread* a rumor, *(circulate)* a report.

Φῆστος, ου, ὁ *Festus,* third name of(?) Porcius Festus, procurator of the Roman province Judaea from A.D. 59 [Lat.].

φθάνω (1) *I anticipate, I precede,* 1 Thess 4:15; (2) *I come, I arrive.*

φθαρτός, ή, όν *perishable.*

φθέγγομαι *I utter* (a word), *I open the mouth in speech.*

φθείρω (1) lit., (a) *I destroy, I waste,* (b) *I damage, injure* (in being); (2) usually met., (a) *I corrupt morally, I deprave, injure* (in character), (b) *I seduce,* 2 Cor 11:3.

φθινοπωρινός, ή, όν *autumnal, in autumn,* when fruit is expected (derived from τὸ φθινόπωρον, which itself = φθίνουσα ὀπώρα, "the concluding portion of the ὀπώρα").

φθόγγος, ου, ὁ (1) *a measured harmonious sound,* of voice or instrument; (2) *an utterance.*

φθονέω *I envy.*

φθόνος, ου, ὁ *envy, grudge;* plur. where related to various advantages.

φθορά, ᾶς, ἡ *rottenness, perishableness, corruption, decay, decomposition.*

φιάλη, ης, ἡ (1) strictly *a wine cup,* much like a modern champagne glass in shape; (2) hence, *a cup.*

φιλάγαθος, ον *loving what is good.*

φιλαδελφία, ας, ἡ (1) *love of brothers* for each other; (2) hence, *love of the brethren, love of fellow Christians,* all being sons of the same Father in a special sense.

Φιλαδέλφεια (Φιλαδελφία), ας, ἡ *Philadelphia,* a city of the Roman province Asia.

φιλάδελφος, ον *loving one's brothers (fellow Christians).*

φίλανδρος *loving one's husband.*

φιλανθρωπία, ας, ἡ (1) *love of (for) mankind;* (2) *humanity, kindness,* Acts 28:2.

φιλανθρώπως adv., *kindly.*

φιλαργυρία, ας, ἡ *love of money.*

φιλάργυρος, ον *loving money.*

φίλαυτος, ον *loving self.*

φιλέω (1) *I love,* of friendship (contrast ἔραμαι [of passion] and ἀγαπάω [of reverential love]); (2) *I kiss,* Mark 14:44; Matt 26:48; Luke 22:47.

φιλήδονος, ον *loving* (sensuous) *pleasure.*

φίλημα, ατος, τό *a kiss.*

Φιλήμων, ονος, ὁ *Philemon,* a Christian man of Colossae.

Φίλητος, ου, ὁ *Philetus,* a backsliding Christian at Rome.

φιλία, ας, ἡ *friendship.*

Φιλιππήσιος, ου, ὁ *a Philippian,* an inhabitant of Philippi.

Φίλιπποι, ων, ὁ *Philippi,* a great city of the Roman province Macedonia.

Φίλιππος, ου, ὁ *Philip* (a Gk. name); (1) one of the twelve disciples of Jesus; (2) tetrarch of the Ituraean and Trachonitic region, half brother of Herod Antipas, tetrarch of Galilee; perhaps another half brother is intended in Mark 6:17 and pars.; (3) one of the seven original "deacons" at Jerusalem and a missionary, Acts 6:5; 8:5–40; 21:8.

φιλόθεος, ον *loving God.*

Φιλόλογος, ου, ὁ *Philologus,* a Roman Christian.

φιλονεικία, ας, ἡ *emulation, rivalry* (see φιλόνεικος).

φιλόνεικος, ον *contentious* (φίλος and νείκη [νίκη] "victory").

φιλοξενία, ας, ἡ (1) *love to foreigners;* (2) *entertainment of strangers.*

φιλόξενος, ον (1) *friendly to foreigners;* (2) *hospitable.*

φιλοπρωτεύω *I love the first (chief) place.*

φίλος, η, ον (1) *friendly;* (2) subs. *a friend* (masc. or fem.).

φιλοσοφία, ας, ἡ *philosophy,* in a bad sense, and perhaps identified with ἀπάτη.

φιλόσοφος, ου, ὁ *a philosopher.*

φιλόστοργος, ον *loving warmly (strongly).*

φιλότεκνος, ον *loving one's children.*

φιλοτιμέομαι (earlier, *I am ambitious;* then, *I act with public spirit*); now, *I am zealous, I strive eagerly.*

φιλοφρόνως adv., *with friendly thoughtfulness.*

φιμόω (1) *I muzzle;* (2) hence, probably originally a slang use, *I silence,* φιμώθητι, *be quiet!* Mark 1:25, etc.

Φλέγων, οντος, ὁ *Phlegon,* a Roman Christian man.

φλογίζω *I set on fire.*

φλόξ, φλογός, ἡ (1) *a flame;* (2) πυρός (Hebraistic), *a fiery flame;* (3) spiritualized, 2 Thess 1:8.

φλυαρέω c. acc. *I chatter (gossip) against.*

φλύαρος, ον *chattering, gossiping.*

φοβέομαι *I fear, dread, reverence,* absol. or w. acc. or w. infin.; also w. cog. acc. φόβον, πτόησιν, *I fear greatly;* w. ἀπό and gen. (Hebraism), *I am afraid of,* Matt 10:28 (Luke 12:4); w. μή and conjunctive, *I fear lest, I fear that.*

φοβερός, ά, όν *fearful, terrible.*

φόβητρον (φόβηθρον), ου, τό   *an instrument of terror, an object of fear, a bugbear.*

φόβος, ου, ὁ   *fear, terror,* often fear on the reverential side, in reference to God, and such as inspires cautious dealing towards men, cf. 1 Pet 1:17.

Φοίβη, ης, ἡ   *Phoebe,* a leading Christian woman in the church at Cenchreae.

Φοινίκη, ης, ἡ   *Phoenice, Phoenicia,* a northern coast strip of the Roman province Syria.

Φοινίκισσα, ἡ   *Phoenician;* see Συροφοινίκισσα (= Σύρο Φοινίκισσα).

φοῖνιξ, ικος, ὁ   (1) *a palm tree,* John 12:13; (2) *a branch of a palm tree, a palm,* Rev 7:9.

Φοῖνιξ, ικος, ὁ   *Phoenix* (perhaps modern Lutro), a bay on the south coast of Crete.

φονεύς, έως, ὁ   *a murderer.*

φονεύω   (1) c. acc. *I murder;* (2) absol. *I commit murder.*

φόνος, ου, ὁ   *murder.*

φορέω   (1) *I carry;* (2) hence, very often, *I wear.*

Φόρον, ου, τό   *Forum, Market, Market Town* [Lat., *Forum*].

φόρος, ου, ὁ   *tribute, war tax.*

φορτίζω   *I load, burden.*

φορτίον, ου, τό   (1) *a burden;* (2) *a cargo,* Acts 27:10.

Φορτουνᾶτος, ου, ὁ   *Fortunatus,* a Christian of Corinth [Lat.].

φραγέλλιον, ου, τό   *a lash* [by dissimilation from Lat., *flagellum*].

φραγελλόω   *I lash, flog* [Lat., *flagello*].

φραγμός, οῦ, ὁ   (1) *a hedge, a fence, a partition;* (2) hence, *a path* bounded by hedges or fences, Luke 14:23.

φράζω   *I explain, I interpret.*

φράσσω   *I stop, close.*

φρέαρ, ατος, τό   (1) *a well;* (2) hence, transferred, Rev 9:1, 2.

φρεναπατάω   (lit. *I deceive the mind*), *I deceive.*

φρεναπάτης, ου, ὁ   (1) *a deceiver;* (2) *deceiving* (see φρεναπατάω).

φρήν, φρενός, ἡ   *the mind.*

φρίσσω   *I feel awe* (used properly of the standing of the hair on end with fear).

φρονέω   (1) w. acc. *I have in my mind, I think of, I set my mind upon,* suggesting my moral interest, thought, and study, and not a mere unreflecting opinion; (2) intrans., *I think, I cherish a habit of thought.*

φρόνημα, ατος, τό   *an object of thought* (or *endeavor*).

φρόνησις, εως, ἡ   *understanding,* which leads to right action.

φρόνιμος, ον   *sensible, prudent.*

φρονίμως   adv., *wisely, sensibly, prudently.*

φροντίζω   *I am careful, I take care.*

φρουρέω   *I guard,* or rather *I garrison,* lit. and met.

φρυάσσω   *I roar, rage* (properly, of the snorting and neighing of a high-spirited horse).

φρύγανον, ου, τό   *brushwood, copse.*

Φρυγία, ας, ἡ   *Phrygia,* an ethnic district in Asia Minor, the northwestern part of which was in the Roman province Asia, and the southeastern part in the Roman province Galatia; in Acts 16:6 φρυγίαν is adj.

Φύγελος, ου, ὁ   *Phygelus,* a Christian of the Roman province Asia who deserted Paul.

φυγή, ῆς, ἡ   *flight.*

φυλακή, ῆς, ἡ   (1) abstr., *guardianship, guard,* in cog. acc., Luke 2:8; Acts 12:6; (2) *a guard,* Acts 12:10; (3) much commoner, *a prison;* hence, *the place of confinement* of the spirits of the dead, 1 Pet 3:19; (4) as a division of the night,

(a) perhaps according to the old Jewish system by which there were three divisions, Luke 12:38, (b) according to the Roman system, popularized in Judaea, by which there were four, Mark 6:48 (cf. 13:35), Matt 14:25; 24:43.

φυλακίζω *I put in prison, I imprison.*

φυλακτήριον, ου, τό *a phylactery, an amulet,* a parchment capsule containing little parchment rolls with the Heb. texts, Exod 13:1–10, 11–16; Deut 6:4–9; 11:13–21, affixed to the left upper arm or the forehead of men at morning prayer, and regarded as a protection (hence the name) against evil spirits.

φύλαξ, ακος, ὁ *a guard* (one person).

φυλάσσω (1) *I guard, protect,* w. pers. or other concr. obj., or (Luke 2:8) cog. acc.; mid. *I am on my guard,* Luke 12:15; (2) act. and mid., of customs or regulations, *I keep, I observe.*

φυλή, ῆς, ἡ *a tribe,* especially one of the twelve tribes of Israel, and perhaps (by analogy) of Christendom, Jas 1:1.

φύλλον, ου, τό *a leaf* of a tree.

φύραμα, ατος, τό (1) *a mixture;* hence lit. or met., *a lump, a mass.*

φυσικός, ή, όν (1) *natural;* (2) φυσικά, 2 Pet 2:12, *creatures of instinct.*

φυσικῶς adv., *by instinct.*

φυσιόω (lit. *I inflate*), met. *I puff up,* with anger, conceit, etc.

φύσις, εως, ἡ *nature, inherent nature,* in NT nonmoral, neither good nor bad; φύσει, *by nature, in myself* (itself, etc.).

φυσίωσις, εως, ἡ *a puffing up* (due to conceit).

φυτεία, ας, ἡ (lit. *planting*), *a plant.*

φυτεύω *I plant.*

φύω *I grow, I grow up.*

φωλεός, οῦ, ὁ *a hole* in the earth.

φωνέω *I give forth a sound,* hence; (1) of a cock, *I crow;* (2) of men, *I shout;* (3) trans., (a) *I call* (to myself), *I summon, I invite,* Luke 14:12, (b) *I address,* John 13:13.

φωνή, ῆς, ἡ (1) *a sound;* (2) hence, *a voice.*

φῶς, φωτός, τό (1) *a light,* particularly *the light* of the sun, but also *the heavenly bodies* specially, Jas 1:17; (2) as indispensable to life, it comes to be associated with life (cf. John 1:4), and as universal beneficence, with God and the Messiah (cf. John 1:8; 8:12), etc. (cf. John 12:36; Eph 5:8); (3) τὸ φῶς, *the (bright) fire,* Mark 14:54; Luke 22:56.

φωστήρ, ῆρος, ὁ (1) *a light,* perhaps *a sun,* Rev 21:11; (2) *a star,* Phil 2:15.

φωσφόρος, ου, ὁ (lit. *light-bringing,* lucifer), *the day star* (the planet Venus, probably).

φωτεινός, ή, όν *shining, brilliant.*

φωτίζω (1) *I shed light upon, I enlighten* (of the public disclosure of what has been kept secret); pas. w. acc. Eph 1:18; (2) *I bring to light,* Eph 3:9; (3) φωτισθέντες, *having received enlightenment,* having had experience of God's grace in conversion, Heb 6:4; 10:32.

φωτισμός, οῦ, ὁ (1) act. *enlightening,* 2 Cor 4:4; (2) pas. *enlightenment,* 2 Cor 4:6.

Χ

χαίρω (1) *I rejoice,* w. cog. acc. or w. dat., *I rejoice exceedingly;* (2) in the imper., χαῖρε, χαίρετε, a greeting, *farewell,* Christianized in Phil 3:1; 4:4 by the addition ἐν κυρίῳ (and generally

mistranslated), cf. χαίρειν, imper.
infin., e.g. Acts 15:23 (cf. 2 John
10); (3) *hail!* Mark 15:18; Matt
27:29.

χάλαζα, ης, ἡ *hail.*

χαλάω *I slacken.*

Χαλδαῖος, ου, ὁ *a Chaldaean,* one
living in southern Armenia.

χαλεπός, ή, όν (1) *hard, difficult,*
2 Tim 3:1; (2) *difficult to restrain,
dangerous,* Matt 8:28.

χαλιναγωγέω *I bridle,* met. *I keep
in check, restrain.*

χαλινός, οῦ, ὁ *a bridle.*

χαλκεύς, έως, ὁ *a worker in
bronze, a smith.*

χαλκηδών, όνος, ὁ *a chalcedony,* a
small stone of various colors.

χαλκίον, ου, τό *a bronze vessel.*

χαλκολίβανος (ον), ου, ὁ or τό
brass, bronze; a word of uncertain
signification, translated *aeramen-
tum turinum* (incense bronze) in
certain Old Latin authorities, and
orichalcum (= ὀρείχαλκος [moun-
tain bronze]) in the Vulgate; the
latter was understood to be a
mixture of gold and copper.

χαλκός, οῦ, ὁ (1) *copper* or *bronze;*
(2) hence, *a copper coin;* (3) *copper
money,* Mark 6:8 (Matt 10:9).
Mark 12:41.

χαλκοῦς, ῆ, οῦν made of bronze,
bronze.

χαμαί adv., *on the ground.*

Χανάαν (Χαναάν), ἡ *Canaan,*
the whole of Palestine (Acts 13:19)
or Palestine west of the river Jordan
(Acts 7:11).

Χαναναῖος, α, ον *Canaanitish,
Canaanite,* a biblical and archaic
name for *Phoenician.*

χαρά, ᾶς, ἡ (1) *joy;* (2) *delight.*

χάραγμα, ατος, τό (1) *an engraved
work,* Acts 17:29; (2) *an inscription
engraved, a stamp.*

χαρακτήρ, ῆρος, ὁ *a representa-
tion.*

χάραξ, ακος, ὁ *a mound, rampart.*

χαρίζομαι (1) *I graciously confer,*
Luke 7:21, etc.; (2) *I pardon,
forgive,* 2 Cor 2:7, 10; 12:13; Eph
4:32; Col 2:13; 3:13; (3) *I show
kindness to,* Gal 3:18.

χάριν acc. sing. of χάρις, used as
prep. w. gen., *for the sake of; by
reason of, on account of.*

χάρις, ιτος, ἡ (1) *grace,* as a gift or
blessing brought to man by Jesus
Christ, John 1:14, 16, 17;
(2) *favor,* as in LXX, i.e. Luke 1:30;
2:40, 52; Acts 2:47, etc.; (3) *grati-
tude,* Luke 6:32–34; 17:9; *thanks,*
e.g. in χάρις τῷ θεῷ and ἔχειν
χάριν *(to thank);* (4) *a favor,* Acts
24:27; 25:3, 9; (5) a new Christian
sense, often w. a defining gen., of
the divine *favor, grace,* the freeness
and universality of which are
shown in the inclusion of the Gen-
tiles within the scope of the love
and care of the God of the Jews.
Paul, as the apostle to the Gentiles,
and the proclaimer of the universal
Gospel, naturally makes most use
of this term (but cf. also Acts
13:43; 14:26, etc.), e.g. 1 Cor
3:10; 15:10; 1 Cor 1:4; 2 Cor 6:1;
grace was given to him for his min-
istry to them, and to them through
his ministry. (In early Gk. litera-
ture, *gracefulness, graciousness; favor;
a favor; gratitude;* χάριν as above;
in LXX especially of the *favor* which
an inferior finds in the eyes of his
superior).

χάρισμα, ατος, τό *a free (gracious)
gift, a gift, an endowment,* especially
from God.

χαριτόω *I endue with grace* (prop-
erly, *I endow with* χάρις, *the divine
favor);* in Eph 1:6 followed by cog.
acc. (gen.).

Χαρράν, ἡ *Haran,* identical with
Carrae, in Mesopotamia.

χάρτης, ου, ὁ *papyrus, paper.*

χάσμα, ατος, τό (from χαίνω, *I yawn*), *an intervening space, a chasm.*

χεῖλος, ους, τό (1) *a lip;* (2) hence, *the edge,* Heb 11:12.

χειμάζομαι *I am in the grip of a storm.*

χείμαρρος, ου, ὁ *a winter torrent.*

χειμών, ῶνος, ὁ (1) *winter;* (2) *stormy weather,* Matt 16:3; Acts 27:20.

χείρ, χειρός, ἡ (1) *a hand;* (2) used also with reference to God, meaning, His power in action, Luke 1:66; 1 Pet 5:6, etc.; (3) διὰ χειρός (χειρῶν), *by the instrumentality of;* and so also ἐν χειρὶ (Hebraistic), Acts 7:35.

χειραγωγέω *I lead by the hand.*

χειραγωγός, οῦ, ὁ *one who leads a helpless person by the hand.*

χειρόγραφον, ου, τό properly, *a signature,* hence, as a term of a court of justice, (1) *a bill, bond, certificate of debt,* or (2) any *written obligation* or *agreement.*

χειροποίητος, ον *made by hand, handmade.*

χειροτονέω (lit. *I stretch out the hand,* thus expressing agreement with a motion, then, *I elect by show of hands* [of popular vote]), *I elect.*

χείρων, ον, gen. **ονος** comp., *worse;* ἐπὶ τὸ χεῖρον, *to the* (a) *worse result (degree).*

χερουβείν (-βίν, -βείμ, -βίμ), τό *cherubin, cherubim,* two golden figures of winged animals over the mercy seat (and the ark) in the Jewish tabernacle (χερουβείν is Aram., while -ειμ is Heb.).

χήρα, ας, ἡ *a widow.*

χιλίαρχος, ου, ὁ (lit. *a ruler of a thousand*), *a tribune,* a Roman officer commanding a cohort, i.e., about a thousand men), *a colonel.*

χιλιάς, άδος, ἡ *a thousand,* looked upon as a unit.

χίλιοι, αι, α *one thousand, a thousand.*

Χίος, ου, ἡ *Chios* (mod. Scio), an important island in the Aegean Sea, off the west central coast of Asia Minor.

χιτών, ῶνος, ὁ *a tunic, an undergarment* (a Semitic word).

χιών, όνος, ἡ *snow.*

χλαμύς, ύδος, ἡ *a cloak.*

χλευάζω *I scoff* by gesture and word.

χλιαρός, ά, όν *lukewarm, tepid.*

Χλόη, ης, ἡ *Chloe,* a woman, probably with business connections either in Corinth or in Ephesus or in both.

χλωρός, ά, όν *of the color of grass, green* or *yellow,* as the case may be (from χλόη).

χοϊκός, ή, όν *made of earth (dust)* and with the quality attaching to this origin (from χοῦς).

χοῖνιξ, ικος, ἡ *a Greek dry measure,* equivalent to 1.92 pints.

χοῖρος, ου, ὁ *a pig.*

χολάω *I am angry with.*

χολή, ῆς, ἡ (1) *gall, bile,* Matt 27:34; (2) met. *bitterness,* i.e., intense malignity. [In LXX represents three Heb. words meaning respectively, (1) *gall, bile,* (2) *wormwood,* (3) *poison.*]

χόος see χοῦς.

Χοραζίν (Χοραζείν), ἡ *Chorazin,* probably the present Keràze, ruins northwest of Tell-hum (Capernaum?).

χορηγέω *I supply* (with lavish hand).

χορός, οῦ, ὁ *dancing.*

χορτάζω (from χόρτος, in earlier Gk. of feeding animals), *I feed to the full, I satisfy with food.*

χόρτασμα, ατος, τό *food, sustenance,* corn for man as well as beast.

χόρτος, ου, ὁ *grass, hay,* such grass or herbage as makes fodder.

Χουζᾶς, ᾶ, ὁ *Chuza,* a steward of Herod Antipas.

χοῦς, χοός, acc. **χοῦν, ὁ** *dust.*

χράομαι *I use, employ* (from χρή, "necessity," properly, "I make for myself what is necessary with something"); in 1 Cor 7:21 perhaps understand τῇ ἐλευθερίᾳ; w. persons, *I treat,* Acts 27:3.

χράω *I lend.*

χρεία, ας, ἡ (1) *need;* (2) any special *occasion* or *matter in hand,* Acts 6:3; Eph 4:29(?).

χρεοφειλέτης (χρεωφειλέτης), ου, ὁ *a debtor.*

χρή *it is fitting,* it is congruous to a law or rather standard; the word is somewhat vague.

χρῄζω *I need, have need.*

χρῆμα, ατος, τό (1) plur. *property, possessions, riches;* (2) sing. *the money got, the proceeds,* Acts 4:37.

χρηματίζω (orig., *I transact business),* (1) act., of God, *I warn,* Heb 12:25; pas. *I am warned by God* (properly in response to an inquiry as to one's duty), Matt 2:12, 22; Luke 2:26; Acts 10:22; Heb 8:5; 11:7; (2) *(I take a name from my public business),* hence, *I receive a name, I am publicly called . . . ,* Acts 11:26; Rom 7:3.

χρηματισμός, οῦ, ὁ *a response of God* (to an inquiry as to one's duty), *an oracle.*

χρήσιμος, η, ον (1) *useful;* (2) neut. subs. *profit, value.*

χρῆσις, εως, ἡ *usage, use.*

χρηστεύομαι *I play the part of a kind person* (full of service to others).

χρηστολογία, ας, ἡ *affectation of kind speech,* with insinuating tone.

χρηστός, ή, όν (1) *good;* (2) hence, *comfortable, kindly, not pressing,* Matt 11:30; (3) often has the idea of *kind.*

χρηστότης, ητος, ἡ *kindness, kindliness* (see χρηστός).

χρίσμα, ατος, τό *anointing,* referring to the gift of holy spirit.

Χριστιανός, οῦ, ὁ *Christian, a follower of Christ.* See χριστός. The formation is Lat., and indicates either *partisan of Christ* or more exactly *soldier of Christ,* cf. Fimbriani, Caesariani, Pompeiani.

Χριστός (χριστός), οῦ, ὁ (a rare verbal from χρίω, *"I anoint,"* and therefore *anointed,* ὁ χριστός being an epithet used at first practically in the sense of *the king,* anointing being the outward sign of his appointment to kingship, cf. 1 Sam 10:1; 12:3; 15:1 and often), (1) ὁ χριστός, *the anointed, the Messiah* (the Aram. equivalent of ὁ χριστός, John 1:41, *the* expected *king* of Israel, to be appointed by God as his vicegerent. In NT this epithet is, therefore, attached (either prefixed or affixed) to (ὁ) = Ἰησοῦς, *Jesus,* recognized by his followers as the expected Messiah. The epithet with or without article is also found alone referring to Jesus; (2) gradually it tends to lose the meaning it originally had and to become merely a proper name, *Christ.* (By many the curious word was confused with χρηστός, "good," which as a proper name was often a slave name, and thus Χριστιανοί became Χρηστιανοί, confusion being due to the fact that the two words were pronounced alike).

χρίω *I anoint,* to the kingly office, used generally with regard to dedication to Messiahship, etc.

χρονίζω *I delay.*

χρόνος, ου, ὁ (1) *time;* (2) *a time, period* (instrumental in Luke 8:27; Rom 16:25); (3) locative, πολλοῖς χρόνοις, *oftentimes,* Luke 8:29.

χρονοτριβέω *I waste time.*

χρυσίον, ου, τό (1) *gold;* (2) plur. *gold (golden) ornaments,* 1 Pet 3:3.

χρυσοδακτύλιος, ον *with (wearing) a* (one or more) *gold ring(s) on the finger(s).*

χρυσόλιθος, ου, ὁ a sparkling gem, of gold-yellow color, possibly our *topaz,* almost certainly not our *chrysolite.*

χρυσόπρασος, ου, ὁ a precious stone of leek-green color, which sparkled golden yellow, from India, perhaps *fluor-spar,* certainly not *chrysoprase.*

χρυσός, οῦ, ὁ *gold.*

χρυσοῦς (χρύσεος), ῆ, οῦν *made of gold, golden.*

χρυσόω *I adorn with gold, I overlay with gold.*

χρώς, χρωτός, ὁ *skin.*

χωλός, ή, όν *lame;* generalizing neut., Heb 12:13.

χώρα, ας, ἡ (1) strictly used, *a region,* a great geographical (and sometimes administrative) division of a province, e.g. Acts 16:6; 18:23, but often more loosely, *country, district;* (2) hence met., e.g. Matt 4:16; (3) sometimes almost *a field,* John 4:35; Jas 5:4.

χωρέω (1) intrans., (a) *I go away, I withdraw, I come,* lit. and met., Matt 15:17; 2 Pet 3:9, (b) intrans., *I have room, find room,* John 8:37; (2) trans., (a) *I contain, am capable of receiving, hold, grasp,* Mark 2:2; Matt 19:11 etc., (b) *I make room for* (I give a place to) someone in my heart, *I take into* my heart, 2 Cor 7:2.

χωρίζω (1) act. trans., *I separate, I put apart;* (2) mid. or pas. *I separate myself, I depart.*

χωρίον, ου, τό (1) *a place;* (2) *a piece of land, a field,* enclosed (diminutive of χώρα or χῶρος).

χωρίς (1) prep. w. gen., *apart from,*

separate from, without; (2) adv., *separately, apart, by itself.*

χῶρος, ου, ὁ *the northwest wind,* and so, the quarter of the sky from which it comes, *northwest* [Lat., *caurus, corus*].

Ψ

ψάλλω *I play on the harp* (or other stringed instrument).

ψαλμός, οῦ, ὁ *a psalm,* i.e., a song of praise, etc., to God, with an accompaniment on the harp.

ψευδάδελφος, ου, ὁ *a false brother,* i.e. an unreal (insincere) Christian.

ψευδαπόστολος, ου, ὁ *a false apostle,* i.e. one who has received no commission from Jesus to preach the Gospel, though he pretends to have received it.

ψευδής, ές (1) *false;* (2) *untrue* in word, etc.

ψευδοδιδάσκαλος, ου, ὁ *a teacher of false things.*

ψευδολόγος, ου, ὁ (1) *speaking false things, lying;* (2) *a liar.*

ψεύδομαι (1) *I speak falsely;* (2) w. acc. *I deceive by words,* Acts 5:3.

ψευδομαρτυρέω *I give (bear) false witness.*

ψευδομαρτυρία, ας, ἡ (1) *giving of false evidence;* (2) *false witness.*

ψευδόμαρτυς (ψευδομάρτυς), υρος, ὁ *a false witness,* one who gives untrue evidence.

ψευδοπροφήτης, ου, ὁ *a false (untrue, unauthenticated) prophet.*

ψεῦδος, ους, τό (1) *that which is false, falsehood;* (2) *an untruth, a lie;* (2) *lying;* in Rom 1:25 abstr. for concr..

ψευδόχριστος, ου, ὁ *a false Messiah, a pretended Messiah.*

ψευδώνυμος, ον *falsely named.*

ψεῦσμα, ατος, τό *a lie.*

ψεύστης, ου, ὁ *a liar.*

ψηλαφάω *I touch;* in Heb 12:18 perhaps corrupt; πεφεψαλωμένῳ has been suggested, *burnt to ashes, calcined, volcanic.*

ψηφίζω *I count up* (lit. with pebbles).

ψῆφος, ου, ἡ (1) *a pebble,* Rev 2:17; (2) hence, from their use in voting, *a vote.*

ψιθυρισμός, οῦ, ὁ *whispering,* especially of secret attacks on a person's character.

ψιθυριστής, οῦ, ὁ *a whisperer* (cf. ψιθυρισμός).

ψίξ, ψιχός, ἡ *a crumb of bread.*

ψιχίον, ου, τό *a small crumb.*

ψυχή, ῆς, ἡ (1) *life,* without any psychological content, Matt 2:20; John 10:11, 15, 17; Acts 15:26; Rom 11:3; 16:4; 1 Cor 15:45; 2 Cor 1:23; Phil 2:30; 1 Thess 2:8, etc.; (2) *an individual,* or as a strong pers. pron. (Hebraistic, cf. *nephesh*), cf. Mark 8:36 (contrast Luke 9:25); Acts 2:41, 43; 3:23; Rom 2:9; 13:1; 2 Cor 12:15; (3) psychical, *desire,* Eph 6:6; Phil 1:27; Col 3:23, cf. also 1 Thess 5:23, where the enumeration is not systematic. The general use of the word in the Bible is in the sense of whatever is felt to belong most essentially to man's life, when his bodily life has come to be regarded as a secondary thing. It comes near the modern conception, *self.* See also ψυχικός. In the LXX there is, in general, a lack of sharp distinction between ψυχή (lit. *breath, breath of life* in the individual), πνεῦμα and καρδία, though ψυχή generally refers to appetite and desire; it is there as a rule a translation of the Heb. *nefesh,* one of the words for the "breath-soul," the personal soul; in Paul, soul (ψυχή) and spirit (πνεῦμα) are hardly to be distinguished (yet cf. 1 Cor 15:45; cf. also πνεῦμα).

ψυχικός, ή, όν *emotional* or *sensu-*

ous (from ψυχή, in the sense "the principle of life and the basis of its emotional aspect, animating the present body of flesh, in contrast to the higher life").

ψύχομαι *I become cold, I am extinguished* (of a flame), met.

ψῦχος, ους, τό *cold.*

ψυχρός, ά, όν (1) lit., *cold,* neut. *cold water,* Matt 10:42; (2) met. *cold, frigid, indifferent, phlegmatic.*

ψωμίζω (1) *I confer a dole upon,* Rom 12:20; (2) *I dole out.*

ψωμίον, ου, τό *a little bit, morsel,* or *crumb* of food.

ψώχω *I rub.*

Ω

ὦ the last letter of the Gk. alphabet, *Omega* (at first the long and short o sounds were represented by one letter; when distinguished the short was called οὖ or ὂ μικρόν, the long ὦ or ὦ μέγα).

ὦ an interj. of address, *O.*

Ὠβήδ see Ἰωβήδ.

ὧδε adv., *here,* both of rest and of motion to *(hither);* τὰ ὧδε, *the things here, what is here, what is going on here, the state of affairs here.*

ᾠδή, ῆς, ἡ *a song.*

ὠδίν, ῖνος, ἡ (1) *pangs of childbirth, birth pangs,* 1 Thess 5:3; in Acts 2:24 Death is regarded as in *labor* and his pains as relieved by the birth of the child; (2) hence, of any *sharp sudden pain.*

ὠδίνω (1) *I suffer birth pangs,* w. acc. of the children that are being born; (2) met., Gal 4:19.

ὦμος, ου, ὁ *shoulder.*

ὠνέομαι *I buy.*

ᾠόν, οῦ, τό *an egg.*

ὥρα, ας, ἡ (1) *an hour,* i.e., a twelfth part of the period from sunrise to sunset, and thus of constantly changing length; (2) the shortest measurement of time among the ancients; (3) sometimes generally of *time;* ὥρα πολλή, *an advanced period of time, a considerable time,* Mark 6:35; πρὸς ὥραν, *for a* (little) *time.*

ὡραῖος, α, ον (lit. *in season*), *beautiful.*

ὠρύομαι *I roar.*

ὡς adv. and conj., (1) w. superl., ὡς τάχιστα, *as quickly as possible,* Acts 17:15; w. comp., ambiguous, either *uncommonly . . .* or *very . . . ,* Acts 17:22; (2) before numbers, etc., *about;* (3) exclamatory, *how,* e.g. Rom 10:15; (4) often in the pred. (nom. or acc.) *as,* e.g. Matt 14:5; 22:30; Luke 15:19; 2 Cor 10:2; (5) w. fut. part., *as such who have to . . . ,* Heb 13:17; giving a reason, Luke 16:1; 23:4; Acts 3:12, etc.; part. sometimes has disappeared, e.g. Col 3:23; (6) w. absol. infin., ὡς ἔπος εἰπεῖν, *one might almost say,* Heb 7:9; (7) = ὥστε, *so as to,* Luke 9:52 (var.); Acts 20:24 (var.); (8) οὐχ ὡς, *not as if,* e.g. Acts 28:19; ὡς ὅτι = ὡς w. gen. absol., *as if,* 2 Cor 5:19; 11:21; 2 Thess 2:2; (9) ὡς correlative to οὕτως (with or without καί), *as . . . so;* (10) ὡς introducing a clause can also have something of a causal sense, Matt 6:12 (= Luke 11:4), etc., so, ὡς w. part., and w. preps. often in Hellenistic), cf. Acts 17:14 (var.); Rom 9:32; (11) (it is) *as* (when), without connection, either with what precedes

or with what follows, Mark 13:34; (12) after verbs of saying, thinking, etc., *how;* (13) temp., *when, while, as long as,* Luke 1:23; Gal 6:10, etc.; ὡς ἄν, *when,* Rom 15:24; *as soon as,* 1 Cor 11:34; Phil 2:23 (but in 2 Cor 10:9, *as it were*).

ὡσαννά a cry of happiness, *hosanna!* [Aram. and Heb., originally a cry for help].

ὡσαύτως adv., *in the same way, likewise.*

ὡσεί (1) *as if, as it were, like;* (2) w. numbers, *about.*

Ὡσηέ (᾽Ωσηέ), ὁ *Hosea,* the OT prophet [Heb.].

ὥσπερ *even as, as.*

ὡσπερεί *even as if, as if* (= ὥσπερ εἰ).

ὥστε (1) w. an infin., expressing result, *so as to,* Luke 4:29 (var.), 9:52 (var.), 20:20 (var.), etc.; (2) (a) introducing an independent clause, in indic., imper., subjun. of exhortation, *so that,* John 3:16; Gal 2:13, (b) w. result stated merely as a new fact, *consequently, and so, therefore.*

ὠτάριον, ου, τό *an ear.*

ὠτίον, ου, τό *an ear* (see ὠτάριον).

ὠφέλεια, ας, ἡ *advantage.*

ὠφελέω *I help, benefit, do good, am useful (to);* (1) absol. Rom 2:25; (2) w. adv. acc. οὐδέν, *in no way,* τί, *in what way?;* (3) generally w. acc. of the person.

ὠφέλιμος, ον *beneficial, useful, serviceable.*

A BRIEF EXPLANATION OF THE PRINCIPLES OF TEXTUAL CRITICISM

by B. F. Westcott and F. J. A. Hort

Wherever there are more readings than one, two classes of evidence are available for making the decision between them. We may compare the probability of the readings themselves, that is, employ internal evidence; and we may compare the authority of the documents which attest them, that is, employ external or documentary evidence.

Internal evidence is itself of two kinds, the consideration of what an author is likely to have written, and the consideration of what a copyist is likely to have made him seem to have written. The former kind, resting on "intrinsic" probability, valuable as it sometimes is, has little force in the innumerable variations in which each of the rival readings is unobjectionable, so that either of them would be reasonably approved in the absence of the other. The latter kind, resting on "transcriptional probability," is not less valuable; but it is subject to analogous uncertainty, because in a vast number of cases each reading can be explained as a corruption of the other by reference to some tendency of scribes which is known to be often productive of textual change, and the tendency which actually operated in producing change in any particular case need not be the tendency which is most obvious to modern eyes. A few hours spent in studying a series of the countless corrections which no one would think of accepting will show the variety of instinct to be found among scribes, the frequent disagreement between their instincts and our own, and, above all, the conflicting effects of different instincts in the same passage. Moreover, though normally a scribe's correction, or, more properly, corruption, should exhibit at once plausibility and latent inferiority, that is, should be condemned by transcriptional and by intrinsic evidence alike, the imperfection of our knowledge more commonly leaves unreconciled the apparent conflict of the two kinds of probability, arising out of the consideration that no scribe would consciously introduce a worse reading instead of a better. Lastly, all decisions made solely or chiefly on the ground of internal evidence are subject to the chances of mistake inseparable from single and isolated judgments: they lack the security given by comparison and mutual correction. Hence it is dangerous to fix the mind in the first instance on any kind of internal probability: the bias thus inevitably acquired can hardly fail to mislead where the authority of documents is not obviously clear and decisive at once. The uses of internal evidence are subordinate and accessory: if taken as the primary guide, it cannot but lead to extensive error.

Documentary evidence in its simplest form consists in the relative authority of individual documents; that is, in the relative antecedent probability that a reading attested by them is the true reading. This is what is meant when it is said in popular language that "good MSS" should be trusted. A presumption of relatively high authority is conferred by priority of date. This presumption is verified on the average by experience, but it is still no more than a presumption, because the exemplar from which a MS was copied may have been either only a little older than itself or of any earlier date, and because corruption may be rapid in one line of transmission, slow in another. The only adequate criterion of authority for an individual document, apart from its affinity to other documents, is the character of its text, as ascertained by the fullest possible comparison of its different readings, the variations in which internal evidence is of such exceptional clearness as to be provisionally decisive being taken as tests of the general characteristics of the text throughout, and thus showing how far it is likely to have preserved genuine readings in the more numerous variations in which internal evidence is more or less ambiguous. Criticism resting on this basis, the basis of "internal evidence of documents" as distinguished from the preceding "internal evidence of readings," involves not a single but a threefold process: tentative examination of readings, examination of the texts of documents by means of the materials thus collected, and final decision upon readings. It thus makes all variations contribute to the interpretation of each. Its principle may be expressed in the single proposition, *Knowledge of documents should precede final judgment upon readings.*

The use of "internal evidence of documents" in the New Testament is however impeded by various exceptions to the homogeneousness of texts, especially by the difficulty of applying it to a plurality of documents in places where the better documents are ranged on different sides, and by the fusion of two or more independent texts in one. This fusion or mixture would arise in several different ways. Sometimes two exemplars would be used together in transcription; sometimes a scribe would consciously or unconsciously intermingle reminiscences of another MS with the text which he was copying; sometimes variant readings noted in the margin of the exemplar or inserted as corrections of it would be substituted for the corresponding readings of the exemplar itself. Now, since almost every important document combines readings from more than one ancient source, the nature and therefore ultimately the value of its testimony in any particular case must vary accordingly; and there is no possibility of discriminating the readings derived from the several sources except by observing what the other documents are with which in each case it is associated. When therefore each document is treated as a constant unit of authority, so that the attestation of each reading becomes merely the sum of such units, there is no way of arriving at a decision except by resolving the comparison of total authority for two readings into a simple arithmetical balance. This arithmetical proceeding must be hopelessly vitiated both by the impossibility of assigning to each document a numerical value proportional to its ascertained excellence and by the fragmentary nature of many documents and the large element of consequent fortuitousness in the amount of extant attestation for this or that reading. A more or less distinct sense of these difficulties has doubtless had a considerable influence in encouraging a dangerous reliance on the direct use of "internal evidence of readings" in the New Testament. But unfortunately this is an expedient which succeeds only in disguising the uncertainty, not in removing it.

There is but one way through the chaos of complex attestation; and that is by tracing it back to its several causes, in other words, by enquiring what antecedent circumstances of transmission will account for such combinations of agreements and differences between the several documents as we find actually existing. *All trustworthy restoration of corrupted texts is founded on the study of their history, that is, of the relations of descent or affinity which connect the several documents.* The importance of genealogy in textual criticism is at once shown by the considerations that no multiplication of copies, or of copies of copies, can give their joint testimony any higher authority than that of the single document from which they sprang, and that one early document may have left a single descendant, another, a hundred or a thousand. Since then identical numerical relations among existing documents are compatible with the utmost dissimilarity in the numerical relations among their ancestors, and vice versa, no available presumptions whatever as to text can be obtained from number alone, that is, from number not as yet interpreted by descent.

When, as often happens, the extant copies of an ancient work can be distributed into definite families having each a single common ancestor, the task of tracing textual genealogy is comparatively easy. In the New Testament the problem is one of much complexity, not only from the amount and variety of evidence, but from the early and frequent confluence of different lines of descent by mixture. Instances of immediate derivation of one extant document from another are extremely rare. But the combined evidence of agreements and discrepancies clearly discloses the existence of many sets of extant documents, deriving a greater or less part of their text ultimately from single lost documents, or from single lines of transmission consisting of successions of lost documents. The relation of the whole mass of documents containing a book to the single autograph is in fact repeated on a smaller scale by each subordinate set of documents for a large body of their readings; and it is impossible to have any true conception of the origin of the present distribution of readings until it is clearly understood that fundamentally all textual transmission takes the form of a genealogical tree, diverging into smaller and smaller branches, of which the extant documents are casual and scattered fragments or joints. This fundamental type of transmission is indeed greatly obscured in the New Testament by the coalescence of different branches of the tree through textual mixture, and the consequent rarity of pure representatives of the earlier and wholly divergent branches. But this seeming confusion is comparatively seldom productive of real and permanent difficulty in determining what lines of transmission did or did not contain a given reading in ancient times.

The use of genealogical evidence, like the use of "internal evidence of documents," brings to the elucidation of each single place a knowledge gained by the examination of many, and thus involves three successive processes. In this instance they are, first, the analysis and comparison of the documentary evidence for a succession of individual variations; next, the investigation of the genealogical relations between the documents, and therefore between their ancestors, by means of the materials thus obtained; and thirdly, the application of these genealogical relations to the interpretation of the documentary evidence for each individual variation. The results of the interpretation of documentary evidence thus and thus alone made possible are various. In the first place, it winnows away a multitude of readings which genealogical relations prove to be of late origin, and which therefore cannot have been derived by transmission from the autograph. Further, as regards all other readings, it so presents and limits the possible genealogical antecedents of the existing combinations of documentary evidence as to supply presumptions in favor of one reading against another, varying from what amounts under favorable circumstances to practically absolute certainty down to complete equipoise. On the other hand the inequalities and occasional ambiguities in the evidence for the genealogical relations frequently leave room for more than one interpretation. In what manner the genealogical principle can be applied to these more difficult cases will appear presently.

The documentary evidence for the text of the New Testament consists of Greek MSS dating from the fourth to the sixteenth century, most of the earlier being in a fragmentary state; of ancient Versions in different languages; and of quotations found in the extant remains of the Fathers, written in Greek, in Latin, and to a small extent in Syriac. In order to understand fully the history of the text, documents of all kinds and ages have to be taken into account; though, as soon as the history is known, a vast numerical majority of documents must be treated as of no primary authority in ordinary variations. Since even the two earliest Greek MSS do not carry us back further than to the middle of the fourth century, the fixing of historical landmarks is chiefly dependent on the evidence of patristic quotations, which are for the most part definitely chronological, and also of the versions, three or four of which can hardly have been later than the second century. Each kind of evidence has its own imperfections. Quotations are often made from memory, and therefore liable to be loose and confused; different forms of text are used at different times by the same writer; and another kind of uncertainty is introduced by the diversity of text often exhibited by the MSS of patristic writings in quotations, which betrays the liability to corruption from the influence of late current texts of the New Testament, and by the uncritical handling from which the text of most Fathers still suffers. Versions are affected by the genius and grammatical peculiarities of their language, and in other respects are not equally or uniformly literal; while some have as yet been insufficiently edited. But all these drawbacks, however they introduce ambiguity into the evidence for single passages, do not materially impede the arrival at secure conclusions about the history of the text at large.

Comparison with patristic quotations discloses at once the striking fact that all the more considerable variations of reading must have arisen before the latter half of the fourth century. Variations of later origin are for the most part of little moment, and the changes which took place after that period were mainly changes in the distribution of readings already existing. A text virtually identical with the prevalent Greek text of the Middle Ages was used by Chrysostom and other Antiochian Fathers in the latter part of the fourth century, and thus must have been represented by MSS as old as any MS now surviving. This Antiochian or "Syrian" text can frequently be recognized as standing out in opposition to the text or texts of most of the definitely ancient documents.

Another great landmark is furnished by the writings of Origen, which carry us to the middle of the third century and even earlier. They establish the prior existence of at least three types of text, which can be identified through numerous readings distinctively attested by characteristic groups of extant documents. The most clearly marked of these is one that has long been conventionally known as "Western." Another, less prominent as being less consistently represented by any single ancient document, may be called "Alexandrian." The third holds a middle or neutral position, sometimes simply opposed to Western or to Alexandrian readings, occasionally opposed to Western and to Alexandrian readings alike. On the other hand, Origen's writings contain no certain traces of distinctively Syrian readings.

The priority of at least two of the three texts just noticed to the Syrian text is further brought to light by the existence of a certain number of distinctively Syrian readings which prove on close examination to be due to a combination of the Western with the neutral readings. Moreover the use of Western and of neutral readings thus presupposed renders it morally certain that other readings from the same sources were adopted as they stood, sometimes from a Western, sometimes from a neutral text; and the supposition is fully confirmed by an analysis of the distribution of documentary attestation. A similar analysis in other cases shows that Alexandrian readings also were sometimes adopted by the authors of the Syrian text. To the two processes of combination and direct selective adoption must be added a third: selective adoption with modifications. In fact the Syrian text has all the marks of having been carefully constructed out of materials which are accessible to us on other authority, and apparently out of these alone. All the readings which have an exclusively Syrian attestation can be easily accounted for as parts of an editorial revision; and none of them have the stamp of genuineness to attest the use of extraneous and purer sources.

Leaving then the Syrian text, we have to consider the relations between its predecessors. The rapid and wide propagation of the Western text is the most striking phenomenon of textual history in the three centuries following the death of the Apostles. The first clear evidence (Marcion, Justin) shows us a text containing definitely Western readings before the middle of the second century; and a similar text is predominant, to say the least, in the ample citations made towards the end of the century. Nay, the text used by all the Ante-Nicene Greek writers not connected with Alexandria, who have left considerable remains (Irenaeus, Hippolytus, Methodius), is substantially Western. Even in the two chief Alexandrians, Clement and Origen, especially in some of Origen's writings, Western quotations hold a conspicuous place, while in Eusebius they are on the whole predominant. After Eusebius they make no show in Greek theology, except so far as they were adopted into eclectic texts: a few writers offer rare traces of the expiring tradition, but nothing more. The Old Latin version in both its earlier forms was Western from the first. The Old Syriac, so far as can he judged from a single imperfect MS of the Gospels, was at least predominantly Western too. But indeed the Western influence to a certain extent affected every ancient version sooner or later: in those of Upper Egypt, Ethiopia, and Armenia it is often peculiarly well marked.

When Western readings generally are confronted with their ancient rivals in order to obtain a broad view of the relations between the texts, it would be difficult for any textual critic to doubt that the Western not merely is the less pure text, but also owes most of its differences to a perilous confusion between transcription and reproduction, and even between the preservation of a record and its supposed improvement. Its chief and constant characteristic is a love of paraphrase, not generically different from the tendency to verbal modification exhibited by many scribes, but rather an extreme form of it. Words and even clauses are changed, omitted, and inserted with surprising freedom, wherever it seemed that the meaning could be brought out with greater force and definiteness. Another common and dangerous type of license which is seen here in full force is the assimilation of clauses or sentences at once like and unlike, and especially the obliteration of the characteristic statements of the several Gospels in parallel passages through the natural impulse to harmonize and to complete. More peculiar to the Western text is the readiness to adopt alterations or additions from sources extraneous to the books which ultimately became canonical. These various tendencies must have been in action for some time. The Western text is not to be thought of as a single recension, complete from the first. However its parent copy or copies may have differed from the originals, there must have been no little subsequent and progressive change.

Meanwhile the Western license did not prevail everywhere, and MSS unaffected by its results were still copied. The perpetuation of the purer text may in great measure be laid to the credit of the watchful scholars of Alexandria: its best representatives among the versions are the Egyptian, and especially that of Lower Egypt; and the quotations which follow it are most abundant in Clement, Origen, (Dionysius, Peter,) Didymus, and the younger Cyril, all Alexandrian. On the other hand there are many textual facts which it would be difficult to reconcile with an exclusive limitation of the Non-Western text to Alexandria in early times; and, as might have been anticipated, there is sufficient evidence that here and there elsewhere it held its ground with more or less success against the triumphant popularity of Western readings. But further, as was indirectly noticed above, a group of extant documents bears witness to the early existence of independent corruptions, apparently Alexandrian in origin. They are in all respects much less important, as well as less numerous, than the Western readings, and betray no inclination to introduce extraneous matter, or to have recourse to the bolder forms of change. They often show care and skill, more especially in the use of language, and sometimes present a deceptive appearance of originality.

The unfortunate loss of nearly all the Christian literature of the second half of the third century makes a partial chasm in textual history; but it is evident that increasing intercourse between churches led to much mixture of texts in that interval of comparative peace. Apart from miscellaneous and accidental mixture, it is probable that more than one eclectic text was deliberately formed. One such at all events, to which reference has been already made, must belong either to this time or to the years which follow. The Syrian text has all the appearance of being a careful attempt to supersede the chaos of rival texts by a judicious selection from them all. It would be doing violence alike to all that is known of ancient criticism and to the evidence supplied by a comparison of the results with the antecedent materials to imagine that the Syrian revisers would have any trustworthy means of learning which of the various texts, MSS, or readings had the best pedigree. They could only be guided by "intrinsic" probabilities of a vague kind, and were not in a position to distinguish between the purity of a text and its present acceptability or usefulness. They evidently wished their text to be, as far as possible, easy, smooth, and complete; and for this purpose borrowed freely from all quarters, and as freely used the file to remove surviving asperities.

In the forth century mixture prevailed almost everywhere: nearly all its texts, so far as they can be seen through the quotations of theologians, are more or less chaotic. In the early years the persecution under Diocletian and his colleagues, and then the reaction under Constantine, must have affected the text not less powerfully than the Canon of the New Testament. The long and serious effort to annihilate the Scriptures could not be otherwise than unequally successful in different places, and thus the texts current in certain districts would obtain rapid extension in the next generation. Moreover various tendencies of that century of rapid innovation were unfavorable to the preservation of local peculiarities. It is therefore no wonder that the ancient types of text are seldom to be discerned except in fragments intermingled with other texts. Meanwhile the Syrian text grew in influence. For some centuries after the fourth there was in the East a joint currency of the Syrian and other texts, nearly all mixed; but at last the Syrian text almost wholly displaced the rest. The causes of this supremacy are not far to seek. Western Christendom became exclusively Latin, as well as estranged from Eastern Christendom: with few exceptions the use and knowledge of the Greek language died out in the West. The ravages of warfare destroyed the MSS of vast regions, and narrowly limited the area within which transcription was carried on. On the other hand Greek Christendom became centralized, with Constantinople for its center. Now Antioch is the true ecclesiastical parent of Constantinople; so that naturally the Antiochian text of the fourth century would first acquire traditional if not formal authority at Constantinople, and then become in practice the standard New Testament of the Greek East. To carry the history one step further, the printed "Received Text" of the sixteenth century, with the exception of scattered readings commended in most cases by Latin authority to Erasmus or his successors, is a reproduction of the Syrian text in this its medieval form.

Such being in brief the history of the text, the first endeavor of the critic must evidently be to penetrate beyond the time of mixture, and ascertain as far as possible what readings were to be found in the several lines of tradition while they still preserved their distinctive characters. For this purpose it is necessary to ascertain how far the texts of the several existing documents correspond with the principal ancient texts. No satisfactory result was attainable so long as even our oldest documents were assumed to be constant and faithful representatives of ancient texts or "recensions." Yet they will yield up indirectly to careful criticism the evidence which is vainly sought from them by direct inspection. A double process is necessary: first to discover the outlines of the history, as it has just been sketched, from the sum total of evidence of all dates and all kinds, and then to apply the standard so obtained to determine the origin and character of each principal document by means of the numerous variations in which the grouping of documents is tolerably free from obscurity. A document may have transmitted one ancient type of text in approximate purity, it may be directly or indirectly derived by mixture from originals of different defined types, or it may have arisen from a more comprehensive mixture. What has to be noted is, first, the presence or absence of distinctively Syrian or distinctively Pre-Syrian readings, and secondly, among Pre-Syrian readings, the presence or absence of distinctively Western, or distinctively Alexandrian, or distinctively neutral readings.

When the texts of existing documents are tested in this manner, it becomes evident that they are almost all in some sense mixed. One Greek MS in most chapters of the Gospels and Acts (D), two in St Paul's Epistles (D_2, G_3), one in the Epistle to the Hebrews (D_2) have approximately Western texts. Of the two oldest MSS, ℵ is Pre-Syrian and largely neutral, but with considerable Western and Alexandrian elements; B is Pre-Syrian and almost wholly neutral, but with a limited Western element in the Pauline Epistles. All other Greek MSS contain a greater or less Syrian element, and their Pre-Syrian elements almost always exhibit readings of all three Pre-Syrian types, though in different proportions.

Nor is the general proportion of mixture by any means uniform throughout each document: thus the Syrian element of A is very large in the Gospels, much smaller in the other books, the transcription having probably been made from different smaller exemplars in different parts of the New Testament. The Western character of the Old Latin version in its earlier forms and apparently of the Old Syriac has been already noticed. The other early versions, the Memphitic and Thebaic, both Egyptian, are apparently altogether Pre-Syrian: they certainty are for the most part sometimes neutral, sometimes Alexandrian, though not without a Western element, which in the Thebaic is considerable. A revision of the Old Syriac version appears to have taken place early in the fourth century or sooner, and doubtless in some connection with the Syrian revision of the Greek text, the readings being to a very great extent coincident. All subsequent versions and revisions of versions are much affected by Syrian influence, more especially the Gothic and the "Italian" Latin, but the Pre-Syrian elements of the Ethiopic, the Armenian, and the Jerusalem Syriac are large and important.

The textual elements of each principal document having been thus ascertained, it now becomes possible to determine the genealogy of a much larger number of individual readings than before in relation to the several ancient texts. The process can hardly be reduced to rule, but after a while the contrasted groupings of attestation become for the most part easy to interpret with patience and care. When once the ancient distribution of a reading has thus been ascertained, the characteristics of the several ancient texts furnish presumptions of the highest value as to its genuineness or spuriousness.

A reading marked as Syrian or Post-Syrian by the range of the documents which attest it may be safely rejected at once. If it has but one rival, that rival reading will be sustained by the united authority of all Pre-Syrian texts, Western, Alexandrian, and neutral alike. If there are two or more rival readings, this circumstance leaves untouched the antecedent improbability of all distinctively Syrian readings as deduced from the historical relations of the Syrian text as a whole to other texts. On the other hand it is a less simple matter to determine the antecedent probability or improbability of readings ascertained to be evidently or probably Pre-Syrian. A more precise definition of origin has in all cases to be sought, since the most important divergences of text took place in Pre-Syrian times.

Here the Syrian text comes in again from another point of view, as disguising the relative attestation of two or more Pre-Syrian readings. In the numberless cases in which the Syrian revisers adopted unchanged one or other of the earlier readings a necessary result was the doubling, so to speak, of the attestation of that reading: it cannot but have the combined support of all the extant documents which in these variations have a Syrian origin and of all the extant documents which in these variations have a Pre-Syrian origin of a particular type. It will thus present the appearance of being much more fully attested than its rival, though in reality a large part of its attestation is merely equivalent to the single Syrian text. The importance of this consideration is especially exemplified by the numerous Western readings which owe a deceptive amplitude of apparent authority to the accident that they found favor with the Syrian revisers when numerous other readings of identical origin and not inferior character were refused.

Allowance being made for this possible cause of erroneous estimation of evidence, a large proportion of Pre-Syrian readings can be confidently referred to one or other of the chief Pre-Syrian lines of attestation. When these lines of attestation are compared with each other as wholes by examination of the internal evidence for and against the whole body of their respective readings, it becomes manifest that as wholes the Western and Alexandrian texts are aberrant texts. Where there are but two readings, the Non-Western approves itself to be more original than the Western, the Non-Alexandrian than the Alexandrian: where there are three readings, the neutral reading, if supported by such documents as stand most frequently on both the Non-Western and the Non-Alexandrian sides in the preceding cases, approves itself more original than either the Western or the Alexandrian.

There are some scattered Western and Alexandrian readings which in the present state of knowledge it would be imprudent to reject altogether. Nay, there are a few places in the Gospels, marked in this edition with a special notation, in which we believe that the Western text represents faithfully the autographs in its omission of matter contained in all Non-Western documents. In these last exceptional cases, when they are considered together, internal evidence is peculiarly strong; and moreover in the absence of special grounds to the contrary, erroneous insertion of matter is always antecedently more probable than its erroneous omission, owing to the constant tendency of scribes towards completeness of text and their equally constant unwillingness to let go anything which they have received. On the other hand the textual integrity of the Western text cannot rightly be upheld in the numerous places in which it has preserved interesting matter omitted in the other Pre-Syrian texts, yet manifestly not due to the inventiveness of scribes, much less to any of the ordinary incidents of transcription. All these places, it should be observed, occur in the historical books, and perhaps in the Gospels only. The paradox disappears when it is remembered that the causes of various readings originating in very early times need not all lie within the text itself. When the Western text was growing up, oral traditions and written memorials of the apostolic age were still current, doubtless mixed in character; while the reverence paid to the writings which ultimately formed the Canon of the New Testament had not yet assumed a character that would forbid what might well seem their temperate enrichment from other memories or records. A few of the more important of these peculiar interpolations from extraneous sources are inserted in the text of the Gospels, or appended to them, with a special notation; and it has likewise been thought worth while to print many of the rest in the margin within distinctive marks, along with some other interesting Western readings. But the accessory recognition of these classes of readings, in association with the books of the New Testament, not as originally forming part of their true text, does not affect the primary conclusion derived from genealogical evidence with reference to the chief ancient texts, that readings found either in the Western alone of the Pre-Syrian texts or in the Alexandrian alone of the Pre-Syrian texts must lie under a strong presumption of having been introduced by scribes.

Numerous variations remain in which the distribution of documentary evidence may be reasonably interpreted in more ways than one, so that a reference of the several readings to this or that principal ancient text is open to doubt; or in which there is little or no reason to suppose that the divergence of reading has any connection with the divergence of the principal ancient texts. Here too however the genealogical principle can be applied by an extension of "internal evidence of documents" to the lost ancestors of groups of documents. The general internal character of distinctively Western and of distinctively Alexandrian readings was ascertained in precisely the same manner as the general internal character of any single document is ascertained, namely by consecutive examination of the whole body of readings; and the power thus given of employing easy variations as a key to difficult variations is of universal range, the same mode of testing general internal character being applicable to the whole body of readings of any other group of documents which frequently stands out in opposition to other documents. In every place in which two or more documents have the same reading, unless the reading is such as can naturally be accounted for by accidental coincidence, they must by the nature of the case have had a single common ancestor, whether it be the autograph or some later MS. If the same group of documents is found standing by itself in a considerable series of readings, sufficient material is provided for generalizations as to the common ancestor in all these places, which ancestor is virtually a series of fragments of a lost MS. This "internal evidence of groups," by rendering it possible to estimate as wholes the documentary arrays by which rival readings are attested, independently of any estimates that may be formed of the character of their constituent members individually, escapes the difficulties caused by mixture which beset every attempt to treat individual documents of the New Testament as so many "authorities" of constant value.

The number of groups that deserve serious attention is soon found to be comparatively small. Neither Greek MSS containing a large amount of distinctively Pre-Syrian text nor early Versions nor early Fathers are numerous, and to a great extent they are fragmentary or discontinuous; and combinations into which none of them enter may evidently in most cases be safely neglected. It is likewise soon found that various groups practically identical are somewhat variable in their limits through the defection of one or another of the documents which are habitually their members. This is the natural result of the casual eclecticism of miscellaneous mixture, which tends to disguise the simplicity of the primitive relations of text under a superficial complexity of existing attestation. Before investigation has proceeded far, it becomes manifest that the groups which can by any possibility carry authority in doubtful variations are sure to contain one or more of a very small number of primary Greek MSS. In strictness the earlier Versions and Fathers should be included in the list of primary documents, and the process would certainly be incomplete if no account were ultimately taken of readings attested by them without the support of any primary Greek MS; but nothing is lost and much simplicity is gained by treating them in the first instance as accessory to Greek MSS.

The next step is to determine how far there is a common element in all or most of those groups which show the best character when tried by "internal evidence of groups." Here two remarkable facts come out successively with special clearness: the constant superiority of groups containing both B and ℵ to groups containing neither, wherever internal evidence is tolerably unambiguous; and the general but by no means universal superiority of groups containing B to opposed groups containing ℵ. These facts exactly correspond the one with the immunity of both MSS from Syrian readings, and the other with the almost complete immunity of B from the mixture with the chief aberrant Pre-Syrian texts which has largely affected ℵ; while they are elicited from a different kind of evidence. They are moreover independent of the size of the groups. Thus the cases in which ℵB have no support from other Greek MSS, or no documentary support at all, are connected by every gradation with the cases in which they stand at the head of a considerable group. If B and ℵ were for a great part of their text derived from a proximate common original, that common original, whatever might have been its own date, must have had a very ancient and a very pure text. There is however no tangible evidence for this supposition; while various considerations drawn from careful comparison of the accessory attestation of readings supported by ℵB together, by B against ℵ, and by ℵ against B respectively, render it morally certain that the ancestries of B and of ℵ diverged from a point near the autographs, and never came into contact subsequently; so that the coincidence of ℵB marks those portions of text in which two primitive and entirely separate lines of transmission had not come to differ from each other through independent corruption in the one or the other. Accordingly, with certain limited classes of exceptions, the readings of ℵB combined may safely be accepted as genuine in the absence of specially strong internal evidence to the contrary, and can never be safely rejected altogether.

Next come the numerous variations in which ℵ and B stand on different sides. Here an important lesson is learned by examining in the same consecutive manner as before the readings of every combination of each of these MSS with one other primary MS. Every such binary combination containing B (as in the Gospels BL, BC, BT, etc.) is found to have a large proportion of readings which on the closest scrutiny have the ring of genuineness, and hardly any that look suspicious after full consideration: in fact, the character of such groups is scarcely to be distinguished from that of אB. On the other hand, every combination of א with another primary MS presents for the most part readings which cannot be finally approved, along with, it may be, a few which deserve more consideration. All other MSS stand the trial with even less success than א.

Analogous though not identical results are obtained by testing the groups formed by א or B with only secondary support, that is, associated only with inferior Greek MSS, or with Versions, or with Fathers, or with two or three of these classes of documents. The same high standard of excellence as before is reached where groups of this kind containing B show variety in the accessory evidence: where B is supported by a single version only, the character varies with the version associated. Even when B stands quite alone, its readings must never be lightly rejected, though here full account has to be taken of the chances of clerical error, and of such proclivities as can be detected in the scribe of B, chiefly a tendency to slight and inartificial assimilation between neighboring passages: the fondness for omissions which has sometimes been attributed to him is imaginary, except perhaps as regards single petty words. On the other hand the readings in which א stands alone bear almost always the marks of either carelessness or boldness; and except in a few readings, some of them important, the general character of all the various groups containing א with such accessory attestation as is described above is more or less suspicious. Many of the readings of such groups are, it can hardly be doubted, Western, and many others Alexandrian. Still more unfavorable results are obtained by a similar testing of other single MSS.

These general results are such as might naturally be anticipated from the relations of א and B to other documents and to each other. It was to be expected that the text of the extremely ancient common source of B and א, which is shown by the concordant readings of אB to have been of singular purity, should as a rule be preserved in one or other of the two MSS where they differ, and further that B should usually, though not always, be its faithful representative. The wrong readings of B, with whatever amount of accessory attestation, being for the most part due only to sporadic corruption, it would naturally preserve a much larger amount of the common ancestral text than a MS so largely affected by Western and Alexandrian influences as א; and, as regards readings in which each of them stands alone, the different types of transcription characteristic of their respective scribes would naturally have similar consequences.

Although however a text formed by taking B as the sole authority, except where it contains self-betraying errors, would be incomparably nearer the true text of the autographs than a text formed in like manner from any other single document, it would certainly include many wrong readings; and the only safe criticism is that which throughout takes account of all existing evidence. The places in which the true reading appears to have been lost in both B and ℵ are extremely few; but certain or possible exceptions to the usual superiority of B to ℵ are many; and thus the various presumptions afforded by the internal character of various groups of documents are invaluable, while "internal evidence of readings" is often a helpful instrument of verification in the last decision, removing many uncertainties which must otherwise have continued unresolved, and again occasionally suggesting uncertainties which claim recognition. Such also, wherever the ancient texts are difficult to identify, are virtually the resources on which criticism depends in those parts of the Epistles which have perished in B, namely in the latter part (9:14–end) of the Epistle to the Hebrews, in the Pastoral Epistles, and in the Epistle to Philemon. In the Apocalypse the authority of single documents is merged still more in that of grouped documents and in internal evidence; and the leading ancient texts are at least more obscure than elsewhere. Whether B ever contained the Apocalypse or not, it is now defective from Hebrews 9:14 onward. The loss is the greater because in the Apocalypse ℵ has a text conspicuously inferior to its text of the other books, partly inherited from earlier more or less corrupted texts, partly due to increased license of transcription; and, though A, more especially when it is supported by C, here proves itself entitled to considerable authority, it does but imperfectly supply the deficiency, and moreover the want of early and good versions other than the Latin is sensibly felt. Yet even here the number of variations in which it is difficult to come to a trustworthy conclusion is much smaller than might have been anticipated.

The sketch contained in the preceding pages may suffice to indicate the principal lines of criticism which have been followed in this edition. The aim of sound textual criticism must always be to take account of every class of textual facts, and to assign to the evidence supplied by each class its proper use and rank. When once it is clearly understood that, by the very nature of textual transmission, all existing documents are more or less closely related to each other, and that these relations of descent and affinity have been the determining causes of nearly all their readings, the historical investigation of general and partial genealogy becomes the necessary starting point of criticism. Genealogical results, taken in combination with the internal character of the chief ancient texts or of the texts of extant documentary groups, supply the presumptions, stronger or weaker as the case may be, which constitute the primary and often the virtually decisive evidence for one reading as against another. Before however the decision as to any variation is finally made, it is always prudent, and often necessary, to take into consideration the internal evidence specially affecting it, both intrinsic and transcriptional. If it points to a result different from that which the documentary evidence suggested, a second and closer inspection will usually detect some hitherto overlooked characteristic of the best attested reading which might naturally lead to its alteration; while sometimes on the other hand reexamination brings to light an ambiguity in the attestation. No definite rule can be given in the comparatively few cases in which the apparent conflict remains, more especially where the documentary evidence is scanty on one side or obscure. The ultimate determination must evidently be here left to personal judgment on comprehensive review of the whole evidence. But in a text so richly attested as that of the New Testament, it is dangerous to reject a reading clearly commended by documentary evidence genealogically interpreted, though it is by no means always safe to reject the rival reading. Here, as in the many variations in which documentary and internal evidence are both indecisive, it is manifestly right to abstain from placing before the reader an appearance of greater certainty than really exists, and therefore to print alternative readings, so as to mark the places where an absolute decision would at present be arbitrary, and also to mark the limits within which the uncertainty is confined.

The office of criticism thus far has been to discriminate between existing various readings, adopting one and discarding another. But it is at least theoretically possible that the originality of the text thus attained is relative only, and that all existing documents are effected by errors introduced in the early stages of transmission. Here there is no possible ultimate criterion except internal evidence: but the history of the text of the New Testament shows the meeting point of the extant lines of transmission to have been so near the autographs that complete freedom from primitive corruption would not be antecedently improbable. As far as we are able to judge, the purity of the best transmitted text does in all essential respects receive satisfactory confirmation from internal evidence. We have never observed the slightest trace of undetected interpolations or corruptions of any moment, and entirely disbelieve their existence. There are however some passages which one or both of us suspect to contain primitive error of no great importance, and which are accordingly indicated as open to question.

This brief account of the text of the New Testament would be incomplete without a word of caution against a natural misunderstanding. Since textual criticism has various readings for its subject, and the discrimination of genuine readings from corruptions for its aim, discussions on textual criticism almost inevitably obscure the simple fact that variations are but secondary incidents of a fundamentally single and identical text. In the New Testament in particular it is difficult to escape an exaggerated impression as to the proportion which the words subject to variation bear to the whole text, and also, in most cases, as to their intrinsic importance. It is not superfluous therefore to state explicitly that the great bulk of the words of the New Testament stand out above all discriminative processes of criticism, because they are free from variation, and need only to be transcribed. Much too of the variation which it is necessary to record has only an antiquarian interest, except in so far as it supplies evidence as to the history of textual transmission, or as to the characteristics of some document or group of documents. The whole area of variation between readings that have ever been admitted, or are likely to be ever admitted, into any printed texts is comparatively small; and a large part of it is due merely to differences between the early uncritical editions and the texts formed within the last half century with the help of the priceless documentary evidence brought to light in recent times. A small fraction of the gross residue of disputed words alone remains after the application of the improved methods of criticism won from the experience of nearly two centuries of investigation and discussion. If comparative trivialities, such as changes of order, the insertion or omission of the article with proper names, and the like, are set aside, the words in our opinion still subject to doubt can hardly amount to more than a thousandth part of the whole New Testament.

Nor must it be forgotten how strong an assurance of incorruptness in the unvarying parts of the text of the New Testament is supplied indirectly by many of the variations which do exist, inasmuch as they carry us back by the convergence of independent lines of transmission to a concord of testimonies from the highest antiquity; or again what unusually ample resources of evidence the New Testament possesses for the reduction of the area of textual uncertainty to a minimum. The apparent ease and simplicity with which many ancient texts are edited might be thought, on a hasty view, to imply that the New Testament cannot be restored with equal security. But this ease and simplicity is in fact the mark of evidence too scanty to be tested; whereas in the variety and fullness of the evidence on which it rests the text of the New Testament stands absolutely and unapproachably alone among ancient prose writings. Doubtful points are out of sight even in critical editions of classical authors merely because in ordinary literature it is seldom worthwhile to trouble the clearness of a page. The one disadvantage on the side of the New Testament, the comparatively early mixture of independent lines of transmission, is more than neutralized, as soon as it is distinctly perceived, by the antiquity and variety of the evidence; and the expression of doubt wherever doubt is really felt is owing to the paramount necessity for fidelity as to the exact words of Scripture.

MAPS

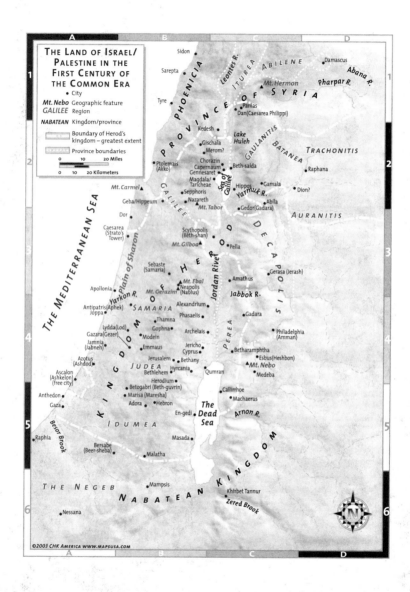

THE LAND OF ISRAEL/
PALESTINE IN THE
FIRST CENTURY OF
THE COMMON ERA

• City
Mt. Nebo Geographic feature
GALILEE Region
NABATEAN Kingdom/province

Boundary of Herod's
kingdom – greatest extent
Province boundaries

0   10   20 Miles
0   10   20 Kilometers

Sidon

Sarepta

PHOENICIA

Leontes R.

ITUREA

ABILENE

Damascus

Abana R.

Tyre

Mt. Hermon

SYRIA

Pharpar R.

PROVINCE OF SYRIA

Panias
Dan (Caesarea Philippi)

Kedesh

Lake
Huleh

GAULANITIS

BATANEA

TRACHONITIS

Gischala

Merom?

Chorazin

Beth-saida

Raphana

Ptolemais
(Akko)

Capernaum
Gennesaret
Magdala/
Taricheae

Sea of
Galilee

Hippos

Gamala

Dion?

Mt. Carmel

Sepphoris

Yarmuk R.

Geba/Hippeum

Nazareth

Mt. Tabor

Abila

Gedor (Gadara)

AURANITIS

Dor

Caesarea
(Strato's
Tower)

Scythopolis
(Beth-shan)

Mt. Gilboa

Pella

DECAPOLIS

THE MEDITERRANEAN SEA

Plain of Sharon

Sebaste
(Samaria)

HEROD

Gerasa (Jerash)

Apollonia

Mt. Ebal
Neapolis
(Nablus)
Mt. Gerizim

Amathus

Jabbok R.

Yarkon R.

Antipatris (Aphek)
Joppa

SAMARIA

Alexandrium

Gadara

Jordan River

Thamna

Phasaelis

Philadelphia
(Amman)

Lydda (Lod)
Gazara (Gezer)

Gophna

Archelais

PEREA

Jamnia
(Jabneh)

Modein

Emmaus

Jericho
Cyprus

Betharamphtha

Esbus (Heshbon)

Azotus
(Ashdod)

Jerusalem

Bethany

Mt. Nebo

KINGDOM

JUDEA
Bethlehem

Hyrcania

Qumran

Medeba

Ascalon
(Ashkelon)
(free city)

Herodium

Callirhoe

Anthedon

Betogabri (Beth-guvrin)

Machaerus

Gaza

Marisa (Maresha)

Adora

Hebron

En-gedi

The
Dead
Sea

Arnon R.

IDUMEA

Raphia

Bezor Brook

Masada

Bersabe
(Beer-sheba)

Malatha

THE NEGEB

Mampsis

NABATEAN KINGDOM

Khirbet Tannur

Zered Brook

Nessana

N

©2003 CHK AMERICA WWW.MAPSUSA.COM

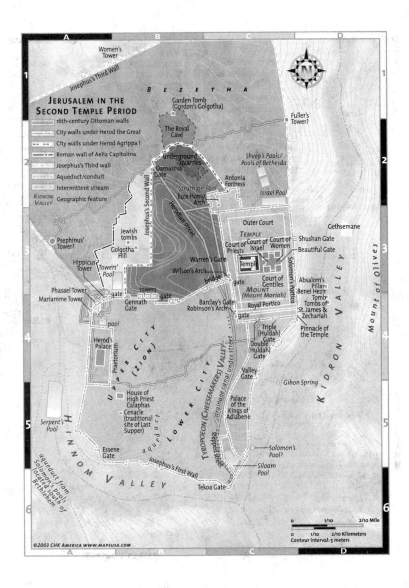

JERUSALEM IN THE
SECOND TEMPLE PERIOD

16th-century Ottoman walls
City walls under Herod the Great
City walls under Herod Agrippa I
Roman wall of Aelia Capitolina
Josephus's Third wall
Aqueduct/conduit
Intermittent stream
Geographic feature

Women's Tower

Josephus's Third Wall

B E Z E T H A

Garden Tomb
(Gordon's Golgotha)

The Royal Cave

Fuller's Tower?

KIDRON VALLEY

underground quarries

Damascus Gate

Sheep's Pools/
Pools of Bethesda

Struthion Pool
Ecce Homo Arch

Antonia Fortress

Israel Pool

Psephinus' Tower?

Jewish tombs

Golgotha Hill

Outer Court

TEMPLE

Court of Women

Gethsemane

Shushan Gate
Beautiful Gate

Hippicus Tower

Towers' Pool

Warren's Gate

Court of Priests

Court of Israel

Temple

Solomon's Portico

Absalom's Pillar
Benei Hezir Tomb
Tombs of St. James & Zechariah

Wilson's Arch

bridge

gate

Court of Gentiles

MOUNT
(Mount Moriah)

Phasael Tower
Mariamme Tower

towers

gate

gate

Gennath Gate

Barclay's Gate
Robinson's Arch

Royal Portico

gate

Pinnacle of the Temple

Herod's Palace

pool

Praetorium

UPPER CITY (ZION)

Triple (Huldah) Gate
Double (Huldah) Gate

Valley Gate

Mount of Olives

KIDRON VALLEY

Serpent's Pool

House of High Priest Caiaphas

Cenacle (traditional site of Last Supper)

aqueduct

LOWER CITY

drainage canal under street

TYROPOEON (CHEESEMAKERS) VALLEY

Gihon Spring

Palace of the Kings of Adiabene

H I N N O M   V A L L E Y

Essene Gate

Josephus's First Wall

king's gardens

Solomon's Pool?

Siloam Pool

aqueduct from Solomon's Pools, located south of Bethlehem

Tekoa Gate

0   1/10   2/10 Mile

0   1/10   2/10 Kilometers
Contour interval: 5 meters

©2003 CHK AMERICA WWW.MAPSUSA.COM

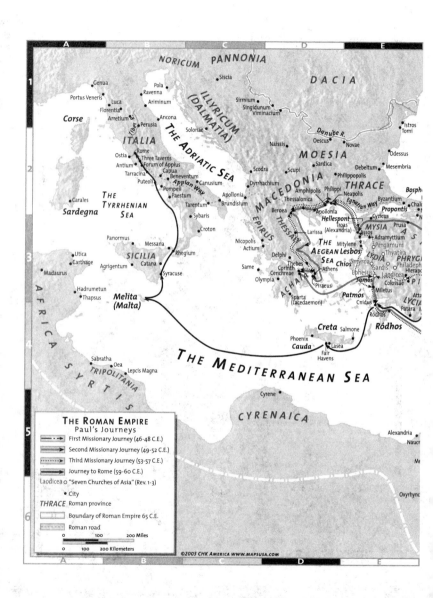

THE ROMAN EMPIRE
Paul's Journeys

- First Missionary Journey (46-48 C.E.)
- Second Missionary Journey (49-52 C.E.)
- Third Missionary Journey (53-57 C.E.)
- Journey to Rome (59-60 C.E.)

Laodicea ○ "Seven Churches of Asia" (Rev. 1-3)

● City

THRACE Roman province

Boundary of Roman Empire 65 C.E.

Roman road

| 0 | 100 | 200 Miles |
| 0 | 100 | 200 Kilometers |

©2003 CHK AMERICA WWW.MAPSUSA.COM

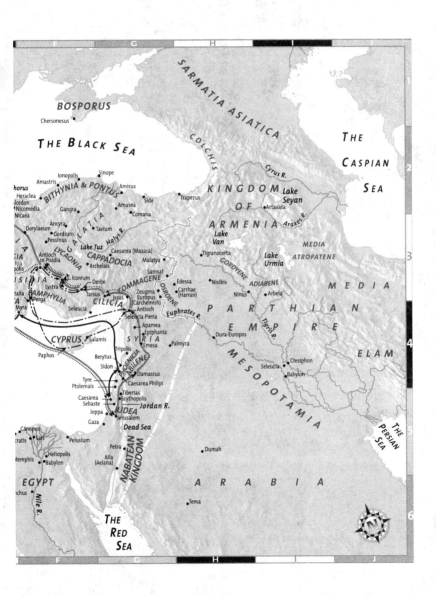